指文图书

维尔纳·莫尔德斯(Werner Mölders)上校(右)

阿道夫·加兰德(Adolf Galland)中将

戈登·戈洛布(Gordon Gollob)上校

汉斯-约阿希姆·马尔塞尤(Hans-Joachim Marseille)上尉

赫尔曼·格拉夫(Hermann Graf)上校

埃尔温·隆美尔(Erwin Rommel)元帅

沃尔夫冈·吕特(Wolfgang Lüth)上校

瓦尔特·诺沃特尼(Walter Nowotny)少校

阿德尔贝特·舒尔茨(Adelbert Schulz)少将

汉斯-乌尔里希·鲁德尔(Hans-Ulrich Rudel)上校

海津特·施特拉赫维茨(Hyazinth Graf Strachwitz von Gro-Zauche und Camminetz)中将

赫伯特·奥托·吉勒(Herbert Otto Gille)武装党卫军将军

汉斯-瓦伦丁·胡贝(Hans-Valentin Hube)上将

阿尔贝特·凯塞林（Albert Konrad Kesselring）元帅

赫尔穆特·伦特（Helmut Lent）上校

约瑟夫·迪特里希（Josef "Sepp" Dietrich）武装党卫军上将

瓦尔特·莫德尔（Otto Moritz Walter Model）元帅

埃里希·哈特曼(Erich Hartmann)少校

赫尔曼·巴尔克（Hermann Balck）装甲兵将军

赫尔曼-伯恩哈德·拉姆克（Hermann-Bernhard Ramcke）伞兵将军

海因茨·沃尔夫冈·施瑙费尔（Heinz Wolfgang Schnaufer）少校

阿尔布雷希特·布兰迪(Albrecht Brandi)中校

费迪南德·舍尔纳(Ferdinand Schörner)元帅

哈索·冯·曼陀菲尔（Hasso von Manteuffel）装甲兵将军

特奥多尔·托尔斯多夫(Theodor Tolsdorff)中将

卡尔·毛斯（Karl Mauss）中将

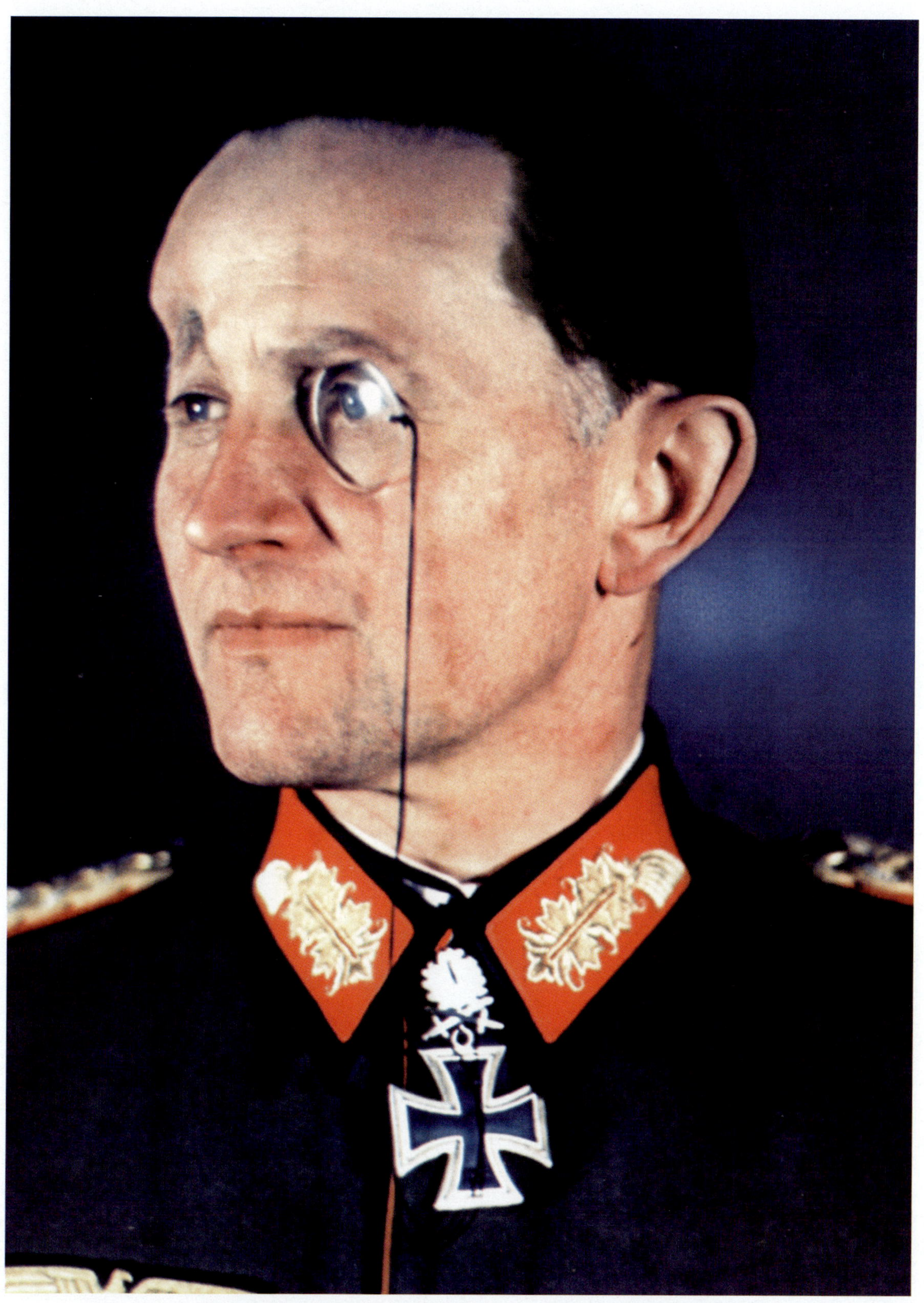

迪特里希·冯·绍肯（Dietrich von Saucken）装甲兵将军

1941–1945年27位钻石双剑橡叶骑士铁十字勋章获得者的图文传记

帝国骑士

第三帝国最高战功勋章获得者全传

汪冰 著

THE KNIGHT'S CROSS

with Diamonds

第I卷

台海出版社

图书在版编目（CIP）数据

帝国骑士：第三帝国最高战功勋章获得者全传 / 汪冰著. -- 北京：台海出版社, 2018.5

ISBN 978-7-5168-1892-3

Ⅰ. ①帝… Ⅱ. ①汪… Ⅲ. ①军人-生平事迹-世界-现代 Ⅳ. ①K815.2

中国版本图书馆CIP数据核字(2018)第095125号

帝国骑士：第三帝国最高战功勋章获得者全传

著　　者：汪　冰

责任编辑：刘　峰　赵旭雯　　策划制作：指文文化

视觉设计：王　星　　责任印制：蔡　旭

出版发行：台海出版社

地　　址：北京市东城区景山东街20号　　邮政编码：100009

电　　话：010-64041652（发行，邮购）

传　　真：010-84045799（总编室）

网　　址：www.taimeng.org.cn/thcbs/default.htm

E-mail：thcbs@126.com

经　　销：全国各地新华书店

印　　刷：重庆共创印务有限公司

本书如有破损、缺页、装订错误，请与本社联系调换

开　　本：787mm×1092mm　　1/16

字　　数：2407千字　　印　　张：95.5

版　　次：2018年6月第1版　　印　　次：2018年6月第1次印刷

书　　号：ISBN 978-7-5168-1892-3

定　　价：699.80元

前　言

这套书关注的对象是“二战”中获得过德国最高军事荣誉的27位军人。在德国前后动员的1500万军人中，只有他们获得了“钻石双剑银橡叶骑士铁十字勋章”(德文Ritterkreuz des Eisernen Kreuzes mit Eichenlaub, Schwertern und Brillanten，英文Knight's Cross of the Iron Cross with Oak Leaves, Swords and Diamonds，简称钻石骑士勋章)。全套书中虽频繁地提及这种勋章及铁十字勋章系列中的其他级别，但勋章勋饰本身并非主题，因而这里有必要对骑士和铁十字勋章的简史做一浮光掠影式的介绍。

当人们看到“骑士”这个字眼时，脑海中首先浮现的或许就是“坐着高头大马、身穿闪亮铠甲、手持长矛利剑、冲锋锐不可当”的中世纪武士。中世纪欧洲的骑士们勤练马上作战的攻防艺术，对自己的身心和言辞表达施以绝对的控制；他们严守纪律，绝对服从于自己的“主人”，包括宗教上的主人——上帝，世俗中的主人——君王、大贵族或领主，以及情感上的主人——心仪的女性；他们具备所谓的“骑士风范”，不仅同情弱者，更要公正、平等地对待敌我双方的所有骑士。作为一种历史人物和封建社会的一个阶层，“骑士”们留给后世的印象似乎是“勇敢、忠诚、荣誉、谦恭有礼”等品德的化身，即便他们在战场上舍命搏杀的血腥暴力也被演绎出一层“荣耀”的传奇色彩。

1939年9月1日，纳粹德国以闪击波兰的侵略战争拉开了“二战”的帷幕。就在当日，希特勒以国家元首和武装力量总司令的名义发布法令，重新设立发轫于1813年的铁十字勋章系列，包括二级和一级铁十字勋章以及“大十字”勋章(Grand Cross of the Iron Cross)，并增设了一个全新的级别——“骑士铁十字勋章”(简称骑士勋章)。希特勒在法令中声称：“我已得出结论，是该召唤和武装德国人民抵御迫在眉睫的外敌入侵的时候了，为此我将为德意志的男儿们重新设立铁十字勋章，就像我们在以往的历次保家卫国之战中所做的那样……”当希特勒说出这番冠冕堂皇的“保家卫国”之辞时，他或许想到了1813至1815年以推翻拿破仑法国统治为目标的“普鲁士解放战争”，或许还会溯及公元9年的日耳曼部落联盟首领阿米尼乌斯(Arminius)——被称为“德意志解放者”的这位古代骑士，在条顿堡森林全歼了2万余罗马帝国军队，成功挡住了罗马帝国向北欧的扩张，阿米尼乌斯和条顿堡森林之战经过漫长的岁月也成为19世纪下半叶泛日耳曼主义神话中不可分割的组成部分。当希特勒把“骑士”这个字眼嵌入作为国家象征的“铁十字”之前时，或许他脑海中出现了“条顿骑士团”那些中世纪骑士的身影——手持利剑强制异教徒皈依基督教，以武力和杀伐在波罗的海地区疯狂扩张。在希特勒眼中，他的“骑士”或许就是神秘的条顿森林中走出的东征十字军，因为这个形象与纳粹政权的战争心态颇为吻合——第三帝国不仅要征服他国，更要通过十字军东征那样的“圣战”来“清洁欧洲”。无论如何，当第三帝国元首在这天设立骑士铁十字勋章时，他无疑期待日耳曼战士们在铁十字大旗的召唤下，以骑士的勇敢、忠实和无条件服从，投入到他所声称的“保家卫国”之战中。凯旋之日，他将以高规格的骑士勋章犒赏武士们。

尽管骑士勋章之上尚有极难获得的“大十字”勋章，但它还是被视为德军事实上的最高军事荣誉。“大十字”勋章自1813年创立到1918年为止一共仅颁发过19枚(1813–1815年的“普鲁士解放战争”期间5枚，1870–1871年的普法战争期间9枚，1914–1918年的“一战”期间5枚)，获勋者不是皇帝、亲王和显贵，就是赢得过重大战役或战术胜利的元帅或兵种将军级高级将领，普通军官和士卒完全无缘染指。为弥补一级铁十字和“大十字”勋章之间的明显缺口，德意志第二帝国的诸邦国均曾在“一战”中设立了介于两者之间的高规格勋章，其中最著名的就是普鲁士俗称的“蓝色马克斯”(Pour le Mérite) 的功勋勋章 (仅授予军官)，以及“金质军事荣誉十字”(Goldenes Militär-Verdienstkreuz) 勋章(授予军士和士兵)。随着德皇在1918年11月的逊位和普鲁士王国的终结，这两种勋章也终结了其历史使命，结果造成德国的铁十字勋章体系中曾经存在的缺口依然如故。希特勒创设的骑士勋章据信就是填缺之作，无论高级将领还是普通士卒均有资格以战场表现获勋。

战后曾有“‘二战’德军勋章泛滥成灾、一钱不值”的说法，这或许适用于较低级别的二级和一级铁十字勋章：6年间德军颁发了超过450万枚的二级铁十字勋章，这还不包括约45万个二级铁十字勋饰 (在“一战”中已获二级或一级铁十字勋章的军人，在“二战”中再有资格获得同级勋章时将被授予相应的勋饰)；一级铁十字勋章也发放了30万枚以上 (同级勋饰的发放量在15万枚以上)。虽然不同的资料来源有不同的数字，但估计至少有四分之一，乃至三分之一的官兵获得过最低两等的铁十字勋章。但是，“泛滥”一说并不适用于骑士勋章这一级别——自戈林1939年9月获得首枚骑士勋章以来(他在1940年7月19日还获得了“二战”德国唯一的“大十字”勋章)，到战争结束时德国共颁发了7361枚骑士勋章 (含授予外国人的43枚)。获颁骑士勋章的先决条件是已获得二级和一级铁十字勋章，一般而言，军人在战场上有一次超过职责要求的勇敢行为即可获颁二级铁十字勋章，有3到5次的勇敢表现就足以得到一枚一度相当难得的一级铁十字勋章，而欲获骑士勋章，候选者必须在面临对手时反复地表现出勇敢无畏——至于需要“反复”多少次才能证明自己，虽无明确规定，但指望战场上的“灵光一现”并不现实——比如一名普通步兵凭借某日突然击毁数辆敌军坦克的战功，虽能获得一级铁十字勋章，但并不能确保他获颁骑士勋章。如果说陆军的骑士勋章标准只是相对笼统的“战场勇敢或卓越指挥”，那么海军和空军的标准则更为明确。海军 (尤其是U艇部队) 一般以击沉敌军舰船的吨位数计算，通常10万吨击沉战果足以为U艇艇长带来一枚骑士勋章 (地中海战场因作战难度甚高，其战果按双倍计算，击沉敌方军舰另有加分)，但这个标准在实际执行中往往会放宽，当然也有U-47艇艇长普里恩这种凭借惊人一击而获得骑士勋章的例外。德国空军颁发骑士勋章的标准也随着时间的推移而不断演进，1940年的法国战役和不列颠空战期间，取得20架左右击坠战果的飞行员有资格获颁骑士勋章，如首位钻石骑士勋章得主莫尔德斯1940年5月29日获得骑士勋章时的战绩就是20次击坠，第2位钻石骑士勋章得主加兰德在1940年7月29日以17次击坠的战果也获得了骑士勋章。随着战争规模的扩大，飞行员们摘取骑士勋章的门槛也越来越高，东线飞行员在战争中后期需要45至50次击坠才有可能获颁骑士勋章，最后阶段甚至还出现了100次击坠才能确保骑士勋章的情况。空军高层也意识到西线飞行员在对垒英美盟军战机(尤其是重型轰炸机编队)时面临着比东线空战更多的困难，为提振西线飞行员的士气并提高作战绩效，德军1943年在西线引入了“积分制”(击坠一架单引擎战斗机、双引擎轰炸机和四引擎轰炸机时分别获得1分、2分和3分，通过击伤轰炸机将它从敌机编队中隔离出来也有积分)。根据有关资料的数字，西线飞行员获得40点积分后有资格获得骑士勋章。值得指出的是，德军的“击坠战果”和“积分”是两类不同的统计数字，确认击坠战果依然要经过一套复杂严格的审核确认程序，“积分”更多地被用于西线飞行员的晋升和授勋等目的。

无独有偶，苏联的最高军事荣誉获得者们——“苏联英雄”所佩戴的“金星勋章”(Gold Star Medal) 也是在“二战”前夕 (1939年8月1日) 创设的。这种勋章和“苏联英雄”称号标志着获勋者对苏联做出了最高程度的贡献，一个衔级最低的列兵只要佩戴了“金星勋章”，即便大将和元帅都会肃然起敬并体面地对待他。研究军事勋章勋饰的专家们普遍认为，“二战”主要交战国的最高军事荣誉——苏联的“金星勋章”、德国的“骑士勋章”、大不列颠的“维多利亚十字勋章”(Victoria Cross)、美国的“国会荣誉勋章”(Congressional Medal of Honor) 及法国的“荣誉军团勋章”(L é gion d'honneur) 等大体上是可以类比的。就“苏联英雄”佩戴的“金星勋章”而言，元帅和将军们可凭一场重要的战役胜利获得这一奖赏，校官和下级军官们也能以所部的显著成功戴上“金星勋章”，在近战或徒手搏斗中表现出最大勇气和牺牲精神的普通士兵也能加入“苏联英雄”的行列。唯一具有相对明确标准的是苏联红军的空军，斯大林曾在1941年8月19日发布命令，获得“金星勋章”的最低要求应以执行飞行作战任务的次数和击坠敌机的数量为基础——击坠10架敌机的飞行员有资格获得“苏联英雄”称号并同时获颁“金星勋章”和“列宁勋章”，昼间对地攻击机飞行员在成功执行了40次危险作战任务后也将有类似的资格。平心而论，这些标准相对于德军的骑士勋章而言并不算高。

虽然比较交战国颁发的主要功勋勋章的数量可能既费力不讨好，又难以得出有说服力的结论，但下表的数据至少能够表明，战争虽有正义和非正义之分，但战场勇敢是没有国界的，没有一个国家的军队能“独美于此”。不管是在火热的激战中，或面对必死无疑的危境时，还是面临占压倒优势的对手，甚至在与个人信念和宗教信仰发生激烈冲突的时刻，各国都有自己最勇武的战士和军人们最引以为荣的勋章。1947年诺贝尔文学奖得主、法国作家纪德 (André Gide) 曾说：“很难想象还有多少中年法国人没有得过梅毒和获得过荣誉军团十字勋章的。”这句夸张的话语虽属笑谈，但多少显现出某些勋章的颁发门槛过低的事实。美国人非常珍视自己的“国会荣誉勋章”，“二战”中仅颁发了400余枚 (多半还是死后追授)，杜鲁门就曾称自己“宁可获得一枚国会荣誉勋章，也不愿做总统”。大不列颠的“维多利亚十字勋章”或许是最难获得的勋章之一，自1856年创立以来只颁发过1300余枚 (多是追授)，“二战”中仅有182名军人获得过此种最高军事荣誉。相对于英美苏等颁发勋章的数量和标准而言，德国的骑士勋章得主们佩戴的绝非“发滥的玩意儿”，而是代表着他们确属德军最著名、最受尊重的一个精英群体。在中国军事爱好者中颇有名气的装甲王牌卡里乌斯 (Otto Carius) 曾是890名橡叶骑士勋章得主中的一员，他在1980年代末曾这样写道：“我在前线佩戴骑士勋章时的感受非常愉快，这使我能较容易地实现目标，即便面临着难以克服的障碍时也是这样。这个荣誉对战士们也产生了正面影响。当那些根本不认识我，或可能只听说过我的战士们看到我佩戴的骑士勋章时，他们往往能更主动地信任我。另一方面，骑士勋章也使佩戴者们处于重压之下，因为他不能显露出自己的任何弱点。总之，他必须向人们证明，自己配得上他人给予的信任。”

第三帝国的扩张野心就像条顿骑士团时代一样没有止境，战争规模的一再升级自在纳粹元首的掌控之中，但他没有想到的是，战斗机飞行员们取得的空战击坠战果大大超出了所有人的预期。1940年5月10日的法国战役开始前，德军一共颁发过52枚骑士勋章，但仅在5月10日至6月3日前的第

“二战”主要交战国的最高军事勋章及其颁发数量(包括所有战场)		
国家	**勋章名称**	**颁发数量**
大不列颠	维多利亚十字勋章	182
	维多利亚十字勋章加勋饰	1
	圣乔治十字勋章	158
	杰出服役勋章	5444
德国	大十字勋章	1
	钻石双剑金橡叶骑士勋章	1
	钻石双剑银橡叶骑士勋章	27
	双剑橡叶骑士勋章	160
	橡叶骑士勋章	890
	骑士勋章	7361
苏联	三次苏联英雄	3
	两次苏联英雄	104
	苏联英雄	11066
美国	国会荣誉勋章	440
	杰出服役勋章	5057
	海军十字勋章	3958
法国	荣誉军团勋章	21000
	军事勋章	222000
波兰	波兰军事十字勋章(Virtuti Militari)	
	大十字级	13
	指挥官级	24
	骑士级	74
	金十字	442
	银十字	10658

资料来源：David T. Zabecki (ed.).World War II in Europe: An Encyclopedia, Volume 1. Routledge, 1999. p.1048。关于这些勋章的种类和颁发数量，不同的资料有不同的数字。如关于“苏联英雄”称号获得者的数量，有资料根据苏联官方的统计数字称，“二战”中获得一次和两次“苏联英雄”称号的分别有11633人和115人 (参见Henry Sakaida. Heroes of the Soviet Union, 1941–1945. Oxford, UK: Osprey Publishing, 2004. p.9)。关于美国的国会荣誉勋章，维基百科提供的数字是有464人 (上表中为440人) 在对德和对日作战中获得了这一最高军事荣誉。关于德国骑士勋章得主的数字是作者自行添加的，资料来源见：Stephen T. Previtera. The Iron Time: A History of the Iron Cross. Richmond, VA: Winidore Press, 1999. p.294.

一阶段作战中，又有72人获颁骑士勋章。为褒奖并进一步激励“忠勇”的骑士们，希特勒6月3日修订了前一年的法令，设立了更高一级的橡叶骑士铁十字勋章——严格说来，这并非一种新的勋章，而是加上了银质橡叶徽饰的第2枚骑士勋章 (与“苏联英雄”的授勋方式颇为类似)。这个徽饰由三瓣橡树叶组成，中间的叶片与两旁的叶片部分重叠，佩戴时直接挂在骑士勋章的上方，徽饰背面的铁环可供缎带穿过。“二战”中德国一共颁发了890枚橡叶骑士勋章 (包括8名外国人)，希特勒曾亲自为其中的许多人授勋，他本人保留是否将获勋者召至大本营亲自授勋的最后发言权。第1位橡叶骑士得主是山地兵将军迪特尔 (Eduard Dietl)，他是希特勒最喜爱的将领之一，因在1940年4月的挪威战役中夺取和固守纳尔维克的战功获此勋章。第2和第3位橡叶骑士勋章得主莫尔德斯和加兰德获勋时的空战击坠战绩均为40架。1940年时，德军一共只有7人获得了橡叶骑士勋章，除前述三人外，还有王牌飞行员维克 (Helmut Wick) 与三大U艇王牌艇长普里恩、克雷奇默 (Otto Kretschmer) 和舍普克 (Joachim Schepke)。因而，把橡叶骑士勋章视为1940年时的德国最高军事荣誉是毫不为过的。

潘多拉的魔盒一旦打开就再也无法关上，终身仇视共产主义、发誓要像十字军一样“清洗劣等种族”的希特勒在1941年6月22日发动了侵苏战争，欧亚和地中海的遍地狼烟之上再次燃起冲天的烈火。就在6月21日，希特勒在展望着即将发动的“新十字军东征”之时，下令在橡叶骑士勋章之上再加上双剑徽饰，并把这种最新的勋章授予战斗机飞行员加兰德。截至当日，德军已颁发了15枚橡叶骑士勋章，加兰德的个人击坠总数已达70架，非常接近里希特霍芬“一战”中创下的80架击坠世界纪录。苏德战争的首日，莫尔德斯就以总战绩72次击坠获得了第2枚双剑骑士勋章。不过，纳粹政府正式修改1939年的法令，并将双剑骑士勋章纳入铁十字勋章系列却是1941年9月28日的事了。到那时为止，德军已颁发了35枚橡叶骑士勋章，双剑骑士团中又增添了战斗机王牌飞行员厄绍 (Walter Oesau)。到一年后的9月28日，德军一共颁发了20枚双剑骑士勋章，统治了天空的飞行员们也牢牢把持着双剑骑士的俱乐部，除隆美尔、凯塞林和3名U艇艇长外，其余15名获勋者皆为飞行员。整个战争期间，德国共颁发过160枚双剑骑士勋章，除一名叫作山本五十六的日本人外 (死后追授)，获勋者无一例外都是德军的战争精英。

1941年夏，无论是苏联的天空和地面，还是北大西洋的广阔海域，抑或非洲的无垠大漠，只要有战火点燃的地方，似乎一切都朝着有利于德军的方向发展。7月15日，莫尔德斯以击落敌机101架的战绩成为世界上首位突破空战百胜大关的飞行员，乐不可支的希特勒当日决定更慷慨地表达他对骑士们的感激——集银、金、铂金和钻石于一体的钻石双剑银橡叶骑士铁十字勋章在这一天问世了，并在次日授予给首位得主莫尔德斯。在1941年9月28日修改过的法令中，钻石骑士勋章与6月21日创立的双剑骑士勋章一起成为铁十字勋章家族中最新的成员。

钻石骑士勋章的基本设计和佩戴方法与之前的两种高级勋章基本相同，最主要的区别是在橡叶和双剑上镶嵌了手工磨制的钻石。钻石骑士勋章有两种尺寸略有区别的款型。第一款中钻石徽饰的尺寸略小，据信只颁授给过前五位获勋者 (马尔塞尤除外，他在有机会领取钻石骑士勋章前即已阵亡)。1942年，戈林认为该款徽饰的钻石质量不佳、整体感觉不够流光溢彩，因之命令新的制造商克莱因 (Klein) 公司制作了第二款钻石徽饰。新款与老款的外观基本一致，但加大了尺寸且更加耀眼夺目。此后的每位获勋者都获得了两套新款钻石徽饰，其中一套用于正式的授勋典礼，是由铂金和53颗天然钻石制成的艺术精品，另一套用于日常佩戴，外观尺寸与正式的一套毫无二致，不过材质是银和人造钻石。前五位获勋者中，有三位后来补发了新款的两套钻石徽饰，当然，早亡的莫尔德斯和马尔塞尤与之无缘。

钻石骑士勋章在战时只颁授过27名勇冠三军、战绩超群的军人，他们构成了本书研究的主题和对象，下表列出了这些军人的姓名、生卒年月、最后军衔、获勋时间、获勋时的职务和军衔等基本情况，以及本书中每卷所覆盖的具体人物。

序号	姓名与最后军衔	军种	获勋时间	获勋时军衔和职务
1	维尔纳·莫尔德斯上校 (1913–1941)	空军	1941.7.16	第51战斗机联队(JG–51) 联队长，中校
2	阿道夫·加兰德中将 (1912–1996)	空军	1942.1.28	空军战斗机部队 总监，上校
3	戈登·戈洛布上校 (1912–1987)	空军	1942.8.30	第77战斗机联队(JG–77) 联队长，少校
4	汉斯–约阿希姆·马尔塞尤上尉 (1919–1942)	空军	1942.9.3	第27 战斗机联队(JG–27)第1大队 第3中队中队长, 中尉
5	赫尔曼·格拉夫上校 (1912–1988)	空军	1942.9.16	第52战斗机联队(JG–52)第3大队 第9中队中队长，中尉
6	埃尔温·隆美尔元帅 (1891–1944)	陆军	1943.3.11	非洲集团军群指挥官，元帅
7	沃尔夫冈·吕特海军上校 (1913–1945)	海军	1943.8.9	U–181艇长，海军少校
8	瓦尔特·诺沃特尼少校 (1920–1944)	空军	1943.10.19	第54战斗机联队(JG–54)第1大队 大队长，上尉
9	阿德尔贝特·舒尔茨少将 (1903–1944)	陆军	1943.12.14	第7装甲师第25装甲团 团长，上校
10	汉斯–乌尔里希·鲁德尔上校 (1916–1982)	空军	1944.3.29	第2对地攻击联队(SG–2) 第3大队大队长，少校
11	海津特·施特拉赫维茨中将 (1893–1968)	陆军	1944.4.15	北方集团军群装甲战斗群 指挥官，上校
12	赫伯特·奥托·吉勒 武装党卫军将军 (1897–1966)	武装 党卫军	1944.4.19	武装党卫军第5“维京”师 师长，武装党卫军中将
13	汉斯–瓦伦丁·胡贝上将 (1890–1944)	陆军	1944.4.20	第1装甲集团军指挥官，装甲兵将军
14	阿尔贝特·凯塞林元帅 (1885–1960)	空军	1944.7.19	西南战区总司令、C集团军群 指挥官，元帅
15	赫尔穆特·伦特上校 (1918–1944)	空军	1944.7.31	第3夜间战斗机联队(NJG–3) 联队长，中校
16	约瑟夫·迪特里希 武装党卫军上将 (1892–1966)	武装 党卫军	1944.8.6	武装党卫军第1装甲军军长， 武装党卫军上将
17	瓦尔特·莫德尔元帅 (1891–1945)	陆军	1944.8.17	中央集团军群指挥官，元帅
18	埃里希·哈特曼少校 (1922–1993)	空军	1944.8.25	第52战斗机联队(JG–52) 第3大队 第9中队中队长，中尉
19	赫尔曼·巴尔克装甲兵将军 (1893–1982)	陆军	1944.8.31	第4装甲集团军代理指挥官， 装甲兵将军
20	赫尔曼–伯恩哈德·拉姆克伞兵 将军 (1889–1968)	空军	1944.9.19	法国布雷斯特要塞指挥官， 伞兵将军

序号	姓名与最后军衔	军种	获勋时间	获勋时军衔和职务
21	海因茨·沃尔夫冈·施瑙费尔少校 (1922–1950)	空军	1944.10.16	第1夜间战斗机联队(NJG–1)第4大队大队长，上尉
22	阿尔布雷希特·布兰迪海军中校 (1914–1966)	海军	1944.11.24	东波罗的海U艇艇群指挥官，海军少校
23	费迪南德·舍尔纳元帅 (1892–1973)	陆军	1945.1.1	北方集团军群指挥官，上将
24	哈索·冯·曼陀菲尔装甲兵将军 (1897–1978)	陆军	1945.2.18	第5装甲集团军指挥官，装甲兵将军
25	特奥多尔·托尔斯多夫中将 (1909–1978)	陆军	1945.3.18	第340国民掷弹兵师师长，少将
26	卡尔·毛斯中将 (1898–1959)	陆军	1945.4.15	第7装甲师师长，中将
27	迪特里希·冯·绍肯装甲兵将军 (1892–1980)	陆军	1945.5.8	“东普鲁士集团军”指挥官，装甲兵将军

27名钻石骑士勋章得主中，有12人来自空军(其中7名昼间和2名夜间战斗机飞行员、1名俯冲轰炸机飞行员、1名伞兵将军和1名元帅)，11人出自陆军，2人为U艇艇长，2人为武装党卫军将军。他们中的莫尔德斯、马尔塞尤、隆美尔、诺沃特尼、舒尔茨、胡贝、伦特和莫德尔等8人未能幸存于战争，吕特在停战的当月被忠实执行自己命令的哨兵误杀。希特勒战时一直都亲自颁发钻石骑士勋章，但有4人例外：马尔塞尤还未来得及领受第4枚钻石骑士勋章就殒命于北非大漠；拉姆克在1944年9月19日被授予第20枚钻石骑士勋章时，他负责守卫的法国布雷斯特要塞即将城破，而他一天后就向美军第8军投降了；毛斯获得第26枚钻石骑士勋章时，已无可能前往柏林的总理府地堡领受勋章；最后一位钻石骑士勋章得主绍肯获勋时，希特勒已自杀一周有余，绍肯的勋章是由第三帝国末代元首邓尼茨下令颁发的。

27名钻石骑士勋章得主都是名动全德的战争英雄，也是纳粹宣传机器大加利用的宠儿，他们的战绩和经历频频出现在报纸杂志上，肖像也被印制在明信片上，印有他们头像的卡片甚至成为青少年们竞相收藏的宠物，孩子们可以用一个“隆美尔”换一个“加兰德”，或用一个“马尔塞尤”换好几个印有橡叶骑士勋章得主头像的卡片。这27人中既有被载入空战史册的十名最杰出的飞行员，也有知名度不高，甚至获勋资格都颇差强人意者，如第20位得主拉姆克(在美军围困下坚守布雷斯特要塞长达一个月，投降前夕被希特勒一天之内连续授予双剑和钻石骑士两枚勋章，颇有“安慰奖”的味道)及第22位得主布兰迪(后人称他是U艇部队的“高估之王”——上报战果为击沉敌船11万余吨，实际战果平庸得甚至不足4万吨)。他们中既有身后受到敌友高度称赞的模范军人(如莫尔德斯)，也有国家社会主义的忠实信徒(如戈洛布、吕特、鲁德尔、迪特里希、舍尔纳等)，更有试图通过逮捕希特勒来拯救德国的人物(如隆美尔和施特拉赫维茨)。幸存于战争的钻石骑士勋章得主都有或长或短的战俘营经历，他们的战后岁月也可谓大相径庭，既有加入西德新国防军并成为战斗机联队上校联队长的哈特曼，也有成功的企业家兼任“飞行员和平大使”的加兰德，还有晚景凄凉、始终不被袍泽原谅的戈洛布和格拉夫，更有被西德法庭判刑入狱的巴尔克和舍尔纳，当然还有成功跻身政坛的曼陀菲尔，更多的人则是在平淡的和平年月中追忆远去的叱咤风云。

希特勒梦想中的“千年帝国”只存在12年便被历史唾弃了，但在崩溃的前夜，即便失败的阴影已进入他杂乱无章的疯狂心绪，他依然在叫嚣：“取得最终胜利的将不是中亚，而是德国所领导的欧洲，我们在过去1500年里曾经保卫过欧洲，现在仍将继续带领欧洲抵御东方。”1944年12月29日，希特勒最后一次修订了1939年的相关法令，创设了钻石双剑金橡叶骑士铁十字勋章。他希望到战争最终胜利之时，以这种至高无上的勋饰褒奖12名最忠勇的战士——他的12名现代骑士，将像不列颠的亚瑟王手下的12名最勇敢、最忠实的骑士一样，与他们的元首在圆桌旁聚首欢宴。希特勒的“圆桌骑士团”之梦自然无法实现，但据说已有3枚，甚至多达6枚的金橡叶骑士勋章被制作出来，而且在1945年的第1天颁授给了第10位钻石骑士勋章得主鲁德尔(第2卷将有详细介绍)。德国报纸曾对此做过报道：“元首大本营 1945年 1月2日电。在1944年12月29日的一项法令中，元首创立了德国表彰勇敢的最高勋章——钻石双剑金橡叶骑士铁十字勋章。这种勋章将最多颁发12次。1月1日，‘殷麦曼’(对地攻击)联队联队长鲁德尔中校从元首手中接过了这一勋章，成为德国武装力量的首位获勋者。与此同时，为表彰鲁德尔中校作为飞行员和战士所取得的独一无二的战功、久经考验的英雄主义，元首已晋升其为上校。”四个月后，第三帝国彻底覆灭了，鲁德尔也就此成为唯一的金橡叶骑士勋章得主。

从技术上讲，铁十字勋章系列的顶峰是“大十字”勋章，就连金橡叶骑士勋章都位居其下，但“大十字”勋章的得主只有一人——被后人讥为“小丑”的帝国元帅戈林，显然他并不能代表真正的德国军人，如果把他作为战场勇敢的象征，那只能玷污了“勇敢”这一军人最重要的品质的真意，也只能是无视历史的荒唐闹剧。严格说来“二战”时期德国的最高战功勋章是仅有鲁德尔一人获得的金橡叶骑士勋章，但是，把他和其他26名军人获得的钻石骑士勋章视为最高战功勋章，应该并无大的不妥，毕竟，1500万德国军人中只有这27人获得了该等勋章。同理，朱可夫元帅、波克雷什金(Alexandr Pokryshkin)和阔日杜布(Ivan Kozhedub)这三位在“二战”中三获“苏联英雄”称号的军人，虽然理所当然地居于苏联最高军事荣誉群体的巅峰，但这并不妨碍后人认为，10000余名两次或一次获得“苏联英雄”称号的军人也是苏联最高战功勋章获得者群体中的成员。

本书试图以百万字的篇幅和大量罕见的历史图片，相对全面地讲述27位钻石骑士勋章得主们的战时经历和人生轨迹。我为撰写本书查阅了大量资料和相关著作，在阅读、分析和写作过程中，在以后人的眼光审视那些往事和历史图片时，我尽量抱着开放的心态和相对客观的立场，如实地记载这些军人的传奇经历。撇开战争的性质和意识形态的对错，我深深体会到这些军人的人生经历丰富多样，他们的战场勇敢并不逊于英美盟军和苏军的勇士们，他们的战功(尤其是飞行员)更给后人留下了“无数的惊叹号”。我的目的是既不“漂白”也不“涂黑”这些军人，既不“赞美”也不“挞伐”他们那些给受害国留下无数痛苦的战功，我只想把他们留下的那些“惊叹号”以数字和史实较完整地呈现出来。读者朋友们可以完全不同意书中的若干观点和评论，但如果大家在读完本书后能发出一声“了解了这些人那些事”的感叹，那么本人的一番努力就算没有白费。当然，由于涉及人物众多，资料繁杂，比对史料和滤掉纯粹传说的任务相当繁重，最主要的是能力和时间精力有限，本书错漏之处在所难免，敬请读者朋友、军事历史爱好者和专家们批评指正。

在本书首卷即将付梓之时，有两则新闻引起了我的注意。一则是2013年1月初的一篇报道：德国总理默克尔在探访德国海外驻军的家属时声称："我们向很多地方派遣了士兵。有时，我细看地图上德国士兵或者维和警察派驻的地方，发现很快就覆盖了整个地球仪！"视角独特且多少有些神经质的《纽约时报》将之解读为"德国海外驻军很快就会遍布全球，从而引发德国军事扩张的忧虑"。出于对不堪回首的那段惨痛历史的记忆，德国加强军事地位的举动及言辞自然会引起一些国家和德国国内某些人士的警觉与关注。包括德国官方不少人士在内的许多人则认为，随着驻欧美军的不断减少，德国在拱卫欧洲自身安全方面必须挺身而出。另一则是2013年1月26日的一篇新闻报道：默克尔在"大屠杀纪念日"(1月27日)即将来临的时刻，像她的诸多前任一样再次公开声称："……对于纳粹的罪行，对于'二战'中的受害者，特别是大屠杀的受害者，德国应承担起永恒的责任。这种反思要一代一代保留下去……要确保种族主义不会卷土重来。"交叉阅读这两条新闻的时候，我不由得感慨连连——纳粹德国的战争罪行在战后无疑得到了充分清算，战后的德国政府和人民也长时间地、痛苦深刻地反省全体国民的历史罪责，经历了漫长的岁月之后，德意志民族终于摆脱了历史的阴影，自信地引领着世界前进的步伐；同时，德国并没有忘记那段惨痛的历史，而是以持之以恒的诚意和行动向世人证明，德国将永久地棏别那段黑暗的岁月。我也不由得联想起本书27名曾获最高战功勋章的军人，他们是那个邪恶政权的"代表人物"吗？他们在战场上的奋不顾身和勇猛无畏到底都是为了什么？为了元首、勋章，还是祖国？从某种角度而言，这些人物的悲剧在于，他们心甘情愿地充任了纳粹战争车轮上一根根"光芒四射"的辐条，同时坚信自己仅仅是在履行军人的职责，他们追随希特勒踏入了万劫不复的深渊，却浑然不觉地自以为是在为国尽忠。即便如此，德国朝野和国民在战后坦荡反省的态度和作为，包括对待这些曾经的最高战功勋章获得者的立场(书中会有详述)，还是令人感佩不已。

本书的完成和出版得到了指文图书的罗应中先生的大力帮助，他在本书写作过程中一直给予热情的鼓励和帮助，并提出了很多见解独到的改进意见；我也必须向指文图书的编辑团队和出版社相关人士表示衷心的感谢；《较量》杂志总编刚寒锋先生在百忙之中挤出时间为本书撰写了序言并提出了富有见地的修改意见，在此致以真诚的谢意；我还应感谢关心我的著述的读者朋友们，他们的热情鼓励也成为我继续努力下去的动力来源。在最后定稿阶段，超级大本营军事论坛里读到本书前言的一些同好，在肯定本书立意的同时提出了中肯的批评和建议，包括shtuka-letchik、tvonk、commtek、reichsrommel、陈寿亭、近卫龙骑兵、拒绝再战、小河流水、我爱瑶瑶、raingun等(恕不能一一列举)，这里特向大家表示感谢。raingun 先生通过朋友为我提供了各语种的人名翻译手册，在此致以真诚的谢意。

最后，但绝非最不重要的是我想感谢我的家人，没有他们的宽容、理解和支持，想完成这种规模的一套大书在我而言是无法想象的。

汪冰

2013年2月

CONTENTS
目录

CONTENTS
目录

CONTENTS
目录

CONTENTS
目录

第1位钻石骑士最高战功勋章获得者莫尔德斯上校

（获勋时间1941年7月16日，图片为1940年获骑士勋章时所摄）

Chapter 01 第一章

“老爹”：维尔纳·莫尔德斯上校

“一战”中的德国空军曾涌现过一批王牌飞行员，其中有“红男爵”之称的里希特霍芬(Manfred Albrecht Freiherr von Richthofen)、被称为“空战战术之父”的波尔克(Oswald Boelcke)更是被偶像化的王中王，前者以击坠80架敌机的辉煌战绩被誉为空战天才，后者则被尊奉为空战史初期最伟大的创新先驱和战术领袖。“二战”中的德国空军更是人才辈出，一批受过良好训练、技术精湛、勇气超凡的年轻人，凭借性能卓越的战机和德国人首创的先进战术，取得了令人瞠目的空战战果。据统计，整个“二战”期间德国有107名战斗机飞行员取得了100次以上的空战胜利，[1] 其中包括“300胜俱乐部”的超级王牌哈特曼(Erich Hartmann，352胜)和巴克霍恩(Gerhard Barkhorn，301胜)，而英军头号王牌飞行员约翰逊(James E. Johnson)上校的战绩是34次独立击坠和7次合作胜绩，美军并列第一的两位王牌约翰逊(Robert S. Johnson)上校和加布雷斯基(Francis S. Gabreski)上校的战绩都是28架击坠，苏军飞行员阔日杜布上校则取得了62次空战胜利。[2] 面对如此巨大的差距，战后有不少英美人士妒火中烧，怀疑昔日的对手普遍夸大甚或虚报战绩，声称那些所谓的德军王牌在计算战果时按坠毁战机的发动机计数，更指责他们的指挥官劫掠下属的战果，把所有飞机员的战绩全都划归自己名下。按照他们傲慢而又可笑的逻辑，唯有如此德军才有可能产生如此众多的王牌——有10人在西线对垒盟国空军时胜绩达到100架以上，而在东线竟有9人击坠了200架以上的苏军战机。以击坠数论高下固然难免以偏概全，但德军王牌在战时普遍拥有难以想象的出战总次数，他们个个骁勇善战、经验丰富、技术精湛确也是不争的事实。在所有这些王牌中，有两名飞行员兼指挥官在德国和西方具有最高的知名度，即被誉为“二战波尔克”的莫尔德斯(Werner Mölders)上校和有“二战里希特霍芬”之称的加兰德(Adolf Galland)中将。

负有盛名的莫尔德斯出生于1913年3月，因飞机失事丧生于1941年11月，他短暂的人生和流星般的匆匆逝去，并未妨碍他成为德国最受人尊敬和怀念的空中领袖。“一战”中当波尔克和里希特霍芬先后阵亡时，英国空军都曾在空中掷下祭奠的花环以示敬意，莫尔德斯虽未获得这种骑士风范的际遇，但对手对他的惊人成就和战术创新也同样赞不绝口。他是世界上第一个超越里希特霍芬80架击坠记录的飞行员，也是第一个取得100次空战胜利的人，更是上千万德国军人中首位摘取钻石双剑银橡叶骑士勋章的人。莫尔德斯的不凡并不仅仅体现在战绩上，他还是一个卓越的战术创新家和教育者，更以其杰出的组织领导才能，在28岁时就令人难以置信地成为空军战斗机部队的总监。莫尔德斯丧生的消息借助电波传遍大街小巷时，数百万德国人的泪水曾夺眶而出，他们无法相信自己的英雄和偶像就这样翩然而去。纳粹政府为莫尔德斯举行了隆重的国葬，他曾任联队长的第51战斗机联队(JG-51)也被改称为JG-51“莫尔德斯”联队，使他和这个王牌联队像“一战”中的“里希特霍芬”联队一样也成为传奇。迟至1960年代末和70年代初，西德海军的一艘驱逐舰被命名为“莫尔德斯”号，空军第34通信团位于下萨克森州的菲瑟尔赫沃德(Visselhövede)的军营镌刻上了莫尔德斯的名字，多瑙河畔诺伊堡(Neuburg)的第74战斗机联队也被命名为“莫尔德斯”联队。[3] 德国素有用历史上的著名战将和军事家之名命名部队的传统，而莫尔德斯是唯一一位被海军和空军同时纪念的人物。

早年岁月：从不适于飞行到空军少尉

“你患有急性晕动病，不可能成为飞行员。”

一位一丝不苟的德国医生这一句短短的话，在眩晕中的莫尔德斯听来不啻于死亡判决书。时针定格在1934年，21岁的陆军少尉莫尔德斯第一次试图圆自幼的一个梦——加入空军成为一名翱翔蓝天的飞行员。刚从离心机测试椅中踉跄爬出的他，脸色苍白，浑身颤抖，虽然机器早已停止旋转，他的脑袋依然晕转不停。颇有怜悯心的医生看着呕吐不止的莫尔德斯，一边摇头、一边咂巴着舌头说：“少尉，你待在陆军更有前途，你不适合飞行。”

莫尔德斯成为飞行员的初次尝试就这样结束了，但以后的经历证明，这将是他短暂多姿的军旅生涯中唯一的失败。

1913年3月18日，莫尔德斯出生于北莱茵-威斯特法伦州盖尔森基兴(Gelsenkirchen)的一个教师家庭，他在家里排行第三，上有一个姐姐和一个哥哥。1914年9月，莫尔德斯家又添了一个男孩，但父亲维克托(Victor Mölders)作为后备役少尉已在月前随第145步兵团投入了“一战”，并在次年3月2日阵亡于法国的阿尔贡(L'Argonne)地区。[4] 随后，寡母安娜玛丽(Annemarie Mölders)带着三子一女返回哈弗尔(Havel)河畔勃兰登堡的娘家，莫尔德斯也在这个历史绵长、风景如画的地方度过了童年和青少年时代。莫尔德斯的一位舅父住在附近，他经常来照料他们一家，也时常带几个男孩子外出野营、狩猎或欣赏大自然的壮美。早年的这段经历使莫尔德斯觉得自己与大自然有难以言说的亲近感，野外狩猎也成为他成年后除飞行之外最喜爱的户外运动。求学阶段的莫尔德斯对体育运动有着广泛的兴趣，美丽多姿的哈弗尔河为孩子们提供了夏天划船游泳、冬天溜冰滑雪的天然场所。当莫尔德斯进入勃兰登堡著名的扎尔德里亚(Saldria)文理学校读书时，他完全迷上了赛艇运动，曾作为赛艇队主力帮助学校赢得过不少比赛，被接纳为“勃兰登堡赛艇俱乐部”成员后，他很快又成为青年桨手们的领袖。

莫尔德斯在勃兰登堡生活的日子里结识了天主教神父克拉维特(Erich Klawitter)，这位神父向他灌输了整套的天主教教义，使他逐渐成为一名虔诚的天主教徒和人道主义者。求学期间，莫尔德斯曾与弟弟维克托一起加入了“天主教青年运动”的学生组织“新德意志联盟”(Bund Neudeutschland，1933年被纳粹政权禁止)，日后成为军官时，他更是始终忠于自己的信仰——成名后的莫尔德斯的宗教信仰与纳粹教义时时发生冲突，但由于在战场上的巨大成功和影响力，纳粹当局只能无奈地给予容忍——早在1938年参加西班牙内战时，莫尔德斯就曾因宗教信仰和坚持人道立场而令上级不快，只不过由于德国迫切需要他的军事才华和战术创新能力，高层才没有过多追究他；1941年秋莫尔德斯举行了传统的天主教婚礼，这当然令纳粹宣传部门和一些政客感到不快，党卫队帝国保安总局曾向希特勒密报莫尔德斯的种种“不轨”行径，但元首破天荒地警告他们不得轻举妄动，教训他们“谁都不要碰这个体面端正的战士”。莫尔德斯从未背离过自己的信仰，宗教也为他提供了伦理道德上的支点，使他与一些完全拥抱国家社会主义理念并视之为信仰的军官形成了鲜明对照。他与飞行员们辩论时经常谴责纳粹政权的“过分”之处，也反对任何鼓吹种族仇恨的理论，丝毫不惧地为蕴含在朋友和敌人身上的真与善辩护。自然，他的言行和立场都会被报告给希姆莱，但当局一次次放过了这位家喻户晓的英雄。

莫尔德斯对早亡的父亲没有留下什么印象，但像同时代的许多男孩子一样，他也很早就在心里涌动着成为父亲一样的军官的念头。11岁那年，当那位宠爱他的舅父带着他到天上兜了一圈后，他发现自己真正的愿望是成为一名飞行员。不过莫尔德斯的理想至少在眼下还无法实现，战败的德国被凡尔赛条约禁止拥有空军，获准保留的陆军也有规模上的严格限制，即使想成为陆军候补军官，也必须经过严格的考核和激烈的竞争。1931年，18岁的莫尔德斯高中毕业时志愿加入帝国国防军，他幸运地被东普鲁士阿伦施泰因(Allenstein, 今属波兰)的第2步兵团接受了——该团在60名候补军官申请者中仅选录了3人。当年4月1日，莫尔德斯开始了十年的军旅生涯，新兵训练完成后，他在10月进入了德累斯顿(Dresden)军校学习(隆美尔此时正是该校的战术教官)。1933年6月1日，完成了军校学习的莫尔德斯被晋为二级中士候补军官(Fähnrich, 注：德军军衔体系中的 Fähnrich 和 Oberfähnrich 比较独特，中文译法很不一致，本书将之分别译为“二级中士候补军官”和“一级中士候补军官”)，同时调入第2步兵团第1工兵营1连，但很快又被派至慕尼黑工兵学校继续学习。在慕尼黑工兵学校的半年多被莫尔德斯自称为一生中最惬意的时段之一，除了学习工程原理、浮桥架设、驾驭战马车辆及大强度的山地训练外，他利用一切空闲时间到慕尼黑郊外的施塔恩贝格(Starnberger)湖驾船赛艇，充分享受水上运动强身健体的同时所带来的欢乐。他也与战友们时常攀登巍峨雄伟的阿尔卑斯山，壮丽的湖光山色也许使年轻的莫尔德斯觉得，做一名能与山川河流亲密接触的工兵军官或许也是相当不错的职业选择。

1933年冬，仍处于秘密状态的空军来到慕尼黑工兵学校招收志愿者，莫尔德斯闻之欣喜若狂，毫不犹豫地表达了成为众皆艳羡的飞行员的愿望。他提交了申请，也通过了几乎所有考核，但只在一项上卡了壳——离心机旋转测试令他眩晕不止、恶心难耐，这就是前面描述的那些场景。莫尔德斯在日记中留下了“我被打发回去时头晕恶心、面色苍白，他们说我不适合飞行”之类的文字，但他下决心不让身体缺陷妨碍自己的追求。通过大强度的训练并以最大的毅力克服晕动病的困扰，莫尔德斯在第二次测试中虽仍东倒西歪，但总算止住了呕吐感，医生也同意他可以有条件地参加飞行训练。1934年2月1日，一级中士候补军官 (Oberfähnrich) 莫尔德斯终于成为一名“适于承担某些职责的飞行员”。

此时的德国空军虽并不正式存在，但其基础已经奠定。航空部常务副部长米尔希 (Erhard Milch) 1933年即奉命启动了在1934年1月1日至1935年9月30日间产出4021架各型飞机的庞大计划，国内也存在着一支名为“德国航空运动协会”(Deutscher Luftsportverband，简称DLV) 的准军事化力量，其首脑就是“一战”中战绩仅次于里希特霍芬的二号王牌乌德特 (Ernst Udet)。另外，德国非常重视培养飞行员的工作，当时这个任务基本由名义上的民用飞行学校承担，如不伦瑞克 (Braunschweig) 和柏林附近的飞行学校，莫尔德斯开始飞行生涯的科特布斯 (Cottbus) 运输机学校也是其中之一。莫尔德斯入学后很快发现，相较于侥幸通过医生这一关，他还有更多更大的困难要克服。头一个月里，除经常性呕吐外，莫尔德斯还时不时感到剧烈的头痛。在战友眼中，飞行对莫尔德斯来说就是纯粹受罪，更是旁人无法忍受的自我折磨。他当然可以随时返回陆军继续做工兵少尉 (1934年3月1日授衔)，但这不是他的性格。他依靠纯粹的意志力，缓慢坚实地逐步战胜了身体缺陷，头痛恶心的次数逐渐减少了，程度也不再那么剧烈，就这样他一步步完全控制了身体的不适反应，之后迅速成为所有学员当中成绩最优、表现最佳的佼佼者。

莫尔德斯在运输机学校受训期间，空军的首支战斗机单位——JG-132联队 (JG-2“里希特霍芬”联队的前身) 于1934年4月1日正式创建。不过，它的公开身份是在各地上空飞来飞去打广告或进行表演的单位，其联队长格莱姆 (Robert Ritter von Greim) 少校“一战”中曾以28次击坠的战功摘取过“蓝色马克斯”最高战功勋章，担任JG-132联队长前曾在中国帮助蒋介石政府组建空军，“二战”谢幕前被希特勒晋升为元帅和空军总司令。德国在1934年时已拥有41个飞行单位，分散在6个所谓的空军军区 (Luftkreis) 里，当然这些单位的军事职能全都隐藏在无关痛痒的代号或假名之下：装备了“道尼尔 11”(Dornier Do-11) 中型轰炸机的单位被称为“汉萨飞行学校”；莱希费尔德 (Lechfeld) 的轰炸机作训单位负责Ju-52飞行训练，顶着的头衔却是“德国航空气象局”的研究部门；布伦瑞克的运输机学校掩饰着He-46 侦察机训练的真面目；普伦茨劳 (Prenzlau) 的轰炸机飞行员们也在“州农业虫害控制单位”的幌子下接受Ju-52训练……[5] 飞行员训练的规模急剧扩大的同时，成千上万的军士和士兵也从陆军集体调入呼之欲出的新空军，这些高水准的志愿者几乎毫无例外地都拥有学习新军种和新技术的强烈意愿与能力，他们的加入使空军的基地和航站等的建设规模也在扩大。1934年8月1日，老迈的总统兴登堡去世，希特勒成为独裁大权集于一身的国家元首，身在科特布斯的莫尔德斯与成千上万的官兵一样，按照国防部长勃洛姆堡的命令，宣誓效忠于“德意志帝国和人民的领袖、武装力量最高统帅”希特勒。作为前陆军军官，莫尔德斯曾宣誓效忠魏玛共和国并誓死捍卫宪法，现在改为效忠希特勒个人，而且新誓言的首句即为“我向上帝起誓”，不知年轻的莫尔德斯如何在自己宗教的主人和世俗的新王之间寻找平衡?

科特布斯的训练生活一直持续到1934年的最后一天。1935年初，莫尔德斯与4名战友一起来到位于图托 (Tutow) 的空战学校进一步受

▶ 摄于1933年6月，20岁的莫尔德斯结束了德累斯顿军校的学习，进入第2步兵团工兵营任职，不久后被派往慕尼黑工兵学校学习。

▲ 摄于1925年的勃兰登堡，12岁的莫尔德斯与弟弟维克托（左一）和姐姐安娜玛丽（Annemarie）在一起。

▲ 摄于1933年，莫尔德斯三兄弟，左一为哥哥汉斯，左二为弟弟维克托。

▲ 摄于1934年春，莫尔德斯经过努力成为科特布斯运输机学校的一名学员。他在这里一直待到1934年最后一天，驾驶过包括AI-102、He-45、Ar-66等在内的多款战机，图中的飞机是一架Fw AI-101D型教练机。

Verleihungsurkunde

Ich verleihe dem

Leutnant Werner Mölders

das Abzeichen für

Flugzeugführer

Berlin, den 21. Mai 1935

Der Reichsminister der Luftfahrt

I.A.

1935年5月21日,莫尔德斯获得了飞行员证书和徽章,图为他的飞行员证书,此时的莫尔德斯已从"不适于飞行"成为一名合格的飞行员。

1936年3月7日,德军开进了被凡尔赛条约划为非军事区的莱茵兰地区,图为德军战斗机中队飞越莱茵河上空时的情景。莫尔德斯此时为JG-162联队第1大队飞行员(当年4月1日即被调往JG-134第2大队),他的中队也参加了此次行动。飞行员们在杜塞尔多夫着陆时受到当地百姓的热烈欢迎,希特勒同日在国会演说时曾煽情地说道:"我相信德国谋求平等权利的努力可以说告一段落了。"

▲ *1936年4月20日希特勒生日这天，莫尔德斯晋升为中尉。*

训。2月26日，戈林以航空部长的身份向世界公开了德国空中力量的存在，这时空军拥有16个中队，但5个月后就翻了三倍，一线部队已拥有1833架战机，其中多为轰炸机和侦察机，Ar-64、Ar-65和He-51等战斗机只有250余架。当年5月21日，莫尔德斯在慕尼黑附近的施莱斯海姆(Schleißheim)战斗机飞行学校取得了新设立的飞行员证书和徽章。

1935年7月，完成了战斗机飞行员全部训练的莫尔德斯被分派到驻什未林(Schwerin)的JG-162第1大队，这个战斗机联队的全称中有一个响亮的名字——"殷麦曼"，纪念的就是"一战"中的空战英雄殷麦曼(Max Immelmann)。莫尔德斯在什未林大队一直服役到次年3月底，期间结识了未来的妻子巴尔德奥夫(Luise Baldauf)女士。1936年3月7日，在德军开进莱茵兰非军事区的行动中，莫尔德斯与战友们曾驾机飞翔在莱茵河的两岸。4月20日希特勒生日这天，莫尔德斯晋升为中尉，不过此时他已改任JG-134"霍斯特·韦塞尔"(Horst Wessel)联队第2大队作战训练中队的中队长，顶头上司是"一战"中取得过32次空战胜利的奥斯特坎普(Theodor "Theo" Osterkamp)少校。奥斯特坎普作为莫尔德斯的早期导师和上级对后者产生过较大影响，有"特奥大叔"之称的他也非常赏识年轻的莫尔德斯中尉，而后者更是时时处处向这位长者学习，尤其是大队长对待下属的热情、骑士风范和优秀的领导才能。1940年时，已经名满全德的莫尔德斯从奥斯特坎普手中接过了JG-51联队，并将之塑造成王牌云集的精英集体。不过，JG-134全名中嵌入的"霍斯特·韦塞尔"并非里希特霍芬或殷麦曼之类的空战王牌，而是一名据信兼职充任皮条客的纳粹冲锋队员，更是与飞行和空战无论如何都扯不上干系的一名纳粹狂徒。韦塞尔于1930年2月丧生，虽然关于其死因有多种说法，但纳粹党掌权后戈培尔的宣传部门对其极尽美化之能事，把他描绘为一名"在与布尔什维克的搏斗中献出生命的烈士"。当然，这些背景是莫尔德斯等普通军人当时无从得知的，但在引人注目的战斗机联队的全称中嵌入纳粹冲锋队员的名字，足见纳粹党对空军的影响之深、控制之严，也难怪彼时曾流传着这么一种说法——海军仍在追忆逝去的帝国，陆军属于共和国时代，只有空军是纳粹的产物。

西班牙内战："秃鹫军团"的头号王牌和战术创新家

西班牙共和国于1936年7月爆发了内战，以民族主义者佛朗哥(Francisco Franco)为首的右翼势力公开叛乱，他们迅速攫取了许多城镇和重要设施，但马德里和巴塞罗那等最重要的枢纽仍在共和政府控制之下。佛朗哥向欧洲最大的两个法西斯政权——德国和意大利伸出了求援之手。希特勒视此为扩大德国影响力的绝佳机会，同时也乐于看到西班牙出现一个同情纳粹的法西斯政府，于是命令戈林负责为佛朗哥军队提供援助和装备。德国人的动作很快，空军的首批战机和军人7月底即在赶往西属摩洛哥的路上——为帮助佛朗哥向马德里进军和尽快结束战争，德国空军的He-51战斗机和Ju-52运输机部队奉命将摩洛哥的20000名殖民地军人和装备经直布罗陀海峡运往西班牙。这一航空史上的首次大规模空运大获成功，但当苏联派出飞机、装备和顾问团支持共和党人，而意大利独裁者墨索里尼也派出空军和地面部队援助佛朗哥时，西班牙内战迅速升级为一场国际性冲突。此后，希特勒解除了德国军人不得直接参战的禁令，决定全力帮助佛朗哥对付共和党人，其目的既包括防止苏俄共产主义在该地区的进一步扩散，也试图通过壮大佛朗哥的实力来牵制德国的世敌法国，当然也想借此机会检验德军的战斗力、战术和装备，于是德国军援和直接帮助的规模在随后数月里急剧扩大。1936年11月，德国组建了所谓的"秃鹫军团"(Condor Legion)，包括轰炸机和战斗机大队各一个及一个侦察机中队，拥有战机约100架，参战飞行员、地勤、高射炮兵和通信兵总计约5000人。[6]“秃鹫军团”的指挥官是戈林的臂膀之一施佩勒 (Hugo Sperrle) 少将，参谋长则是里希特霍芬 (Wolfram Freiherr von Richthofen) 中校——这位“一战”王牌飞行员是“红男爵”里希特霍芬的远亲，有着柏林工大博士头衔的他不仅是公认的空军技术专家，更被后人称为“‘二战’期间空军最杰出的战术家”，1943年2月还被希特勒晋升为元帅。“秃鹫军团”除空军人员外，还包括一个营的坦克部队以及负责训练佛朗哥海军的德国海军官兵。整个西班牙内战中，约有两万名德国军人以轮战的方式先后参战。

“秃鹫军团”组建不久，一心想以实战检验自己成色的莫尔德斯就向大队长奥斯特坎普提出了参战要求，后者虽向上级做了举荐，但莫尔德斯还得耐心地等待轮战机会。结果，莫尔德斯没有等到期盼的参战机会，却在1937年3月15日被调到威斯巴登 (Wiesbaden) 的JG-334联队担任第1大队1中队中队长。JG-334的联队长勒尔策 (Bruno Loerzer) 上校是戈林的密友，“一战”之初戈林甚至还为他担任过僚机。莫尔德斯在JG-334一边抓紧训练年轻飞行员，一边焦虑地等待自己的机会。一年后的4月他总算如愿以偿，奉命前去接替即将回国的加兰德，出任第88战斗机大队 (J-88) 第3中队中队长。出发前夕，心情颇为忐忑的莫尔德斯曾给兄长汉斯写过一封遗书：“……需要考虑的事情都已办妥了。这很有必要，以防我再也见不到你们。我内心里总有一种很奇怪的信念，即我什么事都不会出的。我已将个人财物和东西都分配好了，你和维克多都会收到应得的那一部分……”[7]

加兰德自1937年5月起即在J-88任职，由于任期已满且另有任用，他急需一位替换自己的中队长。新来的中队长刚到一周，还未完成交接，就死于一场战机相撞的事故。总部又派来一位中队长，但加兰德认为此人不称职，很快把他打发回国了。空军总部注意到了加兰德对替代者的高标准，甚至是挑剔，决定不再为他无限制提供人选，他们告诉加兰德：“将再给你派一位中队长，但这是最后一次。莫德尔斯是我们的最佳人选，期待你能与他很好地合作。”[8]加兰德战后曾回忆说，他当时对这道命令相当不满，他不喜欢被强迫着留下“这个叫莫尔德斯的伙计”，因为总部的荐语听起来就是对人的一个挑战。[9] 1938年4月下旬，化装成普通游客的莫尔德斯来到了西班牙，也很快见到了加兰德，但后者似乎不太友好，冷淡之余夹杂着半信半疑。此时的加兰德无论如何也无法预计到，这个英俊的中尉很快将成为他的好友，并在几年后成为他最大的竞争对手。即便在战后的几十年里，当任何人提及德国空军最著名的人物时，他们两人的名字必定会同时出现。有一位美军上校曾在1970年代说过，即便莫尔德斯去世30多年了，他和加兰德在受昔日战友的挚爱和尊敬方面都还是竞争对手。

加兰德的冷淡没过多久就变成了热情接受，因为莫尔德斯很快向他和全大队证明了总部的推荐绝非浪语，尤其是他的工作热情和高效率令加兰德深受感染。5月份加兰德准备动身回国时曾向上级报告说：“莫尔德斯中尉是出色的指挥官和优秀的飞行员，他拥有杰出的领导才华。”有后人说莫德尔斯在慕尼黑附近的飞行学校受训时曾是加兰德的学生，这种说法不足为凭，否则很难解释加兰德初见莫尔德斯时的态度，另一方面也与史料不符——加兰德确曾在1934年10月后任职于施莱斯海姆战斗机飞行学校，但他并非教官，而是“恶补”因8个月的步兵军官训练而被荒废的飞行课程。另外，加兰德在1935年3月末即被调至JG-2“里希特霍芬”联队，而莫尔德斯同期正先后在科特布斯、图托和慕尼黑学习训练，两者的经历并无交集，他们二人的最初相识事实上就是在西班牙内战期间。

莫尔德斯接手J-88第3中队时，中队使用的

▲先任"秃鹫军团"参谋长、后任指挥官的里希特霍芬少将。里希特霍芬是德国空军有名的技术专家,"二战"中先后担任过第8航空军军长和第4航空队指挥官,1943年2月晋为元帅,被当代历史学家称为是"二战"德军最杰出的空战战术家。

▲ 摄于1938年4月下旬，莫尔德斯抵达西班牙后不久从加兰德手中接过了J-88第3中队中队长职务，并在半年的作战中击落敌机14架，成为“秃鹫军团”的头号王牌。

▲ 莫尔德斯加入J-88时，只有他的第3中队还在使用老旧过时的He-51战斗机。图中的He-51虽难以抗衡对手的伊-16战斗机，但在对地攻击、俯冲轰炸和近距离空中支援等方面尚能一显身手。莫尔德斯中队在1938年7月初换装最新型的Bf-109 战斗机，之后迅速改变了战场天空的胜负态势。

▲ 摄于1938年夏，J-88第3中队的一次战前晨会，图中的战机为Bf-109，左一手持地图者即莫尔德斯，图片中间另一位手持地图的军官为弗佐 (Josef Fözö) 中尉。奥地利飞行员弗佐在西班牙内战中击坠过3架敌机，“二战”中曾获24次胜利，1941年7月1日获得骑士勋章，后任JG-51第1大队大队长，1944年出任作战训练联队JG-108的联队长。

▲摄于1938年秋，作战间歇中的莫尔德斯。

▲莫尔德斯在西班牙内战期间最大的贡献并不仅仅是击落了14架敌机，更主要的是他在其他飞行员协助下发展并完善了“四指编队”战术，这一先进战术加上飞行员们获得的经验和心理优势，以及卓越的战机性能，帮助德军在“二战”之初一度支配了天空。图为4架Bf-109组成的“群”(四机编队) 正执行任务。

▼1938年10月18日，莫尔德斯因个人战功和领导才能被提前晋升为上尉。图为身着佛朗哥军队军服的新晋上尉莫尔德斯正心情愉快地向远处眺望。

▲ 莫尔德斯1938年12月初离开西班牙回国。图为“秃鹫军团”战绩最高的三名飞行员：左一为12胜的舍尔曼(Wolfgang Schellmann)中尉，1937年12月中旬起他担任J-88第1中队中队长，“二战”开始后先在JG-2任大队长，后任JG-27联队长，苏德战争爆发当天失踪后音信杳无。左二为11胜的哈德(Harro Harder)中尉，他在舍尔曼之前任第1中队中队长，1940年7月，当莫尔德斯担任JG-51联队长时，哈德上尉接过了前者留下的JG-53第3大队大队长职务，但在当年8月12日被英军击落后失踪。

▲ 摄于1939年6月6日，希特勒向莫尔德斯、加兰德和里希特霍芬等28位“秃鹫军团”的军人颁发镶有双剑钻石的金质西班牙十字勋章，帝国总理府还为所有有功人员举办了盛大的招待会。图中正向希特勒(背对镜头)行礼的即为莫尔德斯，希特勒左边是戈林，莫尔德斯右边是哈林豪森(Martin Harlinghausen)少校，他是“秃鹫军团”轰炸机与鱼雷机大队(AS/88)的指挥官。

主要机型还是He-51双翼战斗机，这种老旧过时的战机虽在对地攻击和近距离空中支援方面表现不错，但终非性能优良的战斗机，也无法与苏联支援共和党人的伊-15和伊-16等战机在空中抗衡。伊-15战斗机还因外观酷似美军的"寇蒂斯F9C雀鹰"(Curtiss F9C Sparrowhawk)，也被德军飞行员称作"寇蒂斯"。当时，J-88的第1和第2两个中队均已换装Bf-109战斗机，吕措(Günther Lützow)中尉任中队长的第2中队驾驶着性能卓越的Bf-109正席卷着西班牙的天空，这曾一度令加兰德既羡慕又嫉妒。不过，第3中队在1938年7月初终于换装使用Bf-109 B-2和C-1等新型战斗机，胜利的天平于是开始朝着莫尔德斯和他的第3中队倾斜。

1938年7月15日，莫尔德斯收获了平生的第一次空战胜利。当日，他带着6架Bf-109战斗机在空中巡航，在瓦伦西亚(Valencia)上空他发现了远处有一些移动中的小点，他一边向飞行员们发出准备接敌和进攻的信号，一边将战机向上拉升了约500米。随着距离的拉近，这些小点越来越清晰，他识别出那是一些"寇蒂斯"战斗机，有40到45架之多。莫尔德斯一方仅有6架战斗机，还都是些驾驶Bf-109进行初战的"新手"，但对方似乎还没有发现他们。莫尔德斯当时相当紧张，瞪圆双眼，胸口怦怦跳个不停，结果由于开火过早而偏离了第一个目标。莫尔德斯正为自己的紧张和愚蠢感到懊恼时，又突然发现一架"寇蒂斯"的炮口正对着他，他吓得七窍生烟，赶紧驾机避开。与此同时，他注意到一架敌机已被击中起火，而一架Bf-109也似乎正在垂直下落——莫尔德斯当时祷告这架战机能很快恢复平衡，千万不要首战即出现机毁人亡的悲剧。就在电光火石之间，莫尔德斯发现两架"寇蒂斯"正向自己冲来，他迅速降低高度，打算从敌机下方发起攻击——两架敌机中居后的一架察觉了他的意图后迅速逃走了，但前一架仍浑然未觉。莫尔德斯在近距离内瞄准这架战斗机时，飞行员手册中的作战规程和要领仿佛一下子都涌现在脑海中，他冲着敌机越来越大的机身狠狠地开了火，只见对方先战栗了一下，而后迅速起火，拖着长长的烟柱向地平线尽头栽去。莫尔德斯取得了首胜，拉开了一个卓越飞行员不断获胜的序幕。其他敌机见状纷纷逃逸，莫尔德斯等人也不恋战，抵近基地时他摆动着机翼，告诉地面上的人们自己取得了一次击坠。当天摆动机翼报捷的还有两人，一个是取得中队首胜的利佩尔特(Wolfgang Lippert)少尉(他在西班牙的总战绩是5胜，"二战"中又斩获了25次胜绩，他1941年11月23日在北非被击落，截肢后因病菌感染去世)；另一名飞行员就是日后取得了127胜、官居JG-1联队长的厄绍少尉。

可能是首胜留下的印象特别深刻，莫尔德斯对空战得失进行了反复分析和思考。他意识到，自己在接敌时由于过于兴奋或紧张而过早开火，而当敌机攻击他时，他又陷入了不应有的恐慌，直到冷静下来后才按照战术规程的要求击落了敌机。因而，缺乏经验的飞行员取得首胜、并保全自己的先决条件就是克服初战的紧张与恐慌。莫尔德斯后来担任大队长和联队长时，总是特别重视帮助新人克服紧张情绪，竭力教会他们如何取得首胜并获得心理优势。很多飞行员，包括一些战绩后来远超莫尔德斯的王牌，都承认正是由于莫尔德斯的教诲，他们才能幸存于残酷的空战。莫尔德斯还认为Bf-109虽是优秀的战斗机，也足以战胜对手的绝大多数战机，但面对伊-16时并不占优势。因外形圆胖而被德军称作"耗子"(Rata)的伊-16拥有更高的滚转率，比Bf-109能更快地进入平飞状态，甚至还能在德机编队的中间进行转弯。莫尔德斯意识到，鉴于双方战机的数量相当、质量互有高下，战胜对手和取得空中优势就只能依靠更优越的战术编队技术。

莫尔德斯到西班牙之前，J-88大队装备的Bf-109数量相当有限(否则第3中队也不用等到1938年夏才换装)，德军只能使用6架Bf-109为轰炸机编队护航，而通常的做法是由9架战斗机分3组从三面保护编队。但6架Bf-109分3组护航的做法却意外地取得了很好的效果，也很快成为为轰炸机编队护航的标准战术。[10] 这一战术很可能启发了勤学善思的莫尔德斯，他在厄绍和伊勒费尔德（Herbert Ihlefeld）等人协助下创立了新的中队编队战术，即所谓的“四指”编队。

“一战”中的波尔克和里希特霍芬率先在德国空军引入并发展了编队飞行战术，当时他们的创新已足以把孤狼般单打独斗的对手逐出天空，也开启了编队间空战的新时代。后来各交战国纷纷采用了密集队形战术，“一战”结束前夕还时常能看到大批战斗机在空中缠斗的场景。战后直至1930年代后期，各国空军仍在使用发轫于“一战”的作战编队战术——其基本单位由3架战机构成一组，飞行形态呈“V”形，3或4组战机组成一个中队，而多支这样的中队再加入相当复杂的大规模编队投入空战。德国新空军公开后，这种战术也曾占据上风，原因之一就是各大队和联队的指挥官基本都还是“一战”时的王牌，而曾给他们带来极大荣誉的实战经验都是在密集编队战术的指引下取得的。这种情况直到莫尔德斯及其伙伴们将“四指”编队战术纳入实战才出现了突破。

在这种“四指”编队里，最小的基本战术单元从3架战机减为2架，飞行员按要求需成对飞行。每“对”（德语为“Rotte”）战机组成了一个双机编队，两架战机要保持较大的间距和一定的高度差异，而两“对”则组成了一个“群”（德语为Schwarm）。[11] 每个“群”的4架战机所组成的四机编队，在空中的形态颇似张开的手掌除拇指外的四指，多个（一般为3至4个）这样的“四指”就构成了中队队形。双机编队中的长机主要负责进攻，多由能力强、经验丰富、射术精湛且善于发现敌机的飞行员承担，僚机则一般负责保护长机的尾部和侧翼。类似的，在由4架战机构成的四机编队里，一对主要承担攻击职责，另一对则负责保护以防被偷袭。

这种“四指”编队甫一出现，似乎就比密集队形战术有着更加开放灵活的优势。首先，在密集队形战术中，飞行员们得时刻注意保持相当精确的队形，这无疑大大分散了飞行员搜寻敌机时的注意力，甚至还会带来意想不到的危险。其二，“四指”编队战术的运用扩大了对天空的实际覆盖范围，飞行员有可能成倍地提高发现敌机并将之击落的几率。在新编队战术中，每个飞行员的视域都可能达到最大化，而在密集编队中他们的视域有很大一块被自己人的机翼所遮挡。其三，“四指”编队内战机间距的拉大也降低了己方被攻击或误击的可能性。30年代中后期的战斗机在速度与性能上与“一战”战机已不可同日而语，这些火力强大的战斗机若仍以密集队形投入空战，那么每架战机上的机炮和机枪甚至有可能误伤和击落自己人。还有一点不容忽视的是，近现代无线电技术的发展和应用已使编队中的战机不必再保持近距离飞行。由此可见，“四指”编队战术对提升德军战斗机部队的战斗力和保护自身的能力具有重大意义，也是适应时代技术进步和战争进程需要的一项重大创新。当其他国家的战斗机还沿袭着密集队形战术，并以僵硬的先后顺序投入空战时，提供了灵活性和安全感的“四指”编队战术无疑令德国空军如虎添翼。莫尔德斯的战绩和“秃鹫军团”的战损率即是最好的明证之一。

不过，也有后人认为莫尔德斯并非“四指”编队的原创者。比科尔斯（Richard Bickers）在其著作《冯·里希特霍芬》中指出：“有‘二战’德军飞行员认为，伟大的创新家和战术领袖波尔克才是‘四指’编队的创始者。波尔克在‘一战’中就曾在自己的部队尝试和宣传这一战术。但他的思想在‘一战’后逐渐湮灭了，因而未能影响到‘二战’。在西班牙的德国战斗机飞行员重新拾起了这一想法，并将之发展成理想的编队战术，即‘四指’编队。”[12] 笔者无意介入这一争执，但无论如何，莫尔德斯至少在传承和发扬空战战术、将"四指"编队规范化方面是非常关键的人物，应该给予他应得的赞扬，伦敦的帝国战争博物馆时至今日，仍然将这种空战队形称为"莫尔德斯编队"并不是没有来由的。

7月15日取得首胜后，莫尔德斯在17日和19日又分别击落了伊-15和伊-16战斗机各一架。稍稍停顿之后，他在8月19日至11月3日间先后击坠了10架伊-16战斗机和1架SB-2轰炸机，另外还有数架无法确认的战果。无论是作为飞行员还是指挥官，莫尔德斯的表现均堪称上乘，他也因之在1938年10月提前晋升为上尉，并在12月初时戴着西班牙内战头号王牌飞行员的桂冠返回了德国。"秃鹫军团"的飞行员们在空战中取得了击毁敌机327架的战绩，自身的战损仅72架，其中多数还是冬季飞行时的意外事故所致。而有些飞行员甚至声称，这些战绩还是在他们并未全力以赴的情况下取得的，如吕措上尉回国后就曾写道："……有一些因素制约着德国战斗机飞行员的热情和进取心，诸如我们事实上并非为自己的人民而战，多在敌方领土的纵深执行任务，此外也有责任保护那些难以替代的高水准官兵。我们只在自己的战机处于危险中时才会全力以赴……"[13]

"四指"编队战术的成功是西班牙内战带给德军的一份厚礼，莫尔德斯回国后曾被战斗机总监部调去工作了几个月，重要职责之一就是总结和撰写新的战斗机战术条令，使"四指"编队成为空军的标准编队战术。这些新战术使德国空军在1940年面对英法空军时占有明显的优势，因为对手们当时仍在使用效果不佳的密集编队战术。[14]"四指"编队战术当然不是德军唯一的收获，几乎所有史家都同意这样一种观点，即"二战"之初的德军之所以能在军事上势如破竹，与其空军和装甲部队在西班牙内战中获取了经验，并借以检验了技战术和武器性能等有密切关系。德国把几乎所有型号的战机、高射炮和通信设备都拿到实战中检验了一番，除了把He-51战斗机转为辅助性地面攻击武器、而后又充作教练机外，Bf-109战斗机、He-111中程轰炸机、Ju-87俯冲轰炸机等都是在西班牙上演的首秀，而这些战机作为"二战"之初的空中利器曾发挥过重要的作用。德国还测试了88毫米重型高射炮，除了对付敌机外，它还被用来攻击坦克和防御工事等目标。鉴于轰炸机部队在西班牙内战中的事故率居高不下，德军此后异常重视夜间飞行、仪表飞行和恶劣天象条件下的飞行训练，这又使其在1940年时比任何对手都更长于夜间作战。德国人还从空运佛朗哥军队的行动中领悟到空运部队与装备的重要性，迅速组建了一支具有相当规模的运输机部队。此外，德国也意识到组建一支高效机动的机场勤务部队是支援空战的必要条件，到"二战"开始时德军已拥有相当庞大的机场勤务、维修和补给部队，能帮助战斗机、轰炸机和俯冲轰炸机部队等尽可能近地靠近前沿提供支援。这种高效率转场和重新部署以及靠近前沿提供支援的能力，使德国空军能够保持着远超任何对手的出击作战率。

西班牙内战也为德军检验作战理论提供了机会，为数不多的兵力和战机之所以能取得不成比例的战场表现，关键在于空军与佛朗哥地面武装之间形成了相当有效的地空协同作战体系——"二战"爆发时，德国是各交战国中唯一一个在计划制定和训练中把地空协同作为焦点的国家。光是作战理论的棋高一筹、指挥官们的实战经验更加丰富，就足以让德军在"二战"之初占尽上风。"秃鹫军团"进行过几乎所有种类的重大空战，既有针对关键工业目标的战略打击，也有针对港口、铁路和交通线的战术轰炸，还有袭击机场和争夺制空权的作战，更有最多曾涉及200架战机的大型作战——这些战争方式是1939至1940年时的任何国家都不曾体验过的。约有20000名飞行员、技师和地勤等在西班牙内战中获得了宝贵的第一手经验，许多日后的著名飞行员兼指挥官，如莫尔德斯、加兰德、吕措、纽曼 (Edu Neumann)、特劳特洛夫特 (Johannes Trautloft)、伊勒费尔德、厄绍等都从中获益匪浅。这些人在并不轻松的空战中积累了技战术和心理上的双重优势，回国后他们又在各自的作战联队或飞行学校广为传播经验体会。所有这些因素使德国空军在1939至1940年时成为世界上最强大的空军，正如历史学家科勒姆 (James S. Corum) 所总结的那样："德国空军在西班牙内战中的参与，既是这支力量之绩效的核心要素，也为它在1939–1940年对垒波兰、法国和英国空军时奠定了优势。"[15]

年轻的"老爹"：从中队长、大队长到联队长

西班牙内战的成功为莫尔德斯带来了与其年龄、军衔和地位并不相称的影响力。莫尔德斯回国之后，战斗机部队总监荣克 (Werner Junck) 上校将他调来担任了3个月的参谋，负责将"四指"编队战术进行标准化和规范化，而他也借助自己和总监部的影响力，努力使新战术伴随着新技术和飞机性能的发展而更加完善。1939年3月15日，莫尔德斯调任JG–133第1大队第1中队中队长，第1大队的前身就是莫尔德斯赴西班牙前的JG–334第1大队，而两个月后该大队又改为JG–53的第1大队。6月6日，希特勒向莫尔德斯、加兰德等"秃鹫军团"成员颁发了镶有双剑钻石的金质西班牙十字勋章，并在帝国总理府为参战人员举办了盛大的招待会。

1939年9月1日德军对波兰的闪电突袭拉开了"二战"的帷幕。莫尔德斯中队此时正驻扎在德国西部边境，负责在摩泽尔(Mosel)–萨尔(Saar)–普法尔茨 (Pfalz) 一线进行空中巡逻。莫尔德斯在"二战"中的首次空战发生在9月8日，但这一天他收获的却是失望。在与法军的几架H–75A战斗机交手时，他不仅未能取得任何战果，自己的发动机反而出现了故障。他试图驾机返回威斯巴登的基地，不到半程时发动机突然停止了运转，不得不在比肯费尔德 (Birkenfeld) 附近的一片草地上紧急迫降。莫尔德斯背部受伤，虽不甚严重，但也使他在往后的11天里无法出战。这些日子里，JG–53第1中队在中队长缺席的情况下取得了6次击坠，格里姆林 (Walter Grimmling) 上士还独得两元。[16] 莫尔德斯既为战友感到高兴，又对自己有些懊恼，尤其是他的弟弟维克托驾驶着Bf–110驱逐机已在波兰收获了首胜，还获得了二级铁十字勋章。

莫尔德斯于9月20日迎来了自己的"二战"首胜，他在边境击落了法军的一架"寇蒂斯"P–36战斗机，也因之获得了二级铁十字勋章。他在作战报告中曾做过如下描述："我与其他3架战斗机前去拦截特里尔 (Trier) 以南的6架敌机……我绕了一个大圈后爬到敌机上方，朝着最靠后的敌机发起了攻击。我在约50米的距离开火，那架'寇蒂斯'的尾翼开始不住地摇晃。又一通射击后敌机冒出了浓烟，碎片也开始脱落，然后它一头向下栽去。由于我得保护自己免受其他新到敌机的攻击，我没有再留意那架敌机的下落。"[16]

9月底时，只有两个大队的JG–53准备扩编组建第3大队，这个任务交给了已内定出任大队长的莫尔德斯。莫尔德斯并不是首次经历这种扩军过程，但以往的扩编都有其他联队的班底，这次只能从第1和第2两个大队抽调人手，重点是从外部调入新人。结果，莫尔德斯高效率地完成了任务，两周内聚拢了40名飞行员和48架战斗机，10月10日他就骄傲地向新任联队长克莱因 (Hans Klein) 少校报告说第3大队已做好了参战准备。随后两个星期里，恶劣的天气使升空作战几无可能，莫尔德斯也直到10月30日才收获了个人的第2次、同时也是第3大队的首次胜利——当天，也是在特里尔上空，他在50米距离内将一架英军轰炸机击坠在摩泽尔河里。莫尔德斯第3大队在11月间表现非常出色，JG–53整个联队当月击落的11架敌机中，就有7架来自于

▲ 1939年9月，JG-53第1中队中队长莫尔德斯上尉正与他人交谈着。他穿的似乎仍是"西班牙式"军服。

▲ 摄于1939年9月20日，莫尔德斯击落了一架"寇蒂斯"战斗机，赢得了二级铁十字勋章。图中背景是莫尔德斯的Bf-109E战斗机。

他的大队。

总体而言，波兰战役结束后直至1940年上半年的这段时间里，西方盟国与德国隔着边境对峙，基本上没有大的战事，而德军则利用这一段所谓"静坐战争"的相对和平期，系统地总结自己在波兰战役中的得失、纠正战术和组织结构上的缺陷。莫尔德斯大队除了大强度的训练外，基本都是沿着边境执行巡逻和侦察任务，他的个人战绩提升得也较为缓慢。1940年4月2日，莫尔德斯收获的第7次击坠战果为他赢得了一级铁十字勋章。1939年9月至1940年5月前，他在西线一共进行过18次空战，取得了击坠9架、成功率高达50% 的战果。

1940年5月10日，德国发动了针对法国和低地国家的战争。头四天里，莫尔德斯大队与JG-53另两个大队一样都鲜有接敌的机会——德军的战略是以荷兰和比利时方向的佯攻把英法盟军的注意力完全吸引到北翼，从而掩护南翼德军在阿登山区展开的主攻。JG-53的飞行员们分成两批，一批为轰炸马奇诺防线后方目标的轰炸机编队护航，另一批则继续执行8个月里一直承担的任务——在法德边境的萨尔地区进行空中巡逻。德军的真实作战意图到了5月14日开始显现，A集团军群的多个装甲师和摩托化步兵师已从"装甲部队无法穿越"的阿登山区破茧而出，开始了扑向英吉利海峡、拦腰切断英法盟军的长途奔袭。摆在这些摩托化机动部队面前的一道重大障碍是浩大绵长的马斯河(Meuse)，为铲除古德里安第19摩托化军在色当(Sedan)建立的马斯河桥头堡，英法盟军派出了几乎所有的轰炸机前来阻挠德军的渡河作战。但是，由于行事匆忙，许多批次的英法轰炸机编队甚至都没有战斗机护航，结果遭到德军战斗机和高射炮的血洗，14日这天也被称为“德军战斗机飞行员的大日子”。JG-53三个大队都参加了色当空战，但出尽风头的并非莫尔德斯大队，而是扬松(Lothar von Janson)上尉的第1大队——该大队当日取得了击毁35架轰炸机和战斗机的骄人战绩(其中的20架敌机竟是在35分钟内被击落的)，第1中队击坠了15架敌机，中队长迈尔(Hans-Karl Mayer)一人就收获了5胜。第2大队声称击落了3架法国战机，但即便这点战果也未得到确认；莫尔德斯大队当天声称击毁了7架战机，不过只有3架得到确认，其中的一架“飓风”战斗机成为莫尔德斯的第10个牺牲品。

随着德军突破了马斯河天堑并向英吉利海峡东北沿岸全力扑去，JG-53并没有亦步亦趋地追随装甲部队的脚步，而是又承担起为轰炸机编队护航的“传统责任”。第1大队在这一阶段的战绩明显减少，第2大队依然萎靡不振，唯有第3大队一花独放——5月后半程里莫尔德斯的飞行员们取得了击落敌机近50架的战绩。5月18日，莫尔德斯手下的第7中队中队长维尔克(Wolf-Dietrich Wilcke)中尉被击落后跳伞求生，但未能及时归队。莫尔德斯焦虑地等了几天，希望这位炮兵将军之子能幸运地落在德占区，但到21日时他失去了耐心，发出了维尔克中尉失踪的通知——他并不知道这位未来将取得162胜的双剑骑士勋章得主已被法军俘虏，更意想不到半个月后自己也将面临同样的命运。21日当天，莫尔德斯率部与50余架英法战斗机进行了激战，他个人斩落了3架“莫拉纳-索尼埃”(Morane-Saulnier)MS-406型战斗机，到25日时他的个人记录已达18胜。27日，第3大队在法国亚眠西北与一批法军“寇蒂斯”战斗机进行了短暂的激烈空战，莫尔德斯本人收获了第19和第20胜，尤其是第20次击坠使他一夜间从军内名人跃升为知名度甚高的战争英雄。莫尔德斯当时飞在第8中队的最前列，当他发现6架法军战斗机正毫无警觉地向前沿飞去时，他带着手下绕了一个大圈，准备从法国腹地的方向出其不意地进攻敌机机群。莫尔德斯在接受战地记者采访时曾描述过此番空战：

“大家跟紧了，进攻！我们就像突如其来的风暴一样从高空向毫无警觉的敌机发动了进攻。我瞄准了后面靠右的那架敌机，潘腾(Panten)少尉对准了左边的一架，而穆勒(Friedrich-Karl Muller)少尉赶到我们前头准备攻击带头的那架。‘布洛克’(Bloch)战斗机！我已能清楚地看见它们机尾上的蓝白红三色条纹——一米一米地接近，冷静仔细地瞄准——命中目标了！我射出的炮弹和子弹把敌军的破飞机打成了筛子。又一架法军战斗机被击毁了！周围都是我们的战斗机，它们都在向各自的靶子射击。第二群4架梅塞施密特战斗机赶到了我们前面，他们正在进攻前头的那几架敌机，每架‘布洛克’都被身后的一架Bf-109死死咬住，敌机根本没有还手之力。库纳特(Kunert)少尉击落的敌机正燃烧着坠落，飞机坠地爆炸时发出的巨响表明我们已干掉了4架。敌机机群的指挥官仍在不停地摆动和困惑地翻滚，但我穷追不舍。他的战机也摔在地上爆炸了，离库纳特解决的那架敌机不远。潘腾少尉也命中了最后剩下的那架法军战斗机，后者只得紧急迫降。”[17]

莫尔德斯在飞行记录里准确记载了被他击落的是两架“寇蒂斯”战斗机，但是不知何故，在接受采访时却称敌方战机均是“布洛克”。莫尔德斯和战友们在此番空战中击坠了6架敌机中的5架，而在下午的另一场空战中，大队的另一批飞行员又击坠了5架法军战斗机，且自身无一伤亡。5月29日，作为首位取得20次空战胜利的飞行员，莫尔德斯获得了战斗机部队的首枚骑士级铁十字勋章，戈林亲自将这一当时至高无上的荣誉授予给他，国防军战报也首次提到了

▲ 摄于1940年5月初的威斯巴登—埃尔本海姆基地，莫尔德斯（后排右五）与JG-53第3大队的军官和军士们合影。莫尔德斯胸前佩戴的是4月2日获得的一级铁十字勋章，除他以外似乎无人再戴有铁十字勋章。

▲ 摄于1940年5月底、6月初，战斗机部队的首位骑士勋章得主莫尔德斯返回基地后，JG-53的官兵们为他举行了庆祝仪式。

他的名字。

法国战役第一阶段结束时，德军装甲部队抵达了海峡沿岸，敦刻尔克的英法联军余部也成功地撤回英格兰，法国东北部已被德国完全控制。德军第二阶段的作战任务是消灭索姆 (Somme) 河和埃纳 (Aisne) 河以南的法军，但在地面作战展开之前，空军先进行了代号“保拉”(Paula)的大规模作战，重点轰炸大巴黎地区的机场、飞机制造厂和相关军事目标。JG-53 的三个大队参加了6月3日开始的“保拉”作战，负责为轰炸机编队护航和进行空中自由猎杀。JG-53当日收获了14次胜利，其中包括莫尔德斯的2次，至此他总共执行了130余次作战任务，但一直青睐于他的好运似乎在6月5日这天用完了。当天中午前莫尔德斯已击落了2架敌机，但在下午5时后的又一次空战中，法国空军少尉波米耶-莱拉盖斯 (René Pomier-Layrargues) 偷袭得手，射出的子弹将莫尔德斯的战机从头到尾打成了筛子，但后者奇迹般地毫发无损。莫尔德斯曾如此忆述道：

“……我们飞行在约700米高度，突然发现了6架‘莫拉纳’战斗机！当我准备进攻时，发现有外单位的2个Bf-109中队正从后面和上面进攻。他们离我很近，于是我后撤了一点，在上面观战……观察了一会儿后，我向一架已受到3架Bf-109攻击的‘莫拉纳’发起了进攻……身后都是我们的梅塞施密特战斗机，这时我的高度大约是800米。突然我的驾驶舱发出很大的声响，还冒出了火花，座舱一下子黑了下来。油门被打成了碎片，控制杆也被打坏了，我的座机迅速地垂直着向下栽去——该跳出去了，否则就永无机会。我按下弹射按钮，座舱罩顿时飞了出去，我那值得信赖的座机也最后一次提起机头，给我机会打开安全带和离开座椅。总算自由了！”[18]

莫尔德斯随后打开了降落伞，伞降过程中看到钟爱的座机已完全失控，“就在落地前一刻它的机尾朝天，似乎不愿意相信自己在征服了25个对手后竟落得这般命运，然后垂直地栽到地上，熊熊大火立时而起。”[18] 莫尔德斯发现周围没有敌机，都是一些关注其命运的Bf-109，但他还是随风漂移了约60公里，最后落在贡比涅以西的一处法军炮兵阵地附近。莫尔德斯降落后拔出手枪，打算消失在一处玉米地里，但法军很快从四面八方围了上来——与之前的维尔克等人一样，莫尔德斯也将在战俘营度过法国战役的剩余阶段。被俘后，莫尔德斯提出与击落自己的飞行员见面握手，但惊讶地得知他在击落自己后不久就阵亡了。法军的记录是这样写的：“波米耶-莱拉盖斯少尉射出的子弹将一架Bf-109打着起火了，德军飞行员立刻跳离了飞机。这个飞行员不是别人，正是莫尔德斯上尉，第195摩托化重炮团3营的炮兵俘虏了他。在与4架敌机进行空战时，波米耶-莱拉盖斯少尉在考利 (Cauly) 又击落了一架Bf-109。随后他遭到6架敌机围攻，被打得很惨。他的‘地瓦丁’(Dewoitine) D-520 战斗机像支火把一样坠毁在马里塞尔 (Marissel)，飞行员本人阵亡。”[19]

莫尔德斯失踪的消息传到德国本土时，国人无不深感震惊—— 一周前他们刚从广播和报刊上认识了这个大名鼎鼎的英雄，怎么突然间就消失了呢？法军的战俘审讯记录曾说，莫尔德斯被俘的最后一刻还能保持相当的镇定，身上除了一张与戈林的合影外没有任何身份文件。据说，抓获莫尔德斯的士兵曾用枪托砸他并踢他，扇了他耳光后还抢走了骑士勋章，但第195摩托化重炮团团长巴苏斯 (Bassous) 上校见到莫尔德斯时，颇有骑士风度地向他致歉，不仅归还了勋章，还特意将之安排到图卢兹 (Toulouse) 附近一座条件相当不错的军官战俘营。[20] 没过多久，曾经的“欧洲第一陆军强国”就在纳粹的铁蹄下瑟瑟发抖，到6月底已举手投降了。莫尔德斯也很快地重获自由，6月30日时还被带去面见德军第15摩托化军军长霍特 (Hermann Hoth) 将军，回国后又受到戈林的亲自接见。为安抚这位英雄，戈林命人将殴打爱将时最卖力的一名法军士兵判处死刑，莫尔德斯听说后反复央求戈林放过此人—— 他并不怨恨这个士兵，反而还带有些许敬意，执拗不过的戈林只得依从。莫尔德斯也是幸运的，因为德军在停战后发现，愤怒的法国人曾杀害过不少被俘德军飞行员。莫尔德斯回国后与善待他的巴苏斯上校保持着联系，据军史家弗拉施卡 (Günther Fraschka) 声称，莫尔德斯与巴苏斯两家即便在他们都离世多年后还保持着联系和交往。

莫尔德斯随后获得了3周休假，7月19日晋升为少校，次日升任JG-51联队长，而他的前任正是升任第2航空队战斗机部队指挥官 (Jagdfliegerführer) 的奥斯特坎普。27岁的莫尔德斯是当时最年轻的联队长，尤其是考虑到多数大队和联队指挥官都还是"一战"中的飞行员，就更衬托出这位新一代王牌的领导能力已得到高层的认可和戈林的信任。

莫尔德斯的过人之处并不局限于他的高超技艺和领导才干，更在于他成熟稳重的行事风格和良好的个人品行，这些使所有曾与他共过事的战友都深感钦佩。早在"秃鹫军团"时期，J-88第3中队的飞行员们就已称他为"老爹"，而这个称呼往往用在那些资深年长、足智多谋，且如父亲般关怀下属的军官身上。莫尔德斯领导JG-53第1中队时，他的"老爹"昵称在空军里更是广为人知，大家都知道这个老成持重、颇受下属敬爱的年轻人。德语中"老爹"写作"Vati"，发音则作"Fatty" (即英文的"胖子")。尽管莫尔德斯中等身材，体重只有155磅左右，但战友们还是愿意称他为"Vati"。其实，莫尔德斯的外貌十分标致，曾有一位熟悉他的医生这样描述过："莫尔德斯是个很漂亮的人，对男子来说他几乎太漂亮了。他的面部像雕凿过一般简直堪称完美，身形轮廓也自然而然地吸引人们的注视。他的肤色、皮肤的纹理和色泽即便最漂亮的女人也难以媲美。但是，他没有丝毫的女气。当他富有穿透力的眼睛凝视着你，尤其是他毫不动摇地接受和施用权威时，下属、同僚乃至上级都不由自主地倾听和服从。"[21]

JG-53 和JG-51的飞行员们都愿意称莫尔德斯是他们的"老爹"，还因为他也是一个出色的导师和教官，他有能力，也愿意教导年轻人学习空战战术，竭力帮助他们尽快熟悉和掌握空战要旨。维克 (Helmut Wick) 就是受过莫尔德斯特别关照的飞行员之一，1939年初时他曾在莫尔德斯的JG-53第1中队任少尉飞行员，1940年10月刚满25岁时，他就被擢升为JG-2"里希特霍芬"联队的少校联队长。维克固然是才华禀异之人 (一年多就从少尉直升为少校联队长)，但他短暂炫目的飞行生涯正是在莫尔德斯的指引和帮助下起步的。功成名就的维克曾在1940年末丧生前留下过这样一段话：

"当我这个少尉加入JG-53第1中队时，就像人们常说的那样，我就是个一文不值的小角色。正是莫尔德斯——钻石金质西班牙十字勋章得主、王牌中的王牌——一手塑造了今天的我。莫尔德斯不知疲倦地训练我们，陪着我们一起飞行，描述他的经验，讲解空战的要领和现实情况。当我在基地里扮演了4个月的僚机角色后，他给了我机会——允许我向敌机进攻。我则抓住了这些机会，我一直对他的作为充满感激！莫尔德斯是我的导师，在我看来，他就是集第一流的导师、最棒的上级和真正的同志于一身的完美组合。他是每个在他手下工作过的飞行员的榜样。我每次执行任务的每一秒钟里他都是我的榜样。我还想说，他就是把我培养成一名有用的飞行员和军官的那个人。我在扬松少校的大队、莫尔德斯上尉的中队的那段时光，无疑奠定了我日后成功的基石。"[22]

1940年11月28日，维克少校在不列颠空战中被击落，他的座机拖着浓烟坠入了海峡。由于过早战死，维克在德国内外和战后并没有什么知名度，但其上级、战友和对手无不给予其极高的评价，否则他不可能25岁就执掌JG-2"里希

▲ 佩戴骑士勋章的莫尔德斯骄傲地站在自己的Bf-109E座机前。奇怪的是，战机垂直尾翼上显示的是18次击坠，而非20次。这架战机确属莫尔德斯，因为第3大队此时战绩居次席的加鲁宾斯基（Hans Galubinski）中士仅有4胜。有人猜测说这架Bf-109E是莫尔德斯的备用座机，因而未显示出他在5月27日取得的那两次胜利。

▶ 图中笑得非常开心的莫尔德斯上尉，可能又收获了一次胜利。

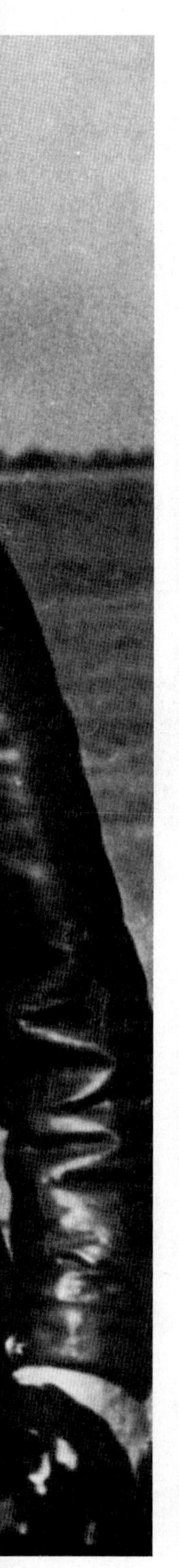

◀ 图为法军飞行员波米耶-莱拉盖斯少尉。1940年6月5日，正是他击落了莫尔德斯的座机。在当日稍后的另一场空战中，他遭到6架德军战斗机的围攻，不幸阵亡。

▼ 随着德军取得法国战役的完胜，莫尔德斯也结束了短暂的战俘经历。这张非常难得的图片反映的是他被解救出来后，面见第15摩托化军军长霍特（左一）将军时的场景。

特霍芬”这一王牌联队。维克是真正的天才，对战机的掌控和飞行技术的把握有着与生俱来的天赋，他不仅目光敏锐，而且在空战中极富攻击性。这样一位王牌的毫无保留的称赞和感激，当然凸显了莫尔德斯的人格魅力和无私作风，他的“老爹”称号可谓实至名归。曾在JG-51担任莫尔德斯副官的格拉塞尔（Hartmann Grasser，103胜的橡叶骑士勋章得主），与所有同莫尔德斯共过事的人一样都为后者的魅力和才华所折服，战后他曾这样说过：“……莫尔德斯是个杰出的导师和教官……他拥有战术上的才能和出众的战术想象力。他的成熟超出了年龄……我能幸存于战争完全是蒙莫尔德斯所赐，他不仅教会我如何进行空战，也教会我怎样在战斗中保全自己和安全返回。他的飞行员们都愿意为了他献身。”[23]

不过，很有教养、乐于助人的莫尔德斯并非毫无原则的老好人，而是时刻不忘作为指挥官承担的各种责任和必须执行的军事纪律。格拉塞尔对此也曾写道：“莫尔德斯是个很有教养又十分聪明的人，他有着常人不具有的好性格。他从不拐弯抹角，有极强的逻辑分析能力，具备天生的领导才华。他愿意倾听每个人的意见。他恪守纪律，但从不粗暴，理解其他人也会犯错。他唯一不能容忍的是违背战场纪律。”[24] 有一个事例可以说明莫尔德斯在待人友善的同时又是如何坚持权威和原则：不列颠空战期间，有一次他看到JG-51第1中队中队长约平（Hermann-Friedrich “Jupp” Joppien）上尉向一列火车发起了攻击，当时他气愤填膺，罕见地责骂了比自己还年长一岁的约平，教训他要学会区分军事目标和民用目标。不过，这并未影响莫尔德斯对约平的赏识，他后来提拔约平担任了第1大队大队长。约平于1941年8月28日阵亡于东线，曾以70次空战胜利获得橡叶骑士勋章。[25]

JG-51的徽章是绘在盾牌上并被圈在圆圈里的一只秃鹫，莫尔德斯早年的导师奥斯特坎普

▲ 图为JG-2“里希特霍芬”联队少校联队长维克。维克可能是莫尔德斯带出来的最卓越的王牌飞行员，1940年11月末阵亡前取得了当时最高的56次击坠胜绩。图中他站在自己的Bf-109战斗机旁，方向舵上显示出43次击坠的标记。

◀ 左图为莫尔德斯与他的副官兼僚机飞行员格拉塞尔。格拉塞尔曾在700次作战中取得过103次胜绩，是橡叶骑士勋章获得者。右图为莫尔德斯手下的王牌飞行员约平，他曾因攻击民用目标受到前者的呵斥。约平获得21胜后于1940年9月16日获颁骑士勋章，1941年8月28日阵亡于东线。

带领该联队在海峡沿岸取得过击落敌机175 架、自身损失29架的出色战绩。莫尔德斯赶来履新时，新旧联队长进行了长时间对话，奥斯特坎普少将试图把自己对不列颠空战的认识和想法都悉数传授给他。[26] 7月28日，莫尔德斯在出任联队长后的首次作战中，在多佛(Dover,又译多佛尔) 北部击落了一架“喷火”战斗机，但他的座机也遭到6架英军战斗机的追逐，Bf-109的冷却系统和油箱均被击中。他虽然勉力摆脱了对手，但到达法国海岸后发动机停止了工作，着陆时更无法打开起落架。成功迫降之后，莫尔德斯才发现自己的大腿和左脚均中数弹，这些伤势让他在医院里静养了四周。长期以来，人们认为击中莫尔德斯的飞行员是皇家空军第74战斗机中队的南非籍王牌马兰(Adolph Gysbert Malan)，然而近年的研究表明，这个幸运儿更有可能是第41战斗机中队的韦伯斯特(John T. Webster) 上尉。不过，韦伯斯特在一个多月后的9月5日，坠机丧生了。

莫尔德斯住院期间，奥斯特坎普又暂时代理JG-51联队长，并取得了自己被禁飞前的最后一次空战胜利。莫尔德斯归队后，准备带队参加为“海狮行动”夺取制空权的所谓“猎鹰”作战。联队里的一名年轻飞行员引起了他的特别注意，这就是日后将获得双剑骑士勋章的贝尔(Heinz Bär)。莫尔德斯见到贝尔的第一刻起就意识到后者身上有着巨大的潜力，认为他的某些特质，如胆大心细、目光敏锐和出色的飞行技巧等，能帮助他成为一名优秀的战斗机飞行员，因而对他格外关照和留心指导。贝尔与其他人一样，也尊称仅比自己大一个礼拜的莫尔德斯为“我们的老爹”。贝尔战后曾写道：“莫尔德斯是一个充满勇气、积极向上的人。他是我无比尊敬的导师。我们大家都试图模仿他。他像父亲那样照顾大家，告诉我们每一件需要知道的事情，试图帮我们成为像他一样优秀的战斗机飞行员……”[27] 这时的贝尔已是一颗冉冉升起的明星，20次击坠已记在他的名下，苏德战争爆发后他还将取得更多的战果，最后以220胜跻身于精英战斗机飞行员之列。

莫尔德斯从8月26日开始稳步提升个人的战绩，到9月20日前先后击落了1架“寇蒂斯”、5架“喷火”(Spitfire) 和6架“飓风”战斗机，总战绩达到了38胜。9月20日当天，莫尔德斯在击落了2架“喷火”战斗机后将个人战绩提升到40胜，是所有飞行员中第一个达到这一高度的，为此，希特勒下令将第2枚橡叶骑士勋章授予莫尔德斯。获此勋章的第一人是希特勒最喜爱的将领、在挪威的纳尔维克(Narvik) 之战中立下奇功的山地兵将军迪特尔(Eduard Dietl)，而莫尔德斯最大的竞争对手加兰德也在4天后将总战绩提升到40胜，成为第3位橡叶骑士勋章得主。

随着空战的白热化，英军逐渐放弃了以往的密集编队战术，转而采用莫尔德斯的“四指”编队，这当然既令他欣慰又使他深感忧虑，因为皇家空军是德国飞行员最可怕的对手，他们在战机质量、飞行技术和英勇程度等方面并不比德军逊色多少。到1940年10月12日，莫尔德斯已执行了196次作战任务，击落了45架敌机，而全联队此时已击落了超过500架的敌机。不过，对手也让莫尔德斯联队付出了惨痛代价，不仅伤亡和失踪了一批飞行员，莫尔德斯自己的弟弟维克托(JG-51第1大队第2中队中队长) 也在10月初被击落，并与其僚机飞行员一起被俘。10月25日，莫尔德斯成为第一个击落50架敌机的飞行员，为此他获得了提前晋升为中校的奖赏。11月11日，JG-51的一批飞行员在为轰炸机编队护航时，在泰晤士河口上空与英军展开了激烈的空战。莫尔德斯当日因重感冒和发烧而无法出战，但他坚持在作战室里通过无线电追踪空战进展。莫尔德斯最亲密的朋友、第1中队中队长克劳斯 (Georg Claus) 中尉未能返回基地，有同行者报告说看见克劳斯掉进了海里。这时，神志不清的莫尔德斯在自己短暂的军旅生涯中第一次、

▲莫尔德斯栽培的另一超级王牌贝尔，他的总战绩高达220胜，是双剑骑士勋章获得者。本图摄于1941年7月的东线，贝尔中尉时任JG-51联队第12中队中队长。

◀图为英国皇家空军第74战斗机中队的南非籍王牌飞行员马兰。长期以来人们认为，在1940年7月28日那天，几乎将莫尔德斯葬送在英吉利海峡中的那个飞行员就是马兰，但近年的研究表明，第41战斗机中队的韦伯斯特上尉更可能是这个幸运者。无论如何，马兰都是英军最杰出的飞行员之一，他位列英军飞行员战绩榜第2位（32胜），1941年晋为上校，1943年末时先后指挥过多支战斗机联队。

◀1940年9月23日，希特勒在柏林总理府亲自将第2枚橡叶骑士勋章授予莫尔德斯。4天后，战绩也达到40胜的加兰德获得了第3枚橡叶骑士勋章，这两位超级王牌之间的激烈竞争就此拉开了大幕。

▶1940年10月初，莫尔德斯的幼弟维克托（JG-51第1大队第2中队中队长）中尉被击落后成为英军战俘，图为维克托被俘数周前的一张照片。

▼1940年9月，乌德特上将来到海峡前线探访新一代的空军指挥官们，从左至右依次为JG-3第3大队大队长巴尔塔扎（Wilhelm Balthasar）上尉、JG-51第3大队大队长厄绍上尉、JG-26联队长加兰德少校、乌德特上将、JG-51联队长莫尔德斯少校、JG-26第1大队大队长平格尔(Rolf Pingel)上尉。在所有这些人中，只有加兰德和平格尔幸存于战争（平格尔1941年7月10日即被英军俘虏，1947年获释）。

▲ 1940年10月，第2航空队指挥官凯塞林元帅视察莫尔德斯联队。凯塞林无论走到哪里或在何种情况下，脸上总是带着招牌式的微笑。

▲ 1940年10月25日，莫尔德斯取得了第50次空战胜利。图为第2航空队战斗机部队指挥官奥斯特坎普少将向莫尔德斯表示祝贺和听取后者汇报时的场景。图片正中的军官是JG-51第3大队大队长厄绍上尉。

▲ 1940年10月29日时莫尔德斯的战绩达到了54胜，图为他的座机Bf-109 F1 (序号5628 SG+GW)，方向舵上清晰地显示出54次击坠的标志。

▲ 1940年11月11日，莫尔德斯失去了最亲密的朋友克劳斯中尉 (左二)。总胜绩27胜的克劳斯是JG-51第1中队中队长，当日在泰晤士河口上空的空战中失踪。

也是唯一一次失去了理智，他有些失态，甚至是狂躁地下令立即进行空海救援。看到飞行员们面露难色，他命令准备好自己的座机，由埃贝勒(Friedrich Eberle) 少尉陪他一起飞向海峡。随后几小时里，莫尔德斯和埃贝勒在泰晤士河口地带无望地搜寻着只怕早已沉没的Bf-109。在这趟非常贴近英国海岸的危险飞行和搜索中，虚弱的莫尔德斯当然是对手极易猎取的靶子，所幸的是，一遍遍地绕着河口低空盘旋时并没有英军战机前来干扰，最后他只能在油料即将耗尽时无奈地返回。

12月1日，莫尔德斯收获了1940年的最后一次击坠，总战绩达到55胜，不过，此时战绩最高的既不是莫尔德斯，也非加兰德，而是取得了56胜的维克。但是，莫尔德斯和加兰德都还有机会继续提升个人战绩，维克的记录已经到此为止了——他在11月28日的空战中被对手击落，跳伞落入海峡后消失在茫茫大海之中。据说，就在当日，维克升空后不久JG-2联队部就收到了严禁他升空作战的命令，但命令来得太迟了，否则德国空军又要多一位像加兰德和莫尔德斯那样的超级王牌和优秀指挥官了。

超越里希特霍芬：第一位钻石骑士勋章得主

1940年12月起，JG-51暂时调离海峡前线，莫尔德斯和下属们也休了一个长假。次年2月初，联队重返海峡前线，莫尔德斯也在2月26日收获了第60胜。此时的不列颠空战已趋尾声，德军未能实现令英国皇家空军和英国人民屈服的目的，自身损失非常惨重，被打残的俯冲轰炸机部队早在1940年9月即基本撤出了战场，为轰炸机编队进行“捆绑式”护航的战斗机部队也经受了沉重打击。入侵英国的“海狮”计划早被束之高阁，希特勒正紧锣密鼓地准备突袭东方的苏联。

1941年4月15日是“特奥大叔”奥斯特坎普的49岁生日，他邀请了加兰德和莫尔德斯等一起庆祝。莫尔德斯当天刚收获了第63胜，而路程较远的加兰德在赶往奥斯特坎普官邸的途中，竟然还溜到英格兰南部上空寻机击坠了两架敌机，取得了第59和第60胜。在当日的聚会上，两人还曾非常起劲地谈起各自的几次击坠。也许是觉得加兰德已非常接近自己的战绩，莫尔德斯次日即将一架“喷火”和一架“飓风”战斗机斩落马下，个人记录又提升到65胜。国防军4月18日的战报曾专门提及这两位王牌在15日和16日的胜利——他们之间的竞争早已成为人们茶余饭后的热门话题。

5月10日夜，德军对伦敦进行了最后一次大规模轰炸，而后不列颠空战正式宣告收场。莫尔德斯两天前收获了自己在西线的最后一胜(第68胜)，飞行记录显示出他已进行了300余次作战飞行。必须承认，莫尔德斯和加兰德都是经验丰富、射术精准、反应敏捷的卓越飞行员，此外运气也似乎格外青睐他们，且不说击坠敌机近70架的战绩，光是从70次空战中完身而退就足够幸运了，交战各国中参战一次就被击落的不知凡几，更有多少人一直都负责掩护王牌飞行员和指挥官，自己却从未有机会向对手开上一枪。

1941年6月10日，莫尔德斯从杜塞尔多夫飞往东普鲁士的前进基地，准备率领JG-51参加入侵苏联的战争。6月22日晨7点，希特勒向全国发表广播讲话时称：“今天，我决定再次把帝国和人民的命运与未来置于我们的战士手中。愿上帝在这场规模空前的角逐中护佑我们。”当希特勒在这个本应宁静祥和的星期天说这番话时，2000架德军战机已经对苏联境内的机场和军事目标进行了狂轰滥炸，北方、中央和南方三大集团军群的300万地面德军及仆从国军队，在7000门大炮和3300辆坦克支援下，已经沿着从波罗的海到黑海的宽大正面入侵苏联。历史上规模最大的一场浩劫在这一天拉开了帷幕，出其不意而又占尽优势的德国空军三日内即摧毁了2000架苏军战机，之后迅速转变角色，为闪

▲ 摄于1941年2月26日，兴高采烈的莫尔德斯离开座舱，当天他刚收获了自己的第60胜。

◀ 1941年4月15日是奥斯特坎普的49岁生日，他特别邀请了海峡前线的几位联队长前来聚会。从左至右依次为：吕措中校（JG-3）、加兰德中校（JG-26）、奥斯特坎普、马尔灿中校（Günther von Maltzahn，JG-53联队长）和莫尔德斯。

◀ 摄于1941年4月15日奥斯特坎普的生日聚会期间，莫尔德斯正在讲解他的空战经历。左一为加兰德，右一是奥斯特坎普。加兰德赶来之前刚刚斩获了两架敌机，想必也按捺不住地想讲解一番吧！

◀ 莫尔德斯在杜塞尔多夫的办公室里工作时拍摄的照片。

◀ 摄于1941年6月10日的杜塞尔多夫机场，图中的Bf-109 F2是莫尔德斯的座机，方向舵上显示出在苏德战争前夕他的战绩达到了68胜。莫尔德斯当日驾驶这架战斗机飞往东普鲁士，准备率领JG-51参加入侵苏联的战争。

▶ 莫尔德斯位于杜塞尔多夫的办公室。这是一张非常著名的照片，由莫尔德斯的妻子拍摄，时间大约是在1941年5月中下旬。

电战术的另一翼——装甲部队提供有力的地面支援。"巴巴罗萨"计划的初期目标——"装甲部队借助纵深突破和大胆推进消灭苏联西部的军队，决不允许有战斗力的苏军撤入广袤的腹地"——似乎在最初几日里正有条不紊地实现。

22日清晨，莫尔德斯率领8架Bf-109战斗机升空后，在与4架苏军战斗机的交手中收获了自己的东线首胜。莫尔德斯一行返回基地不久，就有苏军轰炸机编队前来报复，德军飞行员迅速升空迎敌，意外地发现对方竟没有战斗机护航！其结果可想而知，一场空中屠杀在所难免，所有来袭的轰炸机均被击落，莫尔德斯也斩获了其中的2架。中午时分，又一支苏军轰炸机编队前来拔掉莫尔德斯联队这个钉子，等待他们的依然是全军覆没，莫尔德斯又收获了1次击坠，使其个人总战绩上升到72架。当日，他成为第2个获双剑骑士勋章的军人，而第1人则是昨日刚把战绩提升到70胜的加兰德。

莫尔德斯联队在苏德战争的首日击毁了69架敌机（联队的总胜绩超过了750次击坠），而整个第2航空队则击落了210架敌机，还摧毁了528架停在地面未及起飞的战机。有资料表明，德国空军当日在空中一共击落了322架战机，摧毁了地面上的1489架军机，总数达到了令人瞠目的1811架，而自身仅损失35架！[28] 6月23日，又有775架苏军战机被击毁在机场上。头一个星期里，杀得兴起的德军战斗机部队与轰炸机部队密切协同，将苏联红军的空军的前线力量几乎撕成碎片。战事爆发满一个月时，约有5000架苏军战机被击落或摧毁，好战的德军飞行员们在天空中几乎都找不到猎物了。初期的轻易得手和大胜，令席卷天空的德军飞行员高度兴奋，纷纷陶醉于睽违已久的空中统治力。平心而论，在经受过波兰、法国战役以及不列颠空战洗礼的德军面前，此时的苏联空军根本不是对手。德军飞行员普遍发现，相较于技术更精湛、英勇程度上也堪称棋逢对手的英军宿敌们，东线的空战要容易得多，施泰因霍夫（Johannes Steinhoff，总战绩176胜，其中148胜来自东线）就曾用"像打野鸭一样"来描述交战之初对手的不堪一击。造成这种局面的原因很多，比如德军的突然进攻、苏军准备不足、飞行员缺乏经验且技战术落后等，当然德军飞行员的作战经验和心理优势也是重要原因之一。即便到了"二战"后半程，当苏军飞行员的技战术水准已经迎头赶上、战机数量远超对手、质量上也不遑多让之时，这种心理优势依然深植于德军飞行员的心中——他们一直坚信自己比对手更出色，这使德国空军在最困难的1943至1944年仍能产出众多的王牌，总战绩352胜的哈特曼就是最突出的代表。另外，德国空军一直强调飞行员个人的勇敢、独立和创造性，这些观念始终贯穿于严格的训练之中，甚至还鼓励个人英雄主义和激烈竞争——高规格战功勋章往往授予那些战绩最显赫的个人难道不就是明证吗？相对而言，苏军更强调集体主义，反对甚至抹杀个人英雄主义，对培育王牌飞行员来说可能并不是特别合适的土壤。不过，必须高度称赞苏联红军飞行员们的自我牺牲精神和强韧性——任何一个国家的空军如果遭受了东线最初三日那般的巨大损失，即令没有完全解体，只怕在精神上也会几近崩溃。而苏军轰炸机部队坚持不懈地执行着阻遏德军地面部队推进的任务，战斗机飞行员们更是从未停止过挑战德军的空中优势，即便他们付出的巨大牺牲的结果只是变成了对手战机方向舵上的一个个击坠标志。

很多德军飞行员都在苏德战争初期迅速地提升着自己的战绩，其增加速度之快是"二战"的任何阶段都无法比拟的。莫尔德斯联队的贝尔1941年6月前的总战绩是27胜，两个月后达到60胜，在获得橡叶骑士勋章的同时还被任命为中队长。JG-52的拉尔（Guenther Rall）的总战绩高达275胜，但只有4次是在东线以外的战场取得的。毋庸置疑，德军飞行员在面对英美空军时相对而言更难取得惊人的战绩，这也是为什么战绩排行榜中名列第3和第8的拉尔与贝尔都只获得了双剑骑士勋章，而名列第30位，但所有158胜均为击落英美战机的马尔塞尤（Hans-Joachim Marseille），能够在双剑骑士勋章上又镶上了钻石。作为第4位钻石骑士勋章得主，马尔塞尤是任何一部有关“二战”空战的综合性著作都必定会给予浓墨重彩的传奇人物。

1941年6月的最后一星期里，莫尔德斯联队担负着既要为轰炸机编队护航，又要支援古德里安装甲集群地面攻势的双重任务。一架又一架的苏军轰炸机和战斗机被莫尔德斯联队击落，他本人的记录也达到了77胜，历史上第一次有人如此接近里希特霍芬的80胜空战纪录，而官兵们开始热切地盼望他们的“老爹”突破那个神奇的记录。6月30日这天，莫尔德斯联队在明斯克上空拦截了一支庞大的苏军轰炸机编队——结果有114架苏军战机被摧毁，这一数字高得简直令人咋舌，因为不列颠空战中的JG-51在1940年9月全月也才击落了94架敌机。莫尔德斯当天可谓“双喜临门”，不仅他的联队成为空军第一支取得1000次击坠的单位，他自己也击落了5架敌机，从而以总胜绩82次击坠成为世界上第一个超越里希特霍芬的飞行员。

苏德战争的第二个月里德军取得了更大的进展，装甲部队以惊人的速度向前推进，莫尔德斯联队战斗过的不少地方现在都变成了后方。7月上旬，莫尔德斯联队频繁升空作战，而他们也似乎格外走运：5日，JG-51在明斯克以北两分钟内击落了6架轰炸机，其中的2架计入了莫尔德斯名下；4小时后，莫尔德斯又将2架战斗机斩落马下，战绩提升到86胜；9日，2架伊-153和1架伊-16战斗机成为他的牺牲品；10日，莫尔德斯轻松击落了2架落单的侦察机，把个人记录提高到91次击坠；12日，莫尔德斯的战绩增至94胜，JG-51当日也取得了联队的第1200次胜利和东线的第500胜，自身的伤亡仅有3例，而这时距

▼ 摄于1941年6月末至7月初，莫尔德斯正与第2装甲集群指挥官古德里安上将协商如何更好地为装甲部队提供空中支援。

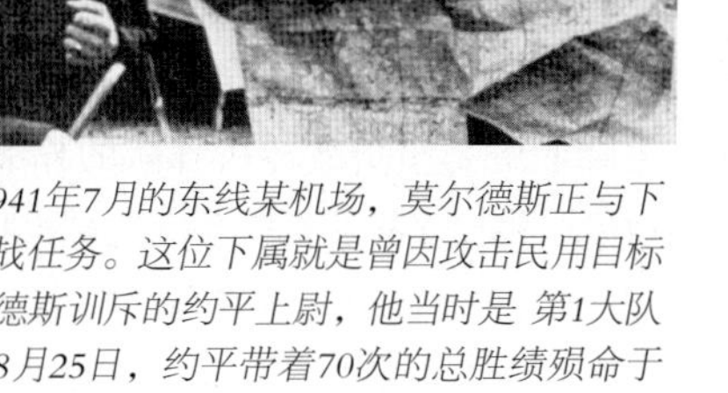

▲ 摄于1941年7月的东线某机场，莫尔德斯正与下属讨论作战任务。这位下属就是曾因攻击民用目标而遭莫尔德斯训斥的约平上尉，他当时是 第1大队大队长。8月25日，约平带着70次的总胜绩殒命于布良斯克附近。

▲ 1941年7月15日，莫尔德斯当天击坠了两架敌机，总战绩达到101胜，成为历史上突破100胜的第一人。图为飞行员和地勤们蜂拥而上、祝贺"老爹"时的情形。

◀ 摄于1941年6月22日的东线某机场，莫尔德斯当天击毁了4架苏军战机，总战绩达到72胜，成为加兰德之后的第2位双剑骑士勋章得主。7月3日，希特勒在狼穴大本营向莫尔德斯颁发了双剑骑士勋章，这时他的战绩已提升到82胜。

▲ 摄于1941年7月26日的狼穴大本营，希特勒将首枚钻石骑士勋章授予莫尔德斯 (获勋时间为7月16日，同月20日莫尔德斯被晋升为上校)。

▼ 摄于1941年7月26日的狼穴大本营，从左至右依次为莫尔德斯、凯特尔、希特勒和戈林。

苏德战争的爆发也不过短短20天而已。

JG-51的官兵对联队长每次作战归来时左右摆动机翼一次或数次早已习以为常，但他们每天依然热切地盼望“老爹”归来时摆动机翼，因为莫尔德斯距离那个神奇的数字——被飞行员称为“世纪大关”的100次击坠仅有几步之遥了。7月13日，莫尔德斯在返航时2次摆动机翼，而所有人都目睹了他在基地附近如何干脆利落地击落了一架轰炸机。次日，在3架苏军轰炸机凌空爆炸的冲天火光中，莫尔德斯的记录攀升到99架击坠。

7月15日是莫尔德斯的吉祥日，也是他在东线的最后一次有记录的升空作战。当日，莫尔德斯与僚机在奥尔沙(Orsha)附近与5架伊-16战斗机遭遇，他迅速地向其中一架发起了进攻，眨眼工夫就把这个倒霉蛋打爆，其他苏军战斗机见势不妙立即逃得无影无踪。这是莫尔德斯的第100次胜利，当他与僚机还在返航途中时，基地已经开始庆贺“老爹”的成就了——人们在无线电中清楚地听到莫尔德斯高呼“第100次击坠”，也听到了僚机确认战果时发出的兴奋的叫声。莫尔德斯抵近基地时，一架不走运的苏军轰炸机成为其战绩簿上的第101个，也是最后一个正式牺牲品。飞行员和地勤们一拥而上，把莫尔德斯从驾驶舱里抬出来后高高地抛向空中。一夜狂欢直到天明的人们还兴奋地得知，元首已决定将最新创立的、代表武装力量最高荣誉的钻石骑士勋章授予莫尔德斯。这种勋章在“二战”期间只颁发过27次，莫尔德斯则是前后上千万官兵中获此殊荣的第一人。[29] 有趣的是，一直与莫尔德斯激烈竞争的加兰德是获此荣誉的第二人(1942年1月28日获颁)，不过这已经是莫尔德斯获勋七个月之后的事了。

空军战斗机部队总监：流星般地逝去

成为首位钻石骑士的莫尔德斯在德国享有非常高的威望，希特勒在7月20日擢升他为空军上校，同时下达了禁飞令。8月7日，28岁的莫尔德斯被任命为空军战斗机部队总监，接替曾在“一战”中与里希特霍芬并肩作战过的德林(Kurt-Bertram von Döring)少将。德军的战斗机兵种总监是一个相当令人困惑的高级职位，尽管德文中这个词蕴含着“将军”(General der Jagdflieger)之意，但它并不代表军衔。总监的主要职责是负责战斗机部队的作战训练和战术研发，并代表战斗机兵种向戈林汇报。这一职位创立于1939年2月，到1945年5月德国投降为止一共只有五位总监，其中三位都是上校，即第一任总监荣克、第三任莫尔德斯和最后一任戈洛布(Gordon Gollob)，任职时间最长的是第四任总监加兰德中将。年纪轻轻就身居高位的莫尔德斯，自然希望能在战斗机部队的组织、装备、技术研发、战术创新和训练等诸多方面为德国的战争机器做出贡献。虽没有作战指挥权和人事权，但光是履行前述职责也确需全力以赴。莫尔德斯来到空军部之后，很快接触到一些之前无法了解的内情，也意识到战机生产和研发、油料和弹药补给等方面存在着不少被胜利光环所掩盖的缺陷。莫尔德斯也了解到东线作战的长期性，以及元首与将领们在战略轴心到底是莫斯科，还是南北两翼上的分歧与冲突。

9月13日，莫尔德斯与战友遗孀巴尔德奥夫女士举行了婚礼，克拉维特神父是他们的主婚人，副官格拉塞尔上尉、僚机飞行员弗莱格(Erwin Fleig)则是证婚人。之后，莫尔德斯迅速返回东线，开始在各战斗机联队和大队巡视，了解各部的士气、困难和相关意见。当他来到克里木半岛后，官兵们经常能在前沿指挥所看到他，还发现他与大家一样蹲守在类似“猫耳洞”的掩体里，用无线电联络空中的战机编队或为其指引方向。组织协调能力相当出色的莫尔德斯，很快组织起一支包括斯图卡轰炸机、战斗机和对地攻击机在内的混合战斗群，为战况异常激烈的克里木战场提供近距离空中支援。战后出任过西德空军总监的拉尔曾这样回忆他的偶像在东线的最后时光：“每天早晨莫尔德斯都驾驶斯托奇侦察机来到前线。他在步兵阵地附近降落，往往待在最前沿的战壕里。然后他用自备的无线电指引他的那支近距离空中支援战斗群。他直接把飞行员精确地指引到敌军上空的位置，并协调他们的攻击作战，在此方面他实为先驱。晚上飞回基地后他通常召开联队长和大队长联席会议。在会上他不仅讨论当日的作战，也毫不客气地指出错误，但如果我们大家干得不错，他也乐于让我们知道他很满意。”[30]

功成名就的莫尔德斯这时已不在意自己的空战记录，他忧虑的是飞行员们如何在日渐困

▲摄于1941年8月，空军新任战斗机部队总监莫尔德斯上校。

◀ 摄于1941年9月13日，莫尔德斯与巴尔德奥夫女士结婚，图为莫尔德斯的老友和导师克拉维特为他们主持婚礼的场景。

▼ 1941年11月初，为支援克里木德军对塞瓦斯托波尔要塞和刻赤半岛的攻势，莫尔德斯组建了一支包括斯图卡轰炸机、战斗机和对地攻击机在内的混合战斗群，图为莫尔德斯正在前沿战壕里观察敌情。

▲ 摄于1941年10月7日，莫尔德斯回到东线后开始在各联队和大队巡视，了解各部的士气、困难和实际需要。图为莫尔德斯造访老部队JG-51第3大队时的场景，右一为时任3大队大队长的莱普拉(Richard Leppla) 上尉。

难的东线生存，因之更愿意花时间向新人传授战术经验和教训。不过，莫尔德斯这样的王牌往往视飞行为生命中最重要的部分之一，尽管有来自希特勒和戈林的禁飞令，他还是时不时有意无意地违令，"非正式地"升空执行任务。有一次莫尔德斯带着JG-77联队的飞行员凯泽(Herbert Kaiser)执行任务，途中他们与苏军的一队伊尔-2对地攻击机不期而遇。为帮助凯泽掌握空战技巧，莫尔德斯当场示范如何击落敌机。他完全视对手为空气，冷静而准确地击中了其中一架战机的油箱，致使后者当空爆炸！凯泽现学现用，竟接连击落了2架敌机，要知道伊尔-2可是苏军火力凶猛、装甲厚重的明星战机。如果不是苏军飞行员见到莫尔德斯就目瞪口呆，把自己变成靶子让人练习的话，那么必须承认莫尔德斯实在是一名精英级飞行员兼教官，也难怪有如此众多的王牌都认同"老爹"是他们最好的教官，甚至称自己的性命都是他给的。据说，在担任战斗机部队总监到丧生前的两个月里，莫尔德斯先后又击落了30架左右的敌机，不过这些都没有得到正式确认，但其中的6架被记在其他飞行员的名下。顺便说一句，莫尔德斯手把手带出来的凯泽中尉到"二战"结束时取得了68次击坠的总战绩，比苏军第一王牌飞行员阔日杜布的战绩还要多6架，凯泽在战后还成为西德新空军的一名中校指挥官。

激烈的克里木战事给德军地面部队造成了相当大的伤亡和补给困难，莫尔德斯的混合战斗群也出现了弹药、油料和零配件补给不足的情况。就当他准备飞到柏林说服戈林加强对克里木战场的补给时，传来了空军装备总监乌德特上将去世的消息。与戈林、米尔希及纳粹党高层的多年不愉快关系使乌德特长期沮丧和抑郁，空军装备总监的沉重职责致使其于11月17日饮弹自尽，但纳粹政府隐瞒了真相，不仅宣称乌德特死于试验新武器时的意外飞行事故，还决定为其举行国葬。戈林命令莫尔德斯返回柏林参加葬礼，与其他几位飞行员一起出任护卫灵柩的仪仗队员，这些人包括加兰德、厄绍、法尔克(Wolfgang Falck)、吕措、明希贝格(Joachim Müncheberg)及第一个获得骑士勋章的驱逐机飞行员沙尔克(Johannes Schalk)。莫尔德斯本想立即动身，但恶劣的天气延迟了他的日程。

11月21日，莫尔德斯与副官文策尔(Paul Wenzel)少校驱车赶往黑海边上的赫尔松(Kherson)，然后从那里搭乘一架He-111轰炸机飞往柏林，驾驶员是莫尔德斯在"秃鹫军团"时期就相熟的KG-27联队飞行员科尔贝(Georg Kolbe)中尉。[31] 飞到伦堡(Lemberg，即利沃夫)机场时他们一行留宿了一晚，准备次日晨再向柏林赶去。由于天气预报说从伦堡到柏林的天气更差，科尔贝强烈建议不要冒险前行，但莫尔德斯还是决定顶风冒雨继续飞行。抵近布雷斯劳(Breslau)附近时，He-111轰炸机的一侧发动机熄火了，科尔贝使尽浑身解数操纵着无法正常工作的飞机，在浓密的乌云和瓢泼大雨中穿行，报务员也通知地面说"只剩一侧发动机还在正常运转，莫尔德斯上校在飞机上"。跑出来迎候他们的地勤曾两次听到有飞机从头顶上空飞过的声音，但在浓雾和大雨阻碍下始终看不见轰炸机。不久后，He-111第3次在机场上空盘旋时人们终于看见了它，但科尔贝却发现另一只勉强运转的发动机也不行了。他试图拉起迅速失去高度的轰炸机，就在这时，飞机在黝黑的低空被机场附近的一条悬索铁道缠住，随后在摇摆中裂为两半，坠地爆炸时发出的巨响即便在雷雨交加中依然传得很远很远。

莫尔德斯是轰炸机上唯一当场丧生的人，身受重伤的科尔贝和技师死在被送往医院的途中，只有报务员受了轻微创伤，文策尔少校除胳膊和腿部受伤、严重脑震荡外保住了性命，才使后人有可能了解到事故发生时的详细情况。消息传开后，德国上下似乎一下子陷入了巨大的悲痛之中，成千上万的收听广播者都不敢相信自己的耳朵——莫尔德斯这个最成功的勇士、偶像和青年楷模，怎么突然间死于一起“并非自己驾驶的”飞行事故呢？莫尔德斯的遗体暂时停厝在布雷斯劳，11月25日被转运到柏林，移送棺椁的车队还特意从“红男爵”里希特霍芬的出生地经过，数不清的百姓和军人在布雷斯劳的街边为莫尔德斯送行。11月28日，纳粹政府在柏林为莫尔德斯举行了国葬，他的棺椁停厝在空军部的荣誉大厅里，希特勒上午11时出现在祭奠现场。为莫尔德斯扶灵的仪仗队员除前述出现在乌德特葬礼上的加兰德等人外，还包括卡明斯基 (Herbert Kaminski) 少校和诺德曼 (Karl-Gottfried Nordmann) 中校。莫尔德斯被葬于柏林郊区著名的“伤残军人公墓”(Invalidenfriedhof Cemetery)，其墓地紧邻着里希特霍芬和乌德特的墓穴—— 能与空战史上留下了高大身影的前辈英雄相伴长眠，也许是莫尔德斯最好的归宿了。不过，1975年时，东德政府曾铲平了莫尔德斯、乌德特和其他一些人的墓穴，直到1990年两德统一之后，莫尔德斯的墓穴才于1991年在伤残军人公墓里得到了重建。

▲ 莫尔德斯丧生后，当地人在布雷斯劳的飞机坠毁处立起的纪念标志。

最负盛名的两大王牌：莫尔德斯与加兰德

莫尔德斯在短暂的飞行生涯中取得了115次空战胜利 (西班牙内战中14次，“二战”中101次)，是第一个超越里希特霍芬的80胜记录和突破百胜大关的飞行员，更是第一位获得钻石骑士最高战功勋章的军人。“二战”德军飞行员中，莫尔德斯的好友兼竞争对手加兰德与其享有不相上下的声誉。他们两人初识于西班牙内战，再次相聚于“秃鹫军团”回国的庆典上。这两位最出名的飞行员彼此仰慕，惺惺相惜，尽管作战区域时常不同，但轨迹总有交汇之处。1940年初时，在JG-53任大队长的莫尔德斯已经声名显赫，而加兰德则只是JG-27 联队的作战参谋军官，并没有多少升空作战的机会，甚

▲ 莫尔德斯出殡当天的场景。一辆老式炮车上安放着他的棺椁，两侧担任护卫的是一些获得骑士勋章的军官，之后是空军总司令戈林，戈林后面是5位获得骑士勋章的战斗机飞行员，再后则是在柏林的国防军将官和政府部门首脑。

▲ 1941年11月28日上午，希特勒（右一）出现在空军部荣誉大厅，亲自祭奠德国的骄傲莫尔德斯。站在最前面的仪仗队员是加兰德。

◀ 图为人们在柏林伤残军人公墓向莫尔德斯告别，戈林和米尔希举起了他们的元帅权杖，高级将领们也纷纷向莫尔德斯行礼。戈林身后的三名飞行员中，中间的高个子是吕措，他的左边似为哈恩（Hans“Assi”Hahn）。

◀ 莫尔德斯在柏林伤残军人公墓中的墓穴，他的安息之所紧邻着里希特霍芬和乌德特。1975年，东德政府曾铲平了莫尔德斯、乌德特和其他一些人的墓穴。

至还没有任何胜绩。尽管加兰德的组织领导能力已得到公认和好评，但他更多地被视为近距离空中支援专家。加兰德急于取得空战经验和个人胜利，因而利用关系设法临时调到了JG-53联队，这样他就能经常与莫尔德斯一起飞行，并从后者那里学习空战技巧和经验。在怀念莫尔德斯时加兰德曾感激地说：“我素所仰慕的朋友莫尔德斯把他知道的一切都告诉了我。他比我还小一岁，但我十分尊敬这位卓越的战术家。后来，我们在空战胜利次数上展开了激烈的竞争。”[32] 无疑，加兰德日后在空战中的巨大成功，其基础就奠定于同莫尔德斯的这段亲密接触和学习，当然，他本人也具有卓越飞行员的天赋，更何况之前还积累了大量的实战经验。

莫德尔斯去世后加兰德成为战斗机部队总监(据他自述，戈林在莫尔德斯的葬礼上把他悄悄叫到一边，命令由他继任总监)，在这个职位上他总共干了三年多，期间还被晋升为空军中将。莫尔德斯是获得橡叶骑士勋章的首位飞行员，而加兰德则是紧随其后的第2个；加兰德是首位双剑骑士勋章得主，仅仅一天后莫尔德斯就成为第2个得主；莫尔德斯是第1个钻石骑士，而加兰德则在1942年初成为第2人。战时的德国民众时常能从广播报刊中了解到两位王牌之间的“较劲”，也经常能在纪录片中目睹他们的空战英姿。加兰德在国防军战报上出现过7次，莫尔德斯更有11次被提名。纳粹宣传部长戈培尔十分乐见他们的竞争，处心积虑地予以大力宣传，却不意成为百姓们茶余饭后的极佳谈资。

当他们两人都还是中队长时曾有过一次有趣的辩论。当时他们试图比较里希特霍芬和波尔克两位前辈对空战的贡献，加兰德崇拜里希特霍芬这位至高无上的空中猎手，而莫尔德斯更仰慕致力于提升飞行员空战统治力的波尔克。两人长时间地热烈辩论，但均无法说服对方，最后莫尔德斯微笑着说：“好吧，阿道夫，你会成为新空军的里希特霍芬。我嘛，将成为波尔克。”战后一直有军史家揣测，如果莫尔德斯不是早亡，而是在战斗机兵种总监的职位上充分发挥他的战术创新和组织才能，那么德军战斗机部队乃至空军整体的命运会有什么样的变化？他是不是能比加兰德干得更出色？多数史家基于两者在组织领导才能上的差异、特别是个性上的区别，认为莫尔德斯可能会更出色、更成功，但所有人都承认“这只是可能而已”。

在追寻波尔克的足迹的征程中，莫尔德斯一直都在积极地寻求挑战，“四指”编队战术这一重大创新就是一例。而加兰德是最典型的空中猎手，他从头到尾都是一个把在空中追逐敌机并取得胜利作为最大乐趣的战士。相信读过加兰德自传《第一个和最后一个》的人，都能从中体会到他那种浸入精髓的空中勇士情结。相较而言，莫尔德斯更能充满热忱地面对高级指挥官必须面对的繁杂难题，而加兰德一向讨厌文案工作，也根本不想担任高级参谋。他对希特勒和戈林的禁飞令深恶痛绝并多方抵制，一有机会就回到前线升空作战。从这个角度来看，或许莫尔德斯真的能比加兰德更好地完成总监这个职责吧。

莫尔德斯是个不苟言笑、严肃安静之人，虽然有时也会面带微笑，但很少能看到他像加兰德那样仰天大笑和快意抒怀。莫尔德斯之所以被昵称为“老爹”，恐怕主要是因为他颇有少年老成的乃父风范，热衷于帮助比自己小不了多少，但经验欠缺的同僚和下属。莫尔德斯并不刻板严苛，否则也不会有那么多人真心爱戴和怀念他，但恪尽职守的他对维护和执行战场纪律毫不心慈手软。相比之下，年长一岁的加兰德显得更加热情洋溢，总是生机勃勃，甚至外貌上都要更加惹眼。幽默感十足的加兰德无论走到哪里都会把人逗得哈哈大笑，事后还让人情不自禁地想起那些幽默中透出的睿智。另外，加兰德有着对精致生活的天生喜好和追求，醇酒、美女和精致食品一直都是他的最爱(当然排在飞行之后)。加兰德曾友善地批评莫尔德斯修士般的生活方式，尤其是不满后者的滴酒不沾。

莫尔德斯是个虔诚的天主教徒，宗教和信仰的力量使他在喧嚣狂热的环境中也能尽力保持内心的平衡，在个人信仰与纳粹教义发生冲突之时，他也从不动摇自己的信念。他总是对看到和听到的过火行径或暴行给予毫不留情的批评，哪怕这些言辞会带来麻烦或牢狱之灾。

▲ *JG-26联队长加兰德中校造访莫尔德斯联队。图中的莫尔德斯(右一)跑到刚降落的加兰德座机旁迎接老友。*

◀ *时任JG-26第3大队大队长的加兰德少校欢迎初到海峡前线的莫尔德斯。*

▼ *摄于1940年9月25日，加兰德取得了40次击坠，获得了第3枚橡叶骑士勋章。图中的加兰德刚一离开战机就被团团围住，官兵们唱着赞歌由衷地祝贺联队长。这张生动的图片足以说明加兰德是个非常受欢迎的人物，他的影响力与莫尔德斯不相上下。*

▼ 空军总司令戈林在不列颠空战期间造访前线时，将他的两大爱将召来面谈。图中的背景是戈林的私人专列，似乎停在某条隧道外。

▲ 摄于1940年末，莫尔德斯和加兰德等参加狩猎活动，图中左二起依次为JG-54联队长特劳特洛夫特、JG-26联队长加兰德、JG-51联队长莫尔德斯和JG-53联队长马尔灿。

◀ 1940年9月，莫尔德斯探访老友加兰德。图中左为加兰德的副官罗滕贝格(Rothenberger)中尉。

▼ 两代王牌飞行员乌德特、加兰德和莫尔德斯，此照片摄于1940年秋。

军史家弗拉施卡曾描绘过这样一个场景：1941年7月末，当莫尔德斯到元首大本营领受钻石骑士勋章时，希特勒曾询问他有无个人要求。莫尔德斯略作思忖后，请求元首出面干预明斯特尔（Münster)教区的主教加伦（Clemens August Graf von Galen）受诋毁和迫害一事。他不顾在场的戈林的感受，直言自己曾致信帝国元帅求援，但似乎没有结果。希特勒清楚平静地回答道："你可以放心，明斯特尔教区的主教不会再受到骚扰。我听说过党的某些干部确有失当之处，这些人会为此负责的。不过，我也听说这位主教曾给教区的居民写过公开信。他的正事是为教徒们提供精神慰藉。但是，像加伦伯爵这样的人干涉帝国的政治就不太好了。无论如何我对这位主教已有所了解了……亲爱的莫尔德斯，我还有些别的话想对你说。我知道可以指望你和你的部下，你是国防军最勇敢的战士，我以你为荣。"[33] 面见过希特勒的军人都对他惊人的记忆力和对细节的掌握感到惊叹，在加伦主教的事情上莫尔德斯算是领教了。希特勒对莫尔德斯的偏爱和袒护，使后者免除了很多麻烦和潜在的危险。莫尔德斯所不知情的是，海德里希（Reinhard Tristan Eugen Heydrich）领导的帝国保安总局里就有关于他的完整档案——盖世太保因莫尔德斯干预他们处理宗教人士的行动，而且还批评国家的宗教政策，一直都在搜集他的黑材料。希特勒似乎没有食言，弗拉施卡的著作还描述了元首如何训斥迫害宗教人士的幕后总指挥鲍曼（Martin Bormann)："我不想再看到教堂受骚扰。把国家和宗教完全分开这件事要等到战后再做。在此之前我需要的是平静。如果莫尔德斯再听到类似的骚扰侵害并做出对抗举动，那我也只能站在他那边了。他是一个虔诚的教徒、一个坦率正直的人。你们都不要去碰这位体面端正的战士！"[34] 关于莫尔德斯向希特勒抗议加伦伯爵受迫害一事，加伦自己的秘书波特曼（Heinrich Portmann）曾经在日记中留有相关证词，他还说"莫尔德斯甚至威胁要退回颁发给他的勋章。"

或许盖世太保在希特勒警告下暂停了对明斯特尔主教的迫害，但纳粹党本质上是反对任何有组织的宗教活动的，盖世太保正是宗教迫害的急先锋。莫尔德斯去世后，他生前写给宗教导师克拉维特的一封信落入了一个讲德语的英国记者手中。这位名为德尔默(Sefton Delmer）的记者当时是英国秘密组织"政治战行动队"（Political Warfare Executive）的负责人之一，而该组织的主要任务就是针对德国进行包括黑色宣传在内的各种颠覆活动。[35] 莫尔德斯写于1940年10月的那封信不过是表达自己对克拉维特的思念和感激，当然也谈及对上帝的笃信在他为国效力中所起的作用。克拉维特在布道时曾宣读过此信，其宗旨不外乎是想让年轻人了解到乱世之秋拥有坚实的宗教信仰是多么重要。1942年初，当德尔默拿到这封信后，立即构思了一个旨在煽动德国教民内乱的计划。他首先借助英国情报机构的秘密广播电台声称莫尔德斯失事的飞机是被希姆莱豢养的"人渣"击落的，其原因仅仅是因为莫尔德斯是虔诚的罗马天主教教徒。为使宣传更加逼真，德尔默精心伪造了一封莫尔德斯写给什切青（Stettin）教区的教士约斯特（Johst）的信，这封信的高明之处在于并未露骨地煽动教民作乱，而是以平和的语调描绘了莫尔德斯众所周知的宗教信仰，当然还借后者之口对死亡和战争的意义进行了一番评论——这些评论在当时可以很轻易地被认定为"失败主义情绪"。德尔默将此信大量复制，并由空军投放到德国本土。由于这封信中莫尔德斯宣称对天主的信仰在其生命中占有至高无上的地位，德尔默希望它的言外之意——对纳粹党的忠诚只能居于其次——能借助大量复件广为流传，从而引起人们对纳粹政府反宗教政策的关注和不满。这封信的确流传甚广，不同教会的许多神职人员都读到了它，并在礼拜时做了宣讲，或张贴于教堂的醒目之处。盖世太保认定这是一封伪信，他们请莫尔德斯的母亲出面发表声明——此信的风格与其子的截然不同，因而不可能是莫尔德斯生前写下的。什切青教区的主教也在1942年2月初发表声明，称教区内根本没有名为约斯特的教士，而主教本人既不认识莫尔德斯，也从未收到过后者来函或曾主动致信后者。希特勒曾悬赏10万帝国马克调查“莫尔德斯来信”的始作俑者，盖世太保怀疑罪魁就躲在德国的某个天主教会或福音教会里，但做梦也未料到这是英国秘密组织的破坏计划。德尔默的计划达到了目的，盖世太保虽很快宣布这是伪信，但普通人对政府的辟谣说辞依然半信半疑，盖世太保为阻止此事的影响进一步扩散还逮捕了很多神职人员。第15位钻石骑士、超级夜战王牌伦特(Helmut Lent)，也曾利用关系和影响力设法营救自己的两位兄长——他们都是福音教会的牧师，就因为布道中援引了“莫尔德斯来信”中的两句话而获罪下狱。

与主要通过宗教信仰达成内心平衡的莫尔德斯相比，加兰德的平衡更多地来自于他的幽默感。他的崇拜者们总是说他平易近人、和蔼可亲、有着一颗温暖的心，但千万不要会错了意，空战中的加兰德就是一只狡猾、犀利、冷酷的猎豹，尽管纪录片上的他总是口叼大烟斗或露齿微笑，空战中他从来都绝非心慈手软之人。

加兰德和莫尔德斯都是有着坚强意志力的空中勇士，但最后的结果却似乎有违他们各自的初衷——加兰德在战斗机部队总监职位上一干就是三年，仿佛是在追寻波尔克的足迹，而莫尔德斯却如流星般从天际划过，像里希特霍芬那样以飞行员的方式告别了世界。不过早逝的莫尔德斯至少有一点要比加兰德幸运得多——他不用为目睹日后的节节败退而沮丧，也不用为几乎消耗殆尽的空军而操心，更不用为德国的全面摧毁和战争责任而负罪。没过太久，盛极一时的德国空军就开始品尝失败这杯苦酒的滋味，似乎潜能无限的盟国空军开始了对德国本土的全面轰炸，并夺取了诸多战场的制空权，曾被轻视的苏联空军也很快变成了德国空军最难以对付的对手。曾向希特勒做过保证的戈林不久后威风扫地、颜面全失，气急败坏之余，他把归罪的对象指向了曾为之带来无数荣耀的战斗机飞行员。戈林多次指责战斗机部队作战不力、飞行员们都是些胆小的懦夫，曾举世无双的战斗机部队转眼变成了统帅们的替罪羊，这怎能不让他们的首领加兰德如坐针毡、气愤填膺呢？他几次当面冲撞戈林，据理力争无效之余还试图挂冠而去，但好不容易找到替罪羊的戈林怎会轻易放手。在战斗机部队总监职位上，加兰德不停地遭到政治干预和无端指责，还成为最高统帅空军战略错误的牺牲品和替罪羊。不过加兰德还是体现出优秀军人的素质和意志力，在最困难的局势中也能恪尽职守，后人评价他时曾说：“其实加兰德是一个比他自认的要好得多的将军。”从这一点来看，早亡的莫尔德斯无疑还算是幸运的，他逝去时所经历过的战争图景，至少使他还能坚信德国的胜利和复兴就在眼前。

生前赢得身后名：
谁才算得上是现代德国的战争英雄？

莫尔德斯丧生后数小时内，JG-51就被改称为JG-51“莫尔德斯”联队，纳粹政府除为其举行了国葬之外，还利用各种机会宣传这位战争英雄的榜样力量。1941年末，戈培尔宣传部的“中央文化办公室”找到莫尔德斯的母亲安娜玛丽，要求她协助出版一本关于莫尔德斯的宣传册。安娜玛丽同意予以协助，制成后的宣传册的封面是画家维尔里希(Wolf Willrich) 1940年所绘的一幅油画，画面中的莫尔德斯正坐在JG-53“黑桃A”(Pik-As)联队的一架战斗机里准备升空作战。戈林在序言中写道：“拥有这些英雄人物的国家当然会赢得战争的胜利。”失去了儿子的安娜玛丽当然悲伤万分，但她也在所写的信中展示出普鲁士人淡定的一面，她以致所有失去儿子的德国母亲的口吻写道："……我们所有人——不管姓甚名谁——都是英雄们的母亲，但如果说仅凭这一点就能止住我们的痛苦和悲哀，那也是不可能、不光彩的。我们这些母亲都知道，由于我们挚爱的孩子——是我们给予了他们生命、现在却失去了他们——我们自己的生命和精神的一部分也已回归永恒了。他走了，永远不会再回来了。"[36] 安娜玛丽还动情地说，儿子的早亡并非莫尔德斯家第一次为国捐躯——她的丈夫"一战"中就丧生于法国，但她理解"男人们应召作战——有时还要献出生命——有其高贵的目的……只要世界还存在，女人们就会厌恶战争，但也会热爱勇士，因为最勇敢的战士恰恰就是最优秀的男人"。她还称"自己并不孤单，因为整个国家都在支持她，都在感受她的丧子之痛"，每个母亲都要学会区分"充满勇气的悲伤"和"不当的哀号"，因为前者"可以转化为富有创造性而且快乐的活动"。

莫尔德斯之母没有看到"勇士辈出"的德国赢得战争的胜利，反而经历了德国滑入深渊和地狱的时刻。不过，安娜玛丽倒是见证了儿子战后的哀荣和一度被视为军人楷模的历史地位。战后的西德联邦国防军在寻找角色典范、吸引优秀青年从军的过程中，有两个名字被频频提及，其一是被塑造为反希特勒抵抗运动领袖和民族英雄的隆美尔元帅，另一个就是被誉为战术创新家、卓越的飞行员与领导者的莫尔德斯。1968年4月13日，安娜玛丽和其他亲属作为贵宾应邀来到美国缅因州的一处海港，观礼西德海军订购的美国造导弹驱逐舰D-186号的下水仪式，这艘"亚当斯级"驱逐舰的名字就是"莫尔德斯号"。该舰一直服役到2003年，除役后停泊在威廉港的德国海军博物馆里供人参观，纪念莫尔德斯的铭牌至今依然悬挂在战舰中。1972年11月9日，西德空军第34通信团第2营位于下萨克森州菲瑟尔赫沃德的军营被命名为"莫尔德斯军营"。1973年11月22日，在纪念莫尔德斯去世32周年的活动上，空军JG-74联队被命名为JG-74"莫尔德斯"联队，莫尔德斯的遗孀和女儿、曾经的导师奥斯特坎普、战时先后出任JG-51联队长的多位老兵等在现场观礼，空军总监拉尔中将亲自把绣有"莫尔德斯"字样的袖标系在时任联队长埃勒曼(Rudolf Erlemann)上校的右臂袖口。这当然是个不同寻常的荣誉——空军为继承军事传统和保持延续性，曾煞费苦心地为4个联队命名荣誉称号，遴选出的4个名字中有3个是"一战"王牌飞行员：里希特霍芬、波尔克和殷麦曼，只有莫尔德斯是唯一与"二战"相关的人物。同时，莫尔德斯也是唯一被战后的海军和空军同时纪念的"二战"军人。

柏林伤残军人公墓里的莫尔德斯墓穴曾在1975年被东德政府铲平，但两德统一后有关方面又于1991年进行了重建。虽然莫尔德斯的影响力直至今日仍犹存于德国和英语世界，但其声誉在20世纪末时遭到了挑战，凸显了后人在战后的政治、文化和社会情境中评价"二战德国英雄"时的两难境地。此事源于1997年4月，当时是西班牙内战期间小城格尔尼加(Guernica)被炸毁的60周年。1937年4月26日，西班牙共和党人占据的格尔尼加遭到"秃鹫军团"和意大利空军的大规模轰炸，几乎遭受灭顶之灾，约有千余无辜平民丧生，60%的民宅和建筑被完全摧毁。毕加索(Pablo Ruiz Picasso)稍后曾以两个月的时间创作出传世名作"格尔尼加"，不仅刻画战争为人类带来的灾难，还表达了自己以绘画为武器抵抗和打击敌人的决心。1997年，时任德国总统的赫尔佐克(Roman Herzog)代表国家和德国人民致信格尔尼加轰炸的幸存者表示歉意，声称自己希望代表所有德国公民伸出"友谊与和解之手"。次年4月24日，也即格尔尼加轰炸的61周年纪念日前夕，德国国会的议员们在当日的全会上决定，以"和解的姿态承认德国的罪行和责任，借此提升各国人民的友好与和平合作的

◀ 莫尔德斯获得的战功勋章，前排左为橡叶徽饰，右为双剑橡叶徽饰，后排左一为金质钻石飞行员徽章，中为钻石骑士勋章,右为镶有双剑钻石的金质西班牙十字勋章。

▶ 德国画家维尔里希1940年所绘的莫尔德斯画像，图中，目光炯炯的莫尔德斯正准备驾机升空。这幅画像被纳粹宣传部门出版的莫尔德斯纪念册选作了封面图片。

▶ 1969年，在西德海军将驱逐舰D－186号冠名为“莫尔德斯”号之后，JG－51的几位战时联队长应邀参观该舰。图中最右侧是76岁的奥斯特坎普，右二为1944年4月1日出任JG－51少校联队长的洛西格凯特(Fritz Losigkeit)，右三为D－186舰舰长曼恩(Mann)上校，左一为1945年4月出任JG－51末任联队长的朗格(Heinz Lange)。此舰退役后停泊在德国海军博物馆里供人参观，全名仍是D－186“莫尔德斯”号。

▶ 1972年11月9日，西德空军第34 通信团第2营位于菲瑟尔赫沃德的军营，镌刻上了莫尔德斯的名字，图为“莫尔德斯军营”的外观。

摄于1973年11月22日，即莫尔德斯去世32周年之际，西德空军第74战斗机联队被命名为JG-74“莫尔德斯”联队。图为时任空军总监的拉尔中将将绣有“莫尔德斯”名字的袖标系在JG-74联队长埃勒曼上校的右臂袖口。

东德政府1975年铲平了柏林伤残军人公墓里的莫尔德斯、乌德特以及其他一些人的墓穴，德国统一后，莫尔德斯(右下)与乌德特(右上)等的墓穴在1991年进行了重建。本图摄于2008年6月，左侧墓穴埋葬的是1940年12月病故的第77轰炸机联队(KG-77)联队长施图特海姆(Wolff von Stutterheim)少将。

精神”。国会提出动议，在当今之德国不再以任何方式纪念参加过“秃鹫军团”的德国人。随后几年里，像很多提案一样这个动议也未取得进展，如果不是诺伊堡地区的一些活动家在某些媒体的支持下大声鼓噪，此提案可能会就此偃旗息鼓。但是，媒体不会放过任何有卖点或哗众取宠的机会，一家电视台在节目中就把莫尔德斯描绘成“一个充满热情的、志愿加入针对西班牙平民的战争的、典型的纳粹军官”。除媒体的不依不饶外，有些左翼政客也一直在努力地把“第三帝国时期的战争英雄”从各种标识和纪念物中抹去。终于，2005年1月28日，时任国防部长的施特鲁克(Peter Struck)做出了决定——将“莫尔德斯”这几个字从菲瑟尔赫沃德军营的全称中除去，JG-74战斗机联队也不再以莫尔德斯之名命名，军旗和飞行员的袖标上也不得再出现这几个字。

德国国防部办公厅在写给莫尔德斯91岁的遗孀的信中，曾以令人窒息的傲慢向这位老妪保证说“一切都是对事不对人”。如果人们相信这个解释，那么前述决定自然有着时代的背景和深刻的政治原因。这个决定立刻引起了莫尔德斯的众多支持者、幸存下来的空军老兵以及联邦国防军许多军官的强烈抗议。美国《时代》周刊2005年发表的文章称，包括许多将军在内的老兵都对国防部长的决定感到震惊。2005年3月22日，抗议者们借举办莫尔德斯诞辰92周年纪念活动的机会，向"模范战士和战斗机飞行员莫尔德斯"致以热情洋溢的颂词，宣称他们深为同情JG-74联队的官兵们，因为他们"被迫把使用了半个世纪的'莫尔德斯'之名从联队的全称、军旗和袖标中除去"。莫尔德斯的支持者反复强调他是在1938年4月才到西班牙的，而格尔尼加大轰炸则发生在1937年4月，"把一年前的旧账算在一年后方抵战场的莫尔德斯身上真具有讽刺意味"。支持者们递交了大批抗议信，指出莫尔德斯一直都是虔诚的天主教徒，他不仅举行了宗教婚礼仪式，还邀请被纳粹政府视为"政治上不可靠"的克拉维特为其主持婚礼。另外，支持者们还强调莫尔德斯青少年时即加入了"新德意志联盟"，1929至1931年间还是该组织的青少年领袖，而这个组织在纳粹上台后即被视为威胁，1938年1月的纳粹党报《人民观察家报》还曾发文称该组织"因已经坐实的颠覆帝国的活动而被取缔"。对于这一陈述，位于波茨坦的"德国武装力量军事历史办公室"(Militärgeschichtliches Forschungsamt，简称MGFA) 曾回应称，莫尔德斯虽是"新德意志联盟"的成员，但这一经历并不能更多地证明他对纳粹政权持有批评态度，"相反，莫尔德斯在1941年丧生前是否与国家社会主义保持有足够的距离倒很令人生疑"。[37] 一批现役和退役将领以及政治活动家，包括拉尔中将、屈巴尔特中将(Jörg Kuebart，1991至1994年任空军总监)、泽霍费尔(Horst Lorenz Seehofer，2005至2008年在默克尔内阁担任食品与农业部长) 等人，都曾恳请有关当局改变心意，但一切都无济于事。拉尔是经历过第三帝国时代的最后一位超级王牌飞行员，他也在2009年带着未能为导师莫尔德斯争回名分的遗憾离世了。

莫尔德斯无疑是纳粹时代的宣传宠儿，是希特勒和戈林的爱将，也是他们一手栽培并给予了他至高无上的荣誉。如果说他与纳粹政权一点关系都没有，那也纯属无稽之谈。但是，他从来都不是纳粹党成员，相反还经常批评纳粹政权的政策和信条，他不仅是非政治化军人的典范，更是宗教信仰根深蒂固之人，无论人们怎样发挥想象力，也无法把他与"典型的纳粹军官"这一妄称划上等号。正如以研究德国空军著称的军史家维尔 (John Weal) 所言："第三帝国的领袖们赠予莫尔德斯的奖赏与称颂，源自于他自己作为战斗机飞行员的强大能力，而不是因为他对他们那个邪恶事业的支持。"[38] 莫尔德斯作为一个军人，他尽到了对国家的职责和义务；作为一个战友和领导者，他受到了所有相识者的永久爱戴和昔日对手的真心仰慕；作为一个战术创新家和超群出众的王牌飞行员，他无疑在空战史上占有无法泯灭的显赫地位。

"二战"结束60周年时的2005年，曾经的德国英雄莫尔德斯被褫夺了本应属于他的荣誉，又一个十年即将过去，"谁才算得上是现代德国的战争英雄？"这个话题依然会沉甸甸地压在人们心头。站在局外人的立场、撇开所有的是非不论，德国官方真诚思过的坦荡态度倒是给世人留下了深刻的印象。

第2位钻石骑士最高战功勋章获得者加兰德中将

(获勋时间1942年1月28日，图片为1940年获橡叶骑士勋章时所摄)

Chapter 02 第二章

“飞将军”：阿道夫·加兰德中将

戈培尔所领导的纳粹德国宣传部门在“二战”中拍摄了无数的前线战事照片和胶卷，其中有两个军人的形象出现的频率恐怕是最高的：其一是“沙漠之狐”隆美尔，另一个就是有“天才飞行员”之誉的加兰德了。这位29岁出任战斗机部队总监、30岁成为德军最年轻的将军的加兰德，以其精心修剪的小胡子、空战中总也叼着的黑色烟斗、招牌式的迷人微笑征服了战时无数德国人的心——他不仅是彼时普通人心目中的英雄，也与莫尔德斯一起为战友和对手所景仰，他们两人被并称为西方知名度最高的德国飞行员兼指挥官。

加兰德在同英美空军的搏杀中取得过104次空战胜利，尽管在排行榜上远逊于许多下级和后起之秀，但没有任何人对他的飞行技术、精准射术和战术才华有丁点的质疑。飞行员技术过硬、战机性能优越的英美空军一直是德军最大的对手，而击落100架英美战机后还能幸存下来的王牌飞行员并不多，天赋才华的马尔塞尤击落了158架西方盟军战机后最终还是逃不过消失在大漠的宿命，而加兰德不仅幸存下来，还在非常年轻时就承担起领导战斗机部队的重任。曾在加兰德的JG-26联队任中队长的普里勒上校(Josef Priller，1943年初任JG-26联队长，他就是电影《最长的一天》中驾机扫射诺曼底登陆盟军的飞行员原型) 在战后所撰的JG-26联队战史中曾写道：“(JG-26)是由强悍的指挥官加兰德领导的一支强悍的联队，面对的则是非常棘手的对手……加兰德是一个时刻都做好了战斗准备的军官，也是一个攻击性十足、才华远超众人的飞行员和射手，他在瞬间决策和即时反应等方面也同样卓尔不凡。”[1] 加兰德的战时对手、英国皇家空军王牌联队长巴德 (Douglas Bader) 爵士战后曾多次表示，在他看来“加兰德是‘二战’德国最优秀的飞行员兼领袖”。

在世界空军史上，从战斗机王牌成功蜕变为空军领袖的先例并不多见，倒是诸如戈林和乌德特这类的失败例证屡见不鲜——“一战”王牌飞行员戈林追随希特勒后成为纳粹帝国的二号人物，但他的强悍和权力也不能帮助他很好地应对领导德国空军时的巨大挑战；战时经历比戈林更耀眼的乌德特虽有无双的飞行才华，但却被后人斥为“二战”德军“最无能的空军高级将领”，他也未能经受住来自各方的压力和倾轧，最后以饮弹自尽实现了彻底解脱。加兰德似乎有着能把个人才华与领导能力很好结合起来的天赋，无论是在一线联队还是身居战斗机部队总监的高位，他都展示出了比同时代人看得更远、想得更深的能力，同时，谨慎务实的他又具有将眼光和战略思考付诸实施的本领。美国空军早年专事研究加兰德的一位上校曾称他为德国空军最现实、最了解情况的将领，说他在战略和战术两方面对空战大势的精确分析都已被历史一一验证。这位军官甚至称：“加兰德将作为集米歇尔 (Billy Mitchell，美国空军之父)、杜黑 (Giulio Douhet，意大利空战理论大家)、空战方面的克劳塞维茨 (Carl von Clausewitz，19世纪上半叶普鲁士最著名的军事理论家) 等于一身的‘二战’军人被载入史册。”[2]

早年岁月：从滑翔机高手到战斗机飞行员

1912年3月19日，加兰德出生在威斯特法伦州的威斯特霍尔特 (Westerholt)，父亲是威斯特霍尔特伯爵的地产大管家，在当地也算得上是个有头有脸的人物。“加兰德”这个姓氏本为法国姓氏，事实上其家族的第一代就是18世纪中叶为躲避宗教迫害而从法国逃难来此的雨格诺教徒 (Huguenot)。1914年8月，老加兰德撇下妻子、长子弗里茨 (Fritz Galland) 和两岁半的次子阿道夫，作为陆军军官投入了“一战”。当年10月，加兰德家的三子威廉 (Wilhelm Ferdinand Galland) 出生，四子保罗 (Paul Galland) 也在1919年11月来到人间。虽然战争期间父亲很少在家，但有母亲的悉心照料和殷实家境的支撑，战争本身并未对阿道夫产生任何影响，一来他不可能理解这场战争，再者，年幼的他每天都在威斯特霍尔特伯爵硕大的庄园里玩耍得不亦乐乎。与慈爱的母亲相比，父亲是一个父权主义者，对男孩子们管束甚严，但也时不时流露出父爱的慈祥。酷爱野外活动的父亲是个有一手绝活的好猎手，很早就迫不及待地把绝技传授给儿子们。加兰德5岁时便随休假在家的父亲外出狩猎，6岁猎获了第一只野兔，因而很早就掌握了安全使用枪支和射击的技巧。成年之后加兰德不仅是有名的神枪手，对精致枪支的热爱也成为其终身一大嗜好。事实上，年幼时有幸在专家指导下学习过射击的飞行员，往往能在空战中迅速蹿升和取得成功。

“一战”结束后不久，老加兰德回到家乡继续担任祖传的地产大管家，战争中加兰德家族一共失去了7名男丁，悲伤的气息曾长时间笼罩着整个家族，而德国也陷入了战败后的政治混乱、经济崩溃和集体羞辱之中。6岁的加兰德在威斯特霍尔特公立学校开始上小学，他对传统科目似乎都没有兴趣，倒是痴迷于了解那些战功显赫的飞行员的事迹。他读过有关殷麦曼、波尔克和乌德特的书，还了解了不少有关戈林的故事，不过他的最爱还是“红男爵”里希特霍芬，因为后者也是一个好猎手和神枪手。加兰德对学业一直三心二意，这种情形在他进入了布尔 (Buer) 的兴登堡高中后也没有改观，他对艺术和宗教类课程了无兴趣，拉丁文和希腊文等课程也是勉强过关，但自学了不少与技术有关的科目。加兰德最喜欢的是跳高、跳远和短跑等运动，开摩托、飙车、追女孩也是他常干的事。

1927年初，一群热衷于滑翔飞行的年轻人开始在威斯特霍尔特地产一角的博肯贝格(Borkenberge)山聚集，把这里逐渐变成了滑翔飞行爱好者的快乐大本营。15岁的加兰德曾多次步行或搭马车跋涉30公里赶来观看，从这一刻起他似乎明白了自己一生的追求就是飞行，自由自在地翱翔蓝天对他有着莫大的吸引力。滑翔飞行当时在世界各国都是一项广受欢迎但很昂贵的贵族运动，只有德国政府采取措施来推广和普及这项运动，从而使很多普通年轻人有机会参与进来。“二战”德军的许多飞行员的第一课都是从滑翔飞行开始的，有军史家在总结德国为何能产生如此众多的王牌时，曾把20、30年代普及的滑翔飞行运动培养了大量人才也作为一条极重要的原因。[3]

痴迷于滑翔飞行的加兰德经过不懈努力，在1929年时取得了滑翔机飞行员A级和B级证书。欲取得人人垂涎的C级证书，他必须做到连续飞行5分钟以上。而通过了C级考试后还要再经历一次大考，才能成为一名职业级滑翔机飞行员。加兰德的滑翔飞行技能一天天在进步，但学习成绩却像断线的风筝一样垂直下降。一直关注着儿子的老加兰德这时再也无法忍耐，向他发出了最后通牒——要么把学习搞上去，要么永远不许再飞。加兰德被迫将心思从博肯贝格山的欢乐谷中收回来，一年多下来他的学业成绩进步很大，父亲也特许他在1931年4月复活节这天到法兰克福东北的勒恩(Rhoen)山区参加全德滑翔锦标赛。在这里，加兰德在空中飞翔了整整10分钟，如愿获得了C级滑翔飞行员证书。在当年秋的一次国际锦标赛上，加兰德一举获得了职业滑翔飞行员证书，威斯特法伦州州长亲自为之颁发了证书，20岁的他此时已成为州内仅有的3名职业级滑翔机飞行员中的一个。威斯特霍尔特伯爵一直观察着这个痴迷于滑翔的孩子，他对加兰德说如果他能顺利通过高中毕业考试，那么伯爵本人将把一架滑翔机作为毕业礼物赠予他。1932年2月，如愿通过了毕业考试的加兰德，已经带着伯爵赠送的滑翔机，在高山之巅尽情体验飞行的自由和快乐了。2月27日，他从博肯贝格山山巅出发，在空中持续飞行了2小时6分5秒，一举打破了47分45秒的原纪录，也创下了整个西北德国的新纪录。[4] 一时间，加兰德在滑翔飞行圈子里名声大噪，博肯贝格山因之成为官方认可的滑翔运动中心，加兰德所属的盖尔森基兴滑翔飞行俱乐部也被正式接纳为“德国航空运动协会”的成员。

父亲虽为儿子的成就深感骄傲，但对职业飞行依然疑虑重重——尽管德国汉萨航空公司已经开通了国际航线，但老加兰德还是把民航飞行员等同于开出租车的！加兰德毕业时的校方评语中特别标注着“加兰德想成为一名飞行员”。老加兰德与儿子就未来的职业规划长谈了一次，发现儿子想当飞行员的志向非常坚决。过了一些时日，老加兰德再次敦促儿子选择真正钟情的职业，并允诺提供上大学的所有费用。结果，他再次表示一定要当飞行员，于是父亲不再怀疑儿子的决心，转而全力以赴地给予支持。要知道，在1932年的德国，一个乡村中产阶级之家的孩子成为飞行员的几率接近于零，但父亲的全力支持无疑给了加兰德很大的慰藉。

1932年，20岁的加兰德在20000名申请者中脱颖而出，成为不伦瑞克民用飞行学校当年录取的20名学员中的一个。[5] 学校的校长是“一战”王牌飞行员凯勒(Alfred Keller，“二战”中曾任第1航空队上将指挥官)，异常严格的入学考试持续了10天，不仅考验申请者身体和精神两方面的耐力，更详细地考核他们的学业、心理和各方面技能。学员们入学不久就发现学校的日常训练不仅非常严格，而且完全是军事化的，到

▲ 摄于1917年，时年5岁的加兰德。除大哥弗里茨外，加兰德还有一个两岁多的弟弟威廉，幼弟保罗于1919年11月出生。两个弟弟在“二战”中均曾供职于JG-26，保罗阵亡于1942年10月，威廉丧生于1943年8月。大哥弗里茨子承父业，担任威斯特霍尔特伯爵的地产大管家。

▲ 摄于1932年，20岁的加兰德在大批竞争者中脱颖而出，成为不伦瑞克民用飞行学校当年录取的20名学员之一。德国当时虽无正式的空军，但存在一个名为“德国航空运动协会”(DLV) 的准军事化组织，它所属的民用飞行学校很快都将成为培养德军飞行员的摇篮。

▲ 摄于1929年，17岁的加兰德正坐在滑翔机里准备起飞。他刚刚在博肯贝格山通过了A级和B级滑翔机飞行员考试。

▲ 摄于1934年末，身着DLV少尉飞行员制服的加兰德。当年2月，加兰德在第10步兵团接受了新兵训练后进入德累斯顿军校进行候补军官训练，1934年末获少尉军衔后进入慕尼黑附近的施莱斯海姆飞行学校。加兰德在1935年10月的一次飞行事故中身受重伤，鼻梁骨和头骨多处骨折，面部轮廓也发生了明显变化。这张照片中的加兰德尚未蓄须，鼻梁挺直，相貌英俊，但前述事故之后他开始蓄须，这也逐渐成为其日后的标志之一。

1932年圣诞节时，20名学员中约有一半人已被淘汰或主动放弃。加兰德咬牙坚持了下来——绝不放弃、力争最佳是他自幼养成的性格，当然这可能与次子的尴尬地位也有关系（大哥注定要子承父业，父亲对两个弟弟似乎并无期待，只有他这个老二受到严格管束并被寄予厚望）。1933年新年那天，加兰德获得了B-2级飞行员证书，也完成了特技飞行训练，他的才华在杂耍般的特技飞行中得到充分展示，而他本人对这类表演从来都是乐此不疲。

加兰德当然无从知晓戈林此时正埋头于秘密创建新空军，而凯勒的这所学校正是培养战斗机飞行员的基地之一。1933年初希特勒上台之后，德国根据与墨索里尼达成的协议，派飞行员前往意大利接受战斗机飞行训练。由于戈林的行事作风和语言障碍造成的误解，意大利人错把这批德国飞行员当作纯粹的新手，却不知他们中除加兰德外个个都有十年的飞行经验，其中一些高军阶的现役军官还于1920年代末在苏联接受过秘密飞行训练。一名意大利飞行员刚刚创下了90分钟的倒飞世界纪录，正当教官大肆吹嘘之际，不动声色的加兰德驾驶着教练机轻而易举地倒飞了45分钟，如果不是垂头丧气的教官命令他立即着陆，意大利人热乎的世界纪录恐怕就有作古的危险。加兰德虽然觉得此番受训在技术上鲜有帮助，但大有收获的是熟悉了各种现代战机，还有进行特技飞行和射击练习的机会，而这些机会在此刻的德国仍是难以想象的。

从意大利返回后，加兰德又接受了仪表飞行和重型运输机驾驶训练，经过50小时的额外学习训练后他通过了毕业考试，稍后成为汉萨航空公司的一名民航飞行员。驾机往返于德国和西班牙巴塞罗那的这段日子，虽然轻松惬意，但也显得平淡无奇。经过仔细权衡，加兰德决定自愿加入仍处于秘密状态下的空军。1934年2月15日，加兰德来到德累斯顿的第10步兵团接受步兵基本训练，3个月后转入德累斯顿军校，除接受陆军军官的训练外，他还学习了空战战术理论。加兰德在军校里第一次认识到陆军对空军的保守态度，那里根本无人谈论或理解空军成为独立的战略战术力量的可能性——加兰德当然无从得知，戈林与他的“一战”伙伴们，以及从陆军参谋本部调入空军的军官们正在竭力改变这种现状。1934年10月，身着蓝灰色DLV制服的加兰德少尉来到慕尼黑附近的施莱斯海姆飞行学校。这所实为战斗机飞行员训练中心的民办学校此时正处于脱去伪装前的最后转型期，呼之欲出的德国新空军此时已拥有大约900名飞行军官、200名高射炮军官和约17000名军士与士兵。[6] 8个月的步兵训练和候补军官学习经历似乎让加兰德的手生了、飞行理论也模糊了，他首先得参加为期10周的“复习性”训练。按照惯例，飞行员们的表现将决定他们的分配去向，中等偏上者将进入一线部队，而最卓异的少数人将被分配到各学校担任教官，负责训练、教导和激励新人。德国空军非常看重这些技术精湛同时又善于诲人的飞行教官，但加兰德对此毫无兴趣，一心只想进入作战单位。就在他小心翼翼地保持着表现既不突出、也不垫底的时候，戈林于1935年2月来到学校视察。这可能是加兰德第一次近距离地见到幼时的空中偶像，戈林周身洋溢的领袖魅力使整个学校都沸腾了，加兰德等人围在他的身边，听他讲解纳粹政府在发展空军和飞机制造业方面的措施与进展，深深地为他描绘的宏大蓝图所吸引。面对着每周都有新的战斗机中队组建的局面，加兰德希望被分到作战单位的愿望更加强烈了。

1935年2月26日，希特勒签署了建立“帝国空军”这一独立军种的命令——就在全世界还在揣测德国空军不过是案牍上的提议时，德国公开宣布了新空军的存在。3月14日，希特勒在柏林近郊的多贝利茨（Döberitz）检阅了首支作战单位“多贝利茨飞行大队”（Fliegergruppe

Döberitz)，为了与“辉煌的往昔”挂起钩来和保持传统的延续性，希特勒宣称将该大队改名为“里希特霍芬联队”，希望它“在精神和绩效两方面都能证明自己配得上这个神圣的称谓”。[7] 3月末至4月初，“里希特霍芬”联队在柏林上空向百姓、各国使节和新闻记者展示了德国新空军首支作战联队的面貌，还在戈林新婚的庆典上进行了类似的表演，但普通人哪能料到，代表第三帝国空中武力的“里希特霍芬”联队此时只有多贝利茨的这一个大队而已。

少尉加兰德1935年4月1日终于成为“里希特霍芬”联队的一名骄傲的战斗机飞行员。稍后不久，加兰德随第1中队中队长赖特尔（Johann Raithel）少校前去于特博格-达姆（Jüterbog-Damm）组建第2大队。赖特尔和加兰德等人高效地完成了预定任务，夏季到来时第2大队已接收了一批新式He-51战斗机，不过，就像第1大队仍叫“多贝利茨飞行大队”一样，赖特尔第2大队的正式名称是“达姆飞行大队”。加兰德在赖特尔手下担任飞行训练军官，他也结识了第2中队中队长奥斯特坎普少校，他们两人从这里开始了延续近40年的友谊。

按照“里希特霍芬”联队的内部分工，第1大队主要测试空战武器和辅助设备，也承担改进地面单位组织结构的责任，第2大队的重心在于完善空中追逐和拦截战术，同时进行引入重型战斗机（即日后的驱逐机）的试验。加兰德因其出众的飞行才华而被战友们称为“飞行员中的飞行员”，尤其是每当他在空中舞动着令人眼花缭乱的特技时，战友们都会聚在一起观看他的表演。特技飞行带给他极大的满足感，也使其相信自己比大多数人都更出色。但是，1935年10月的一次事故几乎葬送了这个崭露头角的新星。加兰德曾改装过自己的Fw-44战机的水平安定面，结果造成座机完全失控而坠毁。虽然加兰德大难不死，但也昏迷了三天三夜，甚至父母都已被请来准备料理后事了——他的头骨多处骨折，鼻梁骨折断，曾经英俊的脸庞也因之变形，最要命的伤在左眼，划伤和角膜中残留的玻璃碎片严重损害了他的视力。加兰德的出院报告上写着“身体已不适于飞行”，但大队长赖特尔不忍心看到这个才华横溢的年轻人就这样终结潜力无限的飞行生涯，于是把他的医疗报告混放在大堆文件中，然后装模作样地声称不记得看到过出院报告，还指示他“试着恢复正常飞行”。这份医疗报告不出意外地一年后才再次出现，但赖特尔为此几乎付出了被送上军事法庭的代价。事情的败露源于另一起飞行事故，加兰德驾驶的Ar-68型战机着陆时撞上了天线杆，再次住院时医生发现这个飞行员竟然差不多半瞎！医生们认为，如若允其继续飞行，对他本人、其他人和战机来说都是个巨大威胁，因而建议永久禁止加兰德继续飞行。气急败坏的加兰德则抓住一切机会游说长官，同时在医院里把视力表背得滚瓜烂熟，狡黠的他不仅在视力检查中蒙混过关，还令医生们也自叹弗如。结果？战友们再次为他举行了欢迎归来的活动，尽管他的左眼角膜中还残留着小小的玻璃碎片。

西班牙内战：近距离空中支援作战专家

1936年7月西班牙内战爆发时，24岁的加兰德中尉一开始还表现得漠不关心，毕竟政治从来都非其兴趣所在，不过他还是发现有些战友突然消失了，还有传言说他们都去西班牙当志愿者了。当这些皮肤晒成棕色、怀揣大卷钞票的战友半年后重新出现时，“秃鹫军团”就再也不是什么秘密了，包括加兰德在内的每个飞行员都想去实战中检验自己的成色，要是如愿不死的话，还能挣上一笔不菲的外快呢。

1937年5月7日，加兰德与其他350名扮成游客的志愿者经海路来到西班牙。他先被分配到J-88战斗机大队的总部连当连长，负责3个中队的战机维护和保养，组装和测试新到飞机、大修、提供零部件、地面设备维护和改进等也都在其职责范围之内。加兰德发现这里升空作战的机会比在国内时还少，于是申请调往作战中队，但上级一直没有明确答复。7月间，马德里西面的布鲁内特 (Brunete) 爆发了所谓的“布鲁内特之战”，“秃鹫军团”在紧急情况下投入了所有飞行员，这样加兰德才捞到了首次实战的机会。这场空战是整个西班牙内战期间最残酷激烈的一次空战，带队的J-88第1中队中队长哈德 (Harro Harder) 曾在日记中写道：“医官们紧急要求我的5名资深飞行员离职休假……有一名座机被打得千疮百孔的飞行员已经精神崩溃了，而其他人离这个时刻也不远了。”[8] 布鲁内特之战中加兰德执行了数次近距离支援任务，实战的洗礼大大刺激了他的胃口，他再也不愿回去当后勤大队长了。几天后的27日，加兰德从皮特凯恩 (Douglas Pitcairn) 中尉手中接过了第3中队中队长之职。第3中队此时的主要机型还是He-51，而另两个中队都已换装了新式的Bf-109。加兰德对第2中队中队长吕措中尉有些嫉妒，但又真心仰慕他眼中的这位“新空军最出色的指挥官”，性情相近、情趣相投的两人自西班牙内战起就结下了深厚的友谊——1945年1月，当加兰德被解除战斗机部队总监职务时，吕措正是试图以哗变为老友讨回公道的“主谋”之一；而当加兰德组建JV-44“专家中队”时，官拜战区战斗机部队指挥官的吕措上校更是甘愿在老友手下充任一名普通的喷气式战斗机飞行员，他们的友谊一直持续到“二战”结束前的最后一周，即吕措失踪为止。

Bf-109战斗机的性能优势迅速扭转了佛朗哥一方一度不利的空战局面，He-111中程轰炸机和 Ju-87俯冲轰炸机等也首次投入实战。加兰德注意到，He-111等轰炸机都不太适于执行需要精确轰炸的任务，如摧毁地面炮兵和高炮阵地，在缺乏地面指引的情况下准确攻击地面部队等。他同时认为，He-51作为战斗机虽已落伍，但在近距离支援方面尚有用武之地，因为这款战机能在低空以机载航炮和炸弹精确地打击地面目标，速度也相对较快，能避免敌军防空火力的过度杀伤，同时，为使空中打击的效果最大化，空中攻击也必须与地面部队在时间和空间上保持密切协同。加兰德还积极鼓励下属的飞行员和地勤试验各种可能提高作战效果的创新。1937年9月中旬，第3中队在西班牙北部作战时，采用了加兰德提出的富有想象力的地面攻击技术并取得了一系列显赫战果。稍后不久，技师们又研制出一种堪称凝固汽油弹前身的燃烧弹——他们把He-51战机的副油箱去掉 (因战场狭窄飞行员们几乎从无机会使用副油箱)，挂载上小型的燃烧弹，在实战中取得了很好的效果。加兰德还进一步完善了所谓的“杀猪” (Kochenjagd) 战术——按照“秃鹫军团”的常规战术，当Bf-109中队在天空中自由猎杀对手时，He-51战斗机中队往往跟进袭击敌方的运输车队，但加兰德不愿墨守成规，他的做法是带队先朝大海的方向低空绕行70至80公里 (战后他曾夸张地说战机飞行高度距海面只有一米)，到达敌军背后之际再杀个回马枪，这时每架战机都可自行选择攻击目标。[9] 善于分析总结的加兰德撰写过一系列报告，阐述他的近距离空中支援经验、战术、创新和相关发现。这些报告送达空军部后引起了关注——德国空军当时正朝独立军种的方向发展，而加兰德的战术空军思想和近距离空中支援经验在很多方面与某些高层人士的认识不谋而合。加兰德逐渐赢得了近距离支援作战专家的声誉，不过，高层的青睐却使他后来一度被困在近距离支援作战单位，这倒是他始料未及的。

加兰德在西班牙内战中还有一桩作为值得一提。他有感于空军各单位转场时经常出现延迟混乱以及人力物力耗费不菲的情况，产生了提高转场效率和机动性的念头。他设想把一整个中队都安置在火车上，吃饭、睡觉、值勤和修理等都在车厢里解决，这样就可以获得最大的机动性。他的想法得到了佛朗哥空军的鼎力支持，几天后一列经过特制改装的火车就拉着加兰德的中队出发了。[10] 凭借这项创新，加兰德中队的战机在转场时一飞抵新基地，全套地面设施和所有地勤几小时后就能到达，效率自然大为提高。这项创新并未被人遗忘——"二战"中德军在广袤的东线只有NJG-6这一支夜间战斗机联队，为将各中队迅速地调往战场，该部把每个中队都安置在特制列车上，从而成倍地提高了效率和效能。[11]

1938年3月22日，黑林 (Hubertus Hering) 上尉加入第3中队，准备替换任职已达10个月的加兰德。不过，3月30日时，黑林与米夏埃利斯 (Manfred Michaelis) 少尉的战机在空中相撞，两人俱皆丧命，加兰德只好又延长了任期。国内很快派来一位新人选，但几次作战之后加兰德认为此人无法胜任，很不客气地将其打发回国了。这种局面一直延续到4月底时莫尔德斯的出现。加兰德起初对莫尔德斯并不友善，总部对后者的高度夸赞还曾使他产生过怀疑和抵触情绪，但莫尔德斯的为人、才华和能力很快征服了他——在近一个月里，加兰德与安静腼腆的莫尔德斯一起飞行作战，随着了解的增多，他觉得这个比自己还小一岁的飞行员简直是个天生的领袖，他可以放心地移交中队了。5月24日，莫尔德斯正式主持第3中队，"秃鹫军团"也进入了莫尔德斯主宰西班牙天空的新时期。

加兰德并未立即回国，而是先到西班牙的非洲殖民地摩洛哥和地中海沿岸休假了一段时间，而后终于得到梦寐以求的驾驶Bf-109的机会。这款战斗机的流线型机身、凶猛火力和令人印象深刻的速度，都使加兰德觉得这就是能把他对飞行的热爱和致命的射术结合起来的战机。8月份回国后，他曾满心期待能分配到作战联队驾驶Bf-109，但超过300次的近距离空中支援经历和不乏真知灼见的分析报告，为他换来

▲ *1937年5月上旬，加兰德来到"秃鹫军团"，开始时他是总部补给连连长，不到3个月后出任J-88战斗机大队第3中队中队长。*

▲ *加兰德的第3中队也被称为"米老鼠"中队，因为他们的在驾驶舱侧下方喷涂了一只挥舞手枪的"米老鼠"。"二战"中，加兰德在座机上也喷涂了类似的图案，米老鼠左手持枪的风格依旧，但右手还多了一把战斧，最有意思的是，米老鼠还"抽上"了雪茄。*

▲ 加兰德担任J-88第3中队中队长时，第1和第2中队已换装使用Bf-109，唯有他的中队还在使用老旧的He-51双翼机。加兰德把He-51起落架间副油箱的位置进行了改装，加入了用于地面攻击的燃烧弹。

▲ J-88的几位地勤在一架Bf-109战斗机前合影留念，第3中队在1938年7月也开始换装使用Bf-109 B-2和C-1型战斗机，当然中队长已是莫尔德斯。“秃鹫军团”的所有Bf-109机身上都涂有型号“6”以及佛朗哥军队的黑色圆盘图案，黑色圆盘之右才是每架战机自身的编号。据信这架战斗机就是莫尔德斯的6-79，方向舵上有7次击坠的白色标志，图片可能摄于1938年夏末或初秋，当时莫尔德斯的战机曾被送去检修。

▶ 嘴里叼着雪茄的加兰德正与纽曼(右一) 少尉交谈。纽曼是加兰德一生的朋友和忠实支持者，"二战"中曾在北非战场任JG-27联队长。

◀ 加兰德与战友们正有些焦虑地等待某架战机的着陆，图中身着白衣、蹲着的人就是加兰德，倒数第2排双手叉腰分立的军官从外形来看似为莫尔德斯。这张图应摄于1938年4月末至5月末间，加兰德当时尚未离开西班牙。

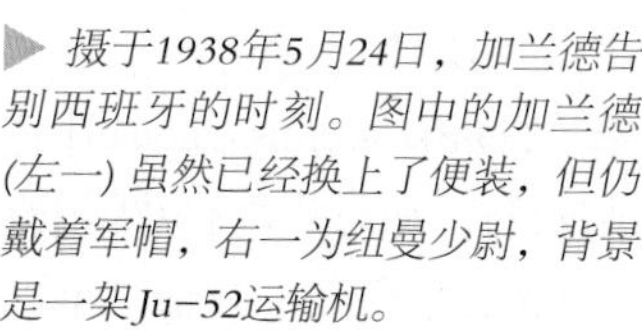

▶ 摄于1938年5月24日，加兰德告别西班牙的时刻。图中的加兰德(左一) 虽然已经换上了便装，但仍戴着军帽，右一为纽曼少尉，背景是一架Ju-52运输机。

的却是空军部参谋军官的职位——他的主要工作就是帮助组训新的近距离空中支援大队。庞大的空军部大楼里，到处都是身着漂亮制服、走路都怕弄皱了笔挺军裤的参谋军官，各个部门既充满着繁文缛节，又严谨得近似刻板，而整个德国这时都像一架精密得无以复加的钟表那样在有序运转。加兰德非常想念西班牙的生活和战友间的亲密无间，他一边抱怨自己整天只能身着漂亮的军服“抱着办公桌飞行”，一边艳羡地关注着莫尔德斯接二连三地取得空战胜利——他离开那里时还两手空空，加入真正的战斗机作战联队的愿望从未像现在这样强烈过。就在他觉得百无聊赖之时，上级又命令他放下工作，立即协助组训两个新的近距离空中支援联队。加兰德与时间展开了赛跑，很短的时间内搜罗到一批虽然老旧，但仍可用于近距离空中支援的战机，同时网罗到一批学员，如期组建了两个联队——这可是10个大队的战机、飞行员、地勤、基地和设备！加兰德的出色表现给空军部留下了深刻印象，当他自己的顶头上司被任命为其中一支联队的主官时，他也顺理成章地担任了联队长副官兼作战参谋。不过加兰德并不愿意一直深陷于近距离空中支援作战，他的理想仍是去战斗机部队。

1938年11月，加兰德的调动申请终于得到批准，奉命来到斯图加特附近的伯布林根(Boeblingen)，负责将一支纸面上的战斗机大队“变魔术似的”组训成作战部队。经过几个月的努力，加兰德果然不负厚望，他作为代理大队长不知疲倦地率部训练和演习，大队的Bf-109D战斗机给他带来了极大的满足感，同时也使他更加钦服于莫尔德斯等人发展的“四指”编队战术。1939年3月希特勒攫取捷克斯洛伐克全境之时，加兰德大队已在机场待命，只不过战事进展非常顺利，根本就用不上战斗机部队。1939年6月，在为“秃鹫军团”归来而举办的盛大游行上，加兰德与莫尔德斯重逢了，后者以14次击坠已成为名满天下的第一王牌。戈林当月还将镶有双剑钻石的金质西班牙十字勋章授予“秃鹫军团”的27名军人，其中的14人来自J-88战斗机大队，包括加兰德、莫尔德斯、吕措和厄绍等日后的空战名人。

仅有5年历史的德国空军仍处在装备现代战机和训练大批新手的过程中，加兰德很清楚，空军的力量分布可用一只哑铃来形容，一头是指挥阶层，指挥中枢、各联队或大队的领导层基本都是经过“一战”洗礼的飞行员，另一头则是数量庞大但只有很少或毫无作战经验的新人，最为薄弱的是中间层，但德国已没有时间去培养有经验的一代来担负承上启下的职责——欧战的爆发已迫在眉睫，加兰德自己就曾参加过闪击波兰的数次图上作业。就在他展望着投入真正空战的时刻，8月初的一纸调令迫使他离开了亲手组训的大队，无奈地来到图托担任LG-2（第2教导联队）第2大队第4中队中队长——显然他再次为自己“近距离空中支援专家”的名声所累，他的新单位就是使用“亨舍尔”(Henschel) Hs-123对地攻击机的近距离空中支援大队。刚到图托不足一周，加兰德又奉命赶到雷希林(Rechlin)试飞中心，试飞Fw-189和Hs-129这两种新型的对地攻击机。

1939年9月1日拂晓，加兰德驾驶着Hs-123对地攻击机飞越了德波边境，成为第一批投身于“二战”的德军飞行员。

令对手恐惧的“黄鼻子大男孩”：JG-26联队长

波兰战役期间，加兰德所在的LG-2第2大队在建制上隶属于第4航空队，受里希特霍芬的“特种作战航空军”（即第8航空军的前身）直接领导，大队的36架Hs-123属于第一波攻击力量，负责支援赖歇瑙(Walther von Reichenau)将军的第10集团军。9月1日，加兰德第4中队用汽油弹多次轰炸波军的集结地和补给基地，也向地面上的波军及其车队进行扫射，但他的中队也遭到对手的高射炮和机枪的还击。陆军总部在当日战报中曾点名表扬了LG-2第2大队为第10集团军提供的持续不断的支援，第2大队大队长施皮尔福格尔 (Werner Spielvogel) 少校则毫不犹豫地将之归功于加兰德设计的战术和拟定的计划。9月3日，加兰德开始全力支援第16军的先头部队第1装甲师，他的中队在装甲师闯出的"坦克走廊"上空持续攻击顽强抵抗的波军，同时顺手消灭落在后方的散兵游勇。加兰德在西班牙时就甚为重视空中打击与地面运动的密切协同，现在他的中队与俯冲轰炸机单位一起，做到了与地面部队堪称典范的配合。到8日时，第1装甲师已抵达维斯瓦 (Vistula) 河，距华沙不足30公里，负责支援的LG-2第2大队当日多次出击，完成了摧毁对手交通线、驱散敌军集结地、清理小型包围圈以及切断通向华沙的道路等多重任务。9日，深受拥戴的施皮尔福格尔少校阵亡，第1中队中队长韦斯 (Otto Weiss) 上尉接过了大队指挥权，全大队开始全力以赴地支援阻击和消灭波军"波兹南 (Poznan) 集团军"的地面战事中。9月11日，希特勒意外地来到LG-2第2大队视察，并与加兰德等军官共进午餐。这是他第二次见到元首，他还是觉得"怎么看希特勒都是个普通人"，而他身边的那些高官却个个毕恭毕敬，另外他对于在元首面前不能抽烟的规矩也感到不满。

加兰德驾驶Hs-123对地攻击机一共执行了87次任务，包括9月12日的一日出击10次，但在空中只有数次见到过波兰战机的影子。13日加兰德获得了二级铁十字勋章，10月1日又获晋升为上尉。他的近距离空中支援大队在波兰闪击战中发挥了较大作用，但他并不满足于战果，认为现有战术还有许多地方需要改进。他花了大量时间与其他飞行员讨论战术，或与地勤们交流如何提高战机的就绪水准，同时思考如何改进中队乃至大队的行政管理方式。加兰德坚信，一个中队只有每人都与他人密切配合才能运转良好，而只有每个中队都为共同目标做出一定的牺牲，一个大队才有可能成为团结内敛的集体——这些所思所想自然超出了一个中队长的职权范围，但也证明了加兰德确是一名潜力无限的军官。在近距离空中支援战术方面，他认为空军已出现了一种错误倾向，即越来越把俯冲轰炸机和对地攻击机作为敲开敌军前沿的"攻坚力量"，在他看来，更恰当的方式应是"摧毁一切能对敌军的持续作战能力产生即时影响的装备或设施"。他觉得空军眼下的作用不过是"重复炮兵的作为"，而这样做"仅能令对手头破血流，至关重要的那些器官却都完好无损"。[12]

尽管已是很有前途的近距离空中支援专家，但加兰德的心思仍是成为战斗机飞行员——他深信自己身上流淌的是猎手的血，自己的本能就是在空中追逐和厮杀。他一心想逃离近距离空中支援作战，但面对着一个自己打造的怪圈：他越是把交办的任务 (包括组建新联队、训练战斗机大队、大量的实战出击、无可挑剔的总结分析) 完成到极致，就越难以如愿。上级在面对他接二连三的调动申请时曾反问道，他作为一名经验丰富的对地攻击单位指挥官，很快就会出任大队长的新晋上尉、名声在外的战术家，难道不知战争还在继续吗？难道不了解国家需要他的经验和战术才华吗？虽有机会成为优秀的战斗机飞行员，但在艰苦的战争中，难道地面部队不是更需要他这种老手吗？无语的加兰德明白，除非采取更激进的措施，否则自己真有可能就这样总是驾驶二流、三流的战机，也将永无机会在空中与对手直接较量。据信，加兰德假装得了风湿病，向医生抱怨"每次驾驶Hs-123和He-51那类座舱敞开的战机都会加重痛苦"。精明的医生自然明白他的伎俩，但还是网开一面——"不适于继续驾驶座舱敞开的飞机"这一纸看似轻描淡写的诊断，完全改变了加兰德的军旅生涯和命运，因为空军的单座战斗机中驾驶舱密封的只有Bf-109！

1940年2月10日，加兰德调到波兰战役后新组建的JG-27联队，担任联队长伊贝尔（Max Ibel）中校的作战参谋。“一战”老兵伊贝尔20年代末时曾在苏联秘密接受过飞行训练，但缺乏近期的作战和管理经验，从一无所有到编练出一支具备战斗力的联队对他来说确实是个挑战。而加兰德带来了在西班牙和波兰战役中取得的丰富经验，还拥有组训近距离空中支援联队及战斗机大队时即已展示过的才智和组织管理能力，伊贝尔不可能不倚重这个年轻的上尉——据说，伊贝尔曾要求加兰德不管是在空中，还是地面都必须与自己形影不离！此时，空军几乎所有大队和联队级指挥官都还是“一战”中的飞行员，而在新的空战时代，不仅技术性能上已有巨大进步的新型战机对飞行员提出了更高的要求，包括“四指”编队在内的新战术也要求指挥官胸襟开放且善于学习，而几乎是年轻一代父辈年龄的这批老指挥官们在身体和精神两方面皆勉为其难。戈林也注意到他的老战友们在管理部队和指挥作战等方面都出现了落伍与不力的迹象，稍后他对作战部队的领导层进行了大换血，这才有了加兰德、莫尔德斯、维克等大批青年才俊的迅速蹿升。

伊贝尔的青睐反倒令加兰德更加苦恼，因为他发现自己无论在哪里都被文案工作和上传下达的琐事所淹没，想升空飞行一次还得想尽花招。另外，他也觉得，由于手中尚无任何空战胜绩，这势必妨碍自己对JG-27作战绩效的影响力。这时他想起了老朋友莫尔德斯，后者正在JG-53担任第3大队大队长，1940年初时已击落了数架英法战机，而且他的战区因更靠近法德边境而有更多的空战机会。求战欲望强烈的加兰德通过渠道临时调动到JG-53，很快就与莫尔德斯一起并肩飞行了。平心而论，此时的加兰德在空战方面还无法与莫尔德斯相提并论，他自己也坦承“我素所仰慕的朋友莫尔德斯把知道的一切都告诉了我”。的确，待人坦诚的莫尔德斯把所有的作战经验技巧都教给了加兰德，包括战术、编队、开火、逼近敌机的角度、发现和识别敌我等，都毫无保留地与加兰德分享。[13] 加兰德对莫尔德斯非常钦佩，尤其对后者的锐利眼光和洞察力赞不绝口。加兰德与莫尔德斯多次结伴飞行，曾有几次遭遇敌机，但他自己还是未能取得开门红。除了与莫尔德斯长时间讨论使用战斗机的最佳方式、如何在空中接敌等以外，加兰德还对莫尔德斯大队的作战控制体系艳羡不已。莫尔德斯当时在最靠边境的地方建立了若干秘密观察站，一旦对手战机升空，他就能通过无线电或电话即刻获知，自己升空之后还能持续不断地接收新情报，随时调整方位和指挥其他战斗机，再加上莫尔德斯超乎常人的锐利鹰眼，他总能出敌不意地拦截到敌机。这些指挥控制措施并不复杂精密，加兰德回到JG-27后也如法炮制，使伊贝尔和3名大队长无不对他刮目相看。加兰德一生都对莫尔德斯充满真挚的感激和赞赏，1994年时，年过80的加兰德在接受采访时还曾说道：“我与莫尔德斯是好朋友，直到他1941年离世。他是个好人，律己甚严，对属下也同样严格，他十分了不起……他是德国空军最优秀的飞行员……在所有我还能记得的人中，我想最伟大的领袖仍是莫尔德斯……”[14]

在1940年5月10日开始的法国战役中，JG-27联队隶属于里希特霍芬的第8航空军，该军与另外两个航空军一起构成了凯塞林第2航空队的主体，负责支援在右翼的荷兰和比利时进行佯攻的B集团军群。当日，3000多架德军战机（包括1000架Bf-109）出现在法国、荷兰和比利时上空，72个盟军机场遭到轰炸，300至400架战机瞬间被毁，德军地面部队的突破和推进更是让盟军高层目瞪口呆。JG-27的飞行员们忙于为轰炸机编队护航，也捎带着与少数勇敢的对手在空中鏖战——加兰德同样忙得不亦乐乎，但不是在空中，而是在联队部的办公桌旁。作为

▲ 1939年9月波兰战役中的加兰德（前方正中），也许是战事异常顺利，图中的他与战友们显得相当轻松。

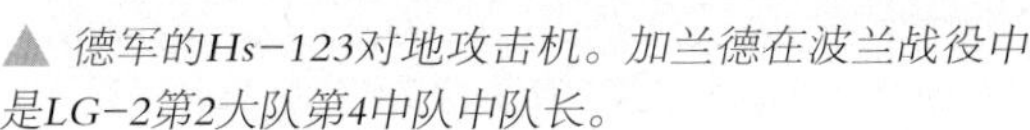

▲ 德军的Hs-123对地攻击机。加兰德在波兰战役中是LG-2第2大队第4中队中队长。

▲ 加兰德1940年初曾在JG-27担任过一段时间的作战参谋。联队长伊贝尔对他的信任和赏识某种程度上反令他如坐针毡。本图摄于1942年4月末，左一是时任第3航空队战斗机部队指挥官的伊贝尔上校，右为时任JG-2联队长的厄绍少校，当时伊贝尔正在驻于博蒙勒罗歇(Beaumont Le Roger)的JG-2视察。

▲ 图为JG-27的四机编队以“四指”队形飞行。英美空军后来放弃了惯用的“V”形三机编队，转而采纳“四指”编队。

▲ 加兰德与莫尔德斯见面的情形。1940年上半年，加兰德曾设法调到莫尔德斯的JG-53第3大队，后者毫无保留地将空战经验和技巧传授给暂时两手空空的加兰德。两人后来虽在战绩排行榜上展开了激烈竞争，但他们一直相互欣赏和彼此敬重。

▲ 加兰德到1940年5月19日时已取得了5胜，成为一个符合官方标准的小王牌。图中的加兰德正在大群军官簇拥下观看战机尾翼方向舵上的5胜标志。这张照片可能是加兰德担任了战斗机部队总监后重访旧部时所摄。

作战参谋，他最重要的工作是协助联队长制定作战计划和支持各大队的作战准备，但其职责并不局限于此——准备飞行员和地勤花名册(尤其是不可避免地出现伤亡时)；处理各大队的设备、物资和弹药补给申请；安排联队内部、联队与航空军参谋部之间的会议；处理情报、报告和各种公文；与各大队沟通作战总结事宜；准备转移前进基地；核实空战胜果……战事爆发的头两日里，当JG-27的其他飞行员兴高采烈地谈论着空战情形时，唯有联队技术最棒的加兰德上尉在地上忙得四脚朝天。

5月12日，JG-27奉命掩护第6集团军渡越马斯河和阿尔贝 (Albert) 运河的行动。当执行任务的首批飞行员带着胜绩陆续返回基地加油时，加兰德再也忍耐不住，他在僚机勒德尔 (Gustav Rödel) 少尉陪同下升空作战去了。不久后，他们在列日 (Liege) 以西发现了8架"飓风"战斗机，加兰德在10分钟的间隔里击坠了两架敌机——面对来得如此突然、又似乎如此轻易的胜利，加兰德并未表现得异常兴奋，他觉得空战理应更艰难才对，否则就好像他是靠战机优势获胜、对对手不公似的。当然，他也没有任何理由感到不快，他深知第一批击坠战果对飞行员来说其实无比重要，日后的成败很大程度上取决于首战中的反应和信心。加兰德回基地后收到了大家的祝贺，毕竟这个作战参谋是个极有人缘、惹人喜爱的伙计，不过他并不知足，下午晚些时候又在布鲁塞尔以东击坠了一架"飓风"。一天内击坠3架"飓风"，似乎预示着一个良好的开端。5月19日时加兰德取得了第5胜，可称得上是个名副其实的王牌了。24小时后，加兰德又凭借3次击坠将战绩提升到8胜，米尔希将军 (两个月后成为元帅) 亲自为他颁发了一级铁十字勋章。盟军敦刻尔克大撤退期间，空军被赋予了剿灭陷入绝境的英法军队的重任。JG-27等战斗机联队的主要任务是为轰炸机编队护航，而英军为掩护撤退也出动了包括"喷火"战斗机在内的数百架战机。5月30日这天，加兰德在敦刻尔克外围首次遭遇"喷火"战斗机机群，空中格斗甫一开始，他就体会到对手战机的性能和质量，尤其是飞行员的水准和经验皆不在己方之下，从这一天起，他就对英军飞行员持有很高的评价，尤为敬重他们的勇敢和技能。

法国战役的第二阶段刚一开始，加兰德迎来了军旅生涯的第一次重大机遇——他被意外地任命为JG-26第3大队大队长。JG-26当时驻扎在法国加莱 (Calais)，加兰德到任时发现大队上下的反应相当冷淡，但没过多久，他在空战中表现出的超强攻击性和技巧，对提振士气所做的努力和严格要求，以及为确保大队战机就绪度和作战绩效而采取的有效措施，很快就让飞行员和地勤们肃然起敬，而他无处不在的自信洒脱更为大家仰慕。时任第9中队中队长、后任JG-26联队长的舍普费尔 (Gerhard Schoepfel) 中尉，曾栩栩如生地描绘过加兰德所带来的变化：

"随着加兰德的到来，第3大队翻开了新的一页。他取代'一战'老飞行员贝格 (Ernst Freiherr von Berg) 少校担任大队长，从此一切都发生了变化。整个战争期间他一直都是个斗士，特别是一个猎手。他发现敌机的嗅觉特别灵敏，可能因为打猎一直是他最喜爱的运动之一吧。他让我们从一直习惯的6000米高空拉到低空作战。从那时起我们就开始在低空成功地一次次斩获猎物。不过跟他一起飞行可不那么容易。他总是在多佛和英格兰南部上空1000米的高度飞行，而这个高度上高射炮会要了你的命。高射炮弹就在战机附近爆炸，对我们的神经也是一大考验，但加兰德是我们的头，也是我们的导师，大家都会紧紧跟随他。以我的经验来看，他真是一个不同凡响的战斗机飞行员领袖。"[15]

1940年7月18日，加兰德晋升为少校，十余天后，凭借着17次击坠的战绩，他又从航空队指挥官凯塞林手中接过了彼时非常珍贵的骑士勋章。这时不列颠空战已拉开了大幕，德军战斗机飞行员在战机航程过短、雷达技术落后等不利情况下，与英国皇家空军的勇士们展开了激烈的厮杀。英军的“飓风”和“喷火”战斗机在性能上并不逊于Bf-109，灵活性方面还略胜一筹，此外由于已破获德国的“超级机密”(Ultra) 密码，再加上领先各国的雷达技术，英军总能出现在对方航线上进行拦截。另一方面，英军仍在使用三机“V”形编队，相对于德军的“四指”编队已大大落伍，战术上的落后不仅抵消了雷达技术的优势，也造成了大量战机被击毁和众多飞行员的战死。拥有先进战术和战机，同时又如出笼猛虎般勇猛的德军飞行员，在不列颠空战之初取得了多次胜利，甚至谱写了一篇篇空战神话。英军曾一度陷于绝望，甚至有意识地避战，战机和人员的过度损失也迫使其改变战术和策略，除缓慢地采用“四指”编队外，英军也想尽办法避免与对手进行大规模决战。英军每次只派少量战斗机出战，使对手难以觅到决战机会，德军飞行员的耐心和士气也相应地受到挫伤。与战斗机部队的无可奈何相比，俯冲轰炸机部队则在英伦三岛上空遭受了重创，大批俯冲轰炸机飞行员之前都是受过最佳训练的战斗机飞行员，但他们的战机速度太慢，俯冲时特别容易成为敌机和高射炮的靶子。为之护航的Bf-109也有自己的困难，如与轰炸机会合的时间和地点难以控制，被迫降低速度以等待轰炸机时面临着巨大风险，空中通讯互不兼容 (战斗机和轰炸机的无线设备不能直接对话，竟需地面接转)，Bf-109的油料不足造成了航程过短 (油箱容量只允许他们在伦敦上空停留至多10分钟)，以及英军凶猛的高射炮火等。戈林曾严令战斗机部队必须为轰炸机护航，但出于上述原因，战斗机和轰炸机经常同时成为易受攻击的目标，本应与对手捉对厮杀的战斗机有时就像呆鸟一般，只能眼睁睁地看着敌机溜走而不能追逐。

由于战斗机部队迟迟不能诱出英军并一举歼灭之，再加上为轰炸机部队的护航效果不佳所造成的重大损失，戈林在各方压力之下开始谴责战斗机部队指挥官和飞行员缺乏攻击性。戈林在一次作战会议中曾命令加兰德和莫尔德斯这两个年轻大队长发表意见，他们两人从飞行员和一线指挥官的角度详细阐释了不列颠空战陷入僵局、轰炸机部队遭受巨大损失的原因。固执自负的戈林似乎早已成竹在胸，他对二人的见解三心二意，却拿出两枚金质钻石飞行员徽章给他们戴在胸前。戈林先对他们的勇敢称颂了一番，称这些徽章就代表“祖国的感激之情”，而后收起笑容严肃地说道：“你们两个作为个人干得棒极了，但我对战斗机部队的总体战绩并不满意。我们缺乏足够的攻击精神，这才是护航战斗机老是让英军钻进来击落轰炸机的真正原因。战斗机飞行员必须展现出向敌机进攻的意愿，就像我们在‘一战’中所做的那样。”[16] 听到戈林把败因归咎于战斗机飞行员的作战不力和缺乏攻击性，而不是检讨更重要的作战困难和战略失误，加兰德和莫尔德斯立即起身解释，但戈林不由分说地命令他们坐下，自己接着说道：“……我打算重新激发战斗机部队的进攻精神，为此我不惜采取任何措施。第一步就是让你们各指挥一个联队。我会撤换所有的老一代飞行员，由你们中间既年轻又成功的一些人来指挥作战。莫尔德斯，你负责JG-51，加兰德，你去接管JG-26。”[16]

加兰德对这一意外提升立即表示了反对，他所担心的是一旦成为联队长，自己就只有在地面干看的份了。戈林似乎看透了他的心思，盯着他说：“我的新规矩是每个联队必须由联队长领头升空作战。联队长都必须是最成功的飞行员。我们得给这些人注入些精神。把年轻人迅速提拔上来担负全责可是前所未有的事……”[17]

莫尔德斯对加兰德仅仅因为担心失去作战机会就拒绝出任联队长颇有点不以为然。告别戈林后，他对加兰德说自己并不避讳责任，反而愿意承担更重大的职责，担任联队长还可以帮助他更好地发挥组织管理能力和战术才华。莫尔德斯在面对重大挑战时从来都表现得从容不迫、自信洒脱，对照之下，加兰德宁愿自视为一个纯粹的飞行员和空中猎手，他实在不愿再回到文案工作和繁文缛节中。"莫尔德斯从一开始就乐意接受任命，而我并不高兴，因为我只想做战斗机飞行员。当然这是命令，我们必须服从命令。"加兰德1994年时曾这样回顾自己被意外提升为联队长时的第一反应。加兰德自认，他的存在似乎就是在空中狩猎、追逐和厮杀，他最欣赏里希特霍芬说过的一句话："战斗机飞行员的唯一任务就是发现敌机并将之击落。其他一切均是胡扯。"在返回加莱的途中，加兰德脑海中反复出现的都是"红男爵"的这句话，他发誓将带领JG-26取得无人能及的辉煌。

莫尔德斯和加兰德获得的这次提升，是戈林把"一战"飞行员从领导岗位换下，代之以优秀年轻人的换血计划的一部分。除他们两人外，一批不到30岁的上尉或少校飞行员也先后出任各单位的主官，如27岁的吕措成为JG-3联队长，28岁的特劳特洛夫特少校执掌JG-54，10月时年仅25岁的维克少校担任了JG-2"里希特霍芬"联队的指挥官，年纪最大的马尔灿少校在10月份出任JG-53联队长时也不过30岁。至于各大队和中队的指挥官就更是20出头的年轻人的天下。加兰德接手JG-26后立即对联队进行了改组，舍普费尔上尉成为第3大队大队长，平格尔上尉出任第1大队大队长，加兰德自己的副官明希贝格中尉到第7中队任中队长，还有几个中队也进行了换血。加兰德将大队长和中队长召集到联队部，向他们解释了重组的原因：他首先称不会要求任何人去做他都无法完成的事情，而他期待所有人都能明白，他使用的空战战术就是他希望其他飞行员效仿的实例；他不想把时间浪费上表面文章上，任何人在任何时候都可以向联队长反映情况，但他期待所有人都拥有很强的纪律感，决不允许把时间浪费在胡乱批评或嘲笑苦累乏味的工作上，每个人都必须把全部精力放在分派的职责和任务上。加兰德说完这番话后向大家保证，无论军阶职位，他都将一视同仁，任何害群之马都将被无情地清除出去。他还明确指出，在每次涉及至少两个大队的重大作战中，他都将率领联队部的4名飞行员随同出击。最后，加兰德郑重声称，他的目标是将JG-26变成整个空军最顶尖的战斗机联队，不赞同这一目标的任何人都将在JG-26没有立足之地。他并不只是告诫指挥官和飞行员们这些新规矩，他还走访了JG-26的每处基地，向技师、装填手、厨师、职员、医护人员、通信连、情报人员乃至卡车司机们阐述他的想法。在这种强人的带领下，JG-26的面貌发生了彻底变化。美国人卡德维尔(Donald Caldwell)曾把自己1996年出版的《JG-26战争日志》(2卷本)献给"JG-26和德国战斗机部队的引路人加兰德"，他在书中写道："'二战'的多数时间里，JG-26都被盟国和轴心国视为最优秀的德军战斗机单位。它的这种地位一开始是因为它的指挥官们在不列颠空战期间的指挥调度十分出色，它的盛名其后依然不衰，这是它的战场位于英吉利海峡沿岸的自然结果，因为JG-26的任务就是阻挡盟军最优秀的战机和飞行员们发起的进攻。在1941至1942年间，JG-26拥有的124架战斗机完全统治了法国北部和比利时西部的天空。"[18] 作为"二战"期间仅有的两支基本都在西线作战的联队之一，JG-26还被对手称作"黄鼻子大男孩"联队，它的赫赫战绩确使不少盟军飞行员唯恐避之不及，有些过于紧张者只要在西线外的任何地方一遇到机头涂成黄色的Bf-109或Fw-190，就以为又碰到了这个霸道凶蛮的对手。

1940年8月底，尽管心腹大患——英国沿海地区呈扇形分布的机场和雷达站、深居腹地的战斗机基地——尚未根除，德国空军的作战目标还是被改为以轰炸来摧毁伦敦和英国人的抵抗意志。戈林在"二战"中指挥空军时犯错不断，

▲ 1940年6月10日，加兰德成为JG-26第3大队大队长，图中的他正在进行起飞前的最后检查，旁边是他在整个“二战”期间的地勤组长迈尔下士。战争结束后加兰德与迈尔失去了联系，直到1983年才再次聚首。图为加兰德的Bf-109E战斗机，驾驶舱里装有望远镜式瞄准具，但是这个装置在几次出击作战后被证明没多大用处。机身上隐约可见他个人的米老鼠标志，醒目的“S”字母则是JG-26“施拉格特（Schlageter）”联队的徽章。施拉格特（Albert von Schlageter）是一名前军官和自由军团成员，1923年在莱茵兰非军事区被法军以从事颠覆活动为名处决，纳粹政府为纪念他，于1938年12月在JG-26联队的全称中加上了“施拉格特”的名字。

▲ 摄于1940年夏担任JG-26第3大队大队长期间，加兰德在大队很快树立了威望，赢得了上下的喜爱。图中的加兰德戴着墨镜，正与3个中队长交谈着什么，活脱脱一个“大佬”形象。站在他右手边、面带笑容的是副官明希贝格中尉，此君此时虽不甚有名，但用不了多久就将成为最优秀的战斗机飞行员之一。1943年3月，时任JG-77联队长的明希贝格殒命于突尼斯桥头堡。

▲ 作战归来的联队长加兰德少校跳下自己的Bf-109 E4战斗机，摄于法国维桑（Wissant）。

◀ 左图摄于1940年夏加兰德担任JG-26第3大队大队长期间。狩猎是加兰德一生中除飞行外最喜好的活动。图中的他正手举毛瑟98k步枪瞄准猎物。右图摄于1940年8月末，JG-26联队长加兰德正在与第3大队大队长舍普费尔（右二）讨论与轰炸机编队会合的地点，图中右一为第7中队中队长明希贝格中尉。

▲ 摄于1940年8月末，JG-26联队长加兰德正在筹划和准备为轰炸机编队护航的任务。

▲ 加兰德在一次空战结束后向第1大队大队长平格尔上尉（右二）描述战斗经过。右一是加兰德的僚机飞行员黑格瑙尔（Bruno Hegenauer）。

▲ 不列颠空战期间，戈林曾在视察海峡前线战斗机联队时将他新近提拔的年轻联队长们全都召集在自己身边。从这张图片也能看出，他最青睐的还是紧挨着自己的莫尔德斯和加兰德。

▲ 图中JG-26 联队长加兰德正向戈林汇报工作，背对镜头者为戈林，他旁边的将领是时任第2航空军指挥官的洛尔策。

▲ 1940年9月25日，取得40次击坠战果的加兰德获颁第3枚橡叶骑士勋章。图为授勋结束后希特勒在帝国总理府与加兰德晤谈的场景。

◀ 1940年9月25日，全副戎装的加兰德获得橡叶骑士勋章之后，在著名的勃兰登堡门前留下这张著名的照片。

▼ 摄于1940年圣诞节前一天，这张罕见的照片摄于法国阿布维尔的JG-26联队部，反映的是加兰德率队恭迎元首时的场景。

▲ 另一张摄于希特勒造访JG-26时的罕见照片。从右至左依次为第3大队大队长舍普费尔上尉、加兰德、希特勒、第1大队大队长平格尔上尉、第2大队大队长阿道夫（Walter Adolph）上尉、第8中队中队长施普里克（Gustav Sprick）中尉。前景是第7中队中队长明希贝格。

据信，此番集中所有的战斗机和轰炸机大举轰炸伦敦是他最大的一次战略失误。德军在9月15日实施了试图征服对手的最大一次空袭，而通过“超级机密”早已预有准备的英国皇家空军派出了300余架战斗机迎击，估计击落了180架德军轰炸机（德方的数字只有56架战损），为轰炸机编队护航的德军战斗机也有不少因油料耗尽无法返回，飞行员们落在海峡中苦苦挣扎或奄奄待毙。对手出人意料的反击粉碎了戈林在空中令英国臣服的美梦，不仅他的俯冲轰炸机部队被赶出了英国的天空，他也被迫改变了作战部队的组织结构和技战术，包括组建夜间轰炸机部队进行夜袭，改派Bf-110这类战斗-轰炸机进行日间攻击等。除强令改装Bf-109以携带炸弹外，他还要求每支战斗机联队的每个大队都必须有一个中队改成战斗-轰炸机中队。很多战斗机飞行员都非常讨厌这种既要投弹又要追逐敌机的任务，他们抵达目标上空后经常随意地丢下炸弹，而后立即去寻找敌机厮杀，轰炸的效果自然可想而知。加兰德战后曾称这是他所见过的“空军总部最疯狂的命令”。

为轰炸机编队护航无疑既捆住了战斗机飞行员的手脚，又使战斗机难以发挥最大的功效，反而导致了战斗机和轰炸机部队的双重损失，但这一切都不能阻止加兰德这样的空中猎人凭借技艺和勇气取得连串的胜利。到1940年9月25日时，加兰德已击落40架英军战机（其中80%都是“飓风”和“喷火”战斗机），这一战功为他赢得了第3枚橡叶骑士勋章。希特勒在总理府亲自为他颁发了勋章，并在这位新一代王牌面前表现得极富魅力。加兰德向元首指出，英国皇家空军是前所未见的最强硬的对手，根本不像国内宣传所贬斥的那样不堪一击。耐心倾听的希特勒表示赞同，还说自己一直都认为“央格鲁-撒克逊人是亚利安人之外的另一优秀种族，与英国交战实为世界史一大悲剧”云云。

莫尔德斯在10月25日首次突破了50胜，不甘人后的加兰德也在五天后达到了这一高度，并在次日提前晋升为中校。德国媒体详细报道了几个月里两人较劲的情况，飞行员们和普通百姓都极有兴味地关注着他们在排行榜上的交替领先。加兰德取得50胜时，莫尔德斯的战绩已上升到54胜，但是加兰德确信自己肯定能“打败”好友。11月间的多雾多雨天气使JG-26和JG-51等联队的出击作战次数都有大幅减少，即便出战也是为轰炸机编队进行捆绑式护航，在天空中自由猎杀的机会并不多，结果莫尔德斯在11月里颗粒无收，加兰德则取得了6胜，尤其是11月28日的那次击坠使他的战绩追平了JG-2联队长维克的56胜记录——不过，维克当日被击落后失踪，再也没有机会与加兰德和莫尔德斯一争高下了。12月1日，莫尔德斯取得了1940年的最后一胜，加兰德则在5日又有一次斩获，以57胜的战绩独居榜首。10个月前，加兰德曾特意调至莫尔德斯处虚心求教，7个月前获得首胜之后他便一发不可收拾，直至领先于所有竞争对手，应该说他确有超乎常人的飞行才华和技能，更难得的是，他同时还将JG-26经营得井井有条、战绩赫赫。

1940年圣诞节前夕，希特勒出人意料地来到JG-26视察。在与加兰德等人聚餐时，希特勒不仅自夸“成功避免两线作战的独特才能”，还豪言“已经赢得了战争”。他向飞行员们允诺，1941年春时将对英国发起更大规模的攻击，直到对手彻底投降，为此海峡前线战斗机部队的力量将会得到大大增强。在新年来临的时刻，加兰德唯一的愿望是让疲惫的飞行员和地勤们好好休整，并祈祷自己的战斗机能装备更好的雷达和通讯系统，从而更好地掌握对手的意图。

悲喜交加：首位双剑骑士和告别莫尔德斯

1941年3月，休整了两个月的JG-26调防法国西北部的布列塔尼（Britanny）地区，负责保

护布雷斯特 (Brest) 港的海军舰队和附近的U艇基地。布列塔尼地区远远不如加莱前线紧张刺激，除了偶尔追击受惊的英军侦察机外，加兰德联队的主要工作是换装新的Bf-109F战斗机。仍在加莱前线的莫尔德斯在3月31日时以62胜的战绩夺回了排行榜的榜首，加兰德也寻找一切机会提升战绩，其中还有数次溜到英格兰南部主动寻找对手。4月15日是第2航空队战斗机部队指挥官奥斯特坎普少将的49岁生日，他邀请了加兰德和莫尔德斯等一批联队长到勒图凯 (Le Touquet) 的驻地聚会。加兰德的副官在驾驶舱后部的狭小空间里塞满了鲜龙虾和香槟酒，但带着僚机上路以后，他又鬼使神差地拐到了英格兰南部上空。他先在多佛附近轻松地击落了一架孤独的“喷火”战斗机，之后心满意足地朝勒图凯方向飞去。途中，加兰德发现了差不多一个中队的“喷火”正在前方爬升，其中一架的位置有些靠后，于是他悄悄逼近这架有点心不在焉

▶ *摄于1941年4月15日，加兰德正准备飞往奥斯特坎普的驻地参加生日聚会。注意他的座位后面塞满了龙虾和香槟。途中加兰德拐到英格兰南部上空寻找猎物，小有斩获之后竟在着陆时忘记放下起落架，险些酿成大祸。*

▼ *加兰德只要有时间和条件就会组织狩猎，一方面这是他的最爱，另一方面他也试图以此缓冲一下令人疲惫压抑的战争氛围。*

的敌机，随着一阵短促的急射，敌机应声而落。第60胜到手了，英机机群似乎还毫无警觉，加兰德又迅速击坠了另一架“喷火”，不过这个牺牲品由于消失得踪迹全无而无法得到确认。直到这时，其他英机才大梦初醒，掉过头来扑向加兰德和他的僚机，一场紧张的追逐在海峡上空刺眼的日光下开始了。加兰德全速逃逸的同时，甚至还分神担心身后的香槟会不会破碎。摆脱了追击后，有点得意忘形的加兰德竟在未放起落架的情况下就试图着陆！焦急的地勤们不停地发信号，最后总算避免了机毁人亡的灾难。当加兰德与“特奥大叔”在宴会上举杯互祝好运时，想必他会别有一番滋味在心头吧！

1941年4月下旬，戈林在一次有高级将领和所有联队长出席的特别会议上宣称，接下来的数月里将全力消灭英国皇家空军，还宣布了一系列新的措施。加兰德闻言倍感兴奋，毕竟1940年圣诞节前元首在JG-26视察时就曾亲口这样承诺过。但戈林会后将加兰德与莫尔德斯留下，神秘地说自己刚才说的都是鬼话，没有一件要付诸实施——德军即将倾全力消灭的不是英国，而是东方的苏联！加兰德和莫尔德斯闻言目瞪口呆，英国怎么办？不是声称要竭力避免两线作战吗？高层还预计只需6周短促激烈的空战就能打垮苏联，最多两三个月地面战事就会完结！包括JG-51在内的多数联队都将东调，西线将只留下JG-2和JG-26两个联队。戈林用嗤之以鼻的口气说：“干掉苏军的指挥官后，他们的那些新手只怕连回家的方向都搞不清了。一旦征服了俄国，战斗机联队就会重返西线。”当然，随着战事的发展，东线战斗机联队再也无暇西顾，而西线仅有的两个联队面对的对手不仅是实力已悄悄增至1200架战斗机和1700名飞行员的强大力量，还有快速发展中的庞大的轰炸机部队。

苏德战争开始前的日子里，英军一直保持着对法国北部的高强度轰炸，加兰德时常需要率领整个联队迎敌，因为对手的轰炸机和护航战斗机实在太多，不管击坠了多少，下次总能看到同样数量甚至更多的战机。在艰苦的防御战中，JG-26和JG-2的实力大损，他们翘首以盼的新战机和飞行员总也不见踪影，这两个联队能维持各自尚有50架战机随时升空作战的水准已属大不易了。1941年6月21日中午，加兰德联队再次倾巢而出，前去拦截约有50架战斗机护航的英军轰炸机编队。接近敌机机群时，加兰德命令僚机和其他飞行员进攻英军护航战斗机，他自己则从两架“布伦海姆”(Blenheim)轰炸机中间穿过，转瞬间就直接命中了其中一架。这架轰炸机尚未坠地时，加兰德一个急转弯又扑到了第二架“布伦海姆”的身后，不过，在成功击坠对手的同时，他的座机也被击中。发动机失灵后，加兰德靠着过硬的滑翔技术迫降成功。这还不是他当日经历的最惊险的时刻——下午4时，加兰德驾驶着另一架Bf-109，率领联队尚能升空的所有战机再去拦截敌机。很快，一架“喷火”成为加兰德的第69个牺牲品，为确保敌机坠毁以及战果能够得到确认，他紧追着那架摇摇欲坠栽向海峡的敌机。就在这时，另一架“喷火”悄悄逼近了毫无察觉的加兰德，复仇的子弹将他的Bf-109的机身打得千疮百孔，他的头部和右臂中弹，发动机也被打坏。返航途中，加兰德的油箱发生了爆炸，灼热的燃油喷进座舱后使他陷入了烈焰之中。他试图推开舱盖跳伞，但关键的地方被卡住了，奋力打开舱盖后又发现降落伞卡在了支撑装置上。烈焰熊熊的座舱随时都会爆炸，他正驶在通往地狱的快车道上，这次空战无疑是他一生中最接近死神的一次。最后他能勉强及时地撑开降落伞，而且在高速落地时还没有摔死，只能说他命不该绝。加兰德获救后被送往不远的海军医院，为其主刀的著名外科医生竟然破例允许他在手术台上抽雪茄！当晚，前来探视的奥斯特坎普告诉加兰德，元首已将首枚双剑骑士勋章授予给他，除褒奖他的勇敢和战功外，同时下令禁止他继续出击作战。

▲ 1941年初夏时的JG-26联队长加兰德，一袭白衣倒也显得潇洒不羁。

▲ 摄于1941年，双剑骑士勋章得主加兰德中校。

◀ 1941年6月21日，战绩高达69胜的加兰德获得了首枚双剑骑士勋章。不过他在当日的空战中曾两度经历惊魂时刻。

▼ 这是空军上将乌德特所绘的一幅卡通画，也是加兰德最珍视的礼物之一。1941年11月17日自杀的乌德特虽有“空军最糟将领”的称号，但无人质疑他杰出的空战才华，另外他也颇有艺术天分。这幅卡通所绘的是1940至1941年间加兰德与莫尔德斯之间激烈竞争的故事。

▲ 摄于1941年夏，作战归来的加兰德中校。图中的他佩戴着双剑骑士勋章，显得非常疲惫，地勤正在帮他脱下厚重的飞行服。相对于盟军飞行员而言，德军飞行员除了越来越不经常的短期休假外，基本没有休息或转入非作战角色的机会，在伤亡或晋升高职前基本上都在前线作战，所以他们往往拥有高得惊人的出击作战总次数。

▲ 1941年8月9日，英国皇家空军联队长衔的王牌飞行员巴德被JG-26击落后被俘。加兰德出于对英军勇敢作战精神的尊重，颇有骑士风度地款待了巴德。战后，两人重逢后迅速成为好友，他们的友谊一直延续到1980年代初巴德去世。

▲ 另一幅反映巴德被俘后在加兰德联队活动的图片。图中举起右手的军官是维桑监听站的负责人巴尔特(Horst Barth)，能讲流利英语的他正在充任翻译。脸部被遮挡的那个人就是巴德，左三为加兰德。

▲ 德军安葬丧生的英军飞行员时的场景。

▲ 图为加兰德的弟弟威廉(左)和保罗，他们都是JG-26的优秀飞行员，图片摄于1941年中。威廉在1943年8月17日阵亡前是第2大队少校大队长，个人总战绩55胜；保罗于1941年2月加入JG-26第8中队，1942年10月30日阵亡前的总战绩为17胜。加兰德如果不是因为担任了战斗机部队总监而脱离了一线，是否也会与弟弟们有着类似的命运?

▲ 摄于1941年11月28日，一周前加兰德刚在乌德特的葬礼上担任仪仗队员，现在又出现在挚友莫尔德斯的灵柩护卫队中(前排靠外者即加兰德，他的身边是吕措，身后则为法尔克)。

▲ 摄于1941年12月4日，加兰德晋升为上校后即将就任战斗机部队总监。戈林来到法国维桑附近的JG-26参加加兰德的告别仪式。他似乎对加兰德座机(Bf-109 F-2)的方向舵特别感兴趣，那上面显示着94次击坠。有人认为，方向舵上的“69”这个数字代表着他获双剑骑士勋章时的战绩，也似乎是提醒他曾为此几乎送命。还有一说认为，“69”代表“Galland”这个姓氏字头的大小写。12月初时，加兰德经确认的总战绩是96胜，为何方向舵上的击坠标志加在一起是94(69+25)、而不是96，则不得而知。

▲ 戈林观看了加兰德的座机后，向JG-26联队的官兵发表了讲话。图为戈林正站在右侧临时搭起的高台上讲话。

JG-26在1941年5月1日突破了击坠敌机500架的高度，虽与莫尔德斯的JG-51相比还有不小的差距（JG-51早在1940年9月18日就突破了500胜[19]），但在当时这仍是一个显赫的成就，也标志着JG-26已进入精英联队的行列。不过，随着苏德战争在次日爆发，德军战斗机联队完全统治了东线的天空，有些联队短短数月里就击落了敌机500架，莫尔德斯的JG-51甚至在6月22日至7月13日的21天里就击落了500架敌机！[20] 这当然令留守西线的飞行员们既嫉妒又困惑。不过加兰德很清楚，JG-26的对手在战机性能、作战能力以及战术水准等方面是苏军无法比拟的。莫尔德斯6月22日当天就击落了3架敌机，抢回了加兰德刚刚占据一个夜晚的战绩榜头把交椅，同时获得了第2枚双剑骑士勋章。7月15日，莫尔德斯成为空战史上首位超越100胜大关的飞行员，被载入史册的同时也成为摘取钻石骑士最高战功勋章的第一人。加兰德此时的战绩仍定格在70胜，追上莫尔德斯已没有指望，许多战绩本不如他的飞行员都在东线砍瓜切菜般飞速地提升击坠总数。加兰德除了感叹时运不济，或发出一些酸溜溜的议论外也无可奈何，不过，他很快就有机会来证明西线空战的“对抗质量更高”。

8月9日，加兰德击落了2架“喷火”战斗机，之后在地面上“迎来”了大名鼎鼎的英军传奇飞行员巴德（Douglas Bader）。巴德在当日空战中被击落，德军找到他时发现他竟然只有一条腿，而且还是条假腿！早在1931年就失去双腿的巴德被俘后，几乎立刻赢得了敌人的敬意。傲慢矜持的他关切地询问将之击落者的军衔，但由于空战的局面相当混乱，无人知道应把“殊荣”归功于谁。为安抚有点沮丧的对手，加兰德命令一名少尉充当击落巴德之人，可这位少尉面对气势不凡的对手时语无伦次，竟说出了“我祝贺你……”之类的浑话。加兰德邀请巴德尔参观一下自己的联队，也顺便见一见老对手们，后者起初还有些防范，担心对手诱使他提供重要情报，不过他很快发现，颇具骑士风度的加兰德非常真诚，安排的晚餐甚至都算得上奢华。加兰德带他参观时，除了谈论双方的战机和战术外，他甚至还允许后者坐在自己的Bf-109座舱里。有些得寸进尺的巴德询问能否驾机兜上两圈，加兰德内心里或许想让他试一下，但毕竟这是一名重要战俘，因而只能拒绝这一过分之请。巴德在品尝美酒和雪茄时，询问加兰德可否安排从英国送来他的备用假腿、烟斗和烟丝。加兰德立即请示戈林，而仍在迷恋“一战”飞行员骑士风度的帝国元帅也痛快地批准了，并允诺保证英方的安全。德方稍后通过国际海事救援频率通告了英方，或许是恼恨对手的连连轰炸，英国人的骑士风度越磨越少，派来的飞机空投了巴德的物品后，竟在JG-26的基地上还顺便扔下了一堆炸弹！虽然英方后来矢口否认，德国人自然知道有些什么东西从天而降。[21]

在你死我活的残酷战争中保持骑士风度固然很难，但许多德军飞行员在此方面做得可能远胜对手。1940年9月间，戈林在视察海峡前线时曾将加兰德和莫尔德斯召至身边，听完汇报后突然询问他们对于射杀跳伞中的英军飞行员有什么看法。两人立即强烈谴责这种野蛮至极的做法，加兰德甚至觉得有这种想法都非常可耻，他对戈林说：“我视此令如同谋杀，也会尽一切努力拒绝服从这种命令。”据说，戈林当时有几秒钟非常尴尬，之后把手放在加兰德的肩头，轻声说自己就知道他会这么说。戈林虽未表示意见，但加兰德整个战争期间确实再未听到过戈林提起这个话题。研究德军飞行员群体的一位美军上校对此曾写道：“加兰德的反应代表了德国飞行员群体对此野蛮行径的厌恶。尽管在激战中任何事情都有可能发生，但没有证据表明有任何一位德军飞行员曾扫射跳伞中的对手。德军战斗机飞行员们收到的命令是绝对禁止射杀跳伞中的飞行员。不幸的是，类似的保证无法适用于美军飞行员，他们经常性地违背这一空战传统，而且他们实际上还被要求射杀跳伞中的Me-262战斗机飞行员。”[22] 事实上，在骑士风度方面美军也不如苏军——格拉夫上校的一位好友就是在跳伞时死于美军战机的扫射，东线老手们曾耳闻有德军飞行员被苏军残忍处死的事例，但从未听说过苏军扫射伞降中的飞行员。战后曾有多位德军飞行员指出，以英国为基地的美国陆航第8和第9航空队、驻意大利的美国陆航第15航空队，都曾默许击杀跳伞中的德军飞行员，这些行为至少得到了部分中高级将领的认可乃至鼓励。[23]

1941年夏秋过后，加兰德的击坠名单上又增加了21架“喷火”战斗机、1架“飓风”战斗机和4架“布伦海姆”轰炸机，11月18日时他以96胜位居战绩榜第4位，仅次于莫尔德斯（115胜）和10月末破百的吕措与厄绍。21日，加兰德奉命赶到柏林参加乌德特上将的国葬典礼，他与莫尔德斯、厄绍和吕措等人都是护卫灵柩的仪仗队员，不过莫尔德斯由于天气原因未能及时赶到。次日，加兰德与厄绍一起乘坐火车返回前线时，突然接到戈林的紧急命令——立即返回柏林，为另一位军人的国葬仪式担任仪仗队员。这一次是加兰德的好友、战斗机部队总监莫尔德斯上校。

为及时赶来参加乌德特的葬礼，莫尔德斯顶着恶劣的天气从东线赶飞柏林，途中在布雷斯劳附近不幸机毁人亡。失去挚友的巨大悲痛向加兰德袭来，厄绍和吕措等老战友也一样痛苦难禁，但他们还是头戴钢盔、身佩重剑，站立在几天前为乌德特守灵时同样的位置上守护着莫尔德斯的灵柩。莫尔德斯安息在柏林著名的伤残军人公墓，下葬时加兰德伫立在墓穴边，眼前闪现的都是这位流星般早逝的战友。这个曾被断定不适于飞行的人，一步步崛起为“秃鹫军团”的第一王牌，28岁时成为战斗机飞行员们爱戴的领袖；一年前，莫尔德斯手把手向他传授空战战术，半年前他们还在战绩排行榜上激烈角逐；他们一起度过了许多快乐的时光，也一起为德国的战争命运担忧；他记得自己多次嘲笑过莫尔德斯严谨得近乎刻板的生活作风；记得他们一起反驳戈林对战斗机飞行员的辜忘指责；永远无法忘记他那无与伦比的战斗技能和领导才华。莫尔德斯还未及施展身手就匆匆而去了……加兰德飘扬的思绪很快被戈林打断，同样脸色凝重的帝国元帅把他拉到一边，似乎想说些什么。加兰德已经预感到空军总司令想要说的话了。

“加兰德，现在轮到你了。我命令你接替莫尔德斯，出任帝国空军战斗机部队总监。”

“加兰德，现在轮到你了”：战斗机部队总监

加兰德对自己被任命为战斗机部队总监感到既兴奋又不安，这个职位是战斗机飞行员所能升到的最高职位，戈林选中他无疑是巨大的荣誉，同时也意味着更大的责任、更多的文案工作和几乎为零的作战机会。加兰德对离开JG-26和那些朝夕相处的战友尤为不舍。这时，他手下的王牌飞行员除战死或被俘的以外，大部分已被调往他处担任大队或联队级指挥官，剩下的只有接任联队长的舍普费尔和绰号“开心果”的普里勒上尉。12月5日，加兰德上校告别了他倾注了所有心血并令其声誉达到顶峰的JG-26。

战斗机部队总监的职权在1941年有所扩大，与战斗机相关的技战术研发、人事、飞行员补充和训练、规划与后勤等都在总监权限之内。不过戈林不允许总监拥有作战指挥权，加兰德无权调动哪怕一个中队的战斗机升空作战，只有极特殊的情况下，戈林才会让加兰德代表他行使具体任务的指挥权。加兰德之前的历任总监中，只有莫尔德斯是有着雄才大略的战术家和创新家，其他人在加兰德看来不是没有深邃的眼光，就是没有强烈的进取心。加兰德无疑更像莫尔德斯，虽然他比后者更不喜欢迷宫般的空军部大楼和那些总也处理不完的公文命令。他的上司只有两位，即戈林和空军参谋总长耶顺内克(Hans Jeschonnek)上将。30岁就升至如此高位，还深得元首和空军总司令的宠信，空军部众人无疑对他既羡慕又嫉妒。加兰德性格外向、一向直言不讳，同时又因战功卓著而声名赫赫，加上天生的领袖魅力和女人缘，他在高位上注定会遭到妒火中烧者的明枪暗箭。到空军部任职不久，有人就在背后议论他从未受过参谋军官的训练，还预测他很快就会“滚蛋”。幸运的是，加兰德的下属都是他亲自挑选带来的，这些久经考验的军官对他忠心耿耿，同时也发自内心地崇拜和仰慕他。

1942年1月28日，刚刚履新的加兰德出乎意料地被授予了德军第2枚钻石骑士勋章。加兰德早就注意到随荣誉而来的是全面禁战令，为避免战绩破百后被禁飞，他曾有意放慢了提升战绩的速度，甚至不再对空战击坠计数。希特勒对此了如指掌，也体谅加兰德的苦衷——担任总监后当然有可能失去破百并获得钻石骑士勋章的机会，但他同时也注意到，加兰德击坠的是90余架一流的英军战机，因而“含金量更高、分量更重”，还是决定授予他第2枚最高战功勋章(战绩在加兰德之上的吕措和厄绍都获得了双剑骑士勋章)。也有人说，希特勒是想借最高战功勋章突出战斗机兵种总监的重要性。[24]

在接下来的三年里，加兰德的生活完全变了样，他的工作不再是领导飞行员作战，而是与阴谋、腐败和政治干预不停地斗争，不断地奔波和力所能及地纠正统帅们犯下的愚蠢错误。他鲜有机会升空作战，连实际指挥的机会也不多，但一旦出现这种机会，他就能紧紧抓住，最大限度地展现自己的全局观和协调多兵种作战的能力。1942年2月，加兰德得到了这样一个显示才华、

眼光、能力和意志力的机会。由于担心盟军从斯堪的那维亚半岛进攻德国本土，希特勒命令停靠在布雷斯特港的战列舰“沙恩霍斯特”号、“格奈瑟瑙”号和重巡洋舰“欧根亲王”号移驻挪威水域，帮助海军在粉碎盟军入侵的行动中发挥更大的作用。德国海军和空军参谋总部选取的方案是穿越英吉利海峡后移驻挪威，这虽是航程最短的路线，但穿越水雷密布且有重兵布防的英吉利海峡，却被普遍认为是几乎不可能完成的任务，因为250年来英国从未允许任何敌对国的舰队穿越海峡。加兰德在整个计划中扮演的角色是组织协调空军作战部队，保护战舰免遭英国皇家空军和海军的攻击。空军的角色被认为是此番行动中最重要的一环，一切成败均取决于空军能否提供高效的掩护。加兰德告诉希特勒和戈林，成功的前提是能否完全出敌不意，能否尽可能久地推迟对手发现和攻击舰队的时间。他在名为“霹雳行动”的这次作战中投入了所有的经验、技能和热情，全盘负责战斗机保护伞的组成、作战单位的控制和通讯、地面部队的接应配合、与海军舰只的密切协调等，无疑，这是他经历过的规模最大的一次作战。

成功的伪装、干扰、长时间的无线电静默以及其他战术，加上英军反应的迟缓，使德军舰队在2月11日夜出海已达11个小时、几乎都到了多佛海峡时才被发现。此后的许多细节都在加兰德的预料之中，他从容不迫地从海峡前线的一个基地“蛙跳”到另一个基地，指挥多支昼间和夜间战斗机联队精确地实施轮番空中支援。精心的计划、完美的准备、参战各部的一流表现帮助德军取得了成功，行动中德方损失了17架战机和11名飞行员，而英军损失了60架以上的各种战机，最重要的是3艘德军战舰成功穿越了禁区，实现了预定的目标。“霹雳行动”中展现出的海、空军样板式合作很大程度上应归功于加兰德，他的能力、专业技能和经验完美地融合到作战计划中，当然他的运气也实在不错。希特勒对“霹雳行动”无可挑剔的成功龙颜大悦，除

▲ *加兰德就任战斗机部队总监后的第一项工作是视察东线联队，他在1941–1942年冬首先来到了北方战场的JG-54。图中左四为联队长特劳特洛夫特中校、左五为加兰德、右三为第2大队大队长赫拉巴克（Dietrich Hrabak）上尉。*

▲ 1942年1月28日，希特勒在帝国总理府向加兰德颁授第2枚钻石骑士勋章。左一为米尔希元帅，左二为凯特尔元帅，右一为空军参谋总长耶顺内克上将。

▲ 1942年3月，加兰德来到东线的JG-51“莫尔德斯”联队视察，图中右为联队长贝克 (Friedrich Beckh) 中校。贝克是从莫尔德斯手中接过JG-51的，1942年4月初他被调回空军部任职，两个月后返回东线出任JG-52联队长，但在当年6月21日的空战中失踪。

▲ 这幅油画反映的是1942年2月德军大型水面舰只穿越英吉利海峡时，战斗机部队为之护航的场景。这次代号“霹雳行动”的作战是加兰德指挥的首次大型作战。

▲ 1942年3月，加兰德视察东线最北翼的 JG-5联队，图为他在芬兰佩特萨莫 (Petsamo) 机场与该联队的指挥官们见面时的场景。

▲ 摄于1943年1月30日的帝国空军部荣誉大厅内，当日是纳粹党上台的十周年纪念日，加兰德与战斗机联队的指挥官们似乎正在恭候大人物的到来，他的左边是JG-3联队长埃瓦尔德（Wolfgang Ewald）少校。

▲ 左图，希特勒曾下令为加兰德制作肖像，由画家珀腾 (Leo Poeten) 绘制。最初的画像中加兰德右手曾夹有雪茄，但希特勒认为这个形象“会对青少年产生不良影响”，因而才有了这幅“政治上更加正确”的肖像。中图，1942年夏，加兰德到北非战场视察，图为他与老朋友、JG-27联队长纽曼谈话时的场景。右图，潇洒的加兰德在巡视途中离开座机时留下的镜头。

▶ 左图，1942年夏，加兰德 (前排左三) 陪同戈林视察雷希林试飞中心。右图，1942年秋，在视察北非之后，加兰德确信仅凭JG-27一个联队是无法有效支援北非战场的。他在空军部举行了所有联队长出席的作战会议，确定了战斗机部队重组的目标和策略，决定组建一批新的战斗机单位，同时从其他前线抽调力量支援北非和地中海战场。

了羞辱英国和提振己方士气外，他也再次有资本向国防军将帅宣扬自己的军事天才，奚落那些曾预言行动必败之人。希特勒对实际执行者加兰德自然不吝加官晋爵，8个月后的11月19日，30岁的加兰德晋为少将，成为德军最年轻的将官——如果不是因为他实在太年轻、资历太浅，以及还有一些针对加兰德缺乏参谋军官训练的议论，希特勒恐怕不会等到1942年年末才将爱将晋为将军。对于最年轻的将军出自于空军，戈林也着实兴奋过一阵子。

筹划“霹雳行动”期间，曾发生过一件加兰德与一名英军飞行员的故事。1月28日，英国皇家空军的王牌飞行员塔克 (Robert Stanford Tuck，29次胜绩) 被击落后成为JG-26的俘虏。数日后，加兰德来到JG-26时听说了此事，于是像对待巴德那样热情款待了塔克，还向俘虏郑重介绍了随扈的8名军官。加兰德对塔克说自己曾有一次几乎将其击落，而后者承认当时确曾命悬一线，但还是干掉了加兰德的僚机。两人大笑之余开始饮酒吸烟，话题很快转到了美酒、佳肴和女人方面。加兰德的一名随从好奇地问塔克，为何他在皇家空军飞行员徽章旁还戴着波兰飞行员徽章，塔克称那是自己的波兰朋友赠送的，而当德军军官称根本不信任波兰人时，塔克不无幽默地回敬说自己“宁愿与波兰人做朋友，也不要意大利人或日本人那种盟友”。加兰德闻言又是一阵爽朗的大笑，会餐结束后他与塔克道别，还说希望战后再会——他们确实重逢了，而且还成为几十年交情的老朋友。[25]

1942年上半年，当第2航空队轰炸马耳他岛、摧毁英国海空军基地的作战未能达到预期目的时，戈林又像不列颠空战期间表现的那样，质疑战斗机飞行员的职业能力和勇气，加兰德当然予以回击，但戈林坚持要求他本人到西西里岛调查情况并提出补救措施。加兰德经过调查后指出，除进行必要的战术改进外，必须向战斗机兵种倾注更多的资源。他的结论在空军部遭到了强烈反对，但他始终坚持必须加大战斗机的产量，所幸他得到了米尔希的理解和支持。戈林和耶顺内克虽不愿看到战机生产的重点从轰炸机转移到战斗机，但当米尔希和加兰德坚持认为提高战斗机产量实为增强空军进攻能力的必要条件时，戈林等人也不得不做出让步。加兰德和米尔希因此得以实施了生产Bf-109和Fw-190战斗机的新计划，1942年产出的战斗机数量比前一年增加了60%，尤其是Fw-190的产量从1941年的区区224架迅速提升至1942年的1878架。[26] 这些新产出的战斗机在1943年应对美军大规模轰炸时发挥了重要的作用。

除了将大量心血花在战斗机型号的选择和扩大生产规模上外，加兰德作为战斗机兵种总监的另一重要职责是巡视所有前线战斗机联队。巡视过程中他发现，几乎每个航空队对下属的战斗机部队都存在一种偏见，即战斗机部队的主要角色是支援轰炸机、俯冲轰炸机和对地攻击机联队，战斗机飞行员的职责是执行、而不是思考或影响决策。加兰德还非常遗憾地发现，战斗机部队与培养参谋军官的空军战争学院之间的关系也似乎长期不睦，造成作战联队特别缺乏优秀的参谋军官。除了寻求与战争学院改善关系、尽全力要求加大战斗机的产量外，他也想尽办法挖掘自身的现有潜力。比如，各联队都曾拥有一个占用相当资源和人力的作训中队，他将这一制度废止，转而在东线、西线和南线(意大利、地中海和北非)各成立一个集中的作训教导大队，这一举措促进了作训计划的标准化，还节省了相当于5个大队的战斗机和人力，富裕出来的人员与物资装备被直接用于加强驻荷兰的JG-11联队。另外，加兰德从1942年开始着手调整战斗机部队的组织结构，最主要的变化就是组建“战斗机师” (Jagddivision)——将昼间和夜间联队以及通信和观测单位等集成起来管理，以达到统一指挥、节省人力物力、提高效率和绩效的目的。自1942年7月第2战斗机师首次组建以后，到1944年6月时德军陆续组建了8个这种战斗机师。1943年9月时，德军还以第13航空军为基础组建了首支所谓的“战斗机军”(Jagdkorps)。

性格、资历、职位和关系等多方面因素注定了加兰德在高层过得并不总是称心如意，他不可避免地与戈林等在空军的发展方向、战略重点和战术等方面发生激烈冲突。1943年初，盟军首脑在卡萨布兰卡会议上提出对德国进行全方位、不间断的轰炸，希特勒的第一反应自然是以牙还牙，对英国进行报复性轰炸仍是他的最爱。长期无视英美强大实力和潜力的德国首脑们还没有意识到，大规模报复性轰炸此时基本是以卵击石的自杀行为。令加兰德无法容忍的是，高层一再重复犯过的错误，依然坚持把重点放在轰炸机生产和报复性轰炸上。他反复宣讲应充分发挥战斗机的进攻能力，即便防守也要建立一支集中的防御力量，为此他力主在最具决定性的点面上集中优势兵力，以彻底撕毁敌军轰炸机编队为目标。他曾在面对希特勒的质询时建言，如果战斗机部队的力量能增强到四倍于敌军的轰炸机部队，那么对手的轰炸就将因代价过于高昂而难以为继。后来的历史虽然证明了盟军最忧虑的就是德军战斗机部队造成自己的昼间轰炸过于昂贵，但在1943年初时，加兰德实在是心有余而力不足。他对于战斗机总监部的影响力有限感到十分苦恼，一度产生了重返前线的念头，他更愿意带领飞行员们与盟军轰炸机编队决一死战。

鉴于对工业厂矿的大规模轰炸并未达到摧毁德国战车的目的，盟军转而将轰炸目标锁定在城镇，试图从精神上彻底瓦解德国人的士气。戈林每天都受到希特勒和高层同僚的压力，转而对战斗机部队大施淫威。1943年5月，当突尼斯桥头堡的25万德意军队投降之际，戈林就曾当面指责加兰德，声言是失去了制空权的战斗机部队造成了轴心国在北非的惨败。这种可笑的论调当然又一次刺痛着加兰德的心，也使他更加觉得戈林不仅对自己的飞行员们不忠，更对他们的牺牲熟视无睹。不仅如此，两个月后戈林又下达了一道更加骇人听闻的命令——1943年夏的西西里岛战役中，加兰德指挥JG-77等数支联队攻击墨西拿 (Messina) 海峡上空的盟军轰炸机编队，不尽人意的结果令加兰德非常不满，他甚至对老朋友、JG-77联队长施泰因霍夫都罕见地大发雷霆，而戈林的命令却是每支参战大队都要揪出一名飞行员送交军法审判！这道命令极大地伤害了加兰德对戈林的信心，再次重创了刚从北非灾难中脱身的飞行员群体。随着战事日渐朝着不利于德军的方向发展，戈林更频繁地指责普通飞行员，他曾对希特勒说，“我无法负责，我们的失败都是由那些消极作战的战斗机飞行员造成的。”[27] 戈林在一次会议上甚至称“战斗机部队那些不列颠空战的英雄们都在撒谎——他们彼此确认那些虚假的胜绩，以便人人都能骗到骑士勋章”。[27] 与会者们当时都注意到了这一攻击的恶毒性和加兰德几乎气炸的脸庞，后者使劲扯下光芒闪耀的钻石骑士勋章，狠狠摔打在戈林面前的桌子上，然后一言不发地直视着戈林。整个会场刹那间鸦雀无声，在场的联队长们也想摘下勋章声援加兰德，但他暗示大家不要那样做。据说，当戈林的话语传到作战联队时，大批获得过勋章的飞行员也想以同样的方式表示抗议，但都被加兰德下令制止。尽管戈林后来为自己的不当言行表示过遗憾和歉意，但加兰德还是至少有6个月未曾佩戴钻石骑士勋章，在照片和纪录片中频频出现的他也就留下了一些没有佩戴任何勋饰的镜头，连希特勒都注意到这一点并曾专门询问过。

与盟军轰炸机部队在德国上空搏杀，是加兰德的战斗机部队在1943至1944年间的主要任务。戈林命令战斗机飞行员每天升空作战3次，频繁的出击加上飞行员的奋不顾身还是在某些情况下取得了相当的战绩。1943年8月17日，315

架B-17“空中堡垒”轰炸机对梅塞施密特飞机厂及其他重要军工企业进行了轰炸，不仅摧毁了大批厂房设备，还炸死了400名熟练技术工人。加兰德组织的300余架战斗机也击毁了60架轰炸机，并重创了100余架敌机，使对手一次就付出了600余名飞行员和机组成员的高昂代价。但是，加兰德这天也接到了噩耗——JG-26第2大队大队长、大弟威廉在截击返航的敌机编队时阵亡，当时威廉的Fw-190被美军的一架P-47“雷霆”战斗机凌空打爆。一年前的10月末，加兰德痛心地安葬了幼弟保罗，现在威廉也在西线消失（其遗体2个月后才从地下3米处挖掘出来），虽然早有心理准备，但一年内连续失去两个弟弟还是令加兰德悲伤异常。

两个月后，229架美军重型轰炸机在200余架战斗机保护下，再次轰炸梅塞施密特工厂，加兰德组织的拦截力量再次击落了60架敌机，同时又有600余美军飞行员和机组成员阵亡或被俘。11月，卡姆胡伯（Josef Kammhuber）将军领导的庞大复杂的夜间战斗机部队也被划归加兰德领导。由于本身事务已极为繁杂，夜间战斗机部队的技战术和训练与昼间战斗机部队也存在很多差别，再加上与卡姆胡伯因争抢资源而关系一向不睦，加兰德起初并不想接管夜战部队，但最后还是服从命令，并委派轰炸机王牌赫尔曼（Hans-Joachim Herrmann）少校负责。1944年3月30日至31日，约800架盟军战机对纽伦堡进行了轰炸，德军夜战部队的攻击集群击落了对方90余架战机。

当然，这些局部成功并不能从根本上改变德国本土空防的弱势，加兰德相信只有巨大的技术跃进才有可能扭转局面，而对战斗机部队来说最有潜力的利器就是Me-262喷气式战斗机。1943年5月22日，加兰德第一次试飞了Me-262的第4架样机，曾发出了“好似有天使在助推一般”的感叹。他之前就曾在多次高层会议上强调，面对资源和潜力几乎无限的美国，德国最需

◀ 1943年7月，加兰德任命老朋友吕措上校担任意大利战场的昼间战斗机部队总监，图为加兰德当年8月视察意大利战场时与吕措见面的场景。

▼ 1943年8月，加兰德到意大利战场的空军战斗机部队(主要是JG-53和JG-77联队视察)。图中，他正在听取梅蒂希 (Martin Mettig) 上校 (左三，后任第2战斗机军参谋长) 的汇报。

▲ 摄于1943年中，加兰德 (左一)与空军部高级官员在奥格斯堡 (Augsburg) 与梅塞施密特公司的设计人员和试飞员等交谈。

▲ 1943年8月17日，加兰德的大弟威廉阵亡。不到一年里，他先后失去了保罗和威廉两个弟弟。图中加兰德正在威廉的葬礼上致以最后的敬礼。

▲ 1944年春，加兰德在巡视前线联队时，曾驾驶图中的这架Fw-190A战斗机击落了一架美军重型轰炸机，图片显示的是着陆之后他与军官们交谈的场景。

▲ 1944年8月25日，哈特曼中尉因击坠了301架敌机而获颁钻石骑士勋章，同时被禁飞。哈特曼通过加兰德设法解除了禁飞令，图为加兰德陪同哈特曼面见戈林时的场景。

▲ 左图摄于1944年夏，加兰德主持夜间战斗机部队作战会议，这张图片清楚地显示出他没有佩戴任何勋章。图中左一为米尔希元帅的夜战顾问、“家猪”战术创立者罗斯贝格 (Viktor von Lossberg) 上校，左二为加兰德的主要助手特劳特洛夫特上校。右图摄于1944年9月，加兰德视察Me-163战斗机的主要试飞单位第16试飞大队。此后不久，该大队的战机和人员被并入了JG-400联队。

▶ 1944年夏，加兰德与第1战斗机军指挥官施密德 (Josef Schmid) 在一次作战会议上。注意加兰德的颈项间没有任何勋饰。

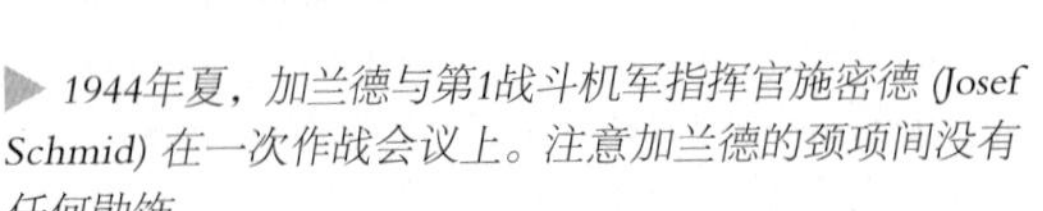

▲ 戈林（中）与他最信任的两员大将在一起，右一为轰炸机王牌、1944年底出任轰炸机部队总监的鲍姆巴赫(Werner Baumbach) 上校；左一为佩尔茨 (Dietrich Peltz)，这位轰炸机王牌1944年初被晋升为少将 (不足30岁)，他担任过第9航空军指挥官。阿登反击战期间，佩尔茨负责指挥1945年1月1日发起的"底盘"作战，此时的加兰德已经被解职并被软禁在家。

▲ 摄于1944年末的不莱梅，从左至右依次为加兰德中将、夜间战斗机总监施特赖布(Werner Streib) 中校、谭克教授(Kurt Tank，Fw-190和Ta-154等战机的设计师)、特劳特洛夫特上校。

要的就是以卓越的新式战斗机抵消盟军在战机数量和性能上的优势，而这种Me-262在他看来就是德国需要的战机。军备部长施佩尔(Albert Speer) 的副手绍尔 (Karl-Otto Saur) 曾将加兰德称作“Me-262之父”，还说“如果没有加兰德坚定的决心和不遗余力的推动，Me-262喷气式战斗机即便能够问世，也无可能出现在实战中。[28] 加兰德全力敦促米尔希和戈林支持批量生产Me-262，但他的梦想很快被现实惊醒——拥有最后决定权的希特勒并不急于量产Me-262，他心目中的重点还是轰炸机。加兰德不遗余力地宣扬Me-262战斗机的优越性，但却苦涩地发现，他自己被排除在负责Me-262生产的特别委员会之外，而且希特勒还下令把这款战机改成能够携带重磅炸弹的所谓“高速闪电轰炸机”！当然，希特勒的决定对德国空军乃至国家的命运的影响早已为历史旁注。

盟军1944年上半年开始的两日一次的空袭狂潮令希特勒暴怒不已，他也终于同意通过壮大战斗机部队来阻遏无休止的轰炸，这时距加兰德的首次谏言已过去了两年多。不幸的是，战斗机部队终受重视之时，德国面临的巨大油料缺口又严重制约着飞行员训练和现有联队的作战。1944年5月11日，施泰因霍夫眼中的“最强悍的战斗机飞行员”厄绍上校 (JG-1联队长) 阵亡，标志着战斗机部队命运的急转直下，一批经验丰富的大队长和中队长也在无休止的作战中化作缕缕青烟，大批仅受过基本训练的新人往往作战一次便永远地消失了。为增强作战联队的力量，加兰德计划为各联队增加一个第4大队，而各中队的战机数量也将从12架增至16架，同时，他也在煞费苦心地组建预备队，目标是使负责本土空防的“帝国航空队”(Luftflotte Reich) 到1944年6月时拥有1800架战斗机。不过，6月6日开始的盟军诺曼底登陆令加兰德的努力很快付之东流。盟军登陆当日，西线仅有JG-2和JG-26的115架战斗机可投入作战，对手却投入了包括5000架战斗机在内的12000架各型战机。盟军完全控制了诺曼底滩头的天空，大批战斗机甚至还深入法国腹地形成了层层阻击网，使当天出击70余架次的德军最终仅有两架渗入诺曼底滩头，即JG-26联队长普里勒及其僚机飞行员的战斗机，即便他们也仅在登陆场快速扫射一番后就匆忙逃命去了。随后几日里，加兰德苦心积聚的预备队被陆续投入反击，但这些战斗机不仅未能撼动盟军的空中优势或阻遏地面的突破，自身反而遭受了惨重的损失——约800架原计划用于反击盟军轰炸机编队的战斗机被调往西线，两个月里约有200架毁于盟军对机场的扫射和轰炸，或干脆被快速推进的盟军地面部队俘获，另有200架在抵达目的地或接近目标前被对手击落，剩下的战斗机也陆续毁于磨损和消耗，而他们的全部战绩竟然只是击落了25架敌机！6月间，当加兰德听说“帝国航空队”的年轻人仅击落了12架敌机，却一批批阵亡或被俘之时，他亲自飞往前线考察，苦涩的现实证实了他的一系列担忧：盟军空中优势已难以撼动，黑压压的机群随意轰炸德军前进基地，大量战机未及升空即被摧毁，而“帝国航空队”的飞行员们所受的训练一直都是从高空攻击轰炸机编队，与对手那些性能卓异的战斗机在低空对决，实在超出了他们的能力范围。强忍痛苦的加兰德虽然在士气低迷的官兵面前依然表现得坚强乐观，但在内心深处，他发现自己越来越无法忍受希特勒的独断和错误、戈林的刚愎自用和无能，辞去总监的念头时不时地在心底闪现。

1944年8月末，英美盟军的地面攻势由于补给线过长而暂时停顿下来。尽管本土的城镇、军工企业和炼油厂等屡遭轰炸，但由于采纳了高效的疏散措施和生产管理方法，德国的军工生产逆势而上，反而达到了战争期间的峰值——仅就战斗机而言，德国在8月产出了3020架战斗机，9月的产量史无前例地高达3375架，占所有战机总数的82%。[29] 这当然与希特勒终于认识到只有倚重战斗机才能夺回制空权，进而控制了轰炸机等机种的生产等有密切关系。加兰德力主再次积聚保卫本土天空的预备队，并准备在适当时机向盟军轰炸机编队发动致命的反击。到11月1日加兰德晋为空军中将时，他的战略预备队几乎已拥有2700架战斗机，针对盟军的技战术特点和队形也进行了大量针对性极强的演练。加兰德预备在11月末向盟军轰炸机机群发起绝地反击，但就在计划的最后完善阶段，他被告知他的战斗机预备队将去支援12月中旬发起的阿登反击战！加兰德当然清楚这意味着什么，几个月前反击诺曼底登陆盟军时预备队被血洗的惨状依然历历在目，他也体会到自己对战斗机部队的影响力正急剧下降，尤其是在11月7日召开的作战会议上，戈林对战斗机飞行员的再次恶毒攻击，似乎预示着加兰德与高层摊牌的日子就要到了。12月的第2周，战斗机预备队的指挥权被移交给戈林最宠幸的佩尔茨少将，加兰德被基本剥夺了权力和影响力也不再是什么秘密。阿登反击战于12月16日开始后，来自预备队的战斗机和西线现有联队囿于恶劣的天气并未积极参战，到圣诞节前夕开始大规模支援地面作战时，短短一周即损失了500余架战机，而地面装甲部队的指挥官却没有感觉到空军的支援！也就是在1944年的最后一周，加兰德事实上已被解除了战斗机部队总监的职务。

在加兰德被解职的过程中扮演了不光彩角色的是一名超级王牌飞行员——一度曾为加兰德忠实拥趸的戈洛布上校。这位上校曾以率先取得150胜而成为莫尔德斯和加兰德之后的第3位钻石骑士。加兰德曾经很赏识和提携戈洛布，但当后者在1944年5月被调入战斗机总监部后，他与加兰德的关系就开始紧张起来（第3章将有详细介绍）。戈洛布因工作原因几次受到加兰德的批评，于是开始心怀不满，私下里费尽心机搜罗能诋毁和搞臭加兰德的证据。颇具野心的戈洛布觊觎战斗机兵种总监职位也不是一两天的事，作为忠诚的纳粹信徒，他为了升官早就投奔了所谓的“国家社会主义党领导层军官团”(National-Sozialistischer-Führungs-Offizier，简称NSFO)。戈林曾命令加兰德提交一份戈洛布的考评报告，但是他转脸就荒唐地把机密报告交给了戈洛布——自然可以想象后者的愤怒和不再隐忍的报复决心，戈洛布找到急于插手空军的希姆莱，控诉了一大堆关于加兰德的错误、无能和行为不检之处。他还指责阻碍战斗机部队发展的罪魁就是加兰德，要求党卫队展开调查，同时任命他戈洛布担任战斗机部队总监。

对于戈洛布这种量级的王牌的主动投靠，希姆莱自然喜出望外，这正是他攫取军事指挥权、蚕食戈林领地的大好机会。作为元首此时最信任的人，希姆莱不断地在希特勒面前提及戈洛布以及加兰德的那些“烂事”。而当希特勒询问戈林的意见时，后者为取悦元首和挽救自己岌岌可危的地位，也同意由戈洛布取代加兰德，尽管他并不欣赏戈洛布，也很清楚这意味着希姆莱对空军事务更多的发言权。1945年1月，当加兰德出局的消息传出时，早就对戈林及其小圈子强烈不满的一些高级指挥官，在吕措和施泰因霍夫带领下群起发难，要求面见元首、解除戈林的空军总司令职务并留任加兰德。戈林依靠铁腕迅速平息了这次所谓的飞行员哗变事件，但怀疑加兰德是幕后指使者，更铁心地要使其成为战斗机部队和本土防御失败的替罪羊。希姆莱的帝国保安总局热情地掺乎进来，对加兰德任总监前待过的所有单位都进行了底朝天式的证据搜集。在这段难捱的日子里，被软禁在家的加兰德曾想以自杀结束这场闹剧，关心他的一位女朋友关键时刻找到了与加兰德私交很好的军备部长施佩尔，后者连夜面见元首时通报了所发生的一切，并提醒希特勒如此对待加兰德“会酿成丑闻”。希特勒对戈林和党卫队的行径并不知情，出于对前者的了解，他断定这是戈林寻找替罪羊的伎俩，加上此时也绝不愿看到影响士气的大丑闻，于是下令终止了所有调查。1月末时，希特勒通过空军副官向加兰德表示了歉意，还批准后者组建一支Me-262战斗机中队，来证实这款战机确如他主张的那样具有无与伦比的优越性。

就这样，加兰德怅然离开了任职三年的战斗机兵种总监职位。得势的戈洛布竟准备把加兰德发派到东线最北段的JG-54，由他指挥第4中队为库尔兰口袋中的德军提供补给支援！[30] 希特勒的干预使戈洛布的意图未能得逞，加兰德才有机会组建了史上独一无二的JV-44"专家中队"。戈洛布虽是钻石骑士勋章得主，也如愿担任了战斗机兵种总监，但那些幸存于战火的飞行员多对他嗤之以鼻，除了阴谋整肃加兰德、开罪于后者庞大的拥趸群体外，更主要的原因，恐怕还是他主动投靠纳粹组织以及人神共愤的邪魔希姆莱的行径。

中将中队长：JV-44"专家中队"

加兰德热情地投身于组建这支被称为"喷气式航空时代先驱"的中队。虽受到戈洛布的多番阻挠，但加兰德正在组建"专家中队"的消息还是在士气颓丧的战斗机部队引起了强烈反响。"300胜"俱乐部仅有的两位成员之一的巴克霍恩 (Gerhard Barkhorn) 少校、拥有197次击坠记录的克鲁平斯基 (Walter Krupinski) 少校、战绩已超过200胜的贝尔中校先后加入了这个集体，吕措和施泰因霍夫更是忙于组织飞行转换训练和拟定作战计划。加兰德也曾向哈特曼发出过邀请，但后者更愿在JG-52战斗到最后一刻。加兰德中队一时群星云集，至少有17人获得过骑士勋章或更高规格的勋章，包括2名上校、1名中校、4名少校、2名上尉和6名少尉在内的所有军官都甘愿充当一名普通飞行员，他们的总战绩加在一起竟超过了1700架击坠！这些幸存到现在的王牌自然都是聪明的幸运儿，虽对战争结局已不抱任何幻想，但作为军人和飞行员，他们都深为驾驶Me-262的机缘和前所未有的体验感到兴奋，他们坚信，多摧毁一架可怖的B-17"空中堡垒"，就能多拯救成百上千的平民的生命，因而他们仍愿在所作所为几近无济于事的最后时刻，为自己的国家贡献一份力量。

Me-262战斗机所代表的不仅仅是技术卓越，更是航空史上的一次技术革命，在出色的飞行员手中它还有可能引起空战战术的革命，并对飞行员士气起到决定性影响。战后担任过西德空军总监的施泰因霍夫在回顾自己的JV-44经历时，曾称颂Me-262的品质不仅包括"速度极快、爬升能力强、超强火力、能让飞行员随心所欲地接战或脱离"，还包括它的低压外胎允许战机在草地上起降、机械控制装置相对耐火等优点。[31] 施泰因霍夫与其他几位飞行员认为这款战机的最大不足是"缺乏减速板"，"由于发动机对失速很敏感，要求飞行员通过减小油门来降速无疑是一个重大缺陷。"不过，加兰德并不认同这个观点，战后他曾直言："人们常说我们的喷气式战斗机由于缺乏减速板而有局限，对此我不能认同。相反，我总是尽力不让发动机失速，因为一旦飞行速度达不到比盟军战机每小时快300公里的话，我们就将失去优势。由于推力相对较低，需要很长时间才能把慢下来的Me-262再次提速。所以，如果我们有减速板，而且攻击轰炸机的飞行员也使用了它，那么他们将失去所有的空中优势。"[32] 性能卓越的Me-262当然不能自动地带来空中优势，只有经验丰富的飞行员才有可能驾驶它取得成功，它的速度优势也要求采纳新的战术，而习惯于活塞发动机推进的飞行员还必须摒弃空中格斗等习惯。受限于早期涡轮喷气机的设计局限，高速战斗机意味着较慢的加速性能，另外飞行员还得缓慢小心地开大油门，否则有可能发生压缩机失速和发动机熄火等严重事故。[33] JV-44的飞行员们

▲ JV-44“专家中队”的灵魂人物是加兰德与他的两位好友施泰因霍夫和吕措。本图难得地保留了JV-44多位王牌的身影，图中接听电话的是施泰因霍夫，他身后低头查看资料的是吕措，左一微笑者是克鲁平斯基，吕措与克鲁平斯基之间的是巴克霍恩。施泰因霍夫、巴克霍恩和克鲁平斯基在战后的西德空军中都获得了少将以上的军衔。

▲ 吕措1945年4月24日阵亡前拍摄的最后一张照片，他正与加兰德一起走向Me-262战斗机。加兰德非常痛惜这位曾在最困难时施以援手的好友的离去，直言吕措自“秃鹫军团”时代就是德国空军最优秀的指挥官之一。

▲ 一张罕见的关于贝尔中校的照片，图中他坐在Me-262的机翼上与属下交谈。加兰德1945年4月26日受伤后，JV-44的指挥权转到了贝尔手中。驾驶Me-262取得过16次击坠的贝尔是德军头号喷气式战斗机王牌。

在转换训练和实战中都经历过这些困难，也遭受过严重的损失。

JV-44刚组建时的基地位于柏林附近的勃兰登堡-布里斯特(Brandenburg-Briest)机场，曾一度与施泰因霍夫的老部队JG-7"诺沃特尼"联队共用机场和设施。JG-7收到过戈洛布下达的不得与JV-44进行任何合作的严令，但实际上命令并未得到严格执行。1945年3月间，JV-44已有15名飞行员和16架可参战的Me-262，地勤来自JG-54第16中队和JG-2第3大队。加兰德在此期间的主要工作是确定训练程序和空战战术。由于Me-262从试验、问世、批量生产到列装走过了难以想象的曲折道路，空军从未制定出使用这款战机的有效战术，与几年前空战战术条令一直受到严格控制的情形截然相反的是，每个Me-262单位都对有限的指令进行了扩展，并发展出自己的战术方法。JG-7仍坚持使用"四指"编队，而加兰德与施泰因霍夫、吕措协商后决定改用战前的三机"V"形编队。之所以如此，主要原因是在空中，尤其是转弯时很难保持三机以上的队形，现有的跑道无法容纳4架Me-262战斗机同时起飞，另外它的速度也使战机间的相互保护几乎不再必要。

柏林周边的糟糕状况使JV-44的训练飞行几乎无从展开，盟军战斗机的持续攻击甚至使Me-262的起飞都很困难，于是加兰德带着12架战机在3月31日迁往南方的慕尼黑-赖姆(Munich-Reim)机场，并在几天内做好了作战准备——这在当时混乱不堪的情况下也堪称小小的奇迹。到达新基地的当晚，加兰德与施泰因霍夫等人讨论了攻击重型轰炸机编队的策略，据施泰因霍夫战后回忆，加兰德要求他们"放过'野马'和'雷霆'战斗机，即使它们就在瞄准具正前方也不要与之纠缠"，因为他想"了解击落'空中堡垒'轰炸机的机会，正是它造成了成百上千无辜百姓的死亡。"[34] 次日中午，加兰德下令升空迎击一支轰炸机编队，施泰因霍夫与其僚机费尔曼(Gottfried Fährmann)以及克鲁平斯基驾驶3架Me-262升空。施泰因霍夫与费尔曼各自击落了一架轰炸机，但两人的发动机均出现了故障，费尔曼跳伞落入多瑙河后被救起，施泰因霍夫则在归途中又击落了一架"野马"。返回赖姆基地后，克鲁平斯基还兴冲冲地对施泰因霍夫说："真是好玩，我们为什么不加满油再走一趟？我们还能逮住他们狠揍一顿。"

4月上旬，赖姆机场更频繁地遭到盟军的扫射和轰炸，数架Me-262完全报废，设备和零部件短缺的问题愈发严重，通常加兰德最多只有6架Me-262能够参战。不过他得到了一种新式武器——55毫米口径的R4M空对空火箭。4月16日，加兰德等人拦截一支B-26"掠夺者"(Marauder)轰炸机编队时，他用R4M火箭在数分钟内击落了两架敌机，施泰因夫战后曾回忆说："……在用火箭攻击敌密集机群的首次实战中，加兰德证明了奄奄待毙的德国终于拥有了足以摧毁敌机的利器，而此前我们对轰炸机编队基本无可奈何。火箭呼啸着冲向机群，就像霰弹枪射向一群野鸭一样……"[35] 令加兰德兴奋的不只是R4M火箭与Me-262的致命组合(可携带24枚R4M火箭)，4月中旬时他突然收到了大批Me-262——侦察机中队、轰炸机大队，乃至一些战斗-轰炸机单位都把他们的Me-262"作为礼物"送给了JV-44，而一个月前，加兰德与施泰因霍夫为一架Me-262或某些零部件还得到处求人，现在的战机数量竟大大超过了飞行员人数。在JV-44众人不解的目光注视下，赖姆的Me-262竟猛增到近70架。大约在这个时候，加兰德意外地被戈林召去。或许是末日将近，戈林表现得相当克制，他首先询问加兰德中队的状况——几个月前批准组建JV-44时，他的想法或许是削减加兰德的军权，最理想的情况是任其在空战中消失，但加兰德不仅幸存下来，还取得了5次击坠，JV-44在他领导下也取得了不俗的战绩。有点尴尬的戈林最后措辞谨慎地承认，

Me-262的确是战斗机而非轰炸机，加兰德两年来对Me-262优越性的宣扬和推荐都正确。[36] 这是加兰德最后一次见到这位曾经的恩人和苦涩的对头，后者的"临终善言"虽于事无补，但多少慰藉了他曾经悲怆的心。

4月18日起的一周可能是加兰德一生中除被解职软禁外最黑暗的一周，战败的现实撕咬着他的心，而最忠实的好友吕措竟在大战终结前撒手西去，施泰因霍夫也被爆炸的战机燃起的大火烧得面目全非。18日，加兰德与施泰因霍夫分头带领三架战机升空，除施泰因霍夫外所有战机都顺利起飞了。最后一个起飞的施泰因霍夫不幸撞上了弹坑，他虽将战机勉强提升起来，但速度未达到要求。他的Me-262无可避免地坠毁了，所有目击者都痴痴地呆望着熊熊燃烧的战机，就在大家都为失去施泰因霍夫而哀痛之时，烈焰之中缓缓爬出一个已被烧黑的人。施泰因霍夫活了下来，但被烧得面目全非，战后他接受过70次以上的手术，甚至整整23年里都无法合上眼睛！加兰德当晚去探视施泰因霍夫时，曾长时间握住老友的手一言不发，最后轻声地道别："回见，马基(Macki，施泰因霍夫的昵称)！"21日，巴克霍恩完成了第1104次作战飞行后，也将自己的命运交给了医生——燃烧的发动机迫使他紧急迫降，但就在抵近机场时他的座机遭到数架P-51的追杀，着陆的那一刻他的脖子几乎被座舱盖击碎。又过了三日，吕措在击落了一架B-26轰炸机后也永久地消失了，他的尸身连同坠毁的Me-262始终都未曾找到。24日当晚，加兰德又来到施泰因霍夫的病榻前，向其倾诉了接连失去三位优秀指挥官的痛楚，后者曾回忆说，加兰德当时眼神空洞，显得非常非常沮丧，嘴里还嘟囔着："距战争结束只有数日之遥了。"

4月25日，在美军和苏军会师易北河畔的欢呼声中，加兰德向JV-44中队发表了最后一次讲话："这场战争在军事上已经输掉了。我们这里的作为什么都改变不了，但我将继续飞下去，因为Me-262已完全占据了我的身心。我对自己身属帝国空军的最后一批战斗机飞行员感到自豪。与我有同感者可继续与我一同飞行作战。"[37]

除两人因家庭原因要求免战外，其他人都自愿战斗到最后一刻。26日，加兰德率领两个三机编队升空拦截美军轰炸机。他在多瑙河上空取得了最后两次(第103和104次)击坠，当时在射击时他竟忘了打开R4M火箭的保险装置，最后还是以4门机炮将对手击落。不过，加兰德也遭到护航战斗机的围攻，美军少尉芬尼根(James Finnegan)驾驶的"雷霆"战斗机不仅打碎了加兰德的仪表盘、座舱盖和右舷引擎，还击中了他的右膝。加兰德忍痛驾机返回正遭受攻击的基地，成功迫降在空地上之后，他爬出座舱、瘸着腿"飞也似的"跑进一个弹坑里，幸运地躲过了美军战斗机扫射时降下的弹雨。当晚，加兰德被抬进施泰因霍夫的病房，两人一起迎来了"二战"的完结。

战后岁月

加兰德住院之后，贝尔中校承担起JV-44的作战指挥职责。4月29日，JV-44的约60架Me-262迁往奥地利上萨尔茨堡，另有10架移驻因斯布鲁克(Innsbruck)。5月1日，加兰德在病床上决定把这70架Me-262完整地交给美军，但投降条件是允许他和手下驾驶这些战机与苏军决战——尽管早就知道全面无条件投降的要求，但他依然天真地相信英美与苏军决裂的时刻数日内就会到来，他也绝不相信美军会愚蠢到白白失去两个大队的最先进战斗机的程度。不过，在最后的疯狂中他显然忘记了一个简单的事实——5年的搏杀和惨痛损失已使英美盟国从军队到民间都无心再战。加兰德的提议被拒绝后，他指示贝尔在适当时刻炸毁所有的Me-262，同时销毁所有文件和档案。与此同时，德国空军末任参谋长克勒(Kurt Koller)竟还命令贝尔将JV-44迁至布拉格继续顽抗。贝尔对此命令敷衍了一番，却在5月2日意外迎来了两位熟人——前来监督JV-44调动的第9航空军指挥官佩尔茨少将和第9战斗机师指挥官赫尔曼上校。贝尔与他们发生了激烈争执，当时在场的克鲁平斯基战后曾回忆称，贝尔说出了一些自己一生都不会忘记的话："是的，长官，但是我们属于加兰德中将领导，我只听命于加兰德中将！"克鲁平斯基还称自己觉得佩尔茨和赫尔曼完全有可能当场枪毙抗命不从的贝尔。5月4日晨，贝尔对JV-44官兵发表了最后一次讲话，而后下令摧毁所有战机。

5月5日，右腿还打着石膏的加兰德在奥地利的提格恩湖 (Tegernsee) 附近成为美军战俘。尽管早有思想准备，但变成了阶下囚还是令他的情绪十分低落，他整天想的都是那些追随他四处作战但再也没有回来的飞行员，还有那两个战死沙场的弟弟。每当想到这些人都变成了档案中的符号和家人记忆中的幽灵时，他都痛苦难禁，深深地为自己身为阶下囚的屈辱与苟活而懊恼。不过，美军并未羞辱他，反而对他这个年轻的将军相当友善，在很多方面显示出对他的了解和尊重。很快，美国陆航"战俘审讯部"的指挥官罗苏姆-道姆 (Max van Rossum-Daum) 少校在海德堡 (Heidelberg) 对他进行了审讯。盟军认为他是全面了解德国空军组织结构和作战特点的重要人物，他的供词也将有助于了解空军在希特勒侵略战争中扮演的角色，更能帮助盟国确定许多反人类罪行的轻重和背景。5月14日，加兰德被送往伦敦西北的一处特别审讯中心。由于德国在战时的战斗机生产中曾大量使用强制劳工，加兰德一度担心自己会因此获罪。不过，审讯者们很快解除了他的忧虑，他也与美军情报军官惠滕 (John M. Whitten) 上尉建立了良好的关系。他们两人后来成为好友，即便在惠滕成为中央情报局的高级特工后，两人的友谊也未曾间断过。

澄清了可能的战争罪行之后，盟军开始挖掘加兰德这座成色极好的"富矿"，他们想了解德国空军的组织、运作、技术和战术方面最微小的细节，当然最优先的还是Me-262的技术细节。一些王牌飞行员和技术专家轮番前来探视加兰德，而后者也尽其所能地让访客满意而归，这些人都发现他确为一名十分职业的军官和精通业务的优秀飞行员。为确保加兰德等战俘的供词的可靠性，盟军还曾将他与其他高级将领一起关押在秘密安装了窃听器的房间内，希望能在无意间获得重要的发现。加兰德的室友先是米尔希，后来换成了曾任参谋总长的哈尔德上将。哈尔德向他讲述了惨绝人寰的大屠杀和集中营，而当他自己又从其他渠道证实了这些闻所未闻之事后，他似乎又一次遭到了重击——为之不计牺牲的奋斗和始终引以为荣的战斗，究竟是为了什么？为了勋章、德国，还是元首？血淋淋的事实震惊了他，也动摇了他的信念，很快他决定与盟军进行毫无保留的全面合作。

1945年7月9日，加兰德来到坦迷尔 (Tangmere) 皇家空军基地，见到了许多从未谋面但名字相当熟悉的英军王牌，当然其中就有巴德。4年前他曾以香槟和雪茄招待巴德，现在轮到这位无腿王牌为加兰德点上一支上好的雪茄。加兰德与巴德后来成为密友，其友谊一直持续到1982年巴德过世。英军王牌们对这位老对手毫无痛恨之心或落井下石之意，相反，他们很理解他针对德军高层的无能和错误决策所做的抨击，也欣赏他承认纳粹的战争罪行、但不为之寻找借口的姿态。

8月24日，加兰德与米尔希、鲍姆巴赫等人同机到达巴伐利亚的考夫博伊伦 (Kaufbeuren)，在这里又接受了罗苏姆-道姆少校难以计数的讯问。期间他还曾回到英国，回答和消除一些疑虑，直到当年12月初返回考夫博伊伦。此后近一年半里，加兰德一直忙于为美军战史部门工作，一份份涵盖德国空军的组织架构、战术、技术开发、设备、人事及所有其他方面的报告陆续问

1945年5月中旬，加兰德第一次踏上了英国的土地，不过是以战俘身份来此受审。图中左一是美军情报官兼译员惠滕上尉，后来他与加兰德成为朋友。仅从这幅图片来看，似乎加兰德并不是在受审，而是在与三两好友叙旧。

摄于1945年8月或9月，加兰德当时在巴伐利亚的考夫博伊伦机场受审，在场的美军第55战斗机大队的飞行员们似乎正很有兴趣地听他讲些什么。

世，其详细与完整程度令人叹为观止。

1947年4月28日，加兰德重获自由，终于呼吸到了战后的第一缕新鲜空气。战后的德国满目疮痍，到处都是寻找工作填饱肚子的人，其中也包括大量的前军官和老兵。军官们多被指责为军国主义者，所有大门都向他们关闭，获得管理职位、进入大学或加入行业工会等几乎都无可能，而且军衔越高，所受的制约和敌视似乎就越大。不少与加兰德一样获得钻石骑士勋章的军人，都在饥馑和糊口度日中挣扎，能有一份勉强温饱的工作已属大不易。加兰德在不可能继续飞行职业的情况下，选择了与自身嗜好尚算接近的一项职业——在石勒苏益格-荷尔斯泰因(Schleswig-Holstein)州充任一名助理护林员。[38]

加兰德在平静的生活中慢慢治疗着战争的创伤，但是，1948年夏的一封来信又在他的内心中掀起了波澜——他的好友、Fw-190等著名战机的设计师谭克教授询问他是否愿意与之一起前往阿根廷，为该国空军设计喷气式战斗机。无心就此消失在茫茫人海中的加兰德欣然应允，稍后通过秘密渠道来到了遥远的阿根廷。当时的南美不仅是纳粹高官们逃亡的避风港，更是热情地张开双臂欢迎前德军飞行员帮助他们壮大自己的空军。阿根廷总统庇隆(Juan Peron)当时正在要求该国空军组建新的战斗机部队，由于加兰德公认的喷气式战斗机作战专家的声誉，阿根廷空军部为他提供了一份优越的四年长约。

加兰德先是建立了一所培养训练飞行员的航校，之后出任防空司令部的战术顾问。阿根廷空军曾从英国购买过100架“流星”喷气式战斗机，但无人知道该怎样恰当地使用，加兰德不仅驾轻就熟地教会他们编队战术和高速飞行中的射击技术，还起草了相关的训练与战术规范，其专业能力给阿根廷军方留下了深刻印象。1952年时，加兰德曾与阿根廷飞行员一起飞入南极大陆，也曾代表阿根廷到意大利都灵试飞菲亚特公司生产的喷气式教练机。加兰德应邀发表的演讲不计其数，他的作战经验和经历在这里有众多的倾听者，其建议几乎都被阿根廷空军接受，并迅速转化为可实际运用的规范、条例或程序。加兰德对阿根廷空军的影响非常大，有人甚至称其为“事实上的阿根廷新空军之父”——1982年的英阿马岛战争虽以阿根廷的总体失败告终，但该国空军的表现颇为优异，除加兰德当年注入的崇尚效率和勇气的精神外，甚至他所提出的战略理论和制定的战术在这场当代战争中都还在使用。[39]令人满意的工作成效使阿根廷军方两次延长了他的合同，而他在这里也一直觉得精神愉快、生活惬意。1954年2月，加兰德与同样爱好飞行的女伯爵登霍夫(Sylvina von Donhoff)结为夫妻，这位女伯爵的父亲曾为德国驻印度大使，自身更是布宜诺斯艾利斯社交圈中的明星，加兰德经常与之成双入队于各种社交场合，尽管刻意低调，但这对夫妇在任何场合中都是最受瞩目的一对。

在阿根廷期间，加兰德在他人帮助下完成了自传《第一个与最后一个》，这本书1953年在德国出版，1955年又在英法出版了译本。随后数年里，他的战争经历和传奇故事随着这本书被译成14种文字而在世界各地广为流传，300余万册的发行量也让昔日的德军英雄成为国际名人。1955年2月，加兰德接受了阿根廷总统授予的“荣誉军事飞行员证书”后，收拾行囊回到了西德。当时的西德正在筹组新空军，国防部长布兰克(Theodor Blank)曾询问加兰德是否愿意出任新空军首任总监。加兰德虽然不愿错过这样的良机，但在接受提名前还是住在施泰因霍夫的家里花了一周时间进行考虑。由于加兰德丰富的战争经历与成就、干净的政治背景，以及在组训阿根廷空军时获取的最新经验，当时军界还真没有能出其右者，尤其是他在最困难的局面中与下属同心同德的作风深得人心。但是，在等待国会批准的过程中西德政坛发生了巨变，施特劳斯(Franz Josef Strauss)取代布兰克成为新任国防部长，而他任命的空军总监竟是加兰德的老熟人卡姆胡伯！“二战”中加兰德与卡姆胡伯一直在戈林面前为各自的兵种争抢资源(戈林曾说卡姆胡伯是德国最昂贵的将军，大约是指他的部队占用了过多的飞行员和战机)，故而关系一直不睦，加兰德迅速放弃了在新空军任职的一切念头——他并不清楚，他最终被弃的原因可能就是他1948年匆忙、非法地离开德国的那段经历，另外，并非所有政客都对他与阿根廷当局的密切关系感到满意。

加兰德把注意力完全转向了商界，在空军总监人选揭晓之前，他已在为杜塞尔多夫的一家公司做事，而该公司的主要业务是为外国军

▲ 加兰德与著名飞机设计师谭克在交谈。谭克领导的团队于1951年2月造出阿根廷的首架喷气式战斗机，并在布宜诺斯艾利斯的机场交付给总统庇隆。

▲ 加兰德在阿根廷工作和生活期间一有机会就会驾机升空，不管是现代化喷气式战斗机，还是最简陋的滑翔机。图中左一为1954年2月与加兰德结为夫妻的女伯爵登霍夫，她正关切地注视着加兰德起飞前的准备工作。

▲ 加兰德为阿根廷政府工作期间，曾应该国空军之请前往意大利都灵，试飞图中的这架菲亚特喷气式教练机。

火商提供咨询并担任其驻德代表。随着西德重整军备进程的加快，国外大军火商和制造商们发现了巨大的商机，但他们并不了解西德新军的采购程序或特殊需要、规格要求等，也不认识新军里的关键人物，而雇佣加兰德这种人脉广泛、知名度高且能力过人的顾问，无疑是敲开市场的最好武器。加兰德从1957年开始为大军火商和飞机制造公司提供独立咨询，其业务扩展非常迅速，很快就在首都波恩(Bonn)开设了办事处。一生信奉“不做则已、做必最好”的加兰德迅速成为一名成功的商人，1962年50岁生日时，他购买了一架“比奇幸运”(Beechcraft Bonanza)型私人飞机。他给这架座机起了个绰号“胖子”(Die Dicke)，除了球茎形的机身与战斗机的狭长流线形成了鲜明对照外，据说他还有以此名缅怀20年前丧生的老友莫尔德斯之意(莫尔德斯的昵称“老爹”的德文是“Vati”，发音为“Fatty”，即“胖子”)。加兰德驾驶着这架飞机到欧洲各国公干或旅游度假，直到1980年由于视力退化严重才最终放弃了驾机飞行。

加兰德终其一生都对飞行割舍不下，对各种各样的飞行员聚会、研讨会和庆典活动从来都乐此不疲。1954年6月，加兰德曾从阿根廷专程跑到意大利参加一项国际航空大赛，他的搭档兼领航员就是多年的故友、曾任JG-27上校联队长的纽曼。加兰德与纽曼组合在激烈的竞争中最后获得亚军，意大利总统亲自为他们颁奖。1955年，刚从阿根廷回德的加兰德迫不及待地参加了飞行表演，当年9月又在杜塞尔多夫国际航空展上一展身手，此后基本上每年都参加传统的德国航空竞赛。拥有私人飞机后，他的飞行活动更加频繁，1967年驾驶“胖子”参加德国航空竞赛时，他的搭档竟是西德空军JG-71“里希特霍芬”联队的时任联队长哈特曼上校！

还在阿根廷时加兰德就与德国的前战斗机飞行员们保持着联系，回国后他与老部下的交往更加密切，1956年10月时他被依然爱戴、敬

▲ *加兰德位于波恩附近上温特的豪宅落成后，他的家很快变成了德国内外许多王牌飞行员定期聚会的场所，每逢生日，这些好友都会赶来庆贺，也给后人留下了不少如这幅图片所示的影像。图中所有飞行员的战时总战绩加起来竟超过了1100次击坠！从左至右依次为施泰因霍夫(176胜)、哈特曼(352胜)、巴克霍恩(301胜)、法尔克(7胜)、塔克(英国皇家空军，29胜)、赫拉巴克(125胜)、鲍威尔(Kenneth J. Powell，英国皇家空军，胜绩不详)、林德曼(Theo Lindemann，15胜)、加兰德(104胜)、安德列斯(Werner Andres，7胜)和舍普费尔(40胜)。*

▶ *加兰德战后的密友之一、英国皇家空军的塔克上校。1942年1月，加兰德曾在法国善待被击落的塔克，20年后两人成为密友，加兰德儿子的教父即是塔克。塔克1987年去世时加兰德曾非常伤感，他自己1996年离世时，塔克的两个儿子还专程从英国赶来吊唁。*

▼ 图片摄于1967年6月的德国航空竞赛期间，左一为加兰德参赛的搭档、时任空军JG–71"里希特霍芬"联队联队长的哈特曼上校，右一为加兰德的英国老友塔克。他们身后就是加兰德1963年购买的绰号为"胖子"的飞机。

▲ 加兰德的另一故交、英国皇家空军的巴德爵士。1941年8月9日，巴德被击落后，加兰德曾富有风度地善待他；1945年在英国受审期间，巴德也曾投桃报李，向沦为阶下囚的加兰德回报善意。两人战后成为好友，其友谊持续到1982年巴德去世为止。图中加兰德正向巴德展示一架Bf–109战斗机模型的细节。

▲ 摄于1970年代中期，加兰德与他的第2任妻子和两个孩子在一起。

▲ 摄于1967至1969年英国拍摄史诗巨作“不列颠空战”期间，图片中只有左三的加兰德和右一的奥斯特坎普是真人，余者皆为演员。左一是剧中的戈林，左二的演员扮演加兰德，左五的演员扮演莫尔德斯，而右二的演员则出演他身边着西服的奥斯特坎普。

▲ 1975年2月，加兰德作为特邀嘉宾来到美国佛蒙特州的诺维奇大学(Norwich University)访问，发表了题为“海峡突围——德国舰队1942年冲出英吉利海峡的作战”的演讲。这所建于1819年的大学并非普通学校，而是美国国防部认可的培养后备军官的准军校。

▲ 1974年9月的澳大利亚墨尔本，当时加兰德正在澳大利亚访问，他在澳大利亚空军准将托金（Tony Tonkin，右）陪伴下坐进了一架Me-262喷气式战斗机的座舱。

▲ 摄于1975年12月，从左至右依次为英国王储查尔斯王子、塔克和加兰德。当时加兰德作为特邀嘉宾来到伦敦北面的亨登，出席英国皇家空军博物馆的开幕仪式，同时为德国馆的开张剪彩。他与查尔斯王子在此期间有过长时间的交流。

▲ 摄于1977年，加兰德在他位于波恩的办公室中。

▲ 摄于1982年4月的德国汉诺威航展期间，加兰德坐在一架后人修复的Bf-109 K战斗机的座舱内。这时的加兰德因视力退化严重已不再自己驾机飞行了。

▲ 1945年4月26日，加兰德驾驶Me-262战斗机击落两架美军轰炸机后，被美军飞行员击伤，从而提前结束了自己的战争。战后研究者们发现，击伤他的是并不知名的美军第50战斗机大队飞行员芬尼根少尉，两人于1979年在美国旧金山首次见面。图中的加兰德正与芬尼根畅谈当时的交战情景，芬尼根这时是一名地方检察官，后曾到德国探访过加兰德。1996年加兰德去世时还有媒体就当年的交手场面采访过芬尼根，他于2008年去世。

▲ 1984年2月，72岁的加兰德迎来了自己的第3次婚姻，图为他与新娘在上温特的家中招待来宾时留下的镜头。

▲ 摄于1980年代，加兰德与1966年11月出生的儿子安德烈亚斯 (Andreas Hubertus Galland) 在一起。安德烈亚斯很有音乐天赋，这让加兰德既高兴，又羡慕。

▶ 1980年代末，加兰德与1969年出生的女儿亚历山德拉 (Alexandra Isabelle Galland) 在一起。从图中可以看出，漂亮的女儿颇为似他，尤其是鼻子如出一辙。

▲ 摄于1986年，从左至右依次为拉尔、弗吉尼娜·巴德（Virginina Bader，此人据说是巴德爵士的堂妹）、加兰德、加兰德夫人海蒂 (Heidi Galland) 和施泰因霍夫。

重他的飞行员们推举为“德国战斗机飞行员协会”荣誉主席。借助于这个组织，加兰德与美国和英联邦国家的前对手们开始了频繁接触与联系，那部畅销全世界的自传也早已让他的大名传遍了航空界——从卓越的战斗机飞行员到优秀的高级指挥官、从阶下囚再到成功的航空顾问和商人，加兰德赢得了对手的真心尊重和景仰。他与英国皇家空军的巴德和塔克的友谊也一直为人津津乐道，塔克不仅是加兰德1966年出生的儿子的教父，两个家庭间也建立了深厚感情——1996年加兰德去世时，参加葬礼的前空军总监拉尔中将就曾惊讶地注意到，塔克的两个儿子竟也从英国专程赶来吊唁，而塔克本人在十年前就已辞世。1961年，加兰德获邀加入国际航空界精英俱乐部——“国际名人会”(International Order of Characters)，并与塔克一起获得“年度飞行员”称号，[41] 1973年他更是成为该组织的名誉终身会员。这个成立于“二战”中的组织网罗了欧美的一批精英飞行员，如巴德、塔克和英军头号王牌约翰逊上校，美军头号王牌加布雷斯基上校、杜立德(James H. Doolittle)将军等人，还有宇航员卡彭特(Scott Carpenter)和麦克迪维特(James McDivitt)等太空时代的名人。“国际名人会”中的德国飞行员除加兰德外，还有施泰因霍夫、拉尔、赫拉巴克等，在1945年的最后时刻试图将希特勒从柏林救走的传奇女飞行员赖奇(Hanna Reitsch)也赫然立身其间。

战后几十年里，由于巨大的声望以及遍及全球的业务关系，加兰德成了航空界的巡回大使。无论他走到哪里，只要有前德国飞行员，不管他们是新军将校还是普通百姓，他们都会自发地聚集到他的身边——对他们来说，加兰德永远都是他们的“老板”。而加兰德对推动各国飞行员间的理解与友谊也可谓贡献良多：在他的直接推动下，首届“德国-美国战斗机飞行员会议”1961年在德国西部小城基恩(Kirn)成功举行；1967年2月至3月他出访澳大利亚和新西兰，见到了包括帕克中将(Sir Keith Park)在内的一批不列颠空战中的对手；1968年9月，英国皇家空军战时的“探路者”们(为轰炸机编队寻找目标和导航的飞行员，多为技术出色、经验丰富的王牌)举行聚会，特邀了加兰德、法尔克和其他几位夜战王牌与会畅谈；1967至1969年间，加兰德应邀担任英国拍摄的史诗巨作“不列颠空战”的德方顾问，塔克则是英方顾问。这部巨著的拍摄过程起起伏伏，虽有不和谐的波折，但问世以后在欧美和德国获得了巨大成功，加兰德也得以有机会再次驾驶令其魂牵梦绕的Bf-109战斗机；至于邀请加兰德参加或出任主旨发言人的俱乐部、学会和协会、德国内外的军事单位等更是不计其数，他也不止一次地出现在欧洲盟军最高司令部(SHAPE)、美国国家宇航局(NASA)和北约许多空军基地的讲台上；1970年9月，加兰德应邀到加拿大温尼伯(Winnepeg)出席首届“英联邦战时飞行员聚会”，他以和平与理解为主题的发言结束后获得了长时间的掌声与喝彩，温尼伯市长还将“荣誉市民”称号授予加兰德、巴德、约翰逊(英军头号王牌)以及加拿大空军骄子法奎尔(John E. Fauquier)准将；1974年1月，加兰德被请到英国坎伯利(Camberley)参加陆军参谋学院的图上演习，而主题就是1940年德国试图入侵英伦的“海狮行动”；当年稍晚些时候，美国海军陆战队又邀请加兰德和时任西德空军中将的巴克霍恩一起访问亚利桑那的基地；1975年12月，英国皇家空军博物馆在伦敦附近的亨登(Hendon)揭幕，作为特邀贵宾的加兰德为德国厅剪彩，并与王储查尔斯王子进行了长时间交谈，充分反映出他在“相逢一笑泯恩仇”的时代里所享有的巨大声望；1979年10月，在德国慕尼黑举行的“国际战斗机飞行员聚会”吸引了12个国家的许多飞行员，加兰德试图悄无声息地溜进会场，但他的出现还是立即吸引了所有人的注意力；1980年后，虽然身体欠佳，但他仍频繁出访美国，甚至加拿大遥远的育空领地 (Yukon Territory) 的狩猎队伍中都能找到他的身影。

加兰德不仅仅是以飞行闻名于世，也是很会享受生活之人，战时他曾对雪茄、香槟和漂亮女人情有独钟，1965年时虽戒掉了雪茄，但对精致生活的追求始终如一。1963年，由于首任妻子不能或不愿生育，加兰德离婚后迎娶了自己年轻漂亮的女秘书，后者为他生下了一子 (1966年) 一女 (1969年)。新婚不久，加兰德在波恩附近的上温特 (Oberwinter) 购买了一处房产，随后将之扩展成占地庞大、风景极佳的豪宅，他在这里举办过无数次欢宴，经常把自己国内外的许多朋友邀请到这里聚会和活动。1984年2月，72岁的加兰德第三次结婚，第三任妻子也精心照料着慢慢老去的加兰德，直到他辞世为止。

1980年代末期，由于身体每况愈下，加兰德谢绝了仍然络绎不绝的各方邀请，安静地与妻子和孩子共度最后的时光。1996年初，就医治疗绝症已颇有时日的加兰德自觉来日无多，征得医生许可后，他在2月初回到上温特的家中。2月9日子夜刚过，距84岁生日不足一个月的加兰德在家中辞世。2月21日，加兰德夫人根据他的遗愿将之埋葬在圣劳伦蒂乌斯 (St. Laurentius) 教堂的墓园里，德国空军派出的6名上校为加兰德抬棺，借以向这位最著名的飞行员和空军领袖致以敬意。健在的海陆空三军老战士、来自全世界的朋友和相知都赶来吊唁，1945至1946年审讯过他的惠滕也在人群中默默地追思。加兰德的墓石硕大无朋，矗立在绿树环绕的幽静所在，墓石上既无军衔也没有铁十字，除生卒年月以外就只刻有“Adolf Galland”这个名字。

在整整50年前的1946年服毒自尽的戈林，生前曾经在私下场合向JG-26联队长普里勒透露过自己“嫉妒加兰德”——他嫉妒后者的聪颖，对局势的迅速把握，尤其是加兰德具有勤奋工作的同时又会尽情享乐的超强能力。“加兰德在了解下属方面有着异乎寻常的能力，他知道他们什么时候是诚实的，也知道如何让他们最大限度地发挥作用。”[42] 戈林曾这样向普里勒谈起这个自己一手提携，又试图将之毁灭的人。

正如加兰德自传的书名所寓意的那样，他是当之无愧的“第一个”——无论战时还是战后他都是德国飞行员的第一人，同时他又是见证了两德统一的“最后一个”——在他之后再无任何健在的钻石骑士。他的一生从头至尾充满挑战，在纳粹邪魔面前他坚持自己的原则、信念和人道精神，在权势和屈辱面前从未放弃过尊严和骄傲。他走过了漫长的路，以诚实和正直赢得了所有相知者的心，也以勤勉友善在战后的世界里为自己立起了另一座丰碑。

第3位钻石骑士最高战功勋章获得者戈洛布上校
(图中时为少校，获勋时间1942年8月30日)

Chapter 03
第三章

“纳粹战鹰”：戈登·戈洛布上校

“二战”德军的钻石骑士最高战功勋章自1941年7月首次授予莫尔德斯后，一共只颁发给过27位被认为“勇气超群、战功卓著”的军人，其中空军共有12人获勋，除凯塞林元帅和伞兵将军拉姆克(Hermann-Bernhard Ramcke) 外其余10人皆为飞行员。在这10人中，鲁德尔 (Hans-Ulrich Rudel) 为空前绝后的斯图卡俯冲轰炸机之王，伦特(Helmut Lent) 和施瑙费尔 (Heinz Wolfgang Schnaufer) 是最出名的两大夜战王牌，而其余7人均是昼间战斗机飞行员兼指挥官。赫然跻身其间的戈洛布上校是第3位钻石骑士获得者，但显然也是最不为人熟知且最被低估的一位。

出生于奥地利的戈洛布是与莫尔德斯和加兰德同时代的飞行员，他的“二战”生涯始于波兰战役，终于德国投降之时。虽在战后几乎被人遗忘，但他绝非泛泛之辈，相反，他与莫尔德斯一样都是空战史上里程碑式的人物。他曾任JG-77联队长，是首位突破150胜的飞行员，也曾像莫尔德斯一样是纳粹帝国的偶像人物。同时，他在战争中后期对Bf-109战斗机的改进、对Me-262和Me-163等先进战斗机的研发所做出的贡献，也使战后的某些军史家称其为“‘二战’德国空军波尔克式的人物”。[1]

另一方面，戈洛布又是飞行员群体中的另类人物，人称“纳粹死忠”，其在战争后期的行事作风由于带有浓厚的纳粹意识形态色彩而为许多飞行员所不待见。当加兰德在1945年初被戈林解除了战斗机部队总监职务时，他的继任人就是戈洛布，但是，围绕这一变化前后发生的一些涉及戈洛布的不光彩事件，以及他与影响力极大的加兰德的激烈冲突，使许多飞行员，尤其是坚定维护加兰德的诸多王牌们对他嗤之以鼻，也使他成为争议最大的空军指挥官之一。

早年岁月：奥地利空军的“特技飞行魔术师”

当1912年6月16日戈洛布出生之时，庞大的奥匈帝国虽然依旧完整，但影响力正在日渐式微。戈洛布的出生地是奥地利的格拉茨（Graz，也有一说是他生于维也纳，童年则在格拉茨度过），他的父母曾就学于维也纳和慕尼黑的美术学院，也在格拉茨的奥地利国立美术学校学习过，作为画家的他们经常在欧洲的主要城市旅行、作画和推销作品。戈洛布出生时父母给他取的名字是“戈登·麦克·戈洛布”（Gordon Mac Gollob），但在报户口时他们不得不为市政厅官员拼写出这个在德语国家并不常见的怪名。他成年后总有人对他的“戈登·麦克”这个英语名字感到奇怪和不解，戈林在任命他担任战斗机部队总监时也曾开玩笑说，自己一直都很好奇他为何取了个英国名字。有研究者称戈洛布的父亲这边有苏格兰血统，所以才给儿子起了一个英式名字。[2] 据戈洛布自己回忆，父母学生时代曾有一位拥有苏格兰血统的美国朋友，他的名字即得自于这位名叫“Gordon Mallet McCouch”的美国人，后者还成为小戈洛布的教父。[3]

父亲海因里希·戈洛布（Heinrich Gollob）1917年离世时小戈洛布只有5岁，但在母亲的精心照料下他还是在格拉茨度过了愉快的童年，也获得了良好的教育和熏陶，尤其是婚前名为赖宁豪斯·冯·卡拉扬（Reininghaus von Karajan）的母亲出身于音乐人才辈出的奥地利贵族世家卡拉扬家族，似乎也把艺术天赋遗传给了儿子，小戈洛布很早就展示出音乐才华，小小年纪即能娴熟地演奏小提琴、钢琴和大提琴等数种乐器，这些才能使他后来在飞行员圈子里颇有名气。

与所有取得过辉煌战绩的王牌飞行员一样，青少年时期的戈洛布最大的愿望也是成为一名飞行员或工程师，这在艺术气息浓厚的家庭里颇有些离经叛道。1930年，18岁的高中生戈洛布制作了一架滑翔机，还从因斯布鲁克附近的旧机场多次起飞和翱翔蓝天。与加兰德的早年经历相仿，戈洛布也年纪轻轻就取得了A级和B级滑翔机飞行员证书，还很快成为滑翔飞行教练，在格拉茨的爱好者圈子里享有“专家”的声誉。高中毕业至入伍前的几年里，他除了在格拉茨高级工科学校学习机械工程外，还兼职从事飞机机身结构设计方面的工作。

戈洛布的军旅生涯起步于1933年，他当时加入了奥地利国防军并成为炮兵候补军官。不过，这只是他成为一名优秀飞行员征程上的短暂一站，次年他就转入空军，开始接受全面的飞行训练。有人曾猜测，大约在此期间戈洛布把自己的中间名“Mac”简化为首字母缩写“M.”——英式中间名在维也纳的艺术圈里也许会被容忍，但在军营里战友或军官们或许就会屡有微词了。此后近三年里，戈洛布一直在维也纳新城（Wiener Neustadt）的特雷西亚（Theresian）军校学习和接受军官训练。这所1751年创建的军校是世界最古老的军校之一，当时被认为是德语世界最具名望和水准的楚翘，隆美尔1938年时就担任过这所以训练和培养优秀军官著称的军校的校长。[4] 特雷西亚的学习经历和严格训练无疑为戈洛布的生涯奠定了坚实的基础，他也赢得了“优秀飞行军官”的声誉。1936年，戈洛布取得了A-2级飞行员资格，当年9月成为奥地利空军少尉，并出人意料地在10月份被任命为一支战斗机训练单位的指挥官。戈洛布在这里负责训练战斗机飞行员和候补军官，同时，他对特技飞行的爱好和擅长又为之增添了“特技飞行魔术师"的头衔。

1938年3月间奥地利被并入第三帝国，虽然无从得知戈洛布对此持何种观感，但是他显然意识到，奥地利空军并入更强大的德国空军后无疑将为他提供职业发展的更多机会。飞速发展中的德国空军对戈洛布这种经验相当丰富的飞行军官自然会张开欢迎的双臂——1938年7月1日，戈洛布成为德国空军的一名中尉飞行员，并热情地投入到以熟悉各种机型和作战条件为目标的再训练中。1939年上半年，他完成全部训练后被分配到刚组建的第76驱逐机联队(ZG-76)，供职于第1大队第3中队，驾驶的战机是Bf-110重型战斗机。1939年9月1日，第二次世界大战在德国闪击波兰的隆隆炮声中爆发了，枕戈待旦的戈洛布像所有飞行员一样，热情高涨地投入了这场战争。

崭露头角:
转战波兰、挪威与英吉利海峡

ZG-76是一个组建时间极短的新单位，波兰战役打响时它还不是一个完整的联队，只有两个大队，联队部甚至迟至1940年4月才组建，后来该联队又历经多次解体或重组，自然无法与JG-2"里希特霍芬"联队等王牌部队相提并论。不过，ZG-76也产生过几位著名人物，最有名的就是戈洛布以及第15位钻石骑士、夜战王牌伦特(时为第1大队第2中队少尉飞行员)。时任第2中队中队长的法尔克中尉后来也称得上是鼎鼎大名的人物，个人战绩虽只有区区7胜，但他作为优秀指挥官的威望和夜间战斗机部队创始人之一的资历，在德国空军也是尽人皆知。德军入侵波兰前夜，ZG-76驻扎在西里西亚奥得(Oder)河畔的奥劳(Ohlau)，负责为南方集团军群的第14集团军提供空中支援。9月1日拂晓，ZG-76为轰炸克拉科夫(Krakov)机场的He-111轰炸机编队护航，轰炸时虽遭到高炮射击，但并未遭受损失，负责护航的ZG-76 的飞行员们甚至整日里都未遇到过哪怕一架波兰战机。法尔克战后曾回忆说:"当日唯一的乐趣是自己差一点把一架俯冲轰炸机揍下来，因为那架战机上涂有红色的字母'E'，而飞行员们苦苦寻觅的就是波兰战机机身上的红白格子图案。"[5] 法尔克还称正是由于这次意外，空军高层随后下令规定战机上的字母必须涂成黑色。

与法尔克的经历类似，戈洛布也在波兰上空一无所获地巡弋了4天，伦特倒是在9月2日获得了第1大队的首胜。9月5日，ZG-76的多数飞行员才第一次经受了真正的空战洗礼，不过首先发生的仍是一起事故——法尔克的战机竟遭到一架"亨克尔"He-45侦察机的袭击，足见德军飞行员们此时仍普遍感到紧张或手足无措。法尔克当日击落了一架波军战机，戈洛布也尝到了首胜的滋味，当时他驾驶Bf-110追逐波军的一架PZL P.24战斗机，显然也是老手的波军飞行员操纵着运动性能颇佳的战机上下翻飞，但就在他平飞的时间稍长了一丁点之际，就被窥伺的戈洛布打得四分五裂。次日，戈洛布等又攻击了波军的一个基地，摧毁和重创了数架停在地面上的战机。9月11日，法尔克击落了两架敌机后被莅临前线的戈林召去汇报，后者要求他率队为自己的Ju-52运输机提供护航，还在召见结束时拿出一个纸袋交给法尔克——里面装着的竟是一枚彼时非常珍贵的二级铁十字勋章。法尔克战后称他也因此成为"空军第一个获得这种勋章的军官"。10天后的21日，戈洛布与伦特等同获二级铁十字勋章，据信他们是最早获得铁十字勋章的10名军人之一。

波兰战役结束后的9月29日，ZG-76第1大队奉命进驻斯图加特地区，与其他联队一起严防英法两国进攻德国西部。10月初至12月中旬，戈洛布与战友们经常从斯图加特和鲁尔地区的多个机场起飞，沿着边境巡逻侦察，但鲜有机会遭遇对手，更勿论与之进行空中缠斗。不执行任务的时候，ZG-76的飞行员们主要进行飞行训练和战术演练，以便为无可避免的战争升级做准备。12月16日，ZG-76第1大队从多特蒙德 (Dortmund) 移驻威廉港 (Wilhelmshaven) 西面的耶弗尔 (Jever) 基地，负责阻止英国皇家空军袭击北海海岸的工业区和海军基地。9月开战以来，英军已数次光临过这一地区，德方除在德国湾中的东弗里斯兰 (East Friesian) 群岛秘密安装了试验性的弗雷亚(Freya) 雷达外，还把驻防耶弗尔和万根沃格 (Wangerooge) 等地的Bf-109和Bf-110战斗机编组成临时联队，交由JG-1联队长舒马赫 (Carl Schumacher) 中校统一指挥，以便能对空袭做出灵活高效的快速反应。

两天后的18日，戈洛布随ZG-76第1大队参加了“二战”中首次有正式名称的空战——“赫尔戈兰湾 (Helgoland Bight) 空战”。当日早晨，24架英军“惠灵顿”(Wellington，或作“威灵顿”) 轰炸机组成的编队出现在北海上空，英机为躲避德军高炮的猛烈轰击而沿低空飞行，目标是轰炸威廉港周边的海岸工业带和水面舰只。德军雷达早早发现了敌机，但在层层上报中出现了延迟和预警不力等问题，不过，ZG-76第1和第3中队、JG-26第10中队以及JG-77第2大队等还是及时地升空作战。德军的第一波拦截发生在赫尔戈兰以东，JG-26第10中队的施泰因霍夫中尉率先击坠了2架敌机，戈洛布中尉带领着Bf-110四机编队，在JG-77第6中队几架Bf-109战斗机的配合下也声称击落了6架轰炸机，但最终只有3架得到确认，其中包括被戈洛布击落的一架轰炸机。当剩下的英军轰炸机准备返航时，德军战斗机虎视眈眈地闪在一旁，先任由高射炮进行猛轰，然后再展开截杀。稍微迟到的ZG-76第2中队中队长法尔克在追击中击落了2架轰炸机，因另有任务而来得更晚的伦特，更是在耶弗尔基地匆忙加油后飞速奔向战场，15分钟内就将2架轰炸机击落在北海之中。此战之后双方发表的公报均大大高报了自身的战果，德方声称击落了38架轰炸机 (但英方总共只派出24架，还有2架因机械故障早早返航，实际损失是10架被击落、2架在返航时掉入北海、3架着陆时摔毁)，英方则声称击落和重创了德军战斗机各12架 (实际损失是被毁和受重创的Bf-109分别只有3架和2架，另有2架Bf-110受重创)。英军轰炸机部队高层从这场并不算大的战事中认识到，仅凭轰炸机编队的自我保护能力并不足以应对德军战斗机，轰炸的时间也因之被迫从日间改为夜晚，而且只针对某些精心挑选的目标。德方虽从此番空战的胜利中收获了自信，但也使高层轻易地相信，自己的海岸工业区和军事基地已不太可能受到对手攻击，这一点对空军的战略，尤其是战斗机和轰炸机两大兵种何者应获优先发展权等重大决策造成了一定影响。[6]

经过近4个月“冬眠”后，1940年4月8日，戈洛布在西尔特 (Sylt) 岛上的新驻地韦斯特兰 (Westerland) 被任命为ZG-76第3中队中队长，次日即率队参加了进攻丹麦和挪威的“威悉河演习”(Weserübung) 作战。这一战役是战争史上的首次海陆空三军联合作战，德军计划针对挪威首都奥斯陆以及北起纳尔维克、南至克里斯蒂安桑 (Kristiansand) 的6个重要港口发起同步三栖攻势，伞兵将首先占领重要机场，随后运输机将卸载地面部队和各种装备，海军战列舰也将运送步兵登陆奥斯陆。参战的驱逐机部队包括法尔克上尉的ZG-1第1大队 (他在1940年2月晋为上尉后调任该部) 以及赖内克 (Günther Reinecke) 上尉的ZG-76第1大队。法尔克大队负责为第4轰炸机联队 (KG-4) 护航和夺取丹麦的奥尔堡 (Aalborg) 机场，而负责支援挪威方向的赖内克大队担负着双重任务——既要为伞降作战提供掩护和对地攻击支援，也要在Ju-52运输机卸载步兵和装备时提供保护。赖内克手下的3个中队中，汉森 (Werner Hansen) 中尉的第1中队负责协助夺取奥斯陆的弗内布 (Fornebu) 机场，戈洛布第3中队的目标是挪威斯塔万格-索拉 (Stavanger-Sola) 机场，大队部和第2中队则

▲ 摄于1939年9月，波兰战役中的德军Bf-110 C-2双引擎重型战斗机(驱逐机)。

▲ 摄于1939年9月波兰战役期间，ZG-76第2中队中队长法尔克中尉（右二）正与属下讨论作战计划，右三似乎就是日后的夜战王牌伦特。

▲ 摄于1939年9月14日，希特勒当日视察了ZG-76第1大队，图中他正与伦特少尉握手，右起第4人（个矮者）为戈洛布中尉。伦特当日紧急着陆时曾受轻伤，左眼上方做了包扎。

▲ 图为1940年时，德国某画家所绘的《赫尔戈兰湾空战印象》。

▲ 1940年挪威战场上的两员德军主将，左为第5航空队指挥官施通普夫上将，右为山地兵将军、"挪威山地军"军长迪特尔。迪特尔是一名笃信的纳粹分子，也是希特勒最欣赏的将军，他在1940年7月19日获得了"二战"德军的首枚橡叶骑士勋章。

▼ "赫尔戈兰湾"空战中ZG-76第1大队的Bf-110战斗机飞翔在北海上空。

▶ 摄于"赫尔戈兰湾空战"期间，来自多支单位的战斗机飞行员正在听长官总结训话。图中左起第2人为戈洛布中尉、第4人为伦特少尉、第6人是JG-26第10中队中队长施泰因霍夫。最右边讲话之人似为舒马赫中校。

▲ 1939年底、1940年初，ZG-76第1大队驻扎在耶弗尔基地，负责保护德国湾工业带和海军基地。图中显示的是该大队停放在耶弗尔机场里的Bf-110C战斗机。

▶ 摄于1940年4月的“威悉河演习”战役期间，图为盟军舰只在纳尔维克港遭到德军狂轰滥炸后的场景。

▼ 被击落的英军“桑德兰”水上飞机，戈洛布1940年7月9日也击坠了一架类似的反潜巡逻机。

在进驻奥尔堡机场后随时提供增援。[7] 结果，战役展开后德国海军的一艘战列舰被击沉，1600名步兵葬身鱼腹，另一艘战列舰也在遭受重创后撤出战斗。由于出师不利，尤其是天气突然变得极为恶劣，德军最高统帅部曾紧急下令取消作战，但ZG-76第1中队收到命令时已无足够的油料返航，只得硬着头皮向弗内布机场飞去。率领53架Ju-52运输机编队的指挥官怀疑取消作战的命令可能是敌军欺骗，也决定按原计划飞往弗内布机场。尽管进攻奥斯陆的作战从一开始就变形走样，但在前线指挥官的随机应变和灵活指挥下，夺取弗内布机场的行动还是取得了成功，伦特更因第一个冒险驾机着陆，为第324步兵团2营的随后运抵创造了条件而声名大噪。

戈洛布当天率领8架Bf-110为第1“特种任务”轰炸机联队(KGzbv)的12架Ju-52运输机(运送的是第1伞兵师第3连的伞兵)提供护航。上午9时20分左右，伞兵们从空中跳下，很快锁定了斯塔万格-索拉机场的，后续的Ju-52也陆续安全抵达。两天后，整个ZG-76第1大队都集中在斯塔万格-索拉机场，负责支援地面部队从挪威南部向北推进的攻势。英法联军为了救助挪威，决定在挪威中部的港口城市特隆赫姆(Trondheim)附近实施登陆，但斯塔万格机场集中的ZG-76第1大队及其他轰炸机部队不断袭扰，使盟军舰队无法进行近岸支援。盟军空军对斯塔万格-索拉机场进行了一系列规模不等的空袭，但收效甚微。英军准备派遣一支舰队炮击斯塔万格-索拉机场，同时安排12架“惠灵顿”和12架“布伦海姆”轰炸机分两批执行轰炸机场、指引目标和牵制德军战斗机的任务。英军貌似周全的计划在4月17日实施时却遭受了重大挫折，几十架德军Ju-88a和He-111轰炸机向英军舰队中的“萨福克”(HMS Suffolk)号进行了狂轰滥炸，而试图空袭斯塔万格机场的英军轰炸机多数未能飞抵目标即被击落，仅有的数架“布伦海姆”也被ZG-76第1大队的Bf-110战斗机和地面高炮所驱散或击落，不过戈洛布本人并未收获任何胜绩。整个4月间，除在斯塔万格集中作战外，ZG-76第1大队还在纳尔维克、特隆赫姆、设德兰(Shetland)群岛外海等地转战，期间与英军轰炸机多次交手。4月30日，大队长赖内克上尉被击落后丧生，戈洛布手下两名战绩最高的飞行员——法尔布施(Helmut Fahlbusch，6胜)少尉和弗莱施曼(Georg Fleischmann，5胜)上士也在缠斗中丧命。第1中队中队长汉森被任命为代理大队长，直到5月11日雷斯特迈尔(Werner Restemeyer)上尉正式接任大队长为止。

到雷斯特迈尔履新之时，规模浩大的法国战役已完全吸引了世人的目光，相对平静的北欧战场的焦点也转移到了挪威北部的纳尔维克周边。到6月初法国战役进入第2阶段时，英军已被赶离欧陆，德军开始追击和围歼巴黎以南的法军，疲于奔命的挪威英法远征军也被迫撤离了纳尔维克。不过，尽管挪威已被德军完全控制，但英军仍不间断地袭击挪威水域里的德国舰只和海岸空军基地，ZG-76第1大队和JG-77第2大队等都必须留在挪威承担防御职责。6月13日，英军发起了一次颇具野心的空袭作战——轰炸机编队负责轰炸ZG-76所在的特隆赫姆基地，海军航空兵将对附近港口停泊的德舰“沙恩霍斯特”号进行俯冲轰炸。英军轰炸机编队仅对特隆赫姆机场造成了轻微损伤，却激起了此间德军飞行员的怒气。当他们驾驶战斗机追逐英军轰炸机时，突然发现了十几架并无战斗机护航的“黑斑贼鸥”(Blackburn Skua)俯冲轰炸机——这些是从“皇家方舟号”(HMS Ark Royal)航母上起飞的14架俯冲轰炸机，他们勇敢地攻击了“沙恩霍斯特”号，但仅有1枚炸弹命中目标，只造成了微不足道的损伤，但自身却有8架被击落，其中4架是被ZG-76第3中队击落的，中队长戈洛布也收获了一胜。这次失败极大地震撼了英国海军航空兵高层，其直接后果之一就是俯冲轰炸机此后在英军中已无立足之地，一旦最后一批俯冲轰炸机撤出一线，英国航母到"二战"结束时都只搭载战斗机和鱼雷轰炸机！[8] ZG-76第1大队以不超过30架的Bf-110C，在半年前的"赫尔戈兰湾空战"中改变了对手轰炸机部队的作战方式，现在又在特隆赫姆空战中对英国海军航空兵的策略产生了深远影响，这可能是伦特和戈洛布等驱逐机飞行员们无论如何也想象不到的吧！

1940年6月底时，ZG-76第1大队又集中在斯塔万格，继续阻击英军偶一为之的空袭。7月9日晨，ZG-76第1大队与JG-77第2大队携手击落了12架来袭轰炸机中的一半，当日下午，戈洛布在北海上空拦截了一艘"桑德兰"(Sunderland)反潜巡逻机，他一直追逐到距设德兰只有一半路程时才将之击落。更晚些时候，在朔布(Herbert Schob)上士协助下，戈洛布又击坠了一架"赫德森"(Hudson)轰炸机。根据德军当时界定王牌飞行员的标准，取得5胜的戈洛布已可算作王牌了，他也因之获得了一级铁十字勋章。

就在戈洛布取得第5胜的次日，不列颠空战的大幕拉开了。7月10日至8月11日期间被称为空战的第一阶段，德方的主要目的是封锁英吉利海峡航道，驻挪威的ZG-76第1大队并未参战，但ZG-76第2和第3大队与其他驱逐机联队均出现在英吉利海峡和英国南部的上空。8月13日，空战进入了以摧毁英军机场和雷达站、彻底夺取制空权为目标的第二阶段，虽然参战的各驱逐机联队在号称"鹰日"(Adlertag)的当天摧毁了30余架英军，但自身也损失了13架Bf-110战斗机。戈林非常不满，但更不愿接受现实——他一向看好被自己称作"铁甲军"的Bf-110，对其执行远程护航任务时暴露出的重大缺陷(如速度不足、灵活性明显逊于英军"喷火"和"飓风"战斗机等)一概视而不见。8月15日是空战最激烈的一日，德军出动了彼时为止数量最多的战机，除重点进攻英格兰南部外，驻挪威和丹麦的第5航空队也向英格兰东北部发动了进攻——德军误以为英军战斗机部队已全部投入到英格兰南部，因而第5航空队指挥官施通普夫(Hans-Jürgen Stumpff)上将命令ZG-76第1大队的21架Bf-110D战斗机护送KG-26 的He-111轰炸机编队，飞越北海后进攻理应毫无防范的英格兰东北部，重点是约克郡(Yorkshire)与纽卡斯尔(Newcastle)等地的重要目标。另外，50架没有战斗机护航的Ju-88轰炸机也将进攻大德里菲尔德(Great Driffield)的英军基地。当日空战结束时，全日出击高达2000架次的德军损失了近90架各型战机，其中驱逐机部队就损失了几乎整整一个大队，近30架Bf-110被击落或破损得无法修复。[9] 第5航空队的战机编队遭到了英军"飓风"和"喷火"战斗机的顽强阻击，有16架轰炸机被击毁，ZG-76第1大队也损失了7架Bf-110，大队长雷斯特迈尔上尉也随着座机一起葬身茫茫大海。这一天虽非不列颠空战中德军损失最高的一日，但确是驱逐机部队损伤最惨的黑暗一天。戈洛布中尉声称在空战中击坠了一架战斗机，但他的炮手身负重伤，战机损伤严重，他也是在用尽浑身解数后才勉强开回了挪威海岸。不过，戈洛布的战果并未得到确认，当天他与其他4名飞行员声称击坠了9架英机，但对手实际损失仅为一架，而且还是在紧急着陆时摔毁的一架"喷火"战斗机！[10]

8月15日之后，虽然德国空军仍在攻击英国的空军基地和飞机制造厂等目标，但第5航空队再无足够的胆量和实力跨越北海作战。9月初，ZG-76第1大队奉命撤回到本土的德伦(Deelen)，并将在这里改建为第1夜间战斗机联队第2大队(II./NJG1)，这个夜战联队的联队长就是官运亨通的法尔克少校。戈洛布和伦特等都将在接受夜战飞行训练后成为夜间战斗机飞行员，但戈洛布另有想法——他早就对驾驶笨重的驱逐机，不能随心所欲地做出各种动作感到厌烦。他早年曾因花哨的空中特技享有盛名，Bf-110这种5吨重的大家伙显然不能满足他对轻巧灵活、火力凶猛的战斗机的兴趣，尤其是这种战机与“喷火”和“飓风”等对垒时还明显居于下风。他迫切地想调到真正的战斗机单位，而且愿望很快得到了满足。1940年9月7日，戈洛布如愿调往驻英吉利海峡沿岸的JG-3联队，伦特中尉虽对离开驱逐机单位恋恋不舍，但还是服从命令加入了夜间战斗机部队。从此，这两位曾经的战友走上了轨迹不同，但在空战史上同样彪炳的道路。

相对于英军的“喷火”和“飓风”等战斗机而言，JG-3以及其他海峡前线联队装备的Bf-109E型战斗机在爬升能力和速度方面略占上风。尽管英军还在继续沿用以前的密集编队战术，但其飞行员的技能和勇敢精神还是令德军头疼不已，再加上在雷达技术方面领先所有国家，德国空军在大不列颠空战中并未占到便宜，反而遭受了惨重损失。有资料表明，1940年7月初至9月末，德方损失了1636架各型战机，其中1184架毁于空战，而这些数字代表的是47% 的单引擎战斗机、66% 的双引擎战斗机、45% 的轰炸机连同飞行员都已化为乌有。[11] 戈洛布在10月12日被任命为JG-3第2大队第4中队中队长，虽参加了规模锐减的收尾战事，但并未收获任何战果，而且直到次年5月才收获了个人第6胜。虽然长时间颗粒无收，但戈洛布还是展示出了自己作为技术专家的一些特质。如果说莫尔德斯是王牌飞行员中最出色的战术专家，那么日后的戈洛布就是这些人中最优秀的技术专家之一。军史家弗拉施卡曾描述过戈洛布如何执着地钻研Bf-109E的机炮系统为什么一直发生原因不明的意外：

“为什么飞行员会做出大角度俯冲直至坠毁？为什么机炮系统经常没有缘由的失灵？戈洛布自己的机炮也出现过故障。他认定这种情形一般只出现在高空，在低空或地面上却没有事。为搞清故障原因，有一天戈洛布驾机爬升到11000米高空，而后一直等到飞机完全冷却下来，机炮果然出现了无法击发的现象。然后他机首朝下开始俯冲，不到60秒后他的飞机滑行着停在机师们跟前。机身上覆盖了一层白霜，因为此时的机身温度仍是万米高空中常见的零下40摄氏度到零下30摄氏度的低温。令人惊讶的是，‘黑人’(德军飞行员们常以此称呼地勤)们随后发现了一种显然不可能是润滑油的粗糙绿色粉末，结果机炮失灵的谜底揭开了。那么又是什么原因造成了有些飞机的坠毁呢？戈洛布怀疑Bf-109E战机的配平装置一定与不明坠毁有关系，很快他的猜测得到了证实。上级们对这位自信而又执着地收集情况的年轻中尉特别留意，随后还写了一份报告递交上去。结果，戈洛布被临时调到了雷希林空军试飞基地。”[12]

雷希林试飞中心是德国最重要的飞机研发与试验基地之一，戈洛布注定与之有缘，以后人们还将在这里时常看见他的身影。虽一直在基层作战单位服务，但他这时无疑已在技术方面展示出才华，并引起了上级的注意。

随着不列颠空战渐趋尾声，德国空军未能实现摧毁英国皇家空军的目的，入侵英国的“海狮”计划也被束之高阁。战场相对冷清之际，JG-3一度奉命前去接受新型的Bf-109F战斗机的训练，同时飞行员们也得到了一段久违的休息机会。JG-3于1941年5月再度返回海峡前线，戈洛布在5月7日击落了一架“喷火”战斗机，取得了第6次胜利。此时的他在空军中完全是一个默默无闻的普通飞行员，除爱好钻研技术问题外，即便在JG-3也算不上出类拔萃，但这一切都将随着苏德战争的开始而发生戏剧性变化——仅仅14个月后，戈洛布就一跃成为世界上战绩最高的飞行员，并且获得了第3枚钻石骑士勋章。

克里木上空的死神：150胜第一人

苏德战争爆发的当日清晨，戈洛布击落了一架伊-16战斗机，三天后又在10分钟内解决了2架DB-3轰炸机，似乎一切都预示着他将在全新的战场上有着新的开始。6月26日，JG-3第2

大队大队长凯勒 (Lothar Keller) 上尉与己方的一架侦察机相撞后丧生，戈洛布次日被任命为继任大队长，同时晋升为上尉。连串的好运只是戈洛布更大成功的序曲，7月2日一天内他击坠了3架敌机，7月全月里更是击落了9架战机，与他此前近两年的总战绩持平。

从8月份起，戈洛布战绩提升的速度更加迅猛，8月21日他猎获了5架苏军战机，到31日时总战绩已飙升至36胜。9月14日，在一架伊-153战机燃起的熊熊烈焰中戈洛布的战绩上升到42次击坠，由于这一突出战绩以及他对JG-3第2大队的出色领导，戈洛布上尉在9月18日获颁骑士勋章。10月是他收获更大的一个月，他取得了37次空战胜利，其中包括10月18日击落9架敌机的惊人纪录。10月24日，戈洛布的联队长吕措少校在莫斯科附近击坠了3架苏军战机后，成为继莫尔德斯之后第2个突破空战100胜的飞行员。[13] 同一天，戈洛布在击落了一架伊-153战机后将总战绩提升到85胜——这真是一个令人难以置信的战绩，4个月前他只有6胜，一百多天里竟有80架敌机被他斩落马下！不过，戈洛布的击坠记录暂时放缓了攀升的步伐，因为JG-3很快奉命返回德国进行休整和重新装备。10月26日，戈洛布被召至元首大本营，希特勒亲自向他颁发了第38枚橡叶骑士勋章。

戈洛布获得橡叶骑士勋章后不久，意外得知自己需将第2大队指挥权移交给克拉尔 (Karl-Heinz Krahl) 上尉，之后去雷希林试飞中心报到。11月20日，戈洛布来到雷希林试飞中心，工作尚未展开就传来了战斗机部队总监莫尔

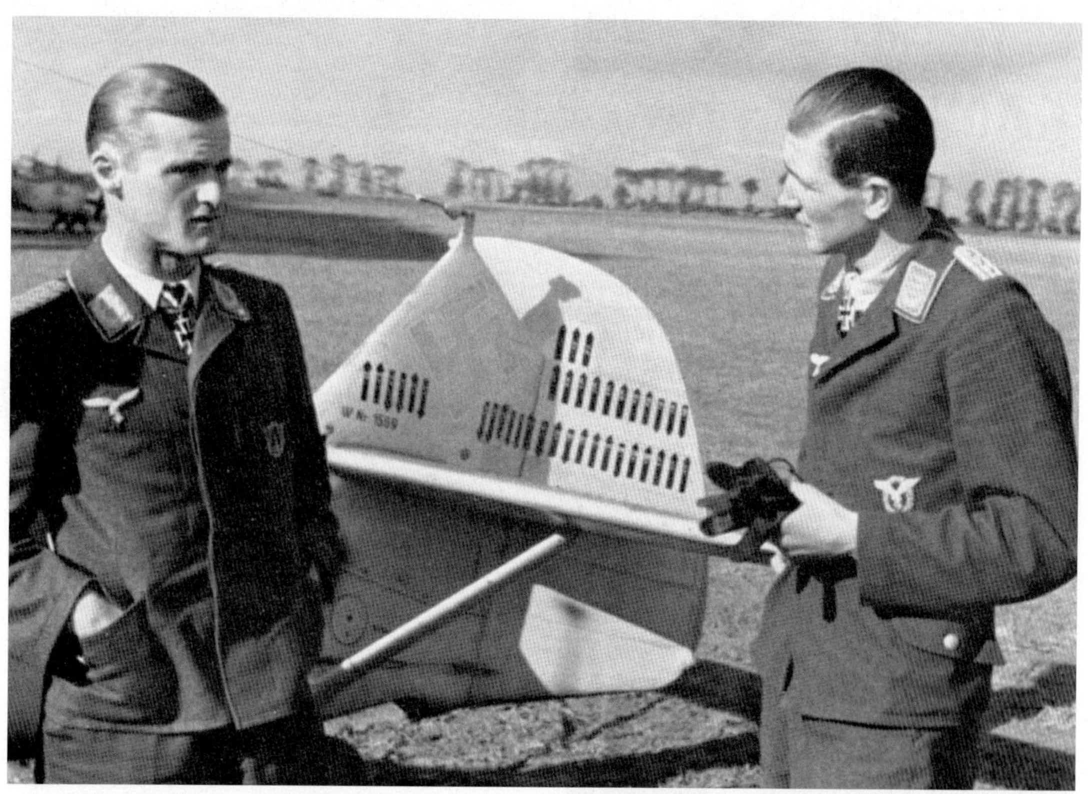

▲ *摄于1940年9月的法国，JG-3联队长吕措少校 (左) 与第3大队大队长巴尔塔扎上尉。他们身后的战机是吕措的Bf-109E，尾翼方向舵上的击坠标志显示出他已获得38胜。当时戈洛布刚刚加入JG-3，战绩只有区区5胜，但是到了1941年10月24日吕措突破100胜大关时，戈洛布的战绩令人难以置信地提高到了85胜。*

▲1941年10月26日，戈洛布从希特勒手中接过了第38枚橡叶骑士勋章。

▲摄于1941年8月，戈洛布上尉的Bf-109F4战斗机(编号10253)，方向舵上绘有33次击坠的标志，其中前6次是在波兰、北欧和英吉利海峡空战中获得的。

▲JG-3第2大队大队长戈洛布上尉（右一）正在地勤帮助下整理行头和准备升空作战，背景中的战斗机是他的Bf-109F4。

◀橡叶骑士勋章得主戈洛布返回莫斯科前线，不过随着被调往雷希林试飞中心，他的前线作战经历很快就要告一段落了。

▶摄于1941年11月22日，首位钻石骑士莫尔德斯上校因飞机失事丧生，纳粹政府为他举办了国葬，加兰德（图中前排右一）等人担任仪仗队员，还有许多高级将领和王牌飞行员赶来为之送行，其中就包括图中最后排站在摄像机前的戈洛布（左边身着皮大衣者）和特劳特洛夫特（右边的高个子）。

▲ 橡叶骑士勋章得主戈洛布获勋之后的照片，此时的他已成为一名精英级飞行员。

▲ 佩戴橡叶骑士勋章的戈洛布上尉，显然，此图是经过了修饰的。

德斯上校丧生的消息。虽然戈洛布与莫尔德斯之间并无渊源或交情，但他与许多飞行员一样都十分景仰和尊敬后者，他也来到柏林郊区的伤残军人公墓里向这位年轻领袖致以最后的敬意。戈洛布对于被调往试飞中心虽然颇不情愿，但还是尽职尽责，并很快展现出他在战斗机相关技术问题上的过人才华——他以前驾驶Bf-110时就曾对该款战机提出过改进意见，在海峡前线又对Bf-109的某些技术缺陷进行过深入研究，现在他又对Bf-109 F4和Fw-190 A2两款战斗机进行了详细的比较研究。他在提交的报告中承认Fw-190战斗机有自己独到的优点，但反对在实战中使用此型战机，因为他觉得这类战机的过度发展会导致战斗机从气冷发动机时代倒退回液冷发动机时代。当然这些都是他的个人见解，德军也有不少王牌飞行员——最著名的就是第8位钻石骑士诺沃特尼（Walter Nowotny）——驾驶着Fw-190战斗机取得过惊人的成功。在当时，戈洛布的见解与高层的认识并不吻合，因而他的分析报告一直被束之高阁，根本未被送达空军总部或戈林的案头。

戈洛布在雷希林试飞中心的任期只有半年，他一再要求调回前线单位，此时已有越来越多的人超过了他的总战绩或已突破100胜大关。戈洛布几年来的表现和战绩显然给空军主管部门留下了“可堪重用”的深刻印象，为帮助他了解联队长级指挥官的任务和职责范围，高层先将他派往东线的JG-54的联队部工作，希望他在联队长特劳特洛夫特少校帮助下尽快掌握管理联队的经验和技能。据说，戈洛布在JG-54期间还曾击坠过3架苏军战机，但均未获得确认。[14] 1942年5月16日，在战斗机部队总监加兰德举荐下，戈洛布被正式任命为JG-77联队长。此时的戈洛布像许多人一样景仰传奇人物加兰德，而后者对他的战斗精神、勇敢和指挥才能也给予了充分肯定。

JG-77是一支精锐的战斗机联队，戈洛布之前的联队长是老资格的飞行员汉德里克（Gotthard Handrick）中校（改任驻挪威的JG-5联队长）。汉德里克曾在1936年的柏林奥运会上获得现代五项金牌，在“秃鹫军团”时期即为加兰德和莫尔德斯的上级，在苏德战争的头半年，他所领导的JG-77就击毁了1166架敌机，到1942年5月19日时，全联队的总战绩更是高达2011次击坠。戈洛布来到黑海和克里木战场就任联队长时，以91次击坠获得双剑骑士勋章的贝尔上尉，也刚刚在5天前成为JG-77第1大队的大队长，之前他是莫斯科前线的JG-51第4大队大队长。当他们先后到来时，克里木空战的第一个高潮刚刚过去——5月初时，里希特霍芬的第8航空军集中了庞大的空中力量，包括KG-51、KG-55、KG-76和KG-100等4个轰炸机联队的轰炸机，KG-26第2大队的鱼雷机，StG-77联队的俯冲轰炸机，JG-3第1大队、JG-52第2和第3大队、JG-77第1和第2大队等单位的战斗机，以及第1对地攻击联队的对地攻击机等，这些战机在支援曼施坦因第11集团军的地面攻势中发挥了巨大作用。5月8日当天，第8航空军的战机在狭窄的刻赤半岛南部就出击21000架次，无数的炸弹摧毁了苏军第49集团军的防线和官兵们的抵抗意志，空战中德军飞行员声称击落了99架敌机，其中最成功的就是日后的第5位钻石骑士格拉夫——当时他还是JG-52第9中队中队长，5月8日一天内他收获了7次胜利，几天后将个人战绩提升到90胜，而他的第9中队在5月12日被调离前，竟在两周的空战里击坠了93架敌机、而自身无一损失！就在克里木的地面势如破竹，飞行员们在空中杀得兴起之时，苏军西南方面军5月12日发起了哈尔科夫反击战，其进展一度相当顺利，迫使德军将第8航空军的绝大多数联队紧急北调提供支援。克里木和刻赤-塔曼（Taman）地区只留下了JG-3第3大队和JG-77等少数战斗机单位，而戈洛布和贝尔也在1942年5月下旬至6月末竞争着统治了这片天空，留下了一段乐见者击节叫好、憎恶者斥为恶性竞争的空战传奇。

当成千上万的苏军官兵在刻赤为生存而挣扎时，戈洛布和贝尔打响了德军飞行员间常见的一场"个人战争"。苏军克里木方面军剩下的飞行员虽竭尽全力地支援刻赤周边的地面部队，但他们自身也已到了力量崩溃的边缘，在戈洛布和贝尔这种骁勇的对手面前并无多少生还的机会。5月16日，贝尔击落了2架拉格-3(LaGG-3)战斗机，战绩提升到93胜。刚刚履新的联队长戈洛布也不甘示弱，击落了3架拉格-3后将总战绩提升到89胜。次日，借助猎获的3架R-5轻型轰炸机和1架拉格-3战斗机，戈洛布的战绩也达到了93胜，不过，贝尔当日又斩获了3架米格-3(MiG-3)战斗机，JG-77第2大队的泽茨(Heinrich Setz)上尉也在击坠了2架米格-3后将个人战绩提升到72胜。于是，戈洛布把身边的战争放在一边，开始一心一意地与贝尔竞争起来。德军战斗机飞行员们常用的战术是从高空向低空飞行的敌机编队发起俯冲攻击，而后利用战机的性能优势迅速爬升，要么撤出战斗，要么准备再度进攻。戈洛布的方式有所不同，他更喜欢从低空溜上来，目的是先确保不会有敌机从下方的视域死角里发起偷袭。JG-77有一名飞行员曾就戈洛布及其僚机飞行员使用的这种战术匿名发表评论说：

"戈洛布和他的僚机飞行员一起从刻赤升空作战。他们先在苏军战机编队下方很低的高度躲着，然后进行螺旋爬升，并时刻小心保持着居于敌机编队下方的位置。在一直以为平安无事的苏军飞行员察觉到任何不测之前，编队尾部的两架战机均已被击坠，而这两个德国人此时早已溜之大吉了。"[15]

其实，戈洛布在1941年夏秋之际已经在使用这一战术，那时，德军飞行员有一个难缠的对手——被称为"黑死神"的伊尔-2对地攻击机。这种战机具有装甲坚固、火力凶猛等特点，即便飞机的尾翼被打掉了都还能继续飞行。戈洛布在与伊尔-2交手时往往耐心地等到对手飞得过高，从而露出机身下的散热器这一死穴时才从下方发动突袭，经常能一举打爆对手的油箱。他的这个战术在对付伊尔-2这种劲敌时颇为有效，对付一些老旧型号的苏军战机时更是立竿见影。

到5月18日，克里木的地面战事已集中在刻赤半岛的东北角及刻赤城本身，所有可以出动的苏军战机，包括用于夜战的R-5和R-Z等轻型轰炸机，都被绝望的克里木方面军派去阻止步步紧逼的德军。这些老旧的战机当然为戈洛布和贝尔等提供了迅速突破百胜的机会。18日当天，戈洛布击落了3架R-5后战绩上升到96胜，但他还是没能超过贝尔——后者当日在塔曼斯卡娅上空与12架苏军战斗机遭遇，击坠了其中2架后取得了第98胜，距100次击坠大关只有咫尺之遥了。19日，戈洛布和贝尔再次升空作战，前者猎获了3架R-5，后者凭借击落1架R-5轻型轰炸机和4架伊-16战斗机的战果，成为德军第9个突破100次击坠的飞行员。有后人对此曾评论说："……戈洛布与绝大多数竞争意识很强的顶尖王牌不同，他允许贝尔超越自己，也乐见后者作为第9个突破百胜的飞行员被载入空军史册。"[16]戈洛布非常欣慰地看到JG-77到当日已取得了2000次以上的击坠胜利，他在日记中曾写道："……我控制着自己，不太想把前几次胜利中的4次报告上去。我不想这么快就破百，因为我很担心一旦破百上级就会下达禁战令。"[16]戈洛布或许真有瞒报战果、以免被过早禁飞的想法，但当国防军战报在表扬JG-77获得了2011次胜利前，还专门提及贝尔的第99至第103次胜利时，他并未过分"压抑自己"，也不想让贝尔独领风骚，次日，他在高加索海岸击落了1架DB-3轰炸机和1架拉格-3战斗机，总战绩达到101胜，成为第10位超越"世纪门槛"的飞行员。[17]

5月20日，刻赤终于落入德军之手，戈洛布在次日的日记中写道："……看起来刻赤战事已经结束了，第11集团军正为攻打塞瓦斯托波尔要塞进行重组。”22日，戈洛布被南方战场战斗机部队指挥官维尔德（Wolfgang von Wild）上校找去，协商如何为塞瓦斯托波尔要塞攻坚战提供空中支援。整个刻赤战役期间，苏军有16万余官兵阵亡或被俘，还损失了417架各种战机。德国空军的损失虽然相对较少，但不间断的逐日出击和残酷空战也使大多数飞行员身心俱疲，戈洛布曾在日记中留下过这样一段话：“飞行员们的情况看起来很糟，部分原因是空战中的损失和伤亡，另外还必须把某些飞行员从前线替换下来。并非人人都能承受如此巨大的身心压力。最合理也最人道的做法是把那些无法继续忍受的飞行员从前线替换下来，以免他们把情绪传染给他人，或者干脆被对手击杀。”[18]戈洛布与竞争对手贝尔似乎也都累了——5月21日至6月5日的两周里两人都没有任何战果。

戈洛布和贝尔都是超级王牌，两人在空战中表现出的勇敢和高超技能是相似的，但他们的性格大相径庭。贝尔以自由散漫、不守纪律著称，曾数次以觉得没劲或没有愿望为由拒绝出战，这在德国空军当然是罕见的。贝尔曾是莫尔德斯最看重的年轻飞行员，也与加兰德的私人关系甚笃。戈洛布完全是另外一种个性，被同僚称为纳粹追随者的他是一个严守纪律，某种程度上还有着老派普鲁士军人作风的军官。个性迥异的他们如果长期共事，冲突肯定是难以避免的，尤其是考虑到后来戈洛布与加兰德势同水火的紧张关系，很难想象戈洛布能与敢于挑战权威的贝尔和平共处。幸运的是，数周后贝尔带走了JG-77第1大队，奉命开赴西西里岛准备参加马耳他作战。到1945年年初时，戈洛布上校已接替加兰德出任战斗机部队总监，而贝尔中校却由于不拘小节和桀骜不驯，被贬到一支喷气式战斗机补充训练大队担任主官，负责将有经验的Bf-109和Fw-190飞行员训练成喷气式战斗机飞行员。贝尔本人是德军最优秀的喷气式战斗机飞

▲ 总战绩达220胜（其中16胜为驾驶Me-262时所获）的王牌飞行员贝尔少校，摄于1943年初的北非突尼斯。1942年5月中下旬，时任JG-77第1大队大队长的贝尔上尉与联队长戈洛布在克里木和刻赤半岛上空展开了一场竞相“破百”的“个人战争”，两人在一周的较量中分别成为第9和第10位“破百”的飞行员。自由散漫的贝尔与严守纪律的戈洛布个性截然相反，如果不是贝尔在1942年6月底率JG-77第1大队转赴西西里岛，他们两人可能很难和平相处。

▶ 1942年6月21日，戈洛布的战绩提升到107胜，他获得了晋升为少校、获颁第13枚双剑骑士勋章的奖赏。图中的戈洛布坐在自己的Bf-109 F4战斗机上，骄傲地展示着方向舵上的107胜标志。

▲ 佩戴双剑骑士勋章的戈洛布少校回到克里木战场的JG-77 联队，更残酷、收获也更多的空战正等待着他。

▲ 1942年6月28日，希特勒在元首大本营向王牌飞行员们颁发勋章。图中最左边的就是戈洛布少校，可惜的是他的面部被完全遮挡，但可以看见其左臂佩戴的“纳尔维克战役纪念臂章”；左二是获双剑骑士勋章的JG-54飞行员奥斯特曼（Max-Hellmuth Ostermann）中尉，他是第6位超越百胜的飞行员；左三是戈洛布的老战友伦特上尉，当时他以34次夜战胜利和7次昼间战果获得橡叶骑士勋章；左四为戈洛布联队的泽茨中尉，他以76胜获颁橡叶骑士勋章；右一为戈洛布的另一下属、第3中队中队长盖斯哈特（Friedrich Geisshardt）中尉，他以79次击坠获得橡叶骑士勋章。

行员之一，他对Me-262这种战机的掌控和驾驶技能在同时代人中鲜有能匹敌者，而他也竭尽全力地帮助所训练的飞行员完全掌握Me-262的特性。1945年3月27日，戈洛布曾到贝尔所部视察，双方先是细谈了一些技战术问题，然后贝尔不经意地告诉老上司说“明后天将把大队移交给继任者”。戈洛布闻言一惊，盯着贝尔问道：“为什么要走，贝尔？我们大家都很满意你的工作。”贝尔则冷静地回答道：“有一个人不满意，那就是我。在我本人没有亲自到过某个战场前，我绝不会把我的飞行员送过去。”[19] 戈洛布当时爽快地答应了贝尔的要求，这才使后者有可能在帝国行将崩溃的前夜成为最成功的Me-262飞行员。贝尔早在1942年2月16日战绩达到90胜时就被授予双剑骑士勋章，此后3年多里他先后作战1000余次，个人战绩薄上又增加了130次击坠，没有任何德军飞行员像他那样，在西线、东线、地中海、北非和本土防空战中都取得过显赫战绩，却等待了3年之久未能获得钻石骑士勋章。也许，最根本的原因还是他的个性和抗命作风开罪了空军高层，尤其是大老板戈林。

贝尔大队在离开克里木战场前，还得继续支援第11集团军的塞瓦斯托波尔要塞攻坚战。6月1日，里希特霍芬第8航空军再次在狭窄的地域里集中了约600架战机的庞大兵力，试图在地面进攻展开前摧毁要塞的坚固防御工事、切断补给通路和瓦解守军的抵抗意志。2日晨，1300余门各口径火炮（包括800毫米口径的“朵拉”巨炮）向要塞进行了规模空前的猛轰，天空中成群结队的轰炸机和俯冲轰炸机也纷纷掷下重达1000磅的炸弹。戈洛布联队的前沿机场位于一处能观察到苏军战机起飞的地方，他在指挥所里目睹了两架战机刚一升空就被他的飞行员击落的全过程。由于交战地域相当狭窄，双方的王牌们几乎天天都在同一片天空激战，也都不敢轻视对手的能力和意志力。戈洛布手下的第4中队中队长泽茨中尉曾称“与最有经验的苏军战斗机飞行员在塞瓦斯托波尔上空的交战极其艰难”，而苏军第6近卫战斗机航空团（GIAP）第1中队中队长阿夫德耶夫（Mikhail Avdeyev）上尉，也曾在战后回忆录中用一整章的篇幅回顾一位战机上喷涂着黑色“Z”字母的德军飞行员，他写道：“……这个‘Z’每天都露面，他背后总有其他战斗机保护。通常他都很会仔细地挑选自己的牺牲品，只有极少情况下才空手而归。我不止一次地想追逐这个法西斯恶棍，但这实在是至为困难的任务……显然他是个卓越的飞行员，绝对来自于里希特霍芬的小圈子，或许就是里希特霍芬本人……他是个很棒的对手，绝对让我们都头疼不已。”[20] 这个被称为“Z”的人当然不是没过太久就晋升为元帅的里希特霍芬，据信他很可能是戈洛布手下的第5中队中队长哈克尔（Anton Hackl）中尉——6月3日，哈克尔就在阿夫德耶夫面前干脆利索，或者说令人瞠目地击落了苏军第18对地攻击机航空团（ShAP）的一架伊尔-2战机，要塞攻坚战期间哈克尔更是斩获了11架战机，甚至还超过了贝尔的10架击坠记录。

6月2日至6日间，出击总数达3000架次的德国空军向要塞投掷了2264吨爆炸物和23800颗燃烧弹，不过，虽然爆炸声此起彼伏、冲天大火彻夜不息，但当曼施坦因麾下的第54军和第30军7日晨分别从北面和东面发动攻势时，却意外地遭到苏军对地攻击机和战斗机的阻击拦截。戈洛布在当日夜间写道：“我的飞行员们取得了9次胜利，但也失踪了军官和军士各一人。俄国人的作战虽然绝望但很有技巧。我击落了一架拉格-3，它一头栽到塞瓦斯托波尔第4机场的地面上爆炸了。但我也差一点被击落，由于散热器被打坏，我几乎都无法飞回来。”[21] 尽管苏军飞行员像他们地面上的兄弟们一样表现出了视死如归的英雄气概，而且在空中也一样富有经验和技巧，但在对手完全统治的天空中他们根本无力招架，自身的力量反而在大幅减弱。8日，

JG-77击落了12架战机，第6近卫战斗机航空团的阿列克谢耶夫（Konstantin Alekseyev）上尉阵亡——他是黑海舰队所有飞行员中当时排名第一的王牌，拥有11架个人战果和6架合作击坠。戈洛布9日又击落了一架伊-153，不过他的Bf-109 F4战斗机也被击中，紧急着陆时一只轮胎甚至都在燃烧。

塞瓦斯托波尔要塞自身和补给要塞的航道一直都在遭受德军的无情轰炸，苏军为加强空中保护能力也增援了相当数量的战机，但多数飞行员都是经验匮乏的新人，他们中的很多人在要塞上空仅仅露了一面就永远消失了。戈洛布在6月12日夜写道：“平均每日出击700次，投下约600吨炸弹。我们空军作战单位的损失之前已开始下降，现在更是非常有限。”就在戈洛布认为苏军战斗机部队的力量可能已近枯竭之时，对手又开始以新的战术对付每天蜂拥而至的德军轰炸机编队：苏军飞行员们以最快的速度起飞，然后沿低空飞到黑海上方，直到要塞的轮廓渐趋模糊时再往高空爬升，而后回过头来朝德军轰炸机编队进行俯冲射击。戈洛布在14日的日记中曾言及“颇有实力的伊尔-2编队当日进行了3次攻击”，而他手下的泽茨在日记中更是感叹“这些家伙真有血性和胆量，每天他们都目睹着战友拖着浓烟丧命，可次日他们还是以同样的热情再次鏖战蓝天”。[22] 在14日的空战中，第6近卫战斗机航空团的阿夫德耶夫上尉误以为自己成功击落了那个可恶的“Z”，因为他此后再也没见过这个飞行员，殊不知，哈克尔这个最可能的“Z”当晚从戈洛布手中接过骑士勋章后，兴高采烈地回国休假去了。

6月18日，苏军8架伊尔-2对地歼击机和若干护航战斗机在起飞时遭到了JG-77约20架Bf-109的攻击，戈洛布本人几分钟内击坠了一架伊尔-2和一架拉格-3，联队其他人也取得了4次击坠。次日，向前推进的德军地面部队已能对苏军机场进行密集的炮火轰炸，这几乎瘫痪了苏军所有的空中活动，泽茨中尉和他的四机编队甚至需要整整12小时才在空中寻觅到一个猎物。21日，戈洛布又击落了2架拉格-3，个人战绩提升到107胜，贝尔当日也击落了2架伊-16，总战绩达到112次击坠。6月23日，戈洛布惊喜地获知自己已成为第13位双剑骑士勋章得主，同时被晋升为少校。不过，这时的戈洛布和贝尔似乎都没有了继续竞争下去的兴趣和条件——随着德军针对斯大林格勒和高加索的夏季攻势即将发起，第8航空军的一些大队和联队奉命于23日北调，戈洛布手下的第2大队也是其中之一，该部将在沃洛涅日战场为第6集团军左翼提供支援。几天后的27日，贝尔也准备率领JG-77第1大队开赴西西里岛，参加铲除马耳他岛英国海军和空军基地的作战。到6月底和7月初时，戈洛布联队就只剩第3大队尚在塞瓦斯托波尔，不过这可能也已无关紧要了——6月24日，与JG-77对垒多时的苏军第6近卫战斗机航空团在进行了最后一次空战后，幸存的飞行员们奉命撤离了，28日时苏军防线开始崩塌，三日后，纳粹的万字旗终于飘扬在几成废墟的要塞最高点了。

6月28日，戈洛布在东普鲁士“狼穴”大本营从希特勒手中接过了双剑骑士勋章，ZG-76时期的老战友伦特上尉也在同一仪式上领受了橡叶骑士勋章。攻克塞瓦斯托波尔要塞的功臣曼施坦因虽未能在骑士勋章上再添橡叶勋饰，但被晋为陆军元帅。戈洛布在本土盘桓了几日后回到了南方战场，准备率领他那仅剩一个大队的联队投入日前开始的夏季攻势。7月22日，JG-52联队长伊勒费尔德少校驾驶的侦察机遭到苏军战斗机攻击，这位第9位双剑骑士勋章得主身负重伤、无法理事——其实他也是一个月前刚从JG-77第1大队大队长任上升为JG-52联队长的，他的前任贝克（Friedrich Beckh）中校主持JG-52仅3周就在哈尔科夫以东失踪了。7月25日，戈洛布出任JG-52代理联队长，同时还主持JG-77的工作。JG-52是一支名头更响的东线王牌联队，第2大队大队长施泰因霍夫、第4中队中队长巴克霍恩、第9中队中队长格拉夫等个个都是响当当的王牌，其中的格拉夫更是第7个超越100胜大关的飞行员。当然，JG-52还有一位不应被遗漏的王牌，即刚刚伤愈归队的第8中队中队长拉尔中尉——到10月30日时，他已把自己在1941年11月28日受伤离队时的36胜总战绩提高到了整整101胜！

戈洛布初到JG-52时全联队都集中部署在顿河边上的罗斯托夫（Rostov），但不久后3个大队就开始分散开来：第2和第3大队跟随和支援向高加索进军的A集团军群，第1大队则承担起四处灭火的“消防队”角色。即便第2和第3大队同在高加索战场，但此间地域的辽阔性和地面部队进军的分散性，注定了两个大队的驻地相距甚远，甚至有些中队之间也间隔着上百公里。到8月中下旬，JG-52第2大队负责支援第17集团军向迈科普（Maikop）油田的推进，第3大队支援正向里海海滨产油区推进的第1装甲集团军，而第1大队此时却被配属给JG-51，正在莫斯科西面的尔热夫（Rzhev，或作“勒热夫”）支援中央集团军群的第9集团军。[23] 戈洛布多数时间里都随第3大队行动，在1942年8月的炎炎夏日里，他与下属的格拉夫又展开了150胜“争先战”。在7月最后几日取得了3次胜利后，戈洛布从8月4日拉开了一个月狂取40胜的序幕。6日，戈洛布击坠了5架敌机，以115胜暂时领先格拉夫的113胜；16日又是5次击坠，与格拉夫的战绩对比是125对122；25日，格拉夫取得了第137次胜利，而戈洛布又将战绩提高到143胜；8月29日，戈洛布在击落了3架拉格-3战斗机和1架Pe-2俯冲轰炸机后，成为世界上第1个取得空战150胜的飞行员。格拉夫则在次日收获了第140胜，但他决心不让联队长的纪录保持太久，一周后的9月5日，他的战绩就达到151胜，更令人难以置信的是，9月尚未走完时，这位杀红了眼的东线死神就已征服了200胜的新高度。8月一个月里戈洛布取得了40胜，这本身已是一个很惊人的数字，因为它比交战各国的很多优秀飞行员在整个战争期间的战绩都高，而格拉夫在9月里更是创下了单月击坠敌机62架的世界纪录！

在戈洛布拖着疲倦的身体摘取一次次空战胜利的同时，德军地面部队占领了捷列克（Terek）河岸的重镇莫兹多克（Mozdok），这里距格罗兹尼（Grozny）油田仅有120公里，同时也是“二战”期间德军在苏联境内所能抵达的最远点。此前两日还发生了一段颇有趣味的插曲：8月25日下午，第8中队中队长拉尔在捷列克河北岸的索尔达茨卡亚（Soldatskaya）基地附近击落了一架苏军战机，飞行员跳伞后落入不远的向日葵地里。拉尔战后曾回忆过俘获这名飞行员的情形：“……我们的人包围了他，而他却向每个人连连开枪，最后他们解除了他的武装并为之包扎了伤口，然后押着他来见我。我当时正坐在车上通过无线电与人交谈。我的一位军士能说流利的俄语，所以我们在一起谈了谈。我递给这个叫安东诺夫的战俘一支烟，他拒绝了。可一旦我把烟点上，他也把烟点上抽起来。我又给了他一些我们存放在油桶里的茶，他又拒绝了，显然他认为我们想毒死他。不过一旦我喝了几口，他也跟着喝了起来。显然他还不信任我。”[24] 这位安东诺夫（Yakov Ivanovich Antonov）是苏军第84战斗机航空团（IAP）的少校团长，1940年供职于第25战斗机航空团时曾获得过尊崇的“苏联英雄”称号。按照苏方资料，在当日空战中，安东诺夫率第84战斗机航空团的9架战斗机和8架伊-153一起攻击莫兹多克附近的德军机场，德军则出动了20架Bf-109迎击苏军的17架战机，苏方声称“击落了一架又一架Bf-109，但胜利的快乐被无法弥补的损失所冲淡——德军击落了我方2架战机，其中一架是优秀飞行员、经验丰富的领导者安东诺夫少校的座机。”苏方确信安东诺夫已阵亡，当然并不知道他实际上被俘了。戈洛布也对他进行了讯问，还留下了一张著

▲ 1942年7月22日，JG-52联队长伊勒费尔德身受重伤，戈洛布三日后被派去兼任代理联队长，他的第108至第150胜都是在JG-52取得的。本图摄于1941年7月的罗马尼亚雅西地区，图中的伊勒费尔德时任JG-77第1大队上尉大队长，方向舵上的击坠标志显示出他已取得了46胜，1942年4月时他成为第5位破百的德军飞行员。

▲ 摄于1942年夏的高加索，戈洛布少校正在基地里与下属交谈。

▼ 摄于1942年夏的高加索，JG-52代理联队长戈洛布正在检查机身上的弹痕。

▲ 戈洛布在对付苏军伊尔-2对地攻击机方面颇有心得，火力猛、装甲厚的伊尔-2是“二战”苏军优秀的近距离空中支援战机（或也是最著名的战机），曾给德军地面部队造成重大损失。图为苏军飞行员在一架伊尔-2战机旁边休闲的场景。

▶ 摄于1942年7月，被戈洛布击落的一架伊尔-2战机的飞行员跳伞的情景，德军地勤正向他的落地处赶去。

▼ 1942年8月初的高加索中部地区，被戈洛布击坠的一架伊尔-2对地攻击机，这是他的第114次击坠战果。

▲ 摄于1942年8月末，这是关于戈洛布的最著名的一张照片。图中，戈洛布等人正围在被俘苏军飞行员安东诺夫身边，左二是JG-52第7中队中队长迪克费尔德（Adolf Dickfeld）中尉，低头翻看证件的是戈洛布。JG-52第8中队中队长拉尔中尉曾善待安东诺夫，但他在被送往后方医院后消失。据拉尔战后所言，他从苏联官方渠道获知安东诺夫幸存于战争，但无人知晓他的确切下落。

▲ 图为苏军第84战斗机航空团团长安东诺夫。这张图片摄于他被JG-52第3大队俘虏后，他的胸前从左至右佩戴着"苏联英雄"称号获得者的金星勋章、列宁勋章和红旗勋章。

▲ 另一张有关戈洛布的著名照片，JG-77联队长兼JG-52代理联队长戈洛布少校正在撰写日记（或作战报告）。

▲ 摄于1942年8月30日，希特勒向戈洛布颁发第3枚钻石骑士勋章的场景。

▶ 第3位钻石骑士勋章获得者戈洛布。

◀ 图为装有戈洛布钻石骑士勋章的礼盒。

▼ 图为战后曾被拍卖的戈洛布的钻石骑士勋章，从这张图片可以看出这种勋章的确制作精美、价值连城。

▼ 摄于1942年9月，戈洛布（戴墨镜者）获得第3枚钻石骑士勋章后返回JG-77联队时受到官兵们的欢迎。

▲左图为德国出版的《Koralle：娱乐、知识与生活》杂志1942年9月30日刊，当期的封面人物为戈洛布和马尔塞尤，杂志面世的这一天正是马尔塞尤陨落北非大漠的日子。右图为德国空军官方杂志《战鹰》封面人物戈洛布，该杂志1942年9月15日对戈洛布进行了专题报道，这位一年前还默默无闻的中尉，此时已火箭般蹿升为家喻户晓的战争英雄。

▶ 1942年9月30日，戈洛布将JG-77联队的指挥权移交给明希贝格少校后，调到海峡前线的第3航空队出任战斗机部队作战参谋。图为佩戴双剑骑士勋章（9月9日获颁）的明希贝格在北非战场时的留影，他于1943年3月23日阵亡于突尼斯，最终战绩为135胜。

名照片——照片中的安东诺夫被一群迫切想了解这个“劣等种族”的德军飞行员包围，戈洛布还在翻看安东诺夫的党证之类的身份文件。拉尔战后忆称，安东诺夫与他们一起待了几天，他们既未锁他，也没有虐待他，反而让他和飞行员们吃同样的东西，还允许他在基地里走动。拉尔称，“正是由于我们违反所有条令的态度，才使他没有逃跑的念头。”不过，当拉尔把安东诺夫送上运送伤病员的Ju-52运输机后，后者在抵达后方的某个德军医院后伺机逃跑了。战后担任过西德空军总监的拉尔在垂暮之年时曾说自己“从苏联官方渠道获知安东诺夫幸存于战争”。

戈洛布因率先取得150次空战胜利而获得了与莫尔德斯一样的荣誉，其个人声望也达到了顶点。8月30日，希特勒在大本营亲自授予他第3枚钻石骑士勋章，戈洛布对此自然无比自豪——在高手如云的德国空军脱颖而出绝非易事，同时他也对自己从未失去过任何一位僚机而深感骄傲。事实上，与戈洛布搭档的大部分僚机飞行员至少都获得了骑士勋章甚至更高的荣誉。我们不止一次地看到，当前线飞行员获得至高无上的勋章和荣誉之后，等待他们的除了鲜花、美酒、休假和晋升外，还有禁止继续升空作战的命令。莫尔德斯、加兰德及其他人都是这样，戈洛布也不例外。这些人面对禁令时反应各异，斯图卡之王鲁德尔是坚决反对，不惜冒着开罪高层，甚至上军事法庭的风险也要继续作战，连希特勒对他也没有办法。莫尔德斯则是心怀不满但不动声色，明着严格从命，暗地里却进行了不少次的所谓试飞，据信他在禁战令下达后还击坠了大约30架敌机，只不过从未正式计入他的名下。就连贝尔在禁飞后也曾以“空中突然遭遇敌机”为由为自己开脱。戈洛布对禁飞令自然大为不满，以他争强好胜、渴望出人头地的性格，不能继续升空作战，却要眼睁睁地看着别人接二连三地将150胜记录踩在脚下，在他而言实在是个很大的折磨。但是，戈洛布毕竟是一个视服从命令和遵守纪律为生命的旧式军人，加上对纳粹主义的信奉和热情追随，他停止了一切升空作战也就可以理解了。

德国的报刊和广播自然对新贵戈洛布进行了广泛的宣传报道，毕竟，除了早亡的莫尔德斯和7个月前获勋的加兰德，他是第3个获得最高战功勋章的军人。空军官方杂志《战鹰》(Der Adler) 1942年9月15日出版的一期还以他为封面人物进行了专题介绍。顶着光环和桂冠的戈洛布回到高加索战场后，虽然对于格拉夫以迅雷不及掩耳之势打破了自己的150胜记录有些失落，但还是高兴地看到第2大队大队长施泰因霍夫因在8月31日突破了百胜而获颁橡叶骑士勋章，更为拉尔在9月3日获颁骑士勋章而感到宽慰，毕竟这才是拉尔回归战场的第一个月。

“只关注纯粹技术问题”：飞行员中的技术专家

1942年9月30日，戈洛布将JG-77联队的指挥权移交给继任者明希贝格少校后，次日即被正式调往西线，出任第3航空队战斗机部队的作战参谋，负责计划和协调海峡前线战斗机部队的作战事宜。仅仅半个月后，戈洛布接替亨切尔(Karl Hentschel)少校出任第3航空队战斗机部队指挥官。一年后的9月，戈洛布的职务变成了第5航空队战斗机部队的指挥官，他在这个职位上一直工作到了944年5月，随后被调回战斗机部队总监部。

戈洛布能够先后担任第3和第5航空队战斗机部队的主官，是与加兰德的赏识和提携分不开的。但是，加兰德对他在此期间的表现却表达过相当的不满，曾说“出于纪律和作战方面的原因，戈洛布被解除了第5航空队战斗机部队指挥官的职务”。[25] 加兰德直截了当地批评戈洛布的工作“不能令人满意”，指责他“把个人兴趣仅局限于纯粹的技术问题，忽视了许多更重大的方面，如地面单位的组织、飞行员和地勤的训练、通信系统的必要改进、作战单位的组成等"。[26] 加兰德甚至用了很重的词，比如说戈洛布"尽管军阶和职位都很高，但结果证明难以让人信赖"。戈洛布被解职之前曾是加兰德的拥趸之一，在别人看来后者也是他的主要庇护者。但被解职后，戈洛布的心态发生了剧变，与加兰德的关系也急剧恶化，开始试图通过政治途径，以及与某些纳粹要人的关系来谋求晋升，并寻求对加兰德的报复。被解职后，戈洛布被加兰德调回战斗机兵种总监部，负责新型战机Me-262和Me-163投入实战前的准备和计划工作，但两人之间的关系已是覆水难收。加兰德曾说："……我不得不密切地监督戈洛布的工作，检查我的命令是否得到了切实执行。戈洛布很不喜欢这一点。我只得把他调到试验大队去，结果他发誓要向我和我的下属们复仇！"关于戈洛布与加兰德的冲突和矛盾，后文将有详述。

毋庸置疑，在1942年10月至1944年5月期间，被指责为"只关注纯粹技术问题"的戈洛布，在改进战斗机和开发新机型方面投入了大量精力与心血，其贡献绝非加兰德的指责所能一笔勾销的。战后为加兰德撰写传记的美国空军军官之所以称戈洛布为"'二战'德国空军波尔克式的人物"，也不是毫无缘由的。

戈洛布就职后曾就Bf-109战斗机在西线战场的适用性问题，向"西线战斗机部队指挥官"和航空队司令部提交过一份直言不讳的报告。他称"Bf-109 G-3至G-6这些型号的战斗机在目前的状况下是该系列战斗机中最糟糕的"。[27] 他坦承这些战机不再适合于西线需要，因为盟军战机的性能已远远胜过德军的Fw-190 和Bf-109。戈洛布的坦率当然会刺激某些高官的神经，即使这份报告最终辗转送到了帝国空军部，一向自大虚荣、对技术一知半解的帝国元帅恐怕也会把它撕个粉碎。

德国在研制新一代喷气式战斗机时采取了严格的保密措施，其到位程度实在令人折服，就连加兰德也是到1941年底才第一次得知新式战斗机的研发确有其事。1943年5月，加兰德首次试飞了Me-262的样机，对之赞不绝口，他的那句名言——"开起来就像有天使在推一样"也永远留在了史册中。戈洛布在莱希费尔德基地试飞过Me-262后也是大加称赞，对这款战机的速度和爬升能力留下了深刻印象，后来他曾对戈林说："帝国元帅阁下，只有这种战斗机能带来彻底的变化。我们重夺空中优势就只能靠它了。"战争进行到1943年夏的库尔斯克会战结束时，德军在东线的许多战场出现了大规模败退，本土也开始频遭盟军大规模轰炸。戈林作为空军首脑的地位和信誉受到了严峻挑战，为开脱自己，他把东线败退和本土被炸的原因归咎于战斗机部队，称战斗机飞行员们都是些失去勇气的胆小鬼，而轰炸机部队的领导者也借机落井下石，称正是战斗机部队护航不力才造成了轰炸机的重大损失。所有矛头都指向了战斗机部队，宣传机器更是在普通人心目中营造了这样一种印象，即战斗机部队的失败和怯懦造成了盟军大轰炸，才给民众带来了无尽的苦难。在这样的背景下，加兰德和戈洛布采取了一致立场，都把夺回制空权、阻遏盟军轰炸的希望寄托于新一代的喷气式战斗机。

盟国真应该感谢纳粹高层的种种失误——正是这些失误才使Me-262这种无可匹敌的战机的研发被一再拖延，等到Me-262作战单位形成战斗力和投入实战时，第三帝国的大幕已陡然落下。即便如此，Me-262还是在有限的空战中展示了卓越的性能，德军飞行员还是取得过不俗的胜利。加兰德在首次试飞Me-262后，曾建议"立即停止生产Bf-109，单引擎战斗机的生产应仅限于Fw-190，释放的产能应全部投入Me-262"。[28] 加兰德的热情推荐感染了米尔希和戈林，但掌握最终裁决权的希特勒让这个提议胎死腹中——他禁止大规模生产Me-262，宣称只有元首本人才能决定新战机的命运，而他还需要时间来考虑，考虑的结果是把Me-262作为战斗-轰炸机使用！1943年12月，希特勒到东普鲁士因斯特堡（Insterburg）观看Me-262作为战斗-轰炸机的试飞时，他最关心的还是这种战机能否携带炸弹，而对希特勒一向顺从的戈林巧妙地说："理论上讲它有足够的动力携带1000磅的炸弹，甚至可能携带2000磅的大炸弹。"激动的希特勒并未听出弦外之音，转过身来对着众随从慷慨激昂地说道："多少年来我一直要求空军开发一种能突破敌军战斗机防御的'高速轰炸机'。我从你们演示的这架战机身上看见了'闪电轰炸机'的影子，我要把它用在最重要、最薄弱的地段把敌人打回去。不管敌人的空中保护伞如何，这种战机都将把那些制造恐慌、死亡和毁灭的敌军连同他们的大量装备统统消灭。这就是我想要的最后的'闪电轰炸机'！当然，你们谁都没有想到！"[29] 此后，Me-262的命运似乎注定了，充作轰炸机的版本被大量生产和投入实战，而战斗机版只能在试飞基地里飞行。后来这一政策有所松动，但希特勒仍规定Me-262轰炸机和战斗机的产量比应控制在20比1。1944年11月，希特勒终于批准全力生产Me-262战斗机，但此刻距离战争的全面结束仅有6个月，一切都于事无补了。

戈洛布对元首的决定自然感到遗憾，不过他仍坚持向戈林建议"至少给Me-262战斗机一个机会"，戈林本人倒是赞同批量生产战斗机版的Me-262，但在希特勒面前他表现出的只有唯命是从。帝国元帅曾这样回答戈洛布："假如元首知道你要把Me-262当战斗机使用，他会把你扔出去的。"除了抱怨和遗憾，又有谁敢去冒犯元首呢？身处法国北部海峡前线的戈洛布，远离着本土的试飞基地和权力中枢，人微言轻的他又能怎样呢？他只能无奈地夜夜仰望星空，目睹着一批批盟军轰炸机飞过头顶，前去轰炸德国的城镇和工业厂矿。他的无奈和受挫感是显而易见的，甚至开始怀疑元首和高层是否真的了

▲ 关于Me-262的生产和使用方式一直存在着争论，当然最终决定权在希特勒的手中。图中三人中，中间的是空军元帅米尔希，他因未能确保修改Me-262被用作战斗-轰炸机而被解除了战机生产总监的职务。右一为战斗机部队总监加兰德中将，虽做过多次努力，但他在Me-262事务上的影响力也非常有限。

▲ 这是一张少见的同时出现了加兰德和戈洛布的照片，摄于1944年1月11日。希特勒当日将16名王牌飞行员召集到狼穴大本营，向他们颁发钻石骑士或双剑骑士勋章的授勋证书。图中最左边的是加兰德，他身边被完全遮住的是轰炸机指挥官佩尔茨上校；其他依次为吕措、维尔克、厄绍，右二为戈洛布，右一为伊勒费尔德。

▲ 喷气式战机Me-262有两个版本，本图显示的是战斗机版的Me-262A-1a，昵称为“燕子”(Schwalbe)。图中的这架战机属于JG-7，据信是诺沃特尼1944年11月丧生前驾驶的战斗机。

▲ 绰号“风暴鸟”(Sturmvogel) 的战斗-轰炸机版Me-262A-2a。这款战机携带两枚250公斤炸弹，虽降低了效能，但在有限的作战范围和时间内尚属成功。图中的战机原属第2战斗机试验联队 (EJG-2) 第3大队，后被移交给第51 (战斗) 轰炸机联队。

▶ 装有戈洛布钻石骑士勋章获勋证书的外盒。

▲ 另一款先进的德军战斗机——以火箭为动力的Me-163“彗星”战斗机，这架编号“C1+05”的战机属于第16试飞大队（Ekdo-16），图片摄于1944年8月。

▲ 摄于1944年11月在维也纳举行的诺沃特尼国葬葬礼上，面容悲戚的戈洛布上校（右一）手捧着诺沃特尼生前所获的战功勋章。由于加兰德因故未能前来主持葬礼，第4航空队指挥官德斯洛赫（Otto Dessloch）上将主持了祭奠并代表希特勒赠送花环，图中俯身整理花环、未带军帽者即德斯洛赫。

▶ 图为"亨舍尔"He-162 A-2战斗机，即所谓的"人民战斗机"。这架装备了2门20毫米机炮的战斗机战后被美国俘获。1945年4月中旬时，JG-1联队第1和第2大队名义上形成了He-162的战斗力，但实际上这款并不成熟的战斗机并无实战经历。

▲ 1944年秋，戈洛布到JG-400第1大队视察，图为大队指挥官奥列尼克（Robert Olejnik）上尉正与戈洛布交谈。JG-400是世界第一支使用火箭战斗机的单位，其联队长为原第16试飞大队指挥官施佩特（Wolfgang Spaete）少校，该联队在1944年夏组建，使用Me-163B战斗机，在当年8月的首次实战中击坠了3架美军P-51战斗-轰炸机。

▲ Me-163系列的战斗机主要有A、B和C三种型号，本图显示的是Me-163A（左）和Me-163B战斗机，这两架停放在巴特兹韦申纳恩（Bad Zwischenahn）基地的战机隶属于1943年8月迁至此处的第16试飞大队。

▲ 这是一张罕见的照片，1944年夏，第8位钻石骑士勋章得主、258胜的超级王牌诺沃特尼少校在担任Me-262喷气式战斗机大队指挥官前，曾专程造访巴特兹韦申纳恩的第16试飞大队。这位一向注重仪表的少校的穿着比较奇特。几个月后，诺沃特尼随着坠毁的Me-262丧生，戈洛布也在他的国葬仪式上出任护卫队员。

解前线的情况，是否知道那些饱受创伤的飞行员除了自杀式的牺牲外真的是毫无价值。他寻找一切机会希望引起高层注意，但收获的皆为失望。他想身体力行地多击落几架轰炸机，也先后两次请求解除头上的禁飞紧箍咒，但答复均是“禁飞令依然有效”。他只好把注意力转向技术方面，希望能在技术上的些许创新能帮助改变前线飞行员的境遇，因为海峡对岸的对手实在是一块难啃的、现在更难对付的硬骨头。

戈洛布与手下的一名工程师一起构想和开发一种雷达搜索装置，飞行员利用它可以在夜间发现敌军轰炸机。在相当原始的条件下，戈洛布与这位工程师制作出一台适于单座战斗机的雷达搜索装置——“海王星J”。戈洛布命令麾下的一个中队装备这种搜索装置，以求能在全天候条件下猎捕盟军轰炸机。法国北部的天空从此不再是盟军战机的安全通道了，装配了“海王星J”的战斗机不断地突袭盟军轰炸机编队，由于这些战斗机借助该装置把向前搜索的范围延伸到6公里，所以它们往往能悄无声息地抵近敌机，偷袭得手后又能迅速地撤离。戈洛布很高兴看到这种装置有着不错的实战效果，空军总部也意识到其实用价值，但有个别权威人物却禁止在海峡前线使用它，原因是担心对手获悉德军的频率后发展出反制措施。没有史料表明这项禁令来自加兰德，但恐怕后者会愈发地觉得，航空队的战斗机兵种指挥官有着更多更重要的职责，而不应把注意力全都放在所谓雕虫小技的技术细节和装置上吧！

1944年4、5月间，由于前述的“纪律和作战方面的原因”，戈洛布被解除了职务，加兰德将其调回战斗机兵种总监部，安排他独立从事Me-262和Me-163新型战机的相关工作，为此还赋予他技战术方面的全责。稍后，戈洛布代表战斗机总监部加入了米尔希倡议成立的“战斗机生产本部”——德国的战斗机生产在这个机构领导下得以重组，生产中心被分散到各地，深藏于地下的工厂和装配中心得到了相应扩大，与施佩尔领导的军备部的协调合作也在高效进行。尽管这时的德国已被炸得体无完肤，但在一系列得力措施的帮助下，坦克和战斗机等重要武器装备的产量不减反增，到1944年9月时战斗机的月产量甚至还达到了高水准的3129架。[30] 有后人曾指出，如果不列颠空战结束后德国的战斗机月产量就能达到这个数字，那么世界历史恐将被德国人轻松改写。

到戈洛布主持Me-262的技战术工作时，被寄予无限厚望的这种战机已进入了量产阶段，甚至也开始了实战。尽管催生Me-262的是一个冷血无情、短视善变的邪恶政府，走向成熟的过程中又经历过无休止的发动机重新开发、机身形状和尺寸的急剧变化，最后投产时又恰逢德国处于人力、物资、工具和油料全面短缺的困难期，但Me-262还是作为所有时代里最经典的设计之“一二战”中最卓越的战机横空出世了。它是骄傲的德国航空工程师们向世界发出的最后挑战，凝结着设计者、建造者、维护者和驾驶者们的心血，或如一位作者战后所言：“……它见证着德国人的智慧和韧性，尽管他们饱受创伤，又有着邪恶的政治体制，他们还是能够创造出一个杰作。Me-262是德国人在工程和勇气方面最佳的爱国体现，它与机身上喷涂的徽章无关，与那个它竭力防卫，但已摇摇欲坠的邪恶事业也不相关。”[31] 性能卓越的Me-262虽然能让飞行员们带着骄傲和热情再次飞翔，但它的使用方式已被高层画地为牢，轰炸机部队装备了最多的Me-262，戈洛布这个负责战斗机部队技战术的军官又能有多大作为呢？

戈洛布把注意力放在了Me-163“彗星”战斗机的研发和试验上。他亲自试飞了Me-163 的A型和B型，测试了两者在两分钟内爬升到万米高空的能力——他是战斗机总监部少校以上军官中唯一仍在坚持试飞的人。Me-163的主要试飞单位——第16试飞大队

(Erprobungskommando) 自1942年4月成立到1945年2月解散前，一直定期向空军部相关部门、战斗机部队总监部和雷希林试飞中心等提交进展报告，戈洛布负责Me-163的研发后也定期得到这份报告，同时负责协调解决该战机投入实战前出现的一切技术和行政问题。后人对这些报告的发掘和研究表明，戈洛布在1944年6月至9月间经常到第16试飞大队视察和解决问题。如6月5日他与梅塞施密特 (Willy Misserschmitt) 教授一起现场协商解决试飞大队面临的技术问题；6月10日又与梅塞施密特等人授权容克斯公司生产Me-163所需的零部件，同时指示第16试飞大队和JG-400第1大队从无法修复的Me-163上寻找可用的零部件，以维持试飞的需要；6月12日命令第16试飞大队在雷希林基地向戈林、米尔希及意大利和日本武官演示Me-163，由于该大队的驻地巴特兹韦申纳恩 (Bad Zwischenahn) 刚遭盟军空袭，没有可供飞行的战机，戈洛布命令从JG-400抽调3架Me-163交给第16试飞大队；8月下旬，戈洛布明确了试飞大队为纯粹研发单位，而非作战训练大队的角色，命令将被误送至此的一批飞行员改送至飞行学校，同时，由于全大队仅剩7架Me-163，富余的地勤人员也被他调至JG-400第1大队；8月底时，他还视察了JG-400第2大队在文罗 (Venlo) 的新基地，由于这里还是第3轰炸机联队第3大队 (携带V-1飞弹) 的驻地，因而也是盟军轰炸的重点，戈洛布特意赶来协调双方关系并考察了地面控制单位；即便在被踢出战斗机总监部后的10月，戈洛布仍在尽力帮助第16试飞大队和JG-400联队解决相关的实际困难。[32] 应该说，在Me-163这种战斗机的研发和投入实战过程中，戈洛布起到了重要的领导作用。

戈洛布在总监部的日子并不仅仅是充满压力，他与加兰德的关系也日趋紧张。摊牌的时刻在1944年9月18日到来了，据说加兰德当时找了一个很小的借口，就把戈洛布从总监部踢了出去，命令他立即到试飞单位总部任职。加兰德在战斗机总监部一向说一不二，下属向来只是执行命令，而资历相对较深的戈洛布却憎恶和抵制这种作风。双方的积怨加上不服从命令导致了当日事件的突发，这对戈洛布的自尊和荣誉感无疑是一次致命打击。从此，戈洛布坚定地要报复加兰德，要想尽办法扳倒他并取而代之，甚至于最后不惜以投靠希姆莱来达到个人目的。全力追随纳粹，最后投向希姆莱这个飞行员们最不屑于为伍的邪魔，是戈洛布在飞行员圈子里遭厌弃和轻视的根本原因。

形同水火的戈洛布与加兰德

戈洛布被调往战斗机总监部负责技术工作之前，他与加兰德的关系总体而言还是不错的。加兰德之前相当欣赏他的飞行技艺、勇敢和领导能力，但这些印象随着他在总监部工作的展开发生了巨变，尤其是当戈洛布的职权被局限于Me-262和Me-163 (以及He-162) 等新机型的技术方面时，他肯定对自己的被边缘化产生了不满情绪。两人的个性和作风明显不协调，冲突和矛盾无可避免。其实，冲突的更深层的原因可能是戈洛布不属于加兰德的圈子，因为他早就被贴上了纳粹忠实信徒的标签，向来视自己为骑士的加兰德及其拥趸们是不屑于同纳粹分子为伍的——据信，戈洛布在自己似乎已被边缘化的时候，可能已经与那些来自“国家社会主义党领导层军官团”的政治盟友们探讨了“为德国空军和战争大局考虑而取代加兰德的愿望”。[33]

1944年11月7日，戈林将昼间和夜间战斗机部队的所有高级指挥官召集到空军总部开会，整整3个半小时里，他滔滔不绝地指责战斗机飞行员群体——质疑他们的勇气、侮辱他们的荣誉、打击他们的自尊和骄傲，全然不顾他的听众中有些人的出击作战总次数高达1000次以上，有些人在残酷的空战中获得过200次以上的胜利，还有些人脸上带着丑陋的伤疤，或者肢体已变得扭曲残缺。他们都是同批受训的飞行员中最后的幸存者，佩戴着各种高级战功勋章的他们面无表情、眼神空洞地默默承受着。更有甚者，戈林命令将他的辱骂制成录音并传达到每一个中队，命令每个飞行员都必须正襟危坐地听训。这当然极大地伤害了官兵们的感情，所有飞行员都非常沮丧，士气也陷入了前所未有的最低点。戈林对此很不满意，又在11月第2周将30名高级指挥官召集到加托 (Gatow) 的空军战争学院开会。加兰德和戈洛布都参加了这次会议，戈林在会上声称元首要求重建空军，而他们这些人的任务就是研究如何实现这一目的，除不得批评元首和他本人外允许畅所欲言。戈林在命令佩尔茨少将主持会议之后就离开了。加兰德根本不相信这种会议能产生任何建设性成果，在他看来只能造成摩擦和彼此刻薄的攻击。

与会者大致可分为四个群体：一是被加兰德称为“戈林幼儿园”的亲信小圈子，包括佩尔茨、德尔门辛恩 (Kraft von Delmensingen) 上校、施托普 (Walter Storp) 中校等；二是战斗机部队的代表，包括加兰德、吕措上校、特劳特洛夫特上校、施特赖布 (Werner Streib) 上校及马尔灿上校等；其三是轰炸机部队的代表鲍姆巴赫中校、哈林豪森 (Martin Harlinghausen) 中将、舒伯特 (Hans Schubert) 等人；第四个群体是一些对“国家社会主义党领导层军官团”忠心耿耿的人，这些军官在军中充当纳粹代表，负有向军队灌输纳粹信条的责任，他们的出现自然为会议注入了政治色彩。不过，第四个群体中的军官相较于加兰德那个群体要逊色得多，其中最有名的就是戈洛布。加兰德相当了解戈洛布个人品行和专业上的缺陷，但未曾料到后者选择了一条借助政治的升迁之道，他没想到的还有更多。

轰炸机部队的代表提出了以战略轰炸切断对手军工生产和原材料来源的构想，但在战争的这个阶段，他们的建议无疑显得荒唐无比——即便德军拥有足够的远程轰炸机，他们也忘记了对手现已拥有无法逆转的空中优势。战斗机部队的代表倡导更现实一些的计划，要求大大增强战斗机部队的实力，通过协同努力对敌军轰炸机和护航战斗机编队发起大规模攻击，其他所有方面都要服从于这一目标。戈洛布等人则建议通过大范围灌输“国家社会主义精神”来挽回局面，提议所有飞行员都应立即参加为期4周的政治培训。戈洛布他们并不考虑人事、军备或作战问题，相反却认为单凭纳粹教义、依靠精神力量就足以缓解危局。可以想象，各执一词、互不相让的几个群体是怎样地在会场摩擦，又是如何为各自的利益和资源需求而相互挞伐。加兰德很快意识到，戈林的近臣们已下决心要把他从战斗机部队总监的位置上赶下来，戈洛布则是他们的盟友，而后者也不再掩饰对其职位的觊觎和报复他的强烈愿望。会议当然没有取得任何成果，彼此不信任的气氛弥漫会场，党同伐异屡见不鲜。加兰德唯一的收获，就是他越来越确信自己在总监位置上的日子已经屈指可数。

尽管非常愤懑沮丧，也感觉到影响力正在急剧下降，加兰德还是尽职尽责地积聚和训练最后的战斗机预备队，准备以上千架战斗机在德国上空与英美轰炸机部队决斗。但到12月第2周，他终于明白了为什么希特勒和戈林对他一直力争的“重拳出击”兴趣不大——希特勒秘密酝酿数月之久的阿登反击战即将开幕，空军将集中包括1900架战斗机在内的2500架战机，偷袭和摧毁法国北部与比利时的盟军机场上的绝大多数战机，从而为第5和第6装甲集团军及第7集团军等地面部队清扫阿登的天空，而这个代号“底盘”(Bodenplatte) 的作战行动却将由加兰德的老对手佩尔茨少将全盘指挥。加兰德立即意识到这将是一场灾难，将是战斗机预备队的死亡之旅，但这时已被边缘化的他又绝无可能改变最高层的计划，他只能在严守秘密的同时，忧虑地关注着那些缺乏对地攻击训练的年轻人的命运。阿登反击战在12月16日凌晨发起，地面部队在开战之初曾取得过出其不意的突破，但随后数日里，随着美军援军的陆续抵达和抵抗的愈发顽强，德军装甲部队的步履开始变得缓慢沉重，并陷入了征城夺地的拉锯苦战。空军的"底盘"作战囿于恶劣的天气也未能按时发起，不过盟军空军出于同样原因也没积极参战。

12月的这段日子里，戈洛布一直在暗中搜集所有可能败坏和玷污加兰德名誉的证据，并做着在职业上彻底摧毁后者的准备。阿登反击战开启前夕，戈洛布奉命担任一个特种战斗机作战司令部（Jäger-Sonderstab）的指挥官，领受的任务是当敌机逼近前沿时以最新式的设备指引战斗机升空迎战。12月16日之后连续一个星期的恶劣天气，使双方空军的活动都相当稀少，戈洛布自然也无法施展才能，到圣诞节前两天天气转好时，他又发现盟军机群几乎遮天蔽日，强大的空中优势使他的特战司令部根本无法发挥作用—地面德军的主将之一、第5装甲集团军指挥官曼陀菲尔（Hasso von Manteuffel）将军战后曾抱怨说："……敌人白天黑夜都拥有无限的空中优势，而我们从空军那里什么支持都没得到。在我看来，我们的空军对巴斯托涅（Bastogne）唯一的一次空袭也没有任何实质作用。"[34] 有关统计资料表明，德国空军在阿登战役中并非"毫无作为"，仅在12月23日至27日间就有346架战机化作灰烬（包括圣诞节前一天单日损失的106架），12月16日至12月31日期间的总损失高达500余架战机，但其效果近乎为零，因为曼陀菲尔这个前线最高指挥官竟然没有感受到空中支援的存在！

12月31日下午，就在所有人都以为"底盘"作战恐已被悄悄取消之时，佩尔茨和各联队指挥官收到了次日拂晓启动"底盘"作战的命令。佩尔茨时为第2战斗机航空军指挥官，他领导下的作战计划和协调酷似一场大规模的轰炸行动，战机都被集中到某些集结地，飞行员们也领到了详尽的飞行计划，发起时间、路线和目标都预先规定得非常仔细。1945年第一天，来自JG-1、JG-2、JG-3、JG-4、JG-6、JG-11、JG-26、JG-27、JG-53、JG-77等联队的850至900架战斗机，向27处盟军机场发起了攻击。后人的研究表明，盟军有305架战机被完全摧毁，另有190架受重创，德军自身的损失是271架Bf-109和Fw-190被击落、65架受重创，占投入总数的40%。[35] 与战机损失相比，更令德方触目惊心的是人员伤亡——至少213名飞行员战死、失踪或被俘，3名联队长、5名大队长和14名中队长丧生，近50名经验丰富的老手的消失，对到处都是新人的战斗机部队来说可谓釜底抽薪。没有了这些老手进行指导和树立榜样，年轻飞行员的士气一落千丈——毕竟，如果连老手们都难以幸存，那新手们还能有什么指望呢？

戈洛布在"底盘"作战结束后的1月3日来到第2战斗机航空军指挥部，按照军史家弗拉施卡的描述，他在那里惊讶地发现，"1月1日参战各部几乎所有的飞行路线都要途径V-1发射场上空，而且高度只有50至200米不等。戈洛布经常在艾菲尔（Eifel）山的高处看到V-1飞弹沿线德军凶猛的高射炮火，现在他发现了此战中战斗机损失高昂的一个重要原因。战斗机部队的指挥官们承认确实忽视了这一点。"[36] 加兰德战后也曾谈及，损失的战斗机中约有一半是在途径飞弹发射场上空时被己方高射炮击落的，因为"佩尔茨未曾预计到天空中塞满战斗机的后果；高射炮部队已经很久都没有见过数量如此庞大的己方机群了，炮兵们自然认为这些都是敌机"。[37] 不过，这种估计德军战斗机损失中至少有三分之一，甚至三分之二是被己方高射炮击落的"神话"，近年来也被相关研究者证明是妄之谈——过硬的证据表明，只有15架战斗机和2架Ju-88被己方高炮击落，即便加上损失原因不明的战机中的半数，被误击的德军战机总数最多也就介于30至35架之间。[38]

1944年底至1945年新年前后的严冬里，加兰德觉得自己就像砧板上的肉一样，只不过不知道那把举起的刀会在什么时候落下。这个时刻在1944年最后一周降临了，戈林将加兰德召到官邸，近3个小时里不停地数落后者的种种不是，诸如不服从命令、战术失败造成人员和物资的无谓损耗、创建个人小帝国、滥用权力等等。加兰德全程一言不发，戈林最后说虽然自己仍很欣赏他，但出于职责需要必须解除其职务，虽然寻找继任总监的任务很困难，但希姆莱推荐了戈洛布上校——尽管1945年时战斗机兵种总监职位已是一块鸡肋，但戈洛布依然垂涎不已。据加兰德的传记作者透露，戈洛布在总监部工作时就曾鼓动同僚反对加兰德，只不过这些人都是加兰德精挑细选出来的生死之交，他们对长官的真心仰慕和忠诚也使戈洛布多次碰壁。据信，总监部还有些非核心职员实际上是渗入进来的“卧底”，而戈洛布那些身在党卫队帝国保安总局的朋友，正是安排这些监视者的幕后主使。戈洛布还公开地与深受戈林信赖的轰炸机部队领袖佩尔茨、赫尔曼等人结盟，而这两位也都曾是加兰德继任者的热门人选，尤其是赫尔曼上校一度还曾收到过戈林任命他为战斗机部队总监的电文。戈洛布也与“国家社会主义党领导层军官团”很早就建立了关系，这些一直试图往飞行员群体灌输纳粹思想的人，非常满意他这种高知名度王牌的主动投靠。而戈林的人马则对加兰德在空军的巨大影响感到忧虑，后者一次次冲撞戈林的举动令这些人深感不满，扳倒加兰德也成了他们的头号任务。

令人奇怪的是，戈林并不欣赏甚至不喜欢戈洛布，但他知道戈洛布背后有很强的政治势力，这也使他成为接替加兰德的候选人之一。戈林有一个庞大的国内电话监听网，关于戈洛布的一些负面记录都曾陆续摆上过他的案头。为进一步了解戈洛布，戈林曾要求加兰德提交一份关于后者的特别报告。这份报告如实陈述了戈洛布的能力和工作情况，虽隐去了数起涉及他的恶心事，但报告的基调相当明确——如若没有上级的密切指导，戈洛布无法承担职责重大的工作。这条评语相当尖锐，等于否决了戈洛布向上晋升的可能性。于是戈林对戈洛布的不好印象又从另一个角度加深了。出人意料的是，一向善于在部属间制造矛盾，而后又长袖善舞出面调停的戈林，再一次使出了惯用伎俩。他竟把加兰德的保密报告交给了戈洛布！一直寻机报复的戈洛布看到报告后盛怒不已，走出了他恐怕一生都会后悔的一步——到希姆莱那里寻求支持。

戈洛布向党卫队帝国领袖控诉了加兰德，包括后者的种种过失、无能和不法行为，以及他如何爱好美酒和女人、生活如何腐化堕落等等。他还控诉说战斗机部队发展的最大障碍就是加兰德这个人，因此党卫队不仅要介入调查，还应该“接管战斗机部队，并任命他戈洛布为新任总监”。希姆莱这个魔头哪里是省油的灯，他早就在策划对武装力量的渗透和夺权活动，甚至还指示过帝国保安总局局长卡尔登布鲁纳(Ernst Kaltenbrunner) 暗中搜集证据，搞垮那些能够影响大批军人的人物——加兰德这个在空军中拥有大批追随者，而且有条件制造麻烦的人，正是卡尔登布鲁纳黑名单上排名靠前的一个。希姆莱对空军的觊觎和染指自然令戈林大光其火，而前者正在迫切要求为党卫军装备喷气式战斗机。希姆莱当然明白戈洛布的控诉有多少是真，又有多少是添油加醋和虚张声势，但他决心抓住这个机会，利用戈洛布扩大党卫队在空军的势力。此时的戈林在元首面前早已灰头土脸，也失去了信任，而希姆莱则被希特勒视为最忠实的战友——他曾说过“光是希姆莱的名字就足以激励官兵苦战到底”。当希姆莱把戈洛布的说辞转述给元首时，希特勒自然更相信党卫队领袖，于是，在数次高层会议上人们就听到希特勒用诋毁的词语来谈及加兰德这位以前的宠儿。帝国保安总局和盖世太保秘密调查了加兰德总监部的职员,也对他以前的政治背景做了彻查,结果当然是一无所获。

前文述及的轰炸机部队指挥官佩尔茨和赫尔曼都曾是战斗机部队总监的候选人,但希姆莱在希特勒面前不断提及戈洛布的名字,使元首记住了这位奥地利同乡。不久,希特勒正式向戈林推荐戈洛布出任总监,戈林这时才真正意识到了戈洛布的后台之硬,由于不敢忤逆元首的意图,他很快便将自己对戈洛布的厌恶搁在一边,并把那些从公开和秘密渠道搜集到的关于戈洛布种种行为的报告置诸脑后。戈林非常清楚希特勒对自己的不满,也了解自己空军总司令的职位很不牢靠,既然命悬一线,不如为取悦元首而选择戈洛布,即使他并不欣赏后者,也明白这意味着希姆莱对空军更多的蚕食。

加兰德被解职的消息像野火一样迅速传遍了各个战斗机单位,新近遭受重创的飞行员们在沮丧之余愤怒异常,他们的反应甚至比初次听到戈林指责他们都是胆小鬼时还要强烈,一些长期追随加兰德的大队长或联队长更是把他所遭受的放逐视为最大侮辱。事实上,一场被称为"飞行员哗变"的严重事件正在酝酿之中。临近1945年1月中旬时,以吕措和施泰因霍夫为首的一批高级指挥官准备面见元首,提议罢免戈林的空军总司令职务。1月13日,他们与东线空军总司令格莱姆上将面谈了此事,后者则向戈林通报了这群人的意图。戈林闻讯后立即把吕措、施泰因霍夫和加兰德的另一忠实老友纽曼召来,表示同意把所有能到柏林的联队长找来开会协商。加兰德当然没有资格参与1月18日的这个会议,但朋友们通过电话向他随时通报情况。吕措以发言人的姿态称加兰德是所有战斗机飞行员信赖的领袖,他们强烈要求保留其总监职务。会议随后演变成痛斥高层失误和愚蠢决策的控诉会,诸如把Me-262战机分配给轰炸机部队、试图让轰炸机部队的将领担任战斗机部队的首长、新空战战术和作战控制方面存在重大缺陷等等,都在历时近4小时的会上一一展开。联队长们再次表达了对戈林指责战斗机飞行员胆小怯懦的强烈不满,而戈林却不识时务地把所有过错都推到加兰德头上,这无疑是火上浇油。面对吕措难以驳斥的条条指控,恼羞成怒的戈林竟冲着吕措大喊要枪毙他。在戈林的弹压下,事变被制止了,吕措被限令48小时内离开德国,加兰德则被限令12小时内离开柏林,并向空军人事局长通报行踪,而且不管到哪里都要被软禁在家。

故事还没有结束,铁了心要拿加兰德作替罪羊的戈林很快组成了一个由他本人控制的调查组,以戈洛布的控诉为基础对加兰德展开侦查。戈林的目的是控告加兰德的失败主义和严重渎职,让他在国人面前颜面尽失,从而令其承担战斗机部队,乃至整个空军失败的责任。党卫队也积极地卷入近来,对加兰德进行了全天候监视和电话监听,对其任职过的所有部队都进行了底朝天式的证据搜集。无论是卡尔登布鲁纳,还是盖世太保头目穆勒 (Heinrich Müller) 都热情地关注着这件大案。加兰德曾在忧愤中试图自杀,以了结无休止的内讧和折磨,但又担心家人和一众忠实追随者们遭遇不测。他的一位女友见状通过关系找到了军备部长施佩尔,警觉的施佩尔连夜向希特勒做了汇报并表示抗议,而不知内情的元首立即打电话要求卡尔登布鲁纳做出解释。等事情的全貌渐趋清晰时,希特勒看穿了戈林意欲把加兰德变成替罪羊的意图,于是在次日凌晨下令取消毫无意义的调查。慑于元首的压力,穆勒和卡尔登布鲁纳先后打电话给加兰德,声称这个案子"纯属误会"。加兰德的处境略有改善,但他的军旅生涯是否已走到了尽头?

空军战斗机部队末任总监

戈林于1945年1月23日下达了由戈洛布取代加兰德担任战斗机部队总监的命令。虽然1月31

日方才正式上任，但戈洛布已在策划如何进一步羞辱加兰德并令后者彻底边缘化：他设想把加兰德调往东线北方战场，到JG–54联队去担任第4中队的中队长，负责为库尔兰（Kurland）口袋中的地面部队运输物资补给！幸运的是，在戈洛布的计划得逞之前，加兰德接到了面见元首的命令。希特勒因故未能露面，但他的空军副官贝洛上校代表他向加兰德表达了歉意，同时通告说元首已决定由他组建一支Me–262战斗机中队，以实战证明这款战斗机确如他所言的那样具有无与伦比的优越性。当加兰德听到禁飞令已被解除，而且还有机会组建Me–262作战单位时，眼前不禁一亮，多日的阴霾也似乎一扫而光。两日后，戈林召见了加兰德，显然他并不知道贝洛日前已将实情和去向安排和盘托出，竟还无耻地告诉后者，是他自己下令终止了党卫队的调查，而且还允许加兰德前去组建Me–262中队。加兰德佯装毫不知情，向戈林提出要有权随意挑选飞行员，一心想尽快赶走他的戈林也一口应承，甚至还同意哗变事件的始作俑者吕措和施泰因霍夫都可以入队。加兰德又向戈林表示自己对戈洛布实在无法容忍，更勿论共事了，因此他的中队必须脱离战斗机总监部的领导，否则无法从命。戈林也爽快地表示同意："你的中队不归戈洛布管辖，也不属于任何航空队、航空军、战斗机航空师或联队。你可自行决定作战区域和方式，但不要与其他战斗机单位或喷气式战机部队发生联系……"[39] 这番对话不久后就诞生了世界上独一无二的一支战斗机中队——中队长是一名中将，多数飞行员都是上尉以上的王牌，几乎所有成员至少都佩戴着骑士勋章，这就是著名的JV–44"专家中队"。

戈洛布正式上任时所做的第一件事竟是举办一次胜利聚餐！对于新总监以这种方式强调新领袖的新作风，加兰德以前的下属们气愤难平，准备集体辞职。倒是加兰德力劝他们不要意气用事，要以战斗机部队的整体利益和大局为重，奉劝他们不管戈洛布的行为如何乖张可鄙都要坚守岗位。戈洛布同总监部军官们的紧张关系使所有工作都几乎瘫痪下来，而他在头两个星期里基本未做任何正事，无论是战斗机飞行员们的状况，还是日益恶化的战局，都不能阻止他把全部心思放在搜寻加兰德腐败的证据上。他找到了加兰德"参与赌博"和"公车私用"的证据，而后被他上纲上线为对纳粹党不忠、散布失败主义情绪以及能力不足以担当重任等。戈洛布已实现了取代加兰德的目的，但他仍想彻底搞臭后者，甚至是将之送进监狱。当希特勒对加兰德一事又进行了干涉后，无奈的戈洛布才意识到元首对后者仍存有好感，而自己却疏忽了战斗机兵种总监的职责。

当加兰德开始组建JV–44时，他仿佛又回到了8年前在西班牙担任"秃鹫军团"中队长时的岁月，差别是他现在是各国空军中军衔最高的的中队长。不过，眼下他还是单枪匹马的光杆队长，还得首先解决机场、战机、装备、飞行员和地勤来源等问题。2月10日，戈洛布命令准备解散JG–54第4大队（装备的是Fw–190战斗机），该部将重组为JG–7第2大队，但它的一个中队将交给加兰德——不过该中队的任务不是驾驶Me–262投入实战，而是作为训练士官的喷气式战斗机训练单位。戈洛布的如意算盘没有打成，十多天后加兰德直接找到时任空军参谋总长的科勒（Karl Koller）将军，从而顺利解决了机场、战机、地面设施和地勤等问题。如果说戈洛布在如上方面不太容易掣肘的话，那么在调选飞行员一事上他则狠狠难为了加兰德一番。

JV–44除中队长外的第一个成员是刚被解除了JG–7联队长职务的施泰因霍夫上校，而加兰德的这位挚友几乎不假思索就同意入队，并为中队的组建前后奔波。加兰德随后提出了一份飞行员名单，包括吕措、特劳特洛夫特、哈特曼和施佩特等人。戈洛布认为吕措可以自便，但施佩特这个Me–163首席试飞员则不能轻易交给加兰德。有一天他打电话给施佩特，让后者在JG-7联队和JV-44中队之间作出抉择，结果施佩特选择了前者——战后他曾解释说，自己这么做纯粹是因为JG-7的联队长与他是捻熟的好友，早年开始滑翔飞行时就已相识。戈林曾允诺加兰德可自由挑选飞行员，但现实是戈洛布处处作梗，他不仅命令各联队不得协助加兰德挑选飞行员，也竭力防止JV-44影响其他战斗机单位。戈洛布战后曾回忆说：“加兰德和空军的每个人都知道，我们到处都需要有经验的领导者，但这位先生却毫不克制地索要我们的王牌。好在他只得到了我允许他获得的人，还有些人是他通过歪门邪道搞到手的。加兰德已不再是战斗机部队总监，他提交的JV-44飞行员名单只是他的一厢情愿。如果我把这些经验丰富的指挥官都交给他，你觉得会出现什么后果？正是由于这个原因，许多情况下我都拒绝了他的要求，这样，他只得到了部分想要的知名飞行员和指挥官，其中一些人还是名誉不佳者，另一些人则是出于某些原因不能或不愿待在原单位的。”[40]

戈洛布还曾到戈林那里告状：“应当立即制止加兰德随意挑选飞行员和指挥官的做法，因为损失严重的各联队实在不能再失去他们最资深、最优秀的飞行员，或失去他们的大队长和中队长。”撇开个人仇怨不说，戈洛布的诉求也并非没有道理，将大量王牌集中在一支部队固然可以塑造王牌中队，也能极大地发挥Me-262的空中优势，但它对于被抽走了脊梁骨的原单位来说，的确会造成相当大的技战术缺失与士气影响。加兰德战后还曾抱怨过戈洛布的心胸狭窄：“战斗机部队总监竭力阻止我的心愿和提议的实现，出于这个以及其他原因——主要是缺乏沟通——并非所有JV-44想得到的飞行员最后都能出现在（基地所在的）勃兰登堡-布里斯特。”已取得300多次空战胜利的哈特曼1945年3月初在接受Me-262训练时曾遇到加兰德，后者诚挚地邀请他加入JV-44，但哈特曼一心想回到东线，也不太愿意在JV-44充当小角色。两天后，他遇到戈洛布时表达了自己不想加入JV-44，甚至不想驾驶Me-262的想法，适逢他的上级格拉夫一再敦促戈洛布放回哈特曼，于是戈洛布顺水推舟地批准了——2个月后哈特曼步入了苏军战俘营，开始了长达10年的炼狱，加兰德战后曾说过他最后悔的一件事，就是3月初未能全力说服哈特曼留在JV-44，不知他的遗憾之中有没有对戈洛布的幽怨？

戈洛布算是报了一箭之仇，但对于超然物外，似乎仍受希特勒庇护的加兰德也无可奈何，于是他把注意力转到了工作上来。结果他发现自己有成堆的问题需要思考和解决，他也很快意识到，如果按自己的想法来做势必将与戈林发生冲突。另外，此时的德国已处于四面楚歌的境地，东面的苏军正准备突破奥得河后向柏林进军，西面的英美盟军在大踏步迈向鲁尔工业区，留给他整顿战斗机部队的时间少得可怜，可以作为的空间也极其有限。希特勒对喷气式战机仍心存幻想，任命武装党卫军将军凯姆勒（Hans Kammler）担任喷气式战机作战大本营代表（这位将军早在1944年8月就全权负责V-2飞弹项目），而戈林把这一任命视为希姆莱通过元首进一步控制空军的举动，也迅速做出了回应，把第5航空队指挥官卡姆胡伯将军调来担任他的喷气式战机作战代表。有趣的是，这两位代表一起向加兰德咨询，应该采取什么措施提升喷气式战机的作战水准。加兰德给出了五条具体建议，更有趣的是，戈洛布在两位代表支持下采取的一些措施竟与加兰德的五条十分相像，尽管加兰德自己认为他的那些提议早就进了垃圾箱。比如，加兰德建议在Me-262上安装对付美军重型轰炸机时特别有效的R4M空对空火箭，而戈洛布也下令在Me-262和Fw-190上安装这种火箭。再比如，加兰德建议终止第51（战斗）轰炸机联队（KG(J)-51）再把Me-262用作闪电轰炸机，把混合型的KG(J)-6、KG(J)-27两个联队的Me-262移交给KG(J)-54和JG-7等。不久，戈洛布就命令JG-7接管KG(J)-5的所有Me-262战机。如果不是卡姆胡伯和凯姆勒参考了加兰德的建议，那么一定是加兰德和戈洛布“英雄所见略同”。不过，即便是如此局部调整也遭到戈林的臭骂，相关命令随后被收回，Me-262也被退回原单位。

战斗机部队末任总监戈洛布也体会到了他的前任常有的受挫感——建议得不到采纳、命令得不到执行、事事都得请示大本营代表、时常遭到戈林的粗暴对待等，这些都令他深感不快。他准备了大量足以证明Me-262作为战斗机之优越性的材料，试图最后努力一次去说服希特勒不要再把Me-262用作轰炸机，但被告知元首根本不想听任何有关Me-262战斗机的说辞，也没有兴趣见他。这时戈洛布再也无法控制自己的失望情绪，同时觉得继续苦捱下去也于事无补，于是在4月7日致函戈林，请求批准他辞职。空军总部为避免尴尬和再次打击士气，未对戈洛布的请辞作出任何答复。事后，戈洛布又以身体欠佳为由要求辞职，但仍然没有答复，不过有消息说他晋升少将一事将不会再有下文。4月10日，戈洛布来到德国南部，与先期撤退至此的部属会合。他到医院对困扰自己甚久的胃病进行了手术，之后转到奥地利基茨比厄尔(Kitzbuhel)的空军医院进一步治疗。在这里他见到了恰在此处疗伤的末任空军总司令格莱姆元帅，遂以战斗机部队总监的身份最后一次向上级做了汇报，他的军旅生涯行将结束了。

美军第36步兵师很快占领了基茨比厄尔。戈洛布身着戎装，主动向该师师长达尔奎斯特(John Dahlquist)少将投降，出乎意料地受到了这位将军的善待。5月8日，戈林向第36步兵师投降后也被带去面见达尔奎斯特，能讲一口流利德语的达尔奎斯特与戈林进行了没有翻译在场的私下谈话，无意间成为盟军盘问戈林的第一人。他对戈林也表现出友善的态度，还相当随意地与之合影，这些照片在美国发表后引起了广泛的批评。不久后，第36步兵师被调防他处，驻军变成了柯林斯(Harry Collins)少将的第42步兵师，戈洛布也很快就感受到新到的美军对他们这些战俘的态度发生了很大变化，不过他本人并未受到什么伤害。6月1日，戈洛布被正式逮捕，因为身份特殊兼之了解众多的德国空军机密，美军的一些高级将领和专家对他进行了仔细盘问，详细了解了德国空军的战术、装备和喷气式战斗机等航空工程项目，之后从路德维希堡(Ludwigsburg)把他送往英国受审。1946年夏秋，戈洛布获得了自由，盟军允许他回到基茨比厄尔与先前抵达的家人团聚。根据盟军达成的协议，基茨比厄尔此时由法军占领，而占领军出人意料地对戈洛布的到来表示了欢迎。他对法军指挥官说自己曾在英吉利海峡前线待过一年半，对方则称不仅知道这一经历，也了解他在战争期间没有任何不当作为。法军当然也了解戈洛布的丰富经历和价值，除询问他飞过的机型和技战术问题外，还把他送到巴黎的空军部，要求他撰写空军岁月的回忆录。戈洛布礼貌但坚定地拒绝了，法国人也没有再勉强他。

重获自由后的最初两年里，由于除飞行外别无所长，戈洛布的生活一度相当困难，主要以撰写文章、演讲及出版航空方面的著作来养家糊口(1947年时他曾出版过几种介绍飞行和自己战时经历的著作)。奥地利虽然在战后避免了被苏联占领，但这个曾有数百万纳粹分子及其支持者的国家本身存在很多问题，最首要的就是如何开展去纳粹化的再教育运动。战争期间忠于纳粹，也曾玩弄权术的戈洛布从1948年起再次投身政治活动，为彼时风起云涌的新纳粹主义运动推波助澜。当时奥地利全国上下有很多人反对政府进行的去纳粹化再教育运动，一些前纳粹分子和对政府不满者聚集起来，在克劳斯(Herbert Krauss)和赖曼(Viktor Reimann)领导下于1949年3月25日成立了一个名为“独立

▲ 晚年的戈洛布手拿一本自己撰写的著作，书架旁边似乎是他当年座机的方向舵。

▲ 摄于1941年夏的东线某地，JG-3第2大队大队长戈洛布上尉正在作战间歇中撰写日记。

▲ 佩戴钻石骑士勋章的戈洛布，拍摄时间不详。

联盟”(Verband der Unabhängigen) 的政党，声称“为全力支持我们的国家独立，我们认可自己是德意志民族的成员。”[41] 该党初期60% 的成员都是前纳粹分子或纳粹同情者，也鼎力支持废除限制前纳粹分子参加政治活动的法令。戈洛布在该党成立之初是最活跃、最引人注目的角色之一，他与亲纳粹的记者施图贝尔 (Fritz Stuber)、法学教授普法伊费尔 (Helfried Pfeifer) 等一起担任了该党发言人，曾经在许多公开场合尖刻地挖苦和攻击政府的去纳粹化措施，宣扬“奥地利人是德意志民族大家庭之一员”的主张。他们的煽动引起了街头群众的阵阵掌声与喝彩，其情其景令人不由自主地想起希特勒当年演讲时听众的痴狂与歇斯底里 (1950年7月9日的《纽约时报》曾对戈洛布等人的街头演讲做过报道)。“独立联盟”在1949年全国大选中曾获得过16个议会席位，但是该党内部存在的理念差异和权力斗争很快削弱了它的力量。激烈冲突的一方是创始人克劳斯与赖曼，另一方则是实权在握的秘书长戈洛布，前者采取更自由主义的态度并支持现政府，而戈洛布阵营则带有浓厚的国家主义色彩，更支持持不同政见者。[42] 双方的摩擦逐渐导致了“独立联盟”的解体，该党随后并入并消融在新成立的“奥地利自由党”里。

1951年，戈洛布淡出了政治舞台，举家迁往妻子在下萨克森州的老家，然后开始为一家生产摩托车和其他机动车的大公司工作。几年后，戈洛布又在德国北部的消防行业担任过经理职务。戈洛布一直喜爱滑翔飞行，直到1975年突发心脏病前都经常驾驶滑翔机和其他飞机，还在60多岁时把1932年获得的C级滑翔机飞行员证书升级为“银色C级”(Silver C)。此后，戈洛布这位纳粹时代的忠实信徒和杰出飞行员从人们的视野中完全消失了。1987年9月7日，戈洛布在下萨克森州的苏林根 (Sulingen) 去世。

1997年，美国著名战史杂志《第二次世界大战》发表了该刊在加兰德去世前对他的访谈。记者曾询问他在1945年前后被解职时，是否是“被一个战斗机飞行员们都不怎么敬重的人取代了”。早已时过境迁的加兰德轻描淡写地回答说：“是这样，是戈洛布。他不怎么招人喜欢，尽管他是个获得过钻石骑士勋章的伟大飞行员。他并不是戈林的首选，当时(轰炸机部队的) 赫尔曼也是候选人，赫尔曼会是更好的人选。”[43]

无独有偶，2000年初，这家杂志又发表了1994年对施泰因霍夫的访谈。施泰因霍夫接受访谈后不久便去世了，“二战”中他一直是加兰德最忠诚的支持者之一，也是1945年初飞行员哗变事件的主要领导人。下面是该刊记者与施泰因霍夫对话的一个片断：[44]

记者：“(记者) 从几乎所有老战士那里都听说戈洛布是一个极端利己主义者，其才具勉强能够胜任指挥官职位，但从未赢得过战士们的信任。请问是这样吗？”

施泰因霍夫：“好吧，我想是这样，不过关于戈洛布我不会再说别的什么。他待过的每个地方在他领导下都损失惨重，就像戈林在‘一战’中的那样。他任命作战单位指挥官的标准并不是才能，而是看他们是否忠于纳粹党，而这种人在战斗机部队里真的没有几个。”

记者：“你觉得加兰德担任战斗机部队总监是不是有益于空军，如果是的话，请问为什么？”

施泰因霍夫：“绝对有好处。加兰德是个精力充沛的人，一个强有力的统帅，同时也是个伟大的飞行员。他忠实于他的战士，是最值得敬重、最诚实的绅士。他从来都不惧怕希特勒，也不受戈林支配，而当这两个人问他任何问题时，他总是如实回答，不管事情的真相说出来可能多不中听。加兰德是个富有远见之人，他知道怎样才能扭转空战局面，怎样养成部队的战斗力。但是，他站在飞行员这边反对戈林、希特勒及其他人，这无疑给了希特勒撤换他的把柄和借口——这实在是个大错误，柏林并不总是欢迎诚实正直之人。”

不过，也有与戈洛布关系密切的老飞行员曾说他是“一个传统意义上的职业军人，也是一个严守纪律、非常严格的人。他很聪明，在所做的每件事情上都很出色，他试图追求完美的作风帮助他避免了追逐名利，诸如追逐女性、赌博或酗酒等也与之无缘，而恰恰是这种作风可能给他带来了麻烦。他不断地追求卓越，也使他专注于仔细研究如何有效地使用空中力量，以及有关战机的纯技术层面的问题……”[45] 尽管加兰德、施泰因霍夫及许多飞行员至死都不肯原谅先他们而去的戈洛布，但超级王牌哈特曼战后说过的一句话可能也能代表部分人更加宽容的心态：“戈洛布无疑是一位卓越的，但又最被低估的伟大飞行员。”[46] 从纯粹军事的角度来看，哈特曼的断语不无道理：340次出击作战就取得了150次击坠胜利，无论如何都显示出戈洛布拥有不凡的飞行才华和作战技能。对Me-262、Me-163以及He-162等下一代战斗机的研发所做出的贡献，也注定戈洛布在空军发展史上占有一席之地。

第4位钻石骑士最高战功勋章获得者马尔塞尤上尉

（获勋时间1942年9月3日，图为1942年获得双剑骑士勋章时所摄）

Chapter 04

第四章

“非洲之星”：汉斯–约阿希姆·马尔塞尤上尉

任何一部以“二战”空战为主题的综合性著作，不管是德国人撰写的，还是英美出版的，如果遗漏了或未用相当篇幅来介绍“非洲之星”马尔塞尤 (Hans–Joachim Marseille) 的话，那么这一著作注定是不完整或有缺陷的。这就是丧生时年仅23岁的马尔塞尤在空战史上具有的独特地位。“二战”飞行员战绩排行榜的前100位全都是德国飞行员，其中有29人排在总胜绩158次击坠的马尔塞尤之前，但就知名度和声誉而论，恐怕只有莫尔德斯、加兰德和创造了352次击坠世界纪录的哈特曼能与之相提并论。战后几十年里，当绝大多数飞行员的名字随着时间的流逝而被渐渐遗忘之时，也只有上述四人反而更加出名。

如果要排列“二战”中最令英国皇家空军敬畏乃至恐惧的对手，首当其冲的便是马尔塞尤，他的全部158次击坠都是在与英军交战中取得的。加兰德战后曾这样写道：“……马尔塞尤是‘二战’战斗机飞行员中无与伦比的艺术大师。他的战绩以前曾被视为根本不可能取得，在他死后也无人能够超越。”[1] 哈特曼在苏联战俘营中曾对审讯者说：“……我只击落过苏军战机和不算多的美军战机。在西线我们有一个叫马尔塞尤的飞行员，他击落过158架英军战机。在我们那里一架英军战机被视为等同于三架苏军战机，所以我并不是最成功的飞行员。”[2] 虽然哈特曼在此颇有自谦之意，也有以贬低苏军来故意激怒审讯者的可能，但他对马尔塞尤的敬意是显而易见的。须知，当新手哈特曼在1942年9月加入东线的JG–52联队，刚刚开始体验残酷的战争之时，马尔塞尤已带着令人高山仰止的记录长眠于北非大漠。就时间的前后关系而言，如果说马尔塞尤是莫尔德斯辉煌的延续，那么哈特曼就好似在东线复活的马尔塞尤，尽管同样年轻，然而他们似乎就像是三代飞行员一样，共同谱写着德国王牌飞行员们令人叹为观止的空战篇章。

马尔塞尤是战斗机飞行员中最出色的神射手。总战绩220胜的贝尔在战后被问及谁是空军最杰出的射手时曾说："我认为应是马尔塞尤或拉尔。我并不认识所有战斗机飞行员，也只在作战中观察过很有限的同僚。朗格 (Emil Lang) 很出色，鲁多费尔 (Erich Rudorffer) 也必须被视为是最优秀的之一。但是，马尔塞尤用最少的弹药取得了最多的胜绩。"[3] 受到贝尔赞誉的拉尔战时曾在战斗机部队总监部工作，负责审查飞行员的战绩报告，包括地面目击证人、空中目击者、战斗场面描述、敌机型号、己方武器弹药的种类和数量、敌机坠落或爆炸的地点与方位等——这些报告的详细程度和审查程序之严格，应能使任何怀疑德军飞行员有意伪造或虚夸战绩的人闭上嘴巴。拉尔审阅了大量报告后发现，马尔塞尤的每次击坠平均只需15发弹药！战后成为西德空军中将的拉尔在晚年回忆此节时还不住地感叹："真是非常了不起，没有任何人在此方面哪怕能远远地接近他。马尔塞尤是个真正卓越的飞行员和神射手。我认为他是空军最好的射手。"[4] 迟至2002年，拉尔还在感慨马尔塞尤的精准射术："他真的为我们所有人树立了一个极高的标杆。"[5]

马尔塞尤还是一个以独特的性格和作风出名的人。他是飞行员中公认的美男子，英俊的面貌和优雅的举止对女性有着不可抗拒的吸引力，而他对投怀送抱者一概不拒。他有着与加兰德类似的对"美女、醇酒和歌舞"的嗜好，却没有后者那样的自律和自控能力。他有时因夜生活过多而疲劳过度，致使次日无法执行任务，有时还拒绝出战，理由仅是太累或心绪不佳！马尔塞尤素以叛逆、不服从命令、不遵守纪律出名，除有时拒绝作战外，还对战术条令嗤之以鼻，甚至对着装条例也不屑一顾。他取得成功的地方是北非的JG-27联队，但此前却因"品行不佳"被JG-52踢了出来。加兰德曾回忆说："马尔塞尤很像我那1940年丧生的朋友维克少校，他们两人都很叛逆，都一门心思只想着飞行。马尔塞尤根本不在意条令和规矩，很难看到他有着装整齐的时候。(JG-27联队长) 纽曼甚至对我说过，如果不是因为马尔塞尤取得了巨大成功，他也会因纪律原因将之赶出联队。"[6]

作为飞行员的马尔塞尤无疑有着致命的空战天赋和无双的战术才华，他死后最为人缅怀的也是其飞行技艺、勇气和超人战绩；作为对手的马尔塞尤貌似一台精准狠冷的杀人机器，却在大漠里多次做出过违背军令但闪烁着人性光辉的举动；作为战友的马尔塞尤颇显孤傲乃至落落寡合，有人讨厌这只"孤狼"，有人欣赏这个率性而为的柏林人，有人感激他的幽默感伴随他们走过艰难的战争，但所有人都尊重这个真正的空中骑士；作为指挥官的马尔塞尤虽没有莫尔德斯和加兰德那样的声誉，但他一样尽心尽力地保护和照料战友，空战一旦结束，即便那些被俘的对手也能处处感受到他所秉持的人道立场。马尔塞尤并非复杂或胸有城府之人，但他的行为显得与那个时代的精神气质、德意志民族的普遍特征格格不入。有后人称，马尔塞尤本质上是个藐视权威的无政府主义者，是个晚生了几个世纪的骑士，而他如果再晚生15年，无疑将会跻身于"垮掉的一代"。[7] 在某种程度上，马尔塞尤把血腥残忍的空战视为一场盛大的体育竞技，而他又把游戏人生的嬉皮士态度、极端个人主义的作风揉合其间，从而产生了空战史上一段最令人感兴趣的传奇。

早年岁月：麻烦不断与我行我素

马尔塞尤1919年12月13日出生于柏林的一个军人家庭。他的生父西格弗里德 (Siegfried Georg Martin Marseille) 作为陆军上尉参加过"一战"，但是由于未能入选战后的4000人军官团，他在儿子降生后不久的1920年3月即失望地离开了帝国国防军，成为柏林警察部门的一名警官。[8] 老马尔塞尤在1933年重新加入了国防军后逐渐升迁为上校，1941年7月成为少将，1944年1月29日阵亡于俄罗斯的诺沃肖尔基 (Novoselki) 附近。[9]

1918至1919年肆虐欧陆和全球的西班牙大流感曾夺走了上千万儿童和成年人的生命，马尔塞尤虽幸运地活了下来，但痊愈之后双腿变得虚弱乏力，需要重新学习站立和走路，此后一直体弱多病，总是一副脸色苍白、病态恹恹的样子。与身体所遭受的不幸相比，更大的不幸在妹妹英格 (Ingeborg Marseille) 出生后不久发生了——父亲因有外遇而与母亲夏洛特 (Charlotte Marie Marseille) 的婚姻走到了尽头。父母离异虽对幼时的马尔塞尤可能并未产生过大的影响，他仍然有着一个无人严加管教的快乐童年，但进入青少年阶段后，"父亲抛弃了家庭"这一无法磨灭的伤害深深影响了处于性格形成关键期的马尔塞尤。出于对父亲及其新欢的厌恶，马尔塞尤连带着憎恶父亲所做的一切，包括他拘束的生活方式和旧普鲁士军人的刻板作风，或许，成年后的马尔塞尤之所以厌恶军纪、鄙视包括着装在内的军人外表和仪式等，其根源正在于此。军事历史学家希顿 (Colin D. Heaton) 就曾在著作中直言："父亲施加的僵硬生活方式以及随后的父母离异，可能就是使马尔塞尤形成叛逆、鄙视纪律、挑战权威等将伴随其一生的性格特点的催化剂。"[10]

迫于生活的艰辛和单亲家庭的苦恼，母亲夏洛特后来改嫁给警官鲁特 (Carl Reuter)，在母亲的一力坚持下，马尔塞尤1926年进入柏林第12国民学校读小学时使用的是继父的姓氏。他似乎对此并不太介意，而且随着时间的推移还与继父相处得很好，但与生父的关系越来越紧张和冷淡。史家拉维格尼 (Michel Lavigne) 曾这样描述马尔塞尤与生父和继父的关系："与生父的关系可能是马尔塞尤个性形成中的关键因素之一。他曾有3年时间拒绝探望生父，尽管妹妹英格一直都去探望，还被 (老马尔塞尤) 将军的魅力所折服。年轻的马尔塞尤对 (继父) 鲁特很忠实……他觉得将军和他的那个女人对不起他的家庭……若干个月后马尔塞尤有所松动，终于同意到汉堡探望生父，但他在那里的时日并不快乐，仍为继父大加辩护。在这次父子会面中，将军显然觉得儿子在某些方面受他母亲和妹妹的影响太大，但他采取的相应举措显然又令父子间的冲突升级了。他把儿子带到几个酒吧里，还把他介绍给某些女人。这是些什么女人当然显而易见，敏感的汉斯非常愤怒，稍后不久就径直回家了。他此后再也没有见过生父。"[11] 不过，出于某种未知的原因，马尔塞尤在即将入伍前夕又将姓氏从"鲁特"改回了本姓。

母亲夏洛特非常怜爱膝下的一双儿女，她期望将儿子培养成出色的钢琴家，而早早开始练琴的马尔塞尤也确实有着出众的音乐天赋——成年之后虽未如母亲所愿成为钢琴家，但马尔塞尤的钢琴弹得相当好，1942年夏获得双剑骑士勋章后，他曾在希特勒、戈林和戈培尔等显要们面前独奏过一个小时。不过，母亲的溺爱和缺乏严格管束也使天性活泼的马尔塞尤成为学校里的"问题男孩"，小学时就以不守纪律、不断犯错和慵懒散漫出名。1930年进入柏林的海因里希亲王 (Prinz Heinrich) 文理中学后，马尔塞尤依然故我，对学业从来都是懒懒散散、不思进取，倒是一直热衷于通过调皮捣蛋和恶作剧来吸引注意力。作为身材最小、体质最弱的学生，马尔塞尤的内心里很可能充满着不安

▲ 1942年回国休假时马尔塞尤与母亲夏洛特在一起。

▲ 马尔塞尤与母亲在一起。

▲ 马尔塞尤一生中与其关系最密切的是三位女性：母亲、妹妹和未婚妻。在这张摄于1942年3月的照片中，左一是未婚妻屈佩尔（Hanne-Lies Küpper），右一是母亲夏洛特。

全感，缺乏生父的关心、引导和鼓励又使他天真地以为，只要拼命地让身体强壮起来、耍点小聪明、再做些胆大妄为之事，就足以令其成为男孩子的领袖和关注的焦点。教过他的老师们都认为他其实天赋颇佳，只要不那么懒散、把精力放在学业而非恶作剧上，完全可以成为一个优等生。不过，马尔塞尤的我行我素使老师们颇为头疼失望，校长佩措尔德 (Friedrich Paetzold) 博士收到的抱怨也日渐增多，迫使他在第三年时把马尔塞尤找来长谈了一番。佩措尔德在马尔塞尤成名后曾这样回忆道：“当他从柏林第12国民学校来到我们这里时，他还是一个身材纤细、面色苍白的小男孩。由于热衷于体育锻炼，他的体格有所增强，不久就成为总是受人们关注的那个圈子里的一员，尽管他依然是最小、最弱的孩子之一。我很快注意到他的一个特点：他只有成为被关注的焦点时才感到自在，他渴望得到同学的关注和赞美。”[12] 佩措尔德在长谈中曾这样开导后者：“……就像你在生活中所见的那样，学校里既有端正的好学生，也有没出息的孩子。对于后者，防止他们麻烦不断的唯一途径就是大棒或其他纪律措施。另一方面，端正体面的男孩子通过认可和鼓励可以成长为真正的年轻人。至于你是一个好孩子还是窝囊废，现在完全取决于你怎样证明给我们看。我听到过对你和你的那些行为的许多抱怨，将来我希望只听到赞美你的话语……”[13] 校长的这番刚柔兼济的训斥虽未能彻底纠正马尔塞尤对待生活的散漫态度，但显然让后者在学业上幡然悔悟，用佩措尔德的话来说，“他学得很快，3个月就轻松补上了前一年落下的学业……”马尔塞尤当然没有成为模范学生，但学业和品行均大有起色，老师们对他那些乖张行为的抱怨也都销声匿迹了。1937年4月，17岁半的马尔塞尤以前几名的成绩顺利拿到了高中毕业证书。

1933年以来，纳粹政权铺天盖地的意识形态宣传和种族优越性的鼓噪，自然对绝大多数德国青少年都产生过重大影响，生活在政治中心柏林的马尔塞尤也不可避免地被淹没在汹涌的洪流之中。令人惊异的是，他似乎对这些宣传和鼓噪无动于衷，或者说根本未放在心上。虽然无从得知他在希特勒青年团时的言行和表现，但从他在战争期间的许多作为来看，比如明目张胆地违背种族法令 (与一名南非籍黑人战俘亲密交谊)，无视纳粹政权的禁令 (酷爱被视为“道德沦丧”象征的爵士乐和摇摆舞)，公开取笑纳粹最高层及其有关政策，对放下武器的敌人施以人道立场等等，虽不能确定他具有反纳粹意识，但至少说明他是个对政治完全不感兴趣，对国家社会主义宣传和教义根本不买账的人。马尔塞尤是一个只要自己认为正确就会坚持下去的人，他在“二战”中的作为无不证明了这一点，对被禁音乐的挚爱更是清楚体现出他的个性。

在马尔塞尤性格形成的关键阶段里，柏林曾一度是作家、画家、演员、导演、记者和评论家们荟萃云集的艺术之都，这些知识分子经常聚集在城里众多的罗马式咖啡馆里，一边阔论政治时事，一边欣赏摇摆舞和爵士乐——柏林的青少年无疑有更多的接触这些人物并受其影响的机会，马尔塞尤也很早就开始搜集来自美国的布鲁斯舞曲和爵士乐唱片，这也是其短暂一生中的一大嗜好。“二战”爆发以前，纳粹政权曾数次试图禁止这些“可能玷污雅利安青年血液的糟粕”，但均告失败，包括柏林在内的不少大中城市还存在一些所谓的“摇摆青年”团体。这些团体虽然并不必然在政治上反纳粹，但他们不合常规的头发及衣着和饰物、对摇摆舞和爵士乐的钟爱、公开接纳犹太人的举动，至少使他们被贴上了“反文化、反正统、反政治”的标签。虽无明确证据表明马尔塞尤是“摇摆青年”或类似团体中的一员，但他成年后的行为举止、外观衣饰、对禁乐的爱好等与前述团体如出一辙，至少表明他认同这些群体的反正统、反国家社会主义的生活方式。[14] “二战”爆发后，纳粹政权再次禁止摇摆舞和爵士乐，希姆莱还曾下令将摇摆团体的首领送入集中营，而马尔塞尤完全不理禁令，不管是在法国还是北非，他都蓄留长发和身着有违着装条例的饰物（迟至1942年9月与隆美尔会面时他的脖子上还系着丝巾），旁若无人地欣赏“颓废”舞曲，全然不顾及身边更正统的战友们的感受，恐怕这也是有些人称他是“行为完全无法令人接受的个人主义者”的原因之一。

似乎是觉得自己的惊人举动还不够多，马尔塞尤高中毕业时选择的职业志向竟是当一名军事飞行员！已成为国防军上校的老马尔塞尤得知后不仅全力支持，还动用关系帮助儿子获得了参加资格考试和进入飞行学校的机会。不过，在开始飞行训练之前，马尔塞尤还必须完成强制性的帝国劳动军团服务。帝国劳动军团其实是一个准军事化组织，以向青年灌输纳粹思想、训练军事技术、造就强健体魄为目标，纳粹政府曾规定，没有冲锋队或帝国劳动军团服务经历的人不能从事任何工作，青年人只有经过这些途径才能进入军队。1938年4月初至9月末，马尔塞尤在不莱梅附近的劳动军团从事排干沼泽和清理道路等工作，虽然体魄仍不强健，工作量也很大，但他在劳动军团所获的评语相当不错，尤其是他的幽默和热情给伙伴们留下了深刻印象。1938年11月7日，马尔塞尤作为候补军官正式加入了空军，旋即赶往奎德林堡(Quedlinburg) 接受步兵训练。马尔塞尤在训练之初又表现出惯有的惰性，总是试图走捷径，但几个月的训练后他在这方面有了相当改进，虽然对军事纪律依然不屑一顾，但是作为军人的自我意识有了一定的提高。不过，马尔塞尤仍未能充分领会团队合作的真意，总是偏好个人执行和完成任务，既不寻求帮助，也甚少向他人伸出援手——这种“孤狼”心态无疑将在他飞行生涯的初期严重困扰着他。

1939年3月，马尔塞尤终于开始了飞行训练，他所在的学校是位于费尔斯滕菲尔德布吕克 (Fürstenfeldbruck) 的第4空战学校。在这所初级飞行学校里，马尔塞尤遇到了一些日后将与其并肩战斗的年轻人，其中就包括后来的王牌飞行员施勒尔(Werner Schroer，总战绩114胜，其中102次击坠英美战机，在北非与马尔塞尤并肩作战时收获了61胜)。施勒尔战后曾这样描述他的同学：“马尔塞尤不属于军人那种类型，我们大家都觉得他似乎是个有问题之人。他总是以不好的方式得到关注。(由于经常违纪) 他在周末时常被派去执勤和被禁止外出。我也常常得到一张字条——‘出去了！介意帮我执勤吗？’”[15] 马尔塞尤在空战学校时结识了很多女朋友，总是寻机溜出军营寻欢作乐，虽然经常成功地偷偷溜回来，但他疲惫的神态和满嘴的酒气还是让大家心知肚明。驾机前饮酒是足以被开除的严重违纪行为，但马尔塞尤满不在乎，施勒尔在1984年接受采访时曾说：“这家伙陷入麻烦和被限制外出的时候多得难以计数。……我想6个月里他只有寥寥数次可不受限制地出入军营……我曾问过他为什么会是这样，难道不怕被踢到陆军去吗？他的回答是，在他们有机会把他撵到陆军前，他将去指挥一艘U艇。这家伙真是令人难以置信。”[16]

马尔塞尤有很多令战友们惊叹的地方，如长于射击和特技，能不费力气地掌握其他人感觉相当困难的技术，如短距离起飞、半滚倒转(即破S)、急上升转弯 (chandelle) 等机动，但最令他们难以置信的还是他的飞行纪律。有一次在进行慢速盘旋练习时，他未经许可就擅自脱离编队，还在未把意图通告给任何人的情况下开始表演特技，在众人惊异目光的注视下，他甚至摆出了空中缠斗的作战姿态！结果，除了遭到严厉斥责和立即停飞外，他还被延期晋升。更严重的违纪出现在第二次单飞训练中，当时马尔塞尤在从马格德堡 (Magdeburg) 飞往不伦瑞克的途中心血来潮（有人说是一时内急，还有一说是迷路所致），不管不顾地降落在高速公路的中央，战机如同傲慢的大将军一样立即瘫痪了交通，人们纷纷诅咒这个不知天高地厚的年轻人。有些农夫以为他遇到了紧急情况，赶忙向飞机跑来，结果等他们赶到时，玩得差不多了的马尔塞尤却跳上战机得意洋洋地飞走了。事发之后可以想见指挥官是如何的暴怒——除非情况危急，将飞机降落在未获许可的地方，可是足以被送上军事法庭的严重违纪。施勒尔等同学都以为马尔塞尤如果幸运地不进监狱的话，至少也会被撵出空军。不过，在教官力保下，马尔塞尤的飞行生涯并未就此完结，当然他的违纪清单上又添上了重重的一笔。

1939年11月1日，马尔塞尤来到维也纳-施维夏特（Schwechat）的第5战斗机飞行学校接受高级训练，与之同至的自然还有那长长的违纪记录和令人唯恐避之不及的"孤狼"名声。这所学校的指挥官是"一战"中取得32次击坠、有着"黑骑士"之称的王牌飞行员施莱希（Eduard von Schleich）上校，他对飞行员的训练和纪律要求非常严格，学员们几乎没有犯错的空间，仅仅因为点名迟到或一次考核失败就有可能被撵出空军。即便在如此严格的环境下马尔塞尤依然陋习不改，他的同学比利根（Kurt Buehligen，1945年曾任JG-2联队长，是总战绩112胜的双剑骑士勋章得主）战后曾回忆说，自己第一次真正注意到马尔塞尤是在一次早点名上。他当时姗姗来迟，满嘴酒气，但还能勉强站立并回答区队长的质询。比利根和其他人后来都发现马尔塞尤经常在夜间溜出军营与女友幽会，还总能在清晨溜回来加入早操队伍，他说大家一直都不明白这样一个时常违纪者却总也未受严惩，后来才得知马尔塞尤的父亲是一位高级军官——老马尔塞尤可能确实在挽救儿子的前途方面动用过关系，不过，施莱希虽不满马尔塞尤的态度和行为，但他认为这个目无纪律和权威的年轻人身上其实蕴藏着很大潜力，也欣赏后者鹰一般锐利的双眼和照相机般的记忆力，尤其赞赏他在空中的"情境意识"，似乎他总能感受到自己身边的每架战机在任何特定时刻的方位。施莱希当然也严厉警告马尔塞尤必须加强纪律和品行表现，否则他"脚下的薄冰随时都可能破裂"——马尔塞尤显然在震慑之余听进了忠告，1940年7月毕业时，校方给予他相当高的评价，尤其是肯定他的射击和特技飞行水准。

1940年7月18日，马尔塞尤成为梅泽堡（Merseburg）补充战斗机大队的一名飞行员，这个单位自"二战"爆发以来一直承担保卫洛伊纳（Leuna）工业区的任务。第5位钻石骑士勋章得主格拉夫这时也在同一大队效力，但此时仍然是一个起步艰难的小角色。第8位钻石骑士诺沃特尼也曾在当年的11月中旬短暂效力于此，不过马尔塞尤并无机会结识诺沃特尼，他自己已在当年8月10日被改派至英吉利海峡前线的第2教导联队（Lehrgeschwader）第1（战斗机）大队。他准备好了吗？

害群之马的苦涩开端：从LG-2、JG-52到JG-27

德国空军的教导联队除承担作战训练任务外，一般还负有评估新型战机和开发新战术的职责，因而往往由使用不同机型的若干大队混合而成，LG-2就由1个战斗机大队、1个对地支援大队和1个侦察机大队组成。马尔塞尤被分配到伊勒费尔德中尉领导的战斗机大队第1中队效力。伊勒费尔德是参加过西班牙内战的"秃鹫军团"老兵，1942年4月作为第5位突破100胜大关的飞行员而荣膺双剑骑士勋章，担任过JG-52等联队的联队长，是颇负盛名的空军指挥官。不过，在1940年8月至9月间，他与麾下的马尔塞尤相处得并不愉快，忍耐了不到两个月就将后者从LG-2一脚踢了出去。

马尔塞尤所在的第1中队驻扎在荷兰的吕伐登（Leeuwarden），主要任务是为轰炸英国的轰炸机编队护航。他的首次空战发生在8月24日的

英国肯特 (Kent) 上空，当时他在没有通告意图的情况下擅离四机编队，与一名经验丰富的英军飞行员进行了4分钟缠斗。马尔塞尤成功地将这架“喷火”战斗机击落在北海，而后凭借Bf-109战斗机的优越性能，在低空逃过了敌机的追杀。马尔塞尤降落后不久被伊勒费尔德派人找去，他以为中队长会赞许自己的首胜，因而笑嘻嘻地前来报到——1984年时，70岁的伊勒费尔德曾回忆过当时的一幕：马尔塞尤进屋时满脸带笑，嘴巴还咬着弯曲的食指，活脱脱一个刚钓到第一条大鱼的大男孩。伊勒费尔德本来因为马尔塞尤违反了飞行纪律已是非常生气，但看到后者的模样时忍俊不禁，于是先祝贺了他的首胜，然后“威胁”说“如若再破坏编队飞行纪律，将在空中将之直接击落，或回来后将其枪毙”。马尔塞尤当时吓得“花容失色”，伊勒费尔德自己也忍不住大笑起来，其后才一本正经地批评后者的纪律问题，并警告说“若再违规则将之赶到陆军去”。马尔塞尤这时恢复了常态，脸上又浮现出富有魅力的笑容，承诺说不会再犯同样的错误——伊勒费尔德在回忆这段往事时眼角渗出了浑浊的老泪，然后话锋一转地徐徐说道：“虽然(马尔塞尤) 信守了承诺，但是他总能找到新花样，绝对不会以同样的方式重犯一样的错误。”[17]

首胜带给马尔塞尤的除了中队长的恐吓和训斥外，空战的紧张和残酷也令他感到惊魂难定，首次击杀对手的体验甚至让他还有些失落。他在当晚写给母亲的信中写道：“今天我击落了第一个对手，我感觉不是很好。我一直在想那个年轻人的妈妈得知儿子的死讯后该多么难过。我却是这个凶手。我很难过，对首胜一点都高兴不起来。眼前总是晃动着那个英国人的脸，也总是想起那位哭泣的母亲。”[18] 马尔塞尤在酒吧里把自己的负疚感告诉了年长的战友，结果招来一顿嘲笑，有战友在战后说马尔塞尤当时给人的感觉就像“他亲手杀了自己最好的朋友一样”。马尔塞尤一个人在暗夜里沉思了许久，他现在面临着每个飞行员都必须闯过的心理关口，他能在空战中心安理得地击杀对手和保全自己吗？一夜无眠的马尔塞尤次日醒来后又给母亲写了封信，上面有这样的字句：“我现在是一名战斗机飞行员了。狂风吹打着海峡沿岸，但我会幸存下来的。”

9月2日，马尔塞尤又在肯特上空击坠了一架“喷火”战斗机，但他的Bf-109 E7也因油料耗尽而紧急迫降在加莱海滩。一星期后，伊勒费尔德将一枚二级铁十字勋章授予给他，同时也告诫他在空中务必注意自己的油料情况。11日，马尔塞尤收获了第3胜，但担任僚机的他当时把保护长机的任务撂在一边，自己却向对手发起了进攻，而且在缠斗中座机还遭受重创，紧急迫降在法国维桑后战机完全报废。15日，马尔塞尤在泰晤士河河口收获了第4胜，但降落之后即被伊勒费尔德叫去——有些飞行员已明确表示不愿跟马尔塞尤一起执行任务，因为他不管不顾的作风让他们没有安全感，此外，前日夜该他执勤时他并未露面，再加上当日空战中还与僚机失去了联系，于是马尔塞尤受到了停飞三天和负责夜间执勤的惩罚。17日马尔塞尤被授予一级铁十字勋章，停飞令次日刚一解除，他就在多佛海岸击坠了一架“喷火”战斗机。不过，他的战机返回时也是伤痕累累，这当然不是他最后一次“自戕”座机，事实上，几乎每次空战后他的座机不是完全报废，就是需要大修，甚至非战斗状态下还出现过损毁事故——在一次为轰炸机护航的任务完成后，他的战机在返航途中出现了发动机故障，结果他在英吉利海峡的汹涌波涛中漂浮了整整3个小时，最后救援飞机才将几乎快要溺毙的他救起。

伊勒费尔德8月30日晋升为第1大队上尉大队长，9月中旬又以24次击坠的总战绩获颁骑士勋章，参战刚一个月便取得5胜的马尔塞尤在他眼中虽是一个射术精准、效率很高的飞行员，但后者的目无纪律还是一点点地侵蚀着他的耐心。9月27日，马尔塞尤取得了第6胜，但回基地后便遭到伊勒费尔德的怒斥，主要原因还是他又"忘记"了保护长机的职责。伊勒费尔德当着他的面撕毁了对他的考评报告和晋升推荐信，教训说"失去了战友和同志的击坠战果一文不值"，甚至在激愤之余还做出了伸手去掐马尔塞尤脖子的动作！马尔塞尤被吓哭了，连忙就自己的行为表示道歉，大队长则针对他的孤狼倾向狠狠地训斥说："……你不是一个人，这也不是你马尔塞尤的个人表演。你有一天也可能会指挥一个中队，你必须了解只有飞行员们才是最重要的。如果有人把你晾在一边，而且由于这个原因你又被击落了，你会作何感想？我建议你好好想一想，也规划一下自己的飞行生涯。我可以告诉你，如果你一直是这个态度，总有一天你会倒霉的……"[19]

▲ 图为伊勒费尔德中校（摄于1944年任JG-1联队长期间）。1940年8月至9月期间，马尔塞尤曾在LG-2第1大队效力，时任大队长的伊勒费尔德很快便将频频违纪的马尔塞尤踢走，将这个大麻烦转嫁给了好友施泰因霍夫。

受惊的马尔塞尤28日又遭受了一次更大的刺激。当日，18架Bf-109战斗机遭到近40架英军战斗机的拦截，马尔塞尤负责为第1中队代理中队长担任僚机，面对一比二的不利态势，中队长下达了"撤退、脱离接触"的命令。马尔塞尤感到无法理解，怎么能在弹药和油料都很充足、尚未对敌机造成任何伤害的情况下就撤退呢？正在苦恼之际，他发现一架"喷火"战斗机高速俯冲下来，准备向中队长发起攻击，而后者对眼前的危险还毫无察觉。马尔塞尤没有时间通知中队长，立即脱离编队，一个筋斗掠过长机后拦截住了敌机，对手在他精准的炮火中拖着浓烟栽进了海峡。马尔塞尤的Bf-109也被击中，再次迫降在海滩上，他取得了第7胜，但是为此已付出了4架战斗机的代价。返回基地后，马尔塞尤以为中队长会满含笑意地致谢，谁知先于他返回的中队长已经在大队长面前"恶人先告状"，说马尔塞尤不服从命令，而且还采取了规避措施。伊勒费尔德先祝贺了马尔塞尤的击坠，然后宣布关他3天禁闭。马尔塞尤极为震惊，他

▲ 图为刚加入JG-52第4中队时的马尔塞尤。

▲ 图为施泰因霍夫中校（摄于1943年任JG-77联队长期间）。1940年10月至1941年1月，马尔塞尤曾在施泰因霍夫任中队长的JG-52第2大队第4中队效力。施泰因霍夫将马尔塞尤视为一大负担和害群之马，很快又将之赶到JG-27，这才有了马尔塞尤在北非绽放异彩的机会。

对于所受的不公待遇一直都很敏感，他所做的只是击落敌机和解救中队长，为什么自己一心想帮忙，换来的却是禁闭！

促使伊勒费尔德赶走马尔塞尤的直接导火索是稍后的一次特技表演。当时，伊勒费尔德特意让最优秀的特技飞行员马尔塞尤在造访的几位将军面前来个"震撼演出"，而后者干得的确很棒，对战机的掌控能力简直称得上不凡——马尔塞尤驾机在基地上空慢速飞行，高度很低，直到最后用战机的翼尖将系在竹竿上的手帕挑起为止，这时的高度距地面不过两米。但是，正是这个令人印象极深的"两米"惹来了麻烦，他又一次违反了条令——空军明文规定，飞机在机场上空慢速飞行时距地面必须至少5米。马尔塞尤委屈地辩称自己的一切作为皆是照令行事，但还是获得了被关禁闭的惩罚。他所不清楚的是，当日鼓掌喝彩的高官中有一位曾揶揄伊勒费尔德："我们现在总算明白了为什么你的大队受损的战机数量很高，看来你对制度条例管得很松啊！"如此评论迫使伊勒费尔德不得不做出改变，他欣赏马尔塞尤的飞行技能和射术，也不愿就此葬送他的飞行生涯，最好的办法就是把"烫手的山芋"传到别人手中。

马尔塞尤此时是全大队唯一没有晋升少尉的候补军官，失望和愤懑的他怀疑大队和中队领导一直都在有意打压他，至少也是故意挑刺。1940年10月初，马尔塞尤接到了调往JG-52第2大队第4中队的调令，这令他如释重负，总算可以离开LG-2这个鬼地方了。结果，JG-52也不是他渴望的家，仅仅是其短暂生涯中的又一座客栈罢了。

JG-52第4中队的中队长是日后名头颇响的施泰因霍夫中尉，他刚听说有一位7胜在手的王牌将加入中队时简直乐不可支，但收到档案材料后，他的兴奋很快又变成了疑虑重重。档案中那些各式各样的违纪记录和惩罚简直令他不敢相信自己的眼睛，而且这还是一位只要再摔一架战机就能成为"盟军王牌"的人。马尔塞尤比预定时间晚了一天才赶到中队报到，其原因竟是由于在旅馆与姑娘约会造成了耽搁。更令施泰因霍夫震惊的是，马尔塞尤报到时向他提出的唯一问题竟是"哪个镇子里的姑娘最漂亮"！施泰因霍夫强忍不快，花了整整一小时向马尔塞尤了解每项违纪的详情，事后又打电话给老朋友伊勒费尔德，质问他为何把这个大麻烦踢给他，后者则称"施泰因霍夫是像父亲一般的人，知道怎样与这种人打交道，马尔塞尤也确实很有潜力"等等。虽然隐隐觉得留下马尔塞尤可能是个错误，但施泰因霍夫还想再实际考察一番。几次接触下来，他认识到马尔塞尤确有才华，能做出各种花里胡哨，甚至令人瞠目的机动动作，但也存在着自大自私的严重缺陷。

马尔塞尤第一次执行任务时就露出了"真面目"。担任僚机的他一听见有人呼唤发现敌机就忘记了保护长机的职责，立即朝敌机方向飞去。施泰因霍夫等人随后都在无线电中听到他发出的"击坠敌机"的呼声，但无人看见他在哪里，自然无法确认其战果（在JG-52期间马尔塞尤击坠了4架敌机，但都由于无人目击而无法确认），然后又听见"该死，他们击中我了"的惊呼声。马尔塞尤实际上掉入了英军的陷阱，在追逐一架敌机的过程中自身反遭3架战斗机围攻，他纯粹是靠本能和运气才躲过了猎杀。施泰因霍夫等击坠了敌机后护送马尔塞尤返航，但油料告罄的他只得迫降在加莱海滩上。在JG-52的初战就报废战机一架，未经许可擅离编队，不向任何人通告意图，打破最基本的作战规则……马尔塞尤为此被停飞一周。不过，施泰因霍夫还是不太了解这个年轻人，他只令其停飞，并未禁止其离开军营，结果，不久后马尔塞尤就偷走了施泰因霍夫的座车，晚上回来时不仅酒气熏天，车上还带着两个衣衫不整的姑娘！愤怒的施泰因霍夫命令马尔塞尤一个月内不得外出，但他做梦也未想到，这家伙老实了没几天，竟从窗户跳出去，再次偷走中队长的座驾，从后门大模大样地离开了军营。

马尔塞尤自然而然地被视为另类——6次迫降或跳伞的经历使他被贴上了“鲁莽轻率”的标签；执勤中偷懒、开小差；扎眼的头发完全不符军人形象，波希米亚人式的行事作风和态度也极不职业；不尊重上级、不服从命令，停飞和被关禁闭期间多次违纪；迷恋个人战斗的孤狼倾向愈发明显，从未展示出团队合作的意愿和能力，不少战友曾悄悄要求中队长不要把他分到他们的编队，大家都不相信他会在空中掩护他们……马尔塞尤正迅速滑向个人军旅生涯的深渊，施泰因霍夫已在考虑如何将这个害群之马赶走。他在战后曾坦承：“马尔塞尤非常英俊迷人，也是个很有天赋的战斗机飞行员，但他无法让人信赖。他到处都有女朋友，而她们又把他弄得忙乱不堪，以至于有时疲惫得无法执行任务，只好令其停飞。他有时候执行任务时完全不负责任，这就是我把他赶走的主要原因。但他有着让人无法抗拒的魅力。”[20] 不过，施泰因霍夫并未讲出直接的导火索——放浪形骸的马尔塞尤私生活非常混乱，人称“大众情人”和“花花公子”，但有位女友的父亲是驻地附近的盖世太保头目，这位颇有权势的秘密警察曾到施泰因霍夫中队寻找一个体貌特征完全吻合马尔塞尤的飞行员——愤怒的父亲要将那个欺负他女儿的混蛋送入监狱！或许是出于保护马尔塞尤的缘故，此事促使施泰因霍夫立刻采取了行动，1984年时他曾回忆说：“……我撵走了马尔塞尤，把他踢给了纽曼。这事想起来挺有意思，他很丢人地离开了法国，随后却成为一个传奇。如果非洲也有姑娘，我觉得他不可能取得那么大成功。尽管他一直问题成堆，实际上我很喜欢这家伙，但是我觉得把他送走的举动实际上救了他。第二天我就办好了调动手续，一周内他就滚蛋了……”[21]

1941年1月中旬，马尔塞尤被调至JG-27第1大队，该部的驻地位于柏林近郊的多贝利茨，所以他先回家休假了一段时间，直到2月21日才正式报到。马尔塞尤曾向母亲大诉苦水，抱怨自己迟迟不能获得晋升，也不理解5个月内先后被两个联队撵走的原因，他抱怨说：“他们只在意自己的成功和胜利，总盘算着让别人掩护自己，好把击坠敌机的荣誉都据为己有……在他们眼中，我这个候补军官除了是个可怜的大男孩外什么都不是。”[22] 施泰因霍夫确未料到，自己急于摆脱的这个负担竟在JG-27脱胎换骨，短短18个月里就创下了不朽的战绩，时至今日仍是最负盛名的“二战”飞行员之一。就施泰因霍夫来说，“人不可貌相”固然将是他漫长的空军领袖生涯中最常想起的一个教训，但就当时而言，他的决定并无不当之处。毕竟，他没有时间改变马尔塞尤的态度并让其成熟起来，一场火热的战争正在进行着。即便接纳了马尔塞尤的纽曼也在战后坦承，若他的战场是在诱惑无处不在的法国，他可能也会把一这个“倒霉蛋”转嫁给下一个“倒霉”的单位。

浪子的蛰伏与苦练：初战北非

JG-27第1大队大队长纽曼上尉生于1911年，曾参加过西班牙内战，成熟稳重的他特别善于与年轻飞行员打交道，也是一个集父亲与朋友的角色于一身的优秀指挥官。战后他曾回忆过初见马尔塞尤时的印象：“他的头发可真长，违纪记录列出来足有胳膊那么长……他试图给人留下深刻印象，毫不避讳地谈论自己与多少女人上过床，其中有一个还是著名女演员。他脾气暴躁，喜怒无常，无法无天。30年后，他肯定会被人们称作花花公子。”[23] 所幸的是，纽曼并未像施坦因霍夫那样急于下结论，他耐心观察了一段时间，发觉这个不知天高地厚的年轻人有着极好的天赋，关键在于如何管束和引导，正如他后来所言：“马尔塞尤要么会成为卓越的飞行员，要么就是问题成堆的大麻烦，他只可能是这两种人中的一种。"纽曼决定以耐心和时间来改变马尔塞尤的面貌和作风。有后世军史家曾感慨道，如果施泰因霍夫也能像纽曼那样多一些宽容和耐心，那么未来的"非洲之星"跟随JG-52转战东线时又将取得怎样的空战战果？

不过，荣誉眼下尚不属于远未成熟的马尔塞尤，当JG-27在1941年2月末从多贝利茨调驻慕尼黑时，他不过是第1大队第3中队中队长霍穆特 (Gerhard Homuth) 中尉手下一个不起眼的小角色。JG-27的联队部与第2和第3两个大队已在当年2月初开赴罗马尼亚首都布加勒斯特，3月初时又进入了保加利亚境内，准备出手帮助贸然入侵希腊后处处受困的意大利军队。纽曼的第1大队并未随联队其他单位一起行动，而是在3月初被派往西西里岛执行任务，不过到月中时又返回了慕尼黑基地。随着亲纳粹的南斯拉夫政权被推翻，希特勒决定先征服南斯拉夫，而后帮助意大利击败希腊和英国远征军，从而稳定巴尔干半岛的局势，解除入侵苏联前南翼的后顾之忧。在这种情况下，JG-27第2和第3大队在保加利亚做好了协助地面部队征服南斯拉夫的准备，第1大队也在4月4日迁往奥地利南部的格拉茨，临时隶属于JG-54指挥，准备参加两日后开始的南斯拉夫战役。4月6日开始的战事对JG-27第1大队来说可谓波澜不兴，不过南斯拉夫军队的高射炮还是使纽曼大队损失了一架战机，马尔塞尤与僚机飞行员珀特根 (Reiner Pöttegn) 在袭击卢布尔雅那 (Ljubljana) 空军基地时，他座机的增压器进气口上方被高射炮打出个大口子，不过他还是安全飞回了格拉茨。[24]

4月14日，纽曼大队返回慕尼黑基地，未几又奉命开赴北非的加扎拉 (Ain el Gazala)，为隆美尔的非洲军提供支援。JG-27的其他两个大队在最终来到北非前，还要先在东线经受一番洗礼——联队长舍尔曼少校在苏德战争的首日即告失踪，沃尔登加 (Bernhard Woldenga) 少校随后接任联队长；第2大队1941年7月返回多贝利茨基地换装Bf-109F战斗机，后于9月开往北非；第3大队与联队部则直到10月中旬方才撤离东线，完成换装后在12月到达利比亚，直到这时JG-27的全部人马才算第一次聚齐。

与JG-27整个联队分散独立行动的特点类似，纽曼的第1大队开赴北非的过程也是3个中队分头行动：第1中队于4月18日率先抵达加扎拉，大队部与第2中队稍晚了两日抵达，霍穆特的第3中队则在途径西西里岛盖拉 (Gela) 机场时略作了停留，而后在飞往的黎波里 (Tripoli) 附近的本尼托堡 (Castel Benito) 基地时出现了耽搁。[25] 第3中队按计划应在此处加油，但发现整个基地毫无生机，7架战斗机降落后也找不到一个人影。霍穆特决定把各战机剩下的油料先集中到马尔塞尤的战机里，由他飞到苏尔特 (Sirte) 向那里的驱逐机单位求援。马尔塞尤驾驶着"黄色13号"出发了，但不久后因引擎故障迫降在一条土路附近，这是他完全损毁的第7架战斗机。霍穆特对此并不知情，于是又派另一飞行员飞往苏尔特，结果与马尔塞尤一样音信皆无。所幸，几小时后马尔塞尤带着油罐车、淡水和食物赶了回来，霍穆特却告诉他，既然他的战机已经报废，他只有自己想办法赶到新基地。这难不倒机灵的马尔塞尤，他先搭乘意大利军队的补给车赶到巴尔比亚 (Via Balbia)，几番打听后找到负责北非后勤补给的某位将军，声称自己的任务十分紧急，必须得在次日赶到加扎拉基地。马尔塞尤如愿得到了一辆将军专车和司机，而需要付出的代价不过是陪那位将军共进晚餐，顺便吹嘘一下他在英吉利海峡空战的故事。当然，那位将军可能还留下了让这个颇有胆量的年轻人"拿50次空战胜利当车马费"的传奇。

马尔塞尤次日下午5时即完成了驱车800公里赶到加扎拉的征程，当他从将军专车里得意洋洋地钻出来时，霍穆特等对他无不刮目相看，因为中途曾在班加西过夜的他们也不过几小时

▲ 摄于1941年4月6日的巴尔干战役期间，JG-27第1大队第3中队飞行员马尔塞尤执行完任务后，正向人介绍自己的Bf-109E座机上被高射炮打出的一个大洞。

▲ 摄于1941年4月中旬，JG-27第1大队准备开赴北非战场，图中最右者似为马尔塞尤。

前刚刚到达。马尔塞尤加入JG-27后结交的好友施塔尔施密特(Hans-Arnold Stahlschmidt)和珀特根带他去看一架崭新的Bf-109E，他在这架“黄色14号”前笑意盈盈地告诉好友，只有7胜标志的方向舵还显得“有点秃”，但他很快会以更多的击坠让它饱满起来——虽然夸下海口，但他欠下的50次击坠“车马费”还要等到10个月后才能还清，而且次日的北非初战就让他意识到在这个战场上收获胜利并非轻而易举。

4月23日上午10点，纽曼大队的10架战斗机为前去轰炸托布鲁克的斯图卡轰炸机编队护航。几乎每个德军飞行员都憎恶这种护航任务，但马尔塞尤却与众不同，他的战友弗兰齐斯克特(Ludwig Franzisket)对此曾说：“……马尔塞尤实际上很喜欢护航任务，我问过他为何总盼着去护航，他轻描淡写地说斯图卡轰炸机就是吸引战斗机的磁铁，吸来的敌机越多，他就能获得越多的空战胜利。我觉得他的说法很有道理。”[26] 当日临近中午时，马尔塞尤与珀特根向正忙于进攻Ju-87俯冲轰炸机的2架“飓风”战斗机发起了突袭，他很快击坠了其中的英军长机，但当他准备进攻僚机时，发现自己被4架“飓风”咬住。马尔塞尤和珀特根凭借战机的优越性能爬升躲进云层，最后逃离了追击。下午，纽曼大队倾巢而出，再次执行护航任务，马尔塞尤等又一次在托布鲁克上空遭遇英机机群。急于取胜的他没有通知僚机和其他任何人，就从高空俯冲而下，但在有机会瞄准对手之前，他的战机又被数架敌机围攻。在命运的青睐下马尔塞尤侥幸生还，但座机的残骸上留下了至少30个弹孔。这次经历在一向漫不经心的马尔塞尤心中可能引起了相当的震荡，尤其是在5月1日首次取得一战击坠两架敌机的战果后，他曾有连续6个星期颗粒无收，自己的战机却多次被打得伤痕累累，这迫使他意识到，对大漠上空的对手决不能等闲视之。

由于沙漠生活环境的单调艰苦，最主要的是没有女色诱惑，马尔塞尤开始把注意力放在飞行技能和技战术水平的提高上。他的受挫感是显而易见的，但他通过训练提升能力的决心也是人所共见的。战友们除了看到他独自进行高强度技能训练和身体锻炼外，还发现他时常一个人在基地附近长时间漫步，手中挥舞或比划着什么，显然是在思考战术。马尔塞尤首先从锻炼视力入手，为让眼睛适应沙漠的强光和干燥环境，他一度不戴墨镜，有意让眼睛多接触刺眼的日光。他认为一旦视力有了大幅提升，在沙漠强光少云的天象条件下，飞行员就可以远远地发现敌机，因而借助云层躲藏，而后突袭的战术在沙漠里并非总是最佳选择。其次，他认定只有加强身体锻炼，特别是提高腹部和大腿肌肉的力量，才能在缠斗中比对手承受更大、更长时间的G力影响，才能使自己处于更有利的攻击或逃生位置。除不知疲倦的锻炼外，他还一度戒酒和只喝牛奶。再次，马尔塞尤的飞行时空感本来就很强，也拥有常人难及的飞行技能，但他还是在不违纪的情况下勤练特技飞行，因为他相信这可以帮他更好地掌控战机，使战机逐渐成为身体的自然延伸。战友们常见他在基地上空练习盘旋、爬升和横滚等各种飞行姿态与位置上攻击敌机的机动，甚至在短暂的作战间隙里他都抽空反复练习。许多只有最出色的特技飞行员在非战斗条件才能完成的动作，他都能在实战中运用得得心应手，这当然是与他的勤练不辍分不开的。第四，马尔塞尤加入JG-27前的两位中队长虽然都把他赶了出来，但都承认他在射术方面的天赋，但是，他那无人能够望其项背的精准射术除了天赋以外还是得益于勤练。他在任务完成后经常主动申请多飞一些时间，好把没用完的弹药倾泻在地面的静态目标上，或者练习他那日后最出名的大偏角射击。

初到北非的几个月里，马尔塞尤对自己的战术进行了认真改进，当然他那些旁人难以效仿的独特战术经历了相当长的时间才致臻完

▲ 左图为摄于1941年北非作战之初，头发长长的马尔塞尤，背景是他的Bf-109战斗机。中图为JG-27第1大队大队长纽曼，他在马尔塞尤短暂炫目的飞行生涯中扮演过重要角色。右图为 JG-27第1大队第3中队中队长霍穆特中尉（后任第1大队上尉大队长）。这位严谨得近乎刻板的职业军官即便在沙漠里也总是着装整齐，脚蹬锃亮的皮靴，与散漫不羁的马尔塞尤形成了鲜明对照。两人时常发生龃龉，所幸有纽曼居中调和，总算相安无事。霍穆特在北非取得过46次击坠，调往东线后于1943年8月2日阵亡于奥廖尔，总战绩为63胜。

▶ 图为马尔塞尤在整个军旅生涯中关系最亲密的朋友施塔尔施密特少尉。他后来担任第2中队中队长，1942年8月20日获骑士勋章，稍后的9月7日阵亡。这位好友的丧生对马尔塞尤的打击极大，20多天后他自己也未能逃过魂归大漠的宿命。

◀ 马尔塞尤的好友弗兰齐斯克特（左）正在接受霍穆特（右）的指令，这张照片摄于1942年2月的马图巴(Martuba)基地。

▲ 马尔塞尤与僚机飞行员珀特根，图片摄于1942年夏，马尔塞尤当时已获得骑士勋章。

▲ 马尔塞尤在第4空战学校时的同学和JG-27的战友施勒尔（图中戴手表者），他身边簇拥着意大利士兵。施勒尔是北非战场上仅次于马尔塞尤的二号王牌（北非战绩61胜，总战绩114胜），1945年2月出任JG-3少校联队长。

▲ 北非沙漠中的某处德军基地，虽无法确定是否为JG-27第1大队的基地，但北非德军的每处基地都大抵与此相仿。

▲ 1941年初夏时JG-27第1大队的指挥部，图中最右侧的角旗上有该大队的队徽——一名土著和一只狮头。

▲ 第1大队大队长纽曼带队开赴北非时带来了一辆拖车，本图就是改造后的拖车的内壁。图中所绘的每个土著都代表着大队的一名飞行员，飞行员的每次击坠以一片棕榈叶代表，并添加到相应的土著名下。中间的图案是第1大队的队徽——土著和狮头。

▲ 摄于1941年初夏，马尔塞尤（图中右侧戴太阳帽者）与战友们在一起。中间手持信号枪者是军士埃勒斯（Franz Elles，1941年12月11日被俘前的战绩为5胜）。背景是一架Bf-109E。

善。早在不列颠空战末期，不知深浅的马尔塞尤就曾对“战斗机必须为轰炸机编队进行捆绑式护航”的严令不以为然，他的品头论足和不屑一顾也为之带来了多次违纪记录。到北非后，他虽然欢迎为轰炸机编队护航的任务，但认为护航时使用的战术是错误的：“……战斗机总被束缚在轰炸机前方、上空或两侧，这太僵硬了，而且大家还相互挡道。战斗机必须不受轰炸机编队的束缚，我们必须打乱英机编队，而不是任由他们冲垮我们的队形。为什么我们总是整单位参战，而不是单个作战？我们必须通过预先计划好的方式驱散对手，而后一架接一架地消灭它们。”[27] 马尔塞尤结合大漠的天象条件，对正统的“四指编队”战术也进行了修订，正是在这个意义上他也被后人称为优秀的战术创新者。[28] 马尔塞尤认为沙漠的晴空万里为飞行员提供了极高的能见度，使编队相对于高度灵活的单架战机而言反而处于不利地位。在僚机掩护下，他可以攻击敌机编队中的任何目标，而对手此时难免出现混乱和迟疑不决，往往会就势转为防御，而这又会给攻击方提供更多的机会。他认为数量并非空战的唯一决定因素，最关键的还是驾驶战机的人，而且孤军作战还可以最大限度地减少误伤友机和相撞的可能。他始终不肯照搬战术规范中要求的从后上方攻击敌机的战法，反而认为在盘旋、爬升和横滚等姿态中能更有效地杀伤敌机。他攻击英军“V”形三机编队的做法也与众不同，总是从敌机编队的左右两翼中间高速楔入，闪电般地击杀飞在前面的、经验丰富的“带头大哥”，而后在两翼敌机一片茫然之际，他往往已高速逃脱。

1941年6月发生了几件对马尔塞尤有着重大影响的事件。第一件发生在6月14日上午，当日英军战斗机和轰炸机先后袭击了加扎拉的第1大队基地，暂代第3中队中队长的弗兰齐斯克特（霍穆特正在生病）击坠了一架英机，英军飞行员跳伞后被俘。马尔塞尤当日起飞后没有取得胜果，反而因发动机中弹迫降在德占区。返回基地后他被弗兰齐斯克特的一番举动震惊了——被俘飞行员询问自己的征服者，能否把自己的下落通告英方，只见弗兰齐斯克特二话不说，立即驾机飞往英军基地上空，掷下了这名战俘手写的关于自己处境的便条。这一“我们不是野兽”的宣言给马尔塞尤留下了极深的印象，老手们时常讲述的“一战”飞行员如何骑士般地对决、如何善待伤者和俘虏、如何以军人的荣誉安葬亡者的故事，一下子都栩栩如生地展现在他的面前。马尔塞尤在与施塔尔施密特等人建立友谊前，与战友们的关系普遍疏远，但弗兰齐斯克特等人的骑士风范迅速赢得了他的尊重，而他自己的行为更是深受影响，在随后的一年多里，他多次将“残酷战争中不曾泯灭的人道”发挥到极致，尽管他也为此多次触犯军规。

第二件事发生在6月16日，马尔塞尤当日终于成为一名少尉，尽管毕业于高级战斗机学校的同学们早在1940年初就获得了少尉军衔。在这天的空战中，马尔塞尤的发动机被高射炮击中，风挡也被喷射的油滴涂成漆黑一片，所幸他在珀特根指引下尚能勉强飞回基地，不过又一架战斗机毁于他手。一个多月里战绩为零，却在三天内两次损毁战机，这种状况引起了纽曼的关注。纽曼把马尔塞尤找来认真地交谈了一次，说自己觉得后者“正走在成为优秀战斗机飞行员的正确轨道上”，但他最近的表现“却不能很好地证实这一期待”。他说马尔塞尤之所以还活着纯粹是靠运气，“但不能总这样拿自己的生命冒险……和玩弄死神”。他语重心长地指出，马尔塞尤只有以清醒的头脑和深思熟虑的战术判断来取代恣意妄为，才能真正地走向成熟和成为一名优秀的战斗机飞行员。有纽曼做大队长实在是马尔塞尤的幸运——以前的长官们不止一次地训诫过他，但无人像纽曼那样以半父半兄的姿态与他平等对话，既不恶狠狠地威胁，也不口无遮拦地贬低和羞辱，更不嫉妒下级的才华和战绩。以自我为中心的马尔塞尤很容易被另一种风格的上级所伤害，纽曼虽然严厉训诫了他并令其停飞三日，但他心服口服，更何况大队长还在他不知情的情况下交代弗兰齐斯克特等人，“对马尔塞尤要严厉点，但绝不能不把他当回事。”[29]

纽曼的训话似乎立竿见影，马尔塞尤次日就击坠了两架“飓风”战斗机，尤其是击落第2架的过程令僚机珀特根钦服不已。当时马尔塞尤与对手比着转弯，“飓风”的转弯半径虽比Bf-109更小，但他知道决定胜负的是谁更能承受G力、谁的黑视（因高过载造成的飞行员短暂视力模糊、失意乃至昏厥的现象）的时间更短。只见马尔塞尤把战机倒转过来，收油门的同时放下襟翼，然后沿着更小的半径转弯——他很清楚，如此造成的速度突降会使身后敌机的射击越标，至少也会偏离，而低速飞行能帮助自己完成更急的转弯。尽管接近失速，但放下的襟翼还是使他能够保持水平，他拉起机头后将机鼻对准预期的敌机飞行轨道。这时他已处于理想的偏角射击位置，那架“飓风”浑然不觉地飞了过来，只见马尔塞尤轻轻按下机炮按钮，然后看都没看一眼地迅速飞离。“飓风”不出所料地与炮弹“恰到好处地”在空中交汇，转瞬间拖着长长的烟柱向大漠栽去。

此战之后，纽曼批准马尔塞尤回国休假，后者的体重已从几周前的150磅锐减到110磅，除了大家都有的胃病外，面色枯黄的马尔塞尤还不幸染上了疟疾。他直到8月26日才正式归队，这个年轻人靠自己的天赋和苦练，尤其是创立了足以化解英军“防御环阵”(Lufbery) 的有效战术，很快就在万里无云的大漠上空成为对手挥之不去的梦魇。

非洲之星横空出世

两个月的休养让马尔塞尤恢复了健康和元气，至于这段日子里他的具体经历虽无从知晓，但从归队当日他就向战友炫耀自己“征服女性的战果”这一节来看，大致也可猜出他的作为。不过，大家很快发现“这个可笑的家伙”并非凭空吹嘘，因为不久后就有不少显然喷洒了香水的信件寄到大队，其中一些还是女明星的情书。随着时间的推移，大家逐渐意识到马尔塞尤并非故意炫耀艳事，他所做的一切都是在千方百计地证明一件事——他虽然面相有点女气，身形举止又像个大男孩，但他不管是在空中，还是地面或任何其他方面都与战友们一样是个男人，而且比所有人都更男人！自幼形成的唯恐得不到承认的不安全感，显然贯穿于马尔塞尤短暂的一生之中。

马尔塞尤归队的当日就挨了当头棒喝——霍穆特中尉将他叫去训了一顿。霍穆特在6月末结束病休后回到了北非，归队前他曾见过伊勒费尔德，可以想象后者向他讲述了多少关于马尔塞尤的荒唐事。霍穆特在病休之前虽对马尔塞尤吊儿郎当的作风，尤其是军容军姿相当不满，但并不真正地了解这位下属，他回来后花了许多时间研究中队的作战总结和相关报告，也与曾代行中队长职务的弗兰齐斯克特及其他飞行员多方交谈，之后显然对马尔塞尤产生了非常差的印象。马尔塞尤见中队长前还是个兴高采烈地大谈艳事的快活青年，走出队部时却成了垂头丧气的老蔫。他稍后曾向密友透露过谈话的要旨，他觉得中队长不管他是不是个好飞行员，反正已认定他是个坏榜样，而且还敏感地察觉出霍穆特正在寻机将其撵走。弗兰齐斯克特战后倒是透露了两人谈话的要点，因为霍穆特会后马上找到了他。霍穆特承认对马尔塞尤可能有点苛严，但认为严一点有好处，“一个孤狼般的牛仔对中队并无好处，他得学会作为团队的一分子来飞行作战，否则只能将之撵走”。霍穆特还告诉弗兰齐斯克特，他宁愿把马尔塞尤赶到陆军后幸存下来，也不愿看到他在空中战死，或出现更糟的情况—由于他的愚蠢和鲁莽而造成战友的丧生。[30]

马尔塞尤与霍穆特的冲突还只是开始。霍穆特是个注重军容仪表和纪律的职业军官(烈日炎炎下他也总是衣衫整洁、皮靴锃亮)，但不像纽曼那样宽容和有耐心。当然，他可能对马尔塞尤的飞行才能、攻击性和战绩也感到很不自在。马尔塞尤对受到的批评和指责既不理解也不服气，或许在心里还产生了自己正受迫害的“雨格诺教徒”情结(他的祖上就是因受到宗教迫害而从法国逃至德国的雨格诺教徒)。

值得庆幸的是，中队长的指责虽然影响了马尔塞尤的情绪，但并未妨碍他在执行任务后反思得失，尤其是钻研如何破解英军的“防御环阵”战术。所谓的“防御环阵”是英军使用的一种直径接近1000码的大型战术编队，一旦发现敌机，英军战斗机往往组成环形编队，其中各战机要压约70度的坡度，时速约250公里，各机之间相距约250码。[31] 这种编队在1941至1942年间曾给德军飞行员造成了很多困扰，他们发现不仅很难打破首尾相顾、彼此保护的环阵，即便撕开了一角，也往往要与数量占优的对手陷入危险的缠斗。马尔塞尤对这些困难和危险并不介意，反而特别热衷于敲开环阵，正如他在6月16日迫降成功后对施塔尔施密特所说的那样，他一见到防御环阵就“忍不住要跳进去，就像狼扑到羊群里似的”。不过，马尔塞尤那时的战术还有缺陷，正如战友克拉德(Emil Clade)战后所言：“马尔塞尤有两种办法挫败防御环阵。第一种是先爬升到高空，而后向下俯冲，命中一或两架敌机后制造大范围的混乱。一旦敌机编队被驱散，他就开始随意收拾他们……他能取得一些胜利，但是自己的座机也有很多时候被搞得伤痕累累……”[32]

如果说上述战法是马尔塞尤打开环阵的初级阶段的话，那么他在回归大漠后的几个月里，经过苦练和精心雕琢，终于找到了对手的命门，也发展出几乎无人能够效仿的独特战术。根据战友和对手的回忆以及后世军史家们的研究，马尔塞尤在对付环阵时经常不拘一格，往往根据空战形势和对手的反应采用不同的战术。有时他会使用前述初级阶段时的“高速俯冲攻击”战术，但多数时候他会先在环阵上空飞上几个来回，寻机俯冲到敌机编队下方后再陡直上升，从机群下方展开攻击。虽然这需要承受常人难以忍受的G力影响，但他依然能向敌机射出短促致命的炮火。完成射击的同时，他会爬升到敌机编队上空，准备再次进攻。不过，有时他并不立即展开下次进攻，为防止敌机尾随，他会继续爬升直到失速为止，而后再安全地螺旋下降到机群下方，占据有利位置之后再展开下一轮攻击。马尔塞尤还使用过令敌友双方均目瞪口呆的战术，有时他竟不可思议地钻入环阵中央，在对手环伺之下娴熟地操纵油门和着陆襟翼，通过降速来获得更小的转弯半径，从而挫败机动性更强的“飓风”或“寇蒂斯”战斗机以及整个环阵的设计目的。他在环阵内圈飞行时，往往一边急转弯，一边从令人难以置信的角度和距离向对手射击。他的大偏角短促射击往往能直接命中敌机发动机和驾驶舱，被击中者不是凌空爆炸，就是一头栽下，给对手的士气造成了可怕的打击。不过，令英军感到庆幸的是，能够完成这些复杂的机动、命中战机后还能逃生的德军飞行员只有马尔塞尤一个。

马尔塞尤把多数精力放在自我提高上，自然就无暇顾及其他方面，或者说至少收敛了许多。他甚至晚上还花时间研究对手的战机和飞行员，这对习惯于夜夜笙歌的他来说算是不小的变化。到1941年9月24日，马尔塞尤已零零散散地击落了18架敌机，按照战时标准绝对称得上是王牌了。9月24日，马尔塞尤迎来了以实战破解“防御环阵”的良机。当日下午早些时候，他先击落了一架落单的“马里兰”(Maryland)轰炸机，几小时后又与僚机飞行员库格尔鲍尔(Karl Kugelbaur)等人拦击英军战斗机编队。在

18架敌机准备形成环阵之前，马尔塞尤发现了一架反应稍慢一拍的"飓风"，于是这架敌机成为他的第20个牺牲品。当那架"飓风"拖着浓烟朝地面坠去时，10余架英机终于组成了防御环。就在马尔塞尤盘算着使用何种战术之时，他看到库格尔鲍尔被一架"飓风"咬住，于是抢在前面击坠了这架敌机。他带着僚机一起爬至高空，然后进入倒飞状态，选准切入点后猛然压杆俯冲，杀入环阵中后向敌机群中的一架"飓风"射出了短促的炮火。不待观察战果，他又立即急转跃升，返回到僚机所在的高度。当那架倒霉的"飓风"坠地时，马尔塞尤又开始"示范"刚才的连串动作，他先后重复了3次，结果有3架敌机战栗着解体了。一直负责掩护的库格尔鲍尔目瞪口呆地亲睹了整个过程，"当马尔塞尤的僚机可不容易"的说法就此迅速流传开来。的确，马尔塞尤的特技玩得如此高超，保护其后部和侧翼的任务如此之重，还要不停地提速、减速和寻找位置来确认他的战果，对任何飞行员来说都是很高的要求。马尔塞尤完美地证明了自己的战术行之有效，尽管又违反了规则，但看在击坠敌机5架的不俗战绩上，霍穆特也仅仅是皱了一下眉头而已。

到10月中旬时，马尔塞尤已积累了25次胜利，他的名字第一次引起了戈林的关注——11月3日，他得到了只能由帝国元帅本人批准颁发的银质荣誉奖杯(Ehrenpokal)。当时，第1大队的几个中队正轮流开回慕尼黑基地，换装并熟悉新的Bf-109 F4 热带沙漠型战斗机。由于换装过程从10月15日一直持续到12月最初两天，马尔塞尤错过了北非大漠中的一起一生难遇的灾难。11月17日，一场大暴雨引发的山洪暴发，几乎不费一枪一弹就摧毁了9月末刚抵北非的JG-27第2大队，造成了惨重的装备损失，纽曼大队则因所处地势

▲ *摄于1941年12月7日，凯塞林元帅视察JG-27第1大队期间正在向飞行员们讲话，图中左起第7人为马尔塞尤。*

▲ 摄于1941年12月7日，纽曼正在为马尔塞尤颁发金质德意志十字勋章，中立者是第10航空军指挥官盖斯勒将军。

▲ 摄于1941年12月7日，凯塞林在马尔塞尤获得金质德意志十字勋章后，正在向他表示祝贺。图中从左至右依次为：施塔尔施密特少尉、第2大队的戈尔利茨（Erich Gerlitz）上尉、马尔塞尤、纽曼、凯塞林和盖斯勒。

较高、事先有所准备而逃过一劫，不过这些单位的作战就绪度都为之深受影响。12月4日，马尔塞尤与战友们驾驶着崭新的Bf-109 F4返回了北非，他在接下来的三日里收获了4 胜，总战绩达到了29胜。7日，纽曼为马尔塞尤颁发了新创立的金质德意志十字勋章，这一荣誉让非常在意他人是否认可的马尔塞尤很是兴奋——这种勋章虽低于骑士勋章，但高于一级铁十字勋章，而他是北非飞行员中的第一个、整个空军的第二个获得者，更何况凯塞林元帅与第10航空军指挥官盖斯勒 (Hans Geisler) 将军都亲临现场并与他握手祝贺呢!

马尔塞尤显然是一个需要不停鞭策和鼓励的人，获得金质德意志十字勋章后的十天里他又击坠了7架P-40战斗机，其中包括12月13日生日那天的连续两次击坠。不过，已升任第1中队中队长的弗兰齐斯克特注意到马尔塞尤的脸色非常难看，也很虚弱，似乎长时间说话和站立都有困难。纽曼和霍穆特除了把马尔塞尤送到野战医院外也暂时无计可施，因为随着德军地面部队的步步后撤，JG-27在德尔纳 (Derna) 和加扎拉的两处主要基地均已暴露在英军威胁之下，他们只能待形势稳定时才能安排运输机将马尔塞尤送走。12月18日，隆美尔下令放弃加扎拉，JG-27无法撤离的辎重和未及修复的战机均被炸毁。撤退完成后，纽曼安排运输机将马尔塞尤送往雅典的军医院，与他同机的还有日前被意大利炮兵误伤的弗兰齐斯克特。弗兰齐斯克特在雅典短暂逗留后被送回本土治疗，直到次年3月方才归队。而马尔塞尤被查出患有疟疾、黄疸、阿米巴痢疾和肠胃炎等多种疾病，不过，这些相对于他几天后获悉的噩耗来说根本算不得什么。30日，一位军官将JG-27联队长沃尔登加转发的一封电报交给了马尔塞尤，这封电报来自他的母亲，其内容无疑就像晴天霹雳——"妹妹亡故，速归。"急返柏林后，马尔塞尤了解到住在维也纳的妹妹英格是被她的前情人残忍杀害的。马尔塞尤与妹妹自幼感情笃厚，可以说是除母亲外最亲近的人，她的被害对马尔塞尤的打击是巨大的，所造成的创伤直至阵亡时都还未能够抚平。

当马尔塞尤2月6日返回北非的马图巴基地时，战友们都注意到他显得异样的安静沉闷，甚至有些意气消沉。虑事周全的纽曼事先已向大家通告了马尔塞尤妹妹的不幸，他不希望任何人惹麻烦，告诫大家都要尽心帮助马尔塞尤把注意力转移到飞行作战上。尽管大家都小心翼翼，但马尔塞尤归队的首日就恶化了与霍穆特本就困难的关系——他回来后并未立即面见中队长，而是越过指挥层级直接到纽曼那里报到。这一举动被霍穆特视为不敬和挑战权威，尽管非常愤怒，但他还是不动声色地只命令马尔塞尤停飞几日，以便于逐渐进入作战状态。但是，马尔塞尤和几位朋友却认为这不一定代表着善意，而是中队长试图赶在他之前收获第40胜 (霍穆特此时战绩为38胜，马尔塞尤为36胜)，否则中队长就不应该命令马尔塞尤停飞，而且还指定解禁后由他担任僚机！更惊人的举动还在后面，当马尔塞尤得知霍穆特再次不推荐自己晋升中尉时 (理由为"行为举止不合军官标准，对上级缺乏适当尊敬")，他简直气得发疯，往昔的所有"不公和压迫"刹那间全都涌上了心头。只见他奔向座机快速升空，盘旋几圈后朝着霍姆特帐篷外的空地狠狠地倾泻子弹！这一肯定要被送上军事法庭的愚蠢举动震惊了所有人，联队长沃尔登加曾说这是马尔塞尤"所做过的最愚蠢的事情"。霍穆特书面要求将马尔塞尤送上军事法庭，但在纽曼和沃尔登加的斡旋下他幸运地躲过了军法审判，不过停飞令得到了严格执行，晋升一事也被否决。

躲过了弥天大祸的马尔塞尤一个人长时间地躲在帐篷里喝酒吸烟，沉思不语，更加思念自己的妹妹和母亲。他觉得，自己唯一能够挫败霍穆特的办法就是取得更多的胜果，而且还要尽可能当着中队长的面做到这一点。2月8日晨，第3中队派出4架Bf-109前去报复刚轰炸过己方的英军，马尔塞尤刚完成为侦察机护航的任务，当时正准备着陆。就在这时，处于降落状态的他收到了地面发出的警报——5架“飓风”战斗机正准备偷袭他。他立即收起起落架，从距地面很低的高度呼啸而过，只见子弹从其座舱两侧纷纷偏出，而离他最近的“飓风”只有不到200米远。马尔塞尤用力左转摆脱了追逐之敌，然后推送油门急剧跃升。当其他几架“飓风”从马尔塞尤下方穿过时，纽曼和霍穆特等人正在地面驻足观看，他们所目睹的无疑将是一个传奇的诞生。马尔塞尤飞到2000英尺后将座机侧滚翻转过来，机鼻朝下开始俯冲，他向最右边的一架“飓风”开火了。8点22分，这架被打着起火的战斗机坠地爆炸了，3分钟后，另一架“飓风”也在基地附近坠地后燃起了熊熊大火。马尔塞尤再次做出爬升、失速、坡度转弯和横滚等一系列机动，又向剩下的“飓风”发起攻击。一连串令人眼花缭乱的机动之后，他在500英尺高度突然出现在第3架“飓风”身后，对手被击中后冒出了轻烟，但并未应声而落。这时，纽曼冲着身边痴痴而立的众人大嚷大叫，命令他们赶快升空帮忙——无人挪动脚步，也没有必要了，因为第1中队返航的3架战斗机已出现在基地上空，他们早已看到地面上冒起的烟柱，还有那架“独舞”的Bf-109。他们的出现迫使剩下的“飓风”迅速向东逃去，被马尔塞尤击伤的那架战斗机也在其中。

包括霍穆特在内的所有人无不为眼前的精彩一幕感到震撼，最兴奋的当然还是那些鲜有机会目击空战的“黑人”(飞行员给身着黑色制服且又晒得黝黑的地勤们所取的绰号)，尤其是马尔塞尤自己的几位技师和地勤——马尔塞尤不仅一向善待和关心他们，还在大家面前把他们辛苦工作的成果在一场壮观的演出中展现得淋漓尽致。10分钟的空战中，马尔塞尤仅用30余发弹药就取得了击坠2架和重创1架的战绩，但这还不是传奇的全部。在下午的作战中马尔塞尤担任霍穆特的僚机，他在10分钟内又击坠了两架敌机，个人战绩上升到40胜，而霍穆特也收获了1胜，以39次击坠屈居马尔塞尤之后。霍穆特对马尔塞尤率先取得40胜可能感到不快，尤其是后者下午的首次击坠还是从他手中“偷”走的——当时马尔塞尤抢在前面击坠了他一直在追逐的一架敌机。最令霍穆特不满的是，马尔塞尤在此战前后曾向他人夸口，说自己要在战绩上击败中队长，并以此来报复后者阻碍自己晋升中尉之恨。下午晚些时候，霍穆特通知马尔塞尤停飞，原因是不服从命令，何时解禁另行通知。马尔塞尤未置一词，回去后与被俘的英军飞行员聊起天来。不久，有人看到马尔塞尤独自驾机升空了，既无僚机陪伴，也未把去向告诉任何人。纽曼和霍穆特到处打听怎么回事，大家都一脸茫然，最后还是那位战俘道出了原委——马尔塞尤拿着他写的便条和英军基地的坐标，前去通知对手这位“失踪”飞行员的下落了！霍穆特闻言大怒，气得在中队部里不停踱步，但当马尔塞尤一小时后归来时，纽曼却抢在前头把他带进了大队部。纽曼平静地提醒马尔塞尤，戈林月前已签发命令，严禁飞行员做出此类通告对手下落的“人道举动”，即便弗兰齐斯克特也只做过一次，而今天已是马尔塞尤的第2次违令。纽曼还暗示，如果霍穆特越过大队直接向联队控诉，就算他想袒护恐怕也是有心无力。

2月12日，由于作战需要，纽曼下令解除了马尔塞尤的停飞令。霍穆特对此显然感到不满，将马尔塞尤送交军法审判的申请被纽曼和沃尔登加推翻，现在连最基本的停飞也被否决，让他这个中队长的威信何在，脸面何存？在当日的护航任务中，霍穆特严令僚机马尔塞尤负责掩护。刚开始一切都算正常，霍穆特也顺利摘取了第40胜，但是当马尔塞尤看到中队长周边没有直接威胁时，他又将命令置诸脑后，脱离长机后径直向敌机发起了进攻。地面作战室里的纽曼和沃尔登加都能清楚地在无线电里听到霍穆特的大声呵斥和咒骂。马尔塞尤依然高效精准，1点30分至36分之间，1架"飓风"和3架P-40成为他的第41至第44个刀下之鬼。

霍穆特驾驶着受损的战机返回马图巴基地后，径直奔向纽曼和沃尔登加所在的作战室，锃亮的皮靴踩在沙地上留下了一串串重重的脚印。人人都能看出他的愤懑，他再次要求将马尔塞尤送上军事法庭，强调自己有权指控后者的数次违纪，更不要说之前扫射帐篷的危险恶行。马尔塞尤的老同学施勒尔当时"偷听"到了帐篷内对话的若干片段，战后他曾回忆说："……马尔塞尤确实没有服从霍穆特的命令，也违背了空军作战飞行条令，当然他也无视指挥官令其归队的多次要求，因此可谓临阵违令——这一点很重要，因为这等于是指控其临阵畏缩或逃跑，被当场处决都有可能。马尔塞尤有大麻烦了，但也有几点对他有利，霍穆特可能也很清楚，只不过在盛怒之下不愿提及或干脆没想起来。马尔塞尤是违背了条令且无视长官命令，但他取得了4次击坠，还救了霍穆特一命，因为他击坠的两架敌机本来都是冲着霍穆特去的，此外马尔塞尤还把自己的战机毫发无损地开回来了……"[33] 沃尔登加当着纽曼的面提醒霍穆特，撰写报告时不要忘了马尔塞尤曾两次救过他的命这个事实。冷静下来后，霍穆特显然听进了长官们的劝告，他提交的报告中没有任何足以毁灭马尔塞尤的内容。霍穆特或许已经意识到，只要这个"魔头"还能接二连三地击坠敌机，那么他就是一个无人能动、军法严令都会网开一面的"铁人"。

2月21日，马尔塞尤在8分钟内击坠了两架P-40，总战绩达到50胜。次日，凯塞林元帅向马尔塞尤和军士舒尔茨（Otto Schulz，总战绩44胜）颁发了骑士勋章，兴奋的施塔尔施密特等仪式一结束就一把抱住了马尔塞尤，纽曼也满脸笑意地祝贺这个羽翼日丰的年轻人。施勒尔战后曾回忆说，马尔塞尤获得骑士勋章后的一段日子里情绪很好，让人觉得过去那个爱开玩笑、时常搞恶作剧的"约亨"（Jochen，马尔塞尤的昵称）又回来了。

3月初，再次患病的马尔塞尤回国治病，与他同行的还有施塔尔施密特——后者在2月27日紧急迫降后曾经被俘，虽在一天后幸运脱逃，但被俘期间遭受的拷打和虐待让他精神过度紧张乃至紊乱。病休期间马尔塞尤做了一件既令战友们大跌眼镜，又可能使欧洲各地的许多女性心碎的事情——他与柏林女教师屈佩尔（Hanne-Lies Küpper）小姐订婚了。回北非前马尔塞尤接到命令，要求他在罗马逗留时面见墨索里尼，后者将向他颁授"意大利银质勇敢勋章"。不谙世事的马尔塞尤竟在墨索里尼的女婿齐亚诺面前对"领袖"评头论足，还说出了"那人真是自命不凡"之类的话语。按照加兰德战后的说法，当这些话传到希特勒那里时，元首曾很轻松地评论道："看来我们的马尔塞尤颇有识人之明。"

马尔塞尤5月1日正式晋升为中尉，5天后又成为第3中队代理中队长。6月8日，随着纽曼升为联队长，霍穆特继任第1大队大队长，马尔塞尤正式担任了中队长。这一任命对他是个巨大的鼓舞，担负领导职责和取得更多胜利也成为他祭奠亡妹的一种寄托。在空中，马尔塞尤几乎每战都要击落至少2架敌机；在地面上，他的纪律感与以前相比有了重大变化，与大队长霍穆特相处时也能较好地拿捏分寸；在战友关系上，中尉中队长的身份并没有妨碍他继续与大家打成一片、融洽相处。当然，马尔塞尤的平民作风和骑士风范，还有他的种种"毛病"（如喜欢听爵士乐和敌台播放的音乐，对高阶军官缺乏必需的礼仪，做派不像职业军官等），注定了他不是德国军事机器期待或培养的典型军官，也就注定了才华禀异的他不可能再获得更高的职务。

不过，马尔塞尤才不在乎这些，在他眼中

▲ 摄于1942年2月，马尔塞尤站在一架被他击落的英军“飓风”战斗机旁，据信这架战斗机属于英国皇家空军的第213战斗机中队。

▲ 摄于1942年2月21日，马尔塞尤当日取得了第50胜，图中是他的“黄色14号”Bf-109 F2热带沙漠型战斗机。

▶ 摄于1942年2月，马尔塞尤正准备升空作战。

▲ 1942年2月，马尔塞尤的“黄色14号”Bf-109正在加油，图中右侧的方向舵上显示出他此时已取得48次击坠。

▲ 摄于1942年2月21日取得第50胜的当天，马尔塞尤正与众飞行员谈论战术，图中右侧低头不语者为霍穆特。这张照片后来成为1942年7月7日出版的空军官方杂志《战鹰》的封面。

▲ 摄于1942年2月21日取得第50胜的当天，马尔塞尤正在与战友交换意见，地勤则忙着将新的胜利标记添加到方向舵上。

▲ 这是一张罕见的照片，摄于1942年3月14日，当时马尔塞尤正在柏林休假。图中左为他的老同学施勒尔。

▲ 摄于1942年2月22日，马尔塞尤获得了骑士勋章。从他的神情可以看出，获得这一荣誉显然令他非常高兴。

最重要的是飞行，最自豪的是空战，只有坐进座舱、扣严舱盖的那一刻才是最有安全感、最无拘无束的他。5月30日，马尔塞尤“罕见地”仅收获了1胜，他的第65个牺牲品跳伞时头部撞上了飞机，因而未能打开降落伞。马尔塞尤着陆后立即与珀特根驱车赶往坠机处，收拾好亡者的证件和个人物品后，他一回到基地就向英军的方位飞去——马尔塞尤又一次绽放出自己弱小身躯中蕴藏的人道光辉，再次违纪如何？坠机处位于敌军防线内又如何？马尔塞尤永远都会做他认定正确的事情，也恰恰是这种散发着人性光彩的冒险飞行，战后为他在对手那里赢得了传奇般的地位——他们中的许多人都知道“黄色14号”，还有那个飞行员令人难以置信的

▲ 左图摄于1942年2月22日，马尔塞尤获骑士勋章后，在JG-27联队部门口留下了这张颇为经典的照片。右图摄于1942年2月底，心情不错的马尔塞尤离开帐篷，准备前去执行任务。

◀ 摄于1942年2月21日取得第50胜的当天，马尔塞尤与中队长霍穆特（右）讨论战术。此时他已超过霍穆特成为北非战绩最高的飞行员，但与后者的关系依然相当紧张。

▲ 摄于1942年5月，JG-27第3中队代理中队长马尔塞尤正与战友们讨论作战事宜。

▲ 摄于1942年6月1日，马尔塞尤正准备起飞。6月3日，他在11分钟里击坠了6架敌机。

▲ 骑士勋章得主马尔塞尤中尉。

▲ 摄于1942年6月，马尔塞尤与联队长纽曼在一起。霍穆特继任第1大队大队长后，马尔塞尤在6月8日正式担任了第3中队中队长(5月6日起代理)。

▶ 手持文件夹的马尔塞尤中尉似乎正一本正经地履行中队长的职责。从他佩戴的骑士勋章来推算，本图应摄于1942年6月18日之前。

▼ 摄于1942年6月初，“时髦青年”马尔塞尤正向座机走去，方向舵上显示出他的战绩至少为70次击坠，以此推算，本图应摄于1942年6月3日至10日期间。

▲ 摄于1942年6月，马尔塞尤与纽曼 (左一) 和一名意大利飞行员（右一）在一起。从本图可以看出，马尔塞尤身材很是瘦小，尤其是双腿非常之细，的确缺乏阳刚之气。

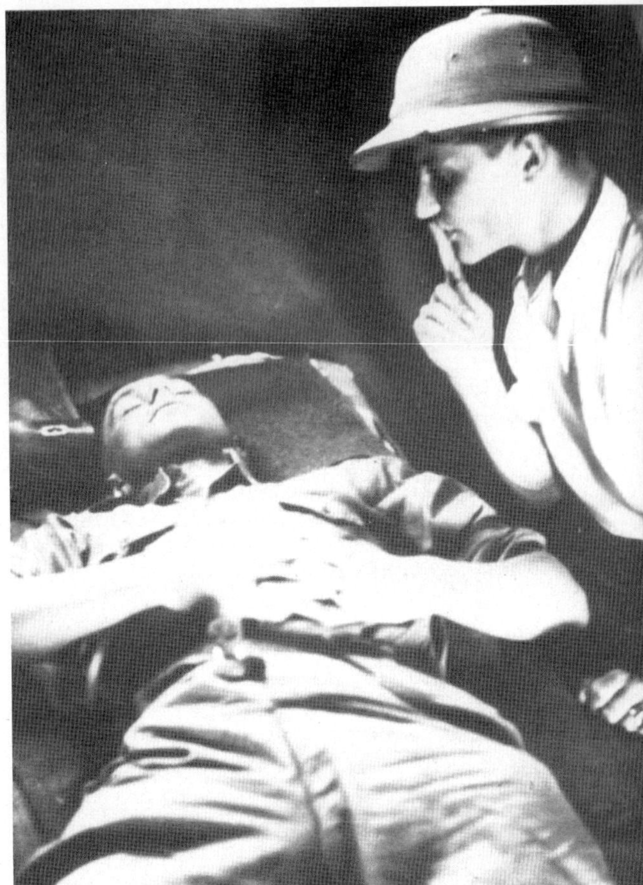

▲ 图中的马尔塞尤正在搞恶作剧，或许是在唱催眠曲。他曾将一条橡胶带搁在熟睡的战友身下，结果战友在半梦半醒之间还以为是条蛇，被吓得魂飞魄散。

◀ 马尔塞尤担任中队长后对战友们的态度是依然故我，继续与大家嘻嘻哈哈打成一片，全然不讲官兵之间的界限。图中口叼烟卷、动作夸张的就是马尔塞尤。

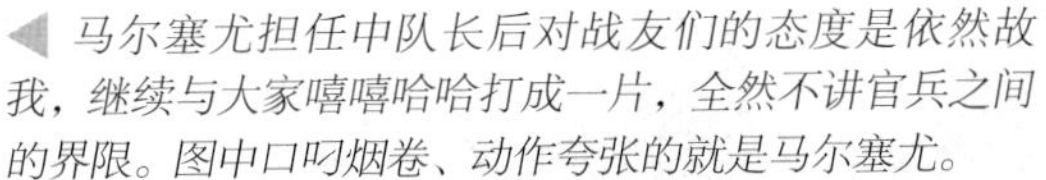

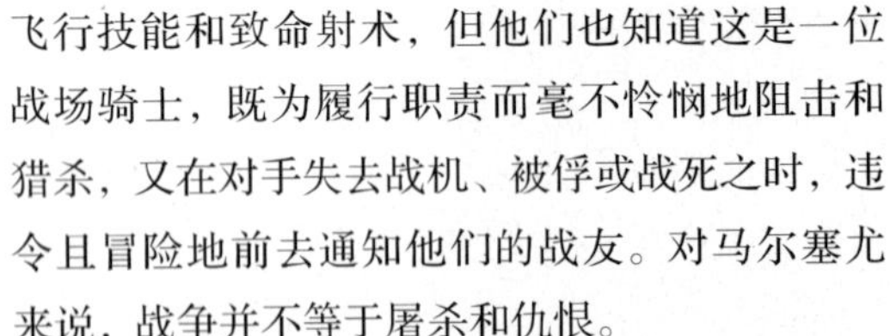

飞行技能和致命射术，但他们也知道这是一位战场骑士，既为履行职责而毫不怜悯地阻击和猎杀，又在对手失去战机、被俘或战死之时，违令且冒险地前去通知他们的战友。对马尔塞尤来说，战争并不等于屠杀和仇恨。

6月3日中午，马尔塞尤率领中队为第3俯冲轰炸机联队 (StG-3) 第1大队提供护航。途中他发现远处的天际出现了约16架敌机，起初他并没有理睬对手，而是继续护航。不久后马尔塞尤离开己方编队，跟随他的只有那位人称“空战计数器”的珀特根。他陡直爬升到敌机编队上方，然后一摆机翼猛扎下去，飞入敌机环阵后转瞬间击毁了第一个猎物。紧接着他拉起机头，开始爬升和转弯，3分钟后第2架敌机变成了燃烧的火球。又过了两分钟，第3架敌机在3500英尺高度被打爆起火。这时敌机机群已经阵形大乱，英军飞行员们四散着朝这个凶猛的敌人扑来。马尔塞尤急速爬升，俯冲下来时瞄准了第4个猎物，在距敌机约100英尺处按下了机炮按钮，不想炮弹没有射出，于是他迅速改用机枪射击。这架战机被击中时，马尔塞尤之前命中的第3架敌机才拖着长长的浓烟坠地爆炸，两次击坠间仅相隔了15秒钟而已。显然，对手的高效和精确吓坏了其余英机，他们全都改为低空飞行，希望能避开这个凶神恶煞。杀得兴起的马尔塞尤紧追不舍，飞近其中一架敌机时迅速急转弯，以一阵短促的射击命中了敌机的发动机和驾驶舱——这一幕简直就像他在旁若无人地练习急转弯——近距离短促射击一样。从12点22分击落首架敌机到此时击坠第5架，时间才流逝了7分钟！马尔塞尤还不准备收手，他一边观察着仓皇失措的敌机，一边向上爬升，当一架英机不慎从他面前穿过时，他本能地按下了机炮按钮，于是第6个牺牲品在12点33分时完结了。为时11分钟的空战中，几乎凭借一己之力击溃了16架敌机，击落6架，其中头5架击坠在7分钟内完成，而自己毫发无损，没有一发炮弹或子弹击中座机，不知道各国空军中达此境界的能有几人？被马尔塞尤击落的至少包括3位英军王牌——派尔(Robin Pare，6胜)、戈尔丁(Douglas Golding，6.5 胜) 和伯沙 (Louis Botha，5胜) 。幸存者们返回后心有余悸地汇报说，他们遭到了数量占优的数个德机编队的攻击，其中一个编队击落了6架英军战机后迅速逃走了。再次目瞪口呆的珀特根在报告中写道："……所有敌机都是马尔塞尤在转向缠斗中击落的。他射击时只需看一眼敌机就行。他射出的炮火和子弹能从前方的发动机一直覆盖到驾驶舱。他自己也解释不清是如何做到的。每回缠斗中他都竭力降低速度，以便减小转弯半径；他平均只需要60发弹药就能击落一架敌机。"

总战绩达75胜的马尔塞尤第一次登上了国防军战况公报，次日，凯塞林光顾JG-27时宣布马尔塞尤已获得第97枚橡叶骑士勋章，而且还将由元首亲自授勋。不过马尔塞尤并未得到橡叶骑士勋章——短短十余日后，他就因战绩突破了100次击坠而成为第12位双剑骑士。6月份余下的日子里，马尔塞尤又取得了令人印象极深的多次击坠，其中17日的空战几乎就是月初一战的翻版。当时他在10分钟内砍瓜切菜般击坠了4 架"飓风"、1架"喷火"和1架P-40，以101胜的总战绩 (第11位突破百胜大关者) 成为精英飞行员俱乐部中最年轻的一员。马尔塞尤降落在基地时，欢乐的人群涌向他的那架"黄色14号"，人们想把他从座舱里拖出来扔到空中，但注意到他的脸色苍白，大滴的汗珠顺着脸颊流淌——北非的气候，无休止的作战，惊心动魄的缠斗使他有些透支了。

所幸的是，马尔塞尤次日即踏上了回国的旅程，他将在到达柏林后转乘火车，赶赴东普鲁士狼穴大本营领受双剑骑士勋章。一到柏林，马尔塞尤就感受到故乡对他的热忱欢迎，几乎所有大报的头版都以整版篇幅刊登着他的照片，通栏的大标题则写着"柏林为他自豪"，走到哪里都有热情的柏林人向他致意或索取签名，就连送他回家的出租车司机也拒收车资。6月28日，马尔塞尤在希特勒的空军副官贝洛陪同下进入了狼穴大本营，授勋仪式结束后，马尔塞尤与希特勒、戈林和戈培尔等共进午餐。他自始至终都显得相当轻松自在，根本不像其他获勋者那样紧张不安，用当时在场的希特勒私人飞行员鲍尔 (Hans Baur) 中将的话来说，"马尔塞尤显得很自如，就好像他是在一家卖水果蔬菜的杂货店里似的。"[34] 就餐时鲍尔曾听见戈林发话："马尔塞尤，这么说你已有超过100个的被征服者了？"马尔塞尤或许是根本没长脑子，随口应道："帝国元帅阁下，你是说战机还是女人？"鲍尔战后曾回忆说戈林闻言大笑不止，甚至还噎着了，在座的其他高官也都笑得要喷出饭来，而马尔塞尤还是一脸无辜的表情，直到稍后才红着脸低下了头。而乐不可支的戈培尔更是双拳捶打桌面，还说“这也是马尔塞尤为何是德国青年的好榜样的另一个重要原因”[34]。戈林继续打趣说，以后一定要见见马尔塞尤最终娶的女人，因为他要给征服了马尔塞尤的女人颁发铁十字勋章！希特勒对这些放肆的动静只是抬头看了看、摇了摇头而已。玩笑过后，希特勒想听一听北非的情况，马尔塞尤直言对手并不像宣传的那么差，在物资补给上也占绝对优势，而德军急需更多的战斗机和飞行员来应对数量占优的对手。他还建议停止轰炸机的轰炸任务以及对战斗机的捆绑式护航要求。希特勒允诺为北非提供更多的战机和补给，不过对马尔塞尤关于轰炸任务的评论感到有点不悦——直到1944年年中时希特勒还在痴迷于轰炸对手，甚至不惜把性能优越的Me-262当作轰炸机使用，哪里会在“形势大好”的1942年夏听进一个小中尉的建议。

▲ 摄于1942年6月28日的腊斯登堡火车站，马尔塞尤与迎候他的希特勒空军副官贝洛合影。当天他在狼穴大本营领受了第12枚双剑骑士勋章。

马尔塞尤在授勋后回到了母亲身边，但很快又被戈培尔带到纳粹宣传部参观，还见到了希特勒青年团领袖艾克斯曼（Artur Axmann）。后者曾在1985年回忆说：“我总算见到了报纸杂志连篇报道的马尔塞尤……他绝对是我见过的最不像军人的军人，他看起来与他们完全不同，一点都不像军官，倒像个学生。他说话总是不加考虑地脱口而出……马尔塞尤有着成为德国青年角色榜样的独特资格，报纸杂志上的故事已让他非常出名，他漂亮的外貌，加上与飞行员和英雄们相伴相随的光环，足以引起人们更大的兴趣。是的，马尔塞尤就是德国青年的终极榜样——至少在他开口说话前是这样。”[35]确如艾克斯曼所言，戈培尔就认为马尔塞尤具有成为英雄所需的一切条件，战绩辉煌、长相英俊、年轻有为，完全可以把他以“民族英雄”的面貌向国人推出，并使之成为年轻一代的偶像。

▲ 著名的勒尔（Roehr）系列明信片上的马尔塞尤。

马尔塞尤按照戈培尔的安排开始了巡回演说，青年团、学校、飞行学校、军医院、康复中

▲ 摄于1942年6月28日，希特勒向马尔塞尤颁发第12枚双剑骑士勋章。

▲ 摄于1942年夏，根据戈培尔的要求，战争英雄马尔塞尤进行了巡回宣传，期间曾到青年团体和学校进行演说和座谈。图中他正向希特勒青年团的年轻人讲述自己的空战故事。

▲ 摄于1942年7月访问奥格斯堡的梅塞施密特飞机制造厂期间。图中右为马尔塞尤，中为雷希林试飞中心的飞行员珀斯（Josef Poehs）中尉，左为梅塞施密特飞机厂的头号试飞员、曾创下多项世界纪录的温德尔（Fritz Wendel）。

▲ 摄于1942年夏，马尔塞尤与纳粹宣传部的工作人员等拍摄宣传照。

▲ 摄于1942年7月参观梅塞施密特飞机制造厂期间。马尔塞尤在这里与梅塞施密特有过深入交谈，还试飞了Bf-109 G-2战斗机。图中他正在系“纱巾”，准备驾驶Bf-109 G-2升空。

心、飞机制造厂……马尔塞尤所到之处无不引起轰动，戈培尔依靠英雄提振士气，把国民与战争机器更紧地捆绑起来的目的显然都一一实现了。纳粹高层非常喜爱这个另类的英雄，频频邀请他参加高官名流荟萃的活动。在梅塞施密特教授家举办的一次聚会上，马尔塞尤应戈培尔夫人的要求弹奏了一小时的钢琴，贝多芬、勃拉姆斯 (Johannes Brahms)、肖邦等人的经典在他修长的手指下缓缓流淌，在座的希特勒、戈林、戈培尔甚至是粗鄙的希姆莱等无不动容，一遍遍地为之喝彩，直到他奏出一曲满座皆惊的乐章——当时他还冲着听众神秘一笑，指尖滑出的却是爵士乐！鲍尔曾回忆说，大家的惊讶程度绝不亚于"看到丘吉尔挥舞着手枪走了进来"！不待一曲完毕，希特勒即站起身来，简单说了一句"我想大家听得差不多了"之后就离开了。没过几分钟，偌大的客厅里就只剩下呆呆的马尔塞尤和纵声大笑的戈培尔夫人。

8月13日，墨索里尼向马尔塞尤颁发了意大利最高战功勋章——"意大利金质勇敢勋章"。"领袖"是马尔塞尤的崇拜者，他不仅关注后者在大漠里的一举一动，还是"北非之星"称号的始作俑者。墨索里尼当时以夸张的语气说："以你为荣的不仅仅是你的祖国，意大利也同样为你自豪。德国的盟友不把你当外人，意大利一样欢呼你的胜利，我们这里庆祝的气氛一点不比德国差。"马尔塞尤获得的意大利最高战功勋章在整个"二战"中只颁授给过两个外国人 (另一位是1943年初阵亡于突尼斯桥头堡的明希贝格)，就连隆美尔也只获得略逊一筹的"银质勇敢勋章"，可见墨索里尼的景仰崇拜之词确实非虚。

一个人的空战：惊世骇俗的1942年9月

1942年8月23日，马尔塞尤回到了JG-27第1大队，此时的大队基地位于距阿拉曼前线仅50公里的夸泰菲亚 (Quataifiya)。中队的战友们对他的归来兴奋异常，马尔塞尤不仅成功地带领他们作战，也让他们在荣誉光环的沐浴之下倍感自豪，同时他也照料他们的生活，还花时间和精力传授经验与战术。地面上的马尔塞尤毫无英雄的矜持做派，一如既往地无视官兵界限，空战中的他更是尽力保护战友，而他从不退缩、率先垂范的作风早就赢得了大家的敬重。可以说，战友们真心爱戴他，也愿意为之做任何事情——马尔塞尤一归队就体察到了战友们的浓浓情意，欣喜地发现自己的帐篷已被改成一个像模像样的"酒吧"！看着设施一应俱全的酒吧，马尔塞尤感叹说要再有个"穿白马甲的黑人酒保就齐全了"，而身旁的飞行员施朗 (Jost Schlang) 则说附近的军医院里就有一个帮牙医踩牙钻踏板的黑人战俘。[36] 没过多久，马尔塞尤真的开车带回了这个名叫马修·勒图鲁 (Mathew Letulu) 的南非战俘。不过，马尔塞尤和中队官兵们都管他叫"马蒂亚斯" (Matthias)，他负责为马尔塞尤做饭洗衣、打扫卫生并料理酒吧，需要时也在中队搭把手。

马尔塞尤与马蒂亚斯很快建立了信任，此后一个月里两人的亲密关系使人感觉他们好像已相识多年。在马尔塞尤的庇护和影响下，中队的其他人也都善待这位勤快能干的战俘——马尔塞尤丧生后，马蒂亚斯依然留在中队做类似的事情，甚至还在北非的命运逆转之时跟随JG-27撤回本土。马尔塞尤的举动并不是没有非议，事实上，一名英雄与"劣等种族"战俘的过度交往已经刺激了一些深受纳粹种族理论影响的人，有些前来探访的高阶军官也认为他们之间的"不可能的友谊"既荒唐又非法。马尔塞尤根本不在意别人怎么看待，对纳粹政权宣扬的种族仇恨更是丝毫不买账。当然，马尔塞尤在公正地善待马蒂亚斯，讲求伦理道德的时候也冒着相当的风险。加兰德曾回忆说，当他陪凯塞林视察JG-27时，后者曾问为什么马尔塞尤的帐篷里会有一个"黑奴"，而马尔塞尤则称，

“(马蒂亚斯) 他是个好人，是我最好的朋友……他与我如影相随。”纽曼战后也曾说，马尔塞尤不许任何人伤害他的朋友，对那些种族规定也不屑一顾。在战后举行的JG-27老兵重逢聚会上，受邀到访的马蒂亚斯曾满怀感情地追忆过马尔塞尤：“上尉是一个伟大的人物，他永远伸出乐于助人之手，充满友善和幽默感，对我非常好。”[37] 尽管他们的友谊非常短暂，而且令人难以想象，但这个举动无疑是马尔塞尤的人性中真诚善良一面的直接体现，更是把他反纳粹教义的叛逆作风展现得淋漓尽致——有后世史家的研究表明，马尔塞尤返回北非前参加过一次高层聚会，期间曾无意间“偷听”到几位党卫队高官关于“解决犹太人的终极方案”的谈话。[38]此后的马尔塞尤就像完全变了个人，他一直好奇幼时的犹太朋友和街坊邻居“都搬到哪里去了”，现在谜底终于揭开了。他的心里无疑经受了沉重打击，回北非后还询问自己信任的朋友是否知道此类事情。战后，纽曼、施勒尔和弗朗齐斯克特等人都声称，根据马尔塞尤与他们的相关对话以及他在最后一个月里的言行，他们相信马尔塞尤在柏林期间确实获知了一些机密，而这些内情无疑使其心理遭受了重创。施勒尔战后也曾回忆说：“当马尔塞尤归队时，他在许多方面都变成了一个完全不同的人。”

马尔塞尤的变化不仅表现在与马蒂亚斯的交往，对爵士乐等的愈发痴迷上，还体现在他又展现出对权威的不敬趋向上，更体现在空战中——虽一如既往地高效致命，但他时常流露出焦躁的心态，有时甚至不必要地将自己置于危险之下。

1942年8月30日，尽管面临增援补给和油料弹药等方面的大缺口，隆美尔还是向英军阿拉曼防线发起了进攻。隆美尔的装甲部队经过厮杀终于实现了局部突破，但一直心存疑虑的他在并不了解对手也几乎无力招架的情况下，于9月2日晨发出了“全线撤回出发阵地”的命令。短短几日的战斗中，非洲装甲集团军的司令部频遭轰炸，轰炸机不舍昼夜地投掷炸弹，“空气几乎令人窒息……犹如冰雹一样打来的致人死命的岩石碎块加大了爆炸和子母弹的威力……烧得火红的金属碎片落在总司令的战壕里。”[39] 这种状况迫使隆美尔比以往任何时候都更需要空军支援，尤其是驱赶那些讨厌的英军轰炸机。如果说隆美尔撤回原地标志着英军的一次决定性胜利的话，那么此番失败中德军唯一的亮点是空军，确切地说，是马尔塞尤一个人的胜利：8月31日击坠3架敌机，9月1日即创下了单日击坠17架的记录，2日又将5架战机斩落，归队后的一个月里他先后击坠了57架敌机！在这个9月，马尔塞尤从曾经最老的候补军官跃升为最年轻的上尉，还获得了第4枚钻石骑士勋章。诚然他个人的胜利不足以扭转非洲

▲ 摄于1942年9月或10月，图中的人便是马尔塞尤在生命的最后一个月里最亲密的朋友马蒂亚斯，背景是一架Bf-109G型战斗机。

▲ 摄于1942年9月，马尔塞尤与马蒂亚斯在一起。

▲ 拍摄时间不详，干净利落的马尔塞尤在自己的帐篷里。

马尔塞尤1942年9月的战绩表（第105胜至第158胜）			
击坠数序号	日期	时间	敌机型号
105	1942.9.1 17架	08:26	“飓风”
106		08:28	“飓风”
107		08:35	“飓风”
108		08:39	“喷火”
109		10:55	P-40
110		10:56	P-40
111		10:58	P-40
112		10:59	P-40
113		11:01	P-40
114		11:02	P-40
115		11:03	P-40
116		11:05	P-40
117		17:47	“飓风”
118		17:48	“飓风”
119		17:49	“飓风”
120		17:50	“飓风”
121		17:53	“飓风”
122	1942.9.2. 5架	09:16	“小鹰”
123		09:18	“战鹰”
124		09:24	“战鹰”
125		15:18	“战斧”
126		15:21	“战斧”
127	1942.9.3. 6架	07:20	“喷火”
128		07:23	“小鹰”
129		07:28	“小鹰”
130		15:08	P-40
131		15:10	“喷火”
132		15:42	“飓风”
133	1942.9.5 4架	10:48	P-40
134		10:49	P-40
135		10:51	P-40
136		11:00	P-40
137	1942.9.6 4架	17:03	“小鹰”
138		17:14	P-40
139		17:16	P-40
140		17:20	“喷火”
141	1942.9.7 2架	17:43	“战斧”
142		17:45	“战斧”
143	1942.9.11 2架	07:40	战斗-轰炸机
144		07:42	战斗-轰炸机
145	1942.9.15 7架	16:51	P-40
146		16:53	P-40
147		16:54	P-40
148		16:57	P-40
149		16:59	P-40
150		17:01	P-40
151		17:02	P-40
152	1942.9.26 7架	09:10	“飓风”
153		09:13	“喷火”
154		09:15	“喷火”
155		09:16	“喷火”
156		16:56	“喷火”
157		16:59	“喷火”
158		17:10	“喷火”

资料来源：Robert Tate. Hans-Joachim Marseille: An illustrated tribute to the Luftwaffe's “Star of Africa” . Atglen, PA: Schiffer Publishing, 2008. p163-165.

▲ 摄于1942年9月3日，马尔塞尤当日获得了3次胜利，总战绩达到132胜。图中的方向舵上的胜利标志只有130个，可能有2个被阴影所遮蔽。

◀ 摄于1942年9月，准备起飞作战的马尔塞尤。

▶ 摄于1942年9月，马尔塞尤坐在“黄色14号”里准备出发。9月1日这天，他在3次出击作战中击坠了17架敌机，创下了当时的世界纪录。

▲ 摄于1942年9月，马尔塞尤与第1大队大队长霍穆特上尉正在交谈。

▲ 摄于1942年9月5日，图中这“黄色14号”Bf-109 F战斗机（编号8673）的方向舵，显示出马尔塞尤此时的总战绩为136胜。

▲ 摄于1942年9月，马尔塞尤与骑士勋章得主雷德利希(Karl-Wolfgang Redlich) 上尉。

的局面，但是隆美尔还是握着他的手说："马尔塞尤上尉，我感激你所做的一切，如果没有你的话，有一些事情就根本不可能做到。"[40]

9月1日清晨，当马尔塞尤驾机腾空而起时，没有一点迹象表明这一天会有什么不同，毕竟又将是一个晴空万里、炙热难耐的日子。JG-27第1大队出动了15架战斗机为斯图卡轰炸机编队护航，而JG-27第3大队和JG-53第3大队又各自派出10架Bf-109，负责在高空保护马尔塞尤所在的那一波战机。7点50分，马尔塞尤与僚机施朗等在预定地点与轰炸机编队准时会合了，然后一起朝东飞去。抵近轰炸目标时，马尔塞尤带队爬升到3500米高度，这时他发现了远方2000多米高度上的10余个小点正迅速向西移动。马尔塞尤通报了敌情后继续向东飞去，直到斯图卡轰炸机开始投弹为止。这时，马尔塞尤带着四机编队回过身来向下俯冲，一直飞至敌机机群的下方约300米处。此刻的时间是8点26分，马尔塞尤爬升到最靠后的一架"飓风"战斗机的视角盲区时开火了，这架英机就像被伸出的一只大手将其从快速运动中扯回一样，突然左翼侧翻，像块石头一样几乎垂直坠下。两分钟后，马尔塞尤又命中了第2架"飓风"的油箱，为躲避敌机的碎片，他与施朗分头左转和右转，然后急速爬升，躲闪过程中马尔塞尤失去了目标。此时，扔完炸弹的斯图卡准备返航了，它们沿着约100米的超低空飞行，高空中的其他德军战斗机也整队向下俯冲，准备保护轰炸机返航。这时，有一架飞得很低的"飓风"试图悄悄接近轰炸机编队。8点35分，当这架英机自以为偷袭即将得手时，在后的"黄雀"马尔塞尤在急速左转弯中向暗自得意的"螳螂"射出了致命的炮弹。由于高度很低，敌机很快坠地，巨大的火球完全吞噬了战机和飞行员。其他德军战斗机保护着斯图卡返航了，落在后面的马尔塞尤和施朗又发现有6架"喷火"战斗机从高空俯冲下来。马尔塞尤把机头向左稍微一拉，耐心地观察着敌机。他发现带头的那架"喷火"已与编队分离，其速度已快到可以开火射击的程度，甚至都能看见阴森森的炮口了。马尔塞尤和施朗分别向左右转弯，结果敌机在他们的机翼下方极快地呼啸而过。马尔塞尤知道自己的时机已经到了，对手需要大半径转弯才能再次寻觅到进攻位置，而他将在这似长实短的间隔里一击毙敌：他向右一拉战机，加大油门，几秒钟内飞到最靠后的敌机身后约80米处。没有瞄准，直接射击。第4个牺牲品像断线的风筝一样应声坠落，时间定格在8点39分。

9点14分，马尔塞尤返回了基地，地勤们上前祝贺时他并未表现得有多高兴，毕竟一次击坠4架在他而言再寻常不过。地勤们忙着检查发动机和电路系统时，有装填手发现马尔塞尤仅用了18发炮弹和240发子弹，不过大家对中队长的"节俭"早习以为常了。马蒂亚斯也见缝插针地在"黄色14号"的方向舵上涂上了最新的4胜标志。10点20分，马尔塞尤再次带队出发，为轰炸阿拉姆·哈尔法(Alam Halfa)山脊英军防线的斯图卡编队护航。抵达山脊前一刻，他发现了对手的两个轰炸机编队（约30至36架轰炸机）和两个护航战斗机编队（约50到60架战斗机），粗算下来，至少有80架敌机正在山脊一带折磨隆美尔的地面部队。这时，8架P-40"寇蒂斯"战斗机脱离了轰炸机机群，开始爬升并准备进攻马尔塞尤的四机编队。他不会给对手这种机会，当英机从他下方穿过时，马尔塞尤等一个滚翻就占据了英机后方高空的有利位置。与此同时，JG-27第1中队的战机也出现在马尔塞尤后方，负责阻截其他P-40前来干扰他的"大戏"。杀将过来的这些P-40见对手抢得了先机，于是开始组成松散的防御环阵。

马尔塞尤通知大家他准备进攻了，只见他爬至高空先观察了一下，然后高速俯冲下来杀入了环阵。10点55分，马尔塞尤在急转弯中从50米远的距离命中了第一架P-40，随着这架战机的坠落，环阵出现了缺口。半分钟后，又一架P-40以同样的方式被击落，环阵顿时被打散了，1分钟内连失两架战机似乎也摧毁了英军指挥官的信心，于是余下的战机分成三对向西北飞去。马尔塞尤不会让对手轻易溜走，更不允许他们转回来觅得更好的攻击位置，两分钟内他追至距其中一架敌机百米之处，然后轻轻按下了机炮按钮。10点58分，第3架P-40战栗着向地面栽去，剩下的战机急忙掉头向东，一分钟后当它们从3500米高空落下并朝地中海方向逃去时，发现伙伴又少了一个！剩下的4名飞行员大为恐慌，但噩梦还未结束。11点01分，第5架P-40被马尔塞尤射出的炮弹直接打炸。11点02分，他发现有一架“狗急跳墙”的P-40咬住了一架Bf-109，急忙抢在前头击落了对手——他拯救的正是好友弗朗齐斯克特，后者非常感激地确认了马尔塞尤的第6次击坠。

马尔塞尤随后通过无线电招呼大家爬升到高空。他又发现下面有一些匆匆向东飞去的英军战机，而对手显然还没有意识到头顶上有德国人。马尔塞尤箭一般冲下，在敌机机群右后方不远处发起了攻击。由于敌机相当密集，他看似随意的一射竟击中了其中一架战机的机身，使之当空爆炸和断裂。施朗也向一架P-40展开了进攻，但是敌机似乎未受致命损伤，就在飞行员暗自庆幸时，马尔塞尤以一个漂亮的半滚倒转机动，一下子咬住了敌机的尾巴，这架P-40于是成为马尔塞尤当日的第12个牺牲品——这时的时间是11点05分，虽有战友的密切配合和保护，但还有什么人能在10分钟内单枪匹马地解决几乎一个中队的敌机？还有谁能有如此高的效率，如此令人咋舌的准头？令人匪夷所思的是，马尔塞尤中队的所有战机归来时都毫发无损！

午后的北非更加酷热难挡，清晨时的微风此时都被炙烤地丁点不剩。马尔塞尤着陆后接受了纽曼和其他战友的祝贺，而后向手提油漆桶、立在一旁傻笑的马蒂亚斯说：“8架！我的朋友，我想喝点东西。”喝完酒、抽完烟后，马尔塞尤拖着疲惫的身体回帐篷去了，纽曼命令他休息一会，不让他参加一小时后的下次护航任务。同样疲惫的弗朗齐斯克特也不参加下次任务，他想去找马尔塞尤再当面感谢一下“救命之恩”，但发现马蒂亚斯守在帐篷外，不许任何人打搅熟睡中的朋友。不过，马蒂亚斯只顾专心守门，却未料到附近的意大利士兵“借走”了马尔塞尤的座车，这些同样崇拜马尔塞尤的士兵还用油漆在车门上涂写了几个大字“OTTO”（意大利语中的“8”）。

下午5点刚过，JG-27第1和第2大队的21架战斗机再次升空，为前去轰炸伊马以德 (El Imayid) 的第1教导联队 (LG-1) Ju-88轰炸机大队护航。这是JG-27当日执行的第4次护航，8月底、9月初的哈尔法山脊之战的激烈程度由此也可略见一斑。当Ju-88编队朝着目标冲去时，约有15架英军战斗机试图攻击这些轰炸机，马尔塞尤带着中队杀入敌群后将对手冲得七零八落。随后的空战又变成了马尔塞尤的独舞，在从1500米到100米不等的高度上，他在6分钟内 (17点47分至53分) 击坠了5架“飓风”战斗机。

一天之内击落17架战机是到那时为止的世界纪录，放眼整个空战史，也只有东线的德军飞行员朗格在1943年11月3日击坠过18架苏军战机。不过，马尔塞尤的17次击坠是德军与西方盟军作战时取得的最高纪录。战后岁月里，一些军事历史学家和评论家，尤其是皇家空军的北非幸存者们依然觉得马尔塞尤的17次击坠难以置信，尤其是他在极短的时间间隔里，快速击杀多架战机的方式简直令人无法想象。战后之初，英国人甚至拒绝承认自己在9月1日损失过任何战机，但后人的研究表明，在马尔塞尤当日的作战区域内，英军损失的战机数目超过了20架。英国人依然认为，不可能有德军飞行员能够如此快速地摧毁数量如此之多、性能和飞行员技术水准并不亚于对手的英军战机，马尔塞尤“理所当然地虚报或夸大了战绩"。早在1964年，就有美国空军上校专程到西德仔细检查了马尔塞尤包括9月1日战果在内的所有作战记录，他们根据见到的准确详尽的报告指出，马尔塞尤的战果经得起任何质疑。[41] 军史家维尔在2003年的著作中指出，虽然战后的研究未能全部确认当日的17次击坠，但是却至少纠正了马尔塞尤战果中的"小鹰"战斗机其实有半数是"飓风"，"尽管马尔塞尤的牺牲品中可能有2架，也许多达4架实际上并未完全报销，但他在阿拉曼以东的3次出击中取得过大量胜利的9月1日，无疑仍是他职业生涯中最成功的一天。"[42] 美军飞行员泰特(Robert Tate) 少校赞同维尔的观点，他在2008年出版的著作中曾驳斥了英军飞行员战后对马尔塞尤战绩的质疑，"有可能，事实上很有可能，马尔塞尤9月1日的击坠中有一架或数架实际上返回了基地，尽管它们都被击中和受伤。这就能解释为什么德方声称的是击毁一架，而盟军记载的却是一架战机受损。如果非要批评马尔塞尤的短促精准射击战术有何缺点的话，那就是被他击中的一些战机并未完全爆炸和坠下天空……无论如何，马尔塞尤的17次胜果以及德军声称的击坠总数，与沙漠空军当日在埃及上空完全损失，或部分受损的战机总数相当吻合地保持一致。"[43]

马尔塞尤当天接到了隆美尔的祝贺电话，元帅还代表装甲集团军向他的努力表示谢意。凯塞林也在晚上打来电话祝贺他最成功的一日。联队长纽曼迅速地向上级提交了授予马尔塞尤钻石骑士最高战功勋章的申请报告。

9月2日的酣战中马尔塞尤击坠了5架敌机，个人记录提升到126胜。3日上午，在为斯图卡轰炸机护航时，马尔塞尤和施塔尔施密特各自击坠了3架敌机。当时的空战场面可谓惊心动魄，正如施塔尔施密特在家信中所写的那样："今天我经历了最艰难的一战，但同时也是我对战友之谊的最精彩的一次体验。上午我们先是面对40架'飓风'和'寇蒂斯'，稍后又有20架'喷火'出现在高空，而我们只有8架战斗机穿梭在多得难以想象的敌机中间……尽管敌机占有压倒优势，但我们无人退缩，都像疯子一样地战斗。我用尽了浑身能量，战斗结束时累得口吐泡沫，精疲力尽。敌机一次次咬住了我们的尾巴，我也被迫俯冲了3到4次，但每次都拉升起来后再杀入敌群。我一度似乎无路可逃——我已把战机飞到了极限，但还是有一架'喷火'战斗机紧咬不放。最后时刻马尔塞尤将之击坠，而敌机那时距我不过50米。我俯冲下去，再拉升起来，几秒钟后看到一架'喷火'摸到了马尔塞尤的身后。我瞄准了敌机——从没有这么仔细地瞄准过——敌机燃烧着摔了下去。到最后阶段只有我和马尔塞尤还在与对手缠斗。我俩各击坠了3架敌机。回去后爬出座舱时我们都累得虚脱了。马尔塞尤的座机有不少弹孔，我也被11发子弹击中。我们俩拥抱在一起，但谁都说不出话来。真是令人永生难忘的一次经历。"[44]

马尔塞尤拖着疲惫的身躯继续忘我拼杀，依然在大漠上空上演着每战必击落多架敌机的大戏。9月5日至7日的三天里又有10架敌机成为他的牺牲品，但接连失去两位好友的噩耗让这些胜利顿显苍白无力——6日，好友施泰因豪森(Guether Steinhausen) 在阿拉曼附近失踪，大家已注意到了马尔塞尤的悲伤和心神不定；施塔尔施密特在7日的失踪更是重创了身心俱疲的马尔塞尤，他的反应就像1941年12月惊闻妹妹亡故时一样，不仅欲哭无泪，还陷入了深深的自责——本来他要与施塔尔施密特一起起飞，但纽曼要求他稍后再带领第3中队的主力升空作战。马尔塞尤陷入了巨大的悲痛之中，谁也不搭理，一个人躲在帐篷里吃晚饭，之后又像个大烟筒一样不停地抽烟。祝贺马尔塞尤获得第4枚钻石骑士的电报接踵而至——它们来自戈林、戈培尔、里宾特洛普、米尔希和加兰德，还有凯塞林和隆美尔，以及友邻的轰炸机和俯冲轰炸机联队的指挥官……纽曼很清楚，对此刻的马尔塞尤来说，再衷心的祝愿和赞美都无异于天边的浮云。纽曼对失去施泰因豪森和施塔尔施密特一样痛心，尤其是他认为这两人对马尔塞尤已经产生了正面的积极影响。

停飞三日的马尔塞尤把精力放在了中队长的职责上，安排任务计划，撰写作战总结，推荐获奖名单，给阵亡或失踪人员的家属写信……随着好友的陆续而去，马尔塞尤与马蒂亚斯的关系更紧密了，对后者友谊的依赖也更加强烈。大约在此期间，马尔塞尤对纽曼说，如果获得钻石骑士勋章的代价是马蒂亚斯必须离开或面对更糟的命运，那么希特勒可以自己留着这枚勋章。他还曾向弗朗齐斯克特交代过“后事”，后者在战后曾回忆说：“马尔塞尤曾问过我，如果他出了什么事，我是否愿意照料马蒂亚斯。他很担心马蒂亚斯会被带走，而且还不是被送往战俘营。我确信马尔塞尤并非无的放矢。我对有些谣言感到很不自在，马尔塞尤向我讲述过柏林的一些情况。他甚至说我们已不再是一个有道德的国家。我们变了，至少纳粹完全改变了德国。他最后说，‘弗朗齐，总有一天我们都会为此付出代价的，我确信。’他永无可能知道自己说的话是多么的正确。”[45]

▲ 1942年9月，马尔塞尤在OTTO座车里向远处观望。

9月15日，马尔塞尤在阿拉曼西南上空以极高的效率 (11分钟) 击坠了7架敌机，总战绩上升到151胜。两周前的8月29日，东线JG-77联队的戈洛布成为第1个突破150胜的飞行员，JG-52的格拉夫9月5日也在东线突破了150胜。姑且不论对手是苏军还是英美盟军，马尔塞尤无疑是最顶尖的几个超级王牌之一。战友们对他佩服得五体投地，当然也试图学习或模仿他的战术。虽然马尔塞尤对战友从无保留，总是热心地传授经验和战术，但是，他的创新战术大获成功的基础是其独一无二的飞行技能。虽有不少飞行员试图模仿他，但由于在对战机的掌控、时空位置感、射术等方面存在很大差距，并没有多少人

▲ 摄于1942年9月，马尔塞尤驾车带着战友们外出，图中的“OTTO”(意大利语中的“8”) 字样清晰可见。

▲ 摄于1942年9月，图中的马尔塞尤罕见地把军服的袖子放了下来。

▲ 1942年9月，一脸严肃的中队长马尔塞尤。

▲ 摄于1942年9月，从马尔塞尤的倦容来看，很难想象他此时其实还不满23岁。很多战友都注意到他身心俱疲，面容显得与年龄很不相称，以他的玩命程度他可能撑不了多久……

▲ 摄于1942年9月16日，马尔塞尤当天成为空军最年轻的上尉。隆美尔邀请他到非洲装甲集团军司令部共进晚餐。图中隆美尔正在欢迎马尔塞尤和他带来的几位年轻飞行员，他对后者说："为了欢迎你，我特意换上了我最好的军服。"马尔塞尤虽显得一本正经，但他的"纱巾"在衣领下还是清晰可见。

▲ 摄于1942年9月，准备出发的马尔塞尤。这张照片后来成为1942年10月28日出版的《国防军》杂志的封面，不过，到那时马尔塞尤已翩然而去了。

▲ 摄于1942年9月22日，战斗机部队总监加兰德来到JG-27视察，右为联队长纽曼。

能获得类似的成功。原JG-27第2中队飞行员克尔纳 (Friedrich Körner) 战后曾回忆说:"大家知道自己谁都不如马尔塞尤,无人能做出他的那些动作。我、施塔尔施密特和勒德尔等都尝试过。他是艺术家,马尔塞尤是个艺术家。"[46] 1994年7月,70余岁的西德空军退役准将克尔纳在向到访的美军少校泰特追忆马尔塞尤时,还曾边说边用手势比画他们与马尔塞尤的巨大差距:"他高居云端,我们其他所有人都在其下的某个地方。"[46] 不过,似乎至少有两名飞行员运用马尔塞尤的战术也取得过不错的战绩,其中之一就是施勒尔,他曾写道:"毫无疑问,我真正的导师是马尔塞尤。我花了很长时间研究他攻击英军防御环的战术,也做过不成功的尝试,最后总算学会了……英国人的防御环战术一度非常有效,但马尔塞尤随后破解了它……尽管所有人都尝试过他的战术,有时也能成功地敲开防御环,但没有任何人能完全复制马尔塞尤所做的一切。"[47] 马尔塞尤令众人皆需仰视的根本原因,可能正如其战友克拉德所总结的那样:"马尔塞尤与其战机已经合二为一了,无人能像他那样掌控自己的战机。"

马尔塞尤对战友们也充满了感激之情,他的报答方式是在空中奋勇杀敌,"像个忧心忡忡的老母鸡一样"保护他们,并尽全力将他们安全地带回。但是,事情总有它的另一面,马尔塞尤在军旅生涯的中后期每次出战之时,战友们往往鲜有攻击敌机的机会,因为他们不是要负责警戒敌机偷袭他的侧翼或尾部,就是出于对他的爱戴和钦服,而心甘情愿地放弃进攻机会,从而便于他取得更多的胜利。战友们沐浴在马尔塞尤耀眼的光环之下,敬畏地注视着他在空中施展无与伦比的才华和击杀技能,他们觉得自己需要做的就是扮演为"主人"保驾护航的配角。马尔塞尤的僚机飞行员珀特根的首胜竟然还是在出击作战100次以后才获得的。[48] 在9月1日的空战中,德军声称击落了26架敌机 (其中没有轰炸机),若扣除马尔塞尤的17架,整个北非空军100余飞行员一共才击坠了9架敌机。JG-27曾有一位飞行员不满地抱怨说,某些中队长的态度就是"空战中只有一个人有资格向敌机开火——那就是我"![48] 其实,这种现象并不独见于北非,在西线和东线也都屡见不鲜,这也是德国空军造星和突出王牌的政策与传统所致。空军联队内部和联队之间在战绩与星途上的激烈竞争,使得一味取胜有时成为比军事打击更重要的目标。马尔塞尤与北非战场的许多指挥官一样,几乎都把注意力放在猎杀战斗机上,对那些给隆美尔地面部队造成重大杀伤的轰炸机却有所忽视——一个例证就是9月1日的空战,英军当日损失的寥寥数架轰炸机也完全是拜德军高炮所赐,没有一架是被战斗机击毁的。显然,击落英军战斗机并不能完全阻止轰炸机对地面德军的伤害,这大约也能从一个侧面解释为什么JG-27和马尔塞尤的个人成功并不能为隆美尔带来实质性的帮助。

不过,隆美尔对马尔塞尤倒是一直满怀敬意和欣赏——他或许在这个放浪不羁,但高效致命的飞行员身上看到了自己年轻时的影子。9月16日,马尔塞尤正式晋升上尉时,隆美尔第一时间就来电祝贺他成为空军最年轻的上尉,还邀请他到司令部共进晚餐。马尔塞尤带着弗朗齐斯克特、勒德尔、施勒尔、珀特根和施朗等一干飞行员欣然前往。隆美尔特意换上了自己最好的一套军服,高兴地迎接这些年轻人,同时也把与众人的闲谈当作了舒缓沮丧心情的一副良药。马尔塞尤开始还比较矜持,几杯酒下肚之后"原形毕露",不仅评论说纳粹党是"荒唐的一群",还戏称自己"不会加入没有大堆漂亮女孩的任何政党"。当隆美尔询问他对元首和"领袖"的看法时,马尔塞尤说墨索里尼是个"自负的小丑",希特勒则"怎么看都不像是欧洲征服者",这样的坦率评论逗得隆美尔哈哈大笑,也弄得其他飞行员和隆美尔的参谋随从们大惊失色。隆美尔向马尔塞尤表达了对其9月1日惊人战绩的赞赏，也谈到了美国参战将会造成的战局变化以及意大利军队的缺陷，更对JG-27飞行员们善待被俘英军飞行员的做法击节赞赏。

北非战事在9月上旬一直处于僵持状态，隆美尔被阻挡在哈尔法山脊，隔着阿拉曼防线与英军对峙，抵达尼罗河的梦想已变成了日渐逼近的梦魇。北非空军除马尔塞尤不断地疯狂取胜外，并未在支援地面的作战中发挥决定性作用，反而因连日酣战和恶劣气候的影响而士气不高。德军的空中侦察表明，英军积聚的战机此时可能已多达800架，其数量优势和强势足以重创北非空军，甚至将之完全逐出非洲。战斗机部队总监加兰德少将出于对北非战场的忧虑，于9月22日来到北非评估空战形势。他先在富卡 (Fuka) 听取了非洲战斗机部队指挥官瓦尔道 (Hoffman von Waldau) 上校的汇报，随后在造访JG-27时由纽曼陪同来到闻名遐迩的马尔塞尤中队，探访这位“电影明星们都以认识其为要事”的上尉。加兰德战后曾回忆过他来到马尔塞尤处的情景：“他们的临时跑道建在一个山坡顶部，中队的营地设在距跑道不远的一个小山谷里。当我和纽曼坐吉普车接近马尔塞尤中队时，我们看到了各种各样的小牌子，有些钉在树上，有些则挂在灌木上，这些牌子为我们这些访客指明了通往‘世界最佳战斗机中队’的道路。这些牌子写的都是些幽默或半幽默的东西，无疑表明马尔塞尤中队的士气很不错。马尔塞尤优雅、热情地欢迎我，没多一会儿我就能感受到他的魅力，也能看出他天生的领导才能和感染力。我们长谈到深夜时还余兴未尽。我对他说睡前必须上趟厕所，去履行至关重要的‘大自然机能’。马尔塞尤则马上跑出去挖了个坑，回来报告——‘长官，出帐篷往前走60步，右转后再走20步，然后用那儿的小坑。’我忠实地照做了。第二天早晨醒来时，我又出去用那个小坑。结果我大吃一惊，一路上竟有路牌指向那个方向，最后一个牌子最大，还画有向下的箭头，上面写着‘1942年9月22日，战斗机部队总监在此处响应了大自然的召唤。’”[49]

无疑，马尔塞尤完全颠覆了经典的德军英雄形象。他的魅力感染着每个人，他的中队总有音乐、美酒和令人欢快的聚会，整个北非的德意军队里只怕再也找不出第二个如他一般引人注目的角色，事实上，“到马尔塞尤那里坐坐”已成为德意军官们非常看重的身份象征，当然次次访问都给他们留下了愉快的记忆。加兰德战后曾写道：“马尔塞尤在空军不可能有耀眼的生涯或晋升到高位，但他根本不在乎。他一门心思地只想飞行作战，而且还把战争视为一场盛大的体育竞技……马尔塞尤不仅打破了所有规则，还是微笑着摧毁了这些规则。他的生活方式就好像他是个神仙似的。”[50]

折戟北非大漠：无可匹敌的空战大师

1942年9月26日是马尔塞尤在“二战”中最后一个有胜绩的日子。这天上午他在6分钟内击坠了4架敌机，下午又取得了3次胜利，总战绩高达158胜。在最后一次击坠中，他遇到了一位与其能力不相上下的英军飞行员，长达11分钟的空中对决给他留下了至深的印象。马尔塞尤与对手像两只蝴蝶一样上下翻飞，谁都无法取得有利的攻击位置，到最后两人甚至还在距地面仅100米的相同高度上头对头地彼此凝视。两人几乎同时开火，但都极敏捷地躲开了死亡之吻。纽曼等人全程都在通过无线电追踪，大家很清楚马尔塞尤可能正在经历一生中最艰难的一战。马尔塞尤向地面报告说油料指示灯亮了，他准备返航回家。他拉起机头，向着逐渐隐去的落日方向飞去，驾驶“喷火”战斗机的英军飞行员也加大油门追了上去。就在这时，“喷火”战斗机突然喷出了耀眼的火焰——向落日飞去的马尔塞尤之前已悄然降低了发动机功率，侧翻着进入俯冲状态，拉起战机后完成了一个完整的垂直上升横滚机动，突然间出现在"喷火"的身后。英军飞行员在刺眼的余晖中未能发现马尔塞尤的踪迹，后者在100余米的近距离内轻按机炮按钮，"喷火"立即起火，机翼与机身很快脱离，飞行员没有任何逃生的机会。艰难的第158胜。马尔塞尤自己也累瘫了，着陆时他面如白纸，大汗淋漓，双手颤抖，在他的地勤组长迈耶和马蒂亚斯的托抬下才得以离开了座舱。

马尔塞尤稍微恢复后曾告诉大家："我几乎就要认为这是我的最后一战了，但看来我的最后时刻还没到……这是我遇到过的最难缠的对手，他的转弯好得令人难以置信。"[51] 弗朗齐斯克特也曾回忆说："这次战斗后约亨看起来好像老了20岁。这无疑是所有飞行员都期盼，但又都恐惧的一战。我们或许会面对一个可能更出色、运气更好、更快的对手，而上帝在某一天也可能不再青睐于你。你的朋友，甚至敌人在坠落的战机里被灼烧的模样永远都会留在你的心里。怎么不会这样呢？我们中的任何人，任何时候都可能以这种方式离去。我想马尔塞尤看到了自己也将以那种方式死亡。面对自己一生中最优秀的敌手，他赢了。但他并没有变得傲慢，而是陷入了深深的内省之中。我相信，在那一时刻他意识到了自己一点都不特别，他也是个凡人。这个现实真的震撼了他。"[52]

不管马尔塞尤的自信心是否有所动摇乃至遭受重创，但他的双手一直哆嗦不停，直到9月30日坐进驾驶舱时才有所好转。这几天里，JG-27收到了一批新的Bf-109 G-2型战斗机，但马尔塞尤拒绝换装，因为他太熟悉自己的座机，它就像自己身体的一部分。纽曼只得搬出凯塞林，后者连哄带劝总算说服了马尔塞尤。如果凯塞林能预知自己的命令将会葬送他的头号英雄，想必他无论如何都不会强迫马尔塞尤。纽曼很忧虑马尔塞尤的身体和精神状况，建议后者回国休假，但遭到谢绝。马尔塞尤不愿离开，施塔尔施密特的阵亡让他内疚不已，生怕自己离职期间又会增加新的伤亡；他也放不下马蒂亚斯，虽有纽曼和弗朗齐斯克特的郑重承诺，但他还是忧虑马蒂亚斯的命运；另外，他还计划圣诞节回国休假时完婚。隆美尔也曾打电话邀请他与自己搭乘同一运输机回国，马尔塞尤也以同样的理由谢绝了元帅的好意。

1942年9月的最后一天，隆美尔轻快地走进希特勒的书房，从元首手中接过了一个黑皮箱——里面装的是闪闪发光、镶有钻石的元帅官杖。[53] 他们两人恐怕做梦都想不到，就在他们举行仪式之时，在遥远的北非大漠里，马尔塞尤的生命已经走到了尽头。

当日上午10点47分，马尔塞尤驾驶着崭新的Bf-109 G-2战斗机，带领第3中队为斯图卡轰炸机编队护航。完成了第382次作战任务后，马尔塞尤奉命率队前往伊马以德南面拦截英军战斗机机群，不过他们赶到时并未发现敌机的踪影，于是掉头飞回基地。11点30分，马尔塞尤向战友们示意，浓烟正涌入自己的驾驶舱，发动机也出现了问题，战友们随后看到他的座机冒出白色蒸汽，然后出现了随风飘浮的灰色烟雾。僚机飞行员施朗通过无线电向纽曼通报了马尔塞尤的不妙情况，珀特根也报告了高度和方位。这时，马尔塞尤的座舱冒出的烟越来越浓，战友们还看到他在座位上挣扎，头部近乎疯狂地左右摆动，好像已不能很好地控制战机，马尔塞尤还在无线电里边咳嗽边说："我看不见，什么都看不见了！"施朗和珀特根这时已飞行在马尔塞尤的两侧，通过无线电为他指引方向，还安慰他说只需再忍耐几分钟就能飞抵德军一侧。11点39分，马尔塞尤一行飞抵德占区上空，他显然已无法再容忍座舱里的浓烟，"我得想办法出去了，坚持不下去了"就是他留给这个世界的最后一句话。马尔塞尤在约3000余米的高空准备弃机，他将飞机倒转过来准备跳伞，也许是刹那间失去了空间感，也有可能是长时间的窒息导

▲ 摄于1942年9月29日，马尔塞尤最后的两张照片之一。他正坐在打字机前工作。从侧面来看，作战的疲劳和连续失去好友的伤痛在他脸上留下了相当明显的印记。

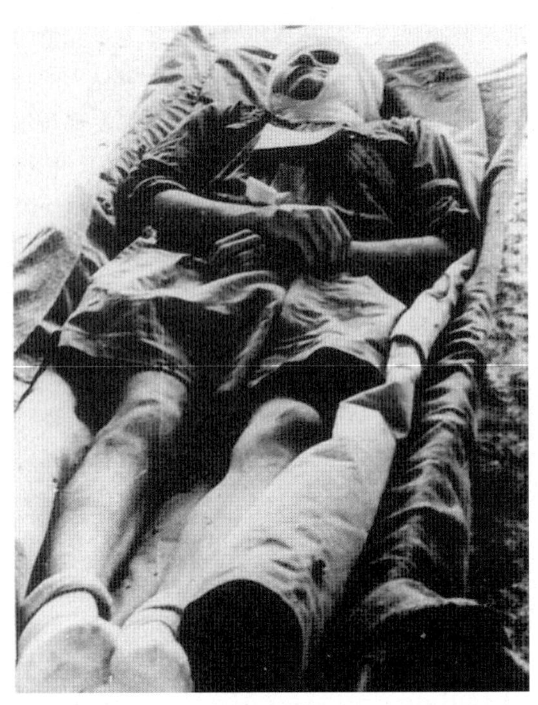

▲ 1942年9月30日，马尔塞尤坠机后头部遭受了重创，他的头部被纱布包裹，以免脑容物外流。

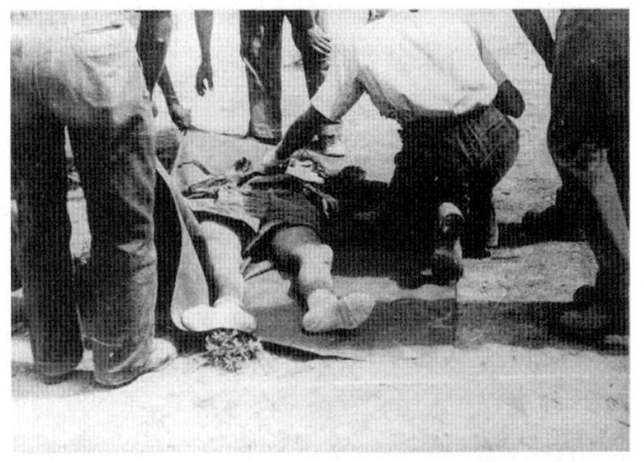

▲ 左图摄于1942年9月29日，马尔塞尤最后的两张照片之一。次日，马尔塞尤即坠机丧生。右图摄于1942年9月30日，一幅令人悲伤的图片，JG-27的军医正在检视马尔塞尤的尸体。

▶ 1942年9月30日，马尔塞尤坠机现场的残骸。

▲ 摄于1942年9月30日，马尔塞尤灵柩的停厝之处。

▲ 摄于1942年9月30日，另一幅摄于马尔塞尤灵柩停厝处的图片。

▲ 图为马尔塞尤在德尔纳纪念公墓里的墓穴。

▲ 摄于1942年10月1日，迈耶军士（马尔塞尤的地勤组长）手持马尔塞尤所获的各种战功勋章，面容悲戚地呆立着。

▼ 摄于1942年10月1日，JG-27的官兵将钻石骑士马尔塞尤安葬在德尔纳的公墓。

▲ 摄于1942年10月1日，凯塞林元帅(左一)在马尔塞尤的葬礼上致悼词。

▲ 摄于1942年10月1日，纽曼（图中正对镜头敬礼者）在葬礼上向自己一手带出并竭力庇护的马尔塞尤致以最后的敬意。

◀ 图为战友们在马尔塞尤丧生之处安放的指示牌。

▲ 马尔塞尤的某位战友手持涂有158胜标志的方向舵，在一架Bf-109的残骸前留影。

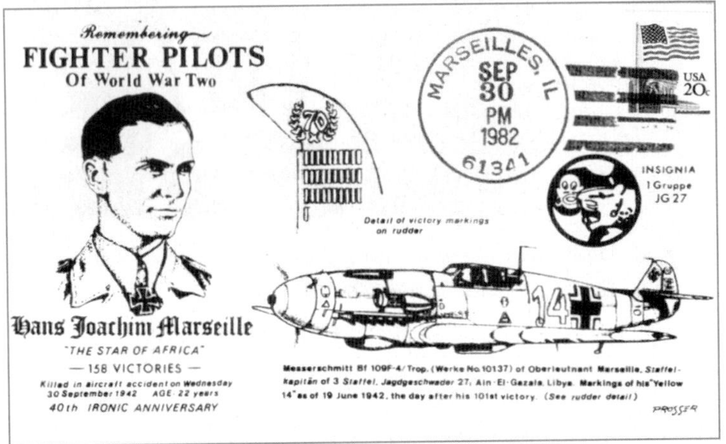

◀ 1982年9月30日是马尔塞尤去世40周年纪念日，当日美国有关方面发行了纪念首日封，图中的邮戳来自芝加哥西南的人口不足5000的小城马尔塞尤 (与马尔塞尤同名)。

▲ 马尔塞尤的老同学施勒尔晚年一直努力在马尔塞尤的丧生处建立一座纪念碑，但遗憾的是他在1985年即告辞世，未能看到图中的金字塔在1989年的落成。

▲ 摄于1989年10月22日，JG-27的老兵们在纪念马尔塞尤的金字塔前默思。

▲西德曾在1957年拍摄过一部描绘马尔塞尤一生的电影"非洲之星"(Der Stern von Afrika)。本图为电影中的一帧画面，描绘的是1942年9月马尔塞尤驾驶"黄色14号"复仇对手的场面。

▲ 图为在德国于特尔森的空军博物馆里展示的马尔塞尤的钻石骑士勋章。该博物馆后于1995年迁往柏林–加托。

致了脑缺氧，再加上浓烟挡住了视线，他的战机进入了约70到80度的倒飞俯冲状态。战友们看到他小小的身体从座机里出来了，正当欢呼的声音就要从嗓子眼里蹦出来之时，他们被眼前的一幕惊呆了：马尔塞尤的左胸撞在飞机尾翼上了！如果这一撞击没有直接要了马尔塞尤的命，那么他也有可能因立即昏厥而没有打开降落伞，战友们眼睁睁地看到他的身体像一块破布一样径直地坠落，足以拯救生命的白色降落伞一直没有撑开。

人们在西迪拉赫曼（Sidi Abdel Rahman）以南约7公里处发现了马尔塞尤的尸体，他在坠地时因头部朝下而摔得面目全非。弗朗齐斯克特和JG–27的一位军医赶到出事地点后收殓了他的尸体和遗物，尸身运回基地后，纽曼虽一言不发但显然心在流血，闻讯赶来的飞行员们呜呜地哭泣，马蒂亚斯则完全崩溃了。弗朗齐斯克特晃悠着走进马尔塞尤的帐篷，把他生前最喜欢的唱片“蓝色伦巴”（Rumba Azul）放进留声机，基地上空顿时回响起这首被马尔塞尤放过无数遍的曲调。当大家坐下来陷入了沉默时才发现马蒂亚斯不见了，他直到晚上才回来，手里拿着一串贝壳做成的项链。他把项链递给珀特根，后者问他这是什么，他说：“是57个贝壳，代表着8月末我遇到上尉后他的57次胜利。我一直在一个个地收集这些贝壳，有时为找到一个完全匹配的、又白又漂亮的贝壳得花好长时间。”[54] 马蒂亚斯略带孩子气地展示着项链，眼泪早已顺着黑色的面颊扑簌而下，“把项链放进他的墓穴里吧！”说完这句话后，马蒂亚斯再次消失在夜色中。当夜，纽曼向整个联队发布了一道命令：“1942年9月30日，从未被击败过的马尔塞尤上尉以飞行员的方式死去了。我们很难接受这个聪颖、欢快、勇敢的战斗机飞行员就这样离去了。他面对我们最苦涩的对手——英国人——所取得的胜利是独一无二的。我们应该为他曾是我们的一员而感到高兴和骄傲。这些堂皇的言辞无法真正体现出失去他对我们意味着什么。他留给我们的是我们都有责任以他为榜样，不管是做人还是做一个战士。他的精神将成为本联队恒久的典范。"[55]

10月1日，马尔塞尤被安葬在埃及德尔纳 的德意军人公墓。凯塞林元帅在悼词中说："马尔塞尤上尉倒下了,但他从未被击败过。随着他的离去，一位英雄的战士，一位非凡的同志，一位空战艺术家和世界最优秀的战斗机飞行员永远离开了我们。"纽曼在向这位匆匆而去的年轻人告别时说："一颗永不停息的心现在安息了，但我们还要继续飞下去。愿马尔塞尤的战斗精神鼓舞JG-27的所有战士。"马尔塞尤的一生就像一颗流星，虽然短暂，但光芒四射。他的离去对第1大队的士气造成了致命打击，弗朗齐斯克特战后就曾说"我们所有人都觉得自己的生命也终结了。"沉浸在悲痛中的第1大队作为作战单位几乎完全停摆，随后被命令撤出战斗长达一个月之久。加兰德也注意到JG-27因马尔塞尤之死而呈现出的低迷士气，坦承失去他"实为具有高度象征意义的悲剧"。[56]

"二战"结束后，马尔塞尤被重新安葬在托布鲁克的纪念花园中，除了生卒年月和军衔外，他的墓碑只有一个字：Undefeated (从未被击败过)。1954年，马尔塞尤的母亲曾来到这里，孤独潦倒的老妪长久地呆立着，默默地思念她永远引以为荣的儿子。1975年10月24日，在纽曼、加兰德，以及勒德尔和克尔纳这两位战后官居空军准将的老战友共同努力下，西德空军位于于特尔森 (Uetersen) 的军营被正式改称为"马尔塞尤军营"。此后经年，纽曼与施勒尔等人一直试图在马尔塞尤的丧生处立起一座纪念碑，他们的努力终于在1989年得到了回报。在埃及政府的配合下，纽曼与JG-27的老兵们 (施勒尔不幸已于4年前去世) 在当年10月22日出现在纪念马尔塞尤的金字塔前，赫然跻身其间的还有从南非专程赶来的马蒂亚斯。当纽曼揭开遮挡着金字塔铭文的幕布时，一行简单的文字跃然眼前："这里安息着汉斯-约阿希姆·马尔塞尤上尉：从未被击败过。"

这座巍然矗立的金字塔无声地见证着后人对马尔塞尤的缅怀和景仰，默默地褒扬着他无畏的勇气和惊天动地的业绩。但在泪眼婆娑的垂暮老人们心中，这里埋葬的不仅仅是一个倒下了再也没有爬起来的空战天才，也是一个他们曾有幸与之为伴的精灵，一个多次冒险向对手通报被俘飞行员状况的信使，一个秉持荣誉感和公正心的空中骑士，一个毫无顾忌地热爱摇摆舞和爵士乐的文化叛逆，一个完全无视邪恶的纳粹种族政策的权威挑战者，一个欢快的、周身充满感染力的忠实战友…… 一个真正的骑士。

第5位钻石骑士最高战功勋章获得者格拉夫上校

（获勋时间1942年9月16日）

Chapter 05
第五章

“13个月200胜”：赫尔曼·格拉夫上校

获得钻石骑士勋章的7名昼间战斗机飞行员中，格拉夫 (Hermamn Graf) 算是比较“另类”的一个：他没有模范军人莫尔德斯的老成持重和举止风范，也不似30岁即成为将军的加兰德那般风度翩翩和不怒自威；他既无同龄人戈洛布的心机城府和高深莫测，也不具备马尔塞尤和诺沃特尼那样的出众外表与禀异天赋，更勿论哈特曼那“惊为天人”的飞行才华。但格拉夫与他们有一样是共同的——他们都是空战史上里程碑式的人物。

格拉夫之所以有些另类，主要是因为他在四个方面与众不同：

首先，格拉夫是世界上第一个获得200次空战胜利的飞行员，而他达到这一高度仅用了13个月！美国亚利桑那州米萨 (Mesa) 的空军纪念馆馆长内格尔 (William Nagle) 曾说：“绝大多数美军飞行员整个军旅生涯的战绩都不到30胜，而德军飞行员在五年里不管是早晨、中午还是晚上，都在不停地出击作战，很多人取得了上百次空战胜利。这些飞行员无疑都是勇猛超群的斗士，格拉夫绝对是最顶尖的之一。”[1] 堪称“超级快手”的格拉夫曾在17天内击落47架苏军战机，不久后又在28天里收获了至少75次击坠胜利。[2] 除了运气和对手因素外，格拉夫的勇猛、高超技能和娴熟的战术运用等应是最主要的原因。

其次，出身卑微、所受教育水准不高的格拉夫大约是德国空军中以战功摘取最高战功勋章和晋升速度最快的飞行员之一。铁匠世家出身的格拉夫仅小学毕业，但只花了5年时间就从1940年的少尉飞行员变为1944年末的上校联队长，从1942年1月获颁骑士勋章到当年9月摘取第5枚钻石骑士勋章，也只用了8个月而已。对于格拉夫的快速蹿升，有军史家曾感叹道："……德国飞行员的职衔是以战功为基础的，而不是基于他们的教育水准或政治关系。比如铁匠之子格拉夫，他并没有受过类似于美国高中文凭的正规教育，但逐渐爬到了上校的高位，也佩戴着包括钻石骑士勋章在内的各种高级勋饰。纳粹德国可谓是个人成功的完美环境，这个不讲阶级区分、能者为王的国家，鼓励通过勇敢、技能、知识以及尽忠帝国来获得个人和职业上的进阶。"[3] 不过，正是由于出身和教育程度不高，格拉夫也称得上是最不讲究官兵界限、最能与手下同心同德的王牌之一。他的同僚军官中曾有人感慨，格拉夫宁愿与军士和士兵们一起打扑克或闲聊，也不愿与他们一起出入社交场合。德国战败前夕，格拉夫曾违背上级命令，不愿驾机飞往西方盟军控制区投降，而是以极大的勇气与下属们一起迈入了苏军战俘营，这个曾令许多士兵热泪盈眶的举动自然印证了格拉夫战时非常爱护并忠于下属的声誉。

第三，格拉夫是空军最出名的足球迷，他只要有条件和时间就会组织和参加足球赛。格拉夫本人曾是德国足坛最优秀的年轻守门员之一，如果不是拇指意外受伤，国家队应该有他的一席之地。成为战争英雄后，格拉夫利用自己的影响力和关系把在各处服役的知名球队以各种理由调到自己帐下，一时间大半支国家足球队都在其麾下效力。加兰德曾说"不管格拉夫调到哪里，他身边总有一群踢足球的"。而戈林则对他这个嗜好听之任之，"如果格拉夫喜欢足球，那就让他踢去吧"就是他回复有关抱怨时的态度。

最后，"二战"结束后，相对于莫尔德斯和加兰德等人的声望日隆并赢得昔日对手的尊重，格拉夫反而因"在战俘营中倒向苏联、背叛祖国"而变得"臭名昭著"，一直得不到前飞行员群体的谅解。与格拉夫境遇相似的还有戈洛布，但后者被"唾弃"的主因是战时投靠希姆莱和整肃加兰德，并与后者的大批拥趸交恶，才不见容于势力极大的加兰德群体。格拉夫因背上"叛国"的罪名尤显晚景凄凉，他虽多次为自己辩护，但一直无力改变人们根深蒂固的认识。若干与格拉夫一同被拘于苏军战俘营的飞行员，如哈特曼和格拉塞尔等，晚年时坦言已能理解并宽容格拉夫当年的作为，战俘营中遭受的苦难和折磨、人人为生存而挣扎的经历使他们不再谴责格拉夫，但他们的前提还是格拉夫确在战俘营中"低头认罪并采取了合作行为"。除了早亡的莫尔德斯、马尔塞尤和诺沃特尼外，其他几位获得钻石骑士勋章的昼间战斗机飞行员都有过战俘营的痛苦经历，但为什么在英美战俘营中与盟军关系融洽、合作无间的加兰德等未遭任何指责疑问，而格拉夫在苏军战俘营中的举动就遭到了如此多的抨击？他在战俘营中究竟有哪些作为，竟让昔日袍泽始终难以释怀？

本章介绍格拉夫令人叹为观止的战斗经历，他对足球运动的挚爱以及在苏军战俘营中的一些作为，希望多少能够撩开遮掩在他身上的神秘面纱。

早年岁月：
草根之家走出的少尉飞行员

格拉夫于1912年10月24日出生在巴登-符腾堡州的恩根（Engen）。他的祖上直到曾祖父这一辈一直都以打铁为生，曾祖父曾参加过拿破仑1812年征伐俄罗斯的战争，祖父却在1871年作为普鲁士军队的一员参加过普法战争，还因战功被委任为地方收税官。父亲威廉（Wilhelm Graf）本是靠近瑞士边境的农民，1913年10月的一场大火烧毁了他的房舍和绝大多数财产，随后他带着妻子和3个儿子（赫尔曼是幼子）在恩根城里开了一家小小的面包坊。1914年8月"一战"爆发时，威廉毫不犹疑地离开妻儿参战，作为一名炮兵获得过铁十字勋章，等他战后重返家乡之时，对他略显陌生的赫尔曼已年满6岁。

尽管"Graf"这个姓在德文中有"伯爵"的含义，但格拉夫家只能说是勉强温饱的底层家庭，赫尔曼很小就在父亲的面包坊帮工，早早领会了生活的艰辛和努力工作的真谛。求学阶段里，格拉夫像同时代的许多青少年一样痴迷于足球，而他也确有不凡的才华，在恩根当地的足球俱乐部待过一段时间后，他进入了赫亨（FC Höhen）俱乐部出任守门员，还被认为是最有前途的年轻守门员之一。足球虽是最爱，但一次偶然的机会激发了格拉夫对飞行的兴趣——有一天从学校上空呼啸而过的飞机给他留下了难以磨灭的印象，尽管整个过程只有短短几分钟，但翱翔蓝天的梦想就此在他的心中扎下了根。不过，父亲根本无力负担儿子学习飞行的高昂费用，尤其是1923年11月达到顶峰的超级通膨，还一笔勾销了家里的所有积蓄（德国银行当时甚至把老的马克纸币按吨送到废品回收站），即便让儿子继续求学，在老格拉夫看来也是可望不可即的事。1926年初，格拉夫小学毕业后辍学了，开始在恩根当地的制锁厂当学徒，收入虽然微薄，但聊胜于无，他在这里一学就是三年。1930年，格拉夫经人介绍进入恩根镇公所任见习职员，在这里工作期间，他竟下决心攒下所有能省出的钱购买一架滑翔机！到1932年年满20岁时，格拉夫不仅加入了当地新成立的滑翔飞行俱乐部，还真的向俱乐部捐赠了一架自制滑翔机。1932年夏秋，格拉夫把所有的业余时间都投入到滑翔飞行上，一次严重的坠毁事故险些要了他的命，但并不足以令其放弃这个爱好。据说，格拉夫在镇公所工作期间曾利用工作之便，为一些德国犹太人逃入瑞士提供方便。德国的"一战"空军英雄凯勒曾是恩根滑翔飞行俱乐部的主管和镇公所顾问，他曾证实格拉夫早年的确帮助过犹太人，格拉夫之所以能逃过被捕或被送入集中营的命运，是因为在凯勒的直接帮助下有关证据被完全销毁了。[4]

格拉夫在足球上的造诣越来越高，曾作为"明日之星"参加过特训，教练就是1921至1925年任国家队前卫，1954年作为主教练为德国赢得第一座世界杯的赫贝格尔（Sepp Herberger）。一次造成拇指骨折的事故葬送了格拉夫进入国家队的梦想，但他在足球圈中的知名度并未降低。与足球结缘不仅帮助他结识了许多将对其一生产生重要影响的球员朋友，还在某种程度上使其视野和心胸变得开阔，更为珍惜球友和日后战友之间的友谊。

虽然无法确知格拉夫的滑翔飞行水平有多高，是否像加兰德和戈洛布那样早早考过了A级和B级滑翔机飞行员证书，但有一点是毋庸置疑的，即这种经历使许多格拉夫这样的青年痴迷于飞行，一旦纳粹政权在1935年公开了空军的存在并不遗余力地生产战机和培训飞行员，格拉夫等人就立即毫不犹豫地把飞行作为自己未来的职业。格拉夫1935年时即申请参加飞行员训练，但直到次年6月初才被卡尔斯鲁厄（Karlsruhe）的飞行学校接受。他先进行了基本训练和理论学习，完成了60次飞行（累计15个飞行小时）后于当年9月25日获得了A2级飞行员证书。随后格拉夫返回恩根镇公所工作了一段时间。1937年10月初至圣诞节前夕，他在乌尔姆-多恩施塔特（Ulm-Dornstadt）飞行学校完成了B1级训练，学习了高空飞行、精确定点着陆、仪表飞行和夜间起降等一系列课程。1938年1月19日，格拉夫又回到卡尔斯鲁厄飞行学校进行B2级训练，并在当年5月31日如愿获得了飞行员证书。[5] 按照德国空军的训练制度，以获得A、B级证书为目标的飞行员主要接受单引擎战机训练，结业后一般进入战斗机飞行学校进一步受训，而被选出驾驶轰炸机、侦察机或运输机者还需再经训练获取C级证书。格拉夫觉得自己的性格和志趣更适于战斗机兵种，但教官却认为年近26岁的他年纪偏大，战斗机部队更适合不满20岁的精力更旺盛的年轻人，因而建议他去学习驾驶运输机。

“不服老”的格拉夫立意加入战斗机部队，1939年时他通过参加候补军官的训练项目实现了进入战斗机兵种的愿望。当年5月，尽管没有驾驶战斗机的经验，也从未在该兵种的专门学校受训，格拉夫还是被紧缺军官的战斗机部队要走，成为驻巴特艾布灵（Bad Aibling）的JG-51 第1大队第2中队的一名飞行员。尽管才具在普通人之上，但格拉夫初次驾驶当时先进的战斗机Bf-109 E-1时还是摔坏了座机，大队长贝格（Ernst Freiherr von Berg）少校从一开始对他的印象就不太妙。不过，这样的事故似乎也不能全怪格拉夫——驾驶Bf-109E系列战斗机进行起降并不那么容易，因为它的起落架间距太近，强大的螺旋扭矩使战机很容易偏离方向。不久后将成为格拉夫战友的拉尔在战后曾回忆说，1940年左右的战斗机飞行员都知道Bf-109E战斗机很容易产生“地转”（ground-loops）现象，可能会造成起落架的突然折断。[6]

▲ 摄于1933年10月24日格拉夫21岁生日的当天。从右至左依次为：大哥威廉、二哥约瑟夫、赫尔曼、父亲（骄傲地展示着“一战”中获得的勋章）、母亲、赫尔曼的大嫂及她的女儿。

1939年9月波兰战役爆发时，空军作为闪电战术的重要部分，负责为地面部队提供支援并摧毁敌军的空中力量，绝大多数战斗机联队都被送上战场，而格拉夫所在的JG-51第1大队却被留在莱茵河畔的施派尔（Speyer）防止英法的袭击。格拉夫在此期间里虽执行了不少巡逻任务，但根本未见过任何敌机，倒是同属第1大队的贝尔在9月25日击落了一架法军战机后取得了首胜。[7] 贝尔自此以后一发不可收，到战争结束时以220胜名列德军总战绩排行榜的第8位，其中有16次击坠是驾驶Me-262喷气式战斗机时取得的。1939年10月31日，JG-51第1大队大队长贝格少校调任JG-26第3大队大队长，接替他的是布鲁斯特林（Hans-Heinrich Brustellin）上尉。新任大队长很快就将这个“不靠谱的”格拉夫踢了出去——格拉夫执行过20余次任务，却从未在空中开过一枪！1940年1月20日，格拉夫调往梅泽堡补充战斗机大队，承担的职责却是“向新飞行员传授战斗经验”！也许是飞行技能，尤其是驾驶Bf-

▲ 摄于1932年恩根附近的巴伦贝格（Ballenberg）山，格拉夫（正中坐者）正与恩根滑翔飞行俱乐部的朋友们在一起。

▶ 摄于1938年春，格拉夫（坐在座舱里）在卡尔斯鲁厄受训时与同学们在一起。

▲ 1939年夏，JG-51第1大队第2中队飞行员格拉夫在一架崭新的Bf-109E1战斗机前留影。格拉夫初次驾驶这款战斗机就出了事故。1940年1月，被视为“不靠谱”的格拉夫被踢出了JG-51，改派至一个补充战斗机大队。

▲ 摄于1940年春的梅泽堡，格拉夫在这里重新熟悉Bf-109E战斗机。当年10月他随大队长汉德里克一起来到JG-52第3大队，成为第9中队的一名少尉飞行员。

▲ 摄于1941年的罗马尼亚布加勒斯特，格拉夫坐在自己的“黄色9号”Bf-109E1战斗机里。

▲ 摄于1940年10月，JG-52第3大队第9中队的格拉夫少尉。苏德战争开始后，第9中队开始与格拉夫的名字紧密相连，随着他的成功，该中队也成为德国空军最著名的中队之一。

▲ 摄于1941年的布加勒斯特，格拉夫的战友、第3大队第8中队中队长拉尔中尉（左）。

▲ 摄于1941年6月，驻罗马尼亚的德国空军指挥官施派德尔（Wilhelm Speidel）中将正在检阅JG-52第3大队。图中左一正在还礼的是施派德尔，他身后的是该大队大队长汉德里克少校，队列中右起第3人似为格拉夫。

109的水平实在不高，格拉夫到梅泽堡后又花了数周时间重新熟悉这种主流战斗机。至于作战经验和战术，他自己都还懵懵懂懂，拿什么向新人传授？不过，尴尬的调动并未影响晋升，1940年5月1日时格拉夫正式晋为少尉，这对世代未出过军官的家族来说不啻为一件重大成就。格拉夫错过了1940年初夏的法国战役和7月开始的不列颠空战，唯一的收获大概是结识了两位新朋友——格里斯劳斯基（Alfred Grislawski）和菲尔格雷贝（Heinrich Füllgrabe）。格拉夫从开始飞行训练到目前已过了四年，成为战斗机飞行员也有一年，却连敌机的影子都没见过，更别提什么胜绩了。比他还小一岁的莫尔德斯到1940年7月19日时已取得了25次胜利，还成为JG-51的少校联队长。相比之下，28岁的格拉夫少尉的飞行生涯仍然还在原地踏步！

1940年10月6日，梅泽堡补充战斗机大队的指挥官汉德里克改任JG-52第3大队大队长。之前的7月底，JG-52第3大队在不列颠空战中的一天多一点的时间里，曾经创下了一项“无与伦比”的纪录——损失了大队长和全部3名中队长！[8] 这个大队几天后被调回柏林西南的泽布斯特（Zerbst）基地，名曰承担帝国之都的防空任务，实际上是在整改和舔伤。汉德里克接手这个大队时，也顺便带来了他觉得有前途的两位飞行员——格拉夫和菲尔格雷贝。他们两人都被安排在第9中队，在这里他们与先期调入的格里斯劳斯基重逢了，而这个中队此后的声誉也将与格拉夫的名字密切相连。

经过休整训练的第3大队非常渴望返回海峡前线复仇，但令他们失望的是，大队在10月中旬被派至罗马尼亚的布加勒斯特（番号也改成了JG-28第1大队，不过转年1月初又改回JG-52第3大队），格拉夫少尉作为德国驻罗马尼亚军事顾问团的一员，将与战友们负责训练罗马尼亚空军飞行员。[9] 德军飞行员的任务先是帮助罗军飞行员熟悉Bf-109E系列战斗机，教授四指编队等战术和空战技能。稍后，由于巴尔干地区的形势变化，德国人也承担起保护罗马尼亚油田的任务。尽管如此，格拉夫在这里有大把的时间享受生活、参加宴会和结交朋友。他与菲尔格雷贝、格里斯劳斯基、聚斯（Ernst Süss）等人的关系最为密切，尽管他们中只有他是军官，但出身底层的格拉夫完全没有普鲁士军官高人一等的傲慢和森严的官兵界限。就像第8位钻石骑士诺沃特尼与三位战友组成了战斗小组，并因击落500余架敌机而被称为最成功的“四人组”一样，格拉夫与前述三位战友也取得了惊人的成功（总战绩达479架击坠）——格拉夫的纪录是211胜，橡叶骑士勋章得主格里斯劳斯基的战绩为133胜，而菲尔格雷贝和聚斯的战绩分别是65胜和70胜。另外，格拉夫的小圈子里还有一位施泰因巴茨（Leopold Steinbatz），这位飞行员到1942年6月15日阵亡时击落了99架战机（格拉夫的战绩时为108胜），是唯一一位以军士身份获颁双剑骑士勋章的人。当然，苏德战争开始前他们所有人的战绩加在一起仍是一个零。

1941年3月，第3大队结束了悠闲的生活，奉命开赴保加利亚，在即将展开的巴尔干战役中为德军第12集团军提供空中支援。4月6日，希特勒下令进攻巴尔干和南斯拉夫，但第3大队却接到返回布加勒斯特，保护罗马尼亚产油区的任务。不过，英国皇家空军驻希腊的部队当时已被打得惊慌失措，无暇顾及仍采中立立场的罗马尼亚。JG-52第3大队对此战的唯一贡献，就是将一些战斗机移交给其他有所损耗的参战单位。实在闲得无聊的格拉夫开始在足球赛上打主意。适逢罗马尼亚陆军的一支王牌足球队向德军顾问团下了挑战书，格拉夫毫不示弱地应战，还让对手在进入球场时大吃一惊——他通过国家队主教练赫贝格尔的关系，竟把凯泽斯劳滕队的明星瓦尔特（Fritz Walter, 1954年世界杯冠军德国队队长）等几名国字号主力请到了布加勒斯特。比赛中格拉夫出任守门员，帮助己方以3比2战胜了对手。赛后格拉夫立即驾机飞往希腊南部，准备参加克里特岛战役。5月25日，JG-52第3大队开至伯罗奔尼撒（Poloponnese）半岛最南端的莫拉伊（Molaoi）机场，当时克里特岛之战已进入高潮，正在此间作战的JG-77非常欢迎汉德里克大队的增援。不过，由于克里特岛的英国皇家空军已被基本消灭，除了高射炮的猛烈炮火外，JG-52的飞行员们很难发现敌机的踪影，他们的主要任务变成了扫射仍在坚守阵地的敌军，稍后又参与攻击试图将守军余部撤往埃及的英军舰只。6月10日，格拉夫随部撤回布加勒斯特，这时距他加入战斗机部队已满两年，虽不能说庸庸碌碌混了两年，但从未进行过一次真正的空战也是不争的事实。即将29岁的格拉夫无比懊恼，莫尔德斯和加兰德都取得了60次以上的胜利，他们在军界和国人中的声望甚至比那些足球明星们还要高。格拉夫踢球无望进入国家队，难道在空战中也难以出头吗？

从懵懂的开始到获得骑士勋章

1941年6月中旬的短短一星期里，JG-52第3大队在布加勒斯特迅速完成了换装Bf-109F系列战斗机的工作——格拉夫等人并不知道，历史上规模最大的一场战争不日即将爆发，时任第8中队中队长的拉尔战后曾称，他们这些人“还是在21日从一名到访的陆军军官那里听说的”。第3大队大队长汉德里克21日升任JG-77联队长，他的继任者是布鲁门萨特（Albert Blumensaat）

少校。苏德战争爆发前夜，JG-52第3大队大队部与第8和第9两个中队离开了布加勒斯特，移驻北边64公里外的米济尔（Mizil）机场，负责保卫罗马尼亚普洛耶什蒂(Ploiesti)油田的安全。22日，格拉夫等飞行员紧张不安地坐在各自的驾驶舱里等候出击命令，但还是错过了最初两天的战斗——苏军似乎无意轰炸产油区，而是先把重点放在了黑海沿岸的重要目标上，包括罗马尼亚最重要的海港康斯坦萨(Constanza)。不过，苏军轰炸康斯坦萨也是两天后的事，格拉夫他们眼下只能一边待命，一边羡慕地看着其他联队"像打野鸭一般地"摧毁对手的战机，看着王牌们快速地提升击坠总数——22日当天，德军就毁灭性地重创了苏联空军，德方资料称当日击落了322架苏军战机，还摧毁了地面上的1489架军机，总数达到了令人瞠目的1811架，而苏方承认首日至少损失了1200架战机。[10]

24日，苏军几支DB-3轰炸机编队飞抵康斯坦萨地区进行轰炸，结果遭到JG-52第3大队那些憋得几乎发狂的飞行员们的屠杀，没有战斗机护航的轰炸机机群转瞬间就被击落了12架，拉尔中尉也收获了自己的第2胜。26日，苏军试图向康斯坦萨发起一场海空联合作战，但结果就像其他战场一样损失惨重——18架轰炸机被JG-52第3大队摧毁，黑海舰队还损失了驱逐舰"莫斯科"号。[11] 这是布鲁门萨特大队近两个月里收获最大的一战，拉尔取得了个人第3胜，而第7中队的中士罗斯曼（Edmund Rossmann）则一战斩获了4架轰炸机。格拉夫只能羡慕地听罗斯曼讲述空中屠杀的情形，因为他自己的第9中队并未被派至康斯坦萨作战，而轮到第9中队驻防康斯坦萨北边的马马亚（Mamaia）机场时，苏军却终止了空袭罗马尼亚的行动。7月4日，布鲁门萨特突然收到来自戈林本人的电报："你部因未能击落敌机而继续与众不同，还要多久才能阻止俄国战机进入你的领空？"[11] 戈林的尖锐指责体现出他并不清楚罗马尼亚海岸战场的实情，此间苏军的反击不仅规模较小，就是零星的出击也多是贴着黑海海面进行的"打完就跑"式骚扰，当然更主要的原因还是装甲部队的迅猛推进和空军的初期大胜大大刺激了戈林和高层的胃口——就在7月3日，中央集团军群已在明斯克以东合围了苏军西方面军，北方集团军群也夺取了德维纳（Dvina）河渡桥并前出到更往东的地带，而南方集团军群则稳健地朝着乌克兰的第聂伯河推进，为他们提供支援的各空军联队纷纷取得了令人瞠目的高战绩，戈林早把那些战绩当成了惯例和衡量部队是否尽职的标准，JG-52第3大队的30余架战果相对而言实属"不堪入目"(莫尔德斯的JG-51甚至在短短3周内就击落了500架苏军战机)。布鲁门萨特虽向上级多次汇报过罗马尼亚海岸战场与其他方向的不同，但也只得寻找替罪羊——第7中队中队长巴克西拉（Erwin Bacsilla）上尉不幸被选中，他于7月11日被解职。[12]

到目前为止，格拉夫所在的部队似乎总是处于被遗忘的角落。不过，随着第3大队8月1日开往基辅西南的白采尔科维(Belaya Tserkov)，他的命运也发生了根本变化。拉尔战后曾回忆说："白采尔科维被苏军遗弃时机场工程尚未完工，它是我们的第一座有混凝土跑道的基地，既干净又有条不紊，我们大家都很满意。我们虽然都住在帐篷里，但此时还是夏天，东线战事看起来正按计划顺利地进行着。"[13] 暂时隶属JG-3指挥的布鲁门萨特大队并非驻扎在白采尔科维的唯一部队，实际上第5航空军的大部分单位都集中在这里，机场周边满眼望去都是飞行员和地勤栖身的帐篷。第5航空军的各联队从这里出发为向乌曼和基辅推进的南方集团军群提供支援。格拉夫一行抵达基地的当夜，就为前去轰炸基辅的第77俯冲轰炸机联队（StG-77）护航。虽未遭遇苏军战机，但映红了半个夜空的高射炮火还是使格拉夫真切地意识到这里与罗马尼亚大为不同。

8月4日，格拉夫终于品尝到了首胜的滋味，但一切发生得太快、太有冲击性，他自己也不明白到底是怎样击落对手的。当日晨6时许，第9中队中队长霍尔尼希 (Franz Hornig) 上尉带领格拉夫和施泰因巴茨等人升空，为轰炸基辅的StG-77第3大队提供护航。途中突然有人在无线电中惊呼发现了敌机，缺乏实战经验的诸人一时均阵脚大乱，连中队长命令保持队形的呼声都听不见。格拉夫看见2架伊-16“耗子”战斗机从面前呼啸而过，于是将编队纪律抛在脑后，开始全速追逐敌机。令他意外的是，2架敌机在他面前转了个180度的弯，然后向他的Bf-109扑来。格拉夫听到座机机身叮叮当当地作响，也即刻按下机炮按钮——但没有动静，原来他竟像新手一样忘记将炮弹上膛！在紧张与兴奋中格拉夫似乎失去了时间概念，当敌机再次出现在瞄准仪中时，他的座机几乎就要撞上绿色的苏军战机。慌乱中格拉夫下意识地闭上眼睛，同时再按机炮按钮。不知过了多久，无线电里传来施泰因巴茨兴奋的喊声“命中了、命中了！”事实上，格拉夫的射击十分准确，这架伊-16当空起火，旋转着坠地爆炸了。5分钟后施泰因巴茨也击落了一架伊-16，格拉夫依然有些神志不清，只模糊地听到施泰因巴茨说“离开这个鬼地方”。

用震撼来形容格拉夫的首胜可能并不夸张，整个过程只有几分钟，但就他的感觉而言恐怕非常漫长，他的脑子里甚至一度出现了真空，并不清楚是怎样干掉对手的，更勿论有意识地使用技战术了。返回基地后，霍尔尼希狠狠批评了格拉夫等人的慌乱和违反飞行纪律。格拉夫当天又执行了4次护航任务，几乎每次都与敌机在空中相撞。次日的情形大体相仿，格拉夫竟有三次险被击落，不过，当他驾驶满身弹孔的战机返回时，个人胜利薄上又添上了一架“耗子”。应该说，他的运气确实不错。

不停地起飞作战和护航使格拉夫很少有时间来总结得失。在后续战斗中，格拉夫还不止一次地被击中，但运气似乎格外青睐他，每次他都安全返回。其实，基辅上空的苏军飞行员并非不能很好地掌控战机，也不缺乏技能，但他们受累于老旧战机 (尤其是伊-16还是西班牙内战中的机型) 的性能、速度以及己方的防御战术，如果不是这些原因，JG-52第3大队诸如格拉夫这样的“新手们”恐怕早就遇到了大麻烦。8月11日下午，格拉夫在卡内夫 (Kanev) 以东击落了一架米格-3战斗机，直到这时他似乎才明白了空战是怎么回事，也知道有意识地运用战术与对手周旋，而不是纯粹靠运气了。也许，像格拉夫这种才质甚佳的飞行员本身有着很大的潜力，他们需要的是在空战中打开茅塞、贯通天眼，随后的胜利才会接踵而至。

8月底，JG-52第3大队奉命南调，与StG-77的一个大队一起负责支援地面部队从克列缅丘格 (Kremenchug) 桥头堡渡越第聂伯河的作战。从未在西线经历过战友之间生死两茫茫的格拉夫，开始越来越多地感受到伙伴阵亡的痛苦和失落。8月29日，大队长布鲁门萨特着陆时背部受伤，随后离职 (后调入后方的飞行学校)，霍尔尼希上尉成为代理大队长。次日，格拉夫中队的席夫勒 (Erich Schiffler) 中士迫降在苏占区后被俘 (后被杀害)。8月31日，格拉夫收获了第4胜，因之获得了一级铁十字勋章，但他因失去了好友席夫勒而显得情绪低落。9月1日，第7中队中队长齐默尔曼 (Hans-Jörg Zimmermann) 中尉在第聂伯罗彼得罗夫斯克 (Dnepropetrovsk) 桥头堡进行低空扫射时，不慎与自己的僚机施洛瑟 (Franz Schlosser) 上士相撞，第3大队这两个最好的飞行员分别带着7胜和4胜的战绩消失了。9月中旬，德军在基辅附近合围了70余万苏军，格拉夫和第9中队奉命向基辅以东转进，前去支援逼近哈尔科夫工业带的第17集团军。

到9月24日第9中队进驻波尔塔瓦 (Poltava) 机场时，格拉夫的战绩薄上已有7胜，按照德军的标准算是一名“小王牌”了。三日后，苏军第

▲ 摄于1941年9月，JG-52第9中队的飞行员们，从左至右依次为菲尔格雷贝、恩贝格尔（Alfred Emberger）、迪恩（Ewald Dühn）、克莱因（Hans Klein）、霍尔尼希、格拉夫、施泰因巴茨、聚斯、哈恩（Hahn）。图中唯一缺少的是格里斯劳斯基，当时他正在拍摄这张照片。

▲ 1941年10月初的波尔塔瓦机场，格拉夫在自己的Bf-109F4前骄傲地展示方向舵上的10次击坠标志。

▲苏军第8轰炸机航空团的报务员兼炮手库拉耶夫，在1941年9月27日的空战中他的轰炸机曾重创了格拉夫的座机。

▲1941年11月，格拉夫执行任务归来后与爱犬合影。

▲摄于1941年12月初，格拉夫在一次成功的作战后回到塔甘罗格基地时，受到中队战友们的热烈欢迎，他们将格拉夫扛上了肩头。这个场景有可能发生在12月8日，当天，格拉夫与格里斯劳斯基向攻击“希特勒警卫旗队”师阵地的苏军战斗机和轰炸机发起了进攻，他们分别击坠了3架和2架敌机。格拉夫的这次行动可能拯救了“希特勒警卫旗队”师的防线，师长迪特里希当夜曾亲自来到塔甘罗格向格拉夫等人当面致谢。

8轰炸机航空团(BAP)派出7架DB-3F轰炸机轰炸波尔塔瓦附近的德军阵地，结果遭到格拉夫等人的7架Bf-109的截击。苏军未料到对手的反应如此之快，在交手和追逐中有5架DB-3F被击落，但报务员兼炮手库拉耶夫(Vasiliy Kurayev)所在的轰炸机不仅躲过了攻击，还腾出手来向一架Bf-109发起了主动进攻。库拉耶夫向对手射光了全部3500发子弹，直到将之击落。随后，另一架Bf-109从侧后方气势汹汹地扑了过来，库拉耶夫轰炸机上的尾炮手与对手同时开火了，而且都命中了对方！Bf-109射出的炮弹在尾炮手座舱里爆炸了，尾炮手浑身是血，库拉耶夫自己也腿部中弹，轰炸机开始冒着黑烟坠落。库拉耶夫与尾炮手挣扎着跳了出去，还都奇迹般地幸存下来，不过，在7架被击落的轰炸机中，他们两人是仅有的幸存者。被击中的德军飞行员就是格拉夫，对手射出的子弹击中了他的发动机，风挡上布满油污，战机也在剧烈晃动。格拉夫没有时间确认战果，他驾驶着几乎失控的战机，紧张地四处搜寻可供迫降的平地。他再次受到命运的垂青，顺利发现了德军阵地稍后方的一处机场。当格拉夫满身油污地爬出座舱时，四周聚拢过来的步兵中有位上尉惊异地说道："祝贺你成功着陆，我们还以为你做不到……"格拉夫皱着眉头、略带愠气地反问："什么意思？难道我的战机看起来有那么糟？"上尉指着周围说："不是这个意思。只有你停的那块地方不会把你炸得粉身碎骨，因为整个机场就是一个巨大的雷场！"[14] 格拉夫返回波尔塔瓦基地后，战友们为他举办了"生日聚会"——不是因为又得一胜，也非庆贺真正的生日，而是祝贺他死里逃生。

10月1日起格拉夫开始代理第9中队中队长，到11日时全中队击落的敌机已达59架。军史家维尔曾说这个战绩是第3大队三个中队中最好的一个，[15] 但实际情况是格拉夫中队远远落后于拉尔的第8中队——后者9月底时就已击落敌机百架以上。10月14日，第9中队又击落了空袭波尔塔瓦机场的8架苏军战机，格拉夫在3分钟内就将2架雅克-1型战机斩落马下。

10月23日，JG-52第3大队奉命南下，前往彼列科普(Perekop)地峡西北的恰普林卡(Chaplinka)机场，同时暂归JG-77联队指挥，这样格拉夫他们的对手就从西南方面军空军变成了克里木方面军的空军和黑海舰队的海军航空兵。当时，曼施坦因第11集团军的先头部队正在攻打彼列科普地峡防线，准备突破之后踏上克里木半岛，但他们遭到了对手不间断的空中攻击。24日晨，第3大队在新基地迎来了一位如雷贯耳的贵客——战斗机部队总监莫尔德斯上校。这位传奇人物为支援克里木战场，特意组织了一支包括斯图卡、战斗机和对地攻击机在内的混合战斗群。莫尔德斯向大家热情地打招呼，当格拉夫向他敬礼时，莫尔德斯一边还礼一边说道："祝贺你，格拉夫先生，我刚知道今天是你的生日。祝愿你的生日一个接一个地到来！"[16] 拉尔当日是第二次见到莫尔德斯，他在晚年回忆这位令人"高山仰止"的人物时曾写道："莫尔德斯是个不可思议的战术家，我对他有着无限的景仰……他非常机智，人也很好，是我遇到过的品格最高尚的人……"[17] 或许是莫尔德斯的出现点燃了第3大队的激情，24日一天内，全大队竟击坠了18架苏军战斗机和轰炸机，格拉夫也在2分钟内击落了2架米格-3战斗机。这一战果把大队的总战绩提高到341次击坠，首次超过了第2大队的336胜，更是远远地把第1大队甩在身后(该大队错过了苏德战争的开始阶段，到此时战绩仅有148胜)。[18] 格拉夫在随后4天里每天都有斩获，11月1日时已将20次击坠计入名下。考虑到他8月初才进入实战，这样的成绩也相当令人印象深刻了。

10月底、11月初，入侵苏联广袤版图的任何军队都要面临的大敌——一个难以征服而且不偏不倚的对手——"泥淖将军"，出面粉碎了希特勒快速大胜的梦想。深秋染红了一片片树林，也带来了纷扬的豪雨和无尽的泥淖，整个东线的德军攻势都陷入了停顿。JG-52第3大队又一次被调去支援其他战场——这次是开往亚速海北岸的塔甘罗格 (Taganrog)，支援第1装甲集团军攻打顿河重镇罗斯托夫 (Rostov)。罗斯托夫不仅是重要工业中心和铁路枢纽，更扼守着进入高加索产油区的主要通路，能否固守这座重镇对苏军来说有着特别重大的意义。第3大队11月2日移驻塔甘罗格后，一度囿于天气只进行了有限的出击，第7中队的克彭 (Gerhard Köppen) 上士在月初取得的一次胜利，把大队的总战绩提升到了400胜，拉尔8日将个人战绩提高到30胜，而格拉夫到17日时也取得了第25次胜利。11月17日，“泥淖将军”让位于“严冬将军”，虽然冰冻的地面使装甲部队又能发起新的攻势，但无垠的冰雪和零下几十度的低温奇寒还是让准备不足的德军叫苦不迭，飞机也在严寒中拒绝工作，更勿论在没有取暖设施的帐篷中冻得瑟瑟发抖的飞行员了。当日，第1装甲集团军向罗斯托夫发起了进攻，苏军出动了400架次的战机进行轰炸，但被JG-52第3大队和JG-77第2大队无情地粉碎。11月20日，德军踏上了罗斯托夫的街头。

11月中旬，空军接连失去了两位重要人物：先是17日饮弹自尽的乌德特上将，后是死于飞机失事的莫尔德斯。莫尔德斯突然死去的消息传到塔甘罗格时，格拉夫与所有人一样都不相信自己的耳朵，因为他头一天刚见到莫尔德斯，还说了几句话。11月23日，苏军地面部队冒着严寒向罗斯托夫北面的德军发起了强势反攻，南方面军空军的第4对地攻击机航空团 (ShAP) 出动了一批伊尔-2对地攻击机进行支援。拉尔、格拉夫和克彭等几位战绩最高的飞行员驾驶Bf-109升空拦击。绰号“黑死神”的伊尔-2虽是Bf-109最难缠的对手，但德军飞行员已经找到了它的命门——机身下的散热器。在当日为时5分钟的空战中，格拉夫、克彭和拉尔各击落了一架伊尔-2，拉尔还顺手击坠了一架米格-3战斗机，将个人战绩提升到33胜。不过拉尔的好运在28日戛然而止，他当时被一架雅克-1击落，身负重伤的他痛苦地躺在冰天雪里呻吟，幸亏迪特里希 (Sepp Dietrich) 的党卫军“希特勒警卫旗队”师的人在望远镜中目睹了整个过程，才使拉尔逃过一劫。拉尔摔断了后背，伤势极重，一度瘫痪在床，整整9个月后才归队。即便如此，他还是在战争结束前取得了275次击坠的战绩，高居排行榜第3位。拉尔离去的当日，苏军成功收复了罗斯托夫，JG-52第3大队所在的塔甘罗格机场也遭到对手不停顿的轰炸和扫射，只不过是由于“希特勒警卫旗队”师的疯狂抵抗，苏军才没有迅速打到塔甘罗格。

格拉夫的战绩在12月2日达到了31胜，他不可避免地开始憧憬获得骑士勋章的时刻，不过，摘取这一勋章的标准已从开始时的20胜提升到30胜，然后又涨至40胜。格拉夫有点气馁，但暗下决心一定要摘取骑士勋章。12月6日格拉夫击落了3架敌机，8日，他与格里斯劳斯基一起进攻“摧残”迪特里希所部的苏军轰炸机和战斗机，结果分别斩获了2架和3架敌机。格拉夫曾在12月9日的日记中写道：“……只有克彭(的战绩)排在我前面。谁能想到我能走到今天这一步，我当然是没想到！昨天，我与好友格里斯劳斯基在空中进行自由猎杀。在米乌斯 (Mius) 河防线，一些摇晃得要散架的伊-5(I-5)双翼机正攻击党卫军的阵地。我一通扫射后一架伊-5应声而落，然后第2架也被打爆起火。格里斯劳斯基甚至一下子干掉了3架。当晚，迪特里希来到机场与我们热情地握手，他满口赞誉和谢词，还询问我们有什么需要。我们说这里没有哪怕一辆卡车，于是他承诺送我们一辆。他果然兑现了诺言，卡车上还装满了香烟和酒！”[19] 当然，格拉夫他们并不是第一次支援和帮助地面部队，军史家库罗夫斯基 (Franz Kurowski) 曾写道：“格拉夫在整个军旅生涯中都把帮助步兵作为优先考虑的目标，然后才是寻求空战机会。他既攻击敌军的反坦克炮阵地和机枪阵地，也尽力摧毁敌军的防御网和补给车队。即使发现了敌机，他也只在敌机明显试图进攻地面德军时才相应地发起攻击。"[20] 库罗夫斯基还说这是格拉夫的"特质之一"。其实，尽力支援地面部队绝非格拉夫独有的特点，而是德军的作战目标所决定和要求的。德国空军与陆军一样，准备打的都是短促的决定性战争，长期的战略目标被认为是不相关的，因而也被忽略。"巴巴罗萨"计划纯粹是以最大限度地歼灭苏军有生力量、迫使对手投降为目的的，因而空军也被严令要竭尽全力为地面部队提供战术支援，即使这样做要以牺牲其他优先任务为代价。空军元帅凯塞林曾说："我指示我的那些空军将领和高射炮将军，要把陆军的要求当成我的命令来执行。"[21] 至于说格拉夫"整个军旅生涯中都把帮助步兵作为优先考虑的目标，然后才是寻求空战机会"，至少在这时并未体现出来——此时的格拉夫眼中只有骑士勋章，他就像一只睁大双眼四处搜寻猎物的饿鹰一般。整个12月间南方的气候异常寒冷，风雪不断，双方战机出动的日子都屈指可数，但格拉夫还是利用一切机会提升战绩。12月10日，JG-52第3大队移驻哈尔科夫，八日后克彭以40架击坠成为全大队首位骑士勋章得主。这件事给格拉夫刺激不小，他更加焦急地寻找与对手交战的机会，他在12月26日的日记中写道："圣诞！最好想都不要想它。我的战绩没有变化，还是37胜。对手也安静了许多。"由此可见，格拉夫为尽快获得骑士勋章已是心急如焚。次日下午，格拉夫在空战中击落了3架伊-16和1架轰炸机，28日又击坠一架雅克-1，这样他在1941年的总战绩就定格在42胜，剩下的就是焦虑的等待了。

161次击坠：不可思议的1942年

苏军西南和南方方面军空军在1941年12月里遭受了惨重损失，南方战场的德军第4航空队光是其战斗机部队就击毁了135架苏军战机，而自身仅损失1架，战绩最佳的就是JG-52第3大队——90次击坠，自身无一损失。[22] 进入1942年初，德军飞行员发现执行任务时多数情况下都没有敌机干扰，格里斯劳斯基整个1月间执行了8次任务，没有一次遇见过任何一架敌机。急于摘取骑士勋章的格拉夫也想尽各种办法引诱对手出战，他的日记中曾记载有这样的招数："有一天我们试了个不寻常的招数。我们把巧克力和香烟打进包里，将之系在小降落伞上，又给俄国人写了份战书，然后把包裹空投到罗斯托夫南面的苏军基地里。战书是这么写的：'另一边的同志们，我们邀请你们明天——星期三——中午12点到罗斯托夫以南的顿河三角洲上空4000米高空进行决斗。我们保证我方只有8架战机出现，你们那边随便来多少都行！击坠！致以真诚的友谊，你们的敌人。'然而我们空等了一场。"[23] 如果确有这样一份战书，而且苏军也确实收到了的话，那么他们未能露面的原因恐怕并不是怯战，而是能够升空作战的战机可能确实寥寥无几了。1月7日，格拉夫在空中偶遇一队伊-16战斗机，5分钟内击落了其中的两架，次日又有一架斩获，这样他的总战绩上升到45次击坠。施泰因巴茨也在急不可耐地搜寻猎物，当日他甚至飞到米乌斯河前沿的苏军后方，总算击落了2架战斗机和1架轰炸机，取得了第40至42胜。但是，施泰因巴茨只顾追求个人击坠，完全忘记了危险和照顾缺乏经验的僚机飞行员，他的举动引起了不少人的不满，他也得到了一个"僚机浪费者"的不雅绰号。

1月24日，格拉夫终于获得了梦寐以求的骑士勋章，施泰因巴茨也在2月14日获得骑士勋章。格拉夫在2月3日取得了第47胜后，拖着形销骨立的身体回国休了一个长假，直到3月21日方才归队。格拉夫休假期间，他的主要竞争对手克彭在2月27日成为第1个获颁橡叶骑士勋章的军士，这一高规格勋章深深刺激了格拉夫等军官，而对一切看得很淡的格里斯劳斯基则饶有兴味地冷眼旁观着军官们妒火中烧的模样。归队后的第3天，格拉夫就击坠了雅克-1和米格-3战斗机各一架，显示出7个星期的长假并未让他的技能和反应生锈。不过，当日空战中第9中队失去了中队长沙德（Kurt Schade）中尉，他遭到了一架伊尔-2对地攻击机和地面炮火的双重打击，迫降后被俘。格拉夫随即被任命为继任中队长，4小时后的再次升空作战中，一架轰炸机成为他的第50个牺牲品。

不知不觉中，格拉夫的战绩到4月29日时已升至63胜。这一天，JG-52第2大队在施泰因霍夫率领下抵达哈尔科夫南面的新基地，而第3大队却意外地被调至南方的克里木，负责支援第11集团军清理残余苏军的新攻势。为曼施坦因集团军提供空中支援的是里希特霍芬上将的第8航空军，除JG-52等三个战斗机联队外，还包括StG-77和四个轰炸机联队，对手则是克里木方面军的170架战斗机、225架轰炸机和黑海舰队的海军航空兵。苏军的战机数量虽然不少，但多是被用作战斗-轰炸机的伊-16和伊-153等老旧机型，战术编队依然沿袭过时的三机“V”形编队，空中通信联络还是他们最大的弱项。另外，苏军虽有一些极其勇敢、技术精湛的飞行员，但多数都是受训时间极短的新人。

JG-52第3大队甫一参战就在空中占据了优势。4月30日，该大队声称一天内击坠了24架敌机，自身无一伤亡，而格拉夫在7次出击中击落了6架敌机，是他到目前为止战绩最佳的一天。5月2日凌晨3点30分，格拉夫、格里斯劳斯基与施泰因巴茨等三人摸黑赶往刻赤附近的一处苏军基地，准备向对手展开突然袭击。4点时，格拉夫射出的炮弹命中了一架匆忙飞离跑道的伊-16，结果这架战机撞上了自己的僚机，两架战机迅速起火爆炸，升到空中的第3架伊-16也被格拉夫击落。当日日终时，格拉夫将自己的单日最佳战绩提高到7次击坠，总战绩则激增至76胜。格拉夫与已晋升为少尉的克彭之间的竞争也日趋激烈，后者在5月2日收获了5胜，总战绩高达84次击坠。克彭晋为军官后对昔日战友的态度发生了很大变化，对军士和地勤们抱以咄咄逼人的态度，结果引起了不少人的反感。4月底结束休假归队后，克彭对荣誉和勋饰的追求更加强烈，他为击落敌机不顾一切的做法也引起了上下的忧虑。第3大队大队长博宁（Hubertus von Bonin）少校曾对格拉夫表露过自己对克彭亡命作风的担忧，格拉夫也认为照这样子下去，克彭恐怕活不到击落100架敌机的时候。

格拉夫不幸一语成谶——克彭5月5日就消失在亚速海中，格拉夫曾在日记中描述过当时的场景：“我真的很难把5月5日的悲剧诉诸笔端，我依然难以接受这个现实：克彭少尉失踪了。这事发生时，我在战绩上已经差不多追上了他，他获得橡叶骑士勋章后休假去了，这给了我机会。他返回前线后发现了一处隐藏得极好的苏军基地，他想飞到那里去。由于他并不指挥中队，大队长命令我的第9中队陪他走一趟。我拒绝过，但克彭不肯让步。最后我挑出3个优秀的飞行员陪他一起前往，但私下里告诫他们一定要加倍小心，因为我不认为这次行动会成功。不幸的是我的预感和判断是正确的，我的人都回来了，但克彭失踪了。他们报告说，克彭在归途中朝克里木北部海岸的另一处机场飞去了，结果与几架Pe-2轰炸机缠斗在一起。他们目睹了克彭被击落和落入亚速海的全过程。他的Bf-109几秒钟后就消失在水面下。我的人注意到克彭向海岸游去，也看到苏军炮兵向战机坠毁处开炮。不久后一艘小艇开进了坠毁区域。我的人由于都快没油了，他们只能返航。第二天，我们听说有一架He-111轰炸机曾向克彭坠落的地方投放了橡胶艇，但没能发现他的踪影。我们会不会再次听到他的消息呢？”[24] 后人虽相信克彭被苏军舰艇打捞了上来，但他此后确实音信皆无。其实，格拉夫与克彭的攻击性十分相像，一天出击5次以上实为常事，清晨6点到傍晚的时间里，除回去吃点东西、加油和补充弹药以外，其余时间都在寻觅猎物或交战。格拉夫一样在冒着极大的风险，只不过他的运气一向不错罢了。

1942年5月8日，曼施坦因第11集团军发起了夺取刻赤半岛的攻势，第8航空军为封锁和打击克里木方面军的各处机场也是倾巢出动。苏军战斗机部队曾试图紧急起飞，但不少战机刚刚离开地面就被击落，方面军空军当天仅能派出一支有规模的编队——第36战斗机航空团的8架伊-16战斗机和第214对地攻击机航空团的一批伊-153——飞往前线阻遏对手的攻势。格拉夫曾这样描述当日的空战："3个联队的战斗机鏖战在前线上空。我们迫使苏军轰炸机胡乱地扔下炸弹。我的中队在空中的位置较低，吸引了地面高射炮的多数火力，其他战斗机则在我们头顶上方激战。两架Bf-109相撞了，像燃烧的火球一样摔了下去，飞行员们虽跳伞成功，但都落在了敌人一侧……当我们专注地攻击轰炸机时，一架俄国战斗机突然出现在我身后，幸亏施泰因巴茨最后时刻把它干掉了。不久后我击落了一架米格战斗机，这时我们的飞行高度只有1500英尺，位于苏军后方挺远的地方。10点58分我敲掉了第2架敌机，11点02和07分又分别解决了第3和第4架。"[25] 格拉夫在当日空战中总共取得了7胜，第3大队共击落了47架苏军战机，而整个第8航空军的战果是57架击坠。可以说，JG-52第3大队已是东线所有战斗机单位中最精锐的大队，而整个JG-52联队的总战绩也迅速飙升至1500次击坠。

克里木战事进入尾声时，苏军西南方面军的45个师在5月12日从南北两面向哈尔科夫以南的德军发起了反攻。第8航空军的多数联队匆忙返回东乌克兰，帮助地面部队固守至关重要的哈尔科夫及其周边地区。当日，格拉夫在克里木上空收获了第90胜，之后随第3大队回到了半个月前离开的基地。短短两周里，格拉夫中队在自身无一损失的情况下取得了93次击坠，他的个人战绩也从61胜急速提升到90胜，距所谓的"世纪大关"第一次如此之近！第9中队在刻赤上空的屠杀中除了战功赫赫外，也赢得了日后更加响亮的绰号——"卡拉牙（Karaya）中队"。聚斯休假归来时曾带回一架留声机，但随身携带的唱片都破碎了，唯一能播放的就是他偶然得到的一张苏联唱片。聚斯在住处日夜播放这张听不懂的唱片，其旋律似乎总是在重复"Karaya，Karaya"的调子。很快，聚斯把它变成了第9中队的队曲，甚至在空战正酣时，他也在座舱里对着无线电放声大唱"卡拉牙"。没过几天，"卡拉牙"就成了第9中队正式的无线电呼叫信号，"卡拉牙1号"自然就是中队长格拉夫的代号。

第3大队刚开到哈尔科夫机场，就遭到一队伊尔-2对地攻击机的袭击，德军在随后展开的报复行动中击坠了7架苏军战机，其中的一架是大队的第900次击坠。13日，第3大队取得了42次胜利，次日又获得51次击坠，而自身仅损失2架战机。在这些令苏军一个航空团仅剩3到4名飞行员的屠杀中，格拉夫在13日贡献了6架，14日又创下了单日击坠8架敌机的个人最佳纪录。不知不觉中格拉夫的战绩达到了104胜，成为JG-52的第1个、空军第7个超越100胜大关的飞行员。5月17日，格拉夫获得了第93枚橡叶骑士勋章，第7中队的迪克费尔德（Adolf Dickfeld）少尉在战绩提升的速度上同样不遑多让，14日他以创纪录的单日9次击坠将战绩提高至90胜，18日时更以前所未有的11次击坠突破了世纪大关。19日，迪克费尔德成为第94位橡叶骑士勋章得主，最高统帅部命令他与格拉夫在5月24日赶到狼穴大本营，由希特勒亲自为他们授勋。19日当天，格拉夫与格里斯劳斯基飞到第4航空军司令部公干，指挥官普夫卢格拜尔（Kurt Pflugbeil）将军告诉格拉夫，元首将为他同时颁发橡叶和双剑骑士勋章。不过，在飞赴大本营前，格拉夫和第3大队还得先完成转场——5月15日时，JG-52第2大队从克里木抵达哈尔科夫东南200公里处的阿特木斯克(Artemovsk) 机场，20日时联队部与第1大队也进驻这个大型机场，格拉夫所在的第3大队则在21日离开哈尔科夫后进驻阿特木斯克，这是JG-52的3个大队很久以来的第一次聚齐。5月24日晨，格拉夫和迪克费尔德登上了一架飞往东普鲁士的He-111轰炸机，这时前者的个人战绩已提升到了108胜。

格拉夫获得第11枚双剑骑士勋章后获准休假四周，等他6月底归队时，意外地发现好友施泰因巴茨消失了。原来，6月15日，在哈尔科夫附近的沃尔昌斯克 (Volchansk)，施泰因巴茨被高射炮击中后机毁人亡。施泰因巴茨是克彭之后第二位获橡叶骑士勋章的军士，他不顾疲劳，也将格拉夫要他休假的命令置若罔闻，立志要成为空军第一个破百的军士。格拉夫休假期间，施泰因巴茨每日必战，每战必有斩获，到15日时已将战绩提升到99次击坠，但正是这一天他的生命画上了句号 (6月23日施泰因巴茨被追授少尉军衔和第14枚双剑骑士勋章)。格拉夫还发现JG-52的联队长也换了人——第9位双剑骑士勋章得主伊勒费尔德在6月21日被紧急调任联队长，因为他的前任、刚刚主持JG-52三个星期的贝克中校在哈尔科夫以东失踪了。人们猜测，他在被高射炮击中后可能被俘了，但直到战争结束也没有关于他的任何音讯。曾与格拉夫并肩作战并成为竞争对手的拉尔重伤离队很久了，克彭和施泰因巴茨均已作古，现在最大的竞争对手除了身边的迪克费尔德外，还有正在塞瓦斯托波尔要塞作战的JG-77联队长戈洛布——6月23日戈洛布以击落107架敌机的战功成为第13位双剑骑士，同时晋升为少校。6月30日，格拉夫击落了3架敌机后把战绩提升到111胜，他的密友格里斯劳斯基也在7月1日获得了骑士勋章。不过，整个7月里格拉夫罕见地没有任何胜

▲ *1942年2月初，格拉夫回到恩根老家休了一个长假，慢慢地疗养和恢复元气。图片摄于1942年3月的恩根。*

▲ *摄于1942年5月14日的哈尔科夫机场，格拉夫的“黄色1号”的方向舵上显示出他的104次胜利标志。他是JG-52第1个、空军第7个超越100胜大关的飞行员。3天后他获得了橡叶骑士勋章，5月19日又成为第11位双剑骑士，这时他的战绩已达到108次击坠。*

▲ 1942年5月5日在亚速海消失的克彭少尉，他是第一个获得橡叶骑士勋章的军士，最后的总战绩是85胜。

▲ 获得双剑骑士勋章后，格拉夫获准回恩根休假四周。图为他在当地一家照相馆里拍摄的照片，注意此时他的军衔仍是少尉。

▲ 摄于1942年5月底或6月初的恩根，当时格拉夫正在休假，这是他在当地照相馆拍摄的一张宣传照。

▲ 1942年5月25日，希特勒为格拉夫颁发双剑骑士勋章时的场景。格拉夫右边被遮住的是获得橡叶骑士勋章的迪克费尔德。

▲ 摄于1942年6月末或7月初，格拉夫在自己的Bf-109F4战斗机前与他人交谈。

▲ 摄于1942年7月1日，格拉夫与好友格里斯劳斯基在一起，后者当日获得了骑士勋章。

▲ 摄于1942年夏秋，格拉夫的父母正在观看儿子寄回家的方向舵上的击坠标志。7月中旬，格拉夫大队在乌曼换装Bf-109G2 战斗机后，他将取得104胜时驾驶的Bf-109F4的方向舵拆下寄回了恩根老家。

▲ 1942年9月初，格拉夫取得了150次空战胜利，他当时驾驶的就是这架Bf-109G2“黄色11号”(而不是他通常使用的“黄色1号”)。

绩，主要原因是月初时他奉命带队为视察波尔塔瓦的希特勒护航，月中时又在乌曼将机型转换为Bf-109 G2战斗机。7月22日，伊勒费尔德驾驶的侦察机遭到苏军战斗机攻击，他身负重伤，险些成为JG-52 近两个月内失去的第3位联队长。三天后，戈洛布少校奉命兼任JG-52代理联队长，与他几乎同时到来的还有拉尔——他在经历了9个月的康复治疗后终于归队了，而且还将在往后的3个月里将个人总战绩从离队时的36胜提高到整整101胜。在戈洛布代管JG-52的8个星期里，他与格拉夫中尉展开了激烈竞争，他们两人都想成为率先突破150胜大关的第一人。

7月23日，希特勒命令将南方德军分成A和B两个集团军群，前者沿东南方向朝高加索地区推进，后者则向东直扑斯大林格勒。JG-52的第2和第3两个大队将随A集团军群进军，而第1大队则充当四处救火的"消防队"角色。[26] 尽管第2和第3大队处于同一战场，但是由于高加索地域辽阔，两个大队的驻地间距480公里，分散在不同机场的各中队也几乎都处于一种半自治状态。格拉夫的第9中队7月末时先被戈洛布安排到高加索的西南角，8月12日又被调去支援试图跨越库班（Kuban）河的地面部队。这种作战方式固然是由德军力量不足且分散多头所决定的，但是也反映了空军的作战风格——中队甚至是四机编队这样的最基层单位都可以自行决定使用何种武器和战术来实现上级制定的目标，上级的干预被控制在尽可能少的范围内，飞行员和作战部队的意见受到高度尊重。这恐怕也是德军能在1941至1942年间取耀眼战绩的重要原因之一。

8月14日，在掩护地面部队渡越库班河的行动中，格拉夫击落了2架伊-16、1架雅克-1、1架"飓风"和1架拉格-3，120胜的总战绩已与戈洛布持平，但在次日的空战中他却险些丧命。当时，他击中了一架敌机，但由于距离过近，敌机爆炸时裂解的碎片重创了他的机翼，所幸他小心翼翼地勉强飞回了基地。到18日时，德军第6集团军已陈兵顿河河曲西侧，做好了扑向斯大林格勒的最后准备，而高加索地区的苏军也被逼退到通往黑海海岸城市图阿普谢（Tuapse）的森林边缘地带，第4航空队指挥官里希特霍芬认为高加索苏军已基本完结，而斯大林格勒方向的苏军在顿河河曲的抵抗似乎更加顽强。里希特霍芬指示戈洛布组织一个分遣队开往斯大林格勒方向，增援正在那里作战的JG-3、JG-53第1大队和JG-52第2大队。戈洛布从JG-52第3大队抽调部分飞行员组成了所谓的"斯大林格勒分遣队"，将之交给JG-3 临时指挥。不过，戈洛布并未将分遣队指挥权交给JG-52最成功的格拉夫中尉，而是命令由第8中队的一名中尉负责。格拉夫对此一度非常不满，但他很清楚自己从未受过正规的职业军官教育，是完全靠战功晋升为中尉的，某些军官对他与军士和士兵们的关系过于密切也早有不满。格拉夫虽然不快，但还是服从命令，并设法说服了带队中尉将好友聚斯和菲尔格雷贝一起带去（格里斯劳斯基已回国休假）。8月22日，在斯大林格勒上空的首次空战中，格拉夫击落了伊尔-2和雅克-1型战机各一架。这个战场上的苏联空军已换装使用雅克-1、雅克-7和Pe-2轰炸机等更现代的机型，但这对格拉夫这种经验丰富的老手来说算不得什么，也只能在他的战绩薄上增添更多的牺牲品。23日和24日，随着装甲部队在顿河和伏尔加河之间的草原地带继续推进，德国空军对斯大林格勒发起了规模空前的轰炸攻势，格拉夫也在这两日里斩落了6架苏军战机。截至8月30日，格拉夫的战绩上升到140次击坠。

1942年8月一个月里格拉夫击坠了29架敌机，但与留在高加索的戈洛布相比还是逊色不少——后者当月取得了40次胜利，并于8月29日率先达到150胜。作为第一个突破150胜的飞行员，戈洛布获得了与莫尔德斯一样的荣誉，30日时成为第3位钻石骑士勋章得主。对于戈洛布抢在前面摘走了桂冠，格拉夫似乎受到很大的刺激，尽管极其疲劳，他还是强打精神，更加狂热地在斯大林格勒上空搜寻猎物。9月2日，鉴于地面苏军的危急形势，朱可夫命令该地区的空军倾巢出动，向德军发起轰炸和反攻，天空中到处都是苏军战机，格拉夫也在这一天击落了5架敌机。次日，德军第4航空队发起了全面摧毁斯大林格勒的恐怖性轰炸，所有战斗机单位都奉命在斯大林格勒上空截击任何干扰轰炸的苏军战机。在完全的空中优势下，格拉夫轻松斩获了4架敌机，转眼间他距150胜也只有一步之遥了。9月4日，格拉夫带队升空作战，只用7发炮弹就将一架敌机击落，随后战友们在空中和地面开始庆贺他取得了150次胜利。

1942年9月是格拉夫飞行生涯中最成功、最耀眼的一个月，事实上他创下了单月击落敌机62架的世界纪录，最接近他的是“非洲之星”马尔塞尤同月取得的54次击坠。9月26日时，马尔塞尤的总战绩达到了158胜，而且全都是在与英军作战时取得的，不过，这位第4位钻石骑士四天后就陨落北非大漠了。如果说马尔塞尤是德军最有天分、射术最精准的飞行天才的话，那么格拉夫能取得如此骄人的战绩，主要还是靠他的勤奋、理智和空战中的冷静。马尔塞尤的158次击坠是在383次作战飞行中获得的，诺沃特尼的255次击坠则是在442次作战中取得的，而哈特曼在不到3年的时间里疯狂出战1400余次，收获了史上最高的352胜，格拉夫的战斗生涯一共出击800余次，最终战绩是212胜。虽然这样的简单比较没有实质意义，但多少能反映出格拉夫在天分和射击水准方面与更年轻的马尔塞尤和诺沃特尼可能并不在一个水平线上。马尔塞尤单日击落敌机的最高纪录是17架，诺沃特尼也曾在一次出击的20分钟内击落过10架敌机，格拉夫虽也有击坠10架敌机的记录，但仅有1次，还是一天内分多次完成的。更多的时候，人们看到的都是他拖着瘦削的身躯一次次升空，他在一天之内出击6或7

▲ *1942年9月是格拉夫战绩最出色的一个月，取得了惊人的62胜。图片摄于1942年9月斯大林格勒地区的皮托姆尼克（Pitomnik）基地，格拉夫正在佩戴双剑骑士勋章，尽管疲态尽显，他还是一心想摘取最高战功勋章；而一旦获得了钻石骑士勋章，他又立意成为首位突破200胜的飞行员，而所有这一切都发生在1942年的9月。*

▲ *1942年9月15日，格拉夫的战绩达最高的172胜。图为同僚和地勤们向他表示祝贺时的场景。*

▲ 摄于1942年9月末高加索地区的索尔达茨卡亚(Soldatskaya)基地，JG-52第3大队正在庆祝格拉夫历史性地突破了200胜。图中最右边大笑者为第3大队大队长博宁少校，左二低头者为7月底归队的第8中队中队长拉尔，右二未戴军帽者为大队军医本德，拉尔和本德正把少校徽章别放在格拉夫的衣领上。

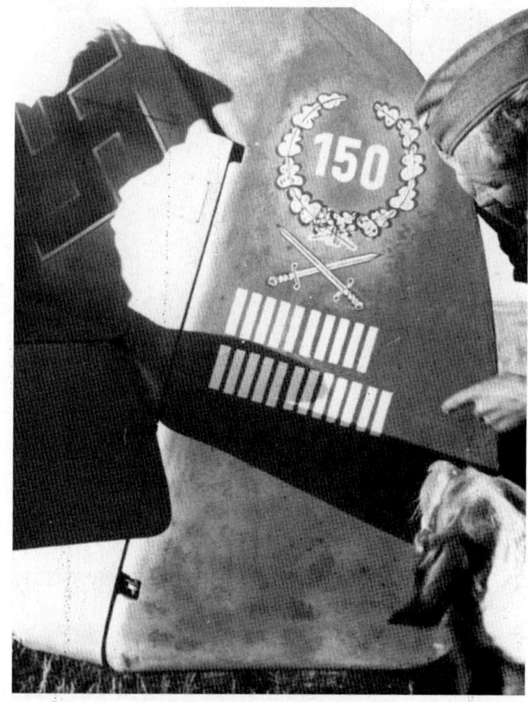

▲ 摄于1942年9月中旬的皮托姆尼克基地，图示为格拉夫的“黄色1号”战斗机的方向舵，上面清晰地显示着他的172次击坠标志。不到10天后这个数字又变成了202胜。

▲ 这张著名照片摄于1942年9月上旬，JG-52第9中队中队长格拉夫与几位战友在斯大林格勒地区的作战间歇。从左至右依次为：聚斯(1942年9月4日获骑士勋章)、达默斯(Hans Dammers，1942年8月23日获骑士勋章)、格拉夫和茨韦恩曼(Joseph Zwernemann，1942年6月23日获骑士勋章)。这四个人的总战绩加起来超过了480次击坠。

▲ 摄于1942年10月2日，格拉夫回国的时候到了，图中前排三人为第3大队的3个中队长，左一为第8中队中队长拉尔中尉，中为格拉夫少校，右为第7中队中队长佐默（Adalbert Sommer）上尉。背景是一架将把格拉夫送回国内的Ju-52运输机。

▲ 格拉夫少校与戈林在后者的专列旁，可能摄于1942年10月。格拉夫除佩戴钻石骑士勋章外，他的左胸口袋偏下处还佩戴着钻石金质飞行员/侦察员联合勋章。

▲ 摄于1942年10月2日，JG-52的官兵正为格拉夫送行，前排六人从左至右依次为茨韦恩曼上士、瓦霍维亚克（Fritz Wachowiak）上士、格拉夫、罗斯曼（Edmund Rossmann）上士、格拉茨（Karl Gratz）中士和达默斯。

▶ 摄于1942年秋，格拉夫在元首大本营领受第5枚钻石骑士勋章时与希特勒握手。

格拉夫1942年9月间的战绩表（第141胜至第202胜）			
击坠数序号	日期	时间	敌机型号
141	1942.9.2 5架	09:12	“小鹰”
142		09:15	伊尔-2
143		13:32	Pe-8
144		17:05	拉格-3
145		17:11	“小鹰”
146	1942.9.3 4架	13:48	拉格-3
147		13:51	雅克-1
148		17:06	雅克-1
149		17:13	雅克-1

格拉夫1942年9月间的战绩表（第141胜至第202胜）			
击坠数序号	日期	时间	敌机型号
150	1942.9.4	10:12	雅克-1
151	1942.9.5	16:58	伊-153
152	1942.9.6 3架	13:21	伊尔-2
153		13.23	雅克-1
154		13.27	雅克-1
155	1942.9.7	16:05	雅克-1
156	1942.9.8 3架	11:28	拉-5(La-5)
157		11:29	伊尔-2
158		11:35	拉-5
159	1942.9.9 2架	13:21	拉-5
160		13:34	拉-5
161	1942.9.10 2架	15:34	拉-5
162		15:35	拉-5
163	1942.9.11 2架	15:58	Pe-2
164		16:09	“小鹰”
165	1942.9.12 2架	16:47	伊-153
166		17:13	伊-153
167	1942.9.14 3架	08:00	伊-16
168		08:05	伊-16
169		08:09	雅克-1
170	1942.9.15 3架	06:35	伊-16
171		06:39	伊-153
172		07:05	拉格-3
173	1942.9.16 2架	07:35	苏-2
174		07:39	“小鹰”
175	1942.9.17 3架	08:48	雅克-1
176		08:52	雅克-1
177		14:36	拉格-3
178	1942.9.18 3架	11:57	拉格-3
179		11:59	拉格-3
180		12:12	伊尔-2
181	1942.9.20	08:20	拉格-3
182	1942.9.21 4架	11:32	雅克-1
183		11:40	雅克-1
184		16:24	伊尔-2
185		17:02	雅克-1
186	1942.9.22 2架	11:20	伊-16
187		16:45	雅克-1
188	1942.9.23 10架	10:42	雅克-1
189		11:03	伊尔-2
190		11:06	拉格-3
191		11:07	拉格-3
192		14:30	雅克-1
193		14:31	苏-2
194		14:33	苏-2
195		16:37	雅克-1
196		16:42	雅克-1
197		16:55	拉格-3
198	1942.9.25 2架	14:41	拉-5
199		14:46	拉-5
200	1942.9.26 3架	08:53	伊-153
201		16:42	拉格-3
202		16:58	雅克-1

资料来源：Christer Bergström, et al. Graf & Grislawski—A pair of aces. Hamilton, MT: Eagle Editions Ltd., 2003. p.293-295.

次的情形都不鲜见。

9月15日晨，格拉夫击落了3架战机，总战绩上升到当时最高的172胜。上午返回基地后，指挥官看到他疲惫的神色和摇晃的身体，命令他下午不得再战。次日基地接到柏林来电，希特勒已决定授予格拉夫第5枚钻石骑士勋章，以表彰他的“172次空战胜利和一如既往的忠诚与勇敢”，同时晋升其为上尉。作为此刻战绩最高的飞行员，格拉夫立即成为国防军乃至德国的英雄。出身低微的他做梦都没有想到自己会成为最高战功勋章得主，尽管身体已到累倒的边缘，但这一奖赏似乎给他注入了一针强心剂，他乘着禁飞令还没有下达的空当继续升空作战了。9月23日是格拉夫最成功的一天，他击落了整整10架敌机！26日晨，他又在斯大林格勒上空将一架伊-153击落，历史性地突破了200次击坠。在下午的作战中，他顺利击坠了一架拉格-3和一架雅克-1战斗机，战绩上升到史无前例的202胜——这是他在斯大林格勒的最后一胜，也是到1943年6月前的最后一胜。取得这一显赫的战绩之后，格拉夫被破格晋升为少校（10天前刚刚晋升为上尉），来自最高统帅部的禁飞令也同时正式下达了。

“红色猎人”：战火中的格拉夫足球队

1942年剩下的日子里，格拉夫终于可以远离战争，在荣誉光环的笼罩下松弛一下紧绷的神经，调理一下疲惫的身心。平心而论，格拉夫长相并不出众，甚至有些丑陋，连月酣战不仅让他几乎脱形，本就突出的颧骨也更加醒目，配上他标志性的鹰钩高鼻，整个人活像监狱里逃出的囚犯一样，唯一令人尚能感到活力的就是他掩饰不住的笑意和兴奋。

戈培尔的纳粹宣传部门对格拉夫进行了不遗余力的宣传。他之所以能获得戈培尔的格外青睐，据说是因为他早年加入过纳粹党，而且出

▶ 摄于1942年10月或11月，与格拉夫一样来自博登湖(Bodensee)地区的JG-2王牌飞行员迈尔(Egon Mayer)上尉与母亲和格拉夫在一起。迈尔在1942年11月晋为JG-2第3大队大队长，1943年7月成为JG-2联队长，1944年3月阵亡，死后被追授双剑骑士勋章。

▼ 摄于1942年10月，当誉满全德的格拉夫在各处演说、座谈、参观和游历之时，他的战友们仍在高加索苦战。从左至右依次为达默斯、罗斯曼、格里斯劳斯基和哈特曼。负责带哈特曼的是罗斯曼上士，尽管哈特曼此时是少尉军官，但是在执行任务时他必须听从老资格军士们的指挥。

▲ 1942年10月，格拉夫在恩根休假时与母亲、亲戚和邻居们合影，背景是格拉夫家的名为"Gasthaus Linde"的面包坊。图中右三为母亲玛丽亚（Maria Graf）。

▲ 格拉夫成为英雄后开始在各地巡回演讲。图为他在1942年12月末进入某会场时的情形。

▲ 摄于1942年末，格拉夫发表演说时的场景，他在图中最左侧的讲台上。

身底层，为人谦和，非常迎合纳粹党的口味，另外，3年内从少尉变成少校和头号王牌的经历也颇能吸引普通人的兴趣。格拉夫开始了巡回德国和奥地利的演讲，与“希特勒青年团”的青少年见面座谈，访问梅塞施密特飞机厂和克虏伯兵工厂，接受媒体访谈和摄影，每天都忙得不亦乐乎。不过，一到夜深人静之时，他的思绪就飘回东线，来到了几位密友和战友们的身边。他在本土出尽风头、炙手可热之时，战友们仍然待在简陋的帐篷里，每天提着脑袋鏖战……格拉夫一时间成为德国青年的偶像和效仿目标，他的众多崇拜者中就有年轻的哈特曼。1942年10月时的哈特曼做梦也想不到自己的人生轨迹会在1944年与偶像格拉夫交织在一起，更想不到自己会以352次击坠成为战争史上空前绝后的人物。不过，当哈特曼向JG-52第3大队报到时，格拉夫已离开东线一个星期了。

虽然希特勒和戈林禁止格拉夫执行作战任务，但他们也不会让这样一位英雄的才华被白白闲置。1943年1月28日，格拉夫被任命为驻法国图卢兹附近的“东线战斗机补充大队”(Jagdgruppe Ost) 的指挥官。这个大队训练的主要对象是那些已确定分配到东线驾驶Bf-109和Fw-190战斗机的飞行员，他们临行前需要再由实战经验丰富的东线老手进行最后的强化训练。格拉夫是这个职位非常合适的人选，撇开战功和经验不谈，他待人平等，循循善诱，“对新手的特点以及在哪些方面需要帮助他们了若指掌”。[27] 他不仅受到飞行员们的崇拜，也赢得了他们的真心尊重和喜爱。格拉夫在新岗位上轻松裕如，完全没有东线的紧张压力和几乎令人崩溃的连续出击作战。

图卢兹的安逸生活重新燃起了格拉夫对足球的热情。他从大队中挑人组织了一支足球队，竟然还从附近的陆军单位中网罗到杜伊斯堡足球俱乐部的明星球员科拉夫克 (Bruno Klaffke)。格拉夫带着足球队四处比赛，也尽情地享受着地中海和煦的日光，连他自己都惬意地觉得“像在度假一样”。不过好景不长，3月中下旬，鉴于英美空军的“蚊”式高空轰炸机频繁轰炸德国本土，而德军毫无还手之力的窘况，戈林决定筹组所谓的高空战斗机单位，专司拦截英美高空轰炸机的职责，他命令格拉夫和伊勒费尔德分头组建高空战斗机单位。格拉夫非常高兴又可以升空作战，但舍不得扔下他的足球队，于是向戈林提出需挑选20名专家级飞行员（当然包括“卡拉牙”中队的格里斯劳斯基、聚斯和菲尔格雷贝)，还要求捎带那些“异常勇敢且技术出色的足球队员”。一直非常欣赏格拉夫的戈林爽快地答应了。不过，出于战机迟迟不能到位等多种原因，格拉夫直到6月中旬才有机会在威斯巴登-埃本海姆 (Wiesbaden-Erbenheim) 基地组建和训练他的高空战斗机大队。

有一天，格拉夫把国家足球队主教练赫贝格尔请到埃本海姆指点足球队员们。当晚，赫贝格尔对格拉夫说，有一些最优秀的国家队队员已被征召服役，从为德国足球留下一点人才的角度出发，能否请他利用影响力把他们从枪林弹雨的战场上解救出来。谈话过程中，格拉夫想起了自己1942年秋刚获钻石骑士勋章时曾造访过国家足球队总部，当时还曾欢愉地对主教练说“每次在足球队员们身边时总是感觉好极了。”赫贝格尔当时还曾回应道：“可能将来某个时候我会令你再次回忆起这些愉快的时光。”[28] 格拉夫几天后赶到陆军人事局，没费多大周折就办妥了一些国家队队员的调动手续，这些人包括：“沙尔克04”足球队的埃彭霍夫 (Hermann Eppenhof)，他将在格拉夫大队负责地面控制台与飞行员间的无线电联络；“奥格斯堡施瓦本”俱乐部的著名后卫科赫 (Hermann Koch) 将出任格拉夫自己的地勤组长；科隆队的中场球员莫格 (Alfons Moog) 将担任军械技师；“维也纳人”队的前卫汉莱特 (Franzl Hanreiter) 在东线是危险的布雷工兵，到格拉夫这里后将成为大队修理厂的文书；菲尔特足球俱乐部（SpVgg Greuther Fürth）的前卫球员巴梅斯（Walter Bammes）竟成了格拉夫的秘书！[29] 这些人每周二和周四下午进行专门训练，教练就是赫贝格尔，国家足球队在格拉夫的卵翼下又复活了！格拉夫保存德国足球精华的举动在战后得到了极高评价，他也尽最大努力保持其独立性，避免被纳粹政府控制的军体组织渗透。这支足球队的名字叫作"红色猎人"（Rote Jäger），建队后参加过50多场比赛，仅输过寥寥数场，战绩可谓相当不错。[30]

▲ 摄于1943年2月，格拉夫时任东线战斗机补充大队指挥官，图为他的座机Fw-190 A5。据信格拉夫这架战斗机的涂装非常绚丽多彩，引人注目。

▲ 摄于1943年4月，格拉夫时为东线战斗机补充大队指挥官，右为埃伯斯巴赫（Hans Ebersbach）上尉，身后是他的Fw-190 A5 战斗机，方向舵上有202次击坠标志。

1943年7月，期盼已久的首批12架Bf-109 G5高空战斗机终于运抵埃本海姆基地，格拉夫驾驶着其中一架创下了14300米的飞行世界纪录。[31] 此外他还在拦截作战中击落了一架"蚊"式高空轰炸机。从7月24日起，以英国为基地的美国陆航第8航空队开始定期派出大批轰炸机"光顾"德国腹地。25日白天，第8航空队出动了100架以上的B-17"空中堡垒"轰炸汉堡，而英国皇家空军头天夜间刚在这里掷下了成千上万的炸弹。7月28日至30日期间，美国陆航第8航空队在白天轰炸凯塞尔（Kassel）时曾遭到格拉夫大队的截击，但大队的战绩却不尽人意，只有格拉夫自己在困难的空战中击落了一架B-17。8月5日，格拉夫的老友格里斯劳斯基伤愈出院，被他请来担任第1中队中队长，聚斯和菲尔格雷贝也都被分配到第1中队。十天后，格拉夫大队的正式番号变成了JG-50，虽是联队架构，但仅有大队的实力，只有20余架Bf-109 G5和G6战斗机。格拉夫所部在拦截高空轰炸机时的战绩很差，多次作战中只有他自己击落过一架"蚊"式轰炸机，随后JG-50的主要任务被改为拦击盟军的四引擎重型轰炸机。8月17日，美国陆航第8航空队的数百架轰炸机分作三个梯队，前去轰炸梅塞施密特飞机厂和滚珠轴承厂等重要军工企业。德军第1夜间战斗机联队（NJG-1）和JG-26负责拦击中间和最后的两个梯队，而带头的梯

▲ 摄于1943年6月，格拉夫与国家足球队主教练赫贝格尔合影。格拉夫运用影响力和关系，将一批正在前线服役的国家队成员调至自己麾下，从而为德国足球保留了一批核心骨干。

▲ 摄于1943年7月的埃本海姆基地，当时格拉夫正在组训高空战斗机联队JG-50。左为联队长格拉夫，右为他的好友聚斯，身后是格拉夫的Bf-109 G6 战斗机。这架战机的机鼻曾涂上了红色郁金香，格拉夫想借此向他的“红色猎人”足球队表达敬意。

▲ 摄于1943年夏，JG-52第9中队的四名好友聚首在格拉夫的JG-50，从左至右依次为菲尔格雷贝、格拉夫、格里斯劳斯基和聚斯。除格拉夫外，其他三人均身着美国陆航的飞行夹克——这是他们在探访一座美军战俘营时获得的“礼物”。格拉夫称得上是一位重情重义之人，他走到哪里都要把几位老友带在身边，竭尽所能地保护他们，当然他也不会忘记那些足球队员们。

▲ 摄于1943年8月，JG-50联队长格拉夫与好友们合影，从左至右依次为格里斯劳斯基、格拉夫、菲尔格雷贝和聚斯，他们坐在一架Bf-109 G6战斗机的机翼上。

▲ 摄于1943年夏，“红色猎人”足球队的守门员格拉夫在比赛中。

▲ 摄于1943年夏秋，格拉夫与“红色猎人”足球队的成员们在比赛开始前合影。

▼ 1943年夏秋，守门员格拉夫在比赛中一展身手。

▶ 摄于1943年秋，格拉夫的“红色猎人”足球队在比赛前合影。后排右二就是德国足球史上最负盛名的瓦尔特，在格拉夫的努力下，此时他已从意大利前线调至格拉夫麾下。

▲ 德国足球史上最出色的球员瓦尔特，据信只有后来的“足球皇帝”贝肯鲍尔能够接近瓦尔特在足球界的地位。瓦尔特在格拉夫的保护之下幸存于战争，2002年6月17日去世。

▲ 1943年夏，格拉夫正在试飞Me-262战斗机。空军曾计划为他的JG-50装备Me-163或Me-262 战斗机，但出于多种原因这个计划始终未能实现。

▲ 在西线和德国本土的日子虽然总体而言尚算轻松惬意，但格拉夫的JG-50的主要任务还是拦截美军轰炸机机群。JG-50有联队的番号和架构，但只有20余架战斗机，在拦截盟军轰炸机方面的作战绩效实在不尽人意，最后被恼怒的戈林解散。图为美军轰炸机机群在天空驶过后留下的尾迹云，当然被炸的城镇和百姓绝不会像和平年代里的人们那样认为这些尾迹“壮观”。

▶ 格拉夫坐在Bf-109G6 的座舱里，注意他的胳膊肘下的徽记是“红色猎人”足球队的符号。

▼ 格拉夫正从他的“黄色4号”Bf-109 G6 战斗机座舱内起身离开。

队则由格拉夫的JG-50负责，另外格拉夫还得到了同驻埃本海姆基地的JG-104、JG-106两个训练联队的支援。在最终飞抵德国的315架重型轰炸机中，有60架被击落，4架因受损过重而报废，168架需大修，超过550名美军飞行员和机组成员丧生。德军损失了46架战机，另有28架受重创，格拉夫联队损失了两名飞行员，但击落了11架重型轰炸机。美国陆航第8航空队一战损失了20% 的轰炸机，有一个多月没有力量和勇气再来执行类似的任务，格拉夫则利用一切时间享受足球带来的放松感和乐趣。

没有作战任务的日子里，格拉夫走访了Me-262和Me-163的试飞单位，还亲自试飞了这两款最新式的战斗机。他还曾接到准备换装Me-163的指示，也组织属下进行了滑翔训练 (Me-163要求滑翔着陆)，但由于多种原因JG-50始终未能成为Me-163作战单位，飞行员们还得驾驶Bf-109迎战对手那些性能越来越强的战斗机和轰炸机。9月6日，格拉夫击落了2架B-17重型轰炸机，个人战绩达到了205胜。进入10月后，德国上空的空战变成了双方损失都很惨重的消耗战，10月8日来袭的美军轰炸机编队损失了30架战机，而德军本土航空队也损失了24名飞行员，其中还包括JG-1联队长菲利普 (Hans Philipp) 中校。格拉夫于是被紧急派往驻耶弗尔的JG-1担任代理联队长，临行前把JG-50的指挥权交给了已晋升为上尉的格里斯劳斯基。菲利普曾是德军最著名的王牌之一，早在1942年3月即获得了第8枚双剑骑士勋章，突破100次击坠大关的时间甚至还早于格拉夫 (前者在1942年3月31日成为第4位突破百胜的飞行员)，丧生前的最终战绩是206胜。关于本土防御的艰巨性，菲利普生前曾向其好友、JG-54的联队长特劳特洛夫特做过如下描述：

“面对200架急切地想咬你一口的苏军战机，即便他们使用的是‘喷火’战斗机，也是相当有趣的事……但是，在西线，当你面对70架波音造的‘空中堡垒’轰炸机进行转弯时，过去所有的罪过一下子都浮现在眼前。”[32]

菲利普的话言犹在耳，自己首先就厄运当头。在德国本土与美军庞大的轰炸机机群和护航战斗机作战，与在东线和苏军作战完全不同。JG-50自组建以来只击坠过1架“蚊”式和20余架重型轰炸机，仅格拉夫和格里斯劳斯基的战绩就占去了其中的7架，而伊勒费尔德领衔的另一支高空战斗机联队 (JG-25) 的战绩也同样乏善可陈。戈林曾视察过JG-50，当格拉夫介绍说格里斯劳斯基是联队最优秀的飞行员时，戈林上下打量着后者，冷冷地询问他拦截过几次美军轰炸机，格里斯劳斯基称一共参战4次。戈林接着又问收获了几胜，格里斯劳斯基则称击坠了4架敌机——戈林闻言大吃一惊，而后紧紧盯着格里斯劳斯基的眼睛，最后说出了“我不相信你”这样的伤人话语。

激烈的战斗和盟军压倒性的优势不仅像黑洞一样吞噬了大量缺乏经验的新手，也夺去了不少专家级飞行员和王牌的性命。当JG-50和JG-25这两个联队因战绩不佳而被戈林下令解散之时，格拉夫设法将格里斯劳斯基等好友及足球队员们全数调入JG-1。不过，格拉夫在JG-1的任期非常短暂，11月1日他又被任命为JG-11的联队长，当然他又把足球队员们如数带往新单位，其中还包括他新近从意大利前线弄来的超级球星瓦尔特。瓦尔特是德国足球运动史上最著名的球员 (据称只有“足球皇帝”贝肯鲍尔的地位才有可能与前者接近)，他在战后对格拉夫挽救他的生命、给他机会继续踢球感激万分。格拉夫还将几位老友一并带到新联队，聚斯被任命为第9中队中队长，菲尔格雷贝被安排在联队部，只有格里斯劳斯基是个例外——JG-1新任联队长、名头极响的厄绍上校死活不肯放走出色可靠的格里斯劳斯基。1943年圣诞节前夕，格拉夫的好友聚斯阵亡，最令他心痛和气愤的是，聚斯是在跳伞过程中被美军战机扫射毙命的。他在东线曾耳闻有德军飞行员跳伞被俘后被残忍杀害的事情，但从未听说过苏军战机扫射过跳伞中的飞行员。事实上，不止一位德军飞行员在战后曾指控说，以英国为基地的美国陆航第8和第9航空队，以意大利为基地的第15航空队均默许向跳伞中的德军飞行员射击，而且这些行为至少得到了部分中高级将领的认可甚至是鼓励。[33]

聚斯的阵亡以及大批属下的死去使格拉夫的情绪十分低落，他似乎比以往任何时候都更需要足球这个渠道来发泄和恢复内心的平衡。瓦尔特对此曾有过如下评论：“或许是每天令人神经崩溃的与敌遭遇使格拉夫在这些日子真正地为足球而疯狂。他需要足球作为保持平衡的一种手段，他对足球的需要就像每个人每天都要吃面包一样。”[34]

1944年2月1日，格拉夫晋升为中校。十天后，143架美军轰炸机在近500架“雷霆”、“闪电”和“野马”战斗机保护下前来轰炸不伦瑞克，空战中美军损失了30架B-17和11架战斗机，格拉夫与菲尔格雷贝各击落了一架敌机，但JG-11也有13名飞行员阵亡、6人受伤。3月6日晨，美军集结了730架重型轰炸机和800架护航战斗机，预备对柏林发起大规模轰炸。德军的海岸雷达发现了美机编队并立即向上汇报，战斗机部队总监加兰德决定调集数百架战斗机拦截来犯之敌。位于汉堡西南的格拉夫接获情报后，命令JG-11第1大队大队长赫尔米岑（Rolf Hermichen）上尉率领一支实力不俗的集群（含JG-11整个联队、JG-1第1和第2大队、JG-54第3大队）迎击对手。美军当日出动的战机多达1500架，机群长度自西到东延展100余英里，格拉夫方向起飞的100余架Bf-109和Fw-190战斗机虽处于明显劣势，但由于集中火力攻击最前面的第一波轰炸机机群，还是在40分钟内击坠了30架以上的B-17和5架战斗机。之后，参战德军战斗机分头降落在各处机场加油和补充弹

▲ 摄于1944年1月11日的狼穴大本营，格拉夫与几位王牌飞行员在获颁战功勋章的证书后离开狼穴，从左至右依次为贝尔、拉尔、格拉夫、轰炸机王牌鲍姆巴赫及夜战王牌伦特。

▲ 摄于1944年初，JG-11联队长格拉夫正与第1大队大队长赫尔米岑（Rolf Hermichen）上尉一起研究战情。

▲ 1943年11月1日，格拉夫被任命为JG-11 联队长，图为兄弟三人坐在JG-11的一架Bf-109G6战斗机的机翼上合影，左为大哥威廉，右为二哥约瑟夫。

▲ 可能摄于1944年初，战斗机部队总监加兰德（右二）视察格拉夫（左一）的JG-11。

▶ 在1944年3月29日的空战中，格拉夫的座机与一架美军“野马”战斗机相撞，格拉夫保住了性命，但左臂伤残，随后几个月里回到恩根养伤。图为“红色猎人”足球队的队员们前来探视时，在格拉夫家的面包坊前合影。图中右二为瓦尔特，右一为埃彭霍夫。

药，准备再度截击对手。成功飞抵柏林上空的美军战机也遭到了德军高射炮部队的炮轰，返航途中又被自由截击的德军战斗机所追杀。格拉夫带领6架Bf-109追逐2架掉队的B-24"解放者"轰炸机，就在他准备将其中一架送入地狱时，美军的一队"雷霆"战斗机突然杀到，转瞬间击落了2架Bf-109。格拉夫在确认至少重创了那架B-24后迅速收拢余部脱离战场，这架B-24也成为他第209个牺牲品。此战中美军损失了75架轰炸机和15架战斗机，而德军出动的364架战斗机中有64架被击落（美军记载的战果是击坠了178架敌机），格拉夫的JG-11的伤亡是5死3伤。

3月29日，格拉夫升空迎击美军轰炸机编队和护航战斗机。他的僚机是一个自告奋勇，但经验不足的新手，他并不愿意这个"不知死活"的年轻人粘在身边，但无奈后者已经紧随他驾机升空。美军这天的战术是派战斗机在前面为轰炸机机群开路，负责搜寻和消灭任何胆敢升空接战的德军战斗机。格拉夫在汉诺威北面发现了几架毫无防范的美军"野马"战斗机，就在他准备偷偷溜到机群背后时，他的僚机突然出现在附近，一下子惊动了对手，3架"野马"开始围攻这架僚机。格拉夫见状立即从藏身的云层冲出，边转弯边向其中一架"野马"开火。这几架"野马"也随即加速躲入云层，这时有差不多一个中队的美军战斗机应声而至，向格拉夫及其僚机发起了进攻。面对强敌，格拉夫意识到形势不妙，知道是要使出浑身解数方能自救的时候了。只见他一会儿急转，一会儿爬升，过一会儿又俯冲、减速，再突然加速，战机划出道道曼妙的曲线。在格拉夫边躲闪炮弹边寻找机会的过程中，一架"野马"不慎暴露在他的正前方，他立即按下机炮按钮，刹那间"野马"变成了一团燃烧的火球。但格拉夫的座机几乎也被同时击中，战机出现了摇晃和震动，发动机部位冒出了黑烟。面对穷追不舍的劲敌，格拉夫的脑海里突然浮现出在东线见过的景象——当苏军飞行员意识到无路可逃时，他们往往会用残破的战机去撞对手！格拉夫决定效法苏军飞行员，他宁可撞上敌机后同归于尽，也不愿跳伞时被美军当作靶子射击取乐！

格拉夫"如愿"撞上了一架"野马"，Bf-109的左侧机翼在巨大的冲击下立即翘起折断，座舱盖也被掀起和脱落，"野马"和Bf-109都开始旋转着向地面栽去。格拉夫顾不上确认自己的第212个牺牲品，迅速起身试图离开驾驶舱，但恐怖地发现皮靴被卡住了。尽管只花了几秒钟便把脚从靴子中拔出，但在他而言恐怕就像世界末日一样漫长。格拉夫的降落伞终于撑开了，但这时距地面不过150米，最后他重重地摔在地上——幸运的是他坠落的地方恰是一片湿地，尽管双腿膝盖和左臂骨折，但他还是保住了性命。格拉夫挣扎着从缠绕的降落伞中爬了出来，但很快便因剧痛陷入了昏迷。格拉夫被救走后，医生想尽办法缝合了他的左臂伤口，也避免了截肢。4月初到7月初的3个多月里，格拉夫一直在恩根的一所医院里静养，但伤口复原后还是留下了后遗症——他的左臂已变得虚弱无力，对一个飞行员来说，这意味着可以告别作战飞行生涯了。

JG-52末任联队长

格拉夫在养病期间曾要求痊愈后返回JG-11，但战斗机部队总监加兰德打算派他回东线担任JG-52的联队长。格拉夫提出把足球队员们都带去，加兰德批准了这一要求，于是，格拉夫在1944年9月30日正式成为老部队JG-52的末任联队长，他的前任赫拉巴克中校则调回JG-54任联队长。格拉夫来到驻于波兰克拉科夫的JG-52时，当年的战友不是已被调往他处，就是已经阵亡或正在养伤，所见皆为满脸稚气的年轻新手。格拉夫两年前离开时刚加入JG-52的哈特曼，已在战火的浸润下稚气全脱，变得成熟稳重，且是史上首位突破300胜的超级王牌。9月初时JG-52

刚刚突破了10000次击坠大关，现又拥有格拉夫和哈特曼这两位钻石骑士，战绩排行榜上高居前三的哈特曼、巴克霍恩和拉尔都正在或曾在联队效力。虽然德国空军早已今不如昔，但JG-52无疑仍是一支不容小视的劲旅。

格拉夫不能再驾机升空迎敌，便把精力放在管理联队和训练新人上，当然他一有机会还是要组织足球赛。10月初，第2大队在巴克霍恩率领下移驻布达佩斯（并将在那里一直作战到1945年3月的"春季觉醒"战役结束），哈特曼也被调至巴克霍恩大队负责重组第4中队，第1和第3大队则跟随格拉夫开往东普鲁士。尽管第1和第3两个大队尚能经常性派出40架左右战机升空迎敌或袭击地面苏军，但这点力量已不足以阻滞滚滚向前的苏军装甲铁流。格拉夫联队经常是刚到一处机场安营扎寨，没过几天就得撤走，因为苏军已经逼近或机场已处于炮火打击范围内。个别时候格拉夫的属下还能发起有限的反击，浸润东线数年的"老鸟"们虽能继续提升战绩，但速度已明显放慢，而每天都有多名新人殒命战场。11月中旬时，JG-52的3个大队再次分散在辽阔的战场上——第1大队返回克拉科夫，第3大队驻留东普鲁士，第2大队则还在布达佩斯，不过，随着苏军在12月8日发起了合围布达佩斯的攻势，该大队很快被迫撤往布达佩斯西北地区。

1945年1月5日，巴克霍恩成为"300胜"俱乐部中的一员，战绩遥遥领先所有人的哈特曼也逼近了340胜。一周后的12日，300万苏军在数万门大炮和绵绵不绝的坦克支援下，沿着从波罗的海海岸到波兰中部、宽达400英里的正面向东线德军发起了浩大的攻势。格拉夫的JG-52之前刚从波兰撤至布雷斯劳东南的奥佩伦（Oppeln，今为波兰奥波莱）地区，因而他的第1和第3大队正处于苏军突向维斯瓦河的道路上。纸面上格拉夫此时尚有70架可作战的战斗机，但时常短缺的油料和混乱的局势严重制约了JG-52的实际作战能力。1月15日时巴克霍恩调往JG-6出任联队长，格拉夫也在2月1日调整了几个大队的指挥体系——第3大队大队长巴茨（Wilhelm Batz）上尉接管第2大队，第1大队大队长博尔歇斯（Adolf Borchers）上尉改任第3大队大队长，哈特曼则升任第1大队大队长。

格拉夫在JG-52调整领导结构的同时，柏林的空军部大楼里也发生了重大的人事变化——战斗机部队总监加兰德中将被戈林解职了。当一批联队长和大队长听说加兰德被无情地踢走，取代他的竟是戈洛布时，他们的愤怒和不满甚至比戈林指责他们都是胆小鬼时还要强烈。1月中旬，吕措、施泰因霍夫、纽曼和特劳特洛夫特等一批资深联队长聚集在柏林郊外开会，研究停止空军高层混乱局面的对策。据信格拉夫也参加了会议，并被推举为前去面见希特勒陈述意见的五位军官之一。[35] 他们的主要动议是罢免戈林的空军总司令职务，同时请回加兰德继续领导战斗机部队。不想事不机密，在他们有机会见到希特勒之前，戈林获悉了他们的"阴谋"。戈林在1月18日将吕措等人召来开会，持续了4个小时的会议竟演变成了痛斥高层失误和愚蠢决策的控诉大会。吕措在代表大家发言时，强烈要求保留加兰德的职务并扩大其权力，同时要求把所有的Me-262战机立即划归战斗机部队使用。愤怒的戈林质问吕措是否在指责他"未能成功地创建一支强大的空军"，而吕措也毫不示弱，一边直视着戈林的眼睛，一边用手指在桌面上有节奏地敲打。吕措说："帝国元帅阁下，你曾一手创建了强大的空军，它在波兰和法国获得了成功，但从那时起你就睡着了。"戈林气昏了头，咆哮着要枪毙吕措。事后，吕措和施泰因霍夫遭到了放逐，戈林还怀疑幕后策划者就是已被软禁在家的加兰德，于是限令后者12小时内离开柏林。

尽管格拉夫也出现在与戈林交锋的会场，但事后没有受到任何处分，依然回到东线担任

◀ 摄于1944年9月30日，格拉夫重返东线出任JG-52末任联队长，图为联队举办的欢迎会，后排左二为格拉夫，墙上的花环显示出JG-52这时已经取得了10000次击坠的胜利。

▼ 摄于1944年末的匈牙利布达佩斯，世界空战史上战绩最高的两位飞行员：左为哈特曼（352胜），右为巴克霍恩（301胜，JG-52第2大队大队长）。

联队长。1950年从苏联战俘营获释回国后，格拉夫在回忆这一往事时曾说："……当我想从后门离开会场，并尽快返回西里西亚的联队时，我被人拦住并带回去面见戈林，后者还想再见我一面。我心里十分担心，但惊讶地发现戈林已从暴怒中平静下来……戈林转过身来对我说，'亲爱的格拉夫，我允许你回东线，是因为我对你和你的联队很满意。把你所有的力量都放在东线防御上！德国的房屋正在燃起熊熊大火，我并不认为我们能扑灭这些火焰。但请务必帮助我们阻止布尔什维克在德国的土地上再踏上另一只脚！'"[36] 戈林对格拉夫和JG-52是否真的满意不得而知，但后者的平民出身和低调向来受到戈林的喜爱，另外，他自己一手提拔的诸多联队长集体“叛逆”也不能不使他有所触动，东线糟糕的局势更不容许他随意解除最有经验的联队长的职务。事实上，当这些人唇枪舌剑交锋之时，苏军的坦克已突进了东普鲁士和西里西亚，正在德国的土地上向柏林全力推进。

“飞行员哗变”事件流产后，格拉夫的JG-52与其他东线联队一样开始扮演战斗-轰炸机部队的角色——向苏军装甲部队和其他地面力量进行轰炸和扫射，但由于苏军已牢牢掌握了制空权，德军战斗机联队的这种对地攻击角色并未持续多久，又被迫转回针对对手战斗机的自由猎杀。有从西线来到东线的年轻飞行员战后曾感慨地说：“苏军的数量优势并不如我们在西线时遇到的那样大，但他们的战斗机飞行员显然更出色。”的确，虽然东线联队的一些老手还能在战斗中击坠对手，但更多的年轻人每天升空时面临的都是生死搏命，这种情形颇似1941至1942年夏秋之际德军主宰苏联天空的时候，只不过现在被动挨打的换成了番号依旧的德军战斗机联队。

加兰德被解职后获准组建一支Me-262喷气式战斗机中队，即大名鼎鼎的JV-44“专家中队”。2月中旬，哈特曼奉命到贝尔主持的作战训练大队接受Me-262的转换训练，加兰德3月初时曾热忱地邀请他加入JV-44，但后者一心只想返回JG-52。格拉夫对加兰德试图弄走他最优秀的飞行员和指挥官很是不满，一再敦促他放回哈特曼。最后，还是通过加兰德的对头、战斗机部队末任总监戈洛布的干预，哈特曼才在3月25日返回捷克斯洛伐克的基地。不过，哈特曼回来后有近3个星期无法升空作战，原因是3月28日至4月16日期间，JG-52的战机因没有油料只能停在机场附近的树林里！格拉夫在停摆期间举行了最后一场足球赛，交手双方是他的“红色猎人”队和附近的一支陆军球队，尽管左手已废，格拉夫还是出任己方守门员。比赛进行到20分钟时，有一架苏军战斗-轰炸机光临赛场上空，扔下一颗炸弹后懒洋洋地飞走了，格拉夫他们的足球赛则继续进行。

1945年5月初，格拉夫的联队部与第1和第3两个大队驻扎在布拉格东南约100公里处的布罗德 (Deutsch Brod) 简易机场，第2大队位于南奥地利的采尔特维克 (Zeltweg)。此外，JG-52的序列中还有另外两个单位——格拉塞尔少校的作战训练联队JG-210和第9轰炸机联队 (KG-9) 的第10中队 (装备的是Hs-129反坦克战机)。5月8日晨，格拉夫从一位来到基地的参谋本部上校那里获知战争已经结束，德国已正式无条件投降。他随即与哈特曼和博尔歇斯两位大队长商量进退策略，决定摧毁所有的约100架战机后，带领地勤、家属和难民向伏尔塔瓦 (Moldau) 河以西的美军投降。格拉夫定下避免向苏军投降的方针后，命令哈特曼起飞侦察最近的苏军距离布罗德基地还有多远。9点20分，哈特曼将一架毫无戒备的、正向地面苏军绕圈致意的雅克-11击落，这是他的第352次、也是最后一次击坠。在停战协议已然生效的当天还能保持战斗欲望的，除了这位被苏军称为“南方黑魔”的哈特曼外，恐怕就只有那位独一无二的“斯图卡上校”鲁德尔了——尽管只有一条腿，这天他仍在空中搜寻着苏军坦克的踪影！

格拉夫忧虑地望着窗外的飞行员、地勤和他们的家属，还有附近赶来的大批难民。这时，他收到一份来自第8航空军指挥官赛德曼 (Hans Seidemann) 中将的电文：“令格拉夫和哈特曼立即飞往多特蒙德向英军投降。JG-52其他人等一律就地向苏军投降。”[37]

等哈特曼回来复命时，格拉夫把电文交给他看。显然，如果他们都落入苏军之手，两位钻石骑士勋章得主可是个大大的收获。尽管“二战”的最后一天里到处混乱不堪，甚至戈林都已向美军投降，赛德曼还是没有忘记把这两人的

▲ 左臂伤残的格拉夫虽不能再升空作战，但他还是经常驾驶联队部的Fi-156“斯托奇”侦察联络机前去侦察。

▲ 摄于战争结束后的1945年5月14日，JG-52在格拉夫和哈特曼率领下曾短暂地被拘于美军战俘营。当日，格拉夫为第1大队第2中队中队长特伦克尔（Rudolf Trenkel）上尉与其新娘泽纳尔（Ida Sehnal）举行婚礼，证婚人是第1大队大队长哈特曼少校和第3大队大队长博尔歇斯少校。

命运略作安排。格拉夫清楚自己的归宿是与属下同进退，他不准备服从命令，也绝不愿向苏军投降。哈特曼完全同意联队长的意见。他们不能就这样撇下众人一走了之。摧毁了所有战机和弹药后，格拉夫带着官兵和大队平民开始向西寻找美军，下午晚些时候这支约有2000人的队伍越过了伏尔塔瓦河。其后，格拉夫一行遇到了美军第3集团军的几辆坦克，然后他们被移交给附近的美军第90步兵师。得到美军许可后，格拉夫向飞行员和地勤们发表了最后一次讲话，第3大队的副官布罗施维茨（Johannes Broschwitz）少尉曾回忆说：“格拉夫命令我们全体列队，然后发表了简短但又感人至深的讲话，他最后以‘Horrido-Joho-Hussassassa’（德军飞行员取得击坠时的几种欢呼声）这三个词结束了讲话。他的话语非常感人，我觉得我的身体在战栗，甚至与我们在一起的女人们也都在颤抖，因为她们从未听到过这种话语，也无法想象自己会在那样一种情形下听到类似的言辞。格拉夫上校赢得了我的敬意。”[38]

但是，英美盟军已与苏军达成协议，在捷克作战的德军必须向苏军投降，甚至是曾与苏军直接为敌的德军，尤其是军官都要向苏军投降，即便已落入英美之手的也将被移交给苏方。就这样，在美军拘禁下过了一周的格拉夫等人在5月15日被移交给了苏军，这令格拉夫和哈特曼等所有战俘震惊万分。格拉夫无言以对，只得竭力维持战俘队伍的秩序。移送前的最后时刻，负责遣送的美军上校曾向格拉夫表示愿意助其“逃走”，但被断然拒绝：“尽管我的妻子在慕尼黑，但我不得不拒绝您的善意帮助。我的下属的命运就是我的命运，我们将一起迈入俄国战俘营。”[39] 应该说，此时的格拉夫仍秉承着他一贯的与下属同甘共苦的作风，他先是拒绝服从向英军投降的命令，后又谢绝美军上校助其逃往西部的举动，无疑在JG-52的幸存者心目中留下了很重的分量。

余生皆在阴影笼罩之下

格拉夫、哈特曼及2000余官兵和平民在1945年5月15日正式成为苏军俘虏。时间一晃就是四年多，1949年底格拉夫获得了自由，1950年元旦刚过他便从柏林回到了老家恩根。等待他的是被毁的家园、破裂的婚姻、四处求职的碰壁和生活的艰辛。但是，相对于在战俘营中一直挣扎到1955年的哈特曼等人，格拉夫无疑还算是幸运。

1952年，在苏军战俘营中挣扎过7年（1943–1950）的前王牌飞行员哈恩（Hans "Assi" Hahn）少校，出版了一部名为《我说出真相》（Ich spreche die Wahrheit）的著作。这本书甫一面世就被列为禁书，因为书中毫不讳言地猛批苏联的战俘政策，使西德政府担心激怒苏方，从而使许多尚被拘押的战俘继续被扣和遭受折磨。引起人们强烈兴趣的倒不是苏方如何对待战俘，而是哈恩在书中披露了最高战功勋章得主格拉夫在战俘营中倒向苏联的秘闻，他指责格拉夫不仅全力配合苏方，还肉麻地为苏联红军空军歌功颂德。哈恩就此成为将格拉夫拉下神坛、扯去英雄光环的直接推手，他的著作影响了许多幸存的飞行员，曾为人景仰的格拉夫一夜之间变成了贱民一样的弃儿。

哈特曼曾是格拉夫的崇拜者和下级，与其同赴战俘营后又一起被关押数年，作为见证人的他曾这样回忆："战争行将结束时格拉夫非常有名。德国到处都是关于他的宣传报道。他领导着著名的'红色猎人'足球队。在我看来他一直都是个很好的人，也是很棒的飞行员。他基本上是个性格简单之人。像许多后来抨击他的人一样，他也没有受过较长时间的良好教育。投降以后，他曾享有的盛誉和特权一下子被剥夺得一干二净，还得日复一日地从事一些卑贱艰辛的工作。他显然未能很好控制自己对这种巨变的不满情绪。有一天他找到我说，'我对于待在这里改变了想法。'他问我是否愿意与他一起站到苏联人那边。我说没这个打算。他则回应道，'所有的老规矩都统统消失了，我们每个人都必须在英美和苏联之间作出抉择，德国已不存在了。我决定支持苏联这一边。'不久后他写信给当局说愿为苏军服务，也愿意接受一个比他在德军中位置低的职位。很快他便离开了格里卓维次（Gryazovets，亦作"格里亚佐韦茨"）战俘营，被送到莫斯科附近。他在战俘营的报纸上写过

◀ *造成格拉夫战后尴尬处境的始作俑者哈恩少校。1943年2月21日，时任JG-54第2大队大队长的哈恩在东线的旧鲁萨附近取得了第108胜，但被击落后成为战俘。个性极为强悍的哈恩在苏军战俘营中毫不低头服软，结果一直被拘押到1950年才被释放。1952年他在自己的著作中披露并指责了格拉夫在战俘营中倒向苏军的作为，引起了战时同僚们的愤慨。本图是哈恩在战争初期的照片，摄于1940年9月的不列颠空战晚期，当时他击落了20架敌机（图中他正用手指着方向舵上20胜的标志），获得骑士勋章后被擢升为JG-2第3大队上尉大队长。*

歌颂苏联空军的文章，还介绍过战时德军与英美空军作战的经验。他1950年就回到德国。"[40]

哈特曼在战俘营中采取拒不合作的强硬态度，因而吃尽了苦头，刑期也被延长为25年。出于对格拉夫的了解和当事者的身份，应该说哈特曼对格拉夫在战俘营的作为的描述具有一定的可信度。同时，哈特曼也指出哈恩的著作有很多不实之处。[41]

1945年8月17日，格拉夫和哈特曼等被俘军官拖着虚弱不堪的身体来到格里卓维次的第150号战俘营。在哈特曼看来，这里"甚至还不如德国的马棚"，[42] 但同被关在此处的哈恩则觉得这里的条件"使人觉得自己又像一个人了"。[43] 有一点可以肯定，苏方一直在努力争取格拉夫和哈特曼低头服软并与自己合作。在这里，他们两人不用像在前一座战俘营那样饿着肚子干繁重的活计，格拉夫负责管理澡堂，而哈特曼则在厨房帮工。在苏联内务部管理的这座战俘营里，德军军官们之间的鸿沟清晰地显现出来，"自由德国全国委员会"、"德国军官同盟"以及"反法西斯运动"等各种组织均在拉拢他们二人。军官之间的钩心斗角令哈特曼恶心不已，他在一封家信中曾痛心地写道："上校军官们为自己的利益偷东西，或者干脆背叛国家，还随意地往同僚身上泼脏水，甚至向看守告密。"[44] 战俘们为了生存和获释的机会，不惜放弃了尊严、主张和原则，也在相互倾轧中将人性的弱点暴露无遗。格拉夫1971年为自己辩护时说："在第一座战俘营里，我在身心两方面都处于极可怜的境地。作为苏联痛恨的仇敌，我对命运根本不抱任何幻想。美国人把我们交给苏联的举动所造成的震惊，一直使我处于沮丧和愤怒中。有一天我决定听从其他飞行员的建议——加入'自由德国全国委员会'。我这样做无非是想得到一丁点能活下去的机会。我并不是唯一加入这个组织的人，即使哈特曼也出于类似的动机这样做了。我们参加了该组织的一次会议，结果觉得它恶心不堪。后来该组织被禁，我才有机会与之脱离干系。后来这个组织被'反法西斯运动'所取代，而我直到获释也没有加入其中。"[45] 2002年，贝格施特勒姆（Christer Bergström）等历史学者根据苏联的第一手档案进行研究后指出，在格拉夫的前述辩驳中，除了加入的是"德国军官同盟"而非"自由德国全国委员会"这个记忆上的疏漏外，他的自述是可信的。他们的研究表明，格拉夫所谓的"与苏方合作"仅限于此，他们所分析的大量苏联档案中，没有一份能表明格拉夫在1945年后与苏方有任何合作。[46]

哈特曼说格拉夫曾向苏方介绍对付英美空军的经验，这倒可能确有其事。苏军审问格拉夫时不可避免地要问及他在西线的经历和体会，至于后者的意见和看法对苏方能有多大帮助倒很成疑问，因为很难想象格拉夫有哪些秘密是苏军不知道，或无法通过非常规手段获得的。至于格拉夫是不是在战俘营报纸上为苏联空军歌功颂德，军史家弗拉施卡则讲述过一个完全不同的故事："有一天，战俘营指挥官问格拉夫是否愿去参观苏希诺(Suchino)的航空展，条件是为战俘营报纸写篇观后感。格拉夫同意了，他的文章也是纯粹事实性，且不带政治色彩的。但令他讶异和恶心的是，署有他名字的文章竟然成了一篇高度颂扬苏联空军的赞歌。这篇文章结尾的文字写着——'世界最强大的空军——苏联空军万岁。'格拉夫从未写过这种文字。文章的最后一句话是'愿我们再次获准为和平而投身于光荣飞行的日子并不遥远'。当格拉夫大声抗议时，马尔蒂诺夫上校指出这是'反法西斯运动'组织的德军军官干的……"[47]

指控"格拉夫为苏军歌功颂德"的事件发生在1945年12月中，当时格拉夫已被转到莫斯科附近的第27号战俘营，与哈特曼和哈恩等并不在一处，后两者的记载与回忆因而都不是第一手材料。如果弗拉施卡讲述的故事确有其事，那么可怜的格拉夫又一次成为苏方及亲苏组织的掌上玩物和工具。这件事是德国飞行员群体最不能谅解格拉夫的地方，尽管他们还指控他愿为苏联人工作、愿意分享自己的经验和技能等。其实，即便格拉夫向苏方传授了经验技能，成千上万的被俘将校中又有几个没这样做过的呢？加兰德在美军战俘营里完成了一份详细程度令人咋舌的研究报告，涵盖德国空军的组织架构、战术、技术开发、设备、人事等诸多方面，美军对此曾如获至宝。怎么就没有一个人指责加兰德"叛国"，向"轰炸和屠杀了无数德国妇孺"的美军叩首呢？

哈特曼战后曾回忆说："战俘营并没有所谓的洗脑一说。格拉夫自己做出了决定，所以我和他分道扬镳了。这就是我们之间的区别。他写下过这样的话——'我对于当俄国人的战俘感到高兴。我知道我以前做的都是错的，现在我只有一个愿望，那就是加入俄国空军。如果我能得到中校军衔，那我会非常高兴。'"[48]格拉夫对此一说的回应则是："说我'已决定加入俄国一方'是不正确的，也没有事实根据。我不认为自己是个'罪犯'，相反，我觉得自己是这个关于我在狱中行为的恶毒传说的受害者，而那些'好'同志们则在战后将这个传说广为散布。"[49]格拉夫在狱中的举动被人们拿起放大镜一一细查，到底是子虚乌有、道听途说还是确有其事，今已殊难辩白。格拉夫是个狂热的足球爱好者，即便在战俘营中也不忘组织各国战俘组成的足球队进行比赛，以缓解自己和他人紧绷的神经。他的足球才华和组织能力很快引起了苏方的注意，战俘营指挥官曾邀请他去莫斯科迪纳摩体育场观看一场真正的足球赛——"莫斯科斯巴达克"队与"鱼雷"队之间的一场比赛。这既让格拉夫看到了久违的职业赛事，同时也让他背上了"愿为苏联人踢球"的恶名，连他组织的足球赛也成了他"帮助苏联人改造战俘"的罪证——在那个年代，许多人都视这种行为为背叛，更何况战时的格拉夫

▲ *摄于1959年5月，格拉夫（左四）与第3任妻子赫尔加（Helga，左三）结婚时所摄。1950年代初时格拉夫的首任妻子（一位女影星）自杀身亡，第二段婚姻也未延续多久。赫尔加为格拉夫生有一子一女，并在格拉夫患上帕金森氏综合症后一直细心照料他，直至他1988年去世。*

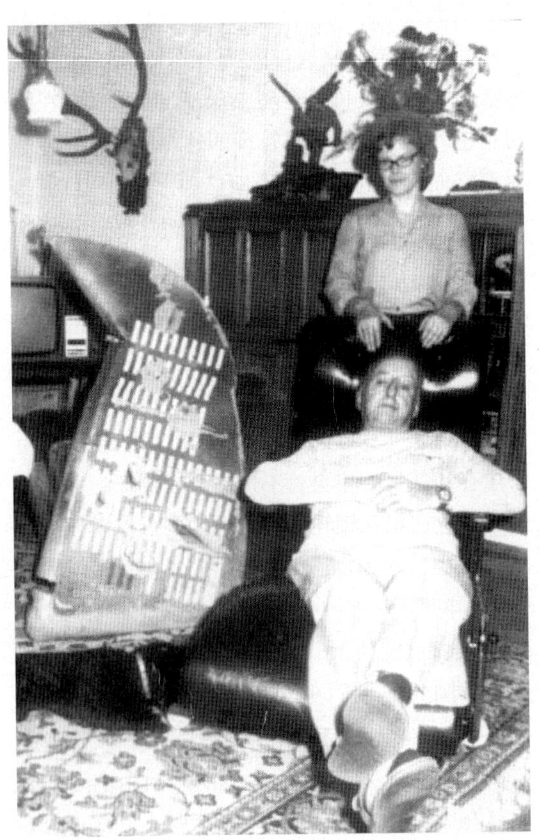

▲ *摄于1960年代，格拉夫与妻子在劳恩塔尔（Rauental）附近的家中。左边就是格拉夫1942年7月寄给父母的那架Bf-109 F4的方向舵。1972年7月，格拉夫把这个方向舵捐给了拉施塔特（Rastatt）的军事历史博物馆。*

▲ 这是一张摄于1950年代的罕见照片，球王贝利（左五）访问拜仁慕尼黑足球俱乐部时与俱乐部主席恩德勒(左四)等共进晚餐，格拉夫（左二）应邀作陪。

▲ 1978年夏，格拉夫在家中与访客们合影。左一为赫尔加，左二为曾任格里斯劳斯基地勤组长的普雷索利(Fritz Presoli)，左三为格里斯劳斯基，右二为格拉夫。

▲ 摄于1978年6月，66岁的格拉夫因疾病的长期折磨已显迟缓衰老，除接待昔日好友、下属和同样老去的足球队员们以外，他只能在回忆中度过并不美满的晚年。图中的格拉夫正对着镜头展示钻石骑士勋章。

因酷爱足球而不惜影响工作，其作风早就遭到非议，若不是戈林和加兰德的袒护，恐怕他早在战时就遭人整肃了。

1955年，炼狱十年的哈特曼终于获释回国，这时的格拉夫已在生活的漩涡中挣扎了数年，昔日同僚和袍泽们带着鄙夷的眼光不肯原谅他的"背叛"行为。唯一对他不离不弃的是老战友格里斯劳斯基和JG-52 的老部下，还有那些终生感激他的足球队员们。他们绝不相信格拉夫会做出哈恩书中描绘的那些行径，带领西德国家队获得1954年世界杯冠军的瓦尔特就是其中一个，每当谈起格拉夫时他总是充满感激和尊敬。国家队领队赫贝格尔目睹着格拉夫的困窘，把他介绍给大企业家恩德勒 (Roland Endler)——电子产品制造商兼拜仁慕尼黑足球队主席。恩德勒将格拉夫请来从事销售工作，由此格拉夫的生活状况开始好转，他也以勤奋的工作和业绩来回报对方，并逐渐担任了分公司经理和销售总监。球王贝利访问拜仁慕尼黑俱乐部时，恩德勒还特意邀请格拉夫作陪。格拉夫在战俘营的五年里健康状况很差，1960年代中期又患上了帕金森氏综合征，身体逐渐衰老，虽然对足球的兴趣依然不减，但是再也不可能亲自踢球了。

格拉夫针对他人的指控一直在不懈地反击和辩白。尽管如此，他还是被剥夺了加入"德国战斗机飞行员协会"的资格，也与数位猛烈抨击他的前同僚彻底交恶。1960年代中期开始，随着昔日的年轻飞行员们年龄和阅历的增长，不少曾对格拉夫持鄙夷态度的人有了大的转变。哈特曼认为人人都有超出自己承受力的崩溃临界点，而那些从未在苏联战俘营中待过的人，在战后轻而易举地对格拉夫的往事不依不饶，实在有欠公允。格拉塞尔曾与格拉夫和哈特曼一起被俘和被关在同一战俘营，他在1966年时说："我在俄国战俘营期间对人十分苛刻。不管谁走偏了我都会立即加以抨击。但现在我有了更多的阅历，也能更宽容地看问题了，对人性的弱点也有了更多的理解。这就是为什么我对格拉夫不再像别人那样苛责了。我向别人阐述过我的观点，没有任何人可以在不了解俄国战俘营状况的前提下，就对某个人在这些状况下做出的举动指手画脚。我认为把格拉夫排除在战斗机飞行员协会之外是错误的。更好、更人道的作法是再给他一次机会。"[50]

格拉塞尔还认为格拉夫是一个出色的射手和优秀飞行员，但并非莫尔德斯和加兰德那种量级的人物，甚至把他们加以比较都是不妥的。格拉夫是个待人友善的好人，也是个勇敢的、有上进心的人，但他不具备莫尔德斯和加兰德的智力与教育水准，他们的性格也不相同。格拉塞尔强调有必要区分一个人所犯的错误和这个人性格本身的缺陷，他觉得，以格拉夫的背景注定他无法认清戈培尔战时将他玩弄于股掌之间的本质。格拉塞尔说："在苏联战俘营期间格拉夫还相当年轻，也不够坚强，无法抵挡苏方对其性格和人格完整性方面的一次次攻击。我认为到了该原谅和忘记格拉夫事件的时候了。"[50]

但事情的发展往往与人们的意愿相违，格拉夫注定了后半生都要在阴影之下生存。哈特曼和格拉塞尔的说辞固然出于善意，但前提是格拉夫在战俘营中确有"背叛"行为，只不过是随着时间的推移，他们愿以更宽容的姿态来接纳他。而格拉夫仍在不停地辩白，除了驳斥一些道听途说或子虚乌有的传闻外，他重点辩解自己的若干举动并非背叛，而是与所有其他人一样都是为了生存，可为什么单单把他挑出来死揪不放呢？1971年2月，格拉夫在西德的《周日画报》(Bildam Sonntag) 上发表文章，试图再次解释当初发生的事情。1975年，前JG-11第1中队的飞行员约希姆 (Berthold K. Jochim) 出版了一本名为《格拉夫上校：13个月200次胜利》的著作。[51] 这本书讲述了格拉夫的东线战斗故事，介绍了一些鲜为人知的事件 (如一名美军飞行员如

▲ 摄于1982年10月24日，当日是格拉夫的70岁生日，作为老家恩根的荣誉市民，他正在接受恩根副市长比勒 (Anton Bühler，左一) 的问候。背景是老战友和终生感激他的足球队员们。

▲ 格拉夫于1988年11月4日在恩根去世，图为他在恩根公墓中的安息地。

何叛逃到德国空军等)，但对格拉夫的战俘营经历着墨不多，因而未能很好地帮他辩解。

格拉夫完全退休以后一直居住在恩根，家乡人对他始终敬重有加，市政府还特意授予他"恩根荣誉市民"称号。1982年10月24日是格拉夫的70岁生日，恩根市长特意为之举行了生日聚会。75岁生日的当天，"德国骑士勋章获得者协会"派出了一个代表团专程赶到格拉夫家中，向他祝贺生日和表达敬意。

1988年11月4日，在经受了20多年帕金森氏综合征的折磨之后，76岁的格拉夫病故于恩根。参加葬礼的除亲朋好友和JG-52的老兵外，还有瓦尔特等昔日的足球明星以及他们的家人。格拉夫最后的安息之地在恩根公墓，墓地前方有一个木制的十字架，鲜花环绕的墓石上只有"赫尔曼·格拉夫上校 1912–1988"等两行简单的字样。格拉夫故去时，他最忠实的朋友格里斯劳斯基正因心脏病发作住院，因而未能赶来参加葬礼。事后不久，格里斯劳斯基与妻子一起赶到恩根公墓告别老友，当他在墓地一角发现了格拉夫的墓石时，他把妻子支走，然后自己像个孩子一样抽泣起来。

2009年10月，"二战"德军最后幸存的超级王牌拉尔以91岁高龄去世。他不仅是"二战"中战绩第三高的飞行员 (总共275次击坠)，还在1955年加入西德国防军后逐步升迁为中将和空军总监 (总司令)。拉尔在2004年出版的自传《我的飞行生涯：1938–2004的回忆》中，对谈论50多年前的格拉夫旧事仍然感到不能裕如。在谈到格拉夫回国后遭受的谴责和羞辱，以及被拒绝加入战斗机飞行员协会这些往事时，拉尔很有些惜墨如金，显然，他由于自己战后的高位和政治因素不愿透露更多的细节。[52]

也许围绕在格拉夫生前身后的谜团还需假以时日才能大白。让我们以格拉塞尔1960年代的一番言辞作为全文的结束语：

"我们(在苏联战俘营中)生存的粗劣环境和所受的非人待遇真是难以言表。所有飞行员都那么年轻——相对于他们经受的磨难以及在性格与人格上遭受的攻击而言，他们实在太年轻了。没有经历过这一切的任何人，都没有资格评判受过这一切洗礼的人的行为。"[53]

第6位钻石骑士最高战功勋章获得者隆美尔元帅

（获勋时间1943年3月11日）

Chapter 06 第六章

“阳光下的英雄”：埃尔温·隆美尔元帅

“二战”德国陆军元帅隆美尔大约是军事史上最具传奇色彩的人物之一。英国历史学家和军事理论家李德·哈特在其1948年的著作《山的那一边》中，曾称隆美尔为“阳光下的英雄”，此后隆美尔在英美和西方迅速赢得了广泛的声誉和尊重。隆美尔战时被对手称为“沙漠之狐”，战后之初跻身于“少数的好德国人”之列，1950年代初开始的冷战期间被尊奉为“德国民族英雄”，并迅速成为西德新国防军的完美角色榜样。虽然当局小心翼翼地试图斩断新军与第三帝国的联系，但北莱茵–威斯特法伦州奥古斯特多尔夫 (Augustdorf) 的军营还是在1961年被命名为“隆美尔元帅军营”——在纳粹帝国陆海空三军27名元帅中，只有隆美尔身后得到了这一荣誉。[1]

1950年，英军准将扬 (Desmond Young) 在其著作中对隆美尔的军事成就、战术思想和指挥艺术给予了极高评价，英国人对他的景仰还充分体现在奥金莱克 (Sir Claude Auchinleck) 元帅为扬所写的热情洋溢的序言里。[2] 1952年，李德·哈特编辑的《隆美尔战时文件》出版，汇集了隆美尔在西线、北非和诺曼底作战期间的笔记、日记与家信，极大地激发了普通人对这位传奇的兴趣。此后，德国和西方研究隆美尔的文论层出不穷，著作之多大有汗牛充栋之势，就像美军四星上将克拉克 (Wesley K. Clark) 所言：“没有任何一位外国将领能像德国元帅隆美尔那样引起美国人如此持久的强烈兴趣、好奇和景仰……隆美尔的军事声誉依然在延续，他的胆大无畏和充满魅力的领导风格，就像一根高高矗立的标杆，仍然为绝大多数军官，尤其是现在和未来的将领们所景仰与师法。”[3]

纳粹宣传机器曾将希特勒的爱将、极北战场的迪特尔塑造为“雪地上的英雄”，身在炽热大漠的隆美尔则与前者交相辉映地成为“阳光下的英雄”，成为德国人“坚韧不拔和胜利信心的象征”。隆美尔在“一战”中曾获得“蓝色马克斯”最高战功勋章，“二战”中又是陆军的首位钻石骑士勋章得主，5年内从一名上校蹿升为元帅和家喻户晓的战争英雄。隆美尔在担任元首卫队营指挥官时与希特勒建立了密切关系，他曾景仰后者的“决断力、意志力、与生俱来的军事才华”，称颂元首“周身散发出一种令人神魂颠倒的磁力，而这种力量深深根植于他的信念——他自信是上帝呼唤着他带领德国人民向太阳奔去。”[4] 希特勒也非常赏识隆美尔，集个人英雄主义、领袖魅力、忠诚实干于一身的隆美尔是他的“国家社会主义战士和英雄”，是他一手培养的“羽化战神”，更是他用来鄙视普鲁士贵族将领和参谋本部军官团的最好利器。希特勒视隆美尔为“下一代的革命军官”，甚至一直懊悔为何未在和平年月多选拔培养几个隆美尔那样的年轻有才、忠心耿耿的将领。戈培尔也曾在日记中写道：“隆美尔在意识形态和政治上是正确的，他不仅仅是同情国家社会主义，他自己就是一个国家社会主义者。他是一个有着即兴发挥天赋、极其勇敢又有卓越创新能力的军事领袖。这些正是我们需要的军人的品质。隆美尔会是将来的陆军总司令。”[5]

隆美尔的战场成功自然是其传奇中最重要的组成部分。1940年的法国战役中，装甲战新手隆美尔以自信、平衡和敏捷完美诠释了闪电战术的精要，在为第7装甲师赢得“幽灵之师”称号的同时，他自己也被称为“启示录中的魔法骑士”。在北非，尽管时常受困于资源短缺、补给困难、空中保护和情报等方面的明显劣势，隆美尔还是以大胆狡黠、善用突袭、随时准备接受风险，以及对战场态势的惊人直觉等，取得了一系列卓尔不凡的进攻战胜利。即便在防御战中隆美尔也一样足智多谋，尤其是在1942年11月初开始的撤退中，大兵压境的英军虽占有陆海空和情报方面的压倒优势，却未能取得任何明显的成功——隆美尔的非洲装甲集团军虽然疲惫不堪，但基本完整地摆脱了蒙哥马利的追击。有美军历史学家对此评论说：“以任何标准来衡量，隆美尔的这一成功都是令人惊叹的。”[6] 隆美尔自然也不乏批评者，他被称为是“优秀的战术家，但并非好的战略家……只有极少数情况下他的决定经过了深思熟虑，多数时候都是凭直觉和冲动……他在决策时故意忽略非洲战场最关键的补给问题……”[7] 但是，即便他最苦涩的批评者，也从不讳言他是一位极其勇敢的军人，“隆美尔是一位彻头彻尾的前线战士。他竭尽全力地了解战场态势、鼓励官兵们的士气。这就是他依然为人敬重的原因所在：即便在作战方式上存在较大分歧，人们依然愿意服从他的命令。”[7]

隆美尔的传奇并不止于战场上的卓越和强悍以及与纳粹高层的关系，还在于他在1944年10月的神秘死去及其死因。隆美尔被指控参与了刺杀希特勒的密谋，事发后希特勒给他两种选择——要么服毒自尽以保全家人和名誉，要么接受审判从而身败名裂。隆美尔选择了前者，临终前他在向副官告别时曾说：“我与刺杀事件毫无关系。我一生都在尽最大努力为祖国效力。请将我的问候转致施瓦本(Schwaben，亦作“斯瓦比亚”)人民，尤其是我终生挚爱的山地老兵们。”[8] 隆美尔在刺杀希特勒事件中到底扮演了何种角色一直是争执不休的话题。有史家指出，他虽不赞同刺杀方案，但支持废黜希特勒、与西方媾和的努力；也有史家称，接连不断的失败、令人失望的现实和迷茫的前途早就使他身心俱疲，他在受指控时尽管自信并未参与其事，但也不想多做辩解，毅然决然地走上了不归之路；还有史家认为，曾任隆美尔B集团军群参谋长的施派德尔(Hans Speidel) 将军，战后出于恢复德国军人的形象、德国军事的传统和荣誉的目的，将老长官隆美尔推崇为民族英雄和模范军人，同时，为适应民主社会对军人角色榜样的要求，"隆美尔又不得不成为反希特勒抵抗阵营中的一员，甚至是主持了抵抗运动。"战后几十年里，隆美尔的形象在不同的时代和舆论环境下曾一变再变，"希特勒的宠将"、"忠实的纳粹信徒"、"好德国人之一"、"民族英雄"、"反希特勒抵抗运动的主将"、"战争罪犯"、"你我一样的普通人"等等，都曾作为隆美尔这个名字前的定语出现过。

隆美尔曾像千百万德国人一样热情地追随希特勒，他把效忠元首视为神圣的誓言，并将之等同于报效祖国。他并不理解国家社会主义，却因与希特勒的关系、纳粹宣传宠儿的地位被贴上了"纳粹信徒"的标签。他也不理解反纳粹的抵抗运动，却因卓著的军事声望而在战时和战后成为人们各取所需的"工具"。隆美尔最大的悲剧可能在于，他心甘情愿地充任着德国战争车轮上的一根耀眼的辐条，同时至死不渝地坚信自己仅仅是在尽一名军人的职责而已。

早年岁月：从"一战"英雄到元首卫队营指挥官

1917年10月24日午夜刚过，意大利伊松佐(Isonzo) 河谷地区开始下起了秋雨，15个师的德奥军队冒着寒雨在黑暗中进入了攻击阵地。"一战"即将进入第四个年头，在过去两年里，奥匈帝国军队在这里与意大利人已进行了11次大规模交战。过去的每次交手都遵循着类似的模式——相互倾泻炮弹，进攻、反攻、再进攻、再反攻，直到双方弹药耗尽、幸存者们精疲力竭地躺倒在阵地上为止。但这次堪称孤注一掷的攻势与以往有所不同，奥匈帝国得到了新组建的德军第14集团军的支援，后者派出了一些精锐部队，其中就包括隆美尔中尉所在的"符腾堡山地营"(Württembergische Gebirgs–Bataillon)。

在史称"第12次伊松佐战役"的战斗打响之前，隆美尔虽然只是成千上万的、生命仅以周来计算的官兵中的一员，但也绝非默默无闻之辈。1914年9月24日，在凡尔登西北约15英里的瓦伦尼斯 (Varennes) 附近，第124步兵团的隆美尔少尉因在以一敌五的白刃战中表现出惊人的勇敢而获颁二级铁十字勋章。1915年1月底，隆美尔在法国阿尔贡地区的一次战斗中带领少量士兵夺取了法军主阵地，并依托4个地堡打退了对手一个营的反击，而后率部全身而退，为此他成为全团首位获颁一级铁十字勋章的尉官。1915年9月，隆美尔晋升为中尉后被调到"符腾堡山地营"——这支精锐部队是为执行危险和困难任务而专门组建的，虽冠名山地营，实际上并非真正的山地部队，而是进行过大量攀岩登山训练的步兵单位，由6个步兵连、6个机枪连以及迫击炮和通信单位等组成。这支部队通常根据特定任务的需要编组成两到三个战斗群，它最引人注目的地方就在于它的灵活性、强行军能力和抓住战场机会的能力。隆美尔加入该部时，全营已有150人获得过各种战功勋章，但经过1916年在法国孚日 (Vosges) 山区和罗马尼亚喀尔巴阡山区的作战，隆美尔又一次脱颖而出，他总是无畏地冲锋在前，还以"凭直觉发现对手意图的战术敏感"而著称。不过，隆美尔此刻的声誉还局限在不大的圈子里，虽然1917年10月末起的几周战事将把他变成一名"蓝色马克斯"最高战功勋章获得者，但还是没有任何迹象能够表明，他将在25年后成为机动战的大师和最年轻的德军元帅，尤其是考虑到他既非普鲁士容克贵族出身，从军后又从未跻身于参谋本部军官团。在希特勒崛起以前，只有具备前述两个出身之一的军官，才能铺就军旅生涯的坦途和手握晋升高职的通行证。

隆美尔于1891年11月15日出生在符腾堡州乌尔姆 (Ulm) 附近的海登海姆 (Heidenheim),

祖父和父亲都是普通中学数学教师，母亲则出身较为显赫，其父曾任过符腾堡州州长。幼时的隆美尔很不起眼，身材矮小，人也安静得略显沉闷。在求学阶段，他虽对数学等理科课程兴趣浓厚，但成绩并不出色，最喜好的是骑自行车和滑雪等运动，也像同时代的许多年轻人一样对飞行有着朦胧的渴望，14岁那年曾与朋友一起制作了一架完整的盒式滑翔机。[9] 扬在《隆美尔》一书中曾用“懒惰”、“漫不经心”和“冷漠”等字眼来刻画年轻时的隆美尔，[10] 而史家麦克塞(Kenneth Macksey)则称“隆美尔在知识方面的受阻使他明显地不满权威，在与学识不凡者打交道时也很不自信。”[11] 隆美尔成年后曾有意为齐柏林伯爵(Ferdinand von Zeppelin)设在符腾堡州的飞艇工厂工作，[12] 但父亲根据儿子的特点自有打算——他想让儿子成为军官。他认为军旅职业相较于工程领域而言对智力的要求不那么高，但纪律性更强。老隆美尔夫妇虽在地方上受人敬重，但在军界缺乏有影响力的关系，所以在18岁的儿子从军一事上颇费了一番周折。20世纪初时，德皇陆军中地位最高的是贵族和军官世家子弟成堆的骑兵，没有过硬的关系根本进不去，但炮兵和工兵也先后拒绝了隆美尔，或许是因为那时的他面色苍白、体格羸弱，给人留下了不好的印象。所幸，家乡的步兵团接受了他。1910年7月，隆美尔成为第124“符腾堡”步兵团的一员，次年3月进入但泽军校学习，经过9个月的学习训练后返回步兵团担任少尉。校方的评语说他“适于从军、智力过人”，教官们也肯定他的热情、责任感和意志力，但总体上认为他将成为一名普通的军官。隆美尔在步兵团里显得老成持重，善于倾听，从不夸夸其谈，对待工作和训练一丝不苟，但已经显现出固执的倾向。

▲ *1911年在但泽军校学习时的候补军官隆美尔。*

“一战”头两年，隆美尔既体验过开战之初在法国和比利时进行的机动战，也领教过1915年起主宰整个西线的堑壕战，以勇敢的表现摘取过二级和一级铁十字勋章，也曾数次负

▲ *1915年，伤愈归队的隆美尔在西线战壕里留影。*

▲ 1918年的隆美尔中尉，他佩戴的是一级铁十字勋章和"蓝色马克斯"最高战功勋章。

▲ 摄于1918年，隆美尔与妻子露西（Lucie Maria Mollin），两人于1916年11月底结婚。"一战"后，隆美尔曾带着妻子游历了意大利伊松佐河谷昔日的战场。

▲ 约摄于1917年，"符腾堡"山地营的军官们在一起，右边最后一排右数第3人似为隆美尔。

伤住院，他的临危不惧和力争战场主动权的作风给人留下了深刻印象。1937年，隆美尔在成名作《步兵进攻》一书中曾总结过自己从机动战中学到的经验教训，诸如“行动最快的一方足以将意志强加到对手身上”、“必须保持势头才能达到目标”、“必须全面仔细地计划和实施侦察”、“任何时候都必须保持步兵与炮兵间的联系”、“必须采取有力措施保护部队免受敌方炮火过度打击”、“主力部队需绕过抵抗顽强的对手支撑点，将之留给后续部队解决”、“指挥官的意志力和以身作则是指挥控制部队的先决条件”、“尽可能欺骗和迷惑对手”等等。[13] 这些经验教训影响了隆美尔一生的作战方式。幸运的是，他并未在反复厮杀，却收效甚微的西线堑壕战中浸润多久，也从未形成所谓的阵地战心态和战壕情结。相反，跟随“符腾堡山地营”转战罗马尼亚和意大利的经历，让他进一步熟悉并领会了机动战的要义，也助其磨砺了自己的指挥风格和个性。

1917年10月24日凌晨，“第12次伊松佐战役”在德奥军队的弹幕射击中拉开了帷幕。毒气和烟雾散去之后，隆美尔率领“符腾堡山地营”的3个连穿行在起伏不平的山地间，到午后时已做好了攻打第1066高地的准备。他不愿发起代价高昂的正面强攻，当侦察兵发现了一条通向意军阵地的小路时，他毫不犹豫地率队包抄上去，结果不费一枪一弹就俘虏了一个意军炮兵连，友军“巴伐利亚皇家近卫步兵团”与“符腾堡山地营”余部乘势强攻，到下午6时即攻克了第1066高地，为次日进攻第1114高地占据了有利的出发阵地。当夜，隆美尔向营长施普勒塞尔(Theodor Sprösser) 少校提议，由他率几个连绕过第1114高地，沿着科罗弗拉山脊 (Kolovrat Range) 向西直扑库克山 (Mount Kuk)。一向赏识甚至有些依赖隆美尔的营长同意给他3个连，山地营余部则与“巴伐利亚皇家近卫步兵团”合力攻打第1114高地。

25日拂晓，隆美尔带着手下朝库克山方向攀爬，当侦察兵发现山脊的某些地段无人把守时，他立即率部从这些防线漏洞冲过，迅速扑向巨型碉堡中的守军，结果又有数百名意军成为俘虏。隆美尔留下少许士兵看守俘虏，继续前冲的途中又有500名意军几乎不加思考地放下了武器——到此刻为止，他已俘虏了约1500名意军，距库克山也非常近了。就在这时，隆美尔和属下遭到了来自三个方向的机枪射击，在撤退、待援还是继续进攻之间他毫不犹豫地选择了继续向前。就在他着手安排炮火支援和计划进军路线时，施普勒塞尔带着2个步兵连和2个机枪连出现了，他不仅同意隆美尔的想法，还把3个连又拨给后者指挥。隆美尔带着先头部队向库克山山顶冲去，途中遭遇了另一支意军，但仅仅是挥舞了几下白手帕，就足以招降斗志全无的对手。通向山巅的道路敞开了，但隆美尔又发现了新的机会——沿库克山西南坡下山，有一条伪装过的补给通路似乎能直通意军后方，如果包抄过去，那么包括库克山山顶守军在内的许多意军都将不战自乱。10点30分，隆美尔带着4个连(含2个机枪连) 狂奔而下，尽管两天里一直都在怪石嶙峋的山地间奔波作战，但战士们的士气非常高昂。隆美尔的这次大胆突袭取得了成功，捣毁了一处重要的补给基地，端掉了几个指挥部和炮兵阵地，而惊骇的对手甚至都没有发起抵抗的任何机会。

这时隆美尔又做出了一个更大胆的决定——下到山谷里切断波拉瓦 (Polava) 至卢齐欧 (Lucio) 的公路。12点30分，隆美尔和几名军官带着约一半兵力幽灵般地现身于公路一侧，惊慌的意大利人四处逃窜，除了有些不知情的补给卡车继续驶来外，远远的还有一长队意大利士兵也正朝这个方向开来。隆美尔此时有约150人尚未赶到，但他决定以现有兵力和有利地形伏击对手，如果劝降不成则立即以机枪火力网剿灭之。这支意军属于第20“狙击兵”团 (Reggimento

Bersaglieri)，经过10分钟交火，这支号称精锐的意军放弃了抵抗，50名军官和2000名士兵向不及自己实力十分之一的对手投降了。稍后，隆美尔驱车赶到卢齐欧，见到了山地营余部和"巴伐利亚皇家近卫步兵团"所部，他们是在夺取库克山后从另一方向进入卢齐欧的。隆美尔敦促施普勒塞尔允许自己立即向第1096高地进军，他的理由是这一行动将在意军深远后方切断其最主要的补给线。施普勒塞尔痛快地把6个连的兵力和所有重机枪都交给了隆美尔，而后者也毫不耽搁地立即出发。不过，这一路的行军非常艰难，沟壑遍布，荆棘丛生，许多士兵扭伤了脚或受轻伤后掉队。接近高地时，侦察兵发现对手的防御工事相当完善，隆美尔见突袭无望，只得命令就地宿营和等待掉队的士兵，同时派人寻找可能通向高地的其他小径。[14]

26日晨5时30分，隆美尔准备率部突袭第1096高地，但很快发现对手已有警觉，而且还以凶猛的火力打得德军抬不起头来。他命令属下躲在岩石后面还击，然后领着3个轻机枪班悄悄撤下，穿过一片子弹横飞的死亡地带后摸到了对手身后——一声声"投降"的呼号竟然令1600名意军乖乖放下了武器！7点15分，隆美尔夺取了第1096高地。虽然不清楚其他部队的方位，但他既不准备等待增援，也不打算让疲惫的手下略作休整，他又瞄准了意军核心阵地马塔鸠尔山(Monte Matajur)前方的最后一道屏障——默兹利峰(Mrzli Peak)。约300名官兵从10点起跟随着隆美尔继续攀爬，不久后被大约3个营的意军挡住了去路。令人惊异的是，这些来自"萨勒诺"(Salerno) 旅的1500名意军未放一枪，就在隆美尔镇定的劝降下结束了自己的战争！就在此时，营长施普勒塞尔命人通知隆美尔回撤——前者在第1096高地上看到大量俘虏时误以为战斗已经结束，想当然地认为马塔鸠尔山也被攻克了。隆美尔此刻展现出处理上级命令的技巧，他先让多数士兵押送俘虏回撤，然后率领100人和6挺重机枪继续扑向马塔鸠尔山。这支小部队在途中轻松地俘虏了1200名意军，到11点40分，隆美尔已经站在马塔鸠尔山之巅尽情地欣赏壮美的景色了。

相较于西线那种成千上万人送命，推进却不过几百米的战争形态，隆美尔与"符腾堡山地营"的史诗般一战无疑令人回肠荡气——50多个小时里，无论是高耸的山峰、无底的深谷和陡立的峭壁，还是对手的炮火和孤军深入的危险，都不能阻止隆美尔攻克高峰、摘取最高战功勋章的信念。他的始终不超过500人的部队摧毁了意军5个团，俘获了9000名敌军和81门大炮，而自身仅有6亡30伤。[14] 出其不意、快速灵活和牢牢掌握主动权无疑是隆美尔此战中的主要战术特征，摧毁敌军指挥体系和补给基地、瓦解对手的意志更是他追求的目标。他在《步兵进攻》一书中也曾总结出如下的经验教训："部队休息时也要特别注意积极侦察"、"欺骗和分散对手的注意力有助于完成包围"、"指挥官必须决心坚定并能将意志强加于部队"、"虚张声势、勇猛、突袭和快速追击能带来轻松的胜利"、"善加利用突然的一时成功能带来更大的战果，即使这意味着拒不从命"、"为达到出其不意的目的，即便官兵已到身体极限也在所不惜"等等。

不过，隆美尔并未马上获得梦寐以求的"蓝色马克斯"——施普勒塞尔在10月26日的命令中高度颂扬那些"意志坚定的领导者和勇敢的军官们"在摧毁意军防线中的作用，但德军总部次日发布的战报却称，马塔鸠尔山是被"勇敢的西里西亚连指挥官瓦尔特·斯奈伯中尉攻克的。"[15] 得知斯奈伯27日即获颁"蓝色马克斯"勋章时，隆美尔不由得勃然大怒，他和属下在山巅停留了一个小时，无人看见任何西里西亚人的影子 (斯奈伯率部夺取的其实是另一座山峰)。隆美尔不依不饶地索取自己应得的荣誉，最后在德皇的亲自干预下，他与营长施普勒塞尔于12月13日同时获得了"蓝色马克斯"勋章——一个营同时拥有两位最高战功勋章得主，在当时可是闻所未闻的巨大荣誉。隆美尔还担心自己的战功在官方战史中得不到恰当承认，战后他成功说服了战史部门对相关记录进行补充修改。

1918年，隆美尔被调往西线出任第64军的参谋军官，并在战争结束前晋升为上尉。虽然参谋工作非他所爱，但他也无需再证明什么了——身体和精神都十分强韧，胆大心细，善于调遣兵力和制造出其不意……作为一名出色的下级军官，隆美尔毫无意外地入选了战后德军所能保留的4000人军官团。1921年1月，隆美尔来到驻斯图加特的第13步兵团出任上尉连长，并在这个职位上一干就是近9年。1929年，隆美尔的上级在考语中称他是“一名安静的优秀军人，一切作为都显得机智老练，极富军事才华，尤其是在山地战方面”。[16] 上级还特别提到他适合出任军校教官，他也顺理成章地于1929年10月成为德累斯顿军校的战术教官。在这里的四年间，他结合自己的“一战”经验和思考向学员们讲授战术，也潜心钻研军事理论和军事史，《步兵进攻》一书就是在此期间完成的优秀作品。隆美尔是德累斯顿军校中一个令人仰视的人物，后来担任希特勒空军副官的贝洛就是众多崇拜隆美尔的学员中的一个。

▲ 摄于1933年，隆美尔少校在哈尔茨山区的哥斯拉担任第17步兵团3营营长。这位精力充沛的营长正带着军官们滑雪。

1933年10月，在担任上尉长达15年之后，隆美尔总算晋升为少校，同时被派往哈尔茨(Harz)山区的哥斯拉(Goslar)担任第17步兵团第3营营长。军官们为了试试新营长的分量，在他抵达的当天就邀请他先爬山，然后再滑雪下山。隆美尔与众人先后3次爬上山顶和滑雪下山，当40出头的营长提出再来一次时，众军官面有难色地纷纷表示甘拜下风。隆美尔令他们感到钦服的还不止是身体和性格的强悍，1934年9月末的一件事，更让他们见识了营长在面对权威时的勇气和坚持个人原则的作风。当时，希特勒来到哥斯拉出席帝国农业节活动，在老皇宫前举行阅兵式时，隆美尔第一次见到了声望正隆的元首。他与

▲ 摄于1934年9月底，希特勒在哥斯拉参加帝国农业节活动期间，检阅了隆美尔的来复枪营，这是他与元首的首次近距离接触。

希特勒的会面纯粹是礼节性的，敬礼、握手、寒暄以及跟随元首检阅自己的营等等，当然还有关于"蓝色马克斯"勋章的几句简短交谈。不过，这次阅兵中戈培尔倒是对隆美尔留下了很好的印象——阅兵前，希姆莱曾命令党卫队随员出现在隆美尔所部的前面，以履行保护元首的职责，但隆美尔认为此举实乃侮辱，因而以很大的勇气拒绝让自己的官兵列队，当时在场的戈培尔目睹了希姆莱只得无奈地让步。[17]

1935年10月，隆美尔中校成为波茨坦军校的战术教官。1936年起，他开始接到一些保护元首安全的临时性任务，考虑到军方和国民当时对希特勒的全力支持 (有民意调查显示，1936年3月底时98.9% 的德国人都支持希特勒)，隆美尔无疑将这些任务视为莫大的荣幸。1937年时隆美尔晋升为上校，《步兵进攻》一书也在同年正式出版，他的众多读者中就有希特勒。这部书对"一战"战斗场面有着准确精彩的描绘，很可能勾起了希特勒的忆旧情怀，因而也进一步加深了他对隆美尔的好印象——除了是个忠于职守的优秀军官外，从未经过参谋本部军官训练的隆美尔也拥有出众的战术才华和理论修养。在希特勒眼中，隆美尔无疑是既有英雄光环，又"安全可靠"的理想型军官，因而派他去监督指导希特勒青年团的军事训练最合适不过。按照德军少将梅林津 (F.W. von Mellenthin) 的战后回忆，隆美尔对此项工作显然感到不快，没过多久就与希特勒青年团领袖席拉赫 (Baldur von Schirach) 发生了理念冲突。[18] 希特勒倒是很快又为隆美尔找到了更合适的用武之地。1938年10月，希特勒任命隆美尔担任元首卫队营指挥官，随时陪侍在侧的隆美尔也目睹了苏台德地区并入德国时人们向元首发出的欢呼。当年11月9日，隆美尔被任命为奥地利维也纳著名的特雷西亚军校校长。1939年3月，当希特勒在布拉格城堡发出征服世界的呐喊时，隆美尔又以元首卫队营指挥官的身份寸步不离。

随着与希特勒接触的增多，隆美尔日渐觉得自己与元首有许多相像之处，至少是都有共同的认识。比如，他们都崇拜拿破仑；他觉得希特勒领导国家时的"勇气和意志"，颇似他当年在战场上的勇敢和坚定；希特勒坚持扩大军备、强调摩托化和机械化、重视发展空军与装甲部队的策略颇得隆美尔赞赏，他们时常交换看法，也都觉得参谋本部在这些方面颇为短视；他们一致认为坦克和装甲车将在地面战争中扮演决定性角色；他们都反感贵族做派十足的参谋本部，出身普通的隆美尔与参谋本部军官团和普鲁士容克贵族阶层从来都没有密切联系，而且也从不主动寻求建立联系。希特勒对隆美尔的欣赏和信任也是显而易见的，他喜欢后者对职责的完全投入，欣赏其才华、勇敢和作为指挥官的坚强意志。1939年8月23日，隆美尔作为元首大本营的成员被晋为少将，全面负责希特勒的起居和出行安全。隆美尔对希特勒也是敬慕有加，他感激元首将老战士"从战后的屈辱境地里解救出来"，钦服于元首"在所有会议上敏锐地抓住要害，并从中推演出解决方案的惊人能力"，他对希特勒的勇敢也极为惊讶——作为元首卫队营指挥官，保证元首的安全为其分内之责，但希特勒在波兰战役爆发后似乎总是不管不顾地要到前线去。毕竟，这也是他们的共同点之一，"一战"中的传令兵希特勒也曾因勇敢而获得过一级铁十字勋章。

隆美尔陶醉在与希特勒的良好互动中，沉浸在成功跻身于元首最亲密的小圈子的喜悦里，他以忠实地履行职责来回报元首的信赖，但似乎有意识地选择性忽视纳粹政权肮脏的背后与邪恶的本质——作为每天随侍在侧的卫队长，他不可能听不到希特勒和希姆莱等人高声叫嚷的种族灭绝政策，也不可能不知道党卫军屠杀波兰平民和犹太人的暴行。隆美尔并非热衷于，或者说理解政治的军人，他所想的，或许是在国家社会主义的现代军队里保持传统德国

▲ 摄于1939年7月，隆美尔（左一）正自豪地坐在希特勒专列上，中为希姆莱，右为希特勒陆军副官施蒙特。施蒙特与隆美尔私交甚笃，在后者的蹿升过程中曾发挥过相当作用。

▲ 摄于1939年9月10日，希特勒在赖歇瑙上将的第10集团军视察，从左至右依次为凯特尔、希特勒、隆美尔和赖歇瑙（正用望远镜观察者）。

◀ 摄于1939年9月波兰战役期间，希特勒正与卫队长隆美尔(右一)讨论战场态势。

▼ 摄于1939年9月的波兰，希特勒在第10集团军视察时听取汇报。从左至右依次为第10集团军指挥官赖歇瑙上将（低头看地图者）、隆美尔、马丁·鲍曼（纳粹党秘书长）、希特勒、第18步兵师师长克兰茨（Friedrich-Carl Cranz）中将以及希特勒副官恩格尔上尉。

军人的精神，也可能是他只想秉承军人远离政治的信条，或在自己的职权范围内体面地顾及人类尊严 (联想起他在北非战场的表现)。至于希特勒和纳粹最高层怎么想、如何做，都属于与他这个模范军人无涉的政治范畴。

波兰战役期间，隆美尔通过每日列席战情通报和作战会议了解了高层如何指导和指挥战争，也得以自上而下地观察到闪电战这种新战争方式的展开。装甲部队的快速机动、俯冲轰炸机的近程支援、突击队的迂回包抄等等，都令隆美尔那颗前线战士的心跳跃不已，已有20年未曾亲历实战的他渴望重返前线，希望以战功获得更多的荣誉和更快的升迁。陆军人事部门基于他过往的经历和经验，认为他最适合出任山地师师长，但隆美尔坚持要去指挥一个装甲师。陆军方面认为他缺乏装甲战的训练和实战经验，因而拒不妥协，最后还是希特勒出面干预，才使隆美尔在1940年2月获得了执掌第7装甲师的机会。这一青睐可谓不同寻常，因为德军当时一共仅有10个装甲师，隆美尔自己也把这一任命视为军旅生涯到当前为止的最高成就。

隆美尔与“幽灵之师”

1940年2月15日，多位新近晋升为军长或师长的将领在赴任前奉命到帝国总理府等候希特勒接见。出任第24摩托化军军长的施韦彭堡(Leo Freiherr Geyr von Schweppenburg) 1961年时曾回忆过这一场景，当时他的左侧站着第7装甲师师长隆美尔，右侧则依次是第38军军长曼施坦因、第40摩托化军军长施图姆 (Georg Stumme) 和第39摩托化军军长施密特 (Rudolf Schmidt)。施韦彭堡忆称，希特勒露面前，隆美尔曾大声地隔着人问施密特：“将军，怎样指挥一个装甲师？”用施韦彭堡的话来说，施密特“很聪明地回应道：‘总有两种可能性存在，当然越大胆越好。’”[19]

结果证明，隆美尔确实听进了施密特的建议，而且还在法国和北非战场上将“大胆”与闪电战的其他要旨诠释得完美无缺。隆美尔向希特勒告别时，后者无疑对他寄予厚望，不仅赠送他一本《我的奋斗》，还在扉页上亲笔写道“以愉快的回忆致赠隆美尔将军”。隆美尔虽然仅有两三个月时间熟悉部队和学习装甲战术，但他多年来一直关注机动战，对于装甲战的要旨——“突入敌军深远后方、无视己方侧翼而去攻击对手侧翼、始终保持进攻势头”等并不陌生，对坦克的速度和机动能力在波兰战场上也见识过多次。更重要的是，隆美尔虽已年近五旬，但对战场领导方式的认识从1914年起就从未改变过：攻击性十足、充满活力、不可预知、指挥官的位置就在前线……从他赶到莱茵河畔的巴特戈德斯贝格(Bad Godesberg) 接手第7装甲师的第一天起，部属们就感受到了新师长的雷厉风行和满腔热情，他很快走遍了装甲师各部，以严明的纪律和诚恳的态度激励官兵的士气，更以极大的热情组织训练和越野演习。到1940年5月初，隆美尔已经准备在战场大显身手了。

在5月10日开始的法国战役中，隆美尔第7装甲师先在阿登山区克服了轻微的抵抗，12日下午即抵达马斯河畔的迪南 (Dinant)。不过，隆美尔失望地发现法军已炸毁了迪南的公路桥和附近的霍克斯 (Houx) 的铁路桥，如何才能完成最具挑战性的作战任务之一——在敌军眼皮底下强渡一条水流湍急的大河？13日晨，隆美尔命令第6摩托化步兵团在霍克斯附近渡河，第7摩托化步兵团则在迪南借助充气皮筏艇强渡，但是，在西岸法军的炮火和机枪火力压制下，两部的渡河行动均告失败。在第6团方向，隆美尔命令点燃马斯河谷附近的一些房舍，以便为部队提供一些掩护，而后他又马不停蹄地赶往迪南，发现虽有一个连已在对岸建立了小桥头堡，但死伤不菲，几乎所有的渡河装备都毁于炮火，无法快速增援对岸和继续渡河。隆美尔这时的反应相当敏捷，他把罗森堡 (Karl Rothenburg) 上校第25装甲团的先头部队和第78装甲炮兵团的部分火炮部属在东岸，集中火力打击法军的炮兵阵地。待收到效果之后，他直接指挥第7团2营再次强渡，他的勇敢、热情和技术能力令官兵深受鼓舞，到下午晚些时候，德军已在马斯河上搭起了一座浮桥，身在西岸桥头堡的隆美尔依然在前后左右地奔忙。这一渡河作战无疑是隆美尔的首次成功，他不仅为各级指挥官提供实际建议，也以个人的率先垂范为官兵们注入了信心，更是在首次大规模作战中向下属宣告——他们的将军的位置就在最前沿。

后世史家们对隆美尔在渡河之战中表现出的活力和决心早已泼墨甚多，但就整个法国战役而言，最能体现隆美尔的性格和领导风格的，可能还是5月16日夜、17日晨突向阿韦讷(Avesnes) 的作战。当时，德军总部对于装甲部队将支援步兵远远甩在身后已感到相当紧张，因而试图控制装甲师的推进速度，但隆美尔为避免受限而故意关闭了无线电台。16日夜，他坐在罗森堡上校的指挥坦克上，率领第7装甲师的先头披星戴月地向阿韦讷奔去。在大胆夜袭中，第7装甲师首先捕获了宿营中的法军第5摩托化师，这支法军停放在公路两侧的车辆“就像靶场中的靶子一样”，成为德军坦克恣意碾压和开火的对象。参加过此战的一位德军士兵曾这样回忆道：“我从未见过任何类似于隆美尔推进路线上出现过的那种景象。他的坦克撞见了同一路线上的一个法国师，他不顾一切地继续推进。沿途接下来的5到6英里里，有多达上百辆的坦克和车辆，它们有的栽进了壕沟，有些燃起了大火，还有许多车辆上横七竖八地躺满死人或伤员。越来越多的脸上写满惊惧的法国人高举着双手从藏身的田野或树丛中走了出来。前方传来我们的坦克炮弹发出的短促尖利的爆炸声，隆美尔亲自指挥着装甲兵们，他和两名参谋就站在装甲指挥车上，帽檐朝后的他正不停地敦促大家继续前进。”[20]

越来越浓的夜色中，隆美尔驱车上前，用手势敦促一群群法军官兵放下武器，就像1917年他在伊松佐河谷时所做的那样。黎明尚未来临，法军第2军已在惊慌失措中基本消失了，曾反攻迪南的法军第1装甲师残部只有3辆坦克逃出绝境，多达5个师的法军遭到重创，除10000人被俘外，还损失了100辆坦克、30辆装甲车和27门大炮。[21] 阿韦讷夜袭为第7装甲师赢得了“幽灵之师”的别号——它在隆美尔率领下总是从作战地图上突然消失，而后又在最意想不到的地方和时刻重新出现。不过，陆军总部里包括参谋总长哈尔德在内的不少高官，并不喜欢看到德军的作战序列中有一个“幽灵”，更为隆美尔时不时地关闭电台或在地图上突然隐身而感到恼火。

5月17日至20日的作战和进军充分展现了隆美尔在精神和身体两方面的强悍，他经常从前沿返回后方寻找滞后的步兵，驱策他们尽速前进，而后又赶回前沿，指挥装甲部队不顾一切地冲刺。5月20日，第25装甲团在夺取了康布雷(Cambrai) 后推进到阿拉斯(Arras) 南面，隆美尔在这里第一次遭遇了英国远征军，“在以后四年里，每逢和英军交火，他都牢记要尊敬、提防和重视他们。”历史学家欧文 (David Irving) 曾这样描述隆美尔与英军首次交手时的感受。[22] 21日，两个营的英军在70余辆坦克支援下突破了第7装甲师的防线，并重创了其反坦克营，德军反坦克炮无力对付那些缓慢笨拙，但装甲厚重的“马蒂尔达”(Matilda) 坦克。在这场所谓的“阿拉斯危机”中，第7装甲师所部开始时曾陷入了混乱，但隆美尔迅速命令已前驱至斯卡尔普 (Scarpe) 河的第25装甲团主力后撤回援，同时将88毫米高射炮和105毫米野战炮等调来攻击英军坦克 (他自己甚至还在每门炮之间跑来跑去指引目标)，斯图卡轰炸机编队也适时地在战场上空肆虐，这些措施到21日夜间即将战场态势扭转了过来。不过，第7装甲师出现了包括师长副官在内的400人伤亡，也损失了不少坦克，隆美尔还在事后提交的报告中对英军的实力(尤其是坦克数量）进行了夸大，这些情况不出意外地引起了西线德军高级指挥官们的关注，希特勒更是担忧两翼暴露的装甲部队的安全，因此他严令滞后的步兵师尽快赶上和保护装甲部队。“阿拉斯危机”对高层使用装甲部队的方式和心态无疑都产生了重要影响，一定程度上也促使希特勒做出了装甲部队止步敦刻尔克外围的“致命”决定。

5月27日，隆美尔成为法国战役中首位获颁骑士勋章的师长。几天后，他又作为唯一的师级指挥官与其他将领一起受到元首的接见，希特勒一整天都让他陪伴在侧，这一殊荣自然令他心情大好，更何况希特勒见面的第一句话就是真切地表示曾担心他的安全。在此期间，鉴于北部战场的重大战事已基本平息，德军进行了大范围重组，准备发起第二阶段的作战，霍特的第15摩托化军也被改隶索姆河沿线的B集团军群，而隆美尔的第7装甲师被部署在极右翼。6月5日晨，隆美尔所部以持续不断的炮火和机

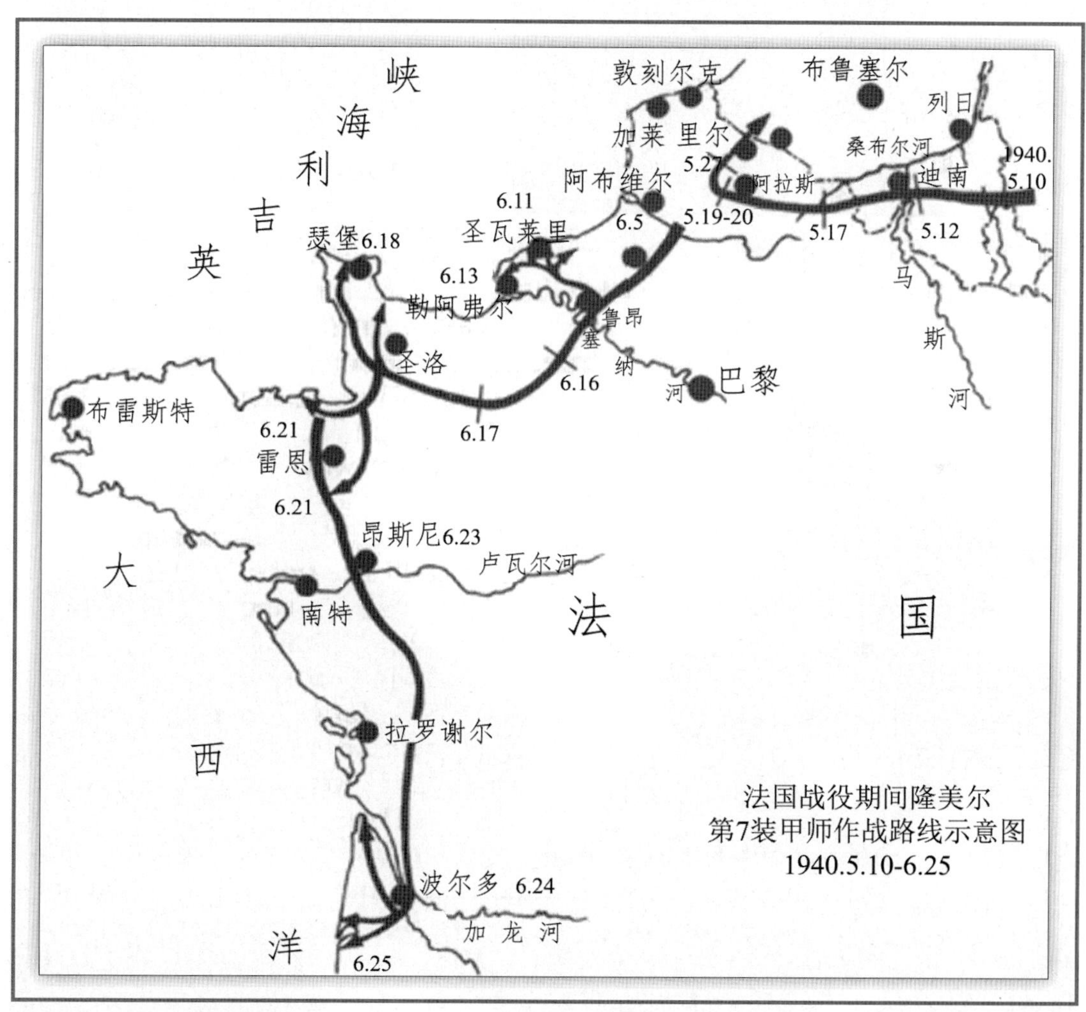

▲ 隆美尔第7装甲师在法国战役期间的作战路线示意图。

▲ 摄于1940年5月，隆美尔与顶头上司、第15摩托化军军长霍特在一起。

▲ 摄于法国战役期间，隆美尔与第7摩托化步兵团团长俾斯麦 (Georg von Bismarck，右一) 上校愉快地交谈，中间的军官是俾斯麦的副官里陶 (Littau) 上尉。

▲ 摄于法国战役期间，隆美尔与第25装甲团团长罗森堡上校交换意见。

▲ 摄于1940年5月上旬，隆美尔(左一)正在指示装甲兵们拖走一辆阻碍交通的Pz38t 捷克造坦克。

▲ 摄于法国战役期间，隆美尔坐在8轮装甲指挥车上观察敌情。

▶ 摄于1940年6月10日，隆美尔带领第25装甲团的部分坦克在费康 (Fecamp) 以东约10英里处抵达英吉利海峡海岸。图中的隆美尔正在海边小憩，表情很轻松。

▲摄于法国战役期间，隆美尔正向下级发号施令。

▲1940年6月，隆美尔与第25装甲团的军官们在一起。

▼ 摄于1940年6月初，克鲁格 (前排左一)、隆美尔和希特勒在西线留影。隆美尔已佩戴着5月27日获得的骑士勋章。众将对希特勒的崇拜态度可从这张图中他们的面部表情上略窥一二。

▲ 1940年6月19日的法国城市瑟堡。隆美尔身边的英军军官是投降的第51高地师师长福琼(Victor Fortune)将军。

枪火力挫败了法军炸毁索姆河铁路桥的尝试，成功地在阿布维尔和亚眠 (Amiens) 之间跨越了索姆河。第7装甲师随后开始在大平原上驰骋，虽遭到对手的炮击，法属殖民地部队也进行了英勇的抵抗，但隆美尔指示部队绕开堡垒支撑点和主干公路，以长方形的战阵向前推进——装甲营在前方和两侧边行进边开火，其他轮式车辆居中，就像1940年初进行的越野演习那样席卷着战场。8日，隆美尔所部已抵达埃尔伯夫 (Elbeuf) 附近的塞纳河畔，虽领先所有德军率先抵达塞纳河，但霍特指示隆美尔把进攻鲁昂 (Rouen) 的任务交给第5装甲师，他的第7装甲师改为向北插向圣瓦莱里 (St. Valery) 与勒阿弗尔 (Le Havre)，以切断正向这些港口撤去的英法军队。隆美尔率部以25至40英里的平均时速展开了扑向英吉利海峡的狂奔，到10日时他已带领少许坦克出现在费康 (Fecamp) 东面的海滨。子夜时分，隆美尔率领第25装甲团扑向圣瓦莱里，经过两日激战后夺取了这座港口，包括法军第9军军长艾赫勒尔 (Marcel Ihler)、英军第51高地师少将师长福琼在内的数万英法官兵被俘。

巴黎陷落之后，隆美尔装甲师于16日从塞纳河出发奔向西南，目标直指科坦丁半岛的重要海港瑟堡 (Cherbourg)，为此他得到了森格尔 (Fridolin von Senger und Etterlin) 少将的摩托化旅的支援。[23] 隆美尔与森格尔所部分居左右两翼，以极高的速度向瑟堡全力推进，前者当日还创下了行军150英里、坦克也未出现损毁的记录，沿途甚至都没有时间接受对手的投降。距瑟堡还有一半路程时，右翼的森格尔摩托化旅在对手的顽强抵抗下放慢了脚步，但隆美尔决定夜间继续前进。19日晨，第7装甲师的先头渗入瑟堡西郊，劝降无果后，隆美尔命令炮兵全面开火，还召唤俯冲轰炸机部队轰炸港口设施。适逢此时，森格尔摩托化旅从瑟堡东面杀入了港口，两面夹击之下，对手很快停止了抵抗，当日下午5时正式签署了投降文件。

瑟堡之战是隆美尔和第7装甲师在法国的最后一次主要作战。6月21日第7装甲师占领了雷恩 (Rennes)，之后继续南下直扑波尔多，此后的推进用隆美尔的话来说就好似"闪电般地游历法国"。到6月25日德法停战协议正式生效时，隆美尔已推进到距西班牙边境不足200英里处。在历时6周的法国战役中，隆美尔的指挥技艺和个人风格发挥得可谓淋漓尽致，以自身损毁42辆坦克、近700人阵亡的代价 (另有1646人负伤、296人失踪)，换得俘敌近10万、缴获450辆以上的坦克，无论如何都是一个显赫的战功。借助媒体的宣传报道，隆美尔迅速成为军内闻人和家喻户晓的明星。希特勒自然也是喜不自禁，隆美尔不仅不负其栽培和厚望，还与其他将领的战功一起使元首的声望达到了顶点——希特勒已被称为是"所有时代里最伟大的指挥官"和"战略天才"。[24]

隆美尔在法国战役后精心撰写过一份作战报告，通过与其素来交好的希特勒心腹副官施蒙特(Rudolph Schmundt) 送达元首手中。希特勒在1940年12月20日给隆美尔的亲笔信中表达了他的满意和祝福。据说隆美尔在这份报告里将其他部队的功劳都据为己有，这种做法自然引起了战功被打劫者的强烈抗议，第5装甲师第15装甲团团长施特赖希 (Johannes Streich) 上校就是其中一个。隆美尔的成功虽使他成为普通人茶余饭后的谈资，但在某些同僚那里，嫉妒和憎恶作祟下的话语就不那么动听了。第7装甲师原师长施图姆、第15摩托化军长霍特等都在私下场合不动声色地流露着嫉妒情绪，尤其是隆美尔深得希特勒的宠信更令他们妒火中烧。霍特在机密报告中曾说隆美尔太容易冲动，"要是能有更多的经验和更好的战术判断力，他或许是一名军长的适当人选。"[25] 但霍特也同时指责隆美尔"对别人在他所赢得的胜利里做出的贡献表现得心胸过于狭窄"。第4集团军指挥官克鲁格对霍特的评论也有同感。1941年时，博克 (Fedor von Bock) 元帅在与克鲁格闲聊时曾询问后者是否了解“身在非洲的隆美尔”，克鲁格则说：“法国战役中他在我手下担任第7装甲师师长。他是个大胆无畏之人，但也很容易犯错误。”[26]

其实，隆美尔的批评者除了嫉妒其战功以及与希特勒的特殊关系外，还不可避免地反映了参谋本部军官团对圈外人的轻视与侮慢。参谋本部军官团是一个高度内敛和排他性极强的精英群体，他们喜欢整洁有序，怀疑任何个人主义倾向，而且总是愿意在良好的沟通和大量的情报基础上研判局势。而隆美尔的方式则是传统参谋军官的对立面，他几乎每天都在打破规则和挑战条令，甚至有意不按参谋本部军官团推崇的方式行事。德国驻意大利军队的代表林特伦将军 (Enno von Rintelen) 就曾嘲讽隆美尔说：“他根本不是个战略家，他缺乏参谋本部所必需的那些训练，这必然使他陷入一种极为不利的境地。”资格极深的伦德施泰特元帅更曾以轻蔑的口吻说隆美尔“只配当一名师长，不可能比这更高了”。隆美尔当然不是他们那种正统的将军，居高临下且谁都看不起的参谋本部军官团自然不愿看到有人未经传统的精英训练就能获得如此大的成功，但如果都像伦德施泰特的尖刻评论那样，连隆美尔都只配当一个师长，上千万的德军又交给谁来指挥呢？

也许是希特勒听到了一些对隆美尔的不利之辞，为免将后者再置于风口浪尖，他在法国战役结束6个月后才把爱将晋升为中将，隆美尔比参谋本部里的一些靠地图了解战况和发号施令的将军晋升得都晚 (颇有才华但缺乏经验的保卢斯少将就是一例)。元首对隆美尔的忠诚和才干深信不疑，当他决定出兵非洲帮助不争气的盟友意大利时，他否决了参谋总长哈尔德提出的指挥官人选丰克 (Hans Freiherr von Funck)，执意要派隆美尔出使非洲。丰克是一名典型的普鲁士军官，但希特勒觉得他过于悲观，神经不够强韧，而非洲战场的态势要求指挥官采取非传统战术并具有最强的意志力——“德军最大胆的装甲将军将去非洲指挥德国干涉军”，希特勒在致墨索里尼的信中这样宽慰他的盟友。有趣的是，丰克没有去成非洲，却接过了第7装甲师，并在随后将“幽灵之师”打造成一支更精锐的王牌。

1941年2月6日，希特勒在大本营向隆美尔通报了非洲的态势和他的任务，同时也不忘称颂后者是“比任何人都能更快适应非洲战场完全不同条件的唯一人选”。[26] 撇开恭维的成分不说，希特勒在这个决策上可谓知人善任，而隆美尔也将在北非的无垠大漠中攀上其个人军旅生涯的顶峰。

潮起潮落的非洲之王：传奇的诞生

当隆美尔在1941年2月12日踏上北非大地之时，意军已丢失了托布鲁克、班加西 (Banghazi) 以及进入的黎波里塔尼亚 (Tripolitania) 的门户阿盖拉 (El Agheila)，长驱直入400英里的英军俘获了13万意军官兵、1300门大炮和400辆坦克。隆美尔到来时北非无疑处于非常关键的时刻，而他的任务——无论是希特勒、德军参谋本部还是他名义上的上级加里波第 (Italo Gariboldi) 将军都同意——主要是鼓舞意军的士气，同时防止他们不经苦战就撤至的黎波里。隆美尔开始时的力量非常薄弱，仅有第5轻装甲师的第3搜索侦察营和反坦克营，该师余部还在开往非洲的路上，而第15装甲师甚至要迟至5月末才能抵达。因而，隆美尔在非洲的任务并非进攻，参谋本部也根本没有预先制定计划，提供给隆美尔的作战地图甚至都残缺不全。在北非的头几个星期里，隆美尔整天乘坐侦察机观察和研究地形，构想装甲部队的可能部署方向，对非洲战场的态势和战术有了迅速的认识。他的任务不是进攻，但是他是一个攻击性十足的将军，他以前就违背过命令，还因之获得了勋章。这次，他依然打定了主意要发动进攻。

▲ 摄于1941年2月，抵达的黎波里的当日，隆美尔正在他名义上的上级加里波第将军（隆美尔右侧者）陪同下与意大利军官见面。

▶ 1941年3月20日，希特勒将第10枚橡叶骑士勋章授予爱将隆美尔。4天后，隆美尔在北非发起了试探性进攻，并将进攻规模迅速扩大。

▼ 摄于1941年2月，抵达的黎波里的当日，隆美尔与加里波第检阅先期抵达北非的德军。

▲ 右图摄于1941年2月下旬或3月初，隆美尔（图中最右侧）在的黎波里码头观看坦克卸载。尽管任务和兵力都不允许他主动进攻，但是他显然已在心里盘算如何进攻了。左图具体拍摄时间不详，隆美尔与特别赏识他的纳粹宣传部长戈培尔在一起。

▶ 摄于1941年上半年，非洲军军长隆美尔正在座车上就餐。

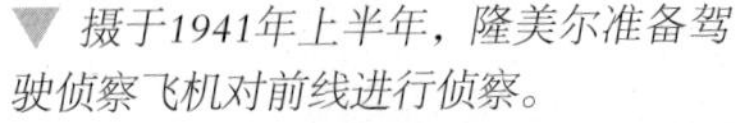

▼ 摄于1941年上半年，隆美尔准备驾驶侦察飞机对前线进行侦察。

▼ 摄于1941年3月，隆美尔在他的首辆指挥车旁。他曾坐着这辆BMW轿车侦察过的黎波里塔尼亚的地形。

▲ 1941年上半年时的隆美尔中将。他佩戴的是橡叶骑士勋章和“蓝色马克斯”战功勋章。

▼ 另一张摄于1941年上半年的侧面肖像照。

3月19日，隆美尔因法国战役中的战功被授予第10枚橡叶骑士勋章。回到北非之后，他在24日即以第3搜索侦察营向阿盖拉发起了试探性进攻，结果英军不战而退。3月31日，他又向利比亚的阿吉达比亚 (Agedabia) 展开了攻势，这次英军进行了顽强抵抗，但隆美尔在海岸公路以北的沙丘间找到了通路，神不知鬼不觉地绕到英军侧翼发起了突袭。当夜，隆美尔收到来自罗马和柏林的“不得轻举妄动”的电文，但是，当第5轻装甲师师长施特赖希少将 (法国战役中与隆美尔争抢战功的第5装甲师第15装甲团团长) 次日侦察到英军正在撤退时，隆美尔立即把命令抛在一边，指挥部队开始追击。4月2日下午，阿吉达比亚落入德军之手，英军第5皇家坦克团遭受重创。虽然都是小规模交手，但隆美尔的行动无疑打开了英军在昔兰尼加 (Cyrenaica) 的整条防线，他已下定决心要把所谓的“侦察作战”演变成一次真正的进攻：他的左翼是意大利“布雷西亚”(Brescia) 步兵师和第3搜索侦察营，任务是骚扰英军的撤退；右翼是第5轻装甲师一部和意大利“白羊座”(Ariete) 装甲师的搜索侦察营，负责在开阔的沙漠中进行大范围机动，最后在海岸公路沿线的德尔纳切断英军的退路；中路则是装甲部队，包括第5装甲团以及第5轻装甲师和“白羊座”装甲师的其余部队，任务是夺取英军的两处巨大的物资补给基地。尽管施特赖希少将和意大利上司均强烈表示反对，但嗅到了机会的隆美尔不为所动。班加西和德尔纳分别在4月4日和7日被攻克，一个星期内昔兰尼加英军的指挥体系和防线就完全崩盘了。到11日时隆美尔包围了托布鲁克，其先头甚至已抵达埃及边境的塞卢姆 (Sollum)。不到两个星期推进600英里固然给人留下了深刻印象，不过隆美尔在追击过程中并未取得实质性的围歼战胜利，攻打托布鲁克的作战也彻底失败了，甚至还折了一员大将——先行赶到非洲的第15装甲师师长普利特维茨 (Heinrich von Prittwitz) 少将被守军澳大利亚第9师的炮弹直接炸死。4月30日，隆美尔发起了第2次托布鲁克攻势。在大本营赶来督战的副参谋总长保卢斯建议下，隆美尔将进攻范围缩小了许多，但还是无功而返。隆美尔以主动性和少许兵力在困难的大漠里取得了初步战功，但他的自作主张和一意孤行也惹恼了陆军高层，哈尔德在日记中曾写道：“……我从军官报告和个人通信中读到的所有评论都表明隆美尔根本不称职。他一整天都在命令散于各处的部队进攻，或进行侦察作战，部队就这样一点点被消耗殆尽。他对部队的部署使用或作战价值缺乏通盘的了解。”[28]

1941年6月，尽管还是未能攻克托布鲁克，但隆美尔派往埃及边境的机动战斗群夺取了海尔法亚关口 (Halfaya Pass)，就像英军固守着托布鲁克一样，隆美尔也在海尔法亚关口积极布防，除要求部队深挖战壕和布雷外，他还将88毫米高射炮改成平射坦克的反坦克炮——有后人曾称这是北非战场的德军最有价值、对英军堪称灾难的一大创新。隆美尔此时拥有第5轻装甲师和第15装甲师，以及意军的2个装甲师和4个步兵师。6月中旬，中东英军总司令韦维尔(Archibald P. Wavell) 迫于伦敦的压力匆匆发起了代号“战斧”的反攻作战，但隆美尔早有防范，德军对88毫米高射炮的使用收到了极大成功，三天中摧毁了90余辆英军坦克，使“战斧”行动仅持续了三天就以惨败和撤退告终。对北非战场态势极为不满的丘吉尔随即解除了韦维尔的职务，派奥金莱克继任。韦维尔绝非无能之辈，也曾被称为英军最出色的战场指挥官，但他在隆美尔到来之前取得的所有桂冠，都被这个德国人夺了下来并“扔在了沙子里”(丘吉尔语)。

6月22日爆发了苏德战争，虽然隆美尔的参谋们在乐观的情绪中多少掺杂了些悲观的色彩，但他本人依然相信希特勒取得速胜的能力。希特勒的注意力虽集中在东线，但对隆美尔个人的信任和关注丝毫不减。7月1日，他将隆美尔晋升为装甲兵将军，非洲军也被升格为装甲集群，下辖第15装甲师、由第5轻装甲师改建的第21装甲师，以及新建的第90轻步兵师，此外他还有权节制意大利第20军和第21军。不过，这时的隆美尔还没有完全意识到，相对于东线而言他的北非只是一个次要战场，他在某种程度上还天真地认为“解决俄国问题的关键在北非”(迟至1944年他还就此观点写过详细的研究报告)。直到1941年末、1942年初东线的战事变成了消耗战时，隆美尔才真正意识到北非战场的次要性，以及他获得补给增援的可能性完全取决于东线战况的事实。

隆美尔念念不忘夺取托布鲁克，但增援补给到达的速度太慢，迫使他将攻势从预期的9月推迟到11月。隆美尔将总攻的日期最后确定在11月21日，但奥金莱克和英军第8集团军指挥官坎宁安 (Alan Cunningham) 在11月18日突然发起了代号“十字军远征”的反攻作战。坎宁安麾下的第30军下辖数支装甲师和装甲旅，负责进攻隆美尔的南翼，一旦摧毁了德军装甲部队，以步兵师为主的英军第 13军将进攻塞卢姆的德意防线，实现突破之后再为托布鲁克解围。英军进攻的当天，隆美尔根本不相信对手发起了大规模攻势，直到次日中午才组织了一个有120辆坦克和炮兵支援的战斗群，令其向贾布尔-萨利赫 (Gabr Saleh) 推进。19日入夜时分，英军第4装甲旅的两个团倒在了这个战斗群脚下，20日，隆美尔又集中了非洲军几乎所有的装甲力量，在西迪雷泽格 (Sidi Rezegh) 机场附近伏击了英军第7装甲旅。到22日时，已有上百辆英军坦克在西迪雷泽格机场附近燃烧，第15装甲师还在当日夜幕降临时不经意间端掉了英军第4装甲旅旅部。次日，英军第7装甲旅余部与南非第1师被逼入一个口袋，这两支部队虽在新西兰第6旅帮助下逃出了包围圈，但还是吓坏了第8集团军指挥官坎宁安。坎宁安不仅在指挥和用兵上犯下了诸多错误，还惊慌失措地起草了全面撤入埃及

▲ 左图摄于1941年7月初，隆美尔奉召来到东普鲁士狼穴大本营向希特勒报到。此时的他已晋升为装甲兵将军，担任非洲装甲集群指挥官。右图为希特勒与首席副官施蒙特上校在狼穴大本营的留影。施蒙特与隆美尔素来交好，他在隆美尔与希特勒之间很好地充当了沟通桥梁。

▶ 1941年7月号的纳粹党党刊封面上的隆美尔。图片所示为隆美尔在埃及边境上的塞卢姆稍事休息和进餐时的场景。

的命令。他手下的两个军长均表示反对，他们认为在西迪雷泽格之战中隆美尔的装甲部队一样损失不菲，北面第13军的进攻已攻克了从塞卢姆到海尔法亚关口的多数德意防线，现在需要做的是继续进攻，同时托布鲁克守军也要展开突围作战。奥金莱克当时正在坎宁安的指挥部，他支持两位军长的意见。24日，隆美尔确信已取得一次决定性胜利，现在需要做的是“宜将剩勇追穷寇”——他集中了所有能搜刮到的车辆，亲自带领第21装甲师开始了虽然著名，但也引发不少争议的“奔向铁丝网防线”的行动。在这一突袭英军深远后方的作战中，隆美尔曾连续夺取了英军第30军、第7装甲师和南非第1师等的指挥部，也收到了在后方制造恐慌的效果，甚至他的止步点距奥金莱克亲任指挥官的第8集团军司令部（坎宁安于11月26日被解职）也仅有区区15英里，但英军的作战部队并未溃败，反而在奥金莱克富有攻击性的领导下展开了反击。隆美尔不在托布鲁克的时候，守军还与赶来救援的新西兰部队建立了联系。

12月初时，隆美尔面临的局势非常黯淡，补给即将告罄，非洲军的250辆坦克只剩下40辆还能运转，储存的弹药也即将用完，再加上前阶段的伤亡颇重，隆美尔只得放弃围困托布鲁克，守住埃及边境的打算也同样破灭，最后一直撤到3月底时的出发地阿盖拉才算收住脚步。这是隆美尔一生中的第一次撤退，一次令他感到屈辱愤懑的经历，但他没有丧失信心，也没有在精神和意志上被击垮。隆美尔手下有些将领牢骚满腹，对他的指挥和固执深表不满，参谋本部一些本就轻视他的大员则借机大看笑话，意大利人也对他轻易放弃昔兰尼加全境感到怒火中烧。不过希特勒依然相信隆美尔能逆转局势，他在12月初的一次演讲中还赞扬了隆美尔，在寄给后者的新年贺卡中也表达了对他的信心。当非洲装甲集群参谋长高斯（Alfred Gause）从柏林返回北非时，希特勒曾让他带回来一句话：“告诉隆美尔，我仰慕他。”

1942年1月，非洲装甲集群升格为非洲装甲集团军。除希特勒以外，大概没有几个人相信，新败的隆美尔在得到些许坦克和增援后就能立刻转守为攻。德军第2航空队此时也从东线调到意大利和西西里岛，之后很快夺取了制空权，经由地中海运抵隆美尔所部的坦克、弹药和补给越来越多，而英军第8集团军的补给线已长达1000多英里，时刻面临着被切断的危险。在这种情况下，隆美尔决定发起一次出敌不意的反攻，为取得最大限度的突然性，他不仅没有通告意军总部，就连德军最高统帅部也被蒙在鼓里，非洲军军部在总攻前5天才接获通知，而师长们更是提前2天才得到口头通知。[29] 1月20日，希特勒将第6枚双剑骑士勋章授予给隆美尔，而后者筹划的反攻就在次日夜！反攻开始后，隆美尔命令由第90轻步兵师和第21装甲师部分坦克组成的“马尔克斯（Erich Marcks）战斗群”向英军靠近海岸的右翼推进，非洲军主体则向英军左翼进攻。时任非洲装甲集团军情报参谋的梅林津曾评论说：“这些作战才显示出最佳状态下的隆美尔——敏捷、大胆无畏和执行计划时灵活应变。”[30] 由于英军撤退非常快，隆美尔围歼英军第1装甲师的意图只得到部分实现，但非洲军在头五天的战斗中就击毁了近300辆坦克和装甲车，以及近150门大炮，自身仅损失了3辆坦克、阵亡3名军官与11名士兵。1月24日，隆美尔在初战告捷的喜悦中成为德军历史上最年轻的上将。希特勒的信任与奖赏，无疑为隆美尔这台高速运转的机器添上了新的燃料。他决定不顾一切地向班加西进攻，结果又获成功，当他向德尔纳推进时，丘吉尔正在伦敦的下院里紧锁着眉头向议员们演说：“我无法告诉你们眼下昔兰尼加西部前线的局势如何。目前与我们作战的对手是个十分大胆又精通战术之人，如果撇开战争造成的浩劫来说，这是一位了不起的将军……”[31] 1月29日，希特勒再次在演说中高度

▲ 摄于1941年11月末，隆美尔带领属下展开了“奔向铁丝网防线”的行动。虽然大胆无畏，也收到了在英军后方制造混乱的效果，但英军并未出现溃败，反而展开了攻击性十足的反扑。隆美尔于12月初被迫开始撤退，一直撤到1941年3月发起攻势时的出发地为止。

▶ 摄于1942年1月20日，希特勒将第6枚双剑骑士勋章授予隆美尔。在东线遭受重创和转入守势的黯淡时刻，隆美尔的北非战场是唯一仍在以进攻取得胜利的战场。到2月6日，他的非洲装甲集团军重返加扎拉防线，同时逼近了托布鲁克。

颂扬了“我们的隆美尔上将”。2月6日，隆美尔所部重返扎加拉防线，距托布鲁克的西面也仅有35英里，尽管反攻远未结束，但他的声望再次上升，报章杂志掀起了宣传他的热潮。装甲集团军的官兵对他简直是顶礼膜拜，他们愿意追随他走遍天涯海角。事实证明，这些忠实的官兵恪守着诺言，不管战况何等惨烈、补给多么匮乏、身心多么疲劳，这些以佩戴“非洲军”标志为荣的战士们一直都在无怨无悔地追随他的步伐。

隆美尔重新夺回昔兰尼加后，交战双方似乎陷入了具有沙漠特点的静态堑壕战——几个月里双方都构筑了战壕、散兵坑、铁丝网和机枪火力网，都在各自的防线背后积极补充弹药油料和物资，英军这边还修筑了一系列堡垒化的"盒子"——每个"盒子"由1个旅把守，周边是全方位的铁丝网、各种反坦克路障和雷场，"盒子"之间则是更多更大的地雷阵。从3月开始，隆美尔就开始构想进攻加扎拉防线和夺取托布鲁克。在拟定的进攻日期5月26日到来前，非洲装甲集团军拥有9万人和561辆坦克，而英军第8集团军则有超过10万人，拥有坦克900余辆，所属各部均完全实现了摩托化。虽然兵力和装备数量的对比不利于隆美尔，但他相信自己的部队在战术意识和即兴发挥能力方面远胜于英军，他需要做的就是精心设计进攻计划，在开阔的大漠中以英军既不适应也不擅长的机动战方式消灭对手。隆美尔的计划可分作两部分：北面的意大利第21军和第10军将在非洲军军长克吕威尔 (Ludwig Cruewell) 统率下发起佯攻，目标为英军加扎拉防线的中路和右翼，隆美尔曾交代克吕威尔"把动静闹得越大越好、灰尘扬得越高越妙"；南面的意大利第20摩托化军和非洲军（合计5个师兵力和几乎所有坦克）则由隆美尔亲自率领，这支装甲巨兽将朝东南方的沙漠腹地推进，绕过英军最南翼的比尔哈凯姆 (Bir Hacheim) "盒子"后再旋转向北，以尽速抵达海岸线、合围英军第8集团军为最终目标。

但是，隆美尔的计划并没有得到完美的实现，他错误地假设所部能够完全出敌不意地抵达英军后方，而后还能以自己擅长的方式打击对手。5月26日夜至27日晨，隆美尔装甲大军完成了堪称典范的机动，抵达比尔哈凯姆后旋转向北，做好了由南向北发动进攻的准备。但对手发现了他们的踪迹，大批英军坦克也及时出现在战场附近，这无疑令隆美尔大吃一惊，他没有想到进攻之初就与对手的坦克部队狭路相逢。到27日下午6时，隆美尔被迫承认他的攻势未能获得足够的突然性，而且也低估了其他两个重要方面：一是英军的"盒子"堡垒对于德军补给线路的破坏作用，另一个就是低估了英军装甲师的基本力量。[32] 28日时，英军坦克部队一整日里都在进攻德意军队，但英军指挥官过时保守的战术拯救了当日的隆美尔。29日，由于非洲军和第90轻步兵师几乎都用尽了油料和弹药，隆美尔还曾亲自率领少量坦克护送补给车队运来补给。一俟装甲部队能够再次动弹，隆美尔决定在加扎拉防线上砸开一个缺口，拔除英军第150旅驻防的"盒子"，从而使德军拥有一条穿越对手防线的直接补给通道。隆美尔的这个决定曾被后人称为是"战争中最大胆的一次决定"，他把全集团军的反坦克炮都部署在东面严阵以待，而后集中几乎所有的坦克和步兵回过头来向西攻打英军第150旅的防区。到6月1日日终时，隆美尔终于打通了补给交通线，而英军坦克部队在德军的反坦克屏障以东消极地喘息了整整一天。[33]

尽管采取了一些有力措施来弥补开战之初因过度自信造成的后果，隆美尔集团军还是处于相当危险的境地——非洲军和意军"白羊座"装甲师此刻位于加扎拉防线以东，而其他部队（主要是意军）则基本位于防线以西，即非洲装甲集团军的兵力被英军防线一分为二了。英军也意识到摧毁加扎拉防线以东德意军队的机会就在眼前，但他们似乎从未真正理解集中使用装甲部队的重要性——英军6月5日发起了反攻，但未能投入尚算完整的预备队，结果让隆美尔轻松挫败了自己的攻势，还损失了4000人和200辆坦克。6日，隆美尔更是在突然间转守为攻，使得印度第10旅在错愕之间就被基本歼灭了。10日，隆美尔再次集中优势兵力，在空军支援下向比尔哈凯姆的"盒子"发起了进攻。此处的守军是自由法国第1旅，法国人虽在这里进行了他们在"二战"中最勇敢和坚定的一次防御战，但一个旅的区区几千人是无法抗衡德国非洲军的。南线局势趋稳之后，隆美尔把注意力转向了尚算完整的英军加扎拉防线北

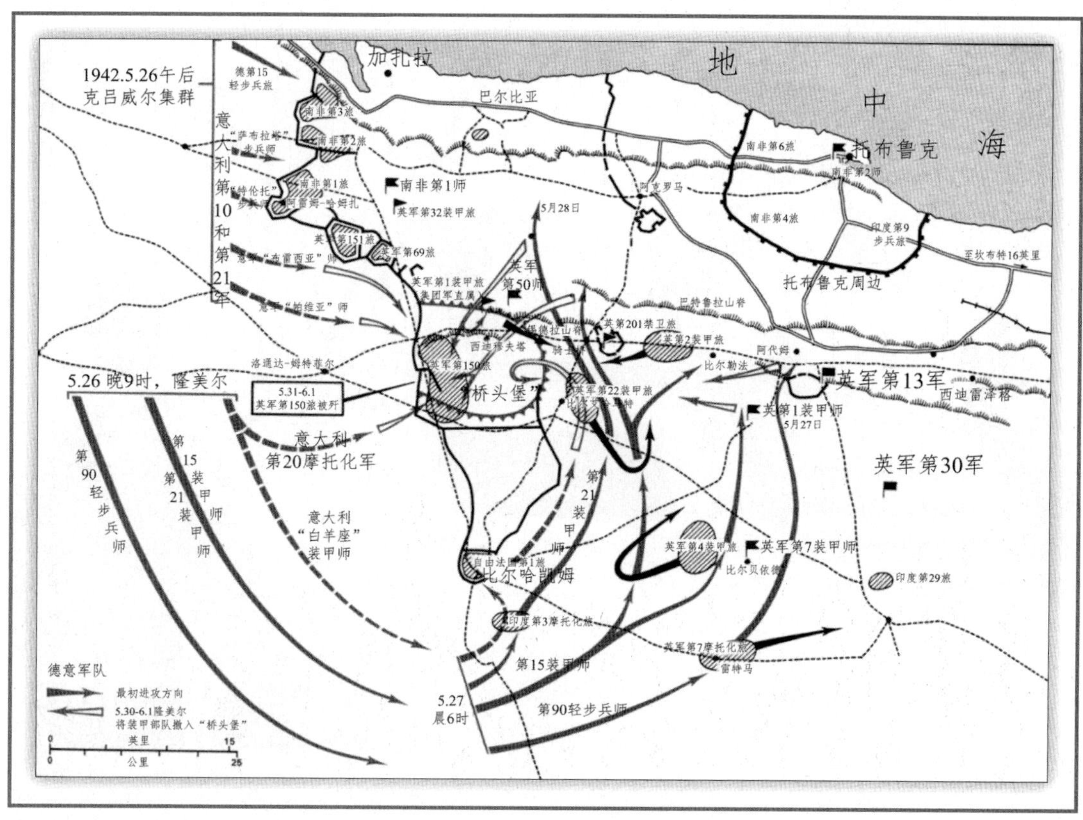

▲ *隆美尔的巅峰之战——加扎拉战役 (1942年5月26日至6月14日) 示意图。*

▶ *摄于1942年6月上旬突破了英军加扎拉防线后，隆美尔与意大利将领在交谈。右边第2人是隆美尔的情报参谋军官梅林津少校。*

▲ 摄于1942年6月的加扎拉-托布鲁克战役期间，隆美尔在自己的名为“悲伤”(GREIF) 的装甲指挥车上 (SdKfz 250.5) 与属下交谈。

▲ 摄于1942年6月19日，隆美尔正在近距离观察攻打托布鲁克的进展。

▲ 隆美尔与凯塞林元帅(中)在大漠中的某处交谈。1942年6月21日，也即是托布鲁克被攻陷的当日，凯塞林曾专程飞来与隆美尔见面，除祝贺后者的战功外，也提醒他不要忘记了“先取马耳他，再攻埃及的既定战略”。图中右为魏赫霍尔德 (Eberhard Weichhold) 海军少将，他是德国海军驻意大利海军总司令部首席联络官。

▶ 摄于1942年6月21日，托布鲁克遭到攻陷后的英军车辆和战俘。

▲ 摄于1942年6月的托布鲁克战役期间，隆美尔坐在高速前进的装甲指挥车“悲伤”号上。

▲ 摄于1942年6月，图为非洲装甲集团军位于托布鲁克附近的前进指挥部。是从隆美尔的侦察飞机上拍摄的，

▲ 摄于1942年6月21日，隆美尔在托布鲁克之战结束后品尝缴获的英军罐头，旁边是副官阿尔丁格（Hermann Aldinger）少尉。隆美尔在托布鲁克不仅俘获了巨大的物资补给基地，还获得了足够供他向埃及推进的1400吨汽油。

段，尤其是阻碍他接近托布鲁克的最重要的两个“盒子”——英军第201禁卫旅把守的“骑士桥”（Knightsbridge），以及更往东的、由印度第29旅防御的“阿戴姆”（El Adem）。11日夜，隆美尔的装甲部队通过机动摸到了阿戴姆附近，他的第15和第21装甲师次日与英军第2、第4和第22装甲旅展开了一场坦克大战，德军击毁击伤了260辆英军坦克，几乎将第8集团军的装甲力量一笔勾销。经此一战，隆美尔在坦克和装甲车的数量上已占据明显优势了。

到6月14日时，英国人显然已输掉了加扎拉之战，托布鲁克的陷落只是时间问题了。15日，隆美尔在家信中写道：“我们已经赢了这场战斗，敌军正在解体，眼下我们正在清理被围敌军的残部……”此后几日里，他无情地驱逐着疲惫的装甲兵们向东直逼埃及边境——这是一个富含深意的战术运动，既使英军第8集团军余部无法在边境有效地立足和建立新防线，也使托布鲁克的守军误以为此番围城又将像一年前一样疏而不密。就在守军有所松懈、觉得还有时间加强防御时，隆美尔在19日突然命令装甲部队掉头，闪电般返回托布鲁克。20日早晨，第15、第21以及“白羊座”等3个装甲师都在托布鲁克的东南角做好了进攻准备。在托布鲁克守军21日最终投降前，德军南线总司令凯塞林已迫不及待地向隆美尔转达了希特勒的祝贺。21日中午，德国广播电台播出了隆美尔攻陷托布鲁克、俘敌3万余的消息。加扎拉-托布鲁克战役无疑是隆美尔个人军旅生涯的巅峰之战，与之前的那些传奇色彩浓厚、实际意义颇成疑问的突袭和小胜相比，这是一次真正的大胜，也是他将自己对大范围机动战术的挚爱与真正摧毁对手有机融合起来的一战。他在4周里完成了轴心国首领们的所有要求，夺取托布鲁克的过程中重创了一整个野战集团军，迫使别无选择的对手匆忙撤退，苏伊士运河这个觊觎已久的目标也似乎第一次清晰地展现在轴心国面前。在东线南方战场的夏季攻势即将发起之际，还有什么比隆美尔的胜利更能鼓舞士气和振奋人心？

欣喜若狂的希特勒立即将隆美尔擢升为陆军最年轻的元帅，而后者对元首的提携也充满感激。按照轴心国的计划，托布鲁克易主后隆美尔应停止前进，以便海空军集中力量彻底解决马耳他岛的问题。但是，前一阶段的大胜诱使已站在埃及边境的隆美尔去追求更大的成功——他的目标不仅是苏伊士运河和中东，还有苏联的高加索大油田！隆美尔与凯塞林就先夺马耳他还是径直扑向尼罗河发生了激烈争执。隆美尔认为，虽然非洲装甲集团军在加扎拉之战中元气大伤，但士气高涨，而狼狈逃窜的英军已无斗志，此时正是消灭对手、攻占埃及的最佳时机；而一旦停下数周，英军将会得到喘息之机，随着大批援兵和坦克的开到，饮马尼罗河的良机就会稍纵即逝。风头正健的隆美尔说服了希特勒——其实，元首心中所想的是，若能将英国逐出埃及，这不仅将是一场空前的胜利，失去中东后的英国还有可能被迫回到谈判桌前与德国媾和，而这种理想的局面无疑又将极大地帮助东线。为说服意大利领袖，希特勒还对墨索里尼说："在人这一生中，胜利之神向你微笑的时刻只有一次。"[34] 梅林津战后在评论这一决策时的态度颇为模棱两可，一方面他认为战场指挥官隆美尔的决策不无道理，毕竟离征服尼罗河三角洲的目标只有一步之遥，"剩勇追穷寇"的做法并无不妥；另一方面他又说，进攻埃及毕竟在阿拉曼遭到了挫败，而且后果也是灾难性的，最高统帅部和希特勒本人都"应该"充分认识到马耳他的战略地位及其对地中海战场和隆美尔的重要性。他认为希特勒应在最重要的战略问题上坚守立场，因而在攻克马耳他岛之前不应批准隆美尔扑向苏伊士运河的行动。梅林津堪称隆美尔的忠实拥趸，他不忍批评元帅的失误，只得将过失归咎于希特勒无原则地迁就前线将领，就像战后几乎所有将领共同的做法那样——过错都是希特勒和最高统帅部的，而他们这些将军要是没被捆住手脚，或拥有战场处置权的话……

宿命的败退：从阿拉曼到突尼斯

1942年6月23日夜，非洲装甲集团军分三路开进了埃及，顺利推进了100英里之后，隆美尔在26日做好了进攻马特鲁（Mersa Matruh）的准备。三天后德意军队攻克了马特鲁，除俘敌6000外，还缴获了堆积如山的物资装备和补给品。30日，隆美尔抵近英军阿拉曼防线的西面，他准备像以往一样在推进中冲垮对手的防线，但这次这一战术失灵了。非洲装甲集团军此刻还剩下50余辆坦克能够参战，原有近15000人的装甲师现在只剩下1500至2000人，一周推进300英里的速度甚至使提供支援的空军联队也难以追赶。7月1日，第90轻步兵师在阿拉曼南面进攻时遭到了最猛烈的抵抗，在英军连绵不绝的精准炮火轰击下，久经阵仗的轻步兵师官兵第一次从战场上逃窜而回，即便隆美尔亲自赶到战场，也无法让惊魂难定的官兵们重拾勇气。非洲军的主体在南面的鲁维萨特（Ruweisat）山脊附近发起了主攻，虽取得了局部突破，但损失了35%的坦克。次日，第90轻步兵师整日都处于炮火打击之下，非洲军则在鲁维萨特山脊被英军第1装甲师挡住去路。3日，隆美尔的最后一次攻坚尝试也归于失败，现实告诉他大漠机动的黄金时代已经过去了，是该掘地为壕、转入防御的时候了。直接指挥英军第8集团军的奥金莱克在阿拉曼防线无疑表现出了最大的勇气和决心，不过，他虽然阻止了隆美尔向苏伊士运河的推进，但也未能将对手从阿拉曼赶出去，双方算是战成了平手。隆美尔未能将先期的势如破竹

▼ 摄于1942年6月底进入埃及之后的进军途中，隆美尔与第21装甲师师长俾斯麦少将在一起。俾斯麦曾是隆美尔第7装甲师的第7摩托化步兵团团长，1942年8月31日身亡。

▲ 摄于1942年夏，隆美尔正信心满满地想象着将英军逐出埃及和中东的前景。

▼ 隆美尔正与下属研究作战地图。

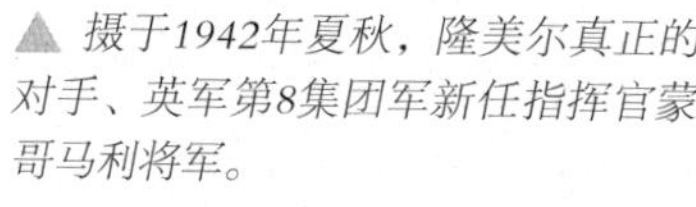

▲ 摄于1942年夏秋，隆美尔真正的对手、英军第8集团军新任指挥官蒙哥马利将军。

▶ 摄于1942年夏秋，英军第8集团军指挥官蒙哥马利（左）正向第22装甲旅旅长交代任务。

◀ 这张照片摄于1942年9月，隆美尔在离职回国期间其职务由施图姆将军暂代，图为隆美尔与施图姆正在借助地图研判战区态势。

转化为决定性胜利，他在家信中也坦承这是自己“经历过的最困难的一段日子”。[35]

中东和北非的英军领导层在8月中旬进行了调整，奥金莱克为亚历山大(Harold Alexander)所取代，第8集团军指挥官则变成了蒙哥马利(Bernard Law Montgomery) 中将。蒙哥马利所做的第一件事就是销毁从阿拉曼撤退的所有计划，告诫部队说这里就是最后的防线，同时也开始积极地训练部队和积聚物资装备。此时，隆美尔所部的元气也略有恢复，除拥有229辆德国坦克和243辆意大利坦克外，还得到了一些步兵增援。由于担心美国援助英军的成百上千辆坦克在9月和10月抵达非洲后会极大地改变双方态势，隆美尔决定在8月底发动一次大的攻势——虽然兵力和装备的数量远逊对手，但这个决定与隆美尔的个性和一贯作风完全吻合，也是他所代表的普鲁士-德国军事传统的真实写照。8月30日夜，“阿拉姆哈尔法山脊”之战打响了，但是隆美尔的攻击集群在英军雷场和炮火困扰下进展非常缓慢，还出现了重大伤亡——第21装甲师师长俾斯麦将军阵亡，非洲军军长内林 (Walther Nehring) 和第90轻步兵师师长均身负重伤。当非洲军总算杀出雷场，开始向北面的阿拉姆哈尔法山脊推进时，蒙哥马利根据“超级机密”(ULTRA) 的情报早已获悉隆美尔的意图，他属下的第44步兵师和第22装甲旅已在山脊一线精心准备了炮兵阵地与反坦克防线。9月1日和2日，非洲军在山脊以南进退维谷，正前方面对英军各种大炮、坦克炮和反坦克炮的射击，头顶上不断地遭到沙漠空军的轰炸，即便到了晚间也被对手的轰炸和袭扰搅得不得安宁。随着油料的耗尽和作战意图的流产，隆美尔只得命令各部分阶段撤退，整个集团军也在6日撤回出发阵地。对于隆美尔的这一主动撤退，不仅官兵无法理解，就连凯塞林和希特勒也觉得他在进攻中撤退的做法是“极端错误的”。如果说希特勒是从这一刻开始怀疑隆美尔的神经已变得脆弱的话，那么不久他还将发现，他的宠将很快就“被失败主义情绪所笼罩”。

长期的大漠作战让隆美尔终于累倒了，除了极度疲劳外，他还身染数种疾病，部队得不到及时、稳定的补给也使他抑郁不堪。隆美尔把装甲集团军的指挥权移交给施图姆将军后于9月末启程回国休养。路过罗马面见墨索里尼时，隆美尔说除非得到更多的补给，否则应当撤出非洲。愤怒的“领袖”告诉他，这是一个无需他操心的战略与政治问题！隆美尔在养病期间也第一次向妻子谈起，希特勒荒唐的战略正在使德国输掉战争。

1942年10月23日夜，亚历山大和蒙哥马利酝酿已久的第2次阿拉曼战役打响了。两天后隆美尔急返非洲，对战场进行了巡视后，“灾难即将出现”的印象立即占据了他的身心——对手4个齐装满员的步兵师和2个装备了谢尔曼中型坦克的装甲师，正在精心选取的地段啃噬着非洲装甲集团军的防线，德意官兵虽然对隆美尔的回归感到振奋，但在英军不间断的炮轰和24小时空袭面前，他们的抵抗显得是那样的徒劳。当蒙哥马利暂停进攻和部队进行重组时，隆美尔发起了反攻，但只是“成功”用完了油料和弹药，却不能将对手从关键性阵地上驱逐出去。10月29日，隆美尔决心停止徒劳的抵抗，他在发给希特勒的电报中称全线撤退已不可避免，但有意隐瞒了某些部队已在后撤的事实。11月3日，隆美尔集团军已伤亡5万人，损失了400辆坦克和1000门大炮，弹药油料即将告罄，意军更是完全丧失了斗志。就在隆美尔准备全面撤退时，希特勒“不许后撤一步”的命令在当日下午到达——异常震惊的隆美尔后来曾写道：“……自非洲作战以来，我第一次不知道该怎么做了。”不过，虽然内心充满矛盾，隆美尔眼下还是在服从命令与保全部队间选择了前者。他暂停了撤退，回过身来又与英军展开了厮杀。4日的局势更加危险困难，英军第1装甲师重创了德军第21装甲师和第15装甲师一部；英军第7装甲师将意大利第

▲ 摄于1942年9月30日，希特勒向隆美尔颁授元帅权杖的场景。

▲ 摄于1942年9月30日，隆美尔在柏林体育场举行的"冬季援助"（Winterhilfswerk）活动中向参会者挥手致意。他身边是最高副统帅凯特尔元帅。

▲ 德国《汉堡画报》1942年10月一期的封面故事：希特勒与隆美尔。

20摩托化军冲击得支离破碎，入夜时分该军已基本不复存在；意大利第10军的步兵师也被英军切断（数日后投降）；被隆美尔视作“股肱”的意大利“白羊座”装甲师，也在从南线调往北线的途中撞上了庞大的英军装甲集群，4日下午3点30分左右被对手围歼。隆美尔这时不再犹豫，他决定抛开元首命令，把命运掌握在手中。

▲摄于1942年11月，撤退途中的隆美尔装甲集团军余部。

▲摄于1942年11月，隆美尔与第15装甲师官兵在一起。

11月4日夜，当英军第10军停下来休息、加油和重组时，隆美尔所部悄悄撤离了富卡(Fuka)防线。次日，展开追击的英军第7装甲师和新西兰第2步兵师在富卡南面受阻于雷场，耽搁许久之后才发现这是一处假雷场。由于战场局势不明朗、油料不足、德军后卫部队的阻击以及大雨等一系列原因，英军向塞卢姆和海尔法亚关口的追击也出现了延迟，蒙哥马利一直试图跳到隆美尔身后，但每次尝试都失败了。10日，蒙哥马利命令所部在埃及-利比亚边境暂停追击，以便补充弹药油料和补给。结果，到11日时非洲装甲集团军暂时摆脱了被合围的危险，而蒙哥马利的追击也进入了将轴心国势力逐出昔兰尼加、收复托布鲁克和班加西等要地的第二阶段。在差不多两周的时间里，隆美尔由于缺少油料和作战力量，只能沿着环昔兰尼加突出部的海岸公路撤退，对于自己后路有可能被英军包抄的那条捷径——从迈奇尼(Mechili)经孟沙斯(Msus)直达阿吉达比亚的沙漠小路，苦于兵力不足的隆美尔可谓鞭长莫及。所幸的是，蒙哥马利受够了“沙漠之狐”前阶段摆下的迷魂阵，他不顾上下的一致反对，固执、谨慎地只准许轻装甲车使用沙漠小道。另外，不期而至的大雨也延缓了英军的追击速度，无法出动的沙漠空军不能再像前些日子里那样恣意地折磨对手。猫捉老鼠的游戏在11月24日进入了第三阶段。双方在阿盖拉防线对峙了一段时间，蒙哥马利积聚力量准备大打一场，隆美尔则处心积虑地打算继续瞒天过海。虽然蒙哥马利很清楚对手虚弱到什么程度，但还是在慢条斯理地组织弹药、

▶摄于1942年11月初，阿拉曼战役的败局已定，隆美尔正在观察敌情，考虑西撤的安排。

▲ 摄于1942年10月末、11月初，阿拉曼前线的隆美尔。

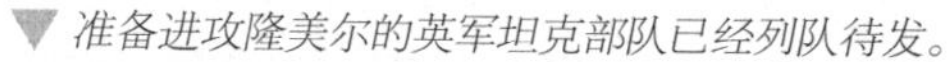

▲ 摄于1942年11月初，隆美尔收到“不许后撤一步”的命令时显然非常郁闷。他的身后是一些意大利军人。

▼ 准备进攻隆美尔的英军坦克部队已经列队待发。

▲ *拍摄时间不详，隆美尔站在一辆意大利M-13坦克上用望远镜观察敌情。*

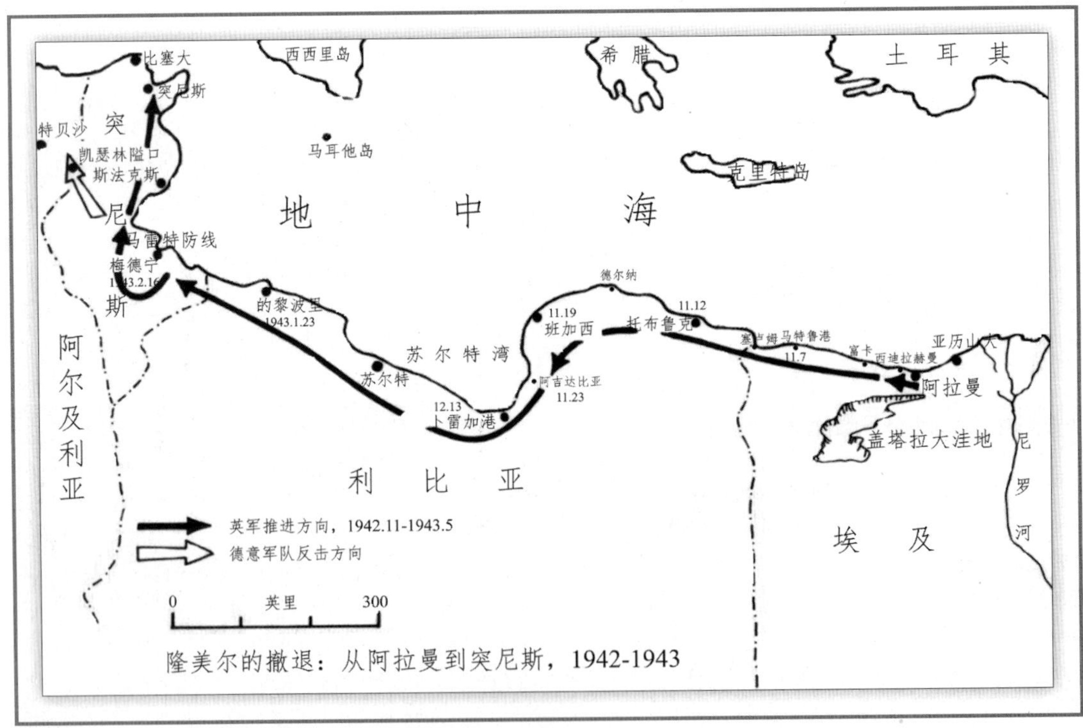

▲ *隆美尔的撤退：从阿拉曼至突尼斯（1942年11月至1943年2月）。*

▲ 摄于1942年10月，隆美尔正向所属各部的指挥官们布置任务。

▲ 隆美尔与利比亚总督兼北非意军总司令巴斯蒂科(Ettore Bastico，右一) 将军。

油料和补给。新西兰步兵师在12月12日至15日间经过大范围机动，总算绕到了德意军队的身后，却发现隆美尔的主体早就撤到了布拉特（Buerat）新防线，即便一度被切断的小股德军后卫也杀出了绝境。最后阶段的追击始于12月14日，但蒙哥马利直到1943年1月13日前都在布拉特附近积聚物资装备，就在他准备就绪时，隆美尔又狡猾地抢先撤离了。德意军队此后基本未受损失地撤离了的黎波里，最后在2月中旬进入突尼斯境内的马雷特防线。

尽管拥有海陆空和战略、战术情报等所有方面的绝对优势，蒙哥马利在1942年11月4日后未能再取得任何显著的胜利，隆美尔完成了1000余英里的撤退，装甲集团军余部虽然疲惫不堪，但总算完整地保存了下来。美军上校麦克费特里奇（Charles D. McFetridge）对这一成功撤退曾感慨地写道："……非洲装甲集团军能够幸存，很大程度上是拜它自己的名声所赐。它的确虚弱不堪，甚至在关乎生死存亡的这场游戏中都不能左右自己的命运，但是，如果把隆美尔和他那所剩无几的坦克从整个游戏中完全排除出去也是错误的。他们自己的传奇、大胆和战术技能仍是潜力十足的武器。英军指挥官们踟蹰不前，痴等着他们所预期的隆美尔反击。光是'隆美尔'和'阿盖拉'这些名字就足以让第8集团军记忆犹新了……隆美尔被称为'沙漠之狐'并不是没有缘由的。"[36]

隆美尔在撤退过程中与希特勒的关系出现了较大的裂痕。1942年11月底，隆美尔曾未获召唤即自行飞往元首大本营，结果希特勒见到他时的第一句话就是指责他擅离职守，而当隆美尔建议全面撤出北非时，希特勒更是当众训斥，而隆美尔也不示弱，针锋相对地指出继续驻留北非只会自取灭亡。愤怒的希特勒立即将隆美尔赶出了会议室，其他与会者无不屏住呼吸，困惑地望着这令人震撼的一幕。隆美尔铁青着脸，一言不发地快步走出了会议室，虽然希特勒

▲ *摄于1943年2月的北非突尼斯桥头堡。隆美尔(左三)正在众人陪同下检视防线。*

▲ *摄于1943年2月的突尼斯桥头堡，隆美尔正从装甲指挥车上探下身来研究地图。*

▲ *摄于1943年4月，隆美尔在维也纳新城的家中休养。*

追上他后说了一些道歉的话，但隆美尔的自尊心已受到深深的伤害。戈林断言隆美尔的神经已经脆弱得快要崩溃，希特勒则认定，以前"单靠精神和意志就足以战胜对手"的宠将现在已成为"最大的悲观主义者"。

最困扰隆美尔的是，当他返回北非指挥部队继续撤退时，发现自己很难把全部注意力集中在战场上。1943年2月撤入突尼斯桥头堡后，隆美尔发现自己又有了一个新的"对手"——桥头堡北面的第5装甲集团军群指挥官阿尼姆（Hans-Jürgen von Arnim）上将。隆美尔一直有着强烈的主动性、独立性和胜利愿望，也习惯于"有力地，甚至是压迫式地"表达个人意见。他的决定在很多情况下都没有得到上级的批准，只不过随着其主张付诸实施了一段时间，上级或改变了想法，或被迫迁就他继续下去而已。但是，这些"惯例"在阿尼姆那里根本行不通。1942年12月从东线来到突尼斯的阿尼姆也是个性很强之人，虽然隆美尔的军衔、地位、声誉和沙漠作战经验皆在自己之上，但他并非隆美尔的下级，也根本不打算被后者牵着鼻子走。隆美尔在2月19日开始的"凯瑟林关隘"之战中，曾以轻微的代价造成美军损失6000人、183辆坦克和200门大炮。他意识到，必须在盟军调来援兵之前继续向西推进，但同时惊讶地发现，本应在突破凯瑟林关隘之后投入的第10装甲师（原属阿尼姆指挥）只有一半的坦克到达，预计同步投入战场的重装甲营甚至根本未露面——阿尼姆以虎式坦克需要维修为由将之扣住不放，第10装甲师的另一半坦克被扣则没有任何借口，勉强调拨过来的那部分的弹药给养等都需由隆美尔自行解决。对此拆台行为，战后曾有德军将领愤愤地指出："还活在东线经验里的第5装甲集团军指挥官阿尼姆滋生出了一种特别的傲慢。他对隆美尔的态度既不公正，又无助于总体任务的完成。"[37] 尽管凯塞林迅速命令阿尼姆移交部队并协助隆美尔，但是扩大凯瑟林隘口的胜利，乃至逆转北非局势的良机已被浪费。由于意识到无法通过简单的协调来缝合隆美尔与阿尼姆之间的认识差别，希特勒在2月23日把非洲装甲集团军升格为非洲集团军群，任命隆美尔担任指挥官，但军事指挥权的统一无疑来得太迟了。即便是这样，隆美尔还是无法振奋精神，对前途的失落感也丝毫不减，依然认为增援和死守突尼斯桥头堡是在浪费德国的人力和物力。此外，他发现自己也成了一个名义上的上级，下属的阿尼姆和意军第1集团军指挥官梅塞（Giovanni Messe）几乎将他架空了，他们在许多事情上都绕过他，直接向凯塞林和墨索里尼汇报。这更加重了隆美尔的疑心和抑郁，他在突尼斯似乎成了一尊摆设。

1943年3月9日，隆美尔挥别了非洲。他在面见墨索里尼和凯塞林时，再次直言"北非的抵抗已毫无意义，继续留守无异于自杀"。到希特勒那里时，他又力劝放弃北非，把撤回的兵力集中在欧洲防卫上。不出意料的是希特勒把他的话都当作了耳旁风，出乎意料的是，他被授予了武装力量的第6枚、陆军的第1枚钻石骑士最高战功勋章。授勋完成之后，希特勒命令隆美尔休假治病，同时嘱咐他严守秘密，以便让盟军相信他仍在非洲前线。隆美尔回到维也纳新城的家中后，一直都在密切地关注突尼斯桥头堡的战况。一切如他所料，盟军在5月7日攻陷了突尼斯和比塞大(Bizerta)，一周之内有近25万德意官兵和16名少将以上的德军将官成为战俘。为保护隆美尔的声誉，更主要的是顾及纳粹政府的颜面，希特勒和戈培尔在突尼斯败局已定时就曾宣布隆美尔因健康原因休假两个月，试图避免将隆美尔与最后的投降扯上干系。在高层眼中，隆美尔这个名字仍然具有价值，戈培尔就坚信"隆美尔那样的军事声誉是不可能随意创造出来、而后又被轻易毁掉的"。

1943年5月12日，德国广播电台播出了名为"奋战非洲27个月"的节目，介绍了隆美尔如何

▲ 摄于1943年10月，隆美尔与墨索里尼在一起。“失败主义者”隆美尔似乎也变成了一个疲惫虚弱的老人了。

▲ 凯塞林在战后的自传中唯一谴责过的德军将领，就是隆美尔。

“以其无与伦比的天才，在广袤的非洲大漠与大英帝国独自抗衡27个月”的故事。隆美尔在沙漠战史的扉页上无疑留下了自己的大名：他以真真假假的坦克和伪装阵地愚弄对手；以宽广的雷场为依托构筑的防线成为英军挥之不去的噩梦；他在瓢泼大雨中闪电出击，仅以区区百人即将一整个印度步兵师打得溃不成军；他的士兵们在艰苦的条件下任其驱遣而毫无怨言；他在大漠中将紧追不舍的对手玩弄于股掌之间……

大西洋壁垒与梦想的幻灭：隆美尔之死

隆美尔并未被束之高阁，相反他很快在1943年初夏开始忙碌起来。希特勒对墨索里尼政权的稳定性和意军的忠诚度一直不放心，他担心如果盟军入侵意大利造成墨索里尼倒台的话，那么意大利和整个巴尔干都将陆续落入敌手，德国的南大门就会敞开。希特勒任命隆美尔担任驻慕尼黑的B集团军群指挥官，计划交给他8个装甲师和5至6个步兵师，以应付可能突发的意大利政局变化。盟军登陆西西里岛之前，隆美尔曾向希特勒推荐由第14装甲军军长胡贝(Hans-Valentin Hube)统一指挥西西里岛的德军，但戈林力主由空军将领负责，最后隆美尔的意见占了上风，而胡贝也不负众望，以数万德军与40万盟军周旋了整整38天，最后又将部队和重武器成功撤回意大利本土。不过，隆美尔也因此开罪于戈林，再加上几个月里频繁面见元首，引起了包括戈林在内的不少人的嫉妒。事实上，在1943年的大部分时间里，隆美尔都没实际指挥作战，相反，他陷入了与戈林、凯塞林及最高统帅部的凯特尔和约德尔之间的明争暗斗中。

当墨索里尼政权在1943年7月25日垮台之时，隆美尔一边安抚意军将领，一边外松内紧地命令部队迅速占据意大利北部的关卡和要害地区。曾经龃龉不断的隆美尔和凯塞林现在在意大利分别指挥着北部的B集团军群和南部的C集团军群，两人就盟军可能的登陆地点又产生了争执。凯塞林认为南部登陆的可能性最大，理由是盟军作战必需空军支援，如果在北部登陆，那么西西里岛的盟军空军就鞭长莫及了，但隆美尔坚信盟军不会“傻到先在南方登陆，而后再一路血战杀到北部”，因此他认为最可能的登陆点应在北部的拉斯佩齐亚 (La Spezia)。空军的著名战术家里希特霍芬元帅曾在私人日记中批评隆美尔“缺乏全局观念，仅从陆军狭隘的角度出发，无视战略大局。看来隆美尔顽固透顶，只知道从战术角度考虑问题，自非洲战场的补给出现问题以后他似乎有些神经过敏了"。[38] 后来的战争进程证明凯塞林的估计是正确的。9月30日，希特勒曾征询隆美尔和凯塞林对意大利战场的看法，前者怀疑能否真的守住南部，但凯塞林自信地表示没有问题。10月晚些时候，凯塞林又向元首汇报说一定能将盟军挡在罗马以南，11月初时希特勒再次询问隆美尔的看法，后者却还在怀疑南线的防御能力。相较于隆美尔，凯塞林被希特勒称为"令人难以置信的政治理想主义者和军事乐天派"，而隆美尔先前预言的"意大利很快将垮掉"、"盟军将在北部登陆"等都未实现，这时希特勒不再犹豫，11月6日正式任命凯塞林出任意大利战场总司令，隆美尔集团军群所属部队被全数划归凯塞林指挥。隆美尔对此无话可说，只是坚信是戈林和空军将领（暗指凯塞林）在背后捣鬼作乱。

希特勒并不打算闲置隆美尔，他要求后者去巡视丹麦、低地国家和法国的海岸防御带，即所谓的"大西洋壁垒"，以及研究如何反制获得登陆立足点的敌军等重大问题。希特勒之所以选择他，大约是因为他是高级将领中与英美作战经验丰富的少数将领之一，对手既熟悉他又敬畏他，另外希特勒多少还想安慰一下失去意大利战场总司令职位的隆美尔。12月初开始，隆美尔以常人难以企及的热情和能量检视了几乎所有防御工事，像台机器一样不知疲倦地运转着。到1944年5月20日，隆美尔指挥属下在不到5个月里就新敷设了419万颗地雷，是西线德军过去3年里埋设地雷总数的2倍还多；他还命人构筑了51.7万个近海路障，包括防滑翔着陆的粗大木桩、诡雷和四面体，防坦克的钢铁路障与陷阱，当然还有成千上万的地堡、支撑点和机枪火力网，以及他在北非时就常使用的假阵地。西线的工作似乎颇合隆美尔的心意，1943年时的抑郁和消沉似乎一扫而光，希特勒也对他的工作表示嘉许——隆美尔在家信中曾表示："元首相信我，知道这一点就足够了。"

1944年1月，隆美尔的B集团军群下辖扎尔穆特（Hans von Salmuth）的第15集团军和多尔曼（Friedrich Dollmann）的第7集团军，合计有24个步兵师和5个空军野战师，暂时没有任何装甲师，防守区域从荷兰延伸到法国布列塔尼半岛的南面。虽不确定盟军的登陆地点，但隆美尔坚信，挫败盟军抢滩行动的唯一希望就是在海岸地区集中优势兵力消灭对手，一旦盟军冲出登陆场并连成一体，那么他们就将像出笼猛虎一样无法收拾。为此，他力主采取线性防御而非纵深布防，建议将装甲部队拆分部署在靠近前线的堡垒地区，如此一来，等盟军的行动一开始，装甲部队就能迅速赶到一线，而不致饱受轰炸之苦。隆美尔还主张以静态堑壕战而不是机动战来应对盟军，应把重点放在固守而不是试图围歼对手上。西线总司令伦德施泰特虽也认为盟军的海空优势已大到无法阻止的程度，但最好还是将装甲部队集中部署在巴黎附近的战略后方，待盟军登陆地点和意图明确无误后，再以灵活的装甲反击战切断登陆场中的盟军。隆美尔相信西线总司令的想法只是一厢情愿，因为盟军的空中打击能力将使装甲部队开赴前线的过程困难重重，甚至等不到参战就会损失殆尽。装甲兵总监古德里安和西线装甲集群指挥官施韦彭堡都支持伦德施泰特，而希特勒一直没有明确指示，但被施韦彭堡称为"半心半意地支持隆美尔"。古德里安在1949年8月写给施韦彭堡的一封私人通信中曾详细回顾过这一过程："通过1944年3月在希特勒总部参加的作战会议，我了解到摩托化预备队在法国前线的部署情况，特别是隆美尔集团军群的部署更靠近大西洋的情况。我认为这种方案剥夺了摩托化预备队的机动性，也使我们失去了唯一能集中力量发起迅速反击的可能性。因此，我找机会把意见陈述给希特勒，并请他出面干预。希特勒却说，他不想做出与隆美尔的意见相左的任何决定，除非

▲ 摄于1944年1月，B集团军群指挥官隆美尔与西线总司令伦德施泰特在借助地图研判盟军的可能登陆地点。

▲ 摄于1944年初，隆美尔搭乘海军巡逻艇视察他极力经营的大西洋壁垒时的情形。

▲ 摄于1944年2月，隆美尔视察大西洋壁垒位于加莱“白鼻角”(Cape Blanc Nez) 的一段。

▲ 摄于1944年2月，隆美尔视察"固若金汤"的大西洋壁垒。

▲ 摄于1944年4月，古德里安当月代表希特勒对西线进行了巡视，图为他在枫丹白露的西线总司令部里与伦德施泰特交谈。

▲ 摄于1944年2月10日，隆美尔视察第159预备师第950步兵团（所谓的"印度团"）时的情形。隆美尔身后的将官是该师师长迈尔-拉宾根 (Hermann Meyer-Rabingen) 少将，其右侧是第950步兵团团长克拉佩 (Kurt Krappe) 中校。

▲ 摄于1944年3月19日，这张罕见的照片反映的是元帅们向希特勒再次宣誓效忠时的场景。左一为伦德施泰特，左二为隆美尔。

▲ 摄于1944年5月，隆美尔正与手下诸将讨论大西洋壁垒的防御问题。

◀ 1944年5月，隆美尔巡视法国西南部的海岸防线。

▼ 摄于1944年5月，隆美尔（手执权杖者）视察JG-26联队第3大队时。隆美尔右边身材粗壮者为JG-26联队长普里勒上校，普里勒右边的军官是第3大队大队长米图希（Klaus Mietusch）少校。

▲ 摄于1944年6月初，盟军诺曼底登陆发起之时，隆美尔正在家中为妻子庆贺50岁生日。

▲ 摄于1944年6月，B集团军群司令部所在地拉罗什居永，从左至右依次为西线总司令部参谋长布鲁门特里特中将、B集团军群参谋长施派德尔少将、隆美尔元帅和伦德施泰特元帅。

他进行过实地考察。他让我借着去西线巡视的机会拜访一下隆美尔，再与后者好好讨论一下。希特勒说他将根据我的考察和会谈结果做出最后的决定。4月20日，我在你（施韦彭堡）等的陪伴下到拉罗什居永（La Roche Guyon）面见隆美尔……我问他为何把摩托化部队都部署在靠近海岸的地区，一旦盟军入侵发生在别处，那么它们都将爱莫能助。隆美尔强调说，盟军登陆只可能发生在斯海尔德(Schelde）河与索姆河间的区域，因为这是英格兰至欧洲大陆距离最短的地段，(一旦盟军登陆开始）摩托化部队的所有运动都将陷于瘫痪，即便在晚上也没有可能；这是他从非洲获得的主要经验教训。我表示反对，但无法说服隆美尔，我远不能赞同他的意见……我随后又与伦德施泰特见了一面，他赞同我们（古德里安和施韦彭堡）对部署和使用摩托化预备队的观点，但未能到最高统帅部那里据理力争。5月初时我向希特勒做了汇报，再次请求他命令隆美尔改变部署和使用摩托化部队的方式。希特勒这时说道，‘我不愿反对统兵元帅的意见，所以我应避免干涉’……人们不应该因为隆美尔身上的光环就错误地阐释历史。我非常尊敬隆美尔，也没有任何理由贬低他的声誉。但是，承认隆美尔也会犯错并没有什么不对的。我们大家都是人……”[39]

希特勒并非自己所称的那样“避免干涉统兵元帅”，他最后拿出了一个调和方案：第2、第21和第116装甲师分配给隆美尔；第9和第11装甲师及党卫军第2装甲师交给新近激活的G集团军群；党卫军第1和第12装甲师、第17装甲掷弹兵师和国防军装甲教导师则留在施韦彭堡的西线装甲集群。[40] 当然，这个折中方案令意见相左的前线将领们都无法满意，隆美尔还是没有得到足够的装甲力量来执行自己的防御计划，而伦德施泰特的装甲预备队又失去了6个装甲师。隆美尔把能支配的绝大多数兵力都部署在接近海岸的地区，他相信盟军最有可能进攻的地段

▲ 摄于1944年6月，诺曼底地区的一处铁路枢纽被盟军炸得体无完肤。

▲ 摄于1944年6月，隆美尔是在考虑如何将盟军赶到海里去，还是正在遐想与西方媾和的方式和条件？

▶ 摄于1944年6月，隆美尔等正躲在树下观察天空中的盟军轰炸机。

▲ 摄于1944年6月，隆美尔与迪特里希在野外交谈时留下的镜头。

▲ 1944年6月至7月间，隆美尔曾数次面见希特勒，陈述对战局的看法，也要求获得战场自主权。这张图片应是摄于其中的一次觐见期间，中为凯特尔。

▲ 摄于1944年7月，隆美尔与第7集团军新任指挥官、武装党卫军上将豪塞尔 (Paul Hausser)。第7集团军原指挥官多尔曼于6月28日死于心脏病发作 (也有人说他是自杀，因为瑟堡失守后他将被送上军事法庭)。

是在第15集团军防区。希特勒诡异的直觉告诉他盟军有可能在诺曼底登陆，但几乎所有将领都认为加莱才是最大嫌疑。希特勒摇摆不定，最后在一干助手的撺掇下放弃了自己的直觉。

1944年6月6日，当几千艘盟军战舰和登陆船只冒着恶劣的气候突然出现在诺曼底海岸之时，隆美尔正在国内为妻子庆贺生日，登陆开始近4个小时后，他才得到了消息——对于自己未能在第一时刻指挥一生中最重要的一次战役，据说隆美尔曾懊恼地感慨道："我多么愚蠢、多么愚蠢啊！"[41] 此后发生的战事早已为诸多史家详细记载。德军的装甲反击不是一再延迟，就是投入兵力不足，其中的重要原因之一就是盟军空军和舰载火炮的轰炸使德军装甲师损失惨重、步履艰难。6月11日，隆美尔和伦德施泰特都认定已无法守住诺曼底，两人分头给最高统帅部发电阐明形势，而希特勒的答复是不顾一切地守住，同时告知已令党卫军第2装甲军从东线赶来，还将从本土和北欧抽调几个步兵师。对于每时每刻饱受轰炸之苦的诺曼底德军来说，这些允诺无异于画饼充饥。6月17日，隆美尔和伦德施泰特到苏瓦松（Soisson）面见希特勒时，请求给予战场自主权，尤其是要求有权调动装甲力量。毫无意外，两位元帅各回总部时，除了带回一通训斥和空洞的许诺外，依然是两手空空。此时的隆美尔虽对守住诺曼底不抱希望，但仍竭尽全力，还使用了一种既显气急败坏又颇符合其个性的战术——在奥恩（Orne）地区以步兵拖住正面之敌，同时将有限的装甲部队部署在两翼，随后步兵故意撤退，诱使英军进入张网以待的陷阱，从而在盟军舰载火炮射程之外解决对手。6月29日，隆美尔和伦德施泰特再次面见元首，要求获得战场自主权并改行弹性防御，而希特勒不但不予批准，反而大谈他的秘密武器将如何改变战争走向。不堪重负的伦德施泰特提出辞职，希特勒7月1日即派克鲁格接任西线总司令，同时由埃博巴赫（Heinrich Eberbach）

▲ *摄于1944年10月，隆美尔位于赫尔林根的家已处于盖世太保的全面监控之下。*

▲ *摄于1944年10月，这差不多是隆美尔生前的最后一张照片，他正在蒂宾根（Tübingen，习惯称为"图宾根"）与给自己看病的医生话别。*

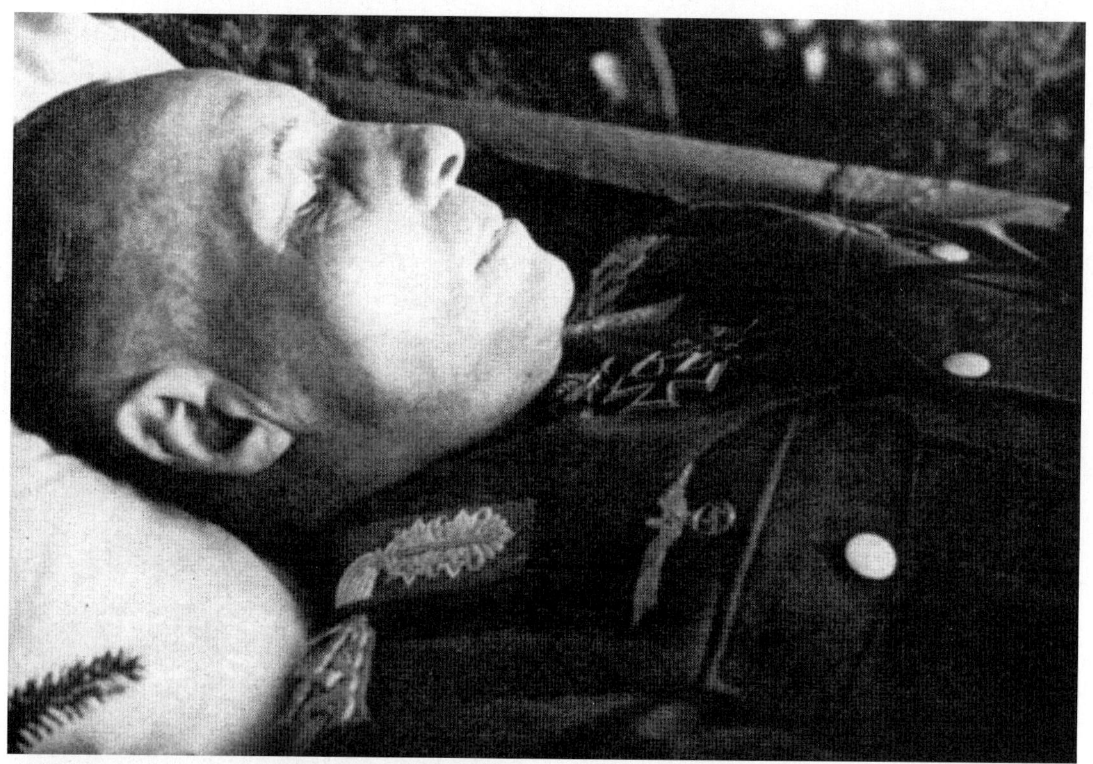

▲ 摄于1944年10月，隆美尔的遗容。当然，中毒而死的所有体征和迹象均被抹去了。

接替因伤无法视事的施韦彭堡担任西线装甲集群指挥官。出乎隆美尔意料的是，他这个"最大的悲观主义者"却平安无事。克鲁格初到时脸上还带着东线将领常见的趾高气扬的神情和毫无来由的乐观，但没过几日，他就被眼前糜烂的态势所震惊，因之很快变得现实起来，也完全同意隆美尔的看法，尽管希特勒之前曾就隆美尔的悲观和抗命警告过他。

后世的史家们曾详尽地讨论过盟军登陆成功的胜因和德军防御失利的败因，施韦彭堡将军战后的一番见解可谓"不凡"："隆美尔的缺乏战略修养，隆美尔相信仅凭三流步兵师就能阻止盟军进攻的一厢情愿，隆美尔把装甲师摆在海边这种奢侈危险的做法，所有这些因素在令人困惑的命令下共同发挥作用，造成诺曼底之战的结果不仅无法避免，而且也堪称顺理成章。"[42] 把诺曼底之战的失利几乎一股脑地归咎于隆美尔，也可算得上是最缺乏公正心的评语了。隆美尔的军事生涯很快在7月17日结束了。当日，他在离开西线装甲集群指挥部后被两架英军战斗机盯上。在一个名字巧合得有些离谱的村庄——蒙哥马利圣弗瓦 (Ste. Foy de Montgommery)，隆美尔的座车遭到扫射，司机受了重伤，汽车失控后撞进壕沟。隆美尔头骨摔裂，多处重伤，但他还是躲过了死神的召唤，并顽强地恢复过来，尽管离他真正的最后一刻已经不远了。

7月20日，也就是隆美尔负伤住院后的第四天，施陶芬贝格 (Claus von Stauffenberg) 上校安放在狼穴大本营会议室里的炸弹忠实地爆炸了。希特勒奇迹般地大难不死，但密谋分子们却误认为他已一命呜呼，于是在柏林发动了政变，驻法最高军政长官施蒂尔普纳格尔 (Carl-Heinrich von Stülpnagel) 将军也在巴黎逮捕了重要的党卫军军官和盖世太保头目。次日，奉命前去柏林报到的施蒂尔普纳格尔预感到形势不妙，在驾车途经凡尔登时决心了结自己的生命，但自杀未获成功，反而在被送入医院后落入盖世太保之手。也许是神志不清，或者是盖世太保的严刑拷打所致，从他嘴里吐出的“隆美尔”三个字宣告了元帅的死刑。绝大多数与7月20日事件相关的或被怀疑有关的人都被处以极刑，而隆美尔在一段时期内还平安无事，他在医院向前来探视的克鲁格还曾说过：“疯狂！真不可思议，竟对元首下毒手！谁也不会同意这样干。”他在家信中也曾写道：“比我的祸事更严重的是，居然有人妄图谋害元首，这令我极为震惊，感谢上帝，一切总算平安无事。”[43] 9月初时，隆美尔至少在名义上还是B集团军群指挥官，但他的参谋长施派德尔被逮捕了，他曾经写信给元首表示抗议并要求放人，当然他不可能收到任何回音了。

10月7日，凯特尔通知隆美尔到柏林讨论日后的工作安排，后者以医嘱不许旅行为由拒绝前往。一星期后，希特勒的首席副官布格多夫(Wilhelm Burgdorf)和陆军人事局副局长迈泽尔(Ernst Maisel)将军来到隆美尔家，一番谈话之后给他指明了两条道路：要么去柏林受审，被贴上卖国贼的标签并被处死；要么服毒自尽，但可保全名节和家人，还将得到国葬的待遇。隆美尔选择了后者，与妻子和16岁的儿子简单告别之后，心力交瘁的元帅穿戴整齐，手握权杖，步履蹒跚地踏上了来客的轿车。

在秋日艳阳的照耀下，德国军事史上一个令人仰望的高大身影轰然倒下了。

隆美尔到底在7月20日事件中扮演了什么角色？与密谋分子又有怎样的关系？

1938年8月2日，当国防军奉命集体宣誓效忠希特勒个人时，隆美尔与百万军人一样都把元首视为恢复国家荣誉和军人地位的“卓越领袖”；1944年3月，当希特勒要求他的元帅们再

▲ *空军中校霍法克(Caesar von Hofacker)在隆美尔之死中扮演了重要角色。家庭出身显赫的霍法克与施陶芬贝格上校是表兄弟，1944年12月20日被纳粹政府绞死。*

▲ *隆美尔与他的参谋长施派德尔。*

次宣誓效忠时，伦德施泰特、曼施坦因和隆美尔等人也都毫不犹豫地响应。但是，隆美尔并不掩饰自己对前途的失望与悲观，也不回避对高层失误的批评，甚至直面冲突也在所不惜。他从崇拜希特勒的武功和魅力、义无反顾地充当马前卒，到怀疑其政策和军事指挥能力，再到认识到他不顾德国人民的真正利益、执意要将国家拖入毁灭的深渊，经历了一个相对漫长的时期。在阿拉曼，一纸"不许后撤一步"的命令使隆美尔开始意识到元首对德国军人和国家的态度是不负责任的，到诺曼底时，他与希特勒及其身边人的紧张关系更加深了他的怀疑与不信任。从阿拉曼到诺曼底，隆美尔从一个军事上聪颖、政治上幼稚的简单战士，似乎变成了一个为避免国家毁灭而宁愿背叛誓言、牺牲自己所有荣誉乃至生命的人。

历史学家格利茨 (Walter Goerlitz) 在其名著《德国参谋本部史》中曾指出："尽管参谋本部轻视隆美尔这个圈外人，但不争的事实依然是，拜国家社会主义宣传所赐，自在非洲胜利的日子起，隆美尔就是所有德军指挥官中最负盛名的。"[44] 从某种角度来看，隆美尔的不归之途似乎也是拜自己的盛名所累。他是国人心目中战无不胜的英雄，即使突尼斯的惨败也被操纵描绘成与他毫无干系。他在公开活动与私人生活中没有任何污点，没有战争罪行，只是在履行军人的职责。对手英国人对他敬畏、忌惮，又欣赏他的战场骑士风范。恐怕没有比隆美尔更适合出任军事首脑的人选了，至少密谋分子群体早就注意到了德国人和英国人对他的认可。除掉希特勒后，谁才是政府首脑最合适的继任者？密谋分子群体的灵魂人物——前参谋总长贝克 (Ludwig Beck) 上将和莱比锡市市长格德勒 (Carl Goerdeler) 都认定隆美尔是这个人选。驻罗马的德国空军将领波尔(Max Ritter von Pohl) 曾写道"……(除去希特勒的) 任务只能在隆美尔或有类似名望的人领导下，通过武装力量的密切合作才能完成。"[45] 有人曾说，不管隆美尔喜不喜欢，他都将不可避免地被密谋团体拖下水。密谋分子们至少认为，如果能争取隆美尔入伙，不仅可在国内赢得更多支持，还有可能与英美单独媾和，甚至于经由隆美尔说服英美盟军与德军并肩向苏军开战！

1944年初，隆美尔在巡视大西洋壁垒的过程中动摇了挡住盟军登陆的信念。恰恰在这个时候，隆美尔"一战"时的老战友、乌尔姆市市长施特勒林(Karl Strölin) 来到家中拜访，隆美尔对前景的悲观使密谋团体核心成员之一的施特勒林感觉有机可乘，他向隆美尔指出："你是唯一能阻止德国发生内战的人，你必须在这一运动中留下自己的名字。"隆美尔大约说过一些"我相信拯救德国是我的职责"之类的模棱两可的话。施特勒林将隆美尔的回复作为积极信号通报给了格德勒。密谋团体进一步试探和动员隆美尔的活动随后加紧进行。3月，驻比利时最高军事长官法肯豪森 (Alexander von Falkenhausen，"二战"前曾任蒋介石政府德国军事顾问团团长) 借共进晚餐之机曾试探隆美尔对希特勒的态度。事后，法肯豪森觉得自己并未得出"可把隆美尔列入与事者名单"的印象。4月，施派德尔成为隆美尔的参谋长，当然他也肩负着争取隆美尔的秘密任务。施派德尔很快发现自己必须小心行事，因为隆美尔似乎是一个矛盾人——他既会厉声诅咒高层，同时又对希特勒保有最大程度的尊敬。隆美尔可能在小范围内说过"希特勒的命令真是胡扯、肯定疯了"、"每天都在无意义地浪费生命，需要立刻谋求和平"之类的话，但在其内心深处，他对希特勒的拒绝主要是对其军事才能和指挥水准的拒绝，他所谋求的是避免德国被希特勒拖向毁灭的深渊，因而，他同意的最激进的行动也就是逮捕和审判希特勒——"如果国人了解到希特勒和纳粹的真相，那么人民就会主动拒绝他。"

6月初，密谋团体为仍然不能确认隆美尔的

▲ 摄于1944年10月18日的隆美尔葬礼，护卫队员们准备将棺椁放在一辆老式炮车上。

▶ 左图，摄于1944年10月18日，伦德施泰特抵达乌尔姆主持隆美尔国葬典礼时的场景。虽然在悼词中高度颂扬了隆美尔的军事才华，但伦德施泰特却在私下里蔑称隆美尔“只配当师长”。也许，在他心目中只有他才是名副其实的元帅，当然，还有一个叫曼施坦因的……中图，摄于1944年10月18日的隆美尔葬礼。右图，摄于1944年10月18日，隆美尔位于赫尔林根公墓里的安息之所。

▲ 摄于1944年10月18日的隆美尔葬礼，一名军官抱着放有隆美尔战功勋章的黑色丝绒垫从市政厅的灵柩停厝处走出。

真实立场而开始感到焦虑。贝克认为“还是不能指望隆美尔”，而为了实现“为盟军打开西线大门并谋求和平”的目的，必须得有手握重兵的隆美尔的支持。诺曼底登陆之后，随着战事越来越不利于德军，隆美尔对能否守住西线也是忧虑日重。6月17日面见希特勒时，他指出西线作战已难以为继，需要立即寻找政治上的出路。6月29日再次面见希特勒时，他再次明白无误地坦陈立场，“唯一有意义的军事行动就是把部队撤到塞纳河防线。”当所有这些意见都被驳斥和嘲讽后，伦德施泰特愤而辞职，而隆美尔则觉得必要时必须采取独立行动——尽管“独立行动”这个字眼的真实意蕴可能已永远不得而知。7月9日，施蒂尔普纳格尔派霍法克(Caesar von Hofacker) 中校面见隆美尔，试图再次争取后者。霍法克与隆美尔密谈时并未透露任何关于刺杀希特勒的计划，只是提到了柏林可能会发生骚乱。隆美尔表示同意参与他们与西方国家媾和的行动——这个承诺是致命的，在霍法克看来，他已成功地把隆美尔争取到反希特勒的密谋阵营中来。7月10日，霍法克到达柏林后向贝克汇报说：“行动一旦开始，克鲁格与隆美尔都‘很可能’与贝克合作，克鲁格的条件是必须先干掉希特勒，而隆美尔则反对谋杀，但似乎准备接受贝克的调遣。”[46] 后来，霍法克在盖世太保的严刑拷打下供称，隆美尔曾向密谋团体做过保证，一旦谋杀得手，他将积极支持他们。[47] 霍法克的供词十分奇怪，他只咬了隆美尔和克鲁格这两位元帅，而对施派德尔和施蒂尔普纳格尔这两位主谋兼老友则极尽保护之能事。也正是霍法克的供词，才使起初不相信隆美尔会背叛自己的希特勒变得怒不可遏，最后痛下决心将之除去。7月17日车祸前，隆美尔曾到党卫军第1装甲军军长迪特里希的指挥部，了解后者对与盟国停战的反应。迪特里希手下的大将迈尔 (Kurt Meyer) 当时在场，他战后曾回忆说隆美尔高喊着“必须做点什么了！西线战事已经结束了！”隆美尔问迪特里希，如果他的命令与元首的命令相抵触，那么后者是否愿意听从他的调遣。迪特里希当时握着隆美尔的手说：“元帅阁下，你是我的上级。我只服从你的命令——不管你正在计划什么。”[47] 隆美尔的话本就含混，迪特里希的答复更是两可，也许双方所言根本不是一回事。隆美尔在回去的路上对副官曾说：“我已经把迪特里希争取过来了。”随后就出现了隆美尔座车遭英军扫射的一幕。隆美尔在诺曼底想采取有意义的“独立行动”的时候，他并不知道密谋团体正在紧张地筹划刺杀希特勒的惊天事变。虽然卷入了之前的有关密谋中，但没有证据表明，隆美尔对刺杀事件本身知情或起到过任何主导作用。隆美尔自杀后，希特勒信守了维护其声誉和家人安全的诺言，但死因被说成是视察部队时旧伤复发所致。戈培尔夫妇在发给隆美尔遗孀的唁电中称“表示最深切的悲痛。”希特勒的电报则说：“请接受我对于你失去丈夫这一重大损失的真挚哀悼。隆美尔元帅的名字将永远与北非的英勇战斗联系在一起。”隆美尔的国葬仪式于10月18日在其家乡乌尔姆举行，国防军当天在各地降旗以示哀悼，乌尔姆驻军的两个连以及由海军、空军和武装党卫军官兵组成的一个连担任荣誉卫队，各处赶来的将校们都肃立在乌尔姆市政厅前，军乐队则反复演奏着催人泪下的葬礼进行曲。多位国防军将军为隆美尔扶灵，棺椁上覆盖着一面硕大的纳粹万字旗，旗上放置着他的钢盔和元帅权杖。

当乌尔姆市政厅里仍在回响着贝多芬第3交响乐第2乐章之时，刚恢复西线总司令职务的伦德施泰特代表希特勒致悼词。他高度颂扬了隆美尔的军事才华，特别是他在法国与北非的成就。“隆美尔是一个全心属于元首的、真正的国家社会主义战士……”伦德施泰特这样开头，而后面朝棺椁继续说道：“你的英雄主义再次向我们全体诠释了‘战斗直至胜利’这个口号的真正含义。”仪式之后，隆美尔被埋葬在赫尔林根

(Herrlingen) 的公墓之中。

隆美尔的神话

隆美尔出身平凡，但有不凡的抱负和远大的目标，时刻渴望权力和高官厚禄。他曾向往过陆军总司令的职务，甚至在1944年7月伦德施泰特辞职时，他还误以为希特勒会任命他接任西线总司令。他虽以勇猛过人和足智多谋著称，但经常会自以为是，尤其是随着年龄和阅历的增长以及官爵的提升，他变得固执武断，对同僚和上级的劝告置若罔闻，鲁莽草率和傲慢无礼使他性格中令人讨厌的一面被无限放大，对别人的指责和非议常常神经过敏，而且记仇。虽然在普通德国人心目中他是一尊战神和现代的汉尼拔，虽然战士们崇敬他并愿意为他赴死，虽然对手敬畏他而且到处流传着他的神话，但正是他的内在缺陷使之与将领同僚们的关系普遍紧张，就连与他出身相若的东线将领对他也是既嫉妒又不屑。党卫军将领曾被许多自以为是的国防军将领嗤之以鼻，但就连迪特里希似乎也在背后轻视隆美尔，说他从未在苏联作战过，因而并不是个名副其实的战士："他知道什么是战争？他只知道不停地被人拍照和出现在德国的报章杂志上。他所做的一切就是坐在坦克上挥舞元帅权杖，高呼'我是非洲之王'。"[48]

迪特里希的论调当然贻笑大方了，不过，隆美尔也的确称不上是战略家 (除曼施坦因和因资格极深而勉强算是一个的伦德施泰特外，还有谁能得到普遍自命不凡的将领们的认同？)。希特勒1944年8月时曾说自己把隆美尔看作"一个大胆聪明而又不同凡响的指挥官，但并不认为他是一个能持之以恒的军人"。[49] 从某种角度来说，隆美尔取得接二连三的胜利时意气风发、魅力无限，而一经失败，他的勇气和耐心似乎消失得飞快。作为一个缺乏眼光和全盘考虑的军人，隆美尔也像绝大多数同僚一样目光短浅，只重视眼前的作战、战役和所部的利益，"对出于政治或战略考虑所需要但在战术上可能行不通的那些战役却盲目地拒不接受"。[50] 比如，1941年初夏，隆美尔对纳粹德国的侵苏战略所知甚少，误以为北非战场是带有全局性的决胜之地，某种程度上导致自己在利比亚将战线拉伸得太长。再如，1942年夏攻克托布鲁克后，隆美尔极力坚持继续扑向埃及，造成了夺取马耳他岛计划的完全取消，客观上为自己几个月后的阿拉曼失利埋下了种子。

另一方面，隆美尔无疑是战争史上最出色的战场指挥官之一。他的早期对手韦维尔1939年时曾在剑桥大学发表过"将军与领军艺术"的演讲，隆美尔战时一直携带着这份演讲稿的德文版，并作了大量眉批和旁注。韦维尔演讲的核心内容是什么样的将军才算是一名"伟大的船长"——如果借用韦维尔演讲的要点来对照隆美尔的表现，可以轻易地发现他就是一名"伟大的船长"。韦维尔认为"伟大的船长"的首要品质就是强韧性，必须能经受战争的震撼与冲击，具备足够的胆量和强悍的身体来抵挡战争对身心造成的重压。韦维尔还认为一个卓越的将军必须具备能承受更大职责的精神与情感能力，必须能长时间地经受起起落落，能承受预期胜利却遭受失败时的巨大压力，并能从容地吞下失败的苦涩。韦维尔自己在北非接受检验时他的缺陷暴露无遗，而隆美尔则表现上乘：不仅身体上强悍无比，神经也足够强韧，能承受政治领袖常常没有道理的压力，而且，韦维尔缺乏的正是隆美尔所擅长的——有足够的勇气和口才向主子清晰地抗议。隆美尔从来不畏惧面见墨索里尼和希特勒，也总是在高层面前直陈战场态势和应对方略。第三帝国风雨飘摇之际，他直面元首的方式既会让多少同僚胆怯，又会令多少在丘吉尔面前只会唯唯诺诺的英军将领汗颜。隆美尔到非洲前，奥康纳 (Richard O' Connor) 将军曾将意大利人打得望风而逃，这位将领在达到生涯顶峰时曾对下属说："经过一场大败和漫长的撤退，而后通过反戈一击又恢复了战场局面，我认为这才算是一个将军的真正成功。”[51] 奥康诺无论如何也难以预计到，他的一番自谦之词用来形容1941至1942年初的隆美尔确是最恰当不过的了。

韦维尔认为，一个伟大的将军必须能幸存于战争，必须能够活得足够长才会在战史上留下印记。总在第一线的隆美尔多次负伤，但总能逃过死神。即便在最致命的事故中，头骨骨裂的隆美尔还是硬挺了过来，令人不得不承认他似乎受到了天的庇护。韦维尔说一个伟大的将军必须对其职业有真正的了解，对官兵有真正的兴趣和理解。隆美尔的专业经验与技能鲜有人能及，巴顿之所以与隆美尔并称，主要是因为他对装甲部队的领导和个人魅力，但在专业知识方面巴顿恐怕也无法与隆美尔相提并论。法国战役中，隆美尔以少将师长之尊跳入河中帮助工兵架桥或清理路障；北非期间，他凭借自己对技术的了解和直觉，创新性地使用了一些战法；他不仅乘坐或亲自驾驶飞机进行侦察，还就如何清理雷场或布雷向工兵们提供建议；当下属们都在大漠中迷失了方向之时，隆美尔更是亲自驾车带队从敌后逃脱。对普通官兵而言，隆美尔就是一个有着各种技术诀窍的“现场大拿”。为什么在失利时他也能赢得普通官兵的信赖与尊敬？这与他是一位真正的行家里手是分不开的。

韦维尔强调说伟大的将军必须懂得士兵，而这是隆美尔最引以为荣的地方，他也始终视自己为士兵们的将军。他虽然对参谋和士兵的要求很高，有时甚至苛刻，但他律己更严，对奢侈享乐毫无兴趣，他呈现在每个人面前的生活方式就是斯巴达式的。士兵们每天看着隆美尔与自己同甘共苦，总是出现在战斗最激烈的前沿，自然而然就会把他视为自己中的一员。牛气冲天的巴顿、自负得连美国人都受不了的蒙哥马利能做到隆美尔所做的吗？梅林津战后曾说：“隆美尔和他的部队之间存在一种难以剖析的相互理解，这是上帝赐予的礼物。非洲军跟随隆美尔去任何他带他们去的地方，不管他们被驱使得多么严苛，非洲军永远是那三个师组成的同样的非洲军……官兵们知道隆美尔最后一个放过的人就是他自己；他们看到隆美尔就在他们中间，他们觉得‘这是我们的领袖’。”[52] 有从军经验的人绝不会把这番话当作阿谀奉承，它无疑是普通官兵对指挥官的最高礼赞。

韦维尔对伟大的将军应出现在战场的什么地方也有精论，虽然毫不怀疑将军们在后方的指挥部里也能运筹帷幄和取得重大胜利，但他也指出：“在现代机械化战争中，我们会再次看到将军们几乎总在前沿带领部队，他们也可能从空中进行侦察和指挥。”[53] 这些正是隆美尔的风格，他的原则就是“从没有一位海军上将待在岸上就能赢得作战”。隆美尔是一个信赖侦察、愿意在最前沿领导部队的将军，当然这个做法带给参谋们的并不总是愉快的体验。相比之下，英军将领更愿待在远离前沿的后方，但他们通常出现决策延误或不能有效地掌握部队。隆美尔对战场有着天生的直觉，似乎总能感觉和嗅出最关键的地段，特别是对手防线的薄弱地段。

韦维尔认为卓越的将领必须重视后勤保障，而这一条似乎是隆美尔得分最低、最常为人诟病的所在。蒙哥马利总是在战役发起前把所有行政后勤事务打理得井井有条，而隆美尔似乎总是准备接受最低限度的补给，似乎总是在冒险，而其他指挥官在类似的补给状况下无疑会拒绝发起攻势。隆美尔并非不重视后勤保障，但控制船只、港口、运输和补给分配的是意大利人。另外，沙漠战的特点之一就是双方轮流猛攻和推进，一旦攻方的战线拉得过长就会出现补给困难，战线也会显得十分脆弱。后人不应忘记，北非和中东曾是大英帝国的主战场，丘吉尔可以说是举帝国之力保证北非，而对希特勒来说，东线才是兵力和资源最优先的战场，北非只是细枝末节。希特勒曾多次明确告诉隆美尔，

▲ 摄于1959年10月的隆美尔祭日，时任北约中欧地面武装力量总司令的施派德尔将军正向隆美尔的坟茔行礼，图左为隆美尔的遗孀。

不要指望获得更多的增援补给，而且希特勒还总是试图束缚他的攻击性，不像丘吉尔那样不断地敦促他的将军们进攻。隆美尔也许会因补给问题大骂不止或痛恨意大利人，但他从未将其当作不作为的借口，他宁愿赌博般地积极行动，也不愿坐等或死守。另外，隆美尔也在战争中学习，他在北非的后期也越来越重视尽可能多地储备弹药油料。1942年夏的阿拉姆哈尔法之战之所以一推再推，还是因为他需要等待弹药油料，但控制补给的除了意大利人外，还有不肯配合的英国皇家空军与海军。

隆美尔的最大弱点在于不善于与盟友意大利人共事。他从“一战”中获得的印象左右了他的一生，他至死都认为意军军官贪图享受、懈怠无能，但士兵们如果得到适当的领导和激励，会

▲ 隆美尔的钻石骑士勋章。

像德国人一样勇敢善战。与意大利人的紧张关系在某种程度上使他失去了及时获得充足补给的机会，当然也使他的一些作战功败垂成。

正因为隆美尔的成功出现在北非这个次要战场，他又指挥着比东线将领少得多的部队，以及对手英军是1940年时的手下败将，才使一些德军将领对他是既嫉妒又轻视。当隆美尔在1943年夏旁观着规模巨大的库尔斯克会战时，他或许会想起自己在北非的日子里，从未有机会指挥3个以上的德军装甲师，而莫德尔的第9集团军就拥有3个装甲军和2个步兵军，霍特的第4装甲集团军更是拥有9个最精锐的装甲师外加3个步兵军！隆美尔肯定会在艳羡的同时，感叹自己从无这种奢侈的机会来证明自己装甲统帅的无双才华。如果他能出现在东线，挥舞着元帅权杖，驱策着庞大的装甲部队，与朱可夫和科涅夫等苏军名将一决高下，那该是怎样的一副图景，他又该取得怎样的战绩与声誉？

隆美尔在普通人心目中的形象经历过大起大落。战争刚一结束，隆美尔的遗孀就急不可耐地发表声明："我愿再次重申，我的丈夫没有参与过1944年7月20日事件的准备和执行，作为一名战士他拒绝走这条路。我的丈夫从来都向最高层诚实地陈述意见、意图和计划……终其一生他都是一名战士，从来没有成为政客……"[54]隆美尔遗孀的如此表白是可以理解的，因为在战后的德国曾有相当一段时间，以刺杀为手段试图颠覆政权的抵抗分子被绝大多数人视为是"叛国者"，是遭人唾弃的"叛徒"。即使普通人了解到了现实和真相，也为纳粹政权屠杀无辜者和犹太人的残暴罪行所震撼，但"在纳粹狂热的年代结束后，德国公众在很长时间里继续维持着对军内抵抗分子的强烈反感"。[55]

隆美尔战后声誉的扶摇直上，很大程度上是他的参谋长施派德尔与英国人"合作"的一项杰作。冷战铁幕笼罩欧洲之时，英美等国为应对苏俄这个"共同的敌人"，需要扶持所谓的民主化的西德，为了在一体化的欧洲军队中纳入德国的力量，英美等不得不"调整"纳粹时代国防军的形象——虽然国防军作为帮凶也帮助纳粹政权犯下了血腥罪恶，但其主流是普通官兵为国尽忠职守，因而是西方世界值得尊重的对手。国内外政治环境和舆论风向的变化，令阿登纳的非正式军事顾问施派德尔等前将领深受鼓舞，施派德尔一方面为恢复国防军名誉、拯救曼施坦因等身陷囹圄的将领不遗余力，另一方面也决心把隆美尔变成德国军事传统的积极象征和正面角色榜样——他曾向施韦彭堡透露，自己"打算把隆美尔塑造成德国的民族英雄"。[56]作为"民族英雄"，隆美尔就不得不在施派德尔的笔端下，"与各方军事人物频繁会面，磋商如何与艾森豪威尔和蒙哥马利进行停火谈判，如何动用装甲部队逮捕希特勒……"施派德尔在1949年的个人专著《入侵1944：隆美尔与诺曼底战役》中把隆美尔变成了"抵抗运动的领袖之一"。

施派德尔的著述自1950年起在英国得到了积极的回应，本章开头提到的扬的著作只是一个开端，事实上有关隆美尔的前五种传记都是由英国人完成的。英国人，尤其是参与过北非战事的英军将领，为何会如此关注彼时仍受敌视的德国的一位将领？难道仅仅是因为大漠里的战争不是希特勒以种族灭绝为出发点的滥杀无辜？不，我们只需看一看主流军事历史学家李德·哈特1970年出版的著作《第二次世界大战史》就能明白，以他为代表的英国人眼中的"二战"是在西线决胜的，他对北非战场的关注——一个德军在1941年时仅投入了2个师的战场——远远超过了同期有超过150个德军师参战的东线，他的"二战"史讲述的其实是一个从敦刻尔克撤退拉开帷幕、取道阿拉曼、最后在诺曼底登陆中达到高潮的故事。大英帝国的战场才是世界大战的核心，击败了隆美尔这个最负盛名的对手，才能凸显日不落帝国的强大和光荣！1942年时，英国已被完全逐出欧陆，北非是英军唯一与德军尚在对垒的战场，这里的战争拖得越久，就越凸显英国在盟友中的政治价值和军事重要性。战后，为了让普通人了解英国在击败德国中的“丰功伟绩”，就绝对有必要极大地拔高英国的主战场——北非的重要性，绝对有必要让英军挫败对手的关键人物——而如果把对手的主帅隆美尔描绘成“超人”(或如李德·哈特曾用过的“恺撒”一词) 的话，那么英军之前曾被“超人”多次挫败就太正常不过了；既然这个“超人”如此厉害，最后还是在阿拉曼不敌“蒙哥马利子爵”，那么英军战神蒙哥马利的“功夫”又该如何的深不可测啊！

西德联邦国防军在1955年的建立，标志着德国军人声誉的恢复，施派德尔自己也成为新军中军衔最高的两名将军之一，后来还在蒙哥马利及法国将领之后出任过北约中欧地面部队的总司令。隆美尔也在地下静静地享受着世人对其美名的传扬，难道这不是他一生都在追求的吗？1961年11月，在隆美尔早年担任过营长的哥斯拉，时任西德武装力量总监弗奇 (Friedrich Foertsch) 将军与前上将霍特为纪念隆美尔的牌匾揭开了幕布，前者赞颂隆美尔“是最杰出的战士和伟人，将永远都是我们年轻战士的角色榜样”。[57] 霍特只简单地提及体现在隆美尔身上的德国战士的荣誉感，并未涉及后者在抵抗运动中的任何角色。1969年，西德海军的D-187号导弹驱逐舰也被命名为“隆美尔”号。

进入21世纪后，随着德国人处理历史问题的方式方法及立场的变化，对隆美尔的评价也可谓“与时俱进”。2000年时，一位德国新闻记者在著作《传统之失》中，以今人的价值观和道德标准去裁决往事，得出了“隆美尔实为战争罪犯”的惊人结论。[58] 此后，一些新闻界人士和某些政客竭力鼓动将一些第三帝国时期英雄的名字从国防军各处的军营中除去，其中就包括隆美尔和首位钻石骑士勋章得主莫尔德斯。2001年5月，在哥斯拉驻军的军官餐厅里放置了整整40周年的隆美尔纪念牌匾也被移除，理由是这位元帅再好、再为人缅怀，也是“那个犯罪政权的代表人物”。2002年德国播放的一部纪录片曾称隆美尔既是“长期的国家社会主义忠实信徒”，又是“反希特勒抵抗运动的英雄”。这种论点很有趣，令人不禁想起了朱维毅在《德意志的另一行泪：“二战”德国老兵寻访录》中提到过的论点：战后有很多德国人在批判纳粹的同时，又很反感军内抵抗纳粹的组织。[59] 德国人似乎特别擅长在矛盾心态的支配下反思自己的过去，2005年又有史家提出，隆美尔实际上“既非抵抗运动的英雄”，也非“忠实的国家社会主义信徒”，他只是追随希特勒踏入深渊，而自身浑然不觉。或如施韦彭堡在1961年所言，隆美尔不是神，是与你我无异、同样犯错的常人。

也许，只有活在非洲军老兵们日渐淡薄的记忆深处里的隆美尔才是最真实的。在隆美尔战斗过的托布鲁克郊外，有一块纪念他的石碑，它居高临下地俯瞰着倒下去，再也没有爬起来的非洲军官兵的坟墓。非洲军的幸存者们战后每年都来到这里，在石碑周围填上新的石头并清理渐增的黄沙。对他们来说，隆美尔活在他们的记忆之中。“当狂风呼啸，天空弥漫着炙热的飞沙走石，沙漠风暴又开始怒号时，或许人们会再次听到一个斯瓦比亚人的声音在他们耳边吼叫——‘Angreifen！’(进攻)”[60]

第7位钻石骑士最高战功勋章获得者吕特上校

(获勋时间1943年8月9日)

Chapter 07 第七章

"辉煌与邪恶的海上猎手"：沃尔夫冈·吕特上校

人们对二战时期的德国U艇部队一定不会陌生，轰动一时的大制作电影《从海底出击》(Das Boot)和《U-571》都曾生动刻画了U艇官兵时常枯燥无聊的海底生活和惊心动魄的战斗场面，吸引并激发了众多军事爱好者的兴趣。撇开电影的艺术加工不说，它们倒也真实地反映了U艇部队是德军最危险的兵种之一这一事实——二战期间先后有约4万名官兵服役于U艇部队，其中3万人陆续葬身海底，战损率高达75%！[1]不过，伴随着超高的战损率也出现了大批的王牌艇长，击沉敌方各种舰只10万吨以上的U艇艇长即有34人之多：若按战绩排名，位居前三的分属克雷奇默(Otto Kretschmer)海军中校、吕特(Wolfgang Lüth)海军上校和托普(Erich Topp)海军中校；以知名度而论，除潜艇部队奠基人邓尼茨以外，最为人熟知的恐怕要数那位成功潜入斯卡帕湾(Scapa Flow)、奇袭英国皇家海军军舰的普里恩(Günther Prien)海军少校；若从获得的荣誉来看，先后有5位艇长获得过双剑骑士勋章，其中吕特和布兰迪(Albrecht Brandi)海军中校更是U艇部队乃至整个海军仅有的两位钻石骑士勋章得主。无论从哪个方面来看，吕特都算得上是最成功的U艇艇长之一，他先后指挥过5艘U艇，在大西洋和印度洋海域的16次出海作战中击沉了总吨位近23万吨的46艘敌方舰只。作为邓尼茨的宠儿和爱将之一，吕特在30岁那年以最年轻的海军上校身份出任海军学院院长，邓尼茨也一直在把他作为继承自己衣钵的U艇部队未来司令官悉心培养。吕特经历过5年不间断的出海作战，在斩获骄人战绩的同时得以幸存下来，却在欧战停火的当月被严格执行自己命令的哨兵意外射杀。吕特也是最后一位荣享国葬待遇的纳粹时代军人。

吕特被后人称为U艇艇长中性格最复杂的人，一方面他极其勇敢，具备与生俱来的领导才能，善于激发下属的激情和荣誉感，也愿意运用一切手段提振艇员的士气；另一方面，他又是一名毫不掩饰自己信仰和忠诚的狂热纳粹分子，他对敌方船员的生死毫不介意，在有些战斗中的行径甚至可以用“血腥残忍”来形容；同时他对部属又至为关爱，重视婚姻和家庭价值的他总是像严格又慈祥的老父那样照料艇员，任何艇员只要踏上了吕特指挥过的某艘U艇，此后无论他身在何方、从事何种工作或犯下何种过错，他都将成为吕特庇护和帮助的对象。后人在评价吕特时，都深感无法简单地称其为好人或坏蛋、英雄还是恶棍、是为国尽忠的战士还是死忠的纳粹，或者只不过是个嗜血的现代海盗。美国军史家沃瑟(Jordan Vause)1990年时曾这样写道：“……在最后一艘U艇击沉最后一艘舰船差不多五十年后的今天，人们一般倾向于认为U艇艇员有一份肮脏的工作要做，而且他们干得的确很不错。”[2]吕特当然把这份“肮脏的工作”干得极其出色，以至于战时的敌友双方都称他为“伟大的猎手”(Der große Jäger)。

早年岁月：从受训到加入U艇部队

吕特于1913年10月15日出生在波罗的海港口城市里加(Riga)的一个德裔家庭，祖父弗里德里希(Friedrich Lüth)于19世纪中叶从德国吕贝克(Lübeck)移民至此，而后经营一个不大的针织厂，其父奥古斯特(August Lüth)则子承父业，针织厂的客户群中还包括沙俄帝国的陆军等。1914年一战爆发时，吕特的父亲奥古斯特被俄国当局逮捕后流放到西伯利亚，母亲埃尔弗里德(Elfriede Lüth)则带着4名子女逃回德国布雷斯劳，并在那里一直生活到1921年方才重返里加。德国人在里加居住的历史可以追溯到多个世纪前的条顿骑士国时代，几百年下来这里形成了庞大的德裔社区，德裔也相对独立地形成了一个社会中的社会。保守、封闭、民族主义倾向严重是此地德裔们较普遍的特征，但他们也日渐感受到来自于俄罗斯民族和其他波罗的海族裔的影响、冲击、敌意乃至迫害，这可能对吕特等德裔青年世界观和性格的形成产生了深远影响。沃瑟对此曾评论道：“吕特的波罗的海之根，或许可以解释日后他为什么会全心全意地拥护国家社会主义。”[3]

从1921年到1933年加入德国海军前的这12年里，吕特一直居住在日渐没落的里加。他在这里的一所德裔文理学校完成了中学教育，1929年通过了大学入学资格考试，后于1931年进入颇负盛名的戈特弗里德·赫德学院(Gottfried Herder Institute)学习法律，但仅仅3个学期后他就放弃了学业。1933年4月，也就是希特勒登上德国政治舞台的2个月后，吕特就志愿加入了海军并成为1名候补军官。纳粹政府当时力主发展国民经济，恢复德意志民族失去的尊严，摆脱《凡尔赛条约》的枷锁，惩罚所有迫害德国人的国家，并建立一个由纯雅利安人居住的“大德意志帝国”。所有这些教义和宣传吸引着急于树立自信心和摆脱困境的德国人，也在年轻的吕特身上留下了深深的烙印。吕特学习法律时，德国已无可挽回地步入了纳粹时代。希特勒刚一攫取政权，吕特就迫不及待地辍学并加入海军，恐怕这并不仅仅是一个巧合。希特勒政权在德国武装力量中有很多同情者，特别是许多海军军官都是其热情支持者。他们认为，为了洗刷一战中海军作战绩效低的污点，特别是在1918至1923

年间的多次政变叛乱中海军均涉足其间的“耻辱”，海军比以往任何时候都更需要证明自己并非一个既昂贵、又可能造成灾难性后果的奢侈品，也必须向大陆心态占主导地位的国人解释一支庞大舰队的价值。为达成这些目标，海军军官们自然更认同这个允诺砸碎《凡尔赛条约》、重建武力的纳粹党。另外，海军军官团的核心成员特别认同希特勒发出的“德国的世界使命”这个讯息，而希特勒所声称的完成这一任务的种族基础，恰恰与海军军官团长久以来被灌输的信仰不谋而合。

德国海军的规模在1933年时仍然很小，但有着严格完善的教育训练体系，其目标就是选拔最优秀的人才成为海军军官。这套体系在30年代中期大致包括五个阶段，为时约3年：2个月的基本步兵训练后是3个月的海上航行训练，然后在巡洋舰上进行约9个月的远洋训练和考察，完成之后再到海军学院学习9个月，最后在授衔前完成一段时间的见习期。[4]战前的几乎所有U艇和水面舰艇军官都需经过上述五个阶段的严格训练，当然随着战争的逼近和爆发，学员们在每一阶段所待的时间会有所差别。1933年3月的最后几天，出现在波罗的海海岸的施特拉尔松德(Stralsund)新兵训练营的123名青年——海军33级学员队(Crew 33)。他们虽来自德国各地，但多数人的家距海岸不足100英里；他们中的多数人是基督教路德教派教徒，只有少数是罗马天主教徒，当然不可能出现犹太教徒的身影；他们中的多数人出身于保守的中产阶级家庭，父辈都经受过一战的洗礼，既不喜欢战后的共和政府，也不喜欢共产主义和其他左翼政党。33级学员与他们之前之后数期的学员们一起构成了二战德国海军军官团的中坚，他们目睹了纳粹的崛起，也为希特勒的胆大妄为和早期成功喝彩。作为一个悲剧群体，他们从不谴责、不质疑、不拒绝、不抱怨元首，他们认为自己只是勇敢忠实地履行职责——就像一战中即将出海作战的佛兰德斯潜艇支队，向前来视察的德皇威廉二世挥别时所说的那句话一样：“我们这些即将赴死之人向您敬礼！”[5]

吕特是33级学员队中比较引人注目的一个——他带有波罗的海口音的德语，颇有些古怪的长相，还有他对国家社会主义的了解和远超众人的热情都使他容易让人记住。33级学员队新兵连连长厄尔恩(Victor Oehrn)中尉——1939年，他任U艇部队主管作战的副参谋长时曾策划了斯卡帕湾奇袭行动——就清楚地记得吕特这位同乡，还觉得他跟自己有些相像。当然，1933年时厄尔恩无法预计到吕特将成为这一级学员乃至整个第二代(指1939年9月二战爆发后始任艇长的)U艇艇长中最出名的代表，此时的吕特还有很长的路要走。吕特等学员在新兵连接受了基本步兵训练，包括队列、挖掘战壕、障碍攀爬和射击等科目，而后获准身着海军制服开始为期3个月的海上训练。33级学员队在基尔港登上了崭新的三桅训练舰“福克(Fock)”号，虽然可以想象他们登船时是多么的兴奋，但由于这一时期的档案毁于战火，后人无从知晓吕特等学员在训练中的表现。当年9月23日，吕特等学员被派往轻巡洋舰“卡尔斯鲁厄 (Karlsruhe)”号进一步受训。10月至次年6月，学员们随“卡尔斯鲁厄”号进行了环球旅行，他们穿越了直布罗陀海峡和地中海，先后游历了亚丁、加尔各答、苏门答腊、爪哇、布里斯班、火奴鲁鲁和波士顿等许多地方。[6]这次为期8个多月的旅行可能是吕特一生中最受教益的一次学习经历，他不仅熟悉了德国海军舰只及其对手战时运作的方式，还认识到海外的人们会根据他们的言行举止来评价德国，故而早早认识到严格自律的重要性，以及增进个人责任感和荣誉感的必要性。

环球旅行后，33级学员面临着严格的考试，失败者的海军生涯将就此结束，而通过者则被提升为二级中士候补军官(Fähnrich)，之后再进入弗伦斯堡–米尔维克的海军学院

(Marineschule Mürwik)学习。如果说德国的海军军官们都曾有一个共同的家的话，那么1910年德皇威廉二世一手创建的这所海军学院就是这个共同的家。这里是每个候补军官都向往的崇高所在，也是从这里走出的军官们倾诉思旧情怀的对象——它醒目的红砖建筑和高大的钟楼俯瞰着日德兰半岛东岸的弗伦斯堡，雄伟的纪念大厅里镌刻着德国海军史上的英雄和亡者的名字，每个海军军官都要在此留下一抹痕迹，而当他们离开时也都或多或少地留下学校的印记，并从这里带走了一些将影响他们一生的东西。这里和吕特似乎分外有缘——10年后的1944年，他成为学院历史上最年轻的院长；1945年5月这里成为末代元首邓尼茨的驻地，吕特拱卫着这个最后的中枢，尔后也长眠于此。

1934年6月，吕特在海军学院开始了为期10个月的军官教育。这所学院虽是一战前德英两国海军军备竞赛的产物，但它的教学方法和内容依然师法位于达特茅斯(Dartmouth)的英国皇家海军学院。(整个德国海军又何尝不是以皇家海军为模板的呢？)除战略与战术、航海技术、导航、海洋工程、枪械、航海史等课程外，学院还将培养“穿军装的绅士”列为重要目标，吕特等学员也必须参加舞蹈、骑术、击剑、体操和帆船训练，礼仪礼节和海军传统等方面也是必修课。当年8月，当学院的候补军官们集体宣誓效忠国家元首希特勒个人时，无人能够预计到这个誓言意味着什么，但就他们当时的感受而言，纳粹政权带来的变化和予人的观感或许还相当不错，尤其是加速发展的海军——更多的舰艇和船坞正在建造，更多的人进入海军，被禁15年的U艇部队似乎可能又一次成为海军的一部分。1935年4月，吕特完成了学业并通过了综合性毕业考试，随后到专业学校接受鱼雷、反潜和海岸炮兵方面的训练。当年12月，吕特等学员奉命到巡洋舰“柯尼斯堡(Königsberg)”号报到，开始第五阶段的见习期。此时的学员们仍未获得正式军衔，“柯尼斯堡”号的军官团将根据一段时间的观察再决定是否正式推荐授衔。吕特在“柯尼斯堡”号上服务了前后约10个月，期间担任过队长兼值更官、高射炮军官等职务，1936年10月被正式委任为海军少尉(Leutnant zur See)。同级的115名授衔同学中，吕特排名第32位——这个排名糅合了考试成绩、在海上和学校的日常表现、资深军官的评价等因素，可能较恰当地反映了他的总体表现。不过，排名显然不能预测未来——吕特日后将是33级乃至U艇部队最成功的军官之一，他的同学中除少数几位外，绝大多数都湮没在时间的长河中了。

1935年6月，英德两国缔结了海军条约后，德国终于可以发展规模更大的水面舰艇部队，也第一次获得了建造潜艇的权利。其实德国早就在为他国建造潜艇，一俟海军条约生效，德国迅速组建了由6艘小型潜艇组成的首个U艇支队。时任海军总司令的雷德尔(Erich Raeder)任命邓尼茨出任指挥官，而后者对这一任命似乎颇感失望——作为“埃姆登(Emden)”号巡洋舰的舰长，当时他正准备到远东去展示代表国力的坚船巨炮，在他看来，U艇在海军发展新规划中还是个不起眼的小角色。[7]邓尼茨在9月底就任首支U艇支队——“韦迪根(Otto Weddigen)”支队的指挥官时，列队向他敬礼的只有3名艇长和若干艇员。无论是雷德尔、还是邓尼茨恐怕都难以料到，几年后将以精准高效的嗜血狼群闻名于世的U艇部队，就是从如此弱小的力量发展起来的。邓尼茨为U艇部队制定了与海军总体作战目标相吻合的发展方向，准备了系统的技战术训练计划，还以其天生的领导才干和热情亲自带领艇员进行训练。已担任U-14艇艇长的厄尔恩在回忆这段训练生活时曾写道：“周一到周五，每天白天都要进行8次水下进攻练习，夜间则要进行6次水面攻击练习，这是我们身体和精神所能承受的上限了。”[8]随着更多的潜艇服役，邓尼茨十分重视吸引年轻军官加入方兴未艾的U艇

▲ 位于弗伦斯堡-米尔维克的德国海军学院。1934至1935年期间，吕特曾在这里就学。

▲ 德皇威廉二世检阅"海拉"(Hertha)号巡洋舰见习军官们时的情景。1911至1912年期间，邓尼茨曾以见习军官身份在此舰服役一年。

部队。曾有一幅征兵招贴画描绘了彼时人们心目中的U艇部队：生龙活虎的海军军官站在银光闪闪的新艇上，信号旗迎风飘扬，天空中战机编队呼啸而过。这种形象当然也反映了邓尼茨对U艇作战的认识——他真正地相信U艇作为攻击性武器的强大力量，也渴望成功地把这种认识传递给艇长和艇员们；他竭力向下属灌输“无私的、随时做好战斗准备的”精神，而U艇兵种就像招贴画中所绘的那样，是一个“以无私奉献为荣的精英群体”；他预计U艇在新的战争中将不再是孤立作战，而是在无线电指引下组成巨大的作战群体；同时他也认为空中力量将是水下战争的一个重要维度，恰当地使用战机进行侦察和支援，对于U艇进攻战来说将具有至关重要的作用；邓尼茨还认为U艇的主要目标是打击商船船队，唯一的目的就是让敌方船只的损失速度远快于其补充和替换的速度。

1936年7月1日，德国海军第2支U艇支队正式组建，邓尼茨随即负责统率这个支队，其头衔也变成了“潜艇部队指挥官”(Führer der U-boote，简称FdU)。随着U艇数量的增多，邓尼茨对年轻军官的需求越来越大，吕特也在1937年2月离开“柯尼斯堡”号后成为U艇部队的一员。至于个中原因，可能是吕特接到了邓尼茨的直接邀约——后者经常直截了当地向他所中意的军官发出邀请；也可能是吕特自己厌倦了水面舰艇的生活，而U艇部队作为闪闪发光的新部队则具有神秘的魅力。

▲ 可能摄于1930年代中期，希特勒正在视察海军舰艇。希特勒不仅对海军战略战术知之甚少，还晕船。

▲ 摄于1917年，德帝国海军潜艇U-39号的值星官邓尼茨中尉。

初露锋芒：U-27与U-38

吕特加入U艇部队后首先来到诺依施塔特(Neustadt)的U艇学校受训，约4个月后他的33级同学厄斯滕(Jurgen Oesten)也来到这里受训。1938年1月至5月，吕特又到鱼雷学校受训5个月。尽管厄斯滕比吕特开始受训的时间要晚，但他却是33级学员中第一个到作战潜艇服役的

▲ 摄于1936或1937年，海军总司令雷德尔上将与U艇部队指挥官邓尼茨上校。

▲ 在波罗的海水域里进行训练的U艇艇员们。

▶ U艇部队最早的王牌之一普里恩在1939年10月14日完成了奇袭斯卡帕湾、击沉英国战列舰"皇家橡树"号的惊人一击，为自己赢得了U艇部队的首枚骑士勋章和战争英雄的地位。普里恩是优秀的战术家，同时也是狂热的纳粹分子。本图反应的是普里恩1939年10月返回基地时的场景，右边似为海军总司令雷德尔，与普里恩握手者的身份不详，但貌似当时负责北海作战的海军西集群指挥官扎尔韦希特尔(Alfred Saalwächter)。

▼ 摄于1938年，吕特担任次值星官的U-27，图中可见潜艇尾部的鱼雷发射管。

▲1938年10月24日，吕特被调往U-38出任首值星官，图为该艇官兵们在举行仪式。

▲少见的一张图片，右一左臂上戴有海军上尉袖标的是二战时期的“吨位王”克雷奇默，他旁边那位双手抱臂、头戴白色军帽的军官就是普里恩。

军官——1937年10月他成为U-20的次值星官，[9]而吕特则在1938年6月晋为海军中尉后的第二个月，才被分配到U-27任次值星官，这时距他加入海军已过去了整整5年。

U-27是一艘排水量500吨的VII级远洋潜艇(也称作VIIA级)，该型号的潜艇是二战时期德军最常用的艇种，前后约有600艘服役，被称为"U艇部队的脊梁"。该级潜艇拥有5个鱼雷发射管，可装载11枚鱼雷，最具特色的是尾部的鱼雷发射管安装在尾甲板上，另外还装有一门88毫米速射甲板炮(160发炮弹)。[10]虽然U-27流线型的艇身简洁明快，令人赏心悦目，但艇上的生活却是另一番面貌：狭小的空间里充斥着噪音和浓重的柴油气味；到处弥漫着腐食、汗臭和氯气混杂在一起的怪味；单调的瞭望、吃饭、睡觉，而后又瞭望的机械生活；洗澡和清洗完全是奢望，即便是饮用水也受到严格控制，尤其是艇内温度上升至50摄氏度以上时，饥渴成为难以承受的炼狱；上厕所也是每天必须面对的难题(二战前包括U-27在内的许多U艇只有一个厕所，且未配备高压冲水马桶，这意味着艇员们只能在潜艇浮出水面或在浅水时才能轮流如厕)；艇内抽烟也受限制，只有在水面上航行时艇员才能爬到指挥塔抽烟，而到了晚上在指挥塔也不能抽烟；瞭望哨虽能享受到新鲜空气，但冰冷的海水和刀割般的狂风使站在指挥塔上的几小时变成了不愉快的折磨，有些纪律严格的艇长甚至不允许昼间瞭望哨在指挥塔上吃喝东西、说话或抽烟……[11]在外人看来糟糕透顶的环境，吕特不仅不以为苦，反而乐在其中，其心境或如邓尼茨战后所言："……共同的命运和事业把我们紧密团结在一起，谁也离不开谁，谁也少不了谁。每个人心目中只有辽阔的海洋和任务，我们感觉自己就像国王那样富有，对其他一切皆漠然置之。"[12]

吕特在U-27的时间不长，两次出海分别发生在1938年的夏天和初秋，多数时间里都是沿着西班牙海岸巡逻，为西班牙内战中的佛朗哥军队提供威慑性力量，但并未经历实战。吕特在U-27服务的经历既为他带来了一枚"铜质西班牙十字勋章"，又教会了他如何理解艇员、如何从他们的角度来思考和看待问题，这对其日后的领导风格产生了深刻影响。与水面舰艇部队相比，U艇艇员是完全不同的"物种"，他们不仅以自己的工作为荣，还以工作所包含的危险和不舒适为傲，甚至相信自己是海军最优秀的分子；他们的忠诚更多地系于潜艇和指挥官，而不是海军、元首或帝国，当然前提条件是指挥官值得他们献身。"水能载舟、亦能覆舟"的道理在狭小的潜艇空间里体现得非常明显。人们时常能在电影中看到U艇官兵对艇长的服从和热爱，也能看到因艇长失职和无能而发生在海底的哗变。U艇艇员既能成就吕特这种年轻军官，也能让他黯然退出海军。吕特显然意识到了这一点，这也帮助他逐渐形成了"照顾好艇员"的信念。

1938年10月24日，吕特调到U-38担任首值星官。这是一次重要的提升，因为在U艇部队里首值星官的地位仅次于艇长，相较于其他国家海军的类似职务而言还担负着更多的职责。出任首值星官的军官一般来说已全面掌握了所有技能并具备领导才能，如果艇长在战时阵亡或失去指挥能力的话，首值星官将有权接过指挥权。同时，首值星官还要负责导航和鱼雷方面的日常事务。除非出现大的意外，首值星官都将成为独当一面的艇长。吕特调入U-38后不久，德国海军在1939年1月获准启动了一项野心勃勃的发展规划，即所谓的"Z计划"——计划的目标之一是在1948年前建成更多的战列舰、重巡洋舰、航母和多达249艘的U艇！显然，这些目标的实现将会困难重重，海军也将不可避免地与其他军种竞争资源或蚕食它们的地盘，也势必会进一步恶化战争经济和所谓的"四年计划"已引起的严重危机。撇开这些不论，仅是这样一支庞大舰队所需的油料，就超过了德国1938年全国消耗的油料量，而德国当年又有三分之二的油料依赖进口！吕特等基层军官当然无从了解、也不太在意这些宏大的规划，他们有太多的日常训练等事务需要应对。

吕特在U-38上一共服务了11个月，期间充分了解了艇长的日常工作并锻炼了领导才干，事实上该艇的许多日常事务都是由他裁决和执行的。相较于U-27，U-38是一艘更现代的IXA级远洋潜艇，排水量750吨，理论上可在航行8000海里后无须添加燃料就能返回基地。U-38不仅在外观设计上更整洁、流线感更强，潜水深度也比U-27的更深，还可多装11条鱼雷和1挺机枪。总之，吕特对于能在这样一条潜艇上任职感到满意，但没过多久，他就发现自己与日后将获橡叶骑士勋章的艇长利贝(Heinrich Liebe)上尉难以和平共处。他们之间的主要问题是利贝是个一丝不苟之人，而吕特则相反，即便在职业生涯的起步阶段，他已显示出自己更关注结果、而有意忽略细节的个性和特质。虽然吕特私下里曾称艇长是个“蠢蛋”，但性格冲突和意见相左并不妨碍他出色地履行职责。

1939年3月，当希特勒吞并捷克斯洛伐克全境时，U-38和其他潜艇一样进入了战备状态，虽然U艇部队没有参加任何实战，但邓尼茨也借机检验了部队进入实战状态的就绪水准。吞并捷克斯洛伐克的举动标志着希特勒背弃了半年前刚做出的承诺，也促使英法两国做出了确保波兰安全的保证。4月，德国单方面撕毁了英德海军条约，8月又与苏联签订了互不侵犯条约。战争的爆发虽指日可待，但相较于陆军和空军，海军还远远没有做好战争准备，宏大的重建计划只进行了8个月，邓尼茨只拥有57艘潜艇，其中仅三分之一做好了战斗准备。不过，虽在物资装备方面乏善可陈，但邓尼茨在1939年时已拥有几千名经过精心训练且高度敬业的艇员，以及一批受过良好教育、动力十足的职业军官，这些才是邓尼茨最为看重的U艇武库，他们才是U艇部队随后发展的内核所在。

1939年8月底，吕特与U-38艇的官兵们驶离母港，表面上是出海参加大型海上演习，实际上是为即将爆发的战争做好战斗准备。1944年时，功成名就的吕特曾在所著的一本书里描述过U-38的行动：“……我们抵达了指定区域，然后等待决定时刻的到来，我们做好了开战的准备。”当入侵波兰的消息传来时，U-38的艇员们正聚在一起收听广播，同时焦急地想知道英国人的反应。他们无需等待太久——9月3日下午2点，U-38等潜艇都收到了邓尼茨的命令：“英国已向德国宣战。潜艇进攻！按照捕获法案(Prize Regulations)开战。”所谓的捕获法案是英德两国1935年签署的一项协议，双方约定在战时击沉或捕获对方商船时必须遵守一套规则，潜艇在攻击对方舰只前必须准确识别目标，浮出水面后须将舰只停下并检查相关文件，以确认对方是否属于合法攻击目标。只有完全确认之后，潜艇才可将其击沉，之前还必须给对方船员逃生的机会，如果船员无法回到陆地，进攻方还须将所有船员带走。这些要求对潜艇来说确实难以完全遵循，狭小的空间容纳艇员都捉襟见肘，更勿论运走对方的船员了。另外，在捕获、检查和击沉船只过程中，潜艇必须浮出水面，致使其隐蔽性和突然性等战术优势完全丧失，敌方的一发炮弹就足以造成灾难。德国之所以在交战之初要求己方潜艇照章行事，可能并非是出于人道方面的考虑，或是出于自愿守规，更多的恐怕还是着眼于对中立国(尤其是美国)的政治影响。另一方面，捕获法案也禁止商船做出任何引发战争的举动，但英国在战争伊始就将商船进行了武装，邓尼茨对此也曾抱怨不已。德国虽然知道英国在大规模地武装商船船队，但在二战头2个月，邓尼茨还是要求艇长们严格遵守规则。1939年9月初的一份德国官方文件曾透露过其中的端倪：“……像1915年2月4日所做那样划出公海战区是不明智的，因为这一举措等于是宣称可在指定区域内不经警告就击沉敌方商船。随着敌方商船如预期的那样进行武装，将会出现这样一种局面——不警告就击沉敌方商船的行动在国际法上是无可非议的，因为武装商船是属于军事目标范畴的。"[13]

9月6日，U-38拦下了7242吨的英国商船"马纳尔"(Manaar)号。U-38按照捕获法案的规定要求对方提交身份文件，但这艘武装商船立即向潜艇开炮。鉴于对方率先违规，U-38潜入水中后以1枚鱼雷终结了这艘商船。11日，U-38再次觅到猎物，这次的牺牲品是9456吨的英国油轮"英弗利菲"(Inverliffey)号。幸运的是，油轮被击沉后，船长和48名船员被附近的一艘美国油轮救走。到11月时，捕获法案被双方逐条摒弃，邓尼茨战后认为是英国先坏了规矩，德国才不得不逐步放松，最后完全取消规定。[14]不管是哪一方率先废除法案，到12月初时，无论是交战国还是中立国任何没有标志的商船，都有可能在英伦三岛周边受到潜艇攻击。

吕特的职业生涯此时才算刚刚起步，还没有机会统领一艘属于自己的U艇，而普里恩在10月14日已率U-47完成了奇袭斯卡帕湾、击沉"皇家橡树"号战列舰的惊人一击，U-29艇艇长舒哈特(Otto Schuhart)也在9月17日击沉了英国航母"勇敢"(Courageous)号。这时的吕特还是那样的默默无闻，即便他的同班同学厄斯滕也在1939年9月率先成为U-61艇艇长。不过，他的机遇很快就要来临了。12月16日至28日，在U-13短暂地担任了艇长后，他就于12月30日被正式任命为U-9艇艇长。

军史家沃瑟曾将二战时期的德军U艇艇长大致分为三代：第一代是1939年9月二战爆发之时或之前已任艇长的；第二代是二战初期担任艇长的；第三代则是1944年左右接任艇长的年轻一代。不过，他自己也承认这种划分有欠公允，最明显的缺陷就是将厄斯滕和吕特这两位成长轨迹几乎完全一样的同学分作了两代人。[15]严格说来，吕特虽然出任艇长的时间比厄斯滕晚3个月，但他与所谓的第一代艇长有着相似的特质：他们都是志愿加入U艇部队的军官，也都经历了5年的严格训练；他们都高度忠实于潜艇兵种及其指挥官邓尼茨，对自己的能力也有着高度的自信；他们都熟悉且准备遵守商船战的规矩和捕获法案的要求；他们都从未经历过真正的战争，但都准备像一战中的艇长们那样行事——勇敢、忠实、服从任何命令、拒绝一切胆怯行为。他们还有一个共性，即都无条件地接受纳粹政府及其领导人，都能容忍或有意忽略纳粹的过分之处乃至战争暴行，并时刻准备着为国献身，愿为他们最敬仰且畏惧的领路人邓尼茨赴死。沃瑟对三代U艇艇长曾有一个特别形象的比喻，他说这些人就像"张嘴咬住人腿的狗一样，尽管不断地受到重击，但绝不松口"[16]。这个特质当然会使后人觉得他们特别冷血和疯狂；但另一方面，也正是因为如此，他们才能取得其他任何国家和军队都不能想象或期待的战场成就。1944年，当第三帝国在风雨飘摇中开始崩塌时，秉承前述传统的第三代艇长还能意志坚定地继续顽抗，不惜与希特勒千年帝国的迷梦一起沉入海底。

独当一面：
"铁十字艇"U-9

U-9是一艘怎样的潜艇？邓尼茨1935年任指挥官的首支潜艇支队叫作"韦迪根"支队，纪念的是一战潜艇部队的传奇英雄、U-9艇艇长韦迪根海军上尉。大名鼎鼎的韦迪根在1914年9月的一次作战中，1小时内先后击沉3艘英国巡洋舰，创下了潜艇战史上空前的辉煌战绩。德皇威廉二世亲自向他颁发了一级铁十字勋章，艇员们在U-9的指挥塔边漆上了一个硕大的铁十字图案，于是该艇又称为"铁十字艇"，是德军潜艇部队不朽的传奇之一。

交给吕特指挥的这艘潜艇正是承继韦迪根和邓尼茨衣钵的U-9，当然潜艇本身并非一战时的那艘老艇，而是1935年下水服役的一艘现代潜艇，但属于过时的IIB级，不仅艇身狭小，航程也有限，甚至不能到达北海和欧洲海岸外的任何海域。事实上，当吕特接管U-9时，该型潜艇正被U-27这种VII级、U-38这样的IX级潜艇所取代，U-9这类的潜艇不是被派往危险性较低的水域执行任务，就是干脆被用作教学训练艇。

将此时的吕特与韦迪根加以比较无疑是可笑的，但可以确定的是，吕特接手的是一艘浸润着传统与荣誉的潜艇，他总是要在韦迪根的阴影下生活和战斗。对任何人来说，这都是一个沉重的负担。U艇艇长素有在指挥塔漆上徽章的喜好，比如普里恩的U-47喷绘的是一只"呼哧喷气的公牛"，克雷奇默的U-99选取的是"马掌"，而托普的U-552艇则漆上了一只"红魔"。吕特不赞同这种做法，他相信行胜于言，因而不允许下属在自己领导的任何一艘潜艇上喷绘图案。当然U-9是个例外，即便特立独行者如吕特，也没有胆量把韦迪根的铁十字徽章除去。

1940年1月16日，U-9在阴雨湿冷的糟糕天气中离开了基尔港。这是吕特担任艇长后的第一次出海，虽然一路巨浪滔天，但总算有惊无险，到18日夜8点半时还幸运地发现了一只猎物——1179吨的瑞典籍商船"佛兰德里亚"(Flandria)号。当时天色虽然很晚，但能见度不错，商船似乎也没有防范，一直沿着固定航向匀速前进，根本未察觉到自己已成潜艇的靶子。吕特在脑子里盘算着进攻方案，这理应是一次较易得手的、教科书式的攻击，但也许是因为这是第一次，也许是过于兴奋，吕特竟命令潜艇上浮进行水面攻击，甚至还邀请艇员们出来观看。除吕特、首值星官和瞭望哨外，窄窄的舰桥上挤满了不当值的艇员，他们都像饿汉扑向美餐一样，瞪大眼睛一边紧盯着猎物，一边轻轻地彼此推挤以便获得更佳的观看角度。在轻微的咳嗽和窃窃私语声中，吕特竟算错了攻击角度，10点23分发射的首枚鱼雷错过了目标！吕特随

▲ 一战时期德国潜艇部队的传奇人物韦迪根。1914年9月，他率领U-9在1小时内击沉了3艘英国巡洋舰，创下了潜艇战史上的空前纪录。

▲ 摄于1940年4月，有点邋遢的吕特站在U-9指挥塔下，铁十字图案的轮廓依然清晰可见。

▲ 吕特自己的第一艘潜艇U-9，注意指挥塔一侧的铁十字图案。吕特任U-9艇长时该艇已经过时，但直到1944年5月前仍在服役，主要扮演辅助的角色和满足教学训练的需要。

▲ 英军深水炸弹入水时的情形。1940年5月底，吕特的U-9曾遭到英军多枚深水炸弹的攻击，在海底躲藏了21小时后方得逃生。

即下令调整位置准备发射第二枚鱼雷。10点40分，第二枚鱼雷也鬼使神差地错过了目标！听着那些轻轻的叹息声，想着浑身湿透但又躁动不安的艇员巴望着他收获首胜，吕特不由得有些气馁，真后悔把他们弄上来干扰自己。另外，要是潜艇此刻遭受攻击而需紧急下潜，那又该如何是好？

就在第二次攻击未果的同时，瞭望哨发现了另1艘商船"帕特里亚"号(Patria)正从南面远远驶来。显然，吕特必须当机立断，如果在前一艘船身上花太多时间，但又不能迅速击沉它，那么新到的船一定会逃之夭夭，结果2艘船都有可能溜掉。而他如果放弃眼前的"佛兰德里亚"号，转而攻击新到的那艘，他也未必能追上后者。他思索的时间越长，2艘商船发现U-9的可能性就越大，逃逸甚至主动进攻潜艇的可能性也就越大。即便这2艘船都不是武装商船，一旦它们发现U-9，肯定会用无线电或发信号召唤附近的战舰。真是棘手的情形！吕特不禁思忖，传奇人物韦迪根在这种情况下会怎么做？

吕特收住思绪，决定继续攻击"佛兰德里亚"号。经过近1小时的仔细测算和位置调整，U-9终于在临近午夜时发射了第三枚鱼雷。艇员们把手搭在彼此肩上，伸长脖子焦虑地等待着鱼雷命中目标——吕特收获了首胜，鱼雷命中了商船中部，巨大的烟柱在月光下腾空而起，轰隆的爆炸声响彻水面，20秒后"佛兰德里亚"号沉没了。令人诧异的是，"帕特里亚"号似乎既未看到这一幕，也没听到巨大的爆炸声，仍按照原来的航向和航速向着U-9迤逦驶来。吕特不会再犯低级错误了，他向该船的前桅与舰桥间的部位发射了一枚鱼雷，商船顿时被炸成两半，船身前一半在水上还漂浮了一段时间，后一半则立即沉入水中。吕特在望远镜中看到船员们忙乱地逃生，嘴角不由得露出了满足的微笑。

这两艘商船都不大，排水量均不超过1200吨，但在U-9的航海日志中记下的吨位却是"佛兰德里亚"号4000吨、"帕特里亚"号8000吨。由于经验不足，吕特也像其他新艇长一样高估了战果，不过，这种情形在其职业生涯的中后期甚少出现。纵观吕特的整个U艇作战生涯，他所报告的击沉总吨位数仅超过实际吨位数的12%。[17]

吕特的第一次出海作战为期6天，可谓首战告捷。他本人在1943年末曾回忆说，这次出海最主要的收获是打开了潘多拉魔盒，他与艇员之间的信任关系也已建立起来。信任是每个艇长都必需的，而且它只有通过艰苦努力和胜利才能换来。吕特曾说："一个艇长只要成功了，哪怕是个白痴，下属们也会喜欢他。"进攻"佛兰德里亚"号之初，吕特的失误显然是置艇员们于危险而不顾，但击沉两艘商船的战果又使这一切都无关紧要。吕特也早早地向大家展示了"卓尔不群"的气质——邀请艇员观看攻击过程，使他们有机会目睹敌船的沉没，还有什么能比与艇员分享首胜更让人兴奋钦服，还有什么比这更棒的见面礼呢？

吕特的U-9经历并不总是充满了激情和胜利。1940年2月初，U-9曾奉命到苏格兰西海岸布雷。平心而论，机动灵活且不易暴露的潜艇比布雷艇和飞机更适于布雷任务，但几乎所有U艇艇长都痛恨这种任务，他们更愿意以鱼雷对敌舰发起突袭，而不是偷偷布下水雷，然后等待几周甚至数月才听说某艘倒霉的船只撞上了水雷。2月6日下午，U-9在穿越北海差不多半程时，吕特才发现作战命令竟落在基地了！回去取命令，既耽搁时间和危及布雷任务，又要丢尽面子；没有作战命令，接着前进的话，又怎能知道准确的布雷区。在错误的地点布雷可不是玩笑，U艇自己也要穿越雷区返回。吕特与几位军官面面相觑，一筹莫展。所幸的是，他们每人都还记得那道命令的一部分，凑在一起或许能大体上将之还原。就这样，吕特带着U-9瞎打误撞，抵达苏格兰西海岸的佛斯(Firth)后竟然布下了与命令完全吻合的9颗水雷！11日，U-9在返航途中还顺手将1艘爱沙尼亚货轮“琳达”(Linda)号击沉，也算此行的意外收获。

就在吕特前往苏格兰布雷期间，邓尼茨在海军作战会议上得到指示，U艇部队将在德军进攻挪威和丹麦时为登陆部队提供海上保护带。1940年4月1日，希特勒下令准备发动进攻挪威和丹麦的“威悉河演习”作战，整个海军都将参与，包括U-9在内的所有U艇都被召回参战。这次作战无疑有相当大的风险，德国海军将直面占据优势的英国皇家海军，不过，由于皇家海军也会倾巢而出，倒为U艇部队执行邓尼茨几年来一直在演练的狼群战术提供了良机。德国海军舰队分作6个战斗群，每个战斗群负责支援在挪威海岸线不同地点展开的登陆行动。吕特的U-9被分在第3战斗群，与轻巡洋舰“科隆”号和“柯尼斯堡”号一起行动。此外，邓尼茨还组织了两个攻击艇群，北艇群有6艘U艇，埋伏在设德兰东北海域英军驶往纳尔维克的航线上，南艇群的3艘U艇则在接近斯卡帕湾附近的海域活动。U-9等构成登陆保护带的潜艇主要负责海上安全和阻遏敌军的登陆行动，保障本土与进攻部队之间的交通线畅通无阻。德军于4月9日开始登陆作战，尽管水面舰艇遭受了重大损失(如“柯尼斯堡”号被英军炸沉)，但登陆行动很快取得了成功。不过吕特几乎错过了整个战役，因为U-9巡航和防御的海域几乎没有任何英军舰只出没。吕特后来曾向邓尼茨抱怨，说以潜艇这种攻击性武器铸成防线真是一种浪费。U-9唯一的战斗就是同枯燥无聊作战，与狂风巨浪拼搏。在一张摄于此段时间的照片中，吕特无精打采地倚在U-9指挥塔边，衣着邋遢，态度消极，显然非常无聊。

并非所有潜艇都像U-9那样身处没有重大战事的水域，但几乎没有潜艇斩获战果或对地面行动做出了贡献。后来的统计表明，战役期间U艇向敌方舰艇船只一共进行了43次攻击，但无一命中，自己反而损失了4艘潜艇。U-47艇艇长普里恩4月11日在近距离攻击港口中停泊的英军战舰时，不仅未能取得任何战果，自己还险些不能安全撤走。吕特4月20日在卑尔根(Bergen)外海向驱逐舰“格罗姆”(Grom)号发射了4枚磁性鱼雷，但都没有命中目标。U艇部队参战之初的自信满满已如晨雾般消弭得一干二净，邓尼茨也非常恼火地把U艇全数召回，要求海军总司令雷德尔给出满意的解释。非常了解自己能力的普里恩带头怀疑是潜艇新装备的磁性鱼雷存在重大缺陷，还戏称自己是“用一只木枪同英军铁甲战舰作战”。后来的调查表明U艇攻击失败的罪魁正是鱼雷的技术缺陷，邓尼茨把负责新鱼雷技术开发的有关人等送上了军事法庭，同时决定继续使用经受过实战检验的老鱼雷。为安抚士气受到沉重打击的U艇官兵，邓尼茨稍后亲自走访了每艘U艇，向艇员们解释所发生的一切，并承诺局势很快就会逆转过来。邓尼茨还决定派自己最得力的参谋军官厄尔恩(即吕特的33级学员队队长)担任U-37艇艇长，要求他尽可能多地击沉敌方船只，以此证明德国的鱼雷技术依然高效。邓尼茨无疑是想借助厄尔恩的成功恢复军官团的自信心——他的另一层深意可能是，既然他身边的参谋军官(尽管厄尔恩是最优秀的参谋、也曾任过一线艇长)都能取得成功，那么，经验更丰富的艇长们只要相信他们自己和手中的武器，从萎靡不振中迅速振作起来，就能取得更多的胜利。

法国战役的主角是将闪电战术发挥到极致的装甲部队和空军，在挪威之战中元气大伤的海军基本没有参与，U艇也无力对英国海军造成大的威胁，只能在有限的水域参加作战。除了皇家海军这一最大威胁外，英吉利海峡密布的水雷、恶劣的气候、无常的潮汐等都给U艇作战带来了困难。5月9日，吕特盯上了1艘比U-9更大的法国潜艇“多利斯”(Doris)号。他在距离潜艇700米时发射了2枚鱼雷，其中1枚炸沉了这艘潜艇。当时，吕特和首值星官格拉米茨基(Franz

Gramitzki)站在舰桥上观望潜艇的碎片，格拉米茨基看着法国水手的尸身时曾感慨地说：“可怜的伙计们！他们和我们一样，都只是水手而已。”吕特不为所动地说道：“战争让这种情感无处藏身。不是你死，就是我死。如果不击沉他们，被击沉的就是我们或别的U艇。”持这种认识的U艇艇长绝非少数，但吕特似乎比多数同僚都更坚定——他的一位朋友就曾说：“当吕特击沉舰只时，他根本不知道自己造成的伤害有多大。”从此，“不是他们，就是我们，战争就这么简单”这句话，就成了U艇官兵口耳相传的“经典名言”。

5月9日深夜，吕特抵达了濒临比利时海岸的预定作战区域。不久，由于测深装置失灵，U-9像头病鲨一样被迫浮出了水面，而敌军驱逐舰的出现又迫使它下潜，在水下一待就是四五个小时。当U-9再次露出水面时，吕特爬上指挥塔，用望远镜观望着远处的灯火、探照灯和敦刻尔克方向高射炮弹的曳光，还有一艘爱沙尼亚货轮“维由”(Viiu)号。吕特在11日击沉了这艘货轮，他的好运气还没有用完，很快又发现了一艘国籍不明的商船。就在他调整方位准备攻击时，远处出现了一艘扫雷艇。吕特决定先炸沉扫雷艇这个更有价值的目标，但就在一切就绪之际，他突然发现扫雷艇后面还跟着一艘浮在水面上的潜艇！刹那间，猎物好像多得令人发抖，潜艇自然又成了首选。吕特迅速调整艇身进入准备发射状态，但一阵强烈的洋流把U-9推离了刚调整好的位置，结果一下子失去了所有的目标。好在当日晚些时候，U-9猎获了2000吨的英国商船“特林加”(Tringa)号，不然吕特不知该有多后悔！向“特林加”号的进攻招惹了护航的英军军舰，U-9被迫紧急下潜，在水下一待就是9个小时，艇员们的神经都经受了一次考验，所幸U-9毫发无损。

吕特不清楚的是，整个法国战役期间偌大的海洋中只有2艘U艇在积极作战，除U-9外，另一艘就是厄尔恩的U-37。5月15日，吕特获得了一级铁十字勋章，他的作战生涯显然起步良好。接下来的数日里，U-9没有觅到合适的战机，这片水域到处都是英军战舰，除了不停地躲避这些庞然大物外，吕特还得应付复杂而棘手的洋流。日渐老旧的U-9也频频出现机械故障，特别是柴油发动机曾数次意外停转，给吕特造成了很大困扰。在敦刻尔克外海彻夜不止的枪炮声中，吕特苦苦寻觅猎物，终于在5月23日中午发现了货轮“西古尔德·福尔鲍姆”(Sigurd Faulbaum)号。U-9发射的鱼雷将该船拦腰炸成两段。吕特在货轮残骸中发现了比利时士兵的身份文件，这使他相信自己击沉的是一艘军用船只，但后来有证据表明它是一艘在立陶宛注册、但被英国人捕俘的德国船只，吕特击沉它的时候它正作为战利品被送往英国。不知何故，吕特在航海日志中称击沉的是一艘犹太人的船！回到威廉港后，他曾一度逢人便自得地夸耀说“击沉了一艘犹太船。”稍后有关部门告诉吕特，这根本不是什么犹太船，它的主人是在里加经营海运多年的“纯雅利安人”，所以请他日后在这件事上保持缄默。

5月24日凌晨，在英国诺福克(Norfolk)海岸的一次攻击几乎葬送了U-9，当时吕特甚至都要下令弃艇了。U-9在月光下发现了两艘轮廓颇似驱逐舰的大型舰只，吕特在距敌舰约1000米处向其中一艘发起了攻击。不想，鱼雷发射管在关键时刻出了问题，敌舰受到惊扰后迅速冲了上来，接连投掷了5枚深水炸弹。U-9在水下呈之字形运动，试图悄悄溜走，但此间的水深不足，敌舰也不会让潜艇轻易逃走。很快，U-9上方又有6枚深水炸弹袭来，接着又是5枚。吕特别无选择，只能潜至并不算深的海底，深水炸弹造成了艇内多处受损或装置失灵，轮机长和技师们一直在尽可能镇静地进行修理。军史家弗拉施卡曾这样描述过U-9当时经历的惊魂时刻：“吕特命令U-9潜至80米、100米、120米……更多的深水炸弹在不远处爆炸，应急灯也灭了，吕特冲着黑暗中的艇员们平静地说：'大家注意，保持绝对安静，一切都会过去的。'又一组深水炸弹迫使U-9继续下潜，有人摔倒了，还有人一头撞上了角铁。吕特紧紧扶着潜望镜，也面带恐惧地向上张望着……突然间潜艇舱室里进水了，中央控制台的仪表盘也起火了，火势蔓延很快，就在吕特开口说话前，黑暗中有人窜了上来，不顾危险地用毛毯和双手扑灭了火焰……危险过去了，没人注意到艇外又有两枚深水炸弹发出的爆炸声。舱底泵修好了，漏水处也被堵住了。吕特命令把救火的艇员带到跟前，轻柔但坚定地感谢这个水手拯救了潜艇，然后他略微提高声调说道：'我将为你的勇敢行为推荐授予你一级铁十字勋章。'U-9里顿时传出雷鸣般的欢呼声。'大家回归各自的岗位'，吕特打断了众人，他们非常需要这短暂一刻的放松，因为这种欢乐是他们借以摆脱沮丧情绪和恐惧的一道阀门……"[18]

弗拉施卡在描述这一幕时可能装上了想象的翅膀，真实的情况(来自于吕特的航海记录和他在1944年著作中的自述)是吕特在24日晨7时即下令在海底保持完全静默和"装死"。他打算捱到深夜再采取进一步行动，命令关闭了艇上的所有机械，要求所有人返回铺位睡觉。他清楚U-9无法发射鱼雷并有多处严重受损，他所不知道的是U-9上方的水面上竟有4艘驱逐舰，这些英军舰艇虽然不确定水下U艇的准确位置，但也无意放过这个对手，每一艘都在附近水域或远或近地投掷深水炸弹，希望"地毯式"的轰炸没准就能将U艇逼出水面。深水炸弹的威胁是巨大的，而更让人难以忍受的是爆炸间隙里那短暂但又似乎是永远的等待。先后任U-415和U-953艇艇长的维尔纳(Herbert Werner)曾在畅销书《铁棺材》中写道："这种等待让我们失去了时间感......和对任何食物的胃口。"[19]想必人们对《从海底出击》和《U-571》等电影中描绘的这种场面也不陌生。

毫无还手之力、只能听天由命的U-9，这次算是经历了严峻的考验。24日上午11时，吕特向艇员们分发了巧克力和用来净化空气的钾碱筒，他已做好了弃艇准备——自沉炸药已安装完毕，艇员们也都收到了救生衣。舱室里又黑又冷，艇员们为避免走道发出声响都只穿着袜子。潜艇由于前部进水变得过重，吕特就命令所有人聚到艇尾，只有最重要的值班人员留在前舱，其中就包括仍在安静地修理破损处的轮机长和技师。尾舱里的艇员们在死一般的沉寂中忧虑地倾听着艇外的螺旋桨发出的噪音，想象着驱逐舰从头顶碾压过来的恐怖景象，数枚深水炸弹的爆炸既让潜艇震颤不已、又令艇员们心惊肉跳……这一漫长的等待对于锻炼艇员的意志可能不失为一个大好机会，对艇长来说更是一生难求的绝佳机会。当深水炸弹不停地爆炸时，大家的目光都会投向艇长，他的一举一动、每个表情甚至每次蹙眉，都会牵动艇员的神经。吕特深知这一点，如果他看起来忧心忡忡，艇员们就会不由自主地恐慌；若他神态自若，他们至少还会保持安静；如果他不经意间从嘴角露出些许笑意，那么大家都会对望着发出会心的微笑，因为他们相信艇长会有办法引领他们走出绝境。平心而论，在这种危急情况下保持完全镇静并不容易，毕竟U-9被困水下已很长时间，而且出现了大范围机械故障。但是，吕特也许是天赋过人，作为一个经验不算丰富的年轻艇长，他做到了所有优秀艇长应该而且能够做到的一切。吕特在整个过程中表现得镇定自若，命令清晰明确，举止有条不紊。首值星官很镇定地带头回铺位睡觉，吕特自己也在铺位间穿梭，检查那些鼾声大作的艇员是否嘴巴里还含着钾碱筒。吕特以自己的表现拯救了U-9，也感染了艇员们的情绪，他作为艇长的威望就此完全树立起来。在U艇部队，艇员们可以不喜欢艇长的个性和作风，但如果一位临危不惧的艇长能拯救他们的生命并带来胜利，那么这位艇长无疑仍是值得尊敬、信赖和托付生命的。超级王牌普里恩虽因鲜明的个性和狂热的纳粹信仰而并不为所有艇员喜爱，但他的战术才华、指挥经验和钢铁意志却多次拯救过艇员的生命，因而他仍然是一个值得他们信赖的王牌艇长。

“猫捉耗子”的游戏慢慢接近了尾声，英军驱逐舰逐渐失去了耐心，螺旋桨发出的噪音越来越弱，深水炸弹爆炸的方位离U-9也似乎越来越远。25日子夜刚过，在水下静默了整整21小时后，U-9得以浮出海面，结果刚一露头就发现了几百米外的一艘驱逐舰。经历了漫长的一天后，驱逐舰上的人们似乎都睡熟了，吕特不敢发动柴油机，命令以电力驱动悄悄溜走。28日黄昏，当吕特和U-9返回威廉港时，发现他们的统帅邓尼茨正焦灼地在码头踱步。邓尼茨按捺住内心的喜悦，轻快地问吕特：“你们从哪儿冒出来的？我以为你们都死了。英国人声称已击沉了你们。”吕特则自豪地回答：“英国佬高兴得太早了，他们甚至在我们头上都放好了沉船位置浮标，不过恐怕再也找不着我们了。”

就在U-9离开敦刻尔克外海不久，震惊世界的敦刻尔克大撤退拉开了帷幕。几十万英法官兵搭乘各种舰只撤回了英国本土，U-9仅仅早了几个小时撤离了这个战场，而U-37也不在这片水域活动，U艇部队此时竟无任何潜艇游弋在敦刻尔克外海！

被邓尼茨寄予厚望的U-37艇艇长厄尔恩6月6日回到了基地，带回了击沉敌船10艘、总吨位41000吨的辉煌战绩。[20]U-9和U-37的此番出海，正值U艇部队在挪威战役中士气锐挫的困难阶段，邓尼茨利用吕特和厄尔恩的成功大加宣传，很快重新振作了官兵的士气，U艇战史上所谓的“快乐时光”即将到来。不过，出于种种原因，“重振士气、拯救U艇部队”的荣誉被完全给予了更资深、更受青睐、当然战绩更显赫的厄尔恩，吕特的贡献被完全忽略了(U-9在吕特领导下半年里出海6次，共击沉16669吨敌船，其中1940年5月击沉了总吨位13089吨的5艘船只[21])。当然，吕特的黄金岁月还没有到来。

海上之王：U-138与U-43

1940年6月27日，吕特被任命为当年5月18日刚下水的IID级新艇U-138艇的艇长。德国在1939至1941年共建造了16艘该级潜艇，除外形较小(艇长43.97米、艇宽4.92米)外，IID级潜艇几乎可被视作VII级，两者都具有较大的指挥塔和指挥塔后部的高射炮平台，IID级还具有独特的鞍状储水舱，续航力也较先前有了较大提升。[22]

能够指挥U-138这艘新艇本应是件好事，但吕特在1940年夏却为之不胜其烦。按照U艇部队雷打不动的惯例，任何新艇投入实战前都必须进行相当时间的全面测试和训练。下面的日程表大约可以解释吕特为什么会感到厌烦：6月末至7月10日，U-138在基尔港进行接艇测试；7月12日至17日，在格腾哈芬(Gotenhafen)进行鱼雷测试；之后1个星期，吕特率U-138参加第27U艇支队主持的海上战术演习；接着到但泽进行各种各样的慢速测试……最令吕特失望和不满的是，8月1日，U-138又奉命开往波罗的海海岸的梅梅尔(Memel)，成为第24和第25U艇支队训练新艇长的训练艇，而且还为时1个月！这让一心渴望奔赴战场的吕特烦恼不已——法国战役在6月末迅速结束，不列颠空战在7月和8月激战正酣，多数人都相信对英国的战事很快也要结束，吕特当然不想在远离战场的梅梅尔作壁上观。1940年7月，42艘满载战争物资的英国商船被德国潜艇击沉，8月和9月又分别有68艘和66艘舰只葬身海底。到二战爆发刚好1年的9月时，差不多已有150万吨盟国舰只消失在大海中。这段时间也被史家称为U艇的“快乐时光”。其他U艇在横行北大西洋的途中也攫取着一次次胜利：U-34在7月这个月击沉了总吨位74300吨的13艘敌船；

克雷奇默率领U-99在7月末的3天里击沉了合计32300吨的4艘敌船；8月初时，U-38艇艇长利贝把总战绩也提升到了10万吨(击沉18艘)；8月最后1周，U-37、U-100、U-46、U-48、U-32、U-101等几乎所有出海的潜艇都在摘取胜利的果实……吕特自然不甘心坐在遥远的后方任凭他们独揽荣誉，自己却眼睁睁地看着“战争即将结束”。所以，当吕特在9月初接到准备出海作战的命令时，他显露出如释重负的欢愉表情也就毫不奇怪了。

9月10日，吕特的U-138悄悄离开了基尔，1周后进入英国西海岸的所谓“西部近海区”(Western Approaches)。[23]20日夜幕降临时，吕特盯上了有3艘驱逐舰护航的英国OB-216船

▲拍摄时间不详，普里恩的U-47艇结束了巡航返回基地。

▲ 摄于1940年7月，普里恩正与被他搭救的三名空军人员愉快地交谈。普里恩在6月初的几天时间里曾击沉了总吨位36000吨的7艘敌船。

▼ 德军U艇经过比斯开湾进入大西洋时的场景。

▲ 正在指挥塔上瞭望的U艇艇员。

▲摄于1940年8月，海军总司令雷德尔正向克雷奇默(左一)颁发骑士勋章。

▲摄于1940年，邓尼茨在码头迎接返航的U艇官兵。

▲1940年10月24日，吕特获得了骑士勋章，成为王牌艇长俱乐部中的一员。图中的吕特骄傲地佩戴着勋章，手中可能还捧着鲜花。

队，这支船队由30艘商船组成，分8列行驶，每列间距约400到500米。胆大的吕特一直在潜望深度保持追踪，当晚8时后悄悄钻进了两列商船的中间，一心关注船队外围敌情的驱逐舰并未发现U-138，而商船本身依赖驱逐舰保护，故而也根本没留意到它们之间的水域里出现的黑色潜望镜。吕特获得了绝佳的攻击距离和方位，9点20分时毫不留情地发射了2枚鱼雷。2分钟内，船队中的“新塞维拉”(New Sevilla)号和“博卡”(Boka)号先后爆炸起火。英军驱逐舰立即离开编队，开始在外围水域搜寻攻击者。此刻的U-138里，有人在熟练地装载鱼雷，有人则为维持潜艇的平衡而在狭窄的艇身里前后奔跑，吕特则借助潜望镜紧张地计算下一攻击的最佳角度。U-138在周围的爆炸、火光和混乱中又溜进了船队的第三和第四列之间。9点26分，1枚鱼雷准确命中了10000吨的“西姆拉城市”(City of Simla)号，巨大的爆炸声再次响彻海面。OB-216船队的队形此刻已被彻底打乱，无论是商船还是驱逐舰都浑然不知发起致命攻击的敌人身在何处，更无人想到胆大妄为的U艇竟钻进了自己的队列中间，而且是在闭着眼睛都不会错失靶子的近距离发射鱼雷的。沮丧的3艘驱逐舰胡乱地投掷深水炸弹，暗中祈祷能吓跑该死的U艇。这些招数对吕特根本不起作用，倒霉的OB-216算是遇上了杀手，21日凌晨2点半左右，苦追不舍的吕特发射了最后1枚鱼雷，命中了5000吨的英国商船“帝国冒险”(Empire Adventure) 号。经过12小时的追逐和攻击，吕特收手了，“就像一个饿汉面对满桌酒席却没有牙齿一样”，带着些许的遗憾悄悄撤离了战场，3天后安全返回了法国洛里昂(Lorient)的U艇基地。

1940年9月23日的国防军战报曾报道过吕特率U-138击沉总吨位29000吨的4艘商船的消息(实际总吨位接近35000吨)。U-138返回洛里昂后，有10天时间补充油料、鱼雷、补给和进行修复。这段时间里，普里恩、克雷奇默、U-100艇艇长舍普克(Joachim Schepke)、U-38艇艇长利贝、U-103艇艇长许茨(Viktor Schütze)等人也都在洛里昂，一时间知名度颇高的艇长们云集于此，尽管此时的吕特与他们相比还算不上引人注目，但无疑也是小有名气的艇长之一。邓尼茨在战后回忆录里曾高度称赞过这批才华横溢、对他本人忠心耿耿的艇长：“……他们依靠才智，大胆而又谨慎地投入了打击英国海上交通线的战斗。他们无论是单艇作战还是多艇协同作战，均能在短促的战斗中取得辉煌的战果。他们觉得自己就像‘海上之王’，优越于敌人的防御兵力。”[24]

U-138的第2次出海作战始于1940年10月8日，历时11天，不过，取得的战果并不像首次取得的那样引人注目。吕特的作战区域是一块6海里的水域，在几天里连续错失3次机会后，他终于迎来了英国OB-228船队。这支船队呈八列纵队，每列有三到四艘商船，外围由轻巡洋舰护航。U-138在10月15日击沉了“波恩赫尔”(Bonheur)号，并重创了油轮“大英帝国光荣”(British Glory)号。回到洛里昂后，吕特接到了调任1艘更大型的潜艇的命令，他对此颇感不快，毕竟经过几个月训练和26天的出海作战，他与艇员们已形成了默契并建立了信任关系，现在却要再去1艘新艇就职。U-138在吕特麾下虽只有2次出海作战的记录，但26天里击沉近4万吨敌船的战绩无论如何都算相当显赫。为表彰吕特领导U-9和U-138时取得的战绩，他在10月24日获得了骑士勋章。[25]这种勋章在1940年时仍是一种弥足珍贵的荣誉，一般只授予击沉敌船总吨位10万吨以上的王牌艇长(当然也有普里恩那样的特例，1939年奇袭斯卡帕湾的惊人战功为他立即赢得了U艇部队的首枚骑士勋章)，吕特此时的击沉总吨位数虽不到10万吨，但他在1940年4月和5月期间击沉了分量更重的敌方驱逐舰(实际上是重创)和潜艇。曾任U-152和U-333艇艇长的克雷默尔(Peter Cremer)曾写道："……U艇艇员特别重视佩戴骑士勋章的艇长；这种艇长能给他们带来某种程度的安全感，因为那些年轻且经验不足但又不惜任何代价想赢得骑士勋章的艇长，往往会贸然出击，从而置艇员们于不必要的险境。普通艇员就是这么想的，而这是可以理解的……毕竟人人都想活下来。"[26]

吕特10月21日接手的U-43是一艘IXA级远洋潜艇，与他曾任首值星官的U-38艇属于同一类型，艇长77米，排水量1153吨（为U-9的3倍），续航能力超过8000海里(是U-138的2倍)。U-43的武器装备水平也比吕特之前的潜艇大有提高，备有6具鱼雷发射管，可携带22枚鱼雷和44枚TMA型水雷（或66枚TMB水雷），艇上装有3门甲板炮（其中1门为105毫米），甚至还可携带1架水上飞机。U-43于1939年8月下水服役，14个月里在安布罗修斯(Wilhelm Ambrosius) 艇长的率领下取得过击沉敌船9艘、吨位数达50000吨的不俗战绩。不过，岁月已在这艘新艇身上留下了痕迹——11月10日，吕特率U-43首次出海就出现了油箱漏油的故障，返回基地后花了整整1周才解决问题。

11月17日，吕特再次率U-43出海，首先担负气象观测的任务，他也因之有足够的时间与艇员们磨合，包括紧急下潜、深水作业和鱼雷发射等一系列演练。真正的战斗始于12月2日，当时吕特截获了U-101发往U艇作战总部的电文，于是星夜兼程地赶往英国船队OB-251所在的海域。次日上午9时，U-43的潜望镜中出现了船队的身影，吕特发射的2枚鱼雷轻松击中了7000吨的"太平洋总统"(Pacific President)号，3分钟后该船就沉没了。40分钟后，吕特又向12247吨的"维克托·罗斯"(Victor Ross)号发射了2枚鱼雷，虽然油轮首尾各中1枚，但并未沉没，反而继续固执地向西开进。U-43驶近油轮后又发射了1枚鱼雷，但偏离了目标。吕特被激怒了，他进一步抵近到距油轮仅300米处准备再度进攻，而此时油轮竟朝着U-43全速冲来。吕特立即发射了第4枚鱼雷，同时手忙脚乱地紧急下潜——最后一击摧毁了油轮，但吕特还是被它的玩命姿态惊出了一身冷汗。此后，吕特继续追击OB-251船队的其余船只，但潜艇的油箱再次漏油，因而他只能眼睁睁地看着船队西去。

1940年的12月是U艇部队在1940年全年里可用潜艇数量最少的1个月，可出海巡航的远洋潜艇仅有6艘，而当月战绩相对于前几个月而言简直微不足道——一共击沉了13.5艘、90000吨的敌船。[27]吕特的U-43在12月里一共击沉了总吨位31612吨的4艘敌船，占前述战绩的三分之一强，应该说是"快乐时光"结束前"最疯狂"的1艘U艇。从1941年初开始，U艇部队似乎进入了苦涩的严冬，北大西洋连绵的暴风雪和严寒严重影响了潜艇的检修和出航，也使少数出海的潜艇难以轻松地觅到猎物，英军远程侦察机数量的增多和性能的提升极大地压制了U艇的活动范围，英军护航舰只装备的高频测向仪和改进型雷达等也使U艇作战的安全性和隐蔽性大为降低。坏运气在1941年3月达到了顶峰，在这个月里，U艇部队失去了被称为"心脏与灵魂"的三大艇长：先是普里恩和U-47全体官兵于3月7日消失在冰岛南部的海底(普里恩任U-47艇长期间经确认的总战绩是击沉敌船32.5艘、合计202514吨)；10天后的3月17日，U-100艇的指挥塔被英国军舰"范诺克"(Vanoc)号拦腰撞断，舍普克当场毙命（他在担任U-3、U-19和U-100艇艇长期间经确认的总战绩是击沉敌船37艘、合计155882吨)；同样是在3月17日，U-99的克雷奇默还未来得及报告他又击沉了6艘敌船，就被英军战舰迫出水面后成为俘虏(克雷奇默指挥U-23和U-99期间经确认的总战绩是击沉敌船43.5艘、合计247012吨，直至二战结束也无人能够超过他18个月里创下的总战绩)。[28]在一片萧条的前3个月里，吕特还在2月4日发生了一件令邓尼茨愤怒异常、令旁人啼笑皆非的事情——停泊在洛里昂的U-43，竟在有军官值班和哨兵警戒的情况下自沉了！调查表明，事故前一日压载舱的排气阀被拧错了方向，进而造成了舱底进水，虽然渗水缓慢，但越积越多，而且U-43也未按U艇司令部的明确要求关紧舱门，致使水流最后涌进了后鱼雷舱。事故发生时邓尼茨就在洛里昂，大光其火的他怒斥了U-43官兵，指责他们的粗枝大叶和疏忽使一艘宝贵潜艇损失了，“你们辜负了我的信任，也对海上战争的前景造成了损害”。邓尼茨命令U-43的一半人留在洛里昂清理善后，另一半则被送回德国普伦(Plön)继续受训，两名被认定负有直接责任的士官受到了惩罚，艇长吕特也被认定应受惩处。但没有记录表明他们三人到底受到了何种惩罚，而且这件不光彩的事故也未对吕特的前程带来任何负面影响。此后3个月里，U-43一直在船坞里进行清洗和重新布线，发动机和多数电子部件也都被取出来进行了替换。虽是邓尼茨的爱将，但吕特也可谓颜面扫地，他憋足了劲要在5月开始的作战中一雪前耻。5月11日，U-43离开洛里昂朝西面的大西洋驶去，15日凌晨近3点时发现了一艘排水量很小的法国籍三桅帆船。吕特不出意外地击沉了这个不足500吨的小玩意，但他没有使用鱼雷，而是浮出水面后用甲板炮将对手打得千疮百孔！显然，吕特急于以胜利来洗刷自沉事故带来的耻辱。他不择目标和手段地向任何一个被发现的目标进攻，不计较使用多少弹药，也不在意潜艇一直暴露在水面上，更不关心对手是否有机会发射信号弹或以无线电汇报方位，他只想发泄怒火，耗尽弹药，击毙所有敌人。这天的吕特充分展现了他残忍冷酷的一面。

在这次历时52天的“雪耻”出海中，吕特于6月6日和17日各击沉了1艘商船，总吨位为7500吨。6月22日，仍在巡航途中的吕特获悉了德国入侵苏联的消息。对于元首在彻底征服英国之前，开辟第二战场，U艇艇长们的反应差别很大，这主要是由经验、情感状态、对历史的了解或个人偏见等多方因素所致。吕特的同学厄斯滕当时正在南大西洋巡航，他的看法颇能代表一批并不关心东线的艇长们的意见：“……我们基本上确信，我们的军队在欧洲大陆朝某个方向或另一方向进军多远都不能决定战争的结局，因为我们认为海上破交战的结果才是决定性因素。”[29]托普战后曾回忆说自己的第一反应是想起了1812年拿破仑入侵俄罗斯的命运：“……两线作战，有限的资源被拉伸到极限，俄国战役无疑是终结的开始。”[30]吕特听闻“巴巴罗萨”作战拉开帷幕时的表现是“兴高采烈”，因为他一直坚信“纳粹政府所做的每件事都是遵循上帝的指示”，更何况他早年的里加生活经历使他非常痛恨俄国人。不过，东线离这些U艇艇长太过遥远，他们眼下需要忧虑的是1941年夏季的出海作战为什么收获越来越少、难度越来越大：6月间U艇部队尚能取得击沉30万吨敌船的战绩，到了7月就锐减为6万吨，而8月也无起色，仅为7万吨。吕特率领U-43在8月2日离开洛里昂，9月23日返回基地，整整53天里在北大西洋上不停奔波和寻找猎物，结果食物一次次坏掉，发动机一次次冒出浓烟，电池一回回用尽，也未能击沉任何一艘敌船。吕特和艇员们的情绪都掉到了冰点，他们之前几乎从没有空手而还过。吕特的航海日志里除了抱怨自己可能总是在错误的时间出现在错误的地点外，并未寻找其他借口。

吕特所不清楚的是，英方1941年5月已从俘获的U-110艇上获取了德国海军的“埃尼格码”(Enigma)密码机和极其宝贵的密码情报，这种被称为“超级机密”的情报已使英方处于十分有利的境地，皇家海军负责跟踪监视德国潜艇的官员就曾说过：“我们很快就获知了海上潜艇的确切数目，了解了潜艇之间的联络内容，而且更重要的是，经常可以截获邓尼茨下达的命令。”[31]U艇司令部向各潜艇发出无线电信号后，经常是艇长们还在阅读电文指令时，几乎同时就有一份复件摆上了皇家海军最高级将领们的案头。U-43每次向司令部报告方位和状况时，英方都能准确地知道它在哪里，而每次当U艇司令部指示U-43等拦截某支船队时，该船队都会驶向另一个新航线，致使截击落空。U-43的航海日志也不再像以往那样记录着"鱼雷命中"或"估计击沉敌船多少多少吨"，多数时候其内容都像周边的大海一样空旷，唯一有内容的地方还出现了诸如"密西西比"、"旧金山"和"彭萨科拉"(Pensacola)等标识美军战舰级别的字眼。无疑，美军战舰在北大西洋航线上的存在和积极护航，也是吕特等U艇艇长作战不利的重要原因。同时，希特勒在苏德战争爆发时曾严令禁止U艇在任何海域攻击美国舰船，邓尼茨和所有艇长都表达过强烈不满，但也无计可施。1941年夏末，美国海军开始全面承担为加拿大至冰岛的整个北大西洋航线西半段的护航任务。吕特8月14日曾记载了U-43发现的一支船队，但由于有美军"旧金山"级巡洋舰和"密西西比"级战列舰护航，他只能在远远观察了1小时后掉头撤离；9月11日，U-43又发现了有3艘驱逐舰和1艘巡洋舰护航的船队，就在准备发射鱼雷前的最后一刻，吕特认出那艘巡洋舰是美军的"彭萨科拉"级巡洋舰……吕特长时间颗粒无收的另一原因可能纯粹是运气不佳，U-43有一次曾对3艘敌船发射了6枚鱼雷，但无一命中。

虽然没有胜绩，但吕特在U-43的这次巡航中也并非一无所获——他试验了一些有助于在漫长巡航中保持士气的方式方法，而且收到了很好的效果，为他在1942年率领U-181远征印度洋时进一步完善自己的带艇理论奠定了基础。吕特在非作战时间里经常举办各种活动，如将艇员们分成两队进行竞赛，看谁知道的冷僻词汇更多；他给艇员们读新闻，还与他们一起讨论；他经常讲解海洋的生物多样性，鼓励大家多读书和进行集体讨论，也鼓励发展业余爱好；音乐在U-43的出海和巡航过程中也占有极重要的地位。吕特所做的一切都是为了避免枯燥无聊带来的效率低下和士气低迷，当然最能提振士气的还是取得了战果、用完了鱼雷、放着音乐快活地踏上返航之路——U-43的艇员们要等到1941年圣诞节前夕才能再次体会到这种感受。11月10日至12月16日，吕特率U-43进行了个人的第12次出海巡航。11月29日凌晨2点15分，吕特发现了从英格兰驶往南非好望角的OS-12船队。2小时后，他攻击了船队中的军火船"索恩莱班克"(Thornliebank)号，弹药的连续爆炸声惊天动地，火光和烟雾足足腾起了几百米，弹片甚至都崩落到U-43的指挥塔附近。取得了睽违已久的胜利后，吕特和艇员们紧绷的神经似乎稍稍松弛了一下，次日又击沉了近5000吨的英国轮船"阿什比"(Ashby)号。12月2日上午9点24分，飘扬着星条旗的7500吨油轮"阿斯特拉尔"(Astral)号被吕特击沉，而此时距日本偷袭珍珠港(12月7日)尚有5天，德美之间的正式宣战则是12月11日的事！这显然是一次令人尴尬的误击，但幸运的是，当时无人知道那艘油轮是怎样神秘消失的，吕特和U艇司令部都不清楚被U-43干掉的是一艘美国船。"阿斯特拉尔"号的神秘消失似乎在德美开战后被人遗忘了，一直到1960年代初期，才有人将这一"功劳"明确地记在已经作古20年的吕特名下。

1942年1月是吕特率U-43出海的最后1个月，也是他个人的第13次出海作战。在极恶劣的天气条件下，吕特在1月12日击沉了瑞典商船"亚恩加恩"(Yngaren)号，2日后又击沉了ON-55船队中的1艘英国商船和1艘巴拿马商船。到1月22日回到基尔港时，U-43在吕特指挥下的15个月里共出海5次，击沉12艘敌船，总吨位达68077吨。加上在U-9和U-138时的战绩，吕特已经击沉了总吨位超过10万吨的盟军舰只，他已是一名毫无争议的王牌艇长了。

▲图为U艇部队最著名的王牌之一、U-100艇艇长舍普克。他于1941年3月17日丧生，同日克雷奇默被英军俘虏，而10天前普里恩刚刚葬身海底。

▲摄于1941年12月16日，当日吕特率U-43艇返回了洛里昂基地。

▲托普的“红魔”艇U-552载誉归来。U-552于1941年10月31日击沉了美国驱逐舰USS“Reuben James”号，造成115名海军官兵丧生。此时美国还是中立国，从托普击沉该舰的那一天起，德国和美国事实上已处于交战状态。

▲ 位居U艇战绩排行榜第3位、获得双剑骑士勋章的U-552艇艇长托普中校(击沉敌船35艘、总吨位197460吨;击沉军舰1艘、吨位1190吨;重创敌船4艘、总吨位32317吨)。

▲ 摄于1942年1月，吕特在U-43的舰桥上抽烟。当时的天气非常寒冷，艇员们甚至需要用大锤子来除冰。

◀ U-43艇艇员贝克尔(Martin Becker)正在指挥塔上方的高处瞭望，他所处的平台非常有趣，大约是临时捆绑在潜望镜上的。

▲ 1941年12月2日，被U-43艇击沉的美国油轮“阿斯特拉尔”号。不过吕特当时并不清楚自己干掉的是艘美国油轮，珍珠港事件在5天后才发生。

▲1942年1月12日被吕特的U-43击沉的瑞典籍商船"亚恩加恩"号。

碧海孤狼:印度洋杀手

真正让吕特在U艇部队乃至整个战时德国声誉鹊起的是他的U-181生涯。如果没有在U-181上14个月的经历和战果,吕特的结局有可能与普里恩和舍普克一样,静静地长眠在北大西洋的海底,他的名字也会被镌刻在潜艇博物馆的某面墙壁上;也有可能在德国或法国某地的办公楼里,他穿着漂亮气派的军服从事迎来送往、上传下达之类的工作。吕特由于U-181的经历而成为一名致命的碧海杀手,这艘潜艇也因为他而有了"铁十字艇"U-9那样的传奇。

1942年4月,吕特的首值星官施万特克(Hans-Joachim Schwantke)接任U-43艇艇长,吕特本人则在5月到什切青(Stettin)出任IXD2级远洋潜艇U-181的艇长。这艘新艇长87.6米、宽7.5米,排水量1804吨,配备艇员57人,两组额外的柴油机可助其在水面上以19节速度巡航,增加的油箱使之能以12节速度航行24000英里。U-181可携带24条鱼雷,拥有6个鱼雷发射管和3门甲板炮,[32]还配备了雷达探测装置"梅托克斯"(Metox),理论上可侦测到敌舰敌机上的搜索信号。经过几个月试验、训练与磨合。到1942年9月,U-181已做好了开往遥远的好望角、南非水域和印度洋的准备。

1941年末美国正式参战以来,邓尼茨曾派出一些U艇前往加拿大、美国和加勒比海海域(仅1942年1月即有12艘IX级、14艘VII级U艇出战,3月有多达20艘U艇出没于美国东海岸的缅因州至佛罗里达州海域),在约5个月的时间里,U艇在防御松懈、缺乏经验的对手面前取得了几乎击沉500艘船只的惊人战绩。吕特错过了这个所谓的第二次"快乐时光"。不过,"快乐"总是短暂的,美国海军汲取了经验教训和强化了防御能力后,U艇的战果开始急剧下降,损失也日渐增多,迫使邓尼茨把它们陆续撤往中大西洋海域。浩瀚的大洋对邓尼茨来说就像一个巨大的棋盘,那些U艇就是供其调遣驱策的棋子,他在不停寻找新的有利战场的同时,也把关注的目光投向了南大西洋,南非好望角和印度洋

▲摄于1942年5月，在不来梅港举行的U-181艇服役仪式，图中左侧的军官即为艇长吕特。他还邀请了艇员妻子和亲属以及一战潜艇老兵们前来参观，虽然这明显违反了海军条令，但有战功和邓尼茨的庇护，这也算不得什么。

◀吕特与妻子伊尔莎(Ilse Lueth)的合影，他们于1939年9月25日结婚。吕特是一个极为重视婚姻、家庭和子女的人，由于婚姻给他带来了最大的满足感(甚至最高战功勋章都不能与之相提并论)，家庭使他感到快乐幸福，他也要求认识的每个人都要结婚和养育子女。这种逻辑在有些艇员那里显然碰壁，但所有与其共事的人都感激他的真诚和关怀。

水域也都在他的视线之内。1942年初夏，邓尼茨曾派出28艘U艇前往南大西洋，作战取得了很好的效果，随着可用补给潜艇数量的增加，邓尼茨决定在1942年夏秋期间继续向上述水域派遣U艇。8月，4艘由老手指挥的IXC级U艇组成的“北极熊”艇群 (得到U-459补给潜艇的支援)奉命突袭南非开普敦，条件许可的话它们还将进一步向东进入印度洋。9月，邓尼茨决定再派4艘IXD2级远洋潜艇前往好望角，而后在印度洋攻击缺乏护航舰队保护的盟军船队。这4艘潜艇中就有吕特的U-181，其余3艘中有2艘是由前U艇支队指挥官指挥的，即伊贝肯(Hans Ibbeken)上校的U-178和佐贝(Ernst Sobe)中校的U-179，第4艘IXD2级潜艇是骑士勋章得主居萨(Robert Gysae)的U-177。[33]

9月12日，U-181离开了基尔港，踏上了向北绕过苏格兰、而后南下大西洋和远赴印度洋的漫长旅程。9月18日，在越过设德兰群岛向南航行的途中，U-181的"梅托克斯"未能侦测到英军岸防司令部1架轰炸机的逼近，紧急下潜时被炸弹造成轻伤，几艘闻讯赶来的舰艇在10小时的搜索中向U-181投掷了30枚深水炸弹。U-177也受到了类似待遇，潜艇虽未受伤，但有1名艇员在狂风巨浪中失踪了。U-181在途经英伦三岛到伊比利亚半岛的全程中一直保持高度警戒，但经过直布罗陀后，航海日志中的用词从"发现敌机并紧急下潜"或"发现敌驱逐舰"等，开始变成"波光粼粼"和极寻常的航行里程记录。虽受敌机敌舰攻击的可能性变小了，但艇员们还一如既往地面对着艇内的气味、灼热的温度、令人作呕的油腻与潮湿。在吕特看来这些都算不上大问题，他最担心的是旅途中的枯燥无聊和日久生厌——这些会使艇员滋生不满情绪，引发不必要的争吵，且使人的反应减慢变得粗枝大叶。吕特很清楚这些危害，他不知疲倦地采取各种措施防止其发生和蔓延。艇员们时常看见艇长前后忙个不停，一会儿上舰桥考考瞭望哨的危机处理技能，一会儿又跑到船头去"骚扰"一下值班者，另一时刻又举办诗歌和歌咏比赛、编故事大赛、象棋锦标赛等，还时常能听见他在广播里播报每轮比赛的结果。除了这些措施外，吕特也特别在意艇员的身体健康，要求他们夜间注意腹部保暖，不许酒里加冰，禁止空腹抽烟。对于不熟悉艇长风格与为人的新艇员来说，吕特就像父亲一样，虽然啰嗦，但处处透着关爱。

吕特尤其看重读书，总是鼓励下属多读书和杂志，当有足够多的人读了某书或听了某首曲子后，他会组织大家辩论交流。他还安排一系列讲座，讲授工程、数学、医学和哲学方面的基本知识。吕特也安排时间给艇员们上历史和政治课，因为他坚信"艇员们必须知道为何而战，且愿意为之付出生命。"吕特讲授的政治无疑就是纳粹主义，像他这种信奉并热情宣扬纳粹思想的艇长在U艇部队其实并不多见。吕特不避讳自己对纳粹主义的热情、对纳粹党和第三帝国的热爱——在其1943年底撰写的演讲《潜艇中的领导问题》中，吕特认为有必要以政治谈话来纠正部分艇员的"消极哲学"："……有时每逢星期天，我会让潜艇下潜，然后在水下把艇员们召集起来开会，告诉他们一些关于帝国及其数个世纪里不断挣扎的事情，也讲一些德国历史上最伟大的人物。元首生日那天，我也会讲讲他的生活，还有我去元首大本营访问的事情……"[34]但也有后世史家指出，吕特所理解的国家社会主义其实是一种过时的理论，他欣赏的是到处兴建高速公路、帮助国家复苏统一、增强民族自尊心的国家社会主义，是30年代初期他所接触和体认的国家社会主义，而不是以彻底解决犹太人问题为标志的纳粹主义。[35]纳粹宣传机器大肆鼓吹的努力工作、健康、家庭、婚姻、勇敢和爱国主义等无疑十分适合吕特的胃口。他的许多同僚和下属战后都曾回忆说，吕特最珍视的是婚姻、家庭和子女，这些甚至比执行任务、击沉敌船、获得高级勋章还要令他感到充实。熟悉吕特的人都曾注意到，他总在不同场合宣扬婚姻家庭对个人的无上价值，也经常敦促已婚下属要忠实，要常给妻儿写信和买礼物，更要远离基地附近的风尘女子(他甚至还专门跟着手下去酒吧，"保证"他们的手只放在酒杯上)。吕特经常督促单身汉尽快结婚，不仅是因为他认同婚姻的价值，更因为他认为已婚水手会更加称职尽责。吕特无疑是一个家庭观念极重的人，总是尽最大可能帮助有家室的人，不管受助者的需要是否与工作相关，也不管对方是现在的还是以前的手下。他的这些观念与纳粹政府宣扬的家庭婚姻理论不谋而合。事实上，他一直把多生养子女视作为国尽忠的表现，不仅自己身体力行，也多方敦促下属效仿。在某种程度上，吕特的所作所为确实就像艇员们的老父，而他的妻子也在本土将艇员家属组织起来，并在他们需要时毫不犹豫地施以援手。公平地讲，如果说吕特是因为信奉纳粹教义才成为优秀的丈夫和父亲，那显然也是荒谬的。虽有个别人把吕特的这种态度比作“一个波罗的海大地主对众仆人的态度”[36]，但他还是赢得了绝大多数共事者的尊敬和爱戴——去世多年后，许多老战友在回忆他时仍然热泪难禁。不过，“爱兵如子”其实也是U艇部队对艇长的要求，尽管有普里恩这种不受爱戴的另类，很多艇长还是都以关心艇员、为之分忧解难为要务，因为他们的信念是“如果艇长关心下属们的疾苦和想法，他们也会效忠于指挥官，并忠实勇敢地与艇长同生共死。”王牌艇长托普在这方面做得并不比吕特差，据说，他的U-552曾在一次执行任务途中突然返航，其原因仅仅是领航员忘带吉祥物了！[37]

11月1日子夜前，U-181经历了7500英里航程后终于抵达开普敦西面的海域。比吕特先期抵达的伊贝肯率U-178在途中击沉了1艘20000吨的运兵船，绕过开普敦后向北朝着德班 (Durban)湾方向驶去。11月1日至4日，伊贝肯先后击沉了1艘8200吨的英国运兵船和2艘货柜船。居萨的U-177在2日攻击了1艘4500吨的希腊货柜船，2枚鱼雷将这艘装满弹药的货轮炸得粉碎，散落的弹片像下雨一样敲打着艇壳，甚至还伤到了1名瞭望哨。吕特紧随居萨后“开张”，3日击沉了排水量8200吨的美国矿船“东印第安”号。此后，U-177和U-181在附近海域巡弋了10天左右。在此期间，居萨曾向1艘2600吨的英国轮船发起攻击，但先后发射的5枚鱼雷均错失了目标，U-177最后浮出水面，试图以甲板炮摧毁对手，不想对手勇敢地加以还击，迫使居萨放弃了进攻。而吕特的运气则好一些，他先后在8日、10日和13日击沉了总吨位约14000吨的3艘货轮，这些战果使他的总战绩达到了击沉敌船29艘、总吨位147256吨。邓尼茨认为到了授予吕特橡叶骑士勋章的时候了，13日晚，U-181收到了电文——吕特正式成为德军第142位橡叶骑士勋章得主(U艇部队的第16位获得者)。

U-181在向北驶往德班水域的途中为艇长大肆庆贺了一番，艇员们感到无比自豪，而对胜利习以为常的吕特并没有显得特别兴奋——1943年末时他曾写道：“……成功自然能提振士气，但我的努力重点是在情形不妙时继续保持艇员的高昂士气；只有在逆境中展示出勇气的战士才是好战士。”果然，15日清晨吕特就经历了一次严峻考验，或可称得上是U-181出海以来遭遇的最大一次危机：潜艇被英国反潜驱逐舰“无常”(Inconstant)号发现并咬住，吕特被迫下潜到573英尺的深海规避，但“无常”号舰长克劳斯顿(W.S. Clouston)锲而不舍地追逐了整整9个小时，期间投掷了30枚深水炸弹。当时，吕特一直在控制室里面无表情地听着漏水或受伤的报告。傍晚5点，另两艘反潜轻巡洋舰从德班赶来替换“无常”号，其中1艘的声呐捕捉到了U-181，随后投下了5枚深水炸弹。不过，英舰的声呐系统在爆炸带来的噪声中失去了U-181的踪迹。夜幕降临后英舰陆续撤离，U-181的舱底这时也注满了水，艇员们渐感呼吸困难，但吕特还是耐心地等到子夜时分才浮出水面。吕特曾在航海日志中留下“潜艇和艇员的表现都很好”之类的话语。有后人曾指出，如果2艘反潜轻巡洋舰也像“无常”号那样穷追不舍，并在次日得到反潜飞机的帮助，那么极可能将U-181迫出水面和击沉。[38]也有研究者评论说：“‘无常’号在单舰猎潜时表现出的锲而不舍精神和精确的确卓尔不凡……不过，从严格的学术角度来说，头脑冷静、经验丰富的吕特当然赢得了自己的逃生之机。”[39]

修复损伤后，吕特继续向北航行了约250英里，最后抵达葡属东非(今莫桑比克)的重要港口洛伦索马克斯(Lourenco Marques)外海。11月19日至12月2日的这2个星期里，U-181在洛伦索马克斯港口附近击沉了合计36000吨的8艘船只。这个战绩本身并不特别令人惊讶，不同寻常之处在于吕特击沉它们的方式(有4艘是用甲板炮击沉的)，再次展示了他冷血残忍甚至邪恶的一面。吕特的某些攻击方式非常不职业，虽说“战争就是杀戮”，但考虑到他之前的表现还算谨慎，不由得令后人对他的突然变化感到不解。有后人曾指出，在此番巡航进入到第15个星期时，实为“性情中人”的吕特难免情绪大起大落，而这就足以解释他为何能从“冷血的攻击中收获残忍的满足感”。吕特的第一个牺牲品是11月24日被击沉的希腊货轮“赫尔墨斯山”(Mount Helmos)号。U-181追踪了4小时后发射鱼雷击中了它，虽然船员立即弃船，但货轮还是顽固地漂浮了近1小时。看到货轮没有爆炸或沉没，吕特变得气馁暴躁，他把潜艇开到距货轮800米处，然后命令三门甲板炮一起开火——整整40分钟的炮击终将货轮击沉。多数艇长在类似情况下都会以鱼雷直接击沉对手，而不会像吕特那样用甲板炮解决问题。同日晚上8点30分，英国商船“多灵顿场”(Dorington Court)号遭遇了类似的命运。鱼雷虽然命中目标，但商船浮而不沉，吕特于是下令向货轮发射105毫米炮弹。大量的炮弹倾泻在商船上竟未引起大火，促使吕特命令继续炮击，最后以90枚炮弹击沉了毫无还手之力的货轮。11月28日，希腊货轮“伊凡希雅”(Evanthia)号被U-181的鱼雷命中后没有立即沉没，但被吕特从600米外发射的100多枚高爆炮弹和燃烧弹击沉。吕特对近期出现的鱼雷不能直接击沉敌船深感懊恼，他甚至把对方是否爆炸起火作为撤离或下潜的标尺。对王牌艇长而言，有时使用炮火击沉敌船本无可非议，但一般情形下艇长都会尽快地、以尽可能少的弹药达到目的，像吕特这样不把敌船打爆起火、不目视其下沉绝不罢休的攻击方式，多少有失水准和职业风度。2天后的11月30日，U-181向希腊商船“克林希斯”(Cleanthis)号发射的2枚鱼雷都未能命中目标。由于这是一艘装备了4挺机枪和1门甲板炮的武装商船，吕特把潜艇拉到3000米开外准备再次攻击。出人意料的是，他并没有发射鱼雷，采取的攻击方式是开炮，目的是“让艇员们有机会用机枪和甲板炮体验实战”！由于多数艇员多数时间里都在艇内操作机器，基本没有机会操枪使炮，所以他们在半小时里一直“兴高采烈地”向商船开炮。到“克林希斯”号终于起火之时，U-181也只剩下1发105毫米炮弹，这时吕特把潜艇开到距商船400米处，命令炮手瞄准吃水线下的船尾发射了最后1发炮弹；同时，他还命令高射炮持续射击船尾，直到商船沉没为止，12名本有机会逃生的船员也因之葬身海底。这次进攻完成后吕特用完了所有炮弹，但他后来辩称自己不过是想“训练艇员”。吕特也明显违反了U艇部队的条令，整整30分钟里U-181一直处于危险中，对手的一发炮弹如果幸运的话足以击沉潜艇。“克林希斯”号的幸存者曾心有余悸地承认当时吓坏了，从对手的攻击方式来看，以为自己碰上了嗜杀成性的日本人！他们不相信表现如此凶残的竟是德国潜艇——在他们的潜意识里，只有日本人才是真正的魔鬼，U艇艇长至少也应该像他们那样“像一个水手”。

1942年11月是德国潜艇部队的另一“美好时光”，出海作战的180艘U艇当月击沉了120艘、约75万吨盟国船只。吕特的U-181就击沉了11艘，使他成为此时最成功的艇长。邓尼茨派往开普敦和德班海域的4艘IXD2级潜艇共击沉了27艘敌船(161407吨)，平均每艇击沉6.75艘(40350吨)，考虑到U-179在击沉1艘敌船后于1942年10月8日沉没，应该说邓尼茨的此次作战安排大获全胜。1942年12月2日，U-181在准备返航时顺手又击沉了1艘巴拿马货轮。1943年1月18日，U-181回到了法国波尔多的第12U艇支队。吕特在当日的航海日志中曾骄傲地写道：“U-181在没有补充燃料的情况下航行了129天，里程达

▲ 摄于1943年1月返回波尔多基地后，吕特(秃顶大胡子者)确保U-181的艇员们能够好好地享受美食和获得充足的休息。

▲ 可能摄于1943年1月返回波尔多基地后，U-181的艇员们在一起合影。几个月前初登U-181时他们都还是陌生人，现在已如同大家庭的成员一般亲密。

▲ 摄于1943年1月18日的法国波尔多，结束了初次印度洋远航的吕特站在U-181的指挥塔上，身后悬挂着代表击沉敌船数量的12面三角旗。

▲ 摄于1943年1月，希特勒在大本营向艇长们颁发橡叶骑士勋章，从左至右依次为U-68艇艇长默腾(Karl-Friedrich Merten)少校、U-181艇艇长吕特上尉、U-81艇艇长古根贝格(Friedrich Guggenberger)上尉、快速攻击艇S-102艇长特尼格斯(Werner Töniges)上尉。希特勒身后的观礼者为邓尼茨及希特勒的海军副官普特卡默(Karl-Jesco von Puttkamer)少将。

21369英里。在开普敦和洛伦索马克斯水域共击沉了总排水量57500吨的12艘敌船。" 1月22日，U-177艇也结束了128天的出海作战，回到波尔多时带回了击沉8艘敌船（49371吨）的战绩。

此后2个月里，U-181进行了检修保养，艇员们也好好休整了一番。3月23日，吕特率U-181再次向南大西洋水域出发了。离开波尔多时，无人能预计到他们将在200多天后才能再次踏上陆地，也无人能想到U-181归来时吕特已成为是海军第1位、德军第7位钻石骑士勋章得主。3月27日，当德军侦察机在比斯开湾以西水域发现了朝北行驶的盟军SL-126船队时，U-181奉命与U-267、U-404、U-571和U-662等一起搜寻和攻击该船队。这些潜艇中只有U-404和U-662发现了目标(随后击沉4艘并重创1艘)，U-181由于未能找到船队便继续南下。[40] 4月11日，U-181在弗里敦(Freetown)西南约400英里处发现了英国冷藏船"帝国杓鹬"(Empire Whimbrel)号。由于该船一直谨慎地呈之字形航行，吕特最初发射的5枚鱼雷均错过了目标。黎明时分，U-181的2枚鱼雷终于击中了目标，但该船并未沉没。吕特决定用甲板炮摧毁敌船，但近4个月没用过的1门甲板炮意外卡弹，炮膛爆炸造成了3名艇员重伤，其中1人截肢后不治身亡，成为吕特带艇以来失去的第1位艇员。吕特最后用20发105毫米炮弹将敌船击沉，但艇员们还是陷入了前所未有的沮丧之中，爱好各种仪式的吕特次日在赤道为死者举行了海葬，也安排其他两位伤员搭乘返航的U-516艇回国。邓尼茨获悉吕特的又一胜绩后，建议希特勒给予吕特更高的荣誉——4月16日，来自元首大本营的电文称已授予吕特第29枚双剑骑士勋章，同时晋为海军少校。吕特是U艇部队继克雷奇默、托普和祖伦(Reinhard Suhren)之后的第4位双剑骑士，此时确认的总战绩是击沉38艘敌船、总吨位189633吨，在击沉数和吨位数两方面都仅次于克雷奇默。[41]

鉴于盟军在开普敦海域明显加强了防御，吕特决定在绕过好望角后向北进入莫桑比克海峡南端，从而再次出现在洛伦索马克斯附近水域。在近海处，U-181的螺旋桨被铁制渔网缠住而动弹不得，就在众人以为回天无力时，1名身着笨重潜水服的艇员下水切开了渔网，总算拯救了潜艇。这名艇员冒险工作时，其他人还齐心协力杀死了一头在旁边虎视眈眈的大鲨鱼。5月11日起，吕特在洛伦索马克斯至德班的水域间整整逡巡了1个月，浪费了不少燃料追逐一些目标，结果发现它们都是中立国葡萄牙的船只。吕特在这里一共击沉了3艘船只——英国货柜船"汀豪"(Tinhow)号、瑞典商船"西西里亚"(Sicilia)号和1艘南非籍的装满军火的近海货船。在拦截"西西里亚"号时，吕特意外地遵循了捕获法案的程序，先是开炮示警，而后把船长等带到艇上仔细盘问。由于认定其身份文件不完整且有不良记录，吕特决定给该船船员30分钟收拾东西，然后发射鱼雷击沉了它。

就在吕特在印度洋四处寻觅战机的5月，邓尼茨命令所有U艇撤出北大西洋，因为海战正朝着越来越不利于德国的方向发展，盟军战舰越来越多、攻击性越来越强，商船损失尽管依然不菲，但似乎仍像流水线上产出的玩具一样一艘接一艘地下水出航。盟军对U艇的信号和无线电波也似乎了如指掌，战机和战舰装备的雷达使U艇就像铁疙瘩一般无处藏身，而先进的声纳系统也成倍地提高了盟军搜索潜艇的效率(5月这个月里邓尼茨就损失了超过40艘的潜艇)。吕特离开波尔多时并未打算在海上待太久，但5月中旬时U艇指挥部指示所有IXD2级潜艇都要在6月进行海上加油，这样U-181执行任务的期限就被延长了，作战区域也相应扩大到几乎整个西印度洋。6月22日，U-181和U-177、U-178、U-196、U-197、U-198等活动于邻近海域的潜艇都赶到了毛里求斯以南600英里处的指定地点，从补给船"夏洛特·施利曼"(Charlotte

▲1943年起，U艇最危险的对手是盟军装备了先进雷达且积极进行攻防巡逻的战机。图为盟军战机攻击IXD2级潜艇U-848号的场景。

▲1943年盟军在为船队护航时开始使用护航航母，图片前景中的护航航母为商船提供了额外保护，其他的驱逐舰、巡洋舰和护卫舰则负责保护航母的安全。

◀摄于1943年5月或6月，坐在U-181舰桥上的吕特似乎颇为放松和自得，他身着短裤，赤裸上身，一部胡须很具自己的特色。

▶英军飞行员从空中拍摄的商船船队的壮观景象。

▲ 摄于1943年5月的马达加斯加海峡某处，被U-181艇员们猎杀的鲨鱼。这一活动和收获自然让无聊的艇员们喜出望外，吕特也用不着再多组织一项活动来维持士气了。

▲ 摄于1943年5月27日，吕特检查完"西西里亚"号的身份文件后，认为其身份甚为可疑，决定击沉该船。图为船员弃船后，U-181发射的鱼雷击沉该船时的场景。

▲ 摄于1943年5月27日，U-181拦截货轮"西西里亚"号的场景。吕特出人意料地遵循了如废纸般的"捕获法案"。

Schliemann)号上获得了油料、淡水和补给。艇员们非常高兴能到补给船上洗个澡，但对得到的日本食物大感不满，吕特也曾在航海日志中写下了“没有1艘U艇得到足够的食物”之类的抱怨。

7月2日至8月7日，吕特在毛里求斯海域先后击沉了近22000吨的5艘英国船只，并因追逐敌船，最远到达过马达加斯加的东海岸。8月9日，在邓尼茨的鼎力推荐下，希特勒决定授予吕特第7枚钻石骑士勋章，收到电文后艇员们打开香槟和白兰地疯狂庆贺了一番，他们都对U-181拥有海军独一无二的钻石骑士感到无比自豪。似乎是为了回报邓尼茨和希特勒的厚爱，吕特在8月12日又猎获了10528吨的“麦克阿瑟家族”(Clan Macarthur)号。这是吕特军旅生涯中的最后1艘战利品，敌船被击沉后，心情大好的他曾把救生艇上的伤员带到艇上疗伤，然后告诉他们自己将在退到安全距离后，把救生艇的方位通知毛里求斯方面——吕特信守了自己的承诺。[42]

8月15日，U艇指挥部指示吕特赶到几百英里外的马达加斯加东南海域，与那里的U-197会合后领取返程所需的新密钥。吕特在17日到达指定地点时并未发现U-197的踪影。当晚，吕特从截获的电文中得知U-197因追击英国船只而耽搁了会合。19日清晨，U-181与U-197在新地点会合后，吕特拿到了密钥以及需要他转交给U-196的第二套密钥。告别时吕特告诉U-197艇的艇长，他在老的会合处发现了4艘敌船，但由于鱼雷和燃料均告不足，自己不能展开追击。U-197艇艇长表示他将留在附近海域追踪这批敌船。之后吕特向西南方驶去，寻求与U-196艇会合。不想，他们的几番对话早被英军监听和破译，皇家空军的数架战机在8月20日发现了U-197，并以6枚深水炸弹将之炸沉在西印度洋。U-197沉没前发出的最后讯息——“遭敌机攻击、无法下潜”——被U-181和U-196收到，当时吕特正与肯特拉特(Eitel-Friedrich Kentrat)

▲ 第2次印度洋远航中的U-181艇长吕特。

▲ 摄于1943年10月14日，U-181结束第2次印度洋远航后返回波尔多时的场景。指挥塔上的数字是两次巡航击沉的总吨位数，飘扬的48面三角旗代表的是吕特在总共15次出海作战中击沉的敌船总数。当然这些数字与最后确认的战果有所出入。

◀ 摄于1943年10月14日夜，U-181返回波尔多的当晚，西线U艇部队指挥官勒辛(Hans-Rudolf Rösing，左)与第12U艇支队指挥官舒尔茨(Klaus Scholtz)中校(右)为吕特接风洗尘。吕特胡子未刮，兴冲冲地向长官们介绍一路见闻和猎杀经历，他的面前似乎摆放着一些信件，当然还有美酒。

▶ 吕特(右)与U-181艇的军医恩格尔(Lothar Engel)，后者刚获得了一级铁十字勋章，吕特已是第7位钻石骑士勋章得主。

◀ 摄于1943年10月14日，另一张反映U-181返回波尔多时的照片。

▼ 这是后人绘制的一幅画作，反映的是吕特归来时向西线U艇部队指挥官勒辛敬礼和汇报的场景。

艇长交谈，后者提出分给吕特5条鱼雷和一些食物，但被吕特谢绝了，因为U-181剩下的油料只够勉强返航。收到U-197的告急信号后，吕特和肯特拉特估计，如果U-197还浮在水面上，可能会向南朝他们的方位驶来，于是立即向北迎候和展开救援。他们两人无疑是幸运的，因为21日的恶劣天气使盟军战机根本无法出动，否则在出事地点巡弋的U-181也可能步U-197的后尘。吕特和肯特拉特21日至24日连续3天都在搜寻早无踪影的U-197，最后两人决定返航。

1943年10月14日，也是吕特30岁生日的前一天，出海长达206天的U-181缓缓驶入了波尔多基地。这是二战时期历时第二长的出海作战(最长的一次正是与U-181一起返航的U-196创下的，不过该艇早10天出海、晚9日归来，共历时225天)。艇员们似乎预感到艇长——海军独一无二的钻石骑士——很快将被调离一线，他们在指挥塔下写下了吕特2次印度洋之行的总击沉吨位数，也升起了代表48艘敌船的48面三角旗。尽管这些数字与战后确认的战果略有出入，但毋庸置疑的是，没有任何一位艇长像吕特那样曾参加过南、北大西洋及印度洋的诸多海战。另一方面，吕特也堪称幸运儿，他在北大西洋取得早期成功之际，盟军尚未大规模使用厘米波雷达，为舰队护航的空中力量也远不如现在这般强大；他的近期战果主要是在南大西洋、马达加斯加和西印度洋水域中获得的，这里的船队缺乏护航舰队的保护，盟军的反潜活动在强度和能力上也逊于北大西洋海域。

钻石骑士与意外身亡

纳粹宣传机器把"U艇之光"吕特大肆宣传报道了一番。1943年10月25日，吕特在狼穴大本营从希特勒手中接过了双剑和钻石骑士勋章。当日与吕特一起获勋的还有U-177艇艇长居萨(橡叶骑士勋章)，以及1942年夏即分获第17和第18枚双剑骑士勋章的托普与祖伦(领受的是烫金的获勋证书)。仪式结束后，希特勒邀请吕特4人共进晚餐，席间元首喋喋不休地谈起了新技术和被他寄予厚望的秘密武器。托普1992年曾回忆说："……时至今日我依然记得，希特勒热烈地谈论着某种基于苛性碱溶液的新式蓄电池，这种玩意儿应能解除德国对铅这种极其短缺的原材料的依赖。既然V1飞弹已投产、V2火箭正在研发中，而我本人又亲眼见到过用于潜艇的革命性推进系统的原型，我对希特勒的话语留下了深刻印象。一切似乎都真实可信。"[43]吕特当时的反应如何虽不得而知，但他可能更是深信不疑，也会像所有军人那样为元首对技术细节的惊人记忆力感到惊叹。次日，吕特和托普等应参谋本部作战部长豪辛格 (Adolf Heusinger) 邀请前去做客，大家在一起聊了聊东线的状况，也就元首过多干预不重要的细节抱怨了一通。由于希姆莱是居萨的U-177艇的正式赞助人，四名U艇军官又应邀拜访了武装党卫军作战参谋总部。某些党卫军高官可能在会谈中大肆谈论"光明的前景"，这引起了在U艇部队向以出言不谨著称的居萨的不满，他怪腔怪调地挖苦道："昨天我们输掉了战争，今天我们又把它赢了回来。"托普战后称，一向敌视陆军的党卫军高官们立即把听到的不满言论上报给希特勒。希特勒后来要求豪辛格汇报与U艇艇长们会谈的内容，托普和吕特等人也在回去后接到了书面汇报会谈细节的命令。托普忆称："被人怀疑以这种方式散布了保密性评论，真是令我们尴尬。吕特和我写了一封信，本着为受牵连的陆军军官开脱的目的，我们描述了整个事件和对话。"[43]吕特和托普所不清楚的是，1944年7月20日刺杀希特勒的事件发生后，前述"散布失败言论的罪行"又被党卫军捅了出来，还成为控诉参谋本部军官团不忠和从事颠覆活动的证据。

1943年的最后2个月里，吕特在第12U艇支队任参谋军官。12月17日，他应邀在魏玛(Weimar)向海军军官们做了题为《潜艇中的领

▲ 摄于1943年10月25日，希特勒向王牌艇长颁发勋章或证书的场景。从左至右依次为吕特，第250枚橡叶骑士勋章得主、U-177艇艇长居萨，第17枚双剑骑士勋章得主托普(领受获勋证书)，第18枚双剑骑士勋章得主、U-564艇艇长祖伦(领受获勋证书)。希特勒旁观礼的是西线海军指挥官克兰克(Theodor Krancke)上将。

◀ 摄于1943年10月25日，希特勒向吕特颁授第7枚钻石骑士勋章的场景。

▲ 拍摄时间不详，似乎是希特勒向吕特颁发钻石骑士勋章获勋证书时所摄。

▲ 吕特获得钻石骑士勋章后拍摄的标准照。

▲ 吕特获得钻石骑士勋章后拍摄的标准照。

导问题》的演讲。吕特以自己在漫长的远航和艰苦的条件下取得的成功经验为基础，集中阐述了“照顾好属下、他们也会照顾你”这一貌似常识、实则意蕴深远的原则，围绕五个方面讨论了他所认识的U艇领导风格：纪律、成功、日常生活与工作、军官的榜样作用以及“在精神上真正指引艇员和切实关注其福祉”。吕特在演讲中着墨最多的是最后一项，以大量篇幅讨论了如何确保艇员身体健康、精神状态和道德状况良好，强调艇长必须关注艇员的精神、情感和娱乐需要，应努力使远航中的每一天都像星期天一样多姿多彩，竭力避免枯燥乏味对士气的打击和对作战的影响。在这一点上，既有人说吕特充分体现了其领导才能，也有人批评他牵强附会，其做法在北大西洋完全不现实，而且“还以官兵的恩人姿态自居，把他们当作孤儿而非成年人”[44]。吕特在演讲的最后说：“……每个艇长都有责任对下属充满信心，即便他们有一两次令人失望，艇长也必须信任他们。我们都知道年轻人毫无保留地渴望战斗。这是我们相较于英美的一大优势。如果战士们能在国家社会主义革命精神指引下团结一心，那么他们将总能欣然领受新任务和进行新战斗。我们必须尊重他们，也必须喜欢他们。”[45]吕特演讲的另一特点就是全篇充满着对第三帝国、纳粹党和元首的热情称颂。他这样做的原因或许是出于场合而不得不故作姿态(台下就坐着一些纳粹高官)，也许是想向上级和要员们展示自己是个“多么出色的国家社会主义战士”，不过，我们宁愿相信这是一个狂热的纳粹信徒的率真之作。吕特的演说虽充斥着大量政治词汇，但多数军官还是认同他提出的既实用、又富有启发意义的原则和做法。在邓尼茨眼中，吕特的经验无疑非常切合眼下的德国为生存而挣扎的现实，因而很快下令将其演讲报告直接用于军官训练课程中。后人康普顿-霍尔(Richard Compton-Hall)曾评价说：“吕特是个忠实的纳粹分子……不过，除此以外，他的领导风格在任何海军都会受到嘉许。”[46]美国海军情报局1947年时曾将吕特的演讲稿译成英文，使之成为研究海军领导方式的经典文献之一。

1944年1月1日，吕特奉命出任驻格腾哈芬的第22U艇支队指挥官，由于这是训练艇长的后方单位，被很多王牌认为是海军生涯的“坟墓”，吕特一度也十分不满。邓尼茨不为所动，他知道自己在干什么，事实上他正按计划有步骤地将吕特培养成未来的U艇部队指挥官。吕特在格腾哈芬的时间不长，7月就被调往米尔维克的海军学院出任第1处主官。8月1日，吕特晋升为海军中校，9月1日获得的再次晋升使他成为史上最年轻的海军上校。后一晋升是邓尼茨进一步提拔吕特的前奏，因为海军学院院长的最低衔级是上校，而该职位通常是由将官或舰队司令担任的——9月18日，邓尼茨任命不足31岁的吕特出任院长，为爱将晋级海军高层逐一扫清了障碍，邓尼茨甚至还对有些惶恐的吕特说：“别在意别人怎么说，如果有人抱怨，我还会晋升你为海军少将。”

吕特在院长职位上一直工作到1945年5月德国无条件投降。期间，他尽其所能地改革课程和教学方式，还在1945年初时开创了新的U艇训练计划——为邓尼茨寄予厚望的XXI级新型潜艇训练军官和艇员。[47]但一切都来得太晚了，德国生产的XXI级潜艇中只有4艘在战争终结前做好了作战准备(托普在最后时刻回归前线，担任其中一艘XXI级潜艇U-2513的艇长)。1945年4月30日希特勒自杀前任命邓尼茨为继任元首，后者在5月2日将末代政府迁至海军学院，而他本人曾一度入住吕特的家里。邓尼茨在海军学院向U艇艇长们发布了最后一道命令：“……我的U艇官兵们，你们曾像雄狮一样战斗。海上作战不能再持续下去了，因为这已是毫无意义的屠杀。所有官兵都应为自己感到无尚自豪，因为你们战功卓著而又毫无怨言；你们可以骄傲地放下武器了。

▲摄于1943年11月，吕特告别U-181的前一夜与艇员们欢饮的场景。

▲摄于1943年11月，吕特告别U-181的前一夜与艇员在一起欢饮的场景。他似乎正与别人大开玩笑，显得十分开心。

▲摄于1943年11月的波尔多，吕特向U-181艇员们告别时的场景。从左至右依次为吕特、前任首值星官柯尼希(Gottfried Koenig)少尉、医官布赫霍尔茨 (Klaus Buchholz)、现任首值星官迪林(Fritz Duering)少尉、次值星官吉泽(Otto Giese)少尉及一名身份不详的军官。

▲1943年11月，吕特告别U-181的前夜与艇员们合影留念。

▲ 摄于1944年初，手持元帅权杖的邓尼茨在波尔多检阅U-181官兵，此时吕特已调离U-181，继任艇长的是为雷德尔和邓尼茨担任过副官的海军上尉弗赖瓦尔德(Kurt Freiwald)。图中正向邓尼茨行礼的军官是轮机长兰德费尔曼。

▲ 摄于1943年12月，吕特当时在但泽附近的索波特(Zoppot)向冲锋队领袖们发表演说。图中右侧似为纳粹宣传部的高级官员弗里切(Hans Fritzsche) 。

◀ 摄于1944年7月初，吕特交卸了第22U艇支队指挥官的差事，调往海军学院任部门主管，接替他的是图中右侧的布莱希罗特(Heinrich Bleichrodt，曾任U-48艇艇长)。中立者为第27U艇支队指挥官托普。

▲ 摄于1944年，第22U艇支队指挥官吕特少校与同僚握手。

▲ 摄于1944年7月或8月，U-181在艇长弗赖瓦尔德率领下正在印度洋航行。U-181当时正朝马来亚的槟城(Penang)驶去，为避免日军误击潜艇，U-181指挥塔下涂上了纳粹的万字图案。

▶ 摄于1944年8月初，U-181抵近日军控制的马来亚槟城水域，图中所示为U-181的37毫米高射炮，周围有一些马来亚当地船只。U-181随后还到过新加坡。

所有U艇都要驶往最近的盟军港口投降。”

英军于5月6日占领了弗伦斯堡，由于涌入了成千上万的难民，从附近的劳工营中逃出的劳工也有可能报复和攻击邓尼茨政府，英军特许吕特在海军学院周边安排武装警卫，授权他射杀任何试图袭击这里的人。吕特也是拥有400人的“邓尼茨警卫营”的指挥官，英军特许他们携带枪支弹药进行自卫。吕特还向手下发布了数道命令，包括“先询问一遍口令，如未回答或答错，可以立即开枪”。

5月13日星期天下午，面容憔悴的吕特一个人在海军学院整洁有序的校园里踟蹰而行。数日不眠不休的他显得心事重重，第三帝国业已土崩瓦解，邓尼茨末代政府的运转需要他的支持，海军学院的安全和秩序需要他来保证，妻子、4个子女和几位亲戚也需要他来照顾。他曾为之献身的“国家社会主义理想”，也被近期不断揭露的集中营、毒气室和堆积如山的犹太人尸骨撕得粉碎，这一切都让他震惊、烦闷和心痛，这一天的吕特似乎失去了炯炯目光，对一切都心不在焉。

这天的午夜像往常一样多风清冷，天空中淅淅沥沥地漂着雨。18岁的哨兵戈特罗布(Matthias Gottlob)紧张地在体育馆前踱着步子，瞪大眼睛、竖着耳朵观察着周边的暗夜。他的身后就是邓尼茨大本营，指挥官吕特的严令更让他感到责任重大。大约12点半，戈特罗布听到远处传来脚步声，似乎有人正朝他走来。漆黑的雨夜里看不清来人是谁，于是他冲着脚步声的方向大声喊道：“站住！口令？”无人应答，或许是风雨敲打树叶时的沙沙声令他没有听清。于是，年轻的哨兵端起枪再次喊道：“口令？”还是没有声音，脚步声似乎一下子消失了。戈特罗布吓坏了，他把枪口放低的同时，朝来人的方向声嘶力竭地再次呼喊：“口令！”——还是没人回答，戈特罗布胡乱放了一枪，接着听到有人倒地的声音。

一阵狂风从戈特罗布的头上刮过，雨水顺着额头流下，战战兢兢的哨兵往前挪了几步，想看看究竟是什么人3次不回应。就在这时，值班军官和另2名哨兵听到枪声迅速赶到，他们把尸体挪到亮些的地方翻过来——他们看到的是一张长满络腮胡子的清瘦的脸，还有额头上汩汩流血的弹孔。“天哪，是指挥官！是吕特！”

吕特就这样离开了人世。邓尼茨在意外发生的当天就组织人力调查死因。许多人都觉得难以置信，这位在最危险的兵种战斗过10年的人，既然能毫发无损地幸存于战争，怎么可能以这种方式突然死去？即便这一切都是真的，那么吕特之死也不可能是意外，他要么是有意不回答口令，以寻求自我解脱，要么就是死硬的纳粹分子或英国占领军实施的谋杀。谣言就这样在海军学院内外流传着。邓尼茨和他组织的一个特别委员会都对早已吓得瑟瑟发抖的戈特罗布进行了仔细盘查。所有证据都表明，吕特之死是一个悲剧，一个事故。邓尼茨组织的军事法庭宣布戈特罗布没有任何过失，他只是履行了自己的职责。

5月16日，英国占领军批准邓尼茨为吕特举行国葬，当时盟军已在德国开始进行大规模的去纳粹化再教育运动，这样的待遇因之也是非比寻常的，事实上吕特就是最后一个荣享国葬的纳粹时代的军人。他的棺椁停厝在海军学院的荣誉大厅里，由6位获得骑士勋章的U艇艇长为他扶灵，邓尼茨在悼词中说：“沃尔夫冈·吕特，我们现在向你告别……我们——作为你的同志——失去了一位伟大的勇士、一个真正高贵的朋友，我失去了我的U艇部队中一位受人爱戴的资深老战士，我的全部身心曾属于你们，现在仍属于你们……你将是值得未来代代德国人大加效仿的杰出榜样，尽管我们今天依然苦涩艰难。你永远不会被人忘记；你将永远活在我们心中。”[49]邓尼茨在1958年出版的自传《十年与二十天》结语部分的开头，曾将吕特视为海

▲摄于1945年初，德国海军学院院长吕特上校。

▶摄于1945年5月16日吕特的国葬仪式期间，6名获得骑士勋章的U艇艇长为吕特抬棺，棺椁之后依稀可辨的是邓尼茨本人，他身后是吕特的遗孀伊尔莎。

▲摄于1945年5月16日，经英国占领军批准，邓尼茨为吕特举办了国葬仪式。图中右后方站立者是正致悼词的邓尼茨，正前方中间的是曾任U-160艇艇长的拉森(Georg Lassen)少校。

▲摄于1945年5月，落入盟军之手的德国潜艇。在盟军缴获的总计153艘U艇中，四大战胜国每国保留了10艘，余者皆被凿沉。

▲摄于1945年5月23日，英军士兵冲入邓尼茨位于米尔维克的政府驻地时的情景。

▲摄于1945年5月23日，英军士兵将邓尼茨末代政府的官员和军官们押走时的场景。

▲摄于1945年5月23日，邓尼茨临时政府被解散后，他与约德尔和施佩尔(Alfred Speer，穿风衣者)均被逮捕收监。图为英军士兵将三人押往弗伦斯堡警局时的场景。

◀摄于1945年5月23日，盟军将领正式通知解散邓尼茨临时政府并将其成员逮捕收监，图中右侧从左至右依次为海军上将弗里德堡(Hans-Georg von Friedeburg)、邓尼茨和约德尔，左侧从左至右依次为苏军少将特鲁索夫(Ivan I. Trusov)、英国海军上尉蒙德(Mund)、美军少将鲁克斯(Lowell Rooks)及英军准将弗尔德(E.J. Foord，站立者)。

▲1957年以来一直矗立在米尔维克的德国海军学院内的吕特纪念墓石。

军乃至德国自身的一个象征，他是这样写的："……集中在弗伦斯堡的海军军官们在海校的大礼堂里向他的遗体告别。这是一种象征性活动。从1909年以来，在米尔维克经过训练的皇家海军、帝国海军和德国海军的候补军官在他们的长官率领下就在这个充满传奇色彩的地方参加各种隆重的集会。在德国刚刚结束战争及前途渺茫之际，我们在这里举行葬礼，不仅是向吕特，也是向我们尊敬的海军表示我们最后的敬意。"[50]U艇艇长克雷默在1984年也曾说过一句特别精辟到位的话："……回顾起来，可以说，随着吕特国葬仪式的谢幕，第三帝国和德国海军也象征性地被一起带进了坟墓。"[51]

1957年11月17日，在遗孀伊尔莎、亲属和朋友、前艇长同僚和老下级们的注视下，在仪表整洁的西德海军候补军官们整齐的队列前，一块纪念吕特的硕大纪念碑缓缓褪去了覆于其上的幕布，时至今日它依然矗立在距吕特身亡之处仅几码之遥的那棵大橡树下。纪念碑上镌刻着吕特的军衔、名字与生卒年月，还有一个日渐模糊的铁十字图案。

给吕特带来诸多荣誉的U-181自1944年3月16日远航印度洋以来，再也没有机会返回德国。它在1945年1月初奉命开往新加坡进行检修，5月6日被日军接管，7月15日奇怪地成为日本海军的伊-501号潜艇。8月15日，这艘潜艇在新加坡向盟军投降，次年2月16日被凿沉在南中国海。[52]

辉煌与邪恶都湮灭在历史的长河中了。

第8位钻石骑士最高战功勋章获得者诺沃特尼少校

（获勋时间1943年10月19日，授勋时仍为上尉）

Chapter 08 第八章

“东线猛虎”：瓦尔特·诺沃特尼少校

德军27名钻石骑士勋章得主中昼间战斗机飞行员占了7位，按照他们的年龄可粗略将之分为两代：第一代是1912或1913年出生的莫尔德斯、加兰德、戈洛布和格拉夫，第二代则是生于1920年左右的马尔塞尤、诺沃特尼(Walter Nowotny)和哈特曼。当第一代人或已作古或官居联队长或更高职位时，第二代刚刚参战，最多也只是崭露头角。自莫尔德斯率先突破空战百胜大关后，这些王牌竞相改写着世界纪录——戈洛布1942年8月末创下的150胜新纪录，不到一个月就被格拉夫的200胜超越，1943年10月15日诺沃特尼以250胜暂居榜首，哈特曼则以横扫千军之势在次年8月将纪录提高到300次击坠，并在欧战结束的当日将之定格在352胜这一前无古人、后无来者的高度上。

27名最高战功勋章得主中只有两名奥地利人，而且还都是飞行员，一位是戈洛布上校，另一位就是本章主人公诺沃特尼。虽然地位和官阶不如戈洛布，但就名气而言，诺沃特尼远胜他的同乡。诺沃特尼在飞行员群体间极受欢迎，曾被誉为是最优秀的Fw-190战斗机飞行员。加兰德曾评价诺沃特尼是“最优秀的战斗机飞行员，尽管只有24岁，但与生俱来的特别能力使之很适合担负更高的领导职务。我认为他在每一方面都很出众……技战术能力方面与马尔塞尤颇为相似，但诺沃特尼更成熟、严肃和有教养”[1]。加兰德的评价当然是中肯的，马尔塞尤丧生时不足23岁，诺沃特尼1944年11月战死时也才24岁；他们两人还师出同门，教官都是一战奥匈帝国空军的二号王牌飞行员阿里基(Julius Arigi)。德国合并奥地利后，阿里基从1938年起任飞行学校教官，马尔塞尤和诺沃特尼就是他调教出来的最成功的飞行员。[2]马尔塞尤在382次出击作战中击落了158架英军战机，而诺沃特尼在效率和准确性方面也不遑多让，442次作战中共击落了255架苏军战机和3架美军战机。马尔塞尤曾取得过一天内击落17架敌机的惊人战绩，而诺沃特尼也先后两次一天内击落10架敌机。据阿里基所言，诺沃特尼的天赋甚至还在马尔塞尤之上，而且更自律、稳重和成熟，一直深受战友和上下级喜爱，不似早年的马尔塞尤那样耽于享乐和麻烦不断。诺沃特尼非常乐于、也善于将技能和经验传授给战友，他一手帮带的基特尔(Otto Kittel)中尉阵亡前以267胜高居战绩榜第4位。诺沃特尼不仅无私地帮助他人，还精心调教自己战斗小组中的三个伙伴，他们4人战争期间共击落了500余架战机！[3]诺沃特尼还是世界第一支喷气式战斗机部队的指挥官，这也为其短暂的人生增添了不少光彩。

诺沃特尼曾是苏军飞行员最大的劲敌之一，他们给这个对手曾起过一个绰号——“沃肖斯特罗猛虎”，主要是因为他取得200胜时的基地位于沃肖斯特罗(德文Wolchowstroj，位于列宁格勒以东、旧拉多加以西)。戴高乐“自由法国”的王牌飞行员克洛斯特曼(Pierre Clostermann)二战期间曾在英国皇家空军服役，取得过击落18架德军战机的不俗战绩，他在著作《大场面：二战中最伟大的飞行员的故事》一书中专门设有一节描述与诺沃特尼所部作战的故事。从他的笔端流淌出的文字，使人觉得他根本不是诺沃特尼的敌人，倒更像神交多年但从未谋面的老友：“……诺沃特尼死了。我们在诺曼底和德国上空的对手，两天前死在医院里。随着这位英雄的离去，德国空军也未能逃过劫数，就好像他的死是这场空战的转折点似的。那个晚上，我们大家都在军官餐厅里不停地谈论他，但不带有任何仇恨和厌恶。每个人都满怀敬意甚至是感情来回忆各自对诺沃特尼的记忆。这是我在皇家空军头一次听到这种基调的谈话，也是我第一次听到战斗机飞行员们公开表露出那种超越个人悲剧和所有偏见的、令人称奇的一致。我们目睹了这场战争中令人惊骇的屠杀，也亲历了被炸弹从地图上抹去的城镇，还有几乎被毁灭的汉堡。当炸弹落在宁静祥和的村庄和街道上时，当成群的德国妇孺在血泊中倒下时，我们也一样不安，感到作呕。与我们所做的相比，诺沃特尼和他的梅塞施密特战斗机只怕还要干净一些，至少他的战场不在血腥搏杀的地面，他的世界里没有泥泞和血泊，没有爆炸起火的坦克……我们也参加过那些不体面、不人道的战斗……我们之所以不得不去做那些不人道、不道德的事情，就是因为我们都是战士，战争毕竟是战争。今天我们可以超越这一切，向刚刚死去的这个勇敢的敌人致敬。诺沃特尼属于我们，是我们这个没有意识形态、没有仇视、没有前线的世界中的一分子。这种同道之间的感情与什么爱国主义、民主、纳粹或人道都没有关系。那个晚上，我们所有的战友都本能地感受到了这一点，对于那些耸耸肩膀不屑一顾的人来说，他们永无可能了解这一切——因为他们不是战斗机飞行员。夜深了，谈话终止了，啤酒喝完了，无线电也静默了，一切都陷入了沉寂……真可惜诺沃特尼这种人不能穿着我们的军服！”[4]

除了坠落于北非大漠的“非洲之星”马尔塞尤以外，还有什么军人能在身后得到敌人如此高的评价、激赏甚至是怀念呢?

早年岁月：潜力无限的战斗机飞行员

诺沃特尼1920年12月7日出生于奥地利北部的小城格明德(Gmünd)，这里大约是奥地利当时最贫困的地区之一。奥匈帝国在一战中的战败在格明德也留下了印记，除了经济萧条和普遍贫困以外，捷克斯洛伐克与奥地利在战后的新边界竟从格明德穿城而过！这不仅构成了一道奇特的风景，也埋下了民族冲突和国家矛盾的种子。诺沃特尼的父亲鲁道夫(Rudolf Nowotny)出生在德国，当时在格明德任铁路官员。诺沃特尼一家笃信天主教，但有证据表明鲁道夫是当地最早的纳粹分子之一，他自然是格明德德裔一方的坚定支持者。奇怪的是，格明德的学校建在捷克一方，所以诺沃特尼的两个哥哥鲁道夫(Rudolf Nowotny)与胡贝特(Hubert Nowotny)，几乎每天都要在学校及上下学的路上进行着他们成年后所称的与捷克裔的"民族斗争"。很难说瓦尔特的兄长每天带回家的"斗争故事"有没有对他产生什么影响，但父亲受够了学校里的种族矛盾，1925年时带着全家搬走了——他设法调到"弗兰兹·约瑟夫铁路"(Franz-Josefs-Bahn)沿线的施瓦策瑙(Schwarzenau)火车站工作，一家人在这里一住就是整整十年。

▲ 摄于1924年，诺沃特尼三兄弟，前左为4岁的瓦尔特，后为大哥鲁道夫，右为二哥胡贝特。

诺沃特尼就学于施瓦策瑙当地的小学后，父亲意外地发现幼子很有音乐天赋，于是想方设法加以培养。1930年时，诺沃特尼已在茨韦特尔(Zwettl)的西多会修道院(Cistercian Abbey)童军合唱团里唱歌。进入魏德霍芬(Waidhofen)中学后，诺沃特尼开始对机械和技术等产生浓厚兴趣，各种发动机和动力装置都成了他琢磨和摆弄的对象。同时诺沃特尼也开始着迷于体育运动，并展示出不俗的才华。1935年，诺沃特尼一家搬到维也纳北面的米斯特尔巴赫(Mistelbach)，瓦尔特也转入塔亚河畔的拉镇(Laa an der Thaya)中学读书。这里是奥地利正北方最接近捷克的一座小城，自13世纪起一直都是奥地利在波希米亚边境上的军事重镇。

▲ 摄于1936年圣诞，诺沃特尼的全家福。后左为鲁道夫，中为胡贝特，右为16岁的瓦尔特。

高中生诺沃特尼在学校虽算不上是模范优等生，但学业还算令人满意，留给同学和老师印象最深的是他喜欢开玩笑和对体育运动充满热

▲摄于1938年，诺沃特尼（图片正中）与米斯特尔巴赫中学的队友们在体育竞赛中。

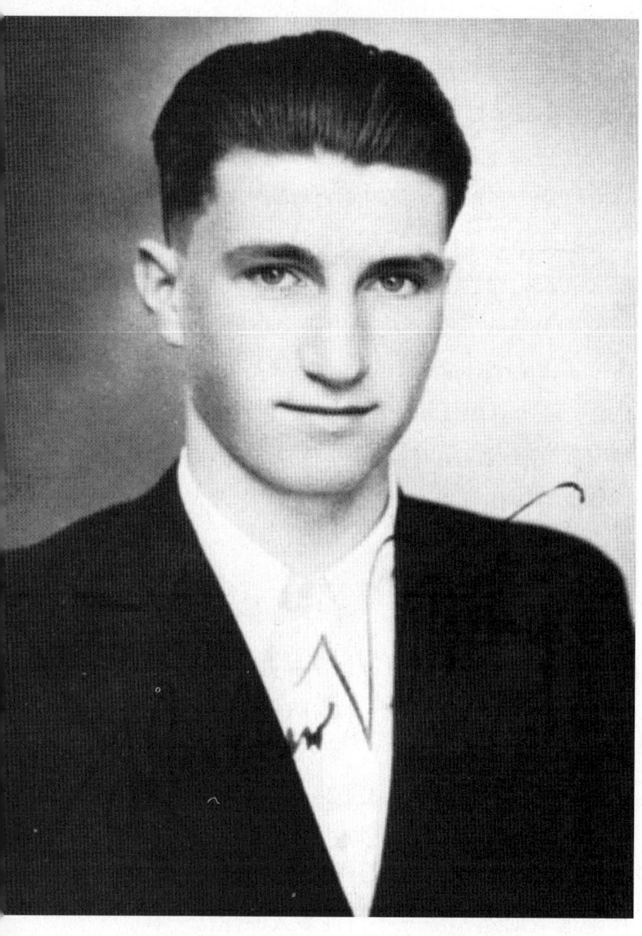

▲ 摄于1938年，18岁的高中毕业生诺沃特尼。

◀ 左图为在位于布雷斯劳—舍恩加腾的第5飞行学校学习时的诺沃特尼（1939年11月15日至1940年6月末）。毕业时他一心想进入轰炸机或俯冲轰炸机学校受训，但校方和教官认为他有成为优秀战斗机飞行员的潜力。右图摄于1940年的维也纳–施韦夏特(Schwechat)第5战斗机飞行学校，左为诺沃特尼，中为加兰德的幼弟保罗，右为布克哈特(Ulrich Burkhardt)。

情。酷爱足球的诺沃特尼技术水平相当不错，曾代表校队参加过比赛。1936年，不到16岁的诺沃特尼做了一件大事——没有护照的他带着很少的钱，骑自行车穿越了边境，而后赶到柏林观看当年的夏季奥运会。两个星期后，他又以同样的方式回到学校，随后以极大的热情投入体育训练。在老师的帮助下，他在1937年的奥地利田径锦标赛中获得过铁饼冠军和1000米第3名，[5]还有资料称他曾获得过300米游泳比赛的亚军。[6]可见青少年时期的诺沃特尼是个名副其实的运动健将，二战中总有战友感叹他精力过人，恐怕与他年轻时热爱体育和练就了强健体魄不无关系。观摩柏林奥运会的这次旅行在诺沃特尼心里引起了震荡，德国发达的工业和兴修的大量高速公路、德军重整军备后的威武雄壮和华丽表演、德国人对希特勒的狂热崇拜，以及整个奥运会的成功都给他留下了深刻的印象，也给他形成中的世界观造成了很大影响。

大约就在奥运行后，诺沃特尼加入了"德裔学生圆桌会议"这个组织，当该组织被解散后他又加入了当地的希特勒青年团。在1938年3月被德国吞并之前，尽管纳粹运动在奥地利早已是风起云涌，而且同情和支持纳粹党的人口比例相当庞大，纳粹党在法律上仍是被奥地利政府禁止的非法组织。30年代中后期，青少年加入希特勒青年团及其预备或分支组织是非常普遍的，虽然该组织表面上声称宗旨是"在身体、精神和道德上教育青少年"，但实际上它在德国早就开始对青少年进行军事化训练，在奥地利则还没有那么明目张胆。1938年3月，希特勒终于将他的祖国奥地利纳入了帝国的版图。2个月后，诺沃特尼也通过了高中毕业考试。值得注意且令人惊讶的是，年轻的诺沃特尼在当年5月1日加入了纳粹党——存于柏林的有关档案还留存有他的相关资料和党员编号(6382781)。[7]1938年晚些时候，诺沃特尼加入了帝国劳动军团(Reichsarbeitsdienst)，在塔亚当地从事排污工作，半年的服务期内他不仅不以为苦，反而乐在其中，还借机结交了一些朋友。

1939年9月二战爆发时，诺沃特尼志愿加入了德国空军。他的大哥鲁道夫在1974年出版的著作《沃肖斯特罗猛虎》中曾忆称，弟弟高中时就流露过对翱翔蓝天的憧憬，还曾跟兄长们说“开飞机就像骑摩托一样，只不过没有大树和道路罢了”[8]。1939年10月1日，诺沃特尼以候补军官身份来到魁林堡的第62空勤训练团接受步兵训练——大约1年前马尔塞尤也是在这里开始的新兵训练。6个星期后的11月15日，诺沃特尼进入位于布雷斯劳–舍恩加腾(Schöngarten)的第5飞行学校，他在这里一直学习到1940年6月的法国战役结束。除完成步兵训练、学习飞行基本理论和技能外，1940年3月1日时的诺沃特尼已开始单飞，驾驶的主要是He–72和Ar–68等型号的战机。大约也是在此期间，诺沃特尼渴望加入轰炸机或俯冲轰炸机部队，一心希望结业后能转往格拉茨的轰炸机学校进一步受训，并获取驾驶重型战机所需的C级证书。不过，校方和教官的看法是他有成为优秀战斗机飞行员的潜力，因而强烈建议他到战斗机飞行学校受训。

1940年7月1日，诺沃特尼来到了位于维也纳–施韦夏特的第5战斗机飞行学校。与多数年轻飞行员的想法不同，他对未能如愿到轰炸机学校，反而被派到战斗机学校感到不满。巧合的是，不到1年前马尔塞尤也曾在这里接受高级训练，他与诺沃特尼的教官都是阿里基上尉——这位上尉一战中曾以击坠32架的战绩身居奥匈帝国飞行员战绩榜第2位，也曾4度获得奥匈帝国授予军士的最高荣誉“金质勇士勋章”。除阿里基外，校长施莱希(Eduard von Schleich)也是一战中取得过32胜的王牌飞行员。佩戴着“蓝色马克斯”勋章的施莱希为人严谨，对学习和训练一丝不苟，也和阿里基一样都是荣誉感特别强的旧式军人。当年8月1日至11月15日，诺沃特尼进行了驾驶Bf–109战斗机的强化训练，8月19日通过笔试和飞行考试后获得了飞行员徽章。第5战斗机飞行学校的一流设施和训练为诺沃特尼日后的技战术打下了坚实的基础，更重要的是他有机会更深地理解战友和士兵的所思所想，而这恰恰是一名军官必备的能力与品质。此外，诺沃特尼还结识了两位好友，一位是时任JG–26少校联队长的加兰德的幼弟保罗(Paul Galland)；另一位则是将在其军旅生涯中扮演重要角色的施内雷尔(Karl Schnörrer)。后者不仅是他最亲密的伙伴，还一直担任他的僚机。诺沃特尼的很多胜利中都有施内雷尔的影子和贡献，后者还曾多次拯救过他的性命。

雏凤初啼：心有余悸的首胜

1940年11月16日，诺沃特尼与两位战友被派至梅泽堡补充战斗机大队(Ergänzungs-Jagdgruppe Merseburg)。[9]诺沃特尼在这里执行了保卫洛伊纳(Leuna)工业区的任务(马尔塞尤1940年初也曾在此执行类似的任务)，他非常失望一直未能见到敌机的踪影，在家信中不止一次地悲叹时运不济——与许多人的想法一样，他也生怕自己未及参战，整个战争就以帝国获胜而告终了。

诺沃特尼的担心当然是多余的，他在梅泽堡大队的日子非常短暂，当年12月就被调到JG–54联队的补充中队(Ergänzungsstaffel)。这个单位于1940年10月在荷兰正式组建，到次年2月已扩展为下辖两个中队的大队，驻地位于法国卡佐(Cazaux)，指挥官是埃格尔斯(Leo Eggers)中尉。埃格尔斯的两个中队各有职责，刚从战斗机飞行学校出来的新人先到第2中队受训，而后根据表现进入第1中队接受实战训练，最后再被派往JG–54服役。[10]埃格尔斯的作训单位升级为大队后不久，诺沃特尼就在1941年2月23日被分配到JG–54第3大队第9中队，驻地位于法国的勒芒(Le Mans)和瑟堡。该大队承担的职责是诺曼底地区的防空任务，但由于战事平静，主要任务仍是强化训练，诺沃特尼这些新手每天也由老兵带领训练。3月底时，JG-54的第2和第3大队被派往巴尔干执行任务，诺沃特尼则被调回补充大队大队部任职，4月1日晋为少尉(资历从2月1日算起)，此后直至1942年3月10日，他一直随补充大队执行任务。

JG-54联队是在不列颠空战中成长起来的一支王牌联队，1940年8月25日至1943年7月5日间任联队长的特劳特洛夫特是空军最具声望的指挥官之一。整个二战期间，这个别称"绿心联队"(Grünherz)的单位共击落9600余架战机，在所有联队中仅次于击坠总数超过10800架的JG-52。特劳特洛夫特不仅是一名实战经验丰富的王牌(个人战绩57胜)，还特别善于教导属下，与莫尔德斯一样擅长教导年轻人如何进行空战和保存自己。特劳特洛夫特在某些方面与加兰德也颇为相像，对人坦率真诚，坚决反对浪费战斗机部队的人力和资源。不过，虽然飞行员们视他为偶像，但他的直率还是使其受到空军高层某些将领的排斥。特劳特洛夫特的领导风格和个性无疑给诺沃特尼留下了很深的印象。在特劳特洛夫特领导下，JG-54出现过一批王牌，如基特尔(267胜)、菲利普(Hans Philipp, 206胜)、鲁多费尔(Eric Rudorffer，222胜)和朗(Emil Lang，173胜)等，名声最响的还是1943年成名的诺沃特尼。当然，这些都是后话。1941年6月上旬，当JG-54补充大队从法国开往东普鲁士的纽库伦(Neukuhren)，准备参加入侵苏联的"巴巴罗萨"作战时，诺沃特尼少尉与大队的70余名受训飞行员并没有多大差异，尽管他的热情和勇敢在整个JG-54都已非常出名。

6月22日，JG-54作为凯勒上将第1航空队唯一的战斗机联队参加了苏德战争。特劳特洛夫特的105架Bf-109(另有配属的JG-53的两个中队)负责保护和支援向列宁格勒进军的北方集团军群，首日作战就取得了45次击坠，但这个成绩相较于中央和南方战场的其他联队来说并不很突出——中央战场的JG-51联队当日的战绩是69胜，而苏联空军当天有322架战机被德军击坠，还有高达1489架的军机被摧毁在地面上，德军自身仅损失了35架战机。随后几日里，JG-54的主要任务是为航空队的3个轰炸机联队护航，这些单位的Ju-88轰炸机对立陶宛境内的苏军机场和设施进行了狂轰滥炸。苏军虽然开战之初即遭受了极大损失，但其剩余的力量还是竭尽所能地遏制对手。特劳特洛夫特曾在日记中这样写道："敌人的空军虽以一种固执且缺乏协调的方式进行作战，但他们一直没有放弃，有时还能对我们的攻击矛头造成沉重打击。"[11]6月29日，苏军为阻止德军第4装甲集群向拉脱维亚的快速推进，派出了一波又一波的轰炸机轰炸至关重要的西德维纳河渡桥。在持续一天的空袭行动中，苏军每次出动的轰炸机规模均不超过一个中队，也没有战斗机护航，甚至一直都僵化地沿着预定航线飞行，结果为JG-54准备了侵苏以来的第一顿"丰盛大餐"——夜幕降临时，JG-54击坠了至少65架轰炸机，西德维纳河渡桥依然完好无损，JG-54自身也无一伤亡。7月4日至7日，随着德军基本控制了立陶宛和拉脱维亚，并开始进入苏联本土，JG-54也在一系列对地支援和空中搏杀中取得了109次击坠的战果。7月14日，德军先头部队成功强渡了佩普西(Peipus)湖以东的鲁加(Luga)河，北方集团军群的装甲矛头距鲁加这个列宁格勒前方的最后屏障仅有区区100公里。JG-54在为地面部队提供空中保护的同时，也随着装甲部队的快速进军而不停地转换基地，到7月18日时，JG-54取得了东线的第500次空战胜利。

诺沃特尼所在的JG-54补充大队开战时负责支援最北翼的第18集团军沿波罗的海海岸的进军作战。随着地面部队的推进，补充大队的机场也一再迁移——从纽库伦到库尔兰半岛，从拉脱维亚首都里加再到爱沙尼亚海岸的佩尔瑙

(Pernau)。诺沃特尼虽到7月18日时已执行了23次作战出击，但还是没有任何胜绩。不过，这一切都将在7月19日发生改变——他的空战生涯险些尚未开始就宣告结束。

当日是诺沃特尼的第24次出击作战，他驾驶着Bf-109 E7战斗机与僚机盘旋在扼守里加湾口的厄塞尔(Ösel)岛上空(岛上有苏军的一座大型机场)。诺沃特尼与僚机飞行员注意到有约10架苏军战斗机紧急升空并朝他们扑来。激烈的空战中，2架伊-153被诺沃特尼击落，成为他日后长长的击坠记录中的头两个牺牲品。应该说，诺沃特尼的首胜相当令人印象深刻，多少反映出日后他击落多架敌机的走势。但是，诺沃特尼在兴奋之余突然发现僚机已不见踪影，由于所剩油料已不允许他继续在厄塞尔岛上空逗留，他决定返回基地。就在这时，他发现一架机首呈白色的战机尾随在身后，他误以为这是自己的僚机，还向后者摆了摆机翼——这是一架伊-153，未来的苏军王牌飞行员阿维迪夫(Alexander F. Avdeev)从容地在诺沃特尼的机身上留下了一排弹孔。阿维迪夫是列宁格勒方面军第153战斗机航空团(IAP)的中尉，1942年8月12日战死前共击坠了13架德军战机，1943年初曾被追授苏联英雄称号。诺沃特尼坚持与对手周旋，直到将阿维迪夫的战机击落为止(跳伞后受伤，在医院里躺了1个月才归队)。[12]这时，诺沃特尼战机一侧的发动机失灵，他只能要么在苏军后方降落，要么在海上迫降。他不想成为俘虏，于是选择了在海上迫降。他驾机朝着厄塞尔岛最南端靠近沙质海岸的水面飞去，跳伞时因为慌乱竟忘记打开降落伞，当他在水下将救生衣充气时，未张开的降落伞几乎把他憋死！一番忙乱后他总算爬进了充气筏，可以长长地嘘口气了。他掏出烟想抽上一口，镇定一下，却发现香烟早被海水浸透，变成了湿乎乎的一团泥。

诺沃特尼曾栩栩如生回忆过当日之事：[13]

“……后来我意识到扔掉那盒烟实在明智。在没吃没喝的情况下抽烟会要了我的命。我把湿淋淋的火柴一根根扔到水里，想借此判断大致的水流强度与方向，从而确定往哪边去。我就是汪洋大海中的一个小黄点，太阳不断西沉，还是没有人来搭救的迹象。我注意到水流裹挟着我向西南方漂去，离厄塞尔岛越来越远。我坚信一定会被人找到，不是今天就在明天。不过为安全起见，我还是想尽可能地接近陆地，估计向南再有40英里就是陆地。我开始用双手划水，与厄塞尔岛依然可见的灯塔间的距离也在慢慢拉大，这令我相当满意。奇怪的是，看护灯塔的人根本没留意我，或许他们认为反正我也要被淹死，索性不理我。天完全黑了下来，真是一个满天繁星的静谧夏夜。尽管衣衫单薄，但由于不停划水，我并不觉得怎么寒冷。第二天，远处的灯塔只有前一天一半那么大了。早晨有几架Bf-109从我头顶飞过，但不管怎么努力，他们都没注意到我。一度有2架Bf-109从离我很近的位置飞过，我拔出佩枪射出了几发子弹，还脱下衬衣使劲挥舞，都未能引起他们的注意。他们都没看见明黄色的充气筏！天气实在炎热，我也饥渴难忍。”

“厄塞尔岛离我越来越远，直到岛上的一切都消失在视线之外。我用佩表确定了方向和大致方位。昨天迫降后显得那么宁静的大海现在开始面目狰狞，它不仅让我浑身酸痛，还险些把筏子灌满海水。第二天夜晚大海恢复了平静，但在子夜时分，两道巨大的黑影向我逼近时海面上又起波澜。那是苏军的两艘驱逐舰，它们顶着从南边射来的炮火全速向东奔去。我生怕被发现，赶紧用能找到的所有布料盖住筏子明亮的黄色外沿。我很走运，尽管被弄得精疲力竭，但我心中还是充满了希望，南边的炮火只可能是德军海岸炮兵射出的。这样算来，我离陆地的距离最多也就8公里了。”

“当又一个黎明到来时，除了无垠的大海外我还是什么都没发现。真正的战斗开始

▲ *摄于苏德战争之初，JG-54补充大队的飞行员正在手舞足蹈地欢迎某位战友归来。中间身着救生衣的是诺沃特尼少尉，右一是大队长埃格尔斯中尉。*

▲ *摄于1941年9月中旬，诺沃特尼获得了一级铁十字勋章。虽有着热情开朗和作战勇敢的声誉，但此时诺沃特尼在JG-54里仍属于不起眼的小角色。*

▲ *JG-54在任时间最长的联队长特劳特洛夫特（在任时间：1940年8月25日至1943年7月5日）。*

了——饥渴、累得抽筋，还有全身上下的伤口引起的痛楚都在不停地折磨我。我自言自语地说，糟透了，你要完蛋了，那么最好早点结束这一切吧。我用特制的铅笔在筏子边上写下了‘亲爱的父母’这几个字。也许至少小筏子会被人们发现。但一旦写完这几个字，我又把铅笔扔到一边，继续用手划水。绝望之余我有两次试图用手枪结束生命，但最终还是放下了枪。第三天清晨，在阵阵清凉潮湿的微风吹拂下，我慢慢醒来。突然间我发现筏子离岸如此之近，我用最后一点力气拼命向岸边划去。我踉跄着爬向岸边，然后失去了知觉。醒来后我爬过海岸线上的铁丝网，看到一处农舍后，又昏厥过去。再次醒来时我发现自己躺在床上，东西都在旁边的凳子上，那把手枪也搁在最上面。让我惊惧的是看见了两个穿苏军制服的士兵，于是我挣扎着扑向手枪。就在这时，我注意到他们的臂章表明他们是拉脱维亚士兵。我一辈子都忘不了这个叫米克尔巴卡(Mikelbaka)的地方。那天晚上向苏军驱逐舰开炮的确是德军海岸炮兵，他们告诉我，他们的确看见了远处的黄东西，但都以为只是个浮筒而已。等我终于回到联队时，他们已把我的个人物品打包，也准备通知我父母我失踪了。1星期后，我又回到了空中，每当我必须在海面上飞行时，我都有一种不安和压抑的感觉。这种感觉一直困扰着我，直到后来我在厄塞尔最南角靠近灯塔的同一位置，把1架苏军轰炸机送入大海的那一刻，这种感觉才离我而去。”

诺沃特尼取得了首胜，但所受惊吓也不轻，海上漂浮的三天两夜里他的神经和意志力都经受了严峻考验。从那天起他在空战中就格外谨慎、绝不鲁莽，甚至养成了一个独特的习惯——在每次出战前必定先穿上那条盐渍斑驳且已被撕裂的裤子。战友们戏称那条陪伴他三天两夜的裤子是他的吉祥物和“胜利之裤”。据说诺沃特尼在此事上十分认真，坚决不肯换下这条足以进博物馆的旧裤子。他唯一没穿“胜利之裤”的日子就是1944年的11月8日，结果他在这天驾驶Me-262喷气式战斗机与美军作战时阵亡了。

超级明星：疯狂取胜的1943年

诺沃特尼很快从首战所受的伤痛中恢复过来，7月31日时他先在厄塞尔岛西北角将1架苏军飞艇击坠，而后又在最南端、也就是10余天前迫降的同一位置，将1架DB-3轰炸机击坠入海。诺沃特尼的身体创伤恢复得颇为顺利，但心理上的阴影似乎并未完全消除。8月19日前诺沃特尼断断续续地又取得了6胜，但后来，在开车前往柯尼斯堡的途中，座车在大雨中失去了控制，他因锁骨撞断而住进了医院。住院期间他还曾偷偷溜走，缠着绷带跑回奥地利的海登赖希施泰因(Heidenreichstein)参加大哥鲁道夫的婚礼，过了2天因实在疼痛难忍又住进了维也纳的军医院。未等骨折痊愈，诺沃特尼坚决要求返回联队，9月13日他获得了第10胜，成为一名佩戴着一级铁十字勋章的小王牌。不过，诺沃特尼此时的战绩在东线飞行员间实在不怎么突出，而且第10胜还是他1941年的最后一胜。JG-54在8月1日时全联队已收获了东线的第1000次胜利，而当月24日第1中队中队长菲利普获得联队的首枚橡叶骑士勋章时，他的个人战绩已经高达62胜。

1941年9月中旬，JG-54的作战半径从北面的芬兰湾和列宁格勒向南延展到伊尔曼(Ilmen)湖东南的杰米扬斯克(Demyansk)地区，400公里长的战线使地面部队的兵力变得愈发稀薄，而JG-54可出动作战的战机数量甚至不及3个月前的一半。尽管伊尔曼湖以南和以西的旧鲁萨与莱利比齐(Ryelbitzi)机场接近前线，JG-54还是只能派出极少的战机支援第16集团军从杰米扬斯克继续东进至瓦尔代山(Valdai)的作战，有时甚至只能派出2架Bf-109，最多也不会超过4架。进入10月中旬后，北方集团军群南翼部队的推进受雨雪交替天气的桎梏已基本停顿，JG-54南线机场的跑道和起降区都变成了无法使用的泥塘。在北线，列宁格勒人9月13日迎来了朱可夫这位意志坚如磐石的新统帅，疲惫的德军虽然包围了列宁格勒，但还是被挡在门外。为彻底围死列宁格勒，希特勒命令北线德军占领季赫温(Tikhvin)、沃尔霍夫(Volkhov)及拉多加湖东南湖岸地带，从而掐断苏联腹地通向拉多加湖，进而补给列宁格勒的路线，当然也有以此帮助南面的莫斯科攻势的用意。德军季赫温攻势动用兵力达10万余人，投入了北方几乎所有的装甲师和摩托化师，在酷寒和呼号的暴风雪中激战3周后，终于于11月8日夺取了季赫温，切断了莫斯科抵达拉多加湖的最后一根铁路线。但是，长时间苦战、对手不顾一切的抵抗、严酷的气候和困难的地形使德军的人员与装备都到了耐力的极限。11月中旬，德军在季赫温和沃尔霍夫方向的攻势均基本停止。仅仅20余天后，苏军第4、第52和第54集团军发起了将德军赶回沃尔霍夫河一线的反攻，12月8日第4集团军还一举克复了季赫温，取得了苏德战争中苏方的第一次重大胜利。

诺沃特尼所在的补充大队于1941年10月24日随JG-54其他大队分别进驻西维尔斯卡亚(Siverskaja)与克拉斯诺沃尔代斯克(Krasnowardeisk)的机场。JG-54的作战囿于天气等原因陷入了一段沉寂期，第2大队也在12月初奉命返回本土休整和换装新型Bf-109 F4战斗机。1942年1月初，接替莫尔德斯出任战斗机部队总监的加兰德，来到西维尔斯卡亚的JG-54视察，巧合的是诺沃特尼也在1月8日收获了两次久违的胜利。加兰德离去不久，JG-54补充大队第2中队(训练中队)被解散，变成了所谓"东线补充大队"的第3中队，而诺沃特尼所在的补充大队第1中队(作战中队)则一直保留到3月9日才正式解散。原来，加兰德上任后的第一件举措就是改革前线联队训练飞行员的组织架构，现有联队都拥有各自的补充中队或大队，虽然想法很好但占用了过多的人力和资源，加兰德计划将各作训单位都集中到一个训练联队之下，而这个联队起初将包括"东线"和"西线"两个大队(后来又增加了"南线"大队)，每个大队的下属中队分别为一线联队训练飞行员，而每个一线联队也都有责任把经验丰富的老手轮番派往作训大队任教和指导新人。出于加兰德与特劳特洛夫特的特殊关系，JG-54成为空军第一支执行这一新政的一线联队。

冬去春来，1942年3月10日，诺沃特尼带着12架的战绩调到第1大队第3中队，在这里与老同学兼密友施内雷尔重逢。施内雷尔在1941年12月获得首胜，转年就成为诺沃特尼的"专职"僚机。施内雷尔以对待战机"苛刻"出名，在不长的作战生涯中已出现过3次着陆事故。[14]于是获得了绰号"夸克斯"(Quax)——这是非常容易出事故的一个卡通人物，尽管绰号多少有些调侃和不公，但施内雷尔的确是诺沃特尼日后取得辉煌战绩的关键因素之一，因为他在空战中总是为保护诺沃特尼而不惜放弃自己的进攻机会。到1943年8月18日施内雷尔取得第20胜时，诺沃特尼的战绩已经高达151胜。当然，诺沃特尼也从不掩饰自己对密友的认可与感激。

诺沃特尼加入第1大队时，大队长菲利普上尉在3月12日以82胜的战绩获得了JG-54的首枚双剑骑士勋章，而3月的最后一天，菲利普更是成为JG-54第1个、空军第4个超越百胜纪录的飞行员(前三位分别是莫尔德斯、吕措和厄绍)。菲利普平素为人谦和有礼，空战中勇猛异常且技艺高超，他优异的战绩和待人接物的方式使他立即成为诺沃特尼等年轻飞行员的角色榜样。5月11日，第7中队中队长奥斯特曼(Max-Hellmuth Ostermann)中尉成为JG-54第2个破百的飞行员。诺沃特尼也从1942年4月底开始迎来自己的第一个爆发期——从4月25日取得第13胜起，到3个半月后的8月11日时，他的战绩已达57胜。其中最突出的是7月，共击落了18架敌机，包括7月20日这一天击落的5架。8月2日，诺沃特尼在列宁格勒上空一天内将3架伊–16、3架米格–3和1架拉格–3战斗机送入了地狱。他曾这样描述当天的恶战："今天是个晴空万里的好日子，天空中到处都是试图攻击我方轰炸机的苏军战斗机。我首先选中一架伊–16作为目标，一个大转弯后我的战机已处于理想的攻击位置。我用几梭子炮弹将它打爆起火，这架战机随后就坠毁了。其他苏军战斗机试图逃跑，但Bf–109更快。我在涅瓦河河口码头上空盘旋时，1架苏军战机出现在我的瞄准镜里，这架伊–16被两发炮弹命中后发生了爆炸。苏军的高射炮射击非常猛烈，我转了个180度的弯后发现有4架伊–16正在德军轰炸机的屁股后面进攻。我拉起机头开始爬升，这个过程中，我向其中的1架射击，出人意料的是子弹竟直接命中了敌机。苏军飞行员立即俯冲，但他的飞机开始旋转着坠落，在天空中留下了长长的黑色烟柱。这是我今天的第6胜，第7架击坠也为时不远。返航途中，1架'耗子'在我的下方突然拉起，我加大油门向它冲去，几秒钟后这架敌机就翻滚着坠落了。"[15]

8月11日，诺沃特尼的Bf–109 G1战斗机在空战中中弹，由于发动机失灵，他试图滑翔着将自己的"黑色1号"迫降在莱利比齐机场，结果着陆时撞上了地面防空阵地，飞机翻了跟头后倒置在地。诺沃特尼受了伤，虽然不甚严重，战友们还是花了20分钟才把他拖出来。大难不死的诺沃特尼随即驾驶另一架战机又升空作战去了，并于11点15分将1架米格–3战斗机击坠后才返回基地疗伤。应当说，诺沃特尼的自信心在1942年8月已完全恢复，他已像老手和王牌那样不顾疲劳地一次次出击作战。9月4日，诺沃特尼以57次击坠的战绩获得骑士勋章，第1大队在驻地加特契纳宫(Gatschina Palace，曾为沙皇保罗一世的行宫和军事要塞)为诺沃特尼举办了庆祝活动。诺沃特尼也得到了休假的机会，他在维也

◀ 摄于1942年8月2日，当日诺沃特尼在空战中击坠了7架战机，图中的他兴奋得有些得意忘形，还未离开座舱就迫不及待地向战友描绘空战的情形。

▲ 摄于1942年9月4日，诺沃特尼当天获得了骑士勋章，JG-54第1大队的军官和地勤们在其住所——曾为沙皇保罗一世行宫的加特契纳宫为诺沃特尼举办庆功会。图中左边的牌子上清楚地写着谁是活动的主角。

▲ 摄于1942年8月11日，诺沃特尼的Bf-109 G1“黑色1号”战斗机在空战中中弹，他试图着陆时撞上了地面防空阵地，结果战机翻了跟头后倒置在地。战友们花了20分钟才把他从座舱里拽出来，他稍后又驾驶另一架战斗机继续升空作战，并成功地击落1架敌机。

▲ 摄于1942年夏，从左至右依次为JG-54第3大队大队长塞勒(Reinhard Seiler)、第2大队大队长赫拉巴克(Dietrich Hrabak)、联队长特劳特洛夫特和第1大队大队长菲利普。

▲ 摄于1942年9月，骑士勋章得主诺沃特尼。

▲ 摄于1942年10月25日，第1中队中队长朗中尉调任JG–51，诺沃特尼接过了第1中队。图为第1中队军官在加特契纳官为朗送行的场景。左二为托伊默尔(Alfred Teumer)少尉，左三为朗中尉，左四为诺沃特尼。

▲ 摄于1942年9月在维也纳休假期间，右为诺沃特尼的二哥胡贝特 (1943年初阵亡于斯大林格勒前线)。

▲ 摄于1942年11月，诺沃特尼当天的一次击坠是JG–54第1中队的第300次胜利，战友们把花环挂在诺沃特尼身上以示庆祝。

纳与二哥胡贝特见了最后一面——后者于1943年初在斯大林格勒前线丧生。

10月25日，第1大队第1中队中队长朗格(Heinz Lange)中尉调往JG–51(1945年4月他成为JG–51“莫尔德斯”联队的末任联队长)，诺沃特尼继任第1中队中队长。尽管只有21岁，他已展露出优秀指挥官应具备的素质和潜力。另外，也许是战争催人成长，或是首战的遭遇令他成熟稳重了许多，也有可能是担任中队长后写信通知阵亡战友的家属成了日常工作之一，诺沃特尼在获悉二哥阵亡的消息时表现出了远超年龄的冷静与成熟。他在写给父母的信中说：“亲爱的父母，我们必须得接受和面对这一现实，尤其是你，亲爱的妈妈。请记住，胡贝特并没有白白牺牲，所有战士都会以他为榜样。妈妈，不要悲伤，你应以胡贝特为荣。从现在起我也不再是一个人飞行，我总是在与我们的胡贝特一起作战！我的父母，请振作起来，带着尊严地往前看！"[16]

诺沃特尼在列宁格勒上空游弋的日子里，据信曾与苏军王牌飞行员波克雷舍夫(Petr A. Pokryshev)多次遭遇。波克雷舍夫在战争中共击落德机46架，他所在的第159战斗机航空团1942年11月曾被授予"近卫战斗机团"的荣誉，他个人也因勇敢和杰出的战功两获苏联英雄称号、三获红旗勋章以及其他无数荣誉。在1942年底的一次空战中，诺沃特尼几乎遭到灭顶之灾，虽无法确认当时的对手一定是波克雷舍夫，但对手的娴熟技巧和勇猛还是使诺沃特尼禁不住怀疑就是波克雷舍夫。诺沃特尼当时在无线电中高叫"俄国人击中了我！发动机在'冒泡'！"僚机施内雷尔也曾回忆道："我们不顾一切地摆脱敌机，迅捷地逃到较低的高度。"由于发动机冒出了浓烟，诺沃特尼只好迫降在距旧鲁萨不远的图列比亚(Tulebya)简易机场。战机以100英里的时速在跑道上滑行时，发动机突然爆炸起火，在命运攸关的时刻诺沃特尼奋力跳了下来，而战机往前滑行了约30米后发生了剧烈的爆炸。诺沃特尼看得目瞪口呆，不过这次死里逃生并没有影响其信心，他依然坚信以自己的技术和经验，他在天空中永远都是安全的。

也许是巧合，这次Bf-109事故后，JG-54于1943年1月至2月间开始换装新型Fw-190战斗机。操作灵活的Fw-190不仅为飞行员提供了良好的视域，也装备了更强大的火力。不过飞行员们对它印象最深的还是其坚固耐久性，特别是其机翼的整块贯通式结构。曾有好事者想弄清楚Fw-190机身的抗打击能力到底有多强，一位精通飞机构造和性能的老手在试验中将Fw-190飞到极限高度，然后机头朝下高速俯冲，飞机速度越来越快，最后连螺旋桨都开始成为刹车装置。这位老手最后关头用尽全身力气拉起几乎失控的飞机，安全着陆后，围观的人们好奇地上前去数到底有多少铆钉崩落，结果发现每颗铆钉都坚挺地待在原位！当时在场的Fw-190设计师谭克为此深深自豪，飞行员们也感到极大宽慰，对座驾的作战性能和耐久性的信心倍增。事实上，包括诺沃特尼在内的许多东线飞行员都驾驶着Fw-190取得过显著成功。

诺沃特尼换装Fw-190后取得的首次胜利发生在1943年3月2日，1架伊-16成为他的第63个牺牲品。诺沃特尼驾驶Fw-190取得的最后一次击坠出现在当年11月12日，此时他的总战绩已达到了令人难以置信的255胜——短短8个月里击落了近200架战机！1943年是诺沃特尼疯狂取胜的一年，年初时他仅是个小有名气的王牌，年底时却是排名高居榜首的超级明星。如果不是被禁飞，以他的技术、经验和高度自信，率先突破300胜大关的可能会是诺沃特尼！

整个1943年，德军北方战场最主要的战事仍是围困列宁格勒，相对于中央和南方两个方向而言，北方的形势最为稳定。因此，某种程度上来说，诺沃特尼在JG-54的日子过得还算惬意。2月19日，基特尔的一次胜利使JG-54的东线总战绩超过了4000胜，不过，就在欢庆的花环还未撤去时，JG-54两天后遭受了一次重大损失——总战绩108胜的第2大队大队长哈恩少校在杰米扬斯克上空作战时，因发动机故障在迫降后被俘。虽然失去了战友和指挥官，飞行员们还是振作精神继续作战。在1943年的2月至3月期间，JG-54乃至整个空军最引人注目的角色是第1大队大队长菲利普。2月23日，JG-54在自身无一损失的情况下击坠了34架苏军战机，其中7架为菲利普所击毁，他的个人战绩飙升至180胜。3月17日是菲利普的26岁生日，4次击坠将其战绩提高到203胜，从而超过格拉夫的202胜成

▲ 摄于1942年末或1943年初，诺沃特尼站在一架受重创的战机旁。这架战斗机是施内雷尔的座机，后者在埃姆加上空被高炮击中，但幸运地开回了基地。诺沃特尼为好友的平安归来感到高兴的同时，又很后怕。

▲ 摄于1943年4月初，诺沃特尼送走了菲利普后，正在与特劳特洛夫特道别。

▶ 左图摄于1943年初，据信这是诺沃特尼的大队长菲利普上尉的座机。右图摄于1943年4月初，JG-54第1大队大队长菲利普晋为JG-1联队长时，特劳特洛夫特赶来为他送行。图为第1大队官兵向菲利普列队敬礼的场景(左一为诺沃特尼)。菲利普刚在3月17日取得第203次胜利，是当时战绩最高的飞行员(1943年10月8日与美军轰炸机作战时丧生，最终战绩206胜)。

◀ 诺沃特尼在取得了又一次击坠后兴奋地与战友交谈。

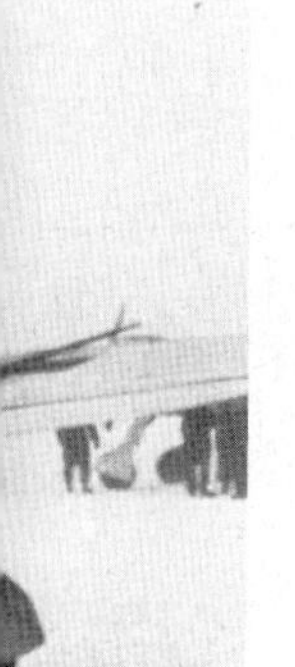

▲ 摄于1943年7月上旬。原第1大队大队长博宁少校(左) 7月6日接替特劳特洛夫特出任JG-54联队长，图中他正与诺沃特尼开心地关注着周边的趣事。博宁是“秃鹫军团”老兵，1943年12月5日阵亡，最后的总战绩是77次击坠(含西班牙内战中的4次)。

▲ 摄于1943年夏，诺沃特尼坐在驾驶舱里准备起飞。

▲ 摄于1943年9月8日，当天诺沃特尼在12分钟内击坠了5架战机，总战绩达200胜，而他在6月15日时才刚突破100胜，不到3个月击落100架敌机的能力和效率令人叹为观止。图中诺沃特尼座机的机鼻挂上了花环，右为诺沃特尼的地勤组长。

◀ 摄于1943年6月15日，诺沃特尼在旧拉多加上空取得了第100胜，战友们向他送上一束鲜花表示祝贺，右一为第1大队第3中队中队长艾泽纳赫(Franz Eisenach)中尉。

▼约摄于1943年初夏，纳粹"东方地区国家行署"(Reichskommissariat Ostland)长官洛泽(Hinrich Lohse)视察JG-54时与军官们合影。从左至右依次为鲁多费尔上尉、施托茨(Max Stotz)上尉、洛泽、特劳特洛夫特中校、阿德梅特(Horst Ademeit)中尉、第1大队大队长塞勒上尉、诺沃特尼中尉和戈茨(Hans Gotz)中尉。图中所有王牌的最终总战绩加起来超过了1000胜，除诺沃特尼的258胜外，鲁多费尔也是德军最优秀的飞行员之一(个人战绩222胜，至今依然健在)，施托茨的战绩是189胜，阿德梅特也有164胜的战绩。

为当时的最高纪录。4月1日，菲利普升任西线的JG-1联队长，接替其大队长职务的是第3大队大队长塞勒上尉。诺沃特尼在3月20日取得了第75胜，3个月后就提升到124胜。其中最成功的是6月，他一共击坠了41架敌机。诺沃特尼一天内击落多架敌机的风格已牢牢确立，其效率和准确性也令战友们自愧弗如。下面是他在6月的一些击坠数字：1日，5胜；5日，4胜；8日，6胜；15日，3胜；17日，3胜；19日，3胜；21日，6胜；24日，10胜。发生在6月24日的10次击坠令人印象尤为深刻，诺沃特尼在早晨的首次出击中击坠了3架雅克-1和4架拉格-3战机，整个过程仅耗时20分钟。靠近中午的第2次空战中，他又在7分钟内击落了3架米格-3战斗机。

6月收尾时，战友们估计已有124胜在手的诺沃特尼很快就会戴上"菜花"——有些调皮不敬者曾如此戏称高规格的橡叶骑士勋章。不过，空军高层似乎并不急于奖赏这位新崛起的年轻王牌。诺沃特尼虽然很看重这个荣誉，但也只好鼓足勇气，继续在天空中搏杀。他与施内雷尔、德贝勒(Anton Doebele，总战绩94胜)和拉德马赫(Rudolf Rademacher，总战绩126胜)等组成了战斗小组，他们的四机编队在天空中协同作战，相互提醒和保护，二战期间共击落了500架以上的敌机，号称是德军最成功的四机编队之一。诺沃特尼不仅帮助四人小组中的战友，也对其他战绩不理想的战友伸出援手，基特尔中士就是其中一个。小个子基特尔向来安静严肃，说话还有点结巴。特劳特洛夫特战后曾说："就性情而言，基特尔并不符合大众对战斗机飞行员的印象，怎样才能击落一架敌机对这个年轻人来说似乎总是难解之谜。他还有很长的路要走。"[17]基特尔在第1大队期间，时任大队长菲利普常对他进行鼓励和教导，菲利普调离后诺沃特尼接过了帮助基特尔的任务，将自己的心得体会毫无保留地传授给他，而基特尔对诺沃特尼也是十分敬重和钦服。1943年上半年里基特尔

摄于1942年9月22日的狼穴大本营，希特勒为诺沃特尼等颁发勋章的场景。图中左边两位是获橡叶骑士勋章的格拉塞尔和赛恩-维特根施泰因亲王(与希特勒握手者)，右边的是拉尔和诺沃特尼，他们分别获得了第34和第37枚双剑骑士勋章。

摄于1942年9月22日，授勋仪式结束后诺沃特尼等离开狼穴时的场景。图中从左至右依次为拉尔、格拉塞尔、希特勒空军副官贝洛、诺沃特尼和赛恩-维特根施泰因亲王(Heinrich Prinz zu Sayn-Wittgenstein)。

的战绩稳步提升，到7月的库尔斯克之战前夕,已提升到50胜。1944年4月，基特尔超越150胜大关后被提升为少尉中队长，他在库尔兰地区赢得了赫赫声名。1945年2月14日，已摘取双剑骑士勋章的基特尔中尉被高射炮击中丧生时，最后的战绩定格在267胜(排行榜第4位)。特劳特洛夫特等JG-54老兵在战后依然怀念基特尔，倒不仅仅因为他是联队历史上最成功的飞行员，更因为他在成名之后依然故我——默默地始终保持着对战友和集体的奉献精神。

1943年初以来，JG-54就像救火队一样被不停地支去救援危急中的地面部队，一会儿出现在芬兰上空；一会儿赶往白俄罗斯的中央集团军群战场；另一时刻又飞抵乌克兰和克里木战场。7月初，JG-54的多数单位奉命南调，会同JG-51等联队支援库尔斯克地区的德军攻势。7月5日，特劳特洛夫特被加兰德任命为东线战斗机部队总监，曾任JG-54第1大队大队长的博宁(Hubertus von Bonin)少校继任联队长。库尔斯克会战虽以苏德双方的坦克大战闻名于世，但空中决战的规模和惨烈程度并不比地面逊色多少——JG-54第1大队在很短的时间内就先后损失了3任大队长：7月6日，塞勒少校身负重伤后被送回国，其继任者霍穆特少校(曾在北非的JG-27担任马尔塞尤的直接上级)于8月3日阵亡，紧急代理大队长的戈茨(Hans Götz)中尉又于次日毙命。库尔斯克会战后，苏军又于8月初沿奥廖尔和别尔哥罗德一线发起了大规模攻势，在激烈的防御战中，诺沃特尼共击落了49架战机，还被任命为第1大队大队长。巧合的是，哈特曼也在当月取得了49胜，并在9月20日突破了百胜大关。8月13日，诺沃特尼击落了9架敌机，21日又收获了7胜，到8月31日时他的总战绩上升到173次击坠。

除诺沃特尼外，基特尔也是JG-54在库尔斯克和奥廖尔之战中最成功的飞行员之一。他于9月4日把个人战绩提升到94胜，但始终未能获得骑士勋章。基特尔没有抱怨，只是每天默默地在天空中继续搏命。战绩高达173胜的诺沃特尼也未获颁橡叶骑士勋章，但作为基特尔的上级，他找到联队长为其博宁打抱不平。不过，诺沃特尼从未告诉过基特尔，自己一直在为他争取应得的荣誉。

诺沃特尼在即将出任大队长时曾写过一封家信："昨天(8月21日)，我取得了第161次胜利，也就是说10天内击落了37架敌机。上面要任命我担任大队长，于是我们一起庆祝了两件高兴事！一个22岁半的中尉担任大队长，这种好事可不是天天都有的，那可通常是少校的职位，这意味着我迟早也会晋升为上尉乃至少校。这些事我以前做梦都没想到过。不过，眼下还是没得到橡叶骑士勋章。"[18]短短儿行字可以看出，诺沃特尼既为晋升感到自豪，又迫切地渴望获得橡叶骑士勋章，对高层的迟缓甚至还有点恼火——到此时为止，所有战绩超过150胜的飞行员都毫无例外地获得了橡叶骑士勋章。

时光转眼进入金秋，9月1日诺沃特尼又一次做出了击落10架战机的惊人之举。不知道他是不是把未获勋章的不快都发泄到了对手身上，总之这天他表现得格外高效，也极富攻击性。他曾这样描绘当天的战事："清晨6点，我们在高空为轰炸机护航时突然遭遇6架苏军战斗机。没费太大工夫解决了其中的4架后，我发现下方不远处还有5架战机在盘旋。击落2架后，我已准备好向第3架敌机进攻，突然间我发现机炮卡弹了。这可是在敌军后方180公里的地方，一定要把今天的第7个猎物拿下。我发起追逐，从右边逼近敌机后用机枪向它射击。终于搞定这架敌机后，我已飞行在一处大城镇的上空，地面高射炮射出的炮弹就在我身边爆炸。我才不管它呢！飞机一直俯冲到贴近街道的高度，在离地只有5米时我沿着道路的方向飞了出去。在敌军高炮阵地和房屋上空盘旋了一下后，我在城外空旷的湿地上空再次拉起战机。下午，我们又与7架敌机不期而遇。他们躲在厚厚的云层里玩起了捉迷藏的游戏，但我就在那里等他们露头时发起致命一击。这种情形出现了三次，成全了我当天的10次击坠。"[19]

9月2日，类似的一幕再度上演，12分钟内6架苏军战机在诺沃特尼又准又狠的枪口下化为乌有，这也使其战绩上升至189胜。大约在这个时候，诺沃特尼收到了大哥鲁道夫的来信。大哥在信中说，莫尔德斯、加兰德和马尔塞尤等都没有诺沃特尼的战绩高，但他们都获得了钻石

诺沃特尼1943年9月的战绩表（第174胜至第218胜）			
击坠数序号	日期	时间	敌机型号
174	1943.9.1 10架	06:00	雅克-9
175		06:03	雅克-1
176		06:05	雅克-1
177		06:10	雅克-1
178		06:12	雅克-1
179		12:10	拉格-3
180		12:12	拉格-3
181		12:15	拉格-3
182		12:18	拉格-3
183		12:19	拉格-3
184	1943.9.2 6架	11:03	拉格-3
185		11:05	伊尔-2
186		11:07	伊尔-2
187		11:10	伊尔-2
188		11:13	伊尔-2
189		11:15	拉格-3
190	1943.9.5	15:35	拉格-3
191	1943.9.6 2架	11:00	雅克-9
192		17:35	拉格-3
193	1943.9.7 3架	09:08	拉-5
194		09:15	拉-5
195		16:30	伊尔-2
196	1943.9.8 5架	07:30	拉-5
197		07:32	伊尔-2
198		07:35	伊尔-2
199		07:38	拉-5
200		07:42	拉-5
201	1943.9.10	17:45	拉-5
202	1943.9.11 2架	14:50	雅克-9
203		15:00	拉-5
204	1943.9.14 6架	15:35	拉-5
205		15:38	雅克-9
206		15:50	拉-5
207		15:52	拉-5
208		16:30	Pe-2
209		16:32	拉-5
210	1943.9.15 6架	09:50	伊尔-2
211		09:52	拉-5
212		10:12	雅克-9
213		10:15	Pe-2
214		10:20	伊尔-2
215		10:22	伊尔-2
216	1943.9.17 3架	17:15	拉-5
217		17:20	雅克-9
218		17:25	拉-5

资料来源：http://www.luftwaffe.cz/nowotny.html; http://www.asisbiz.com/il2/Fw-190A/Fw-190A-JG101-%28%28+Nowotny.html.

骑士勋章，难道弟弟说错了话或做错了什么，让手握权柄的大人物不高兴了？诺沃特尼接信后立即寄给鲁道夫一封明信片，上面简单地写着："回复你的上封信。第一，这不关你的事。第二，你为什么为我的事头疼烦心？第三，如果他们不给我橡叶骑士勋章，那么我会争取钻石骑士勋章的。"[19]不知道诺沃特尼为何对大哥的一片好意如此恼火，但不管怎样，他对所受的不公待遇也感到强烈不满，但立志要斩获最高战功勋章！9月4日，诺沃特尼终于成为第293位橡叶骑士——高层迟迟没有授勋，并非诺沃特尼做错了事或得罪了什么人，而是因为高层已将飞行员获颁橡叶骑士勋章的门槛从120胜提高到了190胜左右！[19]诺沃特尼有幸成为新标准实施后的首位得主，但也不幸为此忍受了长时间的煎熬。也许有高官注意到了这个情况，命令诺沃特尼9月22日赶到狼穴大本营，届时将由元首亲自授勋。这让诺沃特尼心头的不快一扫而空，据说希特勒到1943年下半年时一般不再亲自颁授橡叶骑士勋章了，只颁发双剑和钻石骑士勋章。

也许是受到这一奖赏的鼓舞，诺沃特尼去领受勋章前仍然满腔热情地投入空战。9月7日，3架敌机被他击落；8日又有5架命丧他手；14日和15日内击坠了12架敌机；而到17日时他的战绩疯狂地达到了彼时最高的218胜！9月22日，诺沃特尼在狼穴大本营从希特勒手中接过的不仅仅是橡叶骑士勋章，还有第37枚双剑骑士勋章！当天获勋的还有与诺沃特尼几乎同时突破200胜的拉尔少校(第34位双剑骑士)，以及获得橡叶骑士勋章的格拉塞尔(JG-51第2大队大队长)少校和夜间战斗机王牌赛恩-维特根施泰因上尉。授勋完毕后，诺沃特尼返回维也纳休假，远在东线的战友们也借机庆贺了一番，酒酣耳热之余，有人拿做梦都想得到的战功勋章开起了玩笑："这个老家伙一下子得2枚勋章——'菜花'(橡叶)和'刀叉'(双剑)！"

帝国精英：第8位钻石骑士勋章得主

双剑骑士勋章得主诺沃特尼上尉(9月21日晋为上尉)提前结束休假后很快返回了东线。一名随军记者曾这样记述过："昨夜(10月4日)大队长诺沃特尼突然出现了，没人料到他这么快就回来了。授勋仪式后他本应放个长假，但他说在维也纳已好好休息了几日，这就足够了。多日的连绵阴雨终于结束了，放晴后的天空清新怡人。诺沃特尼收起他那漂亮整洁的制服，又穿上他在前线常穿的那套飞行服，包括那条众人皆知的'胜利之裤'。那条裤子早已补丁累累，由于穿的时间过久，颜色已呈灰白。但是大队长才不会和它分开，即使它有足够的资格被送到博物馆去。"[20]

从10月7日起，诺沃特尼开始了又一轮取胜高潮。7日下午，在大卢基(Velikeye Luki)南面的天空中，诺沃特尼5分钟内击落了3架P-39"空中眼镜蛇"和1架P-40"小鹰"战斗机，他的僚机施内雷尔也击坠了1架战机。9日，诺沃特尼在3次出击中击坠了8架敌机，其中6架为P-39，2架是伊尔-2对地攻击机，其中的一次击坠还是JG-54的第6000次胜利。11日，诺沃特尼再次击落4架敌机，个人战绩上升到235胜。13日清晨，诺沃特尼大队负责为轰炸机护航，途中遭到苏军战机拦截时，他首先将1架躲在轰炸机身后准备偷袭的拉-5战斗机送入了地狱，然后一边爬升，一边搜寻下一个猎物。诺沃特尼没有意识到有一架拉-5已悄悄摸到他的身后，所幸后者射出的炮弹未能命中，诺沃特尼转了一个大圈后，仰仗着过硬的飞行技巧转眼处于有利的攻击位置，这架战斗机随即被击落。德军轰炸机编队返航后，诺沃特尼并没有立时离去，从9点30分起的13分钟内，他又连续击坠了4架飞得比较低的苏军战机。14日上午，诺沃特尼在5分钟内击落了2架战机，下午又在5分钟内连续击坠了2架拉-5和1架拉格-3战斗机。这时的天空似乎变得空无一物，直到5分钟后诺沃特尼才发现了一架落单的P-40，随即开始追逐这个“珍贵的猎物”——他非常清楚自己距离250胜大关仅差一步，与对手格斗了整整10分钟后，诺沃特尼取得了历史性的第250次空战击坠。

诺沃特尼在这一刻攀上了飞行生涯的巅峰，他心满意足地朝维捷布斯克的基地飞去，接近基地时发现附近的高炮部队还向空中发射了信号弹和焰火！着陆时，蜂拥而上的战友们纷纷向他表示祝贺，第6航空队指挥官格莱姆上将也打来了祝贺电话。诺沃特尼应酬一番后，悄悄地把施内雷尔拉到一边说：“‘夸克斯’，我曾许过愿，如果击落了250架敌机，我会给自己好好庆贺一下。我打算到维尔纽斯放松一下，愿意跟我一起去吗？”施内雷尔婉拒了好友的邀请——尽管今天是大队长的好日子，但总得有人留下来照看基地，再说这里也要举行一醉方休的庆祝活动。于是，诺沃特尼带着大队的军医，驾驶着一架Bf-108“台风”联络/教练机飞到维尔纽斯去了。临走前他留下话来，请大家清空大队存放的美酒，费用全算在大队长身上。[21]到了晚上，多数官兵都已喝得烂醉如泥时，格莱姆又打电话找诺沃特尼，还算清醒的一些官兵盯着“代理大队长”施内雷尔，想知道他怎样回答。施内雷尔则摇晃着向电话走去，同时盘算着如何圆场。只见他清了清嗓子，沙哑地喊道：“将军先生！”格莱姆立即打断了他，问他们是不是都喝醉了。施内雷尔只好承认，而格莱姆似乎很理解大家这会儿为什么都酩酊大醉，只听他淡淡地说道：“看在上帝的份上，赶紧清醒一下，告诉我诺沃特尼躲到哪里去了。元首想亲自祝贺他获得了钻石骑士勋章。”施内雷尔大张着嘴巴，回答说诺沃特尼正在维尔纽斯的“丽娅(Ria)”酒吧。将军听后仍淡淡地说道：“就这样吧，让咱们看看通信兵能不能找到他……”[21]

施内雷尔彻底清醒了，要是通信兵无法接通维尔纽斯那家酒吧的电话，那该怎么办？当施内雷尔告诉大家诺沃特尼已获颁钻石骑士勋章时，人群中爆发出一阵阵的喝彩声，只有施内雷尔站在那里发呆。远在维尔纽斯的诺沃特尼正在一群漂亮姑娘的簇拥下愉快地狂饮，突然间电话响了，很快有军士向嘈杂的人群高喊：“请诺沃特尼上尉接电话......”人群中随后站起来年轻英俊的诺沃特尼，他一手夹着烟，一手扶着桌椅，摇摇晃晃地向电话方向走来，然后含混不清地冲着话筒说：“我是诺沃特尼。”电话线路似乎有些不清晰，对方又在电话里重复了一遍：“是诺沃特尼上尉吗？”诺沃特尼扭头望望乱哄哄的人群，接着说：“是的，请讲。”对方很有礼貌：“请稍候，我现在为你接通元首。”对方的声音非常平静，但在诺沃特尼听来不啻为一声霹雳，他赶紧扔掉香烟，笔直地站好。也许是战友在开玩笑呢，谁都知道他今天取得了第250胜，而且正在大肆庆祝呢！几秒钟后，所有的疑虑都打消了——电话那头传来希特勒独特的声音！元首在子夜时分从狼穴大本营打电话到维尔纽斯的这个酒吧，向诺沃特尼表示个人的祝贺，还说已授予他第8枚钻石骑士勋章！诺沃特尼拘谨地与希特勒通话时，丽娅酒吧里早已变得鸦雀无声。[22]

上述两段是后世军史家描述的诺沃特尼获得第250胜的当晚发生的一些轶事。研究德国空军颇有建树的维尔曾根据施内雷尔的回忆，声称格莱姆当晚还要求施内雷尔“次日清晨8时陪诺沃特尼前去面见元首”，“第二天将有1架He-111轰炸机飞到维捷布斯克先接施内雷尔，而后再拐到维尔纽斯接诺沃特尼”，“飞往东普鲁士前，两人迅速地洗了个澡，还换上了最好的军服”。如果施内雷尔的回忆无误的话，那么10月15日(即“次日”)时，诺沃特尼就出现在狼穴了。但实际情况是，诺沃特尼在大本营领受勋章的日期是10月19日，因而后人的相关描述有可能是虚构的。

10月19日，诺沃特尼与施内雷尔乘坐格莱姆安排的He-111轰炸机降落在东普鲁士机场，1辆恭候多时的奔驰车把他们送入了狼穴。数小时后，诺沃特尼佩戴着闪闪发光的钻石骑士勋章，笑容满面地走了出来——令他高兴的是，元首竟“忘了”下达禁飞令。像1个月前一样，诺沃特尼再次回到维也纳短暂休假，不同的是，这次他已是名震整个帝国的超级英雄了。返回联队后的10月29日，诺沃特尼终于将一枚骑士勋章挂在了基特尔的脖子里——后者此时已累积了127次空战胜利！不过，基特尔接受勋章时根本未流露出欣喜或满足的表情。联队长博宁问他为何不怎么兴奋，基特尔淡淡地说道：“我已经几乎不再相信自己还会获得骑士勋章，我一直在想自己是不是联队的编外人员。”[23]基特尔的话虽说得有点心酸，但他确实始终没有放弃，他的坚持也换来了更多的认可：1944年4月11日获得橡叶骑士勋章，同年11月25日以中尉中队长身份成为第113位双剑骑士勋章得主，只不过这时诺沃特尼已作古2周有余了。

接下来的日子里，也许是因为自己已获得所有荣誉，而施内雷尔仍旧两手空空，诺沃特尼决定将在空战中扮演僚机角色，在保护施内雷尔的同时帮助好友累积胜利次数。不过，诺沃特尼的“有心栽培”似乎并未很快见效，倒是他自己又在11月5日和10日的2次作战中各击落2架敌机。11月11日，诺沃特尼四人战斗小组中的德贝勒与自己人在空中相撞，随后丧生。诺沃特尼当日为这位忠诚的战友举行了隆重的葬礼，但未料到厄运次日又降临到施内雷尔身上。12日，苏军一批对地攻击机在涅韦尔附近向德军进行了扫射和攻击，步兵请求空军给予支援，尽管当日大雨滂沱、能见度很差，诺沃特尼还是带着施内

▲摄于1943年10月初，图中的诺沃特尼佩戴着双剑骑士勋章。这个23岁的年轻人已是一名上尉军官了。

▲ 摄于1943年10月13日，诺沃特尼在当日上午的空战中击坠了6架敌机，战绩提升到244胜。图中的他用手捂着头部，似乎是受了伤，但实际上他一直都很幸运，只是显得疲惫而已。背景是诺沃特尼的Fw-190座机，依稀可辨认出其编号(410004)。

▲ 摄于1943年10月14日，诺沃特尼当日再次击坠敌机6架，从而成为世界上第一个取得250次空战胜利的飞行员。他也因此获得第8枚钻石骑士勋章。

▲ 摄于1943年10月19日的狼穴，希特勒正向诺沃特尼颁授钻石骑士勋章。9月22日，诺沃特尼才从元首手中接过橡叶和双剑骑士两枚勋章。

▲ 摄于1943年10月14日，诺沃特尼与最好的朋友施内雷尔(靠外者)在交谈。诺沃特尼令人震惊的快速成功离不开施内雷尔的无私奉献，后者一直以在空中保护诺沃特尼为第一要务。

▲ 摄于1943年10月19日，背景中的He－111将把诺沃特尼送往狼穴大本营领受钻石骑士勋章。图为起飞前一刻的场景，诺沃特尼正在抽烟，左侧三人中的较高者似为施内雷尔。

▲ 摄于1943年10月末，诺沃特尼获得钻石骑士勋章后回维也纳休假。图中的老诺沃特尼夫妇正依依不舍地送别幼子。

▲ 摄于1943年10月末，诺沃特尼搭机返回东线前，热情的维也纳市民向他们的英雄欢呼喝彩时的场景。

▲ 摄于1943年10月29日，127次击坠胜利在手的基特尔终于获得了早就应得的骑士勋章。诺沃特尼回归后所做的第一件事就是陪基特尔检阅第1大队的全体官兵——对于一个上士来说这当然不同寻常。左侧三人中左一为第4航空军军部的高级参谋罗伊斯(Franz Reuss)上校，中为诺沃特尼上尉，右为基特尔上士。

▲ 成名后的诺沃特尼收到过大量的仰慕者来信，图中他正与施内雷尔拆阅这些信件。

▲ 摄于1943年10月末返回东线的途中。诺沃特尼终于可以不用顾及“英雄形象”，在旅途中安睡一觉。从旁边的He-111飞行员的目光中可以感受到普通军人对他的仰慕。

▲摄于1943年11月11日，诺沃特尼战斗小组中的德贝勒在维捷布斯克被击落后丧生。图为诺沃特尼为好友举行葬礼的场景，左前方为基特尔，他身后是拉德马赫，右前方为韦纳特(Ulrich Wöhnert，86胜)上士，韦纳特身后是特格特迈尔(Fritz Tegtmeier，146胜) 上士。

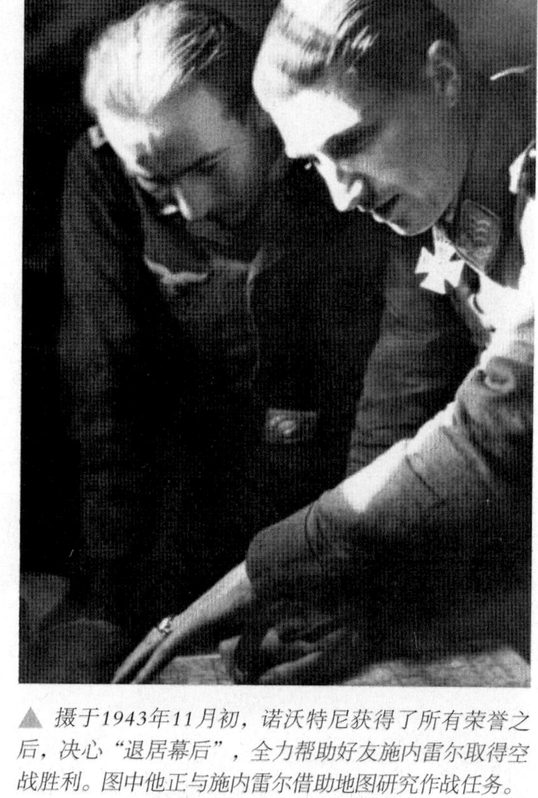

▲摄于1943年11月初，诺沃特尼获得了所有荣誉之后，决心"退居幕后"，全力帮助好友施内雷尔取得空战胜利。图中他正与施内雷尔借助地图研究作战任务。

▲摄于1943年11月12日，诺沃特尼前日刚为德贝勒举行了葬礼，12日就迎来了另一噩耗——施内雷尔在涅韦尔(Newel)的空战中被击中，从极低的高度跳伞后摔成重伤。诺沃特尼当日与施内雷尔一起出战并击落了1架战机(个人的第255次击坠，也是最后一次东线胜利)，幸亏后者及时击落了一架躲在诺沃特尼身后的敌机，否则丧命或重伤的就是诺沃特尼了。返回基地后诺沃特尼迅速调派一架Ju-52运输机把施内雷尔送往后方医院。图中的诺沃特尼正向他人描述空战的情形，躺着的施内雷尔虽动弹不得，但瞪大双眼看着自己的好友。

▲ 摄于1943年11月中旬，诺沃特尼到哈勒-德劳空军医院探视施内雷尔。这张图片无需任何文字就能体现出战友之间的浓浓情谊。

Meinem lieben Quax
zur Erinnerung an die
vielen brenzligen und
kniffligen Situationen,
die wir zusammen in
diesem gewaltigen Kriege
gemeistert haben und
noch meistern werden.
Von Dank will ich nicht
reden.
Bleib ein anständiger
Kerl.
Dein Nowi

◀ 施内雷尔住院期间，诺沃特尼经常前来探视，本图是诺沃特尼的一幅肖像和写给好友的感谢信，施内雷尔则让人把信和照片一直摆在床头。施内雷尔1944年6月康复后，成为第262试飞分队的少尉军官，该部改为“诺沃特尼特别大队”后，他也得以与好友再度聚首，可惜的是诺沃特尼几个月后即告别了人世。施内雷尔的战绩是46次击坠，虽然并不醒目，但他的46胜中包括驾驶Me-262时击坠的9架四引擎重型轰炸机，这使他成为名列前茅的喷气式战斗机王牌。施内雷尔于1979年去世，去世前每当有人就诺沃特尼的往事采访他，或向他展示诺沃特尼生前的照片时，他都不由自主地泪流满面。他们两人的深厚友情可谓超越时空和意识形态的典范。

▶ 摄于1943年11月中旬，诺沃特尼在JG-54的最后一批照片中的一张。他正在地勤的帮助下系好降落伞。

◀ 摄于1943年12月21日，诺沃特尼探访福克-沃尔夫飞机厂时，与著名的Fw-190设计师谭克教授交谈。诺沃特尼是最成功的Fw-190飞行员，他手中的战机模型是谭克赠予的礼物。这件珍贵的礼物在诺沃特尼阵亡后一直由其家人收藏。

▶ 摄于1943年11月15日，诺沃特尼完成了最后一次东线飞行后，被全面禁飞。尽管还是第1大队大队长，但此后数月他的工作主要是在德国和奥地利巡回演讲，成为宣传部门提振国民士气和军心的御用工具。背景中的战机是诺沃特尼的Fw-190。

▲ 诺沃特尼与谭克在1架飞机里进行测试，可能摄于1943年12月21日走访福克-沃尔夫飞机厂期间。

▲ 诺沃特尼在波城训练飞行员期间曾组建过一支手球队，还与1944年的全德冠军“柏林警察体育俱乐部队”有过交手。球员中的诺沃特尼(后排左五)既年轻又充满活力，让人难以想象他是一位少校联队长。

▲ 摄于1944年1月18日，诺沃特尼被授予维也纳荣誉市民称号。图中他正接受施廷菲尔(Heinrich Stümpfl)将军的祝贺，中为1943年12月任维也纳市市长、有着党卫队旅队长头衔的纳粹官员布拉施克(Hans Blaschke)。

▲ *1944年2月，诺沃特尼出任驻于法国波城的第1战斗机飞行学校指挥官，稍后又任JG-101训练联队少校联队长。图中的他佩戴着各种勋章，除钻石骑士勋章外，他的右胸口袋处还佩戴着"希特勒青年团"金质徽章。*

雷尔等几架战机赶来支援。诺沃特尼首先击坠了1架雅克-9战斗机(他在东线的最后一胜)，但另1架苏军战机悄悄摸到背后准备偷袭他，幸亏施内雷尔及时开火命中了对手。施内雷尔还没有来得及庆贺自己救了诺沃特尼一命，突然在无线电中听到大队长的叫声：“‘夸克斯’，快向左转！你的座机起火了！”说时迟、那时快，施内雷尔的战机突然间火势大盛，他还想挣扎着把战机再拉起来，但没有任何效果，只听见诺沃特尼焦急地大喊：“快跳伞，千万别落在树丛间！”施内雷尔跳离了飞机，但高度只有50至70米，他无可避免地重摔在地，除了剧烈震荡外，两条腿都摔断了。德军步兵把施内雷尔从树丛里拖出后运到安全地带，诺沃特尼迅速派一架侦察/联络机把他先运回基地，然后安排了一架Ju-52运输机将之送往哈勒-德劳(Halle-Dölau)的空军医院。施内雷尔开始了长达7个月的治疗与康复，痊愈后成为第262试飞大队的一名少尉飞行员。当这个以Me-262为主机型的试飞大队改成“诺沃特尼特战大队”时，施内雷尔与诺沃特尼这对好友再次重逢了。施内雷尔幸存于战争，他的46胜总战绩虽然并不起眼，但有9次是驾驶Me-262时摧毁的美军四引擎重型轰炸机，因而也是名副其实的Me-262喷气式战斗机王牌(战绩最高的贝尔中校也只有16架击坠)。

好友的接连离去令诺沃特尼非常难过，但作为大队长和空军最成功的飞行员，他还有大量的工作要做，没有时间沉浸于悲伤。11月15日，诺沃特尼执行了最后一次东线任务后，来自希特勒的禁飞令终于到达了。1943年对诺沃特尼来说是不可思议的一年，1942年时格拉夫曾疯狂地将战绩从1月的43胜提升到当年9月底的202胜(共160次击坠)，拉尔也在1943年取得了151次击坠的卓异战绩，但他们的纪录都不及诺沃特尼——1943年1月7日时诺沃特尼的战绩为62胜，到11月15日被禁飞时高达255胜，11个月里的总击坠数竟高达194架！此外，几年里诺沃特尼还有约50架击坠未获正式确认。出于种种原因，战后有些西方史家总是试图贬低甚至诋毁包括诺沃特尼和哈特曼在内的东线王牌的超高战绩。由于苏德战争之初德国空军曾相对轻松地取得过轰动一时的巨大成功，有些史家想当然地外推后得出结论——德军飞行员取得的令人难以置信的击坠总数，要么是虚构的产物，要么是纳粹政府的宣传，或者是因为苏军飞行员及其战机远逊于对手。我们这里不准备讨论德军飞行员的战果是否掺假、夸大、虚报，或只是宣传的产物(已有不少史家指出，二战期间德军的空战战果申报制度比英美和苏联的制度都要严格得多)，单就“苏军飞行员及其战机远逊对手”这一点而言，1941年夏秋时的情形或许如此，但从1943年起直至1945年战争结束前的现实情况远非如此。诺沃特尼1年内取得近200次东线胜利的1943年，苏联红军的空军早非2年前的吴下阿蒙，他们已解决了战争初期暴露出的诸多缺陷，诸如飞行员训练不足、训练方法保守陈旧、战术落后、缺乏技术诀窍、指挥控制体系僵硬和缺乏弹性、参谋作战方式存在重大缺陷等。1943年时的苏军战机质量相较于前两年也有了质变，德军战斗机飞行员更多时候面对的不再是伊-16一类的老旧战机，而是速度更快、火力更猛的新型战机(如拉-5、雅克-7B和雅克-9战斗机)。就速度和火力而言，苏军的拉格-3和雅克-9与德军的Bf-109G、Fw-190A等系列的战斗机完全相当，1942年投入实战的拉-5战斗机在转弯时还有着较明显的速度优势。另外，在低于5000米高度上前述苏军战斗机也有着明显优势，而东线的绝大多数空战恰恰就发生在5000米以下。最重要的是，1943年时的苏军飞行员已舍弃了前两年被动防御的面貌、心态和战术，他们在进攻心态的支配下、在逐渐建立的自信鼓舞下，开始积极主动地寻找任何对手进行空战。也正是出于这些原因，战时或战后每当有人在加兰德面前提及东线空战胜利"如何容易"时，他总是正襟危坐地提醒那些轻易贬低东线战绩的人——"1942年年中，苏联空军作战时的那种'炮灰'心态已消失得无影无踪了。"[24]

被奉为帝国英雄的诺沃特尼回到维也纳休假时，父母的居所一时变得门庭若市，人们甚至愿意排几小时的队以获取一份诺沃特尼的亲笔签名。当他来到一个山区度假时，附近村镇的人们都来到他所住的小木屋，就是为了亲眼看一眼宣传纪录片中的英雄。12月7日是诺沃特尼的23岁生日，他还专门出席了纳粹政府主办的"德国铁路工人节"活动，期间亲自为一名铁路工程师颁发了奖章。12月21日，诺沃特尼来到福克-沃尔夫(Focke-Wulf)飞机制造厂参观，受到了Fw-190战斗机的设计师谭克教授及其研制试飞团队的热情欢迎，谭克还赠给诺沃特尼1架精致的Fw-190战斗机模型。作为戈培尔手上"玩偶"般的宣传工具，诺沃特尼在所到的任何地方都受到帝国百姓的狂热欢迎。

进入1944年1月，诺沃特尼的日程似乎更加繁忙。首先是1月11日奉命到狼穴大本营报到——当天有16位空军精英齐聚狼穴，包括加兰德少将(战斗机部队总监)、戈洛布中校(第5航空队战斗机部队指挥官)、格拉夫中校(JG-11联队长)、吕措上校(第1战斗机师指挥官)、厄绍上校(JG-1联队长)、伊勒费尔德中校(JG-25联队长)、维尔克上校(JG-3联队长)、夜间战斗机头号王牌伦特少校(NJG-3联队长)、轰炸机王牌鲍姆巴赫少校(时为空军部负责武器研发的参谋军官，1个月后出任高度机密的特种轰炸机联队KG-200的联队长)和佩尔茨上校(第9航空军指挥官)等人，职位上略逊一筹的自然是诺沃特尼上尉和JG-52第3大队大队长拉尔少校，这些人都是至少获得双剑骑士勋章的精英，希特勒当日为他们颁发了制作精美的获勋证书。仪式结束后，希特勒邀请飞行员们共进午餐，拉尔曾回忆说："大家都注意到餐桌上希特勒的盘子边摆了不少药品，他看起来老了不少，还有点糊涂，喋喋不休地谈论着或可给他带来希望的每件小事。我们大家后来都议论说，希特勒的举止非常迟缓，即便举起酒杯和进食这种小事也要花上不少时间。"[25]午餐后，希特勒照例发表了讲话，主题是盟军西线登陆的时间估计和德国的应对方略。这之后希特勒开始大谈英国工党和保守党之间的矛盾，以及他们的分歧对普通英国人的影响等。多数飞行员对此均不感兴趣，好容易等到下午5点钟告别狼穴的时候，戈林的副官通知他们次日出席戈林的51岁生日聚会，还要求他们当晚坐火车赶到柏林，次日清晨准时前往卡琳宫。

飞行员中只有职衔最高的加兰德乘飞机赶往柏林，诺沃特尼等都在腊斯登堡登上了开往柏林的火车。12日7时抵达柏林火车站时，这些身着漂亮制服、佩戴着高级战功勋章的精英们立即引起了柏林人的惊叹和围观。诺沃特尼一行抵达卡琳宫后，除个别被频繁召见的军官外，其他人无不为卡琳宫的壮观和陈设的豪奢感到乍舌，而被众多英雄簇拥着的戈林显然极为满意。当天出席生日庆典的除这批飞行员外，还有纳粹政府的阁员(包括军备部长施佩尔和经济部长丰克)、各国外交使节、团体代表、陆海空三军将领等。午餐后戈林发表了一番演说，还曾高呼："我们将赢得这场战争，因为我们必须得赢！我们将血战到底！"拉尔战后曾回忆说："这种腔调听起来真有讽刺意味，战争行将结束时，当我听说帝国元帅还央求美军把他交给英国人时，我不禁又想起了他的这番话。"[26]当晚，众人聚集在柏林城里曾享誉欧洲、但被盟军炸毁后重建的"阿德隆"(Adlon)酒店，拉尔与诺沃特尼和厄绍三人在大堂里长时间地交谈，他们都对戈林生日聚会的奢侈感到反感——第一次出入卡琳宫的诺沃特尼算是大开眼界，但他在那里看到的尽是浮华的聚会和谄媚的嘴脸，听到的是空洞做作的演说，尤其是那里丰盛的美食和无尽的醇酒，与前线官兵们可怜的生存状况形成了鲜明对照，更勿论那些极可能是从博物馆偷来或掳来的艺术品竟被当作贺礼送给了戈林！晚餐后，众人颇有些难舍地道别了，他们彼此握手、互道珍重时都直视着对方的眼睛，因为人人都知道这次可能就是诀别——3月，维尔克在进攻美军轰炸机编队时阵亡；5月，厄绍阵亡，拉尔的拇指被打掉，跳伞时挂在树上险些成为活靶子；10月，伦特死于飞行事故；11月，年轻的诺沃特尼也告别了人世。

1944年1月18日，有着党卫队旅队长头衔的维也纳市市长布拉施克(Hans Blaschke)授予诺沃特尼荣誉市民称号并赠送一枚荣誉指环，后者起初还诚惶诚恐地不愿接受，因为他觉得自己配不上这等荣誉。2天后，诺沃特尼与JG-54的塞勒少校和维布克(Waldemar Wübke)上尉又来到图林根的一家办公设备厂参观，并在这里向员工们发表了一番演讲。这些活动完成后，诺沃特尼回到了JG-54第1大队，但没有几日他就不得不交卸大队长职务并向战友们告别——2月初，他被任命为法国波城(Pau)的第1战斗机飞行学校指挥官，4月1日起又兼任训练联队JG-101的联队长。比利牛斯山脚下的波城远离前线战火，安静祥和，风景如画，诺沃特尼曾在4月初的家信中这样谈论他的新职责：

“尽管我从来都不清楚我的新角色应该是什么样，但我知道我们愿意为将来做任何事情……德国将从残垣断壁和弹坑中重新崛起，祖国在昨天和今天经受的所有丑陋的伤痛都将愈合。我想了许多，因为我在这里时常感到孤独。你们知道我不是个梦想家。我还很年轻，很高兴有这些设施，也很珍惜与学生们在一起的机会。”

诺沃特尼是一名很有天赋的教官和领导者，也很清楚培养和积聚后备力量的意义，他全身心地投入到教学和训练工作中，用一位后人的话来说，“在这个新角色上——二战期间盟国与轴心国的许多一线飞行员都很不喜欢的角色——诺沃特尼因成功训练出大批飞行员而广受赞赏，由此又为自己赢得了一流教官的声誉”。[27]不过，尽职尽责的诺沃特尼在波城似乎并不开心，甚至还感觉度日如年。1944年6月初盟军诺曼底成功登陆后，一心向往飞行作战的诺沃特尼的心情更加沉重，受挫感越来越强。他曾屡次提出调回一线部队，但均被驳回，没有希特勒的首肯，包括加兰德在内的任何将领都不敢让元首特别喜爱的宠将回到节节败退中的战场。不过，随着英美盟军地面部队在法国境内的快速推进，诺沃特尼的飞行学校和作训联队也相应撤至德国本土的慕尼黑。担任JG-101联队长期间，诺沃特尼曾到莱希费尔德的试飞中心试飞过新型战斗机，在这里与Me-262有了近距离接触。与所有试飞过这种革命性战机的人一样，诺沃特尼的感觉也只能用“震撼”两字来形容。1944年夏，诺沃特尼还来到巴特兹韦申纳恩(Bad Zwischenahn)基地探访第16试飞分队——这个单位专门负责火箭动力推进的Me-163战斗机的试飞和技战术研发。

1944年9月，在加兰德的一再恳求下，希特勒终于批准诺沃特尼重返前线。诺沃特尼这次承担的职责更具挑战性——他将出任以Me-262为主战机型的“诺沃特尼特战大队”的指挥官。诺沃特尼的大哥、陆军中尉鲁道夫战后曾这样回忆过：“……瓦尔特对于指挥一支喷气式战斗机单位的前景感到兴奋不已。他曾在法国指挥一支战斗机作训单位，但他非常憎恶这个职位，觉得就像是一种惩罚，然而我们都知道这是根据希特勒或戈林的命令才把他放到那里的。他们把钻石骑士勋章得主都调离前线，希望这些民族英雄幸存下来，从而能维持将战争继续下去所需的士气。我知道瓦尔特非常兴奋，我在维也纳的父母家中休假时他给我来过电话。后来他设法回到了家里，这是我在2年里第一次见到他。上次我见到瓦尔特时，他看起来非常憔悴和疲惫。老实说我觉得那个时候他正处于崩溃的边缘，他不间断地持续作战飞行了差不多整整1年。这次他又像年轻时的那个瓦尔特了。这是我最后一次见到他……”[28]

Me-262特战大队与诺沃特尼之死

1997年，美国战史杂志《第二次世界大战》发表了该刊在加兰德去世前对他的访谈。记者问他为何在1944年9月选择诺沃特尼出任Me-262喷气式战斗机大队的指挥官，加兰德是这样回答的：“……我要找的人首先得是胆大心细且非常成功的飞行员，不仅要勇敢无畏，还要能冷静处事。诺沃特尼具备这些品质。有些飞行员已在阿赫默(Achmer)和别的地方测试过Me-262。我们的目的是让希特勒相信Me-262是一款性能优异的战斗机，而且要把结果展示给他看。”[29]

二战后期，纳粹德国的领导人和空军将领都曾对Me-262寄予厚望，后人曾评价说这款神奇的战机除给盟军造成了重大损失外，还对盟军飞行员造成了巨大的心理压力和士气影响，而Me-262本身就是标志着人类航空技术前进了一大步的革命性新技术。不过，这款战机的研发过程可谓一波三折，高层曾出现过种种战略决策失误，使这种无可匹敌的战机投入实战的过程一再被拖延和误用。希特勒1943年12月曾作出过影响喷气式战斗机最终命运的决定——Me-262将作为“闪电轰炸机”来大量生产和投入实战，战斗机版的Me-262只能在试飞基地里飞行。盟军诺曼底登陆后，希特勒取消了新产Me-262只能进入战斗—轰炸机单位的命令，但仍然要求每出产20架Me-262，只能有1架被分配给战斗机单位。随着形势的日益恶化，希特勒后来虽批准全力生产战斗机版Me-262，但总共产出的约1400架Me-262中，也只有300架左右最终投入了实战。[30]

诺沃特尼领导Me-262特战大队之前，相关测试工作在加兰德领导下已进行了一段时日。1943年12月19日，加兰德在莱希费尔德组建了试验Me-262战斗机的第262试飞分队(Erprobungskommando，简称Ekdo-262)，指挥官在1944年7月18日前一直都是蒂尔费尔德(Werner Thierfelder)上尉。不过，Ekdo-262到1944年4月才收到第一批Me-262战斗机，5月，来自驱逐机联队ZG-26第3大队的一些Bf-110飞行员加入了Ekdo-262，并开始进行相应的转换飞行训练。这时的Ekdo-262除部队外还辖有两个中队，原ZG-26第9中队5月17日起驻扎在施韦比希(Schwäbisch)基地，原ZG-26第8中队则进驻莱普海姆(Leipheim)基地。另外，Ekdo-262还有小型分遣队分别驻扎在雷希林和埃尔福特附近的基地。[31]1944年7月18日，Ekdo-262在莱希费尔德试飞中心进行了实战测试，他们试图进攻基地上空出现的盟军侦察机。也许是冥冥之中自有天意，该部当日的首战即遭遇重大挫折——蒂尔费尔德随着坠毁的Me-262一起化作了灰烬。不过，考虑到Me-262从研发到实战的过程一直命运多舛，这一事件并不令人惊讶。指挥官出师未捷身先死，对Ekdo-262自然是个沉重打击，尤其是这种战机并非任何飞行员皆可驾驶。7月26日，Ekdo-262 的一名少尉击坠了1架“蚊”式轰炸机后取得了试飞分队建立以来的首胜。8月5日，盖尔(Horst Geyer)上尉接任试飞分队指挥官，尽管在他领导下Ekdo-262又击坠了4架盟军侦察机，但这支单位的士气总体而言非常低迷。

加兰德战后在回忆这一段日子时曾说：“……蒂尔费尔德7月阵亡后，我就在寻找一位合适的替代者——这个飞行员必须既大胆又成功，还要能以自身的勇敢和坚定起到表率与领导作用。诺沃特尼就是具备这些品质的飞行员。他年轻、成功、充满能量，人很聪明，当然也非常勇敢。根据他的老部队JG-54的战友及联队长特劳特洛夫特的评价，诺沃特尼在空战中绝对是

▲ 摄于1944年夏，诺沃特尼造访巴特兹韦申纳恩的第16试飞分队，该单位负责测试火箭动力的Me-163战斗机。图中诺沃特尼(左)正与勒斯勒少尉(Franz Rösle，后任JG-400第3中队中队长)握手，右为席贝勒中士 (Kurt Scheibeler，他在JG-400驾驶Me-163战斗机取得过2次击坠)。

▲ 摄于1944年7月的莱希费尔德，一架属于第262试飞分队的"白色10号"Me-262战斗机。

▲ 据信本图拍摄于1944年11月8日诺沃特尼的最后一次空战前。当日，在加兰德、凯勒、施内雷尔等人的注视下，诺沃特尼取得了第258次空战胜利后坠机身亡

一个无畏的狠角色。尽管Erko-262最初获得了一些成功，但蒂尔费尔德的阵亡还是威胁到了(向希特勒展示Me-262是一款卓越战斗机的)整个计划。尽管盖尔上尉接过作战指挥权已有一段时间了，我还是必须找到一位替代者。不过，为了说服希特勒考虑把Me-262主要用作战斗机，我需要一个有名望的英雄人物，一个既成功又获得过高规格勋章的人，这个人还要为希特勒所喜爱和认可，最好还是希特勒心里所仰慕的人。取得过250多次胜利的钻石骑士勋章得主诺沃特尼无疑是最适合这项工作的人，我个人非常、非常喜欢他。更重要的是希特勒也非常欣赏诺沃特尼。他令我不由自主地想起了马尔塞尤，只不过他更成熟稳重。我亲自安排提升诺沃特尼为少校，虽然他只有24岁，但绝对有资格出任联队长甚至更高的职位。"[32]

诺沃特尼少校9月26日在阿赫默基地正式出任"诺沃特尼特战大队"的指挥官，该大队由Erko-262的部分人员及ZG-26第3大队的一些飞行员组成。次日，Ekdo-262余部被并入新组的第2战斗机试飞联队第3大队。加兰德已将ZG-26第3大队大队部改为诺沃特尼的大队部，其第9中队成为特战大队第1中队，第8中队则成为第2中队，两个中队的基地也已选好，分别是位于距德国西北部城市奥斯纳布吕克(Osnabrück)不远的阿赫默和黑泽佩(Hesepe)。应该说，加兰德和高层都对这位久经战阵的王牌抱有极高的期许，不到24岁的诺沃特尼肩上的担子可不轻——诺沃特尼刚上任1周，希特勒就亲自打电话到战斗机总监部了解情况。加兰德曾回忆说："似乎希特勒正给喷气式战斗机这个主张留些活路，因为负责(验证该主张)的人正是除格拉夫外他最喜爱的奥地利飞行员诺沃特尼。我很清楚，如果想让希特勒放手支持这个项目的话，我们就只能成功、不许失败，而我对自己的选择有着十足的信心。"[33]

诺沃特尼兴高采烈地接过了重任，他像加

兰德一样，也迫切地想把这支“示范部队”尽快建成第一支真正的喷气式战斗机作战单位。诺沃特尼干劲十足，也颇有些闯劲，他做的头一件事就是成功说服奥斯纳布吕克的地方官员，由他们立即派出劳工前来扩展两处基地的跑道，从而为训练和实战奠定基础。他通过加兰德和时任昼间战斗机部队总监的特拉特洛夫特，很快解决了大队作战所必需的地面单位，ZG-26第2大队的地勤也被调来为诺沃特尼大队服务。诺沃特尼在检查工作时与老友施内雷尔重逢，后者在兴奋之余把一次亲身经历告诉了大队长：他在追击一架企图逃跑的盟军侦察机时，突然发现自己对Me-262失去了控制，尽管全力拉杆，但飞机仍处于高速俯冲状态。绝望的他已准备弃机逃生，但一旦他抛掉座舱盖，战机又神奇地改变了俯冲状态。结果施内雷尔着陆时没了座舱盖，机翼蒙皮也扭曲变形成了波纹状。他对诺沃特尼说：“Me-262那种毫不费力的速度和强劲动力给人以妙不可言的感觉，但大约每12.5个小时就必须更换涡轮机……还必须十分小心地慢慢前推油门，否则就有起火危险。”诺沃特尼之前已耳闻过不少相关事故，但初来乍到的他还没有工夫解决技术细节问题，他更需要调整领导组织架构，以达重振士气的首要目标。诺沃特尼来到黑泽佩的第2中队视察，当他听说中队长穆勒(Hans-Gunter Muller)中尉尚未取得过任何一次Me-262的击坠时，他收起笑容，严肃地说道：“什么？你这个中队长竟没有一次Me-262胜绩？我建议你在帝国防御体系中的其他地方另谋高就。”诺沃特尼的坦率和不讲情面着实令人吃惊，也许是承担的重大职责迫使他必须先从领导层开刀吧。稍后，他决定从老部队JG-54尽可能多地抽调老战友。加兰德战后曾说自己“批准诺沃特尼挑选飞行员，基本上允许他按自己的意愿管理这个单位”。诺沃特尼把JG-54的老战友托伊默尔中尉调来取代不幸的穆勒。托伊默尔在东线取得过76次击坠，他先到雷希林试飞中心进行了极短时间的Me-262试飞，而后于10月4日向黑泽佩飞来。当托伊默尔驾驶Me-262准备降落时，一侧发动机出现了故障，他试图按老办法进行单引擎迫降，但由于对新战机的性能和特性知之甚少，最后他葬身于坠毁的战机燃起的火海之中。[34]这绝非诺沃特尼大队的最后一次事故，前来代替托伊默尔出任第2中队中队长的沙尔(Franz Schall)少尉也出现了坠机事故，只不过他幸运地逃过了一劫。

诺沃特尼利用公务之余的一切时间抓紧熟悉Me-262，在经历了油门推送过猛导致涡轮起火等事故后，他很快掌握了战机的起降要领，并总结出高空飞行中恰当推送油门、避免起火的技巧，也向有困难的下属传授经验。尽管从未低估过新战机对飞行员的要求，但诺沃特尼的下属还是面临着训练不足的难题——他们中只有一半人有一定的喷气式战斗机飞行经验，另一半则是从各部匆忙调来的，只在莱希费尔德或雷希林与Me-262有过两三次接触，他们普遍抱怨Me-262的耐久性不足，尤其是难以掌握它快速下降的特性。10月的头半个月，诺沃特尼大队光是因起降事故被毁或受重创的Me-262就不下10架。

由于德国1944年夏开始大规模生产“Jumbo 004”发动机，空军在9月得到了91架Me-262战斗机(是8月交货量的4倍以上)，诺沃特尼大队到9月30日也已拥有23架Me-262战斗机。[35]但是，仅有数量并不必然保证战斗力的形成，除了战机自身的特性和飞行员训练不足等问题外，诺沃特尼还面对着大量的其他困难：

首先就是对“Jumbo 004”发动机的维护能力严重不足，理想状况下更换发动机约需3小时，但由于零部件不兼容，没有或缺乏合格的地勤以及天气等因素，诺沃特尼大队经常需要9小时以上才能更换一只发动机，结果造成许多战机只能在地面等候。诺沃特尼曾描述过自己的窘况：“……由于我们几乎没得到过喷气式战斗机急需的零部件，技师们为让其他战机能够起飞，不得不在损毁的战机上搜寻有用的配件。我的1名飞行员由于战机受损不得不停飞整整3天。"[36]

其次，诺沃特尼曾向加兰德高声抱怨缺乏维修Me-262的合格技师，他曾提出过维护1架Me-262需要3名技师——发动机、航空电子设备、液压装置和机身检测等各需1名合格技师，但战争进行到这个时刻，加兰德去哪给他找到这么多技师？在多数装备了Me-262的战斗—轰炸机单位里，如果有3个这样的技师同时维护20架以上的Me-262，就算足够幸运了。不过，加兰德对此并未等闲视之，他甚至还决定在阿赫默开设一个培养此类技师的专门学校。[36]这个举措或许有长远价值，但对急于形成战斗力的诺沃特尼大队来说帮助甚微——很多时候飞行员不得不自己试着维修保养战机，尽管他们对Bf-109和Fw-190战斗机都有很深的了解，但正如诺沃特尼阵亡后接任指挥官的埃德尔(Georg-Peter Eder)上尉所言："我们谁都不了解'Jumbo 004'发动机，我们确实有技术手册，但写得跟天书无异，至少我是这样感觉的。我是飞行员，不是航空工程师。"[37]

第三，盟军很快就发现了喷气式战斗机的"阿喀琉斯之踵"——Me-262最脆弱的时刻就是刚起飞升空或准备降落的时候。为让Me-262能飞到足够高度、获得足够的速度进行自卫或攻击对手，诺沃特尼向加兰德要求派出Fw-190战斗机单位给予保护。这一要求虽得到批准，但10月初时并未兑现，直到10月12日，JG-54第3大队第9和第10中队的一批Fw-190 D9战斗机才入驻阿赫默与黑泽佩基地，而到这时，诺沃特尼大队已有不少战机在起降时受到盟军战斗机攻击，地面上的战机也有一些被直接炸毁或遭到扫射。

最后，有后人称，加兰德把这支"示范部队"建址于阿赫默和黑泽佩，可能是他在战争期间犯下的一大错误。[38]德军普通机场跑道一般都是沥青地面，在这种跑道上起降的喷气式战斗机很容易着火，因而阿赫默和黑泽佩的跑道都是适合Me-262使用的长长的混凝土跑道。但是，混凝土跑道在盟军侦察机的航拍图片上非常清晰，一旦被发现，这些基地就会遭到反复轰炸，盟军战斗机机群也会在基地上空频繁出没，准备随时捕捉起降中的喷气式战斗机。另外，前述两处基地仅间距5公里，还都位于奥斯纳布吕克西北仅15公里处——这座城市恰是盟军轰炸德国中部和柏林主航线上的必经之路！更要命的是，牢牢掌握了制空权的盟军已习惯于在大规模轰炸机编队出发前，先派出战斗机搜寻和消灭对手的任何可能抵抗。由于Me-262在起降期间的格外脆弱性，把基地选在这两个地方的弊端势必将暴露无遗。迫于最高层急于看到战果的压力，诺沃特尼在诸多困难尚未解决、部队战斗力并未真正形成的情况下，10月3日宣布大队已做好战斗准备。他的直接任务是拦截为轰炸机编队护航的盟军战斗机机群，至少也要迫使战斗机扔掉副油箱，从而不能继续掩护轰炸机编队飞向德国腹地，这样就可以把截击轰炸机编队的任务留给传统的战斗机联队和地面高射炮部队。

10月7日，美军轰炸机编队准备向珀利茨(Politz)和鲁兰(Ruhland)等地的炼油厂发起空袭，诺沃特尼大队奉命进行拦截。这是该大队的第一次正式作战，诺沃特尼准备派出5架Me-262升空。沙尔少尉与另一位飞行员从黑泽佩起飞，在空战中各击落1架美军B-24D轰炸机，取得了大队的首胜。而从阿赫默起飞的飞行员则没有这么幸运，当天阿赫默机场的高空还有美军的"野马"战斗机机群出没。第1中队中队长布莱(Paul Bley)中尉的战机与另1架Me-262刚刚升空，就被"野马"盯上，美军第361战斗机大队飞行员德鲁(Urban Drew)少尉驾驶的"野马"从5000米高空俯冲而下，结果这2架Me-262在有机会提高速度前都被德鲁迅速击落。第3架Me-

262虽得以升空，但在空战中也被击坠。诺沃特尼大队的首次多机作战击坠了3架轰炸机，但自身也损失3架，除布莱幸运生还外，另2名飞行员当场毙命。

10月10日和12日，诺沃特尼大队在与“野马”战斗机的零星搏斗中收获了若干胜绩，但相对于大队的损失和挣扎来说，这些胜利简直微不足道。15日，诺沃特尼命令第2中队的6架Me-262准备升空作战，JG-54第9中队也奉命出动6架Fw-190 D-9战斗机掩护前者的起飞。德军计划以2架Fw-190在机场正上方瞭望警戒，另4架则在2000米的空中盘旋，估计这些战斗机只需在空中飞行6分钟左右，完成起飞后的Me-262就能够达到作战时速，并抵达所谓的“高射炮走廊”安全区。6架Fw-190战斗机升空未几就接到通报，约40架美军“野马”战斗机正朝奥斯纳布吕克南面飞来。由于对手占据绝对优势，Fw-190战斗机奉命立即着陆和分散，但美军已发现了它们，就在德军飞行员准备进场着陆时，美军战斗机发起了进攻。这些Fw-190战斗机被迫应战，很快6架战斗机中有5架就被“野马”机群所蚕食，5个飞行员中除1人外均告阵亡，那位幸存者还在跳伞着陆时摔断了腿。第6架Fw-190的飞行员幸运地从“野马”机群中逃走，最后迫降在汉多尔夫(Handorf)附近。当夜，JG-54第9中队又损失了4架Fw-190 D-9和2名飞行员。[39]这样，黑泽佩的Me-262保护伞基本上不复存在了。

来自梅塞施密特公司技术团队的试飞员温德尔(Fritz Wendel)10月时正在诺沃特尼大队解决技术问题，他目睹了那些日子里令人沮丧的状况：“诺沃特尼大队于1944年10月3日宣称做好了实战准备。到10月24日为止大队总共只有3天处于飞行作战中。昼间战斗机部队总监特劳特洛夫特上校头几天也在大队，为确保Me-262的首战能获成功，他个人付出了极大的努力。他把数位成功的战斗机飞行员从其他单位调来，形成了这个大队的核心。指挥官诺沃特尼少校是一位成功的东线飞行员，但他并不熟悉西线的态势，年仅23岁的他也不具备能确保这一关键作战获得成功所必需的卓越领导能力。”[40]温德尔毫不客气地否定了诺沃特尼的领导能力，他的尖锐批评还不止这些，他尤为不满诺沃特尼大队的战术方法，认为大队缺乏一致内敛的目标，内部也存在相互矛盾的意见。他最后的结论是：“诺沃特尼大队在训练方面尤为糟糕。他们根本不重视技术问题，这可以从大队的技术军官本身都非技术人员这一事实上看出来。中队的技术军官更是个19岁的后备上士，他完全是门外汉，最近还因粗心大意和训练不足而摔了2架飞机。”[40]

姑且不论温德尔的批评是否公平(尤其是考虑到诺沃特尼大队面临的大堆困难，以及在最高层的直接压力下匆忙参战的事实)，整个10月，诺沃特尼大队的伤亡和非战斗事故造成的损失确实达到了惊人的程度——10月3日时全大队拥有30架Me-262战斗机(能实际作战的数量不详，但显然要少得多)，而到10月底时竟只剩下4架！尽管面对尖锐的批评和惨重的损失，诺沃特尼并未轻言放弃，加兰德对他也没有失去信心，他们都相信能够扭转局面，毕竟有限的作战中Me-262已展示了它的卓越性能——投入实战的第1个月里，大队击落了对手的4架重型轰炸机、12架护航战斗机和3架侦察机。[41]

可惜天不遂人愿，时光进入11月后，诺沃特尼大队依然挣扎蹒跚——11月1日，1架Me-262在荷兰被美军击坠；2日，3架美军战斗机被诺沃特尼的飞行员们击落，就在人们准备稍加庆贺时，阿赫默基地的1架Me-262起飞时发生意外，机毁人亡的场景再次震撼着每个人；4日，3架Me-262在与“野马”机群的交战中受损；6日，又有4架Me-262遭受重创，其中3架显然是因油料即将告罄在紧急着陆时发生了意外，使沙尔少尉当日的又一次空战胜利也无法提起官兵们的任何兴致。

可以想象，离24岁还差1个月的诺沃特尼此时要面临多大的压力，心境又是多么的糟糕！不仅是诺沃特尼，特劳特洛夫特、加兰德乃至戈林都面对着巨大的压力，Me-262毕竟是德国最后仅存的几样被寄予无限期望的秘密武器。7日晚些时候，加兰德来到诺沃特尼大队视察，除了忧虑该大队的现状外，他此行的目的还包括获取喷气式战机作战和战术的第一手报告，这些情况对于即将成立的第一支联队规模的Me-262作战单位——JG-7的工作将很有助益。加兰德在阿赫默和黑泽佩基地与飞行员们一起讨论了过去几周里出现的种种问题，对话中有些飞行员还质疑Me-262战斗机在技战术方面是否已成熟到可全面投入空战的程度。当晚，加兰德与诺沃特尼避开旁人后进行了一次长谈。加兰德多年后还清晰地记得诺沃特尼临死前的那个夜晚他们两人兴奋地谈到深夜，他说："(那个晚上)我非常高兴与诺沃特尼谈话，那些日子里这对我来说是颇不寻常的(加兰德当天刚参加了一个令其失望且愤怒的会议——戈林在会上又对战斗机飞行员进行了恶毒攻击)。我认为诺沃特尼不管从哪方面来说都是卓越的年轻人。如果他有机会活到战争结束，我确信他将不仅以胜绩出名，也将作为优秀称职的军官、联队长和男子汉而被人铭记。"[42]

虽然无从得知加兰德在那个晚上是否迫于压力指出了诺沃特尼在领导才能方面的欠缺，诺沃特尼自己是否也觉得大队的苦苦挣扎有负加兰德的厚爱，但他显然决心次日将全力以赴地扭转作战不力、士气低迷的状况。令他意外的是，8日清晨竟然还有两位将军光顾他这个小小的大队——一位是空军参谋长、航空兵将军科勒(Karl Koller)；另一位是凯勒上将，这位上将虽已退休，但是一位空军元老，此番前来还有戈林代表的身份。凯勒首先转述了戈林的一番话："……昔日的王牌们现在都变成了胆小鬼和懦夫，德国空军已经丧失了它的精神。如果一直这样的话，我将带着一些滑翔机飞行员来驾驶喷气式战斗机！"[43]对于这种论调，加兰德昨日刚刚听过，以前也听到多次，更不知为此抗争过多少回，但诺沃特尼并不似前者那样身居高位，当他听到凯勒嘴里冷冷说出的这番话时，简直不能相信自己的耳朵，他的脸气得通红，大声地表示抗议。

不久，大批美军轰炸机前往莱茵河和诺德霍恩(Nordhorn)运河附近的铁路编组站进行轰炸，深受刺激的诺沃特尼接到报告后，"微笑着命令准备升空作战"(加兰德的用语)。不过整个大队竟只有4架Me-262能够升空！诺沃特尼在几位将领的注视下宣布了作战计划，4架战机将分成两拨，他自己与威格曼(Gunther Wegmann)中尉从阿赫默起飞，而沙尔少尉和比特纳(Erich Büttner)上士从黑泽佩出击。起飞过程再次发生了事故，比特纳的座机在滑行中有一只轮胎爆胎，起落架将机翼捅出了一个大窟窿，而诺沃特尼的座机由于油路堵塞打不着火，于是只有沙尔和威格曼的两架Me-262得以升空。在随后的空战中，威格曼与沙尔分别击落了1架P-47和1架P-51D战斗机。等美军轰炸机完成任务返航时，诺沃特尼座机的故障已经排除，下午早些时候，他与沙尔向着高空中的美军轰炸机编队飞去。当时的天气不是很好，云层很低，压抑得有点让人喘不过气来。沙尔没有机会接近轰炸机编队，因为他在途中遭遇了2架"野马"，虽然成功地击坠了对手，但自己的发动机也起火了。沙尔用尽全身解数，试图将战机滑翔着飞回基地，不幸的是归途中又遭遇一架敌机，被迫跳伞的沙尔目睹了自己的战机在空中被打得四分五裂。沙尔这次虽幸免于难，但在战争结束前两周的一次空战中丧生，身后留下的总战绩是137胜，包括驾驶Me-262击落的14架美军战机(仅次于贝尔的16次击坠)。

诺沃特尼首先击落了1架B-24"解放者"轰炸机，而后又将1架"野马"斩落马下。大队作战室里的人们关切地听着无线电里传来的声音，虽然云层挡住了视线，但天空中传来的枪炮声、Me-262的炮弹击中敌机时的重击声以及高射炮弹的爆炸声，无不表明诺沃特尼正与群敌厮杀。这不是一场势均力敌的对决，而是孤独的诺沃特尼一个人与大批“野马”、“暴风”战斗机和重型轰炸机之间的搏斗。

诺沃特尼击落2架敌机后准备返航，待命的JG-54第12中队中队长多腾曼(Hans Dortenmann)中尉准备驾驶Fw-190升空后为诺沃特尼提供掩护。他数次致意诺沃特尼，请求批准升空给予协助，但后者要他再等等。随着诺沃特尼逼近机场，几架“野马”战斗机尾随而至，因为他们深知起降时的Me-262正是露出死穴的时候。德军高射炮向空中射击，顷刻间驱散了那几架“野马”。这时，加兰德与凯勒、科勒等人已得知沙尔被击坠、本人生死不明的消息，他们在无线电里也听到一些夹缠不清的声音，似乎诺沃特尼座机的左侧发动机已经失灵，现正依靠右侧发动机勉强维持，而且战机也已中弹。加兰德确信诺沃特尼凭借自己的高超技能一定能飞回来，于是他与众人走出作战室，观看诺沃特尼的最后着陆过程，施内雷尔也在某个角落里仰望着灰暗的天空。

就在这时，在黑泽佩上空偷猎的1架美军战斗机截住了诺沃特尼。加兰德战后曾回忆说：“……就在大家引颈观望时，一架显然是‘野马’的战斗机从距我们不远处离开了。我记得自己当时大吃一惊，因为这架‘野马’并不像通常那样从高空杀下。埃德尔上尉惊叫着说还有一些‘暴风’战斗机，不过我没看见。我听到了喷气发动机发出的声音，也看到这架Me-262从低空的云层间穿出，它稍微翻滚了一下，而后倒置过来，由于树林挡住了我们的视线，我看不到后面的情形，但随后传来了坠地后发出的爆炸声。”[44]

从树林后传来的巨大爆炸声是如此振聋发聩，久经阵仗的加兰德也不禁闭上了眼睛。他目睹过许多飞行员死亡的场景，但眼前的一幕还是深深地震撼着他——诺沃特尼这位极优秀的年轻人是他亲手挑选的喷气式飞行时代的先驱之一。震惊之余，加兰德等人立即驱车前往不太远的坠机地点，他曾这样回忆道：“……确实是诺沃特尼的座机。我们在飞机残骸中仔细搜寻，只找到了他的一只左手和钻石骑士勋章的碎片。他已尸骨无存。地面上砸出的大坑足有4米深，周边约100米方圆都是燃烧的火焰和冒出的浓烟。我记得空气中有很浓的喷气机燃油的味道。我们通过无线电获知沙尔还活着。当我们站在残骸边上时，埃德尔就站在我身边，我在现场提升他接过大队的指挥权。他看着我只说了声：‘遵命，长官’，然后就转身离开了。”[44]

多腾曼中尉从无线电里曾听到含混不清的声音——“我被烧着了！天哪，天哪！我被烧着了！”据信，这就是诺沃特尼最后时刻留下的最后话语。至于诺沃特尼坠机的直接原因到底是发动机故障所致，还是战机突然起火爆炸，抑或是被美军击坠，后世研究者们有不同的意见。有研究者称击落诺沃特尼的是美军第364战斗机大队的史蒂文斯(Robert W. Stevens)中尉。[45]如果确实如此，那么史蒂文斯拿捏的时刻显然非常准确，他出现在Me-262最脆弱的时刻，稍晚一点的话他的“野马”也会遭到德军高射炮的血洗。据说，出于对高射炮火的畏惧，他向速度大减的那架Me-262射出炮弹后迅速躲进了云层。但也有史家说，击坠诺沃特尼的荣誉应归于美军第20战斗机大队的费贝尔考恩(Ernest Fiebelkorn)上尉。加兰德战后曾说自己清楚地记得那架“野马”战斗机机头上的图案，而他在1982年时获悉，这个图案是美军第357战斗机大队专用的徽记。美国人希顿(Colin D. Heaton)似乎倾向于认为击坠诺沃特尼的是第357战斗机大队的海顿(Edward R. Haydon)中尉，当他对海顿进行访谈时，后者曾回忆道：

“……我注意到那架Me-262没有像它应该的那样快，肯定是出了问题……我从高空悄悄逼近它，几乎都准备好向它开火了，不过我想再靠近一点，好一举干掉这个活靶子。突然，我发现右侧的高空中有来自第20战斗机大队的2架‘野马’，他们正在俯冲中向这架Me-262高速扑来。虽然他们离得很远，但前面那架P-51还是开火了——我看到多达60%的子弹都根本没射到敌机附近……他根本不可能击中敌机。后来我发现那位飞行员是费贝尔考恩上尉。不过，这下倒是惊动了德国飞行员，我也知道他下面会做什么。我使劲地向右转以躲避高射炮火……那个喷气式战机飞行员真的很棒，他知道自己在干什么。有人跟在他身后时，他会把对手诱入高射炮火覆盖的区域，接着他会乘机溜走和降落……我确定自己不会再见到他了……我试图在机场上空兜一圈，寻思着要么找个地方躲起来，要么干脆返回大队的行列。这时，那架Me-262又在正前方出现了……而他还没有发现我……我猛关油门，减少动力，稍微向右滑动了一点……我最后找到了正合适的位置，向Me-262平滑地移动过去……我离地面的高度也就100英尺左右，准备动手了……他可能失去了一侧发动机，但就在这时他看到了我。我们离得非常近，我可以看见他的座舱，还能清楚地看到他的脸。看见我的那一刻时，他脸上浮现出震惊的表情。他的表情可谓栩栩如生，好像是在自语‘我真的要完蛋了’。他开始在座舱里猛烈移动，而他的座机也好像熄火了似的。接着他突然向右翻去，下落了不过半圈后又向左歪去，我被眼前发生的一切完全迷惑了，因为我并没有开火——如果我真开火了的话，那么这架击坠战果就可以算在我头上了。后来我反复回想过当时的场景，如果我确实向他开火了，那么航空照相枪肯定会记录下来的，但战友奥姆斯特德(Merle C. Olmsted)就在更高的高度上观察着。那架喷气机向右翻滚着，我在后面紧咬着它，直到他坠地的那一刻我才把飞机紧急拉起来……”[46]

德国人黑尔德(Werner Held)在著作中称，1980年当他造访诺沃特尼的阵亡地埃佩(Epe，距黑泽佩基地仅2.5公里)时，有目击者对他说当年那架Me-262在空中突然燃烧起来，最后像个巨大的火球般直接摔到地上。[47]英国皇家空军有一名飞行员战后曾提及，诺沃特尼是被英军的一个“暴风”战斗机中队击坠的——英军飞行员戈莱(John Golley)曾回忆说：“……1944年11月初，有谣言说德国空军的Me-262王牌诺沃特尼已被击落了。就我所知，没有一个人对此感到兴奋，也没有任何人出面声称是自己击落了诺沃特尼。我所听到的全部就是，我们的一个‘暴风’战斗机中队干掉了他。对于这样一个伟大飞行员的阵亡，我们只有悲伤，没有任何兴奋可言。”[48]

无论如何，1944年11月8日，诺沃特尼以飞行员经典的方式离开了人间，向戈林证明了“昔日的王牌并非胆小鬼”。在他三年多的作战生涯中，唯有这一天他没有穿上那条斑驳的“胜利之裤”。

“战争英雄”抑或“纳粹走狗”

德国国防军11月9日的战报发布了诺沃特尼阵亡的消息：“最高战功勋章获得者、联队长诺沃特尼少校在空战中击落对手后英勇牺牲。随着击落过258架敌机的诺沃特尼的离去，德国空军失去了最成功的战斗机飞行员之一。”纳粹政府11月15日在维也纳为诺沃特尼举行了国葬，他死后享受的待遇是国家元首级的，其葬礼曾被称为“维也纳20世纪举行过的最盛大的葬礼之一”。诺沃特尼的国葬仪式设在霍夫堡(Hofburg)皇宫大厅内，厅里坐满了军官、政要和各界达人，背景是一个硕大无朋的铁十字图案，正中的台子上停厝着诺沃特尼的棺椁，两旁伫立着组成仪仗队的军官，他们两侧各有三面巨大的纳粹万字旗。仪仗队成员包括施内雷尔少尉(骑士勋章得主，46胜)、戈洛布上校(钻石骑士，150胜)、舍纳特少校(Rudolf Schönert，橡叶骑士，65次夜战胜利)、施特吕宁上尉(Heinz Strüning，橡叶骑士，56次夜战胜利)、弗左少校(Josef Fözö，27胜的骑士勋章得主，曾是莫尔德斯在西班牙内战中的战友，时任JG-108联队长)和克里斯特尔少校(Georg Christl，骑士勋章得主，7胜，时任第10作战试验大队指挥官)等。多数资料称在葬礼上致悼词的是加兰德中将和第4航空队指挥官德斯洛希(Otto Dessloch)上将。但也有研究表明，加兰德当日因忙于他事，未能赶来向爱将诺沃特尼致以最后的敬意——存世的图片中均未出现加兰德的身影，与诺沃特尼的父母和大哥握手致意的只有德斯洛希。皇宫大厅中的仪式完成后，6名仪仗队员将诺沃特尼的棺椁放置在一辆老式炮车上，送葬队伍随后向维也纳中央公墓缓缓走去。沿途经过维也纳几条主要的大街，在荷枪实弹的士兵身后站着众多的市民，他们目送着曾经的骄傲越走越远。诺沃特尼被安葬在中央公墓的荣誉区，与他为邻的是一些杰出的科学家、艺术家、哲人、诗人与政治家。纳粹维也纳总督、前希特勒青年团领袖席腊赫代表纳粹党、特别是希特勒青年团发表了讲话："站在荣誉之巅的你依然是一个光芒四射的骑士，一个真正的国家社会主义军官。"随后，特拉特洛夫特上校代表加兰德将军、战斗机飞行员和JG-54联队向诺沃特尼致以最后的敬意。三声枪响之后，诺沃特尼的棺椁被缓缓放入墓穴，希特勒和戈林等致送的花环也一起被埋入墓中。

加兰德战后曾写道："……失去诺沃特尼当然是一个沉重打击，但到那时我们已经承受过太多的打击，所以他的死几乎并不令人意外。据我所知，希特勒对失去诺沃特尼非常生气，但我想他并没有对我说起过这件事。我最担心的是希特勒或许会把诺沃特尼之死视为一种失败，进而取消喷气式战斗机的全盘计划……"[49] 诺沃特尼的确在希特勒心目中有着颇重的位置，正如加兰德所言："诺沃特尼来自奥地利，人长得很漂亮、又善于言辞，他是希特勒最喜爱的飞行员之一。可能只有鲁德尔、格拉夫和哈特曼等少数几人在希特勒心目中能有诺沃特尼那样的地位……"[50]

希特勒虽然对诺沃特尼的丧生非常恼火，但并未扔下他寄予最后希望的救命稻草，加兰德的喷气式战斗机作战计划也得以继续进行。诺沃特尼死前六周的繁忙工作和取得的经验也被证明具有重大价值——有些高官之前曾反对把Me-262作为战斗机使用，他们曾大肆指责喷气式战斗机存在灵活性缺陷、飞行员需承受无法容忍的压力、难以进行精确射击、不能以编队方式参战等等，现在他们都闭上了嘴巴。加兰德也得以从诺沃特尼的经验中总结出适于喷气式战斗机联队需要的组织架构、编队技术和战术条令，他还意识到把喷气式战斗机单位部署在最前沿无疑要冒不必要的巨大风险。诺沃特尼死后三天，"诺沃特尼大队"在行政上已经解体，大队余部奉命迁往勃兰登堡，并于11月19日成为新组建的JG-7联队的第3大队。为纪念这位喷气式飞行时代的先驱，施泰因霍夫任联队长的JG-7在全称中嵌入了诺沃特尼的名字，从而使诺沃特尼成为与莫尔德斯等人比肩的人物。

奥地利在战时曾拥有数百万纳粹分子或纳粹政权的支持者，许多前纳粹分子在战后纷纷组织起来成立政党，如1949年3月成立的"独立联盟"(Verband der Unabhängigen)就有60%的成员是前纳粹分子或其同情者。这些组织坚决维护诺沃特尼的形象及其墓地的安全，在奥地利进行去纳粹化再教育运动期间，没有任何政党敢于向诺沃特尼身后的前军人团体发难，这样做在当时无疑意味着政治上的自杀。所以，在相当长一段时间里，诺沃特尼能够安静地长眠在中央公墓荣誉区内。1958年6月22日，有关人士

▲ 摄于1944年11月15日的维也纳霍夫堡皇宫大厅，纳粹政府在这里为诺沃特尼举行了国葬仪式。图中诺沃特尼的棺椁上覆盖着纳粹万字旗，上面放着他的军帽和佩剑。诺沃特尼的好友施内雷尔在中央台子的右侧站立，手里托着放有诺沃特尼各种战功勋章的丝绒垫。左侧正在致悼词的是第4航空队指挥官德斯洛希上将。

▲ 摄于1944年11月15日，德斯洛希与诺沃特尼的家人握手交谈，从左至右依次为：大哥鲁道夫、诺沃特尼的妻子、父亲(正与德斯洛希交谈者)、德斯洛希，诺沃特尼的母亲被挡住了，只有面纱部分露了出来。老诺沃特尼的3个儿子中，老二胡贝特阵亡于1943年初，老三瓦尔特死于1944年11月，老大鲁道夫是一名陆军中尉，1945年初被苏军俘虏，但幸运地活了下来。

▲ 摄于1944年11月15日，诺沃特尼的棺椁被运往维也纳中央公墓的荣誉区下葬。

▲ 摄于1944年11月15日，诺沃特尼的棺椁被置入墓穴前，维也纳总督席腊赫首先致辞，而后特劳特洛夫特(右一)代表加兰德、战斗机飞行员及JG-54的战友向诺沃特尼致以最后的敬意。

◀ 摄于1962年3月加兰德50岁生日当天，他来到当年目睹诺沃特尼坠机的埃佩，向这里树起的诺沃特尼纪念碑敬献花环，随后他向众人发表了简短的追思讲话。注意图中的两侧是两名西德联邦国防军军人。

▲ 慕尼黑和维也纳的钱币设计机构于1981年制作发行的铸有诺沃特尼头像的纪念钱币。

通过募捐方式为诺沃特尼树起了一座新墓碑，当时前来观礼者多达1200人，"特奥大叔"奥斯特坎普在墓碑前敬献了花环，著名的斯图卡上校鲁德尔专程赶来，向这位死去的战友致以敬意。有些老兵为防止墓地遭到破坏，自发成立了"诺沃特尼墓冢看护协会"，而奥地利陆军当时甚至派出了卫队在诺沃特尼的墓地站岗执勤！时光荏苒，20多年后的1981年，慕尼黑和维也纳的钱币与奖章设计机构制作发行了铸有诺沃特尼头像的纪念钱币，而络绎不绝前来探视墓地的人们，还惊讶地发现了奥地利陆军与西德国防部致赠的花环。可以说，诺沃特尼在去世后的50余年里一直享尽荣宠，除被前飞行员群体、老兵和普通百姓怀念外，还被克洛斯特曼等昔日的对手誉为"英雄"、"勇敢无畏的敌人"。但是，自20世纪90年代末起，质疑诺沃特尼的声音开始多了起来，似乎他的"英雄形象"一下子变得可疑起来。上世纪末的维也纳网球公开赛期间，当有媒体称"纳粹飞行员诺沃特尼被安葬在中央公墓荣誉区"时，这件往事似乎从尘封的记忆中突然跳将出来，造成了某些人的极度不满，尤其是当他们获知二战时期的抵抗运动女英雄约赫曼(Rosa Jochmann)的墓穴竟与诺沃特尼的相距不远时，这些人不禁义愤填膺——一个前纳粹分子怎么能在荣誉墓区待了半个世纪？随后，奥地利左翼和右翼阵营展开了激烈辩论，双方都组织了示威游行，但由于奥地利政府在检讨该国的二战角色

▲ 在诺沃特尼坠机的埃佩人们立起了一座纪念碑，图为这座纪念牌的近照。

▶ 图为位于维也纳中央公墓荣誉区的诺沃特尼墓穴，照片摄于2004年11月15日，也即是诺沃特尼下葬后的60周年。进入21世纪后，围绕着到底应不应该将诺沃特尼的墓穴迁出荣誉区一事，奥地利左翼和右翼的政客们一直争论不休，期间还发生了数次玷污破坏诺沃特尼墓穴的事件。

方面实在是半心半意，这场争论也就渐渐无疾而终，但是诺沃特尼的墓碑已被人泼上污物，同时遭到了破坏。

然而，诺沃特尼的墓穴是否还应该继续待在荣誉区，已成为政党间交锋倾轧的热门话题之一。2003年5月23日，奥地利绿党和社会民主党在一次会议上发表联合声明，声称"纳粹飞行员诺沃特尼不再具备被安葬在中央公墓荣誉区的资格"，提议将其墓穴移出荣誉区。两党的动议在奥地利国会引起了激烈辩论，社会民主党籍的维也纳市市长齐尔特(Helmut Zilt)公开声称："诺沃特尼所服务的军队并不是完全非政治化的军队，他死时仍是纳粹党员。"奥地利自由党反对前述两政党的提案，声称："两党完全不顾及战争一代人的感情，诺沃特尼根本不是战争罪犯，他完全配得上获得的荣誉和被安葬在荣誉区。"奥地利人民党也反对移走诺沃特尼的墓穴，但建议成立专门的委员会通盘调查所有葬于荣誉区者的资格。人民党声称，如果该委员会建议移走诺沃特尼的墓穴，那么该党将支持这一主张。激烈的争吵后产生了一个折中方案：墓穴不必移走，但要除去其荣誉标志。

如果诺沃特尼在天有灵，恐怕也会感到啼笑皆非，无论如何他也难以想到，在当今的奥地利政坛，若有哪个政治人物胆敢在他的安息处露上一面，就会葬送自己的政治前途。难道诺沃特尼已成了"遗臭"的一族？

围绕诺沃特尼墓穴的争执一直延续至今。2003年7月，奥地利自由党的几位重量级政客以及维也纳医科大学的著名教授彭德尔(Gerhard Pendl)等再次发起并成立了"诺沃特尼墓冢看护协会"，负责维护诺沃特尼墓地的设施和安全，每年还组织一次向诺沃特尼敬献花环的活动。2006年11月12日，"诺沃特尼墓冢看护协会"的主席彭德尔在公开谈话时称人们"……忘记了无辜的战士及其可怖的阵亡，甚至还贬低他们"，他指责政治对手们是"苏联红军的同情者……当纪念活动结束后诺沃特尼的墓地再遭破坏时，他们这些破坏死者安宁的人会偷偷地乐不可支……"[51]彭德尔的话刚一曝光就遭到各界的广泛批评，奥地利教育、科学与文化部部长格雷尔(Elisabeth Gehrer)认为彭德尔"对国家社会主义毫无批判的言辞，对维也纳医科大学的声誉立即产生了很坏的影响"。在她的要求下，维也纳医科大学很快开除了彭德尔，尽管后者是一名著述等身、曾被称为"欧洲伽玛刀技术先驱"的著名教授兼医生。彭德尔向奥地利最高法院进行了上诉，2008年4月最高法院裁决维也纳医科大学的决定是正确的，同时声称："毫不妥协地拒绝国家社会主义，是共和国在1945年后得以复兴的一个基本特征。"[52]2011年初，奥地利政府负责维护军人公墓的内政部宣布，由于费用原因将考虑把诺沃特尼安葬在一个军人公墓里。不出意外，自由党又高声发表了抗议，该党的两名政客还在奥地利发行量最大的报纸"皇冠报"(Kronen Zeitung)上登载了整版的抗议广告。

希特勒的纳粹政权所发动的侵略战争以及惨绝人寰的大屠杀，绝对是千秋万代都应谴责和唾弃的邪恶罪行。但对诺沃特尼这种被裹挟在德国战车上的成千上万的军人而言，除了"命令如山倒"外，"战争，毕竟就是战争"。相较而言，倒是诺沃特尼昔日的对手似乎更能理解战争中的人性和军人的牺牲。善良的中国人对那些禽兽不如的日本侵略者都能大度地给予宽容，并能"理智地"将"普通日人"与"一小撮军国主义者和邪恶领袖"区别对待，想必在面对"诺沃特尼是战争英雄还是纳粹走狗"这样一个看似与己无关的问题时，能够给出理性而又睿智的答案。

第9位钻石骑士最高战功勋章获得者舒尔茨少将

（获勋时间1943年12月14日）

Chapter 09
第九章

“装甲舒尔茨”：阿德尔贝特·舒尔茨少将

1955年，当西德组建联邦国防军时，政府和国内外舆论对纳粹时代的军队和军人的形象已采取了相对宽容态度，相当数量的新军营在各地陆续建立，新军内部自发地以一批前国防军将领和战时英雄的名字为这些军营冠名，就像纳粹政府在1930年代中期大扩军时，曾以一战英雄的名字命名军营一样。1939年阵亡于波兰前线的前陆军总司令弗立契上将、1941年死于飞机失事的王牌飞行员莫尔德斯上校、1944年先后去世的迪特尔上将和隆美尔元帅等人的名字都先后被镌刻在军营的徽章和名字里。[1]威斯特法伦州明斯特的一座陆军军营，则冠上了一个知名度相对有限的军人的名字——他就是战时有着“装甲舒尔茨”绰号的装甲兵指挥官舒尔茨(Adelbert Schulz)少将。

27位钻石骑士勋章得主中，虽然多数人都是常被提及的声名显赫者，但也不乏默默无闻之人，如空军上校戈洛布、海军中校布兰迪、伞兵将军拉姆克(Hermann-Bernhard Ramcke)及陆军中将托尔斯多夫等。平心而论，舒尔茨似乎应属于这个群体，但他有什么过人之处、立有何种战功，或有哪些非凡的经历，能使他获得第9枚钻石骑士勋章？舒尔茨是德军装甲部队有名的师团级指挥官，他以连长之职在第7装甲师开始战斗生涯，以这支装甲王牌的第5任师长身份结束生命，而第7装甲师绝无仅有地产生过4位最高战功勋章得主——隆美尔(第6位)、舒尔茨(第9位)、曼陀菲尔(第24位)和毛斯(Karl Mauss，第26位)。舒尔茨获得钻石骑士勋章时，整个陆军只有隆美尔独享殊荣，而其他7位除U艇艇长吕特外，竟然全都是王牌飞行员!

舒尔茨是个勇敢无畏的前线战士，也是一个富有才华、具有很强亲和力的领导。他的下属们非常尊敬和爱戴他，经常为自己眼中的“老家伙”不可思议的战场判断力和勇猛所折服，舒尔茨活着的时候被称为“装甲舒尔茨”，阵亡后则以“光荣的装甲掷弹兵舒尔茨”的形象永远留存在人们的记忆中。身材微胖、早早谢顶的舒尔茨看起来更像是一位忠厚农夫，而不是胸前缀满勋章、永远行进在装甲部队最前列的指挥官。

有人曾说，二战德军装甲部队的师团级指挥官中，至少有四位的经历可以用“华丽”来形容，而其中的头一位就是舒尔茨。如果说德军装甲部队在1939年初登战争舞台时仍显青涩的话，那么到1940年的法国战役，它就像一个矫健犀利的拳王一样惊世骇俗、盖世无双。1941年，这个风华正茂的拳王在入侵巴尔干和苏联时意气风发，拳拳刁钻有力，无论任何天堑壁垒，不管何方神圣统兵，它似乎都能摧枯拉朽般地横扫对手。经过1942年短暂再现的辉煌，曾经不可一世的拳王始露疲态，1943年时虽底气犹存，但脚步日渐迟缓凌乱，进入1944年后更是只有招架之功，偶有还手之力。舒尔茨阵亡于1944年1月，他的战斗历程跨越了装甲部队从青涩、成熟、步履蹒跚到危机四起的不同阶段，因而其“华丽”的经历无疑正是德军装甲部队从鼎盛走向衰落的真实写照。

早年岁月：从警官到装甲兵上尉

由于舒尔茨并没有太高知名度，战后对其早年岁月的研究几乎为空白，可以确知的是他1903年12月20日出生于柏林，父亲是一名普通公务员。[2]大都会柏林既是德国的政治、经济和文化中心，也是社会活动中心，但舒尔茨在这里简单安静地度过了童年和青少年时期。1914年一战爆发时，舒尔茨是柏林的一所9年制文理学校的初中生。四年后德意志第二帝国成为过眼云烟，魏玛共和国登上了历史舞台，但战败后的德国到处混乱动荡，经济萧条和饥馑困扰着普通百姓，罢工罢市、风起云涌的革命和相应的血腥镇压充斥着全国各地。就在20年代初的通货膨胀登峰造极之时，舒尔茨通过了大学入学资格考试，后进入一家银行就业。由于理想是成为银行经理，舒尔茨于1923至1924年间进入一所商学院学习。不过，1925年12月，也就是希特勒重组纳粹党并出版了政治宣言《我的奋斗》的同年，22岁的舒尔茨辍学加入了普鲁士警察部队。他首先在勃兰登堡的警察学校学习，1927年完成学业和训练后被提升为普鲁士警察中士。

1920年代的德国警察主要可分为三种类型：一是负责2000人口以上城市和城镇治安的城市警察与防暴警察；二是负责广大乡村地区的乡村警察(Gendarmerie)；三是因制服的颜色而称为“绿衣警察”的所谓州警(Landespolizei)。第三类警察是按步兵师的编制组建的准军事化组织，吸纳了大量的有一战经验、但未能入选战后10万国防军的老兵，二战中的武装党卫军上将迪特里希就曾是巴伐利亚的一名州警。德国战败后，《凡尔赛条约》除限制德国正规军的数量外，还勒令其警察总数不得超过1914年时的15万人水准。但是，魏玛共和国初期的混乱和动荡局势使德国政府有借口成功地规避条约限制，盟国军事控制委员会1925年时即发现德国全境内拥有18万警察，其中的城市警察有着明显的军事化特征，有些州警部队还拥有装甲车辆甚至空军中队。拥有这样一支可随时转换成正规军的警察部队，大概是德国为绕过《凡尔赛条约》的限制而采取的权宜之计。舒尔茨效力的很可能是普鲁士州警，[2]但他的警官生涯显然并不令人满意——他在加入警界8年后，才于1934年4月20日成为一名警察少尉。1935年10月，脱下了州警"绿衣"的舒尔茨少尉换上了国防军灰制服，先到步兵学校进行了一系列理论学习、战术演练和武器装备训练，其后被分配到一个反坦克连出任中尉。

1935年，德军组建了第1、第2和第3装甲师，随着扩军备战步伐的加快，尤其是坦克数量的增加，德军于1937年10月12日又组建了一批新的团营级装甲单位，包括第4装甲旅旅部、第11和第15装甲团(各含2个装甲营)、第10装甲团1营、第25装甲团1营、装甲教导营以及隶属于第1轻装甲旅的第65装甲营。[3]其中的第25装甲团1营是在格拉芬沃尔(Grafenwoehr，亦作格拉芬韦赫尔)组建的，[4]有资料显示，舒尔茨在这个时候加入了第25装甲团并成为一名连长。[5]1938年3月12日，纳粹德国将奥地利并入第三帝国版图，秋天时进一步攫取了捷克斯洛伐克的苏台德地区，1939年3月又完成了对捷克斯洛伐克全境的占领，还从捷克军队和兵工厂掳获了大量P-38(t)坦克——这些坦克后被用于装备第7和第8等在波兰战役后组建的新装甲师。舒尔茨参加了前述吞并奥地利和占领苏台德地区的作战行动。

1939年9月，德军所有的7个装甲师、4个轻装甲师及独立装甲单位都投入了波兰战役，第25装甲团一开始是陆军总部的预备队，下辖自己的第1营和配属的第23装甲团1营，合计拥有78辆I号、58辆II号、6辆IV号坦克和9辆指挥坦克。[6]在参战的4个轻装甲师中，成立于1938年11月的第2轻装甲师于1939年10月18日在格拉(Gera)改建为第7装甲师，第25装甲团团部和1营也在11月1日加入该师的作战序列。波兰战役中的第2轻装甲师只有一个装备陈旧过时的第66装甲营(装备41辆I号坦克、42辆II号坦克和2辆指挥坦克)，不过这个装甲营的装备水平也是此时装甲部队的一个缩影——波兰战役中德军投入了3000辆坦克，但有1500辆是用作教练坦克的I号坦克，当时也只有德军还在实战中使用这种重约5.5吨、没有主炮、仅装备了2挺机枪的轻型坦克。令人惊讶的是，在后来的法国和北非战场德军甚至还在使用这些"便宜的过时货"。德军的3000辆坦克中还有1230辆是重约10吨、装备了1门20毫米火炮和1挺轻机枪的II号坦克，这些坦克仅在速度和通讯方面胜过波军的英法制坦克，在火力和装甲方面无法与对手的坦克或反坦克炮抗衡。主战坦克III号坦克只有不足百辆，新型的IV号坦克仍处于测试阶段，数量也不过200辆左右。[7]虽然德军装甲部队的机动性和速度吸引了世界的关注，也激发了后人无穷的想象力并创下了装甲军团所向披靡的神话，但波兰战役中德军的决胜力量实际上仍是步兵，一个有力的佐证就是步兵师每日行军20英里，而装甲师和机械化部队也不过22英里。[7]有后人声称，德军最新的装甲部队在波兰所做的，不过是比高举战旗、武力恫吓、耀武扬威、列队展示多一点的实战演习罢了，其地位的真正形成是在法国战役期间——装甲铁拳开始拥有其先驱者做梦都未曾料到的强大力量，即使它从来没有真正成为对手们声称的那种足以摧毁一切的魔兽般的战争机器。

施图姆(Georg Stumme)中将任师长的第2轻装甲师隶属于南方集团军群的第10集团军，与第3轻装甲师一起构成了霍特第15军的机械化作战力量。南方集团军群的任务是从西里西亚出发后向华沙推进，在确保维斯瓦河两岸安全的同时，与北方集团军群携手歼灭波兰西部的所有波军。第2轻装甲师9月1日至3日间突破了边境防御带，与其他部队一起消灭了瓦尔塔(Warta)河地区的波军后，于5日攻克了重镇凯尔采(Kielce)。继续往华沙推进的途中，施图姆奉命协助其他部队应对波军整个战役中几乎唯一的一次重大反攻——9月8日至12日，第2轻装甲师参与了拉多姆(Radom)围歼战，一整个波兰集团军几乎被全歼。第2轻装甲师随后在布楚拉(Bzura)河一带参与了最激烈的"布楚拉之战"，9月20日至29日，该师还参与了围攻华沙

▲ 摄于1939年底，第7装甲师的1辆II号坦克(Ausf. C)在训练中。第7装甲师于1939年10月18日由第2轻装甲师改建而来，第25装甲团团部及其1营11月1日正式加入该师，稍后第23装甲团1营改称为第25装甲团2营，第66装甲营改为第3营的时间则更晚一些。

▶ 第7装甲师首任师长施图姆中将(在任时间：1939年10月18日至1940年2月11日)。

▼ 摄于1939年9月的波兰战役期间，从右至左依次为第2轻装甲师师长施图姆、第66装甲营营长西肯纽斯(Rudolf Sickenius)中校、师长副官特罗塔(Lothar von Trotha)上尉。

和莫德林(Modlin)要塞的作战。

舒尔茨是否随第25装甲团1营参加了波兰战役一直存在争议，有研究者称第25装甲团曾被临时配属给第2轻装甲师，证据是时任波军"克拉科夫集团军"参谋长的施特布利克(Wladyslaw Steblik)上校在其著作《克拉科夫集团军》一书中提到了这个情况；也有反对者称，第2轻装甲师始终只拥有自己的第66装甲营，证据是该师及其上级第15军的作战日志和战况报告中从未提及第25装甲团参战或临时配属的记录。[8]虽然这段历史含糊不清，但可以确定的是，第2轻装甲师在当年10月18日改建为第7装甲师，第25装甲团团部和1营11月1日加入该师，第23装甲团1营改成第25装甲团2营，第66装甲营则改归第25装甲团指挥(后改为3营)，舒尔茨上尉这时成为第25装甲团1营1连连长。第7装甲师在1940年1月开往西部边境继续重组和重整装备，1939年10月27日成立的第7摩托化步兵旅旅部从1940年3月起统一指挥原来的第6和第7摩托化步兵团，原有的第7侦察团(Aufklärungsregiment)团部解散，其1营改成第7摩托车营，2营则成为第7装甲搜索侦察营。第25装甲团从1940年2月开始将其轻型坦克连换装使用17辆捷克造Pz38(t)坦克，但整个换装过程直到5月的法国战役打响时也未能完成，致使第7装甲师仍得依靠过时老旧，但数量不菲的I号坦克。

隆美尔的装甲矛头：法国战役中的骑士勋章得主

1940年2月，舒尔茨等第7装甲师的中下级军官们惊讶地发现，他们的师长施图姆已被一位名叫隆美尔的少将所取代，而作风彪悍的新师长刚刚到任就立即组织进行高强度的训练和演习，还似乎有着直达天庭的渠道。隆美尔主掌仅有的10个装甲师中的一个并非毫无争议，陆军人事局原建议任命他出任山地师师长，但喜爱和信任隆美尔的希特勒执意要将第7装甲师交给他。隆美尔在1940年2月17日写给妻子的信中曾称道："约德尔(最高统帅部作战部长)对我的新职位目瞪口呆。"从隆美尔主持第7装甲师的第一天起，这支部队就不再是寻常意义上的一支装甲师，而是吸引了纳粹高层的注意力并被寄予厚望的一件"展品"——元首钦点的隆美尔将把该师在法国战役中打造成精锐王牌。隆美尔虽非纳粹党人，但雄心勃勃，渴望成功和荣耀，也会毫不犹豫地利用政治关系谋取军旅生涯的攀升。隆美尔虽没有波兰战役的实战经验，也缺乏装甲战术的训练和背景，但他是一个聪颖的实干家，到4月时已在装甲战的理论和实践方面有了相当的造诣，不仅发展出某些将使对手震惊的独特战术，还把部队编组成可通过无线电进行协调的各种队形，在重炮轰击下进行近乎实战的越野训练。隆美尔每晚都要召集排以上军官做出总结和指示，装甲团1连连长舒尔茨也在这些互动中与隆美尔建立了密切的联系。

1940年5月初，第25装甲团3个营拥有I号坦克34辆、II号坦克68辆、IV号坦克24辆和指挥坦克8辆，主战力量则是91辆Pz38(t)捷克造坦克。[9]装甲团长罗森堡(Karl Rothenburg)上校曾任职于警察部队，1940年时被称为装甲部队最出色的团级指挥官之一，他与隆美尔有着相像之处——1918年时他们作为连长都曾获得过"蓝色马克斯"战功勋章，都坚信指挥官的岗位就在最前沿，也认为自己既然"一战中就曾多次从死神手中逃脱，那么现在更可以将生死超然物外"。

第7装甲师在法国战役中与第5装甲师一起隶属于霍特的第15摩托化军。5月10日4时35分，隆美尔率部在圣维特(St.Vith)以东越过了德国和比利时边界，随后开始穿越阿登山区，朝着65英里外的迪南(Dinant)附近的马斯河推进。克服了比利时军队的顽强抵抗后，第7装甲师到12日晚些时候已抵达迪南附近，但隆美尔失望地发现，法军已炸毁了迪南的公路桥和霍克斯(Houx)的铁路桥。隆美尔考察了陡峭的河岸和湍急的河水，又用望远镜仔细观察了对岸的防御情况，命令次日清晨由摩托化步兵团负责强渡马斯河。当夜，施泰因凯勒(Friedrich-Carl von Steinkeller)少校的第7摩托车营在迪南南面的马斯河中间发现了一个拦河坝，这个拦河坝不仅完好无损，而且似乎没有法军看护。根据隆美尔的命令，施泰因凯勒的1个连利用夜色掩护在对岸建立了一个促狭的小桥头堡。13日清晨，当隆美尔手下的2个摩托化步兵团搭乘充气皮划艇准备在迪南(第7团)和霍克斯(第6团)渡河时，他们遭到了法军机枪、火炮和迫击炮持续不断的打击。第7摩托车营漏夜建立的小桥头堡也在法军反扑之下危在旦夕，不过该方向的法军步兵师因遭到德军俯冲轰炸机的轮番轰炸，未能与第4轻骑兵师的坦克很好协同，德军最终守住了西岸的小桥头堡。在霍克斯渡河的第6摩托化步兵团一直都被法军凶猛的火力压制。随着晨雾散去，法军又开始了新一轮炮轰，为帮助部队隐蔽和掩护渡河，隆美尔下令点燃了马斯河谷的一些房舍。随后他驱车赶到第7摩托化步兵团所在的迪南，对岸虽已有连级规模的小桥头堡，但几乎所有渡河装备都毁于炮火，无法及时增援对岸和继续渡河。隆美尔后来曾写道："……当我到达(迪南)时发现情形非常令人不快。我们的充气艇都被法军炮火一个接一个地摧毁了，渡河逐渐地完全停顿了。"就在一筹莫展之际，第25装甲团的先头——舒尔茨第1连连同第78装甲炮兵团的部分火炮赶到了东岸，他们发射的炮弹沉重打击了对岸法军的意志，随着更多坦克和火炮的抵达，法军的炮兵阵地也遭到毁灭性打击，德军遂得以向对岸运送更多的部队，伤员也被及时抢运到后方。第25装甲团的一名上尉曾这样回忆道："我们的坦克炮、75毫米炮以及散于各处的20毫米速射炮很快显示出威力。各连的齐射就像平时训练似的，对岸很快没有了未识别出的目标，也未再发现敌军的可疑行动。"[10]下午晚些时候，第58装甲工兵营(营长已阵亡)搭起了一座浮桥，隆美尔亲自带领第7摩托化步兵团2营渡过了马斯河，与对岸先头部队也建立了联系。

14日拂晓，装甲团长罗森堡率领舒尔茨连的15辆坦克渡过了马斯河，他指示舒尔茨进攻西岸法军阵地，以破坏对手势必展开的反扑。鉴于地形，舒尔茨判断对手的反攻必将取道马斯河谷才能推进到德军桥头堡，因而率坦克连沿河谷向东一路冲杀，在付出微小的代价后消灭了沿线的法军。大约与此同时，罗森堡接到隆美尔的命令，要他组织西岸的坦克(此时约有30辆)速去援助俾斯麦(Georg von Bismarck)上校的第7摩托化步兵团——该团在抵达迪南以西5公里处的翁艾(Onhaye)时被围，这一危机已引起了军长霍特和集团军指挥官克鲁格的高度关注。9点，罗森堡率坦克编队前进到翁艾东北附近，隆美尔这时才发现，俾斯麦电文所称的"被围"(eingeschlossen)实际上是"进抵"(eingetroffen)，而俾斯麦正派出一个突击连确保翁艾西面出口的安全。[11]尽管误会消除了，隆美尔还是派出5辆坦克支援前述突击连的西向进攻，同时命令装甲团余部向翁艾北面1000码处的森林地带集结，他自己则搭乘仅有的几辆III号坦克中的一辆紧随坦克编队进军。罗森堡率5辆坦克先行出发，隆美尔的III号坦克紧随其后，舒尔茨等的20余辆坦克居后跟进。就在隆美尔的坦克抵近森林西南角时，突遭法军反坦克炮和战防炮的密集炮击，III号坦克两处中弹，试图逃避时又滑下了陡峭的斜坡。趁着法军炮火追踪这辆坦克，隆美尔和乘员们赶紧逃跑，他的右脸颊也被擦伤，这当然不是隆美尔最后一次距离死神如此之近。当天黄昏时，罗森堡率部肃清了翁艾周边的法军。

到14日，3个德军摩托化军都在马斯河西岸建起了桥头堡，负责沿河防御的法军第9集团军指挥官柯拉普(Andre Corap)这时犯下了致命的判断错误——15日时他匆忙下令西撤后建立一条新防线。霍特摩托化军面对的新防线包括菲利普维尔(Philippeville)东面的铁路，这里距马斯河桥头堡约有15英里。15日清晨，法军第1装甲师抵达战场，准备与第4北非师携手反攻迪南。法军第1装甲师拥有150辆坦克，半数都是胜过德军任何一款坦克的"Char B"重型坦克，还有数量不菲的"Somua S35"中型坦克——这种坦克被称为1940年战场上功能最全面的坦克，速度快、装甲厚重，还拥有比III号坦克更强的火力。这个装甲师的意图是在隆美尔的右翼发动突袭，但舒尔茨的第1连在夫洛维恩(Flavion)进行的一场遭遇战造成了法军意图的流产。当时，舒尔茨连作为装甲团的先头发现了法军坦克编队，他在望远镜中观察到对手的许多坦克正在加油，少数正沿着一条狭窄的通道从森林里鱼贯而出。舒尔茨把敌军动向汇报给罗森堡和隆美尔后，命令装甲连向对手全速冲去，经过一片果园后他指挥坦克向法军开炮。由于炮弹无法击穿重型坦克的前装甲，他嘱咐手下重点打击更脆弱的侧翼和履带，同时利用地形和障碍物隐蔽自己。短兵相接中舒尔茨连迅速击毁了几辆法军坦克，少数能参战的法军坦克开始还击，距舒尔茨的指挥坦克不远的1辆II号坦克连中三弹，最后被自身爆炸的弹药炸毁。双方坦克对射之时，隆美尔调来的炮兵团向法军发出了愤怒的吼声，在与炮兵的密切协同下，仅舒尔茨连就在短时间内击毁了19辆重型和14辆中型坦克。[12]当日结束时，号称精锐的第4北非师被基本歼灭，上午时还拥有150辆坦克的法军第1装甲师就只剩下三分之一的坦克尚能作战，而到次日晨时这个数字已锐减至17辆！[13]

舒尔茨装甲连与装甲团其他连队继续向菲利普维尔推进，与装甲炮兵团一起集中火力摧毁着沿途的一切抵抗。隆美尔一直跟随装甲团进军，当舒尔茨向他报告说前方的道路旁发现了法军坦克和机械化步兵时，隆美尔举起望远镜向指示的方向望去，默想了一下后指示舒尔茨从正面进攻法军坦克，他自己则率其他部队向西绕到背后夹击。隆美尔向法军发起进攻时，舒尔茨连也在弗西地(Vodecée)南面的短促交手中击毁了3辆中型和10辆轻型坦克。到下午3点40分，第7装甲师完成了当日作战目标——占领菲利普维尔以西8英里的塞尔方丹(Cerfontaine)及其周边高地。据军史家库罗夫斯基称，当夜隆美尔亲自来到舒尔茨处，向他和第1装甲连在菲利普维尔之战中的杰出表现表示谢意。

16日晚些时候，隆美尔的装甲矛头成功突破了法军防线，开始在开阔的平原上披星戴月地狂奔。隆美尔坐在罗森堡的指挥坦克上，无情驱赶着舒尔茨连等先头部队，在阿韦讷(Avesnes)附近完成了对法军第1装甲师余部的围歼(最后仅有3辆坦克逃脱)。由于联系不上军长霍特，隆美尔自作主张，命令舒尔茨连夜奔向朗德勒西(Landrecies)。17日拂晓，经过一夜急行军后，隆美尔所部到达朗德勒西西面10余公里的勒卡托(Le Cateau)，这时第7装甲师的装甲矛头已将自己的步兵和友军远远甩在身后。那时，让装甲部队彻夜狂奔的做法被认为是不可取甚至极其危险的，而只关注速度和胜利的隆美尔偏偏就这样做了。隆美尔大胆夺取阿韦讷和勒卡托的行动，使他的装甲师楔入敌军腹地的形状就好似一条窄而长的"舌头"，曾有史家对此评论说："这是那个时候——可能也是整个法国战役中——德军最壮观的狂飙突进，也是比其他任何作战都更能奠定隆美尔声誉的大胆突袭。"[14]此时的第7装甲师就像一支锋利的匕首那样迅猛地插向对手腹地和后方，而隆美尔完全不顾侧翼和后方的危险，依靠突然打击来摧毁对手的抵抗意志。法国战役期间，隆美尔带着装甲团总是冲在步兵和友军前面，甚至连军部、集团军和大本营有时都找不着他。在隆美尔创造战史的这些大胆推进中，舒尔茨既是他最得力的执行者之一，也是这颗耀眼战星迅速崛起的目击者。隆美尔在战场上的不计个人安危、大胆犀利、敏锐的战术运用等，无疑令舒尔茨耳濡

▲ 摄于1940年5月13日，第7装甲师的II号坦克正在迪南准备渡过马斯河。

▲ 第7装甲师的II号坦克经过第58装甲工兵营架设的浮桥。

▲ 摄于1940年5月，第7装甲师的坦克和车辆正在向法国推进，头顶上是一架德军侦察机。

▲ 摄于法国战役第一阶段，隆美尔正与第7摩托化步兵团团长俾斯麦上校交谈。

▲ 摄于法国战役第一阶段，第25装甲团团长罗森堡上校。罗森堡于6月3日获得骑士勋章，被称为法国战役中最优秀的中级装甲指挥官之一。

目染，日后在舒尔茨自己指挥的坦克与步兵的协同作战中，人们能时时感觉到隆美尔的影子。

18日夜幕降临时，第7装甲师将勒卡托以西15英里的重镇康布雷(Cambrai)纳入囊中，19日白天略作休整后，隆美尔说服了霍特允许自己次日凌晨再度出击。20日晨5时，舒尔茨连等装甲矛头抵达阿拉斯(Arras)南郊，但摩托化步兵被远远落在身后，隆美尔驱车回头寻找步兵时遭遇了法军坦克，他和众随从曾险遭生擒。根据霍特的指令，第7装甲师和党卫军“骷髅”师随后的任务是向南和向西穿过阿拉斯，同时第3和第5装甲师按计划向阿拉斯城东进攻，但后两者未能按时到达，无形中将隆美尔的右翼完全暴露在守军的强大火力下。第7装甲师向北穿过博蒙(Beaumont)时，侧翼突遭英国远征军装甲部队的猛烈攻击，被迫停止前进后就地转入防御，而已前驱至斯卡尔普(Scarpe)河的装甲团也奉命后撤回援。这就是法国战役中所谓的“阿拉斯危机”。后人的战史著作称，德军最后将局面扭转过来依靠的是斯图卡轰炸机几小时不间断的地毯式轰炸，但从隆美尔自己所描写的场面来看，实际战斗过程远比战史的轻轻一笔带过要激烈和残酷得多。隆美尔曾这样描述21日下午至晚间的战斗：“敌军出动了上百辆坦克和大批支援步兵，下午3点30分至晚7时的战斗最为激烈。”当时，隆美尔亲自指挥着搜罗来的反坦克炮和88毫米高射炮向敌军开火，甚至还在每门炮间跑来跑去，指引炮手们打击目标。第25装甲团奉命从侧面和后方夹击正向南猛攻的英军坦克编队，双方在艾格尼兹(Agnez)南面展开了激烈厮杀，一时间战场上炮声隆隆，烈焰冲天。恶战之余，德军击毁了7辆重型坦克和6门战防炮，并将对手逼回阿拉斯城，德军自身损失了3辆IV号和6辆III号坦克，舒尔茨的几个连级同僚都在战斗中阵亡或受伤。阿拉斯的危机引起了高度关注，隆美尔估计对手投入了多达5个师的兵力，希特勒接获报告后派凯特尔亲自到阿拉斯了解战况，而后者完全修改了之前的部署——第7和第5装甲师及“骷髅”师全部转入防御，第6和第8装甲师也奉命掉头向东支援阿拉斯方向。从此刻起，德军的作战变得更加谨慎，陆军总部的注意力也从已抵达海峡的古德里安部那里转移到阿拉斯，A集团军群司令官伦德施泰特后来曾坦承，整个法国战役期间他唯一忧虑过的就是英军在阿拉斯的反击。这些变化为盟军带来了宝贵的喘息时间和空间，某种程度上也使敦刻尔克大撤退成为一种现实选择。有趣的是，英法方面事先并不知道德军高层对装甲战的态度出现了变化，德军在阿拉斯周边的顽强防御，加上盟军自身又无力很好地协同使用装甲部队和步兵突破防线，这些事实使盟军高层坚信，挽救英国远征军的唯一出路就是撤至海峡沿岸港口并进一步撤回英国。

5月23日，第7装甲师所部绕着阿拉斯西郊继续西进，迫使英军在侧翼可能被包抄的情况下向运河一线撤退。当日中午，第7摩托化步兵团的阵地遭到英法坦克和步兵的进攻，德军被凶猛的火力压制得几乎无还手之力，舒尔茨不待上级下令，即率装甲连火速赶去增援。他先是率部在己方阵地周边还击对手，而后迂回到贝蒂纳(Bethune)附近，与数量和质量均占优势的法军坦克编队展开了激战。他先安排好保护自己两翼的兵力，然后乘坐指挥坦克向法军猛冲猛打，其他坦克纷纷跟进或抢占有利的位置。舒尔茨的指挥坦克击毁了2辆“Somua S35”中型坦克，当他看到1辆法军坦克正转动炮塔向1辆德军坦克瞄准时，眼疾手快地命令自己的炮手迅速开炮，结果成功击毁了危险的对手。这场坦克战持续了数小时，法军遭受了远比德军惨重的损失，剩下的则纷纷择路而逃——稍后赶到战场的隆美尔、罗森堡以及装甲团的3位营长都亲睹了这场遭遇战，舒尔茨和他的第1连在全师上下名声大噪，加上在强渡马斯河后一路下来的表现，舒尔茨赢得了“善打硬仗”的声誉。24

日，他同时获颁二级和一级铁十字勋章。随后第7装甲师继续北进，在朗斯(Lens)西面渡过了拉巴塞(La Bassee)运河后做好了攻打里尔(Lille)的准备，这时第5装甲师的装甲团也被调拨给隆美尔。5月27日至31日，第4、第5、第7装甲师及4个步兵师的800辆坦克、11万人包围了里尔，法军第1集团军余部在弹尽粮绝之后投降。此战之后，第7装甲师开始休整补充，为法国战役的第二阶段进行准备。

5月27日，隆美尔成为法国战役中首位获颁骑士勋章的师长，6月2日他被希特勒召到西线指挥部，以唯一的师长身份出席了3日举行的高层作战会议。第25装甲团团长罗森堡上校也于3日获得骑士勋章。在法国战役的第二阶段，法军虽采取了纵深防御并偶尔令推进中的德军付出相当的代价，但他们已失去了大多数最好的部队和装备，英国远征军也被逐出欧陆，在士气高昂的德军装甲兵团面前法国人没有太多的机会。第7装甲师在阿布维尔和亚眠间突破了索姆河防线，随后第25装甲团从步兵间的空隙穿过，高速插向勒凯努瓦(Le Quesnoy)，第37装甲搜索营紧随其后保护两翼，第7摩托化步兵团则搭乘卡车跟进，负责接防装甲部队攻克的地方。在第25装甲团推进的道路沿线，法军曾在周边的森林里掘壕固守，也埋下了大量地雷，但罗森堡上校完全无视这些威胁，一边疯狂炮击森林里的法军，一边高速向前。抵达勒凯努瓦后，第25装甲团以炮火压制城内守军，直到步兵团赶来攻克城池。随后两日里，隆美尔的装甲矛头在宽阔的平原上尽情狂奔，尽可能避开部署有法军重兵的城镇和主干道，以出其不意地出现在敌军后方和侧翼，造成对手的混乱溃退为唯一目标。

6月7日，罗森堡率装甲团向梅勒伐尔(Meneval)扑去，兵不血刃地夺取了附近森林的制高点。在向森林东侧的法军防线进攻时，舒尔茨冒着炮火，带领坦克压着折断的树干抵近法

▲ 摄于法国战役的第二阶段，第7装甲师的坦克编队正在法国平原上驰骋。

▲ 摄于1940年6月11日，第7装甲师夺取了英吉利海峡沿岸的圣瓦莱里，图为该师的1辆P-38(t)坦克在海边“骄傲地闲逛”。

▲ 第7装甲师的I号坦克(Ausf.B)和捷克造P-38(t)坦克在法国行军的场景。

▲ 这幅经典图片摄于1940年6月的法国某地，图中隆美尔(头戴大檐帽者)与手下的军官们正在对照地图确定作战方案。后排的5名身着坦克兵制服的军官中，左二为装甲团团长罗森堡上校，右二趴在草地上的为第1装甲连连长舒尔茨上尉。

▲ 摄于1940年6月18日，第7装甲师攻克瑟堡时有3万名英法军人向隆美尔投降，图中一名法军将领正通过翻译向隆美尔说些什么，最右边的英军军官似为1周前在圣瓦莱里被俘的第51高地师师长福琼(Victor M. Fortune)将军。

军阵地，凶猛的火力曾一度让林间的法军反坦克炮失去了威力，但据险而守的对手并不认输，纷纷将战防炮调低炮口进行平射，一度被德军压制的法军反坦克炮也再度呼号起来。舒尔茨冷静地指挥下属先摧毁对手的炮兵阵地，转入防御态势后又挫败了法军有坦克支援的数次反攻。战斗结束时，舒尔茨连不仅消灭了守军和俘虏了300名法军(其中包括一个集团军军需处)，还缴获了包括10辆坦克和100辆卡车在内的大批军火。当日晚些时候，隆美尔来到舒尔茨处了解情况，后者取得的战果给他留下了深刻印象，他在当日日记中称赞“舒尔茨装甲连获得了极大的成功”。[15]舒尔茨连随后被配属给第7摩托化步兵团，负责截断巴黎至迪耶普(Dieppe)的主干道。舒尔茨顺利完成了任务，又缴获了大批车辆，还有更多的车辆在不明所以的情况下被德军俘获。当日的胜利使隆美尔心情大好，他沿着新占领的公路驱车回营。据说，他当晚“睡得像块石头一样”。

第7装甲师此后的进展更为神速，6月11日抵达迪耶普与勒阿弗尔之间的圣瓦莱里，15日清晨又从鲁昂(Rouen)跨过塞纳河后向南疾驰。虽然法国次日就提出了投降请求，但希特勒依然命令装甲部队占领大西洋沿岸的诸多港口。第7装甲师也以难以置信的高速度挺进，继16日一日前进100英里后，17日又在未损失坦克的情况下推进200英里，据信创下了历次战争中的最高纪录。18日，第7装甲师在深水海港瑟堡才算遇到真正的抵抗，在这场被隆美尔称作“向瑟堡追击”的作战中，担任主攻的是摩托化步兵团，炮兵和装甲团均负责火力支援，但舒尔茨装甲连在围攻瑟堡周边的船坞和要塞，最终迫使守军投降的战斗中也发挥了显著作用。到25日停战协议生效时，隆美尔已推进到距西班牙边境不足200英里处。停战之后，第7装甲师先在波尔多地区充任占领军，不久调往巴黎地区，为准备入侵英伦三岛进行训练。

当入侵英国的“海狮计划”在9月17日被无限期延后时，第7装甲师又返回波尔多。在这里，舒尔茨于9月29日获颁骑士勋章，然后于1941年2月返回波恩-巴特戈德堡(Bonn-Bad Godesberg)进行休整训练。2月7日，第7装甲师迎来了新师长丰克(Hans von Funck)少将，已经家喻户晓的隆美尔则远赴北非，指挥德国援助盟友意大利的部队。1941年1月1日刚晋升为少将的丰克本是大本营瞩意的人选，被内定为援助北非的第5轻装甲师师长，他曾在1月中下旬飞到的黎波里考察意军的状况及其败退局势。1月25日面见希特勒时，丰克根据亲眼所见报告说意军士气非常低迷，士兵缺乏训练和作战热情，也无纪律和动力可言，而他们的军官没有指挥部队进行顽强防御所需的“智力和激情”，更勿论发起绝地反击了。丰克还说，光凭第5轻装甲师及若干支援步兵和炮兵，不可能阻挡英军的攻击大潮，只有投入3个师才有可能避免意军的全面崩盘。希特勒对丰克的悲观态度虽有些恼火，但表示会认真考虑其建议。1月29日，丰克通过约德尔向元首表达了“若去昔兰尼加指挥北非德军的话，必须拥有对德意军队的完全控制权”，结果这个要求激怒了希特勒，他立即命令把身在北非的一名上校提升为少将，同时取代丰克担任第5轻装甲师师长。[16]约德尔虽对丰克并无好感，但赞同后者对北非局势的分析，他向希特勒表示确有必要成立一个军部，由一位资历和经验相当的将军担纲才能令意大利人信服。希特勒则马上表示隆美尔是最适合的人选，这个决定造就了后者在非洲的传奇，而丰克也如释重负地摆脱了北非的差事，并在随后的两年半里将第7装甲师打造成一支更加精锐的王牌。

骤雨初歇：东线的第一个寒冬

1941年6月6日至10日，齐装满员的第7装甲师全师14400人，乘火车来到东普鲁士柯尼斯堡，进入侵苏前的最后战备阶段。6月22日，300万德军和100万仆从国军队分成三个集团军群向苏联发动了突然袭击。第7装甲师隶属于中央集团军群麾下的霍特第3装甲集群，与第20装甲师、第20摩托化步兵师一起组成了施密特(Rudolf Schmidt)的第39摩托化军。舒尔茨这时已任第25装甲团1营营长，装甲团拥有284辆坦克，含30辆IV号、55辆II号、17辆I号、167辆P-38(t)及15辆指挥坦克。[17]可见，第7装甲师虽拥有数量不菲的坦克，但基本都是捷克造P-38(t)，基本没有III号坦克。

第7装甲师首日的任务是向距边境约60公里的立陶宛城市奥利达(Olita，亦作Alytus)进发，目标是夺取奥利达附近涅曼河上的一北一南两座公路桥和介于其间的铁路桥。负责防御的是苏军西北方面军第3机械化军所部，军长库尔金(Aleksei V. Kurkin)将军鉴于仍有部队在涅曼河对岸布防，因而并未及时下令炸毁桥梁。丰克原计划集中全师的坦克和兵力突袭北端渡桥，但由于行军过于迅猛造成了各部的编制被打乱，交通管制方面的失误使装甲团2营被指向南端渡桥，由舒尔茨第1装甲营、托马勒(Wolfgang Thomale)中校的第3装甲营、施泰因凯勒的第7摩托车营组成的“罗森堡战斗群”则径取北端渡桥。舒尔茨一马当先，到中午时分已攻入奥利达市中心，并成功夺取了北端渡桥。装甲团2营与曼陀菲尔中校的第7摩托化步兵团2营则携手夺取了南端渡桥。第7装甲师渡河后迅速建起了南北两座桥头堡，但就在他们试图向东面的高地推进时，苏军第5坦克师在第126步兵师协助下发起了反扑。第5坦克师拥有不少T-34中型坦克和KV-1重型坦克，德军渡河时该师即已完成集结隐蔽，苏军坦克和步兵的突然反攻无疑令急于扩大桥头堡的德军大吃一惊。虽然一度阵脚大乱，但训练有素、经验丰富的德军并没有被击溃，从一时惊慌中恢复过来后，德军开始利用自己在装甲战术和兵种协同方面的优势进行反击，最后在第20装甲师第21装甲团的增援下将战场局势彻底扭转过来。这场从下午一直厮杀到夜晚的坦克战被罗森堡称为其平生仅见的最激烈的战斗，大约也是东线的第一场规模较大的坦克战，损失了80余辆坦克的苏军第5坦克师几乎全军覆没，但第7装甲师也遭受了相当损失，尤其是最初几小时里更是死伤惨重(有资料称第7装甲师竟有超过半数的坦克受损)。战后升迁为西德国防军少将的奥尔霍夫(Horst Ohrloff)当时是装甲团11连中尉连长，他曾回忆说：“奥利达的这场坦克战很可能是二战期间第7装甲师进行过的最困难的战斗。”

随后，霍特第3装甲集群开始向东攻打西北方面军的莫罗佐夫(V. I. Morosov)第11集团军，但其真正用意是取道该集团军防区，插向苏军西方面军的后方重地明斯克，从而与右翼的古德里安第2装甲集群合围整个西方面军。23日傍晚时第25装甲团抵近维尔纽斯以东，次日与第7摩托车营合力攻克了维尔纽斯，以此为跳板，第39摩托化军的3个师开始迅速朝东南方的明斯克挺进。26日傍晚，由第25装甲团与第7摩托化步兵团组成的“罗森堡战斗群”抵达了明斯克西北的拉多斯兹科维采(Radoszkowice)，但在这里遭到苏军的顽强抵抗。德军经过5天的连续作战已十分疲劳，但当侦察兵发现了对手防线上的漏洞之后，罗森堡上校立即发动夜袭，成功突破防线后于当夜10时切断了明斯克至莫斯科的主干公路，子夜时分夺取了明斯克东北30余公里处的斯莫勒维奇(Smolevichi)——这一大胆行动标志着明斯克包围圈北面的铁钳已高高举起，德军现在需要等待的是第2装甲集群的装甲师从南面合拢包围圈。27日，古德里安麾下的第17装甲师在明斯克东南与第7和第20装甲师建立了联系，从而将苏军西方面军大部陷入重围。就在当日，“罗森堡战斗群”与发起反击的一个苏军坦克师进行了激战，第25装甲团摧毁了一列装有20辆坦克、15辆卡车、5门反坦克炮和6门大炮的装甲列车。不过，装甲团自身也付出了高昂代价——装甲团2营因损失过高而在当日解散，余部和装备并入第1和第3营，罗森堡也被爆炸中的装甲列车所伤。由于战斗群与师主体之间仍有距离，丰克提出派侦察/联络飞机或8轮装甲车将他接回后方，舒尔茨等下属也建议派坦克沿途护送，但这些好意均被罗森堡谢绝。28日清晨，罗森堡在驱车返回后方的途中被苏军狙击手击毙。比舒尔茨更资深年长的装甲团3营营长托马勒中校继任装甲团长，为纪念罗森堡上校，第25装甲团稍后改称为“罗森堡”装甲团。

不等明斯克口袋中的苏军被完全消灭，德军又把目标对准了斯摩棱斯克及第聂伯河。不过，被围苏军的顽强抵抗和一再试图突围，为苏军统帅铁木辛哥争取到了宝贵的喘息时间，使之能沿着西德维纳河与第聂伯河一线勉力构筑防线，同时积聚反攻所需的兵力和装备。7月1日，第7装甲师奉命强攻别列津纳(Berezina)河畔的重镇鲍里索夫(Borissov)，一击未果后，该师立即掉头北上寻找适于渡河的地段。第7摩托化步兵团2营3日时幸运地在列佩利(Lepel)夺取了一座渡桥，但由于连日暴雨使得道路泥泞不堪，以及需要与第20装甲师共用同一道路，第7装甲师大部花了整整2天才完成了从鲍里索夫至利佩利的100公里路程。5日夜，丰克所部抵达维捷布斯克西南约50公里的森诺(Senno)时，遭到了苏军第20集团军的强力阻击。

▲ 可能摄于1941年夏的苏联某地，舒尔茨(左一)与师长丰克(中)等军官正在交谈。

◀ 继隆美尔之后担任第7装甲师师长的丰克，在任时间为1941年2月至1943年8月。

▼ 第7装甲师从奥利达桥头堡出发，准备夺取重镇维尔纽斯，时间为1941年6月23日。

1941–1945年27位钻石双剑橡叶骑士铁十字勋章获得者的图文传记

帝国骑士

第三帝国最高战功勋章获得者全传

汪冰 著

THE KNIGHT'S CROSS
with Diamonds

第Ⅱ卷

台海出版社

图书在版编目（CIP）数据

帝国骑士：第三帝国最高战功勋章获得者全传 / 汪冰著. -- 北京：台海出版社, 2018.5

ISBN 978-7-5168-1892-3

Ⅰ. ①帝… Ⅱ. ①汪… Ⅲ. ①军人－生平事迹－世界－现代 Ⅳ. ①K815.2

中国版本图书馆CIP数据核字(2018)第095125号

帝国骑士：第三帝国最高战功勋章获得者全传

著　　者：汪　冰

责任编辑：刘　峰　赵旭雯　　　策划制作：指文文化
视觉设计：王　星　　　责任印制：蔡　旭

出版发行：台海出版社
地　　址：北京市东城区景山东街20号　　　邮政编码：100009
电　　话：010－64041652（发行，邮购）
传　　真：010－84045799（总编室）
网　　址：www.taimeng.org.cn/thcbs/default.htm
E－mail：thcbs@126.com

经　　销：全国各地新华书店
印　　刷：重庆共创印务有限公司
本书如有破损、缺页、装订错误，请与本社联系调换

开　　本：787mm×1092mm　　　1/16
字　　数：2407千字　　　印　　张：95.5
版　　次：2018年6月第1版　　　印　　次：2018年6月第1次印刷
书　　号：ISBN 978-7-5168-1892-3

定　　价：699.80元

▲ 摄于1941年6月末的维尔纽斯附近，第25装甲团团长罗森堡(右)与第58装甲工兵营营长默腾斯中校(Von Mertens，左)商谈。6月28日，罗森堡在因伤返回后方的途中被击毙。

▲ 第7装甲师的坦克和装甲车辆在苏联境内高速推进的场景，摄于1941年7月。

▲摄于1941年7月初，第7装甲师的一辆坦克正在渡越别列津纳河。

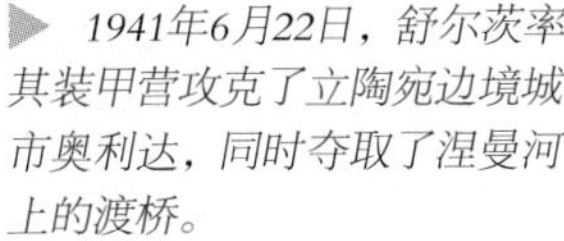

▶ 1941年6月22日，舒尔茨率其装甲营攻克了立陶宛边境城市奥利达，同时夺取了涅曼河上的渡桥。

6日上午10时，第20集团军的数个步兵师与第5和第7机械化军在森诺–列佩利周边向德军第39摩托化军发起了反攻，向森诺西南推进的第5机械化军(辖第13、第17坦克师及第109机械化步兵师)拥有428辆坦克，沿森诺北面进军的第7机械化军(辖第14和第18坦克师)拥有的坦克数量竟高达974辆！[18]不过，有三分之一的苏军坦克在途中出现了机械故障或受损于德军空袭，赶到战场的只有少数是威力较大的T–34和KV型坦克。在6日的战斗中，苏军第7机械化军所部先击溃了德军第37搜索侦察营，而后切断了第7摩托车营与装甲师主体的联系，但在继续向西推进时受困于沼泽湿地和溪流密布的困难地形。丰克以装甲团3营、装甲炮兵团和第6摩托化步兵团各1个连为主组成的“托马勒战斗群”则借机修筑了一条反坦克防线，当苏军坦克7日清晨攻势再起时，德军凶猛的反坦克火力竟摧毁了300辆进攻坦克中的半数。舒尔茨第1装甲营负责在“托马勒战斗群”的北面支援第6摩托化步兵团1营的阻击作战。苏军第5机械化军的两个坦克师误以为森诺西南没有重兵布防(该方向是德军第39和第47摩托化军的结合部)，结果苏军第17坦克师在森诺南面突遭古德里安麾下的第17装甲师的打击，更靠南一点的第13坦克师也在择路西进时遭到德军第18装甲师的炮击和截杀。随后两日里，森诺北面的第7装甲师顽强阻挡着第7机械化军的反复冲击，森诺西南则出现了德军第17和第18装甲师与对手的第13和第17坦克师之间的混战，到9日德军第12装甲师加入鏖战时，苏军第5机械化军已被包围。7月10日，苏军两个机械化军的残部仓皇东撤，他们在森诺南北两侧留下了832辆坦克的残骸和大量士兵的尸体。

第7装甲师还在森诺北面阻遏苏军的时候，霍特决定抢先攻占重要城镇维捷布斯克，他要求丰克继续阻击和消耗对手，同时命令第20装甲师和第20摩托化步兵师全速扑向维捷布斯克。9日深夜至10日凌晨，上述两支德军攻陷了维捷布斯克城的大部，而第7装甲师的先头战斗群也从苏军的空隙地带迅猛穿插，到12日已切断了维捷布斯克至斯摩棱斯克的铁路。7月15日中午，由第7摩托化步兵团2营、舒尔茨第1装甲营及部分炮兵和工兵组成的“曼陀菲尔战斗群”从斯摩棱斯克东北方南下，直扑通往莫斯科的交通枢纽亚尔采沃(Yartsevo)。当夜，舒尔茨装甲营率先进抵亚尔采沃西郊，切断了明斯克—斯摩棱斯克—维亚济马—莫斯科的铁路与公路。“曼陀菲尔战斗群”16日上午攻占了亚尔采沃，古德里安所部也在当晚夺取了军城斯摩棱斯克。至此，古德里安和霍特两个装甲集群又形成了对斯摩棱斯克区域的包围态势，50万苏军、3000辆坦克和3000门大炮已陷入这个比明斯克还要大的口袋中。不过德军步兵集团此时还远在百里之外，光靠装甲部队和有限的摩托化步兵是无法扎紧口袋的，苏军不仅从稀疏的包围圈中撤出了失去战斗力的部队，还增援了一些用于反攻的新部队。此后近3个星期，在亚尔采沃周边采取守势的第7装甲师既要阻止被围之敌的突围，又要迎击包围圈外的救援苏军，整个防区曾数度险象环生。到21日，第7装甲师全师彻底报废了各型坦克70辆，但有96辆正在短期修理。[19]23日，苏军5个集团军级的战役集群发起了斯摩棱斯克反击战，其中的“罗科索夫斯基集群”和“加里宁集群”反击的重点就是亚尔采沃及其北面地带，以消灭德军第7和第20装甲师，打开被围苏军向东突围的道路为目标。几天里，第25装甲团帮助步兵顶住了苏军团营规模的轮番攻势，为改进防御态势，丰克在26日把舒尔茨装甲营和若干支援步兵编组成战斗群，令其向佛普(Vop)河汇入第聂伯河的入口处发起进攻。27日，德军步兵集团终于束紧了包围圈，但包括第16和第20集团军多支部队在内的近20万苏军已成功突围，此后依然有众多的官兵冒着猛烈的炮火和绞杀向东突围，试图沿着佛普河和第聂伯河之间的沼泽森林突破德军防线。第7装甲师在亚尔采沃南面又进行了1周的苦战，其中8月1日出现的险情甚至惊动了远在柏林的参谋总长哈尔德——他在当日的日记中曾写道："如果第7装甲师遭到重创，我们也无需感到特别惊讶。"[20]

8月5日夜至6日清晨，第7装甲师将防线移交给第161和第8步兵师，而后退往亚尔采沃西南、斯摩棱斯克以北20公里处休整，此刻斯摩棱斯克包围圈内弥漫的硝烟正逐渐散去，枪炮声也渐趋平息。不过，即便在休整期间，舒尔茨装甲营也时常被派去充当步兵防线的救火队——8月19日，第7装甲师奉命支援防线被突破的第161步兵师，舒尔茨装甲营与第7摩托化步兵团2营等一起在次日堵住了防线缺口；21日，苏军又在佛普河上建立了桥头堡，舒尔茨营再度出手，虽摧毁了对手的阵地，但自身也有30辆坦克受损于苏军的反坦克炮；26日，舒尔茨营与步兵团携手铲除了苏军在博尔迪诺(Boldino)的桥头堡，但由于与步兵的协同出现了问题，装甲营又有若干坦克受损。

经过紧急整补，第7装甲师到9月6日时又有130辆坦克可投入作战，另有87辆正在修理中。[21] 9月底，第7装甲师完成了参加"台风"作战的所有准备。由于通向第聂伯河渡口的道路多为山林湿地，霍特命令工兵预先整修道路，以便装甲部队集中运动，同时将第25装甲团和第11装甲团(属于第6装甲师)组成一个临时装甲旅，由第11装甲团团长科尔(Richard Koll)上校统领。[22] "科尔装甲旅"拥有260辆坦克和众多的装甲车辆，他们沿着工兵铺就的路基迅速推进，10月2日时突破了苏军第19和第30集团军的防线，开始追逐撤退的对手并向维亚济马以北推进。10月3日，丰克将回归本部的第25装甲团舒尔茨装甲营与曼陀菲尔的第6摩托化步兵团组成一个战斗群，目标是在格鲁斯科沃(Gluschkowo)附近强渡第聂伯河。4日夜，曼陀菲尔率领战斗群突袭得手，渡过第聂伯河后在对岸建起了一座桥头堡。6日上午，曼陀菲尔率部即以迅雷不及掩耳之势进抵维亚济马北郊，夜幕降临时切断了通往莫斯科的公路干线。7日，第10装甲师从南面攻入了维亚济马，与第7装甲师一起合拢了维亚济马包围圈，陷入重围的苏军包括第16、第19、第20、第32集团军及第24集团军残部，西方面军司令员科涅夫仅在包围圈合拢前一刻匆匆撤走。无独有偶，在维亚济马以南的布良斯克方向，德军第17和第18装甲师也险些在6日生擒布良斯克方面军司令员叶廖缅科。到8日时，古德里安装甲集群与第2集团军的步兵建立了联系，标志着巨大的"维亚济马—布良斯克包围圈"完全成形。到10月20日，德军取得了俘敌66万、缴获1200辆坦克和5400门大炮的"辉煌大胜"。舒尔茨与所有参战德军官兵一样，沉浸在大胜的愉悦和兴奋之中，似乎不管哪位苏军统帅领军、也不管构筑什么样的防御壁垒、依托何种天然屏障，德军装甲铁拳都能在滚滚向前时将之撕得粉碎，似乎没有任何力量能阻止这只无所不能的钢铁巨兽。德国历史学家们战后在解读维亚济马—布良斯克包围战时，曾将德军的成功部分归因于苏俄领导人的消极被动，以及不能理解新式装甲战的精髓："……为什么红军还依靠一战时的静态堑壕战来试图挡住德军装甲部队的强大突刺？"[23]朱可夫战后曾描述过百万红军在前述包围圈中挣扎与牺牲的真正意义："……对我们来说，(1941年)10月中旬时最重要的事情就是为准备防御争取时间。如果从那个角度来评价在维亚济马以西被围的第19、第16、第20、第32集团军及博尔丁集群(Boldin Group，由3个坦克旅和1个坦克师组成)的作战，那么我们必须给这些部队的英勇牺牲以应有的赞颂。尽管被切断在敌军后方，但他们没有投降，而是继续勇敢地战斗，试图突围后重新回归红军主力的行列。因而，他们拖住了大量敌军，否则这些敌人就会长驱直入地扑向莫斯科。"[24]

诚如朱可夫所言，10月头3个星期里百万红军的牺牲迟滞了中央集团军群的东进。同时，

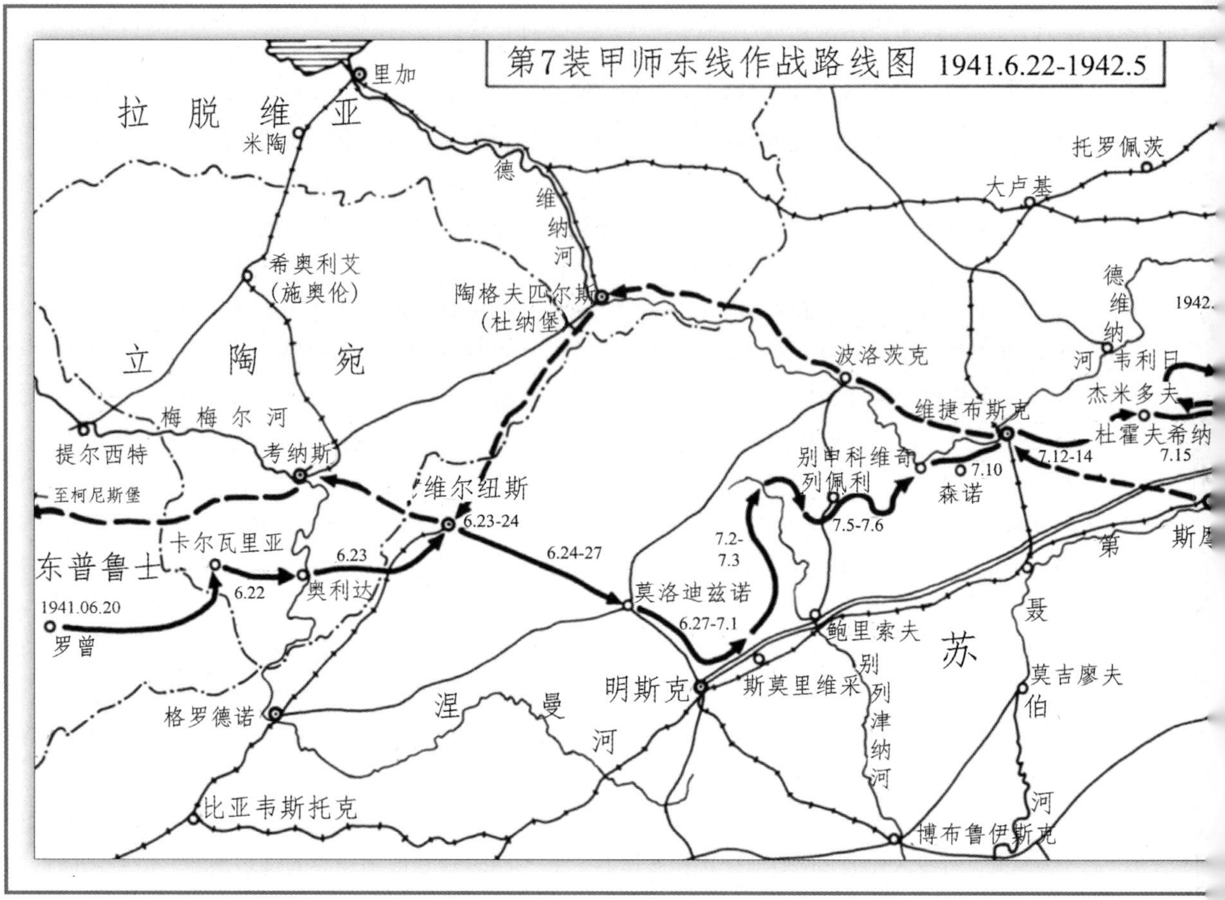

▲ 第7装甲师东线进军路线图（1941年6月22日至1942年5月）。

▶ 在这张可能摄于1941年秋的图片中，第7装甲师的车辆似乎正在渡河，但实际情况是瓢泼大雨将道路变成了泥淖的世界，许多地段都被淹没。

◀ 摄于1941年10月初，曼陀菲尔战斗群夺取了第聂伯河上的渡桥后，在对岸建立了桥头堡。图中，曼陀菲尔(右三)正与其他军官协商扩大桥头堡和继续推进等事项，左边第5人是舒尔茨。

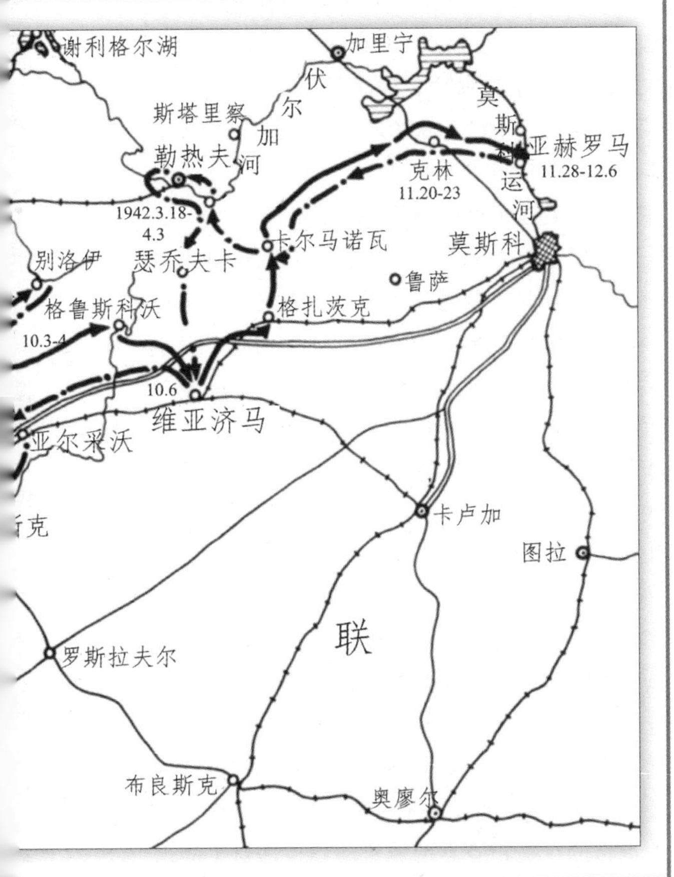

秋雨的到来也将所有的土路和小径都变成了泥淖的世界，德军的整体推进已基本上等同于爬行于泥淖间的步兵的速度，装甲部队像蜗牛一样步履艰难，唯一能够运动的坦克像火车头那样拖拉着挣扎于泥泞中的卡车，德军的后勤保障系统很大程度上也已瘫痪。等到11月第1个星期大地开始冰冻板结时，德军又面临着新的问题——弹药油料匮乏，为数不多的坦克和汽车难以发动，大炮和重武器出现了润滑油冻结的

▼ *摄于1941年11月末，第7装甲师的步兵和装甲车行驶在克林的街道上。*

▶ *摄于1941年11月下旬的克林附近，图为被舒尔茨营击毁的KV-1重型坦克。舒尔茨装甲营在攻克克林的作战中发挥了突出作用，他也因此战功在年底获得了橡叶骑士勋章。*

现象。情形刚有好转，强劲的暴风雪呼号着降临了，一夜之间积雪齐腰，冷风吹在身上像刀子一样钻心刺骨，难以言表的寒冷和低温极大地折磨着衣衫单薄的官兵，尽管德军仍在向莫斯科前进，但步子越来越沉重，遭遇的抵抗也越来越强。11月16日，丰克将第7装甲师战斗力犹存的单位组成了两个战斗群，其中一个以曼陀菲尔的第6摩托化步兵团为核心，包括装甲团3营、第7摩托化步兵团1部、第37搜索侦察营和第58装甲工兵营，另一战斗群则以舒尔茨的装甲团1营和第7摩托化步兵团余部为核心。舒尔茨所在的战斗群20日抵达了斯帕斯扎洛克(Spas Zaulok)附近的公路干道，为进攻东南方的克林(Klin)创造了条件。距莫斯科仅90公里的克林堪称苏联首都的西北大门，罗科索夫斯基的副手扎哈罗夫(F.D. Zakharov)将军把能搜罗到的兵力都集中到克林周边进行防御，包括多个独立坦克群、反坦克炮兵群、高炮营和独立骑兵师等。舒尔茨率自己的装甲营和支援步兵与数倍于己的苏军激战了整整两日，在赶到克林北郊助战的曼陀菲尔战斗群配合下，舒尔茨终于在23日从苏军防线结合部实现了突破，他坐在指挥坦克上第一个踏上了克林的街道，从而打开了莫斯科西北方向的大门。这一突破对战场态势立即产生了重大影响，舒尔茨也赢得了上级们的交口称赞，不仅仅是因为他击垮了数倍于己的对手，而且随着克林的易手，莫斯科前方的苏军整体防线也被拉成了弓形并开始漏洞百出。西方面军新任司令员朱可夫对克林的失守非常恼怒，曾派人调查是否应严惩扎哈罗夫(后者虽逃过一劫，但还是被降为第133步兵师师长)。罗科索夫斯基的第16集团军也被迫再次后撤，在距莫斯科仅22英里处固守最后一道防线。

令苏军雪上加霜的是，11月28日凌晨，曼陀菲尔领导的突击矛头以大胆突袭的方式夺取了亚赫罗马(Yakhroma)附近横跨莫斯科—伏尔加运河的大桥。这是莫斯科北面的最后一道主要屏障，而此处距克里姆林宫仅有几十公里而已，曼陀菲尔不仅切断了莫斯科的电力来源，还在运河东岸为第3装甲集群建立了最终扑向莫斯科的桥头堡。不过，苏军第1突击集团军的数个步兵旅在坦克和炮兵支援下，向曼陀菲尔的战斗群即时发起了反扑，而无论是第7装甲师、还是其上级第56摩托化军，都没有任何后备力量能够赶来增援，曼陀菲尔不得不极其失望地在29日凌晨炸毁大桥后撤至西岸据守。此时，舒尔茨战斗群最后尚能运转的坦克已开抵亚赫罗马南面的斯捷潘诺沃(Stepanowo)，负责屏障曼陀菲尔的右翼，同时与自己右翼的第6装甲师保持联系。12月2日和3日，苏军向斯捷潘诺沃发起了几次试探性进攻，但舒尔茨根本不为所动，前来汇报敌情和索取弹药的士兵甚至还发现营长正“就着火炉看书”。4日清晨，斯捷潘诺沃遭到了德军轰炸机的误炸，就在整个村镇火势蔓延之际，苏军大炮和迫击炮也适时地火上浇油，随后苏军步兵在坦克支援下向舒尔茨装甲营发起了进攻。这时舒尔茨不再等闲视之，他命令尚能运转的少数坦克在两翼机动和攻击对手的坦克，不能动弹的坦克则扣紧舱盖，由装甲兵用机枪扫射对手坦克上搭载的步兵。时断时续的攻防持续了一整天，舒尔茨其间还向对手可能藏身的山林发射了不少高爆炮弹，燃起的大火直到5日天明时分方才熄灭。

12月6日晨，苏军在莫斯科前方发起了声势浩大的反攻，目标是在拖住莫斯科正前方的德军步兵集团的同时，重点打击威胁最大的两翼——北面的德军第3和第4装甲集群及南面的古德里安第2装甲集团军。朱可夫在曼陀菲尔和舒尔茨战斗群的方向集中了第1突击集团军的10个步兵旅与若干坦克营，面对对手压倒性的优势，曼陀菲尔和舒尔茨等战斗群以及右翼的第6装甲师都开始了充满危险的撤退。舒尔茨收到撤往克林的命令后，先下令炸毁所有无法动弹的坦克，然后赶到最可能被切断的第4连，准备率该连官兵一起西撤。4连此时只剩1辆IV号坦克尚能运转，但西行了20公里后因油料耗尽也不得不将之炸毁。舒尔茨一行向克林步行撤退的过程中，除了低温严寒和顶风冒雪的艰难行军外，还时常遭到小股苏军从侧翼和后方发起的攻击，但总算在10日有惊无险地赶到了克林。第6装甲师几乎同时撤至克林周边，该师的最后一辆坦克也在抵达时出现了故障。11日至12日的德军局势更加凶险，苏军第30集团军击溃了第1装甲师、第14和第36摩托化步兵师后进抵克林北面，第1突击集团军也在追逐第6和第7装甲师及第23步兵师的过程中抵达克林东南，从而形成了将德军第3装甲集群合围于克林的态势。第3装甲集群指挥官莱因哈特(Georg-Hans Reinhardt)把第56摩托化军所剩无几的坦克凑成一个战斗群，命令第25装甲团团长豪塞尔(Eduard Hauser)上校率领这支最后的机械化部队赶往克林东南救急。到14日时，除负责守卫克林的第1装甲师外，包括第7装甲师在内的第3装甲集群其他各部均已撤离克林，第6装甲师作为先头已抵达斯塔里察(Staritza)和沃洛科拉姆斯克(Volokolamsk)之间的拉马河防线。

在12月上旬的撤退中，舒尔茨充分地展现了自己的意志力、临危不惧的品质和对普通士兵的感情，除亲率手下的连队徒步西撤外，他还掩护过一所收容有4000伤患的野战医院的后撤，使他们避免了被俘的命运。集朋友和父亲角色于一身的舒尔茨不仅赢得了基层官兵的信赖，他在作战中展示的令人信服的勇气和指挥才能也给上级留下了深刻印象——1941年的最后一天，舒尔茨获得了德军的第47枚橡叶骑士勋章。[25]

第7装甲师等属于第3装甲集群的部队在拉马河防线上度过了1941年的圣诞和1942年的新年，但苏军随后再度发起的强大反攻，造成了西北面的第9集团军形势的显著恶化，迫使第3装甲集群进一步撤往所谓的"柯尼斯堡防线"——这条防线被称为"K线"，从北面的勒热夫(Rzhev,亦作尔热夫)经格扎茨克(Gzhatsk)和奥廖尔延伸到南面的库尔斯克，许多地段都筑有防御工事和避寒掩体。第7装甲师从1月15日至3月13日一直在"柯尼斯堡防线"驻防，1月27日时全师只剩4辆P-38(t)和1辆IV号坦克尚能投入战斗。[26]与还剩5000余人的第7装甲师相比，友邻的第6装甲师的情形更加悲惨，1月底时该师只剩3门大炮和不足1000人的作战部队！[27]这些曾所向披靡的装甲王牌现在几乎失去了全部的"钢铁战马"，只能在持续的低温严寒中蜷缩和挣扎。厚厚的积雪造成道路无法通行，剩下的少量摩托车辆不经预热也无法启动，尽管派出士兵和强征百姓全天候地铲除积雪，德军转运大炮、弹药、补给和伤病员等还是只能依靠原始的马拉雪橇。德国国内曾在1941年底发起过"为前线制作保暖衣物和捐赠皮衣"的运动，但在这些衣物于1942年2月送达前，多数士兵都没有足够的衣物驱寒，冻伤冻死、未能及时就医而造成死亡或残废的事例比比皆是。应该说，一再强攻"柯尼斯堡防线"的苏军之所以始终无法得手，不得不承认其中的重要原因之一，就是许多德军官兵具有超强的耐力和意志力，而且绝对服从命令——无论天寒地冻、饥饿难挨，还是行动困难、枪炮失灵，他们都能以惊人的勇气为生存而战。或如曼施坦因元帅战后所言："贯穿于整个战争的决定性因素是德军战士的自我牺牲、勇敢和对军人职责的献身，以及各级指挥官的能力和他们随时愿意承担责任。"[28]

1942年3月13日，第7和第1装甲师奉命各派出一个装甲连(第7装甲师派出的是奥尔霍夫中尉的第11连)开赴勒热夫周边，负责协助党卫军"帝国"师战斗群、第206和第256步兵师堵住勒热夫和奥列尼诺(Olenino)之间被捅开的缺口。稍后不久，由第7装甲师余部组成的"丰克战斗群"，开往勒热夫—维亚济马铁路以西和以南的森林地带，参与围歼苏军第29和第30集团军余部的作战。4月3日夜，丰克所部在别洛伊

▲ 摄于1942年初，第7装甲师位于“柯尼斯堡防线”上的一处机枪阵地。

▲ 摄于1942年初，德军几名士兵正冒着风雪驱赶运输物资的马车。

▲ 摄于1942年初，德军转运物资、弹药和伤病员基本上只能依靠这种最原始，但也最有效的马拉雪橇。

▲ 摄于1941年圣诞节前夕，一名德军士兵用马拉雪橇拖着一棵圣诞树，正顶风冒雪地赶回驻地。此时，第7装甲师正在拉马河防线驻守，但1942年新年伊始又被苏军的新一轮反攻逼退到所谓的“柯尼斯堡防线”。

▼ 摄于1942年夏，地点是法国西部大西洋岸边的莱萨布勒–多洛讷（Les Sables–d'Olonne），第7装甲师正在举行体育活动。舒尔茨（前排左二）正与师长丰克（左三）交谈。

▲ 可能摄于1942年夏，佩戴着橡叶骑士勋章的舒尔茨。

▲ 摄于1942年5月10日，第7装甲师余部准备登上西行的列车，前往法国休整和重新装备。经过近1年的东线苦战，第7装甲师损失惨重，1年前需要12辆专列运送人马和武器装备，恐怕现在还用不了1辆专列呢。

▲ 摄于1942年11月28日，第7装甲师在党卫军装甲军军部指挥下完成了夺取法国土伦港和维希法国海军舰队的任务，但有相当数量的法军舰只被自毁或凿沉。图中前景是第7装甲师的III号坦克，远景是被毁坏的法军舰只。

(Bieloyi)与试图突围的苏军进行了几个月里最激烈的交手。[29]5月2日，丰克率部完成了剿灭别洛伊—杜霍夫希纳(Dukhovshchina)公路线附近之敌的任务，之后准备撤往法国休整。

5月10日，丰克率全师剩下的官兵取道斯摩棱斯克、维捷布斯克、拉脱维亚和立陶宛返回了德国，而后从柏林转赴法国东北部马恩河畔的沙隆(Chalons-sur-Marne)。5月底时，通过曾任第25装甲团代理团长、现就职于装甲兵总监部的托马勒上校的关系，第7装甲师优先获得了65辆III号和IV号坦克，又接收了40名军官和800名士兵。伴随着新装备的陆续抵达，更多的新兵加入了装甲师的行列，丰克、曼陀菲尔、豪塞尔、施泰因凯勒、舒尔茨等久历战火的指挥官们想尽办法通过训练和演习提高士兵的作战技能，竭尽全力地恢复凝聚力和士气。第7装甲师的所有幸存者也都得到轮番回国休假的机会。到9月1日时第7装甲师又做好了执行新任务的准备，不过，该师还有机会再享受两个月的宁静生活，直到11月8日参加所谓的"安东(Anton)行动"——与驻法的第1和第7集团军所部一起开赴维希法国属地，占领地中海沿岸的所有海港，以防止已在北非登陆的盟军跨越地中海入侵法国南部。德军11日至12日间兵不血刃地控制了法国南部，但暂未占领重要的军港土伦(Toulon)，第7装甲师此时已进驻靠近西班牙边境的海港佩皮尼昂(Perpignan)。11月20日，在法国新组建的党卫军装甲军指挥官豪塞尔奉命指挥夺取土伦港和维希法国海军舰队的作战，他的主要兵力就是第7装甲师和党卫军"帝国"师，此外还有来自三军的多支配属部队。27日凌晨4点，第7装甲师和"帝国"师组成的三个战斗群向土伦发起了突袭，5小时后占领了全城和军港，也俘虏了不少法军舰只，但多数舰只还是被法军先行毁坏或自沉，包括旗舰"斯特拉斯堡"(Strasbourg)号、1艘航母、3艘重巡洋舰及18艘潜艇等。[30]占领土伦之后，第7装甲师在党卫军装甲军指挥下，负责圣芒德里耶(Saint Mandrier)半岛至土伦区间的海岸防御。

12月16日，第7装甲师接到了准备重返东线的命令，22日起全师各部搭乘火车陆续抵达苏联南方的沙赫蒂(Schachty)附近。1943年1月5日，第7装甲师完成集结后做好了战斗准备。

步履蹒跚：从斯拉夫扬斯克到库尔斯克

1943年初，苏军多个方面军在斯大林格勒地区团团包围了德军第6集团军，苏军南方面军也在向罗斯托夫进军，曼施坦因顿河集团军群的补给交通线面临被切断的危险，远在高加索的A集团军群也有被分割包围之虞。在这种情况下，希特勒从西线急调部队赶往东线挽救危局，第7装甲师即是首批东调的9个师中的一个。1月初抵达南方战场后，第7装甲师被划入海因里希(Sigfrid Heinrici)将军的第40装甲军作战序列，第25装甲团带来了21辆II号、105辆III号、20辆IV号和9辆指挥坦克。[31]曼施坦因为解除苏军对罗斯托夫的直接威胁，把第7和第11装甲师派至罗斯托夫东面的马内奇(Manich)河下游，试图挡住正在进攻中的苏军。1月6日，第7装甲师的主力朝卡利特瓦(Kalitva)河以东以及沿米列罗沃(Millerovo)方向进军的苏军发起了反击，同时，第7装甲掷弹兵团团长施泰因凯勒中校率领的加强团规模的战斗群在彼得洛夫斯基(Petrovskiy)建立了防御阵地。8日，施泰因凯勒的战斗群负责在卡利特瓦河东面保护装甲师主力的侧翼，第7装甲掷弹兵团2营、第25装甲团2营和一个炮兵连等单位最远曾推进到拜斯特拉亚(Bystraya)，而舒尔茨装甲营则随师主力朝着塔特辛斯卡亚(Tatsinskaya)方向迎击顿河北岸的苏军。随后10天里，第7装甲师的战场逐渐转移至顿涅茨河沿岸的卡缅斯克(Kamensk)西面，该师的左翼为第304步兵师，右翼是老搭档第6装甲师。1月20日至21日，丰克将两个装甲掷弹兵团部署在左右两翼，装甲团居中，击退了试图夺取卡缅斯克的苏军重兵。

1月29日，苏军第57和第35近卫摩托化步兵师突破了德军第19装甲师的防线，渡过克拉斯纳亚(Karasnaya)河后夺取了北顿涅茨河北面的一个铁路枢纽。随着第19装甲师撤离利西昌斯克(Lisichansk)附近的阵地，苏军第4近卫机械化军通向斯拉夫扬斯克(Slavyansk)的道路敞开了。德军不愿看到顿涅茨河前线的重要堡垒斯拉夫扬斯克落入对手手中，迅速派出第7装甲师的施泰因凯勒战斗群前去固守，命令他不惜一切代价守住城南的大桥。施泰因凯勒手下的第7装甲掷弹兵团1营在2月1日晨抵达斯拉夫扬斯克时，苏军第35近卫摩托化步兵师已切断了从哈尔科夫和伊久姆通往斯拉夫扬斯克的主干道，城南大桥上已出现了准备过桥的苏军先头部队，而城东北的塞姆诺夫卡–莫斯托瓦亚(Semnovka–Mostovaya)也被苏军占领。施泰因凯勒率部迅速反击立足未稳的苏军，不仅夺回了塞姆诺夫卡–莫斯托瓦亚，还占领了控制从东北方向进入斯拉夫扬斯克的高地。2月2日，苏军第195摩托化步兵师也从北面和南面抵达斯拉夫扬斯克。第1近卫集团军司令员库兹涅佐夫将军曾以为，凭借优势兵力夺取斯拉夫扬斯克将如探囊取物一般，没想到这里最多一个加强团规模的守军竟如此强悍，更未料到次日抵达战场的35辆德军坦克会给他制造那么多麻烦，而且小城斯拉夫扬斯克还将变成一个激战持续数周的苦涩战场。率领这批坦克赶来增援的正是舒尔茨，3日到达战场后他立即向苏军第195摩托化步兵师发起了进攻，很快将对手赶离了防御阵地。苏军见迅速夺城已无可能，从4日起开始向该地区大量增兵，第57和第38近卫摩托化步兵师、第3坦克军等都朝这里赶来，第4近卫坦克军则夺取了斯拉夫扬斯克南面的门户克拉马托尔斯卡亚(Kramatorskaya)，因而从南面切断了施泰因凯勒战斗群与其他德军的联系。第7装甲师所部把守的斯拉夫扬斯克对苏军的反攻来说是个重大障碍，同时又是德军第1装甲集团军西部防线的坚实堡垒，因而第1装甲集团军要求第40装甲军“命令第7装甲师继续坚守斯拉夫扬斯克，同时将已渡过顿涅茨河的苏军赶回去，恢复与伊久姆地区的友军的联系”[32]。第40装甲军除拥有第7装甲师外，还包括巴尔克(Hermann Balck)的第11装甲师、第333步兵师和几个土耳其营。第40装甲军要求丰克固守斯拉夫扬斯克的同时，命令巴尔克朝克拉马托尔斯卡亚和斯拉夫扬斯克靠拢。不过，巴尔克的进展并不顺利，倒是向东南方进攻的第3装甲师，成功地将苏军逼退到斯拉夫扬斯克东北。

虽然斯拉夫扬斯克守军的情形仍很紧张，但国防军战报已在2月6日迫不及待地表扬了第7装甲师，称该师“在重返东线的第1个月里，在顿涅茨盆地的作战中表现卓异，摧毁了苏军坦克236辆、反坦克炮226门、大炮59门、机枪298挺及卡车123辆，还缴获了大批可供自己使用的物资装备”。[33]第11装甲师在苏军第4近卫坦克军和第3坦克军的重兵压迫下，缓慢地朝第7装甲师靠拢，试图从南边与斯拉夫扬斯克守军建立联系。而舒尔茨装甲营也适时地向南出击，试图杀出一条走廊后与援军会合。苏军自2月8日起就固守着克拉马托尔斯卡亚及其周边，也不断地朝北面的斯拉夫扬斯克发起攻势。德军第1装甲集团军不愿弃守斯拉夫扬斯克，计划由第11和第7装甲师及党卫军“维京”师三面夹击克拉马托尔斯卡亚，但战场形势瞬息万变，苏军坦克部队出其不意地穿越了难以通行的地段后突然出现在第40装甲军左翼，结果造成了夹击计划的流产。随后，舒尔茨装甲营与第11装甲师一部组成了一个由巴尔克领衔的战斗群，打算摸到苏军后方进行突袭，逼迫对手放弃克拉马托尔斯卡亚，但由于意图被察觉，巴尔克只得放弃偷袭计划，无奈地再次与第333步兵师一起强攻克拉马托尔斯卡亚。2月15日，第1装甲集团军获

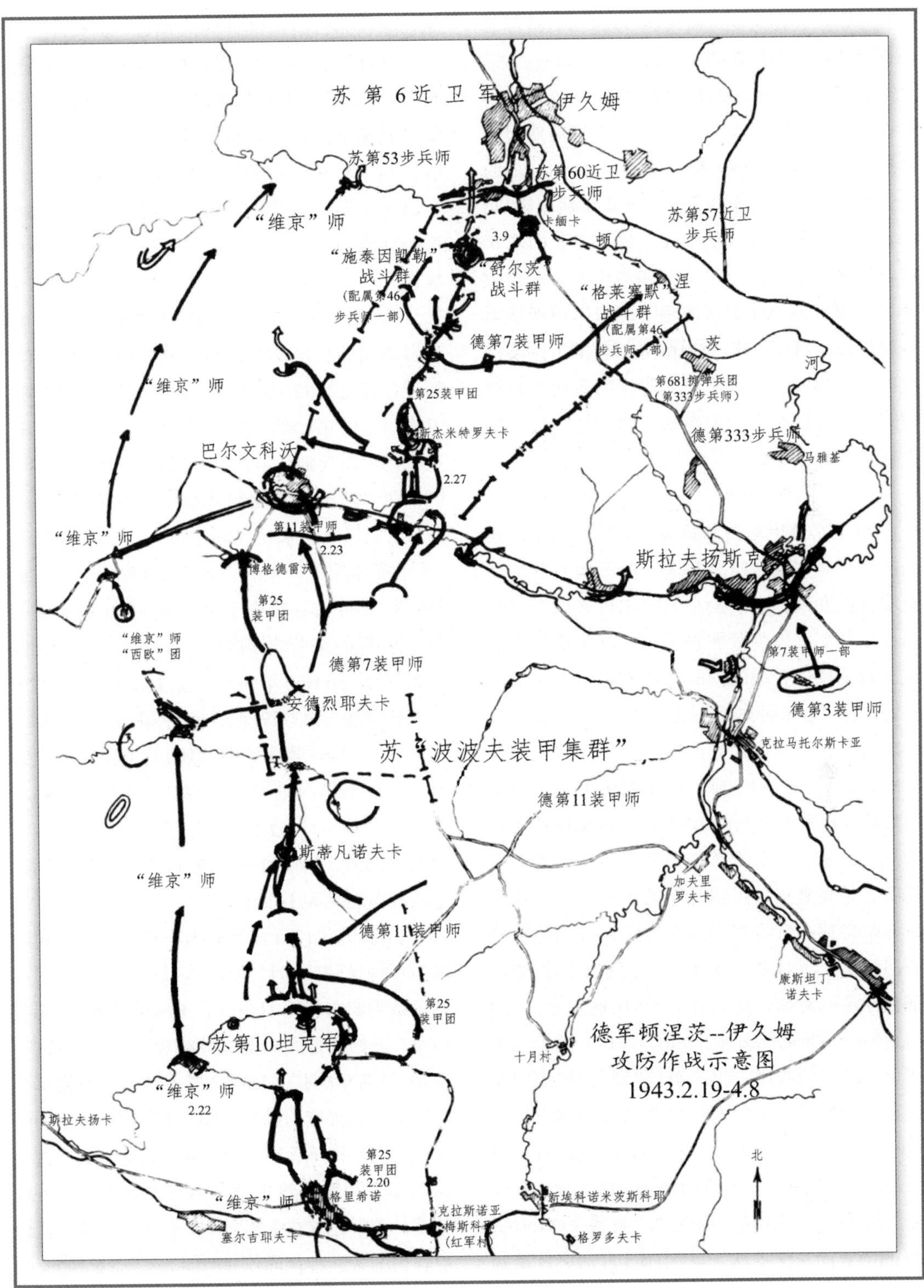

▲ *德军顿涅茨—伊久姆攻防作战示意图（1943年2月19日至4月8日）。*

准弃守斯拉夫扬斯克，第7装甲师撤出后被部署到克拉斯诺亚梅斯科耶(Krasnoarmeyskoye，即“红军村”，位于马里乌波尔(Mariupol)以北130公里，斯大林诺以西70公里)，负责打通斯大林诺至第聂伯罗彼得罗夫斯克(Dnepropetrovsk)的铁路线。18日，第7装甲师、“维京”师和第333步兵师等在能见度极低的天气掩护下，向苏军第4近卫坦克军发起了进攻，激战中舒尔茨部摧毁了11辆T-34，据信还击毙了苏军第14近卫坦克旅旅长。23日，第7装甲师等部包围了铁路枢纽巴尔文科沃，舒尔茨装甲营作为箭头在三处切断了伊久姆至斯拉夫扬斯克的铁路，最远推进到顿涅茨河河岸。

第7装甲师撤出斯拉夫扬斯克的次日(2月16日)，党卫军装甲军在苏军沃罗涅日方面军的强大压力下弃守重镇哈尔科夫，但没用多久苏军大本营就发现，血战换来的哈尔科夫这个大奖品并不是那么容易紧握在手的。舒尔茨等在前线与对手拉锯苦战的同时，曼施坦因正在部署一场史称“哈尔科夫反击战”的战役，后来的历史表明，这一反攻计划近乎完美地得以实现，苏军损失了大约52个师，德军赢得了二战期间的最后一次重大胜利。第7装甲师撤出斯拉夫扬斯克后，与党卫军所部携手进行的一系列作战其实正是曼施坦因反击计划的第一阶段，直接目标是将瓦图京将军的西南方面军分割包围并赶回顿涅茨河对岸。2月底，瓦图京所部被逼退到顿涅茨河对岸，身后留下了615辆坦克、400门大炮、9000名俘虏和23000具尸体。随着反击战第一阶段的收尾，德军第1和第4装甲集团军展开了两翼包抄沃罗涅日方面军所部和收复哈尔科夫的第二阶段作战。这个阶段的战事在3月中旬达到了高潮，“希特勒警卫旗队”师15日以高昂的代价夺回了哈尔科夫，“肯普夫(Werner Kempf)集团军级支队”也在18日占领了重镇别尔哥罗德，到这时为止苏军沃罗涅日方面军损失了4万余人、600辆坦克和500门大炮。曼施坦因原计划在第三阶段继续向北推进，消灭库尔斯克一带的苏军的同时，寻求与中央集团军群所部的会合。但是，随着初春泥泞季节的到来，曾经坚实的冻土路面无法再支撑装甲车辆，第三阶段也因之无法完成。激战结束时，苏军据守着一个以库尔斯克为中心，宽100英里、纵深70英里的突出部，这就是几个月后库尔斯克会战的战场。

3月初至4月初，第7装甲师的主战场位于伊久姆南面的顿涅茨河沿岸，其左翼为“维京”师，右翼是第333步兵师，面对的是苏军第6近卫集团军的第53摩托化步兵师和第57、第60近卫摩托化步兵师。第7装甲师自身分成三个战斗群，即“施泰因凯勒战斗群”、“舒尔茨战斗群”以及以格莱塞默(Wolfgang Glaesemer)的第6装甲掷弹兵团为主的“格莱塞默战斗群”。此外，第7装甲师还得到了第46步兵师的反坦克营和掷弹兵团1个营的增援。3月10日，“施泰因凯勒战斗群”遭到苏军的大规模攻击，连绵不绝的炮火和空袭一度切断了第7装甲师三个战斗群之间的联系。第7装甲掷弹兵团1营的防线被突破时，舒尔茨第一时间率领装甲战斗群驰援陷入苦战的步兵，3天激战后恢复了双方沿顿涅茨河对峙的局面，据说舒尔茨战斗群摧毁了100辆以上的苏军坦克和不少大炮。[34]

舒尔茨在4月1日晋升为中校，当月中旬时随装甲师调往哈尔科夫以南区域。第7装甲师在这里被划归布赖特(Hermann Breith)将军的第3装甲军，开始进行战地重组和为库尔斯克会战进行准备。5月至6月，包括第7装甲师在内的德军各部进行了大强度的进攻训练，用布赖特战后的话来说，这些训练旨在“更紧密地融合参战各部，帮助军官和军士熟悉进攻中或许会遭遇的各种情况，重中之重在于提高个人射术、改进包括坦克在内的各兵种协同作战的能力”[35]。第7装甲师重点演练了战场火力与部队运动的有机协同，训练步兵学会善用炮火和重武器弹幕射击的效果，而舒尔茨装甲团不仅参与了步炮合练，还与俯冲轰炸机部队进行了协同作战的实弹演习，舒尔茨本人更是格外用心训练所部与第3装甲军直属的第503重装甲营的战术配合。

在库尔斯克会战中，第3装甲军所在的"肯普夫集团军级支队"是南翼德军的一部分，肯普夫麾下除第3装甲军外还有第11和第42军，主要任务是掩护南翼主攻力量第4装甲集团军的右翼。为保护从别尔哥罗德西面扑向奥博扬(Oboyan)的党卫军第2装甲军侧翼，第3装甲军被部署在党卫军的右翼，负责从别尔哥罗德附近朝东北方的克罗恰(Korocha)推进，将以机动战方式歼灭预期从东面和北面赶来的苏军。布赖特的手下各部中，右翼的第7装甲师(87辆参战坦克)位于索洛米娜(Solomina)，居中的第19装甲师(70辆参战坦克)位于别尔哥罗德东南，左翼的第6装甲师(86辆参战坦克)则被部署在第168步兵师背后，负责以其重武器和炮火支援该师扩大顿涅茨河桥头堡的作战。

7月5日子夜后不久，德军炮兵和重武器向苏军前沿进行了短促的弹幕射击，之后开始了向东跨越顿涅茨河的作战。早有准备的苏军以同样猛烈的炮火和顽强的防御扼杀了德军第168步兵师扩大桥头堡的所有努力，第6装甲师当日上午根本无法渡过顿涅茨河；别尔哥罗德东南的第19装甲师在雷场密布的森林边缘和困难地形中进退维艰，还有相当多的坦克被炸毁；只有右翼的第7装甲师取得了较大进展，步兵渡河成功后迅速建立了桥头堡，舒尔茨装甲团也在当日下午6时完成了渡河。第6装甲掷弹兵团的一名军官曾回忆说："……我们忠实的帮手——装甲兵还需要一段时间才能赶来接过攻击矛头的重任。整整1小时里就我们自己在最前沿，这时身后传来了隆隆的响声，我们都跳了起来，看到的是一幅壮观的景象——钢铁巨兽的长长队列正向我们开来。坐在指挥坦克上的正是'装甲舒尔茨'。我们顿时热情高涨，所有疲惫刹那间都消失得无影无踪了。坦克编队到达阵地后停了下来，舒尔茨中校对于未能早点赶来帮忙表示了歉意——他得等到浮桥建好才能渡河，他特意赞扬了我们的攻击性。之后他带着装甲兵们向前冲去了。"[36]

5日下午，布赖特决定把第6装甲师从别尔哥罗德附近调到第7装甲师战区，从后者架设的足以承重60吨的渡桥上过河，同时还将第168步兵师大部调至第19装甲师方向。6日清晨，第3装甲军完成了重新部署，但第19装甲师和第168步兵师在别尔哥罗德东面的进展还是相当迟缓。第7装甲师当日的任务是取道亚斯特列博沃(Yastrebovo)进攻梅利霍沃(Melikhovo)，担任装甲矛头的是舒尔茨装甲团和配属的第503重装甲营3连，他们在拉祖姆诺耶(Razumnoye)至克鲁托伊罗格(Krutoy Log)之间的地域，先是顺利击溃了苏军第78近卫步兵师的1个步兵团和1个反坦克营，而后被第73近卫步兵师挡住了去路。这支苏军在第167和第262坦克团、第1438自行火炮团的支援下，[37]顽强地打退了第7装甲师的多次正面进攻。下午晚些时候，第6装甲师的第11装甲团在奥佩恩-布罗尼科夫斯基 (Hermann von Oppeln-Bronikowski)上校的率领下，立即像压路机一样席卷了一个苏军步兵团的防线，而后占据了前述苏军2个坦克团之间的关键高地。不过，苏军第73近卫步兵师后撤重组防线后，不仅不再退却，反而发动了反攻。奥佩恩-布罗尼科夫斯基战后曾称此战是他本人经历过的最惨烈的战斗："……我们(第11和第25)2个装甲团突破了苏军的两道防御阵地。炮弹的爆炸声像夏日惊雷般震耳欲聋。我们密集的炮火很快摧毁了苏军工事和地堡，几次齐射也铲平了反坦克炮阵地。不过我们也有几辆误入雷区的坦克被炸毁，还有几辆被反坦克炮摧毁。然而，我们总算从正面撕开了苏军的纵深防线。而后，苏军投入了很多来自于精锐的第2近卫坦克军和第3机械化军的坦克。我团6连和8连在装甲老手贝克博士(Franz Bäke)的第503重装甲营支援下，与右翼的舒尔茨装甲团建立了联系。我团摧毁了对手7辆坦克、10门反坦克炮及大批野战炮，而贝克本人又亲手干掉了1辆T-34……”[38]在第11装甲团右翼作战的舒尔茨，像往常一样出现在最前方，指挥III号、IV号和虎式坦克向业已判明的苏军坦克集结地扑去。夜幕降临时，舒尔茨所部已摧毁了34辆T-34。虽然2个装甲团合力摧毁了不少坦克和大炮，但正如奥佩恩-布罗尼科夫斯基所言，苏军投入了强大的坦克预备队，第7装甲师的侧翼也受到对手的不断攻击(苏军还投入了时所罕见的“斯大林”重型坦克)，而且在突击正面上的苏军第73近卫步兵师还依托地利建起了牢固的防线。由于担心自己这个矛头的进攻受阻影响整个集团军的推进，舒尔茨在与第11装甲团建立联系后，决定当夜再度强攻对手的防线。他把第503重装甲营3连调到正面佯攻，自己则利用夜色掩护杀到对手侧后方及其炮兵阵地附近。这种夹击战术很快击溃了腹背受敌的苏军，为第3装甲军的继续推进立下了头功。

7日，舒尔茨在第6装甲掷弹兵团的配合下夺取了米亚索耶多沃(Myasoyedovo)，而第6装甲师因受困于山地密林仍在亚斯特列博沃附近踟蹰难行。鉴于第19装甲师和第168步兵师仍无法突破别尔哥罗德附近的防线，布赖特决定集中第6和第7装甲师的力量杀个回马枪，自东向西进攻别尔哥罗德周边的苏军第7近卫集团军。就在第7装甲师准备进攻的同时，苏军在8日发起了强力反攻，第7装甲师随即转入守势和进行机动防御。由于本应保护第3装甲军右翼的第11军被对手拖住，第7装甲师还得分兵在拉祖姆诺耶以东保护全军的右翼，直到10日夜第198步兵师赶来接防为止。这两天，第6和第19装甲师终于在别尔哥罗德地区取得了重大成功，除歼灭了第7近卫集团军的两个步兵师，迫使其余部东撤外，还控制了别尔哥罗德至克罗恰的补给公路。11日下午，第3装甲军沿拉祖姆诺耶河两岸发起了新攻势，西岸的第6装甲师负责向施利亚科沃(Schliachovo)发起中路主攻，居左的第19装甲师在保护前者侧翼的同时负责向萨维尔斯科耶(Saverskoye)推进，东岸的第7装甲师则在米亚索耶多沃消灭了相当数量的苏军，舒尔茨装甲团最远曾推进到沙伊诺(Scheino)。布赖特战后曾称：“第7装甲师11日在沙伊诺附近的成功是一次大胜，此后装甲军东翼的前线完全平静下来，敌军遭受了重大损失。”第11军的步兵师接防沙伊诺后，第7装甲师于12日赶到拉祖姆诺耶河西岸的卡扎切(Kazache)，准备与第6和第19装甲师一起向普洛霍罗夫卡(Prokhorovka)方向推进。

7月13日，舒尔茨率部渡过了萨维尔斯科耶—顿涅茨河后建立了一座桥头堡，但在次日凌晨，苏军通过反击包围了德军第6装甲掷弹兵团一部，大批坦克也正朝这个包围圈驶来。舒尔茨闻讯后立即率领12辆坦克前去救援。在森林边缘的一座农舍附近，舒尔茨借助晨曦发现了对手坦克的轮廓，他命令手下向农舍开炮，结果从燃起的火焰中看到了更多的T-34。舒尔茨不愿恋战，命令坦克编队右转并沿着河岸行驶，发现2辆T-34正朝他的方位转动炮塔后，赶紧命令手下开火摧毁对手。赶去救援步兵的途中，舒尔茨又遭遇了另一批防范不足的苏军坦克，双方短促交火后苏军匆忙撤离。就在追击对手时，坦克前方不远处的大片草丛中突然站起了苦苦待援的装甲掷弹兵，“是舒尔茨！装甲舒尔茨救我们来了！”这样的欢呼声很快传遍了德军的藏身处。舒尔茨命令下属的坦克继续追击，以求为眼前的步兵们赢得宽裕一点的喘息空间。的确，舒尔茨无论走到哪里都能给装甲兵和步兵带来信心，进攻中他率先垂范、勇猛拼杀，防守中又以机动灵活和意志顽强给官兵带来安全感，即便被切断时官兵们也相信舒尔茨会赶来为他们解围。舒尔茨在14日所做的并不只是解救被围的步兵，他还率领装甲战斗群与第6装甲师一起挫败了苏军的反攻，摧毁了相当多的坦克。

▲ 摄于1943年6月21日，库尔斯克会战打响前，舒尔茨中校率领装甲团进行了一系列演习训练。图中他正与1辆坦克的乘员交谈，左侧是1辆III号坦克的装甲护裙。

▲ 另一张摄于库尔斯克会战前的照片，背景是1辆III号坦克。

▼ 摄于1943年6月，舒尔茨(左三身着迷彩服者)正与军官们交谈。

▲ 摄于1943年6月21日，练兵场上的舒尔茨。

▲ 摄于1943年7月,库尔斯克战场上的第503重装甲营的虎式坦克及其他装甲车辆。

▲ 摄于1943年7月,舒尔茨装甲团的IV号坦克在库尔斯克战场上。

▲ 摄于1943年7月的库尔斯克战场，德军机枪手正紧张地等待着苏军即将发起的进攻，图中的武器是射速达每分钟800至900发子弹的MG34机枪。

▲ 摄于1943年6月21日，舒尔茨(左)身后是第503重装甲营3连的虎式坦克。

▲ 摄于1943年8月，舒尔茨以其在库尔斯克会战中的表现和战功于8月6日获颁第33枚双剑骑士勋章。

库尔斯克激战正酣时，苏军西方面军和布良斯克方面军在奥廖尔地域发起了大规模反攻，对北翼的莫德尔第9集团军的后方构成了重大威胁，曼施坦因自己的右翼也出现了苏军准备发动大规模进攻的诸多迹象，再加上对西西里岛和意大利战场整体局势的忧虑，希特勒在17日下达了中止库尔斯克会战的命令。其实，第7装甲师在15日与党卫军"帝国"师建立联系后就已奉命停止进攻。该师随即与第503重装甲营及多数炮兵部队一起调离第3装甲军。21日，第7装甲师开往鲍里索夫卡-格雷沃诺(Borissovka-Grayvonon)附近，成为南方集团军群的预备队。布赖特战后曾总结过第3装甲军在7月5日至15日期间所谓的战果——消灭了3个步兵师、1个步兵旅和3个坦克旅，重创了4个步兵师和1个坦克团，俘敌1万人，缴获了334辆坦克、429具反坦克炮和101门大炮等。[39]如果他的数字大致准确的话，那么第7装甲师所做的贡献恐怕不在少数。不过，第7装甲师自身的损失也可谓不菲，舒尔茨装甲团到进攻停止时仅剩15辆坦克，第6和第7两个掷弹兵团只剩不足3营的人马，师长丰克在8月1日提交的报告中称："全师损失了约100名军官、2600名军士与士兵。"[40]

1943年8月6日，舒尔茨因库尔斯克之战中的表现和战功获颁第33枚双剑骑士勋章。作为陆军第8位获此殊荣的军人，"装甲舒尔茨"已是一颗冉冉升起的战星。

战星陨落："独一无二的装甲兵舒尔茨"

1943年8月初，别尔哥罗德和奥廖尔被苏军相继克复，哈尔科夫虽仍在德军手中，但第4装甲集团军与"肯普夫集团军级支队"的结合部已被捅开了宽达50公里的缺口，通往第聂伯河的道路第一次向苏军敞开了。第7、第11、第19装甲师以及"大德意志"装甲掷弹兵师和几支步兵师败退到哈尔科夫西北的苏梅-阿赫特尔卡(Sumy-Akhtyrka)地区后，暂时挡住了苏军奔向第聂伯河的去路。防线趋稳之际，霍特把第4装甲集团军剩下的坦克和突击炮重组为一个突击装甲集群，由第24装甲军军部指挥，从阿赫特尔卡出发向东南方发动反攻，旨在铲除苏军沃罗涅日方面军所部形成的突出部，进而解除对手对波尔塔瓦(Poltava)的直接威胁。第7装甲师、"大德意志"师、第10装甲掷弹兵师以及若干独立重装甲营或突击炮营构成了反击的主体，其中第7装甲师的任务是保障阿赫特尔卡的安全和掩护反击主力"大德意志"师的侧翼。德军的反击在8月18日清晨按时发起，但第7装甲师师长丰克已不能再指挥部队——3日前，他在阿赫特尔卡病倒，军医要求他立即回国治病。第6装甲掷弹兵团团长格莱塞默上校被任命为代理师长，舒尔茨带着10余辆尚能参战的坦克在GD师的北翼同步推进。8月20日，曼陀菲尔少将成为第7装甲师短暂历史上的第4任师长。

此后近1个月，南方德军最主要的任务变成了如何避免被围和保全自己。9月18日，曼施坦因获准将危在旦夕的南方德军全线撤往第聂伯河左岸——在他身后苦苦相逼的是占苏军全部军力40%的步兵和84%的坦克部队！第7装甲师此时隶属于第8集团军麾下的第48装甲军，在克列缅丘格渡过第聂伯河之后，曼陀菲尔奉命率部北上，与第20装甲掷弹兵师一起铲除苏军在基辅东南的布克林(Buklin)建立的桥头堡。舒尔茨装甲团和支援步兵与对手激战了数日，虽始终无法铲除实力大增的桥头堡，但苏军试图从桥头堡突破而出的所有尝试，都在德军的严防死守下无功而返。10月的最初几日，第7和第8装甲师被划归第59军指挥，在普里皮亚季河与第聂伯河交汇处试图铲除苏军建立的切尔诺贝利(Chernobyl)桥头堡。由于切尔诺贝利周边是德军中央和南方集团军群的结合部，为铲除苏军建起的危险的桥头堡，中央集团军群在北面投入了4个装甲师的重兵，南方集团军群则在南面派出了第7、第8装甲师和第59军的3个步兵师。这场鲜为人知的战事从10月3日一直延续到14日，不过，第7装甲师在10日即奉命脱离战场，南下挡住苏军在另一桥头堡的突破尝试。10月剩下的日子里，舒尔茨带着为数不多的坦克转战于第聂伯河与捷捷列夫(Teterev)河之间，扮演着步兵防线上的“消防队”角色。

11月3日，刚在两天前晋为上校的舒尔茨，奉命率领装甲团急赴基辅北面的村庄柳捷日(Lyutezh)，任务是与其他部队一起堵住苏军6个步兵师和1个坦克军在此发起的大规模攻势。4日下午，沃罗涅日方面军统帅瓦图京投入了第3近卫坦克集团军和第1近卫骑兵军，数百辆苏军坦克沿着步兵从德军前沿杀开的血路，如出笼猛虎般在夜色中上阵了。第7装甲师以舒尔茨装甲团为主组织的装甲战斗群虽然发起了多次反扑，但在苏军压倒性的优势下，不仅无法阻挡其高速推进，自身也被挤压着朝日托米尔撤去。随后10日里，南方集团军群北翼的局势十分危险，基辅在6日失守，重镇法斯托夫(Fastov)于7日清晨告陷，日托米尔至北面的科罗斯坚(Korosten)的铁路被切断，日托米尔本身也在13日被攻克。为扭转危局，曼施坦因准备在日托米尔—法斯托夫地区集结多支装甲师进行反击，他成功说服了希特勒把第1装甲师和党卫军第1“希特勒警卫旗队”装甲师改派至最危急的基辅战场。预计投入反击的装甲部队从8日起开始在法斯托夫南面集结，除前述两个刚完成休整和重新装备的“第一师”外，还包括第7、第8、第19和第25装甲师等。德军参战各装甲师合计拥有坦克与突击炮900余辆，除正在进行短期修理的以外，能即刻参战的也有近400辆。曼陀菲尔所部实力稍逊，11月9日至14日接收了20辆IV号坦克后，才使舒尔茨装甲团的坦克数量达到33辆，可实际参战的恐怕只有这20辆新到的坦克了。具体指挥反击战的任务交给了巴尔克，日前伤愈归队的他原本出任第40装甲军军长，在战前拜会曼施坦因时，才意外得知自己被改派至第48装甲军任军长。

巴尔克装甲军的任务是先夺回日托米尔，待防线连成一体、消灭或重创了对手的主力后，再伺机清除整个基辅突出部的苏军。巴尔克把第25装甲师和党卫军“帝国”师的装甲战斗群部署在右翼，第7装甲师和第68步兵师居左，第1装甲师和“希特勒警卫旗队”师则负责中路主攻，此外还有其他一些部队保持对日托米尔守军的包围态势。德军攻势在11月15日发起，两天后第7装甲师攻占了日托米尔以东12公里处的列夫科夫(Levkoff)，“希特勒警卫旗队”师切断了日托米尔往东通向基辅的铁路和公路，之后开始面朝东方警戒对手的援军，而第1装甲师在同日抵达铁路线后也开始由西向东逼近日托米尔。18日的多数时间里，第7装甲师都在试图突破日托米尔东南的苏军防御阵地，但苏军第60集团军所部的顽强抵抗还是令曼陀菲尔一筹莫展。当日下午2点，曼陀菲尔与舒尔茨协商后决定，由他自己率主力继续在日托米尔东南进攻，舒尔茨则率领一个小战斗群先向北推进，到达公路和铁路线后再由东向西逼近日托米尔。舒尔茨带着第2装甲营一个连的6辆坦克和少许装甲掷弹兵按计划出发了，接近公路时他命令属下先隐身于附近的森林边缘进行观察，结果发现一支苏军补给车队正向日托米尔东郊开来，其中还有几辆是油车。舒尔茨率队迅速向对手发起了突袭，猝不及防的补给车队中有数辆立即中弹起火爆炸，很快便将这段原本尚可通行的公路堵死。消灭了这些容易的猎物后，舒尔茨等7辆坦克旋转90度后继续逼近日托米尔东郊。不久，日托米尔至基辅铁路的路基出现在他们面前，就在这时，苏军重型反坦克炮发射的炮弹在舒尔茨等人附近爆炸，未等他们有所反应，另一发炮弹准确命中了舒尔茨手下的一辆坦克，造成坦克自身的弹药被引爆。舒尔茨命令下属开入靠近路基的果园隐蔽，由于对手的反坦克阵地方位不明，舒尔茨思索了一下后指示一辆坦克翻越路基，其他坦克各自寻找最佳的出发位置。就在那辆德军坦克越过路基并沿坡而下时，苏军重型反坦克炮又一次开火了，不过未能命中目标，反将自己的方位暴露出来了——它的命运可想而知。舒尔茨率几辆坦克翻过路基后横冲直撞地撞倒了路基另一侧高高的护栏，将隐伏在此的几门重型反坦克炮都碾成了废铁，还俘虏了一些正在庆贺胜利而酩酊大醉的苏军士兵。

曼陀菲尔战后曾忆述过当日傍晚时分的战况："……11月18日，一整天我都在试图突入日托米尔，但无法在敌军防线上找到明显的弱点……大约天黑前1小时我收到无线电呼叫，要我迅速赶到舒尔茨上校那里。这可真是不同寻常——2小时前我们刚在师部碰过头，很担心他发生了什么意外。当我赶到舒尔茨那里后，得知他在向日托米尔推进的途中，在一处反坦克炮阵地附近撞见了一些醉醺醺的苏军士兵。这个消息无疑提醒我要立即行动，于是我马上命令各部攻城……我还发出了这样一条讯息：'圣诞礼物正在日托米尔等着我们！'我和舒尔茨带着6辆坦克、约100名装甲掷弹兵乘着夜色逼近了日托米尔城。舒尔茨挺立在坦克编队的最前方。我们的每辆坦克都与装甲掷弹兵们密切合作，在堪称典范的团队努力下，我们这个小战斗群沿着一条条街区逐渐向市中心推进。我们出发的时间是18日傍晚5点，到19日凌晨3点时终于突破了苏军最顽强的防御阵地，开始清理城中的零星抵抗。装甲掷弹兵与坦克乘员们十足的冲劲直到今日仍留给我在整个战争期间最深的印象。舒尔茨与我最后一起徒步前进，时至今日我依然记得他不停地握我的手，显然每个人做到的每样事情都令他激动不已。"[41]

尽管曼施坦因在《失去的胜利》一书中只用了一句话提及日托米尔被第48装甲军攻陷，甚至都没有提到第7装甲师和立下头功的舒尔茨，但此战确为舒尔茨和曼陀菲尔这级指挥官的一次重大胜利——日托米尔的易主迫使苏军第60集团军向北面和东面撤退。更重要的是，这场睽违已久的胜利无疑为"以撤退为主旋律"的南方集团军群注入了一针强心剂。曼陀菲尔因此战功获得了第332枚橡叶骑士勋章，还被称为"日托米尔雄狮"——如果说他配得上这个称号的话，那么舒尔茨理所当然的就是那只"头狼"。曼陀菲尔是个绝不贪功的优秀指挥官，他充分地认可舒尔茨这位装甲团长的指挥水准、应变能力和判断力，在20日发给全师官兵的命令中他高度称颂了舒尔茨的战功，还在接受国防军宣传队采访时如此说道："最优秀的指挥官舒尔茨率领装甲团始终站在攻击大潮的最前端，他以无与伦比的勇猛和献身精神，鼓舞并支援着我们的装甲掷弹兵、炮兵和通信兵……他是所有官兵的楷模，我对他及第25装甲团的感激是无法用语言表达的。"曼陀菲尔所做的还不止这些，他已向上级正式推荐授予舒尔茨钻石骑士勋章这一最高荣誉。

日托米尔的硝烟尚未散尽，第48装甲军于20日又在日托米尔以东40公里的布鲁希洛夫(Brussilov)周边发起了进攻，以围歼苏军第5、第8近卫坦克军及第1近卫骑兵军所部为目标。按照巴尔克的部署，"希特勒警卫旗队"师负责主攻，将由西向东朝布鲁希洛夫展开正面攻势；第19和第1装甲师以在布鲁希洛夫以东会师并合围对手为目标；第7装甲师则在北面负责沿着捷捷列夫河右岸保护进攻部队的侧翼。23日至25日，第7装甲师在"帝国"师装甲战斗群的协助下，在拉多梅什利(Radomyshl)东南的一系列攻势中消灭了相当数量的苏军。而其他几路德军也在布鲁希洛夫取得了毙敌3000余人、俘虏数千、摧毁坦克150余辆和反坦克炮250门的不俗战果。日托米尔和布鲁希洛夫的接连失败，引起了斯大林对第1乌克兰方面军统帅瓦图京的强烈不满，后者迫于压力开始积聚力量和准备反击，但在局势有所改善之前，瓦图京还要再遭受一次重击。12月6日至15日，巴尔克指挥第68步兵师、第1和第7装甲师及

“希特勒警卫旗队”师，在拉多梅什利周边再次重创了苏军第60集团军，曼陀菲尔所部在此战中被赋予向苏军后方的马林(Malin)推进的重任，第48装甲军参谋长梅林津战后曾称第7装甲师是德军“取胜的一手王牌”。

12月14日，就在拉多梅什利之战以德军的胜利告终时，元首大本营宣布舒尔茨获得了第9枚钻石骑士勋章，他也成为陆军继隆美尔之后的第2位钻石骑士。曼施坦因元帅当天向驻守马林桥头堡的第7装甲师发来贺电，声称：“我代表集团军群所有官兵向舒尔茨上校表示衷心的祝贺，我们所有人都以这位杰出的军官为荣。”[42]一时间，舒尔茨成了德军的明星和受人膜拜的英雄，但大出风头显然不是他的风格，一贯处事低调、不喜张扬的舒尔茨对战地记者的采访是能推就推、能躲则躲，最后虽接受了著名记者梅格莱因(Heinz Maegerlein)的采访，但竟把施泰因凯勒上校弄来作陪，舒尔茨在此方面与风头劲扬的隆美尔元帅可谓有着天壤之别。舒尔茨更愿在前线与装甲兵和掷弹兵们待在一起，或者一个人抽支烟、静静地看书。装甲兵们也深为自己有这样的领路人感到庆幸，舒尔茨赢得的光环与桂冠令他们能跻身于精英群体而自豪，他一贯舍生忘死的作风是他们师法的榜样，他在战场上的机智灵活是他们幸存的保证，他的关怀体贴更使他们能时时感到家庭的温暖。多次被装甲团营救的掷弹兵们更是念念不忘他们的“装甲舒尔茨”——当舒尔茨次日到配属于装甲团的掷弹兵连视察时，有普通战士高举着大块硬纸板欢迎他，只见上面书写着一排大字：“衷心祝贺我们的荣誉掷弹兵——舒尔茨上校！”[43]

1944年圣诞节的前一天，日托米尔之战的功臣曼陀菲尔应邀前往狼穴大本营与希特勒共度圣诞，元首除了赠与曼陀菲尔50辆崭新的坦克外，还任命他出任国防军精锐的“大德意志”装甲掷弹兵师师长，委托他将该师建成战斗力

▲ 第7装甲师东线作战路线示意图（1943年1月至1944年7月）。

▲ 约摄于1943年10月末或11月初，舒尔茨与第7装甲掷弹兵团团长施泰因凯勒在一起。

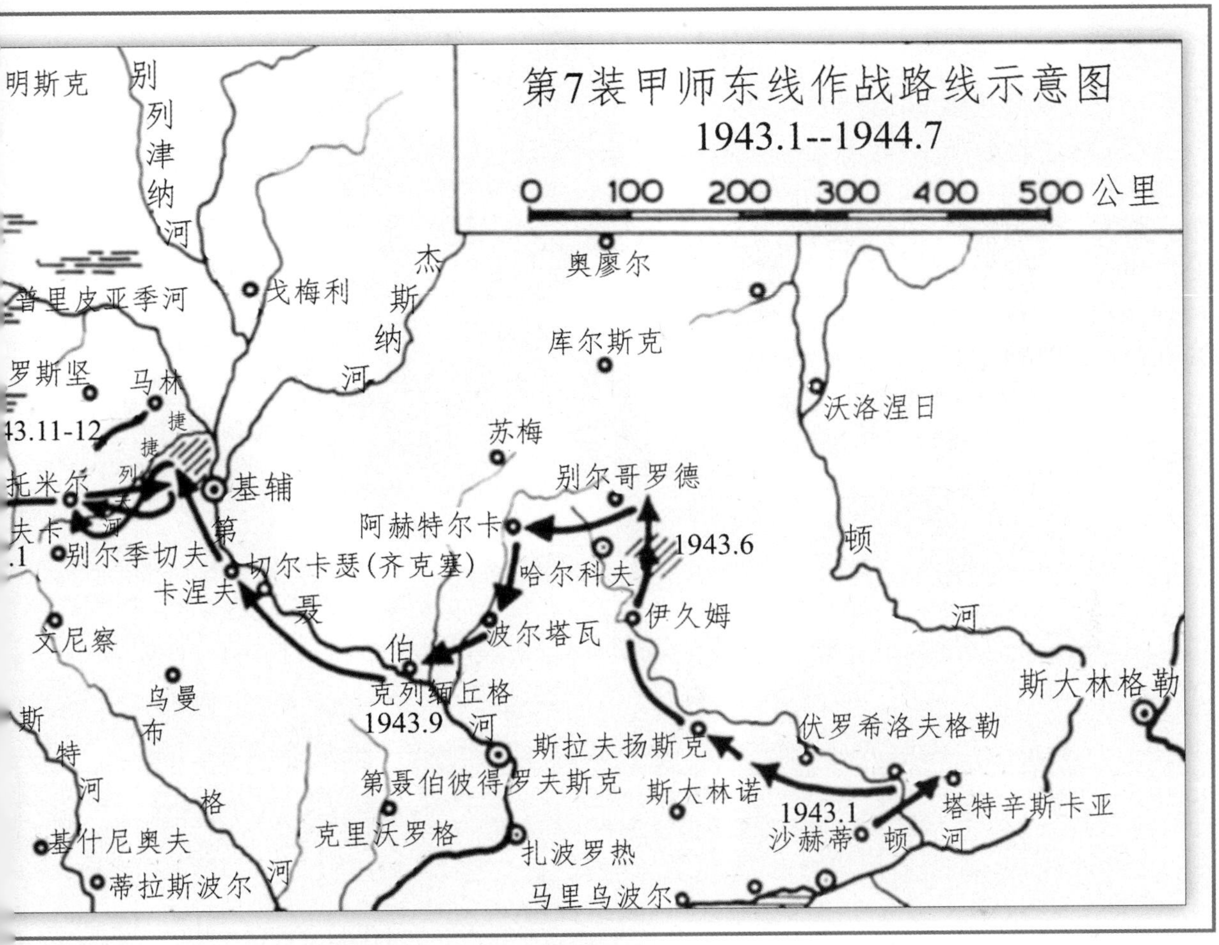

▲ 摄于1943年冬的基辅突出部反击战期间，舒尔茨上校正与下属交谈。

▲ 摄于1943年11中下旬的基辅突出部反击战期间，第7装甲师师长曼陀菲尔少将(前排右三)正与装甲团团长舒尔茨(右四面对镜头者)等在听取汇报。

▲ 摄于1943年12月中旬，舒尔茨获得德军第9枚钻石骑士勋章后接受随军记者采访时的场景。图中中立者为施泰因凯勒，右一低头吸烟者为舒尔茨，他似乎相当紧张窘迫，左一为著名战地记者梅格莱因，他曾在1936年的柏林奥运会上担任过播音员。

▶ 摄于1943年12月8日清晨的马林桥头堡，本图汇集了第7装甲师的几位重要军官，从左至右依次为霍恩泽中尉(Gerhard Hohensee)，曼陀菲尔，首席作战参谋军官布莱肯中校(Otto-Heinrich Bleicken，部分被曼陀菲尔遮挡)，舒尔茨上校，施泰因凯勒上校。施泰因凯勒于1944年1月10日离开第7装甲师，数月后升任“统帅堂”装甲掷弹兵师少将师长，1944年6月在苏军夏季攻势中被俘。布莱肯中校在二战结束前为“大德意志”装甲军上校参谋长。霍恩泽战后曾任第7装甲师老兵协会主席。

▶ 摄于1943年11月19日，德军第7和第1装甲师协力攻克了日托米尔，图为德军装甲掷弹兵和装甲车进入日托米尔时的场面。

▲ 另一张反映舒尔茨接受战地记者梅格莱因采访的照片。从舒尔茨静静倾听的表情来看，似乎获得最高战功勋章的是右一的施泰因凯勒上校。

▲ 摄于1943年12月中旬，当舒尔茨获颁钻石骑士勋章的消息传到第7装甲师时，他手下的官兵纷纷向他表示祝贺，曼施坦因元帅也发来了贺电。

▲ 摄于1943年11月19日，日托米尔城中的德军士兵、苏军战俘和当地的孩子。

▲摄于1944年1月9日，舒尔茨少将当日在狼穴大本营领受了钻石骑士勋章。

◀摄于1944年1月13日，舒尔茨向第25装甲团2营的塔勒尔(Andreas Thaler)上尉颁授骑士勋章的场景。根据有关资料，这张图片应摄于巴伐利亚的埃朗根(Erlangen)装甲兵学校，授勋仪式为何会在埃朗根进行的原因不十分清楚，有可能是塔勒尔正在这里接受豹式坦克训练，而舒尔茨则在造访了纽伦堡之后，顺路赶到这里为塔勒尔授勋。

▲ 摄于1944年1月，舒尔茨在狼穴大本营领受钻石骑士勋章后应邀造访纽伦堡，图为他在地方高官的陪同下检阅部队和向民众致意的场景。从左至右依次为步兵将军维克托林(Mauritz von Wiktorin，驻纽伦堡的第13军区指挥官)、纽伦堡纳粹党领袖霍尔茨(Karl Holz)、舒尔茨、纽伦堡党卫队兼警察首脑马丁(Benno Martin)。

◀ 第9位钻石骑士勋章获得者舒尔茨少将获勋后拍摄的标准照。

▲ 约摄于1943年12月底，苏军第1乌克兰方面军在圣诞日发起了浩大的反攻，以无可阻挡的势头在12月31日收复了日托米尔。图为德军在撤离前将日托米尔付之一炬的场景。

◀ 摄于1944年1月13日的埃朗根，舒尔茨与刚获骑士勋章的塔勒尔上尉。

最强大的模范装甲师。此外，曼陀菲尔推荐由舒尔茨接任第7装甲师师长，也得到了希特勒的首肯。曼陀菲尔在狼穴享受难得的轻松时刻的同时，瓦图京第1乌克兰方面军以空前强大的力量，沿着基辅—日托米尔公路及法斯托夫—卡扎京(Kazatin)铁路，向德军第4装甲集团军发起了战史上有名的“日托米尔—别尔季切夫战役”。德军第24装甲军首先被击溃，尚在梅列尼(Meleni)一带的巴尔克第48装甲军奉命紧急南下，前往日托米尔周边阻击苏军第1和第3近卫坦克集团军的快速推进。尽管百般努力，第4装甲集团军乃至整个南方集团军群的北翼还是迅速地滑向灾难的深渊——科罗斯坚29日被攻克，卡扎京30日失守，日托米尔31日易主，别尔季切夫则在1944年1月5日被苏军收复。德军各部纷纷后撤，第7装甲师也在1月2日从别尔季切夫西撤，8日时进入铁路枢纽瑟柏托夫卡(Shepetovka)东南布防。

1月9日，已在1944年元旦晋为少将的舒尔茨乘专机飞往东普鲁士，在狼穴大本营的授勋仪式上从希特勒手中接过了钻石骑士勋章。之后，他应第13军区指挥官维克托林(Mauritz von Wiktorin)将军的邀请访问了巴伐利亚的纽伦堡，受到了驻军、市民和当地纳粹组织的热烈欢迎。13日，舒尔茨顺便造访位于埃朗根的装甲兵学校，为第7装甲师2营的塔勒尔上尉颁发了骑士勋章。

1月26日，曼陀菲尔正式将指挥权移交给舒尔茨，然后乘飞机前往正在第聂伯河下游基洛夫格勒作战的“大德意志”师上任。次日，沉寂数日的苏军在萨尔内(Sarny)和瑟柏托夫卡之间发起了新攻势，但在舒尔茨有条不紊的领导下，第7装甲师击退了对手的进攻，防区内一切都显得井井有条。但谁又能料到，军旅生涯似将一帆风顺的耀眼战星舒尔茨，在执掌“幽灵之师”仅仅2天后就于28日流星般地陨落了。

28日凌晨，略显发福的舒尔茨信步走出师部，准备赶到所属各部的前沿进行巡视。他边走边向已做好出发准备的参谋随从们还礼致意，而后敏捷地登上了1辆改装的八轮无线电指挥车。舒尔茨身着常穿的那件改制过的迷彩服，在炮塔上伫立片刻，抬头望了望昏暗的天色，还有那仍在扑簌簌飘落的雪花，然后右臂向前一挥，指挥车带着几辆装甲车很快便消失在黎明前的昏暗中。舒尔茨一行在积雪覆盖的路面和木排铺就的简易道路上跋涉了几个小时，赶到前沿指挥部时，发现已有部分苏军在坦克的支援下从东面渗入了瑟柏托夫卡。承担正面防御的步兵团被赶离了阵地，而苏军还正在瑟柏托夫卡的南北两面继续进攻。舒尔茨略作思考，然后命令第25装甲团团长托默(Thome，名字不详)中校带领一些坦克帮助步兵消灭突入瑟柏托夫卡的苏军；同时，以第7和第6装甲掷弹兵团为主体组成南北两个突击集群进行反击。布置完成后，舒尔茨带着几辆坦克、装甲车和20毫米自行高射炮组成的小战斗群抄近路赶往瑟柏托夫卡城，途径第7装甲掷弹兵团团部时，他获悉装甲团正帮助步兵夺回失去的阵地，已摧毁10辆坦克并在追逐逃跑的3辆坦克。10点过后，有消息传来说瑟柏托夫卡城内的苏军先头部队已被围歼，共计摧毁13辆坦克，而北翼突击集群也报告称一切进展顺利，唯有南翼突击集群似乎遇到了较大困难。

舒尔茨决定赶到南翼突击集群了解情况，11点30分左右，由于有一段时间未收到南翼的报告，他命令报务员发电询问，而对方指挥官回电称还需再等几分钟才有具体战况。舒尔茨一行加快了赶往南翼的进度，不久就发现南翼集群的几辆坦克、装甲车和自行火炮正在宽阔的战场上东躲西藏，方位不明的苏军火箭炮和重型迫击炮正在进行猛烈的炮击，有些弹片甚至都散落到舒尔茨的指挥车附近。舒尔茨对这种场面并不陌生，他自己就曾多次被弹片所伤，但所幸都无大碍。只见他一边命令驾驶员驱车逼近战场，一边举起望远镜观察周边。他发现前方约1500米处的森林边缘有几处大房子不太对劲，周围应该藏有迫击炮或炮兵阵地，于是命令随行的自行高射炮向几幢大房子射击。很快，森林边缘传来了响亮的弹药爆炸声，几幢房子也燃起了冲天大火。舒尔茨满意地微笑了一下，命令报务员继续呼叫南翼突击集群指挥官汇报情况。就在这时，致命的排炮在指挥车附近连珠炮似的爆炸，正在呼叫的报务员突然间没了声音，驾驶员扭头一看，血流如注的师长也已歪倒在一边。驾驶员立即倒车，全速向后方奔去，师长副官为舒尔茨包扎时发现其头部已被弹片贯穿，他不停地呼唤师长，但舒尔茨只是在那里痛苦地低声呻吟。几分钟后，最近一个步兵营的医官为舒尔茨包扎了伤口，然后命令救护车迅速将之送往后方医院。得到消息的军官和士兵开始焦躁地等候医院的消息。中午1时过后，第7装甲师首席作战参谋布莱肯中校接到了医院的电话——在所有人的注视下，他抓起话筒，几分钟后表情沉重地说了一句话："舒尔茨将军死于重伤不治。"[44]

国防军1944年1月30日的战报曾写道："……日前从元首手中接过钻石骑士最高战功勋章的装甲师师长舒尔茨少将在战斗中英勇牺牲了。他的离去使陆军损失了最优秀的军人之一，装甲部队也失去了一位堪称楷模的指挥官。"[45]这样的盖棺定论堪称职业军人所能得到的最高评价了。31日，第7装甲师官兵为他们的"装甲舒尔茨"送行——覆盖着纳粹万字旗的棺椁安放在1辆III号坦克上，这辆孤独的坦克在泥泞的雪地里向旧康斯坦丁诺夫(Staro Konstantinov)缓缓驶去，坦克后面跟着几列垂首的士兵，炮管左右分列着神情悲戚的4位身着黑色装甲兵制服的军官。在这个寒冷的冬日里，昏黄的阳光无力地斜射着雪地，凛冽的寒风呜呜地悲鸣，仿佛也在感受官兵们悲戚眼神下无奈的沉重……在旧康斯

▲ *摄于1944年1月31日，第7装甲师官兵为舒尔茨少将送行的场景，图中为1辆III号坦克，舒尔茨的棺椁上覆盖着一面纳粹万字旗。*

▲摄于1944年1月31日，舒尔茨的送葬队伍进入旧康斯坦丁诺夫时的场景。

▲位于旧康斯坦丁诺夫德军墓地里的舒尔茨坟茔。

▲美国西点军校博物馆收藏的佩戴着钻石骑士勋章的舒尔茨少将肖像。

▲ 摄于1944年1月31日，舒尔茨被埋葬在旧康斯坦丁诺夫的德军官兵墓地。曼施坦因元帅亲自出席了葬礼并掷下了祭奠的花环。图中前排正中的军官抱着的是舒尔茨的战功勋章。

坦丁诺夫的德军公墓里，随着舒尔茨的棺椁被缓缓地置于墓冢，主持吊祭的曼施坦因元帅掷下花环，而后举起元帅权杖，向最优秀的军人和装甲指挥官舒尔茨致以最后的敬意。在墓穴周边的士兵朝天射击的枪声中，“装甲舒尔茨”永远地离开了战士们。

1944年2月21日，德军最高统帅部发布了希特勒亲自签署的悼词：“1944年1月28日，钻石骑士最高战功勋章获得者、装甲师师长舒尔茨少将阵亡于俄国前线。这位真正的战士毕生始终洋溢着对职责的献身、对人民和国家的忠诚。法国战役中作为一名年轻的连长，他证明过自己的杰出，在针对布尔什维克俄国的漫长战争中，这名值得嘉许的军官作为团长和师长始终战斗在最激烈的前沿。他的装甲兵们毫无保留地信任他，他也以超乎寻常的勇敢和胆识激励并引导着战士们迈向新的荣光。在难以计数的装甲战中，这位年轻的将军一直都是攻防的核心和灵魂。怀着对最终胜利毫不动摇的信念，舒尔茨在他的战士们中间找到了军人的归宿。这位军人的命运和态度无疑是一个熠熠闪光的模范。签名：阿道夫·希特勒，1944年2月21日。”[46]

身在基洛夫格勒的曼陀菲尔中将惊闻舒尔茨阵亡的噩耗后伤心不已，他曾对左右说，舒尔茨这个“独一无二的装甲兵”将永远活在第7装甲师的集体记忆中。几十年后，曼陀菲尔在忆及阵亡的舒尔茨时依然不能自已，反复强调手中的秃笔太过钝瑟、所用语言实在笨拙，根本不能描绘出一个真实的“装甲舒尔茨”。他是这样写的：“……阿德尔贝特·舒尔茨，你的生命终结了。你像一只趋日的雄鹰那样飞向上帝的怀抱。上帝现在召唤着你。你是忠诚、勇敢和勇气的化身，你是如此忠实，如此英勇无畏，你的所有美德将使你作为德国历史上的一个典范而被永远铭记。”[47]曼陀菲尔所言不虚，当战后的联邦德国建立新国防军时，为纪念“为国捐躯且政治清白”的舒尔茨少将，特将威斯特法伦州明斯特的一座陆军军营命名为“舒尔茨军营”。

德国人战时为之喝彩的“战争英雄”也好，对手眼中的“法西斯帮凶”也罢，舒尔茨无疑都是一位真正的军人、一位无畏的战士。

第10位钻石骑士最高战功勋章获得者鲁德尔上校

（获勋时间1944年3月29日，时为少校）

Chapter 10
第十章

“斯图卡上校”：汉斯-乌尔里希·鲁德尔上校

德国空军在两次世界大战中从来都不缺少空战王牌，从一战中的里希特霍芬、乌德特和殷麦曼，到二战中的莫尔德斯、加兰德、马塞勒和哈特曼等，哪一个不是留下了如雷贯耳的声名，创下了后人难以企及的空战辉煌！可以说，尽管有两次战败，但德国空军的历史一直充盈着才华横溢、不屈不挠的飞行员们的传奇篇章。

相对于为后人熟知的战斗机飞行员群体，轰炸机和俯冲轰炸机飞行员则显得黯淡无光。尽管这个群体中有不少人的飞行生涯同样显赫，但其知名度无疑逊色不止一筹——有多少人了解轰炸机王牌佩尔茨少将、鲍姆巴赫上校及赫尔曼(Hans-Joachim Herrmann)上校？又有多少人听说过俯冲轰炸机部队的领导者库尔迈(Kurt Kuhlmey)上校、施特普(Hans-Karl Stepp)中校和基斯利希(Franz Kieslich)少校？与战斗机部队的伙伴们一样，轰炸机和俯冲轰炸机的飞行员们战争期间也一直在不停地作战，不少人执行过1000次以上的任务，直至战死或身体状况不再适于飞行为止。虽然轰炸机和俯冲轰炸机部队并不以击落多少敌机、摧毁多少地面目标来衡量战绩，他们中最出名的佼佼者也无法像个人战绩200胜以上的战斗机王牌那样风光无限，但是，当他们将一座座敌方城市夷为平地或从地图上抹去，在一次次对地攻击中拯救处于险境的步兵，或是一个接一个摧毁敌军坦克集结地和炮兵阵地，摧毁铁路桥梁从而阻止对手的推进时，无人能够否认他们也对纳粹德国战争机器的早期成功、轰隆运转和垂死挣扎做出了显著贡献。2001年，军史家斯皮克(Mike Spick)在其著作中就对轰炸机王牌们的贡献和战术方法给予了相对公允的评价。[1]

俯冲轰炸机飞行员留给后人的总体印象是冷静稳重(甚至有些冷淡)、责任感强、讲求并善于团队合作、执行任务时头脑清楚，但有时也会充满活力和攻击性。这个群体很清楚空军高层对其作战绩效和忠于职守抱有很高期待，同时也意识到自己所能得到的认可远不如战斗机和传统的轰炸机飞行员群体。不过，俯冲轰炸机飞行员一旦驾驶上斯图卡，绝大多数人都会对自己的部队产生归属感并挚爱自己的兵种，主动要求调至其他空军兵种在他们看来是难以理解的举动。虽然俯冲轰炸机飞行员们对任何伤害自己兵种地位的言行都很敏感，但在很强的自尊心背后，他们一样清楚自己在空军的真正地位。正如先后担任第3和第2俯冲轰炸机联队联队长的库尔迈上校所言：“……我们斯图卡轰炸机飞行员是20世纪最可怜、最卑贱的飞行员。”[2]

不过，就是在这个“最可怜、最卑贱”的群体中却产生了空战史上一位空前绝后的人物——几乎所有军事历史爱好者都耳熟能详的“斯图卡上校”鲁德尔(Hans-Ulrich Rudel)。这位被陆军元帅舍尔纳赞为“一个人足顶一个师”的超级王牌，是俯冲轰炸机部队的传奇人物，也是所有飞行员中真正的“王中王”：他在二战期间史无前例地执行过2530次任务，有一天曾出战17次，这本身就是一个不可思议的数字；他摧毁了约2000个作战目标，包括519辆各型坦克、800余辆车、11架战机、150门火炮、1艘驱逐舰、2艘巡洋舰、70艘登陆艇及4列装甲列车等，这更是任何人都无法企及乃至想象的战绩；他曾被高射炮和步兵轻武器击落过30余次，却从未使用过降落伞，而且还总能生还，单就幸运程度而言，世界各国各时代的飞行员中恐无能出其右者。鲁德尔的战时成就实在令人叹为观止，以致有后人曾感叹道：“尽管战后的诸多政治活动引起了争议，鲁德尔依然是最引人注目的二战军人……他应该可被称为历史上最伟大的飞行员。”[3]鲁德尔是二战德军前后上千万军人中唯一一个在钻石骑士勋章上缀上了金橡叶的人。作为最成功的俯冲轰炸机王牌，他表现出的非凡勇气、高超技艺和令人震惊的战斗欲望就连对手也钦佩有加。鲁德尔个人回忆录的序言，就是由英国皇家空军的传奇人物巴德爵士所撰——后者这样写道：“虽然我并不认同鲁德尔自传中的一些结论和若干思想……但无论以何种标准，他都是一个勇冠三军的伙计。”[4]戴高乐“自由法国”头号王牌飞行员克洛斯特曼曾在1975年这样评论鲁德尔：“……这个人的卓尔不群之处在于，他无与伦比的英雄主义和盛名，始于战争已朝着不利于德军的方向发展之际。当这颗战星开始闪耀时，德国的形势已令人绝望……对于鲁德尔，我只能用我们在英国皇家空军谈论诺沃特尼时说过的一句话向他致敬：‘真可惜他没能穿着我们的军服！’”[5]

用勇冠三军来描述鲁德尔虽恰如其分，但并不完整，我们还必须了解他的一贯立场和政治信念，才能较全面地认识这个战时战后都无所畏惧的人。“我们从没有为一个政党而战斗，我们只是为德国而战”，这种陈词滥调也曾在鲁德尔战后的笔端流淌。很大程度上他也是纳粹宣传机器的产物和工具，在他看来，“民族主义”与“国家社会主义”两者之间毫无区别。苏德战争爆发前，他相信苏联会允许盟友德国获得石油和原材料；东线燃起战火的前夕，他又深信苏联已做好了入侵德国的准备，而德军必须先发制人；战争终结时，他认为西方盟国不仅出卖了德国，也背叛了自己——“终有一日，盟国会深感懊恼。他们毁灭了我们，也就是摧毁了反布尔什维克的堡垒。”可以说，鲁德尔是一个既简单、又复杂，既易受到宣传的影响，又处处显得顽冥不化之人，他注定是战争史上一个既显赫、又会引发很大争议的人物。

早年岁月：“只喝牛奶的怪鸟”

在鲁德尔战后自传的前言中，他的母亲玛尔塔(Martha Rudel)曾写下了一些有意思的话语，当这些文字与他的“冷面杀手”、“东线之鹰”、“坦克克星”等形象联系起来时，尤其有意思。母亲说：“我们的乌尔里希是个敏感又紧张不安的孩子……他12岁时，每逢打雷闪电我都得握着他的手。他的大姐过去老说乌尔里希将来成不了大事，因为他甚至不敢独自去地下室。”在母亲眼中，史上最无所畏惧的飞行员永远都是那个胆小羞涩的小男孩。

鲁德尔于1916年7月2日出生在西里西亚的康拉德斯瓦尔道(Konradswaldau，战后划归波兰)，父亲约翰内斯(Johannes Rudel)是路德教会的一名牧师，小鲁德尔幼时曾随父母在西里西亚的几个教区生活过。虽然母亲和姐姐都觉得幼时的鲁德尔胆小羞怯，但他自己可不这么认为——他曾在自传里津津有味地回忆过8岁那年发生的一件事。当时，他家已搬至塞佛道(Seiferdau)，父母和姐姐去附近的城里观看航空节表演时把他独自留在了家里。当时小鲁德尔简直气坏了，大家回来后他缠着他们讲述那些飞行表演，尤其是央求姐姐把有人从高空跳伞的全过程仔细描述了几遍。母亲为他缝制了一个小降落伞，他在上面拴上一块石头，然后兴高采烈地看着石头拖着降落伞一起缓缓下落。鲁德尔突发奇想，既然石头可以带着降落伞下落，为什么自己不可以呢？第二天，趁着家里无人，他试验了平生的第一次“跳伞”。他爬上二楼窗台，然后撑开父亲的雨伞，想都没想就纵身跳了下去——临时降落伞当然没起作用，虽然落在土质松软的花坛里，他还是摔断了一条腿，身上也有多处擦伤。鲁德尔后来说，自己腿上还打着石膏时就下决心成为一名飞行员，虽然这个说法多少有点牵强，但8岁就敢用自制降落伞腾空而下的孩子，并不是那么胆小吧！

▲ 摄于1917年末的康拉德斯瓦尔道，鲁德尔的全家福。前排左一为大姐英格，中为一岁半的鲁德尔，右为二姐约翰娜，后排为母亲玛尔塔和父亲约翰内斯。

▲ 摄于1927年，11岁的鲁德尔与两位姐姐合影于上西里西亚的尼德-科泽尔(Nieder-Kosel)。

随着年岁的增长，曾经胆小羞怯的鲁德尔开始变得胆大妄为——在他眼中，没有什么树高得爬不上去，也没有什么山坡陡得让他不敢滑雪而下，更没有什么河溪宽得游不过去，当

▲ 摄于1936年秋，鲁德尔当时已被第3空战学校接受。完成帝国劳动军团服务后，鲁德尔曾短期休假，图中的他正在勃兰登堡的海德湖(Heidesee)划船。

▲ 摄于1937年下半年，候补军官鲁德尔正在进行飞行训练，图为1架Fw-44战机。

然，也没有他不敢做的恶作剧。他总是试图向姐姐和同学证明一点——只要想做，就没有做不成的事情。鲁德尔把许多时间花在了体育运动上面，他酷爱骑摩托，撑竿跳高是最拿手的田径项目，冬天滑雪也是最爱……鲁德尔显然颇有运动天赋和毅力，据说10岁那年他曾脚踩滑雪板，独自滑雪23英里到达另一城镇；在校期间曾在多次运动会上取得过优异成绩；加入希特勒青年团后，他成为一名优秀的男子十项全能选手，教练甚至估计他会成为一名奥林匹克级的运动员。[6]鲁德尔成年后认为正是这些体育运动为其日后的生活打下了基础，事实上他终其一生都酷爱体育和健身。

五花八门的爱好自然挤占了学习时间，母亲在鲁德尔的自传中曾说儿子的成绩很糟，对此他倒也直言不讳。老师曾告诉鲁德尔母亲：“他是个可爱的男孩子，却是个糟糕的学生。”不过父母对他似乎并不怎么严厉，母亲也在战后称“很高兴他过得无忧无虑”。另外，鲁德尔虽然很不用功，但总能在最后一刻通过临阵磨枪使考试过关。1936年，鲁德尔以这种方式在下西里西亚的劳班(Lauban)通过了高中毕业考试。取得毕业证书后，鲁德尔很想成为民航飞行员，但由于一位姐姐正在医学院就读，父母无力再负担耗资不菲的飞行员训练，所以鲁德尔一度又想成为体育教练。没过多久，当鲁德尔听说空军正在招兵买马和大肆扩张时，他下定决心要成为飞行员。德国空军此时已进入了急速扩张阶段，出于训练和储备大量飞行员的需要，鲁德尔这种普通背景的年轻人于是才得以如愿以偿。

1936年8月，鲁德尔通过了严格的资格考试后被位于维德派克-韦尔德(Wildpark-Werder，距波茨坦和柏林不远)的第3空战学校接受。不过，在候补军官训练开始前，他必须得先完成2个月的“帝国劳动军团”服务。当年12月4日，鲁德尔在第3空战学校开始了步兵训练，6个月里他恪守着不吸烟、不喝酒的禁令，把所有业余时间都用在锻炼身体和体育比赛上面，还养成了豪饮牛奶的习惯——日后在成为明星之前，总有战友背后用“爱喝牛奶的那个伙计”来称呼他。尽管在军事训练和体育方面的表现都算不错，长官对他也还满意，但安静寡言的他总觉得自己像一条“没人要的鱼”，因而也想尽办法来摆脱这个名声。正式的飞行训练从1937年6月开始，鲁德尔费了很大力气才在第60次升空后放了单飞，这个成绩自然平淡无奇，但不管怎样，年底时他和大家一样都拿到了初级飞行证书。1938年的头6个月里，鲁德尔除继续驾驶不同的机型外，还把很多精力放在学习空战战术、地面战术、防御方法等科目上。

毕业考试前，大家都在猜测会分到什么兵种和单位，几乎所有人都想去引人注目的战斗机部队——这当然可以理解，里希特霍芬、波尔克、殷麦曼和乌德特等一战战斗机王牌是年轻飞行员们自幼崇拜的偶像，就连他们的大老板戈林也是取得过22次击坠的王牌。虽然对轰炸机飞行员的要求一点都不比战斗机飞行员低，但事实是，轰炸机部队得到的认可和欢呼要少很多。鲁德尔觉得不可能把所有人都派到战斗机单位，也有谣传说大家要一锅端到轰炸机部队。毕业前夕，鲁德尔等人在一所高射炮学校参观时曾偶遇戈林，后者在演讲时呼吁他们加入俯冲轰炸机部队。尽管鲁德尔并不怎么喜欢驾驶重型战机，但为避免被分配到轰炸机单位，他还是很快决定加入俯冲轰炸机部队。不过，几天后传来了几乎全班都被派至战斗机部队的消息，鲁德尔这时倍感失望与苦涩，但一切均木已成舟。

按照德国空军的训练制度，鲁德尔这些学员从初级空战学校毕业后，志愿驾驶单发战斗机或俯冲轰炸机的，将直接进入各自的专门学校或训练单位接受进一步培训，而选择驾驶双发战斗机、轰炸机或侦察机的学员则还需要到C级飞行学校参加6个月训练。这些驾驶重型战机的飞行员将接受高级科目的学习，还需驾驶

He-111、Ju-52、Ju-86和Do-17等战机完成50至60个飞行小时的训练。获得C级证书后，驾驶双发战斗机者直接进入专门学校继续受训，而轰炸机和侦察机飞行员还需完成额外的50至60小时的盲飞训练(仪表飞行)。[7]志愿驾驶俯冲轰炸机的鲁德尔也按照这种制度，于1938年6月被分配到奥地利格拉茨的第168俯冲轰炸机联队(Sturzkampfgeschwader，简称为StG)第1大队受训。当时德国已吞并了奥地利，全国上下的备战热情十分高涨，鲁德尔的部队也进行了换装，在西班牙内战中经过检验的Ju-87俯冲轰炸机取代了以前的Hs-123轰炸机。鲁德尔第一次接触了Ju-87，虽然这款战机将在日后与他的名字和成功紧密相连，但在1938年夏秋，学习能力不算强的他还是遭遇了很多困难和挑战。他学习了最大角度达90度的俯冲技术、编队飞行、射击和轰炸等，但战机陡降数千英尺时空气压力的迅速变化、拉起战机时几近失明或视觉模糊的痛苦体验，对他来说有点过于困难了。鲁德尔不是个理解力很强的人，因而进展颇为缓慢，中队长对他似乎也失去了信心。他刚加入中队时，战友们基本都通过了考核，这更显得是他拖累了整个中队的训练进度。像在空战学校时那样，鲁德尔一如既往地把业余时间花在体育锻炼或爬山等活动上，很少出现在军官们集体用餐和社交的地方。即使在这些场合偶尔露面，他那只喝牛奶的习惯也让大家觉得他很不合群，甚至有点古怪。一位上级曾这样描绘那时的鲁德尔："他不抽烟，只喝牛奶，没有什么关于女人的故事，更是把所有时间都花在体育运动上。鲁德尔是只怪鸟！"[8]有一件事可以反映鲁德尔不受欢迎的窘况。1938年末，大队根据上级命令，要求各中队推选一名少尉或资深候补军官前去参加作战侦察特别训练。其他中队因不愿放走飞行员都交回了空白表格，只有鲁德尔所在的中队完成了任务——他被"荣幸地"选中，任凭他如何反对都无济于事，中队似乎很高兴摆脱这个"只爱喝牛奶"的家伙。这件事在鲁德尔心中留下了很深的阴影，他决心要做出一番成就给那些对自己抱有成见的长官们看，发誓日后必将以截然不同的态度对待战友。鲁德尔日后曾6次冒着被俘的危险解救战友，是对其誓言最好的脚注。

1939年1月1日，鲁德尔正式成为少尉军官，同时无奈地来到下萨克森的希尔德斯海姆(Hildesheim)进行侦察飞行训练。他的主要任务是学习航拍摄影并受训成为观察员，而按照战前的训练条例，观察员要充任侦察机的机长，因而不被允许驾驶战机。枯燥的理论学习在6月1日告一段落，鲁德尔被分配到第121远程侦察大队任观察员，驻地是位于新勃兰登堡地区的普伦茨劳(Prenzlau)。二战爆发前夜，鲁德尔随大队调防至波兰走廊附近的施奈德米尔(Schneidemuehl)，就连反应一向不算敏锐的他也察觉到战争一触即发了。

波兰战役期间，鲁德尔作为观察员兼机长也曾出现在波兰上空，虽然偶尔遭遇波军战斗机的拦截，但更多时候看到的都是在战机周围开花的高射炮弹。鲁德尔的主要任务是侦察照相，包括侦察铁路枢纽、波军集结地、调动情况以及后期入侵波兰东部的苏军动向等等。波兰战役9月末告终后，第121远程侦察大队于11月10日返回普伦茨劳，鲁德尔也在这时获得了1枚二级铁十字勋章，但这并不能唤起他对侦察飞行的热情，事实上他已申请调回原来的俯冲轰炸机单位。经过一番努力，鲁德尔在1940年3月2日调到维也纳的第43飞行训练团任副官，不久后随队移驻巴登-符腾堡州的克赖尔斯海姆(Crailsheim)基地。历时一个半月的法国战役中鲁德尔毫无作为，连实际飞行的机会都屈指可数，更勿论实战了，苦闷的他只能通过广播报纸了解战事，这令他情绪非常低落，还觉得自己是在无过受罚。除试图通过体育锻炼来消除沮丧外，他仍在不断提交调动申请，甚至还绕过指挥渠道，直接打电话给空军总部人事局。数不清的恳求电话和申请令人事部

▲ 摄于1939年9月，第121远程侦察大队的鲁德尔少尉准备执行侦察任务。

▲ 摄于1940年10月，鲁德尔被调到格拉茨的斯图卡轰炸机补充大队再次学习驾机作战技能。此时的他非常年轻，经过两三年的残酷战争后，他的面容发生了明显变化。

▲ 摄于1940年6月的法国战役期间，鲁德尔在运动会上展示撑竿跳高技巧。

门不胜其烦，他们终于在法国战役结束后同意这个执着的年轻人返回以前的俯冲轰炸机单位。

鲁德尔的老单位StG-168第1大队早在1939年5月就被改为StG-76第1大队，1940年7月9日时又成为StG-3第1大队，大队长仍是西格尔(Walter Sigel)上尉，现驻地位于法国西北部的卡昂(Caen)。整个7月和8月，俯冲轰炸机部队成功袭击了英吉利海峡的船只，也破坏了英国南部的港口和设施，但当8月13日不列颠空战进入第二阶段时，俯冲轰炸机部队的任务已不再局限于惯常的地面支援，摧毁英国的内陆机场和海岸雷达站也成为重要的目标。在尚未取得制空权的不列颠上空，德军俯冲轰炸机在“飓风”和“喷火”等战斗机面前没有还手之力，6天内就损失了40架以上的Ju-87，还有更多的斯图卡在对手压迫下胡乱地扔下炸弹，然后带着满身的伤痕仓皇返航。英军战斗机飞行员很快掌握了击杀俯冲轰炸机的窍门——斯图卡这种曾令人恐怖的利器进行垂直俯冲投弹时，是攻击它的最好时机。仅在8月18日，袭击雷达站的StG-77第1和第2大队就有12架以上的Ju-87被摧毁或无法修复。由于损失过大，德军俯冲轰炸机部队从8月19日起就基本撤离了一线——高层打算等入侵英伦三岛的“海狮计划”正式实施并取得成功后，再把俯冲轰炸机部队投入战场。那时，德军就可将Ju-87部署在占领的英军机场，让这把利器再次发挥出支援地面部队的恐怖作用。[9]

不过，不列颠空战的起起落落似乎对鲁德尔没有任何影响——他仍是一个不能承担作战任务的“学徒”飞行员，虽然报到后即以极大的热情投入到训练中，不多的朋友也在作战间隙向他传授实战经验，但是，在有限的时间内弥补一年半里缺失的技能并非易事，鲁德尔也再次展示出自己糟糕的学习能力，总是无法熟练地掌控战机。除此以外，鲁德尔继续显露着痴迷于体育、爱喝牛奶等“怪”习惯，卡昂丰富多彩的夜生活对他也没有任何吸引力，虽在9月1日顺利晋升为中尉，但飞行技能提高得非常缓慢，与中队和大队的总体氛围也显得很不协调。俯冲轰炸机部队奉命陆续撤出前沿时，鲁德尔又被调至格拉茨的斯图卡补充大队继续学习和提高技能。当1941年4月初的巴尔干战役开始时，可怜的鲁德尔中尉不得不在格拉茨基地眼巴巴地望着别人起降，他却只能坐在宿舍里想象着战火从南斯拉夫蔓延到希腊。别人在战场上俯冲投弹，他只能在基地里练习飞行，可以想象他有多么失望。鲁德尔在郁闷中苦苦煎熬，突然有一天开了窍，令人讶异地展示出令人刮目相看的技巧——编队飞行中，无论教官做出怎样的特技动作，不管是绕圈、俯冲还是倒飞，他总能紧随其后，就好像有一根看不见的绳子拴着两架飞机似的；投弹练习中他几乎从未偏离目标超过10米；空中射击方面他也能取得90%命中率的优异成绩。这一切似乎来得有点晚，但信心却在突然间树立起来。自此以后，鲁德尔再也没有失去过自信。

1941年4月末，鲁德尔被调往StG-2第1大队，当时该部正驻扎在希腊伯罗奔尼撒半岛最南边的莫拉伊。鲁德尔对自己终有机会参加实战感到兴奋不已，但在报到时却意外地发现，第一个迎候自己的人竟是在卡昂时的教官！这位教官是现任大队长希特朔尔德 (Hubertus Hitschhold)上尉的副官，两人见面时脸上均阴云密布。教官对鲁德尔的评价显然很低，还明知故问地问他有何贵干。鲁德尔怒火中烧，但很快控制住自己的脾气，教官随后诡异地一笑，嘲讽地问道：“你学得如何啦？”鲁德尔沉默了一会儿，才说自己已完全掌握了驾驶斯图卡轰炸机的技能。教官随后说道：“我会向大队长汇报你的情况，咱们走着瞧吧。这得由他决定。就这些，你可以走了，先安顿下来。”鲁德尔觉得自己正和日益加重的受挫感搏斗，他告诫自己一定不要放弃，教官对自己或许有偏见，但大队长的意见则是另一回事。令他再次吃惊的是，他向希特朔尔德报到时，后者细细打量了他一番后才说道：“既然我的副官

▲ 摄于1941年5月的希腊莫拉伊，虽然急切地要求参战，但鲁德尔又一次被排除在外。本图中的鲁德尔显得相当受挫，背景中的多刺植物似乎烘托了他所处的“多刺环境”。

◀ 摄于1941年5月的克里特岛战役期间，莫拉伊基地里的StG-2第1大队的斯图卡。该大队在克里特岛战役中曾对地面守军和英军舰队进行过轮番攻击，但鲁德尔全程都被禁止起飞作战，只能愤懑、无奈地作壁上观。

很了解你，那么我也算了解你了。没有进一步的指令前，你不得随大队飞行。如果将来人手不够的话……”闻听此言，鲁德尔的脑子一片空白，根本不知道希特朔尔德下面说了什么。他满脑子想的都是，苦盼2年才迎来一个机会，难道又要被人踢出去当看客？鲁德尔在战后回忆这一幕时仍然感到忿恨难平，声称其伤害“甚至胜过自己血流不止、体力耗尽之时的肌肤之痛”。

在1941年5月20日开始的克里特岛战役中，德军投入了包括StG-2三个大队、StG-77两个大队和StG-3第1大队(鲁德尔的老部队)在内的201架Ju-87俯冲轰炸机。[10]在Ju-52运输机运送伞兵登岛之前，StG-2的三个大队分成两个梯队(第1和第2大队在前、第3大队跟进)，对克里特岛主要机场周边的英军高射炮和炮兵阵地进行了密集轰炸。随后几日里，StG-2的斯图卡继续以尖利无情的轰炸折磨和驱赶着英联邦军队，一位参加过此战的澳大利亚军人后来曾说：“……每当我们开始还击，斯图卡轰炸机就飞到了我们头上。”一旦德军登陆部队站稳脚跟和向内陆推进，斯图卡轰炸机就开始向英国皇家海军舰只发起不舍昼夜的攻击，StG-2第1大队在5月22日和23日就击沉了3艘驱逐舰。由于英军舰只的方位距斯图卡轰炸机的起飞基地很近，又几乎没有战斗机保护，德军飞行员们往往一天里多次执行任务，出发、轰炸、加油、再出发、再轰炸，基地里每天都忙得不亦乐乎。而可怜的鲁德尔却在整个战役期间一直充当看客，发动机就在身边轰鸣，炸弹一次次地装上战机，战友不停地在眼前穿梭，而他却要在帐篷里端坐！“没有进一步指令前，你不得随大队飞行”，这句话成千上万次地回响在鲁德尔耳边，令他焦虑，使他愤怒，让他觉得自己备受轻视。他既羡慕又无可奈何地听战友们兴奋地交谈，他曾央求战友让自己替他们执行一次任务，甚至试图“贿赂”一下战友，但一切都无济于事。

身在战场却被禁止飞行作战，这段时光无疑是鲁德尔最困难的日子，但他没有丧失信心，依然坚信自己完全掌握了驾驭斯图卡的飞行技巧和作战要领。偏见横亘在他与出击作战之间，但同时也给了他机会来证明长官们的偏见多么荒谬。他坚信上级不该如此对待下属，反抗的怒火时时在胸中燃烧，但他一再告诫自己要自控。他就那样安静地坐在帐篷里静静思考，同时竭力控制住脾气和情绪。鲁德尔此时的境遇令人不由自主地想起了马尔塞尤这位才华最出众、但起步同样充满坎坷的超级王牌，马尔塞尤曾因中队长拒绝为其分配战斗任务，而在盛怒之下驾机扫射中队部帐篷外的地面。相较于耽于享乐、缺乏自控能力的马尔塞尤，鲁德尔在洁身自好和自律自控方面确实高出不止一筹，或如库尔迈上校战后所言：“一个斯图卡轰炸机飞行员能否成功的关键在于他的性格。”[11]

咸鱼翻身：获得骑士铁十字勋章

1941年6月22日苏德战争爆发时，鲁德尔正在本土的科特布斯(Cottbus)公干。从收音机中听到战争爆发的消息后，他立即驾驶1架修复完毕的战机飞往东普鲁士因斯特堡(Insterburg)，然后从那里转往波兰的拉奇基(Raczki)基地，与从克里特岛调防至此的StG-2第1大队会合。此时，StG-2第2大队已被改派至北非，第1和第3大队的83架Ju-87在联队长迪诺特(Oskar Dinort)中校率领下，负责在第8航空军编成内支援中央集团军群的地面作战。[12]忙得不可开交的大队长希特朔尔德没工夫搭理鲁德尔，便把他分派到扬森(Ewald Janssen)中尉的第1中队。扬森跟鲁德尔一样都属于大队多数军官眼中的“另类”，他不仅任命鲁德尔担任中队技术军官，还让他在下一波攻击中担任自己的僚机——从这一刻起，鲁德尔的脑海中就只有一个念头——让所有人都知道他已掌握了所有的飞行技巧和作战技能，以往的偏见都是不公正的！这一天，他终于作为一名

▲ 摄于1941年6月，StG-2第1大队的斯图卡准备起飞，据信图中最前面的斯图卡就是鲁德尔的座机。

▲ 摄于1941年8月下旬，StG-2当时正在北方集团军群支援地面德军的列宁格勒攻势。图中是一列被斯图卡摧毁的苏军装甲列车，尽管周围的高射炮火非常猛烈，StG-2第3大队大队长施特恩和技术军官鲁德尔还是准确地命中了有着“流动炮兵”之称的装甲列车。

▲ 摄于1941年夏，执行任务归来的斯图卡俯冲轰炸机编队。

斯图卡飞行员翱翔在蓝天上了，但他像芒刺一样紧贴在扬森的身后，一时令中队长紧张万分，生怕鲁德尔会从后面撞上他。不过，他很快便发现鲁德尔对战机的掌控轻松裕如。当天结束时，鲁德尔一共4次越过苏军前沿，轰炸了对手的坦克集结地、高射炮阵地和补给车队。接下来的日子里，鲁德尔多次在凌晨3点起飞升空，直至晚上10点才返回。作为技术军官，他的职责还包括与地勤们一起在作战间隙和晚间确保战机做好一切准备，虽然睡眠时间很少，身心非常疲劳，但鲁德尔与战友们一样士气高昂。

俯冲轰炸机与传统轰炸机部队在苏德战争之初的目标非常明确，德军航空兵将军戴希曼(Paul Deichmann)战后曾将其分为“先期任务”和“主要任务”：先期任务是以突袭方式最大限度地消灭苏联空军，一旦达成目标，主要任务就变成了持续不断地为地面部队提供近距离战术支援，尤其是帮助装甲部队高速推进、纵深突破与合围苏军地面部队。在7月初的明斯克包围战、7月底至8月初的斯摩棱斯克围歼战中，鲁德尔所在的StG-2曾多次炸毁苏军撤退必经的桥梁和道路，立下汗马功劳的他也在1941年7月18日获颁一级铁十字勋章——不要小看了这一勋章，虽然战争后期德军颇有滥发勋章之嫌，但在1941年夏的东线，这仍是一个相当高的荣誉。曾有一部名为“铁十字勋章”的外国电影，讲述的是一名贵族出身的陆军上尉为博取一枚铁十字勋章，甘愿从了无战事的法国来到东线充任步兵连长，最后丢了性命也未能如愿。

到7月24日时，鲁德尔已在飞行日志中留下了出击100次的纪录。此后他被调往StG-2第3大队担任技术军官。8月6日，施特恩(Ernst-Siegfried Steen)上尉成为第3大队新任大队长。施特恩1932年开始飞行训练，曾在苏联境内的利佩茨克(Lipetsk)进行过秘密飞行训练，1938年起即担任StG-2第1中队中队长，是参加过从波兰到巴尔干等所有战役的飞行老手。鲁德尔对这位年长自己4岁的大队长并不陌生，也充满敬意，称赞后者是第一流的飞行员和卓越的指挥官(鲁德尔在战后自传中曾以相当的篇幅追忆施特恩，曾谈到他们两人有相似的习惯和爱好，彼此惺惺相惜，经常交流投弹技巧等等)。鲁德尔尤为钦服施特恩的投弹技巧和团队领导能力，施特恩也与鲁德尔等形成了默契——如果他错过了某座桥梁，鲁德尔肯定会在后面跟进将之炸毁，他们身后的机群则会把炸弹倾泻在高炮阵地或其他重要目标上。这种密切配合的能力加上频繁的出击，以及交战之初苏军的混乱不堪，帮助鲁德尔等收获了相当多的战果。

鲁德尔不知疲倦的战斗精神深深地感染着战友，他的技术能力也渐渐征服了那些对他曾有偏见的人。联队长迪诺特曾向施特恩询问鲁德尔的表现，施特恩的一句话——“他是我最好的飞行伙伴”——就让所有曾小瞧鲁德尔的人闭上了嘴巴。施特恩既充分肯定鲁德尔的热情，但也警告他别过于“疯狂”。鲁德尔倒认为大队长的告诫，其实有一半是在开玩笑，还自认为这是一个飞行员对另一个飞行员的“褒扬”。他们两人都很清楚，鲁德尔为确保命中目标和不浪费弹药，往往俯冲到很低的高度，而且经常有一些风险很大的机动。从长远来看，这种做法肯定会在某个时刻令其陷入险境。有一次执行任务时，鲁德尔战友的斯图卡被高炮击中后迫降在开阔地上，他见状准备前去解救时，自己的发动机也被击中。鲁德尔只得放弃救援，但已无法保证自己的斯图卡能顺利飞回德军一侧。虽想尽办法控制座机，但喷射的机油还是涂满了风挡，一旦发动机出现抱缸，后果不堪设想。鲁德尔的斯图卡飞得很低，苏军甚至开始用步枪和手枪朝他射击。幸运的是，鲁德尔设法把座机拉升到了子弹射程不及的高度，但幸运中又有不幸，着陆时他的斯图卡撞上了另一架战机，结果座机的右侧机翼被完全撞坏。

8月中旬起，StG-2开始支援北方集团军群扑向列宁格勒的地面攻势。除经常轰炸至关重要的列宁格勒—莫斯科铁路(即“十月革命”铁路)外，StG-2第3大队在8月29日进驻鲁加(Luga)南面的提尔科沃(Tyrkovo)基地后，开始为第18和第16集团军提供近距离对地支援。随着德军的步步紧逼和波罗的海多数港口的丢失，苏军波罗的海舰队被迫撤入列宁格勒西面的军港喀朗斯塔德(Kronstadt)。以此为母港的苏军波罗的海舰队拥有2艘战列舰、2艘巡洋舰、13艘驱逐舰和42艘潜艇。[13]舰队中的战列舰“马拉”(Marat)号和

“十月革命”号虽然老旧，但各装备有12门305毫米炮、16门120毫米炮、6门76毫米高射炮和其他防空武器，巡洋舰“高尔基”(Maxim Gorki)号和“基洛夫”(Kirov)号也各有9门180毫米炮。这些舰只被用来轰击芬兰湾沿岸和列宁格勒周边的德军阵地，它们经常变换着位置为地面苏军提供精准的火力支援。由于经常受到舰载火炮的袭扰，德军高层命令StG-2将这些危险的“流动炮兵”摧毁。

为完成这个任务，StG-2需要使用装有特制引信的、重达1000公斤的大炸弹，因为普通引信炸弹只能在主甲板上爆炸，虽能损毁舰体，但不足以击沉23600余吨的铁甲战舰，只有延迟引信的穿甲弹才能在撕开主甲板后深入舰体引发毁灭性的爆炸。大炸弹运抵前，德军侦察机意外发现了“马拉”号的踪影，联队长迪诺特决定立即发起攻击。9月16日，施特恩和鲁德尔在能见度很低的恶劣天气下出发了。像往常一样，施特恩飞长机，鲁德尔任僚机，其他飞行员陆续跟进。鲁德尔从云缝中发现“马拉”号后立即通报了施特恩。话音刚落，施特恩已从云缝中消失，鲁德尔立即跟进俯冲。他们都知道只有几秒钟时间从云缝中完成攻击，如果太慢，“马拉”号会移动位置，而且云缝也在不断移动之中。施特恩率先投弹，没有命中，但随后鲁德尔投下的500公斤重炸弹准确命中了“马拉”号的后甲板，火光顿时冲天而起。其他30余架斯图卡也从云缝里陆续发起攻击，但这时苏军已意识到这些“肮脏的斯图卡”来自何方，开始朝云缝方向猛烈开火。在对手凶猛的火力下，施特恩等未及核对战果就匆匆爬至云层上方。返回基地后，众人对500公斤的炸弹能否击沉“马拉”号议论不休，后续的侦察报告则说这艘战舰已踪影难觅，可能已经沉没了。

9月21日，期盼已久的大炸弹终于运抵提尔

▲ *摄于1941年9月22日或23日，StG-2的地勤正在提尔科沃基地搬运重达1000公斤的炸弹。StG-2的任务是用这种大炸弹炸沉苏军波罗的海舰队的战舰。*

▲ 摄于1941年9月23日的喀朗斯塔德军港，鲁德尔当日命中了“马拉”号的弹药舱，其舰首被直接炸断，图中巨大的烟柱遮住了这艘战列舰的身影。

▲ 摄于1941年9月末，被鲁德尔炸断舰首的“马拉”号战列舰。苏军后来修复了剩下的3个主炮塔，9门305毫米炮也得以继续轰击围困列宁格勒的德军地面部队。

科沃，碰巧德军的例行侦察也在次日发现“马拉号”正在船坞里进行大修。9月23日是一个晴朗的好日子，湛蓝的天空里没有一丝云彩，迪诺特亲率2个大队向喀朗斯塔德方向飞去。抵达目标前，斯图卡轰炸机编队先遭遇了苏军战斗机的拦截，然后又在各种口径的高射炮(约有1000门左右)射出的弹雨烟尘中穿梭。距离喀朗斯塔德军港很近时，StG-2的编队队形已不复存在，但施特恩和鲁德尔的2架斯图卡依然一前一后地搜寻着“马拉”号。鲁德尔在9000英尺高度发现了“马拉”号及其身后的“基洛夫”号。就在这时，施特恩突然向下俯冲，鲁德尔也立即跟进，远远看去2架斯图卡正肩并肩地以70至80度的角度俯冲。鲁德尔看到施特恩放下了俯冲减速板，也跟着如法炮制，但就在他这么做的时候，他又注意到施特恩俯冲的速度更快了，还渐渐拉大了与自己的距离。鲁德尔随即收起减速板，他假定大队长是为了更快地抵近靶子、降低被炮火击中的机率而决定不使用减速板。鲁德尔迅速拉近了与长机间的距离，甚至都能清楚地看到前面的尾炮手那张惊恐错愕的脸——后者肯定认为相撞已不可避免，鲁德尔的螺旋桨一定会削掉他的尾翼！鲁德尔不管不顾地用尽全身力量，将俯冲角度加到几乎90度，他的Ju-87平稳地擦着施特恩的左侧机翼呼啸而过。一动不动的“马拉”号变得更大更清楚了，鲁德尔觉得想错过这个靶子都不太可能了——在约300米的高度，鲁德尔投下了大炸弹。出发前，施特恩曾一再嘱咐他不得在低于1000米高度投掷这种威力巨大的炸弹，因为弹片能迅速散落到这个高度，进而危及自己人的斯图卡。疯狂的鲁德尔早把命令置诸脑后，释放炸弹的同时，他用尽全身力气试图拉起座机，这一刻他出现了黑视，好像意识也随之消失了。模模糊糊中鲁德尔听到尾炮手的欢呼声：“‘马拉’号爆炸了，长官!”而这时他的斯图卡距离水面不过数米，“马拉”号爆炸后腾起的烟柱已高达400至500米！[15]待意识有所恢复，鲁德尔展示出了高超的技巧、惊人的勇气和令人称奇的好运气——他驾驶着爬升能力有限的Ju-87超低空穿行于枪林弹雨中，2架追击他的苏军战斗机被地面高射炮不慎击落，第3架苏军战斗机向鲁德尔的座机开了火但没有命中，反而被躲在后面的Bf-109凌空击落。鲁德尔把对手愤怒的高射炮火都吸引到自己身上，从而让其他斯图卡能更从容地向其他舰只投掷炸弹。

施特恩和战友们都在无线电中向鲁德尔表示了祝贺，昵称“奥斯卡大叔”的联队长迪诺特也在空中不疾不许地说道：“允许我表示衷心的祝贺。”不过，“马拉”号的弹药舱虽被鲁德尔投下的炸弹引爆，整个舰首也被炸掉，但在海港的浅水中一直拒绝沉没，后来经过几番大修，苏军还成功修复了余下的3个主炮塔，剩下的9门巨炮继续向围困列宁格勒的德军步兵开炮。

返回基地时，施特恩的座机有一只轮胎不慎撞上了弹坑，斯图卡的螺旋桨因之受损。StG-2当日奉命再次出击时，施特恩只得另找1架战机，不过，这架斯图卡又在滑行中意外受损。倒霉的施特恩“蛮横地”要求鲁德尔让出座机(可能是因为后者已经立功)，鲁德尔无奈地只得将编号5836的座机连同尾炮手一起交给大队长，自己转而去检修受损的其他斯图卡。刚完成第300次作战飞行的施特恩再也没有回来，迪诺特曾记述过这一幕：“……StG-2向停泊在喀朗斯塔德港中的‘十月革命’号和‘基洛夫’号发起了一次攻击。联队使用了专门的一拥而上的攻击战术，旨在同时打击对手的两大目标。当我与联队部的几架斯图卡一起向‘十月革命’号俯冲时，有短暂的一刻我曾被‘基洛夫’号巡洋舰方向发出的剧烈爆炸声干扰，爆炸声传来时，我还看到有1架斯图卡在接近该舰的地方坠毁了。由于失去了靶子，我不得不停止俯冲，但是，因为在密集的战机间没有迂回空间，我不得不先转了两个弯。因此我的斯图卡是最后一个向‘十月革命’号俯冲投弹的。拉起座机后我看到了轰炸的效果。‘基洛夫’号正燃起熊熊大火，‘十月革命’号也被多枚炸弹命中。然后我向奥拉宁堡(Oranienbaum)方向飞去，途中遭到高射炮的猛烈射击，有2架尾随的苏军战斗机被我的炮手射出的炮火驱散，(JG-54联队长) 特劳特洛夫特少校手下的护航战斗机也帮了大忙。稍后，当我们评估攻击结果并仔细分析大家的观察时，我确信在‘基洛夫’号旁坠毁的战机，就是第3大队大队长施特恩上尉的座机。有人看到他的斯图卡拖着越来越厚的浓烟垂直地朝巡洋舰撞去，毫无疑问，他在极低的高度才掷下炸弹，他宁可牺牲自己也要命中目标。”[15]

施特恩驾驶的鲁德尔座机在1600米高空被苏军高射炮火击中，由于升降舵受损，他在完成俯冲投弹后已无机会拉起战机。于是，施特恩操纵着斯图卡的副翼和尾翼朝“基洛夫”号冲去，在坠毁前的最后一刻掷下了大炸弹，虽未能直接击中“基洛夫”号，但还是重创了这艘巡洋舰。施特恩死后被追授骑士勋章，他的阵亡以及一同丧生的尾炮手令鲁德尔倍感痛心，也使得击毁“马拉”号所带来的短暂欢乐立即消失得无影无踪。有后人曾言及此事：“……即使鲁德尔热情的纳粹主义似乎也被这一事件所震撼，他后来曾写道：‘他们死于此刻尚属幸运，因为在他们消失时至少还能坚信，所有这些苦难的终结将能为德国和欧洲带来自由。’”

针对波罗的海舰队的作战一直持续到10月初，鲁德尔与自己的新炮手亨切尔(Erwin Hentschel)合作击沉了巡洋舰和驱逐舰各1艘，但StG-2试图击沉“十月革命”号的所有努力都归于失败。这艘战列舰在9月23日就曾遭受重创，后续攻击中德军斯图卡也曾直接命中过该舰，不过投下的大炸弹却是哑弹。10月16日，德军第39摩托化军和第1军发起了冬季降临前北方战场的最后一次重大攻势，目标是占领列宁格勒以东的季赫温、沃尔霍夫及拉多加湖东南湖岸，从而掐断苏联腹地通向拉多加湖、进而补给列宁格

▲ *摄于1941年深秋的北方战场沃尔霍夫前线，鲁德尔中尉在起飞前进行最后的检查。*

▲ *摄于1941至1942年冬，StG-2的地勤正为一架Ju-87 B-2加油。在这个寒冷的冬天，莫斯科前线的德军遭受了首次重大挫败，包括斯图卡单位在内的空军各部都在奇寒的天气和对手反攻的双重压力下艰难度日。发动机、设备和武器系统经常不能正常工作，就连加油设备的马达也拒绝被启动，地勤们需要付出巨大的努力，才能勉强保持有限的战机做好战斗准备。*

▲ 摄于1941年冬，被斯图卡轰炸机摧毁的1辆苏军KV-1重型坦克。

▲ 摄于1941至1942年冬，StG-2在北方和中央集团军群的结合部(杰米扬斯克至大卢基一线)辗转作战，图为StG-2的一队Ju-87 B-2或R-2型斯图卡。

▲ 可能摄于1942年初，鲁德尔中尉获得骑士勋章后留下了这张罕见的照片。

▲ 拍摄时间不详，但从鲁德尔佩戴的骑士勋章来看，应该是摄于1942至1943年5月期间。

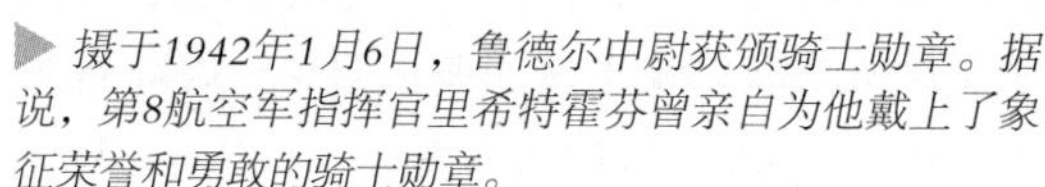

▶ 摄于1942年1月6日，鲁德尔中尉获颁骑士勋章。据说，第8航空军指挥官里希特霍芬曾亲自为他戴上了象征荣誉和勇敢的骑士勋章。

勒的通道。StG-2第3大队在新任大队长普雷斯勒(Gustav Pressler)上尉的率领下，负责支援沃尔霍夫前沿的攻势，针对铁路、车站、交通枢纽和部队集结地等进行了大量的轰炸。德军的地面攻势动用兵力高达10余万人，投入了北方战场几乎所有的装甲师和摩托化师，在酷寒和暴风雪中激战3周有余，终于在11月8日夺取了季赫温，切断了莫斯科抵达拉多加湖的最后一根铁路线。但是，3个集团军的苏军立即发起了将德军赶回沃尔霍夫河西岸的反攻，到12月8日时一举克复了季赫温，取得了几个月里的首次大规模胜利，也终结了希特勒在1941年底前围死列宁格勒的迷梦。不过，苏军一样受阻于严寒、积雪和困难的地形，撤出季赫温的德军并未溃败，而是交替掩护撤退并辅以顽强的延迟阻击。苏军的进攻能量在天寒地冻中逐渐耗尽，1941年圣诞节前推进到沃尔霍夫河东岸后转入了守势。

1941年12月8日，鲁德尔获得了介于一级铁十字和骑士勋章之间的金质德意志十字勋章，次年1月6日，第8航空军指挥官里希特霍芬又为鲁德尔戴上了骑士勋章。上级在推荐书中这样写道："(鲁德尔中尉)展现出了特别的勇敢精神，他直接命中了战列舰'马拉'号，重创了'十月革命'号，击沉了1艘重巡洋舰并使另1艘战舰失去了作用。在针对地面目标的作战中，他摧毁或重创了15座桥梁、23个炮兵阵地、4列装甲列车、17辆坦克和突击炮……"[16]

1942年1月7日，苏军西北方面军发起了针对旧鲁萨—杰米扬斯克—霍尔姆—托罗佩茨(Toropetz)等地的反攻，鲁德尔所在的StG-2第3大队负责为第10军和第2军提供近距离对地支援并掩护其撤退。几乎与此同时，苏军加里宁方面军突破了勒热夫至奥列尼诺之间的德军防线，稍后又对勒热夫—瑟乔夫卡(Sychevka)—维亚济马铁路构成了重大威胁，这时StG-2第3大队被紧急调往第9集团军的战区，负责与其他空军联队一起支援被参谋总长哈尔德称为"整个东线最具决定性"的战场。StG-2第3大队的驻地位于瑟乔夫卡附近的杜吉诺(Dugino)机场，与其他联队的情形类似，该大队可升空的战机数量也一样严重不足，发动机的寿命大大缩短，各种技术故障频繁发生。作为大队的技术军官，鲁德尔还经常与地勤们一起冒着严寒连夜工作。为确保次日清晨能够发动战机，他们甚至在夜间每隔半小时预热引擎一次。鲁德尔战后曾感叹道，与零下40摄氏度的严寒搏斗，其惨烈程度远甚于和对手作战。相对于空军，地面德军的状况可谓更加凄惨，汽油、弹药、食物乃至御寒冬装都非常不足，不少士兵身着单衣龟缩在战壕里瑟瑟发抖或被冻死，坦克和装甲车的燃油都被冻得梆硬，就连枪炮也时常失灵。鲁德尔对陆军官兵的境遇深表同情——几个月前击沉"马拉"号时，有战地记者询问他的感受，他当时曾回答说："我好像看到了成千上万的步兵们感激的眼神。"这种"感激的眼神"被鲁德尔视为自己所能获得的最高褒奖，在1942年初的勒热夫战场以及此后几年的战争里，他一直都把支援和保护地面部队作为自己最优先的职责。

凄厉的死神：东线坦克克星

1942年2月末，莫德尔上将指挥的第9集团军经过4周的艰苦防御和反击，终于扭转了勒热夫—瑟乔夫卡战场的态势。形势一旦趋稳，StG-2、StG-1和StG-77等东线斯图卡联队开始陆续撤离，进行休整和换装Ju-87 D系列俯冲轰炸机。[17]3月，鲁德尔被调到格拉茨的StG-2补充中队任中队长(有史家曾说，这是鲁德尔仍未被所有人都认可和接受的表现之一)，[18]负责帮助已基本完成训练的年轻飞行员做好实战前的最后准备。鲁德尔在格拉茨享受了一段平静的安逸生活(期间还结了婚)，他也时常想起自己加入俯冲轰炸机部队以来走过的曲折道路，因而对工作格外严谨认真，同时待人友善，不仅向年轻飞行员们传授自己的经验、体会和技术，还告诫他们，只有坚持锻炼才能铸就强健的体魄和坚忍的意志，才能承受战争的巨大压力。虽然过得相当愉快，鲁德尔还是止不住地怀念战友，也担心过久离开前线会令自己变得迟钝。当听说另一联队的补充中队已被调回东线时，他也下决心无论如何要尽快重返前线——这次他很快如愿以偿，整个补充中队在1942年夏都跟着他来到了克里木半岛的萨拉布兹(Sarabuz)基地。

德军1942年夏季攻势的重点在于南方战场，尤其是希特勒眼中更重要、也更实际的目标高加索大油田。StG-2全联队的120余架斯图卡(不包括鲁德尔补充中队)在6月中旬抵达库尔斯克以东，准备参加将于当月28日发起的夏季攻势。德军攻势发起后进展相当顺利，苏军布良斯克和西南方面军迅速东撤，使希特勒认为恢复了元气的德军"又一次挫败了对手"，很快命令将南方德军分成A和B两个集团军群，分别向高加索和斯大林格勒方向推进，第4航空队也相应地分兵支援这两个集团军群——StG-2所在的第8航空军负责支援斯大林格勒方向，而StG-77所在的第4航空军则向高加索开进。8月初，A集团军群从罗斯托夫旋转向南，向北高加索和库班河方向追击撤退中的苏军，而苏军在放弃了荒无人烟的中高加索地区后，开始在南高加索的崇山峻岭中据险坚守。到8月中旬，A集团军群的进攻势头已有衰竭迹象，在其右侧的苏军固守着狭长的黑海海岸带（黑海舰队剩下的基地均分布在此），其左翼的部队距离海边的几个大油田仍有相当的距离。相比之下，B集团军群向斯大林格勒的推进可谓势如破竹，从而使高加索战场自8月中旬起就变得较为次要，支援高加索作战的空军联队也被陆续调往斯大林格勒方向。StG-77第1大队在8月20日被调至斯大林格勒战场，联队部和第2大队也将在月内调离，高加索战场的斯图卡轰炸机力量一下子就只剩下了StG-77的第3大队。正是为了弥补斯图卡力量的迅速缺失，鲁德尔的StG-2补充中队奉命移驻迈科普(Maikop)附近的前进基地，负责与StG-77第3大队一起支援此区域的地面作战。

从8月下旬起，鲁德尔中队经常与StG-77第3大队一起执行任务，虽然他的那些老旧的斯图卡与StG-77的新战机相比有着不小的性能差别，但他手下那些争气的年轻新手们表现得毫不逊色。鲁德尔曾多次轰炸过苏军黑海舰队的母港图阿普谢(Tuapse)，还曾与对手的装甲列车玩过"猫捉老鼠"的游戏——这列装甲列车时常从藏身的隧道里出来，向图阿普谢周边的德军发射炮弹，鲁德尔几次试图抓住对手并将之摧毁，但都在最后时刻被它溜走，直到鲁德尔炸塌了隧道出口，才算将之锁死在隧道里。9月，鲁德尔中队被临时调到东高加索的索尔达茨卡亚(Soldatskaya)，负责支援正在捷列克(Terek)河北岸作战的地面德军。返回迈科普后，鲁德尔在9月24日完成了个人的第500次作战飞行。10月12日，鲁德尔在基地降落时突遭苏军轰炸机袭击，他幸运地躲过一劫，但StG-77的联队长奥尔特霍费尔(Alfons Orthofer)少校则没有那么幸运，正准备驾机起飞的他被弹片炸成重伤，当日死在迈科普的医院里。

11月初，鲁德尔染上了黄疸，不得不将补充中队移交给他人后住进了罗斯托夫的医院。几天后，他不仅自作主张地出院了，还匆匆赶到斯大林格勒以西几十公里的卡尔波夫卡(Karpovka)，向StG-2联队长霍泽尔(Paul-Werner Hozzel)中校报到。联队长任命他担任第1中队的中队长。此时的斯大林格勒已有90%落入德军之手，用鲁德尔自己的话来说，"苏军正以宗教般的狂热和无畏镇守着剩下的部分"。激烈的巷战使德军的每寸推进都得付出高昂的代价，双方阵地的犬牙交错对斯图卡飞行员也提出了极高的要求，他们既要命中残垣断壁中的对手，又不能误伤近在咫尺的德军，于是轰炸精度就成了最重要的，当然这也意味着鲁德尔他们要冒着猛烈的炮

▲ 摄于1942年春休假期间，鲁德尔到奥尔特-科尔福特(Alt-Kohlfurt)探视父母时，受到当地市民的热情欢迎，他们甚至还在鲁德尔父母的家门前组织乐队来表达对英雄的敬意。

▲ 飞经伏尔加河上空的1架Ju-87俯冲轰炸机。

▲ 摄于1942年夏末，鲁德尔的StG-2补充中队转至西高加索的迈科普附近，参加了进攻图阿普谢的作战。图为苏军黑海舰队的1艘驱逐舰爆炸时冒起的冲天烟柱，这艘驱逐舰在图阿普谢外海被鲁德尔中队掷下的炸弹直接命中。

▲ 从1942年9月中旬起，斯大林格勒被德军轰炸机、俯冲轰炸机、高射炮和野战炮炸得体无完肤，绝大多数的地面建筑都被摧毁。

火在极低的高度飞行投弹。里希特霍芬曾在日记中感叹："轰炸机简直就是在扔手榴弹的距离投弹。"其难度之大、危险之高自然不言而喻，还有后人曾称，即便在拥有精确制导武器的当代，这也是一项很高的要求。

尽管鲁德尔等飞行员竭尽全力，还是不能阻止苏军在斯大林格勒的南北两面取得重大的反击突破。11月19日，鲁德尔在前去轰炸顿河西岸克列茨卡亚(Kletskaya)附近的苏军桥头堡时，曾目睹了对手的大规模反攻，更看到罗马尼亚第3集团军丢盔卸甲、狼狈逃窜的场面。对此场景鲁德尔气愤填膺、深以为耻，甚至战后还余恨难消地称："罗马尼亚人真该庆幸我的弹药都用完了。"鲁德尔认为，除了无法战胜的酷寒和少得可怜的补给等因素外，正是罗军的溃退直接造成了防御体系的崩溃，进而导致了几个月后第6集团军的全军覆没。当罗马尼亚在1944年8月末脱离轴心国并向德国宣战时，鲁德尔对昔日盟友的怯懦无能和背叛更是愤慨难当，曾率部对罗军机场和部队进行过疯狂的报复性轰炸。当然这是后话，不过，鲁德尔似乎从未思考过希特勒的战略错误和指挥系统的失策，以及关键性的因素——苏军源源不断的人力、物力和将侵略者赶出国门的意志发挥的巨大作用。在对手的反击大潮中，再强的个人能力和技艺，充其量也就像当车的螳臂而已。

苏军的快速突破和德军防线的崩溃，使鲁德尔的基地被迫一再向后迁移。11月25日，一个苏军骑兵师在坦克的支援下强行撕开了防线，在德军后方不停地穿插，几乎包围了鲁德尔他们刚刚抵达的新基地，而此刻周边竟没有任何一支地面部队！1942年1月中旬，StG-3第3大队位于瑟乔夫卡的基地就曾被苏军攻击，连参谋和地勤都拿起武器参加了作战，鲁德尔等飞行员更是不停地出击轰炸对手，当时的战斗持续了整整3天。这次的情形虽不如上次那般危急，但鲁德尔也需一天内起飞作战17次之多！

鲁德尔和战友们竭尽所能地支援被困于斯大林格勒的第6集团军，但是区区几十架俯冲轰炸机又怎能改变大军的命运？1943年1月底2月初，曾经强悍的第6集团军放下了武器。在日复一日的出击作战中，鲁德尔的作战总次数到2月10日时已攀升至1000次，是空战史上达到这一高度的第一人，当然也是很多飞行员整个战争期间都难以企及的高度。鲁德尔的战友尤斯特(Guenther Just)曾说："……不是飞行员的人根本无法想象为地面部队提供支援的斯图卡飞行员在身体和精神上面对着多么巨大的压力——冒着高射炮和其他轻重武器的射击向目标俯冲，承受着拉起战机时产生的巨大压力；在距地面仅数百米的空中冒着猛烈的炮火投弹，目睹友机爆炸后产生的冲天火球；与数量占优势的敌军战斗机展开格斗——所有这些都迫使飞行员必须快速做出决定，不仅任务成功与否维系于此，机组成员的性命也都有赖于此。"[20]如果说斯图卡飞行员每次执行任务都像是到地狱走了一遭，那么将这些炼狱乘以2500次，就足见鲁德尔在所有时代的飞行员中那独一无二的地位。

完成了第1001次作战飞行后，鲁德尔被"强制"休假2周，而后被调往空军的一个空对地反坦克试验单位。在斯大林格勒灾难发生前的1942年末，鉴于苏军在东线源源不断地投入坦克和装甲车辆，空军在雷希林试飞中心组建了一个试验性反坦克特战大队，由本章开头提及的施特普上尉领导，任务是从战机与重武器的各种组合中拣选出最有效的"坦克杀手"。施特普的特战大队曾在Ju-88轰炸机的座舱下方安装75毫米火炮，但不能令人满意的试验结果，再加上一些无法及时解决的困难，让他们放弃了这种机型。特战大队也用Ju-87 G-1俯冲轰炸机进行过试验，他们在两侧机翼下各安装1门37毫米机炮，使用只在穿甲后才会爆炸的特制弹药。1943年初春，特战大队从雷希林开往东线的布良斯克基地进行测试，结果表明Ju-87 G-1最具

▲ *另一张摄于鲁德尔完成第1000次作战飞行时的照片，图中右侧的亨切尔似乎正准备品尝中队长的"保健饮料"。*

◀ 摄于1943年2月10日，鲁德尔当日完成了史无前例的第1000次作战飞行，着陆后战友们向他表示了热烈祝贺，并送给他一只象征好运的"幸运小猪"。图中最左侧的是鲁德尔的尾炮手亨切尔，他手里拿的是鲁德尔的"荣誉杯"，里面盛的当然是牛奶。

▲ 图为昵称"大炮鸟"(Kannonenvogel) 的Ju-87 G俯冲轰炸机。这种斯图卡拆除了俯冲减速板和挂弹架，在两侧机翼下各安装了1门37毫米机炮，用来对付数量越来越多的苏军坦克。Ju-87 G俯冲轰炸机的速度明显逊于其他斯图卡，也需要飞行员操纵战机时加倍小心。

▲ 图为Ju-87 G-1俯冲轰炸机。Ju-87 G系列的两个主要变种G-1和G-2之间最主要的区别是前者的翼展较短。

▲ 1943年3月14日，鲁德尔获得了第229枚橡叶骑士勋章。图为希特勒在狼穴向12名飞行员讲话的场景(图片摄于1943年5月)。图中左起第8人为鲁德尔，左起第5人为1941年10月16日起担任StG-2联队长的霍泽尔中校(第230位橡叶骑士勋章得主)。

潜力。鲁德尔到达布良斯克基地后，也多次试验过这种昵称“大炮鸟”(Kannonenvogel)的Ju–87 G–1，他虽然发现这种斯图卡因为装载了重武器而变得更慢，操作性能也略有下降，但对可能达到20至30厘米的射击精度感到兴奋，他认为只要距离坦克足够近，坦克上比较脆弱的装甲部分，如发动机、油箱和弹药舱等还是很容易被击穿和引发爆炸的。

“大炮鸟”很快就迎来了实战检验的机会。3月底，鲁德尔率领装备了Ju–87 G–1的“空中反坦克中队”(施特普负责留守布良斯克基地)飞抵克里木最东端的刻赤，从那里起飞支援库班桥头堡内的第17集团军和罗马尼亚部队。当时，苏军北高加索和外高加索方面军为切断德罗军队撤往克里木半岛的通路，正竭尽全力地猛攻库班桥头堡，双方的空军在这里各投入了约1000架战机，激烈的空战每天都在进行——负责此战场的苏联空军第4集团军司令员韦尔申宁(K.A. Vershinin)曾说：“有些日子里每隔10分钟就能看见1架坠落的战机，一天内发生多达100次的大小空战也是屡见不鲜。”而鲁德尔的“反坦克中队”无疑是库班战场上最具特色的一支空军部队，但他的首演并不成功。4月初，当苏军3个步兵师试图在坦克支援下砸开德军位于克里木斯卡亚(Krimskaya)的防线时，鲁德尔接到了率领“大炮鸟”前去攻击这些坦克的命令。但当他们在低空逼近对手时，遭到了地面高射炮的猛烈轰击，鲁德尔自己的座机也被击中。首战的失利使他意识到，由于装有机炮的机翼负重过大，Ju–87 G–1进行俯冲轰炸时将面临很大的危险，最实际的解决办法是用常规型斯图卡为“大炮鸟”护航。由于正面强攻一再失败，苏军打算在德军后方强行登陆后建立桥头堡。约2个师的步兵搭乘着数百只小型登陆艇或木船，试图在捷姆留克(Temryuk)湾周边地区上岸，但他们遭到了鲁德尔中队的无情攻击——连续几日里，从黎明到黄昏，鲁德尔中队一直在不停地搜寻和攻击登陆船只，迫使对手最终放弃了登陆，仅鲁德尔本人就摧毁了约70艘登陆船只。

在刻赤作战期间，鲁德尔于4月1日晋升为上尉，并在同月14日成为第229位橡叶骑士勋章得主。这当然是很高的荣誉，有资料表明，二战期间德国颁发了约7500枚骑士勋章，但只有860人是橡叶骑士勋章得主。[21]5月10日，鲁德尔奉命飞往元首大本营，希特勒将为他和其他11名飞行员颁发勋章。旅行途中，他突然觉得自己厌倦了在反坦克中队的日子，尤其是非常想念同在刻赤的StG–2第1大队的战友们。鲁德尔打算借此机会调回StG–2，他把想法告诉了希特勒的空军副官贝洛，还“威胁”说如果不批准的话则将会拒绝接受勋章。贝洛很快搞定了一切，鲁德尔可以返回StG–2，但前提是不能放弃空对地反坦克作战的研究。希特勒与这批获勋者交谈了约1个小时，首次面君的鲁德尔惊讶地发现元首非常了解前线状况，同时也为元首的口才和风度倾倒，他觉得希特勒“充满想法和计划，而且高度自信”。

鲁德尔回到StG–2后继续担任第1中队中队长，他还带回来一架Ju–87 G–1，在执行常规轰炸任务的间隙，只要听说有苏军坦克部队突破了德军阵地，他都会驾驶这架“大炮鸟”前去助阵。6月中旬，施特普上尉的反坦克特战大队所属的两个中队被分别并入StG–1和StG–2两个联队，加入StG–2的就是鲁德尔曾领导过的反坦克中队，这支中队虽成为独立的第10中队，但作战时归鲁德尔指挥。

1943年7月初，东线德军的最后一次重大攻势即将在库尔斯克拉开帷幕。这场会战当然以双方的坦克对决出名，但空中的搏杀一样惨烈。德国空军为支援地面部队的钳形攻势，一共积聚了约1800架战机，其中350架是斯图卡轰炸机。StG–1被部署在北翼的奥廖尔地区，南翼的哈尔科夫一带则部署了StG–2和StG–77的6个大队。德军高层或许依然期待斯图卡部队继续扮

▲ 摄于1943年7月的库尔斯克战役期间，鲁德尔手里拿的似乎是坦克鉴识图，他正向亨切尔(右)和技师斯拉贝尔斯(Wolfgang Slabbers)描述苏军坦克的主要特征。

▲摄于1943年夏，鲁德尔与亨切尔在成功执行完一次任务后表情满足地留影。

▲摄于1943年8月12日的哈尔科夫，鲁德尔和亨切尔当日分别完成了第1300次和第1000次作战飞行。战友们将两个花环挂在他们的脖子上以示庆贺。此时的鲁德尔上尉已是StG-2第3大队大队长。

◀摄于1943年7月初，鲁德尔正用T-34模型向战友们示范如何攻击苏军坦克。

▲ 摄于1943年8月，坐在Ju-87俯冲轰炸机里的鲁德尔上尉笑得非常灿烂。

◀ 摄于1943年7月5日，鲁德尔在当天的首次出击中就摧毁了4辆坦克，当日日终时他击毁的坦克总数为12辆。

演4年来的经典角色——以近90度的角度从天而降，投下杀伤力巨大的重磅炸弹，“尖叫死神”的凄厉呼啸声再令对手魂飞魄散。但是，斯图卡的黄金时代已无可奈何地翩然而去，它们作为俯冲轰炸机的角色正在日渐式微，在苏联空军越来越明显的空中优势面前，几乎所有的斯图卡大队都被集中用于低空对地支援。不过，斯图卡作为“坦克杀手”的第一次大规模使用也正是发生在此战期间。[22]Ju-87 G-1和G-2斯图卡在鲁德尔这种老手手中，还是使苏军坦克部队遭受了重大损失——会战首日（5日），鲁德尔在首次出击中就摧毁4辆坦克，当日的总战绩是击毁12辆坦克。另外，使用Fw-190 A-4和Hs-129 B-2/R2等战机的对地攻击联队也在库尔斯克进行了首演。被专门用作坦克杀手的Hs-129在其前端装有2挺7.92毫米机枪和2门20毫米机炮，而它真正强大的火力是其主炮——机身下方的30毫米Mark-101型或103型机炮。[22]这种机炮射出的炮弹如果命中在坦克后部、运输车辆或地面掩体上都会造成致命的杀伤。Fw-190也通常与Hs-129密切配合，它们投下的炸弹往往能在瞬间将阵地化为乌有。

德军的攻势在会战之初一度相当顺利，但很快变得步履艰难，无论装甲部队、步兵和飞行员付出怎样的超人努力，南北两翼的进展都难以令人满意。7月12日，苏军在北翼的奥廖尔地区向第9集团军后方发起了强势反攻，鲁德尔所在的StG-2被紧急调往奥廖尔一带，协助阻挡苏军的推进。仅过了一日，被盟军西西里岛登陆弄得心烦意乱的希特勒下令终止进攻，虽然南翼的局部攻防还将持续数日，但德军在二战时期的最后一次重大攻势就这样草草收场了。由于缺乏制空权，东线的斯图卡联队在这个7月遭受了最惨痛的损失，毁于苏军战斗机和高射炮的斯图卡战机难以计数，更严重的是损失了众多的老手和军官，光是StG-2就损失了3名中队长和1名大队长：第8中队中队长在7月8日攻击苏军坦克时座机被凌空打炸；第5中队中队长7月14日在别尔哥罗德东北被击落后阵亡；第2中队中队长7月17日在击落了1架苏军战斗机后被另一对手击坠身亡；第3大队大队长克劳斯(Walter Krauss)也在7月17日被弹片炸死。[23]克劳斯少校曾是首位获得骑士勋章的侦察机飞行员，1941年末调入俯冲轰炸机部队时，还曾在格拉茨的补充中队学习受训，与鲁德尔的私人交情相当深厚。鲁德尔对于这些同僚的离去非常痛心，但对手接二连三的反攻使他没有时间沉浸在悲伤中。7月19日，他被任命为第3大队大队长，之后他的大队就不停地西撤和转场，有时也被派去支援被突破的危急地段。8月初，苏军克复了奥廖尔和别尔哥罗德，StG-2被调往哈尔科夫周边驻防，协助守军镇守这座重镇。8月12日，鲁德尔和尾炮手亨切尔分别完成了第1300次和第1000次作战飞行。这固然是非常了不起的纪录，但个人成就再令人印象深刻，在对手的攻击狂潮前也不过是沧海一粟，鲁德尔所能做的也只能是局部地、短时间地阻挡苏军潮水般的推进——哈尔科夫在8月23日的最后一次易手就是最好的一例。鲁德尔很可能已深切认识到了战争中个人力量的渺小，尤其是缺乏经验的新人往往没有留下任何痕迹就销声匿迹的残酷现实。他十分担忧大队补充进来的那些新人，总是尽可能地向他们传授经验和技能，同时也严令他们在空中保持队形。鲁德尔在自传中曾说，他与老手们就像“老母鸡护佑小鸡”那样竭力避免新手的伤亡，并帮助他们尽快适应战斗环境。

1943年9月15日，南方集团军群指挥官曼施坦因以无可辩驳的事实说服了希特勒，获准全线撤往第聂伯河西岸建立新的防御体系。鲁德尔的StG-2负责为撤退中的第1装甲集团军和第8集团军提供掩护。到9月28日时，StG-2已撤往第聂伯河西岸近100公里处的克里沃罗格(Krivoyrog)。10月9日晨，鲁德尔和亨切尔向逼近扎波罗热(Zaporozhye)的苏军装甲矛头发动了

▲ 摄于1943年10月9日，鲁德尔当日完成了第1500次作战飞行，第1航空队指挥官普夫卢格拜尔(Kurt Pflugbeil，中)亲自赶来表示祝贺，并赠送给鲁德尔一只大蛋糕。右为1943年9月10日接任StG-2联队长的施特普少校。

▲ 摄于1943年11月，鲁德尔前去轰炸第聂伯河河曲部的罗曼科沃(Romankovo)大桥，图中机头略微前倾的战机就是鲁德尔的座机，本图是SG-2(10月18日StG-2正式改称SG-2——第2对地攻击联队)第3大队副官菲克尔(Helmut Fickel) 少尉从自己的座机上拍摄的。

▶ 摄于1943年10月，鲁德尔正在锻炼。每逢天气糟糕到无法执行任务时，人们总能看到第3大队大队长鲁德尔不是在扔标枪、掷铁饼，就是在进行万米长跑。正是这种长年坚持不懈的锻炼帮助鲁德尔具备了常人无法企及的身心强韧性，也帮助他多次逃离死神的魔爪。

▲ 摄于1943年11月，鲁德尔已击毁了100辆坦克。图中左二为时常担任鲁德尔僚机的大队副官菲克尔，右一为大队首席军医加德曼(Ernst Gadermann)博士，当亨切尔在1944年3月末丧生后，加德曼开始担任鲁德尔的尾炮手。

▲ 此图摄于鲁德尔和亨切尔在大本营领受勋章后。

◀ 摄于1943年12月末，东线某处上空的一群Ju-87俯冲轰炸机。

▲ 1943年11月25日，鲁德尔获得了第42枚双剑骑士勋章。图为授勋场景，左一为获橡叶骑士勋章的JG-52联队长赫拉巴克中校；右一为鲁德尔的尾炮手亨切尔，他被授予了骑士勋章。

攻击，等返回基地时，他们受到了官兵们的热烈祝贺——这是鲁德尔的第1500次、亨切尔的第1200次作战飞行，到此时为止鲁德尔已击毁了约60辆苏军坦克。赶来祝贺的还有刚从第4航空军指挥官升任第1航空队指挥官的普夫卢格拜尔，这位将军特意送给鲁德尔一个大蛋糕。

10月18日发生了德军斯图卡轰炸机部队近十年历史上的一件大事：StG-1、StG-2、StG-3、StG-5和StG-77等东线斯图卡联队均被改为相应的对地攻击机联队，StG-2的全称也变成了第2“殷麦曼”对地攻击机联队(Schlachtgeschwader 2，简称SG-2)。空军高层做出这种改变的根本原因在于，俯冲轰炸机并非攻击对手坦克的最有效的武器，斯图卡本身也比以往任何时候都更易受到苏军战斗机部队的打击。另外，斯图卡单位在斯大林格勒战役后主要承担的对地攻击支援角色，与规模大大扩展的对地攻击机联队有着很大的相似性，而后者装备的Fw-190战斗—轰炸机经过实战证明是一款卓越的战机，既能投弹，又能在空中与苏军战斗机抗衡(不像斯图卡那样投弹完毕就得返航)。自然，空军高层更愿意把角色相似的两个兵种合二为一，用战斗力更强的Fw-190来逐渐取代过时的Ju-87。因而，至少从纸面上来看，俯冲轰炸机部队作为一个兵种从这天起就不复存在了。不过，改名容易，更换机型和熟悉战机却无法一蹴而就。事实上，鲁德尔的第3大队直到战争行将结束前才开始换装Fw-190，之前仍以Ju-87为主机型。[24]

1943年11月25日，鲁德尔获得了第42枚双剑骑士勋章。有趣的是，鲁德尔之前曾为亨切尔申请骑士勋章，但一直没有答复。亨切尔有着1000次以上的作战飞行经历，还击落过数架战斗机，鲁德尔认为他是最好的炮手，完全有资格获得骑士勋章。他把亨切尔直接带到狼穴，并请贝洛上校“查一下”亨切尔的勋章到底卡在了哪个环节。贝洛很快为鲁德尔这位英雄搞定了一切，戈林批准授予亨切尔骑士勋章，而且还将由元首亲自授勋！当日参加仪式的还有获得橡叶骑士勋章的JG-52联队长赫拉巴克(Dietrich Hrabak)中校，他在1990年代去世前接受采访时曾回忆说：“……鲁德尔是战争期间获得最高级战功勋章的德国飞行员……他是一个直到最后一天仍不愿罢手的真正的狂热分子。我们过去为他的俯冲轰炸机编队提供过护航，只要在空中观察一下你就能看出他是什么样的人。他把炮手亨切尔也带来面见希特勒。鲁德尔为他申请过骑士勋章，但从未得到回复……亨切尔是希特勒亲手授予骑士勋章的三人之一，因为他只颁发橡叶骑士或更高级别的勋章。”[25]

在乌克兰寒冷的1943年冬，鲁德尔率领SG-2第3大队忠实地执行着攻击坦克、轰炸桥梁、摧毁火车站和交通枢纽、支援或掩护地面部队等各种任务。虽不能挽回南方德军步步败退的命运，但鲁德尔在对手飞行员中的“恶名”更加昭著了。德军的无线电监听曾发现，苏军飞行员们多次接到命令，要求他们“干掉飞机上长有两个长条的那个德国猪，因为他总能敲掉我们的坦克”——“两个长条”自然是鲁德尔的Ju-87 G-2上的两门火炮。据说，斯大林曾悬赏10万卢布索要鲁德尔的项上人头。若果有其事，那么能享受此种待遇的，除超级王牌哈特曼外，恐怕就只有这位“坦克杀手”鲁德尔了。

命运之神总是眷顾他

鲁德尔转战东线数年，虽然不畏生死、技术超群，但也被击落过30余次，只不过将之打下来的都是高射炮，从来没有苏军战斗机能把他揍下来，他对此自然是十分自豪。鲁德尔能幸存于2500余次作战飞行，除技术方面的原因外，可能还有如下几个因素：其一是他具有顽强的意志和绝不放弃的韧性，这点从他那“自暴自弃才是最大失败”的座右铭中就可看出一二。其二是他拥有非常强健的体魄，不吸烟、不饮酒的他对体育锻炼有着强烈的嗜好，这些能保证他有足够的精力连续出击，而且在他幸存的故事中都曾发挥过重大作用。第三个因素可能是最具决定性的，那就是纯粹的运气，是命运之神对他的眷顾。虽然多次被高射炮击中，但他总能把遭受重创的战机开回德军一侧，最不济的情况下也是坠毁在距己方防线不远处(尽管有一次落在了苏军防线后方，但很快被战友抢回)。当然，这可能跟斯图卡主要执行对地支援任务，其前进基地距步兵防线都不远也有关系。鲁德尔曾6次为营救战友迫降在苏军防线一侧，受伤6次，其中2次重伤，1945年2月9日为营救战友甚至还失去了一条腿。面对鲁德尔的诸多惊人之举，后人无法不惊叹他的确好运连连，更感叹他为营救战友而甘愿违令和自我牺牲的精神——在二战行将结束的最后日子里，这位官拜上校联队长的金橡叶骑士勋章得主，依然在我行我素地冒险营救战友。

鲁德尔在自传中曾以很大篇幅追忆过他在1944年3月末的一次惊险逃生经历。这也是他最惊心动魄的一次敌后救援，那时他已晋为少校，作战飞行的总次数也接近了1800次。3月初，苏军第1、第2、第3和第4乌克兰方面军发起了旨在围歼德军南方集团军群的大规模反攻，曼施坦因手下的第1装甲集团军、第8集团军、斯大林格勒战役后重建的第6集团军及两个罗马尼亚集团军等均被迫撤往南布格河西面的防线。但是，苏军雪崩般的推进速度和强大的机动能力大大超出了德军的预料，尤其是德涅斯特河上游河畔的扬波尔(Yampol)3月18日即被苏军攻克，迫使德军第8集团军加快了逃往德涅斯特河西岸，以避免被围歼于布格河与德涅斯特河两河之间的命运。为帮助地面部队撤过德涅斯特河后进驻罗马尼亚北部的比萨拉比亚 (Bessarabia) 地区，鲁德尔的SG-2第3大队与多支空军单位一起奉命掩护陆军西撤。3月21日，鲁德尔大队先到巴尔塔(Balta)等地执行了7次任务，然后前去轰炸苏军在扬波尔建立的德涅斯特河桥头堡。

尽管遭到20架苏军战斗机的阻截及地面高射炮的射击，鲁德尔大队还是成功炸毁了德涅斯特河上的一座渡桥。有1架斯图卡被高炮击中后出现了发动机故障，虽然只需咬牙坚持几分钟就能飞回德军一侧，但过于紧张的年轻飞行员还是很快迫降在苏军后方的一块玉米地边。鲁德尔目睹了整个过程，也迅速做出了救人的决定，同时要求其他斯图卡在空中警戒。着陆时他发现地面非常松软泥泞，甚至连刹车都不用，但当几个人都挤进他的斯图卡里时，他发现起落架已深陷于泥泞之中，战机根本无法起飞了。鲁德尔坐在驾驶舱里环顾四周，远远地看到有一队苏军正朝他们这里奔来，于是他当机立断，命令空中的战友迅速返航，同时下令自毁战机。做完这一切后，他带着亨切尔和那两位吓得不知所措的新手，朝着西面的德涅斯特河方向狂奔。他们不知疲倦地奔跑，一直跑到陡峭的河岸边，借助灌木的缓冲作用连滚带爬地溜到河边，扯掉衣服后毫不犹豫地跳入水中。鲁德尔倒是没有忘记带着地图、罗盘、佩枪和他的那些勋章。冰雪渐融的河水寒冷刺骨，几个人很快都觉得手脚麻木僵硬，唯一支撑他们的就是宁可淹死、也不被俘的信念了。鲁德尔多年的锻炼此刻发挥了作用，两个新手的体力和游泳技术也不错，只有亨切尔一直在后面挣扎。游过了近500米的河面后，鲁德尔上岸后坐在岸边大口地喘着粗气，却发现距岸边仅剩50米的亨切尔仍在挣扎不已。鲁德尔立即跳入水中，用尽力气朝他游去，但一切都无济于事了，亨切尔就在鲁德尔的眼前沉底了。

鲁德尔等三人不知道自己距苏军后方有多远，只希望能早点遇到自己人或罗马尼亚士兵。三人衣衫褴褛，又冷又饿，其中一个还有些神智不清。此刻已是下午4点，太阳的余辉正逐渐消散，寒冷饥饿吞噬着他们仅存的体力。鲁德尔决定一直朝南走，途中他们遇到了几名军人，结果发现是装束与罗马尼亚士兵颇为相似的苏军。两名年轻飞行员在枪口下目瞪口呆，而鲁德尔不愿束手就擒，只见他突然弯下身子，以平生最快的速度闪电般跑开了。他像野兔那样不停地变换着奔跑方向，苏军士兵的子弹嗖嗖地从身边穿过，有一颗子弹还击中了他的肩部。求生的信念支撑着鲁德尔继续奔跑，他挣扎着跑过一座山岗，总算摆脱了身后的追兵。正在大口喘着粗气的时候，鲁德尔又发现约有20名苏军士兵从他的左前方赶来，远远地还有一名骑兵快马加鞭地飞驰。鲁德尔迅速找到一个小角落躺下，然后不停地往自己身上埋土。就在这时，SG-2第3大队所有的斯图卡轰炸机和2架侦察机出现在天空，它们都飞得很低，四处搜索着大队长的踪影，但鲁德尔一动也不敢动，眼睁睁地看着这些战机陆续飞离。或许是命运之神再次眷顾于他，也许是飞机干扰了苏军的搜索，鲁德尔就这样紧贴着冰冷的地面侥幸躲了过去。天渐渐黑下来了，苏军增加人手的同时还带来了猎犬，他们距鲁德尔只有50米了，但猎犬就是始终不往他藏身的地方来！

天完全黑下来后，苏军似乎放弃了搜捕，鲁德尔紧绷的神经终于松弛了一下，饥饿、寒冷、疲劳和肩伤一下子全都涌了上来。他的罗盘也坏了，只能根据星星来大致确定方位。不知走了多久，鲁德尔冒险进入一家农户，要了点东西吃，小睡一会后又一头扎进漆黑的暗夜。天在下雨，星星躲了起来，到处黑漆漆一片，脚和伤口都疼得要命，又饥又渴……鲁德尔托着踉跄的脚步继续向西，22日上午遇到一些逃难的罗马尼亚人，一个会说德语的姑娘告诉他此处离弗洛雷什蒂(Floresti)不远，那里仍有罗军驻守。接近中午时，几近赤裸的鲁德尔终于获救，身披一条毛毯的他没过多久被带到附近的机场，发现SG-2第3大队的1架轰炸机正在那里恭候着他……[26]

鲁德尔在逃亡途中曾揣测，两名被俘飞行员可能供出了他的身份，这才使苏军在21日夜晚加大了搜寻力度。其实，苏军飞行员们1星期前就以为干掉了这个“大魔头”。他们把这个“荣誉”归功于著名王牌飞行员肖斯塔科夫(Lev Shestakov)。肖斯塔科夫的战友拉夫里年科夫(V. Lavrinenkov)曾在战后的一部著作中说，鲁德尔一直都是肖斯塔科夫上校任团长的第69战斗机航空团的老对手。1944年3月13日，一直追逐鲁德尔的肖斯塔科夫在空中准确击中了一架Ju-87 G-2，致使敌机凌空爆炸。由于此间服役的Ju-87为数很少，而众所周知鲁德尔只驾驶他最喜爱的这款战机，故而苏军都认为被干掉的就是鲁德尔。不过，在众人庆贺之前，那架Ju-87爆炸时产生的巨大气浪，也使肖斯塔科夫的拉-5战斗机在高速旋转中失去了控制，这位王牌随后坠机身亡。[27]也有后人曾指出，拉夫里年科夫讲述的故事中，除肖斯塔科夫的阵亡时间准确以外，其余的都是掩饰——最著名的苏军王牌战斗机飞行员在与俯冲轰炸机的格斗中竟然丧生，实在是令人尴尬的往事。

无论如何，福大命大的鲁德尔又一次逃过了死神的召唤，尽管两天一夜40余公里的逃亡是他一生中最艰苦的一次。令人难以置信的是，仅仅休息了2天，鲁德尔就让人把自己抬进了1架Ju-87，又一次率领第3大队前去轰炸苏军的阵地！3月25日完成了个人的第1800次作战飞行后，鲁德尔又在26日率队攻击了长长的一队苏军坦克，当时这批坦克都挂上了副油箱，显然是准备向德军后方进行长途奔袭。鲁德尔一个人就摧毁了其中的17辆，这一令人印象深刻的战功也使他的大名在27日首次登上了国防军战报。28日，鲁德尔在又一次的出击中击毁了9辆坦克，使他的坦克击毁总数超过了200辆！显赫的战功和敌后逃亡的勇敢行为为他赢得了巨大的荣誉——29日，鲁德尔被授予第10枚钻石骑士勋章。祝贺的电话、电报和信件纷至沓来，一时间，鲁德尔成了非凡勇气的代名词。在上萨尔

▲ *1944年1月末，这里是距乌克兰佩沃梅斯克(Pervomaysk，即五一城)不远的一个十字路口。当日的浓雾曾迫使鲁德尔紧急降落，之后他沿着公路滑行了约40公里，直到距佩沃梅斯克12公里处的这个十字路口才停下。他和亨切尔把战机停在路边，待浓雾散去之后才驾机返回基地。图中鲁德尔座机的不远处是过往的德军车辆。*

◀ *摄于1944年3月25日，鲁德尔逃亡归来后的第3天就完成了个人的第1800次作战飞行。但他的脸上显然还布满疲劳和紧张的神色。*

茨堡贝希特斯加登的元首乡间别墅里，希特勒热情地迎接鲁德尔的到来，他不仅非常清楚鲁德尔劫后余生的那段经历，也毫不掩饰自己对后者的赞赏和对其勇气的钦佩。同时，希特勒还解释了为何亲自下达了禁飞令——他认为鲁德尔已经做得足够多、足够好了，“没有必要让所有的勇士都牺牲生命，必须为下一代保存一些榜样和经验”。鲁德尔闻言却出人意料地说：“如果获得这项荣誉的前提是不能再领导大队作战，那我宁可拒绝接受。”希特勒皱起了眉头，刹那间空气也仿佛凝滞了一般，但他的脸上很快又浮现出笑容，轻声说道：“那好吧，你可以继续飞行。”为达目的不管不顾的鲁德尔愉快地接受了勋章，与元首交谈了2小时后，他踏上了回家休假的归途。

1944年5月初，在雅西西面的特尔古-弗鲁莫斯(Targul-Frumos)爆发了一场坦克大战，曼陀菲尔中将的“大德意志”装甲掷弹兵师在第24装甲师等友军配合下，挫败了科涅夫元帅第2乌克兰方面军夺取雅西、扑向普罗耶什蒂油田的尝试，还摧毁了数百辆苏军坦克。此战开始前一天，曼陀菲尔曾亲自打电话给鲁德尔，请他对“大德意志”师防线以北疑似苏军集结地的方位进行了大规模轰炸。[28]6月1日，鲁德尔完成了史无前例的第2000次作战飞行，为此戈林在3日授予他金质钻石飞行员/侦察员联合徽章，到二战结束时他仍是这种勋饰的唯一得主。戈林在接见鲁德尔时，曾要求他去组建一支使用新型Me-410战机的单位，希望他能在率部对垒盟军四引擎重型轰炸机时取得决定性优势。鲁德尔表示，虽然自己以前曾渴望成为战斗机飞行员，但现在绝不愿离开俯冲轰炸机部队。虽然戈林希望鲁德尔不要拒绝这项任命，但对后者的态度也不感到惊讶，最后划定的底线是绝不允许他再到敌后救援战友。戈林称这是一项必须严格服从的命令，如果确有必要救援，也必须由其他人执行。几天后，戈林再次召见鲁德尔，这

▶ 摄于1944年6月，完成任务归来的鲁德尔。

▲ 摄于1944年5月的特尔古-弗鲁莫斯战场，鲁德尔的SG-2第3大队曾给予“大德意志”装甲掷弹兵师有力的支援，图中掷弹兵们正向返航的斯图卡挥手致意。

▲ 摄于1944年6月初，位于罗马尼亚胡希(Husi)的SG-2第3大队基地。右一为鲁德尔，他旁边是第7中队中队长施特勒尔(Wilhelm Stähler)少尉，中间低头打电话者为大队参谋军官魏斯巴赫少尉。JG-52第2大队负责为鲁德尔大队护航，魏斯巴赫正借助地图确定双方的会合地点。

▲ 摄于1944年6月初，德军计划向雅西西北的斯坦察(Stanca)发动反攻，目的是破坏苏军的进攻准备和改善己方的防御态势。图为待命而发的德军坦克和装甲车辆。

▲ 摄于1944年6月初，德军在雅西西北的反攻发起前一刻，鲁德尔坐在一架Ju-87 D的座舱里，不耐烦地等待地勤们完成检修。战机后部坐着的是尾炮手加德曼。

▼ 摄于1944年6月初，鲁德尔大队负责为在雅西西北进攻的德军提供支援，图为战前他与有关方面最后协调的场景(也可能是在向飞行员们训话)。图中众人似乎都是他的下属，但实际情况是他这个少校可能是军衔最低的，他左边的是第1航空军指挥官戴希曼中将，右边则是步兵将军、第52军军长布申哈根(Erich Buschenhagen)。

▲ 摄于1944年6月1日，鲁德尔完成了第2000次作战飞行。图中他正在洗耳恭听第1航空军指挥官戴希曼和SG−2联队长施特普中校的祝贺，他右边的是联队作战参谋希尔施(H. Hirsch)上尉，最右边则是第9中队中队长多泽(Paul Dose)中尉。

▲ 摄于1944年6月初，鲁德尔正是驾驶这架Ju−87完成了第2000次作战飞行。图中他与尾炮手加德曼及地勤们合影留念。

次授予他的是一个独一无二的勋饰——金质钻石对地支援徽章，这是一个璀璨夺目的纯金饰物，中间是白金花环围绕的双剑，下方则是注有“2000”字样的垂饰，而这个醒目的数字竟是用小钻石镶嵌而成的。

金橡叶骑士的最后挣扎

1944年7月至9月，鲁德尔的SG-2第3大队转战于北达波罗的海、南至黑海的广大区域，多次在险情频仍的战场充当“空中救火队”。苏军6月22日发起的“巴格拉季昂”夏季攻势很快重创和歼灭了德军中央集团军群大部，这时鲁德尔所部仍在相对平静的罗马尼亚雅西战场。7月13日，科涅夫第1乌克兰方面军发起了“利沃夫(Lvov)战役”，旨在将德军赶出乌克兰并在维斯瓦河建立桥头堡。苏军攻势发起时，鲁德尔大队被迅速调往北乌克兰集团军群战场。虽然鲁德尔一如既往地连续出击，也给试图跨越桑河(San)并向北朝普舍美斯(Premysl，亦作普热米斯尔)推进的苏军造成了巨大损失，但是德国战车的命运已难以逆转。当苏军在7月26日夺回利沃夫时，鲁德尔又收到调令，率队北上支援中央集团军群在东普鲁士和立陶宛边境地带的作战。曼陀菲尔的“大德意志”师等部在8月上旬夺回了立陶宛重镇维尔卡维什基斯(Vilkaviskis，德语Wilkowschen)，鲁德尔大队为成功夺城也做出了显著贡献。在这次作战中，鲁德尔违背了不得再进行敌后救援的禁令，冒着危险救出了被击落的两名飞行员。维尔卡维什基斯反击战刚一结束，鲁德尔就被北方集团军群指挥官舍尔纳上将点将要走，开赴拉脱维亚和爱沙尼亚边境地区作战。8月14日，鲁德尔将个人的坦克击毁纪录提升到320辆，早就非常赏识鲁德尔的舍尔纳特意派人送来一个大蛋糕，上面除了有1辆T-34的模型外，还写着“320”的字样。16日，德军第3装甲集团军发起了旨在恢复中央与北方两大集团军群陆路联系的“双头”作战，几日后德军占领了里加湾边上的重镇图库姆斯(Tukums)，初步打通了北方集团军群与其他德军的联系通道。当时，鲁德尔正在爱沙尼亚的多尔帕特(Dorpat，今为塔尔图)协助地面部队阻挡突向塔林(Tallin)的苏军，他的座机19日清晨曾被击落，他的腿部受伤，尾炮手加德曼也断了3根肋骨，幸运的是两人被地面德军迅速救走。鲁德尔回到多尔帕特后，顾不上伤势，甚至都没有时间洗一把被熏黑的脸，就立即开始研究地图和准备下一次出击了！

火热的战事在北方战场继续进行着，但是，当苏军第2和第3乌克兰方面军8月20日又在罗马尼亚发起了围歼南乌克兰集团军群的双重包围攻势时，舍尔纳不得不惋惜地目送鲁德尔大队急返罗马尼亚——罗军不仅意志力不足，而且装备落伍、训练落后，根本不是高度机械化的苏军的对手。仅仅2天罗军就出现了全线溃退，一定程度上造成仍在坚守的德军第8和第6集团军腹背受敌，而苏军装甲部队已开始向布加勒斯特和普罗耶什蒂油田方向推进。鲁德尔除了愤恨地指责罗马尼亚人以外，还能做什么呢？随着罗马尼亚政变的发生和随即向德国宣战，鲁德尔所部自身的处境也非常危险，他在用完了所有弹药后不得不率部撤往喀尔巴阡山脉另一边的匈牙利，留在罗马尼亚的是近10万德军的尸首和超过10万的战俘。

在无处不在的败退中，鲁德尔攀上了军旅生涯的又一个高峰——9月1日晋为中校后他被任命为SG-2“殷麦曼”联队的联队长。9月初的一日，鲁德尔驾驶1架Fw-190对喀尔巴阡山脉一处山口附近的苏军进行了低空攻击，返回基地时却遭遇了40架美军“野马”战斗机！鲁德尔抢在前面着陆后立即跳机逃跑，但美军已开始进行恣意的扫射和攻击。SG-2当日共损失了50架战机，鲁德尔也曾命悬一线——他在草地上一动不动地躺着装死，直到死追着扫射他的那架“野马”耗尽了弹药为止。恼恨不已的鲁德尔把怒气全都发泄到距SG-2基地不远的一处罗马尼亚空军机场，两天里他率队摧毁了150余架罗军战机(当然这些战机基本都是德国制的)。残酷的现实迫使鲁德尔意识到，一个人的勇敢、一个联队的轰炸、一次局部反击的得手，或许能一时迟滞对手，但绝无可能阻挡敌军巨大的人力和物力所铸就的滚滚洪流。尽管如此，作为战士和前线指挥官，他还是竭尽所能地鼓舞士气和率先垂范。在11月的一次作战中，鲁德尔击毁了5辆坦克，返航途中突然意识到其中1辆是从未见过的新型号，为给高层提供更多的第一手材料，他决定返回战场再仔细观察一番。当他在低空盘旋观察时，附近的苏军士兵射出的子弹击中了他的大腿。鲁德尔以惊人的毅力将战机开回了布达佩斯附近的基地，之后在医院躺了几天。医生们对他说："如果一切顺利的话，6周后将能恢复站立。"但是，这位强人没几天就强行出院返回了联队，并在右腿还打着石膏的情况下升空作战了！

1944年12月30日，鲁德尔接到速至柏林向戈林报到的命令。鲁德尔对此感到不快，主要是因为布达佩斯前几日刚刚被围，整个SG-2非常繁忙，他手下的战机经常充当着"既是俯冲轰炸机，又是对地攻击机，有时还是战斗机甚至侦察机"的多重角色。另一原因可能是鲁德尔担心戈林会下达更严厉的禁飞令，11月受伤住院的事虽侥幸无人提起，但他还是担心被再次禁飞。到柏林后鲁德尔并未见到帝国元帅，反而被命令搭乘戈林的专列，西行到法兰克福西北面陶努斯(Taunus)山间的元首西线总部报到。1945年的第一天，鲁德尔在法兰克福亲眼看见了很久未曾见过的大批Bf-109和Fw-190向西飞去，稍后有位将军告诉他，这些战机的目标是攻击比利时与法国北部的盟军机场，以支援正在阿登山区进行的反击战。鲁德尔对此次行动很不以为然——虽然摧毁或重创了约500架盟军战机，但德军自身的损失也高达300余架，更有210

▲ 约摄于1944年12月底，鲁德尔与加德曼(左)和罗特曼一级上士合影。鲁德尔此时已完成了2400次作战飞行，摧毁了460余辆坦克。

▶ 约摄于1944年底，SG-2联队长鲁德尔中校正在计划下一次任务，图中右边二人为联队部飞行员伯林(Fritz Boelling)和马尔丁格(Heinz Maldinger)。

◀ 摄于1944年8月19日，鲁德尔大队在爱沙尼亚的多尔帕特支援北方集团军群的地面作战。鲁德尔的座机当日曾被击中起火，他的一条腿受伤，尾炮手加德曼折断了3根肋骨，但他们幸运地被地面部队救走。回到基地后，鲁德尔立即研究地图和筹划下次出击。图中的他（坐者）面部虽被熏得黝黑，但似乎不愿或没有时间去清洗一下。

▼ 摄于1944年11月17日的SG-2联队部，鲁德尔正在下达命令前对表，当时苏军已接近布达佩斯东北60公里处的珍珠市(Gyongyos)。图中从左至右为联队副官贝克少校、鲁德尔、魏斯巴赫中尉，低头看地图的是联队首席医官兼鲁德尔的尾炮手加德曼。

▲ 摄于1945年1月1日，希特勒授予鲁德尔独一无二的金橡叶钻石骑士勋章的场景。图中最靠右的是邓尼茨和戈林，希特勒右边的两人分别是凯特尔和约德尔。

▲ 摄于1945年1月1日，鲁德尔上校佩戴金橡叶钻石骑士勋章的标准照。

▲ 鲁德尔的金橡叶钻石骑士勋章。

余名飞行员战死、失踪或被俘,而盟军损失的飞行员和机组微不足道,更何况500架战机对盟军,尤其是美国的飞机生产能力来说根本不具有决定意义。鲁德尔战后曾说,一想到这些所谓的战果将作为重大胜利汇报给元首,他就不禁气愤填膺。在他看来,这种得不偿失的"兑子"战法不是有意欺骗,就是夸大其词的个人野心。

到此刻为止,鲁德尔一直不清楚自己被召来的真正原因。在西线总部等候传见时,希特勒的空军副官贝洛打电话说请他过来喝咖啡。结果,贝洛径直把他带进了作战室,希特勒的身边环立着戈林、邓尼茨、凯特尔、约德尔、古德里安等人!鲁德尔十分后悔没换上更整洁的军服,在这么多大员的注视下他也感到紧张不安。就在这时,希特勒上前一步握住了鲁德尔的手,郑重地说道:"你是德国人民有幸拥有的最伟大、最勇敢的战士。我已决定创设一种位列所有勋章之上的、表彰勇敢的新勋章——钻石双剑金橡叶骑士铁十字勋章。我现在把它授予给你,同时晋升你为上校。"[29]当希特勒说"你必须为德国的年轻人保护好自己"时,鲁德尔无所顾忌地脱口而出:"我的元首,如果不允许我继续率领联队飞行作战,那么我不能接受您的勋章和晋升。"希特勒闻言一惊,严肃地看了他一小会儿,继而微笑着让步了:"好吧,你可以继续飞行。不过千万要小心,德国人民需要你。"

贝洛上校事后曾告诉鲁德尔,当他与在场诸位听到这一讨价还价时"几乎都要晕过去了"。[30]海军总司令邓尼茨对鲁德尔的祝贺并非毫无保留,他曾这样说道:"我觉得你说服元首允许自己继续飞行的做法不太像个战士。我也有一些极出色的U艇艇长,但他们迟早都得放弃(继续作战)。"[31]鲁德尔战后也曾说过"幸亏邓尼茨不是空军总司令"之类的话。最兴奋的自然是戈林,"他的空军"的英雄鲁德尔获得最高荣誉,一定程度上对改善他此刻的尴尬处境是有所帮助的。其实,当希特勒12月29日创设金橡叶骑士勋章并决定授给鲁德尔时,陆军和海军曾提出过质疑,甚至反对将之授给飞行员,因为当时的普遍情绪是空军应对战事的节节失利负责,尤其是盟军的无休止轰炸更是造成了普通百姓对空军的强烈不满。当然,希特勒做了最后的决定,他甚至亲自撰写了颁发勋章的表彰辞。希特勒是真心地欣赏这位英雄,他不仅向鲁德尔介绍了刚与将帅们讨论的救援布达佩斯的作战计划,还请他到书房喝茶小坐,关切地询问鲁德尔家里的情况。

鲁德尔没有多做逗留就匆匆返回了匈牙利前线,以党卫军第4装甲军为主力进行的布达佩斯救援战正在激烈地进行中。1月14日,鲁德尔获得了匈牙利最高军事荣誉——"金质勇士勋章"。二战时期只有7名匈牙利人获得过这种荣誉,鲁德尔是第8个,也是唯一一个外国人。仅过了一日,鲁德尔的SG-2就奉命调离了布达佩斯,这次的目的地是上西里西亚——1月12日,约300万苏军在无数大炮和坦克支援下,沿着从波罗的海至波兰中部的400英里正面发起了突然攻势,其中的第1乌克兰方面军从桑多梅日(Sandomierz)桥头堡杀出后,几天内就逼近了上西里西亚的工业区。在自己的家乡作战,鲁德尔自然更加不遗余力,但他在1月下旬却遭到戈林的一顿臭骂——戈林劈头盖脸地警告鲁德尔立即停止作战飞行,因为元首斥责他未尽到空军总司令的职责,直接起因就是希特勒听说鲁德尔一直没有放弃作战飞行!希特勒不愿看到这位超级英雄在最需要提振士气的时刻命丧敌手,而自己出于种种原因总也"无力"当面拒绝爱将的要求,只好迁怒于越来越不受待见的戈林。鲁德尔陷入了两难境地,一方面他觉得在紧要关头袖手旁观无疑就是"叛国";另一方面他也被戈林的严厉所震慑。他决定暂且收敛一下,但当西里西亚的战火愈燃愈烈、联队的损失逐日加重时,他决定即便被褫夺了一切荣誉,也要率部出击作战。狐疑的上级曾悄悄派人调查，结果抓了返航的鲁德尔一个“现行”。希特勒得悉后命令戈林通知鲁德尔彻底罢手，戈林则气哼哼地警告后者不要“再试图羞辱和激怒元首，否则将按军法处置”。鲁德尔知道自己探到了极限，但他依然决定不计任何后果地飞下去——能保持如此旺盛的战斗热情，能如此一而再再而三地违背最高旨意的，除鲁德尔以外还能有谁呢？

1945年2月，鲁德尔所部被调往奥得河畔的法兰克福—科斯琴(Kustrin)地区。8日，鲁德尔在4次出击中先后击毁了12辆T-34中型坦克和“斯大林”重型坦克。返航前，他把最后1发炮弹射向了1辆“斯大林”重型坦克，就在第13个牺牲品爆炸起火时，他的座机也被苏军高射炮击中。鲁德尔的右侧小腿受到重创，因失血过多几乎晕厥，视力模糊的他只能在加德曼的指引下，凭着本能驾驶摇摇欲坠的战机返航。他又一次幸运地迫降在己方一侧，加德曼赶在飞机爆炸前把昏迷的鲁德尔拖出了驾驶舱，而后帮他止住了血。在医院里醒来时，鲁德尔发现自己的右侧小腿自膝盖以下已被截去，不过他并没有表现出过多的沮丧，反而对要在病床上躺几周感到懊恼！令他欣慰的是，戈林派来的医生前来探视并转达元首的问候时，并没有提到禁飞令。令人难以置信的是，鲁德尔6周后就出院了，连假肢都未装上的他，竟拄着拐杖、拖着一条腿又开始了作战飞行！对于这种愚忠到极致、疯狂到最后一刻的狂人，还有什么好说的呢？

4月19日，鲁德尔奉召来到总理府地堡面见元首，希特勒希望他接管一支喷气式战斗机单位。[31]但是，鲁德尔婉拒了(有后人称，这是因为最狂热的纳粹武士此刻也已看出了局势的彻底无望)，随后坦率陈述了自己的见解。希特勒虽知大限将近，但在自己最欣赏的战士面前还是很有耐心，他们的谈话在接近子夜时结束，鲁德尔最后对元首说：“……在我看来，眼前我们不可能在东西两线都取得胜利，但在其中一条战线上获胜还是有可能的，如果我们能在另一战线上与对手缔结停战协议的话。”希特勒疲倦的脸上露出诡异的浅笑，轻声说道：“你说得容易。1943年以来我一直在不断地尝试，但盟国不愿意；他们从一开始就要求无条件投降。我个人的命运自然无关宏旨，但每个头脑清醒的人都看得出来，为了德国人民我也不可能接受无条件投降。即便谈判现在还在进行，但我已放弃任何希望。所以，我们必须尽一切可能迈过眼前的难关，具有决定意义的致命武器将会带给我们渴望已久的胜利。”[32]这是鲁德尔最后一次见到他的元首，离开地堡时他看到一些工作人员正聚集在电报室，准备向希特勒庆贺他的50岁生日。也许是要报答“知遇之恩”，或是其愚忠无人能及，鲁德尔4月26日接通了地堡的电话，说自己愿在次日清晨驾驶1架斯图卡在柏林街头降落和救走元首。希特勒拒绝了他的美意，于几天后的4月30日自杀身亡。这一消息令鲁德尔震惊不已，他在战后曾承认元首之死沉重打击了士气，但他决定继续战斗下去，因为“元首的命运丝毫不能阻碍我为德国而战”。

在最后的日子里，鲁德尔的SG-2仍在苦苦支援中央集团军群的垂死挣扎。此时，联队部和第2大队位于苏台德地区的涅姆斯(Niemes)，第3大队在布拉格北面，第1大队则在奥地利。5月8日，鲁德尔仍在空中搜寻苏军坦克的踪影，这是他为数不多的没有任何战果的一天——欧战当天结束了，德国已经无条件投降了。为避免向苏军投降，鲁德尔命令地勤和附近的高射炮部队徒步向西寻找美军，他与6名飞行员则分别驾驶3架Ju-87和4架Fw-190飞往基钦根(Kitzingen)机场。着陆前鲁德尔告诉大家决不能将飞机完好无损地留给美军，必须以迫降方式毁坏战机。这个举动不禁令人想起了一战停战当日的戈林——当时他率领里希特霍芬联队投降时，也曾命令迫降时将机翼震坏。从这一

▲鲁德尔与尾炮手加德曼。后者曾于1945年2月8日救了鲁德尔一命，当时他赶在飞机爆炸前将联队长拖出了驾驶舱，并为之止住了血。

▲摄于1945年4月20日，鲁德尔当天返回SG-2时，第2大队大队长肯内尔(Karl Kennel)少校正向他的长官致意。鲁德尔的右侧小腿显得空空荡荡，还没有装上假肢。

▲摄于1945年4月20日，鲁德尔向SG-2的飞行员和地勤们讲话。

点来看，鲁德尔真不愧为戈林的一员爱将。

鲁德尔刚从座机上下来，就有美军士兵试图扯下他的金橡叶骑士勋章，但被他一把推开。随后赶到的美军军官制止了士兵的无礼行为，但鲁德尔的这枚勋章和其他饰物还是难逃厄运。德军第9伞兵团的前飞行员哈维格豪斯特(Ludwig Havighorst)中尉战后曾忆称，他与鲁德尔做过2个星期的“室友”，后者的临危不乱和从容不迫给他留下了深刻印象。他这样写道：“……当一名美军军官命令所有人都交出勋章饰物时，鲁德尔为大家树立了榜样。他拿起一块石头砸烂了自己包括那枚金橡叶骑士勋章在内的所有勋饰。每个人都如法炮制。当那名军官来取这些东西时，得到的只是一堆垃圾。”[33]

也许是名头太大，鲁德尔在投降后依然竭力保持尊严，对美军还有些不屑一顾。当美军审讯官向他展示一些纳粹集中营的照片时，照片上的累累尸骨并未引起他的震惊，他不仅大加辩护，还质问对方知不知道德累斯顿大轰炸杀死了多少无辜妇孺？哑口无言的美军军官称鲁德尔是“典型的纳粹军官”，鲁德尔对此还感到非常不快——他觉得自己不仅不是纳粹党成员，所讲的一切不过是在“陈述真相”，怎么能被贴上纳粹的标签？他怀疑美国人是不是不明白，他们这些军人“从来都不是为某个政党作战，他们只为德国而战”。

不久后，鲁德尔被押解到伦敦附近受审。英军对他令人难以置信的战绩和勇气表示了尊敬，但没有兴趣听取他自己颇为看重的“对苏作战经验”。6月时鲁德尔被移送至法国受审，其中有一天被送往外地时，他曾一度担心法方会把他这个重要“礼品”馈赠给苏联。结果是虚惊一场——英国皇家空军的巴德爵士及其他一些飞行员都很想见见这位如雷贯耳的名人。巴德本人早年失去了双腿，二战中还曾在德国战俘营度过数年，他好心地想帮鲁德尔特制一幅假肢，但无奈地发现后者右腿的创口尚未完全愈合，必须再行手术才能安装假肢。很快，鲁德尔离开了战俘营，住进了巴伐利亚的一所陆军医院。

1946年4月中旬，装上了假肢的鲁德尔离开了医院，他自由了。

战后岁月：争议不断的终极战神

重获自由后，鲁德尔先在威斯特法伦州的克斯菲尔德(Coesfeld)做卡车司机，而后成为一名运输承包商。他对国内进行的大规模去纳粹化全民再教育运动丝毫不感兴趣，倒是把工作外的所有时间都投入在体育运动上，尤其是滑雪竞赛——1948年上半年前，他曾多次赢得过残疾人滑雪比赛的锦标。虽然妻子为他生养了两个儿子，但和平年月的平淡生活显然不符合鲁德尔的性格。1948年6月，鲁德尔与两位朋友一起徒步穿越了德奥边境，最后到达意大利罗马。在那里，他得到了一张化名“埃米里奥·梅尔”(Emilio Meier)的假护照，不久后抵达了遥远的阿根廷。

阿根廷总统庇隆(Juan Peron)既热情地欢迎第三帝国的战争英雄和航空工程师来到他的国家帮他发展军事，也对纳粹战犯和党卫队的魔鬼们伸开了接纳的双臂。阿根廷空军为鲁德尔提供了一份担任顾问的四年合约，他在科尔多瓦(Cordoba)的飞机制造厂参与该国首架喷气式战斗机的设计和研发工作，而该项目的首席设计师正是Fw-190等多款著名战斗机的设计师谭克教授。此外，加兰德和战时轰炸机部队的著名人物鲍姆巴赫此时也都在为阿根廷空军效力。这四个人应该是为阿根廷服务的第三帝国时代最著名的空军人物。鲁德尔与庇隆过从甚密，与仰慕纳粹的巴拉圭独裁者施特勒斯纳(Alfredo Stroessner)也是知己，据信他与臭名昭著的“魔鬼医生”门格勒(Josef Mengele)也颇为熟稔。担任空军顾问期间，鲁德尔曾影响过一位名为多佐

▲ 摄于1946年获得自由后，鲁德尔在杜塞尔多夫与两个儿子合影。

▲ 可能摄于1960年代初，鲁德尔与阿根廷前总统庇隆(当时正在西班牙流亡)合影，中间是庇隆夫人伊莎贝尔(Isabel)，庇隆1974年去世后她成为阿根廷总统。

▲ 摄于1950年代中后期，鲁德尔(后排右二)到巴拉圭进行商务旅行时，受该国总统施特勒斯纳(手举礼帽者)邀请出席某项体育赛事。

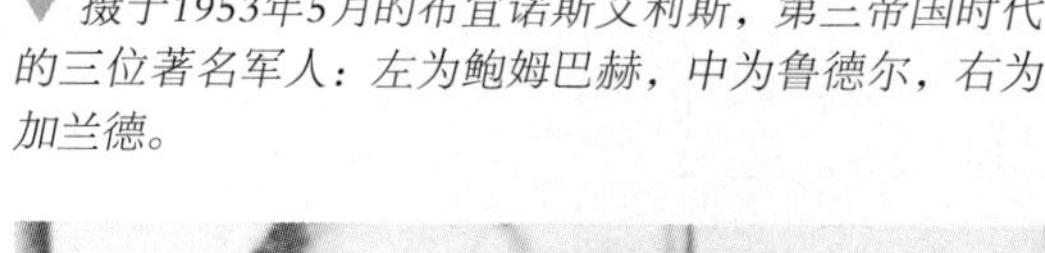

▼ 摄于1953年5月的布宜诺斯艾利斯，第三帝国时代的三位著名军人：左为鲍姆巴赫，中为鲁德尔，右为加兰德。

(Basilio Lami Dozo)的年轻军官，后来这位军官成为阿根廷空军总司令，并作为军政府的一员在1982年发起了马岛战争。[34]

鲁德尔的战后活动主要集中在三个方面：

其一，戴着假肢的鲁德尔从不放弃任何体育运动的机会，网球、游泳、滑雪和登山都是他的最爱。1949年，他曾参加在阿根廷巴里洛切(Bariloche)举行的世界滑雪锦标赛，这名唯一的残疾选手参与的却是最高级别的赛事。令人称奇的是，鲁德尔在1951年12月31日几乎成功登顶美洲大陆的最高峰——6962米的阿空加瓜山(Aconcagua)，只不过由于天气恶劣，他在距顶峰仅有50米时被迫返回。1953年，他与友人一起三次征服了世界最高的火山之一——阿根廷境内安第斯山脉中高达6739米的卢雷亚库火山(Llullay-Yacu)。1953年返回西德后，鲁德尔在接下来的十余年里坚持参加各种滑雪和网球比赛，赢得过无数的奖杯，甚至还曾被称为西德滑雪协会最成功的选手。

其二，在阿根廷工作期间，鲁德尔利用业余时间撰写了《我们前线将士对德国重整军备的看法》和《背后捅刀子》这两本小册子。在前著中，他声称自己代表全体前线将士发言，"愿意再次为反布尔什维克而战斗"；在后一著作中，他声称德国失败的原因并非战斗力的崩溃和精神的缺失，而是内部的政客和叛徒从背后捅了刀子。他猛烈谴责那些企图谋杀希特勒的人就是"背后捅刀子的卖国贼"，正是这些叛逆活动造成的混乱，才让西方盟国乘机攻入了欧洲大陆。他也连带着痛骂参谋本部的将校们，怒斥他们不仅无视希特勒的军事天才，还屡屡在背后偷偷作梗。鲁德尔认定应对德国战败负直接责任的就是这两类人。不过，这两部著作远没有他的自传影响深远。1949年11月，鲁德尔在布宜诺斯艾利斯出版了个人自传《尽管如此》(Trotzdem)。在西德国内，人们曾一度就是否允许这个著名的纳粹分子出版自传而争执不下。

▲ *摄于1950年代初，鲁德尔在阿根廷科尔多瓦的一次体育比赛中跳水。*

▲ *摄于1951年圣诞节，阿根廷巴里洛切的滑雪场，鲁德尔从教堂山的山顶滑雪而下的场景。*

不过，在冷战铁幕的笼罩下，鲁德尔的自传1953年终于在西德面世，他的传奇也在美国得到了热烈回应——1958年，这部自传经过重新编辑后以《斯图卡飞行员》为名在美国出版，先后发行了近100万册。此后，鲁德尔的自传又被译成多种文字，总发行量高达300万册，使他成为加兰德那种颇具国际知名度的名人。

鲁德尔虽在自传中称"绝无美化战争之意"，但毫不掩饰自己对苏联和共产主义的仇视，也毫不在意显现自己对希特勒及其纳粹理念的绝对忠诚。他在自传中对希特勒"军事天

▲摄于1954年1月，鲁德尔第三次登上卢雷亚库火山的最高峰。

才”的赞美和崇拜，与其另两本著作的风格完全一脉相承。鲁德尔回忆过自己惊悉希特勒自杀时的感受，留给后人的感觉简直就是如丧考妣；他也曾将纳粹帝国最后时刻的负隅顽抗，与所谓的“保卫欧洲的崇高使命”纠结在一起：

“……苏军正在蹂躏我们的国家，我们必须继续战斗。只有当领袖下令停止时，我们才会放下武器，这是我们军人的誓言所要求的普通职责。一旦我们无条件投降，可怕的命运将会威胁我们的生存，我们必须为避免这种命运而战。这也是深处欧洲地理中心的德国的命运要求，更是我们响应了多少个世纪的命运要求：我们是欧洲抗衡东方的堡垒。不管欧洲是否理解，是否喜欢命运赋予我们的职责，也不管欧洲的态度是致命的漠不关心，还是敌对，都不能哪怕丁点地改变我们对欧洲的责任。当欧洲的历史，特别是危机时刻的欧洲史被写就之时，我们注定能高高地昂起我们的头颅。”[35]

这些文字是鲁德尔在战争结束数年后写下的，没有一丁点的遗憾和反思，只有对苏联的仇恨和蔑视，对所谓的“军人职责和高贵性”的个人期许。他的战争观和世界观再明显不过地受到纳粹教义和信条的无情扭曲，以至于在大灾难结束后这么久，他还坚持着纳粹的立场和信条，而且丝毫不惧地在德文版和英文版自传中公示。他那些关于纳粹军团在欧洲的命运和历史角色的言辞，与战时弥漫的纳粹宣传如出一辙。在他眼中，纳粹帝国完全不是人类生命和道德文明的可怕摧毁者，而是“铁血捍卫者”；德国军人不是战争和种族屠杀的工具，而是与共产主义殊死搏斗的“烈士”。战后德国对纳粹政权邪恶本质的全面反思，对鲁德尔这种“赤胆忠心的英雄”没有丝毫的影响。由此可见，纳粹的精神早已浸入鲁德尔的骨髓了。有一位历史学家曾感慨地写道：“……战后关于纳粹政府真正本质的一些发现，似乎对鲁德尔这种人影响甚微，无论如何，在这个邪恶政权被最终摧毁前，他们这些人肯定早就知道了其穷凶极恶的本质。”[36]

▲ 摄于20世纪50年代中后期，鲁德尔与著名纳粹分子斯科尔兹内在一次网球比赛前合影。鲁德尔十分欣赏斯科尔兹内，曾称颂后者“所做的一切远远超出了职责要求的范围”、“创造了历史”等。斯科尔兹内1975年7月5日去世时，鲁德尔还专程赶去参加了葬礼。

其三，鲁德尔1953年结束了与阿根廷空军的合同，返回西德后很快投身于政治活动，当年就成为本质为国家社会主义继承者的“德意志帝国党”(Deutsche Reichspartei)党魁之一。作为复活的新纳粹运动的偶像，鲁德尔的形象对战后的德国人来说，与一战之后的戈林颇有几分相像。不过，正如军史家弗拉施卡所言，鲁德尔的政治时钟依然停留在1945年。在人们眼中，这个“右翼激进分子”的主张与时代、与国民心态和关注焦点等显得格格不入。鲁德尔虽未能成功转型为一名政治家，但其影响，或者说“政治恶名”，却一直延续到20年后。其中最有名的就是1976年春发生的所谓“鲁德尔丑闻”。当时，西德国防军的一些高级军官邀请鲁德尔参加“殷麦曼”联队的传统聚会。作为“殷麦曼”斯图卡轰炸机/对地攻击机联队的末任联队长，鲁德尔按道理应该出席，但由于他众所周知的政治立场和多次令政府难堪的活动，以及对纳粹元首至死不渝的崇拜，西德国防部曾视之为不受欢迎的人。尽管争议连连，但鲁德尔

▲ 摄于1960年代，鲁德尔在萨尔(Saar)地区的迪林根(Dillingen)参加纪念战时阵亡者的活动。注意鲁德尔及背景中的其他人似乎都佩戴着战时的勋章。

▲ 摄于1960年，鲁德尔在自己的家中。

▶ 摄于1958年6月8日的瑞典马尔莫(Malmo)，德国足球队当日在世界杯足球赛首轮比赛中以3比1力克阿根廷，鲁德尔特向老朋友、国家队主教练赫贝格尔(右一)表示祝贺。

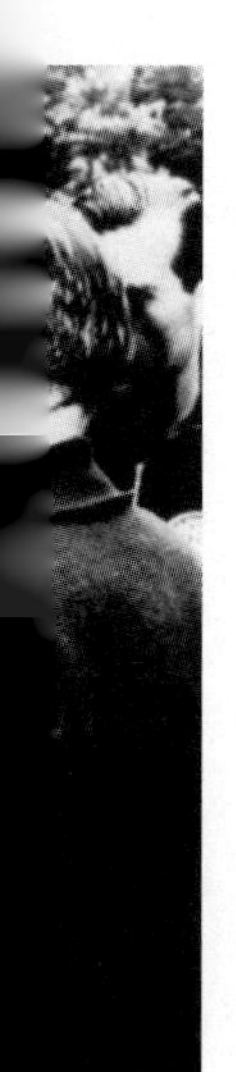

▼ 摄于1960年代，鲁德尔在国内的某次滑雪比赛中展示技巧和英姿。他曾赢得过许多比赛的桂冠，与健全人的比赛也是如此。

拍摄时间不详，一张鲁德尔晚年的照片。

最终还是出席了此次聚会，还在会场签名赠送自传，可谓出尽风头。到会的还有两位现役空军将领——弗兰克(Karl-Heinz Franke)和克鲁平斯基(Walter Krupinski)，他们曾在接受采访时表示“不理解鲁德尔的到会为何会引发如此多的争议”，而且还言行不谨地比较了鲁德尔和社会民主党领袖维纳(Herbert Wehner)的生涯。德共早期党员、二战中居于莫斯科的维纳，被他们描绘成极端主义者，而鲁德尔这个纳粹政权的坚定支持者却被称为是值得尊敬之人。此言一出旋即引起轩然大波，时任国防部长莱贝尔(Georg Leber)迫于压力，勒令两位将军于当年11月提前退休，而部长本人也遭到反对党的猛烈攻击，任期未满即告下台。[37]

不过，政治上失意的鲁德尔却在商场上收获了成功，精力充沛且从不放弃的他为西门子等大公司充任顾问和业务代表，借助他在南美深厚人脉关系为工业巨头们开拓市场。他手持德国和巴拉圭两国的护照，频繁往来于欧洲和阿根廷、巴拉圭、智利、玻利维亚等南美国家。1960年代末，鲁德尔又成为美国空军的特邀顾问，当时美军正着手研发一款近距离支援战机，

▲摄于1968年的巴伐利亚州拜罗伊特(Bayreuth),鲁德尔与二战时期的自由法国头号王牌飞行员克洛斯特曼(右)合影,当时他们一起前去参加"瓦格纳音乐节"的活动。

▲鲁德尔与加德曼(左一)聚首。加德曼博士在战后成为西德著名的医学教授和心血管疾病专家,曾为1972年慕尼黑奥运会的运动医学总管。

▲ 摄于1981年1月6日，当天鲁德尔出席了邓尼茨的葬礼，虽然图中难以辨识他的身影，但他肯定会是当日最引人注目的人物之一。

▲ 鲁德尔1982年12月18日病故于巴伐利亚州的罗森海姆，随后被安葬在多恩豪森公墓。图片中间是鲁德尔本人的墓碑(上面写有上校军衔及“殷麦曼”联队联队长的职务)，左侧墓碑刻有其父母的名字和生卒年月。

号称要集苏军的伊尔-2、德军的Hs-129和美军自己的A-1“空中袭击者”(Skyraider)等战机的优点于一身，鲁德尔在这款型号定为A-10的战机开发过程中提供了咨询意见，也详细介绍过自己丰富的空中反坦克作战经验。A-10项目的负责人施普雷(Perrie Sprey)自己不仅非常着迷于这位“坦克杀手”(称鲁德尔是“所有时代里最伟大的近程支援飞行员”)，还坚持要求所有参与者都必须阅读《斯图卡飞行员》一书！[38] 1980年，鲁德尔在访问美国时最后一次驾驶了Ju-87 B2型斯图卡，不过这是一架70%比例的复制品，其所有者为表示对“斯图卡上校”的敬意，特意将之涂上了鲁德尔在苏德战争之初使用过的涂色，并邀请他来试飞。据说现今全世界仅有2架斯图卡轰炸机幸存，分别藏于美国和英国的军事博物馆中。[39]

人们最后一次在公开场合见到鲁德尔是在1981年1月6日举行的邓尼茨葬礼上。除了大批外国海军军官外，来自U艇、装甲部队、空军和党卫军的许多老兵云集于此。面孔晒得黝黑、白发日渐稀薄的鲁德尔也出现在会场，当然，他少不了要在自传上签上大名，赠送给那些与他一样皆已老去的老兵们。[40]

1982年12月18日，鲁德尔去世于罗森海姆(Rosenheim)，4天后被葬于多恩豪森(Dornhausen)公墓。尽管军方禁止现役军官出席葬礼，但还是有不少人赶来送行。当鲁德尔的棺椁入墓时，来客中有人向他行起了纳粹举手礼，墓地上空也突然出现了2架超低空急驰而过的F-4“幽灵”战斗机。22日，美国《波士顿环球邮报》曾发表过如下讣告：“28岁晋为上校的前德军王牌飞行员鲁德尔因脑出血去世，享年66岁。二战期间，鲁德尔多数时间都在俄国前线作战，他驾驶俯冲轰炸机执行过2530次战斗任务，击毁了519辆坦克、150门火炮和800辆以上的各种军车。他曾被授予钻石双剑金橡叶骑士铁十字勋章，是二战期间唯一获此最高等级战功勋章的德国战士。”[41]

前德军王牌飞行员贝尔曾说鲁德尔与哈特曼是他所见过的“最无所畏惧、最充满勇气的两个人”；著名作家托兰曾在《希特勒传》一书中称“鲁德尔和斯科尔兹内(Otto Skorzeny)是希特勒最喜爱的两个战士”；克洛斯特曼曾称鲁德尔是“德国青年和整个欧洲的榜样”；在研究军事勋章方面颇有建树的威廉姆森(Gordon Williamson)则说：“尽管对纳粹事业的忠诚使他成为有些人眼中的坏蛋，但有一个方面是毋庸置疑的——鲁德尔是一位极其勇敢和足智多谋的人，一位真正的王牌中的王牌，作为世界上最成功的、获得过最高军事荣誉的飞行员，他的历史地位是确定无疑而又当之无愧的。”[42]……围绕着“斯图卡上校”的争议还将继续下去，他的勇气超群，他的战绩空前绝后，他对纳粹的认识至死都停留在1945年，他的战争观和世界观、对希特勒的崇拜和绝对忠诚依然将为人诟病……但有一样是可以确定的，这个人给后人留下了无数的惊叹号。

第11位钻石骑士最高战功勋章获得者施特拉赫维茨中将

（获勋时间1944年4月15日）

Chapter 11

第十一章

"传奇中的传奇"：海津特·施特拉赫维茨中将

戈培尔领导的纳粹宣传机构在二战期间绝对是制造英雄、无敌神话、璀璨将星和超级王牌的大师。不知出于何种原因，戈培尔对王牌飞行员似乎情有独钟，从莫尔德斯、加兰德到马尔塞尤和哈特曼，每个人都被塑造成战无不胜的蓝天骄子。如果说纳粹宣传机器比较"疏忽"实力并不算强的海军还可以理解(U艇部队除外)，但是对历史最久、最强大的陆军的"怠慢"就比较令人费解了——陆军的超级明星显然是纵横捭阖、无坚不摧的装甲部队，而装甲部队获得钻石骑士勋章的竟全都是将军！大名鼎鼎的魏特曼(Michael Wittmann)上尉据信曾击毁了138辆坦克和132具反坦克炮，但仅获得了双剑骑士勋章；以击毁168辆坦克而创下世界纪录的克尼施佩尔(Kurt Knispel)竟连1枚骑士勋章都没有得到！一线装甲王牌和飞行员中的王者对战场胜负的影响真有那么大差别吗？装甲部队获得钻石骑士勋章的将军中，有一位其实首先是真正的装甲王牌，然后才是优秀的指挥官和装甲兵领袖——他就是有着"装甲伯爵"之称的施特拉赫维茨(Hyazinth Graf Strachwitz von Groß-Zauche und Camminetz)中将。

27名钻石骑士勋章得主无疑个个都有不凡的经历、超人的勇武和出众的智谋，但给人感觉最强烈的还是这位"装甲伯爵"——其勇猛可谓勇冠群雄，其传奇可令任何生花妙笔黯然失色。二战中他参加过东西两线的几乎所有重大战役，先后负伤14次；他胆大无畏，常率几辆坦克杀入敌后，据信曾创下击毁敌军坦克100辆，自身毫发无损的传说般的战绩；他身先士卒，浑身是胆，曾率寥寥几辆坦克只身解救被困德军；他在战前总是精心准备，力求算无遗策，一旦战斗打响，犹如出笼猛虎，左突右杀，决不让装甲利器有片刻静止和停顿；他出身世袭贵族，个性鲜明，桀骜难训，虽然总是犯上，但深得属下官兵的景仰和爱戴；他被后世军史家称为“德军装甲部队最有想象力的指挥官，是小规模装甲战术的大师”；[1]他是陆军第3位、德军第11位钻石骑士勋章得主，1968年去世时，西德国防军曾为之举行了全套军人荣誉的葬礼，是极少数获此身后哀荣的纳粹时代将领；1943年初，他曾试图率坦克部队逮捕造访东线的纳粹元首；此外，他还拥有恐为德军之最的长名字。如果说钻石骑士的经历都可称作传奇的话，那么施特拉赫维茨的军旅生涯完全是“传奇中的传奇”。施特拉赫维茨长相英俊、举止潇洒，精心蓄养的胡须和油光可鉴的背头，令其看起来酷似电影明星克拉克·盖博，但笔者愿意打赌，最好的好莱坞编剧恐怕也难以写出可与他那些战斗经历相媲美的剧本。军史研究者佩雷特(Bryan Perrett)甚至说：“作为卓越的小型战斗群指挥官，施特拉赫维茨的战斗经历完全可以写成一本书，而且会比虚构的小说更加精彩。”[2]

早年岁月：“最后的骑兵”·大地主·装甲兵军官

施特拉赫维茨1893年7月30日出生在上西里西亚大施坦因(Groß Stein)一个世袭的贵族之家。这个贵族世家不仅拥有大片土地和地产，还有着绵长的军事传统，早在13世纪，家族的先祖就曾在下西里西亚王子麾下与成吉思汗的蒙古大军鏖战于波兰，家族中有多达10人战死。施特拉赫维茨家族有一个延续了近700年的传统——为纪念西里西亚圣人海津特(Saint Hyazinth)，每代的长子都取名为海津特，所以身为长子的施特拉赫维茨不仅从父亲那里继承了伯爵头衔，还有着一个充满基督教色彩的长名字。施特拉赫维茨在家里的7个孩子中排行第二，上有一个姐姐，下有三个弟弟和两个妹妹。

家境富裕、身世显赫的施特拉赫维茨从小就受到良好的教育，1899至1912年期间，他先后在奥佩伦(Oppeln，今为波兰奥波莱)的小学和文理中学就读，由于代代延续的从军传统，他也有着完整的军校教育背景——先在瓦尔施泰特(Wahlstedt)候补军校学习了几年，毕业后又进入里希特菲尔德中央军校继续深造。在中央军校里，施特拉赫维茨表现出很强的学习能力，不仅学业出众，还展现出良好的人际交往能力，尤其是与背景相似的同乡、日后的“红男爵”里希特霍芬过从甚密。不过，施特拉赫维茨在军校里最出名的还是对体育锻炼的痴迷，他在射击、马术、击剑和田径等方面都有很高的天分，尤其是在马术和击剑上的表现，甚至还使他成为1916年奥运会的国家队候选人。

多年的军校学习和训练使施特拉赫维茨到1912年时已长成一名孔武有力的青年军人。当年8月，他被驻波茨坦的“普鲁士国王卫队”(Garde du Coprs，即禁卫军)骑兵团接受为候补军官——这是腓特烈大帝于1740年亲手创建的部队，在第二帝国的陆军中堪称精锐中的翘楚，此时它是威廉二世皇帝的禁卫军。1912年末，施特拉赫维茨被送到汉诺威军校参加军官训练课程，回到波茨坦骑兵团后，于1914年2月被授予少尉军衔。骑兵本来就是地位最高、最难获准加入的兵种，加上又是禁卫军骑兵团，施特拉赫维茨所在的军官团无疑是一个紧密内敛、排他性极强的群体，也许就是在这样一种封闭环境中受到骄傲传统的熏陶，施特拉赫维茨也养成了桀骜不驯、恃才傲物的作风。在军旅生涯刚刚起步的波茨坦，他就要求别人、包括军衔职位都比自己高的长官称呼他为“伯爵先生”，而不是按军衔称为“少尉先生”——施特拉赫维茨一生都以自己“高贵的血统”为荣，认为贵族头衔远比军衔和职位重要。[3]

1914年8月一战的爆发，断送了骑兵少尉施特拉赫维茨成为体育明星的梦想。动员令一经下达，正在西里西亚休假的施特拉赫维茨立即归队，他的骑兵团作为近卫骑兵师的一部分很

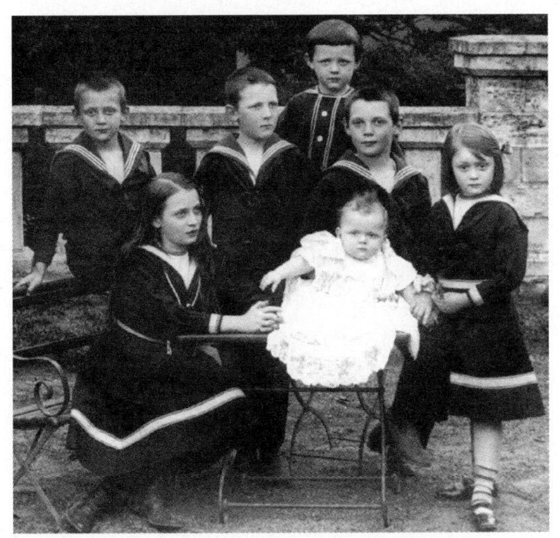

▲ 摄于1906年，施特拉赫维茨兄妹7人的合影照，图中右二为时年13岁的海津特。

▲ 拍摄时间不详，里希特菲尔德中央军校的候补军官施特拉赫维茨。

快开到了西线。施特拉赫维茨早早就展示出自己的胆量，尤其愿意承担最危险的任务，他主动要求到敌后侦察，多次把有价值的情报及时传递回来，帮助德军在战争之初取得了多次胜利。不过，他的胆大妄为和经常深入敌后的作为也令他付出了沉重代价——除了最初2个月，一战中的多数时间里他都被拘押于战俘营或被迫服苦役，包括他获得的二级和一级铁十字勋章，都是在失去人身自由和备受折磨的被俘期间颁授的。

1914年夏末，施特拉赫维茨少尉带领一股骑兵排进行一次远程侦察，任务是了解法军的部署和搜集对手铁路运输方面的情报，同时在可能的情况下破坏敌人的交通运输线和通信线路网。潜行至巴黎近郊时，施特拉赫维茨派一名骑兵返回德军一侧汇报侦察的结果，然后下令炸毁了枫丹白露(Fontainebleau)火车站的信号塔。这一爆炸吓坏了巴黎人，“德军已到巴黎附近”的消息立刻引起了老百姓和法军的恐慌。为此，法军调集力量搜捕这支飘忽不定的小股游骑。施特拉赫维茨试图回到沙隆附近的马恩河一线与德军主力会合，但始终无法穿越法军防线。历时6个星期的侦察、破坏和躲避追捕，既让这些德军疲惫不堪，又让他们看上去就像衣衫褴褛的乞丐。9月底，这些骑兵遭遇了一场暴雨，本就破烂的军装上下湿透，在与法军的短暂交火中还有一名骑兵受了重伤。摆脱追击后，施特拉赫维茨不得不找医生给手下治疗，精通法语的他也乘机搞来了一些平民服饰，让冻得发抖的手下换上后能暖和一下。结果，骑兵们未能逃脱法军撒下的搜捕大网，施特拉赫维茨关心下属的一番善心也为自己带来了大祸。

由于穿着平民服饰从事间谍和颠覆活动，法军以间谍罪判处施特拉赫维茨及其手下死刑。1914年10月初，法军曾把他们拉到刑场准备执行枪决，但在最后一刻行刑令被取消了，法军军事法庭剥夺了他们的战俘身份，改判服5年苦役。繁重的劳动、恶劣的生活条件以及狱卒的虐待造成施特拉赫维茨的健康急剧恶化，疾病和饥馑很快使他瘦得只剩皮包骨头。1年后，施特拉赫维茨被送入了战俘营，随着身体和精神状况的逐渐复原，他开始策划逃跑，几次失败被抓后依然“痴心不改”。在最后一次试图逃跑时，他的脚被铁丝网扎伤并引起了感染，或许是命不该绝，国际红十字会代表团在视察战俘营时，发现了伤势严重的施特拉赫维茨，把他立即送往瑞士治疗。在日内瓦的医院里，施特拉赫维茨的身体复原很快，但由于法国要求瑞士将他尽快遣返，他于是假装自己精神失常。其以假乱真的高超演技成功地使院方做出了无法遣送的结论，还把他送到了乡间的一处精神病院(有后人说他确实几乎到了要真正发疯的边缘)。[4]就这样，施特拉赫维茨在瑞士这个避难所一直待到一战结束。1918年年底，他回到了战败的德国。

施特拉赫维茨还没有返回故乡，就先赶到柏林参加了一支“自由军团”。他所在的部队与其他类似的准军事化组织一起，以火炮、机枪和火焰喷射器等镇压了工人和共产主义者发动的“斯巴达克”革命。1919年年初，施特拉赫维茨在故乡又组织了“上西里西亚自卫队”，他捐资购买武器和招募志愿者，积极地同不断骚扰奥佩伦及上西里西亚其他地区的波兰军队作战。1921年5月末，当波兰人占领了奥佩伦东南的战略制高点安娜贝格(Annaberg)时，来自“上西里西亚自卫队”和巴伐利亚“高地自由军团”不到1000名的德国人，以猛烈的炮击和徒手搏斗将波兰人从安娜贝格赶了下来，施特拉赫维茨据信是第一个登上高地之巅的人。“高地自由军团”的泽普·迪特里希(即日后的希特勒保镖和党卫军上将)也在这场被称作“1918年11月以来的德国首次胜利”中表现出色，他和施特拉赫维茨都被誉为是“安娜贝格的英雄”。

一切归于平静后，施特拉赫维茨开始把精力放在学习经营管理家族庞大的产业、地产、森林和农场上。1929年，他从父亲手中接过了所有产业，这时的他堪称整个西里西亚地区最大最富有的地主，在不止一处拥有大片的森林和草场。不过，虽然富可敌国，但平淡的生活不是他这种胆大妄为之人能够长期忍受的，故而他也一直不愿割舍与军队的密切联系。1921年，施特拉赫维茨曾获知自己被晋升为中尉，任职资格追溯至1916年。虽然不是战后的帝国国防军现役军官，但他一直保持着驻布雷斯劳的第7骑兵团(属第2骑兵师)后备役军官的身份。令人不解的是，施特拉赫维茨竟然还是一名1932年加入纳粹党的“老党员”，而且还在1933年4月被党卫队接受为成员。当他1935年成为后备役骑兵上尉时，他还有着党卫队一级突击中队长的头衔。到1939年1月30日，他的党卫队头衔已是相当于中校的一级突击大队长，而他的陆军军衔仍为后备役上尉。有后人说，施特拉赫维茨加入纳粹党和党卫队的动机是在政治上更好地保护上西里西亚地主阶层的利益，这或许言之成理，但考虑到党卫队有着将各种头衔赠予社会名流的做法，焉知施特拉赫维茨这个大地主不是出于保护自己的考虑接受了“入队”邀请呢？

希特勒上台后，德国的内政和外交发生了全新变化。国防部长勃洛姆堡和常务次长赖歇瑙都是扩军备战的热心支持者，他们对摩托化和装甲部队也抱有很大的兴趣。在1934年举行的一次兵器展示和调动演习中，古德里安指挥的装甲兵所做的表演给希特勒留下了深刻印象。面对装甲队列壮观的军容时，希特勒情不自禁地高呼：“这就是我所需要的东西！这就是我想要的东西！”像希特勒一样发出欢呼的还有施特拉赫维茨，他在参观了同年的另一演习后，也被装甲部队的机动性和潜力吸引了，觉得这个初创中的新兵种就是新时代的骑兵，很合他的脾性和胃口。经过了多年的安逸和享受，他实在怀念军旅生活，没过多久他就提交

▶ 摄于1921年的上西里西亚安娜贝格。当年5月底，施特拉赫维茨曾率“上西里西亚自卫队”在这里与波兰人激战，在巴伐利亚“高地”自由军团的协助下，波兰人被赶离了此处，施特拉赫维茨据信是第一个冲上安娜贝格最高处的人。

◀ 摄于1925年，施特拉维茨位于大施坦因的一处住宅。作为上西里西亚最大的地主，他拥有大片的农场、森林、草地和众多的庄园。

▼ 摄于1935年，施特拉赫维茨兄妹五人的合影(右一为海津特)，他的两个弟弟已分别于1917和1922年亡故。后排左一为1899年出生的二弟曼弗雷德。

了加入装甲部队的申请——这是一个将改变其人生道路的决定。1935年10月20日，他正式加入了驻埃森纳赫(Eisenach)的第1装甲师第2装甲团。

第1装甲师是德军1935年10月成立的首批三个装甲师之一，首任师长为二战中晋升为元帅的魏克斯(Maximilian von Weicks)中将，辖有第1摩托化步兵旅、第1装甲旅 (辖第1和第2装甲团)、第73摩托化炮兵团、第4摩托化搜索侦察营、第37反坦克营等单位。[5]第1装甲团的兵员主要来自于装甲兵学校，当然也补充了骑兵部队的军官和军士；第2装甲团团长是普利特维茨(Heinrich von Prittwitz und Gaffron)中校，其第1营是以克尔奇(Karl Keltsch)少校的“奥尔德鲁夫(Ohrdruf)运输兵教导营”为主组建的，第2营的多数官兵来自于施特拉赫维茨任后备役骑兵上尉的第7骑兵团，还有来自第4运输兵营2连的部分官兵，营长为福格特(Hans Voigt) 少校。施特拉赫维茨加入第2装甲团2营后，与大批年轻人一起接受了坦克和装甲车辆驾驶训练、装甲战术演练，1936年5月在图林根地区的奥尔德鲁夫参加了首次演习，次年夏又在西里西亚的诺伊哈默尔(Neuhammer)训练基地和普特洛斯(Putlos)靶场进行夏季演习。1938年3月，施特拉赫维茨随第1装甲师参加了吞并奥地利的行动，当时该师作为防止英法干涉的威慑力量被部署在西线，古德里安的第2装甲师则带着“希特勒警卫旗队”团直接参与了开进奥地利的行动。吞并奥地利完成后，施特拉赫维茨随第2装甲团进行了2个月的作战演习，稍事停顿后，又于当年7月至8月在于特博格(Jüterbog)进行夏季演习，9月间又马不停蹄地开赴格拉芬沃尔进行秋季演习。在1938年9月占领捷克苏台德地区的行动中，第2装甲团驻扎在格拉芬沃尔随时待命，并在10月份最终开进了苏台德地区。半年后的1939年3月，施特拉赫维茨随第2装甲团参加了吞并捷克斯洛伐克全境的行动，当时第2装甲团就在他的老家奥佩伦待命并做好了战斗准备。

随着战争的临近，第2装甲团于1939年7月至8月在于特博格和普特洛斯进行了最后一次演习，8月下旬进入奥佩伦的集结地，准备发动闪击波兰的侵略战争。第1装甲师此时是德军新式坦克最多、装备最精良的装甲师之一，总共拥有的270辆坦克中，有一半(136辆)是III号和IV号主战坦克，[6]而当时德军一共只有不到300辆III号和IV号坦克列装部队。不过，似乎第1装甲师的新型坦克多集中在第1装甲团——据有关资料记载，第2装甲团开战时只有6辆III号和28辆IV号坦克，倒是I号和II号坦克的数量合计高达116辆。[7]虽然老旧过时的坦克为数众多，但这丝毫不能妨碍训练和技战术水准高出对手不止一筹的德军装甲兵在波兰战场上取得令人印象深刻的战绩。

没有坦克的“装甲伯爵”：波兰与法国战役

1939年8月31日傍晚时分，第1装甲师师长施密特中将和他的首席参谋军官温克(Walter Wenck)少校将各部指挥官召集起来，交代了他们在次日清晨即将发起的波兰闪击战中的角色。会议结束时，温克留下了后来成为第1装甲师名言的一句话：“让我们开始吧！加油！”——一场改变欧洲面貌和世界格局的大战即将打响了。

德军依靠装甲部队和摩托化步兵集群、辅以强大的空中支援，仅用了18天就以胜利基本结束了波兰战役。坦克的机动灵活、强大火力和对敌军士气的致命打击，给施特拉赫维茨留下了深刻印象，他也从观察中总结出“坦克绝不可停顿，必须时刻处于运动中，而且还要出现在最前沿”这样的见解。第1装甲师在这场战事中表现上佳，施特拉赫维茨自然也做出了贡献——但他的贡献是间接的，他并未被派到一线指挥坦克冲锋陷阵。相反，作为第2装甲团负责后勤补给的军官，他的角色在后方。[8]9月4日下午，克尔奇上校任团长的第2装甲团作为第1装甲师的突击

▲摄于1936年的埃尔福特，演习中的第1装甲师第1装甲团的I号坦克。

▲摄于1938年，第1装甲师第2装甲团正在列队接受检阅。

矛头已开始向维斯瓦河西岸扑去。这时，克尔奇将施特拉赫维茨找来，首先感谢他在开战四日里为第2装甲团的弹药、油料和食物的顺利补给所付出的努力，然后通知他，第1装甲旅旅长沙尔(Ferdinand Schall，后任第10装甲师师长和第56摩托化军军长)少将看上了他那“卓越的组织才能”，要调他去负责整个第1装甲旅的后勤补给工作。克尔奇似乎是为了弥补一下施特拉赫维茨不能到一线参战的遗憾，特地向上级推荐授予他二级铁十字勋章上的勋饰，并称他将是第一个获得这种荣誉的团级后勤军官。沙尔见到施特拉赫维茨时口称“伯爵先生”，说自己与师长施密特都很看重他的组织领导能力，要求他尽快把全旅的后勤补给安排顺畅，还强调说这是事关作战胜负和整体进程的重要工作。施特拉赫维茨欣然从命，很快将全旅的弹药、油料和食物补给安排得井井有条。10月5日，他因这些贡献获得了二级铁十字勋章上的勋饰。令他感到遗憾的是，他在这个角色上干得越出色，就陷得越深，波兰战役后直到1940年6月5日，他甚至还是第1装甲师的后勤补给军官。前线作战的荣耀和军功，至少目前还不属于这个年已47岁的“老装甲兵”。

波兰战役后，第1装甲师先在多特蒙德驻扎了一段时间，然后于1940年3月来到西线的摩泽尔—艾菲尔地区驻防和训练，为即将发动的法国战役进行准备。这时的第2装甲团团长换成了布吕辛(Hero Breusing)上校，原团长克尔奇升任第1装甲旅旅长，师长则是原任第1摩托化步兵旅旅长的吉青纳(Friedrich Kirchner)将军，施密特已升任第39摩托化军军长。第1装甲师与第2、第10装甲师隶属于古德里安的第19摩托化军，在法国战役中的任务是经比利时南部直抵色当一线，渡过马斯河后一路向西，朝亚眠—阿布维尔附近的索姆河河口推进，以夺取英吉利海峡沿岸港口、切断英法盟军。战役正式打响时，古德里安亲自随同第1装甲师进军，越过卢森堡边界的当天就冲到比利时国界附近，随后沿着阿登山区崎岖不平的山道快速向前。12日下午，第1装甲师攻下了历史名城色当，当夜开始准备强渡马斯河。次日，第1摩托化步兵团强渡成功，而该团团长就是日后的第19位钻石骑士勋章得主巴尔克。第1装甲师不愧为装备精良、战斗力强悍的装甲铁拳，经过10天连续作战，该师在基本没有休息的情况下已于20日突至亚眠，第2装甲团在这里建立了准备渡越索姆河的桥头堡。

47岁的施特拉赫维茨和年轻的装甲兵们一

▶ 摄于1939年9月，第1装甲师师部正在波兰境内推进。

▼ 摄于1939年9月初，第1装甲师第1装甲旅的后勤军官施特拉赫维茨上尉。

▲ 摄于1939年9月，第1装甲师的运输车队似乎出现了交通堵塞。

▲ 摄于1939年9月，第1装甲师的坦克和装甲车正向不远处的目标进攻。

▲ 摄于1939年9月，第1装甲师第2装甲团团长克尔奇(右)在战斗中。

样，经常处于高速前进和突击的紧张状态，虽然身体极度疲劳，但士气高昂，劲头十足。作为负责全师后勤补给的军官，施特拉赫维茨竭尽全力地率领后勤部队赶上装甲矛头的步伐，同时与第19摩托化军、克莱斯特装甲集群的后勤主管部门协调弹药油料和食物的调运补充。在马斯河作战开始前，他也出现在河畔观察敌情，还曾向手下的军官评论敌情："法军在进攻中的表现往往很出色，炮火尤其准确，但在防御战中远不如德国人那样韧性十足。"果然如他所说，渡河战斗中给德军造成最大阻碍和伤亡的就是法军炮火，但当为数不多的德军抢渡成功后，法军的整体防线很快就出现了裂缝，军心也随之动摇。渡过马斯河后，第19摩托化军的3个装甲师全力向西推进，其高速度、快节奏给施特拉赫维茨留下了非常深的印象，古德里安一再强调的快速突击、避免与敌重兵接触、重点打击对手指挥系统和补给线等战术，显然与施特拉赫维茨的个性和风格也十分匹配。虽然主持的后勤补给体系表现得非常出色，但他显然并不满足——一战中率领骑兵长途奔袭敌后的骑兵排长，怎么可能在加入装甲部队整整5年后的1940年5月，总是充任运输大队长的"次要角色"呢？虽然没有坦克可供调遣指挥，但他决定利用时常流变的前线局势，抓住机会亲身体验一番"闪电战"的要义。在索姆河地区，施特拉赫维茨和他的装甲车不止一次地比作战部队更接近对手的防线。其中的一次经历——上级们称之为"单刀赴会"——诞生了一个至少名动第1装甲师的传奇，军史家弗拉施卡和勒尔(Hans-Joachim Röll)在各自的著作中都描绘过这段经历，至于其真实性，可能既无法证实、又难以证伪：[9]

施特拉赫维茨与司机和一名少尉突然发现他们的装甲车前出现了一座法军军营。尽管冒险得有点过了头，但施特拉赫维茨决不会让恐惧影响自己的头脑。他沉吟一下，镇定地告诉两位伙伴："现在绝不能掉头，那样的话会有大炮向我们开火的。不过，我想我们能收拾他们。"在手下半信半疑的目光注视下，施特拉赫维茨自信地朝法军哨兵走去。大张嘴巴的不仅是他的手下，早已看见他们的哨兵也是目瞪

▲ 摄于1940年5月，左为第1装甲师首席参谋军官温克少校，右为师长吉青纳，后为第37装甲工兵营营长克诺普夫(Knopff)少校。

▲ 摄于1940年5月，与第1装甲师同步进军的第19摩托化军军长古德里安正在进餐。

▲ 摄于1940年5月13日，第1装甲师所部正在色当附近渡越马斯河。

◀ 摄于1940年6月，左为第39摩托化军军长施密特，右一为第1装甲师师长吉青纳，右二为第1装甲师首席参谋军官温克。

▶ 摄于1940年6月，第1装甲师所部正在通过埃纳河上的浮桥。也有人认为本图是第1装甲师5月13日渡越马斯河时所摄。

口呆——他们做梦也想不到会有一个德军军官出现在眼前，因为最新的情报表明最近的前线距此处足有30公里！

施特拉赫维茨操着流利的法语要求面见当值军官。困惑的哨兵照办了，施特拉赫维茨点燃一支烟，有些紧张但又不动声色地静候着。当值的法军上尉不久后出现在营房门口，一头雾水的他还没闹清楚怎么回事，就听见施特拉赫维茨以不容置疑的口吻说道："立刻放下武器向我投降。"法军上尉感到难以置信，困惑地望着德国人咕哝着说："但是……"施特拉赫维茨知道在这个节骨眼上决不能让对手有时间思考，于是以坚定的口吻一字一顿地说道："没什么'但是'，上尉，快照我说的做，任何抵抗都毫无意义。"见对方还在犹豫，施特拉赫维茨又马上加了一把火："快点！让你的人放下武器！等我的装甲团一露面，我就无法再保证你们的安全了。不要再浪费时间了！"

也许是开战以来早就习惯了被席卷一切的装甲部队包围缴械，也许是放下武器和结束令人厌恶的战争并非什么耻辱，也许是施特拉赫维茨声色俱厉的恐吓使上尉下了决心，不一会儿，整整600名法军官兵列队完毕，向"代表第1装甲师" 的施特拉赫维茨上尉和他的两名战友正式投降了！检阅完战俘队伍后，施特拉赫维茨用手指着队列周边的一排排车辆向法军上尉说："让你的人都上车，你上我的装甲车。"而后，他又让同行的德军少尉爬上最后一辆车，以防有人"掉队"。1小时后，施特拉赫维茨带着600名俘虏和大批车辆开进了第1装甲师的防区。

师部的官兵们纷纷咂吧着嘴、摇着头表示难以置信，而师长吉青纳瞪着眼睛只蹦出一句话："施特拉赫维茨这个鬼家伙！"虽然这种惊人之举以后还将多次出现，并成为施特拉赫维茨的招牌之一，但在1940年5月和6月的法国，这恐怕还是绝无仅有的。两名下属完全被伯爵的沉着冷静、敏捷反应和狡黠机智所折服，他们绘声绘色地逢人便讲伯爵如何单枪匹马地俘虏600名法军及其车辆和武器。于是，"装甲伯爵"这个称谓开始在第1装甲师传开，不久后在整个战场不胫而走。施特拉赫维茨也愈发相信，出其不意的突袭能最大限度地发挥装甲部队的潜力，能在片刻间瓦解敌军防线并摧毁其意志，数量占优势的对手在毫无防范的情况下无法抵挡装甲部队的攻势。同时，他也认定，指挥官带领少量能力出众的"好战士"也能取得很大的成功——在日后执掌装甲团和装甲集群等较大规模的部队时，他对此依然坚信不疑，并做出了许多传奇色彩更加浓厚的举动。

5月23日，向敦刻尔克推进的第1装甲师，在英法盟军的最后一道防线——所谓的"坟墓线"前遇到了最顽强的抵抗。战事停顿之际，施特拉赫维茨带着一名少尉又一次到敌后进行侦察，他们看到了对手正在敦刻尔克的海滩上撤退！施特拉赫维茨赶回师部后立即向首席参谋军官温克少校做了汇报，还说第1装甲师已在阿(Aa)运河对岸建起了几个桥头堡，如果立即向前推进的话，完全可以突破对手的防线和阻止撤退。不想，温克只是耸了耸肩，表示已完全了解敦刻尔克的盟军活动，但元首已直接下令装甲部队止步。温克对此命令也十分不满，但他只能安抚相当气愤的施特拉赫维茨，还告诉后者说："相信我，伯爵先生，古德里安将军也同样气愤。"

这段时期的施特拉赫维茨虽然十分疲劳，但与其他人一样都在尽情享受着装甲部队辉煌胜利目不暇接的"黄金时代"。法国战役的第二阶段开始前夕，他又调回第2装甲团，但角色还是一样——负责全团的后勤补给。作为对其前阶段工作的认可，他于6月7日获得了一级铁十字勋章上的勋饰。

在法国战役的第二阶段，德军部署了三支强大的突击力量：第一支为B集团军群的6个装甲师和4至5个摩托化步兵师，任务是在英吉利海峡和瓦兹(Oise)河之间突破法军防线，向鲁汶方向进攻；第二支是A集团军群的4个装甲师和2个摩托化步兵师，任务是在色当西南的勒泰勒(Rethel)实现突破后，向埃纳河(Aisne)以南推进，以抵达朗格勒高原为目标；第三支突击力量则是C集团军群所部，它们将在前两支力量进展顺利的情况下，从梅斯要塞和莱茵河之间的法军后方进攻马奇诺防线。古德里安这时已升任以他名字命名的装甲集群指挥官，第1装甲师也被划归他属下的第39摩托化军。6月9日，第1装甲师的巴尔克战斗群集中了全师几乎所有的摩托化步兵，全力支援已在埃纳河南岸建立桥头堡的第17和第21步兵师，同时掩护第1和第2装甲团渡河。鉴于法军抵抗异常顽强，而且埃纳河南岸的溪流、村庄和森林并不适于装甲部队的大规模机动，巴尔克战斗群和布吕辛的装甲战斗群都在绕过对手最顽强的支撑点后径直南下。14日，第1摩托化步兵团和第2装甲团渡过了莱因—马恩运河，次日向南推进到索恩河上游的格雷(Gray-sur-Saone)地区。当古德里安装甲集群大部旋转向东进入洛林地区，从而威胁到法军马奇诺防线的侧后翼时，第1装甲师的搜索侦察营和摩托车营已在17日午夜抵达瑞士边境。而后，第1装甲师开往贝尔福特(Belfort)东北，直到25日停战协议正式生效为止。

如果说施特拉赫维茨在法国的多数时间里只能艳羡地看着装甲指挥官们建功立业的话，那么属于他的时刻也将很快到来，而且他将取得比他们更显赫的成功——1940年10月，随着第1装甲师第2装甲团被调拨给新成立的第16装甲师(作为补偿，第1装甲师获得了第113摩托化步兵团)，施特拉赫维茨被任命为第2装甲团1营少

▲ 摄于1941年2月的布加勒斯特，第16装甲师第2装甲团1营营长施特拉赫维茨少校正与罗马尼亚军官交谈。

校营长。第16装甲师师长是独臂将军胡贝(Hans Valentine Hube)——作为深受希特勒信任和欣赏的将领之一，胡贝也有着顽强、大胆、战术运用不拘一格的声誉。有这样一位师长，施特拉赫维茨无论做出何种惊人举动，似乎都能得到理解和赏识，他在之后屡立战功就可谓水到渠成了。

第16装甲师在接收装备(包括一批装备50毫米主炮的III号坦克)和训练演习告一段落后，于1940年12月末被派往罗马尼亚充任教导示范师，负责向罗军传授德军的装甲战术和作战经验。当巴尔干形势趋紧时，第16装甲师又承担起保护罗马尼亚普罗耶什蒂油田的任务。1941年3月末，施特拉赫维茨随第16装甲师向南开入保加利亚，驻扎在黑海边上的布尔加斯(Burgas)至普罗夫迪夫(Plovdiv)之间的区域。在将于4月初发起的、以征服南斯拉夫和希腊为目标的巴尔干战役中，保加利亚这个所谓“中立国”决定不直接参战，但允许把其领土作为李斯特元帅(Wilhelm List)第12集团军的集结地和进攻南斯拉夫的跳板。按照德国与保加利亚达成的协议，保加利亚的5个步兵师将在第16装甲师支持下，负责保护第12集团军的后方。[10]巴尔干战役打响后，由于南斯拉夫战事顺利得出人意料，第16装甲师的多数部队都没有机会参战，倒是施特拉赫维茨的第2装甲团1营被配属给“大德意志”摩托化步兵团(配属该部的还包括第151和第851重榴弹炮营以及党卫军炮兵团的轻型火炮营)，[11]参加了攻打贝尔格莱德的行动。当时，德军3个摩托化军——东南的第14摩托化军、东北的第41摩托化军和西面的第46摩托化军大兵压境，三面包围了贝尔格莱德，第11和第8装甲师等甚至未经战斗就抵达了南斯拉夫首都，施特拉赫维茨装甲营的进军也相当轻松惬意，结果还与其他部队一起分享了又一次闪电战大胜的荣誉，这曾一度令第16装甲师未能参战的部队眼红耳热。

1941年4月底5月初，施特拉赫维茨的顶头上司出现了变动，布吕辛团长被解除了职务 (详见第7章)，替代他的是原任第7装甲师第25装甲团3营营长的西肯纽斯(Rudolf Sieckenius) 中校。5月末时，第16装甲师经由罗马尼亚、匈牙利和奥地利返回了德国，随后开赴西里西亚的布雷斯劳和尼斯附近集结，施特拉赫维茨装甲营也在此时归建。6月16日，第2装甲团奉命移至波兰桑多梅日北面的扎维霍斯特(Zawichost)，在这里施特拉赫维茨迎来了一位大人物——第6集团军指挥官赖歇瑙元帅，他的儿子正是施特拉赫维茨麾下第4连的一名少尉。[12]赖歇瑙在第4连官兵和施特拉赫维茨面前郑重地宣布：德国将在6月22日进攻苏联。

惊人之举应接不暇：从基辅、罗斯托夫到斯大林格勒

施特拉赫维茨是一个传奇人物，关于他的二战经历存在着很多无从考证的传说，比如他“曾率几辆坦克出没于敌后，摧毁苏军坦克100辆之后还能全身而退”，再比如说“他有九条命，还有能预知炸弹在哪里爆炸的特异功能”等等不一而足。西方不少通俗军史著作还把施特拉赫维茨的经历与他人混淆起来，比如，关于苏德战争之初时他到底在哪支部队这个最基本的问题都有多种说法。有人说他在第16装甲师第2装甲团任1营少校营长，还有很多人说他是第18装甲师第18装甲团1营少校营长，还有些资料由于搞不清楚他到底在哪里，干脆含糊地不置一词。有两位军史作者曾在著作中这样描述过“巴巴罗萨”作战首日的一些片段：

“……古德里安的第一项任务是重新占领布列斯特要塞。尽管布格河堪称天然屏障，步兵也特别想率先占领这座桥头堡，古德里安还是坚持要求装甲兵参与进攻，以便加快进军速度。他很担心装甲部队会落在步兵及后勤等二线队伍身后，就像法国战役第二阶段中发生的那样。第17和第18装甲师那些经过特别改装的潜水坦

克越过了布格河，这些III号和IV号坦克原本是为进攻英国准备的，因而做了特殊的防水处理。这些坦克沿着布格河河床前进，坦克乘员和引擎通过通气管获得空气，而这一技术随后还将用在潜艇部队。第18装甲师渡河的装甲营中，有1个营就是由战斗生涯丰富多彩的海津特·格拉夫·冯·施特拉赫维茨少校指挥的。”[13]

这段描述不可谓不精彩，但显然出现了张冠李戴的疏漏。指挥第18装甲师第18装甲团1营的是与“装甲伯爵”的名字极为相似的一名少校——曼弗雷·格拉夫·冯·施特拉赫维茨(Manfred Graf Strachwitz von Gross–Zauche und Camminetz)。[14]再看一看装甲伯爵的全名，难怪著者会将两位混淆起来。令人惊讶的是，经过仔细研究，笔者发现他们两人在1939和1940年时都曾供职于第2装甲团，不过曼弗雷德在1营，海津特在2营；曼弗雷德的生日是1899年4月17日，与“装甲伯爵”同样名为曼弗雷德的亲弟弟的生日完全一样；再对比本书所附的几张照片，可以基本做出结论，这位曼弗雷德就是海津特的亲弟弟。不过，那些误以为“装甲伯爵”参与了水下穿越布格河，与布列斯特要塞苏军激战的故事根本就不存在，本章的主人公倒是强渡了布格河，但不是在布列斯特。第18装甲师开战时隶属于中央集团军群的古德里安第2装甲集群，而第16装甲师则属于南方集团军群的克莱斯特第1装甲集群。

第16装甲师在6月22日战事打响时是克莱斯特第1装甲集群的预备队，2天后才在索卡尔–克里斯蒂诺波尔(Sokal–Krystinopol)区域渡过了布格河。师长胡贝将所部分为五个进军集群，前导集群就是第2装甲团，施特拉赫维茨的第1装甲营毫无疑问地成为全师的先锋。最初2天的进军道路并不适合装甲部队的运动，到处都是植被茂密的森林和沼泽地，蜿蜒其间的只有少数几条道路。不过施特拉赫维茨面临的最大困难还是对手的顽强抵抗和不断反攻。跨越布格河不久，施特拉赫维茨装甲营向苏军的运输车队发起了猛攻，在炮火和烟尘中，大约有300辆军车被摧毁，同时沿线的数个反坦克阵地和炮兵阵地也被端掉。突然出现在苏军后方的德军坦克引起了大范围恐慌，许多苏军士兵放弃了阵地和武器，头也不回地向东逃跑。由于推进速度过快，施特拉赫维茨所部一度被撤退中的对手包围，他镇定地命令手下转入防御，激战中曾被一颗子弹擦伤，但简单处理一下后他又出现在反击的最前方。冲出包围圈后，他带着手下继续追击对手，然后突然消失在沉沉夜色中，但稍过一段时间他又如鬼魅般出现在苏军后方，杜布诺(Dubno)南面的杜纳耶夫(Dunayev)高地在26日夜10时左右被施特拉赫维茨成功抢占。这一行动既阻断了苏军后撤的道路，又为后续德军的进军扫清了障碍。

6月26日至30日期间，在卢茨克(Lutsk)—杜布诺—布罗迪(Brody)之间的三角形地带，爆发了一场号称“库尔斯克会战前规模最大的坦克战。”德军第1装甲集群的600辆坦克与苏军西南方面军5个机械化军的2800辆坦克酣战了将近1周，克莱斯特以损伤200辆坦克的高昂代价挫败了对手的反攻，仅苏军第8机械化军就损失了800辆以上的坦克，而第16装甲师据信摧毁了293辆坦克，第2装甲团的战功最大——有243辆坦克被该团摧毁。施特拉赫维茨装甲营于28日在杜纳耶夫北面、维尔巴(Verba)南面遭遇了苏军第8机械化军的T–34和KV坦克。他和手下很快恐怖地发现，这些苏军坦克似乎“刀枪不入”，III号坦克的50毫米主炮根本奈何不得这些钢铁巨兽，反坦克炮也无能为力，只有88毫米高射炮才能对付KV重型坦克。战斗之初，施特拉赫维茨曾遭受了不菲的损失，但由于空军的及时轰炸，苏军补给线、支援步兵与坦克间的联系均被切断，德军防线才暂保无虞。当时，杜布诺南面已出现了由第8机械化军旅级政委波佩尔(N.K.Popel)率领的装甲集群，为切断这个装甲集群与第8机械化军主力的联系，施特拉赫维茨奉命进攻地理位置相当重要的维尔巴。29日下午6时，施特拉赫维茨经过苦战夺取了维尔巴，但波佩尔装甲集群的部队向北撤到几公里外的高地后就地掘壕据守，并在夜里发起了强力反攻。施特拉赫维茨抵挡不住，损失了几辆坦克不说，还相当恐慌地退出了维尔巴村。师长胡贝连夜调动第16摩托化步兵旅的步兵赶来支援，30日上午又呼叫空军支援，然后命令施特拉赫维茨装甲营和摩托化步兵团再度强攻维尔巴。不过，波佩尔手下的重型坦克还是令施特拉赫维茨束手无策，甚至难以接近维尔巴，最后还是胡贝调来的重炮和88毫米高射炮敲掉了几辆KV坦克，才帮助德军逼近村子的南面。7月1日清晨，第2装甲营奉命赶来助战，2个装甲营加上1个步兵团的兵力经过整日激战才算把苏军逐出了维尔巴村。

苏军第8机械化军主力和波佩尔装甲集群此时已被包括第16装甲师在内的4个师的德军分割包围。波佩尔装甲集群在7月2日乘着夜色悄悄向东突围时，遭到施特拉赫维茨率领的装甲战斗群的追击。虽经历了数日的紧张作战，但疲倦和体力不支似乎与年近50的施特拉赫维茨无缘。他带领战斗群一路追杀，等大量杀伤对手并制造了足够的恐慌和混乱后，他又率部与敌脱离了接触——实际上，他摸到了苏军后方的炮兵阵地附近，无情地摧毁了这些大炮并击毁了依然向东死命突围的苏军坦克。原本拥有217辆坦克和近万步兵的波佩尔装甲集群，最后只有1000名步兵逃了出去，所有坦克和重武器都在短短几日内毁于第16装甲师之手。

杜布诺之战结束后，第16装甲师作为第48摩托化军的矛头继续向东推进。虽然天降大雨造成进军道路泥泞不堪，苏军战斗机和夜间轰炸机的空袭也给第16装甲师的补给造成了困难，但苏军的抵抗强度有所减弱，施特拉赫维茨装甲营的身后迅速留下了克列缅涅茨 (Kremenets)、扬波尔、旧康斯坦丁诺夫等一连串乌克兰城镇的名字。到7月6日，行进在全师最前方的施特拉赫维茨装甲营在柳芭(Lubar)地域突破了所谓的"斯大林防线"。7日，第48摩托化军所部夺取了别尔季切夫，2日后，第3摩托化军也攻克了重镇日托米尔，向东通向第聂伯河和基辅的道路向德军敞开了。苏军新组建的第26集团军在别尔季切夫地域向第48摩托化军发起了反击，但无力阻止第16装甲师途经白采尔科维朝乌曼方向开去。第16装甲师的补给车队在克拉斯诺波尔(Krasnopol)遭到苏军空袭和炮兵的轰炸，损失了相当数量的车辆，在向乌曼西北面的莫纳斯特里谢(Monastyrysche)推进的途中，第2装甲团因苏军轰炸和机械故障又损失了一批坦克，胡贝命令将剩余的坦克都集中到施特拉赫维茨的1营，组成一个装甲战斗群继续前进。[15]21日至25日，第16装甲师在莫纳斯特里谢与对手激战了整整4天，占领该地后奉命向乌曼东南进军，以彻底阻断被围在乌曼地区的苏军向东和东南突围的道路。31日，在卡利诺夫卡(Kalinovka)附近，施特拉赫维茨的指挥坦克被苏军炮火击中，报务员当场毙命，他本人也受了伤。8月2日，带伤作战的施特拉赫维茨指挥装甲战斗群以突袭方式夺取了佩沃梅斯克，次日又马不停蹄地攻占了沃兹涅先斯克(Voznesensk)。在这里，施特拉赫维茨装甲战斗群与第17集团军所属的匈牙利机械化军会合，在乌曼口袋的东面又增加了一层包围铁环。8月8日，追击对手的施特拉赫维茨装甲战斗群一直前出到沃兹涅先斯克以东75公里才暂时止步。这时，乌曼口袋中的苏军第6和第12集团军等已被德军步兵集团军清剿干净。施特拉赫维茨当日离开了岗位，前往后方疗伤。

8月12日，第16装甲师与"希特勒警卫旗队"师肩并肩地朝着东南方的黑海军港尼古拉耶夫(Nikolayev)扑去。很快，第16装甲师出现在军港北面，"希特勒警卫旗队"师迂回到城东，而罗马尼亚和匈牙利部队则从西面逼近了尼古拉耶夫。尽管三面被围，苏军还是在尼古拉耶夫顽强抵抗了数日，直到16日才告城破。"希特勒警卫旗队"师未及休整立即向赫尔松方向追击撤退的苏军，第16装甲师则获得了几天的休息时间。21日，第16装甲师奉命向北朝基洛夫格勒推进，以抵达第聂伯河后建立桥头堡为初期目标。25日，第16装甲师进抵基洛夫格勒，已回归本部的施特拉赫维茨当日获得了骑士勋章。第16装甲师在此处停顿了一些时日，施特拉赫维茨抓紧时间组织修理前阶段受损的一批坦克，同时试验了能在800米射程内击穿苏军坦克装甲的新型穿甲弹。9月8日，施特拉赫维茨再次担任第16装甲师的先头，在滂沱大雨中沿着破烂的道路向第聂伯河畔的克列缅丘格开去。第16装甲师的任务是充任第48摩托化军的矛头，越过第聂伯河后溯河北上，与已在基辅以东的苏拉(Sula)河畔建立阻击防线的第3装甲师建立联系，从而将基辅周边的所有苏军全部包围。9月12日，第16装甲师渡过第聂伯河后向北推进了整整70公里，直到油料耗尽再也无法动弹为止。当日晚上，在补充了油料和弹药之后，施特拉赫维茨装甲营与第16搜索侦察营等先头部队继续向苏拉河畔的卢布尼(Lubny)推进，此时他们距第3装甲师的先头战斗群仅有40公里。不过，施特拉赫维茨在卢布尼陷入了与守军的拉锯战，直到14日才最终夺取了卢布尼。15日，第16搜索侦察营与第3装甲师的先头在洛赫维察(Lokhvitsa)郊外建立了联系，标志着硕大的基辅包围圈在这一刻正式合拢。

基辅大胜之后，克莱斯特装甲集群又开始沿着铁路向东南方推进，旨在摧毁苏军沿第聂伯河南段直至亚速海海岸的防线，同时帮助梅利托波尔(Melitopol)以西的德军第11集团军消灭苏军第9和第18集团军。当时，苏军这两个集团军的12个师在第聂伯河河曲与梅利托波尔之间坚守不退，令德军第11集团军北翼的部队束手无策。10月初，第16装甲师以2个摩托化步兵团为主组建了两个战斗群，各加强了装甲团的1个营和其他师属部队，两个战斗群肩并肩地(间距仅1公里)向东南进军。6日，第16装甲师与其

▲ *摄于1941年6月，图为第18装甲师第18装甲团1营营长曼弗雷德·施特拉赫维茨少校。这位少校是"装甲伯爵"的亲弟弟，后人常把两兄弟的某些作战经历混淆起来，凭空地为"装甲伯爵"充满传奇色彩的军旅生涯增添了一些不可信的经历。*

▲ *摄于1941年9月，第16装甲师第2装甲团团长西肯纽斯中校。*

▲ 摄于1941年6月末，在III号坦克的支援下，第16装甲师的步兵正在进攻。

▲ 摄于1941年9月5日，第16装甲师师长胡贝(右一)正为施特拉赫维茨颁发骑士勋章(8月25日获得)。

▲ 摄于1941年9月5日，施特拉赫维茨获得骑士勋章后接受同僚的祝贺，与之握手者似为负责与第16装甲师联络的空军上尉。左一为装甲团团长西肯纽斯。

▲ 摄于1941年9月5日获得骑士勋章后，施特拉赫维茨与自己的副官在一起。

▲ 摄于1941年9月，从远处眺望基辅的景象。

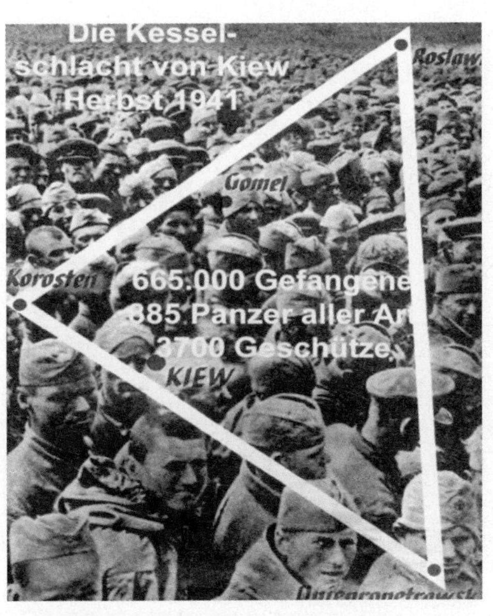

▲ 图为德国在基辅包围战结束后制作的宣传照，背景是无数的战俘，前景中的文字表明，德军在科罗斯坚、罗斯拉夫尔和第聂伯罗彼得罗夫斯克构成的三角形区域俘虏了66.5万人，还有885辆坦克和3700门大炮等战利品。

▲ 摄于1941年10月，施特拉赫维茨与手下的军官们在1辆III号指挥坦克前研究地图。

▲ 摄于1941年10月，第16装甲师开进重镇塔甘罗格时的场景。

他德军在亚速海北面30余公里的安德列耶夫卡(Andreyevka)附近合围了前述两个苏军集团军，第2装甲团在摧毁被围之敌的作战中发挥了较大作用。14日，第16装甲师改为隶属于第14摩托化军(该军还包括党卫军"维京"师和第14装甲师)，在沿着塔甘罗格—斯大林诺进军的过程中，第2装甲团和第64摩托化步兵团于21日在距米乌斯河不远的乌斯片斯卡亚(Uspenskaya)建立了桥头堡。随后6天里，第16装甲师一直都在乌斯片斯卡亚休整和修理坦克，施特拉赫维茨和手下的装甲兵也得到了难得的喘息机会，苏军除偶尔派出轰炸机前来骚扰外，基本上相安无事。23日，12架苏军轰炸机轰炸了施特拉赫维茨的驻地，附近的一座苏军战俘营被炸毁，战俘死伤无数，这令他非常震惊，立即命人清空营地，把幸存的战俘都送到更远的后方。[16]

11月5日，克莱斯特第1装甲集团军在米乌斯河的多个桥头堡向东发起了新攻势，第3摩托化军的"希特勒警卫旗队"师和第13装甲师朝着罗斯托夫方向进攻，在他们北面的是第14装甲师，第16装甲师居于第14装甲师北面，与"维京"师和第49山地军的第1山地师一起，负责向图斯洛夫(Tusloff)河及其以东进攻，同时起到保护第3摩托化军左翼的作用。[17]第16装甲师的两个战斗群在炮火掩护下快速向东推进，带领第1装甲营冲在前面的施特拉赫维茨很快发现，德军坦克前冲时，苏军往往缩在战壕里或干脆躲藏起来，而在步兵跟进时，苏军的抵抗却变得非常顽强。17日，第14摩托化军的几个师全部在沙赫蒂西面与对手激战；与此同时，南面的"希特勒警卫旗队"师和第13装甲师开始向罗斯托夫全力冲刺，并在20日夺取了这一战略要地。不过，就在"希特勒警卫旗队"师杀入罗斯托夫的前一天，苏军第37集团军在重建的第9和第18集团军的支援下，向第14摩托化军的北翼发起了反攻，"维京"师的左翼防线顿时出现了漏洞。第2装甲团被临时配属给"维京"师，帮助后者把被冲开的防线重新连接起来，施特拉赫维茨率领装甲团的多数坦克在反击中还曾解救出被围的"维京"师工兵营。随着北翼防线的漏洞越来越大，为避免被侧翼包抄，克莱斯特于21日夜做出了与敌脱离接触的决定，命令北翼部队在延迟阻击的同时撤往图斯洛夫河。当作战部队和装备基本都撤到图斯洛夫河西岸后，西肯纽斯和施特拉赫维茨率领第2装甲团仍在东岸阻击对手，同时装甲师的师属炮兵在西岸提供炮火支援。28日，德军在苏军的强大压力下弃守罗斯托夫，罗斯托夫以北的所有部队也都奉命陆续撤往米乌斯河防线。第16装甲师作为第14摩托化军的后卫，直到12月5日才带着重武器和装备撤至米乌斯河西岸。

从12月中旬起，整个东线的德军都被迫转入守势，装甲部队也开始扮演他们日后非常熟悉的"消防队"角色。德军将装甲团拆成较小的战斗群，分别驻守在前沿稍后方的各个要地，随时准备在前沿即将被突破的关键时刻发起反击。装甲部队很快证明了他们在防御和进攻中一样出色。这段时间，米乌斯河防御战的特点也很适合施特拉赫维茨的个性，他不仅喜欢，而且擅长领导小规模战斗群，经常带着数辆坦克突入敌后进行侦察和骚扰，沿途顺带着消灭一些坦克和炮兵阵地。1942年1月1日，施特拉赫维茨晋升为中校，第16装甲师也进入斯大林诺—梅克耶夫卡(Makeyevka)的补给基地进行重新装备。罕见的奇寒和无垠的冰雪使这个战场陷入了相对沉寂的时期。

随着季节的变换、兵员和装备的不断抵达，蛰伏数月的东线德军在1942年春似乎又恢复了元气。德军最高统帅部筹划针对斯大林格勒和高加索的夏季攻势时，准备在5月中旬发起两起预备攻势，除征服克里木半岛外，碾平苏军在1942年初形成的伊久姆突出部也是重要目标之一。5月12日，苏军抢先发起了旨在夺回哈尔科夫的反击战。尽管苏军的突然进攻一度取得了很大的战果，甚至到15日时已对哈尔科夫形成了南北夹击的态势，但德军在尽量阻挡对手向西突破的同时，于17日按原计划发起了代号“弗里德里希作战”的围歼战。克莱斯特负责统一指挥第1装甲集团军和第17集团军，他在伊久姆突出部南面的斯拉夫扬斯克率先发起反击。担任突击矛头的是第3装甲军的第14装甲师，胡贝第16装甲师则被配属给第44军。第14装甲师当日撕开了苏军防线后开始高速向北推进，第16装甲师由施特拉赫维茨率领的先头战斗群也从斯拉夫扬斯克朝西北方向推进，18日即控制了伊久姆西面的高地。22日，德军第6集团军在化解了哈尔科夫周边的危险之后，命令第3和第23装甲师向南杀出，第23装甲师一部当日即与第14装甲师及施特拉赫维茨装甲战斗群会合于巴拉克列亚 (Balakleya)西南，从而将伊久姆以西的几十万苏军关进了包围圈。在这个所谓的“巴尔文科沃老鼠笼”最终合拢的前一刻，施特拉赫维茨幸运地从死神手中逃脱——当时，施特拉赫维茨带着几名下属和炮兵军官在附近的高地上观察苏军的动向，突然他冲着站得稍远点的两名炮兵军官大喊“快卧倒隐蔽”，同时随手将一名下属按倒在地。就在这时，炮弹在他们附近爆炸了，两名倒霉的炮兵军官当场丧命，而施特拉赫维茨靠着他那“狗鼻子一样灵”的敏锐逃过了一劫。他曾坦言自己能感觉到是否有坦克或大炮在向他瞄准，还曾有史家把他描绘成“有特异功能的占卜士”，说他利用一切空闲时间研究占卜与星相，以及他的祖上就有以预知未来而出名的人。[18]虽然这些都是无法证实的传奇故事，但施特拉赫维茨对战场确实有着惊人的直觉和判断力，总能在第一时间发现敌人，掌握对手的部署变化并拿出对策。他多次负伤但总能幸存，上下级都相信他确有“魔法”。像许多历战无数的勇猛军人一样，施特拉赫维茨也坚信自己绝不会被子弹或炮弹击中。

在德军的1942年夏季攻势发起前，第16装甲师还在顿涅茨河两岸参加了两次规模有限的清剿

▲摄于1942年8月23日，第16装甲师装甲团6连的几辆坦克和装甲车率先抵达了斯大林格勒北面的伏尔加河，图中的德军正用望远镜瞭望斯大林格勒城。

◀摄于1942年5月的哈尔科夫战役期间，图为被第16装甲师摧毁或缴获的车辆与武器。

▼摄于1942年9月15日的斯大林格勒前线，升任第14装甲军军长的胡贝来到第16装甲师向旧部告别。图为他与施特拉赫维茨中校握手道别的场景。

▲摄于1942年10月13日的斯大林格勒前线，施特拉赫维茨正在打量一辆由骆驼“牵引”的运输车。当天晚些时候，施特拉赫维茨的指挥坦克被炮火命中，他被烧伤，胡贝安排飞机很快将他送回本土治疗。

作战，施特拉赫维茨装甲战斗群在名为“威廉”和“弗里德里希II”的两次作战中都发挥了突击矛头的重要作用。[19]夏季攻势开始后，保卢斯第6集团军的推进可谓势如破竹，各部德军很快进入了追击模式，到7月20日保卢斯的多数部队均推进到奇尔河上游时，装甲矛头第14装甲军(辖第16装甲师、第3和第60摩托化步兵师)更是在向顿河河曲高速推进。不过，7月22日至24日，已抵达卡拉奇(Kalach)附近的第14装甲军因缺乏油料和交通工具被迫停顿下来。前几日，希特勒曾错误地认为，第6集团军和第4装甲集团军的推进势头足以粉碎顿河—伏尔加河的苏军防线，现在可以放心地分兵高加索了。为此，原本用于斯大林格勒的部分兵力和大批运输车辆被调拨给南面的A集团军群。这一决定造成的直接后果之一，就是保卢斯缺乏充足的交通工具，无法及时地为北翼的第14装甲军提供油料和弹药补给。苏军方面显然已决心誓死保卫斯大林格勒，25日在顿河西岸卡拉奇西北高地积聚了数量可观的部队，并在26日向第16装甲师等急需油料弹药的德军发起了进攻。第14装甲军几个师的形势一度相当危险，苏军不仅在卡拉奇投入了第1和第4坦克集团军(以及原驻此地的第62和第64集团军)，也在更往北一点的阿基莫夫斯基 (Akimovskiy)向第14装甲军敞开的北翼发起了反攻。保卢斯的北翼一时间陷入了两面作战的险境，追击已无可能，能够自保就算不错了。

第16装甲师等部经过10天艰苦的防御战后，总算挡住了苏军的进攻。8月6日，油料和弹药终于从上百英里外的后方运到了前线，第14装甲军也恢复了机动能力。德军这时发现了一个“黄金”机会，他们不仅有机会痛击绕着卡拉奇部署成半圆形的对手，还有可能背倚顿河、以南北夹击的钳形攻势歼灭大量苏军——这场被后人遗忘的“卡拉奇坦克战”在7日清晨拉开了帷幕，北翼的攻击矛头就是施特拉赫维茨率领的装甲战斗群，南翼矛头则是第24装甲军下属的第24装甲师。仅仅20个小时后，施特拉赫维茨就与第24装甲师的先头在卡拉奇西面的高地建立了联系，苏军第64集团军和第1坦克集团军退往顿河对岸的道路被切断了。[20]经过3天激战，苏军约有5.2万人被俘，还损失了近千辆坦克和大炮，仅施特拉赫维茨战斗群就摧毁了超过270辆的坦克！[21]

8月22日，第16装甲师渡过顿河后开始向伏尔加河全力挺进。此时，整个第6集团军只有163辆坦克(第16装甲师有81辆，第60摩托化步兵师有82辆)，按照保卢斯留下的文字：“集团军短缺2个步兵师……如果从顿河桥头堡向东越过第137高地的作战取得成功的话，那么，在斯大林格勒西北面的高地附近，我们只能指望摩托化部队依靠自己的力量坚持一段时间了。”[22]23日，第16装甲师以装甲团2营和3营(该营原为第10装甲团3营，1942年6月加入第2装甲团)为主组成了“西肯纽斯装甲战斗群”；以装甲团1营为主组成了“施特拉赫维茨装甲战斗群”。两部在并肩东进中成功越过了第137高地，同时该师以自身稀薄的步兵兵力，在克特柳班(Kotluban)组织了一条面朝北方的阻击防线。两个装甲战斗群绕过诸多屯有重兵的村落后，当日下午逼近了斯大林格勒北郊，第6装甲连的几辆先头坦克在下午5点时出现在温诺夫卡(Vinnovka)南面陡峭的伏尔加河河岸旁。第16装甲师的进军固然神速，但也充满危机，席卷过的地盘虽然不少，但相当多的成建制苏军都在该师身后完好无损。苏军次日即从北面的杜波夫卡(Dubovka)和潘施诺(Panshino)两个方向，朝第14装甲军发起了有大量坦克支援的反攻，第137高地附近的公路也在25日被切断，造成装甲军与西面的集团军主体被隔开。情形更糟的还是第16装甲师，不仅弹药油料即将告罄，还陷入了被对手南北夹击的危境，而距该师最近的友军第3摩托化步兵师尚在20公里以外。胡贝已命令所部做好向西突围的一切准备，第14装甲军也在26日夜要求保卢斯批准部队撤到第

137高地西面。当然这些要求都被拒绝了，第14装甲军只得就地死守，等待第51军从西面杀来救援(该军在29日赶到)。8月30日，随着德军第4装甲集团军在斯大林格勒西南的加夫里洛夫卡(Gavrilovka)突破了苏军防线，第6集团军又命令第14装甲军和第51军向南进攻，以在斯大林格勒西面与第4装甲集团军会合为目标。9月3日，保卢斯手下的第60摩托化步兵师和第295步兵师，与第4装甲集团军的第24装甲师在斯大林格勒西面建立了联系，但第14装甲军北翼的阻击阵地被突破，第16装甲师的步兵在第2装甲团不多的坦克支援下，费尽九牛二虎之力才勉强堵上了防线缺口。两天后的5日，多达9至10个步兵师的苏军在5至7个坦克旅支援下，又向第14装甲军的北翼发动了反扑，德军动用了最后的预备队和所有能够开动的坦克才打退了对手(苏军损失了114辆坦克)。北翼的这些困难危险的防御战几乎持续了整整1个月，在此期间，施特拉赫维茨装甲营多次充当"消防队"。他经常带领部下埋伏在山脊的反斜面伏击对手，他手下的2连在一次作战中以区区7辆坦克快速击毁了22辆苏军坦克。据信，施特拉赫维茨装甲营以这种战术在斯大林格勒周边至少摧毁过100辆T-34，当然还有大量的美制坦克和卡车。

施特拉赫维茨在斯大林格勒的作战于10月13日戛然而止——当日，他的指挥坦克被炮火击中，他本人被烧伤。1个月前升任第14装甲军军长的胡贝，稍后安排飞机把施特拉赫维茨送往布雷斯劳治疗。11月至12月，施特拉赫维茨先后在柏林和奥地利的巴特加施坦(Bad Gastein)等地辗转治疗。期间的11月13日，德国国防军战报宣布施特拉赫维茨获得了第144枚橡叶骑士勋章，称他的装甲营"在顿河和斯大林格勒进攻战中表现出色，他率部突入敌军深远后方，摧毁了数以百计的敌军坦克"。12月，希特勒在大本营亲自向施特拉赫维茨颁发了橡叶骑士勋章。

1943年1月1日，已经康复的施特拉赫维茨晋升为后备役上校。几天后，他设法与回国述职的第14装甲军军长胡贝取得了联系——胡贝在元首大本营详细汇报了斯大林格勒包围圈的士气和状况，同时领取了第22枚双剑骑士勋章。施特拉赫维茨要求军长允许自己回到包围圈中的第16装甲师，但胡贝非常严肃地说道："……亲爱的施特拉赫维茨，我不得不拒绝你的提议，因为这不可能。你知道，我敬重作为个人和战士的你，也很乐意带你跟我一起回去。但是，正因为我尊重你，我才不能让你重回斯大林格勒，那里已变成了地狱。如果让你回去，那就等于是谋杀。"[23]看到施特拉赫维茨咕哝着还想辩解，胡贝提高声调厉声说道："这是很清楚的命令，没有讨论的余地！"然后，又低声安抚后者："像你这样的战士，在别的地方还有大用。"[23]

可以说，施特拉赫维茨对自己因伤早早撤离，而战友们却要留在斯大林格勒等待被歼的命运，无疑是感到羞愧和自责的。也正是胡贝拯救了与之并肩作战两年之久的施特拉赫维茨，使后者避免了与第16装甲师和第14装甲军一起覆灭的下场。胡贝说得不错，像施特拉赫维茨这样的装甲指挥官在别的战场和单位仍堪大用。

装甲铁拳："大德意志"装甲团团长

1943年1月末，施特拉赫维茨被召到元首大本营，希特勒的首席副官施蒙特和参谋总长蔡茨勒(Kurt Zeitzler)将军接见了他，通知他已被任命为"大德意志"摩托化步兵师(简称GD师)装甲团团长。当时，装甲团团部已在波美拉尼亚的诺伊哈默尔训练基地组建，原在北方集团军群战区作战的第203装甲团2营撤至诺伊哈默尔后，已于1月13日改成GD装甲团2营(辖3个中型装甲连)，同时第203装甲团3连被改建为GD装甲团第13连(装备虎式坦克)。[24]当施特拉赫维茨来到东线视察GD师原有的唯一一个装甲营(于3月1日改称装甲团1营)时，其团部、第2营和第13重装甲连等已在开往战场的途中。

2月8日，施特拉赫维茨来到哈尔科夫与波尔塔瓦之间的瓦尔基(Valki)村，拜见GD师的上级——“兰茨集团军级支队”指挥官兰茨(Herbert Lanz)将军和他的参谋长施派德尔少将。这时，斯大林格勒的地狱烈火已渐渐熄灭，包括第16装甲师在内的第6集团军余部已经投降了。施派德尔向施特拉赫维茨介绍了过去几日里灰暗的战场态势——沃罗涅日和西南方面军在斯大林格勒后发起的攻势，已在德军防线上撕开了300公里的缺口，前者的意图是以南北夹击的钳形攻势合围哈尔科夫，后者则试图前突至第聂伯河，而后南下直扑黑海海岸，从而将南方德军全部包围在巨大的口袋之中。“兰茨集团军级支队”所部分布在哈尔科夫至别尔哥罗德之间，GD师和第168步兵师在别尔哥罗德以北的奥斯科尔河及沃尔昌斯克等地进行延迟阻击，中路是负责守卫哈尔科夫的党卫军装甲军，南翼则是仍处于水深火热中的第298和第320步兵师。施特拉赫维茨在探视GD师装甲营时，曾了解到北翼的危险状况，当时装甲营仅剩10辆坦克，每天都在不同的地方转战，堵住苏军突破的全部希望都寄托在剩下的坦克和突击炮身上。

外表镇定、头脑清楚的曼施坦因并没有慌乱，他坚信最基本的作战准则——进攻能力势必随着推进距离的迅速拉长而锐减，事实上他已在筹划和调遣兵力，准备在恰当的时机发起绝地反击。当豪塞尔的党卫军装甲军2月15日擅自弃守哈尔科夫时，曼施坦因并未像希特勒那样暴跳如雷，而是“热诚欢迎”解除了防御任务的3个强悍的党卫军装甲师加入他的反攻序列。曼施坦因向匆忙飞往扎波罗热的元首解释说，他将在苏军进攻能力趋于衰竭之际发起三阶段的致命重击：第一阶段，隶属于第4装甲集团军的党卫军装甲军和第48装甲军将在巴甫洛格勒(Pavlograd)会合后切断苏军西南方面军的先头，第1装甲集团军所属的第40和第57装甲军将在东面同步向北进攻苏军的侧翼，进而将西南方面军逼退到顿涅茨河右岸；第二阶段，第4和第1装甲集团军将打击沃罗涅日方面军的侧翼，期间收复哈尔科夫；第三阶段，继续向北进攻，目标是消灭库尔斯克地区的苏军并与中央集团军群的第2集团军建立联系。[25]在南面保护侧翼的是“霍利特(Karl-Adolf Hollidt)集团军级支队”，负责阻止苏军南方面军沿米乌斯河防线发起攻势；保护反攻大军北翼的就是“兰茨集团军级支队”，任务是在哈尔科夫西面阻止沃罗涅日方面军的继续西进。不过，因哈尔科夫失守，兰茨作为替罪羊在2月21日被解职，肯普夫将军取代了他的位置，这部分德军的称谓也随之改为“肯普夫集团军级支队”。

2月19日，当苏军先头坦克距曼施坦因的指挥部只有几十公里时，被后人称为“最后的胜利”的“哈尔科夫反击战”拉开了大幕。到月底时，被挫败的苏军西南方面军余部匆忙撤过了顿涅茨河，身后留下了615辆坦克、400门大炮、23000名亡者，还有进入战俘营的9000名官兵。沃罗涅日方面军曾奉命把第3坦克集团军移交给西南方面军，但在转进过程中遭到党卫军装甲军的痛击和血洗，德国空军的多个对地攻击联队也对该集团军造成了重大杀伤，其残部匆忙撤至哈尔科夫南面后试图建立新的防御前沿。

随着第一阶段作战目标的达成，第4装甲集团军迫不及待地发起了第二阶段的反击，党卫军装甲军开始向北朝着克拉斯诺格勒(Kasnograd)一线扑去，而肯普夫所部也奉命从波尔塔瓦西北出发，朝别尔哥罗德方向进攻。GD师位于“肯普夫集团军级支队”的左翼，师长霍尔雷恩(Walter Hoerlein)将所部分成三个战斗群，其中由施特拉赫维茨领导的战斗群规模最大，包括装甲团(欠1营)、掷弹兵团、工兵营3连、坦克歼击营3连和炮兵团3营，目标是夺取康斯塔库索夫(Konstakusovo)和佩利考普。[26]施特拉赫维茨

▲ 摄于1943年2月至3月期间，GD装甲团团长、橡叶骑士勋章得主施特拉赫维茨上校。

▲ 摄于1943年2月至3月期间，施特拉赫维茨陪同GD师师长赫尔雷恩检阅装甲团，背景为虎式坦克。

▲ 摄于1943年2月至3月期间，施特拉赫维茨与GD师师长赫尔雷恩(左)在交谈。

▲ 摄于1943年3月，GD师师长赫尔雷恩在向施特拉赫维茨布置作战任务。

▲ 摄于1943年3月的哈尔科夫反击战第二阶段发起前，霍尔雷恩将进攻重任交付给施特拉赫维茨领导的战斗群，后者不负众望，以其非正统战术造成了苏军的巨大损失。图为反攻发起前霍尔雷恩向施特拉赫维茨最后叮嘱几句的场景。

▲ 摄于1943年3月，施特拉赫维茨(中)与下属借助地图研判双方态势，背景是他的III号指挥坦克。

▼ 摄于1943年3月上旬，施特拉赫维茨在他的“01”III号指挥坦克上发号施令，搭乘坦克的掷弹兵们正好奇地看着这位“装甲伯爵”如何调兵遣将。

▲ 摄于1943年3月上旬，GD师的IV号(75毫米长管炮)和III号坦克正在进军途中，图中最左侧的坦克是施特拉赫维茨的指挥坦克，他正立在炮塔上观察前方。

▲ 摄于1943年3月上旬，施特拉赫维茨(最左边的坦克上)正率领战斗群前进，近景是一些身着白色冬装的掷弹兵。

▲ 摄于1943年3月上旬，施特拉赫维茨正在查看地图以确定方位。

▲ 摄于1943年3月上旬，施特拉赫维茨战斗群似乎在皑皑白雪中迷失了方向，图中他与手下正用地图确定方位，背景中的“02”指挥坦克前方似为1辆虎式坦克。

▲ 摄于1943年3月，向别尔哥罗德推进的施特拉赫维茨战斗群在行军途中。中间那辆坦克上戴皮帽的是施特拉赫维茨。

战斗群于3月7日清晨出发，由于党卫军装甲军的推进已使苏军撤退，该战斗群当日下午就轻松完成了预定任务。8日和9日，战斗群中的坦克部队进展神速，配属的掷弹兵团官兵在泥泞中因跟不上节奏而叫苦不迭。但施特拉赫维茨不为所动，他的战斗群到9日日终时已是全师最深入苏军防区的部队，并切断了奥利沙尼(Olschany)至博格杜霍夫(Bogodukhof)的道路，为11日攻打博格杜霍夫扫清了障碍。11日上午，GD全师倾巢而出，在攻打博格杜霍夫的战斗中，施特拉赫维茨率先突破了苏军阵地，深入到城东北的高地后朝着溃退的对手开炮。次日，第1装甲营营长珀斯尔(Walter Poessl)少校率部归建，施特拉赫维茨命令他率领1营和虎式装甲连(13连)攻打格雷沃诺，自己则率装甲战斗群和摩托化步兵进攻比萨列夫卡(Bol.Pisarevka)。党卫军装甲军所部同日包围了哈尔科夫，并于15日夺回了这座重要枢纽。与此同时，GD师也在鲍里索夫卡(Borisovka)这个无名村镇，与苏军第2近卫坦克军展开了一场历时三日的血战。14日白天，施特拉赫维茨装甲团就摧毁了30辆T–34，夜幕降临时这个数字上升到46辆，许多坦克都是在近距离对攻中被摧毁的。[27]GD突击炮营也在当日取得了不遑多让的战果，该营营长曾称这是自己“打得最漂亮的一仗”——他的营创下了击毁43辆T–34的纪录。[28]15日，GD师又令21辆苏军坦克瘫痪在战场上，而装甲团16日又以自身损失4辆坦克的代价摧毁了近30辆苏军坦克。

在这些日子的作战中，施特拉赫维茨曾留下了一段“传说”，据说发生在他到虎式装甲连驻地视察时。当时已是夜幕沉沉，他在前哨阵地突然发现远方有十几辆苏军坦克，似乎正在翻越山脊和朝着装甲连所在的村子驶来。他告诫左右无令不得开炮，因为他想知道山脊那一边还有多少坦克和兵力——除了发现的坦克外，还有10余辆坦克也在山脊附近。由于德军防线沿村落部署成马蹄形，施特拉赫维茨想把对手诱至村子中央加以消灭。不想，苏军坦克磨磨蹭蹭地逼近村子后散开队形停了下来，似乎想诱使德军率先开炮以暴露方位。施特拉赫维茨不为所动，他很清楚自己的位置并未被发现。苏军坦克编队的指挥官踟蹰甚久，似乎一直在掂量是否有埋伏，直到拂晓前才一辆接一辆地陆续开进村子，还试探性地炮轰了几幢房屋。施特拉赫维茨告诫下属们沉住气，时间一分一秒地流逝，T–34将地面摇晃得震颤不已，但训练有素的装甲兵们还是屏住呼吸等待团长打响第一枪。就在天边浮现了第一缕亮光时，施特拉赫维茨的虎式坦克射出的炮弹在灰暗的天空中划出一道曳光，准确地将几十米外1辆T–34的炮塔炸上了天！其他坦克立即向各自的目标开炮，威力巨大的88毫米主炮撕开了T–34敦实的装甲，整整18辆T–34很快便被击毁。越过山脊后一直停在村口张望的第二波T–34立即回撤，但施特拉赫维茨不会让它们轻易逃脱。他带着部下发起了追击，当日又将这10余辆坦克全数消灭，而他的损失仅是1辆暂时动弹不得的虎式坦克，天黑前能干的装甲兵就把它修好了。[29]

如果这段经历确有其事，那真称得上是一次令人印象极深的战斗，施特拉赫维茨的自信、冷静和把握时机的能力确实令人叹服。3月18日的另一场战斗则把他的大胆和指挥水准展示得淋漓尽致。当日，GD装甲团和掷弹兵团联手进攻托马罗夫卡(Tomarovka)，首波攻势就摧毁了15辆T–34坦克和20门反坦克炮，稍后他又将拥有90辆坦克的苏军重兵诱入了托马罗夫卡城中设下的陷阱。据说，他在这里指挥装甲团摧毁了足足54辆T–34和少量的T–70坦克！在巨大的混乱和恐慌中，有些苏军坦克兵竟然跳出完好无损的坦克掉头就跑，结果又让德军俘获了15辆坦克。[30]

3月22日，GD师结束了自己在哈尔科夫反击战中的使命，准备开回波尔塔瓦进行休整。半个月里，苏军5个步兵师和5个坦克旅被GD师重创或摧毁，鲍里索夫卡和托马罗夫卡战场上留下的大量坦克、反坦克炮和大炮的残骸，见证着GD

装甲团、突击炮营和侦察营等部队的威力。28日，希特勒决定将第27枚双剑骑士勋章授予施特拉赫维茨，以表彰他率领GD装甲团3月摧毁苏军坦克154辆的突出战功。10天以前，师长霍尔雷恩已获得了橡叶骑士勋章，还有多位GD师官兵获得了骑士勋章或金质德意志十字勋章。一向以国防军第一师自居、颇有点目中无人的GD师官兵，在战场上目睹了履新不过月余的装甲伯爵的勇猛作风，无不以自己曾在其麾下战斗而感到自豪。除了多谋善断和指挥有方给GD人留下了至深印象外，施特拉赫维茨总是不畏生死、战斗在最前沿的作风也令人折服——他在2月16日获得的“金质伤员证章”(授予负伤5次以上者)就是最好的明证。

▲ 摄于1943年4月17日的贝希特斯加登，授勋仪式完成后施特拉赫维茨颈项上的勋章变成了双剑骑士勋章。

3月30日，装甲兵总监古德里安上将来到GD师探视，由于师长霍尔雷恩正在本土休假，施特拉赫维茨代表GD师接待了这位“装甲兵之父”。他向古德里安详细介绍了前阶段作战的经历和教训，对装甲部队的装甲兵、机械化步兵和炮兵的配备构成提出了一些建议，同时对虎式坦克的战力和性能赞不绝口。古德里安非常重视施特拉赫维茨的意见，回去后不仅竭尽全力地提高虎式和豹式坦克的产量，还启动了装甲部队的结构性重组。施特拉赫维茨随后于4月17日奉召来到上萨尔茨堡附近的贝希特斯加登，希特勒在这里的乡间别墅向他颁发了双剑骑士勋章。

▲ 摄于1943年4月17日，获得双剑骑士勋章的施特拉赫维茨后正进行无线电访谈，向听众们讲述他在别尔哥罗德作战的经历和故事。

哈尔科夫战役后，苏德双方都因精疲力竭而无力继续作战，但双方都在抓紧时间休整部队、补充兵员和装备，一场新的大战正在平静中酝酿。6月22日，陆军总部下令组建GD装甲团3营(装备虎式坦克的重装甲营)，GD摩托化步兵师也正式更名为GD装甲掷弹兵师，作为陆军唯一拥有自己重装甲营的单位，该师的精英地位更加显赫。装甲团原有的重装甲连改为3营9连，该营的第10连来自于第501重装甲营3连，第11连则是原来的第504重装甲营的3连。[31]

▲ 出现在著名的勒尔系列明信片上的双剑骑士勋章得主施特拉赫维茨上校。

▲ 获得双剑骑士勋章后返回波尔塔瓦时的施特拉赫维茨。

▲ 摄于1943年4月17日的贝希特斯加登元首乡间别墅前，施特拉赫维茨在接受第27枚双剑骑士勋章前与特意赶来的妻子合影。他的妻子同样出身望族，也有一个繁琐冗长的名字，但有个昵称叫“阿尔达”(Alda)。

▲ 摄于1943年4月20日，施特拉赫维茨正在检阅GD装甲团1营，左为1营营长珀斯尔少校。施特拉赫维茨刚刚向珀斯尔颁发了骑士勋章。

库尔斯克会战即将打响前的7月1日，第4装甲集团军指挥官霍特上将把直属陆军总部的第39装甲团增援给突击矛头GD师，该团下属第51和第52两个装甲营，各拥有96辆簇新的豹式坦克，再加上团部的8辆，豹式坦克的总数竟高达200辆。施特拉赫维茨装甲团本身就拥有相当可观的坦克，再加上这些豹式坦克，GD师在开战前夕竟装备有高达370辆的坦克和突击炮，“是整个二战期间德国任何一个师级单位所控制过的最多数量的坦克”。[32]用兵强马壮来形容GD师一点都不过分，事实上，光是施特拉赫维茨装甲团的实力就毫不逊色于任何一个普通装甲师。

大量重武器装备的集中也带来了指挥协调上的困难，为便于指挥控制，上级把第39装甲团和施特拉赫维茨装甲团划归到独立的第10装甲旅麾下。不过，旅长德克尔(Karl Decker)上校在战役开始时未能赶到战场，装甲旅旅部和其他直属单位最快也只能在7月11日抵达。因而，第10装甲旅的指挥体系在开战之初并不存在，代行指挥的权力却交给了第39装甲团团长劳彻特(Meinrad von Lauchert)中校。另外，第10装甲旅的参谋人员和第39装甲团的多数官兵基本没有东线作战经验，连排级军官多数都不是老兵出身，甚至还没有进行过连营规模的演习和无线电通信战术演练。这些新来者对东线的地形地貌、对手的作战特点等也都不甚了了。

结果这一决定带来了很大的副作用，集团军总部显然不太了解施特拉赫维茨的个性和行事风格。施特拉赫维茨认为，既然第39装甲团的豹式坦克都配属给了GD师，理所当然地应由他这个老大统一指挥，现在却非要弄出个旅部凌驾于其头上，让他这个有“装甲雄狮”美名的伯爵颜面何在？既然第10装甲旅旅部迟迟无法到位，上级又怎么能让年龄、军衔和资历都逊于他的劳彻特代行指挥权？施特拉赫维茨对这些安排非常不满，与师长霍尔雷恩之间也出现了矛盾。施特拉赫维茨无疑是一个极端个人英雄主义者，遍观其战斗经历，在他每次惊人成功的背后，除运气成分外，都能发现他崇尚个人勇敢和讲究自由发挥的特点。他出身贵族，从不隐瞒自己对“高贵血统”的骄傲，觉得贵族头衔远比军衔重要，对平民出身的上级和将领他从来都缺乏必要的尊重。作为“眼里揉不得半点沙子”的直率军人，他不理解上级为协调各部的关系需要做大量工作，一旦上级安排或计划不符合他自己的想法，他就会显露出重大的个性缺陷——僵硬固执，自大傲慢，而且拒绝审时度势和做出妥协。出于性格和处世上的问题，他与霍尔雷恩的关系渐趋紧张，以至于最后被调离GD师，他也被高层认为不适于指挥师级以上单位，尽管作为中级装甲指挥官他的战场表现无可挑剔，甚至可以说是最出类拔萃的装甲团长。

可以说，施特拉赫维茨与霍尔雷恩及第39装甲团之间发生的龃龉，为GD师在“城堡作战”中的惨淡表现埋下了种子，尽管装甲部队的指挥权后来又回到了施特拉赫维茨手中，但作战计划的实施和战役进程已大受影响。有后人曾指出，西方多数研究者对施特拉赫维茨在此次会战中的指挥表现都嗤之以鼻，使他背负着许多失败和莽夫的骂名。[33]其实，焉知这不是他对人事安排心怀不满所致呢？

在7月5日发起的“城堡作战”中，GD师隶属于南面的第4装甲集团军的第48装甲军，其左邻为第3装甲师，右翼为第11装甲师。作为装甲军的主攻部队，GD师面对的是苏军第67近卫步兵师的8000名守军，这些苏军拥有36门大炮、48门反坦克炮和167门迫击炮，此外还有一些坦克和反坦克炮的支援。GD师在3公里宽的正面上集中了师属炮兵、3个军属炮兵营以及第3和第11装甲师的炮兵，将以100至125门大口径火炮对苏军正面进行炮火覆盖。按照计划，GD师燧发枪兵团和装掷弹兵团将在左右两翼同步进攻，他们的攻击矛头都是各自的第3营。施特拉赫维茨的一

▲ 摄于1943年7月库尔斯克会战前，施特拉赫维茨与霍尔雷恩(背对镜头者) 在对话。

▲ 摄于1943年7月，第4装甲集团军指挥官霍特上将(左)正在观察战场进展。

▲ 摄于1943年7月初，第4装甲集团军指挥官霍特(中间的小个子)视察GD师。

▲ 摄于1944年7月的库尔斯克会战期间，德军的虎式坦克正在进攻中。

▲ 摄于1943年7月的库尔斯克会战中，一队德军步兵似乎正从战场上撤下。

个装甲营将与第51和第52豹式坦克营一起支援燧发枪兵团方向的攻势。在埋设有大量地雷且颇为泥泞的狭窄正面上，GD师竟集中了多达250辆的III号、IV号、豹式和虎式坦克！

从纸面上来看，GD师的进攻力量可谓豪华到无以复加的地步，但该师交出的首日成绩单却是整个集团军里最差的。虽然第48装甲军的3个师中，推进最远的第3装甲师当天也只前进了区区5公里，但GD师几乎一直止步不前，还损失了大量兵力和坦克，幸亏有第11装甲师当日下午赶来助阵，GD师才算勉强突破了苏军正面，并与第11装甲师合力攻克了切尔卡斯科耶(Cherkasskoye)。第4装甲集团军司令部对GD师的表现深感失望，当天的作战日志曾以相当篇幅记录了大堆牢骚，诸如GD师用了3小时才勉强突破首道防线，而后又过了10小时才跌跌撞撞地杀到切尔卡斯科耶等。GD师拥有几百辆坦克和突击炮，有整整6个营的经验丰富的步兵(一般装甲师只有4个营)，它理应能像秋风扫落叶一般席卷对手的任何防线。

但现实情况远非如此。重达44吨的豹式坦克无疑是当时最先进的主战坦克之一，它的75毫米火炮可在800米外击毁苏军的T-34(美军曾做过估计，称需要5辆“谢尔曼”中型坦克或9辆T-34才能摧毁1辆豹式坦克)，因而它被希特勒和将领们寄予了太高的期望，但这种坦克并非毫无缺点。GD师是当时唯一列装这种新武器的单位，开战前就有不少官兵发现，豹式坦克排气管中冒出的白色蒸汽很容易暴露己方位置，而且发动机还时不时地突然熄火。“城堡作战”打响之初就曾有6辆豹式坦克因种种原因无法继续前进，横在道路中央造成了交通阻塞。会战结束后，装甲兵总监古德里安曾专程赶来探究豹式坦克损失惨重的原因，乘员们证实了开战前就发现的机械性能不稳定等缺陷——豹式坦克在发动机、变速器、悬挂系统等方面存在诸多问题。另外，较窄的履带也使坦克很容易突然停下或陷入泥淖。

豹式坦克的首演变成灾难的原因，除机械性能问题外，更主要的原因可能还是驾驶和指挥这些坦克作战的人，正如历史学家纽顿(Steven Newton)所言：“豹式坦克的这场灾难与它那让人恨得咬牙切齿的机械问题毫无关系，真正的罪魁在于坦克乘员缺乏经验，以及他们的指挥官无能。”[34]第51和第52装甲营的官兵根本没有熟练掌握手中的利器，不仅战术配合陌生，无线电联络方面的演练也极少进行。曾有一位高军阶观察员在报告中这样写道：“各豹式装甲连对进攻计划一无所知。这2个营从一开始就混乱不堪，对于目标、编队或进攻方向都没有下达明确的命令。”[35]德军攻势发起的前一刻，这2个装甲营在未收到明确指令的情况下就擅自开始进攻，笨重的大家伙蜂拥着缓缓前行，却在不久后一头扎进了苏军的地雷阵，还遭到反坦克炮的猛烈攻击。由于缺乏训练和演习，坦克间的联络也出现了问题，这些豹式坦克试图一边还击一边自救，结果遭受了相当大的损失。为弥补损失的时间，指挥官慌不择路之余竟将坦克带进了一片沼泽地，幸好GD师的工兵及时赶到，将坦克救了出来，但进攻时间已经浪费了许多。2个豹式坦克营是GD师进攻的前锋，但由于在狭窄地段集中了过多的坦克，施特拉赫维茨率领的IV号装甲营无法绕过这些已将道路堵塞的铁家伙。于是，当德军炮火开始轰鸣时，燧发枪兵团3营没有得到应有的坦克支援。该营代理营长(其营长4日被地雷炸伤，现由一位上尉连长代理)知道己方炮火不会持续太久，在等候坦克支援未果的情况下，这位上尉开始犹豫，随后做出了一个可能是他在战争中最糟糕的决定——德军炮火覆盖完成过了几分钟后，他才下令展开进攻，结果苏军利用这关键的一点时间跑回了阵地，燧发枪兵团3营的步兵久候坦克不至，却等来了苏军的轰炸机！不到2小时，该营就伤亡150余名老兵，苏军的防线却未被撼动哪怕一寸，这在燧发枪兵团的战史上绝对是前所未有的。

施特拉赫维茨见状不禁气愤填膺，当霍尔雷恩命令他转向右翼，前去支援似乎更成功的装甲掷弹兵团3营时，他的火气更旺了——那2个稚嫩的豹式坦克营以笨拙得令人尴尬的方式右转，它们不仅没能进入合适的出发位置，也没有沿着防线边缘越过苏军的反坦克堑壕，反而干扰了后续步兵营的行动，使步兵们被耽搁了至少1个小时。施特拉赫维茨实在看不下去这出闹剧了，他决定由自己来把握命运。第10装甲旅旅长德克尔上校后来曾抱怨说："施特拉赫维茨根本不回应我的无线电呼叫，他自己完全独立行动。"[36]施特拉赫维茨不仅向师长抱怨，还越过指挥层级直接找军长抗议。7月6日晚，第48装甲军军长克诺贝尔斯多夫将军命令把豹式坦克营都交给施特拉赫维茨统一指挥，但是，指挥官之前的失误和无能已经造成了重大损失。

10日清晨，施特拉赫维茨率领2个装甲团在诺沃瑟洛夫卡(Novoselovka)一带与苏军坦克部队进行了一场厮杀。他的指挥坦克的炮手是个经验不足的新人，未等到开火命令就擅自开炮，结果，炮弹出膛的巨大后坐力重创了猝不及防的施特拉赫维茨。指挥坦克立即脱离战场，乘员们到达安全地带后，将左臂重伤的上校拖出来进行急救。巨大的痛苦使施特拉赫维茨无法硬撑，他将指挥权移交给一名素受信赖的军官后，赶往野战医院治疗。令人惊讶的是，他仅让医生处理了伤处并在左臂打上夹板后，便不顾医生的百般劝阻径直返回了前线。当霍尔雷恩听说缠着夹板的施特拉赫维茨再度现身战场，而且又一次受了轻伤时，他非常生气，认为后者的伤势并非儿戏，"既会要了他自己的命，也会累及下属的安全"。他严令施特拉赫维茨立即返回医院，否则将以战场抗命论罪。虽然大战还要持续数日，但对在医院里无所事事的施特拉赫维茨来说，它已经以失败告终了。

GD师在库尔斯克会战中的惨淡表现，应该说是德军装甲部队从鼎盛、稳健走向衰落的一个缩影，尽管这支部队4个月前战功赫赫，也拥有最精良的先进武器。从局部来看，师长霍尔雷恩也应负有相当的责任。作为GD师的奠基人，霍尔雷恩无疑是最受官兵爱戴的领袖，但其指挥才能可能并不足以匹配高层对GD师抱有的巨大期望。史家纽顿曾以一个有力的佐证指出霍尔雷恩对部队的掌控实在差强人意——7月5日清晨，他甚至还不了解GD师的弹药短缺到什么程度。另外，放着一位久经战阵、战术素养极佳的装甲战专家不用，却把大批坦克的指挥权交给无名新人，如果没有嫉妒心理作祟的话，那么这也堪称霍尔雷恩的一大失误。集团军指挥官霍特把200辆豹式坦克全数集中在GD师自有不妥之处，但他并未强令霍尔雷恩将它们全数投入到3公里宽的前沿。事实上，在前沿投入足够有效的坦克，预留一部分用作扩大突破口的新鲜力量，可能会取得更好的效果。最后，如果霍尔雷恩能把首波坦克交给施特拉赫维茨指挥，虽不一定就能改写战史，但GD师在装甲集团军各部中的表现是断不会垫底的。

7月12日，苏军在奥廖尔北部和东北部发起了代号"库图佐夫"的反攻，很快突破了德军防线，德军北翼的第9集团军的侧后方顿时险情频传。17日和18日，GD师与第3装甲师一起被调往奥廖尔地区除险灭火，第10装甲旅旅部和第39装甲团也同时转为第48装甲军直属部队。从7月24日起，在布良斯克西南面的卡拉切夫(Karachev)，GD师以顽强的抵抗和数度发起的反扑暂时阻止了苏军的推进。月底，重新装备了96辆豹式坦克的第51装甲营又被配属给GD师，但施特拉赫维茨此时仍无法视事。8月中旬，施特拉赫维茨回到了部队，虎式装甲营也几乎同时从本土开到前线。此时GD师已被调回南方集团军群，正在哈尔科夫西北的阿赫特尔卡地区作战，试图阻止苏军夺取哈尔科夫—波尔塔瓦的攻势。8月18日，霍特命令GD

▶ 摄于1943年9月，工兵正在克列缅丘格的第聂伯河渡口架桥。9月底，包括GD师在内的大批德军从这里撤至第聂伯河西岸，施特拉赫维茨也在之后因“旧伤复发”离开了GD师。

师(中路)、第7装甲师(左翼)和第10装甲掷弹兵师(右翼)从阿赫特尔卡出发进攻东南方的博格杜霍夫，旨在铲除苏军在阿赫特尔卡—科捷利瓦 (Kotelva)—博格杜霍夫之间形成的突出部。GD师是反击作战的主力，施特拉赫维茨装甲团被编入师首席参谋军官纳茨默尔(Oldwig von Natzmer)上校领衔的装甲战斗群中。反攻当日，施特拉赫维茨的虎式装甲营竟有15辆虎式坦克陷入了雷场，同时8辆触雷的坦克中有5辆受创，3辆完全报废——虽然施特拉赫维茨手下的1营和豹式装甲营都绕过了雷场并迅速向东南方向推进，但首日就损失了一半的“宝贝疙瘩”，无论如何都不会让霍尔雷恩感到痛快。第4装甲集团军所部进攻的同时，苏军在霍特的左翼发起了声势更猛的反攻，迫使霍特撤回第10装甲掷弹兵师，赶到北面支援快要支撑不住的步兵师，第7装甲师和GD师大部也被迫转入防御，只有施特拉赫维茨的坦克还在继续向东南推进。几天后，随着阿赫特尔卡以北的步兵防线被彻底洞穿，以南的哈尔科夫也遭弃守，GD师在这一区域的攻防均失去了意义，撤退已无可避免了。

9月15日起，乌克兰的德军开始朝第聂伯河方向全线撤退，GD师在且战且退中于当月30日在克列缅丘格渡过了第聂伯河。就在渡河完成后，施特拉赫维茨离开了GD师，原因是左臂伤势复发，使其暂不适合前线作战。[37](也有资料称他是在当年11月以健康恶化为由辞去了GD装甲团团长职务)。关于施特拉赫维茨离职的原因主要有三种说法：其一是其健康状况确实不佳；其二是装甲团在库尔斯克会战及其后的撤退中损失过重(到9月29日时该团仅剩1辆坦克尚能作战)；[38]第三种说法流传于许多GD老兵之间——施特拉赫维茨与师长霍尔雷恩的紧张关系，使得“编制庞大的GD师也不足以同时拥有两位具有强烈支配意识的指挥官”。[39]前述三种说法的组合或许能揭示出真实的原因——库尔斯克会战前后，自尊心受到打击的施特拉赫维茨对霍尔雷恩的指挥才干越来越不满，他们之间的矛盾随着战事的接连失利、损失的逐日增多而日趋激化，加上不合时宜的旧伤复发，无形中造成了两人的最终决裂。

施特拉赫维茨回国后在布雷斯劳的军医院进行了治疗，而后又度过了一个辗转于医院和家里的漫长康复过程，直到1944年1月在北方集团军群任职为止。有趣的是，霍尔雷恩也于1944年1月末被调离GD师，替代他的是声望日隆的曼陀菲尔少将。

“施特拉赫维茨作战”：从纳尔瓦到里加

1944年1月末，当施特拉赫维茨来到北方集团军群就任高级装甲部队指挥官时，东线北方战场的态势已出现了重大变化：苏军以一系列强大的攻势，成功地把德军第18和第16集团军从其盘踞两年半之久的地盘上赶走，被困900天的列宁格勒终获解围，其周边地区的德军也被肃清，北方集团军群被迫撤往纳尔瓦河防线，并在芬兰湾至佩普西湖之间的“猎豹防线”上严防死守。苏军竭力想从纳尔瓦防线突破，以迫使芬兰退出战争，并打通从爱沙尼亚进攻东普鲁士的道路，而希特勒对纳尔瓦防线更是给予了最高程度的重视——他考虑的是芬兰的政治立场、瑞典的铁矿、芬兰的镍矿以及海军在波罗的海的U艇基地与制海权。希特勒下令增援北方集团军群，甚至将自己的卫队营也组成战斗群派往纳尔瓦。所有的政治和战略考虑使得当年2月至4月的纳尔瓦战役异常激烈。

施特拉赫维茨率领北方集团军群所能提供的少量坦克，迅速扮演起救火队长的角色。很快，这里的德军开始流传“施特拉赫维茨在这里……他会搞定一切”的这种说法，不止一个步兵指挥官听说他来支援自己时，都曾发出过这种兴奋的呼喊。施特拉赫维茨一点都没有变，不管是外貌和精神，还是作战风格和招数。他一如既往地指挥小规模装甲部队灵活出击，深入敌后制造恐慌和混乱。在2月份的一次反击前，他曾平静地通过无线电把进攻时间和方位“通报”给上级和对手。苏军截听后大吃一惊，他们没想到这个“疯子”已经出院，还来到了北方战场。苏军一面向各部通告敌军即将进攻，一面从德军的进攻正面撤出部队进行重组，试图将之诱入包围圈。不过，施特拉赫维茨在时间上耍了花招，他向试图包围自己的对手发起了突袭，结果造成苏军“偷鸡不成反蚀一把米”。随后他率部向苏军后方挺进，不仅摧毁了沿途的零星抵抗，还将其后方搅得天翻地覆。最后，他和手下安然无恙地回到了德军一线。

2月23日，北方集团军群指挥官莫德尔把纳尔瓦防线的战役集群更名为“纳尔瓦集团军级支队”，也调整了该部三个军的部署：党卫军第3装甲军在纳尔瓦河东岸的伊万哥罗德(Ivangorod)桥头堡和纳尔瓦城北布防；第43军面对纳尔瓦城南的苏军克里瓦索(Krivasso)桥头堡；第26军的防线从克里瓦索延伸到佩普西湖周边。苏军第59集团军在克里瓦索沼泽地建立的一西一东两个桥头堡，对纳尔瓦的防御构成了最大威胁，党卫军第3装甲军曾几次试图将之铲除，但均告失败。拔除克里瓦索桥头堡的任务在3月交给了施特拉赫维茨，除了他的装甲战斗群外，他还将得到第11步兵师(第2、第23和第24步兵团)的支援。此外，国防军第502重装甲营2连也被配属给施特拉赫维茨。在该连效力的装甲兵王牌卡里乌斯(Otto Carius)在其著作《泥泞中的老虎》中，曾这样描绘过施特拉赫维茨：“……上校是那种你见过一面就永远无法忘记的人。伯爵是一位组织大师，不过他在作战过程中也允许下属即兴发挥。我们很有幸在他指挥下参加过一些战斗，这些作战堪称‘充分准备等于成功的一半’的完美例证。”[40]不过，由于拟使用的进军道路狭窄且无法承受虎式坦克的重量，施特拉赫维茨决定使用轻一些的IV号坦克，第502重装甲营在此战中扮演的是次要的掩护角色。

3月23日，施特拉赫维茨根据他所设计的作战计划，在西段桥头堡附近的森林地带组织了一次演习，并与第11步兵师的军官们一起进行了总

◀ 1944年3月末至4月初，施特拉赫维茨率领装甲战斗群成功铲除了苏军克里瓦索桥头堡。图中他正向手下的军官交代任务，背景是一辆III号突击炮。

▲ 摄于纳尔瓦桥头堡作战期间，施特拉赫维茨(左四)正与一些军官观察敌情，最前面的两名军官似乎是芬兰军人。

▲ 摄于纳尔瓦桥头堡作战期间，施特拉赫维茨借助地图向下属布置作战任务。

▲ 图为卡里乌斯，在1944年3月末4月初的纳尔瓦桥头堡作战中，他是第502重装甲营2连的少尉军官，2连当时被配属给施特拉赫维茨。在4月15日发起的铲除苏军桥头堡余部的作战中，施特拉赫维茨解除了2连连长的职务，命令卡里乌斯代理。但是，由于季节的变化造成了遍地泥泞，卡里乌斯也无法令施特拉赫维茨的攻势起死回生。

结分析。三天后的26日，在一阵猛烈的炮火打击后，德军向克里瓦索西段桥头堡发起了进攻。施特拉赫维茨的指挥坦克是最前面的三辆IV号坦克之一，这一举动立即赢得了包括卡利乌斯在内的装甲兵们的好感和敬意。自然，那些搭乘坦克或步行的第11步兵师官兵也都看在眼里、记在心上。空军的俯冲轰炸机部队本应全程“护送”施特拉赫维茨战斗群，但由于战场丛林密布，飞行员很难准确识别出敌我和目标，结果把1枚炸弹投到了德军前进道路的中央，险些将施特拉赫维茨和他的坦克一起炸毁！鉴于坦克的运动非常困难，施特拉赫维茨命令步兵团在没有坦克和空军支援的情况下继续进攻。27日，施特拉赫维茨指挥坦克和第23步兵团消灭被围的苏军，但对手的多次反扑造成了德军的大量伤亡，他只得以元首卫队营将第23步兵团替换下来。29日夜30日清晨，西段桥头堡被基本肃清，德军俘虏了不少苏军和物资，只有为数不多的苏军向南突围成功。

肃清西段后，施特拉赫维茨开始着手准备攻克东段桥头堡，这次他打算把第502重装甲营作为自己的一手王牌。卡里乌斯曾描述过施特拉赫维茨向大家讲解他那“既大胆又很有道理”的作战计划：“……我们战斗群将正面进攻东段桥头堡。战斗群将从‘孤儿院’出发，穿过平地后进抵铁路和公路交叉道口。4辆虎式坦克担任矛头，越过铁路路基后先向右摆，然后全速前进；跟进的4辆虎式坦克每辆搭载1个班的步兵，都要大胆地扑向交叉道口东南100米的岔道。必须尽可能快地抵达这个岔口，并保持其畅通无阻。这样，后面的4辆IV号坦克和装甲运兵车就能快速进军并占领平坦的地带……到了晚上，必须建立防御周边，并坚守到另一步兵团跟进和建立前沿为止……我想强调的是，整个作战必须按计划进行，不能有任何坦克停下堵我的路。任何耽搁都会造成失败，我决不允许出现这种情况。我明确命令，要想尽办法把任何不能动弹的坦克推到路边的沼泽地里……”[41]

施特拉赫维茨的计划让卡里乌斯等装甲兵军官颇感意外，当他们还在咀嚼着这些设想时，不想伯爵又慷慨地询问“老虎”们希望由哪支步兵营支援他们。“老虎”们吃惊之余异口同声地表示，想要曾与他们并肩作战的“统帅堂”(Feldherrnhalle)装甲掷弹兵师的燧发枪兵营。伯爵慷慨地予以照准后又告诉大家：“第54战斗机联队将确保制空权，与俯冲轰炸机联队的无线电联系将通过一辆装甲运兵车进行，作战地图和航拍照片也将很快分发下去，地图上已用数字标出了所有重要区域……”

铲除克里瓦索东段桥头堡的作战被命名为“施特拉赫维茨作战”，计划于4月6日发起，除施特拉赫维茨的装甲战斗群从西向东推进外，第43军的第122和第227步兵师将从北面和东面发动同步进攻。此外，第61和第170步兵师也将参战。作战发起前夕，施特拉赫维茨选取了一处与桥头堡地形地貌颇为相像的地方，组织了两次暂无空军和炮兵参与的实弹演习。已从莫德尔手中接掌北方集团军群的林德曼(Georg Lindemann)上将亲自赶来观看，他除了一再强调此战的重要性外，对作战计划本身也给予了高度评价，更是当着所有军官的面对施特拉赫维茨说：“相信你一定能够成功！”

4月6日作战开始时，卡里乌斯再次对施特拉赫维茨的周密详尽赞叹不已——当他所在的4辆虎式坦克进入“孤儿院”附近的待命区时，发现“统帅堂”师的燧发枪兵营已在那里恭候多时了，并直言稍后的进攻行动与计划毫无二致。施特拉赫维茨甚至还考虑到了这样的细节——他认为暂时脱下冬装的步兵会移动得更敏捷，于是命人把冬装按班集中并做上标记，等部队抵达目标时装甲运兵车会立即发还衣物。此外，他还亲自布置炮火掩护的时间间隔，甚至连总攻发起的准确时间也由指定的军官根据第一抹亮光透出天际的时刻来决定。真可以说一切算无遗策，谁还会妄加指责他是一个“鲁莽冒失”的指挥官？

6日当天，施特拉赫维茨的装甲战斗群跟随着担任矛头的几辆虎式坦克快速推进，苏军的雷场和反坦克阵地都不能阻挡他们的前进。当日夜，“统帅堂”师的燧发枪兵营与几辆虎式坦克，在桥头堡南面与沿另一方向进攻的第122步兵师所部建立了联系。但战斗还远未结束，散于密林深处的苏军向燧发枪兵营进行了阻击，造成了该部的重大伤亡。第122步兵师与“统帅堂”师原本合拢的防线，也被奋力向南突围和向北展开救援的苏军冲开，不过到8日夜时两部德军又重新了堵住了缺口。9日夜，在施特拉赫维茨装甲战斗群的支援和保护下，步兵完成了对桥头堡内被围之敌的清理——苏军第256步兵师被完全摧毁，第80和第201步兵师遭受重创，德军还摧毁或缴获了40余辆坦克和大批物资装备。

▲ 第11位钻石骑士勋章得主施特拉赫维茨少将。

桥头堡的东西两段被施特拉赫维茨铲除后，他又把注意力放在了桥头堡的其余部分。他很清楚，前两次成功主要得益于对手猝不及防，再发起类似的作战可能已丧失了突然性，他也因之设计了更周密的计划。卡里乌斯战后曾说：“尽管我们在一定程度上已熟悉了伯爵的领导方式，但他既详尽又有条理的作战计划还是再次令我们惊讶不已。”4月15日，施特拉赫维茨将军官们召集起来介绍新的作战计划。按照卡利乌斯的说法，就在伯爵条理分明地讲解时，他的副官跑进来兴冲冲地打断了施特拉赫维茨：“元首已决定授予你钻石骑士勋章！”卡里乌斯等人当时都非常兴奋，也想像副官那样祝贺伯爵获得了至高无上的荣誉，但不等他们开口，就听见伯爵很不高兴地对副官说：“首先，这个消息不是官方的消息；其次，我现在没时间关心这个，也不希望再受干扰！”[42]

▲ 摄于1944年4月末或5月初，施特拉赫维茨获得钻石骑士勋章后，搭乘身后的这架Fw-200回到了上西里西亚的家中休假，妻子阿尔达和地方首脑赶到机场迎接他。

这天，施特拉赫维茨成为陆军第3位、武装力量第11位钻石骑士勋章得主，之前的4月1日他还被晋升后备役少将。不过，他确实还没有心思庆贺个人的成就，按照卡利乌斯的说法，他们这

▲ 摄于1944年4月末5月初，获得钻石骑士勋章后，施特拉赫维茨荣归故里，与列队欢迎的邻居、农民和地方官员们握手致意。

▲ 摄于1944年5月初，在家休假的施特拉赫维茨享受着难得的轻松时刻。

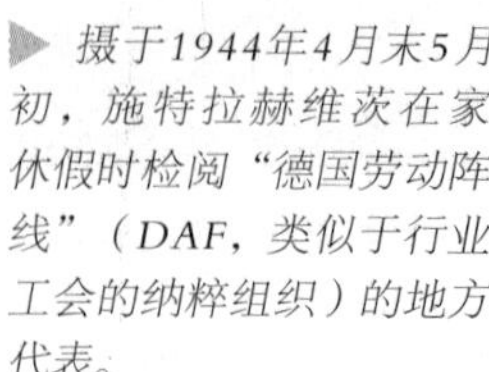

▶ 摄于1944年4月末5月初，施特拉赫维茨在家休假时检阅“德国劳动阵线”（DAF，类似于行业工会的纳粹组织）的地方代表。

▲ 摄于1944年5月初，施特拉赫维茨夫妇与长子夫妇在一起。左一为长媳康斯坦策(婚前名为Constanze Gräfin von Francken-Sierstorpff)，左二是在家休假的长子海津特，他佩戴的是1943年5月29日获得的德意志金质十字勋章，时任第15装甲团4连连长。

▲ 摄于1944年5月初，施特拉赫维茨在长子夫妇帮助下处理大量的崇拜者来信。

▲ 摄于1944年4月末5月初，施特拉赫维茨在家中接待访客。

▲ 摄于1944年5月初，施特拉赫维茨夫妇与长子夫妇在一起。

些年轻军官曾开玩笑说，伯爵想“把铲除纳尔瓦桥头堡作为献给元首的生日礼物”。19日清晨，施特拉赫维茨装甲战斗群分作3个突击集群又一次出动了，这次的目标是朝纳尔瓦城的总方向推进，要像手术刀一样把克里瓦索桥头堡从中间剖开。但是，当天的攻势并不顺利，三路突击集群不是因坦克陷入泥泞不能自拔，就是最前面的坦克被地雷炸毁后堵住了唯一可用的道路。2天后，随着冰雪融化造成的遍地泥泞，施特拉赫维茨的攻势尚未真正开始就无疾而终了。尽管如此，他在3月末至4月中这段日子里的卓越努力，还是有效地稳定了纳尔瓦防线的局势，此间的战场也从4月末开始相对平静下来，直到7月底才再次燃起战火。

纳尔瓦局势稳定下来后，施特拉赫维茨奉召来到元首大本营，由希特勒亲自为他颁授钻石骑士勋章。在授勋仪式开始的前一刻还发生过一个插曲，当时施特拉赫维茨把手伸进裤兜里掏手帕，结果站在身后不远的一名党卫军军官立刻上前按住了他的手，不过旋即又松开了——他确信伯爵掏出来的确是一块手帕。简单而又隆重的仪式结束后，希特勒对施特拉赫维茨说：“我以为你会把纳尔瓦桥头堡彻底铲除了呢！”后者则回答道：“我的元首，对于这个命令哪怕只有一线成功希望，我都会全力以赴。但对于这次的情形，任何努力都是徒劳的。坦克在泥淖中根本无法前进。我的元首，如果您不相信，我请求您跟我一起亲自去看看那里的地形。”[43]希特勒可能没想到伯爵如此直率，他微笑着对其他高级军官说：“施特拉赫维茨是对的，既然他这么说，我肯定相信他！”[43]

6月7日，也就是盟军诺曼底登陆的次日，装甲教导师师长拜尔莱因(Fritz Bayerlein)在率部赶往登陆场途中身受重伤，施特拉赫维茨被迅速调来担任代理师长。[44]到任次日，他的装甲教导师与第21装甲师、党卫军“希特勒青年团”师等一起，向卡昂以西的登陆盟军发起了反攻。在这一阶段的作战中，装甲教导师死于盟军轰炸的官兵远多于战斗中阵亡的官兵，施特拉赫维茨自己也曾估计，到7月末时该师已有70%的官兵战死、受伤或失去战斗力。[44]不过，施特拉赫维茨在西线的任职非常短暂，不久后他自己在一次空袭中腿部受伤，很快回到家乡进行治疗。

7月25日，施特拉赫维茨在老家与妻子庆贺了银婚之后，奉命返回北方战场，出任以他名字命名的“施特拉赫维茨装甲战斗群”的指挥官。他被匆忙召回的原因只有一个——苏军在6月末发起的“巴格拉季昂”夏季攻势中几乎歼灭了中央集团军群，稍后又在北方集团军群和中央集团军群残部之间撕开了巨大的缺口。北方集团军群新任指挥官舍尔纳是个强悍的防御专家。到7月底时，苏军第1波罗的海方面军被暂阻于多贝莱(Dobele)—图库姆斯—叶尔加瓦 (Jelgava)一线。德军新任参谋总长古德里安自7月21日上任以来，一直都在忧虑北方和中央集团军群残部的命运。为将两大集团军群重新连为一体并形成完整的防线，古德里安正在筹划代号“双头作战”的战役，由一些精锐装甲师组成的第39装甲军(辖第4、第5和第12装甲师)和第40装甲军(辖第7、第14装甲师与GD师)将承担主攻，前者负责叶尔加瓦，后者则以夺回铁路枢纽希奥利艾(Shiauliai)为目标。[45]北方集团军群除出动步兵军进行牵制性辅攻外，也将出动装甲部队进攻图库姆斯，得手后再设法解除里加之围，解救那里成千上万的伤病员和医护人员。

古德里安认为，必须由一名卓越的装甲指挥官主持图库姆斯和里加方向的攻势，他的助手(可能是温克将军)立即提出有个现成的人选——施特拉赫维茨少将。据信，古德里安当时闻言立即舒展了愁眉，还发出了一番感慨：“如果有什么人能做到的话，那也就是施特拉赫维茨了。这场大战的历史写就之时，施特拉赫维茨会作为最能干的装甲指挥官之一而被载入史册。”[46]古德里安在8月10日与施特拉赫维茨通话时，曾询问

▲ 摄于1944年8月，施特拉赫维茨在位于普斯科夫(Pskov)的北方集团军群总部，与集团军群参谋长纳茨默尔上校交谈(后者曾在GD师任首席作战参谋)。

▲ 摄于1944年8月，施特拉赫维茨少将在普斯科夫的北方集团军群总部。

▲ 拍摄时间不详，施特拉赫维茨与梅林津上校在一起。梅林津在《坦克大战》一书中曾称，“我的老朋友施特拉赫维茨少将在打通北方和中央集团军群陆路联系的作战中表现格外出众。”不过，他的著作将此战的时间误写为1944年9月16日(实际是8月16日)。

后者“有无胆量夺回图库姆斯和解放里加”，后者当然说有，但提出需3个装甲师的兵力，才能在打通两大集团军群联系的同时，解除套在里加身上的苏军包围铁环。古德里安只是表示将尽其所能，但并未做出任何承诺，而几十年后这却变成了“承诺由施特拉赫维茨指挥3个装甲师”的谬传。2天后，舍尔纳召见施特拉赫维茨时，后者还是重申需要3个装甲师才能完成任务，舍尔纳于是摊开了自己的全部底牌——已在图库姆斯附近的党卫军“格罗斯”装甲旅；第337步兵师的部分参谋和2个步兵营；第19拉脱维亚炮兵团3营；以及第101装甲旅(拥有70辆豹式坦克，旅长就是库尔斯克会战时的第39装甲团团长劳彻特上校)。就是这点兵力也未能完全兑现。施特拉赫维茨赶到利帕耶亚(Liepaja，德语为Libau)港去探视第101装甲旅时，才发现该旅还在海运途中。这样，当第3装甲集团军8月16日命令第39和第40装甲军发起“双头作战”时，施特拉赫维茨的手头仅有党卫军“格罗斯”装甲旅的15辆III号和IV号坦克、1个装甲掷弹兵营、1个搜索侦察营、1个装甲工兵连，以及其他零七八碎的部队。想凭这点力量夺取图库姆斯、解围里加、恢复两大集团军群的陆路联系并保持其畅通，即使不是不可能，至少也是极为困难。当然，施特拉赫维茨也将得到一些额外的支援，第16集团军将以3个步兵集群的力量给予支持，波罗的海中的德国海军舰队也将在近海提供炮火支援。

8月18日子夜刚过，施特拉赫维茨装甲战斗群沿着图库姆斯至叶尔加瓦的公路出发了。这时，第101装甲旅有部分坦克到位，使战斗群的作战坦克数达到了60辆。另外，第52安全警备师也奉命负责保护施特拉赫维茨的侧翼。上午10点，施特拉赫维茨成功突袭了一座大桥，然后在图库姆斯西面数公里处以迅雷不及掩耳之势俘虏了苏军1个营。督促部队快速前进的同时，施特拉赫维茨犯下了一个错误——战斗群踏上了一条错路，稀里糊涂地距图库姆斯越来越远，一直到晚上9时才回过神来。施特拉赫维茨下决心找回损失的时间，他不顾部队的疲劳，连夜掉头朝图库姆斯方向奔去。19日天明时，经过短促激烈的战斗，施特拉赫维茨在途中夺取了朱克斯特(Dzukste)镇。这时，战斗群已损失了不少坦克，多数都是出现了机械故障的豹式坦克。在这里，他命令第52安全警备师部分部队回撤，然后把所有尚能作战的坦克和装甲车重新编组，继续向图库姆斯推进。中午时分，施特拉赫维茨带着不多的坦克和2个营的步兵出现在图库姆斯郊区。他命人联络里加湾中的海军第2战役集群(由重巡洋舰“欧根亲王”号、4艘重驱逐舰和7艘鱼雷艇组成)，请他们立即炮击图库姆斯守军。“欧根亲王”号在短时间内发射了265枚口径203毫米的炮弹，Z-25和Z-28等驱逐舰也发射了数百枚口径稍小的炮弹。守城的苏军第417步兵师被炸得无处藏身，停在城中的48辆崭新的坦克也被炮火基本摧毁。炮火暂停后，施特拉赫维茨率部发起了猛攻，抵挡不住的第417步兵师很快溃退，有很多官兵在混乱中被俘。惊慌失措的守军向第1波罗的海方面军司令员巴格拉米扬报称，进攻图库姆斯的德军坦克多达300辆。另外，还有35艘船的德军从图库姆斯东面登陆夹击。显然这一报告极大地高估了德军的力量，但巴格拉米扬不敢怠慢，命令第417步兵师余部和邻近的第346步兵师迅速撤退，以免被全歼。

施特拉赫维茨的意外成功极大地提振了高层指挥官的信心。主持“双头作战”的第3装甲集团军指挥官劳斯在下午2点命令，至少把一个装甲师调动到施特拉赫维茨的方向扩大突破口；而南翼的第40装甲军军长克诺贝尔斯多夫甚至还提议把曼陀菲尔的GD师调到施特拉赫维茨身后。但是，第39装甲军军长绍肯(Dietrich von Saucken)反对把他的2个装甲师先调至图库姆斯，而后再进攻叶尔加瓦的提议，他认为自己这边一切顺利——实际情况是，60辆苏军坦克和600辆卡车的官兵正向他的进攻正面赶来。

虽然德军高层因意见不统一而错过了大加利用图库姆斯战术成功的机会，但施特拉赫维茨已拉开了史诗般的向里加进军的帷幕。在图库姆斯稍事休息期间，党卫军"格罗斯"装甲旅在城郊发现了一座苏军油库——半小时后，施特拉赫维茨命令党卫军装甲旅大部留在这里防御，他自己则率加满了油的坦克和部分掷弹兵继续向里加进军。途中，施特拉赫维茨的手下俘获了正朝图库姆斯运输弹药补给的一支苏军车队，他命令1辆装甲运兵车和若干士兵将战俘押回图库姆斯，余部则继续前进。没过多久，施特拉赫维茨装甲战斗群遭遇了数量不菲的苏军——1个坦克军和2个步兵师的残部，当时正与德军第16集团军所部作战。施特拉赫维茨命令手下的坦克找好位置。同时，耐心地观察苏军的调动。当最佳时刻来临时，随着他的一声号令，一阵猛烈的坦克齐射立刻引起了对手的骚乱。苏军以为炮弹来自正面的德军，根本未料到自己后方竟出现了装甲部队。当十几辆苏军坦克冒着浓烟瘫痪在战场上时，怪异的一幕出现了——苏军指挥官以为自己已被包围，于是放下武器投降了！在1944年的下半年，早已胜利连连的苏军竟然还会被机动灵活的德军装甲部队所震慑！为看好这万余俘虏，施特拉赫维茨决定留下5辆装甲运兵车和多数步兵，同时呼叫上级速派部队赶来接管，而后带着越来越稀薄的兵力和坦克又上路了。[47]

抵近里加外围时，施特拉赫维茨在一片巨大的丛林里发现了一支苏军坦克部队。他迅速发起了突袭，在对手有机会还击之前，战场上又留下了一批燃烧的坦克。由于天色渐晚，施特拉赫维茨决定次日清晨再发动最后的攻势，当夜就在森林里过夜。在寻找适宜的宿营地时，手下无意间发现了一个苏军野战医院，所有伤患和医护人员均被俘虏。施特拉赫维茨命令2辆装甲运兵车和少量士兵次日晨将俘虏押回图库姆斯。

20日清晨，经过短暂休整后，施特拉赫维茨战斗群最后的一点力量又向里加开去了。他的运气实在不错，第1波罗的海方面军根据前线部队提供的不实情报，大大高估了德军反扑的规模，里加周边的不少苏军(主要是第1近卫步兵军)都进行了相应后撤。装甲战斗群的小股兵力沿途与苏军进行了多次交战，不过施特拉赫维茨还是在日落时驶进了里加城。他的坦克缓缓地开进市中心，沿途站满了得到消息的士兵和拉脱维亚人，最后他停在了中心广场前的几位将军面前。被烟火熏得黝黑的施特拉赫维茨此时正怡然自得地在炮塔边东张西望，一位将军快活地朝他喊道："干得真棒，你打开了包围圈！"施特拉赫维茨跳下坦克朝将军们走去，他那油腻腻的作战服没有任何军衔标志，与将军们整洁漂亮的军装简直有着天壤之别，他也没有佩戴熠熠闪光的钻石骑士勋章。还没等他回话，有一位将军关切地询问其他坦克都在哪里，施特拉赫维茨一边喘着气一边答道："没有其他坦克了，我和这几辆坦克就是全部。"看着将军们狐疑的神色，他接着又说："就这些了，我们身后没有部队了，很多俄国人都被我的部下押回图库姆斯了。"一位将军有点生气地脱口而出："你这个傻瓜，怎么可能就你自己的一辆坦克？少尉，你难道不知道这里急需坦克吗？"施特拉赫维茨冷冷地看了他一眼，缓缓说道："请注意言辞，先生，你不是在和一名少尉说话，我可是一名真正的将军！"

施特拉赫维茨取得了一次令敌友双方皆感意外，但又令人信服的胜利，数千名德军伤患和医护人员随后从里加撤离，北方集团军群与其他部队的陆路联系也得以恢复，经由里加至图库姆斯的狭长通道，北方集团军群的29个师和多个独立旅、所有重武器装备、超过10万辆的车辆都陆续撤离。在历时三天的"写意般的远足"中，施特拉赫维茨装甲战斗群俘虏18000名苏军，摧毁了28个炮兵连，缴获或摧毁了众多坦克、反坦克炮、大炮和其他装备。施特拉赫维茨的成功既有"鸿运高照"的因素，也与

▲ 图为排水量14420吨的重巡洋舰“欧根亲王”号，该舰和海军第2战役集群的舰艇发射的大口径炮弹，在施特拉赫维茨夺取图库姆斯的作战中发挥过重大作用。波罗的海的德国海军舰队在库尔兰地区除以炮火支援地面战事外，还负责转运部队和物资装备。

▲ 摄于1944年8月的图库姆斯之战前夕，施特拉赫维茨正在试射StG44型突击步枪(即MP44)。StG44是德军继MP40冲锋枪、MG42通用机枪之后的又一款划时代的枪械。

▲ 摄于1944年8月，施特拉赫维茨准备乘车返回所部，组织实施夺取图库姆斯的作战。

▲ 摄于1944年8月24日里加的一所医院，施特拉赫维茨在一场车祸中身负重伤。所有人都以为他无法幸存，但福大命大的他不仅躲过了死神，还以惊人的毅力完成了康复，并于1945年初返回了战场。

其手下作战勇猛、不畏生死关系密切。当然，他的出敌不意、大胆且不拘一格的作战方式，不仅在其中扮演了极重要的角色，更是其强有力的领导和指挥能力的直接体现。如果说这是二战中最成功的一次小规模装甲突袭战，想必不会有太多反对的声音吧！

号称"有九条命"的施特拉赫维茨在这次作战后却几乎丧命。8月23日，他前往擅自撤退的第12空军野战师师部的途中发生了车祸。汽车当时连续翻了几个滚，司机和副官当场毙命，只有他躺在弹坑边奄奄一息。他的全身包括头骨在内多处骨折，所有人都觉得他这次在劫难逃，但生命力无比旺盛的施特拉赫维茨再次从死神手中溜走——他不仅活了下来，还按照拟定的计划逐步康复，以惊人的毅力在1945年初返回了前线！

▲ 摄于1944年7月25日，当天是施特拉赫维茨夫妇的银婚纪念日，他在家里庆祝完后立即返回了东线。妻子阿尔达1946年1月初死于车祸，但战俘营拒绝批准他去参加葬礼。

1945年1月，施特拉赫维茨晋升为后备役中将，奉命在上西里西亚组建名为"上西里西亚坦克歼击旅"的单位。就像1920年初曾在家乡率领"上西里西亚自卫队"抵抗波兰人时所做的那样，他带领这个装备和训练均不算好的单位，也取得过一些局部的成功(据说曾击毁过数以百计的苏军坦克)。然而，这次的对手是势不可挡的百万雄师，他所做的一切努力只能是螳臂当车般的徒劳之举。1945年4月，施特拉赫维茨率部从捷克斯洛伐克的苏军包围圈成功跳出，然后经由苏台德地区进入巴伐利亚的美军占领区，在那里走入了美军的战俘营。

战后岁月：被遗忘的反纳粹战士？

1946年1月初，施特拉赫维茨的妻子阿尔达在一场车祸中丧生，他曾向战俘营长官提出出席葬礼的要求，但遭到无情的拒绝。施特拉赫维茨的幼子胡贝图斯-阿图尔(Hubertus-Arthur)曾是一名装甲兵少尉，1945年3月25日在荷尔施泰因的一次战斗中丧生，长子海津特曾任第15装甲团4连上尉连长，虽幸存于战争，但所受的重伤迫使他长年带病卧床。施特拉赫维茨的城堡、地产和所有产业战后均被苏军夺走，曾经富可敌国的显赫伯爵、佩戴钻石骑士勋章的战争英雄，现在不仅身陷囹圄，还可谓家破人亡。

1946年夏，为充分利用被俘德军将领的经验和技能，特别是他们对苏作战的经验和见解，美军启动了大规模的战史研究计划。战史部门先后组织了200名将军和参谋军官，把他们集中起来开展研究和访谈。虽没有资料显示施特拉赫维茨是否曾积极配合美军，但他的确提供过一些证词和战史材料。1947年2月，施特拉赫维茨向驻欧美军总司令部提交了一份证

▲ 图为施特拉赫维茨与1920年出生的长子海津特一起研究作战地图的场景，图片可能摄于1944年5月两人均在家休假期间。海津特虽幸存于战火，但战争毁了他的身体，并于1946年与妻子康斯坦策离婚。

◀ 图为施特拉赫维茨的幼子、装甲兵少尉胡贝图斯–阿图尔，他于1945年3月25日阵亡于荷尔施泰因。

▼ 摄于1947年7月30日的马堡(Marburg)，施特拉赫维茨(前排中) 与施图姆(Nora von Stumm，前排左)女士结婚，第2排左三的高个男子为长子海津特。施特拉赫维茨已失去了昔日的活力和光彩，不到55岁的他似乎已是一个迟暮老人。

词，声称自己曾在1943年3月时计划寻机逮捕希特勒——当时希特勒准备到波尔塔瓦视察部队，但最后时刻行程有变，飞机改降在扎波罗热，才使施特拉赫维茨的计划落空。他的证词得到了数位将领的支持，包括施派德尔、勒宁(Paul Loehning)少将、芬肯施泰特(Ernst-Felix Faeckenstedt)少将及格斯多夫(Rudolf Christoph von Gersdorff)少将等。这是真的吗？要知道1943年3月初时，施特拉赫维茨正率领GD装甲团参加哈尔科夫反击战！伯内特(Thorn Burnett)所编的《阴谋大典》一书曾披露："1943年3月，兰茨将军、施派德尔少将和施特拉赫维茨上校计划在希特勒视察波尔塔瓦时将其逮捕。"[48]

笔者自己很难相信这是事实。施特拉赫维茨战前就是纳粹党和党卫队成员，也有相应的编号，1944年晋为少将前，还曾接受过希姆莱馈赠的党卫队旗队长头衔。他想逮捕希特勒的想法，是怎样产生的？在何时萌生的？为什么计划落空后，以及1944年7月20日刺杀希特勒的事件发生后，他都能一直安然无事，甚至还获得了双剑和钻石骑士两枚高规格勋章？为什么在萌生"反意"后，他还能一如既往地勇猛战斗，还在尽全力苦撑将倾的帝国大厦？

施特拉赫维茨自己声称，出于对德国的热爱以及对苏俄布尔什维克主义的仇视，他"迟迟不能认识到纳粹政权的邪恶本质"，但1942年9月中旬发生在斯大林格勒前线的一件事使他有所醒悟。当时，希特勒命令解除了第14装甲军军长维特斯海姆(Gustav von Wietersheim)的职务，并把"无能和散布失败主义"的罪名扣在了这位将军身上。而这位将军当时所做的，不过是在面对重大伤亡时向保卢斯建议临时撤退。这件事令施特拉赫维茨感到震惊，他向师长胡贝表露了自己的沮丧，尤其是不满希特勒随意羞辱前线将领的做法。不久后的战斗中施特拉赫维茨身负重伤，在胡贝安排下撤离了包围圈。但他对自己先行撤离，却把战友们留在包围圈中等待被歼感到羞愧难当。也许就是从那一刻起，他下决心要做些什么，希望能将德国的将领们从希特勒的桎梏与羞辱中解脱出来，并"恢复德国政治的民主自由之风"。[49]

按照德裔加拿大历史学家霍夫曼(Peter Hoffmann)在其著作《德国抵抗运动史 1933—1945》中的说法，施特拉赫维茨在1942年末住院治疗时，来自最高统帅部的洛林霍文上校(Wessel Freytag von Loringhoven，刺杀希特勒的密谋团体的重要成员，于1944年7月26日自杀)曾向他讲述了党卫队在德军后方犯下的罪行。[50]斯大林格勒的惨败刺痛了施特拉赫维茨的心，盟军在卡萨布兰卡会议上要求德国无条件投降的决定更是吓坏了他——盟军不仅要铲除邪恶的纳粹政权，还要把他的祖国作为一个主权国家彻底摧毁。为避免祖国的毁灭，施特拉赫维茨越来越确信，必须把希特勒从政治军事领导人的位置上拿下来。逐渐地，反希特勒的抵抗组织找上了他，而他所在的南方集团军群就有多位抵抗运动的参与者、同情者或支持者。按照霍夫曼的说法，施特拉赫维茨的GD装甲团当时是"兰茨集团军级支队"唯一的预备队。2月8日，他面见参谋长施派德尔时，后者曾询问他对时局的看法。施特拉赫维茨坚决表示，如果人们告诉他的那些情况都是真的，那么就"必须把希特勒赶下台"。施派德尔表示赞同，随后把他引见给兰茨将军。兰茨事先已了解了施特拉赫维茨的观点，一番密谈后，他们发现彼此对最高统帅部和希特勒的看法竟完全一致——据霍夫曼所言，"他们都认定希特勒是个罪犯，必须将之除去。通过斯图加特市市长施特勒林，统帅非洲军的隆美尔元帅也得悉了这些情况，尽管他几乎不能为该计划的成功做出任何贡献"。[51]

兰茨、施派德尔和施特拉赫维茨等人商定，由施特拉赫维茨带着他从GD装甲团亲自挑选的军官，在希特勒飞抵波尔塔瓦机场，或在总部出席会议时将之逮捕。他们商议，只有在“遭到抵抗”或“发生了战斗”时才可以使用武器，他们不打算杀害希特勒，但接受“不得不这样做”的可能性。三人的最终目的还是尽可能逮捕希特勒，施特拉赫维茨还提议将希特勒逮捕后交给中央集团军群指挥官克鲁格。计划虽好，但无奈人算不如天算。2月17日，希特勒离开狼穴大本营飞往东线，途径文尼察后没有飞抵波尔塔瓦，而是到了扎波罗热与曼施坦因会晤。于是，施特拉赫维茨等人精心准备的计划付之东流。

令人惊异的是，施特拉赫维茨等人的阴谋竟然一直没有曝光。相反，他获得了双剑和钻石骑士勋章，还先后被晋升为少将和中将！也许是忙于前线战事和多次受伤，使他无暇分身参加刺杀希特勒的密谋，也许是盖世太保虽有风闻但无确凿证据，故对这位伯爵兼英雄无可奈何。施特拉赫维茨1944年的赫赫战功，似乎与他在1943年初的举动形成了鲜明对比——如此憎恶纳粹元首，却还能以卓越的战场表现从希特勒手中接过多枚高等级战功勋章，除了决心为祖国而战这个明显的原因外，还能有别的什么解释吗？

二战期间德军装甲部队很多优秀的军人长眠于欧洲和北非，那些幸存者要么消失在苏联深处的劳工营，要么在西方的囚笼中挣扎，他们身上所有的荣誉和光环都被剥扯得干干净净。在胜利者的眼中，以前象征荣耀的骑士勋章是罪恶和耻辱的代名词；在战后的德国，曾经的精英更被视为助纣为虐的军国主义急先锋，他们的名字在鄙视与唾弃中渐渐被湮没了。

一个最现实的问题是如何在战后生存。当施特拉赫维茨1947年6月获释时，除了破衣烂衫和满身伤病外，只有他的钻石骑士勋章还闪烁着耀眼的光芒。无家可归、身无分文的伯爵一时陷入了困顿。就在他最困难的时候，叙利亚政府邀请他担任总统的农林事务顾问，同时协助该国发展陆军。很难说施特拉赫维茨在农林方面给叙利

▲ 施特拉赫维茨家族成员的墓地。他的第2任妻子诺拉去世于2004年。

▲ 1968年4月25日，施特拉赫维茨病故于巴伐利亚的格拉本施特(Grabenstätt)。除当地百姓为他送行外，西德国防军也派出官兵组成荣誉卫队，向这位一生充满传奇色彩的勇敢军人致以最后的敬意。

▲ 摄于施特拉赫维茨的葬礼，老战友和朋友们为他抬棺，走在前面的国防军军官捧着的应是他的钻石骑士勋章。

亚做出过什么贡献，但他对该国陆军所做的规划和武器装备更新计划赢得了主人的钦佩和尊敬。这段时间里,施特拉赫维茨过得相当充实愉快，但到1949年时，政局不稳的叙利亚发生了军事政变(该国当年就发生过3次政变)，迫使在这里生活了近两年的施特拉赫维茨与其年轻的妻子一起离开。他们先来到黎巴嫩，而后辗转到达意大利西海岸的海港利沃诺(Livorno)。他们在那里生活了近两年，以经营酒庄为生。1951年秋，施特拉赫维茨夫妇回到了巴伐利亚后，发起成立了"上西里西亚互救组织"，帮助老兵们进行经济互助。此后，他和妻子过起了深居简出的生活，先后育有两子两女。

1968年4月25日，75岁的施特拉赫维茨死于癌症，他被安葬在巴伐利亚东南部的格拉本施特。为表达对这位勇士的敬意，西德国防军罕见地安排了扶灵卫队，并给予其全套军人荣誉的葬礼。当仪表整洁的新一代军人轻轻地将伯爵的棺椁放入墓穴中时，周围聚集的老战友默默注视着这位渐行渐远的传奇人物，他们永远记得他的音容笑貌、鲜明个性、傲慢自负、赫赫战功和卓越领导。他，曾经为德国而战。

第12位钻石骑士最高战功勋章获得者吉勒党卫军将军

(获勋时间1944年4月19日)

Chapter 12
第十二章

“蒙尘的武士”：赫伯特·奥托·吉勒武装党卫军将军

纳粹德国的党卫军将领大致上可分为三个群体。第一个群体是以迪特里希和艾克(Theodor Eicke)等为代表的，1920年代就追随希特勒东拼西杀的元老。迪特里希和艾克都是希特勒信任的老警卫和保镖，前者是“希特勒警卫旗队”师创始人，1944年时官至党卫军第6装甲集团军指挥官；后者则是“骷髅”师的奠基人，1930年代末就是第三帝国可怖的监狱与集中营系统的首脑。这两位“长刀之夜”的亲历者，都热衷于在最前沿频频露面，或提着手枪亲自指挥突击队和小型战斗群，或与基层官兵交换战斗故事、嘘寒问暖。他们都不是优秀的战术家，也都存在指挥能力上的严重缺陷，但对战场情势都有着出色的直觉和预感，都愿意把部队调动和战术等复杂的技术问题交给经验更丰富的参谋长。艾克丧生于1943年，一直都有凶残暴虐、冷血动物的恶名；迪特里希虽深受下属拥戴，但他纵容部下杀俘的劣迹也在战后为自己换来了长时间的监禁。

第二个群体是以豪塞尔、施泰纳(Felix Martin Julius Steiner)和比特里希(Wilhelm Bittrich)等为代表的所谓“技术专家”。作为老式军人，他们都有一战经历并在战后的军官团中占有一席之地，多在30年代中期加入党卫队以延续自己的军旅生涯。豪塞尔在1932年以中将军衔从陆军退役，加入党卫队后建立了希特勒私家党卫军的第一座训练基地，在把毛坯般的武装党卫队培养成精锐部队的过程中很难找出比他贡献更大的人，因此他也被称为“党卫军之父”。施泰纳曾任国防军训练总监部上校，加入党卫队后成为“维京”师创始人，被认为是党卫军最有才华的高级将领之一。比特里希在1941年10月接替豪塞尔担任“帝国”师师长，后任党卫军第2装甲军军长，他在挫败盟军1944年9月的“市场花园”行动中所扮演的角色，也令后人记住了党卫军的这个能员干将。

第三个群体人数较多，多是在1942至1943年担任团营长、后期升为师长的军官，代表人物包括“希特勒青年团”师的前任和后任师长维特(Fritz Witt)和迈尔(Kurt Meyer，亦作梅耶)，“骷髅”师师长普里斯(Hermann Priess)，“希特勒警卫旗队”师的前任和后任师长维施(Theodor Wisch)和蒙克(Wilhelm Mohnke)，以及担任过“欧根亲王”山地师师长和“希特勒警卫旗队”师末任师长的库姆(Otto Kumm)等。有后人曾称这些党卫军将领都是“在闪击战的岁月里以战功爬上高位的恃强凌弱的典型”。[1]当然，这份简略的清单如果少了派普(Joachim Peiper)肯定是不完整的——这位曾经的希姆莱副官是党卫军最年轻的装甲团长，总是以无穷的精力和无情的战斗意志充当突击先锋。除普里斯外，所有这些人都出生于1907年后，都在国家社会主义的熏陶下成长，个人性格也都富有攻击性；另一方面，他们也堪称天生的战场领袖，往往在最激烈、伤亡最大的地段指挥作战，他们会冷酷地驱赶官兵向前冲锋，在面对75%的伤亡率时依然不知退却为何物。在二战的最后两年，当许多国防军将领都丧失了战斗意志和韧性时，可以略作夸张地说，是党卫军和它的新一代青年将领支撑着摇摇欲坠的第三帝国。

熟悉党卫军的人或许会指出上面的人名中漏掉了一个人——是的，这个人就是本章主人公吉勒(Herbert Otto Gille)。他曾任“维京”师师长和党卫军第4装甲军军长，拥有党卫队全国副总指挥兼党卫军将军(SS-Obergruppenführer und General der Waffen-SS)的头衔，更是党卫军第1个、武装力量第12个钻石骑士勋章得主(整个党卫军也只有吉勒和迪特里希曾获此殊荣)。另一方面，吉勒也是党卫军将领中最常被遗忘和低估的人之一。将吉勒归入上述哪个群体似乎都欠妥当，他不似迪特里希等人那样是希特勒的老战友和忠实信徒，也没有他们那足以充当酒吧夜店打手的体魄与蛮横，更不能与堪称标准美男子的派普与迈尔相比。从外貌上看，吉勒身材高大瘦削，戴着一副宽边眼镜，威风凛凛的军服穿在他身上怎么也难以让人敬畏，倒更像是一个中年教师。[2]他虽与豪塞尔等都是一战老兵，但并未入选战后的军官团；他虽然也在30年代中期加入党卫队，但并不像豪塞尔等带着显赫的声誉和国防军将校的桂冠，他在党卫队之初仅是不起眼的小角色。1897年出生的吉勒比前述第三个群体年长10岁左右，他身上具有该群体所不具备的普鲁士-德国军事文化传统——作战之余，他是一个关心下属的领袖和“父亲”；当战况需要时，他的心肠又会硬如铁石，是一个为完成职责而不惜任何代价的“魔鬼”。据言，老成持重的吉勒比任何一位党卫军将领都更刻意避免纳粹意识形态支配下的行为与言辞。从这个角度看，或许他更接近于豪塞尔和施泰纳等人的群体。

最能体现吉勒的战术素养和指挥能力的战役包括1944年2月的“科尔逊-切尔卡瑟”(Korsun-Cherkassy)突围战、1944年4月的科韦利(Kovel)防御战及1945年初的布达佩斯救援战。下面让我们看一看，1934年的排长吉勒是怎样在10年后成为党卫军装甲军军长，以及是怎样在前述战役中表现出勇敢和指挥能力，使希特勒将党卫军的第1枚钻石骑士勋章授予了他。

早年岁月：从地产检查员到武装党卫军炮兵团团长

吉勒于1897年3月8日出生于下萨克森州南部的巴特甘德斯海姆(Bad Gandersheim)。他的父亲赫尔曼(Hermann Gille)是一名工厂主，上面还有3个哥哥。1903年，6岁的吉勒进入了当地的

"市民学校"(Burgerschule)学习，这种由地方政府支持的学校除了不教授拉丁语和法语等科目外，与一般学校差别不大，但更多地面向职业教育。不过，吉勒对日后上大学或接受职业教育的兴趣都不大。1909年4月，12岁的吉勒离开了布伦瑞克的文理中学，成为科隆附近的本斯贝格(Bensberg)军校的一名少年军校生。5年后，吉勒转入著名的里希特菲尔德中央军校继续学习。20年后，这里变成了迪特里希"党卫队战旗护卫队"(SS-Stabswache)的营区以及党卫军日后的训练场。

1914年8月一战的爆发打断了吉勒的军校学习，当月10日，他以二级中士候补军官的身份加入了第30"巴登"(Badisches)炮兵团，所部隶属于第29步兵师。1914年底，吉勒被调入第75预备步兵师的第55炮兵团，并在1915年1月末晋为少尉后先后担任过该团的排长和连长。[3]整个一战期间，吉勒基本上都在第55炮兵团效力，虽然具体经历不甚明确，但因作战勇敢获得过二级和一级铁十字勋章，并在停战后的1919年3月31日晋为中尉。不过，吉勒也于当日退出了现役。[4]按理说，像他这种经受过前线考验，获得过铁十字勋章，也有完整军校教育背景的青年军官，如果不是觉得军事生涯失去了吸引力而主动请辞的话，是应该能跻身于战后军官团的。吉勒离开部队后先到学校重新学习生活所需的职业技能，他修习的专业是"农业经营管理"，但为获取实际经验，他从1920年起开始在地产管理行业工作。1921至1929年，吉勒先后为公共部门和私人担任地产检查员。1929至1931年，他受雇于生产卡车和越野车的"布辛纳格"(Büssing-NAG Vereinigte Nutzkraftwagenwerke)汽车厂，成为该厂的一名推销员。1931至1933年，吉勒仍旧活跃于汽车经销领域，不过是在经营自己的生意。

在1930年底首次接触到国家社会主义党之前，吉勒曾有4年时间(1922—1926)是右翼组织"钢盔党"的成员，这个组织以反魏玛共和国和共和体制为宗旨，很多成员都是一战退伍老兵。1931年5月1日，吉勒加入了纳粹党，5个月后又成为党卫队的一员。到希特勒1933年初成功登顶政治舞台时，吉勒已是布伦瑞克的党卫队第49旗队的一名三级突击中队长。有资料介绍，吉勒1933年7月曾卷入过一桩政治斗争：布伦瑞克自由州的内阁总理克拉格斯(Dietrich Klagges)是一名狂热的纳粹支持者，也是党卫队第49旗队的"荣誉领袖"，州议会副议长策纳(Ernst Zörner)与克拉格斯是政敌，为扳倒后者曾使出了一些手段，但不仅未获成功，反而导致了自己黯然下台。吉勒则遭人检举，说他作为策纳的支持者也参与了搬倒克拉格斯的阴谋。随后，纳粹党以"损害党的利益"为名将吉勒开除出党卫队和纳粹党，布伦瑞克的法庭还判处他14周监禁。吉勒坚称自己从未参与过任何针对克拉格斯的密谋，警方于当年11月9日取消了对他的指控。吉勒还要求纳粹党纪律法庭进行审查。1934年2月14日，纪律法庭当庭恢复了他的名誉和职位。[5]

希姆莱领导下的党卫队在纳粹党攫取政权后得到了空前发展，经过"长刀之夜"对冲锋队高层的血洗后，党卫队一家独大，成为堪称"国中之国"的庞大组织，只效忠于希特勒和极少数的核心人物。支持希特勒的国防部长勃洛姆堡同意由陆军为党卫队提供1个师的装备，除1933年成立的"希特勒警卫旗队"外，希姆莱还在1934年5月组建了三支新的旗队。当年9月，纳粹党军——"党卫队特别机动部队"(SS-Verfügungstruppe，简称SS-VT)正式成立。吉勒是最早加入SS-VT的军官之一，豪塞尔和施泰纳等也在同期加入，开始在军事上提高SS-VT的训练水准，逐渐将之改造成具有一定战斗力的作战部队。

曾任职于国防军训练总监部的施泰纳在1935年加入党卫队，次年成为"德意志"旗队的旗队长。他非常赞同希特勒的观点，即一定要证明“国防军能做的任何事情，党卫队会做得更出色”。党卫队组建作战部队的宗旨就是编练出一支“精锐新军”，尽管它的最初成员中既有吉勒这种一战老兵，也有一些警察、冒险家或终日无所事事的混混。在训练基地里，施泰纳采用了一些与陆军正统作法截然不同的理念和方法，尤其是不强调受教育的程度，这直接导致了1938年前受训的党卫队候补军官中40%的人仅有小学文化。[6]这当然引起了国防军的尖锐批评和嘲笑，虽有吉勒这个例外，但党卫队许多军官的职业素质和水准与国防军相比显然不在一个档次。另一方面，党卫队由于强调强身健体和体育锻炼，他们在体魄和体能方面更加强悍。施泰纳就特别强调在体育运动中培养竞争精神，认为绝不能沉溺于队列操练、沙盘推演和模拟作战等。他很重视在战场上根据形势机动灵活地编组多兵种合成的战斗群的能力，要求军官不仅要熟悉步兵、炮兵、装甲兵和工兵等多兵种的知识与战术，还要学会与空军和海军协同作战。他也鼓励普通士兵发挥主观能动性，允许他们根据形势决定进退策略，尤其是当指挥官阵亡或失去指挥能力时，士兵们要有能力继续战斗下去直至完成任务。施泰纳还非常重视培养官兵间的密切关系和“同志”感情，他曾回忆说：“对官兵福祉的高度关注、对同志间感情的培养，都增强了所有人已经密切的关系和集体归属感，更促进了官兵们在精神上的统一和相互信任。”[7]当然，施泰纳的这套方法并非所有人都能接受，豪塞尔就在训练理念上与他产生过不少冲突。当然，豪塞尔对施泰纳之后的战功也不无妒意，曾酸酸地说后者是“希姆莱的宝贝儿”。

吉勒初入SS-VT时在第1旗队(稍后改称“德意志”旗队)担任一个机枪排的排长。当施泰纳成为“德意志”旗队的旗队长时，吉勒已是他手下第4大队第12中队的中队长(该中队随着旗队规模的扩大而改称第19机枪连)。从1937年2月起，吉勒调至“日耳曼尼亚”旗队(原第2旗队)的第2突击大队，接替因病离职的克吕格尔(Walter Krueger)出任代理大队长。当年4月20日，吉勒晋升为二级突击大队长(少校)，正式主持“日耳曼尼亚”旗队第2突击大队，克吕格尔则在病愈后前往巴特特尔茨(Bad Tölz)的党卫军军校任教官。二战开始前的几年里，吉勒先后参加过连营级军官培训、参谋军官训练、防化作战训练、炮兵军官训练等多种培训课程，包括两度到多贝利兹步兵学校学习。

1938年3月德国吞并了奥地利，1年后又将捷克斯洛伐克划入帝国版图。这些行动完成后，希特勒下令把“德意志”、“日耳曼尼亚”和“元首”三支旗队重组为SS-VT师(师长为豪塞尔)。该师此时已具备了摩托化步兵师的模样，拥有大量摩托车和半履带车以及少量炮兵。1939年4月至5月，大概是由于吉勒有一战炮兵军官的背景，他被派至德国东北部的于特博格炮兵学校接受指挥官培训，并参与了SS-VT第5“炮兵旗队”的组建工作。德国人在很短的时间里抽调集中了一批来自党卫队和国防军的官兵，迅速完成了组建“炮兵旗队”(后称第5炮兵团)的任务。[8]吉勒在炮兵团任第1营(重炮)指挥官，同时兼任团长汉森(Peter Hansen)的副手。

波兰战役中，迪特里希任团长的“希特勒警卫旗队”摩托化步兵团与SS-VT师也参加了规模有限的战斗。SS-VT师当时包括“德意志”、“日耳曼尼亚”和“元首”三个团，以及吉勒所在的炮兵团。国防军将领普遍认为把训练不足、战斗力有限的SS-VT师放在前线是一种负担，陆军总司令勃劳希契就曾轻蔑地将这支“马路部队”称为“身着军服的警察”。不过，考虑到元首的面子，国防军勉强把一些辅助性任务交给SS-VT师执行。虽然SS-VT师在波兰战役中没有什么显赫的战绩，但党卫队高层还是借机检验了其训练体系的产品。SS-VT师的将领们声称，一

◀ 摄于1935年11月9日的慕尼黑附近，“希特勒警卫旗队”第1连正在列队接受检阅。

▶ 摄于二战开始前的1938年，SS-VT的新兵正在进行越野训练。

◀ 摄于1938年9月29日，希特勒陪同到访的墨索里尼检阅“德意志”旗队。

度轻视，甚至不想要他们的国防军将领，已逐渐在战况紧急时倚重于党卫队的支援——在日后规模急剧扩大的战争中，国防军将越来越清楚地认识到，党卫队官兵的战斗水准并不亚于他们，其韧性和狂热当然也远胜于己。

吉勒在波兰战役中获得了二级和一级铁十字勋章上的勋饰，10月19日又因战功晋升为党卫队一级突击大队长(中校)。1940年3月，SS-VT正式更名为武装党卫队，即人们熟知的党卫军。[9]两个月后，吉勒随第5炮兵团参加了法国战役。参战的党卫军各部继续磨砺着他们的作战技能，其中的“希特勒警卫旗队”团不仅有摧城拔寨的显著战功，也闹出了因战术素养低下而误伤伞兵将军施图登特(Kurt Student)的笑话，还有不服从古特里安的将令擅自进攻的举动，更有肆意杀俘的战争罪行。施泰纳也竭力向人们展示他的“德意志”团是一支忠诚且无所畏惧的队伍。5月27日，英军为保证大部队沿利斯(Lys)运河撤向敦刻尔克，在圣维南(St Venant)附近对德军进行了顽强阻击。施泰纳的2个营抢占了运河边的一座桥头堡，他的左翼本应是“骷髅”师，但该部因进攻受阻落在后面几英里远的地方，右翼的第3装甲师也被英军1个旅顽强地挡住了，施泰纳决定以自己稀薄的兵力保护两翼，同时指挥工兵架设运河浮桥。在吉勒的2个炮兵连支援下，“德意志”团强渡了运河。虽遭遇20余辆英军坦克，但施泰纳的手下毫不畏惧，以步枪、机枪、反坦克枪和集束手榴弹向坦克发起了攻击，很多时候英军坦克的炮口距党卫军士兵只有不到5米！[10]“德意志”团的一个排长认为自己有责任为下属树立榜样，于是跃出掩体后向英军坦克投出了集束手榴弹，但随即就被碾成肉泥。该排另一名士兵跃出战壕并爬上了英军坦克，就在他准备把手榴弹扔进坦克里时，后面的英军将其瞬间击毙。虽然阵地几乎就要失守，但施泰纳的手下没有一个人因对手的凶猛火力而后撤，他本人也兀自不动，直到“骷髅”师的反坦克炮赶到并击溃了对手为止。施泰纳将这些战斗场面写成报告提交给希姆莱，据说希特勒也曾为之动容。党卫军官兵的狂热乃至自杀式的作战风格在法国战役中已时有体现，随后几年里，这一点还将成为党卫军和国防军之间的最大区别。

▲ 摄于1939年9月的波兰战役期间，第8集团军指挥官布拉斯科维茨(前左)正与“希特勒警卫旗队”摩托化步兵团团长迪特里希(前右)交谈。

▶ 摄于波兰战役期间，SS-VT师“德意志”团团长施泰纳正在前线观察敌情。

法国战役后，纳粹政府决定扩大党卫军的规模，被征服的北欧和西欧成为党卫军招募兵

▲ 摄于1940年5月的法国战役期间，SS-VT师"德意志"团的一名士兵在掩体里。

▲ 摄于法国战役期间，SS-VT师的士兵正在作战。右边的军人手持的是俗称"盒子炮"的毛瑟军用手枪。

▲ 摄于法国战役期间，施泰纳"德意志"团的士兵正在等候命令，最前方者手持的似为MP28冲锋枪。

员的重要来源地之一。除1940年4月末由挪威和丹麦志愿者组成的党卫军“北欧”团外，吸收了荷兰和比利时佛兰德斯地区志愿者的“西欧”团也在6月宣告成立。同年秋，在扩军和重组的过程中，党卫军第5师开始组建，施泰纳被任命为师长，吉勒在11月中旬担任该师第5炮兵团团长。12月初，党卫军第5师被命名为“日耳曼尼亚”师，下辖“北欧”团(Nordland)、“西欧”团(Westland)、“日耳曼尼亚”团及第5炮兵团。不过，由于师名与“日耳曼尼亚”团重名，为避免混淆，希姆莱又在12月20日将该师改称为“维京”(Wiking) 师——以短剑为武器生活在极北的暮光世界的“维京”武士，是他眼中强悍无比的精锐战士。他期待身着黑制服的党卫军成为“维京”战士那般的超人和猎手，甚至还在公开场合“豪迈”地展望过几百万美籍德裔加入党卫军的那一天。

1941年上半年的巴尔干战役后，“希特勒警卫旗队”旅升格为摩托化步兵师，但相较于先期成立的“帝国”师、“骷髅”师、“警察”师和“维京”师，“希特勒警卫旗队”师只有不到11000人，实际上还是加强旅的规模。其他几个师都有近2万官兵，虽然只有极少的坦克，但装备了III号突击炮，还拥有数量不菲的榴弹炮、轻步兵炮、反坦克炮和高射炮。在6月22日开始的苏德战争中，党卫军师团也出现在三大集团军群的作战序列中：“帝国”师隶属于中央集团军群，“骷髅”师和“警察”师被编入北方集团军群，而“希特勒警卫旗队”师和“维京”师则隶属于伦德施泰特的南方集团军群。

对于炮兵团长吉勒来说，真正的战争才刚刚开始。

扑向遥远的高加索：东线头18个月

德军南方集团军群的进军主要沿两个方向展开：北翼的第6集团军和中路的第1装甲集群的推进轴线是海乌姆(Chelm)—罗夫诺—新沃伦斯克(Novovolynsk)—日托米尔—基辅，南翼的第17集团军则沿着利沃夫—捷尔诺波尔(Tarnopol)—普罗斯库罗夫(Proskurov)—文尼察一线进军。[11]“维京”师与第9装甲师在6月22日时担任第1装甲集群的预备队，但前者的“日耳曼尼亚”步兵团率先参战，奉命前往卢茨克以西为装甲部队清理进军路线中必经的森林地带，完成任务后该团即迅速归建。第6集团军22日夜即在海乌姆突破了苏军防线，为第1装甲集群的推进廓清了道路，但南翼德军在与苏军第16集团军的作战中进展缓慢，迫使伦德施泰特把预备队“维京”师和第9装甲师划归第14摩托化军，派往利沃夫方向支援第17集团军。26日清晨，第9装甲师在北面从拉瓦罗斯卡(Rava-Ruska)向捷尔诺波尔进军，南面的“维京”师则沿着利沃夫至捷尔诺波尔的道路推进。期间，“维京”师的左翼一度受到苏军坦克部队的威胁，吉勒派出炮兵连支援“北欧”团阻遏苏军的反攻，“摧毁了48辆坦克和100辆以上的各型作战车辆，左翼的威胁被化解后全师得以继续向捷尔诺波尔推进。”[12]30日，“西欧”团攻入了利沃夫，激战之余，据说曾有100多名举手投降的苏军官兵被党卫军射杀。7月2日，“西欧”团团长韦克勒在开往捷尔诺波尔的途中遭苏军伏击。他被击毙后，“维京”师官兵拿利沃夫周边的犹太人出气，不仅放火焚城，还杀戮了一批犹太人。

7月4日，“维京”师攻占了捷尔诺波尔，次日，该师分作两个攻击集群，准备在萨拉托夫(Saratov)和胡希亚廷(Husyatyn)两地越过斯卢奇(Slutsch)河。“维京”师的先头部队很快建立了两座桥头堡，而吉勒炮兵团的动作也同样迅猛，他的2个炮营在斯卢奇河西岸以凶猛的炮火阻止了苏军的所有反扑，另一个炮营则随着步兵团在东岸建立了阵地。7日，第48摩托化军夺取了别尔季切夫，更往北的第3摩托化军则在9日占

▲ 摄于1940年，吉勒的"维京"师炮兵团新兵正在举行宣誓仪式。

▲ 摄于1941年上半年，"维京"师在巴伐利亚的霍伊贝格(Heuberg)山区举行演习。中为吉勒，左为"西欧"团团长韦克勒(Helmar Wäckerle，曾任恶名昭著的达豪集中营首任指挥官)。

领了日托米尔，此时第14摩托化军奉命运动到第3和第48摩托化军之间的区域，准备从日托米尔向东南方的白采尔科维进军。在几乎被夷为平地的日托米尔，“维京”师除抓捕苏军政工干部和地方官员(一旦捕获格杀勿论) 外，据信还把31名犹太人作为“活跃的共产党分子”枪毙。[13]这和有些党卫军老兵反复强调自己“只是尽职作战、从未有过战争暴行和滥杀无辜”的声明形成了鲜明对比。

在南方德军的第一个围歼战——“乌曼口袋”之战中，“维京”师扮演的是侧翼掩护的角色——7月18日至25日，该师在白采尔科维东南的塔拉夏(Tarashcha)周边苦战八日，与第3摩托化军所部一起挡住了苏军第5和第26集团军的救援反攻，确保了正在合围乌曼以西苏军的德军北翼的安全。消灭乌曼苏军的任务留给步兵单位后，“维京”师在7月29日转隶第3摩托化军，跟在该军的第13装甲师和第60摩托化步兵师身后，向第聂伯河畔的克列缅丘格和第聂伯罗彼得罗夫斯克前进。在这一阶段的作战中，吉勒炮兵团的团部和2个炮营(另1个营被配属给先头战斗群)以及“日耳曼尼亚”团的1个营组成了“吉勒战斗群”，师部、通信营、高炮营等跟随“吉勒战斗群”进军。吉勒率战斗群于8月7日抵达第聂伯河畔，他手下的1营和2营炸沉了1艘路经“维京”师防区向南逃逸的苏军炮艇。此后，“维京”师沿河南下，在8月30日抵达第聂伯罗彼得罗夫斯克。苏军在第聂伯河东北岸部署有大量火炮，向第聂伯罗彼得罗夫斯克城、渡口及其接近地进行了不间断的轰炸，尤其是这里的炮校学员们发射的炮弹又准又狠，使德军始终无法修复已遭破坏的第聂伯河铁路桥，甚至白天都无法自由行动。无奈之下，“维京”师只得利用一座步行桥在夜间“偷偷”渡河，直到1星期后的9月7日夜才全部渡过第聂伯河。渡河完成后，第3摩托化军所属的第60摩托化步兵师、第198步兵师和“维京”师在8日发起了扩大东岸桥头堡的“卡缅卡

▲ 摄于1941年7月1日的利沃夫以东前线，“西欧”团团长韦克勒(左一)正向师长施泰纳(右二)汇报战况。次日，韦克勒在开往捷尔诺波尔的途中被苏军击毙。

▲ 摄于1941年7月的东线某处，吉勒炮兵团的1门105毫米榴弹炮正在开炮。

▼ 摄于1941年8月，正在第聂伯罗彼得罗夫斯克外围作战的"维京"师士兵。

▶ 摄于1941年夏末或初秋，"维京"师师长施泰纳与参谋在研究作战地图。

▲ 摄于1941年夏末的南乌克兰，"维京"师的一辆八轮通信装甲车 (SdKfz.232) 正在向南开往亚速海的道路上。

▲ 摄于1941年夏末，施泰纳正在南下亚速海的途中听取侦察兵的汇报。

(Kamenka)桥头堡之战”。苏德双方经过一整天的炮火对射后，第3摩托化军的炮兵占了上风，“维京”师也很快夺取了卡缅卡。随后几日里，苏军第38集团军发起了多次营团规模的反攻，但均被“维京”师和第198步兵师打退，吉勒的炮兵团在这些防御战中发挥了重要作用。

当“维京”师在卡缅卡进行防御时，克莱斯特第1装甲集群的第48和第14摩托化军于9月12日从克列缅丘格桥头堡渡过了第聂伯河，第16装甲师溯河北上，三日后在基辅以东与南下的第3装甲师会合，标志着硕大的基辅包围圈的初步合拢。吉勒和“维京”师虽无缘分享基辅合围大胜的荣光，但该师在卡缅卡桥头堡的死守同样重要，因为它确保了第1装甲集群南翼和后方的安全。不等基辅口袋中数量庞大的苏军被完全消灭，第14摩托化军即奉命南下，负责清理克列缅丘格至扎波罗热间第聂伯河东岸沿线的苏军，“维京”师和第198步兵师也开始冲出卡缅卡桥头堡向东进攻。10月初，“维京”师跟随第13装甲师的步伐南下，准备与其他部队一起摧毁苏军直至亚速海的整条第聂伯河防线，而后围歼与德军第11集团军对峙的苏军第9和第18集团军。10月6日，第14摩托化军的先头第16装甲师抵达波洛吉(Pologi)后折向西南面的苏军后方，从扎波罗热出发的第3摩托化军逼近了切尔尼戈夫卡(Chernigovka)，第49山地军和第30军同步发起进攻，把面对的苏军朝东挤入第14和第3摩托化军张开的双钳中。这一次“维京”师没有让亲历围歼战的机会溜走，它在切尔尼戈夫卡以东切断了梅利托波尔至斯大林诺(Stalino, 今顿涅茨克)的道路，到10日被围的苏军两个集团军覆灭时，大量试图向东突围的红军官兵倒在了“维京”师的枪炮之下。

10月10日，“维京”师转隶于第14摩托化军，开始在第聂伯河与顿涅茨河之间的黑土地上艰难跋涉。当暴风雨和降雪轮番而至的天气总算告一段落时，克莱斯特第1装甲集团军在米乌斯河西面完成了攻打罗斯托夫和沙赫蒂的准备——攻势预定于11月5日发起，南面的第3摩托化军渡过米乌斯河后向罗斯托夫推进，北面的第14摩托化军的第16装甲师负责朝阿格拉费诺夫卡(Agrafenovka)推进；“维京”师过河后将向北旋转，沿着新亚历山大罗夫卡(Novo Alexandrovka)至阿斯塔乔沃(Astachovo)的公路掩护第14摩托化军的北翼；第1山地师将朝着迪亚科沃(Diakovo)方向发动规模有限的辅攻。经过1周苦战，第14摩托化军各部推进到预定目标后均转入防御。17日，“希特勒警卫旗队”师、第13和第14装甲师发起了扑向罗斯托夫的作战。同日，第14摩托化军的整条防线都爆发了激烈的战事。“希特勒警卫旗队”师与第13装甲师在20日夺取了罗斯托夫，但第14摩托化军的北翼已被苏军突破，迫使克莱斯特命令该军撤往图斯洛夫河西岸布防。不过，由于图斯洛夫河并不利于防守(其蜿蜒曲折的流向要求较多的部队驻守)，克莱斯特于12月1日命令第14和第3摩托化军、第49山地军的右翼均撤至米乌斯河西岸。12月上半旬，苏军多次乘着夜色越过冰封的米乌斯河，试图突破“维京”师的防线，吉勒炮兵团以机动灵活的凶猛火力，给沿着开阔地进攻的苏军造成了重大杀伤，在前沿阵地被突破的地带，“日耳曼尼亚”团等老辣的步兵团也集中所有近战武器立即展开反击。这样的战斗一直持续到1942年1月末。待危机消除、防线趋稳之后，“维京”师开始进行战场重建，包括重步兵炮在内的各种物资装备迅速运抵米乌斯河防线后方，“芬兰志愿者营”等来自西欧和北欧的补充兵员也陆续抵达，同时，“维京”师各团也在总结过往经验的基础上，进行深入到最小作战单位的全员训练。不过，最令“维京”师上下感到振奋的，还是党卫军的第1支装甲营——第5装甲营——在1942年6月19日抵达阿姆夫罗谢夫卡(Amvrosievka)。党卫队二级突击大队长(少校)米伦坎普(Johannes-Rudolf Mühlenkamp)任营长的第5装甲营，带来了12辆II号坦克、12辆III号坦克、4辆短管和12辆长管IV号坦克。[14]第5装甲营的到来为齐装满员(18000人左右)的"维京"师提供了过往缺乏的打击力，因而决定性地提高了该师的战斗力，也帮助其成为1942年夏季攻势中的一支攻坚主力。

随着武装党卫军军部(SS-Generalkommando)于当年5月28日的成立，吉勒在6月20日被任命为军部炮兵指挥官，同时仍兼任第5炮兵团团长。在6月底发起的夏季攻势中，德军A集团军群的任务是夺取罗斯托夫后向高加索推进，以占领迈科普和格罗兹尼(Grozny)的油田为目标。"维京"师和第13装甲师于7月中旬脱离第1装甲集团军，转隶于第17集团军的第57装甲军(德军摩托化军在1942年夏均正式改称为装甲军)，这2个师的任务是快速合围和夺取罗斯托夫，为跟进的步兵师打开通往西高加索的大门。第57装甲军军长吉青纳将军负责于7月22日发起的罗斯托夫攻势，除"维京"师和第13装甲师外，他还有权节制第49山地军，攻势发起的前夜又得到第298、第73和第125步兵师的增援。[15]按照"维京"师第5装甲营老兵克拉普多尔(Ewald Klapdor)的说法，施泰纳把所部("西欧"团和"北欧"团3营除外)分成了三个战斗群：吉勒领导的装甲战斗群包括第5装甲营、第5反坦克营和炮兵团1个营等，两个步兵战斗群分别以"北欧"团和"日耳曼尼亚"团为基础组建。[16] 7月24日，占据优势的德军在空军支援下占领了罗斯托夫，米伦坎普的第5装甲营首战即表现出众。罗斯托夫的攻势进入尾声时，德军最左翼的第4装甲集团军和中路的第1装甲集团军都已逼近顿河；第23装甲师一部于23日在顿河南岸建起了桥头堡；第3装甲师于26日也在奥尔洛夫卡(Orlovka)附近渡过了萨尔河(Sal)，第40装甲军以这2个师为主体开始向马内奇河方向推进。

向南扑向高加索的前夕，施泰纳又将"维京"师进行了重组，大大增强了吉勒装甲战斗群的力量：除装甲营、高射炮营、炮兵团3营、搜索侦察营、工兵营1个连、反坦克营1个连等单位外，"日耳曼尼亚"团的1个营和"北欧"团的2个营都配属给了吉勒。吉勒装甲战斗群将作为"维京"师的矛头一路扑向库班河，并与东面的第13装甲师保持联系。不过，进军开始后的次日(7月29日)，第13装甲师脱离了第57装甲军，转向东面后加入了第1装甲集团军的序列，负责为克莱斯特打开渡越马内奇河与萨尔河的道路。随着左翼的第13装甲师离"维京"师越来越远，右翼的步兵师进军速度相当迟缓，吉勒装甲战斗群现在成了追逐撤往库班河之敌的一支孤军。不过，吉勒并不在意到处充满敌意的环境，长期担任炮兵团长的他，终于有机会证明自己率领装甲矛头也能取得辉煌的战绩。他把相当于1个旅的装甲战斗群分成先头、中路和后卫3个小战斗群，各战斗群都合理搭配了步兵、炮兵和装甲兵等，以日行几十公里的速度穿行于马内奇河与库班河之间地貌特征千奇百怪的战场。很快，卡佳尔尼茨卡亚(Kagalnizkaya)、梅切丁斯卡亚(Metchetinskaia)、耶格尔雷克斯卡亚(Yegorlykskaya)、耶格尔雷克(Yegorlyk)等有苏军布防的村镇都被装甲战斗群攻克。8月1日下午，吉勒率部夺取了铁路和公路枢纽白格里纳(Bielaia Glina，即白泥城)，除俘虏数百名苏军外，还缴获了一批大炮和美制卡车。吉勒的手下戏称要给美国总统罗斯福发电表示感谢，吉勒戏谑地表示不妥，称"这样做会使美国人减少通过苏军供应给'维京'师的卡车"。据说，曾有两名当地的哥萨克老兵，身着沙皇时代的军服并佩戴着勋章前来慰问德军，还受到吉勒的热情接待。

随着吉勒装甲战斗群的迅速推进，"维京"师的主要任务——突破库班河并继续追击苏军——似乎很快就将实现。第57装甲军命令施泰纳夺取重镇克鲁泡特金(Krapotkin)，并从此间渡过库班河，但"维京"师的参谋们力主

▲ "维京"师1942年7月末至8月初突向库班河的进军路线示意图。

从地势和条件更有利的另一地段渡河，即库班河大转弯处南面一点的格利高里波利斯卡亚(Grigoripolitskaya)附近。施泰纳听从了参谋们的意见，将主力集中部署在格利高里波利斯卡亚周边，但同时派“北欧”团(得到炮兵团数个炮兵连和装甲营1个连的加强)攻打克鲁泡特金。5日，克鲁泡特金被德军攻克，但此处的库班河渡桥已被炸毁，“北欧”团等将城池移交给跟进步兵师的先头部队后，迅速赶往格利高里波利斯卡亚附近渡河。7日清晨，“维京”师渡过库班河后开始向拉巴(Laba)河方向推进。9日，施泰纳在渡过拉巴河后重组了所部，吉勒装甲战斗群再次充任向西面的迈科普油田推进的矛头，“日耳曼尼亚”团、支援“维京”师的军属重炮营和火箭炮营、“北欧”团等部依次跟进。1天后，第13装甲师从东面攻克了迈科普，吉勒装甲战斗群在渡过了别拉亚(Belaja)河后，也推进至迈科普以西和西南地区。

由于苏军阻断了从迈科普通向黑海海岸和图阿普谢唯一的一条山间公路，“维京”师从8月中旬起在迈科普周边转入守势，同时等待适于山地丛林作战的山地师的抵达。9月15日，第57装甲军电令“维京”师移交防务，即刻开往东高加索地区的第1装甲集团军战场。[17]当时，第1装甲集团军针对格罗兹尼油田方向的攻势陷入了停顿。苏军官方战史战后曾称：“……尽管过去3周里损失惨重，法西斯军队未能取得任何决定性的成功，还被迫把他们最出色的师之一党卫军“维京”师从图阿普谢调至莫兹多克(Mozdok)战区。随着这一增援的抵达，第1装甲集团军又继续发起了攻势……”[18]抵达捷列克(Terek)河沿岸的指定区域后，“维京”师被划归第52军指挥。作为装甲集团军最北面的矛头，该师将从莫兹多克桥头堡出发，以攫取南面的格鲁吉亚(Grusinian)军用公路为目标。鉴于地形格外困难和复杂，施泰纳决定避免正面强攻堡垒化的山村马尔戈别克(Malgobek，即雅科夫列夫)，准备沿着其南面的库尔普(Kurp)河谷向东进攻。他的计划是由“北欧”团以佯攻拖住河谷两岸的守军(“北欧”团的2个营部署在河谷北侧，另一个营在河谷南侧)，待“北欧”团解决了河谷两侧的苏军并建立了掩护阵地后，“西欧”团和第5装甲营将快速穿越河谷地带，扑向格鲁吉亚军用公路上的重镇萨格普金(Sagopschin)。为支援这一重要作战，吉勒率领炮兵团2营和3营也进入了前沿阵地。9月27日凌晨，吉勒的炮兵向苏军阵地进行了猛烈炮击，虽然声势浩大，但由于对手占据了有利的地形和精心准备的堑壕，吉勒的炮火覆盖并未收到预期效果——“北欧”团进攻发起不久，就遭到苏军炮火和轻重武器的沉重打击，不仅进展缓慢，伤亡也颇为惨重。28日，当“西欧”团和第5装甲营准备按预定方案穿越库尔普河河谷时，克莱斯特发来了电报：“致‘维京’师指挥官，整个集团军都在关注你们。你们的任务是为集团军扑向格罗兹尼开辟道路。我期待你们的装甲矛头在今晚6时抵达萨格普金。”[19]尽管被寄予厚望，但“维京”师当日的战果只能说是喜忧参半：装甲营和“西欧”团1营成功迂回到了萨格普金东面，“西欧”团的另外2个营也从正面逼近了萨格普金西面，但两个方向的攻坚在苏军1个旅守军的顽强防御下均告失败。此后1周里，“维京”师始终无法攻克萨格普金这座坚固的堡垒，第5装甲营和“西欧”团1营还被迫后撤了几公里。由于这一后撤是施泰纳自作主张，一度还引起了第52军军长及克莱斯特的不满——施泰纳抱怨此间的地形过于复杂困难。但克莱斯特特认为，“维京”师有太多未受过完整训练的外籍志愿者，才使该师缺乏内在凝聚力。[20]鉴于萨格普金的作战陷入了困境，施泰纳于是把目光投向了威胁到自己左翼的马戈尔别克，他手下的“日耳曼尼亚”团(缺3营，但得到吉勒炮兵团1营的加强)在第111步兵师第70步兵团的支援下，于10月5日沿着马戈尔别克山脊南坡发起了攻势。“维京”师这次取得了成功，次日夺取了马戈尔别克，也打退了苏军的多次反攻。

10月8日，吉勒因“在顿河以南的作战中指挥装甲战斗群时表现出的勇敢和领军有方”(施泰纳的荐语)而获颁骑士勋章。此时的“维京”师虽然占领了一系列要地并形成了一条相对完整的防线，但施泰纳认为所部既无可能、也无必要再继续向格罗兹尼推进。他与第52军军长就是否有必要夺取马戈尔别克以东的制高点701高地发生了激烈争执，虽然“维京”师的“芬兰”营在10月中旬经过血战夺取了701高地，但施泰纳与军部和集团军总部经常意见相左，他还绕过指挥层级直接向希姆莱抱怨，这些做法引起了陆军将领们的不满。9月末刚出任参谋总长的蔡茨勒还亲自飞到克莱斯特的总部，试图缓和施泰纳与上级之间的紧张关系。

11月9日，“维京”师在萨格普金前线改建为装甲掷弹兵师，炮兵团长吉勒也被晋升为党卫队旅队长兼武装党卫军少将。1周后，第3装甲军沿着奥塞梯(Ossetian)公路向奥尔忠尼启则(Ordzhonikidze)推进的过程中出现了险情，该军的第13装甲师在奥尔忠尼启则与吉塞尔(Gisel)之间被优势苏军包围。“维京”师将萨格普金前沿移交给克里木赶来的第50步兵师后，奉命迅速赶往阿拉基尔(Alagir)地区解救第13装甲师。11月19日，就在斯大林格勒的苏军大举反攻的同时，外高加索方面军的北翼部队也发起了针对阿拉基尔方向的反攻，但遭到“维京”师和第13、第23装甲师等的疯狂抵抗和反扑，在1个多月的时间里苏军打打停停，但攻势始终没有起色。

11月21日，克莱斯特被提升为A集团军群指挥官，第3装甲军军长麦肯森(Eberhard von Mackensen)继任第1装甲集团军指挥官，施泰纳在12月14日出任第3装甲军代理军长，吉勒则随即出任“维京”师代理师长。[21]到这个时候，西高加索地区的德军第17集团军已在迈科普和图阿

▲ 摄于1942年7月26日的顿河南岸，吉勒装甲战斗群的坦克正向高加索进军，相反方向的是被押往德军后方的被俘苏军。

▲ 摄于1942年8月初，"吉勒装甲战斗群"指挥官吉勒(图中戴眼镜者)在开往西高加索的途中与军官们商议策略。

▲ 摄于1942年8月，"维京"师第5反坦克营正在作战中。

◀ 摄于1942年夏向高加索进军的途中，"维京"师士兵正在检查被弃的T-34坦克。右边是一辆105毫米"黄蜂"(Wespe)自行榴弹炮(SdKfz.124)。

▲ 1942年秋，施泰纳在东高加索某村落的师部前留下了这张著名照片。

▲ 摄于1942年秋的高加索某地，炮兵团团长兼装甲战斗群指挥官吉勒。他的领章样式非常独特，据说这种领章的目的是避免被苏军狙击手识别出衔级。

▲ 摄于1942年8月上旬，“维京”师某部正在迈科普附近的向日葵地里观察敌情。

▲ 摄于1942年9月,"日耳曼尼亚"团3营正在坦克掩护下向东高加索的莫兹多克进攻。

▲ 摄于1942年秋,荒凉空旷的高加索战场上,一名孤独的德军士兵正在掩体里警戒。

普谢间的皑皑雪山陷入了困顿,囿于兵力不足和天气恶劣,该部已无可能继续向黑海海岸进攻。东高加索地区的第1装甲集团军进攻格罗兹尼的作战也已失败,包括"维京"师在内的各部均已转入守势。顿河集团军群正以第4装甲集团军为主,试图救援被困的保卢斯第6集团军,曼施坦因和参谋总长蔡茨勒要求希特勒批准A集团军群撤出高加索,将释出的兵力(尤其是第3装甲军)增援给第4装甲集团军。希特勒先是断然拒绝,而后又犹豫不决,但蔡茨勒与克莱斯特已在暗中布置A集团军群的撤退准备。[22] 1942年圣诞前夕,吉勒收到了脱离第3装甲军建制、准备撤往第4装甲集团军战区的命令。几天后,在蔡茨勒不断的努力和催促下,希特勒出于对"又一个斯大林格勒"的担忧,终于勉强同意把A集团军群撤出高加索,但对撤退的最终目的地一直不予表态——到底是把A集团军群全部撤入毗邻克里木半岛的库班河桥头堡,还是仅把第17集团军撤入桥头堡,而将第1装甲集团军经由罗斯托夫送入曼施坦因的战区。希特勒打算等到撤至克拉泡特金防线(之前尚有3道过渡防线)时再做决定。根据蔡茨勒战后的回忆,希特勒在1943年1月26日夜做出了决定——第17集团军占据库班河桥头堡,第1装甲集团军向北进抵罗斯托夫周边,而后加入顿河集团军群作战序列。整个1月,吉勒带领"维京"师一直边撤边战,同时保护同在撤退中的第4装甲集团军南翼。耶格尔雷克斯卡亚、梅切丁斯卡亚和巴泰斯克等1942年8月初战斗过的地方,逐渐都被"维京"师甩在身后,直到2月5日上午抵达罗斯托夫。麦肯森在第1装甲集团军完成600公里的撤退后发布的命令中称:"这一撤退之所以能成功完成,主要是由于部队和各级指挥官们的卓越表现,尽管每日都要进行延迟阻击作战并面对强大的敌军压力,集团军的损失只是少量官兵的失踪。本集团军中每个人的表现都值得高度称颂。他们将被载入史册。"[23] 蔡茨勒战后提供的数字表明,第1装甲集团军在为期1个多月的撤退中,除给予追击的苏军以沉重打击外,自身撤出了所有25000名伤员,仅有226人被俘、656人受伤和605人失踪,且只损失了约100门火炮和步兵重武器。[23]

1943年2月8日,交卸了第3装甲军代军长职务的施泰纳,在罗斯托夫西北的阿姆夫罗谢夫卡回到了"维京"师,吉勒则继续担任第5炮兵团团长。同日,"维京"师奉命向北面的斯大林诺—康斯坦丁诺夫卡转进,准备在那里进行休整补充。

挣脱囚笼:从顿涅茨河到第聂伯河

斯大林格勒的硝烟尚未完全散尽之际,苏军沃罗涅日和西南方面军的后继攻势已在南方德军的防线上撕开了300公里的缺口,前者的意

▲ 摄于1942年冬的高加索战场，崇山峻岭中的德军山地兵机枪阵地。

▲ 摄于1942年冬，通往图阿普谢途中的一处德军山地兵墓地。

▲ 摄于1942年冬的高加索，一张令人震撼的照片，图中一名孤独的山地兵正在山间逡巡，他所巡逻的这个关口是通向苏呼米(Suchumi)的要道。

▶ 这幅航拍图片中的建筑是位于南乌克兰乌斯片斯卡亚火车站的“维京”师军人公墓。

图是南北夹击重要工业城市哈尔科夫，后者则试图尽力向第聂伯河方向突破，而后南下直扑黑海，从而将顿涅茨盆地的德军包围后加以聚歼。西南方面军的"波波夫(M.M. Popov)装甲集群"就是实现后一目标的先锋，波波夫中将的集群辖有众多兵力，包括第3和第4近卫坦克军、第10和第18坦克军、第57近卫步兵师、第38和第52步兵师等。"波波夫装甲集群"在伊久姆附近成功强渡了顿涅茨河，虽未能实现1周内向南进抵马里乌波尔的目标，但到2月10日时还是抵达了交通枢纽克拉斯诺亚梅斯科耶。由于这一态势直接威胁到了顿河—米乌斯河之间德军的补给线路，曼施坦因命令第1装甲集团军的第40装甲军挡住对手的推进，第3装甲军也预备从斯拉夫扬斯克地区打击波波夫的左翼。同时，曼施坦因还命令正在巴甫洛格勒地区重组的第4装甲集团军准备向北进攻，与驻守哈尔科夫地区的"兰茨集团军级支队"(很快改称"肯普夫集团军级支队")取得联系后，堵上哈尔科夫与巴甫洛格勒之间被捅开的防线缺口。不过，在所有反攻展开之前，德军的重中之重就是挡住"波波夫装甲集群"的继续推进，而这个重任则交给了刚到斯大林诺附近的"维京"师。

2月10日，"维京"师被划归第40装甲军，随即接获命令："沿最短路线向克拉斯诺亚梅斯科耶进军。即刻出发，不必等待集结完毕，具有决定性重要意义的是迅速抵达克拉斯诺亚梅斯科耶。"施泰纳不敢怠慢，立即命令各部出发，他计划从三面包围克拉斯诺亚梅斯科耶——"北欧"团从南面和东南面(主干公路方向)进攻；"日耳曼尼亚"团绕到西北面先攻打格里希诺(Grishino)，而后从西面和西北包抄；"西欧"则在东面进攻。克拉斯诺亚梅斯科耶的北面由第333步兵师和"维京"师搜索侦察营负责包围(稍后得到斯拉夫扬斯克方向的第7装甲师的帮助)，这些德军将切断"波波夫装甲集群"的补给线路，同时屏退来自北面的增援苏军。更靠北的第11装甲师也将适时进攻，确保切断"波波夫装甲集群"的增援补给通路。虽然久战之后疲惫不堪，但"维京"师依然效率惊人，两天内以强行军和各种机动完成了对苏军第4近卫坦克军的合围。苏军自然进行了激烈的抵抗和反扑，而"维京"师的兵力又不足以保证包围圈的严密。吉勒的炮兵团这时发挥了重大作用：他将2个炮营分别配属给"西欧"团和"日耳曼尼亚"团，自己亲率重炮营、轻炮营余部和师属高炮营，在"北欧"团后方建立了炮兵阵地，同时把"北欧"团的重步兵炮也集中在自己手中。各炮兵连按照吉勒制定的炮击计划，时而在不同方位和时间轮番炮击克拉斯诺亚梅斯科耶，时而集中火力猛轰某些重点区域，连续不断的炮击一点点地软化着苏军防线，侵蚀着官兵的抵抗意志，也使苏军指挥官留下了德军实力非常强大的错误印象。

克拉斯诺亚梅斯科耶的战斗持续到2月18日，第4近卫坦克军的3个坦克旅和第3近卫摩托化步兵旅被基本歼灭，余部虽向北突围成功，但有80余辆坦克被吉勒的炮火摧毁或重创。防守格里希诺的苏军第7滑雪旅也被"日耳曼尼亚"团和"北欧"团在19日击溃。就在同日，曼施坦因精心准备的哈尔科夫反击战打响了，第4装甲集团军从巴甫洛格勒方向展开攻势，第1装甲集团军也向元气大伤的"波波夫装甲集群"余部发动猛攻。"维京"师与第7和第11装甲师等密切配合，步步紧逼北撤中的波波夫所部。24日至28日，德军包围了"波波夫装甲集群"余部，虽有相当数量的苏军成功突围，但大批坦克和重武器被缴获。到3月初时，"波波夫装甲集群"只剩下50辆坦克和约13000人，实力已被大大削弱。"维京"师这时已追击苏军至伊久姆附近的顿涅茨河西岸。

2月初，在罗斯托夫的顿河渡口，"维京"师为撤退中的第1和第4装甲集团军确保着逃生之路的畅通；3月初，"维京"师又帮助稳定了顿涅茨前沿的局势，为哈尔科夫反击战的成功奠定了基础。可以说，“维京”师这时已成为一支可堪重任的精锐力量，它的领路人施泰纳也得到了组建和指挥党卫军第3装甲军的奖赏，“维京”师师长一职则在当年5月初正式交给了吉勒。据说，有人还曾怀疑过吉勒是否具备相应的经验。细究起来，吉勒确属最佳人选——任炮兵团长2年有余，有着指挥旅级战斗群和代理师长的丰富经验，仅以资历论，在“维京”师中恐怕还真是无人能及(同期的团级指挥官不是调离就是阵亡)。当然，如果确曾存在争议的话，吉勒没过多久就充分证明了自己不仅称职，而且是党卫军最优秀的野战指挥官之一。

在7月的库尔斯克会战打响前夕，“维京”师和第17、第23装甲师隶属于第24装甲军，在伊久姆附近充当南翼攻击集群的预备队。[24]“维京”师此时虽在名义上已拥有第5装甲团，但在前线的仅是原第5装甲营改称的装甲团1营，以及米伦坎普还在德国组训装甲团2营。吉勒目下拥有的仅是23辆III号和17辆IV号坦克(没有虎式坦克)。这与党卫军第2装甲军麾下其他几个装甲团的“奢华”形成了鲜明对照：“希特勒警卫旗队”师装甲团有67辆IV号、13辆III号和13辆虎式坦克；“帝国”师拥有33辆IV号、62辆III号、14辆虎式坦克及25辆缴获的T-34；“骷髅”师也拥有44辆IV号、63辆III号和15辆虎式坦克。[25]7月5日，“维京”师与第17装甲师曾向北运动到哈尔科夫以西约50公里处待命，而曼施坦因也曾想在大战达到高潮时，投入“维京”师以扩大党卫军第2装甲军取得的突破。不过，南线形势的快速变化终使这一动机未能实现。7月17日，苏军在米乌斯河和伊久姆地区发起了新攻势，迫使德军高层取消了库尔斯克地区的后继行动。“帝国”师和“骷髅”师等奉命南下解除米乌斯河的危机，而“维京”师和第17装甲师则负责铲除伊久姆附近的苏军顿涅茨河桥头堡。接下来的2周里，“维京”师在斯拉夫扬斯克东南成功阻止了桥头堡的进一步扩大，但无法将对手赶回顿涅茨河对岸。有后人曾评论说：“这一时期跌宕起伏的战事，实际上证明了‘维京’师在吉勒的领导下应对危急局势时是多么高效。”[26]

8月3日，苏军在别尔哥罗德北面以65万兵力和2300辆坦克发起了代号“鲁缅采夫(Rumyantsev)”的反击战。仅有20万人和不足300辆坦克的第4装甲集团军与“肯普夫集团军级支队”等无力抵挡，防线很快被撕开。别尔哥罗德在5日失守，苏军第5近卫坦克集团军和第1坦克集团军开始南下，试图在推进中合围哈尔科夫。曼施坦因为挽救危局，命令布赖特的第3装甲军以反攻堵住缺口，除实力大损的第3装甲师外，“骷髅”师、“帝国”师和“维京”师都被划归布赖特指挥。不过，这3个师此刻不是在伊久姆，就是在米乌斯河，在他们赶来前第3装甲师必须竭力阻滞对手，以避免党卫军尚未到达，哈尔科夫即已易手的尴尬险境。“帝国”师于8月8日最先赶到前线，其先头虽造成了苏军第3机械化军和第31坦克军的重大损失，但未能阻止苏军第6坦克军的继续南下。“骷髅”师稍后赶到，以其2个掷弹兵团和搜索侦察营为核心，试图挡住苏军第6坦克军的推进。“维京”师由于需为前述两部让路，12日方才抵达哈尔科夫西北，被部署在第3装甲军的右翼。随后，“维京”师在奥利沙尼(Olshany)挡住了对手的推进。

第3装甲军在哈尔科夫西面和西北顽强阻挡着苏军推进，布赖特曾坦承，他做梦都未料到党卫军的3个师如此骁勇善战——2周时间的战斗中，苏军两个坦克集团军在他的战区内损失了800多辆坦克，每个苏军步兵师都只剩下不足4000人！当然，“维京”师等部的损失同样惨重，各师剩下的坦克和突击炮加起来能有30辆就算不错，而每个装甲掷弹兵营也就只剩区区几十人而已。苏军不顾高昂的伤亡和装备损失，以第7近卫和第57集团军为主力(得到500辆坦克的支援)又向哈尔科夫展开了新攻势。8月22日,德军在巨大的压力下弃守哈尔科夫,但"维京"师在哈尔科夫西面和西南进行的防御战一直持续到9月初。吉勒9月1日曾向上级报告称:"'维京'师在近两个月的连续作战中损失了几乎一半的兵力,下级军官尤为匮乏,已无力据守正面超过5公里的前沿。"[27]9月15日,希特勒批准南方德军撤到第聂伯河西岸,吉勒的"维京"师作为第8集团军的一部分,于9月24日至27日在切尔卡瑟渡过了第聂伯河。占据了切尔卡瑟西北的第聂伯河沿岸阵地后,吉勒所部很快被派去清剿空降在西岸的苏军伞兵部队,还奉命组建战斗群铲除苏军在卡内夫(Kanev)北面建立的桥头堡。10月22日,"维京"师改称为党卫军第5"维京"装甲师,但此时它还难以名副其实(装甲团2营仍在本土训练),全师因忙于作战也无法进行结构性重组。出于这一考虑,第8集团军将"维京"师部署在第聂伯河西岸相对平静的区域,以便吉勒展开重组和改建的工作。

11月1日,吉勒因指挥"维京"师在哈尔科夫地区防御战中的出色表现,获得了第315枚橡叶骑士勋章。据说,吉勒在获知这一消息时曾兴奋地脱口而出:"非常高兴我的'维京'师的战功以这种方式获得了认可!"[28]几天后,他又被晋升为党卫队地区总队长兼武装党卫军中将。11月中旬,由比利时志愿者组成的党卫军第5"瓦隆"突击旅在科尔逊加入了'维京'师的作战序列。吉勒对其旅长利珀特(Lucien Lippert)中校带来的2000名官兵表示了热烈欢迎,尤其是该旅拥有一批自行火炮和坦克歼击车,可以明显增强"维京"师的实力。不过,"维京"师老兵对"瓦隆"旅官兵的战斗力和韧性表示怀疑,第42军代军长利布(Theo-Helmut Lieb)中将后来也曾说过:"他们都是些可爱的家伙,但就打仗这行来说,他们太温柔了。"[29]吉勒的手下还惊讶地发现"瓦隆"旅竟有随军牧师,这在党卫军眼里实属不寻常。不过,"瓦隆"旅的创始人德格雷尔(Leon Degrelle)既是一名狂热的纳粹分子,又是虔诚的基督徒,他希望所部保持拥有随军牧师的传统,希特勒和党卫队高层也只好听之任之。[30]律师出身的德格雷尔是比利时"雷克斯(Rexist)党"的创始人,虽然军事才能不足,但极富领袖魅力和煽动性。他曾多次要求加入德军,但都被婉拒,因为希特勒认为他"在政治上比在军事上能为德国做出更大贡献"。一手组建"瓦隆"旅后,德格雷尔拒绝担任指挥官或军官,反而执意要从列兵做起!德格雷尔后来累战功而升迁为上校,还获得了橡叶骑士勋章,堪称党卫军外籍兵团的第一奇人。

在1943年最后的1个多月里,吉勒虽获得了大批补充兵员,但这些兵员的训练水准和战斗意志令他很感忧虑。他在1944年1月5日的报告中曾抱怨说:"'瓦隆'旅同样缺乏经验,由于训练不足,该旅不具备进攻能力。"在同一报告中,吉勒称全师"短缺446名军官(占编制的56%)和1380名军士(占36%)","不可能在战场上把'维京'师重组为装甲师,这一工作必须到后方进行"。[31]这当然只能是吉勒的一厢情愿。很快,"维京"师将在苏军的大规模钳形攻势下陷入重围,这就是著名的"切尔卡瑟口袋"。

1944年1月初,瓦图京第1乌克兰方面军的"日托米尔—别尔季切夫"攻势、科涅夫第2乌克兰方面军的基洛夫格勒作战暂时告一段落,步步后撤的德军所占据的第聂伯河沿岸防线,就只剩下北起卡内夫、南至切尔卡瑟西北面的长约80公里的一段。驻守在这个"卡内夫突出部"包括第1装甲集团军的第42军和第8集团军所属的第11军,近6万名德军(约6个师)防御着宽大的正面和纵深。"维京"师属于施特默尔曼(Wilhelm Stemmermann)将军的第11军,防线位于卡内夫至奥尔洛维茨(Orlovets)之间,号称突出部内实力最强和唯一有进攻能力的师——吉勒师当时接近满员,除拥有几十门火炮外,还有15辆III号、11辆IV号坦克和4辆III号

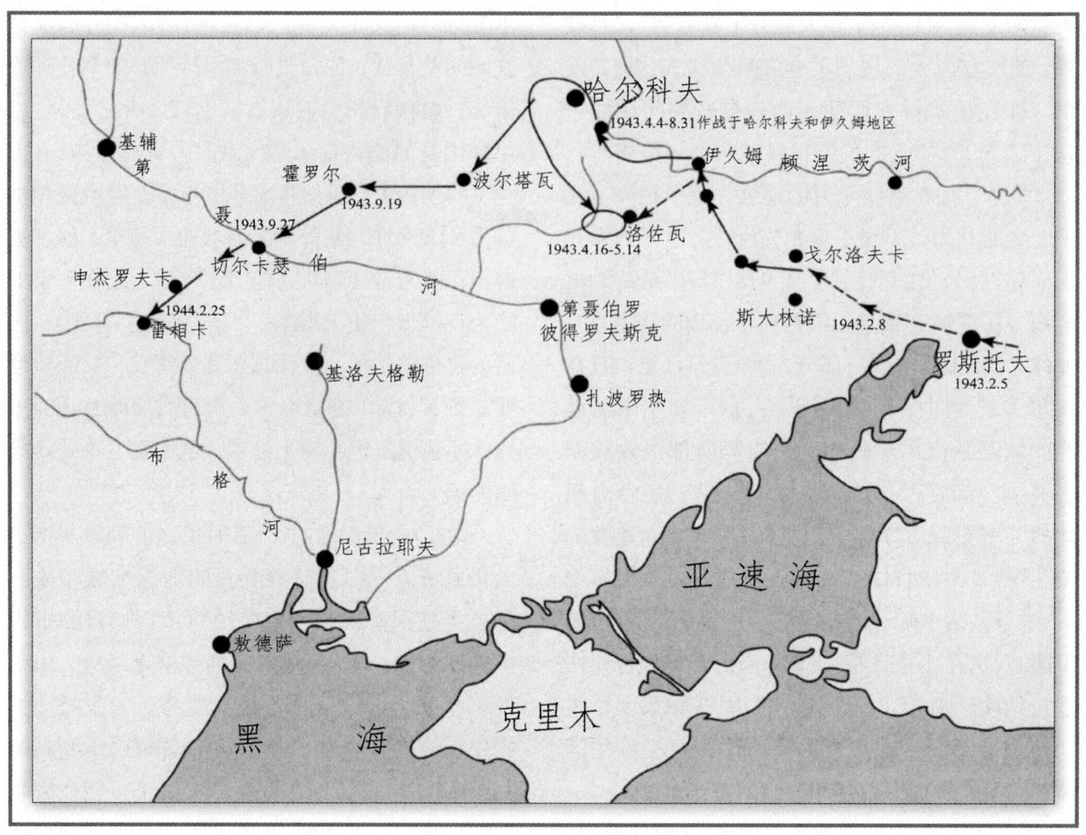

▲ “维京”师1943年2月初至1944年2月末的转进、作战和撤退路线示意图。

▶ 摄于1943年3月中旬的哈尔科夫，党卫军士兵正在作战间隙稍事休息。“维京”师没有参与攻打哈尔科夫的作战，但在围攻苏军“波波夫装甲集群”的作战中立下了战功，为曼施坦因哈尔科夫反击战的成功创造了条件。

◀ 摄于1943年2月的斯拉夫扬斯克，“维京”师士兵正在操作1门50毫米反坦克炮。

▶ 可能摄于1943年初夏，吉勒(右一)与手下的两个团长在一起。左一为“西欧”团团长迪克曼(August Dieckmann，1943年4月16日获橡叶骑士勋章，当年10月10日阵亡后追授双剑骑士勋章)，左二为“日耳曼尼亚”团团长瓦格纳(Jürgen Wagner，当年10月调任党卫军第23“尼德兰”志愿装甲掷弹兵师师长)。

▲ 时间不详，但从吉勒佩戴的勋章来判断，可能摄于1944年2月末之后。

▲ 可能摄于1943年夏的库尔斯克战役之后，“维京”师的1辆III号坦克(Ausf.J.)。

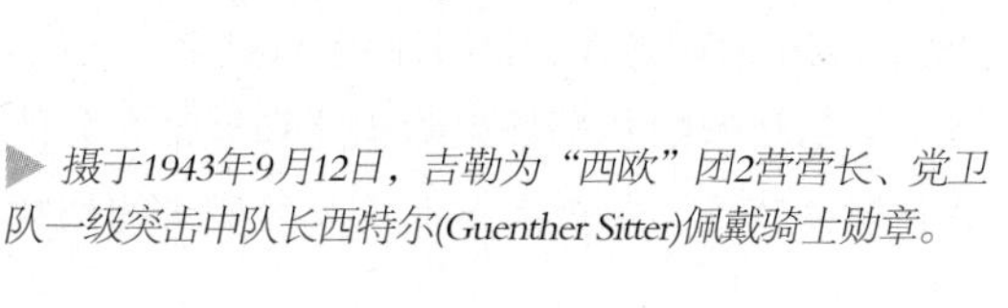

▶ 摄于1943年9月12日，吉勒为“西欧”团2营营长、党卫队一级突击中队长西特尔(Guenther Sitter)佩戴骑士勋章。

突击炮能够参战(另有6辆坦克在修理中)。[32]

1月25日，科涅夫方面军在德军突出部的东南方朝第8集团军发起了进攻。次日，瓦图京方面军在突出部的西北面，向第1装甲集团军的右翼也发起了攻势。28日，两路苏军的先头坦克旅会师于兹维尼戈罗德卡(Zvenigorodka)，短短几日就迅速完成了对德军第42军和第11军的合围。

由于“维京”师的防区并非苏军主攻方向，吉勒所部在最初三日里并未遭到重击，他还曾一度怀疑苏军突破和合拢包围圈的真实性。虽然乐观和自信丝毫不减，但收到的一系列命令和通报，还是让吉勒意识到了形势的严峻性：曼施坦因28日夜即命令被围部队从突出部西北和东北角进行战术撤退；第42军被划归第8集团军指挥，被围的6个师由第11军军长施特默尔曼统一指挥调度；第1装甲集团军和第8集团军都将组织兵力展开解围攻势。29日，“维京”师被划归兵力较薄弱的第42军指挥。由于吉勒所部是唯一拥有装甲部队和机动能力的单位，施特默尔曼和利布为争夺该师的控制权发生了数次争执。前者多次要求第8集团军归还吉勒所部，但利布也不肯轻易移交——“维京”师加入第42军的作战序列后，虽然扩大了利布的防区，但吉勒经常派出小股装甲战斗群四处救险，已在扮演着防区“消防队”的角色。两位军长对“维京”师的争夺在2月7日告一段落，第8集团军指挥官韦勒(Otto Woehler)当日命令吉勒所部回归第11军，因为对手在第11军防区内的后继攻势造成了新一轮危机，整个包围圈都有可能被辟为两半。

2月3日，韦勒麾下的第47装甲军自南向北朝兹维尼戈罗德卡方向发起了解围攻势，但不久即被苏军阻挡；次日，第1装甲集团军的布赖特第3装甲军(含第16和第17装甲师、“希特勒警卫旗队”装甲师及“贝克重装甲团”等)，从包围圈西面发起了救援攻势。第3装甲军所部三日内推进了15至20公里，期间给苏军第6坦克集团军造成了相当大的损失。韦勒在7日命令施特默尔曼准备收缩防线，将包围圈朝申杰罗夫卡(Shanderovka)方向移动，以便在指定时间朝救援部队的方向突围。11日，第3装甲军以新开到的第1装甲师为主力再度向东进攻，当夜抵达格尼洛伊季基奇(Gniloy Tikich)河沿岸的雷相卡(Lissyanka)。包围圈内的第72步兵师、“维京”师“日耳曼尼亚”团和第5装甲团1营等，也在11日夜至12日清晨夺取了申杰罗夫卡、新布达(Nova Buda)及科马洛夫卡(Komarovka)等重要村镇。第3装甲军随后几日里又向包围圈的西南前沿挪动了少许，但囿于泥泞地形和路况的限制、救援部队的疲劳和战损，更主要的是由于苏军不断地反攻，救援矛头“贝克重装甲团”与包围圈西南面仍然横亘着近10公里的距离。当然，苏军在这短短几公里上准备了多条阻击防线。

由于包围圈已被挤压得越来越小(德军在2月13日放弃了科尔逊及包围圈唯一的机场)，战力几近枯竭的救援部队也无力走完“最后的几公里”。曼施坦因在15日通过第8集团军命令施特默尔曼“必须靠自己的力量在朱尔任齐(Dshurshenzy，亦作Dzurzhentsy)实现突破和抵达239高地，在那里与第3装甲军建立联系。”[33]收到这份命令前，施特默尔曼已构思了突围计划，也采取了一些必要措施，如销毁重要文件、炸毁不绝对必需和无法穿越困难地形的车辆与装备等。16日清晨，施特默尔曼在申杰罗夫卡向将领们通报了突围方案：“……大家都很清楚我们的局势……我们别无选择，要么现在突围，要么永无机会……整个包围圈将朝雷相卡方向运动，由利布将军负责。我们将部署成三路：右翼为陆军单位(即实力仅为1个师的B军级集群)；左翼为‘维京’师；中路是第72步兵师。第57和第88步兵师任后卫。我将与最后撤离的官兵们待在一起。突围时间定在2月16日晚上11点整……”[34]施特默尔曼嘱咐各部炸毁除坦克和履带车外的所有物资装备，至于大量无法及时撤走的伤病

▲ 摄于1944年2月初，德军包围圈向西收缩时，一处机枪阵地里的士兵正向对手射击。

▲ 摄于1944年2月的切尔卡瑟口袋，德军正等待对手的下一次进攻。

▲ 摄于1944年2月的切尔卡瑟口袋，德军掩体中的一名士兵似乎准备融化雪水来解渴。

▲ 摄于1944年2月，科尔逊附近的“维京”师坦克、装甲车和掷弹兵。

▲ 摄于1944年2月的切尔卡瑟口袋，“维京”师是被围德军中唯一有装甲部队的单位，吉勒不断地派出小股装甲战斗群前往各处救急。图示似乎是1辆IV号坦克。

◀ 摄于1944年2月，“维京”师的1辆坦克(似为II号坦克)瘫痪在雪地上。

员，他虽然不愿遗弃他们，但还是决定“能运走的伤病员将乘坐马车和雪橇随同突围，其他伤患都将由医护人员陪同留在申杰罗夫卡”。[34]一直沉默不语的吉勒这时插话道：“谁负责提供突破苏军防御周边的主攻力量？”施特默尔曼的回应清晰明确：“这将是吉勒你的任务。”[34]

吉勒闻言可能颇感欣慰——虽然“维京”师与陆军一样浴血苦战(尤其是他的装甲战斗群堪称包围圈未被分割撕裂的防御中坚)，但就在前一日，施特默尔曼还批评吉勒存在约束控制部队方面的缺陷，除命令他把师部移至申杰罗夫卡，整饬作战不力的“瓦隆”旅(该旅2月初曾擅离阵地，吉勒当时就受到指责)以外，还要求吉勒把后勤辅助人员都充作步兵派去增援“日耳曼尼亚”团(吉勒也曾拒绝解散后勤单位)。[35]“维京”师的有些军官得悉师长迭遭斥责后非常不满，认为这不过是陆军将领“贬低和诋毁党卫军声誉的老把戏”。还有人相信前线一度流传的谣言——“施特默尔曼早先曾打算投降，但正是吉勒阻止了他。”[36]吉勒虽对上级的指责感到不快，但还是尽职尽责地服从命令，严令“瓦隆”旅指挥官德格雷尔(原旅长利珀特已阵亡)在任何情况下都不得弃守新布达的防线。就在施特默尔曼向指挥官们介绍突围计划时，“瓦隆”旅和“维京”师一部正在拼死抵御苏军对新布达的进攻，这次“瓦隆”旅没有让吉勒失望，竟日苦战寸土不让，一直坚守到夜间突围开始前夕。同样是在这个16日的清晨，包围圈外的第3装甲军军长布赖特在雷相卡发起了最后一搏，他的第1装甲师和“贝克重装甲团”以最后的坦克和兵力向防御雷相卡东北的苏军发动了进攻，两部的目标分别是夺取十月镇(Oktyabr)和239高地。夜幕降临时，第1装甲师勉强完成了任务，但“贝克重装甲团”流尽了最后一滴血也未能攻克至关重要的239高地。致命的是，施特默尔曼并不清楚这些情况，在包围圈内外整日轰鸣的枪炮声中，他和手下的5万人马正在为决定命运的时刻做着最后的准备。

16日夜晚，吉勒所部在科马洛夫卡北面完成了集结，准备取道波恰平齐(Pochapintsy)村朝雷相卡方向突围。吉勒指定第5搜索侦察营(得到2个自行火炮连加强)为第一波突围部队，“西欧”团2营跟进，炮兵团、工兵营、反坦克营和其他步兵单位等最后出发。不过，“日耳曼尼亚”团被施特默尔曼调去殿后，只有他有权决定该部何时西撤。11点整，利布的B军级集群和第72步兵师的先头部队准时出发了，由于车马拥堵在破烂的道路上，“维京”师晚了大约半小时才开始行动。吉勒所部起初没有受到任何干扰，到达彼得罗夫斯科耶(Petrovskoye)南面2公里的山脊时，第5搜索侦察营以突袭方式解决了几处机枪阵地。继续向波恰平齐进军的途中，“维京”师的先头部队曾遭到苏军反坦克炮和大炮的轰击，不过这些障碍很快被数辆自行榴弹炮所克服。抵达波恰平齐北面的山林时，吉勒的部下无法撕开苏军防线，只得绕道行进。一路摸到朱尔任齐东南后，第5搜索侦察营试图强攻239高地，但被苏军的猛烈炮火完全压制。天近拂晓时，越来越多的“维京”师单位进入了搜索侦察营在239高地下藏身的深壑里，第72步兵师的上千名官兵因无法在北面穿越公路，也蜂拥着赶到这里躲避苏军的炮火。随着深壑里的德军与时俱增，苏军炮轰的强度也越来越大，成群的德军被炸得血肉横飞，数辆坦克和装甲车爆炸起火。乱作一团的德军匆忙组成了几个小战斗群，盲目地朝着有可能突出去的地段分头冲去。“维京”师的大炮和仅剩的一些装甲车无法越过湿滑的山坡，只能在打完炮弹后被遗弃或炸毁。在一片混乱中，原本秩序犹存的突围变成了建制完全打乱的溃逃，军官失去了冷静和理智，士兵门不停地咒骂对手和本应占据239高地的救援部队，包括“维京”师在内的大批德军匆忙向南和东南方向运动，以避开高地上倾泻的死亡炮火和朱尔任齐南面的苏军坦克。绕过239高地南面的森林后，这些德军终于掉头向西朝着格尼洛伊季基奇河奔去——尽快渡过这条水深流急、冰冷刺骨的河流无疑是所有人唯一的念头。

吉勒在17日清晨与随从们坐着装甲指挥车突围，但不久后装甲车陷入了弹坑，他也只得徒步前进。用军事历史学者纳什(Douglas E. Nash)的描述来说，“吉勒完全无视敌军的炮火，拄着拐杖、腰杆挺直地一路走到了格尼洛伊季基奇河畔。他敦促部下前进，拒绝隐蔽，也没有停下休息，直到与随从们一起抵达河畔为止”[37]。吉勒无疑是想通过自己的镇定举止为队伍注入些信心和秩序，但当他中午时分到达河岸时，还是被眼前触目惊心的一幕所震撼：目力所及之处，宽约30米的河上根本没有渡桥；河岸附近挤满了疲惫惊恐又焦虑不安的士兵；大批逃生心切者不顾一切地跳入水中，但许多人瞬间就被淹死或被湍急的水流冲走；还有些人揪着马尾或抱着木板试图泅渡……吉勒看够了眼前的混乱，也不愿大批追随他突围至此的官兵白白淹死，于是命令首席参谋军官立即组织渡河，同时要求官兵们保持镇定和秩序。吉勒命人把几辆马车推入河中，但转眼即被冲走，开入河中的一辆半履带车的命运也与此相仿，甚至III号坦克在河中也仅能露出炮塔的顶部。吉勒见此计难行，又让手下把会水和不会水的官兵穿插着结成“人链”，他自己也亲自入水充当“人链”的一头。不幸的是，当不识水性的人因挣扎而脱手时，“人链”很快失去了作用。[38]不死心的吉勒拄着拐杖在岸边踱来踱去，操着沙哑的嗓音不断地鼓励官兵继续尝试。几小时里，吉勒以这种方式为许多人注入了信心和生还的希望，直到随从提醒他，需要在天黑前赶到雷相卡收容幸存者，另外他们在这里也做不了太多了。吉勒听从了劝告，拉着战马的尾巴游过了河。上岸后，浑身湿透的吉勒由于寒冷饥饿和巨大的身心压力，再也无法保持此前在官兵面前的姿态，开始变得摇摇欲倒。所幸，1小时后，吉勒等人遇到了“希特勒警卫旗队”师的前沿哨所。这时，艰难的突围才算告一段落。

统领后卫部队最后突围的施特默尔曼则没有吉勒和更早游过河的利布那么幸运，他带着手下到达曾迫使“维京”师转向南面的苏军主防线时，遭到了毁灭性打击——不仅苏军坦克横冲直撞和肆意碾压，彪悍的哥萨克骑兵也挥舞着战刀，在抱头鼠窜的成堆德军中左冲右杀。施特默尔曼带着残部狼奔豕突时，乘坐的车辆被苏军反坦克炮直接命中，他本人和副官当场丧命。苏军后来发现了施特默尔曼的尸体，科涅夫出于对老对手战斗到最后一刻的尊重，命令战俘以适当的仪式埋葬了他们的将军。

苏联官方战后声称此战击毙了德军55000人并俘虏了18000人，[39]但这个数字显然超过了被围德军的总数。科涅夫战后忆称，2月17日他曾几次与沿着格尼洛伊季基奇河布防的几个师长通话，“他们报告没有一个德军士兵通过他们的阵地”。科涅夫还说，多位集团军司令员的报告都没有提及“有德国人通过我军防御的某个地点或地区，无论是在对外正面，还是在对内正面”。[40]针对苏军宣扬的“没有一兵一卒逃离包围圈”，2月20日的德国国防军战报称：“……在炮兵将军施特默尔曼和利布中将的指挥下，从1月28日起被围的陆军和武装党卫军部队，在英勇的防御战中挡住了占尽优势的对手的攻击，而后又在苦涩的战斗中冲出了包围圈。”[41]就在20日当日，利布、吉勒和德格雷尔出现在狼穴大本营，从希特勒手中接过了高级勋章(吉勒获得的是第47枚双剑骑士勋章)。而后三人又在纳粹宣传部的新闻发布会上现身说法，讲述被围德军并非苏军宣称的那样被全歼，而是“英勇地突出了重围”。科涅夫想必也了解到了这一情况，他虽然稍后修改了方面军提交给斯大林的报告，但在战后的回忆录中，他依然不愿相信吉勒能像普通德军士兵一样突围成功：“……吉勒将军应该在激烈搏斗开始之前就乘飞机逃跑了，或者换上便

▲ 摄于1944年2月17日，连滚带爬逃往格尼洛伊季基奇河的德军。

▲ 摄于1944年2月，"维京"师和其他被围德军以这种方式踏上了逃亡之路。

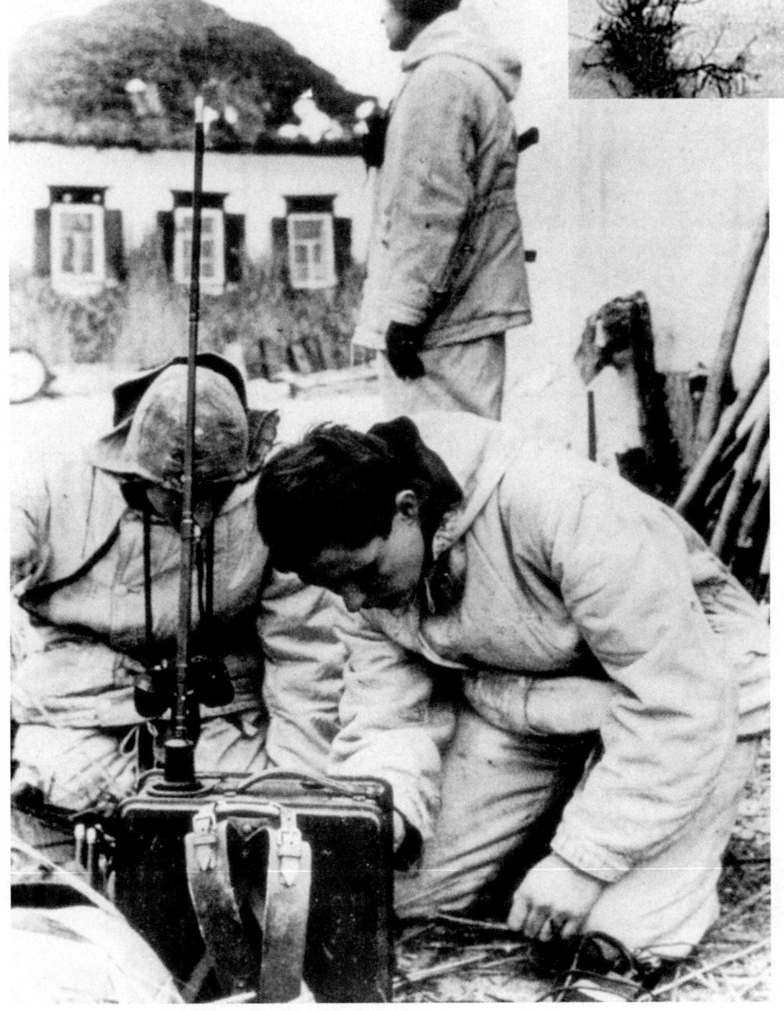

◀ 摄于1944年2月中旬，"瓦隆"突击旅一部正用电台进行联络。突围前一刻，该旅还在新布达阻击苏军。突围结束后，该旅损失了70%的兵员(1400人)和所有重武器。

▲ 摄于1944年2月20日，希特勒向切尔卡瑟的“英雄”利布颁发橡叶骑士勋章。可能被镁光灯照昏了头，利布竟妄称突围决定是他自己做出的，震怒的曼施坦因通过第1装甲集团军指挥官胡贝严厉斥责了利布。大概是出于这个原因，利布未能如愿正式担任军级指挥官(曾为第42军代军长)，当年6月1日至10月末期间曾任第34步兵师师长。

▲ 摄于1944年2月末，吉勒乘飞机来到“维京”师的临时休整地卢布林，看望和安抚幸存的部下们。他的右边是“维京”师首席参谋军官舍恩菲尔德(Manfred Schönfelder)。

▲ 摄于1944年2月末的卢布林机场，“维京”师的军乐队迎接师长吉勒。

▲ 摄于1944年2月20日，希特勒向逃出切尔卡瑟口袋的“有功将领”颁发勋章。左一为“瓦隆”旅旅长德格雷尔(获骑士勋章)，正与希特勒握手的是获双剑骑士勋章的吉勒，右一为希姆莱，右二为党卫队旅队长费格莱因(Hermann Fegelein)。

▲ 约摄于1944年2月20日，希姆莱与吉勒和德雷格尔在一起。

▶ 摄于1944年2月，一名传令兵正在纷扬的大雪中向指挥官报告。据信图中两人均来自“维京”师，图片本身摄于格尼洛伊季基奇河附近。

衣从我们战线溜走了。我认为他不可能乘坦克或输送车通过我们的阵地和支撑点。”[42]

不管是苏军高估了战果，还是德军掩饰了惨败的现实，切尔卡瑟之役无疑都是苏军一次真正的重大胜利。在“维京”师老兵协会战后出版的关于切尔卡瑟口袋的著作中，吉勒曾总结道：“……尽管损失了多数物资装备，但多数人都幸存了下来。”[43]“维京”师的战损情况符合吉勒的总结——损失了几乎所有重武器、装甲车和坦克，但有8253名官兵逃出了重围。[44]但是，幸存下来的官兵多数因病因伤失去了作战能力，只有经过一段时间的休整、补充和重新装备，才能再次投入战场——至少，吉勒和“维京”师的幸存者们都是这样想的。

防御中坚：“科韦利雄狮”三战华沙

1944年的2月末至3月初期间，“维京”师在海乌姆和卢布林(Lublin)之间的区域进行休整。吉勒的师部设在卢布林，忙于重组部队的同时，他也在等待新的装备和兵员的抵达，普通士兵则焦虑地期盼着获准回家休假的日子。3月12日，来自最高统帅部的一通电话既让吉勒大吃一惊，也粉碎了普通士兵休假的美梦——希特勒命令吉勒率“维京”师开往小城科韦利(Kovel)继续休整和重建，同时令其立即飞赴大本营面谈。

科韦利位于海乌姆以东约85公里，方圆虽只有几平方公里，但正处于华沙—卢布林—海乌姆—罗夫诺的铁路线上，沿西北方向直抵布列斯特-里托夫斯克(Brest-Litovsk)的铁路，沿西南通往利沃夫的铁路都在这里交汇。因而它是普利佩特沼泽地边缘最重要的交通枢纽之一。这里也是中央和南方集团军群的分界线，如果该城失守，那么两大集团军群的联系将被切断，物资装备和兵员的转运都需绕行几百公里。1944年3月初，苏军第1乌克兰方面军从东面逼近了科韦利，普利佩特沼泽地区域活跃的游击队也在积极配合，夺取这个交通要道的意图已非常明晰。负责守卫科韦利的是希姆莱的亲信、颇有恶名的巴赫-策勒维斯基(Erich von dem Bach-Zelewski)。巴赫-策勒维斯基的兵力不足4500人，包括1个团的地方部队、党卫军第8骑兵师的1个团、党卫军第17警察团的1个营，以及少量的工兵和高炮部队。[45]这位警察将军虽在清剿游击队和屠戮无辜方面颇有心得，但在大军压境的情况下出现了意志力问题，以健康不佳为由离开了科韦利。据说，希特勒对他因甚为可疑的健康原因临阵离职曾表示过轻蔑。[46]这些背景因素以及守住科韦利的重要性，也是希特勒将"维京"师派到科韦利并把吉勒召来面谈的根本原因。[47]在大本营期间，吉勒曾表示"维京"师缺乏重武器，精疲力尽的官兵也需要时间重拾战斗力，但一旦失去了转圜的余地，他决定还是严格服从命令——除派人前往科韦利了解情况和勘察外，他还从大本营指示"日耳曼尼亚"团和"西欧"团做好开拔的准备。等吉勒15日飞回卢布林时，相关的准备已经完成，轻机枪和弹药等也已从华沙紧急调运过来。

3月16日中午，吉勒带着助理作战参谋搭乘侦察联络飞机飞抵科韦利，发现这里的局势与几日前相比又有显著的变化——几个师的苏军正从四面八方逼近该城，原本部署在东面的德军被挤压着撤往科韦利近郊。"日耳曼尼亚"团和"西欧"团当日一早乘火车向科韦利驶去，但未能在预定时间赶到——火车遭到了苏军炮击，铁路线的一段也被游击队炸毁。这2个团立即下车向东进攻，但只有机枪和轻武器的党卫军无力逼退已抵达科韦利西面的对手。当夜，由于已识别出至少4个苏军步兵师的番号，吉勒相信科韦利事实上已被包围。17日，铁路沿线受阻的2个团试图再向科韦利方向进攻，但他们面对的苏军已增强到无法撼动的程度。当晚，吉勒得悉科韦利已被元首指定为必须死守的"要塞"之一，他也被任命为城防指挥官。既然被围已成事实，吉勒立即以其惯有的作风着手提高守军的防御能力，除组织一批反坦克战斗小组外，他还尽可能地组织训练普通士兵掌握对付坦克的近战技能；他也竭力改善城防工事，命令工兵在科韦利接近地敷设大批地雷和设置各种反坦克路障，尤其是城东地带被他改造成了真正的"堡垒"；吉勒还要求空军为科韦利空投武器弹药、物资和医疗用品；为提振信心和鼓舞士气，吉勒在任何场合都表现得镇定自信，告诉官兵们说他的"维京"师就在城西不远，还将有更多部队会全速赶来解围。

吉勒所言非虚，第42军军长马腾克洛特(Franz Mattenklott)3月19日就根据第4装甲集团军的命令带着军部赶到了海乌姆，负责组织兵力为科韦利解围。不过，马腾克洛特拥有的并非什么精兵强将，除"维京"师所部外(吉勒的多数部队将仍在布格河以西休整重建，但第5装甲团2营数日后将赶来参战)，还有在布格河附近看护海乌姆—科韦利铁路的匈牙利第7步兵师 (欠1个团)，以及只有2个团兵力的第131步兵师。[48]由于兵力不足，以及所有运动都必须沿铁路和公路进行，马腾克洛特决定将解围部队部署成楔形，试图沿铁路打开一条通往科韦利的狭长通道。为此，第131步兵师的第431和第434团分别沿铁路南北两侧进攻(师侦察营居中)，"维京"师炮兵团团长里希特(Joachim Richter)负责带领一个战斗群(由"日耳曼尼亚"团3营和部分炮兵组成)保护铁路线北侧的安全，"西欧"团负责铁路南侧，待第131步兵师的推进达到一定程度，再由匈牙利第7步兵师替换"维京"师掩护侧翼。21日至25日的几天里，双方在铁路沿线的几个小站，以及南北两侧几公里内的一些村庄和丛林间，展开了规模不大但相当激烈的交锋。德军取得了一定的进展，夺取了包括马切尤夫(Maciejow)及火车站在内的一些要地，"日耳曼尼亚"团3营(得到1个突击炮连加强) 和"西欧"团还分别前出至铁路南北两侧的旧科斯萨利

(Stare Koszary)与新科斯萨利(Nowo Koszary)。但是，苏军在这里展开了顽强的防御，还在南北两面夹击马切尤夫等地。到25日日落时，马腾克洛特意识到凭自己手头的力量已无法继续向东推进。尽管距科韦利只有10余公里，但救援攻势只能等待装备了重武器的援兵尤其是党卫军第5装甲团2营到来后再发动了。

吉勒率领守军已硬撑了近10日，期间苏军坦克搭载着步兵向城池周边发起过轮番进攻，但最令他头疼的还是对手空军的频繁攻击和轰炸，每小时城内都出现大量的战斗减员。22日，曾有10辆苏军坦克突入科韦利城中，但被吉勒的反坦克战斗小组摧毁了一半，余者自行撤离。尽管吉勒在人前依然乐观自信，但官兵们不了解的是，他每隔几小时就会致电上级和援兵，或敦促他们快速行动，或要求空投弹药物资，或恳请派出战斗机驱散苏军的对地攻击机。吉勒的一再告急使德军高层意识到，科韦利正处于陷落的边缘，必须采取有力的措施避免这一结局。26日夜晚，第42军被划归中央集团军群最南翼的第2集团军，由该集团军统一指挥下一步的救援作战。霍斯巴赫(Friedrich Hossbach)将军的第56装甲军(辖第4和第5装甲师及第28轻步兵师)奉命在布列斯特-里托夫斯克至科韦利公路西侧集结，从西北方向发起解围科韦利的新攻势。[49]马腾克洛特的第42军重组后将继续向东进攻，但角色转变为在西面和西南方向拖住苏军。虽然第56装甲军的就位和发起攻势还需几天时间，但这个消息还是大大振奋了救援部队以及吉勒守军的士气。

3月27日清晨，在苏军的攻击下，科韦利城北和城东的防御周边均后撤了半公里，吉勒急电上级称："局势危险，炮弹几乎用尽，遭到对地攻击机的不断攻击……"就在同日凌晨，第5装甲团团长米伦坎普带着第2装甲营的先头——第8连终于开抵马切尤夫。虽然此刻到达的仅是1个连，但它带来的是22辆豹式坦克和睽违

▲ 可能摄于1944年3月，佩戴双剑骑士勋章的"维京"师师长吉勒。

▲ 可能摄于1944年3月至4月期间的科韦利。

▲ 摄于1944年3月下旬的科韦利，吉勒正与一名伤愈归队的士兵交谈。

▲ 摄于1944年3月下旬，科韦利战场上的吉勒。

▶ 摄于1944年3月至4月，吉勒在科韦利的指挥部里研判战场态势。

▲ 摄于1944年3月至4月，科韦利城周边战壕里的德军正在观察对手的动向。

▲ 图为“维京”师装甲团团长米伦坎普。他曾代理过“维京”师师长一职，1944年10月调任党卫军装甲兵总监。

▲ 摄于1944年3月末，第131步兵师和“维京”师发起了为科韦利解围的攻势。图为德军装甲车和步兵顶风冒雪向东推进的场景。

▲ 图为“日耳曼尼亚”团团长多尔(左)，他正在装甲车上研究地图。这张图片很可能摄于1945年1月的布达佩斯救援战期间，多尔在当年3月21日身受重伤，不久后死于维也纳。

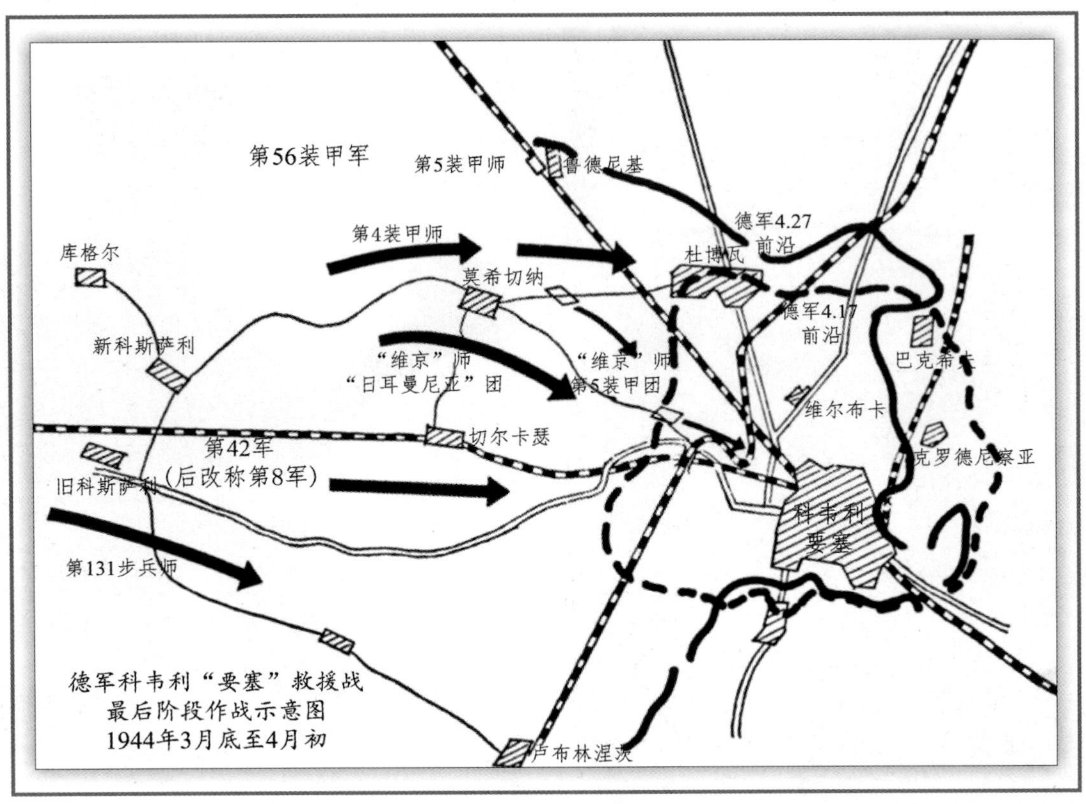

▲ *德军科韦利"要塞"救援战最后阶段作战示意图（1944年3月底至4月初）。*

已久的战斗力。第8连连长尼科鲁斯-莱克(Karl Nicolussi-Leck)当日下午向马切尤夫的东南发动了进攻，次日在马切尤夫东面的图帕利(Tupaly)被配属给第434步兵团。28日夜晚，吉勒致电米伦坎普、里希特和"日耳曼尼亚"团团长多尔(Hans Dorr)等老部下，告以危险局势的同时，嘱咐他们立即展开救援攻势。诸将不敢怠慢，马上与第434团团长协商次日如何继续进攻，尼科鲁斯-莱克也率部连夜东移至旧科斯萨利的出发阵地，其左翼由第434团1营掩护，右翼则是"日耳曼尼亚"团3营和配属的突击炮连。29日中午，尼科鲁斯-莱克率17辆豹式坦克，搭载着第434团的1名上尉和几十名步兵，开始了颇有传奇色彩的突向科韦利之路。

尼科鲁斯-莱克的首要任务是夺取铁路线上一个名字巧合得有点离谱的村子——切尔卡瑟！对于月前刚从"切尔卡瑟口袋"中逃出的"维京"师官兵来说，眼前的小村庄或许会勾起痛苦的记忆，但对一直在本土训练的尼科鲁斯-莱克则没有任何影响，他的坦克和步兵在夜幕降临前完成了当日的任务。由于夜色已降，暴风雪又席卷着旷野，尼科鲁斯-莱克与左翼的第434团1营取得联系后当夜止步于切尔卡瑟，右翼的"日耳曼尼亚"团3营却未能保持同步。当夜，米伦坎普曾令尼科鲁斯-莱克次日暂停进攻，因为恶劣的天气和对手的顽强抵抗使他不愿冒过大风险。但到30日清晨5时，他才发现尼科鲁斯-莱克"已自作主张地沿着铁路继续向科韦利进攻"。不管是压根就没收到团长的命令，还是因不愿放弃战机而有意违令，尼科鲁斯-莱克的9辆坦克和第434团1营的步兵，在晨曦中沿着白雪皑皑的铁路路基继续向东推进了。6时，第434团1营营长收到了停止前进的命令，但尼科鲁斯–莱克不愿罢手，继续率部与自愿伴随他们的少许步兵向前推进。到达距科韦利西郊仅2公里处时，尼科鲁斯–莱克收到了第2装甲营代营长要他停止进攻的电文，但是，由于先头坦克已与苏军步兵和反坦克炮交火，吉勒的局势也可能正在旦夕之间，尼科鲁斯–莱克决定孤注一掷地冒险前行。越来越猛的暴风雪大大降低了战场能见度，使原本颇有威胁的苏军炮火一时失去了准头。天遂人愿，尼科鲁斯–莱克的小部队在7点30分与科韦利西北的外围守军取得了联系，帮助守军小战一番后，尼科鲁斯–莱克来到吉勒的指挥部，骄傲地报告说："党卫队地区总队长阁下，第5装甲团8连的7辆坦克到达科韦利！"吉勒大喜过望，望着这位1年半前在高加索时就跟随自己的年轻人感激地说道："谢谢你，尼科鲁斯–莱克！你帮了大忙，现在我确信一定能突围出去！"

尼科鲁斯–莱克的大胆突破无疑起到了振奋士气和带来希望的作用，7辆坦克的加入也立即加强了守军的力量，更为后续的救援进攻树立了一个高标杆。不过，这一成功并不能逆转科韦利被围的整体形势，苏军很快又将被撞开的缺口堵得严严实实。科韦利之围还得依靠第56装甲军的新攻势来解开。4月最初几天里，随着"维京"师装甲团2营的第5、第6和第7连的陆续抵达，第4和第5装甲师也做好了向科韦利冲刺的准备。担任主攻的是绍肯将军的第4装甲师(得到米伦坎普装甲战斗群的加强)，第5装甲师负责在绍肯的北面保护侧翼和同步推进，多尔的"日耳曼尼亚"团(得到2个装甲连加强)负责掩护第4装甲师的右翼。4日上午9时，第56装甲军致电吉勒，声称"突向科韦利的决定性冲刺已经开始了"。不过，德军面临的挑战并不轻松——弹丸之地科韦利的西面和北面部署有苏军4个师，城东和南面还另有3个师！[50]德军当日的战况也难以令人满意，多个方向的进攻均被阻挡，还是靠斯图卡的狂轰滥炸才推进到距科韦利更近些的地方。伤亡惨重的科韦利守军到当日也难以为继，一线作战部队数量稀少，苏军坦克频繁楔入城中制造险情，吉勒的指挥部距前沿也仅有咫尺之遥。尽管地图上标出了西面、西北和北面的多支解围部队，但在坚守了20天后还能坚持多久，一向乐观自信的吉勒也是疑虑重重。

所幸，科韦利守军的"幸福时刻"次日到来了。5日凌晨，绍肯命令米伦坎普装甲战斗群进攻杜博瓦(Dubova，位于科韦利北面几公里)南侧的高地，第5装甲师的第31装甲团在北面展开包抄，第4装甲师的第33装甲掷弹兵团则强攻杜博瓦，拿下这个要地后，各路德军将沿着宽大的正面直扑科韦利北郊。经过一番血战，绍肯的部署大获成功，攻击集群下午4时从北面突入了科韦利，绍肯和米伦坎普也在第一时间赶到吉勒的指挥部，协商扩大防御周边的后续作战计划。6日，"日耳曼尼亚"团与第131步兵师所部在城西北与守军会合。随后几日里，城西和城南的苏军都被城内向外发起的攻势所击溃。

吉勒和2000名伤病员获救了，他还得到了"科韦利雄狮"的绰号，并于4月19日获得了最高军事荣誉——第12枚钻石骑士勋章。希特勒和希姆莱对吉勒的表现都颇为嘉许，对他的坚定态度和临危不惧留下了深刻印象，更认为其指挥能力和组织才干足以担当更大的责任。不过，在某种程度上，吉勒的成功也带来了副作用——希特勒深感自己的"要塞"政策正确可行，许多根本无险可守的城镇稍后都得到了这种"待遇"，大量兵力也因此被困在失去战略价值的所谓"要塞"里，更多的军队和集团军被迫改变作战方向，前去徒劳地救援被困的部队。希特勒恰恰忽视了一个基本事实——科韦利解围的成功，是快速调动和投入了2个军部、不少于6个师的兵力的结果，而对手基本是缺乏大规模装甲部队支持的步兵师，即便如此还花费了整整2周。希特勒的这个政策在几个月后的苏军夏季攻势中很快结出了恶果。

科韦利之战结束后，吉勒率“维京”师大部来到波兰海德拉格尔(Heidelager)的党卫军训练营地，继续被多次打断的重建工作，但第5装甲团和“日耳曼尼亚”团3营被留在科韦利西面，充任第56装甲军的预备队。重建期间，吉勒所部偶尔参加了围剿游击队的作战，但主要工作还是接收坦克、装甲车、大炮和训练补充兵员。

到6月时，党卫军装甲师中的5个都在西线应对诺曼底的登陆盟军，东线只剩下“维京”师和在罗马尼亚的“骷髅”师。在苏德战争爆发三周年的日子里，苏军发起了代号“巴格拉季昂”的夏季攻势。不到3周，中央集团军群即遭受了灭顶之灾，28个师的35万人(包括47名将军)都被击毙或俘虏。普鲁士-德国军事史最大的一场灾难降临了，气急败坏的希特勒把收拾残局、建立新防线的任务交给了救火队长莫德尔元帅，而后者很快就把希望寄托在党卫军在东线仅存的两个装甲师——“维京”师和“骷髅”师身上。莫德尔在1个多月里拼尽全力才在维斯瓦河一线挡住了苏军的推进———希特勒曾称赞莫德尔“只手阻遏了苏军，完成了被普遍认为不可能的任务”。在莫德尔的“只手”中，最有力的几根手指就是“维京”师、“骷髅”师和“赫尔曼·戈林”装甲师，这些部队在华沙城外和维斯瓦河畔狰狞地震退了庞大的苏军。

7月中旬，“维京”师作为莫德尔的预备队，曾奉命开至布列斯特-里托夫斯克和比亚韦斯托克地区作战。但是，各路德军纷纷西撤或被突破的混乱局面，使吉勒曾遇到过30小时内需转赴3个不同战场的情况。莫德尔曾交代这个战场的第2集团军指挥官“不得零敲碎打地使用‘维京’师，必须把该师用作反击对手突破的预备队……我打算把‘维京’和‘骷髅’师作为反攻的主力……”[51]尽管如此，“维京”师还是被拆分成多个战斗群，在布格河东岸四处救急灭火，直到苏军的全线突破造成了局面的完全糜烂，“维京”师才在7月29日渡过布格河，开赴华沙东面的斯坦尼斯拉沃夫(Stanislavov)。随着苏军第2坦克集团军逼近华沙，波兰救国军和地下反抗组织8月1日举行了暴动，迅速占领了华沙的一些重要设施和建筑。但是，热切期盼自由和解放的这些抵抗战士错估了形势，以为光复的日子马上就要到来，他们并不清楚“骷髅”师和“维京”师还有着多强的意志和多么出色的战斗力。当日，“骷髅”师、“维京”师、“赫尔曼·戈林”装甲师、第4和第19装甲师等向南运动，向苏军第3坦克军的侧翼发起了进攻。德军坦克在整日的激战中摧毁了众多的苏军坦克，遭受重创的第3坦克军残部勉强逃出了合围，但于8月5日还是被基本摧毁。德军8月1日的反击得手某种程度上宣布了华沙城内抵抗战士们的死刑。8月2日，前文提到的巴赫-策勒维斯基出现在华沙，他唯一的任务就是剿灭暴动和屠杀胆敢作乱的波兰人。“维京”师的主力在华沙以东和以北苦战，但吉勒的高炮营和坦克歼击营由于在开往前线的途中滞留于华沙，也参与了血腥的镇压。[52] 10月初，华沙城内的最后一批抵抗者从废墟中踉跄着走出来投降了，而希特勒竟下令将这座欧洲名城彻底夷为平地，并将所有的居民放逐！

华沙东面的防御战如火如荼之际，吉勒在8月6日被正式任命为党卫军第4装甲军军长(下辖“骷髅”师和“维京”师)，第5装甲团团长米伦坎普暂代“维京”师师长。不过，党卫军第4装甲军军部和直属部队此时尚未抵达前线，吉勒实际上还是通过“维京”师的参谋部门指挥作战。12日，随着苏军试图在华沙北面展开包围攻势，吉勒装甲军奉莫德尔之命，转至华沙东北的拉德齐明(Radzymin)布防，他的左翼是第20军，右翼是第19装甲师、第73步兵师和匈牙利第1骑兵师等部队。有军史家曾这样描绘过吉勒装甲军在此期间是“如何勇敢和寸土必争”：

"……从8月14日起的1周里，武装党卫军部队挡住了15个苏军步兵师和2个坦克军。苏军的人浪攻势每次都被打退，每次都有上千的士兵倒在德军防线前。苏军又增援了更多的步兵师和上百辆坦克，还有数以百计的伊尔战斗—轰炸机……"[53]这场厮杀一直持续到8月30日，被称为党卫军第4装甲军的第一次华沙作战。第二次华沙作战始于8月31日，终于10月9日，多数时间里的战场都在莫德林(Modlin)以东，介于布格河与维斯瓦河之间，期间第19装甲师曾被配属给吉勒。从9月中旬起，随着维斯瓦河东岸的普拉加(Praga)失守，吉勒被迫调整自己的防线，然后与苏军第28集团军的第20军和第114军开始了长近1个月的堑壕对垒。

▲ 摄于1944年6月，地点在波兰登比察(Debica)附近的海德拉格尔党卫军训练营地，吉勒(中)正与下属研判战场态势，可能这时苏军已发起了规模巨大的"巴格拉季昂"夏季攻势。

10月9日，来自"骷髅"师的乌尔里希(Karl Ullrich)担任了"维京"师师长(米伦坎普改任武装党卫军装甲兵总监)，次日即率部开始了历时近1月的第三次华沙作战。10月初时，吉勒曾就苏军攻势的主攻点和规模做出过准确判断，他仔细分析了敌军态势，也研究过截获的无线电报，还亲自到前沿进行过观察，而后向上级第9集团军做过数次书面和口头汇报。无奈，第9集团军指挥官不相信苏军在华沙北面连番受挫后，还有能力这么快再度进攻，也不认为吉勒的前沿将是对手主攻点(他认为华沙南面受攻击的可能性更大)，因而坚持调走了配属给吉勒的第19装甲师，也拒绝为之增加炮火支援和炮弹储备。10月10日清晨，党卫军第4装甲军的前沿果然遭到数小时的弹幕射击，苏军以庞大的兵力试图在"骷髅"师前沿实现突破，战事的发展完全证明了吉勒的判断。"维京"和"骷髅"两师的防线虽被迫扩大了许多，但这些党卫军依然以彪悍的作风和狂热的意志挡住了对手。直到11月初，双方的作战区域集中在华沙西北、莫德林东面的所谓"湿三角"地带——这个三角形以维斯瓦河和纳雷夫(Narew)河为两边，两河交汇处的布格明德[(Bugmünde，现称"新德武

▲ 1944年7月末至8月初，在谢德尔采(Siedlce)附近作战的"维京"师所部。

▲ 摄于1944年8月初，"维京"师一部在华沙外围准备投入战斗。

▲ 摄于1944年夏，吉勒与负伤的“日耳曼尼亚”团团长多尔在交谈。

▲ 摄于1944年10月，党卫军第4装甲军军长吉勒与即将转任党卫军装甲兵总监的米伦坎普（中）交谈。

▲ 摄于1944年夏，吉勒与“日耳曼尼亚”团团长多尔。

▲ 摄于1944年11月26日，吉勒在波兰莫德林要塞视察部队。

▲ 摄于1944年10月，吉勒与他之后的两任“维京”师师长。左一为乌尔里希，左二为米伦坎普，右一为吉勒。

▲ 摄于1944年11月，吉勒与下属的两个装甲师的师长在一起，左为“维京”师师长乌尔里希，右为“骷髅”师师长、党卫队旅队长兼武装党卫军少将贝克尔(Hellmuth Becker)。

◀ 摄于1944年10月，从左至右依次为“维京”师炮兵团团长宾宁(Hans Bünning)、新任师长乌尔里希、吉勒及炮兵团4营营长维蒂希(Oskar Wittich)。

尔”(Nowy Dwor)]是三角形的顶点，十几公里宽的底边上的多个城镇，则成为双方反复厮杀和寸土必争的战场。到10月28日力量衰竭的苏军被迫停止进攻时，吉勒的防线在对手21个师的压迫下也只后撤了几公里。

1944年的最后2个月，吉勒装甲军的防线基本没有变化，作战又演变成没有重大交锋的堑壕战，“维京”师和“骷髅”师都在战场进行重建，同时抓紧时间训练补充进来的大批海空军人员(“维京”师在9月至12月就接收了7000名空军人员)。12月20日是“维京”师创建四周年纪念日，该师当日在莫德林举行了简短的庆祝仪式。已在11月9日晋为党卫队全国副总指挥兼党卫军将军的吉勒，特地到会向老兵们发表了回顾性讲话——从乌克兰跨越第聂伯河的盛夏，米乌斯河的冰天雪地，高加索的崇山峻岭，顿涅茨的鏖战厮杀，切尔卡瑟突围的生死与共，科韦利要塞的成功救援，三战华沙的寸土不让……吉勒平淡的言语让老兵们浮想联翩，甚或潸然泪下，成千上万的亡者把尸骨留在了战场，但“维京”师依然兀自不倒。在清扬激越的贝多芬和瓦格纳乐章的回响中，老兵们或许会思忖，他们还有机会在第五个周年时听到同样的乐章吗?

三次布达佩斯救援战和最后的崩溃

“维京”师官兵不仅没有机会庆贺自己的第五个周年，就连战争期间的最后一个圣诞也无法安度。12月24日傍晚，吉勒接到了元首大本营的急令——即刻率领“骷髅”和“维京”两师赶赴匈牙利的科马罗姆(Komarom)地区，加入第6集团军作战序列，准备于1945年元旦发起解围布达佩斯和救援党卫军第9山地军的作战。希姆莱稍后打电话给吉勒，声称元首之所以选择他，是因为他具有“丰富的反包围和突围经验”，以及他麾下的两师早已证明是东线最优秀的部队。[54]

1944年圣诞节前夕，苏军第2和第3乌克兰方面军包围了布达佩斯，2.5万名德军和4.5万名忠于德国的匈牙利部队被围。虽然西线的阿登反击战正在紧张进行，但希特勒还是对匈牙利战场的动向保持着高度关注——匈牙利不仅仅几乎是德国的最后一个盟友，该国的瑙吉考尼饶(Nagykanizsa)油田也被视为保持纳粹战争机器运转的最后命脉之一，而且匈牙利还是拱卫帝国南大门维也纳的屏障。希特勒对匈牙利战场的重视程度可从东线德军18个装甲师的分布情况略窥一二：1945年初，有2个装甲师在北方的库尔兰口袋中挣扎，4个位于东普鲁士，5个在柏林周边，而匈牙利战场就部署了多达7个装甲师。[55]还有后人指出，希特勒高度关注匈牙利还有一个秘而不宣的原因，即布达佩斯的9万犹太人和匈牙利全境的45万犹太人，令希特勒尤其是希姆莱如鲠在喉，必欲除之后快。[56]也许希特勒确有借机剪除犹太社区的想法，但他根本的考虑可能还是先解救被围部队，在布达佩斯周边击退苏军后，再将匈牙利局势彻底稳定下来。就连布达佩斯的数万守军，在他看来也只是拖住对手的诱饵而已，因此严令守军不得突围或弃守，必须等待党卫军第4装甲军的救援。

负责统一指挥布达佩斯救援作战的是第6集团军指挥官巴尔克，他计划将救援部队部署在科马罗姆东南，沿东南方向朝布达佩斯扑去。该计划的优点是可以用有限的兵力展开进攻，因为侧翼有多瑙河及北岸的第57装甲军保护，但也存在缺陷，主要是进攻路线需穿越韦尔泰什(Vertes)山北段，地形不太适合装甲部队的运动和作战。不过，巴尔克希望吉勒能快速夺取多瑙河南岸的公路，以尽量降低不利地形的影响，一旦夺取了公路，救援部队既可以朝埃斯泰尔戈姆[Esztergom，即赫龙(Gran)]方向推进，又可在折向东南面后形成侧翼包抄韦尔泰什山区苏军的态势。除“骷髅”和“维京”两师外，吉勒还将得到第96和第711步兵师的支援，但这些部队抵达战场的时间差别很大：“骷髅”师的先头12月28日即抵达拉包(Raab)和科马罗姆；"维京"师则迟至1945年元旦当日才陆续开抵，并被立即送往陶陶(Tata)西面的集结地；来自荷兰的第711步兵师在作战打响后才到达科马罗姆；当"维京"师还在卸载坦克时，第96步兵师根据巴尔克的命令，已在苏军后方成功建立了两个小型桥头堡。[57]1日夜10点半，吉勒命令左侧的"骷髅"师和右侧的"维京"师，经由陶陶朝陶尔扬(Tarjan)和比奇凯(Bicske)方向发起突然进攻，苏军主防线在子夜时分被"维京"师装甲团和"日耳曼尼亚"团一举突破。在吉勒装甲军的南面，第6集团军所属的"帕佩(Pape)集群"也同步发起了支援攻势，这个集群辖有第3、第6和第8装甲师的装甲部队，以及匈牙利第1骑兵师、第271国民掷弹兵师和布达佩斯地区未被包围的德军。[58]"帕佩集群"装甲矛头的进攻相当犀利，一时间迷惑了苏军统帅马利诺夫斯基，使他相信南翼就是德军的主攻方向，因之把第5骑兵军、第21步兵军、近卫第1和第7机械化军等重兵都投入到南翼进行防御。

1月2日，苏军把第18坦克军和布达佩斯周边的2个步兵师调来支援几乎支撑不住的第31步兵军，试图阻挡吉勒装甲军的推进。苏军在侧翼不断攻击和袭扰，但吉勒所部仍在沿东南方向推进，不过囿于山地密林的限制，进军速度显著地慢了下来。3日，吉勒和巴尔克来到"维京"师视察，对该师在困难地形条件下的前进速度仍表示满意。"维京"师当日逼近比奇凯外围时曾遭遇了三倍于己的对手(据说包括1个重坦克团、4个突击炮团、3个步兵师、1个机械化旅和6个工兵营)。[59] 4日行将结束时，马利诺夫斯基发现自己的判断出现了失误，迅速将南线的重兵北调以阻止党卫军的突破，吉勒的进攻方向上到次日已出现了苏军的至少5个军。5日，党卫军虽抵达了比奇凯郊外，但在苏军的反坦克阵地和机枪火力网前只能望城兴叹。6日，"骷髅"师开进到距布达佩斯西面仅25公里的让贝克(Zsambek)，但也和"维京"师一样无力撕开对手的防线。参谋总长古德里安6日来到巴尔克和吉勒的指挥部，与他们探讨了布达佩斯解围失败的原因，他在战后曾这样写道："……主要原因看来是我们未能在2日以足够大胆的突破扩大1日夜袭取得的初步成功。我们不再拥有1940年时那种质量的指挥官或部队；否则这次进攻也许已经成功，部队随后就可被调往其他方向，多瑙河前线或许会稳定下来一段时间。"[60]吉勒装甲军经过1周苦战，此刻已损失了2900余人和约半数坦克(多数经修理后还可参战)，不死心的吉勒还在7日的命令中试图振奋官兵的士气，大谈夺回布达佩斯的军事和政治意义，以及希特勒如何对"维京"和"骷髅"两师寄予厚望等等。无可置疑的是，这次史称"第一次康拉德(Konrad)行动"的救援作战到1月7日已告失败。

首次救援受挫后，吉勒、巴尔克和南方集团军群指挥官韦勒都认为有必要再试一次，这就是所谓的"第二次康拉德行动"。巴尔克命令"帕佩集群"立即接管比奇凯和让贝克地区的防务，吉勒装甲军则向北运动至多瑙河南岸的埃斯泰尔戈姆地区，进行重组和准备发起新攻势。同时，南面的第3装甲军也将从塞克什白堡(Szekesfehervar)和莫尔(Mor)之间寻求突破。巴尔克和高层的胃口不小，除了由吉勒装甲军和第3装甲军建立联系并围歼对手外，还幻想着夺回所谓的"莫尔吉特(Margit)"防线 [注："莫尔吉特"防线号称匈牙利境内最利于防御的一条堡垒式防线，大致沿多瑙河—布达佩斯—埃尔德(Érd)—韦伦采(Velencze)湖—巴拉顿(Balaton)湖—大包约姆(Nagybajom)一线构建。]但是，第3装甲军的攻势刚开始就遭到苏联空军和炮兵的狂轰滥炸，基本没有取得进展就夭折了。吉勒装甲军1月9日从埃斯泰尔戈姆朝东南方发起了进攻，最初的进展极为顺利，苏军再次大吃一惊，"维京"和"骷髅"两师甚至重温了久违的"所向披靡"的感觉。到12日时，"维京"师"西

▲ *德军救援布达佩斯的第1和第2次“康拉德行动”示意图（1945年1月1日至12日）。*

欧”团已进抵距布达佩斯仅17公里处。就在这时，吉勒收到了要其放弃进攻的命令。当他向下属传达命令时，党卫军官兵均感震惊不解，“维京”师装甲团团长达尔格斯(Friz Darges)战后曾略带夸张地回忆说：“……突击队的官兵在望远镜里都能看见布达佩斯城的尖塔。我们真是失望透顶，简直无法相信进攻竟然取消了。我们的士气非常旺盛，大家都坚信第二天就能救出被围的战友……"[61]其实，吉勒的惊讶程度并不亚于普通官兵，他愤怒地向巴尔克和韦勒抗议，指出所部面对的苏军已非常虚弱，甚至还未从惊慌中恢复过来，自己的进军路线处于两条河谷之间，因而不用担心来自侧翼的攻击，"没有什么作战比这次的条件更有利的了"。巴尔克无奈地告诉吉勒，命令来自希特勒本人——千里之外的元首觉得吉勒的攻势已不再具有决定性，他的注意力并不在于解救被围部队，而是以这个诱饵在布达佩斯周边吸引大量苏军。他在地图上发现，如果在巴拉顿湖地区集中优势兵力发动突袭，既可解布达佩斯之围，又有可能在多瑙河左岸包围大量对手。于是，吉勒装甲军将被重新部署到巴拉顿湖北面，从塞克什白堡西面朝东和东北进攻，初期目标为抵达布达佩斯南面的多瑙河，而后溯河北上为布达佩斯解围。

1月12日，吉勒所部突然消失在多瑙河沿岸的密林中。由于激战多日，苏军以为已彻底击退对手，却未料到党卫军部队正向南运动。14日，吉勒率部经科马罗姆—拉包—帕波(Papa)抵达巴拉顿湖北面的维斯普雷姆(Vesprem)。为展开"第三次康拉德行动"，除"维京"和"骷髅"两师居中担任主攻外，第1和第3两个装甲师也被配属给吉勒，分别部署在左右两翼，以抵达布达佩斯南面的多瑙河为先期目标。18日清晨5时，在短促的炮火准备后，4个装甲师的约300辆坦克和突击炮从塞克什白堡西南发起了进攻。虽然得到了第4航空队的135架战机的支援，也因秘密调动集结而取得了出其不意的效果，但吉勒的首日攻势并不顺利。他在"维京"师的前沿指挥部里目睹了部队在雷场阻滞下进退维谷的窘况，似乎也失去了一贯的耐心和冷静，"维京"师师长乌尔里希被迫把原打算在突破主防线后再投入的预备队——"日耳曼尼亚"团提前投入战场。"日耳曼尼亚"团团长多尔率部在当夜实现了突破，19日凌晨已深入到苏军防线后方约40公里处，还在当日中午渡过了萨尔维兹(Sarviz)运河。吉勒的其他几个师虽略显迟缓，但也在20日抵达运河，这时第1装甲师奉命掉头扑向塞克什白堡。右翼的第3装甲师一路奔袭30余公里，沿途摧毁了大批苏军后勤基地和炮兵阵地，20日夜晚抵达了多瑙河畔的多瑙新城(Dunapentele)。吉勒所部2天内挫败了苏军第7机械化军的反击，切断了第133步兵军和第18坦克军与其后方的联系，不过，由于步兵不足，前述两支苏军大部都成功地得以后撤。

德军抵达多瑙新城的消息传到第3乌克兰方面军司令员托尔布欣(F. I. Tolbukhin)元帅那里时，他不由得为第57集团军的命运感到忧虑——巴拉顿湖西南方的德军第2装甲集团军，以第23装甲师为矛头也发起了针对第57集团军的攻势，如果北面的德军乘势南下并与第2装甲集团军会合，那么第57集团军以及保加利亚第1集团军都有被合围的可能。托尔布欣建议第57集团军司令员沙罗欣(M.N. Sharokhin)上将考虑撤到多瑙河对岸，但后者拒绝了建议并决定固守防线。[62]当然，最后的决定仍取决于吉勒下一步的进军方向和意图。22日，德军第1装甲师攻克了地理位置极其重要的塞克什白堡，"维京"和"骷髅"两师则沿东北方向前突至韦伦采湖附近。虽然迭失要地，防线也被突破，但托尔布欣和沙罗欣对德军并未掉头南下还是感到宽慰，第57集团军随即在既有防线上展开了激烈抵抗。吉勒在21日失去了长期的忠诚下属多尔(之前曾15次受伤，21日重伤后不久死于维也纳)，但"日耳曼尼亚团"还是在23日攻克了多瑙河畔的奥多尼(Adony)，"骷髅"师也在当日几乎同时抵达奥多尼附近。吉勒随即重组了两师的突击矛头，准备次日北上扑向布达佩斯。行前，吉勒曾致电请示巴尔克和韦勒，韦勒把他的意见直接汇报给大本营，得到了立即向布达佩斯推进的答复。24日，"维京"师"西欧"团在左、

▲ 布达佩斯在1944年12月24日至次年2月13日期间被苏军包围，吉勒的党卫军第4装甲军曾发起3次救援作战，但均告失败。图为被困的党卫军第8骑兵师指挥官鲁莫尔(Joachim Rumohr，右)与匈牙利将领讨论局势的场景。鲁莫尔在2月11日突围时负伤，随后自杀身亡。

◀ 可能摄于1945年1月初，德军参谋总长古德里安(右二)正向匈牙利总参谋部将领(左四)介绍布达佩斯救援作战的情况，左二为古德里安的主要助手温克将军。

▶ 摄于1945年1月，苏军挫败了“维京”师和“骷髅”师等多支德军的布达佩斯救援攻势。图为苏军战士作战时的场景。

▲ 可能摄于1944年12月底，吉勒的党卫军第4装甲军被紧急调往匈牙利布达佩斯地区，由他率部进行救援作战。

▲ 拍摄时间地点不详，或摄于布达佩斯战场。吉勒(中)正与下属研究作战地图。

◀ 摄于1945年2月中旬，苏军攻克布达佩斯后的城内一角。布达佩斯守军最终只有约800人突围成功。

▶ 摄于1945年1月的布达佩斯救援作战期间，吉勒正通过电话了解前线的进展和态势。

“日耳曼尼亚”团居右，沿着多瑙河左岸向布达佩斯发起了新攻势。一路上有多支苏军步兵师堵截，但都被击退。不过，吉勒所部自身也出现了很大伤亡，坦克损失尤为严重。第1装甲师在25日因陷入苦战无法再继续支援党卫军，“维京”和“骷髅”两师的战线拉得很开，巴尔克不仅无法确知前沿到底在哪里，更是到处找不到吉勒——后者正在“维京”师的前沿，试图找出对手防线上的薄弱之处！巴尔克在吉勒的军部大发脾气，指责参谋们未尽到职责，才造成了军长需到前线侦察，还到处联系不上指挥官的情况(巴尔克战后曾将救援失败的原因一股脑地

▲ 德军救援布达佩斯的第3次“康拉德行动”示意图（1945年1月18日至27日）。

归咎于党卫军参谋们失职)。[63]当然，巴尔克与党卫军结下的梁子远不止这些，在1个月后的"春醒"战役中，他与党卫军指挥官们龃龉不断，多次指责过自己从未放在眼里的这些"非职业军人"。吉勒倒是不甚在意集团军指挥官那些顽固偏狭的"厥词"，他本人和所属的两个师早在东线多次证明过能力和意志，如果没有他的领导，第三次救援作战只怕早已成为一场灾难。他现在关心的只是如何尽快逼近布达佩斯。

此后几日里，"维京"和"骷髅"两师曾重创苏军第1近卫机械化军和第5骑兵军，迫使托尔布欣把原部署在布达南面、防止守军突围的第104步兵军和第23坦克军投入了战场。吉勒一度凌厉的攻势这时终于被挡住了，双方在瓦尔(Val)和韦赖布(Vereb)等村镇间展开了惨烈的血战。26至27日，托尔布欣在北面的韦伦采湖和南面的希蒙托尼奥(Simontornya)向德军发起了同步反击，吉勒所部面临着被切断和包围的危险。激战中德军虽摧毁了多达120辆的坦克和突击炮，但自身仅能勉强自保，继续救援布达佩斯已无可能。29日上午，吉勒决定再图最后一搏，但进攻尚未按时发起，便遭到对手拥有强力空中支援的全方位攻击。当夜，吉勒率部撤往韦伦采湖东北不远的包劳奇 (Baracska)—派特腾德(Pettend)地区。这不仅标志着"第三次康拉德行动"的失败，也是吉勒装甲军步步后撤的开始。2月最初10天里，吉勒装甲军在苏军压迫下继续撤退，间或发动规模有限的局部反击，到月中时总算在塞克什白堡周边立下足来，不仅前阶段夺取的地盘尽皆丢失，人员和重武器的损耗也极为严重。

对于最后一次救援作战的失败，最感苦涩的还是布达佩斯城内的守军。曾有作者这样描述过守军对吉勒的期盼："……到处都在念叨吉勒的名字。在每个地方他都是我们保持士气的依靠。曾有一度，大家好长时间里都忘了自己面临的可怕苦难，似乎对地窖里那令人作呕的状况也能迁就了。我们的救星离得更近了！"[64]当"救星"吉勒还在撤往塞克什白堡的时候，布达佩斯在2月13日被苏军攻克，守军仅有约800人侥幸逃生。

布达佩斯被困期间，希特勒就在策划二战德军的最后一次重大攻势——代号"春醒"的反击战，元首的目标是以巨大的钳形攻势围歼匈牙利的苏军，"一劳永逸地"稳定匈牙利乃至整个巴尔干的局势：从巴拉顿湖和韦伦采湖之间杀出的装甲部队，前驱至多瑙河畔的多瑙城堡(Dunafoldvar)和包姚(Baja)后，与由南向北进攻的南翼德军建立联系，在多瑙河与德拉瓦(Drava)河之间切断和围歼第3乌克兰方面军大部，之后再向北运动和夺回布达佩斯，甚至把多瑙河右岸的匈牙利东部重新纳入帝国版图都在元首的"宏大设想"之中。负责实现"狂人痴梦"的力量，除第6集团军的第3装甲军及匈牙利第3集团军所属的第8军外，最主要的是从西线调来的党卫军第6装甲集团军，即党卫军第1装甲军(含"希特勒警卫旗队"师和"希特勒青年团"师)和第2装甲军(辖"帝国"师和"霍亨施陶芬"师)。此外，南面的第2装甲集团军和E集团军群的3个师也将向第3乌克兰方面军发动同步攻势。巴尔克的第6集团军中只有第3装甲军参战，该部将从韦伦采湖西南角和谢赖盖耶什(Seregelyes)之间的地域向东和东南方向进攻，休整补充中的吉勒装甲军将全程作壁上观。

党卫军第1装甲军2月中下旬先发起了旨在消灭苏军赫龙河桥头堡的"南风"作战，在历尽辛苦和付出重大代价后，德军北翼可能面临的威胁被消除了。3月5日，德军南翼的第2装甲集团军4个师开始进攻苏军第57集团军，E集团军群的3个师也向保加利亚第1集团军和南斯拉夫第3集团军发动了攻势，不过这些侧翼的辅攻直到3月15日也未能取得显著的进展。3月6日，巴拉顿湖和韦伦采湖之间的德军发动了主攻，巴尔克第6集团军在左翼进攻苏军第4近卫集团军，迪特里希的党卫军第6装甲集团军则朝着苏军第26集团军发起了攻势。当日适逢天降大雪，地面湿滑泥泞，水网密布的多瑙河河谷地带本非装甲作战的理想地域，这种天气又造成了额外的困难。“春醒”作战发起后的近10天里，德军经受过泥泞地形和天气的折磨，也在苏军雷场和反坦克防线前丢下过大量尸体和重武器，但总体而言尚能缓慢地向目标推进。托尔布欣方面军以艰苦的防御战和拉锯战消耗、延迟着德军，同时进行着反击前的各项准备。负责协调第2和第3乌克兰方面军的铁木辛哥元帅，下令把第9近卫集团军和第6坦克集团军交给托尔布欣，后者将以这些强大的生力军发起反击，切断并最终歼灭德军第6集团军和第6装甲集团军。到3月15日时，德军前线指挥官们已经意识到，由于既耗尽了油料，又失去了进攻能量和势头，“春醒”作战已经难以为继。

3月16日，北起韦伦采湖西北的扎莫伊(Zamoly)、南至塞克什白堡周边的德军防线，突然遭到苏军数小时的大规模炮击。弹幕消弭之后，苏军第4和第9近卫集团军向塞克什白堡以北直至韦尔泰什山之间的德军发动了大反攻。遭到重拳打击的就是吉勒装甲军，当时“维京”师负责塞克什白堡周边的防御，“骷髅师”位于塞克什白堡以北和西北地区，再往北是暂归吉勒指挥的匈牙利第2装甲师，最北边的匈牙利第1骑兵师看护的竟是几乎整个韦尔泰什山。[65]“骷髅”师的左翼一开始承受着最重的打击，但很快“维京”师防御的塞克什白堡也一样险情迭出，韦勒和巴尔克等指挥官不是在盲目乐观心态的支配下出现判断错误，就是被迅速变化的局势弄得举棋不定、昏招连连，而希特勒仍在顽固地拒绝放弃“春醒”作战，致使德军未能迅速调集部队北上攻击推进中的苏军侧翼。19日，托尔布欣把第6坦克集团军的重兵砸向了吉勒的防区，本已摇摇欲坠的防线瞬间被钢铁洪流所席卷，匈牙利部队立即崩溃，“骷髅”师的防线也被全面突破，

▲ 摄于1945年2月，陆续抵达巴拉顿湖和韦伦采湖之间地域的党卫军部队。吉勒装甲军并未直接参加“春醒”战役的进攻阶段，基本上是在塞克什白堡地区布防和休整。

▲ 摄于1945年3月的“春醒”战役期间，党卫军部队正在向前推进。

▲ 摄于1945年3月的“春醒”战役期间，德军沿着铁路路基构建的简陋防御工事。

▲ 摄于1945年4月初，苏军已如潮水般涌入奥地利，正向维也纳高速进军。图中的苏军战士正途径一座村镇，纳粹的万字旗被他们踩在脚下。

▲ 参加“春醒”战役的党卫军士兵正抓紧时间睡觉。3月6日发起进攻后，近10天的激战不仅令党卫军各部伤亡惨重，也令幸存者们疲惫不堪。

▶ 摄于“春醒”作战失败后，党卫军和国防军都出现了擅自撤退甚至溃逃的现象，4个党卫军装甲师的官兵因之失去了荣誉袖标。本图中的撤退队伍虽然拥堵在山间小道上，但似乎尚有秩序，估计是在逃往奥地利的途中。

"维京"师虽仍在死守塞克什白堡，但由于左翼洞开，苏军已绕过城池向西北扑去。当"维京"师在与突至城中的苏军坦克部队短兵相接时，还与上级和其他友邻失去了联系。到21日好不容易恢复了通信联系时，"维京"师却收到了元首下达的死守塞克什白堡的命令！在苏军7个师的包围下，塞克什白堡已成汪洋中的一叶孤舟，城南那条逃离被歼命运的唯一通道，每小时都在变窄和可能被掐断。"维京"师师长乌尔里希不由得左右为难。在前所未见的指挥体系混乱中，"维京"师被划归第3装甲军指挥，但乌尔里希无法与军部取得联系。苏军从东面和西面夹击塞克什白堡的先头只有不到5公里就要会师了，"维京"师和第1、第3装甲师及第44"帝国"掷弹兵师等似乎都难逃被围歼的命运。就在这时，吉勒致电乌尔里希，要他"收拾车辆向西撤退，把伤患们都送到西边"。"维京"师的首席参谋军官战后曾说，尽管该师此刻已脱离了吉勒装甲军的序列，"军长吉勒的电文还是起到了振奋精神的作用"。乌尔里希下决心弃守塞克什白堡，于22日清晨率部向西和西南撤退，尽管他并不清楚到底在何处能与友军建立联系。在"维京"师逃亡的过程中，党卫军"霍亨施陶芬"装甲师发挥了重大作用，该师师长冒着违令的风险，尽可能地把自身防线向巴拉顿湖北面延伸，以保持"维京"师等部逃生走廊的畅通。

"维京"师逃出绝境后，与第3装甲师一起又被划归吉勒指挥，"骷髅"师残部改隶于比特里希的党卫军第2装甲军，不走运的第44"帝国"掷弹兵师则全军覆没。吉勒与比特里希收拾残部，竭力保持着党卫军第1装甲军的逃生之路不被切断。3月25日，随着帕波落入苏军之手，巴拉顿湖的战事基本上以德军的彻底失败而告一段落。多支党卫军部队丢盔卸甲狼狈逃窜的事实令希特勒极为震怒，他命令"希特勒警卫旗队"师、"帝国"师、"霍亨施陶芬"师和"希特勒青年团"师等部的官兵摘下荣誉袖标，还在愤怒地指责迪特里希时，称"如果我们输掉了这场战争，那都是迪特里希的错"！

兵败如山倒的德军一路溃败着退入奥地利，希望能守住纳粹帝国的第二首都维也纳，但在士气高昂的苏军面前，一切抵抗都是徒劳的。4月13日，迪特里希所部在将维也纳烈火焚城后向西北撤退，吉勒率领"维京"师和第3装甲师也在步步西撤。4月17日，吉勒所部撤入格拉茨东南的费尔德巴赫(Feldbach)地区后，还曾以令人难以置信的顽强挡住了苏军的继续推进。

战后岁月：在罪恶的阴影中长久蒙羞

1945年5月初，在战败已成为现实的时刻，为避免向苏军投降，吉勒率"维京"师和第3装甲师余部拼命地向美军靠拢，最终在奥地利的拉德施塔特(Radstadt)如愿成为美军战俘。他在萨尔茨堡的战俘营略作停留后，被送往集中拘押高级军政人物的奥格斯堡战俘营(吉勒的所有勋饰在这里都被美军剥夺)。迪特里希也在5月15日被押送至此。1945年5月至1946年6月的1年里，吉勒先后被拘押于多处战俘营。纽伦堡审判之后，随着盟军宣布党卫队为政治组织，吉勒失去了战俘身份，被视为纳粹政治组织的高级成员来处理。被美军羁押整整3年后，吉勒于1948年5月21日获释。

回归平民生活后，吉勒进入新闻行业就职，同时经营一家以邮寄购物目录为主的书店。党卫军老兵克雷奇默(Ernst-Günther Krätschmer)战后曾经写道："……就像曾在前线做过的那样，(获释后的)吉勒觉得自己有责任为战友们做些什么。他凭着一己之力，不知疲倦地与那些不公和毁誉抗争……"[66]有资料曾记载，吉勒在1949年4月因被一家德国法院判处了18个月徒刑而再次下狱，果有其事的话，那么吉勒的"与不公和毁誉的抗争"应始于此番出狱之后。1950年初，有西德媒体披露了新纳粹组织"兄弟会"的轮廓，除指称几名前纳粹总督和国防军军官为核心发起者外，还称古德里安、施图登特、施通普夫和曼陀菲尔等前国防军将领均为其成员，而吉勒的大名也与豪塞尔、施泰纳和库姆等前党卫军将领一起被提及。[67]吉勒发起成立了"维京师老兵协会"，又在1951年与豪塞尔和施泰纳等人成立了"前党卫军老兵互助会"(HIAG)，以帮扶党卫军老兵及其家属、协助寻找失踪官兵为主要诉求。在党卫军被宣布为犯罪组织后，西德政府曾取消了党卫军老兵获取养老金的资格，于是HIAG也把为老兵争取养老金的权益作为目标之一。此外，豪塞尔、施泰纳和吉勒等还有一项重要使命——"教育"西方和国人，使他们认识到"武装党卫军是一支精锐的多国部队，他们富有荣誉感地英勇作战，在任何情况下与一般党卫队的活动都没有任何关联"。作为HIAG的发起人之一，吉勒非常活跃，他和施泰纳几乎参加过每次党卫军老兵聚会。1951年末，吉勒主编出版了一本名为《维京呼唤》(Wiking Ruf)的杂志，专门登载党卫军老兵的二战忆述，这本貌似专门面向"维京"师老兵的刊物其实是HIAG的一大宣传阵地。《维京呼唤》1958年停刊，但与HIAG关系密切的一家出版社以新刊《志愿兵》(Der Freiwillige)继承了前者的衣钵。

鲜为人知的是，吉勒在1950年代中期还曾有过加入西德联邦国防军的念头和行动。1955年时西德国防部成立了"人事筛选委员会"，负责对有意加入联邦武装力量的前上校以上军官进行资格审查。吉勒和施泰纳都提交了申请，但均遭拒绝。1956年1月26日，在吉勒和施泰纳的多次抗议下，"人事筛选委员会"的官员在与他们面谈时，阐述了委员会的使命和原则——联邦国防军的大门对前党卫军上校(旗队长)以上的军官完全关闭，中下级党卫军军官只有在证实了现在的反纳粹立场后才能取得服役资格。[68]事实上，前党卫军军官加入新国防军可谓困难重重。有资料表明，到1956年9月时，1310名申请加入新军的前党卫军军官中只有33人如愿以偿(仅占新军官团的0.4%)，1324名前军士申请者中有270人被接纳，462名前党卫军士兵中倒是有195人成为新军的一员。[69]

1966年4月21日，迪特里希因心脏病突发在睡梦中死亡，吉勒闻讯赶去参加了葬礼。不想，当年12月26日，他自己也因心脏病发作在汉诺威附近的家中故去，此时距他的70岁生日只差4个月。吉勒的葬礼虽然没有迪特里希那样声势浩大并引起广泛非议，但也有800余"维京"师老兵从国内外赶来为他们的"老爹"送行。末任"维京"师师长乌尔里希还在吉勒的墓穴前发表了简短感人的讲话。

吉勒早在1931年就加入了纳粹党和党卫队，二战后期跻身于武装党卫军高级将领行列，在国防军同僚和普通人看来，他"应该就是"一个不折不扣的纳粹分子。但也有后人，如颇有影响的德国作家兼历史学家赫内(Heinz Zollin Höhne)，称吉勒是"与意识形态根本无涉的、完全非政治化的纯粹军官"。[70]赫内曾在著作中写道："炮兵团长吉勒与其师长施泰纳都被希姆莱视为最不服从命令的下属。"他还给出了发生在1942年1月米乌斯河前沿的一桩事例：时任第5炮兵团团长的吉勒曾"恶狠狠地威胁"负有灌输意识形态之责的政治训导官菲克(Alexander Fick)，声称："我这个高贵的炮兵团不允许穿那种褐衫。我会派一个班立即去收拾你的房间！"菲克事后曾向希姆莱的参谋长沃尔夫(Karl Wolff)汇报过吉勒的恶劣态度，但在施泰纳的庇护下，此事最后显然不了了之。也许，吉勒在内心深处从来没有相信过纳粹党的教义和宣传，他早年所做的一切或许都是为改变前途、继续军旅生涯而采取的投机。但事情的另一方面是，吉勒等党卫军高级将领虽然都厌恶希姆莱，但他们身上都存在着"漠视生命"的恶性本质，对希特勒的忠诚和盲从也是无可置疑的。吉勒战时经历过多次身陷重围的恶战，在危险的处境中，他没有像某些国防军将领那样乞求撤退或突围，而是默默地率部进行殊死抵抗。吉勒的战术素养、组织才干和指挥能力，加上党卫军官兵的狂热和作战能力，使他能够多次置之死地而后生。这些战功为他带来了钻石骑士勋章和希特勒的青睐，当然也会被国防军同僚视为狂热冷血的纳粹中坚。

从纯军事的角度来看，外形温文尔雅的吉勒实为战场上的勇士，他的个人勇敢素为部下所钦服，他的领导能力和战术才华也得到认同——进攻中侵略性十足，防御中坚守不退，危机中镇定自若，战术运用中机动灵活，这是他从团级走向军级指挥岗位的过程中留给党卫军和国防军同僚的印象。吉勒同时又是一个"蒙尘的武士"，他的声誉无可避免地与武装党卫军及其母体党卫队本身密切相连。党卫队的集中营看守、盖世太保和行刑队等分支的恶名实在过于昭著，使人们相信所有党卫军单位都像"骷髅"师这支集中营看守出身的部队一样狰狞可怖，似乎党卫军本身就是死亡骷髅的化身，官兵们个个都是无视自己、对手、战俘及无辜者生命的野兽。虽然党卫军前将领和老兵们煞费苦心地自我辩白，并在卷帙浩繁的大部头战史著作中竭力将自己描绘为"既充满荣誉感、又勇敢无畏、但被误解的理想主义者"，战后的一代西方史家们也在冷战思维的影响下把党卫军解读为"真正的国际化欧洲军队的先驱"，且越来越多的人倾向于接受作为战斗部队的党卫军与作为邪恶团体的一般党卫队有着重大区别，但时间的流逝所不能改变的事实是，没有一支党卫军部队能充满底气地宣称，自己的双手没有沾满无辜者的鲜血。

美国哥伦比亚大学的历史学家施泰因(George Stein)曾在一部关于武装党卫军的权威著作中写道："……被希姆莱大笔一挥就从警察头子或典狱长变成野战指挥官的那些人——像艾克(Theodor Eicke)、耶克尔恩(Friedrich Jeckeln)、克吕格尔(Friedrich Krueger)、赖内法特(Heinz Reinefarth)、巴赫-策勒维斯基和迪勒万格尔(Oskar Dirlewanger)这样的屠夫，并不能代表武装党卫军的本质。影响更深远的还是统领过SS-VT那些旗队的前国防军军官，是豪塞尔、施泰纳、吉勒、比特里希和开普勒 (Georg Keppler)这些人。如果说武装党卫军有时与国防军难以区分，在很大程度上，也是这些人的努力所致。"[70]

笔者不打算介入关于武装党卫军本质的讨论，也不想根据"战后德国的去纳粹化法庭曾裁决99%的前党卫军人员都未犯下个人罪行"的资料(见施泰因著作第252页)，来试图做出匆忙的断语，更无意辩论吉勒长期供职的"维京"师是否真如后人所言的那样，"作战勇敢但不失公正"，或者是"少数没有犯下战争罪行的党卫军部队"(事实上近十年浮现的证据倒是指向这一主张的对立面)。笔者唯一想指出的是，包括吉勒、施泰纳和豪塞尔等在内的职业军人，纵使他们在战时都有着千般才华、万般能耐和在部队中的良好声誉，他们所效力的邪恶事业早已被钉在了历史的耻辱柱上，武装党卫军与其母体——希姆莱的党卫队——无法切割的关系，也注定了他们都将在后者撒下的罪恶阴影中长久蒙羞。

▲ 吉勒位于施特门公墓的最后安息之处。不过，据说他的墓穴现已不复存在。

▶ 1966年12月26日，吉勒在汉诺威附近施特门(Stemmen)的家中去世。图为“维京”师老兵协会等赠送的祭奠花环，右侧的棺椁上摆放着鲜花，远处有一顶钢盔。

第13位钻石骑士最高战功勋章获得者胡贝上将
(获勋时间1944年4月20日)

Chapter 13 第十三章

"Der Mensch": 汉斯-瓦伦丁·胡贝上将

1944年4月20日是希特勒的55岁生日。这一天，在邻近上萨尔茨堡的贝希特斯加登的元首乡间别墅里，庆贺元首生日的聚会像往年一样隆重热烈。希特勒的女秘书特劳德尔·荣格(Traudl Junge)战后曾回忆说："一早，希特勒比平素更早出场。微笑着，轻轻点头，他看见桌子上、办公室里各处堆积成山的礼物……"[1]希特勒貌似轻松地浏览着生日礼物，接受着随从和来客的祝贺，但众人愉悦的表情也难以掩饰他对前线战事的忧心忡忡，就连贝希特斯加登的上空都出现了盟军轰炸机的踪影。在来客中，有一位希特勒格外青睐、信任甚至充满敬意的独臂将军——刚从东线赶来的第1装甲集团军指挥官胡贝(Hans-Valentin Hube)。胡贝刚刚完成了率领20万官兵突破苏军重围的壮举，希特勒特意在生日这天举行仪式晋升胡贝为上将，同时授予他第13枚钻石骑士勋章。[2]头天晚上，希特勒在与首席副官施蒙特将军谈话时，还不住地感叹胡贝人才难得，他正考虑将一个集团军群交给胡贝指挥，在他心目中胡贝甚至还是陆军总司令的人选。[3]当夜，胡贝请求元首允许他飞往柏林处理一些私事，希特勒踟蹰了一下还是同意了，尽管他听说那名飞行员缺少夜间飞行经验。

结果证明这也是希特勒二战期间做出的无数糟糕决定中的一个。胡贝乘坐的He-111轰炸机起飞后不久，就撞上了萨尔茨堡外的一座山(也有一说是飞机撞上大树后折断了机翼)。[4]同机的外交部部长里宾特洛普驻大本营联络官赫韦尔(Walther Hewel)身受重伤，而胡贝当场毙命，后来人们从残骸中只找到了他那只被烧黑的金属假手。希特勒闻讯大悲，哀痛自己失去了最杰出的装甲兵将军之一。几天后，希特勒命令在柏林为胡贝举行盛大的国葬，纳粹政府所有阁员和诸多将领均出席了仪式。希特勒本人也冒险从萨尔茨堡飞往柏林，戈培尔认为这个举动简直是疯狂，因为已完全掌握制空权的盟军一旦发现其行踪，后果不堪设想。戈培尔后来曾对希特勒说："每次见到您，我都想从您的眼睛里、面容上看出您的健康状况。当您冒着被美军战斗机或轰炸机击落的生命危险，搭机赶往柏林参加胡贝将军的国葬仪式时，我承认我在恐惧中发抖……我不敢想象会发生什么。我的元首，您自己就是我们胜利的全部保证。"[5]据说，希特勒在自杀前几周仍在哀叹胡贝的早逝，不住地感叹他是德军最好的三名将军之一。[6]

后人当然无从得知希特勒死前几周里提到的最优秀的三位将军中，除胡贝外还包括哪两位，或许他心目中浮现的是在匈牙利指挥第6集团军的巴尔克和在奥得河畔统率第3装甲集团军的曼陀菲尔，或许在最后的哀号中，他想到的是忠心耿耿的莫德尔和舍尔纳。无论如何，胡贝都是德军将领中的一位传奇人物——他有一个响亮的绰号"Der Mensch"，对应的英文是"The Man"，意指无人能出其右者（这个绰号的中文可理解为"大拿"、"真汉子"等，口语中的"纯爷们"和"真有种"也约略与此俚语对应）。

胡贝在一战中就以作战勇猛著称，曾数度身负重伤，左臂还被截肢。他是战后德军获准保留的4000名军官中唯一的独臂军官。两次大战之间的岁月里，胡贝仍以意志坚定、精力过人和富于创见著称，勤于钻研思考的他曾出版过两卷本军事著作《步兵》(Der Infanterist)，这一著作也是军事院校的步兵战术教程。二战中，胡贝的第16装甲师在乌曼和基辅两大包围战中发挥了关键作用，在向斯大林格勒的进军和作战中依然表现卓异，被称为"斯大林格勒战役中最优秀的德国将军"。在第6集团军覆灭前的最后一刻，据说希特勒曾派身边的党卫军军官用手枪逼着他撤离。希特勒本想让意志坚若磐石的胡贝指挥部队顽抗到底，但怜惜他的才华和能力，还是在最后时刻将之撤出。胡贝历战无数，但令其声誉达到巅峰的是1943年夏的西西里岛战役和1944年3月至4月的"卡缅涅茨-波多利斯基(Kamenets-Podolsky)口袋"突围战。前一战役中，时任第14装甲军军长的胡贝指挥65000名德军与40万英美大军周旋了38天，最后凭借完美的准备、组织和协调，成功地将所有部队和装备撤至意大利本土，被后人称为"大师级的撤退杰作"。[7]有后人曾在近年评论说，西西里岛战役中占尽媒体头条、风头最健的是巴顿和蒙哥马利，但所有参战将领中最优秀的其实是德军的胡贝。[8]在后一战役中，胡贝与曼施坦因密切配合，成功地将20余万德军和多数装备撤出了朱可夫与科涅夫所营造的包围圈，不仅避免了又一次斯大林格勒式的惨败，还在突围途中击毁了苏军350余辆坦克和几十辆突击炮。

早年岁月：身残志坚的独臂军官

胡贝于1890年10月29日出生在距莱比锡不远的萨勒河畔瑙姆堡(Naumburg)，父亲是驻瑙姆堡步兵团的上校军官。在当地的多姆(Dom)文理学校完成了高中学业后(同学中就有二战中的德军元帅莫德尔)，他于1909年2月27日被驻马格德堡(Magdeburg)附近的第26步兵团接受为候补军官。按照军方制度，候补军官必须经过军校正规训练才能授衔和任职，于是胡贝进入了尼斯(Neisse)军校，并在这里度过了近1年半的时光，经受了身体和智力两方面的严格训练与考验，也形成了自己的个性和世界观。与胡贝同时进入尼斯军校的还有个性孤傲、敢于直面冲突的候补军官莫德尔，但胡贝与他的关系并不密切。胡贝多年以后曾说，根据莫德尔在军校时的表现，很难预测后者日后会成为什么样的军人。[9]尼斯军校提倡学员间的"弱肉强食"关系，宣称只有最努力、最强悍的人方可脱颖而出和全身而退。虽然无法知晓胡贝在军校的表现，但到毕业时，他显然已是一名强悍而又野心勃勃的合格军官。1910年8月22日，胡贝和莫德尔均被授予少尉军衔，前者回到第26步兵团，后者则向第52步兵团报到。从这一天起，两人的军事生涯就沿着相似的轨迹展开——1941年秋，当侵苏的德军在基辅形成战争史上最大的一个包围圈时，将包围圈合拢的正是时任第3装甲师师长的莫德尔与主持第16装甲师的胡贝。此役之后，莫德尔开始平步青云，1944年3月1日晋升为元帅，而胡贝也在当年4月20日晋为上将。

1914年8月一战爆发时，胡贝是第7步兵师第26步兵团的一名排长。战端开启后不久的8月24日，他担任了第2营营长副官。巧合的是，第52步兵团的莫德尔少尉此时也在担任营长副官一职。按照德军传统，营长副官对初级军官来说是个相当重要的职位，他不仅要处理大部分文书工作，还负责在作战和行军中传达营长的指令，除充当营长的"耳目"外，副官在瞬息万变的战场上还有责任和权力根据局势修改指令。只有被认为具有培养前途、拥有适当能力和品质的初级军官才会被遴选为副官，这个职位还被认为是进一步获准参加参谋本部军官训练的重要阶梯。

就在军事生涯看似前程似锦的时候，1914年9月20日，参加凡尔登战役的胡贝在法国小城芳婷(Fontenay)附近身负重伤，医生被迫将他的左臂截去。[10]对于意志不够坚强的人来说，失去一条臂膀就意味着军旅生涯的终结，但对胡贝这种性格强悍的人而言，这只不过是暂时离开前线的休整而已。他积极地进行治疗，努力克服残疾带来的不便，终于在长达1年的休养后于1916年1月重返前线，而且还被晋升为第26步兵团7连中尉连长。在当年的索姆河战役中，胡贝因作战英勇、指挥有方获得了一级铁十字勋章。7月，胡贝被调往第4军军部担任军械军官，11月时又回到第26步兵团任团长副官。1917年，胡贝因卓越的战场表现获得了所有军官都梦寐以求的荣誉——普鲁士霍亨索伦王室骑士铁十字勋章，这是德皇威廉二世的皇室颁发的高级勋章，仅次于"蓝色马克斯"战功勋章。1918年初，胡贝晋为上尉后成为第7步兵师的一名参谋军官。当年4月10日，时任第26步兵团营长的胡贝率部顽强阻击英军的坦克进攻，损失惨重的对手使用了毒气，胡贝再次倒在了战场上，并在医院里迎来了一战的结束。正式停战之前，上级为他申请了"蓝色马克斯"勋章，但由于德皇已经逊位且逃往荷兰，胡贝的勋章也就没有了下文。

《凡尔赛条约》限制战败的德国只能拥有一支10万人的小型军队，军官团成员也不得超过4000人。战后临时国防军的首脑塞克特将军自然要从3万余名军官中选出体魄最强健、作战经验最丰富者，而且相当比例的名额还留给了有着参谋本部训练背景的参谋军官。胡贝虽以勇猛过人、指挥能力卓越而享有盛名，但他加入军官团的过程并不顺利——塞克特下属的负责官员曾认为他身有残疾，不再适合指挥作战。但据胡贝自己回忆，为说服上峰改变偏见，他将一些握有大权的军官请到军营阅操。当时他全身戎装，肩背武器弹药登上了一座10米跳台，就在众人面面相觑时，他从跳台一跃而下跳入水池，游上来后对这些军官们正色说道："如果你们不把我纳入名单，那我要求排在我前面的每个军官也必须先来这么一跳！"[11]也许是这次示威起到了作用，胡贝于1919年10月10日正式进入了战后国防军，成为第17步兵团的一名连长。1921年1月1日起，胡贝又被调到哈尔伯施塔特(Halberstadt)的第12步兵团任11连连长。塞克特从未后悔将胡贝纳入军官团，相反还感到庆幸，据说他在检阅胡贝所部时曾赞许地说过："检阅胡贝的第11连真是一件令人愉快的事。他们令我栩栩如生地想起了自己当年在禁卫军的时光，胡贝的连队足以和禁卫军最优秀的连队相媲美！”[11]

胡贝在1919至1925年的6年期间一直担任连长。在每个待过的连队里，他都把全部心思放在训练和提高部队的技战术水平上，尤以律己甚严著称。他在选择军士和候补军官方面也坚持严格的标准，强调开展理论学习前必先拥有强健的体魄，冬天他领着大家滑雪，炎炎夏日里则带着官兵越野长跑。当然，著名的10米塔台纵身一跳也是必修课。独臂胡贝除了是一名滑雪高手外，他在田径场上的表现也不容任何人小觑。

1925年4月，胡贝调至德累斯顿步兵学校担任教官。任职2年后，他被调入卡塞尔(Kassel)的第2集团军群司令部(Gruppenkommando)任参谋军官，时任集团军群指挥官是1918年末至1919年曾任陆军总司令的莱因哈特(Walter Reinhardt)将军，参谋长则是时为少将的伦德施泰特。由于表现卓异、知识广博，胡贝在1928年4月被选派到美国学习和考察。当年10月回国后，胡贝回到德累斯顿军校，继续向学员们讲解战术和传授经验。他在这个岗位上一干又是四年整(期间于1929年晋为少校)，直到1932年10月1日调至东普鲁士的野战部队——第1步兵师第3步兵团担任3营营长为止。第1步兵师师长是稍后将出任国防部长的步兵将军勃洛姆堡。按照战后德军以一个连或营继承一战中的一个团的军旗和传统的惯例，胡贝的第3营代表的是一战时的第18“冯·格罗尔曼”(Karl von Grolmann)步兵团。[12]第3营下辖5个连，当时正作为改建摩托化步兵营的试点单位，富有创新精神且精通业务的胡贝被认为是最合适的指挥官。这支部队在训练和演习中均表现出众，加深了高层对陆军机械化、摩托化必要性的认识，甚至可以说在一定程度上催生了德军首批3个装甲师在1935年的诞生。

1934年10月晋升为中校后，胡贝于1935年初奉命到柏林近郊的多贝利茨步兵学校担任校长，他在这所陆军最大的军官训练中心工作了近5年，期间完成了两件耀眼的大事：一是撰写了著名的两卷本战术教程《步兵》，这一著作与隆美尔的《步兵进攻》都是广受关注的军官训练经典教程。胡贝在著作中不仅强调指挥官需要关心士兵的福祉，必须把野战训练作为培养士兵战斗力和强韧精神的“最终要害”，更富有远见地建议把反坦克防御和近距离攻击坦克的战术纳入步兵训练中。[13]胡贝做的第二件大事是主持了1936年柏林奥运会奥运村的建设和安全保卫工作。由于奥运村的选址位于多贝利茨军校附近，胡贝在1935年10月1日被希特勒任命为奥运村指挥官，负责将原先的大片草地改建为生活居住和训练设施俱皆一流的现代化奥运村。另外，奥运村的安保工作也是胡贝的职责。希特勒本人高度重视本届奥运会，一心要将它办成史上最华丽的盛会，借以全面展示他领导下的新德国所取得的“惊人成就”，并为纳粹党宣扬的“种族优越论”背书。由于职责原因，胡贝与希特勒有着大量的接触机会，元首很快发现他是一个值得信赖的人，总是不折不扣地高效完成任何任务。建成后的奥运村环境优美，设施完备，硬件水准超过以往任何一届，奥运会本身也向世人展示了“新德国的繁荣和强大”，还有希特勒那“令人敬畏的个人魅力”，以及德国人对他毫无保留的疯狂崇拜。奥运会的成功自然有胡贝的一份功劳，在大会开幕的8月1日，希特勒将胡贝擢升为上校。奥运会结束后直到1939年10月，胡贝一直都在多贝利茨军校任校长。他富有创见地开设了摩托化步兵作战战术课程，亲自为学员们讲授战术，为他们熟悉和适应即将到来的摩托化、机械化战争进行准备。

磨刀霍霍：从步兵师师长到装甲师师长

也许是对年岁渐大的胡贝的身体状况有所顾虑，陆军总部在1939年9月入侵波兰之前并没有将胡贝派往野战部队任职。波兰战役的爆发着实令胡贝大吃一惊，虽然无缘参战，他还是要求陆军总部派他到前线任职。战役结束后的10月18日，胡贝被任命为第21步兵师第3团团长。第21步兵师师长是博特(Kuno-Hans von Both)中将(10月20日离任)，下辖第3、第24、第45三个步兵团以及第21和第57两个炮兵团，[14]在波兰战役中隶属于北方集团军群麾下法尔肯霍斯特(Nikolaus von Falkenhorst)任军长的第21军。[15]胡贝对这支部队并不陌生，其实该师就是1934年秋时以第3步兵团为基础扩建的。胡贝1932年任营长的第3营还曾是陆军摩托化改革的试点。但是，胡贝很快发现，他的第3团和整个第21步兵师现在显得落伍了。不仅装备落后，军官团成员也大多思想保守，行动迟疑。早就支持和鼓吹机械化、摩托化的胡贝自然不能满意，他开始动用柏林的关系谋求新职。与此同时，第21步兵师也从1940年春开始为进攻法国做准备。不过，该师在法国战役中将扮演较次要的角色，任务是监视马奇诺防线堡垒中的法军。

胡贝有可能直接写了信给希特勒要求调职，也有可能是陆军总部的朋友出面帮忙，总之，法国战役打响的前一天，他离开了第21步兵师，被调往博克上将的B集团军群司令部任上校参谋。法国战役5月10日拉开帷幕后，胡贝只担任了5天的参谋，就于15日被陆军总部紧急任命为第16步兵师师长——该师原师长克拉姆普夫(Heinrich Krampf)中将在率部向比利时进军的途中得了重病，无法继续指挥部队。第16步兵师组建于1934年，下辖第60、第64和第79三个步兵团以及第16炮兵团、侦察营和反坦克营等，其中的第64步兵团已实现了摩托化，而且整个第16步兵师已被陆军总部内定改编为装甲师。[16]该师在1939年8月26日动员后并没有开往波兰参战，而是从威斯特法伦州明斯特的驻地直接开赴西线的艾菲尔地区。

法国战役的第一阶段中，第16步兵师隶属于克莱斯特装甲集群麾下的第6军(辖第16、第24和第26步兵师)。当古德里安第19摩托化军的坦克穿过边境和阿登山区时，第16步兵师也沿着卢森堡和比利时尘土飞扬的土路紧紧跟随着。13至14日，古德里安手下的第1、第2和第10装甲师及“大德意志”摩托化步兵团在色当渡越了马斯河，这时他既可以绕到马奇诺防线背后包抄法军，又可继续向西朝英吉利海峡推进。第16步兵师也以很高的行军速度保持着与装甲部队之间的距离不被拉得过大。古德里安选择了继续向西，他的第1和第2两个装甲师立即开足马力漏夜狂奔，第16步兵师等单位也奉命转向南面，保护古德里安的侧翼。法军竭尽全力地试图挡住古德里安西进的道路，他们把目光投向了色当以南不足20公里的小镇斯托讷(Stonne)——这个在地图上都难以找到的地方位于迪尤高地(Mont-Dieu)和达米昂高地(Mont-Damion)之间，正好处于德军装甲部队推进的道路上。借助斯托讷周边的制高点和森林，法军有可能挡住，至少也能延迟对手的推进，还能据险发起反攻和打击德军装甲部队的侧翼。而这正是法军目下所做的，法军第3摩托化步兵师和第3装甲师在斯托讷周边向德军南翼进行了多次反击，古德里安在命令第1和第2装甲师不顾一切地向海峡突进的同时，把“大德意志”摩托化步兵团、第10装甲师第8装甲团及第1装甲师的工兵部署在南翼，负责屏退法军的反击和保护南翼的安全。[17]15日至17日的三天激战中，斯托讷小镇和周边高地竟先后17次易手！“大德意志”摩托化步兵团在两日内伤亡570人，而该团在整个战役期间的战损也不过是1108例伤亡，第10装甲师也在两日内至少损失了25辆坦克(法军损失了33辆坦克)。17日，在第2摩托化步兵师掩护下，疲惫不堪的“大德意志”团和第10装甲师撤出了战斗，前去追赶几乎已走完到英吉利海峡一半路程的第1和第2装甲师，替换它们的正是第6军的3个步兵师，其中胡贝的第16步兵师负责进攻右翼的达米昂高地和斯托讷，第24步兵师主力负责正面的迪尤高地，该师一部还将与第26步兵师在左翼朝塔奈(Tannay)展开攻势。

胡贝任师长后的第一仗就是一场血战。接管了阵地后，他于17日当天即以第64步兵团进攻斯托讷，以第79步兵团攻打达米昂高地。第16步兵师的官方战史曾这样记述围绕斯托讷和周边高地的一周战况：“在森林中，官兵们与法军第6殖民地师展开了激烈厮杀，部队的伤亡很大。当法军坦克向我们的两翼开来时，局势一度非常危急。法军的炮轰非常可怕，而德军大炮和反坦克炮的炮弹已所剩无几。最后，第16步兵师试图以突袭夺取敌军阵地的努力也失败了。不过，尽管对手发起了猛烈的反击，德军还是守住了占领的地盘。5月23日，在重炮和俯冲轰炸机的支援下，第16步兵师取得了成功，第60步兵团终于夺取了对手顽强防御的达米昂高地。与所有的战争法则相矛盾的是，当法军第6殖民地师和第3摩托化步兵师以优势兵力反击时，第16步兵师不仅挫败了对手，还向前推进了6公里有余。国防军战报曾报道了这一成功的作战。后来，德国军校把这些战斗都写进了战术教程，教官们认为它们类似于1916年的凡尔登战役，但又是在1940年作战条件下的独一无二的战例。”[17]

在几个步兵师不懈的努力下，斯托讷及其周边高地最终都被德军占领。但这并不意味着斯托讷之战的结束，从5月23日至29日，法军一周内发动了多次反扑，德军虽然挫败了对手的所有努力，但也付出了不菲的代价。塔奈一线的第24步兵师在23日和24日两日内的伤亡高达1490人，固守达米昂高地的第16步兵师第79步兵团1营在17日至25日期间损失了191人，而胡贝全师在17日至29日期间共伤亡690人。[18]德军在战时就称斯托讷之战为“1940年的凡尔登”，战后还有人称它是除斯大林格勒战役外最惨烈的一次战斗。不少参战军官声称，斯托讷与斯大林格勒、卡西诺(Cassino)山一样都是他们永远无法

▼ 摄于1940年5月下旬法国战役中的斯托讷之战，图为第16步兵师第64步兵团第1营在斯托讷南面的阵地前摧毁的法军坦克。

▲ 摄于1940年5月23日的达米昂高地，图为第16步兵师第60步兵团设在山间的一处通信站，该团当日夺取了达米昂高地。

▲ 摄于1940年5月23日，第16步兵师第60步兵团当日夺取了达米昂高地，从图片可以看出这里的许多树木已被炮火完全摧毁。

▲ 摄于1942年5月23日，第16装甲师师长胡贝(敬礼者)在纪念1940年的斯托讷—达米昂之战胜利两周年阅兵式上检阅部队，只有参战的老兵才有资格站到这里接受检阅。胡贝身后的军官是第64摩托化步兵团2营营长德马克(von der Marck)少校。

▲ 摄于1940年5月23日，第16步兵师当日夺取了斯托讷，图为被炸成废墟的斯托讷镇。

▲ 摄于1974年，第16步兵师(含后来的第16装甲师)的幸存者们战后来到法国斯托讷的昔日战场，凭吊1940年5月17日至29日在此处丧生的近700名战友。该师的一些老兵称，斯托讷之战与斯大林格勒战役、意大利卡西诺山之战都是他们永远无法忘怀的经历。

忘怀的战斗经历。更有后人评价说，如果在这里取胜的是法国人，那么德军很有可能被赶离马斯河，法国战役中所发生的一切都将重新开始！[19] 不管这一评价是否言过其实，第16步兵师的表现已足以体现胡贝的指挥水准和战斗决心。

5月30日，第299步兵师赶来换下第16步兵师，胡贝手下精疲力尽的官兵们终于能到色当北面进行短暂的休整。胡贝于6月1日晋升为少将，他的第16步兵师也暂时成为第16集团军的预备队。布施(Ernst Busch)将军任指挥官、莫德尔少将任参谋长的第16集团军在法国战役的第一阶段并没有扮演重要角色，但在6月9日开始的第二阶段作战中突然变得引人注目起来。布施的任务是沿马斯河东岸向南进攻，先绕过一战时就有嗜血恶名的马斯–阿尔贡，夺取凡尔登后旋转90度，再向东强渡摩泽尔河，最后与C集团军群的第1集团军携手夺取梅斯要塞。[20] 9日凌晨，第16集团军以第7军为主力向阿尔贡发起了正面进攻，胡贝第16步兵师也在当日向色当东南方的阿尔贡森林展开攻势。经过三天的激战后，第7军突破了法军防线，开始追击溃退中的对手。胡贝率部一直沿马斯河西岸向东南方推进，18日在萨维格尼(Savigny)渡过马斯河，21日进抵洛林地区的米尔库尔(Mirecourt)。当德法两国于22日在贡比涅签署停战协议时，德军第16和第1集团军已建立了联系，包围了包括2个集团军指挥官、4个军长、一批师长在内的60万法军。在米尔库尔的第16步兵师师部，胡贝与法军代表经过长时间谈判，接受了法军第21军的投降，包括7名将军在内的22万官兵在锡永(Sion)和沃德芒特(Vaudemont)山区成为战俘。[21]

法国战事结束后，胡贝第16步兵师先作为占领军驻守了2周，而后于7月18日回到明斯特的第6军区驻地。希特勒决定将现有的10个装甲师各师的坦克和装甲车数量减半，以组建10个新装甲师。第16步兵师原本就是要改成装甲师的部队之一，于是该师在1940年8月初被拆分组建了第16装甲师和第16摩托化步兵师。胡贝原属的第64和第79步兵团改建成装甲师的第64和第79摩托化步兵团，第1装甲师的第2装甲团、第1重机枪营和第4骑兵团一部被调拨给第16装甲师。此外，第6装甲师的1个炮兵营也被并入第16装甲师。[22]没有加入第16装甲师的部队(包括第60步兵团等)则成为第16摩托化步兵师的一部分(第228步兵师师部用来组建第16摩托化步兵师师部，该师在苏德战争中曾抵达里海三角洲的阿斯特拉罕左近，是向东推进最远的德军，1943年改成第16装甲掷弹兵师，1944年则变成第116装甲师)。胡贝担任第16装甲师师长，接收了大批坦克、车辆和重武器后，他率部开往埃森纳赫–赫斯费尔德(Eisench–Hersfled)进行高强度的战术演练。第2装甲团团长布吕辛上校是在机动战和装甲战方面颇受尊敬的专家，30年代中期任职于机动兵总监部时，还曾在军校教授过装甲战术。

第16装甲师整训了一段时间后，于1940年

▲ 第16装甲师师长胡贝。

▲ 第16装甲师第2装甲团团长西肯纽斯中校。

▲ 摄于1941年4月，胡贝装甲师的1辆III号坦克经过布加勒斯特街头。

▲ 摄于1941年4月，第16装甲师第79摩托化步兵团所部正在布加勒斯特举行阅兵。

12月中旬奉命开往罗马尼亚，作为教导示范师向罗军装甲部队传授德国的装甲战术和经验。按照第16装甲师官方战史的记载，该师在巴纳特(Banat)和特兰西瓦尼亚(Transylvania，德语为Siebenbuergen)地区驻扎期间，与这里人数众多的德裔建立了良好关系，甚至有不少军官与当地的德裔女性结婚，其中包括他们的师长胡贝。[23]

1941年6月前，胡贝装甲师除了在年初曾协助镇压叛乱的“铁卫队”(Iron Guard)以外，基本没有参加任何战事。即便在4月初开始的巴尔干战役中，第16装甲师也被作为第12集团军的预备队，负责保护正在希腊和南斯拉夫作战的德军后方，以及罗马尼亚普罗耶什蒂油田的安全。不过，胡贝手下有一支部队倒是被配属给“大德意志”摩托化步兵团参加了向贝尔格莱德的进军，这就是施特拉赫维茨的第2装甲团1营。第16装甲师的其他部队虽未参战，但并非无所事事，师长带领他们进行了全面的训练，包括山地条件下的运动、越野行军、野营、架设浮桥和各种各样的帮助强身健体的训练。这些演习和训练为第16装甲师在苏德战争第一年的出色表现奠定了基础。

1941年4月末，第16装甲师发生了一件重大人事变动——第2装甲团团长布吕辛被解职，顶替他的是第7装甲师第25装甲团3营营长西肯纽斯中校。事情的起因是这样的：希特勒1940年夏将装甲师数量翻倍的决定并不是没有任何反对的声音。事实上，由于现有装甲师的实力减半，几乎所有装甲师长和装甲战专家都表示反对，但只有布吕辛公开发表了异见。他在法国战役后撰写的一系列文章中公开指责希特勒的决定，最高统帅部有人注意到这些文章并捅了上去，结果布吕辛被陆军总部解除了职务。[24]西肯纽斯中校1935至1936年间曾在第2装甲团任连长，法国战役中担任隆美尔手下的第25装甲团3营营长，他的营号称是“唯一能跟上隆美尔步伐的单位”。从履历和经验来看，西肯纽斯都是布吕辛不幸去职后的较佳人选。

不过，西肯纽斯4月底来到布加勒斯特向胡贝报到后，发现所处的环境很不友善——第2装甲团的一些军官对布吕辛被解职仍耿耿于怀，他们对西肯纽斯不仅怀疑戒备，还颇有敌意。幸运的是，胡贝非常理解西肯纽斯的处境，失去布吕辛也非他之所愿，他向装甲团所有官兵明确表示，要求并期待所有人给予新团长最大的支持与合作。胡贝也想尽办法让西肯纽斯感到自如，后者在师长关照下很快适应了环境，并且表现得称职能干。另外，西肯纽斯进入角色的过程也受益于应接不暇的事件，最主要的自然是入侵苏联——5月，第16装甲师奉命开往布雷斯劳和尼斯附近，准备投入即将拉开大幕的“巴巴罗萨”作战。

刀光剑影：杜布诺—乌曼—基辅—罗斯托夫

第16装甲师在苏德战争爆发时隶属于伦德施泰特的南方集团军群(辖第6、第11和第17集团军及克莱斯特第1装甲集群)，与第11装甲师和第57步兵师一起被编入克莱斯特装甲集群麾下的第48摩托化军。南方集团军群的任务是夺取基辅，全面占领乌克兰后向顿巴斯盆地工业区推进。克莱斯特装甲集群作为伦德施泰特的箭头，首要任务是抵达基辅一带的第聂伯河，而后转向东南，以夺取亚速海边的重要枢纽罗斯托夫为最终目标。

6月22日，第16装甲师拥有坦克157辆(IV号坦克20辆，III号71辆，II号44辆，I号12辆，另有指挥坦克10辆)，[25]但并未作为第一梯队越过边境，而是作为装甲集群的预备队待命。2日后，胡贝将全师分成5个行军集群，循着第11装甲师的进军路线，在索卡尔-克里斯蒂诺波尔渡过了布格河。开路先锋是西肯纽斯的第2装甲团，紧随其后的是第16摩托车营，再次是炮兵团，由第64和第79摩托化步兵团组成的第16摩托化步兵

▲ 摄于1941年6月22日，克莱斯特装甲集群的坦克和装甲车进入了苏联境内。图中近景的摩托车挂斗后面的大写字母"K"表明这是克莱斯特的部队。

▲ 摄于1941年6月24日，第16装甲师当日在索卡尔-克里斯蒂诺波尔跨过了布格河。图为第2装甲团团长西肯纽斯的指挥坦克越过边境时的场景。

旅为第4个集群，最后是师属其他部队和后勤补给单位。克莱斯特的先头部队第11装甲师仅一两天工夫就实现了朝卢茨克和杜布诺方向的突破，在苏军第5和第6集团军的结合部撕开了口子。为堵住德军突破，苏军西南方面军司令员基尔波诺斯(M.P. Kirponos)上将根据大本营的命令，集中了6个机械化军的2800余辆坦克，向克莱斯特的800辆坦克(其中450辆为III号和IV号坦克)发起了反击。这一史称“杜布诺战役”的坦克战发生在6月26日至30日期间，作战区域位于卢茨克—杜布诺—布罗迪之间的三角形地带，被后人称作“库尔斯克会战前规模最大的坦克战”。26日清晨，德军侦察机在第48摩托化军南翼的托罗普夫(Toropuv)—布罗迪南面发现了数量庞大的苏军机械化部队。这些苏军是基尔波诺斯投入反击的第15和第8机械化军，前者拥有749辆坦克(136辆为T-34和KV重型坦克)，负责从托罗普夫朝西北面的拉德霍夫(Radekhov)推进，后者拥有932辆坦克(169辆是T-34和KV坦克)，目标是从布罗迪向北进攻别列斯捷奇科(Berestechko)。在第8机械化军的第12和第34坦克师的打击下，德军第48摩托化军所部遭受了相当损失后被逼退到普利亚谢夫卡(Plyashevka)河，苏军则向别列斯捷奇科方向前进了8至10公里。不过，第48摩托化军漏夜发起的反扑将苏军阻挡在普利亚谢夫卡河对岸。

27日清晨，西南方面军修改了作战计划，基尔波诺斯命令第19机械化军和第36步兵军一部从东北方向进攻杜布诺，第8机械化军则沿西南方向取道维尔巴村向杜布诺进攻，期望以两面夹攻夺回杜布诺这个重要枢纽。第8机械化军的突击先头(辖第12坦克师第24坦克团、第27摩托化步兵团并增援了第23坦克团的15辆T-34和6辆BT-7坦克)立即向杜布诺开去，紧随其后的是以第34坦克师为主形成的“波佩尔集群”，由旅级政委波佩尔(N.K. Popel)任指挥官，拥有坦克217辆和兵力9000余人。[26]“波佩尔集群”的突然进攻取得了出其不意的效果，成功楔入了德军第11和第16装甲师的后方。当后勤部队被击溃时，已前出至杜布诺以东的第11装甲师主体紧急回援，胡贝第16装甲师的大部也奉命开往普利亚谢夫卡河沿线布防。28日至29日，在杜布诺以南和西南，胡贝装甲师与苏军第8机械化军所部在数个战场展开了激烈交锋。“波佩尔集群”的兵力部署在普蒂查(Ptycha)至杜布诺南郊的约10英里区域内，胡贝手下的第64摩托化步兵团2营在1个反坦克连和1个88毫米高炮连的支援下，在杜布诺南面一点的塔尔诺夫卡(Tarnovka)与“波佩尔集群”展开了交锋。这些德军第一次遭遇了T-34和KV坦克，虽然“手中的50毫米反坦克炮在400米距离内对苏军的KV坦克都威胁不大”，但他们的88毫米高射炮发挥了强大的杀伤力——当日结束时，这部分德军不仅守住了阵地，还摧毁了22辆KV和T-34坦克。[27]在杜布诺西南的普利亚谢夫卡河，胡贝亲自指挥部队于28日上午死死挡住了苏军第7摩托化步兵师主力的突破。当日中午，苏军第12坦克师和第7摩托化步兵师再次试图冲垮德军防线，但均被胡贝组织的反坦克防线所阻遏。此时，第8机械化军的这两个师距“波佩尔集群”只有不足10公里，但就是无法继续前进，反而在德军的数次反击中损失了相当数量的坦克。29日下午，胡贝手下的施特拉赫维茨第1装甲营夺取了维尔巴村，由于这个村子控制着向北通向“波佩尔集群”的补给公路，苏军立即发起了反扑，结果将施特拉赫维茨装甲营逐出了村子。当夜，胡贝急令第16摩托化步兵旅大部向北调动，预备次日清晨夺回维尔巴。30日上午，在俯冲轰炸机部队的支援下，胡贝指挥第1装甲营和摩托化步兵团攻打维尔巴。不过，苏军的重型坦克令德军的III号坦克和反坦克炮都束手无策，甚至难以从南面逼近维尔巴。胡贝调来重炮和88毫米高射炮，敲掉了几辆KV重型坦克后，部队才得以逼近维尔巴周边。7月1日清晨，胡贝又把第2装甲营投入战场，

▶ 摄于1941年夏的东线，第16装甲师的突击矛头正向前推进，图中最右侧的是胡贝的装甲指挥车，据说车上靠左站立的是胡贝，右边坐着的是第3摩托化军军长麦肯森。

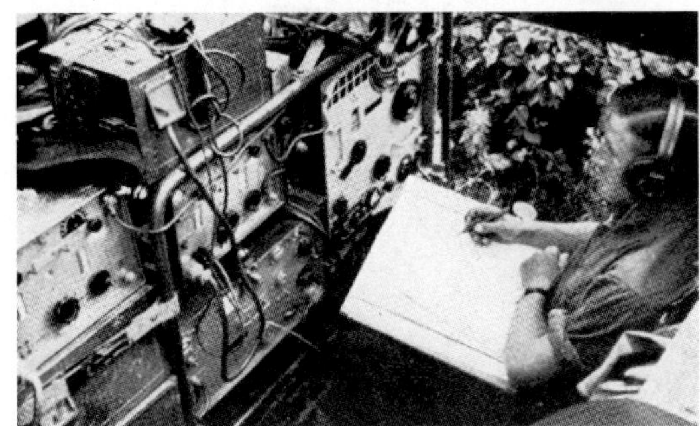

▲ 图为胡贝装甲指挥车内的无线电通信装备。

▲ 摄于1941年7月，第6集团军指挥官赖歇瑙元帅出现在第16装甲师第64摩托化步兵团2营，直接向营长德马克少校下达新的作战命令。

▲ 1941年9月5日，获得骑士勋章的第2装甲团1营营长施特拉赫维茨少校。

▲摄于1941年8月末，第16装甲师的补充兵员和装备向前线开去。左为第16补充团的士兵，右为装载III号坦克的火车。

经过一天的激战后才算把对手逐出了维尔巴。

由于胡贝成功阻止了苏军第12坦克师、第7摩托化步兵师与“波佩尔集群”在杜布诺附近的会合，德军第16摩托化步兵师、第75和第111步兵师等得以及时赶到战场，双方兵力和坦克数量的对比出现了对德军有利的态势。到30日下午，德军完成了对“波佩尔集群”和第8机械化军其他部队的包围。第8机械化军军长莱比谢夫(D. Ryabyshev)中将当天即率部向东南方向撤退，波佩尔也于2日试图向东突围，但最后只有1000人生还，并损失了所有坦克和重武器。莱比谢夫战后曾说：“‘波佩尔集群’摧毁了200辆德军坦克和多达5个营的步兵……机械化军其余部队摧毁了德军4个摩托车营和5个步兵营，多达200辆坦克，超过100门大炮，还击坠了9架敌机……到7月1日，第8机械化军的作战力量尚有19000人、21辆装甲车和207辆坦克……”[28]也就是说，在几天的作战中，第8机械化军原有的900余辆坦克只剩下了200辆，损失高达700余辆！胡贝装甲师击毁了多少辆呢？他在7月2日发布的命令中说：“……第16装甲师在过去几日里与实力强大的敌军坦克和摩托化步兵对抗中，不仅挫败了对手，还摧毁了293辆坦克。”[29]在与苏军第8机械化军等的对垒中，德军坦克的损失一样惨重，虽然没有莱比谢夫将军估计的400辆那么多，但保守的估计可能也多达200辆。

7月6日，第16装甲师作为克莱斯特装甲集群的先锋，率先突破了所谓的“斯大林防线”。4天后，克莱斯特集群在击溃了苏军第4、第15和第16机械化军余部后，占领了距基辅不足100英里的重镇日托米尔。名头极大但真实才干有限的布琼尼元帅，在基辅和乌曼之间集中了约150万大军。克莱斯特于12日发起了分割基辅和乌曼苏军的攻势。装甲部队进展神速，很快突破了布琼尼的步兵防线，并于15至16日夜切断了重要的别尔季切夫—卡扎京铁路，将上百万苏军从事实上分割开来。与此同时，南方德军的步兵集群也加快了前进步伐：赖歇瑙的第6集团军跟随克莱斯特装甲集群，正朝基辅方向的苏军两翼施加压力；施蒂尔普纳格尔(Carl-Heinrich von Stülpnagel)的第17集团军从西面和北面逼近乌曼；朔贝特(Eugen Ritter von Schobert)的第11集团军在乌曼以南30英里处的盖沃龙(Gaivoron)渡过了南布格河，正在苏军后方朝新乌克兰卡(Novo Ukrainka)快速推进。布琼尼面对大兵压境，反应极为迟缓，甚至都未察觉到一张巨网正向乌曼撒来。24日，德军第6集团军接防克莱斯特装甲集群占据的地盘，后者命令第48摩托化军朝乌曼方向开去。31日，第11装甲师居左，第16装甲师在右，"希特勒警卫旗队"师居中，三路德军抵达乌曼以东地带。为阻止苏军第6和第12集团军向东突围，第48摩托化军命令三个师向东南运动，而后面朝西方建立阻截防线，"希特勒警卫旗队"师在关键制高点阿尔昌格尔斯克(Archangelsk)完全阻断了苏军第12集团军突围的道路。胡贝手下的第16搜索侦察营和摩托车营在奥拉托夫(Oratov)森林地带曾被拼死突围的苏军反包围。损失了所有装备后，这部分德军死里逃生(不久后被送回国内重新装备)，第16装甲师余部则很快重新封死被捅开的包围圈。8月2日，刚在前1日获得骑士勋章的胡贝率部夺取了佩沃梅斯克。次日，施特拉赫维茨装甲营突袭沃兹涅先斯克得手，并与第17集团军所属的匈牙利机械化军会合，从而在乌曼口袋的东面又增加了一层包围环。第16装甲师等装甲部队把清剿包围圈的任务留给步兵集团军后，继续追击撤退中的苏军残部。到8月8日乌曼之战结束时，苏军损失了约10万人，2个集团军指挥官、4名军长和11名师长被俘，300多辆坦克和1100门大炮被摧毁或被缴获。

从8月6日起，胡贝装甲师与"希特勒警卫旗队"师开始肩并肩地向黑海海岸推进，前者的目标是海军基地尼古拉耶夫，后者则负责攻打赫尔松。向尼古拉耶夫推进的途中，胡贝手下的第79摩托化步兵团6连曾于8月15日在新但泽(Novo-Danzig)遭到苏军突袭，该连投降后遭到了对手的屠杀。[30]这件事对第16装甲师官兵产生了深远影响。入侵苏联前，希特勒曾下令处死被俘的苏军政治工作者，但无论是伦德施泰特还是克莱斯特都没有认真执行过该命令，胡贝也一直勒令部属恪守战场规则，没有任何暴行或屠杀无辜的行为。然而，这一切在新但泽事件后发生了变化，该师官兵开始带着复仇的愤怒摧毁苏军和平民的任何抵抗。这恐怕也是第16装甲师在1942年夏向斯大林格勒进军的途中，以及城内外的所有战斗中，为什么总是杀气腾腾、冷酷残忍的原因之一。8月16日夺取了尼古拉耶夫后，胡贝所部得到了短暂的休整机会，之后奉命掉头向北，朝着基辅以南100多英里外的基洛夫格勒进军。

8月下旬，德军第6集团军开始向基辅后方运动，并逼近了切尔卡瑟一带，而第17集团军在清理完乌曼口袋后，也以一天30至40英里的速度向基辅推进。中央集团军群的古德里安装甲集群，正奉命准备自北向南绕到基辅背后，与克莱斯特会师后形成规模巨大的基辅包围圈。8月23日，这个包围圈的形状已约略显现，但方寸大乱的布琼尼没有采取任何实质行动。斯大林早就下令死守基辅，或许，与基辅共存亡是布琼尼彼时无为而治的真实原因。但无论如何，以他的能力和惊慌失措的表现无法避免基辅被围的命运。9月9日，古德里安加快了杀向基辅的步伐，他的先头就是莫德尔的第3装甲师。莫德尔在8月底先于整个装甲集群南下，虽然任务十分艰险(第3装甲师随时都可能成为第一个被围歼的德军师)。但到9月10日时，莫德尔的先头部队经过突袭夺取了苏拉河(Sula)畔的重镇罗姆尼(Romny)。罗姆尼以南还有两个同样位于苏拉河畔的重镇——洛赫维察和卢布尼，而德军侦察表明，数量庞大的苏军正从东面朝这三个城镇运动。莫德尔不顾部队的疲劳减员、装备锐减和补给困难，于12日组织了一个小战斗群(3辆坦克、8辆装甲车、1个反坦克连、6门火炮和一些摩托化步兵)，从罗姆尼扑向南面的洛赫维察。[31]这个战斗群就是古德里安从北面合围基辅苏军的“主攻力量”。

北面的铁钳举起后，能否及时锁定包围圈就要看南面的克莱斯特了。克莱斯特将主攻任务交给了第48摩托化军；而善打硬仗的胡贝第16装甲师则不出意外地担任了攻击矛头；同时，第9装甲师在胡贝身后负责跟进支援。9月10日，胡贝在克列缅丘格附近的第聂伯河建立了桥头堡，但在准备过河前，苏军第38集团军在100余辆坦克的支援下发起了反击。虽然德军击退了对手，但与古德里安所部会师的作战被迫推迟了2日。12日，胡贝率部渡过了第聂伯河，苏军仅仅抵抗了半小时就迅速撤退了。当日下午，在克服了轻微的抵抗后，胡贝装甲师的先头坦克抵达塞缅诺夫卡(Semenovka)。尽管油料已显不足，但胡贝不愿停下来坐等，而是做出了一个既大胆又危险的战术决定——继续向北，直到坦克和装甲车耗光油料为止。到当天夜里，胡贝已在苏军后方向北推进了70公里。本应在第16装甲师身后跟进的第9装甲师，在抵近克列缅丘格桥头堡途中出现了延迟，直到12日夜也只有部分兵力越过了第聂伯河，使得远在北面的胡贝缺乏保护，真正地成了一支孤军。所幸，胡贝驻地的周边此时并没有机动能力足够强的苏军能对他构成重大威胁。当天渡河的德军还有第14摩托化军的第14装甲师，该部的任务是先向米尔哥罗德(Mirgorod)进军，而后帮助形成基辅包围圈更往东的一层包围环。

13日清晨，莫德尔的小战斗群夺取了洛赫维察和附近的苏拉河大桥。随着越来越多的苏军逼近洛赫维察并试图从此处逃出死亡陷阱，莫德尔把自己装甲团剩下的几辆坦克和若干步兵全都派去增援先头战斗群，还要求第2航空军提供空中支援，以减缓苏军扑向洛赫维察的势头。在莫德尔的小战斗群准备扼杀苏军突围的同时，第16装甲师也在当日加快了向卢布尼前进的脚步(12日深夜补充了油料)。此时胡贝的先头距莫德尔的小战斗群仅有40公里，似乎合拢南北双钳的目标就要实现了。不过，胡贝所部在卢布尼遭遇了顽强的抵抗，守军虽只有1支内务部队和1支高射炮部队及工人组成的民兵，但他们的意志力和战斗力还是给德军造成了极大的麻烦——他们从屋顶、地窖窗户和临时路障后面向对手射击，还舍生忘死地把瓶装汽油弹投向扑得很近的坦克。卢布尼的战斗一直持续到夜里，甚至到14日才结束。德军最高统帅部曾希望13日就能合拢包围圈，即使这一希望已无法实现，但随着克莱斯特的其他装甲师陆续向北运动，包围圈的合拢只是时间问题了。

15日，莫德尔手下第3摩托化步兵团的几名士兵，在洛赫维察外围与胡贝的第16搜索侦察营建立了联系，标志着基辅包围圈的正式形成。[32]这是一个硕大的口袋，从第3和第16装甲师会师处至基辅足有200公里，包围圈方圆达2万平方公里，其大小相当于德国的萨克森或今日的斯洛文尼亚，苏军西南方面军几乎全部被围。包围圈清剿干净后，苏军损失了70万官兵和无数的物资装备，方面军司令员基尔波诺斯战死，红军最有才干的军事家、第5集团军司令员波塔波夫(M.I. Potapov)也被俘虏。当然，昏聩的布琼尼在基辅陷落前还是被斯大林派来的飞机接走了，愤怒的斯大林虽未枪毙老友，但布琼尼此后再未担任过重要的前线指挥官职务。希特勒自然心情极为舒畅——是他的“军事天才”一手造就了“战争史上最大的围歼战”！他自信满满地展望着后续作战的顺利进行。同时，对将领们的建议和反对意见更加不屑一顾，身边近臣们崇拜的目光和颂词，更使他坚信自己内在的信念和直觉。

包围圈一旦合拢，也就意味着装甲师又有了新任务。步兵师接过第16装甲师的防线后，胡贝所部与装甲集群的其他部队一起开始沿铁

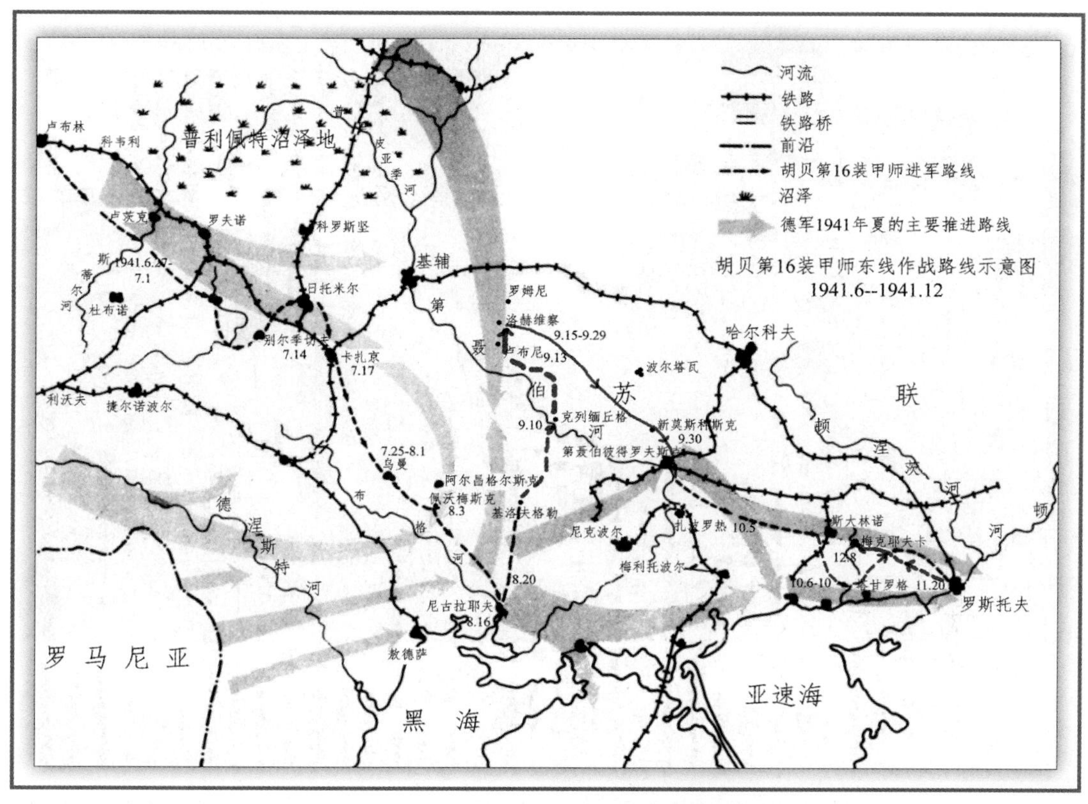

▲ 胡贝第16装甲师东线作战路线示意图（1941年6月至12月）。

▲ 摄于1941年9月初，第16装甲师师长胡贝在战壕中。

▲ 摄于1941年秋，苏军的1辆KV-II重型坦克挡住了推进中的第16装甲师的去路。

▶ 摄于1941年9月17日，胡贝(左)正向装甲团团长西肯纽斯中校颁发骑士勋章，右为胡贝的副官黑泽曼(Wolfgang Heessemann)少校(1944年11月任“大德意志”师装甲掷弹兵团团长，于1945年2月阵亡)。

▲ 胡贝手下的两员大将，右为施特拉赫维茨，左为西肯纽斯。图片摄于1941年9月17日，即西肯纽斯获颁骑士勋章当日。

◀ 1941年9月26日，基辅围歼战以德军完胜结束，苏军损失了70万余人和无数装备。图为一眼望不到头的战俘队伍。

▶ 基辅包围圈合拢后，清剿任务留给了步兵，装甲师又继续前进。图片摄于1941年9月中下旬，胡贝(左二)与西肯纽斯(左三)等指挥官在协商下一步作战计划。

▲ 拍摄时间不详，2辆德军IV号坦克正朝苏军阵地的方向开去。

▲ 摄于1941年10月，第16装甲师参与了围歼苏军第18集团军的作战，胡贝的属下在战场上找到了第18集团军司令员斯米尔诺夫中将的尸体。胡贝下令以军人的荣誉安葬这位勇敢的对手。图为德军为斯米尔诺夫立起的墓碑。

路南下，目标是切断第聂伯河南段的苏军，进而向罗斯托夫推进。9月29日起，胡贝装甲师沿着新莫斯科夫斯克(Novo-Moskovsk)、卡缅诺瓦特卡(Kamenovatka)、塞米诺夫卡(Seminovka)和波洛吉等一线追击苏军。10月6日，即克莱斯特装甲集群升级为第1装甲集团军的当日，德军出现在苏军第9和第18集团军后方。数日后，克莱斯特与曼施坦因的第11集团军在切尔尼戈夫卡附近消灭了这两个集团军，又有10万苏军、200余辆坦克和近700门大炮被俘获。胡贝装甲师是这一史称“亚速海战役”中的主力之一，当他的手下发现了第18集团军司令员斯米尔诺夫(A.K. Smirnoff)中将的尸体时，他命令以全套军人荣誉礼葬这位英勇的对手。

亚速海边上的罗斯托夫是克莱斯特在1941年的最后一个目标。据称，克莱斯特并不想攻打罗斯托夫，因为他知道自己无法坚守这个战略要地——他的装甲师和摩托化部队的实力已经锐减，此地地形又十分困难，补给线也越来越长，而他6月时带来的运输车辆现在只有30%还能运转。此外，冬季已为时不远，而装甲集团军的左翼还没有足够的步兵保护。[33]尽管如此，无人可以违逆元首的意思，克莱斯特还是于10月12日发起了全面攻势，并于16日攻克了重镇塔甘罗格。但就在次日，雨季降临了，泥泞季节的到来使得德军的推进显著地慢了下来。胡贝装甲师此时已改隶于第14摩托化军(该军还包括党卫军“维京”师和第14装甲师)，于20日沿着塔甘罗格至斯大林诺的方向继续进军，第2装甲团和第64摩托化步兵团在米乌斯河附近的乌斯片斯卡亚建立了桥头堡。随后6天里，第16装甲师一直都在这里休整和修理坦克，由于短缺油料，只能进行一些小规模作战。11月5日，第14摩托化军以第16装甲师为先头向南运动，夺取了索科洛夫斯基(Sokolovsky)后向南推进了整整40公里。这时，刺骨的寒风和无尽的豪雨笼罩着整个战场，德军各部的运动都变得至为困难，苏军的抵

◀摄于1941年秋东线的奥卡河附近，1辆德军马车正在泥泞中挣扎。胡贝装甲师所在的亚速海沿岸战场的情形与此也约略相仿。

▶摄于1941年冬，在一条雪地补给道路上，马拉雪橇正往前线转运物资，马车旁边可能是返回后方进行大修的突击炮。

◀摄于1941年冬，从罗斯托夫向米乌斯河防线后撤的第16装甲师一部。

▼胡贝在办公室里的工作照，拍摄时间不详，但从其佩戴的骑士勋章来判断，这张照片应摄于1942年前。

抗也更加顽强，这些因素使克莱斯特的罗斯托夫攻势几乎完全停滞。

11月17日，当霜降大地、地面板结时，第1装甲集团军又向罗斯托夫发起了进攻。就在同日，苏军第37集团军与重建的第9和第18集团军向罗斯托夫北面50英里的第14摩托化军发起了反击，仅第16装甲师的前沿就出现了多达10个师的苏军，但胡贝装甲师与"维京师"、第1山地师等还是阻止了对手的突破。与此同时，第3摩托化军的"希特勒警卫旗队"师和第13装甲师继续向罗斯托夫杀去，并于20日攻占了这座城市。

罗斯托夫是一座有50万人口的大城市，更具有重要的战略地位，是通往高加索产油区、中东和伊朗的要道。苏军大本营不可能坐视德军攫取这座城池，并把它作为来年攻势的跳板。苏军南方面军立刻奉命发起了夺回罗斯托夫—塔甘罗格，消灭第1装甲集团军的反击战，占据罗斯托夫的第3摩托化军很快遭到南北两面苏军的夹攻，罗斯托夫以北的第14摩托化军也被苏军3个集团军挤压着朝图斯洛夫河方向撤去。11月28日，克莱斯特命令第3摩托化军撤离罗斯托夫。2天后，所部继续撤往米乌斯河一线。12月2日，苏军越过了图斯洛夫河，担任后卫的第16装甲师经过两整天的激战挡住了对手。确保物资和重武器均已运过米乌斯河后，胡贝率部于5日夜间撤到米乌斯河西岸。克莱斯特成为开战161天以来首位遭受重大挫败的高级将领，尽管这绝非他本人或德军的最后一次受挫。

胡贝装甲师在马特韦耶夫库尔干(Matveyev Kurgan)地区的米乌斯河防线与苏军对峙了一段时间，随着战场被严寒和积雪完全笼罩，双方都暂停了作战行动。第16装甲师迎来了久违的休整，坦克和新兵陆续抵达斯大林诺—梅克耶夫卡的补给基地。随着1942年的临近，胡贝和第16装甲师告别了曾经辉煌，但以惨淡收尾的1941年。

兵临城下：斯大林格勒战役最出色的德军将领

1942年1月16日，胡贝成为第62位橡叶骑士勋章得主，并于4月1日晋为中将。随着春天的到来，蛰伏数月的东线德军似乎又恢复了战斗力和士气。在1942年1月的冬季大反攻中，苏军在伊久姆地区突破了德军防线后，在向西的推进中形成了一个宽约60英里、纵深也约达60英里的突出部。突出部根部的中央是北顿涅茨河畔的工业城市伊久姆，德军则扼守着突出部南北两面的"肩部"——斯拉夫扬斯克和巴拉克列亚。德军统帅部在筹划1942年夏针对斯大林格勒和高加索的"蓝色作战"时，决定先拔除两根"芒刺"——克里木半岛和伊久姆突出部。剪除伊久姆突出部的作战计划于5月17日发起，由第6集团军从巴拉克列亚向南进攻，克莱斯特统领的第1装甲集团军和第17集团军则从斯拉夫扬斯克向北推进，两路德军在伊久姆附近会合后，将突出部内的苏军一举围歼。

德军进行筹划准备的同时，苏军西南方面军司令员铁木辛哥元帅和他的参谋长巴格拉米扬将军也把关注的目光投向了伊久姆突出部，他们准备以南北夹击的钳形攻势围歼哈尔科夫周边的德军。5月12日，苏军抢先发起了史称"哈尔科夫攻势"的进攻，"风暴般的炮火准备、遮天蔽日的轰炸机机群、成百上千的T-34"给准备明显不足的德军造成了极大恐慌。14日，铁木辛哥大军继续向西突进，其先头距哈尔科夫本身甚至不足10英里，到15日时已形成南北夹击哈尔科夫的态势。就在危急时刻，德军17日按计划发起了"弗里德里希"作战，克莱斯特在伊久姆突出部的南面肩部斯拉夫扬斯克率先反击。克莱斯特投入了3个军，左翼是担任突击矛头的第3摩托化军，右翼为第52军，中间则是第44军的3个步兵师和第97轻步兵师，胡贝的第16装甲师也被编入第44军序列。[34]

面对克莱斯特的苏军第9集团军，就像5天

▲ 第62位橡叶骑士勋章得主胡贝(1942年1月16日获颁)。

▲ 摄于1942年5月25日的“弗里德里希”作战期间，胡贝(左)正与首席参谋军官穆勒中校(Dietrich von Mueller)讨论作战计划。

▲ 摄于1942年2月，胡贝与手下的军官们在开完会后留影。图中正中面对镜头者为胡贝，他左边身着装甲兵制服的是西肯纽斯，右四似为施特拉赫维茨。

前遭受铁木辛哥重击时的德军一样惊慌失措。胡贝率领装甲战斗群沿着顿涅茨河岸向北进攻，一路势如破竹，但相对于第3摩托化军的第14装甲师而言，胡贝的进展还略逊一筹——第14装甲师于17日就撕开了苏军防线，当日晚上抵达了巴尔文科沃。5月20日，随着第14装甲师继续向北推进，突出部的根部只剩下12英里宽，顿涅茨河沿岸的多座渡桥也被第16装甲师和跟进的步兵逐一夺取，正远在西面作战的苏军如果不及时回撤，将面临被包围的命运。22日，保卢斯第6集团军在哈尔科夫的形势稳定下来后，派第51军的第3和第23装甲师向南杀出，当日即与第14装甲师会师于巴拉克列亚的西南，伊久姆以西的所有苏军于是都被关进了所谓的"巴尔文科沃老鼠笼"。被围苏军经过1星期血战后于5月28日放弃了挣扎，至少24万人、1200辆坦克和2600门大炮被德军俘获。[35]仅胡贝装甲师就俘获了3万余苏军，摧毁了69辆坦克和224辆各种车辆。[36]

哈尔科夫胜利后，希特勒和参谋总长哈尔德决定在发起"蓝色作战"前，再发动两次小规模作战，以尽可能多地消灭顿涅茨河周边的苏军。首先是6月10日发起的"威廉(Wilhelm)作战"，目标是围歼沃尔昌斯克(Volchansk)附近的苏军第28集团军。为此，德军第8军将由北向南推进，并与向北进攻的第3摩托化军会合于布尔卢克(Burluk)河。此时已隶属第3摩托化军的第16装甲师被指定为突击矛头，第14、第22装甲师和第60摩托化步兵师随后跟进，步兵师负责保护侧翼。胡贝率部迅速楔入了布尔卢克河沿岸的苏军后方，2日后与南下的第8军会合，虽然第28集团军的多数兵力溜出了包围圈，但还是有21000名苏军被俘。第16装甲师扮演主角的下一战役是6月22日发起的"弗里德里希II作战"。当时，在奥斯科尔(Oskol)河前方布防的苏军第38集团军据守着北起库皮扬斯克(Kupyansk)、南至伊久姆的小突出部，拔除这个突出部就是"弗里德里希II作战"的目标。居北的第3摩托化军和南面的第44军将以钳形攻势围歼对手。[37]22日战斗打响时，胡贝装甲师再次充任进攻矛头，征服了多处雷场和数条反坦克堑壕后，于24日夺取了库皮扬斯克，稍后与第44军的先头部队会合。2日后，奥斯科尔河西岸被完全肃清，13000余名苏军被俘。第16装甲师在两次战役中均发挥了关键作用，而且自身伤亡很少。

6月27日，胡贝装甲师回到斯大林诺—梅克耶夫卡的补给基地进行休整和补充装备。次日，德军打响了夏季攻势，胡贝装甲师并未立即参战，一直休整到7月7日，才作为第14装甲军(这时德军的摩托化军全部改称为装甲军)的一部分加入保卢斯第6集团军的作战序列。维特斯海姆将军的第14装甲军是保卢斯的北翼箭头，除第16装甲师外还包括第3和第60摩托化步兵师，这些部队沿着顿河南岸进军；南翼的第24装甲军和第51军则朝着顿河与奇尔河的交汇处推进。居于德军两支箭头中间的，是在顿河西面河曲地带防御的苏军第64和第62集团军，他们占据着一个北起卡拉奇、南至下奇尔斯卡亚(Nizhne Chirskaya)的大型桥头堡。由于卡拉奇的顿河渡口控制着从西面通往斯大林格勒的铁路和公路，德军高层决定以第14和第24装甲军为主力展开钳形攻势，摧毁卡拉奇顿河渡口的桥头堡，同时消灭顿河西岸的全部苏军。

第6集团军推进的过程中面临的最大问题并不是对手的抵抗，而是油料的补给时常短缺且跟不上摩托化部队的步伐。7月24日，保卢斯北翼的第14装甲军发起了进攻，当日取得了完全成功，到次日晚时已逼近卡拉奇西北附近。第24装甲军的南翼攻势不尽人意，一开始就被阻挡在奇尔河南岸。不过，从26日起，第16装甲师与装甲军的其他部队，都因油料耗尽和苏军的顽强抵抗而停顿下来。此后10天里，卡拉奇周边爆发了一场几乎被后人遗忘的"卡拉奇坦克战"，苏军除第62和第64集团军外，还投入了第1和第4坦克集

▲ 摄于1942年7月向斯大林格勒推进的途中，胡贝装甲师借助烟雾的掩护攻击苏军的反坦克阵地。

▲ 摄于1942年8月7日的“卡拉奇坦克战”期间，第16装甲师的坦克编队正向苏军位于别列索夫斯基(Beresovski)的坦克集结地进攻。

◀ 摄于1942年8月，正向伏尔加河畔全力冲去的德军III号坦克。

▲ 摄于1942年8月，第16装甲师跨越顿河的情形。图中的37毫米反坦克炮(最前面的似为50毫米反坦克炮)属于第16反坦克营。

▲ 这是一张著名的照片，可能摄于1942年8月第16装甲师向伏尔加河挺进的途中。图中手持望远镜者是第4航空队指挥官里希特霍芬上将，装甲指挥车上戴眼镜的是胡贝。

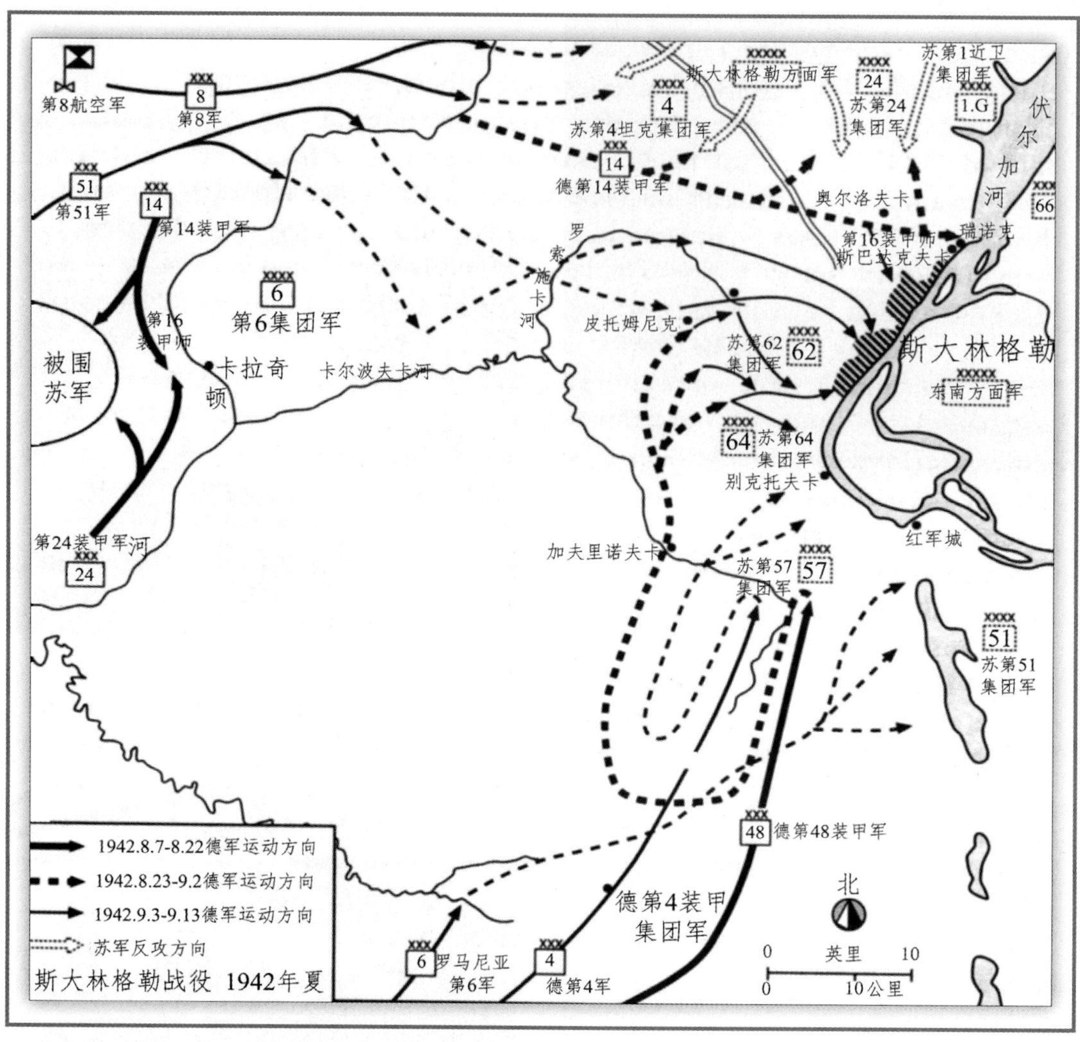

▲ *斯大林格勒战役，德军的运动方向和苏军的反攻方向示意图（1942年夏）。*

团军的上千辆坦克。26和27日两天，苏军第1坦克集团军在空军的支援下向几乎失去机动能力的第14装甲军发起了反击，维特斯海姆的部队用尽了几乎每滴汽油才勉强挡住了对手。胶着的局面一直持续到8月7日，保卢斯的装甲部队当天终于得到了油料，北翼先头第16装甲师以顿河保护自己的左翼，朝着南面的卡拉奇推进，南翼的第24装甲军也以顿河保护自己的右翼，从奇尔河北岸的出发阵地同步扑向卡拉奇。为防止苏军撤过顿河，德军俯冲轰炸机和对地攻击联队几乎摧毁了河上的所有渡桥。8日清晨，南翼德军在前进了约20英里后与胡贝装甲师在卡拉奇附近会合，苏军第62集团军和第1坦克集团军大部被包围在顿河河曲。到11日战事结束时，德军在包围圈内俘获了35000人、270辆坦克和560门大炮。整个顿河河曲地带的作战中，德军俘虏了57000人，摧毁或缴获了1000辆坦克和750门大炮。[38]胡贝的第2装甲团据称在两天中击毁了270辆以上的苏军坦克，[39]其中1辆是该团在东线击毁的第1000辆坦克(5倍于自身的实力)。[40]

8月23日又是一个晴朗炎热的夏日，坐在装甲指挥车上的胡贝指挥部队穿行在顿河与伏尔加河之间的陆桥上。虽然烈日晒红了脸庞，但胡贝的情绪很好，他的装甲师作为第14装甲军的矛头，正有望成为最接近斯大林格勒的部队。自清晨起，第8和第4航空军的多个联队就在装甲师进军路线的前方轰炸和攻击着每处苏军阵地，第2装甲团的坦克卷起的隆隆烟尘遮住了前方的视线。下午4时，胡贝已在望远镜里看到了斯大林格勒北郊的巨大身影。逼近北郊时，胡贝装甲师风暴一般席卷了沿途的30余处炮兵阵地，但当天夜里，坦克和装甲车几乎耗尽了油料，好像病鲨一般在伏尔加河畔搁浅了。就在当夜，德军进行了1941年6月以来最猛烈的一次空袭——600架轰炸机对斯大林格勒进行了毁灭性轰炸，似乎在向斯大林格勒和全世界宣告，德国军队已经兵临城下。

第16装甲师快速进抵斯大林格勒北郊固然是一项了不起的战绩，但绝非毫无危险。胡贝在观察着斯大林格勒被熊熊大火映红的天空时，也不由得担心自己的处境——他目下所在的位置并不利于防御，身后大约20公里处是苦苦追赶自己的第3摩托化步兵师，又隔十几公里才是第60摩托化步兵师。这3个师与第6集团军的主体已经隔开，它们就像充满敌意的海洋里孤零零的三个小岛一样，除非连成一体并与集团军主力建立联系，否则各部都极易受到分割打击。事实上，胡贝装甲师次日即遭到苏军第62集团军和大批民兵的围攻。尽管遭受了狂轰滥炸，但决心复仇的红军与斯大林格勒的工人和居民，决不允许德军坦克开进最北边的瑞诺克(Rynok)，更不容许胡贝染指斯巴达克夫卡(Spartakovka)工业区。胡贝预计到所处形势的险恶，把部队部署成刺猬般的环形防御体系，居于中央的炮兵负责360度掩护全师。[41] 8月25日清晨，当斯大林格勒巨大的城廓浮现于天际时，胡贝装甲师遭到了苏军轰炸机的轰炸，伏尔加河对岸的苏军重炮也向他倾泻着愤怒的炮火。而他发起的进攻竟然被装备简陋、临时拼凑起来的防御者打退，战场上还出现了刚开下生产线甚至未及喷漆的苏军重型坦克。局势的变化令胡贝心烦意乱，他致电集团军总部询问跟进步兵的位置，要求立即补给弹药的油料。空军25日向第16装甲师空投了补给，但多数都落在了苏军一侧。胡贝虽然生气，但在下属面前表现得还很镇定，甚至在作战间隙还小睡了一会儿！面对被围歼的真实危险，胡贝告诉军官们：“鉴于弹药和油料基本告罄，我们唯一的机会就是向西突围。我绝对拒绝打一场会使部队被消灭且毫无意义的战斗。因此，我命令部队准备向西突围。我个人将负全责，而且会在适当的时候证明命令的正当性。先生们，我现在解除你们效忠誓言的约束，你们可以选择是率部参加突围，还是将指挥权交给愿意且准备参加突围作战的军官。没有弹药的话我们无法守住任何阵地……”[42]

8月26日注定是第14装甲军军长维特斯海姆倍感烦恼的一天。苏军在装甲军北翼发起的有力反击撕开了其防线的一段，已做好向西突围准备的胡贝也在不停地向他索要补给增援。这些都令他烦恼不已，于是他致电保卢斯要求撤离伏尔加河。保卢斯一口回绝，同时命令第51军和第8军尽快填补与第14装甲军之间的缺口，并立即向胡贝装甲师调运物资。[43]在保卢斯的直接干预下，最近的第3摩托化步兵师组织了一个战斗群，冲杀着赶到胡贝的位置，带来了10辆坦克及装满250辆卡车的弹药油料与食物。这些增援补给如甘霖般立刻恢复了胡贝的信心，同时，由于希特勒严令不得西撤，胡贝于是继续在瑞诺克苦战。面对每天500人的减员以及频繁的弹药告罄，别无选择的胡贝终于在8月31日放弃了瑞诺克，北撤2公里后建立了一条新防线。虽然第14装甲军最终打退了苏军反攻，并在伏尔加河站稳了脚跟，但有后人评价说，胡贝8月31日的撤退实际上葬送了夺取斯大林格勒的最佳机

▲ 摄于1942年8月末，胡贝设在山沟里的前线指挥部。图中的车辆均做了相应的伪装。

▲ 摄于斯大林格勒战役期间，一个德军士兵把守着一处机枪阵地，居高临下地控制着所谓的“奥尔洛夫卡(Orlovka)峡谷”。

▲ 摄于斯大林格勒战役期间，德军士兵正在等待进攻信号，背景是1辆IV号坦克。

会——当苏军最高统帅部获悉胡贝装甲师已在23日晚上抵达伏尔加河畔时，斯大林的反应绝对不只是震惊——他指令斯大林格勒北面的部队不惜任何代价挡住对手，同时调动大量预备队和坦克部队赶来加强防御。但部队的调动和就位都需要时间，而胡贝的北撤某种程度上减轻了当面苏军的压力，为苏军预备队的到来“争取”了宝贵的时间。如果德军能在8月的最后1周为第16装甲师及时解围并给予有力增援，那么保卢斯在苏军援兵到达之前拿下斯大林格勒，可能并非天方夜谭。

9月14日，第14装甲军军长维特斯海姆被解职——之前，他先是要求从斯大林格勒北面撤出，而后又建议第6集团军就地转入防御，还曾指责上级使用装甲部队的方式不当，甚至批评过希特勒干预前线战术，这些“新仇旧恨”促使元首命令保卢斯解除维特斯海姆的职务。蹊跷的是，接任军长的竟是胡贝——希特勒不是不知道他在8月最后一周下达过撤退令，也了解他赞同维特斯海姆对上级和大本营的批评，但或许是出于多年积累下来的信任与赏识，希特勒不仅任命胡贝担任第14装甲军军长，还于10月1日晋升他为装甲兵将军，这时距他晋升中将才刚刚6个月。

斯大林格勒战役的惨烈程度在二战中恐无出其右者，看过老电影《斯大林格勒保卫战》的人一定会对电影中描绘的血腥场景震撼不已。而另一部好莱坞电影《兵临城下》则借助苏德双方狙击手的角力故事深刻展示了战争的残酷

▲ 摄于1942年9月15日，升任第14装甲军军长的胡贝向第16装甲师告别。图中右侧的军官是第16摩托化步兵旅旅长阿伦斯托尔夫(Hans-Adolf von Arenstorff)上校(11月担任了第60摩托化步兵师师长，后在斯大林格勒被俘)。

▲ 摄于1942年9月15日胡贝向第16装甲师告别时。左为第64摩托化步兵团团长克鲁姆本(Paul-Heinz Krumpen)上校。

▲ 摄于1942年9月15日胡贝向第16装甲师告别时。图中正中是胡贝，右一为阿伦斯托尔夫上校，左为首席参谋军官穆勒中校。

▲ 摄于1942年9月15日，胡贝与第16装甲工兵营营长施特雷尔克(Ernst–Guenther Strehlke)少校道别。

▲ 接替胡贝出任第16装甲师师长的安格恩将军，他于1943年2月2日在斯大林格勒包围圈内自杀身亡。

性。斯大林格勒城北拖拉机厂的激战早已为人熟知，直接在此对垒的就是崔可夫的第62集团军与胡贝的第14装甲军和塞德利茨(Walther von Seydlitz)的第51军。胡贝装甲军的主力自然还是第16装甲师，他交给新师长安格恩(Guenther Angern)中将的任务，是不惜任何代价摧毁斯巴达克夫卡和瑞诺克的苏军防线，肃清莫克雷亚梅切特卡(Mokraia Mechetka)河北岸的所有苏军。[44] 10月15日，拖拉机厂及其周边阵地终于落入胡贝之手，而第14装甲军在伏尔加河东岸苏军的猛烈炮击下伤亡也极为惨重。保卢斯忠实地执行着希特勒的各项命令。到11月初时，苏军还占据着仅存的几个堡垒，崔可夫集团军余部也被逼入市内，城市的90%基本上都在德军控制下。但是，第6集团军也已是强弩之末——第16装甲师就只剩下4000名德军(其余的是所谓的“俄罗斯志愿者”)，各部都精疲力竭，而且弹药油料紧缺。

11月19日，在80分钟炮火准备完成后，苏军第5坦克集团军和第4坦克军向斯大林格勒北面的罗马尼亚第3集团军发起了进攻，罗军防线瞬间瓦解，苏军坦克迅猛地朝卡拉奇顿河渡口扑去，大量骑兵和步兵则紧随坦克冲锋陷阵。保卢斯没有及时地把第16和第24装甲师派至北翼堵住潮水般的苏军(当时胡贝装甲军仍在城内巷战)，而是派徒有装甲军虚名、实际没剩几辆坦克的第48装甲军前去堵漏，可以说是保卢斯在被完全包围前犯下的大错之一。19日晚上，B集团军群命令保卢斯终止城内的所有进攻，把装甲师和机械化部队全部撤到左翼的顿河西面，由胡贝第14装甲军统一指挥和准备发起反击。[45] 20日，苏军反攻的另一只铁钳向南面的罗马尼亚第4集团军砸去，这条防线很快也被突破，苏军第13机械化军开始向保卢斯的背后穿插。2天后，苏军的南北双钳在卡拉奇顿河渡口合拢，初步完成了对第6集团军的合围——20多万德军及仆从国军队被围在东西宽30英里、南北长25英里的口袋中。但这时的包围圈远未扎紧，德军士气仍然旺盛，胡贝的几个装甲师仍有相当的战斗力和机动能力，如果保卢斯及时下令突围，那么局面尚有可为。事实上，22日当天，第51军军长塞德利茨就在保卢斯不知情的情况下，主动把被围的几个军的军长请来讨论局势，包括胡贝在内的5位军长都同意集中力量突围，他们还计划于25日发动突围攻势。[46]但是，希特勒禁止一切突围，他要把斯大林格勒变成一座深深楔在苏联腹地的堡垒和钉子。他还声称："如有必要，第6集团军将在斯大林格勒固守整个冬天，我会借一场春季攻势解救他们。"

12月初，胡贝的3个装甲师在与对手的厮杀中，仅存的140辆坦克又损失了一半，也只剩下很少的弹药油料，使保卢斯的任何突围想法都变得不再实际。尽管空军竭力空运物资、食品和弹药，但由于没有足够的运输机，也无力抗衡苏军战斗机部队，再加上经常恶劣的天气，被围德军始终得不到充足的补给。顿河集团军群指挥官曼施坦因绞尽脑汁地设想出高超的救援计划，并几近完美地付诸实施，但苏军于12月10日发起的奇尔河反攻又迫使曼施坦因分兵迎敌，救援斯大林格勒的部队就仅剩下第4装甲集团军的两个半装甲师。苏军多个坦克军试图阻止德军救援兵团的推进，但经过一路苦战，德军还是进抵到距斯大林格勒不足50公里处。曼施坦因这时命令保卢斯率部突围，但后者似乎已抱赴死决心，拒绝从命。曼施坦因一直等到第4装甲集团军也面临被围的最后一刻，才宣布取消救援，第6集团军的命运最后锁定了。

但是，保卢斯的消极态度激怒了手下的军师长们，他们无人愿意坐以待毙。胡贝早就规劝保卢斯自行撤退，在援兵距他们只有几十公里时，胡贝已做好了率其装甲军担任突围先锋的准备。当第4装甲集团军苦苦等候保卢斯突围的时候，塞德利茨甚至下令炸毁了第51军所有不便携带的重武器装备。军师长们一致推举胡贝面见希特勒汇报前线情况。当时，胡贝于12月21日已被授予第22枚双剑骑士勋章，希特勒正准备将他召来授勋并了解情况。军事历史学家海沃德(Joel S.L. Hayward)曾这样写道："元首想从一名有身份的陆军将领那里获取不带任何偏见的实情，他特别想听一听第14装甲军军长、装甲兵将军胡贝的意见。新年到来前，希特勒派其私人飞行员鲍尔飞到斯大林格勒包围圈把胡贝带回来。希特勒一直以来都十分尊重这位独臂将军，12月29日再次对他的清醒头脑和坦诚率直留下了深刻印象。"[47]

胡贝在狼穴大本营领受了双剑骑士勋章，也向希特勒详细介绍了局势和被围各部的状况，尤其是部队的补给困难。希特勒表现得很有理智和耐心，当他听说包围圈内的肉类补给不足应付整个1月时，立即令人找来军需部长瓦格纳，命令他将极地探险队专用的压缩食品提供给第6集团军。[48]希特勒对第6集团军被围的每支部队都有了解，而且对一些细节的掌握程度令胡贝无比惊讶。当胡贝请求批准突围时，希特勒毫不犹豫地拒绝了。元首告诉他，陆军总部正在筹划一场从西面发起的新救援攻势；空运也将因大范围重组而变得更有效率；一旦精锐的党卫军装甲师从法国调到斯大林格勒附近，被围

▲ 摄于1942年底，左一为苏军第65集团军司令员巴托夫(P.I. Batov)上将。他的集团军隶属于罗科索夫斯基的顿河方面军，在斯大林格勒反击战中发挥了关键作用。

▲ 图中前排中为苏军第62集团军司令员崔可夫。他的第62集团军堪称斯大林格勒城内战斗的中流砥柱，后被改称为第8近卫集团军。

▲ 摄于1943年1月，保卢斯上将(前右)在第16装甲师视察时遭遇空袭，他正在师指挥部外仰视天空，右后方是第16装甲师师长安格恩。

▲ 摄于1942年12月末，苏军战士在斯大林格勒城内的堑壕中作战。

德军就将于2月下旬获得解救。希特勒也指出，所有这些承诺的先决条件是稳定南方战场的局面，并将A集团军群从高加索撤出，“只要第6集团军能在斯大林格勒坚守，失败还是能够转化成一场大胜的”。希特勒的蛊惑力似乎又一次发挥了作用，当胡贝1月8日出现在曼施坦因面前时，后者觉得胡贝在这次行程后似乎恢复了信心。他在战后曾写道：“不知道希特勒本人展示出来的信心对胡贝的影响到底有多深。”[49]胡贝报告说已将详情做了如实汇报，曼施坦因则在战后的回忆录中称自己其实早就汇报过，只不过希特勒要找一个信得过的人来加以佐证罢了。曼施坦因对希特勒禁止突围毫不惊讶，倒是赶来迎接胡贝的保卢斯和将领们个个难掩失落，最高统帅部的乐观情绪与前线将领的低落士气形成了鲜明对比。

胡贝回到包围圈后很快发现自己装甲军的局势糟糕透顶，一度乐观的情绪也被现实击得粉碎，尤其是当他看到允诺的增援迟迟不见踪影，空投补给越来越少，士气跌入冰点，大批士兵冻毙，更多的官兵衣衫褴褛和忍饥挨饿时，他对柏林的期望彻底消失了。他现在所能做的就是和官兵们同生共死。斯大林格勒战役前，当胡贝获知自己担任少尉的儿子已在东线战死时，虽然心在流血，但一言不发，只是沉痛地走到战士们中间与他们一起战斗，是战士们关切的眼神和忠诚抚平了他心中的创伤。现在，是他与战士们一起战斗和面对死亡的时候了。

就在胡贝抱定必死决心的时候，一段意想不到的传奇发生了。据说，希特勒在1月16日电令曼施坦因和保卢斯，称调胡贝回柏林另有任用。然而，胡贝回电称自己已决定留下——是他带领战士们走进的包围圈，他将要么与部下一起突围，要么一同赴死。胡贝的抗命惹火了希特勒。18日，1架运输机在包围圈内的古姆莱克(Gumrak)机场降落，飞机上走下四个神秘人物。他们是希特勒身边的党卫军军官，要求保卢斯把胡贝等几位名单上的军官召来。当胡贝等到来后，党卫军军官们突然拔出手枪，同时言简意赅地说他们奉命将胡贝及几位参谋带回大本营，命令必须立即执行，否则格杀勿论。胡贝长叹一声，离开了保卢斯的司令部后赶往机场。[50]

这段真假莫辨的故事自然增加了笼罩在胡贝身上的神秘色彩，但它可能与真实情况相去甚远。军事历史学家海沃德的解读可能更为可信：1月中旬，保卢斯曾多次抱怨空军飞行员不敢在古姆莱克机场进行夜间起降，造成包围圈内的物资补给远远不敷所需，而全面负责空运的米尔希元帅为向希特勒、曼施坦因和保卢斯证明空军正在竭尽全力，特令6架He-111轰炸机和1架Fw-200运输机在18日夜间降落在古姆莱克机场。除运来6吨宝贵的物资外，返航时其中的1架He-111带走了胡贝和他的几位参谋——鉴于陆军和空军将领对空运状况的汇报相互矛盾，希特勒又想从他信赖的胡贝那里了解真实的情况。[51]

无论如何，胡贝见到元首后立即详细汇报了包围圈1月9日以来显著恶化的局面。他再次恳请批准突围，但又一次被明确拒绝。胡贝还不死心，声称第6集团军被围这样的事件对元首的声誉会造成很大伤害，因而建议元首把指挥权移交给前线将领。希特勒立即疑心他受到了曼施坦因的教唆或至少是暗示，“曼施坦因想当东线总司令”这样的猜疑开始在他心中生根。事实上，曼施坦因确曾在1月22日致函参谋总长蔡茨勒，请他敦促希特勒不必事必躬亲，也不必将政治领袖、军事首脑和前线指挥官的角色集于一身，希望能多给将军们一些信任，并能接受一位顾问或由参谋总长来负责所有战场的作战事宜。[52]希特勒对胡贝的建议装聋作哑，不置一词。当这些请求都没有得到积极回应时，胡贝向希特勒抱怨说：“……空运彻底失败了，必须有人为此负责。为什么您不枪毙几个空军将领，而总是将陆军将领治罪呢？”胡贝当然清楚没有陆军将领因为胆怯或无能而被枪毙，他的真实意图是指出戈林和空军将领必须为空运失败负责。希特勒对戈林及其助手们一直在掩饰失败的作为现在有了较清楚的认识，但又不便当着胡贝的面承认斯大林格勒命运的终结，只好故作镇静地回答道："我知道你在斯大林格勒的处境不好，但事情很快会好起来的。一切都在我的掌控之中。"失望的胡贝随即请求批准他立即飞回包围圈，结果这一要求惹火了希特勒，他命令胡贝担任米尔希的助手，带出来的几位参谋也都担任特别联络官，负责协调向包围圈内运送物资补给。胡贝被这一命令弄得哭笑不得，连曼施坦因战后都曾说："胡贝也无能为力，因为空运效率不高的主要原因还是天气欠佳和飞机不够，并非什么组织上的缺陷。"[53]

希特勒非常重视胡贝反映的情况，坐卧不安的他立即把胡贝的评论反馈给戈林，后者非常恼火，但也无计可施，只得比以往更频繁地出席最高作战会议(以挽回颜面和在元首眼中的地位)，同时向米尔希和里希特霍芬等前线将领发去无数封施压电报。胡贝返回前线后并未回到包围圈内，而是协助米尔希继续空运物资。胡贝连得罪戈林都不畏惧，在米尔希面前更是直言不讳。他向这位空军元帅抱怨说，元首的印象是空军已经竭尽全力，但事实并非如此，比如多数降落在古姆莱克的飞机都没有满载，而且还运来了一些部队无法使用的补给。米尔希试图为飞行员辩护一番，声称严寒损害了发动机、能见度低下、机场缺乏夜间照明设施等等。胡贝闻言立即打断了他的辩词，声称不是照明设施匮乏，而是飞行员因缺乏责任心而拒绝夜间起降。胡贝最后说道："第6集团军已经虚弱不堪了，作战部队每人每日只能得到200克面包，后勤人员则只有100克。弹药的情况更是灾难，炮兵们不能再向敌军阵地打炮，他们只能在敌军进攻时开炮。俄国飞机想飞多低就飞多低。"[54]胡贝的直率和尖锐使米尔希无言以对，也促使后者迅速改进空运中存在的诸多弊端。胡贝对米尔希的效率和能力看在眼里，记在心上。他在包围圈覆灭后的3月15日提交的报告中，曾赞赏过这位号称"天才管理者"的元帅："如果能把米尔希元帅早点派来，他和他的参谋们将能对斯大林格勒堡垒的空运产生决定性影响。他的那些举措最初需要10到14天时间才能完全发挥作用。如果元帅从包围圈形成当日(1942年11月23日)就开始负责，那么到12月中旬时这些措辞的效果就会完全体现出来。如果能够维持空运，德军就能在斯大林格勒堡垒坚守许多个月。"[55]

第6集团军的覆灭命运已经无法逆转了。就在保卢斯投降前的最后日子，希特勒的空军副官贝洛收到了他的亲戚贝尔(Winrich Behr)发自斯大林格勒的一封信，后者描述了包围圈内的状况和高级将领们的表现。贝尔在保卢斯的名字旁打了个大问号，在塞德利茨和保卢斯的参谋长施密特名字边上注明"该枪毙"，而在胡贝的名字下却写着"好样的"。贝洛将信交给了希特勒，元首阅后感慨不已，在作战会议上还对参谋总长蔡茨勒说，虽然胡贝留在包围圈内对部队大有好处，但他在别的战场仍将有大用，这封信也进一步证实了他命令空军将胡贝撤出的决策"多么英明"。[56]

2月3日，胡贝陪同米尔希一起飞往元首大本营，当他们在夜里抵达后，希特勒出人意料地让米尔希等候，却立即接见了胡贝——足见胡贝在元首心目中的分量依然很重。希特勒先是好言抚慰了一番，声言斯大林格勒的灾难由他个人负责，然后重点向胡贝询问了米尔希到任后是否显著改进了空运。胡贝详细描述了米尔希的努力和作为，称这位元帅做到了权限范围内的一切，甚至做得更多。他还说"如果米尔希能早2个星期到达前线，空军可能会维持住第6集团军的生存"。希特勒则后悔地称这是他自己的"判断失误"。

胡贝的几位老部下中，西肯纽斯在1月中旬身负重伤后被运回本土治疗；施特拉赫维茨早在1942年10月负伤后即离开了包围圈；第16装甲师师长安格恩中将宁死不降，于2月2日饮弹自杀。第16装甲师余部同日向苏军投降，第14装甲军也随着第6集团军一起烟消云散了。

西西里岛大撤退：“德军的敦刻尔克”

斯大林格勒崩溃后，胡贝开始在乌克兰重建第14装甲军，稍后来到法国接收军属单位。当时，第16装甲师正在法国马耶讷(Mayenne)重建，伤愈归队的西肯纽斯于3月5日就任师长，该师以幸存的东线老兵为基础，接收了第890掷弹兵团和第7集团军的若干部队，补充了大批“俄罗斯志愿者”，新的坦克、大炮和半履带车等装备也陆续运达。

希特勒的盟友意大利在二战中的表现可谓惨淡，曾有盟军高级将领开玩笑说，如果说对德作战可在6个月内结束，那么对付德意联军也许只要3个月就够了。此言虽然夸张，但对意军成事不足、败事有余的调侃和轻蔑尽在其中。希特勒对盟友的战斗力心知肚明，他也估计到，一旦墨索里尼政权垮台，意大利就有可能倒向盟军。在最高统帅部作战部长约德尔的支持下，希特勒命令已从突尼斯抽身的隆美尔筹建下辖14个师的B集团军群，准备在必要时占领意大利北部。奇怪的是，这个计划是背着南线总司令凯塞林进行的，当然后者通过渠道还是获悉了该计划的内容。凯塞林头脑清楚，手腕灵活，他只是不动声色地与意方周旋，商谈继续增派德军进驻意大利的事宜。5月22日，在充分顾及意大利

◀ *摄于1943年2月，第6集团军被俘的将校们，左一和左二分别为第295步兵师师长克费斯(Otto Korfes)少将和首席参谋军官迪瑟尔(Gerhard Dissel)上校，左三为第4军军长普雷费尔(Max Preffer)将军，左四是第51军军长塞德利茨，余者不详。*

▶ *摄于1943年3月1日，正在接受苏军讯问的保卢斯元帅。*

人自尊的情况下，他成功说服了意军接受胡贝的第14装甲军进驻，此外意方也同意再接受5个德国师的援助。

5月23日，胡贝在前往意大利的途中顺访第16装甲师，参加了纪念三年前的斯托讷之战的活动。西肯纽斯盛情款待了老师长，借机提出回归第14装甲军建制的请求。胡贝满口答应，作为元首信任和尊敬的将领，他提出的请求很快获得批准。25日，齐装满员的第16装甲师开始向意大利北部调动，6月初抵达锡耶纳(Siena)一带。

意大利的形状在地图上颇似一只靴子，而距本土仅2英里的西西里岛，就像是靴子脚趾部位旁的一只撒了气的足球。西西里岛的历史基本上就是一部军事征服史，无论是古希腊人、腓尼基人和迦太基人，还是罗马人、诺曼人和西班牙人，都曾在这座炎热又充满敌意的火山岛上留下过血腥的足迹。在1943年7月的炎炎烈日下，英美盟军又将在这里展开到此刻为止规模最大的一次两栖登陆战。盟军登陆西西里岛的战役代号为“爱斯基摩人行动”(Operation Husky)，以夺取西西里岛、登陆意大利本土和迫使意国退出轴心国为目标。盟军计划投入9个师，包括蒙哥马利第8集团军的115000名英军和巴顿第7集团军的66000名美军；另外，约有3200艘舰只在4000架战机的支援下展开登陆作战。[57]驻岛德军起初只有“赫尔曼·戈林”装甲师和第15装甲掷弹兵师等约3万人，后来又增援了第29装甲掷弹兵师和第1伞兵师。意军可能多达315000人(也有一说是只有20万人)，统归意军第6集团军指挥，还有相当数量的飞机和战舰。纸面上看起来西西里岛守军的兵力相当雄厚，但意军不仅装备差，训练水平也很低下，士气更是低落。研究西西里岛战史的美军少校巴恩哈特(Barton V. Barnhart)曾指出：“……对意军士兵来说，防御西西里就意味着捍卫法西斯，而他们很少有人真愿意这么做。他们相信‘正确的’一方是盟军，而不是法西斯或者德国那一方，他们甚至把进攻自己的敌人视为朋友，因此有意寻找停止射击的最佳时机。不过，由于盟友德国人和同胞中的一小部分法西斯分子坚持战斗，所以多数意军还是挣扎了一小段时间。他们认为西西里岛早已无可救药，所以觉得为一个自己并不相信的原因去苦战或死去，实在是荒唐。大多数意军在战斗中不是简单地弃守阵地或躲起来，就是任由盟军俘虏自己。”[58]曾有美军老兵在回忆录里称从未见过像意大利那样的军队，“当了俘虏却兴高采烈地连唱带跳还拉琴”。

7月10日，盟军西西里岛登陆战拉开了帷幕，登陆本身基本未遇认真抵抗，由于意军随意放弃阵地逃跑，头几天的战事显得极为顺利。盟军登陆后，胡贝奉命将第14装甲军军部迁至与西西里岛隔着墨西拿海峡相望的雷焦卡拉布里亚(Reggio di Calabria)。胡贝此时并不知道戈林、凯塞林和隆美尔正在较劲——戈林试图让空军将领施塔赫尔(Rainer Stahel)出任驻岛德军总指挥，理由是驻岛部队主要来自空军，但这个提议遭到了隆美尔的反对。隆美尔强力推荐他所中意的胡贝，竭力说服元首相信胡贝就是那个能扭转局势的人。凯塞林对希特勒最后选择胡贝有些不快，倒不是他怀疑这位大名鼎鼎的东线将军的能力，而是出于他个人与隆美尔的恩恩怨怨。在北非的岁月，凯塞林与隆美尔经常意见相左和发生龃龉。凯塞林天性乐观，有时对危在旦夕的局势也持有一种令他人恼火的乐观。而隆美尔经常越过指挥层级，无视凯塞林的地位。在决定西西里岛德军总指挥一事上，隆美尔推荐的人选自然会令凯塞林心中存疑。他觉得隆美尔推荐胡贝并非出于真心，而是认为后者肯定会一败涂地，等灾难出现或局势大乱时再由他隆美尔出马收拾，这样才符合他一贯的英雄形象。[59]姑且不论凯塞林是否真有此想法，也不管隆美尔是否真有私心，胡贝到任后没过几天就令人刮目相看——胡贝丝毫没有隆美尔的悲观情绪和独立王国作风，他与助手们更

▲ 摄于1943年5月的西西里岛，里希特霍芬元帅视察该岛的防务。左二为奥斯特坎普(戴白帽者)，左四为里希特霍芬，正中为吕措上校。

▶ 摄于1943年初夏的西西里岛某处基地，图为JG-53联队的1架Bf-109G战斗机。

没有那种完全不顾现实的疯狂。凯塞林觉得胡贝非常清楚西西里岛的局势，明白自己能做些什么和做不到什么。凯塞林战后曾坦承，他的南线总司令部与胡贝合作得非常好，这位独臂将军确是当时的最佳人选。

7月15日，胡贝将军部迁至西西里岛，随即与意军第6集团军指挥官古佐尼(Alfredo Guzzoni)建立起良好的关系。希特勒曾密令胡贝，在不声张且符合外交礼仪的前提下，与驻第6集团军的德国联络官森格尔将军密切配合，把全岛的防务和地面作战接管过来。胡贝刚到西西里岛，就令盟军感受到了他的存在——曾一度势如破竹的蒙哥马利集团军，在114号公路上的卡塔尼亚(Catania)遭到了强力抵抗，进攻受挫后陷入僵局；沿东海岸前进的英军和加拿大军队，也在胡贝装甲军的层层阻击下于19日止住了前进的脚步。当日，蒙哥马利放下自尊和傲慢，向盟军统帅亚历山大建议把主攻方向调整到巴顿集团军一侧。盟军将领们此刻已认识到，快速夺取西西里岛的机会已在胡贝装甲军的顽强抵抗下溜走了。在岛西作战的巴顿原本扮演着辅攻角色，变成主攻后他重新调配兵力，于22日夺取了巴勒莫(Palermo)。次日，美军开始按计划沿西西里岛北部的海岸公路向东推进，而蒙哥马利集团军此刻还在东海岸与对手僵持不下。

胡贝清楚自己的任务是延迟阻击对手，随

▲ 摄于1943年7月11日西西里岛的戈拉(Gela)港，英美盟军已开始登陆，图为美军驱逐舰“罗恩”(Robert Rowan)号被Ju-88轰炸机命中后爆炸的情形。

▶ 摄于1943年夏的西西里岛战役期间，胡贝当时统领所有德军地面部队和高射炮部队。图中他正与下属交谈，此战之后他获得了“西西里将军”的称号。

▲ 摄于1943年夏的西西里岛战役期间，德军正在海岸进行顽强抵抗。

▲ 摄于1943年7月的西西里岛战役期间，凯塞林(前左)与胡贝(前右)正在前线视察。

着巴顿的快速推进，他把部队重组为三个战斗群，预备在圣斯特凡诺(San Stefano)防线坚守若干时日：左路为"赫尔曼·戈林"装甲师和第1伞兵师，面对英军第13军和第30军；中路为第15装甲掷弹兵师，该师左翼面对加拿大第1师，右翼面对美军第45和第1步兵师；右路是意大利第12军。另外，第29装甲掷弹兵师已抢占了113号海岸公路上的要地。这种兵力配置使盟军基本上无法包围对手。

就在岛上激烈厮杀的同时，意大利政局果然出现了希特勒预感的重大变化——墨索里尼倒台了。虽然此事对岛上的实际作战影响不大，但希特勒认为必须在适当的时候把德军全部撤出。7月26日，大本营指示凯塞林准备实施撤离西西里岛的计划。由于在圣斯特凡诺拖住了盟军，胡贝得以从容地部署称作"埃特纳(Etna)"的下一道防线。其实这只是胡贝为撤退而设计的5条防线中的第1条，"埃特纳"之后还有"托托里奇(Tortorici)"与第一、第二和第三阶段等四条防线，中间更有多处过渡阵地。这些防线沿着大体上呈楔形的东北西西里岛而建，每条防线渐次减少防御正面，最后汇聚于楔形的底部墨西拿。胡贝要求部队在每条防线固守一天，夜间可放弃阵地撤向下一防线。这种精密的安排使德军每步后撤都能释出约8000到10000人，最后一道防线上的部队就可以到集结地点等候撤离。事实证明，胡贝之所以能面对几十万盟军坚守38天(7月10日至8月17日)，除了德军战斗力依然强悍、地形利于防御等因素外，应该说，他设计的防御体系和对战场局势的准确把握也是重要原因。一路基本未遇重大挫折的巴顿集团军，在胡贝的首条防线就栽了个大跟头。有着"大红1师"称号的美军第1步兵师，再加上第9步兵师的2个团，整整5个团的美军被罗德特(Eberhard Rodt)少将的第15装甲掷弹兵师死死拖住1周之久。罗德特在苦战中曾几度请求胡贝批准撤退，但后者审时度势，认为时机未到，命令罗德特严防死守。到8月初罗德特获准撤退时，不可一世的第1步兵师在这里丢下了1600具尸体，40%的士兵失去了战斗力，甚至都没有力气追赶撤退中的德军。艾森豪威尔的代表卢卡斯少将曾说，这绝对是"自一战以来美军经历过的最惨烈的一次战斗"。巴顿和布莱德雷对第1步兵师也极为恼火，解除了师长艾伦(Terry Allen)少将的职务，罗斯福总统的长子小罗斯福(Theodor Roosevelt, Jr.)准将也遭解职。巴顿集团军在向墨西拿推进的过程中，也在胡贝的每道防线前都留下了不菲的"买路钱"。

在岛上的战斗如火如荼进行的同时，胡贝也在另一个战场上在争分夺秒。根据凯塞林的指示，他召集各部进行了周密细致的撤退准备，命令墨西拿海峡指挥官贝德(Ernst Guenther Baade)上校和海峡水上运输部队指挥官利本施泰因(Gustov von Liebenstein)上校负责撤退的具体事宜。这两位精明能干的军官是整个撤退中极关键的人物。利本施泰因首先将现有船只整合成效率极高的渡运船队，将每日渡运人员、补给和装备的能力提高了整整10倍。其次，他把主要路线从3条增加到5条，不管是从墨西拿这边，还是从意大利本土那边，都各有12个渡运点。他还在上下船地带准备了高效率的装卸设施和道路网。胡贝对利本施泰因的工作成效很满意，相信很快就可以高效地把大批部队和装备渡过海峡。利本施泰因声称能在20分钟里把12辆大卡车装载的物资全部运送上船，能做到每24小时撤出12500人，并且还可以运出所有装备。[60]据说，撤退正式开始后曾有一天装卸码头出现了难得的清净，利本施泰因对胡贝开玩笑地抱怨说："您没交给我足够多的部队和物资让我的系统充分发挥威力！"胡贝交给贝德上校的首要任务是防止盟军空袭部队集结地和海上运输线，为此赋予他一切必要的权力，帮助他重组和加强岸防炮兵与高射炮部队。除了部署150门既可防空、又能遏制盟军舰载炮的大口径火炮外，贝德在意大利本土一侧还布置了82门重型和60门轻型高射炮，在墨西拿一侧安排了41门重型和52门轻型高射炮。此外，贝德的任务还包括为部队提供各种工具和给养，在此方面其工作也同样高效出色，甚至还在本土一侧准备了充足的食物、白兰地和香烟。

这两位军官的出色工作，使胡贝能有机会把部队撤出西西里岛，当然前提条件是盟军不能过快地穿越他所建立的5道防线，对手的空军和海军也不能完全封锁海峡。幸运的是这些坏情形都没有出现。希特勒曾电令胡贝，为免动摇军心，禁止他事先通报撤退计划。胡贝对此不以为然，他认为预先通告不仅不会造成无心恋战，反而有利于提升士气。8月2日，他把撤退计划和相关准备通告了部队，果然如他所料，官兵们一扫之前对重蹈斯大林格勒或突尼斯桥头堡覆辙的忧虑。在三军十分卖命的情况下，各道防线的抵抗更加顽强坚决，自始至终都没有出现混乱和溃退。8月4日，胡贝更是置希特勒的命令不顾，自作主张地把所有非战斗人员提前撤离了西西里岛。

历史学家布鲁门森(Martin Blumenson)曾在《巴顿战时文件》中这样写道："胡贝在那一天(8月2日)完成了详细的撤退计划，计划准备得非常仔细，精确的防线、明确的渡运日程和准确的部队运动方案都列得清清楚楚。他需要5个夜晚把所有轴心国部队撤离西西里岛。他面临的挑战是，他能阻止盟军干扰他的撤退计划吗？他能避免出现乱哄哄的溃逃吗？把部队撤到(墨西拿的)角落里当然有助于撤退，因为随着防御正面的缩短，胡贝能不断地把部队抽出来送到渡口上船。地形对防御方来说真是再好不过了。"[61]

▲ *摄于1943年8月，西西里岛战役中胡贝的两位主要对手——蒙哥马利和巴顿。*

▲ *摄于1943年8月8日，左为美军第1步兵师新任师长胡布讷(Clarence R. Huebner)少将，右为前任师长艾伦少将。胡贝手下的第15装甲掷弹兵师曾给第1步兵师造成了重大伤亡，巴顿和布莱德雷非常生气，解除了艾伦及其副手小罗斯福准将的职务。*

▲ 摄于1943年8月中旬，美军正沿着崎岖难行的路基追击胡贝撤退中的部队。德军在撤退中炸毁了几乎所有道路和桥梁，成功延迟了对手的追击。

▶ 摄于1943年8月14日，1辆向墨西拿匆匆撤去的德军半履带车从一座桥上摔下，落在了干涸的河床上。德军士兵的坟墓就在半履带车旁不远处。

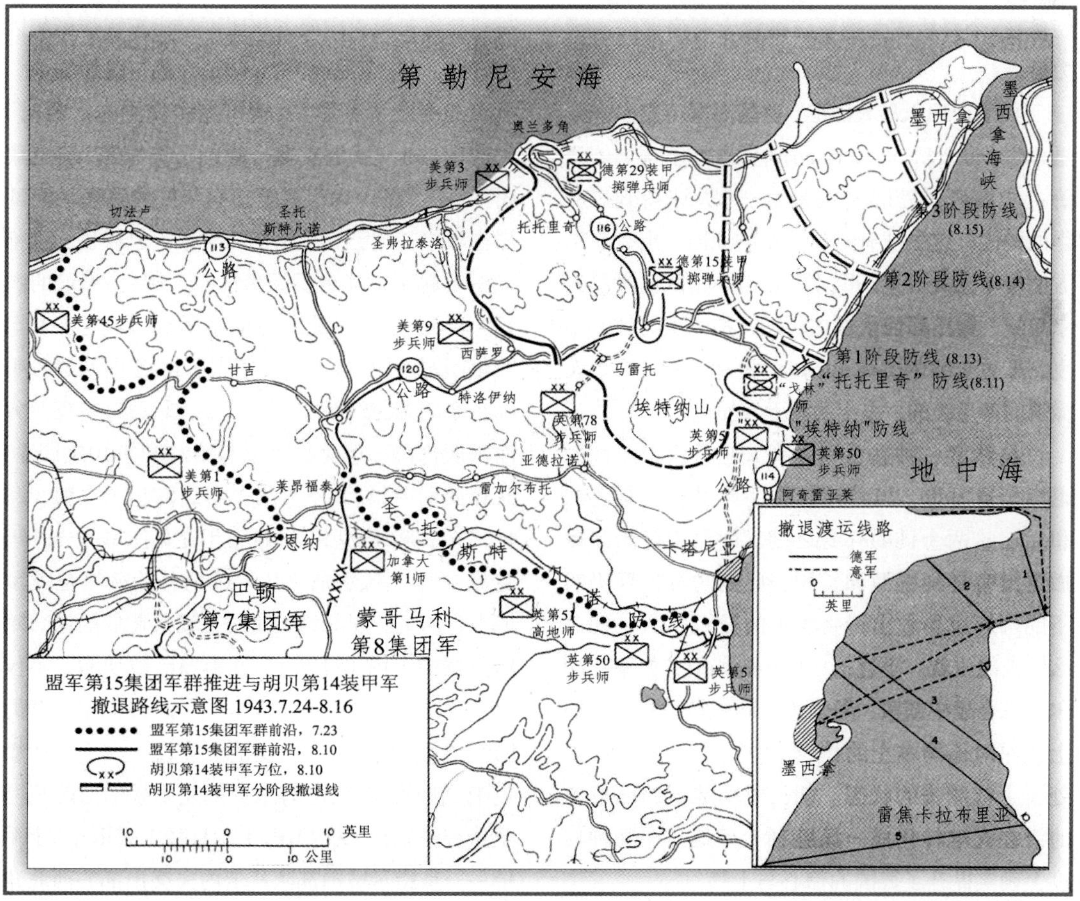

▲ 西西里岛战役中，盟军第15集团军群推进与胡贝第14装甲军撤退路线示意图（1943年7月24日至8月16日）。

正如巴顿后来了解到的那样，胡贝主持的撤退确实堪称杰作。8月11日晚上，他下令撤退开始，各阶段防线上的德军开始交替掩护后撤。到16日清晨时，除最后一道防线上的后卫外，所有部队连同装备和重武器都渡过了海峡。许多高级军官曾认定的一团糟的撤退变成了井然有序、令人震惊的成功。17日清晨6点35分，胡贝随最后一支部队离开了墨西拿，抵达对岸后致电凯塞林："撤退已全面完成。"撤退过程中，盟军空军曾进行了强度极大的轰炸，但仅有一名德军士兵在空袭中丧生，这不能不说是一大奇迹。令人印象极深的是，胡贝除了撤出4万德军和7万意军外，还带走了1万辆各型车辆、47辆坦克、200门大炮、1000吨弹药、1000吨汽油，以及1.5万吨以上的各种装备。[62]这些兵力和装备在1个月后成为德军防御意大利南部的主干力量。

关于西西里岛大撤退，美国海军历史学家莫里森(Samuel Eliot Morison)曾做过如下精当的评价："(西西里岛)战役的最后一章从未得到过应得的关注；这里既有资料不足的原因，也有盟军方面根本无人介意的因素。轴心国军队横渡墨西拿海峡、撤出西西里岛的行动，是一次与敦刻尔克、瓜达卡纳尔(Guadalcanal)和吉斯卡(Kiska)大撤退同等量级的、杰出的海上大撤退。"[63]

虽然有一种逃亡叫胜利大逃亡，有一种撤退叫全身而退，但希特勒的字典里并没有逃亡和撤退这两个词的存身之处。胡贝主持的完美撤退没有得到感激和赏识，此刻的希特勒仍然不能理解成功救出行将覆灭的数万军队是件多么巨大的成就。不过，1943年的盛夏，德军在库尔斯克会战中新败，墨索里尼政权被推翻，再加上盟军对德国本土的持续轰炸，整个德国都正处于士气颓丧的状态。胡贝成功地把西西里岛的潜在灾难转化成一场胜利大撤退，在某种程度上确实提升了德国的信心与士气。

胡贝完成撤退后，其第14装甲军所属的第16装甲师被调至萨勒诺湾驻防，"赫尔曼·戈林"装甲师则被派往那不勒斯(Naples)湾，这两支部队将在反击盟军的"萨勒诺登陆战"中发挥关键作用。不过，在"萨勒诺登陆战"打响之前，胡贝已在德国休假，他的装甲军交给了另一位装甲名将巴尔克。[64]胡贝虽未参与萨勒诺登陆反击战，但也没有被闲置——10月29日，他从原第3装甲军军长、老上级麦肯森手中接过了第1装甲集团军指挥官的职务。胡贝没用多长时间就证明了自己指挥大兵团作战的能力，但他真正的考验，还是1944年的头4个月。

"胡贝口袋"：冲出卡缅涅茨-波多利斯基包围圈

1944年1月30日，第1装甲集团军指挥官胡贝和参谋长温克向南方集团军群指挥官曼施坦因报告说，"'瓦图京(Watutin)作战'已经结束，摧毁或缴获了苏军701辆坦克和突击炮、218门大炮和468门反坦克炮，重创了苏军第1坦克集团军。"[65]在1943年底至1944年初的第聂伯河西岸作战中，这已算是不俗的战果，但胡贝一点都兴奋不起来，甚至还颇为忧虑：就在5天前的25日，科涅夫第2乌克兰方面军所部(第4近卫和第53集团军及第5近卫坦克集团军)由东向西进攻韦勒将军的第8集团军。次日，瓦图京第1乌克兰方面军所部(第6坦克集团军与第27和第40集团军)又在西面向第1装甲集团军右翼发起了攻势；28日，苏军第6坦克和第5近卫坦克集团军的先头坦克旅会师于乌曼东北几十公里外的兹维尼戈罗德卡，胡贝所属的第42军与韦勒最北翼的第11军所占据的卡内夫(Kanev)突出部已被切断，不仅2个军6个师的约58000人被围，南方集团军群的防线也被捅开了100公里的大窟窿。由于希特勒拒绝批准突围(他还幻想着恢复第聂伯河防线乃至重夺基辅)，曼施坦因于28日晚上采取了3个举措：一是指示被围部队从卡内夫突出部的西北角和东北角做有限撤退，以便释出兵力形成一条朝南的新防线；二是为便于指挥协调，把胡贝的第42军移交给韦勒第8集团军，被围部队由第11军军长施特默尔曼统一指挥；三是命令韦勒和胡贝立即组织兵力展开救援。胡贝在致第42军代理军长利布的电文结尾处这样写道：“我会把你们救出来的！”结果证明，在这场史称“科尔逊-切尔卡瑟战役”的3周战斗中，胡贝未能像半年前的西西里岛大撤退那样救出所有的部队和武器装备。

曼施坦因虽然把注意力集中在营救两个军上，但他认为自己依然有可能在达成此目的的同时，重创苏军第1和第2乌克兰方面军。他命令胡贝和韦勒重组装甲部队，以东西两面同步发起的攻势反包围对手，而后聚歼围困德军的那些苏军部队。韦勒的进攻主力是第47装甲军，该部将以4个装甲师的兵力向北朝兹维尼戈罗德卡方向进攻，胡贝则命令布赖特的第3装甲军尽快赶到乌曼周边集结，以4个装甲师外加“贝克重装甲团”的兵力沿东北方向朝梅杰文(Medvin)进攻。这一攻势定在2月3日发起，胡贝甚至还为之拟定了代号——“旺达 (Wanda)行动”。由于冰雪突然融化，道路泥泞难行，第3装甲军的反击推迟到4日，而第47装甲军(只有60辆坦克和突击炮)则按原计划行事，但不久即被苏军第5近卫坦克集团军挡住。第3装甲军辖有第16和第17装甲师、党卫军“希特勒警卫旗队”装甲师及“贝克重装甲团”(第1装甲师将稍后加入)，拥有175辆坦克和突击炮，就当时的标准而言可谓实力相当强劲。胡贝要求全集团军全力支持第3装甲军的救援作战，包括第7军要提供炮火支援，并把该军的1个步兵师配属给布赖特，负责保护装甲军左翼等。此外，他还就具体的进攻位置等向布

▲ *摄于1943年9月初，第16装甲师第2装甲团的IV号坦克(Ausf. J)编队正向萨勒诺方向开去。盟军很快将在这里登陆，第16装甲师和“赫尔曼·戈林”装甲师未能阻止对手的登陆和桥头堡的扩大，第16装甲师师长西肯纽斯少将作为这一失败的替罪羊遭解职。*

▲ 摄于西西里岛战役结束后，一名美军士兵在墨西拿向对岸的意大利本土瞭望。

▲ 左图摄于1944年夏末，半履带装甲车上的德军正在向港口外瞭望和观察。右图摄于1943年11月，被胡贝替代的原第1装甲集团军指挥官麦肯森(左)和他的参谋长温克少将。

◀ 摄于1942年8月23日，第14装甲军军长胡贝赶到第16装甲师驻地，参加纪念进攻斯大林格勒一周年的活动。

赖特发出了详细指令。[66]

布赖特第3装甲军在2月4日至8日期间向北推进了约15至20公里，并给苏军第6坦克集团军造成了重大损失，敲掉了上百辆苏军坦克，尤其是"贝克重装甲团"和第503重装甲营更是战绩惊人。不过，当布赖特最终被苏军挡住时，曼施坦因意识到救援方向出现了失误，包围圈已在瓦图京方面军的重压下东移了很远。另外，他也意识到自己的力量不足以实现既解围又反包围对手的双重目标。曼施坦因与胡贝几番磋商后，在新命令中要求第47装甲军继续朝兹维尼戈罗德卡方向进攻，以求尽可能多地牵制科涅夫的坦克部队；第3装甲军则于2月8日至9日撤回原出发位置，而后尽快向东朝雷相卡方向进攻。同时，曼施坦因和胡贝也都承认，在恶劣的天气和对手的顽强阻击下，仅靠救援兵团的实力尚不足以打开包围圈，被围部队为与布赖特装甲军建立联系，必须得做好朝西南进攻的准备。2月11日，拥有85辆坦克的第1装甲师终于加入了第3装甲军的行列，该军当日发起的进攻再次令苏军措手不及，到夜间时布赖特的先头已抵达雷相卡郊外。与此同时，包围圈内的第72步兵师等部队根据施特默尔曼的命令，也在11日夜12日晨夺取了申杰罗夫卡、新布达和科马洛夫卡等重要村镇——包围圈的西南外沿距雷相卡的德军先头仅有10余公里，救援成功的希望就在眼前了。

2月12日，曼施坦因命令施特默尔曼准备突围，他的想法是"只要我还是指挥官就决不让斯大林格勒战役的灾难重演"。但施特默尔曼答复说眼下尚做不到，因为包围圈东面的部队无法与敌军脱离接触，包围圈内的泥泞和破烂道路使一切运动都像蜗牛一般缓慢。无奈之下，曼施坦因只得命令胡贝继续加强第3装甲军的攻势。布赖特忠实地督促手下的装甲师继续朝包围圈边沿进攻，但他的进展在13至15日期间只能以米来计算。他的步兵营只有不到150人，第1装甲师几天前还有80余辆坦克，到15日就仅剩下十几辆还能作战。元首的掌上明珠"希特勒警卫旗队"装甲师也只剩下团级规模的战斗群，大量坦克、大炮和车辆深陷在乌曼至雷相卡之间的泥淖中动弹不得。苏军方面，大本营代表朱可夫元帅除命令第2坦克集团军从西面猛攻雷相卡外，还把科涅夫的第5近卫坦克集团军调来(德军第47装甲军的牵制攻势早已失去了作用)，从东面夹击布赖特第3装甲军。自从在雷相卡建立了格尼洛伊季基奇河桥头堡后，布赖特所部已打退了苏军十几次颇具规模的反攻，尽管摧毁了上百辆坦克和许多大炮，但救援兵团再也无力前进一步。2月15日夜，施特默尔曼收到了韦勒转发的命令："……鉴于第3装甲军的救援能力受天气和补给条件的制约，施特默尔曼集群必须依靠自己的力量，朝着朱尔任齐及其南面两公里的239高地方向进行决定性突围。第42军军长利布将军负责指挥由所有攻击部队——特别是党卫军第5装甲师和几乎全部炮兵——组成的突围矛头，任务是穿透敌军防线……"[67]施特默尔曼决定在16日深夜开始突围，他假定空军届时将会提供侧翼保护，第3装甲军也将迎击和拖住绝大多数苏军。但事实证明他的假定都是错误的，尤其是韦勒并没有明确指出德军是否已控制了239高地。施特默尔曼想当然地认为，等他的人马到达高地时，迎候他们的将是战友的拥抱和浓郁的热汤——诚如卡雷尔所言："这个事情实为切尔卡瑟之真正悲剧的根源。"[68]

深夜行动，漫天飞雪，炮火无声，刺刀上膛，出其不意……3个师的纵队较顺利地突破了警戒线和前几道防线，于17日出现在朱尔任齐前方的苏军阵地前。苏军大炮、迫击炮和坦克组成的火网将德军队列撕裂成困惑、混乱而后惊慌失措的小群体。然而，许多德军在南面穿过了防线，只是在239高地遭到了最致命的打击。在苏军坦克的摧残下，约两个半师的德军在没有坦克、大炮和重武器迎敌的情况下，仓皇跳入了水深流急的格尼洛伊季基奇河。虽有成百上

▲ 摄于1944年2月的“科尔逊–切尔卡瑟”战役期间，党卫军“维京师”所部正向雷相卡附近的第1装甲师靠拢。

▶ 摄于1944年2月末，胡贝(右)向第16装甲师首席参谋军官贝尔(Bernd von Baer)中校颁发骑士勋章。

◀ 摄于1944年2月末，从“科尔逊–切尔卡瑟”包围圈中逃出的德军正向西面赶去，这两个军的部队将在东线德军作战序列上至少消失一段时间。

▲ 摄于1944年初，第1装甲集团军指挥官胡贝(左)与参谋长温克少将在讨论作战方案。

▲ 摄于1944年2月的“科尔逊-切尔卡瑟”战役期间，德军装甲部队展开救援作战的场景。

千的官兵和战马溺毙，但更多的人泅渡了过去，与第3装甲军位于雷相卡的先头部队建立了联系——尽管遗弃了所有武器装备，36000余人还是以这种方式幸存下来，加上先期运走的4000余伤病员，被围在“科尔逊-切尔卡瑟口袋”中的58000余名德军中，最终只有18000人未能逃离地狱。[69]

“科尔逊-切尔卡瑟战役”无疑是苏军的一次显著胜利，对苏军此后的大纵深合围作战理论和指挥艺术产生了深远影响，科涅夫大将也因此战功晋升为苏联元帅，尽管他在2月12日向斯大林做出的“决不让一个敌人逃走”的承诺并未兑现。德军这边，虽然部队丢失了所有武器装备，但曼施坦因对最终救出了大多数官兵还是感到欣慰，胡贝也对自己集团军所部在救援和突围中的表现感到高兴。2月19日，胡贝向所有逃出来的官兵和全集团军发布了一道公告，除高度颂扬官兵们的勇气外，还以追思亡者和“被迫遗弃的伤病员”的名义，发出了“向俄国人复仇”的呼唤。次日，胡贝又将韦勒和逃出来的高级将领请到自己位于乌曼的司令部，开诚布公地总结讨论得失。他在谈及两次救援均未能成功的原因时，更多地归咎于天气、道路状况和地形因素，根本没有提及苏军的顽强阻击在其中起到的主要作用。他还对于救援作战的最初目标——解救部队和反攻基辅提出了异议，认为一开始就应把目标局限在解救两个军并堵上第1装甲集团军与第8集团军之间的缺口上。[70]胡贝的言谈话语中似含有对曼施坦因先期的决策失误不满之意，但仅仅1个月后，曼施坦因就又有一次机会向敌我双方的所有人证明，他为什么被人称作“二战德军最出色的大脑”——这次陷入重围的是胡贝本人和他的第1装甲集团军。

3月4日，朱可夫第1乌克兰方面军(瓦图京之前刚刚意外受伤，不久后去世)朝着瑟柏托夫卡和杜布诺方向发起了大规模攻势。德军第4装甲集团军的防线很快被撕裂，第13军被迫向西和西北撤退，第59军则被推向胡贝第1装甲集团军的方向。科涅夫第2乌克兰方面军在5日也发起了针对乌曼和文尼察的攻势，他的第2、第6和第5近卫坦克集团军到月中时已越过了乌克兰布格河。由于深深楔入德军防线的科涅夫所部已对胡贝的右翼构成重大威胁，他被迫将整个右翼后撤并建立一条朝东的新防线。在科涅夫的持续打击下，胡贝也不得不分步骤后撤中路，直到右翼在莫吉廖夫–波多利斯基(Mogilev–Podolski)的德涅斯特河北岸暂时稳定为止。科涅夫方面军像雪崩一般狂飙突进，很快把胡贝与韦勒的两个集团军分割开来。与此同时，朱可夫在胡贝集团军和第4装甲集团军的结合部——普罗斯库罗夫西面实现了突破，5个坦克军和大量步兵沿着兹布鲁奇(Zbruch，又作Sbrucz)和塞列特(Sereth)两河之间迅速南下，24日越过德涅斯特河后向切尔诺夫策(Chernovtsy)方向杀来。24日日落时，朱可夫与科涅夫所部会师于德涅斯特河南面的霍廷(Hotin)，干脆利落地把胡贝装甲集团军收进了布格河与德涅斯特河之间的大口袋里。

从苏军攻势乍起到最终被围，前后共历时20天，胡贝并非没有意识到即将到来的危险，他一再向曼施坦因要求尽快撤出部队和避免被围，但这些要求都被最高统帅部拒绝。眼见无法撤离和进行机动防御，胡贝便把注意力放在坚守的各种准备工作上。他在霍廷南面建立了一个有重兵把守的桥头堡，先把所有非必要的人员和单位撤至后方，在即将形成的包围圈内储备了足够2周的配给和弹药。当他发现油料储备十分短缺时，立即要求空军展开空投，同时严格限制车辆用油，全力保障坦克、自行火炮、装甲车、炮车和信使用车的油料需要。包围圈合拢后，为保证机动能力，胡贝下令将所有非必需车辆的油料抽出，以保证作战车辆的需要，为避免车辆落入苏军手中，他又命令将它们全部毁坏。[71]胡贝还按照计划在东面和北面分阶段收缩防线，直到包围圈周边在卡缅涅茨–波多利斯基(Kamenets–Podolski)北面显著缩小。如此一来，德军既节省了弹药油料，又集中了兵力，还能更容易地击退对手和弥合被捅开的口子。胡贝从被围到开始突围前也采取了大量欺骗措施，成功地诱使苏军相信德军将沿德涅斯特河向南撤退。朱可夫出现了判断失误，他不断从其他方向抽调重兵到南翼守株待兔。同时，随着补给线拉伸得越来越长，集中在南面的部队也出现了与德军相仿的补给困难。

包围圈合拢后，苏军曾要求胡贝迅速投降，否则将枪毙所有德军官兵。朱可夫的这种恫吓对他的老对手胡贝来说毫无意义。在二战的前阶段，德军在西线和东线的闪击战中形成过无数个大小包围圈，扼杀了不知多少对手。胡贝是在这种围歼战术熏陶下成长起来的将领，与许多将领一样坚信被围并不可怕，最后谁包围谁很大程度上取决于将领的反应是否敏捷、意志力是否足够坚定，而且突围努力展开得越早，最后反包围对手的机会就越大，更何况拥兵20余万的胡贝手下还有不少装甲部队，包括第1、第6、第11、第16、第17等装甲师以及“希特勒警卫旗队”师和“帝国”师的装甲战斗群。胡贝和曼施坦因并未因被围而惊慌失措，他们立即请求希特勒批准突围。获得元首的同意实非易事。曼施坦因于3月25日赶赴大本营力陈突围的必要性和死守的后果，期间曾几度与希特勒争吵，最后以辞职要挟才算勉强获得了批准。

曼施坦因与胡贝就突围方向产生了分歧。胡贝基本上有三种选择：第一种是沿几个方向同时突围，这样可以分散苏军兵力，某些方向德军能在不战或少战的情况下与友军建立联系。第二种选择是向南突围，利用德涅斯特河的霍廷桥头堡向罗马尼亚撤退，这个方案相对容易，路途较短，有地利之便，但朱可夫的重兵正在那里张网以待，即便突围成功，也有在背靠喀尔巴阡山时被再次围歼的危险。即便成功越过德涅斯特河进入了罗马尼亚，第1装甲集团军也将离开东线相当长一段时间，若想重回东线，其行军路程也将漫长不易；第三种选择是沿德涅斯特河向西突围。这一方案有相当的难度，胡贝需要穿行在崎岖泥泞的乡野，中间还有三条从北向南汇入德涅斯特河的河流——即兹布鲁奇河、塞列特河与斯特雷帕河(Strypa)。不过，这是到达德军防线路程最短的一条，而且存在与第4装甲集团军连成一体的可能。出于以上考虑，曼施坦因力主向西突围，南方集团军群的现状也要求他必须把第1和第4装甲集团军都部署在喀尔巴阡山以北。但是，胡贝要求向南突围，曼施坦因在飞往大本营前曾要求胡贝全力准备向西突围，当他向希特勒据理力争时，胡贝曾两次致电集团军群参谋长布塞(Theodor Busse)，声称形势的变化已使向西突围脱离实际。曼施坦因得悉后，措辞严厉地命令胡贝放弃向南突围的方案。事实证明，曼施坦因的战略眼光和视野确非胡贝所能比拟，尽管后者在具体执行上表现得非常出色。

希特勒最后同意胡贝集团军向西突围，在曼施坦因的坚持下，他也批准把党卫军第2装甲军(含第9“霍亨施陶芬”师和第10“弗伦茨堡”师)拨给劳斯(Erhard Raus)将军的第4装甲集团军。这两个装甲师以及第100轻步兵师、第367步兵师组成的救援兵团，将在3月底抵达捷尔诺波尔后，向西南方向接应第1装甲集团军。

得到向西突围的命令后，胡贝开始以他的指挥能力和战术才华进行积极准备。首先，他继续采取欺骗措施，诱使苏军相信突围方向仍是向南越过德涅斯特河。其次，他将下属的4个军(第59步兵军、第3、第24和第46装甲军)重新编排为南北两个“军群”，每个军群含两个军，分作前锋、中路和后卫三部分。前锋由坦克支援的步兵组成；中路和后卫由数量不菲的机动部队组成。这种安排不至于造成装甲部队因前进过快而与步兵单位脱节。胡贝指定北路军群由第59军军长切瓦勒里(Kurt von der Chevallerie)指挥(称为“切瓦勒里军群”)，第16和第7装甲师担任突围矛头，第24装甲军的第1装甲师殿后，该军群的主要任务是保护包围圈北翼，集中力量在兹布鲁奇河建立桥头堡，而后夺取塞列特河上的渡口并保持其畅通；南路军群由第3装甲军军长布赖特领导(称为“布赖特军群”)，第46装甲军负责跟进，第17装甲师和第371步兵师担任先锋，第1步兵师、第101轻步兵师和“帝国”师装甲战斗群殿后。当部队重组完毕后，胡贝将突围计划向官兵们作了通报，使每个人都知道可能会遭遇什么攻击和困难，也都清楚救援兵团就在西边接应。同时，空军第4航空队也向包围圈运送了油料和弹药。一切都像几个月前的西西里岛撤退时那样，有条不紊，忙而不乱。被围德军的士气相当不错，官兵们当然早已“习惯”被围，胡贝以前的经历和声誉，使他们对于突围成功抱有很大的信心。

3月27日夜，胡贝正式下令向西突围。同时，包围圈东面、北面和南面的后卫部队的任务也从宽大正面上的机动防御切换为延迟阻击。前锋部队出动时，一场突如其来的暴风雪恰到好处地掩盖了部队的调动和坦克的行进。“切瓦勒里军群”的前锋以令人吃惊的速度很快席卷了苏军沿兹布鲁奇河部署的薄弱防线，夺取了河上的三座渡桥。[72]南面的“布赖特军群”则遭遇了更强的抵抗，苏军一部渡过兹布鲁奇河后还发起了反攻，并且一直杀入和夺取了道路枢纽卡缅涅茨-波多利斯基。不过，胡贝指示布赖特立即组织力量反包围了这部分苏军，由于后者的补给路线被完全切断，这部分苏军也就失去了干扰南路德军继续向西的机会和能力。

一旦南北两个军群都在兹布鲁奇河上建立了桥头堡，胡贝命令他们各自形成新的突击矛头，不停顿地向塞列特河方向攻击。这时，朱可夫和科涅夫尚未察觉胡贝的真实意图，依然在原包围圈的东面和北面进攻，许多时候炮火都

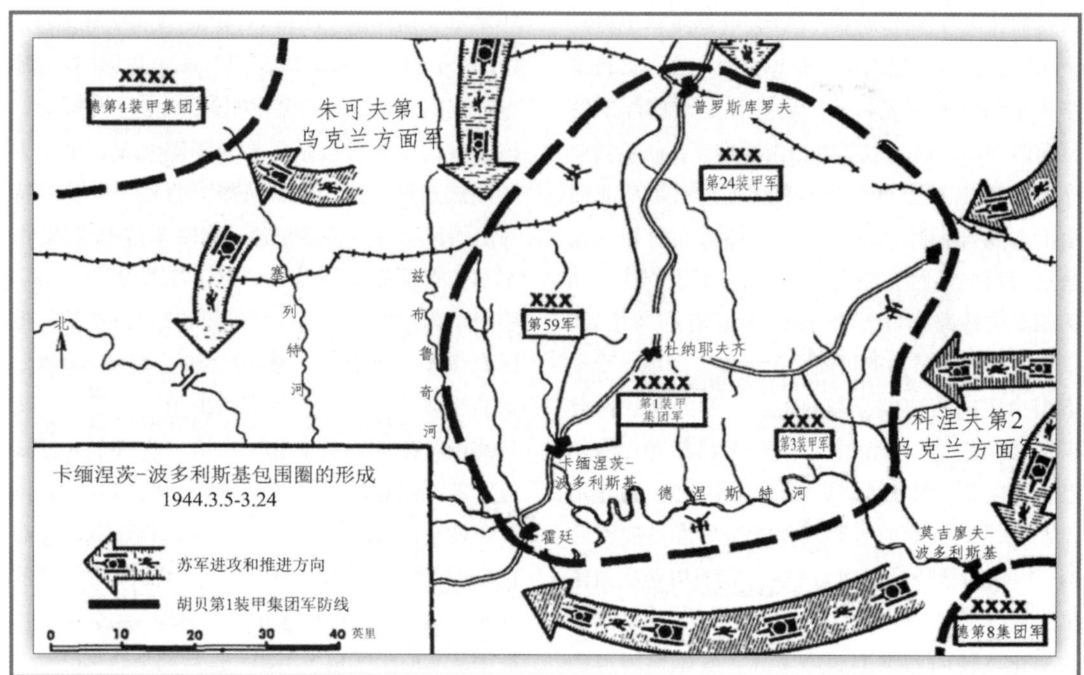

▲ 卡缅涅茨–波多利斯基包围圈的形成（1944年3月5日至3月24日）。

▲ 摄于1944年3月上旬，南方集团军群指挥官曼施坦因、第1装甲集团军指挥官胡贝和参谋长温克少将正在研判即将出现的“卡缅涅茨–波多利斯基”包围圈。

▲ 摄于1944年3月末，第1装甲师的步兵正在警戒压缩包围圈的苏军。

▲ 摄于1944年3月末的“卡缅涅茨-波多利斯基”包围圈内，德军防线上的重型反坦克炮构成了防御的中坚。

▲ 摄于1944年3月末第1装甲集团军向西突围的时候，图为第1装甲师的装甲车和突击炮正准备出发的场景。

▲ 摄于1944年3月末，胡贝第1装甲集团军所部准备向西突围。

▶ 摄于1944年3月底4月初，向西突围的德军坦克正在作战。

▼ 摄于1944年3月底4月初，德军突击炮正在向西突围作战。

▼ 摄于1944年4月初，胡贝装甲集团军的1辆III号喷火坦克正在向目标大发淫威。

▶ 摄于1944年4月初，胡贝手下的第11装甲师官兵正顶风冒雪向西突围。

▲ 摄于1944年4月初，劳斯(左)的第4装甲集团军负责接应向西突围的胡贝装甲集团军。图为劳斯与第8集团军参谋长施派德尔将军在交谈。

◀ 摄于1944年4月初，胡贝手下的第1装甲师部分官兵正在运送补给。

▼ 拍摄时间不详，可能摄于1944年4月中旬，胡贝(中)正与下属军官交谈。

▲ 摄于1944年4月中旬第1装甲集团军突出重围之后。曼施坦因在3月30日被解职，接替他的是莫德尔元帅，几天后南方集团军群改称“北乌克兰集团军群”。图为莫德尔视察第1装甲集团军所部时所摄，右二为莫德尔。

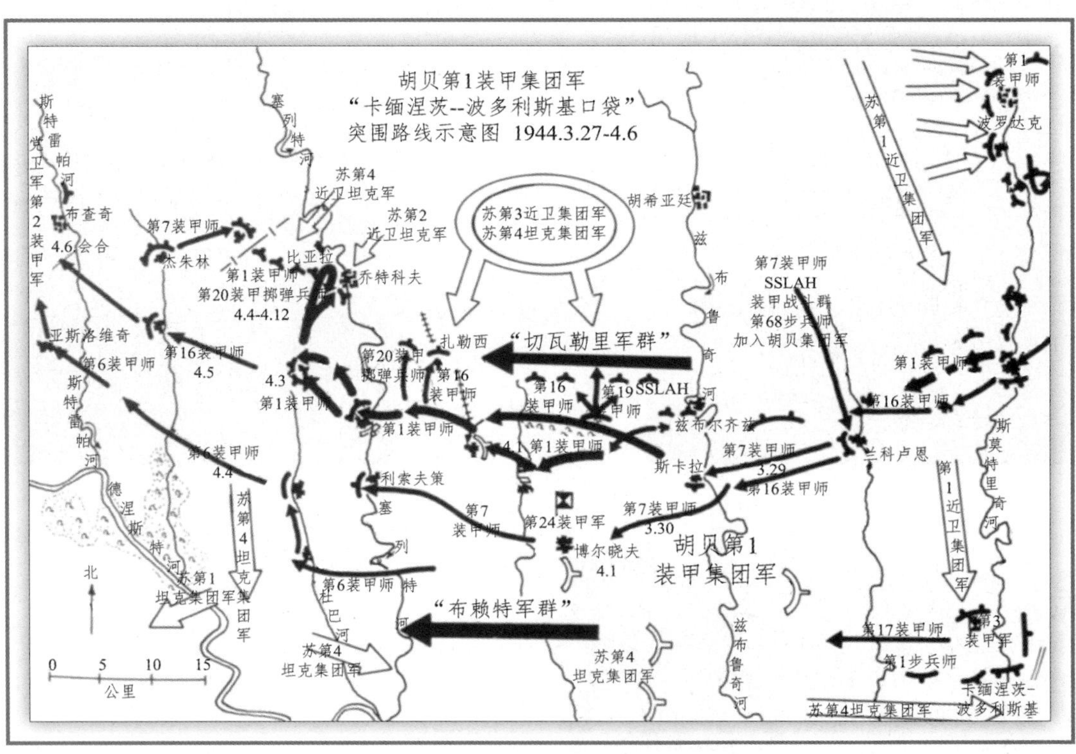

▲ 胡贝第1装甲集团军“卡缅涅茨-波多利斯基口袋”突围路线示意图（1944年3月27日至4月6日）。

落在了空无一人的阵地上。而朱可夫在包围圈西南方的部队甚至还在继续向南运动。28日，“布赖特军群”的前锋切断了通向北面的乔特科夫(Chortkov)的道路，次日，北翼德军前锋抵达塞列特河，并在31日漏夜渡过了这条大河。这时，朱可夫终于意识到了自己误判了德军意图，他急令德涅斯特河南面的第4坦克集团军迅速回头，在格罗登卡(Gorodenka)地域向北进攻“布赖特军群”。布赖特把部队部署在兹布鲁奇河和塞列特河之间，以集中的炮火和反攻挫败了对手的坦克攻击。另外，由于时间匆忙，朱可夫能调动的坦克部队有限，多数苏军无法及时渡过德涅斯特河，“布赖特军群”也得以未受太大干扰地继续西进。

眼见胡贝已跨过两条河流，朱可夫和科涅夫加大了南北夹击的力度，同时紧追德军后卫部队。但是，从4月1日起连续三日的风雪交加，使双方的运动都至为困难。风雪过后，突然回升的气温又导致冰雪融化，西进的道路瞬间变成泽国，一时间胡贝大军在泥泞中挣扎不已。所幸的是，胡贝各部的阻击和防御作战十分勇猛，对手始终无法从其两翼楔入进来，被围的第1装甲集团军就像长了腿一样，时而疾走，时而缓行，时而作战，时而避敌，但部队始终保持紧凑的队形，苏军很难寻觅到狠咬一口或撕开防线的机会。另外，空军也克服各种困难(如每天在不同地方的简易跑道上起降，或在风雪中空投)，为漂移中的“胡贝口袋”运来食品、弹药和油料，同时在返航时带走伤病员——这对德军保持士气和纪律来说十分关键，因为没有人想被俘虏或被落下后冻死。在这些因素的共同作用下，胡贝所部三军齐心协力，一直没有出现恐慌或混乱的局面，甚至开小差的情形都极少。联想到刚过去的“科尔逊-切尔卡瑟”突围时的混乱无序，不得不佩服胡贝的确治军有方、领兵有道。

4月4日，一夜的霜冻使地面板结得梆硬，南北两个军群的先头部队又开始向西推进。第7装甲师作为寻找接应部队的矛头，沿西北方向朝着乔特科夫至布查奇(Buchach)公路方向进攻，第16和第1装甲师也几乎同步向西北推进，就连“布赖特军群”的后卫部队也渡过了兹布鲁奇河。5日，南北军群的先头部队均到达了斯特雷帕河，党卫军第2装甲军的两个装甲师与第100轻步兵师当日也在竭力向布查奇进攻。6日，胡贝手下1个装甲师的先头与党卫军第10“弗伦茨堡”装甲师会合于布查奇，[73]标志着胡贝集团军已初步突围成功，当然后卫部队摆脱追兵和建立新防线还需要一些时日。不过，到15日时，第1装甲集团军所部均渡过了斯特雷帕河，并在集团军群新任指挥官莫德尔的指挥下(曼施坦因和克莱斯特这两位曾领导过胡贝的元帅都在3月30日被解职，替代他们的分别是莫德尔和舍尔纳)，建立了一条北起布罗迪、南至德涅斯特河的完整防线。

曼施坦因的战略眼光和敏捷反应，胡贝的顽强坚定和高超指挥，各级官兵的齐心协力，当然还有过于自信的朱可夫和科涅夫的判断错误，使20余万德军躲过了一劫。“老狐狸”胡贝生生地从朱可夫与科涅夫两大名帅的铁钳下，救出了20万人(伤亡14000人，其中阵亡和失踪不足6000人)以及多数重武器装备，使德军南方战场避免了崩溃解体的命运，无疑又为第三帝国赢得了喘息之机。如果说西西里岛战役中，胡贝的撤退杰作没有得到希特勒的充分认可，那么这一次，他就完全被胡贝“史诗般的突围壮举”所震撼了——据说，希特勒已经与陆军人事局长施蒙特将军讨论过任命胡贝出任集团军群级指挥官的可能性。

4月20日，希特勒在贝希特斯加登授予胡贝第13枚钻石骑士勋章，同时晋升其为上将。接着就发生了本章开头所述的坠机事件，希特勒不顾劝阻，执意于4月26日飞往柏林参加爱将的国葬仪式。据说，希特勒还极罕见地亲致悼词。[74]来自第16装甲师的老兵组成的荣誉卫队护卫着棺椁，3位元帅、5位上将和17位中将陪伴在侧，将胡贝护送到柏林郊区的“伤残军人公墓”。胡贝长眠于这里，陪伴他的是普鲁士-德国历史上的著名战将和英雄们。

当代军事历史学者纳什在《地狱之门》一书中曾这样写道：“当1944年4月21日胡贝上将……死于飞机坠毁事故时，东线德军失去了一位真正高效的军事指挥官……胡贝是德军在战役层面的机械化战争的最后力行者之一，随着他的离去，苏军将会发现他们在完成1944年夏季的任务时要容易得多。”[75]

后人的这种评价可能并不过誉。胡贝离去了，先他而去的还有在东线阵亡的儿子和死于柏林轰炸的女儿。他体验过斯大林格勒城下的地狱烈火，品尝过西西里岛胜利撤退的喜悦，更因史诗般的突围成为德国战车上最熠熠闪光的

▲ *摄于1944年4月20日希特勒生日当天，他正在众人围观下浏览生日礼物。这一天，胡贝是他的贵宾。*

辐条之一。胡贝是一个率直的纯粹战士，他曾以自己的无畏勇敢和无双智谋为德国战斗。但是，一个不容回避的问题是，他的一切努力到底所为何来？最多也就是为败局已定的帝国争取到一些喘息的时日罢了。

1942年，在菲律宾巴丹(Batann)半岛战役中被日军俘虏的一名美军军官，曾在所谓的“巴丹死亡行军”途中写下过这样的诗句：[76]

“为着缓慢的衰竭和前途黯淡的撤退，

为着破灭的希望和确定无疑的溃败。”

或许，这位美国军人在死亡行军途中发出的感慨，可以镌刻在胡贝的墓碑上，作为见证其最后传奇的墓志铭。

▲摄于1944年4月20日，希特勒向胡贝颁授第13枚钻石骑士勋章。

▲ 摄于1944年4月26日，希特勒在为胡贝举行的国葬仪式上行举手礼，陆军将领中死后能获得这种待遇的极为罕见，足见希特勒对胡贝的欣赏和信任。

▲ 摄于1944年4月26日的胡贝国葬葬礼，希特勒和所有内阁成员均出席了葬礼，此外还有身在柏林的诸多将领出席。图片正中的就是希特勒。

▲ 摄于1944年4月26日，图中前排从左至右依次为中央集团军群指挥官克鲁格元帅、党卫队首脑希姆莱、海军总司令邓尼茨元帅、最高副统帅凯特尔元帅。

▲ 胡贝将军位于柏林伤残军人公墓里的墓穴，图片摄于2008年2月末。

第14位钻石骑士最高战功勋章获得者凯塞林元帅

（获勋时间1944年7月19日）

Chapter 14 第十四章

"笑口常开的阿尔"：阿尔贝特·凯塞林元帅

凯塞林（Albert Konrad Kesselring）元帅可能是二战时期最被低估和忽视的德国将帅之一。就军衔和地位来说，凯塞林应是德军"精英群体"的主要代表，他在战时被下属称为"阿尔贝特大叔"，也被对手唤作"笑口常开的阿尔"，在西方和轴心国的老百姓中都是名声响亮的"当红人物"。凯塞林被认为是卓越的组织管理者和战术家，但缺乏曼施坦因的战略眼光和赫赫声名；他是德国空军最重要的奠基人之一，既担任过空军参谋长，也曾率领第1和第2航空队弄潮于闪电战，但其光彩却被古德里安等装甲战将的风头完全盖过；当他以元帅身份出任地中海战场总司令时，所有的目光都聚焦在风头正健的隆美尔身上，而当北非战局急转直下时，他却因与隆美尔在个性和方略上的矛盾而屡受指责；凯塞林具有军人罕见的外交才华和斡旋协调能力，在意大利政府与军界左右逢源，却被希特勒表面上称为"令人难以置信的政治理想主义者和军事乐天派"，私下里不客气地指责他"太软"；永远微笑面对困难的凯塞林深受下属官兵的拥戴，却因总是乐观地对待危局和险境，无形中使其他将领显得既怯懦又无能，从而引起他们的反感与恼火；凯塞林的名字与意大利的西西里岛、萨勒诺、卡西诺和安齐奥等战场息息相关，虽曾竭力保护亚平宁半岛的文化珍宝，却在战后被指控纵容下属屠杀游击队和无辜平民，并曾因此被判死刑。

美军首席战史专家马歇尔（S.L.A. Marshall）准将在为凯塞林的回忆录作序时曾写道："……凯塞林是个有多重身份的复杂之人。没有任何德军高级将领像他那样在一次战争中承担过如此多的重大职责，也无人像他那样获得过众多相互冲突的声誉。总司令！被绳之以法的战犯！希特勒的追随者！不带偏见的战士！取决于人们的立场和出发点，他可以被视为能力卓越的领袖、军事上的胡乱插手者、重罪犯、可敬的对手、军事组织天才、糊涂慌乱的执行者、勤勉工作的老马，甚或圣经中的女人——所有这些称号，甚至更多的称号都能加到他的头上。"[1]

军旅生涯长达40余年的凯塞林出身于炮兵，一战中先在炮兵团服役，后成为参谋本部军官。凯塞林一战后曾长期供职于参谋本部（公开名称是"军队办公室"或"部队局"），很受器重与赏识，曾被称作"总司令塞克特的参谋长"，为两次大战期间陆军的组织、发展以及武器装备的研发做出过显著贡献。1933年，凯塞林离开陆军，成为帝国航空委员会的行政主管，负责预算管理、人事、基建和后勤等多方职责。作为新空军的奠基人之一，他曾在1936至1938年担任参谋长。二战爆发后，凯塞林作为航空队指挥官参加了波兰和法国战役、不列颠空战以及苏德战争的初期作战。凯塞林还曾长时间担任地中海战场总司令，1942年6月的北非大胜、1943年7月的西西里岛成功撤退中都有他的功劳。从1943年夏至1944年末，凯塞林在意大利战场上充分展现了自己的统兵能力和战术才华，率领德军进行了长达800英里的撤退作战，由于长时间成功地阻滞盟军，他赢得了"在防御和撤退方面体会甚多"的英美将领们的认可和尊敬。在二战的最后阶段，当西线德军面对潮水般的英美盟军溃败不止时，凯塞林奉命出任西线总司令，直到最后一刻还往返奔波于各个战场。曾有史家称，"在控制部队方面，古德里安、隆美尔和凯塞林是最顶尖的三位德军将领"[2]。实际上，脸上时常挂着笑容的凯塞林不容任何人挑战其权威，他时常斥责那些乞求放弃地盘后撤的军师长或集团军指挥官，没有人能够两次违背他的将令——第14集团军指挥官麦肯森（Eberhard von Mackensen）上将曾不愿把将一个师增援给另一个集团军，结果被凯塞林毫不犹豫地解职；萨勒诺战场上的第16装甲师师长西肯纽斯少将，在执行反攻命令时略有迟缓，也被凯塞林无情地解职，尽管该师刚以一师之力挡住了美军第5集团军长达4天的进攻。当然，最让凯塞林无可奈何的是隆美尔。隆美尔和古德里安等人的显赫名声基本来自于德军"战无不胜"的神话时代，都以进攻能力而著称，而凯塞林的经历则与莫德尔的相似，都是在困难的潮落阶段肩负起重任，在全线崩溃的前夜试图逆转颓势，以防御战中的出色表现帮助第三帝国苟延残喘。

凯塞林的战斗生涯并没有随着二战的结束而终止——1947年，当他被威尼斯的英军军事法庭审判时，他宣称要为国防军的荣誉进行最猛烈的辩护，并将"胜利者对战败者的审判视为自己的最后一战和终极历史任务"。凯塞林被判死刑后，英军将领们立即发出了不满的声音，纷纷要求为他减刑，一些英美政客和教会代表也奔走呼号，力争将他早日开释。后世史家们称，凯塞林由此变成了"最后的战士"和数百万老兵的"精神领袖"。而老兵们认为，盟军的战犯政策等于否定了他们投入战争的"正当理由"，因而把个人期许和身份认同都与凯塞林的命运紧密联系在一起，他们把拯救凯塞林视为一个荣誉问题，一个重塑老兵形象的良机。他们不遗余力地四处活动并向政府施压，宣称是否释放凯塞林代表着"西德和国际社会对老战士的态度与政策"。在冷战铁幕笼罩的时代，面对多方压力的英国出于把西德纳入欧洲防御体系的考虑，于1952年释放了凯塞林。这当然被老兵们视为一大胜利——以凯塞林重获自由为契机和标志，老兵们经过多年努力终于卸去了套在身上的枷锁，洗白了身上的罪行，成为一个个"体面的德国兵"。前国防军变成了"既遵守战争法则又干干净净的国防军"，杀俘、屠杀犹太人和无辜平民的罪行统统都是党卫队或仇视社会者所干的。姑且不论凯塞林是否打赢了"最后一战"，他对战后德国政治和民情舆论的深远影响，恐怕倒是他始料未及的。

早年岁月：
"塞克特的参谋长"

1885年11月30日，凯塞林出生于巴伐利亚州下弗朗科尼亚（Lower Franconia）地区的马克特施泰夫特（Marktsteft）。他在战后称自己的先祖是骑士切策尔林奇（Ouscalus Chezelrinch），后者曾与横行匈牙利的东方游牧民族阿瓦尔人（Avars）作过战。[3]有研究者认为没有证据支持凯塞林的说法，"这可能是他为抬高出身而散布的神话"。[4]凯塞林的父亲卡尔（Carl Adolf Kesselring）是个颇有能力的小学教师，母亲与父亲是远房堂兄妹，他们共育有三子一女，阿尔贝特是最小的儿子。凯塞林一家于1897年迁往拜罗伊特（Bayreuth），父亲稍后在皇家巴伐利亚师范学院供职过一段时间，并于1898年被擢升为拜罗伊特市学监。[5]

凯塞林在拜罗伊特著名的埃内斯蒂农（Ernestinum）文理学校度过了中学时代，除体育和绘画外，他在许多方面都显得资质平庸——数学、物理和历史成绩尚可，拉丁文和希腊文非常普通，但据说在英语和意大利语下过很大工夫。学校的评语曾说："凯塞林成绩一般，判断上有些优柔寡断，思考问题略显迟钝，容易气馁慌乱。脾气很好，为人正直……行为举止安静体面。"[6]在拜罗伊特读书期间，年轻的凯塞林无可避免地受到当时当地的社会风气和思潮的影响，他首先视自己为帝国的子民，其次才是巴伐利亚的儿子——当1904年他参加大学入学资格考试时，作文写的就是如何把对帝国的民族主义感情和对巴伐利亚的"爱国热情"有机地结合起来。[7]到取得毕业证书时，凯塞林身上已展示出教师之子的一些典型特征，比如勤奋守纪、富有进取心、渴望成功等。另外，凯塞林的家教非常严格，某种程度上更像是普鲁士人之家，严厉的父亲珍惜自己得来不易的中产阶级地位，在子女的成长阶段就着力培养他们的荣誉感和责任感。父亲虽然在一定程度上允许子女成年后自由择业，但要求他们都成为所选职业中的领军人物。

在凯塞林高中毕业时，父亲曾希望他上大学，但他的志向却是成为军人。凯塞林自己战后曾回忆说："……我想成为军人，事实上早就有志成为军人，回顾起来，可以说我全身心地盼望着成为一名战士。"[8]虽说父母同意他加入巴伐利亚陆军并寻求成为一名军官，但由于家庭既无从军传统，又缺乏足够的财力和有力的关系，凯塞林只能于1904年7月20日以"士官生"（Fahnenjunker）身份，在梅斯要塞加入第2巴伐利亚要塞炮兵团。当年10月底，凯塞林晋升为下士，次年2月成为"二级中士候补军官"（Fähnrich）。从1905年3月1日起，凯塞林一直在慕尼黑军校学习，并于1906年3月8日被授予少尉军衔。这时的凯塞林对自己能够跻身于巴伐利亚军官团无疑非常自豪，因为巴伐利亚陆军的任职制度比普鲁士军队更严格，要求候补军官必须通过大学入学考试，而后者只要求有中学学历和军校经历即可。普鲁士军校里当时充斥着大批没落贵族子弟，而巴伐利亚军校80%以上的学员来自上层社会，15%至18%的学员出身中产阶级，而其中又约有7%出自教师之家，贵族的比例不足9%。[9]相对于保守封闭的普鲁士陆军而言，巴伐利亚陆军更具资产阶级化倾向，加上重视培养年轻下级军官，一时吸引了大批优秀青年。

▲ *1905年时的候补军官凯塞林。*

▲ *摄于1912年的梅斯要塞，侦察气球中右侧面带笑容者即凯塞林少尉。*

凯塞林服务的炮兵团是个典型的要塞炮兵团（德军的要塞炮兵大致对应于英军的守备炮兵或美军的海岸炮兵，负责固定的炮兵设施与重炮，如岸防炮、防空炮、攻城炮和臼炮等），除装备各种大口径重炮外，还负有改进火炮和射击技术的职责。凯塞林在这里掌握了各种炮兵装备，并在探访普法战争战场的参谋旅行中表现出敏锐的战术意识。其才华很快引起了关注，团长迈尔（Otto Mayer）在1909年1月1日的考评中写道："凯塞林少尉在年轻军官中是最优秀的，所有迹象都表明他的前途将远在众人之上。"[10]1908年9月至1910年4月，凯塞林被送往慕尼黑炮兵与工兵学校学习。毕业后，有关方面甚至考虑过把他调到学校任教官，因为他被认为是"对战术和技术的交互作用具有深刻理解的专家"。1912年6月，凯塞林还接受过侦察气球观察员的培训（据说他曾非常入迷），10月时又成为炮兵团1营副官。一路顺风顺水的凯塞林于1913年10月晋升为中尉。上级对他的表现也是好评不断，诸如"责任感强"、"可靠坚韧"、"理解力强"、"刚毅且充满活力"等。在处理上下级关系上，有考语称他"对下属有权威，态度坚决果断、公正，但与人为善"，"对上级圆通得体、谦虚有礼"。被夸得花一般的凯塞林却出人意料地一直没有申请进入战争学院（从而加入令人艳羡的参谋本部军官团），这段学习受训经历的缺失将成为他日后仕途的一块硬伤，尽管他战后曾一再声称，自己早就在实战中学会了参谋军官应具备的一切知识和技能。

凯塞林的一战经历远不如隆美尔、舍尔纳等摘取过蓝色马克斯战功勋章的元帅们那样出彩，他虽然获得过二级和一级铁十字勋章及一些巴伐利亚军队的勋饰，但基本上是在副官和参谋岗位上度过了一战岁月。一战头几个月里，他曾在梅斯和南锡参加过突破法军防线的作战，但从1914年底至1916年，他不是担任营团级炮兵单位的副官，就是担任炮兵旅副官或负有特别使命的军官（1916年5月19日晋升为上尉）。巴伐利亚第3炮兵司令部指挥官克雷佩尔（Otto Kreppel）少将，曾在1917年1月1日的考评中写道："凯塞林有很强的理解力和决断力，自学生时代起他就在努力提高自己的意志力和韧性，他精通战术、特别是炮兵战术，社交方面也很有风度……但他有个迄今尚未弥补的缺陷，即没上过参谋学院。担任过高级副官也只能部分地弥补这个缺陷，尽管他在每一方面完成的都是参谋本部军官的职责。"[11]这份考评之后的3月6日，凯塞林被调入克雷佩尔的司令部任副官，而且很快得到了检验自己胆识和应变指挥能力的机会。4月9日，在史称"阿拉斯战役"的作战中，英军一度曾撕开德军防线达12公里。此刻，身处前沿的凯塞林表现出了无畏的气概和优秀的指挥能力——他不知疲倦地在战壕间奔走和鼓舞士气，亲自操作侦察气球侦察敌军动向，向前线部队传达清楚且符合实际的指令，不仅避免了防线的崩溃，还设法及时堵住了英军突破口。这次战役后，凯塞林再次受到克雷佩尔的称赞，第3皇家巴伐利亚师师长温宁格尔（Karl Ritter von Wenninger）也在当年5月19日的报告中称："凯塞林虽然没有在前线战壕里待过，但他拥有参谋本部军官应具备的所有品质、能力和必要的知识，特别是他对各种武器的理解非常透彻。他绝对适合在前线部队的参谋部任职。"[11]第2皇家巴伐利亚军军长施特滕（Otto von Stetten）也在6月明确表示赞同师里的荐语。

凯塞林于1917年11月24日被调往东线的第2巴伐利亚后备师师部，接受参谋军官训练的同时，还在杜纳（Duna）参与了与苏联签署停战协议的谈判，这是他唯一的一次东线任职。与苏维埃士兵委员会代表的接触，给他留下了难忘的"恶劣印象"——他认为苏军士兵非常粗鲁，对军官不够恭敬。当然，他不可能理解为什么对方是由士兵委员会出面谈判，也无法想象官

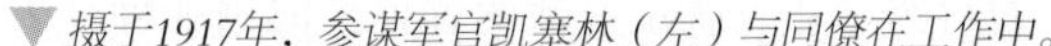
▼ *摄于1917年，参谋军官凯塞林（左）与同僚在工作中。*

兵平等的真正含义。转年1月4日，凯塞林回到西线的巴伐利亚第2军军部任参谋，4月15日，他又被调回第3军继续担任参谋，一直任职到一战结束，甚至停战后还负责该军的遣散复员工作。1918年8月，第3军军长格布萨特尔（Ludwig von Gebsattel）在称赞凯塞林“众所周知的组织能力”时，进一步指出：“……尽管参谋军官凯塞林的战术才能尚未得到实战的充分检验，但鉴于他在准备一次大攻势时所做的参谋和准备工作，他有资格成为一个师的首席作战参谋。”[12] 不过，军长在考评的最后又加了一句：“由于缺乏足够的前线经历，应在不远的将来派他去一个营指挥一段时间。”[12]

凯塞林战后忆称，自己在一战停战后曾一度萌生了另谋职业的想法，甚至还与妻子一起拿着报纸满大街找工作，只不过由于上级的坚持和挽留，他才留在巴伐利亚第3军军部负责复员安置工作。大约在此期间，由于见解上的差异，凯塞林与负责监督复员安置的社会民主党人发生了激烈冲突。他不仅“言行不谨”，还拒绝执行自认为毫无意义的命令。这件事致使凯塞林被短期关进囚笼，对其军旅生涯也产生过重大影响。凯塞林曾说这段经历比1947年的受审“还令他感到屈辱”。第3军参谋长当时曾写道：“……凯塞林在这一特定事件中表现得顽固，未能展现出必要的慎重。他一旦形成某种认识，就会顽固地坚持，结果导致灵活性不足，常常对工作产生不利的负面影响。”[13]时任第3军军长策尔纳（Eugen Ritter von Zoellner）在1919年8月14日的总评中写道：“……凯塞林是一位具有出色的业务技能和上进心的优秀军官，但由于长期在参谋岗位任职，他养成了高估自己的习惯，有时不能认识到部队为执行上级命令必须克服重重困难。”这位将军相信，让凯塞林下连当连长将为他带来莫大的好处。“等充分证明了自己后，应把凯塞林调回参谋本部。”由于这一考语，凯塞林在1920年2月成为第24炮兵团的一名连长，开始了为期两年的“放逐”。尽管军旅生涯出现了危机，但他并未消沉，而是利用一切机会克服缺陷，也把此番经历作为证明自己的机会。1922年10月1日，凯塞林接到了去帝国国防部报到的命令。

曾有史家这样总结过凯塞林到此刻为止的军旅生涯：“……年约35岁的凯塞林正展示着几十年后将成为其个性标志的一些特质。那个平庸内向的学生已成长为出色的军人。他勤奋、自律，同时还是个举止不凡的热诚之人，当然他可能在某些方面也间或表现出一种夸张的自信。作为炮兵，他对合成武器有着深刻的理解，也是一名出色的组织者，但他还是典型的参谋军官，很少目睹或亲历前线的单调乏味与冷血无情——而正是这种经历把许多与他同时代的人推向了左或右的极端。充斥着中产阶级的巴伐利亚陆军的‘民主化倾向’，也在他身上留下了烙印。一位了解他的意大利观察者后来曾说，‘受过良好教养的巴伐利亚人凯塞林有着令人愉悦的行为举止，既没有他的普鲁士同僚那种令人齿冷的傲慢，也没有隆美尔那种粗鄙的自吹自擂……’这位观察者还认为凯塞林热心于追逐军旅职业的攀升——20世纪20年代，凯塞林已跻身于德国军事精英的群体，与勃劳希契、勃洛姆堡、塞克特、阿尼姆、施珀内克和约德尔等都建立了密切关系……”[14]

凯塞林上尉作为“最优秀、最有前途”的少数军官，被战后国防军的唯一权威塞克特召到国防部任职。从1922至1929年的7年里，凯塞林在“军队办公室”以及国防部的各种职位上获得了宝贵的经验。1924年4月，他在“陆军训练总监部”任职时，部长就是后来任希特勒首任国防部长的勃洛姆堡。1925年2月1日，担任上尉长达9年的凯塞林晋升为少校，10月1日，又被塞克特任命为自己的首席参谋军官。凯塞林战后曾回忆说，在塞克特身边的日子是自己军旅生涯中最关键、最值得回忆的经历。他对精明能干的塞克特评价极高，而他自己也凭借才华和能力成为后者最信赖的少数军官之一。凯塞林从塞克特那里学到了对待下属的方式——毫不留情地要求下属全力以赴，但一旦任务明确，便放手让下属发挥最大的主观能动性，除偶尔在讨论中旁听和指点一二外，基本不干预下属的工作进程。凯塞林战后还不无骄傲地声称，他的办公室就是参谋本部的例会场所，塞克特会时不时地坐在角落里旁听军官们激烈辩论，偶尔也根据自己宽广深厚的经验，给出一些高明的指点和评论。[15]

1926年9月末，塞克特因允许逊位德皇的长孙参加秋演，被指责为试图帮助霍亨索伦王室复辟而被迫辞职。10月9日，他向凯塞林等军官发表了告别演说："……我向你们、所有同志和国防部同仁致以最诚挚的祝愿……我衷心希望，当你们有朝一日离开这里时，也能带着我今天的这种感激和信心离去。屋外的世界正被金秋渲染得光彩夺目、华美无比，这正是离开的好时候。我能以最真挚的感激之情，回首我的军旅生涯中明媚的春天和丰实的夏天。秋天到来时，我看到了自己的辛勤耕耘结出的果实——年轻的军队。今天，我满怀自信地放下工作。先生们，我想对你们说：'当严冬笼罩着幼苗之时，越过坟墓——前进！'"[16]（最后一句为歌德的诗句，塞克特非常喜爱这句话，在数日后向国防军发布的最后一道命令中仍以此结尾。）

▲摄于1928年，帝国国防军部的参谋军官凯塞林少校。

不知是否受到塞克特去职的影响，凯塞林也在这个10月离开参谋本部，调至直属陆军总司令的"陆军总务局"（Allgemeines Heeresamt，这个名字直到1934年才被正式启用）。这是负责征兵动员、组织训练、研究开发和军事设施建设的重要部门，凯塞林在这里充分磨砺了自己的行政管理和组织能力：他被委任为"陆军节俭委员会"主任，负责减员增效和精简开支；他处理预算、后勤和法律事务，对国际法方面也有所涉猎；他主持制定了整套的武器采购程序——从参谋本部提出要求到厂商竞标，从设计研发和样机问世，到军方接受和拟定投产合同，再到列装部队等，这套程序一直使用到二战结束。

1929年4月，凯塞林来到慕尼黑第7军区（即第7步兵师）担任首席作战参谋。次年2月，他晋升为中校，并于当年8月被调至陆军人事局工作。至此，他在陆军总司令直属的所有重要部门（参谋本部、总务局和人事局）都有或长或短的历练，这种完整的履历在德军中恐怕算得上凤毛麟角。1932年2月，凯塞林再次被调往基层部队任职，担任第4步兵师第4炮兵团3营营长。当年10月，凯塞林晋升为上校，这是他在陆军取得的最高军衔，因为其军旅生涯即将发生一次重大转折。

新空军奠基人·航空队指挥官·越级晋升元帅

1933年1月底希特勒上台后，立即把加快军备重整，尤其是发展空军和装甲部队作为军事领域的国策。凯塞林在当年9月准备重返国防部工作时，意外地得知自己将从陆军退役，而后以平民身份调入帝国航空部。他这时的感受肯定是复杂的，他刚完成了炮兵团长的任期，很有希望晋为少将；另一方面，他也知道第三帝国的二号人物戈林正竭力把空军建成与陆军和海军平起平坐的独立军种，这个新军种当然能提供比陆军多得多的晋升机会。凯塞林在回忆录中称自己对到空军任职并不特别兴奋。恐怕他只说出了真相的一半，后来他曾坦言："……作为德国空军的一员，我们在总司令大权的庇护下，得到了包括国家社会主义党在内的所有阶层令人愉悦的尊敬。"[17]

凯塞林在参谋本部时，曾在塞克特领导下主持过一些与空军相关的秘密试验，包括1923至1924年在苏联境内秘密建立飞行员训练基地等。有史家称，塞克特亲手遴选的大约60名参谋军官是"参谋本部培养出的最精致的产品"，而凯塞林和韦弗（Walter Wever）则是其中最杰出的佼佼者——这两人处事老练、举止有度、能力过人，塞克特离职前就认为他们两人将是创建未来空军的不二人选。1933年10月1日，韦弗和凯塞林等四名参谋本部军官被调到航空部，前者不久后成为首任空军参谋长，凯塞林则担任了行政总管。凯塞林的组织和领导才能在新空军的组建发展中发挥了重大作用，他负责预算和诸多行政后勤事务，此外，建立机场、军营、飞行员训练和战机生产等也在其职权范围内。不过，繁忙而富有成效的工作带来了丰厚的回报，半年后，凯塞林晋升为少将，两年后又成为中将。

1936年6月3日，韦弗中将因飞机失事身亡，凯塞林被戈林任命为继任参谋长。有后人曾指出，空军参谋长凯塞林以自己的影响力"解决了"德国空军在战略和战术上的争论。韦弗生前曾与一些将领认为，空军应着力成为拥有远程轰炸能力的战略空军，而凯塞林觉得空军应朝着能密切支援地面部队的战术空军发展，应该重点生产和列装Ju-87等既能实施精确打击，又相对廉价的战机，而不是韦弗等主张的技术复杂、成本高昂的战机。有后人称，炮兵出身的凯塞林"扼杀了"韦弗建立"战略性轰炸力量"的企图，是"对二战产生了决定性影响的重大决策失误，他和戈林都必须承担相应的责任"。[18]这或许是一种误解，近年的研究表明，韦弗在丧生前的1936年5月即已决定，把生产重点从四发重型轰炸机转移到双发中型轰炸机上。他认为这些速度更快、能更经济地大规模生产的中型轰炸机，足以满足作战需要和支援陆军的角色。[19]韦弗的意外身亡使他没有来得及在决议上签字画押，"不幸的差事"落在了凯塞林头上——1937

▲ 德国卡通画家于1935年所绘的漫画，反映的是新空军行政总管凯塞林繁忙的一天。

▲ *据信摄于1937年的某次演习期间，右一为凯塞林，右二为时任航空部常务副部长（国务秘书）的米尔希。两者的关系一直比较紧张。*

年4月29日，凯塞林在戈林的支持下，取消了“容克斯”Ju-89和“道尼尔”Do-19等四发重型轰炸机的生产计划。[20]

凯塞林在任内还理顺了参谋长与空军总司令的关系。由于戈林身兼总司令和航空部部长，其副手、航空部国务秘书米尔希认为自己才是凯塞林的顶头上司。凯塞林对此并不买账，试图游说戈林限制权势日大的米尔希，双方随即发生了一系列严重冲突。当米尔希任命乌德特担任首席技术军官，借此把战机研发和生产的领导权从凯塞林的领地里夺走时，他们之间的矛盾达到了顶点。凯塞林战后曾说，由于不愿意在与米尔希的冲突上浪费时间，同时也为了避免分裂，他请戈林解除自己的职务并允其退役。戈林批准了辞呈，但拒绝让凯塞林退役，反而在1937年6月1日晋升他为航空兵将军，令其出任空军第3军区指挥官。戈林还暗示自己将寻机剪除米尔希过于丰满的羽翼。凯塞林辞职的次日，空军便发布命令，在限制各级官员权限的同时，正式确立了参谋长向总司令直接负责的制度。应该说，凯塞林在与米尔希的争斗中并未处于下风，他的空军军区涵盖包括柏林在内的西里西亚、萨克森和中部的广大区域，无论如何都很重要。

1938年4月，凯塞林成为空军第1集群指挥官。他十分熟悉陆军和空军的作战理论与战术，对于空军在支援地面战事中的角色也有着深刻的理解。同时，他又是个天分很高的领导者，乐于接受新的观念和技术，并主动寻求适应新环境。他为树立权威并赢得新一代飞行员的尊重，早在1933年就学会了驾驶飞机，还经常笑容可掬地飞到各机场和联队嘘寒问暖，在空军官兵的眼中，凯塞林无疑是他们的“自己人”。

1939年9月的波兰战役爆发前夕，空军第1集群升格为第1航空队（拥有1105架各型战机），除了保护柏林和消灭波兰空军外，凯塞林的任务主要是支援博克上将的北方集团军群。为此，他的航空队将在摧毁对手的空军和地面支撑体系后，迅速转入近距离地面支援角色。不过，德军最初两日的作战并未完全实现目标，主要原因是波军把战机从脆弱的前沿机场都转移到了后方——德方于9月3日即宣称波兰空军已不复存在。实际上，波军轰炸机和对地攻击机在9月16日前，一直没有停止过对地面德军的打击和骚扰。虽然早早取得了制空权，但德国空军付出的代价也可谓不菲——3周内就有285架战机被摧毁，279架战机无法修复。凯塞林在这场不对称的战争中表现不俗，他经常驾机与战斗机编队一起飞到敌后，有时评估对手的抵抗能力，有时了解作战联队的表现，有时纯粹是去给官兵们加油打气。凯塞林高度重视为地面部队提供支援，他曾在回忆录中说：“……我并非博克的下级，但在地面战术的所有问题上，我都自愿服从他的命令。”这种密切配合自然是凯塞林推动战术空军的真实写照，也是其作战思想的一大标志，收获的显著战果更为他在9月30日赢得了一枚珍贵的骑士勋章。

波兰战役后，凯塞林曾留在波兰负责建立“帝国新版图”的防空体系，但很快又在1940年初调往西线，从费尔米（Hellmuth Felmy）手中接过了第2航空队的指挥权——费尔米将军及其参谋长卡姆胡伯上校刚因一起泄密事件被解职，这使凯塞林又有机会在即将到来的法国战役中为博克提供支援，同时，再次证明自己执行地空协同的闪电战的能力。5月10日，凯塞林航空队下辖第4和第8航空军、第2防空军和第2“特种任务”航空军（即施图登特的空降部队），拥有1836架战机，其中1285架可参战。[21]博克的B集团军群在法国战役中负责进攻比利时和荷兰，着眼于将英法盟军吸引至侧翼，为从阿登山区突破的A集团军群包围对手创造条件。由于空降部队将以伞降、滑翔和机降等方式，提前夺取B集团军群装甲矛头进军道路上的机场、要塞、桥梁和十字路口，所以凯塞林比在波兰战役时更多地参与了地面战事的计划，面对的也是一项规模空前的任务。许多在现在看来普通不过的问题，比如在保持突然性的同时准确地把空降力量分批次安全运往战场，就当时而言都是先驱性的工作，世界各国都没有大规模使用空降部队的经验，就连德军自己也从未在演习中尝试过。凯塞林不仅要计划和协调空降作战，还要负责夺取制空权的空战，并为装甲矛头提供近距离支援，所有这些任务都绝非易事。

▲ 摄于1939年的波兰，第1航空队指挥官、航空兵将军凯塞林向元首行礼和汇报。希特勒和凯塞林之间的是此时仍默默无闻的元首卫队营指挥官隆美尔少将。

▲ 摄于1940年3月，从左至右为米尔希、里希特霍芬、凯塞林和戈林。

▲ 摄于1940年上半年，凯塞林视察第1驱逐机联队1大队的驻地基施赫伦（Kisschhellen）。左一为大队长法尔克（Wolfgang Falck）上尉，他很快被任命为第1夜间战斗机联队联队长。背景中的战机是法尔克的Bf-110C双发战斗机。

他很担心地面部队不能及时与空降部队建立联系，缺乏重武器的伞兵夺取要塞或桥头堡后，如果没有跟进部队的支援，根本无力抵挡坦克和重炮的反击，只能束手就擒或被全歼。为此，他向博克及其军师长们反复强调协同作战的重要性。凯塞林的担心并非杞人忧天，后来的战事发展证明了其先见之明，只不过，协同作战中的失误和不足都被德军闪电战大胜的光环所遮掩了。

战事发起后，装甲矛头的锐利大大超出了希特勒的预期，他时不时地在大胆突进和犹豫不决间摇摆，最明显的例证就是世人皆知的盟军敦刻尔克大撤退。出于种种原因，希特勒命令装甲部队止步，把消灭敦刻尔克盟军的重任交给了戈林，戈林则将这个检验空军能否独自消灭地面部队的任务交给了凯塞林。凯塞林曾表示反对，他倒不是觉得地面部队比航空兵更适于完成这种任务，而是因为他的航空队战损非常严重（如第4航空军可投入的战机只有2周前的50%至60%），飞行员们也相当疲惫，除第8航空军以法国康布雷—圣康坦为基地外，其余的单位都部署在本土西部，距离敦刻尔克较远。此外，英国皇家空军仍在坚持不懈地向德军进攻。凯塞林明知不可能，还是以其惯常的服从作风竭尽全力——5月26日至29日间，第2航空队向敦刻尔克港口、码头和海军目标发动了连串攻击，30日，因天气恶劣休战一日，从31日起，又收拾“余勇”，重点攻击盟军集结地和登船处。不过，天不灭英法盟军，持续的糟糕天气限制了凯塞林集中使用战机的能力，30余万盟军陆续撤离了敦刻尔克，不知留给德国的陆军将领们多少遗憾和叹息，又使“戈林的空军”遭到了多少指责和嘲讽！

仅就军事而言，40天里将号称“欧洲第一陆军强国”的法国打得丢盔卸甲、举手投降，不能不说是一次辉煌大胜。1940年7月19日，9位陆军上将和3位空军将领被希特勒晋升为元帅，跻身其间的凯塞林尤为引人注目，因为他是以航空兵将军军衔，越过上将后直升元帅的！论功行赏本无可非议，但显然没有人能比希特勒更了解如何维持将领们的忠诚。有德国史家在2000年曾针对凯塞林的这一擢升发表评论：“……相较于对贵族将领们的态度，希特勒格外尊重中下阶层出身的巴伐利亚人，他在赞赏这一群体在技术上的卓越绩效的同时，特别欣赏他们那几乎变成谄媚的、行尸走肉般的服从。”[22]虽然这位史家使用了可以理解的词汇，但在1940年7月，凯塞林无疑展示出他不仅有能力细致周到地计划和执行空降作战，也能高效地协调近距离支援和夺取制空权。毫无疑问，他是一位充满勇气、乐观且称职能干的指挥官，非常适应他所参加的进攻作战。

▲ *摄于1940年7月，新科元帅凯塞林在自己的侦察/联络飞机前。*

▲摄于1940年夏，凯塞林元帅与第76驱逐机联队（ZG-76）的2名指挥官交谈，从他严肃的表情来看，似乎是不列颠空战的惨重损失引起了他的忧虑。

▲摄于1940年9月的不列颠空战期间，地点是凯塞林第2航空队位于白鼻角（Cape Blanc Nez）圣山（Holy Mountain）的总部。从左至右依次为凯塞林、第4航空队指挥官勒尔（Alexander Loehr）、戈林和第2航空军指挥官勒尔策（Bruno Loerzer）。

▲ 摄于1940年9月，第2航空队位于白鼻角圣山的总部，从左至右依次为空军参谋长耶顺内克、凯塞林、第2航空队参谋长施派德尔（*Wilhelm Speidel*）和第2航空军指挥官勒尔策。

◀ 摄于1940年9月，第2航空队位于白鼻角圣山的总部，凯塞林正在指挥调遣。

▼ 摄于1940年9月或10月，凯塞林陪同戈林视察部队。

法国战役后，凯塞林航空队移驻法国西北部、比利时和荷兰的机场，准备参加不列颠战役。德国空军进攻英国的战机约有2800架，除挪威的第5航空队仅有190架外，其余的2600余架战机大约都被凯塞林的第2航空队和施佩勒（Hugo Sperrle）的第3航空队平分了。在总体战略上，凯塞林为保持无敌的神话，避免遭受过大的损失，主张在地中海区域打击英帝国的海外领地，而施佩勒则力主打击英国的港口和运输线。结果，戈林和希特勒更青睐施佩勒的方案。凯塞林虽有所保留，但一旦决议形成，他还是以高于他人的热情全力以赴。在攻击重点上，施佩勒要求通过轰炸来铲除对手的防空体系，凯塞林则主张直接攻击伦敦——或以轰炸迫使英国屈服，或诱使皇家空军战斗机部队进行决战。戈林对两员主将的分歧没有明确意见，他的全部要求就是“以闪电战方式在5天内占据空中优势，13天里夺得制空权”。

不列颠空战的初始阶段从7月10日延续到8月8日，凯塞林手下的斯图卡轰炸机联队向英吉利海峡中的船只发起了多轮攻击，战斗机部队也与英国皇家空军进行了激烈的格斗。一旦封锁英吉利海峡的任务完成，德军准备于“鹰日”发起夺取制空权的攻势，凯塞林航空队为此集中了西线最多的战机（超过1600架，其中战斗机764架、轰炸机821架），但8月13日的恶劣天气挫败了凯塞林精心准备的攻击计划。此后一周里，德军损失了358架战机（另有102架受损），斯图卡轰炸机的损失尤为惨重，不得不陆续退出战场，双发重型战斗机（被戈林称为“铁甲军”的驱逐机）部队出于同样的原因，也不得不减少参战单位的数量。8月19日，戈林命令施佩勒把他的多数单发战斗机移交给凯塞林，第3航空队改为进行夜间轰炸，凯塞林航空队则承担绝大多数的攻击任务，他也根据戈林的严令，要求下属战斗机单位必须为轰炸机进行捆绑式护航。从8月24日起，不列颠空战进入了最关键的阶段，凯塞林试图集中力量消灭皇家空军战斗机部队，同时对英军机场进行了反复轰炸。虽然凯塞林强有力的领导造成了英方难以忍受的战损，尤其是战机和飞行员损失的速度远远快于补充的速度，但顽强的皇家空军并没有屈服，英国政府和人民也没有被无休止的狂轰滥炸所吓倒。8月24日至9月6日间，英军有295架战斗机被摧毁，另有171架受重创。[23]英方的损失固然惨重，但德方在8月末的评估显然也高得离谱——有情报称“从8月8日起，已有1115架英军战斗机被击毁”。[24]这一完全不符事实的报告遭到了施佩尔的驳斥，但被乐观的凯塞林所轻信，他还信心满满地表示“英国佬基本上没剩下什么战机了，最近只是由于糟糕的天气，才使我的轰炸机未能实现目标”！[24]由于轻信对手“只剩150至300架战斗机”，凯塞林于9月3日建议戈林开始攻击伦敦，进而诱出英军战斗机部队进行最后的决战。袭击伦敦的命令于9月5日正式下达，德军625架轰炸机在648架战斗机的掩护下于7日空袭了伦敦，但出乎意料地遭到了强力阻击和抵抗。9月15日这一天，凯塞林航空队又有56架战机未能返回基地。[25]

美国记者英格索尔（Ralph Ingersoll）曾在1940年11月探访过满目疮痍的伦敦，之后他在所著的一本书中写道：“……经历过这场空战的绝大多数英军将领都相信，在（9月15日）之后的5天里，如果希特勒和戈林有勇气，也有资源付出每天损失200架战机的代价，那么将没有任何力量能够拯救伦敦。”[26]但是，纳粹领袖们并没有可供挥霍的资本——1940年7月至9月间，德国空军被摧毁和受重创的战机已分别高达1636架和697架！[27]

戈林消灭英国皇家空军的意图并没有在秋季到来时实现，对手仍在不屈不挠地抵抗，希特勒也似乎失去了耐心，不过他还想再观察一些时日——他希冀凯塞林对英国城镇的轰炸能摧毁丘吉尔和英国人民的意志。但是，这一奢望也很快落空。当德军的损失高到难以为继的程度时，英国还没有屈服的迹象，希特勒将目光转向了东方，进攻英伦三岛的计划也被束之高阁。尽管凯塞林的航空队里出现了莫尔德斯和加兰德这样的王牌，飞行员们在空战中也取得过惊人的战绩，但他还是第一次尝到了失败的滋味。事实上，正如多数史家战后承认的那样，德国空军并没有足够的优势消灭英国皇家空军。如果凯塞林能将己方在战机的数量和质量、飞行员的战术能力和经验等方面的微弱优势转化成决定性胜利，击败英国皇家空军这个“前所未见的、最强悍的对手”（加兰德语），无疑将是世界空战史上最了不起的奇迹。

“荣耀的军需总长”：从苏德战场到地中海

不列颠空战未能达到令英国臣服的目的自然是德国空军的一大失败，但凯塞林战后还嘴硬地表示自己并没有被击败，只不过是由于其航空队为准备苏德战争调往波兰，才造成了无法继续进攻。这显然与史实不符，虽然凯塞林早就知道希特勒侵苏的意图（1940年12月，他即积极参与了“巴巴罗萨”作战的计划工作），但出于欺骗的需要，以及新机场直到1941年6月才能投入使用，他的第2航空队在1941年5月前一直都在西线，并非如他所言的那样“因被调往波兰致使进攻中断”。不过，他承认确实存在重大战略失误，即德国空军纯粹是支援地面部队的战术空军，而征服英国需要不同类型的轰炸机和武器。1942年，当希特勒决定仅靠空军摧毁马耳他岛时，凯塞林出于同样的原因也表示过反对。但是，他又忘记了，正是他和戈林在1937年下令中止了远程重型轰炸机的研发生产。

苏德战争中，凯塞林再次负责为博克的中央集团军群提供支援。在任何战事前都流露着乐观情绪的凯塞林，毫不怀疑侵苏行动在军事上是否明智、在道德上有无不妥，倒是对博克在战前会议上表现出的颓丧感到烦心——用不了多久他就明白了困扰博克的原因：苏联巨大的版图、众多的人口、被严重低估的战争工业产能、军民坚定的抵抗意志，以及地面部队长驱直入后面对的补给困难，甚至是初期大胜后宏观战略的缺失等等。1941年6月22日，德军4个航空队向苏联空军发起了毁灭性打击，首波参战的1280架战机，在最初18个小时内就摧毁了2000架以上的敌机，而自身的损失仅是区区35架！[28]仅凯塞林的航空队在6月28日时就声称摧毁了1570架敌机。尽管摧毁苏联空军和发动机制造厂的任务远未完成，凯塞林还是很快把重点转移到为博克提供支援，特别是保护装甲矛头的两翼——他在战后曾说：“我指示我的航空兵和高射炮将领把陆军的愿望视为我的命令！”

最初数周的战况似乎预示苏联这艘巨舰即将沉没。随着德军向列宁格勒接近地、明斯克、斯摩棱斯克和基辅等方向的高速推进，凯塞林手下的轰炸机甚至已开始轰炸莫斯科。取得制空权后，德军侦察机随心所欲地飞往敌后侦察，无需战斗机护航的轰炸机则频频光临苏联城市的上空，而战斗机除了搜索仅存的苏军战机外，也向地面目标进行肆意的扫射。凯塞林的乐观情绪更加高涨了，他不知疲倦地召开各种作战会议，也频频驾机出现在前线机场，以他的笑容和富有感染力的言谈为飞行员们加油鼓劲。凯塞林的丰富经验在东线之初发挥过重大作用，与博克的地空协同作战也日臻完善，中央集团军群前4个月的大胜中自然少不了凯塞林的功劳。当7月的明斯克、8月的斯摩棱斯克和10月的维亚济马—布良斯克三大围歼战终结之时，130万被俘苏军除了痛恨神出鬼没的德军坦克外，一定也难以忘记那些斯图卡的尖利叫声和战斗机的冷血扫射。

1941年9月30日，德军声称已摧毁14500架苏军战机（其中约5000架毁于空战），而己方的同期损失是1603架被毁、1028架受损。[29]德军

▲ 摄于1941年7月的东线某地，凯塞林正在视察JG-53第3大队。右一是大队长维尔克（Wolf-Dietrich Wilcke）上尉。

▲ 摄于1941年夏，据说由凯塞林本人拍摄，是苏军某机场被德军轰炸时的场景。

▼摄于1941年8月9日，凯塞林为JG-53第3大队的2名飞行员颁授骑士勋章后的合影。左一为施密特少尉（Erich Schmidt，第3大队当时的头号王牌，8月31日被高炮击落后失踪），右二是大队长维尔克上尉（当日以25次击坠获骑士勋章，1944年3月23日死于JG-3联队长任上，最终战绩162胜），右一为施拉姆少尉（Herbert Schramm，当日也以25次击坠获颁骑士勋章，1943年12月1日丧生前的总战绩是42胜）。

▲ 摄于1941年夏，凯塞林与身份不详的军官交谈，背景是2架Ju-52运输机。

▲ 摄于1941年10月初的维亚济马—布良斯克围歼战期间，凯塞林与第4装甲集群指挥官霍普纳（Erich Hoepner）上将晤谈后离开后者的总部。手举权杖者是凯塞林，他的身后是霍普纳。

▲ 摄于1941年初秋，凯塞林驾驶Fw-189侦察机飞行在东线上空。

▲ 拍摄时间和地点不详，凯塞林正在检阅一支高射炮部队。

这时发起了扑向莫斯科的“台风作战”，博克的中央集团军群为此得到了显著加强，东线的多数装甲部队都被调至中央战场，负责支援博克的仍是凯塞林第2航空队，除了第8航空军从列宁格勒方向回归中路，凯塞林还得到了第4航空队的部分联队，以及来自西欧的JG-3和JG-52第1大队等。不过，经过3个月的苦战，德国空军的实力已被大大削弱。6月22日时，凯塞林拥有1200余架战机，到10月初时，他得到增援后也只拥有549架战机，其中158架是轰炸机。[29]德军的攻势在10月的前半个月里进展得异常顺利，凯塞林航空队在协助包围苏军西方面军和布良斯克方面军的作战中发挥过重要作用，甚至还在剿灭维亚济马包围圈北半部的作战中扮演了主角。不过，随着深秋的到来，时断时续的细雨经常演变成瓢泼大雨，一天下来便把尘土飞扬的破路翻腾成泥淖的世界，勉力前突的装甲部队常被泥泞所困，它们的补给线也经常被完全切断。当降雪不期而至时，在阴风湿冷中瑟瑟发抖的官兵，再也没有心思谈论似乎近在咫尺的莫斯科。凯塞林航空队也面临着诸多困难，除进行重要的侦察和拦截作战外，他还需要负责空运补给，甚至还要继续进行实际价值有限的轰炸莫斯科的行动——自然，莫斯科上空的敌方战机和高射炮会令他想起一年前的伦敦。雨雪交替的天气最终令德军的地面攻势完全停顿，而飞行员和战机更是没有做好应对严冬的准备——飞行员精疲力竭，简易机场难以使用，战机无法升空，维护保养异常困难，零部件频频短缺，在零下几十摄氏度的严寒中，战斗机和轰炸机甚至都拒绝发动。

不过，命中注定凯塞林不会在东线停留过久——1941年11月28日，他被希特勒任命为南线总司令，重要任务之一是为北非的隆美尔提供空中支援和后勤保障。希特勒之所以选择凯塞林，可能是因为后者到1941年秋时已经声名赫赫，而希特勒一向不喜欢那些贵族做派十足的普鲁士将领；另一个原因或许是，相较于陆军和海军而言，空军是“最纳粹化的军种”。英军准将比德韦尔（Belford Bidwell）战后曾评论说：“……如果说一个杰出人物的标志是凭借纯粹的智力就能应对新问题——不管是战争问题，还是管理或政治问题，而他之前又没有相关的经验或受过专门的教育——那么，凯塞林就是这样一个人，尽管就他的情形而言，‘常识’和‘理性’可能是更恰当的用语。”[30]凯塞林有能力评估各种可能性并抓住事物的要害，在外交和政治活动中也善于妥协，但他的高职实际上相当尴尬。希特勒本打算让他负责地中海战场的所有德意部队，但在满腹狐疑的墨索里尼和卡瓦莱罗（Ugo Cavallero，意军总参谋长）面前，这个想法只能是一厢情愿。为合作起见，德意双方达成协议，意军最高统帅部继续统管所有轴心国部队，但没有凯塞林的认可，意方不会下达任何重大作战指令。凯塞林的直接责任是确保隆美尔的补给和空中支援，他有权指挥海、空军力量，但对最重要的非洲军没有直接管辖权，隆美尔名义上隶属于非洲意军总司令巴斯蒂科（Ettore Bastico）元帅，而后者又听命于意军最高统帅部。

当凯塞林与隆美尔12月16日第一次见面时，由于许多油轮都被马耳他岛的英军击沉，甚至没有1艘能够溜到北非海岸，为补给发愁的隆美尔没有情绪迎接笑意盈盈的凯塞林，尤其是后者要讨论的还是与意军合作的烦心事。隆美尔不顾凯塞林和卡瓦莱罗的反对，执意将非洲军撤至班加西，撤退过程中空军还帮了倒忙，使非洲军与空军、隆美尔与凯塞林之间的关系一开始就显得颇不和谐。见面时，凯塞林兴高采烈地对隆美尔说，空军反复轰炸了追击的英军，但他的话音刚落，隆美尔的手下就报告称非洲军遭到了德国空军的攻击！尴尬的凯塞林表示一定严查到底，但双方已埋下了不信任的种子。更糟的是，隆美尔在圣诞前收到了几十辆坦克和一批补给，马上在12月26日和29日发起两次反攻，这两次成功的反击根本没有空军参与，甚至事先都未知会凯塞林！凯塞林的愤懑可想而知，但他在回忆录中却写道：“如果不是我的空军将士们将危险置之度外，隆美尔的部队甚至无法止住败退。”这显然也是不实之词，最多只能算是他对空军的不遗余力的维护。

希特勒希望组织天才凯塞林能有力地协调德意军队的联合作战，在鼓舞意军士气的同时，促使意方在北非投入更多的人力和物力。凯塞林心目中的重中之重，还是确保隆美尔获得足够的补给。而马耳他岛的英国皇家海军和空军部队，实为北非战事能否成功的关键性障碍。凯塞林到罗马赴任南线总司令前，希特勒曾要求他以第2航空队之力从空中铲除马耳他，但凯塞林并不赞同，他认为仅靠空军无法彻底消除马耳他岛的威胁，必须借重地面部队一举夺岛。希特勒和戈林显然没有从1940年的敦刻尔克、1941年全年轰炸马耳他的战事中汲取教训，他们并不重视凯塞林的意见，只是简单地要求他服从命令。凯塞林从12月31日起投入驻西西里岛的第10航空军，全力轰炸马耳他岛的英国海空军基地。1942年初，随着第2航空军从东线回归凯塞林麾下，加上原有的第10航空军和意大利空军，轴心国的空中力量得到了加强，德意海军也根据凯塞林的命令积极行动，U艇部队相应增加了在地中海的攻击活动，英军对轴心国补给线的威胁暂时得到了缓解。隆美尔与凯塞林的紧张关系也随着一系列的成功有所缓和。1942年1月4日，隆美尔在日记中写道：“……凯塞林今天又来看我。我们现在合作得很好。”次日，隆美尔又称：“我们这里正逐渐得到更多的物资，他（凯塞林）确实打掉了马耳他的锐气。”[31]在地中海和煦微风的吹拂下，凯塞林一度紧锁的眉头舒展了，招牌式的微笑又时常挂

▼ *摄于1941年底，可能是凯塞林抵达北非后拍下的首批照片之一。图中他正在视察StG-2（第2俯冲轰炸机联队）第2大队位于特米姆尔（Tmiml）的基地。左为该大队的2名军官，右一是第10航空军指挥官盖斯勒。*

▲ 摄于1941年底，凯塞林（右二）与隆美尔（右一）见面的情形。

在脸上了。

先后为隆美尔、凯塞林和伦德施泰特担任过参谋长的韦斯特法尔将军曾写道："……在支援地面部队方面，没有任何一位空军指挥官能比凯塞林做得更多更好。他所掌握的资源常常有限，还要被迫分散使用。每当非洲上空发生重大事件时，人们总能在沙漠中看到他。无论是来自天气的威胁，还是来自敌方的威胁，都不能阻止他不断地飞往非洲，前去提供力所能及的帮助，或在必要时协商解决德意双方冲突的要求。他与隆美尔一样，不介意自己的安危。他在敌军威胁到的区域内飞过200次，所驾驶的施托希侦察机至少被击落过5次。"[32]韦斯特法尔的描述，不仅生动刻画了凯塞林为纳粹事业不顾个人安危的奔波，也反映出他具有常人难以企及的大局观和心胸。

1942年初，凯塞林继续向希特勒和墨索里尼强调占领马耳他岛的必要性。他打算先以第2航空队的持续轰炸摧毁岛上的防御体系，而后进行登陆作战。3月至4月，第2航空队进行的集中轰炸的确有效地摧毁了港口设施，驻岛英军的战斗机力量被削弱到只剩数架战机，皇家海军的水面舰艇4月初被迫撤离，第10潜艇支队也在4月中旬匆匆离去。4月11日，凯塞林宣布轰炸作战取得了良好效果——他的本意是告诉摇摆不定的上司、海军将领和意大利盟友，现在展开登陆作战将会简单得多，但正是他自己的成功和乐观评估，造成夺岛计划在元首眼中显得不再具有紧迫性。希特勒对克里特岛空降作战的高昂代价一直耿耿于怀，因而对马耳他岛的类似作战一样心存疑虑。4月29日，希特勒决定先集中资源支持隆美尔的托布鲁克攻势，之后再进攻马耳他岛。与会的凯塞林曾据理力争，但最后只得接受这个妥协的方案。

隆美尔在6月21日征服了托布鲁克，凭此战功成为家喻户晓的德国英雄和最年轻的元帅。按照2个月前达成的共识，隆美尔这时应停止推进，以便凯塞林集中海、空军攻克马耳他，从而一劳永逸地拔除补给线路上的芒刺。但隆美尔为眼前的大胜所蛊惑，站在埃及边境的他执意要去追求更大的成功，他的目标不只是苏伊士运河和中东，甚至还包括遥远的高加索！隆美尔背着凯塞林要求希特勒批准立即进攻开罗的计划，希特勒似乎也忘记了向凯塞林许下的承诺。凯塞林并不甘心，6月26日在与隆美尔、卡瓦莱罗和巴斯蒂科面谈时，他曾以有力的证据力劝隆美尔改变心意，但后者还是拒绝了。凯塞林战后曾对此有感而发："……1940年6月时，意大利人错过了夺取马耳他岛的大好时机，这将作为一个基本错误被载入史册……而德国拒绝修补这个大错，则是把地中海战场引向决定性不利态势的第二次战略失误。"[33]随着英军迅速重建马耳他岛的设施和防御体系，凯塞林发现再想拔除眼中钉已大为不易（7月1日又对马耳他发起了空中攻势，但由于损失惨重，三周后取消作战），随后几个月里，为隆美尔维持补给的任务越来越困难，甚至几近于不可能——这就注定了凯塞林这个"军需总长"与隆美尔不可能有甜蜜的关系。

凯塞林对北非战略的认识与隆美尔不同，他认为轴心国的首要任务是保护第三帝国的南翼，因而应在北非保存实力，采取机动灵活的攻击性防御策略。隆美尔曾豪言9天内抵达开罗，凯塞林当即大声反对，因为地面和空中补给线都会因拉伸得过长而一触即断。尽管史实证明凯塞林是正确的，但希特勒当时曾发来一封电报，声称隆美尔的攻势不关他这个南线总司令的事！具有讽刺意味的是，隆美尔在阿拉姆哈尔法山脊受挫后，转而大谈空中力量的重要性和尽早撤离北非的必要性，甚至在1943年3月离开北非前，他就已经开始谈论撤至阿尔卑斯山的必要性。隆美尔无疑是个无与伦比的指挥官和军人，但正如史家欧文所言："……由于年纪的增长、思想的成熟和加官晋爵，助长了隆美尔令人讨厌的一面。他变得固执武断，对同僚和上司的劝告置若罔闻。此外，他鲁莽草率、傲慢无礼，对别人的指责和非议常常神经过敏。"[34]凯塞林与隆美尔在性格上可谓两极，与后者的时常暴躁和抑郁相比，凯塞林总是面带微笑地乐观对待困难。当然，并非所有人都欣赏这种性格——曾与之共事的森格尔将军就相信凯塞林的乐观主义会妨碍他的客观判断："以我的经验来看，我不能认定乐天派是特别强的人物，事实上他们几乎都不是这样的人，因为过于乐观使他们不能对局势有着清醒的感觉，也无法做出明智的判断。不过，对那种决意战斗至死、消灭任何其他思想的体制来说，他们倒是最好的代理人。对我们这些敏锐诚实，虽意识到失败无可避免但继续浴血疆场之人，历史将会做出怎样的评价？"[35]撇开森格尔顾影自怜的矫情不说，他显然对凯塞林有时不合时宜的盲目乐观很为不满。凯塞林与隆美尔冲突的根源，可能还是他们在性格和经历上的差异。凯塞林承认隆美尔是个出色的将领，但把他归入杰出将领中层次最低的一档。他曾说后者是"没有参谋本部经历的那种类型的领导者"——当然，参谋本部出身的将领中，轻视隆美尔的并不只有凯塞林。

在凯塞林看来，对出身十分敏感的隆美尔，不仅缺乏与盟友及其他军兵种合作的必要能力，还几乎完全忽视后勤保障的重要性。虽与隆美尔的矛盾和积怨不少，但凯塞林并非不讲大局之人，正如隆美尔自己承认的那样，"南线总司令从来都不是阴谋家"。他对隆美尔的态度总体上是钦佩，也带有真心关怀的情调，尤其是在1942年6月，当他目睹了隆美尔在托布鲁克的运筹决胜后，曾向后者表示过真心的祝贺和钦佩。凯塞林还曾在战场上临时承担起非洲军指挥官的角色（军长克鲁威尔当时失踪），令人惊讶地把自己置于隆美尔的控制下。凯塞林基本上不计较隆美尔对其权威的挑战和不恭，对隆美尔有看法并不代表着他会处处掣肘。1942年8月底9月初的阿拉姆哈尔法山脊之战中，隆美尔突然因绝望而准备撤退，凯塞林当时曾斩钉截铁地指斥说，这一撤退将"破坏元首伟大的战略部署"。凯塞林私下里认为，这时的隆美尔已变成悲观主义者，正以补给短缺为借口掩盖低落的士气。2个月后的第二次阿拉曼战役打响时，凯塞林一直密切关注着战场态势，起初他仍然乐观，当隆美尔11月4日被严令禁止再撤时，凯塞林曾关切地出现在隆美尔身边。但是，一旦得悉己方只剩下22辆还能作战的坦克时，凯塞林意识到立足非洲的唯一机会完全取决于及时撤退，他立即建议隆美尔电告元首，同时承诺自己也将陈述实情。在非洲装甲集团军艰难的撤

▲马耳他岛遭到德军狂轰滥炸后的景象。

▲ 摄于1942年春的贝希特斯加登乡间别墅。凯塞林、希特勒、墨索里尼和凯特尔正在讨论夺取马耳他岛的“大力神”作战计划。

▲ 摄于1942年6月19日，凯塞林在北非视察，左一为第135高射炮团团长沃尔茨（Alwin Wolz）上校，右二是北非最著名的斯图卡飞行员、StG-3第1大队的巴尔根（Hans von Bargen）中尉。

▲ 摄于1942年，凯塞林到ZG-26第3大队视察时与官兵们交谈。

▲ 摄于1942年初夏，隆美尔与凯塞林正在大漠里交谈。

▲ 摄于1942年，凯塞林正在他人帮助下系好降落伞，准备搭乘旁边的Ju-87出发。

▲ 摄于1942年，凯塞林可能正向指挥官们了解后勤补给情况。

▲ 摄于1942年，凯塞林在与普通官兵交谈，身旁是魏赫霍尔德（Eberhold Weichhold）海军少将，后者是德国海军驻意大利海军司令部首席联络官。

退中，屡伸援手、多次空运汽油和弹药的仍是凯塞林。

1942年2月25日，凯塞林获得了橡叶骑士勋章。7月18日，在非洲装甲集团军狂飙突进的高潮中，他又成为第15位双剑骑士。[36]9月间，有传言说希特勒正考虑以凯塞林取代凯特尔担任最高统帅部副统帅（同时以第6集团军指挥官保卢斯取代约德尔任作战部长），但元首最后的结论是凯塞林和保卢斯都不能离开各自的岗位。这虽属传言，但也从某个角度反映了“忠诚能干”的凯塞林在希特勒心目中的分量。

1942年11月4日，遭受英军第8集团军的重创之后，非洲装甲集团军开始撤离阿拉曼和埃及。4天后，盟军在摩洛哥和阿尔及利亚成功登陆。凯塞林战后曾就此局面写道：“如果不能阻遏登陆盟军，非洲的德意军队将遭受完全损失。没有什么能阻挡英军第8集团军和登陆盟军的强大力量，更勿论他们还有着毫无争议的海空优势。进一步讲，这也意味着我们将失去整个的黎波里塔尼亚，意味着盟军能够不费一枪一弹就和平占领法属殖民地；盟军也将夺取一个跳板，使其于1943年初就能登陆西西里岛和意大利，这样，他们就有可能迫使意大利脱离轴心国阵营。”[37]虽然这些言论都是事后回顾，但凯塞林当时面对截然不同的战略格局时，反应的确很快。希特勒于11月9日允许凯塞林“按他认为妥当的方式组织防御突尼斯桥头堡”，凯塞林迅速抓住机会，当天就派来1个战斗机大队和2个斯图卡大队。他的警卫营和伞兵5团各一部被空运至突尼斯后，于12日即占领了突尼斯城。凯塞林把地面部队的指挥权交给了前非洲军军长内林，命令后者在突尼斯和比塞大建起桥头堡，而后尽可能远地向西扩展。两周内凯塞林就使内林麾下出现了25000名德意官兵，还说服最高统帅部向桥头堡增援第10装甲师、“赫尔曼·戈林师”和第334步兵师等。[38]虽然援兵的全部到达尚需时日，但当一支小小的盟军坦克部队11月末突袭突尼斯城外15英里处的机场时，内林不仅下令放弃了麦得杰斯（Medjez el Bab），还在给凯塞林打电话时显得惊慌失措，致使后者立刻产生了换将的念头。12月8日，阿尼姆上将成为新组建的第5装甲集团军指挥官，除负责稳固防线和向西扩大桥头堡外，阿尼姆还负责为撤往利比亚和突尼斯边境的隆美尔集团军建立转圜的空间。

1943年1月，凯塞林获准将自己的总部转换成真正的三军司令部，有权节制德意占领区内的所有部队。由此，他也成为二战时期德军唯一的统帅海陆空三军的战区指挥官。但是，表面上统一的指挥权也难掩德意双方的分歧，隆美尔和阿尼姆这两个性格都很强悍的指挥官，也很快因资源、利益和策略问题发生了冲突。凯塞林战后曾说："……至于隆美尔的独立行为应被视为政治上的特技表演，还是致命的不服从，我不准备发表意见。但可以肯定的是，把隆美尔留在指挥岗位上的确是个错误。这么久以来，由于他的存在和他的作战行动造成的后果，完全不可能消除不和谐的因素。出于基本战略计划以及政治和战术方面的考量，意军和德军总部都不可能赞同他的想法。"[39]不过，冲突也好，分歧也罢，凯塞林还是将所有努力都放在最后的立足地突尼斯桥头堡上。他预感盟军的作战重点是阻止隆美尔与阿尼姆的两个集团军连成一体。为此，他先知先觉般地派第21装甲师阻断了盟军的前进道路。1943年1月底，阿尼姆提出了代号"春风"的计划，准备以第10和第21装甲师为矛头，沿西北方向席卷从费德隘口直至丰杜克隘口的整条盟军防线。而隆美尔同时主张"晨风"（Morgenluft）作战，要求由他指挥第10、第21和第15装甲师以及意大利第131"半人马"（Centauro）装甲师，目的是从加夫萨（Gafsa）突破后重点打击美军第2军。两人的反击计划显然都是以自己为主、以对方为辅，凯塞林曾不断地调解分歧和进行安抚。双方交恶的主因是装甲部队的控制权，凯塞林最后拿出了折中方案——阿尼姆缩小作战目标，攻克西迪布济德（Sidi Bouzid）后立即将第21装甲师划拨给隆美尔。

▲ 摄于1942年12月初的突尼斯，德军坦克和步兵进入特布尔卡（Tebourka）的场景。

2月14日，阿尼姆的"春风"作战正式发起，12个小时内第10和第21装甲师就完成了合围。隆美尔的"晨风"攻势次日发起，当日夺取加夫萨后，他发现盟军在自己装甲矛头的驱赶下正乱哄哄地溃退，似乎一夜间恢复了敏锐和斗志的他，好像嗅到了取得一场战术大胜的气息。他要求掌握所有的装甲师，这些部队将在凯瑟林隘口（Kesserine Pass）实现突破，而后进攻美军的重要补给基地特贝萨（Tebessa）。但是，阿尼姆怀疑隆美尔方案的可行性，因而要求把第21装甲师等留在手中，实现他眼中"规模虽小，但更现实的方案"——在右转向北的推进中，击垮整个东多舍尔山脉的英军防线。凯塞林当时正在德国与希特勒讨论地中海战略，被迫出面调停时，他又提出了一个折中方案——隆美尔可以得到需要的装甲师，但规模必须缩小，目标改为进攻勒克夫（Le Kef）的英军主要补给基地。[40]阿尼姆虽勉强从命，但并未全数移交第10装甲师，只把该师一半的步兵、炮兵和1个装甲营派去，还扣住了隆美尔渴盼已久的第501重装甲营。[41]几天后，凯塞林发现了这个情况，虽然对阿尼姆严加训斥，但隆美尔还是错过了或许能扭转北非战局的机会，尽管他在凯瑟林隘

▲ 摄于1942年12月初，凯塞林离开内林的第90军军部时的场景，最右边的是内林。不久内林即被解职，从东线的勒热夫战场赶来的阿尼姆接过了突尼斯桥头堡的防御任务。

▲ 摄于1943年1月或2月的北非，凯塞林正与隆美尔交谈，中间的是非洲装甲集团军参谋长拜尔莱因（Fritz Bayerlein）。

▼ 摄于1943年初的突尼斯，第5装甲集团军指挥官阿尼姆在机场迎接凯塞林。左一为地中海空运总指挥布赫霍尔茨（Ulrich Buchholz）少将，右为阿尼姆上将。

▲ 摄于1943年4月的突尼斯，这是凯塞林最后一次视察突尼斯，不到1个月后桥头堡即告覆灭。左一为凯塞林，左二为阿尼姆，右二为意大利陆军参谋总长卡瓦莱罗元帅。

口之战中，令美军付出了损失6000名官兵、183辆坦克和200门大炮的高昂代价。

凯塞林发现隆美尔再次意气消沉，对作战似乎失去了兴趣，即便是2月23日升任非洲集团军群指挥官的消息，也无法振奋他的精神，或改变他对北非前途的悲观看法。3月9日，隆美尔挥别非洲，在罗马面见墨索里尼和凯塞林时再次强调"北非的抵抗已毫无意义，继续留守无异于自杀"。但凯塞林就是那种明知事不可为，却依然义无反顾之人。他不停地往返于突尼斯、罗马和柏林，从元首和领袖那里获得一张张空头支票；他想尽办法稳固意大利人摇摆不定的意志；他敦促意大利海军和德国空军冒险运送有限的补给；他时常出现在最前线，以毫不掺假的乐观鼓励指挥官和普通官兵振奋精神。可以不夸张地说，凯塞林确实是能在艰难时刻展示过人勇气和才能的将领，而隆美尔可能与之相反——取胜时意气风发，魅力无限，失败降临时勇气和耐心消失得飞快。也难怪希特勒曾说隆美尔“不是一个能够持之以恒的军人”。

4月17日，凯塞林最后一次飞抵突尼斯桥头堡视察。之后不到1个月，阿尼姆与16名少将以上的将官，随着25万德意官兵一起走进了战俘营。盟军经过7个月苦战，以伤亡7万余人的代价，终于成为“北非海岸的主人”（盟军统帅亚历山大语）。用凯塞林的话来说，“大不列颠这个传统地中海强权，在美国帮助下，终于建立了一块从南方进攻欧洲大陆的跳板”。[42]回顾起来，突尼斯之战既是德军最高统帅部直属战区（东线由陆军总部负责）内的第一次重大作战，也是最高长官凯塞林个人的一次大败。希特勒和最高统帅部固然应为这次斯大林格勒规模的惨败负责，但凯塞林（以及隆美尔和阿尼姆）难道不应该也分担部分责任吗？不错，凯塞林对桥头堡的营造和防御可谓尽心尽力、兢兢业业，在保持稳健风格的同时，也表现出很强的攻击性——“春风”、“晨风”和“牛头”作战等一系列反攻便是明证。但是，凯塞林一些根深蒂固的信念，诸如仅凭德国人的意志、能量和战术水准就能弥补兵力与物资方面的巨大落差，还是深深左右着他的判断。他未能充分意识到，往昔屡试不衰的经典战术，自斯大林格勒和阿拉曼之后就已不再能保证取得预期的效果，增援、进攻和撤退时机的把握等，都因他的过于自信和乐观而出现了失误。诚然，希特勒“固守至最后一人”的命令是造成其北非冒险覆灭的主因，但如果凯塞林能在1943年初春坚持撤离桥头堡，突尼斯之战虽必败无疑，但绝不会输得如此之惨。不过，凯塞林似乎也从中汲取了教训，他立志不再重演突尼斯惨败的一幕。

烽火亚平宁：20个月且战且退800英里

1943年6月末，德军驻意大利第6集团军（负责西西里岛防御）的联络官森格尔在罗马面见凯塞林时，发现南线总司令对于守住西西里岛的乐观态度，与他刚刚见到的凯特尔和瓦利蒙（最高统帅部作战部副部长）等大员形成了鲜明对照。森格尔后来曾写道：“……在北非时，就有许多军官指责凯塞林对战场态势的过于乐观，造成对局势评估更准确的隆美尔的影响力受到了不应有的制约。我在某种程度上发现这些指责确有实据，凯塞林显然乐观地认为有可能成功守住西西里岛。”[42]凯塞林的确乐观，他觉得自己不仅能守住西西里岛，还能守住从意大利的最南端直至那不勒斯—萨勒诺的整个西海岸！

在盟军发起代号“爱斯基摩人”的西西里岛登陆战之前，驻岛守军主要是意大利第6集团军的20万人，训练和装备最差的海岸警卫部队被部署在海岸沿线，他们身后是意军步兵建立的支撑点，而德军第15装甲掷弹兵师和“赫尔曼·戈林”师则按凯塞林的要求被部署在岛南，因为他认定这里将是盟军登陆的主攻方向。果然如其所料，盟军7月10日在西西里岛的南部和东南海岸强行登陆。由于意大利人的防线很快瓦解，凯塞林认为必须由德军主导防务，他在7月12日派第1伞兵师的1个团赶来增援，次日又把第29装甲掷弹兵师和第1伞兵师余部从意大利本土调入西西里岛。希特勒在批准这些调动前曾考虑过放弃西西里岛，但凯塞林的说辞——“意大利人的士气正处于关键临界点”——让元首改变了想法，同时，授权胡贝的第14装甲军军部负责指挥驻岛所有德军。为确定总指挥人选，据说隆美尔曾与戈林较劲，隆美尔力荐独臂将军胡贝，戈林则以驻岛部队多为空军为由，试图让空军将领施塔赫尔（Rainer Stahel）出任总指挥。据说，当希特勒决定任用胡贝将军时，凯塞林还曾表示过不满——倒不是对胡贝的能力有何疑虑，凯塞林“猜想”隆美尔并非真心推荐，而是认为胡贝肯定会失败。凯塞林可能觉得，渴望战场指挥权的隆美尔“或许想先制造一场灾难，到局势大乱时再出马收拾残局，这样才符合他的英雄形象"。[43]不论凯塞林是否真的度君子之腹，还是隆美尔果有私心，胡贝倒是很快就让凯塞林刮目相看，他不仅没有隆美尔的那种悲观情绪和独立王国作风，也没有希特勒及其幕

▲ 或摄于1943年，墨索里尼探访位于罗马东南的弗拉斯卡蒂（Frascatti）的凯塞林总部。

▲ 拍摄时间不详，右为意大利皇太子翁贝托（Umberto），中间是德国驻意大利总部联络官林特伦（Enno von Rintelen）将军。

▲ 摄于1943年的弗拉斯卡蒂，卡瓦莱罗元帅（中）准备登车离开凯塞林总部时的场景，后排两人从里到外分别为凯塞林和德国驻意大利大使麦肯森（Hans Georg von Mackensen）。

◀ 摄于1943年夏秋，凯塞林（前右）与忠实于墨索里尼的国防部长格拉齐亚尼（Rodolfo Graziani，前左）元帅面晤的情形。右一似为凯塞林的首席作战参谋克林科斯特伦（Karl-Heinrich Graf von Klinckowstroem）上校。

◀摄于1943年9月，凯塞林的参谋长韦斯特法尔（左二）少将送别意大利军官的场景。意大利当时宣布倒向盟军，凯塞林奉命进攻罗马，几天后守军宣布投降，这些军官就是到凯塞林总部来签署投降协议的。

▼摄于1943年的意大利某地，凯塞林坐在1辆IV号突击炮上，有人说他正在检验这种武器，也有人说他正在前线侦察。

▼摄于1943年末，凯塞林离开第1伞兵师师部的场景，他的身后是该师师长海德里希（Richard Heidrich）。在卡西诺山之战中，第1伞兵师是最顽强，给盟军造成最大困难的部队。

▼ 凯塞林在检阅伞兵部队。1943年秋时，部署在罗马附近的伞兵主要是第1和第2伞兵师。

▲ *摄于1943年夏秋的意大利某地，凯塞林正在品尝普通士兵的食物。*

僚完全脱离现实的狂热，凯塞林战后曾坦承自己与胡贝合作得很好，这位将军确实是在合适的时间出现在正确地点的最佳人选。

胡贝不愧为德军最优秀的前线指挥官之一，他把4个师集中在西西里东北部的防御周边上，借助崎岖的地形展开了顽强的延迟阻击，早早剥夺了盟军迅速夺岛的机会。令凯塞林担忧的是，一旦意大利最高统帅部决定将本土献给盟军，胡贝的归路将被斩断，突尼斯桥头堡式的惨败噩梦将会再现。凯塞林认定，必须有计划、有步骤地把部队撤至意大利本土，墨索里尼政府在7月25日的突然倒台，更是坚定了他的撤退决心。27日，凯塞林通知胡贝，意军如有倒戈迹象，第14装甲军必须立即与敌脱离接触并尽快撤离。凯塞林把几位优秀的海空军军官交给胡贝，在后者的直接指挥控制下，墨西拿海峡两侧的撤退准备很快取得了重大进展，不仅组建了高效率的渡运船队，还大大加强了两岸岸防和防空的炮火，其防空火力之集中严密，使盟军的空军在白天不敢轻易出动，海军舰艇也因德军的凶猛火力而无法靠近。在西西里岛一侧，胡贝为保证撤退不至变成溃逃，营建了5道主防线，每条防线之间筑有多处过渡阵地，大体上沿着东北西西里的楔形形状渐次缩短正面，最后汇聚于墨西拿。胡贝要求部队在每条防线上固守一天，盟军进攻时务必造成对手的重大伤亡，而后可在夜间进入下一防线。胡贝的部队从8月11日夜开始交替掩护撤离，凯塞林派出空军在海峡上空形成保护带，海军则负责阻止盟军舰只的逼近和干扰。到16日晨，除最后一道防线上的后卫部队外，所有德军都携带着武器装备渡过了海峡。

西西里岛之战中，德军4个师在胡贝的领导下与40多万盟军周旋了整整38天，不仅造成对手伤亡2万余人，最后还带着几乎全部重武器装备成功撤离。夺取空城墨西拿的巴顿，对这场战事以如此方式收尾"深感失望"。这次被称为"德军的敦刻尔克"的撤退行动，无疑是一次重大的战术胜利，胡贝及其手下的执行军官固然功不可没，凯塞林对三军几近完美的协调也是成功的重要因素，有后人曾称："这一特定作战展示出了凯塞林最出色的一面——有能力在政治纷争和诸多不确定性中，仔细地计划极其复杂的调动。"[44]

西西里岛之战爆发前，希特勒就曾预感意大利有可能退出战争或倒向盟军。1943年5月17日，他命令隆美尔在慕尼黑组建B集团军群，以备突然事发时能迅速占领意大利全境。不过，该计划制定之初并没有知会凯塞林，因为希特勒认为他"过于乐观，亲意大利的立场也使他无法现实地评估局势"。凯塞林从自己的管道获悉了计划，也了解到隆美尔的立场——一旦意大利退出战争，驻守南部的德军立即就有被切断之虞，因而不应固守意大利的南部和中部，应在波河（Po）河谷南面的亚平宁山脉建立最后的防线。凯塞林的看法与隆美尔完全相反，据第10集团军指挥官维廷霍夫战后所言，隆美尔的方案将"造成相当大的政治伤害，放弃非常重要的意大利战争工业和农业，将波河流域拱手予人，不仅使盟军空军能在此处集结庞大的力量，也将导致德国在巴尔干和法国的总体局势的完全逆转……”[45]希特勒对两位元帅的分歧一时拿不定主意，但他知道凯塞林防御意大利全境的计划有一个前提，即意大利将继续与德国并肩作战。对此，纳粹元首难以认同，因而，他在内心里更倾向于隆美尔的方案。当墨索里尼7月25日被捕时，愤怒的希特勒曾冲着凯塞林大嚷：“不要再被蒙蔽，赶快清醒过来准备最坏的情形！”凯塞林自然也很震惊，不过，当意大利新首脑巴多格利奥（Pietro Badoglio）向他保证意大利将与德国共进退时，他又一次轻信了对方。8月5日，凯塞林致电大本营索要防御意大利南部的部队，他在电文开头就写着“此刻，我确信意大利领导人和意国武装力量想同我们合作……”本身就是阴谋家的希特勒当然不是傻瓜，他一口拒绝了增兵要求，还在8月15日正式任命隆美尔出任北意大利的最高指挥官。凯塞林意识到元首对自己的方案没有信心，与隆美尔“分疆而治”的局面也令人不快，于是他提出请辞。由于不完全确定最佳的防御方案，希特勒决定暂时保留一南一北两个最高长官的局面，因而拒绝了凯塞林的辞呈。希特勒命令在意大利南部组建第10集团军，把第14和第76装甲军统一置于维廷霍夫（8月22日到任）麾下，一旦盟军入侵意大利南部，这些部队将逐步撤至罗马南面。如果发现意大利倒向盟军，隆美尔和凯塞林都将执行代号“轴心”的作战——全面解除意军武装，撤出撒丁岛和科西嘉岛德军，第10集团军撤至罗马南面后继续向北亚平宁撤退。表面上看起来可谓算无遗策，但希特勒和凯塞林都未料到，盟军登陆、意大利投降这两个“噩耗”竟同时出现了。

9月8日，盟军通过广播宣布意大利已无条件投降。消息传来时，据说凯塞林曾气愤地对左右称“这是最无耻的阴谋背叛……现在，我对意大利人只剩下仇恨”。[46]比凯塞林更气愤的还是希特勒，他在当晚8时下令启动“轴心”计划，命令德军立即占领意大利的战略要地和解除意军武装。隆美尔的8个师需要迅速越过阿尔卑斯山进入意大利北部和西海岸布防，同时还要解除意大利第4、第5和第8等三个集团军的武装，任务之艰巨可想而知。凯塞林的8个师也面临着类似困难，尤其是罗马周边部署有大批意大利装甲部队和精锐步兵，包括在北非曾与德军并肩作战的“半人马”、“白羊座”等装甲师。凯塞林把南面的任务交给维廷霍夫，自己则运用外交手腕、积累的人脉威逼利诱罗马守军放下武器。凯塞林部署在罗马南北两面的第2伞兵师和第3装甲掷弹兵师虽与意军发生过小规模交战，但最后还是成功说服了意大利最高统帅部下令放下武器。几天里，约有100万意军被解除武装，另有250万官兵消失得无影无踪（许多人回到了家里，或躲进山林加入了游击队）。在这一现代军事史上史无前例的事件中，德军枪杀了大约7000至12000名试图反抗的意军官兵，虽然多数杀戮都发生在隆美尔的区域，[47]但是，在凯塞林依然“敦厚”的笑容下同样杀机重重，他也曾下令“屠杀任何敢于抗拒之人”。

9月9日，盟军克拉克（Mark W. Clark）将军的第5集团军在萨勒诺地区成功登陆。凯塞林命令第14装甲军代军长巴尔克（胡贝正在休假）把驻防那不勒斯湾的“赫尔曼·戈林”装甲师派来，增援驻防萨勒诺的第16装甲师。同时，他指示维廷霍夫不要在南面与蒙哥马利的第8集团军纠缠，命令后者将部分兵力撤至福贾（Foggia）布防，迅速将第29装甲掷弹兵师和第4伞兵团调往萨勒诺，准备以凌厉的反击把盟军驱逐入海。凯塞林充分估计到反击失败的可能性，命令工兵部队立即开始构筑横贯意大利东西海岸的堡垒防线，他的想法是，如果维廷霍夫不能铲除萨勒诺登陆盟军，那么，第10集团军将以延迟阻击的方式渐次撤到这条新防线。

9月12日，随着第29装甲掷弹兵师和第4伞兵团的抵达，维廷霍夫发起了反击，旨在楔入英军和美军的结合部并分而歼之。13日夜，德军几乎杀出了直抵海岸的一条血路，克拉克陷入恐慌，曾一度打算把一只军装船派去增援另一个军的滩头阵地。德军在几天的激战中取得了若干局部成功，但无法实现分割歼灭对手的意图，盟军的舰载火炮大量杀伤了德军，战略轰炸机的首次地毯式轰炸也造成了德军指挥系统的大范围混乱。15日，凯塞林将第26装甲师调至萨勒诺地区，维廷霍夫命令该师由东向西、“赫尔曼·戈林”装甲师自北向南发起最后一次反击。两部逼近萨勒诺时，盟军舰载火炮再次发威，挫败了德军的反击势头。维廷霍夫当日致电凯塞林时声称，由于英军第8集团军正从南方迫近，一旦盟军再在萨勒诺以北的某地登陆，第10集团军将有被围之虞。凯塞林批准维廷霍夫向东北方撤退，但必须展开延迟阻击，以便于他在那不勒斯和罗马之间抢筑防御工事。

维廷霍夫的撤退大致可分作三个阶段，核心任务是尽可能地迟滞盟军，为凯塞林争取足够的时间来完成“古斯塔夫”防线。第一阶段从撤离萨勒诺直至9月28日，第10集团军的9个师占据了一条西起那不勒斯南面、东至亚德里亚海的泰尔莫利（Termoli）东南的完整防线。28日当日，凯塞林命令维廷霍夫准备撤往“A”防线——始于地中海海岸的沃尔图诺（Volturno）河，向东经卡萨卡伦达（Casacalenda）和帕拉塔（Palata）等地，最后直达亚德里亚海海岸。维廷霍夫所部于10月8日进入“A”防线，完成了第二阶段撤退。这时，凯塞林要求维廷霍夫务必在此坚守到11月1日，之后可撤入当时名为“B”防线、后被称作“伯恩哈特”（Bernhardt）的首条主防线。凯塞林营造的主防御体系在西面其实包括三条防御带：第一条名为“芭芭拉”（Barbara），位于后两条防御带的东南，实际上是一系列前哨阵地；第二条就是“伯恩哈特”防线，从加利格里阿诺（Garigliano）河口向东延伸至中部山区；最后一条、也是最强的一条即“古斯塔夫”防线，与“伯恩哈特”防线一样始于加利格里阿诺河口，充分利用拉皮多（Rapido）河、加利格里阿诺河、卡西诺山区的天然屏障，向东北穿越马泰塞（Matese）山脉后，延伸至亚德里亚海岸的桑格罗（Sangro）河河口地区。凯塞林打算让第10集团军尽可能久地守住前两条防御带，无论如何也要在“古斯塔夫”防线彻底挡住盟军。维廷霍夫以富有技巧的防御战完成了第三阶段的撤退，于11月4日开始进入“伯恩哈特”防线。

10月中下旬时，随着盟军夺取那不勒斯并逼近罗马南面的主防线，希特勒准备任命隆美尔出任意大利战场总司令，凯塞林将被派往挪威。稍后不久，由于第10集团军成功地阻击着对手，并在“芭芭拉”和“伯恩哈特”防线前如铁闸般挡住了盟军的去路，希特勒对凯塞林的领导能力和防御理念恢复了信心，也相应地改变了想法。11月4日，希特勒将两名元帅召至狼穴，最后一次询问他们对守住“伯恩哈特”防线的看法。凯塞林声称自己至少能在罗马南面坚守6个月，而隆美尔依然悲观地认为，面对盟军的压倒优势，唯一的出路是在北意大利布防，甚至退至阿尔卑斯山南麓才有可能挡住对手。这一态度促使希特勒做出了最后的决定——他在11月6日下令撤销B集团军群总部，隆美尔到法国巡视“大西洋壁垒”，南线总司令部即日改称西南战区总司令部，凯塞林担任总司令兼C集团军群指挥官。这样，凯塞林就成为意大利战场的最高指挥官。

第10集团军占据的“古斯塔夫”防线无疑是一道坚实的天然屏障，凯塞林虽然面对很多困难，如兵力不足、缺乏大炮和坦克、空军无力支援地面部队和轰炸盟军运输线等，但盟军在这道坚若磐石的防线面前还是长时间无所作为。凯塞林把步兵和山地兵部署在前沿阵地，把机动性更强的部队留作反击预备队。由于担心盟军在正面重击“古斯塔夫”防线的同时，在罗马附近或别的地方发起两栖登陆，凯塞林千方百计地筹组预备队，同时要求下属指挥官任何时刻都要手握一定数量的预备队。除将一线部队轮流撤下休整和充任预备队以外，凯塞林还指定第1伞兵军军部为阻遏盟军登陆或突破的反击总部，把第4伞兵师、第3和第29装甲掷弹兵师等置于该军之下进行重组。凯塞林还准备了多达5套的应急方案，目标是在盟军突然登陆罗马附近时，他能立即派出3个师应急，24小时内可抽调5至8个师展开反击。

1944年1月12日，克拉克第5集团军最右翼的法国远征军发起了夺取卡西诺山北面高地的作战，但三日后被挡在“古斯塔夫”防线的主阵地前。16日，克拉克中路的美军第2军夺取了拉皮多河南面的高地，20日强渡拉皮多河后进入了利里（Liri）河谷。1月17日，盟军左路的英军第10军越过了加利格里阿诺河，试图夺取从南面控制利里河谷的高地。维廷霍夫和第14装甲军军长森格尔对法军和美军方向的攻势没有太在意，倒是对英军第10军的进攻感到忧虑，他们一致要求凯塞林派出预备队支援。凯塞林当时也面临着两难境地，既不能坐视“古斯塔夫”防线失守，又不能不提防盟军在罗马突然登陆。但他没有太多时间考虑，准备接受有算计的风险——他肯定要投入预备队，但相信盟军突然登陆时，还有时间撤出部队及时反击。18日，凯塞林决定把第90、第29装甲掷弹兵师及第1伞兵军军部全数调往危急地段，罗马周边只剩下2个营和正在重组的第4伞兵师。

1月22日凌晨，卢卡斯（John P. Lucas）的美军第6军在罗马南面的安齐奥（Anzio）成功登陆。凯塞林当时虽然大吃一惊，但没有一丝一毫的慌乱。除立即通知最高统帅部准备启动应急方案外，他冷静地拒绝了维廷霍夫的撤退请求，命令后者继续死守“古斯塔夫”防线，C集团军群总部将直接负责安齐奥滩头的作战。凯塞林以很高的效率调整了部署：第4伞兵师和戈林装甲师一部守住安齐奥通往内陆的道路；第1伞兵军军部和第29装甲掷弹兵师调回罗马；第3和第15装甲掷弹兵师、第71步兵师、第1伞兵师和第26装甲师等各派一部开赴安齐奥；北意大利的第14集团军速派3个师南下支援罗马和安齐奥。到当日下午时，凯塞林自信已化解了一场大危机，事实上，到23日下午，美军第6军已无可能实现突破，更勿论切断德军第10集团军与罗马的联系——卢卡斯的4万人马很快就需要为生存而战。为减轻卢卡斯的压力，克拉克向“古斯塔夫”防线发动了更猛的进攻，但每次都以失败告终。盟军原本希望一举突破“古斯塔夫”防线，而后与冲出安齐奥桥头堡的第6军携手进军罗马，这个愿望现在已经落空了。

1月25日，凯塞林命令第14集团军指挥官麦肯森负责铲除安齐奥桥头堡的作战。他与麦肯森仔细分析了各种方案，出于对盟军舰载火炮威力的顾虑，他们一致同意沿着阿尔巴诺（Albano）至安齐诺的公路楔入盟军桥头堡，哪怕这个方向的盟军力量最为雄厚。但是，两人在反击时间上的分歧严重：凯塞林要求尽快反击，因为必须把有些部队及时归还给吃紧的第10集团军，同时也必须抓住盟军立足未稳的时机；麦肯森则要求仔细筹划，务求一击成功，理由是德军没有足够的力量再度反击。两人僵持不下，麦肯森在2月初两度要求辞职，但凯塞林拒绝接受，只好做了些让步。[48]2月16日，麦肯森终于发起了反击，第4伞兵师和戈林装甲师负责辅攻，第3装甲掷弹兵师、步兵教导团、第114和第715步兵师为首波进攻部队，第29装甲掷弹兵师和第26装甲师为第二波部队。德军的重拳基本都落在了沿着阿尔巴诺—安齐奥公路布防的美军第45步兵师身上，但美军在空军和舰载火炮的帮助下挺过了艰难的一日。凯塞林见无法突破防线，强烈建议麦肯森投入第二波部队强行杀出血路，但后者对此置之不理。后续两日里，麦肯森的反击部队曾几乎突破到美军滩头阵地，卢卡斯的防线虽被扭曲到危险的临界点，但始终没有断裂，反而在各种火炮和空军帮助下挡住了德军（美军每日发射炮弹25000发，德军仅有1500发，其中的差异或可解释德军为何无法取得决定性突破）。19日夜，凯塞林和麦肯森被迫决定取消徒劳的反击。虽然反击未能得手，但美军也无力冲出桥头堡，双方形成了僵局。某种程度上，凯塞林也算达到了目的。不过，卢卡斯的第6军就像一把顶住后背的短剑，随时都有可能给凯塞林造成致命的伤害。

▲摄于1944年初，一幅关于卡西诺山战场的图片。

▲ 摄于卡西诺山战场，正在研究作战地图的凯塞林，他的右边是第1伞兵师师长海德里希。

▲摄于1944年4月的卡西诺战场，凯塞林正在视察部队。

▲ 摄于1944年5月卡西诺山之战结束时，这是第435高地（即“刽子手”山）最后的模样。

▲ 被炸成废墟和齑粉的卡西诺山一角。令人难以置信的是，第1伞兵师在盟军轰炸后竟然还能据守着图中的这一隅。

▶ 摄于安齐奥战役期间，凯塞林正在里希特霍芬的前沿指挥部观察敌情。图中最右边借助望远镜观察的是凯塞林。

◀ 摄于1944年2月的安齐奥战役期间，凯塞林（左一）正在指挥部署，右一是参谋长韦斯特法尔，前景是第2航空队指挥官里希特霍芬元帅。

▲ 摄于安齐奥战役期间，远处正在观察的是凯塞林，左二是里希特霍芬，左三是波尔将军（Maximilian von Pohl，时任第2航空队"近距离支援航空军"指挥官，兼任中意大利空军指挥官）。

▲ 摄于1944年，凯塞林与将领们研究形势。左一为第10集团军指挥官维廷霍夫，左三为第14装甲军军长森格尔，右一是参谋长韦斯特法尔。

3月15日，盟军575架重型和中型轰炸机向卡西诺城和修道院进行了铺天盖地的轰炸，拉开了持续8日的"第二次卡西诺战役"的序幕。不过，被炸得堆积如山的废墟，无意间反倒成为德军极好的反坦克陷阱，担负主攻的新西兰部队每前进一步都要付出高昂的代价。负责8英里长的卡西诺防线的第1伞兵师，在师长海德里希（Richard Heidrich）的率领下，把卡西诺变成了自己和对手共同的地狱。3月23日，"古斯塔夫"防线上的枪炮声再次趋于平静。此后一个半月里，盟军一边寻求新的策略，一边试图摧毁凯塞林为第10集团军提供支援补给的交通线，但这一目的从未真正地实现过。盟军统帅亚历山大的参谋长哈尔丁（John Harding）将军穷极思变，根据他拟定的新计划，右翼的英军第8集团军将有大批部队被调往左翼的美军第5集团军，目的是集中力量在卡西诺—加利格里阿诺河一线进行全力一击（到5月11日时盟军在此方向上集结了21个师）。同时，卢卡斯的第6军也将从安齐奥桥头堡冲出后朝东北进攻，以切断德军的退路为目标。5月11日，所谓的"第三次卡西诺战役"正式打响，这一次盟军终于突破了德军防线，率先打开缺口的是法国远征军所属的摩洛哥山地兵，这些勇敢的殖民地老兵从南面打开了通向利里河谷的道路，迫使第10集团军在17日放弃已失去完整性的"古斯塔夫"防线。卢卡斯所部在22日从安齐奥桥头堡破茧而出，一向会变魔术的凯塞林似乎也没有办法阻止第10集团军被围。但是，奇迹就在此刻闪现，盟军的合作再次出现问题，一向轻视英军的克拉克一门心思地试图率先夺取罗马，他命令卢卡斯改变原定攻击方向，拒绝与英军形成双重合围对手的态势。结果，凯塞林在宣布罗马为不设防城市后，从容地把第10集团军撤至下一防线，并与第14集团军恢复了联系，盟军的前方又平地竖起了一道屏障。

6月4日，克拉克如愿以偿地率先进入觊觎了整整7个月的罗马。当盟军在诺曼底成功登陆并试图突出滩头时，凯塞林又开始了顽强的延迟阻击战，6月20日至23日，德军第14集团军安全撤入沿特拉西梅诺（Trasimeno）湖两侧修建的"阿尔贝特"（Albert）防线。随后一个半月里，对抗盟军主攻的是在亚平宁山脉西侧布防的第14集团军，第10集团军负责提供必要的增

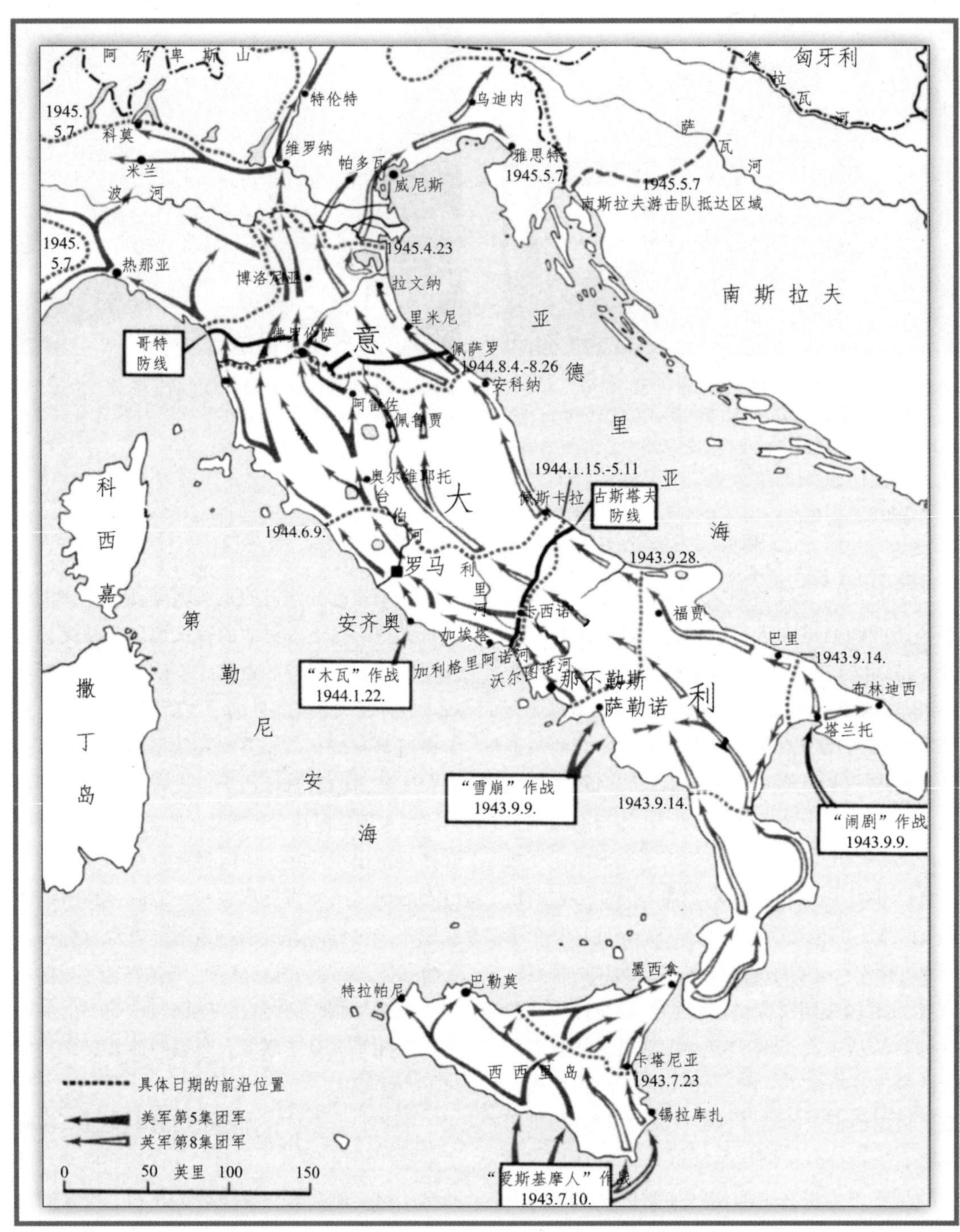

▲ 意大利战场态势图（1943年7月至1945年5月）。

▲ 1944年7月19日，凯塞林获得了第14枚钻石骑士勋章。这张照片与他1939年获得骑士勋章时拍摄的照片几乎完全一样，当然本图中的他是佩戴钻石骑士勋章的元帅，但面部表情的细节几乎一样，或许本图是在1939年那张照片的基础上修饰的。

▲ 摄于1944年8月，凯塞林正在视察希佩尔（Ferdinand Hippel）上校的第253掷弹兵团。

◀ 摄于1944年8月的意大利某地，凯塞林与时任第34步兵师第253掷弹兵团团长（后任师长）的希佩尔上校。

▲摄于1944年8月的意大利某地，凯塞林视察第34步兵师所部的场景。

▲ 摄于1944年8月，凯塞林视察第34步兵师后，与送行的军官们告别。

▲ 摄于1944年，意大利战场的几名德军将领，从左至右依次为第14装甲军军长森格尔，第14集团军指挥官、装甲兵将军莱梅尔森（Joachim Lemelsen），第75军军长、步兵将军多斯特勒尔（Anton Dostler），第14集团军参谋长豪塞尔（Wolff Hauser）少将。

援，而凯塞林就像一个焦虑的"大厨"，在缺少"调料"的情况下竭尽全力地搜罗增援部队。7月19日，凯塞林获得了第14枚钻石骑士勋章，次日便发生了刺杀希特勒的事件，他在惊愕之余迅速致电大本营表示忠诚。返回前线后，随着一系列城池的陆续陷落，凯塞林在8月2日下令放弃佛罗伦萨，所属各部全部撤往"哥特"（Gothic）防线，而盟军也在8月的第一周结束时逼近了这条防线。

亚历山大和参谋长哈尔丁原准备集中兵力强攻德军防线，但右翼的第8集团军指挥官利斯（Oliver Leese）不以为然，由于对克拉克之前的抢功作为记忆犹新，他坚决反对一体作战，要求英军沿着亚德里亚海岸独立行动。盟军的不团结很快又结出了恶果，利斯8月末发起攻势后，加拿大第1军和英军第5军一度曾突破到德军第10集团军防线的后方10英里处，但凯塞林利用英美各自为战的机会，迅速从西边的第14集团军抽调3个师的增援，最终挡住了对手的继续推进。克拉克的第5集团军于9月12日开始进攻时，凯塞林又凑足4个师前去支援第14集团军。就这样，在忙乱的拆东墙补西墙之中，凯塞林迎来了除地形外的另外两位"老朋友"——意大利的雨季和四处泛滥的洪水。到10月中下旬，"哥特"防线上的激战渐渐平息下来，凯塞林靠着运气、天气和前线官兵的顽强抵抗，又一次挽救了意大利战场，迫使盟军不得不在波河南面多待上一个冬天。"哥特"防线的激战被称为意大利战场消耗物资最多的一战，双方投入的兵力高达120万，仅是饱受空袭的里米尼（Rimini）城，就受到了盟军147万发炮弹的洗礼！

"哥特"防线之战也是凯塞林在意大利的最后一次主要作战——10月23日，他在探视驻博洛尼亚（Bologna）的第29装甲掷弹兵师时，乘坐的车辆撞上了一门大炮的炮管，他的面部和头部遭受重创，昏迷了12个小时后被送回本土治疗。在凯塞林养伤的近3个月里，维廷霍夫代理C集团军群指挥官，以酷似凯塞林的能量和防御策略挫败了盟军所有的攻势。1945年1月中旬，在身体尚未完全复原的情况下，凯塞林迫不及待地回到了意大利战场。虽然前线相对平静，但凯塞林知道，一旦天气好转盟军势必再度进攻，而报告表明盟军在战术和战斗力方面已有显著提高，德军却普遍缺乏补给、运输工具、油料和弹药，意大利战场最好的一些部队都已被调到西线。整个2月，凯塞林都在巡视前沿和部队，像往昔一样督促各部强化防御工事。当然，他也关注着逼近奥得河的苏军，还有正大踏步迈向莱茵河西岸的英美盟军。

3月8日，凯塞林意外地收到速至柏林的命令。9日到达总理府地堡后，他从凯特尔处获知自己将取代伦德施泰特出任西线总司令。凯塞林有些吃惊，对凯特尔说意大利战场还需要自己，另外他对西线也没有足够的了解。希特勒出现后与凯塞林开始讨论局势，声称伦德施泰特“又老又软”，他需要一个既年轻灵活，又有对付西方盟军经验的指挥官。莱茵河畔雷马根（Remagen）的鲁登道夫大桥于3月7日被美军第9装甲师一部意外夺取，这给了希特勒换帅的借口——戈培尔曾在日记中称，如果凯塞林不是在1944年10月出了车祸，几个月前元首就会派他去取代伦德施泰特。[49]希特勒对凯塞林表示，他理解稳定西线局势的任务的确非常困难，但相信后者会尽一切努力。希特勒还要求对凯塞林离开意大利的消息严加保密，以防“哥特”防线和北亚平宁突然崩溃。

对凯塞林离开意大利感到高兴的，无疑有盟军第15集团军群的新指挥官克拉克将军——他在1956年的著作中曾写道：“……凯塞林元帅是希特勒军队最有能力的将领之一……他无论是作为指挥官还是行政官员都很称职。在意大利的两年里，他指挥轴心国部队作战时表现得很出色，之后他被调去指挥西线德军，我很高兴看到他终于离开了。”[50]还有后人曾对凯塞林在意大利战场的表现做出过精当的评价：“……意大利战场一度最有可能出现的局面是，盟军最迟也会在1944年夏叩开奥地利的大门。这一局面之所以未能出现，主要是因为凯塞林的能力和技巧，他在1943至1944年间的成就无需多做评论。他令人羡慕地拥有一些能干的下属——维廷霍夫、麦肯森、莱梅尔森、赫尔（Traugott Herr）、森格尔和海德里希等。他也有着所有将领无不渴求的运气：对手不断地重复犯错，恶劣的天气也让对手举步维艰。凯塞林自己犯的错误也不少，这也一再让他处于灾难的边缘。但是，这个人真正的不凡之处在于，他拥有弥补过失，然后再打好下一场、下一日的战斗的杰出才能。”[51]

投降与受审：“烈士”与“巨骗”

1945年3月10日，凯塞林出现在位于齐根贝格（Ziegenberg）的西线总部，他的老部下、西线参谋长韦斯特法尔立即向他汇报了局势，后者战后曾这样写道：“……我马上就发现他变了。当然，他还没有从一场严重的事故中恢复过来，但是，在我汇报期间，他有时拒绝接受，有时表示不信，有时又若有所思地微笑。当我指出部队危险的虚弱状态……并询问他是否不相信时，凯塞林答复说‘元首告诉我的完全不同’。于是我要求他解除我的职务……元帅立即拒绝了，说他对我有着毫无保留的信任。”[52]如果说韦斯特法尔的言辞还不足以令凯塞林意识到西线局势的糜烂程度，那么，次日与B集团军群指挥官莫德尔的会面就彻底惊醒了他。当时，他想把自己在意大利战场的防御经验介绍给莫德尔，早被战局折磨得心焦力瘁的莫德尔顿时失去耐心，生硬地称自己拒绝接受“一个不了解西线的总司令给他上课”。凯塞林尴尬地重述了凯特尔描绘的局势，不想莫德尔大发脾气，并高声嚷

▲ 1945年3月，凯塞林调任西线总司令后，意大利战场最高指挥官变成了维廷霍夫。这位上将与盟军建立联系后，于4月29日签署了意大利德军的单独投降协议。

▲ 摄于1945年5月8日的贝希特斯加登，凯塞林在这个熟悉的地方变成了俘虏，图为他与第101空降师师长泰勒（Maxwell D. Taylor）的合影。泰勒对待凯塞林的随意和友善态度，曾在美国引起过舆论攻击。

▼ 摄于1945年4月底5月初，左三为森格尔将军，左四为代表维廷霍夫签字的C集团军群参谋军官施魏尼茨（Viktor von Schweinitz）中校。

▲摄于1945年11月24日的纽伦堡，凯塞林（最靠外者）正与其他战俘准备进餐。

▲摄于1945年11月的纽伦堡审判期间，凯塞林在这里出庭作证。

道："我不想听他们说的任何事，所有麻烦都来自他们！"显然，莫德尔的不满已到了完全不加抑制的程度，连倾诉对象是谁都毫不顾忌。极可能是莫德尔的一通发作，让凯塞林对局势有了较清醒的认识，后者曾在回忆录中写道："我们的空军仍在尽最大努力，但他们也无法取得一场胜利。他们已经气馁了……或许需要做些什么来重振地面支援，来擦亮空军已然暗淡的光环，或许这也太迟了？补给情况很糟，某些地区的局势非常危急……后方部队出现了解体迹象，失踪者的数目足以说明局势有多糟糕……在军官间能听到政治性对话，这不仅会削弱抵抗意志，也会滋生失败主义倾向。"[53]

尽管只有残破的55个师对付占尽优势的85个盟军师，但凯塞林给西线德军的命令只有两个字：坚持！不过，德军溃败的速度之快，并没给凯塞林留下多少施加意志和影响力的时间与空间，他觉得自己像汪洋中的孤舟一般无助，乐观的微笑也很少再浮现在脸上。盟军从雷马根和奥本海姆桥头堡相继突破，萨尔和法尔茨（Palatinate）迅速告陷；B集团军群4月初被围在鲁尔口袋中，德国中部的命运已然注定；B集团军群4月17日解体，莫德尔4天后饮弹自尽；南部的维尔茨堡、班贝格和故乡拜罗伊特也逐一陷落……凯塞林的天空从来没有这么灰暗过。

1945年4月最后的日子里，凯塞林的职权扩大到无以复加的程度，东线的中央、南方和东南集团军群、意大利的C集团军群以及西线的G集团军群和上莱茵集团军群等，全都归他节制。4月29日，维廷霍夫在意大利率部向盟军投降，凯塞林得悉后立即解除了他的职务，还试图逮捕这位忠诚的老部下。次日，希特勒自杀，末任元首邓尼茨组织新政府后谋求向盟军投降，他任命凯塞林担任德国南部、奥地利、捷克和南斯拉夫等地区的全权代表。5月9日，凯塞林在奥地利萨尔茨堡附近向美军投降，第101空降师师长泰勒将军在贝希特斯加登的一家饭店约见了他。泰勒不仅允许凯塞林佩戴勋饰和手持元帅权杖，还与他一起轻松饮茶，这些照片传回美国后曾引起过轩然大波，"绅士间会面的温馨气息"立即成为舆论攻击的焦点。尽管凯塞林在西西里岛、意大利和最后的西线作战中曾让美军吃尽苦头，但似乎美国人对他并无恶感。

5月15日，凯塞林在奥格斯堡被勒令交出勋饰和元帅权杖，随后被带往卢森堡的蒙多尔夫（Mondorf）受审。按照韦斯特法尔的说法，凯塞林在这里"坚强得像块石头"，在意气消沉

▲摄于1946年3月，凯塞林在纽伦堡国际法庭上作证时宣誓。

的被俘将领间显得鹤立鸡群。凯塞林劝告同被拘押于此的戈林，"勇敢地站出来为自己做的事负责，必要时带着尊严地死去"。他还试图"鼓励、帮助和指引高官们顽抗到底"。当年11月，凯塞林作为证人在纽伦堡出庭作证，不久后被关入纽伦堡的监狱，曾被单独监禁5个月，这段日子也被他自述为"一生中最黑暗的日子"——元帅和将军们的尊崇与光环被剥扯得丁点不剩，不仅受到严密的监视和言语羞辱，还要忍受6名将军同挤一间监舍的待遇。凯塞林的自尊受到了沉重打击，一度产生过自杀的念头。

1946年夏，凯塞林在阿伦多夫参与了美军战史部门组织的访谈与写作计划。9月20日起，他被押往伦敦肯辛顿监狱，由斯考特兰（Alexander P. Scotland）中校对他进行仔细讯问。期间，凯塞林首次听说英方正在收集材料，准备对他提起诉讼。11月18日至30日间，凯塞林在罗马为两位老部下出庭作证——前第14集团军指挥官麦肯森、罗马城防司令梅尔策（Kurt Mältzer）被指控于1944年3月24日报复性屠杀335名意大利人。这件事情的经过大致如下：1944年3月23日，德军"博尔扎诺警察团"（Polizeiregiments Bozen）3营11连的一队警察在罗马街头行军时，遭到意大利游击队袭击，当场有28名警察被炸死，稍后又有多名重伤者丧生。[54]参与袭击的16名游击队员成功逃脱。德军按规定进行了调查，梅尔策与驻罗马的帝国保安总局头目卡普勒（Herbert Kappler）一起勘察了现场，并向C集团军群总部做了汇报。由于凯塞林和参谋长韦斯特法尔均不在总部，集团军群作战部长贝利茨（Dietrich Beelitz）上校要求梅尔策联系麦肯森，后者则将此事立即上报到最高统帅部。下午晚些时候，希特勒下达了报复令——每死1个警察枪毙30至50个意大利人。贝利茨抗议这种残忍的报复手段，而梅尔策和麦肯森稍后商定，以1比10的比例枪毙意大利人。当晚，卡普勒向返回总部的凯塞林报告称，已有足够的死刑犯或“罪当至死”的意大利人可供枪决。8时许，凯塞林对希特勒命令中“枪毙人质”的措辞稍稍做了修改（德军实际上并未扣留任何人质），而后将命令转给麦肯森执行。据说，希特勒稍后又下达了一条指令，要求帝国保安总局负责行刑。韦斯特法尔高兴地看到“不用再由国防军负责”，麦肯森随后于午夜时分通知梅尔策“一切由帝国保安总局负责”。不过，卡普勒并没有凑够足够的“死刑犯”或“罪当至死”的囚犯，于是他拿几十名犹太人、平民和战俘凑数。24日午后，335名意大利人在罗马南面的阿尔地蒂尼山洞（Ardeatine Caves）被杀害。

1946年11月30日，英军军事法庭判处麦肯森和梅尔策死刑，这一天被意大利媒体称为“国家的节日”，不出意外，凯塞林和其他前将领愤怒无比，称之为“政治判决和报复”。凯塞林联络一些前将领替两人申诉，还给英国国王乔治六世、亚历山大元帅、蒙哥马利元帅及哈尔丁将军写信求援，甚至搬出梵蒂冈的教皇。在各方的游说和压力下，哈尔丁将军在1947年7月4日将前述两人改为终身监禁。同日获得宽大处理的并不止这两个人，竟然还有凯塞林自己！

对凯塞林的审判始于1947年2月17日，他被威尼斯的英军军事法庭指控犯有两条战争罪行：其一是参与了阿尔地蒂尼山洞的报复性屠杀；其二是指控他在1944年6月至8月间煽动和指挥报复性屠杀，造成了大量意大利平民的丧生。对于第一条指控，凯塞林只承认整个事件中自己只是向麦肯森传达希特勒的命令，而且他也确信只有已被判处死刑者才被实际枪杀。韦斯特法尔和其他军官出庭为之作证，但法庭发现，凯塞林的陈述与证人的证词间存在不少矛盾。1944年3月23日夜，凯塞林从前线回来后，是否收到了希特勒的第2道命令，这件事本身曾令法庭非常困惑——凯塞林坚称不知情，韦斯特法尔却说自己连夜叫醒了凯塞林并做了汇报。不过，对于“3月23日凯塞林在南方的卡西诺防线视察，当夜才返回总部”的说法，法庭予以采信。对于第二条指控，凯塞林展开了猛烈的辩护。1944年6月4日盟军占领罗马后，亚历山大曾向意大利人呼吁：“……不管你们在哪里遇到德国人都要杀死他们；你们要从敌人背后发起攻击。”[55]亚历山大的言论无疑是火上浇油，意大利许多地方当时都出现了暗杀和袭击行动，盟军和德军都认为已无法避免把恐怖和血腥报复强加到平民头上。凯塞林于6月18日发布过两份命令，声称要对任何超出容忍底线的敌对行动进行最激烈的报复。7月，凯塞林为约束部队和加强纪律，曾命令就地枪决实施抢劫和强奸的德军官兵，而对游击队和平民的清剿屠杀，直到9月份墨索里尼表达了不满时，才算有所收敛。凯塞林在法庭上表示不理解自己为何被指控煽动战争，他认为野蛮和残忍是任何战争都无法避免的副产物，暴行是“狂野的热情、对战争的愤怒或纯粹是出于报复而造成的”。凯塞林虽对平民的伤亡感到遗憾和后悔，但他强调，这些伤亡的根本原因不是他发布了什么命令，而是“游击战本身就违背了国际法”！最惊人的是，他还狡辩说必须在战争的总体情景下“接受平民伤亡这个事实”，特别是意大利人“赌博般脱离了德国的庇护，伤亡实为咎由自取”。凯塞林显然回避，或者说忘记了一个事实——纳粹德国发动侵略战争本身就是对国际法的最基本的背离。意大利平民和游击队因反抗占领军而招致的屠杀，在凯塞林眼中不过是咎由自

▲ 摄于1947年2月的威尼斯，凯塞林正在前往法院受审的路上。

▲ 摄于1947年2月的威尼斯，凯塞林在英国军警的押送下前往法庭。

▲ 摄于1947年6月的沃尔夫斯堡（Wolfsberg）监狱，左为原第14集团军指挥官麦肯森，右为原罗马城防司令梅尔策。凯塞林依然面带笑容，可能“乐观”就是他留给后人的最深刻的印象。

取——这真是只有日本战犯为自己辩护时才说得出口的可耻论调。

5月6日，英军军事法庭宣布判处凯塞林死刑。消息传出后，不仅德军老兵群体群情激愤，就连英国也出现了一片抗议浪潮。丘吉尔第一时间指出量刑过重，并开始着手干预。时任加拿大总督的亚历山大致电首相艾德礼（Clement Attlee）时称："作为老对手，我对凯塞林没什么好抱怨的。他和他的战士们让我们吃尽了苦头，但并不肮脏。"[56]亚历山大在1943年就曾对凯塞林的战术水准和防御能力表示过钦佩，1961年时更在回忆录中赞扬这位对手"在解救因受错误情报误导而陷入危机的部队方面有着杰出的才能"。曾任第8集团军指挥官的利斯爵士也在1947年5月向媒体表示："凯塞林是一位极其勇敢且光明正大作战的战士，对于英国把胜利者的审判强加到凯塞林身上，我感到难过。"[57]

7月4日，经历了等待执行死刑的8周煎熬后，凯塞林被改判为终身监禁，从10月起在威斯特法利亚州的维尔监狱开始服刑。凯塞林服刑期间，西德于1949年5月立国，西方与苏联之间也拉开了冷战的铁幕。在这种政治环境下，以亚历山大元帅和李德·哈特等为首的群体一再游说英国当局释放凯塞林，与该群体关系密切的丘吉尔在1951年重新当选为首相，随后加快了释放德军战俘的步伐。西德老兵们成立了一大批老兵协会，代表众多老兵组织的"德国战士联盟"（Verband deutscher Soldaten）在1951年9月成立，前海军上将汉森（Gottfried Hansen）以身后的老兵组织为后盾，为释放凯塞林等在押战犯摇旗呐喊。为凯塞林担任过辩护律师的著名大律师拉特恩泽尔（Hans Laternser），从1950年开始利用一切机会向人们描绘凯塞林的"英雄形象"，称"凯塞林是司法不公的受害者，错误的定罪和悲剧性审判使一个无辜者至今仍身陷囹圄"。拉特恩泽尔对舆论和公众的影响很大，一时间使凯塞林成为大众眼中的"烈士"，自由民主党籍国会议员门德（Erich Mende）甚至还在国会发表演说时，声称："凯塞林正为我们在座的每个人服刑。"[58]凯塞林在狱中与阿登纳总理建立了联系，后者在1952年明确表示，西德是否加入欧洲防御共同体的决定，取决于德国军事人物能否获释。这一强烈信号给英美当局施加了巨大压力，凯塞林的命运也随之出现重大转机。1952年7月，凯塞林因喉癌出狱就医，期间接受了空军老兵协会、非洲军老兵协会和右翼组织"钢盔党"等三个组织的荣誉主席称号。

1952年10月22日，英国当局以健康原因释放了凯塞林。三天后，他在新闻发布会上称自己的获释是"理所当然的常识"，对英国和西德政府的努力没有任何感激之意。他一反获释战犯的低调姿态，视自己为"复仇心切的盟国司法制度的牺牲品和烈士"。在新闻发布会上，他呼吁释放所有在押战犯和战俘，甚至放言："这个世界还有许多未受到审判的战争罪行。"——新闻媒体自然会将此评论与盟军自身的战争罪行联系起来。显然，凯塞林一方面视自己为无辜者，另一方面又觉得有资格和义务为老兵代言。凯塞林的言行不谨对自己的形象造成了损害，西德政府发言人曾直言对凯塞林的幼稚感到震惊，建议其以后"慎言"。

1952年夏秋是凯塞林战后声望的一个高点，但此后开始急剧下降，其主要原因大约有三：首先是凯塞林在1953年出版的回忆录中把自己美化成"战争中的绅士"，有意忽略或否定国防军和党卫队的战争罪行，仍对希特勒表现出难以置信的"忠诚"，西德当时有不少人还希望他依然被拘押。其次，凯塞林似乎对西德政治和民意的体察非常迟钝，不停地以证人面目出现在司法当局对前国防军将领的审判中：先是1954年为曾在其麾下指挥第82军顽抗到底的托尔斯多夫作证，后又为有"魔鬼将军"之称的舍尔纳出庭作证。这些将领受到指控的罪名都是在战争末期随意枪毙德军官兵，凯塞林在证人席上的频频现身，使本来就对将领群体毫不容情的舆论，连带着将他一起冷嘲热讽。有人甚至说，凯塞林不自重地频频出庭，实际上把人们之前对将领群体的同情一扫而光。第三，1954年3月至4月间，凯塞林偕妻子造访奥地利时曾与当地老兵组织取得联系，还探讨了如何援助奥地利战俘的亲属，结果给西德带来了外交麻烦——苏联和奥地利当局对凯塞林的活动均表示不满，奥地利还下了逐客令，但他根本不予理睬。新闻媒体对此事做足了文章，使凯塞林不合时宜的形象再次凸显于世。

凯塞林没有从社会批评中学到什么教训，反而对自己的作为从不表示后悔或遗憾。1957年后，凯塞林基本上从公众的视野中消失了，过了三年安静的生活后，他于1960年7月15日病逝于巴特瑙海姆（Bad Nauheim），最后被葬于巴特维泽（Bad Wiessee）的乡间公墓。出席葬礼的除了"钢盔党"等组织的成员外，也有一些曾经显赫的人物，如邓尼茨、前首相巴本（Franz von Papen）、党卫军上将迪特里希和舍尔纳等。韦斯特法尔代表曾在非洲和意大利战斗过的老兵发言，称颂凯塞林是"一位值得敬仰、善待官兵的人物"。时任空军总监的卡姆胡贝将军，则代表前空军和西德联邦国防军致辞，称凯塞林将"以其早期的成就，而非晚近的活动为后人所铭记"。

凯塞林虽然故去了，但对其军事生涯和战争罪行的评价远称不上盖棺定论。虽然从并亲身参与过对游击队和平民的血腥镇压，但作为

▲ 摄于1945年12月1日，原德军第75军军长多斯特勒尔被处以绞刑的场景。

▲凯塞林与其妻子的墓穴，位于巴伐利亚州巴特维泽的乡间公墓。他的墓穴距离勃洛姆堡元帅的墓穴只有几步之遥。

事实上的“意大利摄政王”，凯塞林未能控制事态发展和约束部队，反而以命令方式将暴行合法化，因此他永远也难辞其咎。在阿尔地蒂尼山洞屠杀案中，由于凯塞林与韦斯特法尔等人的证词相互矛盾，法庭当时就怀疑其中必然有人做了伪证，而且怀疑凯塞林说谎的可能性更大，但一直苦无证据。

1997年，曾是二战老兵的美国历史学家雷伯尔（Richard Raiber）经过长期研究，在浩如烟海的档案中发现了重大线索。他的研究表明，凯塞林和韦斯特法尔等人都在1947年向军事法庭撒谎，最直接的证据就是在决定335名意大利平民命运的1944年3月23日和24日，凯塞林本人并未去巡视卡西诺防线，也没有在23日夜返回总部。那么，那天夜里他到底在哪里？雷伯尔遍查包括电话记录的各种战时档案，还采集到凯塞林飞行员的飞行日志，发现这位元帅在3月22日至25日期间，实际上是在意大利北部检查海岸防御工事，因此不可能在23日夜回到总部——这就彻底推翻了凯塞林等人的一切供述。雷伯尔感到大惑不解，既然凯塞林与屠杀平民案没有直接牵连，他为什么还主动兜揽责任，难道就因为他的确是一直自我标榜的“士兵们的元帅”吗？

雷伯尔怀疑凯塞林一定隐藏了极深的秘密。毕竟，承认屠杀平民案中上传下达的责任，也许不会遭到过重的惩罚，凯塞林很可能犯有更重的罪行，因而主动承担自认为较轻的罪名，而隐藏了可能会危及生命的其他罪行。雷伯尔注意到，凯塞林3月24日的落脚点是意大利北部的利古里亚（Liguria），具体是在多斯特勒尔将军的第75军。两天前的22日，美军一支由15人组成的特遣队在拉斯佩齐亚（La Spezia）以北100公里处登陆。这支被称为“金尼特遣队”（GINNY OG）的小部队奉命到德军后方破坏铁路隧道，但还没来得及执行任何任务，甚至还未放出一枪一弹，就向闻讯赶来的少量德军投降了。24日，身着美军军服的俘虏们被送到拉斯佩齐亚的第135岸防旅旅部，这里距凯塞林当晚的下榻处仅有22公里。多斯特勒尔向岸防旅旅长阿尔默斯（Kurt Almers）上校下达了枪毙俘虏的命令。26日晨，不幸的美军战俘们在未经审判的情况下被匆匆处死。雷伯尔强烈怀疑是凯塞林做出了杀俘决策——多斯特勒尔不可能不知道，未经审判即行杀俘是违反海牙公约的战争罪行，在战区最高长官近在咫尺的情况下，他也不可能不做请示就擅自处死俘虏。令雷伯尔遗憾的是，他没有找到铁证来证实凯塞林不仅知情和参与此事件，而且正是他本人下达的行刑令。但雷伯尔发现，1944年4月初，凯塞林曾命令多斯特勒尔销毁一切有关“金尼特遣队”的审讯记录与文件，这种做法颇有些欲盖弥彰的味道。

1945年5月3日，多斯特勒尔在意大利西北部向美军投降时，承认下令处决了“金尼特遣队”的15名美军，但强调说自己并非自作主张，而是根据希特勒的指令行事——纳粹元首确曾有令，对在德军后方进行颠覆活动的一切军民格杀勿论。多斯特勒尔很快被逮捕、审讯和判处死刑，他在绝望中曾向凯塞林和韦斯特法尔求援，但被前长官们无情地拒绝。多斯特勒尔于当年12月1日被绞死，但在死前一直没有供出到底是谁下达的命令。不过，盟军对多斯特勒尔的快速审判和处决，可能吓坏了凯塞林——如果美军发现了“金尼特遣队”杀俘案的真相，在指挥层次上仅次于希特勒的凯塞林肯定会被枪毙。雷伯尔推测，可能是在恐惧心理的驱使下，凯塞林利用1945时战俘营管理依然混乱的机会，与韦斯特法尔等人议定，要不顾一切地掩盖“金尼特遣队”被杀的真相，消除他们与此案有牵连的任何蛛丝马迹。为此，凯塞林不惜在1947年公然撒谎，韦斯特法尔等人也沆瀣一气，同作伪证，以掩盖杀俘真相。雷伯尔曾感叹道：“……当一个人的头颅已伸进绞索时，鲜有人还能坚持不撒谎，凯塞林也不例外。”[59]出乎凯塞林意外的是，他的策略并没有取得成功，自以为在平民屠杀案中只是上传下达的小角色，但依然获得了死刑！可以想象凯塞林该有多么失望、郁闷和愤怒，精心编排的证词和辩护到头来还是要付出项上人头。

时光荏苒，转眼间半个世纪过去了。1997年6月，曾任凯塞林的作战部长，与韦斯特法尔一起为元帅作证的贝利茨上校，终于在90余岁高龄时承认：“1944年3月24日，凯塞林确实是在利古里亚。”[59]这样一句简短平淡、但内涵极深的话，不知能拨开多少笼罩在凯塞林身上的迷雾。曾经自认为，也被德国和英国人认为是“体面的战场绅士”的凯塞林，本以为自己那些“强加之罪”会被光阴荡涤得一干二净，更以为那隐藏极深的杀俘罪行也会随他一起埋葬在坟墓里，却怎么也难以料到半个世纪后还是被人掘了出来。不知这位乐天派，是否还能在天国笑意盈盈？

凯塞林到底是德国人心目中曾经的“英雄”、纳粹帝国的“烈士”，还是英国人眼中的“绅士”、美国人指斥的“巨骗”，抑或“管他是什么的”？他或许都是，或许又都不是，一切取决于时间和立场。历史，毕竟是由一个个国籍、信仰、立场与个人经历迥异的史家所撰写的。

第15位钻石骑士最高战功勋章获得者伦特上校

(获勋时间1944年7月31日，图为中校，丧生后追授上校军衔)

Chapter 15
第十五章

“帝国夜鹰”：赫尔穆特·伦特上校

二战期间，德军战斗机兵种相对于轰炸机部队来说，在总体战略和发展顺序上处于次要地位，但战斗机部队拥有最多的钻石骑士勋章得主，也产生了大批极具知名度的传奇人物。在战斗机兵种内部，风头最劲的无疑是昼间战斗机飞行员，他们的锋芒和光环如此耀眼，很大程度上使得夜间战斗机飞行员们黯然失色——与无人不知的那些阳光下的骄子相比，又有多少人熟悉伦特（Helmut Lent）、施瑙费尔（Heinz–Wolfgang Schnaufer）、赛恩–维特根施泰因亲王（Heinrich Prinz zu Sayn–Wittgenstein）和利佩–魏森菲尔德亲王（Egmont Prinz zur Lippe–Weißenfeld）等夜幕下的战鹰？夜战飞行员以拦击盟军轰炸机为己任，以保卫本土免受轰炸为目标，尽管一直被昼间战斗机王牌们“炫丽的身影”所掩盖，这支部队也产生了一些暗夜苍穹下的主宰者和卓越领导者。战后曾任西德空军首任总监的卡姆胡伯将军就是夜战部队最优秀的领导人，而伦特与施瑙费尔则是第15和第21位钻石骑士勋章获得者，分别取得了击落敌机102架（另有8次昼间击坠）和121架（全为夜战战果）的惊人战绩。

如果说莫尔德斯是战时德国宣传机器树立的“完人”的话，那么伦特可能是在个性和才华方面最接近他的人。他们被视作德国青年的“楷模”和“人生榜样”，他们的个人品行、修养和领导能力战时均受到一致称颂。他们都是勇猛无畏、技艺高超的超级王牌和才华横溢的领导者，同时又都是虔诚的宗教信徒——战时，伦特的每封家信都充满着对上帝的敬畏和感激，他将每次成功和平安归来都归因于上帝的庇护。他们都以对国家的忠诚和热爱为动力，从不在所部灌输或宣传纳粹教义，也从不将自己的宗教信仰强加于人。他们都是律己甚严之人，虽重视空战纪律，但为人谦和，关心下属的福祉和安全。莫尔德斯是首位在昼间击落100架战机的人，而伦特是第一位在夜战中突破“世纪大关”者；前者28岁成为战斗机兵种总监，后者不到26岁即成为空军最年轻的中校，相当年轻时就已在联队长乃至更高的职务上展现出令人信服的领导才华；两人的归宿也具有高度相似性——莫尔德斯在1941年11月丧生于飞行事故，而伦特则在三年后发生了致命的意外。当然，莫尔德斯有着“二战期间杰出的空战战术家之一”的声誉，伦特在夜战战术的创新方面不足以与前者相提并论，但是，伦特对战时德军夜战部队乃至整个夜战史的影响是不容低估的，其影响力或如史家欣奇利夫（Peter Hinchliffe）所言：“……伦特在夜战史上的重要性在于，他不仅是一位无与伦比的战斗机飞行员，也是一位杰出的领导者——作为夜战部队的奠基人之一，他迅速攀升到领导职位，他通过树立榜样和自身杰出的领导才干，对夜间战斗机部队的演进方式产生了相当大的影响。”[1]

早年岁月：
牧师世家走出的少尉飞行员

伦特于1918年6月13日出生在德国东部兰茨贝格地区的皮雷讷（Pyrehne，今为波兰Pyrzany）。他是家中幼子，上有两个年长的哥哥和两个姐姐。伦特家族可谓牧师世家，不仅父亲是一名基督新教福音派的牧师（母亲也出身于牧师之家），其祖父和曾祖父都曾是牧师，两个兄长成年后也以牧师为职业。伦特家族并不仅仅是几代人侍奉上帝，据说还曾与腓特烈大帝有着渊源——皮雷讷这个村庄是国王本人于18世纪亲手建立的，伦特家不仅供奉着国王的画像，还珍藏着国王当年赐予家族的礼品。很久以来，伦特家族的男丁就有要么当牧师侍奉上帝，要么从军报效国家的传统。这个基督教家庭虽不富足，但亲人间感情笃厚，相处融洽，长辈严格公正，人人珍视宗教传统及其受人尊崇的社会地位。这种家庭环境无疑熏陶甚至塑造了伦特的性格和个人信念——取得过59次夜战击坠战果的王牌飞行员措纳（Paul Zorner）少校，晚年在回忆伦特时曾写道：“……家庭背景对年轻的伦特的成长产生了深远影响，包括他对生命的态度、责任感以及与同事们的关系，简言之，他的每一方面都受其影响。”[2]早年以研究二战德军飞行员群体驰名的康斯特布尔（T. J. Constable）也曾不吝溢美之词：“……伦特的家庭背景和教养，与这个聪颖过人的年轻人所受的优秀教育结合在一起，产生了德国青年的这个最高典范。伦特是个宗教信仰根深蒂固之人，但他并不是一个劝改信仰者——他的战友们都可按自己的意愿选择生活方式，但在充满压力的时刻，伦特性格中的诸多优点和有力的宗教信念，对战友们而言实为一种鼓舞和启迪。伦特有着许多与莫尔德斯相仿的品质。”[3]

一战战败的德国虽步入了经济萧条、内乱不断、民族主义甚嚣尘上的混乱期，但这一切似乎都未影响到瓦尔塔河边小小的皮雷讷村，伦特在这里度过了快乐无忧的童年。他似乎很小就愿意从军，而不是如父亲期待的那样供奉上帝。他最喜欢的历史和文学人物几乎全都是战士和飞行员，他组织小朋友成立过“炮兵司令部”，因具有“不凡的想象力”而被孩子们推举为“司令”，经常指挥大家在村里各处撒野。不过，顽皮归顽皮，伦特在当地的市民学校里一直都是聪颖的优等生。1930年4月，伦特考入兰茨贝格的“国立改革文理学校”（1933年后改称“赫尔曼·戈林高中”）。在校期间，他除了喜

▲ 摄于1921年的伦特全家福。从左至右依次为:姐姐乌尔苏拉(Ursula)、克特(Kaethe)、赫尔穆特、维尔纳(Werner)、母亲玛丽(Marie)和哥哥约阿西姆(Joachim)。

爱历史和德文等科目外,对制作模型和技术类课程也有着浓厚的兴趣。战后幸存的学校档案曾这样总括过伦特的表现:"……伦特17岁时就通过了大学入学资格考试。他理解东西很快,记忆力也很好,具备很强的逻辑推理能力,还能保持注意力高度集中,这些使他成为一名优等生,尽管他远远称不上刻苦勤奋。"[4]

在兰茨贝格求学期间,伦特于1933年初加入了"希特勒青年团"的附属组织"少年团"(Jungvolk)——这时的伦特已经15岁,而"少年团"一般面向10至14岁的青少年。伦特为何没有像许多人那样加入"希特勒青年团"(随着民族主义热潮的一再升温,"希特勒青年团"1935年时已吸引了约60%的德国青年),而是"浪迹"于"少年团",其原因不得而知。有后人猜测,伦特家虽非纳粹政权的狂热支持者,但伦特的父亲认为,在"少年团"当"孩子头"的经历,对培养儿子的领导能力可能大有助益。到伦特离开"少年团"时,他已经成为领导几十名男孩子的"少年领袖"。1935年12月,伦特完成了高中学业,转年2月来到皮雷讷西北十几公里外的莫伦(Mohrin),参加为时8周的必修课——帝国劳动军团服务。像许多被飞行的浪漫、刺激和光环深深吸引的年轻人一样,伦特也提交了加入空军的申请,并在成千上万人中脱颖而出,于1936年4月成为当时选录的几百名候补军官中的一员。

伦特开始飞行训练的地方是柏林—加托空战学校(1940年1月15日改称第2空战学校),同学中也有一些将在二战空战史上留下大名的人,如著名轰炸机王牌鲍姆巴赫、总战绩206胜的菲利普(Hans Philipp)、双剑骑士勋章得主德鲁施尔(Alfred Druschel)、橡叶骑士勋章得主格拉塞尔(Hartmann Grasser)等。他们这些人入校仅两星期,就赶上了每年4月的例行公事——在希特勒生日那天,"以上帝的名义"向

▲摄于1936年，参加新兵训练时的候补军官伦特。

▲摄于1937年或1938年，柏林—加托空战学校的候补军官伦特。

德国元首兼武装力量总司令宣誓效忠。18岁的伦特可能既无法预料到这一誓言的真正含义和后果，也无暇思考如何在上帝与元首之间“分配他的忠诚”——4个月高强度、严要求的新兵训练，既让伦特等年轻人疲惫不堪，又令他们翘首期盼飞行训练开始的时刻。1936年8月，伦特进入了以获取A、B级飞行员证书为目标的飞行训练阶段。9月15日，他完成了第一次单飞，在蓝天下自由翱翔的体验带给他难以言状的满足和成就感。随着训练的深入，伦特陆续完成了许多个“第一次”：特技飞行、紧急着陆、越野飞行、夜间起降等等……到1937年2月，他已累积了63小时的飞行时间，驾驶过各种型号的教练机和单引擎飞机。除繁忙的飞行训练、理论学习和军官教育课程外，伦特也学习了驾驶摩托车和机动车辆。当年2月，伦特驾车时发生了意外，右腿骨折迫使他停飞长达5个月。不过，他在康复期内参加了正常的理论学习和考核，也在4月晋升为二级中士候补军官，7月15日重返蓝天时，他向教官和同学们展示了自己的飞行技能没有丝毫的退化。1937年10月，通过严格的笔试和飞行考试后，伦特获得了A级和B级飞行员证书，11月15日又取得了飞行员徽章。

1938年3月，伦特被正式授予少尉军衔。同学鲍姆巴赫在其回忆录《破碎的万字》中曾说，他、伦特和菲利普等学员对空战学校教授的内容曾大为不满，认为学校“既不能把他们培养成心胸开阔、独立自主之人”，又不能帮助他们“成为掌握现代空战复杂机制的军官”。[5]他们经常搞恶作剧，甚至还有类似“造反”的举动，结果伦特等人都是最后一批通过授衔资格考核的学员。空战学校指挥官舒尔茨（Julius

Schulz，1936年4月至1939年1月在任）上校给他们的临别赠言是："我之所以网开一面，并不仅仅是因为考虑到你们的军旅生涯，也是看在帝国空军缺人的份上。"

不管怎样，伦特少尉现在是一名合格的飞行员了。他先被派到位于图托的轰炸机学校接受3个月的观测/侦察训练，而后在1938年7月向战斗机单位JG-132第3大队报到。在战争阴云密布的1938年深秋，当希特勒攫取捷克的苏台德地区时，伦特也驾驶着Ar-68单座双翼战斗机，与战友们一起在苏台德上空炫耀武力。这是伦特军旅生涯中的第一次作战飞行，尽管只是一次耀武扬威的表演。当年11月，JG-132第3大队改称为JG-141第2大队，驻地位于柏林以东50余公里的菲尔斯滕瓦尔德（Fürstenwalde）。[6]战斗机部队这时正在进行重组，部分联队将改成主要使用Bf-109的所谓"轻型战斗机"联队，以本土领空防御为目标；另一部分联队则改成"重型战斗机"联队，主要装备双发Bf-110战斗机，以其高性能、强火力为深入敌境的轰炸机编队护航。别称"驱逐机"（Zerstörer）的Bf-110被戈林视为他的"铁甲军"和"战略性战斗机"，早在1936年末就开始大力支持它的研制和生产，但由于发动机等多方原因，Bf-110的产量远远落在了后面，到入侵波兰前夕，也只有3个"重型战斗机"大队装备了Bf-110。1938年末至1939年5月间，伦特不知疲倦地训练驾驶包括Bf-108和Bf-109等在内的各型飞机，在磨砺自己技术的同时，顺利通过了C级飞行训练并获得了高级飞行员资格证书。1939年5月1日，JG-141第2大队改为第76驱逐机联队（ZG-76）第1大队，移防捷克斯洛伐克的奥尔米茨（Olmütz，今为奥洛莫乌茨）后开始进行换装。6月初，伦特在ZG-76第1中队首次试飞了将与自己的声望紧密相连的Bf-110，也结识了一些新战友，包括将与其共命运的报务员兼炮手库比施（Walter Kubisch），以及第3中队的戈洛布——这位中尉将在三年后因率先取得150次空战击坠，而获得第3枚钻石骑士勋章。

初尝胜果：
冉冉上升的驱逐机王牌

1939年9月1日，德军向波兰发起了突袭，伦特所在的ZG-76第1大队负责为南方集团军群的第14集团军提供支援。当日，伦特和报务员库比施从西里西亚的奥劳（Ohlau）基地起飞，与战友们一起为轰炸克拉科夫机场的第4轰炸机联队（KG-4）第1和第3大队护航。战争的到来令伦特兴奋不已，毕竟为这一天他训练了三年，但同时又有些慌乱——战争的不确定性，波军会做出何种反应，抵抗程度会有多强等，使他无法确定自己能否旗开得胜和全身而退。不过，伦特明白军人的责任，他曾以那个年月里常见的"口号"式口吻在家信中写道："……我们必须尽一切努力确保德国人民能在历史的注视下骄傲地挺立，确保德国空军之魂熠熠闪光，确保不会让元首对他寄予厚望的空军有丝毫的失望。"[7]

第一次作战的兴奋很快消失得无影无踪。伦特在克拉科夫机场上空盘旋，发誓要把"任何胆敢伤害德国轰炸机一根毫毛的敌人撕得粉碎"。但是，他一整天都没有发现敌机，第2中队中队长法尔克在返航途中，把一架涂有红色字母"E"的俯冲轰炸机误为敌机，甚至差一点把后者打下来。[8]由于空中基本没有发现对手，ZG-76的上级、第2航空师指挥官勒尔策（Bruno Loerzer）命令在9月2日只派ZG-76的1个中队为KG-4护航。KG-4当日的任务是轰炸华沙以南90公里的登布林（Deblin），那里是有着一连串三个机场的交通枢纽。贝克尔（Cajus Bekker）在他著名的《攻击高度4000米》一书中曾有过如下描绘："……当88架He-111轰炸机未遭任何抵抗，也不可能遇到任何抵抗地向前飞行时，它们的机组成员正在天空中徒劳地搜寻对手。他们能看到的，不过是在阳光下偶尔闪光的护航战斗机。只有1个中队的战斗机——第2航空师认为1个中队就够了……刚过10点，飞行员们看见了波光粼粼的（维斯瓦河）水面，（KG-4）各大队随即分开飞行。突然间高射炮开始隆隆作响，虽然非常猛烈，但高度太低……轰炸机开始投弹……炸弹沿着机场跑道连番爆炸，地面上碎片飞溅，被炸个正着的机库上空也腾起了桔黄的蘑菇云。轰炸机投弹完毕后，4架Me-110陡降着俯冲下来，它们在机场边缘发现了逃过一劫的几架波兰战机。伦特少尉——几年后他将成为德国最成功的夜战飞行员之一——向其中体形较大的1架发起了进攻……在距离敌机100码时，他的4挺机枪喷出了火舌，几秒钟内这架战机就变成了燃烧的火球。伦特拉起战机，转弯后又朝下一个牺牲品俯冲而去。几分钟后，这些Me-110爬升到高空去追赶轰炸机编队，他们在地面上留下了11架正在燃烧着的波兰战机。”[9]

当日下午，伦特的第1中队和法尔克的第2中队得到了自由出击的机会。伦特所在的四机编队在罗兹（Lodz）上空遭遇了6架波军战斗机，双方随即展开了缠斗。伦特朝对手匆忙地开了火，但早有警觉的对手机敏地躲了过去。他随即追逐另一架敌机，但对方显然也不是新手，左右规避着子弹和炮火。眼见敌机要溜，伦特急得浑身冒汗，最后凭借着战机的性能优势机动到对手下方，在百米距离内将敌机打成碎片。伦特相当艰难地收获了首胜，这架PZL P.24战斗机也是ZG-76第1大队开战以来的首个击坠战果。

由于波兰空军不是撤往后方，就是迅速失去了战斗力，德军战斗机部队开始把重点转移到对地攻击作战上。9月5日至9日间，伦特驾机又摧毁了地面上的几架波兰战机。12日，当他在低空扫射地面时，突遭对手1架战斗机的攻击，Bf-110的右舷发动机被打坏，所幸伦特在己方一侧迫降成功，而且只受了一点轻伤。14日，希特勒造访前线时意外地来到ZG-76第1大队视察，还在接见飞行员时握着伦特的手，祝贺他的战绩和成功迫降（见第1卷第123页）。21日，伦特因击落1架敌机、摧毁多架地面战机和若干高射炮阵地的战功获颁二级铁十字勋章，据说他是最早获得铁十字勋章的十人之一。尽管日后获得的勋章规格越来越高，伦特总是对朋友和家人说，这枚二级铁十字勋章是他最引以为荣的。

波兰战役爆发的第3天，英法即向德国宣战。当年9月至12月，英国皇家空军对德意志湾（German Bight，即赫尔戈兰湾）海域、海军重地威廉港及石勒苏益格-荷尔斯泰因地区进行了多次袭扰和攻击。12月16日，ZG-76第1大队奉命从多特蒙德调防距威廉港不远的耶弗尔（Jever）。两天后，英军派出24架“惠灵顿”

▲ 约摄于1939年秋，ZG-76第1大队的少尉飞行员伦特。

轰炸机轰炸威廉港内停泊的舰只和其他港口目标。德军部署在东弗里斯兰群岛的试验性“弗雷亚”雷达早早发现了目标，但由于雷达站和空军基地之间沟通不畅，以及空军指挥官对情报半信半疑等原因，22架“惠灵顿”（原编队中的2架因故返航）除了遭到岸防高射炮轰击外，并没有受到德军战斗机的干扰。德军战斗机在英机编队准备返航时匆忙起飞迎战和追逐，从而拉开了二战中第一次有正式名称的空战——“赫尔戈兰湾空战”的序幕。ZG-76、JG-77和JG-26等联队都有若干中队升空拦击。德军展开追逐时，伦特刚结束了早上的两小时巡航，此刻正在基地里加油。地勤组长跑过来告诉伦特：“赫尔戈兰西面发现了50架英军战机！”他这时已看到东方的天空中高射炮弹爆炸时产生的烟云，以及被炮弹追着向大海方向驶去的十余个小点。加油刚一完毕，伦特就跳入座舱开始滑行，全然没有留意到有个地勤还在机翼的翼尖上装填弹药！由于已加速滑行到预备起飞的位置，可怜的地勤只好跳下机翼，翻滚着躲开飞机的巨轮。[10]伦特迎着远处依稀可见的小点飞去，他曾“兴致盎然”地回忆道：

“……几分钟后，我们飞到英国人的高度，追逐开始了。就像有人下令一样，2架英军战机漂进了我的瞄准器。它们与其他轰炸机稍微拉开了距离。首先要敲掉它们的尾炮，一梭子短促精确的炮火解决了这个威胁。我现在准备击落它们。我在2000米高度向其中1架发射了几发炮弹，浓烟立即翻滚了出来。英军飞行员竭力想迫降在一个德国的小岛上，但战机已变成了一团火球。现在轮到第2架敌机了。这架战机试图沿低空逃跑，飞机距海面的浪尖也就只有4到5米。我以最快的速度追着它，敌机尾炮手显然已经阵亡了。我逼近这架轰炸机后按下了机炮按钮，只见明亮的火舌从机翼上腾空而起。敌机的机尾短暂朝天，而后一头栽入大海，燃烧的油料在水面上冒出滚滚浓烟，清楚地标识出解体的地方。我和报务员在空中继续搜索新的猎物。找着了！不远的海面上，有几架英军轰炸机正被我们的两位战友攻击。我朝着敌机的方向全速冲去，不久后摸到1架暂时尚未与人交手的轰炸机身后。尽管离它很近，但我并未受到尾炮的攻击。我在极近的距离内把所有的炮火倾泻出去，成功地将敌机两翼的油箱打爆起火。英军飞行员显然想在海面上迫降，但由于机鼻先入水，它立刻就像一块石头那样沉入了海中。”[11]

这次战斗中，伦特在15分钟内击落了2架轰炸机，他所描述的第3次击坠没有得到确认。但伦特以其致命的精准射杀率先撕开了英机编队，从而使赫尔戈兰湾当时的天空一度成为德军飞行员的靶场。他们发现自己的战机不仅速度快于对手，航炮的射程也远超“惠灵顿”轰炸机机枪的射程，于是，他们放心地拉开与敌机的距离，如同“坐在那里”一样尽情地攻击，直到将轰炸机打爆起火为止。还有飞行员发现轰炸机的下方是无法防御的软肋，因而也钻到下面，将敌机机腹打得千疮百孔。除伦特收获了胜利外，JG-26第10中队中队长施泰因霍夫还击坠了2架敌机，ZG-76第2中队中队长法尔克及其僚机亦各自击落了2架（法尔克自己也被击中，但迫降成功）。此外，第3中队的戈洛布带领的四机编队声称击落了6架轰炸机，不过仅有3架最终得到确认。

英国皇家空军轰炸机部队的此番遭遇，对它的发展方向产生了重要影响。几天前的另一次受挫发生时，英军高层还曾将损失惨重的主因归咎于飞行员未能保持编队飞行纪律，有一位飞行员曾抗议“没有战斗机护航的轰炸机编队，不可能在光天化日之下深入敌军一方作战”，但高层竟然指责这名飞行员“缺乏爱国热情”。“赫尔戈兰湾空战”之后，英军高层总算以血的代价认清了以前的认识误区——轰炸机编队仅凭自身的防御火力就能与敌军战斗机抗衡，故而可在昼间深入德国腹地进行轰炸，同时自身也不会遭受高昂损失。英军轰炸机部队高层随后做出决定，日后主要在夜间进行轰炸，即便在极罕见的情形下需要白天渗入德国腹地，也只针对特意挑选的有限目标。这个决定直接促成了德军夜间战斗机部队的创立，而伦特也将在这个年轻的兵种找到自己的位置，逐步创下那个时代乃至整个夜战史上旱逢敌手的战绩。

▲ *约摄于1939年末，伦特在自己的Bf-110前留影，垂尾上有4个代表击坠胜利的标志。*

▲ *有“德军夜间战斗机部队之父”称号的法尔克。从雪地环境和身着救生衣来看，本图应摄于1939年底或1940年初。很快，法尔克被晋升为ZG-1第1大队上尉大队长。*

“赫尔戈兰湾空战”之后，小有名气的伦特开始受到德国媒体的关注，纳粹宣传部门甚至还为他量身定做了明信片——纯雅利安人的金发、明星般的面容、漂亮合体的军服……伦特吸引了众多女性的青睐，也收到不少追求者的情书，其中就有后来的妻子“皮特森小姐”【Elisabeth Peterson，此为化名，本名为泽诺科斯尼科夫（Helene Senokosnikov）】。

在法国战役开始前的“静坐战争”末期，英德双方都把注意力投向了斯堪的纳维亚半岛这个突然变得重要起来的地区。德国一旦占领丹麦和挪威，既能在入侵法国和低地国家时保护自己的北翼，又能确保瑞典的铁矿石等原材料运往德国的航线安全，更能使海军在那里的良港建立潜艇和舰队基地，为支配波罗的海、北海并出击北大西洋创造条件。基于这些考虑，德军于1940年4月9日发起了代号“威悉河演习”的斯堪的纳维亚战役。尽管德军轻易获胜，但这一战争史上的首次三军协同作战的过程还是充满波折。德军计划对奥斯陆和其他六个港口展开三栖作战，重中之重是夺取奥斯陆及其弗内布机场——战列舰“吕措”号和巡洋舰“布吕歇尔”号将护送运兵船搭载的地面部队登陆奥斯陆，伞兵将搭乘运输机空降夺取弗内布机场。参战的驱逐机部队包括法尔克上尉的ZG-1第1大队和赖内克上尉的ZG-76第1大队，前者的目标是夺取丹麦奥尔堡机场，后者则负责为挪威方向的运输机编队提供掩护。赖内克的第3中队以斯塔万格-索拉机场为目标，第1中队负责支援弗内布方向，第2大队和大队部则进驻奥尔堡机场（在法尔克得手之后），并以此为基地随时增援。伦特所在的第1中队由于起飞基地距目标过远，油料不够返航，所以他们将在伞兵夺取弗内布机场后降落在那里。

战役发起的当日曾出现过数起戏剧性的事件。首先在奥尔堡方向，法尔克所部当日晨轻松夺取了机场，但由于与着陆的伞兵部队沟通不畅，"占领"奥尔堡城的任务竟是由莫尔德斯的弟弟维克托单枪匹马完成的！当时维克托的中队长以为伞兵已占领了城市，于是命令他进城为中队寻找住处。穿着飞行服的维克托搭乘一辆顺风车进了城，结果发现自己是偌大的城市里出现的第一个德国军人！如果说奥尔堡方向还带有几分"喜剧色彩"的话，那么进攻奥斯陆和夺取弗内布机场的行动则完全变了样。在狭窄的奥斯陆峡湾里，"布吕歇尔"号先遭炮击，后被鱼雷炸沉，大批德军葬身鱼腹，"吕措"号也受重创，其余舰只被迫转向，把搭载的山地兵和步兵送往偏离目标达30余公里的地方，夺取奥斯陆的任务就此完全落到了空军身上。搭载第1伞兵师部分伞兵的首批29架Ju-52运输机，在逼近奥斯陆峡湾时遭遇了低云层和浓雾，被迫转飞奥尔堡。为这些运输机护航的ZG-76第1中队的8架Bf-110，此时已经和腾空而起的5架挪威"角斗士"战斗机缠斗在一起。Bf-110具有速度优势，"身形娇小"的"角斗士"则在灵活性上更胜一筹，激烈的格斗中，伦特击落了1架"角斗士"，但己方也有2架战机被击坠。剩下的Bf-110疯狂地围攻对手，迫使挪威飞行员们在又损失了1架战机后避敌锋芒（最后仅1架幸存，余者皆在封冻的湖面上迫降时损毁）。[12]

德军的第二波Ju-52运输机有53架之多，搭载的是第324步兵团2营的步兵。当首波Ju-52转飞奥尔堡时，第10航空军命令第二波运输机编队同样飞往奥尔堡。但是，编队指挥官瓦格纳（Richard Wagner）上尉怀疑命令的真实性，于是自作主张地决定按计划飞往弗内布机场。ZG-76第1中队也收到了相关命令，但所剩油料不足以返航或转飞他处，飞行员们也觉得随便落在挪威的某个地方都比掉到海里强，因而他们决定硬着头皮飞往弗内布机场。伦特等6架Bf-110飞抵机场上空时仅剩20分钟的油料，他们立即抓紧时间扫射地面上的防空阵地。未几，第二波次的Ju-52出现在机场上空，伦特发现这些运输机并没有投放伞兵，而是做出了准备依次着陆的姿态！瓦格纳上尉所在的Ju-52在率先降落时遭到炮火和机枪的射击，迫使飞行员又把战机拉起（瓦格纳本人在机内阵亡），在挪威军队高射炮的射击中，几架冒险着陆的Ju-52也被迫再度飞走，另外一些运输机则调整航向朝奥尔堡飞去，但还是有大批的运输机在机场上空焦急地盘旋和准备降落。伦特等几架战斗机的油料所剩无几，但局势又在命悬一线的危急关头，中队长汉森（Werner Hansen）中尉不管不顾地命令伦特紧急着陆，他与另外4架战斗机负责火力支援。伦特一边准备迫降，一边扫射地面上的机枪和高炮阵地。突然间，伦特的座机被击中，但他设法稳住战机继续滑行。据说，报务员库比施当时曾大喊"右舷发动机起火"，但伦特很镇定地回应道："别慌，库比施，我们这就

▲ *图为Bf-110双发战斗机，虽然作为远程战略性战斗机并未达到预期，但这种战斗机却成为夜战部队的主流机型。*

▲ *图为1940年4月德军占领后的丹麦奥尔堡机场，这里是ZG-1第1大队（法尔克大队）的驻地，挪威战役中ZG-76第1大队第2中队也曾以此为基地。德军1940年时进行首批夜战的战斗机也是从这里起飞的。*

◀ 约摄于1940年4月的挪威战役期间，伦特（前）和报务员兼炮手库比施准备起飞。

▲ 摄于1940年4月9日的弗内布机场一角，图中停在篱笆前的是伦特的Bf-110，空中的是Ju-52运输机。

◀ 摄于1940年4月9日的弗内布机场，右二为伦特。

▲摄于1940年4月的弗内布机场，左二为伦特。

着陆！"

伦特就这样冒着枪林弹雨降落在跑道上，由于速度过快，他在滑行时几乎撞上一架瘫痪在跑道边缘的运输机。尽管用尽力气刹车，但战机还是冲出了停机坪尽头，最后侥幸在机场边一户人家的篱笆墙外停了下来。汉森等人的Bf-110跟进着陆，分头抢占便于尾炮手射击的几个角落，很快便将守军火力压制下来。随着运输机陆续成功着陆，机上搭载的伞兵和步兵稍后控制了机场。到下午时，德军已在军乐队的伴奏下迈步行进在奥斯陆的街头。

这一极富传奇色彩的经历无疑使伦特再次成为宣传宠儿，他被描绘成"单枪匹马接受弗内布机场守军投降的骑士"。毋庸置疑，德军在挪威战事中出现了大量失误，作战过程中也存在一些不确定因素，如果不是伦特和几名飞行员"侥幸"夺取了弗内布机场，从而确保了空中和地面增援能陆续开抵，要想夺取挪威的首都恐怕还要多费些时日和伤亡。

法国战役在5月10日拉开帷幕时，ZG-76第1大队并未像ZG-1第1大队那样调往西线，而是继续待在尚未投降的挪威，准备支援在极北的纳尔维克苦战的山地兵。5月13日，伦特获得了一级铁十字勋章，5天后又被选入由最有经验的飞行员组成的所谓"特别中队"，驾驶改装有巨型副油箱的Bf-110 D-1/R-1战斗机，从特隆赫姆基地出发支援700公里外的纳尔维克。5月27日，英国皇家空军第263中队的一架"角斗士"战斗机，成为伦特的第5个确认的牺牲品。6月间，伦特又收获了两胜，7月1日，晋升为中尉，虽然他对此非常自豪（曾在家信中戏言"肩膀似乎一下子沉了许多"），但对于自己一直被束缚在次要的挪威感到沮丧——整个法国战役期间，ZG-76第1大队一直驻守挪威，甚至连不列颠空战都无缘参加，而第2和第3大队两个兄弟单位，当时都被调到海峡参战。作为驱逐机飞行员，伦特共执行过98次任务，击落敌机8架。伦特的军旅生涯在1940年8月发生了重大转变——他将在暗夜苍穹下谱写新的传奇。

艰难的转型：“在黑屋子里捉苍蝇的人”

戈林在入侵波兰前曾夸下海口，说不会有任何一枚敌人的炸弹落在德国的土地上。虽然这个承诺在1940年5月中旬时已变为笑谈（5月11日，英军小规模轰炸了德国的一座城镇，一星期后，又有99架轰炸机光顾鲁尔工业区），但是如果据此认为戈林从未考虑过如何保护德国的天空，显然也与史实不符。不过，高层坚信自己的空军在昼间占有极大优势，也有能力征服任何敌手，敌军的报复性轰炸只可能在夜间进行。二战爆发前，第2教导联队（LG-2）有1个Bf-109战斗机中队，专门演练如何在探照灯帮助下进行夜间防空。到1939年9月，空军已有5个战斗机中队扮演着昼间和夜间作战的双重角色，即LG-2的第11中队、JG-72的第10和第11中队、JG-2的第10中队和JG-26的第10中队。[13]

1939年9月初，施泰因霍夫的JG-26第10中队曾几度从耶弗尔基地起飞，试图拦截散发传单的英军轰炸机，但均未获成功——地面控制单位虽能将敌机方位通报给战斗机飞行员，但敌机的高度并不清楚，飞行员只有在能见度很高的情况下，在近距离才能“看见”对手。9月底，施泰因霍夫中尉被召到柏林空军部开会讨论夜战事宜。戈林在会上曾大谈他自己的1918——他和伙伴们如何在弗兰德斯皎洁的月光下识别敌机的轮廓，如何加速钻到敌机下方发动进攻……施泰因霍夫战后回忆称自己曾在会上发言，强调眼下的状况与往昔大为不同，英军轰炸机的飞行高度与一战时差别很大，飞行员根本看不见地面的地标，另外，德国北部和德国湾区域经常笼罩着厚厚的云层。他还建议开发更好的定位和追踪系统，以及有助于在恶劣天气下进行夜战的导航工具。傲慢的戈林当时朝着不知天高地厚的小中尉说道：“这里没有你说话的份儿，你的路还长着呢！”[14]施泰因霍夫虽在“赫尔戈兰湾空战”中与伦特等人一样收获了数次击坠，但他对夜战的前景感到失望。1940年2月，当几支夜战中队被重组在JG-2第4大队的旗下时，施泰因霍夫寻机离开了夜战领域，改任JG-52第4中队中队长，开始了一个颇负盛名的昼间战斗机飞行员兼领袖的征程。

摄于1940年6月，第2航空队指挥官凯塞林（中）视察法尔克大队。法尔克（右一）稍后成为首支夜战联队NJG-1的联队长，凯塞林也在7月19日越级晋升为元帅。

▲ 摄于1941年7月9日，右为夜战部队和防御体系的最重要的领导人卡姆胡伯，左为最成功的“远程入侵夜战”（指在英国上空猎杀轰炸机）飞行员哈恩（Hans Hahn）少尉（当日获骑士勋章，1941年10月11日在英国上空与轰炸机相撞后丧生）。

1架Bf–110战斗机在夜色中返航后停在地面上。

拍摄时间和地点不详，伦特（左）与1名飞行员坐在Ju–52的驾驶舱盖上留下了这张奇怪的照片。

JG-2第4大队的Bf-109战斗机很难胜任夜战的重任，几个月里只有一名飞行员在满月之夜击坠过一架轰炸机，自身还出现过诸多夜间起降事故。1940年4月，为拦截频繁光顾挪威海岸机场的英军轰炸机，驻奥尔堡机场的ZG-1第1大队建立了黎明前例行巡航的制度。大队长法尔克和一些盲飞经验丰富的飞行员经常升空，有时也能得到“弗雷亚”雷达的帮助，但他们收获的只有失望，很多次都无奈地看着轰炸机骤然消失在无边的暗夜中。虽然没有收获战果，但法尔克的关于将Bf-110用于夜战的报告，还是引起了空军高层的注意。随着德国城镇和工业区从1940年5月中旬起一再被炸，尴尬的戈林终于决定加强夜间防空。6月26日，他把空军将领召集到荷兰海牙附近开会，声称“阻止英军轰炸的夜间防空实为德国空军的‘阿喀琉斯之踵’”，为探索性地解决此一重大问题，他委任满脸困惑的法尔克上尉出任首支夜间战斗机联队的联队长。尽管不情愿放弃成功的驱逐机飞行员生涯，法尔克还是以极高的效率组建了第1夜间战斗机联队（NJG-1），下辖第1大队（原ZG-1第1大队）和第3大队（原JG-2第4大队），此外还有以Ju-88和Do-17为主机种的“远程夜战大队”。7月17日，戈林命令第2航空队组建一个夜战航空师，由卡姆胡伯出任指挥官。9月7日，伦特所在的ZG-76第1大队正式成为NJG-1第2大队。作为8胜在手的驱逐机王牌，伦特也不太情愿离开驱逐机部队，但最后还是服从了命令。完成了约12小时的夜间飞行训练后，他于1940年10月初来到荷兰阿纳姆西北的迪伦（Deelen），担任第2大队第6中队代理中队长。

刚到迪伦，伦特就听说第1大队第2中队中队长施特赖布（Werner Streib）中尉前一天夜里一举击落了3架轰炸机，使其夜战击坠总数达到了7架。作为一名中队长（11月初去掉了“代理”二字），伦特不仅要负责手下9架战机的作战准备和绩效考评，还有责任在空战中做出表率。但是，他的夜战生涯并不像在驱逐机单位时那样顺利，其开端可以说充满挫折。伦特经常出战，却总是空手而归，他抱怨过恶劣的天气，感叹过运气不佳，也咒骂过“愚蠢的”探照灯和高射炮部队吓跑了他的猎物——一句话，在夜间飞行和捕捉敌机的难度超出了他的想象和能力。

德军夜战部队的主机种Bf-110在速度上快于英军轰炸机，火力足够强，续航能力也算不错，内部空间可容纳夜战所需的额外设备，还有一名报务员兼尾炮手帮助导航和发现目标，因而，Bf-110总体而言比较适合夜战。伦特等所有初涉夜战的飞行员都面临着一个共同的困难，即发现目标，正如他们自己所言，“就像在黑屋子里捉苍蝇”。为在夜空中发现敌机，飞行员需要探照灯指示敌机的方位，但这种方式自身存在不少问题。首先，探照灯部队多部署在工业区，只有当英军轰炸机飞到工业区上空时，夜战飞行员才有可能出击拦截，而这时的地面损失往往木已成舟。其次，即便探照灯锁定了一架轰炸机，高空中的德军飞行员依然无法看见敌机（他们只有在较低高度向上观察时才有可能发现敌机），当他们向上爬升、预备进攻时，战斗机相对于轰炸机的速度优势会被抵消不少。第三，探照灯的强光往往将飞行员晃得头晕眼花，不仅抓不住目标，某些情况下还会被高射炮误击。最后，多架大功率探照灯投射成的强光带，往往将重要地面目标暴露无遗，反而成为英军的“导航助手”。德方很快也认识到这些问题，于是将探照灯部队从工业区移开，在接近德国本土的地区建起一系列连续的探照灯照射区和声音测位系统。夜间战斗机则在照射区边缘巡航，随时准备追逐被“捕捉”住的敌机。这当然是一大进步，但仍有不尽人意之处，最主要的是该战术对天气要求过高——如果云层较厚，探照灯照射的效果会大打折扣，而德国北部的夜空并不总是月朗云稀。另外，英军轰炸机一接近照射区就会加大马力全速通过危险地带，德军的夜战飞行员最多只有几分钟来发现敌机并发起进攻。

伦特的第6中队就在鲁尔工业区外的探照灯照射区附近寻机作战，但是，直到1941年1月前，他的中队连续三个月都未取得任何战果，而其他中队似乎正干得有声有色，这种局面令伦特非常沮丧。1941年1月，中队的两名飞行员总算收获了两次击坠，但接下来的三个多月里，第6中队再次陷入了完全沉寂。伦特明白，夜战的关键是在合适的时间和地点发现敌机，运气在其中占了相当大的比重，而运气似乎一直不肯青睐第6中队，他自己甚至从未品尝过夜战胜利的滋味。4月末，伦特觉得自己无法再忍受下去，自信心也被完全摧毁，他决定和联队长法尔克面谈一次——伦特说自己不适合夜战，更不适合当中队长，要求调回驱逐机联队。

经常有失去信心的夜战飞行员向法尔克要求调回昼间战斗机部队，原因基本都是“夜里什么都看不见”。这次请辞的是法尔克熟悉且喜爱的伦特，这不能不引起他的高度重视。法尔克战后曾仔细回忆过对伦特的良好印象：“……1938年还在菲尔斯滕瓦尔德时，我第一次见到了新晋少尉伦特……他在新来的军官中非常醒目。他是那种充满活力且颇为优雅的军官，身材颀长，表情自信，里里外外透着镇静平和……他是个有着很高道德伦理水准的年轻军官，又是一位优秀飞行员，同时，在自己的自律范围内他又是个胆大无畏之人……”[15]在回忆伦特的受挫感时，法尔克这样写道：“……我们转换为夜战部队后，伦特的下属飞行员们取得了一些战果，但他这个中队长却没有胜绩。他很生气，实际上有点不知所措。尽管我们俩在年龄和职位上存在差异，但个人关系很好，因为我们都来自同一地区，还都是新教牧师家走出来的孩子。我喜欢他、理解他，也很喜欢跟他一起飞行作战。由于这层关系，当他的下属们收获了夜战胜利，而他自己仍两手空空时，他忍不住来找我了。他说：

▼ 这张照片是德军飞行员拍摄的夜战一景，1架英军轰炸机的炮手正向Bf-110开火。

‘在这种情况下，我没法继续当中队长了，想调回昼间战斗机部队。’他的情形与施泰因霍夫没多大区别，后者也不想做夜战飞行员。我对他说：‘再待一个月，如果你还是没能取得成功，我会看看能在调动问题上为你做些什么。不过，如果你成功了——对此，我深信不疑——你还得继续待在NJG–1。’他果然在之后的4周里取得了成功，后来升为大队长和联队长，他是我们最杰出的王牌之一。”[16]

为挽留伦特，法尔克甚至使用了“再给命运、自己和年轻的联队长一个机会”这种动情的话语，其真挚之情可见一斑。5月12日夜，伦特终于砸开了坚冰，击落了2架“惠灵顿”轰炸机，在暗室里捉苍蝇的伦特终于发现了亮光！6月28日至30日，伦特又击落了3架敌机。此时，已有5胜在握的伦特称得上是一个夜战王牌了。7月1日，伦特改任NJG–1第4中队中队长——这是法尔克手下战绩最显赫的中队，以27次夜战击坠远远领先于其他中队，还有一些稍后将声名显赫的夜战王牌，包括贝克尔少尉（Ludwig Becker，总胜绩44次击坠）、利佩–魏森菲尔德少尉（51次胜绩）以及曾与伦特在战绩榜上争过高下的军士吉尔德纳（Paul Gildner，46次击坠）。尤其是吉尔德纳，伦特刚来时他已击落过11架敌机，是夜战部队响当当的头号王牌。法尔克之所以把伦特调至第4中队，据说主因是原中队长不仅未取得过任何胜绩，还因疏于管理造成纪律松弛，一些飞行员颇有居功自傲之态。法尔克相信，战绩突出的伦特有威信和能力来改变第4中队的面貌。

▲ *摄于1941年5月，伦特在首个夜战牺牲品的残骸边（“惠灵顿”轰炸机）留下了这张照片。*

▲ *伦特于1941年8月30日获得了骑士勋章，此时他已在夜战中击落了14架敌机。*

▲ *摄于1941年9月10日，伦特与新娘泽诺科斯尼科夫小姐举行婚礼的场景。*

伦特接手第4中队后，不到4个星期就击落过7架轰炸机，而且表现出轻伤不下火线的勇敢精神，也决不让伤势影响到作战飞行和日常管理工作。他的勇敢和毅力给中队王牌们留下了深刻印象，加上与人为善、关心下属的一贯风格，大家越来越敬佩和欣赏这位中队长。8月30日，伦特因8次昼间击坠、14次夜间击坠的战功获颁骑士勋章。

伦特在第4中队的成功还在延续，这与德军引入的雷达引导作战技术和"卡姆胡伯防线"也有密切关系。德军用"弗雷亚"和"维尔兹堡"（Würzburg）雷达来解决将夜战飞行员引导至敌机近前的难题，同时，大体上沿着基尔—不来梅—阿纳姆—鲁昂—蒙斯一线建立了一条探照灯照射带。这条防御带起初分作18"段"，每段大约宽45公里、纵深30公里，部署有1支探照灯部队、3架夜间战斗机和1个通信连。[17]在每"段"防线的前方，德军建有多个雷达站，1台"弗雷亚"雷达负责侦测来敌，3到4台"维尔兹堡"雷达随后接过追踪机群的任务，通过地面控制单位把相关数据和情报传给探照灯部队，后者再为夜战飞行员照亮敌机可能经过的天空。这时，3架战斗机中应有1架已经升空，第2架也做好了起飞准备，而第3架则处于待命状态。升空的战斗机需在雷达指引下，于7分钟内飞抵能看见敌机的地方，错过了这个时段敌机就会飞出雷达覆盖的范围。在月光皎洁的夜晚这当然不成问题，但天气不好时飞行员的视距非常短，迫近敌机也几无可能。到伦特打开胜利之门时，夜战部队已

▼*图为德军的一处雷达站，右为"弗雷亚"雷达，负责侦测敌机编队，左为"巨型维尔兹堡"雷达，负责继续追踪敌机，把机群的高度、规模、速度和航向等数据传递给地面控制单位。*

将多个小“段”合并为较大的“区”，建立了所谓的“暗夜夜战”（Dunkelnachtjagd）区。

德军的“地面雷达加探照灯照射区”战术曾一度取得不俗的效果，但1941年6月后却被逐渐放弃了，主要原因就是英军轰炸机部队采取了反制措施——轰炸机机群要么高速穿过照射区，要么绕着照射区飞行，使德军的截击时常落空。由于人力和装备投入巨大，换来的回报却日渐不尽人意（尽管伦特等飞行员仍在收获战果），纳粹党地方官员以夜战战果不佳为由，坚决要求把探照灯部队送回重要城镇协助高射炮部队防空。于是空军高层决定放弃“地面雷达加探照灯照射区”战术。1941年夏至年底，夜战部队又引入了所谓的“组合夜战”战术，旨在最大限度地利用地面防空（高射炮部队）和空中截击（夜间战斗机部队）力量。“组合夜战”战术运用得最多的地方是基尔、汉堡、不来梅、杜伊斯堡、科隆、法兰克福、曼海姆和慕尼黑等重要城市。这些地方的防空体系被划分为三个“段”，每段都有一个雷达站，装备一台远程“弗雷亚”雷达和两台“巨型维尔兹堡”（Würzburg-Riese）雷达。“弗雷亚”雷达侦测到敌机编队后，两台“巨型维尔兹堡”中的一台负责继续追踪，另一台则指引一架战斗机升空拦截。两台“巨型维尔兹堡”收集到的数据被传递给高射炮部队指挥部，参谋和技术人员会对这些数据进行即时分析，并把它们转换成绘图台上的坐标。德军测算敌我双方位置的装置被称为“泽伯格（Seeburg）绘图台”，代表敌机（红色）和友机（蓝色）位置的亮点从台子下方投射到玻璃台面上，因而能显示出很短的时间间隔内的双方位置，便于控制人员分头指引探照灯、高射炮和夜间战斗机做出反应。不过，这个战术并不总能保证成功，有时还造成了己方战机被高炮击落的事故。高炮部队指挥官出于个人野心或贪功，或是从“泽伯格绘图台”得出的数据不够准确，有时并未及时下令高射炮停止射击，另外，紧咬轰炸机不放的德军战斗机，飞入高炮射击区时有时还不愿放手，这也造成了误伤误击事故的发生。

▲ 地面控制中心的军官正在“泽伯格绘图台”上工作。“巨型维尔兹堡”雷达传递的数据汇总到控制中心后，德军用投射到绘图台玻璃台面上的蓝色和红色亮点，分别代表己方战斗机和敌军轰炸机，随着数据的不断更新，德军就能较准确地掌握敌机方位、距离和高度，从而将夜间战斗机指引到敌机附近。

尽管德军使用各种技战术手段来提高飞行员接近和截杀敌机的可能性，但夜战的难度与复杂性、技战术的不完善，还是注定了夜战飞行员不可能像昼间飞行员那样轻易地取得击坠战果——到1941年10月末，昼间战斗机飞行员莫尔德斯、吕措和厄绍均突破了100次击坠大关，而夜战部队到1941年底时战绩最高的施特赖布“仅有”22胜，排在第二的是21胜的吉尔德纳，后来居上的伦特则以20胜屈居第三。如果加上昼间作战的胜绩，伦特已是夜战部队当之无愧的第一人，他的耐心、坚韧、高超的盲飞和导航技能，还将帮助他在1942年的夜战中取得更大的战果。

斗智斗勇：“道高一尺，魔高一丈”

1941年11月，伦特被任命为NJG-2第2大队大队长。时任第12航空军指挥官的卡姆胡伯，在推荐信中曾写道：“……伦特中尉是最成功的夜战飞行员之一。作为一个年轻军官，他的成熟远远超过其年龄和军阶，他有着毫无瑕疵的声誉

▲ 摄于1941年11月，NJG-2第2大队大队长伦特上尉（左）与战友交谈。

▲ 摄于1942年上半年，NJG-2第2大队大队长伦特正通过无线电了解作战情况。

和责任感，对职业和报效国家都充满热情。他对飞行作战的主动精神、热情以及取得的战绩，已使其成为同僚和下属皆感钦服的熠熠生辉的榜样。他任中队长时即已证明了自己的不凡。鉴于其才能、成就和人品，我请求任命他担任NJG-2第2大队大队长，并提前晋升为上尉。”[18]

伦特晋为上尉的命令于1942年新年第一天下达，不足24岁的他此时是夜战部队最年轻的大队长，不仅要负责整个大队的日常管理、训练和作战绩效，还要率领约40架战斗机进行规模越来越大的夜战。NJG-2第2大队是以伦特之前的NJG-1第4中队为核心新组建的，现任的三名中队长——第4中队的舍纳特（Rudolf Schoenert）中尉、第5中队的利佩-魏森菲尔德中尉和第6中队的贝克尔中尉——不仅都是伦特的老班底，在整个夜战部队也都是个顶个的精英人物。NJG-2联队原本只有1个第1大队，主要职责是在英国上空及其外海攻击轰炸机编队，即所谓的“远程入侵作战”，由于希特勒认为

“远程入侵”的战果难以确认，国民也“看不见”被击落在英国的敌机，于是下令取消了这种作战。第1大队随后被调往西西里岛，准备参加征服马耳他岛的海陆空三栖行动。伦特的第2大队则继续驻扎在荷兰的吕伐登（Leeuwarden），与NJG-1一起负责拦截英军对德国发起的夜袭。

从1942年初起，卡姆胡伯在马丁尼（Wolfgang Martini）将军领导的空军通信兵总监部的密切配合下，在以往试验的基础上全面建立了所谓的“天床”（Himmelbett）夜战控制系统。这套体系北起丹麦北部，南至易北河口，西面始于德国北部和荷兰，经比利时和法国延伸至瑞士与意大利边境，基本覆盖了接近第三帝国的所有空中通道。“天床”系统的核心是雷达站组成的“天床”控制区（称为“盒子”），每个“盒子”装备有一台“弗雷亚”和两台“巨型维尔兹堡”雷达，以及位于这三台雷达形成的三角形中心的“泽伯格绘图台”。“盒子”的半径取决于“巨型维尔兹堡”雷达的覆盖范围（最大约60至70公里），而“弗雷亚”远程雷达最远能覆盖约150公里。当英军轰炸机机群出发后，德军的海岸雷达站一般会先发出预警，如果机群飞向或正接近某个“盒子”负责的“天床区”，区内的“弗雷亚”雷达会继续侦测敌机动向，并把数据传递给“维尔兹堡”雷达。敌机进入“天床区”后，两台“维尔兹堡”中的一台（称作“红色维尔兹堡”）专责追踪敌机编队，并将方位和高度等传送到作战控制中心。与此同时或更早一点，一架夜间战斗机已紧急起飞并等候在某处，称作“蓝色维尔兹堡”的第二台雷达则负责追踪和指引己方战斗机。这架战斗机在此时尚需绕着“天床区”中央的无线电导航台飞行，以便接受进一步的指令，第二架夜间战斗机此时也做好了随时升空的准备，第三架则处于待命状态。在与红蓝“维尔兹堡”雷达均有直线联系的作战控制中心，专职军官会在“泽伯格绘图台”上计算出敌我方位和高度（以绘图台上的“红点”和“蓝点”代表），而后按照绘图台显示的相对位置，通过无线电指引己方战斗机接近敌机群。如果受指引的战斗机未能发现目标，那么飞行员将飞回来继续绕着导航台飞行，以等待下一次机会。在这种防空体系中，战斗机飞行员仍可得到探照灯的帮助，但依赖雷达的程度显然更高。德军以高效率迅速组建了这种夜战控制系统，为伦特等飞行员提供了发现和击落更多敌机的可能。

同样是在1942年初，英国皇家空军轰炸机部队新任指挥官哈里斯（Arthur Harris）改变了以往的空袭重点和方式，强调在短时间内集中力量展开轰炸，同时更多地使用既能造成大面积杀伤、又可为后来者指明位置的燃烧弹。哈里斯上任后先进行了多次轰炸战术试验，也对德国北部的一些沿海城市进行过小规模轰炸，而后于1942年5月30日至31日夜，以大约1000架轰炸机的规模对科隆发起了前所未有的“千机”轰炸。英方在行动中仅损失49架轰炸机，不足0.5%的战损率可以说暴露出了“天床”系统缺陷的冰山一角：每一“天床区”内只有一架、最多两架战斗机能够投入作战，如果队形紧密的英军轰炸机编队在时空上高度集中，那么它们飞经某个雷达控制区时，最多只有两架夜间战斗机追逐两架轰炸机，其他轰炸机则能借机穿越过去。如果轰炸机未途径某个“天床区”，那么那里的战斗机部队也就无所事事。德军事后的调查表明，英军首次“千机”轰炸的当晚，只有25架夜间战斗机投入了空战。不过，空军高层还未真正意识到“天床”系统的漏洞，更有效的防御体系的时日尚未到来。

6月1日夜，哈里斯组织的第二次“千机”轰炸指向了工业重镇埃森（Essen）。月底时，不来梅又不幸成为第三次“千机”轰炸的目标。英军在这两次大轰炸之间还进行过许多小规模夜袭，而伦特在这些截击战中的表现非常出色——全月10次出击就取得了击坠9架轰炸机的战果，是他个人飞行生涯中最成功的一个月。每战必有斩获的状态。无疑显示出伦特对夜战愈发得心应手，发现和打击敌机的技术也是日臻上乘。6月6日，伦特在惊喜地获知女儿出生的同时，也得知自己成为夜战部队第一个摘取橡叶骑士勋章的飞行员（总第98位）。到当月21日伦特击落第35架轰炸机时，他的名字在国防军战报上已经出现过4次，月底时到元首大本营领取勋章之时，他的夜战战绩已达到39次击坠。6月28日，希特勒亲自为伦特等飞行员（包括获双剑骑士勋章的戈洛布）颁发勋章，还邀请伦特与自己共进晚餐。对于任何一个刚满24岁的年轻人来

▲ *这是一张常见照片，战时曾被广加宣传，或摄于1942年3月末或4月初。Bf-110的垂直安定面上显示出其战绩是34次击坠（根据飞行日志，伦特取得34胜的时间是1942年3月29日）。值得注意的是垂直安定面和方向舵之间夹着的"白手套"，这个物件据说属于被伦特击落的某位英军飞行员，它在战斗中"从天而降正好落在这个位置"。虽说真假莫辨，倒也留下了一段传奇。*

▲ *摄于1942年6月末，伦特从希特勒手中接过橡叶骑士勋章，他旁边是JG-77第4中队的泽茨（Heinrich Setz）中尉。最尽头被遮住的军官是伦特早年的战友、当日获得双剑骑士勋章的戈洛布。*

▲ *摄于1942年上半年的吕伐登基地，NJG-2第2大队大队长伦特正在招待两位将军：左一为第12航空军指挥官卡姆胡伯中将，右一为第1战斗机师指挥官德林（Kurt-Bertram von Döring）中将。*

▲ 摄于1942年6月末，年轻英俊的橡叶骑士勋章得主伦特上尉。

▲ 或摄于1942年6月末的狼穴大本营，也有可能是返回NJG-2后所摄，橡叶骑士勋章得主伦特上尉的一张“较为随意”的照片。

▲ 摄于1942年6月末，伦特获得橡叶骑士勋章后留下的肖像照。

说，受到国家元首的如此青睐，如果没有受宠若惊之感，反而是不正常的。

英德之间夜幕下的空战，很大程度上是物资装备和军事技术的对垒，尤其是雷达技术方面的较量。双方斗智斗勇，一旦发现一方使用了某种新技术，另一方也竭力在最短时间内研制出反制措施，此消彼长中将德占区的上空变成了血色的天幕。

在机载雷达普遍应用于夜间战斗机之前，德军惯用的战术仍是高空待命，由地面雷达将其指引到敌机附近，然后飞行员凭借个人的夜视能力发现敌机后进行攻击，而较低高度上的机群则留给地面高射炮部队解决。夜战飞行员能否取得战果，很大程度上取决于他们能否靠目力首先发现敌机。1942年初，“明石BC”（Lichtenstein BC）雷达的出现和逐渐列装，使德军夜战飞行员只需在进攻的最后阶段看到敌机即可。这种雷达虽获得了高度关注并被寄予厚望，但夜战飞行员接受它的过程却无法一蹴而就。它的研制单位德律风根（Telefunken）公司曾派技术人员来到荷兰的吕伐登，试图说服夜战飞行员们相信雷达的实际价值。而飞行员们对这个黑色"魔盒"大多半信半疑。由于Bf-110和Ju-88等夜间战斗机装上雷达后会有4根鹿角状天线，大约使战机时速下降25英里，从而失去相对于英军轰炸机本就有限的速度优势，包括伦特在内的一些王牌都对配备机载雷达不感冒，甚至还有抵制情绪。[19]

伦特既是最初强烈反对安装雷达的军官之一，又是后来不遗余力支持它的人。[20]除对战机速度的不利影响外，这种雷达对忙碌紧张的报务员兼尾炮手也提出了更高的要求，相应增加了其责任和负担。"明石BC"雷达的显示装置包括三个阴极射线管，分别显示敌机的水平位置、垂直位置和距离。在这些仪器间穿梭并随时将数据变换成指令绝非易事，要求报务员把精力高度集中在显示屏上，而持续地紧盯闪烁的显示屏，只需约15分钟就会让人头昏眼花，进而失去夜视能力，报务员也因此无法很好地履行炮手的职责。伦特等人不愿意以牺牲部分火力为代价来换取截击数据，另外，像他这样的夜战王牌多出身于驱逐机部队，这些功成名就的军官早已习惯于将战机完全置于自己掌控之下，空战中采取何种战术，也几乎成为身体的条件反射，让他们立即相信这种魔术装置，而不是那些同生共死、久经考验的兄弟，显然不是轻而易举的。虽然接受"明石BC"雷达的过程较为缓慢（备有"明石BC"雷达的4架夜间战斗机1942

▼ *摄于1942年夏，驻荷兰德军最高指挥官、航空兵将军克里斯蒂安森（Friedrich Christiansen）视察伦特大队时所摄。*

▲ *摄于1942年夏，NJG-2第2大队大队长伦特上尉（中）与军官们在一起，左一为利佩-魏森菲尔德中尉，右一为贝克尔中尉。*

▲ 拍摄时间不详，身着飞行夹克、佩戴橡叶骑士勋章的伦特。

▲ 拍摄时间不详，伦特与战友们在出击作战前消磨时光的场景。

▲ 拍摄时间不详，伦特正在接听电话，或许是收到了升空截击敌机的命令。也有人称，本图和之前的那张打扑克的图片均是德军的战时宣传照。

▲ 这张照片中的Bf-110战斗机酷似一只怪物，机鼻上装有FuG-202"明石BC"雷达的鹿角状天线，机腹处安装有2门MG151航炮。

年初即运抵吕伐登，但是，除了贝克尔以外似乎一直无人问津），但到当年8月，随着贝克尔第一次在"明石BC"雷达指引下击坠了轰炸机，而且NJG-1第2大队也在当月靠机载雷达击落了多达25架敌机，伦特等曾经顽固的王牌们开始对机载雷达产生了信心，再加上几公里的覆盖范围为飞行员装上了第三只眼，夜战飞行员们接受雷达的热情于是开始高涨起来。

到1942年秋，德军夜战部队已普遍装备了"明石BC"雷达，而英军轰炸机部队之前即列装了名为"Gee"的新导航系统（严格说来不是雷达，因为它没有发射器，只有接收装置）。曾有一段时间，"Gee"系统使英军飞行员能准确地了解自己的位置，也能较精确地测算风速对航向的影响，只要在"Gee"系统覆盖的范围内，英军轰炸机就能相对可靠地飞抵目标。但是，1942年8月，德军开发出名为"海因里希"的干扰发射器，能以很高的效率屏蔽英方发送的用以确定德占区位置的导航信号。[21]英军轰炸机的导航系统失去效力之后，战损率步步上升，轰炸机部队又想出另一高招，即建立一支所谓的"探路者"部队。这些"探路者"由英军经验最丰富的精英飞行员组成，他们一般在轰炸机机群前面先行起飞，找到目标后用特制的闪光信号弹将其精确地标识出来，后续机群再根据这些易于辨认的颜色标示进行轰炸。但是，"探路者"部队在8月17日的首战（为轰炸波罗的海港口福伦斯堡指引方向）却完全失败，迫使轰炸机部队司令部继续改进机载雷达。双方在轰炸和反轰炸、雷达导航和屏蔽雷达等技术方面的较量还将激烈地继续下去。

1942年10月1日，伦特的NJG-2第2大队改称为NJG-1第4大队，这是卡姆胡伯试图将每支夜战联队扩编为4个大队的首次尝试，NJG-3和NJG-4等到1942年底时都已拥有4个大队，但NJG-5还是只有3个大队。法尔克的NJG-1可谓兵强马壮，除占据头把交椅的第4大队大队长伦特（45次夜战击坠）外，第1大队大队长是大名鼎鼎的施特赖布上尉，第2大队大队长埃勒（Walter Ehle）上尉也是夜战部队的元老，名头稍弱的第3大队大队长蒂明（Wolfgang Thimming）上尉其实也非泛泛之辈（蒂明在1943年10月至1944年11月间任NJG-4联队长，战争最后几个月里为NJG-2联队长，战后曾任西德驻瑞典大使馆武官）。不过，扩编后的NJG-1囿于1942年最后几个月里的恶劣天气，并没有太多的机会与对手争锋，伦特在主持第4大队的头两个月里也只取得了3次击坠。英军轰炸机部队在此期间除了不经常地派出百余架轰炸机光顾德国上空外，主要精力都放在了解决技术和装备缺陷上，同时积蓄力量在来年发起更大的攻势。

1943年1月初，不足25岁的伦特成为少校，晋升速度之快连他自己都觉得有点不可思议。成为少校后的第3天夜里，伦特带着手下击落了3架负责轰炸杜伊斯堡和在德国北部海岸布雷的轰炸机（英军当夜共损失5架），他与第11中队中队长雅布斯（Hans-Joachim Jabs）、第12中队中队长贝克尔各自收获了一次击坠。1月21日夜，伦特在击落了1架“惠灵顿”轰炸机后，将战绩提升到50次击坠。他自己曾将这次空战称为“最艰难的一战”，有战地记者这样描述过：“……当伦特少校当晚进入分配的作战区域时，他碰到了1架‘惠灵顿’。他操纵着战机复飞，而后朝敌机冲去。但是，在机动过程中英机察觉到了危险。‘惠灵顿’立即俯冲，打算从低空逃走。伦特拒绝让机会溜走，他以卓越的技能保持着与敌机的接触，一场紧张耗神的空战随即开始。双方你来我往射出的曳光弹闪烁着微光。我们的夜战飞行员射出的炮火击中了‘惠灵顿’机身的中央，但它没有像预期的那样起火或坠落。它顽固地硬挺着，就是不肯起火。伦特继续逼近这架轰炸机，而英军飞行员正一边转大弯，一边射出很猛的防御火力，显然不顾一切地试图逃走。逐渐地，这架轰炸机在弹雨中冒出了火焰，很快机首朝下栽去。伦特少校成功结束了自己最困难的一战，这是他的第50个夜战牺牲品。”[22]对昼间战斗机飞行员来说，50次击坠或许还不如戈洛布和格拉夫等东线王牌们一个月的战绩，但对困难重重的夜战而言，这是一个令人敬畏，必须仰视的显赫战绩。

这段时期里，英军在无线电和雷达技术方面又有两项重大进步：一是“阿波耶”（Oboe，或作欧波依）导航系统，“探路者”们驾驶的战机（如“蚊”式高空轰炸机）凭借这种装置，可以较准确地飞抵德国工业区上空投掷火焰标识，尾随的机群随后就可以投掷燃烧弹和高爆汽油弹。另一项技术进步是专门用于提高导航能力和对地投弹精度的“H2S”厘米波机载雷达。不过，如前所述，双方在斗智斗勇中经常能很快找到反制手段——英军1架装备了“H2S”雷达的轰炸机2月初时被击落在科隆附近，德律风根公司深入研究了缴获的“H2S”机载雷达，之后很快开发出名为“Naxos”的反制装置。这种装置能把使用“H2S”雷达的敌机方位显示给夜战飞行员，更致命的是，随着越来越多的轰炸机使用“H2S”雷达，掌握了对手频率的德军信号监听部门，在轰炸机编队出发前就能根据“H2S”的信号，预测当晚是否有空袭以及大致的规模。而英机编队出发之始，德军根据“H2S”信号还能掌握其大致航向，从而能提前发出警报和做出相应的部署。

1943年1月起，德国上空又多了一个令人头疼的轰炸者——美国陆航第8航空队的B-17“空中堡垒”及B-24“解放者”重型轰炸机，这些重型四发轰炸机以英国为基地，负责在白天轰炸德国境内的目标，而英军轰炸机部队则一如既往地在夜间“造访”。继1月27日成功进行了昼间轰炸后，美军于2月4日白天又对埃姆登（Emden）进行了大规模空袭，但遇到相当顽强的阻击——德军甚至把夜间战斗机部队都派去拦截对手，伦特的好友雅布斯上尉率领第4大队的8架Bf-110白天起飞迎敌，不过伦特并未出战，因为高层严禁他这位夜战明星白天出击作战。[23]夜战部队攻击美军重型轰炸机机群，一定程度上也反映了德军在防空作战上的无奈与挣扎。诚然，Bf-110相较于Bf-109这种昼间战斗机来说，具有航程远、火力猛等适合攻击重型轰炸机的优点，但早在1940年的不列颠空战期间，它在昼间作战上的缺陷就已暴露无遗，现在的Bf-110又装备有各种降低速度的电子装置和雷达天线，更使它在面对美军护航战斗机时基本没有机会。虽曾有个别Bf-110机组令人震惊地击坠过护航战斗机，但执行此类任务的多是缺乏昼间作战经验的新手，许多人“已经忘记”，或者说“从未学习和训练过”如何以双机或四机编队发起进攻。当他们习惯性地运用夜战战术，悄悄地单机逼近重型轰炸机机尾或下方时，往往也是他们与死神接吻的时刻——机身上下布满枪炮的B-17几乎没有盲区，庞大的机群的防御火力凶猛异常，可以说，夜间对付英军轰炸机时行之有效的战术，在昼间对付美军时则基本无效。经受了惨痛损失后，空军高层要求夜战部队只攻击单飞的敌军轰炸机，但在一场火热的战争中，这个命令常常被夜战飞行员置之脑后。夜战部队在昼间攻击重型轰炸机的作战曾被后人称为"毫无意义的牺牲"，但还是呈惯性地一直持续到1944年初。夜战部队在此期间损失了不少战机，尤其是宝贵的机载雷达和电子设备，德军也没有时间来弥补损失的那些受过良好夜战训练的飞行员和报务员。

伦特在2月间休了一个长假，直到月底方才归队。结果，等他归队时却接到了第12中队中队长、密友贝克尔丧生的消息。2月26日，雅布斯率第4大队的12架Bf-110升空作战，负责截击刚炸完埃姆登的美军B-24轰炸机机群，两名德军飞行员在激战中各击落1架轰炸机，但贝克尔未能返回基地。有着"夜战教授"之称的贝克尔，是夜战部队最有名的战术家和王牌之一（44次夜战胜利），他的阵亡沉重打击了伦特所部，乃至整个夜战部队的士气。不过，贝克尔只是当月丧生的三位王牌之一：先是NJG-1第3中队中队长、总战绩44胜的克纳克（Reinhold Knacke）上尉在2月3日阵亡，而后是2月24日在返航途中丧生于飞行事故的吉尔德纳中尉。本为军士的吉尔德纳因战功被破格擢升为军官，曾与伦特在战绩排行榜上一争高下，他获得骑士勋章的时间甚至还早于伦特（是夜战部队继法尔克和施特赖布之后的第3位骑士勋章得主）。面对战友和下属接二连三的丧生，伦特的心境也跌到了冰点，在这一时期的家信中，他开始流露出从未有过的对战争前景的悲观与怀疑情绪。虽然依然坚信"上帝会将最后的胜利带给德国人"，但他对战争的残酷性、持久性以及对军人做出牺牲的要求，显然都有了更深的认识。

1943年3月5日，英军轰炸机部队发起了旨在摧毁鲁尔工业区周边城镇的所谓"轰炸攻势"，即德国人所称的"鲁尔战役"。英军轰炸机机群将"阿波耶"、"探路者"和"Gee"导航系统等多种技战术手段组合使用，给鲁尔工业带造成了巨大的破坏。"鲁尔战役"从3月5日一直延续到7月24日，英军在23401次轰炸任务中损失了约1000架轰炸机，阵亡、失踪或被俘大约7000名机组成员。德方估计，被击毁的1000架轰炸机中约有770架是被夜间战斗机直接击坠或受重创后坠毁的。[24]历时21周的"鲁尔战役"中，伦特共取得12次击坠的战绩，其中4月20日还成功击落过1架"蚊"式战斗机，是首位在夜间击落这种战斗机的德军飞行员。

鲁尔工业带并不是唯一被盟军持续轰炸的地方，多特蒙德、斯图加特、纽伦堡和慕尼黑等大中城市都遭到不同规模的轰炸。夜战部队从联队长到普通飞行员的每个人，都渴望把那些还没机会扔下炸弹的轰炸机击落在本土以外，但被炸的城镇越来越多、规模也越来越大的现实，令他们对卡姆胡伯的天床防御体系产生了严重怀疑和不满。如前所述，这种体系存在着浪费资源的严重缺陷，由于英军采取了更紧凑的"溪流式"队形，总有相当数量的夜间战斗机没有拦截英机的机会。其次，天床系统的纵深不足，一旦轰炸机机群穿越了某个天床区的有限区域后，基本上就再也没有夜间战斗机前来拦截，除非是机群又一头扎入下一个天床区。这种状况使有些指挥官呼吁试验更经济、高效的拦截方式，希望能将夜战部队的现有力量物尽其用。天床体系遭到怀疑不满的另一个原因，是它有意无意间挫伤了不少飞行员，尤其是下级军官和新手的士气。通常情况下，伦特这种王牌和长官往往率先升空，被雷达指引到敌机附近的也是他们，自然他们取胜的概率要高得多

（当然被击落丧生的概率也高得多）。那些夜复一夜做好了战斗准备的年轻飞行员，却经常得不到机会，即便有幸升空，也常被指引到天床区边缘地带，要么待命，要么绕着导航台盘旋，鲜有机会接敌。同时，他们还得苦涩地看着王牌们不断提升战绩和获得勋章。

尽管要求变革的呼声越来越高，但卡姆胡伯依然固执地把天床系统视为抵御盟军轰炸的最佳体系。两年前英军刚发起“千机”轰炸时，卡姆胡伯曾要求将夜战大队的数目增加8倍，还想再索取15万人为夜间防空部队服务，[25]这些要求当然不可能实现。1943年3月，卡姆胡伯又提出了一个旨在加强帝国防空的宏大计划：首先，他建议合并空军“中央军区”和西部的空军第3军区，他认为这种一体化策略能使本土空防更加有效；其次，他要求任命一个总指挥官来管理集成后的“空军军区”，辖区内的昼间和夜间战斗机部队以及高射炮和探照灯部队都由这个指挥官负责；第三，卡姆胡贝建议大大加强高射炮和战斗机部队的力量，他甚至还提出了组建“战斗机航空队”的设想——这个航空队将由3个军组成，每军下辖3个战斗机师，总计控制约2000架夜间战斗机，并建议把它们部署在英军轰炸机编队的攻击路线上。[26]卡姆胡伯显然认识到盟军轰炸机数量的激增已构成重大威胁，他试图把希望寄托在加强夜间战斗机部队的实力上，但考虑到德军当时保护本土和西方占领区的昼间和夜间战斗机数量分别只有535架和430架，他将夜间战斗机部队的规模扩大四倍有余的想法显得十分不切实际，而且给人无节制索取资源的印象——战斗机部队总监加兰德就曾驳斥过卡姆胡伯的过分要求，戈林也抱怨“卡姆胡伯是空军最昂贵的将军”。[27]虽然卡姆胡伯取得了参谋长耶顺内克和总司令戈林的支持（谁不乐见空军影响力的进一步上升呢？），希特勒也曾多次表示过要“特别关注夜战战斗机部队”，但纳粹元首并没有准备好把资源倾斜到组建战斗机航空队的程度。希特勒在召见卡姆胡伯时，拒绝了后者的战斗机航空队建议，唯一批准的就是命令更多的高射炮部队移防各个工业区腹地，同时把一些重要工厂内迁。卡姆胡伯虽有极强的组织管理和领导能力，但终究未能看清对手轰炸战术的变化和天床防御系统的缺陷，终于在1943年7月的汉堡大轰炸后，黯然离开了自己一手搭建的夜战舞台，无奈地来到了无战事的挪威担任第5航空队指挥官。

血色夜空下的帝国战鹰

1943年7月24日夜，800架英军轰炸机轰炸了汉堡，仅三天后，汉堡又一次遭受了类似规模的夜袭。这次史称“汉堡战役”的空袭，不仅造成了巨大的人员伤亡和物资损失，还深深影响了德军夜战部队的发展方向。当天子夜，德军雷达侦测到一支大规模轰炸机编队朝北海海岸的德国一侧飞来，包括NJG-1第4大队在内的夜战部队立即起飞迎敌（伦特本人没有出战）。看起来这不过是又一次例行的大轰炸而已，但是，在没有任何预警的情况下，德军机载雷达的显示屏完全变了样——本来显示的应是代表数百架敌机的小点，现在看起来似乎竟有几千架之多！整个显示屏充满了密密麻麻的小点，雷达被干扰得完全失灵，地面控制系统也突然陷入瘫痪。有些试图按雷达指示进行追逐的飞行员，徒劳地发现根本看不见敌机的影子，而雷达还在显示一架架轰炸机正从他们附近穿过！地面上的“巨型维尔兹堡”雷达既看不见己方，也无从追踪敌机，根本无法将相关数据提供给控制中心。英军飞行员返航后曾汇报说，德军探照灯一直在漫无目的地照射天空，高射炮也失去了往日的密度和准头。

看来，英军以某种神奇的魔法克制了对手“明石BC”雷达的魔力。其实，英军的魔术就是他们在空袭中投下的大约40吨的9200万个铝箔条（Window）。这些铝箔条的长度约为德军雷达波长的一半，而德军机载雷达和地面雷达的波长完全一致，地面雷达还被用于控制探照灯和高射炮！德军的雷达不仅将每一捆铝箔条都误释为一架轰炸机，还使高射炮和探照灯都像着了魔似的。英军的这次成功不仅几乎宣告了德军天床系统的死刑，还带来了出其不意的后果——英文词典中"Window"一词有了"金属干扰带"这个新解。

7月27日夜，英军在第二次汉堡空袭中再次使用了金属干扰带，尽管德军仍被干扰和迷惑，但多数飞行员自觉放弃了使用天床系统，转而根据地面控制中心即时通报的机群位置、高度和航向数据，实施自由截击作战。是夜，夜战飞行员们一共击落13架敌机，伦特和雅布斯各自击坠1架"兰开斯特"轰炸机，而另一支将在日后发挥更大作用的力量——赫尔曼少校的"野

▲ 拍摄时间不详，伦特（左）正在出战前向手下的飞行员们交代任务和注意事项。

▲ 摄于1943年上半年，伦特少校与橡叶骑士勋章得主施特赖布少校（左，时任NJG-1第1大队大队长）。

▼摄于1943年6月26日，NJG-1在阿纳姆庆祝联队建立3周年，左一为第1大队大队长施特赖布少校，左二为卡姆胡伯将军，左三是联队长法尔克中校，左五为伦特少校。活动结束后的7月1日，法尔克被调任参谋职位，施特赖布继任NJG-1联队长。

猪”（Wilde Sau）部队则取得了3架胜绩。英军的第二次汉堡空袭造成了更大的破坏，引起了风暴性大火，德方的保守估计是约有35000人丧生。由于妻子和女儿就居住在汉堡郊区，伦特返航后很快搭乘1架道尼尔战机前去探望妻女。7月30日凌晨1点刚过，伦特再次驾机升空，截杀第三次空袭汉堡的轰炸机，夜战部队当夜击落了26架敌机，但伦特大队只有他自己取得了1胜。当夜出尽风头的正是赫尔曼的“野猪”部队（8次击坠），赫尔曼本人一举收获了3次胜绩。8月2日夜，英军对汉堡进行了最后一次大规模空袭，但由于天气原因，多数轰炸机抵达目标前被迫返航，“探路者”也未能准确地标识出轰炸目标，除了投下的炸弹极为分散外，还有30架轰炸机未能返回。伦特当夜也有出战，但未能击坠敌机。

汉堡空战将天床系统的大量缺陷彻底暴露出来，最明显的就是过多的雷达侦测系统使用完全相同的波长，使英军的金属干扰带能轻易干扰所有的防空装置。其实，在英军血洗汉堡之前几个月，已有部分德军飞行员认识到天床系统面对英军新战术时的缺陷，但真正试验新战法的只有赫尔曼少校。轰炸机飞行员出身的赫尔曼是空军部的参谋军官，他在1943年3月提交的一份报告中指出，随着盟军轰炸机数量的激增，夜间战斗机部队的力量相较之下远远不足，除大声呼吁提高夜间战斗机的产量外，他还颇有见地地指出：“夜间战斗机的巨大落差可以通过把昼间战斗机投入夜战加以弥补，当然要得到所有可能的技术、组织和训练方面的支援。”[28]赫尔曼设想的创新之处在于，用速度更快的单座单发Bf-109和Fw-190昼间战斗机来补充常规的夜战力量，这些昼间战斗机不装备任何复杂的导航设施，也不依赖地面控制系统，将只依靠飞行员的夜视能力飞抵目标区域和展开自由猎杀。他唯一需要的是探照灯把城市的上空照亮，并将高射炮火限制在一定高度内。

卡姆胡伯反对赫尔曼的提议，而赫尔曼虽然职位不高，却长袖善舞，秘密地得到了高层允许其试验有关设想的授权。1943年4月，经过几次训练飞行后，赫尔曼在柏林上空进行了首次实战测试，成功地在3万英尺高度拦截到一架被探照灯罩住的英军“蚊”式轰炸机，虽然未能击落对手，但拦截到令人痛恨的“蚊”式轰炸机，还是令空军部上下深受鼓舞。米尔希元帅特许赫尔曼到勃兰登堡-布里斯特飞行学校招募一批飞行教官，开始进行相关的训练和作战准备。米尔希的干预表明，空军高层为打击盟军的轰炸机机群，越来越愿意采取非正统的，甚至是冒险的办法——空军部许多官员以及高射炮部队的许多指挥官都认为，赫尔曼和他的手下需要有“近乎疯狂”的勇气，才能在柏林上空的弹雨中飞行作战。7月3日，经过两个月训练后，赫尔曼和手下的9名飞行员在鲁尔工业区附近腾空而起，准备截击前来轰炸的英军机群。赫尔曼事先与掌管工业区多数高射炮部队的指挥官辛慈（Johannes Hintz）将军谈妥，在2万至3万英尺高空，他们不用担心自己会被高射炮击落。赫尔曼等人先在空中旁观，目击被常规夜战飞行员击中的一架架轰炸机在天边爆炸起火。当英军机群离开鲁尔工业区腹地朝科隆飞去时，赫尔曼的“野猪们”突然杀将出来。地面上的第7防空师向轰炸机和“野猪们”狠狠地开火，探照灯也把赫尔曼等照得透亮，但“野猪们”带着满腔的怒火和热情四处搏杀，号称当夜击落了12架敌机！尽管赫尔曼就战果问题与第7防空师发生了争执（双方稍后平分了这12架轰炸机），但他的成功引起了广泛关注，用他自己的话来说，“战斗机和高射炮相结合的作战引起了每个空军军区的兴趣”。[29]空军参谋长耶顺内克和戈林先后把赫尔曼召来汇报“野猪”战术，还批准他组建下辖3个大队的JG-300，由他本人担任联队长。赫尔曼获得戈林支持后，立即着手改进他的联队与高射炮和探照灯部队的作战协调，同时也找到了如何将“野猪们”指引到合适地带的解决办法——由于德国密布着连成一体的无线电导航台，当英军目标被发现后，“野猪们”将被召集到最近的导航台，并在预设高度上盘旋待命。一旦时机到来，“野猪们”就可以迅速扑向目标区域，并在那里以目力展开追逐和猎杀。这种作战当然具有很大的冒险性（尤其是高射炮“不长眼睛”，甚至有意忽略“野猪们”为表明身份而在空中发射的信号弹），更无法逆转敌机业已完成的轰炸。

与赫尔曼出任JG-300联队长几乎同时，伦特在8月1日被任命为NJG-3联队长，雅布斯上尉继任NJG-1第4大队大队长。伦特此时已拥有66次正式确认的夜战战果和令人尊敬的橡叶骑士勋章，除了是夜战部队的头号王牌外，他的人品、性格、责任感、纪律感、组织领导和管理能力，已在22个月的大队长任期内得到了充分体现，出任下辖4个大队的联队主官，对刚满25岁的伦特来说无疑代表着认可、信任和荣誉。伦特丧生后，曾有人写过一篇回忆文章，追忆伦特担任中队长以来的军旅生涯：“……伦特还是（NJG-1第4中队）中队长和（NJG-2第2大队）大队长时，与吉尔德纳曾展开过火热的竞争，两人你来我往，总有一个比另一个多一次击坠。伦特本来可以轻易地挑选敌机经常出没的最佳位置，他只需飞到那里参战就行了。但是，战友之谊不允许他那么做。尽管所有军人都有着健康的野心，军官们也都想获得勋章，但在伦特心目中，由他自己亲自尽可能多地击落敌机并非要务，最重要的是必须摧毁敌机，从而使落在德国土地上的炸弹尽可能地少一些。当他与新机组成员的共同努力产生了效果，或者年轻飞行员们带着首批击坠的战果顺利归来时，伦特无疑更加快乐和欣慰；最令这位大队长和联队长感到满意的任务之一，就是把曾激励过自己的、摧毁敌机和渴望胜利的热情传递给新一代飞行员。他很关心官兵，他到厨房去品尝他们的食物，探视他们的住处和作战准备室……他总是考虑下属的需要，虽然严格，但绝非不通人情，他总是在与懒散搏斗……伦特深知，行动才是最好的表率。他是天生的领袖、榜样人物，光是他的存在就足以感召人们的忠实和服从，所以他在23岁时就成为大队长，25岁又成为一个联队的主官。而他证明了对他的信任是有根有据的。他常说的一句话是‘人随着责任的增多而成长’。如果认为他的领导才能仅体现在其飞

摄于1943年8月初，伦特被任命为NJG-3的联队长，图为他与前任联队长沙尔克（Hans Schalk）上校完成交接后，与联队军官们合影的场景。图中前排左三为伦特，左五为沙尔克。

◀ 可能摄于1943年8月10日，希特勒正向伦特颁发德军第32枚双剑骑士勋章。左一似为希特勒的空军副官贝洛，左二为伦特，左三为时任NJG-1第3大队大队长的利佩-魏森菲尔德上尉（第263枚橡叶骑士勋章），左四为NJG-5第2大队大队长莫伊尔上尉（Manfred Meuer，第264枚橡叶骑士勋章），左五是JG-3第5中队中队长基施纳中尉（Joachim Kischner，以170次击坠获得第267枚橡叶骑士勋章），最里面的是JG-5第3大队大队长埃尔勒上尉（Heinrich Ehrler，第265枚橡叶骑士勋章）。

▼ 第32枚双剑骑士勋章得主伦特少校

▲ 可能摄于1943年8月10日，获得橡叶或双剑骑士勋章的飞行员在狼穴大本营留影。从左至右依次为：JG-27第2大队大队长施勒尔上尉（Werner Schröer，第268枚橡叶骑士），JG-5第3大队大队长埃尔勒上尉，NJG-1第3大队大队长利佩-魏森菲尔德上尉，NJG-3联队长伦特少校，NJG-5第2大队大队长莫伊尔上尉，JG-3第5中队中队长基施纳中尉，JG-5第7中队中队长魏森贝格中尉（Theodor Weissenberger，第266枚橡叶骑士）。

▼ JG-300联队长、"野猪"战术的创立者赫尔曼少校。加兰德1945年初被解除战斗机部队总监职务时，赫尔曼曾是主要候选者之一，甚至还接到过戈林的电话通知，但战斗机部队总监这个已成鸡肋的位置最终落在了伦特的老战友戈洛布身上。

▼ 可能摄于1943年8月10日的狼穴，戈林与夜战英雄们合影。从左至右依次为利佩-魏森菲尔德上尉、伦特少校、戈林、赫尔曼少校（当日获得第269枚橡叶骑士勋章）和莫伊尔上尉。

▲ 米尔希元帅的夜战事务顾问、“家猪”战术的创立者洛斯博格上校（图中为中校）。

行技能和击坠敌机的数量上，那显然也是错误的……”[30]

更多的荣誉接踵而至——当伦特8月4日抵达施塔德（Stade）正式接手NJG-3时，他意外收到了元首大本营通知他已被授予第32枚双剑骑士勋章的电文！此时，最引人注目的飞行员并不是10日从元首手中接过双剑骑士勋章的伦特，而是“野猪”联队JG-300的指挥官赫尔曼。在1943年的多事之秋，德军夜战部队面临着防御体系的根本变化，“夜鹰”们所熟悉的曾为他们带来2000次击坠胜利的天床系统，正在盟军规模越来越大的轰炸攻势逼迫下淡出历史舞台。仿佛一夜之间，赫尔曼和他的飞行员们变成了受人顶礼膜拜的英雄，他们本就有些虚张声势的态度和行径，好像还激发了饱受轰炸之苦的国人的想象力，电台反复播放着“野猪之歌”，JG-300的飞行员都被捧成无所不能的超人，其情其景很有点像三年前不列颠空战时的飞行员被欢呼为救星那样。这当然会招来冷言恶语和讥笑，驾驶双发战斗机的常规夜战飞行员对他们就很反感和憎恶。在伦特他们看来，“野猪们”就像一些胆大妄为的冒险家，跌跌撞撞地闯入夜战这个他们既不理解、又无力掌控的舞台，而有些人则专挑赫尔曼的刺，讥讽出身自轰炸机部队的他根本没有战斗机作战经验，其全部的夜战经验不过是在1940年的伦敦上空获得的，当时还曾被英军战斗机打得四处逃窜。毫无疑问，伦特等指挥官对赫尔曼及其“野猪”联队的突然蹿红，尤其是他们没有被纳入夜战部队的作战体系，肯定是大光其火，随之而来的相互争宠和负面评价也就可以理解了。事实上，千辛万苦建立起来的夜战控制系统早已成为飞行员的眼睛和耳朵，可现在这些都成了摆设，有人却力主回到没有这些复杂系统的1940年，老牌夜战指挥官和技术专家们在感情上当然是难以接受的。

赫尔曼不是个轻言放弃之人，他在高层支持下继续“蚕食”着常规夜战部队的地盘，其中，伦特早年的同学、轰炸机部队总监鲍姆巴赫也起了很大的作用。除赫尔曼以“野猪”战术挑战着天床系统外，米尔希元帅的夜战顾问、空军参谋部的洛斯博格（Viktor von Lossberg）上校，也在7月29日提出了改进防空体系的新建议。洛斯博格认为，夜战飞行员应该尽可能早地飞入盟军轰炸机机群形成的绵绵不绝的“溪流”中，与敌机同向飞行，而不是在控制区附近傻等。他设想，地面控制中心可借助简称“Y系统”的甚高频无线电导航系统，引导夜战飞行员渗入敌机流，同时将位置、航向、高度和可能目标区域等情况通报给所有参战飞行员。夜战飞行员获悉这些情况后，可自行导航和杀入机群寻找猎物。洛斯博格的战法是对“野猪”战术的补充，有意思的是该战法被称为“家猪”（Zahme Sau，或作“驯猪”）。7月30日，米尔希、加兰德和NJG-1联队长施特赖布少校等人在一次会议上赞同洛斯博格的建议，同时向戈林建议，进一步加强赫尔曼“野猪”部队的实力。与会的卡姆胡伯面对自己的天床系统被进一步边缘化的局面，强烈反对洛斯博格的提议，但一切都已无济于事。8月1日，随着戈林批准实施“家猪”战术和扩大“野猪”部队的规模，二战德军夜间战斗机作战的一个新阶段开始了。

尽管英军的金属干扰带还能干扰“明石BC”雷达，但德军现在已能熟练地指引飞行员飞往受干扰最厉害，也即敌机密度最大的方向，从而保持与机群的接触，如此一来，夜战飞行员们就能相对容易地凭肉眼发现猎物。其实，德军武库中又增添了一样可以破解金属干扰带的利器，这就是新的“FuG-220 明石SN-2”雷达。这种雷达的波长为330厘米，搜索角度达120度（BC雷达只有24度），侦测距离也远优于BC雷达，能侦测到与己方战机飞行高度大体相当的距离以外的敌机。[31]理论上讲，在5500米高空的德军飞行员，借助SN-2雷达可发现约6公里外的敌机。在实战中，一旦地面控制中心成功地将战机导入敌机流，夜战飞行员就可以独立地发现并摧毁敌机。SN-2雷达的生产在汉堡大轰炸后被给予最高的优先地位，到1943年10月时，夜战部队已普遍列装了这种雷达。

伦特出任NJG-3联队长时，夜战部队还列装了另一款新武器，即被称为“爵士乐”（Schräge Musik）的倾斜式机炮。这种武器安装在机背上，由双联装20毫米机炮组成，炮口朝上倾斜约70度（在不同的机种上倾斜角度有所变化，机炮口径也有差异）。以倾斜式机炮攻击英军轰炸机防御薄弱的下方，据说最早是由伦特的老部下舍纳特中尉提出和进行试验的，他在1942年初曾向卡姆胡伯建议使用这种机炮，但后者并不积极，伦特和施特赖布等一干指挥官也都表示反对。[32]直到1942年7月末，舍纳特借卡姆胡伯向他颁发骑士勋章的机会再次游说，终于获得了继续试验的许可。后来，舍纳特成为NJG-5第2大队大队长，曾在伦特的ZG-76第1中队服役过的军械上士马勒（Paul Mahle）与他合作，两人在一架改装过的Bf-110G战斗机的机背上安装了倾斜式机炮。1943年5月，舍纳特用它收获了首次夜战胜利，从当年8月至年底，他用“爵士乐”竟击落了18架敌机。夜战联队开始推广使用倾斜式机炮时，与以前的新武器或雷达获得的际遇类似，也曾遭遇不少抵制，伦特的好友、NJG-1第4大队大队长雅布斯就是最强烈的反对者之一。更有趣的是，个性极鲜明的夜战王牌赛恩-维特根施泰因，把座机上任何可能降低速度的装置都拆了下来，却独独青睐机背上的倾斜机炮。年轻飞行员倒是欢迎这种新武器，正在冉冉上升的夜战新星施瑙费尔就是该机炮的拥趸。联队长伦特起初虽表示反对，但正如他对“明石BC”雷达等新技术的态度一样，了解了“爵士乐”的潜力之后他也欣然接受，还在实战中积极使用，以求为下属做出表率。

1943年8月23日夜，英军710架重型四发轰炸机轰炸了柏林，英军损失了56架轰炸机，是到此时为止一次行动中战损最高的一次。尽管英军的轰炸未取得决定性效果，但高爆炸弹和汽油弹引发的熊熊烈火，还是将柏林的夜空染得血红血红。参与截击的夜战部队尝试了前述的新技术或战法：夜间战斗机首先被引导到导航台附近待命，当对手的意图和轰炸目标完全明确后，部分夜间战斗机以“家猪”战术渗入敌机流，随即开始自由猎杀，而另一部分使用“野猪”战法的战斗机，则在飞抵柏林上空后，借助探照灯和高射炮部队的帮助进行猎敌。有趣的是，曾对赫尔曼的“野猪”部队颇有微词的伦特，选择的却是飞到柏林以“野猪”战术制敌。他从吕贝克出发向南飞行，24日凌晨1时许在柏林上空击落了“斯特林”（Short Sterling）和“兰开斯特”轰炸机各1架。20分钟后，1架“哈利法克斯”（Halifax）轰炸机成为他当夜的第三个牺牲品。伦特的NJG-3是夜一共取得了17次击坠，占夜战部队击坠总数（62架）的近30%。31日，622架英军轰炸机再次光顾柏林，结果又损失了47架，其中的2架“哈利法克斯”成为伦特的第69和第70个夜战战果。

伦特以出色的战绩证明了自己之前的胜利并不全是“机会多于他人”的结果，虽然担任联队长意味着更多的责任和更繁杂的事务，他还是寻找一切机会升空迎敌，他的身先士卒和屡有斩获，自然激励着飞行员和地勤们——9月末的一次空战中，夜战部队击落了22架轰炸汉诺威的英军轰炸机，其中的一半战果都记在了NJG-3名下！NJG-3的官兵自然会认为伦特给联队带来了完全不同以往的“新鲜气息”，当时的夜战新王牌措纳战后曾写道：“……对伦特来说，政治是次要的，国家社会主义教义也变得无足轻重。对飞行员来说，唯一重要的是夜战战术，技术人员和地勤需要做的就是解决技术问题。尽管伦特是普鲁士人，但他帮助大家形成了一种友善，而且几乎自治的氛围。”[33]

柏林一直是哈里斯的心头大患，尽管在一系列轰炸中损失惨重（仅在8月23日至9月3日的三次空袭中，就损失了125架轰炸机和几百名机组成员），而且由于城市太大造成了轰炸效果难尽人意，但英军轰炸机部队还是坚持不懈地轰炸柏林，或许是想以这种毁灭性攻势摧毁德国的中枢，免除地面部队日后进攻欧洲大陆时的过大牺牲。频繁的轰炸和市民的伤亡引起了希特勒对空军的强烈不满，10月7日，戈林把高射炮部队、昼间和夜间战斗机部队的将领们全都召集到上萨尔茨堡，检讨帝国防空的困难局面和应对措施。戈林开诚布公地表示：“空军正处于最大的危急关头，处于自身历史的最低点……空军已失去了德国人民和战士们的信任。这场危机主要集中在战斗机部队，当然昼间战斗机部队难辞其咎……接下来是高射炮部队，它们以前打不准敌机，现在还是打不准。它们只有在偶尔击中敌机时才会感到震惊……高射炮部队在百姓中很有声誉，不过那是因为它们在地面战事中表现得很强悍，取得过毫无争议的成功……”[34]就在到会的高射炮和昼间战斗机部队指挥官们如坐针毡之时，戈林转脸表扬了夜间战斗机部队：“……夜战部队的声誉有了很大提高，毫无疑问，百姓们认为夜战部队的表现绝对有大的进步。但是元首认为我们必须考虑到这个事实——随着恶劣天气的到来，夜间战斗机部队也做不了太多。”[34]

或许是应验了纳粹元首的判断，在9月末至12月末的三个多月里，伦特放慢了提升战绩的步伐，只取得过5次击坠。但在伦特看来，比他自己收获更多战果还要令人兴奋的是，他的报务员兼炮手库比施终于在1943年的最后一日获颁骑士勋章，成为夜战部队以此种职位获得表彰的第二人。此时，伦特仍以75胜位居排行榜榜首，但8月份调任伦特麾下第2大队大队长的赛恩-维特根施泰因，已把战绩从50胜提升到68胜，位居第三和第四的分别是63胜的施特赖布和62胜的莫伊尔（Manfred Meurer）。

1944年的第一个夜晚，伦特用在柏林上空击落的1架“兰开斯特”迎来了新年，比他更值得庆贺的是，已在当日晋为NJG-2少校联队长的赛恩-维特根施泰因，竟然一举击落了6架轰炸机！两年来，第一次有人真正威胁到伦特的头把交椅。赛恩-维特根施泰因是一个有着天赋才华的飞行员，其“高贵的出身”使他觉得事事都要出类拔萃，在夜战领域也要力拔头筹。同时，他又是一个孤傲的人，虽然所有人都认可他的才华和能力，也景仰他辉煌的战绩，但官兵们对他普遍敬而远之，不像对伦特那样发自内心的爱戴。赛恩-维特根施泰因在NJG-3第2大队时的报务员兼炮手是奥斯特海姆（Friedrich Osterheimer）中士，他在1990年回忆这位传奇人物时，曾这样述说：“严肃正经、高傲、严格执行纪律之人，他给自己定下了成为有史以来最优秀的夜战飞行员的目标，并为此而疯狂行事。”[35]赛恩-维特根

▲ 图为赛恩–维特根施泰因亲王，图片摄于1943年9月末，他获得橡叶骑士勋章之时。这时，他已是NJG–3第2大队的上尉大队长，个人战绩54胜。

▲ 图为夜战部队有着“暗夜王子”之称的利佩–魏森菲尔德亲王，摄于1943年8月10日他获得橡叶骑士勋章之时。利佩–魏森菲尔德在1944年初晋升为少校后出任NJG–5的联队长，但在当年3月12日的飞行事故中丧生。他死后被埋葬在荷兰，与先他而去的赛恩–维特根施泰因亲王“比邻而居”。

施泰因无疑是伦特最有力的竞争者，他本人对超越伦特从不讳言，倒是独领风骚数年的伦特，觉得他是在与自己的野心较劲，不但不认为后者的成功会对自己造成什么影响，甚至都不认为自己和这位亲王之间存在竞争。

1月1日的空战结束后，伦特的战绩是76胜，赛恩–维特根施泰因以74胜暂居次席。14日夜，500架盟军轰炸机空袭不伦瑞克，伦特击坠了敌机3架，赛恩–维特根施泰因只有1架战果，两人的比分是79对75。在一星期后的又一次柏林空袭中，伦特没有出战，赛恩–维特根施泰因则击落了3架“兰开斯特”。在击坠第3架敌机时，他的Ju–88几乎与对手相撞，当时他拼命地控制陡降的战机，终于以机腹着陆迫降成功。尽管险些丢了性命，但他还是很兴奋自己的战绩第一次如此接近伦特（79对78）。在夜战飞行员们看来，两大王牌之间的确存在着激烈竞争，大家对此无不兴致盎然，每次作战归来后的第一件事就是打听比分。

1月21日夜，盟军轰炸机机群对马格德堡（Magdeburg）进行轰炸。赛恩–维特根施泰因的报务员和技师前夜刚经历了险与对手相撞的惊魂一刻，因此都希望当夜不要出击，但亲王哪肯放过任何超越伦特的机会？赛恩–维特根施泰因是NJG–2最先升空的飞行员，晚上10点左右他取得了首架击坠，20分钟后第2架轰炸机被打得四分五裂，第3和第4架轰炸机又在20分钟内成了他的第81和第82个牺牲品。赛恩–维特根施泰因并不知道，当晚出战的伦特只击落了2架敌机，因而，他已成为头号夜战王牌。他的心思完全放在了发现和击落更多的轰炸机上，报务员奥斯特海姆在“明石SN–2”雷达的显示屏上识别出第5个目标，亲王于是把Ju–88诡秘地开到这架“兰开斯特”的机身下部，用致命的倾斜机炮将之击中起火。第83次胜利在握的亲王满意地看着夜空中燃起的火焰，就在这时，Ju–88的机身被可能来自一架“蚊”式战斗机的炮弹击中，左舷发动机立即起火了。亲王命令弃机跳伞，奥斯特海姆和技师幸存了下来，但亲王本人没有，他的尸体和飞机残骸两天后才被人们找到。德军的调查表明，赛恩–维特根施泰因的降落伞未能打开，很可能是跳出座机时因头部撞上战机而昏厥。果然如此的话，赛恩–维特根施泰因的死亡方式与马尔塞尤如出一辙。

赛恩–维特根施泰因阵亡的次日被追授双剑骑士勋章，他的83次击坠记录也在两个月后才被伦特超越。这位亲王最为战友铭记的是其极端的个人主义，就算战友对他的追忆并不包含太多的挚爱色彩，他至少赢得了所有人毫无保留的尊敬。夜战部队此战失去的并不只有赛恩–维特根施泰因，战绩已达65胜的NJG–1第1大队大队长莫瑞尔上尉也于同夜阵亡。伦特再次成为孤独的领跑者，不过，新一代王牌施瑙费尔正展露出惊人的夜战技巧、冷静和无畏，他最终将以121胜成为夜间击落敌机最多的飞行员。

钻石骑士及其陨落

英军轰炸机部队1944年1月间曾五度轰炸柏林，损失了147架轰炸机（占派出总数的5.8%），在中间点缀进行的马格德堡和不伦瑞克轰炸中，又有95架轰炸机未能返回。2月15日，哈里斯再次派出891架轰炸机轰炸柏林，德军夜战飞行员在高射炮和探照灯部队的帮助下击坠了43架，其中“野猪”联队JG–300的战果最丰，赫尔曼甚至还得到了希特勒的支持——命令高射炮弹的发射高度不得超过16500英尺！

残酷的夜战和恶劣的气候夺走了夜战部队许多年轻人的性命，就连一些经验丰富的王牌也是一样生死难卜——3月12日，刚任NJG–5联队长没多久的利佩–魏森菲尔德少校，在阿登山区的圣于贝尔（St Hubert）因遭遇恶劣天气意外坠机身亡。对于这位自NJG–1第4中队起就追随自己的王牌的逝去，伦特曾在家信中感慨万分：“……归途中我与利佩亲王找机会见了一面。再度起飞前，我们俩聊得很愉快。令人难过的是，这是我最后一次见到他。一周后，他在阿登山区恶劣的天气中坠机身亡了。一个接一个地失去老战友——我与他们有过那么多值得回忆的经历——真令人感觉很不好。但是，谁能知道上帝为什么会这样做呢？我们人类实在是太渺小、太无力了，哪能理解上帝的举动。”[36]伦特此时是为数不多的仍在一线部队作战的夜战元老，但越来越多的伤亡令他忧虑难过，繁杂的职责也使他疲惫不堪，他的战绩仍在增加，但速度已明显放慢。

3月24日夜，哈里斯的轰炸机部队进行了二战期间对柏林的最后一次大轰炸，811架轰炸机中有72架被击落。英军机群在抵近和飞离目标途中都曾遭遇强风，编队被“吹散”到柏林周边有着猛烈的高射炮火的区域，而柏林上空当夜也是乌云低垂，为探照灯和照明弹帮助“野猪”联队提供了极佳的条件。不过，当夜最成功的不是赫尔曼联队，而是使用“明石SN–2”雷达，在照明带之外寻找战机的常规夜战飞行员。3月1日晋升为中校的伦特，在柏林上空击落了2架敌机，其中第一架是负责为主力设定标识的“探路者”。加上两日前在法兰克福收获的2次击坠，伦特的夜战记录已达到85胜。

在1944年的头三个月里，英军轰炸机部队八度空袭德国首都，虽给德方造成巨大的破坏和杀伤，但哈里斯也付出了高昂代价——共计有351架战机被击毁，1787名机组人员阵亡，506人被俘，如果再加上返航后坠毁，或重创到无法修复的战机，这个数字将上升到606架战机！[37]哈里斯本人在战后回忆录中曾评估过轰炸柏林的行动："……柏林之战令我们损失了300架飞机，损失率约为6.4%。由于这次攻击历时颇长，针对的又是一个距离远、最困难、防御最严密的目标，这些损失应该算不上过大……但它的确意味着敌军成功重组了其防御体系，也找到了新战术。"[38]英国皇家空军的官方战史就没有这么隐晦或客气，它直言不讳地写道："……从战役层面来看，柏林之战不只是一次失利。它是一次被击败。"[39]失利也好、被击败也罢，就损毁的战机而言，哈里斯八度空袭柏林中的任何一次，都无法与3月30日夜轰炸纽伦堡时的损失相比：950架战机中有95架未能返回，另有10余架返航时损毁，阵亡、失踪和被俘的机组人员高达700人，而纽伦堡本身仅有69人丧生！这次轰炸自然是哈里斯的一次"滑铁卢"，德方也有理由自认取得了大胜。伦特在3月31日凌晨击坠了1架"哈利法克斯"，虽然略有失望，但他欣慰地看到自己的联队一共击落了27架轰炸机。如果说伦特因战绩过少还有点郁闷的话，那么比他更郁闷的应是施瑙费尔——已担任NJG-1第4大队大队长的这位后起之秀，在这个被称为"夜间狩猎"的大胜之夜，甚至还空手而归。

随着盟军6月在诺曼底成功登陆，英军轰炸机部队的轰炸重点已完全转向支援地面战事，对西线重要战术目标的轰炸取得了优先权，无论是德军装甲部队、撤退中的队列或铁路枢纽，还是V1飞弹和V2火箭的发射基地，都遭到盟军的无情轰炸。尽管盟军对德国城镇的轰炸一度冷清下来，但对石油存储基地和炼油厂的轰炸则几乎从未停顿。因应于盟军登陆和战略重点的变化，德军昼间和夜间战斗机部队都进行了重新部署，伦特的NJG-3大部移驻科隆，一部则

▲ 摄于1944年春，NJG-3联队长伦特中校在自己的Bf-110前留下了这张照片。

▲ 摄于1944年4月，伦特中校与NJG-1第4大队大队长施瑙费尔上尉在交谈。

▲ 摄于1944年春，夜间战斗机部队最成功的两位王牌伦特和施瑙费尔。

部署在比利时的勒库洛特（Le Culot）。6月16日夜，约220架英军“蚊”式战斗机和“兰开斯特”轰炸机，在前去轰炸德军集结地和铁路枢纽的途中，遭到伦特联队的阻截。当夜月色皎洁，能见度十分理想，伦特联队击落了11架敌机，他本人在短短7分钟内，以50余发炮弹击落了3架“兰开斯特”轰炸机。国防军战报第5次提到了他的战绩，媒体也照例宣传了一番——他已成为史上第一个取得100次击坠的夜战飞行员（夜战战绩为92胜），在他身后的施瑙费尔虽大有后来居上之势，但此刻还只有78胜。

到6月底，伦特的夜战战绩进一步上升到95胜，飞行员和地勤们开始热烈地议论联队长何时能够突破夜战百胜大关。有趣的是，伦特从未在任何一个夜晚取得过3次以上的击坠，终其整个生涯也只有4次一举击落过3架敌机。施瑙费尔与之相比似乎侵略性更强、效率也更高——施瑙费尔在一次战斗中摧毁3架敌机的情形出现过10次，击落4架的有4次，击落5架的1次，甚至

▲ 摄于1944年春的比利时圣托德，伦特在探访NJG-1时与老友雅布斯（右）和施瑙费尔（中）留下了这张喝咖啡的照片。

还创下过击落9架的惊人纪录。[40]不过，换个角度来看，伦特应是一个更稳健、更愿首先保护好自己的人，他的一位下属曾回忆说：“……在作战中伦特无疑是个强悍的斗士，但他从不愿把飞行员逼入不计后果的冒险中。他期待我们勇敢地作战，但也一再要求我们小心行事，竭力避免不必要的风险。他指示过我们，一个晚上击落了2架或3架敌机的任何飞行员都可独立行事或径直返航，如果觉得过于紧绷的神经使自己不能再战，也可选择休息。当我在1945年1月5日击落了2架敌机后，我想起了伦特的教诲，于是选择降落在最近的我方机场。”[41]由此可见，以伦特的地位和获得的荣誉，他没有必要像年轻的施瑙费尔那样以命相搏，而从他下达的指令来看，他在关心下属安危的同时，也不禁止施瑙费尔那样的天才不遗余力地奋战。

7月25日至28日，英军轰炸机部队似乎从支援地面战事的任务中“忙里偷闲”，抽空对斯图加特进行了三次轰炸，每次都出动600架左右的轰炸机。英军三次空袭中伦特都有出战，第一次击坠了1架轰炸机，第二次没有收获，第三次则在10分钟内击坠了2架“哈利法克斯”。由此，伦特成为第一位在夜间击坠敌机100架的飞行员。因为这一杰出战功，他于7月31日获颁第15枚钻石骑士勋章，戈林在贺电中曾不吝溢美地写道：“……我亲爱的伦特，我满怀骄傲和感激地祝贺你作为最成功的夜战飞行员，获得了德国表彰勇敢行为的最高勋饰。没有人能比我更好地估量，你在决定德国人民命运的这场战斗中做出了何等令人无法忘怀的表现。你以无比的热情和视死如归的勇敢，夜复一夜地与恐怖的敌军轰炸机浴血奋战，摧毁了一个又一个的敌人，誓死捍卫着你的祖国。你所树立的榜样一直激励着你的联队和官兵，在最苦涩的战斗中

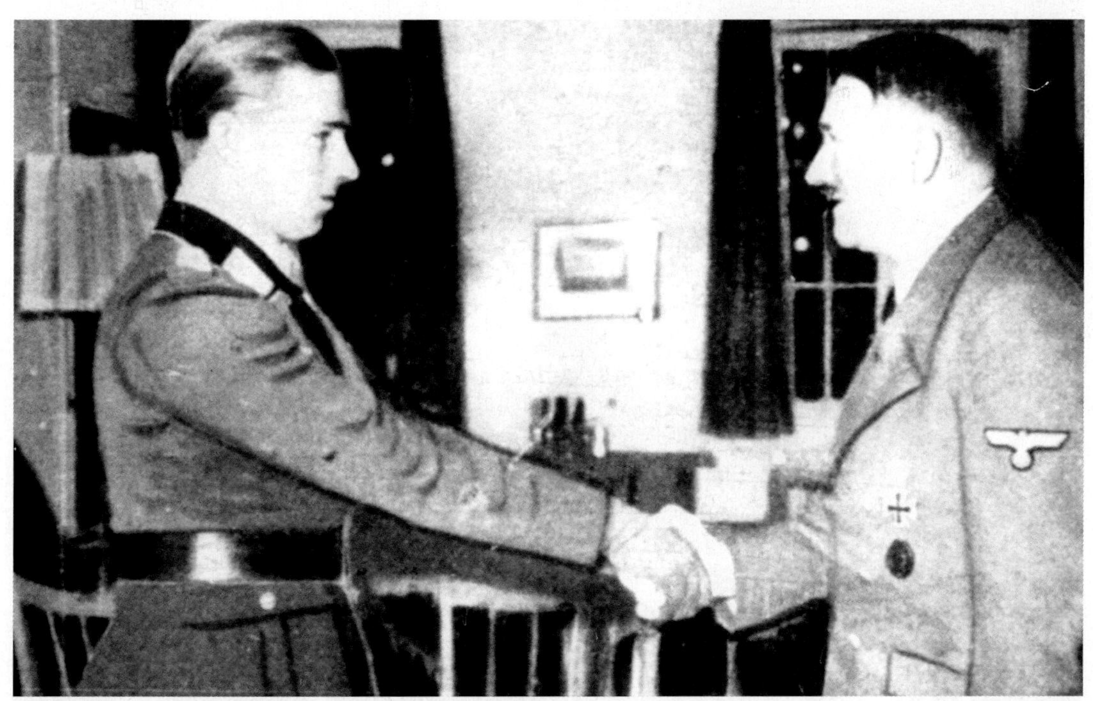

▲ *摄于1944年8月25日的狼穴大本营，伦特获得了第15枚钻石骑士勋章（于7月31日公布的），图为明显衰老的希特勒向他表示祝贺的场景。*

▲ 伦特中校获得第15枚钻石骑士勋章后留下的标准照。

▲ 伦特的钻石骑士勋章的正面、背面和侧视图。这枚勋章曾在1966年被伦敦索斯比拍卖行拍卖，伦特的长女因急需钱支付手术费，不得不拍卖父亲的最高战功勋章，买家据说是加兰德，他代表西德国防部将之买下，国防部把它收藏于拉斯塔特的国防历史军事博物馆中。

▼伦特与妻子和长女克里斯蒂娜的合影。伦特丧生时，妻子又诞下了次女，但他已无缘相见了。

▲ *约摄于1944年9月最后几天伦特回家探亲小住时，这是他留给家人的最后回忆，从左至右依次为：时为随军牧师的哥哥维尔纳、姐姐乌尔苏拉、母亲、父亲、哥哥约阿希姆、姐姐克特、伦特本人。*

建立华丽的功勋。全体德国人民和我一样，都仰慕你这位最勇敢的战士。我充分认可你作为一名战士和指挥官所取得的杰出成就，真挚地祝愿你拥有美好的未来，取得更多令人骄傲的胜利……"[42]

虽然戈林电文的浮华作风与其衣饰和言谈举止的一贯风格一脉相承，但他对伦特的喜爱在昼间和夜间战斗机部队也是人尽皆知（尤其是在昼间战斗机飞行员早被他当作空战不力的替罪羊的情况下），他和希特勒对伦特的关注也不是从这一刻才开始的。26岁的伦特有着远超年龄的经验和阅历，其成熟稳重早为高层所欣赏。伦特的出色战绩只是其成就的一部分，他具备的技战术知识和技能、经过实战检验的领导才干，还有敢于说出真相和直面问题的勇气，以及与上级、同僚和下属的融洽关系，使他这样的人在夜战部队显得鹤立鸡群。据说，希特勒的小圈子里曾传出消息，说元首正考虑任命伦特担任夜间战斗机部队总监。[43]8月25日，伦特出现在元首大本营，从明显衰老迟缓的希特勒手中接过了钻石骑士勋章，而后，元首邀请他到书房细谈了几小时。希特勒可能是想借机再最后考察一下伦特——在战后幸存的一份备忘录中，希特勒曾提到伦特将是夜间战斗机部队总监的主要候选人，他准备把高度专门化和技术化的夜战兵种交给伦特进行重建。

伦特返回联队后在9月12日击落了1架"兰开斯特"轰炸机（有资料显示他在17日又击落了1架"兰开斯特"，但缺乏时间地点等具体数据），夜战战绩达到了102胜，加上8次昼间击坠，总战绩为110胜。

10月5日，伦特带着库比施、第二报务员克勒斯（Hermann Klöss）中尉及驻NJG-3的战地记者卡克（Werner Kark）少尉，驾驶着新近开始使用的Ju-88 G-6战斗机，向200多公里外的帕德博恩（Paderborn）飞去。那里是老朋友雅布斯中校的NJG-1联队部的驻地。这是一个秋高气爽、万里无云的好日子，但谁能料到，伦特偏偏在这样的日子里发生了飞行事故！伦特驾机抵达帕德博恩前不久，美军对这里进行过轰炸，弹坑密布的跑道已无法使用。雅布斯命令地勤在草地上清理出一条临时跑道，也在上面做了可以降落的标志。虽然有一条高压电缆在草皮跑道附近，不过地勤们显然认为它不会构成威胁。然而，恰恰就是这条高压线造成了伦特最后的悲剧。当伦特准备降落时，Ju-88的左舷发动机突然熄火，伦特竭力试图控制侧翻的战机，失去高度和平衡的Ju-88撞上了那条高压电缆。随着飞机的坠毁，克勒斯和卡克当场丧命，伦特和库比施身受重伤。他们迅速被人拖出后送往医院。当库比施在次日死亡时，伦特还在医院里与死神搏斗。

1969年，雅布斯曾回忆过伦特的最后时刻："……伦特是四人中伤得最轻的，除严重脑震荡外，他的两条小腿摔断了。当天，他曾恢复过意识，虽然时间不长，但还是认出了我。他无法告诉我事故到底是怎样发生的。医院的主治大夫担心伦特的腿部生疽坏死，建议将一条小腿截肢。但这个建议被戈林派来给伦特治病的外科专家黑贝勒（Höberle）教授否决了……黑贝勒教授对伦特的创口进行了修复手术……手术后伦特曾清醒过一会，我告诉他，他的二女儿黑尔玛（Helma）在他出事后不久降生了。伦特很失望又不是期盼已久的儿子……10月7日，我得离开伦特一会儿，要去参加NJG-1第1大队大队长弗尔斯特（Paul Förster）上尉的葬礼……临别时，伦特清醒地对我说：'别迟到了。'随后，他陷入了昏迷，再也没有醒过来。我不在帕德博恩期间，医生发现伦特已经感染坏疽，黑贝勒教授赶来后立即进行截肢，但伦特还是死在了手术台上。"[44]

10月11日上午，戈林在帝国总理府主持了伦特的国葬仪式。他手持帝国元帅权杖，向覆盖着万字旗的伦特棺椁行礼，六名护卫军官护送着棺椁走向总理府马赛克大厅，时任夜间战斗机部队总监施特赖布中校则缓慢肃穆地走在前面，双臂抱着装有伦特的各种战功勋章的丝绒垫。整个场面庄重严肃，令人动容。戈林在悼词中给予伦特最高的评价，称颂他"从这一天起加入了德意志民族古今英雄的行列"。第二天，伦特被安葬在施塔德的军人公墓，夜间战斗机部队几乎所有的将领和指挥官都来到墓地向他致以最后的敬意，冉冉升起的战星施瑙费尔也在不起眼的角落里，默默地追思伦特的音容笑貌。随着希特勒和戈林致送的花环被掷入墓穴，随着一锹锹泥土渐渐盖住伦特的棺椁，这位"暗夜之王"与先他而去的"暗夜王子"们、成百上千的没有留下任何记号的夜战飞行员们一起，进入了无边的长夜。

在不来梅和汉堡之间有一个叫罗腾堡（Rotenburg）的地方，二战期间这里曾是JG-11的一个基地。1958年，英国占领军将此处的军营正式移交给了新建立的西德联邦国防军。1964年7月18日，联邦国防军将这座军营重新命名为"伦特军营"，以纪念在暗夜苍穹下谱写过惊世篇章的"牧师之子赫尔穆特"。

▲ *摄于1944年10月11日的帝国总理府，戈林在伦特的国葬仪式上举起权杖，向他最喜爱的飞行员致敬。*

◀ 摄于1944年10月11日，伦特国葬仪式上的守灵卫队，从左至右依次为雅布斯中校、舍纳特少校、NJG-6的哈德巴尔（Karl Hadeball）上尉、NJG-2的拉杜施（Guenther Radusch）中校、NJG-1的施特吕宁（Heinz Struening）上尉和措纳上尉。

▼摄于1944年10月11日的帝国总理府马赛克大厅，戈林在伦特的国葬仪式上发表讲话。

▲ 摄于1944年10月11日，戈林在国葬仪式上向伦特的棺椁致敬。

▲ 摄于1944年10月12日，伦特的棺椁被伞兵们抬着送往施塔德军人公墓安葬，前面的两名飞行员左为舍纳特，右为哈德巴尔，后排左为措纳，右为施特吕宁。

▲ 摄于1944年10月12日，出现在施塔德军人公墓里的将军和政要们，前排左二为第2战斗机师指挥官伊贝尔中将，左三为第1战斗机军指挥官施密德（Joseph Schmid）中将，左五为纳粹国务秘书、党卫队副总指挥阿伦斯（Georg Ahrens），左六为第11空军军区指挥官、航空兵将军沃尔夫（Ludwig Wolff）。

▲ 伦特的墓穴上方竖起的十字架，上面显示着他的生卒年月和被追授的上校军衔。

▲ 摄于1944年末举行的战斗机部队会议上，前排左一为法尔克，左二为第7战斗机师指挥官胡特（Joachim-Friedrich Huth）中将，左三为特劳特洛夫特，左四为JG-300的联队长赫尔曼。

◀ 摄于1944年末举行的战斗机部队会议上，加兰德中将正在发言（未显示），左为接过NJG-3指挥权的拉杜施中校，右为伦特的好友、NJG-1联队长雅布斯中校。从他们的面部表情来看，德国夜空的形势愈发地不妙了。

▲ 西德联邦国防军位于不来梅附近的罗滕堡军营被命名为"伦特军营"，图为军营的外观。

第16位钻石骑士最高战功勋章获得者迪特里希武装党卫军上将
（获勋时间1944年8月6日）

Chapter 16 第十六章

“元首的角斗士”：约瑟夫·迪特里希武装党卫军上将

武装党卫军是二战期间纳粹德国的一支重要军事力量，这支被称作“第二陆军”的军事集团最高时曾拥兵39师，[1]除在东线、西线、意大利和巴尔干战场参战外，还有不少党卫军单位出没于清剿游击队的屠场之上。最早组建的“希特勒警卫旗队”师、“帝国”师、“骷髅”师、“维京”师以及后来成立的“希特勒青年团”师等，都是德军作战序列中战斗力很强的部队。统帅纳粹党卫军的将领自然皆非泛泛之辈，名气最大的恐怕要数迪特里希（Josef “Sepp” Dietrich）、豪塞尔、施泰纳、吉勒和比特里希等人。豪塞尔被称作“武装党卫军之父”，施泰纳被赞为党卫军最有创新才能的指挥官，吉勒作为“维京”师师长曾摘取过第12枚钻石骑士勋章，而迪特里希则是第16位钻石骑士勋章得主，也是豪塞尔以外仅有的既有武装党卫军上将（Generaloberst der Waffen-SS）军衔，又具党卫队全国副总指挥（SS-Oberstgruppenf ührer）身份的人。

从外貌和身材上来看，迪特里希与那些戴着单边眼镜、处处追求“举止优雅”的国防军将帅完全不同，颇有几分古罗马角斗士的味道：他身材不高（绝对不够党卫队早期的身高标准），但强壮结实，宽肩脖粗，面部线条粗犷，整个人显得非常强悍。迪特里希话语不多，还时常前言不搭后语，但略带沙哑的嗓音总能激起他人的共鸣，好似他天生就是人兽大战前鼓舞士气的角斗士头领一样。从履历上看，迪特里希早年从事过多种社会底层职业，1918年时是规模极小的坦克部队的一员，也是二三十年代希特勒的贴身保镖和忠实追随者。他既曾为希特勒稳定政权和消除政敌嗜血“长刀之夜”，又一手创建了纳粹元首的铁血卫队——“希特勒警卫旗队”，二战期间先后在波兰、法国、巴尔干和东线左冲右杀，纳粹帝国崩溃的前夜，他更是阿登反击战和“春醒”战役的德军主将。当然，迪特里希在德军将领中只能算是才具平庸者，至少其才具与承担的职责难称匹配——伦德施泰特曾留下过“迪特里希虽然正派但很愚蠢”的典型评价，豪塞尔也曾毫不留情地声称：“正常来说，迪特里希会是个不错的军士长，要是作为士官，他会做得更好，当士兵的话绝对堪称一流。”[2]曾在党卫军第1装甲军担任迪特里希参谋长的莱曼（Rudolf Lehmann，1945年3月曾任“帝国”师师长）这样写道：“……我们的老指挥官（迪特里希）并非战略天才，但他是个一流的带兵领袖。作为统兵指挥官或总司令，他无法施展自己的这个才能，他也为之深感痛苦。他的强项并不在于拿出全面的战术判断，但他对演变中的战场危机，发现适于行动的时刻等有着不凡的嗅觉……”[3]参加过诺曼底战役的加拿大军官舒尔曼（Milton Schulman）战后之初曾如此评价迪特里希：“……他粗鲁、自负、多嘴多舌，毫无疑问，他流星般的军旅生涯更多是靠心狠手辣的能量，而非军事才能获得的。”[4]虽然军事才具有限、战术造诣也不高，因受宠信而担任军长乃至集团军指挥官实在勉为其难，但无人否认迪特里希的战场勇敢和领导能力，党卫军官兵对他的拥戴也是显而易见的——1966年迪特里希去世时，曾有5000名以上的老兵前来吊唁，足见这个战时曾扮演“父辈角色”的人的分量。自身就以胆大无边著称的纳粹狂徒斯科尔兹内（Otto Skorzeny），曾就迪特里希“超凡的带兵能力”写道：“……他给武装党卫军注入的作风和团队精神，恐怕只有拿破仑的帝国卫队才能与之相提并论。”[5]

毋庸讳言，迪特里希是希特勒的忠实干将，也是一名核心纳粹分子。武装党卫军虽有别于罪恶深重的盖世太保、行刑队和集中营看守部队，但毕竟是纳粹的党军嫡系，迪特里希与多数党卫军将领一样，都是意识形态色彩浓厚的“政治型将领”，他麾下的部队也曾犯下杀俘、屠杀平民和无辜的战争罪行。不少国防军将领战后曾煞费苦心地试图将自己这个所谓的“干净”群体，与迪特里希等代表的党卫军将领划清界限。[6]尽管国防军与党卫军曾长期在东西两线并肩作战，后者还往往承担艰巨或伤亡最重的任务，但国防军将领仍轻视后者为“疯狂的政治军队”，因为迪特里希等只会盲从和忠实执行希特勒的任何指令。其实，迪特里希并非毫无头脑的粗人，他在军事上有着良好的常识和直觉，曾在战争末期多次反对纳粹元首的赌博式愚蠢决策（最典型的当属阿登反击战），更曾数次利用影响力力保国防军将领（如古德里安、伦德施泰特和曾任隆美尔B集团军群参谋长的施派德尔）。1944年夏时，他可能还支持过废黜希特勒的密谋。许多将领虽然轻视迪特里希的军事才干，但对他并无恶感，反而欣赏他的直率、坦诚和幽默，有些人还与他交好（当然也有利用他与纳粹元首的特殊关系的目的），古德里安和施派德尔等人都曾在战后为迪特里希的早日出狱而前后奔波。

早年岁月：从一战装甲兵到“警卫旗队”创始人

1892年5月28日，迪特里希出生于德国西南部施瓦本（Swabia，又作斯瓦比亚）地区的哈旺根（Hawangen）。[7]与许多巴伐利亚人一样，迪特里希的父母也是罗马天主教徒，父亲帕拉朱斯（Paragius Dietrich）是一名打包工（还有一说是肉联厂工人）。迪特里希是长子，一出生就有一个巴伐利亚人常用的别名“泽普”

（Sepp）。后来，家里又添了两个弟弟和三个妹妹（两个弟弟均死于一战）。[8]1900年时，全家迁至阿尔高地区的肯普腾（Kempten），迪特里希在这里的国民学校读了8年书之后辍学担任农机驾驶员。1907年，15岁的迪特里希开始离家游历，先后到过奥地利和意大利，后来在瑞士苏黎世的一家旅馆学徒。1911年时迪特里希回到肯普腾的父母处，随后于当年10月中旬加入巴伐利亚陆军。出身底层，教养有限但已颇具阅历，应该说是迪特里希那时的真实状况。

迪特里希服役的部队是第4巴伐利亚"国王"炮兵团。曾有资料称，他在1912年被送往士官学校学习，接受了两年的骑兵训练。[9]但这种说法估计受到了迪特里希本人战后交代材料的误导。有研究者指出，迪特里希在"国王"团乃至第一次从军的经历都非常短暂，他在1911年12月的一次训练中不慎坠马，受伤后即被除役。迪特里希非常失望地回到肯普腾，无所事事中在一家面包房充当听差——这些早年经历以及他在一战期间和一战后的一些履历，都在纳粹党登上政治舞台后被篡改，迪特里希本人也曾提供过很多不实或无从确认的经历。比如，他称自己1911至1914年间干过屠夫（实际上是在面包房听差）；出于虚荣，他曾声称自己效力的兵种是地位更高的骑兵（实际是炮兵），还说自己在山地兵部队当过士官；至于他在纳粹党攫取政权的过程中所扮演的角色，更是充满矛盾之处，估计是掌权后的纳粹党为塑造迪特里希"希特勒忠实战友"的形象，编造了一些本不存在的经历。

1914年8月一战的爆发，为迪特里希本已黯淡的军旅生涯又提供了一次机会。他在8月初加入第7巴伐利亚野战炮兵团，10月份调入第6巴伐利亚后备师下属的第6后备炮兵团（希特勒也在第6巴伐利亚后备师服役），作为炮手参加过在比利时弗兰德斯地区进行的第一次伊普尔（Ypres）战役。迪特里希的右小腿和左眼均在战斗中受伤，痊愈之后，他被送到巴伐利亚炮兵学校接受士官训练，显然，上级对他的战场表现已有相当深的印象。在1915年的索姆河战役中，回到第7巴伐利亚野战炮兵团的迪特里希再次负伤，这次是弹片击中了他的头部右侧。伤愈之后，迪特里希曾在第8步兵团短暂效力，1916年11月，他加入了第10步兵炮连，成为所谓的"突击队"（Sturmtruppen）的一员——德军1916年底开始为每个集团军组建一个突击营，到1917年初时至少已组建了17个这样的突击营，迪特里希所在的第10步兵炮连，就是第3集团军所属的第2突击营的一部分。[10]"突击队"的作战经历，很可能是迪特里希一生中除结识和追随希特勒外，对他产生过重大影响的经历。德军突击队员普遍感觉良好，因在战斗中承担渗透和突破敌军防线的重任而以精锐自居，虽然对作战技能和勇气要求甚高，但待遇颇为优渥，而且不用受困于单调枯燥的堑壕战，更便于培养队员们冷血强悍的气质。突击队内部的官兵关系也不似一般德军部队那样壁垒森严，士兵称呼军官时往往直呼其名，并使用"你"而非"您"的称谓，反而有一种"同志和兄弟间的温情"。迪特里希在二战中担任军师长时，仍能像父亲一样对待官兵，不能不承认突击队的这段经历对他产生过至深的影响。另外，迪特里希也特别愿意在前沿作战，即便担任集团军统帅时仍乐于组织小股精兵铤而走险。[11]

1917年的多数时间里，迪特里希都在法国香槟地区作战，当年11月至次年2月（根据慕尼黑档案馆的服役记录），迪特里希随第2突击营在意大利战场作战，并在1917年11月因战功获颁二级铁十字勋章。1918年2月19日，迪特里希成为巴伐利亚第13突击坦克分队（Sturmpanzer-Kampfwagen-Abteilung，也有人直接称之为"装甲营"）的一名坦克炮手。德军当时准备利用突击队发起大反攻，为此设法将新出现的少量坦克整合进相对成熟的突击队战术中。迪特

▲ *摄于1918年6月末至7月初的比利时沙勒罗瓦（Charleroi）附近，在图中右二的坦克上，坐在右边的据信就是迪特里希。*

▲ *摄于1918年8月末或9月初的法国圣康坦，图中，坦克顶部左边的人据信是迪特里希。*

里希有着丰富的炮兵和突击队作战经验，又受过士官训练，应该算得上是坦克部队的理想人选。经过短暂的训练后，第13突击坦克分队于当年5月被投入马恩河一线的攻坚战中。德军坦克的数量本就稀少，第13突击坦克分队和其他先期参战的分队均没有出彩的表现，机械故障和地形困难造成的坦克损失屡见不鲜，因之未能给地面攻势带来多大帮助。迪特里希所在的坦克6月间曾一度攻入兰斯附近的法军阵地，但由于掉入弹坑的坦克出现了发动机过热等机械故障，乘员们被迫放弃了坦克。迪特里希等人负责炸毁动弹不得的坦克，他竟然冒着炮火从坦克中抢出一瓶烈酒！[12]迪特里希“在敌军火力下表现出的镇定和勇敢”（或者说是亡命作风），既使他成为名动一时的传奇人物，也为之在7月赢得一枚“巴伐利亚三等军事荣誉十字勋章”。1918年7月，迪特里希还参与过德军在苏瓦松地区发起的又一反攻。10月间，第13和第1突击坦克分队被部署在康布雷北面支援地面攻势，但与历次反攻一样，坦克部队都未发挥明显的作用，反而耗尽了有限的资源。不久后，第13突击坦克分队即被撤回德国。

1918年11月9日，德国本土爆发了革命，第13突击坦克分队迫于形势也选举了士兵委员会，迪特里希因威望和受到战友信赖而被推举为主席。仅仅一周后，随着第13突击坦克分队被解散，他又回到了四年多前开始一战的单位——第7巴伐利亚野战炮兵团。1919年3月26日，迪特里希的军旅生涯告一段落，虽因作战勇敢先后获得过二级和一级铁十字勋章、巴伐利亚三等军事荣誉十字勋章及奥地利勇敢勋章等，[13]但他还是未能如愿留在战后的巴伐利亚陆军里。然而，对他这样的人来说，放下武器、解甲归田的时刻还远未到来。据相关资料介绍，迪特里希复员后一个月就加入了慕尼黑的志愿者组织"第1防卫团（Wehrregiment）"，参与过镇压革命运动和慕尼黑共产主义政府的行动。[14]1920年初，迪特里希志愿加入了自由军团"高地联盟"（Bund Oberland），同时成为巴伐利亚第1州警大队的一名"绿衣"警察。

迪特里希的州警经历存在着许多难以确认的"可能"：他曾声称自己在1921年就听过希特勒所做的演讲，这当然无从考证；1921年5月末，波兰人占领了上西里西亚奥佩伦东南的制高点安娜贝格（Annaberg，亦作安娜堡），当地人组成的"上西里西亚自卫队"和来自巴伐利亚的"高地联盟"，以猛烈的炮击和徒手搏斗赶走了对方。迪特里希当时是"高地联盟"1营2连的一名士官，[15]由于表现突出，他与二战期间的第11位钻石骑士勋章得主施特拉赫维茨都被誉为"安娜贝格的英雄"——还有战友曾感叹迪特里希"丰富的军事知识、面对敌人时的勇猛无畏与主动性"[16]；在1923年11月慕尼黑发生的啤酒馆政变中，希特勒和鲁登道夫率领的纳粹党人和"高地联盟"成员，在通往慕尼黑市中心的道路上遭到军队和州警镇压。尽管迪特里希本人和纳粹党都称他参与了政变，但没有过硬的证据表明时为州警的迪特里希曾出现在进军队伍中。一些资料称迪特里希在政变失败后的1924年即离开了州警部队，还有人说"或许正是因为参与过政变，才造成他被州警突然除名"，[17]不过，也有后人指出迪特里希的警察生涯从1920年一直延续到1927年。迪特里希战后曾向审讯官供称，自己复员时即被晋升为后备役少尉，1923年成为中尉，一年后甚至还被晋为上尉。如果所言属实，那么他的晋升速度之快足令莫德尔和隆美尔嫉妒得发疯——他们在1918年时都

▼ *摄于1923年9月，鲁登道夫（手持拐杖者）视察"高地联盟"自由军团，右前为戈林。*

已是上尉，但两人成为少校的时间分别是1929年和1932年！

迪特里希脱离警界后，在慕尼黑先后从事过烟草行职员、侍者、加油站服务生等普通职业。1928年5月1日，他正式加入纳粹党，不久后成为党卫队的一员，当年8月被任命为党卫队“慕尼黑旗队”的首脑。由于慕尼黑是纳粹党的主要活动基地，迪特里希不可避免地开始受到希特勒的关注——相近的一战老兵背景，出身底层且略显愚钝，率直幽默的性格，所有这些都使迪特里希很快得到希特勒的青睐。希姆莱1929年1月被任命为党卫队全国领袖后，迪特里希也开始快速蹿升，当年5月时他已成为巴伐利亚党卫队组织的负责人。不过，迪特里希的另一项职责对其个人命运而言更为关键，他是希特勒身边几个兼任保镖和司机的亲信之一，后者在各地巡回演说时，身边总能看到那儿尊健硕警觉的身影。1930年7月，迪特里希成为负责德国南部大区的党卫队区队长，不仅是希特勒身边炙手可热的红人，在纳粹党核心圈里也是引人瞩目的人物。1931年底，迪特里希又被提升为党卫队地区总队长，次年10月起负责掌管党卫队北方大区。

1933年1月30日，希特勒终于登上了德国政治舞台，3月间，他命令自己“最亲近的朋友、最忠诚的追随者”迪特里希组建一支警卫部队，负责保护他本人、其他纳粹领袖和总理府等重要部门的安全。迪特里希按照严格的标准，从党卫队中精心选出近120人（年龄25岁、身高1.8米、历史清白、无犯罪记录的纯雅利安人）组成

▲ *摄于1920年代末，时为党卫队“慕尼黑旗队”旗队长的迪特里希。*

▲ *摄于1932年，时为党卫队地区总队长的迪特里希。*

了“战旗护卫队”（Stabswache）。[18]3月17日，迪特里希的小部队在总理府附近正式露面，虽是党卫队的一部分，同时又算是柏林警察部门的辅警单位，但实际上，无论是希姆莱，还是柏林警察首脑都不能直接控制它，迪特里希只听命于希特勒本人。在11月9日举行的纪念啤酒馆政变十周年的活动上，迪特里希带着800多名下属集体向希特勒宣誓效忠，他的部队也被命名为“阿道夫·希特勒警卫旗队”（Leibstandarte Adolf Hitler，简称LAH）。1934年4月，希姆莱下令将LAH重新命名为LSSAH，加进去的“SS”两字无疑是再次强调这个单位完全独立于冲锋队或陆军的身份。[19]

1934年2月，冲锋队首脑罗姆（Ernst Röhm）在演讲中表达了对新政权的不满，他甚至还要求把10万国防军并入人数已高达300万的冲锋队，并由他来担任国防部长。这当然不是锋芒毕露的罗姆的首次叫嚣，他的一系列言辞和试图取代陆军的愿望，令希特勒的军方支持者深感恐慌，而冲锋队的街头作乱和恣意破坏，也曾令希特勒在商界和工业界的盟友们怨声载道。在多方压力下，希特勒决定在6月30日的“长刀之夜”里清算罗姆和冲锋队。盖世太保、普鲁士州警和迪特里希的LSSAH负责逮捕和处决一些冲锋队领袖。迪特里希虽然没有亲自动手，但他根据希特勒的命令组织的行刑队枪杀了罗姆等6名冲锋队首脑。留守柏林的LSSAH余部也逮捕了大批冲锋队将领，以及纳粹党意欲借机剪除的政敌。被斩首的冲锋队群龙无首，被解除武装后快速失去了影响力。军方对希特勒一举剪除劲敌的举动非常满意，虽付出了军官团几名高级将领的代价，但军队在国家政治生活中的主要威胁已被铲除，军方不仅公开赞扬希特勒的魄力，也在训练等方面向党卫队展示出更合作的姿态。迪特里希一向重视与军方保持友好关系，据说，他在清洗冲锋队前就与时任第3军区（即第3步兵师）指挥官的弗立契将军过从甚密。弗立契手下的第9步兵团曾负责为LSSAH提供军事训练和相关设施，他个人也很喜欢迪特里希，还把自己早年的一些笔记和论文借给迪特里希，有机会还亲自加以辅导。[20]国防部长勃洛姆堡也时常应邀到迪特里希处视察，并就LSSAH的训练方式给予过赞扬。陆军对迪特里希的善意也投桃报李，曾多次邀请他参加演习，比如1938年在柏林附近的温斯多夫（Wünsdorf）装甲兵学校举行的大规模军事演习中，就出现了迪特里希和LSSAH官兵的身影。

迪特里希与陆军的密切交往进一步激化了他与希姆莱的矛盾。迪特里希和LSSAH都隶属于党卫队，但由于地位特殊，希姆莱发现LSSAH像个插不进手的“独立王国”，迪特里希从来都只服从希特勒的命令。1934年9月，纳粹党以两个新旗队为主建立了“党卫队特别机动部队”（SS-VT），豪塞尔、施泰纳和比特里希等前国防军职业军官先后加入党卫队，负责在军事上提高SS-VT的训练水准，以求将之逐渐改造成具有战斗力的作战部队。希姆莱曾试图利用SS-VT加强对迪特里希和LSSAH的控制，他设想SS-VT应包括党卫队第1、第2和第3团，LSSAH将成为其中的“党卫队第1团”。但希姆莱在希特勒那里碰了壁，元首坚持保留

▲ *摄于20世纪30年代的里希特菲尔德，骑着高头大马的迪特里希正在检阅LSSAH。*

▲ *摄于1934年，迪特里希陪同希特勒和勃洛姆堡上将（右）检阅LSSAH。*

▲ *摄于1935年12月17日的里希特菲尔德，迪特里希（右）陪同希特勒检阅LSSAH。*

LSSAH这个“独一无二”的名字，迪特里希也借机声称：“LSSAH虽是党卫队的一部分，但由于地位特殊，必须尊敬地对待它。”希姆莱只能无奈地将新建旗队称为第1和第2团，即日后非常出名的“德意志”旗队和“日耳曼尼亚”旗队（SS-VT的第3团“元首”团迟至1938年才组建，豪塞尔曾要求从LSSAH抽调军官和骨干士官，但遭到迪特里希的拒绝，豪塞尔当时还曾向希姆莱提出过辞职）。希姆莱向希特勒多次抱怨，迪特里希总是绕过党卫队总部与陆军直接

▲ 希特勒视察LSSAH时探视士兵宿舍，他的右边是迪特里希。

▲ 约摄于1936年，迪特里希正在检阅LSSAH。

交往，为此，元首曾专门命令迪特里希经由党卫队的正常渠道行事，但后者仍置若罔闻。从某种角度来看，希特勒或许乐见这两个他都信任的人发生冲突，迪特里希显然能助其牵制权势日大的希姆莱，因而希特勒可能还时不时地鼓励他与党卫队领袖唱对台戏。迪特里希认为自己只需对元首负责，而元首对他的宠幸更胜以往，不仅时常带着他和LSSAH的随从出行，甚至还在不知会希姆莱的情况下，与他单独讨论过党卫队的相关政策，"气焰更加嚣张"的迪特里希选择的策略是继续忽略希姆莱的命令和抱怨。1938年春，希姆莱曾给迪特里希写过一封火气很大但又有点可怜的信，声称LSSAH"自成一统、为所欲为，毫不介意上峰的指令，只有在某人需要欠债还钱，或某人有麻烦需要拉一把时，才想起了党卫队领袖……"[21]日后，希姆莱对迪特里希更多的是忍让，或许还有点"巴结"——

▲ 摄于1936年，从左至右依次为：党卫队区队长舍费尔（Werner Schäfer）、戈培尔、迪特里希、柏林警察局长黑尔多夫（Wolf-Heinrich Graf von Helldorf）。右一戴眼镜者身份不详。

▲ 摄于1937年4月20日希特勒48岁生日当天，地点是帝国总理府后花园，迪特里希、希特勒和希姆莱等正在倾听“希特勒警卫旗队”乐队的演奏。

▲ 摄于1937年进行的一次为期6天的强行军演习中，迪特里希正与参谋研究地图。

迪特里希1943年3月因夺回哈尔科夫的战功获颁双剑骑士勋章时，希姆莱曾主动建议将迪特里希的衔级晋升为集团军级指挥官通常需要具备的上将，但希特勒怕陆军将领的反应过于激烈，暂时按下了这一提议。此外，希姆莱还是迪特里希几个孩子的教父。按理说，迪特里希对希姆莱的“善意”应该有所表示，但据史家研究，希姆莱实际上是迪特里希最憎恶的人，任何敢于对抗希姆莱之人都会赢得他的同情。[22]迪特里希战后曾向美军这样评价希姆莱：“……这家伙试图模仿元首。他的权力欲望永无止境。他擅于四处搜刮囤积财富，从每个地方和每个人那里敛财……我和希姆莱干过很多仗。”[23]也许迪特里希说希姆莱强取豪夺和贪财是真，但他对这个邪魔的本质和罪行没有任何评论，另外，也不能排除迪特里希有为自己开脱，故意划清界限和夸大昔日分歧的考虑。

不管怎样，迪特里希除了陪同元首外出视察外，把全部心血都投入到培养LSSAH官兵的"精神"和军事训练上。在里希特菲尔德军营的刻苦训练和频繁地参与陆军演习，帮助LSSAH逐渐成为一支具有一定战斗力的部队。迪特里希带领这支军容威严的"样板"部队，曾在1935年与陆军一起重新占领西部的萨尔地区，1938年又参加了吞并奥地利的行动——在这次行动中，LSSAH作为古德里安第16军的一部分，从柏林出发，一路南行600英里后进入维也纳。迪特里希喜欢古德里安的直率和目的性强的作风，而后者既尊敬迪特里希1918年即为坦克部队一员的罕见经历，也欣赏他的幽默感。另外，迪特里希对元首的影响力，可能也是古德里安与之交往的原因。1938年秋，在进军苏台德的行动中，迪特里希又带领LSSAH出现在古德里安的作战序列中。在所有这些行动中，LSSAH的官兵总是头戴钢盔，身穿威武制服，迈着正步行进在被占领国的城市街头，耀武扬威地向世人展示德意志民族的"复兴"。

到1939年初时，LSSAH已经成为辖有3个步兵营、1个炮兵营及工兵、侦察和反坦克单位的摩托化步兵团。LSSAH参加了占领波希米亚和摩拉维亚的行动后，正式更名为"希特勒警卫旗队"摩托化步兵团。虽然尚未接受过实战检验，但迪特里希显然已在它的身上留下了自己的烙印。军史研究者尼佩（George M. Nipe）对此曾写道："……迪特里希对'警卫旗队'官兵的影响是无可置疑的。无论是突击队的那种不计后果的精神，还是经验丰富的战士所具有的大胆无畏，抑或是自由军团成员对作战的挚爱，都被他注入这支部队里……对年轻的党卫队士兵来说，他既是个有魅力的领袖，也是个罗曼蒂克的人物。他不可能不让这些年轻人留下深刻的印象，因为他是胸前挂满勋章的老兵，又是个身体强悍之辈，酷爱户外运动的他周身都散发着粗犷的魅力。"[24]

从鲁莽到稳健：转战波兰、法国和巴尔干

波兰战役开始时，迪特里希的LSSAH被配属给第8集团军所属的第13军，党卫队"日耳曼尼亚"团隶属于第14集团军，"德意志"团、党卫队炮兵团和搜索侦察营则成为肯普夫（Werner Kempf）的第4装甲旅的一部分。迪特里希虽然参加过两次团级指挥官培训，但在实战中指挥一个团，对他来说仍是重大挑战。所幸，1939年6月调入LSSAH担任作战参谋的比特里希拥有相当的经验，他在二战初期无疑扮演了迪特里希大脑的角色。比特里希对迪特里希的军事素养从来不敢恭维，他说自己曾在一个半小时里试图借助地图向迪特里希解释某个情况，但后者根本听不明白。不过，比特里希对迪特里希有着较深的感情，他在后者的葬礼上致悼词时曾说："……我无法用语言表达告别战士迪特里希时的想法和感受。只有我们的心能说出一切！"[25]

希特勒在大本营里密切关注着迪特里希所部的进展，甚至还以"Sepp"字样在地图上标识出他的方位。不过，波兰战役开始时，迪特里希的表现并不能让他的元首感到振奋：9月1日，LSSAH从布雷斯劳出发进入波兰，虽顺利夺取了波军第10步兵师把守的普罗斯纳（Prosna）河大桥，但由于遭到对手第10、第17和第25步兵师的反击，未能实现与左翼第17步兵师会合的目标；2日，迪特里希率部强渡瓦尔塔河时遭遇拼死抵抗，出现了较大伤亡不说，还有一个营一度被围，最后靠第17步兵师第55团的援救才摆脱险境；7日，进攻帕比亚尼采（Pabianice）时先得手又失守，就连迪特里希自己的指挥部一度都被切断；8日，第13军命令第10和第17

步兵师进攻罗兹（Lodz），却把LSSAH这个摩托化程度最高的矛头放在次要方向清理波军残部；LSSAH的“笨拙”表现，再加上党卫队士兵经常胡乱开枪和焚烧沿途村庄，几位友军师长和军长都要求把LSSAH调作预备队。9日时，LSSAH终于被“悄悄”调至第10集团军的第16军麾下，直接隶属于莱因哈特的第4装甲师指挥（理由是莱因哈特装甲师需要更多的摩托化步兵支援）。从10日起，迪特里希所部与第4装甲师和第31步兵师一起，负责在布楚拉（Bzura）河一线协助第8集团军围歼发起反击的波军，LSSAH在此间近十天的作战中表现有所改善。9月末围攻莫德林要塞时，负责南翼的迪特里希所部也很好地完成了任务。不过，初战留下的糟糕印象，使陆军将领普遍轻视党卫队参战各部，特别是后者伤亡和失踪的比例远高于陆军（仅LSSAH就损失400余人），令陆军将领们批评党卫队军官团存在领导不力、训练不足、鲁莽轻率等重大缺陷。党卫队的将领也做出了回击，声称他们被迫在陌生的陆军单位麾下效力，还经常在缺乏支援的情况下承担困难艰巨的任务。[26]双方的说法可能各有道理，陆军方面紧抓党卫队伤亡比例过高的事实不放，或许是想借以限制党卫队作战部队的规模，但希姆莱方面也用前述辩词强调，有必要组建党卫队军官自己领导的师级作战单位。波兰战役后不久，希特勒下令把LSSAH扩大成加强团，把辖有“德意志”、“日耳曼尼亚”和“元首”三个团的SS-VT重组为“党卫队特别机动师”（SS-Verfügungsdivision），同时组建“骷髅”师和“警察”师。1940年3月，“武装党卫队”这一称号——即人们熟知的党卫军——开始正式使用，涵盖LSSAH、“党卫队特别机动师”、“骷髅”师、“警察”师、党卫队军官学校以及若干

▲ *摄于1939年9月的波兰战役中，迪特里希与希姆莱在交谈。*

▲ 摄于1939年9月，迪特里希向巡视战场的希特勒行纳粹举手礼。

▼ 摄于1939年圣诞，希特勒到巴特埃姆斯（Bad Ems）视察LSSAH，迪特里希随侍在侧。

补充训练单位。[27]

法国战役前夕，在党卫军的几支部队中，LSSAH和“元首”团（暂时脱离“党卫队特别机动师”）被部署在荷兰边境；“党卫队特别机动师”余部在明斯特附近待命，一旦德军突破边境防线，该师将即刻开进荷兰；“骷髅”师在卡塞尔附近充任陆军总预备队；“警察”师则在C集团军群的后方图宾根地区充任预备队。迪特里希的LSSAH被划归B集团军群的第227步兵师，任务是在突破边境防线后向艾瑟尔（Ijssel）河进军，确保第7航空师和第22机降师先期夺取的桥梁和道路的安全。5月10日凌晨，迪特里希以2营和3营为主组织的两个战斗群（1营充任预备队）轻松突破了边境，北战斗群长驱直入70英里，到中午时夺取了兹沃勒（Zwolle），不过此处的艾瑟尔河渡桥已被荷军提前炸毁。以3营为主构成的战斗群在兹沃勒南面的聚特芬（Zutphen）附近强渡艾瑟尔河成功，党卫队二级突击中队长克拉斯（Hugo

Kraas）过河后，带领一个加强排继续前驱45英里，俘获了127名荷军官兵和一批武器，他也因这一战功获颁西线的首枚一级铁十字勋章。尽管这些进展令人印象深刻，兹沃勒渡桥的被毁实际上还是阻止了LSSAH在预定方向上的突破，迪特里希于是奉命向南运动和加入第39摩托化军的序列，与该军的第9装甲师和“党卫队特别机动师”大部一起向鹿特丹进军。14日下午3点，德军开始对鹿特丹进行大规模空袭，迫使守军在2小时后宣布投降，伞兵部队创始人施图登特带着肖尔蒂茨（Dietrich von Choltitz）中校等赶到荷军总部，准备在那里建立指挥部，大楼外这时聚集了数百名正放下武器投降的荷军官兵。“……突然间，传来坦克和卡车发出的响声，这是迪特里希LSSAH的官兵正在向北冲锋……党卫军可能不知道荷军已放下武器，当他们看到全副武装的对手时，惯于先开火再说话的他们用机枪扫射荷军官兵。施图登特和肖尔蒂茨连忙跑到一扇窗户前看个究竟。一颗子弹正中施图登特的头部，他立即朝肖尔蒂茨的方向倒去，重伤的将军血流不止。”[28]迪特里希的手下显然不知道差点打死了“伞兵之父”，他们穿过鹿特丹城后继续猛冲。到当夜9时，LSSAH与挣扎了四天的第22机降师残部建立了联系。迪特里希完成了所有任务，俘虏3500多人，虽然表现不错，但由于误伤施图登特，在国防军将领眼中，党卫军纪律差、素质低的看法再次得到了证明。

5月20日，迪特里希率部进入法国参战，奉命从瓦朗谢讷（Valenciennes）出发，以夜间强行军方式赶往英吉利海峡。25日，LSSAH被划拨给古德里安的第19摩托化军（归第1装甲师指挥），这时，迪特里希已在瓦唐（Watten）附近准备强渡阿（Aa）运河。适逢此时希特勒命令装甲部队暂停向敦刻尔克推进，迪特里希虽收到了命令，但仍在夺取瓦唐后自作主张地命令3营渡河，以夺取瓦唐东面约72米高的高地。[29]时为3营11连代连长的派普在10连的帮助下，当日夜幕降临时消灭了高地上的英军，夺取了这个足以俯瞰周边的制高点。迪特里希随后在高地上迎来了古德里安，后者质问他为何违令，迪特里希答复道：“高地上的敌军可以卡住运河沿岸任何部队的脖子。”古德里安考察了地形后认为迪特里希言之有理，不仅赞同他的决定，还把第2装甲师一部调来帮他扼守要地。[30]

5月26日，LSSAH奉命夺取敦刻尔克南面的重镇沃尔穆（Wormhoudt），守卫此处的英军第48师2团进行了英勇抵抗，直到28日时德军还是不能如愿。迪特里希对胶着的战况很是不满，他带着赶来祝贺自己48岁生日的第15摩托车连连长温舍（Max Wuensche），驱车赶往前沿考察战况。在LSSAH1营和2营之间的埃斯凯尔贝克（Esquelbecq）附近，迪特里希的座车无意间开到了距英军一个支撑点不足50米处，结果遭到对手炮火和机枪的猛烈打击。迪特里希和温舍赶忙逃出起火的汽车，跳入路边的阴沟里躲避。团长遭难的消息（甚至还传说迪特里希已丧生）传回后，团部立即派出2个连攻打英军支撑点，但很快被对手挫败，即便第2装甲旅的1个坦克连赶来支援也无法消灭对手（自身反而损失了连长和4辆坦克）。最后还是LSSAH的3营在5辆坦克和几辆半履带车的支援下，从背后杀入埃斯凯尔贝克，才使正面的突击队有机会救出迪特里希。这时，狼狈的迪特里希和温舍已在阴沟里待了5个小时。救出团长后，LSSAH继续进攻沃尔穆，当晚8时许终于得手，还俘获了数量不菲的英军官兵。总体来说，迪特里希的手下处理战俘的方式尚算体面，但在沃尔穆郊外，大约有80名战俘遭遇了不幸——这些人被关进一座粮仓，LSSAH的一些士兵向粮仓里投掷手榴弹并大肆开火，等到这种杀俘行为被制止时，已有65名战俘毙命。英军幸存者曾指认，下令杀俘的是当日接任2营营长的蒙克（Wilhelm Mohnke）。值得一提的是，蒙克战后并未立即因此暴行受

▲ 摄于1940年5月10日，迪特里希正在荷兰聚特芬附近的艾瑟尔河边观看工兵架设渡桥。

▶ 摄于法国战役期间，前方脸色黝黑者为迪特里希，左一是派普，最右边的是迈尔。

▼ 摄于法国梅斯，迪特里希为LSSAH的士兵颁发铁十字勋章。

▲ 摄于1940年5月末，图为迪特里希被打得千疮百孔的座车。

▶ 摄于1940年7月初，迪特里希获得骑士勋章后正搭机返回所部。

◀迪特里希在贝希特斯加登的元首乡间别墅留下了这张照片。

▼摄于1940年9月，希姆莱到梅斯视察LSSAH时与迪特里希交谈。

▲ 摄于1940年12月26日，希特勒到梅斯视察LSSAH时与该部官兵共度圣诞。希特勒左边的即是迪特里希。

到指控，英方曾在1988和1993年两度试图指控他，但均因证据不足草草收场，蒙克也得以在2001年以90岁高龄安静地辞世。蒙克晚年曾对一位史家称，自己"从未下过不抓英军俘虏或就地处决战俘的命令"。[31]不管真相如何，这次杀俘行为显然是迪特里希、蒙克和LSSAH永远无法抹去的历史污痕。

在法国战役第二阶段的作战中，LSSAH隶属于克莱斯特装甲集群，先后渡过索姆河和塞纳河后，迪特里希率部一直向南追击撤退中的法军第2和第4集团军。从6月15日起，LSSAH从德军地图上突然消失了，无论是党卫队总部，还是克莱斯特的总部，一时都无法找到迪特里希的踪影，直到18日克莱斯特外出巡视时，才偶尔发现LSSAH正驻扎在讷韦尔（Nevers）南面。克莱斯特显然很不高兴，命令迪特里希率部向南推进，阻止法军沿卢瓦尔（Loire）河一线建立新防线。迪特里希不敢怠慢，立即取道穆兰(Moulins) 朝南面的维希 (Vichy) 逼近。LSSAH的官兵坐在装甲车和卡车上，以自动武器发起行进间攻击，用迫击炮或干脆横冲直撞地摧毁街垒路障。以这种迪特里希和手下们既擅长又喜欢的方式，LSSAH在19日连续攻克圣普尔桑（St Pourcain）和维希西面的加纳（Gannat），并与其他德军在维希建立了联系。20日，在向维希西南的克莱蒙费朗（Clermont–Ferrand）推进的途中，LSSAH夺取了一座机场——242架飞机、8辆坦克，含1名将军在内的287名军官和4075名士兵成为迪特里希的战利品。到24日时，LSSAH因攻占圣艾蒂安（Saint Etienne）而成为西线战事中推进最远的德军之一。

迪特里希7月4日获得了第40枚骑士勋章——表彰词称颂他"展示出特殊的个人勇敢，以及与装甲兵和摩托化部队总部的密切合作能力"，还特别援引他在瓦唐渡过阿运河的行动，"决定性地影响了在法国北部快速追击敌军的作战"。从这个具体战例中不难看出古德里安用心结交迪特里希的影子。尽管不少陆军将领对党卫军的纪律和战斗力仍心存疑虑，特别是后者屡有杀俘劣迹，但党卫军的三个半师此刻无疑已具备相当的战斗力：人数虽少，但装备精良；拥有团队精神并受意识形态驱动，其强悍和决心使之能够完成任务，但在经验和军事传统方面的欠缺，也时常使党卫军造成不必要的伤亡（迪特里希6周里又损失500人）；党卫军士兵基本都是身体强健的"好兵材料"，他们的热情能为他们带来绝不亚于任何陆军精锐部队的战果，同时，在一些难以约束的、冷血的中下级军官指挥下，他们也会做出非军人乃至犯罪的勾当。即便党卫军最早成立的几个师在巴尔干和东线战事中演变成与陆军难分伯仲的精锐力量，党卫队这个组织和国家社会主义的信念打在它们身上的烙印依然清晰夺目。

法国战役结束后，迪特里希所部驻扎于梅斯要塞，期间完成了升格为摩托化步兵旅的重组工作，并从8月起开始在摩泽尔河进行两栖作战训练，准备参加入侵英伦三岛的"海狮"行动。由于德国空军未能征服英国皇家空军，希特勒被迫无限期搁置了"海狮"计划。1940年圣诞节，元首来到梅斯视察LSSAH，鼓励官兵们以一流的表现，为带有他的名字的部队"赢

▲希腊战役中，LSSAH在1941年4月的推进路线示意图。

得更大的荣誉”。1941年3月，“为元首赢得更大荣誉”的机会呈现在LSSAH官兵们的眼前，不过对手不是预想中的英国或风闻中的苏联，而是巴尔干半岛上的南斯拉夫和希腊。希特勒的盟友墨索里尼在1940年末悍然入侵了希腊，但收获的只有耻辱和灾难，鉴于巴尔干形势的混乱，希特勒决定侵苏前必先彻底稳定巴尔干，同时保护至关重要的罗马尼亚油田。3月上

◀ 摄于1941年4月的希腊，迪特里希正在观看工兵架设浮桥的进展。

▼ 摄于1941年4月的希腊，迪特里希（车上站立者）的座车被困在路上，周围是难民和战俘。

▲ 摄于1941年4月的希腊，LSSAH的官兵正在希腊的山地间行军。

▶ 摄于1941年4月，迪特里希正赶着去与希军指挥官谈判受降事宜。

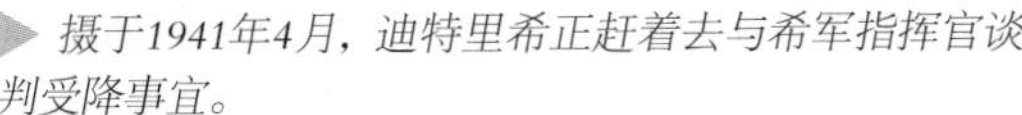

▲ 摄于1941年4月20日，迪特里希（右三）在希军“伊庇鲁斯”集团军总部与索拉科鲁（左二）谈判投降条件。

▶ 摄于1941年5月的希腊蒂尔纳沃斯（Tyrnavos），希姆莱（右一）在视察LSSAH时，听取蹲在地上的维特（Fritz Witt）讲解战斗经过。左一为施普林格（Heinz Springer，后任莫德尔副官），左二是迪特里希，左三为派普，左四是温舍。

旬，迪特里希率部开赴罗马尼亚的蒂米什瓦拉（Temesvar），而后进入保加利亚加入李斯特元帅的第12集团军，与第9装甲师和第73步兵师等同属施图姆（Georg Stumme）的第40军节制。

4月6日，LSSAH与第9装甲师一起，从保加利亚边境城市丘斯滕迪尔（Kustendil）进入南斯拉夫。次日，经过与南军第3集团军所部的激战，迪特里希拿下了重镇斯科普里（Skopje），随后沿着狭窄的山路，朝着南斯拉夫与希腊交界的莫纳斯提尔（Monastir）扑去。以轻微的代价完成这一任务后，迪特里希在10日命令自己的1营进攻希腊的北大门克里迪（Klidi）隘口。把守隘口的是英国远征军的新西兰和澳大利亚部队，迪特里希用两天时间，以伤亡200名士兵的代价将对手赶离防线。与此同时，英国远征军开始朝奥林波斯山以西的过渡防线撤退，希腊第1集团军也从阿尔巴尼亚后撤。为切断对手的退路，迪特里希命令悍将迈尔率其搜索侦察营夺取克利苏拉（Klissura）隘口，得手之后再朝卡斯托里亚（Kastoria）进军。迈尔把搜索侦察营分成三个小型战斗群，分别由他本人、克拉斯和温舍指挥，但是他们都遭到希腊军第20步兵师的顽强抵抗。迈尔战后忆称，他的战斗群中有些士兵面对强敌时“表现不佳”，情急中他把手榴弹扔到士兵们脚下，才迫使他们打起精神发起冲锋，最后夺取了克利苏拉隘口。16日，迈尔率部渗入希军后方，从南面向卡斯托里亚发起突袭，夺城之余俘获了大批俘虏与重武器。[32]4天后的20日，迪特里希的2营在品都斯（Pindos）山脉的卡塔拉（Katara）隘口掐断了通往伊庇鲁斯（Epirus）的公路，希军伊庇鲁斯—马其顿集团军的指挥官稍后请求投降。迪特里希闻讯后立即赶往卡塔拉隘口，由于担心16个师的希军临时变卦，他在未请示军长施图姆、集团军指挥官李斯特的情况下，与希军指挥官索拉科鲁（Georgios Tsolakoglu）将军签署了受降协议。出于对希腊军人勇敢表现的钦佩，迪特里希应允了慷慨的投降条件，不仅允许官兵回家，甚至还允许军官佩戴手枪。据说，李斯特把迪特里希的作为上报给希特勒，后者随即通知了墨索里尼，结果意大利"领袖"暴跳如雷——他认为迪特里希的慷慨等于是"背叛盟友"。已经投降的希军将领只得又与意大利人单独签署条件严苛的投降协议。迪特里希得知后，对意大利人的丑陋做派大为不满（据说意方曾向迪特里希提出"借50000名希腊战俘"，但被他连嘲带讽地拒绝了）。希特勒后来曾教训自己的爱将迪特里希："……你是个勇敢的好战士，但不是外交家，更谈不上是政客。你忘了我们还有个叫墨索里尼的朋友。"[33]

4月24日起，LSSAH开始向南追击经由科林斯（Corinth）运河撤往伯罗奔尼撒半岛的英国远征军。26日，迪特里希所部抵达帕特雷（Patras）湾，与先期空降至此的伞兵部队建立了联系。为尽快切断对手，迈尔奉迪特里希的命令，率领自己的搜索侦察营用渔船渡过了海湾，而后迅速夺取了伯罗奔尼撒半岛上的帕特雷港。不过，英军大部已经由海路成功撤到克里特岛和埃及，未及撤离的部队多数成为迪特里希的俘虏。5月3日，已控制希腊全境的德军在雅典举行胜利庆典，LSSAH也骄傲地出现在游行队列中，迪特里希在古老的奥林匹克体育场向自己的手下发表了颂词："……你们高超的技能和不知疲倦的努力使你们能够克服困难的地形，正是你们的优秀表现使希腊战役能如此迅速地终结。"此番作战中，LSSAH 阵亡93人、伤225人、失踪3人，换来的战果不可谓不"辉煌"，尤其是迫使对手16个师投降的机动作战，可以说具有很高的水准，这也是迪特里希和LSSAH在军事上走向成熟的一大标志。国防军一些将领也对迪特里希的表现刮目相看，如施图姆将军曾赞道："……LSSAH一贯展示的毫不动摇的精神造就了它的成功。"在柏林，希特勒和党卫队高官们更是弹冠相庆，风纪警察最高首脑达吕格（Kurt Daluege）在给迪特里希的信中曾愉快地写道："……我们在柏林都非常高兴地看到，没有受过参谋训练的老战士一样能够表现出众，这又一次证明了国防军必须得一劳永逸地改变偏见。"[34]另外，LSSAH没有在这场战事中留下战场纪律方面的污点。来自"第4女王私人轻骑兵团"（Queen's Own Hussars）的被俘英军军官肯纳德（George Kennard）曾说："……LSSAH在整个作战期间表现得勇敢且具有骑士风范，最后阶段里，他们不惜甘冒风险地俘虏对手，而非随意地索人性命。"[34]据说，这位有着爵士头衔的肯纳德中校，战后还曾冒着遭受指责和批评的风险，特邀前党卫军军官参加他的轻骑兵团老兵的年度聚会。

嗜血东线：
罗斯托夫与哈尔科夫

巴尔干战役后，LSSAH奉命扩建为摩托化步兵师。但是，即便补充了1个步兵营和1个炮兵营等，该师到苏德战争爆发时也只有10796人，仍是加强旅规模，不及"帝国"师（19021人）、"骷髅"师（18754人）和"维京"师（19377人）等人数的60%。6月22日侵苏战争打响时，迪特里希所部是南方集团军群的克莱斯特第1装甲集群的预备队，但由于扩建改制尚未完成，第一个星期并未参战。6月30日，LSSAH越过维斯瓦河，开始向西乌克兰进军。作为机动能力强的摩托化步兵师，LSSAH经常出现在装甲部队和步兵师之间的缺口，主要负责保障拉伸得很长的交通线的安全。7月24日，LSSAH脱离第3摩托化军的序列，转隶于肯普夫的第48摩托化军。南方集团军群指挥官伦德施泰特打算在夺取基辅前，先在乌曼周边围歼苏军西南方面军的第6和第12集团军，为此他命令肯普夫的三个师开抵乌曼以东，切断苏军向东突围的道路。肯普夫手下的第11装甲师在左，第16装甲师在右，LSSAH居中，三路德军齐头并进，于31日抵达乌曼以东地带。这三个师此时旋转向西，建起了一条阻截防线，迪特里希的LSSAH经过苦战，掐断了苏军突围必经之路上的关键制高点阿尔昌格尔斯克（Archangelsk）。乌曼之战8月8日结束时，苏军损失了大约10万人、300多辆坦克和1100门大炮。肯普夫曾在当日发布命令高度颂扬迪特里希所部的贡献：“……自7月24日划归本军指挥以来，LSSAH在围歼乌曼之敌的战役中立下了头功。LSSAH奉命攻打阿尔昌格尔斯克的敌军关键阵地，该部以无与伦比的锐气夺取了城池及其南面的高地。在左翼的友军第16摩托化步兵师陷入挣扎之际，LSSAH本着各部亲如兄弟的精神主动出手相助，击溃敌军的同时还摧毁了大批坦克。在乌曼围歼战告一

▲ 摄于1941年8月的赫尔松，迪特里希正在观看打捞一门88毫米高射炮的进展。

▲ 摄于苏德战争爆发前夕，伦德施泰特视察LSSAH时所摄。从左至右依次为伦德施泰特、迈尔、迪特里希和维特。

▲ 摄于1941年10月，迪特里希（右）与第1装甲集团军指挥官克莱斯特交谈。

▲ 摄于1941年6月末，苏德战争之初的迪特里希。

▲ 摄于1941年10月进攻塔甘罗格期间，迪特里希正在检视被摧毁的苏军坦克。

◀ 摄于1941年11月进攻罗斯托夫期间，迪特里希（左一）与第8航空军指挥官里希特霍芬（右二）在讨论作战方案，右一为温舍。

▼摄于1941年底的米乌斯河前沿，左为LSSAH的作战参谋、党卫队一级突击大队长凯尔豪斯（Wilhelm Keilhaus），右为迈尔。

段落的今日，我想向LSSAH表达我的认可和特别的谢意，感谢该师堪称典范的努力和无与伦比的勇敢。阿尔昌格尔斯克周边的战斗将不可磨灭地永远载入LSSAH的战史之中……"[35]

乌曼包围圈的硝烟逐渐散尽之时，迪特里希率部向南朝着黑海边的工业中心赫尔松（Kherson）推进。8月17日，LSSAH渡过因古列茨（Ingulez）河后逼近赫尔松，经过三日激战，于19日夺取了这座城市。8月21日至9月7日间，LSSAH的官兵获得了休整补充的机会。9月9日，LSSAH转为隶属于第11集团军，奉命越过第聂伯河后，沿着亚速海向东追击撤退中的苏军。9月剩下的日子里，迪特里希手下的搜索侦察营和工兵营曾穿越诺盖草原，试图与第54

军的其他部队一起夺取通向克里木半岛的佩列科普地峡。此时的第11集团军指挥官已换成曼施坦因，他的打算是一旦第54军突破佩列科普地峡，将立即投入第49山地军和LSSAH扩大突破。但曼施坦因的如意算盘没有打成，苏军第9和第18集团军发起的反攻撕裂了罗马尼亚第3集团军一个山地旅的防线，迫使曼施泰因在9月29日派第49山地军和迪特里希师前去恢复局面。迪特里希率部赶到梅利托波尔（Melitopol）附近后，通过打击对手的南翼迅速阻止了其推进，以一系列主动进攻恢复了德军和罗军之间的联系。曼施坦因曾在战后写道："……就在这个地区的局势有可能恢复时，一场新危机又开始在第30军的北翼酝酿，罗军的一个骑兵旅无法挡住对手的突破。我不得不出面进行有力的干预，以防止该部匆忙撤退。敌军突破所构成的威胁，通过调动'希特勒警卫旗队'师前去迎敌而得以化解。"[36]曼施坦因显然已把迪特里希师用作防区内化解险情的救火队，他还对LSSAH即将被调去参加罗斯托夫攻势感到惋惜，认为自己的集团军"失去了快速机动部队的效力"。不过，虽不能帮助曼施坦因继续攻打通往克里木的地峡，迪特里希还是在调离前为前者"增添了一次荣誉"——10月6日，曼施坦因的第30军和罗马尼亚第3集团军在向东进攻中，与南下的克莱斯特装甲集群在奥列乔夫（Orechov）建立了联系，7日和8日，迪特里希所部分别夺取了重镇别尔江斯克（Berdyansk）和马里乌波尔，从而锁定了苏军第9和第18集团军被围歼的命运。

10月12日至16日间，重新回到第3摩托化军麾下的LSSAH渡过米乌斯河，17日夜间顺利夺取了重镇塔甘罗格后，又马不停蹄地朝桑别克（Sambek）推进。23日，第3摩托化军奉命暂停进攻和转入守势，迪特里希师负责把守17英里长的防线。接下来的几周里，LSSAH那些疲惫的官兵勉力占据着堑壕和支撑点，虽在零下20摄氏度的严寒中栖身于肮脏的掩体，但精神面貌尚属不错，唯一难令迪特里希满意的是人员和装备的大量损失——他的第3营到11月初时只剩下编制数量一半的人员和装备，重新回到东线参战的派普的第11连也就剩下3名军官、8名军士和82名士兵。[37]11月初，LSSAH抵达图斯洛夫河后右转向南，为即将主攻罗斯托夫的第14摩托化军清除沿途障碍。但由于天气的急剧变化造成第14摩托化军进军困难，克莱斯特把夺取罗斯托夫的任务交给了麦肯森的第3摩托化军，而麦肯森又命令迪特里希负责主攻（得到第13装甲师第4装甲团的加强），第14装甲师则从罗斯托夫北面协助进攻。11月17日，罗斯托夫攻势在漫天飞雪中打响，4天后的中午，迪特里希率部攻占了罗斯托夫的机场，第1和第3营于下午杀入市区，与苏军的激烈巷战一直持续到晚上，1营3连连长施普林格在乱战中突袭顿河大桥得手。

夺取罗斯托夫堪称迪特里希军事生涯的第一个高潮，就在希特勒和希姆莱等举杯庆贺的同时，罗斯托夫周边的战局却出现了前方将领们早有预感的逆转——第3摩托化军进攻的首日（11月17日），苏军三个集团军即在罗斯托夫的北面向第14摩托化军发动反攻，而当麦肯森南下攻打罗斯托夫得手时，德军第1装甲集团军和第17集团军的防线上出现了缺口，苏军统帅铁木辛哥立即抓住机会试图沿着缺口楔入德军后方。苏军第37集团军负责插入空档后渗入麦肯森的后方，第9集团军的任务是由东向西攻击罗斯托夫，而第56独立集团军则在顿河南岸自南向北夹击罗斯托夫。[38]麦肯森把第13和第14装甲师调到图斯洛夫河地带，试图阻止苏军从后方切断第3摩托化军，迪特里希的LSSAH负责罗斯托夫东面和南面的防御。刺刀上膛的苏军战士不计生死地越过冰封的顿河，向罗斯托夫南郊5英里处的LSSAH防线发起反复冲击。虽然无数的战士被地雷炸死，或被党卫军的机枪火力网绞杀，但不懈的努力终于帮助他们建起了桥头堡并得以陆续突入城中。11月28日，派普的第11

连奉命放弃顿河河岸阵地，与3营的其他连队一起担当LSSAH的后卫，他们穿过罗斯托夫城后也向米乌斯河方向撤去。虽然第3、第14摩托化军及第49山地军的右翼都在奉命撤往米乌斯河，但伦德施泰特下令撤退前并未得到希特勒的批准—— 30日，伦德施泰特在致电大本营时声称："坚守罗斯托夫完全是痴想。部队根本做不到，如果不撤的话，等待他们的将是被歼的命运。我重申，要么取消不许撤退的命令，要么另找人来指挥。"[39]希特勒毫不犹豫地以赖歇瑙取代咄咄逼人的伦德施泰特，不幸成为将领中首遭重大挫败者的克莱斯特，也被元首斥为"懦夫"。

12月1日，迪特里希的部队陆续进入米乌斯河防线，在桑别克周边的冰天雪地中构筑防御阵地和避寒掩体。几天后，希特勒亲自飞到马里乌波尔的第1装甲集团军总部，特别把迪特里希召来，听取他对近期战事的看法。据说，迪特里希当时曾"力挺伦德施泰特和陆军将领们的撤退决定"。凯特尔后来也曾写道："正是迪特里希成功恢复了元首对陆军将领的信心。"迪特里希曾声称是他本人自作主张撤离罗斯托夫的，虽言过其实，但挺身支持伦德施泰特和克莱斯特的姿态倒是很难得。在米乌斯河防线上的拉锯苦战中，仅剩一半军官和士兵的LSSAH继续表现出众，为之动容的麦克森在12月26日曾主动致信希姆莱，表达他们这些非党卫队成员的军师长们对迪特里希师的看法："……我可以向你保证，'警卫旗队'师在自己的上级和友军那里都享有不凡的声誉。无论是在进攻时，还是在防御时，每个师都希望LSSAH做自己的邻军。LSSAH有严格的内部纪律，士兵们头脑清醒，令人振奋的对成功的渴望，危机时刻毫不动摇的坚定性，堪称典范的强悍，战友之谊（这点值得特别称道）——所有这些方面都非常杰出，无可匹敌。它的军官团还保持着令人愉悦的谦虚态度。我很高兴拥有这样一支真正的精锐部队，也深深为之骄傲，更真诚地期望能继续指挥它……"[40]相对于麦肯森毫无保留的称颂，克莱斯特对LSSAH的评语——"这支既大胆又冷静的部队是最有力的大规模攻势的主宰"——就显得有些苍白。但无论如何，迪特里希都在12月最后一日获得了第41枚橡叶骑士勋章。希特勒称赞他的爱将时说道："……迪特里希的作用是独一无二的。我一直让他出现在紧要之处。他是个狡黠、精力充沛且毫不留情的冷酷家伙，同时又是勤勉认真和一丝不苟之人。他多爱护他的官兵！……他是德国人的民族英雄。就我个人而言，他是我在早年奋斗中一直伴我左右的老同志之一。"[41]戈林曾在1942年1月以"东线支柱"

▲ *摄于1942年1月19日，迪特里希与乌尔苏拉（Ursula Moninger-Brenner）结婚的场景。*

▲ *拍摄时间不详，迪特里希装扮的俄罗斯农妇，据信，此照片为爱娃·布劳恩所摄。*

▲ *摄于1942年夏在法国休整期间，左为哈泽（Wilhelm Haase）将军。*

这样的过誉之词，向前来参加自己生日聚会的高官们推介迪特里希。戈培尔也曾在日记中感慨："……如果我们有20个迪特里希那样的师长，就根本不用担心东线……"

纳粹高层虽把迪特里希作为党卫军的"杰出代表"而吹捧得有点过头，但不争的事实是，迪特里希的LSSAH等几支强悍的党卫军已得到陆军的认可，更难能可贵的是，他自己还保持着较清醒的头脑，也许他心目中更看重的是陆军将领能把他视为他们中的一员。在柏林领受勋章和休假期间，他特意赶去探视被解职后赋闲在家的古德里安，后者曾这样回忆道："……我只有少数几个访客，'警卫旗队师'的迪特里希是最早的一个。他特意从总理府打电话说要来看我。他解释说自己是故意为之，目的就是想让上面知道我受到了不公待遇，也想让上面明白他迪特里希不赞同这种做法。"[42]梅林津战后曾对此事心生感慨："……迪特里希并不顾忌让希特勒知道他对古德里安被解职一事的看法，这是他具有军人正派作风的明显例证，尽管他在政治上仍忠于希特勒。"[43]

1942年上半年，迪特里希的LSSAH基本都在米乌斯河前沿承担防御任务。德军夏季攻势在6月28日打响后，迪特里希奉命率部开往巴黎以西休整，同时开始整编为装甲掷弹兵师。当年2月，LSSAH的第1个装甲营已宣告成立，10月间又组建了第2个装甲营，从而使迪特里希拥有了1个完整的装甲团，团长由舍内贝格（Georg Schoenberger）担任，2个营则分别交给了温舍和格罗斯（Martin Gross）。迪特里希还拥有1个装备虎式坦克的重装甲连，该连在陆军训练基地里与"大德意志"师和"帝国"师的重装甲连一起完成了组训。LSSAH原有的2个摩步团分别改建为党卫军第1和第2装甲掷弹兵团（分别由维特和维施指挥），派普被任命为装备半履带装甲车的2团3营营长。装甲炮兵团进一步扩编为4个营，装备有大量自行火炮和轻重榴弹炮。此外，反坦克营、突击炮营和搜索侦察营也都接收了大批新式装备。到1942年12月末接到重返东线的命令时，LSSAH拥兵21000人，装甲团拥有52辆IV号、10辆III号和9辆虎式坦克，[44]实力和装备均超过普通装甲掷弹兵师。1943年1月末至2月初，迪特里希所部陆续抵达哈尔科夫东南地带，隶属于豪塞尔的党卫军装甲军（辖LSSAH、"帝国"师和尚未抵达的"骷髅"师），具体负责保护斯米耶夫（Smijev）至乔特姆列亚（Chotomlja）之间的顿涅茨河防线。

1943年1月至3月初，东线最大的事件当然是第6集团军在斯大林格勒的覆灭，但这绝非苏军冬季反攻的全部——美军历史学家格兰茨曾指出，两个月里苏军布良斯克、沃罗涅日、西南和南方方面军等同时或先后发起过至少8次大规模作战。挟斯大林格勒决定性胜利的余勇，苏军以惊人的速度向西突破，他们起步于伏尔加河，重新夺回宽大的顿河河曲，2月初跨越顿涅茨河后，朝着浩大的第聂伯河逼近，这无疑是苏军令人震惊的一个高潮，也是现代军事史上的杰作之一。其中，最具威胁的是西南方面军的"顿巴斯攻势"，苏军第1近卫集团军、第6集团军和辖有4个坦克军的"波波夫装甲集群"越过顿涅茨河后，正在向西和向南高速挺进。这些部队如果抵达亚速海岸的马里乌波尔或塔甘罗格，仍在东顿巴斯的德军第1、第4装甲集团军及"霍利特集团军级支队"都将被切断；如果苏军夺取了第聂伯河畔的第聂伯罗彼得罗夫斯克、扎波罗热或克列缅丘格，整个南方德军的补给线将被斩断，苏军就有可能把战役层次的成功转变为战略上的大胜，或如当代德国联邦国防军历史学家所称的那样——"一个超级斯大林格勒"。[45]但是，随着时间和空间的推移，苏军各部都出现了弹药、油料和补给的短缺，坦克军渐渐失去了锐利的锋芒，官兵和机器都在无情的磨损中露出疲态。这让临危不乱的曼施坦因嗅到了反击制胜的机会，新近开抵的LSSAH、"帝国"师和"骷髅"师不仅人员装备焕然一新，还散发着高度的自信，这些党卫军将是曼施坦因置之死地而后生的一手王牌。他说服希特勒批准放弃顿涅茨突出部，将"霍利特集团军级支队"撤往米乌斯河重组防线，从高加索逃出的第1装甲集团军将进入前者的西面布防，而第4装甲集团军则将经过长途跋涉，从最东翼调动到最西翼。装甲部队完成调动之时，曼施坦因将在苏军突破路径的侧翼集中所有装甲师发起反攻。

曼施坦因与时间展开了赛跑，但苏军也没有停顿下来等待补充。LSSAH和"帝国"师在2月4日至10日间沿顿涅茨河前线苦战一周，击退过苏军第12和第15坦克军（属第3坦克集团军）的多次进攻，但到10日时，对手从党卫军的两翼绕过，别尔哥罗德的"大德意志"师也被苏军第4坦克军推挤着撤往南面的哈尔科夫。哈尔科夫以南至德军第1装甲集团军的左翼之间存在100英里的真空地带，苏军第6集团军和"波波夫装甲集群"已沿着这个缺口向西和向南高速穿插，而奉命填补缺口的第4装甲集团军仍在长途跋涉的途中。希特勒命令党卫军装甲军摆向东南，填补上与第1装甲集团军之间的缺口。豪塞尔以"帝国"师为主体（加强有迪特里希的第2装甲掷弹兵团、炮兵团和虎式坦克连等），组建了一个屏障哈尔科夫的战斗群，同时命令迪特里希率领由其第1装甲掷弹兵团、装甲团2营和"帝国"师"元首"团组成的战斗群，从哈尔科夫南面的梅列法（Merefa）出发，向南打击苏军的矛头第6近卫骑兵军（该部正试图与哈尔科夫西面的第40集团军会合）。迪特里希命令大将迈尔率领搜索侦察营（加强有装甲团的1个营）在主力战斗群右翼（西面）运动，试图以侧翼包抄挡住苏军推进。11日傍晚，迪特里希的主力战斗群突然出现在苏军第6近卫骑兵军一部附近，迅速摧毁了这些对手，而迈尔战斗群也完成了侧翼包抄。随后两日里，迈尔战斗群围住了苏军第11骑兵师，但在苏军增援的不断反攻下自身也被切断。迪特里希派装甲团1营营长温舍率部分坦克和装甲掷弹兵增援迈尔，两部合兵一处后立即反击，试图向主力战斗群的第2装甲掷弹兵团靠拢。苏军第6近卫骑兵军在增援步兵师和坦克旅支援下，阻止了迈尔和迪特里希两个战斗群的会合，但由于自身损失也颇为惨重，苏军在2月14日乘着夜色，从

“帝国”师“元首”团的防区成功脱身。

迪特里希的反攻虽然阻止了苏军第6近卫骑兵军与第40集团军在哈尔科夫以西的会合，但到14日夜时，这座重镇已被基本包围，只剩下西南方尚存有逃生走廊。由于坚信在严冬中对抗数倍于己的苏军无异于自寻死路，豪塞尔于15日晨下令放弃哈尔科夫，各部德军撤往西南方的乌德（Udy）河背后构筑新防线。这一举措虽使LSSAH、“帝国”师、“大德意志”师和第320步兵师等周边部队不至于陷入绝境，但激怒了一再严令死守哈尔科夫的希特勒。就在党卫军在新防线以顽强防御重创苏军第3坦克集团军时，元首匆匆飞到扎波罗热的曼施坦因总部兴师问罪，但前线局势的迅速变化，尤其是苏军第25近卫坦克军的先头已逼近到距扎波罗热不足50公里处，迫使希特勒匆匆离去，临行前把南方战场的乱局交给曼施坦因全权处理。曼施坦因此刻接近完成了反击部署，豪塞尔装甲军负责切断奔袭第聂伯河的苏军，第4和第1装甲集团军将同步向北进攻，与党卫军建立联系后并肩向北推进，沿着通往哈尔科夫的道路和铁路线摧毁对手，或至少将其驱离顿涅茨河。整个作战过程中，“霍利特”、“弗雷特-皮科”和“兰茨”等“集团军级支队”将提供侧翼保护或辅攻。不过，希特勒离开前，还是把兰茨（Hubert Lanz）作为哈尔科夫失守的替罪羊解除了职务，后者名下的部队也在肯普夫继任后，相应地改称“肯普夫集团军级支队”。

到2月19日夜曼施坦因发起著名的哈尔科夫反击战时，第4装甲集团军的第48和第57装甲军已在南面的克拉斯诺亚梅斯科耶（Krasnoarmeyskoye，即“红军村”）就位，党卫军装甲军也在北面的克拉斯诺格勒（Krasnograd）附近完成部署，伏罗希洛夫格勒至斯拉夫扬斯克之间的北顿涅茨地区也被第1装甲集团军和“弗雷特-皮科集团军级支队”有力地屏障，包围苏军“波波夫装甲集群”、第6集团军和第1近卫集团军的雏形已经显现。“帝国”师和“骷髅”师被划归霍特的第4装甲集团军统一指挥，任务是先向南并肩推进，抵达巴甫洛格勒（Pavlograd）后掐断苏军第6集团军的先头，而后调头向北朝哈尔科夫运动，把苏军往北面的LSSAH方向推挤。迪特里希的任务是在克拉斯诺格勒及其周边展开攻击性防御，阻止苏军第3坦克集团军干扰南面的攻势，因此，迪特里希师在21日中午又回到“肯普夫集团军级支队”的序列中。[46]“帝国”和“骷髅”两师发起进攻后，在巴甫洛格勒附近撕开了苏军第25近卫坦克军、第4近卫和第15近卫步兵军的防线，这些苏军因缺乏油料和遭到轰炸几乎失去了机动能力。德军装甲部队在大批被毁或被遗弃的苏军车辆间穿行，虎式和IV号坦克在远距离内“恣意”地攻击反坦克阵地，跟进的装甲掷弹兵则以凶猛的火力消灭孤立被围的苏军步兵群。五天的作战中，苏军第6集团军在德军正面、侧翼和后方的不停撕咬下基本解体。迪特里希的LSSAH在北面承担着虽不“夺目”，但也同等重要的攻击性防御任务。LSSAH南翼的第2装甲掷弹兵团负责保持与南面的“骷髅”师的联系，而迪特里希则在中路每天都组织战斗群发起局部进攻，或在夜间悄悄渗入稀松的苏军前沿进行伏击。迪特里希扮演的角色当然无法与南面的“帝国”和“骷髅”两师媲美——曼施坦因就曾觉得，“从报告中无法明显地看到‘警卫旗队’师的成功”。有后人曾称，考虑到迪特里希面对的压力和防御正面的宽度，曼施坦因的这一评语显得不公，“有可能纯粹是因为缺乏足够的信息，也有可能是陆军对党卫军或迪特里希本人存有偏见的一个实例”。[47]

到2月24日，“帝国”和“骷髅”两师基本完成了消灭苏军第6集团军余部的作战，准备掉头向北朝哈尔科夫推进。24日至26日，苏军第3坦克集团军为了救援南面的部队，向迪特里希的北翼防线施加了强大压力，竭力想在LSSAH

和党卫军的另两个师之间楔入进来。迪特里希率部打退了对手的所有尝试。28日，他奉命西撤和放任对手南下，准备与其他部队稍后合围楔进来的苏军。三日后，迪特里希的装甲团再度向东出击，摧毁了对手一批坦克和反坦克炮后，3月3日与北上的"元首"装甲掷弹兵团取得联系，迈尔的搜索侦察营次日又与"骷髅"师一部会合，从而把苏军第3坦克集团军的许多部队关进了包围圈。激战过后，苏军第4、第22和第15坦克军大部被歼，冰封的雪原上留下了61辆坦克、225门大炮和9000具苏军官兵的尸体。党卫军的三个装甲师随即继续向北推进，第48装甲军负责保护其右翼，再往东的第1装甲集团军所部也在沿着顿涅茨河向北夺取地盘。由于苏军处于不停的败退中，曼施坦因、霍特、迪特里希乃至普通装甲兵似乎都恍若回到了1941年，甚至是1940年。曼施坦因夺取哈尔科夫的计划是由党卫军装甲军向北运动到哈尔科夫西北，而后右转向东，绕过城北后以扑向顿涅茨河、掐断守军逃离通路为目标，而第48装甲军则负责从

◀ 摄于1943年2月末的克拉斯诺格勒防御战期间，迪特里希探视第1装甲掷弹兵团团部时与团长维特（左）握手致意。

▶ 摄于1943年2月，LSSAH的1辆IV号坦克（Ausf.G）在哈尔科夫附近。

▲ 摄于1943年3月，党卫军部队（据信是LSSAH）从北面进入哈尔科夫的场景。

▲ 摄于1943年3月，党卫军士兵在哈尔科夫城中。

◀ 摄于1943年3月，迪特里希（右）与迈尔（中）正在观察战场形势。

▼ 摄于1943年3月21日，迪特里希与LSSAH的军官们在一起的情景。

▲ 摄于1943年3月的哈尔科夫，从左至右依次为：时任第2装甲掷弹兵团1营营长的克拉斯、第2装甲掷弹兵团团长维施、迪特里希和第1装甲掷弹兵团团长弗赖（Albert Frey）。

◀ 1943年3月14日，迪特里希获颁第26枚双剑骑士勋章，图为授勋时拍摄的照片。

▼ 摄于1943年4月，迪特里希与LSSAH军官们的合影。

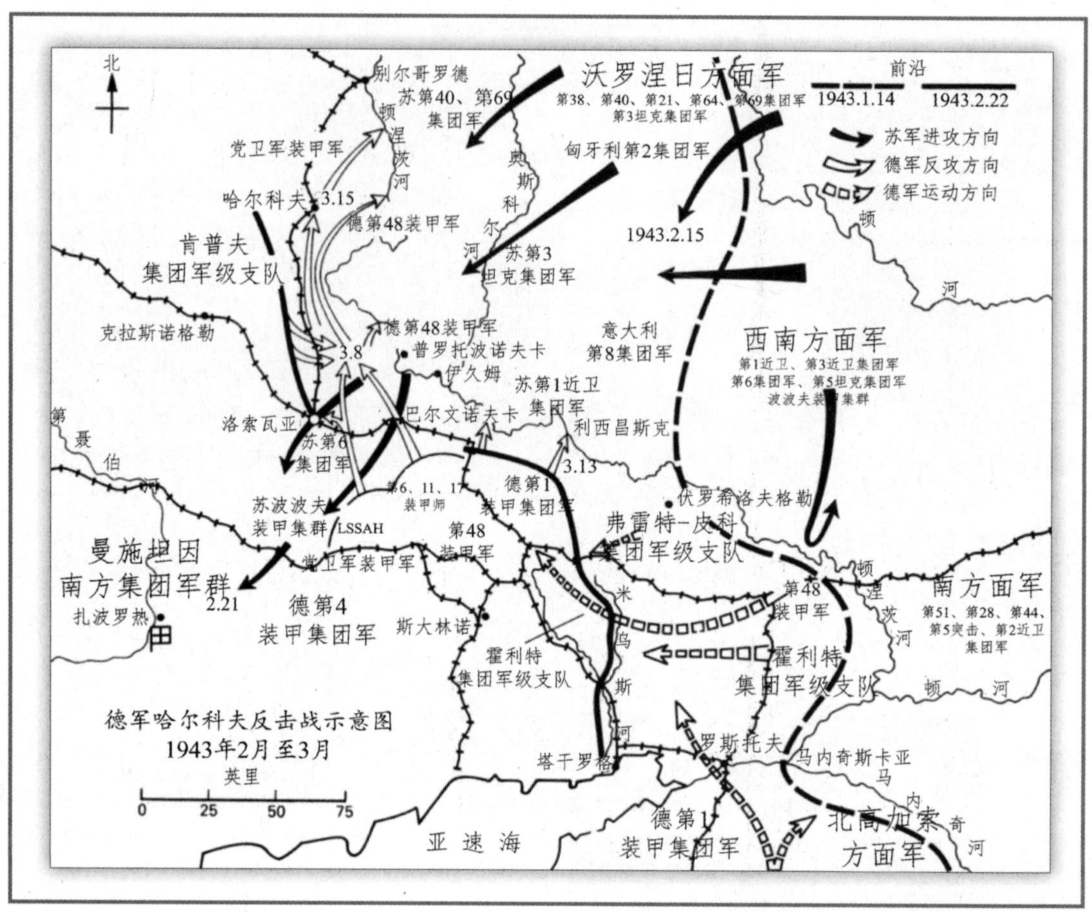

▲ *哈尔科夫反击战示意图（1943年2月—1943年3月）。*

南面进攻哈尔科夫城，得到大大加强的“大德意志”师负责在城北设立阻击防线，防止苏军救援部队干扰德军的夺城攻势。

党卫军的3个师（“骷髅”师在左、LSSAH居中、“帝国”师在右）以难以阻挡的势头向北推进，到3月10日时已进抵哈尔科夫的正西方。这时，豪塞尔在“洗刷前耻”念头的支配下，决心不让党卫军以外的任何部队染指收复哈尔科夫的荣誉。他违背了曼施坦因和霍特要求他“竭力避免阵地战或巷战”的指示，命令“帝国”师由西向东攻城，LSSAH和“骷髅”师开至城北后，由迪特里希南下攻城，“骷髅”师继续保持包围态势。迪特里希先打通了从北面进入哈尔科夫的两条道路，然后以第1和第2装甲掷弹兵团为主体组成两个战斗群（配属坦克、突击炮、88毫米高射炮和多管火箭炮），分别由维特和维施带领攻城，迈尔则率其搜索侦察营和配属的1个装甲营继续向东运动，而后由东向西进城，以阻断守军的撤离路线。苏军紧急调派1个坦克旅和1个旅的内务部队入城支援，试图建立一条临时防线挡住德军的推进。豪塞尔命令LSSAH和“帝国”师于11日凌晨发动强攻，迪特里希所部在城北遭到苏军的顽强抵抗和间或发起的坦克反击，虽然他派出的突击炮和多管火箭炮造成苏军的大量伤亡，但无法干净利落地突破入城。迈尔则率领战斗群展开了侧翼包抄，途中要经过大片的密林和沼泽湿地，然而，当他率部费尽九牛二虎之力从泥泞和密林中钻出来时，突然发现自己的前方有整整1个团的苏军挡道。在斯图卡轰炸机的帮助下，迈尔战斗群终于在夜间突入哈尔科夫城，但由于油料将尽，迈尔那些剩下的坦克和突击炮等很快被数千苏军和民兵包围在公墓附近。迪特里希的两个主力战斗群次日继续疯狂进攻，这次他派虎式坦克在最前方充任"流动碉堡"，这些火力强大、装甲厚重的巨兽往往占据一个街角就可控制一片街区，几发炮弹就足以摧毁半幢大楼。派普的半履带车营经过苦战杀出一条血路，与"搁浅"的迈尔战斗群建立了薄弱的联系。城内的战斗在13日趋于白热化，迪特里希驱赶着手下发起一轮轮进攻，完全不计伤亡地试图摧毁隐伏的苏军反坦克炮和零星坦克，当然还有藏身于大楼废墟中的狙击手，党卫军的凶悍和勇猛使苏军很难有机会重新布防和调派增援。3月14日，哈尔科夫城终于被迪特里希攻克，守军主力基本都已撤向南面，但他们又一头撞上了自南向北逼近哈尔科夫的第48装甲军（第6和第11装甲师等）。"帝国"师、"骷髅"师、第6和第11装甲师试图在哈尔科夫南面围歼苏军第3坦克集团军残部，但由于缺乏步兵支援，自身的实力又大为削减，这些装甲师无法阻止苏军的成功突围。

14日当天，尽管哈尔科夫城内的残敌尚未完全肃清，但德军最高统帅部还是迫不及待地宣布克复了哈尔科夫，"最大功臣"之一的迪特里希也获得了第26枚双剑骑士勋章。不过，迪特里希在领取勋章和接受褒奖之前，还需要完成夺取别尔哥罗德的任务。当时，负责该方向的"大德意志"师已在苏军第40和第69集团军之间撕开了口子，党卫军的精锐开始与前者展开了争夺荣誉的竞争。迪特里希派出的矛头是派普的半履带车营。派普在斯图卡轰炸机、炮火和配属的虎式坦克连的支援下，像绞肉机般奋勇直前，摧毁沿途的一切抵抗，将纳粹武士的疯狂和强悍发挥到了极致。18日中午，派普率部杀入别尔哥罗德城中心，随后打退了苏军发起的多次反扑，到下午时，他与协同进攻的"帝国"师"德意志"团建立了完整的防线。乘坐侦察机观战的迪特里希，对派普的勇猛作风和作战技能感叹不已，在空中就向这员爱将表示了祝贺。

LSSAH等三个党卫军师在哈尔科夫之战中充分证明了自己的能力和地位，它们不仅能在防御中顶住力量远胜于己的对手，还能以无比的热情和作战技能在反击中制胜。陆军将领中不会再有人小视这三个师的战斗力，尽管他们对党卫军在政治信念支配下表现出的热情、韧性和毫不退让的精神依然感到震惊。不过，党卫军装甲军的伤亡也是巨大的——有11500名官兵命丧此役，仅迪特里希的LSSAH两个月里就损失4500人；豪塞尔违令强攻哈尔科夫的方式，也让所部付出了伤亡1000人的代价。面对着如此惨痛的损失，可以想象，党卫军在清理哈尔科夫城的残余苏军时，不会像两年前在希腊那样"冒险抓俘虏"，对于平民也同样不会心慈手软——迪特里希的部下曾在3月13日和14日两天，在哈尔科夫苏军医院里枪杀了200多名伤病员和医护人员，还纵火焚毁了医院。按照苏方的调查资料，1943年3月占领哈尔科夫的武装党卫军以及尾随进入的盖世太保、行刑队和特别部队，在1943年8月末被最终逐出哈尔科夫前，5个月里屠杀了包括妇孺在内的20000名平民。[48]如果党卫军主子们最大的梦想就是彻底消灭犹太人、布尔什维克和所有"劣等种族"的话，那么党卫军和一般党卫队在哈尔科夫的作为不过是他们的"标准惯例"，说他们的标志就是"滥杀无辜"并无任何不妥。事实上，希姆莱在4月飞抵哈尔科夫视察时，还曾对三个师的军官叫嚣："……我们永远不能让那个卓越的武器——在哈尔科夫之战中赢得的恐怖声誉——褪色，相反，我们应不断地为之增添意义。"

4月间，迪特里希从希特勒手中接过了双

剑骑士勋章，同时获知自己将出任党卫军第1装甲军军长，负责组训另一个带有元首名字的师——“希特勒青年团”装甲掷弹兵师。这当然是希特勒对他的犒赏和信任，正如戈培尔在日记中所写的那样：“……迪特里希拥有希特勒无尽的信任，元首认为他是最优秀的指挥官之一，总是期盼他带来奇迹……”4月20日，元首将200万帝国马克的巨额奖金赏给了迪特里希的LSSAH。5月28日是迪特里希的生日，当天，LSSAH为即将前往党卫军第1装甲军军部及“希特勒青年团”师就职的官兵举行了告别仪式，党卫军第2装甲军军长豪塞尔、“骷髅”师师长普里斯（Hermann Prieß）、“维京”师师长吉勒及“大德意志”装甲团团长施特拉赫维茨上校等，都曾赶来为迪特里希庆贺生日。[49]6月4日，迪特里希将LSSAH 移交给原第2装甲掷弹兵团团长维施后回到了德国，虽然LSSAH仍将是迪特里希装甲军的一部分，但对于LSSAH的官兵来说，一个时代已落下了大幕。

灾难连连：从诺曼底到阿登

1943年6月23日，希特勒赠予迪特里希一个独一无二的衔级——党卫队副总指挥兼武装党卫军装甲兵将军。[50]虽然头衔动听，但在1943年夏至1944年上半年近一年的时间里，迪特里希实际上并未指挥任何部队。为组训“希特勒青年团”师，迪特里希从LSSAH带走了维特、迈尔和温舍等35名重要军官，搜索侦察营、1个装甲营和1个炮兵营也被他全数带走。迪特里希的参谋长是原来的第13装甲师首席作战参谋克雷默（Fritz Kraemer），这位有着完整的参谋训练和丰富作战经验的军官，也将像之前的作战参谋和助手一样，帮助迪特里希履行越来越重的职责。LSSAH参加了7月初的“城堡作战”，但迪特里希只能无奈地在前线观战；LSSAH于 7月中旬被调往意大利时，迪特里希也来到意大利并与隆美尔进一步密切了关系，但当时LSSAH被划给豪塞尔的党卫军第2装甲军指挥；1943年11月至1944年1月初，LSSAH回到东线参加基辅反击战（被划归巴尔克第48装甲军指挥），迪特里希也曾在1943年12月到战场观战，并在回国后心疼地向希特勒抱怨，他的LSSAH伤亡惨重却未及时得到兵员和装备的补充；至于LSSAH在1944年2月参与的切尔卡瑟包围圈救援战，3月末至4月初随第1装甲集团军冲出“卡缅涅茨-波多利斯基”包围圈的作战，更是曾让身在比利时，心在老部队的迪特里希牵肠挂肚，如坐针毡。

盟军诺曼底登陆之前，迪特里希装甲军辖有“希特勒青年团”师、第2装甲师和党卫军第17装甲掷弹兵师，LSSAH虽已回到他的作战序列中，但自4月起一直在比利时进行休整和重新装备。迪特里希的任务是当盟军在安特卫普至瑟堡之间的某地突然空降或两栖登陆时，以最快速度消灭对手。当盟军抢滩诺曼底的时刻在6月6日凌晨终于到来时，西线德军将领们无不大吃一惊，B集团军群指挥官隆美尔正在德国休假，而迪特里希也正在比利时探访LSSAH。迪特里希匆忙赶回后，6日下午4点即率军部离开巴黎向鲁昂（Rouen）赶去，他从伦德施泰特那里领受的任务是从卡昂（Caen）方向发起反击，乘登陆盟军立足未稳将之赶入大海。由于最高统帅部认定诺曼底的登陆只是佯攻，真正的威胁将来自加莱方向，因此，原属迪特里希的第2装甲师奉命在阿拉斯原地待命，党卫军第17装甲掷弹兵师则被调往瑟堡应付登陆美军。不过，迪特里希装甲军获得了正在卡昂与英军空降兵苦战的第21装甲师，以及驻于沙特尔（Chartres）的装甲教导师，此外，“希特勒青年团”师正在赶往前线的路上，LSSAH一旦完成重新装备也将立即前来增援。迪特里希曾设想在7日晨发起协同反击，但结果证明这是一厢情愿——“希特勒青年团”师由于受到空袭和机械故障的干扰，6日夜时只有1个团开到；第21

▲可能摄于1943年7月，第4装甲集团军指挥官霍特（正中）似乎正为某将军颁发勋章。迪特里希是右起第3人，他的右边是豪塞尔。

▲ 摄于1943年末的比利时某地，迪特里希视察新组建的"希特勒青年团"师时，与第26装甲掷弹兵团团长蒙克（左一）握手。

▼可能摄于1943年7月，迪特里希正与LSSAH第2装甲掷弹兵团2营营长、党卫队二级突击大队长桑迪希（Rudolf Sandig）交谈。

▲ 摄于1944年3月，西线总司令伦德施泰特在比利时贝弗洛（Beverlo）视察“希特勒青年团”师的场景。图中手持权杖者为伦德施泰特，同排右侧是师长维特，两人侧后方中间的是第26装甲掷弹兵团3营10连连长帕拉斯（Wilhelm Pallas），次排左为迪特里希，右为第26装甲掷弹兵团团长蒙克。前方是1辆SdKfz.251/3 Ausf.D 装甲车。

▲ 摄于1944年3月，迪特里希向伦德施泰特介绍参加演习的各部的部署态势。

▲ 摄于1944年5月，装甲兵总监古德里安到比利时亨克（Genk）视察党卫军第1装甲团。图中古德里安（左）正与迪特里希交谈，中间是装甲团团长派普。迪特里希的右边似为装甲团2营营长克林（Heinrich Kling）。

▼ 摄于1944年，迪特里希与党卫军第17装甲掷弹兵师师长奥斯滕多夫（Werner Ostendorf）在一起，后者于6月16日身负重伤后离职。

装甲师正在支援第716步兵师对抗登陆英军和加拿大部队，根本无法抽身；由于通信系统陷入瘫痪，迪特里希无法从第7集团军那里获知装甲教导师的位置。6月8日，鉴于自己的防区与左翼的第84军之间出现了缺口，更主要的还是担忧盟军登陆部队和装备的与时俱增，迪特里希决定无论如何都将以手头的力量发起反击。不过，决心虽大，最后也仅有装甲教导师的一个战斗群投入了反击，由于第716步兵师已被对手打残，“希特勒青年团”师和第21装甲师不得不分出多数兵力进行防御，以求勉强维持着对登陆盟军的半弧形围堵。迪特里希发起反击的当日，隆美尔及西线总部参谋长布鲁门特里特（Günther Blumentritt）几乎同时来到党卫军第1装甲军军部了解进展。[51]他们一致认定，眼下的零敲碎打式反攻根本不能解决问题，只有集中力量进行反击——即大量增援装甲师和步兵师——才能稳定局势。迪特里希还介绍了盟军压倒性的空中优势对地面战事的重大影响，相应地要求加强德国空军的力量。这些当然都是清醒的评估，但在希特勒严密僵硬的控制下，这些要求根本没有很快实现的可能。到10日时，随着基本失去战斗力的第716步兵师的撤退，迪特里希不得

不把装甲教导师（左）、“希特勒青年团”师（中）和第21装甲师（右）都部署在卡昂周边的半弧形防线上。

逐日的激战中，迪特里希所部给英军和加拿大军队以重大杀伤，但他自己的兵力日渐稀薄，幸存者们也多在盟军强大的轰炸攻势中渐渐失去信心和战斗力。迪特里希仍然没有力量填补左翼的装甲教导师与邻军第84军之间的缺口，蒙哥马利手下的王牌第7装甲师在6月12日时就曾试图从这里突破，所幸有党卫军第101重装甲营的及时干预，才算化解了险情。重装甲营2连连长魏特曼曾在维莱博卡日上演了一幕神话——他带领5辆虎式坦克，不到15分钟就击毁了25辆英军坦克、反坦克炮和运输车辆，再加上第2装甲师及时赶到后发起反扑，最后控制住了盟军通往卡昂的道路。但迪特里希很清楚，蒙哥马利还将以更大的攻势从西面包围和夺取卡昂——6月26日，蒙哥马利发起了代号“爱普生”（Epsom）的作战，英军第8军的3个师把重拳砸向了装甲教导师和“希特勒青年团”师，疲惫虚弱的两部德军倾其全力也无法阻挡。万分危急之际，迪特里希把LSSAH第1装甲掷弹兵团调到战场，命令“希特勒青年团”师新任师长迈尔统一指挥进行反扑，总算又挽救了一场危机。事后，迪特里希曾向第7集团军和B集团军群抱怨，称自己在卡昂西面和西南的防线最多只能再坚持几天，恳求上级使用从东线赶来的党卫军第2装甲军迅速反击。6月28日，第7集团军指挥官多尔曼（Friedrich Dollmann）因心脏病发作故去，豪塞尔接任集团军指挥官，比特里希则继任党卫军第2装甲军军长。比特里希率领所部两个装甲师随后发起了反扑，终于堵上了卡昂西面的防线缺口。至此，本应集中力量发动协同反击的装甲部队，几乎全都被部署到前沿扮演步兵师的角色。

迪特里希和他的参谋长克雷默都要求尽快撤出卡昂，豪塞尔和西线装甲集群指挥官施韦彭堡也敦促隆美尔批准这一撤退，伦德施泰特得到汇报后立即命令隆美尔着手准备，同时在通知最高统帅部时声称：“……有必要利用当下的时机，把党卫军第1装甲军和第21装甲师撤离日渐狭小的包围圈……这些都是我们最好的部队，必须在奥恩（Orne）河以东保存这些部队的作战能力；这一决策不仅必要，而且紧急，决不能让敌军再次摧毁我们最有价值的部队。”[52]伦德施泰特于7月1日收到了不许撤退的命令，次日又在获得橡叶骑士勋章的同时被解职，他的继任者克鲁格元帅在7月3日即“带着东线将领常有的、毫无来由的乐观情绪”出现在西线总部。同时被解职的还有施韦彭堡和第19集团军指挥官佐登斯特恩（Georg von Sodenstern），隆美尔、豪塞尔和最早要求撤退的迪特里希都安然无事。不过，高层换将也不能缓解迪特里希在卡昂承受的压力。8日，英军第3和加拿大第3步兵师又向“希特勒青年团”师发起进攻，一向不知生死为何物的迈尔，竟然都向迪特里希要求撤离卡昂！刚刚目睹人事洗牌的迪特里希拒绝批准撤退，但迈尔还是自作主张地撤过了奥恩河，还声称自己“本打算与卡昂共存亡，但实在无法眼睁睁地看着那些年轻人为毫无意义的命令而送命”！[53]由于迈尔师已基本失去战斗力，迪特里希只能打掉牙往肚子里咽，最后还是靠着LSSAH的及时就位才将局面稳定下来。18日，迪特里希的防区经受了到目前为止最大的一次考验——蒙哥马利发起了代号“良木”（Goodwood）的大规模作战，英军第7、第11装甲师及禁卫装甲师在卡昂以东朝布尔盖比（Bourguebus）山脊地区发起了进攻，而在卡昂的北面和西面，加拿大第2和第3步兵师同步展开了辅攻。迪特里希在应对这一攻势时表现得相当稳健到位，他把LSSAH和装甲军直属的第101重装甲营分别部署在布尔盖比山脊和弗勒努维尔（Frenouville）严阵以待，第21装甲师的装甲战斗群负责支援。待英军装甲部队跌跌撞撞地开至布尔盖比山脊附近时，德军坦克、突击

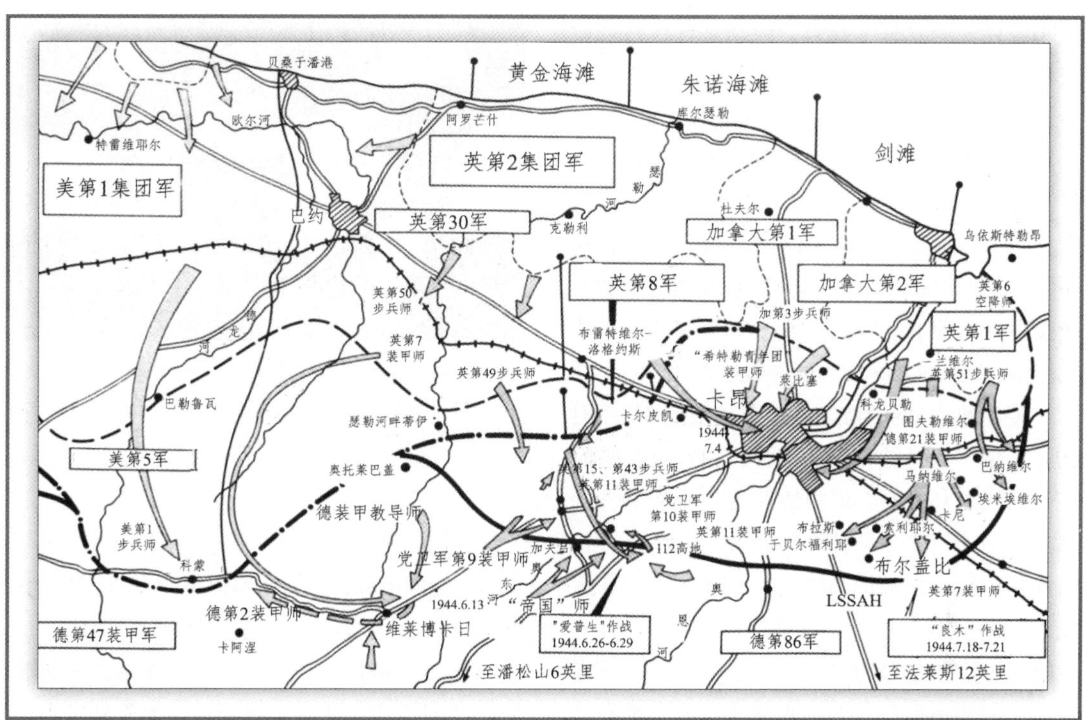

▲ 诺曼底战役中卡昂周边的作战示意图（1944.6—7）。

▲ 摄于1944年6月，迪特里希和参谋们在赶往诺曼底前线的路上研究地图。

▲ 摄于1944年7月17日，迪特里希正在“欣赏”被盟军战斗机袭击的一辆汽车。这辆车据信就是隆美尔的座车。

▲ 摄于1944年7月，迪特里希与“希特勒青年团”师的几员大将在一起。前左为第26装甲掷弹兵团团长蒙克，后左为第12装甲掷弹兵团团长温舍，右为师长迈尔。

炮和各种火炮发挥了威力，到18日日终时造成英军3个装甲师损失了197辆坦克。次日，迪特里希又把“希特勒青年团”师调至布尔盖比参战，当日战事结束时英军又损失了99辆坦克。到21日“良木”作战收尾时，英军总共损失314辆坦克，德军的损失估计也多达100辆坦克。[54]在卡昂以西，迪特里希手下的第272步兵师表现非常顽强，在LSSAH的豹式装甲营和1个掷弹兵营的支援下，挫败了加拿大人的所有进攻。

▲ 摄于1944年7月，迪特里希正向“希特勒青年团”师第12装甲掷弹兵团2营营长普林茨（Karl-Heinz Prinz，左）颁发骑士勋章，右为该团团长温舍。

就在迪特里希的部队与盟军血战之际，7月20日发生了刺杀希特勒的事件。迪特里希当时正在西线总部开会，但很快获得了希特勒侥幸逃过一劫的消息。尽管他曾多次在陆军将领们面前抱怨，正是希特勒的失误和僵化干涉才造成西线的大量伤亡和被动局面，但得知消息后，他的第一反应还是无比震怒，并厉声斥责“密谋者可耻的胆小鬼行径”。迪特里希的态度有些令人摸不着头脑，6月和7月间，他在与隆美尔多次密谈时曾谈及“迫使希特勒下台”的打算。7月13日至15日，两人又曾数次会面，隆美尔亮明了自己的态度——西线已经失败，唯有与盟军媾和才有可能集中力量对付东线的苏军。迪特里希表示自己深有同感，当隆美尔暧昧地问他是否愿意执行给他的任何命令，“即便这些命令与元首的命令相抵触”之时，迪特里希郑重地声称：“元帅阁下，您是我的指挥官，不管您准备干什么，我都服从您的命令！”[55]隆美尔曾提到，一旦希特勒不愿结束战争，就必须迫使他下台，迪特里希当时还担心地询问：“如果元首要枪毙我们怎么办？”据称，隆美尔当时宽慰地说：“他不敢，因为那会引起兵变。”[56]迪特里希略加思忖后，决定与隆美尔一起面见希特勒，尽力说服元首接受现实，并与盟军媾和。16日，隆美尔打电话给迪特里希，目的是确保后者的态度没有变化，而迪特里希则回应称，先前所议的方案仍是最佳解决办法。隆美尔反问如果元首拒绝怎么办，不待迪特里希回答，他又自言自语道：“那我们就得接管一切。”迪特里希似乎嗅到了血腥，立即声称自己只在不使用武力的前提下才会参与。隆美尔表示“软禁就足够了”。[56]

隆美尔是真的相信这位党卫军最重要的将领已站到他这一边了。迪特里希显然知道有针对希特勒的阴谋正在酝酿，而且将以某种形式发生，但他并未告密，因此，其态度就算不是积极与事，至少也是乐见其成。隆美尔在17日意外受伤，使得他与迪特里希“强行说服元首结束战争”的计划无法实现。当隆美尔的参谋长施派德尔后来被党卫队逮捕时，迪特里希曾全力设法营救。对此，军史家弗拉施卡还曾在著作中发问：“……迪特里希怎么会有这种作为？如果隆美尔元帅在病床上不小心说出点什么，迪特里希就不怕他与元帅的密谋曝光？”[56]迪特里希愿意追随隆美尔采取行动，但他所理解的行动很可能与刺杀希特勒的计划毫不相干。他仰慕隆美尔的才华和领袖魅力，后者也欣赏他的坦率和幽默，但不知何故，迪特里希战后受审时却一反常态，说隆美尔从未在东线战斗过，因而算不上是真正的战士：“……他懂得什么战争？他只知道对着相机摆出姿态，在报纸上宣传自己。他所做的一切不过是站在坦克上，一边挥舞元帅权杖，一边高呼‘我是非洲之王’！”这种首鼠两端的态度中有多少是真实想法固然难以判断，但一再要求增援未果，力主撤退的建议屡次被拒后，迪特里希确实变得愈发现实。作为经验丰富且理解士兵疾苦的指挥官，他更愿与普通官兵们在一起，也乐于以一种令他人艳羡的方式照料他们。数年的血战和残酷的现实使他认识到，希特勒的许多决定既无意义又充满疯狂。在信仰上，迪特里希仍是纳粹信徒，在政治上，他也不质疑希特勒的领袖地位，但在军事上，他对自己鞍前马后十余年的主人的信心，如果不是已经荡然无存的话，那至少也是越来越少。

希特勒从没有怀疑过迪特里希，更未对他失去信心——8月1日，迪特里希被擢升为党卫队全国副总指挥兼武装党卫军上将（资格回溯至1942年4月20日）；6日，他又获得第16枚钻石骑士勋章；9日，迪特里希更被任命为第5装甲集团军（5天前刚从西线装甲集群改名而来）的代理指挥官。希特勒坚持要求原第5装甲集团军指挥官埃博巴赫率LSSAH、"帝国"师、第2和第116装甲师及党卫军第17装甲掷弹兵师等，由东向西朝阿夫朗什（Avranches，亦作阿夫蓝士）发动反击。对于这一脱离现实的危险命令，迪特里希曾抱怨道："……我警告过克鲁格元帅，加拿大军队在莱松（Laison）河只是短暂地停顿。一旦他们继续进攻，法莱斯只怕一两天就会失守。豪塞尔和埃博巴赫都敦促克鲁格取消反击并命令撤退。但他收到柏林来电，坚持要求他发起反攻。只有一个人应为这场愚蠢、没有任何指望的作战受到谴责，那就是疯子阿道夫·希特勒。这是元首的命令，我们还能怎么样呢？"[57]迪特里希所描绘的其实就是将把诺曼底地区的几乎所有德军关进囚笼的法莱斯口袋。8月13日夜，巴顿手下的第15军进抵卡昂南面的阿让唐（Argentan），北面的加拿大第1集团军16日夜攻克了法莱斯，西面和西北的英军也在不间断地挤压德军。17日夜，取代克鲁格出任西线总司令的莫德尔出现在西线总部时，第7集团军和第5装甲集团军、4个军部和至少13个师的部队已被孤立在法莱斯口袋中，向东逃生的通道也在南北两面的盟军炮火射程内。尽管莫德尔立即命令被围部队放弃重武器向东撤退，迪特里希也在竭力延迟着对手的南北对进和最终会师，但这个时刻还是在19日来临。所幸，合拢包围圈的盟军力量此刻非常有限，包围圈外的党卫军第2和第9装甲师在20日奋力发起反扑，包围圈内的LSSAH、"希特勒青年团"师、党卫军第10装甲师和第116装甲师等杀出了一条血路，到20日中午时约有数万德军成功脱逃。21日，在盟军彻底切断逃生走廊前，又有相当数量的德军逃离绝境。关于法莱斯口袋中德军损失的总数，史家们一直没有准确数字——他们估计，被围德军的总数介于8万至10万之间，其中1万至1.5万人丧生，4万至5万人被俘，逃走的总人数介于2万至5万，但德军几乎损失了所有坦克和大炮。

逃出法莱斯口袋后，莫德尔命令迪特里希反击已在塞纳河建立桥头堡的美军第15军所部。迪特里希非常不满，称自己的4个装甲师现在就只剩下名字，但抗议无效后，他还是在8月23日下午发起了进攻。由于反攻很快被对手挫败，他请求莫德尔解除其职务，因为他自认无法履行集团军指挥官的职责。B集团军群当天的战时日志曾记载："第5装甲集团军指挥官请求解除自己的职务，因为他的表现没有达到预期，未能完成交办的任务。集团军群指挥官拒绝了。"[58]莫德尔给迪特里希的答复非常简单——"忘了辞呈，接着干"。迪特里希的情绪显然陷入了低谷，对于逆转败局也不再抱有任何希望。几天后的28日，在迪特里希的总部，莫德尔借助地图向迪特里希和几个集团军参谋长介绍说，他准备在塞纳河与最终防线索姆河—马恩河之间构筑过渡防线，以便分阶段撤退。迪特里希当时在会议室里不停地踱步，间或还自言自语。突然间他停下脚步，径直冲着莫德尔说："不要这样，这根本不管用。"然后，他开始破口大骂希特勒和最高统

▲ 摄于1944年夏，B集团军群指挥官隆美尔在迪特里希的指挥部附近留下了这张照片。

▲ 摄于1944年8月，迪特里希于当月6日获得了第16枚钻石骑士勋章。图为授勋后他与希特勒握手的场景，据说，他还想抱怨一番前线战事并请求撤退，但元首没给他说话的机会。

◀ 摄于1944年7月末，西线装甲集群指挥官埃博巴赫（右）正与迪特里希和第86军军长奥布斯特费尔德（Hans von Obstfelder，中）交换意见（也有人称中间这位是西线总司令克鲁格）。

▲ 摄于1944年8月，第16位钻石骑士勋章得主迪特里希。

▲ 摄于1944年秋，迪特里希与党卫军将军瓦尔德格（Josias Fuerst zu Waldegg）在一起。

▲ 拍摄时间不详，左为党卫队行动总部负责人于特纳（Hans Jüttner），右为曾任党卫军第6“北方”山地师师长、党卫军第12军和第16军军长的德梅尔胡伯（Karl-Maria Demelhuber）。

帅部。莫德尔只是默默地听着，根本不置一词。[59] 到9月8日，莫德尔终于意识到，只有撤至齐格菲防线，B集团军群才有真正的机会立足和稳定防线。希特勒勉强予以批准，但要求必须筹组一支有力的装甲预备队，再向对手发起反击。组建装甲预备队的任务交给了迪特里希，第5装甲集团军则移交给东线调来的曼陀菲尔将军。

西线乱局稍微稳定后，希特勒打算在阿登山区发动反击战，目的是在造成盟军的重大伤亡后迫使对手媾和，而后再集中兵力解决东线问题。10月末，希特勒将已经完成的作战计划向西线高层将领做了通报，副本送给伦德施泰特和莫德尔时，封面上还印着硕大的“不得更改”等几个字。迪特里希战后曾称，他是在反攻发起前四天（12月12日）才得知这个计划的存在，这当然是可笑的不实之词——10月27日，伦德施泰特和莫德尔将迪特里希、曼陀菲尔和第7集团军指挥官布兰登贝格尔（Erich Brandenberger，或作勃兰登堡）召集到B集团军群总部开会，讨论的主题就是希特勒的阿登反击计划。在该计划中，德军将集中西线时所罕见的炮火轰炸美军，步兵突破前沿后为装甲部队打开西进的道路，首波装甲师将以迅捷有力的突刺夺取马斯河桥头堡，跟进的第二波装甲部队再朝安特卫普方向推进，整个作战过程中步兵单位负责掩护突破区域的南北两翼。希特勒指定迪特里希的第6装甲集团军担任主攻——他坚信只有党卫军才具有成功所必需的“勇猛大胆和献身精神”，只有老战友迪特里希才会无条件地从命，并能在完成任务之余顺便“给国防军好好上一课”。[60]曼陀菲尔的第5装甲集团军将在迪特里希的南面提供支援，而第7集团军则负责保护装甲部队的南翼。对于这个野心勃勃乃至完全脱离实际能力的计划，包括迪特里希在内的西线将领无不表示反对，但希特勒心意已决，他要像自己的偶像腓特烈大帝那样，在敌人认为德国就要完蛋的“最黑暗的时刻”，以最后一赌取得“彪炳历史的胜利”。这是元首比肩腓特烈大帝的最后机会，怎容得“既不懂军事、又不可靠”的将领们指手画脚？西线将领们一边积聚兵力和装备，一边试图说服元首至少缩小反击的规模，但他们的全部收获不过是反攻日期被顺延到12月中旬，以及一些战术细节方面的局部让步。

迪特里希所部在三个集团军中实力最强，拥有14万人、1000余门大炮和多管火箭炮、640辆坦克和突击炮等，辖有第67军（第3装甲掷弹兵师、第246、第272和第326国民掷弹兵师）、党卫军第1装甲军（第12和第277国民掷弹兵师、第3伞兵师、LSSAH和“希特勒青年团”师）及党卫军第2装甲军（“帝国”师和“霍亨施陶芬”装甲师）。但迪特里希并不认为自己和部队能够实现元首的厚望——开战前四天的将领动员会上，他曾向希特勒直言自己“还没有做好进攻准备”；反击期间，他与日渐失望的莫德尔一样经常酗酒，多位将领曾称迪特里希“听取汇报时时常心不在焉，还喝得酩酊大醉”；1947年，他曾向加拿大军官舒尔曼愤懑地表示：“……我要做的不过是先渡马斯河，再陷布鲁塞尔，而后继续推进和占领安特卫普。这一切都要在一年里最糟的三个月里完成，在积雪齐腰的阿登山区，糟糕的道路根本不足以让4辆坦克并行通过，更勿论6个装甲师了；这个季节早晨不到8点天不亮，下午不到4点天就黑了，而坦克又不能在晚上作战；我手下的师团都是新组的，基本都是没经过多少训练的新兵；更何况很快就要到圣诞节了。”[61]

阿登反击战可能是被后人研究得最多、最透彻的二战经典战役，这里自然不用详述。12月16日反攻发起后，迪特里希方向曾取得过出其不意的成功，但国民掷弹兵师未能为装甲部队及时打开进军道路。党卫军装甲部队先在蒙绍（Monschau），后在埃尔森博恩（Elsenborn）山脊被美军牢牢挡住，从一开始就在“竞争”中输给了南面的曼陀菲尔。16日下午强行投入装甲部队后，迪特里希把全部希望都寄托在冷血大胆、能力不凡的老部下派普身上，事实上，第6装甲集团军的多数部队在整个战役期间都可谓裹足不前，唯有派普取得过一些突破。派普领导的战斗群拥有包括25辆虎王坦克（来自党卫军第501重装甲营）在内的117辆坦克、149辆半履带车、18辆105毫米自行火炮、6辆150毫米自行榴弹炮及30门以上的高射炮，整个战斗群兵员达4800人，装甲车和运输车辆多达800辆以上。[62]实力虽然雄厚，但任务也相当艰巨——在恶劣的天气和路况条件下，完好无损地夺取和守住马斯河渡口。迪特里希非常清楚，派普只有5天的弹药和油料，没有任何舟桥设备，楔入美军后方的沿途将面临巨大的伤亡，而这种伤亡乃至全军覆灭，只有派普这种“久经考验的老战士”才能承受。派普开始时确曾取得过相当进展，18日夺取斯塔沃洛（Stavelot）后开始向特鲁瓦蓬（Trois Ponts）进军，目标是夺取横跨在昂布莱沃（Ambleve）河与索穆（Salm）河上的渡桥。但到达目的地时，派普发现美军已将桥梁炸毁，无奈之下只好取道拉格莱兹（La Gleize）渡过昂布莱沃河。到这个时候，他已损失了20辆坦克，油料也开始显得不足。在随后的推进中，由于美军炸毁了乌尔特（Ourthe）河渡桥，派普只得又

▲ 摄于1944年12月的阿登反击战期间，迪特里希与莫德尔。

▲ 摄于1944年12月，迪特里希正在视察前线，身后之人为副官维泽（Hermann Weiser）。

▲ 摄于1944年12月，迪特里希正在向党卫军士兵颁发勋章和表示祝贺。

▲ 摄于1945年1月19日，据信本图摄于东线的维斯瓦河—奥得河战役期间。不久后，迪特里希率部开赴匈牙利战场，准备发起二战德军的最后一次重大攻势——巴拉顿湖反击战。

折回拉格莱兹。此时，美军已在派普身后夺回了斯塔沃洛，也将其补给路线上的桥梁尽数炸毁。20日时，派普面对的形势骤然紧张起来，他已损失了一半的坦克，油料基本殆尽，补给完全依靠空投，但90%的空投物资都落在了美军防区内。21日，迪特里希曾派兵增援派普，但援兵遭到美军阻击后动弹不得。派普战斗群22日时已基本被围。次日，迪特里希允许派普突围，后者留下

300人殿后，扔下没有油料的30辆坦克、70辆半履带车和2个炮兵连，率领800余人在圣诞夜凌晨2点开始了艰难跋涉。抵达德军一线时，9天没睡过整觉的派普向指挥官行礼后，便一头栽倒熟睡起来。派普战斗群的任务无疑是一次完败，一周内损失4000人和90余辆坦克，除了比其他部队突得更远外，没有取得任何有价值的战术成功，对迪特里希集团军的整体局势来说，除了曾带来一些肥皂泡般的虚无希望外，也没有实质性的帮助。

派普战斗群的经历很大程度上就是迪特里希集团军在阿登反击战中的命运的缩影。战役发起后的第三天夜里，面对着大大落后于预定时间表的进展，莫德尔和伦德施泰特都认为反击战已然失败，后者曾写道："……我们应放弃进攻，准备防御已经夺取的地盘。迪特里希的部队在蒙绍和马尔梅迪（Malmedy）之间被挡住了，圣维特（St.Vith）还未被攻克。我们也不过刚刚抵达巴斯托涅，而进攻开始的次日它就应该已落入我们手中。我们未能最大限度地利用最初的突然性。冰封的路面以及不得不向顽强抵抗的被围敌军发动的大规模进攻，致使我们的推进从来没有取得应有的势头。"[63]伦德施泰特和莫德尔为挽救濒于失败的攻势，曾在派普战斗群失败后对调了迪特里希与曼陀菲尔的角色，命令前者支援第5装甲集团军更具希望的攻势。其实，当曼陀菲尔的进展远快于迪特里希时，他曾要求后者抽调兵力迅速支援，但迪特里希以"有违元首命令"为由拒绝了。有后人曾评论说："……如果迪特里希能派出预备队支援曼陀菲尔，而不是等待希特勒的批准，那他将为自己赢得恒久的声誉。"[64]伦德施泰特和莫德尔也曾要求把党卫军第2装甲军调拨给曼陀菲尔，以扩大后者取得的突破，但在元首看来，这无疑等于承认党卫军将领和部队不如国防军，于是严词拒绝，同时继续做着突至马斯河的迷梦。

尽管曼陀菲尔的装甲矛头最远曾突至离迪南的马斯河渡口仅数英里处，但已是强弩之末的装甲战斗群旋即被围，几经挣扎后方才脱身，宣告了希特勒最后一赌的彻底破产。1944年底至1945年最初的几日，盟军发起了全面反攻，到1月8日时，疲惫的德军全线撤往几星期前的出发地。这是一场被纳粹元首寄予了无限厚望的赌博，是一场被普通官兵视为挽救德国命运的"圣战"，更是一场高级将领眼中"疯狂得不着边际"的游戏。在回顾这场赌博的败因时，迪特里希曾写道："……即便突袭能够取得成功，也不能持续多长时间。地形、季节、弹药和油料短缺，使装甲集团军的作战困难重重。因为设立的目标过于野心勃勃，德国最后仅存的一点力量都消耗殆尽了，降雪和准备不足也是造成阿登之战失败的原因。"[65]迪特里希的参谋长克雷默有着不同的认识，他总结的败因包括战争最后阶段里士兵和军官的质量下滑、机动能力锐减、道路糟糕且驾驶员的驾驶习惯也差，当然还有美国陆军航空队对战事的关键性影响。第5装甲集团军参谋长瓦格纳（Carl Wagner）少将的评论就不那么客气了，他把迪特里希的失败归咎于缺乏职业性："……党卫队将领及下属指挥官的训练匮乏也是败因。它的摩托化部队既缺乏驾驶技能，又无行军纪律，在那些仍被敌军阻断的推进道路上，他们并肩行军的四列纵队很快堵塞了一切。"[66]梅林津在战后对迪特里希曾有过比较公允的评价："……迪特里希的党卫军和在他麾下作战的陆军部队以其惯常的热忱和勇敢发起了进攻，但进展却微不足道。他的集团军的进攻计划没有充分考虑主要条件——地形格外复杂，道路桥梁稀少——以及如何在需要时把增援补给前送至主攻点。只有在极罕见的情况下，一场开局不利的攻势才有可能在后续作战的进程中得到调整和矫正。曼陀菲尔将军以其个人的主动精神——不理睬希特勒的许多命令——为第5装甲集团军带来了明显成功，但第6装甲集团军多少有些不折不扣地执行希特勒的指令，结果就连最初的成功都无法取得。希特勒依然受困于他难以忘怀的一战经历，尽管在某些方面有着无法否认的天才，他正在进行一场伦德施泰特元帅所称的'下士的战争'（作者注：希特勒的军衔实际上是二等兵）。在这方面，迪特里希与他颇有几分相似。"[67]

无论同僚和后人如何谴责迪特里希，如何嘲笑他和党卫军的不职业，一个最根本的事实是，1944年末的德军已不是1940或1941年的那支军队，对手也不再是当年动辄惊慌失措的英法盟军，而是实现了全面摩托化和机械化、握有完全制空权、在诺曼底和法莱斯等一系列战役中因胜利建立起了高度自信的美军。纵使把"守强攻弱"的莫德尔换成曼施坦因或古德里安，纵使把迪特里希换成巴尔克，纵使死去的胡贝能复活——只要希特勒还牢牢地操控着前线的指挥调遣权，阿登反击战的结局恐怕仍难以逆转。迪特里希对希特勒的军事指挥早已失去了信心，他曾不止一次地抗议、破口大骂和陷入沮丧，也曾想利用自己的特殊地位加以规劝，但当一切都无济于事后，他变得麻木、逆来顺受。随着纳粹帝国这条千疮百孔的破船一起沉没，也许是迪特里希唯一的出路。

最后的挣扎与战后岁月

1945年1月中旬，迪特里希奉命把剩下的坦克和重武器移交给第5装甲集团军，而后率第6装甲集团军撤至科隆西南的普吕姆（Prüm），进行休整的同时开始补充兵员和装备。当时，苏军已发起规模浩大的维斯瓦河—奥得河攻势，无论是德军还是盟军，都认为迪特里希集团军会被用来加强柏林的防御，因而下一步的战场应该位于柏林东南。代参谋总长古德里安就曾这样力劝希特勒，但元首的"深邃目光"投向了匈牙利——为了帮助这个最后的盟友夺回首都和保卫它的油田，也为了更好地屏障维也纳，希特勒命令把他最信赖的迪特里希秘密派往匈牙利。迪特里希虽然牢骚满腹，但还是按照命令，安排党卫军第1装甲团作为先头，在1月20日左右登上了驶往匈牙利的列车。1月30日，迪特里希集团军正式改称为"党卫军第6装甲集团军"。[68]按照保密的要求，迪特里希命令所属各师官兵取下军服上的袖标，除去各种车辆上的战术符号，集团军也使用了伪装番号，他本人更是成为无关痛痒的"匈牙利高级工兵指挥官"（Höeherer Pionier–Führer Ungarn）。2月18日，党卫军第2装甲军和其他部队也登上了东行的火车。

在党卫军第1装甲军抵达匈牙利的前后，布达佩斯刚被苏军攻克，虽然数万守军中仅有800人逃出，但这似乎在希特勒的算计之中——1945年整个1月，第6集团军指挥官巴尔克以吉勒的党卫军第4装甲集团军为主力，先后发起过三次布达佩斯救援作战，虽然每次都功败垂成且损失高昂，但希特勒从中觅到了"一劳永逸地解决匈牙利苏军的机会"。他的设想是从巴拉顿湖和韦伦采湖之间的空隙地带发起进攻，切断并摧毁多瑙河、巴拉顿湖和德拉瓦（Drava）河之间的第3乌克兰方面军大部，而后向北夺回布达佩斯，再越过多瑙河将匈牙利东部重新纳入帝国的版图。为实施这一代号"春醒"的作战计划，南方集团军群指挥官韦勒命令党卫军第1装甲军首先摧毁苏军在多瑙河北岸建立的赫龙（Gron）河桥头堡，因为这里的苏军从桥头堡出发，既可南下多瑙河，从而威胁到即将投入"春醒"作战的德军侧翼，又可以向西进攻和威胁维也纳。南方集团军群给予这一行动的代号是"南风"作战。2月17日，LSSAH在陆军单位的配合下，以派普装甲战斗群为主力发起了进攻。经过八天激战，德军以伤亡3000余人的代价挫败了桥头堡内的苏军第7近卫集团军。这无疑是一次局部的战术成功，但也暴露了LSSAH和党卫军第6装甲集团军的存在，赫龙河桥头堡之战结束后，苏军开始密切关注迪特里希集团军的调动情况。当LSSAH等党卫军部队稍后向多瑙河以南运动时，苏军也相应地在塞克什白堡地区构筑了纵深防御体系。曾在苏军第27集团军第78步兵师服役的老兵捷姆金（Gabriel Temkin）在战后写道："……第27集团军所属各师都大致了解韦勒将军的计划和所部的力量。我们抓到了几个德军俘虏，我在审讯他们时直接获知了一些重要的集结和增援情况，特别是最近抵达的党卫军部队。"[69]

反攻发起前，迪特里希等将领都对两湖间不适合装甲部队运动的地形感到忧虑——这里遍布着运河、溪流和泄洪沟渠，渐融的冰雪和不合时宜的降雨也使地面变得松软泥泞，曾有指挥官开玩笑称："让海军的人来干恐怕会干得更好！"还有匈牙利将领指出，他们以前的图上作业和实地演习表明，沿着两湖间的狭窄地域发起的进攻注定都要陷入困境。但是，命令就是命令，地形、天气以及塞克什白堡以北的苏军对德军侧翼构成的威胁，都不在元首的考虑之内。南方集团军群定于3月6日凌晨4时发起"春醒"作战，在韦伦采湖和巴拉顿湖之间的地带从左至右部署了四个军：最左翼是巴尔克第6集团军的第3装甲军（辖第1和第3装甲师及第356步兵师），任务是在韦伦采湖与东面多瑙河之间的狭长地带建立阻截防线，步兵单位接防后，第3装甲军将旋转向南，在掩护党卫军侧翼的同时夺取多瑙河渡口；担负主攻的党卫军第6装甲集团军部署在第3装甲军的南面，党卫军第2装甲军（"霍亨施陶芬"师与"帝国"师）和第1装甲军（"希特勒青年团"师与LSSAH）被部署在萨尔维兹 (Sarviz) 运河的左右两侧，目标是向南突破和推进；党卫军右翼是配属给迪特里希的第1骑兵军（第3和第4骑兵师、第44"帝国"掷弹兵师及匈牙利第20步兵师），负责进攻和夺取南面的希欧（Sio）渠。第6和第23装甲师等预备队负责在出发前沿进行防御。参与反击战的还包括巴拉顿湖西南至德拉瓦河之间的第2装甲集团军，该部将以4个师进攻苏军第57集团军，E集团军群的3个步兵师也将在德拉瓦河一线进攻保加利亚第1集团军和南斯拉夫第3集团军，这些规模有限的辅攻将在3月5日发起。

3月6日，在参战各师的师属炮兵、所谓的"国民炮兵军"和"多管火箭炮军"的炮火射击之后，国防军和党卫军向苏军第26集团军和第4近卫集团军发起了进攻。最左翼的第3装甲军冒着瓢泼大雨出击，但在苏军的顽强抵抗下只取得了很小的进展，困难的地形使该军无法有效地投入坦克和突击炮。党卫军第2和第1装甲军从第23装甲师把守的前沿两侧通过后，遭到了苏军大炮和迫击炮的猛烈轰击，出现了大量伤亡。虽然第23装甲师派出坦克和反坦克歼击车摧毁了一些苏军炮兵，但党卫军的攻势还是很快陷入停顿。接近中午时，党卫军第2装甲军再度出击，这次的进展有所加快，但伤亡依然不菲——第23装甲师的步兵单位在很长时间里不得不"撕开党卫军伤员的衣衫并为他们包扎，因为急救站根本不够用，塞克什白堡的战地医院也很快人满为患"。第23装甲师的战史曾留有这样的词句："……对于本师任何有责任感的人来说，眼睁睁地看着那些勇敢的好战士就这样牺牲掉，真是令人沮丧。党卫军的那些年轻人在最致命的局势中都表现得很勇敢，他们本可以组成价值难以估量的陆军士官团，从而大大提高德国武装力量的总体战斗力，而不是像现在这样，集中在少数精锐的党卫军师团里。"[70]迪特里希本人也曾回忆过当时的状况："……我左翼的党卫军第2装甲军没有取得值得一提的成功。多瑙河西岸的位置、又硬又强的敌军、坦克无法通行的泥泞地形等，使我们难以推进和达成目标。中路的党卫军第1装甲军和骑兵取得了较好的进展，但当坦克进入战场以扩大最初的战果时，地形使得它们完全无法通行。本应冻得梆硬的地面——韦勒将军一再坚持说可以通行——实际上湿滑泥泞。出于保密和伪装的原因，我被禁止事先侦察地形。现在有132辆坦克陷入了淤泥，15辆虎王甚至都被泥浆淹到了炮塔部位。进攻只能由步兵继续进行，部队的伤亡相当可观。"[71]苏军方面的反应如何呢？捷姆金从普通士兵的角度曾回忆道："……虽然从抓到的'舌头'那里获取的情报表明，德国人的实际力量少于纸面上的数字，但我们面对的仍是一支可怕的力量。我们遭到了摩托化步兵、大量坦克和自行火炮的猖狂进攻。敌军强大的突击力量试图突破我们那些得到炮兵支援的'战场女王'（Tsaritsa Poley，意指步兵）所把守的防线。但我们的步兵早已今非昔比，以前一看见坦克就会陷入恐慌的他们，现在只是缓慢地后撤，而我们的大炮——足够多的大炮——以我从没见过的准头敲掉了一辆辆德军坦克。地形也有利于防御一方，遍布着沼泽、沟渠和运河的地形对进攻方来说确实是一种障碍，在拖累推进的同时，还把他们的坦克变成了炮兵们的好靶子。他们损失了许多坦克，也有很多人被打死打伤，但我们的伤亡也非常惨重。（我所在的）第78步兵师经过最顽强的抵抗后，也到了山穷水尽的边缘……"[72]

3月9日，德军的进攻取得了一些进展，最右翼的骑兵军进抵希欧渠，党卫军第1装甲军逼近了希蒙托尼奥，第3装甲军也正在韦伦采湖南面的阿加德（Agard）和加尔多尼（Gardony）地带向前推进。第23装甲师当日被配属给迪特里希，被他安排在"希特勒青年团"师左侧，奉命向希蒙托尼奥方向推进。迪特里希命令第23装甲师在10日强攻沙尔埃格莱什（Sar Egres），LSSAH的右翼战斗群曾向这个村庄发起过多次失败的进攻，LSSAH的左翼战斗群夺取希蒙托尼奥的攻势也是类似地一再受挫。第23装甲师从11日凌晨起开始进攻沙尔埃格莱什，但在苏军的反坦克支撑点和对地攻击机的双重打击下，整个上午未获任何进展。迪特里希曾与该师师长拉多维茨（Joseph von Radowitz）中将发生过激烈争吵，他命令后者不惜一切代价夺取沙尔埃格莱什，但是，到夜幕降临时第23装甲师还是无法完成任务。迪特里希在权衡党卫军两个装甲军和第1骑兵军的困难局面后，建议韦勒和最高统帅部中止进攻。当然，迪特里希的建议不可能获得批准，他也不得不在12日严令党卫军第1装甲军和第1骑兵军尽快渡越希欧渠并在南岸建起桥头堡。12日和13日，第1骑兵军在自己的地段完成了建立桥头堡的任务，LSSAH也夺取了希蒙托尼奥，并准备向南建立桥头堡，"希特勒青年团"师在欧佐劳地带强渡希欧渠的作战未获成功，但第23装甲师总算以高昂的代价控制了沙尔埃格莱什村。刚刚乐观了一个晚上，迪特里希就在次日收到了大堆不妙的汇报：第1骑兵军在对手的反击下转入守势；LSSAH的步兵虽在希欧渠南面建立了桥头堡，但因渡桥被炸，坦克和重武器无法跟进支援；"希特勒青年团"师的困局依然没有改观；一直进展有限的党卫军第2装甲军，连续几天都在恳求批准后撤；苏军增援部队正在萨尔维兹运河东面猛攻党卫军第1装甲军的左翼……最令迪特里希感到担心的还是党卫军第4装甲军的防区——塞克什白堡至扎莫伊（Zamoly）地域，因为德军侦察发现，苏军在那个地带集结了相当多的兵力，其意图显然是沿着塞克什白堡—皇宫堡—维斯普雷姆一线发动大规模反攻，从而切断仍在两湖地带的第6集团军右翼和党卫军第6装甲集团军。为避免这一危险，迪特里希14日夜要求韦勒批准撤退，以便释出兵力前去应对苏军迫在眉睫的反攻。但是，无论是最高统帅部，还是南方集团军群，此刻都还没有完全放弃通过重组将"春醒"作战继续下去的念头。

15日，虽然南翼的E集团军群和第2装甲集团军早已放弃了进攻，迪特里希所部和巴尔克的第3装甲军还是又进行了一番徒劳无益的尝试。当夜，韦勒终于有所行动，他命令党卫军第1装甲军准备北调（所遗防线由第1骑兵军和第23装甲师等接管），但调防的目的却是与其他两个装甲军一起向东进攻，消灭萨尔维兹运河与多瑙河之间的苏军后，仍然需要南下执行“春醒”作战计划。[74]16日晨，迪特里希担心的一幕出现了，苏军第3乌克兰方面军的精锐预备队在塞克什白堡至莫尔（Mor）一线发起了反攻。匈牙利骑兵和步兵师挡不住汹涌而至的苏军大潮，莫尔南面的匈牙利第2装甲师和党卫军“骷髅”师的结合部被撕裂，党卫军“维京”师防御的塞克什白堡周边也遭到攻击。次日，苏军攻势又延展至韦尔泰什山北面的陶陶巴尼奥（Tatabanya）。迪特里希战后曾回顾过这段紧张的日子：“……俄国人向我左侧的巴尔克集团军发起了进攻，试图实现重大突破。空中侦察表

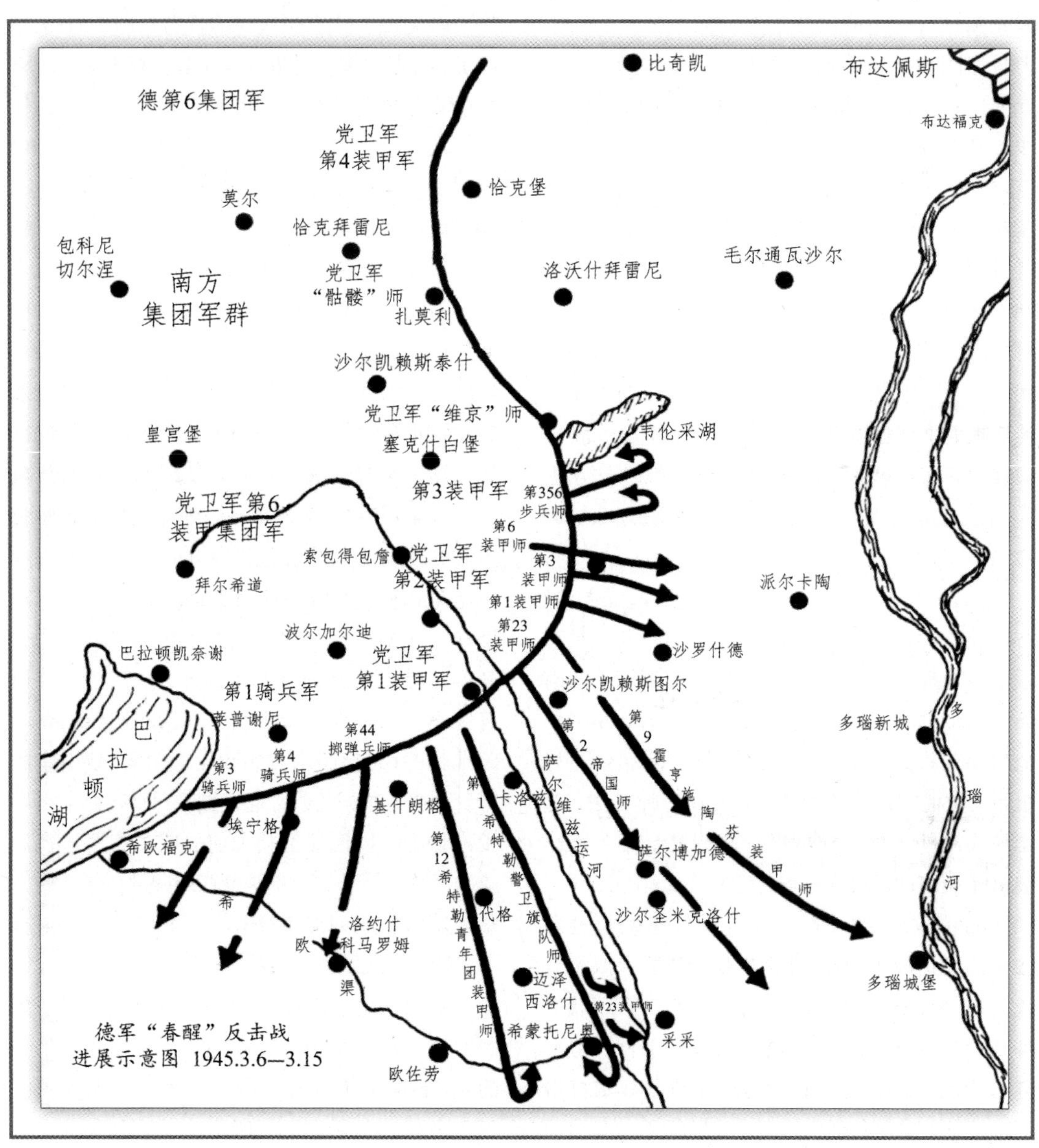

▲ *“春醒”反击战进展示意图（1945.3.6—3.15）。*

明，有3000至4000辆卡车的步兵和坦克从布达佩斯方向赶来。集团军群命令党卫军第12'希特勒青年团'师全速赶往塞克什白堡，从那里再向北运动，任务是堵住敌军在那个方向的突破。'希特勒青年团'师必须保证塞克什白堡—皇宫堡—维斯普雷姆的道路不被切断……苏军朝西南方向的突破，目的就是把我的集团军和左侧的第6集团军都切断在巴拉顿湖地区。激烈的战斗随即而起，我们的对手有4个机械化旅、5个坦克军和10个近卫步兵师，都是些年轻的新部队，训练和装备都很好，其中有些是老兵较多的师。"[75]

在一系列摇摆犹豫、判断失误和盲目乐观的影响下（当然还有希特勒的干预），南方集团军群迟至18日下午，才命令迪特里希集团军和第3装甲军全线撤退，而后在一份补充命令中又对调了巴尔克和迪特里希各自集团军的防区。3月20日，LSSAH在皇宫堡及其东面的乔尔（Csor）遭受了苏军极猛烈的进攻；再往东的塞克什白堡周边，"维京"师虽然遭到三面夹攻，仍奋力维持着西南面的逃生之路不被切断；第3装甲师和第356步兵师已被撤至莫尔一带；第1装甲师、第24装甲师的1个装甲营以及第44"帝国"掷弹兵师此时正位于索包德包詹（Szabadbattyan）的萨尔维茨运河西侧；第23装甲师和匈牙利第20步兵师还在更远的基什朗格附近建立阻击防线。随后几日里，皇宫堡和塞克什白堡等要地陆续失守，党卫军各师虽竭力反击，但发现自己很快陷入了包围圈中，他们只得为生存而苦战或避敌；仍沿着巴拉顿湖北岸向西撤退的德军更加混乱，不同单位的官兵混杂在一起，党卫军和国防军留下的后勤单位无可避免地阻碍着后卫部队的运动与掩护作战，各

▼ *摄于"春醒"反击战期间，正在作战中的德军士兵。*

▲摄于“春醒”战役之后，被遗弃在战场上的德军突击炮。据信这辆“灰熊”IV号突击炮来自于第219突击炮营。

▲摄于1945年4月上旬，苏军第3乌克兰方面军强渡多瑙河后向维也纳进攻的情形。

◀摄于1945年4月上旬，第3乌克兰方面军攻入维也纳。不久后，苏军迅速攻克了下奥地利的林茨。

种机动车和马车拥堵在道路上，到处都是叫骂声和斥责声，而一旦追击的苏军发射炮弹、对地攻击机在天空中开始扫射，撤退队伍就会出现一轮轮的恐慌……第6集团军指挥官巴尔克看够了这种乱象，尤其是迪特里希所部擅自撤退，致使他的集团军左翼完全暴露的"无良行径"，引起了他的极大愤慨。他曾在韦勒那里发泄自己的怒火："……部分是由于党卫军领导层存在缺陷，就连汇报的方式都很拙劣，在前线的背后也完全缺乏纪律。"[75]据信，巴尔克的抱怨传到古德里安和希特勒那里时引起了强烈反响，但最激烈的反应出现在3月26日，当时苏军已攻克帕波（Papa），事实上宣告了匈牙利命运的终结。

曾为派普和魏特曼立传的阿格特（Patrick Agte）声称："……在过去几周里，巴尔克将军曾就武装党卫军各师的作战表现，几次向陆军总部提交过带有倾向性的虚假报告，尽管在迎击苏军步兵和坦克攻击大潮的防御战中，党卫军官兵在难以言说的状况下依然有着毫不屈服的攻击精神。3月26日，将党卫军第2装甲军撤至毛尔曹尔（Marczal）运河西岸的请求，不经意间在元首总部引起了强烈反弹。由于受到巴尔克报告的影响，愤恨的希特勒下令摘除党卫军第6装甲集团军所属各师的荣誉袖标。"[76]虽然无法确知希特勒是否受到巴尔克的影响，但据信希特勒曾大声地咆哮道："如果我们输掉了战争，那都是他迪特里希的错！"[77]戈培尔也在日记中写道："党卫军在匈牙利的表现十分拙劣。'希特勒警卫旗队'师自从军官和老兵陆续阵亡后，就再也不是以前的那个'警卫旗队'师了……元首决定杀一儆百，他派希姆莱到匈牙利去摘除他们的袖标。这当然是迪特里希所能想象到的最大羞辱。"[78]

关于迪特里希收到摘除袖标的命令时的反应，不同的资料有不同的描述。迪特里希本人战后声称，他把自己灌醉后倒头睡了3个小时，醒来后他的脸仍被气得通红。他向赶来的四个师长说："血战五年换来的就是这个结果！"然后，他命令师长们不要摘除袖标，又给希特勒回了一份抗议电文。由于过了一周还没有收到回复，于是他把自己的所有勋章都退还了回去。当然，像迪特里希战后所做的许多陈述一样，前述说法可能并不属实，时任党卫军第6装甲集团军作战参谋的迈尔（Georg Maier），在其著作《布达佩斯与维也纳之间的最后战斗》中曾给出过最可信的描绘：迪特里希开始读迈尔递给他的电文时，"慢慢地转过身，弯腰趴在地图桌上，双手使劲地撑着桌面……他深为震惊，也动了感情，花了好长时间才恢复过来。过了好一阵子，他依然趴在桌面上，以一种异常平静，甚至有些虚弱的声音说道：'这就是对所有一切的酬谢。'最后，他直起身来，眼眶湿润地看着我，指着他自己的袖标说：'继续戴着。'他不断地摇着头，好像压根就不相信这一切似的……我陪他走到屋外，他一边摇头一边爬进座车，又到前线看望战士们去了。"[79]稍后，希姆莱奉希特勒的命令赶来监督党卫军的四个师摘除袖标，但到维也纳后他再也不肯前往战场，于是迪特里希奉召来到维也纳听训。期间，希姆莱曾接到希特勒的电话，命令他把党卫军军官们的勋章一并没收。据当时在场的纳粹维也纳总督席腊赫（Baldur von Schirach）称，希姆莱当时曾抗议道："……我得开车到巴拉顿湖从死人身上摘下他们的勋章。我的元首，党卫军军人把生命都交给了您。"迪特里希听到电话的内容后盛怒不已，一把扯下脖子里的勋章，随手扔到了某个角落后，愤然离开了房间。迪特里希的副官赶紧捡起勋章，跟在长官身后走了。这是迪特里希最后一次见到希姆莱。

戈林曾说过，违抗元首命令之人，不是已经躺在地下，就是被送上军事法庭，或被屈辱地赶回家。相对于被解职的韦勒和古德里安来说，迪特里希虽遭受了羞辱，但并未被解职。兵败匈牙利后，他在4月3日奉命防御维也纳。到这个时候，已没有任何力量能阻止苏军以秋风扫落叶之势包围维也纳。13日，迪特里希奉命率残部撤出维也纳，到西面的特赖森（Traisen）河构置新防线。接下来的几周里，迪特里希指挥党卫军和一些东拼西凑的部队在这条防线前挡住了对手，不过，这倒不是因为党卫军又“焕发了斗志”，而是因为苏军的重点已转向捷克斯洛伐克的重要工业中心布尔诺（Brno）的缘故——战争即将结束了，苏军认为没有必要再为歼灭党卫军而付出过高的代价。迪特里希现在唯一能做的，就是尽量守住，然后向美国人投降。

5月9日，迪特里希与妻子在邻近贝希特斯加登的奥地利小城库夫施泰因（Kufstein）被美军逮捕。13日，美军第7集团军对外发布了迪特里希已被收监的消息。从15日起，美军、英军、加拿大军队，轮番审讯了迪特里希。美军的重点自然是阿登战役中派普战斗群在马尔梅迪杀害美军战俘的罪行。迪特里希开始还不承认知晓此事，他为自己辩白时说：“作为一个诚实的军人，我绝不杀俘虏。”美军当然不肯善罢甘休，花大力气搜捕与杀俘事件相关的人，而后进行交叉取证。到当年10月时，已有约上千名派普的手下被拘押在路德维希堡（Ludwigsburg）附近的战俘营。迪特里希于11月被送往纽伦堡出庭作证，在那里一直待到1946年3月，而后被送往达豪战俘营，他的老部下派普、克雷默和普里斯等人都被拘押在此，唯一缺少的是被苏军视为重罪犯、坚决不肯移交的蒙克。美军以各个击破的办法从派普身上首先打开缺口（经过长时间的单独监禁和折磨），而后普里斯等也陆续交代，承认自己曾收到过迪特里希签署的必要时对战俘采取“残忍手段”的命令，但同时指出迪特里希并非自己主动下达的这个命令，“他是按照元首的明确要求行事”。1946年3月22日，面对着下属们的供词，迪特里希最后的防线被突破了。4月16日，迪特里希被正式逮捕，也很快失去了战俘身份。一个月后，美军正式开庭审理马尔梅迪杀俘案，派普领导的战斗群被指控杀害了上百名美军俘虏和平民，尽管没有有力的证据证明派普本人就在屠杀现场，但法庭认定派普很清楚下属们在干什么，但没有加以制止。尽管迪特里希、派普、克雷默等在法庭上当庭翻供，也有许多下层军官作为证人为老长官辩护，但马尔梅迪等阿登城镇里发现的战俘和平民尸体，容不得派普等人为党卫军的暴行翻案。1946年7月16日，迪特里希被判处终身监禁，克雷默和普里斯分别获刑10年和20年，派普得到了死刑的惩罚，许多直接射杀战俘的党卫军士兵则被处以绞刑。两天后，迪特里希等被送往莱希河畔兰茨贝格（Landsberg am Lech）的监狱服刑，这里正是希特勒1924年服刑的所在地。

迪特里希服刑的头几年里，一直有人质疑马尔梅迪审判中存在着司法不公和刑讯逼供问题，相关的舆论媒体也煽风点火，大肆鼓噪。西德1949年立国后，英美等西方国家的不少政客和媒体认为，需要重新审视西德在反苏冷战中的作用。在这种背景下，美国组织了几个调查委员会，重点审查马尔梅迪审判中的司法公正问题。迪特里希的一些熟人，如二战期间多少受惠于他的古德里安、伦德施泰特和施派德尔等，纷纷提供证词为他开脱。朝鲜战争爆发后，西方阵营更加看重西德在对抗苏联阵营时的作用，西德境内呼吁释放所有在押战犯的舆论一时甚嚣尘上。1951年1月31日，包括派普在内的6名死刑犯被改判为无期徒刑，同年8月10日，迪特里希的刑期也被改为25年徒刑。1955年10月22日，迪特里希在被捕入狱10年之后终获假释出狱。但是，当西德慕尼黑地方法院于1956年初开始彻查发生在1934年“长刀之夜”里的屠杀事件时，迪特里希又于当年8月再次被捕。1957年5月，慕尼黑法院指控迪特里希与6名冲锋队将领的被杀有密切关系。迪特里希不仅在法庭上为党卫军公开辩护，还把希特勒称为“元首”。法庭判处迪特里希18个月有期徒刑，仿佛冥冥之中自有

▲ 1945年时被美军拘押的迪特里希。

▲ 摄于1945年11月24日，在纽伦堡出庭作证时的迪特里希。

▲ 摄于1946年5月至7月的达豪审判期间，美军军事法庭在这里判处第11号被告迪特里希终身监禁。派普是第42号被告（获死刑），第33和第45号分别是克雷默（10年徒刑）和普里斯（20年徒刑）。

▲ 迪特里希于1959年2月获释，图为重获自由后参加狩猎活动的场景。

▶ 据信摄于1959年，迈尔、派普、京舍（希特勒副官）和迪特里希在战后的首次重逢。

▲ 摄于1966年4月，迪特里希的葬礼。

天意，1958年8月时，他开始服刑的地方仍是兰茨贝格监狱。不过，这次他只在狱中待了半年，便因循环系统和心脏方面的疾病被提前释放。据说，迪特里希在1959年2月出狱时，赶往兰茨贝格迎接的不仅有以豪塞尔为首的大批党卫军老兵，还有一批前国防军军官。

重获自由后，迪特里希在路德维希堡定居下来，除了与家人和孩子们共享平静的生活外（据称，他与妻子已在他初次入狱期间分手[80]），他在“前党卫军老兵互助会”（HIAG）里也相当活跃，还继续受到党卫军老兵们的尊重和爱戴——有资料称，在1959年8月的党卫军老兵聚会上，当迪特里希现身会场时，16000名与会者曾全体起立，热情地向他鼓掌长达数分钟。显然，在这些人心目中，迪特里希的“英雄”形象从未褪过色。

在生命的最后几年里，由于身体日渐衰老，迪特里希基本上过着深居简出的生活。在他去世前不久的一次党卫军老兵活动上，有记者在旁观的人群中发现了他的身影。迪特里希当时蹲在地上，怔怔地看着以前的战友和下属们列队游行，记者挤到他跟前请他发表看法。这时的迪特里希微笑着耸耸肩，只说了一句话：“让他们好好玩。”[81]

1966年4月21日，迪特里希在睡梦中因心脏病发作死于路德维希堡的家中。有超过5000名前党卫军官兵和部分国防军军官（据说还有一些昔日对手）赶来参加葬礼。迪特里希的棺椁上覆盖着一面铁十字大旗，上面放着一顶钢盔和一把宝剑，六名曾获骑士勋章的老兵抬着棺椁向当地的公墓走去，一眼望不到头的送行人群举着花环缓缓跟进。比特里希在墓穴边先致以简短的悼词，几位老战友随后陆续缅怀了几句，当棺椁伴随着花环被置入墓穴之中时，老兵们突然开始自发地唱起党卫军军歌！当浅唱低吟最终变成放声高歌之际，这些老兵仿佛看见了在波兰、法国和巴尔干战场东征西伐时的老泽普，与他们在东西两线的地狱烈火中同生共死的“老爹”，还有那些永远消失在苏联和欧洲各地的战友。嘹亮的歌声仿佛也抒发出老兵们胸中压抑甚久的“屈辱感”——当最后一抔泥土填平了墓穴时，这些仍被视为“政治战士”和“纳粹分子”的党卫军老兵们，个个已是泪流满面。

从纯粹军事的角度来看，迪特里希当然不是什么战略天才，甚至连战术家都算不上，虽然曾率领LSSAH取得过一些颇具研究价值的战术成功，但有限的军事才能使他并非军级和集团军级指挥官的理想人选——国防军将领们战时和战后对迪特里希指挥能力的评论并非都是偏见，就连老部下派普和温舍等人也坦承，迪特里希作为指挥官确实存在缺陷，他们并不总是赞同他所发出的命令，但他们都认为迪特里希具有足够的常识和良好的直觉，在优秀参谋军官的辅佐下，他能把自己对危急时刻和要害地段的直觉认识，转化为可行，甚至相当好的作战方案。

尽管迪特里希在对手那里留有“凶残”的恶名，在国防军将领眼里是“依附纳粹蹿升的凶蛮暴发户”，但在党卫军老兵眼中，出身底层的迪特里希是像自己父亲一样的“老爹”，是一个能够理解部属、关心士兵疾苦、天生就容易受到普通官兵喜爱的传奇。迪特里希最大的长处在于他真心地照料下属，或如古德里安所言：

“……就性格而言，迪特里希是个简单、率直、粗犷的军人，他对自己的战士们十分关心。作为一个极好的同志，他总是为下属们挺身而出，从不顾及这样做会给自己带来什么后果。”迪特里希并不像希特勒那样巧舌如簧，他是不善于鼓动演说之人，从他嘴里说出的简短话语，虽没有什么天才的火花，但句句发自肺腑，在普通官兵听来就是从心到心和将心比心。为迪特里希担任过参谋长的莱曼曾刻画过老长官“卓尔不凡的魅力”：“……与迪特里希有过接触的人，都会带着惊讶和仰慕回忆起，他是如何面对那些不顾一切后撤的人群的。他的外套领子翻着，双臂到肘都插在口袋里，嘴巴里还不停地嘟囔着一些让人听不清的话语。显然，他很生气，但他不仅止住了撤退，还能使他们转过身去继续战斗。他给各级指挥官发出的警示永远都不会被人们忘记：‘把我的孩子们都带回来！’”[82]

▲ 迪特里希在路德维希堡公墓里的墓石。

迪特里希对战士们的这种态度可谓始终如一，梅林津战后曾讲述过发生于1945年的匈牙利战场上的一件事，认为它清楚地展示了迪特里希这个人的性格：一个在母亲娇惯中长大的18岁青年，1945年初加入了正在匈牙利作战的党卫军，他被分配到一个坦克车组服役。在热火朝天的激烈战事中，战友们自然不会像母亲那样呵护照料他，可以想象他的日子过得很艰难。有一天他实在忍不下去，私自踏上了回家的路。半道上被军警抓获后，他被军法官判处了死刑。迪特里希在复核时仔细研究了这个逃兵的案卷，之后派人把逃兵找来陈述，了解到他在精神上经受的折磨和痛苦。迪特里希这时站起身来，狠狠地抽了年轻人一耳光，命令他回到母亲身边休假一周，归队后要做一个体面的军人。年轻人一周后如期归队，真的成了一名勇敢的好兵。[83]

作为希特勒的老战友、亲信和一手擢拔的高级将领，迪特里希曾是一名坚定的“政治战士”和“国家社会主义英雄”。虽然他并非毫无保留地赞同与“党卫队”这个名字几乎同义的极端世界观和血腥罪行，尽管他也曾在战场上表现出惊人的勇敢，具有独到且值得后人分析研究的带兵之道，但党卫队欠下的累累血债和党卫军犯下的战争罪行，自然也使迪特里希逃不过历史对其所作所为的谴责和审判。“为职责、为荣誉、为德国而战”，这句党卫军老兵们战后自辩时使用的陈词滥调，用在迪特里希的情形中显得格外苍白无力。毕竟，迪特里希是最早与魔鬼共舞、与死神接吻之人，在这个魔鬼日渐丰满、跳将而出并吞噬世界的过程中，他是魔鬼最忠实的角斗士。

第17位钻石骑士最高战功勋章获得者莫德尔元帅

(获勋时间1944年8月17日)

Chapter 17 第十七章

“防御大师”：瓦尔特·莫德尔元帅

希特勒的“千年帝国”只存在了十二载便告覆灭，期间他一共晋升过19名陆军元帅，其中既有勃洛姆堡、勃劳希契和伦德施泰特等老资格的普鲁士军人，也有曼施坦因和隆美尔等才气逼人的新贵，还有保卢斯这种濒临覆亡之际被擢升元帅的将军，更有既死忠纳粹又颇具才华、终能手执元帅权杖的莫德尔（Otto Moritz Walter Model）和舍尔纳。尤其是后两者，翻阅任何一部战史著作，总能在某个章节同时读到这两个名字。他们两人被并称为二战德军将帅中最具争议性的人物——因强悍的作风和酷烈的战场纪律而不受欢迎，因粗暴地对待下属、特别是参谋军官而遭人厌弃，因希特勒宠爱扶摇直上而遭人指责，因有相当的战场处置权而饱受嫉妒和诋毁，因卓越的防御能力和顽强的抵抗意志而被称为“东线救星”或“元首的救火队长”。但是，相对于其他元帅或如古德里安这种著名上将，史家们给予莫德尔和舍尔纳的关注并不算多。一个基本的命题是，莫德尔到底是怎样的一个人？历史应该记住的他，究竟应是“国防军最杰出的将领之一”、“防御战术天才”，还是“纳粹狂徒”，抑或“纯粹的机会主义者”？

2005年，美国历史学家纽顿（Steven H. Newton）试图以一部400页的洋洋大著《希特勒的指挥官：元首宠将莫德尔元帅》来回答这个问题。但他发现，揭示莫德尔真实面目的任务出乎意料的困难。[1]2010年，出生于柏林，但在二战中效力于法军的史家施泰因（Marcel Stein），出版了名为《有缺陷的天才：莫德尔元帅》一书，除了以过大篇幅讨论莫德尔在国防军战时罪行中的“身影”外，他将传主描绘成“国防军杰出的将军之一，除曼施坦因外，鲜有能与其比肩者”。[2]再往前追溯半个世纪，三部经典的战史著作——古德里安的《闪击英雄》、曼施坦因的《失去的胜利》和梅林津的《坦克战》，出于今人多少能够理解的原因，都没有太多言及莫德尔的地位，尽管后者与基辅、莫斯科、勒热夫、库尔斯克、纳尔瓦、北乌克兰、白俄罗斯、阿纳姆、许特根（Hürtgen）森林、阿登山区和鲁尔等许多载入战史的地名都密切相关。即便在不得不提及莫德尔时，几乎所有的战史著作都要么人云亦云地贬抑，要么浮光掠影地称他“总带着单片眼镜，精力旺盛，出言不逊，愚忠于希特勒”等。李德·哈特战后曾向被俘的德军将领们了解到他们对莫德尔的印象——“所有人都赞许他的统率能力，但同时也强调，不管是作为上级还是下级，他都是个极难相处之人”。[3]曼陀菲尔曾这样对李德·哈特说：“莫德尔是个很优秀的战术家，其防御能力比进攻更出色。他在衡量部队能做和不能做什么方面很有一套。他的方式很粗粝，而且他那套做法在高层也并不总是受欢迎，但希特勒很欣赏他。莫德尔在希特勒面前敢于大胆抗辩，其他人不要说做，连想都不敢想。”[3]

德军元帅的声望往往与特定的战场紧密相连，如新贵隆美尔的名声在北非达到顶峰，资格极深的伦德施泰特主要是在西线与英美对垒，曼施坦因的声誉与东线的南俄和乌克兰战场密不可分，魏克斯（Maximilian von Weichs）与巴尔干，博克与莫斯科，保卢斯与斯大林格勒等莫不如此。莫德尔截然不同，他总是被派往最危急的关键战场，领受的从来都是艰巨的任务或他人留下的烂摊子，以至有后人称他是“最高效的德军将领”。[4]1944年夏，当苏军夏季攻势造成了普鲁士-德国军事史上最大的惨败后，希特勒曾在8月称赞莫德尔一手挽救了东线，古德里安对此也曾激赏不已：“……莫德尔是个精力过人的无畏战士，他不仅非常了解前线，也以不顾个人安危的习惯性做法赢得了官兵的信任。他既对懒惰或不称职的下属毫不容情，又以最坚定的方式实现自己的意图。在东线的中央战区重筑防线堪称一件非常困难乃至不可能的任务，而莫德尔是这一任务的不二人选。”[5]在西线，当盟军统帅们希望1944年秋即能杀过莱茵天堑和荡平对手之际，莫德尔凭借其搜罗一切兵力的才能和种种超凡的努力，以劣势疲兵取得过多次反击战的成功，挫败和惊醒了英美首脑毕其功于一役的美梦。

毋庸置疑，出于对下属和同僚的那些招人讨厌乃至攻击性十足的粗暴态度，莫德尔并非一个战时“招人喜欢”或战后“为人仰慕”的将军。他既没有在聚光灯下“婀娜多姿”的隆美尔的领袖魅力，也缺乏曼施坦因的贵族气质和智力深度（难道不是纳粹元首那些不着边际的奇思怪想‘扼杀’了曼施坦因的天赋才华吗？），更没有“闪电战黄金时代”里的古德里安那种长驱直入的攻击才华。莫德尔的形象在战后一直较为晦暗，原因之一当然是他的个性、作风以及与纳粹高层的关系，另一重要原因似乎与他表现最佳的时间和地点——斯大林格勒崩溃前后的东线——也有密切关系，前德军将领和老兵战后似乎更愿把1943年后的东线装进记忆深处的黑洞里，而苏联红军在1943至1944年间取得的巨大胜利，也使得他们的手下败将并没有多少值得书写的地方。随着苏联的解体和大批二战档案的解密公开，莫德尔的战时形象也在史家们的笔端下（尤其是格兰茨的几十部皇皇巨著）逐渐变得清晰起来，用美国军事历史学家肖沃尔特（Dennis Showalter）的话来说，“莫德尔是二战中最优秀的防御型将军之一，同时又是卓越的战场指挥官，他对战场态势的判断极少受到来自任何方面的一厢情愿的影响”。[6]

早年岁月："锦鲤池中的梭鱼"

莫德尔在1891年1月24日出生于马格德堡—柏林公路上的小镇根廷（Genthin），小镇位于易北河—哈弗尔运河上，距马格德堡、波茨坦和柏林都不远。莫德尔的先祖没有从军的传统，多为路德教会学校的教师，父亲在当地的一所女校里教书，同时兼任学校合唱队指挥，而母亲这边的亲戚基本都是农民、马贩或开小旅店的。[7]莫德尔家唯一与军队有瓜葛的只有他的叔叔，虽是德意志银行一名颇有影响力的银行家，但他同时兼有第52步兵团后备役军官的身份。

由于在二战的最后日子里莫德尔曾派副官销毁了自己的所有档案记录，因此，后人对他的童年和青少年时期知之甚少。除父母外，莫德尔有个年长自己7岁的哥哥，小时候家里的条件不佳，除居住环境拥挤促狭之外，用水也有困难。莫德尔是在福音派路德教会的环境中长大的，一开始先在根廷的市民学校读书，1900年时，随着父亲在埃尔福特（Erfurt）找到乐队指挥的工作，莫德尔家的处境有了较大改善，他也在接下来的六年里就学于埃尔福特文理学校。[8]这所学校幸存的档案表明，青少年时期的莫德尔并不强健，反而显得病态恹恹、活力不足，不过学习成绩相当不错，不仅在希腊文和拉丁文方面颇有心得，对历史也是情有独钟，更是文学社的活跃成员。这时的莫德尔展现出的气质似乎表明，有朝一日他或有可能继承家族信奉宗教、为人师表的传统。但这一切随着莫德尔家1906年搬到瑙姆堡（Naumberg）而发生了变化。萨勒河畔的瑙姆堡与根廷和埃尔福特的气质截然不同，这里驻扎着德皇陆军的一个步兵团和一些炮兵。莫德尔在当地的"大教堂文理学校"(Domgymnasium)读书时，班里有一些驻军军官子弟，其中一位就是在二战中获得第13枚钻石骑士勋章的胡贝，他的父亲是驻军的一名上校。[8]这些同学曾邀请莫德尔多次观看驻军的操练演习，从而拨动了他从军的心弦，不过，莫德尔体质文弱、视力不佳的形象，与那种孔武有力、英气勃发的普鲁士军人形象实在相去甚远。

1909年2月，莫德尔与19名同学一起通过了大学入学资格考试，莫德尔、胡贝及其他5名青年这时选择了从军之路。莫德尔的父母不免大吃一惊，他们一直以来都想让次子像长子一样到法学院学习。按常规途径，莫德尔可能很难成为普鲁士军官团的一员，但叔父运用影响力和第52步兵团后备役军官的身份，设法说服该团团长给了他一个机会，而18岁的莫德尔在面试中给团长留下了态度坚决的印象，于是被接受为一名候补军官。到基层连队进行了几个月新兵训练后，莫德尔以二级中士候补军官的身份被送往尼斯（Nesse）军校学习。在以"弱肉强食"著称的军校里，莫德尔不仅经受住了身体和智力两方面的考验，也逐渐形成了自己的世界观，以及冷静高傲、敢于直面冲突的个性。同学胡贝曾说在军校时很难预测莫德尔将来的军旅前途，负责训练的一名士官也曾指责莫德尔"缺乏军官必备的强悍"，而且莫德尔自己有一次几乎都要放弃，但他最终咬牙坚持了下来，证明了自己是一名雄心勃勃的合格军官。1910年8月，莫德尔成为驻科特布斯的第52步兵团11连的一名少尉——该团虽非最具声望的部队，但也是一支有着骄傲传统的猛虎之师，其军官团也具有同样的内敛排他性。在当时的德皇军队里，任何试图成为军官者都必须得到所在团的所有军官的一致认可，即便皇帝本人都难以强行分配未获一致认可之人。对于出身中下层的莫德尔来说，这的确算得上是一件成就，李德·哈特战后就曾指出："莫德尔比多数最高级将领年轻十岁左右，他们也出身自不同的社会阶层……莫德尔在这一点及其他方面与隆美尔颇有相似之处，尽管他所拥有的更全面的专业背景令他受益更多。"[9]

莫德尔少尉在第52步兵团很快就出了名，

他展示出自己不仅是个有抱负、一丝不苟的军官，而且从不畏惧，敢于直言和正面冲突。另外，他也适当地保持着与同僚的距离。同时，他咄咄逼人，甚至是生硬粗暴的一面，也给其他军官留下了深刻印象。他不仅对步兵训练中哪怕最小的失误大加挞伐，还公开指责上级不够关注和总结日俄战争的经验教训。军旅生涯之初，莫德尔就是个不讨人喜欢的"大嘴巴"，而且未与任何军官同僚建立密切关系，这些都将是贯穿其军旅生涯的特点。不过，莫德尔执行任务的热情和效率还是令上级大为欣赏，1913年10月，他被擢升为第1营营长副官——在普鲁士-德国陆军中，只有被认为具备培养前途、拥有适宜品质和能力的初级军官，才会被选任副官并进一步接受参谋本部军官的训练。有后人曾一针见血地评论道："……作为营长副官，莫德尔开始采纳传统普鲁士军官的做派——举止严肃、不苟言笑，醒目的单边眼镜——但他同时又保留了德国小城镇资产阶级的工作理念和说话方式。"[10]

1914年8月，莫德尔少尉随第52步兵团（隶属于第3军第5步兵师，军参谋长就是塞克特上校）参加了一战。8月23日，德军和英军在比利时蒙斯-孔代运河（Mons-Conde Canal）渡口发生了激战。战斗规模并不大，但因为是英军数世纪以来第一次在欧陆作战而被载入战史。双方都有大量伤亡，英军躲在堑壕里向正面进攻的德军发起了屠杀般阻击，德军发现对手密布的机枪火力网在有利地形的掩护下支配了战场，而英军也第一次见识了德军重炮的巨大威力。

▲ 摄于1910年的尼斯军校，后排中间那位身材并不壮硕的二级中士候补军官即为莫德尔。

▲ 摄于1910年8月，从尼斯军校毕业后的莫德尔。

第52步兵团就是正面强攻的德军之一，莫德尔所在的营被英军火力压制得无法抬头，剩下的两个营几小时后又组织了一次进攻，排成密集队形的士兵唱着歌、欢呼着冲向渡口，等待他们的是纷飞的弹雨。有一位德军军官曾这样描述过这场号称要"终结一切战争的战争"："……我们昏沉的大脑中仅存的印象，就是如注的血流、脸色惨白的尸体、令人困惑的混乱、漫无目标的胡乱射击、起火冒烟的房屋、残骸遍布的乡村、湿透的衣衫、难忍的口渴，以及累得像铅一般沉重的肢体。"[11]虽然营长副官莫德尔的主要职责是传达命令、了解情况和监控侧翼的安全，但前述的血腥一幕，肯定给他留下过难以磨灭的印象，也磨砺着他的神经和意志。

德军第1集团军的官兵忠实地执行着"施利芬计划"，凭着年轻人的热情和打到巴黎去的信念的支撑，整整四周不停顿地行军作战。就在他们接近巴黎时，高层出人意料地下令撤退——英法联军在马恩河一线发起的反攻，不仅葬送了德军夺取巴黎的希望，也使西线战事很快演变成旷日持久的堑壕战。9月29日，莫德尔获得二级铁十字勋章，年底时又被提升为团长副官。[12]1915年初，莫德尔随第52步兵团参加了塞克特筹划的苏瓦松（Soissons）战役，他本人也在2月25日晋升为中尉。随后，第5和第6步兵师等第3军的部队被调往阿拉斯（Arras）一线，在这里与英法联军对峙到夏天。9月，第5步兵师的战场转移到香槟地区（Champagne），莫德尔在这里终于以其战场表现引起了高层的关注。当时，法军集中了2000门以上的火炮向香槟地区的德军发起了大反攻，而莫德尔的第52步兵团正处在法军炮击的重点区域。持续75个小时的炮击将第52步兵团的阵地几乎完全摧毁，但是，当法军最精锐的殖民地军开始进攻时，他们被第52步兵团顽强地击溃了。莫德尔曾在激战中给第10步兵旅旅长、普鲁士亲王奥斯卡（Prince Oskar von Preussen，德皇威廉二世的第五子）上校送来一份报告："步兵弹药告罄，法军被挡住了。目前全团的60%失去了战斗力。务请立即支援。"[13]亲王对莫德尔在压力之下尚能保持冷静的头脑留下了深刻印象，相应地派出了援兵，尽管听说这个下属"很难愉快相处"，但还是推荐莫德尔参加参谋本部军官的培训。10月19日，莫德尔因战场勇敢获颁一级铁十字勋章，但11月3日时右肩被弹片炸伤，不得不在医院里住了6周。

1916年初，莫德尔到色当参加了参谋本部军官培训的"速成班"，完成训练后出任第10步兵旅旅长副官。莫德尔在参谋职位上表现得相当出色，由于参谋军官需要在总部和前线部队交替任职，他在1916年至1917年上半年期间，既在第52步兵团任过连长，又在第8教导掷弹兵团做过突击连连长，期间还当过代理营长。在前线作战时，莫德尔因再次负伤而获得银质伤员徽章，还因战场表现赢得过仅次于"蓝色马克斯"的"霍亨索伦王室佩剑骑士铁十字勋章"。

1916年夏起，陆军最高统帅部的首脑变成了兴登堡和鲁登道夫，塞克特上校和韦策尔（Georg Wetzel）中校不仅是参谋本部里最关键的两名军官，他们也将在莫德尔军旅生涯的早期扮演着庇护者的角色。作战勇猛无畏的莫德尔，在参谋工作中也表现得既勤奋又严谨，加上又是第3军的老部下（一战之初时，塞克特和韦策尔分别是第3军参谋长和作战处长），所以塞克特和韦策尔都对莫德尔青眼有加。1917年6月，塞克特将莫德尔调入最高统帅部负责军械事务（一直到次年2月，期间于1917年11月18日晋升为上尉），出访土耳其时也把他作为随员带着。塞克特1917年12月前往伊斯坦布尔出任土耳其军队参谋总长时，韦策尔遂成为莫德尔的直接庇护者，不仅安排他多方锻炼才干，还确保他在离开参谋本部时，能获得较理想的职位。跻身于参谋本部军官团的莫德尔，不仅得窥陆军权力中心之门径，也有机会目睹或亲自参与一些能够左右前线命运的决策。鲁登道夫曾计划在

▲可能摄于1917年秋或1918年，德帝国陆军最高统帅部（OHL）的成员们在巴特克罗伊茨纳赫（Bad Kreuznach）合影。前排左一为莫德尔，右二和右一分别为兴登堡和鲁登道夫。

军队开展所谓爱国主义教育，而莫德尔日后成为纳粹帝国独当一面的统帅时，往往是第一个支持向部队灌输纳粹信条的将领，恐怕与其一战中的参谋本部阅历具有一定的关系。

1918年3月，莫德尔被调至波泽克（Maximilian von Poseck）少将的禁卫补充师任后勤参谋军官。波泽克对莫德尔近半年的工作成效极为满意，他的师也被认为是第1集团军各部中准备最充分的一个师。8月30日，莫德尔被调到被英军评为“三流师”的第36后备师担任后勤参谋，在这里他以“吃苦耐劳、能够任事”的表现给师长留下了好印象。一战的硝烟即将散尽时，莫德尔负责总体协调第36后备师从弗兰德斯撤回但泽的过程，他的师长曾这样说道：“（第36后备师）能基本完好地撤至但泽，完全是因为莫德尔的坚持不懈和高超的即兴发挥技能。”[14]

完成撤退和善后工作后，莫德尔在1919年1月至6月间担任驻但泽的第17军军部副官，而该军的作战处长就是二战中以密谋反希特勒而出名的施蒂尔普纳格尔。1919年夏，莫德尔成为战后临时国防军第7旅的参谋军官——这个职位颇具挑战性，因为该旅吸纳了从波罗的海作战归来的“钢铁师”余部及其他一些自由军团，当时自由军团正成为战后政府的心腹之患，士兵牢骚满腹，动辄以造反和暴动相威胁。尽管一直都在参谋职位上勤勉工作，但此刻的莫德尔还是对战败的现实难以接受，对军旅的前景颇感失望，他像许多同时代军官一样也产生过退伍的想法。不过，随着1919年底被接受为4000人军官团中的一员，莫德尔再也没有动过改换职业的念头。

1920年初，莫德尔在第14步兵团2营任连长，3月时他的部队曾被派往鲁尔地区镇压共产主义暴动。驻扎在埃伯菲尔德（Eberfeld）期间，莫德尔结识了后来的妻子赫塔·许森（Herta Huyssen，与莫德尔在1921年5月11日结婚，共育有3个子女）。1920年10月，莫德尔调往第18步兵团任机枪连连长，告别前一部队时，他的师长在最终考语中曾称“莫德尔应该到最高层效力”。[15]拥有丰富的一线部队经历后，莫德尔被调往第6步兵师任参谋军官，他在这个职位上一干就是四年，并遇到了对其一生都有重要影响的导师——第6军区（即第6步兵师）指挥官洛斯贝格（Friedrich von Lossberg）。这位将军有着“一战防御天才”之称，他率先提出了“纵深防御”战术，并因战场上的成功使该战术被载入德军作战条令。洛斯贝格反对有些军官鼓吹的“弹性防御”战术，他认为不能指望部队在炮火打击下还能有序撤退，允许部队随意撤退也会使协防成为泡影。洛斯贝格在坚信必须不惜代价固守一条连续防线的同时，也赞同“最前沿应部署较少的兵力，一旦前沿被突破，附近的预备队必须立即通过反击恢复局面”。洛斯贝格还认为应给予前线指挥官较多的决定权，以便他们能对局部的威胁和机会迅速做出反应。在洛斯贝格身边的这些日子，对莫德尔的防御理念产生了深远影响——从1942年初的勒热夫到1944年夏的华沙和维斯瓦河，莫德尔进行的每场重大防御战中，几乎都可以发现洛斯贝格“纵深防御”理论的影子。

一战后的头几年里，莫德尔有不少战友涉足政治，但他一直保持着与政治的距离。对政治和政党的超然态度并不意味着他是软弱之人，他的理论是不管什么政党执政，武装力量都有义务维持国家的完整和秩序，一旦接到命令，他也会毫不留情地对国家的内外之敌展开血腥的屠杀。从这个角度讲，他对政治的超然、独立思考的能力和优秀的军事技能，确实使他成为塞克特战后军官团的一个模板。

1925年10月，秉承着在参谋职位和一线部队交替任职的惯例，莫德尔再次离开参谋岗位，来到第3步兵师第8步兵团9连任连长。他格外重视训练军士，希望将每个军士都培养成一流的排长，并将此视为自己和每位连长的职责。[16]在第3步兵师这支负责试验技术创新的精锐部队里，莫德尔发现身边有一批头脑敏捷的军官，如古德里安、肯普夫和温克等人，也多次见证了采用新武器和新技术进行的师、军和集团军级规模的演习。1928年10月，莫德尔调到第3步兵师师部任参谋本部军官。次年，对历史一直情有独钟的他出版了一部关于普鲁士名将格奈瑟瑙（Graf Niehardt von Gneisenau）的专著，加上同期撰写的关于一战重大战役得失的系列文章，莫德尔一时间名声大振——相信他将成为普鲁士军官之典范的上级和同僚大有人在。

1929年10月，新晋少校莫德尔回到了柏林的"军队办公室"（即仍处于隐蔽状态的参谋本部），任职于第4部"训练总监部"（T-4）。接下来的4年，莫德尔先后在李斯特（二战元帅）、勃劳希契（1938年至1941年12月任陆军总司令）和韦弗（新空军首任参谋长）等手下工作。1931年8月，莫德尔陪同勃劳希契访问苏联6周，考察了德国根据苏德秘密协议设在利佩茨克的飞行学校和位于喀山（Kazan）的装甲兵学校。他与勃劳希契的私交相当不错，努力工作带来的声誉也帮助他在1932年11月顺利晋升为中校。1933年11月，莫德尔离开参谋本部，赴第1步兵师第2步兵团任2营营长，1934年10月1日晋为上校后，正式担任第2步兵团团长。

▲ 摄于1920年，在斯图加特驻军担任连长时的莫德尔上尉。

▲ 摄于1927年夏，莫德尔与他的第3步兵师第8团9连的部分官兵在夏季演习中合影。

1935年10月，莫德尔的军旅生涯又出现了一次重大转机——他被调往已公开化的参谋本部，主持新成立的第8部“技术部”（T-8），在副参谋总长曼施坦因的直接领导下负责搜集分析国内外的技术进展和新武器的研制开发。虽缺乏必要的背景和技术专长，但莫德尔对技术进步的影响，尤其是把新技术应用于战争的可能性有着天生的直觉，以致有人曾感慨地说：“贝克出任参谋总长以来，唯一值得称道的就是任命莫德尔任技术部部长。”莫德尔对技术创新的热情为他很快赢得了“陆军现代化狂”的绰号，他主持的T-8主导了最早的突击炮和240毫米野战炮的研发，还全力宣扬将规模较小的装甲部队扩大为装甲师和装甲军。[17]莫德尔与古德里安和曼施坦因等一起，全力推动将机械化部队建设成为陆军的核心。应该说，莫德尔在装甲部队的早期发展中是出过大力气的，对古德里安的支持也是有形且巨大的，虽不至于达到与古德里安和曼施坦因比肩的程度，但在各种战史、包括两人的回忆录中都应该给予相应的承认。但现实并非如此，莫德尔的功劳完全湮灭了，其努力并未得到上级的赏识和下属的完全理解，倒是他的冷酷和缺乏耐心常令下级抓狂，军官们常在背后说“莫德尔的坏脾气让他的聪明显得如此愚蠢”。哈尔德也认为莫德尔常常不必要粗鲁无礼，而且还有意为之。曼施坦因在评价莫德尔的行事风格时，曾说后者“就像参谋本部军官团这个鲤鱼池中的一条梭鱼”，除了指他的另类色彩外，更多的恐怕是贬抑其像梭鱼一样极富攻击性的个性。

的确，莫德尔无论是在参谋本部还是在一线部队供职，都以严于律己和冷酷无情著称，但在为人处世方面似乎完全不讲策略，不仅专横地对待下级，还口无遮拦地公开批评上级和高级将领，似乎与他20年前离开军校时没有两样。多年以后，当他成为元首最信任的将领之一时，希特勒有时也会在他出现的场合感到不自在。1942年，希特勒与莫德尔发生了一次严重争执后，曾对随从们说：“……你们看到他那双眼睛了吗？我完全信任他，但我可不愿在他手下工作。”[18]从总体上看，20世纪30年代的莫德尔不仅缺乏普鲁士贵族军官们精致的社交手腕和风度，也与希特勒和纳粹高官们所代表的社会阶层保持着相当的距离。为改变人们对自己粗鲁无礼的评价，他有段时间曾处心积虑地将行为修饰得像个乡绅一般，这当然是他一心想向上爬的一个典型写照。另外，莫德尔性格中复杂的一面在20世纪30年代也有着清楚的体现——他既仰慕参谋总长贝克的才华和为人（他很清楚贝克的反纳粹立场），也与为自己孩子洗礼的尼默勒（Martin Niemöller）牧师交往甚密（后者是一战U艇艇长、希特勒曾经的支持者和后来的坚定反对者，1937至1945年间被关在集中营），同时，莫德尔也利用长期供职于陆军中枢的便利，寻机结识纳粹党要员。据信，莫德尔任参谋本部第8部部长的3年里，与戈林和戈培尔等均建立了良好的关系——戈林赞许他关于未来战争中空军重要性的见解，戈培尔对他坚决服从且一丝不苟执行命令的态度颇为激赏（当然，莫德尔喜欢发号施令的作风也很对戈培尔的口味），并把他引荐给了希特勒。1938年，莫德尔曾向希特勒演示过步炮协同攻克要塞的战术，不过攻坚对象竟是捷克一座城堡的复制品！他的这一举动当然给希特勒留下了一定印象，但同时却惹恼了参谋总长贝克。

莫德尔与参加过一战的同时代多数军官一样，既痛恨苏俄共产主义，又对魏玛共和体制心怀恶感，他信奉的仍是“秩序必须先于民主”。1930年时，莫德尔在写给岳母的一封信中曾称，“重要的是国家必须坚定地防止滑入任何激进主义”。那时他所认识的“激进主义”或许是指共产主义，但当纳粹上台后，莫德尔却和多数军官一样热情拥抱程度更甚的新“激进主义”。虽说性格中有着矛盾和投机的一面，但莫德尔无疑也是一个热情的民族主义者，纳粹党试图重建武力、打碎凡尔赛条约、恢复国家荣誉的一整套主张，很难不在他心目中引起强烈共鸣。所以，很难说这时的莫德尔就是“坚定的纳粹分子”，他与许多军官一样都是“热情的大日耳曼民族主义者”。

1938年3月1日，莫德尔成为少将，之前刚刚发生的“勃洛姆堡—弗立契丑闻”（实际是党卫队借机铲除陆军高层政敌的陷害事件）似乎并未让他有多不满。当年夏，当贝克被迫辞去参谋总长职务并由哈尔德继任时，新总长立即将自己素所不喜的莫德尔“一脚踢了出去”。11月10日，莫德尔成为驻德累斯顿的第4军参谋长。战争的幽灵已在欧陆上空飘荡，这将是一场令千万人丧生，改变无数人命运的世界大战，莫德尔的命运又将面临怎样的起承转合？

从幕后参谋长
到独当一面的野战指挥官

步兵将军施韦德勒（Victor von Schwedler）任军长的第4军是一支不起眼的部队，德军的快速扩张、机械化和技术创新似乎在这里没有引起多大的波澜。顶着“陆军现代化狂”头衔的莫德尔到任后，不仅与性格沉稳保守的施韦德勒显得格格不入，在对新兵器和技战术的认识方面两人也有很大分歧。参谋长的主要职责之一就是协调各种关系和保证军令畅通，但莫德尔与军长和几位下级龃龉不断，反而引起了混乱和不满。尽管如此，第4军还是作为第10集团军的一部分参加了入侵波兰的作战，不过它担负的角色是在南翼掩护主攻部队。该军的作战经历不仅丝毫未体现出“闪电战”的气息，反而更像是一支警察部队，其“功劳”主要表现在镇压平民、掠夺财产、焚毁村庄等方面。莫德尔很清楚德军对波兰百姓和犹太人的暴行，但他为之辩护，还声称这些行动“无法避免”。

波兰战役后，布施（Ernst Busch）上将出任新组建的第16集团军指挥官。陆军总部认为莫德尔缺乏机动作战经验，对装甲兵和装甲战所持的保守立场也令高层担忧，于是他在1939年11月2日被指派为布施的参谋长。总部认为，在即将到来的法国战役中，“秉承参谋军官传统，自身又是技术专家”的莫德尔能够很好地辅佐布施。布施与莫德尔相处得不错，两人的性情和政治立场也较为接近。第16集团军隶属于伦德施泰特的A集团军群，在法国战役中的任务是尽快占领卢森堡南部边境后渡过马斯河，然后沿着马奇诺防线的最西端进攻法军。战役发起后的最初两天里，布施集团军的进展相当顺利，在其后的防御和局部进攻中表现也很出色，但这场战事的“荣光”属于隆美尔和古德里安等人代表的装甲部队，后人记得的只有装甲矛头的狂飙突进和盟军的敦刻尔克大撤退，第16集团军等步兵集群的出色表现几乎被完全遗忘。第二阶段作战中，布施集团军再次扮演着辅助角色，所属的战斗力强的步兵师均被调离，替之以战斗力和装备均较差的新建部队，任务是沿着马斯河东岸向南进攻，夺取凡尔登后再向东强渡摩泽尔河，与第1集团军合作夺取梅斯要塞。6月9日作战开始后，布施麾下的第7军曾因对手的顽强抵抗而进展迟缓，最后在莫德尔的恶语交加下

▲ *摄于1940年，莫德尔少将时任第16集团军参谋长，右为指挥官布施将军。1944年6月末，布施元帅的中央集团军群在苏军的夏季攻势中遭到毁灭性打击，莫德尔元帅在危机时刻顶替布施，经过一个多月的努力，总算将东线局面暂时地稳定下来。*

终于实现突破，15日攻陷了凡尔登。到23日德法停战时，第16和第1集团军已按计划会师，合围了大约60万法军。

法国战役结束后，希特勒授予12名将军元帅军衔，在晋升一批将领职务和军衔的同时，还颁发了一批骑士勋章，但这些将校中并没有莫德尔的身影。本来，自沙恩霍斯特和格奈瑟瑙时代起，德军参谋军官就一直以隐身幕后辅佐主官为己任，“匿名”的参谋本部军官虽为无数次战役出谋划策甚至代行指挥，但并未形成追名逐利的传统。不过，由于获得晋升或勋章的参谋军官不在少数，唯独莫德尔不在其列，这恐怕还是与他臭名昭著的坏脾气以及参谋总长哈尔德的打压不无关系。有资料曾说，由于莫德尔时常不能控制脾气，曾在电话里多次咆哮或怒骂参谋本部军官，一度迫使布施与作战部长接过了与总部联系的职责。不过，换个角度来看，希特勒对莫德尔军旅生涯的帮助在这时根本还未开始，他能做到集团军参谋长完全是靠自己的真才实干。

莫德尔与布施搭档的日子还没有结束——第16集团军与第6和第9集团军一起被确定为进攻英伦三岛的主力。在代号“海狮”的入侵计划最终被束之高阁前，莫德尔领导的参谋班子一直都在兢兢业业地准备作战方案。由于伦德施泰特对入侵英伦缺乏信心和热情，他不允许A集团军群参谋部投入过多精力，因而，莫德尔实际上是在代行集团军群参谋长的职责。他周全地考虑过强渡海峡、滩头突击、巩固阵地和最后突破等所有细节，这些计划和准备工作显然提高了他在后勤补给方面的运筹能力，也帮助他更深地理解多兵种大规模协同作战的精要。莫德尔此时已显示出自己的创新和即兴发挥才能，如主持创立多兵种联合训练项目，成立军官和士官专门训练中心等。随着“海狮”计划在1940年10月被无限期搁置，与陆军总司令勃劳希契私交不浅的莫德尔获得了另一个重要机会——他被擢升为中将后出任第3装甲师师长（原师长施通普夫被迫“让路”，到第20摩托化步兵师任师长），不仅完成了从幕后参谋长到装甲师指挥官的转变，这个新职位还将让他在东线战事中获得很高的声誉。

第3装甲师是德军最早组建的三支装甲师之一。莫德尔将任师长的消息传来时，据说首先要求调离的就是首席作战参谋，而师部的军官们也很快领略到新师长“舌若毒箭”的名声绝非浪得虚名。第3装甲师老兵协会战后编纂的师史曾这样“客气地”记述：“……官兵们开始说，‘第3装甲师已被重新塑造了（remodel）’——这个词来自于新师长莫德尔中将的名字。11月13日，这个有着无穷精力和热情的人接管了第3装甲师，并以自己的意志、强悍和视野锤炼着本师。”[19]莫德尔到任后立即展开强化训练，他手下的旅、团长中，只有刚从第4装甲师调来的装甲旅旅长布赖特（Hermann Breith）少将，能够理解他试图灌输和养成强悍气质的良苦用心，对他越过层级、直接指挥连排级训练的做法也能勉强接受，但多数军官都有微词，尤其不满他越级行事、视各级军官的权威和脸面为无物的做法。莫德尔的上级、第24摩托化军军长施韦彭堡曾评价莫德尔是一个“非常聪颖但有些狭隘的军人”。最厌恶莫德尔的不是一线军官和士兵，而是参谋们——“莫德尔习惯性地忽略参谋们制定的日程和计划，鄙视他们的建议，但是，当他自己把计划弄得一团糟时，却揪住参谋们不放”。[20]看来，莫德尔以得罪参谋部门的代价取悦了普通士兵（他们欣赏师长与自己同甘共苦的作风，也赞赏他在最基层领导训练时表现出的活力），这也将成为他在各支部队任职时的一大标志——比如，1941年10月，莫德尔即将担任第41摩托化军军长的消息传来时，军部的全体参谋竟集体要求调动！[21]用“臭名昭著”来形容莫德尔的坏脾气和某些癖好，恐怕不会有多少异议。

令人惊异的是，积怨和内耗并未削弱第3装

甲师的战斗力和士气，也丝毫没有妨碍该师在苏德战争中成为古德里安最锐利的矛头。1941年6月22日，第3装甲师被部署在布列斯特–里托夫斯克要塞以南的布格河西岸，负责与第4装甲师一起迅速渡过布格河并夺取科登（Koden）大桥，而后再沿着布列斯特—科布林（Kobryn）公路向东推进。征得古德里安同意后，莫德尔在总攻发起前20分钟派出由步兵和工兵组成的小战斗群，悄无声息地夺取了科登大桥。当第17和第18装甲师的潜水坦克还在布格河摸索前进时，莫德尔已开始向苏联腹地推进了。当日下午，苏军第22坦克师被莫德尔的先头击溃（苏军竟损失了190辆T–26轻型坦克），苏军第4集团军的防线当晚被撕开长30英里的口子。实现突破后，莫德尔跟随手下的混合战斗群（由装甲兵、摩托车兵和工兵组成）一起进军，沿着普里佩特沼泽地北部的边缘朝斯卢茨克（Slutsk）快速推进，参谋们则远远地落在后面，试图控制已拉得很长的装甲师行军队列。到24日晚些时候，莫德尔已率部推进约250公里，他在斯洛尼姆（Slonim）附近指挥部队成功强渡夏拉河（Shchara），迫使苏军西部特别军区司令员巴甫洛夫下令撤出所有部队，以避免被德军包围。但苏军还是晚了一步，随着第24摩托化军其他部队陆续赶到，苏军撤退的道路已被切断。26日，莫德尔率部抵达明斯克南面不远的斯卢茨克，随后向东朝别列津纳河进军，而古德里安与霍特两大装甲集群的前锋次日即在明斯克东面会师——5天内长驱直入320公里（约为到莫斯科的三分之一路程），以迅雷不及掩耳之势合围了苏军4个集团军。古德里安随即命令第24摩托化军避免与敌重兵接触，全速向第聂伯河挺进。莫德尔的下属此刻已有一周未能好好睡上一觉，但他在驱赶部队方面绝不亚于"飞毛腿"古德里安。莫德尔在此期间最常说的话就是"现在失去的每一分钟，都意味着日后无法承受的更大损失"。第3装甲师的先头战斗群7月3日夜抵达罗加乔夫（Rogachev）附近的第聂伯河，莫德尔冒着苏军炮火，亲自指挥部队建立桥头堡，但由于主力都落在后面，而且基本用光了油料，

▲摄于1940年，第3装甲师第6装甲团1个营装备的潜水坦克，该部原计划参加"海狮"作战，并被配属给第4装甲师。

他无法再继续扩大桥头堡。7月9日，莫德尔被授予骑士勋章，古德里安亲自向他和第3装甲师表示个人的感激。古德里安在战后的回忆录中提到莫德尔时，基本都集中在1941年，他对莫德尔的勇敢、能量、不惜一切代价也要达成目标的风格，无疑是非常欣赏的。

就在斯摩棱斯克包围圈的硝烟渐渐散尽之时，希特勒命令古德里安掉头南下，在守卫基辅和第聂伯河下游的苏军后方切开一道口子，与南方集团军群所部合围基辅周边的苏军。第24摩托化军是古德里安的南下矛头，而该军又将抢渡杰斯纳河的重任赋予了莫德尔的第3装甲师，负责在莫德尔身后跟进和掩护的是第4装甲师，第10摩托化步兵师则奉命向霍尔米-阿大杰耶夫卡（Cholmy-Avdeyevka）方向进军。[22]8月24日，莫德尔率领先头战斗群踏上了危险困难的征程，他不仅要在苏军后方跋涉近300公里，沿途需穿越3条大河，而且由于两翼完全缺乏保护，第3装甲师有可能成第一支被围歼的德军师。莫德尔仅有41辆坦克还能作战（两个月前有近200辆），全程补给都要依靠空投，没有友军，没有后方，高速推进是他的唯一法宝。莫德尔的先头战斗群出发伊始，就以突袭夺取了杰斯纳河渡桥，而后迅速向南，虽时与对手激战，但并不纠缠。先头战斗群进展神速，甚至连古德里安曾有数日都找不到总在最前方的莫德尔。不过，随着苏军第21集团军展开极顽强的抵抗，第3装甲师一度风驰电掣般的进军有所减慢，开始像楔子那样挤压着向南推进。古德里安非常倚重莫德尔对前线局势的判断，当他得知苏军有可能反击第24摩托化军的侧翼时，他曾非常忧虑继续南下的危险性，正是莫德尔的准确判断和一力坚持，最终使古德里安下定决心尽快完成基辅合围。莫德尔的运气似乎不错，当他的一个小战斗群9月13日晨幸运夺取了洛赫维察及附近的苏拉河大桥后，他立即把剩下的坦克和若干步兵派去支援，竭力阻挡试图从此地发起突围的苏军。15日，莫德尔手下的第3摩步团一部，在洛赫维察外围与由南向北进攻的另一支装甲矛头会合，标志着基辅包围圈的正式合拢。从南面合拢包围圈的正是莫德尔的老同学、第16装甲师师长胡贝，但似乎所有的功劳都被记在莫德尔名下，有后人就称“莫德尔个人系上了基辅包围圈的口子”。[23]9月20日，莫德尔的反坦克营俘获了苏军第5集团军总部，司令员波塔波夫将军也出现在战俘行列中。22日，莫德尔在提交的报告中总结了第3装甲师参战3个月的战果：“……俘虏43381人，缴获或摧毁坦克408辆、装甲车56辆、大炮738门、高射炮140门、反坦克炮515具、迫击炮265门、机枪1137挺、卡车2825辆……摧毁、击落和缴获的飞机分别为89架、96架和64架……”[24]不过，莫德尔自身的伤亡也着实不菲：“……损失264名军官、4111名军士和士兵，为6月22日时的总兵力的27%……”[24]

基辅战役后，第3装甲师随古德里安装甲集群北上，准备参加扑向莫斯科的“台风作战”。第24摩托化军在10月第一周的任务是进抵奥廖尔—布良斯克的公路，但主要作战任务交给了第4装甲师，莫德尔师负责跟进和保护。10月3日，第4装甲师成功夺取奥廖尔，第3装甲师此后一周里基本上都在奥廖尔周边负责警戒，同时等待油料和补给。大约在此期间，莫德尔获悉自己将出任第41摩托化军军长。10月14日，陆军总部下达了包围莫斯科的作战令，第4集团军和第3装甲集群将从西面和北面进攻，古德里安所部则负责从南面、东南和东面切断莫斯科与外部的联系，他的第24摩托化军渡过苏沙（Susha）河后将朝莫斯科西南的图拉方向进攻，第4装甲师负责居左掩护，第3装甲师则在右翼主攻。莫德尔虽然即将离任，但还是认真“站好最后一班岗”，他一手制定出图拉攻势的详细计划，并在10月18日主持的最后一次作战会议上亲自进行部署。之后，莫德尔把第3装甲师移交给自己欣赏的布赖特将军，准备前往第41摩托化军上

▲ 摄于1941年7月初的白俄罗斯斯卢茨克，莫德尔正与装甲矛头指挥官、第6装甲团2连连长布赫特基希（Ernst-Georg Buchterkirch，左一）中尉交谈。

▲ 摄于1941年7月初，古德里安上将与第3装甲师师长莫德尔交谈。

▲ 摄于1941年7月，莫德尔在作战间歇时向下属们讲解自己的计划，图中穿黑制服的是第6装甲团1营营长施密特-奥托（Gustav-Albrecht Schmidt-Otto）少校。

▲ 摄于1941年7月9日，莫德尔为两名装甲兵颁发骑士勋章后与他们合影。中为第6装甲团2连连长布赫特基希中尉，右为该团2连的排长赖尼克（Gerhard Reinicke）中士。

◀ 摄于1941年9月15日，第3装甲师合围基辅苏军的先头部队指挥官弗兰克（Heinz Werner Frank）少校正向古德里安上将汇报战况。

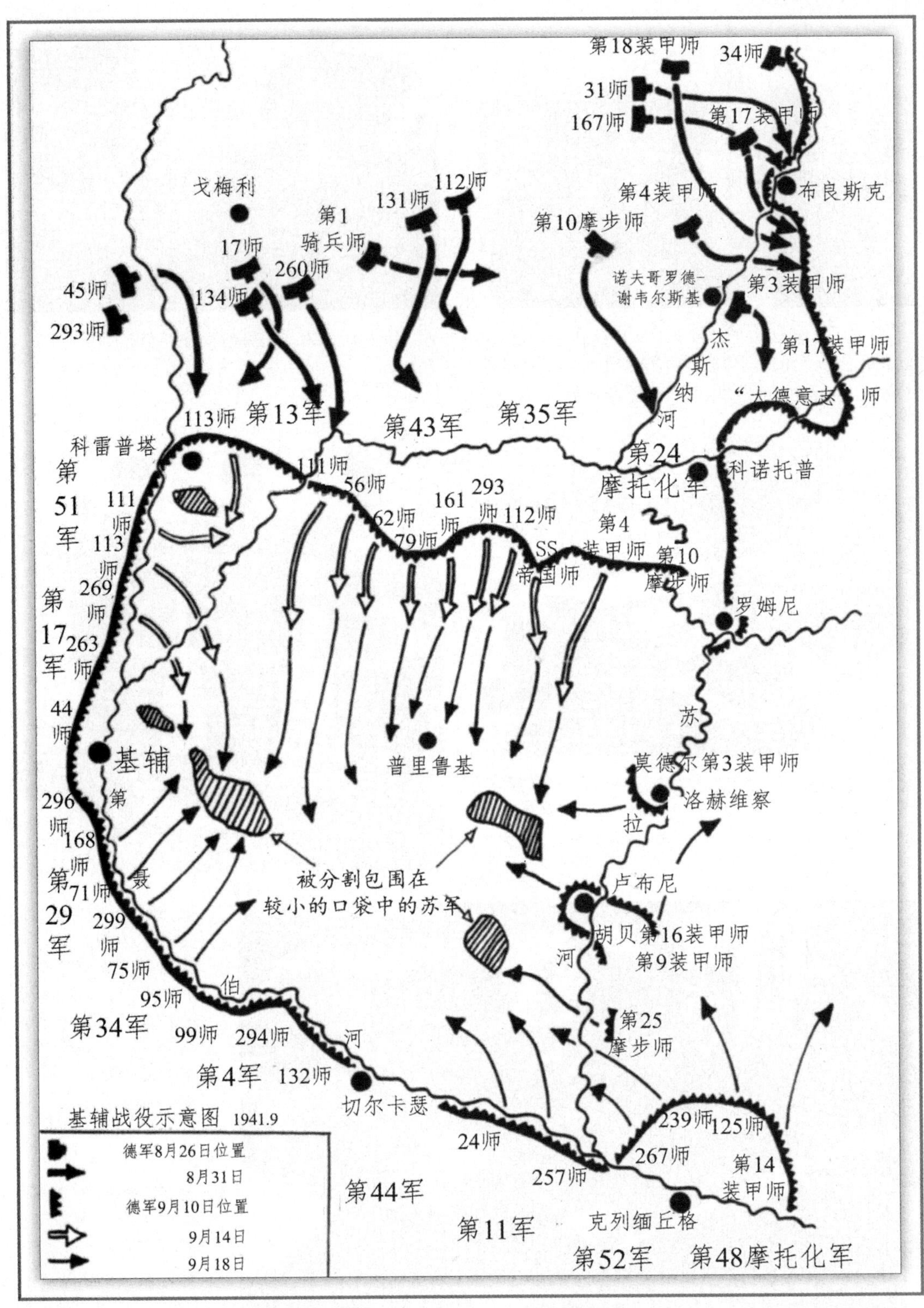

▲ *基辅战役中的德军态势示意图（1941年9月）。*

任。莫德尔在第3装甲师的时间不长，在军官中也不受欢迎，但在士兵间有着很好的口碑。他的勇敢和灵活，对自己即兴发挥才能的高度自信，善于抓住稍纵即逝的战机并在险中取胜的能力，使他被认为是最出色的装甲师长之一。

10月29日，莫德尔正式接管第41摩托化军，并被晋升为装甲兵将军。莫德尔到任前夕，军参谋长和一干参谋们出于对新军长"恶名"的恐惧，曾集体要求调离，但最后被驳回。第41摩托化军隶属于莱因哈特的第3装甲集群，当时正位于伏尔加河畔的加里宁，距莫斯科不过100英里。在扑向莫斯科的最后攻势中，莫德尔的任务是保护向东进攻克林的第3装甲集群侧翼，同时保持与第9集团军的联系。虽非主攻方向，但莫德尔以其惯常的能量立即重组防线，雷厉风行地提高所部的作战能力。他曾把所有修理单位集中起来，命令官兵们不舍昼夜地抢修能找到的任何坦克（包括缴获的苏军坦克）；他下达命令时常常不经过参谋长和正常程序，本人也常到前线侦察，而理由竟是不相信侦察单位送回的情报！当第3装甲集群左翼的第7装甲师在莫斯科—伏尔加运河边的亚赫罗马建起一座桥头堡，右翼的第6装甲师也推进到距莫斯科仅30公里处时，莱茵哈特命令莫德尔统领第1和第6装甲师等部"走完奔向莫斯科的最后一程"。军史家纽顿曾这样描述过此时的莫德尔："……整个第3装甲集群中，（对夺取莫斯科）最坚定的似乎就是莫德尔。他坚信俄国人只剩下最后一口气，胜利将属于继续向前无情施压的一方，就像他朝乌克兰推进时所做的那样。他试图做到无处不在，赞扬、敦促或诅咒官兵；但他的出现让人不得安宁，因为他不接受任何失败借口。如果有军官指出两个装甲师加起来也只有41辆坦克，他会立即反驳说，即使这样也比他在基辅时的坦克多3倍。在德军攻势的最后几日里，莫德尔又得到了其诸多绰号中的一个——'没谱的乐天派'，这无疑相当准确"。[25]

▲ 摄于1941年10月离开第3装甲师前，莫德尔与几名军官合影。右一为获骑士勋章的施特克少尉（Georg Störck）。

▲ 莫德尔常见的一张照片，或摄于担任第3装甲师师长期间。

▲ 摄于1941年秋冬，第41摩托化军军长莫德尔与第6装甲师第11装甲团团长科尔（Richard Koll）上校在一起。

但是，过人的意志和能量也不能改变德军进攻能力衰竭、油料补给告罄的状况，以及天寒地冻中枪炮失灵、官兵处境凄惨无比的现实。12月5日，在莱因哈特命令第3装甲集群各部中止进攻的同时，苏军发起了大反攻，加里宁方面军的第29和第31集团军重点打击德军第9集团军，而西方面军的第1突击集团军、第20和第30集团军则把重拳挥向第3装甲集群。莱因哈特被迫命令撤往克林，莫德尔指挥所部竭力阻挡苏军西方面军的追击，为避免撤退变成溃逃，他尽全力维持着秩序，有时还在最拥挤的路段上，提着手枪亲自疏导交通。12月10日，中央集团军群获准撤到库尔斯克—奥廖尔—梅丁—勒热夫一线，建立所谓的“冬季防线”。[26]18日，刚在克林摆脱险境的第3装甲集群又处于被切断的危险之中，第4装甲集群也面临着苏军的钳形合围，第9集团军面对的苏军已将突破口扩大到加里宁东南，只有第4集团军还能勉强维持着防线。第3装甲集群的撤退之路缓慢艰难，到12月底时才在拉马（Lama）河一线建起较稳定的防线。莫德尔将所部分散部署在一条连续防线上，虽然每段防线都很薄弱，但他总能集中使用炮兵打退对手的进攻，也总能以小型装甲战斗群或用一些二线部队拼组成临时战斗群堵住缺口。他自己时常顶风冒雪地出现在前沿，操着嘶哑的嗓音鼓

▼ 摄于1941年11月末或12月初，第3装甲师位于图拉附近的“运输车队”正在转运物资。莫德尔此时已调任第41摩托化军军长，他在克林方向的情形应该与此相仿。

▲ 摄于1941年12月初，反映东线德军状况的一幅图片。

励官兵，或提着手枪在告急的阵地附近维持战场纪律。虽然参谋们又给军长起了个“前沿猪”的绰号，但他们不得不承认，莫德尔的防御措施卓有成效，第41摩托化军的防区是被突破最少的，即便被突破也能立即堵住。莫德尔坚信自己的战术和经验远胜对手，他在高度自信中流露出的镇定给普通官兵留下了深刻印象。凭借防御中的才华和强悍，莫德尔可能是德军首次败退中声誉不降反升的唯一将领。

1942年1月初，为敲掉德军第9集团军在勒热夫至格扎茨克（Gzhatsk）之间占据的突出部，科涅夫的加里宁方面军再次发起了新攻势。苏军第39集团军在勒热夫以西率先突破，之后迅速南下，试图从西南面包围勒热夫。1月5日晚时，德军第6军的左翼和第23军的右翼之间已被捅开15公里的口子，苏军先头距勒热夫以西和以南都只有8公里。[27]德军迅速组织兵力反击，但在苏军的强大压力下很快失败。第9集团军的总体局势到1月11日明显恶化，苏军3个骑兵师和1个摩托化师已楔入第9集团军后方，不仅包围了奥列尼诺（Olenino）的第6军，甚至还推进到瑟乔夫卡西北20公里处。苏军的这一机动既威胁到至关重要的瑟乔夫卡—勒热夫铁路和瑟乔夫卡的多个补给基地，第9集团军总部也受到震慑。由于苏军撕裂德军第3装甲集团军和第9集团军，进而从北面包围中央集团军群的意图十分明显，第3装甲集团军各部只得从拉马河撤往前述的“冬季防线”。出人意料的是，莫德尔是极少数反对撤退的将领之一，他还恶声恶语地指责其他指挥官守不住阵地，才造成整体防线的一再后移。

1月14日下午，莫德尔被召到中央集团军群总部，克鲁格元帅通知他准备出任第9集团军指挥官。当日早些时候，第9集团军原指挥官施特劳斯（Adolf Strauss）上将因不堪重负，意见分歧以及克鲁格越级指挥而称病告退。[28]克鲁格还通知莫德尔立即飞赴元首大本营，希特勒要亲自召见他这位被寄予厚望的指挥官。

“守强于攻”：从勒热夫到库尔斯克和奥廖尔

莫德尔担任军长仅3个月，就越过众多资深

将领出任集团军指挥官，可谓如火箭一般蹿升。他的晋升既出人意料，又在偶然中透着必然，毕竟他担任主官和参谋长的经历十分完整，东线的短短半年里已有最优秀的装甲师长的口碑，还有他的强悍和善于防御的特点，由他出任危机四伏的第9集团军指挥官并无不妥。另外，勒热夫—格扎茨克突出部里的第9集团军形势非常不妙，可能并没有多少人愿意接手这个残破且部分被围的集团军。至于有些将领总说莫德尔是靠着希特勒的宠信才爬上高位，恐怕是因为嫉妒。其实，希特勒是从历时一整年的勒热夫之战，才真正认识到莫德尔的才能和强悍的。

莫德尔1月16日见到了希特勒，转眼又于18日出现在第9集团军总部。他发布的第一道命令就带有强烈的个人印记，称自己将“以无可动摇的信心和坚定的意志，与官兵们携手并肩应对危机”。[28]在总部听取汇报并研究局势后，他不容置疑地告诉参谋们：“集团军将于72小时里投入多个师发起反击，在解救奥列尼诺的被围部队的同时，也将把楔进来的苏军两个集团军隔离开来。”莫德尔向错愕不已的参谋长交代一番后，立即动身赶往北面的勒热夫，因为他将在那里亲自组织反击前的准备！从这一天起，莫德尔似乎把能量注入了第9集团军这头流血困兽的身体里，卡雷尔曾在《东进》中这样写道：“……真是咄咄怪事，从莫德尔接管集团军的那一刻起，部队似乎又恢复了力量。这不仅是因为新指挥官的各项命令准确得惊人，也由于他的身影无处不在。参谋长克雷布斯上校在瑟乔夫卡负责照料总部，莫德尔的位置就在前线。他会在某个营部外突然从车上跳下，或骑马穿行于厚厚的积雪中，他也会走到官兵中鼓励、嘉奖或批评他们，有时甚至还提着手枪，在某个营的前头迎击突进来的苏军。到处都有这位生龙活虎的将军的身影，即便他没有去到的地方，官兵们也能感受到他的存在。”[29]

莫德尔的反击发起前，还发生过一段轶事。陆军总部除从第3装甲集团军和第4集团军抽调部队保护交通运输线外，还承诺增援维廷霍夫的第46摩托化军（辖党卫军“帝国”师和第5装甲师），但要求莫德尔把它用在格扎茨克附近发动反攻，以消除苏军第33集团军对维亚济马方向的威胁。莫德尔闻讯后立即搭机赶往狼穴，当着希特勒的面，力陈把第46摩托化军用于奥列尼诺和勒热夫的理由，两人展开了火药味很浓的争辩。希特勒坚持要求莫德尔服从命令，但后者却盯着希特勒冷冷地说道：“我的元首，到底谁是第9集团军指挥官，您还是我？”不等接茬，莫德尔又对惊骇的希特勒说，他自己比只有地图可看的元首更了解前线状况！[30]希特勒显然被这前所未闻的“抵抗”吓了一跳，他不仅允许莫德尔自主决定如何使用增援，还对不肯叩首的莫德尔立刻产生了敬意。

在勒热夫以西杀入德军后方的主要是苏军第39和第29集团军及第11骑兵军，其中第39集团军集中在瑟乔夫卡周边，第11骑兵军的目标是维亚济马，第29集团军则集结在勒热夫西南。1月21日晨，莫德尔在冰天雪地中按时发起反击，首先出动的是所谓的“瑟乔夫卡集群”（由第1装甲师、“帝国”师一部、第309步兵团和第2装甲师的第3装甲团等组成），[31]这支没有多少坦克的集群从瑟乔夫卡出发朝奥列尼诺方向推进，既负责在途中压缩苏军的突破走廊，又负责攻击勒热夫西南的苏军重兵的侧翼。22日，德军第6军的突击集群在勒热夫西面沿着两条公路向西推进，试图与同步向东进攻的第23军会合，从而切断苏军第29和第39集团军与后方的联系通道。根据第9集团军战时日志的记载：“22日天亮后，莫德尔搭乘轻型飞机，沿着整个前沿超低空飞行，他还在指挥部附近降落和寻找‘热点’，并用言语和行动鼓励官兵。”[32]到23日中午时，第6军和第23军的突击部队取得了联系，第9集团军在勒热夫西面的防线由此连成一体。

重新缝合勒热夫西面的防线缺口，被后世

史家称为是"中央集团军群在惨淡的冬日里到目前为止最耀眼的事件"。[33]不过，第6军和第23军之间的"陆桥"还相当薄弱，莫德尔为加强"陆桥"防御和准备迎击苏军反攻，命令第46摩托化军统一指挥"瑟乔夫卡"集群和第86步兵师，准备发起歼灭勒热夫西南之敌的第二阶段作战。26日和27日两天里，加里宁方面军在"陆桥"北面向南猛攻，被切断的第29集团军也同步向北进攻，试图再次冲开对手的防线。德军第256和第206步兵师费尽力气，在第8航空军的帮助下总算保住了"陆桥"的无虞，而莫德尔也将党卫军"元首"团的一个650人战斗群派去防御最危险的结合部。在4门88毫米高射炮和5辆III号突击炮的支援下，库姆（Otto Kumm）领导的这个战斗群承受了最严峻的考验，据说最后仅有35名党卫军官兵幸存，勒热夫地域齐腰深的脏雪里展开的生死搏斗，其惨烈程度由此可见一斑，也难怪有后人曾说："只有'狂热'这个被滥用的形容词才能描述这场血战。"苏军官兵的勇敢虽令人感佩，但莫德尔不仅还之以同样的凶猛和强度，还有更强的意志力和无与伦比的能量。

2月5日，莫德尔下令消灭被围苏军，但是，由于自身兵力不足，被围苏军数量庞大且抵抗顽强，再加上包围圈外的苏军接连不断地进行救援，莫德尔只能进行一系列精心策划的小规模进攻。围歼苏军第29集团军的过程缓慢艰难，期间曾数度险象环生，最大的一次危机出现在莫德尔获颁橡叶骑士勋章和晋为上将的2月17日。当天，第46摩托化军所部成功夺取了苏军第29集团军的最后一个营地，但与此同时，包围圈外的加里宁方面军从北面发起了最后一次大规模救援，试图撕开"陆桥"后解救被围部队。苏军以多于之前任何一次的重炮和战机猛轰守卫"陆桥"的德军，潮水般的步兵跟在坦克后面向前沿涌来。曾有6辆坦克冲过德军防线后迅速南下，虽然身后的步兵多数都被挡住，但有段时间里似乎没有什么力量能够阻止这些坦克。它们最后摸到了正执行清剿任务的第1装甲师背后，中央集团军群急令中止清剿作战，要求莫德尔立即调派部队增援"陆桥"方向，而第9集团军的战时日志也曾留下这样的字眼："以巨大努力和无数牺牲赢得的成功，似乎要在最后的关头丢失。"突破进来的苏军坦克最后还是被莫德尔集中部署的炮火摧毁。到2月20日勒热夫冬季作战暂告一段落时，莫德尔以伤亡5000人的代价守住了防线，同时造成苏军第29集团军阵亡26000人、被俘5000人。

1942年1月至5月末，莫德尔根据勒热夫地域的特点和自身兵力不足的现状，创造性地运用了一些具有"莫德尔特色"的防御战术。由于稀薄的兵力需要把守宽大的前沿，莫德尔认定无法采用"弹性防御"策略。对于许多部队使用的"支撑点防御"策略，莫德尔也不能认同，因为苏军既可以在支撑点之间的地带轻易渗透，又能集中炮火打击德军据守的村镇等支撑点。莫德尔所倡导和执行的策略是，竭力维持一条虽力量不足但具有连续性的防御前沿。由于防线没有缺口，他可以根据前沿哨所的观察和敌后侦察，来判断对手的意图，一旦发现异常，他会根据情报和自己的战场情境意识，立即向有可能遭受最大威胁的区域调派增援。莫德尔把各部的炮兵都集中在直属自己的第307炮兵司令部旗下，一旦某段前沿侦测到苏军的进攻意图，他会命令所有炮兵集中火力轰击对手。莫德尔深知自己的兵力不足，他一方面向上级积极索取增援，另一方面也在内部深入挖潜：他强令各级指挥部和二线单位减员5%，裁下来的官兵被立即编组到前沿步兵单位；由于撤退过程中损失了大量火炮和车辆，富裕出来的炮兵和技师等也被他集中派到步兵单位；他将装甲部队剩下的坦克拆分成连排级单位，命令他们支援步兵的防御，而失去坦克的官兵，则被他编组成滑雪营；希特勒曾明令禁止在前沿的后方构筑多条防御带，但莫德尔根本无视训令，"悄悄地"在

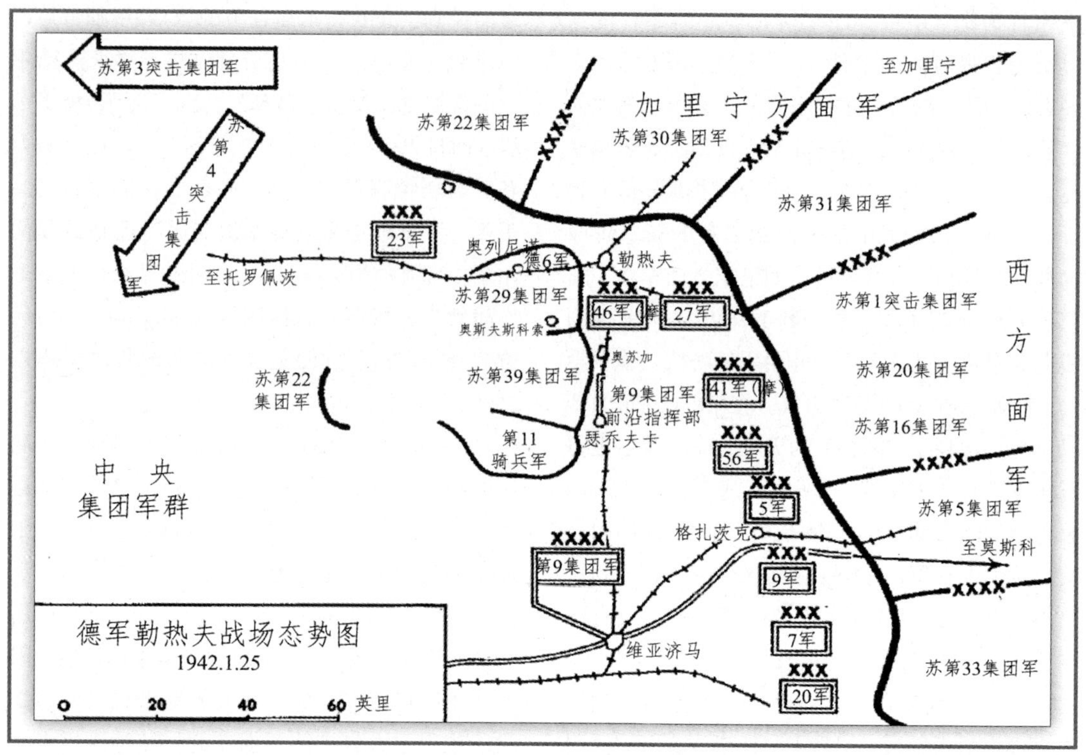

▲ *德军勒热夫战场态势图（1942年1月25日）。*

后方构筑多条过渡防线，以备苏军突破之时自己能有缓冲的空间。此外，莫德尔还有一样“创举”值得一提——他在奥列尼诺亲手组建了1个能在各种地形条件下全天候作战的骑兵旅。这个被称作“莫德尔骑兵旅”的单位直属集团军总部指挥，旅长是第1装甲师第1摩步团团长德梅登（Karl–Friedrich von der Meden）上校，由3个骑兵团组成（拥有骑兵连、炮兵连、自行车连和坦克连），兵员来自于集团军8个步兵师的搜索侦察营。[34]莫德尔在人员、装备和训练等方面全方位支持这个骑兵旅，而它在7月2日开始的“塞德利茨”作战中的确表现突出（历时11天的“塞得利茨”作战中，苏军第39集团军全军覆灭）。不过，莫德尔无缘目睹自己的杰作建功立业，他在5月23日巡视战事吃紧的别洛伊（Belyi）地域时，乘坐的侦察/联络机被机枪子弹击中，他和飞行员都受了伤。莫德尔被送往医院急救后，开始了为期11周的康复过程，第9集团军指挥官的职务也暂由维亭霍夫代理。

地图上并不起眼的勒热夫距莫斯科不到200公里，盘踞在这个突出部的第9集团军，就像一根楔入苏联腹地的长钉一样（被希特勒称为“触角伸向莫斯科的飞地”），不仅拖住了对手的大量兵力兵器，还成为莫斯科方向的苏军难以逾越的一道障碍。苏军试图消灭第9集团军的攻势，在1942年1月至1943年2月间几乎从未间断，规模巨大的进攻就有两次，其中的第一次发生在1942年7月底至10月初期间。加里宁方面军7月31日以两个集团军发起了进攻，西方面军8月4日也以两个集团军为主力展开攻势。第9集团军代指挥官维亭霍夫组织部队进行了顽强抵抗，但勒热夫东北部的防线还是在35万苏军的挤压下变得非常危险。正在德累斯顿家中养伤的莫德尔待不住了，8月7日飞抵瑟乔夫卡后，立即着手收拾被

▲摄于1942年初，勒热夫的伏尔加河大桥。

▲摄于1942年2月，莫德尔在元首大本营领受橡叶骑士勋章。中间是凯特尔，希特勒身后是其首席副官施蒙特，他手中拿的是莫德尔的橡叶骑士勋章。

▶本图摄于1941年8月8日，第46摩托化军军长维廷霍夫（右一）正为时任党卫军“帝国”师师长的豪塞尔（中）颁发骑士勋章。维廷霍夫及其麾下的“帝国”师，在1942年头几个月的勒热夫之战中发挥了关键作用。

▼可能摄于1942年冬的勒热夫，左为莫德尔的参谋长克雷布斯。

▲ 摄于1942年，莫德尔最倚重的将领之一、第6装甲师师长劳斯（中）将军。

▲ 摄于1942年初夏的勒热夫，德军第1装甲师的一处机枪阵地。

▲ 拍摄时间不详，莫德尔上将视察第383步兵师时所摄，他的右边是师长霍夫迈斯特（Edmund Hoffmeister）中将。

▲ 摄于1942年12月22日，莫德尔向第78步兵师师长弗尔克斯（Paul Völckers）中将颁发骑士勋章。第78步兵师在挫败苏军的“火星作战”中表现出众。

▲ 摄于1942年夏，佩戴橡叶骑士勋章的第9集团军指挥官莫德尔上将。

▲ 摄于1942年圣诞，莫德尔与集团军的几位军师长在一起，从左至右依次为：第6军军长约尔丹（Hans Jordan）将军，莫德尔，空军第7野战师师长海德里希（Richard Heidrich）将军，第197步兵师师长伯格（Ehrenfried-Oskar Boege）将军。

▲ 摄于1943年初的勒热夫，莫德尔正与党卫军第8骑兵师的旗队长策恩德（August Zehender）研究地图。党卫军第8骑兵师的前身是费格莱因的骑兵旅，组建完成后在1943年1月被送往勒热夫和奥廖尔地区作战。

▼ 1942年末至1943年初的勒热夫，经过一年的反复厮杀，这里已成为一片废墟。

压弯变形的防线。除了以标志性的"无穷能量"督导各部严防死守外，他还运用自己的影响力索要增援——8月16日，勒热夫的激战进入紧要关头时，莫德尔曾对克鲁格嚷道："第9集团军快不行了，必须立即增援3个师。如果不能满足要求，集团军群就得对下一步出现的局面负责，也必须就怎样继续作战提供详细指令。"[35]格兰茨曾对此评论说："……最后通牒出自于1941年冬拯救过勒热夫的那个人，因而是无法忽视的，中央集团军群随后派出了必需的援兵，德军防线就此得以守住。"[36]得到增援后，莫德尔以不断的反击反复挫伤苏军的势头，终于在9月底10月初时完全挡住了对手。

性格同样强悍坚韧的朱可夫立志要拔除勒热夫突出部这个眼中钉，9月底时，他即开始筹划发动一次规模甚巨的钳形攻势——这个代号“火星作战”的攻势，将与斯大林格勒方向的“天王星作战”几乎同步进行，西方面军和加里宁方面军7个集团军的百万重兵，将从东、西、北三个方向发起向心进攻，目标仍是撕碎第9集团军，进而围歼中央集团军群。苏军进攻前的一个月里，莫德尔根据前线报告、战俘口供、空中和地面侦察以及无线电监听等多种手段，已判断出对手将在数周内进攻勒热夫突出部的东、西两面。虽无法确定进攻的准确时间和兵力配备，但莫德尔向东、西两面的重点区域大量增兵，又将整个防御体系梳理一遍，防区内遍布着依托地势而建的交叉火力网，多条防御带把诸多村镇、堡垒和支撑点连接起来。莫德尔预计苏军在东面的主攻方向会是第39装甲军把守的瓦祖扎（Vazuza）河方向，于是，他下令敷设大量雷场，还通过砍伐树木，为第307炮兵司令部集结的火炮提供理想的射击视域。在兵力配备上，莫德尔也做到在东、西和北三个区域都有机动预备队，第1装甲师则为集团军预备队，此外，必要时他还能从集团军群获得第12、第19和第20等3个装甲师的增援。11月25日，当朱可夫以80万部队和2000辆坦克发起“火星作战”时，莫德尔的前期准备和部署收到了效果。第39装甲军的瓦祖扎河防线正是苏军的主攻点，格兰茨曾这样描绘道：“……在第39装甲军方向，莫德尔每天都乘轻型飞机来到前沿，然后坐着半履带车在各级指挥部间转来转去。他把新情报传达给指挥官们，亲自去阵地巡视，也检查反击计划，或提供必要的增援。他向官兵们显示，任何一个战场上都有着他们的指挥官的身影。克鲁格的其他军长们无不仿效。”[37]

苏军第20集团军的3个步兵师以伤亡过半的代价冲垮了突出部东面的首道防线，科涅夫立即投入第6坦克军和第2近卫骑兵军等扩大突破，但他没有料到，这些机动部队的蜂拥而至顿时严重堵塞了道路。莫德尔见状马上集中炮兵和俯冲轰炸机，无情地绞杀雪原上的苏军骑兵和坦克部队。苏军这两个军的余部最远曾切断过瑟乔夫卡至勒热夫的铁路，但始终无力扩大突破口的南北两侧，最后变成孤军深入的狭长箭头。第39装甲军军长阿尼姆以第5、第9装甲师及第78步兵师发起了南北对进的凌厉反击，到11月底时成功切断对手，几乎全歼了突进来的数万苏军。阿尼姆也因这一战功在一周后调往北非的突尼斯桥头堡，出任第5装甲集团军上将指挥官。

莫德尔需要“巡视”的战场并不止突出部东面，第9集团军实际上应对的是三面夹攻。北面是加里宁方面军重建的第39集团军，它缓慢但坚实地压迫着德军第23军的防线，西面的苏军第41和第22集团军则在别洛伊南北两侧实现了真正的突破，哈佩（Josef Harpe）的第41装甲军把守的防线已面临着弓弦将折的险境。面对着像钢刀一般向东突进的苏军第1和第3机械化军，莫德尔一边要求克鲁格增援第12、第19和第20装甲师，一边命令哈佩不惜任何代价死守别洛伊周边。哈佩在随后数日里进行了一场令人难以置信的防御战，致使苏军第41和第22集团军无法建立联系，第1和第3机械化军也始终都像细长且暴露的箭头那样无法会聚。12月7日，当苏军的进攻能力趋于衰竭之时，莫德尔在别洛伊南面向苏军第41集团军占据的小突出部发动夹击，新援第19和第20装甲师在南，第1装甲师和“大德意志”师居北，三日后完成合围，一周内基本全歼了苏军第1机械化军和第6步兵军。哈佩也以类似的夹击方式解决了第3机械化军的威胁。12月11日，朱可夫在突出部东面投入了预备队第5和第6坦克军的350辆坦克，试图由东向西冲垮德军防线，搭救被困在别洛伊两侧的部队。但是，莫德尔的防御战术再次发挥出惊人威力，疏而不漏的阵地上喷出的致命火舌，机动灵活的炮兵射出的准确炮火，间或点缀着凌厉的装甲反击，既让苏军留下了300辆坦克和装甲车的残骸，又吞噬了以人浪队形勇敢冲锋的无数官兵。

12月20日，朱可夫无奈地承认"火星作战"已告失败，仅有9万人、不超过200辆坦克的莫德尔，使这位苏军名帅遭受了二战期间最惨痛的失败。持续一个月的拉锯战中，苏军损失了占投入兵力40%的33.5万人（10万人阵亡）、1852辆坦克（德军数字）和1100门大炮，这当然会令朱可夫和红军丢尽颜面，以至于战后的几十年里苏方一直拒绝承认此战的存在。[38]朱可夫本人在回忆录中曾以极少的篇幅，语焉不详地提及了勒热夫突出部的作战，而先后以加里宁方面军和西方面军司令员身份与莫德尔对垒整整一年的科涅夫元帅，在其回忆录中只是留下了一串"……"。[39]

有后人曾称，莫德尔令"火星作战"受挫，是他"军旅生涯最大的成就之一，也是二战期间令人印象最深刻的防御战胜利之一"。[40]这个说法当然毫不过誉，即便在当时，勒热夫的成功也为莫德尔赢得了"防御雄狮"的称号，虽然上级和一些同僚仍视他为冷酷无情的家伙，但无人否认他是个才具非凡的战术家。不过，莫德尔深知，第9集团军防御成功的代价同样高昂（4万人的伤亡使其战损率同样高达40%），挫败苏军的两次大规模攻势其实也是险中取胜，不可能永无止境地以疲弱之兵据守麻烦不断的突出部。随着斯大林格勒城外第6集团军覆灭的命运已然锁定，莫德尔认为希特勒"再度进攻莫斯科"的梦想已不现实，勒热夫突出部作为进攻跳板的作用也就此荡然无存，而四处缺少兵力和装备的东线德军，还没有奢侈到在勒热夫部署几十个师的"闲子"的程度。基于这些考虑，莫德尔、克鲁格和参谋总长蔡茨勒向希特勒提出放弃勒热夫突出部，理由之一就是这里一直都是险情频传的麻烦根源，另外，530公里的前沿缩短后，释放出来的大量兵力可以组成数量可观的预备队。几经努力之后，希特勒终于在1943年2月6日松口，批准第9和第4集团军从3月1日起撤往在勒热夫突出部根部构建的新防线。

根据蔡茨勒的战后忆述，中央集团军群在获准撤退前已经开始秘密准备，并在前沿至突出部根部之间修筑了数条过渡阵地。获得明确批准后，克鲁格和莫德尔的参谋们夜以继日地连轴工作，很快制定出详尽的撤退计划，包括撤退日期和路线、行政后勤部门的先期撤离、军火与物资装备的转运、侧翼防御的强化、撤退路线周边的布雷和过渡阵地等，当然也包括撤离前炸毁军用设施和铁路车站等措施。3月1日，克鲁格下达了撤退命令，最先撤离的是最北边的勒热夫守军和第4集团军位于最东边的格扎茨克的部队。这些部队到4日完成撤离后被派至两翼加强警戒。苏军虽然很快发现了德军有"逃跑"迹象，但担心是陷阱，因而在迟疑中不敢贸然追击，另外，似乎苏军最高统帅部不太确定应如何应对这种局面。3月7日，莫德尔所部撤离瑟乔夫卡，由于苏军阻挠德军撤退的主要区域集中在维亚济马公路两侧，以及北面的尼基京卡（Nikitinka，位于别洛伊东南）一带，莫德尔组织部队经过反击逼退了苏军。12日，第9集团军抵达了撤退过程的中线——别洛伊至维亚济马的过渡防线，五天后第4集团军所部率先到达突出部根部，而莫德尔集团军又经过了两条过渡防线，于21日进抵杜霍夫希纳西面的新防线。至此，第9和第4集团军在伤亡极少的情况下完成了最远达160公里的撤退，前沿从530公里长锐减为200公里，15个步兵师、2个摩托化步兵师、3个装甲师、1个党卫军骑兵师以及数个高级指挥部在撤退完成后转为预备队。[41]

1943年4月2日，莫德尔被授予德军第28枚（陆军第6枚）双剑骑士勋章，这时，他的第9集团军已从中央集团军群的左翼调动到南翼的奥

▲莫德尔第9集团军撤离勒热夫突出部的路线示意图（1943年3月）。

廖尔。在莫德尔的撤退完成前，布施上将的第16集团军也刚刚撤离据守了一年多的杰米扬斯克突出部。不过，当苏军1943年初发起的一系列反攻（重中之重自然是斯大林格勒之战）终结之时，苏德双方反复争夺的前沿出现了犬牙交错的状况：苏军在库尔斯克地区形成了朝西的突出部，而这个突出部的南、北两面都是德军的突出部，即莫德尔在北面占据的奥廖尔突出部，以及曼施坦因在哈尔科夫反击战得手后夺下的哈尔科夫突出部。哈尔科夫反击战大胜后，满脑子进攻念头的曼施坦因敦促希特勒和陆军总部，一旦泥泞季节过去，应尽快夺取苏军中央方面军和沃罗涅日方面军占据的库尔斯克突出部。曼施坦因得到了参谋总长蔡茨勒的支持，后者也很快拿出了代号“城堡作战”的方案，希特勒出于夺回战场主动权的考虑，特别是想以一场胜利来提升斯大林格勒战役后的士气，倾向于支持曼施坦因的速战观点，但他不能不考虑莫德尔——“城堡作战”中的北翼主角——的看法。

在有“绞肉机”之称的勒热夫奋战14个月后，莫德尔认为当务之急是做好防御和休整补充，以完备的防御体系“静候”苏军无可避免的后续攻势。莫德尔对“城堡作战”一开始就缺乏热情，但态度相当“狡猾”。他不像曼施坦因和蔡茨勒那样力主尽快进攻（莫德尔的上级克鲁格属于这一阵营），也不似装甲兵总监古德里安那样大叫此战“毫无意义”，他只是表示自己不满“城堡作战”眼下的方案和时间进度。4月，莫德尔越过克鲁格直接找到希特勒，声称第9集团军的形势很糟，步兵师的兵力只及编制的60%，装甲部队和炮兵的力量也远不及南面的第4装甲集团军，而面对的苏军中央方面军兵力兵器却十分雄厚。不过，莫德尔说他的集团军也有可能投入进攻，但前提条件是必须获得足够的增援，尤其是新列装的豹式、虎式坦克和费迪南德坦克歼击车等。4月底，莫德尔又向陆军总部提交了报告，他的腔调这时变成了“即使获得强援，这场进攻也只会收获巨大的损失，没有成功的希望”[42]。希特勒不能不重视莫德尔的意见，在高级将领们的争辩中，希特勒几度摇摆，先后四次推迟“城堡作战”的发起日期。莫德尔虽陆续获得了增援和兵器装备，但他对于需正面强攻苏军防线依然不满。由于预计到己方的进攻可能会无功而返，而对手一旦突破左侧的第2装甲集团军的防线，第9集团军就将被切断后路，于是莫德尔悄悄地在前沿后方百余公里处构筑了三条防线【其中一条是奥廖尔突出部根部的“哈根”（Hagen）防线】，以备不时之需。有德军将领战后曾称，莫德尔的真实意图是利用自己的影响力不断拖延时间，等苏军失去耐心率先进攻时，再由他来打一场擅长的防御战。此说或许有理，但谁又能肯定，莫德尔的意图不是拖上几个月，静候希特勒根据形势的变化主动取消这场无望的进攻战呢？

无论如何，“城堡作战”最后定于7月5日发起。莫德尔的集团军此刻已成为东线德军曾出现过的实力最强的部队之一，他拥有5个军、19个师（第20军、第46、第47和第41装甲军以

▲ 摄于1943年7月初的库尔斯克会战，中央集团军群指挥官克鲁格元帅（左）正与莫德尔研判进展。从两人的位置和姿态来看，克鲁格倒像是莫德尔的参谋长。

▲ 摄于1943年7月初的库尔斯克会战期间，德军一个完整的装甲团正向战场开进。

▲摄于1943年7月初，德军的补给车队正在转运物资。

▼摄于1943年7月初的库尔斯克会战期间，德军步兵从堑壕中爬出来准备作战。

▼摄于1943年7月初，莫德尔（中）与第2装甲师师长吕贝（Vollrath Lübbe，左一）中将交谈。右后方是1辆III号坦克（Ausf. M.）。

▲ 摄于1943年7月初，左为第2装甲师师长吕贝中将。

▼ 摄于1943年7月初，前面是莫德尔，右为第2装甲师第2装甲掷弹兵团团长布克（Wilhelm Buck）中校。

及第23军），不少于7个装甲师或装甲掷弹兵师被部署在库尔斯克突出部的北面肩部。莫德尔的任务是突破苏军中央方面军前沿，担负主攻的第47装甲军（第2、第9和第20装甲师及第505重装甲营）将沿着奥廖尔—奥利霍瓦特卡（Olkhovatka）—库尔斯克的公路和铁路之间的区域南下，以进抵库尔斯克城北的高地，并与北进的第4装甲集团军所部会师为最终目标。莫德尔还得到2个营（90辆）的费迪南德坦克歼击车（编入第656坦克歼击团）、1个IV号突击炮营的加强，以及整个第6航空队的支援。罗科索夫斯基的中央方面军在突出部部署了第60、第65、第70、第13和第48等五个合成集团军，后三个集团军把守前两条防御带，第60和第65集团军负责监视突出部西面的德军动向，第13集团军负责突出部北面的肩部，因而直接面对莫德尔集团军。罗科索夫斯基的预备队包括第2坦克集团军及第9和第19坦克军。总的来说，突出部北面的苏军6个集团军拥兵70余万，装备有1800辆坦克、10000余门大炮和迫击炮。

莫德尔在苏军第13集团军把守的19公里前沿集结了10个师和大约1000辆坦克，但他在7月5日只投入了第20装甲师，主要依靠炮火、工兵以及装甲厚重的费迪南德坦克歼击车等敲开对手的前沿。莫德尔在首日以伤亡7000人的代价，在苏军第一道防线上敲开了30公里宽、14公里深的缺口，次日他投入了第2、第9和第18装甲师，试图冲垮对手的第二道防线。罗科索夫斯基也在次日投入了第2坦克集团军，400多辆坦克在第二道防线边缘与德军展开了一场坦克战，前沿步兵师也以最大的勇气和牺牲阻止德军进入开阔地。在烟尘弥漫的晴朗夏日里，莫德尔的装甲师缓慢地朝着奥利霍瓦特卡推进，而罗科索夫斯基也富有技巧地投放预备队，既正面迎击德军矛头，又持续不断地打击对手的侧翼。由于进展缓慢，莫德尔8日投入了预备队第4装甲师，但还是受阻于奥利霍瓦特卡西南的高地，苏军的密集雷场、反坦克阵地、埋伏的坦克和步兵们似乎树起了无法逾越的铜墙铁壁。莫德尔在10日和11日曾多次试图攻克这里的山脊和高地，但均告失败。虎式坦克和费迪南德坦克歼击车虽然堪称“杰出的杀人机器”，但频发的机械故障、缺乏近战武器以及乘员不熟悉手中的利器等原因，使这些装备远不能成为突破的真正矛头。到11日，莫德尔的损失已超过2万人，还有88辆坦克和突击炮完全报废（另有250辆受损），虽给对手造成惨重的损失（罗科索夫斯基一周内损失3.3万人和526辆坦克），但德军根本经不起这样的消耗——据说，心烦意乱的莫德尔黯然承认，至少在他的方向上“国防军正面临着起起落落的损耗大战”。[43]

7月10日，当莫德尔向奥利霍瓦特卡西南高地发起首次进攻时，南面的党卫军第2装甲军也正朝着普罗霍罗夫卡（Prokhorovka）推进，并在稍后使这个地名在很大程度上被等同于“库

▼ *摄于1943年7月中旬的奥廖尔战役期间，莫德尔在探视奥廖尔附近的前沿时，与第9集团军的部分士兵交谈。*

▲ 摄于1943年7月中旬的奥廖尔战役期间，莫德尔正在观察前方态势。

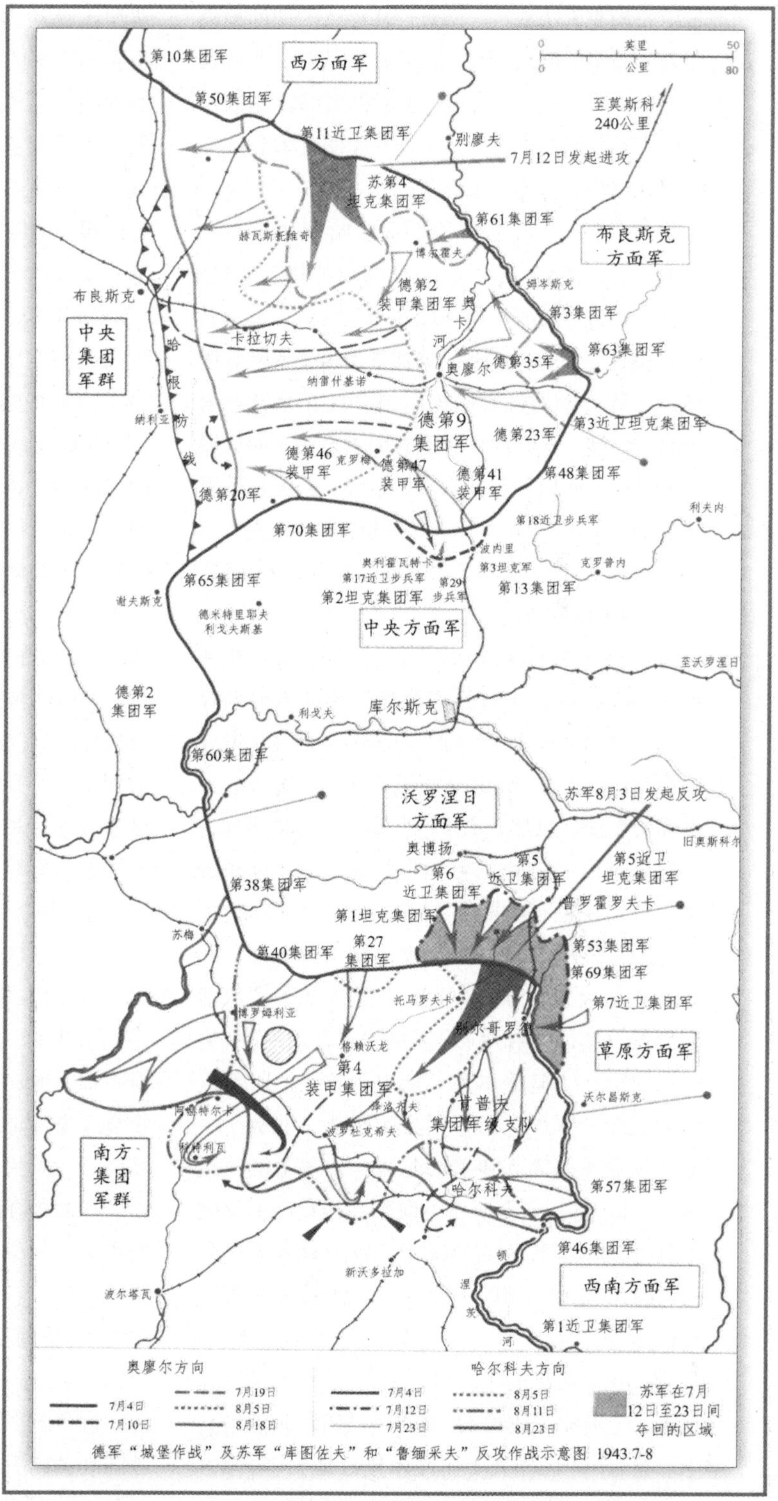

▲ 德军“城堡作战”及苏军“库图佐夫”和“鲁缅采夫”反攻作战示意图（1943年7月—8月）。

尔斯克坦克大决战”。同日，从遥远的西西里岛传来了盟军登陆的消息。两日后的清晨，布良斯克方面军和西方面军向奥廖尔突出部北侧的德军第2装甲集团军发起了代号“库图佐夫作战”的大规模攻势。莫德尔此前的担心变成了现实，但他的反应极为敏捷，立即命令哈佩率第41装甲军（现包括3个装甲师、1个摩步师和第636坦克歼击团）脱离战场和驰援北线。14日，希特勒命令莫德尔统一指挥第9集团军和第2装甲集团军，任务是恢复奥廖尔突出部已经开始糜烂的局面。15日，罗科索夫斯基的中央方面军向奥廖尔突出部的南面发起了进攻，这样，莫德尔就以突出部内的37个师（47.5万人和852辆坦克），对抗苏军三个方面军（120余万人和2800辆坦克）发起的向心进攻。

罗科索夫斯基方面军由于在前阶段作战中损失惨重，这个方向的攻势很快便被莱梅尔森（Joachim Lemelsen）的第47装甲军挡住。伦杜里克（Lothar Rendulic）的第35军负责防御突出部的东面，虽然只有4个严重减员的步兵师，但他以不俗的防御技巧和坚忍的意志，也在最初几日挡住了布良斯克方面军两个集团军的攻击。形势最险的是苏军主攻的突出部北面，即哈佩负责防御的方向，苏军在这里部署了包括第11近卫集团军和第4坦克集团军在内的4个集团军的重兵。莫德尔为了集中用兵，把所部重组为三个“军群”，分别交给哈佩（北翼）、伦杜里克（东翼）和莱梅尔森（南翼）统一指挥。7月19日，布良斯克方面军在步兵尚未突破伦杜里克军群防线的情况下，冒险投入雷巴尔科（Pavel S. Rybalko）的第3近卫坦克集团军。莫德尔冷静地把第36步兵师、第2和第8装甲师及第636坦克歼击团派到伦杜里克的战区发起反击，一周的激战过后，雷巴尔科的700辆坦克中，竟有669辆损失于奥廖尔接近地！[44]哈佩方向也不断得到增援，最多时他曾控制着6个装甲师、3个装甲掷弹兵师和8个步兵师，兵力约占莫德尔总兵力的一半有余。7月26日，苏军第4坦克集团军的500辆坦克被投入战场，哈佩军群的前沿几度濒临崩盘，但莫德尔设法又从中央集团军群那里弄来了预备队，哈佩也得以保持防线不被撕裂。到7月最后几日，东线德军16个装甲师中的8个都集中在奥廖尔突出部。虽然莫德尔能够力保防线不失，但他也知道不可能长久地如此拆东墙补西墙，他在加快修筑“哈根防线”、撤出2万伤员及5万余吨物资的同时，极力说服希特勒批准撤退。他很有技巧地告诉元首，如果允许他边战边撤往“哈根防线”，那么释出的装甲部队就能立即发动新反击和夺回失地——希特勒在7月31日“欣然”应允，这种策略也将成为莫德尔惯用的“忽悠”手法之一，而奇妙的是，希特勒竟每每必从。

第2装甲集团军和第9集团军撤往“哈根防线”的行动被冠以“秋季旅行”（Herbstreise）的代号。8月1日，当莫德尔开始撤退时，苏军注意到了对手的动向，立即加大了进攻的强度。尽管苏军汲取了勒热夫突出部的教训，但莫德尔依然从容地指挥几十万大军分阶段撤退，他本人跟随担任后卫的第12装甲师行动。苏军穷追不舍，虽收复了奥廖尔等一座座被烧成废墟的城镇，但在莫德尔的每条过渡防线前，都遭受到沉重打击。到8月18日德军基本撤至“哈根防线”时，苏军三个方面军历时38天，终于收复了奥廖尔突出部，但付出的代价是何等的高昂——损失429890名官兵（其中112000人阵亡）和2586辆坦克！按照德军的标准，莫德尔的损失——60804人和250辆坦克——也可谓不菲，但他不仅避免了被围，摆脱了追击，还造成对手7倍的伤亡！令人震惊的是，他竟然还把11732名战俘一起带到了新防线！[45]

在新防线刚刚立足，莫德尔手下的部队便被陆续调离——曼施坦因的南方集团军群在8月23日弃守哈尔科夫后，向第聂伯河方向撤退；苏军西方面军与中央方面军眼见无法围歼莫德尔所部，便把复仇的怒火撒在了他的左邻第4集团军和右邻第2集团军身上，莫德尔的装甲师和摩托化部队很快被调去增援这些处境危险的邻居。9月7日，当莫德尔自己遭到布良斯克方面军的攻击时，他身边只剩下了1个装甲师。第2和第4两个集团军虽然得到强援，但他们的指挥官缺乏莫德尔、哈佩、伦杜里克等人的防御才能与强悍意志，很快便开始后撤，结果险将莫德尔所部置于两翼皆被包抄的险境。9月17日，莫德尔被迫放弃驻守了一个月的布良斯克，于9月末时率部撤到第聂伯河西岸。

诚然，莫德尔在奥廖尔突出部取得了一次杰出的防御战胜利，但他对库尔斯克之战的失败，似乎也应承担一定的责任。许多战史著作在评论此战时，多集中于曼施坦因的"功败垂成"（是所谓"失去的胜利"），而对第9集团军的北线战事，则往往以"莫德尔上将的攻势受阻"轻轻带过，隐约间似乎传递着这样一个信息——似乎是莫德尔的作战不力才造成了南翼和整个战役的失败。但是，如果将先天不足的"城堡作战"失利的责任完全归咎于莫德尔，那显然也有失公允。军事历史学家西蒂诺（Robert M. Citino）在分析"城堡作战"中苏德双方谁更胜一筹时曾写道："……1943年的德军还有许多强项：一支受过良好训练、具有献身精神和攻击性的军官团；有很多不管是出于事业心、还是意识形态或忠于团体等原因而愿意赴死之人；第一次在东线拥有了质量明显占优，但存在磨合问题的物资装备。然而苏军也有一手好牌：一个能力很强的统帅部，其自信心在斯大林格勒和高加索胜利后正在增强；校级军官和普通士兵已学会信任彼此应对德军进攻战术的能力；在经常被忽视的野外筑垒艺术方面有着传统优势……"[46]笔者虽基本赞同这种结论，但是，莫德尔在奥廖尔突出部之战中的惊人表现（苏军损失了几乎一个方面军的兵力兵器），又使西蒂诺的分析显得有些苍白无力。毕竟，在相邻区域几乎同时展开的两场战事，其结果竟有天壤之别，细究起来，其原因可能在于强人莫德尔或许真是一位"守强于攻"的防御奇才。

东线"救火队长"

1943年11月初至1944年1月末，莫德尔难得地在德累斯顿的家里休息了近3个月——因库尔斯克之战的失利和奥廖尔突出部的失守，莫德尔在1943年11月5日被解职，进入所谓的"元首后备将领池"听调。这是对莫德尔的一种惩罚吗？史家施泰因在其著作中称，"希特勒一开始还不知道该拿莫德尔怎么办"。纽顿则更可信地指出，莫德尔的被解职，只是最高统帅部储备高级将领的一种方式，希特勒可以拿这些将领随时替换那些失去其信任的指挥官。至少，在战场相对稳定的时候，让一些长期承受巨大压力的将领短暂地离职休养，不失为预防他们"能量耗尽"的办法之一。

1944年1月28日，希特勒紧急召见莫德尔，命令他接替屈希勒尔（Wilhelm von Kuechler）元帅出任北方集团军群指挥官。北方战场的第18集团军此时正处于"水深火热"之中，两星期前，苏军沃尔霍夫、列宁格勒和第2波罗的海方面军携手突破了它的防线，为避免被围歼，屈希勒尔未经批准即命令所部撤往爱沙尼亚境内的"猎豹防线"，结果被无情解职。北方战场的局势的确不妙——林德曼（Georg Lindemann）将军的第18集团军只剩下17000名步兵，党卫军第3装甲军和第26军残部正在纳尔瓦周边苦战；南面的鲁加（Luga）河前沿正遭受苏军3个集团军的重击，守军第38军和第50军试图围绕鲁加构筑一系列支撑点，但原有5个师兵力的第38军仅剩5500名作战人员，防御正面却宽达60余公里；最南面的是盘踞在旧鲁萨至霍尔姆一带的第16集团军，虽然情形稍好，但其第10和第2军防守的区域更加漫长宽大。

莫德尔在31日抵达位于普斯科夫（Pskov）

的集团军群总部后，便立即下令采用他的“盾与剑”战术，以求全力迟滞苏军推进。所谓“盾与剑”战术，其核心便是撤退，但有着一个动听的幌子——释出兵力后，将在短时间内以局部反击夺回失地。老谋深算的莫德尔算是摸透了元首的脾性，他的“盾与剑”实为巧妙的心理战术，而希特勒再也不用为“撤退”这两个字眼大光其火。其次，莫德尔严令纳尔瓦和鲁加两个方向的德军建立“刺猬”型防御周边，同时也想尽办法为他们补充兵力，他下令取消休假，到处截留散兵，轻伤员一律归队，又像他在勒热夫时所做的那样，把5%的二线部队编入步兵单位并送往前线。第三，莫德尔毫不迟疑地向希特勒索取援兵，同时，希姆莱的党卫军、邓尼茨的海军、戈林的空军地面部队等都成为他求援的对象。莫德尔凭借其影响力很快为北方战场带来一批增援（包括“统帅堂”装甲掷弹兵师及一些从本土和挪威开来的部队）。2月初，莫德尔将守卫纳尔瓦周边的党卫军第3装甲军、第43军和第26军等编组成集团军级支队，交给步兵将军施蓬海默（Otto Sponheimer）指挥，到月底时，他又把第9集团军的老部下弗里斯纳（Johannes Friessner）调来，接任改名后的“纳尔瓦集团军级支队”指挥官。1944年2月末至7月末，弗里斯纳在纳尔瓦地区进行了一场既疯狂、又颇富技巧的防御大战，某种程度上，这位将军似乎得到了莫德尔防御战术的真传。

莫德尔暂时稳定了自己的北翼后，开始在中路的鲁加河防线以所谓的“盾与剑”战术发动反击。2月9日，苏军第42集团军强渡鲁加河后开始从西面包围鲁加城，莫德尔命令第26军的3个师外加第12装甲师发起反击。这一反击迟滞了苏军的包围攻势，但之前失去的地盘再也无法夺回。苏军夺取鲁加、从南面包抄第18集团军的势头已难以遏制，就连希特勒也在地图上看出了这一点。元首主动致电莫德尔，声称如果他觉得实有必要，可相机撤至“猎豹防线”，而莫德尔此刻正在前线粗暴地教训指挥官们如何严防死守！

莫德尔于2月17日下令，沿数条过渡阵地撤往“猎豹防线”，一切都像他在勒热夫和奥廖尔突出部做过的那样有条不紊，到3月1日时所部基本完整地进入了新防线。就在同日，“充满感激”的元首晋升莫德尔为元帅，而6年前的3月1日他刚刚成为少将，虽然星途略逊于隆美尔，但这种蹿升速度也足够惊人了。3月28日，鉴于北方战场趋于稳定，莫德尔在交给陆军总部的报告中称，自己能抽出2个师支援危境中的南方集团军群。但是，当陆军人事局长施蒙特将军当晚打电话给他，称元首已决定由他取代曼施坦因掌管南方集团军群时，莫德尔立即修改报告，改口说北方战场能贡献5个师和1个军部，如果轮换部队能及时到达，就连第12装甲师也可调往南方。第二天，意犹未尽的莫德尔又将可立即调往南方的部队增加到6个师，甚至还下令参谋长立即开始部署！[47]莫德尔在这件事上的表现有点龌龊，反映了其性格中自私的一面，如果不是参谋总长蔡茨勒及时出面阻止，北方集团军群很可能被莫德尔抽走半边脊梁。

3月31日，莫德尔成为南方集团军群（数日后改称北乌克兰集团军群）指挥官。他到任后的第一件大事，就是按曼施坦因去职前拟定的计划，救援老同学胡贝的第1装甲集团军。胡贝装甲集团军的20余万官兵（含南方战场9个装甲师中的7个）被朱可夫和科涅夫的第1和第2乌克兰方面军包围已有一周，莫德尔到任时胡贝正在率部奋力向西突围。4月初，莫德尔的另一老熟人、第4装甲集团军指挥官劳斯，奉命指挥党卫军第9、第10装甲师及第100轻步兵师接应胡贝西向突围，两个装甲集团军的先头最终在4月6日建立了联系（详见第2卷第7章）。4月15日，莫德尔设法恢复了南方战场的局面，建立起一条北起布罗迪、南至德涅斯特河的完整防线。但他还有一大心病，即被苏军4个步兵师围困的

▲ 可能摄于1944年初，莫德尔与希姆莱（右一）等在一起，左一为党卫队副总指挥波尔（Oswald Pohl），右二为党卫队旅队长卡姆勒（Hans Kammler）。据说莫德尔和希姆莱当时正在视察党卫军第13山地师。

▲ 摄于1944年2月，莫德尔正与突击炮的车组成员交谈，似乎在鼓励他们尽量挡住苏军。

▲ 摄于1944年1月底，北方集团军群指挥官莫德尔正与用马车运送物资的士兵谈话，左一为党卫队一级突击中队长马克。

◀ 摄于1944年3月，莫德尔与机枪班的士兵交谈。他经常通过与前线士兵的坦率对话来了解部队的士气和战斗力。

▲ 拍摄时间和地点不详，莫德尔正与一些党卫军官兵交谈。

交通枢纽捷尔诺波尔。这个不大的城镇是被希特勒宣布为“堡垒”的首批城镇之一，那里的4600名守军得到了“不惜一切代价死守”的严令。自3月23日完全被围到4月8日，捷尔诺波尔守军已有16名军官和1471名士兵阵亡或失去战斗力，剩下的官兵一直面临着被歼灭的危险。待胡贝集团军突围成功，劳斯集团军的形势也趋于稳定时，莫德尔责成巴尔克的第48装甲军于4月11日展开救援。巴尔克投入了来自第8装甲师和党卫军第9装甲师的两个装甲战斗群（100多辆坦克），另外，莫德尔还得到了第8航空军的承诺——只要天气允许，航空军的所有单位都将出动支援。12日，希特勒致电莫德尔，要求他“不惜一切代价解救捷尔诺波尔守军”，同时又在致电守军指挥官时称“要不惜一切代价地守住，解救你们的命令已经下达”。都是“不惜一切代价”，无论是守军、还是救援部队，都在忠实地执行命令，但救援攻势开始得太晚，发起后天公又不作美，苏军亦不肯配合，救援部队沿途遭遇了极大的天气和地形困难，当然还有苏军最顽强的阻击。莫德尔亲自到巴尔克的军部关注作战进展，甚至最后还出现在攻击矛头的装甲指挥车上督战，但无论是他的鼓励，还是恫吓，都无法改变救援失败的命运——4月17日，虽然德军装甲部队距捷尔诺波尔只有10公里之遥，但苏军已几乎全歼了弹尽粮绝的守军，只有55人陆续逃出，其中没有一名军官。[48]

或许是这次失败刺激了莫德尔的神经，他开始比以往更多地直接干预各级指挥官的职权。梅林津在战后曾称赞过莫德尔的“战术技能和即兴发挥天才”，但也不客气地指出：“他的方式当然绝不可能让下属指挥官们高兴，因为他总是把部队拆散后派去封堵缺口，这些七零八落的单位在陌生指挥体系下长时间作战，只有在遭受相当伤亡后才有机会回归本部……莫德尔在许多情况下也在打着一场'希特勒下士的战争'……他甚至向最小的作战单位直接下令，有时还亲自率领他们作战。"[49]不知道是因捷尔诺波尔救援战的失败而迁怒于第48装甲军军长巴尔克，还是因为后者主张采用"弹性防御"战术，莫德尔与巴尔克很快发生了摩擦。巴尔克充分认可莫德尔的成就，承认后者的许多战略和战术无论是在总体层面，还是细节方面都是正确的，他也承认莫德尔肩负的担子很重，但他还是认为，这位元帅处理事务时的爱冲动和前后不一致的方式，经常造成混乱和麻烦，此外，元帅还时常插手职权范围外的事务，或对下属的权威造成直接伤害。[50]5月1日，莫德尔曾到第48装甲军视察，大约是指手画脚甚多或对下级毫不留情，抑或是发布了自相矛盾的命令，巴尔克要求与莫德尔关起门来面谈。巴尔克不客气地指出他不能以这种方式领导部队，尤其是战前把指挥官们都晾在一边。莫德尔当时一直静静倾听，也承认巴尔克所言多数都有道理。梅林津战后曾说，莫德尔此后再也没到过第48装甲军。如果莫德尔仅仅是不再理睬巴尔克也罢，他竟然下令调走巴尔克的2个装甲师，仅让后者负责4个力量单薄的步兵师，这对装甲兵将军巴尔克来说应是一个侮辱。或许莫德尔是在借机报复，顺带将巴尔克影响战局的能力削弱到最低程度。果然如此的话，再联想到莫德尔在调离北方集团军群前夕有些首鼠两端的自私表现，他心胸不够开阔的弱点确实可见一二。

莫德尔成功挫败了苏军向喀尔巴阡山区的推进以及进入匈牙利的企图。但是，在1944年的初夏，东线德军正处于疾风骤雨到来的前夜，在苏德战争爆发三周年的6月22日，苏军4个方面军的200个师在很短的时间间隔内，向布施元帅

▲ *摄于1944年4月中旬的捷尔诺波尔救援战期间，莫德尔元帅在1辆Sdkfz.251装甲指挥车上听取1名党卫军军官的汇报。*

▲ *摄于1944年4月末，巡视部队途中的莫德尔元帅。*

▲ 摄于1944年5月初，莫德尔似乎正在路边监督部队进军。

▲ 摄于1944年初夏，北乌克兰集团军群指挥官莫德尔元帅。

▲ 摄于1944年5月，莫德尔正与MG-42机枪班的成员交谈，似乎是在告诉士兵们如何有效地使用这种武器。

▲ 摄于1944年初夏的斯坦尼斯拉夫，莫德尔元帅视察第16装甲师时所摄。图中左一为该师第64装甲掷弹兵团团长黑塞（Joachim Hesse）上校。

的中央集团军群发起了全线进攻。布施的4个集团军只有38个力量严重不足的师，防线从北面的维捷布斯克延伸到南面的莫济里（Mozyr），苏军在兵力和重武器（坦克和大炮）方面分别占有6比1、10比1的绝对优势，此外还拥有完全制空权。第1波罗的海和第3白俄罗斯方面军对维捷布斯克的德军第3装甲集团军于22日发起了钳形攻势，德军第33军几乎错愕间就被围歼；23日，第2和第3白俄罗斯方面军朝着奥尔沙和莫吉廖夫推进，德军第4集团军几乎全线崩溃；24日，罗科索夫斯基的第1白俄罗斯方面军又撕裂了莫德尔的老部队第9集团军的防线。布施忠实地执行着希特勒僵硬的堡垒防御策略，结果一败涂地，当27日就用光了预备队后，也未能阻止对手铺天盖地的攻势。维捷布斯克、奥尔沙、莫吉廖夫和博布鲁伊斯克（Bobruisk）这四座“堡垒”很快被围，同时，苏军装甲洪流裹挟着沿途的一切抵抗，朝着明斯克方向高速冲去。德军中央战场的局势可谓危险到了极点，遭到所有人责难的布施在屈辱愤懑中被解职。莫德尔被紧急派去拯救中央战场，为便于调遣援兵，他还同时兼任北乌克兰集团军群指挥官（哈佩代行指挥权）。这样，他一个人就统帅了东线三分之二的部队，就连曼施坦因在自己的巅峰时刻也未曾有过这样的权限。有后人在评论此刻的莫德尔时曾写道："……莫德尔可能是当时的现役将领中除伦德施泰特外最优秀的战术家，他在勒热夫、奥廖尔和列宁格勒等地区成功的即兴发挥，帮助他赢得了希特勒的青睐。但是，把中央集团军群面临的灾难降到最低程度，无疑是他的最大一次挑战。"[51]

莫德尔到明斯克就任后，首先将之前僵硬的防御策略改为"弹性防御"，把重中之重放在堵住最危险的防线漏洞上。他打算先与被围的第4和第9集团军建立联系，之后再把拉伸过长的防线缩短夯实。来晚了也许是原因之一，但更主要的原因是对手摧枯拉朽的攻势已无任何力量可以阻挡，莫德尔的一切努力都显得徒劳无助。他在波洛茨克（Polotsk）—别列津纳—斯卢茨克一线部署的防线很快瓦解，虽然从北乌克兰调至明斯克的第5装甲师向苏军第5近卫坦克集团军发起了一场精彩的反击，但到7月2日时，连莫德尔自己都心情沉重地承认，被围于明斯克和别列津纳之间的第4和第9集团军大部（近10万人）已无望逃出重围。结果，第9集团军一部竟能成功突围，但第4集团军正如预料的那样基本覆灭。到7月3日明斯克失守时，中央集团军群已损失了25个师和大批武器装备。

为遏制苏军西进的势头，莫德尔准备在明斯克的西面，沿着莫洛杰奇诺（Molodechno）—巴拉诺维奇（Baranovichi）一线建立新防线。他敦促希特勒从北方抽调兵力防守莫洛杰奇诺，但北方集团军群早已自顾不暇，它的最右翼与莫德尔的第3装甲集团军之间被捅开80公里宽的缺口，而第3装甲集团军的右翼至莫洛杰奇诺还存在更大的缺口，苏军在任何时候都可以包围整个第3装甲集团军。莫德尔随后要求元首把北方集团军群撤到里加一带，以便释出兵力火速增援中央战场，但希特勒拒绝了这个建议。苏军大本营看准德军没有兵力填补漏洞的战机，迅速命令各方面军掀起新的进攻狂潮：第1波罗的海方面军向立陶宛和拉脱维亚推进；第3白俄罗斯方面军兵分两路，一路从莫洛杰奇诺经维尔纽斯向立陶宛的考纳斯（Kaunas）进军，另一路则经由涅曼河扑向东普鲁士；第1白俄罗斯方面军从巴拉诺维奇朝华沙东北进军；第2白俄罗斯方面军则朝比亚韦斯托克方向推进。光是这些方面军的名字，就足见莫德尔面对着怎样的一个危局！高速前进的苏军坦克部队经常无视莫德尔派去填缺补漏的部队，把这些疲弱的德军交给跟进步兵师分割歼灭，其战术风格与三年前德军装甲矛头深入苏联腹地时简直如出一辙。除不停的骚扰和局部阻击以争取时间构建新防线外，莫德尔能做的还真不多。不过，他还是成功说服了希特勒，把大批部队从一系列实为死亡陷阱的所谓"堡垒"中撤了出来。

随着维尔纽斯—利达—巴拉诺维奇防线的告破，在没有增援的情况下，莫德尔只能继续西撤。7月中旬，东线德军的局势再次恶化，莫德尔的左右邻居们都遭到对手的大规模进攻，尤其是哈佩任代理指挥官的北乌克兰集团军群，遭到了强大的科涅夫第1乌克兰方面军的攻击。在这场史称"利沃夫–桑多梅日（Lvov–Sandomierz）攻势"的作战中，哈佩率部进行了顽强抵抗，但在对手的压倒优势下，利沃夫于7月27日被攻克，科涅夫所部随即开始朝维斯瓦河奔袭。次日，罗科索夫斯基方面军一部攻克了布列斯特，第2坦克集团军甚至已抵达华沙郊外。不过，经过一个多月的推进和无休止恶战，苏军的后勤补给线已拉伸过长，进攻部队的弹药油料即将告罄，进攻能量也逐渐衰竭并最终停顿下来。与此同时，莫德尔的补给距离越来越短，也相应地得到了一些强援，如党卫军"骷

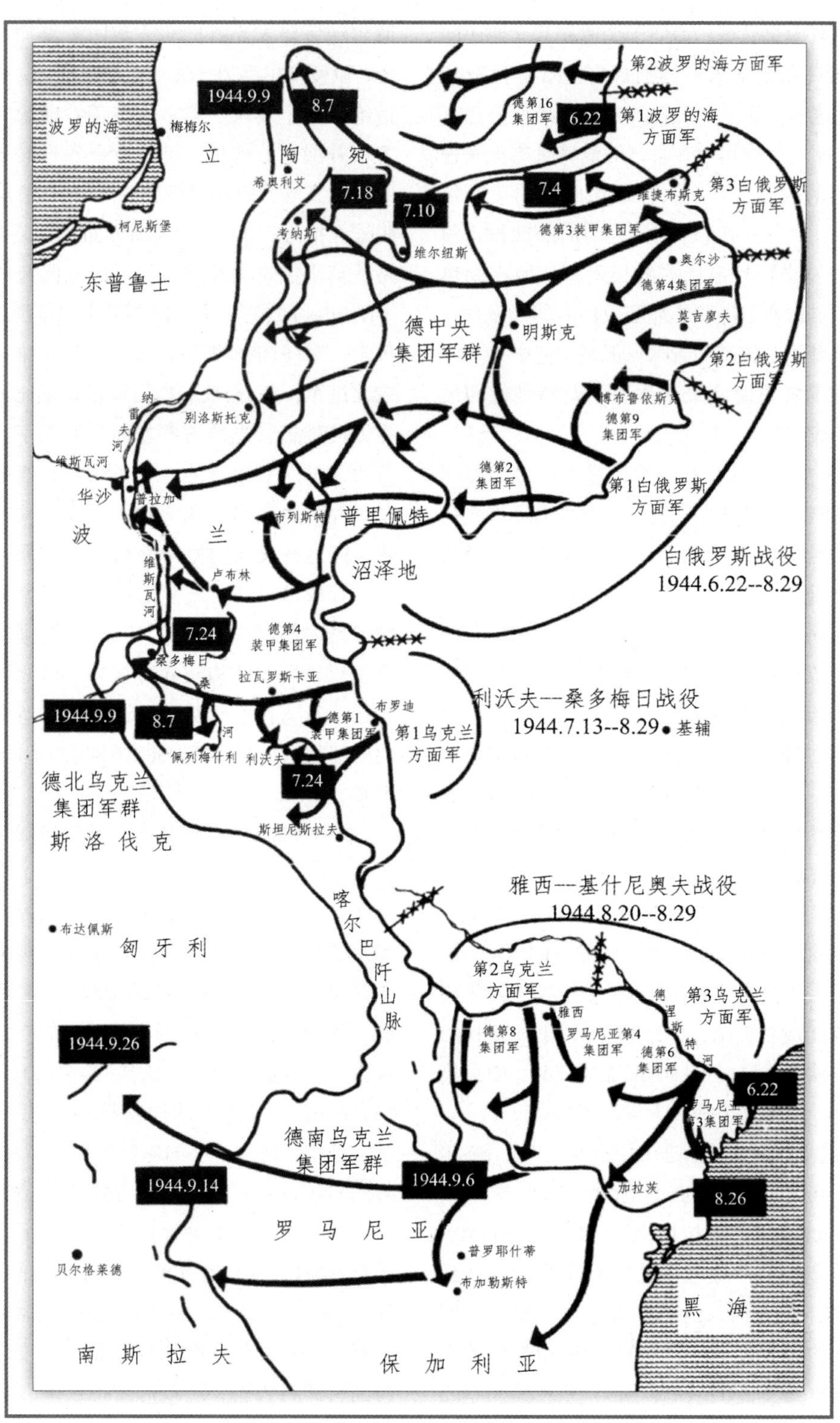

▲苏军1944年夏季攻势示意图（1944年6月—9月）。

髅”师、“维京”师、“大德意志”师、戈林装甲师和第19装甲师等精锐部队。有了这些增援，莫德尔终于能将苏军阻遏在维斯瓦河一线。这里当然还有一个重要原因，即8月初爆发的华沙起义。出于复杂的政治原因，斯大林命令华沙战场上的罗科索夫斯基暂停打击莫德尔所部（有后人称这是有意让德军腾出工夫镇压华沙暴动）。莫德尔察觉到罗科索夫斯基改变了咄咄逼人的压迫战术，立即抓紧时间重建自己的防线，至于镇压华沙起义，在他看来那是与他根本无关的党卫队的任务。

8月初，莫德尔终于能向元首报告好一点的消息了——北起希奥利艾、南至普瓦维（Pulawy，位于卢布林西北）的一条完整防线已经建立起来，虽仅有40个师看护近700公里的防线（面对着苏军143个步兵师外加12个骑兵师和2000辆坦克），但莫德尔确信自己能坚守一段时间，还有进行局部反攻的余地。这样，莫德尔算是完成了交给他的稳定东线的艰巨任务。诚然，德军自6月以来损失了近百万人和无数的武器装备，莫德尔除了撤退以外也没有更多选择，但他说服希特勒放弃了“坚守至最后一人一弹”的堡垒政策，也算是一大成功。极其卖力的莫德尔，在即将崩盘的危急时刻表现出抓住稍纵即逝之机会的嗅觉和能力，对本部、增援和预备队等的部署使用也都有着很高的水准。他在危机中从未丧失信心，也一直保持着清醒的头脑，最

▲ *摄于1944年8月17日，莫德尔从希特勒手中接过第17枚钻石骑士勋章的场景。*

▲ *可能摄于1944年夏，莫德尔当时曾短暂地回到德累斯顿探亲。前排从左至右依次为：女儿克丽斯塔（Christa）、黑拉（Hella）、莫德尔、妻子赫塔，后排左为莫德尔的作战处长赖希黑尔姆（Guenther Reichhelm）上校，右为家庭医生。*

▲ *摄于1944年夏，身兼北乌克兰和中央集团军群指挥官的莫德尔，在某处临时机场向赶来的两位将军分析形势。背景是他的侦察/联络飞机。*

重要的是结果——他创立了一条完整防线并使之稳定下来，古德里安也由衷地赞赏莫德尔以最坚定的方式完成了不可能的任务。

就在莫德尔应对危局时，7月20日发生了刺杀希特勒的事件。莫德尔是第一个致电元首再表忠心的元帅。希特勒从未怀疑过莫德尔，尽管北乌克兰和中央集团军群总部里都有一些反纳粹的地下组织成员。希特勒称赞莫德尔是“东线救星”，他表达感激的方式是在8月17日授予莫德尔第17枚钻石骑士勋章。在授勋仪式上，纳粹元首甚至动情地说道：“如果不是因为你、你英雄般的壮举以及你对勇敢的军队的睿智领导，俄国人或许今天已跨入了东普鲁士，甚至到了柏林的大门口。德国人民对你充满感激之情。”[52]

没有奇迹的西线：阿纳姆·亚琛·许特根森林·阿登

莫德尔在接过钻石骑士勋章的同时，也领受了一个更具挑战性的任务——接替克鲁格元帅出任西线总司令兼B集团军群指挥官，拯救行将崩溃的西线。诺曼底战役至此已进行两月有余，西线局势的糜烂程度，大约可从克鲁格自杀前写给希特勒的信中看出一二：“……我不知道莫德尔元帅这个能力超群之人是否还能挽救危局。我衷心地祝愿他成功。但万一他未获成功……我恳求您结束这场战争。”[53]克鲁格认为局面已失控到要向盟军求和的地步，可见他留给莫德尔的烂摊子是如何的不堪。8月17日夜，当莫德尔拿着希特勒的亲笔信到达拉罗什居永的西线总部时，还表现得信心满满，试图拿出东线的那一套来对付西方盟军。他在总部偶遇装甲教导师师长拜尔莱因（Fritz Bayerlein），得知该师正准备离开前线休整和重新装备时，他冷冷地说道：“亲爱的拜尔莱因，在东线我们都是在前线重整装备的。从现在起这里也会这么做。你和你的部队就待在这里。”[54]

莫德尔对元首的忠诚是毋庸置疑的，他下令被围在法莱斯口袋中的B集团军群所部进行殊死抵抗便是明证（或许是为了向希特勒展示自己的“钢铁意志”），但他又是一个有着很高战术素养和情境意识的现实主义者——很快他便意识到克鲁格报告的局势都是准确的，要求尽快撤出法莱斯的主张也是合理的。不同之处在于，前任做不到的事情他莫德尔能做到。18日，莫德尔即以他在东线的典型方式，一大早乘车赶往法莱斯口袋外的第5装甲集团军总部部署撤退事宜。莫德尔命令第5装甲集团军和第7集团军所部奋力冲出法莱斯口袋，而后向塞纳河一线撤退，虽然盟军三日后彻底扎紧了口袋，但还是有数万德军扔下重武器装备后逃出升天。作为西线总司令的莫德尔这时面临着三大挑战：其一是巴顿的第3集团军正从巴黎南面向东横扫；其二是美军第6集团军群已在法国地中海沿岸登陆，正在高速推进中席卷G集团军群所属第1集团军的防线，而且还有切断南大西洋沿岸的第19集团军退路的可能；其三是必须在盟军追击的情况下，把各部溃兵撤至塞纳河对岸建立新防线。在盟军的巨大压力下，莫德尔的防御方针已变成尽量保存实力和避免被分割包围，除命令G集团军群尽快撤往第戎方向外，他对守住巴黎也根本不做指望——在他眼中，只是摆设的巴黎基本不具备战略价值，虽有希特勒的严令，他却故意提出需要增兵20万才有可能保卫巴黎！8月25日，巴黎在戴高乐装甲部队的鼓乐声中宣告解放。

B集团军群在撤过塞纳河的过程中丢失了几乎所有重武器和坦克。迪特里希后来曾说，从“丢盔卸甲”的角度来看，抢渡塞纳河与法莱斯口袋一样都是重大灾难。西线总司令部参谋长布鲁门特里特也曾回忆说，德军投入诺曼底作战的2300辆坦克和突击炮中，最终只有100至120辆渡过了塞纳河，而到9月初时，每个装甲师和装甲掷弹兵师都只剩5至10辆坦克！[55]除了疲惫的步兵外，莫德尔还有什么资本，能与在机械化、机动性、情报和制空权方面占尽优势的盟军相抗衡？尽管百般努力，但事已不可为，英军在8月26日强渡塞纳河成功，巴顿两日后渡过马恩河，法国南部的马赛和土伦同日失守，尼斯和亚眠在30日易主。更多的坏消息在9月初接踵而至，里昂在9月2日失守，比利时的布鲁塞尔和安特卫普也在3日和4日被相继攻克。伴随着连串的失利，莫德尔的心绪变得颇为糟糕，有一度他的战场情境意识似乎也消失了，由于与下属各部的联系时常中断，他甚至不知道所部身处何方，更勿论对手推进到哪里。他气急败坏地向希特勒索取增援，称自己需要“30至35个步兵师和12个装甲师的即刻增援才有可能守住”。[56]知道希特勒没有增援给他，他又在9月初致电元首称“这场不对称的搏杀不可能持续多久”，为避免大本营的高官故意扭曲他的坦率评估，他还特意注明“原样呈递元首”。莫德尔私下里曾警告过约德尔，声称尽管元首承诺将有“神奇的新式武器”来改变德国的战争命运，但“盟国已在西线建立起完全的优势”。令莫德尔烦扰的还有他的老熟人、B集团军群参谋长施派德尔的命运。到任西线后，他曾几次阻挠陆军总部将施派德尔解职和遣送回国，但这位卷入刺杀希特勒事件的将军，还是在9月7日被希姆莱批捕。莫德尔通过自己的副官、党卫队一级突击中队长施普林格（Heinz Springer）的安排，在一处绝密的所在地与迪特里希进行了秘密谈话，他恳求后者利用对元首的影响力为施派德尔求情，而迪特里希也爽快地答应干预。[57]

希特勒考虑到身兼二职的莫德尔负担过重，于是重新启用伦德施泰特担任西线总司令，莫德尔则专心率领B集团军群防御德国战争机器的发动机——鲁尔工业区。就在所有人都觉得西线局势无望之际，奇迹再次出现了——盟军的攻势戛然而止，推进过猛的部队正面临着巨大的补给困难，被完全摧毁的铁路和公路系统，也让盟军将领们体会到了隆美尔未能守住诺曼

▲ 短暂地兼任过西线总司令和B集团军群指挥官的莫德尔元帅。

▲ 摄于1944年夏，莫德尔正在听取第2伞兵军指挥官迈因德尔（Eugen Meindl）的汇报。

▲摄于1944年夏的法国某地，被美国陆军第9航空队的P-47战斗—轰炸机机群攻击后的德军运输车队。

▶摄于1944年8月末的第5装甲集团军总部。图中左一为集团军指挥官迪特里希，右一为第7集团军指挥官埃博巴赫（Heinrich Eberbach），右二为第5装甲集团军参谋长高斯（Alfred Gause）。左二为格斯多夫（Rudolf Christoph von Gersdorff）上校，作为第7集团军的参谋长，他成功设计了德军逃出法莱斯口袋的方案，因为这一战功他刚刚获颁骑士勋章。另外，这位上校还是最早发现"卡廷惨案"的人，也是反希特勒地下组织的重要成员之一。

◀摄于1944年夏的西线，从法莱斯口袋中逃出的德军一部，尽管损失了无数车辆和大炮，莫德尔还是设法拯救了不少部队。

底的原因之一。莫德尔带着残部逃离法国后，在荷兰阿纳姆附近的奥斯特贝克（Oosterbeek）建立了新的总部。他预感到蒙哥马利集团军群进攻的荷兰方向才是最大的威胁。不管是具有超人的直觉，还是纯粹的运气，莫德尔把总部设在了便于指挥控制的奥斯特贝克，也把休整中的党卫军第2装甲军调至阿纳姆附近，这些举措无意间粉碎了盟军在1944年就结束战争的奢望。就在莫德尔的总部迁往奥斯特贝克的同日（9月11日），美军第1集团军的先头部队在亚琛附近逼近了德国边境。莫德尔一边警惕着荷兰方向，一边抽调有限的装甲预备队，支援在亚琛和许特根森林之间布防的第7集团军残部。一场激战后，美军第1集团军取消了亚琛作战，莫德尔则乘隙调派多支国民掷弹兵师增援战场，同时命令埋下无数的地雷。

蒙哥马利在9月17日发起的“市场花园”作战已是尽人皆知，此处不用赘述。莫德尔的快速反应既粉碎了盟军迅速合围鲁尔工业区的意图，又造成了对手伤亡过万的重大损失，堪称他的又一次重大防御胜利。李德·哈特曾这样写道：“在西线，主要是由于莫德尔的个人努力、非凡的凑集兵力的才能，残破的德军才能在德国边境取得令人震惊的反弹，进而挫败了盟军在1944年秋大获全胜的期望。”[58]当李德·哈特写下这番话时，他应该没有遗忘留下了莫德尔个人印记的两个地名——亚琛和许特根森林。亚琛作为查理大帝“第一帝国”的故都，在纳粹政权和普通德国人心目中具有高度的象征意义。美军10月初发起亚琛攻势时，莫德尔竭尽全力地阻止美军第19军和第7军包围亚琛的双钳合拢。他曾以第116装甲师和第3装甲掷弹兵师（加强有党卫军第101重装甲营和坦克歼击营）等为主体发起反击，反击失败后，在他的三令五申下，不足2万人的德军“杂烩”部队与10万美军又周旋了整整两个星期。当亚琛彻底被围和城区巷战开启之时，城防指挥官、第246国民掷弹兵师师长维尔克（Gerhard Wilck）曾恳求批准突围，但莫德尔的回复只有冰冷的一句话——“坚守至最后一人”。

如果说莫德尔在亚琛以葬送2个师，另有8个师不同程度受损的代价，扰乱了盟军东进的时间表的话，那么他和第7集团军指挥官布兰登贝格尔（Erich Brandenberger，亦作勃兰登堡）将军指挥的许特根森林之战，则让美军真切地经受了一次重挫。许特根森林之战的战场介于亚琛和鲁尔（Rur）河之间，时间从9月下旬延续到12月上旬，莫德尔虽不像阿纳姆之战时那样密切地介入前方战术决策，但他在关注荷兰和亚琛战场的同时，也全面掌握着许特根森林战事的起落。只要情况允许，他每隔两三天就要造访前线，仔细权衡进行增援或战术撤退的时机，还亲自评估即将投入战斗的部队的战斗力。有史家战后曾这样写道：“……在B集团军群指挥官、即兴发挥的大师莫德尔元帅的指引下，谨慎沉着的第7集团军指挥官布兰登贝格尔精心囤积着稀薄的资源，以一种拿捏得堪称离奇的时间感，把它们投入到真正危急的地段。尽管人力、空中支援、装备和补给等方面都很有限，但莫德尔和布兰登贝格尔在充分借助森林延迟阻击对手方面非常成功，让人很难再对德国人的主要作战方式吹毛求疵。”[59]在两个月多的苦涩战斗中，美军第1集团军付出了伤亡3.3万余人的代价，而向鲁尔河推进的美军第9集团军，从11月16日起的三周就伤亡1万余人，只前进了不足20公里，既无法突破德军的沿河防线，又未能完成夺取鲁尔河水坝的任务。曾有史家尖刻地评论过盟军的这一作战：“……自然，欧洲战场的官方战史把这一头等重要的失败遮掩起来……他们在许特根森林打了败仗的事实，被扫到地毯下掩藏起来。大胆扑向莱茵河——大员们自1944年9月起就信心满满地要采取的行动——根本就没有发生过。防御许特根森林的莫德尔元帅让他们不得不偃旗息鼓。”[60]

▲ 摄于1944年9月中下旬的“市场花园”作战期间，盟军伞兵正在伞降，等待他们的将是血腥的屠杀。

▲ 摄于1944年9月末的“市场花园”作战期间，莫德尔（左一）正在听取第1伞兵集团军指挥官施图登特（左二）上将的汇报。左二露出局部者为党卫军第2装甲军军长比特里希，左四为率领战斗群剿灭盟军伞兵的克瑙斯特（Hans-Peter Knaust）少校，右一为党卫军第10装甲师师长哈梅尔（Heinz Harmel）。

▲ 摄于1944年10月9日，莫德尔视察防御亚琛的第246国民掷弹兵师。后座上靠外的是该师师长维尔克，旁边的是莫德尔的副官、党卫队一级突击中队长施普林格。

▲ 摄于1944年10月9日的亚琛附近，莫德尔在第246国民掷弹兵师听取汇报。

莫德尔在许特根森林之战中取得了一次重大的防御战成功，虽不能完全阻挡盟军的攻势，但他能迟滞对手，造成对手的重大伤亡，更重要的是他又建起一条基本完整的防线。不过，他的元首并不满足于苟延残喘，希特勒正准备在“暗夜、浓雾和积雪”的季节里，以一场宏大的反击战“一劳永逸”地解决西线盟军。希特勒计划以B集团军群为主，凑集2000辆坦克和2000架战机，在盟军防御薄弱的阿登山区发起突然进攻，之后以闪电般的速度突破马斯河，夺取列日后再由装甲部队攻克安特卫普，从而将英军第21集团军群、美军第9集团军全部及第1集团军一部围歼在硕大的包围圈中。10月末第一次获悉这个计划时，莫德尔和伦德施泰特同声表示反对，前者还在与约德尔通话时高喊：“告诉你的元首，我莫德尔不会参与这个疯狂的计划！”伦德施泰特和莫德尔等高级将领一致认为，夺取安特卫普的计划完全脱离现实，凭德军现在的数量、质量、装备、机动能力和补给水准，既

▲ *摄于1944年10月，莫德尔正与希特勒青年团的大孩子交谈，或许是在夸赞他们在亚琛防御战中的"勇敢表现"。*

不能保证他们在严寒中能沿着125英里的正面维持足够的进攻强度，也无法保证他们在西翼能坚守足够长的时间来围歼25到30个英美师。[61]莫德尔更愿意把宝贵的装甲预备队使用在局部反击中，他提出了一个更现实的"小方案"，建议从阿登山区实现突破后，首先瓦解美军第1集团军的防线，而后旋转向北，以包围和消灭亚琛周边的美军为目标。希特勒在拒绝莫德尔之余，还讥笑这仅是"半个解决方案"。莫德尔不愿轻易放弃，12月2日，他又与曼陀菲尔等飞往柏林，进行说服元首的最后一次尝试。古德里安在会上率先发言，他坚决反对在西线发起任何"徒增伤亡且毫无意义"的反击战。随后，会议变成了据理力争的莫德尔与寸步不让的希特勒的交锋，与会的曼陀菲尔战后曾回忆说："莫德尔元

▲ *摄于1944年秋的亚琛防御战期间，莫德尔正借助地图向一名下级军官下达命令。*

帅以坦诚但无比坚定的态度陈述了看法。他的见解完全基于他对德军弱点的深刻了解，在战争的第6个年头，他比任何人都清楚德军现在还能干什么、做不到什么。希特勒显然也被莫德尔说辞的力度所感染，特别是将军们以无可辩驳的事实向他证明，他的作战计划获得成功的必备条件根本不存在。即便如此，许多小时的讨论也无法改变元首的想法。他拒绝对其计划的任何偏离——目标、关键点、编组、部署以及如何使用等都概莫能外。”[62]

这一次莫德尔未能说服元首。在1942年初的勒热夫，他曾强悍地迫使希特勒改变增援部队的投入方向；1943年夏，他数度诱使元首推迟“城堡作战”的时间表，尽管影响力处于巅峰的曼施坦因和莫德尔自己的上司克鲁格元帅都表示过强烈反对；在1944年上半年的北方战场，莫

▲ 摄于1944年秋，前为莫德尔，后面敬礼的将军似为第1集团军指挥官克诺贝尔斯多夫。

▲ 摄于1944年11月，莫德尔与西线总司令伦德施泰特在商讨阿登反击战的方案，左二为莫德尔的参谋长克雷布斯将军，右二是伦德施泰特的参谋长韦斯特法尔将军。

◀ 摄于1944年12月中下旬的阿登反击战期间，莫德尔（左二）与第5装甲集团军指挥官曼陀菲尔（左三）、西线装甲兵总监托马勒（Wolfgang Thomale）正在研判战场进展。

▲ 摄于1944年12月中下旬，莫德尔与德军士兵正在交谈。

▲ 摄于1944年12月中下旬，莫德尔与第12国民掷弹兵师师长恩格尔（Gerhard Engel）少将。

▲ 摄于1944年末或1945年初，莫德尔与参加阿登反击战的普通官兵在交谈。

▲ *摄于1944年12月，莫德尔与自己最信任的助手之一、情报参谋军官贝尔（Winrich Behr）少校在研判战场态势。*

▲ *摄于1945年1月初阿登反击战收尾之时，莫德尔仍在地图上寻觅着什么，或者是觉得撤退的时候到了。右为B集团军群作战处长赖希黑尔姆上校。*

德尔以其“盾与剑”的漂亮外衣，使希特勒欣然接受他先退再进，但实际从未收复过失地的要求，那时的他享有他人不曾拥有过的战场处置权；即便在1944年夏东线几乎坍塌的日子里，莫德尔依然享有相对最大的自主权，而且还能说服元首放弃“要塞”政策，从而使大批部队免于被歼的厄运。但是这一次，希特勒坚定地拒绝了莫德尔的任何说辞，显然，他在元首心目中的分量正在急剧下降。到1945年1月阿登反击战惨淡收场时，莫德尔恐已变成了“另一个自以为比元首懂得多的元帅”。

阿登反击战在12月16日正式打响，最初两日里，曼陀菲尔的第5装甲集团军取得过较大进展，但是，地形和路况的限制、油料的短缺以及美军抵抗的程度还是超出了德军的预期。20日时，德军攻势已远远落后于计划，曼陀菲尔所部虽包围了巴斯托涅，但久攻不下，德军被迫一再分兵，突向马斯河的力量已大大削弱。随着天气的放晴，占据压倒优势的盟军空军开始无情地吞噬对手，迫使莫德尔下令禁止坦克和车辆在白天运动。莫德尔的心绪也随着前线战事的受阻而愈发糟糕，据说他在23日夜与到访的军备部长施佩尔谈话时，多次心不在焉和走神，终了时还冒出“一切都要完结了”的话语。当莫德尔到一个装甲军军部探视时，军参谋长向他描述说继续进攻所需的物资装备根本不够，莫德尔勃然大怒，也像希特勒那样指责前线将领

▶ *摄于1945年1月初阿登反击战收尾之时，莫德尔与参谋们正在研究撤退方案。左三为作战处长赖希黑尔姆上校，右二是莫德尔，右一为情报参谋贝尔少校。*

们“只知道抱怨物资短缺，都变成了彻头彻尾的失败主义者”。面对手下的抗议，他冷冷地抛下一句话：“如果你需要什么，到美国人那里去夺！”[63]梅林津战后曾对此评论说：“元帅的这些行为清楚地显示出，他那被过分吹嘘的胆识正在消退，他已经感觉到灾难正在逼近。”[63]

1945年1月初，美军第1和第3集团军发起了铲除德军阿登突出部的南北夹击，十天后，苏军又发起了规模更加浩大的维斯瓦河攻势，德军的灾难确如梅林津所言“正在逼近”。失败的阴影洒在莫德尔心头，但这并非他对手下将领和参谋们恶语交加的直接原因（他一直都有“粗鲁无礼”的恶名），他对普通官兵的命运倒是愈发关切。莫德尔的副官施普林格在2000年接受一位史家访谈时，曾回忆过1945年1月初的一桩往事。[64]当时，莫德尔带着施普林格等正在各处战场巡视，傍晚时分他们遇到了在泥泞和风雪中跋涉的一队士兵。莫德尔停下车后，朝着形容枯槁的士兵们走去，而战士们显然没想到会在这里遇到元帅，纷纷停下来立正行礼。莫德尔态度温和地问了他们几个问题，诸如多久没睡觉了、上次吃热饭或换干衣服是什么时候等等。莫德尔获悉这些衣衫褴褛的士兵代表的是一个连剩下的力量时，禁不住询问连里的其他人都怎么了。一位军士摇着头答道：“都没了。死的死，伤的伤，被俘的被俘，都没了，元帅阁下。”莫德尔闻言不语，向士兵们还了礼后，便与施普林格默默走回车里。莫德尔一路上一直出神地凝望着白雪覆盖的山林，过了一会儿他打破了沉默，幽幽地叹道：“施普林格，指挥官必须像对待自己的孩子那样对待战士们。你知道，现在的事态对他们来说非常糟糕。”

“我只是为德国效力”：纳粹狂人、杰出军人还是投机分子？

阿登反击战耗尽了德军最后的预备队、重武器和油料，却没有实现夺回西线主动权的目的。反击的失败改变了许多人对战争前景的看法，曼陀菲尔战后曾说，此后的希特勒“开始了一场‘下士的战争’——根本没有任何计划，只有大量零敲碎打的战斗”。[65]反击战的失败也深刻影响了莫德尔的性情，他基本上已成为希特勒命令的机械执行者。在回忆昔日荣光的痛苦中，在对黯淡前途的忧心忡忡中，他觉得自己被放逐了，口舌不再那么“锋利”，心境愈发急躁，酗酒更加严重，同时对各种事件的反应不再那么敏捷，有时候看起来他似乎已经打算听天由命。

莫德尔撤离阿登突出部时，曾恳求元首批准他率部撤往莱茵河东岸构筑新防线，但希特勒却严令他坚守齐格菲防线。随着迪特里希的第6装甲集团军被调至匈牙利，莫德尔失去了再现1944年秋以防守反击重创对手的可能性。1945年1月21 日，希特勒下令把B集团军群直接置于最高统帅部控制之下，命令莫德尔不得放弃一寸土地的同时，再次严禁撤至莱茵河一线。为帮助焦躁易怒的元帅舒缓心情，曼陀菲尔等人在1月24日莫德尔54岁生日这天，设法把他17岁的儿子、候补军官汉斯-格奥尔格（Hans-Georg Model）从东线弄到总部。诸将本来担心一番好心会换来训斥，但莫德尔非常惊喜，父子两人愉快地待了一段时间，而后汉斯-格奥尔格返回了东线。这是莫德尔父子的最后一面。

随着盟军在2月再起攻势，莫德尔清楚地意识到，希特勒借助齐格菲防线拒敌于莱茵河以西的梦想根本无法实现。到2月底时，B集团军群的整个防线基本坍塌，莫德尔的3个虚弱的集团军（第15和第7集团军及第5装甲集团军）无力守住通往莱茵河的接近地。莫德尔一边设法把无法替代的物资装备抢运至莱茵河对岸，一边恳求希特勒批准部队撤至东岸。3月初，希特勒终于放松了禁令，允许非战斗人员开始撤离，但严令战斗部队必须在西岸继续阻击对手，莱茵河上的任何一座大桥都决不能落入敌手。在西

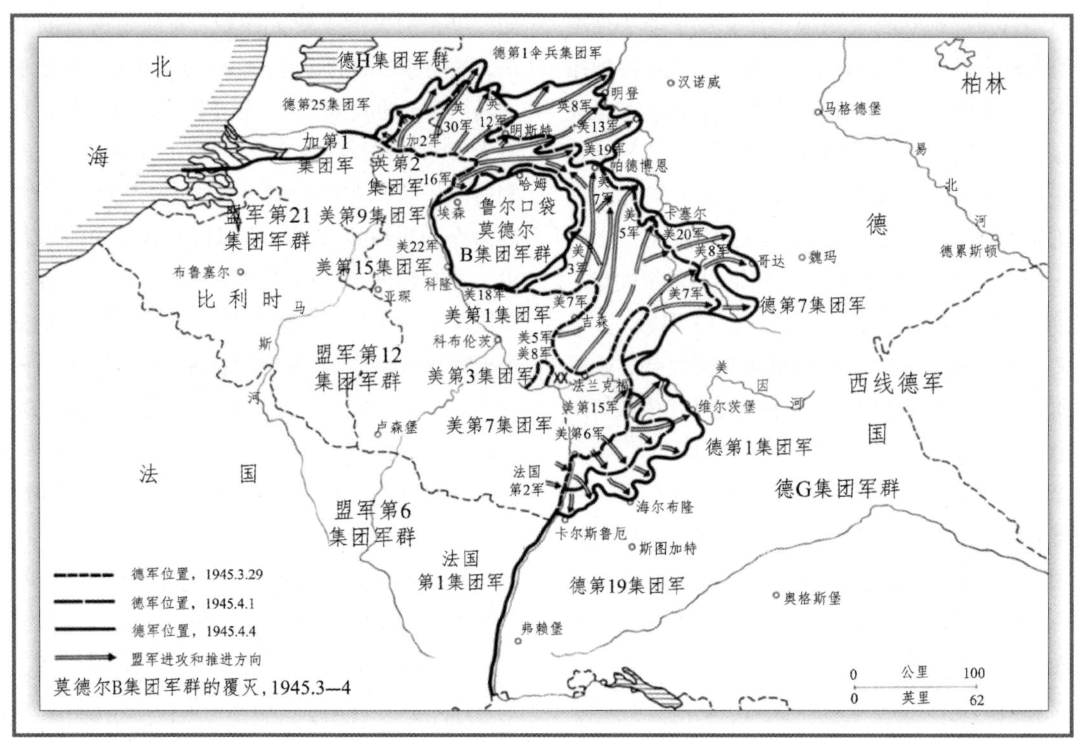

▲ *莫德尔B集团军群的覆灭（1945年3月—4月）。*

岸后卫部队的掩护下，多数德军都撤到了莱茵河东岸，这时，莫德尔的防区覆盖鲁尔河谷的南北两侧，他的右邻是防御荷兰和莱茵河下游的H集团军群，左翼是驻防阿尔萨斯与萨尔地区的G集团军群，改任第19集团军指挥官的布兰登贝格尔则负责沿莱茵河上游看守德国西南部。

作战态势图上看起来很完整的德军防线，在3月7日被美军第9装甲师的一支小部队戳出了一个致命的窟窿——雷马根附近的莱茵河上的鲁登道夫大桥被美军出其不意地夺走了！守桥德军炸桥失败（炸药当量不足）后曾发起数次反扑，但都被占据东岸桥头堡的美军打退，斯图卡轰炸机的空中轰炸也未能达到目的，而莫德尔的反应似乎是冷静之余显得迟缓——史学家格利茨（Walter Goerlitz）曾写道："显然，莫德尔并不觉得大桥失守有多了不得，看起来他似乎自信能轻易地铲除美军桥头堡。"[66]但是，事态的发展并不在莫德尔的掌控之下，盟军统帅艾森豪威尔立即命令美军第1集团军改变原定作战方向，全力增援雷马根的桥头堡。莫德尔请求使用路过的"统帅堂"装甲旅发起反击，但被陆军总部一口拒绝；他准备投入第11装甲师和装甲教导师，但这两支曾经精锐的部队并不在附近，而且缺乏油料和弹药，即便有油料能从驻地赶往雷马根，也势必将在途中饱受轰炸；他想到了第9装甲师，但该部同样没剩几辆坦克，步兵也是虚弱不堪；陆军总部从挪威急调的1个步兵团原准备配属给第9装甲师，但莫德尔却直接下令给步兵团长，将后者的2个营分别配属给第9和第11装甲师，第3个营却莫名其妙地交给了重建中的1个步兵师！一团乱麻的局势和用兵部署注定了莫德尔的失败。

伦德施泰特因雷马根大桥的灾难而最后一次被解职，接替他的是从意大利战场赶来的凯塞林元帅。希特勒命令凯塞林恢复鲁尔地区的局面，严令禁止任何撤退。天性乐观的凯塞林在执行元首命令的过程中，与莫德尔发生过激烈冲突，加上希特勒组织的"特别军事法庭"赶来兴师问罪（不仅B集团军群的一些将校被逮捕或处决，就连莫德尔本人也被盘问了一整天），莫德尔那压抑许久的受挫感在最后的日子里频繁喷发，他大声地谴责最高统帅部的愚蠢，尤其是约德尔和凯特尔更是他日日痛斥的对象。

▲ 摄于1945年3月初，位于雷马根、横跨在莱茵河上的鲁登道夫大桥。

1945年3月24日，蒙哥马利的第21集团军群在莫德尔的右翼渡过了莱茵河，美军第9集团军也在德军B和H两大集团军群间楔入进来后朝东进军。次日，美军第1集团军在莫德尔的左翼冲出了雷马根桥头堡，B和G集团军群之间瞬时便被捅开了巨大的缺口，美军的两个军涌进来后，迅速地向东推进。当东进的美军第9和第1集团军分别旋转向南和向北行进时，莫德尔意识到对手的目标正是围歼他的B集团军群。他立即请求将科隆至波恩间莱茵河防线上的部队东调，竭力阻止美军双钳的合拢。但希特勒在3月29日通过广播宣布，任何擅自撤退的军人、地方行政官员和纳粹党官员，都将受到包括死刑在内的严惩！30日，不死心的莫德尔再次提出批准B集团军群全军突围（甚至还做了突围预案），但被凯塞林严词拒绝——总司令的理由是，德国已失去西里西亚工业区，不能再没有鲁尔这个最后的命脉。4月1日下午，美军第9和第1集团军所部经过帕德博恩地带的激战后，在利普施塔特（Lippstadt）建立了联系，莫德尔的14个师被包围在东西约长130公里、南北近100公里的口袋中。

▲ 摄于1945年3月上旬，美军第9装甲师一部夺取的鲁登道夫大桥。

▲ 一张罕见的同时出现莫德尔和凯塞林的照片。1945年3月11日，凯塞林接替伦德施泰特出任西线总司令，图为他与莫德尔见面的情形。

莫德尔此时手中尚有37万人，但其中的10万人是高射炮部队，只有不足8万人拥有武器，许多部队的兵员都是希特勒青年团的大孩子以及根本无心作战的老人。4月初，莫德尔与参谋们讨论过向东、向西和向南突围的多种方案，也与参谋长瓦格纳（Carl Wagener）将军探讨过投降的可能性。但他们都认为投降时机尚不成熟，B集团军群还有能力再战，而且希特勒还允诺，

◀ 摄于1945年3月20日至24日期间，军备部长施佩尔（左三）在B集团军群总部与莫德尔商谈如何执行（或不执行）“焦土”政策。左一为参谋长克雷布斯，左二为赖希黑尔姆上校，右一为贝尔少校。

▼ 摄于1945年3月26日，美军几位统帅站在莱茵河东岸的德国土地上展望着胜利的到来。从左至右依次为艾森豪威尔、巴顿、布莱德雷和霍奇斯（Courtney Hodges，第1集团军指挥官）。

▲摄于1945年4月末，鲁尔口袋中被俘的德军官兵向战俘营走去。

两周内会以第11集团军从东面发起救援。莫德尔或许还认为，鲁尔工业区虽失去了对德国战争机器的效用，但鲁尔口袋中的苦战硬撑，至少还能拖住德国西北部为数甚巨的盟军。不过，他属下的将校和普通士兵们则陷入越来越绝望的境地。4月10日，莫德尔的作战处长赖希黑尔姆上校突然被最高统帅部任命为第12集团军参谋长，命令他立即飞往总理府地堡面见元首。温克将军的第12集团军是希特勒的最后一根救命稻草，这支部队的任务就是打通通向B集团军群的走廊（第11集团军此刻已虚弱到无法自保），而没有人能比赖希黑尔姆更了解包围圈的状况。赖希黑尔姆在总理府地堡见到了几成躯壳的元首，如实汇报了鲁尔口袋中的情形：军用物资匮乏，步枪和机枪子弹所剩无几，坦克和大炮炮弹已经告罄，食物即将耗尽，斗志全无的士兵们“坐在煤堆上”，老百姓规劝他们扔掉武器、脱下军装，换上平民衣饰后悄悄消失掉……赖希黑尔姆汇报时没有一个人插话或打断他，当他说完“B集团军群已经无望了”这句收尾语后，现场陷入了一片死寂，只有远远传来的爆炸声还提醒着在座的将领——莫德尔正在鲁尔口袋中等待“指示”。据说，最终打破沉默的还是希特勒，他咕哝着说出了一句话：“莫德尔是我最好的元帅。”[68]之后，死寂再次降临，直到希特勒突然神经质般地大喊：“B集团军群是可以救出来的！”

一切都是虚妄。鲁尔包围圈内的士气已经可以用“无精打采”来描绘了，莫德尔似乎也被冷漠所攫取，他以往标志式的、充满能量的作战意志完全消失了。但在三心二意间，他也会时不时地迸发出“歇斯底里”式的疯狂：4月10日，当第47装甲军军长吕特维茨（Heinrich von Lüttwitz）在拜尔莱因的第53军军部密谋如何向美军投降时，莫德尔突然闯了进去，宣称要为装甲教导师提供补给，而后该师将担任向东北方向突围的矛头。拜尔莱因战后曾称无法相信自己的耳朵——这还是那个在阿登反击战前向希特勒大声抗议的元帅吗？4月11日，莫德尔又下命令给第116装甲师师长瓦尔登堡（Siegfried von Waldenburg）将军，要他率领本部及集团军群直属的所有机动部队，向东北方向突围并与第12集团军寻求会合。包括拜尔莱因在内的几乎所有将官，都试图说服元帅放弃这一疯狂的念想，但莫德尔坚持要进行最后一次，哪怕只是暂时的“拥抱自由”的尝试。莫德尔固执地不肯取消命令，拜尔莱因感到非常气愤，他准备采取最激烈的措施，竭力避免无谓的死亡和毁灭——战后的1947年，拜尔莱因曾坦承自己已拟好计划，一旦莫德尔再次出现在军部，他将毫不犹豫地将之逮捕。[68]

不过，莫德尔和拜尔莱因都没有时间实现自己的计划了。鲁尔口袋很快被盟军拦腰切成两个小包围圈，莫德尔的总部与下级指挥部之间失去了联系——12日，第272国民掷弹兵师师长下令解散全师；13日，第183国民掷弹兵师发来最后一条消息后消失了；14日，第353国民掷弹兵师不再回应集团军群的电文；同日，第15集团军余部向美军投降；15日，第3伞兵师踪影全无；同日，拜尔莱因、瓦尔登堡和他的作战参谋、古德里安的儿子海因茨-京特·古德里安（Heinz-Guenther Guderian）中校，率领3万人马向美军投降了……基本已成光杆司令的莫德尔为避免投降的命运，于4月17日“事后追认般”地下令解散B集团军群——年纪最小和最大的士兵将被除役后径直回家，愿意留下者可自行决定是杀出重围，还是放下武器、改换衣衫后乘隙溜走。

具有讽刺意味的是，就在莫德尔下令解散部队后不久，他收到了最高统帅部允其率部突围的电文。不过，这个时候，上至莫德尔、下至厨房伙夫，已没有一个人会在意最高统帅部说了些什么。当日，美军第18空降军军长李奇微（Matthew B. Rickway）还派人送来劝降书，自然，莫德尔不可能投降——两年多以前他曾对儿子说：“德国元帅是不会投降的。这种事情根本不可能发生。”莫德尔与瓦格纳在商议下一步行动时，曾问这位参谋长：“我们是不是穷尽了所有努力？历史能否证明我们今日行动的正当性？”瓦格纳点头称是。莫德尔接着问道：“一位失败的将军还能做些什么？”一阵尴尬的沉默之后，莫德尔垂下眼帘，自言自语道：“在古代，他们都服毒自尽了。”说完这番话后，莫德尔与瓦格纳握手道别，目送后者坐进美军特使的吉普车，朝着美军防区疾驰而去。瓦格纳向美军投降了，他带去的还有莫德尔给李奇微的回复：“元帅效忠希特勒的誓言使他不能投降，甚至考虑这种可能性都是对他个人荣誉的侮辱。”[69]

接下来的四天里，莫德尔带着少部分随从一直在路上奔波，他试图溜出美军防线后抵达哈尔茨山区，但美军已在细细地梳理鲁尔口袋，任何避免被俘的希望都很快破灭了。4月20日夜，莫德尔与副官皮林（Theodore Pilling）上校、情报参谋米夏埃尔（Roger Michael）中校以及他最信赖的贝尔少校，躲在杜伊斯堡附近的丛林里。当天是希特勒的56岁生日，莫德尔等席地而卧，一边仰望满天繁星的夜空，一边收听着广播里传来的戈培尔的声音。戈培尔照例以富有磁性的声音祝贺纳粹元首的生日，鼓吹着神秘武器将在最后关头拯救德国，同时谴责手举白旗迎接盟军的“懦夫们”，他尤其提到了B集团军群的所有人都是“叛国者”。据说，莫德尔当时脸色惨白，不住地摇头叹息。这无疑在他已受沉重打击的心口上又狠狠地剜了一刀。贝尔少校在2002年接受访谈时曾回忆说，莫德尔当时打破了沉默，第一次谈到了他一直讳莫如深的政治问题：“……我真正地相信我是为一个罪犯效力……我一直凭良心领导我的战士们……但却是为一个犯罪政府效命。”[70]

在职责、荣誉、祖国和罪恶的政府等问题上沉思了四天的莫德尔，觉得自己的时刻到来了。21日晨，莫德尔交给贝尔一个信封，里面装着写给妻子的信、婚戒和其他小物品，他请贝尔设法转交给他的妻子。贝尔意识到了元帅想干什么，苦劝后者不要丧失信心。但莫德尔郑重地说道："贝尔，我作为一名元帅，出于对祖国胜利的信念，我必须对成千上万名丧生的战士负责，我无法想象自己现在应该走出这片林子，去找蒙哥马利或美国人，双手高举的同时还要说：'莫德尔元帅在这里，我投降。'"[70]贝尔随后驾车向杜伊斯堡方向开去，他准备去搞一些吃的。当贝尔下午返回藏身的树林时，迎面走来的米夏埃尔淡淡地告诉他："元帅已用手枪自行了断。"贝尔在米夏埃尔引导下走向密林深处，在一棵高大的橡树下，看到了一座新坟和一个小小的十字架。

历史没有记载纳粹元首听说曾经的爱将自裁时的感受，但据信，他说过"如果莫德尔有勇气结束自己的生命，那我也能做到"之类的话语。9天后，希特勒以类似的方式结束了罪恶的一生。至少这一次，元首恪守了诺言。

李德·哈特觉得莫德尔在许多方面都与隆美尔有相似之处。的确，他们年龄相仿，出身相若，父辈都是教师，一生都在前线指挥作战，就连生命的归宿也很相似。但是，隆美尔是"阳光下的英雄"，莫德尔和同时代的许多人都是"罪恶的阴影笼罩下的战士"。隆美尔的坟茔边不知有多少祭奠的鲜花，又不知有多少昔日的敌手为他唱出曲曲赞歌，尽管已经汗牛充栋，隆美尔的传记和传奇仍在作家、史家的笔端谱写。而莫德尔呢？他的身后得到了什么？同僚们给予他的不是鲜花和赞誉，而是鄙视和谴责！曼施坦因战后曾称赞莫德尔的防御成就，但十分憎恶他的方法，鄙视地称其为纳粹分子。抱有此种认识的不唯曼施坦因一人，一大批德军将领在回忆往事时，都习惯性地将莫德尔与凯特尔和约德尔等量齐观，大加挞伐，当然，他们谴责最多的还是自己宣誓效忠并崇拜过的元首。希特勒当然罪该万死，但在纳粹德国的罪恶和失败中，难道没有这些统率千军万马的将帅的责任？不少人试图漂白自己在纳粹邪恶事业中扮演过的不光彩角色，他们依然天真地坚信，如果不是希特勒的过度干预和愚蠢决策，如果不是他们的天赋才华被元首野蛮地羁绊，那么他们一定能在东线击败苏联！他们甚至幻想，如果不是凯特尔、约德尔和莫德尔这类宵小把持大权，说不定他们早把纳粹的万字旗插满了世界！遗憾的是，他们全都忘记了，是谁从来都在元首面前唯唯诺诺？是谁有胆量在狂人面前疯狂地据理力争？

历史不是由假设构成的，而是由胜利者写就的。莫德尔是纳粹分子吗？他无疑是纳粹政权忠实的维护者之一：他曾任命党卫军军官担任副官，曾力邀"国家社会主义高层军官团"派遣军官到所部任职，更在东线最紧张的时刻，全力向官兵灌输效忠元首和祖国的信念。戈培尔曾在日记中称赞莫德尔是"唯一一个向宣传部索要更多政治读物，以便更好地教化前线部队的将军"，焉知这不是莫德尔的"过人之处"，因为上述举动肯定会为他在当局那里得到加分，几乎可以肯定地转换为获取兵员、补给和装备时的优先权。早年的莫德尔曾是塞克特"非政治化军队"建军理念的忠实信徒，在二战之初也保持着超然物外的态度，即便在最受宠的日子里他也从未干预过政治，从来都只是挑战希特勒在军事方面的决策，或如众多曾在其手下任职的参谋军官们所言——莫德尔对政治一直讳莫如深。梅林津曾说："没有证据表明莫德尔曾以个人的权力和影响力对德国的内政外交施加任何影响。因此，刺杀希特勒的阴谋家们，没有一个人去寻求莫德尔的参与，或给予他们心照不宣的支持……尽管莫德尔有支持纳粹的倾向，但他从未成为所谓的政治战士。"[71]

托兰等西方史家称莫德尔是"希特勒的狂热信徒"，而莫德尔的一些同僚也将他的快速蹿升归因于对希特勒的忠诚和与纳粹大员的密切关系。这种观点有以偏概全之嫌，莫德尔一战后进入帝国国防军和参谋本部，完全是因为塞克特认为他是高级参谋的好材料和有潜力的青年军官；他担任师长和军长也完全是靠自己的能力，而这时的希特勒恐怕对莫德尔这个名字还没有多少印象；即便后来升至集团军指挥官，也没有过硬的证据表明莫德尔获得过特别关照，倒是他在第9集团军任上的突出战功，最终引起了大独裁者的欣赏。莫德尔的强烈自信和率直，以及在权威面前表现出的冷静精确，既给希特勒留下了深刻印象，在可能某种程度上，也可能吓着了后者。莫德尔的强硬，甚至超过了希特勒对所有将领的要求和期望。史家德斯特（Carlo D’este）对莫德尔的评价中有一句很中肯："尽管莫德尔的中产阶级背景很合希特勒的口味，但最具决定性的还是他的职业精神。"[72]哈尔德和古德里安等参谋本部的精英们，战后一直试图向世人表明（或者说粉饰），有着光荣传统、最具军人风范的参谋本部，战时一直都在反对邪恶的纳粹政权。而同样出身参谋本部，甚至资历更加丰富完整的莫德尔，则成了他们的一大难题，如何解释这个异类呢？史家纽顿认为，这些人"为洗刷或掩饰自己在罪恶政权中扮演的帮凶角色"，他们得散布一些半真半假的传说，而没有比那饮弹自尽且最受宠信的莫德尔更好的靶子了。[73]纽顿的观点很有意思，尤其是考虑到古德里安曾相当赏识莫德尔，并在后者的军旅生涯中发挥过重要作用，由不得人不相信纽顿的解释比较切合古德里安战后的态度。

莫德尔是不是投机分子？后人很难确定他是真的信仰纳粹和忠于希特勒，还是利用与纳粹高层的关系为自己的爬升创造条件。一方面，刺杀希特勒的事件发生后，莫德尔是第一个表忠心的元帅；另一方面，他虽在不少防御战中表现出色，但同时也是"阳奉阴违"的高手。他的"盾与剑"防御策略，虽打着"先放弃阵地，再

▲ 拍摄时间不详，正在研判战场态势的莫德尔元帅。

▲ 图为莫德尔的安息之所，墓地位于许特根森林地区的福瑟纳克（Vossenack）附近。1955年，莫德尔的儿子将父亲的遗骨从其自杀处移葬于这里的军人公墓。

伺机收回"的旗号，但几乎从未收复过失地。如果莫德尔真正忠诚于他的元首，那么他应该严格执行"不放弃一寸土地"、"战斗到最后一人一弹"的僵硬政策。从这个角度看，说莫德尔利用与纳粹领袖的特殊关系，来寻求战场成功和实现野心的机会，似乎也不无道理。至于莫德尔任命党卫军军官为副官，有人说这是他高明的一招，因为副官不仅左右不了他的决策，反而为他畅通了通向党卫队高层和纳粹政要的渠道。

所有这些分析都指向一个方向，即莫德尔是一个性格复杂的军人。本章多数内容已清楚地表明，指挥官莫德尔称得上是纳粹政权最后两年里的中流砥柱，但这并不否认他在战略和进攻战方面也存在缺陷。多数人都认为莫德尔是个杰出的战术家、防御大师，但并非好的战略家，甚至在进攻战中的表现都差强人意（最典型的一例当为库尔斯克会战）。至于战略方面的欠缺，施派德尔战后的评价颇有代表性："尽管莫德尔具有敏锐的战术眼光，对各种可能性也有本能的直觉，但两者之间并没有很好地平衡。他过于相信自己的能力，反复无常，稳健不足……尽管受过战略训练，但他总摆脱不了对战术细节的钟爱。"[74]

莫德尔对自己极其严苛，对下属也要求甚高，但他在普通士兵间口碑甚好，从没有人见过他对底层官兵大发淫威。虽然莫德尔在必要时会牺牲后卫部队，但他从未把普通官兵视作炮灰。他想尽办法去了解他们的疾苦，竭力改善他们的处境。普通官兵也了解莫德尔是个称职能干的指挥官，知道他有能力在失败的边缘逆转局势，他带过的部队曾流传着这样一个说法——"有莫德尔的地方，情形便不会变糟"。虽是军官团中不受欢迎的人物，但人人都赞叹他用之不竭的能量和超乎常人的勇敢。看不上莫德尔防御战术的所谓名门正派，也不得不对其成效和坚韧发出由衷的赞叹。虽有不少参谋军官受过莫德尔的羞辱，但其中的一些人留下过颇有说服力的评语，如曾被莫德尔指着鼻子骂过的赖希黑尔姆，就在坦陈这位元帅缺点的同时，称他是"既热心又聪颖的领导者……是二次大战中最杰出的军人之一"。[75]的确，如果后人能跳出意识形态的束缚、以成败论英雄的窠臼，单从纯粹军事的角度来看，莫德尔扭转无望局势的超凡能力，以及1944年夏秋他在东西两线阻止德军全面崩盘的经历，足以使他厕身于二战时期最卓越的指挥官行列。

教师之子莫德尔自加入行伍的第一天起，就把自己的命运与普鲁士-德国陆军紧紧联系在一起。可以说他把一生都献给了军队，在崩溃来临之际，他无法接受国家即将毁灭的现实，无法预知自己的命运。他感到受挫、失望、沮丧和愤怒，虽然元帅的荣誉感不允许他投降，虽说被移交给苏军，并作为战犯受审的可能性也令他惊恐不安，但他了结生命的主因，还是他的理想、前途和人生价值都随着第三帝国一起幻灭了。莫德尔竭力想让自己成为秉承普鲁士军人传统的非政治化职业军官，但却在依附纳粹政权实现个人军事野心的征程中，演变成后人眼中"最具政治色彩"的将军。莫德尔这个拥有高智商、坚强彪悍的实用主义者，同时又是一个会因失败而沮丧、会因恐惧而绝望的普通人，他注定是二战史上一个既有趣又重要的人物。

第18位钻石骑士最高战功勋章获得者哈特曼少校

（获勋时间1944年8月25日）

Chapter 18 第十八章

"金发黑魔"：埃里希·哈特曼少校

如果说"352"这个数字只是一个没有实质意义的符号，那么"352架战机"这个概念会让军事爱好者说，"这可是不少飞机，按二战期间德国空军一个联队拥有120架左右战机来计算，352架战机足以装备3个联队"。如果我们将语境进一步扩展成"二战期间，一位德军飞行员在30个月里击毁了352架敌机"，熟悉空战史的人一定会脱口而出，"这个人就是哈特曼（Erich Hartmann）"。是的，这个叫哈特曼的飞行员，在二战期间执行过1404次作战任务（其中825次接敌交战），取得了空战史上绝对空前，只怕也将后无来者的352次击坠（345架苏军战机和7架美军战机）。哈特曼的战绩巍巍矗立在空战史的最高端，令所有后来者仰视和惊叹，而他取得这一战果仅用了30个月，23岁的他当时是最年轻的钻石骑士勋章得主，也是最后一位获此殊荣的昼间战斗机飞行员。

352胜？太令人难以置信！惊人战绩的背后总会有不和谐的质疑之音，包括哈特曼和马尔塞尤等在内的许多德军王牌飞行员，都因在极短的时间内取得过于突出的战绩而受到质疑——二战期间，德军有107名昼间战斗机飞行员的个人战绩超过100胜（另有24名夜间战斗机飞行员取得了50次以上的夜战战果），[1]而西方盟军和苏军最优秀的飞行员的战绩，距离这些匪夷所思的数字仍有相当大的差距。自然，取得胜利的一方会在战后抨击对手夸大和虚报战果，或不假思索地彻底否定，或拼命压低己方损失的战机数量。美国空军将领克萨达（E.R.Quesada）战后曾称："……我不相信有任何一位德国王牌击落过150架盟军战机。"[2]曾任英国皇家空军联队长的李（Asher Lee）上校也直言："……德军飞行员庞然大物般的击坠数目……有时还超过了200架……完全是荒唐的夸大其词。"[3]虚报或夸大战果的现象在二战各交战国中都时有发生，程度不同而已，很多时候由于空战态势瞬息万变和危险程度的差异，虚报并非有意为之，而是难以避免的误判。史家肖勒斯（Christopher Schores）根据自己20年的研究指出，肯定会有虚报战果之人，但德国人的绝大多数击坠战果都是有根有据和诚实的，而且比对手的战果更加准确。[4]有史家早在1966年就曾指出，“与常人想象的正相反，德国空军并不根据击坠敌机的发动机数来统计战果”。这位史家还指出，当空战中有多人击落同一敌机时，英美空军的做法是分摊——承认“合作”或“部分击杀”，法国空军则把同一战果重复计算多次，每个立功者都能得到一个完整的击坠战果，德国空军却始终坚持“一个击坠只能计在一个飞行员名下”的制度，遇有争执时飞行员们需自行协商解决。[5]（曾有这样一件趣事：夜战王牌施瑙费尔与一位战友都声称击落了同一架英军‘兰开斯特’轰炸机，他们的指挥官要求他们抽签解决争议，结果施瑙费尔输了）战后的许多研究表明，德国空军的战果申报和审查制度相当严格，不仅要求飞行员描述时间、地点、敌机机型、坠落地点和方位、己方所用武器弹药等，还必须出示空中或地面目击者报告，“没有证人就没有击坠”是德军在所有战场都坚持的基本准则。事实上，德方的绝大多数空战战果都经受住了时间考验，[6]他们的战果记录和确认制度也被认为比其他国家的做法更现实、更准确、更具有代表性。

东线德军飞行员比西线的伙伴们还要经受更多的挑剔和指责——在东线空战中，更“容易”取得击坠，因为“苏军飞行员及其战机远逊于对手”。二战前期在西线与英国皇家空军对垒的加兰德，曾对许多人在苏德战争之初“轻易地接连取胜”感到不可思议（或许是对好友兼竞争对手莫尔德斯的战绩有感而发）。相较于他本人数月才有一次斩获，东线超级王牌格拉夫17天内就击落47架敌机，后来竟在28天内收获75次击坠！[7]连大名鼎鼎的加兰德都作如是想，那么很自然的结论就是，“如果德军没有虚报或夸大战果，那么苏联空军一定比英美空军逊色很多”。的确，东线初期的德国空军不仅在经验、战机和技战术上领先一筹，而且德军进攻时，正值苏联红军空军（乃至整个苏军）在组织结构、技战术、装备、飞行员训练和经验等处于最薄弱的时候，不少德军飞行员确实轻易地取得过轰动一时的成功。东线王牌们对此并不避讳，如总战绩高达275胜的拉尔战后就曾说：“一开始我们拥有经验优势，取得击坠很容易……但后来要难得多。”[8]

如果说东线德军飞行员1941年夏秋度过了一段“快乐时光”，那么从1943起，他们疯狂取胜的日子已经一去不复返了，因为“随着战机的增多和质量的提高，红军飞行员也学习和吸收了作战技能”（苏联空军官方战史用语）。[9]哈特曼于1942年10月才到东线参战，胜利之门的真正开启则迟至1943年7月，这时的对手已与两年前判若两人——他们解决了战争之初的诸多缺陷（如训练不足且方法陈旧、技战术落后、指挥控制体系僵硬和缺乏弹性等），不仅拥有数量惊人的战机（生产和补充更换能力更是德军难以企及），战机的技术水准和性能质量等也都有了质变，德军飞行员面对的不再是老旧战机，而是诸如拉-5、雅克-7B和雅克-9等速度更快、火力更猛的新型战机。加兰德战后曾承认，二战后期的苏联空军在组织结构上比德国空军更好，更适合他们的目的和目标。更重要的是，苏军飞行员舍弃了往昔被动防御的面貌、心态和战术，他们在进攻心态的支配下，在逐渐建立的自信鼓舞下，积极主动地寻找任何对手进行空战。到战争末期，苏军也出现了阔日杜布和波克雷什金等精英级飞行员，在血与火的考验中幸存下来的、同样英勇无畏的苏军飞行员，无疑是哈特曼等德军王牌们的强劲对手。出于这些原因，加兰德在提醒那些轻易贬低东线飞行员战绩的人时曾说道：

"……到1942年年中，苏联空军作战时的那种'炮灰'心态已消失得无影无踪了。"[10]

德军飞行员在二战期间取得超高战绩的原因很多，但有两点值得强调。其一是这些飞行员都拥有高得惊人的出击作战总次数，单是这一点就为他们提供了对手无法想象的空战机会。有资料显示，总战绩过百的107位王牌几乎个个都有上千次作战飞行记录，很多人整个战争期间都在飞行作战（107位王牌中只有8人是1942年年中后投入战争的）。施泰因霍夫曾这样评论他的战友们："……他们三年半里一直都处于'作战状态'，每天都要起飞作战，有时一天还要升空多次。他们不得不一直这样做，因为我们没有别的替代办法。任何有自尊的人都不会在战友们受苦受累时袖手旁观。"[11]可以说，由于德国空军自身的组织结构和政策、战场的分散性以及人力不足等原因，飞行员们"不得不"拥有比对手高出许多倍的出击作战次数。其二，在战争的后半程，德国空军在东西两线都居于明显的数量劣势，尤其是东线更加明显（哈特曼自己在1944年曾估计，苏德双方的空中力量对比达20比1），这当然会使德军飞行员不至于在天空中找不到对手；德军因力量不足而要求飞行员的作战覆盖范围更加宽大，这也在一定程度上使飞行员不用在空中竞争猎物。超高的出击作战次数、对手战机似乎源源不绝地出现在天空，固然是德军飞行员取得惊人战绩的重要原因，但另一方面，这些人被击落、战死或被俘的概率也在高频作战中大幅增加。出于非常明显的原因，许多王牌对于在东线被击落的后果一直深感恐惧，正如拉尔战后所言："我真的不能认同东线作战容易这一说……因为在苏联上空飞行时，我们飞行员的心理状态会很糟糕。"[12]取得过222胜的东线王牌鲁多费尔（Erich Rudorffer），也在战后表露过类似的见解，他称东线战事的野蛮残酷程度实在令人忧心，有时西线战场还能剩下的一点"浪漫的骑士精神"，在东线荡然无存。苏方曾为哈特曼和鲁德尔的项上人头开出了1万卢布的悬赏——沉重的心理压力、原始恶劣的机场和生活条件、更突出的数量劣势，只能说明那些在东线日复一日作战的飞行员们面临着的艰难局面。哈特曼战后曾直言，自己在东线作战最害怕的就是被俘。

总之，在1943年后的苏德战场，曾经的那种"像打野鸭一样"就能轻易击落敌机的"美好时光"只能在梦里重温了。哈特曼就在二战的潮流已经逆转，胜利的天平朝着苏联和英美倾斜的时候横空出世，在30个月里取得了震古烁今的战绩，成为德方宣传机器鼓吹的"金发骑士"和苏方痛恨咒骂的"南方黑魔"。

早年岁月：从滑翔机高手到战斗机飞行员

哈特曼于1922年4月19日出生在符腾堡州的魏斯扎赫（Weissach）。他的父亲阿尔弗雷德（Alfred Hartmann）是一名医生，一战中曾任军医，是个安静且富有爱心的绅士，有着老一代欧洲医生常见的那种能够体察病人疾苦的优良品行。哈特曼的母亲伊丽莎白（Elisabeth Hartmann）是个精力充沛、富有冒险精神的女性——在哈特曼很小的时候，这位大胆睿智的女性就是德国最早的一批女滑翔机飞行员。

一战战败后的德国可谓问题丛生，国内政坛倾轧混乱，经济上通货膨胀居高不下，物资和食品的短缺使多数德国人都在为生存而挣扎，哈特曼一家也不例外。父亲阿尔弗雷德的一位表兄在中国上海任领事，他在回国探亲时，力劝老哈特曼到中国寻找新机会。几经犹豫之后，老哈特曼还是被"恍若天堂般"的遥远东方所吸引，于1925年独自一人来到湖南长沙，在那里开了一家诊所。相对于经济萧条的德国，老哈特曼发现这里"真像天堂"，老百姓对这位城里唯一的白人医生非常好奇，但很快就被他高明的医术与和善所吸引。老哈特曼的诊所经营得非常成功，不久后妻子带着埃里希和幼子阿尔弗雷德一起赶到长沙团聚，一家人在湘江中的一座小岛（或为橘子洲头）上盖了一幢漂亮的房子。[13]哈特曼在去世前接受采访时，曾回忆起在长沙的日子——他说，年幼的他和弟弟几乎记不得那里的任何东西，甚至还将之称为“长沙省”，[14]但20世纪20年代中后期长沙郊区田园般的风光、宁静和自由，无疑还是在他心目中留下了挥之不去的影子。

风起云涌的革命浪潮席卷着三湘大地，作为共产主义运动中心之一的长沙，又怎么可能永远是哈特曼一家视为乐土的世外桃源？1929年，长沙发生的一起将一名英国人枭首示众的事件，惊醒了老哈特曼的美梦。他迅速做出送妻儿回国的决定，但自己准备留在长沙静观事态发展，一来他是德国人，而战败后的德国似乎并未被视为帝国主义列强之一，二来他也实在舍不得蒸蒸日上的诊所。伊丽莎白回国后，在斯图加特西南的申布赫地区魏尔（Weil im Schönbuch）住了下来，并着手为丈夫寻找诊所的新址。6个月后，老哈特曼致电妻子说长沙风潮已经平息，要求妻儿再回中国，但伊丽莎白坚定地拒绝了。或许是他乡的革命运动吓坏了她，或许是回国后发现长子的中文远好于母语，总之，伊丽莎白坚持要求丈夫尽快返德。就这样，哈特曼一家在中国的侨居生活结束了。

哈特曼不仅从漂亮的母亲那里继承了满头金发和迷人的脸庞，似乎也将母亲的活力和大胆全数复制了下来。母亲在飞行方面颇有才华，她的天赋不仅遗传给了哈特曼，她对体育飞行的强烈兴趣也深深影响着儿子。9岁那年，哈特曼曾用旧布蒙在竹编框架上自制了一架所谓的滑翔机，“第一次飞行”还算成功，从房顶跳下后，平安地落在事先挖好的土坑里，不像鲁德尔8岁那年把雨伞用作降落伞时还摔断了一条腿。1930年，哈特曼家与别人一起拥有了一架双座小飞机，这让小哈特曼有条件经常接触飞机和飞行。

希特勒在1933年上台后开始重整军备，组建新空军就是其中重要的一项计划。第三帝国的二号人物戈林决心用波尔克和里希特霍芬等一战英雄的形象，来启迪和催生新一代的日耳曼空中勇士，他曾公开宣称：“为使德国成为飞行员的国度，应该培养德国青年对飞行的热情……应让所有飞行员都了解并具备德国飞行员在一战的四年里既成功又卓尔不凡的英勇精神。”[15]戈林的目的得到了完美的实现——哈特曼晚年在解释自己成为飞行员的主要动机时就曾直言，“可能与那个时代的多数男孩子有着同样的原因——一战时期空军王牌们身上的光环与荣耀吸引着我们”。[16]为培养青年人对飞行的兴趣，并吸引他们加入秘密营建中的空军，德国政府大力推动滑翔飞行的普及，这种在其他国家被认为是“贵族运动”的项目，在德国城乡得到广泛的开展。许多未来的王牌飞行员（如加兰德和格拉夫等）早年都像哈特曼一样痴迷于滑翔飞行，这项运动当然也令他们受益匪浅——有后人曾称，在二战的第一声枪响之前，未来的德国空战王牌们就已经掌控飞机很多年了。

母亲伊丽莎白于1936年在魏尔开设了一家滑翔飞行俱乐部，哈特曼也把无数个快乐的周末花在了滑翔飞行上。弟弟阿尔弗雷德在回忆兄长高超的滑翔技能时曾说：“他真是个很棒的飞行员，有着与生俱来的天赋。我总希望也能像他那样，但我们俩在滑翔飞行能力上有着天生的巨大差异。”[17]阿尔弗雷德在二战中也曾加入空军，不过是在北非战场的俯冲轰炸机单位担任炮手，战后随了父亲的心愿，成为一名医生。

哈特曼14岁时获得了A级和B级滑翔机飞行员证书，之后又赢得了备受推崇的C级证书，15岁便成为希特勒青年团滑翔组织的教官。多年后，他曾回忆说早年的滑翔飞行影响了他的飞行生涯，也让他具备了能助其准确判断飞机故障的第六感：“……我通过滑翔飞行早早接触和熟悉了飞机，这对我的影响和帮助一直持续至今。我

▲ 摄于上世纪20年代中后期的长沙，哈特曼（右二）、弟弟阿尔弗雷德（右三）与中国保姆（被称作"赵妈"）。右一的男孩据说是保姆的儿子，左一的男孩是哈特曼家一位朋友的儿子。

▲ 摄于1939年，身着希特勒青年团制服的哈特曼。

◀ 摄于1936年，14岁的"希特勒少年团"成员哈特曼。

坐在飞机里时，如果有什么不对头的地方，我会产生很不好的感觉。这种感觉通常比仪表能更早地告诉我某种装置失灵了。我在座位上就能感觉到。毫无疑问，飞行生涯开始得越早，对飞机各种部件的感觉就越强烈。”[17]据哈特曼自己所言，这种神秘的第六感二战期间曾多次救过他的命，而当他在战后成为西德空军的战术评估专家时，这种直觉仍令他受益匪浅。

与几乎所有的未来王牌们一样，醉心于滑翔飞行的哈特曼在学业上也表现得差强人意，但对体育运动有着无限的热情。1936年4月，14岁的哈特曼离开伯布林根（Böblingen）文理学校后，进入了位于罗特韦尔（Rottweil）的“国立政治教育学校”，即所谓的“纳波拉”（Napola）学校。在这所名为“培养新一代政治、军事和行政领导人”，实则灌输国家社会主义理念的准军事化学校里，哈特曼过得非常不开心，这里的严厉僵硬和军事化作风令他气恼不已，盲从一切的要求也与他的个性相冲突。1937年4月，在哈特曼一再要求下，父母把他转入斯图卡特西北不远的科恩塔尔（Korntal）文理学校继续求学，他在这里度过了四年的愉快时光。他的老师曾回忆说，哈特曼的学业普通平凡，能够没有困难地达到要求，但也从无拔尖的想法。老师们对他印象最深的是他酷爱体育运动，都说他是个坦率诚实、能让人马上心生好感的好孩子，对老师总是彬彬有礼，既能体察别人的感受，又有容人之量。在这所更自由、鼓励师生交往的学校里，哈特曼遇到了自己一生中除母亲外最重要的女性——被他昵称为“乌施”（Usch）的佩奇（Ursula Paetsch）小姐。1939年10月，17岁的哈特曼向年方15岁的佩奇展开了热烈的追求，尽管姑娘的父母起初极力反对，但热恋中的青年，除彼此以外哪里容得下别的东西。

尽管全身心地沉浸在爱河之中，欧洲上空密布的战争阴云和已经点燃的战火，还是无可避免地对这对年轻人的命运产生了深刻影响。1940年春，哈特曼通过了大学入学资格考试，这时的他不仅要考虑职业选择，还面临着即将与心爱的姑娘分开的痛苦。父亲一直希望儿子学医，在他眼中医生是最理想、最高尚的职业，哈特曼也曾有着成为父亲那样的医生的梦想，[18]但时代已在他的身上打下深深的烙印——像当时几乎所有的青年一样，他也对一战的空中英雄们佩服得五体投地，而二战之初媒体大肆宣传的莫尔德斯等新一代王牌，也使年轻人对加入空军憧憬不已。母亲倒是表示理解，毕竟是她启蒙和培养了儿子的飞行才能和志趣，父亲尽管反对并深感失望，但最终还是支持儿子的选择，毕竟他们一直给孩子提供的都是宽松自由的环境。更主要的是，几乎所有德国人都相信战争很快就会结束，老哈特曼也认为，儿子可以先做飞行员，战后还有时间学医。无人能够料到这场大战一直持续到1945年，深爱哈特曼的人们更不会想到，他的战争在那之后又延续了10年。

在不列颠空战的高潮已经平息的1940年10月15日，哈特曼以候补军官身份加入了空军，首先来到东普鲁士柯尼斯堡附近的空军第10训练团受训。德国虽然未能取得不列颠空战的胜利，自身也遭受了惨重损失，但这一失败并未引起足够的重视，空军高层也没有把加紧训练飞行员当作迫在眉睫的头等大事。对哈特曼这些新人来说，高层的这个态度既有好的一面，也有不好的一面：飞行员们依然接受着战前制定的全面仔细的培训，他们的驾驶技术、理论水准和飞行时间等都有可靠的保证，不仅使一些人日后有可能脱颖而出，某种程度上也帮助他们幸存于战争；另一方面，漫长的训练使学员们经常不胜其烦，倍感辛苦。哈特曼从1940年10月开始训练，直到两年后才投入实战，如果都以这种方式训练新人，那么战争后期的大量损失如何才能弥补？随着战事的胶着和朝着不利于德国的方向发展，飞行员的训练时间被大幅压缩，但又走向了另一个极端——大批不适合飞行的青年，就像流水线上的

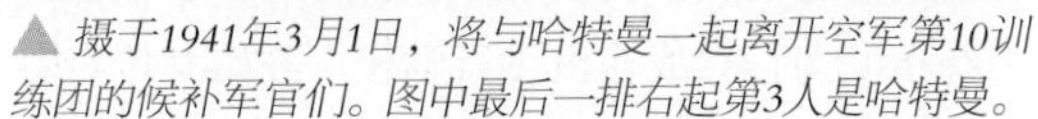

▲ 摄于1941年3月1日，将与哈特曼一起离开空军第10训练团的候补军官们。图中最后一排右起第3人是哈特曼。

▲ 或摄于1942年初，正接受战斗机飞行员训练的一级中士候补军官哈特曼。

▲ 摄于30年代末或40年代初，年轻的哈特曼与恋人"乌施"。

产品一样，仅仅接受了速成训练就被匆匆投向战场，许多飞行时数不足100小时的新手，在第一次作战中就因惊恐和不知所措而被击落丧命。

正式的飞行训练开始前，哈特曼先进行了几个月的基本军事训练和理论学习，虽然兴趣并不盎然，但由于向往不久后就将开始的飞行，哈特曼还是耐着性子完成了这些学习和训练。1941年3月1日，哈特曼进入位于柏林—加托的第2空战学校，开始了为时一年的飞行训练。四天后，哈特曼在教官陪同下驾驶教练机升空，仅仅三个星期后他就放了单飞，表现出良好的潜质。10月中旬至1942年1月末，哈特曼在拉亨-施派尔多夫（Lachen-Speyerdorf）的第2战斗机飞行员预备学校接受高级飞行训练。[19]到预备训练完成时，哈特曼已先后驾驶过17种型号的战机，被教官们普遍认为是战斗机飞行员的好材料。2月初，哈特曼来到萨克森-安哈尔特州采尔布斯特（Zerbst）的第2战斗机飞行学校，开始与传奇般的Bf-109战斗机亲密接触。当月3月底，哈特曼通过考试后获得飞行员证章，同时被授予少尉军衔。训练完成后，哈特曼又开始了空战射击训练，他的表现依然令人印象深刻，据说，首次驾机射击拖靶的训练中，他的50发子弹就有24发命中！不过，哈特曼的受训经历并非完美无瑕，可能是飞行和射击的顺风顺水让他产生了自得情绪，他也曾像马尔塞尤那样，在不合适的地方卖弄技巧——他在机场上空恣意地玩起特技飞行，一番横滚和“8”字飞行等动作之后，竟在机场上空10余米的高度倒飞着呼啸而过！哈特曼花里胡哨的机动虽然令人目瞪口呆，但他也为这一严重违纪行为付出了代价：禁闭一周，扣除3个月薪水的三分之二。[20]具有讽刺意味的是，哈特曼因违纪反而因祸得福，由于被关禁闭，他无法参加预定的一次射击任务，室友驾驶着他的飞机代他前往，结果战机在前往靶场的途中出现了发动机故障，室友在机腹着陆的紧急迫降中丧生。

1942年8月21日，哈特曼来到上西里西亚的格莱维茨（Gleiwitz），向驻于此地的“东线补充战斗机大队”（Ergänzungs-Jagdgruppe Ost）报到。这个单位的职责是对那些已预定前往东线的新飞行员进行临行前的最后强化训练，帮助他们了解东线的天气、地形地貌和苏军飞行员的技战术特点等。哈特曼在这里待到10月初，而后奉命向东线南方战场的JG-52联队报到。

JG-52联队的“菜鸟”

JG-52是一支赫赫有名的王牌联队，它不像其他联队那样有着“动人”的别称，也不似它们总能接收到更先进的战机，而是始终如一地使用Bf-109作战。JG-52在波兰战役中建树甚微，在法国战役和不列颠空战中也表现得平淡无奇（第3大队曾在1940年7月底创下过一项尴尬的记录——一天多时间里竟损失了大队长和3名中队长），即便在入侵苏联的初期，相对于三周内摘取500胜的JG-51而言，JG-52的战绩实在是不堪入目——第3大队30余次击坠的战果曾令戈林来电兴师问罪，第7中队的中队长还作为替罪羊被解除了职务。但是，就在战争潮流逐渐逆转之时，JG-52的飞行员们却开始了一场战争史上前所未见、只怕也无可能再现的“空战狂欢”——到1945年5月8日二战落幕之日，JG-52取得了11000次左右的击坠胜利！战绩排行榜上名列第1、第2、第3、第6、第9、第15和第16名的飞行员都出自JG-52——哈特曼（352胜）、巴克霍恩（301胜）、拉尔（275胜）、巴茨（Wilhelm Batz, 237胜）、格拉夫（212胜）、利普弗特（Helmut Lipfert, 203胜）和克鲁平斯基（197胜）。前四人的总战绩加起来就高达1165次击坠，光是这个数字，就超过了美国陆航战绩最高的战斗机大队在空中和地面摧毁的德军战机的总和！[21]

1942年10月初，就在斯大林格勒战役进入血腥胶着的巷战、夺取高加索油田的进军裹足不前之时，哈特曼加入了正在西高加索地区作战的JG-52。这时的他满脸稚气，对战争毫无概念，做梦都难以料到自己将在两年后崛起成为世界上最成功的战斗机飞行员。

青涩的哈特曼刚抵东线，就经历了两件难以忘怀的事情。第一件发生在东线重要的补给基地之一克拉科夫。基地指挥官安排哈特曼等几名分配至JG-52的飞行员每人驾驶一架Ju-87斯图卡，飞到亚速海北岸的马里乌波尔后，再通过其他方式赶往JG-52联队部的驻地迈科普。从未驾驶过Ju-87的哈特曼很快开始滑行，即将进入飞行区时，他准备绕过飞行区边缘的航空管制员工作的木屋。但是，就在他踩刹车时，才发现斯图卡的刹车装置有缺陷，结果在手忙脚乱之余撞上了木屋，当场将之碾成碎片，斯图卡的螺旋桨也被撞断。哈特曼非常狼狈紧张，甚至有点害怕，脸色很难看的基地指挥官快步向他走来。就在这时，与哈特曼同来的另一飞行员"出面"救了他——后者正驾驶一架Ju-87准备着陆，但不知道什么时候发动机不见了，着陆时由于刹车过猛，斯图卡机头朝下、机尾朝天地倒立起来。幸运的飞行员爬出来后，迷惑不解地看着眼前的破飞机，还流露出一脸无辜的表情。基地指挥官见状长叹一声，放过了哈特曼和后面这位更离谱的肇事者，决定用Ju-52运输机送他们去迈科普报到。

第二件事倒不是哈特曼犯了什么错，而是它让这个年轻人初次见识了什么是战争、什么是勇猛的飞行员以及什么东西是永远都无法从学校和训练中学到的。哈特曼一行在10月8日抵达迈科普的联队部后，见到了时为代理联队长（11月1日正式任职）的赫拉巴克（Dietrich Hrabak）少校。赫拉巴克身材不高但粗壮有力，他的第一次训话就给哈特曼留下至深的印象："……到目前为止，你们所有的训练都强调在作战中控制战机，也就是说，在飞行中让你们的肌肉和身体服从意志。想在俄国生存下来并成为一名成功的战斗机飞行员，你们现在必须开发你们的思维能力。当然，你们一直都必须保持攻击性，否则也不可能取得成功，但是，必须得用狡黠、判断力和聪明的思考来调和攻击性。用脑子，而不是用肌肉来飞行……"[22]听着这番闻所未闻的话语，看着少校脖子里挂着的骑士勋章，想着他身后的几十次击坠战果，哈特曼发现自己立即喜欢上了年长自己8岁的长官，50年后他还能清楚地回忆起这次训话。不过，令哈特曼记忆至深的真正原因，可能还是训话中发生的"插曲"。赫拉巴克的训话突然被打断，只听见无线电中传来嘈杂不清的声音，"……我被击中了。我能看见跑道，现在准备着陆。"一阵静音之后，又传来那个急促的声音："见鬼！希望能成功着陆，发动机正在冒烟……"哈特曼赶紧跟着联队长和众人跑出作战室，只见充作跑道的草坪尽头有一架Bf-109正拖着浓烟着陆，机腹触地后向前滑行，突然间有东西崩了出去，战机立即向左歪去。旁边有人脱口而出："是克鲁平斯基！"哈特曼被眼前的一切吓得不知所措，觉得自己的心都要跳出来了。

克鲁平斯基曾回忆过当时的一幕："……我朝着一队8架伊尔-2对地攻击机飞去，死跟着它们飞经我方的高射炮保护带，这绝非最明智的事，但我实在想取得几次击坠……1架敌军轰炸机被高炮击中，它虽然冒着烟但还在飞。无人会错过这种机会，我拉起机头后一通射击终结了它。然后我踩左舵，又向最近的1架伊尔-2的驾驶舱射出子弹。它也开始冒烟和下坠……突然间我的战机被高射炮击中……座舱盖的玻璃被弹片打碎，右侧机翼被打出一排洞，浓烟进入座舱，仪表开始失灵……我不相信起落架还能工作，于是关掉发动机油门，以机腹着地在草坪上滑行，战机弹跳几下后撞上了跑道边缘堆着的炸弹堆，但我硬是从中挤了出去。幸运的是战机没有起火，炸弹也没装上引信……这是1942年10月的一天，我第一次遇见哈特曼，他刚到联队……所以，哈特曼第一次见我时，我刚从被击毁的战斗机中爬出来，正抬腿迈过七零八落的大堆炸弹，腿上的创口还流着血，而我的飞行夹克也被玻璃碎片划得稀烂……”[23]

克鲁平斯基来到赫拉巴克面前时，只是微笑着抱怨说高加索的高射炮实在太猛。也许是刚才的一幕太过惊险，哈特曼顿时觉得他高大无比，这才是真正的战斗机飞行员！克鲁平斯基对于初见哈特曼倒是没有留下什么印象：“只记得他们几个可真年轻！”

哈特曼被分配到博宁（Hubertus von Bonin）少校任大队长的第3大队，大队的驻地位于距捷列克河不远的索尔达茨卡亚。10月10日报到时，博宁少校直截了当地告诉哈特曼等四名飞行员：“……在我这里只有空战胜利才作数，军衔、职务或别的乱七八糟的都不算。在地面上我们有纪律，但在空中，每个编队都由战绩最高、作战技能最棒、经验也最多的飞行员带队。如果我与战绩比我高的某个军士一起出击作战，那么自然由他来带队。这样就可以解决到底由谁带队的争执。不会有任何争议，因为只有战绩才算数。”[24]博宁还特意嘱咐这些少尉，他们多数时候都将和军士们一起飞行，警告他们务必不要因军衔而不服从指挥。这样一番新鲜言论，又让哈特曼对少校马上心生好感——没有居高临下的空洞说教，没有花架子，新手们立即产生了一种既令人自信、又可以信赖他人的温暖感觉。哈特曼稍后听说，博宁在为格里斯劳斯基（Alfred Grislawski）上士担任僚机时，曾因为在空中没有回复长机的指令，而遭到后者的破口大骂！着陆后，博宁微笑着向格里斯劳斯基解释说听见了“命令”，但无线电发射器坏了，无法开口应答。格里斯劳斯基很不好意思当场道歉，但博宁压根没当回事，以自己的实际行动诠释了“只有战绩才算数”的大队作风。哈特曼自己在战后曾说过：“军衔和职务相对于经验来说真算不得什么，这也是我们为什么能够这么成功的原因之一。”

哈特曼被分配到佐默（Adalbert Sommer）上尉的第7中队，由罗斯曼（Eduard Rossmann）中士负责带他。性情开朗、爱开玩笑的罗斯曼在1942年3月即获得骑士勋章，被称作东线最棒的四机编队指挥官之一，还有着“总能把僚机安全带回来”的好名声。罗斯曼与其他王牌的不同之处在于，他的一只胳膊受过伤，因而无法操纵Bf-109完成复杂的机动，这迫使他琢磨出独到的“距外”（standoff）战术：在空中与敌交手前，先在较远处观察对手，只有确保自己能取得出其不意的效果时，才向非机动的目标发起进攻，而且还是在远距离开火。[25]这种战术当然要求很高的射击水准，不过罗斯曼和哈特曼都具备这样的能力，只是哈特曼还没有经历过实战的检验。

▲ *JG-52最出名的人应是曾任第9中队中队长、获得第5枚钻石骑士勋章的格拉夫。当哈特曼加入JG-52第3大队时，格拉夫已经离开前线，并于1943年夏出任JG-50的联队长。图为1943年夏戈林视察JG-50的情形，图中最右边的军官是格里斯劳斯基，他在哈特曼的成长过程中也曾扮演过重要角色。*

10月14日，哈特曼作为罗斯曼的僚机飞行员迎来了首次空战。罗斯曼在无线电里称发现了若干敌机，一边俯冲、一边指示哈特曼向他靠拢。哈特曼自己曾回忆过这次难忘的空战：“……起初我根本没看见敌机在哪里。当我们转入高速平飞时，我看见了3000米外的前方，比我们的高度略高的位置有2架深绿色战机。我的第一个想法是‘现在一定要取得首次击坠’。我开

▲ 摄于1942年10月，JG-52的狠角色、有"伯爵"之称的克鲁平斯基中尉，他正起身离开Bf-109 G1"黄色5号"战斗机。克鲁平斯基1943年3月任第3大队7中队中队长，哈特曼为他担任僚机。哈特曼与克鲁平斯基关系十分密切，也从后者身上学到不少战术方法。

▼ 摄于1942年末，JG-52第3大队的飞行员在作战间隙。左一戴大檐帽的是格里斯劳斯基，左四的站立者是达默斯，右三为罗斯曼，右二是这些人中唯一的军官哈特曼。尽管哈特曼是少尉，前述三人均为士官，但他们都已获得骑士勋章，在作战经验和技巧方面，此刻的哈特曼还需要向老手们请教和学习。

▲ 摄于1942年末，JG-52第3大队7中队的飞行员们，右四为哈特曼少尉，右五是中队长佐默上尉。

足马力，全速超过长机后抢占射击位置。我很快接近了敌机，在大约1000米距离向对手开火。我注意到射出的弹药都嗖嗖地从对手左边飞过，没有一发命中目标。随着前方的靶子变得越来越大，我赶紧向后拉杆并开始爬升。结果，我周围一下子出现了一些深绿色战机，它们还很快转到我身后。现在我开始紧张了，也看不见长机在哪里。我爬升着穿过云层，偌大的天空中就只剩下我一个。就在这时，无线电中传来罗斯曼的声音：'别怕，我一直在保护你，但现在看不见你。赶紧穿出云层让我能看到你。'从云层里钻出后，我发现4000至5000英尺外有架战机正朝我飞来。我吓得不轻，赶紧降低高度，一面向西逃，一面告诉长机有架身份不明的战机正咬着我。罗斯曼的声音又传了过来：'向右转，这样便于我向你靠拢。'我向右转时，身后那架战机切入了我的转弯路径。现在我真慌了，用力完成坡度转弯后，大开着油门从低空向西飞去……那架战机还是跟着我，过了一小会儿无线电中传来罗斯曼的声音，他说那架战机已离开了。我爬升到高空重新确定方位，我看见了左边的厄尔布鲁士山，现在可以找到回家的路了。就在这时，我面前的油料指示灯变成了红色。5分钟后，发动机发出梆梆作响声后停止了运转……我下方是巨大的向日葵地，还有一条仍有军车行驶的公路。离地面越来越近了。我在战机卷起的巨大烟尘中机腹着地迫降成功，我打开座舱盖，拿着自己的物品离开了战机。陆军随后把我送回20英里外的索尔达茨卡亚。"[26]

当夜，大队长博宁狠狠训斥了哈特曼一顿——返回基地的路上哈特曼就颇为沮丧，也有点羞愧难当，担心自己或许会被一脚踢出去。毕竟，作战中他违反了所有战术条令，罗斯曼曾一一细数他犯下的"七宗罪"：未经许可擅自脱离长机；抢占长机的射击位置；穿过云层爬升；错把长机当成敌机；未执行向长机靠拢的命令；迷失方向；未对敌机造成任何损伤，却自损战机一架。所幸，博宁对哈特曼的处罚只是停飞三日，责成他与地勤们一起维修军械和保养战机。哈特曼利用停飞仔细思考了过失，在平复既震惊又羞愧的心情的同时，反复琢磨罗斯曼细数其"罪状"时提出的诚恳建议。另外，哈特曼还借机加深了对地面维护和保障工作的了解。有史家指出，这段经历对哈特曼的帮助甚至延续到战后的1959年，当时他是西德第一支喷气式战斗机联队的联队长，他主持建立的地面维修保障系统曾被称作空军的一大样板工程。

在接下来的日子里，哈特曼继续与罗斯曼一起执行任务，他仔细地观察后者如何使用"先观察，再攻击"的战术，也目睹了他在稳步提升战绩的同时，自己几乎从未中弹的表现。哈特曼本能地觉得，罗斯曼的战术比许多同僚所热衷的缠斗更好，更能在首先保存自己的情况下以突袭杀伤对手，但他又觉得"远距离射击"对射术的要求很高。哈特曼也为其他几名获颁骑士勋章的士官担任过僚机，这些人包括格里斯劳斯基、达默斯（Hans Dammers）和茨韦恩曼（Josef Zwernemann）等，他们都向哈特曼传授过各自的窍门，也都指出开火前接近敌机才能取得最大的杀伤效果，格里斯劳斯基还专门向他介绍过如何瞄准伊尔-2对地攻击机的薄弱之处——机身下方的滑油散热器。

初步克服了紧张和盲目性后，哈特曼在11月5日迎来了自己毕生难忘的首胜，他击落的正是一架以装甲厚实、火力凶猛著称的伊尔-2对地攻击机。当天接近中午时，第3大队副官特雷普特（Rudolf Trepte）率4架Bf-109紧急升空，迎击苏军的18架伊尔-2对地攻击机和12架拉格-3战斗机。哈特曼清楚地记得当时的战斗情形："……我们的位置在敌机后上方。4架战机分成两对，大角度俯冲下去后向敌机发起进攻。我负责最左边的1架伊尔-2，快速接近敌机后，我在200至300英尺的距离开火了。我看到有多发子弹和炮弹直接命中，但都被弹了起来……我又向这架敌机发起二次进攻，先是一个大角度俯冲，然后在对手后下方拉起机头。这次距离敌机更近，我准确地命中了它的滑油散热器！伊尔-2冒出黑烟，紧跟着火舌迅速蔓延……由于被我攻击的敌机已离开编队并试图向东逃去，这时我身边已没有别的战机。我在敌机身后穷追不舍，就在我们都进行小角度俯冲时，敌机机翼下方发生了爆炸，而我的战机也同时传出响亮的爆炸声。黑烟顿时灌进驾驶舱，我能看到发动机舱门下冒出的红色火焰……我在野地里机腹着陆时，战机卷起的大量尘土很快扑灭了机身上的火焰。我起身离开座舱时，我的第一个击坠战果才在3公里外发出雷鸣般的爆炸声。"[27]

特雷普特先确信哈特曼平安无事，而后摆了摆机翼往基地飞去，当然他也确认了哈特曼的首胜。虽然又是被陆军兄弟们送回的基地，但哈特曼这次无疑克服了初战中的恐惧心理和慌乱，而且收获了首胜。交战中他运用了格里斯劳斯基等人的抵近射击经验，却把罗斯曼的"先观察"战术抛在了脑后——他的战机之所以爆炸，就是因为裂解的敌机机翼上有大块金属材料砸了过来，[28]他理应更迅速地与敌机脱离接触。

克鲁平斯基在20世纪90年代时曾说："……哈特曼是个典型的战斗机飞行员——年轻、爱冲动，一想着取得击坠就容易兴奋过头。我们把这个称为'发烧'，我们所有人在职业生涯之初都有过类似的经历，但埃里希特别严重。他早先犯过很多愚蠢的机会主义错误，但他获得了更多经验、变得更成熟后，就再也没有重犯过……埃里希是个起步缓慢之人，到1942年底才只有两次击坠，他从来都不是一个执行任务时能一次取得很多胜绩的人，甚至在每日的报告中与许多其他人相比时他也不怎么出众。然而，一旦他找到节奏，且变得更加自信后，他就变成了一个非常稳定的得分手。"[29]克鲁平斯基说得不错，哈特曼的飞行生涯确实起步比较艰难，在这一点上，似乎与其他几位获颁钻石骑士勋章的飞行员并无二致。1943年2月10日，哈特曼取得了第4次胜利，他的中队长佐默则摘取了第50胜，但佐默的骑士勋章申请却被驳回——50架击坠的战绩过去足以保证获颁骑士勋章，但现在的要求更高了。对此刻的哈特曼来说，获取骑士勋章实为遥不可及的梦想。

3月中旬，佐默改任驻法国南锡的JG-107联队第3中队中队长，[30]接掌JG-52第7中队的，正是在"东线补充战斗机大队"担任3个月教官的克鲁平斯基。美国空军上校托利弗（R.F. Toliver）在所著的哈特曼传记中曾写道："……克鲁平斯基来到库班桥头堡的塔曼，自我介绍一番后，马上索取一架战斗机升空作战，但很快被击落。跳伞着陆后他乘车赶回基地，又要了一架Bf-109，出发不久后带着击坠敌机两架的战绩，完好无损地回到基地。"[31]托利弗称这一举动给大家留下了深刻印象，也让哈特曼立即喜欢上了克鲁平斯基——哈特曼的确喜欢新任中队长，但后者履新之日的"震撼演出"，却极可能是虚构的，因为克鲁平斯基回归东线后的首次击坠（个人的第66次胜绩）出现在4月27日。在JG-52第6中队时克鲁平斯基即以狠劲和亡命出名，由于经常在空中将自己置于危险的境地，资深军士们都不愿意做他的僚机。此外，还有传说称克鲁平斯基的飞行技术和射术都不怎么样。于是，哈特曼被"推荐"为中队长的僚机。哈特曼首次与中队长一起执行任务时，他觉得那些传闻有点可信，因为后者简直就像一只野老虎，而克鲁平斯基也觉得新僚机真是个大孩子般的"菜鸟"，总之，两人的初次合作就在彼此半信半疑中展开。

但是，接踵而至的作战彻底改变了哈特曼对克鲁平斯基的印象。他在晚年时曾回忆说，他与克鲁平斯基的伙伴关系一开始并不轻松，但两人经过取长补短很快解决了问题，此后的合作一直很和谐。克鲁平斯基进攻敌机编队时极具攻击性，虽像魔鬼一般飞行，但时刻保持着清醒的头脑。虽然关于克鲁平斯基飞行技术不佳的传说都是无稽之谈，但他的射术确实不够精湛，尤其是远距离射击时多数子弹和炮弹都会偏离目标。不过，中队长的这个弱项恰好可被哈特曼弥补，作战中哈特曼一般紧跟克鲁平斯基，进入射程后，他一般会降低速度并躲在长机身后，一旦长机提起机头爬升或转弯让开，哈特曼会利用几秒钟的空当瞄准射击。当克鲁平斯基进攻时，哈特曼负责掩护其侧后方，一旦有敌机迫近，他会立即告诉中队长该干什么。轮到哈特曼进攻时，克鲁平斯基也会做类似的事情。两人的配合颇有成效，有几架敌机就是这样被击落的。

哈特曼与克鲁平斯基一起飞行作战长达半年（直到1943年9月哈特曼调往第9中队任中队长），两人建立了深厚的友谊，他也从后者身上学到很多东西。按照克鲁平斯基的回忆，是他把“从下方进攻伊尔-2的滑油散热器这个窍门教给了哈特曼和其他许多人”，“哈特曼是个好学生，我教给他一些射击技术，主要是转弯中的偏角射击……他已经是个很好的射手，因而很容易就学会了”。另外，克鲁平斯基称自己不像哈特曼那样擅长远距离射击，因为自己“偏好抵近敌机后再射击，哈特曼后来也采用了同样的战术，他总能成功，从未被对手所伤或被击落”。[32]哈特曼晚年时曾称，自己从克鲁平斯基那里学到的最重要的教训是：“最糟糕的是失去僚机，击坠相对于生存而言并不重要。”[33]

克鲁平斯基在哈特曼的成长过程中的确扮

▲ *摄于1943年4月22日的塔曼半岛，JG-52当时负责掩护撤退中的第17集团军。左为联队长赫拉巴克，中为第1大队大队长贝内曼（Helmut Bennemann）上尉，右为第8中队中队长拉尔上尉，他在当日击落的1架敌机是JG-52的第5000次击坠。*

▼ *摄于1943年5月15日，哈特曼已取得15次击坠，当天中午又击落了1架U-2 双翼机。*

演过重要角色，但他"最大的贡献"恐怕还是如下两个方面：其一，他在无线电中经常称年轻、充满活力的哈特曼为"娃娃"（Bubi），这个绰号不胫而走，甚至传遍了整个空军，一直到哈特曼年逾古稀时，老战友们还亲昵地称其为"娃娃"；其二，在克鲁平斯基的鼓励和帮助下，哈特曼把罗斯曼、格里斯劳斯基和克鲁平斯基等人的经验与战术糅合起来，结合个人的体会，形成了独到的"搜索—决定—进攻—脱离或暂停"四步战术。简单地说，这套战术就是：首先，发现敌机；然后，对整体局势迅速做出评估（包括自己的位置、方位和敌机数量等），决定进攻是否对己有利，是否能令对手大吃一惊；第三，如果飞行员认为对己有利，必须迅速发起决定性一击，进攻完成后必须即时脱离敌机；最后，如果认定局势对己不利，那么飞行员应该撤离，准备来日再战。此套战术的基本原则是一旦失去突然性，就不能与已经察觉自己方位和意图的对手缠斗。[34]

到1943年5月底，哈特曼已积累了17次空战胜利。5月23日晨，哈特曼击坠了一架拉格战斗机，就在他拉起战机以避免碎片伤及自身时，他的战机与另一架拉格狠狠地撞在一起。尽管伤痕累累，哈特曼还是凭着过硬的技术返回了基地。当天晚些时候，第7中队再次出击，哈特曼也登上另一架Bf-109准备升空。地勤组长默腾斯（Heinrich Mertens）因为没来得及换机油和检查发动机，特别是还没有检查进气压力和转速，因而不愿让哈特曼驾驶这架战机，但哈特曼却认为这架新战机只飞过90个小时，决定不理睬地勤组长的"迷信"。不过，升空仅10分钟后，哈特曼便返回了基地，还声称发动机确有问题。正好赫拉巴克正在第3大队，他好奇地决定亲自试试这架战机。起飞后他刚收好起落架，战机的排气歧管就冒出了黑烟。赫拉巴克无奈地只得返回，默腾斯和地勤们检查后发现，一只活塞上的裂纹产生了一个应力点，进而造成活塞头裂解，一些碎片进入发动机和曲轴箱机油后引起了连锁反应。谜底揭开后，赫拉巴克问哈特曼怎么知道发动机有问题，后者无法解释，只是称自己"感觉有些不对头"。克鲁平斯基战后忆称，哈特曼拥有一种天生的才能——在告警指示灯显示问题前，他凭感觉就能知道战机是否存在故障，而这种感觉曾多次救过他的命。这次事故后，哈特曼总是让默腾斯检查战斗机并进行试车，他不仅相信自己的本能，更依赖亲密的朋友默腾斯的精心准备。

与敌机相撞的事故发生之后，哈特曼获准回国休假，在斯图加特的父母家中待了整整一个月。这次休假对哈特曼消除疲劳和提振士气有着莫大的帮助，与心爱的"乌施"姑娘挥手告别后，他在6月底返回东线，准备参加规模巨大的"城堡作战"。哈特曼凭借他的四步战术和精准的近距离射击技术，从1943年7月起开始迈向前所未有的成功之巅，逐步超越了任何一个又狠又硬的空中格斗士。

"金发骑士"与"南方黑魔"

1943年7月5日，库尔斯克会战拉开了帷幕，次日，JG-52第3大队大队长博宁调往JG-54出任联队长，拉尔上尉同日继任大队长。克鲁平斯基在5日的空战中击落2架敌机（取得了第90胜），但他的Bf-109 G6战斗机着陆时撞上了另一架战机，受伤的克鲁平斯基只得在医院里度过了将近6周，期间他的职务由哈特曼暂代。哈特曼在5日当天击坠了拉格和伊尔-2各两架，7日，一举击落7架敌机，并在8日和9日又分别击坠4架和3架，四个作战日里便将战绩从原来的17胜翻倍为35胜。但是，继5日失去克鲁平斯基后，哈特曼在9日又失去了导师罗斯曼——罗斯曼当时前去营救降落在别尔哥罗德附近苏军后方的赛勒（Sigfried Seyler）少尉，就在赛勒准备爬进罗斯曼的座舱时，苏军步兵开枪击中了他，罗斯曼也被俘虏（1949年10月获释）。

◀ 摄于1943年7月底，哈特曼与空战学校时的好友多泽（Hartwig Dohse，左）少尉合影。多泽时为JG-3第2大队5中队飞行员，7月31日在别尔哥罗德被击落后失踪。据信本图摄于多泽失踪前两天。

▼ 摄于1943年8月28日，哈特曼的大队长拉尔当天取得了第200胜，右为克鲁平斯基。

1943年7月至8月末期间，JG–52第3大队的基地先后迁移9次之多，这当然是苏军在别尔哥罗德和奥廖尔地区发起的大反攻造成的。这段时间里，哈特曼完全克服了初期的不成熟，频频地在一天多次出击中击落多架敌机，显示出自己是个前景远大、能力卓越的飞行员。到8月19日，哈特曼名下已有88次击坠，而归队刚一周的克鲁平斯基也在当日突破了100胜。20日晨，哈特曼等人的8架Bf–109与约40架拉格和40架伊尔–2展开空战，他在1分钟内连续击落了2架伊尔–2，但自己的战机也被击中——发动机整流罩的一部分飞了出去，座舱里灌进淡蓝色的烟雾。哈特曼迫降在大片向日葵地里，就在他收拾重要物品准备离开时，看到一辆德制卡车向他开来，结果是两名苏军士兵。哈特曼立即假装身受重伤，苏军士兵拖拉他时，他还指着腹部痛苦地呻吟。苏军士兵把他小心地抬进卡车里，而后开到附近村子里的指挥部，在那里哈特曼以其“出色的演技”，还成功蒙骗了检查伤情的军医。两小时后，俘虏哈特曼的两名士兵准备把他送往战俘营。卡车在路上颠簸行进时，适逢德军斯图卡轰炸机编队掠过，哈特曼乘着卡车减速慢行的机会，向车上的那名士兵发起突袭，一击得手后迅速跳车，没命地朝向日葵地深处跑去。苏军士兵一边大骂，一边朝哈特曼逃跑的方向射击，而哈特曼一直猫着腰狂奔——这大概是他高中毕业后跑得最快、时间最久的一次。当一切都归于平静时，哈特曼开始盘算如何才能逃回去。他拼命抑制住想在白天穿越防线的冲动，决定先躲一躲，天黑后再向西潜行。他找了个隐蔽处先睡上一觉，夜幕降临时方才悄悄上路，借助炮火发出的亮光，他一路向西摸去。途中他曾看见苏军的一队巡逻哨，于是远远地跟在他们身后，悄悄摸到了距德军阵地不远的地方。最后，哈特曼在黑暗中听到有人用德语叫他“站住”，这一刻他知道自己安全了，但紧张的哨兵竟向他开了一枪，所幸子弹只在裤子上穿了个洞。哈特曼告诉哨兵自己是被击落的德国飞行员，随后被带去见这支小部队的指挥官。后来的故事自然简单，哈特曼回到基地时，发现大队已把他作为失踪人员准备上报。[35]

令哈特曼感慨万分的是，忠心耿耿的默腾斯左等右等不见好友归来，竟独自一人带着一把步枪，在没有告诉任何人的情况下赶往坠机处找他去了。哈特曼成功脱逃，默腾斯却又失踪，中队里弥漫着紧张忧虑的气氛。第二天，脸颊下陷、黑着眼圈的默腾斯拖着沉重的步子回到基地，当他看见完好无损的哈特曼张开双臂向他快步迎来时，他咧开嘴无声地笑起来——哈特曼多年后还清楚地记得，默腾斯看见他的那一刻时流露出的灿烂笑容。克鲁平斯基也为哈特曼深感庆幸（他说这段经历若换作别人，恐怕难以幸存），但更为他与默腾斯之间的深厚友谊所感染。克鲁平斯基战后曾说：“……真正让我惊异的是哈特曼的地勤组长默腾斯，这个伙计我非常熟，也很喜欢他。当他听说哈特曼被击落在敌军一侧时，他抓起一支步枪，带着地图和背包，徒步朝东面的前沿去找人了——没有任何命令，甚至没有告诉任何人，这可是要上军事法庭的重罪。他这么做很愚蠢，但他与哈特曼有种特殊的关系。不能低估飞行员和地勤组长之间的这种结合。如果不得不在妻子和地勤组长之间做出选择，我不知道有哪个飞行员、特别是成功的飞行员会表现得踌躇不决。妻子们绝不会喜欢这样的决定。但正是地勤组长保证你在空中飞行，他们也像好僚机那样能让你幸存下来。”[36]哈特曼自己也曾有感而发：“……我的好朋友很多，但关系最近的还是默腾斯。空战中你依靠僚机和战友的保护，但是，负责保障你的战机能够安全飞行的人，才是最重要的朋友。我俩是最好的朋友，如果不是因为默腾斯的话，我所有的成功都根本不可能……默腾斯不会放弃我，那是一种在军队之外无处可寻的忠诚。”[37]这次历险后，哈特曼对战争的残酷性有了更深的认识，他一方面告诫战友，如在敌后迫降或被俘，千万不要试图白天逃跑，要逃一定要在夜里进行；另一方面，他暗下决心，无论如何要保护好战友，一定要把僚机安全带回。相对于个人战果，保护战友才是他心目中最重的目标。

第3大队大队长拉尔一直都在密切关注哈特曼，后者的日渐成熟、带领四机编队时取得的突出战果都使他相信，到了让哈特曼担任中队长的时候了。9月，哈特曼接过了著名的“卡拉牙中队”——在格拉夫治下闯出响亮名头的第9中队的指挥权。或许是受到这一升迁的鼓舞，哈特曼开启了新一轮的取胜模式——9月30日，他的总战绩上升至115次击坠，10月里又有33个战果，到10月29日时战绩已高达148胜（克鲁平斯基当日的战绩为160胜），为此哈特曼终于得到了梦寐以求的骑士勋章。

摘取骑士勋章后，哈特曼获准回国休假一个月，12月初返回联队后，他又继续着惊人的提升战绩之旅。12月13日，哈特曼的总战绩达到150次击坠，这时他的名字已时不时地与JG-52的其他王牌一起出现在宣传报道中，不过彼时的主角还是大队长拉尔——他在1943年8月28日和11月28日分别突破了200胜和250胜大关。苏军把射术精准的哈特曼先是称作“卡拉牙一号”（他在无线电中的代号），而后又因其机头涂有一个黑色的郁金香，而把他叫作“南方黑魔”。这个黑色郁金香图案看起来阴森可怖，据说苏军飞行员只要在空中看见它就会避战，哪怕击落“南方黑魔”之人，将获得1万卢布的悬赏和“苏联英雄”的崇高荣誉。有一段时间里哈特曼发现了这个现象，由于难以觅到敌手，其战绩提升的速度也相应明显放慢。哈特曼与僚机互换座机，后者虽有了安全保障，但因为黑色郁金香标志犹在，苏军还是唯恐避之不及。无奈之下，哈特曼只得让默腾斯抹掉这个狰狞的标志，事情才有了转机——1944年1月3日至2月26日间，哈特曼取得了自己的第160至第202次空战胜利，其中的2月26日，他在3次出击中便击落10架敌机。

一年前，哈特曼只有两次击坠，13个月里竟生生击落200架敌机，其效率足以和9中队的老中队长格拉夫媲美。在外人看来，哈特曼的战绩蹿升速度实在太过惊人，但战友们却丝毫不感意外——1943年8月，8中队的奥布莱泽（Friedrich Obleser）少尉曾质疑哈特曼的战绩，他觉得其中或许有诈。当时还在7中队的哈特曼听说后，找到大队长拉尔述说不满，拉尔表示自己绝对相信他的所有战绩，因为目击报告和所有细节都经过严格的确认。哈特曼获准把奥布莱泽临时调到7中队为他担任僚机。次日，面带窘迫的奥布莱泽与哈特曼一起出击作战两次，目睹了后者在空中以短促准确的火力击落两架敌机。奥布莱泽随后信服地签署了目击报告，也诚挚地向哈特曼表示歉意。自此以后，JG-52再没有人怀疑哈特曼的战绩，倒是对他的能力和战术经验越来越佩服。随着经验的增多，哈特曼对自己的能力愈发自信，他不仅能在远距离内发现敌机（有时比战友能早几分钟发现对手），还时常能预感对手的意图。他尽可能避免空中缠斗，坚持使用自己的“搜索—决定—进攻—脱离或暂停”四步战术。在空战中，如果首次进攻未能得手，哈特曼一般会完成跃升倒转的机动，如果条件许可，他会向下俯冲至敌机后下方，然后拉起战机准备近距离进攻。开火后，他一般会立即往高空爬升，如果对手顽强地挺立不倒，他会再发动下次进攻。当然，一般很少有人能在50至100米的近距离内，经受住哈特曼的两次射击。有史家曾评论说，哈特曼的这套战术体现了他的稳健风格和注意力的高度集中，使他能在合适的条件下，以始终如一的绩效坚持执行自己的飞行和射击模式。[38]

哈特曼不仅有独到的进攻战术帮助自己取得击坠，还有一些行之有效的防御战术，使自己能在经常处于劣势的空战中全身而退。当对手试图从后方或侧上方攻击他时，他往往会急上升转弯，而当对手出现在后下方时，他会向左或

▲ 摄于1943年9月，哈特曼担任了第9中队中队长，图为他与中队战友们的合影。

◀ 摄于1943年秋，JG-52第2大队5中队中队长巴茨中尉（Wilhelm Batz，右一，最终战绩237胜）正向大队长巴克霍恩（中）、4中队飞行员施图尔姆少尉（Heinrich Sturm，1944年12月22日阵亡于匈牙利，最终战绩158胜）描绘空战情形，背景是巴茨的Bf-109 G5。

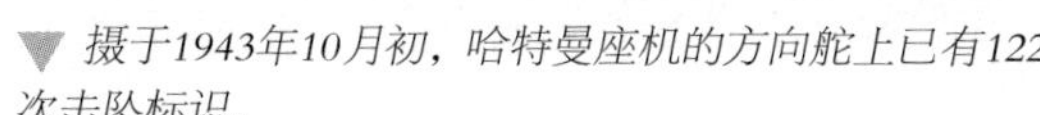

▼ 摄于1943年10月初，哈特曼座机的方向舵上已有122次击坠标识。

▼ 摄于1943年10月，哈特曼与地勤组长默腾斯（右）挤在Bf-109 G6“黄色1号”战斗机的座舱里。机身上的徽记是一颗滴血的心，中间写有“Dicker Max”（胖子马克斯）字样，哈特曼后来把文字换成了女友的昵称“乌施”。

向右急转俯冲，然后利用负G力摆脱对手。负G机动被哈特曼视为摆脱对手的最后一招，其招数也被后人称为“哈特曼逃逸术”（Hartmann Eascape）——近距离追逐时，由于攻击一方预计对手会进行小半径转弯，他必须转更小的弯才可能向对手射击。被攻击者就利用这个时机，马上向左前方或右前方推杆，同时猛踩左舵或右舵。这样，被攻击者承受的G力将从正5G变为负1至负1.5G，战机会作负G滚转并呈螺旋下降，因之将从对方的视野中短暂地消失。攻击一方必须滚转约150度，才能继续以正常的正G机动继续追踪，而此时被攻击者已积累了一定的速度，从而取得后续机动和摆脱敌机的主动权。哈特曼凭借着过硬的飞行技术和有效的防御机动，在800余次空战中从未受伤，也从未成为任何对手的牺牲品（他虽有14次迫降，但都是由于机械故障或敌机碎片造成的）。当然，不能不说哈特曼的运气一直很不错。

▲ *哈特曼于1943年10月29日获得骑士勋章，此时其战绩高达148胜——14个月前戈洛布以150胜摘取了钻石骑士勋章，现在哈特曼只能获得骑士勋章。*

▼ *或摄于1943年11月，哈特曼获得骑士勋章后获准休假，图为他与亲人们在一起的场景，左一为母亲，左二是未婚妻，右一为父亲。*

▲ 摄于1944年2月13日，JG-52第2大队大队长巴克霍恩获得了第250次胜利，哈特曼当时的战绩是192胜。

▲ 哈特曼在1944年2月26日取得了第202胜，3月2日被授予橡叶骑士勋章。图为在贝希特斯加登举行的授勋仪式，希特勒身边的人似为空军副官贝洛。图中从左至右依次为：JG-52第1大队大队长维泽（Johannes Wiese）少校，第2对地攻击联队第2大队大队长奥特（Maximillan Otte）少校，JG-54的塞勒（Reinhard Seiler）上尉和阿德梅特（Horst Ademeit）中尉，克鲁平斯基，哈特曼。最右侧之人似为伞兵3团团长海尔曼（Ludwig Heilmann）上校。曾有专家称这个人是第1夜间战斗机联队的盖格尔（August Geiger），但这位上尉的橡叶骑士勋章是死后追授的（1943年9月29日阵亡），怎么可能站在这里领受勋章？

1944年3月2日，JG-52有四名飞行员被授予高规格勋章，除哈特曼获橡叶骑士勋章外，2月26日取得第174次胜利的克鲁平斯基、第1大队大队长维泽（Johannes Wiese）也获得橡叶骑士勋章，第2大队大队长巴克霍恩在同月早些时候取得了250胜，因此被授予双剑骑士勋章。大本营命令四人赶往东普鲁士的狼穴大本营，结果他们到柏林后得知，元首要在贝希特斯加登的乡间别墅授勋。哈特曼曾回忆说，他们好几天都没有好好吃饭，还在前往萨尔茨堡的火车上不停地混着喝香槟和白兰地，结果都烂醉如泥，不得不相互搀扶着走下火车。迎接他们的希特勒空军副官贝洛简直不敢相信自己的眼睛，这几个家伙很快就要觐见元首，现在还东倒西歪无法站立。到了乡间别墅后，哈特曼怎么也找不到军帽，加上酒后视力模糊，随手抓了一顶帽子就戴在头上。不想帽子太大，扣在头上显得非常滑稽。贝洛不太高兴，厉声说这可是元首的帽子！除贝洛外，几个人笑得前仰后合，哈特曼还打趣称："元首有个大脑袋，考虑到他的工作，脑袋自然要大……"

▲ 摄于1944年3月的贝希特斯加登，从左至右依次为克鲁平斯基、巴克霍恩、维泽和哈特曼。

空前绝后的352胜

1944初的德军形势愈发艰难，地面部队处于不断西撤、左支右绌的境地，空军也被迫随着陆军的后撤而不停转换基地。但哈特曼并不觉得德军正处于溃败的边缘，也没有听战友们过多地谈及失败的命运，他们聊得最多的还是苏联空军的战斗力越来越强，带有"近卫"称号的航空团有一些技术精湛、勇猛顽强的难缠对手。1944年3月下旬，JG-52第3大队尚以利沃夫为基地，到4月时就被紧急调往罗马尼亚喀尔巴阡山脚下的罗曼（Roman），美军重型四发轰炸机这时已在轰炸包括普罗耶什蒂油田在内的重要目标。不过，哈特曼等还未在罗曼立足，又被派往克里木支援正在那里苦撑的第17集团军。4月18日，克鲁平斯基调往已撤回本土的JG-5担任1中队中队长，拉尔次日也被调回西线，担任JG-11第2大队大队长，接替他的是原任JG-52第5中队中队长的巴茨（Wilhelm Batz）上尉。拉尔当时的战绩高达273胜，但他非常清楚，刚刚晋为中尉的哈特曼，将无可阻挡地直抵战绩排行榜的最顶端，临行前他对哈特曼说："'娃娃'，现在我不会再妨碍你了。"哈特曼则答道："长官，我们所做的一切都是天命。"拉尔再次见到哈特曼时已是11年之后——在战后的西德新空军里，他将仍是哈特曼的顶头上司。

在克里木作战时，JG-52第3大队可以说从领导层到飞行员几乎都换了人，取得过5次以上击坠的飞行员有不少都被调回本土，负责在德国上空与英美轰炸机和护航战斗机展开搏杀。而补充的新手飞行时数多数不足100小时，他们所学的还都是空中缠斗。哈特曼总是利用作战间隙向新手们传授战术和心得，也反复告诫他们："要用头脑，而不是肌肉来飞行作战。等待、观察、运用理性，观察敌机的队形和战术，看看有无落在后面或迷惑不定之人，这种人在空中总是很醒目，干掉他们！把敌机击爆起火非常重要，所有对手看到这一幕时都会产生心理变化，这比杀入敌机编队缠斗20分钟，却还一无所获要重要得多。"尽管如此，空军也改变不了克里木战场的命运，第17集团军和罗马尼亚军队损失了近10万人，余部狼狈逃离克里木。哈特曼等人在撤离时也非常狼狈，竟把战斗机里的无线电设备等拆掉，以便地勤能挤进狭小的座舱逃离险境！到5月底，JG-52第3大队终于回到了罗曼，这时哈特曼的战绩已升至231胜。仅仅过了四天，他的战绩就上升至250胜，成为诺沃特尼、拉尔、巴克霍恩之后第四位达到这一高度的飞行员（此后还有JG-54的基特尔超过了250胜，他在阵亡前的总战绩为267次击坠）。

7月1日，哈特曼的战绩高达269胜，次日被授予第75枚双剑骑士勋章，是格拉夫之后唯一以中尉军衔获此勋章的飞行员。哈特曼真正地成为名动一时的"英雄"，"金发骑士"的称呼和形象出现在大小媒体中，富有活力的他具有雅利安人的典型外貌特征，年仅22岁就战绩超群，因此很快便成为年轻人的新偶像。8月3日，哈特曼与夜战王牌施瑙费尔等10名获双剑或橡叶骑士勋章的飞行员出现在狼穴。哈特曼发现元首像变了个人，显得疲惫焦躁，移动缓慢，在7月20日刺杀事件中受伤的右手一直不停地颤抖。希特勒照旧向"英雄们"发表演说，在谴责密谋分子懦弱行为的同时，他也不忘记攻击"不忠诚"的将领们，当然，神秘武器、挫败西线盟军、英美与苏联必将分裂等一系列"宏论"也是少不了的内容。不过，哈特曼的心思根本不在元首的讲话上，他时而想起了忠心耿耿的默腾斯——他应该正在精心保养着自己的座机，时而又想起迷人的

▲ *摄于1944年春，橡叶骑士勋章得主哈特曼在作战间隙稍事休息。*

▲ *摄于1944年夏，JG-52联队长赫拉巴克坐在Bf-109G战斗机中准备离去，哈特曼（右）正帮他系好安全带。图中另两人分别是第8中队的奥布莱泽少尉和格拉茨（Karl Gratz）少尉。奥布莱泽曾质疑过哈特曼的战绩，他是骑士勋章获得者，在战后的西德空军中官至中将，2004年去世。*

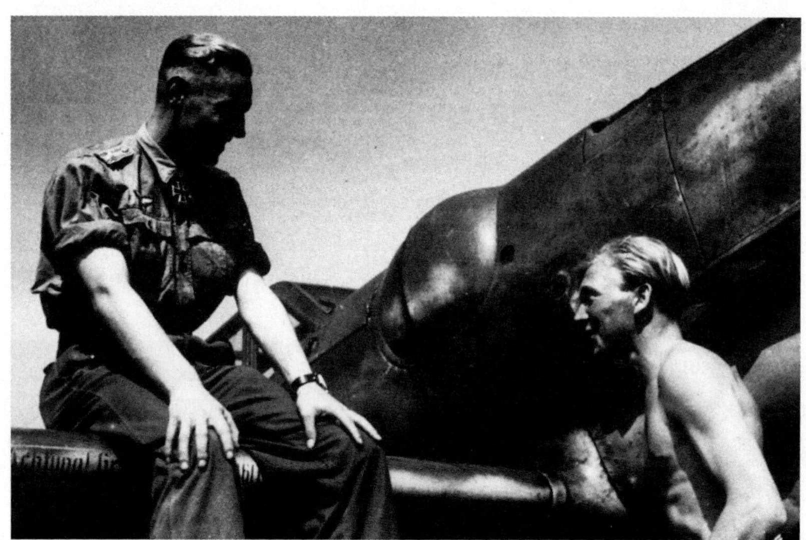

◀ 摄于1944年初夏，哈特曼在自己的Bf-109 G6前与密友默腾斯交谈。

▶ 本图摄于1944年8月初的狼穴。左一为第1对地攻击联队3大队大队长朗（Friedrich Lang）少校（第74枚双剑骑士），左二是哈特曼，左三为第1夜间战斗机联队4大队大队长施瑙费尔上尉（第84枚双剑骑士），其余三人获得橡叶骑士勋章，依次为第1对地攻击联队1大队大队长考比施（Horst Kaubisch）少校，第27轰炸机联队14中队中队长斯克尔齐佩克（Eduard Skrzipek）上尉，JG-26第6中队飞行员格隆茨（Adolf Glunz）少尉。

◀ 双剑骑士勋章得主哈特曼中尉。

▼ 摄于1944年夏，很难确定哈特曼佩戴的是双剑还是钻石骑士勋章，但这张经典图片很好地体现出了哈特曼对默腾斯的感激、友情和他们难以分割的伙伴关系。

哈特曼1944年6月至8月的战绩表　（第232胜至第302胜）			
击坠数序号	日期	时间	敌机型号
232	1944.6.1 6架	11:31	拉格
233		11:32	拉格
234		14:20	拉格
235		14:30	拉格
236		14:32	P-39
237		14:35	拉格
238	1944.6.2 2架	17:10	P-39
239		17:15	P-39
240	1943.6.3 4架	13:30	P-39
241		13:33	P-39
242		14:00	拉格
243		16:17	拉格
244	1944.6.4 7架	15:10	P-39
245		15:25	拉格
246		17:13	P-39
247		17:23	P-39
248		17:53	P-39
249		18:15	P-39
250		18:18	P-39
251	1944.6.5 7架	13:12	P-39
252		13:19	P-39
253		15:20	拉格
254		17:10	拉格
255		18:07	拉格
256		18:35	P-39
257		18:43	P-39
258	1944.6.6 5架	15:25	拉格
259		15:30	拉格
260		19:15	P-39
261		19:25	P-39
262		19:35	P-39
263	1944.6.12 2架	14:00	P-39
264		14:05	P-39
265	1944.6.24	09:50	野马
266	1944.6.27 2架	18:10	拉格
267		18:15	拉格
268	1944.7.1 2架	17:30	拉格
269		17:32	拉格
270	1944.8.15 2架	11:43	拉格-5
271		11:45	拉格
272	1944.8.17 3架	12:25	P-39
273		12:30	P-39
274		15:27	拉格
275	1944.8.18	16:27	拉格
276	1944.8.20 3架	12:00	拉格
277		12:03	拉格
278		12:10	拉格

哈特曼1944年6月至8月的战绩表（第232胜至第302胜）			
279	1944.8.22 5架	12:20	P-39
280		12:30	P-39
281		12:31	P-39
282		15:17	P-39
283		15:22	P-39
284	1944.8.23 8架	14:15	拉格
285		14:18	拉格
286		14:20	拉格
287		17:10	拉格
288		17:12	拉格
289		17:15	拉格
290		17:17	拉格
291		17:30	拉格
292	1944.8.24 11架	13:15	拉格
293		13:18	拉格
294		13:19	拉格
295		13:25	拉格
296		13:27	拉格
297		13:40	P-39
298		16:00	拉格-5
299		16:03	拉格-5
300		16:06	P-39
301		16:10	P-39
302		16:20	拉格

资料来源：http://www.luftwaffe.cz/hartmann.html.

“乌施”——她一定在家里焦急等待着爱人的归来。用哈特曼自己的话说，他当时“对希特勒说的那些事情都十分惊讶”，而据克鲁平斯基战后的回忆，“……哈特曼对希特勒总有一种怪怪的感觉，他根本不相信希特勒”。[39]

哈特曼获双剑骑士勋章时的战绩是269胜，整个空军战绩高于他的只有巴克霍恩——后者于当年5月31取得了第270至第273次击坠，但在执行当日第6次作战任务时，他只顾专心攻击苏军轰炸机，却没有注意到一架护航战斗机摸到了他的身后——据信，击中巴克霍恩的正是苏军二号王牌波克雷什金。巴克霍恩身受重伤，但设法驾机回到德军一侧。巴克霍恩在医院里整整待了4个月才算康复，也将榜首的位置拱手予以哈特曼，等他在10月26日取得归队后的首次胜利时，哈特曼的战绩已高达305胜。哈特曼称巴克霍恩是他最钦佩、最尊敬的人，他曾毫无保留地赞道：“……（巴克霍恩）是那种人人都会心甘情愿为他赴死的领导者。父亲、兄长、同志、朋友，他是我遇到过的最好的人。”[40]美军上校托利弗则称，哈特曼对巴克霍恩的真心仰慕，其实只是“这个名字在战友之间引起的一种典型反应”，因为后者的品行比他那301次的空战胜利留给人们的印象更深。

8月15日至23日，哈特曼在8天内取得了22次击坠，战绩提升到291胜，战争史上第一次有飞行员的战绩距300胜大关如此之近。哈特曼也无可避免地开始憧憬取得300胜的时刻，他知道这一成就将带来尊崇的钻石骑士勋章和空战史上永恒的地位，战友们也都在议论这个22岁的“老家伙”是能够一举突破，还是需要几天的多次作战才能实现目标。24日，哈特曼在中午和下午的两次出击中，在维斯瓦河的桑多梅日战场上空击落11架敌机，这是他个人军旅生涯中战绩最高的一日。一天内击落11架敌机固然令人印象深刻，但在强手如云的德国空军这并不是最顶尖的——1943年11月3日，JG-54的朗（Emil Lang）少尉曾在一天内击落18架苏军战机；1942年9月1日，马尔塞尤一天内摧毁过17架英军战机；1943年10月11日，JG-54的鲁多费尔（Erich Rudorffer）上尉曾创下一次出击击落敌机13架的惊人纪录（还是在17分钟内完成的）！但是，哈特曼的11次击坠有着特别的意义，因为他的总战绩一举跨过300胜大关，成为空战史上一个里程碑式的人物。四年前，莫尔德斯率先突破百胜大关，德国人为之深感骄傲，并视其为"天人"。整整两年前，富有才华但一直被低估的戈洛布突破了150胜，不久后又被格拉夫的200胜超越。1943年10月，诺沃特尼将纪录提升到250架，但仍有哈特曼等四人先后越过曾被视为"不可能被超越"的纪录。现在，300次击坠的新纪录被哈特曼创立。

哈特曼的僚机飞行员荣格（Carl Junger）上士战后曾记录过基地里当时的情形："……'卡拉牙一号'轰鸣着飞抵机场上空，这次哈特曼在空中绕圈和摆动机翼多达5次（在下午的第二次出击中击落敌机5架）。这个成就的背后需要倾注多大的能量和注意力，只有少数人才能理解。第5圈绕完后……哈特曼完美地着陆了。他轻松地把战机滑行到机位附近，我们热情地等待着他关好引擎的时刻……这时唯一能上前去握手表示祝贺的是他的地勤组长默腾斯。大家都站在那里等着，谁也不嫉妒默腾斯。发动机的响声渐渐消失，螺旋桨也转完最后一圈时……巴茨大队长跳上战机，联队长赫拉巴克上校也突然从他身边跳了上去，他们握着哈特曼的手使劲摇着。他离开座舱时我们把他抬了下来，然后两个战友把他举上肩头，其中一个人就是默腾斯。最后时刻赶出来的花环套在他脖子里，记者们立即从各个角度拍照……哈特曼要求把他放下来，刚一落地，我们每个人都拥上前去握他的手，拍他的后背，或者至少看他一眼。在场的人没有一个会忘记这些分分秒秒……桌椅已经摆好，我们毫无拘束地环坐在他身边。这是他的大日子，赫拉巴克坐在他身边，高兴地向他敬酒。在上校要求下，哈特曼描绘了空战中有代表性的几个时刻。他说话时每个人都出神地听着，压抑着自己的兴奋。盛大的宴会结束后，哈特曼想跟默腾斯和他的技师们单独聚一下……漆黑的夜晚，只有月亮和星星注视着我们，篝火点燃了，火光映着每个人的脸……酒瓶传来传去，我们跟哈特曼一直喝到子夜。最后一点木头也烧成了灰烬，大家都被这个场合深深感动，我们站起身来与哈特曼互祝晚安，然后分头回去睡觉。多姿多彩的一天画上了句号，但

▲ *摄于1944年8月24日，哈特曼当日取得了11次胜利，总战绩史无前例地超过300次击坠。图中的他正驾机返回基地，战友和地勤们正在向他欢呼。右侧是9中队的队旗。*

▲ *摄于1944年8月24日，哈特曼当日突破了300次击坠。他的战机已经停好，但他似乎非常疲劳，无法自行离开座舱。*

▲ 摄于1944年8月24日，默腾斯帮助哈特曼离开战机。

▲ 摄于1944年8月24日，哈特曼手里端着的香槟酒似乎味道不怎么好。

▲ 摄于1944年8月24日，JG-52第3大队的官兵把哈特曼架在肩膀上抬了下来。

▲ 希特勒与哈特曼在钻石骑士勋章授勋仪式上握手交谈。

▲ 一切归于平静后，哈特曼与挚友默腾斯坐在一起闲聊。

▲ 希特勒向哈特曼颁授第18枚钻石骑士勋章的场景。

▲ 哈特曼佩戴钻石骑士勋章的标准照。

▲ 哈特曼佩戴钻石骑士勋章的标准照。

谁都不会忘记这难忘的一天。”[41]

哈特曼度过了一个不眠之夜，这是属于他的日子，尽管早就料到自己迟早会成为空战第一人，但这个日子真的到来时，他却不知道该如何迎接它。次日，赫拉巴克上校再次诚挚地向哈特曼祝贺——希特勒已决定授予他第18枚钻石骑士勋章。哈特曼驾驶着一架战斗机，在战友们的护送下当天赶到狼穴。贝洛当然还记得这个新偶像醉酒错戴元首军帽的往事，哈特曼现在又给他出了难题。刺杀希特勒的事件发生后，纳粹政府枪毙了不少密谋分子，也大肆逮捕了一批怀疑对象，狼穴的安全防范工作更加严密，任何面见元首之人必须先交出武器，而且还要经过三道关卡。但哈特曼拒绝交出佩枪，因为他觉得这代表着不受信任，是对军人的一种侮辱。希特勒身边的党卫军军官称，就连元帅和将军们都必须交出佩枪，就在僵持不下时贝洛出现了。哈特曼说如果不能带枪，他将拒绝接受勋章。贝洛不想让易怒的元首再次大发雷霆，只好妥协照办，从而使哈特曼做到了他人想都不敢想的事情。这是哈特曼第一次单独觐见、同时也是最后一次见到希特勒，他发现元首完全成为颓丧疲惫的老人，那个曾经震撼世界、意气风发的元首完全消失了。希特勒在授勋时对哈特曼说：“真希望多一些你和鲁德尔那样的战士。”邀请哈特曼一起进餐时，希特勒照例介绍了战争形势，虽坦承“军事上德国已输掉了战争”，但还坚定地表示，不久后英美就会与苏联发生摩擦并演变成战争，而“德国必须坚持与布尔什维克的搏斗”。多数时候里哈特曼只是安静地听着，当希特勒问他对与英美轰炸机作战战术的看法时，哈特曼说自己认为戈林的命令——“只要有敌军轰炸机出现，战斗机飞行员就必须迎击作战”——是个错误，因为恶劣的天气下频繁起降会造成大量无谓的牺牲。哈特曼还称，飞行员训练方面存在重大缺陷，大批新人几乎刚上战场就白白死去，他自己的中队就有一些飞行时数不足20小时的新手。希特勒很快对枝节失去了兴趣，他还有更挠头的问题需要考虑。于是哈特曼与元首握手告别，离开了狼穴。

哈特曼先返回联队，安顿妥当后准备休假，但在回国途中他还需要先到到柏林—加托面见战斗机部队总监加兰德——后者想把他调到莱希费尔德的第262试飞分队（Erprobungskommando，简称Ekdo-262），专门试验Me-262这种划时代的喷气式战机。哈特曼不愿离开东线，同时对高层下达的禁战令也表达了不满，他以自己的诚恳很快说服了加兰德，还在后者帮助下请戈林出面取消了禁战令。加兰德命令哈特曼前往巴特维泽的“战斗机飞行员之家”（Jagdfliegerheim）疗养，而后者则借机与“乌施”在这里举行了婚礼，巴克霍恩、巴茨和克鲁平斯基等老友或长官特地赶来为他担任证婚人。

▲ 摄于1944年9月10日的巴特维泽，哈特曼当日与女友正式结婚。图为婚礼的一幕，哈特曼夫妇准备离开时，飞行员们举起佩剑搭成了一道拱门。

1941–1945年27位钻石双剑橡叶骑士铁十字勋章获得者的图文传记

帝国骑士

第三帝国最高战功勋章获得者全传

汪冰 著

THE KNIGHT'S CROSS
with Diamonds

第Ⅲ卷

台海出版社

图书在版编目（CIP）数据

帝国骑士：第三帝国最高战功勋章获得者全传 / 汪冰著. -- 北京：台海出版社, 2018.5

ISBN 978-7-5168-1892-3

Ⅰ. ①帝… Ⅱ. ①汪… Ⅲ. ①军人-生平事迹-世界-现代 Ⅳ. ①K815.2

中国版本图书馆CIP数据核字(2018)第095125号

帝国骑士：第三帝国最高战功勋章获得者全传

著　　者：汪　冰

责任编辑：刘　峰　赵旭雯　　策划制作：指文文化

视觉设计：王　星　　责任印制：蔡　旭

出版发行：台海出版社

地　　址：北京市东城区景山东街20号　　邮政编码：100009

电　　话：010－64041652（发行，邮购）

传　　真：010－84045799（总编室）

网　　址：www.taimeng.org.cn/thcbs/default.htm

E－mail：thcbs@126.com

经　　销：全国各地新华书店

印　　刷：重庆共创印务有限公司

本书如有破损、缺页、装订错误，请与本社联系调换

开　　本：787mm×1092mm　　1/16

字　　数：2407千字　　印　　张：95.5

版　　次：2018年6月第1版　　印　　次：2018年6月第1次印刷

书　　号：ISBN 978-7-5168-1892-3

定　　价：699.80元

▲ 摄于1944年11月，22岁的哈特曼上尉。

▲ 摄于1944年11月23日，哈特曼当日取得了5次击坠，总战绩攀升至327胜。图中他刚刚着陆，默腾斯爬上去帮助哈特曼下机。

▲ 摄于1944年11月，哈特曼似乎正在研究地图，战机机头的黑色郁金香图案清晰可见。

1944年9月末，格拉夫中校被任命为JG-52联队长，赫拉巴克上校则回到JG-54任联队长。格拉夫来到联队部和1大队的所在地克拉科夫履新时，当年的战友不是被调往他处，就是已经阵亡或正在养伤，所见皆为满脸稚气的年轻新人。两年前的10月刚入队的哈特曼上尉（9月1日正式晋升为上尉），已在战火的浸润下稚气全脱，虽还有着"娃娃"的绰号，但已成长为成熟稳重的骨干军官。10月中旬，苏军在东线的两翼——东普鲁士和匈牙利方向——突然发起大规模攻势，JG-52第1和第3大队随联队部赴东普鲁士迎敌，第2大队则在巴克霍恩带领下转战匈牙利，哈特曼被调到巴克霍恩大队负责重组第4中队。在1944年剩下的日子里，哈特曼缓慢但扎实地提升着战绩，1945年新年来临前，他的总战绩达到331胜，而巴克霍恩也有着289胜的骄人纪录。1945年1月第一周，巴克霍恩接连击坠12架敌机，1月5日取得自己二战中的最后一次胜果后，与哈特曼一起成为“300胜俱乐部”中仅有的两人。当月15日，巴克霍恩调往JG-6出任联队长，格拉夫很快对3个大队的领导层进行了调整——第3大队大队长巴茨接管第2大队，第1大队大队长博尔歇斯（Adolf Borchers）上尉主持第3大队，哈特曼则担任第1大队大队长。

1945年3月初，哈特曼奉命到莱希费尔德接受Me-262喷气式战斗机的转飞训练。他的长官是空军最富传奇色彩的人物之一——时任第2战斗机补充联队3大队大队长的贝尔（Heinz Baer）少校。贝尔参加过二战中所有战场的空战，他的220次空战胜利中有120架是英美战机（仅次于马尔塞尤），有16架是驾驶Me-262喷气式战斗机取得的战果。贝尔眼下的任务是把空军最优秀的一批飞行员训练成合格的Me-262战斗机飞行员。大约在3月末，加兰德到莱希费尔德基地探视，除了解转飞训练的进展外，可能还想顺便挖几个人到组建中的JV-44专家中队。加兰德见到哈特曼时曾风趣地说自己“现在是一名中队长了”。哈特曼则依然毕恭毕敬地答道：“我听说了，我的将军。”加兰德诚邀哈特曼入队，但后者很清楚，在群星璀璨的JV-44里，他还是那个不到23岁的“娃娃”，真正属于他的天地，还是尚在东线挣扎的JG-52，至少在他的第1大队里，他多少还能掌握自己的命运。哈特曼向加兰德表示，在这么多年长资深的高级军官和前联队长面前，自己只怕又要从僚机做起。闻听此言，加兰德便不再继续坚持或强迫哈特曼。次日，JG-52的联队长格拉夫发来急电，要哈特曼立即回去接管面临巨大压力的第1大队。格拉夫的来电非常及时，哈特曼两天后遇到到访的战斗机部队总监戈洛布上校时，用这份电文表明了自己坚持返回东线的心迹和理由。戈洛布与加兰德素有积怨，JV-44的组建过程中他曾试图阻止加兰德随意挑选王牌，只不过由于希特勒的直接干预，加兰德才在短时间内聚集了一些出色的飞行员。哈特曼现在主动要走，还有格拉夫的急电催促，他焉能不顺水推舟？结果，这个决定造成了哈特曼此后命运的完全逆转。加兰德战后曾后悔地表示，自己最遗憾的就是当时未尽全力说服哈特曼留在JV-44，以至于让他在苏联战俘营中徒受10年炼狱。而哈特曼本人也曾坦承：“多年后我意识到，如果留在JV-44，我的命运无疑将完全不同。”不过，在1945年3月末的料峭春寒中，哈特曼无疑觉得自己做出的是正确的抉择，他一心向往的还是返回大队并与战友们同生共死。

此时哈特曼所部的驻地位于捷克的哈夫利奇库夫布罗德（德语称Deutsch Brod），负责为舍尔纳中央集团军群的最后挣扎提供支援。布拉格的上空不仅有美军性能超群的“野马”战斗机，还有苏军成群结队的轰炸机和护航战斗机。哈特曼曾接到命令阻截轰炸布拉格的苏军轰炸机机群，当时他在空中发现了约30架“波士顿”和Pe-2轰炸机，上方另有25架雅克-11和P-39战斗机护航。就在思忖是否发起突袭之际，他瞥见了另一群战机——美国人的“野马”战斗机编队正在驶来。“野马”的高度介于德军和苏军护航战斗机之间，而对手们都还没有发现德国人正在高空窥视。美军和苏军的飞行员还在相互打量时，背靠太阳且有高度优势的哈特曼决定发动突袭。他与其僚机开始向下俯冲，打算先冲散美军机群，然后从苏军战斗机和轰炸机编队里穿过，采取“打完就跑”的策略进行攻击。哈特曼在俯冲中逼近最后面的1架“野马”，迅速命中了这个毫无戒备的对手，另1架“野马”也同样稀里糊涂地被打落。电光火石之间，哈特曼冲过苏军战斗机编队，瞄准1架“波士顿”轰炸机开火，但对手并未坠落。哈特曼和僚机把美军和苏军的编队冲得七零八落，但也不敢恋战，于是迅速脱离战场。回望时，哈特曼看到了难忘的一幕：苏军和美军飞行员都没有意识到展开偷袭的是德军，还以为是对方发起的攻击，于是两家开始大打出手！苏军轰炸机飞行员见状感到恐慌，胡乱扔下炸弹后匆匆撤离了战场。哈特曼还看到有3架雅克-11冒着浓烟摔下，美军那边也有1架"野马"摇摇欲坠。看着这出其不意的一幕，哈特曼忍不住哈哈大笑。或许，这是他1944年6月与"野马"战斗机初次交手后，对付"野马"们时最轻松的一次经历。

4月25日，哈特曼的战绩达到351胜，但战争结束的日子已屈指可数。5月8日，哈特曼奉联队长格拉夫的命令执行最后一次任务，在侦察苏军推进的方位时，他在空中击落了1架雅克-9战斗机，当时那名飞行员正向地面部队绕圈致意，完全未料到自己会在停战日成为哈特曼的第352个牺牲品。哈特曼着陆后，忠实的默腾斯准备给战机加油，但哈特曼平静地直视着他的眼睛，轻轻摇了摇头——一切都要结束了，"金发骑士"也好，"南方黑魔"也罢，执行过1404次飞行任务的哈特曼不再飞了。

哈特曼向格拉夫报告了距哈夫利奇库夫布罗德最近的苏军的位置，后者则交给他一份来自第8航空军指挥官赛德曼中将的命令，只见上面写道："令格拉夫和哈特曼立即飞往多特蒙德向英军投降。JG-52所有其他人员一律就地向苏军投降。"[42]格拉夫对哈特曼说："将军不希望咱们落入苏军手中。他知道两个钻石骑士勋章得主落在苏联人手里会是什么下场。你我加起来差不多击落了550架苏军战机。他们可能会把我们背靠墙当场枪决。"哈特曼反问道："长官，那我们服从赛德曼将军的命令吗？"格拉夫摇摇头，接着说道："我们这里有2000名老弱妇孺，他们都是联队官兵的亲属或逃过来的难民，都是些手无寸铁的平民。你认为我会跳上战机飞往多特蒙德，却把这些人扔在这里吗？"哈特曼表示同意联队长的意见，他们不能就这样一走了之。两人决定既不服从赛德曼将军的命令，也绝不向苏军投降，而是带着大家向西，寻求向美军投降的机会。

格拉夫要求哈特曼负责摧毁剩下的25架战斗机和所有弹药，办完这一切后，JG-52第1和第3大队、格拉塞尔少校的JG-210联队、第9轰炸机联队10中队的官兵以及大队平民，在格拉夫和哈特曼的带领下，向西朝着伏尔塔瓦（Moldau）河方向赶去。下午晚些时候，这支队伍遇到美军第3集团军的几辆坦克，他们很快被移交给美军第90步兵师。哈特曼等人被拘禁在四周环绕着铁丝网的临时战俘营中，虽然庆幸未落入苏军之手，但他们很快发现此处的条件非常糟糕，连着几天都没有供应食物。5月15日，哈特曼等战俘乘坐卡车来到一处空旷的开阔地，就在大家惊魂不定之时，长长的一列军车从另一个方向开了过来，哈特曼眼尖地发现，这些车辆发动机的罩子上绘有红星图案——美军把他们移交给了苏军！

战俘们的所有个人物品连同尊严一起被剥夺得干干净净。就在哈特曼的眼前，在放下武器的德国军人、荷枪实弹的美苏官兵面前，一些为复仇而丧失理智和人性的苏军士兵，从俘虏队伍中拽走妇女，扒光她们的衣服后实施了报复性强奸。这些女性的丈夫或父亲，在苏军士兵的刺刀和枪口下，只能眼睁睁地看着她们在光天化日下惨遭凌辱，这些人痛不欲生，欲哭无泪。当时在场的克劳斯（Walter Krause）上尉曾回忆说："……美国人那时还没有离去。他们坐在坦克上将这野蛮的一幕用摄像机录了下来，也拍了不少照片。我不得不说，美国人留给我们的印象是，他们似乎对这一人间地狱般的惨状感到非常有趣。"[43]哈特曼战后曾称这是他生命中最糟的一天——他清楚地记得，那些备受凌辱的女性夜里回到战俘这边时，个个忧伤绝望，眼神空洞。悲

▲ 摄于1944年末的匈牙利布达厄尔什（Budaors），哈特曼与匈牙利飞行员波蒂昂迪（Laszlo Pottiondi）在一起。

▲ 摄于1945年3月，哈特曼把妻子送到罗腾布赫（Rottenbuch），请自己的副官范德坎普（Willy van der Kamp）的妻子和家人代为照料。哈特曼夫妇再次见面则是10年后了。

▲ 摄于1945年4月17日的哈夫利奇库夫布罗德，哈特曼在战争期间最经典的一幅照片，他在当日收获了第350胜，身后是他的Bf-109 K4战斗机。

剧在夜里继续上演，有些人家全家自尽了，有些兽性大发的苏军士兵又拖走一些年轻女孩，女孩子们凄厉的惨叫声整夜未绝。苏军的暴行一直持续到次日，直到一名将军发现这些兽行实在有辱红军那“伟大光荣的形象”，出面制止后才告平息。哈特曼深为同胞受辱感到激愤，为自己无力制止暴行而羞愧难当，同时，也为妻子能暂避于西方控制区而感到些许欣慰。

5月16日，战俘队伍开始缓慢地向东移步，无人知道他们的目的地将会是哪里。格拉夫下午听说哈特曼突然消失了，不过，两日后的清晨，哈特曼又出现在大家面前，全身上下肮脏不堪，到处都是青紫色的瘀伤，看起来也非常沮丧。哈特曼说，他在16日下午乘看守不备，跳入路边的灌木丛中躲了起来，随后在路上连躲带藏地折腾了整整两天，最后不幸又被老百姓认出来，于是再度成为苏军战俘。

十年炼狱

哈特曼和格拉夫等军官于1945年7月28日被送往莫斯科东北约500英里处的基洛夫附近，被关押在第307号战俘营。这里是苏联腹地，一处地图上根本找不着的无名之地，有大片的原生态沼泽地，其空旷荒凉足令任何逃跑的举动都将成为徒劳之举。无止境的艰辛劳作、不足果腹的食物供给、被世界遗弃的凄凉感，一天天侵蚀着战俘们的意志和身体。整个战俘营关押着1500多人，据说第一个冬天过后，这里只剩下200余名幸存者。幸运的是，哈特曼和格拉夫在8月17日即离开此处，被送往莫斯科东北约250英里的格里卓维茨（Gryazovets），三天后抵达这里的第150号战俘营时，哈特曼和格拉夫都已成为身体虚弱、精神颓丧之人。

1943年被俘的王牌飞行员哈恩（Hans ‘Assi’ Hahn）就被关押在第150号战俘营，他在获释后出版的著作《我说出真相》（Ich spreche die Wahrheit）中，曾详细描述过这里的状况：“……战俘营里有一座医院为犯人们看病。这里还有一个小公共浴室。营地里有很大一块地方是白桦林，战俘们可以自由自在地在里面溜达。一条小河把营地分为两半，横跨在河上的小桥附近有个咖啡馆，犯人们可以在那里喝到只要一个卢布的纯正咖啡。营地里还有个乐队，他们在白桦林里举办露天音乐会，每逢周日还在咖啡馆外面演出。那里甚至还有一名摄影师，犯人们可以到他那里去照相。犯人们每个月获准往德国寄一封25个字的明信片，他们也可以把摄影师拍的照片用作明信片……在格里卓维茨，至少你觉得自己又像是个人了。”[44]

格里卓维茨的第150战俘营被称作“模范战俘营”，其目的自然是竭力说服被俘军官们与苏方合作。战俘营内成立了“自由德国全国委员会”和“德国军官联盟”等组织，其成员有的支持苏联，有的支持反法西斯运动，有的则是顽固的民族主义者。对政治毫无兴趣且又非常天真的哈特曼，发现自己也身不由己地卷入到这些团体的争斗拉拢之中。苏方为把哈特曼拉过来，特意安排他到轻松自在、又有足够食物的厨房干活，希望他能放弃拒不合作的立场。哈特曼发现身边有不少军官是告密者和阴谋家，还有支持苏方者反复劝说他忏悔罪行。最令他震惊的是，他素所仰慕的格拉夫，竟然也同意与苏方合作，当格拉夫劝说他站到苏联这边时，哈特曼怎么也无法把眼前的格拉夫与1945年5月8日拒绝飞到西方控制区的那个联队长联系起来。哈特曼告诉满面羞愧的格拉夫，从这天起他们各走各的路，一道天堑就此横亘在曾经亲密的两个人之间。苏方要求哈特曼暗中留意一批高级军官的言行，尤其是他们以前犯下的战争罪行，但哈特曼坚决拒绝了，还回答称“宁死不当告密者”。哈特曼于是被关进狭小肮脏的禁闭室，但独处暗室却给了他思念妻子和家人的机会，对妻子的爱、对家庭生活的向往，无形中为他提供了强大的精神力量。令弱者崩溃投降的暗室，对哈特曼来说似乎根本不算什么。

苏军对哈特曼的拒不低头非常恼火，但他们不会轻易放弃，因为整个战俘营几千双眼睛都在看着这位年轻领袖的表现，攻破了哈特曼这座堡垒，就差不多攻陷了整个战俘营的人心。在一次审问中，苏军审讯官问哈特曼是怎么成为战绩最高的飞行员的，哈特曼以一种有意激怒对手的语调说自己“根本不算是最成功的，我只击落过苏联战机和不多的美军战机。我们在西线有个叫马尔塞尤的飞行员，他击落过158架英军战机。在我们那里，1架英军战机被认为等于3架苏军战机，所以我并非最成功的人”。[45]审讯官听出了弦外之音，对哈特曼有意贬低苏方的言辞非常愤怒。这位军官反复追问，他的头发明明是金黄色的，为什么却被称作“南方黑魔”。哈特曼不屑地说：“那是因为你们的飞行员怕我，我的机头上有个黑色郁金香图案。你们的人一看见这个图案就远远躲开了。”这次审讯又为哈特曼赢得了48小时禁闭。苏方还曾威胁，要到斯图加特把哈特曼的妻子绑架到苏联，这显然戳中了哈特曼的痛处，但他决心不让对手利用自己的弱点和恐惧，只见他竭力压抑自己起伏的情绪，直视着对手说：“……你们可以做任何事。你们有权力这样做。我很清楚这一点，但我不会为你们工作，也绝不会背叛被拘押的战友。”[46]

苏方并没有在肉体上摧残战俘，他们认为那不仅不管用，还是示弱的表现，他们要在精神上令德国人屈服。拦截信件是苏方惯用的手段，一开始苏方还允许战俘们每月写一封25个字的信，到1947年后，甚至只允许写5个字！哈特曼的妻子10年间大概写过350至400封信，但哈特曼只收到过不足40封。1946年5月，哈特曼得知自己有个儿子，但几年后才得到儿子未能幸存的消息。哈特曼的父亲于1952年去世，他也是一年后才获知这一噩耗。苏方可谓想尽办法令哈特曼屈服，想让他承认战争罪行，但后者坚决不在供认书上签字。与此同时，苏方也诱使哈特曼为自己和东德工作，他们知道这是一个极出色的飞行员，狱中的表现已证明他还是其他战俘的精神支柱，如果他能转变立场，那不仅将是苏方的巨大成就，也可以为缺乏有声望领导者的东德空军解决实际困难。哈特曼的回答是：“……在谈论任何工作前，不管是为东德空军工作，还是做咨询或政工工作，你们都必须先释放我，让我作为自由人回国。我回去后你们可以再提供一份正式合同。”[47]战俘营长官简直无法相信，这些话是从一个命运完全不在自己手中的战俘嘴里说出来的。脸涨得通红的那个长官恶狠狠地说道：“你这个法西斯恶棍，你会后悔拒绝为我们工作的。”

1949年12月27日，招数用尽、耐心耗完的苏方对哈特曼和其他重要战俘进行了审判。法

▲ 摄于苏联格里卓维次第150战俘营，拍摄时间不详。哈特曼在一片白桦林里高兴地端详妻子的来信和近照。

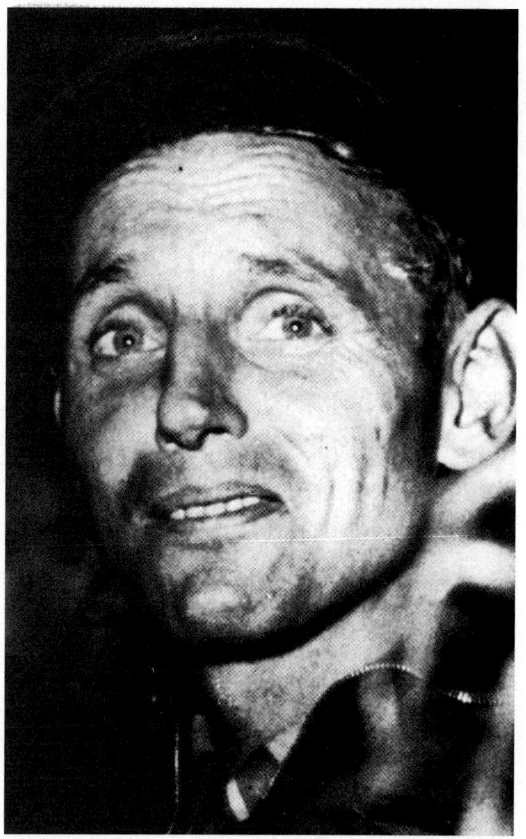

▲ 摄于1955年，获释后的哈特曼正在回家的中转站里，据信这里是下萨克森州的弗里德兰（Friedland）难民营。图中的哈特曼虽只有33岁，但岁月留下的痕迹已经非常明显。

◀ 摄于1955年秋，哈特曼抵达西德黑勒斯豪森（Herleshausen）时，有关方面要求他换上整洁的衣物和皮鞋，因为将有许多人前来迎接。哈特曼的表情似乎是在说，我真的自由了吗？

官宣布哈特曼犯有三大罪行：非法、残忍地进攻苏联，摧毁了大量战争物资，包括至少345架昂贵的苏军战机；1943年5月23日，在苏德战场的中央战区攻击一家面包厂，使其日产量从16吨降到1吨；在布良斯克附近的一个村庄屠杀了包括妇女儿童在内的780名平民。一直微笑的哈特曼对这些指控一一自辩：“就像苏军飞行员也击落德军战机一样，我是击落过你们的不少战机，但这是战士的职责，根本不是战争罪行。”在得知那个面包厂位于斯摩棱斯克附近时，哈特曼略带嘲讽地说：“那是JG-54的战区，我从未到过那里，我一直随JG-52在南方战场。”对于第三条指控，哈特曼称自己从来只是在空战中与红军飞行员决斗，从未滥杀过任何平民，更勿论妇女儿童了。哈特曼要求法官出示证据，法官却说：“你参加过那么多空战，你的子弹和炮弹有时会错失目标。这些弹药掉到地上也会杀人，你难道不明白吗？”有些理屈词穷的法官要求旁听者全部离开，想最后再争取一次。法官对哈特曼说：“你是个聪明人，难道不知道这一切都是政治吗？你的辩词都是徒劳。莫斯科已经下令，只要你签字就可以回家。我们会帮你在西德快速晋升，而后才会找你联系。我们只会在你升到相当职位后才找你，你知道我们对西德政府有着相当的影响力。”[48]哈特曼闻言反问：“如果拒绝会怎么样？”法官皱起眉头，有些不解地答道：“如果拒绝，你永远也别想离开这里。”哈特曼盯着法官看了好一会，然后一字一顿地说道：“我不会签，现在不会，永远都不会。我要求你现在就枪毙我。我不怕死，我想要一颗子弹。”[48]恼羞成怒的法官咆哮起来：“你这个死硬的罪犯！25年苦役。带走！”

1950年5月，哈特曼被运往罗斯托夫北面的沙赫蒂（Shakhty）劳工营服役，这是他待过的第6座战俘营。那里的犯人要去附近的煤矿从事每日12小时的重体力劳动。哈特曼坚决不去，为此，他与劳工营指挥官展开过激烈辩论：“……上校，5年前你的国家赢了战争，而我是战败国的一名军官，我不是什么罪犯。你们的列宁曾经说过，任何拘押战俘6个月以上的国家都是帝国主义者，都是堕落的。”指挥官很惊讶这个“死硬纳粹”竟然知道列宁的著作。哈特曼接着说：“……我读过列宁的所有著作。他还说过，强迫战俘劳动的国家是附在战俘身上的寄生虫。我要求国际法庭调查战俘营的状况。如果不行的话，我要求枪毙我。我希望被枪决，因为我决不去干活。”[49]哈特曼的强硬又为自己换来了单独监禁的待遇。几天后，战俘们发现他一直没有回来，他们的愤怒情绪在超负荷的劳作和终日饥肠辘辘中爆发了，他们在两名军官带领下制服了警卫，并将哈特曼解救出来。当骚乱的人群意欲逃离时，哈特曼冷静地制止了这种将带来屠杀的举动。他说服大家不要逃跑，但坚决要求莫斯科派员视察战俘营，还要求国际法庭检查此处的状况。迫于压力，苏方下令暂停工作5天，并派员立即改进战俘营状况，但把哈特曼视为危险分子，指控他不仅煽动战俘造反，还鼓动沙赫蒂附近的居民反对政府，于是把他和带头闹事的两名军官一起转移到新切尔卡斯克（Novocherskassk，位于沙赫蒂与罗斯托夫之间），关进一座安全防范措施更严密的营地。

哈特曼在新营地待了很久，直到1952年5月被押送到乌拉尔山区。后来，他先后在阿斯别斯特（Asbest）、迪特卡（Dieterka）和斯维尔德洛夫斯克（Sverdlovsk，叶卡捷琳堡的旧称）等三座战俘营辗转，其中，在迪特卡的时间最长（1952.11—1954.8）。当哈特曼抵达迪特卡时，沙赫蒂暴动的消息早已传遍大小战俘营，迪特卡的战俘们给予他热烈的欢迎。迪特卡营地按照警戒的紧疏程度分作几个区，哈特曼被关在措施严格的特别区，但还有安全级别最高的重犯区，包括希特勒的贴身副官京舍（Otto Guensche）在内的重犯都被关在那里。

哈特曼战后坦言，他之所以能熬过战俘营的漫长岁月，是因为他对母亲和妻子的思念支撑着他，是她们决不放弃的信念，帮助他忍受着身心两方面的折磨和重击。他的亲人们也一直在努力帮助他早日出狱，西德在1949年5月立国前，他母亲伊丽莎白就曾致信斯大林和莫洛托夫，但皆杳无音信。后来，伊丽莎白写信给总理阿登纳，请求政府出面营救已被关押多年的哈特曼。她收到了阿登纳的亲笔回信，总理称自己和政府非常关注在押战俘们的命运，正在采取积极措施帮助他们早日出狱。1954年10月，哈特曼被转往之前待过的新切尔卡斯克战俘营，在那里所受的待遇已有所改观。1955年9月，阿登纳访问莫斯科时与苏联达成贸易协定，出于西德经济的崛起和政治地位的上升，以及签约条件之一就是释放包括哈特曼等在内的大批战俘，苏方在当年10月终于释放了哈特曼。

西德联邦国防军唯一的钻石骑士

哈特曼一踏上西德的土地就受到热烈欢迎，人们准备为他召开一个盛大的庆祝活动，但被他婉言谢绝，一是因为他迫不及待地想见到妻子和母亲，另一个原因是还有一批战俘仍被拘押（这批战俘于1955年12月搭乘最后一批列车回国），哈特曼深恐庆典会激怒苏方。哈特曼告诉组织者们，等所有战俘都回国后再举行这样的仪式更为妥当。

1955年11月，哈特曼与苦等自己十年的妻子补办了一个宗教婚礼，这时他已整整33岁。在妻子的精心照料下，哈特曼的身体复原很快，精神日渐恢复，在融入战后的社会方面做得也很不错。但一个现实问题是，他应该怎样规划日后的生活？彷徨无助之际，老战友克鲁平斯基、老长官巴克霍恩和拉尔轮番上阵邀请他加入新空军，老联队长赫拉巴克也亲自上门拜访，劝他加入伙伴们的行列。哈特曼早年的学校老师辛芬德费尔（Wilhelm Simpfendörfer）时任巴登-符腾堡州教育和文化部长，他有一天陪着联邦国防部的一位高官亲自登门游说，他们告诉哈特曼，如果他加入新空军，不仅自己将拥有良好的职业前景和物质保障，也能不辜负大批老战友的心愿，更能在政治上为国家带来益处。哈特曼觉得盛情难却，而且30多岁的自己除飞行外一无所长，更是错过了学医或开始任何新职业的最佳年龄。哈特曼综合权衡后决定加入空军，妻子虽然支持，但看到加兰德和鲁德尔等钻石骑士勋章得主都避免进入新空军时，她对哈特曼的决定还是不免感到惆怅。事实上，哈特曼1956年底加入空军时，他是联邦国防军唯一一个曾获钻石骑士勋章的成员。

▲ 摄于1955年秋，重获自由的哈特曼与妻子和弟弟阿尔弗雷德在一起。

▲ 摄于1957年夏的费尔斯腾菲尔德布吕克（Fürstenfeldbruck）机场，西德空军的几位著名人物，从左至右依次为巴克霍恩少校、哈特曼少校、施泰因霍夫上校和拉尔少校，除哈特曼外，其余三人后来都成为将军级的重要人物。

◀ 摄于1957年，当时，哈特曼等西德飞行员在美国亚利桑那州凤凰城的空军基地参加培训，从左至右依次为哈特曼少校、拉尔中校和巴尔特中校（Sigefried Barth，战时任第51轰炸机联队联队长，战后任第32战斗—轰炸机联队联队长），背景是美军的P-51“野马”战斗机。

▲ 摄于1958或1959年，哈特曼在组训西德空军JG-71战斗机联队时，经常驾驶图中的这架由加拿大飞机公司生产的“军刀”战斗机（Canadair Mk 6 Sabres）。

▶ 摄于1959年，哈特曼在组训JG-71战斗机联队时，经常与飞行员们一起飞行，帮助他们掌握喷气式战斗机作战飞行的艺术和诀窍。

◀ 摄于1959年6月，西德空军第一支喷气式战斗机单位JG-71当月成立。图为首任联队长哈特曼（左一）陪同“空军北部集群”指挥官哈林豪森少将（Martin Harlinghausen，中）、空军总监卡姆胡伯中将（右）检阅联队的场景。

哈特曼先使用英美战斗机进行再训练，而后于1957年来到美国亚利桑那州凤凰城附近的美军基地，接受喷气式战机飞行训练。在美期间，哈特曼曾驾车赶到内华达州的一处空军基地，了解当时最先进的F-104战斗机的情况。美军飞行员们在正式场合中对这款战机赞不绝口，称其速度、动力、爬升能力和武器等均属上乘，但当哈特曼与他们在酒吧里闲聊时，听到的却是另外一番故事。稍后，他在与专职维修保养F-104的地勤们私下交流时，听到的是更多的抱怨！一位与哈特曼交好的美军上尉曾把厚厚的一摞材料交给他看，上面是多次F-104飞行事故的调查报告。哈特曼此时虽未曾驾驶过F-104，但根据经验和调查书的详尽描述，他意识到年轻的西德空军在列装这款喷气式战斗机前，还有很多技术诀窍需要学习和掌握。虽然历史证明哈特曼的观点完全正确，但当他把这些观点如实陈述出来时，却给自己的职业生涯带来了重大伤害。

回国后，西德空军先任命哈特曼出任一支战斗—轰炸机联队的联队长，但被他谢绝了。1958年春，哈特曼曾短暂地担任过一所战斗机飞行学校的副校长，6月，时任空军总监卡姆胡伯任命他出任首支喷气式战斗机单位——JG-71“里希特霍芬”联队的联队长。这个任命一方面代表着空军对哈特曼往昔成就的高度敬意，另一方面也是对他的一个挑战——除超级王牌的战绩和精准神枪手的声誉外，“金发骑士”请展示你的领导能力!

哈特曼全力以赴地投入新工作，不停地给年轻飞行员打气鼓劲，同时要求他们尽可能多地获取经验。哈特曼知道，复杂精密的F-104战斗机不用太久就将进入西德空军，而飞行员们是否有能力掌握这款战机目前还是未知数，他们能否生存的关键完全取决于飞行经验，因而他对训练给予最高程度的重视（而不是操典、仪式和军容等）。为鼓舞士气，哈特曼在当时装备的F-86战斗机机头上又喷上了那个曾令对手胆寒的黑色郁金香，但是，这一旨在提高飞行员荣誉感和归属感的举措却遭到上级的批评。哈特曼在每个中队都建起小酒吧，以供训练之余休闲娱乐之用，并兼有培养感情和集体意识的良苦用心，但这也受到上级的指责和非难。联队有一位飞行员曾是哈特曼在JG-52时的战友，虽然关系并不密切，但他们曾一起在战俘营待过。这位战友的身心都留下了很深的创伤，哈特曼对他很为关照，尽管老战友还时不时地向上级报告联队长的一些别出心裁的举措。这倒也罢了，更不幸的是这位战友有酗酒的毛病，经常酒后与人发生冲突。上级责成哈特曼严肃处理，但哈特曼没有从命，反而数次拒绝惩罚这位更需要医生而非纪律的战友。这件事情以及之前一些“越界”的行为，使空军的个别实权人物认为哈特曼不是一个好指挥官。

哈特曼联队在训练和射击等方面表现得非常出色，曾赢得北约盟国的赞誉和仰慕。但他的成绩没有得到相应的认可，除被认为“不是好指挥官”外，他直到1967年7月才晋升为上校（还是老长官拉尔将军为他力争来的），而他早期的下属们有的已担任联队长，有的甚至已成为将军。哈特曼虽在业务上兢兢业业、富有创见，但在政治上显然还很幼稚，再加上天生的率真直言，这些彻底地妨碍他在西德空军的晋升和发展，甚至可以说是自毁前程。最突出的一例体现在他对西德空军购买F-104喷气式战斗机的态度上。尽管空军实权派和政府已决定购买这种战机，但哈特曼坚持反对，依然认为它的技术复杂性超过了飞行员们的能力，他们的经验和应变能力不足以应付这种战机，另外战机设计上也存在重大缺陷，只有最优秀的飞行员在运气的庇护下才能熟练操作。哈特曼曾向卡姆胡伯将军——前者眼中的“空军高层中唯一懂我们的人”——表达意见，后者虽理解他的担忧，但同样无能为力，因为这是政府的决策。卡姆胡伯还善意地警告政治上幼稚且不知进退的哈特曼，“再也不要讨论这件事”。但哈特曼依然不罢手，他的“胡言乱语”也传到了最高层耳朵中，于是“哈特曼并非好指挥官”的名声再次得到印证。

历史证明哈特曼的判断非常正确。F-104列装西德空军后，发生过许多灾难性事故，一直到施泰因霍夫将军1966年继任空军总监时依然事故频仍。有统计表明，西德空军先后有282架F-104战斗机坠毁，多达115名飞行员身亡。[50]施泰因霍夫上台后的第一件事就是改革F-104的相关计划，把重点放在训练和增加飞行员的经验方面，而这都是哈特曼在JG-71时已经身体力行的内容。

一起偶然事件导致哈特曼被解除了JG-71联队长的职务。哈特曼在公务繁忙之余忘了更新自己的飞行员徽章，需要时又找不着这枚徽章了。空军总部有位被哈特曼坚持反对F-104弄得怀恨在心的将军，借机进行了调查，并将哈特曼告上军事法庭。尽管三次听证后军法官裁决哈特曼没有过失，但这位将军和其他妒忌哈特曼的人还是达到了目的，他们又一次成功诋毁了他的名誉，直接导致他被解除联队长职务。哈特曼后来被调往科隆附近的“空军总务部”（Luftwaffenamt）担任高级参谋，负责对作战联队的战术进行评估检查。他在这里干得也很出色，杰出的分析和撰写表达能力，使他成为有名的战术评估专家。

▲ 拍摄时间不详，地点或为1960年代的某次航展上。左为美军著名试飞员兼特技飞行员胡佛（Bob Hoover）。

▲ 摄于1967年12月，加兰德位于上温特的家中，哈特曼、加兰德与美军退役上校托利弗合影。托利弗曾任第20战斗—轰炸机联队上校联队长，是最早系统介绍哈特曼的人。

▲ 摄于1961年10月的美国纽约州法明戴尔（Farmingdale），哈特曼坐在美国空军的一架战机里与他人交谈。这个“他人”就是二战期间的美军第一王牌约翰逊（Robert S. Johnson）上校。

▲ 摄于1969年10月的美国亚利桑那州卢克空军基地，哈特曼上校与著名军事历史作者康斯特布尔（T.J. Constable，左）、托利弗（右）在一起。

但是，总体而言，哈特曼在军旅生涯的最后阶段里已处于默默无闻的状态，他自己也觉得离战斗机、离飞行都越来越远。

1970年9月30日，48岁的哈特曼上校带着些许苦涩、愤懑或失望离开了空军。拉尔、巴克霍恩和克鲁平斯基等老朋友都恳求他不要走，建议他留下来并在处理问题时多讲点策略，但哈特曼不为所动。依然年轻的哈特曼此后十年里相当活跃，在许多飞行俱乐部里充满热情地向爱好者们传授经验，本人也一有机会就在蓝天上飞翔。他

◀ *摄于1970年，全身戎装的哈特曼与老长官赫拉巴克少将（西德空军战术司令部指挥官、曾任北约中欧防空司令部指挥官）互道珍重，两人在同一日从空军退役。*

▼ *摄于1970年代，退役后的哈特曼正在家中读书，这部书就是托利弗和康斯特布尔合著的《德国金发骑士：哈特曼传》。*

▲西德空军飞行员哈特曼，拍摄时间不详，或摄于1950年代末或60年代初。

还随加兰德组织的特技飞行表演队一起巡回表演。1980年时，58岁的哈特曼因突然患上心绞痛（其父就是58岁那年死于心绞痛），而不再参加战友聚会及其他抛头露面的活动，同时也放弃了飞行。尽管不了解实情的战友们不理解他的举动，但哈特曼决定与妻子和孩子们一起安静地享受余生，从此完全从公众视线中消失。除了飞行员圈子外，无人知道这个看起来比实际年龄年轻许多的人，曾是叱咤风云的世界头号王牌。

1993年9月20日，71岁的哈特曼离开了人世。三年后，他终生挚爱的妻子也随他而去，他们被合葬在申布赫地区魏尔的公墓里。在夫妇二人的墓石上，一只勇猛威武的石鹰安静地平视前方，仿佛在向世人述说着哈特曼与其爱人相知相恋的传奇。

1997年1月，俄罗斯政府宣布，苏联当局当年对哈特曼战争罪行的指控是非法的。十年的炼狱终于有了一个完满的结局。

▲ *申布赫地区魏尔的墓园，前方就是哈特曼与妻子的墓石。*

第19位钻石骑士最高战功勋章获得者巴尔克装甲兵将军

（获勋时间1944年8月31日）

Chapter 19 第十九章

"最优秀的装甲师长"：赫尔曼·巴尔克装甲兵将军

德军装甲部队的指挥官们曾在二战之初将装甲战术发挥到前所未有的高度，德国最初的成功很大程度上也有赖于装甲部队扮演的关键角色。1976年出版的《希特勒的将军及其战役》一书，在评估德军将领战时的总体表现和指挥水平时曾指出："……在那些卓越的装甲师长中，有两个名字自然而然地凸现出来：一个是在1940年的西线有着卓越表现的第7装甲师师长隆美尔；另一个是在除北非和意大利以外的所有战场都战斗过的巴尔克（Hermann Balck）。巴尔克指挥艺术的巅峰可能出现在1942至1943年的冬季，当苏军在斯大林格勒围困第6集团军时，这位时任第11装甲师师长的将军以成功的反扑挫败了苏军向罗斯托夫的推进。这是他作为装甲师长最精致的时刻。"[1]2003年出版的另一部通俗著作，则把古德里安、隆美尔、巴尔克、曼施坦因和曼陀菲尔列为德军最优秀的装甲指挥官兼领导者，认为他们的高水准足以为对手和他人大加效仿。[2]

美军上校扎贝基（David T. Zabecki）2008年时曾在《第二次世界大战》杂志上发表过一篇关于巴尔克的文章，其耸人听闻的标题是"无人知晓的、最伟大的德国将军"。[3]扎贝基曾任驻德国海德堡（Heidelberg）的美军第7集团军后备司令部（Reserve Command）参谋长，他在这篇主要介绍1942至1943年冬的齐尔（Chir）河之战的文章中，以近乎膜拜的笔端写道："……巴尔克在战争结束时是一名装甲兵将军（相当于美军三星中将），但是，除了最严肃的二战研究者外，他的名字在今日几乎无人知晓。然而，在（1942年末）短短的三个星期里，他那孤零零的（第11）装甲师实际上摧毁了整个苏军第5坦克集团军。他取胜的概率低得令人难以置信：苏军在局部战场上拥有7比1的坦克优势，11比1的步兵和20比1的火炮优势。但是，巴尔克率部始终战斗在最前沿，对敌人的每次冲击都能做出迅捷的反应，他一再通过避敌锋芒和突袭，消灭了占尽优势的苏军。其后几个月里，他的装甲师取得过击毁敌军坦克高达千辆的惊人战绩。巴尔克因这一战绩及其他战功，成为整个战争中仅有的27名获得钻石骑士勋章的军官之一——这一勋章相当于获得美国的两枚，甚至三枚国会荣誉勋章。”[3]

无人知晓，但又是最伟大的？巴尔克是个什么样的将军、有哪些惊人的战场表现，能让后人将其与隆美尔并称为最优秀的装甲师长？德军少将梅林津二战期间曾在几乎所有的战场战斗过，用他自己的话来说，“……我参与过许多关键性的战斗；我遇到过一些充满英雄主义的卓越战士；我见识过所有战争条件下的坦克战，从白雪覆盖的俄罗斯森林直到非洲大漠无垠的沙海……”[4]梅林津既为古德里安和隆美尔担任过作战或情报参谋，亦在曼施坦因、莫德尔和凯塞林等麾下效过力，更曾为诸多的出色将领担任参谋长，但他把自己的最高评价留给了曼施坦因和巴尔克：“……巴尔克是我们最卓越的装甲领袖之一，事实上，如果说曼施坦因是二战期间德国最伟大的战略家的话，那么，巴尔克很有资格被视为我们最精致的战场指挥官。他精通战术，领导能力不凡，在每个层级上都展示过自己的力量——无论是1940年时法国战场上的摩托化步兵团团长，还是1941年希腊战场上的装甲团团长，抑或1942至1943年时转战俄罗斯的装甲师师长。在后来的波兰、法国和匈牙利战场上，他作为集团军和集团军群指挥官又赢得过新的桂冠。”[5]对巴尔克的赞誉并不局限于昔日的同僚（翻看一下古德里安的自传就能看到，他在每次提及巴尔克时都使用过修饰语）。曾任美军参谋长联席会议副主席的四星上将德普伊（William E. Depuy），也对巴尔克的指挥才能倍加推崇，他曾在1980年评论说“巴尔克可能是德国陆军最优秀的师级指挥官”。[6]

也许是德军装甲部队人才济济、猛将如云，才使低调的巴尔克不像古德里安、曼施坦因、隆美尔、胡贝和曼陀菲尔等人那样拥有响亮的名声和耀眼的地位。巴尔克出身于军官世家，官拜中将的父亲是一战前后德军有名的战术家。一战中的少尉巴尔克就是一个大胆无畏、有勇有谋的斗士；二战前半程，作为师团级指挥官的他总是充当攻击矛头，率部猛冲猛打，机动灵活，总能出现在意想不到的地方予敌以釜底抽薪的打击；作为军级和集团军级指挥官，他能迅速评估局势和做出决定，从不慌乱，即便在不利态势下也能镇定自若地扭转颓势；作为集团军群指挥官，他颇能顾全大局，善于战术创新，曾以数量和装备水准皆处下风的疲弱之兵，令美军第一名将巴顿“黯然失色”。这样一位将军实在不该无人知晓，本章将对巴尔克的生平、经历、巅峰之战及战后岁月进行相对细致的介绍。

早年岁月：天生的军人

巴尔克1893年12月7日出生于但泽（今波兰格但斯克）地区的朗格福尔（Langfuhr）。巴尔克家族为芬兰最古老的家族之一，一位先祖移居英国后，以战功成为维多利亚女王的亲随军官，另一位先祖则是瑞典军队的将军，巴尔克父亲这一支在神圣罗马帝国“三十年战争”（1618—1648）前移居德国汉诺威，既出现过统兵将军和高级参谋，也有政府部门的高级公务员。巴尔克的父亲威廉·巴尔克（William Balck）在一战中先后担任过最高统帅部通信总监、第99后备旅旅长和第51后备师师长，曾因个人勇敢和杰出的指挥在1918年3月9日获颁“蓝色马克斯”勋章。老巴尔克既是参谋本部军官团成员，又是德军最有名的战术著作家之一——他在1896至1907年间出版的五卷本巨著《论战术》，一战前曾被美军翻译出版和用作参谋指挥学院的战术教材，1924

年去世前，他还出版过《战争经历》（1921）、《世界大战中战术的发展》（1922）和《小战争》（1923）等著作。

巴尔克终其一生都对父亲充满景仰和感激之情，他在1982年出版的自传中曾这样写道：“……父亲是一名全心全意的军官。他既是卓越的战术理论家，又是一名践行者……我无比地感激他给予我的军人训练和教育，他很早就引导我思考历史和政治问题。从我10岁起，只要学校的情况许可，他几乎每天都要带我骑马外出。我在演习中看到和听到的一切，在我心目中都留下了经久不息的印象，特别是父亲总把各方面的军事问题介绍给我。因此，我从小受到的是军人教育，长大后自然会成为战士。父亲还教导我一些非常必要的东西，即对普通士兵的深厚感情和理解，以及我们这个社会阶层自身的缺陷。在我很小的时候，每逢父亲的朋友和战友讨论军队和国民等问题时，我都是个安静的倾听者……”[7]

随着父亲的职务和单位的变迁，巴尔克在多个地方度过了童年和青少年时期——韦瑟尔（Wesel）、柏林、格利茨（Goelitz）、西里西亚、珀森（Posen）……1910年，父亲成为驻托伦（Thorn，位于维斯瓦河右岸）的第61步兵团上校团长，巴尔克也在这里住了三年，完成了自己的高中学业。据巴尔克自述，他的历史、地理和德文成绩远在平均水准上，数学、科学和新语言等较为平庸，对拉丁语等古代语言毫无兴趣，只是靠着平时从父亲那里获得的对古代的了解和知识，才算勉强过关。

对军官子弟巴尔克而言，从军是最自然不过的职业选择。1913年4月，在父亲晋升为第82步兵旅少将旅长的同时，巴尔克被驻哥斯拉（Goslar）的第10“汉诺威”轻步兵营接受为“士官生”。古德里安1907年时也曾在此服役，其父当时正是该营营长，这支部队有着良好的传统，不仅要求官兵尊重百姓和严守纪律，还强调行事公正与分享荣誉，这些信念无疑对巴尔克日后的军旅生涯产生过深远影响。1913年12月18日，巴尔克成为二级中士候补军官，并于次年2月被派往汉诺威军校学习，在那里接受了严格的军事训练和军官教育。

随着一战在1914年8月爆发，巴尔克匆匆结束了军校学习，回到第10轻步兵营2连任排长。在夺取比利时列日要塞的作战期间，巴尔克于8月10日被委任为少尉，两天后成为营长的临时副官。1914年10月，在比利时西部的伊普尔之战（史称“第一次伊普尔战役”）中，巴尔克

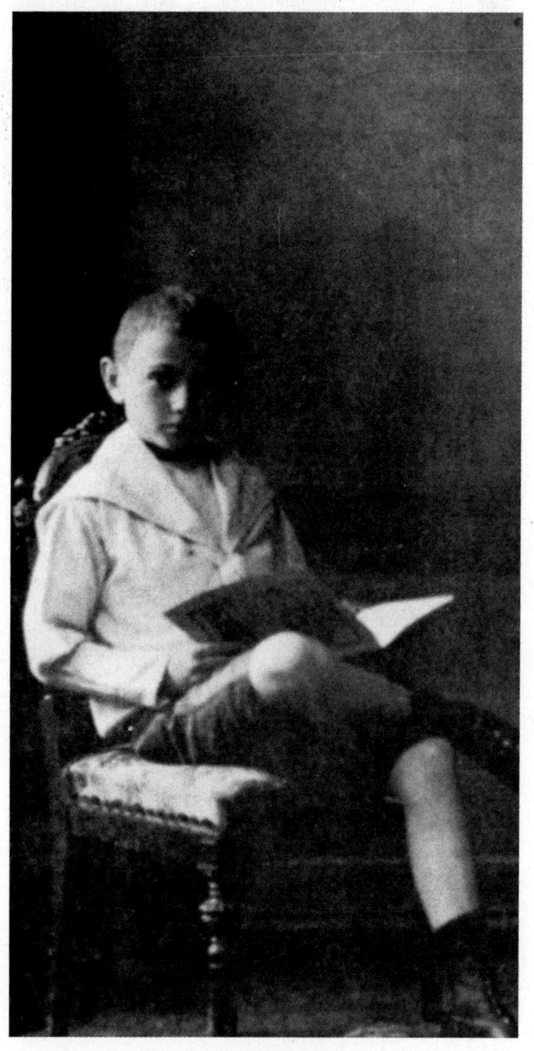

▲ 拍摄时间不详，青少年时期的巴尔克。

▲ 父亲威廉·巴尔克中将，一战前后德军有名的战术家。

▲ 摄于1913年圣诞节，二级中士候补军官巴尔克。

▲ 摄于1913年，驻哥斯拉的第10轻步兵营的军士们在军营前留影，左二为巴尔克。

▲ 摄于1913年，第10轻步兵营的士兵正在清理枪械，图中坐着低头擦枪者是巴尔克。

因战场勇敢于10月15日获颁二级铁十字勋章，11月26日更成为全营首位一级铁十字勋章获得者。不过，这时他已在医院里躺了近一个月：10月30日，第10轻步兵营（隶属于第9骑兵师）在第15军战区内向英军发起进攻，巴尔克奉营长劳赫（von Rauch）之命赶到2连，与连长拉特克（Georg Radtke）上尉一起率队发起冲锋，他们不断敦促士兵快速冲向已被德军炮火基本摧毁的战壕。巴尔克带着士兵连续越过3道战壕，逼近第4道时发现英军举起了白毛巾。奇怪的是，白毛巾晃了几下后突然消失了，然后又被举起，拉特克随即下令停止射击。就在他与巴尔克略有迟疑之时，堑壕里射出的子弹击中了拉特克的心脏，巴尔克的左侧大腿也挨了一枪。拉特克当场阵亡，巴尔克则血流如注地倒在地上，眼睁睁地看着向他射击的英军士兵端起枪来再次瞄准，就在千钧一发之际，2连那些愤怒的士兵冲了上来，一阵乱枪射杀了堑壕里的所有英军。[8]这次受伤令巴尔克离队3个多月，1915年2月初痊愈后，他被改派至俄国前线的第22后备轻步兵营。据巴尔克自述，当他赶去报到时，第25后备军指挥官舍费尔（Reinhard von Scheffer-Boyadel）将军曾邀请他共进晚餐。巴尔克坐在舍费尔对面，左手是军参谋长，右手是科堡大公（Duke of Coburg）。比老巴尔克还年长7岁的舍费尔向巴尔克敬酒，由于每次都起身立正，将军也只好一次次站起身来，还郑重说道："向佩戴一级铁十字勋章的骑士敬酒，我也必须起立。"[9]

1915年6月至9月，巴尔克再次因伤离队休养（一战时期共负伤7次），当年9月18日归队后他被任命为第22后备轻步兵营的一名连长，随第5骑兵师转战东线数个战场，还曾率小部队在俄军后方独立作战数周。1916年3月至11月初，巴尔克任第22后备轻步兵营机枪连连长，当年秋天时转赴罗马尼亚和意大利战场，加入德国山地军的作战序列。1916年11月9日，巴尔克回到老部队第10轻步兵营任机枪连连长，随部转战于俄国、罗马尼亚和意大利。在1917年10月24日发起的第12次伊松佐战役中，巴尔克在夺取第1114高地的作战中发挥过重大作用（隆美尔所在的符腾堡山地营当时绕过这座高地后向主峰方向冲去），他也因此战功于12月初获颁霍亨索伦王室佩剑骑士十字勋章。在这次激战中，巴尔克的左右手、胸部和左肩多处负伤，所幸都不甚严重，他也在接下来的日子里缠着绷带继续指挥作战。1918年1月中旬至4月初，第10轻步兵营在洛林地区进行休整和训练，巴尔克从2月11日起改任4连连长，准备参加4月末发起的第二次春季攻势——德军高层试图赶在美军登上欧陆前，以一系列强大的攻势彻底解决英法联军。巴尔克营当时仍隶属于德国山地军的第2轻步兵团，整个山地军的任务是征服西弗兰德斯的制高点凯默尔山（Kemmelberg）。巴尔克战后曾回忆说，时任德国山地军首席作战参谋的克鲁格上尉（即1940年的那位元帅）曾告诉他们这些前线军官，"这只是一次攻打凯默尔山的局部攻势，并非决定性突破"。巴尔克等当时深感失望，因为他们还想一路突破至加莱，从背后消灭艾泽尔（Yser）河地区的所有英法军队！[10]总攻发起前，巴尔克打算先干掉威胁自己的法军山间机枪阵地。他命令配属的迫击炮排敲掉机枪阵地，但炮兵排长却说只能在总攻开始后开炮，提前开炮会招致报复性炮击。巴尔克闻言大怒，突然从腰间拔出手枪，对着那位排长说："我数三个数，不是迫击炮开炮，就是我的手枪走火。一、二……""三"还未出口，炮弹就在法军机枪阵地附近爆炸了，巴尔克这才心满意足地继续进行进攻准备。显然，巴尔克很早就展示出性格中强悍的一面，日后的战斗中他还将多次向下属、同僚和对手展示什么叫"狠角色"。德国山地军于4月25日如愿夺取凯默尔山，但困难的是随后的防御，第10轻步兵营为此付出了巨大代价——巴尔克的第4连和第3连都被打残，两个连被合并为一个连，到5月7日全营撤出凯默尔山，担任集团军群预备队时，全营竟只剩3名军官！[11]巴尔克虽在战斗中受伤，但幸运地保住了性命，当营长基希海姆（Heinrich Kirchheim）上尉率部撤离时，他还偷偷地从医院溜回了部队。

1918年9月初，第10轻步兵营被调至距圣康坦（St Quentin）不远的埃佩伊（Épehy）驻防，这里是所谓的"兴登堡防线"前方一系列高地中最重要的一个。9月18日，12个盟军师突破了德军6个师的防线，除俘虏德军11750人和缴获100门大炮外，盟军还通过此战意识到德军的士气和

▲摄于1914年9月一战之初，巴尔克与父亲合影。

▲摄于1914年末，巴尔克探访父亲（时为第51后备师师长）时留下了这张照片。图中的巴尔克已获得铁十字勋章。

▲摄于1915年秋，“巴伐利亚利奥波德亲王集团军群”指挥官利奥波德（Prinz Leopold）元帅视察巴尔克所在的部队。图中左三为利奥波德亲王，最后面被树干挡住面部的或许是巴尔克。

战斗力正在急剧下滑，因此，迅速发起了"圣康坦运河之战"等一系列后继攻势。第10轻步兵营在埃佩伊之战中据说损失了3个半连，其营长基希海姆倒是因防御中的表现获得"蓝色马克斯"勋章。9月25日，保加利亚向盟军乞求停战，德国山地军10月初被紧急派往塞尔维亚，接管保加利亚人占据的阵地，第10轻步兵营也作为山地军的一部分开赴塞尔维亚，但该营的实力已虚弱到每连只有4名士官和40名士兵的程度。当月，巴尔克的上级曾推荐他获得"蓝色马克斯"勋章，不过，随着德帝国的迅速崩溃，他的勋章自然不可能再有下文。11月初，第10轻步兵营完全撤离了塞尔维亚，11月11日，停战协议签署的消息传达到该部，同时，上级还命令该营准备筹组"士兵委员会"。11月20日，巴尔克等在匈牙利的塞格德（Szeged）登上一列运煤的火车，途径奥地利回到了巴伐利亚的罗森海姆（Rosenheim）。25日时，第10轻步兵营的幸存者们终于回到小城哥斯拉。

迫于停战后的国内形势，第10轻步兵营组织了士兵委员会，巴尔克被第4连推举为士兵委员会主席，他还被选入工人与士兵委员会主席团，参与管理哥斯拉城和周边地区。1919年1月末，第10轻步兵营营长基希海姆出面组织了一支名为"基希海姆志愿轻步兵营"的自由军团，响应政府号召来到德国东部同威胁边境地区的波军作战。巴尔克在这支自由军团里充任连长，一直战斗至当年7月末。古德里安上尉当时任职于普鲁士战争部负责东部边境防御的中央办公室，他的任务之一是控制和协调东部边境的诸多自由军团，他在探访巴尔克连时曾对后者说，整个东线的自由军团中只有第6和第10轻步兵营及第6掷弹兵团值得信赖。[12]1919年8月1日，巴尔克被调入帝国国防军第20步兵团，但仅过了两个多月，他又回到第10轻步兵营担任副官。[13]

从1920年1月起的两年里，古德里安在第10轻步兵营任3连连长，巴尔克可能在这段日子里与前者建立了友谊和密切关系。1920年3月，第10轻步兵营曾开赴鲁尔地区镇压共产主义政权，巴尔克率领的2连和古德里安的3连在镇压作战中曾有密切的配合。在1920年秋占领韦瑟尔附近的弗里德里希斯费尔德（Friedrichsfeld）中立区的行动中，以及在1921年3月至5月间的德国中部平叛镇压中，巴尔克和古德里安都曾有过很好的合作。古德里安在1922年4月调至国防部任参谋军官，巴尔克也在1923年1月离开效力了整整10年的第10轻步兵营，转入驻斯图加特的第18骑兵团。1924年5月1日，在担任少尉10年之后，巴尔克终被晋升为中尉，从1925年6月起担任骑兵团机枪排长。虽然战后国防军因规模甚小而升迁缓慢，但巴尔克对骑兵的机动性和作战特点一直抱有浓厚的兴趣，他扎扎实实地在骑兵团一干就是10年，到1929年2月晋升为骑兵上尉时，他已是骑兵团的一名连长。据梅林津战后所言，巴尔克在骑兵服役期间曾两次放弃参加参谋本部军官训练的机会。他说巴尔克觉得自己不喜欢参谋工作，更愿意"待在一线部队与战士和军马在一起"。梅林津还称，巴尔克担心一旦成为参谋军官，就会很容易变成"二流"军人，会被例行的文案工作所淹没。对于巴尔克多少有些轻视参谋军官的态度，梅林津表示不敢苟同，还以曼施坦因、温克和布塞（Ernst Busse）等参谋军官为例加以驳斥。[14]令人费解的是，巴尔克的父亲就是参谋本部军官团出身的战术理论家和优秀将领，他不可能不知道，在德军中获得较快晋升、谋取重要职位的不二法门，就是出身贵族或军人世家，以及参谋本部军官的资历；如果巴尔克是在二战期间或战后向梅林津做出的前述评论，那么这只能体现出巴尔克自己"略显傲慢的无知"——德军中的著名人物贝克、勃洛姆堡、伦德施泰特、博克、维茨勒本、曼施坦因、克莱斯特、莫德尔等等，一战中都是前线部队的参谋长、作战、后勤或情报参谋军官，他们哪一个是巴尔克口中的"二流军人"？

▲摄于1919年初秋，自由军团“基希海姆轻步兵营”完成东部边境作战后，回到国内时留下了这张老照片。图中二排左三是巴尔克，左五为指挥官基希海姆上尉。基希海姆于1932年退役，但很快又恢复现役，二战中曾指挥过第169步兵师，还在北非作过战，最后军衔为中将。

▲摄于20世纪20年代末或30年代初，第18骑兵团2连连长巴尔克上尉正率部接受检阅。

▲ 摄于20世纪30年代中期的提尔西特（Tilsit），第1骑兵旅第1自行车营营长巴尔克少校。

▲ 摄于1935年的奥得河畔法兰克福，希特勒和国防部长勃洛姆堡视察巴尔克所部。图中，希特勒身后之人是勃洛姆堡，左一极可能为巴尔克。

无论如何，参谋本部军官训练经历的缺失，在一定程度上伤害过巴尔克的军旅生涯。1935年6月，巴尔克晋升为少校，10月中旬被任命为第1骑兵旅第1自行车营营长。1938年2月晋升为中校后，巴尔克的军旅生涯出现了一次重大转机，当年11月他被调往陆军总部新成立的机动兵总监部——总监就是他的老朋友、已官拜装甲兵将军的古德里安。这个机构是德军吞并苏台德地区后新建的，负责统辖所有摩托化部队和骑兵部队，古德里安出于没有实权的顾虑曾几番推辞，勉强上任后，利用手中不多的权力竭力推动装甲部队的发展。古德里安把全部精力都放在装甲部队的建设上，让自己信赖的巴尔克管理骑兵、附属于骑兵的摩托化步兵和搜索侦察部队。巴尔克曾向古德里安建议改组骑兵这个过时的兵种，试图使之成为既能使用现代武器、又能灵活调动的骑兵师，为此还拟定了新式骑兵师的编制计划。古德里安赞同巴尔克的分析和建议，但其计划很快被陆军总务局驳回，理由竟是"该计划要增加2000匹战马"！[15]

波兰战役爆发前夕，古德里安出任由第3装甲师、第2和第20摩托化步兵师组成的第19摩托化军军长，总算摆脱了机动兵总监这个既繁琐又吃力不讨好的差事。巴尔克可能是在总监部干得非常出色，他被留下来继续当自己不喜欢的高级参谋。他真心希望能与古德里安一起投入睽违已久的战争，但他理解忠于职守是对军官最基本的要求，于是兢兢业业地在总部处理公务，波兰战役结束后他又在各装甲师间往返奔波，帮助他们加速整改和重组。所幸，古德里安并未忘记这位能干忠实的部下，1939年10月23日，一纸调令使巴尔克成为第1装甲师第1摩托化步兵团团长。这支部队曾是他亲手装备起来的，不可能奢望比这个更好的职务了。1940年3月，当第1装甲师从多特蒙德移驻摩泽尔—艾菲尔地区时，就装备质量而言，该师被称作"陆军最现代化的装甲师"。[16]第1和第2装甲团拥有全部10个装甲师中数量最多的III号和IV号主战坦克（总共256辆坦克中，III号和IV号分别占58辆和40辆），[17]巴尔克第1摩托化步兵团的3个营中，每营至少有2个连装备有半履带装甲运兵车，这在当时已是很高的比例。

突击先锋："你们看到冲在最前面的老家伙了吗？"

德军入侵法国的关键，是在那慕尔

（Namur）和色当之间突破马斯河沿线的法军防线。进攻色当的重任交给了古德里安第19摩托化军（辖第1、第2、第10装甲师和“大德意志”摩步团），在他身后跟进并提供支援的是第12集团军所部；古德里安的北面是莱因哈特（Georg-Hans Reinhardt）的第41摩托化军，他的第6和第8装甲师负责夺取瑟穆瓦（Semois）河与马斯河交汇处的小城蒙泰梅（Monthermé）；霍特的第15摩托化军（含第5和第7装甲师）将在更往北，靠近那慕尔的迪南渡越马斯河。古德里安和莱因哈特的5个装甲师构成了克莱斯特装甲集群的主体，而该装甲集群又是德军主力A集团军群从中路突破法军防线的矛头。

1940年5月10日凌晨，克莱斯特装甲集群（134000名官兵、41000台机动车辆、1600辆以上的坦克和半履带车）越过了德国与比利时和卢森堡的边境。5个装甲师快速穿越阿登山区，清除了比利时军队和法军机械化骑兵的微弱抵抗后，古德里安手下的第1和第10装甲师到12日晚已推进至色当的马斯河畔，并做好了次日渡河的准备。法军将领默尼（Charles Menu）战后曾说，如果法军炮兵能在12日下午全力炮轰马斯河北岸集结的德军，那么古德里安的装甲部队在开始渡河前，或许就已被炸得支离破碎。对于炮兵错过重击对手的良机，法军第10军军长格朗萨尔（Claude Grandsard）战后曾解释说：“……由于要针对渡口集结的德军发起一次尽可能有力的反击，我们的炮兵在发射炮弹方面非常节约。”[18]同样令人惊异的是，法国空军也没有到色当上空攻击德军装甲部队——法军第2集团军总部曾通知附近的空军单位，声称不需要他们的轰炸机，因为陆军有足够的大炮来对付德军。法国炮兵和空军错失了良机，马斯河南岸的陆军却在13日遭到规模巨大的无情轰炸——上午10点，200架Ju-87B斯图卡和310架Do-17轰炸机，在200架战斗机保护下开始轰炸法军的堑壕、碉堡、炮兵阵地和部队集结地，这场轰炸和空战持续了5个小时，到下午2点时达到了最高潮。德军炮兵克服了交通堵塞的困难，大批加农炮和88毫米高射炮下午3时已在马斯河北岸就位，在不到100米距离内向对岸的碉堡和炮兵阵地进行直瞄射击，德军轰炸机同时也在色当上空进行了最后半小时的狂舞。

法军将领吕比（Edmond Ruby）在评论空袭和轰炸造成的致命后果时曾写道：“……炮手们不再射击，他们都趴在了地上，唯一关心的是把头低下夹紧。他们不敢运动。5小时的折磨足以摧毁任何人的意志。他们已无力应对逼近的敌军步兵。许多守军都惊恐地逃跑了。”[18]确如吕比所言，这场铺天盖地的空袭和炮火，使下午3点开始的德军渡河作战变得较为轻松，第1摩步团的官兵把橡胶艇拖到水边，巴尔克随突击连率先向对岸划去，进展相当顺利，很快在登陆南岸后消灭了第一线的法军。巴尔克的手下随即着手扩大桥头堡，开始时还比较缓慢，但随着法军的零星抵抗被消灭，巴尔克的2营和3营到5点30分已抵达栋谢里（Donchery）至色当的铁路线。古德里安下午4点时还在北岸的一处高地观察战场和渡河的进展，6点时他失去了耐心，于是渡河来到巴尔克团视察。古德里安战后曾写道：“……我在对岸碰到了第1摩步团高效勇敢的指挥官巴尔克中校和他的参谋随从。他兴高采烈地冲我喊话：‘马斯河里禁止乘船漫游！’事实上，在我们为准备此战进行的一次演习中，我的确说过这些话，当时有些年轻军官的态度在我看来有些漫不经心。我现在意识到，他们对局势的判断是正确的。”[19]

为避免眼下的小桥头堡被法军的反扑所铲除，巴尔克决定，在让官兵们好好休息之前，必须先撕开法军的下一道防线。法军的主防线位于色当—贝勒维（Bellevue）公路南侧，巴尔克的2营和3营于当晚6点半发起进攻，2小时后突破了这道防线，弗雷努瓦（Frenois）至瓦代兰库（Wadelincourt）之间的法军防御体系被撕开一

▲ 摄于1940年5月上旬，德军装甲部队的坦克和装甲车正经由艾菲尔穿越阿登山区，向马斯河方向扑去。

▲ 摄于1940年5月，古德里安摩托化军所属的“大德意志”摩步团士兵，正把装有补给物资的充气皮划艇拖上马斯河岸。

▲ 在法国战役中先后担任第19摩托化军军长和“古德里安装甲集群”指挥官的古德里安（图片摄于1941年）。

◀ 摄于1940年5月，古德里安与第1装甲师师长吉青纳（右边手持地图者）在交谈。

个缺口。尽管营长们已面露难色，但巴尔克决定继续向前扩大桥头堡，因为他知道之前的攻势已取得突然性，法军的抵抗并不强，他不想次日以流血牺牲的高昂代价，去夺取当夜仅以流汗和受累就能获得的战果。接近子夜时，巴尔克亲自率部推进至舍厄日（Cheveuges）和马尔菲树林（Bois de la Marfee）南面，2营的2个连奉他的命令继续向南推进至谢埃里（Chehery），占领村西高地后切断了法军在马尔菲树林南面的多处炮兵阵地。

5月14日是一个明媚但干热的日子，古德里安摩托化军展开了几场对交战双方都产生了决定性影响的作战。第19摩托化军把马斯河桥头堡向南扩展至斯托讷（Stonne），也跨越了西面的阿登运河，与此同时，法军一整天都在试图摧毁德军的桥头堡。双方你来我往，进行了多次快速的进攻和反攻，但古德里安依然保持着清醒的头脑——向西突破和直抵英吉利海峡才是他心目中最重要的任务。第1装甲师于14日挫败了法军所有的反击，证明了自己是一支指挥官水准上乘、士兵作战勇猛的精锐之师。上午7时，第2装甲团在没有步兵支援的情况下成功夺取比尔松（Bulson），随后与反击的法军展开3小时的对决，虽然坦克的装甲和火炮质量均逊于对手，但德军装甲兵的训练水准、战术能力和无线电通信方面的优势，帮助他们成功地将对手逼退到谢姆里（Chemery，又作齐门里）。第2装甲团追至谢姆里时与法军步兵缠斗在一起。虽然场面一度相当困难，但第2装甲团在稍后赶到的第43突击工兵营1个连的支援下，迫使对手在损失10余辆坦克后弃守谢姆里。巴尔克的第1摩步团当天上午在谢埃里地区也经受了一次考验，当时，由于缺乏高射炮和重武器，飞得很低的法军战机就在他的头顶扫射和轰炸，而对手的坦克更是肆无忌惮地扑到阵地前仅30米处。危急时刻，2门50毫米反坦克炮赶到前沿，但其中1门很快被对手炸毁，另1门则凶猛地向对手开炮。巴尔克曾指示手下用MG-34机枪朝天射击，竟成功击坠了几架法军轰炸机。上午的交手暂告段落后，数量不菲的法军坦克瘫痪在比尔松、谢姆里和谢埃里的战场上。第1装甲师师长吉青纳（Friedrich Kirchner）将军待法军攻势一停，立即命令第1装甲旅占领马尔米（Malmy）和奥米库尔（Omicourt）的阿登运河大桥——完好无损地夺取这些渡桥非常关键，因为摩托化军的舟桥设备已经不敷所需。下午2点，古德里安下令第1和第2装甲师掉头向西，朝色当西南32英里处的勒泰勒（Rethel）推进。一旦夺取勒泰勒，第19摩托化军就将彻底割裂法军第2和第9集团军之间的联系，从而打开通向100英里外的巴黎以及更远的英吉利海峡的道路。不过，鉴于情报部门侦察到法军装甲部队正逼近色当以南10英里的斯托讷，古德里安决定将第10装甲师留下保护南翼，直到步兵师赶来接防为止。

下午3点，巴尔克团经过奥米库尔和马尔米的渡桥后向西推进，3点半时开始进攻第一个目标——旺德雷斯（Vendresse）北面的高地。巴尔克的1营占领高地和旺德雷斯镇之后，法军一个加强坦克营发起了反攻。巴尔克在战后回忆这一节时曾说，当时的对手“像魔鬼一样战斗，是两次大战中所见过的最好的部队”。[20]法军虽然勇猛，但技战术运用水准很差，随着德军第1装甲旅投入战斗，到5点半时已有50辆法军坦克在战场上燃起熊熊大火。巴尔克的2营和3营继续向旺德雷斯西北的辛格利（Singly）推进，子夜前成功夺取辛格利完成了古德里安交代的任务。[21]到此时为止，古德里安已将桥头堡扩大到宽50公里、纵深25公里，在阿登运河以西做好了次日继续向西突进的准备。

15日，法军在巴尔克的进攻方向展开了顽强抵抗，特别是“阿尔及利亚骑兵旅”在拉奥尔涅（La Horgne）地带挡住巴尔克所部长达几个小时，巴尔克的3营几次正面强攻均告失败。鉴于拉奥尔涅北面是茂密的森林，南面是平坦的开阔地，巴尔克命令2营穿过密林后侧翼包抄对手。他亲率2营进行这一机动，结果在穿越过程中发现了第2"阿尔及利亚骑兵团"团部。经过几分钟徒手搏斗，骑兵团长阵亡，团部官兵皆为巴尔克所俘虏。巴尔克稍后再次组织部队进攻拉奥尔涅，这次他使用了正面强攻和侧翼突袭相结合的方式。"阿尔及利亚骑兵旅"虽宁死不屈（27名军官阵亡、7名军官重伤、600名士兵丧生），但无力阻挡巴尔克所部攻克拉奥尔涅，以及继续朝布韦勒蒙（Bouvellemont）推进。[22]巴尔克南面的第1装甲旅，在布韦勒蒙东南的沙尼（Chagny）却被对手完全挡住去路。夜幕降临时，巴尔克团已推进至布韦勒蒙东北的一座小山，士兵们在炎热的天气下竟日奋战，非常疲惫，许多人连饭都没吃就胡乱地躺倒睡着了。巴尔克很清楚，一旦自己夺取了布韦勒蒙，沙尼的法军将被完全切断，第1装甲旅面对的窘况也将自然化解。他把连营长们召集起来开会，分析了一番形势后下令连夜进攻布韦勒蒙。但军官们一致表示打不下去，部队过于疲劳，恳求当晚原地休息。巴尔克见无人执行命令，于是站起身来毅然说道："如果你们不愿去，那我自己去夺取那个村子！"[23]说完他抓紧拐棍朝着布韦勒蒙方向走去。巴尔克还没走出100米，连营长和士兵们都跳了起来，他们互相对望着，似乎是在说："你们看见冲在最前面的老家伙了吗？你们会让他自己去战斗？"[24]这些官兵在半睡半醒间忽然像触了电一样，跃出掩体后迅速追上了团长。守卫布韦勒蒙的是法军第15机械化步兵团，尽管遭到德军的炮轰，但抵抗意志丝毫不减，巴尔克所部经过激烈的巷战才最终歼灭了对手（还缴获8辆坦克）。沙尼的法军听说布韦勒蒙失守后，迅速在夜色掩护下匆匆撤走。这一撤退标志着古德里安的突破区域内，已经不存在有组织的法军抵抗，巴尔克也因此战功获颁骑士勋章。显然，他是一个善于激励下属且身体力行的前线指挥官，他在一战中就显示过的这些品质，使他在47岁"高龄"时依然勇冠三军。

16日晨，古德里安来到第1摩步团指挥部，手拄拐棍的巴尔克向他介绍了前夜夺取布韦勒蒙的经过，还说"部队打得实在太苦了，自5月9日起就没有真正休息过，弹药也快用完了……"古德里安望着巴尔克血丝密布的双眼和满脸的污垢，颇为怜恤这位爱将，但同时他也意识到，第19摩托化军6天里取得了1914年的德军四年里未能实现的成功，在他看来，向西扑向英吉利海峡就是挫败法国及其盟友的最后一战，因此，在战役达到高潮的紧要关头，绝不能停下休息。古德里安拍拍巴尔克的肩膀，让他把全团集合起来，进行一番鼓动后，古德里安命令他们继续前进和夺取最后的胜利。

克莱斯特装甲集群在此后几日的攻势可谓势如破竹，19日推进到阿布维尔，次日抵达索姆河口，并做好了向南岸的亚眠进攻的准备。这几天，由于第1装甲团团长内德维希（Johannes Nedtwig）上校病倒，巴尔克奉命临时带领该团作战。他在索姆河占据着一个桥头堡，同时不耐烦地等待10装甲师接防。在巴尔克眼中，亚眠之战比守卫桥头堡重要得多，由于担心赶不上攻打亚眠，他不等换防部队到位就匆匆撤出了桥头堡。这一"不负责任"的举动，令接防的第10装甲师第4装甲旅旅长兰德格拉夫（Franz Landgraf，1941年任第6装甲师师长）上校极为不满，更令他气愤难平的是，他向巴尔克抗议时，后者竟蛮不讲理地说："……如果我们丢了桥头堡，你们总可以再夺回来。我最初也要先夺取桥头堡，对吧？"[25]第10装甲师曾以很重的措辞向古德里安表示抗议，但后者未置一词——联系起巴尔克一战中曾用枪逼着炮兵排长开炮的往事，这位干将眼前的这点"不职业的小事"，可能真的难入古德里安的法眼。

21日，古德里安摩托化军从亚眠出发攻打西北和北面的海峡港口，在加莱和布洛涅（Boulogne）进行一番激战后，一直推进至敦刻

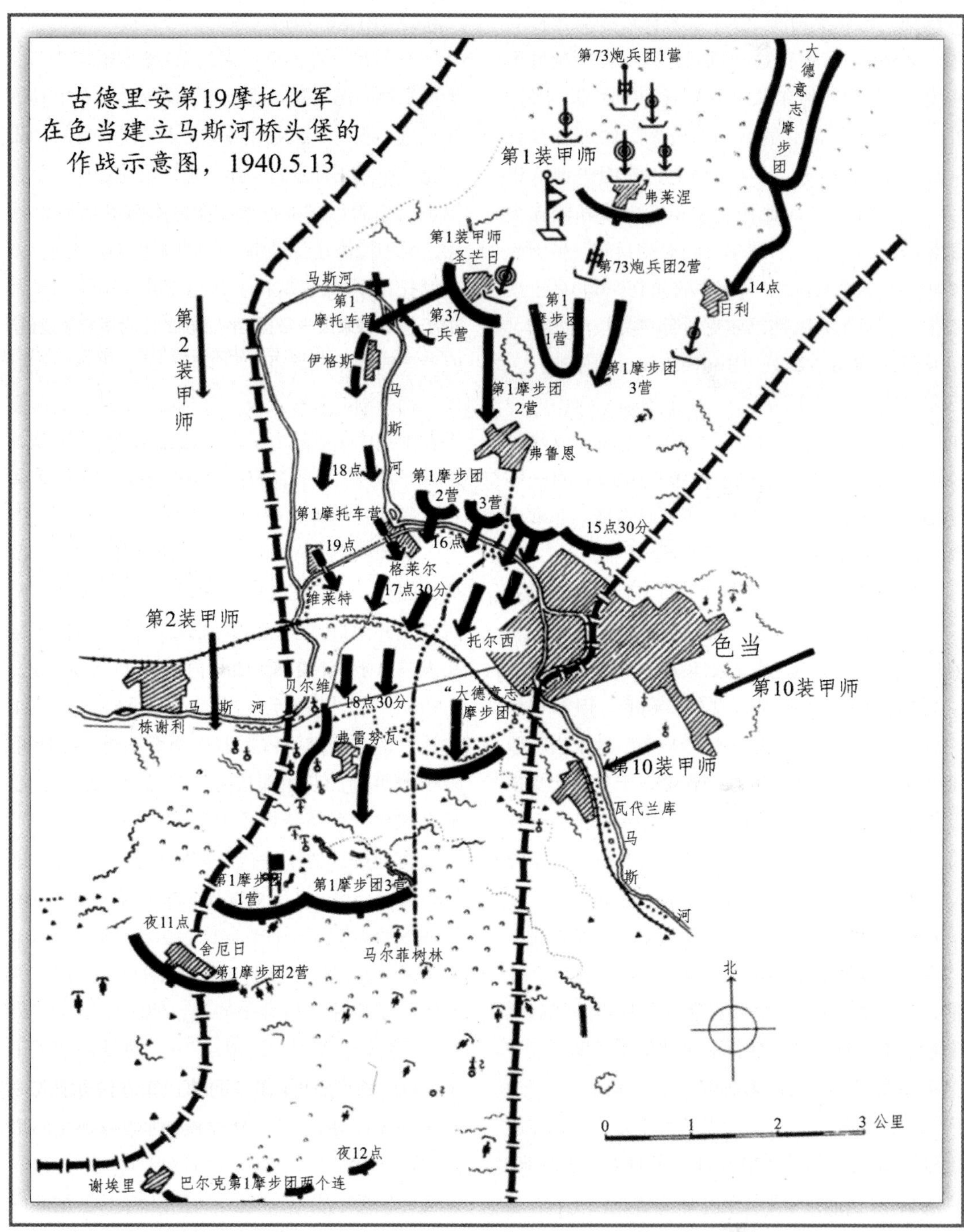

▲古德里安第19摩托化军在色当建立马斯河桥头堡的作战示意图（1940.5.13）。

▲ 摄于1940年5月，第1摩步团团长巴尔克（右）将缴获的法军军旗交给古德里安。

▲ 摄于1940年6月13日，古德里安来到巴尔克的第1摩步团，向夺取莱茵—马恩运河渡桥的立功军官颁发铁十字勋章。左一为巴尔克，中为古德里安，敬礼者为率部夺取渡桥的韦贝（August Weber）少尉，右一为巴尔克的2营长艾京格尔（Josef-Franz Eckinger）上尉。

▲ 摄于1940年6月的法国战役第二阶段前夕，左一为第1装甲团团长内德特维希上校，左二为巴尔克，左三是第37反坦克营营长科普（Arthur Kopp）中校，右为第1摩步旅旅长克吕格尔（Walter Krueger）上校。

尔克的南面。24日，第1装甲师的先头跨过了阿运河，但巴尔克第1摩步团在盟军的最后一道防线——“坟墓线”前遇到最顽强的抵抗，第2和第10装甲师也遭遇了类似的情形。随后古德里安摩托化军等接到了停止前进的命令。在英法盟军即将覆灭的时刻，克鲁格、伦德施泰特、勃劳希契等高级将领建议把装甲部队留作下阶段全面征服法国时使用，希特勒出于多方考虑，命令由空军解决被困在敦刻尔克的盟军。对于这个决定，从古德里安到连排级军官当时都觉得无法理解，战后更是倍感惋惜，迟至1979年时，巴尔克还在为此决策感到懊恼。

6月3日，巴尔克获颁骑士勋章，他是第1装甲师整个法国战役期间获得这一勋章的六人之一。第1装甲师此刻部署在埃纳河背后，隶属于古德里安装甲集群的第39摩托化军。9日，古德里安装甲集群开始进行法国战役第二阶段的作战，第12集团军的第13军在波尔西安堡（Chateau Porcien）建立埃纳河桥头堡后，巴尔克率第1装甲师所有的摩托化步兵立即过河，支援正为扩大桥头堡而苦战的步兵，并为第1装甲旅在南岸集结和向南继续进攻创造条件。10日子夜，巴尔克的战斗群（含第2摩步营、第2装甲团1营和1个炮兵营）夺取了瑞尼维尔（Juniville），为南下的第1装甲旅解除了侧翼的潜在威胁。巴尔克战斗群沿着通向马恩河畔沙隆的公路高速前进，经过50余英里跋涉后，于13日晨在埃特雷皮（Etrepy）附近发动突袭，成功占据了莱茵—马恩运河上的渡桥。第39装甲军当日曾命令第1装甲师不得越过运河，但巴尔克不能认同，又像5月13日夜那样“主动多走了几公里”——他手下的工兵军官韦贝尔（August Weber）少尉冒着危险阻止了对手引爆大桥，第2摩步营营长艾京格尔（Josef-Franz Eckinger）上尉立即率部跟进，在对岸建起了桥头堡。古德里安战后曾回忆过在埃特雷皮见到“不知疲倦的指挥官”巴尔克时的情形。当时，他问巴尔克是否已夺取大桥且建立了桥头堡，后者虽给出了肯定答复，但态度吞吐犹豫，全然不像以前那样干脆利落。古德里安乘车过桥后，高兴地向夺桥有功的韦贝尔和艾京格尔颁发一级铁十字勋章，而后询问巴尔克为何不再继续推进。这时，巴尔克将实情和盘托出，古德里安才得知第39装甲军曾下令止步运河北岸，夺取大桥和占据桥头堡事实上是违令之举，巴尔克之前的犹豫就是因为担心受到古德里安的斥责。[26]巴尔克的担心是多余的，古德里安对这道命令并不知情，反而认为他的自作主张完全正确。当巴尔克称前方的法军实力并不强时，古德里安马上要求他向圣迪齐埃（St. Dizier）推进，当然也不忘允诺自己会把这道命令转告给第1装甲师和第39摩托化军（很可能巴尔克因之前的违令已受师长乃至军长的批评）。这次突袭充分显示出巴尔克的强悍个性和主动性，不管上级是否有明确指示或明令禁止，只要对战局有利，他都会主动采取措施为下阶段作战创造条件，因此，他也有着古德里安的那种以局部战术成功影响战役全局的嗅觉和能力。此外，巴尔克战斗群取得的成功，也证明了他在色当突破之后提出的建议——把步兵、装甲兵和工兵等混合编组成战斗群并部署在主攻点上（而非分开使用）——是符合战术原则和战场需要的。

法国战役很快即以德军的全面胜利而告终。7月19日，表现出众的古德里安晋升为上将，巴尔克也在8月1日晋升为上校，并在12月15日调往第2装甲师第3装甲团任团长。1940年3月，他随第2装甲师从驻地维也纳开至罗马尼亚，准备投入帮助盟友意大利的巴尔干战役。4月初，第2装甲师进入保加利亚，被划归第12集团军所属的第18山地军指挥。巴尔克的第3装甲团在4月6日时拥有坦克142辆（45辆II号、27辆短管III号、44辆长管III号、20辆IV号和6辆指挥坦克）。[27]

第18山地军的任务是沿着鲁佩尔（Rupel）峡谷两侧，突破具有“世界最雄伟的防御工事之一”称号的梅塔克萨斯（Metaxas）防线，第5和第6山地师等负责正面主攻，第2装甲师则将在西面的多里安（Dorian）湖西侧展开侧翼包抄。山地部队的强攻遭到希军的顽强抵抗，经过三日苦战才敲开梅塔克萨斯防线。第2装甲师的侧翼包抄更为顺利，巴尔克装甲团在多里安湖西面与步兵合作消灭了希军第19摩托化师。[28]第2装甲师在4月9日占领萨洛尼卡（Salonika），从而切断了斯特鲁马（Struma）河以东的所有希军。之后，第18山地军奉命从萨洛尼卡向奥林波斯山推进，以夺取皮尼奥斯（Peneus）河南面的重镇拉里萨（Larissa）为目标，最终目的是切断马其顿中部的英国远征军和希腊军队的后路。第18山地军命令舍尔纳的第6山地师正面强攻奥林波斯山，第2装甲师则分成两个战斗群包抄侧翼，其右翼战斗群从西面绕过奥林波斯山后，将向埃拉索纳（Elassona）进军，左翼战斗群则沿着海岸至奥林波斯山之间的铁路进军，突破坦佩（Tempe）峡谷后再向拉里萨推进。

4月13日起，第5和第6山地师及第2装甲师开始追逐英军，虽然第5装甲师等部队也沿着宽大的正面配合作战，但英军后卫部队借助复杂的地形，以一系列富有技巧的防御战成功阻滞着德军的南向追击。15日，巴尔克奉命接管第2装甲师的左翼战斗群，下辖第3装甲团1营、第304摩步团2营、第2摩托车营、1个炮营和1个工兵连。[29]当

▲ 摄于1941年4月，德军入侵希腊，巴尔克此时为第2装甲师第3装甲团上校团长。

▲ 摄于1941年4月，巴尔克第3装甲团的坦克正在难以通行的山地间进军。

◀ 摄于1941年4月，巴尔克第3装甲团的坦克正在过河。

时，左翼战斗群已推进到从奥林波斯山延伸至海岸的一道陡峭山脊，新西兰第21营利用有利的地势挡住了德军的去路。巴尔克经过一番侦察后，认为成功的唯一希望在于进行大范围机动，从敌军防御可能薄弱的西侧展开包抄。他把工兵连留在原地保护大炮和坦克，命令装甲营以炮火吸引守军注意力，第2摩托车营则悄悄撤出前沿，徒步向西运动，第304摩步团2营稍后将往西进行更大范围的机动。步兵们虽没有山地作战的训练和经验，但执行命令方面非常坚决，彻夜奔走于荆棘、灌木和怪石密布的山地间。巴尔克有违常规的机动在16日晨收到奇效，当摩托车营在侧翼发起突袭，第304摩步团2营也突然出现在守军背后时，新西兰第21营陷入了恐慌之中，巴尔克判断对手已准备撤退，立即命令装甲营发起强攻，尽

▼ 摄于1941年4月16日，巴尔克在1辆III号坦克的炮塔上，左边似为英军战俘。

▲ 摄于1941年4月的希腊帕特雷（Patra），左二为巴尔克，左三为拉姆施（Horst Rämsch）中尉，右二为李斯特元帅，右一为第3装甲团1营营长德克尔（Karl Decker）中校（1941年5月接替巴尔克出任装甲团长，1943年任第5装甲师师长，1944年任第39装甲军军长）。

◀ 摄于1941年4月的希腊，装甲兵坐在坦克上小憩，背景是突兀的山体。

◀ 摄于希腊战役结束之后，德军正在举行庆祝仪式，图中站在纳粹国旗前的似乎是"希特勒警卫旗队"团团长迪特里希。

管这里的地形根本不适合装甲部队的运动。

暂停作战一日后，巴尔克率领战斗群于17日进入坦佩峡谷的东入口。这条20公里长的峡谷曾被视为坦克禁区，两侧皆为峭壁陡立的山峰，中间是水流湍急的皮尼奥斯河，河北岸是萨洛尼卡至雅典的铁路，南岸有条公路沿着山脚穿行。巴尔克的目标就是推进至南岸公路，但这里既无渡桥，也缺乏舟桥设备。巴尔克端详着四周的复杂地形，由于担心对手的炮击将对一拥而入的部队造成巨大伤亡，他命令1个连先沿着铁路路基在前面小心探路。不久后，先头坦克受阻于被炸塌的隧道，无奈之下，巴尔克派几辆坦克泅渡皮尼奥斯河，前3辆坦克幸运地渡河成功，开抵南岸后还很快驱散了澳大利亚第16旅的一部守军。其余坦克的渡河更加费时费力，不过到18日下午时，巴尔克在坦佩峡谷的西口已聚拢1个装甲营和1个摩步营的兵力，虽然所有轮式车辆都还在为渡河挣扎，但已经聚集的兵力和履带车牵引过河的4门100毫米炮，使巴尔克觉得自己已颇有底气。他立即命令手下进攻守卫拉里萨接近地的澳大利亚第16旅所部。这支守军当时已受到德军第6山地师和第2装甲师右翼战斗群的侧翼威胁，一旦巴尔克战斗群神兵天降般出现在峡谷外的开阔地，澳大利亚人的意志很快便动摇了。18日夜，澳大利亚第16旅连夜撤退，使巴尔克得以在19日晨兵不血刃地夺取了拉里萨。[30]

5天后，希军在萨洛尼卡签署了投降协议。虽然地形的限制和对手的顽强抵抗，使德军未能全歼英国远征军，但巴尔干战役无疑是德军闪电战的又一经典大胜。巴尔克也在战事中留下了自己的印记，英军的一份情报曾对巴尔克突破奥林波斯山和坦佩峡谷的作战做过如下评论：“……德军第3装甲团根本不在意进军中的困难，他们成功突破的地段一直被认为是装甲车绝无可能穿越的禁区。除此以外，还必须把巴尔克的成功归因于他的大胆决策。他在没有运输工具的情况下，命令摩托化步兵进行大范围侧翼包抄，而这种任务本应交给专门的山地部队来执行。”[31]新西兰军方也曾评论道：“……由坦克来穿越至为困难的地形，这在战争史上很少见，同样鲜见的是，那些行军里程已超过500公里的步兵们，竟然还能在艰难的状况下迅速向前推进，这是任何一个战士都能引以为荣的记录。”[32]

希腊战事后，巴尔克在5月15日被任命为第2装甲旅旅长，但不知何故，他在苏德战争爆发的第4天（6月25日），却被解除了职务，调回柏林担任补充军（Ersatzheer）司令部专员。或许是因为擅长总结分析和提出建议（希腊战事后，他曾建议淘汰装甲师的轮式车辆，因为经验表明只有坦克和半履带车才能应付复杂困难的地形），也可能是供职机动兵总监部时留下的声誉犹存，巴尔克于7月7日又被任命为陆军装备部长的特派“经济专员”，负责补充东线损失的坦克、装甲车和摩托车辆。据说，巴尔克经过近4个月努力，从各处搜罗到多达10万台的车辆。

11月1日，巴尔克出任陆军机动兵总监。古德里安曾说过“不可能找到比巴尔克更合适这

▲ 图为巴尔克的长子，第1装甲师摩托车营候补军官弗里德里希-威廉·巴尔克，他在1941年6月末丧生于东线。

这是一幅经典老图，摄于1941年11月29日，第11装甲师第15装甲团1连正与步兵一起进攻阿拉布切沃村（Alabuchevo，距莫斯科仅20公里）。图中的坦克为III号坦克E型（Ausf. E）。

▲ *摄于1941年末，机动兵总监巴尔克上校（左）到东线考察时面见古德里安（右）的场景。*

个职务的人”，但巴尔克却不这么想，他一直认为自己是个战士，他的空间应该在战场，而不是办公室里。尽管不太情愿，他还是以服从的态度认真完成各项职责。上任不久，陆军总司令勃劳希契派他到东线考察，特别是到莫斯科周边，了解装甲部队指挥官们的想法和需要。对巴尔克来说，陌生的东线是令他伤心的地方——他的长子、第1装甲师摩托车营候补军官弗里德里希-威廉6月末即已阵亡在那里。巴尔克先飞到奥廖尔，拜见第2装甲集团军指挥官古德里安，老长官的一番长谈令他深感震惊，随后三日里他跟着古德里安一起走访前线。在驱车前往第24摩托化军的第4装甲师防区的途中，巴尔克见识了厚达2米的积雪，体会到了零下40摄氏度的奇寒是什么滋味，也感受到部队的受挫感和低迷士气。当然，他也爬上缴获的T-34坦克进行仔细的考察。古德里安要求巴尔克把所见所闻如实带回国内，归途中，他还到斯摩棱斯克拜会了中央集团军群指挥官博克元帅，而后回到柏林向勃劳希契和哈尔德汇报。巴尔克在汇报时发现，勃劳希契的精神状态很差，似乎被前线局势弄得心烦意乱，而参谋总长哈尔德却乐观地相信“最后的胜利属于意志更强的一方”。在巴尔克有机会向希特勒汇报前，苏军于12月初发起了莫斯科大反攻，在德军的败退中，勃劳希契和古德里安等几十位将领先后被解职。12月30日，巴尔克在狼穴向希特勒汇报了东线考察的情况，他说无论如何困难都必须守住，因为撤退也一样面临着重重困难，在2米深的积雪和零下几十摄氏度的严寒中根本无法构筑防线，唯一的出路就是原地坚守。整整两小时，希特勒一直都在默默倾听，偶尔也打断一下。当巴尔克说东线的坦克损失甚巨时，希特勒插话称自己看到的损失数字要低得多，巴尔克则马上声称自己的数字更准确。几周后，巴尔克再次觐见元首，汇报中他曾提到30辆坦克的月产量根本不敷东线之需，希特勒惊讶地称自己刚得到的数字是月产60辆。巴尔克不依不饶地继续说：“如果是这样，那么有人向您撒了谎。”与会的凯特尔这时窘迫地插话道：“果真如此的话，我就成了那个撒谎者。”此次汇报后，希特勒立即责成有关方面提高坦克的月产量，这大约是机动兵总监巴尔克所能取得的少数实绩之一。

随着时间的推移，巴尔克越来越能体会到为什么古德里安总在说“机动兵总监是个摆设”，他也开始动心思离开这个好看但无实权的职位。经过几番努力，哈尔德批准巴尔克到前线出任第11装甲师师长。巴尔克战后曾写道：“……机动兵总监只有通过第一手的前线经验才能保持该职位的权威性。这是我一再要求到前线的正式理由。真正的原因是我实在受够了在陆军总部的日子。我是个战士，不是职员，更无意在战时成为职员。”[33]

巅峰时刻：第11装甲师在齐尔河畔

1942年5月16日，巴尔克正式就任第11装甲师师长。这支部队在刚过去的冬季防御战中损失惨重，一些下属单位支离破碎，多数团营级军官都在抱病休养，因而，此刻正在斯摩棱斯克以东休整，同时承担围剿游击队的任务。雷厉风行的巴尔克到任后，仅用一个月就将部队重组完毕，虽然车辆配置依然短缺40%，但得到不少补充兵

▲ 摄于1942年6月28日，巴尔克第11装甲师在季姆河附近的集结地。

▲ 摄于1942年6月28日，第11装甲师的坦克正在渡越季姆河，之后将向沃罗涅日推进。

▲ 摄于1942年7月中，巴尔克（中）和他的助手们，左为首席作战参谋基尼茨少校，右为副官卡尔德拉克（Guenter Kaldrack）。

▲ 摄于1942年7月中的一次授勋仪式上，第110装甲掷弹兵团团长卢茨（Hellwig Lutz）上校正向师长巴尔克敬礼。

◀ 拍摄时间不详，满脸疲惫的第11装甲师师长巴尔克。

员，士气也有显著提高，到6月28日前又拥有了155辆各型坦克（15辆II号、124辆III号、13辆长管和短管IV号及3辆指挥坦克）。[34]

6月28日，德军发起了代号"蓝色作战"的三阶段夏季攻势，第一阶段的任务是夺取工业中心兼铁路枢纽沃罗涅日，两路德军将从库尔斯克和别尔哥罗德出发，分别向东和东北推进，以会合于沃罗涅日以西，围歼奥斯科尔（Oskol）河与顿河之间的所有苏军为目标。第一阶段完成后，德军步兵师将在奥廖尔至沃罗涅日之间构筑了一条坚固的防护带。装甲师和摩托化师则沿顿河朝东南方推进，目标是与哈尔科夫方向杀出的德军建立联系，合围此间的大量苏军。在第三阶段，沿顿河进军的德军将与从塔甘罗格方向进军的部队会师于斯大林格勒附近，从而在顿河河曲围歼数量巨大的对手。一旦实现前述所有目标，德军将正式打响扑向高加索产油区的作战。[35]

第11装甲师并未参加前述三个阶段的所有作战。巴尔克所部隶属于第4装甲集团军的第24装甲军（还辖有第9装甲师、第3摩托化步兵师和第377步兵师），6月28日时从库尔斯克出发，强渡季姆（Tim）河后开始追击撤退中的苏军。一星期后，德军推进至沃罗涅日附近，苏军在这里投入重兵布防并展开过多次反扑。6月28日至7月9日间，第11装甲师摧毁了196辆苏军坦克，[36]布良斯克方面军的第4坦克军（145辆坦克）几乎被巴尔克师全歼。第11装甲师官兵们对新师长的指挥能力刮目相看，不过，他们印象最深的还是巴尔克的意志力和指挥风格。战役发起之初时，第11装甲师尚在季姆河右岸作战，巴尔克和副官韦布斯基（von Webski）上尉的指挥车跑在最前面，他们突然遭到苏军重炮的轰击，当时正说话的韦布斯基被炸成重伤，8日后丧生。[37]几天后，巴尔克和首席参谋军官基尼茨（Franz-Joachim Kienitz）少校在研究作战地图时，1架低空掠过的苏军战斗机向他们进行扫射，地图上顿时留下几个弹孔，所幸两人均安然无事。[38]如果说巴尔克的运气一直不错的话，那么7月4日的一场短兵相接，则让官兵们见识了师长的胆量：当天有17辆T-34突然出现在师部附近，并在800米外开炮，师部的官兵和后勤阵脚大乱，只有巴尔克还保持着惯常的镇静，他立即召唤不远处的坦克赶来支援。第15装甲团战史上曾留有这样的记载：

“……师长站在指挥车车顶，模样虽有点怪，但显然正在发号施令，他命令刚赶到的坦克指挥官立即发动反击，很快便消灭了幽灵般浮现的苏军。在短促激烈的战斗中，3营长布尔施廷（von Burstin）少校阵亡，所有17辆苏军坦克都被击毁。”[39]

7月末，德军完成了“蓝色作战”第一阶段的任务，巴尔克于8月1日晋升为少将，并在月底时率部开往布良斯克附近休整。两个月的作战中，巴尔克所部取得了击毁苏军坦克501辆的战绩——其实，在接手该师之初，巴尔克还曾在苏希尼奇（Sukhinichi）防御战中创下过“单日击毁91辆敌军坦克”的惊人记录。[40]巴尔克所部9月间成为第2装甲集团军的预备队，10月和11月的多数时间里是中央集团军群的预备队。

11月19日至22日，苏军在斯大林格勒地区发起了大反攻，很快便将保卢斯的第6集团军团团围住。轴心国北翼的罗马尼亚第3集团军抵挡不住苏军第5坦克集团军、第21和第63集团军的重击，不仅狼狈逃离顿河河曲部，还被推挤到齐尔河的对岸。苏军反攻前不久，第48装甲军（辖第22装甲师和第1罗马尼亚装甲师）曾被派到罗军背后加强防御。但是，苏军攻势一旦发起，罗军防线便告崩溃，致使第48装甲军自身也在11月27日被包围在卡拉奇西北地域。第48装甲军经过一番苦战后于29日逃出险境，并在齐尔河中段的西岸建起一条薄弱的防线。曼施坦因就任顿河集团军群指挥官后，虽然全部精力都放在了如何救援第6集团军上，但他非常清楚齐尔河防线的重要性，他认为只有守住齐尔河西岸的突出部，南面的第4装甲集团军的侧翼才有保障，才能按时发起解救第6集团军的攻势。另外，截至11月27日时，齐尔河防线还是最靠近第6集团军西翼的地域，保卢斯的副官亚当（Wilhelm Adam）上校，甚至还在顿河与齐尔河交汇处的对岸（靠斯大林格勒一侧），维持着一个距包围圈仅20英里的小桥头堡。曼施坦因命令第48装甲军务必死守齐尔河防线，时机成熟时该军也将加入救援作战的序列。

11月25日，正在罗斯拉夫尔清剿游击队的巴尔克收到急电——命令他率领第11装甲师立即乘火车南下，赶往罗斯托夫北面的米列罗沃（Millerovo）后，再沿公路前往莫洛佐夫斯卡亚

▲ 摄于1942年9月，巴尔克在他的装甲指挥车上。

▲ 摄于1942年9月，巴尔克（右）与空军上将里希特霍芬（左）在交谈。

▲ 摄于1942年11月底的米列罗沃，巴尔克（中）的第11装甲师刚刚抵达，准备参加解救第6集团军的攻势。

▲ 摄于1942年11月底的米列罗沃，巴尔克和司机在座车前留下了这张照片。

（Morozovskaya）集结，准备参加解救第6集团军的攻势。就在巴尔克所部驱车数百公里南下的同时，第48装甲军军长海姆（Ferdinand Heim）被解职，克拉默（Hans Cramer）将军随后代理了几天，在12月4日又将指挥官移交给克诺贝尔斯多夫将军，军参谋长就是一周前刚刚到任的梅林津。第48装甲军军部当时设在齐尔河与顿河交汇处的下齐尔斯卡亚（Nishne Chirskaya），隶属装甲军的第336步兵师以其3个团在齐尔河西岸构筑防线，该师南翼是所谓的"亚当集群"（由第6集团军包围圈外的后勤和休假归队者组成），北翼则是空军第7野战师的1个团和一些后勤单位。第11装甲师于12月5日夜被划归第48装甲军节制，巴尔克和他的首席作战参谋基尼茨带着先头部队于6日抵达战场，第15装甲团、第119装甲炮兵团和几个支撑单位也于同日抵达第336步兵师的后方，但第110和第111装甲掷弹兵团、第61摩托车营等主力需要到7日下午才能开抵。[41]

曼施坦因准备发起救援反攻的同时，苏

军却在齐尔河沿线抢先下手。罗曼年科（P. L. Romanenko）将军的第5坦克集团军陈兵齐尔河沿岸已有十余日，休整补充完毕后，他的集团军拥有8.5万人，所属的第1坦克军、第5机械化军和第8骑兵军等部合计拥有大约280辆坦克。[42]7日晨，罗曼年科发起了进攻，他把主攻点恰到好处地选在第336步兵师左翼与空军野战团的结合部，很快便轻松撕开了德军防线，第1坦克军开始朝西南的第79号国营农场（Sovchos）扑来。上午9时，第48装甲军命令巴尔克速派第15装甲团进行反击。巴尔克和基尼茨都不在师部，当时他们正在齐尔河与顿河交汇处勘察地形，师部的一位中尉接令后，未经请示就向第15装甲团团长席梅尔曼（Theodor Graf Schimmelmann von Lindburge）上校传达了命令，而后者也毫不迟疑地领受了任务，他的第3营15分钟后即从上索罗诺夫斯基（Verchne Solonovski）南面几公里处向北进军。巴尔克战后曾写道：“……当我正沿着齐尔河侦察地形时，传来了苏军突破防线后，已楔入第336步兵师左翼的坏消息。我立即驱车赶往第336步兵师师部的所在地上索罗诺夫斯基。师长卢赫特（Walter Lucht）还很镇静，情绪似乎也不错。我把自己的指挥部设在他的师部边上，这虽然有违条令，但接下来的战事发展证明这种做法颇有成效。”[43]

尽管有第15装甲团支援，第336步兵师还是无法阻止苏军第1坦克军的推进，到夜幕降临时，苏军已深入德军后方10余英里，第79号国营农场也被苏军占据。不过，由于天色已晚，苏军主动停止了进攻，第11装甲师所部也相应地在农场南面和西南建起阻击阵地。军部命令巴尔克次日晨以全师之力夺回农场，并将苏军坦克赶回齐尔河对岸。巴尔克仔细分析了命令，也充分考虑了地形因素，他认为，如果苏军强大到足以迫使第48装甲军放弃参与救援作战的话，那仅把对手赶走还远远不够，必须把对手彻底消灭。巴尔克随后说服了梅林津和军长克诺贝尔斯多夫，于是，当晚传来的新命令改成要求巴尔克“摧毁敌军”——至于怎么摧毁，军部未置一词。1984年，梅林津曾在美军举办的一次“战争艺术研讨会”上，骄傲地向美军将校们说：“……这道命令很简单，‘摧毁对手！’我们不规定是正面进攻还是后方突袭。前线指挥官全权决定应该做什么。我们不在乎这些细节。”[44]巴尔克晚年在接受美军历史学家斯托尔菲（R.H.S. Stolfi）采访时曾说，上级们当着他的面说过：“那个老巴尔克又回来了，他想干什么就让他干好了。”

即将展开的第79号国营农场之战，以及随后两周的一系列作战，将充分展示出巴尔克作为装甲师长的头脑、谋略、胆识和风格。首先，他任何时候都保持着旺盛的斗志，因为他深信指挥官的精神面貌对部队的信心和士气有着重要影响。其次，他确保任何时候都把坦克和装甲车派去执行它们最擅长的任务——以速度和机动实现突破，而非承担静态的防御职责。第三，为保证突然性，他尽量少地使用通信手段，而是依靠口头传令，尽可能亲自向团营长们口授命令，并当面解决误会与分歧。第四，战斗中他尽量出现在最前沿，因为他坚信这样做既便于掌握敌情，又能鼓舞士气，因而他经常把参谋们留在后方，只通过无线电与参谋长保持沟通。第五，他极力倡导“夜行军”（联系起他在法国和巴尔干的作为），对此，他曾说过：“……我师经常在夜间和拂晓前敌军最脆弱的时候进入攻击阵地，然后在敌人开始运动前一小时发起进攻。这种战术当然需要艰苦的努力，但的确能减少流血牺牲。由于对手完全意料不到我们会在此时进攻，所以我们的伤亡极少。”[45]最后，巴尔克的标志性战术就是突袭敌军的侧翼和后方，而且通常是在对手开始进攻的同一时刻，予敌以突然打击。这些战术和风格使巴尔克常常能在短时间内取得最大的战术成功，也使第11装甲师成为1942年底1943年初战斗力最强的装甲师之一。

卢赫特希望第11装甲师能正面反击沿河谷

◀ 摄于1942年12月8日，在第79号国营农场附近被击毁的苏军KV-1重型坦克。

▼ 摄于1942年12月初，第11装甲师所部在79号国营农场附近运动。

▲ 成就巴尔克的齐尔河巅峰之战的第15装甲团团长席梅尔曼上校。

▲ 摄于1942年12月初，被巴尔克夺回的第79号国营农场。

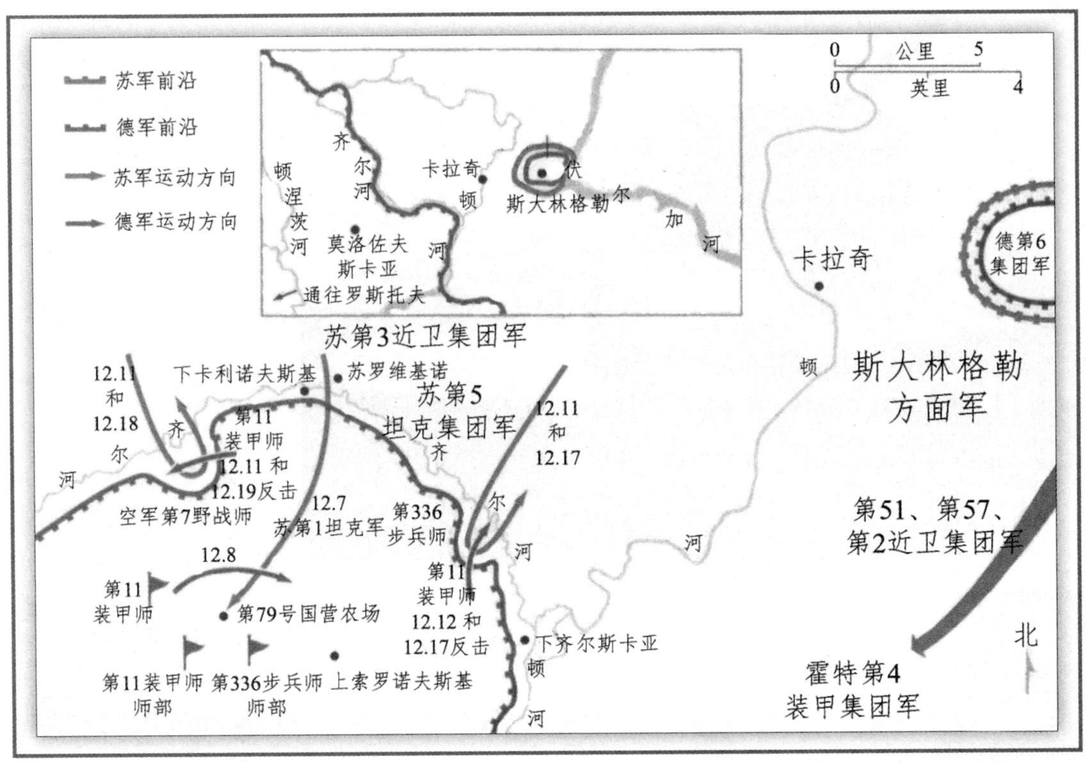

▲巴尔克第11装甲师的齐尔河之战示意图（1942.12.7—12.21）。

突破进来的苏军第1坦克军，但巴尔克认为困难的地形使得正面反击很难奏效，他把工兵营、反坦克营和高射炮营等部署在农场南面，任务是挡住对手的继续南进，第110装甲掷弹兵团被部署在农场西侧，农场东面也安排了一些步兵单位，第15装甲团和第111装甲掷弹兵团则沿着农场西侧便于运动的高地，向北摸到苏军的侧翼和后方就位。第336步兵师的炮兵也奉命开到农场周边进行火力支援。所有部署都在7日夜完成，因此，苏军第1坦克军的70余辆坦克进入夜间休息时，巴尔克已神鬼莫测地将对手悄悄包围。根据第48装甲军战时日志的记载，8日拂晓前，第111装甲掷弹兵团率先进攻，15分钟后第15装甲团投入战斗，又过了半小时，南面的第110装甲掷弹兵团也发起了进攻。巴尔克的反击取得了预期的效果，第15装甲团首先伏击了苏军第333步兵师一部，迅速摧毁了长长的一队军车后，装甲团从农场背后朝第1坦克军所部发起了猛攻，而苏军当时正在集结，准备杀向德军第336步兵师的后方。第110装甲掷弹兵团由南向北进攻农场时，在河谷地带意外发现了另一批苏军坦克，随后切断了这些坦克与支援步兵的联系。第15装甲团与第110装甲掷弹兵团下午3点时携手夺回了农场，其他部队也开始着手恢复第336步兵师被撕开的左翼。到暮色沉沉之时，部分苏军杀出重围后退到齐尔河，战场上留下了53辆苏军坦克的残骸。[46]

以攻代守，以先发制人代替被动反应，以侧翼包抄代替正面强攻……巴尔克以这些战术成功重创苏军第1坦克军，将对手赶回齐尔河对岸，取得了令人印象极深的战术胜利。不过，苏军沿着整条齐尔河已建起多个桥头堡，此后的日子里，德军防线将“此起彼伏”地被突破，巴尔克装甲师也将不断地扮演"救火队"的角色。他在战后曾回忆道："……12月9日至17日，每天都重复着同样的故事：俄国人在X点突破——我们反攻——夜间局势恢复。作为'奖励'，又传来苏军在东面20公里处突破的消息。我们立即转向，坦克、步兵和炮兵在冬夜里开着大灯疾驰而去。拂晓时，我们又出现在苏军最脆弱的地段，发起进攻，粉碎敌人。同样的'游戏'下一个早晨继续进行，只不过是往西或往东10或20公里外的某地。"[47]巴尔克所部充任"救火队"的这段日子里，霍特的第4装甲集团军也取得过救援作战的初期成功。巴尔克曾说："……我们吸住的敌军越多，第4装甲集团军的任务就会越容易。每天都令人心焦的问题是，'我们的对手第5坦克集团军还在这一带吗？他们是不是开到霍特那个方向去了？'每次当我们得知苏军坦克又突破了第48装甲军的防线时，我们的反应都是'感谢上帝，他们还在'。"[48]巴尔克的这段自述，无疑反映出他是一个既顾全大局，又具有高度自信心的指挥官。

11日白天，巴尔克率部铲除了苏军位于奥斯特洛夫斯基（Ostrovski）的小桥头堡，入夜时分，军部来电称苏军当日又在两处实现了突破：一是位于第336步兵师东翼的利辛斯基（Lissinski），另一处则是在北面22公里外的下卡利诺夫斯基（Nizhna Kalinovski），苏军第5机械化军已楔入德军第7空军野战师（12月9日划归第48装甲军）的防区4公里。巴尔克接到尽快铲除这两个突破口的命令时，第110装甲掷弹兵团和第61摩托车营正在第336步兵师两个团的结合部协助防御，他决定留下这些部队，自己将率领第15装甲团和第111掷弹兵团首先消灭利辛斯基的苏军，然后再开往下卡利诺夫斯基。巴尔克连夜完成了机动，部署在苏军侧后方的装甲团和掷弹兵团，12日晨4点45分时准时发起了突袭。"老戏"依然在上演，苏军又一次措手不及，12日午后时利辛斯基的险情已被化解。下午，巴尔克率领装甲团和掷弹兵团全速奔赴西北方的下卡利诺夫斯基，这一次他显然认为速度和力量的集中比出其不意更重要，与苏军第5机械化军头对头地碰撞一番后，夜幕降临时苏军被逼退到河岸附近。13日晨，巴尔克正准备故伎重演，但苏军第1坦克军在奥斯特洛夫斯基西面发起了同步进攻，迫使巴尔克中止反攻，改为朝东南方转进，以挫败对手对自己侧翼的威胁。

18日，第11装甲师经过两天休整后，准备在下齐尔斯卡亚附近渡过顿河，参加救援第6集团军的作战。但是，攻势发起前一刻，巴尔克意外接到了取消作战的命令——苏军第5坦克集团军从奥斯托洛夫斯基至利辛斯基之间的地带再次越过齐尔河，第336步兵师的防区全线告急。巴尔克不得不返回几日前的战场，再次扮演"救火队"角色。第11装甲师迅速北上赶去救援，就在杀得兴起之时，巴尔克在傍晚时分接到梅林津来电，命令他立即率部赶往西北面的下卡利诺夫斯基。巴尔克当时还想先解决眼前的对手，然后再执行新任务，但梅林津坚持要求先去铲除更棘手的下卡利诺夫斯基桥头堡。巴尔克于是中止进攻，在坦克和车辆加满油、官兵吃完饭后，连夜赶往20公里外的下卡利诺夫斯基。19日晨5点，装甲团团长席梅尔曼发现了一队苏军坦克，他带着手下悄悄跟在队列的后面，苏军显然既未留意到德军的出现，也不知道后面跟着的不是自己人，糊里糊涂中42辆苏军坦克便被逐一摧毁。接下来，席梅尔曼命令尚能作战的25辆坦克开到一块洼地埋伏下来，等待第二波苏军坦克的出现。当23辆苏军坦克果然出现在前方山脊的顶部时，占据有利地形的德军坦克发射的炮弹，几乎全都命中了对手的"腹部"，几分钟内就全歼了这批坦克。当日战斗结束时，第15装甲团取得了击毁65辆坦克、自身无一损失的骄人战绩。巴尔克在燃烧着的坦克残骸间，热情地向席梅尔曼和装甲兵们表示祝贺，他在战后曾写道："……过去几日里的紧张和压力一扫而光，炮塔上露出的都是笑脸。这支部队真是战无不胜。”[48]

12月20日，巴尔克因在齐尔河防御战中的杰出表现，获颁第155枚橡叶骑士勋章，第11装甲师的大名再次登上了国防军战报。不过，就在20日夜21日晨，第11装甲师经受了一次严峻考验，当时第110和第111掷弹兵团的结合部被苏军突破。巴尔克闻讯后迅速赶到战场，命令搜索侦察营在部分坦克的支援下立即反击，两个团之间的缺口终于在21日上午9点被堵住。到此时为止，齐尔河沿线惊心动魄的14天防御战算是告一段路。巴尔克1979年回忆此战时曾说：“科涅夫一次使用一个军进行突破。下完命令后他就到另一处视察去了。之后，苏军的进攻就像刀切黄油般穿过我们薄弱的防线。再往后苏军的攻势却停顿了，因为他们不知道下面该做什么。我等的就是这个时刻，反击令下达后，一眨眼的工夫就消灭了他们。与此同时，科涅夫又来到下一个军，接着下达类似的命令，同样的游戏还在继续。进攻，反攻，进攻，反攻……就这样，这些苏军都被依次歼灭。我就是以这种方式，以一师之力敲掉了整个第5坦克集团军。之所以可能做到这一点，主要原因是苏军指挥官没有受过很好的训练。但来年他们就有了长足进步，有了更多的训练和经验，我们的日子也因之明显地艰难起来。”[49]

巴尔克对装甲部队的指挥调遣，经过齐尔河之战可谓已臻相当境界，但个别指挥官的才华、战术上的优势和局部胜利并不能扭转南线德军的整体局势。就在第4装甲集团军努力朝着斯大林格勒方向进攻的同时，苏军西南方面军在齐尔河上游向意大利第8集团军发起了猛攻（即“小水星”作战），两天后撕开了防线，数个坦克军和机械化军顺着缺口迅速南下，尤其是巴达诺夫（Vasily M. Badanov）将军的第24坦克军展开了一场极为壮观大胆的长途奔袭。12月21日，巴达诺夫的先头坦克旅距德军最重要的物资中心和空军基地塔特辛斯卡亚（Tatsinskaya）仅有20公里，苏军轰炸机也开始光顾塔特辛斯卡亚东北不远的另一基地莫洛佐夫斯卡亚。意军的溃败暴露出“霍利特集团军级支队”的侧翼，顿河集团军群的左翼与B集团军群之间的联系也被撕开，如果任由苏军机械化部队继续南下并攻占罗斯托夫的话，顿河集团军群与高加索的A集团军群都有可能陷入巨大的口袋中。为化解左翼和后方的危险，曼施坦因被迫将战斗力很强的第6装甲师从第4装甲集团军调往自己的左翼，负责保护塔特辛斯卡亚和莫洛佐夫斯卡亚这两个空运斯大林格勒的关键机场——这一调动实际上也标志着救援第6集团军的“冬季风暴作战”的终结。[50]几乎与此同时，曼施坦因又命令第48装甲军军部和第11装甲师赶往莫洛佐夫斯卡亚，负责阻挡苏军的推进和屏障罗斯托夫的安全。

军事历史学家海沃德（Joel S. A. Hayward）曾写道：“……12月24日中午，也即是苏军装甲矛头摧毁塔特辛斯卡亚机场不久，曼施坦因命令第11装甲师脱离第4装甲集团军建制，要求该师承担守卫莫洛佐夫斯卡亚、夺回塔特辛斯卡亚、阻止苏军第24坦克军南下进攻罗斯托夫等一系列任务……第11装甲师逐渐挡住了苏军向罗斯托夫的进军，也在28日夺回塔特辛斯卡亚，但苏军已摧毁了这里的物资储备、装备和零部件。”[51]海沃德的描述基本准确，除了第11装甲师接获命令的时间以外——巴尔克在23日凌晨5点左右接到正式命令后，当夜就率先头部队开拔。24日晨，巴尔克率领的第15装甲团（仅剩22辆坦克可作战）、第119装甲炮兵团（欠4营）和1个步兵营，在塔特辛斯卡亚北面8英里左右的斯卡西尔斯卡亚（Skassyrskaya），突然遭遇苏军第24摩托化步兵旅。就在巴尔克与对手展开激战并夺取了卡利特瓦（Kalitva）河渡桥之时，苏军第24坦克军的坦克旅已冲进塔特辛斯卡亚机场，T-34坦克在跑道上来回行进碾压，恣意地摧毁未及起飞的运输机，以及堆积如山的物资装备。很多资料称巴达诺夫所部摧毁了300多架德军战机，

▲ 摄于1944年12月，巴尔克装甲师在齐尔河的战斗中一直扮演着救火队角色。图为第11装甲师的步兵把守的一处阵地。

▲ 摄于1942年底，第11装甲师的一辆装甲车（SdKfz 251.3 Ausf.C）准备出发。车头正中绘有该师的战术符号。

▲ 摄于1944年12月，作战间隙中的第11装甲师士兵在积雪和寒风中倒头就睡。由于经常夜间行军，白天作战，官兵们的休息时间极少，连巴尔克自己都称“什么时候睡觉仍是一个未解之谜”。

▲ 摄于1942年底，第4装甲集团军所部准备继续朝斯大林格勒方向展开救援。

▲ 图为巴尔克的女婿、阵亡于斯大林格勒前线的施伦特（Hans-Heinrich Schlenther）中尉。

（朱可夫的战后回忆即是如此，巴达诺夫本人战后甚至声称摧毁敌机431架、坦克84辆、击毙或俘虏德军11292名！[52]）这个数字高得令人难以置信——海沃德的研究表明，德军170架能够升空的Ju-52和Ju-86中，只有46架被（占27%）被毁，其他战机得以升空逃逸并降落在周边其他机场里。[53]当然，即使苏军战果被大大高估，或被人为篡改扭曲，这次突袭也沉重打击了德军空运补给斯大林格勒的能力，还造成对手从上到下的大恐慌——不少人曾担忧，说不定哪天早晨睁开眼睛时，苏军的T-34已行驶在罗斯托夫街头！

不幸的是，完成奔袭壮举的巴达诺夫很快发现自己的后路已被切断——巴尔克的第15装甲团、第111掷弹兵团和部分炮兵，于24日下午击溃了巴达诺夫的第130坦克旅，迫使这部分苏军撤至塔特辛斯卡亚东北5公里处的175高地。巴达诺夫命令剩下的坦克全部向175高地靠拢（第54坦克旅留下3辆坦克和部分步兵驻守机场东侧），但是他的明码电文被巴尔克截获，后者命令转运途中的其他部队在抵达后即刻包围175高地。夜幕降临时，第11装甲师一边与高地周围的苏军保持着3公里距离，一边等待增援——盛怒的希特勒已经命令曼施坦因，“不留活口地彻底摧毁苏军第24坦克军”！后者迫于压力，决定把第6装甲师的一个战斗群派来支援巴尔克。

25日和26日两天，由于力量不足（巴尔克分出部分兵力驻守莫洛佐夫斯卡亚，支援空军地面部队与苏军第25坦克军残部的作战；第15装甲团25日下午时仅剩9辆坦克能够参战），巴尔克无力突破对手的防线；苏军由于疲惫和弹药油料所剩无几，也不能打破德军的包围，倒是德国空军向塔特辛斯卡亚镇和机场进行了轰炸，造成巴达诺夫所部损失惨重。26日夜，几乎整个第6装甲师都开到塔特辛斯卡亚周边增援第11装甲师，巴尔克把自己的主力放在北面和东北布防，一个混合战斗群被部署在东面，第6装甲师的一个战斗群被派往南面设防，只有西面还存在若干缺口。27日，巴尔克开始挤压包围圈，两个装甲师的炮火和空军的轰炸结束后，苏军第130坦克旅的防线被突破。第6装甲师的16辆坦克在一个掷弹兵营支援下，从西面向苏军第54坦克旅发起了同步进攻。油料的短缺使苏军坦克失去了机动能力，炮弹的匮乏又使巴达诺夫无法还击对手，包围圈在27日日落时已变得非常狭小。28日凌晨，巴达诺夫率领余部朝西北方拼命突围，最终有12辆坦克和30辆卡车突破了德军第4装甲掷弹兵团的防线。但是，就连这些坦克和车辆，据说也被追击的德军所摧毁，巴达诺夫的第24坦克军可谓全军覆没。

1943年1月末，巴尔克晋升为中将，第11装甲师此刻正在顿河与马内奇（Manich）河交汇处的马内奇斯卡亚（Manytschskaya）村作战，负责掩护撤退中的第4装甲集团军南翼。巴尔克采取声东击西的战术，以伤亡15人的些微代价，杀伤和俘虏苏军500余人，还击毁坦克20辆，当然最重要的是夺取的马内奇河渡桥——只要这座渡桥存在，就能确保第1和第4装甲集团军逃生之路的畅通，因而决定性地挫败了苏军从南面夺取罗斯托夫的意图。据梅林津所言，1962年时巴尔克曾收到过霍特的感谢信，后者声称“如果不是第11装甲师的话，第4和第1装甲集团军当时都难以逃离陷阱”。[54]下面的数字可以大致反映第11装甲师在巴尔克领导下是何等的彪悍和高效：1942年12月7日至1943年1月31日间，第11装甲师共摧毁苏军坦克225辆、反坦克炮347门、大炮35门、击毙对手30700人，自身损失16辆坦克和12门反坦克炮，215人阵亡、155人失踪、1019人负伤。[55]

1943年2月，巴尔克师被划归第40装甲军领导，先后转战于斯拉夫扬斯克、康斯坦丁诺夫卡和克拉马托尔斯卡亚（Kramatorskaja）等地，负责与第7装甲师等部队一起恢复与伊久姆地区德军的联系，同时将苏军赶回顿涅茨河对岸（参见第2卷第3章）。2月末，第11和第7装甲师、党卫军"维京"师等联手重创了苏军"波波夫装甲集群"，实现了曼施坦因的哈尔科夫反击战第一阶段的所有目标。

1943年3月4日，巴尔克成为德军第25枚（陆军第4枚）双剑骑士勋章得主，次日，他被解除职务后成为后备将领。巴尔克领受双剑骑士勋章时，曾与希特勒交谈过1小时，还接受了元首馈赠的1500帝国马克（据信他在1944年把这笔钱交给了在西线洛林的第11装甲师），而后与妻子到斯洛伐克休假。[56]不过，轻松的时光并未持续多久，巴尔克又被任命为"大德意志"师代师长（原师长霍尔雷恩于3月底回国休假）。4月4日，他回到东线南方的波尔塔瓦，准备率领该师参加"城堡作战"。由于"城堡作战"一再推迟，除进行训练备战外，巴尔克并没有机会领导"大德意志"师实际参战。6月10日，随着霍尔雷因回归本职，巴尔克结束了在"大德意志"师的日子，回国后他又与妻子来到斯洛伐克的塔特拉山脉（Hohe Tatra）度假。这里有喀尔巴阡山脉中最雄伟的山体，在壮观秀美的景色中，巴尔克度过了一段难忘的时日，用他自己的话来说，"把战争、军旅、政治和一切都抛在脑后了"。[57]

▲ *1943年4月至6月，巴尔克曾代理"大德意志"师师长，据信本图摄于这一时期。*

防守反击：萨勒诺滩头—基辅突出部—桑多梅日桥头堡

巴尔克的二战生涯还有着在意大利战场的5个星期的"插曲"——1943年9月2日至10月8日，他代替休假的胡贝出任第14装甲军代军长。第14装甲军是8月末新组建的第10集团军的两个军之一（另一个是第76装甲军），下辖第16装甲师和"赫尔曼·戈林"装甲师。9月2日，巴尔克在罗马附近见到了南线总司令凯塞林和即将回国的胡贝。这时，第16装甲师被部署在萨勒诺湾附近，"赫尔曼·戈林"装甲师则驻防那不勒斯湾。9月7日，德军侦察发现，盟军船队离开地中海和西西里岛港口后向北驶去，巴尔克当夜即向

▲ *摄于巴尔克代理"大德意志"师师长期间，他正与装甲团1营长珀瑟尔（左）少校交谈。*

▲ 这张罕见的图片可能摄于1943年上半年，巴尔克当时代理“大德意志”师师长，图中他（右二）正与迪特里希（背对镜头者）交谈，最左侧之人为GD装甲团团长施特拉赫维茨上校。

所属的两个师下达了战备令。8日，德军进一步发现，1支约有80至100艘船、90至100艘登陆艇的船队，在10艘战列舰、3艘航母及若干驱逐舰和巡洋舰保护下，离开巴勒莫港向北驶来。德军判断，这支舰队将于次日在第14装甲军防区进行两栖登陆。不过，巴尔克此时无法判明对手是将在那不勒斯登陆，还是将在萨勒诺抢滩。第10集团军指挥官维廷霍夫命令第76装甲军军长赫尔（Traugott Herr）速将第29装甲掷弹兵师派往萨勒诺地区。虽然巴尔克的两个师还处于警戒观望中，但在战役层面上，盟军登陆萨勒诺前，德军已做好了集中兵力将盟军赶入大海的准备。[58]

9日，盟军第5集团军的英军第46、第56步兵师及美军第36步兵师在萨勒诺地区登陆。面对盟军的是西肯纽斯少将的第16装甲师，该师看护的是从萨勒诺直至南面的阿格罗波利（Agropoli）的25英里长滩头。西肯纽斯沿着前沿构筑了8个支撑点，准备了4个机动战斗群（各由1个步兵营、若干坦克和炮兵组成），还把大炮安置在能够俯瞰海岸的高地上。巴尔克并不担心西肯纽斯的防区，事实上，第16装甲师当日以凶猛的火力和小规模装甲反击打乱了盟军的抢滩计划，也限制住了盟军最初的滩头阵地。但是，盟军在萨勒诺西面的山区投入了美军的游骑兵和英军的别动队，这些轻装部队以突袭方式一举夺取了马约里（Maiori）和维耶特里（Vietri）等村庄。为阻止对手沿这些村庄继续推进，巴尔克命令“赫尔曼·戈林”装甲师准备南下，同时派其搜索侦察营先行一步，抵达战场后配属给第16装甲师。当日中午，“赫尔曼·戈林”装甲师的搜索侦察营与第16装甲师搜索侦察营取得联系，但未能打退诺切拉（Nocera，位于萨勒诺西北）山脊北面的盟军，于是巴尔克又命令“赫尔曼·戈林”装甲师的一个团级战斗群支援第16装甲师。由于担心盟军在北面进行后继登陆，巴尔克通过集团军命令第15装甲掷弹兵师从罗马赶来加强防御。

10日，"赫尔曼·戈林"装甲师的主体在诺切拉周围集结完毕，已在此处作战的第16装甲师搜索侦察营被配属给"赫尔曼·戈林"装甲师。由于第76装甲军军部和第29装甲掷弹兵师很快将从南方赶到，维廷霍夫认为只靠巴尔克的一个军部无法控制漫长的半弧形防线——这条防线从萨勒诺西面的阿马尔菲（Amalfi）海滩直至南面的阿格罗波利。维廷霍夫于是把第16装甲师移交给第76装甲军，"赫尔曼·戈林"装甲师和第15装甲掷弹兵师仍归巴尔克节制。11日，德军继续调遣兵力和进行反击准备（第29装甲掷弹兵师和第4伞兵团等赶到），盟军也将预备队第45步兵师大部和英军第7装甲师一部送上了滩头。12日，巴尔克命令"赫尔曼·戈林"装甲师夺取维耶特里北面的高地，该师冒着猛烈的炮火完成了任务，第16搜索侦察营还逼近到距萨勒诺城仅2公里处。

13日，第76装甲军以第16装甲师和第29装甲掷弹兵师为主体，发起了规模最大的一次反击，到下午晚些时候，美军防线岌岌可危，德军坦克和装甲车逼近海岸，在他们与大海之间就只剩下美军第158和第189野战炮兵营的榴弹炮，以及第636驱逐坦克营的一些反坦克歼击车了。就在这时，奇迹出现了，势如破竹的德军坦克突然止步，尽管时间很短，但美军炮兵回过神来，以连绵不绝的炮火挡住了德军。在巴尔克的战区内，英美步兵在舰载火炮支援下继续进攻，而德军的所有行动都受到这些炮火的极大限制——巴尔克战后曾表示"对盟国海军的炮火，我们毫无办法"。由于13日的反击取得过局部成功，维廷霍夫乐观地相信对手的防线正在坍塌，他的情绪也感染了凯塞林和最高统帅部。维廷霍夫在战后的回忆录中曾声称，他的两位军长——巴尔克和赫尔当时都"过于乐观，只有他自己还保持着警惕"。但维廷霍夫的战时日记却清楚地表明，盲目乐观的恰恰是他本人，巴尔克根本不相信盟军准备撤离和放弃桥头堡。14日，500架盟军轰炸机对德军集结地进行了地毯式轰炸，多艘军舰的巨炮也在终日轰鸣，损失惨重的德军无可奈何地放松了对滩头阵地的压力。16日，维廷霍夫以"赫尔曼·戈林"装甲师和新到的第26装甲师为主，又发起了一次大的反攻。有史家称这两个师刚一开始进攻，就遭到大炮、舰载火炮和坦克炮的全面轰炸，付出巨大的伤亡后也只前进了200米而已。[59]事实上，第26装甲师的反攻开始时相当顺利，但不久后被盟军炮火扼杀；"赫尔曼·戈林"装甲师先向东进军，而后突然折向南面，一度曾令盟军大吃一惊，还夺取了萨勒诺东面重要的419高地，当然最后还是功亏一篑，既不能抵达滩头阵地，也无法与左翼的第16装甲师取得联系。巴尔克当日晚些时候命令"赫尔曼·戈林"装甲师再做尝试，该师师长虽不情愿，但在巴尔克的严令下还是勉强发起了进攻。盟军舰载巨炮再次发挥决定性威力，连续摧毁了"赫尔曼·戈林"装甲师两个突击营的营部，由于群龙无首，德军的最后一次反击很快偃旗息鼓。当夜，巴尔克认为再从北向南进攻萨勒诺已不能取得成功，反而会使萨勒诺—那不勒斯公路东西两侧的部队被向北进攻的盟军撕裂。维亭霍夫同意巴尔克的判断，取得凯塞林同意后，他命令第14装甲军与对手脱离接触，第29装甲掷弹兵师在17日将以最后一次进攻掩护全面撤退。

此后，维廷霍夫以延迟阻击的方式缓慢后退，以便凯塞林能有充裕的时间在那不勒斯和罗马间构筑防御体系，即所谓的"古斯塔夫防线"。9月28日，第10集团军占据了一条西起那不勒斯以南、东至亚德里亚海东南岸的完整防线。10天后，第14和第76装甲军撤至"A"防线，即从地中海边的沃尔图诺河延伸至亚德里亚海岸的过渡防线。不过，这也是巴尔克在意大利的最后一天——10月初视察部队时，他乘坐的轻型飞机发生意外，他虽大难不死，但折断了数根肋骨。8日，巴尔克将第14装甲军移交给森格尔将军后（巴尔克在自传中称自己把装甲军还给了胡贝，可能记忆有误），次日搭机回国养伤。在总结意大利的这段经历时，巴尔克曾在自传中称其“既有趣又难以令人满意”。如果说他从这里带走了什么“印象”的话，首先应是盟军的炮火，尤其是海军炮火的巨大威力，萨勒诺反击数次功败垂成的主因，显然就是盟军炮击的强度、密度和精度。至于第二个“印象”，似乎是盟军只要扛住了德军最初的重击，随着增援的抵达和物资装备优势的发挥，似乎总能在最后“翻盘”。1个月后，巴尔克还将发现这个“印象”不仅适用于西方盟军，也同样适用于战斗力和装备水平早已不可同日而语的苏军。

11月1日，巴尔克晋升为装甲兵将军，次日被任命为第40装甲军军长，但只过了3天就被改派为第48装甲军军长。据梅林津所言，巴尔克在面见南方集团军群指挥官曼施坦因时，这位元帅对他说：“你立即去接管第48装甲军。该部正在基辅作战，那里是具有决定性的战场。我需要把最优秀的装甲指挥官派到那里，希特勒已同意派你去指挥第48装甲军。”[60]

苏军第1乌克兰方面军在11月3日发起了基辅攻势，旨在从位于柳捷日（Lyutezh，位于基辅北面20公里）的第聂伯河桥头堡冲出后，向西南的别尔季切夫和文尼察推进，同时，苏军也在朝西北的科罗斯坚（Korosten）和东南的白采尔科维（Belaya Tserkov）进行扩大两翼的攻势。苏军很快突破了德军桥头堡防线，6日解放基辅，7日夺回法斯托夫，重镇日托米尔在13日也被第38集团军和第1近卫骑兵军攻克。德军第4装甲集团军经过百般努力和不停反击，总算在法斯托夫南面暂时挡住了对手。曼施坦因把巴尔克调来的原因，就是让他率领第48装甲军发起基辅突出部反击战，铲除基辅西面和西南地域的苏军。巴尔克负责统领的部队包括第1、第7、第19、第25装甲师、党卫军“希特勒警卫旗队”师和“帝国”师的装甲战斗群（以及第68步兵师），加上配合作战的第8装甲师和若干独立单位，共有坦克和突击炮938辆（其中360辆可立即参战）。[61]从兵力和装备来看，曼施坦因和最高统帅部对反击战的重视与期待程度不可谓不高。巴尔克与参谋长梅林津最初拟定的反击计划也堪称“雄心勃勃”：第48装甲军所部先切断日托米尔至基辅的铁路，由第8装甲师、第20装甲掷弹兵师、第208步兵师和第2伞兵师一部组成的右翼兵团，则从法斯托夫向北同步进攻，解除对手继续西进的能力后，两部联手围歼基辅突出部中的所有苏军！[62]这个胃口过大的计划被否决了——梅林津战后曾称是“安全和稳妥至上”的劳斯将军否决了这个计划，但实际情况是，劳斯此时仍为第47装甲军军长，11月30日才成为第4装甲集团军代指挥官（12月10日实授），[63]最可能否决巴尔克计划的人还是曼施坦因。无论如何，巴尔克装甲军的任务被确定为先夺取日托米尔，然后在日托米尔与法斯托夫中间的布鲁希洛夫（Brussilov）附近包围苏军一部。

巴尔克装甲军于11月15日开始反攻，右翼由第25装甲师和“帝国师”战斗群组成，左翼为第7装甲师和第68步兵师，中路是担负主攻的第1装甲师和“希特勒警卫旗队”师。装甲部队很快抵达日托米尔至基辅的铁路，“希特勒警卫旗队”师这时面朝东方形成保护带，第1装甲师由东向西、第7装甲师自东南朝西北向日托米尔发起了进攻，19日时两部协力夺回了日托米尔。与此同时，苏军第1近卫骑兵军、第5和第8近卫坦克军向布鲁希洛夫西面的“希特勒警卫旗队”师，以及位于科罗斯特舍夫（Korostyschev）附近的第1装甲师发起了反扑。巴尔克决定包围当面之敌，他命令“希特勒警卫旗队”师由西向东迎击苏军，第1装甲师沿日托米尔至基辅的公路向东推进，而后折向东南和南面，与自南向北进攻的第19装甲师会师于布鲁希洛夫东面。第7装

▲ 巴尔克担任第48装甲军军长时的上司——第4装甲集团军指挥官劳斯（图片摄于劳斯任第47装甲军军长期间）。

▲ 摄于1944年1月中旬，巴尔克与获颁骑士勋章的沃尔（Balthasar Woll，左一）合影。沃尔是“希特勒警卫旗队”师的一名二级小队长，但他同时又是大名鼎鼎的魏特曼的炮手，据说他拥有在移动中精确命中目标的超强能力。

▲ 摄于1943年12月末的布鲁希洛夫附近，从左至右依次为第48装甲军作战参谋伊拉斯谟少校、巴尔克、助理作战参谋卡尔德拉克少校、参谋长梅林津。

▲ 拍摄时间和地点不详，东线某处战场上的德军装甲车正在雪地里前进。

甲师负责在拉多梅什利（Radomyschl，亦作拉多密歇）南面保护第1装甲师的侧翼，第68步兵师则在第7装甲师的左边提供保护。20日的攻势发起后，第7装甲师顺利完成了任务，但“希特勒警卫旗队”师的正面主攻却未能得手。第1装甲师经过一番苦战，沿公路两侧抵达布鲁希洛夫东面的苏军后方，第19装甲师向布鲁希洛夫东北的进攻也颇为顺手，但两个师没有充分利用最初的突破寻求会师，而是在夜间停止了推进。信奉“夜行军少流血”的巴尔克闻讯大怒，勒令两部立即合拢包围圈。23日，第1装甲师在北面和东面建立侧翼防线后，连夜南下与第19装甲师的先头战斗群建立了联系。布鲁希洛夫之战结束后，苏军损失了153辆坦克和装甲车、70门大炮、250门反坦克炮，另有3000名余官兵阵亡，但第1和第19装甲师的包围防线并不严实，所有的苏军将

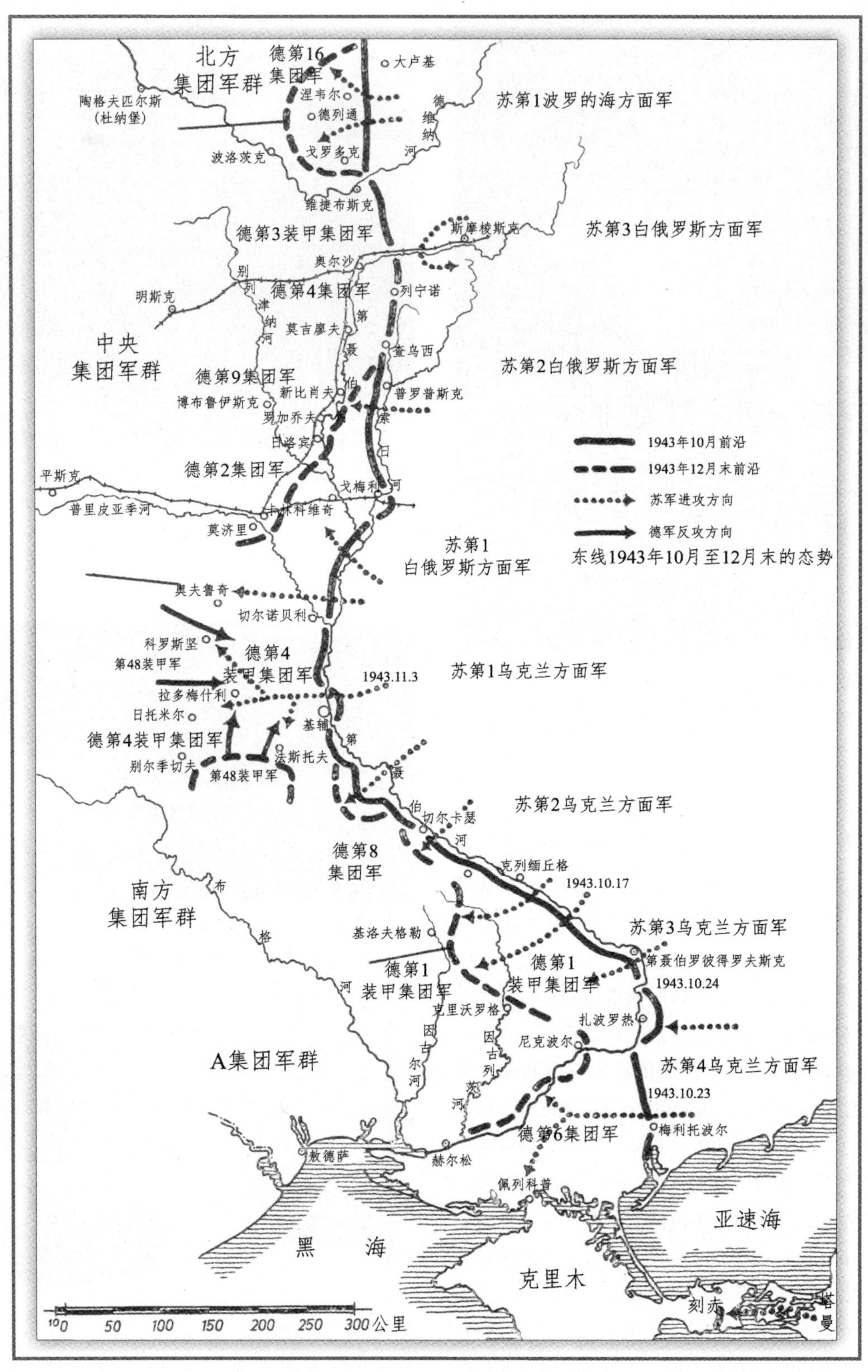

▲ 东线1943年10月至12月末的态势图。

领和参谋军官都在被围前成功撤离。

12月5日，随着地面的板结，巴尔克装甲军又从日托米尔北面出发，朝东面的拉多梅什利和东北方的马林（Malin）发起了新攻势。由于计划周密和采取了欺骗性措施，德军攻势取得了突然性，加上第8航空军的有力支援，第1装甲师和"希特勒警卫旗队"师到7日夜都已取得30公里的突破，苏军第60集团军总部也被德军夺取。第7装甲师一路冲杀到伊尔沙（Irscha）河南面，清除了马林桥头堡的苏军后，该师在北岸建立了一座桥头堡。右翼的第68步兵师迅速跟进，与第1装甲师和"希特勒警卫旗队"师一起负责清剿拉多梅什利周边的苏军。由于拉多梅什利东北的捷捷利夫（Teterev）河西岸还有一系列的苏军桥头堡，第1装甲师与"希特勒警卫旗队"师在随后几日里针对这些桥头堡发起猛攻，据说通过分割包围消灭了多达3个半师的苏军。

第4装甲集团军指挥官劳斯命令巴尔克完成拉多梅什利作战后，立即着手恢复第13军和第59军之间的联系，也即是消灭或逼退科罗斯坚东南地带的苏军。12月19日，巴尔克装甲军经过重新部署，向科罗斯坚东南的梅列尼（Meleni）地带发起了攻势，第1装甲师和"希特勒警卫旗队"师从科罗斯坚南面向东北方向进攻，第7装甲师则从马林桥头堡向西进攻，第59军所部和第112步兵师负责配合或掩护侧翼。巴尔克的初期进展颇为顺利，对于在梅列尼合围对手也抱有较高期望，但正如他在萨勒诺曾观察到的那样，对手在最初的混乱之后，经受住了3个精锐装甲师的打击，始终没有撤退的迹象，甚至还有能力发起大规模反击。21日，巴尔克从缴获的地图上发现，自己试图包围的竟是3个坦克军和4个步兵军的庞大力量！这些苏军的真正意图是向南进攻日托米尔方向。[64]巴尔克意识到这次的以小搏大恐怕凶多吉少，征得劳斯同意后，他命令各部转入守势。

12月24日，第1乌克兰方面军沿着基辅—日托米尔公路两侧发起了反攻，苏军在布鲁希洛夫地带进行了长达50分钟的弹幕射击和空袭，为第1和第3近卫坦克集团军轰出了一条通道，德军第24装甲军的防线很快被突破。曼施坦因当时正在后方的第20装甲掷弹兵师视察，劳斯的反应倒是很快，他与巴尔克当天上午做过多次沟通后，下达了如下命令：第48装甲军当晚将防区移交给第13和第59军；第1装甲师准备连夜向日托米尔以东30公里的科罗斯特舍夫开进（扼守捷捷列夫河渡口）；"希特勒警卫旗队"师将在现防区驻守一天，以应对突发事件，但25日下午必须开往日托米尔；第7装甲师将留守伊尔沙河南面的阵地，同时划归第13军指挥。[65]劳斯还计划把日托米尔南面的第18炮兵师和别尔季切夫附近的第474反坦克歼击营等都交给巴尔克。25日，苏军第1近卫集团军和第1坦克集团军的14个步兵师、4个坦克军和机械化军，在日托米尔—基辅公路以南朝西南方的别尔季切夫和卡扎京（Kaztin）推进，同时，第40集团军开始从法斯托夫向南推进，第3近卫坦克集团军、第1近卫集团军一部、第13和第60集团军也向日托米尔和科罗斯坚冲去。曼施坦因和劳斯都不再怀疑苏军反攻的规模，似乎别尔季切夫和卡扎京等重要铁路枢纽就是对手的主要目标。

巴尔克所属的第1装甲师在25日中午抵达科罗斯特舍夫时，劳斯又把第8和第19装甲师以及"帝国"师的装甲战斗群配属给他，要求他在捷捷列夫河与卡缅卡（Kamenka）河之间，与第42军（辖第25装甲师和第168步兵师）一起挡住苏军，同时寻机反攻对手的侧翼。结果证明，劳斯的设想根本无法实现，苏军的推进势头非常之猛，沿途的德军防线纷纷瓦解，巴尔克和梅林津根本搞不清楚新配属的3个师的方位，只是大致地知道它们已被逼退到基辅—日托米尔公路南侧，但仍有部分兵力在公路北面的森林作战。25日晚些时候，巴尔克带着军部挤出堵得一塌糊涂的日托米尔后，在南面建立了指挥部，他频繁地与劳斯沟通，就调动第1装甲师和“希特勒警卫旗队”师的各种可能性提出建议，但都遭到拒绝——劳斯和曼施坦因准备把这2个师用作反击主力，因而拒绝让它们承担任何阻击防御职责。26日下午，巴尔克根据战场态势建议撤出第1装甲师和“帝国”师装甲战斗群，劳斯表示同意，但反对派它们去加强左翼的日托米尔的防御，而是主张部署到右翼，与“希特勒警卫旗队”师一起在别尔季切夫—卡扎京地域发起反击。巴尔克似乎未能了解全局，仍然固执己见，但最后只能服从命令。

27日，劳斯利用苏军攻势暂停的空隙抓紧时间重组防线，巴尔克也率领第1装甲师和“希特勒警卫旗队”师赶往卡扎京和别尔季切夫的山林地带阻挡苏军。他在途中突然发现了长达数英里的苏军坦克编队——劳斯战后曾回忆说：“……巴尔克将军显然抵挡不住眼前的诱惑，他将领受的命令置于一边，决定突袭苏军的侧翼。不幸的是，他不可能有成功机会，因为150辆德军坦克不可能击败，甚至都不能撼动实力已增至近1000辆坦克的对手。正如预计的那样，苏军很快从最初的震惊中恢复过来，分出约四分之一的坦克和部分反坦克炮，挡住了第48装甲军的攻势。尽管巴尔克摧毁了78辆坦克，但他未能攻克这一障碍。”[66]看起来劳斯对巴尔克颇有微词，但当后者赶到卡扎京和别尔季切夫的防线后，还是以其杰出的战场表现赢得了劳斯的尊重。劳斯曾这样写道：“……第48装甲军堵住了苏军第1和第3近卫坦克集团军突破的区域……苏军在12月26日至31日间曾多次进攻巴尔克的防线，但唯一显见的战果就是他们逐日增多的坦克损失。”[66]

不过，苏军第11近卫坦克军和第8近卫机械化军28日通过侧翼包抄夺取了卡扎京，29日又挫败了第1装甲师和“希特勒警卫旗队”师的反扑。[67]由于第3近卫坦克集团军从西北方向迂回南下，朝别尔季切夫地域德军的后方扑来，巴尔克不得不取消反攻并收缩防线，将2个装甲师艰难地撤至别尔季切夫西南地带。到12月30日，第4装甲集团军北翼的第59军已向科罗斯坚西面撤退，该军的右翼与日托米尔北边的第13军左翼之间出现了35英里缺口；劳斯的主力——第13军右翼、第48装甲军和第42军——正在日托米尔至卡扎京西南布防；第42军的右翼与白采尔科维南面的第7军左翼之间，又存在一个45英里的大口子；第7军与第24装甲军负责防御第4装甲集团军的最右翼，其防线与第聂伯河岸卡内夫突出部的第8集团军所部保持着联系。[68]对于防线上的几个缺口，劳斯也无能为力，他只能尽力保证几个军不从内部被撕裂。12月31日，德军弃守日托米尔，曼施坦因命令互换第24装甲军和第42军的防区，同时把第7和第42军这2个右翼军转给胡贝的第1装甲集团军。1944年1月第一周，第4装甲集团军的形势更加黯淡，第59军到1月4日已被推挤到西南方，以其残兵败将看护着瑟柏托夫卡和罗夫诺等铁路枢纽，负责别尔季切夫及其西北地域的第13军只剩1个团的作战力量，防线也正在崩溃之中。由于第59军与其他军的距离越来越远，曼施坦因命令巴尔克装甲军向别尔季切夫以西调动，并将其侧翼延伸至斯鲁奇（Sluch）河。这一调动虽造成别尔季切夫的很快失守，但避免了苏军迂回到第4装甲集团军后方的可能性。从1月中旬起，劳斯集团军面对的压力大为减轻，苏军第1坦克集团军和第40集团军等部掉头南下，准备在德军第4与第1装甲集团军的缺口处发起新攻势。两周之后，第1和第2乌克兰方面军以犀利的钳形攻势，干脆利落地合围了德军第11军和第42军，这就是著名的“科尔逊–切尔卡瑟口袋”。

巴尔克第48装甲军在别尔季切夫西面和南面一直坚守到1944年3月初，但苏军发起的新一轮反攻，在3月5日至12日间将第4装甲集团军的右翼逼退到塞列特河。巴尔克在撤退中头脑冷静，举止镇定，继续使用“夜间行军、白天作战”的招数，终于在匆忙赶到的3个步兵师支援下设法建立了一条新防线。3月13日至20日，巴尔克率装甲军和2个配属步兵师向捷尔诺波尔东南发起反攻，成功逼退苏军后，恢复了与第1装甲集团军的联系。但仅过了一天，朱可夫的第1乌克兰方面军就在捷尔诺波尔至普罗斯库罗夫之间的区域向南再起攻势，苏军第1和第4坦克集团军实现突破后高速穿插，24日即与第2乌克兰方面军合围了胡贝的第1装甲集团军。巴尔克又一次幸运地未被关进眼前的这个“卡缅涅茨–波多利斯基包围圈”。不过，苏军主力合围胡贝装甲集团军时，第60集团军的11个步兵师和1个炮兵师在第4近卫坦克军支援下，把巴尔克装甲军逼退到沃苏兹卡（Wosuzka）河一线。被希特勒宣布为“堡垒”的重镇捷尔诺波尔，到23日已被苏军4个步兵师包围，4600名守军距最近的友军也有20英里之遥。[69]德军第4装甲集团军将南方战场的机动预备队、弗里贝（Werner Friebe）上校领导的“弗里贝装甲战斗群”从布罗迪方向调来，于3月25日发起了解救捷尔诺波尔的攻势。

▶ 拍摄时间和地点不详，东线某战场上的德军坦克和步兵正从焚烧中的村庄经过。

▼拍摄时间和地点不详，第48装甲军军长巴尔克（中间两人中靠外者）正借助地图向上司劳斯（靠里者）通报情况。

但是，这次救援很快失败。随着胡贝装甲集团军向西突围，无论是曼施坦因、还是劳斯似乎都把注意力集中在接应20余万人的突围上，将领们虽然都意识到捷尔诺波尔的形势日益恶化，但除了发布命令或厉声恫吓外，基本没有采取实质行动。直到胡贝集团军的形势明朗、第4装甲集团军的防线也趋于稳定之时，新任“北乌克兰集团军群”指挥官莫德尔才命令巴尔克统一指挥救援。[70]

4月11日，巴尔克命令展开第二次救援作战，刚晋升为第8装甲师少将师长的弗里贝率其装甲战斗群（24辆豹式和9辆虎式坦克及101辆装甲车），与党卫军第9“霍亨施陶芬”装甲师一起充任突击矛头。但是，巴尔克计划得再周密，也无法抗拒恶劣天气和困难地形的影响，苏军的顽强抵抗和强大火力使得弗里贝的进军举步维艰，“霍亨施陶芬”装甲师也在渡越沃苏兹卡河时遇到困难，工兵直到14日晨才架起一座渡桥，坦克和装甲车才得以勉强继续前进。14日晨时，捷尔诺波尔守军指挥官不停地呼唤巴尔克，声称所部已经弹尽粮绝，在苏军不间断的轰炸、空袭和坦克进攻前，最多只能再撑几个小时。巴尔克要求守军以最大的毅力继续坚守，同时严令弗里贝“不舍昼夜地进攻”。由于情势危急，莫德尔来到巴尔克的军部施加压力，稍后他甚至还赶往救援部队，在装甲车上实地指挥。14日中午，弗里贝率领2个师尚能作战的71辆坦克和27辆突击炮发起冲刺，但苏军的火力和顽强阻击再次迟滞着德军的推进，到15日夜时，弗里贝所在的方位距离出发地也只有9公里，还有11公里的艰难路程，而当日午时却已传来守军指挥官丧生的消息。16日上午，空军向弗里贝所部空投了弹药油料，装甲矛头得以继续朝捷尔诺波尔推进。不久后怪异的一幕出现了，德军坦克的前方突然冒出10名衣衫褴褛的士兵——原来，捷尔诺波尔已被苏军攻克，他们是冒死突出来的第一批人，但是，此后再也未见任何逃生者的踪影。弗里贝于17日率部继续徒劳地进军，希望能在沿途收容一些幸存者，但直到次日下午巴尔克下令撤回出发地为止，总共也只有55名士兵（没有任何一名军官）回到德军一侧。

救援捷尔诺波尔的完败，可能是巴尔克军旅生涯的一个“污点”——4月中旬结束休假后归队的梅林津，在战后的著作中对此未置一词，反称自己归队时“第48装甲军已撤离前沿，正在进行密集训练”。当时曾有人指责巴尔克在捷尔诺波尔未进行顽强抵抗，其原因可能正是救援失败造成了4600名守军被全歼，另外救援部队自身也出现了1200例伤亡。这一失败可能还在巴尔克与莫德尔之间埋下了不和的种子。胡贝在4月21日因飞机失事丧生后，莫德尔让劳斯改任第1装甲集团军指挥官，把自己的爱将哈佩（Josepf Harpe）任命为第4装甲集团军指挥官。巴尔克的第48装甲军隶属于劳斯集团军，下辖第1和第8装甲师，在后方担任预备队。但是，巴尔克和梅林津在4月末5月初期间坚决反对莫德尔推行的“区域防守”（见本卷第4章），力主更适合战场条件和地形的弹性防御与机动作战策略。显然，巴尔克与莫德尔发生过激烈争执，战后也曾坦言“与莫德尔共事可不容易”。巴尔克不仅当面指责过莫德尔粗暴干涉下级指挥官的权限，可能还就这位元帅任用党卫军军官担任副官一事发表过难以令人愉快的评论。莫德尔不动声色地命令劳斯，把巴尔克的第1和第8装甲师调给“更听话”的布赖特（第3装甲军军长），让巴尔克负责在前沿布防的4个力量不足的步兵师。[71]巴尔克和梅林津对此极为不满，他们曾与劳斯就几乎每一方面的策略发生争执，甚至小到雷场的方位、炮兵阵地的位置等枝节问题。当然，在更强悍，甚至是蛮横的莫德尔面前，巴尔克也无能为力，正如他战后所言，莫德尔实际上消除了他影响集团军群总体策略的能力。[72]巴尔克要想有出头之日，还得等莫德尔调走，而这个日子很快就要到了。

6月22日，苏军发起了针对中央集团军群的"巴格拉季昂"夏季攻势，德军稀薄漫长的防线很快瓦解，多个集团军被围或正濒临覆灭的边缘，莫德尔于28日被希特勒派去收拾局面。不过，颇受战神青睐的莫德尔，也无法阻挡苏军的滚滚洪流，或改变眼前的溃败局面，他所能做的也只能是从其他战区抽调师团，尽量减慢对手的推进。莫德尔同时还兼任北乌克兰集团军群指挥官（哈佩上将代行指挥权），到7月10日时，他已从老部队调走了6个装甲师或装甲掷弹兵师。7月13日，苏军各方面军中实力最强的科涅夫第1乌克兰方面军，发起了著名的"利沃夫—桑多梅日"攻势。科涅夫的作战可分作两个阶段，第一阶段（7月13日至27日）的目标是突破拉瓦罗斯卡亚（Rava-Russkaya）和利沃夫地区的德军防线，消灭布罗迪的德军后强渡桑河（San），夺取拉瓦罗斯卡亚、普热梅希尔（Przemyshl）、利沃夫和斯坦尼斯拉夫等重要城市；在第二阶段（7月28日至8月29日），科涅夫的大军将朝桑多梅日推进，以强渡维斯瓦河和建立桑多梅日桥头堡为目标。科涅夫富有技巧地将第一阶段的主攻点选在德军第4和第1装甲集团的交界处，目的就是将两个集团军分割开来，围歼布罗迪附近的德军第13军（其左翼是第4装甲集团军的第46装甲军，右翼是第1装甲集团军的第48装甲军），从而打开通向利沃夫等重要目标的通道。

科涅夫在布罗迪北面部署有2个集团军（合计16个步兵师、2个骑兵军、29个坦克旅、5个坦克军和机械化军），在布罗迪南面的巴尔克装甲军前方部署了4个集团军（计有29个步兵师、24个坦克旅、5个坦克军和机械化军）。7月14日，布罗迪南面的苏军集群以猛烈的炮火和地毯式轰炸拉开了进攻序幕，巴尔克手下的两个步兵师支撑不住，苏军步兵和坦克开始像潮水一般涌来。巴尔克请求劳斯派第1和第8装甲师发动反击，这2个装甲师随后被交给巴尔克，开始像布罗迪以北的第16和第17装甲师那样，试图阻止苏军坦克部队在南翼的推进。随后几日的战事表明，巴尔克已无可能以两师之力逆转局面，苏军在坦克、炮火和空中等诸方面都占据压倒性优势。第1装甲师在15日曾暂时挡住过苏军，但在一波波的T-34和IS-2重型坦克的反复冲击下无法固守防线，苏军的炮火和空袭也使该师难以运动，补充弹药和油料都困难重重。第8装甲师的情形更糟，弗里贝少将为节省时间，大白天沿着主干公路进军，而不是按巴尔克的要求穿越森林小径，结果遭到毁灭性轰炸和重大伤亡，只能被派去守卫兹沃切夫（Zloczow）至利沃夫的公路。苏军南翼坦克部队于16日攻克兹沃切夫，17日在布斯克（Busk）附近抵达布格河，当日晚些时候还在这里与北翼集群南下的骑兵部队建立了联系，从而合围了德军第13军。

巴尔克将作战不力的第8装甲师师长弗里贝解职（似乎直到战后巴尔克都难消心头之恨），派参谋长梅林津去指挥该师向北进攻，准备接应第13军突围。但是，梅林津也无力挽救第13军的命运，他发起的进攻在苏军反坦克防线前很快失败。最致命的是，第13军军长豪费（Arthur Hauffe）误以为切断兹沃切夫—利沃夫公路的只是苏军警戒部队，还想当然地认为巴尔克仍在公路以南固守着完整防线，而且第1和第8装甲师仍在向他们靠拢——殊不知，到21日时第1装甲师正在往南撤退，梅林津的第8装甲师也在激战中被苏军逼退到西面，第13军事实上已被集团军群遗弃。7月22日，苏军将包围圈撕为两半，到日落时分，拥兵6万的第13军已不复存在。苏军声称的"歼敌3万、俘虏1.7万"的战果可能与实际情况相去不远——第13军最后约有1.2万人逃脱，其中的很大一部分加入了巴尔克装甲军的行列。

利沃夫在7月27日失守，第4装甲集团军被逼退到维斯瓦河沿线，第48装甲军也随着第1装甲集团军向南撤入喀尔巴阡山区。8月5日，巴尔克出任第4装甲集团军代理指挥官，他赶到北面的集团军总部上任时，苏军已在维斯瓦河西岸建起数座桥头堡，第1和第3近卫坦克集团军、第3和第5近卫集团军、第13集团军等重兵都出现在维斯瓦河两侧，正在努力扩大维斯瓦河与桑河交汇处的桑多梅日登陆场，而桑多梅日西南的巴拉努夫（Baranov）桥头堡最具威胁。时任德军代参谋总长的古德里安战后写道："……巴拉努夫的局势在8月5日至9日间特别危急。数日里俄国人在这里几乎实现了突破。正是由于巴尔克将军用之不竭的能量和技能，才最终避免了一场重大灾难。经过持续数周的猛烈反击，巴尔克成功缩小了巴拉努夫桥头堡的规模，也铲除了另一座较小的桥头堡，还夺回了普拉维附近丢失的地盘。"[73]古德里安所称的"重大灾难"，指的就是苏军第13集团军、第1近卫坦克集团军及第3近卫集团军一部从巴拉努夫桥头堡向北发起的进攻，其目的用科涅夫的话来说就是"合围和消灭威胁我右翼、在桑多梅日及其西北地区行动的希特勒第42军"。[74]德军第42军的4个师凭借着纵深防御体系拼死抵抗，竭力遏制苏军登陆场的向北扩展，科涅夫所部虽很快取得局部突破，但被由后勤人员拼凑而成的德军"反坦克别动队"（梅林津的用词）一再阻滞。

第42军的顽强抵抗为德军集结兵力和发起反击争取了时间，巴尔克投入反击的部队包括第3和第48装甲军2个军部，辖有第1、第3、第16、第23、第24装甲师和第20装甲掷弹兵师等一批机械化部队，以及6个突击炮营和装备虎王坦克的第501重装甲营。巴尔克似乎嗅到了以机动灵活的装甲反击战，重现1942年冬齐尔河"奇迹"的机会，不同的是，他现是拥有300多辆坦克和突击炮、至少得到5个步兵师支援的装甲集团军主帅，但对手也不再是当年孤军冒进的一个坦克集团军，而是已在宽大的登陆场站稳脚跟的3个坦克集团军和2个多兵种合成集团军。苏军指挥官的指挥水准、坦克兵的技战术能力、多兵种协同作战的意识和能力，都与两年前相比有了天翻地覆的变化。巴尔克还将发现，苏军业已建立的高度自信和灵活应变的作战能力，使他们不仅能扛住德军最初的重击，之后很快还能恢复局面，甚至在短时间内迅速转守为攻！

正如古德里安所言，巴尔克发起的反击战前后持续3周有余，从8月11日到9月5日大体可分作五个阶段。第一阶段为8月11日至13日的预备作战，第16装甲师以第64和第79装甲掷弹兵团为主组成的战斗群（得到第501和第509重装甲营支援），11日时在拉库夫（Rakow）附近（苏军登陆场中段）朝苏军阵地发起了进攻。次日，第3装甲师的1个装甲战斗群（含第6装甲团和第3反坦克营）也被投入战场。但是，在重武器数量和质量上占优势的德军只取得了有限的进展，苏军第6近卫坦克军虽然坦克不多，但梯次搭配、纵深部署的反坦克阵地挡住了第16装甲师的推进，还通过伏击让虎王坦克的首演变成一场灾难。科涅夫战后曾写道："……虎王坦克营在我坦克、重型火炮的摧毁性射击下被打得落花流水。虎王坦克成了我军的好战利品。我们把在战斗中缴获的10辆虎王坦克完整地送到了莫斯科。"[75]两天里，苏军第6近卫坦克军共击毁或缴获24辆德军坦克，其中包括12辆虎王，而苏军没有损失任何坦克。[76]不过，这一进攻虽然失败并损失了宝贵的重武器，但巴尔克似乎是把它当作掩护性的佯攻，因为他在11日夜间即把第16装甲师的1个战斗群撤至斯托普尼察（Stopnica）附近，桥头堡南侧的斯托普尼察才是巴尔克反击的主攻点。8月13日至18日，巴尔克在斯托普尼察西面和南面发起了第二阶段的反击，第16和第3装甲师（14日夜抵达）在南面、第24和第1装甲师（全师17日才到位）在西面发起了同步进攻，担任主攻的是第24装甲师（以第26装甲掷弹兵团和第24装甲团为主），第1装甲师的参战部队（第1装甲掷弹兵团和第73炮兵团）因此被配属给前者。这些装甲部队曾取得过一定进展，但苏军第5近卫集团军在第3坦克集团军和第13集团军支援下，"在6

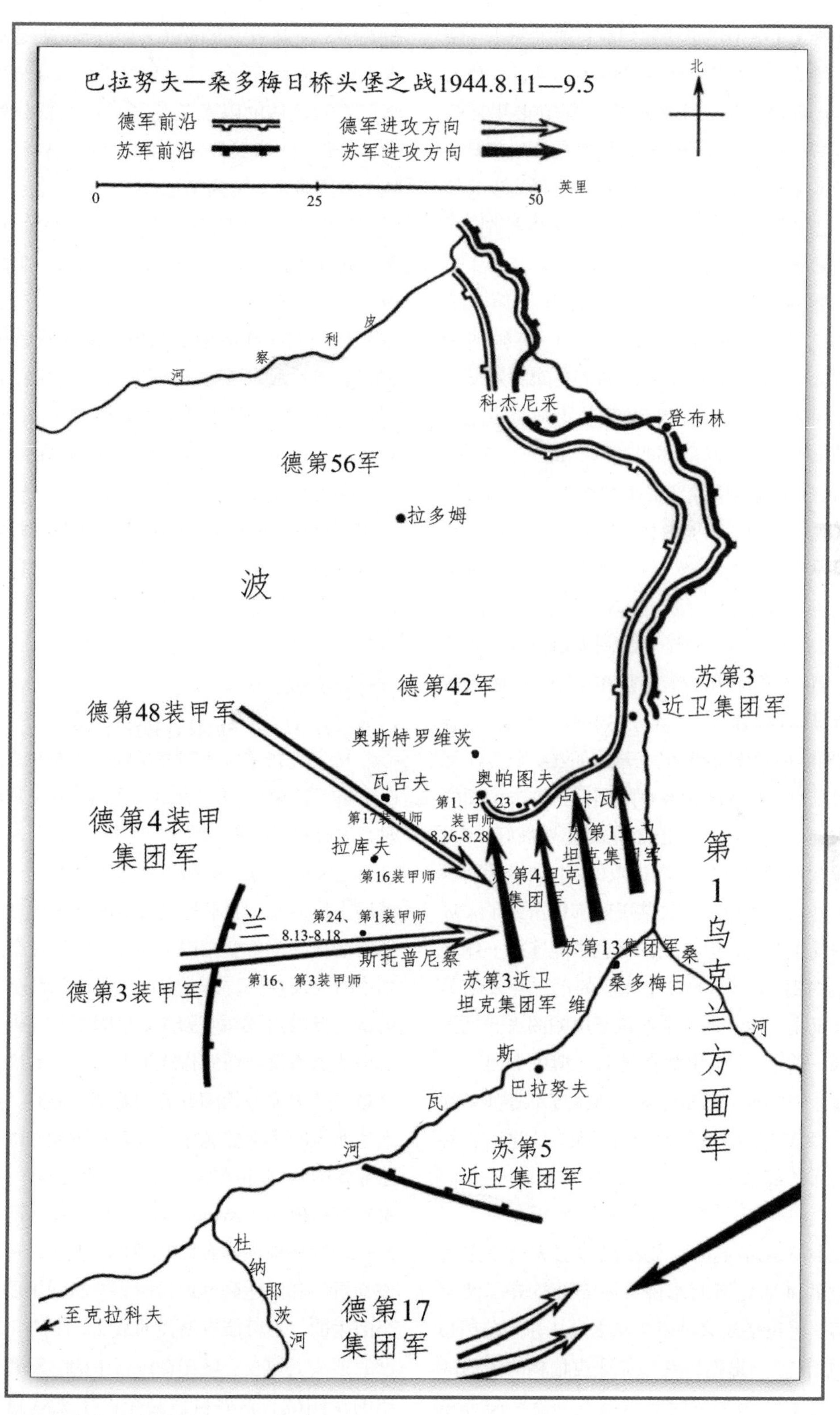

▲巴拉努夫—桑多梅日桥头堡之战（1944.8.11—9.5）。

天的激烈战斗中击退了德寇坦克集团的突击，使敌人遭受了巨大损失，阻止了敌人的冲击。敌人只好停止进攻”。（科涅夫语）[77]就在装甲部队反击苏军桥头堡南部的同时，桑多梅日被苏军第13集团军所部攻克，该城西面的德军第72步兵师被围。巴尔克急调第17和第23装甲师赶来解围，于19日夜至20日晨成功救出了被围部队。

巴尔克在22日至23日间又发起了第三阶段反击，地点位于桑多梅日西北的奥帕图夫（Opatow）至卢卡瓦（Lukawa）之间的地域，第23装甲师担任主攻，得到第3装甲师装甲战斗群和第501重装甲营余部的加强，此外，第1装甲师的1个团级装甲战斗群也被配属给第23装甲师。这次短命的反攻曾取得过有限进展，但到23日夜便被苏军完全阻挡。仅过了三天，巴尔克又收拾残部，准备以一场钳形攻势合围奥帕图夫和瓦古夫（Lagow，位于奥帕图夫以西）之间的苏军。第1、第3和第23装甲师在奥帕图夫附近就位，负责向西南进攻，第17装甲师（得到第1装甲师和第23装甲师的反坦克营的加强）负责从瓦古夫向东推进，而第16装甲师则在瓦古夫南面的拉库夫同步向东进攻。巴尔克的计划很好，8月26日发起攻势后，向西南进攻的3个装甲师，以及向东进攻的第16和第17装甲师都曾击毁了大量坦克和反坦克炮，但直到28日也未能连成一体和合拢包围圈。8月31日，不死心的巴尔克发动了第五次反击，用兵地点依然位于奥帕图夫和瓦古夫之间，前述5个装甲师在最后一搏中夺回了一些地盘。9月5日，巴尔克认为挤压苏军登陆场的目标已经实现，于是下令终止进攻。[78]这时，科涅夫所属各部已全面转入了守势。

科涅夫在利沃夫—桑多梅日战役中攀上了个人指挥艺术的高峰，他在巴拉努夫—桑多梅日建立的维斯瓦河西岸桥头堡无疑打开了波兰的大门，也正是从这个桥头堡出发，苏军在1945年1月12日长剑出鞘，发起了进攻柏林的最后战役。巴尔克一个多月的努力虽然未能铲除苏军桥头堡，但制约了它的进一步扩大，在造成苏军重大伤亡的情况下，还迫使对手转入了守势（当然，不能低估的因素是苏军经过几百公里奔袭和连续作战，自身非常疲惫，弹药油料和补给也越来越困难）。从为第三帝国争取喘息空间和时间的角度来看，巴尔克无疑取得了成功。自1943年11月重返东线以来，巴尔克的表现“倾倒”了他的参谋长梅林津，后者战后曾写道：“巴尔克在近期的东线作战中显示出了现代战争史上罕有匹敌者的战术天才。”[79]巴尔克“挽狂澜于既倒”的表现也征服了古德里安和希特勒，1944年8月31日，他被授予第19枚钻石骑士勋章，9月21日，他又被晋升为G集团军群指挥官——从1942年5月的师长到1944年9月的集团军群指挥官，巴尔克只用了两年多一点的时间，就连梅林津都觉得，他的蹿升过程实在“令人惊叹”。

苦撑危局：G集团军群与第6集团军

巴尔克接手驻于阿尔萨斯—洛林地区的G集团军群（辖第1、第19集团军和第5装甲集团军）时，内心里可能颇为惴惴不安。一方面，希特勒在召见他时声称，最高统帅部正在筹划一场大规模反击战，因而要求他以最少的兵力固守防线，任何情况下都不要指望增援，“因为这会妨碍筹划中的大反攻”。另一方面，西线总司令伦德施泰特还反对过巴尔克接手G集团军群，表面原因是担忧后者没有西线作战经验，真正的潜台词或许是对其火箭般的蹿升感到疑虑。再有，巴尔克到达西线时，洛林地区正进行着激烈的战事，曼陀菲尔的第5装甲集团军正与巴顿的美军第3集团军在阿拉库尔（Arracourt）等地交手，前任指挥官——资格极深的布拉斯科维茨上将，正是因为损兵折将却没达到预期目标而被解除了职务。一个陌生的、不可能有增援的战场，一个不信任自己的顶头上司，一场正在进行中的、没有成功希望的反击战，这些自然会令巴尔克感到紧张和

▲ 可能摄于1944年初秋，第19枚钻石骑士勋章得主巴尔克。

▲ 摄于1944年10月，G集团军群指挥官巴尔克。

▲ 摄于1944年秋，伦德施泰特元帅造访巴尔克的G集团军群总部时所摄，右一为第1集团军指挥官克诺贝尔斯多夫将军（齐尔河之战中他曾是巴尔克的军长，现在则变成了巴尔克下级）。

忧虑。

巴尔克到达集团军群总部时，第5装甲集团军在与美军第4装甲师的坦克战中刚遭受了挫折，2个装备精良却缺乏经验的装甲旅被痛击得失去了战斗力，未能实现铲除美军的南锡桥头堡、恢复摩泽尔河整体防线的目的。迫于压力，巴尔克一反常态地既未去深入了解战场详情，也没有试图熟悉美军的技战术特点，就匆忙地命令第1集团军的左翼（第559国民掷弹兵师）和第5装甲集团军的右翼（第58装甲军）发动一次钳形攻势，第11装甲师则负责协助两个集团军实现将防线连成一体的目标。巴尔克在曼陀菲尔的总部听取汇报时明确命令，任何没有令人信服的理由驾车驶往后方的人，都将被送上军事法庭，还将因临阵畏缩而被判处死刑。这道命令虽大大减少了掉头开往德国的车辆，但对9月22日的战事毫无帮助。22日夜，西线总司令部曾发出预警，称美军空降兵可能会于次日晨在第47装甲军的后方空降，曼陀菲尔于是借机请求批准装甲集团军全面后撤，但被巴尔克断然拒绝，引述的理由竟是"元首命令第5装甲集团军必须与南锡东面的第553国民掷弹兵师会合"！他所能提供给曼陀菲尔的增援，不过是把1个高射炮营派到第47装甲军后方驻防。此后几天里，巴尔克保持着对第5装甲集团军的高度关注，要求曼陀菲尔集中所有的装甲力量（第11装甲师、第111和第113装甲旅），以"昂扬的斗志和热情"发起协同进攻。巴尔克的"恫吓与灌输信念"，似乎在25日的进攻中收到了效果，曼陀菲尔所部当日曾取得过一些令巴尔克震惊的成功，但这些成功更多是运气所致，因为恶劣的天气使盟军的战斗机—轰炸机机群无法升空助战。29日，当占据完全空中优势的盟军战机倾巢而出时，曼陀菲尔的攻势也与前几次一样难以为继。当日，巴尔克曾来到伦德施泰特的西线总部，声称自己"依然打算铲除蓬-达穆松（Pont-a-Mousson）的美军桥头堡并恢复摩泽尔河防线，但至少还需要增援3个师、40

至50辆坦克、20至30辆突击炮、50门反坦克炮、4个重炮营以及4个工兵营。”[80]伦德施泰特早就建议不要在洛林过多浪费兵力装备，眼下又无援兵可派，只得同意巴尔克后撤和转入守势。

整个10月，G集团军群的防区基本没有发生大的战事，但曼陀菲尔的第5装甲集团军被调离，第1集团军也陆续失去了战斗力最强的第3和第15装甲掷弹兵师。由于盟军战略方向的调整，美军第3集团军此时已成为盟军第12集团军群编成内补给优先权最低的部队，但巴顿不愿消极防守，为维持部队的进攻精神，他在10月里发动了梅斯要塞攻坚战。伦德施泰特本想放弃梅斯要塞，但巴尔克建议，最好让美军在攻打要塞的困难作战中消耗自己，当然前提条件是能在适当的时刻撤出守军。[81]伦德施泰特还有亚琛等更重要的地段需要操心，于是便任由巴尔克相机处置防区内的事宜。

巴尔克深知自己的部队多是战斗力较差的二三流部队，也存在士气不高、装备低劣等诸多困难，而美军迟早都会再度全面进攻。他在尽力索取援兵的同时，也在防守策略和战术上大做文章：他援引东线的弹性防御策略，只在前沿部署少量警戒部队，多数兵力在后方数公里处把守防御工事和支撑点，在火炮的搭配和选位上也尽力做到使美军在任何突破点都将遭到炮击；为限制高度机械化的美军，他在短时间内拼凑出一支由轻伤病员组成的布雷单位，指导他们在预计的美军进攻路线上集中布下真假雷场，这个措施在美军攻势发起后确曾发挥过重要作用；他自知无法长久地挡住对手，决定采取“撤退中进行反击”的战术，但在一些紧要地段，他也严令部队进行顽强抵抗，辅以不间断的小规模反击，在他看来，这种方式最能延迟和迷惑对手，使之无法明了己方的真实意图和战斗力。巴尔克深知防线被突破后尽快发起反击的重要性，他要求每个师都必须留1个团作预备队，而该团又必须拥有1个突击炮连和1个反坦克连。他还命令把所有坦克修理单位都移到距离前线较近的地方，以便随时修理损坏的坦克。不过，巴尔克的立意虽然很好，但巧妇难为无米之炊，他的装甲预备队——第11和第21装甲师只有少得可怜的坦克和突击炮，整个G集团军群也只有13.6万人（第1集团军8.6万人，疲弱的第19集团军只有3万人），而美军第3和第7集团军以及法军第1集团军加起来总兵力超过60万，仅第3集团军就有25万人（6个步兵师和3个装甲师），更不用说对手在坦克、火炮和空中支援等方面占有全面优势。尽管巴尔克尽心尽力地准备，但德军官兵每天都可谓如临深渊，因为他们不仅处于全面劣势，还不能指望增援，只能依靠灵活的战术和顽强的意志进行自我救赎。

11月8日拂晓，巴顿发起了扑向莱茵河的强大攻势，42个炮兵营发射的22000发炮弹令德军前沿顿时变成了地狱，之后，第12军的3个步兵师齐头并进，2个装甲师负责跟进扩大突破口。9日，巴顿的第20军也发起了渡越摩泽尔河、夺取梅斯要塞的攻势。11日，美军第7集团军向德军第1和第19集团军的结合部重拳出击，法军第1集团军也在三日后开始打击G集团军群的最左翼，60万人对13万人的不对称较量至此全面拉开了帷幕。面对美军第12军的德军指挥官曾对对手的突然进攻感到吃惊，因为他们估计美军不会冒着连日的倾盆大雨强行出击，而美军第20军的进攻虽然晚了一日，但德军指挥官们还是感到错愕——这个方向的美军事先没有进行炮击，而摩泽尔河东岸用来迟滞对手的雷场都被洪水淹没或冲走了。巴尔克的防御策略——前沿驻守少量部队、待敌军炮击结束后主力部队迅速返回前沿拒敌——在梅斯方向一开始就难以发挥作用。但是，老天爷这次站在了巴尔克这边，多日豪雨（事实上整个11月有20天在下大雨）基本上抵消了对手的空中优势，又使得美军几乎所有的进军作战都要围绕硬质路面展开。巴尔克很快意识到这一点，他充分利用泥泞和部分雷场的迟滞作用，组织第11装甲师等发起局部反击（如第11

▲ 摄于1944年11月，巴尔克视察老部队第11装甲师时与师长维特斯海姆握手致意。作为整个西线德军中最优秀的部队，第11装甲师曾进行过许多成功的作战。

▲ 摄于1944年11月巴尔克视察第11装甲师期间。

▲ 摄于1944年11月，巴尔克视察第11装甲师时检阅第15装甲团2连。

装甲师的第111掷弹兵团曾在10辆坦克支援下向美军第26步兵师发起突袭，硬是吃掉了对手1个团）。当美军数个步兵师包围梅斯的态势趋于明朗时，巴尔克决定不再在这一带浪费更多兵力，他一面命令第462国民掷弹兵师坚守梅斯（希特勒已下令死守），一面把第1集团军的其他部队向东撤至新防线。[82]11月19日，美军第90和第5步兵师在梅斯以东会师，从而合围了这座堡垒，尽管梅斯周边一些子堡的守军又挣扎了两个星期甚至更久，但梅斯守军还是在21日宣布投降，从而使巴顿成为公元451年以来第一个攻克这座要塞的指挥官。第20军攻克梅斯后与第12军一起继续向东进攻，但在巴尔克所部（尤其是第21装甲师）卓有成效的阻击下，两部美军始终无法干净利落地进行突破和穿插，到12月3日终于抵达齐格菲防线前时，德军各部已基本撤入防线背后布防。巴顿开战前曾放言三日内进抵莱茵河，现在已过去整整25天，齐格菲防线上的德军又竖起了一道难以轻松逾越的障碍。巴尔克战后曾将美军的迟缓归咎于“从未真正地利用已取得的成功”，他还说：“我和参谋长梅林津经常站在地图前打趣说：‘巴顿正在帮我们，他又没能好好利用他的成功。’”[83]巴顿当时的策略是沿着100公里宽的正面齐头并进，虽然很清楚巴尔克的3个装甲师分别只剩下13辆、7辆和4辆坦克，而且德军的每个营要防御6公里宽的正面，但他还是坚持把自己的3个装甲师分散配属给步兵师，而不是组成装甲铁拳一举突破。巴尔克和部下们当时自然会对巴顿的用兵方略“心怀感激”。

11月底时，巴尔克的参谋长梅林津突然被解职，他自己声称是希特勒下达的解职令，但后人的研究表明，解除其职务的实际上是古德里安。古德里安当月底曾派人到G集团军群督战，这位代表就如何使用炮兵发表过意见，但梅林津称这里的问题不是如何使用炮兵，而是根本没有足够的大炮和炮弹。梅林津可能情急之下没有注意言辞，致使督军大人回去后参了他一本，脾气火爆的古德里安于11月28日将梅林津召到参谋本部，大骂一顿后解除了后者的职务，并将之逐出参谋本部军官团。[84]巴尔克在12月中旬到柏林面见古德里安时，曾要求老长官重新启用梅林津，古德里安虽然没有立即恢复梅林津的参谋本部军官身份，但把他改派至第9装甲师担任团长。梅林津参加过阿登反击战的最后阶段，他带领的后卫部队还曾掩护曼陀菲尔第5集团军的撤退。1945年3月，当哈佩上将被莫德尔调来担任第5装甲集团军指挥官时，梅林津被任命为集团军参谋长。

巴顿在齐格菲防线站稳脚跟，并在萨尔河对岸建立了一座桥头堡后，准备于12月19日发起新攻势。不过，德军在12月16日打响了颇具声势的阿登反击战，迫使巴顿取消了计划，也放弃了得之不易的萨尔河桥头堡，准备率部向北运动和驰援阿登战场。12月22日，巴顿集团军正式进入阿登突出部参战。仿佛是天意一般，巴顿刚一离去，巴尔克次日就被连夜召到措森的陆军总部。巴尔克在那里得知自己已被解除G集团军群指挥官职务，但马上又有一项新任务——24小时内赶赴匈牙利战场担任第6集团军指挥官。巴尔克战后曾说，古德里安认为是希姆莱的阴谋造成了他被解职——众所周知，巴尔克与党卫军一向不睦，他既不掩饰对后者的轻视，又在希姆莱那里留有“把党卫军用得过狠”的坏印象。不过，巴尔克并不认同这种说法，他觉得是希特勒做出的决定，因为元首只需要“听话顺从之人”。另外，他觉得自己与伦德施泰特并不密切的关系和时常出现的冲突，可能也在其中发挥过作用——言外之意，可能老帅在背后做了手脚。[85]

巴尔克名义上是第6集团军指挥官，但有权节制匈牙利第1和第3集团军，因而他的部队也被称为“巴尔克集团军级集群（Armeegruppe）”。巴尔克赶到匈牙利时，布达佩斯已被包围，苏军第6近卫坦克集团军和第7近卫集团军所部也已抵达多瑙河北岸的赫龙河一线，德军第57装甲军（军长即巴尔克在1940年时的师长吉青纳）立即发起反扑，才将多瑙河北岸的局势暂时稳定下来。12月30日，巴尔克在日记中称这一成功“实属奇迹”的同时，又留下了一段耐人寻味的话：“……阿登反击迟迟不能突破，我清醒地意识到这场战争已经输掉了。接下来就是战争中最复杂的部分——如何在没有更大灾难的情况下终结战争。”[86]从这些只言片语中可以约略感觉到，巴尔克此刻的意志和决心似乎都出现了动摇，虽然他在短短一周里高效率地做好了救援布达佩斯的作战准备，但他这个主帅似乎对救援结果信心不足。从波兰赶来的党卫军第4装甲军（“骷髅”和“维京”师）是救援主力，但巴尔克对其军长吉勒明显缺乏信任。巴尔克战后曾说，当南方集团军群指挥官韦勒得知吉勒要来担当救援作战的主力时，“不由得皱起了眉头，因为吉勒在切尔卡瑟包围圈作战时就经常不服从命令”。而吉勒到第6集团军总部报到时，巴尔克觉得这是“一个很强的自我主义者，在理解战役、判断各种关系和可能性方面都存在缺陷，但可能是一个特别勇敢的优秀战士”。[87]

随着吉勒装甲军的陆续开到，巴尔克到1945年1月初时已拥有7个装甲师、2个骑兵师和4个步兵师，另外还有匈牙利的4个步兵师、2个骑兵师和一些杂七杂八的部队。巴尔克对自己的装甲部队多、步兵师兵力严重不足的状况感到忧虑，而他估计对手的力量高达54个步兵师、5个机械化军、3个坦克军、2个骑兵军、4个防空师、7个反坦克炮兵旅和3个山地旅（可能他把整个匈牙利战场的苏军都算在内了）。基于这样的力量对比，巴尔克认为救援成功的希望在于要么取得完全的突然性，要么以连续不断的重击重创苏军，从而迫使对手在短时间内自行撤围。但他认为这些方案的成功几率都很低，即便建立一条狭长的通道也没有多大用处，因为德军没有足够的实力保持通道长时间畅通，自身反而有可能再被包围。当然，这些评估都是巴尔克战后做出的，就1945年1月的三次布达佩斯救援战而言，虽然他有所保留且信心不足，但他在指挥艺术和用兵方略上还是留下了不少可圈可点之处。

救援布达佩斯的第一次“康拉德行动”定于1945年1月1日发起，主攻部队自然是吉勒装甲军（加强有第8装甲师一部和1个国民掷弹兵师），该部将从科马罗姆（Komarom）出发，沿东南方向朝布达佩斯推进。这一方案的优点是侧翼拥有多瑙河及第57装甲军的保护，缺点是进攻路线需穿越韦尔泰什（Vertes）山脉北段，地形不适合装甲部队的运动。不过，巴尔克要求吉勒尽快夺取多瑙河南岸的公路，他认为，夺取公路既有助于克服地形的不利影响，又能为己方提供更多的选择——既可折向埃斯泰尔戈姆（Esztergom）方向，又有可能从侧翼包抄韦尔泰什山区的苏军。巴尔克命令第96步兵师和第711国民掷弹兵师（尚未全部就位）支援吉勒，并在党卫军的右翼安排“帕佩集群”（含第

▲ 摄于1945年1月，从左至右依次为南方集团军群指挥官韦勒、参谋总长古德里安、德军驻匈牙利特命全权代表格赖芬贝格（Hans von Greiffenberg）和第6集团军指挥官巴尔克。

3、第6和第8装甲师的装甲部队及匈牙利第1骑兵师）发起辅助攻势。为了最大限度地取得突然性和麻痹对手，巴尔克还命令第1和第23装甲师等在苏军重兵防御的南段发动佯攻，目标是尽可能久地迟滞苏军坦克部队北上增援。巴尔克的作战意图在前两日得到了很好的实现，南段的佯攻凶猛犀利，牢牢吸引了第2乌克兰方面军司令员马利诺夫斯基的注意力，使他没有充分意识到真正的威胁来自北段。1月2日，吉勒装甲军、其左翼的第96步兵师和右翼的“帕佩集群”沿着三个方向全面突破了苏军第31近卫步兵军的防线，但好景只持续了一日，马利诺夫斯基在3日大梦初醒后，迅速调遣兵力北上阻击德军装甲矛头，苏联空军也进行了高强度轰炸。到4日晚，苏军逐一缝合了被捅开的防线缺口，吉勒装甲军的进军路线上已横亘着一条难以逾越的完整防线。5日，“维京”师抵达比奇凯郊外，但在对手的反坦克阵地前裹足难行，“骷髅”师在次日到达距布达佩斯西面仅25公里的让贝克，但也在对手的顽强抵抗下无力突破。古德里安当时正在匈牙利战场视察和观战，他与巴尔克都认定救援攻势此时已然失败了。战后，巴尔克曾将败因归于“推进速度不够快”，而古德里安的看法是“未能在1月2日以足够大胆的突破扩大1日夜袭取得的最初成

功”，他还进一步评论说：“我们不再拥有1940年时那种质量的指挥官或部队，否则这次进攻或许已经成功。”

巴尔克肯定会赞同古德里安的评论，或许还会发出“对手再也不是1941年的对手”之类的感慨。令他不满的是，6日至8日间德军反复地冲击苏军防线，但无一例外地无功而返；令他深感意外的是，苏军在应对多瑙河南岸的德军攻势的同时，竟然还能在极短的时间里沿着北岸发起由东向西的反攻！苏军第25近卫步兵军在多瑙河北岸强渡赫龙运河后突破了德军防线，第6近卫坦克集团军也从7日开始向西迅猛推进。德军第57装甲军各部接连败退（并非有后人所称的有计划主动撤退），被逼到必须死守的科马罗姆附近时，依靠空军的高射炮部队和反坦克阵地才算暂时挡住了对手。第20装甲师等援兵随后几日里陆续发起反击，终于把苏军逼退到赫龙运河附近。[88]

多瑙河北岸的局面尚未完全恢复，巴尔克就已开始筹划第二次“康拉德”行动。巴尔克对战场全局的感觉和捕捉战机的能力确实不凡，他命令“帕佩集群”接管比奇凯和让贝克防务，吉勒装甲军则向北运动至多瑙河南岸的埃斯泰尔戈姆地区，就地重组后准备于1月9日发起新攻势。此外，他还命令第3装甲军从南面的塞克什白堡与莫尔之间的地域寻求突破，但目标显得脱离现实——与党卫军第4装甲军建立联系后合围苏军！无疑，巴尔克认为解围的关键在于彻底挫败并尽可能围歼对手，但他显然高估了自身的实力，同时又低估了对手的能力和反应。第3装甲军攻势刚起，就遭到苏联空军的狂轰滥炸，基本没有取得任何进展即告夭折。倒是吉勒方向取得了完全的突然性，党卫军10日突破苏军防线后，“维京”师“西欧”团12日时曾抵达距布达佩斯不足20公里处。就在此时，希特勒下令终止进攻——千里之外的元首在地图上发现这里已吸住大量对手，而南面的苏军势必兵力空虚，如果沿着巴拉顿湖地区发起的突袭能够得手，不仅可解布达佩斯之围，还有可能在多瑙河沿岸围歼大量苏军。吉勒对于突然中止进攻曾向巴尔克和韦勒高声抗议，不过巴尔克战后倒是认为“希特勒的此番干预是正确的”。

第三次“康拉德行动”基本上是巴尔克军旅生涯的谢幕之战。他首先命令党卫军第4装甲军进行秘密调动——1月12 日，吉勒所部突然消失在多瑙河沿岸的密林中，经由科马罗姆、拉包和帕波等地，4天后秘密抵达巴拉顿湖北面的维斯普雷姆集结，而苏军却以为党卫军正经由布拉格撤往西里西亚地区。为了给装甲部队提供机动空间，巴尔克将匈牙利第3集团军调往南面，负责保护中路主攻部队的侧翼。担任主攻的自然还是“骷髅”（左翼）和“维京”（右翼）两师，但第1和第3装甲师也将分别在“骷髅”师的左侧和“维京”师的右侧参战。18日晨5时，德军4个装甲师（约有包括虎王在内的300辆坦克和突击炮）从塞克什白堡西面向东发起了进攻，重拳首先砸向了苏军第135步兵军的一线阵地。虽然罕见地得到第4航空队135架战机的支援，秘密集结和突然进攻也再次令苏军大吃一惊，但当日的攻势只能用磕磕绊绊来形容，直到夜间提前投入预备队才算取得突破。4个装甲师在20日全部渡过了萨尔维兹运河，这时第1装甲师奉命夺取塞克什白堡（22日得手），第3装甲师经过长途奔袭，当夜抵达多瑙河畔的多瑙新城，“维京”和“骷髅”两师则抵达多瑙新城北面的奥多尼。吉勒所部在两天里挫败了苏军第7机械化军的反击，也切断了第133步兵军和第18坦克军，不过，这些苏军轻易跳出包围圈后，不仅挫败了本应保护德军南翼的匈牙利第3集团军，还回过身来对吉勒的身后（南翼）构成严重威胁。

由于在向北通往布达佩斯的地带出现了越来越多的苏军，以及对自己左翼安全的顾虑，巴尔克临时调整了作战计划，准备先消灭韦伦采湖北面和西北面的苏军第20、第21和第68步兵军，得手后再向布达佩斯发起最后的奔袭。巴尔克命令第23装甲师、第1骑兵师及若干匈牙利部队正面进攻前述3个苏军步兵军，吉勒所部则折向西北，从背后进行夹击。巴尔克战后曾说，当时吉勒正迫切地想朝布达佩斯推进，因而“他不能理解这一作战的必要性，结果造成了24小时延误……最后造成了我们最害怕出现的局面”。[89]姑且不论巴尔克是否有把责任都推到吉勒头上的意图，他们两人的关系确实愈发紧张——当吉勒的两个师25日继续朝布达佩斯方向进攻时，巴尔克曾因到处找不着吉勒，而对党卫军第4装甲军的参谋们大发雷霆，他还曾对吉勒汇报的“歼灭敌军1个重兵集团、摧毁60门大炮”的战果深表怀疑，自己不仅亲自跑到战场去检视，还在战后援引当时驻吉勒装甲军的空军联络官的说法，声称“歼灭敌重兵集团的战果根本不存在”。虽然并不特别清楚为什么巴尔克对吉勒等党卫军将领抱有如此深的成见（他倒是颇为嘉许党卫军普通官兵的勇敢），但在激烈的战场搏杀中，主帅对负责实现自己意图的统兵将领如此不信任，无论如何都会对战事造成极为不利的影响。

第三次救援作战到1月最后几天已完全失去势头，一度凌厉的攻势也被越来越强大的苏军所遏制，双方在布达佩斯西南的瓦尔（Val）和韦赖布（Vereb）等不知名的村镇间展开了消耗战。26日和27日，苏军在韦伦采湖和南面的希蒙托尼奥等多个方向发起反击，吉勒所部顿时面临着被切断的危险，巴尔克只得命令吉勒步步后撤。吉勒装甲军还在撤往塞克什白堡的途中，布达佩斯于2月13日被攻克，数万守军中只有区区800人逃脱。巴尔克战后曾汇总过他的部队在1944年12月24日至1945年2月10日间取得的战果：俘虏5138人，清点尸体6532具，估计击毙13600人，摧毁坦克1981辆，摧毁或缴获946门大炮和1700具反坦克炮，击落63架战机。巴尔克战后声称，自己当时曾对这些数字表示过怀疑，但有关战史著作根据苏方资料印证了这些数字的可靠性。关于德军同期损失的情况，巴尔克提供的数字是：“1111名军官、32997名军士和士兵阵亡或受伤，我方物资装备损失很少。”[89]

3月6日，德军在匈牙利发起了二战期间的最后一次重大攻势——代号“春醒”的反击战，计划从巴拉顿湖和韦伦采湖之间的空隙地带发起进攻，切断并摧毁多瑙河和德拉瓦河之间的苏军第3乌克兰方面军大部，而后向北夺取布达佩斯，最后越过多瑙河收复匈牙利东部地区。担负主攻的是从西线调来的迪特里希党卫军第6装甲集团军（党卫军第1、第2、第9和第12装甲师）。巴尔克的集团军只有第3装甲军（第1、第3装甲师及第356步兵师）参战，该部将从韦伦采湖和谢赖盖耶什之间出发，向东和东南方向进攻，隶属于巴尔克的党卫军第4装甲军则将在塞克什白堡两侧休整和防守。此外，德军第2装甲集团军和E集团军群一部也将参战。

巴尔克在“春醒”作战期间几乎没有扮演任何角色，他在准备阶段曾向韦勒和古德里安的助手温克表示过反对，也曾指出反攻的出发地和天气都不适合装甲部队的大规模运动，另外，弹药、油料等物资的储备也很不充足。在战后的自传中，巴尔克仅以寥寥几句话描述过这次反攻：“……我们的反攻于3月5日开始了，起初他们取得了成功，但很快陷入泥泞之中。到3月中旬时——正如我预料的那样——我们的物资补给用完了。”[90]巴尔克的语气使后人觉得他完全是反击战的局外人，甚或还有点幸灾乐祸的味道。

巴尔克很关心塞克什白堡至韦尔泰什山这一地段，因为他认为这条防线事关反击部队的侧翼安全，但同时又对守卫这条防线的吉勒装甲军横挑鼻子竖挑眼，称吉勒过于盲目相信下属部队的意志和能力等。“春醒”作战进行了一个星期时，党卫军和国防军那些曾经精锐的装甲师，在一道道难以逾越的苏军防线前举步维艰，就在从韦勒到基层官兵都失去了耐心的时刻，苏军发起了声势浩大的反攻，而且主攻点正是吉勒装甲军及其配属匈牙利部队把守的塞克什白堡至韦尔泰什山脉一线。3月16日，吉勒装甲军左翼看守的韦尔泰什山地带险情迭出，苏军试图切断党卫军第6装甲集团军乃至第6集团军的意图已然显现，但据韦勒战后所言，此时“巴尔克将军对局势的判断又体现了他那著名的乐观主义”。[91]巴尔克的“乐观”或许来自于他对自己收拾残局能力的自信，或许是因为“维京”和“骷髅”两师面对优势苏军时死守不退的强硬作风——如果是后者的话，对巴尔克来说那可真具有讽刺意味。

3月18日凌晨，希特勒批准将党卫军第1装甲军北调，由该部负责在塞克什白堡北面和西北打击苏军侧翼，以阻止对手向奥地利方向推进。但到了傍晚时分，希特勒（也有人说是韦勒自己的昏着，不过这似乎不太可能）又在性命交关的时刻搅局，德军的前线指挥系统此时竟进行了重大调整！巴尔克奉命立即南下，接管韦伦采湖至巴拉顿湖之间区域的防务，负责指挥第3装甲军、第1骑兵军、匈牙利第2集团军以及暂未撤出的党卫军第2装甲军；迪特里希则负责巴尔克之前的北部防区，党卫军第4装甲军、匈牙利第3集团军和第43军等多瑙河南面的部队都归他指挥。这一调整势必将使党卫军第6装甲集团军承受苏军主攻方向的重击，同时还要负责发起反击，迪特里希的僚属们自然不会满意，一些针对巴尔克的难听词汇，也势必将在党卫军老兵的回忆录或战史著作中上下飞舞。不过，这一来自高层的愚蠢举措，却被后人演绎成“关键时刻，巴尔克立即主动接管了两湖间的所有前沿，同时要求迪特里希派兵北上，填补匈牙利人溃败后造成的缺口”！

巴尔克接管两湖间的防区后，对到处混乱不堪的局面大为恼火，尤其是“维京”师擅自弃守塞克什白堡、党卫军第9“霍亨施陶芬”装甲师拒绝服从命令的作为，更令他深恶痛绝。3月22日，巴尔克在集团军群总部发泄了对党卫军的所有不满，韦勒声称：“……巴尔克将军严厉指责了党卫军部队的怯懦、缺乏训练、士气低落、混乱的指挥系统，令整个局面毫无希望可言。”[92]党卫军第6装甲集团军作战参谋军官迈尔（Georg Maier）曾驳斥巴尔克提交了一份“带有明显主官色彩和偏见的报告”，“巴尔克将军所谓的混乱局面完全要由他本人负责”！[92]双方的火药味都很浓，但巴尔克的话语经由韦勒传到了古德里安那里，虽无法确定后者是否立即向希特勒做了汇报，但古德里安战后曾写道：“……装甲部队继续勇敢地战斗着，但是，全体党卫军单位利用前者的掩护，违抗命令地继续撤退。再也无法信任这些党卫军部队了。希特勒听说这些事后，简直气得发疯。”[93]3月27日，怒气难消的希特勒命令摘去第1“希特勒警卫旗队”师、第2“帝国”师、第12“希特勒青年团”师和第9“霍亨施陶芬”师的袖标，还说出了“如果我们输掉了这场战争，那全是迪特里希的错”这种狠话。与被解职的韦勒将军相比，巴尔克本人倒是未受任何处分，但他与党卫军的仇怨越来越深。许多党卫军老兵相信，正是巴尔克的“谗言”，才造成了迪特里希和党卫军的滑铁卢。

巴尔克无疑是一个高度自信、性格强悍之人，同时又是个敢作敢当之人。他对党卫军的轻视更多的是针对其领导层和将领，他认为党卫军拥有最好的装备和最多的物资，理应能在战场上挡住苏军，在他眼中，迪特里希、吉勒及许多师级将领既不长于作战，又缺乏大局观，能力不足的同时还养成了许多恶习。[94]巴尔克曾在1943年12月的基辅反击战期间，高度称赞魏特曼等“希特勒警卫旗队”师的基层装甲兵；也曾在1944年4月的捷尔诺波尔救援战中，把失败原因一股脑归咎于党卫军“霍亨施陶芬”装甲师“根本不懂打仗”；还曾在1944年11月的洛林之战中，对着党卫军第17装甲掷弹兵师师长破口大骂；更在刚过去的布达佩斯救援战中，试图将吉勒作为替罪羊抛出；现在，他又把匈牙利战场的崩溃归罪

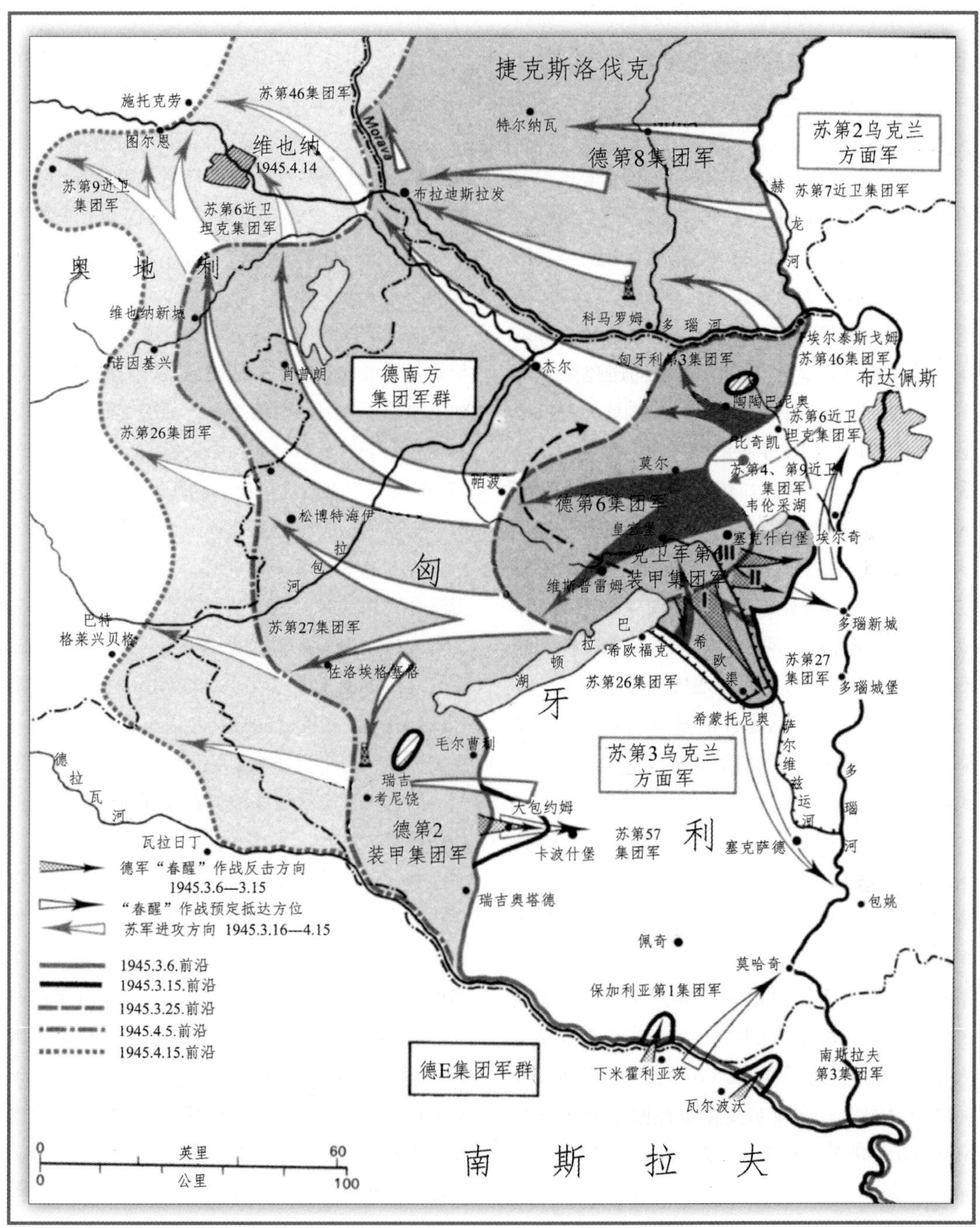

▲ *失败的“春醒”反击战及维也纳的最后作战（1945年3月—4月）。*

于那些“非职业军人的无能和不服从命令”……孰是孰非自然毫无意义，但有一点可以肯定，巴尔克在对待党卫军的态度上倒是始终如一——他在1982年临终前出版的自传中，仍然鲜明地写道：“党卫军成员在其战后出版物中，自然总会说自己是对的……他们可以对我大嚷大叫……心理学中有个名词说的就是他们这群人——转化症（Konversion）。”[94]

投降与战后

匈牙利溃败之后，巴尔克的集团军与左翼的迪特里希装甲集团军曾失去联系，但与自己右翼的第2装甲集团军还保持着联系。难能可贵的是，巴尔克命令所部无论如何要确保右翼的E集团军群撤退通道的畅通，因为该部尚有不少部队在萨拉热窝作战，这条通道是他们避免落入苏军之手的唯一希望。在全面溃败中尚能考虑友军退路，无疑体现出巴尔克的确具有“相当的全局观和协作精神”。但是，由于吉勒所部放弃了防线，苏军的1个坦克军和5个步兵师立即穿过缺口朝格拉茨飞速推进。巴尔克此时认为纯粹防御已无意义，唯有拼死进攻或许还能杀开血路。据说，4月16日至27日期间，巴尔克在下奥地利的塞默灵（Semmering）一带还曾围歼了推进中的5个苏军步兵师。[95]这也许是战争结束前夕德军取得的最后一次较大的胜利，不过已经没有什么实质意义了。

5月7日，巴尔克得知盟军达成了次日即将生效的协议，其中的一条——“与苏军作战的德军都将向苏军投降”——令他惊恐不安，他命令后卫部队以坦克、反坦克炮和机枪等阻止苏军追击，其他部队则放弃武器，立即轻装朝美占区开去。接近美占区时，一位中尉曾拦住这支大军，要求他们返回原地向苏军投降。巴尔克随后致电美军第20军军长麦克布赖德（Horace L. McBride）将军，要求面谈投降事宜。巴尔克在第20军军部受到了冷淡但不失礼节的接待，他向麦克布赖德出示了一张标满德军位置和力量的地图，同时正告这位洛林战役时的对手：“我们不想被苏军俘虏，但是，如果被逼无奈的话，我们也会攻击美军。”随后，巴尔克和麦克布赖德屏退左右，私下敲定了投降细节，而麦克布赖德没有请示上级，就接受了巴尔克收拢的约30万人的投降。巴尔克曾说，这是他在二战末期最大的成就，几十万官兵也因此“终生感激他们的指挥官”。

巴尔克作为战俘被一直拘押到1947年。期间，不知出于何故他曾多次拒绝与美军合作，不愿意参加美军战史部门组织的访谈和战史撰写计划。这或许能部分地解释为什么巴尔克在战后长期不为人知，此外，他强硬的不合作态度恐怕也惹恼了美军的一些官方战史专家。出版于1950年的美军洛林战役官方战史，就曾对巴尔克有过如下描绘：“……在政治上，巴尔克很早就有狂热纳粹分子的名声。他的个人勇敢毋庸置疑（曾6度负伤），他也是个出名的乐观主义者，还有着一长串的、成功的进攻作战记录。另一方面，巴尔克也被视为这样一种军官——当局势实在无法令人乐观时，他却轻易地认为事态依然于己有利。从作为下级军官的早年岁月起，巴尔克就有着对待下属既傲慢、又冷酷无情的名声。在担任G集团军群指挥官的最初几天里，他发布过一系列命令，进一步强化了关于执行死刑的现有条例。简言之，他就是那种势必会赢得希特勒信任的指挥官。”[96]

撇开美军战史的评论不谈，巴尔克于1944年末在G集团军群整饬战场纪律的作为，的确为他在1948年招来牢狱之灾。斯图加特地方法院当时起诉他的罪名是“谋杀”——1944年11月28日，巴尔克在萨尔布吕肯附近下令枪毙了因醉酒而玩忽职守的炮兵指挥官朔特克（Johann Schottke）中校。虽然事出有因，但法院认定巴尔克未经适当审判就匆忙下令处决了那名军官，为此判处他入狱三年。不过，巴尔克在狱中只待了18个月就被提前释放。获得自由后，他为谋生起见曾就职于一家仓库，过着普通人的平凡生活。不久后，他凭借出众的能力和过人的精力在一家大公司谋到职位并逐步晋升，后来为一些大企业担任过业务代表，还曾从事过独立的商业咨询工作。

1959年8月，巴尔克出现在杜塞尔多夫地区法院的法庭上，不过这次是为刚辞去国会议员的曼陀菲尔出庭作证。曼陀菲尔受到的指控是，他在担任第7装甲师师长时，曾于1944年1月下令枪毙了一名临阵退缩的士兵。巴尔克和曼施坦因都曾为曼陀菲尔出庭作证，巴尔克除称赞曼陀菲尔的品行、领导才能和指挥水准外，还称后者当时向军部及时做了汇报，自己也认为他的举措既切合战场实际，又符合战时法令。巴尔克作证时的一句评论——"这种审判对英军或法军将领来说简直无法想象"——当时还曾语惊四座。

与巴尔克战时共事两年的梅林津，战后在南非与人合伙创办了一家经营卢森堡至南非约翰内斯堡航线的航空公司。梅林津邀请老长官担任公司驻欧代表，巴尔克欣然应允，他发现自己很快爱上了南非，不仅入迷地研究这个国家的历史、文化和风土人情，还在1963年与妻子驾车穿越了南部非洲的卡拉哈里（Kalahari）沙漠。

上世纪70年代末起，巴尔克与梅林津开始联袂访问美国，曾数次应邀走访美军战争学院，与美军和北约的将领们畅谈自己的二战经历与体验。1980年5月，在美国国防部智囊机构主办的一次研讨会上，巴尔克和梅林津曾对苏德双方的作战风格、防御战术、苏军官兵的强项弱项等进行过详尽介绍，之后东道主请他们在模拟推演中承担美军指挥官的角色，演示他们如何指挥美军第5军进行作战和防御。主管作战的陆军副总参谋长奥蒂斯（Glenn K. Otis）中将、参谋长联席会议"计划与政策"部主管戈尔曼（Paul F. Gorman）中将（曾任第5军第8步兵师师长，是美军战术条令的主要制定者）随后分别以同样的模拟技术提出各自的作战构想和防御理念。主人们对三份模拟推演的结果进行了深入的对照分析，对巴尔克和梅林津的方案给予了高度评价。在冷战氛围中成长起来的一代美军将领对巴尔克的高度认可，并不仅仅是因为他在战时多次以小搏大、以少胜多，取得过无人匹敌的战场纪录，也是因为这位87岁高龄的老人在炯炯目光下依然闪烁着思想的火花，钢铁般的意志清晰可见，周身仍洋溢着对自己和德国军队的强烈自信，当然还有颇对美国人胃口的对苏联及其军民的蔑视。德普伊将军在研讨会的纪要中曾写道：

"……没有一支军队找到了批量产出巴尔克或梅林津这类军人的钥匙。（他们的）这种才能只能被发现，而不能被制造出来，尽管作战理论和训练可以使这种才能更加突出。在这一方面，我们必须高度评价德国人的体系。德国的将领们对这个体系及其哲理的深刻见解，也值得我们最仔细的思考和关注。"[97]

在人生的最后一段日子里得到如此高的评价，巴尔克可以带着"杰出战术家"的桂冠，没有遗憾地离开这个世界了。1982年11月29日，距89岁生日还差两周的巴尔克去世于巴登符腾堡州的厄本巴赫-罗克瑙（Erbenbach-Rockenau），后被埋葬在奥斯纳布吕克的哈泽公墓（Hasefriedhof）中的家族墓园里。巴尔克的墓碑不是立着的，而是平放在地上，黑色大理石上刻有他的军衔和生卒年月。父亲威廉（1858—1924）和母亲玛蒂尔德（Mathilde Balck，1869—1950）居中而立的墓碑正好俯视着赫尔曼的墓石，仿佛是在张开双臂迎接这个骄傲的儿子回归他们的怀抱。

第20位钻石骑士最高战功勋章获得者拉姆克伞兵将军

（获勋时间1944年9月19日，图为1942年11月获橡叶骑士勋章时所摄）

Chapter 20 第二十章

“铁血硬汉”：赫尔曼-伯恩哈德·拉姆克伞兵将军

近30年前笔者还是大学新生的时候，曾参加过为期一个月的军训。我们受训的部队是解放军空15军，这是一支有着光荣传统的部队，前身是抗美援朝中战斗英雄黄继光所在的部队，后来被改建为全军当时唯一的空降部队。2008年四川汶川大地震时，这支部队的一些官兵让人们见识了精锐之师和空降兵的雄姿。不过，军训时笔者倒没觉得空降兵有什么了不起，除对几次跳伞表演留下了较深印象外，再有就是他们号称与飞行员同等伙食标准，但给大学生们顿顿大馒头就土豆丝的回忆。那时，我们天天饿得饥肠辘辘，在炎炎烈日下学踢正步，偶尔能去靶场过一下枪瘾。军训结束后，笔者再也没有和军队近距离接触过，但对这支空降兵部队一直难以忘怀。

苏联早在20世纪30年代初就组建了世界最早的一批空降部队，纳粹德国空军首任参谋长韦弗在1933至1935年间观看了苏军空降兵的几次演习后，也在德国创立了空降部队，但那时的空降作战理论是将规模甚小的伞兵空降至敌后，目的是夺取或摧毁对手的重要目标和军用设施。真正发展了空降作战思想并将之变为现实的，是1938年7月被任命为空降部队指挥官的施图登特将军。他被后人称为“德国伞兵之父”，不仅一手组训了精锐的伞兵部队，还在二战之初计划并指挥过空降兵战史上数次划时代的重大战役。德国也是二战诸交战国中唯一一个把滑翔、机降和伞降部队及其运输工具都置于一个军种下的国家。英国伞兵将军哈克特（John Hackett）爵士曾给予施图登特很高的评价："……主要应归功于施图登特的那项创新——使用空降力量——比任何其他创新都更能把二战与其他战争区分开来（对日核攻击除外）……德军空降力量几乎就是施图登特这个人独一无二的产物，也正是借重他持久的决心和努力推动，德国空降部队在经历了令人望而生畏的连番挫折和失望后，还能在很大程度上存续下去……施图登特把空降力量率先引入了世界军事版图，德国空降兵在二战中的优秀表现也主要应归功于他。作为一名曾在多个战场与德国伞兵交锋过的英国伞兵，我可以心悦诚服地证明德国伞兵作为战士和男子汉具有多么高的质量。"[1]

在二战德军空降兵中，拉姆克（Hermann-Bernhard Ramcke）应是施图登特以外最著名的人物之一了。拉姆克的军旅生涯长达40年，其经历罕见地遍及陆海空三军，二战中成为几十万伞兵中唯一的钻石骑士勋章得主，更是伞兵指挥官中最受官兵挚爱和尊重的人物之一（有着"老爹拉姆克"的绰号）。战后之初，拉姆克所领导的"伞兵老兵协会"有着庞大的势力，他也一度是任何政党或组织都不能、不敢怠慢的重要人物。

拉姆克和施图登特同为一战老兵，两次大战期间也曾与后者供职于同一步兵团，但到拉姆克加入空降部队的1940年7月时，德军伞兵最辉煌的一页已经翻过，像伞兵突袭挪威和丹麦、飞夺比利时埃本·埃马尔（Eben Emael）要塞、闪击荷兰等一系列炫目的战绩，都与拉姆克无缘。拉姆克是在1941年5月的克里特岛战役中崭露头角的，由于他的勇敢表现和镇定指挥，伞兵为成功夺岛发挥了重大作用，但伞兵和运输机部队都为此付出了重大代价，有个说法——"克里特岛是德军伞兵的地狱"——说的就是施图登特的伞兵在此役中的惨重损失。此后，元气大伤的德军伞兵再无机会参加大规模空降作战，却被用作地面步兵投往各个战场。拉姆克也率领训练有素的伞兵部队先后转战于北非大漠、东线原野和法国海岸，他在大量防御战中表现出顽强无畏的意志和可堪重任的指挥才能。令其声誉达到巅峰的是，1944年8月至9月的法国布雷斯特（Brest）要塞之战，这场惨烈无比的要塞攻防战被称为二战西线最激烈的血腥战事之一，拉姆克的顽强防守和毫不退让，令他的元首一天内向他颁发了双剑和钻石骑士两枚战功勋章，也令对手——美军第8军军长米德尔顿（Troy Middleton）将军有感而发："……我没有遇到过比布雷斯特守军更优秀的德军了，尤其是拉姆克的第2伞兵师。他们纪律良好，训练精良，特别忠实于他们的指挥官。我的部队没有报告过关于对手的任何暴行和非法作战方式……拉姆克是我在两次世界大战中遇到过的最优秀的德国将军。"[2]

拉姆克作为伞兵将领，并没有太多机会在空降战中展示令人信服的才华，他也不是那种叱咤风云、攻城拔寨的进攻型将军，更多的是指挥伞兵在地面进行防御作战。他在布雷斯特即将陷落的前夜被晋升为伞兵将军并获颁最高战功勋章，其情形颇似1943年初在斯大林格勒包围圈内被晋为元帅的保卢斯，这当然令这枚钻石骑士勋章有点"安慰奖"的味道。虽然战后的知名度与空军其他11名获颁钻石骑士勋章的军人无法相提并论（在所有27名最高战功勋章得主中，他的总排名如果不敬陪末座的话，恐怕也会很靠后），但无可置疑的是，拉姆克是一名非常勇敢、受到敌友双方尊重、也尽到了职责的硬汉型军人。

早年岁月：水兵·步兵团长·空军上校

拉姆克在1889年1月24日出生于德国东北部石勒苏益格-荷尔斯泰因的一个普通农民之家。虽然出身寒微，但拉姆克很小就展示出不同于父辈的特质，他的心思根本不在务农，对通过求学深造改换门庭的兴趣也不大。他的出生地距离弗伦斯堡港不远（德皇威廉二世于1910年在这里创立了德国海军学院），也许是从小接触大海，见惯了港口中停泊的舰船，他一直憧憬着加入帝国海军的日子。据说，小学二年级时他曾告诉老师，自己未来的职业选择是"当海军或陆军上将"。[3]

拉姆克的从军梦在16岁那年实现了，但开始时他并不是一名战士，而是帝国海军的一名所谓"志愿水手"（Schiffsjungen），[4]从最底层的类似船上侍应生的角色干起。这种"志愿水手"其实就是许多国家的海军里都有的少年海员，来源一般是14至16岁的街头流浪儿或与水手有亲戚关系的少年，他们在船上学习航海的同时，还必须做服侍船长、修补缆绳、清洗甲板、清理猪圈鸡舍等各种工作。1905年4月4日，拉姆克在基尔附近的弗里德里希索尔特（Friedrichsort）登上了训练舰"施托施"（Stosch）号，随即随船环游世界。[5]后来拉姆克还在"毛奇"号上服务，直到1907年9月加入第1水兵师成为一名水兵。1907年12月至1914年8月前的七年中，拉姆克先后在"美杜莎"（Medusa）号、"阿达尔贝特亲王"（Prinz Adalbert）号、"布吕歇尔"（Blücher）号、"水女神"（Undine）号等巡洋舰上服役，期间也曾到舰艇炮兵学校、轮机和甲板军官（Deckoffiziere，介于军官和士官之间的过渡职位）学校短期学习。1913年时，拉姆克被晋升为海军三级中士（Bootsmannsmaat）。[6]

1914年8月一战爆发时，拉姆克正在"阿达尔贝特亲王"号上服役。次年4月，在加入海军整整10年后，拉姆克成为第1水兵师的一名一级中士（Oberbootsmannsmaat）。1914年10月至11月间，因应于地面战事发展的需要，德军以第1和第2水兵师为基础组建了所谓的"弗兰德斯海军陆战军"（Marine-Korps Flandern），在守卫比利时海岸线和支援海上战事的同时，还承担着保护西线德军极右翼的任务。拉姆克于1915年9月离开了"阿达尔贝特亲王"号，稍后加入"弗兰德斯海军陆战军"突击营1连，之后不久这艘重巡洋舰就被英国潜艇击沉，几乎所有船员都葬身于里堡（Libau）外的波罗的海。如果不是奉调离开，恐怕拉姆克也随之葬身鱼腹了。1915年11月23日，拉姆克成为第2水兵团12连的一名排长，在1916年4月的一次战斗中，他在率部铲除英法联军的前哨阵地时，右侧大腿被手榴弹弹片炸伤，他于当月17日获得了二级铁十字勋章。有资料说，拉姆克当时由于伤势严重，曾住院治疗长达一年多，直到1917年7月方才重返战场。不过，拉姆克在1943年出版的自传《从少年海员到伞兵中将》中称自己在前线接受了紧急治疗，但没有离开部队，1916年至1917年7月期间，除休假两周外，他一直都在弗兰德斯地区随第2水兵团作战。

1916年12月5日，拉姆克被任命为代理军官（Offiziers-Stellvertreter），转年1月27日获得一级铁十字勋章。[7]第1水兵师师长曾下达嘉奖令，表彰拉姆克率领2个侦察分队在敌后侦察作战36小时的表现，他自己对这枚勋章也感到非常自豪，1943年时他曾在自传中写道："……我们大家都很仰慕的团长……亲自把一级铁十字勋章佩戴在我的胸前，同时我也被任命为代理军官。我非常高兴地佩戴着一级铁十字勋章，到目前为止，团里只有寥寥数人获得过这一荣誉。"[8]从1917年7月起，拉姆克在海军陆战军的突击营担任尖刀排排长，这种突击营主要由年轻力壮、作战顽强且有很强进取心的"突击队员"组成，一般采取打完就撤的战术，负责突袭敌军前沿阵地和为后续部队打开缺口。英法盟军在弗兰德斯地区先后发起过6次大规模攻势，拉姆克参加了所有这些战事并有着突出表现，他也因之于1918年4月20日获颁"普鲁士金质军事荣誉十字勋章"——这是一战德军士兵和军士所能获得的最高战功勋章，与只授予军官的

“蓝色马克斯”一样享有崇高地位。三个月后的7月18日，拉姆克晋升为少尉——经过整整13年的努力，他终于成功地从最底层的少年海员晋级为军官。

“弗兰德斯海军陆战军”于1918年10月被解散，拉姆克这时被派至第425步兵团担任排长，德军此时已在全面撤退，拉姆克的部队负责掩护弗兰德斯地区的主力后撤，在一些延迟阻击和激烈巷战中，他又一次表现出勇猛过人、临危不惧的特质。上级鉴于拉姆克的优异表现，曾推荐授予他“普鲁士霍亨索伦王室佩剑骑士十字勋章”——这是德皇威廉二世的皇室颁发的高级勋章，空战英雄里希特霍芬生前在获颁这一荣誉时，他本人和家族成员无不喜不自禁。[9]不过，由于德皇逊位和停战协定的签署，拉姆克的勋章自然没有了下文。一战结束前的两个星期，拉姆克再次负伤，在医院里迎来了战争的结束。

▲佩戴一级铁十字勋章的拉姆克，可能摄于1918年。

巧合的是，希特勒在二战后期的宠将舍尔纳，在1918年时也和拉姆克一样在弗兰德斯地区作战。舍尔纳1919年初加入“埃普（Franz Ritter von Epp）自由军团”，拉姆克也在同年1月成为“布兰迪斯（Cordt von Brandis）自由军团”的一名连长。曾在第6步兵师第24步兵团任职的布兰迪斯上尉是“蓝色马克斯”战功勋章获得者，他组织的自由军团与其他类似的准军事化组织一起于1919年初被整编为第6后备军，负责到波罗的海地区阻止苏俄攫取波罗的海三国，同时消除东部边境面临的威胁。当年3月10日，拉姆克正式从海军调入陆军，但在4月的一次作战中他的右肩中弹负伤。返回连队后，拉姆克不断地练习用左手射击和投掷手榴弹，同时锻炼右臂，直到肩伤完全康复。

1919年11月，拉姆克成为战后德军所能保留的4000人军官团中的一员。他最初服役的单位是第1步兵团，先后担任过排长、连长和通信军官，其间于1921年1月晋升为中尉。1925年至1927年初，拉姆克在第2步兵团3营担任参谋军官，并于1927年1月31日晋升为上尉后出任3营11连连长，而且在这个职位上一干就是7年半。值得一提的是，施图登特在1928至1933年间也曾供职于第2步兵团。1934年9月，拉姆克终于晋升为少校，并在10月从其前任——1938至1942年任陆军人事局长的凯特尔（Bodewin Keitel，二战德军副统帅凯特尔元帅的弟弟）中校——手中接过了3营营长一职。不知出于什么原因，此后几年里拉姆克似乎脱离了一线部队，不是在参谋岗位上供职，就是被派到教导单位整训部队。1935年11月至1939年9月的四年里，拉姆克在西里西亚训练过边境守卫队，也在格罗斯邦（Grossborn）军事训练区指挥部担任过参谋，还在蔡特海恩-里萨（Zeithain bei Riesa）

军事训练区担任过指挥官。

虽然拉姆克在1937年3月即晋升为中校，但波兰战役的爆发似乎与他这个作训单位的指挥官关系并不大。他没有获得参战机会，虽被派到克莱斯特将军的第22摩托化军担任观察员，任务却还是他的老本行——到波希米亚与摩拉维亚受保护领地去扩建位于米洛维采（Milowitz）的军事训练区。不过，在这趟差事中，拉姆克再次显示出他在一战中曾反复证明过的足智多谋和大胆无畏。波兰战事接近尾声时，在往返于克莱斯特军部的过程中，拉姆克和少数部属曾在波兰马吉洛夫（Magierow，位于波兰西南部，在凯尔采南面几十公里）遭遇了一支运输武器弹药和工兵设备的车队。拉姆克当时非常镇定地劝降了对手，指挥波军（9名军官、16名军士和84名士兵）驾驶着18辆军车向德军方向开去。次日，他又作为第22摩托化军参谋长蔡茨勒（Kurt Zeitzler，后任德军参谋总长）上校的特派代表，在托马舒夫（Tomaszow）地域临时指挥第4轻步兵师一个团的作战（还有资料称他实际上是率第3装甲团为第4轻步兵师解围）。10月1日，克莱斯特慷慨地在拉姆克一战中获得的二级铁十字勋章上加上了相应的勋饰。

在波兰前线观摩、小试身手和完成军事训练区的扩建后，拉姆克回到蔡特海恩-里萨的教导训练单位。1940年初，他曾出任过第170步兵师401团团长，5天后又被调任第166步兵师69补充团团长，工作仍是训练新兵。拉姆克在1940年2月29日晋为上校，与同时代的军官（如舍尔纳）相比并未落后很多，但他很不甘心一直待在作训单位，渴望获得指挥一线部队的机会。已经51岁的拉姆克迫切地想抓住不多的机会参战——法国战役在5月的打响和快速终结，使许多军人和德国百姓都觉得战争很快将以胜利而告终。

1940年7月19日，拉姆克调到施图登特任师长的第7航空师担任参谋军官，同时被派至不伦瑞克的第3伞兵学校参加伞降资格训练。这是他军旅生涯中的又一次重大挑战，对他这般年纪的高级军官来说确非易事。拉姆克之所以选择空军的原因，除了挑战自我和空军的耀眼光环外，或许是老同事施图登特向他发出了邀请。施图登特两年前开始执掌第7航空师，一直都在努力推动这支新锐力量的组织结构和使用方式的合理化。他的航空师包括伞兵和机降步兵（包括滑翔机降和空运突击部队）以及滑翔机和运输机等运载工具，在作战方式上，他预期把这些部队以几乎同步的三个波次投入战场：第一波是数量不多的滑翔机降部队，他们将滑翔降落在一些重要战术目标附近（如对手的指挥控制中枢、交通要道、大桥或防空阵地等），以夺取或摧毁这些目标为主要任务。伞兵作为第二波力量几乎同时出动，他们将在伞降着陆后夺取或固守另外的一些重要军事目标，同时增援先期到达的滑翔机降部队。施图登特信奉的伞兵作战方式称作"油滴战术"，即把各个伞兵战斗群投放在相对分散的数个地理区域，随后他们将像油滴一样沿不同方向扩散，直至最后合兵一处和融为一体。[10]最后，当前述两波力量牢牢控制了机场后，搭乘运输机的机降步兵将在着陆后向外扩展，逐渐与传统的地面部队建立联系。施图登特在训练空降部队、研发运输工具、装备适合空降作战的武器装备等方面投入了大量心血，到1940年6月末法国战役结束时，他的空降作战思想经过实战检验也占了上风，他在战后曾这样写道："……在德国这边，针对荷兰要塞的空降战、沿阿尔贝特运河大桥展开的空运突击战以及夺取埃本·埃马尔的作战，标志着我们对空降作战思想抵制者们的最终胜利。整个世界都在关注，德国武装力量也不例外。"[11]法国战役后，第7航空师开始朝着羽翼渐丰的空降师方向进行扩军，于1940年夏陆续组建了第3伞兵团、伞降工兵营和伞降炮兵营等。此外，该师还以之前的突击营为主成立了伞兵突击团，其团长

▲ 拉姆克与施图登特（右）的合影，摄于1941年的克里特岛战事结束后。

▲ 可能摄于1941年8月末，前为拉姆克少将，他身后是第11航空军指挥官施图登特，右一为第7航空师第2伞兵团1营营长克罗（Hans Kroh）少校。

迈因德尔（Eugene Meindl）上校是一个与拉姆克有着类似特质的前山地兵军官——在1940年5月的挪威纳尔维克战役中，身为第3山地师第112山地炮兵团团长的迈因德尔，在没有任何伞降训练的情况下就带着山地兵们从天而降。迈因德尔的强悍风格和领导能力深得施图登特的赏识，1940年8月，他也与拉姆克一起，顺理成章地成为伞兵学校最老的学员之一。

51岁“高龄”的拉姆克获得伞降资格徽章后，被派至第1伞兵团担任参谋军官，负责伞兵重武器的开发工作。1941年1月初，施图登特被任命为统领德国空降力量的第11航空军指挥官，下辖第7航空师、第22机降师和迈因德尔的伞兵突击团，以及高射炮营、医疗营、伞兵训练学校和一些运输单位等。[12]拉姆克在1941年1月1日调到第11航空军军部，主管作战训练单位和伞兵学校——看来，他在陆军中建立的新兵训练专家的声誉，无论走到哪里都会跟随着他。

此后整整两年里（直到1943年2月12日），拉姆克至少名义上一直是第11航空军的训练主管，不过，就像1939年曾到前线观摩和参战一样，这两年里他也有机会奔赴战场，包括令其声誉鹊起的克里特岛，以及九死一生之余赢得官兵爱戴的北非大漠。

伞兵地狱：克里特岛力挽狂澜

1941年4月的巴尔干战役临近尾声时，施图登特通过戈林向希特勒提出了夺取克里特岛的计划。戈林大力支持这一计划，因为帝国元帅想通过一场“壮观的胜利”，尽快抹除人们对不列颠空战失利的记忆；第4航空队指挥官勒尔（Alexander Löhr）上将也表示赞同，他担忧的是从克里特岛出发的英国轰炸机有可能破坏罗马尼亚的普罗耶什蒂油田；陆军参谋本部的将领们觉得，占领了克里特岛就足以支配整个东地中海，并能支援北非的地面战事；施图登特则把夺取克里特岛视为巴尔干战役的自然延伸，既可将英军从爱琴海彻底撵走，又能为针对苏伊士运河、塞浦路斯、马耳他乃至叙利亚等的下一步空降作战提供基地和桥头堡。希特勒当时的心思已被即将发起的侵苏战争所占据，为避免耽搁“巴巴罗萨”作战的实施并为之保留部队和物资装备，他不冷不热地在4月25日批准了施图登特的计划，要求尽快准备并在发起后10日内结束战事，至于苏伊士运河和马耳他等目标，当时根本不在纳粹元首考虑的范围内。

代号“水星作战”的克里特岛战役计划于5月20日发起，其独特之处不仅在于这将是二战中唯一的以空降部队为主实施的进攻战，也在于其计划、准备和实施过程完全由空军、而非最高统帅部负责。戈林委托勒尔上将全盘指挥协调，里希特霍芬第8航空军的多支战斗机、轰炸机和俯冲轰炸机联队负责为地面作战和海上运输提供空中支援，施图登特的第11航空军将投入第7航空师、迈因德尔伞兵突击团和运输机部队，由于所属的第22机降师正在罗马尼亚保护普洛耶什蒂油田，林格尔将军（Julius Ringel）的第5山地师（得到舍尔纳的第6山地师1个团的加强）被临时编入第11航空军参战，德国海军东南司令部负责运输登陆部队和重武器，包括所有重炮、1个装甲营和2个山地步兵营。由于有可能登陆和空降的区域都集中在克里特北部沿岸，施图登特把进攻部队编组为三个战斗群，分别负责北部海岸的三个区域。

迈因德尔少将率领以其伞兵突击团为主构成的“西部”战斗群，负责夺取马利姆（Maleme，亦作马莱迈）机场及其周边，在固守机场的同时等待后续部队和重武器的抵达。盟军方面防御马利姆地区的是弗赖伯格少将（Bernard Freyberg，兼任驻岛守军总指挥）的新西兰第2步兵师（第4、第5和第10步兵旅），约12000名新西兰官兵面对着迈因德尔的部队。德军“中部”战斗群包括伞兵3团和2团

（欠2营），由第7航空师师长聚斯曼（Wilhelm Süssmann）少将指挥。该战斗群的作战区域从克里特岛首府干尼亚（Chania）延伸到雷提莫（Retimo）附近，首波伞降部队（伞兵3团）将在进攻日上午负责夺取干尼亚和苏达（Suda）等城镇，第二波伞降的伞兵2团将在下午夺取雷提莫机场，从而为后续作战提供后备机场和有利条件。盟军方面约有15000人部署在位置十分重要的苏达湾周边，包括英国海军陆战队、2个澳大利亚步兵旅以及2个加起来不足千人的希腊团等。[13]雷提莫地区由澳大利亚第19步兵旅旅长瓦齐（G.A. Vasey）准将负责防御，他的手下只有5个步兵营和2个残破的希腊团，总兵力不足7000人。德军"东部"战斗群由林格尔的山地兵组成，负责赫拉克利昂（Heraklion）机场周边和整个克里特岛东部。英军第14步兵旅旅长查普尔（B.H. Chappel）准将手下约有8000人，辖5个英军步兵营、1个澳大利亚步兵营和2个希腊团。德军为入侵克里特岛计划投入22750人，而盟军方面的兵力高达42000人（其中2万为从希腊撤出后基本失去武器装备的部队）。[14]需要指出的是，无论是勒尔、还是施图登特及其手下的指挥官们，战前并不完全清楚盟军的兵力和部署情况；他们正确估计到己方将握有完全制空权，但大大低估了对手的数量和抵抗意志；虽然准确地把攻击重点放在几个重要机场和城镇上，但第8航空军的侦察和情报部门未能发现一些伪装良好的堡垒式防御据点；当然，施图登特等也不可能知道，盟军借助"超级机密"已洞悉了包括空降突击和两栖登陆在内的德军夺岛计划，弗赖伯格根据这些情报进行了前述针对性极强的相应部署。施图登特的空降战大幕尚未拉开就失去了最重要的突然性，感到意外的倒是他的伞兵和机降部队。

拉姆克虽然没有参与克里特岛之战的计划工作，但他在5月初随着第11航空军军部来到希腊，负责帮助第5山地师进行机降登陆的训练和准备。同时，他得到施图登特的承诺，一旦出现意外，将派他随一个战斗群到克里特岛参战。19日，拉姆克与副官来到雅典北面的托波利亚（Topolia）机场，负责协助山地兵部队装载重武器装备。

▲ 图为1939年夏起担任英军中东战场总司令的韦弗尔（Achibald Wavell）将军（正中穿皮靴者），本图反映的是他在1940年11月初到克里特岛苏达湾视察时的情形。

5月20日凌晨，一波又一波的德军俯冲轰炸机和战斗机向马利姆、干尼亚及苏达湾地区进行了猛烈轰炸或扫射，"水星作战"就此拉开了帷幕。第一攻击波的突击伞兵搭乘滑翔机降落在马利姆机场左近及干尼亚周边，他们身后不远的是将从运输机上机降的伞兵。迈因德尔伞兵突击团的1营在马利姆机场附近滑翔着陆，刚一离开滑翔机就遭到守军的猛烈射击，虽勉强集合起来，但被压制得无法抬头。8时许，伞兵突击团其余几个营开始从运输机上进行伞降，但是，迎接他们的不是先头突击队员挥舞的手臂，而是新西兰第5旅官兵的猛烈射击。在马利姆机场南边的107高地上，新西兰人构筑了梯形防御阵地，许多伞兵在降落过程中被击毙，更多的刚一落地便被打倒，侥幸活着的伞兵也被纷飞的子弹所阻隔，无法接近装有武器弹药的降落伞。损失尤为惨重的是进行伞降的突击团3营，许多伞兵死于着陆过程，勉强躲过子弹的却又不幸降落在新西兰军队的阵地上，据说3营长、所有军官和三分之二的士兵都被击毙。团

▲ 摄于1941年5月的克里特战役之初，3架Ju-52运输机正在马利姆上空投放伞兵。

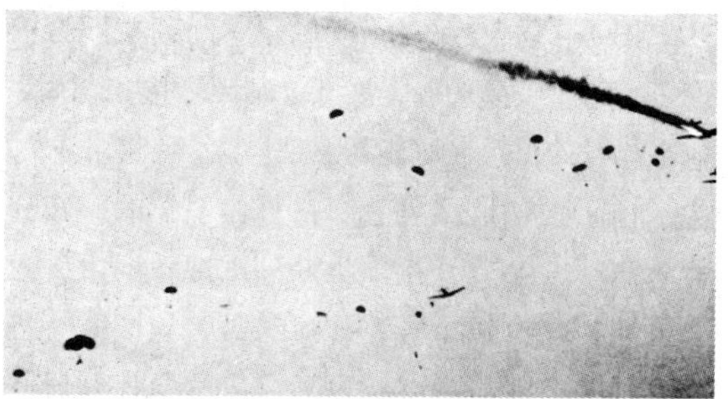

▲ 摄于克里特战役之初，德军伞兵在赫拉克利昂上空伞降，图中右边的运输机被高射炮火击中，左下角似为装载武器装备的降落伞。

▲ 摄于克里特战役之初，坐在Ju-52运输机机舱内的山地兵正在赶往马利姆的途中。

◀ 这是一幅精彩的图片，摄于克里特战役之初。部分伞兵降落后正向滩头冲去，空中还有为数不菲的伞兵正在伞降。

长迈恩德尔在着陆时身受重伤（还有一说是他被狙击手击中），虽在勉力聚拢部队应变，但几个小时里他也无法将散于各处的残余伞兵捏合成一支有战斗力的力量。"中部"战斗群的命运与"西部"战斗群相比显得更糟，指挥官聚斯曼搭乘的滑翔机出发不久就出现了机翼断裂，随后坠毁在中途（还有说他是在克里特岛着陆时坠毁的）。在干尼亚附近伞降的第3伞兵团1营和2营基本都降落在英军防区内，自然是多数有去无回，而第3营降落在新西兰第10步兵旅防区内，虽被包围，但就地掘壕转入了防御。幸存伞兵试图进攻干尼亚时，发现守军比预想的强大许多，新西兰第10旅也展开了殊死抵抗，德军夺取干尼亚的目标自然无从实现。[15]

由于通信联络问题，在雅典坐镇的施图登特无法从两个战斗群那里获知战况，但由于返回基地的几百架Ju-52只少了7架，施图登特等乐观地认为战事进展顺利，可以按原计划展开夺取雷提莫和赫拉克利昂机场的第二波伞降作战。由于加油和清理坠毁飞机的残骸造成的延迟，第二波部队的出发时间被迫顺延，结果错过了充分利用己方轰炸和对地攻击效果的最佳时段，等伞兵们飞抵目的地上空时，从掩体中出来的盟军已经严阵以待。可以想象第二波伞兵面临的命运，不少Ju-52在抵近空降地点减速滑行时被击落，高地上的守军甚至能用轻武器以水平角度轻易击中运输机，雷提莫和赫拉克利昂机场附近的伞兵伤亡甚至比马利姆还要严重。一些伞兵被投放到错误的地点，在机场附近侥幸着陆的伞兵也被占绝对优势的对手包围（赫拉克利昂周边实有8000名守军，是德军预估的20倍），不过，虽然处于一种无望的境地，几名勇敢的军官组织幸存伞兵，与对手展开了堪称“残忍”的拉锯战，使盟军始终不能抽调部队前去支援马利姆方向。

20日入夜，施图登特总算了解到伞兵们死伤惨重，却未能夺取任何一个机场的惨淡现实。施图登特面临着巨大的压力，摆在他面前的不外乎几种选择：一是等待海运登陆部队抵达克里特岛后继续进攻；二是按计划将林格尔的山地兵送往仍处于火力打击之下的雷提莫和赫拉克利昂；三是承认失败和取消后续作战，但这又意味着完全损失机降在岛上的7000名伞兵。施图登特权衡利弊，决心以个人名誉、军事生涯乃至生命为赌注做最后一搏（据说他甚至准备好了一把子弹上膛的手枪）。由于马利姆机场附近的盟军防线在伞兵们的不断攻击下似乎已经松动，施图登特决定把主攻点放在马利姆，把最后一批伞兵派去支援迈因德尔伞兵突击团残部，夺取马利姆机场后，第5山地师也将在此着陆。虽然决心已定，施图登特还是整夜都在担心，生怕对手漏夜集中兵力发起大规模反攻，一旦如此，不仅马利姆机场周边的伞兵将被无情剿灭，次日的行动也就失去了意义。所幸，这种情况并未出现，盟军仅有几次规模甚小且协调很差的反击，守军新西兰第22营营长安德鲁（L.W. Andrew）中校在错估形势的情况下信心动摇，得到批准后进行了撤退，结果造成德军伞兵在21日凌晨占领了机场南侧的107高地——新西兰守军的这一撤退，也被后人称作克里特岛之战的转折点之一，胜利的天平已开始向德军倾斜。[16]

据说，拉姆克在20日夜曾打电话给施图登特，称自己聚拢了因乘载不下而滞留在托波利亚机场的550名伞兵，并请求分派作战任务。施图登特闻言先是十分惊讶，搞清楚情况后同意拉姆克次日随第一波部队伞降，任务是“解救马利姆的地面部队，尽快占领机场，以便山地兵随后飞抵”。[17]不过，拉姆克临时拼凑的战斗群虽做好了出发准备，但并未成为首波伞降的部队。21日晨，数架Ju-52冒着炮火在马利姆北面的海滩迫降成功，运来了伞兵突击团急需的武器弹药。下午2时许，在斯图卡轰炸机的支援下，2个连的援兵伞降后，与地面上的突击团余部合力夺取了马利姆机场，但整个机场还处于盟军炮火和机枪阵地的火力打击之下。下午3点，一批运载山地兵先头部队（第100山地步兵团1个营）的Ju-52在仍不安全的机场上强行着陆，许多山地兵刚从满身弹孔的飞机上跳下，就发现不远的地面上堆满死尸，迎接他们的还有炮弹和机枪子弹。尽管狭窄的跑道上出现了数起飞机相撞的事故，但山地兵的到来无疑让周围的伞兵们看到了希望。拉姆克的临时战斗群几乎同时伞降，他第一个从机舱内跳下，着陆后立即收拾部队和了解情况——他手下约2个连的兵力本应伞降至守军防线背后，但不幸径直降落在对手的阵地附近，很快便被打残；但另外2个连成功地聚拢在他的周围，与伞兵突击团、先到一步的伞兵反坦克营（2个连）和山地兵先头部队取得了联系。拉姆克此时承担起“西部”战斗群指挥官的职责（重伤的迈因德尔刚搭乘Ju-52撤离），他迅速研究了整体局势和地形，制定出“正面拖住、南北两翼夹击”的作战方案：他带来的2个连伞兵将与反坦克营一起，在机场北面沿海岸公路两侧向东进攻，以竭力逼退对手、使其炮兵无法继续轰炸机场为目标；第100山地步兵团团长乌茨（Willibald Utz）上校将率部在南翼运动，先期目标也是消灭对手的炮兵阵地，绕过南面的守军防线后，经山区继续向东进攻，直至与干尼亚附近的战斗群取得联系。疲惫不堪的伞兵突击团残部深为援兵的到来感到振奋，在拉姆克的鼓舞和直接指挥下，他们到夜幕降临时基本肃清了机场邻近村庄里的盟军，马利姆机场也被德军全面控制，增援补给和重武器装备开始陆续运抵，此后一周里这个机场一直都是德军获得补给的主要基地。应该说，拉姆克在危急时刻出现在最紧要的主攻点，扭转了因指挥官伤亡造成的混乱无序局面，他的有力领导和指挥协调无疑是奠定克里特岛胜局的关键之一。克里特岛守军指挥官弗赖伯格将军一直不很清楚马利姆机场的状况，如果他早一点获知机场已被全面占领，一定会不惜代价从立足未稳的对手手中夺回机场。但是盟军已错过了最佳时机，定于22日凌晨发起的反攻，也因部队调动的困难而被推迟，等反攻真正发起时，2个营的新西兰部队和若干支援坦克根本无法撼动拉姆克聚拢的近2000名士兵，自身反而遭到惨重损失。22日天亮后，斯

▲ *摄于1941年5月末的克里特岛马利姆附近，拉姆克的身旁是一具降落伞。*

▲ 摄于克里特岛战役期间，拉姆克正在检阅伞兵部队。

▲ 摄于克里特岛战役期间，拉姆克上校在位于干尼亚的指挥部前。

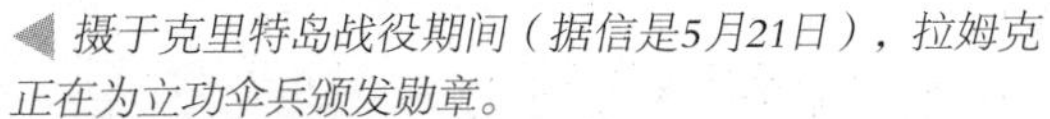

◀ 摄于克里特岛战役期间（据信是5月21日），拉姆克正在为立功伞兵颁发勋章。

▲ 摄于克里特岛战役期间，被德军攻克后的克里特首府干尼亚的街头景象。

▲ 摄于干尼亚，拉姆克上校正向有功伞兵颁发勋章。

▲ *摄于克里特岛战役期间，第5山地师师长林格尔（左侧站立者）与施图登特（右二）等在协商策略或稍事休息。*

图卡轰炸机又在新西兰人累累的伤口上撒了把盐，盟军的反攻彻底失败了。

拉姆克的战场作为无疑挽救了施图登特的生命，他可以把那把手枪锁进抽屉里了，但是，拉姆克所不能挽救的是施图登特被解除实际指挥权的命运。就在拉姆克率部与新西兰人激战之际，丘吉尔正在议会下院发表演说，声称克里特岛之战是足以决定地中海命运的关键一战。而希特勒在向僚属们发泄怒火和的同时，也表现出对施图登特的强烈不满，指挥后继作战的实际权力被移交给第5山地师师长林格尔。22日晚，拉姆克见到林格尔后，将"西部"战斗群的指挥权一并移交，在巴尔干战役中出尽风头的山地兵王牌第5山地师，取代了饱受创伤的伞兵，成为下阶段作战的主力。次日，林格尔命令拉姆克率领伞兵突击团残部和后续空降伞兵组成的战斗群，沿着海岸公路由西向东进军，追逐撤退盟军的同时，向干尼亚方向推进，乌茨上校的山地兵（第100和第85山地步兵团）则继续在南面运动，以包抄盟军侧翼和插向其后方为目标。这些山地兵没有骡子和运输工具，只能用双手抬着迫击炮、弹药和重机枪。他们在崎岖的山间穿行，在根本不能称之为路的小径上疾走，在被认为不可能征服的高山上攀爬，白天的高温使他们饥渴难忍，夜晚的寒冷又令他们难以入睡，但这一切似乎丝毫不能影响这些山地兵的作战意志。

5月24日，拉姆克的伞兵战斗群着手准备进攻干尼亚外围的加拉塔斯（Galatas）盟军防线。当日下午，拉姆克向赶到前沿指挥部的施图登特汇报了次日的进攻计划，就在指挥部附近不断爆炸的迫击炮弹的"伴奏声"中，施图登特在拉姆克的一级铁十字勋章上缀上了勋饰。25日晨，拉姆克将指挥部移往斯塔洛斯（Stalos），然后对即将进攻加拉塔斯西北高地的战斗群进行了部署：左翼是伞兵突击团4营，右翼的2营同时负责与南面的山地兵保持联系，1营作为预备队部署在右翼的后方。加拉塔斯一线是盟军拱卫苏达湾的最后一道屏障，弗赖伯格将所能调动的兵力基本都放在这个方向上。德军对此战一样高度重视，25日整个上午，第8航空军的斯图卡、战斗—轰炸机和轰炸机编队轮番轰炸了盟军防线，并在下午5点前又进行了一轮轰炸，硝烟尚在弥漫之际，拉姆克的伞兵和乌茨的山地兵5点整向加拉塔斯发起了同步攻势。这场厮杀可谓天昏地暗，拉姆克的伞兵经过激战，到天黑时已进抵加拉塔斯北面和西面，但盟军在几辆坦克支援下立即展开反攻，双方你来我往，互有进退，长时间处于僵持状态。26日黎明前，山地兵和伞兵协力将盟军残部赶出了加拉塔斯，在晨曦微光的照射下，满眼望去都是死时仍紧攥着武器的德国人、英国人、新西兰人、澳大利亚人和希腊人。

5月27日，拉姆克的伞兵与乌茨的山地兵携手攻克了干尼亚，苏达湾的最后陷落已经迫在眉睫。28日晨，施图登特命令拉姆克负责指挥从苏达湾到克里特岛最西端的整个西部的作战，林格尔的山地兵（26日得到第6山地师1个团的加强）一部将朝东面的雷西姆农（Rethymnon）运动，乌茨上校的加强战斗群则负责朝克里特岛南面的港口斯法基亚（Sfakia）推进。拉姆克在28日向第11航空军提交了一份作战总结："……5月20日至27日，伞兵突击团俘虏了800余英军，截至27日夜，突击团的伤亡情况为：34名军官、272名军士和士兵阵亡，31名军官和499名士兵负伤，4名军官和395人失踪（多数失踪伞兵已被杀），3人被俘。突击团和配属部队完成了规定的任务：经过伤亡惨重的激烈战斗，于21日占领马利姆机场，在后续激战中夺取了东面的马利姆村等要地；21日至23日晨，打退敌军从东面发起的数次强力反扑；其后，突击团与山地兵部队一直在并肩作战——主攻方向是海岸公路两侧——直到27日夜7时攻占首府干尼亚。尽管伤亡惨重，尤其是军官和军士的损失尤多，但伞兵部队的高训练水准，从最资深的军官到最年轻的突击队员都展现出的无与伦比的进攻精神，使得这一极其困难的任务能够得以完成。"[18]

克里特岛的命运在5月的最后几日里彻底锁定。在5月28日至31日的四个夜晚里，英国皇家海军冒着德军航空兵的猛烈轰炸，从岛南的斯法基亚港成功撤走17000名官兵——这是皇家海军在一年里第4次执行艰难的海上撤退任务（前三次分别为纳尔维克、敦刻尔克和希腊伯罗奔尼撒）。6月2日，克里特岛被德军全面占领，在历时12天的战事中，盟军的陆军有15743人战死、受伤或被俘，海军有2011名伤亡，空军则损失了46架战机。德国的损失相较于1939年以来的其他战事而言更为惨重，一个多月前的巴尔干战役中，德军仅有5650例死伤和失踪，而在克里特岛仅空降部队的损失就高达7000人（不同资料的数字很不一致，如有人称第7航空师就有3250人阵亡或失踪、3400名伤员，仅伞兵突击团就有700人战死或失踪[19]）。令德军高层痛心的，并不仅是损失了几千名受过精良训练的伞兵，战机的损失也高达350架以上，其中一半以上都是运输机。

一场代价高昂的战事结束了，虽然德军不可战胜的神话仍在续写，但英联邦军队面对着手握主动权、拥有全面制空权、投入精锐伞兵和山地兵的对手，依然顽强抵抗了十余天并造成了德军的重大伤亡。施图登特的"油滴战术"未能奏效，众所期待的速战速决变成了血腥昂贵的拉锯苦战，伞兵被分割包围，既不能连成一体集中突破，又在起初无力夺取事关全局的机场。德军夺岛命运的转折点出现在马利姆机场，而"西部"战斗群最后能在机场周边扭转颓势，很大程度上与拉姆克的强力领导和大胆指挥密不可分。交战双方都有大量经验教训需要汲取，拉姆克6月中旬回国后，开始在伞兵学校系统讲授他在克里特岛获得的经验教训。8月21日，拉姆克从戈林手中接过了骑士勋章，这时的他已是德国空军的一名少将。

施图登特战后曾回忆过希特勒1941年8月时对他说过的一番话："……克里特岛之战表明空降作战的日子已经过去了！伞兵是一支纯粹靠突然性制胜的力量。出其不意这个因素已经不复存在了。"施图登特也曾描绘过自己的心境："……我很难就克里特岛之战写些什么。对我这个负责征服克里特岛的机降部队总指挥来说，这个名字承载着太多苦涩的记忆。当我建议攻打克里特岛时，我曾出现过错误估计，这不仅意味着失去许多像我儿子一样的伞兵的死亡，也最终意味着我一手创建的德国空降兵的死亡。"[20]德国伞兵的地狱在克里特岛，但伞兵并未灭绝，反而一直在发展壮大（到1944年6月时人数已超16万），只不过他们基本上不再扮演"鹰从天降"的突击角色，更多地被作为精锐力量投入地面战事——1941年秋开始，伞兵部队被零敲碎打地分散投入到东线的数个战场，而从克里特岛空降作战中发现新大陆的英美盟军，却几乎在同一时期组建了大规模的空降部队。

大漠孤烟：
"拉姆克伞兵旅"鏖战北非

1942年6月21日，北非最重要的要塞托布鲁克即将被隆美尔攻克，地中海战场总司令凯塞林元帅飞抵隆美尔的指挥部，向后者表示诚挚祝贺的同时，提醒这位惯于独立行事的上将"不要忘了先取马耳他岛、再攻埃及的既定战略"。历史证明，风头盛极一时的新科元帅隆美尔并未听进凯塞林的忠告，他利用自己一时无与伦比的影响力说服希特勒，把原定用于马耳他登陆作战的海空军力量改为支援非洲装甲集团军扑向埃及和苏伊士运河的攻势。希特勒在马耳他岛问题上一直迟疑难决，既担心攻坚主力——施图登特的伞兵部队重演克里特岛的一幕，又不相信配合作战的意大利人的能力和意志，本就摇摆不定的元首在隆美尔鼓动下，放弃了代号"大力神"（Hercules）的登陆夺岛计划。这一决定既改变了7月初已推进至阿拉曼的隆美尔集团军的作战，也深刻影响了拉姆克及其手下数千伞兵的命运。

克里特岛战役结束后，参战伞兵残部在7月中旬陆续回国休整补充，元气大伤的迈因德尔伞兵突击团和第7航空师尚在舔伤疗痛之时，又接到了开往东线的命令。最先出发的是9月初开往列宁格勒战场的伞兵突击团2营，当月晚些时候，第7航空师的伞兵1团和3团也抵达列宁格勒附近参战，在一系列"杀敌一千、自伤八百"的激烈战斗中，充作步兵的伞兵们再次证明了他们是值得倚重的铁血精锐。在1941年末至1942年初的冬季作战中，北起列宁格勒、中至莫斯科以西、南至米乌斯河前沿，都有着团营规模的伞兵部队的身影，虽然在多条防线和核心阵地上扮演着防御中坚的角色，伞兵们在东线无疑又经历了一轮损失惨重的战火洗礼。1942年春，随着伞兵部队陆续撤离东线，施图登特和拉姆克等将领无疑又面临着再次重建空降部队的重任。

拉姆克作为第11航空军的高级参谋并没有到东线参战，他在1942年春被派往意大利，协助训练该国羽翼渐丰的空降部队——"闪电"（Folgore）伞兵师和"猎犬座"（Superba）机降师。约在1942年4月，由于马耳他岛的英国海空军基地严重威胁到意大利与北非间的补给运输线，凯塞林再次提请希特勒考虑以两栖作战夺取该岛。由于得到墨索里尼信誓旦旦的支持，凯塞林命令施图登特带着参谋班子赶赴罗马，与正在此地的拉姆克一起制定夺岛作战计划。施图登特和拉姆克拿出了详尽的作战方案——德军伞降突击队将以滑翔机降方式突然登岛，成功铲除英军防空阵地并占据滩头阵地后，拉姆克训练的意大利空降兵将以伞降或机降方式着陆，通过海路运输的4个意大利步兵师也将随后分阶段登陆，意大利海军包括旗舰在内的所有舰只，都将用来海运部队和保障安全，德意空军也将提供全方位的空中掩护。[21]鉴于需借重意大利海空军和大批陆战部队，施图登特和拉姆克提出由意军最高统帅部统筹指挥，但夺岛空降作战由施图登特具体负责实施，拉姆克则为突击部队的前线指挥官。希特勒起初同意在夺取托布鲁克后发动夺岛战，相关部队也展开了针对性很强的训练和准备，施图登特和拉姆克都曾飞往马耳他岛上空进行侦察，就在他们信心满满地展望着攻击日到来的时候，希特勒产生了疑虑和动摇——"非洲军"军长克吕威尔向他当面汇报了意大利陆军在北非的拙劣表现和令人失望的斗志，希特勒自己也很担忧意大利海军在面对英国皇家海军时会缩回老巢，从而将先期登陆的德军置于绝境。几经摇摆之后，纳粹元首终于在托布鲁克大胜的消息传来后，下令取消"大力神"作战计划。

施图登特和拉姆克的震惊和失望自然不必细表。隆美尔在6月末攻入埃及境内后，其攻势在阿拉曼防线受阻，部队疲劳不堪、兵力不足、补给匮乏等一系列问题使其推进势头在7月4日时完全停顿。隆美尔在索取物资装备的同时，要求再增援1个装甲师，但陆军总部允诺的只有第164轻步兵师，以及尚在纸面上的"拉姆克伞兵旅"。施图登特命令拉姆克在雅典组建以他的名字命名的伞兵旅，组建完成后将从雅典出发，经克里特岛抵达托布鲁克。第11航空军为拉姆克准备了旅部和属下各营的指挥官，但伞兵们当时正散于各处休整和训练，聚集部队和装备、安排运输、必要的训练占去了拉姆克7月份的多数时间。到7月底时，拉姆克伞兵旅已辖有4个营级战斗群：[22]来自于克罗少校任营长的伞兵2团1营的“克罗（Hans Kroh）”战斗群、来自海特少校任营长的伞兵3团1营的“海特（Friedrich von der Heydte）”战斗群、来自布尔克哈特任营长的第11航空军伞兵教导营（加强营）的“布尔克哈特（Walter Burckhardt）”战斗群、来自许布纳少校任营长的伞兵5团2营的“许布纳（Friedrich Hübner）”战斗群。此外，还有一些

▲ 摄于1942年初夏，“拉姆克伞兵旅”正在德国希德斯海姆（Hildesheim）的街头行进。前左为拉姆克手下的伞兵3团1营营长冯·德·海特少校，右为马格（Rolf Mager）中尉。

▲ 摄于1941年晚些时候，据说拉姆克曾将这张身着少将军服的照片赠给了密友。

▶ 摄于1942年初夏开赴北非前。“拉姆克伞兵旅”旅长拉姆克正与一位上尉军官交换意见。

▲ 可能摄于1942年初夏的雅典，"拉姆克伞兵旅"将从这里经克里特岛转赴北非。图中左为拉姆克少将，右为冯·德·海特少校。

▲ 可能摄于1942年初夏的雅典，临赴北非前拉姆克与克罗少校检阅部队。

▲ 摄于1942年夏初抵北非时，图为利比亚和埃及边境的重镇塞卢姆。

支撑单位：第7伞兵炮兵团2营、第7伞兵反坦克营2连、第11航空军军属伞兵工兵营2连、第11航空军军属伞兵医务连。

7月末，拉姆克先赶到阿拉曼前线面见隆美尔，他在途中亲身感受到了新作战环境的粗粝和补给运输的漫长艰难，大漠中的沙暴和酷热也给他留下了深刻的印象。回到雅典之后，拉姆克手下的"克罗战斗群"率先出发，并于8月2日抵达北非；6日，拉姆克与首席作战参谋沙赫特（Gerhard Schacht）上尉带着旅部和直属单位到达，稍后到来的是"海特"战斗群，"许布纳"战斗群在8月中旬开抵，而"布尔克哈特"战斗群则在8月末时才抵达前线。不过，据史家欧文在《隆美尔》一书中记载，一再要求增援的隆美尔似乎对这些身体强壮、训练有素的伞兵们并未张开欢迎的双臂，"由于他们是空军部队，隆美尔很少去看望和关心他们"。[23]与同时增援北非的第164轻步兵师一样，"拉姆克伞兵旅"各部到达时，除了少量的摩托车外基本没有运输工具，从托布鲁克到阿拉曼前线的漫长旅程中，拉姆克的几位营长均各显神通，往往通过分段搭乘顺风车的方式进军，而第164轻步兵师的多数人甚至还是骑着自行车到达前线的。不过，隆美尔觉得，虽然“拉姆克伞兵旅”来自空军，但毕竟是经过严格训练的德国伞兵，所以还是把他们部署在地中海沿岸至盖塔拉大洼地（Qattara Depression）之间的防线上。隆美尔对意大利援兵更不客气，甚至说“这批到达的士兵实际上毫无用处”。当有着意军第一流部队之称的“闪电”伞兵师——即拉姆克按德军作战理论和战术训练出来的精锐部队——向隆美尔报到时，这位元帅仍持居高临下的蔑视态度，“我这里不需要更多的意大利师”就是他赠给友军的欢迎词。

按照隆美尔的要求，拉姆克将所属各战斗群穿插部署在意大利部队中间，“海特”和“克罗”两个战斗群位于意军“特伦托”（Trento）师和“博洛尼亚”（Bologna）师之间，“许布纳”战斗群的防线介于“博洛尼亚”和“布雷西亚”（Brescia）两师之间，而最后抵达的“布尔克哈特”战斗群则被插入“布雷西亚”师和南面的德军第90轻步兵师之间。隆美尔此刻正在积聚力量和物资装备，准备在8月底发起突破阿拉曼防线的决定性一战。大战前的日子里，拉姆克想尽办法帮助伞兵旅官兵尽快适应沙漠环境，这里白天的高温、夜间的严寒、裹挟一切的沙暴、无处不在的蚊虫蛇蝎，对初来乍到的伞兵们提出了严峻的考验。拉姆克非常关心官兵疾苦，除尽可能向上级索取物资补给外，还下令建立了严格的战利品登记造册和保存制度，以备常规补给渠道断绝之时紧急使用；他要求部队讲究个人卫生，严令军医和医务连把预防疾病作为首要目标，并要求他们昼夜轮班监督部队的卫生健康状况（他甚至会将失职者送上军事法庭）；他对所部缺乏运输车辆的窘况深感忧虑，尽一切可能地找装甲集团军司令部解决所部机动能力不足的缺陷（但始终未能如愿）；他还指导部队在困难的地形条件下挖掘战壕掩体和加固防御工事，也一再要求各部指挥官与相邻的意大利人密切合作（尽管很难实现）；当然，战前的相对平静中少不了英军炮火和轰炸机的夜袭，每次挨炸之后，伞兵们总能看到拉姆克来到各处嘘寒问暖。伞兵们看到53岁的指挥官如此关怀体恤他们，自然会把他当作自己的一员，他们爱戴他、尊敬他，也相信他能带领自己应对任何考验。

8月30日夜，在一轮明月的照耀下，隆美尔发起了旨在突破阿拉曼防线的“阿拉姆哈尔法山脊”之战。他把主攻力量——非洲军和意大利第20军——部署在南翼，准备从盖塔拉洼地突破后向北插入英军后方；与此同时，意大利第10军一部、第164轻步兵师和“拉姆克伞兵旅”大部将在北翼发动佯攻，以掩盖南翼主攻的真实面目。拉姆克接获命令后将所部进行了分工，北面的“海特”战斗群负责沿着鲁维沙特山脊向代尔谢因（Deir el Shein）方向发动目标有限的进攻；南面的“许布纳”和“布尔克哈特”2个战斗群将由拉姆克亲自率领（得到“闪电”伞兵师2个营的加强），任务是从巴布艾尔盖塔拉（Bab el Quattara）向东推进15公里，击退新西兰守军后，夺取代尔穆纳西布（Deir el Munassib）周边的高地。[24]经过一夜的努力，无论是“海特”战斗群，还是拉姆克自己统领的战斗群都实现了预期目标。拉姆克在代尔穆纳西布高地附近建

▲ 拍摄时间不详，隆美尔和随从们正离开身后的侦察/联络飞机（Fi-156“施托希”）。

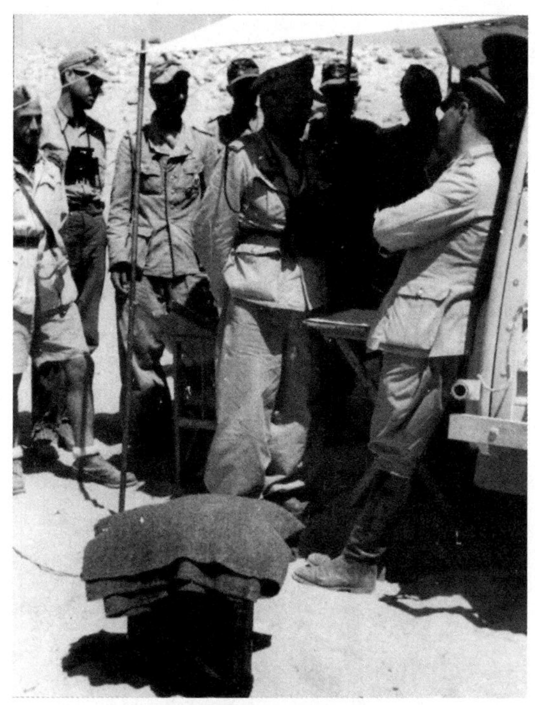

▲ 摄于1942年夏，拉姆克（图中前左）正与隆美尔（背靠车辆者）交谈。

▲ 摄于1942年8月，部署在鲁维萨特山脊地区的“拉姆克伞兵旅”的一处机枪阵地。

▲ 摄于1942年8月，“拉姆克伞兵旅”的伞兵正在鲁维萨特山脊附近观察。

▲ 摄于1942年夏，拉姆克（右一）与隆美尔（右二）、意大利第10军指挥官奥尔西将军（Federico Ferrari Orsi, 左二）等正在前线观察。

▲ 摄于1942年夏，“拉姆克伞兵旅”的两名伞兵准备向来袭敌机射击。

▲摄于1942年夏的阿拉曼前线，“拉姆克伞兵旅”的一员正在展示一只巨型蜥蜴。

▲摄于1942年夏，坐在帐篷里的拉姆克与自己的首席参谋军官克罗。

▲摄于1942年夏，拉姆克正与他人在电话里交谈。

◀摄于1942年夏，北非大漠中的拉姆克。

起防御阵地，在实际阵地前方200米处又修筑了伪装阵地，反坦克炮等重武器也经过工兵清扫过的雷场进入前沿。9月2日，隆美尔抽空来到拉姆克所部视察，对其进展和防御准备表示满意，他还对拉姆克说，能守住这条防线就是对南面的非洲军最大的支持。

9月3日，英军第132装甲旅的30辆坦克和营级规模的步兵向拉姆克的防线发起了反攻。德军防线一度曾被冲开缺口，但很快被伞兵们堵上。拉姆克组织炮兵和反坦克炮攻击对手的坦克与装甲车，同时以交叉火力网阻击英军步兵前进，期间还与对手展开近战徒手搏斗，终于成功击退了英军，造成对手损失了16辆坦克和80辆装甲车。就在拉姆克出神地望着阵地前燃烧的车辆时，副官赶来报告说，右翼的第90轻步兵师防线被新西兰部队突破，甚至师指挥部也被包

▲ *摄于1942年8月末、9月初，"拉姆克伞兵旅"与意大利部队一起挡住了英军第132装甲旅的突破，图中的2名伞兵正在作战间歇中休息。*

▶ *德军北非战场最致命的利器——88毫米高射炮。据说，图中的这门炮曾摧毁36辆坦克和13架敌机，堪称"88炮之王"。*

▲摄于1942年9月初的阿拉曼前线，“拉姆克伞兵旅”炮兵营的一处炮兵阵地。

▲摄于1942年9月初，“拉姆克伞兵旅”一部正在作战中。图中的这名军人不知意欲何为。

▲摄于1942年9月的阿拉曼前线，拉姆克、克罗正与右侧的意大利军官协商防务。

▲摄于1942年夏，拉姆克在探视前线的途中与一名年轻的伞兵交谈。

围，师长克勒曼（Ulrich Kleemann）请求拉姆克立即派兵解围。拉姆克从“许布纳”战斗群抽出兵力前去救险，成功解除克勒曼的险境后，新西兰部队的攻势也被相应遏止。新西兰第6步兵旅旅长克利夫顿（George H. Clifton）准将在乱

▲ 摄于1942年9月初，“拉姆克伞兵旅”俘虏了新西兰第6旅准将旅长克利夫顿（图中最左侧），隆美尔闻讯后赶到拉姆克指挥部审讯了克利夫顿。左二为拉姆克手下的伞兵教导营营长布尔克哈特少校。

▲ 拍摄时间不详，拉姆克（中）与隆美尔（左）正在前线观察。

▲ 摄于1942年，拍摄的具体时间不详，拉姆克（右）与隆美尔正在交换意见。

▲ 摄于1942年，具体时间不详，拉姆克正在听取下属军官的汇报。

▲ 摄于1942年夏秋，拉姆克在为官兵颁发铁十字勋章。

▲ 摄于1942年夏秋，拉姆克为官兵颁发铁十字勋章的场景。

▲ *摄于1942年，拉姆克（右三头戴白色大檐帽者）正与属下举杯庆贺。*

战中被俘，隆美尔闻讯后曾赶到拉姆克指挥部审讯了这位将军。配属给拉姆克的“闪电”伞兵师2个营的表现也十分出色，2位营长均在战斗中阵亡，无疑，拉姆克的伞兵旅和他一手训练出的意军伞兵，以不俗的战场表现证明了隆美尔的偏见实在有失公允。

不过，勉力守住防线并不能改变隆美尔对战局的悲观判断，他还是在9月初下令撤退——非洲军官兵感到难以理解元帅的命令，他们正士气高昂地展望着杀向苏伊士运河的时刻，他们觉得已从侧翼包围了对手，自身伤亡仅500余人，坦克损失还不到40辆，而英军的伤亡和损失远高于己。不过，在这次流产的进攻中，隆美尔损失了400台车辆——2个月后他将因运输工具匮乏而苦恼不已，甚至于开始撤退时，被迫将部分意军和拉姆克伞兵旅弃之不顾！隆美尔的这次功败垂成和主动撤退，不仅令装甲集团军上下难以理解，凯塞林和希特勒也觉得他在进攻中撤退的做法极端错误。当年晚些时候，拉姆克从元首手中接过橡叶骑士勋章之时，曾向希特勒谈起过阿拉姆哈尔法山脊之战：“……（隆美尔）为什么不继续进攻，对我们来说这是一个谜。我们已迫使英军再次处于溃败的境地，我们只需追击敌军，并彻底消灭他们就行了。”[25]希特勒对此“深以为然”，还在与最高统帅部作战部长约德尔的一次会谈中引述了拉姆克的见解。

北非战场相对平静了一段时间，隆美尔也借机回国治病休养。在这段平静期内，英军集中了约15万兵力和1114辆坦克，而轴心国也在缓慢地补充，总兵力达到96000人，拥有500至600辆坦克。[26]10月23日，英军第8集团军向阿拉曼的德意防线发起了大反攻，同时皇家空军也对驶往北非的运输舰只和油轮给予致命的打击。两天后隆美尔匆忙赶回阿拉曼接过指挥权，随即向元首大本营报告说油料的严重短缺制约了装甲部队的机动能力，过了一日又报告称，连续的激战和损失使阿拉曼局势十分危急。隆美尔赌博般地认定英军的大规模突破将发生在北部，故而将大量德军从南翼调往北翼，"仅把意大利部队和不能打仗的德军留在南边"（欧文在《隆美尔》一书中所言）。这一赌博取得了一时的效果，经过5天激战后英军伤亡近万，攻势似乎也未能超过先前的突破点。虽然隆美尔并不清楚丘吉尔已对战事的发展表达了不满，也不知道对手蒙哥马利的日子一样难熬，但他在焦灼不安中意识到，如果继续固守，一旦英军实现突破就会形成合围态势，非洲装甲集团军将面临被围歼的命运，因为他没有能力把辎重装备和步兵及时撤至新防线。随着运载油料的油轮接二连三地被炸沉，近乎绝望的隆美尔决定在富卡（Fuka）建立一条新防线，还命令非战斗单位立即撤到富卡防线以西的区域，而所有这些都是在德意统帅部均不知情的情况下进行的。10月31日，隆美尔把撤至富卡一线的打算向一些作战部队透露了些许风声，其中就包括没有机械化运输装备的拉姆克伞兵旅。[27]

拉姆克的确非常忧虑北面的战事，随着双方交锋的重点地带逐渐西移，一旦英军实现完全突破，仍在沙漠中部拼死防御的伞兵旅将即刻面临被切断的危险。11月1日至2日，英军炮兵、坦克和空军发起了更猛烈的协同攻击，白昼黑夜尚有交替，一刻不停的血战和厮杀却似乎永无休止。拉姆克所部也遭到英军进攻，当他们看出对手的主攻点仍是北线时，拉姆克和一众军官都不再怀疑，北线失守之际就将是他们成为瓮中之鳖之时。2日夜，拉姆克收到了撤至代尔塔尔法（Deir El Tarfa）附近建立新阵地的命令。由于缺少车辆，拉姆克所部（欠"海特"战斗群，该部已暂归第90轻步兵师指挥）在沙漠里跋涉30公里后，才在3日晨到达指定区域。虽然顺利摆脱了对手，也未遭到追击和袭扰，但一整夜的行军还是让伞兵们累得半死，不过他们还得强打精神挖掘战壕。当日上午，隆美尔收到希特勒的电报："……敌人虽占优势，但已是强弩之末。意志力足以征服强敌……你可向部下指明，不胜利，毋宁死，别无其他道路。"[28]时而勃然大怒、时而惶惶不安的隆美尔，面对希特勒禁止撤退的严令，抱着赴死的决心命令撤退中的部队回身继续战斗。但没过多久，希特勒就接到隆美尔的报告——非洲装甲集团军的步兵、反坦克兵和工兵已伤亡50%左右，炮兵伤亡40%左右，非洲军仅剩24辆坦克，几个装甲师已基本不复存在。面对这些难以争辩的数字，希特勒终于在11月4日晚些时候同意隆美尔后撤。

11月3日夜，当拉姆克带着属下正在代尔塔尔法附近构筑阵地时，传来了北面的友军防线被突破的消息，上级急令拉姆克抽调1个营赶往北面支援。为尽快支援紧要地带，拉姆克把几乎所有车辆都交给了带队的施特雷勒-波尔（Guenther Straehler-Pohl）上尉。施特雷勒-波尔带着1个营搭乘40辆卡车出发后不久，遭遇到英军坦克和装甲车，这部分伞兵经受了惨重损失后冒险回撤，结果发现伞兵旅大队人马已踪影全无！原来，北上的伞兵营出发不久，拉姆克接到了与对手脱离接触后赶赴富卡周边重组的命令。在地图上，代尔塔尔法至富卡的直线距离约为100公里，拉姆克需要整整4天的步行，才有可能到达目的地，当然前提条件是不能被英军抄了后路。当夜，拉姆克率领剩下的2个营和一些直属部队朝西北方向开去，炮兵营和反坦克连负责殿后。不想，英军发现了拉姆克的撤退意图，派出坦克、装甲车和摩托化步兵展开了追击。拉姆克的后卫部队等英军逼近到不足600米时，集中火力摧毁了几辆坦克，迫使后撤的英军坦克和步兵不敢逼得过近，拉姆克所部随后的夜行军也没有再受到骚扰。

4日上午，拉姆克与手下的军官商议后决定，为保持与敌军的距离，伞兵旅将继续向西撤退。不幸的是，他的电台此刻出现了故障，与上级和友军完全失去了联系。为加快撤退速度，伞兵旅仅存的若干车辆不得不前后奔忙地往返运载疲惫的伞兵，但在怪石嶙峋的戈壁与沙子深得足以陷没卡车的地形间，拉姆克又损失了几辆车。伞兵们随身携带的淡水也所剩无几。拉姆克决定让伞兵们停下休息2个小时，他带着几名军官乘坐他的指挥车前去侦察，结果他的望远镜里出现了英军坦克和装甲车的轮廓。拉姆克命令伞兵旅大部立即撤退，同时指派布克尔哈特少校领导的战斗群殿后，炮兵营则以剩下的几门炮负责掩护。伞兵旅大部继续后撤时，布克尔哈特发现了一列同样仓皇撤退的意军车队，他追上拉姆克通告了这一情况，声称这批卡车能将他的部下全部运走。拉姆克同意布克尔哈特率部先行撤离，要求他尽快抢在英军前面抵达海岸公路。岂知福祸相依，布克尔哈特乐极生悲，车队旋转向北朝海岸公路开进的时间稍早了一点点，结果就一头撞上了英军装甲部队，他本人和伞兵教导营的多数官兵都被俘虏。

当然，拉姆克也是数日后才得知布克尔哈特和伞兵教导营的命运，此刻，他和剩下的伞兵们正在经历生死攸关的时刻。跟在后面的英军坦克终于向拉姆克的炮兵发起进攻，炮兵营官兵奋力打击对手，打完最后一发炮弹后自毁火炮，而后全力追赶大队（最终还是有100名官兵被俘）。伞兵旅此刻的局势可以说灰暗无比，伞兵们惊惧疲惫，士气低落，拉姆克乘着指挥车前后奔忙，不停地敦促伞兵们打起精神继续西撤。不过，他心里也很清楚，除非有奇迹发生，否则他们迟早都会被追上。

北非是隆美尔成名和驰骋的舞台，他是这个战场上德军唯一的主角，拉姆克和他的伞兵旅只是大舞台上的小龙套，尽管之前的哈尔法山脊之战和第二次阿拉曼战役中拉姆克的表现可圈可点。就在拉姆克祈求奇迹的同时，隆美尔的指挥部已安全撤离，一部分部队沿着北部的海岸公路向西撤退，多数部队仍在穿越无垠的沙漠。到5日时，非洲军大部、第90轻步兵师和部分意大利军队抵达富卡，隆美尔决定在这里稍作停留和收拾残部，同时他的后卫部队已经与有着200辆坦克和200辆装甲车的英军展开激战。[29]隆美尔希望能在富卡多阻击对手一些时日，以便南线的意大利第10军和拉姆克伞兵旅能借机与主力建立联系，但是由于与拉姆克的联系完全中断，他对伞兵旅的幸存已不抱太大的希望。当日中午，一场遮天蔽日的沙暴突然而至，但英军硬是在恶劣的天气下向富卡发动了进攻，不久后隆美尔的南面便出现了英军坦克。沙暴刚一停止，英军沙漠空军的战斗机和轰炸机机群又向海岸公路上拥堵的德军车队发起攻击，就连隆美尔的总部也两次挨炸，惊恐和混乱充斥着整个富卡地区。隆美尔痛苦地决定继续向马特鲁撤退，他已经没有本钱与对手决战。这一撤退无疑表明，拉姆克伞兵旅和意大利第10军事实上已被遗弃。意大利第10军不久后全军覆没，但硬汉拉姆克不愿向命运低头，他凭着自己的意志力和卓越的领导能力，带领孤军历险回归，在非洲装甲集团军头上笼罩的失败阴霾中，平添了一抹明亮的色彩。

隆美尔行将撤离富卡时，拉姆克估计自己的位置约处于艾尔达巴（El Daba）和富卡之间，但不久后便发现富卡方向的地平线上燃起了冲天的烟柱，显然那是英军大规模轰炸的结果。于是，他决定改朝马特鲁方向撤退——这座重镇距伞兵旅之前的阵地足有300公里之遥！5日剩下的时间里，拉姆克一行忍受着白天酷热的煎熬和夜晚刺骨的寒冷，中间还夹杂着突如其来的漫天狂沙与疾风骤雨，更是得时刻提防四面八方随时可能出现的英军摩托化部队，部队的疲劳与绝望不言而喻。5日夜，拉姆克的侦察兵发现一队英军车辆和几辆装甲车停在距伞兵们不太远的地方宿营，拉姆克暗自思忖，如果将奄奄待毙的伞兵组织起来发起突袭，或许能夺取英军车队。侦察完毕后，他召集军官开会，决定组织多个突击组，每组由3至4名精干伞兵组成，以匕首和轻武器突袭对手。子夜时分，各突击组悄无声息地分头逼近负责夺取的车辆，干掉了毫无警惕的岗哨后，伞兵们迅速驾车没命地向西奔去。整个过程中，训练有素的伞兵们显示出特种兵在困难情况下也能突袭制胜的特质。附近的英军装甲兵在昏昏欲睡中不解地发现，自己人的车队为何半夜里突然向西疾驰？他们想当然地认为，也许是东边的残余德军正往这边冲来，才出现了车队急于脱离战场的一幕。貌似合理的推断促使英军装甲车朝东面根本不存在的德军开炮，全然不晓西行车队现在装满了拉姆克的伞兵。车队向西狂奔40公里后，拉

▲ 摄于1942年11月，撤退中的拉姆克伞兵旅。

▲ 摄于1942年11月初，当时隆美尔的机械化部队已撤离阿拉曼，拉姆克伞兵旅和多支意大利部队某种程度上被"遗弃"了。拉姆克凭着不屈的斗志，带着伞兵旅余部历尽艰险回到了德军一侧。图为伞兵旅官兵在沙漠中艰难跋涉的场景。

▲ 另一幅反映拉姆克伞兵旅官兵在沙漠中撤退的图片。

▲ 可能摄于1942年11月的撤退途中，身着长袍的拉姆克（左）正在观察远处的动向。

▲ 1942年11月7日，拉姆克带着600名部下回归隆美尔装甲集团军，据说他见到隆美尔的第一句话就是“我们还活着！”图中拉姆克正向隆美尔（左二）汇报撤退的经过。

▲ 这张罕见的图片反映的是希特勒向拉姆克颁发橡叶骑士勋章的场景，拉姆克在11月16日获得橡叶骑士勋章，但仪式是在12月1日举行的。

▲本图摄于1943年初，拉姆克当时已升为中将和获得橡叶骑士勋章。在他1943年出版的自传中，这张图片出现在扉页上。

姆克才在一处洼地停下，开始清点队伍和战利品——卡车上满载着淡水、罐头、巧克力和香烟，还有足够奔驰400公里的汽油！真是救命的意外收获，伞兵们看着他们的老将军，多天来笼罩心头的阴郁似乎一下子全消失了。

拉姆克车队开始了新一轮生死逃亡。6日晨他们曾遭遇几架英军战斗机，就在战斗机降低高度向车队俯冲过来时，拉姆克冷静地让伞兵招手致意，英军战斗机误以为是自己人的车队，于是摆动着机翼飞走了。惊险的场面远未结束，途中他们又遇到过一队向东行驶的英军车辆。伞兵们跳下车子，在对手毫无防范的情况下制服了他们。令德军意外的是，这支车队装有约100名德意战俘！战俘们本以为自己的战争已告结束，简直不敢相信竟在这里获救！拉姆克命令留给被俘英军一些食物和淡水，而后载着救出的士兵扬长而去。继续撤退的途中，拉姆克车队还遭遇过1辆英军装甲侦察车，这个对手警觉地步步逼近，但好运再次眷顾了拉姆克——老天突然下起暴雨，拉姆克的手下乘乱驶上便于重型卡车行驶的坡地，也让英军装甲车在泥泞的沙地里不敢孤军追击。

7日上午10点，拉姆克车队抵达马特鲁往西通向西瓦（Siwa）绿洲的海岸公路，在这里遇到了卢克（Hand von Luck）少校的第3搜索侦察营所部。卢克战后曾写道："……拉姆克将军坐着我们的侦察车来了，他看起来憔悴不堪，要求我立即带他去见隆美尔。他的伞兵部队——1支精锐之师——刚刚经历了危险时刻……我永远都难以忘记拉姆克那些筋疲力尽的手下从沙漠中朝我们走来的那一幕。由于地方不够，他们扔掉了除武器和淡水外的所有东西，但他们的士气仍好得令人震惊……"[30]很快，拉姆克被带到隆美尔的指挥部，当他向元帅行礼时，后者惊讶得张大了嘴巴。拉姆克似乎对几日前的"被无情抛弃"极为不满，尖刻地宣布"我们都还活着"，他与那些被遗弃的伞兵们"伏击了1支英军运输队，偷到了汽油，从而得以闯过敌阵"。[31]拉姆克讲这番话时脸上流露出幸灾乐祸的表情，仿佛是在告诉这位一直轻视伞兵的元帅："你彻头彻尾地错了，我们是最能战斗的精锐！现在看你怎么收拾溃败的局面！"向来与同僚和将领关系不睦、又鄙视意军的隆美尔，肯定读懂了拉姆克的笑容，但不管怎样，他在尴尬之余对拉姆克率600名伞兵成功归来，还是感到欣慰不已。隆美尔后来曾写道："……当我们听说英军在富卡一带截住了撤退中的意大利第10军，经过短促交手后迫使他们全部投降时，我们已不再对拉姆克及其伞兵旅能从沙漠中脱险抱有希望。这些伞兵的行军真是一件了不起的成就。他们只有很少的机动车辆，但他们通过伏击1支英军车队让自己能够机动起来。毫无疑问，拉姆克对其部队的领导非常杰出。这个旅在我们这里从来都不是很受欢迎，因为他们按照空军的惯例，一直都向我们索取特殊待遇……现在他们又不高兴了，因为我们没为他们提供撤退所需的车辆……不过，我们现在用过路车把他们送到后方休整去了。”[32]

诚如隆美尔所言，拉姆克带出来的600余伞兵很快被送到后方休整疗伤，他自己于11月16日获颁第145枚橡叶骑士勋章，并在30日把伞兵旅的指挥权移交给首席参谋军官克罗中校，然后奉命飞回柏林。12月1日，他从希特勒手中接过了橡叶骑士勋章。拉姆克无愧于所获得的荣誉，他在北非孤军穿越大漠、逃离险境的举动，被后人称作二战中最大胆的行动之一，“拉姆克伞兵旅的逃亡曾被比作一部希腊史诗，这一大胆行动的成功，应完全归誉于它的指挥官拉姆克少将”。[33]爱戴和感激拉姆克的伞兵们更愿意亲切地称他为“老爹”，还有人昵称他为“Gerhard”——这个古老的德国名字有着“矛”和“勇敢”之意，如果把“长矛勇士”用作拉姆克的绰号，显然也算不上夸大其词。

浴血要塞：“两次大战中最出色的德国将军”

1942年12月21日，拉姆克晋升为中将，次年1月起开始在法国布列塔尼地区组建第2伞兵师（第7航空师之前已改为第1伞兵师）。拉姆克伞兵师的基干部队是从北非撤出的伞兵旅余部及以前的伞兵突击团4营，还包括伞兵2团、空军第100特战营、第11航空军部分军属部队等。到1943年2月13日第2伞兵师组建完成时，拉姆克麾下已辖有13000余名官兵，作战序列包括伞兵2团、6团和7团，以及炮兵团、反坦克营、工兵营、通信营、防空营和机枪营等。[34]随着第2伞兵师完全就绪，第11航空军第一次拥有了2个完整的空降师，30000多人的空降兵成为德军当时最大的一支机动预备队。事实上，第11航空军在1943年6月确实被最高统帅部指定为战略预备队。

1943年7月初，英美盟军在西西里岛发起了登陆作战，第1伞兵师随即被调往意大利和西西里岛参战。不久，墨索里尼政权垮台，德国出于对意大利倒向盟军的忧虑，立即展开了占领意大利全境、解除意军武装的行动。7月26日，拉姆克的第2伞兵师从法国被空运至罗马南郊。当9月初意大利政府倒向盟军并对德宣战时，罗马南面的第2伞兵师和北面的第3装甲掷弹兵师奉命控制罗马，不过，由于另有临时任务，拉姆克本人并未直接率部进攻罗马，伞兵6团团长梅德尔–埃格布雷希特（Wolfgang Meder-Eggebrecht）中校在师部作战参谋海特少校的协助下，具体指挥了为时两日的作战。[35]第2伞兵师与其他部队完成了解除大罗马地区意军武装的任务后，奉命在意大利海岸驻防。9月13日，巴伦辛少将（Walter Barenthin，以他的名字命名的“巴伦辛伞兵团”在突尼斯桥头堡覆灭前表现卓异，曾被盟军统帅亚历山大称为“北非最出色的德军”）成为第2伞兵师师长——在盟军的一次空袭中，拉姆克乘坐的汽车为躲避炸弹不慎翻车，他身负重伤后被送到德累斯顿救治。拉姆克离职养伤期间，第2伞兵师（欠4个营）于1943年11月开往东线南方的日托米尔，参加了第4装甲集团军发起的基辅反击战。这时的代理师长换成了拉姆克的老部下克罗，几星期的激战中，伞兵师伤亡惨重，伞兵6团几乎被全歼。12月末，第2伞兵师撤往基洛夫格勒周边，这时的代理师长又换成了维尔克（Gustav Wilke，后任第5伞兵师师长）中将，克罗则回到自己的伞兵2团继续担任团长。到1944年1月，伤亡惨重的第2伞兵师仅剩3200名作战兵员，但固守着20余公里长的防线，据说第4航空队曾特别赞扬这支伞兵“摧毁150余辆苏军坦克的战绩”。1944年2月初，严重透支的第2伞兵师奉命转战切尔卡瑟，准备参加解救被围德军2个军的作战行动。

不过，由于转运部队时面临的困难，第2伞兵师未能及时开抵战场，随后被调至乌克兰卡地区防御。2月17日，伤愈归队的拉姆克在乌克兰卡接过了师长职务，不过，他领导自己仅剩加强团规模的伞兵师的日子非常短暂，多数时间里还都是在撤退，或试图堵上被冲开的防线缺口。3月17日，拉姆克奉命将指挥权移交给伞兵2团团长克罗，随即飞回科隆，准备着手重建第2伞兵师（还有一说是拉姆克再次病倒）。[36]5月，战力枯竭的第2伞兵师终于告别了千疮百孔的东线，撤回科隆附近的瓦恩（Wahn）进行休整重建，但伞兵6团被划归驻于诺曼底一带的第91机降师指挥。

▲ 本图据信摄于1944年初的意大利（也有可能是东线），拉姆克似乎正与下属研究地图。

▲ 摄于1944年的法国兰斯，拉姆克与重建后的第2伞兵师官兵握手交谈。从这些年轻人的面部表情可以看出他们对拉姆克的真心爱戴。

1944年6月6日，盟军在诺曼底地区成功登陆，巴顿的美军第3集团军的作战目标中，赫然列出了布列塔尼半岛以及包括布雷斯特在内的数座深水良港。诺曼底地区近一个月的酣战期间，除了有限的空袭外，布列塔尼地区依然宁静如昔，唯一让人感受到战火正在逼近的是这里驻扎的德军一个师接一个师地被调往诺曼底。到7月中旬时，整个布列塔尼地区的德军只剩4个师，其中就包括6月底开来的拉姆克第2伞兵师（欠伞兵6团，该部在诺曼底作战）。拉姆克根据施图登特的命令，于6月中下旬率部开赴布列塔尼继续重建，同时负责阻止盟军以空降方式夺取布雷斯特。第2伞兵师隶属于法伦巴赫尔（Wilhelm Fahrenbacher）将军的第25军指挥，该军还辖有第265、第266和第343等3个所谓“静态”步兵师（每师仅10000人，只有很少的运输工具和工兵，缺乏侦察单位，主要承担静态防御职责）。此外，布列塔尼还有数量不菲的海空军人员，包括U艇部队和布雷斯特海军司令部等，不过，法伦巴赫尔无权指挥这些部队。

经过连番苦战后，美军第3集团军于7月末在阿夫蓝士（Avranches）瓶颈地带实现了突破，巴顿麾下的第8军于7月31日开始向布列塔尼方向推进。米德尔顿的第8军下辖第4、第6装甲师及第79步兵师等，第4装甲师师长伍德（John Shirley Wood）和第6装甲师师长格罗（R.W. Grow）都是巴顿装甲战术的信徒，他们坚信必须借助装甲部队的速度、火力和机动能力进行快速的纵深突破，但军长米德尔顿是一位中规中矩、有点保守求稳的将领，同时他也不熟悉巴顿指挥部队的风格和作战原则。性烈如火的巴顿8月1日当天就有点按捺不住，飞到格罗的第6装甲师师部后告诉这位老部下，自己与蒙哥马利有个5英镑的赌注——美军能在5天里奔驰200英里，到周六晚时拿下布雷斯特！据说，巴顿说完这番话后把手放在格罗的肩头，轻声说道："拿下布雷斯特。"巴顿还告诉官兵们："你们只有一个念头，那就是到布雷斯特去，而且要尽快地赶去。"在第4装甲师师部，巴顿除了没有提及赌注外，又把类似的话语向伍德重复了一遍，只不过伍德的目标是"拿下奎贝隆湾（Quiberon Bay）"。巴顿的两大旧将随即展开了竞赛，而他们的军长米德尔顿毫不知情，甚至还一度与2个装甲师失去了联系。

德军第25军军部也一样搞不清美军的推进情况，事实上，法伦巴赫尔的指挥部就在格罗装甲师的进军路线前方。接下来的几日里，美军和德军的指挥系统均是一片混乱，自相矛盾的命令和错误决策频频出现。在天上飞来飞去的巴顿，一会儿在伍德那里，一会儿又赶到格罗装甲师，实际上是他，而不是米德尔顿在指挥装甲矛头。8月3日，格罗接到米德尔顿的命令，停止扑向布雷斯特，回身攻打圣马洛（St. Malo）。当第6装甲师的1个旅级战斗群已朝圣马洛开去，另2个旅级战斗群准备执行新任务时，巴顿在格罗的指挥部里否决了米德尔顿的决定，命令格罗继续向西，目标仍是布雷斯特。当晚，第25军军长法伦巴赫尔突然听说美军装甲矛头距军部所在地蓬蒂维（Pontivy）只有20公里时，吓得立即逃往洛里昂，连下属的几个师长都没有通知。4日，格罗装甲师的A战斗群穿过蓬蒂维后继续西进，B战斗群则遭遇了拉姆克手下的伞兵7团。

拉姆克的部队是在8月1日晨奉命从布雷斯特向东运动的，任务是挡住美军装甲矛头的突进。伞兵2团和7团按照拉姆克的部署建立了阻击阵地，格罗的B战斗群遭到伞兵7团的阻截，A战斗群则在5日夜间撞上伞兵2团在于埃尔戈阿（Huelgoat）的防线。在这里，美军第6装甲师遭遇了突向布雷斯特期间的第一次强力抵抗。伞兵们在防御战中曾摧毁30余辆美军坦克，迫使对手撤退后只能向南绕行。格罗将军在1947年曾写道："……我试图弥补损失的时间，一心想像巴顿将军希望的那样，'到星期六晚上'抵达布雷斯特，但德军第2伞兵师在卡赖（Carhaix）粉碎了我的野心，迫使两路战斗群绕过那座城镇，两路人马在5日和6日都经过了一番苦战。"[37]不过，事态的发展很快表明，第2伞兵师已无法影响布列塔尼的总体战事，随着对手先向南，而后旋转向西运动，拉姆克所部有被对手切断的可能。于是，他下令撤回布雷斯特周边布防。就在拉姆克所部阻击美军第6装甲师的同时，第343步兵师师长劳赫（Josef Rauch）根据法伦巴赫尔的命令，率部撤入布雷斯特城，他也同时取代原城防指挥官莫泽尔（Hans von der Mosel）上校，全面负责要塞的防御工作。第266步兵师师长施庞（Karl Spang）则没有这么幸运，他在率部撤往布雷斯特时被美军第6装甲师抄了后路，他本人被俘，所部多数溃散，但有部分兵力绕过美军堵截，于8月7日逃入布雷斯特。

按照格罗将军战后所言，第6装甲师在8月8日开到布雷斯特，由于疲劳的部队急需休息，他并未积极地布置围城，而是准备次日再发起夺城攻势——格罗认为，布雷斯特守军不足15000人，多为二流部队第343步兵师和海军人员，只要"秀一秀肌肉"就足以吓倒对手。格罗曾派人向守军劝降，但信使还未见到劳赫将军，便被莫泽尔上校打发回去。此后三日内，美国陆航根据格罗的要求，向城内撒下了约100万份劝降书。此刻的布雷斯特的确危机四伏，到处充斥着失败情绪，撤入城中的败兵衣衫不整、步履蹒跚，许多人还没等进入宿营地，就一头倒在街边酣睡起来。城中的海军将领们也个个惊慌失措，仅凭莫泽尔原有的2000名守军和劳赫带来的疲兵，根本无法抵挡城外的美军装甲部队。9日晨，格罗装甲师做好了攻城的准备，但就在这时，他的后方突然响起了枪炮声——第266步兵师前几日被击溃的部队向第6装甲师的侧后方发起了攻击！格罗立即放下眼前的目标，命令部队就地旋转180度，全力清剿搅扰大戏的第266步兵师残部。格罗花了一整天时间全歼了这些德军，但未料到，拉姆克的第2伞兵师当日从南面溜进了布雷斯特！随着拉姆克的入城，布雷斯特的命运即将出现重大的变化。

布雷斯特是一座极其坚固的堡垒，曾是法国海军在大西洋海岸的中心，1940年6月前的数百年里，从未有军队能攻克这座堡垒，法国战役结束后，这里始成为U艇部队最重要的基地之一。18世纪时，法国皇帝路易十六断言这座城堡能挡任何长期围困，1944年8月时的希特勒自然也对此深信不疑。布雷斯特有着难以逾越的天然屏障，海上这边，出入港口的彭菲尔德（Penfeld）河河口狭窄得只有3英里长、1英里宽，接近海港的沿岸地带密集地部署着岸防重炮；陆地这边，布雷斯特城东、城西、城北三面环绕着一系列坚固的子堡，南面则是克罗宗半岛（Presqu'île de Crozon）形成的海滨。始建于18世纪的75座堡垒和地堡，在隆美尔的大西洋壁垒计划中还得到全面整修加固，而布雷斯特本身的城墙厚达35英尺，干涸的护城河河床也宽达25英尺，城内的地下通道四通八达，城外还布有大量的防空阵地、反坦克战壕和混凝土浇灌的铁丝网。简言之，对于海上和陆地的任何进攻者来说，布雷斯特都是一座难以征服的现代要塞。

8月10日至12日，美军第6装甲师为夺取布雷斯特要塞进行着各项准备，12日当天，格罗手下的A战斗群在第8步兵师1个步兵营协助下，试图夺取布雷斯特东北的吉帕瓦（Guipavas）周边高地，但所有的攻势都被德军击退。12日夜，格罗接到米德尔顿的命令，留下A战斗群和配属步兵营（合计约4000人）继续包围布雷斯特，第6装甲师余部则开往洛里昂和瓦讷（Vannes）替换第4装甲师。布雷斯特守军欣喜地注意到美军装甲部队的调离，一时间士气大振。美军其实并未放弃攻打布雷斯特，相反，正从北面向要塞周边调集重兵，第2、第8和第29等3个步兵师就位后将对布雷斯特展开主攻，第8军的炮兵将包括军属的17个炮兵营和配属的第34野战炮兵旅，此外，两个旅级战斗群将分别负责夺取布雷斯特南面的克罗宗半岛和东南面的达乌拉斯（Daoulas）半岛。当然，这些美军的抵达、换防、就位和做好进攻准备尚需时日，这给拉姆克提供了编组部队和整饬城防的机会。

8月12日，希特勒通过电报任命拉姆克担任布雷斯特要塞总指挥官，滞留在该地区的海陆空三军部队皆受其节制。[38]拉姆克上任后的第一件事就是与美军谈判暂时停火，以便城内居民撤离战场。米德尔顿慨然应允后，德军在13日至16日的每天上午8点至11点间，用卡车将大批平民送出了城外，一些因健康原因无法及时撤离者，则被拉姆克安排到各医院的地下室（据说曾有多达4万平民离开了战场）。对于这一举动，有后人曾评价说："……拉姆克尽最大努力保护那些无力自保者，在这个方面，他可能比战争史上的任何要塞指挥官做得都要多。"[39]其次，拉姆克理顺了布雷斯特要塞的指挥体系，他将整个防区以彭菲尔德河为界划分为两块，克罗宗和达乌拉斯半岛这一块由劳赫率领第343步兵师防守，布雷斯特城和周边地区由他自己负责。拉姆克任命莫泽尔为参谋长，同时将第2伞兵师交给克罗上校指挥。第三，防守布雷斯特及其周边地区的德军主要是第2伞兵师的伞兵2团、7团以及第266步兵师残部，但拉姆克成功地把1万余名无法履行原职责的海空军人员（计有12500人之多）组织起来，编组成多个战斗群，在他派出的伞兵军官和军士领导下投入到城防之中。这些临时拼凑的部队本不适于地面作战，但他们拥有相当数量的高射炮和大炮，如陆军的第15防空团和第1161炮兵营，海军的第803、第805、第811防空营和第4陆战营等。[40]第四，由于增加了数量不菲的防御兵力，拉姆克也利用美军暂未进攻的空当，把防线从老城堡向外扩展到以灌木篱墙为主要地貌的郊外。拉姆克确立的主防线从布雷斯特城西面的普洛扎尼（Plouzane），经北面的吉莱尔（Guilers）一直延伸到东北面的吉帕瓦；第二道防线位于布雷斯特城郊，以多个大型建筑为依托构建了一系列堡垒支撑点；进入城区后，拉姆克最大化利用四通八达的隧道，不仅把隧道用作医院、指挥所和掩体，还打算借助这些设施，把部队在城区之间相对安全地快速调动。最后，拉姆克也时刻不忘鼓舞守军士气，激励他们顽抗到底——他曾对随他一路血战的伞兵们说："布雷斯特要塞的战士们！为忠于元首、人民和祖国，为弘扬德国战士久经考验的传统荣誉，我们将以生命捍卫布雷斯特要塞，直至最后一刻。这座重要军港落入敌手时将是一堆废墟……我希望每个伞兵都了解这道命令，从而以最大的热情履行职责。我们对这座堡垒的防御，也将像第1伞兵师在（意大利）卡西诺山时所做的那样。整个世界都在看着布雷斯特和它的捍卫者，而我们第2伞兵师就是其基石……"[41]

拉姆克积极重组部队和强化防御的同时，米德尔顿的第8军除调兵遣将和积聚大量的重炮外，并没有让德军度过多少的宁静的时日——14日当天，法国平民撤离布雷斯特的时间一过，约200架重型轰炸机就在毫无干扰的情况下，尽情轰炸了港口、U艇设施和前法国海军学院所在地，多艘舰只被炸沉。此后6周里，美国陆军航空队几乎每天都有上百架B-17"空中堡垒"光顾布雷斯特，造成拉姆克只能偶尔获得U艇乘着夜色运来的零星补给，空军进行的空投补给更是频告失败。8月25日下午1点左右，美军数百门重炮历时20分钟的轰击之后，150架"空中堡垒"的又一轮轰炸揭开了攻打布雷斯特的帷幕。米德尔顿计划由第29步兵师从布雷斯特西面进攻，第2和第8步兵师从东面进攻，一旦攻至城下，第2和第29步兵师将经由狭窄的城池接近地清理城中的德军。美军十余天的精心准备和大规模轰炸并没有带来预期的结果，美军第2步兵师的2个主攻团发起进攻后，遭到第2伞兵师工兵营和伞兵7团2营的顽强抵抗，德军的88毫米高射炮连更是炸得对手仓皇后撤，当日日终时这部分美军只前进了400至600码。美军第8步兵师的状况稍好，2个团当日推进了1200码左右，而第29步兵师的2个团苦战12个小时，前进的距离仅为600码左右。面对着死伤不菲，却进展甚微的失望一日，米德尔顿和师长们都认识到，夺取布雷斯特绝非想象中的那样易如反掌，甚至一周的时间都不足以竟全功。事实证明美军将领们的估计完全正确。26日，3个美军步兵师继续进攻，但又是令人失望的一天。冒着德军猛烈准确的炮火和机枪火力，美军总算推进到拉姆克的第一道主防线，但此后的进展只能以码来计算——26日至31日的6天里，第2步兵师推进了800码，第8和第29步兵师的进展则分别是450码和900码！第8军当年10月9日的一份报告曾感言，德军防御阵地的选位和伪装堪称完美，"德国人无疑是静态防御战的大师"。的确，拉姆克使美军为每个村庄、高地和支撑点都付出血的代价，要塞周围的每座子堡都变成了对手的噩梦。有幸存的伞兵曾在战后嘲笑美国大兵不仅胆小怯懦，也非常天真，更过于依赖物资装备上的优势。

9月2日，美军第2和第8步兵师终于夺取了几个制高点，迫使布雷斯特东面的守军放弃第一道防线，向西后撤约3000码后进入第二道防线。此后几日里，美军除继续高强度轰炸布雷斯特城以外，暂时停顿了地面攻势——第8军于9月4日正式脱离巴顿的第3集团军（巴顿所部此刻已远在几百英里外的阿尔萨斯—洛林），被划归第9集团军指挥，从而解决了之前屡遭忽视的补给和弹药短缺(尤其是大口径炮弹）问题。9月3日，拉姆克命令最后一批平民撤离布雷斯特，剩下的U艇也在当晚悄悄溜出军港，从而结束了U艇部队在这里整整4年的活动。稍后，拉姆克发现还有数千平民不愿撤出，有些还是抵抗组织成员，他们躲在角落里偷袭德军，造成了相当的杀伤和军心不稳。拉姆克试图再次接洽美军停火，但遭到拒绝。

布雷斯特是美军立志要攻陷、德军决意要坚守的一座城堡。此时，法国境内绝大多数地区的德军或已被歼和投降，或者已经撤离，唯有布雷斯特孤悬西北，吸住了多达8万人的美军，使之无法投入其他战场，或向德国推进。明知总有弹尽粮绝之日的数万守军，以令人难以理解的狂热意志寸土不让，不由得让人感慨万千——守军的精神支柱拉姆克，如果不是真正的纳粹死忠，至少也算是疯狂的民族主义者。拉姆克的手下平均每6人就有1个阵亡、受伤或失踪，损失不可谓不重。而美军轰炸机和大炮夜以继日地轰炸要塞和周边的子堡，摧毁着市内的一切设施，试图动摇守军的决心。英国皇家海军本土舰队的战舰突破海上防御后，也开始向要塞周边和市中心发射大口径炮弹。构成德军防线屏障的外围子堡开始一个接一个地陷落。到9月10日，美军第2步兵师终于推进到距布雷斯特市中心2公里处，第29步兵师在城西的蒙巴莱城堡（Fort

▲ 拉姆克在布雷斯特要塞的对手、美军第8军军长米德尔顿少将（中）。图片可能摄于1944年9月，左为第9集团军指挥官辛普森（William H. Simpson）中将，右为第8步兵师师长施特罗（Donald Stroh）少将。

▲ 摄于1944年夏的西线某处，2名德军伞兵正在战斗中。

▶ 摄于1944年9月靠近布雷斯特的波哈尔斯（Bohars）附近，2名德军正在阵地上作战。

▲ 摄于1944年夏的法国某地，道路两旁都是被摧毁的德军车辆和物资装备。

▲ 布雷斯特要塞的古城墙和护城河。

▲ 摄于1944年9月，美军炮兵向布雷斯特港开炮。

▲ 摄于1944年9月中旬，从空中俯瞰几乎被夷为平地的布雷斯特外围要塞克兰鲁克斯（Keranroux）城堡。

▲ 摄于1944年9月中旬，在布雷斯特街头与德军进行巷战的美军士兵。

▲摄于1944年9月，与美军结束谈判后的几名德军军官返回布雷斯特要塞。

▲摄于1944年9月18日，布雷斯特守军当日向美军投降，正中为拉姆克的参谋长莫泽尔少将。不过拉姆克并不在布雷斯特，他带着部分伞兵赶到克罗宗半岛继续抵抗。

▲摄于1944年9月18日或19日，布雷斯特城破之后被俘的第2伞兵师部分官兵。

▲摄于1944年9月19日，投降后的拉姆克。

◀这张油画体现的是拉姆克最后向美军投降的场景。当时，美军第8步兵师副师长坎汉姆（Charles D. W. Canham）准将率领士兵进入拉姆克藏身的地堡时，拉姆克见对方的军衔比自己低，便对坎汉姆说："我准备向你投降，但要看一看你的证件。"不想，坎汉姆用手一指身后那些满身尘土的士兵说："这些士兵就是我的证件！"这一情节后经《纽约时报》报道而广为流传，"这些士兵就是我的证件"这句话，也成为美军第8步兵师的座右铭。坎汉姆战后曾任第82空降师师长。

▲ 摄于1944年9月19日或20日，拉姆克在美军押送下从吉普车上跳下，大概是被送到米德尔顿将军的指挥部去。

▲ 摄于1944年10月的布雷斯特，城中仅存的几幢建筑之一变成了美军的军医院。

▲ 摄于1944年9月或10月的布雷斯特，被德军破坏得非常严重的布雷斯特港干船坞。

Monbarey）裹足不前，第8步兵师经过血战推进到北面城墙外，而后奉命撤出战斗，前去完成消灭克罗宗半岛德军的任务。守军虽有磐石般的意志，但终究不能抵挡无休止的轰炸和炮击，城市周边城堡的渐次陷落，预示着血腥的街头巷战即将开始，尽管市内已难以找到几座像样的建筑了。

布雷斯特的城墙不仅高大厚实，城楼上还有安置在混凝土工事中的各口径火炮，这些对正面攻坚的美军来说是个巨大的挑战。为避免过度伤亡，美军对城墙和城内进行了持续数日的炮击和轰炸，市区的街道到处都在燃烧，马路上的沥青也在着火，厚厚的黑烟四处漂浮，有毒的气体像幽灵一般渗进每座地堡、隧道和掩体。没日没夜的轰炸使米德尔顿相信，城内德军的士气可能已经瓦解，甚至幸存下来的人都不会太多，他觉得是召唤对手放弃抵抗的时候了——9月13日，米德尔顿派人送给拉姆克一份劝降书："……你的官兵们作战很勇敢。整个区域内已有约16000人被俘。你部已经伤亡惨重。你已失去了继续作战的必要条件，你们的人都被围困在一个狭小拥挤的区域内。因此，所有人都认为你和你的部队已尽到对国家的职责。因此，我要求你——以一个职业军人对另一个职业军人的方式——停止仍在进行中的挣扎。我相信，你作为一名为国效力得非常出色，也尽到个人义务的职业军人，会适当地考虑这一要求。"[42]虽然弹药即将告罄，又绝无可能得到支援补充，要塞的陷落只是时间问题，但拉姆克仍决意苦撑。后人的著作曾广泛记载拉姆克的简单回复——"将军，我不得不拒绝你的提议"，以及米德尔顿得悉后发出的"把德军撕成碎片"的长叹，但鲜为人知的是，美军并未完全放弃避免巷战的念头。美军随后又向城内撒下了大量旨在"败坏"拉姆克声誉、分化瓦解德军的传单，传单除引述米德尔顿的劝降以及拉姆克的拒绝外，还包含这样一些文字："……据说，拉姆克将军声称要坚守到最后一颗子弹、最后一个人。显然，他对于在骑士勋章上缀上双剑的渴求，超过了对官兵的责任感。你们还能继续听从这样一个为个人荣誉而无谓牺牲你们全体的指挥官的号令吗？在这种情况下，每个军官和士兵都有自行抉择的天赋权利……"[43]不过，美军自己都承认，这种攻击和丑化拉姆克的宣传没有起到任何作用，反而延迟了他做最终投降的决定。

千里之外的元首大本营里，当希特勒的手指在地图上一次次划过布雷斯特时，他可能没有预计到拉姆克竟能孤军坚守如此之久，或许又会为自己的老生常谈——"钢铁意志和纪律足以战胜强敌"而大声叫好。有机会的话，希特勒或许会握住拉姆克的手，就像他曾对鲁德尔或舍尔纳所说的那样不住感叹："再多几个你这样的指挥官就好了。"为鼓励拉姆克继续坚守，最高统帅部14日发来两条电文，其一宣布晋升拉姆克为伞兵将军（资格回溯至9月1日），另一则是希特勒对拉姆克及其手下的顽强不屈表示个人的谢意。希特勒的电文中还写道："……充分调动各级指挥官的决心和热情，用好每个能够作战的士兵，予敌以最猛烈的打击。不必再进行大的作战，只需牢牢守住，或者完全毁灭。"[44]

久攻不下的米德尔顿决定放下"仁慈"，以喷火坦克、155毫米榴弹炮和8英寸（203毫米）巨炮猛攻布雷斯特城墙和各个据点，终于在17日取得重大突破，第2和第29步兵师在城东和城西均攻入了内城。又经过一天一夜的激战，18日晨8时，在硝烟和浓雾渐渐散去的清晨，彭菲尔德河西岸的德军地堡里伸出了白旗，满脸灰尘和干血的军官穿着笔挺的军服、戴着手套带队投降了。东岸的德军一直挣扎到下午2点，当所有联系都被切断、美军出现在四面八方之时，伞兵7团团长皮聪卡上校（Erich Pietzonka，9月16日获第548枚橡叶骑士勋章）向柏林发出了"我们已将职责履行到最后一刻"的电文，而后率部投降。下午3时，新晋为少将的第2伞兵师师长克罗（9月12日刚获双剑骑士勋章），以及同样晋为少将的莫泽尔都成为美军战俘。夜幕降临时，布雷斯特内外的枪炮声都渐趋平息了。

但是，克罗宗半岛依然回荡着枪炮声。9月15日夜，拉姆克带着一个半连的伞兵乘船来到克罗宗，他把指挥部和最后一道防线选在地理位置最佳的凯伦（Quelern）半岛上的城堡中，而把克罗宗的其他部分交给第343步兵师师长劳赫。18日，当劳赫率残部向美军第8步兵师投降，布雷斯特城也被完全占据时，拉姆克还在做着无谓的最后抵抗！拉姆克可谓完全满足了元首的心愿——"坚守至最后一滴血"，希特勒更在19日连续授予他第99枚双剑、第20枚钻石骑士勋章！当然，最后时刻的加官晋爵无法挽救布雷斯特的命运，耀眼的钻石骑士勋章也无法照亮沉寂下来的夜空（据说，拉姆克是在英国战俘营中，从瑞士红十字会代表手中得到他的钻石骑士勋章的）。时任第8步兵师师长施特罗（Donald Stroh）少将战后曾这样写道："……战士们继续向北推进……在步兵前方几百码处，我们的俯冲轰炸机不断地精确投弹或扫射对手，占压倒优势的炮兵也一直在轰炸德军。德军支撑点一个接一个地被攻克，到夜幕降临时，胜利的部队已经抵达最北端。来自第378战斗—轰炸机中队的那些勇敢的年轻飞行员们仍然渴望战斗，但他们却失望地得知已经没有什么目标需要轰炸了。在最北端的尖顶处有一个深达75英尺的地堡，第13步兵团1连的官兵在那里俘虏了拉姆克将军，还有他身边的第2伞兵师残余官兵。"[45]19日晚7时，拉姆克牵着爱犬从地堡里走出来正式投降了。

历时28天的布雷斯特之战在9月20日全面结束。美军付出的代价和消耗的物资不可谓不高昂——第8军动用了8万兵力，阵亡2314人，从围城之始到最终攻克，总共只前进了8英里（约每三天1英里），使用了175.8万发轻武器弹药和21.8万发大口径炮弹。德军的代价同样惊人，第2伞兵师、第343和第266步兵师全军覆灭，9000余人伤亡（1059人丧命、8000人受伤），包括4名将军和1名海军将官在内的37888名官兵被俘。[46]仅克罗宗半岛的弹丸之地，美军第8步兵师就击毙德军数百名，还俘虏了225名军官、895名军士和6316名士兵。[47]米德尔顿对于令自己大失颜面的拉姆克并无成见，反而充满敬意，战后曾赞其为"两次大战中最优秀的德国将军"。法国战后对拉姆克进行审判时，米德尔顿还提供了终令后者被无罪开释的关键性证词。但是，美军从拉姆克手中夺取的是一座什么样的军港和城池？百分之百的废墟！拉姆克未及破坏的地方，也被美军自己的炸弹和炮弹所摧毁。布雷斯特港很快获得了最高优先级的重建投资，但直到1951年时，港口依然无法全面投入使用！也难怪法国人对拉姆克这个"超级破坏者"会恨之入骨。

美国《生活》周刊曾在1951年发文评论，为什么美军要以3个师的兵力、1个多月的时间猛攻孤立无援的布雷斯特要塞，还搭上了伤亡上万的代价？[48]布莱德雷将军在其1951年出版的自传中给出了答案："……为什么不仅仅围住布雷斯特，就像我们在洛里昂和圣纳泽尔或如蒙哥马利在英吉利海峡港口时所做的那样呢？差别在于敌军的抵抗程度。布雷斯特守军完全不同于其他港口的守军。这里有精锐的第2伞兵师，他们的指挥官拉姆克将军是一名攻击性十足的狂热战士，他才不会满足于安坐在混凝土堆上。为围死拉姆克和阻止他袭击我们的补给线，我们需要在布雷斯特这个沉闷的前沿，投入比预期多得多的部队……经艾森豪威尔批准，我下令展开了昂贵的布雷斯特包围战，这不是因为我们想夺取那个港口，而是拉姆克让我们别无选择。"[49]布莱德雷的本意是驳斥所谓的"事后战略家"对美军高层战时决策的批评（他们认为美军应该只系紧布列塔尼半岛的颈部，剩下的所有力量都应该快速穿过诺曼底突破所形成的真空地带，继续向东推进），但无形之间凸显了拉姆克在布雷斯特的“杰出表现”。此战无疑是拉姆克军旅生涯的巅峰之战，如果没有布雷斯特的1个多月血战，他恐怕只是数千德军将官中平庸普通的一员，更无机会厕身于27名最高战功勋章得主之列。

战后岁月：“一条道走到黑的硬汉”

对拉姆克来说，他的战后岁月始于1944年9月20日。当日，米德尔顿终于见到了这位既让他尊敬、又让他颜面扫地的对手，两人通过翻译进行了一番礼貌的对话。拉姆克在1951年出版的自传《伞兵——过去与现在》（为1943年自传的姊妹篇，始于前一自传终结之处，终于从法国战俘营获释之时）中曾这样描述此节：“……米德尔顿将军对于在这种情况下见面表示遗憾，同时向我坦率地承认布雷斯特守军的勇敢，尤其是德国伞兵无可比拟的英勇善战。他感谢我给予被俘美军的良好待遇，以及对伤员进行的妥善照料。他强调说，布雷斯特守军严格遵守了海牙和日内瓦公约的有关条款。他还说，如果我战后有机会造访美国，他将很高兴邀请我作为他的客人一起去狩猎……我请求他善待那些已成为战俘的战士们，也要求到战俘营中跟他们道别。他都同意了……我们礼貌地互致祝愿后分手了。我觉得与我对话的这位将军是一个有骑

▲ *摄于1944年11月，伦敦北郊特伦特公园的第11特别战俘营。后排左起依次为：巴黎军事总督、步兵将军肖尔蒂茨（Dietrich von Choltitz），亚琛城防指挥官维尔克（Gerhard Wilck）上校，拉姆克，第64步兵师师长埃贝尔丁（Kurt Eberding）少将，勒阿弗尔要塞指挥官维尔德穆特（Hermann-Eberhard Wildermuth）上校。前排左起依次为：第6伞兵师师长海京中将，瑟堡要塞指挥官施利本（Karl-Wilhelm von Schlieben）中将，第70步兵师师长达泽尔（Wilhelm Daser）中将。*

▲拉姆克位于石勒苏益格天主教墓地的安息之所。

◀本图可能是后人对拉姆克1943年佩戴橡叶骑士勋章的那张照片进行修版的结果。图中的他佩戴钻石骑士勋章，但军衔仍是1943年时的中将。

士风范的、正直勇敢的人，他有意识地尽力避免羞辱我这个败军之将……”[50]拉姆克随后在美军翻译陪同下，赶到布雷斯特以东60公里处的战俘营，向4000至5000名分开关押的军官和士兵发表最后一次讲话：“……布雷斯特之战是一场艰难的战斗。你们中有些人将来或许会质疑这场漫长无望的抵抗到底意义何在。但是，每一枚落在我们头上的炸弹，每一颗掷向我们的手榴弹，每一梭子射向我们的机枪子弹，因此都不会落在我们挚爱的祖国的土地上。作为战士，我们必须服从命令。你们现在开始了苦涩的历程，但你们尽到了军人的职责，因而可以高昂着头颅进入战俘营……此时此刻，我们想念祖国的亲人们。愿上帝护佑我们的人民和祖国，让我们以最后的‘胜利’（Sieg Heil）欢呼问候他们！”[50]

当俘虏们呼喊“胜利”的声音渐渐衰竭之时，拉姆克向忠实的伞兵官兵最后挥手告别，这时出现了令美军看守们震撼的一幕——上千人自发地齐声高喊“老爹拉姆克！老爹拉姆克！”[51]即便拉姆克乘坐的吉普车已消失在视线之外，伞兵们的呼喊声依然历久不熄。他们用这种方式表达他们发自内心的敬意和爱戴，拉姆克像老父一样关心他们，带领他们像真正的战士那样顽强、体面地战斗。这一刻，历战数年而幸存的伞兵们或许想起了克里特岛的座座坟茔、北非大漠的长河落日、东线的天寒地冻，还有身后曾经雄伟矗立的布雷斯特要塞。

拉姆克于9月27日被送到伦敦北郊特伦特（Trent）公园的“第11特别战俘营”，他在这里与前第6伞兵师师长海京（Rüdiger von Heyking）同居一室，当时战俘营中最资深的是1942年11月4日被俘的前非洲军军长托马（Wilhelm Ritter von Thoma）。拉姆克在这座战俘营一直待到1945年4月10日，而后与其他几名将官从格拉斯哥飞往美国华盛顿。4月12日抵达后，拉姆克被迅速转往密苏里州州府杰克逊（Jackson）附近的克林顿（Clinton）战俘营（1943年5月在突尼斯被俘的阿尼姆上将也被拘押于此），在此处待了约一年半。

战后，以美国前财长小摩根索（Henry Morgenthau, Jr.）之名命名的“摩根索计划”开始在德国大举实施，意在彻底铲除德国的工业能力和再次发动战争的经济基础。这项计划当然在德国造成了严重的政治经济后果，也遭到美国国内部分政客的反对。1945年12月4日，代表密西西比州的联邦参议员伊斯特兰（James O. Eastland）在国会发表演讲时，谴责该计划是“残忍的虐待狂计划”，战时曾任美国新闻检查局局长的名人普赖斯（Byron Price）也建议杜鲁门总统改变继续惩罚和压制德国的政策。战俘营中的拉姆克读到相关报道后，深感“摩根索计划”不仅在德国为祸，就是在他们的战俘营中也被广泛滥用。为向美方争取应得的尊重、人权和待遇，拉姆克在1945年圣诞节这天给普赖斯写了封长信，信中援引了普赖斯的那些“停止惩罚德国、保护西方文明免于毁灭”的“高尚动机”和一大堆动听说辞，还详细列举了战俘们在标榜民主自由的美国，是如何被剥夺了接发信件的权利、食物如何不足、普通军人如何被毁誉等。[52]拉姆克的信写得不可谓不好，但谁能把信发出去呢？美军一旦发现有这样一封控诉信，一定会严加惩罚。

拉姆克曾在战后的自传中绘声绘色地描述过他如何利用圣诞至新年前的几天仔细观察美军的换岗规律，如何勘察可能逃出去的最佳路径，如何利用雨雪交加的漆黑夜晚，在莫泽尔（就是他在布雷斯特要塞的参谋长）等可靠狱友的帮助下剪开铁栏杆和铁丝网，一言以蔽之，拉姆克在1946年新年这天的早点名时假装生病，而后换上便装，从下水道里奇迹般爬出了战俘营。他的目标是到14公里外的杰克逊买张邮票把信发出去。走了一大段路程后，拉姆克搭上了顺风车，结果到杰克逊后却发现圣诞节这天邮局关门了。情急之下，他假装听力有障碍，口齿不清地求人指路，最后在一家药房里如愿。拉姆克寄完信后，不慌不忙地在城里逗留了一阵子，之后循原路返回，神不知鬼不觉地在晚点名前溜回了营地！至于这封信寄出后起到了什么作用虽不得而知，但没多久战俘营就知道了拉姆克写信告状一事，他也很快被转移到位于谢尔比（Shelby）的另一营地单独关押。

1946年4月，拉姆克被送回英国的“第11特别战俘营”。此时这里关押着大约180名德军将领。大约一个月后，拉姆克与几名前伞兵将领被带回德国的吕讷堡监狱，他们将为施图登特出庭作证——此时，施图登特正作为克里特岛之战中的罪犯在此受审。1946年12月，拉姆克被移交给法国，作为布雷斯特"屠杀和毁灭"的始作俑者，他早已是法国政府最想捉拿的战犯之一。

因被视为"布雷斯特屠夫"，拉姆克在法国受尽羞辱和折磨。但几年下来，法方一直未对其进行正式审判。1951年初，拉姆克再次演绎出惊人之举，他利用假释的机会成功逃回了西德！拉姆克向新闻媒体宣称自己是无辜的，强加给他的所有罪行都是辜妄之词，他之所以逃跑，唯一的原因就是想借此暴露法国司法系统的重大缺陷，以帮助那些已被长期拘押、却从未给予公正审判的战俘。拉姆克的指控引起了西德内外的轩然大波，也吸引了议会的注意力。拉姆克逃回西德的举动已足够惊人，更令人大跌眼镜的是，他又自愿返回法国，等候尴尬被动的法国政府即将给予他的审判。1951年3月21日，巴黎的一家军事法庭判处拉姆克五年苦役，罪名包括"组织或允许故意谋杀法国平民；报复性屠杀法国平民；劫掠私人财产；故意焚毁民宅和建筑物；实施酷刑折磨；强迫法国平民从事非法的战争工作"。拉姆克对这些指控加以逐条反驳，坚不承认自己有任何罪行。米德尔顿将军提供了相关证词，证明拉姆克和他的部队没有任何战争暴行或使用过非法作战手段，想必也在审判中起到过很大的作用。

拉姆克被判五年苦役的消息传到西德后引起了强烈反响。在当时特定的社会和政治环境下，西德国会的党派首脑向阿登纳施压，要求政府公布手头掌握的证据，揭露"法国游击队对德国人犯下的罪行，以及1944至1946年间法军军官在法占区对战俘和手无寸铁的德国人所犯下的罪行"。[53]时任西德司法部长德勒（Thomas Dehler）发表声明称："这一判决对我个人来说既痛苦又失望。"5月末，总理阿登纳本人亲自向法国外交部部长索要有关拉姆克一案的详细资料。法国政府一时陷入了巨大的外交和舆论压力，加上拉姆克拒不认罪，只好以拉姆克已被拘押数年为由，将他关押3个月后释放。1951年6月23日，拉姆克重获自由。他回到家乡石勒苏益格的那天，约有1万人赶到火车站迎接，给他以"英雄"般的欢呼。6月26日，阿登纳接见了拉姆克，这不仅是政府对这位前最高战功勋章获得者的抚慰，也昭示着西德在处理战俘一事上有了新的开始。阿登纳向拉姆克谈及战俘们的命运以及将之解救出来的决心，还特别提到美国人提供的证词——拉姆克和伞兵们在布雷斯特不仅作战勇敢，而且行事公正。[54]

对阿登纳来说，会见、抚慰并恰当地赞扬拉姆克这位"英雄"，还有更深层的政治考虑。在当时的西德，除了那些骨子里就为军事所吸引的人，以及生活完全取决于重整军备的前职业军人外，鲜有人愿去捍卫所谓的德军的传统荣誉。重整军备的大争论正在城乡各处如火如荼地进行着。自1949年起，各种老兵组织在西德大量涌现，其社会影响力已大到不容忽视的程度。在所有老兵协会或类似组织中，最具影响力的就是1949年起即有20万人之众的伞兵老兵协会。[55]该协会在几乎每个重要城市都有分支，人称"绿色魔鬼"，而伞兵们的首脑就是拉姆克，他当然是任何政党和政客都无法忽视的人物。

1951年7月28日至29日，伞兵们在不伦瑞克举行聚会，当时约有4000到6000名老兵及其家属参加。归国不久的拉姆克出现在会场时，兴奋的伞兵们把"老爹"抬在肩头，送上了主席台。拉姆克的演讲是此番聚会的高潮，他以再度抨击法国司法制度为开端，迅速切入主题——他呼吁在一体化的欧洲中谋求德国在政治和军事上的平等地位，为此德国必须寻求一种有意义的防御理念，停止一切针对老兵的妖魔化行动。他高呼释放"所谓的战犯"以及仍被押在施潘道（Spandau）监狱里的纳粹高官，以德国自己的司法，自主地审判真正的战犯。他向伞兵们高呼，“尽管战后的德国就像一座巨大的集中营，但我们伞兵仍愿意为整个西方而战”。最后，他坦承自己并不了解政治游戏的规则，因而伞兵们的同志之谊必须高于任何党派政治。[56]拉姆克的演说获得了热烈回应，但也有些老兵意识到，他们的老将军仍处于战俘营痛苦经历的恢复之中，也极可能被怀有政治目的的人所利用和操纵。法国占领军当局对此次聚会曾做过评估：“伞兵活动的未来走向，现取决于拉姆克将军准备朝哪个方向走。”

法国政府对于拉姆克出现在政治舞台，而且肆无忌惮地批评法国和鼓吹西德重整军备，自然会大光其火，特别是后者在1951年9月的一次演说中为贝当辩护，更是遭到法方的切齿痛恨（注：贝当元帅在二战期间奉行投降主义与合作主义，战后曾以叛国罪被判处死刑，后特赦为无期徒刑，被囚于大西洋比斯开湾中的耶岛，1951年7月31日死于此处）。拉姆克在演说中曾这样说道：“……我们德国军人要向法国元帅贝当深鞠一躬。在过去的时代里，我们会在他面前放下佩剑；今天，我们必须满足于默默地向他敬礼。”[57]拉姆克的说辞无疑极大地伤害了法国人的感情，因而遭到法国朝野上下的一致批评和声讨，有新闻媒体称，他的声音就像一只大苍蝇那样令人作呕。

拉姆克的大嘴巴惹恼的不仅是法国人，很快他又令英国人、美国人甚至那些曾经“待见”他的西德政客们大为头痛。1952年10月26日，党卫军老兵在费尔登（Verden）举行聚会，作为组织者之一的吉勒（第12位钻石骑士勋章得主）邀请拉姆克代表伞兵做简短致辞——吉勒深知拉姆克口无遮拦且具有煽动性，也事先提醒党卫军老兵不要轻易受到拉姆克的挑动，但拉姆克的演讲还是将聚会变成了一场政治灾难。吉勒邀请拉姆克时，只请他转达伞兵组织的问候，但后者自作主张地整整讲了25分钟，期间，面色尴尬的吉勒和施泰纳几次递条子请他结束发言，但都被兴致高昂的拉姆克所无视。拉姆克演讲的核心内容就是“真正的战争罪犯是原子弹制造者和那些毫无缘由毁灭城市之人”[58]。他还说“党卫队的成员们应该为自己出现在犯罪组织黑名单上感到自豪——终有一天，这个名单会成为一张荣誉榜”。[58]演讲结束后，有人问他是否觉得自己的言论完全令人无法接受时，拉姆克神色凝重地说道：“我能承担后果。毕竟，我不属于你们这个群体。”[58]

对于拉姆克的厥词，英、美、法各国的反应异常尖锐，他们都觉得“这个典型的纳粹将军”就像一尊失控的大炮一样四处开火。两天后阿登纳在内阁会议上指出，拉姆克的言辞“在政治上极具破坏力”，他请自己的军事顾问布兰克（Theodor Blank）设法让拉姆克知道，“他的评论与他那些仍被西方强权羁押的战友们的利益背道而驰。”[59]阿登纳所做的还不止于此，为挽回恶劣影响，他在致信美国占领军最高长官时曾说，拉姆克的言辞“完全不负责任”，在向新闻界讲话时，他再次表示自己对“那位将军的愚蠢感到不快——政府为了把他从法国弄回来可谓倾尽全力”。阿登纳看来真是恼火透顶，他甚至请司法部长德勒了解“有无可能对拉姆克采取法律措施”。[59]其他政府官员也在不同的场合抨击拉姆克不负责任的言行，称他在任何辩论中都不会受到严肃的对待。另外，拉姆克的这次不当演讲和一贯秉持的立场，也使他受到一些老兵协会的冷遇和厌弃。1954年3月，布兰克在一篇公开发表的文章中直言：“拉姆克和李梅尔（Otto Ernst Remer，在刺杀希特勒事件中，李梅尔领导的元首卫队营曾扑灭了柏林政变）这样的人不会回来了。德国人民根本不想把自己的孩子托付给他们这一类纳粹将军。”

拉姆克在战后政治舞台上的拙劣表现，可能并不会让曾经审讯过他的英美军官们感到特别惊讶——拉姆克在1944年9月末被俘之初，审讯他的美军军官就得出了他实在是"一个傲慢自负的纳粹"的结论，因为他是"一个坚定地相信希特勒的人，政治倾向上支持纳粹党"。拉姆克曾说自己坚信"德国是一个被其他国家不公正地误解了的、既干净又无辜的国家……战后的德国将在10年至30年里再度崛起"。他还曾挑衅般地声称，回家后会让自己的五个儿子"准备帮助德国再度复兴和重获自由"（拉姆克共育有五子二女，其妻为一退役中将之女）。在特伦特公园战俘营审讯过拉姆克的英军军官们，也对他留有"非常可鄙的印象"，英国人甚至称："……如果有一个清单列出了一些战后必须严加防范、特别危险的人物，那么拉姆克将军应该有资格成为第一批登上清单的人。"[60]拉姆克虽在军事职业上无可挑剔，但在政治立场上却是纳粹政权的真正支持者，据信他也从与纳粹最高层的联系中获得过经济收益——1943年，拉姆克出版自传之后，据说戈培尔曾命令每个德国城镇都要至少购买一本，而这部书的发行量据说高达40万，拉姆克从每本书中可以提取2个帝国马克的收入。[60]拉姆克在1951年出版的另一自传中，尽情地宣扬他的反英美、反西方情结，猛烈抨击西方对"德国军人的羞辱和对全体德国人的毁誉"。他在1951年夏登上政治舞台后的一系列言论，虽显得与时局和国民心态格格不入，但与他自己在自传中表达的思想倒也一脉相承。

1954年以后，拉姆克淡出了政治舞台，像许多曾活跃一时的前将领一样，也逐渐从人们的视野中消失了。拉姆克在建材行业工作过若干年，默默地品味着安静的晚年生活。1968年7月5日，79岁的拉姆克去世于石勒苏益格的卡佩尔恩（Kappeln），身后被葬在附近的公墓里。对于这个战争期间强悍无比、政治上也甘愿一条道走到黑的硬汉，后人还有什么好说的呢？

第21位钻石骑士最高战功勋章获得者施瑙费尔少校

（获勋时间1944年10月16日）

Chapter 21 第二十一章

“夜空幽灵”：海因茨·沃尔夫冈·施瑙费尔少校

德国人哈根（Hans-Peter Hagen）在其1964年出版的名为《空中轻骑兵：德国著名战斗机飞行员及其作战史》的著作中，记载了英国广播公司（BBC）1945年2月16日向德军第4夜间战斗机联队（NJG-4）联队长施瑙费尔（Heinz Wolfgang Schnaufer）少校祝贺其23岁生日的往事：“……少校先生，如您所知，我们的轰炸机机组们给您起了个‘夜空幽灵’的荣誉名号。我们尊重自己的对手，也了解您在作战中的公正表现，所以对您非常敬重。值此您的生日之际，BBC舞曲乐队正在为您演奏打击乐‘夜空幽灵’。”[1] 无独有偶，军史家弗拉施卡在以轶事为基调的《帝国骑士》一书中，似乎也在有关施瑙费尔的章节里张开了想象的翅膀，他在写下与前文类似的文字时又做了进一步渲染：“……驻居特斯洛（Gütersloh）的NJG-4的同志们，你们好！我们仰慕你们勇敢顽强的作战表现，但为什么你们还要冒着生命危险继续下去呢？你们的联队长是世界上最优秀、最成功的夜战飞行员。施瑙费尔少校，我们在此特意祝贺您的23岁生日！”[2]

二战期间，英国皇家空军轰炸机部队与德军夜间战斗机部队之间可谓“仇深似海”，竟然还发生过这么一档子祝贺头号对手生日的轶事，真是匪夷所思！二战期间曾任皇家空军轰炸机领航员的史家欣奇利夫（Peter Hinchliffe），在其1999年出版的《施瑙费尔：钻石王牌》一书中指出，战时名为“西线战士广播电台”（Soldatensender West）的英国秘密电台“有可能”在节目中向施瑙费尔祝贺过生日，但由于“似乎那些日子的档案记录都未能留存下来，所以难以证实或证伪这件轶事”。[3]欣奇利夫同时声称，哈根在其1964年著作中使用的BBC引语“扭曲了史实”。尽管不乏这样的警示，但就像许多二战人物或战役始终都存在一些含混不清、扭曲甚至虚构的情节一样，关于施瑙费尔的这个传说也流传至今。2010年，施托克特（Peter Stockert）在《德军钻石骑士勋章得主：1941—1945》一书中曾写道：“……在军官餐厅里，有位军官把收音机调到被禁敌台‘加莱战士广播电台’（Soldatensender Calais）的频率，收音机里传来一阵流利的德语，英国人正在祝贺施瑙费尔的生日……”[4]施托克特把问候“生日快乐”的电台称作“加莱战士广播电台”（为“西线战士广播电台”之前身，基地位于法国加莱），但在接下来的文字中，他却复制了哈根的话语，最后还加上了“夜空幽灵，夜空幽灵，它在我们的城堡里游荡”等曲调。

当然，前述只是施瑙费尔诸多传奇中的一例，事实上还曾出现过更离谱的传说和牵强附会的描述，比如，说施瑙费尔靠服用药物增强夜视能力；英国皇家空军轰炸机部队司令部为铲除心腹大患，曾专门筹划如何干掉施瑙费尔；在1944年7月末的一场空战中，施瑙费尔为扰乱对手的轰炸，专门击杀轰炸机编队中的所谓“主轰炸机”（负责现场指挥、控制和协调轰炸行动），从而“以一己之力拯救了家乡斯图加特”等等，不一而足。其实，有没有这些传说或“创意”，也无论它们与事实相去多远，都不能动摇施瑙费尔作为空战史上最优秀的夜战飞行员之一的地位。美国空军上校托利弗战后之初曾写道：“……施瑙费尔最大的仰慕者群体可能是英国皇家空军的轰炸机飞行员们。在许多军官餐厅里，飞行员们都在谈论这个名字，讲述他向‘兰开斯特’和‘哈利法克斯’轰炸机发起狂野猛攻的那些传奇。一战时期的英军飞行员曾大谈殷麦曼、波尔克和里希特霍芬等人，而今人们也在栩栩如生地描绘施瑙费尔这个光彩鲜活的人物……作为德国最顶尖的夜战飞行员，施瑙费尔在英国享有仅次于加兰德和莫尔德斯的战时声誉。”[5]在普通夜战飞行员眼中，施瑙费尔是“里希特霍芬式的传奇人物，是一个勇敢大胆、充满理想主义的军官”[6]。

1922年出生的施瑙费尔于1941年底进入德军夜间战斗机部队，3年后，22岁的他成为空军最年轻的联队长——当今日的22岁年轻人才刚刚踏入社会时，施瑙费尔已在战火的浸润下变得坚韧成熟，成为一个有着百余架战机、上百名飞行员、大批地勤和辅助人员的作战联队的领路人。他是夜战部队除伦特以外的唯一钻石骑士，也是空军最后一位获颁最高战功勋章的飞行员。他一共取得过121架得到确认的夜战击坠战果，这个数字也遥遥领先于盟军昼间战斗机飞行员创下的最高战绩（英、美、苏三国飞行员的昼间击坠纪录分别是34次、28次和62次击坠）。虽然在所有德军战斗机飞行员的击坠排行榜中只能名列第70位，但施瑙费尔的战果无疑极具“含金量”——除7架双发轰炸机外，余者皆为四发重型轰炸机，或如托利弗所言：“……就真正的成就而言，施瑙费尔在所有战斗机王牌中是无人能够超越的。”施瑙费尔可能还是射术最精准、杀伤力最强大的王牌——他仅以164次出击作战就猎杀了121架敌机，其准头和效率，恐怕令马尔塞尤和诺沃特尼（如果他们都能幸存于战争的话）等昼间超级王牌都自叹弗如。施瑙费尔最惊人的一次战绩出现在1945年2月21日，当天凌晨他击坠了2架敌机，当夜又在26分钟内一举击落7架轰炸机（另有1架未能确认）。如果说英军电台确曾祝贺过施瑙费尔的生日，那么后者显然“太不领情”，生日刚过5天，就在一场杀伐中斩落了对手的9架轰炸机！

有后人曾估算，二战期间命丧施瑙费尔之手的英军轰炸机机组成员超过了800人[7]，按照皇家空军轰炸机司令部指挥官哈里斯（Arthur Harris）

爵士的估计，战时培养一名机组成员的费用超过了1万英镑，这当然还不包括轰炸机本身与雷达等电子设备的损失。从这个角度来看，施瑙费尔自然有资格成为令对手畏惧的"心头大恨"。不过，在施瑙费尔3年多的夜战生涯中，除首次获胜时的难忘经历外，从无任何一位对手（包括负有专门猎杀使命的"蚊"式高空战斗机）能够击落或重创他，他也从未被己方的高射炮击落或在恶劣气候条件下发生意外，除偶一受过轻伤外，他也从未使用过降落伞，这在伤亡率很高的夜战部队乃至整个空军都称得上是个奇迹。施瑙费尔的战时成功虽有命运眷顾的因素，但与他的高智商和性格特点也有着密切的关系——他的头脑、决断力和领导能力，帮助他在战后成功地经营了家族产业，不到30岁即成为令人侧目的企业家。但是，就是一切看似花团锦簇的1950年，他却在一场突如其来的车祸中丧生，不由得令人感叹造化弄人！

早年岁月：
"纳波拉"学校走出的少尉飞行员

施瑙费尔于1922年2月16日出生在巴登-符滕堡州的黑森林地区，这里不仅有阴翳蔽日的墨绿色森林和蜿蜒起伏的山峦河流，还点缀着一个个古老精致的小城。施瑙费尔的出生地卡尔夫（Calw）就是这些小城中美仑美奂的一个。施瑙费尔的父亲阿尔弗雷德（Alfred Schnaufer）曾是一名在英国工作的机械工程师，一战爆发后作为敌国公民被拘禁。战后回到德国，阿尔弗雷德发现在自己擅长的专业领域里很难就职，于是帮助父亲一起经营家族的酒类生意。父子二人工作勤奋，也很善于经营，再加上卡尔夫成为黑森林地区的酒类分销中心，施瑙费尔家族的境况于是变得愈发殷实。长子海因茨于1922年出生时，虽然整个社会仍在动荡中挣扎，经济上也处于超级通胀的边缘，但施瑙费尔家族的生意似乎并未受到经济危机的过大影响，反而出现了兴旺的势头。在这个衣食无虞的家庭中（海因茨陆续迎来了两个弟弟和一个妹妹），父母以慈爱但不失严格公正的作风培养着孩子们，海因茨更是很小就明白，遵守纪律和规则是家庭和睦的先决条件之一。1928年，6岁的海因茨进入卡尔夫国民小学就读，良好的家教使他很快成为一个引人瞩目的好孩子——他幼时的同学曾回忆说，施瑙费尔从不伤害他人的自尊和情感，反而因善于调停孩子们的纠纷而赢得同学的拥戴及老师的嘉许，小小年纪就展示出善于与人相处的特质。施瑙费尔是学校里的优等生，天赋过人的他不仅在学业上出类拔萃，在体育和音乐等方面也有着不同凡响的才华。难能可贵的是，他不是个恃才傲物的孩子。

与夜战部队首位钻石骑士勋章得主伦特的经历相似，施瑙费尔也在1933年初加入了颇为时髦的"希特勒少年团"。成为这个准军事化组织的一员，着实满足了少年施瑙费尔的虚荣心，即便10年后崭露头角时，他仍对当年的选择留有深刻的印象，在一份幸存下来的简历中他曾写道："……这一青少年运动的基本理想——以成就为基础选拔领袖——形成了将在很大程度上指引我整个军旅生涯的一种理念。从这些理念中，我进一步萌生了进入'国家政治教育学校'（Nationalpolitische Lehranstalt）的念头。"[8]施瑙费尔言及的"国家政治教育学校"一般简称为"纳波拉"（Napola），是纳粹政府为把优秀青少年培养成军事、政治和政党精英而特设的三类新型学校之一。"纳波拉"的门槛很高（据说是一战前的军校的翻版），不仅要求申请者具有纯雅利安人血统，还严格规定了学业、品行和体格等方面的标准，每年仅有约10%的幸运儿能通过筛选。战后曾有人对施瑙费尔的"纳波拉"出身颇有看法，并将他本人贴上了"纳粹信徒"的标签。施瑙费尔的一位战友在推测前者加入"纳波拉"学校的动机时，曾说他"或许是想尽快成为一名军官，而'纳波拉'的经历显然是一条捷径"，但这位战友并不排除施瑙费尔"也有可能对那个时代的思潮充满热情，因而愿意进入这种学校"。其实，30年代中期的希特勒无疑受到多数德国人的拥戴和崇拜（1938年时英国还曾有政客“羡慕”德国拥有铁腕人物希特勒，而他的国家却只有专精绥靖的张伯伦），声誉处于巅峰的纳粹元首创办的“精英学校”，如果不能吸引施瑙费尔之类的青年，可能才是咄咄怪事。“纳波拉”虽是纳粹政府培养后备精英与领导人才的地方，但这并不意味着这里走出的所有人都是忠实的纳粹分子——与施瑙费尔同年（1939年）毕业于波茨坦“纳波拉”学校的珀佩尔（Johannes Poeppel，二战中为第32炮兵团上尉），在1979至1981年间曾担任西德联邦国防军陆军总监（上将总司令）；同在波茨坦“纳波拉”的格雷韦（Carl–Heinz Greve，二战末期任第30轰炸机联队少校大队长），在战后也曾官居联邦国防军空军中将；同样有着“纳波拉”背景的韦赫马尔（Rüdiger von Wechmar），二战期间曾在非洲军服役两年（后被美军俘虏），1974年起担任了西德驻联合国大使，1980年还一度成为联合国大会主席；另外，哈特曼也曾于1936年进入罗特韦尔的“纳波拉”学校，不过由于不适应学校的刻板作风和严格要求，他只待了一年便转到普通文理学校继续完成学业。

1938年初，施瑙费尔经过严格筛选后成为斯图加特东北19英里处的巴克南（Backnang）“纳波拉”学校的一员。学校虽然强调灌输德意志民族史和诸如种族理论的纳粹教义，但并未放松一般文理中学必修的课程，还将相当多的时间分配在强身健体、培养领导才能、养成军官必备的品质等方面，毕竟这种学校标榜的目标之一就是秉承普鲁士–德国的军事传统，以及重振所谓的“骑士荣誉”等。学校的高标准和严要求并不只是停留在纸面上，而是切实体现在每门功课、每项社会活动、每次劳动实习和体育竞技中。施瑙费尔在这里依然出类拔萃，在小口径射击和滑翔飞行等军体项目上的表现同样令人难以望其项背，他那善解人意、乐于伸出援手的性格，使他广受同

▲ *摄于1938年或1939年，“纳波拉”学校的学生们正在研习功课，右四为施瑙费尔。*

学们的喜爱和钦服。

1938年末，施瑙费尔提交了成为空军候补军官的申请（据说从14岁起他就产生了成为飞行员的强烈愿望）。1939年初，他如愿转入最早成立的波茨坦"纳波拉"学校，加入了这里开办的"飞行班"，当时这个班汇集了所有"纳波拉"学校（包括1所女校在内共16所）中有志成为飞行员的学生。几十名年轻人接受了多种型号的滑翔机飞行训练，对飞机的结构和飞行理论也有了初步的认识。"飞行班"的同学曾忆称，施瑙费尔从训练之初就显得与众不同，他似乎具备多数人都没有的飞行天赋，首次滑翔飞行就在滞空时间上遥遥领先。此时，施瑙费尔不可能没有注意到欧洲上空笼罩的战争阴云，但对17岁的他来说，他更在意的是能否成为一名令人钦羡的飞行员，虽然并不知道等待自己的命运会是什么样，但像里希特霍芬、波尔克和乌德特等一战王牌那样建功立业的念头，一定曾在他的内心深处时时闪现。

1939年11月初，施瑙费尔以优异的成绩通过了中学毕业考试，这时的他已拥有B级滑翔机飞行员证书，还获得过"帝国青年体育奖章"（Reichsjugendsportabzeichen）、"德国救生员协会证章"（Deutsche Lebens-Rettungs-Gesellschaft）以及铜质"希特勒青年团技术熟练奖章"（HJ-Leistungsabzeichen）等。[9]稍后的11月15日，施瑙费尔被征召入伍，作为候补军官来到萨尔茨韦德尔（Salzwedel，介于汉堡和马格德堡之间）的第42空勤训练团接受基本军事训练。刚刚加入空军的施瑙费尔，担心的并不是严格的训练、艰苦的生活以及空战的危险，而是像许多年轻人一样忧虑战争很快就要结束，而他们将失去证明才华的机会和分享荣耀的可能！

1940年4月，"士官生"施瑙费尔来到勃兰登堡州尼斯河畔的古本（Guben），在这里的第3飞行学校接受以获取A/B级飞行员证书为目标的训练。训练持续到当年8月20日告一段落，施瑙费尔期间接受了系统的飞行理论学习，也驾驶过众多的老旧机种，当然军官职责和修养方面的培训也是必不可少的内容。获得A/B级飞行员证书和徽章后，根据个人志向和考评结果（尤其是教官对学员潜力的综合评估），施瑙费尔被派往旧勒纳维茨（Alt Lönnewitz，位于勃兰登堡州西南）的第3高级飞行学校继续受训。这所学校主要训练飞行员学习驾驶多引擎战机，以获取C级飞行员证书和徽章为直接目标。施瑙费尔在受训中于1940年9月1日晋升为"二级中士候补军官"，次年2月1日又成为"一级中士候补军官"，到1941年4月1日基本完成训练时，他被正式授予了少尉军衔。他此时已掌握了Ju-88、Ju-86、He-111和道尼尔型号的双发战机，以及Ju-52三发运输机等重型战机的驾驶技能。可能是由于盲飞训练不足，他在晋为少尉后来到慕尼黑以北的多瑙河畔诺伊堡（Neuburg an der Donau），进入第2盲飞学校接受专门训练。为时8周的训练结束后，施瑙费尔又被派到汉诺威附近的文斯托夫（Wunstorf），在第2驱逐机飞行学校（Zerstörerschule）学习驾驶Bf-110重型战斗机。期间，施瑙费尔遇到了个人军旅生涯中最重要的伙伴——受过报务员和盲飞训练的二等兵伦佩尔哈特（Fritz Rumpelhardt）。施瑙费尔之前的报务员由于应付不了特技飞行而被他舍弃，见到伦佩尔哈特后，他首先驾驶两款战机好好"审核"了后者应付特技飞行的能力，伦佩尔哈特倒是对这位年轻少尉留下了不错的印象。如果说两人起先还互有疑虑的话，那么他们很快都认识到，对方无论是在空中还是在地面上，都是足以信赖之人。从1941年7月起，他们在暗夜苍穹下同生共死，一起分享成功的喜悦（施瑙费尔的121次击坠中的100次都有这位报务员的功劳），一起为不能阻止城乡各处毁于战火而黯然神伤，更为德国滑入万劫不复的深渊而扼腕叹息。

1941年9月1日，施瑙费尔与伦佩尔哈特来到慕尼黑附近的施莱斯海姆（Schleißheim），进入第1驱逐机飞行学校（当月16日改称"第1夜间战斗机飞行学校"）接受夜间飞行训练（在文斯托

▲ 摄于1939年末或1940年初，在第42空勤训练团开始基本步兵训练时的施瑙费尔。

▲ 1941年时的施瑙费尔少尉。

▲ 摄于1940年探亲期间，前排从左至右依次为：母亲玛尔塔、海因茨、弟弟曼弗雷德（Manfred）和埃卡特（Eckart）、妹妹瓦尔特劳德（Waltraut），后为父亲阿尔弗雷德。

▲ 摄于1941年上半年，满脸稚气的施瑙费尔少尉在照相馆里留下了这张照片。

▲ 摄于1940年，正在接受飞行训练的18岁青年施瑙费尔。

夫受训的收尾阶段，两人经仔细考虑后志愿加入了夜间战斗机部队）。德军的夜间战斗机部队此时已有几个联队约250架战斗机（多为Bf-110）的规模，但由于英军轰炸机部队的规模也在同步扩大，针对德国城镇和工业厂矿的轰炸强度及战术都在持续演进，德军夜间战斗机部队也相应地亟需扩大规模。由于夜战部队的早期成员多数出身于驱逐机单位，所以他们会顺理成章地到各驱逐机飞行学校招募新人。施瑙费尔一方面觉得有责任保护本土，另一方面也认为夜战领域颇具吸引力，成功的机会应比王牌济济的昼间战斗机部队更多。伦佩尔哈特后来曾说，施瑙费尔可能还有一个没说出口的原因——在“暗夜同志”的庇护下，夜战的幸存机会应该更大。[10]

尽管施瑙费尔已积累了相当的飞行时数，也驾驶过Bf-110和Ju-88等夜战机种，但进入夜战部队仍意味着将接受更多的飞行训练。他在施莱斯海姆受训时，除白天进行射击等练习以外，着重训练了夜间起降和越野飞行、与探照灯部队进行配合、在无线电导航台引导下飞行等一系列夜战科目。两个月后的11月1日，施瑙费尔和伦佩尔哈特被分配到易北河畔施塔德（Stade）的NJG-1第2大队。NJG-1是最早成立的一支夜战联队，联队长法尔克（Wolfgang Falck）手下的第1大队大队长是施特赖布（Werner Streib），当时以22胜位列战绩排行榜榜首；第2大队大队长埃勒（Walter Ehle）也是夜战部队最早的成员之一，埃勒手下的4中队更是夜战部队战绩最显赫的王牌中队，中队长伦特以20胜名列战绩榜第三位，此外还有贝克尔（Ludwig Becker）和利佩－魏森菲尔德（Egmont Prinz zur Lippe-Weißenfeld）等一干强将。不过，等施瑙费尔到第2大队5中队报到时，伦特已成为NJG-2第2大队代理大队长，贝克尔和利佩－魏森菲尔德也都随着伦特一起调往该部。伦特已是经过血与火考验的王牌，而施瑙费尔不过是刚刚迈出校门的青涩新人，事实上，伦特直到一年半之后才第一次认真注意到才华横溢的施瑙费尔。在1941年11月时，恐怕无人能够料到，一脸稚气、谦逊平和的施瑙费尔，将在3年里超越所有前辈，成为既被对手敬畏和诅咒的“夜空幽灵”，又被德国人赞颂和感激的“夜空守护神”。

战争的头18个月：缓慢艰难的开端

施瑙费尔在NJG-1第2大队的头半年并没有多少值得书写的地方。按照惯例，施瑙费尔和伦佩尔哈特先由老手们带着进行一段时间的实地训练，但是，等他们觉得做好了实战准备时，却发现鲜有机会升空迎敌，更勿论取得什么击坠战果。其原因大致可归纳为如下几条：其一，在施瑙费尔参战的头半年里，不管是因为冬季的天气恶劣，还是因为皇家空军轰炸机部队正在养精蓄锐或进行调整，英军以德国本土为目标的轰炸确实较少，夜战飞行员们的潜在猎物也相应较少。其二，每支夜战联队都负责某个区域的防空，如果光顾某区域的轰炸机数量多于其他区域，那么这里的飞行员接敌和收获战果的机率自然就高。驻守荷兰吕伐登地区的夜战单位，在相当长的一段时间里都比其他地区的单位拥有更多的作战机会，这个无可争议的事实是由英军的轰炸重点和航线等决定的。其三，夜战部队的首脑卡姆胡伯将军打造的"天床"夜战控制系统此时已初具规模，但其缺陷也在实战中有所露头——除了不能充分利用现有资源外，它还有形无形地挫伤了资浅飞行员的士气。收到预警后，夜战部队首批起飞的一般都是中队长和王牌飞行员，他们会被地面控制台指引到敌机附近，取得战果的概率当然要高得多。施瑙费尔等夜复一夜做好了准备的年轻人，经常得不到起飞的机会，即便偶尔有幸升空，也常被指引到边缘地带待命，或者绕着导航台盘旋，并没有多少机会实际接敌。其四，夜间与昼间空战的最大区别恐怕是在夜间发现敌机的难度更高。在机载雷达普遍列装之前，德军夜战部队一直依靠探照灯和地面雷达的帮助来发现和接近敌机，但是，即便飞到敌机附近，飞行员最后还是得依靠个人的夜视能力"看到"对手，才能以技术、射术、意志和耐力展开周旋，当然运气在空战中也占有重要的地位。最后，任何飞行员都必须面对的一项重大挑战，同时也是必须突破的心理门槛，就是"在未受到过度惊吓的前提下取得首胜"。有些人的首胜来得异常轻松，有些人则费尽九牛二虎之力，在战争后期，更是有许多从未品尝过空战胜利的年轻人一战之后就消失在茫茫夜空里。

1942年1月中旬，NJG-1第2大队准备迁往比利时的圣托德（Saint-Trond，亦作圣特雷登，位于德国亚琛和比利时布鲁塞尔的中间）。就在转场还未完成之时，大队长埃勒在2月8日接到命令：率部开往比利时海岸边的科克赛德（Koksijde）驻防。施瑙费尔等匆忙赶到科克赛德后，才得知所部将作为"战斗机保护伞"的一部分，参加战斗机部队总监加兰德组织的"霹雳行动"，负责掩护海军三大主力舰——"沙恩霍斯特"号、"欧根亲王"号和"格奈瑟瑙"号穿越英吉利海峡的行动。这一作战定于2月12日发起，穿越英军重兵布防、水雷密布的英吉利海峡当然难度极大，加兰德为此采取了严格的保密措施，也精心设计了一系列欺骗手段，他把JG-1、JG-2和JG-26等联队的250架昼间战斗机分阶段、时段组成"战斗机保护伞"，同时约有30架Bf-110负责日落后至黎明前的护航。[11] 加兰德的精心组织和冷静指挥，加上战斗机部队的卓越表现、海空军的高效配合，使德军舰队成为250年里第一支成功突破英吉利海峡的舰队。德军在作战中损失了17架战斗机（11名飞行员失踪），但英军损失了60架以上的战机。[12] 不过，这些战果中并没有施瑙费尔的贡献，他与伦佩尔哈特驾驶着Bf-110在几天里忙碌地逡巡飞行，先后辗转于荷兰阿姆斯特丹、德国叙尔特（Sylt）岛、丹麦奥尔堡、挪威特隆海姆和斯塔万格等地的机场，但期间没有一次遭遇敌机的机会，更勿论交手了。不过，施瑙费尔对于拥有作战飞行的机会还是感到非常高兴，当"霹雳行动"结束后回到第5中队位于波恩的新基地时，他对回归令人受挫的夜战角色还曾大感沮丧。

1942年4月，施瑙费尔被任命为NJG-2第2大队的技术军官，负责技术方面的所有事务，包括

▲摄于1942年2月的"霹雳行动"期间，德军Bf-110编队在挪威上空飞行，据说中间那架战斗机是施瑙费尔的Bf-110。

▲摄于1942年2月的"霹雳行动"期间，NJG-1第2大队的部分机组成员在挪威特隆海姆机场合影。左起第六人为施瑙费尔，右三为伦佩尔哈特，左四为格赖纳少尉。

▲图为比利时圣托德城堡，NJG-1第2大队的战时驻地。

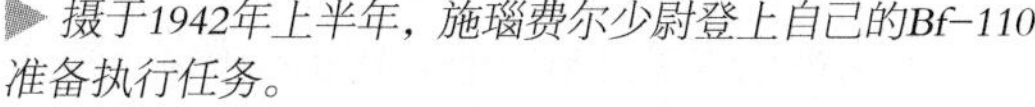

▶摄于1942年上半年，施瑙费尔少尉登上自己的Bf-110准备执行任务。

3个中队的战机保养和维护、组装和测试新到战机、重大检修、地面设备的维护和改进、零部件供应等。按说这是相当重要的职位（加兰德1940年时就曾在JG-27扮演着同样的角色），但也意味着大队直属军官施瑙费尔更没有什么出击作战的机会了。施瑙费尔此时已经参战6个月，不仅没有任何胜绩，就连升空机会都少得可怜。他感到非常沮丧和失望，曾与伦佩尔哈特认真探讨过调回驱逐机单位的想法。伦特进入夜战领域的头半年里也曾由于颗粒无收而倍感失落，除要求调回驱逐机联队外，他甚至还怀疑过自己的夜战潜质。当然，伦特的情形有所不同，他当时是急于树立中队长的威信，更何况他本人之前还是驱逐机圈子里有名的王牌之一。

哈里斯爵士于1942年2月接任皇家空军轰炸机部队的指挥官，上任之后他改变了英军的作战重点和战术，明确地把轰炸德国城镇、摧毁平民士气作为战略目标，在战术上强调短时间内集中力量进行轰炸，多使用既能造成大面积杀伤又可为后来者指明位置的燃烧弹等武器。哈里斯事先进行了多次战术演练，获得成功后又对德国北部沿海城市展开了一系列小规模轰炸，最后在1942年5月末至6月末期间，凑集兵力进行了3次规模空前的“千机轰炸”（目标分别为科隆、埃森和不莱梅）。5月30日至31日夜，英军对科隆进行了前所未见的轰炸，但是施瑙费尔没有得到出战的机会。两日后，英军又对重工业中心埃森发起了第二次“千机轰炸”（实际派出956架轰炸机，其中347架来自于作战训练单位），施瑙费尔和伦佩尔哈特则抓住了这个难得的机会，收获了搭档以来的首次战果。6月2日凌晨1点左右，施瑙费尔和伦佩尔哈特按照地面控制中心的指示升空迎敌。大约40余分钟后，他们根据控制中心的数据，“理论上”应已接近一架返航的轰炸机，但是，在漆黑的暗夜里他们一时并未目击到对手，直到伦佩尔哈特无意间瞥见右前方有一架战机的轮廓。施瑙费尔进一步拉近距离后，认出这是一架“哈利法克斯”四发轰炸机。

军史家库罗夫斯基（Franz Kurowski）曾描绘过施瑙费尔机组的首次击坠：“……随着距离的拉近，他们看到了轰炸机的发动机的发光尾迹。突然，从敌机尾炮塔里喷射出一束束曳光弹。施瑙费尔本能地降低机头，借助俯冲躲过火舌，他在向上爬升的过程中再次逼近了这架轰炸机。敌机机身渐渐占满了瞄准具，他按下了机炮按钮……敌机的一侧发动机立时起火，又一梭子炮弹击中了翼根，轰炸机倒转过来后，垂直俯冲着坠毁了。施瑙费尔试图再寻找一架轰炸机，但没能找到。伦佩尔哈特安慰他说：‘长官，取得首胜已足够好了，或许下次我们就能多击落几架。’”[13]然而，库洛夫斯基的描述与伦佩尔哈特的战后回忆存在着较大出入——伦佩尔哈特称，英军轰炸机始终没有发现Bf-110的逼近，施瑙费尔的第一次开火即令对手的机翼起火，第二次射击更令“哈利法克斯”冒出冲天的火焰，整个攻击过程中对手根本没有还击。[14]这架轰炸机凌晨2点左右坠落在比利时勒芬（Louvain）附近。施瑙费尔和伦佩尔哈特随后在地面控制台的指引下前去追逐另一架轰炸机，其过程远比库洛夫斯基描述的更加惊心动魄。施瑙费尔盯上的是一架型号不明的四发轰炸机，与前次进攻一样，他把Bf-110开至敌机下方后保持着一定的距离。稍作观察后，施瑙费尔朝敌机的右侧机翼开火，不过未能命中，再次进攻也没能得手。施瑙费尔加速拉近与敌机间的距离，最后逼近到相隔仅20米处，这时，他的Bf-110遭到猛烈的火力回击。施瑙费尔赶紧俯冲，改平之后他与伦佩尔哈特仍然有些惊魂不定——Bf-110机身多处中弹，左舷发动机起火，方向舵失灵，施瑙费尔的左腿甚至还挨了一颗子弹。施瑙费尔与伦佩尔哈特当时都不知道自己身在何处，靠着运气和过硬的驾驶、导航技能，他们勉强飞回了圣托德，但Bf-110着陆时无可避免地歪向一侧，最后冲进一片耕地里停了下来。

迅速逃离战机之后，两人默默对视了片刻，

谁都说不出话来——来之不易的首胜险些要了他们的命！取得首胜的兴奋，显然已被发生的一切冲淡了许多。虽然击落了一架敌机，但飞行员受伤，战机遭受重创（机身上有19个弹孔），显然并非完胜，不过，令人讶异的是，这竟是施瑙费尔机组在二战期间唯一一次有人受伤或战机受损！信心开始在施瑙费尔和伦佩尔哈特的心中扎根，至少他们再也不提调到驱逐机部队的事了。6月2日当天，施瑙费尔获得了二级铁十字勋章，他在基地里硬扛了几天后，因腿伤恶化而住进了医院。在医院里，施瑙费尔有时间细细总结得失和经验教训，对夜战的危险性有了更切实的体认——尽管有各种技术手段的辅助，在暗夜里搜寻敌机和发起攻击仍是一件令人高度紧张的困难工作，而那些勇敢且咄咄逼人的英军炮手们，更是德军夜战飞行员必须面对的冷面杀手。英军炮手也深知手中的机枪实为己方唯一的防御武器，为履行职责和保证集体的生存，他们不仅积极地寻找敌机的踪影，更是在交战中极富攻击性。许多夜战飞行员曾称，即便轰炸机正在坠落，那些炮手们仍攥着机枪不停地射击，直到完全坠落或凌空爆炸为止。夜战飞行员们无一例外地对英军轰炸机炮手抱有由衷的敬意。此外，英军的护航战斗机也是德军的一大强敌，尤其是战争后期的"蚊"式战斗机的速度和高度优势，曾给德军带来过无尽的烦恼和损失。在"天床"夜战系统指引下作战的夜战飞行员们还面临着另一个威胁，即己方的高射炮，这些立功心切的部队有时会不分青红皂白地误击己方战斗机。不仅德军自己非常清楚夜战的风险和难度，就连英军轰炸机飞行员们也一样心知肚明，他们对对手的胆量和勇气也都表示过由衷的钦佩。

施瑙费尔在1942年8月迎来了第一个夜战小高潮。8月1日晨，在没有机载雷达帮助的情况下，他在1小时内成功击落了2架"惠灵顿"和1架"惠特利"双发轰炸机。这是一个令人印象深刻的战绩——整个NJG-1第2大队此时仅有两人取得

▲ *摄于1942年，NJG-1第2大队的技术军官施瑙费尔少尉，尽管参战不久，但疲惫和紧张已在他的面容上留下了痕迹。*

▲ *摄于1942年8月29日，施瑙费尔（右）和伦佩尔哈特正在检查一架"哈利法克斯"的残骸。这架飞机坠落在比利时托姆比克（Tombeek）附近，是施瑙费尔的第6个战果。*

▲摄于1942年6月初，施瑙费尔收获了首胜，图为他回到基地后准备离开座舱的场景（也有人称他正准备升空作战）。

▲ 德军Bf-110战斗机正在执行任务。

▲NJG-1的一架Bf-110，约摄于1942年。这时的夜间战斗机还没有装备机载雷达。

▲ 图为英军的“惠特利”双发轰炸机（机组5人、载弹量3180公斤、航程2400公里），这款轰炸机是最先飞抵柏林进行轰炸的机种之一。施瑙费尔的121次击坠中只有1架是“惠特利”。

▲图为英军的 “惠灵顿”双发轰炸机（机组6人、载弹量2720公斤）。施瑙费尔在1942年8月1日曾击落过2架这种轰炸机，其全部121次击坠中有6架是“惠灵顿”。

▲ 图为英军的"哈利法克斯"(型号为Mark II Series I)四发重型轰炸机(机组7人、载弹量5900公斤)。施瑙费尔的121胜中有19架是"哈利法克斯"。

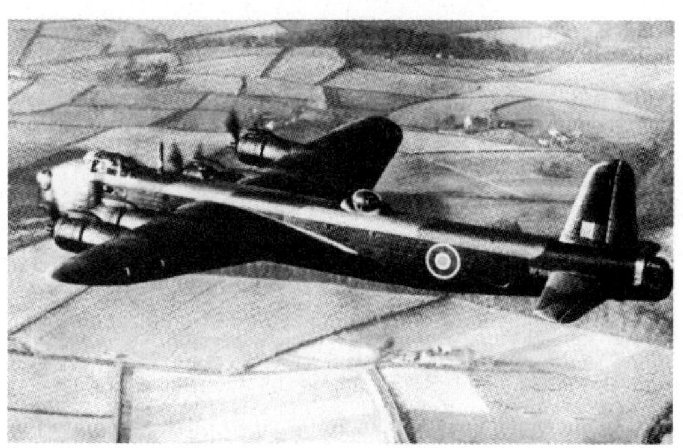

▲ 图为英军的"肖特斯特林"四发重型轰炸机(机组7至8人、载弹量6350公斤、航程3090公里),施瑙费尔的121胜中有5架被确认为"肖特斯特林"轰炸机。

▲ 图为英军的"兰开斯特"(型号为Mark II)四发重型轰炸机(机组7人、载弹量6350公斤、航程2660公里),这款轰炸机是英军最著名的轰炸机之一,战争期间共生产了7374架。施瑙费尔共击落过45架"兰开斯特",另外,他的121胜中有45架是机型难以辨识的"四发轰炸机"(即德国人称的Viermot),其中"兰开斯特"可能也占有一定比例。

过类似的成功,即便是伦特在那时都还没有一战击落过3架敌机。这次空战后没几天,施瑙费尔的Bf-110装上了"明石BC"雷达。不少飞行员和报务员对这个黑色魔盒曾抱有怀疑态度,他们觉得装上它不仅影响速度和性能,还使紧张的报务员兼炮手(有时还要负责导航)变得更加繁忙,职责更重。不过,施瑙费尔和伦佩尔哈特对这种堪称"第三只眼"的雷达似乎印象不错。经过一番演练,伦佩尔哈特在8月25日时借助雷达,成功地把施瑙费尔指引到一架"惠灵顿"轰炸机附近,后者则将之击落在前去轰炸法兰克福的途中。8月29日凌晨1时许,施瑙费尔和伦佩尔哈特如法炮制,又在布鲁塞尔西南击坠一架"哈利法克斯"轰炸机。10月19日,6胜在手的小王牌施瑙费尔获颁一级铁十字勋章。[15] 虽与战绩逼近50胜的伦特仍有很大差距,而且战绩10胜以上的夜战飞行员足可组成一个大队,但施瑙费尔和伦佩尔哈特再也不用为起飞时靠后甚至垫底而苦恼了,更何况8月这一个月里他们就取得5次击坠,还曾一夜击落3架敌机,已经显示出"不凡的潜力"了!

结果证明,施瑙费尔8月份的成绩可能仅是昙花一现——在1942年9月至1943年5月中旬的9个月里,他仅仅收获了一次击坠,即1942年12月21日接近子夜时击落的一架"兰开斯特"。在当夜的空战中,施瑙费尔还可能击落了另一架"兰开斯特",事实上他已提交了空战细节说明和目击证人报告,但NJG-4第1大队的大队长赫格特(Wilhelm Herget)上尉也声称在同一时间、同一地点击落了一架"兰开斯特"。申请确认战果的报告递交到第12航空军军部后,指挥官卡姆胡伯难以决断,遂要求施瑙费尔与赫格特抽签决定战果的归属,结果,已有12次夜战胜果(另有14次昼间击坠)的赫格特胜出。托利弗在自己的著作中也曾提到这一有趣的事例,并将之作为"追求精确的德国人无法容忍合作击坠这种模糊概念"的证明之一。不过,托利弗把这架"兰开斯特"

机坠落的时间误作为1943年3月22日——这一天，赫格特和施瑙费尔都未取得过任何战果。[16]

1943年的头5个月对施瑙费尔来说可能失望的时候居多，除了在空战中颗粒无收外（不过第2大队1至4月的战绩也屈指可数），他的军衔也未能如期晋升（到1943年4月任少尉已满两年，但有几位战绩为零的少尉都已晋为中尉）；另外，伦佩尔哈特年初时因到军校学习也离开了大队。5月14日凌晨，施瑙费尔终于再次品尝到了胜利的滋味，在截击轰炸鲁尔工业区的英机编队时，他与临时报务员巴罗（Leo Baro）少尉击落了“肖特斯特林”和“哈利法克斯”各一架。5月29日深夜，719架英军轰炸机前来轰炸鲁尔工业区的重镇伍珀塔尔（Wuppertal），约有150架轰炸机在穿越比利时东部时被“天床区”内的“维尔兹堡”（Würzburg）雷达捕捉，NJG-1第2大队从圣托德起飞了13架Bf-110和3架“道尼尔”Do-217战机，其中就包括首波升空的施瑙费尔和巴罗。30日晨的空战中，NJG-1第2大队损失了3架战机和2个机组，但有6个机组击坠了11架轰炸机（占英军总损失的三分之一），其中有2架“肖特斯特林”和1架“哈利法克斯”记在了施瑙费尔的名下。施瑙费尔曾在作战报告中描述过取得第一个战果时的情形：“……5月29日夜11点51分，我在列日北面的‘天床区’升空作战。30日0点35分，我被指引到正沿3500米高度飞行的一架敌机附近。敌机当时已出现在Fu SG 202雷达上，收到巴罗少尉的进一步指示后，我在0点45分时看到了这架四发轰炸机，它位于我的右上方约200米处。我拉近到80米距离处，从后下方进攻这架正进行猛烈躲闪机动的轰炸机。炮弹在敌机左舷机翼上引发了明亮的火舌，燃烧中的敌机翻滚着朝下栽去。0点48分，敌机撞击地面，发生了剧烈的爆炸……”[17]

这架“肖特斯特林”轰炸机是施瑙费尔的第10个牺牲品，约1小时后，他又将一架“哈利法克斯”击落。凌晨2点22分，在比利时村庄绍芬（Schauffen）附近，英国皇家空军第218中队的一架“肖特斯特林”在4500米的高空中成为施瑙费尔当夜的第三个猎物，7名机组成员无一幸存。地面德军当时以为轰炸机上只有5人，在收殓对手的遗骸并安葬时，由于只能确定其中两人的身份，他们便将第三口棺材标注为“三名无名氏的遗骸”。绍芬附近有一座德军机场，驻军牧师在主持下葬仪式时让人拍摄了照片，其中的一张留给了公墓的掘墓人。可能是这些信息随后辗转传回英国，致使机组成员的家属们误以为有两人或许并未丧生，而是跳伞后被俘或藏匿于某处。直到战后的1945年7月9日，英国官方发布的伤亡调查报告才让家属们最终彻底死心。[18]

似乎是与英国皇家空军第218中队“有仇”，施瑙费尔在6月22日又击落了该中队的一架“肖特斯特林”。在21日夜的轰炸行动中，705架轰炸机的目标本是德国与荷兰边境上的克雷费尔德（Krefeld），但其中的一架“肖特斯特林”因迷航飞到比利时方向。德军远程“弗雷亚”雷达早早发现了这架轰炸机，随即将敌情通报给“天床区”内的两台“巨型维尔兹堡”雷达（一台负责继续追踪，另一台负责指引己方战斗机进行拦截）。大约在22日凌晨1点20分，地面控制中心向半小时前从圣托德起飞的施瑙费尔发出警报，声称一架轰炸机正从西面飞来。6分钟后，就在施瑙费尔向西飞行的同时，地面控制中心向报务员巴罗通报了敌机的距离、高度和航向，后者很快在雷达上发现了敌机，于是开始指引施瑙费尔调整高度并修正航向。1点30分，施瑙费尔在自己的右上方约500米处最终发现了发动机的尾迹。随着距离的拉近，他识别出这是一架“肖特斯特林”，但当他贴近轰炸机后下方并准备进攻时，英军炮手意识到了眼前的危险。为甩开敌机，来自澳大利亚空军的机长希林劳（William Golder Shillinglaw）少尉开始进行猛烈的螺旋形躲闪机动。施瑙费尔不可能让这个猎物轻易溜走，他冷静地朝规避中的对手射击，炮弹命中了轰炸机的机腹和机翼，但希林劳仍在驾驶燃烧中的战机径直前飞，直至最后垂直坠落。施瑙费尔击坠轰炸机的整个过程正好被地面控制单位的一名士官目击，负责指引施瑙费尔接敌的那名地面控制军官也在天亮后亲自赶往坠机现场，丧生的全部7名机组成员随后被安葬在附近的朗多普（Langdorp）教堂墓园。[19]

1943年6月22日是苏德战争爆发满两周年的日子，施瑙费尔在这天获得了第13次胜利。“13”虽是西方人眼中不吉利的数字，但对施瑙费尔来说，第13次胜利标志着他一直延续到二战结束前夕的夜战胜利狂潮的开始，自此之后，除1945年1月外，施瑙费尔再未出现过一个月内没有任何胜绩的情况。

倚剑称雄：获颁骑士勋章

1943年6月29日凌晨1点25分至55分，施瑙费尔在30分钟内击落了2架“哈利法克斯”和1架“兰开斯特”重型轰炸机，这是他第三次上演一次出击击落3架敌机的好戏。7月1日，施瑙费尔获晋升为中尉，到当月9日时个人战绩提升到20架击坠，堪称夜战部队一颗冉冉上升的新星。7月14日，NJG–1第4大队大队长伦特少校曾短暂地逗留于NJG–1第2大队的驻地圣托德，施瑙费尔找到伦特要求调往他的大队，理由是该大队的基地吕伐登比圣托德的作战机会多。[20]的确，吕伐登正处于英军轰炸机编队从北海经荷兰飞抵德国的必由之路上，是名副其实的防御第一线。伦特此时的战绩高达63胜，某种程度上可能确实得益于他的战场位置和升空作战的机会比旁人要多。施瑙费尔在埃勒少校的NJG–1第2大队似乎过得并不如意，晋升军衔的时间比一些战绩平庸甚至还未开张的同僚都晚，这对他这个长时间的大队技术军官来说的确不寻常。另外，也许是伦特大队夺目的战绩吸引着施瑙费尔，使他也想加入这个耀眼的集体。施瑙费尔在8月13日正式调入NJG–1第4大队出任12中队中队长，但阴差阳错的是，伦特已在8月1日升任NJG–3的联队长，身后高悬着66次夜战胜绩和令人敬畏的双剑骑士勋章，而施瑙费尔此时甚至还未摘取骑士勋章，两人之间的差距不可谓不大。

施瑙费尔带着21次击坠的战绩调入NJG–1第4大队之时，德军的夜间防空体系和夜战战术，因应对英军轰炸机部队的持续扩张以及作战重点和战术的推陈出新，也出现了一些重大变化。卡姆胡伯主持的“天床”防御体系由5个夜战联队共400余架战机组成，这套从日德兰半岛延伸到地中海的体系，犹如德占区上空的一个硕大屋顶，基本覆盖了从空中接近第三帝国的所有通道。由于对手的实力激增，卡姆胡伯正在组建第6个夜战联队，同时，他还雄心勃勃地设想成立类似于皇家空军轰炸机部队的战斗机航空队——这个航空队将由3个军6个师构成，每个师包括3个夜战联队（每个联队有4个大队），这样，夜战部队就将从6个联队的规模激增至18个联队，合计将拥有2160架战斗机！[21]卡姆胡伯向戈林汇报时曾得到后者毫无保留的支持，但是，他在向希特勒汇报时却遭到无情的拒绝，甚至是羞辱，因为纳粹元首认为卡姆胡伯拔高了夜战部队的重要性，“人为地”将美国的战机月产量夸大到5000架。最令卡姆胡伯寒心的是，戈林不仅当场不予表态支持，事后还翻脸不认账，甚至还训斥说：“如果你想把整个帝国空军都吞下去，那你为什么不坐在我的位置上？”卡姆胡伯是一位不知疲倦的天才组织者，他的全部目的就是在任何时候、任何地方都有能够阻截对手轰炸机编队的强大夜战力量，如果其提议得以接受和实施，那么德军的夜间防空力量将对英军构成压倒性优势，势必将成为对手难以逾越的屏障。不过，卡姆胡伯无止境的扩军和资源要求，以及与空军其他兵种的高级将领们的紧张关系，终于惹恼了高层。同时，“天床”防御体系占用并浪费大量资源的内在缺陷，既使夜战飞行员们不满，也使百姓难以免除被炸之苦，这一切注定了卡姆胡伯领导夜战部队的日子已经屈指可数。

1943年7月24日至8月2日期间，英军轰炸机部队对汉堡发起了4次大规模夜间轰炸，美军则进行了2次昼间轰炸，造成汉堡约有4万到5万人丧生。英军在夜袭中使用了称为“Window”的金属干扰带，德军雷达被干扰得完全失灵，地面控制系统也在突然间陷入瘫痪，探照灯一直漫无目的地照射天空，高射炮更是失去了往日的密度和准头。英军的金属干扰带是大约40吨的9200万个铝箔条，这些铝箔条的长度约为德军雷达波长的一半，而地面雷达不仅与战斗机机载雷达的波长一致，还被用于控制探照灯和高射炮，所以德军的所有防空设施一时间全数失灵，每捆铝箔条都被误释为一架轰炸机！“天床”系统的最后一块“遮羞布”就这样被扯了下来，卡姆胡伯的夜战领袖角色终于走到了尽头。

在“天床”系统被汉堡空袭逼迫着淡出历史舞台之前，空军部参谋军官赫尔曼（Hajo Hermann）少校出于对该系统的缺陷以及夜战力量严重不足的认识，已在试验名为“野猪”的夜战新战术。赫尔曼认为，Bf-109和Fw-190等单座单发战斗机在夜战中也有用武之地，它们将独立于常规夜战部队投入夜战，既不装备复杂的导航设备，也不依赖于地面控制系统的指引，飞行员们将以探照灯、对手的“探路者”战机掷下的目标指示弹、坠毁的敌机冒出的火焰浓烟等为参照物，凭夜视能力飞赴目标区域展开自由猎杀。7月4日凌晨，施瑙费尔在英军空袭科隆的途中击落了2架轰炸机，而赫尔曼和他手下的飞行员们也在科隆上空进行了“野猪”战术的首演，竟一举击落了12架敌机！赫尔曼随即被戈林正式任命为JG-300的联队长，他一边加快充实联队的力量和训练飞行员，一边设法与高射炮和探照灯部队改进协同作战的能力。在首次汉堡空袭中，英军金属干扰带成功克制了德军的防空力量，但在7月28日夜的第二次汉堡空袭中，多数夜战飞行员出于对“天床”系统的失望，转而根据地面控制中心即时通报的机群位置、高度和航向数据实施自由截击，在某种程度上，可以说常规夜战部队正在自发使用赫尔曼倡导的“野猪”战术。7月29日，米尔希元帅的夜战顾问、空军部的洛斯博格（Viktor von Lossberg）上校又提出了所谓的“家猪”（Zahme Sau，或作“驯猪”）战术。这位上校认为，夜战飞行员应该放弃在导航台附近盘旋等待的惯例，尽早飞入盟军轰炸机机群形成的绵绵不绝的“溪流”中，一旦渗入敌机机群并与对手保持同向飞行，夜战飞行员就能发现足够多的目标。德军地面控制中心可以借助简称“Y系统”的甚高频无线电导航系统，把敌机机群的位置、航向、高度和可能目标区域等通报给所有参战飞行员。飞行员们得到通报后便可自行导航和杀入机群。[22] 由于“家猪”战术有可能使多个基地的夜间战斗机同时升空迎敌，而不是像“天床”系统的程序要求的那样待在各自的导航区，这种提高资源利用率的潜力和灵活性得到了米尔希和加兰德等的大力支持；而卡姆胡伯出于可以理解的种种原因，既不满意赫尔曼的“野猪”联队对常规夜战部队的蚕食，又强烈反对势必将进一步边缘化“天床”系统的“家猪”战术。8月1日，随着戈林批准实施“家猪”战术并进一步扩大“野猪”联队的规模，夜间战斗机部队的作战进入了一个新阶段。8月10日夜，NJG-1第2大队的17架战斗机升空，准备拦击轰炸纽伦堡的英机编队，这17架战斗机中，有12架依然在传统的“天床”控制区等待战机，大队长埃勒和施瑙费尔等人驾驶的5架战斗机则准备试用“家猪”战术。11日子夜过后不久，施瑙费尔成功击坠了一架“兰开斯特”，据信这是德军夜战部队在“Y系统”控制下收获的第一个胜果，也是施瑙费尔本人在第2大队的最后一次胜利。

施瑙费尔到吕伐登后的8月16日获得了一枚金质德意志十字勋章，但他在次日率队进行的作战却是一次完败——17日夜，德军地面雷达在邻近北海的德国北部侦测到速度与重型轰炸机编队相当的一队战机，施瑙费尔根据第4大队大队长雅布斯（Hans-Joachim Jabs）的命令，率领4架Bf-

▲ 拍摄时间不详，施瑙费尔正在地勤组长乌尔里希的帮助下系好安全带并准备起飞。

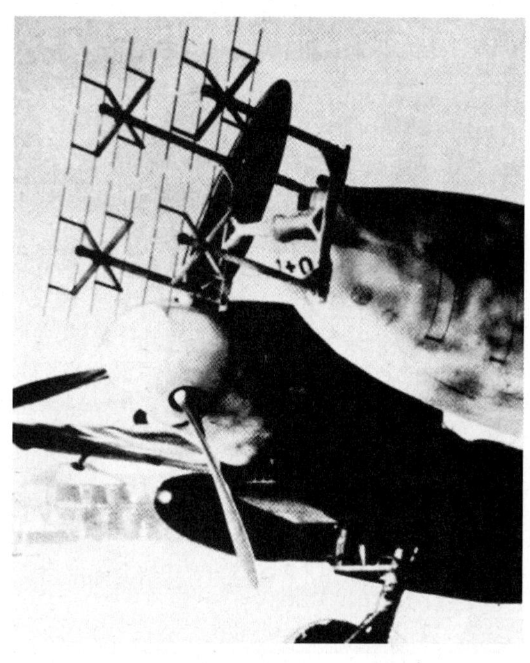

▲ 一架安装了SN2雷达天线的Bf-110夜间战斗机。

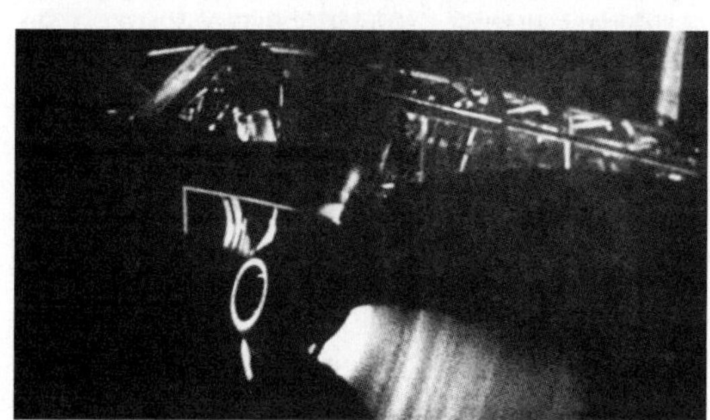

▲ 施瑙费尔的Bf-110准备起飞升空，图中依稀可以看见他的面容。

▲ 一架安装了SN-2雷达的Bf-110G4夜间战斗机，机腹吊舱处有双联装MG151机炮。

▲ 摄于1943年7月的汉堡轰炸期间，本图应是从德军夜间战斗机上拍摄的，由于相机晃动，高射炮射出的曳光弹弹道轨迹变成了波纹状线条。

▲ 以“野猪”战术参加夜间空战的Bf-109战斗机。

▲“野猪”战术的创立者赫尔曼上校，本图摄于1944年1月末他获得双剑骑士勋章之时。

110以“家猪”战术赶去拦截。出发后不久，施瑙费尔和一位战友的座机都出现了发动机故障，他们只得返回基地。其余两架Bf-110飞抵目标区后，开始借助雷达在夜空中搜索，不想它们突然遭到一架英军“英俊战士”（Beaufighter）夜间战斗机的攻击！总战绩15胜的军士克拉夫特（Georg Kraft）被迅速击落，随着燃烧的战机一头扎进了大海。文克（Heinz Vinke）中士的Bf-110也被同一对手击坠，3名机组成员虽然跳伞成功，但只有文克在海里漂浮了18个小时后被德军救走，另外两人未能生还。虽然中队长施瑙费尔的开端并不美妙，但到第4大队9月10日移驻本土的夸肯布吕克（Quakenbrück）时，他的总战绩还是上升到了25次击坠。

1943年10月初，离开施瑙费尔近9个月的伦佩尔哈特终于回来了，他欣慰地看到施瑙费尔中尉的名下已有28次胜利，同时也为后者担任了中队长感到高兴，但令他意外的是，曾为诸多王牌们带来荣誉的“天床”系统正在淡出夜战舞台，而施瑙费尔身边竟然多了一个“第三者”！这个叫根斯勒（Wilhelm Gänsler）的技师，曾是有“夜战教授”绰号的贝克尔上尉的机组成员。贝克尔在1943年2月末丧生后，根斯勒几经辗转，于8月底成为施瑙费尔机组的“第三者”。“第三者”在战机起降和攻击敌机时负责瞭望观察，随时提醒飞行员警惕英军夜间战斗机（如“蚊”式和正被取代的“英俊战士”等）的偷袭；另外，随着“野猪”和“家猪”战术陆续被采纳，“第三者”还负责在敌军轰炸机机群中帮助发现和锁定目标——而根斯勒恰恰有着不同寻常的夜视视力，有知情人曾称，根斯勒在此方面的才能甚至还超过了施瑙费尔。不过，对于有人把根斯勒的夜视能力夸大到神奇的程度，伦佩尔哈特颇不以为然：“……我们都有远超普通人的夜视视力。根斯勒加入机组前，施瑙费尔和我曾是NJG-1第2大队夜视比赛中表现最棒的。关于我们的这个机组曾有很多不着边际的胡话，其中之一就是根斯勒有着超人的夜视视力。如果要探究我们成功的原因，那么除了施瑙费尔的能力以外，就是因为我们是一个卓越的团队。”[23] 诚如伦佩尔哈特所言，成功的夜战和保全自身无疑是团队努力的结果，技巧娴熟的地面控制军官可以在漆黑的夜晚把战斗机引向敌机所在的方位，但前提是飞行员必须具备相当高超的技巧，他与报务员、负有观察职责的“第三者”之间的互信与合作也至为关键。施瑙费尔虽是机组的大脑和心脏，但他绝非贪功之人，而是一个以无私和谦逊赢得所有战友钦佩的人。日后获得成功时，施瑙费尔总是第一时间让人了解到两位战友的重要性：“……我一直都很倚重他们，伦佩尔哈特把我们指引到敌机的位置，根斯勒使敌机不敢迫近并解决轰炸机的炮手。没有什么比夜间战斗机机组能更好地体现出相互依存的必要性了。”[24]

伦佩尔哈特可能还注意到夜战部队已经试飞

并开始陆续装备的新"明石SN-2"（FuG-220）雷达。这种波长330厘米的雷达可以有效地防止英军金属干扰带的破坏，能侦测到与己方战机飞行高度大体相当的一定距离外的敌机。[25]不过，除需要安装4根体积庞大、被称为"鹿角"的天线外，此时的"明石SN-2"在探测近距离目标时还存在一定的盲区（1943年末时为500米，1944年初则降至300米）。在这几百米盲区内飞行时，雷达屏幕上的目标常会突然消失，但对手很可能就在前方不远处的黑暗中，因此飞行员必须小心地努力逼近目标，当然，如稍有不慎或误判，空中相撞的事故就有可能发生。为解决这一缺陷，德军夜战部队把"明石C-1"（FuG-212）等稍早型号的雷达也保留或安装在机首部位，在拦截敌机的最后阶段里，报务员改为使用FuG-212雷达探测近距离内的目标，直至观察员或飞行员目击到对手。除效率更高的新型雷达外，夜战部队这时还装备了俗称"爵士乐"的倾斜机炮。这种武器由安装在机背上的双联装20毫米机炮组成，炮口朝上倾斜大约70度，因其巨大的杀伤力而被称作"革命性的空战武器"。以SN-2雷达和倾斜机炮为利器的夜战飞行员们，通常先借助雷达确定敌机方位，看到对手后溜至目标下方，保持与对手的速度和航向一致，然后慢慢向上提升战机，一旦进入射程，夜战飞行员借助座舱顶部安装的反射式瞄准具进行瞄准射击，倾斜机炮随即便朝敌机机腹喷出凶猛的火舌。由于轰炸机乘员很难发现从自己下方溜上来的敌机，而机腹本身的防御能力又相当薄弱，油箱和弹药舱一般都在此处，因此软肋处突遭致命打击的轰炸机几乎没有幸存的可能，但机组成员一般有机会跳伞求生，因而倾斜机炮也被称为"多少仁慈一些"的武器。关于施瑙费尔对待这种武器的态度，战后曾出现过一些自相矛盾的说法，他的一些战友声称他对倾斜机炮很不感冒，不愿放弃使用"更符合飞行员本能和经验"的前射机枪和机炮，直到战争结束前夕才装上这款杀伤力惊人的武器。伦佩尔哈特却指出，在他1943年10月返回部队前施瑙费尔就已装上倾斜机炮，而且只要条件合适就会使用它，甚至还更偏爱它。另外，还有后人声称施瑙费尔实际上是倾斜机炮的创始者之一，至少也是重要的推手。施瑙费尔在1945年5月中旬曾向审讯他的英军军官供称，自己在战争后期发起的攻击中，大约有一半是用倾斜机炮进行的。[26]虽然实际情况到底如何可能难以辨明，但与事实相去不远的是，施瑙费尔擅长使用前射机枪和机炮等传统攻击武器，但对倾斜机炮的威力一样欢迎，毕竟他具有根据实际情形选用不同武器和战术的能力。到战争的最后阶段，许多从未进行过昼间空战的年轻夜战飞行员可谓高度依赖倾斜机炮，有些人甚至到了完全放弃使用前射机枪和机炮的程度。

规模一再升级的夜袭，数量逐日增多的靶子，多种方式互补的夜战战术，高效实用的雷达和无线电设备，杀伤力空前的攻击武器，"第三者"带来的保护自身和发现敌机的额外能力……这一切注定了德国夜空下的搏杀更加激烈，施瑙费尔机组也将拉开取得惊人成就的大幕。在伦佩尔哈特回归后的首战中（10月9日凌晨），施瑙费尔击坠了2架重型轰炸机。10月20日夜，前去轰炸莱比锡的2架"兰开斯特"在12分钟内被施瑙费尔先后击落，这2架敌机并非普通轰炸机，而是装备了特殊雷达和干扰仪器，携带着目标指示弹、信号弹和燃烧弹，且由经验丰富的机组操作的"探路者"（德国人称其为"司仪"，它们掷下的红色曳光弹则被称作"圣诞树"）。这些"探路者"实为英军轰炸机部队的精英，他们飞在主力的前方，负责为后续机群标识出轰炸目标。如果德军夜间战斗机能在"探路者"们识别目标、发射目标指示弹或掷下燃烧弹前将之击落，那么英军机群扔下的炸弹有不少难免会偏离目标，从而在一定程度上减轻德国城镇的损失和伤亡。施瑙费尔和许多飞行员都是这么想的，自然也会为击落"探路者"而感到兴奋——11月23日被施瑙费尔击落的2架轰炸机中，有1架就是"探路者"。

◀ 图为德军夜战部队和防空体系的领导者卡姆胡伯将军。当施瑙费尔在1943年8月调入NJG-1第4大队并开始显山露水之时，卡姆胡伯已升任挪威的第5航空队指挥官，虽就高职，但却被剥夺了他一手创建的夜战部队的领导权。

▲ 图为英国皇家空军元帅、轰炸机部队指挥官哈里斯爵士。

▲ 骑士勋章得主施瑙费尔中尉。

▲ 摄于1943年8月，伦特被任命为NJG-3联队长后，雅布斯上尉（右三）继任NJG-1第4大队大队长，图为大队军官们的合影照。前排左二为11中队中队长德勒韦斯（Martin Drewes），左三是被称为"空军最佳地面控制军官"的鲁佩尔（Heinrich Ruppel），右一为12中队中队长施瑙费尔，右二为大队副官祖托尔（Heinrich Sutor）。

▲ *摄于1944年1月3日，接替卡姆胡伯出任第12航空军指挥官的施密德（Josef Schmid，左）将军向施瑙费尔颁发骑士勋章。*

1943年12月1日，NJG-1第4大队奉命返回吕伐登基地，施瑙费尔此刻的战绩已升至36次击坠。12月16日傍晚，近500架“兰开斯特”轰炸机在10架“蚊”式战斗机的保护下前往柏林进行轰炸，德军远程雷达侦测到这一动向后，第1、第2和第3战斗机师的多支夜战大队奉命以“家猪”战术升空迎战。吕伐登的飞行员们聚集在作战室里，急切地渴望出击迎敌，但基地上空乌云低垂，浓雾缭绕，德军不得已关闭了机场。施瑙费尔再三恳求大队长雅布斯允许他起飞，得到批准后，他的Bf-110遂成为吕伐登基地唯一升空的战斗机。根斯勒和伦佩尔哈特虽对潜在的危险未置一词，但还是对施瑙费尔在这种天气条件下主动请缨感到有些恼怒。施瑙费尔小心地操纵着战机起飞，爬升到近5000米高空后终于得见明朗的

◀ *拍摄时间不详，NJG-1联队长施特赖布中校（中）与格赖纳中尉（左）和施瑙费尔中尉。*

▼ *或摄于1943年秋，戈林在视察NJG-1第4大队时向官兵们训话。图中前排左三为大队长雅布斯，左四为施瑙费尔，左五为德勒韦斯。*

夜空。未几，伦佩尔哈特在雷达上发现了一个目标，他指示施瑙费尔修正航向朝着目标飞去，根斯勒以其敏锐的视力看到了一个模糊的黑影，这是一架孤独地向东飞行的“兰开斯特”轰炸机。伦佩尔哈特兴奋地喊道：“是个‘司仪’！”施瑙费尔悄悄摸到敌机正下方，在对手毫无警觉的情况下将距离拉近到50米处，而后他略微调整了一下位置，仰起头的同时身体朝后仰，透过反射瞄准具瞄准了对手。傍晚6点01分，倾斜机炮射出的炮弹准确命中了敌机，转瞬间这架“司仪”喷发出耀眼的光芒，周边的夜空一下子被照得透亮。这架“兰开斯特”轰炸机一边下坠一边固执地前飞，随着它装载的燃烧弹发生连续爆炸，夜空中缓缓落下了一座座“圣诞树”，只不过标示的是它自己的坟墓。施瑙费尔使劲拉杆左转，以免被敌机崩落的碎片击中。

施瑙费尔完成了一个小坡度转弯，朝相反的方向继续搜索猎物。不久又有一架“兰开斯特”轰炸机出现在雷达上，施瑙费尔小心地将战机开到敌机下方，再次用倾斜机炮朝头顶上的轰炸机发起了攻击。炮弹直接命中机腹，“兰开斯特”立即头朝下急速俯冲，英军尾炮手也在不停地开火——这个无畏的军人一直没有停止射击，直到战机一头栽下天空，子弹还在夜空中划出长长的曳光。当英军轰炸机机群逼近后，施瑙费尔挑选了一架距自己最近的“兰开斯特”作为目标，几番机动后潜至这架轰炸机的机腹下方。他炮射出的炮弹明明命中了敌机机身和右侧机翼，但轰炸机既未起火，也没有改变航向或偏离编队。施瑙费尔感到有点奇怪，当他的Bf-110正处于轰炸机尾部的后方时，他改用前射机炮再次开火。这次轰炸机机身冒出了火苗，但仍在坚持前飞，不过，轰炸机上的火势蔓延极为迅猛，灼热的气浪迫使施瑙费尔连忙驾机躲闪。6点23分，这架“兰开斯特”终于发生了剧烈的爆炸，巨大的气浪一度曾使施瑙费尔失去了对座机的控制，几秒钟里他的Bf-110陡降几百米，之后施瑙费尔才设法重新掌控了战机。

Bf-110上的三个人惊魂不定地捏了一把汗，精疲力尽的施瑙费尔觉得可以带着击落敌机3架的战果回家了。返航途中，根斯勒的锐利鹰眼又发现了六点钟方向上的一架“兰开斯特”。施瑙费尔不知从哪里又涌出新的勇气，决定解决眼前的这个猎物。不过，对手似已察觉到危险，开始进行螺旋形躲闪机动，致使施瑙费尔射出的炮弹纷纷偏离目标。施瑙费尔擦了擦额头上涔涔而下的汗水，就在他寻找更好的位置的同时，英军尾炮手的机枪也喷出了火舌。施瑙费尔本能地操纵战机躲避子弹，观察着对手的转弯、俯冲和爬升等动作，同时在心里盘算对方飞行员的意图。他并没有亦步亦趋地追踪对手的每个机动，相反，他在观察中耐心地等待机会。最后，施瑙费尔突然出现在敌机下方约50米处，他毫不犹豫地按下倾斜机炮的按钮，“兰开斯特”的一侧油箱顿时起火爆炸。6点41分，这架轰炸机像一支巨大的火把那样径直朝着地面摔去。

40分钟内击落4架“兰开斯特”，这无疑是施瑙费尔机组值得庆贺的一个夜晚。虽然此后他们还曾有过4次一夜击落4架敌机的经历，但这个第一次显然令他们印象更加深刻。返回基地时，施瑙费尔发现浓雾依然厚重，连试4次都看不清机场的准确位置。由于整个西北欧当夜都被大雾笼罩，他们不太可能找到可供降落的替代机场，随着油料指示器发出油料将尽的警示，三人变得紧张不安起来，甚至还考虑过弃机跳伞的可能。但是，命运之神注定要在这个夜晚青睐他们，再次尝试时施瑙费尔在云层中瞥见了一条缝隙，他不仅看见了机场，就连跑道上的灯火也都历历在目！随着战机稳稳地降落在跑道上，施瑙费尔三人不禁长吁了一口气，这时他们才注意到自己早已是大汗淋漓。

1943年的最后一天，施瑙费尔获颁骑士勋章，新年过后的第三天，接替卡姆胡伯出任第12航空军指挥官的施密德（Josef Schmid）将军，将这枚早就应该颁发的勋章挂在了施瑙费尔的脖子上。这时施瑙费尔的个人战绩已达42胜，不仅远远超过25胜即可获得骑士勋章的非正式标准，也助其攀升到战绩排行榜的第14位。

难以置信的1944：突破夜战百胜大关

1943年8月，施瑙费尔离开圣托德前往NJG-1第4大队出任第12中队中队长，7个月后的1944年3月，他又回到了圣托德，但身份已变成第4大队的大队长——NJG-1的原任联队长施特赖布当月以66次夜战击坠获颁双剑骑士勋章，旋即升任夜间战斗机部队总监，雅布斯少校接任NJG-1的联队长，他留下的第4大队大队长职务则由22岁的施瑙费尔继任。虽是拥有47胜的新锐王牌，但掌管三个中队的三十几架战机和近千号官兵，对刚过弱冠之年的施瑙费尔来说，实为相当重大的责任。但是，施瑙费尔就是那种天生具有领导才能和领袖魅力的人，他的战友格赖纳（Georg Greiner）战后曾说，施瑙费尔对周围的环境有着与生俱来的直感，知道何时可以依靠常识解决问题，何时又必须进行深入细致的分析，虽然他采取较为宽松的管理方式，但绝对了解所部的任何异常。施瑙费尔虽然年轻，但头脑清晰，谈吐不凡，既富有同情心，又有很强的责任感，同时还兼具谦逊有礼的美德，这些品质使他成为战友和上级眼中的一位近乎完美无瑕的领导者。施瑙费尔的联队长雅布斯曾这样评论说："……施瑙费尔的确雄心勃勃，但绝非为一己之私，他的目的是为保卫祖国付出最大的努力和牺牲。他不像赛恩-维特根施泰因亲王那样冷酷且不顾一切地想成为战绩最高的夜战飞行员……与这位亲王正相反，施瑙费尔总是帮助自己的飞行员，当他们获得成功时，他的高兴劲儿丝毫不亚于他们。"[27]

雅布斯提到的赛恩-维特根施泰因亲王于1944年1月21日夜阵亡，当时他是NJG-2的少校联队长，丧生时的总战绩83胜是当时的夜战最高纪录（两个月后被伦特超越）。诚如雅布斯所言，赛恩-维特根施泰因毫不掩饰自己渴望登顶夜战巅峰的雄心，他不仅仅是不知疲倦，可以说是完全不顾一切地出击迎敌，连他自己的报务员战后都曾说"亲王为成为有史以来最优秀的夜战飞行员而行事疯狂"。与施瑙费尔的谦逊、热情开朗和乐于助人相比，赛恩-维特根施泰因留给战友和后人印象最深的，还是他的孤傲和个人主义，欣赏他、厌恶他的都大有人在，但所有人都钦佩于他在任何情况下表现出的惊人斗志、勇气和忘我精神。伦特曾在1944年7月给赛恩-维特根施泰因的母亲写过一封信，他在信中的一些言辞可以说代表了夜战飞行员群体对这位亲王的敬意："……如果您的儿子仍然健在，我确信他将是第一个突破夜战百胜的飞行员。由于他曾在我的NJG-3联队担任过一段时间的大队长，我们彼此间有了更多了解，我也因之开始真正地欣赏他……1944年年初时我们还曾准备一起度假……我想借此机会让您知道，夜间战斗机飞行员群体失去了一位杰出的斗士，他的英雄主义是我们所有人的榜样。"[28]

施瑙费尔担任NJG-1第4大队大队长没几天，夜战部队就在3月12日又失去了NJG-5的联队长利佩-魏森菲尔德。如果再加上与赛恩-维特根施泰因同日阵亡的NJG-1第1大队大队长莫瑞尔（Manfred Meurer，总战绩65胜）上尉，1944年的头3个月里，夜战部队已失去了3位著名王牌。

施瑙费尔担任大队长后的第一次胜利出现在3月22日，当时他在哈雷（Halle）附近击落了一架"兰开斯特"轰炸机。3天后的25日子夜，施瑙费尔在截击轰炸柏林的英军机群（英军是夜出动了811架轰炸机）时，在20分钟内击落3架重型轰炸机，个人战绩上升到51胜。此番空袭柏林是英军轰炸机部队在二战期间对德国首都的最后一次大轰炸，共有72架轰炸机未能返航，9%的战损率虽然非常高昂，但相对于3月30日夜至31日晨轰炸纽伦堡时的损失，却又显得"尚能接受"。在轰炸纽伦堡的行动中，英军出动了近800架轰炸机，结果

▲ 摄于1944年2月15日，施瑙费尔当日的战绩达到47胜，他与战友在座机的垂尾边上合影。左一为马察克（Kurt Matzak）少尉，左二为罗兰（Heinz Rolland）少尉，右一为魏斯弗洛格（Erich Weissflog）中尉。

▲ 摄于1944年初的吕伐登，施瑙费尔正满面笑容地冲镜头挥手，左一为伦佩尔哈特。

有95架被德军夜间战斗机和高射炮部队击落，战损率高达12%（还不包括返航时损毁的10余架）。升空作战的德军夜间战斗机中也有不少错失了接敌的机会，NJG-6的整个第2大队都被地面雷达指引到非常靠北的位置，但在那里根本没有发现任何敌机的踪影。施瑙费尔在3月30日夜从圣托德起飞后，为尽早拦截到英军机群，他一直朝着海峡沿岸飞行，但由于方向错误，等他赶到预定目标区时英军机群已经飞过，掉头回去的路上又未能截击到返航的机群。有后世史家曾笑言，施瑙费尔的这一“失败”纯粹是“聪明反被聪明误”。[29]

1944年4月，施瑙费尔在4次出击作战中收获了击落敌机10架的战果，其中的4月25日晨，他在40分钟内接连击落了2架“兰开斯特”和2架“哈利法克斯”。5月1日，施瑙费尔晋升为上尉，他的名下已有61架夜战战果，此时距二战终结尚有一年的时间，他的战绩已超越舍纳特（Rudolf Schoenert，第10夜战大队大队长）少校的59胜，仅次于伦特（88胜）、赛恩-维特根施泰因（83胜）、施特赖布（67胜）和莫瑞尔（65胜）。不过，在这四人中，赛恩-维特根施泰因与莫瑞尔已经作古，施特赖布因出任夜间战斗机部队总监而脱离了前线作战，施瑙费尔真正需要超越的对手，只有第32位双剑骑士勋章得主伦特中校。

▲ 或摄于1944年的荷兰吕伐登，施瑙费尔在出击作战前留下了这张照片。

▲ 摄于1944年初的荷兰吕伐登，NJG-1第4大队12中队中队长施瑙费尔正在主持仪式，祭奠阵亡的战友吕勒（Ruehle）少尉及其机组成员。

▲ 摄于1944年2月15日，施瑙费尔的座机垂尾上绘有象征击坠胜利的47个标志。

▲ 面色严肃的施瑙费尔，或摄于1944年5月至6月末之间，注意他的军衔已是上尉（5月1日正式晋升），但尚未佩戴橡叶骑士勋章（6月24日获颁）。

▲ 摄于1944年初，NJG-1第4大队的军官们正在聚餐，最远处靠门的是施瑙费尔，左一背对镜头者为德勒韦斯，读报者是雅布斯，雅布斯左边是博宁（Wilhelm von Bonin），右一是大队副官祖托尔。

◀ 1944年1月21日，夜战王牌、战绩高达83胜的NJG-2联队长赛恩-维特根施泰因丧生。本图摄于1942年10月7日，当时他还是NJG-2第9中队的中队长，图中右侧的卡姆胡伯正为他颁授骑士勋章。

▲ 图为1944年3月12日死于飞机坠毁事故的NJG-5联队长利佩-魏森菲尔德少校。

▲ 摄于1944年4月，已升任NJG-1第4大队大队长的施瑙费尔与联队长雅布斯在一起，后者于3月25日获得了橡叶骑士勋章。

▼ 摄于1944年3月15日，地点是荷兰艾瑟尔斯泰恩（Ysselstein）的德军公墓。在这张罕见的图片中，NJG-3的联队长伦特中校（中左）正向老部下利佩-魏森菲尔德少校致以最后的敬意。

▲ 摄于1944年上半年的圣托德，施瑙费尔（中）与雅布斯（右）正在检视被高射炮击落的一架P-47战斗机。左一据信是米利乌斯（Walter Milius）上尉。

▲ 摄于1944年4月20日希特勒生日的当天，施瑙费尔正在阅兵式上检阅列队通过的官兵。

▲ 位于荷兰艾瑟尔斯泰恩的德军公墓里的两座墓穴，左为利佩-魏森菲尔德亲王的墓穴，右为赛恩-维特根施泰因亲王的墓穴，他们两人被并称为二战德军的“暗夜王子”。

◀ 摄于1944年上半年的圣托德，NJG-1的几位指挥官合影，从左至右依次为：第4大队大队长施瑙费尔，第3大队大队长德勒韦斯，联队长雅布斯，第1大队大队长弗尔斯特（Paul Foerster），第2大队大队长博宁。

▲ 摄于1944年春，施瑙费尔与到访的NJG-3联队长伦特（左一）在交谈。

▲ 摄于1944年5月12日，第2战斗机军指挥官容克（Werner Junck，图中最右侧）视察NJG-1第3大队时与大队副官谢尔（Walter Scheel）少尉交谈的场景。图中背对镜头者为大队长德勒韦斯，他与容克中间的就是谢尔，这位少尉在1974至1979年间曾任西德总统。

1944年5月是施瑙费尔在二战期间战绩最好的一个月（共13次击坠），而且第一次（也是唯一一次）出现了一夜击落5架敌机的情形。5月24日深夜，施瑙费尔机组升空拦截轰炸亚琛的英机编队。地面控制单位指引他们朝西和西南方向飞去，伦佩尔哈特不断地收到有关敌机位置和航向的修正数据，他告诉施瑙费尔，只要保持这个航向，迟早会在自己的右侧遭遇英军的先头机群。这天夜里的天气相当不错，除了高空有些薄云外，非常适合夜战。接近亚琛时，施瑙费尔的Bf-110被移交给另一个地面控制中心指挥。施瑙费尔和根斯勒在夜空中苦苦搜寻，但什么都看不见，正当他们有些心焦时，一直盯着雷达显示屏的伦佩尔哈特突然叫着说在西南方发现了多个“小妖怪”。虽然自己什么都没看见，施瑙费尔还是改变航向，朝着西南面的敌机方位飞去。没过多久，根斯勒突然叫着说敌机就在Bf-110的右前方，施瑙费尔循声扭头朝右看去，结果发现了一些黢黑的暗影在夜空中划过。伦佩尔哈特随即向地面控制中心通报了机群的位置和航向，施瑙费尔此时已改为朝西北飞行，他打算摸到机群背后寻找合适的攻击位置。施瑙费尔挑选了最靠左侧，约有20架轰炸机组成的一个小机群。展开攻击前，他先用肉眼扫视了一下夜空，没有发现护航战斗机的踪影，根斯勒也报告说Bf-110的右方和下方均没有英军轰炸机出没。施瑙费尔于是飞到位置最低的一架轰炸机下方，耐心地调整到与对手相当的速度，然后一米一米地拉近距离。在距英机约40至50米处，施瑙费尔按下了倾斜机炮的按钮，Bf-110随着炮弹的出膛轻微摇晃了一下，而上方的轰炸机左侧机翼和发动机几乎同时中弹。几秒钟后，这架“哈利法克斯”轰炸机偏离航向，开始像断线的风筝般坠落，爆炸引起的火球刹那间点亮了夜空的一隅。伦佩尔哈特习惯性地记下方位（位于荷兰埃因霍温附近），时间是5月25日凌晨1点15分。

施瑙费尔旋即飞回英军轰炸机机群下方相对安全的区域，略作调整后，他又盯上了第二个猎物。类似的机动，一样的耐心，再度出击的倾斜机炮……第二架“哈利法克斯”在凌晨1点18分应声落下。施瑙费尔一边满意地看着猎物坠下天空，一边盘算着选取下一个攻击对象。就在这时，根斯勒提醒说有4架轰炸机正出现在Bf-110右前方的碰撞航向上。施瑙费尔在200米外用前射机炮朝其中的一架射击，不过没有命中，反而招来对手的还击。Bf-110的机身数处中弹，但所幸都不严重，施瑙费尔立即进行大坡度下降转弯机动，以躲避对手的火力。潜至轰炸机机群下方后，施瑙费尔做了一个270度转弯动作，而后突然现身于机群最左侧的下方约400米处。他爬升着逼近机群中最靠外的一架轰炸机，小心调整着射击位置，而后朝这架“哈利法克斯”射出了短促致命的炮火。攻击完成后，施瑙费尔向左转弯，以躲避爆炸的敌机碎片，根斯勒同时密切观察着右侧的动静。这时，英军的首波轰炸机机群已在少了3个伙伴的情况下渐行渐远，但第二波轰炸机的先头机群又出现在夜空中。伦佩尔哈特指引施瑙费尔朝先头机群的后方飞去，后者擦了擦流入眼睛的汗水，静静地观察着周边——明朗的夜空里轰炸机的发动机排出的尾气随处可见，时不时地还从稍远的西边传来爆炸声，显然其他夜战飞行员正在全力阻止英军飞抵预定目标。施瑙费尔从英军机群中挑选了一架“哈利法克斯”，告诉两位伙伴说自己准备发起进攻，三人都像新手那样紧盯着前方不远处的那架“哈利法克斯”。随着施瑙费尔按下机炮按钮，轰炸机右侧机翼迅速起火，几秒钟后便脱离了机身，失去平衡的轰炸机开始旋转着坠落。这架轰炸机被击落的时间是凌晨1点25分，与前两架一样都坠落在荷兰的蒂尔堡（Tilburg）附近。伦佩尔哈特建议施瑙费尔准备返航，但后者并未立即作答。此时，施瑙费尔的脑海中或许短暂地浮现出NJG-1第3大队大队长德勒韦斯的形象，他的这位好友在5月4日凌晨一举击落5架轰炸机，3天前的22日，他竟然又一次上演了一战猎取5架敌机的大戏，这个战绩曾让施瑙费尔大感羡慕。在这个特别适合空战的夜晚，既然前4次击坠都很顺利，似乎也不用费力气就能找到充足的猎物，为什么不能锦上添花，再提高一下自己一夜击坠敌机的最高纪录？1943年12月20日夜，赫格特少校（即那位与施瑙费尔抽签决定战果的飞行员）曾在50分钟内一举击落过8架轰炸机，虽然这个纪录眼下还有点高不可攀，但赶上德勒韦斯的一战5架击坠的战绩，还是非常现实的。

施瑙费尔定了定神，在无线电中说道：“为什么不干掉5架敌机呢，伦佩尔（伦佩尔哈特的昵称）？”话音刚落，施瑙费尔便已逼近一架轰炸机，但对手显然也发现了他的意图，抢在前头朝Bf-110先开了火。施瑙费尔眼见暴露，立即终止了进攻，绝不冒险追击和缠斗是他一向坚持的原则。飞离这架轰炸机后，施瑙费尔发现一点钟方向有一架“兰开斯特”正朝自己开火，而Bf-110的机翼似乎又被子弹击中了。他压低机鼻进行俯冲，而后拉起战机，用前射机炮朝那架“兰开斯特”射击。虽因射击位置欠佳而难以对敌机造成致命的伤害，但不知是炮弹或子弹侥幸命中了轰炸机的炮塔，还是施瑙费尔气势汹汹的架势吓着了英军炮手，总之轰炸机突然停止了射击。施瑙费尔绕了一圈后飞回来，发现那架“兰开斯特”已消失得无影无踪。不过，天空中不乏猎物，他很快把战机开到另一架轰炸机的侧下方。或许是有点急于取胜，施瑙费尔决定再用前射机炮试试运气，炮弹虽像长了眼睛一样准确命中了目标，但轰炸机却坚挺地径直前飞。施瑙费尔没有气馁，小心地把Bf-110开至轰炸机下方，最后以致命的倾斜炮将之一举击毁。伦佩尔哈特看了看时间——1点29分，距离第1架英军轰炸机被击落也不过刚刚过去14分钟。

这里描述的空战过程相信已能展示出这样一个事实，即施瑙费尔真正具有闪电般的快速反应能力和足够强韧的意志力，当然，他掌控战机的高超技能，因地制宜地使用恰当攻击方式的能力，与机组成员们的互信和密切配合也是成功的基础。14分钟内击落5架轰炸机，多达35名飞行员、机组成员丧生或被俘，这些轰炸机携带的几十吨炸弹未能投放到目的地，应该说施瑙费尔机组的确高效地尽到了职责，也实现了“减少德国城镇和平民头上落下的炸弹”这个目标。

说到德军夜战飞行员的前述职责，不由得令人联想起以摧毁军用和民用目标为宗旨的所谓“战略性轰炸”，以及这种作战方式对空战和战争整体形势的深刻影响。一战时期交战国飞行员之间的格斗，曾被后人描绘为“复活的骑士对决”，而且还蒙上了一层所谓“高贵、浪漫和富于理想主义”的色彩。二战之初，英德双方的战斗机飞行员在空中搏杀之际，多少还能维持着对骑士风范的憧憬，双方对击杀对手的看法也具有高度的相似性。英军王牌飞行员希拉里（Robert Hillary）在其1942年出版的《最后的敌人》一书中，曾描绘过自己首次击杀德军飞行员时的感受。他说自己在获得首胜前曾经很好奇，对手被击坠丧生时是会“高呼元首的名字”，还是只为自己一介普通人的命运而悲叹？希拉里这样写道：“……我的感觉是我所做的一切都是正确的。对手死了，我活了下来。相反的结局也很容易出现，但那也没有什么错。战斗机飞行员拥有击杀的特权，空战中并不存在步兵们面对的过分个人化的情感，也不像轰炸行动所体现的那种渴望摧毁一切的孩子气。相反，战斗机飞行员是决斗士，是冷静、精确、毫无感情可言之人。在击杀和被击杀的游戏中，必须带着尊严地血溅沙场……”[30]希拉里本人曾为昼间战斗机飞行员，在1940年9月的不列颠空战中被击落时，他的手脸都曾被严重烧伤，但他以惊人的毅力返回了部队，还开始接受夜战飞行训练，不幸的是，他在1943年1月8日夜的一次飞行事故中丧生。如果希拉里能够幸存下来并投身于轰炸德国的夜战中，不知他的“骑士情节”以及对待战争的态度是否会出现什么变化？史家莫罗（John H. Morrow）曾说，针对平民进行战略性轰炸的神话，实质上是把“空战视为总体战时代的一个产物”，“这种总体战把军用和民用目标混为一体，也认定轰炸妇孺是赢得战争的一种可接受手段”。[31]当成千上万的炸弹落在平民头上时（如德军轰炸伦敦和英军空袭柏林），很难想象哪一方还能感受到所谓的“英雄主义”或“骑士风范”，拼死抵御和阻止对手轰炸的一方，可能还更容易产生一种“悲怆豪迈的情怀”。德军在1940年时试图以大规模空袭令英国臣服，拯救了天空的皇家空军飞行员们曾被视为挽狂澜于既倒的英雄；西方盟军在1943至1944年试图以更大规模的空袭尽快终结纳粹政权，皇家空军轰炸机部队的年轻人们冒着极大的风险履行着军人职责，但他们的对手——伦特、施瑙费尔及大批阵亡的夜战飞行员也以类似的牺牲、勇敢、坚持和敬业，千方百计地阻止敌人摧毁自己的家园，或者至少减轻平民们遭受伤害的程度，他们这些纯粹军人的作为一样值得尊重。在无边的暗夜中，一方是立意摧毁纳粹战争机器和国民心理基础的盟军轰炸机机群，另一方则是誓死捍卫血色夜空的德军夜战飞行员，曾经的骑士风范虽已荡然无存，但至少双方都在勇敢地履行各自的职责。尤其是施瑙费尔这些1941年底或更晚才投入战争的年轻人，他们成长的环境、所受教育和宣传的影响、数年训练的目的，以及包括家人在内的平民被炸得死伤惨重的现实，注定了他们自己虽然时常面对危险和恐惧，但仍会不顾一切地阻止敌人。

1944年6月13日，施瑙费尔在0点27分至34分的7分钟内，以极高的效率将3架“兰开斯特”击落在法国康布雷附近。返回圣托德基地后，有装填手发现，大队长的两门Mk–108机炮只发射了18发炮弹，这很可能是一个无人能够匹敌的纪录。[32]16日，施瑙费尔的战绩提升到78次击坠，伦特也在同日取得了第100次空战胜利（92次夜战击坠加8次昼间胜利）。22日，施瑙费尔再次上演了40分钟内击坠4架“兰开斯特”的戏法，以84次击坠飚升为仅次于伦特的超级王牌。两天后，施瑙费尔获颁橡叶骑士勋章的电文传到了圣托德。这无疑是一个迟到的认可，取得42次夜战击坠时方获骑士勋章，已使人觉得施瑙费尔是否受到了不公待遇，摘取橡叶骑士勋章竟然还要等到战绩翻倍！无论是伦特，还是莫伊尔和吉尔德纳（Paul Gildner），他们获得骑士勋章以及橡叶勋饰时的战绩，大约都只及施瑙费尔的一半左右。[33]

7月和8月两个月里，施瑙费尔机组的战绩相对比较平庸（分别只有5次和4次击坠，但8月份的4次击坠是在30分钟内完成的），但这是他们"收获荣誉"的季节。

先是根斯勒在7月27日获颁骑士勋章（之前于3月20日获得金质德意志十字勋章），这位上士此刻已在80次击坠中立功（其中的17次是随阵亡的贝克尔取得的，63次是以施瑙费尔机组成员的身份收获的），是夜战部队唯一获得骑士勋章的观察员。

28日，NJG-3的联队长伦特一举突破夜战百胜大关（31日获第15枚钻石骑士勋章），堪称毫无争议的夜战第一人。7月29日凌晨近1时，施瑙费尔在19分钟内击落了空袭斯图加特的3架英军轰炸机，仅过了一日，89胜在握的他意外得知自

▲ 可能摄于1944年6月末，佩戴橡叶骑士勋章的施瑙费尔上尉与圣托德基地的指挥官合影。

▲ 可能摄于1944年6月末，NJG-1第4大队的几位王牌飞行员，从左至右依次为：施瑙费尔，布雷费斯（Adolf Breves，1944年10月末任第2大队大队长），时为第12中队中队长的奥根施泰因中尉（Hans-Heinz Augenstein，1944年12月阵亡），时任第11中队中队长的格赖纳中尉。

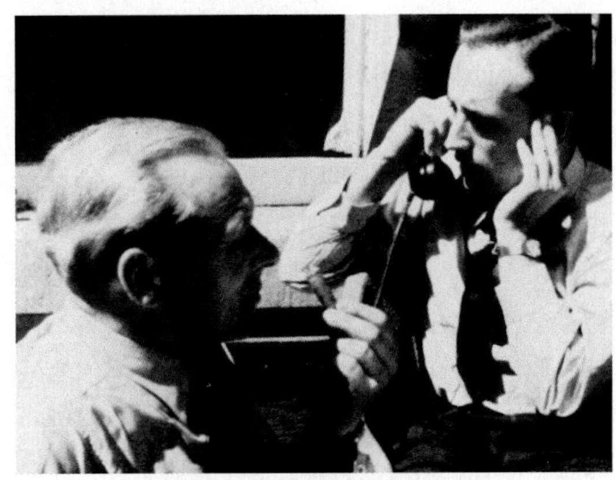

▲ 摄于1944年7月，施瑙费尔正在接听电话。

▲ 图为NJG-1第4大队的部分战绩表，大队长施瑙费尔的名字在上面多次出现。

己已获颁第84枚双剑骑士勋章，空军总司令戈林还发来了热情洋溢的贺电！这个消息来得实在有点突然，施瑙费尔从摘取骑士勋章到缀上橡叶勋饰，足足花了半年时间和42次击坠的胜绩，而摘取更高级的双剑竟然只需一个月和5次额外的击坠！或许是在决定授予伦特钻石骑士勋章的过程中，高层发现了施瑙费尔经受的“非常待遇”，也注意到了这个势不可挡的年轻人的潜力。二战期间德军共有160名军人获颁双剑骑士勋章，夜间战斗机部队仅占5人，施瑙费尔是伦特、赫尔曼、施特赖布和赛恩-维特根施泰因之后的第五位，也是最后一位获勋者。8月3日，施瑙费尔来到元首大本营，与超级王牌哈特曼等十人一起领受双剑或橡叶骑士勋章。因7月20日刺杀事件而遭受精神重创的希特勒显得衰老迟缓，据说，他进入接见室后所说的第一句话就是询问：“那个夜战飞行员在哪里？”希特勒的右臂当时还缠着绷带，只能用左手与施瑙费尔和哈特曼等人握手，另外，由于右耳被震聋，当施瑙费尔说话时，希特勒甚至得用左耳冲着前者才能听清楚。希特勒愤怒地谴责试图谋杀他的人都是胆小鬼和懦夫，另一方面又向面前的“英雄们”表示自己对未来依然乐观自信。[34]虽然无法获知施瑙费尔对这次觐见的印象，但有一点可以肯定，他与其他军官一样都对有人试图谋杀元首和发动政变感到难以置信，或许还谴责过这一“可耻的行径”。

最后得到表彰的是8月8日获骑士勋章的伦佩尔哈特。他在1944年4月1日已成为少尉，在担任报务员的同时兼任施瑙费尔大队的情报军官，作为夜战部队第6位获颁骑士勋章的报务员，此时他为施瑙费尔的68次击坠做出过贡献（施瑙费尔的其他21次击坠是与巴罗等多位报务员合作时取得的）。[35]至此，施瑙费尔的机组已成为夜战部队独一无二的“骑士机组”，他对两位战友的贡献和面对强敌时的一贯表现非常感激。施瑙费尔的好友格赖纳曾在闲谈中对报务员的角色发表了一些不好听的评论，施瑙费尔当即气愤地打断道：“我的所有击坠战果里至少有80次应归功于我的报务员！”[36]除了认可和感激伦佩尔哈特与根斯勒所扮演的角色外，施瑙费尔与他们的关系也很耐人寻味：他从未像赛恩-维特根施泰因那样居高临下地对待合作伙伴，军衔和职位的差别根本不能成为交往的障碍，平等团结的他们彼此以“你”而非“您”来称呼；作为主心骨的施瑙费尔有时会因看不见敌机而对伦佩尔哈特发脾气，但后者总能在事后得到施瑙费尔诚恳的当面道歉；施瑙费尔偶尔也出现过判断错误或错失战机，根斯勒这个上士竟敢于直言不讳地指出前者的错误，有一次甚至还气恼地“威胁”说，“如果你不改进射术，我就拒绝再跟你飞行作战！”施瑙费尔可谓是心胸开阔、虚怀若谷之人，他在每次作战归来后，都要就空战中的得失与两位战友进行总结和点评。德军王牌飞行员中认可战友贡献的不在少数，与地勤组长结成生死之交的也不乏其人，但与军衔、职务和名气远不及己的伙伴能够平等相处，并开诚布公地相互批评的确实少见，施瑙费尔算是罕见的一个。

▲ *摄于1944年8月初的狼穴大本营。左二为获得第84枚双剑骑士勋章的施瑙费尔，左一是第75枚双剑骑士得主哈特曼，其余三人获得的是橡叶骑士勋章。*

▲ 摄于1944年8月，施瑙费尔获得双剑骑士勋章后，同僚们向他表示祝贺并赠送一只“幸运小猪”的场景。图中最左侧之人为德勒韦斯上尉。

▲ 摄于1944年夏，施瑙费尔三人组在战机前留影，左为根斯勒，右为伦佩尔哈特。

▲ 或摄于1944年8月，施瑙费尔正与某位下属交谈。

▲ 摄于1944年8月末，施瑙费尔在与副官芬勒（Georg Fengler）中尉交谈。

▲ 摄于1944年8月25日，第3战斗机师指挥官格拉布曼（Walter Grabmann，左一）将军抵达施瑙费尔大队视察，右二为施瑙费尔，右一为芬勒中尉。背景是格拉布曼的Siebel Fh104联络/教练机。

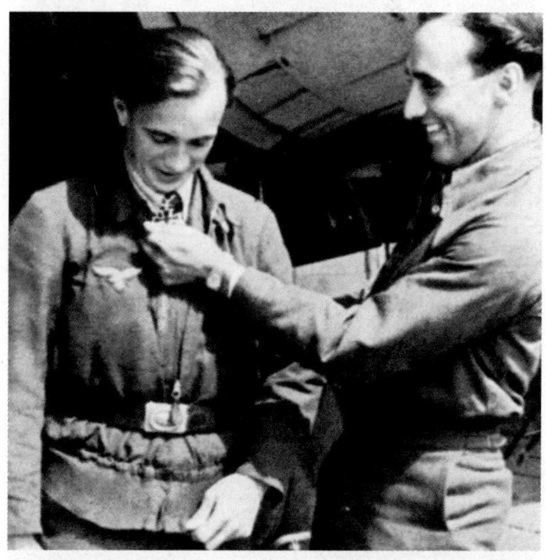

▲ 摄于1944年夏，施瑙费尔帮着整理根斯勒佩戴的骑士勋章。

▲ 可能摄于1944年9月的多特蒙德，NJG-1第4大队的骑士勋章得主们，从左至右依次为奥根施泰因、根斯勒、施瑙费尔、格赖纳和伦佩尔哈特。

▲ 可能摄于1944年9月的多特蒙德，施瑙费尔、伦佩尔哈特（右三）与一些地勤们在一起，背景是一架道尼尔Do-215夜间战斗机。

▼ 摄于1944年10月，NJG-1第3大队大队长德勒韦斯祝贺施瑙费尔取得100次夜战击坠的场景。有人称背景中右侧之人是伦特，但这不太可能，施瑙费尔取得夜战百胜的时间是10月9日（获颁钻石骑士勋章则是10月16日的事），而伦特在10月7日已死于飞行事故。

▲ 摄于1944年10月，施瑙费尔获颁钻石骑士勋章后与根斯勒（右）和伦佩尔哈特（左）合影。

1944年9月初，西线德军在盟军的紧逼下步步东撤，英军在9月3日和4日分别攻克了比利时布鲁塞尔和安特卫普，美军第1集团军的先头部队也在亚琛附近逼近德国边境。荷兰和比利时的许多德军机场都不断地遭到盟军轰炸，NJG-1第4大队被迫于9月2日撤离无法使用的圣托德基地，迁往多特蒙德东面的布拉克尔（Brakel）。失去前沿机场并非德军夜战部队的唯一损失，更大的灾难还是丢失了北海和大西洋沿岸的一批大型雷达站，这些远程雷达站在侦测盟军机群、向己方防空力量发出预警方面曾发挥过重大作用。德国本土的雷达在效用上与前者根本无法相比，夜战部队现在几乎只能靠无线电监听这个途径，来预判对手的空袭意图并做好出战准备。这种局面对夜战部队的作战产生了重大影响，从9月起，德军在夜间击坠轰炸机的数量开始直线下降，施瑙费尔全月也只有两个作战日取得过战果，不过其中的一次出战（9月23日）效率很高，30分钟内击坠了4架轰炸机，个人总战绩借此飙升至98胜，突破夜战百胜大关的时刻似乎已指日可待。个人纪录高达102胜的伦特，虽然很清楚施瑙费尔随时都有可能超越自己，但他已没有机会看到这个时刻了。10月5日，伦特从施塔德飞往帕德博恩（Paderborn）探视好友雅布斯，准备着陆时座机发生了致命的意外，机上有两人当场丧生，伦特的报务员——骑士勋章得主库比施次日死于医院，伤势相对较轻的伦特也在两天后死在手术台上。施瑙费尔与夜战部队的所有人一样，都对这位才华和品行皆令人仰慕的传奇人物之死深感悲痛。10月9日夜8点半至9点之间，施瑙费尔击落了2架重型轰炸机，总战绩达到了100胜。11日，纳粹政府在柏林总理府为伦特举行了隆重的国葬仪式，次日将他安葬在施塔德的军人公墓里。夜战部队几乎所有的将领和指挥官都来到墓地向伦特致以最后的敬意，孤独的夜战新王施瑙费尔上尉也在某个不起眼的角落里，默默地追思着伦特的音容笑貌。10月16日，施瑙费尔被授予第21枚钻石骑士勋章，第1战斗机军指挥官施密德在18日发布的褒奖令中声称：“……施瑙费尔上尉以最高程度的作战绩效取得了巨大成功，他经常在一次夜间作战中获取多枚胜果。施瑙费尔取得的100架击坠中有92架是敌军的重型轰炸机，这一功绩为他赢得了最高战功勋章。我祝贺施瑙费尔上尉获得这一荣誉，真诚地感激他始终如一的英雄主义，也向骑士勋章得主伦佩尔哈特少尉和根斯勒上士表达我最诚挚的感激。今天，第1战斗机军的全体官兵都满怀兴奋和自豪之情仰视着施瑙费尔上尉！”[37]

10月26日，施瑙费尔被提名接替蒂米希

施瑙费尔1944年4月至1945年4月的战绩表（第52胜至第121胜）

击坠数序号	日期	时间	对手机型
52	1944.4.11 2架	23:15	兰开斯特 III
53		23:25	兰开斯特 I
54	1944.4.25 4架	02:03	兰开斯特 I
55		02:28	兰开斯特 II
56		02:30	哈利法克斯 III
57		02:40	哈利法克斯
58	1944.4.27 2架	02:05	兰开斯特 III
59		02:18	兰开斯特 II
60	1944.4.28 2架	01:30	哈利法克斯 V
61		01:40	哈利法克斯 III
62	1944.5.9	03:34	哈利法克斯 III

施瑙费尔1944年4月至1945年4月的战绩表（第52胜至第121胜）			
击坠数序号	日期	时间	对手机型
63	1944.5.13 3架	00:44	哈利法克斯 III
64		00:46	哈利法克斯 III
65		00:48	哈利法克斯 III
66	1944.5.22 2架	01:34	兰开斯特
67		01:51	兰开斯特
68	1944.5.23 2架	01:23	兰开斯特 I
69		01:36	兰开斯特 I
70	1944.5.25 5架	01:15	哈利法克斯 III
71		01:18	哈利法克斯 III
72		01:22	哈利法克斯 III
73		01:25	哈利法克斯 III
74		01:29	兰开斯特
75	1944.6.13 3架	00:27	兰开斯特 II
76		00:31	兰开斯特 II
77		00:34	兰开斯特 II
78	1944.6.16	01:00	兰开斯特
79	1944.6.17 2架	01:54	四发重型轰炸机
80		02:04	哈利法克斯 III
81	1944.6.22 4架	01:25	兰开斯特 III
82		01:30	兰开斯特 I
83		01:36	兰开斯特 III
84		02:04	兰开斯特 I
85	1944.7.21 2架	01:40	兰开斯特 I
86		01:51	四发重型轰炸机
87	1944.7.29 3架	01:38	兰开斯特 I
88		01:50	四发重型轰炸机
89		01:57	兰开斯特 I
90	1944.8.13 4架	00:48	四发重型轰炸机
91		01:09	兰开斯特 III
92		01:15	四发重型轰炸机
93		01:19	四发重型轰炸机
94	1944.9.12	23:07	四发重型轰炸机
95	1944.9.23 4架	22:53	四发重型轰炸机
96		23:10	四发重型轰炸机
97		23:15	四发重型轰炸机
98		23:25	四发重型轰炸机
99	1944.10.9 2架	20:32	四发重型轰炸机
100		20:55	四发重型轰炸机
101	1944.11.6 3架	19:26	四发重型轰炸机
102		19:34	四发重型轰炸机
103		19:41	四发重型轰炸机
104	1944.11.21 2架	19:05	四发重型轰炸机
105		19:07	四发重型轰炸机
106	1944.12.22	20:00	四发重型轰炸机
107	1945.2.3	21:09	四发重型轰炸机

施瑙费尔1944年4月至1945年4月的战绩表（第52胜至第121胜）			
击坠数序号	日期	时间	对手机型
108	1945.2.21 9架	01:53	兰开斯特
109		01:58	兰开斯特
110		20:44	兰开斯特
111		20:48	兰开斯特
112		20:51	兰开斯特
113		20:55	兰开斯特
114		20:58	兰开斯特
115		21:00	兰开斯特
116		21:03	兰开斯特
117	1945.3.3 2架	21:55	兰开斯特
118		22:04	兰开斯特
119	1945.3.7 3架	20:41	兰开斯特
120		20:47	兰开斯特
121		21:56	兰开斯特

资料来源： http://www.asisbiz.com/il2/Bf-110/Bf-110-NJG4-Stab.html; Peter Hinchliffe. Schnaufer: Aces of Diamonds. Charleston, SC: Tempus Publishing Inc., 1999. p.298-302.

（Wolfgang Thimmig）中校出任NJG-4的联队长——由一名不足23岁的上尉来执掌一个夜战联队，这在德国空军史上当属绝无仅有。施瑙费尔在11月14日正式接管NJG-4（还有一说是他在11月20日才到职），在之前的11月6日夜间，他在15分钟内击落了3架"兰开斯特"，以103胜的战绩超越了伦特，为自己在NJG-1第4大队的任期划上了完满的句号。NJG-4成立于1942年5月，当时负责以自己的4个大队保护德国南部，不过它的第4大队在1943年8月改为NJG-6的第1大队，现有的3个大队中，第1大队驻法兰克福的莱茵-美因机场，第2大队与联队部的驻地设在居特斯洛（位于多特蒙德东北、比勒菲尔德南面），而第3大队则驻扎在卡塞尔与哥廷根之间的小城罗特韦斯腾（Rothwesten）。在施瑙费尔的新联队里，伦佩尔哈特继续担任联队情报军官，技术军官和联队副官分别为特腾博恩（Falk von Tettenborn）少尉和科尔特曼（Eberhardt Koltermann）中尉，三名大队长则分别是第3大队大队长坎普（Hans-Karl Kamp，21胜）上尉，第2大队大队长劳（Paul-Hubert Rauh，31胜）上尉，第1大队的大队长就是曾与施瑙费尔抽签决定战果归宿的赫格特少校，不过这位少校12月时被调去参加Me-262喷气式战机的转飞训练（稍后加入加兰德的JV-44），大队长换成了克劳泽（Hans Krause，28胜）上尉。施瑙费尔将以这些骨干军官为依托，翻开自己夜战生涯的最后一幕。

11月21日夜，施瑙费尔在6分钟内击落了2架敌机，战绩上升到105胜。一周后的27日，施瑙费尔带着机组飞往柏林，他从希特勒手中接过了耀眼的钻石骑士勋章。在柏林期间，有关方面专门为施瑙费尔机组拍摄了纪录片，稍后在名为"德国每周报道"的节目中播放。返回NJG-4后，施瑙费尔于12月1日晋升为少校（空军最年轻的少校和联队长），虽然整个12月里个人战绩只增加了一胜，但毫无疑问，他是夜战战绩排行榜上无人能够接近的领跑者。从1943年的最后一日算起，施瑙费尔在一年里把战绩从42胜提高到106胜，职务从中尉中队长变成了少校联队长，同时又包揽了所有等级的骑士勋章，如果说他在这一年的经历极富传奇色彩，以至令人难以置信，恐怕也实属正常了。

末路狂花与意外身亡

二战进入行将谢幕的1945年初时，夜间战斗机部队的命运也同崩溃前夜的帝国一样江河日下，苦苦挣扎。自1944年秋被迫撤回本土以来，失去了远程雷达支持的夜间战斗机部队，就像失去了眼睛和耳朵一样无从侦测对手的动向，就连“天床”控制系统，“野猪”和“家猪”等战术都失去了效用。夜战部队的基地频遭轰炸，油料短缺限制了能够升空的战机数量，即便能够起飞的飞行员，现在也只能得到地面单位有限的帮助，更多的时候，飞行员们必须靠运气、经验和意志力来发现并截击愈发强大的对手（英军轰炸机部队现已能够动辄出动千架以上的轰炸机）。在施瑙费尔看来，夜空下的搏斗此刻进入了意志力较量的高潮，尽管他很清楚失败的命运无可扭转，也了解己方的一切努力都无异于以卵击石，但他加入夜战部队起形成的一个信念——如果能多击落一架轰炸机，那么扔在德国人头上的炸弹就会少一些——从来没有改变过，在大厦将倾之际，他的这个信念甚至还愈发坚定。

1945年1月1日拂晓，德国空军在西线上演了一幕“天鹅绝唱”——为挽救濒于失败的阿登反击战，空军发起了代号“底盘”（Bodenplatte）的作战行动，来自JG-1、JG-2和JG-3等10余个联队的约850至900架战斗机，向法国北部和比利时的27处盟军机场发起了攻击。夜战部队也有数个中队参与了这次行动，负责为昼间战斗机充当“黎明前的探路者”。施瑙费尔曾参与“底盘”作战的计划和准备阶段，NJG-4也有部分飞行员参战，但他本人及战绩在10次击坠以上的飞行员都被禁战。德军的反扑使盟军305架战机被毁，190架战机遭受重创，但德军自身的损失堪称釜底抽薪，损失300余架战机的同时，更是有包括夜战飞行员在内的至少213名飞行员战死、失踪或被俘。

2月8日，施瑙费尔被召到卡琳宫面见戈林。早已不受希特勒信任的帝国元帅先是好言勉励了施瑙费尔一番，然后声称打算任命他出任夜间战斗机部队总监。施瑙费尔闻言大惊，对于他这个距23岁生日还差8天的少校来说，就任总监将意味着多么重大的责任！更主要的是，现任总监施特赖布上校既是施瑙费尔最好的朋友之一，又是他素来尊敬的导师，他绝不愿意无端地取而代之。施瑙费尔耐心地向戈林解释，称自己更希望把知识、技能和经验都留在作战岗位上，戈林最后无奈地收回了提议。[38]

▲ *或摄于1944年末，施瑙费尔三人组的一幅经典照片。*

▲ *或摄于1944年末，施瑙费尔三人组在摄影师面前满足地微笑。*

▲ 或摄于1944年末，根斯勒和施瑙费尔站在一架Bf-110前与地勤们交谈。

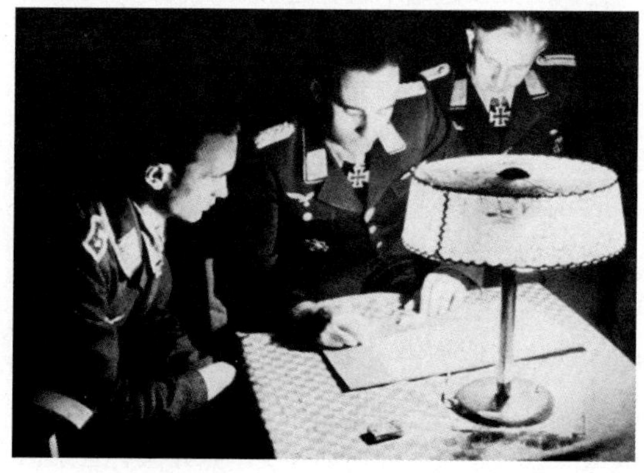

▲ 或摄于1944年秋，根斯勒、施瑙费尔和伦佩尔哈特正在研究地图或构思出击计划。

▲ 可能摄于1945年初，NJG-4联队长施瑙费尔似乎正在对照地图研究作战任务。

▲ 拍摄时间不详，施瑙费尔帮助地勤把自己的Bf-110 G4战斗机推回机库。

▶ 德军曾在二战末期把Me-262喷气式战机用于夜战，但投入实战的时间太晚，数量有限，对夜战和战争的结局几乎没有产生任何影响。图中的这架Me-262 B-1a机鼻上安装有雷达天线。

▲ *图为英军“蚊”式夜间战斗机，1940年至战争结束前共有6710架这种性能优越的战斗机问世，堪称德军夜战部队最头疼和畏惧的对手。*

2月20日夜，英军以超过千架重型轰炸机和200架“蚊”式护航战斗机的规模，向多特蒙德、杜塞尔多夫、蒙海姆（Monheim）及“中部运河”（Mittelland Kanal）等多个目标发起了空袭。21日子夜1点刚过，施瑙费尔驾驶一架备用战机升空，前去拦截炸完多特蒙德后准备返航的英机编队。进入战场时，他已看见远处的夜空中燃烧着下坠的战机，还有曳光弹发出的点点光芒。施瑙费尔很快盯上了距自己最近的一架“兰开斯特”，对手也发现了他，开始进行躲闪机动。施瑙费尔先用前射机炮开火，炮弹虽命中对手，但不足以将之击落，“兰开斯特”的躲闪动作随后变得更加夸张。施瑙费尔在追逐中把座机开至对手下方，用倾斜炮打爆了轰炸机机翼和一侧发动机。5分钟后，施瑙费尔又以教科书般的经典方式，将另一架“兰开斯特”凌空打炸。不过，当他准备进攻第三个猎物时，前射机炮突然卡弹，而对手的尾炮手也开始向Bf-110射击，施瑙费尔于是脱离了战场。

当晚，NJG-4再次接到升空拦截敌机的命令，联队长施瑙费尔照例第一个准备起飞，这倒不仅仅是因为职位和经验决定了升空次序，还因为他的机组时常担负着为他人指引敌机方向的重任。施瑙费尔起飞前，发现伦佩尔哈特正在作战准备室里吃饭，他罕见地冲伦佩尔哈特大嚷了一通，不过这也无济于事，只得由其他飞行员先行出发。晚上8点刚过，施瑙费尔机组总算腾空而起，但当他们按指示飞往预定区域时，却未发现任何敌机，也没有看到高射炮的炮火。迟疑不定之时，北面的天空突然传来猛烈的高射炮弹爆炸声，施瑙费尔立即降低高度，朝着西北方的多特蒙德—埃姆斯（Ems）运河（连接北海港口埃姆登和鲁尔工业区的战略性内陆水道）方向扑去，希望能及时拦截到返航的英军机群。途中，伦佩尔哈特注意到雷达上出现了数个目标，根斯勒根据观察也确认Bf-110的下方有一群远远飞来的轰炸机。这些战机来自于英国皇家空军第5集群（Group，但不应与德军的Gruppe〔大队〕建制混淆，英军的Group要大许多，下辖数个联队，联队下又有中队，因此建制上类似于战斗机师或轰炸机师），该部的165架“兰开斯特”和12架“蚊”式夜间战斗机试图在格雷文霍斯特（Gravenhorst）附近炸开重要的“中部运河”——这条运河在格雷文霍斯特与前述的多特蒙德—埃姆斯运河相连，是鲁尔工业区与德国中部和东部相连的关键性水道。盟军自1943年以来一直试图摧毁这条水道，这次始获成功，英国皇家空军轰炸机司令部在评估中称运河已“百分之百地无法使用”。英方付出的代价是13架“兰开斯特”和几十名机组成员，其中的7架则直接毁于施瑙费尔之手。

施瑙费尔降低高度，静候敌机的到来。他先选中了靠右的一架“兰开斯特”，而对手对将至的灭顶之灾似乎仍毫无警觉。晚上8点44分，施瑙费尔射出的炮弹命中了轰炸机右侧机翼，轰炸机虽然起火，但顽固地前飞了一段距离，直到机组成员们跳伞之后才一头扎向地面。在轰炸机机群上方高空飞行的护航战斗机，似乎还没有意识到下面发生的战斗，但轰炸机机群中已有人留意到这架渗入进来的敌机。施瑙费尔盯上了又一架轰炸机，但对手警觉地开始进行螺旋躲闪，施瑙费尔也随着英机上下翻转，令伦佩尔哈特和根斯勒倍感惊讶的是，施瑙费尔在做出杂耍特技的同时，还能冷静地寻觅到最佳的攻击位置和时刻。8点48分，这架“兰开斯特”在躲闪过程中被击落，3分钟后，又一架“兰开斯特”被Bf-110的前射机炮所摧毁，又过了4分钟，第4架“兰开斯特”成为施瑙费尔的第113个战果。

施瑙费尔随后开足马力，像夜鹰一般朝着位置更高的另一轰炸机机群飞去。晚上8点58分，第5架“兰开斯特”被击中后燃起了熊熊大火，为躲闪敌机的碎片和喷射的燃油，施瑙费尔急忙转弯，躲开危险后他看见轰炸机里出来几具降落伞，但是，这些机组成员顷刻间又被燃烧的火焰所吞噬。施瑙费尔检查了弹药、油料的情况后，对两位伙伴说暂不返航，继续搜寻下一个猎物。当夜9点整，他把Bf-110飞到一架有点惊慌失措的“兰开斯特”下方，接近敌机后用倾斜机炮命中了机身前半部。“兰开斯特”坠落的过程中，英军尾炮手一直在愤怒地射击，但一切都显得那么的徒劳与无奈。在追击过程中，施瑙费尔的Bf-110曾遭到美军高射炮的射击，但无论是炮弹还是机枪子弹，都未能对战机造成任何损伤。伦佩尔哈特在雷达上看到一点钟方位1000米外有一个目标，施瑙费尔加速追上了这架“兰开斯特”，轰炸机抢先开火，但施瑙费尔仍在不断逼近，最后在垂直距离约50米处，以倾斜机炮命中了对手的一侧引擎。“兰开斯特”挣扎着逃命的同时，施瑙费尔将Bf-110拉到与猎物大体相当的高度，最后以前射机炮彻底摧毁了对手。

施瑙费尔已在19分钟内击落了7架“兰开斯特”，但他还不打算就此收手。他准备进攻第8架敌机时，倾斜机炮却在关键时刻未能射出炮弹！施瑙费尔大惊，立即试图与敌机脱离接触，他拿出了所有技巧，拼尽了全力，才算从对手的火力网中全身而退。施瑙费尔当夜还进行过第9次攻击，虽然他的倾斜机炮用光了炮弹，但他希望前射机炮能帮助自己再斩获一胜，至少也要追平赫格特一年多前创下的一夜击落8架敌机的纪录。不过，前射机炮也在紧要时刻“掉链子”，害得施瑙费尔又费了好一番周折才最后逃走。

伦佩尔哈特晚年回忆时曾这样写道：“……施瑙费尔在19分钟里摧毁了7架敌机，而我们的战机毫发无损。这无疑显示出他具有钢铁般的意志，也表明他的所有进攻都经过深思熟虑，每次都是在近距离内以短促的炮火一蹴而就的。凭着他的大胆无畏和敏捷反应，他每一次都能在以秒计的瞬间逃离危险区域。”[39]短时间的高强度连续进攻，耗尽全身力量的防御躲闪，使施瑙费尔的体力严重透支，精神也显得紧张不安，用伦佩尔哈特的话来说，“联队长已濒临身心极限之边缘……他几乎无法控制住操纵杆”。伦佩尔哈特忆称，返航途中他们又一次遭到美军高射炮的射击，为帮助精疲力尽的施瑙费尔驾机返回居特斯洛，他紧急联系驻于多特蒙德的老部队NJG-1第4大队（大队长就是格赖纳），请他们协助导航，并通知沿途单位打开探照灯或发射信号弹，以助施瑙费尔集中精力飞回基地。在多方协助下，战机终于平安降落在居特斯洛，每个人都精疲力竭，汗流浃背、面色苍白的施瑙费尔尤其如此。战机停稳后，他们三个并没有立即下机，而是静坐了一会儿，似乎都在低头思索着什么。他们也许在想，无论如何努力和拼命，也无法改变多特蒙德—埃姆斯运河以及“中部运河”等生命线被摧毁的事实，更无可能阻止对手把炸弹倾泻在平民百姓的身上，刚刚上演的精彩夜战，最多只是谢幕前的末路狂花罢了。

困兽犹斗的纳粹政府，自然会大肆宣扬施瑙费尔机组的这次胜利，早被称为“夜空幽灵”的施瑙费尔也再次成为英军轰炸机部队的一大谈资。有一位名叫麦卡弗里（Dan McCaffery）的加拿大人当时为加拿大空军第3集群90中队的飞行员，他曾参与过轰炸德国的多数行动。他在战后出版的著作中曾记载，他和战友们在得知施瑙费尔2月21日的惊人战绩后，竟然都产生了避战的念头。麦卡弗里的一位战友在军官餐厅里曾说：

"……我们不可能成功，因为到处都有这个'夜空幽灵'的影子。"周围的飞行员们闻言陷入了沉默，他们都清楚地记得，前不久刚在多特蒙德与一位攻击性超强的德军飞行员缠斗过，而大家一致认定那人就是施瑙费尔。盟军的胜利已指日可待，无人愿把性命交给这个"凶残的敌人"。就在众人缄默之际，有一位飞行员打破了尴尬的沉寂："咱们别再听广播里的那些事了。"另一飞行员接过话茬："但他确实是2次出战就击落了我们的9架轰炸机。"麦卡弗里插话道："别再担心他会把我们怎么样，多想想他飞到附近时，我们该怎么对付他……"大家你一言、我一语地议论不休，直到麦卡弗里的中队长出面讲话，他充满自信的话语才驱散了空气中消极沉闷的气息。有位担任尾炮手的军官附和道："……中队长说的对！伙计们，我们总能躲开每个试图接近我们的德国佬。这个叫施瑙费尔什么的只不过是宣传，说不定压根儿就没这个人！这一切都是纳粹的欺骗，只不过这个骗局听起来挺真的。我们更要担心的是别被高射炮击中，而不是那个什么嗜血的'夜空幽灵'！"[40]对麦卡弗里及其战友而言，他们在1945年3月后的轰炸行动中并无机会再遭遇施瑙费尔和NJG-4，因为这支加拿大部队已被改为承担昼间轰炸任务。

1945年3月3日夜，夜战部队发起了不同寻常的代号"吉塞拉"（Gisela）的远程入侵作战，任务是把NJG-2、NJG-3、NJG-4和NJG-5等联队的战斗机分成三个梯次派往英格兰，等轰炸德国的合成炼油厂、多特蒙德—埃姆斯运河等目标的英机编队返航着陆时，再向缺乏防范的对手发动突然袭击。在纳粹帝国几乎马上完结的最后时刻，夜战部队的这种作战无疑凸显出孤注一掷的窘境和情绪。据信，施瑙费尔正是该计划的构思者，早在1944年11月他就曾建议，夜战飞行员可一路尾随返航的英机编队，等对手抵达北海上空时发动突然袭击，因为干扰技术在海上很难奏效，飞行员届时也可能会相应地放松警惕。不过，施瑙费尔的上级、第3战斗机师指挥官格拉布曼（Walter Grabmann）把前者的有关设想前推了一步，他把进攻时机选取在英机编队降落之时，因为轰炸机在那时会打开着陆指示灯，跑道上也会有照明灯火。"吉塞拉"作战原定于2月末实施，但由于事不机密，英方提前获知了计划的详情，还在"西线战士广播电台"通过播送打击乐"今夜我与'吉塞拉'共舞"，向参与轰炸行动的英军飞行员广为通告。[41]第3战斗机师只得推迟行动，希望等到对手放松警惕时再予实施。

3月3日夜，142架Ju-88夜间战斗机分批次飞往英格兰，开始实施"吉塞拉"作战计划。这些战机沿超低空飞行，抵达英格兰南部的数个空军基地后发起突袭，一共摧毁了24架盟军战机（13架"哈利法克斯"、9架"兰开斯特"、1架"蚊"式和1架B-17），但德方自己却损失了33架Ju-88（5架坠毁在英国，8架失踪，3架在德国本土坠毁，6架由于油料耗尽而遭弃，11架着陆时损毁）。[41]施瑙费尔联队的参战战机中，有13架未能返回或在着陆时损毁。由于高层不愿看到施瑙费尔在英格兰附近出现意外，他被禁止参加"吉塞拉"作战，不过他自己也没有闲着："吉塞拉"行动开始前几小时，施瑙费尔向轰炸多特蒙德—埃姆斯运河的英机编队发起过进攻，他在当夜9点55分和10点04分击落了2架"兰开斯特"，个人纪录涨至118次击坠。相对于"吉塞拉"行动的损失来说，施瑙费尔的这个战绩实在算不得什么：就战果而言"吉塞拉"作战并没有取得事前希冀的成功；就目的来说，也很难判断德方的意图——对于可随时出动1000架轰炸机，另有500余架预备战机的英军轰炸机部队来说，损失一批战机的影响可谓微乎其微，德军的这一行动及其惨淡结果，不由得令人想起了1945年首日进行的"底盘"作战。尽管是一次昂贵的失败，但已"气急败坏"的夜战部队（整个纳粹帝国何尝不是如此）还是在3月又发起了两次规模更小的远程入侵作战行动，除了让一些本可幸存的年轻人无谓送命以外，没有取得任何值得书写的成果。

施瑙费尔在3月7日夜的作战中击落了3架"兰开斯特"，个人战绩最后定格在121次击坠。他在这个月还试飞过"道尼尔"Do-335战斗机，并由衷地赞赏过这款曾被寄予厚望的战机，但一切都来得太迟了。4月9日，施瑙费尔机组执行了最后一次作战任务，他们于当晚10点在法斯贝格（Fassberg）起飞升空，一个多小时后着陆，但没有取得任何战果。4月21日，施瑙费尔又进行了18分钟的测试飞行，这是他在二战中的最后一次飞行。至此，施瑙费尔的飞行日志中记载了这样一些数据：2300次起飞，累计1133个飞行小时，164次作战飞行，击落121架敌机，其中114架为四发重型轰炸机。

5月8日，施瑙费尔最后一次以NJG-4联队长身份发布命令，体现了这位曾经的战争英雄面临失败时的沉痛与无奈："……敌人进入了我们的国土，我们骄傲的战机都被移交给了他们。德国被占领了，也无条件投降了……这个令人心碎的事实催人泪下。摆在我们前面的未来既模糊不清，又冷酷无情，只会带给我们悲伤和痛苦。但是，有一样东西将永远伴随我们，那就是联队的传统和取得的战绩。当我们遭到羞辱时，这一传统将赋予我们力量，使我们能挺直腰板，骄傲地面对未来……无需用空洞的言辞描绘我们的成长过程——我们夜复一夜地升空作战，被我们击落的重型轰炸机坠落在法国和德国南部，它们在地上留下的弹坑和残骸就是最好的明证。NJG-4在苦涩的战斗中，在最困难的条件下，摧毁了足以装备3个轰炸机师的579架重型轰炸机……战友们，这些成功之所以出现，完全应归功于你们毫不动摇的坚定信念、你们的兢兢业业以及对祖国的忠诚……这场不对称的战争也给我们带来了巨大的牺牲——102个机组的400名军官、士官和士兵永远离开了，50名官兵不是战死在地面工作岗位上，就是阵亡于空袭行动中……他们将一切都献给了德国和我们的联队，他们有权利要求我们，在这个特别的时刻，继续做一个体面正直、受人尊敬的德国人。今天，我带着悲伤又无比骄傲的感情向我的联队告别，衷心感谢你们全体在危急之秋给予我的信任。现在，如果你们必须在一个别样的德国艰难度日，那么，NJG-4的官兵们，你们可以问心无愧，你们都曾为帮助德国赢得战争而竭尽全力。我们挚爱的祖国万岁！"[42]

一切都结束了。夜战飞行员击落敌机时经常发出的快意之声——"Pauka! Pauka!"（击坠！击坠！）——永远沉寂在漆黑冰冷的无边长夜里。

在最终获得自由前，战俘施瑙费尔经历过一系列或友善或咄咄逼人或嗤之以鼻的胜利者的审讯。1945年5月末，英国皇家空军的王牌奇泽姆（Roderick Aeneas Chisholm）率领12名技术专家和军官，来到石勒苏益格审讯投降的德军军官。奇泽姆战时在驾驶"布伦海姆"、"英俊战士"和"蚊"式战斗机时曾先后击坠过9架德军战机，战争的最后一年半里他是第100集群的副指挥官，这个集群的主要任务便是研发试验各种电子设备，与德军夜战部队展开电子设备对抗是他们的职责所在。奇泽姆1953年曾出版过自己的战时回忆录，在这部极为坦率的著作中，他除了详述英德双方在夜战技战术对抗方面的演进外，还真实地描绘了自己在执行任务时的自我怀疑，以及时常出现的恐惧感。奇泽姆曾介绍过他们到埃格贝克（Eggebek）审讯施瑙费尔等军官时的情形，从一个侧面展示了对手对这位头号夜战王牌的态度与观感：

"我们一行在视察中曾遇到一架梅塞施密特110夜间战斗机，它的尾舵上布满被其主人击毁的英军轰炸机的徽记……有121个这样的徽记，每一个都用小字母小心翼翼地注明机型和日期……一个德国人说这是联队长施瑙费尔少校的座机。王牌施瑙费尔就在这里等着我们的讯问。下午我们开始审讯，首当其冲的就是那位不容轻视的施瑙费尔少校……他进来时潇洒地敬了个礼，然后按照吩咐坐了下来。他是个很精致的人，一个让人一见面就再也不会忘记的人。他脖子上戴着最高一等的铁十字勋章，一个镶有钻石的很漂亮的勋饰。由于从明天起就禁止再佩戴勋饰，我很为他难过。他为自己的国家做得很不错，也被抬高到足令任何人侧目且被公开吹捧的崇高地位。现在他再也不能佩戴那些勋饰了。我很好奇，他从战俘营获释后会出现怎样的情况？至少他还会有一件见证过他的那些伟大经历的纪念品……这些是我难以避免的思绪，为了平衡心态，有必要牢记附近的一座俄国战俘营里那些难以言说的状况……我们是胜利者，这些被击败的人都应该对那些恐怖行径承担部分责任……施瑙费尔的开场白是表示遗憾，他说很遗憾自己造成了那么多优秀的人的死亡，这是鳄鱼的眼泪，在那种氛围下这几乎不可能是真的。他还暗示说这场争斗并不对等，一旦战斗机咬上了轰炸机，其结果便已注定……不过，他承认，螺旋形躲闪机动——我们曾向所有机组推荐过，但遗憾的是并非所有人都充分地使用这一动作——在暗夜中是一种完全有效的躲闪机动，他还忆称，自己曾追逐一架轰炸机长达45分钟，最后不得不放弃。他对我们的装备和战术都有着深刻了解，显而易见，他在自己的领域里游刃有余。由于他在交代某些计划时不够坦率，审讯收尾时我们突然将他赶走，命令他到战俘营指挥官那里报到。他在那里得到命令，要在24小时内撰写一份书面报告。他受到了粗暴的对待，我们的审讯官毫不客气地把他赶走，他离开时似乎被吓着了，有些垂头丧气。这真是很奇怪，我们每个人此刻的情感都有些复杂和混乱。但这些人都是令人痛恨的纳粹，为什么要对他们彬彬有礼？……怎么能忘记他们每个人都要对机场大门外的那座战俘营负责？”[43]

稍后，英国皇家空军的头号夜战飞行员、联队长伯比奇（Branse Burbridge）上校带着报务员前来探访。他们两人与德军飞行员们交谈一番后，要求看看“传说”中的那架Bf-110战斗机。一头红发、戴着墨镜的伯比奇被领到施瑙费尔的座机附近，他一看到垂尾上的那121个击坠标记，就忍不住用手中的拐棍指着说：“这就是戈培尔博士的那架战斗机？”显然，这位在夜战中击落过21架德军战机的头号王牌，并不相信施瑙费尔有可能取得如此惊人的战绩。在英国人眼中，任何一个一夜能够击落4架或更多英军轰炸机的人，肯定是“不正常的”，事实上，英方战时就曾怀疑施瑙费尔作战前服用药物，以增强身体和精神机能。按照舒曼（Ralf Schumann）的说法，施瑙费尔在接下来的日子里“被带到英国接受讯问，许多空军军官都赶来见他……尽管英方不停地质疑和讯问，且施瑙费尔自己也一力否认，但英国人还是不相信，认为他如果不靠药物帮助，根本不可能取得那些战绩”。[44]但是，按照欣奇利夫采访伦佩尔哈特后取得的资料，施瑙费尔从来没有被送往英国受审。伦佩尔哈特本人在1945年8月4日获释，稍后不久，施瑙费尔因病住进了弗伦斯堡的医院——他染上了足以致命的白喉和猩红热。靠着医生的精心治疗、过硬的身体底子和顽强的意志力，施瑙费尔在当年11月病体痊愈，随后获得了自由。

施瑙费尔回到家乡卡尔夫后，作为长子的他责无旁贷地从母亲手中接过了家族产业。自父亲1940年过世后，母亲一直勉力维持着摇摇欲坠的产业，但交到长子手上时，这份产业已经凋敝。施瑙费尔只有23岁，但在战争中历练了性情，积累了管理经验，这时他已是一个相当成熟并有卓越才能之人。他很快恢复并巩固了父亲战前建立的供销关系，也建立起新的经销渠道，为家族企业的壮大奠定了基础。在他的领导下，“赫尔曼·施瑙费尔有限责任公司”步入了多样化经营的时代，不仅涉足酒类贸易的其他领域，还在经营进口酒类的同时自行开发新品种，在整个西部也都陆续建立了代销点，家族企业出现了前所未有的兴旺势头。不过，施瑙费尔虽然经营有方且勤勉能干，但他并非真心喜爱经商，更多地还是出于长子对家庭的责任。对于接受过全面飞行训练，战时攀登过职业巅峰的施瑙费尔来说，飞行仍是他魂牵梦绕的最爱，他也时时惦记着在民航领域谋求一份能让他重返蓝天的工作。施瑙费尔曾与好友格赖纳一起偷越边境，来到瑞士的伯尔尼，他们到几个南美国家的大使馆打听招募民航飞行员的情况。但是，询问的结果令人大失所望，就在他们试图偷返德国时，瑞士边境警卫队逮捕了他们，并将之移交给占领德国西南部的法国驻军。施瑙费尔和格赖纳在狱中整整待了6个月，在一位与施瑙费尔家族有着生意往来的法国将军的干涉下，最后获释出狱。

从来都乐于助人的施瑙费尔没有忘记NJG-4的战友们，他利用商务旅行之便四处拜访老部下，帮助他们渡过生活难关，还通过聘请他们分销产品的方式施以直接援手。施瑙费尔邀请了一些老部下来到卡尔夫加入公司，其中就包括根斯勒以及曾为施瑙费尔担任过副官的芬勒。根斯勒在公司里负责技术事务，一直工作到退休为止。而芬勒不仅是施瑙费尔的得力助手之一，还在1950年夏以后全面负责公司的经营管理——那时的芬勒已经成为施瑙费尔的妹夫。许多因故不能到卡尔夫的老部下，也都非常感激施瑙费尔的真诚帮助，终生铭记他的友善和对昔日战友之情的珍视。

▲ 陈列于伦敦战争博物馆中的施瑙费尔座机的左垂尾（右垂尾为澳大利亚战争博物馆所收藏）。

▼ 摄于1945年6月中旬的石勒苏益格，澳大利亚空军第462中队的一些成员在施瑙费尔的Bf-110 G4战斗机前留影。

▼ 图为“施瑙费尔有限责任公司”的外观（图片摄于1990年代）。

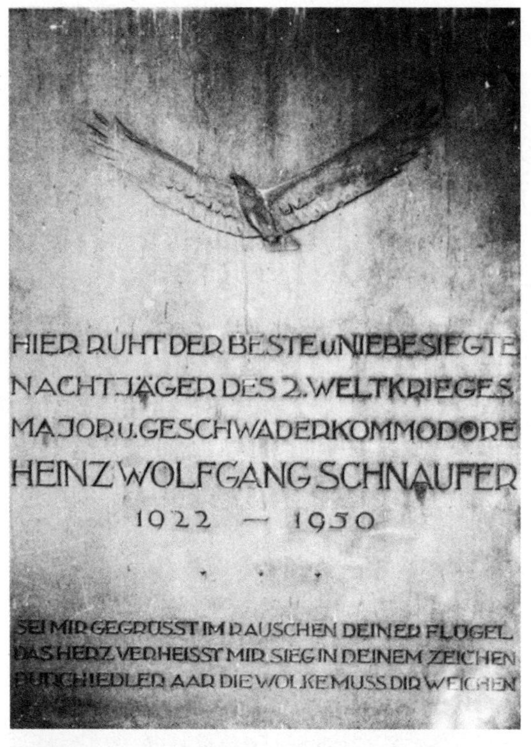

▲ 图为卡尔夫公墓里施瑙费尔的墓碑。

▲ 图为卡尔夫城“海因茨·施瑙费尔大道”的路牌，这个路名也曾引起过争议。

1950年7月13日傍晚，施瑙费尔驾驶着奔驰敞篷车，以80公里的时速行进在法国比亚里茨（Biarritz）至波尔多的10号国道上。突然间，一辆速度很快的大卡车从支路直插入主干道，猝不及防的施瑙费尔虽然极力刹车，但还是与卡车相撞了。奔驰车的右侧直接撞上了卡车的左前侧，巨大的冲击力将奔驰车抛离了国道，施瑙费尔也被甩了出去，狠狠地摔倒在一条沟渠里。撞车过程中施瑙费尔可能并未受到重创，但那辆卡车运载的是空氧气瓶，其中的一个重重地砸到了他的后脑和身体。施瑙费尔失去了知觉，全身的骨头几乎都被砸碎了。救护车把血流不止的施瑙费尔送往波尔多的圣安德鲁医院进行急救，但是，两天后的7月15日，施瑙费尔还是走完了28年的短暂人生。对于一向颇受命运青睐的施瑙费尔以这种方式离去，有后人曾感慨地写道：“……研究战斗机飞行员的命运的人很可能会成为宿命论者。施瑙费尔的情形自然为这些人提供了例证。他幸存于截击重型轰炸机的无数次夜战，躲过了试图干掉他的‘蚊’式战斗机的攻击，己方高射炮更是从未击中过他，夜战的所有危险，包括无数次在恶劣天气下进行起降时的那些危险，统统与之无缘……英国皇家空军战时始终无法达成的目标，现在由法国的一个卡车司机做到了。”[45]

1950年7月27日，施瑙费尔的遗体被安葬在卡尔夫公墓最高处的一排，墓碑上刻有一只展翼飞翔的雄鹰，图案下面写着几行文字：“这里长眠着二战期间最优秀的、从未被征服过的夜间战斗机飞行员，少校联队长海因茨·沃尔夫冈·施瑙费尔，1922—1950。”对卡尔夫人来说，施瑙费尔就是他们的骄傲，在德国各地如火如荼般展开的去纳粹化运动中，为昔日纳粹帝国的战争英雄立下这样一块墓碑，无疑是需要相当勇气的。卡尔夫人视施瑙费尔为小城最杰出的代表之一，就像曾获1946年诺贝尔文学奖的卡尔夫人黑塞（Hermann Hesse）一样，施瑙费尔也永远驻留在他们的心中。

纳戈尔德河（Nagold）一刻不停地绕着卡尔夫静静流淌，精致的小城依然那么秀美。几十年过去了，当世界各地的游人访客来到卡尔夫，徜徉在名为“海因茨·施瑙费尔大道”的主干道上时；当他们骑着单车，从依然完好的“施瑙费尔大楼"前经过时，或者当他们坐在繁茂的林荫道下，品尝着"施瑙费尔公司"生产的醇酒时，不知道还有多少人了解"施瑙费尔"这个名字及其背后的传奇。1994年，当卡尔夫市政府将城内的一条主要街道命名为"海因茨·施瑙费尔大道"时，这个尘封的名字又一次进入了人们争论的视野。反对这种做法的人声称，不管施瑙费尔在二战期间曾经多么辉煌和成功，他都不适合成为今日世界的榜样。支持者则认为，没有经历过德累斯顿大轰炸的人没有资格评头论足，施瑙费尔和他那一代年轻人根本不是纳粹分子，而是"与你我无异的德国人"，更何况他曾经承担着极具挑战性的危险任务，他只是忠实地履行了军人对国家的职责，他的表现超过了包括他自己在内的所有人的期待。立场更中立的一些人则声称："……施瑙费尔拯救过无数的无辜平民，他每次执行任务时都很清楚自己正在冒着生命危险。我们应向施瑙费尔致敬，应该铭记他，相较于他所做的一切，这并无任何过分之处。"[46]

也许只有历史才能评判这位才华横溢的年轻人的真实历史地位。施瑙费尔是一位堪与里希特霍芬和莫尔德斯比肩的传奇人物，作为西方史家眼中的"有史以来最伟大的夜战飞行员"，他更是一个充满理想和浪漫主义的勇敢军人。换个角度来看，施瑙费尔的身上无疑充满着那个时代德国年轻人的狂热、愚忠和迷茫，虽然后人难以指责他们为什么没有意识到自己献身的是一种"错误乃至邪恶的理想和信念"，也无法可笑地要求这些军人在面对强敌时不经抵抗便高举双手投降或背弃国家，但是，无论如何，施瑙费尔都是在为错误的信念而战，他的命运是战争时期一代人的悲剧缩影。

第22位钻石骑士最高战功勋章获得者布兰迪中校

（获勋时间1944年11月24日，时为海军少校）

Chapter 22
第二十二章

“地中海杀手”：阿尔布雷希特·布兰迪中校

二战期间，德军U艇部队先后约有1170余艘潜艇下水服役，37000名官兵中约有28000人葬身海底或失踪，另有约5000人被俘。[1] 与其他国家的海军类似，德军U艇部队也拥有自己的英雄，由于U艇部队是相对弱小的德国海军的主攻力量，他们甚至还拥有更多的传奇人物。类似于德军王牌飞行员占据着世界空战战绩排行榜的前100名，U艇艇长们至少也牢牢把持着击沉击伤敌舰吨位数排行榜的前50名，击沉敌方舰只10万吨以上的即有34人之多，29名艇长获得过橡叶饰，5人获颁双剑饰，但仅有2人获得了钻石骑士勋章。这两位艇长就是吕特海军上校和本章主人公布兰迪（Albrecht Brandi）海军中校。

在所有钻石骑士勋章得主中，布兰迪无疑属于知名度最低的一类，即便在U艇部队，他也不是声名显赫之人。布兰迪与早亡的普里恩无法相比，他没有后者奇袭斯卡帕湾的惊人战功和在战时德国享有的地位；他也不像传奇人物克雷奇默，后者仅用了18个月便击沉了近25万吨的敌方舰船，如果不是在1941年3月被俘，那么他所创下的世界纪录将会更加高不可攀，而且势必将会获颁钻石骑士勋章；布兰迪也不同于有着“超级快手”之称的U-96艇艇长莱曼-维伦布罗克（Heinrich Lehmann-Willenbrock），后者曾在为期70天的3次出海作战中击沉16艘敌船；布兰迪甚至也不及吕特，这位在战争结束的当月被哨兵误毙的上校，不仅在战绩榜上高居第二，还曾创下连续出海作战203天的纪录。

与这些人相比，布兰迪的战绩相对平庸，经历也大为逊色，但他取得成功的战场是被认为最危险的地中海，这里的作战难度使U艇指挥部自动地按双倍计算艇长们的战果。布兰迪绝对属于艇长中的“晚辈”，当其他王牌已获橡叶骑士勋章，或被调往参谋和作战训练岗位时，布兰迪才刚刚率艇独立出海作战。他获得双剑和钻石骑士勋章的1944年，U艇部队不仅再也难以重拾“快乐时光”，反而一再遭受沉重打击，急需提振士气和获得认可——希特勒把钻石骑士勋章挂在布兰迪的脖子上，实际是在为U艇部队和海军“授勋”。布兰迪自己曾坦承，他的钻石骑士勋章的象征意义大于对其战功的褒扬，是“对所有U艇官兵坚持不懈、共渡难关的认可”。但他同时也认为，在他获得最高规格的勋章时，已经很少能听到振奋人心的胜利，而他还能在艰难的地中海把成功的消息传回德国。其实，布兰迪的过人之处在于，即便在极危险的水域里他也从不畏惧向战舰发起进攻。他所在的地中海战场有强大的英国皇家海军舰队和空军基地，英军对直布罗陀海峡的控制亦很严密，而地中海本身相对较浅，多数时候还清澈见底，使德军U艇活动的空间和躲闪余地都很小，但即便如此，布兰迪也极少让进攻敌舰的机会溜走。据说，被他击沉的战舰至少包括1艘轻巡洋舰、1艘布雷艇和3艘驱逐舰，他还击伤过“罗德尼”号（HMS Rodney）战列舰、“卓越”号（HMS Illustrious）航母和“可畏”号（HMS Formidable）航母，因而被称为“整个战争期间击沉击伤敌方战舰最多的人”。[2] 在U艇部队损失惨重，对战争全局的影响日渐式微的艰难时刻，布兰迪这种奋勇作战的坚定信念，无疑是邓尼茨最为赏识，也认为最值得褒奖的。

但是，U艇部队实在是强手如云，对布兰迪“意外”获颁最高战功勋章，并非人人都感到心悦诚服。布兰迪最为人诟病的地方，就是上报的战绩与战后确认的战果差距实在太大（上报击沉11万余吨，实际确认的仅为31689吨），许多海军历史学家和研究者都把他作为U艇艇长中高估战果的最典型的代表。军史家沃瑟（Jordan Vause）曾写道：“……如果布兰迪不是故意伪造战果的话，那么他也太过于明目张胆地夸大或拔高战绩。他在各个时段声称先后击沉了1艘战列舰、2艘巡洋舰和几艘驱逐舰，此外还有数量惊人的商船，事实上，他得到确认的战果非常平庸。布兰迪也使吕特获得的最高战功勋章蒙上了阴影。这枚勋章授给布兰迪显然是出于权宜之计，而不是以战绩和荣誉为基础。每当有人把德国的军事荣誉勋章贬得一钱不值时，他们总会拿布兰迪来做例子。”[3] 英国海军史学者康普顿-霍尔（Richard Campton-Hall）说得更加直白：“……只有一位叫布兰迪的艇长看起来一直在蒙骗海军总司令部，而他却获得了所有战功勋章中最高的一等。”[4] 的确，由于确认的战果仅有31689吨（12艘），布兰迪不仅无法跻身于战绩在10万吨以上的34名顶尖艇长之列，就是在下一档次——击沉敌船5万吨的50名艇长中也找不到他的名字。他是如何成为获颁钻石骑士勋章的两名艇长之一的呢？有后人曾尖刻地写道：“……布兰迪靠的是欺骗。交战各方战时都有高估战果的情形，但布兰迪所做的远不止是高估，他是明目张胆地弄虚作假……如果你声称击沉了一艘英军战列舰，那么你最好有点把握，因为英国皇家海军总是赶在德国人前面公布自己被击沉的某艘战列舰，但布兰迪从未真正地击沉过任何战列舰……在一个由骗子们组成的，建立在谎言之上并靠撒谎过活的政权里，布兰迪在骗术方面几乎胜过每个人……这就是布兰迪一生中真正的成就。”[5] 不过，也有一些史家为布兰迪进行辩护，如德国著名的海军历史学家、斯图加特大学教授罗韦尔（Jürgen Rohwer）曾写道：“……我认为判断潜艇的战果报告是相当困难的。布兰迪是个年轻指挥官，迟至1943年才进入U艇王牌的行列。那时已经很难有机会直接目击是否击中了敌船。多数情况下，艇长们都是根据回声判断是否命中目标并做出相应报告，报告中出现错误也有多种原因，特别是当U艇使用声自导鱼雷时更是如此。可能布兰迪以过于乐观的方式解释了他所收到的回声，但在此方面他并非什么特例。他进行过很多次出海作战，更向盟军战舰发起过许多次大胆的攻击。”[6]

本章主要介绍布兰迪在二战期间指挥U–617、U–380和U–967等潜艇的作战经历。

早年岁月：从扫雷艇艇长到U艇见习艇长

作为一位知名度有限的U艇艇长，德国和西方几乎很少有人系统研究过布兰迪的出身和家庭背景。后人除了知道他于1914年6月20日出生在多特蒙德，父亲是当地煤矿的一名主管外，[7]对他的童年和青少年时期可谓知之甚少。青少年时期的布兰迪喜爱建筑艺术，在多特蒙德的文理中学读书时有志成为一名建筑师，但这个梦想只有等到1945年之后才有机会实现。父亲希望布兰迪在高中毕业后加入海军，但他本人不太情愿，不过还是按照父亲的愿望于1935年4月加入海军，成为“35级学员队”的一名候补军官（Offiziersanwärter，或作“预备军官”，下文均使用“候补军官”的译法）。布兰迪的“35级”同学共有462人，其中的351人是航海专业学员，余者皆为技术类专业的学员。“35级”学员中有很多人成为U艇艇长，其中比较出名的包括获双剑骑士勋章的祖伦（Reinhard Suhren）、获橡叶骑士勋章的恩德拉斯（Engelbert Endrass）和拉森（Georg Lassen）等人。

1935年4月5日至6月17日，布兰迪等“35级”学员在波罗的海沿岸的施特拉尔松德（Stralsund）新兵训练营接受了基本训练，而后获准身着海军制服，开始为期3个月的海上训练。布兰迪等人在三桅训练舰“福克”（Fock）号上完成海上基本训练后，于1935年9月25日被授予“海军后备军官下士”（Seekadett）军衔。1935年10月至1936年6月，布兰迪随“埃姆登”（Emden）号轻巡洋舰周游世界，这次为期8个月的旅行应是他一生中最受教益的一段经历。[8]旅行结束后，学员们面临着严格的考试，失败者的海军生涯将就此戛然而止，而过关者则被提升为“海军二级中士候补军官”，同时进入弗伦斯堡–米尔维克的海军学院继续深造。1936年7月1日，布兰迪通过考试后进入海军学院，开始为期10个月的正规军官教育。这所由德皇威廉二世于1910年亲手创建的学院，是培养海军军官的摇篮，也是每个海军军官心中的圣地。1937年4月，布兰迪在海军学院通过了综合毕业考试，随后被派到专门学校接受鱼雷、反潜和海岸炮兵等方面的训练。1938年1月1日，布兰迪晋升为“海军一级中士候补军官”，随即被分配到扫雷艇M–125号上担任第三值星官，时任艇长是察普（Robert–Richard Zapp）上尉（后任U–66艇艇长，1942年4月23日获颁骑士勋章）。[7]1938年4月1日，布兰迪晋升为海军少尉。

▲摄于1938年，一艘德国潜艇正在波罗的海进行训练。

▲ 时间地点不详，一艘VII级U艇上的官兵正在进餐，从背景中排列整齐的其他潜艇来看，本图应摄于战前或战争初期。

▲ 摄于1940年7月，德军扫雷艇编队巡航在北海上，布兰迪此时为扫雷艇M–1号的艇长。

▲ 1930年代末的一幅德国海军征兵宣传画，图中的背景是一艘VIIC级U艇。

1939年6月，布兰迪调往扫雷艇M–1号任首值星官。该艇艇长是颇有名气的海军上尉巴特尔斯（Hans Bartels），这位军官以足智多谋和富有想象力著称，也是布兰迪海军生涯中的一位重要导师。布兰迪随M–1号参加了二战初期的作战行动，学会了水面舰艇指挥官应具备的指挥能力和编队协同作战战术。波兰战役中，布兰迪所在的M–1艇负责为战列舰“石勒苏益格–荷尔斯泰因”号护航，参加了夺取维斯瓦河入海口处的维斯特布拉德岛（Westerplatte）的作战。1940年4月，布兰迪随M-1又参加了入侵斯堪的纳维亚半岛的行动，当时M-1艇俘获了挪威的一艘驱逐舰和一整个鱼雷艇支队。挪威投降之后，巴特尔斯因战功获颁骑士勋章，同时调任"挪威巡逻艇支队"（Vorpostenflottille）指挥官，M-1艇艇长职务则由布兰迪继任（他在1940年4月获颁二级和一级铁十字勋章，5月晋升为海军中尉）。巴特尔斯曾在1941年出过一本书（或为纳粹宣传部代笔），专门描述过M-1扫雷艇在挪威战役中的经历。不过，巴特尔斯最绝的地方是他根据挪威渔船的设计来改造德军扫雷艇，还在1940年10月擅自下单订购了11条改进型扫雷艇，随后却要求海军总司令雷德尔元帅付账。这一出格举动使他丢掉了官职，被贬往驱逐舰Z34号上任大副，任务是"重新熟悉适当的海军程序"。[9]不过，布兰迪与巴特尔斯的渊源并未随着职务的交接而结束，巴特尔斯结束了驱逐舰上的"惩罚性服务"后又回到挪威，除负责设计和构筑强大的海岸防御体系外，他还富有想象力地组建了小型潜艇编队，并不断地游说上级批准生产小型潜艇。1944年1月，巴特尔斯的不懈努力终于结出了果实，希特勒批准建造50艘小型潜艇，要求既能携带水雷，又可作为单人鱼雷艇，以求成为阻止敌军海岸登陆的重要防御武器。布兰迪在二战的最后阶段里接过了巴特尔斯首创的事业，在荷兰出任小型潜艇编队的末任指挥官。

U艇部队在波兰战役中开始攻击英国军舰和船队。1939年9月19日，U-29艇艇长舒哈特（Otto Schuhart）上尉炸沉了英军"勇敢"号航母；10月14日，普里恩的U-47艇成功奇袭了戒备森严的斯卡帕湾海军基地，炸沉了英军战列舰"皇家橡树"号。这些富有象征意义的成功，使U艇部队顿时成为德军骄子，而纷纷取得战果的艇长们迅速成为名噪一时的英雄。出于对这一新兵种特有魅力的向往，布兰迪在1939年底第一次申请加入U艇部队，但不知出于何故被拒绝了。曾有资料介绍，德国海军在战前每年征召1.3万人，其中仅有三分之一能通过潜艇部队的资格审查，而这其中又只有60%的人被最终接受。[10]即便到U艇部队早已风光不再的1944年，该兵种的新兵审核通过率仍然只有37%，足见这个兵种始终不肯降低兵员选择的高标准。至于布兰迪被拒的原因，或许是由于扫雷艇支队不肯放人，也可能是他自身存在着某些欠缺，使U艇部队认为他并不适合潜艇作战。

1941年4月，布兰迪加入U艇部队的第二次申请终于得到批准，他奉命来到潜艇学校接受理论和实际操作训练。U艇部队指挥官邓尼茨在荷尔斯泰因的诺伊施塔特（Neustadt）建有新潜艇和艇员训练基地，规定所有人员不论军衔级别，都必须到潜艇教导总队学习，而后还需到总队附属的教练支队受训。[11]邓尼茨要求未来的艇长们务必精通鱼雷攻击技术，必须参加近乎实战的检测和演练，还要学习使用"狼群"战术来打击有重兵护航的敌方船队。布兰迪在诺伊斯塔特受训8个月，大强度的体能训练使这些准艇长们一般都具备强健的体魄；而大量的紧急下潜、深水炸弹和航空炸弹攻击等极限训练，又使他们具备了长时间出海作战所必需的坚韧神经。到训练临近结束时，准艇长们最需要的是在血与火的实战考验中学会应对复杂的天气和海洋条件，掌握带艇击沉击伤敌船的诀窍，以及了解如何在困难的作战条件下始终保持士气。1941年12月初，布兰迪完成了所有训练和考核后，奉命来到法国布列塔尼半岛的圣纳泽尔（St. Nazaire），向U艇第7支队报到。他将作为见习艇长，登上托普（Erich Topp）上尉的U-552艇出海作战。

托普是比布兰迪高一届的"34级"学员，但1937年10月便加入了U艇部队，在U-46上担任过一段时间的值星官，1940年6月至8月间曾率U-57取得过击沉敌船7艘（36862吨）的战绩。托普于1941年3月改任VIIC级的U-552艇艇

▲ 时间地点不详，一艘U艇正在举行下水仪式。

▲ 可能摄于1942年，托普的“红魔”艇U-552正在进港。1941年12月至1942年2月间，布兰迪作为见习艇长曾在U-552上服役。

▲ 摄于1941年夏，获得骑士勋章的托普。

▲ 摄于1941年末或1942年初，托普正在签发传给U艇指挥部的电文，布兰迪此刻在前者的U-552上任见习艇长。

长，在布兰迪登艇报到之前，他又击沉了14艘敌船，其中包括10月31日击沉的美国军舰“鲁本·詹姆斯”号（USS Rueben James）——当时美国还是中立国，不过，从托普击沉“鲁本·詹姆斯”号的这一天起，德美双方事实上已处于交战状态。托普在1941年6月获颁骑士勋章，1942年4月成为橡叶骑士勋章得主，同年8月又在骑士勋章上缀上了双剑饰，是U艇部队最著名的指挥官之一。虽然其年龄比布兰迪还要小两个星期，但托普是邓尼茨最资深的艇长之一，其丰富的经验和出色的战绩足以担当布兰迪的导师。有后人曾说，布兰迪能在托普这样的王牌艇长的指导下见习，实在是他的幸运。

▼ 摄于1941年底或1942年初，一艘U艇正在北大西洋顶风破浪地前行，据说这艘U艇就是正朝加拿大东海岸开去的U-552。

布兰迪随U-552的第一次出海作战发生在1941年12月25日，终于次年1月27日，历时34天。U-552当时的目标是位于北大西洋中央的亚速尔群岛（距葡萄牙西海岸约1800公里），由于是盟军重要的补给基地，这里可谓戒备森严，而且其周边海域的气候更是变化无常。出海几天后，U-552抵达了亚速尔群岛中的圣米格尔岛外海，托普趁着夜色溜进了重要港口蓬塔德尔加达（Ponta Delgada），但没有发现合适的目标。[12] 1942年1月3日，托普奉命与其他5艘U艇分头驶往加拿大海域。从此处向北驶往加拿大海岸的1900公里航程中，布兰迪亲身体会到了大洋的威力。途中的风暴使航行异常艰难，汹涌的波涛时常淹没潜艇指挥塔，舰桥上的瞭望哨必须用皮带互相捆绑在一起，才能避免被巨浪抛入咆哮的大海。这种天气对老手托普来说也是个严峻的考验，此外U-552还出现过一些技术故障，包括鱼雷发射装置和右舷引擎的故障。由于是临时接受任务，U-552没有携带必要的冬季装备（艇员们甚至都没有准备棉衣），更没有准确的海图。不过，在托普的沉着指挥下，U-552还是成功摸到了加拿大纽芬兰东南角的开普雷斯（Cape Race）。1月15日凌晨1时许，U-552在开普雷斯西南外海击沉了一艘没有护航的英国武装商船，当托普宣布击沉敌船时，艇员们的兴奋和自豪深深感染着布兰迪，仿佛一路所受的磨难刹那间都消失得无影无踪。布兰迪全程都在观察托普如何指挥艇员渡过难关和展开攻击，与托普及艇员们的密切接触，使他更深切地意识到，在潜艇这个到处充斥着噪音、飘荡着怪味的狭小空间里，艇长既要通过成功作战与所有艇员建立互信，又必须在长时间没有发现目标时，竭力保持艇员的士气，确保每个人都能有效地完成各自的工作；否则，单调机械的海上生活会导致效率低下和懈怠，甚至有可能演变成潜在的灾难。

1月18日拂晓，托普又盯上了一艘2600吨的美国商船，他在4次进攻中发射了4枚鱼雷，但全都鬼使神差地错过了目标。这艘商船不仅极力躲避，还多次发射信号弹，并在第二次受到攻击时就发出了求救信号。托普丝毫没有慌乱，布兰迪在一旁仔细观察着他如何下令追击，如何在距商船500米处冷静地发起第五次攻击。这一次鱼雷命中了商船船尾，致使它在10分钟内开始下沉；不过，船头依然漂浮了25分钟，28名船员试图乘救生艇逃生，但在寒冷的冬日里，没有一个人能够幸存下来。两天后的20日傍晚，U-552在返航途中发现了一艘希腊商船，这是ON-53船队的一只掉队商船，托普追上后于6点30分用炮弹发起了进攻，整整一个半小时里，U-552发射了126枚88毫米炮弹，直至将商船炸沉。[13] 除非U-552用完了鱼雷，或者出现了鱼雷发射故障，否则，托普的攻击方式——以100多枚炮弹彻底炸毁对手就多少有些不职业，布兰迪对此不知会做何感想。

无论如何，U-552的这次远航击沉了3艘商船，1万吨的总吨位数虽然算不上特别醒目，但布兰迪还是从托普身上学到了不少东西。也许是和加拿大有缘，布兰迪的第一次出海作战便是在加拿大海岸，战争结束时他所投降的盟军也是加拿大部队，并最终从加拿大战俘营中获释。

托普对布兰迪的表现评价颇高，尤其是后者在紧急情况下的处变不惊，给他留下了深刻的印象。1月27日，U-552回到圣纳泽尔基地，托普在提交的报告中称布兰迪“不像是初次出海作战的手足无措的新手，倒像个经验丰富的优秀U艇指挥官”。另外，托普还在其他场合称布兰迪“总是表现得很欢快，显得无忧无虑……他是个很受欢迎的人物”。[14] 其实，布兰迪除加入U艇部队的时间较晚外，他在个人素质、悟性和领导能力等方面并不逊于在职U艇艇长，毕竟他本人受过完整的教育和训练，又曾当过扫雷艇艇长，水面舰艇上的丰富经验对他的U艇生涯自然会有不小的帮助。

回到圣纳泽尔基地后，布兰迪曾返回老家多特蒙德短暂休假，不久后收到U艇指挥部的命令，要求他到汉堡的布洛姆-福斯（Blohm & Voss）造船厂，参加VIIC级新艇U-617号的下水仪式。1942年4月9日，布兰迪被正式任命为U-617艇艇长。

U-617:
北大西洋一鸣惊人

初创于1935年的U艇部队到1941年9月二战爆发两周年之际，已有230艘U艇下水服役（其中48艘被击沉），1942年时拥有的潜艇数更是达到了1939年的3倍。潜艇数量的大幅增加意味着需要更多的称职能干的艇长，邓尼茨的信条之一就是潜艇的建造工期可以缩短，培养优秀艇长的时间却绝无可能大幅缩减。这也是布兰迪作为称职的扫雷艇艇长，还需经过相当时间的训练和见习，才会被授权指挥自己的U艇的原因。另外，U艇部队曾出现过数起由于艇长和艇员训练不足而酿成悲剧的事例，最突出的一例当属1941年8月损失的U-570。该艇艇长拉姆洛（Hans Rahmlow）由于获准独自带艇的时间过早，使他既无能力使艇员信服，又不能与艇上的其他军官和睦相处，以致最后在面对危机时完全失去了掌控能力。8月27日，举止失措的拉姆洛在爱尔兰海岸附近向英国皇家空军第269中队投降，把未受任何损伤的U-570交给了英国人。[15]虽然拉姆洛投降的真正原因可能更为复杂，但不容置疑的是，他本人此后的一生都将活在耻辱中，其行为也曾令海军，特别是U艇部队蒙羞。这一事故发生后，邓尼茨进一步加强了对新艇长的训练强度，只有在认定新艇长完全准备就绪的情况下，U艇指挥部才会赋予其独自带艇的重任。

▲ *摄于1942年4月9日的汉堡，布兰迪的U-617正在进行下水服役仪式。*

▲ 摄于1942年，几位U艇军官在一起，右一为布兰迪。

▲ 邓尼茨U艇指挥部的军官们正在研究作战计划，中为邓尼茨的作战部长戈特（Eberhard Godt）海军少校，左为厄尔恩（Victor Oehrn）海军上尉，图片摄于1940年前的某个时候。

U艇部队任命艇长接掌新艇时，还有一项雷打不动的规矩，即这位艇长要先带艇进行最长可达6个月的检验和试航。布兰迪虽被委任为U-617艇的艇长，但这并不意味着他可以立即出海并加入“狼群”作战，他还需要相当的时间来熟悉潜艇的性能，以及艇员们的个性和爱好。布兰迪来到基尔的U艇第5支队进行训练时，他手下的多数艇员都是新手，只有领航员和4名水手有着多少不等的实际经验。1942年4月至8月底，U-617先在基尔港进行测试，然后在格腾哈芬（Gotenhafen）的U艇鱼雷测试指挥部进行鱼雷发射试验，随后又参与过U艇第5支队组织的战术演练与艇群合练。布兰迪还在波罗的海进行过潜艇耐久性测试：当潜艇进入慢速航行阶段时，试验两台电机同时工作以及只有一台电机运转时的性能表现。虽然布兰迪理解这些测试、试航和训练的必要性，但也时时感觉枯燥乏味，他和艇员们的心思早就被北大西洋上的破交战勾走了。

▲ 具体拍摄时间不详，一艘U艇正在水面上乘风破浪地航行。

1942年8月29日，布兰迪开始了自己作为艇长的处女航，他的U-617与另两艘U艇一起离开基尔朝着冰岛方向驶去。在描绘U-617处女航的一些细节前，有必要简略提及1942年9月至10月间U艇在北大西洋的部署情况。邓尼茨在这段时间里一共派出过73艘U艇在北大西洋巡弋，9月初，U艇指挥部组织了“洛斯”（Loss）、“福韦尔茨”（Vorwärts）和“普法伊尔”（Pfeil）艇群等三个“狼群”，负责打击北大西洋中的盟军运输船队。[16]组成每个艇群的U艇几乎每天都有变化，有些潜艇因伤退出，有些则因燃油不足或鱼雷告罄而被迫返回基地或在海上进行补充，而新的潜艇也会奉命从本土或法国赶来接替退出的老艇。这些“狼群”的名字并非一成不变，老的艇群逐渐撤出或换上新的名字，而全新的艇群又被组建起来投入战斗，邓尼茨和U艇指挥部则通过无线电全面遥控各“狼群”中的每艘潜艇。另外，到1942年秋时，几乎所有U艇都装备了名为“梅托克斯”（Metox）的米波雷达探测仪，这种装置理论上可以帮助U艇侦测到敌机或敌船上的搜索信号，虽然略显原始，但非常实用，大大减少了U艇穿越比斯开湾时受损的可能性，也迫使英军在1942年10月1日完全取消了比斯开湾中的高密度空中攻击行动。不过，“梅托克斯”有个致命的弱点，即不能侦测厘米波雷达信号，而英军的护航舰艇、远程和超远程反潜战机中有一些已装备了厘米波雷达，突然现身的它们往往能挫败“狼群”的进攻，击沉或至少重创某些U艇。

就天气来说，U-617的首航并不令人愉快。原本结伴航行的3艘U艇8月31日时在挪威南部水域分手，布兰迪负责巡弋的海域天气十分糟糕，狂风巨浪推着U-617在大海中起伏颠簸，潜艇中没有固定住的东西都在左右滑动，一多半的餐具都被摔得粉碎。艇员们虽然士气不错，但被剧烈的颠簸折腾得无法休息，人人精疲力竭。瞭望哨顶着风浪观察周边的水域，但除了扑面而来的巨浪和黑森森的海水外，什么都看不清楚。这样的航行一直持续了数日，风暴一点没有减弱，首值星官高蒂尔（Georg Gautier）少尉在夜间瞭望时还几乎被巨浪卷走，最后幸运地跌落在甲板炮附近。9月5日风暴稍平，但盟军的反潜飞机又出来四处搜索，在U-617附近海域扔下的几十颗深水炸弹，迫使布兰迪五度命令紧急下潜，虽然潜艇毫发无损，但憋在水下避敌和等待深水炸弹爆炸时的压抑感，让包括布兰迪在内的每个人都神经紧绷、疲惫不堪。

德军王牌战斗机飞行员莫尔德斯曾说，飞行员取得成功的最重要一步，就是在未受到过度惊吓的情况下取得首胜。这一断语同样适用于首次出海的U艇艇长，击沉第一艘敌船甚至还具有更大的意义。一艘潜艇中除艇长和4至5名军官外，还有大约40至50名艇员，这些艇员与水面舰艇上的水手完全不同，他们无不以自己所从事的工作为荣，甚至以这项工作所包含的危险和不舒适为傲。U艇艇员普遍相信自己是海军最优秀的成员，他们愿意为值得效力的艇长献出生命，也把成功的艇长获得的荣誉当作自己的荣誉。对他们而言，海军、帝国或元首都是抽象的概念，他们最在意的就是艇长这个领导者。他们可以容忍恶劣的工作环境、单调乏味的生活以及深水炸弹那足以摧毁神经的爆炸声，但不能容忍一个不能带艇获胜的艇长，更鄙视惊慌失措的失职艇长。布兰迪这种新人如果想领导这样一群骄傲的艇员，就必须尽快取得首胜，用战绩来建立威信和赢得尊重。U艇艇长也许要花几天，甚至几周的时间才能在茫茫大海上寻觅到一个猎物，有时却受限于天气或作战条件而无法取得哪怕一次胜利。不过，“鸿运当头”之时，U艇甚至都不需太多瞭望，就能发现由几十艘商船组成的一整支船队。有时整个U艇艇群都会撞上好运气，就像“快乐时光”里发生的那些战事一样，随便一艘U艇都能击沉敌船；但也有如同1941年头几个月那样的令人懊恼的时段，当糟糕的天气使对手暂停组队出海时，U艇也就只能无望地来回游弋。布兰迪在海上与风浪搏斗了近10天后，他的好运气就要到来了。

9月7日凌晨，U-617发现了一艘孤零零的拖船，当时它的船速很快，呈之字形朝着冰岛的雷克雅未克方向行驶。布兰迪决定击沉这艘毫无防备的拖船，但由于天气和海浪等原因，或许还有过于兴奋的因素，布兰迪花了6个小时才找到理想的攻击位置。不过，发起攻击的前一刻，拖船突然改变了航向。布兰迪耐着性子再次寻找攻击位置，期间拖船又一次改变航向，直到最后才被U-617发射的两枚鱼雷击中。爆炸声传来时，U-617的艇员们兴奋地相互拥抱，满含笑意地向艇长表示祝贺。布兰迪估计首个牺牲品约为1400吨，但这艘法罗群岛籍的“托尔（Tor）II”拖船实际排水量仅292吨，这是他第一次显著地高估战果。

▲ 可能摄于1942年初秋的出海作战期间，布兰迪在U-617的瞭望塔上抽烟。

▲ 图为1942年9月23日被布兰迪击沉的英国油轮“阿瑟尔苏丹”号。

▲ 图为1942年9月23日被布兰迪击沉的英国商船“田纳西”号。

取得首胜之后，布兰迪和艇员们紧绷的神经暂时松弛了一下。活跃在北大西洋的“福韦尔茨”艇群也取得了不错的战果，隶属于艇群的12艘U艇（其中8艘的艇长与布兰迪一样都是处女航）向盟国OB-127船队发起了多次进攻，成功击沉了总吨位118000吨的19艘商船，以及包括加拿大驱逐舰“渥太华”号在内的2艘军舰（盟军确认的损失是“渥太华”号驱逐舰和7艘商船，合计吨位51500吨，另有4艘油轮受伤）。[17] 不过，邓尼茨和U艇指挥部并没有被胜利冲昏头脑，他们一边谨慎地控制着艇长们的满足感，一边准备规模更大的海战。

9月12日，布兰迪收到加入“普法伊尔”艇群的命令，开始向新的会合地点进发。海上的天气一直未见好转，十级狂风使U-617像蜗牛一般爬行，但又不能在水下潜航过久。时间一天天地过去，布兰迪在与风浪搏斗中消耗了大量燃料，却没能再发现任何一艘敌船。他有点沉不住气了，开始担心剩下的燃料还能支撑多久。9月18日，“洛斯”艇群中的U-599艇意外发现了向东行驶的盟国SC-100船队，这支船队由24艘满载货物的商船组成，护航舰艇包括美国海岸警卫队的2艘海岸警卫船以及来自英美、加拿大的7艘轻型护卫舰等。U-599艇艇长布赖特豪普特（Wolfgang Breithaupt）将情况上报给U艇指挥部后，邓尼茨指示“洛斯”艇群的其他U艇立即前来支援。U-757、U-259和U-659等多艘U艇开足马力全速赶往战场，试图撕咬SC-100船队这只肥硕的猎物。为确保成功，邓尼茨又命令“普法伊尔”艇群与“洛斯”艇群会合，形成拥有21条U艇的强大作战力量，与此同时，他还批准“洛斯”艇群中已咬住船队的潜艇发起攻击。接到命令后，“洛斯”艇群的U-373和U-596几乎同时向SC-100船队发起攻击，U-373艇艇长勒泽尔（Paul-Karl Loeser）声称击中了一艘加拿大轻型护卫舰（其实是错失了目标），U-596艇则在9月20日成功击沉了一艘5676吨的英国货船。

9月20日的战场上巨浪滔天，强烈的飓风令海面一刻不得安宁，已被咬伤的SC-100船队在风浪中挣扎的同时，小心翼翼地提防着隐伏于黑黢黢的水面下的U艇。其实，U艇们也一样正在苦苦挣扎，“普法伊尔”艇群与“洛斯”艇群已无会合的可能，前一艇群中只有卡皮茨基（Ralph Kapitzky）的U-615艇和梅森豪森（Wilhelm von Mässenhausen）的U-258艇及时赶到战场，布兰迪的U-617等都还在航行的途中。卡皮茨基曾向U艇指挥部报告，称自己不得不放弃进攻两艘护卫舰的机会，因为“咆哮的大海使他根本没有机会瞄准”。U-599、U-596和U-755等艇也向邓尼茨报告了类似的困难局面，不过，这些U艇并没有彻底放弃咬住SC-100船队的机会。

21日凌晨，风暴仍然没有丝毫减弱的迹象，SC-100船队的负责人盖尔（N.H. Gale）、护航舰艇总指挥海涅曼（Paul R. Heineman）决定让船队迎着风暴前进——这可能是在避让和退却尽皆无济于事时迎击风暴的最佳办法，这种策略能使各船只减少与风暴的接触面积，缩短与风暴接触的时间，有可能让船队尽快冲出风暴圈。但是，理论上的最佳方案执行起来却困难重重，这些船只上装满了汽车、卡车、飞机、拖拉机和木材等各种物资，船队中只有部分船只设法做到了迎着风暴航行，就连英军轻型护卫舰“金莲花”（Nasturtium）号都在风暴中迷失了方向。该舰舰长史密斯（C.D. Smith）曾忆称：“……我的船舵机被卡住了，我们发现自己在最糟糕的一场风暴中竟打起了转转……”[18] SC-100虽在海战中突然尴尬地陷入了进退两难的窘境，但天气还是公正无私的，德军潜艇们也有自己的大堆麻烦：U-221的天线在早晨8点被强风吹断；U-432的一名艇员在关闭指挥塔舱门时被风浪击倒，造成双臂立时骨折；U-258的领航员甚至还在风浪中坠海失踪了……由于风暴过于猛烈，远在巴黎指挥部里的邓尼茨下令取消了作战。

狂风在22日有所减弱，大海略微平静了一些。海涅曼开始着手收拢SC-100船队的掉队船只，但他仍然十分担心随时可能再起的风暴，也很忧虑德军潜艇会乘隙突然进攻。忙碌的上午过后，英军“金莲花”号护卫舰、美军“斯宾塞”（Spencer）号海岸警卫船等护航舰只总算将12艘商船聚拢起来，船队继续朝着东面的英伦三岛方向驶去。昼夜交替，日出日落，SC-100船队在渐趋安静的大海中安全行驶了24个小时。海涅曼和船队的诸位艇长、船长都以为已度过了危险期，但他们并不知道，有一艘U艇远远跟在他们的身后已经很长时间了。这艘U艇就是U-617，布兰迪曾一度失去了目标，当他突然在潜望镜中瞥见船队的身影时，虽然兴奋异常，但还是竭力抑制住立即进攻的念头，他一直耐心地尾随着船队，等待着夜幕的降临。23日夜8时左右，SC-100船队的总指挥盖尔正坐在油轮“阿瑟尔苏丹”号（Athelsultan）的船长室，与船长多诺万（J.D. Donovan）饮茶闲聊。突然间，巨大的爆炸冲击波将盖尔和多诺万从座椅上摔下，就在他们惊魂未定之时，又传来更刺耳的一声爆炸——布兰迪发射的两枚鱼雷命中了“阿瑟尔苏丹”号的右舷引擎室！排水量8882吨的“阿瑟尔苏丹”号是SC-100船队的“旗舰”，随着海水灌入各个角落，这艘160米长的油轮很快遭遇了厄运，船员们惊恐地跳上救生艇逃命。盖尔下落不明，船长多诺万在下沉中的油轮附近抓住了几块木头，最后幸运逃生（总共只有8人获救）。布兰迪在U-617的航海日志中曾写道：“……击中油轮。紧急下潜。在艇内就能听到第二次爆炸发出的声响，随后又传来连续的爆炸声（锅炉爆炸）。光用耳朵就能准确无误地做出结论：油轮正在下沉。”[19]

U-617发起的突袭令SC-100船队阵形大乱，油轮爆炸引起的大火也点亮了周边的海面，虽然失去了总指挥盖尔，海涅曼手下的护航军舰也一时搞不清潜艇的方位和距离，但在救起落水船员后，整个SC–100船队还是继续向前方小心地驶去。布兰迪紧急下潜后并没有撤离，他仍然隐伏在船队洒下的阴影中待机而动。当夜21点20分左右，在格陵兰最南部的法韦尔角（Cape Fairwell）东南海域，SC–100船队落在最后面的一艘货轮出现在布兰迪的潜望镜中，他在航海日志中曾这样记载过此后的情形："……[21:21]在130度方向发现落在船队最后面的一艘蒸汽船。[21:32]发起进攻，3号和4号鱼雷发射管发射鱼雷。错失目标，原因在于目标运动速度设定过高。掉头后再用艇尾的5号鱼雷发射管进攻。[21:42]5号鱼雷发射管射出的鱼雷命中了船体中部。蒸汽船开始倾斜，11分钟后锅炉爆炸，蒸汽船迅速下沉。估计吨位5500吨。"[20] 布兰迪斩获的猎物是实际排水量仅为2342吨的英国货轮"田纳西"号，它的左舷引擎室被击中后爆炸起火，36名船员中仅有16人陆续获救，包括船长、大副和轮机长在内的20名船员沉入海底。

布兰迪像一只闻见血腥便再也不肯松口的猎犬一样，依然没有收手的打算。他继续远远地跟在船队后面，等待对手放松警惕。24日上午的海面相当平静，灰色的天空中布满腥湿的铅云，布兰迪又盯上了不幸落单的比利时散货船"罗马尼亚"（Roumanie）号。9点58分，布兰迪在潜望镜中仔细观察着这艘货轮，他看到"货轮尾部有一门炮，舰桥上安装有机枪"，于是下令"下潜后进行水下攻击"。布兰迪命令发射的两枚鱼雷"均命中了目标，只能看到巨大的烟云……船在迅速下沉。沉没时只有一些小筏子和木桶还在漂浮"[21]。布兰迪看到的筏子和木桶上确实趴着一些幸存者，但全体船员最后仅有一人幸免于难。布兰迪当时曾命令救起正在挣扎的"罗马尼亚"号的轮机长，这名船员跟着布兰迪在10月7日回到了法国圣纳泽尔——战后，盟国指控邓尼茨曾在1942年9月向U艇部队下达过"处死海难幸存者"的命令，姑且不论这一指控是否站得住脚，即便确有这道命令，布兰迪也以上述作为立刻"违背了命令"。

值得指出的是，根据有关研究，布兰迪在重新发现SC–100船队的第一时间，就向U艇指挥部报告了船队的方位和朝向，但U艇指挥部竟然没有收到他的讯息，致使没有任何一艘U艇能够赶来帮助U–617。[22] 不过，U–432和U–258在24日曾偶遇SC–100船队，前者击沉了5868吨的美国货轮"彭马尔"（Pennmar）号，后者则声称击伤了两艘货轮（没有得到确认）。25日起，英军海岸司令部的反潜战机编队开始为SC–100提供全方位护航，迫使U艇放弃了继续追踪。在接下来的3天里，曾一度掉队的多艘商船陆续与船队主体会合，SC–100终于在9月29日开入北爱尔兰贝尔法斯特，从而结束了艰难多险的航程。SC–100船队共损失了6艘船，其中一艘毁于9月15日的一起事故，另5艘（合计26331吨）被对手的U艇击沉，布兰迪的U–617就占了其中的3艘（上报总战果20000吨，实际为14787吨）。对于邓尼茨来说，投入20余艘U艇换来的战果可能并不丰厚，但对布兰迪这个新人而言，首航便能取得相当显赫的战果，确实令人印象深刻。

9月26日，天气开始再度恶化，布兰迪的U–617曾在狂风巨浪间与另一支规模更庞大的盟国船队不期而遇。这支代号"ON–131"的船队由大约30至40条商船组成，加拿大海军的2艘驱逐舰和5艘轻型护卫舰负责护航。布兰迪发现大把的猎物后，立即向U艇指挥部通报了船队的方位，邓尼茨的反应同样迅速，命令由"福韦尔茨"艇群和"闪电"（Blitz）艇群的17艘U艇组成代号为"虎"的新狼群，日夜兼程地赶往布兰迪报告的方位。邓尼茨同时指示布兰迪可在援兵赶到前相机行事。布兰迪称自己发射的3枚鱼雷击沉了2艘货轮，同时还重创了第3艘，不过他的这些战果战后都没有获得确认。完成攻击后，U–617被一艘装备了厘米波雷达的加拿大军舰逼退，但布兰迪不甘心就此舍弃嘴边的猎物，他与对手玩起了6个小时的"猫捉老鼠"的游戏。但是，U-617每次上浮时，布兰迪都能在潜望镜中看到军舰的身影，对手还投掷了大量的深水炸弹，迫使他只得放弃进攻。昼夜兼程赶到的其他U艇，还是像赶来分食的狮子一样狠狠咬掉了几艘货轮。不过，随着天气的愈发恶劣，U艇指挥部最终取消了对ON-131的追击。

10月3日，布兰迪率U-617抵达比斯开湾，7日时回到圣纳泽尔基地。应该说，布兰迪的第一次考试成绩相当优秀，9月25日前击沉的4艘商船都得到了确认，虽然报告的总吨位数比实际高出约25%，但这毕竟是新艇长的第一次独立出海作战。U-617在9月26日的战果（击沉总吨位8000吨的货轮2艘，重创1艘）没有得到确认，可能与恶劣的天气有关；另外，对手军舰的存在和攻击也使他无法目视敌船的沉没，或许他听到的爆炸声是未能命中目标的鱼雷发出的，而不是货轮爆炸所发出的巨响。

经过这次出海作战，布兰迪上尉（1942年10月1日晋升）精明能干的艇长形象已在U-617艇树立起来。艇员们知道自己只需安心做好各自的工作，别的一概不用担忧，艇长布兰迪会照顾好一切，也会让他们带着荣誉安全地返回基地。

最危险的水域：地中海"无畏骑士"

自1941年初抵达北非以来，隆美尔以一系列猛烈的攻势把英军赶到埃及边界，但这位"沙漠之狐"的战场命运，几乎完全取决于他能获得的物资装备和补给。英军非常清楚非洲德军的弱点，他们以马耳他岛为基地，用战机、潜艇和水面舰艇袭击驶往北非的轴心国船队，这一招数屡见奇效，令隆美尔的非洲军（即非洲装甲集团军）时常陷入严重的补给困境，装甲部队经常只有仅够使用3天的油料。希特勒曾命令邓尼茨派潜艇到地中海水域作战，打掉英国海空军在这片水域里的锐气和威胁。邓尼茨总体上支持这一决策，但坚决反对在并不适于潜艇战的地中海集中过多的U艇，在他的心目中，U艇最重要的任务是大西洋破交战——"只有在迫不得已、万分紧急的情况下才需从大西洋抽调兵力，数量也不宜过多，只要能满足克服危机的需要即可"。[23] 1941年9月底，6艘原在大西洋战场的U艇经由直布罗陀海峡进入地中海；11月初，又有4艘U艇潜入地中海。这些U艇于1941年12月被编入第29U艇支队，该支队一般维持着15艘U艇的规模，加上意大利潜艇部队的配合以及出没无常的作战方式，还是减轻了轴心国船队面临的压力。这些U艇对英军驶往北非的船队也进行过无情打击，某种程度上支持了隆美尔的地面战事，帮助后者在1942年6月成功夺取托布鲁克，以及随后在阿拉曼与英军形成对峙的局面。

1942年11月2日，布兰迪率U-617艇离开圣纳泽尔开始进行第二次巡航。出发仅两天，他又收到U艇指挥部的命令——改变航向进入地中海！收到该命令的不只是布兰迪，另外5艘正在北大西洋活动的潜艇（U-407、U-259、U-596、U-755和U-380），以及正在法国布雷斯特港的U-595都收到了这个命令。邓尼茨根据希特勒的要求，把前述7艘U艇编组成代号为"海豚"的艇群，派往地中海支援那里的潜艇部队，防止盟军在隆美尔身后的的黎波里或班加西等地登陆。邓尼茨命令U-617等5艘U艇在11月8日至9日的新月之夜沿直布罗陀海峡溜进地中海，U-259和U-380则在11月10日至11日夜进入这片危险的水域。

地中海对U艇来说是一片危险度极高的水域，重要原因之一就是地中海的地理位置和水情所带来的极大困难。经由直布罗陀海峡进入地中海本身就非易事，这条水路十分狭窄（最窄处仅8英里），强劲的水流从大西洋流入地中海，而地中海海水因蒸发的缘故含有很高的盐分，密度更大，地中海的水流在朝大西洋流动时也因之往往沉在表面洋流之下。流向大西洋的水流与流进地中海的水流在直布罗陀海峡西段的海底山脊附近会发生激烈的碰撞，引发的波浪又沿着两股水流的交汇处流回地中海，正是由于这个缘故，U艇一旦进入地中海，再想沿着海峡撤回大西洋就几无可能。进入地中海的最好方式，是顺着大西洋表面洋流借势进入，对U艇来说，这意味着它们需要漂在水面上穿越欧洲最狭窄、防守最严密的一段水路。英军在海峡沿岸布有大量兵力，设置了密集的反潜网，驱逐舰也在不停巡弋，因而潜艇只能在夜间潜行穿越海峡。尽管官兵们事先都有思想准备，也进行了周密的计划，但是，在派往地中海的U艇中，还是至少有7艘在穿越海峡时遭到重创或完全失败。

布兰迪收到命令后放下手头的任务，在缺乏进一步明确指示和专门装备的情况下直接扑向直布罗陀海峡。幸运的是，包括U-617在内的所有7艘U艇都在11月8日至10日夜间成功穿越海峡进入地中海，使该水域的U艇总数增加到25艘，但这些潜艇也在陌生的环境中面对着盟军的防御兵力、舰艇及战机的严重威胁。邓尼茨在战后回忆录中曾说：“……在地中海的狭窄水域里，敌人能够给予自己的海上交通线全程的空中保护。从苏伊士运河和亚历山大到托布鲁克和马耳他，从直布罗陀到北非和马耳他，他们的船队都一直紧贴着海岸线航行。他们很容易从陆地上给予保护。因而，从一开始地中海的U艇就面对着十分强大的防御力量。”[23]此外，地中海的海水深度明显不足，多数时候还清澈见底，即便U艇只是伸出潜望镜，也会留下一长串的泡沫，盟军反潜战机可以轻易地发现水面下的潜艇踪迹。在大西洋航线往返的主要是运输经济物资的大规模船队，相对而言，地中海的盟国船队一般都规模较小，但运载的多为支援北非和马耳他的作战物资和装备，所以护航力量倒是空前强大。这些因素的共同作用，使得地中海成为危险程度最高的U艇作战水域，也注定了这里的U艇想取得大西洋战场那样的战绩几无可能。有一组数字颇能说明地中海水域就是U艇的“死地”：到1944年5月，一共有62艘U艇先后进入地中海，但没有任何一艘能够从直布罗陀海峡溜回大西洋，所有U艇不是被击沉或遭受重创，就是龟缩在法国的土伦、意大利的拉斯佩齐奥和波拉（Pola）、希腊的萨拉米斯（Salamis）等少数基地里。邓尼茨对此曾表示：“……这些在大西洋作战的潜艇一进入地中海，就如同被关进了‘捕鼠笼’。”[23]

布兰迪率艇进入地中海的当天就赶上了一场大规模战事，即盟军以登陆摩洛哥和阿尔及利亚为目标的“火炬”作战。盟军的这次重大作战具有多重目的，除消灭非洲德军，确保地中海运输线的安全这些直接目标外，还包括震慑西班牙并使之不敢轻易加入轴心国，在维希法国和德国之间制造紧张关系，使意大利时时感受到本土遭受威胁等。而邓尼茨增援地中海U艇部队的直接目的，就是试图以潜艇战阻止盟军登陆和威胁到北非德军的后方。不过，希特勒和他的最高统帅部显然没有汲取1940年4月的挪威战役中的教训——仅靠U艇的偷袭，根本不足以对抗对手有着重兵护航的登陆舰队，更何况盟军为这次行动投入了13艘航母，以及数百艘装备了厘米波雷达的各种战舰。U艇部队在地中海面对的局势比1940年4月更加严峻，虽然指望U艇阻挡对手没有任何的可能，但希特勒还在电文中一如既往地打气鼓劲：“……致地中海的所有U艇：非洲军的生死存亡取决于你们能否摧毁直布罗陀的敌军，我期待着你们取得一场冷酷无情的酣畅大胜。”布兰迪的U-617与其他7艘潜艇被地中海U艇部队指挥官克赖施（Leo Kreisch）少将部署在奥兰（Oran）外海，负责阻挡盟军从这个方向进行登陆。虽然这些U艇对盟军舰只发起过多次攻击，但一共只击沉了8艘舰只（包括2艘驱逐舰和2艘运兵船）；意大利潜艇部队出动了不少潜艇，但在大堆所谓的战果中只有4艘得到了确认。[24]盟军舰只遭到攻击后，海空军立即展开了大规模猎潜作战，U艇艇长们再也不能通过目击或潜望观察来确认战果，被迫较多地依靠爆炸声来判断进攻是否得手。但是，远处传来的爆炸声实际上有可能是鱼雷过早爆炸，或深水炸弹爆炸时发出的声音，于是，1942年11月间的地中海战场便出现了大量无法确认的战果，布兰迪更是被人称为"最乐观的战果申报者"。11月19日至23日间，布兰迪声称自己击沉了一艘5500吨的货柜船（并击伤了相同吨位的另一艘货轮），还击中了一艘33950吨的战列舰、一艘6496吨的轻巡洋舰及一艘1500吨的驱逐舰。事实上，这些"极显赫"的战果竟没有一艘能得到确认！U-617在11月19日完成攻击后，曾遭到4个小时的追杀，期间先后有80多枚深水炸弹在潜艇周围爆炸。在盟军的"火炬"作战期间，共有5艘U艇被击沉，U-81和U-458等6艘潜艇也带着满身的创伤和各种机械故障，脱离战场后溜回各自的基地。

U-617于11月28日驶入意大利拉斯佩齐亚港，休息了3周后，布兰迪在12月21日率艇进行第三次出海作战。在这次一直延续到1月17日的航行中，布兰迪取得了纸面上十分惊人的成功。他报告说击沉了总排水量达25600吨的8艘敌船（含一艘驱逐舰），并重创了总计14000吨的2艘货轮。如果这些都是实情，那么这些战果绝对可算是地中海战场上的一大成功，但实际上，布兰迪的战果中只有3艘得到了确认。12月28日凌晨，U-617在班加西外海击沉了英军蒸汽拖轮"圣伊赛"（HMS St. Issey）号，这一战果得到了确认，但吨位仅为810吨。这艘拖轮拖曳的驳船是布兰迪的下一个目标，但他错失了靶子。另外2个获得确认的战果是在1943年1月15日取得的，即1艘4324吨的希腊货轮和1艘1862吨的挪威货轮。前述3艘船的总吨位数只有7000吨，至于布兰迪声称击伤的2艘货轮则根本无法确认。不过，其他U艇艇长也在同期出现过显著的高估现象，如U-375艇艇长克内坎普（Jürgen Könenkamp）声称击沉了一艘10000吨的"伦敦"级巡洋舰，实际上只是击伤了一艘2650吨的布雷艇；U-443艇的艇长普特卡默（Konstantin von Puttkamer）报称击沉了6000吨的货柜船一艘，但其实际吨位数仅为1600吨。

虽然史家们在战后的研究表明布兰迪的确大大高估了战果，但就当时的情形而言，尤其是在北非局势急转直下的时刻（隆美尔正在节节败退，北非德军很快就只剩下突尼斯的桥头堡了），邓尼茨没有理由不对布兰迪做出嘉勉的姿态，后者也顺理成章地在1943年1月21日获得骑士勋章。布兰迪此时上报的战绩相当突出，击沉包括1艘驱逐舰在内的15艘敌方船只（58700吨），另外击伤6艘舰只（61500吨）！[25]U艇指挥部对布兰迪十分信任，并没有怀疑过他的战果存在误报或夸大的成分。但是，邓尼茨对U艇指挥官过高估计自己击沉的商船数和吨位数，并非一无所知或毫无警觉，他曾在回忆录中这样写道："各艇长的报告不免有夸大之处，这种误差是人为造成的。虽然各潜艇也想精确地报告击沉数，但当许多潜艇在夜间与护航运输队作战时，由于黑暗，又是多艇同时攻击，再加上不可能用太长时间去仔细观察攻击效果，因此很难弄清敌船是谁击沉的。在各艇单独击沉敌舰的情况下，潜艇的报告经过后来的证实基本上符合实际情况。但总的说来潜艇指挥官在战争期间对战绩的估计还是偏高。"[26]邓尼茨所言不虚，几乎所有的王牌艇长，包括大名鼎鼎的克雷奇默、吕特、托普和祖伦等人，在作战初期都曾不同程度地高估过战果，但随着他们各自作战经验的日益丰富，其高估比例已从初期的平均25%左右，下降到战斗生涯结束前的15%，但也有很多艇长高估战果的比例更高，达到40%乃至50%的人比比皆是。布兰迪堪称所有王牌中的"高估冠军"，终其整个军旅生涯，高估比例竟达到68%！难怪战时总是有人对布兰迪一再获颁高规格勋章感到不服，战后更有人嘲笑他“完全是靠虚报和高估战果才能跻身于王牌和精英之列”。

1943年1月27日至2月13日间，布兰迪率领U-617再次出海作战。他在这趟巡航中取得了击沉3艘敌船的战绩，虽然3个战果都得到了确认，但实际吨位数只有7000吨，远远少于他上报的12450吨。2月1日，布兰迪在托布鲁克东北近海击沉了英军一艘由巡洋舰改装的布雷艇“威尔士人”号，造成242名水手和乘客中的154人丧生。这艘军舰虽然仅有2650吨，但被后人认为是布兰迪军旅生涯中最重要的一次成功，因为这艘军舰在1942年初夏解救马耳他岛的作战中曾发挥过重要作用（为留守马耳他岛的守军和潜艇运来了至关重要的武器弹药和补给），也是

▲ 摄于1943年初，停泊在意大利波拉港基地的U-617。

▲ 摄于1943年，U-617艇的几名艇员正在工作，背景是意大利波拉港。

▲ 摄于1943年1月21日的萨拉米斯港，获颁骑士勋章的布兰迪上尉。

▲ 摄于1943年1月21日的萨拉米斯港，布兰迪上尉（右）获得了骑士勋章，左为爱琴海德国海军指挥官弗尔斯特（Erich Förste）少将。

▲ 摄于1943年，布兰迪的U-617正在返回基地。

▲ 摄于1943年1月21日，布兰迪获得骑士勋章后接受艇员们的祝贺。

▲ 摄于1943年1月27日的意大利拉斯佩齐亚港，布兰迪准备率领U-617艇出海作战。

英国皇家海军地中海舰队的重要成员之一。德国海军总司令部和邓尼茨都曾对布兰迪一举击沉了这个宿敌感到欣慰。

布兰迪对战果的高估并没有随着经验的增多而减少，反有愈演愈烈之势。1943年3月25日，U-617从波拉港出发，开始了为期23天的第五次巡航。在这次出海中，布兰迪声称取得了如下战果：击沉英军1艘8000吨的“乌干达级”巡洋舰，重创2艘驱逐舰以及1艘充作运兵船的23500吨的远洋客轮。虽然布兰迪进攻战舰的勇气“殊为可嘉”，但这些战果没有一艘能够得到确认。到4月11日，布兰迪至少在报告中已取得了显赫的成功——击沉敌方船只19艘（总吨位80000吨，包括2艘巡洋舰和1艘护航驱逐舰），另外击伤敌船9艘（88500吨，含1艘战列舰、1艘大型运兵船、1艘巡洋舰和3艘驱逐舰）。[27] 邓尼茨对布兰迪的勇敢和战绩显然留下了深刻的印象，他在4月11日提请希特勒授予布兰迪橡叶骑士勋章，后者由此成为第224名橡叶骑士勋章得主，也是海军第26位、U艇部队第22位获此勋饰的军人。布兰迪在U艇部队的知名度有了显著提高，“地中海的老狐狸”、“沉静的大鲨鱼”等绰号开始不胫而走。如果说布兰迪的确有着高估战果的习惯，但他似乎不太可能故意捏造或虚报战果。在“视荣誉为生命”的U艇部队，这样做几乎没有成功的可能，潜艇里的军官和几十名艇员自己就会把一个贪慕虚荣、谎报战功的骗子钉在耻辱柱上。毫无疑问，布兰迪是个颇有胆略的艇长，在别人聊起地中海战场便摇头，谈及主动攻击军舰就色变的时候，他确实还在坚持不懈地主动进攻那些对U艇和运输船队构成最大威胁的敌方军舰。布兰迪当然了解那些速度快、火力猛、随时都会投掷深水炸弹的战舰有多么危险，也深知一旦进攻不顺或错失目标，敌舰和敌机就会以强大的火力置潜艇于死地，但他依然毫不畏惧，哪怕这意味着U艇要在清澈见底的海底长时间蛰伏，甚至还有被深水炸弹击沉或炸为齑粉的可能。可能主要是囿于客观原因，布兰迪没有条件目击或亲自确认许多战果，但这并不等于他在有意地谎报战绩，更何况他的确击沉击伤过一些盟军水面舰只，对于明显处于下风的地中海U艇部队来说，这本身就是难能可贵的成功。布兰迪每次向军舰进攻后，总能安全撤出或逃离，这说明他已在历时一年的作战中成熟起来，成为一个技术精湛，总能将艇员安全带回基地的优秀艇长。所以，U-617的艇员们充分地尊敬并信任布兰迪，也以能与其并肩作战为荣。

1943年的上半年是地中海U艇部队非常困难的一段时间，他们损失巨大——失去了11艘U艇、近500名经验丰富的艇员，战绩却非常惨淡——20余艘U艇总共只击沉了30艘盟军舰只和9艘帆船，这当然再次证明了U艇并不适合于对抗占尽海空优势的盟军。盟军在地中海战场建立了严密高效的海陆空立体防御体系，强大的海上力量时刻处于警觉和快速运动中，从马耳他岛和北非海岸多处机场频频起飞的反潜战机，也使U艇针对运输船队的攻击经常失手，甚至还遭到全方位的报复。应该说，U艇官兵的努力，对于在突尼斯桥头堡苦苦挣扎的德意军队而言并没有实质性的帮助。此外，地中海U艇部队指挥官克赖施的管理和指挥方式，也使辖区内的潜艇作战雪上加霜。这位海军少将特别喜欢在远离战场的地方以无线电指挥潜艇攻防，将U艇随意地从一个地方调到另一个区域，甚至每隔几小时就改变艇群的组成，不少潜艇因之疲于奔命，无所适从。另一方面，由于地中海水域里U艇作战的危险程度很高，克赖施被迫放松了对申报战果的审查，也对艇长们更慷慨地颁发勋章——有史家明确指出，德军把地中海战场取得的战果按双倍计算，如果击沉的是军舰，还会给予额外的加分。[28]

1943年5月中旬，突尼斯桥头堡的20余万德意军队向盟军投降，标志着希特勒和墨索里尼"北非历险"的灰飞烟灭。邓尼茨在希特勒面前曾多次强调，派往地中海的U艇在更具决定性的大西洋战场本来应该能发挥更大的作用，但在突尼斯桥头堡覆灭之后，他却声称U艇部队对北非战事起到了至关重要的作用。至于希特勒，出于牵制盟军、保护盟友意大利的目的，始终坚持在地中海维持20余艘潜艇的兵力，哪怕现在的北非已完全落入盟军之手。不过，1943年5月和6月短短两个月里出现的突发性重大损失（大西洋战场损失了53艘U艇，地中海和北冰洋战场分别有4艘和1艘U艇被击沉），在U艇部队内部引发了一线艇长、支队指挥官与总部的大辩论，辩论的唯一主题就是是否还应该把吨位战持续下去。第27U艇支队的指挥官托普及其副手祖伦都是获得双剑骑士勋章的前王牌艇长，他们两人反对继续进行吨位战，在他们看来，德国不仅难以承受高昂的损失，即便强行为之，也没有一丝一毫的成功希望。另一位双剑骑士勋章得主、U-181艇艇长吕特则力主"以最大的强度将吨位战进行到底"。布兰迪支持吕特所代表的大批一线艇长的意见。邓尼茨也被这个问题所困扰，他曾留下过这样的文字："……1943年6月，我面临着整个战争期间最艰难的一项决定。我必须下决心明确，是从所有战场撤出潜艇并取消潜艇战，还是让他们无视敌人的优势地位，以某些改进的、更适宜的方式继续作战。"[29] 邓尼茨预计，如果再将潜艇战继续下去，损失将会达到惊人的程度，艇长和艇员们都得做出相当大的牺牲。但是，出于多重原因，邓尼茨还是做出了他所称的苦涩决定："除了继续战斗下去，我们别无选择。"[29]

▲ *1943年2月1日，布兰迪率U-617击沉了英国皇家海军2650吨的布雷艇"威尔士人"号，图为该艇的档案照。*

▲ 1943年4月11日，布兰迪获颁橡叶骑士勋章，图为授勋后拍摄的标准照。

▲ 布兰迪获颁橡叶骑士勋章后拍摄的标准照。

▲ 摄于1943年6月至7月的出海巡航途中，布兰迪坐在指挥塔边，表情显得非常轻松。

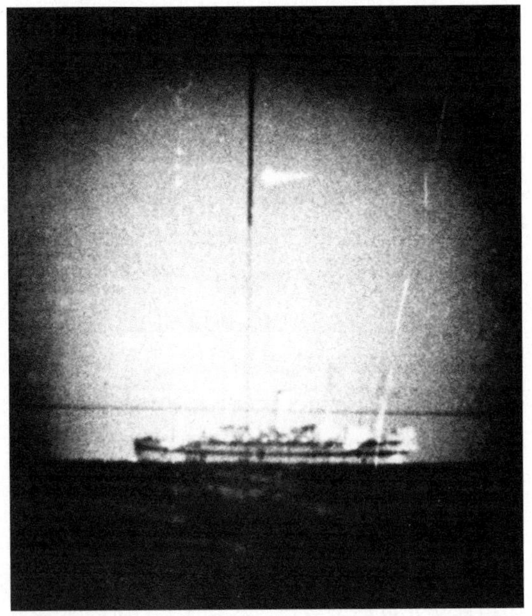

▲ 摄于1943年，布兰迪的潜望镜中出现了一艘敌军的大型船只，最后一刻他认出这是艘医疗船，于是放弃了进攻。

▲ 拍摄时间不详，某位U艇艇长正借助潜望镜观察海面的情况。

▲ 一位U艇艇长和艇员们正在指挥塔瞭望，图中戴白帽的是艇长，其侧面轮廓酷似布兰迪。

▲ 摄于1943年夏，橡叶骑士勋章得主布兰迪与U-617的艇员们在一起。

▲ 摄于1943年夏，在一次成功作战之后，情绪高涨的布兰迪和艇员们面对镜头大笑。

▶ 摄于1943年夏，橡叶骑士勋章得主布兰迪作战归来时受到了热烈欢迎。

1943年6月至7月间，U-617两次从法国土伦港出海巡航，但第一次为时仅一天，可能目的仅仅是测试设备和武器系统，第二次出海则从6月19日延续到7月20日，布兰迪声称击沉了一艘驱逐舰，但战果未能得到确认（地中海的7艘U艇在此期间共击沉总吨位27000吨的7艘敌船）。在7月中旬至8月中旬的盟军西西里岛登陆作战期间，地中海U艇向西西里岛近海的盟军舰只发起过多次进攻，以损失4艘潜艇的代价，换来了击沉7艘，击伤5艘盟军舰只的战果。当西西里岛的轴心国军队8月中下旬全面撤至意大利本土时，地中海U艇部队只剩下13艘潜艇仍在苦撑，湛蓝的地中海比以往任何时候都要凶险，不仅航线上到处都是护航的盟军舰艇和反潜战机，就连几个主要潜艇基地也是频遭轰炸，在那些既拥挤又缺乏有效防护设施的基地里，U艇们几乎无处藏身。第29U艇支队当年8月因之奉命离开意大利拉斯佩齐亚（当然还有意大利政局不稳的因素），迁往条件和设施更佳的法国土伦港。

1943年8月28日，布兰迪率艇离开土伦港，开始第8次，也是U-617的最后一次出海作战。他的任务是在直布罗陀海峡以东水域寻机进攻英军的一支海上战斗群，德国间谍传来的情报表明，这个战斗群至少拥有1艘战列舰、2艘航母及其他一些战舰。[30]布兰迪理所当然地被视为执行这一危险任务的最佳人选，没有人像他那样进攻过，且“击沉击伤过”如此之多的敌方舰艇，也无人能像他那样总能全身而退。这次巡航中，U-617携带了一种新式武器，即代号“T-5”、被盟军称为“GNAT”的声自导电动反舰鱼雷。这种鱼雷问世于1943年初，到当年8月初时每艘U艇都得到了4枚。不过，艇长们被告知，只有在进攻护航舰艇时才能使用“T-5”，攻击商船则仍须使用传统的鱼雷。据有关史家的研究，布兰迪的U-617是有据可查的第一艘使用声自导鱼雷进攻军舰的U艇。[31]9月1日，U-617在直布罗陀以东水域遭遇了前述海上战斗群，布兰迪向其中的一艘驱逐舰发射了“T-5”鱼雷，虽然命中了目标，但鱼雷却被卡在驱逐舰的螺旋桨附近，英舰虽然受伤，但并无大碍。由于距离英军海上战斗群很近，布兰迪发射鱼雷后看都没看一眼，便命令紧急下潜至200英尺深度。据说，除“发射鱼雷后立即下潜”的惯例外，布兰迪事先还曾得到警告，潜艇自身的螺旋桨发出的噪声，也有可能吸引射向敌舰的鱼雷。

布兰迪除了携带几枚新式鱼雷外，还带着一名来自奥地利的新人——7月刚刚登艇的次值星官阿尔科（Ferdinand von Arco）少尉。这位少尉2004年去世于维也纳，生前曾向西班牙军史研究者马塔（Santiago Mata）描绘过U-617在1943年9月的几次作战，后者在所撰的《U艇：二战德国潜艇》一书中这样引述过阿尔科的回忆：“……U-617曾遭遇英军航空母舰‘卓越’号和‘可畏’号，与有些资料声称的正相反，我们并没有机会向它们发射鱼雷……几天后，我们正在水下吃饭，大家还在喝汤时，报务员报告说西边约5英里外传来战舰螺旋桨发出的噪声。当时的大海非常平静，由于升起潜望镜时引发的波浪很容易令潜艇暴露，艇长布兰迪说除非自己疯了才会这样做，但在军官们坚持下，潜艇还是上浮至潜望深度，布兰迪随即称自己看到有两艘驱逐舰正朝直布罗陀方向全速驶来。军官们问他敌舰是否在鱼雷射程范围内，布兰迪给出了肯定的答复，但他拒绝发射鱼雷。我再次坚持攻击敌舰，布兰迪总算下令鱼雷发射器待命。布兰迪测算了距离和目标的运动速度后，两枚鱼雷分头瞄准并射向了两个目标。艇员们非常高兴地得知鱼雷都按时爆炸了，布兰迪同时收起潜望镜并命令下潜。驱逐舰像落水的石头一样下沉了，自然，我们不能爬出去看看有没有幸存者——考虑到沉没的速度非常快，几乎无人可以幸存。我们下潜25米，向南朝摩洛哥海岸和休达（Ceuta，位于非洲北部海岸的西班牙自由市，隔直布罗陀海峡与西班牙本土相望）方向航行了大约半个小时，最后潜入海底停了下来。”[32]

阿尔科晚年的记忆可能出现了较大偏差（或者像艇长布兰迪一样，都养成了高估战果的习惯），当时布兰迪进攻的并不是两艘驱逐舰，而是1050吨的英军驱逐舰“帕克里奇”号（Puckeridge）。这艘驱逐舰当时正从直布罗陀驶往北非的奥兰，9月6日，它在直布罗陀以东40英里处被U-617发射的两枚鱼雷击中，8分钟后完全沉没，191名船员中有62人丧生，129名幸存者被西班牙商船“安特克拉”（Antequera）号救走。确如阿尔科所言，布兰迪很清楚进攻完成后盟军势必将进行报复和追击，于是他指挥U-617潜行到距摩洛哥海岸线不远的海底休息，准备等到夜深人静时浮出水面透气，同时为电池充电。随后几天里，布兰迪沿着摩洛哥外海向东航行，他的目标是到阿尔沃兰岛（Isla de Alboran，位于摩洛哥海岸北面30英里外的西地中海）的南面隐伏下来，寻机进攻途经此处的盟军船只。布兰迪没有料到的是，“帕克里奇”号竟是他的“功勋潜艇”U-617的绝唱。

盟军一直在搜寻击沉“帕克里奇”号的“元凶”，9月11日0点过后不久，英国皇家空军第179中队的加拿大飞行员霍奇金森（D.B. Hodgkinson），在自己的“惠灵顿”反潜轰炸机的机载雷达上发现了一艘潜艇的踪影。这艘潜艇就是盟军苦苦追寻的U-617，它当时的位置约处于西班牙殖民地摩洛哥外海，距离非洲大陆上的梅利利亚（Melilla）港不远。布兰迪自己曾这样回忆过U-617遭受攻击的一刻：“……当夜幕降临在北非和直布罗陀海峡之间狭长的水面时，我的潜艇浮出了水面。我们的蓄电池需要充电，但最主要的还是大家都需要呼吸几口新鲜空气。这真是一个星光闪烁的美好夜晚。周围静谧无声，举目望去，茫茫的海面波澜不兴，更不要说有什么飞机的隆隆声了。我将瞭望的职责交给阿尔科，嘱咐他多注意非洲海岸方向的梅利利亚，随后我转身下到艇里。突然间，巨大的爆炸声撕碎了静谧的夜空。潜艇开始剧烈地摇晃，我也随之跳了起来。”[33]

不过，次值星官阿尔科少尉的忆述与他的艇长有所不同：“……9月11日星期六子夜刚过，我们几位军官正在艇里打牌，突然上面传来了瞭望哨的惊呼声——‘敌机！’……确实有一架敌机出现在天空，而且飞得离潜艇很近。我看到艇长布兰迪跳起来后朝着指挥塔跑去，与此同时又传来三声巨大的爆炸声。布兰迪在指挥塔上冲着下面高喊：‘快上浮，潜艇要沉了！’……”[34]

霍奇金森发现U-617后，立即降低高度俯冲下来，直到在月光下清楚地看到潜艇的轮廓时才拉起战机。接近凌晨1点时，霍奇金森绕了一圈后打开战机上装备的探照灯，向U-617投掷了6枚深水炸弹，他的炮手米歇尔（L. Mitchell）也向潜艇甲板进行了扫射。炸弹落在了潜艇的左右两侧，其中的一枚显然距艇身很近，装有延迟引信的炸弹落水后才在艇身下方发出惊天动地的爆炸，掀起的气浪将U-617托离水面足有一米！当潜艇重重地落回水面时，U艇里几乎所有的玻璃和陶瓷制品都被震碎，电线也发出兹兹的火花，到处都有管道在漏水漏气，灯光也暂时熄灭了。霍奇金森在空中借助探照灯看到，U-617正胡乱地摇摆，指挥塔上不断有人爬上爬下，显然乱作一团，而且U艇似乎已经开始漏油。按照阿尔科的回忆，他在漆黑一团的潜艇里摸索着打开空气泵，把压缩空气打入蓄水舱，这才使潜艇成功地开始上浮，但是阿尔科当时并未意识到这一点，反而在不停地祈祷“不要像老鼠那样被淹死”。U-617伤得不轻，两台马达都不能工作，一只柴油发动机完全失灵，剩下的一只也出现了故障，海水顺着裂缝渗入潜艇，与电池里的铅酸发生化学反应后产生了难闻的有毒氯气。布兰迪呼唤3名志愿者戴上防毒面具，下去处理有毒气体并堵住渗漏，结果有6

名来自奥地利的艇员与阿尔科一起志愿前往。据阿尔科回忆，他曾到甲板上了解潜艇的伤情，看到潜艇300米外的海面上似乎有燃烧的飞机残骸，不过，当他注意到甲板上的双联装20毫米高射炮及一门37毫米高射炮都被巨大的气浪掀离了底座时，他才意识到，自己看到的火焰不过是英军战机掷下的燃烧弹。

8月14日获得金质德意志十字勋章的U-617轮机长克勒姆茨（Karl-Guenther Klemz）中尉，带领几名机师设法修复了一只柴油发动机，潜艇能够再次动起来，但航速不能超过5节。布兰迪命令以最低速度朝摩洛哥海岸驶去，希望能在中立国水域找到一处相对安全的地方进行检修。大约凌晨3点15分，布兰迪和阿尔科正在甲板上吸烟，瞭望哨突然又大喊一声："敌机！"布兰迪扭头一看，果然又一架"惠灵顿"出现在不远的天空中。霍奇金森完成攻击后，即把U-617的行踪向直布罗陀的基地做了通报，现在杀来的是同样来自第179中队的布鲁尼尼（W. H. Brunini）少尉。布鲁尼尼毫不犹豫地向U-617发起了进攻，他也投下了6枚深水炸弹，海浪将甲板和指挥塔中的每个人都淋了个透湿。阿尔科回忆说，布鲁尼尼随后发射了火箭，一枚磷光弹直接命中U-617的指挥塔，结果烧伤了指挥塔中的几个人，他们的救生衣都被烧着了（阿尔科的回忆可能有误，英军此时并未在"惠灵顿"上安装火箭，布鲁尼尼发射的可能仅为曳光弹；另外，英军一向否认自己的战机使用过凝固汽油弹或磷光弹等化学武器）。U艇再次陷入混乱之际，布兰迪命人将艇内的两艇机枪搬上来还击对手。阿尔科亲自把机枪安放在舰桥上，在他人帮助下朝着"惠灵顿"开火。这时，"惠灵顿"又朝着潜艇俯冲下来，以航炮和机枪猛烈地攻击甲板和指挥塔。"惠灵顿"反潜轰炸机上的炮手琼斯（W. Jones）上士被阿尔科射出的子弹击成重伤，布鲁尼尼随即变得谨慎起来，不再进行俯冲攻击，而是在距潜艇500米的空中绕圈飞行，同时每隔100米掷下一个发光浮标，以便标识出U-617的挪动路线和方向。

布兰迪指挥着U-617缓慢地朝摩洛哥海岸爬去。潜艇遭受到重创，头顶上的"惠灵顿"虽然停止了进攻，但一直在绕着圈穷追不舍，再加上拂晓即将来临，布兰迪必须尽快决定是否弃艇。他自己后来曾回忆说："……放弃U-617是我一生中作过的最困难的决定。它是那么卓越的一条潜艇，但除此以外，还能有别的什么办法呢？"[35]布兰迪犹在踌躇之时，U-617距离梅利利亚的海岸越来越近了，"惠灵顿"战机也在绕了最后一圈后飞走了。布兰迪一边提醒手下小心触礁，一边命令离海岸稍远一点，但在距海岸仅1英里处时，U-617还是撞上了礁石，搁浅不动了。这一意外倒是免去了布兰迪的烦恼，但据阿尔科回忆，还没等艇长下令弃艇，许多艇员便已经跳入水中并争先恐后地朝岸边游去！阿尔科声称自己曾吹起哨子，命令他们回来，但被布兰迪制止了，艇长当时缓缓地说道："让他们游过去吧，拐回来也没有意义。游到海滩上的人原地待命！"布兰迪回身命令摧毁密码机和密码本，将尚能工作的那只发动机也破坏掉，然后所有人弃艇。

据阿尔科回忆，布兰迪这时与几名军官发生了争执：首值星官高蒂尔中尉建议他们离艇前通过引爆一枚鱼雷来炸沉潜艇，阿尔科表示赞同，但布兰迪强烈反对，他说不管他们是留在艇上还是跃入水中，巨大的冲击波都将令他们葬身鱼腹。阿尔科和高蒂尔称即便自己将被送上军事法庭，也要尝试一下，布兰迪见军官们的态度如此坚决，只好表示留在艇上与他们同进退。他命令轮机长克勒姆茨乘皮划艇离开，除携带一些机密文件外，后者还把布兰迪的一件白制服和橡叶骑士勋章一并带走了。而后，阿尔科和一名艇员进入鱼雷室，在一枚鱼雷下放上炸药，四处喷洒了大约40升汽油。一切准备就绪之后，布兰迪和高蒂尔等三人趴在潜艇的尾部，阿尔科则点燃了一块沾满汽油的布团，从指挥塔的舱盖扔了下去。时间一分一秒地流逝着，鱼雷引发了惊天动地的爆炸，游到岸边的艇员们关注地看着眼前发生的一切，只见舱盖处蹿出了足有百米高的火焰，但潜艇并未如想象的那样被炸成碎片，艇尾的布兰迪等人也都安然无事！原来，阿尔科在掷下沾满汽油的布团时，匆忙之中忘记关严舱盖了！[36]

▲ 摄于1943年5月的一幅经典图片，美国海军的一架PBM-5 Mariner水上飞机正在南大西洋某处攻击一艘德国潜艇。

▲ 1943年9月6日，1050吨的英军驱逐舰“帕克里奇”号被U-617击沉于直布罗陀以东40英里处，图为该舰的档案照。

▲ 反映U艇遭受攻击的另一幅经典图片。图中的潜艇被深水炸弹迫出了水面，然后又遭到一架“解放者”反潜轰炸机的攻击。相似的一幕也发生在布兰迪的U-617身上。

▲ 一艘德军潜艇正在高速逃逸，试图躲避空中的“解放者”反潜轰炸机的攻击。

▲ 摄于1943年9月12日，布兰迪的U-617遭到英军第48和第233中队的“哈德逊”轰炸机攻击的场景。稍后又有来自第833和第886中队的战机前来参加“射击练习”。

▲ *摄于1943年9月12日，地点在西属摩洛哥梅利利亚附近海岸，图为已侧翻的U-617。*

布兰迪等四人随即朝岸边游去，很快便拖着沉重的步伐踏上了北非的土地。清晨6点15分左右，一架“哈德逊”轰炸机飞抵U-617上空，英军飞行员看到燃烧中的潜艇已向左舷倾斜，也发现了海岸边的皮划艇和几个晾衣服的人。布兰迪上岸之后还没有来得及休息，但眼见对手的战机已经赶到，他决定抛下武器（仅阿尔科保留了一把手枪），立即带着大家离开海滩。布兰迪一行刚刚离去，来自英军第48、第233、第833和第886中队的“哈德逊”轰炸机和“剑鱼”鱼雷轰炸机，便从直布罗陀基地蜂拥而至，对已如死鱼一般的U-617进行了一通轰炸。[37]有史家曾指出，由于个别炸弹落在了海滩附近，造成西班牙海岸炮兵还曾向空中开炮。令人难以置信的是，“海津特”号（Hyacinth）、“哈莱姆”号（Harlem）和“卧龙岗”号（Woolongong）等3艘盟军战舰竟也赶来“助兴”，朝着U-617艇发射了大量炮弹，试图将这个可恶的对手炸

◀ *1943年11月，布兰迪化名为贝格曼，经法国回到了德国。图片是“贝格曼”护照上的照片。*

▼ *摄于1943年9月12日，从另一个角度拍下的U-617。*

ADM (2)
TO: I D 8 G　　ZIP/ZTPGU/17368
FROM: N S　　394
10310 KC/S　　T O O 1937　　T O I 1759/27/9/43
BRANDI OBSERVED DURING AIR ATTACK ROCKET PROJECTILES WHICH SCREAMED AND WHISTLED TERRIFICALLY LOUDLY. THE ATTACK WAS CARRIED OUT BY LOW-FLYING TWIN-ENGINED A/C.
1318/29/9/43 AGT/AHM++++

◀ *1943年9月中下旬，U-617的艇员曾被西班牙当局拘禁，布兰迪被分开关押在西班牙本土的加的斯军官营地。图为布兰迪设法从加的斯向U艇指挥部发出的电文抄件，简要描述了英军战机攻击搁浅的U-617的情形。*

成齑粉。不过，几艘军舰发射的炮弹不仅未能达到目的，反而有一些偏得离谱的炮弹"飞进"了海边的一个村庄，当场炸死1人，炸伤7人，西班牙海岸炮兵也向盟军军舰开炮还击，迫使这些军舰很快撤离了现场。从这么多战机和军舰"恃强凌弱"的举动来看，英军对U-617等潜艇可谓恨之入骨，即便背负"鞭尸"的恶名也在所不惜。战后有人说英军曾派人进入过U-617，目的是为了寻找密码机等重要设备。[38]这种说法可能不足为凭，因为盟军早已掌握了德军的密码通信系统，另外，布兰迪弃艇时不可能不毁坏绝密的资料或设备。

布兰迪一行49人显然目睹了U-617最后的命运。布兰迪自己曾回忆说："……英国人把这些狂轰滥炸当作庆祝的焰火了。显然，这些巨响和噪声惊动了（西班牙）海岸警卫队，当一切都平静下来，英国人也离开了以后，有一个身着西班牙军服的摩洛哥人快步朝我们走来。他手里挥舞着一枝长长的看起来怪吓人的燧发枪，从他的动作来看，你会觉得他简直就像一支大军的指挥官。他一边嚷嚷着说我们都是他的俘虏，一边还花里胡哨地摆弄着枪，他的这些举动还真让我们一下子紧张起来。我告诉手下，'把那支玩具枪从这个兴奋过头的先生手里拿过来'。转眼间摩洛哥人就蔫了，但还是在不停地嘟囔，用一些谁都听不懂，也听不清的话诅咒我们。"[39]

布兰迪等人被西班牙驻军送到诺多尔（Nador）的军营拘禁起来，他们在这里停留了将近3周，然后搭乘西班牙海军的炮艇，来到西班牙本土的加的斯（Cadiz）。不过，有两个人没有随队前往加的斯——阿尔科陪同一位需要手术的艇员留在了梅利利亚的军医院。U-617的艇员们在加的斯受到的待遇还不错，西班牙方面的管理也十分松弛，艇员们被拘期间曾发生过数起逃跑事件，招致了英国驻西班牙大使馆的强烈抗议。布兰迪似乎一踏上西班牙本土就没有和艇员们关在一起，他一共被拘押了两个月左右，11月便回到了德国，见到邓尼茨后汇报了U-617最后的经历和自己的逃亡过程。关于布兰迪是如何逃离西班牙的，一直存在着不同的说法。有一种说法称，邓尼茨得知布兰迪被拘后立即指示全力营救，德国间谍成功地将他救出后，帮助他从法国和西班牙的边境溜走。另一种说法是，名义上中立，实际偏向德国的西班牙政府对布兰迪及其下属十分礼遇，只是碍于英国政府的抗议，才不得不将他们拘禁，但一直给予优渥的待遇，等风头一过，西班牙政府即将布兰迪等人"驱逐出境"（有一说是U-617的首值星官高蒂尔和46名艇员一直被关到二战结束为止，另一说则是他们被关到1944年4月即被集体遣返）。第三种说法称，布兰迪得到西班牙人的默许后，直接逃到了法国土伦，而后从那里绕道返回德国。第四种说法是，布兰迪被关在马德里附近的一个军官营地，他利用警卫的疏忽和懈怠设法逃出后，来到马德里的德国大使馆武官处。他在那里作为客人待了几天，大使馆为他提供了化名为"贝格曼"（Albert Bergmann）的假护照，这样他便得以合法离开西班牙并进入法国，最后绕道返回德国。军史家弗拉施卡认同这种说法，他指出布兰迪"越过西法边境后抵达土伦，而后从那里转赴巴黎，最后回到德国"。[40]

关于U-617何时沉没也有着不同的说法，盟军方面称9月12日即将这艘潜艇击沉，但西班牙海军的战机在9月28日拍摄的照片表明，U-617直到那时仍然冒着烟，歪斜地浮在梅利利亚外海。阿尔科晚年忆称，他曾在1943年10月接到柏林的命令，要求他在德国驻西班牙大使馆武官处的秘密协助下，炸沉"死活不肯沉没"的U-617。阿尔科花钱雇用了一个经验丰富的渔船船长，他们在一个无月的暗夜里从梅利利亚出发，摸到了U-617附近。阿尔科把炸药绑在鱼雷发射器的下方，然后用遥控装置引爆，结果未能成功。阿尔科还不死心，很快用威力更大的炸药又试了一次，但还是失败了。最后，邓尼茨的海军总司令部通过外交途径获得了西班牙政府的秘密支持，西班牙海军同意帮助炸毁U–617。10月末，西班牙海军的扫雷艇“拉腊什”（Larache）号开至U–617所在的水域，一名潜水员将高爆炸药安置在艇壳底部。随着震耳欲聋的一声巨响，U–617最终被炸成碎片，布兰迪唯一值得骄傲的一艘潜艇就这样沉入了深渊。

小型潜艇部队指挥官

1943年12月，布兰迪被任命为U–380艇艇长，该艇与U–617一样同属于VIIC级，是第29U艇支队下属的15艘U艇之一。该艇在前任艇长勒特尔（Josef Röther）的指挥下，曾取得过击沉击伤敌船4艘（28000余吨）的战绩。布兰迪到任后进行了几次训练和演习，然后于12月20日率艇离开土伦，直到次年1月21日返回，在这次为时一个月的巡航作战中布兰迪声称击沉了1艘7000吨的油轮和1艘驱逐舰。德国人阿尔曼（K. Alman）曾在向来有严重脱离史实之称的《士兵》（Der Landser）杂志上发表过一篇长文，他在文中描述过布兰迪在此次出海作战时的一些细节：[41]

“布兰迪命令轮机长将潜艇上浮到潜望深度……他在潜望镜中看到一批蒸汽船，其中有几艘大型油轮，可能是为正在意大利南部作战的盟军运送油料的。这些船只周围有一些驱逐舰和护卫舰提供保护……布兰迪打算进攻两艘吨位均约7000吨的油轮，但他先得绕过那几艘驱逐舰……他把攻击计划通报给艇员们，然后指示下潜至140米，在这个深度上U–380开始小心地朝左舷方向滑动……盟军舰只发出的噪声越来越响，有一段时间它们就在U艇的正上方……大约过了1英里，布兰迪命令左转，然后上浮升起潜望镜……他第一眼就瞥见了一前一后行驶中的两艘驱逐舰，然后他转动潜望镜，视野中出现了两艘油轮的轮廓。布兰迪命令1至4号鱼雷发射管准备射击，前两枚鱼雷将攻击正前方的一号油轮，航速10节，后两枚鱼雷则射向右舷方向的二号油轮。随着与一号油轮距离的拉近，布兰迪在不停地修正数据，大约一分钟后他下令发射鱼雷……约20秒后，后两枚鱼雷也应声而出……布兰迪在潜望镜里看到，正前方的一号油轮突然改变了航向，致使他的鱼雷偏离目标，所幸二号油轮仍保持着原航向……‘时间到！’领航员的话音刚落，布兰迪就在潜望镜中看到两枚鱼雷爆炸时掀起的巨大水柱，它们接连击中了二号油轮。‘命中二号油轮！’布兰迪的声音回荡在潜艇中……他随即转动潜望镜，观察两艘驱逐舰的反应。其中的一艘正朝右舷方向摆动，另一艘则已转身朝着潜艇开来。‘5号发射管是否准备完毕？’布兰迪一边询问，一边迅速地做着计算，调转方向的那艘驱逐舰正朝U艇全速驶来，估计距离不超过1英里。‘5号鱼雷发射！’布兰迪的话音刚落，鱼雷便带着嘶嘶的声响冲出了发射管。这时，盟军的一些护卫舰停了下来，其中一艘轻型护卫舰还朝着U–380的方向驶来。布兰迪不等5号鱼雷的结果，立即下令：‘潜至100米，航向350度……’他的命令刚一下达，鱼雷命中驱逐舰引起的爆炸声便传了过来……脸色苍白的首值星官报告说：‘有深水炸弹在爆炸！’报务员则大喊着称听见了‘沉船的噪声’。布兰迪命令首值星官继续负责航行，他自己则走到报务室里戴上耳机，听到了船体裂解时发出的可怕的声音……毫无疑问，被鱼雷击中的驱逐舰正在裂解、下沉……”

阿尔曼的描述从文学的角度来看不乏吸引力，但布兰迪的上述战果并没有出现在史家们战后考证过的盟军舰只损失清单上，因而无法得到确认。如果说布兰迪相信自己的确击沉了驱逐舰和油轮各一艘的话，那么，这些也就是他指挥U–380时所取得的全部“战果”了。1944年3月11日，U–380艇的噩运不期而至。美国陆航第9航空队当日对土伦进行了大规模空袭，土伦城被炸得面目全非，还有多枚高爆炸弹直接落在码头，除炸沉货轮和客轮各一艘外，也重创了U-380和芬斯基（Horst-Arno Fenski）中尉的U-410，致使两艇均在当日中午沉没。布兰迪和芬斯基都拒绝了上级将他们调入参谋部门的提议，选择继续留在地中海作战。布兰迪在4月初获得了新近开抵地中海的U-967艇，芬斯基则接掌一艘1941年下水的老艇U-371。

4月11日，布兰迪率U-967艇离开土伦，开始了个人的第10次出海作战。两周后，芬斯基的U-371艇也从土伦港出发进行巡航作战。游弋了多日以后，芬斯基发现了一支盟国船队，这个船队是从北非塞德（Said）港出发，试图经直布罗陀海峡驶往美国的GUS-38船队，其规模相当庞大，由107艘货船和14艘护航军舰组成。5月3日子夜刚过，芬斯基在距阿尔及利亚海岸不远的地方浮出了水面，他打算在为电池充电的同时，让艇员们能够呼吸几口新鲜空气，但是，U-371刚一露头便被盟军发现，很短的时间内其周边竟然出现了6艘为GUS-38护航的军舰和3个中队的反潜战机。芬斯基极大胆地向军舰发起了主动进攻，发射的T-5鱼雷重创了美军护卫舰"门格斯"（USS Menges）号。芬斯基一击得手后立即下潜，盟军其他护航舰只则全力搜捕，期间投下了大量深水炸弹，造成U-371艇多处遭受重创。尽管海水已经渗入潜艇，芬斯基还是命令潜至200米深的海底，并在那里整整蛰伏了一天。5月4日凌晨，由于艇内的积水已经齐膝，芬斯基被迫冒险上浮，当他看到盟军舰艇正张网以待时，又朝一艘护卫舰发射了T-5鱼雷（击伤了自由法国的一艘军舰）。随着包围圈越缩越紧，无处可遁的芬斯基只好下令弃艇投降。

芬斯基的U-371艇与盟军军舰的缠斗为布兰迪的U-967赢得了时机。5月5日凌晨近4点，在距奥兰西北约120英里的阿尔沃兰海水域，U-967向GUS-38船队中的一艘货轮发射了鱼雷。布兰迪根据回声认为自己命中了货轮，但事实上鱼雷不仅错失了目标，还惊动了美军护航驱逐舰"兰宁"（USS Laning）号。"兰宁"号的雷达发现U-967大致位于前方13英里外，另一艘护航驱逐舰"费希特勒尔"（Fechteler）号随即开始在船队和具体位置不明的潜艇间快速运动。[42] 4点41分，"费希特勒尔"号突然发生了猛烈爆炸，周边的夜空瞬间仿佛被点亮了一般——正是布兰迪发射的一枚T-5鱼雷，准确击中了这艘下水服役不足一年的驱逐舰。由于中弹部位位于舰中，"费希特勒尔"号的舰首和舰尾竟被掀离海面高达125英尺（37米多）！[42] 威力惊人的爆炸很快将驱逐舰撕为两半，不到半个小时其残骸便沉入了海底，29名水手丧生（另有26人负伤），186人被其他船只救走。[43]

▲ *摄于1944年，被盟军炸沉在地中海某海港的一艘德国潜艇，虽然不能确定该艇就是布兰迪的U艇，但被炸沉在土伦的U-380的命运应与此相仿。*

▲ *摄于1944年5月4日，芬斯基的U-371艇官兵在北非海岸向盟军投降的场景。*

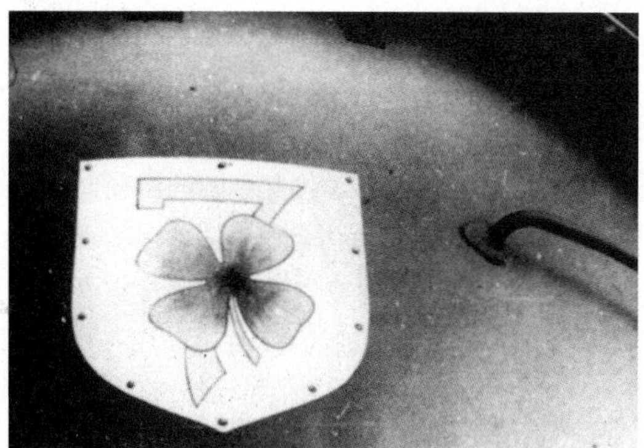

▲ 布兰迪的U-967艇的徽记。

▲ 布兰迪任U-967艇艇长期间，唯一得到确认的击沉战果就是美国海军1300吨的护航驱逐舰“费希特勒尔”号。图为该舰1943年7月1日举行下水仪式时的场景。

▲ 摄于1944年5月，U-967艇艇长布兰迪在法国土伦港。

▲ 摄于1944年5月17日的法国土伦，U-967艇艇长布兰迪结束自己在战时的最后一次出海巡航后，回到基地时受到人们的欢迎。

▲ 1944年5月，布兰迪成为U艇部队第五位，也是最后一位双剑骑士勋章得主，图为授勋后拍摄的标准照。

IM NAMEN
DES DEUTSCHEN VOLKES
VERLEIHE ICH
DEM KAPITÄNLEUTNANT
ALBRECHT BRANDI
DAS EICHENLAUB MIT SCHWERTERN
ZUM RITTERKREUZ
DES EISERNEN KREUZES
FÜHRERHAUPTQUARTIER
DEN 9.MAI 1944
DER FÜHRER
UND OBERSTE BEFEHLSHABER
DER WEHRMACHT

▲ 图为布兰迪的双剑骑士勋章获勋证书。

“费希特勒尔”号是布兰迪在战争期间的最后一个战果（获得确认），此前他还向支队报告过另一战果，即4月26日在撒丁岛外海命中的一艘驱逐舰。虽然该战果并未得到确认，但在1944年的4月和5月，当许多U艇不是被击沉，就是被迫躲在海底，或停在基地里进行大修而无法出战时，唯有U-967的布兰迪还在摘取胜利的果实。希特勒和邓尼茨自然不会吝惜高规格的战功勋章，5月9日，布兰迪在航行途中得悉自己已被授予第66枚双剑骑士勋章。这一荣誉使布兰迪成为一名精英级艇长，在他之前只有克雷奇默、吕特、托普和祖伦获此殊荣，在他之后则再无艇长能跻身此列。艇员们感到非常高兴和自豪，有手巧者很快制作了一个远看足以乱真的假勋章，提前为布兰迪戴在了脖子上。布兰迪获得双剑骑士勋章时的战绩在纸面上的确非常出色：击沉26艘敌船（10万吨），重创13艘（10万吨），战果中包括2艘轻巡洋舰和8艘驱逐舰。如果这些战果（尤其是击沉击伤的敌方军舰）都能得到确认，那么的确称得上是“前无来者”。如前所述，地中海的战果按双倍计算，击沉击伤军舰另有加分，所以布兰迪具有“足够的资格”获颁双剑骑士勋章。

◀ 图为布兰迪的钻石骑士勋章。

▼ 摄于1944年11月，图为希特勒向布兰迪颁发第22枚钻石骑士勋章的场景。

1944年6月，已晋升为海军少校的布兰迪率领U–967再次出海，但他突然在海上生起了重病（据说是心绞痛），不得不中断巡航返回土伦。[44]告别U艇一线作战的日子很快到来了，布兰迪把U–967移交给继任艇长埃博巴赫（Heinz–Eugen Eberbach）中尉后，奉命前往芬兰首都赫尔辛基，负责指挥整个芬兰湾地区的U艇部队。这是邓尼茨为保护高规格战功勋章获得者而采取的例行措施，此外他还有另外一层用意——由于一直担心苏军波罗的海舰队从喀琅施塔德港进入波罗的海，从而对U艇基地和训练水域造成毁灭性打击，并威胁运往芬兰的补给以及从瑞典运回铁矿石的航线，邓尼茨在1944年夏秋之交曾想尽办法将对手阻隔在芬兰湾以里，派布兰迪去指挥那里的艇群，也算是这位海军总司令为加大U艇作战力度所做的一项安排。但是，芬兰在1944年9月初退出了战争，苏军在陆地上也攻至里加附近，使德军为封锁芬兰湾而设置的种种障碍都失去了实际意义，另外，9月底瑞典宣布停止向德国供应铁矿石，还禁止后者继续使用其港口。布兰迪的艇群虽然不能阻止苏军潜艇在波罗的海水域出没，但对苏军战列舰、巡洋舰和驱逐舰等军舰还是构成了相当的威胁，这些大型水面舰只都还不敢突入波罗的海。此外，在德军北方集团军群撤出爱沙尼亚、10月中旬几乎全部撤入库尔兰地区的行动中，布兰迪的艇群在保护海军运输船队方面发挥过相当的作用，这些船队当时负责转运部队、物资装备和补给，是库尔兰德军能够赖以生存并顽抗到底的根本保证。

1944年11月24日，德军最高统帅部宣布授予布兰迪第22枚钻石骑士勋章。这一决定令人感到费解：其一，布兰迪脱离一线作战已有数月之久，击沉击伤的敌方船只总数和总吨位数都没有继续增加的任何可能。其二，有资料说这枚勋章是为表彰布兰迪领导东波罗的海U艇艇群时取得的成就，因为“在他的指挥下U艇在波罗的海水域摧毁了许多敌方船只”，[45]对此笔者无法信服，除了没有见过相关的数据资料外，苏军波罗的海舰队的水面舰艇基本都没有渗入波罗的海水域，沿岸各国不久前都还是德国的“盟友”，或者至少是中立国，哪里来的那么多“敌方船只”？倒是德方因忙于海上撤退和转运物资，在波罗的海往来行驶的德国船只非常之多。其三，从1944年6月至该年年底，德军曾派出多达19艘U艇进入芬兰湾，以压制苏军在这片水域以及东波罗的海的活动，但布兰迪先后损失了6艘潜艇（其中包括被深水炸弹击沉的U–250）。苏军波罗的海舰队的潜艇部队在1944年的最后3个月里，一直在东波罗的海保持着9艘潜艇的规模，虽然它们并未取得过特别显赫的战果，但根据瑞典方面的资料，这些潜艇声称击沉过12艘德军舰只（20969吨），击伤过1艘3038吨的船只，此外还有数艘德国舰船撞上了潜艇布下的水雷。[46]布兰迪的U艇艇群发挥的主要作用，恐怕还是体现在震慑苏军波罗的海舰队的水面舰艇，以及保护德国海军的舰船免受对手潜艇的威胁，这些当然重要，但足以赢得最高战功勋章吗？

由于波罗的海水域并没有出现苏德海军展开对攻的预期局面，布兰迪的U艇艇群可能并没有进行过多少激烈的战事。1944年底，布兰迪在晋升为海军中校后，主动提出调往海军特种作战部队，从而翻开了个人军旅生涯的最后一页。

在二战交战国中，英国、日本和意大利等国都拥有海军特战部队，德国差不多是最后一个组建此类部队的国家。德国海军特战部队的创始人就是布兰迪在M–1扫雷艇时的老上级巴特尔斯。这位精力充沛的上校从1943年初起就开始呼吁发展小型潜艇，以保卫德占区漫长曲折的海岸线，但其提议一直未得到积极回应。直到1944年4月，邓尼茨任命海耶（Helmut Heye）将军担任“小型作战舰艇司令部”（Kommando der Kleinkampfverbände，简称K.d.K，所属部队简称为K–Verbänd）指挥官，负责统管蛙人、小型潜艇、高速摩托艇和单人攻击鱼雷艇等单位，这个兵种才算得到了重视，不仅其组织架构很快建立起来，也陆续开发并列装了几种新型小型舰艇。海耶曾任重巡洋舰"希佩尔海军上将"号的舰长，担任过黑海地区德国海军的参谋长，他十分重视按英军的方式训练自己的特种兵，着力培养他们的能力和胆识，要求他们敢于在充满敌意的环境中攻击敌方港口、军舰和商船。海耶以自己特有的方式招募和管理部队，很快使下属们产生了强烈的归属感和自豪感，邓尼茨对此深表满意，又从U艇和扫雷艇部队抽调了一些经验丰富的军官，加入小型舰艇部队担任艇群指挥官。巴特尔斯上校被任命为第250"教导司令部"（Lehrkommando）指挥官，负责"海狸"（Biber）小型潜艇的训练和作战。曾担任过U-106艇艇长的海军总司令部参谋军官拉施（Hermann Rasch）上尉，则被任命为第300"教导司令部"，即"海豹"（Seehund）小型潜艇部队的指挥官。"海豹"可能是德军诸多型号的小型潜艇中最成功的一种，其艇长约为39英尺（近12米），重约16吨，可携带两枚鱼雷和两名艇员，水面航速约6节，潜航速度为3节，最大航程约275英里，最大下潜深度约为100英尺。另外，这种潜艇上还安装有潜望镜。"海豹"等小型潜艇的"瘦小"身形自然增加了敌方的侦测难度，但它们在抵抗深水炸弹的攻击方面能力很差，加上速度慢、操作不便及作战半径有限等局限，一般只适合在平静的水域里偷袭慢速行驶的商船。1944年12月底，拉施曾率部在荷兰发起过"海豹"小型潜艇的首次实战，成功击沉了一艘英国军舰，但自身也损失了16艘小型潜艇和18名官兵。

▲ *图为一艘小型潜艇，以荷兰为基地的德军小型潜艇单位一直作战到战争结束。*

▲ *图为1944年4月后负责领导德国海军特种兵的海耶（Helmuth Heye）。本图摄于1939至1940年间，当时他还是"希佩尔海军上将"号重巡洋舰的舰长。*

▲ *摄于1945年2月的荷兰艾默伊登，在这张罕见的图片中，"海豹"部队指挥官布兰迪中校（前景四人中最靠右者）正在码头与下属们交谈。右下方是一艘"海豹"小型潜艇。*

▲ 摄于1945年，布兰迪手下的“海豹”小型潜艇U-5074号。这艘潜艇在最后时刻还在向敦刻尔克的德军运送弹药补给，并在那里与其他两艘“海豹”一起投降。

▲ 摄于1945年，被俘的XXIII级潜艇U-2361。这种潜艇虽然速度很快，但只能携带两枚鱼雷，过小的尺寸也使它在远洋作战中基本无用。图中的这艘U-2361被拖往英国后被凿沉。

◀ 摄于1945年战争结束后，被美军俘获的XXI级潜艇U-2513，该艇最后的艇长就是托普。

▲ 摄于1945年6月的法国土伦港，被遗弃的德军潜艇U-471。

▲ 摄于1945年，一批未及参战便被炸毁的XXI级潜艇（只有4艘XXI级潜艇在战争结束前参战）。

▲ 图为U艇部队的三位著名人物，左为时任U-48首值星官的祖伦，中为U-48艇艇长布莱希罗特（Heinrich Bleichrodt），右为U-48艇的轮机长齐恩（Erich Zürn）。祖伦是布兰迪早年的同学，1966年他曾在后者的葬礼上致悼词。

1945年2月3日，布兰迪正式取代拉施（后者调回德国诺伊施塔特负责训练），成为驻荷兰艾默伊登（Ijmuiden）的"海豹"小型潜艇部队指挥官，下辖第311、第312、第313和第314等小型潜艇支队。[47] 最高战功勋章得主布兰迪的到来无疑振奋了部队的士气，海耶一直向下属们灌输的"精英部队"的说法某种程度上得到了证实。"海豹"和"海狸"等特种部队的成员基本都是年轻志愿者（据说来自陆海空三军和武装党卫军），这些人的入队动机可谓五花八门，有的是出于纯粹的冒险念头，有的则是在原单位缺乏晋级机会，当然也有不少人的信念是要在最前沿保卫陷落中的帝国，但这些充满勇气的年轻人，绝非日本的那种"神风特攻队"队员或人肉炸弹。[48] 事实上，无论是海军总司令部，还是海耶和布兰迪这级指挥官，都坚决反对让官兵白白送死——按照布洛克斯多夫（Helmut Blocksdorf）的说法，"小型作战舰艇"部队信奉的理念是尽可能地保证官兵能幸存于攻击行动，因而每艘舰艇的构建和每次出海的计划，都以尽力保证参与者能够安全返回为出发点，如果舰艇被敌军发现后受到追逐，而自己又没有逃脱希望时，特战队员们可以投降。[48]

德军小型舰艇部队曾在1945年1月进行过几次作战，虽然战果有限，但已引起盟军的足够重视。布兰迪在2月3日正式接管了"海豹"部队，但就在当天，36架英军"兰开斯特"轰炸机出现在艾默伊登和波尔特港（Poortershaven），向小型潜艇藏身的混凝土洞库投掷了"高脚柜"炸弹。英军的轰炸相当准确，但德军并没有损失小型潜艇。几天后，又有15架"兰开斯特"轰炸机在光顾艾默伊登时投下了巨型炸弹。[49] 相对于作战基地的轻微损失，布兰迪更忧虑的还是频频被炸的德国本土至荷兰的铁路，失去了这些铁路线就意味着小型潜艇部队无法及时获得新的替代舰只。这一点对于布兰迪来说非常重要，他的部下中虽有少数能在击沉敌船后顺利返回（如U-5361号小型潜艇2月15日在英国北福尔兰角外海击沉了TAM80船队的一艘荷兰货轮），但有很多小型潜艇刚一出海便因机械故障被迫返回，有些则因为天气恶劣难以到达指定的作战区域，还有一些则没有留下一丝痕迹，就永远消失在大海中了。

2月14日，布兰迪奉命将"海豹"部队的作战区域扩大到泰晤士河河口，甚至连英格兰北部东海岸的亨伯（Humber）河河口都在其扩大的作战半径中。同时，上级还命令他暂停沿着泰晤士河至安特卫普航线的布雷活动，以便常规U艇能在这一水域发起针对盟国船队的最后一次反扑。从16日起，在一系列消耗和损失惨重的作战中，布兰迪的“海豹”部队及其他小型舰艇作战单位，以极大的牺牲阻击着进出泰晤士河口的盟国船只和舰艇，据说曾取得过击沉击伤敌船6万吨的战绩（但实际战果可能少得可怜）。有资料介绍，英方估计德军小型潜艇在1945年1月1日至4月25日期间，曾造成己方损失了12万吨的船只，德方自己的数字则是在154次作战中共击沉9.3万吨的敌方船只。至于德军小型潜艇的损失，美国海军部在1946年发布的一份报告中曾指出：“1944年12月23日（小型潜艇在英吉利海峡开始作战的日子）至1945年4月底，估计大约有80艘小型潜艇被击沉或被俘获。”[50]还有后人近年的研究表明，“海豹”小型潜艇在1945年1月1日至4月末期间有35艘战损（多数毁于恶劣的天气），其战果是击沉盟军9艘舰只（18451吨），另外击伤3艘（18354吨）。[51]

1945年2月底3月初，海耶将所属特种部队重新编组为5个所谓的“师”（K-Verband Division），分别管辖挪威和荷兰的所有小型作战舰艇单位，其中的第4和第5师负责荷兰地区——第5师仅负责“海豹”部队的作战和训练，第4师则统管“海豹”部队之外的其他单位（蛙人、突击艇、鱼雷攻击艇和摩托艇单位）。布兰迪改任第5师指挥官，据说他的部队已有大约3000人的规模。虽然他和官兵们都很清楚纳粹德国的末日即将到来，但他们在1945年4月间仍维持着相当旺盛的“斗志”。4月5日至28日，布兰迪先后派出36艘“海豹”出海作战，其中4月12日就有16艘小型潜艇在海上同时巡弋。当然，布兰迪所能取得的战果极其有限，他们眼中的“自我牺牲”不过是徒劳的最后挣扎，对第三帝国的命运更不能产生丝毫的影响。在战争结束前夕，布兰迪还负责用小型潜艇向死守敦刻尔克要塞的地面部队运送粮食和弹药，据说有一批反坦克炮就是用“海豹”送到守军手里的。另外，据德国海军相关文献的记载，4月27日夜，来自小型潜艇部队的30名官兵曾准备飞往柏林“充任元首私人卫队”，这些全副武装的官兵当时已经准备登上3架Ju-52运输机，不过他们的任务在最后一刻被取消了——在已被围死的柏林，根本找不到一块可以安全降落Ju-52的地方了。[52]

战后岁月

1945年5月6日，加拿大第1步兵师接受了艾默伊登地区德军的投降。在大群面容憔悴的官兵中，出现了布兰迪和“海豹”部队成员们的身影。布兰迪在U艇部队效力的日子里，从未失去过任何一位艇员，现在他将伴随着“海豹”部队的特种兵们在战俘营里共同面对未来。“海豹”部队的一位老兵曾这样描写过投降当日的情景：“……我们大约有3000人来自于布兰迪的小型作战舰艇部队，大家都被关进了战俘营。‘钻石布兰迪’在对手那边有着很高的知名度，听说过他的敌人，甚至比知道他的德国百姓还多……我们把武器好好擦洗了一番，检查最后一遍后，把枪支弹药完好无损地放进一排卡车里。我们这些‘布兰迪海军师’的人保持着良好的纪律，迈着整齐的步伐进入了由帐篷搭成的一处营地，那里设有专门的食物供给点。盟军命令不得再佩戴刻有纳粹万字图案的勋章……布兰迪向聚在镇子中央广场的部队发表了讲话，他说：‘这些勋章是我们的最高指挥官颁发的，如果不能再原样佩戴，那么我们就要把它们都摘下来。’随后他摘下了自己的钻石骑士勋章，3000人中得过勋章的也都纷纷效法……”[53]

出于布兰迪的威望，加拿大部队任命他担任艾默伊登战俘营的德军指挥官。几周后，他被转移到“埃姆登扫雷艇支队”投降的地方，担任一处拘有万余战俘的战俘营指挥官。[54]虽然布兰迪是钻石骑士勋章得主，但盟军有关方面认为他是个真正的军人，经过一番甄别后便在1945年9月允许他自行回家了。在返回家乡多特蒙德的途中，布兰迪认真思考过今后的生活方向，他意识到战后重建这个巨大的工程将会产生大量就业机会，对建筑师、工程师和技术人员的需求会非常旺盛。由于就业殊为不易，年近32岁的布兰迪先得从泥瓦工干起，在建筑工地上活灰捣浆的经历，帮助他熟悉了建筑业的各项流程，同时，他也打定主意要实现自己青少年时代即有的建筑师梦想。但是，就在他充满信心地申请进入亚琛技术学校学习时，才发现自己曾经的“战争英雄”身份带来了无尽的烦恼，埃森的国立建筑学校也因类似的原因拒绝了他。[54]四大占领国开展的大规模去纳粹化运动此时已进行了一段时间，曾受欢呼崇拜的英雄们现在都被视为“军国主义的帮凶和急先锋”。布兰迪虽被拒之门外，但并未垂头丧气，他设法通过一位表亲的关系，找到英国占领军官员出面说项，最后如愿进入了埃森国立建筑学校。

像布兰迪一样在战后学习建筑的还有托普，他于1946年6月进入了汉诺威工业大学学习建筑。当年9月，托普发动他能找到的几十名U艇艇长，联名致信盟军管控委员会，为他们最敬畏的“领路人”——即将在纽伦堡出庭受审的邓尼茨辩护。布兰迪、祖伦、舒哈特、施内（Adalbert Schnee）、拉森和拉施等人都在信上签下了大名。这封信可能并未起到任何作用，但托普表示从不后悔这么做过，即便在加入战后的西德海军，逐渐晋升为海军作战部长和副总司令时，他的态度依然如故。[55]

布兰迪以超人的毅力勤奋学习，毕业后又以极大的热情投入建筑设计工作，到1950年时，他已经成功创立了自己的建筑师事务所。适逢西德正在创造经济起飞的奇迹，设计水准上乘的布兰迪很快便在建筑业闯出了名气，个人事业可谓蒸蒸日上，他不仅在多特蒙德当地颇有名望，在西德乃至境外也都有了相当的知名度。布兰迪曾担任过3年的西德建筑师协会（Bund Deutscher Architekten，1903年成立）主席，这当然是对其成就的肯定。此外，有资料称布兰迪曾在1964年“经过竞选出任威斯特法伦州州长或大区区长”，这种说法实际是一种误解——布兰迪并未从政，他在1964年担任的是国际慈善组织“扶轮社”（Rotary Club）第150区（即多特蒙德所在的威斯特法伦州）的负责人。[56]

1966年1月6日，不满52岁的布兰迪因长期疾病去世于多特蒙德。为表达对这位曾因勇敢而获颁钻石骑士勋章的老战士的敬意，西德海军派出多名军官组成护卫队，为布兰迪举行全套军人荣誉的葬礼。在多特蒙德的中央公墓里，布兰迪的妻子和六个子女、亲朋好友、U-617艇的老兵、小型潜艇部队的一些幸存者们环立在墓地前。布兰迪的“35级”同学、双剑骑士勋章得主祖伦致以简短的悼词，他称赞布兰迪是“一位从不畏惧、从未失败过的骑士”。随着棺椁被缓缓放入墓穴，老兵们仿佛看到了布兰迪的音容笑貌，还有他安静但坚定的神情，耳边也仿佛回荡着他低沉的声音：“……我的勋章也属于你们大家，我永远是为艇员佩戴勋章的艇长。”

第23位钻石骑士最高战功勋章获得者舍尔纳元帅

（获勋时间1945年1月1日；图中时为上将）

Chapter 23

第二十三章

“魔鬼将军”：费迪南德·舍尔纳元帅

1955年1月底，西德的绝大部分地区仍然被冬日的严寒笼罩着，春天的气息依然遥远，但新闻媒体却像一锅即将煮沸的水那样突然间大声鼓噪起来，热烈地议论着一个人及其身上发生的种种故事，为这个寒冬平添了几分热度。是什么人、什么事具有如此大的魅力，让流言蜚语在百姓中流传，令报章杂志竞相发表评论？1月31日出版的美国《时代周刊》揭开了谜底，该刊当期的一篇文章写道：“第三帝国陆军元帅费迪南德·舍尔纳（Ferdinand Schörner）上周从死亡中归来了。他从苏联的洗脑营获释，将到东德出任一个军方职位。东德政府已把他们的‘人民警察’部队正式重组为东德人民军，西德人现在预计，舍尔纳这位有着‘魔鬼将军’之称的人将出任东德军队的一号或二号人物。”[1]

不过，新闻媒体估计错了，舍尔纳并没有接受苏联和东德要他出任东德人民军总司令的邀请，而是回到了老家慕尼黑。这位曾在希特勒的政治遗嘱中排名第六，被任命为陆军总司令的老者，回到故土后等来了什么结果？除妻子和长子均已亡故外，一贫如洗的他还面临着牢狱之灾！舍尔纳究竟是怎样的一个军人和指挥官，既能让纳粹元首在自尽前夕指定他为自己的军事继承人，又能被莫斯科邀请出任东德人民军总司令？他有哪些经历、作为和性格特征，既让他在经历多年的战俘营岁月后再被西德法庭判刑入狱，又能让他的老部下们自发捐款，接济这位穷困潦倒的老长官？

舍尔纳是第三帝国的19名陆军元帅之一，他和空军的格莱姆是最后获得元帅军衔的两位将领。他被认为是德军所有将帅中最具争议的人物，有着一大串与其战斗过的地方相对应的绰号，包括“嗜血的费迪南德”、“雅典暴君”、“北冰洋公路上的恐怖”、“里加屠夫”、“扩大布拉格战事的魔鬼”等等。有人说他是“最残忍的将军”，是个“身着军装的魔鬼”，许多著作都将其描绘成“凶残、心胸狭窄、死忠希特勒的怪兽”[2]；也有人说舍尔纳对待敌友都毫不留情，“会因最小的过失枪毙自己的士兵或上校”；还有人说他性格简单，胸无城府，愿意照料下属，官兵们畏惧他但又相信他的能力，甚至对他“充满敬意”；更有后人说舍尔纳其实是被媒体“妖魔化”的典型，那些“所谓的诚实报道充斥着谎言、诋毁、侮辱和人身攻击”，使他成为战后政治环境和冷战铁幕下的“牺牲品”。

就军事才能而言，有人说舍尔纳是最不称职的将军、声望最差的元帅，其才具根本不足以指挥一个集团军，更勿论统帅集团军群规模的部队。不过，称舍尔纳是“卓越的防御战术家”的也不乏其人，他虽比不上曼施坦因或莫德尔，但也绝非无能之辈。在政治立场方面，舍尔纳被有些史家称作是“一名纳粹信仰根深蒂固的狂热忠臣，坚信‘意志力足以带来胜利’，也认定德国陆军需要一种精神上的革命……是一名最能体现纳粹价值观的残忍的将军”。[3]舍尔纳对纳粹政权的“赤胆忠心”集中表现在1944年初，他当时曾短暂地担任过陆军总部的“国家社会主义督导部（即国家社会主义领导层军官团——NSFO）主管”——这个不少将领唯恐避之不及的部门，负责陆军与纳粹党之间的联系，还兼有向官兵灌输纳粹教义的职责。舍尔纳的“忠诚和献身”在希特勒那里自然会得到积极的回应，据说，纳粹元首自杀前两天曾感慨地说过：“……整个战场上只有一个人显示出自己是真正的将军，那就是舍尔纳。他的表现无论怎么赞誉都不为过。如果再多一些他这种将领的话……”[4]据信，曾与舍尔纳对垒的苏联元帅科涅夫也曾说过：“……如果不是因为舍尔纳的话，红军早就打到了巴伐利亚。”[5]

毫无疑问，舍尔纳是一位勇气十足的军人，一战中获得的“蓝色马克斯”最高战功勋章和二战中获得的第23枚钻石骑士勋章，应该是其荣誉的最好注脚。事实上，舍尔纳与隆美尔是德军仅有的两位在两次大战中均获最高战功勋章的人。卡雷尔在《焦土》一书中曾写道：“……舍尔纳的声誉在于其杰出的个人勇气、强韧彪悍和意志坚定，他有着出色的战术技能，也因坚信钢铁般的纪律而为人所知。他是个绝对无所畏惧之人。”[6]卡雷尔虽然称“每个参谋军官都知道舍尔纳是个很难打交道的野战指挥官”，但他似乎没有说出全部的实情——舍尔纳并不仅仅是让参谋军官头疼，他也令前线部队谈之色变，更是二线部队和后勤官兵最大的梦魇。虽说“在别人溃败的地方总能看到舍尔纳前去补救的身影”，而1944年初从尼科波尔（Nikopol）桥头堡逃出生天的那些官兵“没有一个会忘记自己欠舍尔纳一条命”，[7]但他那似乎与生俱来的粗暴性格，加上习惯性地执行最严酷的、羞辱性的，有时甚至达到“草菅人命”程度的战场纪律，还是大大贬损了他的个人声望，也令他的战术才能和钢铁意志相形见绌——在舍尔纳任职过的每个单位和战场，他从一开始就令人噤若寒蝉，他会因最微小的不服从和违纪而毫不容情地严惩，有些官兵因他所认定的“胆小怯懦”、“失败主义情绪”和“逃跑行径”而被处以极刑，更有一些军官因莫须有的过失被解职、降级、调走或被褫夺勋章。有不少德军老兵战后曾指责舍尔纳的“残暴”（称其为“刽子手”），特别诟病他于1945年初下达的一道命令——在前沿的后方发现的任何官兵，如果没有获准进入该区域的书面命令的话，都将受到军法审判，经查实确有逃跑行径的，将被当场吊死。[8]

最具讽刺意味的是，在欧战全面结束的当天，这位"勇敢和残忍"并称的元帅据说还曾遗弃了部队，在换上巴伐利亚人的传统服饰后踏上了逃亡之路，而不久前他还因类似的举动处死过他的士兵！舍尔纳在1944年夏之后的参谋长纳茨默（Oldwig von Natzmer）将军，曾在战后出庭作证时谴责这位元帅的"可耻行径"，但质疑纳茨默的也不乏其人："……在芬兰亲身参与过徒手搏斗，在'尼科波尔口袋'组织过顽强防御并成功撤出部队的舍尔纳，绝无可能在1945年以胆小鬼的面目示人。纳茨默的批评听起来并不可信——至少关于舍尔纳离开总部时的那些情形并不可靠。"[9] 可以说，舍尔纳留给后人的印象充满着诸多矛盾之处，他究竟是像战时的老部下描绘的那样，"总是试图以残暴取代能量，以僵硬的防御原则取代作战的灵活性，以无良取代责任感"[10]；还是如同无处不言的梅林津所称的那样，"……是一个最简单的人，非常直截了当，言谈举止鲜有禁忌。浑身上下充满能量，是个既勇敢又讲求实际的指挥官，战术上不乏才能，但在战略方面能力不足。统率集团军群对他来说有点勉为其难，沉重的责任压弯了他的肩膀。他说话的方式只能用粗鄙来形容，官兵们都怕他，但都尊敬他。他照料他们，他们反过来也都信任他"。[11]

早年岁月：从一战勇士到山地兵团长

舍尔纳，1892年6月12日出生于慕尼黑，其父约翰（Johann Schörner, 1859—1931）是一名警察中尉（Polizeioberinspektors），[12] 母亲鲍尔（婚前名为Anna Katharina Bauer，1866—1930）也出身于中下阶层。关于舍尔纳的青少年时代人们知之甚少，他成年后所表现出的那些既勇敢又粗暴的行为，与其性格形成期的环境、教养和经历等到底如何相关，后人也无从得知。另外，由于出身极为普通，舍尔纳终其一生都闭口不谈他的父母和家庭背景。[13] 舍尔纳在一所国民小学就学4年后，进入慕尼黑著名的卢伊特波尔德（Luitpold）文理学校读书，1911年通过了中学毕业考试。同年10月，舍尔纳志愿加入巴伐利亚陆军，接受后备役军官训练。由于成绩出众，他有资格挑选受训单位，而巴伐利亚皇家禁卫步兵团则欣然接纳了他。服役一年后，舍尔纳离开军营，先后在慕尼黑大学、瑞士洛桑大学、法国格勒诺布尔大学及意大利佛罗伦萨大学等学习哲学和现代语言学，准备毕业后从事教育工作或担任中小学校长。在大学求学的前6个学期里，舍尔纳每逢假期几乎必定参加后备役训练，或到国外旅行以提高自己的外语水平——顺利通过法语和意大利语的译员考试，这应该颇能说明舍尔纳的学习能力。不过，舍尔纳未能上完大学，一战的爆发既中断了他的学业，又彻底改变了他的人生之路。

1914年8月，22岁的舍尔纳以后备役中士（Vizefeldwebel）军衔重新加入皇家巴伐利亚禁卫步兵团，成为12连的一名排长，3个多月后的11月29日，他被委任为临时后备役少尉（资格回溯至1913年6月），之后不久出任连长。在1914年的所有西线战事中，舍尔纳的12连都有着出众的表现，他也因此于1914年12月22日获颁二级铁十字勋章。当年12月24日起，禁卫步兵团团长变成了在魏玛共和国和第三帝国时代都相当有名的埃普（Franz Ritter von Epp）上校。次年5月，有着"精锐"之称的禁卫步兵团，与新建的巴伐利亚第1、第2和第3轻步兵团等部队一起，组成了德尔门辛根（Konrad Krafft von Dellmensingen）中将领衔的 "德国山地军"。舍尔纳的一战生涯自此便与这支师级规模的山地部队紧密地联系在一起。

德国山地军成军后的第一件任务是立即开往意大利多洛米蒂（Dolomite）山区，帮助奥匈帝国打退南部边境上的意大利军队。舍尔纳随禁卫步兵团到达战场后，并没有参加过多少进攻作战，但在一系列激烈的防御战中打退了意大利山地部队的反复进攻。整个德国山地军的任务就是帮助奥匈军队固守防线，直到后者能从东线调来足够的兵力，接管此间的阵地为止。约在1915年9月，随着多洛米蒂山区形势趋稳，德国山地军被调回法国，但仅仅过了一个月，该部又被派到巴尔干的塞尔维亚作战。当年12月20日，舍尔纳肩部负伤，被送回慕尼黑军医院住院治疗，直到1916年1月15日返回部队。1916年3月，舍尔纳随禁卫步兵团返回西线，经过短暂休整后，于6月投入了血腥的凡尔登战役。在凡尔登附近的沃堡（Fort Vaux）和弗勒里（Fleury）周边的激战中，整个德国山地军的伤亡率高达70%，在6月22日的战斗中，舍尔纳的左手被手榴弹弹片炸伤，随后被送往梅斯和达姆斯塔特（Darmstadt）治疗。舍尔纳养伤期间，德国山地军所属各团也在进行休整重建（第3轻步兵团被调离），稍后的1916年9月，德国山地军被派往喀尔巴阡山南部同罗马尼亚军队作战。舍尔纳听说这一调动后，趁着禁卫步兵团途经慕尼黑开往战场的机会，自作主张地溜回了部队，9月底时又继续指挥他的12连。颇有“趁火打劫”之嫌的罗马尼亚，在8月末刚刚参战时还取得过相当的成功，但随着德国山地军的到来，罗军很快支撑不住，开始向本土撤退。德国山地军在9月末的锡比乌（Sibiu）之战中曾重挫罗军，为阻止罗军第1集团军撤离，舍尔纳率领他的12连死死守住了有名的“红塔（Roten Turm）关隘”，致使对手无法沿特兰西瓦尼亚（Transylvania）撤退，只得匆忙避入无路可循的喀尔巴阡山区。因为这一突出的战功，舍尔纳在1917年1月27日获得一级铁十字勋章。

巴伐利亚禁卫步兵团在罗马尼亚一直驻留到1917年4月，之后返回了西线。当年7月，沙俄军队发起了自己在一战中的最后一次重大攻势——“克伦斯基（Kerensky）作战”。禁卫步兵团又随德国山地军在8月初开回罗马尼亚，正赶上“克伦斯基作战”收尾阶段的战事。9月间，德国山地军再次转换战场，来到意大利前线支援奥匈军队即将展开的第12次伊松佐战役。在过去的两年里，奥匈军队在这里与意军已进行过11次大规模交战，为准备眼下的这次孤注一掷的攻势，德军将新组建的第14集团军调来支援盟友，山地军就是其最重要的攻坚矛头。隆美尔中尉所在的“符腾堡山地营”被配属给德国山地军，负责保护巴伐利亚禁卫步兵团的右翼，同时协助后者夺取意军核心阵地所在的马塔鸠尔（Matajur）山。10月24日凌晨，第12次伊松佐战役在弹幕射击中拉开了帷幕，到下午4点，巴伐利亚禁卫步兵团担任矛头的3营（尖刀连就是舍尔纳的12连）已穿过第1066高地，开始在通往第1114高地的山间小径上奋力攀爬。隆美尔率领的6个山地步兵连负责保护前者的右翼，因而在前者的右后方跟随进军。禁卫步兵团3营在傍晚6时左右夺取了第1066高地，隆美尔带着副官来到3营的指挥部，与该营营长及舍尔纳等人协商如何在次日协力攻打第1114高地，从而打开整个科罗弗拉（Kolovrat）山脊的意军防线。不想，禁卫步兵团3营营长霸道地不许隆美尔所部向西运动或进攻第1114高地，理由竟是“这个任务必须由禁卫步兵团完成”。[14]隆美尔很不高兴，回去后整夜未眠，满脑子琢磨的都是次日的作战计划。他决定在25日晨率部悄悄绕过第1114高地，沿科罗弗拉山脊向西直扑库克（Kuk）山。隆美尔当时并不清楚，而且也从未从禁卫步兵团3营那里得到哪怕一点消息，舍尔纳率其12连已在24日夜突袭第1114高地得手！英国历史学家欧文（David Irving）在关于隆美尔的传记中曾这样描述：“……舍尔纳中尉（作者注：实际上仍为少尉）是一名勇敢的巴伐利亚军官，他一马当先，残酷地催逼那些勉强的、疲惫的志愿者们前进——无视他们身上的机枪、弹药等重负——以致部队在到达目的地1114号

▲ 皇家巴伐利亚禁卫步兵团的部分成员在作战间隙中留影。

▲ 摄于1918年初，“蓝色马克斯”勋章获得者舍尔纳少尉。

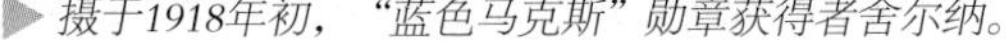

▶ 摄于1918年初，“蓝色马克斯”勋章获得者舍尔纳。

▲ *图为伊松佐河谷地区的卡波雷托，这个小镇背后的崇山峻岭便是第12次伊松佐战役中隆美尔与舍尔纳摘取“蓝色马克斯”勋章的战场。*

高地，整个科罗弗拉山脊的咽喉之前，有一名士兵因过度疲劳倒下死去了。由于夺取了1114号高地，舍尔纳被授予普鲁士军队的最高勋章：功勋奖章。这使隆美尔感到十分愤怒，他认为这项荣誉本该属于他的。”[15] 名气很大的德国《明镜周刊》也曾于1955年2月发表文章称：“……隆美尔与舍尔纳从来都不打招呼。法国战役结束时，他们分别是第7装甲师和第6山地师的师长，但开会时总是一个离开会议室后，另一个才会进去。其原因就是隆美尔觉得舍尔纳抢了他在马塔鸠尔山的战功，两人之间的敌意到隆美尔死后都没有完全平息。”[16] 当然，这篇文章发表时正值舍尔纳从战俘营回到东德，其真实性和客观性颇成疑问。

舍尔纳因夺取第1114高地的战功，于12月5日获得了自己一生中最辉煌的荣誉——“蓝色马克斯”战功勋章。但是，隆美尔并未如欧文所说的那样“感到愤怒”，他对舍尔纳少尉没有什么意见，令他不满的是禁卫步兵团在24日深夜派人通报情况时，竟然只字不提舍尔纳连已攻上高地之巅的事实，以及由此造成的整体战局的变化，最令隆美尔愤恨不满的还是禁卫步兵团的“霸道和不合作”。[17] 真正“与隆美尔争功”的是第12步兵师第63“西里西亚”团1营4连的少尉斯奈伯（Walther Schnieber）。10月26日，隆美尔率部突袭马塔鸠尔山成功，创下了山地战史上最经典的战例之一，但德军总部27日发布的战报却声称，马塔鸠尔山是被“勇敢的西里西亚连指挥官瓦尔特·斯奈伯攻克的”。虽然最高统帅部“摆了乌龙”，但当隆美尔听说斯奈伯当天即获颁“蓝色马克斯”时，不由得勃然大怒。不过，他在1930年代出版的《步兵进攻》一书中，仅以平淡的语气称斯奈伯夺取的实际上是马塔鸠尔山后面的科隆纳（Colonna）山。[18] 1917年末时的隆美尔远没有十几年后那样平和，他曾不依不饶地索取自己应得的荣誉，最后还在德皇的亲自干预下，与自己的营长一起于12月13日获得了“蓝色马克斯”。隆美尔还担心自己的战功在官方战史中得不到恰当承认，停战后，他成功说服了战史部门补充修改相关的档案记录。

舍尔纳与隆美尔争功一事可能并不存在，前者获得的奖赏毫无争议。舍尔纳所在的整个禁卫步兵团一战期间也仅有两人获得过“蓝色马克斯”，除他外就只有团长埃普，不过后者获勋的时间迟至1918年5月29日。由于舍尔纳在二战中的表现，他这段足以引以为荣的历史，似乎也在后人的笔端下变得可疑起来。曾追随隆美尔转战法国和北非的卢克（Hans von Luck）上校，在其战后回忆录中曾有点不自然地写道：“……舍尔纳像隆美尔一样，也在一战的意大利战场获得过‘蓝色马克斯’勋章。据说他很嫉妒隆美尔的声望和名气，看起来，他很想通过非比寻常的苛严与成功来提高自己的知名度。”[19]

1918年初，舍尔纳随禁卫步兵团回到西线作战。3月份他在兰斯（Rheims）附近的战斗中曾身负重伤，但不等伤势痊愈，又随部队参加了4月份在比利时弗兰德斯地区发起的大反攻。德国山地军的指挥官此时刚刚换成图舍克（Ludwig Ritter von Tutschek）将军，但首席作战参谋仍是克鲁格上尉（即二战中的那位元帅），在二战中以斯大林格勒之役“名动天下”的保卢斯当时是山地军参谋部的一名中尉参谋。此外，巴尔克任连长的第10轻步兵营也被配属给山地军麾下的第2轻步兵团。这些将在二战中成名的人物齐集在西弗兰德斯，准备一举攻克控制西弗兰德斯的制高点凯默尔（Kemmelberg）山。4月25日凌晨2点半，德军250个炮兵连向凯默尔山周边发射了大量毒气弹和高爆炮弹，在摧毁了法军炮兵阵地后，又对一线阵地进行了弹幕射击，德国空军也出动96架战机助战。巴伐利亚禁卫步兵团作为山地军的突击矛头随后发起了冲锋，彪悍的舍尔纳再次率领12连冲在最前方。到上午10点半，凯默尔山已成为德军的囊中之物，参加过凡尔登战役的法军幸存者被俘后曾心有余悸地表示，这是他们从未经历过的最可怕的轰炸。夺取凯默尔山相对容易，但在守住这个制高点并继续向凯默尔村推进的作战中，山地军付出了高昂的代价——舍尔纳和巴尔克都在作战中负伤（都幸运地保住了性命）。虽然舍尔纳所在团的伤亡不详，但巴尔克轻步兵营的伤亡已足以说明问题——5月7日该营改任预备队时，全营仅剩3名军官，几个连均伤亡过半，被迫合并在一起。舍尔纳在养伤期间，因长期努力作战且屡立战功，于7月15日晋升为现役中尉（之前已在1917年的圣诞节从预备役转为现役）。1918年10月，德国山地军在西线的“百日攻势”失败后，被派往塞尔维亚地区，不过，舍尔纳此时已不再担任连长，而是供职于参谋岗位。[20]

历时4年有余的第一次世界大战在1918年11月11日终于结束了，但舍尔纳的战斗仍在继续——他在1919年初加入了老团长埃普组织的“埃普自由军团”，这个右翼准军事化组织的成员基本上都是舍尔纳这样的老兵，后来的冲锋队首领罗姆、希特勒的宠将迪特尔（Eduard Dietl）等当时都是“埃普自由军团”的一员。舍尔纳随着该自由军团先后到慕尼黑和鲁尔工业区镇压革命运动，后来又到上西里西亚地区同觊觎东部边境的波兰人作战。1919年夏，有着“勇士”之名的舍尔纳中尉，顺理成章地成为战后4000人军官团中的一员，他先在第21轻步兵营任连长，稍后调入驻慕尼黑的第19步兵团，先后在多个连队担任连长。1922年，舍尔纳通过了所谓的“领袖助理”（即改头换面的参谋军官）资格考试，开始接受相关的学习和训练，1923年他被派给慕尼黑第7军区（即第7步兵师）指挥官洛索（Otto von Lossow）少将任副官。慕尼黑是纳粹党早期活动的大本营，舍尔纳在这里成为纳粹运动的同情者，还有证据表明他曾先后加入过数个反犹组织。在1923年11月8日发生的慕尼黑啤酒馆政变中，第7军区指挥官洛索曾与其他两名高官被希特勒扣押（无从知晓洛索的副官舍尔纳当时是否随侍在侧），但后来逃离险境，决定按照帝国国防军总司令塞克特的命令镇压暴动。11月9日，巴伐利亚州警和驻军与希特勒的冲锋队员们在慕尼黑街头发生枪战，共有16名暴动分子被杀，伤者不计其数。参与镇压的军人中也有舍尔纳的身影，也许是军人必须服从命令的天职使他这个纳粹同情者无奈地参与其事。不过，希特勒1924年底离开兰茨贝格监狱后，舍尔纳倒是从纳粹的同情者变成了支持者，虽然他的转变过程不得而知，但希特勒的鬼才、雄辩能力和迎合动荡时代的主张等，无疑吸引了大批对社会不满的追随者。

舍尔纳在1925年时曾供职于第7炮兵团，当年10月进入国防军部从事行政管理工作。1926年7月1日晋升为上尉后，舍尔纳在10月份被分配到第21步兵团任参谋，一个月后任第19步兵团16连连长，他在这个职位上一直工作到1928年10

◀ 这是一幅画作，描绘的是1918年的比利时西弗兰德斯地区的制高点凯默尔山。

◀ 摄于1919年上半年，“埃普自由军团”的指挥官埃普（左一）视察他的自由军团。除舍尔纳外，迪特尔和罗姆等都是该自由军团的成员。

月，然后改任第19步兵团3营（即第19山地轻步兵营）10连连长。据说，舍尔纳曾极力想进入柏林的"军队办公室"（参谋本部），但未能通过严格的资格考试。[21]舍尔纳虽受过参谋训练，但他供职的是野战部队的参谋部门，而非位居柏林中枢的"参谋本部"（Großer Generalstab）。在参谋本部供职的军官多数都属于参谋本部军官团，但也有一些不具备这一资格的技术军官和辅助军官，而在野战部队（包括后来的集团军和集团军群）参谋部门任职的军官，多数并非参谋本部军官团成员，只有参谋长、首席作战参谋及少数重要职位上的参谋，才具有这种资格。正因为其独特的历史地位和曾经的群星璀璨，参谋本部军官团成员普遍高度自信，久而久之形成了一种傲慢自大的作风——贵族做派、自信倨傲、桀骜不驯等字眼常被用来形容德军参谋本部军官团，此外它具有的内敛性和排斥性，也令不得窥其门径者大感恼火。舍尔纳虽有"战场勇士"之名，但出身普通，一战期间除最后时刻外基本没有参谋经历，又未能通过资格考试，可能会觉得自己受到了轻视，进而滋生出憎恶参谋本部军官团的念头。前面提到的《明镜周刊》曾载文称："舍尔纳一心渴望加入参谋本部，尽管他是个强烈的宗教反对者，但为达到目的，他不惜谎称自己是基督徒（他的家族信奉罗马天主教）——因为两次大战之间的参谋本部非常保守，进入参谋本部对那些与基督教的关系不密切的人来说几乎毫无可能。他的这一举动遭到了同僚的蔑视，有人还曾写诗嘲讽他。不过，舍尔纳和隆美尔像85%的申请者一样，都没能通过他们各自军区的考核。"[22]舍尔纳后来确有机会加入参谋本部，但那时的他已经全无之前对参谋本部的憧憬——他与参谋本部的普鲁士军官相比确实存在相当大的反差，绅士们或许还曾小瞧过他。在此方面，舍尔纳或许与希特勒有着相似的认识，纳粹元首到死都不改自己对参谋本部军官团贵族做派的厌恶，到战争中后期，当希特勒发现了舍尔纳的才能、忠诚、坚定和粗犷的作风时，一力提携与信任这位新宠的背后，或许就有着"口味相近"的原因。

1931年8月，通晓多种语言的舍尔纳被派往意大利第1山地旅担任翻译官，但这项职责只履行了很短的时间，他就被任命为德累斯顿军校的战术和军事史教官（校长是后来的李斯特元帅）。据说舍尔纳在军校期间就已向同僚和学员们展示过自己的某些"特质"，他的一句座右铭也颇为人熟知："对长官的恐惧必须大于在前线对敌人的恐惧！"据说舍尔纳还在军校教授过一些非正统战术，《明镜周刊》就曾披露过这样一桩轶事（真实性值得怀疑）：舍尔纳曾在课堂上问学员们，如果某个步兵营在行军中接到了进入某村建立临时营部的命令，而营长同时得到报告，说村子已被友军的某营占据，在这种情况下你们会怎么做？有学员称自己会先派副官到村子里接洽友军营长，同时自己将率领全营向村子赶去，最终目的是让两个营都能在村子里住下。舍尔纳这时正色答道："完全错误。没有哪个营长会为别人挪地方。你们必须这样做：派人把村子入口和出口的房子各烧掉一座，一旦房子起火，村里的那个营就会大乱，他们会主动挪窝的。"[23]

▲ *摄于1937年底或1938年初的米腾瓦尔德，舍尔纳的第98山地步兵团正在驻地举行狂欢活动。当时，慕尼黑—上巴伐利亚地区总督瓦格纳（Adolf Wagner）正在造访舍尔纳所部。*

▲ 或摄于1938年初，前排左一为时任第7军军长的朔贝特（Eugen Ritter von Schobert）将军，左二为时任第99山地步兵团团长的迪特尔，左三为山地旅指挥官屈布勒（Ludwig Kuebler），朔贝特和迪特尔中间的就是第98山地步兵团团长舍尔纳中校。

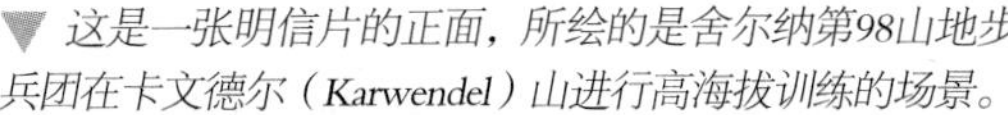

▼ 这是一张明信片的正面，所绘的是舍尔纳第98山地步兵团在卡文德尔（Karwendel）山进行高海拔训练的场景。

▲ 摄于1938年初，左一为22岁的山地兵上士蒋纬国，他曾在舍尔纳的第98山地步兵团接受山地作战训练。在舍尔纳手下完成严格的山地战训练绝非易事。

▼ 1938年春，舍尔纳率部参加了吞并奥地利的行动，图片是第98山地步兵团在回国途中经过奥地利蒂罗尔（Tyrol）附近时拍摄的。

▲ 摄于1938年春，舍尔纳（左一）在意大利和奥地利边境的阿尔卑斯山布伦内罗（Brenner）隘口受到欢迎的场景。图中右侧手持步枪行礼者似为意大利军人。

▲ 拍摄时间不详，身着上校军服的舍尔纳正在签署文件。从其军服和没有佩戴骑士勋章的情况来看，这幅图片应摄于1939年9月至1940年8月间，或许是在波兰或法国战役期间。

1934年8月，舍尔纳晋升为少校，还从10月1日起担任德累斯顿军校指挥官的副官。1936年3月，他被调往柏林的参谋本部，担任第3部（外军部）4处主管，负责搜集和分析南欧与东南欧国家的军事情报。他在这个职位上工作到1937年7月31日，期间晋升为中校。不过，舍尔纳似乎对来之不易的参谋本部职位失去了当年的兴趣，他觉得自己既不愿意也不适合坐办公室，他的心思始终都在一线部队，尤其是随着纳粹德国的扩军备战，他更觉得只有练兵场和战场才是军人大显身手的舞台。1937年10月，舍尔纳奉命出任驻米腾瓦尔德（Mittenwald）的第98山地步兵团团长。这个团是德军最早组建的山地部队之一，与第99、第100山地步兵团及第79山地炮兵团一起，组成了德军当时唯一的山地步兵旅。1938年4月9日，德军以这个山地旅为核心（加上第54反坦克营和山地通信营）在巴伐利亚组建了第1山地步兵师。[24] 虽然舍尔纳对自己支持纳粹政权的事实毫不掩饰（这在当时实属常态），他也本着“平时多流汗、战时少流血”的原则，对所部进行了强度极大的训练，但官兵们对这位“粗壮的大嗓门”并无恶感——他的那枚“蓝色马克斯”战功勋章让人肃然起敬，他的战时经历、教官背景和山地战专长，令下属们庆幸能拥有他这样一位专家级团长，他“绝不强求下属做自己做不到的事”的作风，更令官兵们产生过同心同德的归属感。

1939年8月27日，舍尔纳晋升为上校，他所在的第1山地步兵师两天前刚刚收到向东运动的命令——开至斯洛伐克北部的摩拉维亚占据出发阵地。对波兰宣战之后，第1山地师将与第2山地师一起从这里越过波捷边境。舍尔纳期盼的战争终于拉开了大幕。

强悍的山地兵将军：转战地中海和北冰洋

进攻波兰的德军被编组成南北两个集团军群，北面的集团军群包括第3和第4集团军，南面的则由第8、第10和第14集团军组成。由第1、第2和第3等三个山地步兵师组成的第18山地军，隶属于李斯特上将的第14集团军。按照最高统帅部的计划，德军将以南北对进的双重合围攻势围歼波军，而第18山地军将与第14集团军的其他部队一起负责形成南翼的铁钳。具体来说，第18山地军的3个山地师首先需要穿越塔特拉（Hohe Tatra）山脉，进入开阔地带后，最西面的迪特尔第3山地师负责夺取塔尔努夫（Tarnov），中间的福伊尔施泰因（Valentin Feuerstein）将军的第2山地师负责攻打亚斯沃（Jaslo），而最东面的屈布勒（Ludwig Kuebler）的第1山地师则以萨诺克（Sanok）为第一阶段的目标。这3个师抵达并夺取加利西亚的首府利沃夫后，将旋转向北运动，寻求机会与南下的第3集团军会合于波军后方，从而合拢包围圈的外环。[25]

波兰战役打响后的第五天，第2和第1山地师跨越了捷波边境，他们首先遭遇了波军第1和第2山地步兵旅以及支援它们的一个摩托化旅。这些波军是拥有3个师的“普热梅希尔（Przemyshl）集群”的一部分，由于两面受敌，他们很快放弃了防线，开始向后方撤退，德军山地兵们也得以快速地穿过塔特拉山脉。进入波兰南部的开阔地带后，第1山地师的官兵们发现这里的道路残破不堪，路上堆积的尘土足以淹没脚踝。为加快进军速度，师长屈布勒把一个由装甲车、卡车搭载的山地兵（第98团1营和第99团2营）及部分自行火炮组成的先头战斗群交给舍尔纳，命令他尽快扑向并夺取利沃夫，掐断这个波军在转运部队或撤退时必需的铁路枢纽。舍尔纳拿出了一战中驱赶部下夺取第1114高地时的劲头，无情地鞭策部队奋力向前，他下达的命令中曾包含有这样的文字：“……像在帝国高速公路上行军那样直扑利沃夫，尽可能多地扬起灰尘吧！”[26] 舍尔纳完全不顾侧翼的危险，以及所部与师主力之间越拉越大的距离，在行进间克服了零星抵抗后，很快出没于波军“普热梅希尔集群”的后方。在每日至少30英里的推进过程中，舍尔纳曾数次遭遇撤离前沿或前去换防的波军，当他的战斗群从对手旁边经过时，他总是命令山地兵以各种轻重武器一起开火，或用炮弹将对手炸得失去建制。被舍尔纳战斗群冲散的波军往往立即进行重组，以凶猛的火力和坚定的意志阻击那些跟在舍尔纳身后徒步行军的山地兵。不过，波军仅凭勇敢并不能长时间迟滞第1山地师，到9月12日，舍尔纳战斗群已进抵利沃夫西南仅40英里处。这时，他把两个山地步兵连和一个150毫米榴弹炮连组成突击队，命令他们尽快夺取利沃夫。这支突击队绕过波军防线，当日即抵达利沃夫郊区，但被装备居明显劣势的对手生生挡住。舍尔纳次日率领战斗群主力抵达，稍事准备后下令攻城，到下午2点时已有部分德军突入市中心，但经过一番激烈的巷战后，前日夜间得到增援的波军又把舍尔纳所部赶了出来，还造成了德军不菲的伤亡。舍尔纳眼见强攻难以奏效，决定稍作后撤，在围住利沃夫的同时等待第1山地师主力的到来。为改善己方态势，他指挥第98山地步兵团（加上第99山地步兵团一部）夺取了利沃夫郊区的兹博伊斯卡（Zboiska）及其附近的第374高地。不过，利沃夫的波军也得到了大量增援，从波兰中部撤下的部队再加上城内新组的志愿者单位，一时间在数量上还占有相对优势。随着波军第10摩托化旅的到达，波军从舍尔纳手中夺回了兹博伊斯卡，但第374高地还是被德军牢牢控制着——舍尔纳把炮兵部署在高地上，借助这里俯瞰全城的地利，向利沃夫城内发射了大量炮弹。德国空军也对利沃夫进行了不间断的轰炸，摧毁了这座文化名城中的许多教堂、医院以及发电厂、水厂等民用目标。

第1山地师全部就位后，开始进行大规模攻城的准备。但是，随着波军"普热梅希尔集群"快速撤往利沃夫方向，山地师的左翼顿时受到威胁。所幸，德军第5装甲师和第7步兵师各一部及时赶到，以一道坚实的防护屏障迫使前述波军改变了方向，才使第1山地师避免了可能面对的两线作战的窘境。9月17日，德军的作战环境出现了意想不到的重大变化——苏军第6集团军所部越过苏波边境后正朝利沃夫城高速扑来。18日，德国空军在利沃夫上空撒下了一批劝降传单，遭到守军拒绝后，舍尔纳率部发起强攻，但再一次被无情击退。19日晨，苏军一个先头坦克旅抵达利沃夫东郊，很快便与从西面包围利沃夫的德军第1山地师建立了联系。苏德双方都在19日要求利沃夫守军投降，苏方声称自己的目的"仅是帮助波兰抵抗德国，因此必须先进入利沃夫"，而德军则直接威胁说"将于9月21日发起总攻，利沃夫到时必然城破"。9月20日，希特勒下令取消进攻利沃夫的计划，命令南方集团军群把利沃夫留给苏军处理，第18山地军所部则开往维斯瓦—桑河一线的西面待命。两天后的早晨，利沃夫的波军与苏军签署了投降协议，但到下午时分苏方便撕毁协议，内务部队开始大肆搜捕波兰军官，许多人被送往俄罗斯各地的古拉格，很多军官在1940年时丧生于恶名昭著的"卡廷惨案"。[27]

舍尔纳可能未曾料到，自己一心想拔得头筹的利沃夫之战，竟以这样一种结局收场。攻打利沃夫之初，他率领的战斗群几次攻城皆告失败，整个山地师还伤亡1000余人（484人阵亡，918人受伤，另有608人病倒），十几天的行军作战、受苦受累和流血牺牲似乎都是徒劳之举，反而要带着"羞辱感"开到苏德双方划定的分界线以西。虽然有后人将舍尔纳的长途奔袭称作"风暴般突袭利沃夫"，他也在9月12日和20日分别获得二级和一级铁十字勋章上的勋饰（师长屈布勒还在10月获颁骑士勋章），但客观而言，舍尔纳的首战表现并不能令人满意。

舍尔纳率部回国后，驻扎在德国与比利时交界的艾菲尔山区。法国战役前，希特勒决定先夺取北欧的挪威和丹麦，迪特尔率其第3山地师的两个团参加了这一代号为"威悉河演习"的作战，迪特尔也因纳尔维克之战中的出色表现，在1940年7月成为首位获得橡叶骑士勋章的军人。舍尔纳所部当时被留在西线担任预备队，当迪特尔的第3山地师正在纳尔维克进行防御苦战时，第1山地师作为A集团军群所辖的第18军的一部分，从比利时越过马斯河后进入法国作战。虽然该师在塞纳河渡口进行过激战，也曾沿着埃纳河岸的"贵妇小径"（Chemin des Dames，一战中夺去无数性命的4次埃纳河之战的战场）奋力拼杀，但整个法国战役中风头最劲的自然是以古德里安和隆美尔为代表的装甲部队，舍尔纳的山地兵只能扮演着微末的角色。据说，比利时政府在二战后还曾试图审判舍尔纳当年的战争罪行，但并不清楚他在比利时犯下何种罪行，另外，排在他前面的军政官员实在太多，根本轮不到这个当时仅为上校的团长。

法国战役第一阶段结束时，舍尔纳将第98山地步兵团的指挥权移交给皮科尔（Egbert Pickel）上校，自己则在6月1日出任新组建的第6山地师师长。该师在奥地利兰德克（Landeck）成立时，番号在前的第4和第5山地师尚未完成组建，它的基干部队第141山地步兵团来自于第3山地师未参加挪威战役的部队（即第139团），第143山地步兵团则是原准备用于组建第4山地师的部队。此外，舍尔纳还辖有第118山地炮兵团、反坦克、工兵和通信等单位。令人惊讶的是，第6山地师似乎飞快地做好了战斗准备。舍尔纳在6月13日即率部渡过莱茵河，朝着孚日山区的圣迪耶（Saint-Dié，位于南锡东南）推进。停战之后，第6山地师在法国与瑞士边境的蓬塔利耶（Pontarlier）执行占领军任务，舍尔纳也在期间的8月1日晋升为少将。同年11月，第6山地师被

▲ 摄于1941年的希腊战役期间，图为德军山地兵的一处机枪阵地，从这里能够清晰地俯瞰斯特鲁马河谷沿岸。

▶ 摄于1941年3月的保加利亚某地，左一可能是德军第12集团军指挥官李斯特元帅，中为第6山地师师长舍尔纳，右一或为第18山地军军长伯梅（Franz Boehme）。

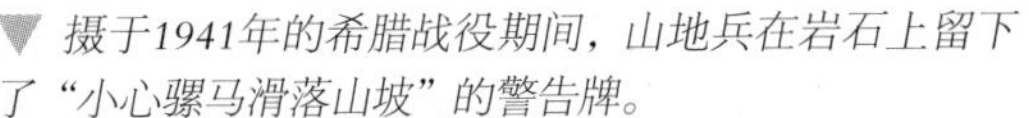

▼ 摄于1941年的希腊战役期间，山地兵在岩石上留下了“小心骡马滑落山坡”的警告牌。

▶ 摄于1941年的希腊战役期间，德军山地兵牵着骡子在陡峭光秃的山地间行军。

划归第10军指挥，隆美尔的第7装甲师当时也属于该军。如果前文引述的《明镜周刊》的故事果有其事，那么隆美尔与舍尔纳不能在同一间会议室开会的轶事，应该就发生在这一时期。1940年12月，第6山地师已奉命开往波兰充任占领军，转年2月又被调往罗马尼亚南部驻防。

舍尔纳的第6山地师真正接受战火洗礼是在1941年4月的巴尔干战场。希特勒为解除侵苏前在巴尔干半岛的后顾之忧，同时也为帮助成事不足、败事有余的盟友墨索里尼，责成李斯特元帅的第12集团军发起征服南斯拉夫和希腊（及英联邦远征军）的"玛莉塔（Marita）作战"。第12集团军包括克莱斯特装甲集群（负责南斯拉夫地区）、第50军（负责罗马尼亚的防御）、第40摩托化军、第18山地军和第30军等庞大的力量。舍尔纳的第6山地师和林格尔（Julius Ringel）的第5山地师，与第2装甲师、第72步兵师和第125加强步兵团组成了第18山地军。[28] 第40摩托化军（第9装甲师、第73步兵师和迪特里希的"希特勒警卫旗队"摩步团）将在进入南斯拉夫后夺取重镇斯科普里（Skopje），切断南斯拉夫和希腊之间的铁路与公路联系后，该军大部将旋转向南，进攻南、希两国边境上的莫纳斯提尔（Monastir）。第18山地军将集中第5和第6山地师突袭希腊边境，以强行穿越鲁佩尔（Rupel）峡谷、突破梅塔克萨斯（Metaxas）防线为先期目标，该军的第2装甲师将先穿越南斯拉夫国土，之后沿斯特鲁马（Struma）河的上游前进，掉头南下后再向萨洛尼卡（Salonika）方向推进。第30军的任务是沿着最短路线进抵爱琴海海岸，而后从东面进攻梅塔克萨斯防线上的诸多堡垒和要塞。这3个军最终将汇聚在萨洛尼卡，夺取该城后，第5、第6山地师及3个装甲师将朝雅典和伯罗奔尼撒方向推进。

4月6日晨，第18山地军所属各部按照部署分头进军。第2装甲师（巴尔克为其第3装甲团团长）的进展非常顺利，虽然地形崎岖复杂，人手不足、装备落后的希腊军队也进行了英勇抵抗，但第2装甲师的侧翼包抄任务实现得堪称完美，9日晨即进入了萨洛尼卡城。不过，担负主攻的第6和第5山地师在梅塔克萨斯防线前遭遇了顽强的抵抗，希军凭借天然的地形、坚固的工事和殊死拼杀的斗志，给舍尔纳和林格尔造成了巨大困难。山地兵们每前进一步都要付出相当的努力，每个堡垒和支撑点都需要通过正面强攻与侧翼包抄相组合的战术，并在空军的支援下才能得手。7日，第5山地师逼近了鲁佩尔峡谷的南入口，但即便得到了最强大的战术空军支援，林格尔所部还是在付出重大伤亡后被击退。在鲁佩尔峡谷北侧进攻的第125加强步兵团，伤亡更是惨重到被直接撤出了前沿。德军在7日出动了大量的俯冲轰炸机，重炮也整日不停地倾泻炮火，但梅塔克萨斯防线上的20余座要塞中仅有2座被炸毁，其余的则继续给德军山地兵们造成大量的伤亡。一筹莫展之际，舍尔纳的第6山地师在罗多波利斯（Rodopolis）附近取得了重大进展，他从两支希军的结合部实现了突破，而这里的地形一向被认为是无人能够攀爬或穿越的。战后，有被俘德军将领在为美军撰写的一份报告中称："……突破梅塔克萨斯防线的首功必须给予第6山地师，该师越过了一座白雪皑皑的7000英尺高峰，在希腊人认为根本不可能通行的地段突破了希军防线。"[29] 实现突破后，舍尔纳率部疾进，7日夜即切断通往萨洛尼卡的铁路，希腊第2集团军的补给线顿时被掐断。随着实施大范围机动的第2装甲师在9日晨兵不血刃地夺取萨洛尼卡，瓦尔达尔（Vardar）河以东的希军防线亦宣告解体，尽管梅塔克萨斯防线上未曾陷落的要塞仍在浴血抵抗，但希军第2集团军还是在9日宣布投降。随着形势的变化，李斯特相应调整了部署，他将部队编组成东、西两个攻击集群（第18山地军为东集群，得到第5装甲师增援的第40摩托化军为西集群），命令各部朝希腊中部快速进军，以阻断希军第1集团军和英联邦远征军的退路。第18山地军负责沿奥林波斯山两侧进军，以夺取重镇拉里萨（Larissa）为直接目标，第2装甲师此时分成左、右两个战斗群，右翼战斗群负责从西面绕过奥林波斯山，而后朝埃拉索纳（Elassona）推进，左翼战斗群则沿着海岸至奥林波斯山之间的铁路线进军，突破坦佩（Tempe）峡谷后再朝拉里萨推进。介于第2装甲师两个战斗群中间的就是舍尔纳的第6山地师，他将直接翻越奥林波斯山，以突然出现在坦佩峡谷地带的敌军后方为目标。[30]

4月11日，舍尔纳率部渡过瓦尔达尔河，朝着西面的埃泽萨（Edhessa）方向推进一段距离后，掉头南下直扑韦里亚（Veroia）。突袭韦里亚得手后，舍尔纳率部迅速前出至希腊最大的河流哈利亚克蒙（Haliacmon）河。他在对岸建起桥头堡后，继续驱赶官兵沿着困难的山地南下，很快便出现在奥林波斯山的山脚。巴尔克在15日接过了第2装甲师左翼战斗群的指挥权，他在当日强攻无果的情况下，命令所部展开包抄机动，于16日晨成功逼退了守卫坦佩峡谷东入口的新西兰守军一个营（该部撤往峡谷西入口）。17日，巴尔克战斗群进入坦佩峡谷，开始沿着皮尼奥斯（Peneus）河狭窄的北岸艰难前进。由于向西的道路被炸毁的隧道所堵塞，巴尔克决定泅渡皮尼奥斯河，到达对岸后再择路而行。当日下午，巴尔克已有数辆坦克渡河成功，不过它们在绕过被炸坏的路基时陷入了沼泽地。与巴尔克战斗群的运动几乎同步，舍尔纳的山地师经过几天艰难的跋涉，也于17日下午出现在坦佩峡谷西入口附近，但他失望地发现皮尼奥斯河上的渡桥和渡口早被炸毁，铁路路基也被破坏得无法使用。河南岸的守军是被巴尔克驱赶至此的新西兰第21营，他们用密集的机枪子弹“欢迎”这些疲惫不堪的山地兵们。18日晨，舍尔纳的部分手下搭乘橡胶艇渡河成功，他的多数部队绕到了新西兰营的侧后方，夹击之下几乎全歼了这个营。到当日下午，巴尔克在西

▲ 摄于1941年4月，第6山地师师长舍尔纳正准备离开座车。

▲ 摄于1941年，希腊战役获胜后，李斯特元帅（中）、第18山地军军长伯梅（左）和第6山地师师长舍尔纳正在赶去参加某项活动。

▲ 摄于1941年4月末，舍尔纳在雅典卫城前留下了这张照片，此时他已经获得骑士勋章。

▲ 舍尔纳的一张常见照片，摄于1941年4月的雅典卫城。

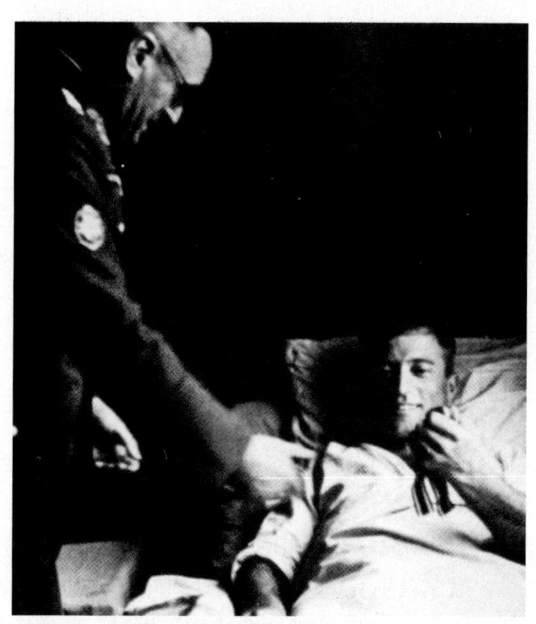

▲ 具体拍摄时间不详，舍尔纳在医院里向一名军人颁发骑士勋章的场景。

入口已集结了一个装甲营和一个摩步营的兵力，他与舍尔纳立即携手进攻防御拉里萨接近地的澳大利亚第16步兵旅。19日，巴尔克的装甲兵和舍尔纳的山地兵占领了拉里萨，还收缴了机场里英军遗弃的大量油料和军需物资。这些战利品使舍尔纳获得了充足的补给，继而能够不停顿地继续前突和追击对手。

此时，德军第12集团军命令各步兵师停止前进，追击对手的任务完全由机动能力更强的第5和第6山地师、第2和第5装甲师及“希特勒警卫旗队”摩步团承担。而英联邦远征军指挥官为保证主力及时撤离，命令后卫部队在通往雅典的门户温泉关（Thermopylae）附近严防死守。22日，第5装甲师的矛头进攻温泉关时，遭到英军炮火和若干坦克的有力阻击。试探性进攻失败后，舍尔纳率部在23日沿着英军防线以西的山地，进行了一场大范围侧翼包抄。与此同时，一个有坦克支援的摩托车营也在温泉关以东同步进行包抄。24日夜，三面被围的英军弃守温泉关，德军通往雅典的道路已是一片坦途，舍尔纳的先头部队和装甲部队的前锋开始狂奔着向雅典发起最后的进攻。27日，在全城之巅的雅典卫城，第6山地师升起了纳粹的旗帜，舍尔纳佩戴着一周前获得的骑士勋章（4月20日获颁），骄傲地检阅了部队并向官兵们致以谢意。

舍尔纳在27日当天被任命为雅典军事长官。据《明镜周刊》的文章所言，舍尔纳把师部建在豪华舒适的“大不列颠大饭店”里，却不允许下属享受类似的待遇——已入住各大饭店的军官们都被他赶了出来！舍尔纳在“统治”雅典期间的行为，尤其是他对待自己部队的方式，为他赢得了“雅典最后的暴君”这个不雅的称号。《明镜周刊》的文章还曾批评说，尽管舍尔纳获得了骑士勋章，但他攻打梅塔克萨斯防线时驱策官兵的残暴方式，在军事上而言毫无意义，因为第2装甲师不仅绕过了希军防线，还早早赶在前面夺取了萨洛尼卡。这种批评很难称得上公正，因为适合装甲部队的作战应该是能发挥其机动能力强、速度快和火力猛等优势的任务，它承担的职责就是进行大范围机动包抄，由第5和第6山地师等长于山地战的部队负责正面强攻再天经地义不过，除非德军决定根本不进攻梅塔克萨斯防线，否则总要有部队进行强攻。再说，第5山地师付出的伤亡更多，所取得的战果也远不如率先打开突破口的舍尔纳师。仅就军事而论，舍尔纳的战功无可指责。

希腊战役结束不到一个月，德军又向克里特岛发起了两栖登陆作战。这次作战的主力是伞兵部队和林格尔的第5山地师，舍尔纳的第6山地师只有一个团奉命参加赫拉克利昂机场周边的作战，其余各部均在希腊本土待命。就在第6山地师的官兵享受着地中海和煦的阳光与怡人的微风时，苏德战争爆发了，舍尔纳意识到所部的轻松时光已经屈指可数了。

苏德战争在1941年6月22日爆发后，迪特尔的挪威山地军（辖第2和第3山地师，合计27500人）经过一周的艰难进军，沿着芬兰北部的贝柴莫（Petsamo，佩琴加的旧称）走廊侵入了苏联境内，之后开始朝摩尔曼斯克（Murmansk）方向推进。到7月初，挪威山地军在无路可寻的荒原上打打停停，跌跌撞撞地向东推进到汇入北冰洋的利察（Litsa）河附近。德军一个营在河对岸建立了一个小小的桥头堡，但苏军的反攻令桥头堡一直处于危境之中，迪特尔的两个师也被迫相继转入防御。迪特尔在7月21日至24日间多次要求希特勒速派增援，帮助其防御近40英里长的防线，但元首一再拒绝——7月末时，英军航母舰载机曾多次轰炸贝柴莫，证明了希特勒对英军有可能袭击挪威的担心并非毫无根据。不过，希特勒在7月30日同意把舍尔纳的第6山地师从地中海调至北冰洋战场。

舍尔纳接到前往摩尔曼斯克前线的命令后，立即率部返回本土，而后踏上了前往苦寒之地的漫长旅程。由于英军控制了北海，舍尔纳山地师无法从海路直达挪威北部，只能经由波罗的海、芬兰与瑞典之间的波的尼亚（Bothnia）湾到达芬兰北部，登陆后沿着罗瓦涅米（Rovaniemi）—伊瓦洛（Ivalo）—贝柴莫的北冰洋公路向北抵达贝柴莫，而后再朝利察方向运动。8月30日，苏军潜艇击沉了两艘德军运输船，进一步推迟了舍尔纳师的抵达时间，但该师最后总算在10月初开到前线。[31] 迪特尔的第2和第3山地师与苏军已经对垒了足足3个月，舍尔纳师的到来终于使他们能够稍作喘息，第2山地师随即撤至贝柴莫休整，第3山地师位于利察河沿线的阵地也被舍尔纳接管，迪特尔交给舍尔纳的任务就是守住这条距摩尔曼斯克仅30英里的防线。

摩尔曼斯克的冬天比莫斯科早来大约两个月，第6山地师陆续抵达北冰洋沿岸时，酷寒已经笼罩着这里的一切。当莫斯科前方的德军正

▲ 可能摄于1941年底，舍尔纳在北冰洋战场。

▲ 可能摄于1942年初，德军第3山地师一部正在举行仪式。

▲ 摄于1941年底或1942年初，北冰洋战场上的德军山地兵正在训练。

勉力进行着“台风”作战时，北冰洋沿岸的大规模交锋已经偃旗息鼓，进入了偶有小战，更多是与高寒和严峻的生存环境相搏斗的阶段。舍尔纳的防区里有座连接着前沿与后方的至关重要的木桥，而大自然似乎是为了宣示力量，以一次巨大的雪崩摧毁了这座木桥。前沿部队立即出现了给养危机，舍尔纳马上命令包括师部官兵在内的所有能出动的人连夜工作，抢修通信线路并搬运食品弹药，工兵们也冒着可怖的严寒赶修桥梁。艰难的修复工作完成后，又一场来自北冰洋的狂风再次教训了试与天公作对的德军，生命之桥又一次遭到破坏。短短几周里，舍尔纳所部有1400匹战马冻死，从地中海带来的那些耐力极强的骡子也无一幸存。不过，利察河防线依然在严寒中坚若磐石。

1941年圣诞节前夕，苏军以来自西伯利亚的精锐师团为先头，向挪威山地军发起了进攻。在恶劣天气的帮助下，精于防守的舍尔纳挫败了对手，苏军不仅寸土未获，反而有大批士兵战死或冻毙。这次成功的防御战后，迪特尔于1942年1月15日升任“拉普兰”（Lapland）集团军指挥官，舍尔纳则接任挪威山地军军长（1942年11月改称第19山地军），并在2月28日晋升为中将。舍尔纳的防区包括第6山地师所在的利察河防线，第228步兵团加上第2山地师的一个营防御雷巴奇（Rybatchiy）半岛（由苏军占据）与大陆的连接地带，第2山地师大部与第193步兵团在贝柴莫附近充任预备队。[32] 由于苏军占据着雷巴奇半岛，一旦他们从这里突破德军薄弱的防线后踏上大陆，就极可能切断利察河沿岸的德军，迪特尔因之准备通过主动进攻来夺取雷巴奇半岛。不过，攻势何时能够发起，以及从哪一方面抽调兵力等都迟迟难以决定。3月中旬，“拉普兰”集团军根据希特勒的命令，将3个营的兵力调给舍尔纳，以加强芬兰北冰洋沿岸的防御。

强悍的舍尔纳毫不动摇地固守在连世居北极的芬兰人都不愿守卫的区域，他既面临着气候、地形和补给短缺的严峻考验，又经常面对着数量占优的苏军富有技巧的攻击。1942年4月27日，苏军第14集团军的第10近卫步兵师向第6山地师的右翼发起了进攻，而苏军第14步兵师也向第6山地师的左翼同步展开了辅攻。防御利察河桥头堡的第141和第143山地步兵团与对手激战整整3天，方保桥头堡不失。更严峻的是，苏军第12海军陆战旅在鱼雷艇的掩护下，于利察湾以西的莫托夫斯基湾（Motovskiy）强行登陆，切断了德军赖以生存的补给线。面临被围危险的舍尔纳表现出无所畏惧的意志，他决定在正面先拖住苏军的两个步兵师，自己亲自组织恢复和确保交通线安全的作战。他把包括参谋和后勤在内的所有能参战的官兵，都投入到收复补给线的决战之中，自己也亲率突击队投入反攻。5月1日，苏军第5和第6雪地旅等增援部队在第10近卫步兵师的西面绕过了德军的左翼防线，准备楔入德军的后方包围对手。5月3日，舍尔纳把第2山地师一部迅速调往最吃紧的区域。但是，由于担心英美有可能乘机登陆北冰洋沿岸，他并未把第2山地师全数调去增援。苏军稍后又派出一个拥兵2.2万人的超强步兵师（第152“乌拉尔”师），摆出了攻击第6山地师中段防线的姿态。舍尔纳与迪特尔协商后，决定孤注一掷地把第2山地师全部增援到利察河——这样做要冒很大的风险，因为塔纳角（Tana Fjord）至贝柴莫湾的全部海岸防御力量就将只剩下4个营。不过，在最后一支预备队开到前，战场形势发生了突变——在莫托夫斯基湾登陆的苏军第12海军陆战旅因补给线频遭俯冲轰炸机袭击，以无法固守所占地盘为由主动撤离了；第6山地师右翼的苏军也迫于伤亡较大而停止了进攻，挪威山地军趁势发起反击，次日即恢复了前沿态势。为加强前线补给，舍尔纳待形势趋稳，便立即组织成百上千的卡车抢运食品弹药，长达340英里且脆弱不堪的北冰洋公路一时不堪重负。为保证公路不致坍塌，舍尔纳曾下达过一道特别的命令——卡车在公路上一辆接一辆地行驶时，必须错开彼此的车辙，违令者将付出高昂的代价。当时在芬兰作战的老兵曼茨（Bruno Manz）战后曾忆称，有谣言说舍尔纳本人就当场审判和枪决过违令者，曼茨自己在北冰洋公路两侧亲眼见到过一批十字架，虽然不确定这些亡者是死于舍尔纳的严酷军纪，但有关的流言和传说一直不断。[33]

利察河桥头堡的战事是舍尔纳山地军独自进行的一场战斗——他的左翼是北冰洋，右翼最近的友军是在数百公里外自顾不暇的第36山地军。舍尔纳以劣势兵力挡住了数倍于己的对手（包括西伯利亚的精锐部队），造成了苏军8000余人的伤亡，一场危机化解了，德军防线依然牢不可破。这一成功给希特勒留下了较深的印象，为此，舍尔纳在1942年5月15日晋升为山地兵将军——1940年8月前他还是位上校，不到两年就跻身于兵种将军行列，蹿升速度虽不如隆美尔，但也不可谓不快。这一飙升自然是

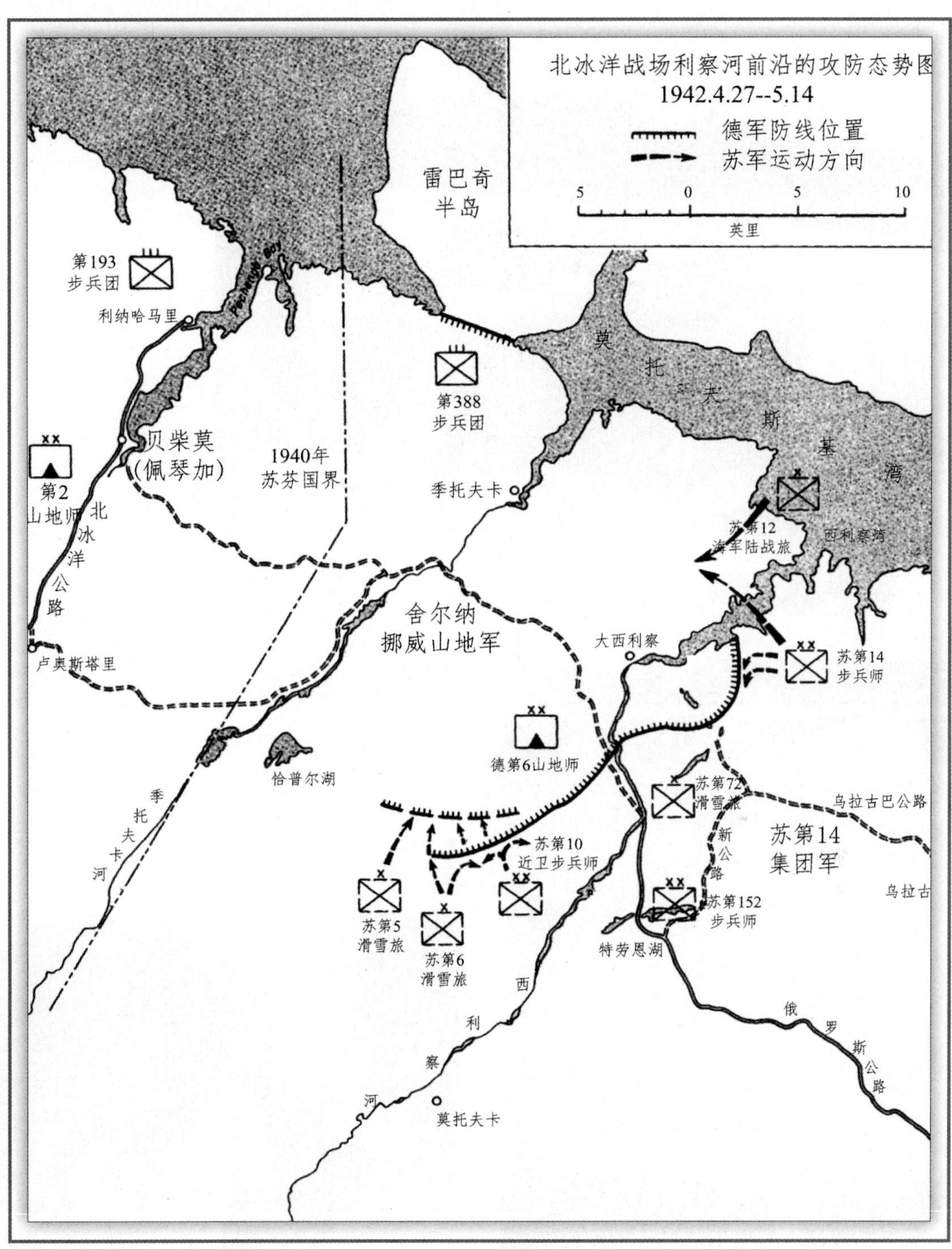

▲ *北冰洋战场利察河前沿的攻防态势图（1942.4.27—1942.5.14）。*

◀ 摄于1941年底或1942年初的北冰洋战场，图为进攻中的苏军。这里的苏军指挥员具有丰富的雪原作战经验，因而展现出的指挥水准也较高。

◀ 可能摄于1942年初，在北冰洋战场作战的苏军士兵。本图有可能是战时宣传照。

▼ 摄于1942年初，北冰洋战场的苏军正在运输物资装备，人推马拉可能是这里唯一可行的运输方式。

▲ 摄于1942年初，北冰洋战场的德军运输车队正在北冰洋公路上行进。

▲ 摄于1942年，几名德军指挥官正要离开总部，左一为舍尔纳，中为第20山地集团军指挥官迪特尔，右边的据信是第210步兵师师长温特格斯特（Karl Wintergerst）将军。

▶ 摄于1942年，迪特尔离开舍尔纳的指挥部时所摄。

▶ 拍摄时间不详，舍尔纳与前来所部视察的迪特尔在一起。

▼ 摄于1942年，舍尔纳与迪特尔在一起。

▲ 左为第2山地师师长亨格尔（Georg von Hengl），中为第20山地集团军指挥官迪特尔，右为挪威山地军军长舍尔纳。舍尔纳和迪特尔的左胸口袋处都戴有纳粹金质党章，考虑到舍尔纳是在1943年1月底才获得这个金质党章的，因而本图应摄于1943年2月至10月间。

▲ 拍摄时间不详，从左至右依次为舍尔纳、迪特尔和第2山地师师长亨格尔。

▲ 这是一张罕见的照片，左为希姆莱，右为舍尔纳，可能摄于1943年冬的芬兰北部。据信当时的场合是一场冰壶比赛，希姆莱可能正在极北视察党卫军部队。希姆莱素来赏识舍尔纳，在后者的升迁过程中曾发挥过重要作用。

舍尔纳效忠纳粹政权所换来的奖赏，但不容否认的是，他也具有相当的战术才华和指挥能力，尤其是其意志力，更是非比寻常——并非所有将领都能以劣势兵力击退对手的多次大规模进攻，也不是每个将军都能做到时常在最前线指挥战斗。舍尔纳1941年末在面对恶劣的生存环境时曾豪言"北冰洋算得了什么"，这句话恐怕早已传进了最高统帅部及希特勒的耳朵里。

1942年夏，德军极北战场的重心放在了舍尔纳山地军的方向，重中之重就是针对英美可能发起的北冰洋登陆行动加强海岸防御。德军最高统帅部认为，位置险要的雷巴奇半岛对极北战场具有最高程度的重要性，因而要求迪特尔和舍尔纳准备相应的作战方案。不过，由于增援部队何时抵达、弹药武器和补给何时能充裕到足以支撑进攻等都是未知数，进攻雷巴奇半岛的作战暂时被安排到1942年秋末或冬初进行。6月间，迪特尔的"拉普兰"集团军改称为第20山地集团军，他除了进一步强化海岸防御外，也在紧张地筹划和准备夺取雷巴奇半岛的进攻战。最高统帅部曾提出把一些没有战马和车辆的所谓"静态步兵师"调来守卫利察河前沿，以便第6和第2山地师能够投入雷巴奇半岛的作战，但这个提议遭到了舍尔纳和迪特尔的反对。他们认为，利察河防线十分重要，决不能由一些"装备不整的三流师"前来布防。结果，由于缺乏适于作战的部队，进攻雷巴奇半岛的计划被慢慢搁置起来，苏德双方在1942年夏秋之间也没有发生任何大的战事，双方对垒的焦点一度竟是相互骚扰，比试着谁能在对方占领的区域里点燃森林大火！[34]

有后人曾这样描绘当时陷入僵局的利察河战场："……德军前沿背后的区域呈现出一幅奇特的景象，在北冰洋这个'神奇之地'竟出现了错落有致的大批补给站：弹药库、补给中心、餐厅、面包房、炭窑、医院和休息站等都建起来了，前线官兵的配给在国防军中算是最高一等的，但某些前沿的士兵还找到了进一步丰富配给的途径——打猎、捕鱼、养猪和种菜。"[35]士兵们悠闲的生活和还算不错的待遇，自然有重视补给的舍尔纳的功劳，但前线的平静并不意味着他会放松部队的训练，尤其是对战场和后方纪律的严格管控。1942年秋，舍尔纳曾组织过多次小规模演习，其中的一次是由30名芬兰海军官兵对垒两个连的德军，结果芬兰人胜出。舍尔纳分析了败因后曾冲着官兵们大叫："这些芬兰人会把你们都干掉，你们真应该感到羞愧，回去后每天都要勤练！"舍尔纳认为不打仗的时候，过于安逸的生活会腐蚀军官的意志，于是下令把一些所谓的"奢侈"家具从军官宿舍中搬走，命令少校以下的军官不得配备轿车和摩托车，必须使用时也只能用于公务。舍尔纳还有一个绝招——他把后勤部队里一些超重的官兵或派到前线驻守，或命令他们立即减肥，而瘦子们则被派到厨房帮厨！他还有一些令人难以理解或遭人痛恨的怪癖。二战时期的芬兰海军军官拉赫登佩拉（Leo Lahdenperä）曾回忆称，1942年夏天的某日，一艘德国商船停泊在贝柴莫附近的港口，船长邀请了一些芬兰和德国军官上船喝咖啡，负责北部战场交通运输的一名德军少校也在来宾之列。就在大家愉快地交谈时，不速之客舍尔纳出现了。他向船长致意之后，转身盯着那位少校恶狠狠地说道："你已经不再是少校了，现在你是一名列兵。一小时后到我的军部报到。"然后，舍尔纳走上前去撕下了这位少校的肩章。船长大声地抗议说，船上由他说了算，舍尔纳将军要执行纪律的话，大可回到自己的地盘再做。舍尔纳当时眨了眨眼，略一弯腰致意，神气活现地离开了，来宾们和那位倒霉的少校无不目瞪口呆。拉赫登佩拉在一份芬兰战史杂志上还曾描绘过一件更极端的往事：1941年圣诞节前曾有一艘德国商船被击沉，这艘载有圣诞礼品和酒类的商船在1942年春解冻后被打捞上来，物资随后被运往挪威北部的希尔克内斯（Kirkenes）、芬兰的利纳哈马里

（Liinahamari）等几个城市。利纳哈马里有一名负责管理补给品的德军士官，邀请了一些朋友来聚会，自作主张地拿出一些香肠和啤酒招待大家。聚会很成功，既无人醉酒，也没有打架闹事，但这名士官次日晨即被逮捕。他被带到舍尔纳的总部接受了军法审判，下午时即被枪毙。[36]

舍尔纳在摩尔曼斯克前线一直坚守到1943年10月被调走为止，期间苏军曾发起过许多次无功而返的攻势。希特勒很欣赏舍尔纳这个残忍无情、粗鲁无礼，对参谋和非战斗人员十分严厉的将军，与那些令他大倒胃口的普鲁士将军相比，舍尔纳显得如此的与众不同，即便在危急时刻他依然镇定自若，毫不动摇地执行最严格的战场纪律。迪特尔本人就曾亲自领教过“疯子费迪南德”的疯劲：舍尔纳特别喜欢像交警一样指挥交通，像军警一样执着地维持纪律，他经常在公路边一站就是几个小时，“尽职尽责地”指挥往来的队伍和车辆。有一次，他看到一辆VW82“桶车”跑得飞快，于是先命人发射信号弹，要求那辆车立即停下，但对方根本不予理睬。舍尔纳马上跳进座车，命令司机全速追赶，最后他的车子追上去别住了“桶车”。舍尔纳愤怒地走上前一把拽开对方的车门，结果发现里面竟是迪特尔！同为巴伐利亚人的迪特尔，微笑着用南德口音对舍尔纳说：“费恩特尔（Ferntl，Ferdinand的昵称），你这个该死的警察，追得这么紧！”在另一个场合，迪特尔还曾当着舍尔纳的面说：“你真不像个将军，倒是个最棒的军士长。”不过，迪特尔确实非常欣赏舍尔纳，曾称颂后者是“一名彻头彻尾的职业军人”。[37]

舍尔纳惯于不惜代价地驱赶官兵们在恶劣的环境中行军作战，但他本人也是一个身先士卒的将军。他从不把指挥部设在后方，战士们总能看见他戴着雪镜、拄着拐棍出现在他们中间。他的这种作风对于保证士气和防守强度确有作用，同时也利于维护战场纪律。虽然严厉得令人敬畏，但他绝非像对待牲畜一样驱使官兵，或毫不介意他们的生死，相反，他信奉的原则是以最小的损失换取最大的胜利，为此他十分强调进攻的快捷性和出敌不意。他虽是二线部队和后勤的噩梦，但对前线将士非常尽心，他的那句座右铭“一切为了前线”可谓掷地有声，以命相搏的前线官兵在他心目中必须有获得给养的绝对优先权。摩尔曼斯克前线的德军相当爱戴和尊敬舍尔纳，尤其是跟随他从法国和地中海转战至北冰洋的第6山地师的官兵，大多数人都终生忠实于他——当舍尔纳从苏联战俘营获释，但又在西德身陷囹圄时，这些老兵对他不离不弃；当舍尔纳贫病交加、生活难以为继之时，也是老兵们自发接济他食物和日常生活用品；当舍尔纳的退休金被政府扣发时，还是这些并不富裕的老兵每月捐款凑钱帮助他艰难度日，而他们凑得的钱数正好相当于应发给他的退休金。

美军历史学家齐姆克（Earl F. Ziemke）曾写道：“……舍尔纳是一个能量特别充沛、意志特别坚定的军官。情形越是危急，他的前述特质就展现得越出色，这一声誉使他在东线后来的战事中快速蹿升，在战争结束的最后一个月还被晋升为元帅。”[38] 齐姆克评语中的两个“特别”可谓切中要害，希特勒欣赏舍尔纳的地方正在于此。舍尔纳以充沛的能量支持纳粹事业，这为他在1943年1月30日赢得了一枚纳粹金质党章，尽管作为现役军官的他并不是纳粹党的一员。[39] 1943年秋，当东线的中央和南方战场危机此起彼伏，各路德军在逼迫和挤压下纷纷西撤之时，希特勒需要舍尔纳这种将领来忠实地执行自己“绝不放弃一寸土地”的命令。舍尔纳很快将从北冰洋沿岸这个几乎被遗忘的角落，来到足以影响战争全局的东线南方战场。

一战成名：
尼科波尔桥头堡

1943年9月下旬起，苏军在第聂伯河沿岸的基辅、卡内夫、切尔卡瑟、克列缅丘格、第聂伯罗彼得罗夫斯克等多个地方都建立了大小不等的桥头堡。斯大林格勒战役之后重组的德军第6集团军，利用莫洛奇纳亚（Molochnaya）河的掩护，在梅利托波尔附近的第聂伯河沿线还守卫着一个桥头堡。这段防线向北延伸到扎波罗热，同时屏障着从北面进入克里木的接近地。10月24日，舍尔纳被任命为第40装甲军军长，所部包括第14装甲师、党卫军“骷髅”师和新近从意大利开来的第24装甲师。对于没有任何装甲战的训练背景，也没有指挥过装甲部队的舍尔纳来说，这个任命颇不寻常，显示出希特勒对他的高度信任和期待。不过，就在任命下达的当天，第40装甲军即被曼施坦因调拨给第8集团军，负责阻挡科涅夫的草原方面军向克里沃罗格的推进。曼施坦因命令上述3个师从东南方向打击苏军的突击矛头，但在德军完成调动前，苏军先头部队已在25日抵达克里沃罗格郊区。第40装甲军从27日起发起反攻，经过3天激战后摧毁了苏军2个机械化军的大部，重创了对手9个步兵师，将科涅夫的先头部队逐出了克里沃罗格，苏军的整条战线也被逼退20英里。[40] 10月28日，苏军以优势兵力对德军第6集团军把守的第聂伯河至亚速海防线发起了攻击，并迅速撕开了这段防线，迫使第6集团军“以惊人的速度迅速西撤，同时，其北翼的第4和第29军被迫撤往第聂伯河南岸一个宽大的桥头阵地，这样至少可使第1装甲集团军背后以及尼科波尔地域得到暂时的掩护”。[41] 苏军通过这个方向的强大攻势，收复了诺盖草原及第聂伯河以东的大部分区域，尼科波尔以南直至通往克里木的门户彼列科普地峡等地尽皆易主，德军只在尼科波尔和克里沃罗格地域还占据着一个较大的突出部。由于尼科波尔的锰矿、克里沃罗格的铁矿对德国战争经济的重要性，希特勒要求南方集团军群严防死守这个被称作“尼科波尔桥头堡”的突出部。

克里沃罗格的危机化解后，曼施坦因曾考虑把舍尔纳的第40装甲军调到尼科波尔南面的第6集团军区域，由该部朝诺盖草原方向发动反击，以恢复与被切断在克里木的第17集团军的联系。但是，第1装甲集团军指挥官麦肯森（Eberhard von Mackensen）表示反对，他认为最重要的任务是守住尼科波尔和克里沃罗格，一旦舍尔纳的装甲军南下，前述两地势必很快将被苏军攻克。曼施坦因在11月4日改变了想法，决定把舍尔纳手下的“骷髅”师和第24装甲师分别留在克里沃罗格和尼科波尔附近担任预备队。11月1日起，南方集团军群把尼科波尔桥头堡内的部队编成所谓的“尼科波尔集团军级支队”，由埃博巴赫（Heinrich Eberbach）指挥，不过这位将军很快便奉命回国改任补充军的装甲兵总监，“尼科波尔集团军级支队”的指挥权随即交给了舍尔纳，因此这支部队有时也被称为“舍尔纳集群”。舍尔纳有权节制第4和第29军（后又增加了第17军），通过自己的第40装甲军军部控制多达10个师（第335、第9、第79、第17、第258、第302、第111步兵师，第97轻步兵师，第3山地师，第24装甲师）。[42] 11月上旬，苏军在增调部队包围尼科波尔桥头堡的同时，夺取了桥头堡周边的上罗加奇克（Rogatschik）等几个村庄。由于该村位于德军第17和第79步兵师防线的结合部，舍尔纳命令第24装甲师（得到第653重型反坦克歼击营的支援）堵住被捅开的缺口。实力强劲的第24装甲师很快完成了任务，但第79步兵师与北面的第258步兵师之间的防线又被突破，舍尔纳只得再把第24装甲师调去恢复局面。[43] 这样的小规模战事贯穿于1943年的最后两个月，舍尔纳总是把值得信赖的第24装甲师调往各个危险地带灭火除险，而该师在遍地泥泞的桥头堡内辗转跋涉，成功地扮演着桥头堡内的救火队角色。在邻近的克里沃罗格地域，第9和第23装甲师也一直在扮演着类似的角色，力保德军始终牢牢控制着第聂伯河河曲的突出部。

11月20日，舍尔纳的上级、第1装甲集团军新任指挥官胡贝向曼施坦因报告称，他的步兵

▲ 摄于1943年底或1944年初的尼科波尔桥头堡，舍尔纳正与第3山地师师长魏特曼（August Wittmann）中将在战场上研究地图。

▲ 摄于1944年，一名山地兵在标有“尼科波尔—巴尔基（Balki）公路”的路牌前留影。

师的兵力已降至所能够容忍的最低水准，宽大的前沿缺乏足够的人手看护，每次打退苏军进攻的代价都是平均每师伤亡达一个营。胡贝声称，除非采取不寻常的措施并以空运派来足够的增援，他不认为所部还能继续防御第聂伯河河曲地带。胡贝所言不虚，舍尔纳的防区里作战力量就十分匮乏，但他注意到各级指挥部和后勤单位经常满编，于是开始在后方无情地掘地三尺，参谋、后勤、轻伤员和准备休假者都被送上前线，他甚至还亲自到训练补充单位搜刮兵员，一些年纪大、本不适合服役且尚未完成训练的人也被他送去蹲守战壕。后勤部门虽然人手锐减，但舍尔纳的要求一点没有降低，仍然严厉地要求后勤部队在任何情况下都必须为前沿及时提供弹药补给。当然，他自己也在竭尽所能地向上级索取物资装备和补充兵员。11月24日，曼施坦因在回复第8集团军的询问——“是否打算在严寒气候到来时全线撤退”时，还曾以一句缺乏说服力的格言答复道：“能比对手多坚守阵地一分钟的一方将会取得最终的胜利。”不过，两天后胡贝又发出了新的警告，要求尽快决定是否放弃尼科波尔桥头堡和第聂伯河河曲突出部，如果必须坚守，第1装甲集团军就必须获得足够的增援。刚过一天，胡贝又向曼施坦因报告称，第1装甲集团军已用尽了所有能够“自救”的办法，他和舍尔纳等将领都必须知道尼科波尔桥头堡还要守卫多久。胡贝以忧虑但又有些蔑视的态度说，苏军正把来自新占领区的兵员补充到前线，人数虽多，但不足为惧，不过“这些人还是造成了弹药的大量消耗和短缺”。[44] 曼施坦因表示赞同胡贝的一系列意见，但他没有办法说服希特勒改变之前的命令，克里沃罗格和尼科波尔桥头堡都必须死守。

进入12月后，尼科波尔桥头堡周边的战事曾冷清了一些日子，最主要的原因是苏军正在忙于调集兵力和补充物资装备，用大本营代表华西列夫斯基元帅（负责协调该方向的作战）的话来说就是，“乌克兰第3和第4方面军旨在拔除尼科波尔登陆场的进攻战役，需要推迟到弹药补充齐全，各自行火炮团、KB重型坦克团、反坦克歼击炮兵旅等部队抵达后再开始”。[45] 在尼科波尔桥头堡内部，舍尔纳的部队占据着整条防线的大约一半（即原来的第聂伯河防线剩下的部分），从东到东南依次部署着第17军、第4军和第29军。防区内虽有着较好的野战工事，但其后方是第聂伯河冲积平原，沼泽湿地和水网遍布，这些水路在冬季也很少封冻，因而给部队的调动和物资补给的转运带来了较大困难。令舍尔纳所部的形势一直较为紧张的是，离开桥头堡的出口非常有限，在北面只有尼科波尔以东的一座临时桥梁，在南面靠近大列佩季哈（Bol'shaya Lepatikha）的出口则是两座浮桥。一旦这些桥梁被对手夺取，那么几个军的退路将被切断。尼科波尔桥头堡的另一半由第30军和第57装甲军负责，它们在北面和东北方向与苏军对峙。这片防区里有5条大河，德军防线的最北沿距离克里沃罗格仅19英里，距铁路枢纽阿波斯托洛沃（Apostolovo）也仅有30英里。途经阿波斯托洛沃的铁路是唯一尚能向北和向尼科波尔转运物资、兵力的生命线，因而具有高度的重要性。另外，苏军第3乌克兰方面军所部只需突破德军第30军的前沿，而后南下30英里便可切断舍尔纳的几个军。

苏军统帅们早就把这种南北对进、切断舍尔纳所部的策略作为首选，虽然大规模进攻的准备尚未完成，但乌克兰第3和第4方面军还是在12月19日发起了进攻，重点就是尼科波尔南面的突出部，但针对北面的德军第30军前沿也进行了同步攻击。乌克兰第4方面军统帅托尔布欣大将虽是个颇具才干的指挥员，但此时的尼克波尔还不是他展示才华的舞台。第聂伯河冲积平原的困难地形使双方的进军道路都极为有限，但更主要的是，舍尔纳已确保所有通向桥头堡的接近地都被雷场覆盖，且都在炮火打击的范围之内。托尔布欣的突击部队以密集队形向舍尔纳所部的阵地逼近，当他们接近德军前沿时，苏军官兵们突然站起来，高呼着口号发起了冲锋——这一幕仿佛令德军将领们回到了一战的时光，只不过此时的机枪火力网和炮火威力更胜往昔，大片的苏军官兵倒在了浸透鲜血的黑土地上。舍尔纳并不满足于在阵地前扼杀对手，他要把苏军远远地赶离桥头堡接近地，第24装甲师被他调到前沿发起反击。在德军第258步兵师把守的大列佩季哈方向，苏军不计牺牲地连番进攻，试图夺取那两座至关重要的浮桥，但第24装甲师的到来彻底扭转了局势，该师19日当天就在这里摧毁了对手81辆坦克和装甲车，足见这些"局部"战斗的激烈程度。[46] 苏军在南面展开主攻的同时，北面的3个步兵师、1个独立坦克旅和2个步兵旅向德军第30军的前沿也发起了进攻，激烈的战事持续了一整天，由后勤和休假归队者组成的德军战斗群趁着夜色发起突袭，也成功阻止了对手的势头。

第24装甲师完成大列佩季哈附近的反击任务后，被舍尔纳连夜调往尼科波尔东北布防，因为他认为苏军即将在次日从这里发起新的攻势。不过，舍尔纳的判断出现了错误，尼科波尔东北方向并没有出现预想的激战，倒是第17军第111师的防区在12月20日遭到了对手团营级规模的连番冲击。20日的战事中最紧张的还是大列佩季哈地带，苏军对地攻击机的持续攻击以及炮火射击的集中程度都表明，大列佩季哈的两座渡桥才是苏军真正的目标。舍尔纳只得把第24装甲师的一个装甲战斗群再度调到南面支援第258步兵师，第24装甲师击毁了20辆坦克和装甲车，但苏军在夺取部分地盘后迅速建起的反坦克防线给该师制造了很多困难，装甲战斗群的正面反击未能奏效。21日，大列佩季哈防线上700米宽的缺口始终无法缝合，但部队按照舍尔纳的要求，用火炮和重武器完全覆盖着这条缺口。舍尔纳曾考虑从邻近的第3山地步兵师防区袭击苏军的侧翼，但他的部队都已被拖住，只有第24装甲师可供调动，但该师也被分成了几个战斗群在各地救险，舍尔纳的侧翼打击计划因之无从实现。

1943年圣诞节，苏军第1乌克兰方面军在南方集团军群的左翼发起了声势浩大的“日托米尔—别尔季切夫进攻战”，短短几天内取得了辉煌的战果。曼施坦因对左翼的重视程度一直高于南翼的尼科波尔桥头堡，他曾多次要求希特勒批准放弃桥头堡，以便缩短防线后尽快支援带有全局性的左翼。当然，希特勒每次都严词拒绝了。不过，由于受到第1乌克兰方面军成功的鼓舞，再加上第2乌克兰方面军也即将在北面发起歼灭基洛沃格勒（Kirovograd）德军集群的进攻战，华西列夫斯基元帅与第3和第4乌克兰方面军司令员协商后认为，德军不大可能在第聂伯河河曲和尼科波尔桥头堡继续顽抗，估计对手将放弃尼科波尔和克里沃罗格，之后会先撤至因古列茨（Ingulets）河附近，然后再撤到南布格河一带。[47] 由于尼科波尔桥头堡既拖住了第3乌克兰方面军的右翼，又使第4乌克兰方面军不能放手进攻克里木的德军第17集团军，苏军一直都在努力敲掉这个令人厌恶的突出部，而这个突出部本身又为苏军提供了围歼大批德军的良机。华西列夫斯基误认为德军准备放弃桥头堡，他与第3和第4乌克兰方面军司令员协商后决定，不管天气如何恶劣，第3乌克兰方面军都将向肖洛霍夫（Sholokhovo）和阿波斯托洛沃方向发起进攻，第4乌克兰方面军的第3近卫集团军、第5突击集团军和第28集团军等部先攻打大列佩季哈，而后再朝阿波斯托洛沃方向进攻。[47] 苏军攻势发起于1944年1月10日，6天后以失败告终，华西列夫斯基战后曾坦承自己误判了形势：“……同我们估计的相反，希特勒不仅不想放弃这个地域，反而竭尽全力想把它变成几乎是密集的、筑有坚固工事的、相互保持密切火力联系的一些支撑点。”[48]

1944年第一周，新一轮严寒笼罩着乌克兰大地，冻得梆硬的地面又足以支撑坦克和装甲车的运动，马利诺夫斯基的第3乌克兰方面军在1月10日向第聂伯河河曲发起了攻势。炮火准备完成后，第一梯队的80辆苏军坦克沿着布祖卢克（Buzuluk）河西面向德军第30军展开了冲击，跟在坦克后面的是9个步兵师的步兵。苏军的炮火虽为坦克廓清了道路，但跟在后面的步兵却被隔离开来，德军第9和第23装甲师为数不多的坦克在前沿后方几公里处伏击了苏军坦克，几小时内便摧毁了其中的三分之二。到当日日终前，德军第30军基本收复了失去的前沿阵地。马利诺夫斯基重组部队后发起了规模更大的攻势，德军第30军的防线被撞开了，还被推挤着向南退让了大约8公里。形势危急之际，第6集团军指挥官霍利特（他的集团军于1月3日接管了尼科波尔桥头堡）准备把第24装甲师调来进行反攻，但该师尚未动身，托尔布欣的第4乌克兰方面军又朝舍尔纳的防区发起了进攻，尤其是尼科波尔南面最狭窄的一段防区形势最为紧张。霍利特认为，相对于桥头堡北面失去的8公里纵深，失去南面的哪怕1公里的地盘都有可能造成舍尔纳所部被切断，他在权衡之下决定把第24装甲师留在南面预备发动反击。舍尔纳以无比的能量和严酷的措施命令各部不得退让，同时祭出拼凑兵力的法宝，冷静、精确地把预备队投入到被突破的方向，整整5天里挡住了对手的每一次进攻，也堵上了所有被捅开的防线缺口。到1月16日，苏军第3和第4乌克兰方面军的攻势已被迫偃旗息鼓，除了在桥头堡周边撞开过一些缺口外，没有取得任何值得夸耀的战绩。华西列夫斯基在总结这次作战时，承认除错估了对手的意图，低估了德军守住桥头堡的决心外，“兵力兵器不足、弹药严重匮乏”是未获成功的主要原因。曼施坦因战后则把桥头堡防御战的成功归因于官兵：“……我们在1944年1月不仅保住了尼科波尔桥头阵地，也守住了第聂伯河河曲部，这完全归功于德军部队的献身精神。他们在没有一丝喘息和极为艰苦的防御作战中所做出的努力难以言表。它说明，德国军人堪称效忠、尽职、服从和献身德意志的楷模。”[49] 对于舍尔纳在防御成功中扮演的角色，曼施坦因虽然没有提及，但胡贝在1944年1月16日提交的报告中给予了非常明确地肯定：“……舍尔纳是个勇猛坚定的军人，在尼科波尔桥头堡的近期战事中他对所部的领导富有技巧和创意……他有能力引领部队度过任何危机，既能不知疲倦地维持纪律，又尽最大可能地照料部队。他具有杰出的组织才能，身体的强悍程度远在普通人之上，并以特别的能量支持国家社会主义的祖国。”[50]

前述作战失败后，华西列夫斯基意识到仅凭第3和第4乌克兰方面军的力量不可能夺取尼科波尔桥头堡，于是他向最高统帅部大本营索取援兵。尽管遭到斯大林的斥责，他最终还是从第2乌克兰方面军那里得到了第37集团军，又从大本营预备队获得了第31近卫步兵军，这些新援都被部署到第3乌克兰方面军负责的德军桥头堡北侧。由于华西列夫斯基准备把打击重点放在北段，他利用1月19日开始的连续数日的浓雾天气，把托尔布欣方面军的第4近卫机械化军秘密调动到北面，从而使苏军在德军第30军的前沿集结了占压倒优势的强大兵力。霍利特对于苏军的调动和重新部署并非毫不知情，相反，他很清楚苏军在桥头堡北侧集结了庞大的兵力兵器，整个桥头堡的命运在下一场决战中将完全取决于北侧。他决定把自己全部的4个装甲师从前沿撤下，集中在第57装甲军麾下，负责支援桥头堡北侧必将出现的险情。但是，霍利特的如意算盘很快落空了，短短几天里，他手下的一个步兵师被派去支援克里木，另两个步兵师则被调拨给第8集团军，更大的损失还是第24装甲师的离去。希特勒命令该师北上进入第8集团军的战区，加入第47装甲军的作战序列后，准备参加解围“切尔卡瑟口袋”的作战。第24装甲师堪称尼科波尔桥头堡的防线砥柱，它在泥泞中跋涉了近250英里后，于2月3日抵达科尔逊周边战场。次日，就在第24装甲师刚与苏军第5坦克集团军所部交火时，却收到了立即返回尼科波尔桥头堡的命令，原来这个方向也到了生死存亡的紧要关头！当然这些都是后话。1944年1月底，少了4个师的第6集团军只有第9装甲师这一支预备队（但也仅剩13辆坦克，步兵和炮火数量只及编制的三分之一），整个桥头堡内虽有20个师，但一线作战部队平均每师仅2500人，面对的苏军第3和第4乌克兰方面军共有47个步兵师、2个机械化军、1个坦克军和1个骑兵军，[51] 对手虽然也不满编（据信有一半的步兵师达到编制兵员数），但在数量上还是占有明显的优势。

1月30日，决定尼科波尔桥头堡命运的时刻到来了。第3乌克兰方面军率先进攻，1小时内向德军第30军防区发射了3万发炮弹，而后，大批步兵向布祖卢克河西面6公里宽的德军前沿发起了攻击。这次苏军坦克部队没有率先冲锋，而是等待步兵打开缺口后再扩大突破口。不过，交战之初德军的炮火同样猛烈，一时间将苏军步兵炸得难以前进，一场精心策划的攻势很快演变成多处同时进行的难以协调的局部小规模战斗。31日，第3乌克兰方面军司令员马利诺夫斯基改变了战术，派出130辆坦克伴随一线步兵师进攻，同时，第17空军集团军也奉命出动300架左右的战机轰炸和扫射德军阵地。苏军的推进取得了进展，德军被挤压着向南撤退了4公里左右，防线虽然弯曲得很厉害，但暂时还没有被突破。霍利特把第23装甲师从其他方向撤下，命令该师与第9装甲师一起进行反击，同时他还准备从舍尔纳的防区抽调一个步兵师加入反击的序列。不过，舍尔纳方向也在31日燃起了冲天的战火，第4乌克兰方面军的突击集群像利刃一般插向大列佩季哈外围的德军阵地。此时，尼科波尔桥头堡南北两侧的德军都已自顾不暇，霍利特当晚向曼施坦因报告，一旦苏军在北面实现突破，整个第6集团军将被分割包围。霍利特要求放弃尼科波尔桥头堡，撤至卡缅卡（Kamenka）河一线后再重新布防。这一要求在曼施坦因那里自然没有问题，但要希特勒放弃重要的尼科波尔

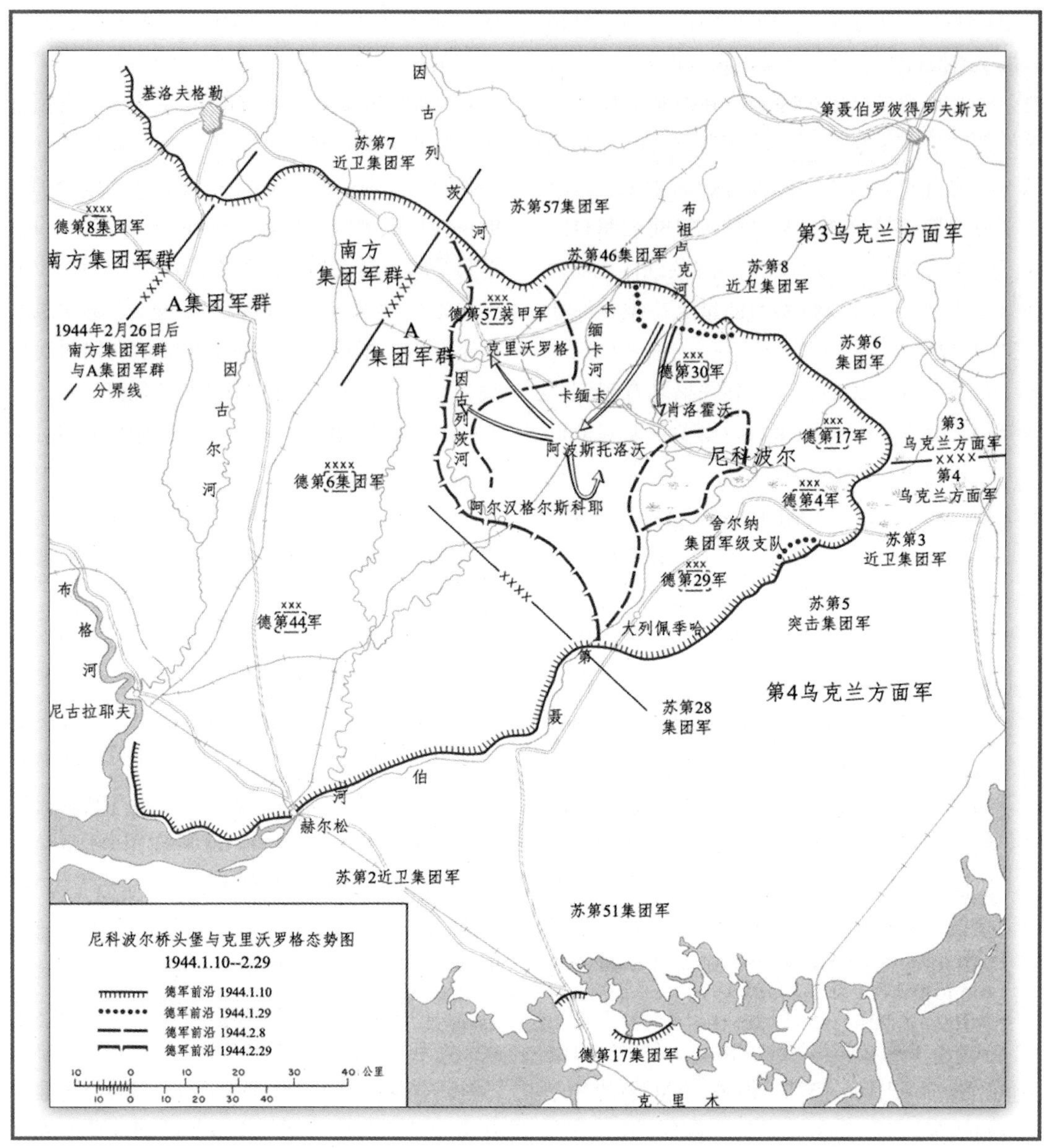

▲ *尼科波尔桥头堡与克里沃罗格态势图（1944.1.10—1944.2.29）。*

却不那么容易。当德军高层仍在踟蹰不定时，苏军第8近卫集团军在2月1日沿着多个地段刺穿了德军第30军的防线。到当日夜幕降临时，苏军已在布祖卢克河西面打开了近10公里的缺口。按照卡雷尔的说法，舍尔纳此时已下决心把命运掌握在自己的手中，他不再等待最高统帅部的决定，2日时便自作主张地放弃了尼科波尔以东的第聂伯河对岸阵地。驻守部队撤离后，被他派去迎击南下的苏军第4近卫机械化军和第8近卫集团军的其他部队。[52] 同日，德军第9和第23装甲师曾在泥泞中向苏军第8近卫集团军的侧翼发动过反击，但如蚍蜉撼树般无足轻重。第8近卫集团军所部顺利夺取了肖洛霍夫，第4近卫机械化军也在卡缅卡河西岸抢得了立足之地，到当日日终时，苏军距离通往尼科波尔的铁路已不过8公里。[53] 希特勒在2日夜终于做出决定，允许第6集团军有限度地撤至卡缅卡河防线（尽管苏军已出现在西岸），但要求舍尔纳死守大列佩季哈一带。希特勒还出人意料地命令第6集团军脱离南方集团军群，立即加入克莱斯特元帅的A集团军群——尽管霍利特的战区已处于水深火热之中，但纳粹元首还准备从这里抽调两个步兵师，把它们分别调至克里木和第聂伯河下游，由于担心曼施坦因不会痛快地从命，元首才决定将第6集团军全部转交给克莱斯特！本就捉襟见肘的第6集团军此时可谓雪上加霜，尼科波尔桥头堡的局势从未像现在这样灰暗过。

舍尔纳在2月4日才收到正式的撤退命令，但他手下的第3山地师和第17步兵师早已全部渡过了第聂伯河，还准备在肖洛霍夫以南拦截南下的苏军，试图在第聂伯河河岸至阿波斯托洛沃之间建立一条突围走廊。同日，被调往科尔逊战场的第24装甲师接到了速返尼科波尔桥头堡的急电，该师师长埃德尔斯海姆（Maximillan von Edelsheim）将军只得无奈地调转方向，带着手下的万余人马和近百辆坦克踏上250英里的返程。在很短的时间里，战斗力出众的第24装甲师踏着泥泞奔波500英里，无论是在科尔逊，还是在返回尼科波尔桥头堡后，都未能发挥出应有的作用——太多的坦克、装甲车和机动车辆被无谓地浪费在路上，等疲惫的官兵们赶回尼科波尔桥头堡时，这里的大局可谓木已成舟。希特勒的命令刚下达时，无论是参谋总长蔡茨勒、曼施坦因和第8集团军指挥官韦勒，还是第47装甲军军长或埃德尔斯海姆本人，都曾试图改变这个错误的决策，甚至连克莱斯特也愿意挤出一个步兵师来支援尼科波尔，以便让第24装甲师留下来投入“切尔卡瑟口袋”的救援战，但一切都无济于事。[54] 第24装甲师踏上归途的次日（2月5日），苏军第8近卫集团军的先头部队以敏捷的迂回机动一举攻克了铁路枢纽阿波斯托洛沃。华西列夫斯基战后曾忆称：“企图沿铁路向尼古拉耶夫撤退的法西斯3个坦克师和4个步兵师在这里被歼。”[55] 这位元帅的上述说法并不准确，德军虽然节节败退，但并没有被聚歼，相反，由于第8近卫集团军得到的命令是从阿波斯托洛沃南下奔袭40公里外的大列佩季哈，而不是直接扑向不到20公里外的第聂伯河河岸，苏军还给舍尔纳手下的第17军留下了逃生的时间和空间。此外，苏军第46集团军抵达阿波斯托洛沃北面后，立即奉命向西和西北运动（试图从南面包围克里沃罗格），这也在一定程度上分散了苏军自己的力量，客观上为舍尔纳的几个军的成功脱逃创造了条件。

遭受打击最重的德军第30军从2月3日起即可谓全线崩溃，不仅遗弃了几乎所有重武器和车辆，部队也被撕裂成乱哄哄、竞相逃命的小群体（有人说甚至是以排为单位），上至军师长、下至普通士卒，个个都只带着最基本的衣物和随身武器，许多官兵甚至还在泥泞中失去了靴子！第30军的多个步兵师之所以没有遭受灭顶之灾，其主要原因是苏军同样受困于难以展开快速追击的地形。此外，德军第9装甲师在第30军的右翼拼死阻击对手，才给了溃兵们逃亡的机会。第30军的溃败直接造成了舍尔纳所部面临着被切断的险境，由于苏军第8近卫集团军也做出了从阿波斯托洛沃南下的姿态，舍尔纳大声要求立即放弃大列佩季哈东面的小桥头堡，然后把撤出的3个师集中起来迎击南下的苏军。经历了一番请示汇报和迟疑不决后，舍尔纳在2月6日获准弃守大列佩季哈桥头堡。7日，第聂伯河对岸的最后一支德军过河后炸毁了渡桥，次日，尼科波尔城即被苏军第3近卫集团军所部攻克（莫斯科当日曾以124门礼炮同时鸣放12响以示庆贺）。德军撤离前曾全面破坏了尼科波尔城里的补给基地和附近的矿山，在尼科波尔以东负责防御第聂伯河转弯处的第17军，也按照舍尔纳的命令正在向西撤退。为守住第聂伯河河岸至阿波斯托洛沃南面的逃生走廊，舍尔纳把第17军的先头部队调到走廊的北沿加强防御，同时命令第3山地师和第17步兵师（归第4军指挥）反击阿波斯托洛沃，试图夺回这个重要的铁路枢纽。前述两部的反击未能达到目的，但苏军也无法突破和切断德军的逃生走廊（舍尔纳又把第97轻步兵师和第258步兵师增派至走廊的北沿），双方在这里形成了僵持局面。出现这种局面的主因可能还是天气和地形，正如华西列夫斯基战后所言："……我一生曾多次经历过道路泥泞的情况。但是像1944年初冬春之际的这种道路泥泞无法通行的现象，在以前和以后都未曾见过。甚至连拖拉机和牵引车也只能在原地打滑，炮手们扛着炮走，战士们……走几十公里远，靠双手把炮弹和枪弹从一个阵地运到另一个阵地。"[56] 华西列夫斯基的言辞似乎从侧面证明，许多德军将领战后把失败归咎于地形和天气的说法似乎也有其道理。但这些因素对双方来说都是公正的，苏军也面临着同样的困难，这自然也是舍尔纳能最终逃脱的重要原因之一。舍尔纳曾痛苦地决定，仅保留马车牵引的火炮和履带车，炸毁所有其他不便运动的重武器，因为他不想把精力浪费在拖拽陷入泥泞中的车辆，轻装的部队能够更快地逃离。此外，舍尔纳在撤退过程中还非常注意战场纪律。据说，他在2月8日时曾出现在一座渡桥边，当时泥泞的道路上挤满了恐慌的士兵，一些车辆也在拥堵着挤向渡桥，于是舍尔纳命令附近的一支轻型高射炮单位时不时地隔空开炮——这一举动无疑清楚地警告官兵们，如果他们毫无秩序地惊慌逃窜，那么他会毫不迟疑地向他们开炮！这就是舍尔纳的风格，无论后人是赞赏，还是诟病这一举动可能都不重要，因为他的确在撤退过程中成功维持着所部的纪律，也有能力保持着部队的内敛力。

2月10日，第24装甲师的先头部队终于赶到尼科波尔桥头堡（德军已失守多数地盘），立即与第9装甲师的余部一起朝阿波斯托洛沃南面发动了反击，据史料记载，这些装甲部队曾在此处以少量的坦克重创了苏军的一个近卫步兵军。11日，第24装甲师的主力部队赶到战场后，奉命与第97轻步兵师一起在阿波斯托洛沃西南的大科斯特罗姆（Bol'shaya Kostromka）建立阻击防线，以全力保障逃生走廊西面的安全。舍尔纳手下的第3山地师和第17步兵师此时还在走廊东头的上米哈伊洛夫卡（Verkhne Mikhaylovka）附近进行防御。稍后，舍尔纳命令前述两师向西撤退，所遗防线由第125和第387步兵师接管。根据克莱斯特的命令，舍尔纳把所有撤出的部队都派往大科斯特罗姆附近加强防御。到2月15日夜，舍尔纳的部队全部撤离了第聂伯河河曲和尼科波尔桥头堡。

德军将领提佩尔斯基希战后曾说，尼科波尔桥头堡内的德军付出了惨重的代价，才从泥海般的包围中为残部捡到一条生路。[57] 舍尔纳对此并不讳言，他自己也曾说过："部队在泥泞、肮脏和严寒中，在数量占优的敌军的巨大压力下被迫西撤，虽避免了被歼，但人力和战争物资的损失都是巨大的。"不过，他毕竟成功救出了数万部队，且没有一个伤员被遗弃（如卡雷尔在《焦土》一书中所言），这一点与同时突围的切尔卡瑟德军的结局形成了鲜明对照。有后人称舍尔纳的撤退堪称"杰作"，虽然并非所有人都认同这个观点，但对于1944年2月中旬时的希特勒来说，舍尔纳的表现无疑会令他感到非常"欣慰"。2月17日，希特勒下令把第398枚橡叶骑士勋章授予舍尔纳。次日，舍尔纳离开了渐趋稳定的前线（第6集团军填上了阿波斯托洛沃西南面的新防线上的所有缺口）。[58] 2月18日回到柏林领受勋章后，舍尔纳曾在3月2日至14日间短暂代理过克里木的第17集团军指挥官。

3月14日，舍尔纳在柏林正式担任陆军总部的"国家社会主义督导部"主管。与许多常见的说法相反，有可靠的史料表明，舍尔纳早在

1944年1月7日即获得了这个职务，只不过由于尼科波尔桥头堡的紧张局势使他无法到任罢了，凯特尔对此还曾遗憾地说"舍尔纳哪怕连有限的时间都抽不出来"。[59] 随着东线战事的节节失利，希特勒越来越强烈地意识到，向军队灌输纳粹思想及教义与物资装备的补给和秘密武器的开发有着同等的重要性，但他不打算效仿苏军的政委制度，也不准备让宣传纳粹教义的那些"讲师们"穿上军装，他的设想是把一些"既忠诚又有政治头脑的军官"提升到足以影响同僚的重要岗位上。[60] 1943年末，希特勒在最高统帅部之下设立了"国家社会主义督导部"，由赖内克（Hermann Reinecke）将军负责领导。1944年1月，赖内克曾向希特勒报告，他和纳粹党魁鲍曼正在招募经验丰富的老党员以及一些经过战火考验的年轻军官，凯特尔也提醒说陆军更需要任命一位称职能干的"主管军官"，据说希特勒听到这番话时曾脱口而出："舍尔纳，他是个很狂热的人。"在希特勒眼中，强悍无比、绝不向失败低头的舍尔纳无疑是这一职务的最佳人选。舍尔纳正式上任的命令在3月15日发布，他这个山地兵将军竟然真刀真枪地开始草拟具有"舍尔纳特色"的"陆军国家社会主义督导指南"，其理念核心便是"意识形态和精神上的优越性足以战胜对手的军事和工业能力"！当代德国军方的几位历史学家在回顾这段历史时，还曾感慨地写道："……随着舍尔纳的上任，一阵大为不同的风从陆军总司令部吹向了部队。"不过，舍尔纳在这个职位上只干了很短的时间便挂冠而去，因为他与阴险的鲍曼发生了激烈的冲突，表面上的原因是两人在理念上的差异——鲍曼试图尽可能多地任命纳粹党老党员出任各级督导官，以利于按照纳粹党的要求训练补充军以及向野战部队灌输纳粹意识形态，但真正的原因还是舍尔纳与希姆莱的密切关系，后者正是鲍曼最大的权力对手。

1944年3月30日晚，希特勒在大本营授予克莱斯特和曼施坦因双剑骑士勋章。希特勒在这个晚上表现得平静自若，他首先感谢了两位元帅的贡献，接着话锋一转："……战术大师在东线纵横驰骋的日子已经一去不复返了，现在需要的是能把部队聚拢起来抵抗到底的指挥官。"[61] 就在希特勒与两位元帅虚与委蛇的同时，纳粹元首瞩意的两位将军正在大本营的电报室内等候传见——新科元帅莫德尔将接替曼施坦因出任南方集团军群指挥官；而从未正式指挥过集团军，军衔还是山地兵将军的舍尔纳（迟至5月中旬才晋为上将）则出人意料地接替克莱斯特出任A集团军群指挥官。如果说莫德尔早已是令人钦服的东线防御专家的话，那么舍尔纳又何德何能？除了在尼科波尔桥头堡之战中有着出色的表现，以及来自希姆莱的推荐和有力支持外，舍尔纳的能量、狂热，对纳粹意识形态的认同，对纳粹政权的鼎力支持等，应是其中最重要的因素。

平步青云：从喀尔巴阡到库尔兰的集团军群指挥官

手握重兵的统帅面对劲敌时，最需要的是智慧、战略眼光和领导才能，而梅林津战后曾评论说，舍尔纳出任集团军群的统帅确实勉为其难，因为他在关键时刻总表现得更像一个战术家，而非战略家。[62] 在梅林津看来，作为集团军群指挥官的舍尔纳，其使命自然不应是关心交通线、行军纪律、人事任免或散播令人恐惧的名声，但可能多年的积习难改，他还是时不时地"捡起芝麻，丢了西瓜"。不过，舍尔纳上任后并非一事无成，在A集团军群改称为"南乌克兰集团军群"后，他至少在几个方面还算有所建树。

舍尔纳就任陆军"国家社会主义督导部"主管的两周里，东线的形势再次发生剧变，溃逃成为南方德军1944年3月唯一的"主旋律"。苏军第1、第2、第3和第4乌克兰方面军在极短的时间间隔里依次发起了大反攻，在泥泞中上演了一幕无与伦比的闪电战，尤其是科涅夫的第2乌克兰方面军，更是以空前的速度在行进间跨越了南布格河，之后片刻不停地朝德涅斯特河和普鲁特（Prut）河扑来。第聂伯河下游的德军第6集团军也被苏军第3乌克兰方面军逼迫着撤往德涅斯特河一线。舍尔纳上任后的首要任务无疑就是尽可能多地救出濒于绝境的部队，而到4月中旬时，随着苏军进攻能量的衰竭，惊魂不定的德军总算在罗马尼亚北部和东北部稳下神来，开始借助喀尔巴阡山脉和德涅斯特河等天然屏障积极布防，试图挡住苏军向罗马尼亚腹地和巴尔干地区的推进。舍尔纳尤感欣慰的是能把第6集团军的多数部队及时撤出，这标志着他虽然狂热于纳粹意识形态，但并不妨碍他在危急关头制定出清醒的策略。舍尔纳刚接替克莱斯特时，撤过南布格河的第6集团军正奉命死守敖德萨周边地区，但第3乌克兰方面军很快形成了合围敖德萨的态势。指挥官霍利特曾多次要求撤退，但均被希特勒驳回。舍尔纳到任后宣称赞同霍利特的主张，他直接致电希特勒陈述自己的意见，但希特勒由于不愿刺激罗马尼亚独裁者安东内斯库，坚决不许弃守敖德萨。舍尔纳认定死守只会毫无意义地葬送官兵，于是再次飞往大本营向纳粹元首力陈意见，但希特勒的答复只有一句话："必须坚守至最后一人。"舍尔纳决定不再理睬希特勒的命令，他回去后立即下令第6集团军撤退，尽管撤退过程相当混乱，但最后有2个军从陆路撤过了德涅斯特河，其他部队也从海上成功撤离。希特勒对于舍尔纳擅自弃守敖德萨的反应虽然不是很清楚，但似乎是容忍了后者的抗命，毕竟这是与他"同心同德之人"。不过，第6集团军指挥官霍利特上将倒是被解除了职务，显然成为舍尔纳抗命行为的替罪羊。

也许是第6集团军的成功脱险令舍尔纳信心高涨，他在判断克里木的第17集团军的形势时出现了离谱的错误（某种程度上似乎印证了梅林津的评价）。4月7日，舍尔纳来到连接克里木半岛与大陆的彼列科普地峡进行巡视，当天即向陆军总部报告称"这里的状况一切良好，预计可以坚守相当长一段时间"。这个判断被军事历史学家齐姆克称作"战争期间最不准确的预测之一"——就在次日，托尔布欣的第4乌克兰方面军即向彼列科普和有着"臭湖"之称的锡瓦什（Sivash）湖展开了进攻！德军第50和第111步兵师扛住了苏军第2近卫集团军在彼列科普方向的猛攻，第336步兵师也经受住了轮番重击，但锡瓦什湖防线东侧的罗马尼亚第10步兵师受到苏军第51集团军的重创，到4月9日时其防线已经松动，使苏军步兵师和坦克旅冲出湖区后杀向彼列科普地峡后方的可能性大增。9日夜，舍尔纳向参谋总长蔡茨勒报告了相关局势，声称必须随时准备撤往塞瓦斯托波尔，因而请求允许第17集团军指挥官耶内克（Erwin Jaenecke）相机行事。虽然舍尔纳声称自己坚信耶内克将军不会匆忙做出撤退的决定，但还是遭到希特勒的一口回绝，不过，纳粹元首同意派蔡茨勒来了解情况。蔡茨勒还未赶到舍尔纳的总部，罗马尼亚第10步兵师的防线在10日即告崩盘，仅仅两天后苏军就突入了克里木半岛，不仅地峡根部的德军第49山地军面临被合围的危险，就连刻赤半岛的第5军也有后路被断之虞。耶内克迅速命令第5军放弃刻赤半岛，立即向150英里外的塞瓦斯托波尔撤退，整个第17集团军也开始准备全线南撤。希特勒虽然大为不满，但由于蔡茨勒和舍尔纳都支持耶内克，他也只得批准第17集团军撤往辛菲罗波尔（Simferopol）附近的"格奈瑟瑙防线"。希特勒同时批准第17集团军可在必要时撤入塞瓦斯托波尔要塞，但要求耶内克无限期坚守，舍尔纳则称，"格奈瑟瑙防线"和塞瓦斯托波尔本身最多只能坚守三到四周。在没有进一步指示的情况下，舍尔纳要求海军方面从罗马尼亚的康斯坦萨港派来船队，准备将非战斗部队先行撤离。

无论是昼夜兼程的第49山地军，还是飞速逃离刻赤的第5军，都以每天40至60公里的强行军快速南撤。苏军全线追击的速度和力度更加惊人，舍尔纳本指望能在“格奈瑟瑙防线”拖住对手一些时日，但这个奢望很快落空了。苏军先头坦克旅12日即突破了“格奈瑟瑙防线”，次日晨还一举克复了克里木的首府辛菲罗波尔，而两天前这里还是耶内克集团军总部的所在地。4月16日，第49山地军的后卫部队撤入塞瓦斯托波尔要塞，第5军的最后一支精疲力竭的部队也在17日上午进入要塞的东面和南面。至此，耶内克的集团军已损失了大约3万人，遗弃或损毁了无数的战马、武器装备和弹药，整个集团军甚至只剩下81门大炮、36门反坦克炮和9辆坦克！[63] 17日当天，希特勒命令舍尔纳撤出所有非战斗部队和非必需的物资装备，但再次重申必须坚守塞瓦斯托波尔。

舍尔纳在4月21日夜面见希特勒时，曾以兵力不足（18日时要塞内的德罗军队合计还有12.4万人左右，人数虽然不少，但作战部队仅占30%），海军无法持久地运输补给等理由，反复劝说元首放弃塞瓦斯托波尔。当一切努力都无法改变元首的决定之时，舍尔纳转变了态度，开始积极整饬纪律并鼓励官兵严防死守。他曾“不乏想象力地”颁布过一些措施，其中最著名的莫过于如下命令：任何没有书面命令擅离战场或岗位的士兵都将被处以极刑，不能很好地解释为何会出现在后方的军官也将被立即枪毙；同时，任何击毁一辆苏军坦克的士兵都将获得回国休假3周的奖赏。考虑到塞瓦斯托波尔朝不保夕的危险处境，这种奖赏对普通士兵而言差不多就是逃生的最后希望，因而许多人都在战斗中“奋不顾身地”专打苏军坦克。或许是舍尔纳的措施收到了奇效，苏军近10天的一系列大小攻势均被打退。4月27日，苏军向萨蓬（Sapun）高地方向发起了攻坚战，虽然德军借助坚固的防线和顽强的抵抗再次挫败了对手，但耶内克很清楚第17集团军不可能坚守太久，挽救整个集团军的唯一出路就是尽快全面撤退。28日，耶内克奉召来到贝希特斯加登，他试图说服希特勒立即批准全面撤退，但元首根本不为所动。据说，由于希特勒允诺提供的援兵只有区区4个营，失望的耶内克在29日曾写信给希特勒，要求把集团军直接置于陆军总部之下——言外之意是由希特勒这个陆军总司令直接负责第17集团军的命运。结果，被激怒的希特勒立即解除了耶内克的职务，同时禁止后者重返塞瓦斯托波尔，第17集团军指挥官的职务由第5军军长阿尔门丁格尔（Karl Allmendinger）接任。

第17集团军换将后的几天里，第4乌克兰方面军一直在为即将发起的决胜攻势进行准备，塞瓦斯托波尔周边也短暂地没有发生激烈的地面战事。当然，苏军重炮和轰炸机几乎从未中断过炮击和轰炸。舍尔纳一边忧虑地关注塞瓦斯托波尔要塞的命运，一边紧张地履行着自己最重要的职责——保卫具有重要政治、战略和经济意义的巴尔干地区，特别是为德国提供石油、木材和食品等资源的罗马尼亚。塞瓦斯托波尔上空即将电闪雷鸣的前夜，科涅夫的第2乌克兰方面军在罗马尼亚雅西西北的特尔古-弗鲁莫斯地区，向德罗军队发起了大规模进攻。曼陀菲尔的“大德意志”装甲掷弹兵师在第24装甲师、党卫军“骷髅”师及第46步兵师等协助下，曾连续3日重创对手，到5月4日夜已成功迫使科涅夫方面军全线转入防御。这样显赫的成功当然令舍尔纳大感宽慰，但到次日上午时，塞瓦斯托波尔方向传来的消息又令他的轻松情绪一扫而光。5月5日晨，塞瓦斯托波尔要塞北面的第49山地军遭到苏军第2近卫和第51集团军的攻击。经过两天激战，双方均伤亡惨重，但德军防线在7日晨被挤压着向南收缩。事实上，北面的进攻只是苏军精心准备的辅攻，最致命的打击在7日出现于要塞南面的巴拉克拉瓦（Balaklava）。苏军在面对德军第5军的前沿上平均每公里部署了200

门火炮，独立滨海集团军在坦克和对地攻击机的支援下，当日便撕开了德军第50步兵师的防线，并在第111步兵师防区内实现了纵深突破。5月8日，萨蓬高地被攻克，苏军得以俯瞰整个要塞和周边海岸，以及对德军撤退而言至关重要的赫尔松涅斯（Khersonyes）角。舍尔纳请求希特勒立即批准撤退，同时严令阿尔门丁格尔通过反击夺回萨蓬高地，但第17集团军已很难把乱作一团或被困在前沿的部队进行重组，反击高地的战斗不出意外地归于失败，几乎所有的士兵此时都已无心恋战，他们引颈等待的是撤退的命令！5月8日夜11点，希特勒终于批准撤退，9日凌晨2点，阿尔门丁格尔命令部分部队继续阻击，余部迅速撤往赫尔松涅斯角等待登船。

接下来的几天里，德国和罗马尼亚海军冒着炮击和空袭运走了大约3.8万名官兵，到5月12日破晓时分，还有近2.7万人只能沮丧地呆望着空荡荡的黑海海面——他们事实上被遗弃在赫尔松涅斯角及附近的海滩上，等待他们的命运可想而知。时光轮回，曼施坦因在两年前攻打塞瓦斯托波尔要塞时还曾历时数周，而此刻的德军竟然只能坚持几天！撤退过程中地面部队出现了混乱和溃败，海军却力求自保而不肯舍命相救，力量弱得可怜的空军也是狼狈逃离，这些无不昭示着德军战斗力的急剧下降和战争潮流的彻底逆转。舍尔纳著名的“通过意志获得力量”的“高论”，至少在克里木战事中完全破产。不过，舍尔纳并没有受到任何处分，第17集团军指挥官阿尔门丁格尔倒是遭到了与耶内克类似的命运——军法审判和屈辱退役。舍尔纳还曾像希特勒一样指责同僚，尤其是克莱斯特、耶内克和阿尔门丁格尔等人，声称正是他们的胆怯和失败主义情绪才造成了克里木的溃败。他尤其是把败因推到前任克莱斯特头上，声称这位元帅“把部队搞得纪律涣散，让非战斗部队过着每天敷衍工作6至7个小时，然后就泡在克里木葡萄酒里面的腐烂日子”。[64]

▲ *摄于1943年4月的罗马尼亚战场，南乌克兰集团军群指挥官舍尔纳与第8集团军指挥官韦勒将军在研究战场态势。*

▲ *摄于1944年夏，舍尔纳视察曼陀菲尔的“大德意志”师工兵营时所摄。*

▲ 摄于1944年5月的罗马尼亚城市罗曼，舍尔纳到党卫军“骷髅”师视察时，师长普里斯（Hermann Priess）在车旁迎接他的场景。

▲ 摄于1944年7月7日，舍尔纳（左）与获颁骑士勋章的罗军少将拉科维塔合影。

◀ 摄于1944年5月，舍尔纳（右）在机场迎接罗马尼亚独裁者安东内斯库（左）。

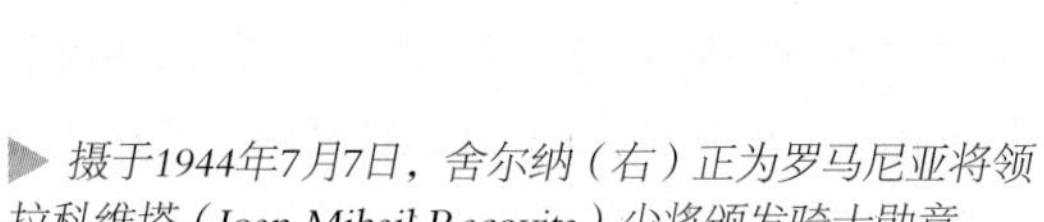

▲ 可能摄于1944年6月的罗马尼亚雅西战场，舍尔纳与斯图卡王牌鲁德尔少校（左），他们可能正在研究如何为雅西西北的反击战提供空中支援。

▶ 摄于1944年7月7日，舍尔纳（右）正为罗马尼亚将领拉科维塔（Ioan Mihail Racovita）少将颁发骑士勋章。

克里木失守后，第17集团军残部至少要从南乌克兰集团军群的作战序列中消失一段时间，随着相互指责、谩骂和处罚等告一段落，舍尔纳把重心调整到稳固罗马尼亚的防御上。为确保罗马尼亚依然站在德国一方，也为防止安东内斯库突然撤走部队，舍尔纳在布防时将德罗部队进行了穿插部署。总体上看，罗军第4集团军被夹在德军第8和第6集团军之间，而每个罗马尼亚师的左右各有一个德国师，两个德军集团军实际上能够以这种方式监视和提防罗马尼亚的第3和第4集团军，即便罗军想撤也无法轻易脱身，足见舍尔纳老辣和狡诈的一面。当然，这种部署可能还另有深意——舍尔纳试图让德军给盟友树立榜样，以增强罗马尼亚人守住防线、保卫国家的信心和决心。舍尔纳深知，固守罗马尼亚的关键就在于确保罗马尼亚人的合作、忠诚并重振他们低迷的士气，除了花时间与罗军将领结交和经常沟通外，他还下了大力气去改变罗军武器装备落后的面貌，甚至将德制武器优先供应给盟友。另外，罗马尼亚战场在5月上旬至7月下旬的两个多月里一直相对平静，舍尔纳借机派遣一批德军军官到罗军各部帮助整训部队，缓慢但扎实地提高罗军的战斗力。舍尔纳一边与盟友周旋，一边通过各种途径了解其高层的动向。对于罗马尼亚的一些政治人物和将领摇摆不定并试图联系盟军的活动，舍尔纳心知肚明，他曾多次提醒希特勒提防该国反对安东内斯库的势力，一旦察觉到安东内斯库有可能失去对局势的控制，就必须采用有力的措施予以制止。虽说焦头烂额的希特勒当时并未重视舍尔纳的意见（1944年8月末的情形果然应验了舍尔纳的担忧），但后者作为方面大员的眼光和能力还是毋庸置疑的。

舍尔纳在罗马尼亚的几个月里最主要的工作是强化防线和改善防御态势，但他也发起过“东线德军1944年唯一的一次主动进攻”。5月底时，德军侦测到苏军正在雅西西北地域大量集结，意图显然是夺取雅西后把轴心国的防线撕为两半。舍尔纳指示韦勒的第8集团军以主动进攻破坏苏军筹备中的攻势。第8集团军的进攻作战大致可分作两个阶段：第一阶段始于5月30日，以第23和第24装甲师为主力，第79步兵师和罗军第11步兵师掩护两翼，第14装甲师担任预备队；第二阶段从6月2日开始，主力是曼陀菲尔的“大德意志”师以及完成第一阶段任务后重组的第24装甲师，罗军第18和第3步兵师负责保护两翼。6月6日，韦勒宣布实现了作战目标，由于夺取了雅西西北和北面的一系列高地，轴心国的防御态势因纵深增加而有了大幅改进。此战之后，舍尔纳认为苏军暂时无力再度进攻，而罗军的战斗力和士气都有显著提升，因而他在6月8日命令由罗军全面接防德军的前沿阵地，罗马尼亚战场也再次成为东线最沉寂的战场之一。

仅仅过了两周，广袤的东线又出现了重大危机。这次遭受致命打击的是白俄罗斯方向的中央集团军群，仅6月22日到7月3日的12天里，该部就损失了25个师和无数的武器装备，从而造成了普鲁士-德国军事史上最大的一场惨败。中央集团军群在7月初的全面溃败暴露了北方友军的南翼，北方集团军群指挥官林德曼（Georg Lindemann）上将强烈要求批准后撤，希特勒的回答则是立即以弗里斯纳（Johannes Friessner）上将取代了林德曼。苏军第3波罗的海方面军在7月中旬猛攻德军第18集团军的右翼，试图楔入第18和第16集团军的结合部，从而分割歼灭北方集团军群的两大主力集团军。几天后，中央集团军群最北翼的第3装甲集团军被击溃，致使北方和中央集团军群之间出现了宽达70英里的缺口。弗里斯纳也开始像前任那样无休止地要求撤退，希特勒深厌其烦，刚刚躲过刺杀之劫的纳粹元首坚信，只有手腕强硬、意志坚定的人才能扭转北方战场的颓势，于是他按照新任参谋总长古德里安的建议，在7月23日对调了弗里斯纳和舍尔纳的位置。曾赞扬舍尔纳“120%地支持希特勒”的戈培尔，得知这一任命后在日记中写道：“……扭转北方战场日渐恶化的局势，需要将领有决定性的领导才能，舍尔纳无疑是最佳人选。”[65]古德里安在向莫德尔说明这一决定的动机时，也曾表示自己“相信舍尔纳有能力扭转北方集团军群的乱局”。[66]

舍尔纳这时犹如一位手握尚方宝剑的钦差大臣，希特勒不仅授权他统领波罗的海地区的海陆空三军、武装党卫军和地方官员，还赋予他相当大的战场处置权，包括相机撤退和重组防线等其他人视为奢望的特权。舍尔纳到任后，首先在7月27日赶到最北翼视察格拉塞尔（Anton Grasser）将军的“纳尔瓦集团军级支队”，该部前日刚刚撤出被基本夷为平地的纳尔瓦城，现正在纳尔瓦以西的“坦能堡防线”与苏军列宁格勒方面军激战。格拉塞尔向舍尔纳表示，除非给予足够的增援和武器弹药，他的部队无法长时间地阻止苏军，更无法挡住对手朝爱沙尼亚腹地推进。舍尔纳赞同格拉塞尔的意见，但他无法提供任何增援，他的手头能够调动的只有几千人，还必须按照希特勒的要求，把他们用在堵住北方和中央集团军群的缺口上。舍尔纳临别时一再强调守住“坦能堡防线”的重要性，要求格拉塞尔用好党卫军第3装甲军、第26军和第43军等现有的力量。7月26日至8月10日间，“纳尔瓦集团军级支队”与苏军第2突击集团军和第8集团军整整大战15天，在无数次的防线失守、即时反击、夺回阵地和重整防线的过程中，以自身伤亡1万余人的代价，造成苏军阵亡3.5万人、负伤13.5万人，迫使对手在8月10日停止了攻势。[67]虽然难以衡量舍尔纳本人对这场战事的影响力有多大，但在希特勒的心目中，他无疑会认为自己把舍尔纳和弗里斯纳换位的决策非常正确。

7月28日，向里加西海岸高速推进的苏军第1波罗的海方面军攻克了铁路枢纽叶尔加瓦（Jelgava，即德国人所称的米陶〔Mitau〕），从而切断了连接北方集团军群与东普鲁士的最后一条铁路线。舍尔纳竭尽全力地四处搜罗部队，试图让少得可怜的部队凭借纯粹的意志力挡住苏军，但两天后苏军的坦克部队还是抵达了里加湾海岸。至此，舍尔纳的北方集团军群被孤立在爱沙尼亚和拉脱维亚北部，德军第一次出现了一整个集团军群与本土的陆路联系被斩断的情形。随着舍尔纳所部的命运再次变得危急，同样关注其命运的芬兰领导层也出现了忧虑、恐慌和动摇。为安抚盟友，希特勒在8月4日派舍尔纳前去面见芬兰领导人曼纳海姆（Carl Gustaf Emil Mannerheim），为最高副统帅凯特尔的随后到访做些准备工作。舍尔纳在曼纳海姆元帅面前表现得很有自信，承诺自己一定能够守住波罗的海沿岸地区，北方集团军群虽与帝国本土已失去陆路联系，但他将通过海运和空运获得足够的补给，而他的部队还将与中央集团军群协力恢复陆路联系。舍尔纳于8月6日向希特勒汇报时声称，自己能坚守到中央集团军群所部通过进攻恢复陆路联系之时，但前提是后者的攻势绝不能发起得太迟；同时，舍尔纳又告诫古德里安，如果反攻不能很快打响，那么北方集团军群就将只有一条路可走：全面撤至里加—希奥利艾—考纳斯这条防线。[68]古德里安对于恢复北方和中央集团军群的联系非常重视，他领导的参谋本部8月9日即拟定了代号“双头作战”的计划，具体由莱因哈特的第3装甲集团军组织实施（8月17日指挥官换成了劳斯，莱因哈特则升任中央集团军群指挥官），第39装甲军（辖第4、第5和第12装甲师）和第40装甲军（辖第7、第14装甲师和“大德意志”师）将扮演主角，前者负责进攻叶尔加瓦，后者的目标是夺回希奥利艾。舍尔纳方面除由第16集团军出动步兵师进行牵制性辅攻外，还将以装甲战斗群攻打里加海岸边上的图库姆斯，得手后再向里加进军，从而与第16集团军建立联系。

就在舍尔纳不耐烦地等待着第3装甲集团军进行集结部署的同时，他自己的防区在8月

10日又出现了新麻烦。苏军第2和第3波罗的海方面军当天突破了第18集团军左翼位于楚德湖（Peipus）南面和德维纳河北段的两处防线，舍尔纳没有预备队可去增援，但防线缺口还必须堵上，他除了要求第1航空队全力支援外，只得命令第18集团军指挥官洛赫（Herbert Loch）采取“冷酷无情，直至残忍的严厉措施”。第23步兵师的前沿正是被突破的地段之一，该师师长德博略（Walter Chales de Beaulieu）收到过舍尔纳签发的一份电文：“……德博略将军必须通过勇敢的表现恢复他的师和他自己的名誉，否则我将令其蒙羞退役。此外，他必须得在今夜9点前报告，他枪毙了或正要枪毙哪些个胆小怯懦的指挥官。”[69] 舍尔纳虽然又祭起了恐怕连莫德尔都会自愧弗如的法宝，但他确实缺兵少将，如果不将前线部队的最后一滴血榨出来，第18集团军及其北面的“纳尔瓦集团军级支队”的联系势必将被撕裂。8月12日，舍尔纳召见了自己专门请来领导装甲部队反攻图库姆斯的施特拉赫维茨少将。这位已获第11枚钻石骑士勋章的悍将声称，需要3个装甲师才有可能夺取图库姆斯和解围里加，但舍尔纳所能提供的兵力和装备少得可怜：已在图库姆斯附近的党卫军“格罗斯”装甲旅，来自第337步兵师的两个步兵营，第19拉脱维亚炮兵团3营，以及尚在转运途中的第101装甲旅。[70]

“双头作战”在8月16日正式发起，近300辆德军坦克和突击炮在进攻之初曾取得过出其不意的效果，但当苏军稳住阵脚后，他们充分利用便于防御的地形，以诸多的反坦克炮防线拖住并最终挡住了德军装甲部队的推进。德军在历时12天的作战中共推进了大约30英里，但始终无法逼近希奥利艾和叶尔加瓦。德军装甲掷弹兵在很多时候都没有体现出应有的热情和能量，一旦军官阵亡或负伤，其攻势往往立即走样或戛然而止，本应代行指挥职责的军士也由于缺乏经验、训练或热情，根本无法完成其职责。不过，德军还是实现了最主要的目标——恢复北方和中央集团军群之间的陆路联系。由于第39和第40装甲军吸住了大量苏军，施特拉赫维茨装甲战斗群在8月20日乘隙突袭图库姆斯得手，沿着里加湾海岸建立了一条通向第16集团军的狭窄通道。施特拉赫维茨抵达里加后，舍尔纳几乎立刻把他的装甲战斗群装上了火车，派往第18集团军位于楚德湖西南的前沿。舍尔纳命令施特拉赫维茨重点反击苏军第1近卫集团军的侧翼，以保证第18集团军和“纳尔瓦集团军级支队”之间的联系不被切断。不过，随着施特拉赫维茨在8月23日因车祸身受重伤，舍尔纳不得不取消了这场反击。

8月28日，舍尔纳因成功稳定北方集团军群的局势等一系列战功，获颁第93枚双剑骑士勋章。几天后，北方战场的形势再次激变，最主要的事件就是芬兰9月2日宣布与德国脱离同盟关系，同时限令驻芬兰的德军必须在9月15日前撤出。芬兰的退出对德军北方战场的整体战略产生了重大影响，最直接的影响就是苏军右翼的威胁被完全解除，列宁格勒方面军得以腾出手来，与几个波罗的海方面军一起对舍尔纳施加更大的压力。这一变化还使德军死守爱沙尼亚的重要原因之一——防止苏军获得进攻芬兰的跳板——已不再成立。由于苏军已在爱沙尼亚南部、里加西面以及希奥利艾至梅梅尔（Memel，立陶宛名为克莱佩达〔Klaipeda〕）之间抢占了有利的进攻位置，随时有可能以大规模攻势切断舍尔纳的几个集团军的内部联系，或干脆再次掐断北方与中央集团军群的陆路通道，希特勒不得不批准舍尔纳放弃爱沙尼亚。但是，希特勒为确保瑞典铁矿石运输线的安全，要求舍尔纳在塔林（Tallinn）周边无限期固守一个桥头堡！舍尔纳和“纳尔瓦集团军级支队”的将领们都认为这个命令实在荒唐，但要改变元首的想法，还需要一场迫在眉睫的灾难来促成。这场若隐若现的灾难在9月14日突然变得清晰起来，当日，苏军第1波罗的海方面军在里加南面继续向北朝着海岸进攻，第2和第3波罗的海方面军也向北方集团军群发起了全线进攻。9月16日，第1波罗的海方面军的第43集团军成功推进到里加附近。这时，舍尔纳跳上一架飞机急速赶往狼穴，向希特勒仔细但又悲观地描绘了北方集团军群的局势。舍尔纳说自己基本上没有任何预备队，兵力稀薄的前线被突破只是个时间问题，他不可能既守住前沿，又分出兵力去防御所谓的"要塞"或桥头堡，唯有撤退才能防止整个集团军群被分割包围。舍尔纳的说辞非常雄辩，对形势的分析精确到位，只过了15分钟，希特勒便批准舍尔纳立即撤出爱沙尼亚全境。[71] 其实，在苏军攻势发起前，舍尔纳已根据各方情报做出相应的部署，他在里加以东约60英里和50英里处分别构筑了两条半弧形防线，即所谓的"采西斯"（Wenden）和"锡古尔达"（Segewold）防线，另外，他在里加南面约20英里处还修建了与前述防线相连的"叶尔加瓦"和"德维纳河"两条防线（见附图）。撤退命令一经下达，"纳尔瓦集团军级支队"和第18集团军各部便开始交替掩护，有序地向前述"采西斯"和"锡古尔达"防线撤退，或者经海路撤离。为减轻里加周边的第16集团军面对的巨大压力，舍尔纳在17日夜下达了一道特别命令——施泰纳的党卫军第3装甲军必须以强行军方式，在两天内从纳尔瓦河前线赶到130英里外的海滨城市派尔努（Paernu），然后再用两天开抵130英里外的里加南面的前沿。舍尔纳的这一调动虽然颇有不顾官兵死活之嫌，但无疑在9月22日收到了奇效，施泰纳手下的党卫军"北方"师当日及时赶到战场，击退了已杀至里加南面10英里处的苏军，化解了一场几乎无法避免的灾难。

为帮助水深火热中的第16集团军，第3装甲集团军于9月16日发起了代号"凯撒"的反击战，"大德意志"装甲掷弹兵师和第4装甲师等一干装甲精锐，在贝内（Bene，位于叶尔加瓦西南）附近朝苏军第6近卫集团军和第51集团军发起了猛攻。这场反击战的命运与之前的"双头作战"颇为相似——起步顺利，而后受困于地形和对手的顽强抵抗，接下来是磕磕绊绊和进退两难，最后是草草收场。到9月20日作战终结时，德军只推进了不过7英里，但德军借助这一攻势成功地迫使苏军第1波罗的海方面军分兵迎敌，从而减轻了里加方向的压力，也破坏了苏军扑向波罗的海海岸的后继攻势。20日当天，第3装甲集团军被调拨给舍尔纳，在"锡古尔达"防线驻防的若干步兵师也将替换守卫里加—图库姆斯走廊的装甲部队。

9月24日，苏军大本营命令第1波罗的海方面军司令员巴格拉米扬重组部队，把进攻重点从久攻不下的里加轴线转向立陶宛西部的海港梅梅尔，从而再次切断北方德军与东普鲁士的陆路联系。同时，其他两个波罗的海方面军也奉命继续保持对里加的压力。希特勒一直没有放弃以攻代守的念头，他在9月28日召见舍尔纳时，要求后者把第4、第7装甲师及"大德意志"装甲掷弹兵师等重新部署到希奥利艾西面，准备朝东北方向发起反攻，而第16集团军位于包斯卡（Bauska）地带的步兵师则同步朝西南进攻，以钳形攻势围歼希奥利艾—包斯卡突出部中的苏军。这个方案在纸面上看起来似乎可行，但鉴于装甲部队在"双头"和"凯撒"两次作战中的表现，以及步兵师兵员严重不足、实际战斗力有限等实际情况，该计划基本没有成功的可能。舍尔纳非常清楚己方的弱点，但又不便直接抗命，便采取一个"拖字诀"，9月30日向元首汇报称最早要到11月3日才能展开攻势，而且还要求把撤离里加作为预备措施。

巴格拉米扬以令人难以置信的效率，不到10天就完成了进攻前的所有准备，10月5日从希奥利艾西面发起了剑指梅梅尔的攻势。古德里安之前曾建议舍尔纳把第3装甲集团军的主力部署在梅梅尔接近地。或许是因为不相信遥远的梅梅尔会有真正的危险，或许是仍在按照希特

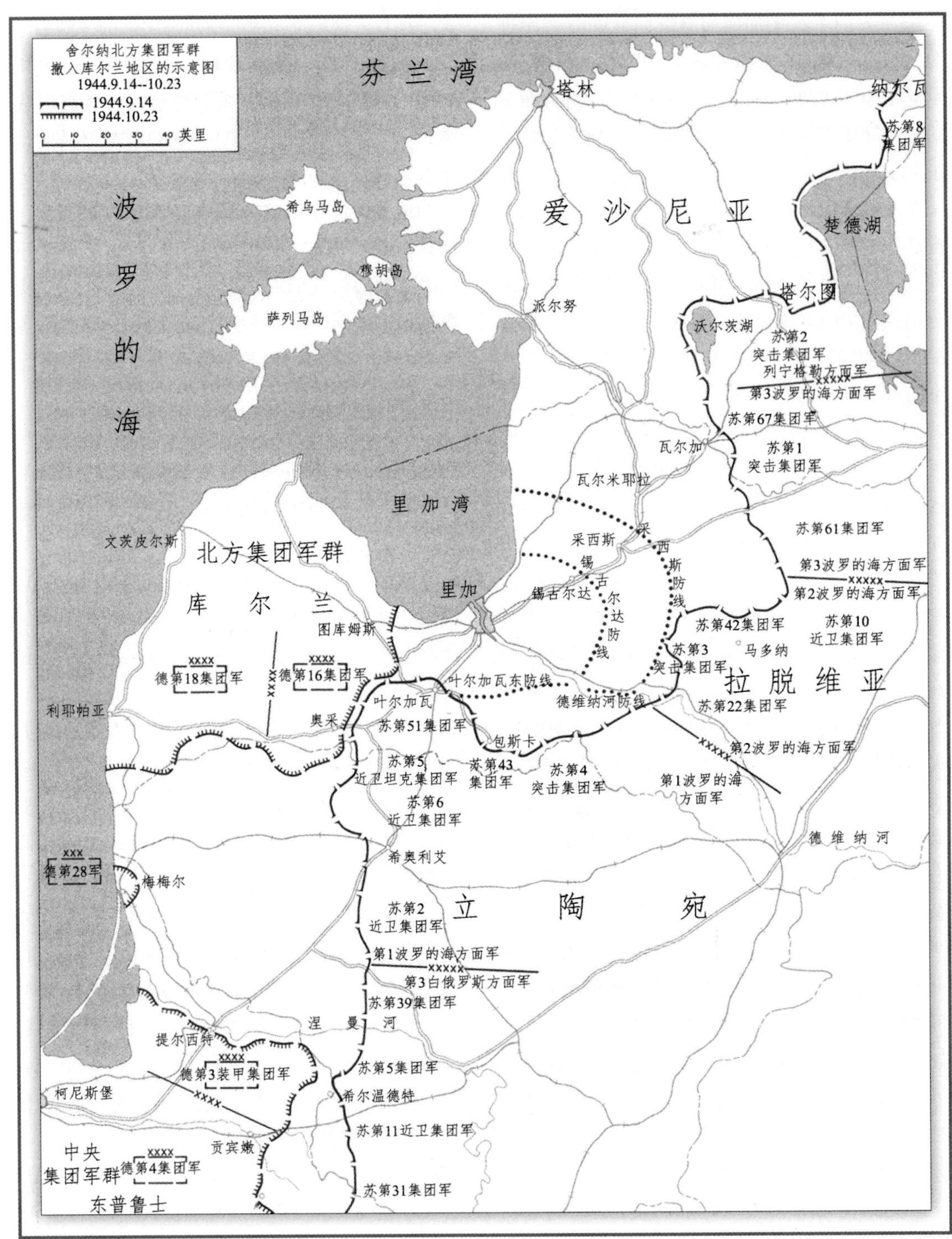

▲ 舍尔纳北方集团军群撤入库尔兰地区的示意图（1944.9.14—1944.10.23）。

▲ 摄于1944年10月，北方集团军群所部撤离里加时，炸毁了图中的这座铁路桥。

▲ 摄于1944年末的库尔兰，两名忠于德军的拉脱维亚士兵正用反坦克火箭发射器（Panzerschrek）瞄准苏军坦克。

▲ 摄于1944年10月，被炮火、空袭和德军蓄意破坏并摧毁的里加城。

▲ 摄于1944年末的第四次库尔兰战役期间，往战场驶去的德军装甲车辆。

▶ 时间地点不详，作风彪悍的舍尔纳将军。

勒的要求重组部队和准备反击，也有可能是苏军高超的欺骗措施蒙蔽了舍尔纳的眼睛，总之舍尔纳没有使用好配属的第3装甲集团军，也未能对苏军的意图及时做出反应。仅仅6天后，苏军第3近卫坦克军开抵梅梅尔北面的海港帕兰加（Palanga），第43集团军所部也在同日抵达梅梅尔南面的海滨，第3装甲集团军顿时被苏军切割成三个部分，第7装甲师和“大德意志”师等进入梅梅尔进行防御，另一部向南逃去后加入了中央集团军群，而第三部分则向北退入库尔兰地区。至此，舍尔纳所部与本土的联系再次被切断。苏军抵达梅梅尔南北两侧的前一天，舍尔纳曾向希特勒建议，以第4和第12装甲师等为主力从西拉脱维亚朝梅梅尔发动反击，而后再向南朝东普鲁士方向进攻。但是，舍尔纳要求希特勒先批准他撤离里加，释放的兵力才能前去支援装甲部队的反击，或进入库尔兰北部以防止苏军从海上突然登陆库尔兰地区。当时，里加已处于苏军炮火的射程之内，唯一安全的撤退通道就是里加至图库姆斯的狭窄走廊，而这条走廊也随时都有可能受到对手的攻击。希特勒对舍尔纳的提议一开始大为不满，但到次日不得不做出让步。到10月13日，里加周边的德军完成了相对有序的撤退，当然，城内的重要设施都被摧毁殆尽，各种桥梁也被炸毁。

在柏林，古德里安敦促希特勒进一步放弃库尔兰和已被包围的梅梅尔，舍尔纳所部虽经过1944年整年的作战而实力大损，但仍拥有一些经验丰富的老兵，如果以这些老兵为核心进行重组，而后把他们部署在东普鲁士边境或波兰战场，无疑能强化更紧要地带的防御。但希特勒这次不再妥协，10月20日时严令舍尔纳不惜任何代价固守库尔兰。希特勒声称，库尔兰地区可作为日后进攻的跳板，而放弃该地区将会对来自波罗的海国家的党卫军官兵造成致命的士气打击。这些辩词在后人看来实在令人难以置信——在1944年底还奢谈“进攻跳板”显得既脱离实际，又非常可笑，而且党卫军中仅有1个爱沙尼亚师和2个拉脱维亚师，维持这3个师的士气显然不能成为让几十万人困守死地的决策基础。在希特勒的真实想法中，他或许是顾虑到撤退的困难和漫长，以及在陆地和海洋上潜在的重大损失，即便能拼凑出足够的船队来撤出部队，也无法带走重武器装备，而失去装备的几十万人又具备多大的军事价值？此外，当库尔兰的德军开始撤退时，数量占优的苏军有可能立即席卷一切，撤退很有可能变成一场重大军事灾难。德军即便能够侥幸成功撤退，围攻库尔兰桥头堡的苏军也能以比通过海运撤退的德军更快的速度重新进行部署。与其如此，还不如严令部队原地死守，至少还能拖住至少100个苏军师。

1944年10月到1945年5月间，德军在库尔兰地区与对手共进行过6次大战，其中的前3次是在舍尔纳领导下进行的。虽然后人并不清楚舍尔纳对死守库尔兰的决策持有何种真实想法，但他的确不折不扣地执行了命令，既千方百计地令官兵们“发自内心地认识到死守的重大价值”，又不遗余力地以钢铁般的纪律强化指挥官和基层官兵的作战意志。10月27日，第一次库尔兰战役正式打响，德军第215步兵师的防线曾出现过险情，虽然该师在有限撤退后即以玩命的反扑夺回了失地，但该师后方还是出现了舍尔纳派出的军法官和大批宪兵——他以这种方式晓谕全军，任何无令撤退者都将被带到军法官面前，受到临阵逃脱的指控，除非他们能证实自己行为的正当性。在随后的战斗中，有些官兵根据上级的口头指令到后方公干，一旦被宪兵抓获，这些没有书面命令的人的解释往往不会被军法官所接受。舍尔纳的这种僵硬态度当然与“高潮时节”的德军惯例背道而驰，那时的指挥官往往根据形势做出灵活的快速决策，同时尽可能避免书面命令造成的延迟。但今非昔比，此刻的德军不仅进攻之矛时常受挫，防守之盾更是常被戳得千疮百孔，更有大量一触即溃的狼狈逃窜。舍尔纳的强硬措施旨在预防前线发生恐慌和失败主义情绪的蔓延，虽然其真实影响难以估量，也有很多人对舍尔纳几乎随意处决士兵的行径感到可鄙和痛恨，但多数前线官兵对他的举措表示认同，毕竟，身在一线者不会同情在后方享受相对安全和舒适的人。另外，舍尔纳无情地从后方和二线部队搜刮兵力支援前线的做法，在一线部队那里也受到了广泛的欢迎和拥护。

第一次库尔兰战役中，舍尔纳灵活地调遣第4和第14装甲师等“救火队”，尤其是指示这些装甲预备队发起即时反扑，在挫败苏军的攻势方面发挥了重大作用。到11月6日，遭受了重大损失的巴格拉米扬虽然还未投入预备队，但已经心烦意乱地命令各部转入防御。与德军之前发起的“双头”和“凯撒”作战的过程类似，天气和地形同样羁绊着进攻方的作战进程，德军也以无所不在的反坦克阵地阻击着苏军的每一步推进。另外，舍尔纳所部的抵抗意志和实力也超出了巴格拉米扬的事先估计。11月19日，第二次库尔兰战役打响。如果说巴格拉米扬首次进攻的目的是突破库尔兰桥头堡并分割歼灭对手的话，那么，这次尝试的目的则更加明确——确保库尔兰德军被钉在原地，不能被撤出支援其他方向。舍尔纳当日发布的一道命令表明他很清楚对手的意图：“……集团军群指挥官当日发布的命令，有效地唤起了库尔兰地区的官兵们的责任感：他们在这些遥远的阵地上的使命，就是帮助减轻东普鲁士的战友们面对的压力，以最大的决心拖住这里的敌军，就能帮助东普鲁士方向击退布尔什维克对祖国的攻击。”[72] 这次大规模交手到11月26日才偃旗息鼓，双方都出现了不菲的伤亡，苏军前沿向北推进了几公里，但舍尔纳的防线依然完整如初。

第三次库尔兰战役是所有六次交战中最激烈，双方付出代价也最高昂的一战。12月21日，苏军在发射了17万发炮弹之后，以25个师的兵力向22英里宽的德军前沿发动了猛攻，遭受打击最重的是德军第1军和党卫军第6军。但是，德军依然守住了防线，第4和第12装甲师等机动部队还以凌厉的反击在12月31日迫使苏军放弃了进攻。这些成功的防御跟舍尔纳提出的“要战壕，不要坟墓”的口号，以及一系列强化防御的举措不无关系。他把步兵师的主力部署在苏军炮火射程之外，前沿只留少数部队警戒，一旦对手的弹幕射击结束，大部队立即赶回前沿进行阻击，装甲预备队则同时开赴战场着手反击。库尔兰德军的正面相对较窄，运动路线也较短，这使舍尔纳能将预备队从一个地段迅速调到另一个地段。另外，在海军舰只的倾力支援下，舍尔纳所部在坦克、突击炮和大炮等方面拥有相当强的实力。巴格拉米扬元帅战后曾仔细检讨过未能消灭库尔兰德军的各种主客观原因，其中重要的一条就是：“……库尔兰集团军与简直像落入铁桶的保卢斯集团军不同，它的三面有大海作屏障，可以密集使用兵力，对正面总共只有200公里的陆上地段进行坚守，其最大战役密度为每个师防守正面不超过6公里。在军队如此密集的情况下，希特勒指挥机构有可能建立工事完备的纵深梯次防御，这种防御拥有兵力雄厚的第二梯队（在最重要的方向还有第三梯队）及能够实施强大反冲击和猛烈反突击的预备队。”[73] 在普通德军官兵的眼中，库尔兰地区作战成功的关键因素还应包括他们的指挥官舍尔纳，正如第215步兵师（就是舍尔纳曾派军法官和宪兵督战的那个师）的许多官兵认可的那样：“……我们的补给系统一直运作良好，从家乡寄来的信也能按时到达。在重大作战时，我们一直都有足够的弹药补给。在最危险的时刻，坦克或突击炮总是适时地开进我们的前沿阵地，用他们的火力迫使敌军撤退。这些都不是没有缘由的。那时我们的指挥官是后来的元帅舍尔纳上将。他的那些严厉措施为自己树敌不少，他也遭到很多苦涩的批评。但是，他总是确保后勤部队尽一切可能优先保证前线作战单位的补给。不管是高级指挥部，还是直到营级的基层单位，从未发生过没有过硬的理由就弃守任何阵地的情形。库尔兰地区的前沿没有出现过局势恶化的迹象。所有这些因素使得敌军根本不可能征服我们。”[74] 第4装甲师的一名士官也在战后曾留下这样的感言：“……在库尔兰，除了越来越紧密的战友关系外，只有不顾一切地守住阵地这道钢铁命令，才能把我们凝聚在一起。舍尔纳将军就是一位有着钢铁意志的指挥官。他经常待在作战部队，这个人把无数的后勤和行政人员动员起来并派到前线参战，正是他的努力才避免了混乱和崩溃。”[75]

在东西两线的德军纷纷败退的季节里，库尔兰战场的舍尔纳尤显出类拔萃，他的坚韧意志和作战成效也赢得了纳粹元首的真心尊敬。1945年1月1日，希特勒授予舍尔纳第23枚钻石骑士勋章，使之成为继隆美尔之后的又一位（事实上只有他们两位）在两次大战中均获最高战功勋章的军人。

最后一位陆军元帅：负隅顽抗与遗弃部队

1944年底，德军情报部门向希特勒报告称，有不少于225个步兵师和22个坦克军的苏军正准备发起大规模进攻，但纳粹元首根本不信，还向古德里安说“这是成吉思汗时代以来最大的欺骗！是谁制造了这些垃圾情报？”[76] 希特勒仍然拒绝撤出库尔兰地区的德军，或中止阿登山区势头日益衰竭的反击战。对石油迷恋不已的希特勒认为，只有守住匈牙利的产油区和维也纳盆地，才有可能继续运转德国的战争机器，因而他把大量的兵力部署在柏林东南方，负责屏障布拉格和接近奥地利的地带。A集团军群的第9集团军、第1和第4装甲集团军、第17集团军负责保卫华沙以北直至捷克斯洛伐克境内的喀尔巴阡山，20个步兵师、8个装甲师和装甲掷弹兵师面对的是苏军第1、第2和第4乌克兰方面军的庞大兵力。如果德军的这些部队能达到编制的数量和装备水准，无疑将是一支可怖的力量，但在战争的这个阶段，许多平庸无奇的部队都被冠以令人窒息的名号。一些骑着自行车、肩扛火箭筒的中老年人拼凑在一起，便被命名为所谓的“反坦克歼击营”，可以想象，这种部队在面对苏军的钢铁狂流时会有怎样的表现。

1945年1月12日，苏军发起了排山倒海的维斯瓦河进攻战，A集团军群的防线仅维持了3天便告瓦解，希特勒解除了A集团军群指挥官哈佩的职务，1月16日任命舍尔纳出马收拾局面。3天后，舍尔纳出现在集团军群总部，他发现自己的任务十分艰难，所部虽有40万人、1150辆坦克和4100门大炮，但对手的兵力高达220万人，拥有6400辆坦克和4.6万门大炮。如此悬殊的兵力兵器对比，即便是白痴也知道舍尔纳根本无法抗衡苏军。舍尔纳从希姆莱的补充军那里得到的增援，不过是训练和装备都很差的几个国民掷弹兵师，还有一些军校的职员和学生，甚至还有一些由警察拼凑出来的部队。舍尔纳首先把这些能力可疑的援兵派给形势吃紧的第4装甲集团军，第17集团军和第1装甲集团军虽在维斯瓦河上游遭到第1乌克兰方面军的沉重打击，但还能保持着联系，而第1匈牙利集团军则在撤退中已经自行解体了。

舍尔纳此刻的主要任务是守卫上西里西亚工业区。纳粹军备部长施佩尔和交通部长多普穆勒（Julius Heinrich Dorpmueller）曾一起来到A集团军群，向舍尔纳传达元首要求死守工业区的命令。他们最后以恳求的语气说：“如果失去了上西里西亚工业区，那我们就全完了。这里的钢铁和煤炭是支持战争机器继续运转的全部命脉。”舍尔纳当时一直在专心地察看作战地图，似乎根本不为施佩尔等的言辞所动。他当然知道这里的重要性，否则希特勒也不会把厚望再次寄托在他的身上，但他更清楚，以他的实力和所部的现状根本无法阻挡苏军。上西里西亚的失守只是个时间问题，但他必须尽最大努力推迟它的陷落，以便撤出部队和大量哀号惊恐的平民。舍尔纳命令第17集团军奋力作战，以掩护即将开始的大撤退。1月23日，第1乌克兰方面军左翼已抵达奥得河，并在布里格（Brieg）和施泰瑙（Steinau）强渡得手。舍尔纳没有像样的预备队，只能命令兵力严重不足的第24装甲军和"大德意志"装甲军发动反击，但德军摧毁苏军桥头堡的所有尝试都失败了。

大批德军和平民在-20℃的严寒中开始西撤，舍尔纳安排部队行进在平民两侧，负责维护秩序和警戒。出于对苏军的极度恐惧，几乎所有的妇女、儿童都志愿跟随部队朝奥得河方向撤去。舍尔纳的撤退无疑是先斩后奏，几天后他才向最高统帅部进行汇报。当他在电话中说已撤出上西里西亚时，电话那头的希特勒不置一词。舍尔纳接着说："……部队已苦战多日，不能再要求他们多做什么了。如果不撤退，整个集团军群都会完蛋，通往摩拉维亚和波希米亚的大门就会向苏联人敞开。我们将撤到奥得河，然后在那里死守。"[77] 舍尔纳很清楚自己做了什么以及会造成什么后果，他静候着希特勒的突然发作。站在舍尔纳身边的参谋长等人面面相觑，他们相信元首在盛怒之下会马上解除舍尔纳的职务，甚至将其送上军事法庭。舍尔纳自己也估计在劫难逃，但在一阵短暂的沉默后，电话里传来希特勒疲惫焦虑的声音："好吧，舍尔纳，如果你认为情形确实需要如此。一直以来你的行动被证明都是正确的，你干得很不错。"[77] 此时的舍尔纳恐怕是唯一一个抗命之后尚能全身而退，甚至还能博得希特勒赞誉的将军。

1月26日，希特勒对东线德军进行了重新命名，原北方集团军群改称库尔兰集团军群，原中央集团军群成为新的北方集团军群，而舍尔纳的A集团军群则改称为中央集团军群。2月4日，舍尔纳在发给希特勒的电文中称："……俄国人针对中央集团军群的首次大攻势已被基本挡住。虽然许多前沿还承受着压力，但我们在其他地带正发起局部反击。"[78] 2月8日，科涅夫的第1乌克兰方面军所部从施泰瑙桥头堡破茧而出，在德军防线上敲开了一个宽达95英里、纵深40英里的大口子，苏军在接近尼斯（Neisse）河的同时，包围了格洛高（Glogau）要塞中的1.8万名德军。一周后，苏军第5近卫集团军成功冲出了布雷斯劳南面的布里格桥头堡，与从施特瑙桥头堡出发的第6集团军携手合围了布雷斯劳。布雷斯劳是希特勒和舍尔纳严令死守的一座重要堡垒，它的命运也是第三帝国崩溃前夕的一部所谓的"史诗"。布雷斯劳被围死之前，有两个步兵师奉舍尔纳的命令突围成功，但几周前刚组建的第609步兵师不幸地需要留下守城。3月2日，原第371步兵师师长涅霍夫（Hermann Niehoff）少将被舍尔纳任命为城防指挥官，涅霍夫虽拥有一些大炮，但没有一辆坦克，手下的部队五花八门，第609步兵师更是由一些散兵、国民突击队队员、党卫军溃兵组成的。为确保守军不致轻易弃城，舍尔纳竟把涅霍夫的家眷做人质，还警告他说"丢失布雷斯劳的代价就是你的项上人头"。结果，涅霍夫守卫的布雷斯劳直到欧战结束前一天才告陷落，当时负隅顽抗的德军消耗殆尽，平民伤亡巨大无比。像布雷斯劳这样的钉子，虽然对战争的结局不能产生任何影响，也不能完全阻止对手的狂飙突进，但某种程度上确实也迟滞和消耗着苏军。

1945年3月初，舍尔纳命令第56和第39装甲军合作夺回劳班（Lauban），第17装甲师和"元首"掷弹兵师在北，第8装甲师居南，向苏军第3近卫坦克集团军占据的劳班发起了反攻。3天后，德军第6国民掷弹兵师开进了劳班，被围苏军多数逃出了包围圈，未及撤走的则被全数屠杀（舍尔纳下令"不抓俘虏"）。劳班反击战的

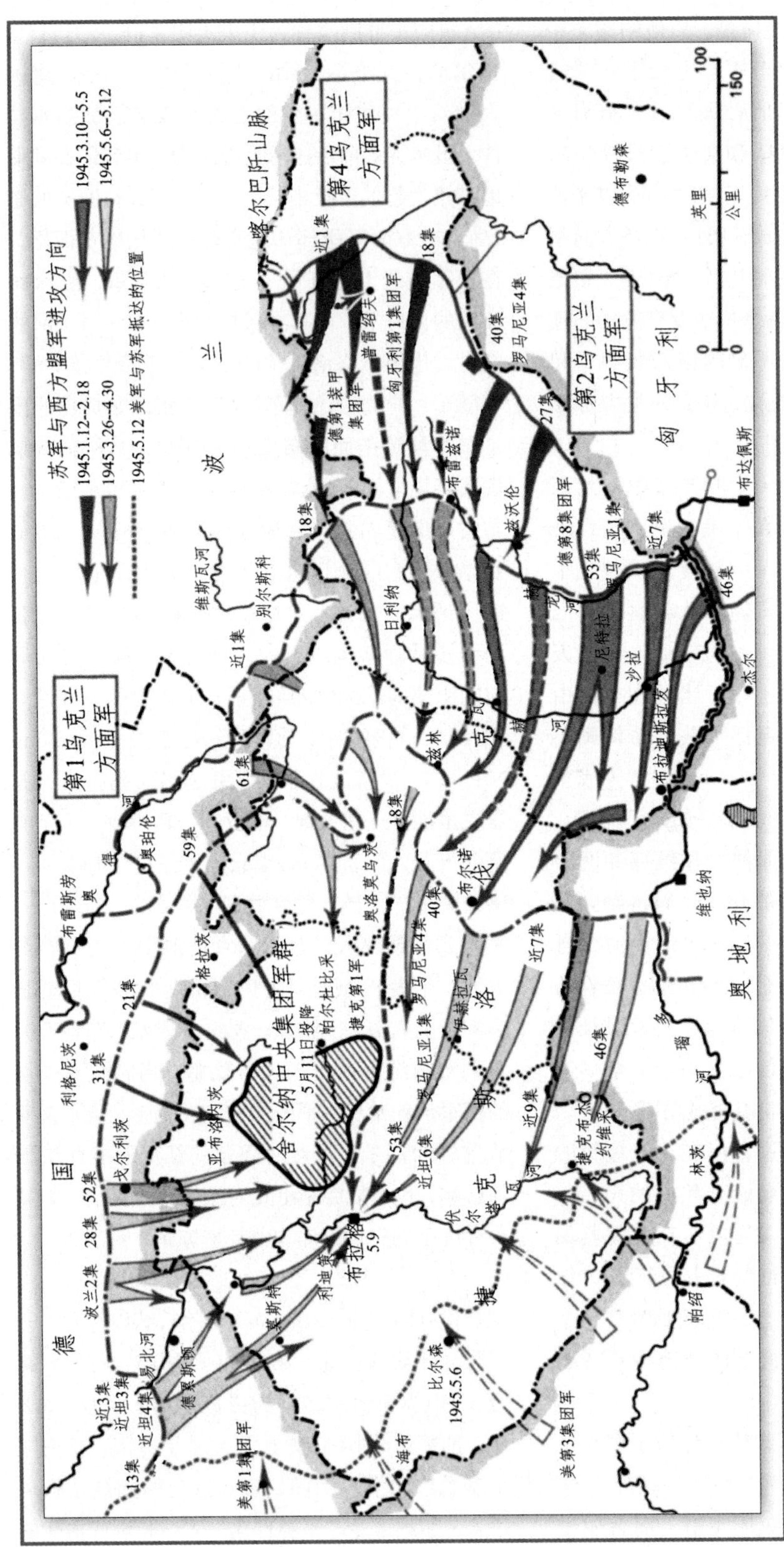

▲舍尔纳中央集团军群的最后挣扎（1945.1.17—1945.5.11）。

规模并不大，但被认为是二战期间德军的最后一次进攻战胜利，在当时自然会被视为一次重大成功。纳粹宣传部长戈培尔3月6日还曾赶赴劳班，亲自向他素所赏识的舍尔纳表示祝贺。戈培尔对舍尔纳执行的"残忍的战场纪律"击节赞赏，称颂后者是"将军们的表率"，他在3月11日的日记中曾这样写道："……舍尔纳对逃兵绝不心慈手软。这些人被吊死在附近的树上，脖子里还挂着告示牌，上面写着：'我是个逃兵，我拒绝保卫德国的妇女和儿童，因此我被吊死在这里。'这些方法自然很见成效。在舍尔纳的辖区内人人都知道，自己或许会在前线战死，但在后方肯定会被处死。"

▲ 摄于1945年3月初，德军豹式坦克和步兵正向上西里西亚的劳班进军，舍尔纳的部队经过反击夺回了劳班，取得了德军在最后覆亡前不多的胜利。

▲ 摄于1945年初，舍尔纳中央集团军群的一些士兵正在山道上行军。

▲ 摄于1945年3月6日的劳班，德军通过反击夺回这座城市后，戈培尔在市中心广场向中央集团军群指挥官舍尔纳表示祝贺。

▲ 摄于1945年2月，舍尔纳中央集团军群的一支部队正向前线开去，远处白雪皑皑的山峰也不能阻挡苏军朝上西里西亚工业区的迅猛推进。

▲ 摄于1945年3月6日的劳班，舍尔纳与戈培尔见面握手的场景。

虽然纳粹帝国已是四面楚歌，但在现实和虚妄中挣扎的希特勒，仍然拒绝相信苏军的下一个目标就是柏林，他还在坚信苏军将对布拉格大举用兵。舍尔纳这时写了一封信给希特勒："……我的元首，历史早已证明了一切。记得俾斯麦的那句话吗？'谁守住了布拉格，谁就拥有整个欧洲。'"[79]对舍尔纳宠信不疑的希特勒闻言大悦，立即下令把维斯瓦集团军群的3个装甲掷弹兵师从奥得河前沿调给舍尔纳。此刻的舍尔纳拥兵60万，所部是东线最庞大的军事集团，但这一灾难性的调动，却是二战最后阶段里希特勒所犯的最致命错误之一。1945年4月5日，舍尔纳奉召来到柏林总理府地堡，几近疯狂的元首此时仍然相信，英美盟军与苏军之间很快将会发生冲突，甚至是开战。希特勒向舍尔纳提到了启动所谓的"阿尔卑斯山堡垒"计划，准备抽调有经验的部队全力阻止苏军西进，同时把即将朝阿尔卑斯山运动的德军变成与英美讨价还价的最后筹码。舍尔纳向希特勒汇报了救援布雷斯劳要塞的计划，后者对于布雷斯劳守军能够长时间坚守，还给对手造成重大杀伤表示欣赏。希特勒对舍尔纳的部署感到满意，交谈期间还曾情不自禁地轻拍后者的后背。[80]两人在书房里关上门密谈了三到四个小时，期间希特勒宣布晋升舍尔纳为元帅。舍尔纳虽非纳粹帝国最后一名获元帅军衔之人，但他已是最后一名陆军元帅。

苏军攻打柏林的最后攻势于4月16日发起，舍尔纳麾下的第4装甲集团军进行过极顽强的抵抗，但到18日，科涅夫的第1乌克兰方面军还是推进到了科特布斯和施普伦贝格（Spremberg）。19日起，舍尔纳命令部队竭力反扑，迫使科涅夫中止了夺取前述要塞的作战，但科涅夫并不恋战，命令先头部队从施普伦贝格的南北两面绕过去后继续推进，结果这一运动切断了舍尔纳与北边的维斯瓦集团军群之间的联系。4月20日希特勒生日这天，舍尔纳出现在总理府地堡向元首祝贺生日，他的到来似乎振奋了元首的情绪。在生命的最后时刻，希特勒依然幻想着舍尔纳能够力挽狂澜，能够拯救将倾的帝国大厦，而舍尔纳也信誓旦旦地表示，他的第4装甲集团军朝奥得河发起的反击必将能够挫败对手。4月27日，希特勒曾感慨地对身边人说："……整个东线只有一个人证明了自己是真正的战略家。这个人面对着最猛烈的进攻，却拥有秩序最井然的前线：他就是舍尔纳。他的装备很差，但他的前沿守得稳若磐石。交给他的每项任务都完成得非常出色。他能在几周内将一团糟的局面大为改观——他并不仅仅是建立防线，还为之注入了新的精神，并能牢牢守住。当他离开这个前线时，混乱和糟糕的局面又开始重新出现，秩序和稳固的防守都不见了。"[81]戈培尔也在日记中毫不掩饰自己对舍尔纳的欣赏，除赞誉后者具有政治头脑和眼光外，还把他和莫德尔誉为最好的将军，称舍尔纳是"可以完全不用担心、足可胜任任何前线职责的指挥官"。戈培尔还说，舍尔纳从不试图向元首描绘不切实际的美景，总是汇报真实情况，希特勒也从不质疑舍尔纳的忠诚，总是指望后者提交的报告"没有扭曲现实"，因而能够接受或容忍后者做出的与自己命令相悖的某些决定。在德军将领中，除莫德尔外，恐怕也只有舍尔纳能享有如此高的信任，无论是邓尼茨，还是古德里安或党卫军诸将，恐怕都难以望其项背。

▲ 据信本图摄于1945年4月20日，舍尔纳在总理府地堡向希特勒祝贺生日的场景。

▲ 摄于1945年4月的维也纳，被自己人吊死的德军士兵。虽然本图反应的这一幕发生在伦杜利克（Lothar Rendulic）上将的南方集团军群，但在舍尔纳的战区内只怕过犹不及。

▲ 摄于二战结束时的一张罕见照片，据说左侧便是邓尼茨，右侧为舍尔纳。

▲ 摄于1945年5月，身着巴伐利亚平民服饰的舍尔纳被美军逮捕后的场景。

绝望的希特勒于4月30日自杀，他留下的政治遗嘱中的一份被送到舍尔纳手中，舍尔纳在遗嘱中被任命为陆军总司令，排在前面的5人分别是继任元首邓尼茨、戈培尔（自杀）、鲍曼（失踪）、赛斯-英夸特（Arthur Seyss-Inquart，帝国外交部部长，在纽伦堡被绞死）和吉斯勒（Paul Giesler，内政部长，5月8日自杀）。舍尔纳并没有时间来行使陆军总司令的职权，4月底5月初时，他的中央集团军群已被包围在波希米亚和摩拉维亚地区。据邓尼茨战后回忆，5月1日时他曾在会议上指出，应把中央集团军群立即从苏台德地区撤出，以便尽量靠近美军占领区，从而使官兵们能向美国人投降。但是，凯特尔和约德尔建议不要立即撤退，他们认为舍尔纳所部一旦放弃阵地，很可能会立即土崩瓦解。邓尼茨忆称："……在这种情况下，我不得不在亲自听取舍尔纳或他的参谋长纳茨默中将的意见之前，违心迁就了他们的意见，收回了撤退的命令。"邓尼茨说自己后来曾遇到过纳茨默，后者转述了舍尔纳当时的意见——如果中央集团军群放弃了坚固的苏台德阵地，就会陷入崩溃的境地。邓尼茨见最高统帅部与舍尔纳的意见一致，颇有如释重负之感，但后来的事态发展令他十分后悔没有坚持撤出苏台德的意见，因为他看到舍尔纳的士兵们被美军驱赶到一起后交给了苏军。"……他们在战争中勇敢地尽到了自己的职责，在战争结束后却仍被关在俄国监狱多年，有的饿死，有的冻死"，邓尼茨对此曾痛心地承认"这是我的过错"。[82]

舍尔纳在5月2日曾向邓尼茨报告称自己坚持不了多久，参谋长纳茨默也认为最多只能硬挺两周，必须着手准备有序的撤退。舍尔纳集团军群的处境非常凶险，但邓尼茨等人当日的决定却是把守住波希米亚和摩拉维亚作为与盟军讨价还价的筹码，他们考虑宣布布拉格为不设防城市，同时派密使去与西方盟军谈判。希姆莱和凯特尔等人还建议把残余的政府部门迁至波希米亚，但邓尼茨否决了这一提议，因为这片土地既非德国固有的领土，政治局势又极不稳定，事实上，3天后布拉格便发生了全面暴动。舍尔纳在5月3日曾向中央集团军群的官兵发布了一道命令，把自杀身亡的希特勒描绘为"为自己的理想和信仰而献身的烈士，是为欧洲的使命而战斗到最后一口气的战士"。不过，就当时的情形而言，多数官兵对元首之死并不怎么在意，他们更忧虑自身的命运，更关心如何才能避免落入苏军之手。当东线其他战场的德军纷纷解体或逃往西方占领区时，舍尔纳为保持所部的完整性，依然在慷慨陈词或执行严格得堪称残忍的纪律。5月5日，当布拉格全城发生起义时，舍尔纳向中央集团军群的几十万官兵发出了"最后的呼唤"——他声称，按照国家元首兼武装力量总司令邓尼茨元帅的命令，"我们这些战士的任务就是继续战斗，直到最有价值的德国人民获得拯救为止"。舍尔纳称自己打算带领所有部队，"高昂着头，骄傲地返回祖国。在这个最后时刻，绝不允许出现丝毫的解体迹象。任何试图打乱队形、寻求独自行动的行为，都是对同志和人民的可耻背叛，因之都将受到严惩。我们的纪律和手中的武器，就是我们体面勇敢地结束这场战争的保证"。[83]舍尔纳最后承诺："你们大家可以信赖我，我将引领你们走出危境。"

舍尔纳集团军群的局势在5日后变得更为危险，布拉格全程爆发起义的同时，苏军开始大举进攻布拉格。随着德国被迫接受全面无条件投降的要求，"拯救"舍尔纳的60万人已成为邓尼茨政府最优先的任务之一，但撤退的命令还是来得晚了，从北面的萨克森（Saxony）朝布拉格方向进攻的苏军已阻断了舍尔纳所部的西撤之路。关于舍尔纳在5月7日的活动存在着两种相互矛盾的说法。一种说法称，一架英军飞机当日搭载着德军参谋本部的迈尔-德特林（Wilhelm Meyer-Detring）上校，从弗伦斯堡（邓尼茨政府所在地）飞往舍尔纳总部。迈尔-德特林负责向舍尔纳解释全面投降的必要性，同时敦促后者指挥部队尽快西撤。抵达美苏分界线附近的比尔森（Pilsen）后，迈尔–德特林在40名美军官兵陪护下于8日晨见到了舍尔纳。上校转达了邓尼茨的指示，声称由于全面投降协议签署得非常迅速，已无可能再按原计划有序撤退，因而必须舍弃所有武器装备，赶在投降协议正式生效前尽快向西南方运动。舍尔纳下达了相应的命令，但他怀疑部队是否还能真正地从命，因为他认为"领导部队的可能性已几乎不复存在，每个地方都无法阻止全面解体和不按投降要求行事的作为"。舍尔纳请迈尔–德特林转告邓尼茨，"不排除个别地段或下级指挥官把命运紧攥在自己手中，他们会忽略命令，径直杀出一条西撤之路"。[84] 另一种说法则称，德军最高统帅部在7日命令舍尔纳于9日子夜停止一切作战。参谋长纳茨默意识到，在给予的时间范围内，集团军群无法全部从前线脱身，因而将有许多人无法摆脱被苏军俘虏的命运。据说，舍尔纳当时曾高声叫嚷自己不会从命，同时要求将军们在天黑前把意见汇报上来。将军们普遍无心再战，认为继续抵抗不仅违法，还会使美军将领们减少对他们的"同情心"。舍尔纳对众人的决定深感震惊，开始担心自己也有可能会落入苏军之手。[85]

5月8日，从舍尔纳的总部开出了几辆车，这位元帅打算赶到附近的机场，搭乘一架轻型飞机向西逃跑。虽然途中几乎与苏军先头部队遭遇，但舍尔纳最后总算在波德斯海姆（Podersham）找到了那架"鹳"式侦察/联络机。换言之，舍尔纳在最后时刻抛下部队只身逃走了。他的参谋长纳茨默战后忆称，由于停战协议生效在即，舍尔纳命令部队向美军投降后，自己带着钱和行李，乘飞机飞往巴伐利亚和奥地利交界的阿尔卑斯山区。纳茨默声称，舍尔纳曾说自己在那里有一处无人知晓的木屋，他要去那里躲起来。纳茨默恳求他不要逃走，因为集团军群次日还要向西撤退，部队比以往任何时候都更需要他的约束。[86] 但舍尔纳去意已决，他在波德斯海姆将当地纳粹党党部的人找来，命令他们提供一身老百姓的衣物。结果，在众人惊讶的目光注视下，舍尔纳身着巴伐利亚人的传统服饰——绿色夹克衫和皮短裤——踏上了逃亡之路。

舍尔纳在战后接受西德法庭审判时曾给出过不同的解释。他说自己离开总部的时间是5月9日（纳茨默说是5月8日），按照投降命令的要求，他当时已不再是集团军群的指挥官。舍尔纳辩称，邓尼茨的总部之前传来的命令曾令他错误地相信，投降期限可延到5月12日中午，他可以在截止时刻到来前率部回国。然而，突然传来的全面投降的消息令他措手不及，致使其无法兑现5月5日做出的"把部队完整地带回国"的承诺，他只得在7日下达了"有组织地逃跑"的命令。舍尔纳并不讳言自己确曾搭机飞往奥地利，但他终其一生都坚称，自己的全部意图就是执行希特勒的"遗命"——组建阿尔卑斯山防线并继续战斗下去。[87] 当时，巴伐利亚和奥地利交界的阿尔卑斯山确实集中了数量庞大（据说有30万之众）的德军，但舍尔纳离开部队的真正动机到底是为避免落入苏军之手，还是执行所谓的"元首遗命"，前去统领那些意欲背靠"阿尔卑斯山要塞"顽抗到底的军队，现已殊难厘清。纳茨默的战后证言影响久远，无数的战史著作都秉承了前者的说法，但也有史家倾向于认为，以舍尔纳的"勇敢和冷酷无情"，以及从他多次撤出被围部队和平民的经历来看，他并不是一个关键时刻胆小怯懦之人。因此，一些史家认为舍尔纳的战后自辩之词也有可信之处。[88]

不管舍尔纳的动机如何，也不管他到底是5月8日还是9日离开，他的确不光彩地突然抛弃了那些曾被他施以严酷纪律的官兵们。不过，舍尔纳并没有到达目的地，他乘坐的"鹳"式侦察/联络机中途出现了故障，随后迫降在奥地利东部的一个城镇里。他在那里盘桓了几日，但在5月18日被当地人认出，这些人把他的行踪报告给了德军第1装甲集团军总部（还有一说是舍尔纳于5月15日自己主动上门）。该部虽然也是战俘，但正奉美军之命负责遣散基层官兵。舍尔纳被移交给了美军，后者则在月底时把他转交给四处觅其踪影的苏军。对舍尔纳来说，一场没有硝烟的战争即将开始了。

战后岁月

1945年6月2日，舍尔纳被送往莫斯科的卢布扬卡（Lubyanka）监狱受审，6月6日起被关押在距莫斯科不远的克拉斯诺戈尔斯克（Krasnogorsk）第27号监狱。在那里待了两个月后，舍尔纳又回到卢布扬卡，开始了长达4年的牢狱生活。舍尔纳在狱中不仅面对着无休止的审讯和身心折磨，还要忍受反纳粹的前德军将领们的诘责、痛斥和骚扰。他在多数时间里都保持沉默，但实在忍无可忍时，也会挺起壮硕的身板，痛斥这些同为命运挣扎的狱友们——如果在前线时他们也能表现得如此充满能量，那么大家谁都不会出现在这里。1949年9月19日至1952年1月，舍尔纳被先后关押于莫斯科的列夫托沃（Lefortovo）监狱和布特尔卡（Butyrskaya，即Butyrka）监狱。[89] 1952年2月11日，已被关押7年的舍尔纳等到了出庭受审的机会，在这场既不公开也无律师在场的审判中，莫斯科的最高军事法庭对舍尔纳进行了总清算——1920年代对鲁尔的共产主义政府的血腥镇压，担任军校战术教官时的经历，任职参谋本部外军部时的活动，在芬兰战场担任第19山地军军长时造成的苏军重大损失，担任集团军和集团军群指挥官时造成的苏军重大伤亡和物资装备的惊人损失等——最后的结果是苏方以战争罪判处舍尔纳25年监禁。宣判后的次日，舍尔纳即向斯大林写信，在抱怨自己已服刑7年的同时，表示对过去的罪行感到懊悔。当年4月末，舍尔纳收到了上诉结果，他的刑期被减为12年半。[90] 1952年5月末至1954年11月13日，舍尔纳在距莫斯科东北200公里处的弗拉基米尔（Vladimir）监狱服刑，1954年圣诞节期间他获得假释，在莫斯科附近等待遣返回国。

1949年5月西德立国之时，盟国占领军开展的去纳粹化再教育运动已收到显著成效。多数德国人在痛苦反思过去的同时，也指责前将领们必须为纳粹政权的崛起和国家的毁灭而负责。占领军为了根除普鲁士军国主义的传统和根基，也把前军官团，尤其是高级将领群体作为攻击的靶子。可以说，在1950年代初，西德社会充满着反军事、反军人的舆论情绪。舍尔纳被拘押期间，他的名字曾多次出现在西德内外的报刊上，关于他的各种传闻始终不绝于耳：伦敦的一家报纸在1950年10月称“舍尔纳正在北朝鲜出任军事顾问”；德国吕贝克的一家报纸1951年6月称，“舍尔纳正在苏军的一所步兵学校教授进攻战术和部队控制方面的课程……事实上他还曾受到斯大林的接见”；1952年4月舍尔纳获得减刑后，西德舆论曾猜测他已受雇于苏军，有一家报纸称:“……英国记者特里（Anthony Terry）说舍尔纳元帅正在中东充当苏联的代理人……苏方的卷宗表明，舍尔纳在那里统帅着一支有4万人的‘阿拉伯军团’，他们拥有大量的武器弹药，据说这些武器弹药以前是属于德国人的……”类似这样耸人听闻的报道时不时地见诸报端。可以想象，在冷战铁幕深深笼罩欧洲、西德加快重整军备和组建新军的时代背景下，舍尔纳即将获释回国的消息又将会引起怎样的舆论波澜！具有代表性的是《法兰克福汇报》发表的一篇社论：“……舍尔纳有勇气藏起来，却不敢自行了断……我们不怀疑舍尔纳能成为一个同样好的布尔什维克，就像他曾是希特勒的疯狂追随者和仰慕者一样。”[91]

1955年1月17日，舍尔纳回到了柏林，东德红十字会的代表和前德军将领代表团等热情地欢迎他的归来。苏方想尽办法说服舍尔纳留在东德，除为其办妥居留手续外，据说还承诺由他担任东德人民军总司令。但舍尔纳拒绝了苏方的挽留，执意要回到慕尼黑。苏方只得同意，但同时希望这一举动能够搅起西德舆论对舍尔纳的挞伐，从侧面起到破坏西德重整军备进程的作用。情形的确如此，“不受欢迎的”舍尔纳要回慕尼黑的消息立即引起了巨大震动，愤怒的报道一时充斥大小媒体。事实上，1月28日下午，大批新闻记者和抗议者云集在慕尼黑中央火车站，等待着舍尔纳所乘的火车的到来。但是，由于事先有所准备，舍尔纳在终点的前一站弗赖兴（Freising）提前下了车！空等6个小时的众人非常不满，情绪激动地奔向舍尔纳之女安内利泽（Anneliese Schoerner）居住的公寓继续守候，当他们获悉舍尔纳将下榻于弗赖兴时，又赶到弗赖兴继续围堵。当夜，疲惫的舍尔纳在女儿和次子的陪伴下总算回到了慕尼黑，他在女儿公寓的门口向步步逼近的人群恳求道：“……我的上帝，请给我一点理解，我有12年没见到我的孩子们了……”

▲ 1955年2月9日出版的西德《明镜周刊》，当期封面人物就是刚从苏联战俘营获释的前陆军元帅舍尔纳。

▲ 摄于1955年，舍尔纳在返回慕尼黑的路上正在阅读报纸上一篇关于自己的文章。

舍尔纳回到巴伐利亚后，很快就听说司法机关正在搜集证据，准备把他送进监狱！他也听到了战时参谋长纳茨默对他的公开抨击，由于后者的“告发”，他在普通人心目中的形象变得非常不堪。舍尔纳在巴伐利亚北部的霍夫（Hof）举行了新闻发布会，他首先驳斥了苏方关于所有战俘均已获释的说辞，然后承认自己曾在战争期间执行过严酷的纪律，他“愿意，而且准备在法庭上回答任何指控，尽管那些指控非常可笑”。[92] 倍感痛心的舍尔纳也曾在新闻发布会上驳斥纳茨默的不实指责，但在公开审判之前，无人能够确知事情的真相。舍尔纳对于自己所引起的反响感到非常吃惊，当巴伐利亚州财政部声称将尽最大努力挫败他获取退休金的要求时，他不得不又在慕尼黑举行了一次新闻发布会。舍尔纳还同时致电总理阿登纳，要求后者支持他反击某些政客的“恶毒诽谤”。阿登纳的回复也很简单——司法当局对那些指控进行调查后会很快给予答复。

2月1日，西德内政部长下令调查所有针对舍尔纳的指控，要求曾在后者手下供职的军官提供证词。内政部的调查主要围绕三个方面：其一，舍尔纳1945年5月6日曾在德累斯顿下令绞死或草率处决了士兵；其二，战争期间舍尔纳曾

▲ 摄于1955年，舍尔纳与女儿安内利泽和次子彼得（Peter）在一起。

▲ 拍摄时间不详，舍尔纳与儿子彼得和女儿安内利泽（未显示）正在阅读报纸上的文章。

▲ 拍摄时间不详，面露惊讶之色的舍尔纳。

▲ 可能摄于1957年，舍尔纳与辩护律师莫泽（Franz Moser）正在商量着什么。

▲ 可能摄于1957年，出庭受审时的舍尔纳。

▲ 摄于1973年7月5日，老兵们在德国米腾瓦尔德的公墓向舍尔纳告别。图中的旗帜似为一面奥地利旗帜，可能是因为在场老兵大多来自第6山地师（战时主要由奥地利人组成）。

▲ 舍尔纳家族位于米腾瓦尔德公墓里的墓碑。

▲ 德国画家维尔里希（Wolfgang Willrich）战时绘制的1942年时的山地兵将军舍尔纳。

数次非法地口头上将军官解职或降职；其三，舍尔纳在战争的最后几日里未宣布布拉格为不设防城市，这一过失造成了成千上万人丧生，而他本人却换上平民服饰后扔下部队逃跑。接到作证要求的军官们反应各异，有些前将领利用自己的影响发动老兵组织，千方百计地与舍尔纳划清界限，而有些将领（如曾与舍尔纳对调职务的弗里斯纳），则认为审判舍尔纳的实质就是把军官团作为被告再次集体羞辱一番。

慕尼黑地方检察官和西德内政部分头进行了大量的证据收集工作，但期间曾遇到很多意想不到的困难，因而进展一直缓慢，直到1957年10月1日，舍尔纳才最终出现在法庭的被告席上。虽然此时距舍尔纳回国已两年有余，但新闻记者们的热情似乎并没有降低多少，他们用"普通士兵的凶神恶煞"、"坚持到最后一刻的纳粹元帅"等吸引人眼球的标题，全方位地报道这天的公审。对舍尔纳的最初指控多得惊人，包括25件屠杀行为、13件非法干预军事司法公正行为、10件草率处决罪行和14件其他控诉，但真正有足够的证据可以展开审判的只有两件：一是枪决未遂，另一则是实际执行了枪决。[93]

第一件指控与西里西亚尼斯（Neisse）的城防指挥官施帕雷（Georg Sparre）上校有关。尼斯城在1945年3月24日失守，舍尔纳认为守军没有进行认真的抵抗便弃守城池，于是未经军法审判便下令枪毙施帕雷及其副手。第1装甲集团军指挥官海因里希曾派人做过调查，发现施帕雷之前已因心脏病发作住进了医院，因而不能承担尼斯失守之责。舍尔纳不顾海因里希的干预和调查，坚持要求行刑。幸运的是，施帕雷躲过了此劫，也幸存于战争的最后阶段。他在出庭作证时声称，他当时谎称自己的妻子与纳粹党党魁鲍曼相熟，正是这一说辞才延迟了枪决的执行。施帕雷还指出，他在医院养病时曾亲眼看到过舍尔纳为他准备的棺材！纳茨默出庭作证时也证实舍尔纳喜欢在部队"制造恐怖气氛，而且对固守阵地简直入迷"。凯塞林在为舍尔纳作证时指出，根据希特勒下达的"元首7号令"，因维持战场纪律而越界的指挥官们不应受到惩处。

第二件指控是舍尔纳未经审判即下令枪毙名叫阿恩特（Walter Arndt）的一名士兵。这件事情也发生在1945年3月，当时这名士兵烂醉如泥，歪躺在一辆弹药车的车轮后。该指控的主要证人是前第8装甲师少将师长哈克斯（Heinrich-Georg Hax），他在作证时声称舍尔纳的确下令枪决这个玩忽职守者，虽然记不清所有的细节，但他相信阿恩特已被枪毙。不过，舍尔纳的辩护律师后来在上诉时曾找到一位关键证人，证人说阿恩特并没有死，而是被某军官悄悄放走了。这个证人称自己在报纸上看到了对舍尔纳的量刑，觉得十分不公才愿意出来作证。不过，舍尔纳的上诉请求于1962年12月10日被高级法院驳回。

10月15日，历时半个月的庭审结束，检方要求判处舍尔纳8年有期徒刑，但慕尼黑地方法院最后裁定的刑期是4年半。法庭认为，尽管有证据表明舍尔纳确在最后一刻乘飞机离开部队，但由于无法证实所有细节，同时这一行为与立案的指控并不直接相关，所以量刑时没有考虑他"遗弃部队"的罪行。判决书发表后，新闻媒体出人意料地出现了两极分化，有的嫌量刑过轻，大有不杀舍尔纳不足以平民愤之意；有的则较冷静地报道事态发展，声称正是这一审判才使人们了解到许多强加在舍尔纳身上的不实指控；还有的认为这场审判是对前军人的一次"集体攻击"，因而大声疾呼"舍尔纳无罪"。如此喧嚣且不一而足的舆论，倒也从侧面反映了舍尔纳是"最有争议的将军"这个事实。

1958年8月4日，舍尔纳开始在莱希河畔兰茨贝格监狱服刑。由于健康原因，他在1960年8月3日被假释出狱，6年后的12月22日被免除所余刑期。舍尔纳的晚景可谓凄凉，既无妻子照顾（其妻于1949年自杀），又被政府剥夺了领取退休金的权利，在艰难度日中经常为衣食发愁。好在第6山地师的老兵们没有忘记他们的老师长，自发地接济他食品和钱物，而舍尔纳基本上也只和少数老部下来往。1962年12月的上诉被驳回后，舍尔纳慢慢变成了一个被遗忘的老人，在孤独、贫困和愁苦中，81岁的舍尔纳于1973年7月2日死于心脏病发作。之前的1973年6月9日，曼施坦因元帅刚刚离世，舍尔纳的去世标志着第三帝国时代的所有元帅均已作古。

舍尔纳死后被葬于米腾瓦尔德的公墓。西德国防部曾发布过一道命令："将不会以军人荣誉葬礼安葬前陆军元帅舍尔纳。严禁联邦武装力量的任何成员身着军服出席葬礼，也不鼓励任何军人身着便装出现在现场。"[94]

本章的文字应该能够揭示出这样一个事实，即舍尔纳终其一生都是个充满争议之人。就军事才华和指挥能力来说，有人认为舍尔纳主要靠狂热的纳粹信仰和誓死效忠，才能在能人辈出的国防军中爬上高位，才能最后手执元帅权杖。这种说法本无大的不妥，但如果据此认为"舍尔纳的军事能力最多可以忽略不计"[95]，那显然也与史实相去甚远。舍尔纳依靠纳粹元首扶摇直上自然不假，但他本身首先是一位相当出色的防御专家。客观而言，他任师长和军长时指挥的多次攻防战都具有相当的水准和研究价值，他能熟练且富有韬略地将被困部队及时撤出，他所领导的防御战（尤其是库尔兰之战）对于阻滞对手的大规模攻势也确曾发挥过重要作用。希特勒欣赏他、苏军将领痛恨他都不是无缘无故的。

舍尔纳无疑是一个特立独行的指挥官。纳茨默曾说过："……有着壮硕身板的传奇元帅舍尔纳，无论走到哪里都会吸引人们的注意力，他也以其大声咆哮和严厉的面貌四处散播着恐慌。他粗暴地向参谋长下达命令，而且一经下达几天内都有效。他认为这就是指挥德军最大的作战力量——集团军群时需要做的全部。他对于指挥细节根本没有兴趣。他的参谋长不得不在战场形势或基本要素发生突变时修正他的命令，而只要与其想法吻合，他就会接受参谋长所做的一切。舍尔纳曾说，参谋长就是干这个的。"[95]同为参谋长出身的梅林津似乎对纳茨默的抱怨很能认同，他说舍尔纳把几十万大军的指挥权交给参谋长，而自己只管人事和战场纪律，这种分工在德军中是极为罕见的。梅林津曾很有趣地描述过舍尔纳的典型一天：他一般早晨7点离开总部，但从不告诉别人自己去哪里，不过过不了多久参谋长就会知道其行踪，因为很快就有某位将军愤愤地打电话告状，说舍尔纳在某地抓住了一辆没有路条的卡车，或在另外一个地方将某个上尉降为少尉，或者由于极小的过失把某某的铁十字勋章或军衔标志扯下来了，诸如此类。舍尔纳还有一次在巡视途中竟把某军医的生日蛋糕劈面夺下，命人径直送到了前沿阵地！由于接到过太多的此类投诉，参谋长不得不在总部设立了一个"投诉处"。舍尔纳晚上回来询问有什么新情况时，参谋长会一本正经地报告，说自己今天将数辆没有路条的卡车放行，把几个少尉"提拔"为上尉，并向某士兵重新颁发了铁十字勋章等等。舍尔纳听后拊掌大笑。

舍尔纳有一个方面特别像他的主子希特勒——坚信仅凭决心和钢铁般的意志就能取得成功。舍尔纳对维持战场纪律和树立权威十分着迷，深信这是取得成功的重要条件。纳茨默战后曾尖锐地批评说，舍尔纳把时间都浪费在指挥交通和吓唬厨师等小事上，却把集团军群的指挥任务委托给参谋长或下级指挥部，可谓因小失大的典范。舍尔纳从不隐讳自己对维持秩序的喜好，甚至称自己"其实就是半个党卫军"。不过，舍尔纳借助极端乃至残忍的措施确实牢牢地控制着部队，在漫长的防御战中，他的部队也很少出现其他方向的德军的那种士气低迷。纳茨默在批评舍尔纳个人作风的同时，也承认正是他的极端措施，才在很大程度上带来了尼科波尔和库尔兰等防御战的成功。纳茨默虽然抱怨舍尔纳把大部分作战指挥工作都交给参谋长或首席作战参谋，但他制定的原则和总体战略，包括数次解围和撤退作战的计划都证明是没有问题的。曾在舍尔纳手下任职的将军们虽然多数都不喜欢或不赞同他的方式方法，但鲜有人否认过他所具备的指挥和领导能力。梅林津曾评论说，舍尔纳的某些突出的天分，使他能很好地应对军事指挥官必须面对的局势，在判断以何种方式反制对手方面，他也有着令人刮目相看的能力。梅林津还说，面对着同样"冷血残忍"的对手，德军重用一个风格类似的将领，"可能并不完全失当"。

舍尔纳虽是一个颇具水准的防御战专家，二战初期也呈现出过人的勇气和指挥才能，但他的纳粹信仰和对希特勒的狂热支持，使他成为后人眼中不折不扣的"纳粹将军"——虽然将军们无不标榜自己是"非政治化军人"或"一切皆为德国"，但如果不是舍尔纳这类将领的鼎力支持（突然又想起了"临危受命"的古德里安和邓尼茨），纳粹政权能否在1944年夏之后继续支撑下去，战争机器是否还能运转到1945年5月，恐怕都得打上一个大大的问号。另一方面，舍尔纳本人的粗暴作风和草菅人命的残忍行径，也使他的军事才能被人们轻易地抛诸脑后，尤其是最后时刻"遗弃部队"的可疑行径，更使之成为同时代人和后人眼中的"卑劣之辈"。即便舍尔纳是奉命飞往阿尔卑斯山，这也只能证明他直到最后一刻还是纳粹的忠心维护者，也无法改变那些被他"严厉管束"的士兵们被抛弃的事实。如果舍尔纳真的是仓皇逃跑，那么，他有何面目去面对那些被他以"胆小怯懦"或"临阵逃脱"的罪名处死的众多士卒？或许，舍尔纳留在军事史上的印记会有两个侧面：一面是有才能的防御战专家，另一面则是色厉内荏的可鄙之人。

第24位钻石骑士最高战功勋章获得者曼陀菲尔装甲兵将军

（获勋时间1945年2月18日）

Chapter 24

第二十四章

“二战齐腾”：哈索·冯·曼陀菲尔装甲兵将军

二战期间曾任德军G集团军群参谋长的梅林津少将，在其1977年出版的《我所认识的二战德国将军》一书中，曾将哈索·冯·曼陀菲尔（Hasso von Manteuffel）称为“二战齐腾”。[1]齐腾（Hans Joachim von Zieten，1699—1786）是腓特烈大帝时代的普鲁士骑兵名将，虽然身材矮小，声音纤细，但性烈如火（一生与人决斗74次），嗜酒如命，追随腓特烈大帝历战无数，曾因勇猛大胆和一系列战功获得“蓝色马克斯”最高战功勋章。本章传主曼陀菲尔是二战德军的第24位钻石骑士勋章得主，他与齐腾确有几分相似，身材不高（将将1.5米），精明过人，作战勇猛，敢于冒险，进入现役的第一支部队还是齐腾曾为首任团长的“第3‘冯·齐腾’（勃兰登堡）轻骑兵团”……不过，曼陀菲尔出生于德国家喻户晓的军事、政治世家，毕业于著名的里希特菲尔德中央军校，两次大战期间的20年里成长于骑兵和装甲部队，二战中凭借出色的战场表现迅速蹿升为耀眼的将星——他在1941年6月苏德战争爆发前夕仅为中校营长，但到1944年9月便跃升为装甲兵将军和最年轻的集团军指挥官之一，他的快速升迁很大程度上归功于他的指挥能力和领导才干。曼陀菲尔是少数敢于面对权威坦率直言的将领之一，虽然希特勒终生厌恶普鲁士贵族将领，但对曼陀菲尔相当尊重和赏识。许多资深年长的高级将领在纳粹元首那里碰壁、遭斥和被无端挑剔之时，曼陀菲尔陈述的意见却往往能被接受——可能正是他的能量、自信和决不放弃的性格，使他在二战后半程德军局势日趋晦暗的时候，能够引起希特勒的关注并赢得许多将领同僚的敬意。

德军老兵兼军史家弗拉施卡在其战后出版的著作中曾称曼陀菲尔是“军事史上所有时代里最有能力、最勇敢和最成功的装甲指挥官之一”。[2]也有一些人曾把曼陀菲尔与隆美尔相提并论，如在二战最后几个月里为曼陀菲尔担任参谋长的穆勒–希勒布兰德（Burkhart Mueller–Hillebrand）将军战后之初曾说：“……曼陀菲尔是一个优秀的战术家，但不是很出色的战略家。他与隆美尔一样精力充沛，总在前沿指挥作战，对战场态势的嗅觉十分敏锐。”[3]美国著名作家瑞安（Cornelius Ryan）在1960年代出版的《最后一战》中曾称，“曼陀菲尔可能是继古德里安和隆美尔之后德军最伟大的装甲战术家”。[4]2012年出版的一部关于突出部之役的著作也有类似的评语，[5]2003年出版的《装甲军团》一书则把古德里安、隆美尔、巴尔克、曼施坦因和曼陀菲尔列为二战德军最优秀的装甲指挥官和领导者，认为他们为对手和他人树立了足以大加效仿的高水准。[6]不过，与隆美尔相比，曼陀菲尔在战时同僚中似乎享有“更好的声誉”，他的为人处世、职业操守、热情和能量，以及作为传统普鲁士军官表现出的绅士风度和气质，给同时代的将领们留下了很好的印象。很早就熟悉和赏识曼陀菲尔的古德里安（正是他把曼陀菲尔从骑兵引入了装甲战领域）曾这样评论：“……曼陀菲尔是在各方面都很优秀的领导者，不仅拥有卓越的军事才华，还具有令人侧目的、透过现象把握本质的能力。”[7]曼施坦因元帅在1944年3月的一份考评中称赞曼陀菲尔是“一位非常杰出的装甲师长，是一个耀眼的、充满热情和能量的领导者，在每一方面都卓尔不群。他在任何时候都做好了战斗准备。他是一个鹤立鸡群的人物”。[7]1945年，莫德尔元帅曾这样评价在他麾下主导阿登反击战的曼陀菲尔：“他是一位卓越的领导者，个性很强，在精神和身体两方面都充满活力。他不仅为完成任务而冷酷无情和不知疲倦，也有着出众的军事才华，头脑极为清醒。他还能成功地感染下属并将自己浑身的能量传递给他们。作为集团军指挥官和装甲兵领袖，他在进攻和防御战中均已反复地证明过自己。”[8]巴尔克将军也曾两度称赞曼陀菲尔“勇敢过人，总是出现在战斗最激烈的地方”，“不仅极其勇敢，也是卓越的领导者，没有他不能完美完成的任务”。[9]凡与曼陀菲尔共事过的将领，如伦德施泰特和凯塞林元帅、阿尼姆（Hans–Jürgen von Arnim）上将等上级，以及一批军长、师长或参谋长等下级，都曾给予曼陀菲尔很高的评价。

曼陀菲尔的战时对手也对他表现出令人惊讶的尊敬和欣赏。他曾数次受邀前往美国战争学院讲学，1968年时，身着西服的他与大批美军高级将领一起在西点军校观礼毕业阅兵式，并在典礼上做了主题演讲。曼陀菲尔在1964年秋应邀来到艾森豪威尔总统的私人牧场做客，并在纽约见到了布莱德雷等昔日的对手。当时，布莱德雷曾握着他的手，笑意盈盈地对左右说：“这么一个小个子怎么能在阿登给我们制造了那么多麻烦？”[10]影响极大的李德·哈特也堪称曼陀菲尔的忠实拥趸，他在《隆美尔战时文件》一书的序言中，在称颂隆美尔的时候曾写道：“……在出其不意地调动部队，敏锐把握时机进行足以瘫痪对手的机动等方面，除古德里安外很难找到堪与隆美尔比肩者。战争后期，巴顿和曼陀菲尔也展示出类似的特质和能力……”[11]李德·哈特与曼陀菲尔战后建立了很深的友谊，在多部著作中曾对后者的战时表现予以称赞，还在赠给后者的书上题写过这样的“仰慕”词句：“致赠机动与突袭艺术的大师”、“致赠卓越的装甲兵领袖”。[12]最令人惊讶的颂词，来自于二战中曾任中国战区参谋长、对德国军事历史颇有研究的美军四星上将魏德迈（Albert C. Wedemeyer）：“……当曼陀菲尔将军完成了他在地球上的使命，敲响（掌管天堂大门钥匙的）圣人彼得的大门时，圣人彼得的脸上定会绽放出愉悦的光彩。圣人彼得会让助手暂时看守大门，自己则亲自引领着战士兼政治家——曼陀菲尔加入德国英雄腓特烈大帝、沙恩霍斯特、格奈瑟瑙、施利芬、克劳塞维茨和毛奇等众神的行列。"[13]

昔日对手认定曼陀菲尔不仅身后会升入天堂，还将厕身于最著名的普鲁士–德国军事家和战神的行列，这无疑是一种巨大的荣誉。从这个角度来看，曼陀菲尔的知名度虽然不如隆美尔，但在昔日对手那里获得的认可似乎并不逊于后者，给战时同僚们留下的印象甚至还远胜隆美尔。曼陀菲尔有什么过人之处，能使那些挑剔严谨的德军将领、傲慢自负的英美将帅异口同声地齐唱赞歌？他有什么惊人的战功和强悍表现，能使他在3年内从营长蹿升为集团军指挥官，并获得钻石骑士勋章？他的哪些人格魅力和领导才能，使其麾下官兵一生对他充满敬佩和仰慕？他又有什么样的才华，使他成为1944至1945年间最常被希特勒召见和咨询意见的将领，更使后人称其为伟大的装甲战术家之一？

早年岁月：少年军校生·骑兵军官·装甲兵教官

曼陀菲尔1897年1月14日出生于柏林近郊波茨坦（Potsdam）的一个名门望族，其家族是普鲁士最古老的贵族世家之一，据说1287年的波美拉尼亚地方文献上就载有曼陀菲尔先祖的事迹。[14]这个家族在近代既出过治国重臣，如1850至1858年间任普鲁士首相的奥托·冯·曼陀菲尔（Otto von Manteuffel），也产生过埃德温·冯·曼陀菲尔（Edwin von Manteuffel）元帅这种杰出的战将。这个显赫世家自古就有从军的传统，曼陀菲尔的父亲埃卡德（Eccard von Manteuffel）曾是一名近卫军上尉。父亲身着戎装的英武气概和举止有度的作风，家里四处悬挂的腓特烈大帝及其他著名战将的画像，给年幼的曼陀菲尔留下了极深的印象。虽然父亲在1904年去世，但优渥的家境、良好的社会关系和母亲无微不至的关爱，还是使曼陀菲尔有着一个愉快的童年。1903年，6岁的曼陀菲尔进入波茨坦著名的维多利亚文理学校，他的学习成绩非常优异，对英语更有着浓厚的兴趣。

波茨坦是一座汇聚了普鲁士–德国建筑艺术精华的名城，也是历代普鲁士国王和德意志帝国皇帝的居住地，因之某种程度上也是一座名副其实的军城。近卫军军人们的军服、仪容、操练和阅兵式对年幼的曼陀菲尔一直有着莫大的吸引力，他幻想着有朝一日成为父亲那样的近卫军军官，这个念头随着年龄的增长一天天愈发强烈起来。母亲起初并不支持儿子的想法，但也无可奈何，毕竟这是曼陀菲尔家族的传统和数百年显赫门庭的基础。1908年，11岁的曼陀菲尔进入了萨勒河畔瑙姆堡（Naumberg und der Saale）的预备军官学校，成为一名少年军校生。这所建于1900年的军校是德国当时的8个预备军官学校中成立最晚的一个，但也因之拥有各种现代化的设备、军事和体育训练设施。曼陀菲尔在这里系统学习了与普通中学相仿的各种课程，更接受了"斯巴达式"的军事训练。预备军校的全部目的就是把少年军校生逐渐培养成遵守纪律、服从命令且效忠皇室的合格军官，因而，养成他们吃苦耐劳、坚韧不拔的性格也是学校最重要的任务之一。1911年，曼陀菲尔转入在普鲁士–德国军事史上占据独一无二之地位的里希特菲尔德中央军校，入学时他只有14岁，身高仅约1.42米，是同级学员中最矮小的一个。据说校方专门为他改小了几套军服，就连毛瑟枪也锉短了一些，否则装上刺刀的枪支对他来说负担太重。曼陀菲尔在这里学习生活了5年，经历过严酷得几近"残忍"的军事训练，军校倡导的敬忠职守、纪律严明、体面尊严、重视战友之谊、珍视军人荣誉等，也在他的身上打下了深深的烙印。

1914年8月一战爆发时，军校里年长的学员通过体检后都被征召服役，曼陀菲尔虽然也有报名参战，但因年纪较小且未能通过所有体检，只能待在学校里继续学习。1916年初，曼陀菲尔在军校通过了高中毕业考试，并在王储威廉王子的直接干预下，于2月初被派到第3“冯·齐腾”轻骑兵团补充连任候补军官。曼陀菲尔来到补充连的驻地瑞丝瑙（Rathenow）后，不到两个月便在4月底被授予骑兵少尉军衔，然后奉命前往法国前线，到第6步兵师所辖的第3轻骑兵团5连报到（1914年8月时，第3轻骑兵团的10个骑兵连被平均配属给第3军的第5和第6步兵师）。第6步兵师号称德军的一支精锐部队，总是被部署在最具决定性的地方，曼陀菲尔到达西线后，承担的任务有时是充当信使，有时则潜入敌后进行侦察，还有的时候负责带队进行侧翼巡逻或观察前沿敌军的态势。1916年10月，曼陀菲尔随部队调动到索姆河前线，在10月12日进行的一次侦察中，他的右侧大腿被弹片击中，由于血流不止，他被送回明斯特的陆军医院疗伤。次日，曼陀菲尔在医院里获得了二级铁十字勋章。医生估计他的伤势至少需要3个月方能复原，但他不等痊愈便偷偷溜回了部队。随着医院的“控诉电”抵达部队，上级要关他3天禁闭以示惩戒，不过，由于前线人手短缺，曼陀菲尔的人缘和表现又一向不错，禁闭令并没有得到执行。

1917年2月初，曼陀菲尔调到第6步兵师师部，在师首席参谋军官的直接领导下工作。这一新岗位帮助曼陀菲尔熟悉了师级参谋工作的内容和流程，加深了他对战场全局的了解，某种程度上也开阔了他的视野和心胸。无论是在前线连队，还是在后方参谋部门，曼陀菲尔都表现得精力非常充沛，似乎永远也闲不下来，他对普通士兵和军官同僚都一样谦恭友善，任何情况下都表现得颇具绅士风度。但是，言行友善丝毫不妨碍他清楚地表达自己的想法，无论是在前线指挥作战时直接下达命令，还是代表师部向各团、营传达任务，他从来都表现得干脆利落和精确到位。

1917年5月2日，曼陀菲尔因在埃纳—贡比涅前线完成的对敌侦察发挥了重要作用，被授予一级铁十字勋章。7月，他随第6步兵师在东线参加了突破东加利西亚俄军防线的作战，夺取塞列特河沿线的俄军阵地后该师转入了堑壕战，直到1917年底沙俄退出一战为止。东西两线旷日持久的堑壕战，伴随着泥淖、风雪、暴雨、毒气、疾病、士气低迷以及无可避免的惨重伤亡，都被善于总结的曼陀菲尔看在眼里、记在心头，或许对他日后逐渐形成机动灵活、出其不意的指挥风格产生了无法低估的影响。

1918年开春，曼陀菲尔随第6步兵师返回西线。德军从当年3月到夏末先后发起过5次大规模的决胜攻势，第6步兵师在这些作战中都有着卓异的表现，曼陀菲尔还在苏瓦松（Soissons）至兰斯（Rheims）之间的战场上，第一次目睹了德军坦克部队并不成功的反击。当年9月底10月初，第6步兵师被调到康布雷（Cambrai）和圣康坦（St. Quentin）一带布防，但不久后与其他部队一起被逼退到安特卫普。此时，德军最高统帅部打算把多数部队撤往马斯河，乃至莱茵河沿线，并在南翼固守阿尔萨斯—洛林地区的一些要塞，同时要求政府出面进行停战谈判。11月3日，德国水兵在基尔港发动了起义，革命浪潮迅速席卷全国，德皇被迫宣布逊位并仓皇出逃荷兰。11月11日，喧嚣了4年多的一战战场突然间安静了下来。对于局势的这一戏剧性变化，曼陀菲尔和前线军官们一样无不感到愕然，在他们心目中德军根本没有在战场上被击败过，此刻仍有几百万官兵在外国的土地上作战，失败和投降应完全归咎于国内的失败主义分子和阴谋势力，同时，曼陀菲尔对德皇遗弃了忠心耿耿的部队也“深感轻蔑并为之羞愧”。[15] 第6步兵师此刻依然有着良好的纪律和战斗力，尽管对投降的震惊远未消失，该师已奉命前往科隆保卫莱茵河上至关重要的大桥，以防大桥被毁导致西线德军回撤的道路被阻断。曼陀菲尔带领第5骑兵连的骑兵们成功完成了这一任务。此后，曼陀菲尔这个年轻的少尉被推选为士兵委员会主席，在部队从科隆开回勃兰登堡的沿途负责与各地市民委员会沟通协调，保证行军不受骚扰和阻挠。

回国后曼陀菲尔对现实非常失望，他对临时共和政府和革命者一方都没有好感，由于感到军旅前途不明朗，他准备离开军界另谋发展。就在他联系好了一家银行之时，他的姑父——全德工业联合会会长兼政府商务顾问拉韦纳

▲ 摄于1919年的柏林，佩戴着二级和一级铁十字勋章的曼陀菲尔少尉，当时他是“冯·欧文”自由军官的副官。

▲ 摄于1909年，12岁的曼陀菲尔在瑙姆堡的预备军官学校。

▲ 摄于1921年6月的柏林，曼陀菲尔结婚时拍摄的照片。

（Louise Ravene）的一席话彻底改变了他的想法，姑父当时鼓舞他说："……柏林眼前的状况和别处的混乱很快必将过去。我们需要有经验的军官，需要那些珍视荣誉、深谙传统的军人，你必须接着做军官！"[16]曼陀菲尔深受鼓舞，迅速放弃了自己的其他想法，在1919年2月旋即加入由第6步兵师第24团团长冯·欧文（Ernst von Oven）上校组织的"冯·欧文自由军团"。作为冯·欧文本人的副官，曼陀菲尔参与过柏林平叛，也曾开赴德累斯顿、不伦瑞克和莱比锡等地镇压革命运动。

1919年5月26日，曼陀菲尔被帝国临时国防军吸纳，成为《凡尔赛条约》允许德国保留的10万军队中的一员。[17]他所服务的单位是驻瑞丝瑙的骑兵第25A团，当年10月该团易名为第3骑兵团。1921年，曼陀菲尔与阿姆加德·冯·克莱斯特（Armgard von Kleist，二战元帅克莱斯特的侄女）结婚，除细心地照顾家庭外，他把大量的时间都花在马术训练和钻研军事理论与战史上。1923年，曼陀菲尔成为第3骑兵团团长迪林斯霍芬（Max von Diringshofen）中校的副官，此后直至1930年，他先后为四任团长担任过副官，其中的勃兰特上校（Georg Brandt）给他留下了最深刻的印象。勃兰特深感骑兵部队仍把单兵和编队马术作为训练核心的落伍状况，到任后即开始对第3骑兵团进行整改，试图打造一支擅用现代化武器的新式骑兵，目的是既能完成侦察和侧翼掩护等传统骑兵职责，又能在机动作战中扮演突击矛头的角色。勃兰特废止了过于重视战马和骑手训练的传统，高度重视战术演习以及与使用模拟坦克的步兵单位的协同训练；他为手下的骑兵连都装备了轻机枪，并将其中一个连改建为包括机枪排、榴弹炮排、反坦克炮排、工兵排和通信排等在内的机械化骑兵连。曼陀菲尔目睹、亲历并协助进行了第3骑兵团的全部整改过程，1930年2月，当勃兰特从第1骑兵师师长晋升为国防军骑兵总监时，曼陀菲尔中尉（1925年4月晋级）被任命为上述机械化骑兵连（第3骑兵团第2"技术"连）的连长。骑兵中不乏比曼陀菲尔的资历更深、经验更丰富之人，而且骑兵连长的军衔一般要求是骑兵上尉，曼陀菲尔中尉能够领衔这样一支新式骑兵，足见上级对他的赏识和信任。1932至1933年间，曼陀菲尔撰写了一本名为《骑兵连长》的小册子，不仅记载了自己在训练新式骑兵和照料战马等方面的切身体会，还大胆探讨了对骑兵进行步兵训练和使用的问题。有些在骑兵部队浸淫过数十年的资深连长对曼陀菲尔的见解不以为然，但这并没有影响他与骑兵部队上上下下的关系，大家对他的喜爱和欣赏一如既往。另外，与军事经验和阅历同步增长的是马术水平，1931年1月2日曼陀菲尔曾获得一枚"金质骑手奖章"，数年后又获得过"金质国民运动奖章"，还有资料称他也是现代五项运动的高手。

1932年10月，曼陀菲尔被调往驻班贝格（Bamberg）的第17骑兵团任连长。约在1933年3月13日，曼陀菲尔率领结束训练的骑兵连走在返回兵营的路上，在路过班贝格市政厅时，他看到许多市民都在引颈观望冉冉升起的纳粹万字旗。曼陀菲尔下意识地命令骑兵连举手敬礼，结果次日的《班贝格日报》载文报道了他和骑兵连的举动，声称"国防军也认可这面迎风飘扬的旗帜"。据说曼陀菲尔还曾因这一举动受到上级的批评。[18]曼陀菲尔本人在晚年曾谈论过自己当年的立场："……领导人的更迭并没有带给我们不好的印象，相反我们的观感还相当不错……我们坚信德国人民的生活将大为改善。武装力量和警察曾遭受的诋毁和失誉，官兵曾受到的轻蔑和虐待立即停止了，失业也仿佛消失了……一夜间大街上恢复了秩序，而几个月前这里还回荡着枪声。政府和国家机器恢复了权威性，德国这个国家和它的新政府在国内外都赢得了声誉……我团包括我在内的绝大多数军官当时都不拒绝国家社会主义。不过，我们没有任何理由在政治上表现活跃，因为国防军没有被动或主动选举权。我们在内心里深信，军队是任何形式的政府的可靠政治工具。这一信念是……塞克特上将浇铸在我们每个人心中的：军队必须效力于执政政府，因为政府是支撑国家的柱石。"[19]

曼陀菲尔在1934年4月1日晋升为骑兵上尉后，军旅生涯发生了一次重大变化。他在当年10月随第17骑兵团的两个连被调到图林根地区的"埃尔福特（Erfurt）骑兵团"，这个所谓的骑兵团实际上辖有两个摩托车营（很快又组建了第三个营），是一支初创中的快速机动部队。1935年10月，当德军正式成立首批3个装甲师时，"埃尔福特骑兵团"的3个营分别加入了第1、第2和第3装甲师，曼陀菲尔所在的第2摩托车营就此成为古德里安任师长的第2装甲师的一部分。作为古德里安手下的一名连长，曼陀菲尔参与了这位装甲兵先驱亲自组织的冬训和演习，也目睹了他为装甲部队的发展而付出的巨大努力。古德里安擅于笼络人心、做事雷厉风行、长于组织指挥的特点，给曼陀菲尔留下了深刻的印象，他也在观察和接触中从古德里安身上学到了很多东西。曼陀菲尔投身新兵种后表现出的钻研热情和学习能力，尤其是他的理论水准、带队训练时的认真执着、善于演说和鼓动的特质，也很快引起了古德里安的关注。1936年初，古德里安将曼陀菲尔调到第2装甲师师部担任参谋军官，同时委托他负责训练全师的候补军官。在温斯多夫（Wünsdorff）附近的装甲兵学校里，曼陀菲尔训练过许多候补军官，其才华在练兵场和讲台上得到了充分展示。1937年2月，曼陀菲尔少校（1936年10月晋升）被调到直属于陆军总司令的总务局（Allgemeines Heeresamt），负责协助步兵总监部将首批4个步兵师整改为摩托化师，他还与几位同样出身骑兵的军官一起，负责制定快速机动部队的作战条令。

1938年11月，装甲兵将军古德里安出任重组后的机动兵总监部总监，全面负责装甲兵、骑兵、反坦克兵、摩托化部队和机械化部队的发展与训练。由于扩军备战急需训练大批基层军官，古德里安在1939年2月1日把曼陀菲尔调到柏林附近的克拉姆普尼茨（Krampnitz）第2装甲兵学校担任总教官。曼陀菲尔在这里一共任职两年多，训练、教学和管理工作十分繁忙，但他自陈这是"一生中最快乐的一段时光"。他非常喜爱学校里的那些志愿投身于装甲部队的年轻人（其中有陆军总司令勃劳希契及赖歇瑙等大员的儿子），把古德里安的装甲战理论和他自己的个人体会融入教学中，向学员们宣讲有空军配合的装甲军团的巨大潜力。他既竭力教导年轻军官们养成团队努力的习惯，又重视培养他们的主观能动性和独立行动的能力。曼陀菲尔充分认可坦克在扮演突击矛头和攻城拔寨方面的作用，但也强调装甲部队的机械化步兵在防御战中的主角地位。他告诉受训学员们，任何时候都不要忘记，固守己方坦克碾过的敌军阵地需要步兵们付出巨大的努力，装甲兵与机械化步兵、工兵、反坦克兵和高射炮兵等多兵种的密切合作，才是一切成功防御的基石。可以说，在教官这个职位上，曼陀菲尔在装甲部队的许多军官身上都留下了自己的烙印。

▲ *摄于1928年的基尔，曼陀菲尔正在一次马术比赛中展示自己的身手。除了是马术高手外，据说他还是现代五项运动的好手。*

▲ 摄于1936年的柏林奥运会，德国骑兵上尉施图本多夫（*Ludwig Stubbendorf*）在马术赛场上展示英姿，他获得了综合全能个人冠军和团体冠军两枚金牌。曼陀菲尔也是一名马术高手，虽无缘参加奥运会，但他深为战友们的成功感到自豪（骑兵军官们囊括了所有马术金牌）。施图本多夫于1941年7月在东线阵亡。

▲ 摄于1940年柏林附近的第2装甲兵学校，曼陀菲尔骑着战马在校园附近溜达。

二战在1939年9月1日拉开了大幕，当古德里安指挥着装甲部队驰骋于波兰战场之时，曼陀菲尔中校（1939年4月1日晋升）仍在第2装甲兵学校供职，就像古德里安把自己欣赏的另一位助手巴尔克也留在了机动兵总监部处理部务一样。战争的开始意味着需要训练更多的基层军官补充前线，曼陀菲尔比战前更加忙碌了。同巴尔克一样，他也申请过到前线参战，不过他的运气不如巴尔克，后者在1939年10月底调任第1装甲师第1摩托化步兵团团长，而曼陀菲尔的申请却被驳回——据说，来自希特勒的命令指出，曼陀菲尔在装甲兵学校“训练2.5万名候补军官的职责同样重大”。[20] 曼陀菲尔无缘参与的不仅仅是波兰战役，就连装甲部队取得闪电战大胜的法国战役他也一并错过。不过他一直密切关注着战事的进展，尤其是古德里安摩托化军的作战进程。法国战役期间，曼陀菲尔经常收到装甲兵学校毕业生的来信，也有一些前线军官来到学校讲解装甲部队的作战经验和特点，他自己也曾数次赶赴前线考察，还检视过德军缴获的英法重型坦克。在马斯河畔的迪南渡口，曼陀菲尔曾久久地沿着河岸踱步，考察周边地形的同时，他还想象过隆美尔日前是如何从这里渡河的，沉思过自己若是指挥官的话，又将以怎样的方式跨越天堑。此时的曼陀菲尔无论如何也难以料到，他日后的军旅生涯和声誉会与隆美尔指挥过的第7装甲师紧紧联系在一起，而且还有不少人将他与隆美尔相提并论。

1941年上半年，曼陀菲尔第一次获悉苏德战争的爆发已迫在眉睫，于是急切地要求调到一线作战部队。虽然他坚信在解决英国之前开辟东线战场将是一个代价高昂的错误，但由于已错过波兰、北欧、法国和巴尔干等一系列战役，他绝不甘心再放过亲历战争的机会。曼陀菲尔这次如愿以偿，他被任命为第7装甲师第7摩托化步兵团2营营长。

初战东线：从维亚济马到亚赫罗马

法国战役中，第7装甲师在隆美尔的领导下确立了精锐王牌的地位，还赢得了"幽灵之师"的称号。隆美尔于1941年2月被派往北非，接替他的是丰克（Hans Freiherr von Funck）将军。该师第25装甲团拥有280余辆各型坦克，团长罗森堡（Karl Rothenburg）上校1918年作为连长时曾获"蓝色马克斯"战功勋章，1940年时是装甲部队最出色的中级指挥官之一。第25装甲团还有一个也在战史上留下了大名的舒尔茨上尉，他是第9位钻石骑士勋章获得者，1944年初时曾从曼陀菲尔手上接过第7装甲师师长之职（但仅过3日便告阵亡）。除第25装甲团外，第7装甲师还有两个主力步兵团，即翁格尔（Erich von Unger）上校的第6摩步团和隆格豪森（Karl-Hans Lungerhausen）上校的第7摩步团。

1941年6月22日，第7装甲师作为霍特第3装甲集群的第39摩托化军的一部分，从东普鲁士出发后，朝着立陶宛城市阿利图斯（Alytus，亦作奥利达）附近的梅梅尔河（在东普鲁士以外称涅曼河）方向发起了强攻。舒尔茨上尉率领的第25装甲团1营一马当先，当日中午即杀入阿利图斯市中心，还成功夺取了城北的涅曼河大桥。曼陀菲尔的第7摩步团2营则与第2装甲营携手夺取了城南的另一座渡桥，为全师的渡河做好了准备。渡过涅曼河后，第7装甲师迅速建立了一北一南两座桥头堡，但就在德军试图扩大桥头堡之时，驻阿利图斯北面的苏军第3机械化军，以其第5坦克师和一个步兵师为主发起了突然反击。反应不及的第7装甲师所部一时陷入了恐慌，不过，该师毕竟是久经阵仗的精锐部队，装甲兵和摩托化步兵很快从慌乱中恢复过来，充分利用自己在战术、兵器和协同作战能力上的优势，在得到第20装甲师第21装甲团的增援后，彻底将战场局势扭转过来。这场从下午厮杀到入夜的战斗是苏德战争之初规模较大的一次坦克战，苏军第5坦克师几乎全军覆灭，不过，第7装甲师也有大批坦克受到不同程度的损伤。

6月23日夜，第7装甲师占领了重要交通枢纽维尔纽斯，随即从这里杀入苏联境内。第39摩托化军的3个师（第7、第20装甲师及第20摩步师）奉命朝东南的明斯克挺进，第7装甲师以第25装甲团和第7摩步团为主组成的战斗群是整个摩托化军的矛头，26日夜即切断了明斯克至莫斯科的主干公路。次日，古德里安装甲集群麾下的第17装甲师在明斯克东南地带与第7和第20装甲师建立了联系，初步包围了苏军西方面军的大约30万部队、2500辆坦克和1500门大炮。不等被围苏军被彻底消灭，第7装甲师便与其他机械化部队一起，开始朝维捷布斯克和斯摩棱斯克方向进军。在7月初强渡别列津纳河的战斗中，曼陀菲尔的第2摩步营在第25装甲团部分坦克的支援下，以突袭方式成功夺取了列佩利（Lepel）南面的一座完好无损的大桥。他在夜色的掩护下主动渡过别列津纳河，并在对岸建立了一座足以掩护全师渡河的桥头堡。7月5日，第7装甲师开始从列佩利桥头堡直扑维捷布斯克，在距列佩利以东约30英里的别申科维奇（Beshenkovichi）村附近，该师遭遇到了顽强阻击，不仅前进的道路被苏军预先构筑的坚固工事所阻断，苏军重炮还向行进中的装甲师倾泻了大量炮火。攻势的一再受阻引起了霍特的关注，他命令集中附近的所有炮火炮击别申科维奇，同时要求第7装甲师尽快廓清进军障碍。丰克师长命令曼陀菲尔的第2摩步营担任攻坚主力，同时给予坦克和炮火支援，不久后曼陀菲尔率部杀入村庄，与苏军展开了激烈的巷战。第7摩步团1营也趁势加入曼陀菲尔的行列，两个营的德军很快肃清了村内的苏军及周边的炮兵阵地。这一战使曼陀菲尔在霍特的心目中留下了重重一笔，他后来曾说："……曼陀菲尔的进攻就是坚定的意志力与最大程度的机动和突袭相结合的杰作。"[21] 7月5日夜，第7装甲师推进到维捷布斯克西南约30英里处的森诺（Senno）地区，苏军第20集团军在这里又一次迟滞了德军的推进。事实上，在森诺南北两侧爆发了一场规模不俗的战事，德军第39和第47摩托化军与奉命反攻的苏军第5和第7机械化军进行了一场坦克大战。先后参战的德军第7、第17、第18和第12装甲师，在4天里全面挫败了对手，苏军的2个机械化军到7月10日被迫东撤时，在森诺周边留下了832辆坦克的残骸和大批士兵的尸体。[22]

7月14日，第7装甲师成为首支抵达明斯克—斯摩棱斯克—莫斯科公路的德军。次日，丰克以曼陀菲尔的摩步营为主体，组建了包括坦克、工兵、炮兵和高射炮单位在内的突击战斗群，命令曼陀菲尔带领战斗群南下夺取重镇亚尔采沃（Yartsevo）。曼陀菲尔再次祭出突袭制胜的法宝，当夜即夺取了亚尔采沃，还切断了斯摩棱斯克通往莫斯科的铁路和公路。苏军第一时间就向曼陀菲尔战斗群发起了反击，但所有的反攻都被击退。次日，霍特装甲集群在北，古德里安装甲集群居南，两路大军在斯摩棱斯克周边基本包围了苏军第16、第19和第20集团军的几十万人马和装备。苏军曾发起过多次救援和突围尝试，趁着德军包围圈尚未完全系紧之机，先后有20余万人从第7装甲师等装甲部队把守的包围圈外环成功突围。第7装甲师在这段时间里主要是在亚尔采沃附近进行防御，直到8月初才将防线移交给步兵师，之后进行短暂休整。

8月21日，第7装甲师第6摩步团团长翁格尔在佛普河（Vop）和洛伊亚尼亚（Loiania）河一线的作战中阵亡，曼陀菲尔被任命为继任团长。9月中下旬，即将参加"台风"作战的第7装甲师被划归沙尔（Ferdinand Schaal）将军的第56摩托化军指挥，奉命向北调动到科克希（Kokosch）河一带，准备从这里朝第聂伯河方向推进。10月3日，曼陀菲尔率领由其摩步团和部分坦克组成的战斗群，赶到亚尔采沃东北的格卢什科沃（Glushkovo）附近准备强渡第聂伯河。4日夜，曼陀菲尔的战斗群摸到格卢什科沃附近后发起突袭，他乘坐的装甲指挥车第一个出现在第聂伯河大桥上，出敌不意地夺取了大桥。尽管第25装甲团的主力和师属炮兵都落在后面，但曼陀菲尔决意固守对岸的桥头堡，为全师渡河创造条件。第聂伯河对岸的苏军在森林边缘地带构筑了精心伪装的防御工事，也接到了战至最后一人的死命令。曼陀菲尔估计对手的反扑必然异常凶猛，他必须计划周全才能避免出现过大的伤亡。等第25装甲团主力和师属炮兵赶到后，曼陀菲尔在斯图卡轰炸机部队的支援下开始努力扩大桥头堡，他的战斗群向苏军的一座座堡垒发起了猛攻，第25装甲团也在侧翼展开包抄，到5日夜幕降临时，整个地区的苏军都已被肃清。

▲ 一辆坦克从苏军战壕上方碾过的瞬间。

▲ 摄于苏联卡卢加地区的斯帕斯-杰缅斯克（Spas-Demensk），时间或为1941年秋，德军坦克搭载着步兵经过某个村庄。

▲ 地点不详，或摄于1941年秋，德军车队和摩托车兵正在一条破烂的道路上行军。

▼ 时间地点不详，正在进攻中的德军步兵和坦克。

第7摩步团团长隆格豪森上校曾描述过当日的战况："……曼陀菲尔的第6摩步团在突破第聂伯河防线的战斗中表现异常出色。是夜，我们在第6团身后进军时，惊讶地看到长长的俘虏队伍正朝我们的后方行进。我们还看到了意在阻止我们的座座地堡和条条反坦克堑壕，不过它们现在都没有用了——曼陀菲尔搞定了一切！"[23]

突破第聂伯河防线后，曼陀菲尔率其战斗群继续朝下一个目标维亚济马高速推进，进军途中一切有顽强抵抗的地方，都能看到短小精悍的曼陀菲尔猛冲猛打的身影。在维亚济马西北接近地，曼陀菲尔战斗群曾包围了大批苏军，他所进行的机动不仅完全出乎对手的意料，就连德军最高统帅部接到战情通报后也感到惊讶不已。曼陀菲尔战斗群穿过苏军防线后一直沿着明斯克—维亚济马—莫斯科公路前进，他充分利用突袭给对手造成的混乱，有时甚至趁着夜色与后撤的苏军行进在同一公路上。10月6日上午，曼陀菲尔率部抵达维亚济马北郊，夜幕降临时所部已渗入苏军后方，切断了维亚济马往东通向莫斯科的公路。当晚7时许，从南面展开奔袭的第10装甲师第7装甲团2营攻占了维亚济马机场，两小时后，毛斯（Karl Mauss）少校的第69摩步团2营与第2装甲营会合，切断了维亚济马通向卡卢加（Kaluga）和莫斯科的铁路线。到10月7日上午10点半，第7和第10装甲师建立了联系，从而合拢了"维亚济马包围圈"，苏军西方面军和预备队方面军的第16、第19、第20、第32集团军及第24集团军的残部，都被包围在亚尔采沃至维亚济马以西的地域里。德军第4和第9集团军的5个步兵军迅速赶来，准备着手消灭被围之敌，而被围苏军也展开了一轮轮极其惨烈的突围。包括曼陀菲尔战斗群在内的德军各部与极力突围的苏军展开了浴血苦战，一方试图突出重围，另一方决意不放走一兵一卒，双方都出现了巨大的伤亡。第7装甲师师长丰克曾报告称，他的师仅在10月11日和12日两天内就损失了1000人，一个摩步营也基本上损失殆尽。[24] 有资料声称，丰克曾收到集团军群指挥官博克元帅发来的电文，质问他为何还不率部朝莫斯科扑去，丰克则答复："苏军第19集团军的指挥官也正着急地想去莫斯科，第7装甲师正承受着突围苏军的巨大压力……"[25] 10月13日夜，德军中央集团军群曾汇总过维亚济马及其北面的勒热夫、南面的布良斯克等几个大小围歼战的初步战果：摧毁苏军11个集团军，至少俘敌558825名，摧毁或缴获坦克1066辆、大炮3753门、反坦克炮485门、高射炮406门、飞机49架……[26] 虽然德军的战果"堪称辉煌"，苏军的灾难亦可谓深重，但希特勒在10月初会见日本大使时夸下的海口——10月12日便可占领莫斯科——却再也无法兑现，德军取得了无可置疑的战术大胜，但被围苏军以自己的牺牲彻底打乱了对手的作战进程。朱可夫曾在战后描述过百万红军的挣扎与牺牲的真正意义："……对我们来说，1941年10月中旬时最重要的就是为准备防御争取时间。如果从这个角度来评价被围在维亚济马西面的第19、第16、第20、第32集团军及博尔丁集群的作战，那么我们必须给这些部队的英勇牺牲以应有的赞颂。尽管被切断在敌军后方，但他们并未投降，而是继续勇敢地战斗，试图突围后重回红军主力的行列。他们拖住了大量敌军，否则这些敌人就会长驱直入地扑向莫斯科。"[27]

维亚济马周边的战事尚未完全结束之时，德军还曾试图发起一次规模同样浩大，但因最终失败而被遗忘的作战——第3装甲集群朝加里宁西北的托尔若克（Torzhok）地域进军，与瓦尔代山以西的北方集团军群的第16集团军合作，携手包围并消灭不少于7个苏军集团军（西方面军的第22和第29集团军，西北方面军的第11、第27和第34集团军及诺夫哥罗德集群，直属大本营的独立第52集团军）。[28] 如果这一作战计划能够获得成功，那么北起沃尔霍夫河畔的丘多沃（Chudovo），南至伏尔加河畔的加里宁，长达

300公里的苏军最后一条完整的防线将被捅穿，莫斯科以北和西北地域将被德军完全控制。第7装甲师和第14摩步师被指定为第3装甲集群的进攻矛头，但前者在维亚济马战事中伤亡过重，最主要的还是油料无法及时运抵前线，只能把战斗力犹存的部队和剩下的油料集中在一个加强团规模的战斗群里，由曼陀菲尔率领执行前述任务。10月中下旬，曼陀菲尔所部一直在泥泞、暴雨和积雪中朝着北面的加里宁进军，但由于天气和道路实在糟糕，苏军的抵抗和反扑又异常顽强，德军没有可能实现预定的目标。经过一周失败的努力后，德军高层决定放弃前述作战计划。

11月8日，第7装甲师进入扑向莫斯科的出发前沿——大约介于加里宁和勒热夫之间的卡尔马诺沃（Karmanovo）。一周后，地面的冰冻板结使装甲部队能够继续运动，第7装甲师又开始朝着克林（Klin）扑去。该师此时组成了两个战斗群，其中一个以曼陀菲尔的第6摩步团为核心，包括装甲团3营、第7摩步团1个营、第37搜索侦察营和第58装甲工兵营，另一个战斗群则以舒尔茨的装甲团1营和第7摩步团余部为主。曼陀菲尔战斗群在11月17日夜夺取了加里宁—克林—莫斯科铁路线上的萨维多夫斯卡娅（Sawidowskaja），舒尔茨所在的战斗群则在20日抵达克林北面的斯帕斯扎洛克（Spas Zaulok）。23日，曼陀菲尔奉命将防区移交给第36摩步师，然后率其战斗群赶到克林北郊助战。当日，舒尔茨率其装甲营从苏军防线的结合部实现了突破，他坐在指挥坦克上第一个踏上了克林的街道，打开了莫斯科西北方的大门。

第7装甲师此时减员非常严重，幸存官兵也极为疲劳，但曼陀菲尔在夺取克林之后建议立即向莫斯科进军，他认为短暂的休整会给对手提供重整防线和调遣援兵的时间，因之极力要求率其战斗群立即扑向伏尔加—莫斯科运河，而此时德军的大部队仍远远落在后面，或与地形和天气较量，或与宁死不屈的红军对垒。得到师长丰克和军长沙尔的批准后，曼陀菲尔率其战斗群朝着距莫斯科北郊仅34英里的亚赫罗马（Yakhroma）进发了。为悄悄抵达亚赫罗马并突袭附近的运河大桥，他决定绕开人烟相对稠密的村镇，竭力避免惊动沿途的苏联军民。曼陀菲尔战斗群离开主干公路后潜入冰雪覆盖的丛林，一路上有些地段积雪齐腰，有些地带泥泞湿滑，为了不迷失方向，曼陀菲尔手持罗盘一直走在最前面。工兵们用大锯为战斗群开路，紧随工兵的装甲车和坦克也就将将能够通行，而步兵们则在车辆两旁艰难地向前挪移。11月27日入夜时分，曼陀菲尔带着先头部队逼近了运河西岸的阿斯特雷佐沃（Astrezowo）村，为避免在最后时刻暴露目标，他禁止任何人离开丛林，自己则带着几名军官摸到附近的高地进行侦察。雄伟的运河大桥依然横跨在运河上，村子里冒出的袅袅炊烟显示出人们对即将到来的危险毫无察觉。军官们敦促曼陀菲尔立即发动奇袭，但他打算次日凌晨再行动，因为到那时整个战斗群都将到位，坦克和炮兵能够给突击队以最大程度的支援。另外，长途跋涉后坦克和装甲车的油料都已不足，连夜突袭虽足以夺取大桥，但到次日晨将没有足够的油料和弹药进一步扩大桥头堡。当夜11点30分，曼陀菲尔命令雷奈克（Rudi Reineck）中尉率领的突击队（以第6摩步团2营7连为主组成）出发，这支小部队先绕过苏军在公路上设置的工事，而后于28日凌晨2点朝运河大桥扑去。突击队悄悄绕过了苏军第133步兵师一个营的阵地，摸上大桥后悄无声息地解决了岗哨，凌晨4点左右宣告突袭大桥成功。曼陀菲尔随即命令第37搜索侦察营进攻亚赫罗马，第6摩步团2营等部则负责迅速增援在对岸建起的小桥头堡。天明之后，苏军步兵在一辆装甲列车和第58坦克师的一些T-34坦克的支援下，向东岸的德军桥头堡发起了反扑。上午10点，曼陀菲尔命令第6摩步团1营赶往运河东岸建立更大的纵深，2营则返回西岸占领亚赫罗马附近的支援阵地，第25装甲团3营被他部署在桥头堡充任机动预备队。

在突袭运河大桥的战斗中，曼陀菲尔的手下俘虏了一名苏军军官，搜出了运河地区的防御地形图和作战命令。曼陀菲尔发现亚赫罗马的地下供热和排水系统有可能直通莫斯科市中心，而且运河边上巨大的发电站还在负责为莫斯科供电。一位德军老兵战后曾回忆说："我参加了奇袭伏尔加—莫斯科运河大桥的行动，目睹了我们的小个子团长曼陀菲尔把亚赫罗马发电厂的电源切断。他在进攻中总是冲在最前面，撤退时又总是最后一个。"[29]曼陀菲尔不仅控制了莫斯科的电力来源，还为整个第3装甲集群建立了运河东岸的桥头堡。在并不遥远的克里姆林宫里，斯大林正通过电话与朱可夫和伏罗希洛夫等人不停地交换意见，甚至直接下命令给第1突击集团军的两个旅长，要求他们不惜一切代价即刻消除亚赫罗马的威胁。曼陀菲尔也在第一时间里向丰克报告了突袭成功的消息，同时请求立即增援，以便发起夺取莫斯科的最后一击。丰克要求军长沙尔增援摩托化步兵和坦克，但第56摩托化军当时竟派不出一兵一卒，无论是第7装甲师左翼的第14步兵师和第36摩步师，还是右翼的第6装甲师，都可谓已耗尽了最后一丝力气。曼陀菲尔深感失望，但不得不强打精神应对苏军的反扑。28日上午11点起，苏军第29步兵旅从德军桥头堡的南北两面发起了数次反攻，其中一次几乎得手，但最后还是被打退。苏军轰炸机、重炮和喀秋莎火箭炮也对运河大桥和德军阵地进行过猛烈轰炸。当苏军第44步兵旅从东北方向反击桥头堡时，曼陀菲尔拿出了自己最后的预备队——第6摩步团1连和第25装甲团11连，才算阻止了苏军的攻势。当夜9点，苏军沿着运河河岸与铁路之间的地段，自北向南朝桥头堡再次进攻，曼陀菲尔的手下们开始感到不支——经过长时间的奔波和作战，曼陀菲尔战斗群眼下已不可能单凭意志力来应付苏军的两个精锐步兵旅，以及数量相当可观的T-34坦克、大炮和轰炸机的支援。

11月29日凌晨2点30分，曼陀菲尔接到撤至运河西岸建立防御周边的命令。丰克后来曾描绘过自己向曼陀菲尔传达集团军群命令时的失望情绪："……当军长告诉我说没有任何力量来扩大我们在亚赫罗马取得的战果，当他说集团军群命令我们撤出流血牺牲才换来的桥头堡时，我感觉这是一个不祥之兆，似乎预示着这场战役，乃至整个战争的转折点就要到来了。"[30]当日凌晨5时，曼陀菲尔命令所部交替掩护撤退，到7点时东岸的所有部队都撤过了大桥，工兵还将大桥的一段炸毁，以阻遏苏军的追击——曼陀菲尔对此曾扼腕叹息，坦承大桥被炸的那一瞬间是自己"整个军旅生涯中最令人失望的一刻"。其后数日里，曼陀菲尔在运河西岸转入防御，舒尔茨所在的战斗群则在亚赫罗马南面的斯蒂凡诺沃（Stepanowo）村附近驻防，负责屏障曼陀菲尔的右翼，同时与第7装甲师右翼的第6装甲师所部保持联系。

12月5日和6日，苏军发起了声势浩大的莫斯科反攻战，在拖住莫斯科正前方的德军步兵集团的同时，苏军把打击重点放在了北翼的第3和第4装甲集群，以及南翼的古德里安第2装甲集团军身上。曼陀菲尔和舒尔茨战斗群遭遇的是苏军第1突击集团军的10个步兵旅和多个独立坦克营，面对占优势的对手，第7装甲师及其右翼的第6装甲师开始了撤退。然而，冬季的路况和漫天飞雪，使德军的撤退之路既艰难又危险，很多重武器装备和物资均被遗弃或炸毁。12月14日，包括第7装甲师在内的第3装甲集群各部，都赶在苏军彻底围死克林之前成功向西撤退。到12月下旬，第7装甲师等撤到了斯塔里察（Staritza）和沃洛科拉姆斯克（Volokolamsk）之间的拉马河防线进行防御，并在这里度过了1941年圣诞和1942年新年。1941年12月30日，曼陀菲尔因其表现出的"勇敢睿智和卓越战功"而被授予骑士勋章，同时晋升为上校。

▲ 摄于1944年11月末，当时，曼陀菲尔率领第7装甲师的突击战斗群，正朝距离莫斯科仅50余公里的亚赫罗马进军。

▲ 摄于1944年11月末，曼陀菲尔率领的突击战斗群正在奔向莫斯科—伏尔加运河边上的重镇亚赫罗马。

▲ 可能摄于1942年初的东线中央战场，曼陀菲尔站在装甲车上与人交谈的场景。

◀ 摄于1942年初的东线中央战场，佩戴骑士勋章的曼陀菲尔上校站在雪地间留影。

苏军在1942年1月初再度发起强大攻势，造成了德军第9集团军的战场态势显著恶化，第3装甲集群各部被迫继续撤至所谓的“柯尼斯堡防线”。这条防线北起勒热夫，经格扎茨克（Gzhatsk）和奥廖尔一直延伸到南面的库尔斯克，许多地段上都筑有工事和避寒掩体。第7装甲师在1月15日至3月13日期间一直在“柯尼斯堡防线”驻防，1月27日时全师尚有5000余人，但只剩4辆P-38（t）捷克造坦克和1辆IV号坦克能够运转。[31] 勒热夫—维亚济马突出部在1942年初被称为整个东线最具决定意义的要地，第9集团军新任指挥官莫德尔以无比的凶猛和强悍，在齐腰深的脏雪里与苏军第29和第39集团军等展开了生死搏斗。曼陀菲尔曾奉命率其战斗群反击楔入勒热夫西南的苏军，但由于接敌前必须越过大片开阔的雪地，曼陀菲尔在进攻发起后不久便下令停止行动，因为他认为部队不仅要面对炮击，在雪地上毫无伪装地缓慢行进时，简直等同于为苏军狙击手提供活靶子。莫德尔得悉后非常生气，他认为曼陀菲尔的部下多是图林根人，而在这个闻名全德的滑雪之乡，每个孩子都会滑雪，所以曼陀菲尔必须率部滑雪进攻！曼陀菲尔觉得这位上将的想法毫无根据，即使自己的手下都会滑雪，也无法与防御严密的对手边滑雪边作战，所以还是拒绝进攻。莫德尔不由得肝火大盛，威胁说要把这个胆敢违令的上校送上军事法庭！所幸，师长丰克将曼陀菲尔救了下来，由于第7装甲师已预定撤至法国进行休整和重组，丰克立即派曼陀菲尔前去法国打前站，让他远离盛怒不已的莫德尔。

转战北非、乌克兰、罗马尼亚、东普鲁士和立陶宛

1942年5月初，第7装甲师奉命离开东线前往法国重组。7月15日，曼陀菲尔被任命为第7装甲师第7摩步旅的旅长，但在有机会率领亲手组训的部队参战之前，他在11月4日突然被解除了职务，成为一名随时听调的后备将领。不久，曼陀菲尔接到命令，要求他先赶到罗马，而后准备到北非突尼斯指挥一个师。第7装甲师为他举行了告别仪式，师长丰克称赞他是“第7装甲师这所大学校的校长”，特别感谢他在一年多里为全师带来的荣誉和卓越的领导力。

曼陀菲尔在12月6日来到突尼斯，但他并没有立即被派去指挥一个师，执行的首件公务却是与高斯（Alfred Gause）少将一起，向比塞大（Bizerte）的法国海军基地指挥官达里恩（Louis Derrien）上将下达最后通牒——命令此处的所有法军舰只在30分钟内投降，否则无法保障6000名法军官兵和海员们的生命。[32] 1943年2月1日，第10装甲师师长菲舍尔（Wolfgang Fischer）中将在马雷特附近触雷阵亡，原任“布罗伊希师”指挥官的布罗伊希（Fritz von Broich）少将继任第10装甲师师长，曼陀菲尔则奉命接过了前者留下的空缺，“布罗伊希师”也相应地改称为“曼陀菲尔师”。这支部队原组建于1942年12月18日，主要包括第160掷弹兵团、空军“巴瑞信”（Barenthin）伞兵团、第11伞降工兵营、意大利第10伞兵团以及部分炮兵等，当时正在突尼斯桥头堡的最北翼驻防。曼陀菲尔接手的部队虽然来源复杂，但在过去两个月的战事中有着不俗的表现，尤其是空军“巴瑞信”伞兵团和第11伞降工兵营有着相当强的战斗力。曼陀菲尔到任后，利用自己的战场基本没有战事的机会，抓紧时间训练部队和补充装备，同时督促各部沿着山地和海岸修筑牢固的防御工事，这些举措在稍后进行的攻防战中都发挥了显著的作用。出任师长后不久，曼陀菲尔曾意外地被召到狼穴大本营，汇报桥头堡内德意军队的士气和装备情况。这是曼陀菲尔平生第一次见到纳粹元首，他在希特勒面前有条不紊地陈述了桥头堡的实际状况，还建议最高统帅部派员前去实地视察，尤其是化解非洲装甲集团军指挥官隆美尔元帅与第5装甲集团军指挥官阿

尼姆上将之间的纷争（最高统帅部作战部副部长瓦利蒙果然来到北非视察，但他的匆忙之行没有解决任何问题）。

2月26日，阿尼姆上将在突尼斯桥头堡的北段发起了代号"牛头"的反击战。曼陀菲尔所部仍旧被部署在最北翼，负责把当面英军从"绿山"和"秃山"等制高点击退，同时夺取英军控制的塞拉特港（Cap Serrat）及其附近的雷达站。中路德军是第334步兵师师长韦贝尔（Karl von Weber）统领的"韦贝尔军"（辖2个掷弹兵团、1个山地步兵团、1个炮兵团等），第10装甲师的一个装甲战斗群（14辆虎式和63辆中型坦克）被配属给韦贝尔。最南端的德军是新近支援北非的"赫尔曼·戈林"师及第10装甲师一部。"牛头"作战打响前夜，曼陀菲尔又得到了1个"突尼斯野战营"及第21装甲师的15辆坦克的支援，他将所部分为3个战斗群，其中1个负责进攻塞拉特港，另外2个则朝铁路线上的重镇塞杰南（Sedjenane）推进。到3月3日，曼陀菲尔所部成功夺取了塞拉特港和塞杰南，得到少许的增援补充后，他的左翼部队还一鼓作气地把英军第46步兵师第139旅逼退到塔梅拉（Tamera）山脊地带。与曼陀菲尔所部的成功相比，中路和南翼的德军攻势从一开始就未取得任何显著进展（反而损失了不少坦克和重武器），阿尼姆于是把"牛头"作战的全部希望都寄托在曼陀菲尔的进攻方向，还亲自来到后者的前沿指挥部了解战况。在其他两路德军早已裹足不前的时候，曼陀菲尔经过近一周的反复厮杀于3月17日攻陷了塔梅拉，两日后甚至逼近到距阿比奥德（Djebel Abiod）山脊不足3英里处。曼陀菲尔无疑是此战中最成功的指挥官，他的部队推进最为深远，取得的战果和对英军构成的威胁也最大。但是，仅仅过了一周，英军第1集团军向桥头堡的北段发起了反攻，到3月底4月初时，曼陀菲尔所部丢失了前阶段作战中夺取的所有地盘，还被逼入了山区。4月中旬，巴顿的美军第2军（辖第1装甲师，第1、第9、第34步兵师以及一个团的法军）从突尼斯桥头堡的南翼调动到北翼参战，这样，曼陀菲尔的3个团以及第334步兵师的1个团就将以区区8000人之力，对抗几乎拥兵10万的美军第2军。悬殊的力量对比，迫使曼陀菲尔只能依靠部队的经验、意志力以及沿着崎岖山脊构筑的防御工事。曼陀菲尔布置的防线搭配得相当合理，广泛敷设的雷场也发挥了重大作用，官兵们作战更是勇猛顽强，使每座不知名的山脊都成为青涩的美军必须付出高昂代价才能通过的地狱。"巴瑞信"伞兵团曾在第609高地长时间挡住美军第34步兵师，美军直到4月30日才算拿下高地，从而打开了德军整个防线中最关键的一环。这时，曼陀菲尔却因染上疟疾而病倒，呕吐和腹泻使他离开病榻都十分困难，更勿论继续指挥部队了。

5月1日，曼陀菲尔被正式晋升为少将，但他离开北非的时刻也到来了。阿尼姆上将晚年曾回忆说："……曼陀菲尔是我在突尼斯战场上最优秀的指挥官和师长之一。他做出了很多自我牺牲，以至于在战场上病倒。只是在我的严令下，他才搭乘医疗船依依不舍地离开了北洲战场。这样德国武装力量才又多了一位优秀的将军。"[33] 从某个角度而言，曼陀菲尔算是幸运地逃过了一劫：数日后的5月9日，"曼陀菲尔师"（该师没有再变更名称）与第10和第15装甲师等一起向美军第1装甲师投降，3天后，包括阿尼姆在内的16名少将以上的将官都进入了英美战俘营。

曼陀菲尔回到德国后进行了一段时间的休养和康复，8月中旬时，他奉命来到狼穴大本营面见希特勒。希特勒热情地接待了他，并在嘘寒问暖之余痛快地批准他回到第7装甲师任师长。曼陀菲尔对此曾大感意外，因为排在他前面的将军足有百人之多！曼陀菲尔担任第7装甲师师长的时间并不长（只有5个月），但他抓住机会充分展露了战术才华和指挥能力，给上级们以及希特勒本人都留下了深刻印象，也使自己成为第7装甲师除隆美尔以外名头最响亮的师长。

8月20日，曼陀菲尔在哈尔科夫西北的阿赫特尔卡（Akhtyrka）正式接过了第7装甲师的指挥权。仅仅几天后，曼陀菲尔的指挥车遭到苏军战斗机的追逐和扫射，他的后背有多处受伤，但他坚决不肯撤离战场，仅在诊所包扎了一下创口，便又回到部队继续指挥作战。曼陀菲尔的伤口直到4个星期后方才复原，期间他忍着疼痛组织部队进行延迟阻击和分阶段撤退，直到9月末才从克列缅丘格撤至第聂伯河对岸。10月初，曼陀菲尔所部与第8装甲师一起被临时划拨给第59军，准备参加铲除苏军切尔诺贝利（Chernobyl）桥头堡的作战。9月的最后10天里，苏军在第聂伯河西岸的多个地带建起了大小不等的桥头堡，其中位于第聂伯河与普里皮亚季河交汇处的切尔诺贝利桥头堡很具威胁，它的存在直接威胁到了中央集团军群南翼和南方集团军群北翼的安全。德军最高统帅部指示两大集团军群抽调兵力尽快消灭这座桥头堡，北方集团军群派出了包括第2、第4、第5和第12等四个装甲师的第56装甲军，重点负责打击桥头堡北翼的苏军第13集团军；南方集团军群则以第59军（除第7和第8装甲师外，还辖有第291、第217、第339和第183步兵师）进攻切尔诺贝利西南方的苏军第60集团军。两路德军从10月3日开始进攻桥头堡南北两侧的苏军，一周内取得了较大进展，虽未能完全铲除桥头堡，但将之撕裂成彼此不相连的屯兵点，切尔诺贝利城大部也被德军攻克。德国国防军10月8日的战况公报曾言及“……曼陀菲尔少将领导的第7装甲师在第聂伯河中游的作战中，因其大胆的进攻和强悍的防御而表现得格外出众”。[34]

11月3日晨，曼陀菲尔奉命离开捷捷列夫（Teterev）河沿岸战场，紧急奔赴基辅北面的柳捷日（Lyutezh），迎击苏军冲出桥头堡的大规模攻势。曼陀菲尔带领先头部队赶到战场后立即与其他援兵一起发动反击，但是，苏军的力量非常强大，尤其是在次日下午投入的第3近卫坦克集团军和第1近卫骑兵军，使桥头堡周边布防的德军就像汪洋中的孤舟一般，在钢铁洪流的裹挟和敲打中狼狈逃窜。第7装甲师也被一路推挤着退向日托米尔。11月6日，苏军第5近卫坦克军光复了基辅，第3近卫坦克集团军则绕过基辅继续朝西南推进，不仅切断了科罗斯坚（Korosten）至日托米尔的铁路和公路（这两个重镇也先后失守），基辅西南30英里外的法斯托夫（Fastov）也在7日凌晨被攻克。南方集团军群指挥官曼施坦因设法说服了希特勒，把原用于增援尼科波尔桥头堡的第1装甲师和党卫军第1“希特勒警卫旗队”装甲师改派至基辅方向，他准备在日托米尔—法斯托夫以南地带集结强大的装甲部队发起反击。这场反击战将由巴尔克的第48装甲军负责实施，到月中时已集结了6个装甲师（第1、第7、第19、第25装甲师，党卫军“希特勒警卫旗队”师及“帝国”师的装甲战斗群），这些部队拥有938辆坦克和突击炮（其中360辆可参战）。11月15日，第48装甲军按计划从法斯托夫南面朝日托米尔—基辅铁路线方向发起了进攻，第25装甲师和“帝国”师装甲战斗群在右翼推进，左翼为第7装甲师和第68步兵师，中路则是担任主攻的第1装甲师和“希特勒警卫旗队”师。17日，中路德军切断了日托米尔通向基辅的铁路和公路，德军的突然出现令对手大吃一惊，苏军被击溃后朝东北方向撤去。这时，巴尔克命令“希特勒警卫旗队”师面朝东方负责警戒，第1装甲师则调转方向，与第7装甲师合力进攻日托米尔。18日的多数时间里，曼陀菲尔都在试图突破日托米尔东南的苏军防线，但苏军第60集团军所部的顽强抵抗还是令他一筹莫展。当日下午，曼陀菲尔与装甲团团长舒尔茨上校协商后决定，他自己率领主力继续沿东南方进攻，舒尔茨则带领一个小战斗群先向北推进，到达铁路路基后再自东向西逼近日托米尔。傍晚时，舒尔茨的方向传来了好消息，曼陀菲尔曾这样回忆当时的情形："……11月18日，我一整天都在试图突入日托米尔，但无法在敌军防线上找到明显的弱点……大约在天黑前一小时我收到无线电呼叫，要我迅速赶到舒尔茨上校那里。这可真是不同寻常——两小时前我们刚在师部碰头，很担心他发生了意外。当我赶到舒尔茨处时，得知他在朝日托米尔推进的途中，在一处反坦克炮阵地附近撞见了一群喝得醉醺醺的苏军士兵。这个消息无疑提醒我要立即行动，于是我马上命令各部组织攻城……我还发出了这样一条讯息：'圣诞礼物正在日托米尔等着我们！'我与舒尔茨带着6辆坦克和大约100名掷弹兵，趁着夜色逼近了日托米尔……我们的每辆坦克都能与装甲掷弹兵密切合作，在堪称典范的团队努力下，我们的小战斗群沿着一条条街区逐渐逼近市中心……到19日凌晨3点，我们终于突破了苏军最顽强的防御阵地，开始肃清城里的零星抵抗。掷弹兵与装甲兵们十足的冲劲直到今日仍留给我极深的印象。舒尔茨与我最后一起徒步前进，时至今日，我依然清楚地记得他不停地握我的手，显然每个人做到的每样事情都令他激动不已。"[35]

攻克日托米尔使纳粹宣传机构极为兴奋，德国国内的报刊进行了大肆宣扬，曼陀菲尔也被称为"日托米尔雄狮"，并在11月23日被授予橡叶骑士勋章。不过，曼陀菲尔本人倒是非常谦虚，他称所有的荣誉都属于第7装甲师官兵，尤其是那位勇猛善战的舒尔茨上校。在他的鼎力推荐下，舒尔茨稍后于12月14日获得了第9枚钻石骑士勋章。

德军攻打日托米尔的同时，苏军正在日托米尔以东约25英里处的布鲁希洛夫（Brussilov）集结兵力（第1近卫骑兵军、第5和第8近卫坦克军），并于18日向第48装甲军发起了反击。巴尔克决心以钳形攻势消灭对手，他命令第19装甲师从布鲁希洛夫南面进攻，"希特勒警卫旗队"师自西向东进行正面强攻，第1装甲师先向布鲁希洛夫东北推进，而后伺机南下杀入苏军后方，交给曼陀菲尔的任务是在装甲军的北面形成保护带，然后南下夹击苏军。"希特勒警卫旗队"师的正面强攻很不顺手（第48装甲军参谋长梅林津称这是该师在东线的第一次失败），但两翼的第1、第7和第19装甲师表现不俗，尤其是曼陀菲尔的作战进程堪称完美。20日，第1和第19装甲师在完全包围布鲁希洛夫之前停止了夜行军，大怒的巴尔克严令两部连夜合围对手，尽管两个装甲师此后竭尽全力，但还是有大批苏军在包围圈合拢前撤出。

11月30日，第4装甲集团军命令巴尔克准备进攻日托米尔与拉多梅什利（Radomyshl）之间的苏军第60集团军所部。巴尔克拟定了正面强攻与侧翼突袭相结合的作战方案：第68步兵师负责从日托米尔出发打击苏军的右翼；第68步兵师左侧的"希特勒警卫旗队"师负责正面攻击；再往左是第1装甲师，负责运动到拉多梅什利的东北地带；部署在第1装甲师西北面的第7装甲师，将先穿越日托米尔—科罗斯坚公路，而后朝东北开进，抵达伊尔沙（Irscha）河畔的马林（Malin）后楔入苏军后方施以重击。梅林津战后曾对曼陀菲尔及第7装甲师在此战中扮演的角色给予过高度评价："……第7装甲师是我们取胜的一手王牌。第48装甲军把该师部署在第1装甲师的左面，令其向苏军后方运动。这个精密复杂的计划获得成功的重要条件就是取得出其不意的效果……巴尔克将军认为第7装甲师的大胆机动将决定此战的总体成败……该师担负的角色要求指挥官不仅具有娴熟的技巧和调整能力，还要拥有充沛的精力和坚定的意志。幸运的是该师指挥官是曼陀菲尔将军，他不仅完全具备上述条件，还拥有无畏的个人品质和非凡的勇气——在面对这一极其困难危险的任务时，指挥官的个人勇气是激励下属勇敢作战所必不可少的。"[36]

▲ 摄于1943年秋，向第聂伯河方向撤退中的德军某部正在执行焦土政策。图中展示了德军将沿途村镇付之一炬的场景。

▲ 摄于1943年11月下旬的基辅突出部反击战期间，图中右三头戴大檐帽的即第7装甲师师长曼陀菲尔少将，在他右手边的是第25装甲团团长舒尔茨上校。

▲ 摄于1943年12月，地点为基辅西面的日托米尔—拉多梅什利—科罗斯坚战场，与曼陀菲尔装甲师并肩作战的“希特勒警卫旗队”师正在进攻中。

▲ 摄于1943年12月13日，第4装甲集团军指挥官劳斯（右）正在科罗斯坚南面的“希特勒警卫旗队”师师部与该师师长维施（Theodor Wisch）交谈。

▲ 摄于1943年12月21日的梅列尼附近，远处的村庄就是"希特勒警卫旗队"师和第7装甲师合力进攻过的切波维奇村，黑烟是由被摧毁的苏军坦克冒出的。

▲ 可能摄于1943年12月末，第7装甲师师长曼陀菲尔正在乘车出行。

▲ 可能摄于1943年12月末，第7装甲师师长曼陀菲尔正与某位军官握手。

▲ 摄于1943年圣诞，曼陀菲尔在狼穴大本营领受第332枚橡叶骑士勋章的场景。左一是曼陀菲尔，左二为第3装甲掷弹兵团团长威尔曼（Ernst Wellmann）中校，左三为第14装甲师第36装甲团团长朗凯特（Willi Langkeit）中校，右一为第266掷弹兵团团长巴克（Karl Baacke）中校。

▲ 摄于1943年圣诞，获得橡叶骑士勋章的第7装甲师师长曼陀菲尔。

▲ 摄于1943年12月末的日托米尔附近，曼陀菲尔坐着一辆SdKfz.2半履带车外出视察。

▲ 摄于1944年1月5日，曼陀菲尔正率领第7装甲师向别尔季切夫以西的柳芭地区撤退。图中他乘坐的似乎是一辆SdKfz.263八轮装甲车。

▲ 时间地点不详，战场上的一辆德军坦克，右为一些过往车辆。

▲ 可能摄于1943年末或1944年初的东线某地，第7装甲师师长曼陀菲尔。

时间地点不详，一辆苏军坦克向德军坦克编队射击之后瘫痪在了战场上，图中的苏军坦克乘员已阵亡在炮塔上。

12月6日清晨，曼陀菲尔组织的两个战斗群穿过了日托米尔至科罗斯坚的公路，迅速突破苏军的前沿阵地后，开始沿东北方向朝苏军侧翼穿插。当夜，曼陀菲尔的一个战斗群与科罗斯坚附近的第59军所部建立了联系，另一个战斗群则杀入苏军侧后方达20英里。到9日，曼陀菲尔完成了预定任务，也摧毁了对手位于马林的伊尔沙河桥头堡。与此同时，“希特勒警卫旗队”师和第1装甲师等完成了对拉多梅什利苏军的围歼，正在伊尔沙河与捷捷列夫河之间肃清苏军的若干桥头堡。第4装甲集团军指挥官劳斯战后曾称，12月6日起的10天里，德军以相对轻微的伤亡和损失，打死打伤并俘虏了对手成千上万人，还摧毁了200余辆坦克，缴获了800余门火炮，“缩短后的防线再次面朝东方，可以仅由步兵师把守，这意味着又可以把第48装甲军投入到新任务中去了”。[37] 劳斯所称的新任务就是以新攻势消灭伊尔沙河沿岸的苏军，防止对手撕裂第13军和第59军刚刚建立的完整防线。巴尔克首先命令曼陀菲尔渡过伊尔沙河后在马林北面建立一个稳固的桥头堡，然后把第1装甲师和“希特勒警卫旗队”师秘密调动到科罗斯坚南面，两部将从此处向东北方进攻，以肃清梅列尼（Meleni）周边的苏军为目标，而曼陀菲尔师将配合行动，从马林桥头堡向西和西北展开攻势。12月18日进攻发起后，“希特勒警卫旗队”师和第1装甲师的一个战斗群经过两天激战，夺取了梅列尼东面的切波维奇（Chepovichi）村，第7装甲师也在打退了沿途苏军的层层阻击后，逼近了梅列尼。但是，这三个装甲师遭到了出乎意料的顽强抵抗，对手不仅能一再延迟德军的推进和会合，还时常能在数量不菲的坦克支援下发起颇具规模的反击。21日中午，巴尔克从一份缴获的苏军地图上发现，梅列尼至切波维奇之间竟集结有3个坦克军和4个步兵军的庞大兵力。巴尔克意识到对手正在这一带集结兵力，预备发起大规模反击，他决定放弃包围攻势，命令各部转入防御。

12月24日，曼陀菲尔应希特勒的邀请来到狼穴大本营共度圣诞。除了向曼陀菲尔颁授橡叶骑士勋章外，希特勒还与他进行了一番长谈，纳粹元首饶有兴味地询问了日托米尔周边的一系列反击战的情形，特别是对后者把不多的兵力组织成若干战斗群，以机动灵活的战术迷惑对手的做法大感兴趣。希特勒对曼陀菲尔的表现非常满意，要求他去担任国防军宠儿“大德意志”装甲掷弹兵师的师长。虽然有点不舍自己倾注了大量心血的第7装甲师，曼陀菲尔还是接受了任命，但请求延期赴任——在遥远的乌克兰，苏军发起了“日托米尔—别尔季切夫攻势”，德军第24装甲军在布鲁希洛夫的防线已经被突破，包括第7装甲师在内的第48装甲军各部正奉命紧急南下恢复局面。希特勒批准了曼陀菲尔的请求，也同意由舒尔茨接任第7装甲师师长，据说，希特勒还慷慨地赠给曼陀菲尔“50辆坦克作为圣诞礼物”。

曼陀菲尔返回前线后，发现基辅西南地带的局势已经难以收拾，苏军第1乌克兰方面军以空前强大的力量沉重打击着第4装甲集团军，南方集团军群的北翼正迅速滑向灾难的边缘——科罗斯坚29日被攻克，铁路枢纽卡扎京（Kazatin）30日失守，日托米尔31日易主，别尔季切夫也陷入了岌岌可危的险境（1944年1月5日失守）。撤退成为德军唯一的选择，第7装甲师也于1月2日从别尔季切夫西撤，8日进入铁路枢纽瑟柏托夫卡（Shepetovka）的东南布防。1月12日，曼陀菲尔收到了速去“大德意志”师报到的命令，但老对手苏军第60集团军不计伤亡的轮番进攻，使他觉得此刻还不能离开。直到1月26日，曼陀菲尔才将指挥权移交给舒尔茨少将，搭乘飞机赶往第聂伯河下游基洛夫格勒地域的“大德意志”师。仅仅过了3天，曼陀菲尔就收到了舒尔茨阵亡于瑟柏托夫卡的噩耗，对于这位忠实勇敢的老战友的离去，曼陀菲尔感到悲痛莫名，甚至在战后依然不胜唏嘘。

曼陀菲尔在1944年2月1日晋升为中将，3周后获得第50枚双剑骑士勋章——刚到“大德意志”师履新的曼陀菲尔，还没有来得及率部取得任何显赫的战功，便又一次加官晋爵，可见希特勒对他寄予了很高的期望。不过，“大德意志”师的官兵们不用多久便会发现，这个精力充沛的小个子师长，其大胆和勇猛的程度绝不亚于曾任装甲团团长的施特拉赫维茨，作为指挥官更是该师历史上最出色的师长之一。

曼陀菲尔按照希特勒的命令，利用防区在2月间的暂时平静，抓紧时间重组部队和补充装备。但是，这种日子只持续了很短的时间，苏军第1、第2、第3和第4乌克兰方面军从3月4日起接连发起了铺天盖地的反攻，北边的瑟柏托夫卡和杜布诺，中间的乌曼与文尼察方向，南面的第聂伯河下游，一时间全都燃起了熊熊战火。曼陀菲尔的防区在3月8日遭到苏军5个步兵师和机械化部队的攻击，所部曾一度被包围，但在曼陀菲尔冷静的指挥调度下，该师携带着重武器装备突出了包围圈。此后，南方德军纷纷朝布格河败退，“大德意志”师也随着第8集团军的其他部队一起后撤。可能是由于“大德意志”师在撤退中尚能保持纪律并保全重武器装备，国防军战况公报在各战场均乏善可陈的情况下，还于3月14日特意表扬了曼陀菲尔师在延迟阻击对手时的“出众表现”。事实上，南方德军全线均处于溃败之中，曼陀菲尔师也在3月的多数时间里踏上了逃亡之旅。3月底至4月初，“大德意志”师退入罗马尼亚北部的比萨拉比亚（Bessarabia）地区，开始在雅西东面的科内斯蒂-特尔古（Cornesti Targul）、安戈赫尼-特尔古（Ungheni Targul）等地布防。4月8日，曼陀菲尔奉命率部开往雅西西北的特尔古-弗鲁莫斯（Targul-Frumos）战场，负责夺回这座重镇的同时，拦腰斩断南下中的苏军第27集团军所部。“大德意志”师经过一天一夜的急行军后赶到雅西西面进行了重组，然后曼陀菲尔命令工兵营、燧发枪兵团和掷弹兵团轮流担任向西推进的矛头，沿途消灭了多支苏军，10日夜间一举夺回了特尔古-弗鲁莫斯。曼陀菲尔曾这样回忆这场战斗："……收到命令仅48小时后，我的装甲掷弹兵团就全面控制了特尔古-弗鲁莫斯城，城西和城北的各处高地都在我们的掌控之下……俄国人突向普罗耶什蒂油田的攻势被挡住了。"[38]由于曼陀菲尔的成功，特尔古-弗鲁莫斯至雅西之间的铁路和公路再次畅通起来，德罗军队也得以经由这条生命线向东面的德涅斯特河防线转运兵力和补给。特尔古-弗鲁莫斯的地理位置十分重要，它扼守着向南通往普罗耶什蒂油田及罗马尼亚腹地的道路，第8集团军命令"大德意志"师在这里营建牢固的防御阵地。曼陀菲尔在此后3周里指挥所部修筑了大量的防御工事，布置了雷场、铁丝网和反坦克堑壕，还将兵力进行了精心的调配和布置。

5月2日凌晨，科涅夫的第2乌克兰方面军向特尔古-弗鲁莫斯周边发起了大规模进攻。弹幕射击和空袭结束后，第一梯队的8个步兵师在坦克的支援下涌向"大德意志"师的外围阵地，跟在他们身后的是第5近卫坦克与第2坦克集团军的先头坦克旅，4个坦克军的数百辆坦克则负责扩大步兵捅开的防线缺口。曼陀菲尔的第一道防线很快被突破，装甲掷弹兵团的多数兵力虽被隔离在地堡和掩体里，但仍在负隅顽抗。这时，曼陀菲尔精心准备的火力网和兵力配置发挥了作用，他曾这样描绘当时的战况："……我们前沿的步兵放任苏军坦克绕过阵地，部分原因是想把战利品留给88毫米高炮连——他们扼守着从北面进入特尔古-弗鲁莫斯城的372高地。扑进来的苏军坦克中约有25辆被命中后爆炸起火，剩下的10辆一头扎进了装甲团的集结地，它们自然也是有来无回。我很快意识到苏军的主攻来自西北方向，目标就是特尔古-弗鲁莫斯城，于是我命令装甲团开到掷弹兵团的左翼，在城西的一处高地后就位，另外我在这个高地上还部署有一个精心伪装的突击炮连。当我的指挥车向高地开去时，正赶上约有30辆坦克进攻此地。高地前埋伏的步兵们不动声色地放对手进来，突击炮连则一直等到对方逼近到大约30米处时才突然开火，每辆突进来的坦克都被干掉了，多数还被炸得四分五裂……另一个连的苏军坦克就像'迈着正步'——即一辆接一辆地排成纵队——似地从罗军弃守的阵地附近驶来，结果我的一个坦克连及时发现了它们，并将之迅速全歼。"[39]

▲ *摄于1944年3月，GD师在白雪皑皑的原野上撤离乌克兰时的场景。*

▲ 或摄于1944年3月，曼陀菲尔正在听取一名下属的汇报。

▲ 摄于1944年4月初，GD师驻地附近的一个路牌，图中背对镜头者即曼陀菲尔。

▶ 摄于1944年5月，GD师师长曼陀菲尔在特尔古-弗鲁莫斯战场上。

▲ 摄于1944年4月初，GD师师长曼陀菲尔在师部外留下了这张照片，他的右边是装甲掷弹兵团团长洛伦兹上校。

▲ 摄于1944年5月的罗马尼亚特尔古–弗鲁莫斯战场。

▲ 摄于1944年5月的特尔古–弗鲁莫斯战场。

▲ 摄于1944年5月的特尔古–弗鲁莫斯战场，曼陀菲尔正与部属通话和指挥作战。

▲ 摄于1944年5月的特尔古–弗鲁莫斯战场，曼陀菲尔与装甲掷弹兵团1营营长克雷戈少校（Harald Krieg，右侧低头看地图者）等在战壕里躲避炮火。

▲ 摄于1944年5月的特尔古-弗鲁莫斯战场，曼陀菲尔正在掩体里向军官们布置作战任务。

▲ 摄于1944年5月的贝希特斯加登，希特勒召见曼陀菲尔时的场景。

▲ 摄于1944年5月的贝希特斯加登，曼陀菲尔在元首乡间别墅小憩时留下的镜头。

▲ 摄于1944年5月16日的科特布斯，曼陀菲尔与希特勒青年团前领袖、纳粹维也纳总督席腊赫（Baldur von Schirach）交谈的场景。

▲ 摄于1944年夏，GD师师长曼陀菲尔中将应邀在本土的某兵工厂发表演讲。

▲ 摄于1944年夏，曼陀菲尔在本土的某兵工厂发表演讲时的留影。

▲ 摄于1944年夏，GD师师长曼陀菲尔中将。

▲ 具体拍摄时间不详，曼陀菲尔与一些军官们似乎在观看某项活动。图中最左侧之人与曼陀菲尔一样都佩戴着GD师的袖标，似乎表明本图应摄于1944年初夏。

◀ 摄于1944年6月初的罗马尼亚雅西西北地带，德军坦克、装甲车和火炮正在集结地待命，准备向斯坦察（Stanca）地区发动反击。

曼陀菲尔的装甲团和突击炮连等单位在短时间内摧毁了大批苏军坦克，成功击退了西北方向的苏军，他随即亲率一个装甲营赶往燧发枪兵团的防区救急。当时，尼马克（Hosrt Niemack）上校的燧发枪兵团已被苏军数个步兵师和一个坦克军逼退到法库提（Facuti）周边，情形十分危急。曼陀菲尔承诺在中午12点前赶来救援，他带领的装甲营在11点55分出现在法库提外围，随即向苏军坦克发起了进攻。几乎与此同时，“大德意志”师右翼的第24装甲师派出的两个战斗群也拍马杀到，与曼陀菲尔所部合力夹击对手，迫使苏军北撤数英里后方才站稳脚跟。就在曼陀菲尔解救燧发枪兵团之时，苏军第25近卫步兵军和第29坦克军又向刚刚恢复的装甲掷弹兵团的防线发动了新一轮攻势。但是，苏军进攻势头刚起，“大德意志”师左翼的党卫军“骷髅”师以其第6装甲掷弹兵团为主组成的战斗群，自南向北朝苏军侧翼发动了突然进攻。曼陀菲尔留在西北前沿的一个装甲营也趁势反攻，一时间造成苏军的阵脚大乱，再加上斯图卡轰炸机适时地出现在天空中，迫使科涅夫草草结束了当天的所有攻势。

双方当夜都在紧张地进行重组和调动，准备来日再战。3日晨，科涅夫的两个突击集群分别沿着特尔古-弗鲁莫斯的正北和西北轴线展开了攻势，由于前一日损失了大量的坦克，苏军坦克部队的支援力度明显减弱。红军官兵们依然不计生死地冲锋陷阵，但德军的抵抗意志和能力似乎更胜昨日。曼陀菲尔的部下们在阵地的前方以雷场和反坦克堑壕迟滞着对手的推进，掷弹兵们则在阵地上借助掩体和地堡不停地扫射步兵，阵地周边部署的机枪火力网、迫击炮和反坦克炮，反复绞杀着突入进来的苏军坦克与步兵，阵地后方的88毫米高射炮和重炮也向对手发射致命的炮火，机动待命的装甲团时不时地冲上前去摧毁少量的漏网之鱼……苏军前一日还能突破阵地和制造险情，但在3日就只能哀叹"当日的攻势完全失败"。大失颜面但又不甘心失败的科涅夫，在5月4日命令集中5个团的步兵（得到130多辆坦克的支援）猛攻曼陀菲尔防线中狭窄的一段，但是，除了损失1500人和几十辆坦克以外，苏军可谓一无所获。5日和6日，除个别地段的小规模冲突外，整个特尔古-弗鲁莫斯北面的战场一片平静。5月7日，曼陀菲尔奉命乘专机飞往贝希特斯加登，因为希特勒迫切地想了解特尔古-弗鲁莫斯战场的状况和部队的士气，曼陀菲尔还把所部摧毁的"斯大林"重型坦克的炮弹和相关照片都带了去。5月8日的国防军战况公报又一次报道了"曼陀菲尔中将领导的装甲掷弹兵师的卓异表现"。

特尔古-弗鲁莫斯之战是曼陀菲尔任师长期间最成功的一仗，也是个人的巅峰之作。这次堪称经典的机动防御战，战后曾得到英美将领和史家们的高度评价。除在战后被用作美军军校战术教程的经典战例外，英军准将辛普金（Richard Simpkin）还曾写道："……估计苏军在此战中损失了350辆坦克和装甲车，双方的战损比可能高达20比1。曼陀菲尔所部之后还能保持着之前的作战效能。这次作战令我着迷不已，因为它代表的是闪电战的防御层面，是与今日依然相关的一个典范。"[40]

1944年6月至7月的多数时间里，曼陀菲尔率领"大德意志"师在雅西南面的后方进行休整，同时设法完成几次被打断的重组改制工作。在这两个月里，西方盟军已在诺曼底成功登陆并正在竭力扩大桥头堡，苏军在6月22日发起的夏季攻势一周内即造成中央集团军群的全面溃败，7月中旬苏军又向北乌克兰集团军群发起了大规模进攻（即"利沃夫—桑多梅日攻势"），但这一切似乎离曼陀菲尔所部还显得那么遥远。直到7月末，当高速推进的苏军逼近了东普鲁士边境时，曼陀菲尔再也待不住了——当希特勒询问他是否还必须把"大德意志"师留在雅西和塞列特河之间的防线上时，曼陀菲尔建议将自己的师调往更重要的东普鲁士边境。7月26日，"大德意志"师的先头部队登上了北上的列车。一周后，曼陀菲尔的先头部队装甲掷弹兵团抵达东普鲁士，刚一下车便被送上前线。当时，苏军第3白俄罗斯方面军的一支坦克部队逼近了东普鲁士与立陶宛交界处的希尔温德特（Schirwindt，今为俄罗斯库图佐夫）。8月5日，"大德意志"师装甲掷弹兵团在刚刚抵达前线的第一批虎式坦克的支援下，成功将对手赶离希尔温德特。曼陀菲尔本人带着师部于6日开抵特雷克内恩（Trakehnen），但他的许多下属

▲ 摄于1944年8月初的东普鲁士边境，曼陀菲尔正与GD师的几名团长讨论作战方案。

▲ 摄于1944年8月初的东普鲁士边境地区，曼陀菲尔正与燧发枪兵团团长尼马克（左一）上校、装甲团团长朗凯特（右一）上校等人协商作战方案。装甲掷弹兵团团长洛伦兹上校此时正在接受师级指挥官的培训，他在9月初接替曼陀菲尔担任了GD师师长。

▲ 摄于1944年8月中下旬的希奥利艾战场，GD师当时参加了以恢复中央和北方集团军群联系为目标的“双头作战”。曼陀菲尔正与装甲掷弹兵团代团长施梅尔（Hugo Schimmel）少校核对地图，右为曼陀菲尔的副官施罗德尔（H. Schroder）少尉。

▲ 摄于1944年8月的“双头作战”期间，曼陀菲尔正在巡视战场。

▲ 摄于1944年8月31日，在前线指挥作战的曼陀菲尔。

▲ 摄于1944年8月，图中的背景是一辆III号指挥坦克。

部队仍在转运途中。8月8日下午，曼陀菲尔意外地收到命令，要求他准备进攻距东普鲁士很近的立陶宛小城维尔卡维什基斯（Vilkaviskis），负责摧毁那里的苏军先头部队并夺回城池。曼陀菲尔对这道命令很不满，因为“大德意志”师并未全部就位，不仅敌情不明，就连侦察地形的时间都没有。9日凌晨，曼陀菲尔所部在第5装甲师和第1步兵师各一部的支援下，开始朝着维尔卡维什基斯方向推进。他利用黎明前的黑暗和天亮后弥漫的晨雾，命令装甲掷弹兵团和燧发枪兵团运动到城南就位，装甲团则悄悄地绕到城东，从西、东和南三面包围了维尔卡维什基斯。但是，当德军开始攻城时，借助有利地形精心伪装的苏军坦克、反坦克炮和突击炮等露出了狰狞的面目，以猛烈的炮火击毁、击伤了许多德军坦克和装甲车。曼陀菲尔本人曾说：“苏军的反坦克炮、坦克和野战炮像下雨一样倾泻着炮弹，1小时里我就损失了80多辆坦克，不过只有11辆完全报废，其他受损的坦克经过修理后还能继续作战……”[41] 损失虽然惨重，但曼陀菲尔的两个掷弹兵营在50辆坦克和突击炮的支援下，还是在中午时分突破了苏军第157和第222步兵师的防线，成功杀入了城内，到夜幕降临时城里只剩下零星的抵抗，这些残余苏军最后也趁着夜色溜走了。[42]

“大德意志”师离开罗马尼亚时刚刚补充了大批坦克和突击炮，现今一战即损失如此惨重，这不能不引起曼陀菲尔的忧虑。就在他进行部署和准备迎击对手反扑的时候，他意外接到了速到大本营报到的命令。当曼陀菲尔出现在希特勒的面前时，后者劈头盖脸地指责他损失了那么多宝贵的装备，还质问他为何无令擅自进攻。曼陀菲尔疑惑地望着希特勒，解释说自己有来自最高统帅部的命令，还把作战命令拿出来读了一遍。现在轮到希特勒大惑不解了，他马上找来凯特尔进行质问——原来，希特勒在会议上提到可以用曼陀菲尔师反击维尔卡维什基斯，但并未形成决议，而凯特尔却自作主张地命人下达了进攻命令。希特勒生气地训斥了凯特尔一番，曼陀菲尔尴尬地站在原地无所适从。通过这一事例，他坚信元首及其主要军事助手们早已脱离了实际，根本不了解前线的状况和官兵们的想法。

整个8月间，东线德军最重要的行动是恢复北方和中央两大集团军群被切断的陆路联系（北方集团军群在8月初已被隔离在爱沙尼亚和拉脱维亚北部）。古德里安的参谋本部在8月10日拿出了代号“双头作战”的反击计划：由莱因哈特上将的第3装甲集团军负责实施，第39装甲军将以其第4、第5和第12装甲师进攻叶尔加瓦，该军的北面是施特拉赫维茨少将领导的一个装甲战斗群，负责夺取里加湾边上的图库姆斯，南面则是克诺贝尔斯多夫（Otto von Knobelsdorff）将军的第40装甲军，隶属该军的“大德意志”师和第14装甲师负责攻打希奥利艾，毛斯少将任师长的第7装甲师将在稍后增援。一旦攻克希奥利艾，第40装甲军将朝东北方向推进，协助第39装甲军夺取叶尔加瓦，从而恢复里加—叶尔加瓦—希奥利艾—东普鲁士的提尔希特（Tilsit）之间的铁路和公路联系。“双头作战”在8月16日正式打响，北翼的第4和第5装甲师当日曾取得了相当进展，南面的曼陀菲尔师和第14装甲师分别夺取了文塔（Venta）河上的渡桥，但第7装甲师在凯尔梅（Kelme）东北地域遭到强力阻击，没有取得任何显著的进展。次日，第39装甲军的3个装甲师进攻受阻，全天只推进了不过3英里，南面的第14装甲师因渡桥被苏军炮火摧毁，整日未能有所作为，只有曼陀菲尔师有所进展，夺取了库尔舍奈（Kursenai）后正在朝希奥利艾方向进军。此时，苏军认为希奥利艾方向的德军威胁最大，第1波罗的海方面军司令员巴格拉米扬下令把预备队第1坦克军和第103步兵军调往希奥利艾，增援面对“大德意志”师和第14装甲师的第2近卫集团军，同时第5近卫坦克集团军也奉命朝这一地区加快运动。

8月18日和19日，曼陀菲尔所部继续逼近希奥利艾的外围防线，但在有着大炮、反坦克炮和坦克支援的苏军步兵防线前，“大德意志”师的进攻势头越来越弱，直至完全止步。8月20日，随着最北翼的施特拉赫维茨装甲战斗群突袭图库姆斯得手并继续向里加推进，北方和中央集团军群之间已建起了一条狭窄的联系通道。同日，第3装甲集团军把曼陀菲尔师从南翼撤下，改派至第12装甲师所在的扎加莱方向。22日，“大德意志”师与第39装甲军的其他几个师一起，曾在5小时内向苏军第19坦克军和第52集团军左翼的步兵师发起过6次猛烈的进攻，但总体成效并不彰显，推进最远的曼陀菲尔师由于远远领先于其他装甲师，反而把自己的两翼都暴露了出来。22日夜，曼陀菲尔根据第3装甲集团军新任指挥官劳斯的指示，把部队撤到奥采（Auce）西南地域进行重组，准备与第4装甲师一起沿着奥采—贝内—多贝莱方向展开新攻势。23日，第4装甲师顺利推进到奥采西郊，次日上午时攻克了奥采，随后朝东北方向的贝内展开攻势，试图保护在自己北面的“大德意志”师敞开的南翼。曼陀菲尔所部23日夜即撕开了苏军的第二道防线，在贝内东北地域实现突破后，显著加快了扑向多贝莱的速度，而本应掩护其南翼的第4装甲师却一直在狭窄难行、布满地雷的公路上挣扎。曼陀菲尔不愿坐等迟缓的友军，决定继续朝多贝莱推进。24日，“大德意志”师燧发枪兵团团长、双剑骑士勋章得主尼马克在战场上身负重伤，但该团作为曼陀菲尔的矛头，并没有因为团长的离去而放缓前进的步伐，到25日时该团占据了多贝莱外围的几个制高点，最远曾推进到距多贝莱城仅5英里处。在这里，曼陀菲尔的"大德意志"师被对手死死挡住了去路，迫使他放弃了正面强攻，转为绕行至多贝莱北面，与北方集团军群的第81步兵师建立联系。落在后面的第4和第12装甲师于8月27日发起了夺取贝内的最后一次尝试，但在苏军的严防死守下还是归于失败，劳斯将军当夜下达了结束"双头作战"的命令。

9月1日，"消失"了一个月的装甲掷弹兵团团长洛伦兹（Karl Lorenz）上校突然出现在曼陀菲尔面前——前者结束了师级指挥官的培训，奉命接任"大德意志"师师长，同时转告曼陀菲尔前往大本营报到。不明所以的曼陀菲尔赶到大本营后，才发现自己已被晋升为装甲兵将军，同时还将赴西线出任第5装甲集团军指挥官。曼陀菲尔完全没有料到是这样一件喜事，他既无参谋本部军官的教育和训练背景，又从未正式指挥过一个军（尽管他自称在罗马尼亚代理过第4军军长），而且排在前面的资深将领就有9位（其中还包括时任西线的第47装甲军军长的丰克），现在却被擢升为集团军指挥官！自然，有人会说曼陀菲尔是靠着希特勒的宠信才能一步登天（如同1942年初的莫德尔），受宠自然不假，但曼陀菲尔晋升高位后的表现，足以证明纳粹元首的这个决策并无任何不妥。

曼陀菲尔在"大德意志"师的任期只有7个月，但其强悍的性格、坚强的意志、不乏幽默感与同情心的作风，还是在官兵心目中留下了深刻的印象。"大德意志"师的战史中曾载有这样的文字："……曼陀菲尔中将很受官兵欢迎，即使他严格得近乎冷酷无情，但他绝不要求官兵们去做他自己都做不到的事情。他的名字与特尔古-弗鲁莫斯、雅西和维尔卡维什基斯等战役紧密相连，他证明了自己作为装甲指挥官的指挥艺术和巨大价值。"[43] 战后成为西德联邦国防军少将的尼马克，晚年接受采访时还曾感慨地称曼陀菲尔是"父亲一样的朋友……他无疑是'大德意志'师所有战士的楷模"。

装甲集团军指挥官：洛林·阿登·奥得河

曼陀菲尔的第5装甲集团军的情形并不乐观，他只有阵容不整、长时间疲惫作战的3个装甲掷弹兵师以及夏季刚刚组建的第111、第112和第113装甲旅，尤其是这些装甲旅还存在着严重的兵力构成缺陷，训练不足和缺乏实战经验更是使曼陀菲尔严重怀疑它们的内在凝聚力与实际战斗力。另外，曼陀菲尔也不熟悉对手——巴顿的美军第3集团军的技战术特点，虽然他曾于1943年初在突尼斯重创过巴顿和布莱德雷先后领衔的第2军，但1944年秋的美军与一年半以前已有天壤之别，包括步兵师在内的所有部队都实现了机械化和摩托化，不仅拥有超强的火力，还拥有占压倒优势的炮兵和战术空军的支援。但是，希特勒没有时间让曼陀菲尔熟悉战场和对手，在后者赴任前，纳粹元首已命令西线总司令伦德施泰特和G集团军群指挥官布拉斯科维茨（Johannes Blaskowitz）拟定作战计划，尽快在阿尔萨斯—洛林地区发起反攻，铲除巴顿集团军在摩泽尔（Moselle）河建立的桥头堡。

曼陀菲尔在希特勒的多次督促下于9月18日发动反攻，以夺取吕内维尔（Luneville）和沙托萨林斯（Chateau-Salins），摧毁摩泽尔河东岸的美军第12军为目标。曼陀菲尔的左翼是辖有第111和第112装甲旅以及第21装甲师的第47装甲军，右翼是包括第113装甲旅和第15装甲掷弹兵师的第58装甲军，两个装甲军面对的直接对手是美军第4装甲师。巴顿并没有把曼陀菲尔的反扑放在眼里，他最关心的还是第12军能否在次日按时发起针对齐格菲防线的攻势。美军第4装甲师的一个旅级战斗群当天虽被德军逼出了吕内维尔，但在得到增援后，于夜幕降临时分又将对手赶了出去。19日，双方交战的主战场转移到了吕内维尔北面的阿拉库尔（Arracourt），在这里，德军第5装甲集团军与美军第12军展开了一场历时两周、号称卡昂（Caen）之战以后西线规模最大的坦克战。由于美军在曼陀菲尔的南翼发动了突然进攻，他被迫把第47装甲军的多数兵力转入防御，能够投入进攻的就只剩下第111和第113装甲旅，而这两个旅在19日的作战堪称完败，损失了43辆坦克不说，还没有取得任何值得一提的进展。G集团军群指挥官布拉斯科维茨上将非常恼火，当夜命令曼陀菲尔在次日继续进攻，而当后者要求取消反攻，声称继续下去将是不负责任地浪费兵力时，布拉斯科维茨指责他“缺乏进攻精神”，还就进攻战术喋喋不休地说教了一番。[44] 双方在20日交战的规模并不大，各损失了数量相当的坦克，但布拉斯科维茨依旧不满，当曼陀菲尔抱怨说装甲旅这种部队的战斗力实在太差时，布拉斯科维茨又就战术问题猛批了曼陀菲尔一通。

21日，布拉斯科维茨被希特勒以“缺乏进攻精神、胆小怯懦”为名解除了职务，来自东线的巴尔克带着他的参谋长梅林津接过了G集团军群的指挥权。精明强干的巴尔克到任后，第一个举措便是加强战场纪律并向元首显示他的“进攻精神”，不过，即便他下令“枪决任何临阵畏缩之人”，也难以令第5装甲集团军的反击出现大的起色。22日和23日两天里，第111和第113装甲旅旅长相继丧命，前者刚来时拥有90辆坦克和2500名官兵，此刻只剩下了7辆坦克和80名士兵，参战各部的士气可谓跌落到了冰点。但是，希特勒并不准备结束无望的反攻，反而在22日重申，第5装甲集团军必须与第1集团军连成一体，为消灭马恩—莱因运河以北的所有美军创造条件。24日，曼陀菲尔终于等来了西线战斗力最强的第11装甲师，也获准把第111、第112和第113装甲旅的残部分别并入第11装甲师、第21装甲师和第15装甲掷弹兵师。25日上午，首次参战的第11装甲师出手不凡，在瓢泼大雨中进攻得手，成功地与第1集团军麾下的第559国民掷弹兵师建立了联系，也迫使美军西撤至阿拉库尔外围的山脊地带，算是为德军多日来灰暗的战场态势涂抹了一点亮色。

▲ *摄于1944年9月初的东普鲁士狼穴，希特勒正在接见第5装甲集团军指挥官曼陀菲尔，他旁边的是新任第1集团军指挥官的克诺贝尔斯多夫。*

▲ *摄于1944年9月的法国洛林战场，曼陀菲尔正为立功官兵颁发铁十字勋章。*

▲ 摄于1944年9月22日，曼陀菲尔正向第111装甲旅旅长舍伦道夫（Heinrich-Walter Bronsart von Schellendorf）上校下达命令。舍伦道夫当日晚些时候死于战场。

▲ 摄于1944年9月的洛林战役期间，曼陀菲尔在与第111装甲旅的两名连长交谈，右一为该旅豹式装甲营4连连长彭兹勒（Walter Penzler），右二为2连连长吉特曼（Horst Gittermann）。

9月27日，曼陀菲尔命令第11装甲师师长维特斯海姆（Wend von Wietersheim）集结坦克和突击炮，向美军在阿拉库尔城外占据的两座高地发起进攻。维特斯海姆拥有丰富的西线作战经验，出于对美军战斗—轰炸机机群杀伤力的畏惧，他反对一次性投入过多的坦克，但曼陀菲尔此时表现得很固执，根本不为所动（美军的洛林战役官方战史曾讥笑他“仍在援引自己的东线经验”）。第11装甲师所部与少量守军展开了激烈的高地争夺战，3日里高地反复易手，谁都无法牢牢地控制。29日，美军第19战术空军集群的战斗—轰炸机机群光临战场，除直接炸毁10余辆坦克外，还与地面炮兵一起将第11装甲师的掷弹兵们炸得无路可逃。第11装甲师的有些部队开始擅自撤退，直至演变成蜂拥逃窜，最后还是在曼陀菲尔派出的若干坦克和拦截部队的阻止下才算收敛。

从战损情况来看，曼陀菲尔作为集团军主官指挥的洛林反击战可以说是一次惨败——两个装甲军在与美军第4装甲师及若干步兵师的对垒中，损失的坦克数量竟然高达281辆（美军公布的数字）。虽然面临很多困难和先天不足，但曼陀菲尔的确存在战术和用兵上的失误。不过，就结果而言，曼陀菲尔的反击还是堵上了德军第1和第19集团军之间被捅开的危险缺口，也迫使巴顿放弃了扑向齐格菲防线乃至莱茵河的计划，其影响或如梅林津战后所言：“……那时的齐格菲防线兵力还很空虚，尚未组织起有效的防御。在我们看来，曼陀菲尔向美军第12军发起的反攻，以及挫败美军先头部队的努力确有其合理性。尽管代价十分高昂，但似乎达到了目的，事实上我们有效遏制了美军第3集团军的推进。”[45]

1944年10月中下旬，曼陀菲尔离开了平静的洛林战场，率其集团军总部加入北面的B集团军群，包括他自己在内的所有人当时都认为，他的任务可能是率领装甲部队反击包围亚琛的美军。在10月27日的一次会议上，曼陀菲尔总算明白了这一调动的目的。当日，伦德施泰特和莫德尔把曼陀菲尔、第6装甲集团军指挥官迪特里希及第7集团军指挥官布兰登贝格（Erich Brandenberger）召到B集团军群总部开会。自从两年多以前在东线勒热夫发生摩擦后，曼陀菲尔就一直没有再见过莫德尔，他一边向后者敬礼，一边思忖着这位元帅会怎样对待他。只见莫德尔冷冷地招呼道：“还记得1942年我们在俄国前线的对话吗？”曼陀菲尔紧张地点点头。

莫德尔接着说："那件事已经过去了，现在我们有同样的任务。我们是好朋友。"曼陀菲尔如释重负地点头称是。不过，他们并非什么"好朋友"，出身显赫的曼陀菲尔与莫德尔的作风和行事风格完全不同，他更愿意与这位性格暴躁的教师之子保持一定的距离，但这不妨碍他们在彼此尊重的基础上形成和谐的工作关系。

在这次会议上，曼陀菲尔了解到希特勒准备在阿登山区发起大规模反攻，德军将集结强大的兵力、坦克和火炮，出其不意地突破阿登山区的美军防线后，装甲部队将以闪电般的速度在列日两侧渡越马斯河，最终实现夺取安特卫普、合围大量英美盟军的目标。与会将领们一致认定希特勒的作战目标完全不现实，为说服元首改变计划，他们讨论了莫德尔提出的"小方案"——突出阿登山区后不再朝马斯河推进，而是旋转向北或西北，以在亚琛附近切断和消灭20多个英美师为目标。整个11月间，曼陀菲尔除积极整训部队、展开夜战训练和进行秘密调动以外，曾与莫德尔频繁碰面，讨论如何说服希特勒放弃不切实际的想法并接受他们的"小方案"。12月2日，莫德尔、曼陀菲尔和迪特里希赶到元首大本营，试图最后一次尝试说服希特勒。曼陀菲尔战后称，莫德尔就德军自身的弱点、冬季作战的困难和设定的目标超出了能力等方面进行了完美的陈述，"希特勒显然对汇报留下了深刻的印象"。但是，纳粹元首心意已决，任何人都不能改变他的想法。7个小时的漫长会议后，希特勒将面露失望神色的曼陀菲尔留下来闭门交谈，他向后者承认，可供调遣的兵力对夺取安特卫普这样的目标来说"或许显得不足"，但他决心豪赌一场，如果能够一战功成，西线的局面将会稳定一段时间，届时他会把部队调往东线，应对苏军即将沿着维斯瓦河发起的大规模进攻。

曼陀菲尔从会谈中得到的唯一成果，就是希特勒在战役展开方式和某些战术细节上做了让步。事实上，曼陀菲尔是所有将领中唯一能做到这一点的人，他获准发起进攻时不进行密集的炮火准备，因为这样做只会惊醒对手并削弱进攻的突然性；他还说服希特勒允许他在战役开始时使用两个装甲师沿乌尔（Our）河推进；他获准把部队布置在宽一些的正面上，因为他的战区里地形崎岖、河流众多，而道路和桥梁却很稀少，另外，宽一些的正面能让他感受到美军防线的薄弱之处，便于他及时地投送预备队；他也准备在首波攻击中就使用坦克，因为他认为这样有助于更快地取得决定性突破。相较于曼陀菲尔的部署和用兵，迪特里希的第6装甲集团军则完全相反，后者不仅使用密集的炮火准备，还把步兵作为首波进攻力量。此外，迪特里希的进攻正面非常狭窄，一旦攻势受阻，预备队将很难在拥挤的道路和困难的地形下增援前沿。阿登反击战发起后的进程表明，曼陀菲尔比迪特里希的战术素养、组织能力和指挥水平高出不止一筹，前者起步阶段即取得了较大的进展，而担负主攻的后者几乎从一开始就陷入了困境。

12月16日，被称为"帝国最后一赌"的阿登反击战拉开了帷幕。迪特里希的第6装甲集团军遭遇到各种困难，许多路段被车辆和人员拥堵得无法通行，美军的抵抗也出乎意料地顽强。迪特里希手下的猛将派普带着一个5000人的装甲战斗群狂突猛进，17日时已楔入美军后方，但派普战斗群前进道路上的一些桥梁均被炸毁，沿途又不断地遭到对手的阻击，其推进势头没几日便告衰竭，甚至还面临着被包围的危险。第6装甲集团军其余部队的进攻始终没有起色，在很多地带都与美军小部队陷入了缠斗之中。曼陀菲尔曾这样评论友军的作战："……迪特里希把自己的主要任务完全放在了一边，他忘记了自己应该全力向前推进，必须实现最大程度的突破，必须无视左右两翼发生的任何事情。遗憾的是，他在艾森博恩—克林凯尔特（Elsenborn–Krinkelt）一带让主力部队陷入了激战之中。"[46]

▲ 摄于1944年末，阿登反击战中的第5装甲集团军指挥官曼陀菲尔。

▲ 摄于1944年末，阿登反击战中的德军一部。

▲ 摄于1944年末，阿登反击战中的德军装甲部队。

◀ 摄于1944年12月中下旬的乌法力兹附近，曼陀菲尔与B集团军群指挥官莫德尔元帅（右）、西线装甲部队总监托马勒（Wolfgang Thomale）少将在交谈。

▲ 摄于1944年12月中下旬的乌法力兹附近，曼陀菲尔与莫德尔和西线装甲部队总监托马勒少将（背对镜头者）在商议战场局势。

▲ 摄于1945年1月，曼陀菲尔与其参谋长瓦格纳（Carl Wagner）少将正在商议撤退方案。美军突出部之役的官方战史曾称瓦格纳领导的参谋班子可能是当时“西线德军中最好的”。

在第6装甲集团军南面的第5装甲集团军在战役打响时尚能按计划推进，这自然与曼陀菲尔的周密计划和部署有密切关系，但不容否认的是，这与其对手——美军第106步兵师及第28步兵师的两个团实力较弱也有一定的关系。17日夜幕降临时，曼陀菲尔手下的第66军所部在施尼—艾菲尔（Schnee Eifel）一带包围了美军第106步兵师的第422和第423团，这两个团（约7000至9000人）几经挣扎之后于19日放弃了抵抗，这是二战期间美军在一天之内投降人数最多的一次。不过，曼陀菲尔所部在攻打重要枢纽圣维特（St. Vith）的作战中，却遭到美军第7装甲师两个旅级战斗群和两个步兵团的顽强抵抗，迫使他不断向圣维特增兵，直到22日才逼退守军。在南面的巴斯托涅方向，装甲教导师曾在18日夜推进到巴斯托涅的南面，但该师师长拜尔莱因却因地形、疲劳和误判战场形势等原因，没有立即发起夺城攻势，最后被美军第101空降师抢先入城增援了守军。曼陀菲尔闻讯后赶到巴斯托涅，命令拜尔莱因留下一个团与其他部队一起包围守军，主力则绕城而去，负责在向西推进中夺取圣于贝尔（St Hubert）。曼陀菲尔的另一个装甲矛头第116装甲师正在进攻巴斯托涅北面的乌法力兹（Houffalize），但是战事也一时陷入了胶着。此时，曼陀菲尔通过B集团军群总部向迪特里希提出调用后者的装甲预备队，但被迪特里希一口拒绝，后者声称只有元首本人才能够决定怎样动用以及何时动用预备队。有史家对此曾评论说：

"如果迪特里希能把他的预备队及时调去增援曼陀菲尔，而不是等待希特勒的批准，那么迪特里希将为自己赢得恒久的声誉。"等到伦德施泰特获得希特勒的许可后再投入装甲预备队时，取胜的最佳时机已经过去。伦德施泰特曾批评说，把装甲预备队部署在迪特里希的身后，而且唯一的目的只是确保他能有机会取得一场大胜，实在是一个荒唐的基本错误。

由于迪特里希集团军在北面一直举步不前，曼陀菲尔所部又在圣维特耽搁多日，巴斯托涅这个重要枢纽虽然被围，但并无很快陷落的迹象，这使莫德尔和伦德施泰特早在20日夜即悲观地认为反击战业已失败，就连之前的"小方案"的成功机会也在一点点溜走。不过，曼陀菲尔最锋利的矛头第2装甲师在21日晨突破了乌尔特（Ourthe）河防线，走完了到马斯河的一多半路程，这个消息顿时像兴奋剂一样振奋了希特勒和大员们的情绪。受到曼陀菲尔所部"英勇冲刺"的鼓舞，伦德施泰特和莫德尔建议把作战重心从迪特里希的方向转移到曼陀菲尔的战场。得到希特勒批准后，第9装甲师、第15装甲掷弹兵师和党卫军"帝国"师等预备队奉命向第5装甲集团军的战场运动。当圣维特22日被曼陀菲尔所部夺取后，迪特里希麾下的党卫军第2装甲军也开始向南调动。然而，突击矛头"昙花一现"式的成功无法持久，只要扼守通往各方道路的巴斯托涅还在美军控制之下，德军就无法为突击矛头迅速补充弹药油料，也不可能将增援部队快速前送。装甲教导师在朝罗什福尔（Rochefort）进军的途中用光了所有油料，第2装甲师虽在12月24日抵达了距离迪南不足4英里处的塞勒（Celles），但油料基本告罄，侧翼还遭到美军第2装甲师接连不断的打击，同时身后的补给线又被美军第84步兵师切断。与突击矛头的功败垂成相比，更令曼陀菲尔烦扰的是久攻不下的巴斯托涅，而巴顿手下的第3军正以第4装甲师为矛头，从南面展开救援攻势，此时距巴斯托涅城南已不过6至7英里。第7集团军麾下的第5伞兵师凭借有利的地形和顽强的抵抗意志，极大地迟缓着美军接近巴斯托涅，但曼陀菲尔知道，第5伞兵师不可能长久地挡住美军第4装甲师这个强硬高效的对手。果然，美军第4装甲师一部在12月26日打通了从南面进入巴斯托涅的通道，虽然这条生命走廊依然狭长脆弱，但毕竟坚冰已被破除。同日，曼陀菲尔获准撤出第2装甲师及其右翼的第116装甲师，这两个突击矛头已在美军的包围下苦战多日，突围成功时均是遍体鳞伤，其中第116装甲师"到此时为止其装甲掷弹兵团、搜索侦察营和装甲团已基本不复存在，全师被迫沿着一条薄弱的防线转入防御"。[47]

曼陀菲尔在圣诞节前曾多次抱怨，他的第5装甲集团军不可能在攻打巴斯托涅的同时，还要夺取马斯河畔的渡口。圣诞节后，虽然几个装甲矛头都向东进行了撤退，但曼陀菲尔依然认为，莫德尔和他力主的"小方案"仍有成功的可能，但前提条件是必须集中优势兵力迅速解决巴斯托涅。莫德尔和伦德施泰特赞同他的看法，希特勒的注意力此时也完全转移到了"复仇"巴斯托涅上。圣诞节后的几天里，曼陀菲尔在巴斯托涅周边集结了包括第39和第47装甲军以及第53军在内的8个师，准备在12月30日发起大规模进攻。与此同时，美军第3和第1集团军也准备从南北两面发动切断阿登突出部的钳形攻势。双方的这场交战从12月30日一直延续到1月7日，德军虽然无力夺取巴斯托涅，但在麻木的战斗意志支配下，也令对手付出了比前阶段重得多的伤亡和损失，美军每日的推进更是少得可怜。1月8日，就连希特勒也意识到没有任何成功的希望了，于是批准曼陀菲尔将部队从乌尔特河西面撤至巴斯托涅西北地带。几天后的1月12日，苏军在东线发起了规模庞大的维斯瓦河攻势，迫使希特勒将迪特里希集团军调离前线进行紧急整补，同时批准曼陀菲尔把防线继续东移至乌法力兹附近。曼陀菲尔率部秩序井然地撤退，官兵们也从未对他失去过信心，他们深知这位指挥官头脑清楚，历来进退有据，从不惊慌失措。1月16日至17日，南下的美军第84步兵师与北上的第11装甲师在乌法力兹建立了联系，标志着德军形成的阿登突出部已被拦腰切断。但是，美军撒下的大网却没有兜住几条鱼，乌法力兹以西的绝大多数德军都已成功撤离。到1月末，德军各部陆续撤至反击战发起前的出发阵地。

希特勒代价高昂的最后一赌以惨淡的结局收场了，但就曼陀菲尔这个“败军之将”而言，他却一举登上了个人军旅生涯的巅峰——“这个德军最年轻的集团军指挥官现在广为人知了，他在几乎没有胜算的情况下，领导部队克服了难以逾越的障碍，为他赢得了德国国防军和盟军的广泛尊敬”。[48] 1945年2月18日，曼陀菲尔更因阿登反击战中的突出表现而被授予第24枚钻石骑士勋章。

▲ 曼陀菲尔于1945年2月18日获得了第24枚钻石骑士勋章，本图是他授勋后的标准照。

1945年3月8日夜，曼陀菲尔将第5装甲集团军的指挥权移交给哈佩（Josef Harpe）上将后，奉命赶往柏林总理府面见希特勒。9日上午见到希特勒时，他发现后者正在大发脾气，坐在椅子上朝着他走来的方向高叫：“所有将军都是骗子！”曼陀菲尔当时平静温和地询问他本人或手下的哪位将领曾经欺骗过元首。希特勒挣扎着站起来，重复了两遍说自己责骂的并不包括曼陀菲尔和他手下的将领。平静下来后，希特勒向曼陀菲尔简要介绍了柏林前方的战场局势，要求他从劳斯手中接过第3装甲集团军的指挥权，负责沿着从什切青（Stettin）至施韦特（Schwedt）的奥得河防线挡住苏军。曼陀菲尔像以往一样，表示自己将竭尽所能地保卫祖国。这是他最后一次见到希特勒。

▲ 曼陀菲尔获得第24枚钻石骑士勋章后拍摄的标准照。

曼陀菲尔与劳斯在3月10日完成了交接。第3装甲集团军隶属于希姆莱任指挥官的维斯瓦集团军群，防区长约90英里，所部约有10.5万人。但在考察了部队和防区之后，曼陀菲尔的第一印象非常糟糕：“……部队几乎缺乏进行有效防御的一切必要手段，既无足够的火炮，也没有工兵或技术人员帮助建立防御体系……现有各师都是屡受重创的残部，战斗力都不强，还因缺乏车辆而造成机动性很差。甚至都没有战术预备队。"[49] 曼陀菲尔上任之时，德军在奥得河东岸还占据着一个桥头堡，这个桥头堡以阿尔特丹（Altdamm）城为中心，北起戈莱纽夫（Gallnow），南至格雷芬哈根（Greifenhagen），周边地形十分适合防御。由于这个桥头堡直接威胁着主攻柏林的第1白俄罗斯方面军的右翼，朱可夫曾于3月9日向桥头堡内的党卫军第3装甲军发起过猛攻，但在付出了重大伤亡后也未能铲除桥头堡，他只得在12日暂停攻势，转为在预定突破地段集结大量的炮兵，准备为突击部队轰出一条道路。与此同时，曼陀菲尔也把大批武器弹药和补给运进桥头堡，搜刮一切所能抽调的部队进行支援。3月14日，朱可夫再度进攻桥头堡，德军抵抗了一天后被迫撤离外围阵地，于15日夜陆续撤入阿尔特丹城。雪上加霜的是，希特勒在15日下令，把什切青和阿尔特丹一带的装甲部队南调至第9集团军战区内的科斯琴（Kurstin）附近，这一调动使曼陀菲尔失去了以成建制的装甲部队反击苏军的任何可能。16日，苏军杀入阿尔特丹城，双方开始在破烂的街道和残存建筑物间展开血腥的巷战。19日，曼陀菲尔急电参谋总长古德里安和希特勒，声称"如果不立即将桥头堡内的部队撤过奥得河，次日晨时守军将全军覆没"。希特勒批准了曼陀菲尔的撤退请求，守卫阿尔特丹的党卫军残部（多为来自北欧的志愿兵）于19日夜陆续撤至什切青，但有些未及撤退或宁死不撤的官兵又在城内恶战了一天，阿尔特丹城直到21日方才陷落。至此，朱可夫拔除了自己侧翼的最大威胁，苏军沿着奥得河的整个东岸已拥有一条完整的防线，可以集中精力准备发起对柏林的最后一击！

阿尔特丹桥头堡覆灭之时，德军有名的防御悍将海因里希（Gotthard Heinrici）上将被调来接替希姆莱指挥维斯瓦集团军群。海因里希在3月末下令掘开西里西亚奥特马豪（Ottomachau）附近的一座人工湖，泛滥的洪水奔涌而下，顿时将曼陀菲尔防区内的奥得河下游变成了难以逾越的天堑。这里的奥得河原本分成东、西两条河道，中间以浅滩相隔，现在河面完全连成一体，有些地带甚至宽达5英里。有参加过强渡奥得河的苏军老兵曾这样夸张地抱怨道："……这哪里是一条河，分明是两条第聂伯河，中间还要加上一条普里皮亚季河！"[50] 除了天然地利以外，曼陀菲尔在防区内至少修筑了三道完整的防御带：第一道防御带沿河岸延伸至内陆6至7英里纵深，由2至3条阵地构成，每条阵地有1至2道绵密的堑壕和据点；第二道防御带距河岸约12英里，以兰多夫（Randow）河河岸为依托而建；第三道防御带位于深远后方，曼陀菲尔将所有适于防御的民居都改建成了支撑点和工事。不过，虽然工事构建得相当完备，但曼陀菲尔并没有足够的兵力兵器进行防守，更缺乏有决心、有战斗力的预备队来打退苏军的进攻。

从4月10日起，与曼陀菲尔隔河对峙的苏军变成了罗科索夫斯基的第2白俄罗斯方面军。4月16日，朱可夫和科涅夫的两个方面军发起了剑指柏林的最后一战，罗科索夫斯基的3个集团军则在4天后的20日发起了强渡奥得河的作战。担负主攻的第49集团军全天没有取得任何显著进展，倒是该部右翼的第65集团军登陆奥得河西岸成功后，到20日日终时已夺取并扼守着宽6公里、纵深1.5公里的桥头堡。由于前沿德军无力挡住对手，曼陀菲尔被迫当天就投入了预备队——党卫军的两个师。这些预备队在少量坦克的支援下发起过多次反扑，虽暂时阻挡了苏军扩大桥头堡，但想把对手赶回对岸已毫无可能。罗科索夫斯基把主攻方向迅速转移到第65集团军的桥头堡，曼陀菲尔所部进行了更猛烈的抵抗，一天之中发起反击多达几十次，令苏军的每一步推进都要付出高昂的代价。

4月23日，苏军第65和第70集团军占据的桥头堡已宽达30公里、纵深6公里，越来越多的重武器装备也渡过了奥得河。由于朱可夫方面军早已挺进至柏林西北，苏军大本营取消了罗科索夫斯基从北面包抄柏林的任务，要求他向施特雷利茨（Strelitz）方向发动突击，同时从西面包抄什切青。曼陀菲尔虽然仍在坚守奥得河防线，但承受的压力越来越大，他和集团军群指挥官海因里希都认为，已被压得严重变形的弓弦即将绷断了。在柏林的总理府地堡里，参谋总长克雷布斯（Hans Krebs）向希特勒报告了柏林城外和奥得河前沿的状况，最令希特勒失望的就是曼陀菲尔所部被切断的消息——罗科索夫斯基的右翼正朝新勃兰登堡、施特拉尔松德和罗斯托克推进，什切青南面的第65集团军桥头堡也在迅速地朝施维特扩大，第3装甲集团军与其南面的第9集团军之间的联系已被完全切断。希特勒听到这些消息后，一边用颤抖的手指敲打地图，一边向克雷布斯吼道："第3装甲集团军有奥得河这个宽广的天然屏障庇护，竟然还让苏联人获得了成功，这只能归咎于那里的指挥官无能！"[51]克雷布斯虽与曼陀菲尔并无特别的交情，但对于这些指责也觉得不公，他提醒希特勒注意曼陀菲尔的防线至今依然完整，何况他的部队基本都是由孩子和老人组成的，既无作战经验，又缺乏重武器装备，根本不能与罗科索夫斯基和朱可夫的精锐部队相抗衡。希特勒不耐烦地打断了克雷布斯的辩词，接着发号施令："……第3装甲集团军必须动用一切可用的力量发起进攻，即便这意味着要削弱暂未受到攻击的地带的防御。北面与柏林的联系必须恢复。"当海因里希收到这些命令时，除了惊讶得大张嘴巴外，就只有摇头叹息了。4月25日晨，曼陀菲尔向到访的海因里希分析了战场态势，坦承所部很可能只能再坚守一天。海因里希闻言不语，他很清楚曼陀菲尔既无预备队又缺乏坦克和反坦克部队的窘况，他在内心里已经认同，应该让尚算完整的第3装甲集团军准备西撤了。25日夜幕降临时，罗科索夫斯基的第65、第70和第49集团军全面突破了曼陀菲尔的第一道防御带，推进纵深已达22公里，而且还沿着20公里宽的正面逼近了兰多夫河西岸的第二条防御带，另外，什切青的德军也面临着被围歼的局面。海因里希当夜授权曼陀菲尔撤出困守奥得河沿岸的部队和什切青守军，他还利用指挥通讯系统此时的混乱失控局面，将曼陀菲尔所部开始撤退的消息进行了封锁——此后两天里，除海因里希及其参谋长外，德军指挥体系中无人知晓第3装甲集团军到底在干什么。曼陀菲尔战后曾回忆道："……我得到了海因里希上将的全力支持。他从自己的良知和对平民命运的关注出发，数次抵制纳粹党地方领袖对撤出平民的阻挠……我开车从一个师转到另一个师，不停地提醒并敲打每个战士：'大家保持队形携手西撤。如果你们都这样做，俄国人就不敢进攻。'……事后总有人问我为什么不再死守，毋庸置疑，我的部队还能再坚守几天，但我没有预备队、交通工具、重武器和大炮，最主要的是敌人已深入我的侧翼，第3装甲集团军已不再有力量进行任何有效的延迟阻击。我们面对的是压倒一切的敌军装甲部队，如果还不结束这一切，等待我们的将是完全毁灭。"[52]

4月28日，凯特尔在探视前线的途中发现曼陀菲尔集团军正在撤退，而他在头一天下午与海因里希交谈时，后者竟然只字未提此事。凯特尔打电话要曼陀菲尔做出解释，后者当时故作轻松地表示"正在进行演习"！凯特尔大骂曼陀菲尔是个"彻头彻尾的失败主义者"，命令他与海因里希在下午2点半到新勃兰登堡北面的某个十字路口汇报。为防不测，曼陀菲尔的参谋长希勒布兰德带人埋伏在附近的林子里，一旦凯特尔拔枪，他们将毫不犹豫地冲出去。凯特尔先是痛骂了海因里希批准曼陀菲尔撤退的行径，然后命令曼陀菲尔立即停止撤退并倒转方向。海因里希则针锋相对地说，只要自己还是集团军群的指挥官，就绝不会下达这样的命令，而曼陀菲尔也适时插话称"第3装甲集团军只听从曼陀菲尔将军的命令"。这番话令凯特尔火气更盛，他嘟囔着说了一些咒语，最后高声怒喝道："你们都将在历史面前为自己的行为负责！"曼陀菲尔接过话茬回敬道："曼陀菲尔家族为普鲁士王朝尽忠已有200年了，他们一直都为自己的行为负全责。我，哈索·冯·曼陀菲尔，很高兴承担这个责任。"[53]凯特尔哼哼唧唧，铁青着脸钻进轿车离开了。曼陀菲尔的参谋长这时带人从林子里钻了出来，曼陀菲尔诚恳地表示愿意负责海因里希的安全，但后者婉言谢绝了。

4月29日，凯特尔来到曼陀菲尔的指挥部，命令他接替海因里希出任维斯瓦集团军群指挥官，并允诺晋升他为上将。曼陀菲尔毫不客气地拒绝了，还反过来指责如此对待海因里希很不公平。稍后，约德尔也赶来试图说服曼陀菲尔，但后者还是拒不从命，也坚决不肯接受晋升。5月1日上午，当曼陀菲尔从广播中听到"希特勒已英雄般地死去"时，他立即带领所部朝什未林（Schwerin）—路德维希斯卢斯特（Ludwigslust）铁路撤退——这条线正是苏军和西方盟军划定的受降分界线，他决定把自己、几十万军队和平民的命运交给英美，而不是他素所痛恨和轻蔑的苏军。

5月3日夜，英国广播电台发布了这样一条消息："今天，德军第3装甲集团军指挥官曼陀菲尔和第21集团军指挥官提佩尔施基希，向蒙哥马利元帅提出所部15万人投降的请求。元帅拒绝了这一请求，但愿意接受两位将军及其他高阶军官的个人投降。"[54]

战后岁月

曼陀菲尔投降后，以战俘身份接受了英美盟军的多次讯问，就苏军的作战特点、战斗力以及东线机动作战的经验教训等向昔日的对手们侃侃而谈。约在1945年11月中旬，曼陀菲尔被送往威尔士南部的"第11特别战俘营"，李德·哈特前来探访时，曾同情地表示此处的条件实在不如人意，但曼陀菲尔不乏幽默地回应道："或许还会更糟。我估计下一冬我们将栖身于某个荒芜的小岛，或在一艘抛锚于大西洋的船上度过。"[55] 1946年3月，曼陀菲尔与伦德施泰特一起来到纽伦堡出庭作证，当年7月他又被移交给美军，开始参加哈尔德所主持的战史研究、访谈与撰写项目。曼陀菲尔参与撰写的部分是阿登反击战，他完成了200余页的手稿，详细总结了自己对美军强项与弱点的认识。他的总结和评估曾引起美军将领们的高度关注，在漫长的战后岁月里，他更是以阿登之战的德军主将兼专家身份，不下几十次地在北约和英美的军营发表演讲。另外，曼陀菲尔还撰写了题为"快速机动与装甲部队"的报告（美国陆军战史研究报告MS#B-036），详细介绍了德军装甲部队的创立过程、组建之初各兵种之间的分歧和倾轧、装甲指挥官的特点以及古德里安对该兵种的深远影响等。

1947年结束前，曼陀菲尔获得了自由，在朋友帮助下，他很快在科隆谋得了一份银行的工作。没过多久，曼陀菲尔举家迁往与杜塞尔多夫隔莱茵河相望的诺伊斯（Neuss）——一位密友帮他介绍了一份制造业的工作，精明强干的曼陀菲尔很快升迁为出口部经理。在诺伊斯定居期间，曼陀菲尔曾被选为市议会议员，他也没有辜负市民们的信赖，在解决诺伊斯面对的各种问题，尤其是与占领军打交道时，曼陀菲尔展示出了他在参政议政方面的特殊才华。曼陀菲尔在另一个领域里也表现得十分活跃，即在西德立国后为首任总理阿登纳出谋划策。阿登纳当选总理前夕，曾要求曼陀菲尔准备一份关于重整军备之可能性的专业备忘录。曼陀菲尔提交的备忘录题为"一个坦诚德国人的告白"，他在报告中蔑称布尔什维克为"世界之恶魔"，呼吁西德要全心全意地与西方结盟，但他不赞同英国希望在莱茵河筑防的观点，认为西方必须从根本上转变防御欧洲的态度。他向阿登纳清楚地表示自己鄙视“背弃誓言之人”，未来的新军队“需要诚实可靠、坚定和有远见的人，他们拥有勇敢的品质和领导能力，他们过去信守誓言，将来也会这么做”。[56]

1949年，曼陀菲尔加入了西德自由民主党，被视为该党重要的军事问题专家，同时也被认为是阿登纳身边的非正式军事顾问之一。曼陀菲尔以各种方式为西德重整军备而摇旗呐喊，并在许多场合阐述他对组建新军的看法。1950年初，曼陀菲尔曾卷入一起“丑闻”中——当时有媒体声称，阿登纳的重要军事智囊曼陀菲尔是右翼极端组织“兄弟会”的重要成员。曼陀菲尔立即出面否认，美国占领军也对“兄弟会”及曼陀菲尔本人进行了调查，虽然调查结果未能证实相关谣传，但美军还是对曼陀菲尔在重整军备等重大议题上的活跃程度感到忌惮。“兄弟会”事件之后，阿登纳逐渐疏远了曼陀菲尔等前将领，虽然远离了总理的军事顾问圈子，但曼陀菲尔在重整军备中的作用并未消弭，他一面为前台的有关人士出谋划策，一面在老兵组织中扮演着积极活跃的领军角色。作为重要老兵组织“大德意志装甲军传统协会”的主要发起人，曼陀菲尔曾在聚会上向老兵们宣示自己的政治观点，还代表老兵们向时任总统致电，声称“大德意志装甲军的老兵们支持宪法和共和国”。但也有老兵表示不满，他们认为无处不在的曼陀菲尔已经成为一个政客，他和他代表的自由民主党不应该在老兵组织中过于活跃。

1953年，曼陀菲尔代表自由民主党成功当

▲ *摄于1953年，西德总理阿登纳（左）在曼陀菲尔成功当选国会议员后向他表示祝贺。*

▲ *摄于1953年，踌躇满志的国会议员曼陀菲尔。*

▲ 拍摄时间不详，曼陀菲尔（正中）与第7装甲师的几名老部下在一起，他们当时正在探访位于明斯特的第7装甲师纪念碑。

▲ 左二是曼陀菲尔，左三为曼施坦因，右一是曼陀菲尔在GD师时的老部下尼马克。尼马克在二战末期曾为装甲教导师少将师长，1952年当选为西德奥委会主席，西德1955年成立新军时，他被吸纳并被授予少将军衔。此外，他还是"德国骑士勋章获得者协会"的主席。

选国会议员，成为本届国会中仅有的两名前将领出身的议员之一。他是国会的国防和外交两个委员会的主要成员，曾多次大声呼吁盟国占领军归还西德主权，也数次应邀出访英国和美国。1955年夏，西德在成立联邦国防部的同时开始组建新军，曼陀菲尔也有在新军中谋取领导职位的考虑，因而在立法和宣传方面给予过大力支持。由于议员的特殊身份，曼陀菲尔并未在1955年立即提交申请，而是在1956年底或1957年初时申请加入新军。据1957年7月24日的西德《明镜周刊》载文报道，曼陀菲尔的申请被拒绝了，官方理由是他在战争期间有过不当的演讲和命令。[57]

1956年初，曼陀菲尔所在的自由民主党与阿登纳领导的基督教民主党因政见不合而无法继续联合执政，部分自由民主党领袖决定脱离阿登纳政府，但自由民主党的内部也有着严重分歧，阿登纳内阁中有4名来自自由民主党的部长，他们与国会中的12名自由民主党籍议员一起脱离了该党，发起成立了"自由人民党"（FVP，Freie Volkspertei）。曼陀菲尔就是这4名部长和12名议员中的一个，而"FVP"在1957年初又与"德意志党"（DP）合并，这也是为什么在曼陀菲尔的履历上经常能看到"1956 FVP，1957 DP/FVP"字样的原因。

作为政治人物的曼陀菲尔，其忙碌充实的生活在1957年3月初被一封意外来函打乱了。这封来自杜塞尔多夫地方法院的公函声称，地方检察官正在调查曼陀菲尔1944年1月在乌克兰瑟柏托夫卡下令枪决一名士兵的案子。精明过人的曼陀菲尔当然记得他在担任第7装甲师师长的最后几天里发生的这件往事：一名19岁的士兵在夜间值勤时，眼睁睁地看着苏军侦察兵将两名战友掳走，却因惊惧或别的原因，既未施以援手，也未开枪示警，甚至事后都没有立即上报。第7装甲师的军法官以临阵退缩为名判处这名士兵两年徒刑，但曼陀菲尔听说后认为这一举动影响极坏，既损害了他着力培养的战友之间的感情，又危及防区的安全，因而推翻了军法官的判决，下令执行枪决。

由于自认所作所为合理合法，并无任何不妥之处，曼陀菲尔决心尽一切努力阻止法院提起诉讼——像他这样一个国会议员，人称"干干净净的"将军和"战斗英雄"，怎么能出现在被告席上，为一件问心无愧的往事接受一些平民的质疑呢？他首先联系曾在纽伦堡审判中为战犯们辩护的大律师拉特恩泽尔（Hans Laternser）博士，请他介入此案，接着又向国防部查询1944年冬下达给指挥官的命令。尽管很有信心，但随着时间的推移，曼陀菲尔觉得出庭受审恐怕在所难免，为了不给政府或国防部造成难堪，他在1957年6月辞去了国防军顾问的职务。拉特恩泽尔收集了各种材料为他辩护，包括时任上级的巴尔克的证词及元首7号令的副本。拉特恩泽尔在写给地方总检察长的复函中强调，曼陀菲尔“如果不杀一儆百，部队的士气将受重创，防线有可能就此瓦解”。另外，曼陀菲尔当时有元首7号令作依据，事后又向上级进行了汇报，而上级并未指责他有任何不妥之处。曼陀菲尔在自己撰写的陈述信里，字里行间都流露出对他进行审判简直“荒唐透顶”的委屈。1959年，曼陀菲尔在致李德·哈特的一封信中曾写道：“……经过差不多两年半的调查，而且还是在我本人的协助下，法院仍将对我提起诉讼，指控我在1944年1月作为第7装甲师师长时，曾根据有效的战时法律下令枪毙了一名士兵。”[58]

1959年8月17日，前战争英雄和国会议员曼陀菲尔出现在被告席上。这条新闻传遍了大街小巷，甚至连英美等的一些地方小报都发布了消息。此案之所以引人注目，除了曼陀菲尔的战争经历和政治家身份外，还涉及如何认识将领们在纳粹时代扮演的角色，以及他们应该承担什么责任的问题，当然也体现了西德新国防军与前军官团之间麻烦不断的关系。另外，根据西德当时的法律，除谋杀以外的所有战时罪行，在纳粹帝国灭亡15年后一般不再予以追究。换言之，到1960年，包括误杀在内的所有罪行都将被免予追究，而到曼陀菲尔被起诉的1959年，二战已过去了整整15年，距1960年也就是几个月的事情。西德司法部门坚持要在1959年审理曼陀菲尔这个名人，更显得非比寻常。8月18日，巴尔克和曼施坦因先后出庭作证，他们对曼陀菲尔的为人、领导能力和指挥水准给予了高度评价。随后，第7装甲师当年的随军牧师和军医先后出庭描述了行刑过程。检方在休庭前要求判处曼陀菲尔有期徒刑两年，法庭也认为，第7装甲师当时的士气并未低落到无法控制的程度，因而曼陀菲尔推翻军法官判决的行为属于滥用职权，不过，法庭承认曼陀菲尔一直都被上级和下属视为严格公正之人。8月19日，曼陀菲尔当庭进行了25分钟自述，再次强调那名士兵实际上已将成百上千人置于危险之中，如果法庭认为他当时判断错误，那也是因为身心两方面的巨大压力所致。陪审团经过9个小时的辩论，最后拿出了长达30页的判决书，他们认为临阵胆怯一说不能成立，根据元首7号令下达的行刑令也不妥当，更不能接受“若不杀一儆百，第7装甲师行将解体”的说法。不过，法庭考虑到曼陀菲尔长期的良好声誉和行事作风，认为前线的紧张气氛确实使其行为偏离了一贯轨道，故而将检方提出的两年徒刑酌减为一年半。

对于这一审判结果，许多媒体认为，问题的实质不在于元首7号令是否能被视作合法命令，也不在于被处决的士兵是否表现出怯懦的举动，真正的要害在于，时隔这么多年，国防军将领是否还应该为自己的某些战时决策受到惩罚。一些报纸直截了当地声称“无论如何也不能用和平时期的标准来裁决战争”。也有少数报纸支持判决，这些报纸首先讨论了战争中的人性问题，然后逐渐将攻击矛头引向前将领群体。“什么才是‘懦夫’，将军阁下？”就是一家报纸的大标题。老兵协会及其领导人对审判结果普遍持批评态度，“德国战士协会”的主席在一封公开信中声称：“经过这么多年，今天已无人能够想象曼陀菲尔这样一个清楚自己的义务与职责的高级将领，当年面临的战场形势有多么困难，为了以极其有限的资源照料好官兵，他又付出了多么大的心血和努力。”前军官团的多数成员认为，对他们的老将军曼陀菲尔等人的审判，实际上代表的是西德社会反对战争和拒绝重整军备的一个声明，也是把他们这些“前线一代人”拒之门外的直接体现。不过，前军官团内部也有着不同的声音，比如曾参与1944年7月20日事件的前少将格斯多夫（Rudolf-Christoph von

▲ 摄于1964年9月，曼陀菲尔应邀来到美国宾夕法尼亚州盖蒂斯堡，到艾森豪威尔总统位于此间的私人牧场做客。左为艾森豪威尔。

▼ 摄于1964年9月，曼陀菲尔与布莱德雷（左）在纽约见面的场景。

▲ 摄于1964年9月的华盛顿，曼陀菲尔与美军几位将领的合影，左一为战后曾任驻欧美军总司令的四星上将克拉克，右二为1944年底时曾任第7装甲师师长的哈斯布鲁克（Robert W. Hasbrouck），右一为1944年底率第101空降师死守巴斯托涅的麦考利夫（战后晋为四星上将）。

▲ 摄于1965年4月英国伊辛顿山蒙哥马利元帅的私宅前，右为曼陀菲尔，中为蒙哥马利，左为蒙哥马利的战时参谋长德吉冈（Francis de Guingand）将军。

▼ 1960年代中后期的曼陀菲尔。

▲ 1970年代的曼陀菲尔。

▲ 即将走完人生道路的曼陀菲尔。

Gersdorff）撰文称，根据他与曼陀菲尔的交往，他认为后者是个毫不妥协的希特勒支持者，“曼陀菲尔之所以下令枪毙士兵，是因为他想在希特勒和凯特尔面前露脸，登上他们的‘有狠劲’的将军名单，从而帮助自己的职业生涯”。[59] 格斯多夫的言论一出即遭到许多前将领的批驳，他们称枪决士兵固然难以让人接受，但在前线面对那种情况时唯一可行的方式就是维持铁的纪律。还有一位将领特别指出：“……区分谁是谁不是纳粹分子的意义并不大，曼陀菲尔是我们中的一员，是在前线血战过的将军。”由此可见，围绕曼陀菲尔一案展开的争论（以及之前对托尔

▲ 摄于1978年9月的曼陀菲尔的葬礼上，图中的老兵是一位骑士勋章得主，他手里托着的丝绒垫上放有曼陀菲尔生前获得的主要勋章。

▲ 摄于1970年代，曼陀菲尔在阿登山区的一座德军阵亡将士墓园里。

斯多夫和舍尔纳等人的审判），表明前军官团成员对自身历史的认识正在发生激烈的碰撞——纳粹时代的国防军是在履行军队的职责，还是为虎作伥的邪恶军事集团，也与德国社会对纳粹战争罪行的反思相伴相随。虽然不是所有军官团成员都喜欢或认同曼陀菲尔，曼陀菲尔也在战后的十几年里多次因言辞不当招来麻烦和争议，但他断无可能为给纳粹高层留下"有狠劲"的印象，而去有意枪毙一个士兵。

1960年3月，曼陀菲尔曾就判决结果提起上诉，但被驳回，4个月后的又一次上诉也未成功。1960年10月24日，曼陀菲尔在兰茨贝格监狱开始了18个月的服刑期。不过，他在狱中只待了4个月，便以健康原因交保获释。前总统豪斯（Theodor Heuss）的干预起到了重要作用，在豪斯眼中，曼陀菲尔的"军旅生涯无可挑剔，平民生活也一样卓尔不凡"。的确，曼陀菲尔在战后为老兵代言，鼓动重整军备，支持联邦政府和宪法，积极参政议政，所有这些作为无不表明他早已成功地融入了民主社会。不过，曼陀菲尔的名誉还是在一定程度上受到损害，他一直被禁止公开使用"退役装甲兵将军"的头衔，直到1971年，时任西德武装力量总监才恢复了他的这一权利。[60]

出狱后不久，曼陀菲尔举家迁往巴伐利亚州阿默尔湖畔的小城蒂森（Diessen am Ammersee）。此后10余年里，曼陀菲尔并没有完全退隐，他一方面忙于著书立说（1960年为《第二次世界大战中的决定性战役》一书撰写阿登战役一章，1965年出版关于第7装甲师的一部权威战史，1970年与美军将领合作出版英文著作《另一种决战：闪击战的和平潜力》，1978年出版关于第7装甲师的一本图文战史），另一方面与赏识他的西方将领和政要们过从甚密。2001年出版的《美国的军事对手：从殖民地时代到当代》曾这样写道："在德国的装甲兵领袖中曼陀菲尔是一个巨人。他富于进取心，创新能力十足，东线的数年作战磨砺了他的军事才华，在突出部战役中他向美军释出了自己的强大武力。在那时的所有德军将领中，曼陀菲尔取得过最大的进展……他那些令人愉悦的友善举止，既使他在德国备受喜爱，也同样赢得了昔日对手们的尊敬。"[61]确如上述著作所言，曼陀菲尔从60年代初开始，先后9次应邀出访美国，每次至少停留4周，他或在军事基地参观，或在西点军校和美军战争学院等院校进行演讲，或与美军退役和现役高级将领们见面晤谈。1964年9月，曼陀菲尔曾应艾森豪威尔总统的邀请，访问后者位于宾夕法尼亚州盖蒂斯堡的私人牧场，享受的是国家元首级的待遇。这次访美期间，他还在纽约与布莱德雷将军见面恳谈，与战后曾任驻欧美军总司令的老朋友克拉克将军（Bruce C. Clarke）、当年坚守巴斯托涅的第101空降师炮兵主任麦考利夫（Anthony McAuliffe）等人也曾愉快地聚首。1965年4月，曼陀菲尔还应蒙哥马利元帅的邀约，来到后者的家中见面畅谈。1968年，曼陀菲尔应时任美国陆军参谋总长威斯特摩兰（William C. Westmoreland）之邀造访五角大楼，并在西点军校当年的毕业典礼上，作为特邀嘉宾发表了主题演讲。可以说，到1960年代末时，曼陀菲尔作为军事理论家和战术家的声望达到了顶峰。迟至1976年，时任北约武装力量总司令的美军四星上将小黑格（Alexander M. Haig, Jr.），还曾请克拉克将军从美国专程来到欧洲拜会曼陀菲尔，由他们两人召集北约成员国的80名现役将校，总结1944年12月的圣维特之战的攻防战术，以应对华约成员国可能对北约发起的攻击。

1978年9月24日，曼陀菲尔在距离巴伐利亚不远的奥地利城市蒂罗尔休假时因心脏病突发去世。他最后安息在蒂森小城，与蓝天白云和碧水青山永久为邻。

第25位钻石骑士最高战功勋章获得者托尔斯多夫中将

（获勋时间1945年3月18日）

Chapter 25 第二十五章

“疯子托尔斯多夫”：特奥多尔·托尔斯多夫中将

美国电视系列剧《兄弟连》曾在2003年前后名噪一时，该剧的最后一集呈现过这样一幕场景：1945年5月7日，在德国和奥地利边境阿尔卑斯山的希尔施比奇尔（Hirschbichl），一名国防军中将率部向美军第101空降师的一名上校投降。这位将军在向所部发表最后一次演讲时说道：“官兵们！这是一场漫长的战争，也是一场艰苦的战争。你们勇敢且骄傲地为祖国战斗过，你们是不平凡的一群。生死与共的你们一起分享散兵坑，危难时刻彼此帮扶，共同面对死亡，一起受尽磨难。能与你们一起为国效力令我无比自豪。你们有资格享受长久快乐的和平生活！”

说出这段临别辞言的将军，其原型就是本章主人公托尔斯多夫（Theodor Tolsdorff）中将。1939年二战爆发时，托尔斯多夫仅为一名中尉连长，几年下来几乎创下了德军的升迁纪录——战争结束时他还不到36岁，却已是第82军军长，号称德军历史上最年轻的陆军中将。虽是在战争临近尾声时获得快速蹿升，但无人怀疑托尔斯多夫出任师长和军长的能力与指挥水平。他在战场上以令人难以置信的勇敢赢得了“疯子托尔斯多夫”的绰号，1944年夏发生在立陶宛维尔纽斯的攻防战，更使他被称为“维尔纽斯雄狮”。作为一名军官，托尔斯多夫身先士卒，在二战期间先后负伤14次，但都顽强地恢复过来并重返战场。若论负伤次数，除了负伤30余次的“斯图卡上校”鲁德尔外，遍数陆海空三军，恐怕只有“装甲伯爵”施特拉赫维茨能与托尔斯多夫争夺第二把交椅。

年轻的托尔斯多夫是第25位钻石骑士勋章得主，也是德军战时动员的总共294个步兵师几百万步兵中的唯一代表，但在某种程度上，他也是鲜为人知或者说被遗忘的钻石骑士勋章得主之一。这种状况或许与他来自步兵有关。德国陆军手册中曾这样描述过步兵的职责："……得到其他兵种支援的步兵，通过夺取和固守阵地来决定战斗的结局。它的作战能力使其能够近距离接敌并摧毁对手。"[1]但是，德国陆军中最出风头、杀伤力最大的是装甲部队。在二战前半程的一连串闪电战和包围战大胜中，冲在前方撕裂对手的防线并将之击溃或合围的是装甲部队；远远落在后面，时常被抱怨像蜗牛一般爬行的则是步兵，负责消灭被围之敌、守卫防线且自身伤亡最重的同样是步兵。在二战后半程，尤其是1943年2月的斯大林格勒、5月的突尼斯桥头堡和7月的库尔斯克等战役结束后，德军已处于处处被动挨打，防线缺口此起彼伏的阶段，虽然守卫防线的仍是步兵师，但扮演消防队角色四处救险的还是装甲部队，甚至有后人称，装甲部队是纳粹德国能将战争拖到1945年的主要支柱。后人们听说过哈特曼这种超级王牌飞行员以一己之力击落350余架敌机，也耳闻吕特这类U艇艇长击沉过几十万吨敌方舰只，更是惊叹魏特曼等装甲王牌摧毁了上百辆的敌军坦克，这些军人及其兵种的许多人都获得过高规格战功勋章，而步兵们呢？他们远没有装甲铁骑那么威风，用的是步枪、机枪、手榴弹、反坦克枪和火箭发射筒，行军靠的是双腿、战马、自行车和少量的摩托化车辆，蹲守的是冰天雪地中或烈日炎炎下的战壕和散兵坑，进行的是伤亡最重的阵地战。但是，托尔斯多夫和他所代表的步兵，在战争中的表现并不亚于其他兵种，尤其是在空军和装甲部队早已风光不再在的最后两年里，仍在拼死作战的还是步兵——抵挡着对手占尽优势的空军的狂轰滥炸，面对着重型坦克等钢铁怪兽的死亡威胁，顶着猛烈的炮火将受伤的战友从几百米外拖回……

早年岁月

托尔斯多夫，1909年11月3日出生于东普鲁士奥莱茨科（德语Oletzko，今为波兰的Olecko）地区的莱纳尔蒂（德语Lehnarten，今为波兰Lenarty，位于奥莱茨科北面12公里处）。托尔斯多夫是家中唯一的男孩，上面还有3个姐姐，父亲是一名拥有大片土地的地主，家境可谓相当富裕。1914年8月，老托尔斯多夫作为炮兵上尉参加了一战。[2]随着沙俄哥萨克骑兵侵入东普鲁士，恐惧的母亲带着4个孩子逃往德国西部避难。4年后他们返回了家乡，也迎回了饱受创伤的父亲，终日带病卧床的父亲在1919年10月撒手人寰（也有一说是他在一战中即已战死）。托尔斯多夫在东普鲁士都城柯尼斯堡的文理学校接受了完整的中学教育，之后进入一所农业学校学习。毕业后，他又到夜校学习地产管理课程，以便接手和管理父亲留下的地产（据说有695公顷之多）。[3]在全面接管家族地产之前，托尔斯多夫打算先到军中服役一段时间，其目的既在于锻炼自己，又有履行公民"保家卫国"的职责的意图。尽管从未设想成为职业军人，但托尔斯多夫自入伍那天起便再也没有离开过军队，一直"出色地"效力到1945年的最后时刻。

1934年初，托尔斯多夫作为志愿兵加入了"帝国国防军"，成为驻柯尼斯堡的第1步兵团的一名候补军官。第1步兵团是一支颇具历史的部队，其前身可追溯到普法战争中的第1师和一战中的"东普鲁士"第1步兵师。1934年10月，德军以第1步兵团为核心重新组建了"东普鲁士"第1步兵师，时任师长的就是后被晋为元帅的屈希勒尔（Georg von Küchler）中将。为掩盖希特勒上台后德军快速扩张的事实，第1步兵师成立之初先后使用过"柯尼斯堡师管区（Wehrgauleitung）"和"第1炮兵司令部"等名称。[4] 1935年，德国开始实行义务兵役制，也撕去了扩军备战的伪装，托尔斯多夫所在的部队于当年10月15日正式成为第1步兵师。该师官兵几乎全部来自东普鲁士，为保持普鲁士军队的传统，该师特意把霍亨索伦王室的标志性徽章作为师徽。

当第1步兵师1936年2月从柯尼斯堡移驻因

斯特堡（Insterburg）时，这个"第一师"已是一支拥兵17700人的庞大队伍，下辖3个步兵团（第1、第22和第43步兵团）、炮兵团、搜索侦察营、反坦克炮营、工兵营和通信营等。托尔斯多夫在1936年6月被擢升为少尉，任职单位也从第1步兵团转至驻贡宾嫩（Gumbinnen，即古谢夫）的第22步兵团，两年后的10月1日，他又被晋升为中尉。这段时间直至1940年的法国战役前，第1步兵师师长一直都是科茨弗莱施（Joachim von Kortzfleisch）将军（后任第11军军长和柏林第3军区指挥官）。科茨弗莱施被上级和同僚认为是一名颇具效率的优秀指挥官，他在整训第1步兵师及波兰战役中都有着出色的表现，同时也被视为希特勒的忠实信徒和支持者——在1944年7月20日的政变中，由于科茨弗莱施任首脑的第3军区十分重要，政变首领奥尔布里希特（Friedrich Olbricht）将军曾把他请来接受命令，但科茨弗莱施拒不从命，坚持要求了解事情的全貌，还一再高呼"元首没有死，元首没有死"！[5]科茨弗莱施在反复安抚下总算稳定了情绪，但始终拒绝合作，政变分子只得将其拘禁，此时他还在高声宣示自己对纳粹元首的忠诚。

▲ *摄于1930年代中期，一群德军士官正在教官的指导下进行沙盘推演。随着德军在1935年以后的快速扩张，这些士官多数都成了基层军官，托尔斯多夫也在1936年成为少尉。*

▲ *摄于1930年代末，地点不详，第1步兵师所部正在举行阅兵式。*

▲ *摄于1938年，托尔斯多夫所在的第1步兵师第22团的军官带队行进在驻地贡宾嫩的街头上。*

德军入侵波兰的前夜，第1步兵师被编入北方集团军群麾下的第3集团军（指挥官即第1步兵师首任师长屈希勒尔），与第12步兵师一起隶属于沃德里希（Albert Wodrig）的"沃德里希军"（后改称"第26军"）。托尔斯多夫此时任第22步兵团14连连长，该连是一个反坦克炮连，装备的是早期型号的37毫米反坦克炮，这种口径的反坦克炮虽在日后的苏德战争中无力应对苏军T-34和KV重型坦克，但在1939年秋，对付波军坦克还算"称职"，它所发射的钨芯穿甲弹足以穿透波军坦克的装甲。

记者兼历史学家的夏伊勒（William L. Shirer）曾在《第三帝国的兴亡》一书中这样描绘过1939年9月爆发的波兰战役："……完全出人意料的进攻；战斗机和轰炸机在天空呼啸而过，它们或侦察或攻击，既喷吐着火舌，也散播着恐怖；斯图卡轰炸机边俯冲边发出凄厉的嘶鸣；整师整师的坦克不停地突破，一天之中向前突进30至40英里；自行速射重炮即便在波兰那车辙密布、尘土飞扬的道路上，也能以每小时40英里的速度滚滚向前；就连步兵的速度也快得令人难以置信，指挥官们借助无线电、电话和电报组成的复杂的电子通讯迷宫，指挥和协调着搭载在摩托化车辆上的150万大军。这真是世所未见，足以摧毁一切的怪兽般的机械化力量。"[6] 夏伊勒的渲染不可谓不精彩，但他忽略了这样一个基本事实——波兰战役中，150万德军组成的近50个师中，仅有6个是装甲师（摩托化步兵师也仅有4个），而且德军的轻型坦克既小又便宜，战场价值实在有限。有军史家即指出："德军最新的兵种——装甲兵不过是举着战旗、张牙舞爪的阅兵示范部队罢了。"[7] 此说虽然有些言过其实，但绝大多数德军都是像第1步兵师那样的依靠双腿和战马的步兵单位，他们在机动性方面可能比1812年进攻俄国的拿破仑大军强不了太多。

屈希勒尔的第3集团军就只有一个名为"肯普夫（Werner Kempf）装甲师"的机械化单位，步兵师倒有7个。9月1日波兰战役发起后，屈希勒尔所部轻松越过了东普鲁士与波兰的边境，之后他命令右翼的第21军朝西南方推进，第1军则负责进攻波军莫德林（Modlin）集团军所部把守的姆瓦瓦（Mlawa）防线。姆瓦瓦位于华沙西北约70英里处，是从北面拱卫波兰首都的重要屏障，波军第20步兵师和"马佐夫舍（Mazovian）"骑兵旅负责防御姆瓦瓦及其周边地带，驻切哈努夫（Ciechanow，即Zichenau）的第8步兵师为预备队。当日中午，德军第1军在坦克、重炮和空军的支援下气势汹汹地发起了进攻，但很快受阻于波军的反坦克阵地，屈希勒尔命令第1军继续强攻，但数次都被击退，到傍晚时分不仅损失了25辆坦克，甚至还被迫撤回出发地。面对这一窘况，屈希勒尔只得投入"沃德里希军"的第1和第12步兵师，命令它们次日沿着通向格鲁杜斯克（Grudusk）的公路推进，而后夺取姆瓦瓦东北侧翼的卡缅斯卡（Gora Kamienska）高地。波军在卡缅斯卡高地周边敷设了多层铁丝网和许多路障，这些障碍物的后面是多条反坦克堑壕、步兵战壕和一系列混凝土碉堡，还有一些伪装得很好的炮兵阵地，因此高地及其周边的防御工事被称为姆瓦瓦防线的基石。9月2日接近中午时，"沃德里希军"集中了第1和第12步兵师的炮兵及军属炮兵，在第12炮兵团荣誉团长、前陆军总司令弗立契上将的指挥下向波军阵地进行了约2小时的炮击（当日的炮火支援前后竟持续了8个小时）。下午3时，第1和第12步兵师展开了夹击卡缅斯卡高地的作战。第1步兵师进攻的重点是波军右翼阵地，该师自身也展开了钳形攻势——得到加强的第1步兵团从北向南进攻，第43步兵团3营和托尔斯多夫所在的第22步兵团3营则自南向北进攻（其他营担任预备队）。守卫卡缅斯卡高地的是波军第79步兵团外加7个连的炮兵。第1步兵师第43团3营在进攻之初曾取得过较快的进展，但攻入一座村庄后遭到炮火和机枪火力的压制，攻势基本陷入停顿。

托尔斯多夫所在的第22团3营此时成为攻坚主力，该营的首要目标是夺取扎博克立克（Zaboklik）村，然后再切断勒佐努沃—博尔科沃（Rzognowo–Borkowo）公路。迅速完成这两个任务后，3营的几个连开始越过大片开阔地朝卡缅斯卡高地逼近，但在这个过程中，德军官兵们遭到了波军炮火的炮击，尤其是几座碉堡里机枪喷出的火舌曾长时间迟滞着3营的推进。第1步兵师的炮兵虽然一直在进行炮火支援，但似乎未能尽数铲除那些坚实的混凝土碉堡，3营营长命令迫击炮连炮击对手的碉堡，但没有取得任何效果。这时，3营营长命令托尔斯多夫率其14连的几门反坦克炮进入最前沿，在近距离内朝碉堡进行直瞄射击。尽管波军炮弹在托尔斯多夫及其手下的身旁不断爆炸，未被清除的机枪也在朝他们倾泻着子弹，但托尔斯多夫非常镇定，冷静地指挥手下用37毫米反坦克炮拔除了几座碉堡。第1步兵师的战时记录曾载有这样的文字："……单凭炮火不可能完全摧毁或压制对手用混凝土浇灌的碉堡和掩体，如果不是将14连的反坦克炮调往前沿并进行直瞄射击，我方的攻势势必将会受挫。"

由于托尔斯多夫清除了阻拦部队继续前进的障碍，22团3营对卡缅斯卡高地的进攻在下午晚些时候达到了高潮，22团2营也奉命加入攻击的行列，一度受阻的第43团适时地再次进攻，从高地的另一面展开了强攻。两个团的德军一鼓作气，到下午6点左右将波军第79步兵团赶离了高地，卡缅斯卡高地已在第1步兵师的全面控制之下。不过，波军第20步兵师命令第79团余部立即反扑，并派两个步兵营和一个坦克连从扎博克立克方向协助反击。德军打退了这些反扑，托尔斯多夫的反坦克炮连在阻击波军坦克时表现尤其出众。9月2日夜，波军莫德林集团军命令预备队第8步兵师增援姆瓦瓦前线，该师在3日晨抵达战场，但上级却命令它朝两个方向分兵反击：一部负责支援受德军装甲部队威胁的"马佐夫舍"骑兵旅，另一部则朝姆瓦瓦东面的格鲁杜斯克反攻。本就实力不强的第8步兵师无法撼动对手，到3日夜幕降临时，这个步兵师除了第21步兵团成功逃往莫德林要塞外，多数都被德军歼灭。虽然第1步兵师已控制了卡缅斯卡高地，但在姆瓦瓦正前方那些复杂严密的反坦克堑壕前，德军的正面攻势仍然没有大的起色。据波兰方面的资料所言，德军最后靠着把波兰百姓充作人盾在前面开路的做法，几经努力之下才算突破了波军的反坦克防线，而顽强无畏的第20步兵师（尤其是第79步兵团的残部）依然在以最大的牺牲迟滞着对手。就在第1步兵师的各级指挥官渐感不耐之时，托尔斯多夫再次展露出异于常人的战场本色，他带着14连出现在波军火力和抵抗最猛的前沿，用自己的反坦克炮朝碉堡和掩体进行直瞄射击。由于托尔斯多夫成功的即兴发挥，第1步兵师在波军第79团和"马佐夫舍"骑兵旅的结合部打开了缺口，成建制的德军开始深入后方，被配属给"沃德里希军"的肯普夫装甲师也从缺口穿过，迅速扩大了突破口的正面和深度。波军莫德林集团军眼见所部即将被合围，命令第20和第8步兵师残部朝华沙和莫德林要塞撤退，姆瓦瓦及其附近的堡垒防线也被完全放弃。姆瓦瓦之战对德军来说实为一场惨胜，参战的两个军共有1800人阵亡，另有3000人负伤，而波军的损失是1200人丧生和1500人负伤！[8] 德军伤亡的数字远高于对手，这也从侧面反映了姆瓦瓦防线的坚固程度以及攻坚战的困难程度。有德军军官曾称，防御姆瓦瓦防线的波军官兵十分勇敢，他们的防御工事更是牢不可摧，如果守军换作了德国人，那么这条防线可能永远都难以被攻克。

相较于第1军和"沃德里希军"，屈希勒尔手下的第21军的进展一直相当顺利，该军9月3日即与北方集团军群的其他部队会合，俘虏了约1万名波军并迫使莫德林集团军继续后撤。此后，肯普夫装甲师开始朝华沙方向奔袭，古德里安的第19军和施特劳斯（Adolf Strauss）的第2军也奉

▲ 摄于1939年9月初，托尔斯多夫所在的第1步兵师正在波兰境内行军。

▲ 摄于1939年9月初的姆瓦瓦之战期间，图为波兰军队在姆瓦瓦前方的反坦克堑壕。

▲ 摄于1939年9月初，第1步兵师所部正朝波兰北部的姆瓦瓦方向进攻。

▲ 摄于1939年9月的波兰战役期间，图为德军的一处机枪阵地。

▲ 摄于1939年9月初的姆瓦瓦之战期间，第1步兵师的步兵们正在掩体里躲避炮火。从面对镜头的这名士兵的面部表情来看，初涉战火的德军似乎还相当紧张。

▲ 摄于1939年9月，德军步兵正用火焰喷射器攻打一处碉堡。

▲ 摄于1939年9月初，来自肯普夫装甲师的坦克正向姆瓦瓦驶去。

命支援屈希勒尔集团军。这些部队朝波兰东部开去，任务是掐断对手向东撤退的道路，确保将波军合围在华沙一带。第1步兵师在鲁然（Rozan）渡过纳雷夫河后继续向东推进，9月12日奉命折向东南的谢德利采（Siedlce）建立阻击防线，稍后又被调往维斯瓦河畔的登布林（Deblin）。15日，第1和第12步兵师携手俘获了8000名波军官兵，次日完成了摧毁从维斯瓦河逃出的波军残部的任务。在围歼波军残部的作战中，托尔斯多夫再次有着出人意料的表现。当时，大批波军试图以骑兵为先头趁夜突围，在他们的意图被发现后，托尔斯多夫的反坦克炮连竟然在近战中朝着骑兵开火！号称马上近战无敌的波兰骑兵，虽然挥舞着阴森可怖的马刀奋力拼杀，但还是与嘶鸣的战马一起倒在了德军的炮火之下，突围尝试被托尔斯多夫的反坦克炮无情地扼杀了。9月22日，托尔斯多夫因战功获颁二级铁十字勋章，是第1步兵师最早获得勋饰的军人之一。

波兰战役结束后，第1步兵师在10月6日奉命开往德国西部，准备应对西方盟国“随时”可

▼ 摄于1939年9月初，被夷为废墟的姆瓦瓦。托尔斯多夫所在的第1步兵师在这里蒙受了相当大的伤亡。

能发起的进攻。[9] 众所周知，西方盟国在德军入侵波兰期间除了宣战和提供道义支援外，并没有采取任何实质性的军事行动，第1步兵师也随即作为第6集团军的预备队在西部驻扎下来。1939年10月23日，托尔斯多夫因在波兰战场上的突出表现获得一级铁十字勋章。兵强马壮的第1步兵师原被指定为进攻法国的主力步兵师之一，1939年底至1940年初还进行过大量的训练和演习；但是，法国战役打响前夕，该师却成为B集团军群的预备队，开战后也只扮演过后卫和安全警戒的次要角色，甚至可以说基本错过了第一阶段的激烈战事。5月末，第1步兵师在新任师长科勒费尔（Philipp Kleffel）的带领下，随第1军被划归克鲁格上将的第4集团军，并在攻打里尔（Lille）要塞的作战中有过出色的表现。托尔斯多夫的同僚，时任第22团11连连长的普鲁士亲王威廉（逊位德皇威廉二世的皇长孙），于5月23日在瓦朗谢纳（Valenciennes）附近身负重伤，3日后不治身亡。这位亲王1926年时曾身着戎装参加演习，这直接导致了时任陆军总司令的塞克特上将在舆论压力下被迫辞职。威廉亲王的战死引起了德国公众对霍亨索伦王室的同情，有5万余人参加了他的葬礼，结果引起了纳粹政府的极大不满和猜疑。希特勒就此下达禁令，禁止任何前王室成员在国防军中继续服役。

虽然第1步兵师在法国战役第二阶段的战事中也留下了一些印记，尤其是在索米尔（Saumur）之战中表现出众，但主宰战场的陆战之王无疑是羽翼丰满的德军装甲部队，这个兵种已演变成连其创始人都无法想象或未曾预料到的强大力量。身为步兵的托尔斯多夫根本没有机会取得任何骄人的战绩。1940年7月至8月，第1步兵师在大西洋沿岸充任了一段时间的占领军，之后返回东普鲁士担任第18集团军的预备队。

列宁格勒城外的“嗜血猎犬”

仅就军事方面而言，希特勒和他的最高统帅部虽在二战期间犯下过诸多的战略和战术错误，但在苏德战争的最初计划上，希特勒认定在深入苏联腹地夺取莫斯科之前必须先占领列宁格勒，还是显示出他具有一定的战略眼光。列宁格勒这个与彼得大帝和列宁息息相关的城市，作为苏俄革命的摇篮，其象征意义、政治和战略价值自不待言。夺取了列宁格勒还能确保德军左翼的安全，并使芬兰更深地陷入战争。一旦牢牢控制了列宁格勒，德军就不用完全依赖苏联北部和中部极易受到攻击的铁路和公路，可以经由波罗的海国家把部队和物资补给更快更安全地运抵苏联腹地。而失去了列宁格勒，苏军不仅将在士气上遭受重创，还将失去众多的军工企业和原料基地。占领波罗的海国家和列宁格勒的任务交给了勒布的北方集团军群，包括屈希勒尔的第18集团军、布施（Ernst Busch）的第16集团军以及霍普纳（Erich Hoepner）的第4装甲集群，共有23个步兵师和3个装甲师。[10] 面对北方德军的苏军地面部队是库兹涅佐夫（F. I. Kuznetsov）的波罗的海特别军区（后改称西北方面军，计20个步兵师和2个机械化军）与波波夫（M. M. Popov）的列宁格勒军区（后改称北方面军，计20个师）。勒布很清楚自己的进军路线上险阻重重，基本没有纵深合围作战的空间，于是在兵力部署上把屈希勒尔和布施的集团军安排在左右两翼，霍普纳装甲集群（主力为曼施坦因的第56摩托化军和莱因哈特的第41摩托化军）居中担任突击矛头。

1941年6月22日苏德战争爆发时，勒布的3个集团军都取得了出其不意的效果，侵入苏联境内后很快击溃了苏军第8和第11集团军所部。托尔斯多夫也随第1步兵师投入到这场规模空前的战事中，他的部队隶属于第18集团军的第1军，6月23日突破波兰东部的苏军防线后进入立陶宛，开始朝希奥利艾和杜纳堡（Daugavpils，即陶格夫匹尔斯）方向推进。霍普纳手下的摩托化军进展神速，只用4天便完成了从东普鲁士到德维纳河的150英里的进军。6月26日，曼施坦因的第56

摩托化军在杜纳堡占领了桥头堡，而莱因哈特所部则在北面的叶卡布皮尔斯（Jekabpils）附近夺取了另一座桥头堡。在装甲师和摩步师侧翼的是步兵单位，他们负责切断苏军从库尔兰地区沿德维纳河撤离的路线。托尔斯多夫所在的第1步兵师在7月初转隶于第26军，这时该部已深入爱沙尼亚境内，而德军装甲矛头在7月8日就突破了被苏军寄予厚望的"斯大林防线"。从开战到此刻不过16天，勒布的大军已推进280英里，其先头部队距列宁格勒也仅有70英里。

7月15日，德军最高统帅部命令勒布展开包围列宁格勒的下阶段攻势，但是，德军越是接近列宁格勒，遭遇的抵抗就越顽强，苏军反击的力度也越大，造成北方德军的主力在7月中至8月初的近3周时间里，基本被挡在纳尔瓦河、鲁加（Luga）河及姆沙加（Mshaga）河一线。与此同时，第1步兵师等4个师正在爱沙尼亚及波罗的海沿岸清剿被绕过或被完全孤立的苏军，目标就是确保集团军群左翼的安全，剥夺苏军使用波罗的海地区的海空军基地的机会。8月初，第1步兵师被划拨给莱因哈特的第41摩托化军，与第1装甲师等一起准备发起突破鲁加河防线的作战。到当月11日，第1步兵师与第1、第6装甲师等经过3天激战，以伤亡1600人的代价突破了鲁加河防线，来自曼施坦因摩托化军的第8装甲师则乘隙切断了金吉谢普（Kingisepp）至克拉斯诺伐迪斯克（Krasnogvardeysk，即"赤卫军城"）之间的铁路。莱因哈特的装甲部队迅速旋转向东，朝着克拉斯诺伐迪斯克方向推进，而第1步兵师等步兵单位则朝金吉谢普发起了辅攻。16日，第1步兵师经过血战夺取了金吉谢普，迫使苏军第8集团军5个师的守军仓皇撤退（该集团军曾报告称自己在金吉谢普的激战中损失了所有的团营长）。[10] 8月29日，勒布命令部队着手展开包围列宁格勒的攻势，计划先行抢占涅瓦河上的桥头堡，而后夺取乌里茨克（Uritsk）、普尔科沃（Pulkovo）、普希金（Pushkin）及科尔皮诺（Kolpino）等一系列重镇，从而在列宁格勒大区周边建立一条包围带。为此，勒布把参战各部重组为"克拉斯诺伐迪斯克"和"斯卢茨克（Slutsk）—科尔皮诺"两个突击集群，前者由第38军、第50军和第41摩托化军组成，任务是夺取之前曾久攻不下的克拉斯诺伐迪斯克，推进到芬兰湾南岸后，切断列宁格勒的守军与西面的苏军之间的联系。此时已转隶第38军的第1步兵师被编入该集群。第38军所辖的第1、第58和第291步兵师居左，第50军的第269步兵师与党卫军"警察"师在右，第41摩托化军的第1、第6装甲师及第36摩步师居中。[11]

▲ *摄于1941年夏的苏联某城市，德军士兵正在进行街头巷战。*

▲ *摄于1941年8月，德军步兵经过纳尔瓦古城墙下的纳尔瓦河大桥。纳尔瓦城位于芬兰湾南岸，约介于爱沙尼亚首都塔林至列宁格勒的中点。*

▲ 摄于1941年8月或9月，列宁格勒附近的一个被德军焚毁的村庄。

▲ 摄于1941年秋，北方集团军群的步兵正在坦克的掩护下朝列宁格勒方向进攻。

▶ 摄于1941年末或1942年初，第1步兵师第22团14连连长托尔斯多夫获得骑士勋章后拍摄的标准照。

▼ 德军步兵师装备的210毫米大炮。

▲ 列宁格勒城外的一处德军MG-34机枪阵地。

▲ 时间和地点不详，德军步兵防线的中坚——反坦克炮。

▲ 摄于1942年4月的北方集团军群某战场，德军突击队正在战壕里待命出击，最前方是一具苏军士兵的尸体。

▲ 摄于1942年5月的北方某战场，一些步兵正在路边休息，壕沟里躺着的红军战士的尸体似乎根本不能引起德军的注意。远处的背景似乎是几辆III号突击炮。

▲ 摄于1943年1月末的锡尼亚维诺战场，图为被摧毁的苏军坦克和阵亡的红军士兵。

▲ 摄于1943年初，锡尼亚维诺的德军外围防御工事。

◀ 摄于1942年10月，经过一年激战后的锡尼亚维诺战场，这里的战事还将一直持续到1943年秋。

9月9日，斯大林出于对北方战场状况的极度不满，派朱可夫前往列宁格勒取代伏罗希洛夫元帅担任大本营代表。朱可夫履新之时，正值德军对重镇乌里茨克和克拉斯诺伐迪斯克发起强攻。9月14日，朱可夫下达了不许后撤一步的严令，同时决心以炮击和空中轰炸等一切手段粉碎德军的攻势。虽然苏军杀红了眼，也有不得撤退的死命令，但苏军第42集团军所部还是抵挡不住德军第1步兵师等的猛攻，当天被逼退到乌里茨克郊外的沃洛达尔斯基（Volodarskiy），而德军先头部队离芬兰湾海岸甚至只有不到3英里的距离了。朱可夫准备集结第8和第42集团军的残部发起反扑，但在他完成部署前，先发制人的德军再起攻势，造成了苏军的大量伤亡。15日，疲惫的双方进入了胶着的对峙，但在16日清晨，第1步兵师的官兵拖着疲惫的身影站了起来，在晨曦中向苏军第10步兵师发起了最后一搏。托尔斯多夫的营长在激战中身受重伤，他立即接过指挥权，继续率部猛攻。红军官兵一样地奋不顾身，但到天色渐暗之时，他们还是被赶出了沃洛达尔斯基。托尔斯多夫带着突击队不知疲倦地追击，一直到自己牢牢控制住通往芬兰湾海岸的走廊，才最终停止了追杀。托尔斯多夫在这次作战中的表现非常关键，他在战场上及时接过指挥权，从而保持了攻击势头，实现突破后虽然负伤，但他依然身先士卒，率部继续猛攻。德军打通通往芬兰湾的走廊后，支离破碎的苏军第8集团军被隔离在“奥拉宁鲍姆（Oranienbaum）口袋”中，列宁格勒与西面的所有联系都被切断了。《真理报》当夜曾以“兵临城下”（ENEMY AT THE GATES）为标题发了头条，可谓丝毫没有夸大局势的危急程度。

1941年10月，中央集团军群发起了扑向莫斯科的“台风”作战。相对而言，北方德军的攻势在规模和目标上都逊色得多，最主要的就是第39摩托化军（得到第1军支援）进攻季赫温（Tikhvin）及沃尔霍夫（Volkhov）河东岸的攻势。11月，托尔斯多夫随第1步兵师转赴列宁格勒东面20余英里处的什利谢利堡（Shlisselburg）。德军在9月8日即夺取了涅瓦河源头上的这座重要堡垒，从这里沿拉多加湖南岸向东延伸约10英里，构成了德军防线上的所谓“瓶颈”地带。第1步兵师的任务就是在什利谢利堡的南面加强“瓶颈”地带的防御，确保从东面和东南切断列宁格勒与腹地的联系。11月21日，苏军经过艰苦的努力在涅瓦河东南岸建立了一个小型桥头堡，托尔斯多夫的第22团1营奉命与其他部队一起铲除这个桥头堡。他亲自率部发起进攻，激战中3次负伤，但他毫不介意，始终在最前沿指挥作战，直至苏军丢下300余具尸体匆忙撤退为止。托尔斯多夫布置完前线防务后，拖着疲惫的身体返回营部，直到这时他才因身体不支被下属送往战地医院处理伤势。由于伤势比表面上看起来更为严重，托尔斯多夫只得在医院住上一段时间，期间他被晋升为上尉，并在12月4日获颁骑士勋章——托尔斯多夫是第1步兵师第22团首位摘取骑士勋章的军人，就全师而言，也只有第1团团长格拉瑟（Martin Grase）上校比他早两个月获勋。事实上，在医院里向托尔斯多夫颁发勋章的，正是此刻担任代理师长的格拉瑟（1942年1月16日正式被任命为师长）。

1941年末至1942年初，德军把列宁格勒围得如同铁桶一般，城内的苏联军民在饥饿和死亡中挣扎，围城的第1步兵师等各部德军经过几个月的作战和消耗，也是同样的伤痕累累，仅第1步兵师就失去了60%的兵员，包括托尔斯多夫在内的许多官兵都被送回本土养伤，还有不少严重冻伤的士兵被除役。1942年1月，被苏军称作“嗜血猎犬”的第1步兵师奉命从前沿阵地撤出，开至姆加（Mga）防线的后方进行休整。[12]

托尔斯多夫在1942年4月伤愈归队，5月间随第1步兵师在涅瓦河畔进行了一系列成功的攻防作战。5月末，托尔斯多夫率领他的第22团1营调往沃尔霍夫河前沿，准备参加围歼被困在柳班

（Liuban）以南的苏军第2突击集团军的作战。弗拉索夫（Andrey Vlasov）中将的第2突击集团军在1942年初的冬季反攻中，曾孤军突入德军第18集团军的深远后方，但在给德军制造了一系列混乱之后，不幸处于基本被包围的状态，只在沃尔霍夫河沿岸地段保持着一个狭窄的补给通道，并借此与第52和第59集团军等保持着薄弱的联系。苏军在5月间曾发起救援第2突击集团军的作战，同时，弗拉索夫也得到了尽量向东突围的命令。德军第18集团军指挥官林德曼（Georg Lindemann）奉命全力阻止对手突围，他在5月末打响了掐断弗拉索夫的补给通道的作战。德军第1军和第38军被部署在南北两侧，以凌厉的向心攻势切断了弗拉索夫集团军与其他苏军的联系。托尔斯多夫随第1步兵师参加了这次作战，与党卫军"警察"师、第61和第121步兵师等一起从北面进攻第2突击集团军。到5月31日，第2突击集团军被彻底包围，尽管弗拉索夫率部拼死抵抗，包围圈外还有两个集团军在奋力相救，但德军始终牢牢控制着局面。剿灭第2突击集团军的作战一直持续到7月10日左右，弹尽粮绝的弗拉索夫所部除6000余人侥幸逃生外，有9万余人战死和被俘，弗拉索夫本人被俘后投靠了德国，后来组建了一支由战俘组成的部队并与德军并肩作战，成为苏联永久的罪人。托尔斯多夫在剿灭被围苏军的战斗中表现出色，因之获得了一枚金质德意志十字勋章。不过，他在战斗中又一次身负重伤，弹片使他失去右脚的几个脚趾。伤势复原后，托尔斯多夫重返沃尔霍夫河前沿，但在一次防御战中头部不幸中弹，他被迅速送往野战医院接受手术，在上级请来的名医救治下，托尔斯多夫总算保住了性命——返回前线4个月即两度重伤，足见托尔斯多夫在战场上的勇猛和玩命，也可见其运气和生命力着实不同寻常。

1943年1月，托尔斯多夫晋升为少校，担任第22燧发枪兵团1营营长。此时，第1步兵师已转隶第26军节制，被部署在列宁格勒以东和东南的什利谢利堡—锡尼亚维诺（Siniavino）—姆加防线上，与第170、第227步兵师及党卫军"警察"师等一起，负责看护什利谢利堡至锡尼亚维诺之间的防线。北方集团军群借助这一带的湿地和森林构筑了强大的防御体系、纵深搭配的防御阵地和支撑火力网。苏军1942年曾两次试图摧毁这个所谓的"瓶颈"，打通通向列宁格勒的陆路交通线，但均受挫于对手的严防死守。1943年1月初，朱可夫奉斯大林之命，来到列宁格勒指导和协调实施代号"火花"的作战（即第三次锡尼亚维诺战役）。1月12日上午9时30分，列宁格勒和沃尔霍夫两个方面军在"瓶颈"地带的西面和东面发起了同步进攻，4500门大炮向德军前沿进行了长达105分钟的猛烈炮击，什利谢利堡西南方向的4个步兵师在4个坦克营的支援下越过涅瓦河，朝着德军的左翼阵地扑来。首当其冲的是德军第170步兵师，该师前沿一度曾被突破，第26军军长希尔珀特（Karl Hilpert）迅速调动预备队第96步兵师（5个步兵营），配属以88毫米高射炮连和150毫米榴弹炮连各一个，再加上第502重装甲营的虎式装甲连，这个实力不俗的突击集群被派去增援第170步兵师。希尔珀特熟练地组织着大小不等但火力凶猛的战斗群，增援各个吃紧的前沿阵地。

托尔斯多夫所在的第22燧发枪兵团在1942至1944年间曾不定期出版一份名为《勇敢与忠诚》（Tapfer und Treu）的小报，团长伊夫兰（Ulrich Iffland）上校1943年夏时曾在这份小报上回顾过所部在1943年1月12日的一些战况："……清晨6点30分，我们收到了兄弟单位第1掷弹兵团发来的电文，说敌方投诚者声称苏军即将发起大规模攻势。7点30分，我们遭到了参战以来经历过的最猛烈的炮击。大炮、迫击炮、坦克、步兵炮和火箭炮开始轰炸我们的主防线、后方交通线和补给公路。只过了几分钟，我们的通信线路便被完全摧毁，只得依靠无线电通信了。上午10点起，一波波的苏军步兵开始进攻我们的阵地，我们自己的炮火虽炸死炸伤了不少对手，但还是有些士兵溜了过来。我们开始用步枪、机枪和手榴弹收拾他们。在托尔斯多夫的1营将对手撕成碎片的同时，苏军又向6连的阵地发起了冲锋。我们部署在主防线及其后方的反坦克炮很快击毁了9辆敌军坦克，燧发枪兵们在近战中也摧毁了2辆坦克。1营和2营的官兵们都像雄狮一般勇猛地作战，丝毫不惧地摧毁着敌军的坦克和步兵。有两名士兵所在的机枪掩体曾被苏军坦克碾过，但他们待坦克过去后继续朝着跟进的步兵射击。虽然敌军的炮火和对地攻击机一直都在轰击我们的防线，但作战的胜负结局已经很明显了——到中午12点时敌军的进攻被打退了，苏军在战场上留下了成百上千的尸体和11辆坦克的残骸……”[13]

按照第1步兵师第22燧发枪兵团提交的正式报告，到12日结束时，主攻该团1营和2营前沿的苏军第73海军陆战旅损失了大约75%的兵力，配属的一个加强坦克营也损失了18辆坦克，另有8辆坦克瘫痪在战场上动弹不得。不过，1月12日晚些时候，德军右翼的防线被沃尔霍夫方面军的第2突击集团军（1942年末重建）和第8集团军所部捅开了多个缺口。为保护通向锡尼亚维诺的公路，希尔珀特命令把第1步兵师调往锡尼亚维诺附近控制周边的高地和支撑点，由该师组成的一个战斗群负责夺回失地和屏障前述公路。苏军第376和第71步兵师反复地朝锡尼亚维诺方向推进，但都被老练的第1步兵师所打退。托尔斯多夫的第22燧发枪兵团1营是防御的主力，虽然他对士兵要求十分严苛，绝不允许任何人后退一步，但他自己也从头到尾都在最前沿作战。由于第1步兵师的顽强防御，锡尼亚维诺周边的态势尚在德军控制之下，但什利谢利堡附近的战事很快滑向灾难的边缘——苏军第67集团军与第2突击集团军所部在1月17日取得了重大进展，从东、西两面对进的步兵师和坦克部队建立了联系，基本合围了德军第95、第227步兵师及第5山地师。由于苏军只需最后一次重击便能彻底围歼前述3个师的德军，北方集团军群命令他们沿着锡尼亚维诺北面的森林走廊向南撤退，第61步兵师奉命保护这条逃生走廊，第1步兵师也接到严令，不惜一切代价确保锡尼亚维诺周边接近地的安全。随后几日里，苏德双方不断增兵和调整部署，苏军竭力扎紧包围圈，德军则奋力突围并展开同步救援，在付出重大代价后，被围德军的大部逃回到己方一侧。到1月31日，苏军耗尽了进攻能量，被迫在锡尼亚维诺北面和西面停顿下来。德军在两个星期里阵亡1.2万人（另有约3万人负伤），失去了什利谢利堡等一系列要地，但锡尼亚维诺及其周边高地仍在德军的牢牢控制之下。从结果来看，苏军无疑取得了一场战略和战术上的胜利——突破德军防线15公里，收复了一些失地，最主要的是将对手赶离了拉多加湖南岸，打通了一条连接列宁格勒与腹地的宽约8至10公里的走廊。[14]从战略高度来看，此战的胜利使德军夺取列宁格勒的希望越来越渺茫，与芬兰军队建立联系的可能性也越来越小。不过，就伤亡情况而言，苏军阵亡3.4万人并有8万余人受伤，这无疑又是苏军的一场“惨胜”。

但是，只要德军还盘踞在锡尼亚维诺及其周边的高地上，苏军就无法真正地破解列宁格勒之围，因为从列宁格勒经什利谢利堡通往内陆的交通线还处于德军炮火的射程范围之内。苏军大本营及列宁格勒和沃尔霍夫方面军对德军的这条防线是“必欲除之而后快”，前述“火花”作战刚一结束，苏军又在1943年3月发起了代号“北极星”的新攻势。这场战事的规模十分庞大，事实上，“北极星”作战是苏军全线反击的一部分。仅就北方战场而言，西北方面军将以围歼杰米扬斯克和旧鲁萨的德军第2和第10军为初期目标，得手之后再朝西北方向的普斯科夫（Pskov）乃至芬兰湾沿岸的纳尔瓦挺进；北面的列宁格勒和沃尔霍夫两个方面军将同步进攻列宁格勒周边的德军第18集团军，与西北方面军的突击集群建立联系后，以围歼整个北方集团军群，彻底解开列宁格勒之围为最终目标。列宁格勒周边的苏军并没有把目标局限在锡尼亚维诺及其周边高地，而是试图夺取姆加并包围姆加以北的所有德军，当第55和第8集团军通过协同进攻完成这个任务后，第67集团军和第2突击集团军将再度进攻锡尼亚维诺周边的德军。当时，托尔斯多夫随第1步兵师正驻守在姆加附近，与第223、第69步兵师等负责保护姆加通向基里希（Kirishi）及沃尔霍夫等方向的铁路。苏军第8集团军所辖的9个步兵师、2个步兵旅、2个独立坦克旅和4个独立坦克团，于3月19日向第1步兵师等部的防线发起了猛攻。经过3天激战，苏军在第1步兵师和第223步兵师的结合部打开了缺口，然后冒着大雨朝姆加—基里希铁路推进。在第1和第223步兵师试图堵住缺口的同时，北方集团军群从第21、第61和第121步兵师各抽调一个战斗群，派往姆加地区挡住苏军。尽管进军的道路一片泽国，推进的势头也在很大程度上受阻于德军的层层阻击，但苏军第8集团军还是根据朱可夫的严令不计代价地继续前突，哪怕每天的进展只能以米来衡量。这样的拉锯一直持续到4月初才算告一段落。

▼ *摄于1943年9月末的狼穴大本营，希特勒正向托尔斯多夫等人颁授勋章。图中与希特勒握手者为第1步兵师第43掷弹兵团团长朗格上校（Walter Lange，第300枚橡叶骑士勋章获得者），右一为时任第11装甲团2营营长的贝克少校（第262枚橡叶骑士勋章获得者），右二为第394装甲掷弹兵团团长帕佩上校（Guenther Pape，第301枚橡叶骑士勋章获得者），右三为托尔斯多夫少校。*

▲ *摄于1943年9月末的狼穴大本营，希特勒正在向托尔斯多夫等人颁授勋章。被希特勒头部遮挡的是托尔斯多夫，左一为获得第284枚橡叶骑士勋章的第308掷弹兵团团长舒尔茨（Paul Schultz）上校。*

▼ *摄于1943年9月末的狼穴大本营，希特勒正与托尔斯多夫握手。*

▲ 摄于1943年9月末，托尔斯多夫获颁橡叶骑士勋章后手捧鲜花留下的镜头。

▲ 摄于1943年9月末，托尔斯多夫获颁橡叶骑士勋章后曾回家探亲，图为来自“希特勒少女团”的两名女孩子向他献花的场景。

▲ 摄于1943年9月末，托尔斯多夫回家探亲时受到驻军、警察及百姓们的欢迎。

▲ 获橡叶骑士勋章后托尔斯多夫的一张签名照。

经过3个多月基本没有大规模战事的平静期后，苏德双方于7月初在库尔斯克地域再度展开大规模厮杀。在库尔斯克方向取得防御战的重大成功后，苏军随即在奥廖尔和别尔哥罗德地域分别发起了代号“库图佐夫”和“鲁缅采夫”的反击战。在库尔斯克会战期间全程取守势的北方苏军，也奉命打击盘踞在姆加和锡尼亚维诺地区的德军第18集团军所部，重点是消灭德军第26军，以进一步扩大列宁格勒通向内陆的走廊。7月22日，在150分钟的炮火准备后，苏军第67集团军向德军第121和第23步兵师发起了进攻，苏军第一天顺利完成了预期的目标，但德军第26军向锡尼亚维诺正面战场迅速调派了增援，致使苏军从23日起每前进一步都要付出巨大的代价。苏军第8集团军负责进攻姆加方向的德军，为彻底摧毁对手的前沿阵地和堡垒支撑点，苏军进行了为时6天的炮火准备！但是，无论是在锡尼亚维诺，还是在南面的姆加，德军步兵们据险而守，寸土必争，即便支撑点或高地已有一半被苏军夺取，步兵们还是以惊人的顽强意志，用机枪、手榴弹和迫击炮进行即时反击，双方在阵地上徒手相搏的场面屡见不鲜。苏军在姆加地区的作战持续到8月中旬时还是没有明显的突破，面对进攻乏力的局面，沃尔霍夫方面军在8月13日投入了第311步兵师和第503独立坦克旅等最后一批预备队，虽然这些新锐力量夺取了一些被德军放弃的地盘，但距姆加火车站这个作战目标还有相当的距离。8月16日，第1步兵师和第254步兵师奉命解救危急中的第132步兵师，当时苏军的6个步兵师在几十辆坦克的支援下，正迫使第132步兵师节节败退。托尔斯多夫带着他的营接管阵地后一直战斗在最前沿，对手一天内曾发起几十次营、团规模的进攻，但都被托尔斯多夫所部击退。苏军有几十辆坦克在阵地前方被摧毁，其中的相当一部分是被步兵们以轻武器或手榴弹击毁的，托尔斯多夫本人也因亲手击毁一辆坦克而获得“坦克击毁奖章”。第1步兵师各部在前沿阵地上固守了整整6天，直到8月22日苏军的攻势偃旗息鼓为止。苏军为这次攻势投入了25万人，但战果和成效甚微，还出现了近8万人的伤亡。经过一年多的激烈交锋，锡尼亚维诺—姆加战场已被称为是“红军战士的坟场”。似乎还嫌牺牲的人不够多，列宁格勒和沃尔霍夫方面军9月中旬时又对锡尼亚维诺及其周边高地发起了进攻，但经过3天的激战不仅寸土未获，反而在乱坟场中又平添了1万余具红军战士的尸身。

历时一年有余的六次锡尼亚维诺攻防战，其程度惨烈无比，某种程度上铸就了托尔斯多夫钢铁般的意志，也锻炼了他在面对险境时的指挥能力。普通步兵们无不钦服于托尔斯多夫的勇气和用之不竭的能量，他总是在最前沿与官兵们并肩作战，也总能激发部属的作战热情和抵抗意志。他对部属要求很高，但对自己的要求更是苛刻，多次伤势尚未复原便赶回战场参战，既让众人心服口服，又令他们好奇这位少校如何能够承受住身心两方面的巨大压力。1943年9月15日，托尔斯多夫成为第302位橡叶骑士勋章得主，对于以防御为主，栖身战壕居多的步兵们来说，这无疑是一个极高的荣誉。

“维尔纽斯雄狮”

托尔斯多夫的团长伊夫兰上校在1943年10月3日获颁骑士勋章，但在11月18日的战斗中阵亡，托尔斯多夫旋即被任命为第22燧发枪兵团团长。[15] 1944年新年前夕，第1步兵师离开了列宁格勒前线，奉命来到南方集团军群的文尼察—敖德萨一线，担任第1装甲集团军的预备队。开至南方战场后，托尔斯多夫在一次激战中腹部近距离中弹，他被送往医院进行了急救，成功脱险后在医院里只待了几周，便迫不及待地返回了前线。

1944年3月初至月中，朱可夫统领的第1乌克兰方面军以锐不可当的攻势，切断了德军第4装甲集团军右翼与第1装甲集团军左翼的联系；

科涅夫的第2乌克兰方面军则斩断了第1装甲集团军右翼与第8集团军左翼之间的联系。胡贝将军的第1装甲集团军事实上已处于被包围的边缘：在第1装甲集团军的北翼，苏军第1近卫集团军的11个步兵师在第3近卫坦克集团军的支援下，正从普罗斯库罗夫（Proskurov）地域发起猛攻；在这些苏军的西面和南面，第1和第4坦克集团军正从德军防线的缺口蜂拥而入，沿着兹布鲁奇（Zbruch，又作Sbrucz）河与塞列特河向南穿插；在第1装甲集团军的南翼，苏军第27集团军和第2、第6坦克集团军已在莫吉廖夫—波多利斯基（Mogilev—Podolskiy）南面越过德涅斯特河，虽然多数苏军的目标似乎是继续向南追击撤退中的德军第8集团军，但第6坦克集团军已经旋转向西，打击胡贝第1装甲集团军右翼的意图十分明显；在两支包围铁钳中间的是苏军第18、第38和第40集团军，这些集团军的28个步兵师和多支独立坦克旅正从东向西朝德军第24、第3和第46装甲军施加强大的压力。

托尔斯多夫返回部队时，第1步兵师已被划归第46装甲军指挥。该军负责看护第1装甲集团军的右翼防线，但所属各部却被德涅斯特河分为两半——第1、第82和第254步兵师位于德涅斯特河的北岸，正试图阻挡苏军第40集团军的推进；南岸的第75步兵师和第18炮兵师在苏军第6坦克集团军的压迫下，也正在缓慢地后撤。第46装甲军的这两部分部队之间没有直接的陆路联系，而该军的最左翼（即第1步兵师的防区）与北面的第24装甲军之间被捅开了约25英里宽的缺口，德军第3装甲军负责堵住这个缺口，但该军及其右邻的第1步兵师无力阻挡苏军第38集团军的西进攻势。德军北翼的第24装甲军和第59军都在进行分阶段撤退。到3月23日，胡贝的第1装甲集团军已被完全包围在以卡缅涅茨-波多利斯基为中心的大口袋中。

南方集团军群指挥官曼施坦因设法说服希特勒后，命令胡贝率部向西突围，目标是抵达150英里外的捷尔诺波尔西南地带，与负责接应的党卫军第2装甲军所部会合。为避免突围过程中可能出现的混乱，胡贝对所部施以严格的控制和协调，他将部队建制打散后组成了两个军群——北面的是由第24装甲军和第59军组成的“切瓦勒里（Kurt von der Chevallerie）军群”，南面的则是由第3和第46装甲军组成的“布赖特（Hermann Breith）军群”。托尔斯多夫所在的第1步兵师属于“布赖特军群”（该军群还辖有第17装甲师，党卫军“帝国”师，第82、第168、第254、第371步兵师及第101轻步兵师）。[16] 虽然南北两个军群的装甲部队可以带头突围并取得快速推进，但胡贝担心步兵单位在困难的地形和天气条件下会被远远甩在后面，从而对指挥体系的统一性造成致命伤害，因此他决定两个军群的突围前锋由得到坦克支援的步兵和工兵组成，后卫部队主要由步兵师组成，但也配属一些机动能力强的作战部队。在“布赖特军群”方向，第17装甲师和第371步兵师担任突围先头，第1步兵师、第101轻步兵师及党卫军“帝国”师一部则是后卫。[17]

被后人称为“胡贝口袋”的德军包围圈从3月27日夜开始向西运动。两个军群的突围先头在几天里进展顺利，到3月30日时都在兹布鲁奇河建立了多个桥头堡；而担任后卫的第1步兵师等也陆续撤退到乌施察（Ushitsa）河西岸，31日时所有后卫部队都进入了沿着卡缅涅茨-波多利斯基一线划定的阶段性防线。不过，胡贝十分忧虑所部获得的空中补给不敷所需，另外，侦察表明苏军第1坦克集团军已有一些部队正越过德涅斯特河向北调动，试图阻挡德军继续向西突围。他认为装甲部队有能力立即突出包围圈并与第4装甲集团军所部会合，但落在后面的步兵至少还需6天才能抵达塞列特河。为加快突围速度，胡贝决定在必要时将把步兵单位拆分成每组100人左右的战斗群，要求他们沿着宽大的正面从苏军阻截防线的缝隙中冲出去。[18] 托尔斯多夫率领的第

22燧发枪兵团是第1步兵师的后卫，在阻击苏军第40集团军所部的作战中，他的头部不幸被弹片划伤，但他不肯提前撤离，坚决要求与部下们一起西撤。

4月2日，"切瓦勒里军群"的先头第7装甲师、"布赖特军群"的前锋第17装甲师都抵达了塞列特河，并建立起几座桥头堡，前一军群的后卫部队当日抵达了兹布鲁奇河西岸，但"布赖特军群"的后卫——第1步兵师和第101轻步兵师，因受困于破烂的道路、堵塞的交通以及苏军的穷追不舍，直到4月4日才出现在兹布鲁奇河西岸。4月6日，"切瓦勒里军群"的一个装甲师与党卫军第10装甲师在斯特雷帕（Strypa）河畔的布查奇（Buchach）会师，标志着第1和第4装甲集团军的联系已初步得到恢复。此后几日里，胡贝命令装甲部队暂停西撤，在塞列特河西岸建立阻击防线，以掩护两个军群的后卫步兵师撤过塞列特河。9日，第1装甲集团军所部全部撤过了斯特雷帕河。随着形势的趋稳，3日后胡贝解散了南北两个军群，各部恢复原有的建制，第1步兵师相应地被划归第24装甲军指挥（该军还辖有第16和第19装甲师、第18炮兵师及第254步兵师）。[19] 第24装甲军此时的任务是在斯特雷帕河西岸为集团军准备一条主防线，这条防线将从斯特雷帕河与德涅斯特河的交汇处向北一直延伸到布查奇。直到此刻，托尔斯多夫才正式交卸了第22燧发枪兵团的指挥权，随后被送往卢布林的陆军医院疗伤。住院期间，他被晋升为中校，上级考虑到他在东线多次负伤（早已是"金质伤员证章"得主），出于保护他的目的，等他痊愈后将之改派到法国梅斯的一所候补军官学校担任战术教官。不过，要塞的氛围和学校的工作性质令托尔斯多夫很不满意，据说，他在新单位仅待了3天就坚决要求返回东线。托尔斯多夫的愿望很快得到了满足，他被任命为新组建的第1067掷弹兵团团长。这个掷弹兵团由4个步兵营组成，装甲车和机动车辆的数量极少，基本没有重武器。[20] 据说，第1067掷弹兵团是纳粹政府为准备执行"瓦尔基里"（Walküre）计划（当第三帝国本土和占领区发生内乱时的一项安全应急计划）而组建的部队之一，其兵员多数都未完成训练，团部和各营连既缺少合格的军官，又缺乏作战经验丰富的士官。[21]

不过，就是这样一支半生不熟、装备很差的部队，也被作为"重要"增援在1944年6月末被派给东线的第3装甲集团军，负责支援危急中的立陶宛维尔纽斯守军。自6月22日发起代号"巴格拉季昂"的夏季攻势以来，200个师的苏军以疾风骤雨般的强大攻势，将中央集团军群自北向南的防线戳得千疮百孔，相继攻克了维捷布斯克、奥尔沙、莫吉廖夫和博布鲁伊斯克等重要枢纽，在一系列大小包围圈中围歼了数量庞大的德军。7月3日，苏军一举攻克明斯克，次日，第3白俄罗斯方面军司令员切尔尼亚霍夫斯基（Ivan Chernyakhovsky）奉命沿着莫洛杰奇诺—巴拉诺维奇（Molodechno-Baranovichi）一线发动新攻势，负责在7月12日前夺取立陶宛的维尔纽斯和利达（Lida），然后再推进至涅曼河西岸建立桥头堡。苏军大本营将第33集团军的7个步兵师支援给切尔尼亚霍夫斯基，他则把夺取维尔纽斯的重任交给了实力强劲的第5近卫坦克集团军。

维尔纽斯位于立陶宛东部，既是该国首都，又是重要的交通枢纽，更是屏障东普鲁士的重要堡垒。如果维尔纽斯失守，北方集团军群的右翼将完全暴露，北方和中央两大集团军群之间的联系也将被切断。希特勒对维尔纽斯及其周边的安危高度关注，命令把维尔纽斯变成一座必须严防死守的"要塞"。中央集团军群指挥官莫德尔元帅出于对前线实际状况的考虑，打算利用这一带的一战时期的老堑壕构筑新防线，充分利用密布的森林、湖泊和河流延迟阻击对手，为重组溃败中的部队争取时间——由突围的第9集团军残部和一些增援组成的第2集团军当时正在紧张地重组，只有拖住对手，第2集团军才有可能投入战场。[22] 7月初，曾任罗马城防司令的空军少将施塔赫尔（Reiner Stahel）乘坐侦察机飞抵维尔纽斯，奉命接管这里的城防。维尔纽斯守军的番号五花八门，但多是残兵或战斗力不强的单位，包括第14和第299步兵师、第221和第391安全警备师的残部，第170步兵师、第765山地旅和第671山地旅各一部，第712掷弹兵团和第9警察团各一部，以及几个工兵营等。[23] 施塔赫尔的手下约有1.2万至1.5万人，但只有8个营具有战斗力，另外他还拥有一些坦克、大炮和高射炮。尽管维尔纽斯城周边和城内均筑有相当坚固的防御工事，但施塔赫尔未能很好地利用这些工事和有利地形。

▲ *摄于1944年初夏，担任第1067掷弹兵团团长的托尔斯多夫中校。*

▲ *摄于1944年初夏，第1067掷弹兵团团长托尔斯多夫正与下属交谈。*

▲ *摄于1944年初夏，橡叶骑士勋章得主、第1067掷弹兵团团长托尔斯多夫。*

▼ *摄于1944年夏的维尔纽斯附近，在泥泞和烂路上挣扎的德军III号突击炮。*

▲ 摄于1944年夏的维尔纽斯战役期间，图为堪称德军防线中坚的MG-42机枪，这款机枪的杀伤力虽然惊人，但也需要大量的维护和保养。

▼ 摄于1941年6月底7月初的一幅照片，图中前面4人中右起第二人为瓦尔登费尔斯，他在1944年7月中旬率第6装甲师成功救出维尔纽斯的部分守军。左一是时任第6装甲师第11装甲团团长的科尔上校（Richard Koll，后任第1装甲师中将师长），左二是时任第6装甲师师长的兰德格拉夫中将（Franz Landgraf），右一则是时任第6装甲师第6摩步旅旅长的劳斯上校（先后担任过第47装甲军军长及第4、第1和第3装甲集团军指挥官）。图中的瓦尔登费尔斯时任第6摩步旅第4摩步团中校团长。

▲ 摄于1944年夏的维尔纽斯战役期间，红军战士在维尔纽斯城头插上了红旗，不过此时守军已成功突围，托尔斯多夫也因此战中的战功获得双剑骑士勋章。

▲ 摄于1944年8月初，托尔斯多夫从希特勒手中接过第80枚双剑骑士勋章的场景。

▲摄于1944年秋，双剑骑士勋章得主托尔斯多夫上校。

第3装甲集团军指挥官莱因哈特将军在7月初命令托尔斯多夫率其第1067掷弹兵团增援维尔纽斯，后者率部在白俄罗斯的格罗德诺（Grodno）登上了火车，朝着东北方的维尔纽斯进发，但是掷弹兵团在距维尔纽斯西南25英里处的鲁迪什凯斯（Rudiskes）被迫弃车，也暂停了继续前进，因为苏军已切断了此处通向维尔纽斯的铁路。托尔斯多夫安顿好部队后，带着少量随从乘车继续逼近维尔纽斯，设法与城防指挥官施塔赫尔见了一面，商谈了两部如何配合作战等事宜。7月7日上午，苏军第3近卫机械化军的第8近卫机械化旅与第5集团军的先头步兵师携手夺取了维利亚（Viliia）河西岸的德军阵地，下午时又攻克了维尔纽斯城北的第一道防线。同时，第3近卫坦克军的第35近卫坦克旅在维尔纽斯西南与德军发生激战。苏军第72步兵军在7日晚抵达维尔纽斯东北，第29坦克军和第11近卫集团军所部则在维尔纽斯外围与德军的援兵展开了捉对厮杀。德军第5和第7装甲师、第170和第35步兵师及第707安全警备师等，在100余辆坦克和自行火炮的支援下，曾向苏军第11近卫集团军发起过数次反扑，但都被无情地击退，而苏军第11近卫集团军在激战的同时还能向前推进30余英里。新败的德军各部似乎无心恋战，更无力阻止对手迅速完成对维尔纽斯的合围。到7月9日，苏军第5近卫坦克集团军所部已在维尔纽斯西南的柳德维纳沃（Liudvinavo）附近构筑起沿河防御阵地，从而断绝了托尔斯多夫率部进入维尔纽斯城的可能。[24] 莱因哈特随即命令托尔斯多夫切断通往考纳斯的铁路和公路，并指示他借助湖区的有利地形建立一条面朝东方的防线。苏军在合围维尔纽斯的同时，德军也在试图进一步增援守军，不过，由于苏军对维尔纽斯机场进行了轰炸（炸毁了机场并击毁14架德军战机），从德国本土派来的第16伞兵团仅有团部和两个连着陆成功，其余部队无法按时抵达。第16伞兵团余部在7月10日抵达托尔斯多夫的防区，同时奉命加入第1067掷弹兵团作战序列的还有一个重炮营。按照第6装甲师师长瓦尔登费尔斯（Rudolf von Waldenfels）将军战后的回忆，在维尔纽斯被围死之前，原在城郊的第24伞降工兵营突围成功后也进入了托尔斯多夫的防区。这些部队奉命组成了所谓的“托尔斯多夫战斗群”，由托尔斯多夫统一指挥。

维尔纽斯城防指挥官施塔赫尔获悉火车站和机场均已丢失后，他觉得大势已去，于是致电莱茵哈特和莫德尔请求批准突围。莫德尔虽表示同意，但把最后的决定上交给最高统帅部。希特勒毫不意外地严词拒绝，甚至直接下令给距维尔纽斯最近的托尔斯多夫，命令他率部发起进攻。7月10日，托尔斯多夫按时发起了反攻，除短暂地逼退过苏军外，没有取得任何决定性成功。相反，苏军第3近卫机械化军、第72和第65步兵军、第3近卫坦克军从北面、东北、西南和南面继续紧逼维尔纽斯，其他部队也开始朝城内和托尔斯多夫驻守的西面发起猛攻。在维尔纽斯的陷落指日可待的同时，"托尔斯多夫战斗群"在7月10日晚些时候被向西迂回的苏军所包围。托尔斯多夫率部进行过多次反击，虽无法打开包围圈，但苏军也暂时无力围歼这支德军。托尔斯多夫此时与维尔纽斯的施塔赫尔还有着电话联系，与莱因哈特第3装甲集团军总部的无线电联系也一直畅通。

7月11日，苏军对维尔纽斯西边的托尔斯多夫所部进行了大规模轰炸，维尔纽斯城内则开始了激烈的巷战，苏军第65步兵军在坦克的支援下正步步进逼市区。施塔赫尔支持不住，不断地要求莱因哈特火速增援，但后者明确表示自己拿不出任何像样的救援力量，还声称即便是希特勒亲自下令，他也不会再做尝试——莱因哈特对希特勒一再拒绝批准突围的做法深感不满，他认为自己之前的命令和判断与战场态势高度吻合，但大本营就是执拗地不许突围。既无援军，又不能突围，施塔赫尔只有拼死抵抗，同时寄望于奇迹发生。不过，为减轻维尔纽斯守军的压力，莫德尔从维尔纽斯以北的战场挤出了一个摩托化步兵团，命令该部在坦克和自行火炮的支援下（据说有150辆之多），朝梅沙格拉（Meishagola）和伊夫（Eve）等维尔纽斯的接近地发起猛攻，意在打开苏军营造的"维尔纽斯包围圈"。梅沙格拉地区的激战进行了整整两天，苏军被迫将第5集团军主力调往该地区应对威胁，第3近卫机械化军也随第5集团军一起开往梅沙格拉阻挡对手的反扑。另外，第5近卫坦克集团军所部稍后被调离维尔纽斯，准备从西南方向包抄梅沙格拉地区的德军。[25]莫德尔的这一调动收到了效果，尽管梅沙格拉方向的反击最终未能获得成功，但无疑减轻了维尔纽斯城的压力，为守军随后的突围创造了有利条件。

托尔斯多夫在维尔纽斯以西不断地坚持反击，不知疲倦地指挥所部一次次冲击苏军的防线。在莱因哈特和莫德尔的请求和坚持下，希特勒终于在7月11日夜允许维尔纽斯守军突围。施塔赫尔打算在12日深夜至13日凌晨突围，届时，第3装甲集团军将拿出最后的家底进行接应。12日当天，第6装甲师师长瓦尔登费尔斯中将奉命率领本部的一半兵力开往考纳斯，准备朝维尔纽斯方向进军，以接应守军和"托尔斯多夫战斗群"的突围。除了本部的第114装甲掷弹兵团、一个炮兵营、一个反坦克炮营和一个工兵营外，瓦尔登费尔斯还得到了"大德意志"装甲团豹式装甲营的支援；另外，莱因哈特还把第221安全警备师、第16和第5警察团及部分伞兵配属给他。瓦尔登费尔斯把救援部队分成"突击"和"打援"两个战斗群，前者由他本人带队，包含"大德意志"装甲团的豹式装甲营、第114装甲掷弹兵团的装甲运兵车营、师属反坦克营和工兵营大部，先期目标是抵达托尔斯多夫所在的位置后，合兵一处继续朝维尔纽斯发起强攻。"打援"战斗群则由第114装甲掷弹兵团团长指挥，将跟在"突击"战斗群和运输车队（由80辆装载食品、衣物等物品的卡车组成）身后，负责保护考纳斯与维尔纽斯之间的铁路和公路安全，并在回程时保护运输车队。

在瓦尔登费尔斯与托尔斯多夫分头进行准备的同时，维尔纽斯城内的巷战已进入白热化状态。苏军在空军的强力支援下于13日晨占领了维尔纽斯市中心，并将试图突围的守军分割成两个较大的群体：第一个群体借助城西的一座监狱负隅顽抗，另一个群体则在天文台附近拼死挣扎。得知援军已经上路的消息后，施塔赫尔指挥着士气有所提升的部队，开始一次次地试图撕开西边的苏军防线。与此同时，"托尔斯多夫战斗群"仍在不懈地向东反复冲击，试图与突出来的守军建立联系。除与苏军作战之外，托尔斯多夫还得分出部分兵力，清剿在维尔纽斯西面不断骚扰的"波兰救国军"所部。[26]

瓦尔登费尔斯带领的“突击”战斗群在7月15日清晨6时准时出发（据说莱因哈特本人曾亲自随着“突击”战斗群行动），一路狂奔30余英里后，利用苏军第72步兵军与第65步兵军防线之间的空隙，杀进并夺取了伊夫，随后突入维尔纽斯正西面的雷康第（Rykonty，距维尔纽斯西郊仅8英里）地区。苏军第29坦克军立即赶来阻击，但被杀红眼的德军迅速击溃，德军“打援”战斗群也向对手进行了猛烈的炮击。上午11时，瓦尔登费尔斯的先头部队在突破了苏军三层防线后，终于与托尔斯多夫建立了联系。托尔斯多夫本人当时正在沃利（Voly）高地与对手厮杀，竭力接应正朝该方向突围的维尔纽斯守军。施塔赫尔带领部分守军经过激战，终于突出了城西的苏军防线，于17日上午与托尔斯多夫的接应部队合兵一处。这些德军试图渡过维利亚河，但由于只有一条渡船，苏军也在河岸不远处追杀和炮击，许多士兵情急之下跃入水中泅渡，这个过程中先后有不少人溺毙或被炸死。托尔斯多夫率部阻击追兵，同时严令确保伤病员优先登船，由此拯救了许多病患的性命。瓦尔登费尔斯率部赶到后，命令工兵营立即架设浮桥，第6装甲师的战斗群也与托尔斯多夫所部共同承担起阻击对手的责任。17日下午1时，瓦尔登费尔斯带来的运输车队开始把伤病员朝考纳斯转运，到入夜时分，所有突围成功的德军都已过河，为收容掉队者，托尔斯多夫还派出小分队到维利亚河南岸纵深活动。当日子夜，托尔斯多夫所部搭乘第6装甲师“突击”战斗群的坦克和装甲运兵车开始朝考纳斯撤退，他本人是最后一批渡河回撤的人。

维尔纽斯守军中约有3000人逃生成功，另有约12000人丧生或被俘。[27]虽然维尔纽斯守军多半被歼，最后仅有不足30%的人逃离绝境，但在东线战场一片糜烂的情况下，成功推迟苏军夺取维尔纽斯的时间，守军不致全军覆灭，还是被德军最高统帅部视为一场胜利（至少是精神上的）。国防军7月15日的战况公报曾有这样的记载：“……立陶宛首都维尔纽斯的勇敢的守军们，在指挥官施塔赫尔的率领下，经过5天的顽强抵抗后按照命令冲出了优势苏军的包围圈。他们成功突破到维尔纽斯以西，与负责接应的托尔斯多夫中校的部队建立了联系。这些作战部队的职责感和坚韧性值得最高程度的认可……”

维尔纽斯之战是托尔斯多夫军旅生涯的巅峰之战，他所表现出的勇敢令人印象非常深刻，执行命令时的坚决态度以及组织攻防的能力都受到了上级的好评。7月18日，最高统帅部宣布授予施塔赫尔第79枚双剑骑士勋章（同时擢升为中将），托尔斯多夫则成为第80位双剑骑士，同时被晋升为上校。一个有趣的现象是，在二战的后半程，德军在颁授双剑和钻石骑士勋章等高规格勋章时，越来越倾向于褒奖那些服从命令，不惜一切代价固守阵地或城池的指挥官，如果坚守之后还能奉命成功突围，获得高级战功勋章的机率就会大增——吉勒以科韦利防御战和成功突围而获得第12枚钻石骑士勋章，胡贝以卡缅涅茨-波多利斯基突围战成为第13名钻石骑士，拉姆克更因法国布雷斯特要塞的浴血保卫战而在1944年9月的一天之内连获双剑和钻石骑士勋章等。托尔斯多夫也因维尔纽斯一战成名，被纳粹宣传机器称作“维尔纽斯雄狮”。

顺便需要指出的是，有些资料声称最后突破苏军防线，打通维尔纽斯守军逃生走廊的除第6装甲师外，还有施特拉赫维茨亲自率领的“大德意志”装甲团。[28]“大德意志”装甲团的豹式装甲营确有参战，但战场上不可能出现施特拉赫维茨的身影。这位传奇人物在1943年11月即因健康原因（实际上是与师长不合及伤势复发等）辞去了装甲团团长之职。盟军在诺曼底成功登陆后，施特拉赫维茨曾奉命来到西线，接替受伤的拜尔莱因出任装甲教导师师长。他在西线一直待到7月底，之后才应北方集团军群指挥官舍尔纳上将的要求返回东线北方战场，因而施特拉赫维茨不可能参加维尔纽斯的救援战。在1944年8

月中下旬的德军"双头作战"中，施特拉赫维茨倒是率领装甲战斗群出现在拉脱维亚，并以迅雷不及掩耳之势夺取了里加湾岸边的重镇图库姆斯，为初步打通北方和中央集团军群的陆路联系立下了头功。第1步兵师原本奉命准备参加"双头作战"，但由于其他方向出现了危机，该师作为"仍有较强战斗力的步兵师"被改派至他处救援。不过，这一切与托尔斯多夫都没有太大的关系，他在8月初奉命来到狼穴大本营领受双剑骑士勋章，希特勒在授勋仪式上首先感谢了他在维尔纽斯之战中的贡献，嘉勉几句后便命令他离职参加师级指挥官的"速成"训练，要求他准备承担更大的职责。

阿登反击战及最后的抵抗

托尔斯多夫在1944年9月完成了师级指挥官培训，之后奉命前往东普鲁士的托恩（Thorn），负责完成第340国民掷弹兵师的最后组建工作。所谓的国民掷弹兵师是一种新型陆军师，德国推出这种建制的目的一方面是为了提振国民和部队的士气，另一方面也有继承普鲁士-德国陆军的"掷弹兵"传统的考虑。二战进行到1944年下半年时，德国在人力资源方面面临着极大的困难，为更好地利用有限的兵源和装备，国民掷弹兵师只有6个营的步兵（之前的标准步兵师有9个营），武器方面主要装备轻机枪、轻型自动武器和反坦克炮，凸显出此刻的德军以防御为主的特征。国民掷弹兵师中除军官和军士多为老兵以外，普通士兵要么是年纪太大、太小或以前被认为根本不适合服役之人，要么是海军和空军富裕出来的地面人员，也有一些是伤势痊愈但无队可归者。托尔斯多夫任师长的第340国民掷弹兵师，就是这一阶段组建的50个同类师中的一个，但该师有特别之处，它是在已部分完成的第572国民掷弹兵师的基础上组建的，因而比同类师拥有更多的老兵。[29] 托尔斯多夫的手下包括第694、第695和第696等三个步兵团，以及第340炮兵团、工兵营、反坦克炮营和通信营等，在同类师中战斗力算是比较强的。

10月初，美军第30和第1步兵师以钳形攻势包围了亚琛，经过3周激战，亚琛在10月末成为第一座被盟军攻克的德国本土城市，通向鲁尔工业区的大门也随之被撞开。为阻止美军进入鲁尔工业区，德军把亚琛以东的许多城镇、农场和村庄变成了堡垒，以四通八达的战壕相连，中间是纵深配置的反坦克堑壕和雷场。一批部队被调到这一区域布防，托尔斯多夫的第340国民掷弹兵师就是其中的一个。他在11月中旬率部来到亚琛东北的具利克（Jülich）布防，与第81军的其他部队一起阻击美军，这些部队虽然损伤惨重，但在嗜血的堑壕战中还是拖住了美军，使对手突入德国本土和跨越莱茵河的作战计划被完全打乱。托尔斯多夫负责防御的具利克在盟军地图上仍被标注为坚固的要塞，但实际上，这里曾经牢不可破的城堡早在1860年即被拆除。为避免重大伤亡，美军第9集团军决定将具利克从地图上抹去——11月16日下午，美军向具利克投掷了约4000颗炸弹，发射了超过12万枚的燃烧弹，城内燃起的熊熊大火竟日不熄，97%的建筑物被夷为平地，约有4000名平民和德军士兵被炸死。

炮火轰炸和空袭结束后，美军第19军的3个师——第2装甲师、第29和第30步兵师开始向具利克和鲁尔盆地推进。北面的美军第2装甲师沿着通向林尼希（Linnich，位于具利克西北约8英里处）的道路推进；中路的第29步兵师在正面朝具利克城逼近；南面的第30步兵师则以夺取维尔瑟伦（Würselen，位于具利克西南15英里处），而后继续朝鲁尔盆地推进为目标。美军第30步兵师经过4天的苦战夺取了维尔瑟伦，但北面的第2装甲师遭到德军的有力反击，德军预备队第9装甲师在第506重装甲营的虎王坦克支援下，曾一度阻止了美军的继续推进。中路的美军第29步兵师在具利克西面重创了德军第246国民掷弹兵师，对具利克城构成了直接威胁。11月22日，

▲ 摄于1944年秋，双剑骑士勋章得主托尔斯多夫上校。

▲ 摄于1944年秋，德军步兵正朝许特根森林腹地撤退。德军借助这里的复杂环境和天气，与美军第1集团军展开了一场旷日持久的厮杀。

▲ 摄于1944年10月中旬，德军第506重装甲营的虎式坦克停在通向亚琛和盖伦基兴（Geilenkirchen）的路口。虽然莫德尔试图以这些威力巨大的重武器阻止美军包围亚琛的双钳合拢，但还是在10月末丢失了亚琛。

前述3个美军师都已做好了突向鲁尔（Roer）河西岸的准备。有鉴于此，西线德军总司令部指示第81军投入托尔斯多夫的第340国民掷弹兵师，负责接管第246国民掷弹兵师遗留的防线。11月23日，美军第29步兵师的第175步兵团趁着夜色进入了具利克西南的布尔海姆（Bourheim）村，但在子夜时分，第340国民掷弹兵师向美军进行了15分钟的炮击，之后托尔斯多夫发起了反击，虽然未能将美军逐出村庄，但阻止了对手在这个方向的继续推进。此后两日里，双方主要进行了相互炮击，据德军第81军军部估计，美军平均每天发射27500发炮弹，而第81军则还以13410发炮弹。[30] 11月25日，托尔斯多夫所部在布尔海姆北面不远的科斯拉尔（Koslar）村，与美军第29步兵师第115和第116步兵团发生了又一场激战。第340国民掷弹兵师一部与美军进行了刺刀肉搏战，最后被赶出科斯拉尔村，但在26日清晨，托尔斯多夫又一次奉命发起了反击。第81军军长克希林（Friedrich Köchling）命令托尔斯多夫举全师之力夺回布尔海姆和科斯拉尔。这两个村庄及具利克南面的基希贝格（Kirchberg）村构成了具利克城前的最后一道防御屏障。为帮助托尔斯多夫，克希林特意支援给他来自第3装甲掷弹兵师、第341突击炮旅和第301重装甲营的14个炮兵营和28辆坦克与突击炮。得到强援的托尔斯多夫信心倍增，以其惯常的勇猛率部展开反扑，由于

▲ 据信摄于1944年10月亚琛城破前夕，德国平民沿着已成废墟的街道逃难。

◀ 摄于1944年秋，亚琛附近的德军步兵。图中的一名士兵肩扛的是俗称“铁拳”的反坦克火箭筒，这种武器比美军的同类武器杀伤力更大，有些美军部队在缴获这些武器后，也用它们来对付德军的坦克和突击炮。

▼ 摄于1944年10月末，第340国民掷弹兵师师长托尔斯多夫上校在具利克城外的具利克—亚琛公路旁，站在一座民宅的房顶观察美军的动向。

成功压制了美军的炮火，第340国民掷弹兵师的两个团于26日上午分头杀入了前述村庄。10点30分左右，随着天气的逐渐放晴，足以左右战场态势的美军战斗—轰炸机编队出现在上空，没过多久便遏制了托尔斯多夫的继续推进。不过，美军第116步兵团的两个连被托尔斯多夫包围在科斯拉尔，直到次日才被美军派出的援兵解围。几乎与此同时，美军第115步兵团朝具利克城南的基希贝格村发动了突袭（未进行炮火准备），27日下午占据了该村，从而把基希贝格—布尔海姆—科斯拉尔这三个村庄连成了一条完整的防线。托尔斯多夫这时已奉命撤至鲁尔河东岸，仅在西岸留有两个小型桥头堡。美军第2装甲师、第29和第30步兵师到11月28日时都已进抵鲁尔河西岸，但托尔斯多夫留下的两个小型桥头堡直到12月9日才被美军最终铲除。

12月初时，托尔斯多夫师隶属于灿根（Gustaf-Adolf von Zangen）将军的第15集团军，与第9装甲师、第15装甲掷弹兵师和第246国民掷弹兵师一起被部署在集团军的右翼，负责看护鲁尔河地区。在德军即将发起的阿登反击战中，迪特里希的第6装甲集团军担负主攻，突破美军防线后将在列日渡过马斯河，而后再向安特卫普方向推进；曼陀菲尔的第5装甲集团军在第6装甲集团军的南面作战，除保护后者的侧翼外，也担负着突破马斯河后朝安特卫普进军的重任；再往南的第7集团军负责保护前述两个集团军的侧翼。除了这些部队以外，灿根的第15集团军也将参战——当南面的装甲矛头逼近马斯河时，第15集团军将以第9装甲师、第15装甲掷弹兵师和托尔斯多夫的第340国民掷弹兵师为主，在第6装甲集团军的北面发动进攻，以保护迪特里希的侧翼和后方。此外，希特勒还构想在时机成熟时投入荷兰方向的H集团军群，这支德军将从芬洛（Venlo）朝安特卫普进攻，以配合第6和第5装甲集团军的攻势。不过，希特勒的一系列不切实际的"宏大构想"在阿登反击战发起后没多久便无情地落空了，筹划的侧翼辅攻也从来没有机会实施。

阿登反击战在12月16日正式发起，担任主攻的第6装甲集团军受制于地形、道路堵塞和对手的顽强抵抗等诸多困难，进展远远落后于预期。南面的第5装甲集团军的攻势相对更加成功，在艾菲尔附近迫使约8000名美军缴械投降后，该集团军一部在18日逼近了交通枢纽巴斯托涅，但另一部攻打重镇圣维特的作战颇不顺利。德军统帅莫德尔和伦德施泰特对于进展落后于预期，尤其是第6装甲集团军方向的迟缓进度颇为忧虑，18日夜即向最高统帅部表达了悲观看法（私下里他们都认为阿登反击战已经失败）。希特勒虽然对前景仍然表示乐观，但还是下令取消了第15集团军右翼兵团原定的进攻计划，包括托尔斯多夫师在内的3个师奉命做好支援南面战事的准备。

美军第101空降师赶在德军前面抵达巴斯托涅城，随即展开了顽强的抵抗，曼陀菲尔所部未能一举攻克该城，但以重兵包围了这座城池。伦德施泰特要求曼陀菲尔尽快攻克巴斯托涅，同时又不能减缓装甲矛头扑向马斯河的势头。12月25日晨，比托尔斯多夫师先行开到战场的第15装甲掷弹兵师奉命进攻巴斯托涅，该师以极大的伤亡曾推进至距离第101空降师的前沿指挥部仅1公里处，但最后还是功亏一篑。巴顿麾下的第4装甲师次日却在巴斯托涅城南突破了德军防线，建立了一条通向第101空降师的狭窄通道。27日，巴顿手下各师继续攻击围困巴斯托涅的德军，冲垮了第5伞兵师和第26国民掷弹兵师的防线。伦德施泰特命令将托尔斯多夫师、第89步兵师、第9和第167国民掷弹兵师等部调往巴斯托涅附近，在第7集团军的指挥下负责切断美军第4装甲师打开的走廊。1944年的最后几天里，德军在巴斯托涅附近集中了重兵，党卫军第1"希特勒警卫旗队"装甲师和第167国民掷弹兵师在12月30日夜从巴斯托涅东面朝西发动了进攻，但到31

日中午时只取得了微不足道的进展。伦德施泰特认定投入的力量不够强大，于是命令加快调动托尔斯多夫师、党卫军第9"霍亨施陶芬"装甲师及第12"希特勒青年团"装甲师，决心向巴斯托涅城发起最后的一击。莫德尔认为，之前的巴斯托涅攻势基本都是从东、西两面进行的，而美军已朝这些方向增援了大批部队（包括第35、第87和第90步兵师等），另外这些地带的有限的道路也容不下更多的德军，因而建议从巴斯托涅的西北、北面和东北发动新攻势，他认为这几个方向的美军防御能力可能稍弱，地形也更适合展开党卫军装甲部队的坦克与装甲车。伦德施泰特和希特勒对此都没有异议。1945年1月2日，党卫军第1装甲军军长普里斯接过了巴斯托涅周边的指挥权，计划以第26国民掷弹兵师沿乌法力兹至巴斯托涅的公路西侧向南进攻，托尔斯多夫的第340国民掷弹兵师沿布尔西（Bourcy）—巴斯托涅铁路的两侧朝西南进攻，党卫军"希特勒青年团"装甲师则从米尚（Michamps）附近展开攻势；另外，党卫军"霍亨施陶芬"装甲师到位后，将从巴斯托涅西北的隆尚（Longchamps）和莫纳维尔（Monaville）地域朝东南进攻。[31]普里斯要求把进攻发起日推迟到4日，因为"希特勒青年团"师在1月2日夜才陆续抵达（炮兵团要更晚才能到），托尔斯多夫师的若干部队也无法在3日晨全部就位。莫德尔同意普里斯的部署，但坚持要求3日发起进攻。攻势发起前，"希特勒青年团"师仅有26辆坦克和突击炮能够参战，其掷弹兵营平均每营仅120人左右，"霍亨施陶芬"师也只能凑出30辆坦克和突击炮，6个装甲掷弹兵营平均每营约160人。[32]只有托尔斯多夫师因为基本上一直作为预备队被调来调去，兵员和装备的损失并不大。

1月3日上午，托尔斯多夫师和"希特勒青年团"师预备发起进攻，第506重装甲营的一些虎王坦克也奉命赶来助阵。托尔斯多夫把第694和第695掷弹兵团集结在布瓦雅克（Bois Jacques）森林的北面，不想在他完成集结前，美军第101空降师第501伞降步兵团的2营和3营突然从森林杀出，朝东北方向进攻的过程中楔入了托尔斯多夫的集结地。托尔斯多夫立即派第340工兵营驱逐美军，负责提供炮火支援的一个所谓的"国民炮兵军"，也朝着森林东北角发射了大量炮弹，迫使美军撤回出发地。下午1时，托尔斯多夫率部先行进攻，"希特勒青年团"师由于其第26装甲掷弹兵团2营迟到，直到2点才开始进攻。托尔斯多夫所部与"希特勒青年团"师成功突破了美军第6装甲师的防线，占领了米尚和布尔西这两个村庄。美军立即还以颜色，组织重炮猛轰前述村庄。虽然德军斗志高昂，也采取了不惜代价的野蛮进攻方式，但在对手强大的炮火轰击下也只好暂停攻势。德军对美军第101空降师和第6装甲师的战斗力很是赞赏，曾称他们"表现得坚韧不拔，是非常优秀的部队"。巴顿曾在日记中黯然承认"……德军肯定比我们更冷、更饿、更虚弱，但他们的仗打得依然很出色"；不过，成功挡住"希特勒青年团"师的第101空降师的士兵则显得更有豪气，一位参战士兵曾这样写道："……德国佬用炮火和机枪把我们钉死在林间掩体里的同时，他们也就失去了赢得这场战斗的机会。如果双方换位，是我们把他们钉死在掩体里的话，那么我们会毫不犹豫地杀入森林，彻底终结他们。"[33]

1月3日夜，托尔斯多夫所部与党卫军第26装甲掷弹兵团配合作战，朝着巴斯托涅东北不远处的富瓦—马热雷（Foy-Mageret）铁路推进。4日子夜刚过，托尔斯多夫在党卫军的右侧展开攻势，经过10小时的艰难行进和作战，托尔斯多夫率部在上午11时左右抵近铁路，他的另一个营则承担了守卫一座重要的铁路桥的任务。不过，在托尔斯多夫左翼的"希特勒青年团"师所部进展甚微，除不停地遭到炮击和反坦克炮的袭击外，还被美军的战斗—轰炸机机群炸得动弹不得，部队的损失极为惨重，据说有一个营惨到只剩1名军士和20多名士兵。虽然前线部队的战斗力正在急剧下降，但从莫德尔、曼陀菲尔到普里斯的一干高级将领还想再做一次尝试。5日，托尔斯多夫师和“希特勒青年团”师的第26装甲掷弹兵团奉命沿布尔西至巴斯托涅的铁路两侧继续朝西南进攻，后者的第25装甲掷弹兵团与装甲团则奉命从阿泽特（Azette）森林与马热雷北面的森林之间实现突破，以推进至巴斯托涅东北郊的比佐里（Bizory）为目标。托尔斯多夫手下的侦察兵在5日晨发现美军放弃了前夜的防线，还在阵地上遗弃了一些武器装备，于是他命令部队朝富瓦至火车站之间的道路推进。但是，就在托尔斯多夫接近当日的目标时，所部遭到美军周边支撑点的顽强阻击，他只得命令各部就地转入防御。[34] “希特勒青年团”师拿出最后的力量和勇气，将美军第6装甲师所部逐出了马热雷和沃丁（Wardin）。据称这是美军第6装甲师自诺曼底登陆以来第一次未能守住阵地，也是该师参战以来单日伤亡最高的一天。但是，与托尔斯多夫所部的际遇相似，一旦党卫军的坦克和掷弹兵离开村子继续推进，便会遭到美军重炮劈头盖脸地狂轰，惨重的损失使一向玩命的“希特勒青年团”师也失去了进攻能力和继续下去的意愿。

▲ 时间和地点不详，右一为第340国民掷弹兵师师长托尔斯多夫，左一为第66军军长卢赫特（Walter Lucht），左二为莫德尔，左三为第67军军长希茨费尔德（Otto Maximilian Hitzfeld）将军。

▲ 摄于1944年12月的阿登，装备了StG-44突击步枪的德军步兵在作战中。据说图中的士兵来自于托尔斯多夫的第340国民掷弹兵师。

就在巴斯托涅周边的德军倍感疲惫、无力继续进攻的同时，北面的美军第1集团军正向迪特里希的第6装甲集团军施加越来越大的压力，南面的巴顿第3集团军虽然总体上处于守势，但仍在从巴斯托涅努力地向北和向东进攻，试图与第1集团军在乌法力兹会合后拦腰切断德军的阿登突出部。为帮助第6装甲集团军渡过险关，莫德尔在1月5日下令撤出党卫军“霍亨施陶芬”装甲师，所遗防线由第26国民掷弹兵师接管，“希特勒青年团”师也在当夜奉命将防线移交给托尔斯多夫师，之后转为党卫军第1装甲军的预备队。1月6日，托尔斯多夫接过了“希特勒青年团”师的各处防线，并从7日起在巴斯托涅东北方向进行了一系列颇富技巧的延迟阻击战。1月8日，托尔斯多夫所部在数辆虎王坦克的支援下，向美军发起了规模有限的反击，挫败对手的势头之后，第340国民掷弹兵师奉命撤至富瓦至马热雷的铁路线进行死守。第101空降师的第501和第502伞降步兵团在9日试图以钳形攻势夺取富瓦，但在托尔斯多夫的顽强抵抗下，直到13日方才如愿，但托尔斯多夫随即发起的反击又将第101空降师赶出了富瓦！在马热雷方向，美军第6装甲师所部也与托尔斯多夫的一个掷弹兵团展开了搏杀，兵力和装备远逊对手的这个掷弹兵团以令人叹服的表现迟滞着美军，成功地掩护其他部队陆续撤离巴斯托涅周边的战场。美军第90和第26步兵师等在其他方向也与对手陷入了胶着的阵地战，难怪巴顿还曾感慨地说："1945年1月时我们仍有可能输掉这场战争。"

1月16日，南下的美军第84步兵师和北上的第11装甲师在乌法力兹建立了联系，标志着美军第1和第3集团军完成了切断德军阿登突出部的作战目标。但是，美军的成功几乎称得上是一场"空洞的"胜利，德军的拼死抵抗和恶劣的天气极大迟缓了盟军双钳的合拢，乌法力兹以西的绝大多数德军都已设法脱离了险境。或许是受到包围圈合拢的鼓舞，包括第101空降师在内的美军各部当日继续向德军占据的村庄发起进攻，第35步兵师从德军第9装甲师手中夺走了米尚和隆维利（Longvilly），但第101空降师在布尔西附近再次受挫于托尔斯多夫所部，该师还需数日才能夺取布尔西及其北面的哈迪格尼（Hardigny）。不过，到那时托尔斯多夫所部已成功撤离，第340国民掷弹兵师也在1月22日被划归第7集团军的第58装甲军指挥。[35]

在阿登反击战这场失败的豪赌中，托尔斯多夫师可能是防御战中表现最出色、最顽强的部队之一。实力并不算强的第340国民掷弹兵师，在巴斯托涅周边的战场上不仅给美军第101空降师和第6装甲师等精锐部队留下了难以磨灭的伤痛，更是让托尔斯多夫的友军党卫军"希特勒青年团"师为之侧目，那些并不受待见的国民掷弹兵们在某些攻防战中甚至比党卫军表现得更突出，这不能不归因于托尔斯多夫的领军有方、带兵有道。虽说败军之将不言勇，但托尔斯多夫的表现并未被遗忘——1月30日，年方35岁的托尔斯多夫被晋升为少将，以这样的年纪晋升少将高位，在德国陆军中还是很罕见的。

莫德尔指挥B集团军群撤离阿登地区时，他曾恳求希特勒批准他撤往莱茵河东岸构筑新防线，但元首严令坚守齐格菲防线并且不得放弃一寸土地。随着盟军在2月份再次发起大规模攻势，莫德尔清楚地意识到，借助齐格菲防线拒敌于莱茵河以西的梦想根本无法实现。到2月底时，B集团军群的整个防线基本坍塌了，第15和第7集团军及第5装甲集团军无力守住通往莱茵河的接近地。3月初，希特勒终于放松了禁令，允许非战斗人员撤至莱茵河对岸，但要求作战部队必须在西岸继续阻击，莱茵河上的任何一座大桥都绝不能落入敌手。在西岸后卫部队的掩护下，多数德军陆续撤到莱茵河东岸，托尔斯多夫的第340国民掷弹兵师也在科布伦茨西北的安德纳赫（Andernach）附近渡过了莱茵河。

1945年3月7日，美军第9装甲师第14坦克营营长恩格曼（Leonard E. Engeman）中校率领的一支小分队，在莱茵河畔的雷马根"意外"夺取了完好无损的鲁登道夫大桥，从而在德军完整的莱茵河防线上捅开了一个致命的窟窿。负责科布伦茨至杜塞尔多夫之间的莱茵河防线的，正是托尔斯多夫多年前的老师长科茨弗莱施将军，但由于手下没有成建制的部队，他只得依靠一些工兵、高射炮部队和补充连发起反扑。这些反扑无一例外地均以失败告终，工兵和斯图卡轰炸机部队的几次炸桥尝试也未能获得成功。3月9日，莫德尔命令第53军军长拜尔莱因以第11装甲师和装甲教导师残存的装甲部队为主，发起铲除美军东岸桥头堡的反击战。但是，这两个装甲师当时并不在雷马根附近，即便能搞到足够的油料，他们在运动途中也将势必遭到盟军的无情轰炸。不过，莫德尔与新任西线总司令凯塞林还是在积极争取和调遣增援，试图先控制住美军的桥头堡，之后再将其彻底铲除。3月13日至14日，第272和第287国民掷弹兵师赶到雷马根南面的巴特亨宁根（Bad Hönningen）布防，第62国民掷弹兵师和第9装甲师则在雷马根北面的巴特洪内夫（Bad Honnef）

布防，托尔斯多夫的第340国民掷弹兵师也出现在巴特洪内夫东面，与第11装甲师、第106装甲旅、装甲教导师等一起形成了包围桥头堡的态势。

在反击作战的方式以及如何分配补充兵员等方面，莫德尔与拜尔莱因产生了较大的分歧。3月10日时，拜尔莱因曾准备以手头仅有的力量即刻发起反击，但莫德尔反对前者选取的进攻地段，结果一来二去造成了耽搁，随着美军桥头堡兵力兵器的与时俱增，德军的这一反击计划无法实施了。13日，在凯塞林的直接干预下，拜尔莱因再次拟定了铲除桥头堡的作战计划，准备用来自荷兰的第130步兵团及装甲部队的部分坦克发起反攻。但是，莫德尔此时再次介入，他不仅指责拜尔莱因把部队零敲碎打投入战场的方式（拜尔莱因被俘后曾向美军审讯官愤愤地指责莫德尔的头脑根本不清楚），还命令后者把拥有2000人且装备较好的第130步兵团划拨给托尔斯多夫，目的是“帮助第340国民掷弹兵师把战斗力恢复到适当的水平”。[36]也许是托尔斯多夫在阿登的出色表现给莫德尔留下了至深的好印象，这位元帅对他寄予了厚望，不仅把第130步兵团划拨给他，还把从丹麦开来的第160后备步兵师的3个营也纳入托尔斯多夫师的建制。拜尔莱因对莫德尔赏识的托尔斯多夫很不感冒，战后他曾对美军军官称“（托尔斯多夫）不过是靠着用反坦克火箭筒击毁坦克才赢得的声誉”。拜尔莱因称托尔斯多夫师当时仅剩200人，实际上没有武器，更没有重武器或受过这些方面的适当训练，显示出托尔斯多夫是个“不称职的领导者”。[37]不过，看法归看法，拜尔莱因还是服从地把第130步兵团交给了托尔斯多夫，并把桥头堡以东通往高速公路的地带划归后者看护。拜尔莱因战后坦承，随着第130步兵团这支有战斗力的部队转入防御，他深信已经没有铲除美军桥头堡的任何可能了。

▲ 摄于1945年2月，西线总司令伦德施泰特（左）与第1伞兵集团军指挥官施勒姆（Alfred Schlemm）将军。施勒姆的集团军在阻击蒙哥马利所部渡越莱茵河的作战中表现非常突出，但雷马根的莱茵河大桥的意外失守，还是令伦德施泰特被解除了职务。

▲ 摄于1945年3月，雷马根的鲁登道夫大桥。德军俘虏抬着伤员向战俘营走去，在中间行进的是美军士兵。

由于雷马根大桥的意外失守对莱茵河防线造成了致命影响，希特勒不仅解除了伦德施泰特的西线总司令职务，还派出特别军事法庭前来兴师问罪，B集团军群有5名将校因为未能及时炸毁大桥而被逮捕或被处以极刑，就连莫德尔本人也被盘问了一整天。自此，上至将军下到少尉的所有军官，都把相当多的时间、精力和人力用来炸毁撤退途中的各种大桥，即便这些行动有时候在军事上显得毫无意义，且对最后阶段的作战造

◀ 摄于1945年3月18日，托尔斯多夫从希特勒手中接过第25枚钻石骑士勋章的场景，中间的是凯特尔元帅。托尔斯多夫同日被晋升为中将，希特勒则在10余天后自杀。

▲ 摄于1945年4月末，随着美军逼近和杀入阿尔卑斯山区，越来越多的德军开始向美军投降，图中的德军军官正与第101空降师第506伞降步兵团的军官交涉，地点约位于巴特赖兴哈尔（Bad Reichenhall）。

◀ 摄于1945年3月末，率先夺取雷马根大桥的美军第9装甲师在突出桥头堡后，攻入科布伦茨北面的本多夫（Bendorf）城时的一幕。

▲ 摄于1945年3月27日，美军第9装甲师突出莱茵河桥头堡后，正沿着高速公路朝东面的林堡（Limburg）推进。

成了很多负面影响。胆战心惊的军官们已达成一项“共识”，即便战争已确定无误地输掉了，也务必要确保自己不致因未炸毁某座大桥而被枪毙！托尔斯多夫此后也“识相地顺应潮流”，巴伐利亚兰茨胡特（Landshut）附近的一座大桥便是毁于他手，令他始料未及的是，这一举动倒是成为他在战后被起诉的罪状之一。

3月18日，拜尔莱因的第53军奉命撤出前沿，托尔斯多夫师也随之向北调动，来到科隆和波恩东面布防。当日，莫德尔打电话给托尔斯多夫，祝贺他已成为第25位钻石骑士勋章得主，同时命令他立即飞赴柏林面见希特勒。托尔斯多夫还在同日被晋升为中将，成为普鲁士–德国军事史上最年轻的陆军中将。待托尔斯多夫返回前线之后，却发现形势出现了完全逆转——莫德尔之前曾判断，对手从雷马根桥头堡冲出后将朝北进攻波恩和科隆，但美军却选择了沿高速公路继续向东突破！莫德尔急令第53军南下，要求拜尔莱因在阿尔滕基兴（Altenkirchen）周边布防。这样，托尔斯多夫师又随着第53军在路上折腾了一回，其结果是在任何地带都没有发挥显著的作用。4月1日，托尔斯多夫被任命为第82军军长（隶属于G集团军群的第7集团军）。该军在3月15日时还辖有第256国民掷弹兵师、第416步兵师、党卫军“北方”山地步兵师及一批配属部队，但一个月后就只剩下第416步兵师和第36国民掷弹兵师。[38]

如果后人认为德军的抵抗在1945年4月初即告崩溃，那么史实证明这个认识并不准确——欧洲战场上的美军当月共有10677名官兵阵亡（与1944年6月的人数大体相当），而之前的1945年1月至3月加起来也只有不到3000人丧生。[39] 这组数字清楚地表明德军在1945年4月仍在负隅顽抗，真正的崩溃是在4月的最后10天里才出现的。只要还有枪支弹药和油料，德国人就会战斗，就会将西方盟军和苏军一起拉入死亡的深渊；凯塞林这样的指挥官仍在履行着所谓的对国家的责任和对元首的效忠誓言；托尔斯多夫这样的野战军军师长们仍在坚守阵地和岗位；成千上万的普通士兵也仍在进行毫无胜算的血腥挣扎。整个4月间，托尔斯多夫率领的第82军，在凯塞林的指挥下竭力阻挡盟军的推进。美军第7集团军以迅猛的势头完全隔离了德军第1和第7集团军，廓清了朝班贝格（Bamberg）和纽伦堡两翼展开攻势的障碍。德军最高统帅部命令G集团军群指挥官舒尔茨（Friedrich Schulz）组织一个突击战斗群，由托尔斯多夫率领向北突击，切断正朝符尔兹堡推进的盟军。[40] 凯塞林认为这一命令根本不切实际，说服大本营放弃了这一计划。4月15日，托尔斯多夫的第82军无力阻挡美军第7和第3集团军在正面与侧翼发起的双重打击，同时他的第36国民掷弹兵师和第416步兵师被困于班贝格一带。凯塞林命令托尔斯多夫率部向南突围，他还在17日把第82军和党卫军第13军部署在高速公路的南段布防。不过，由于党卫军第17装甲掷弹兵师的一个主力团被调至纽伦堡方向，托尔斯多夫所部与党卫军的防线之间出现了缺口，美军的一个步兵师迅速穿插，迫使托尔斯多夫继续南撤。在距多瑙河北岸不远的雷根斯堡（Regensburg），托尔斯多夫所部再遭重创，直到附近工兵学校的学员及党卫军第38“尼伯龙根”（Nibelungen）师合力发起反扑，才暂时挡住了美军的迅猛势头。

战争进行到收尾阶段时，西方盟军统帅们最担心的莫过于退往阿尔卑斯山区的德军与从意大利撤至同一地区的德军会合起来，凭借复杂的地形和坚固的防御工事，在某些“誓死战斗到底”的狂热将领指挥下，进行玉石俱焚式的疯狂抵抗。事实上，在战时的德国和战后的西方一直流传着所谓的“国家堡垒”（National Redoubt）一说，尽管无人确知这个最后的堡垒是否存在以及它到底在哪里，但人们声称纳粹政府在这里囤积了大量的粮食、武器装备和弹药，希特勒准备在此进行最后的“圣战”。“国家堡垒”是否存在以及希特勒的意图到底是什么，这些都无关紧要，但西方盟军当时对于堡垒存在的可能性丝毫不敢掉以轻心，事实上，自要求德国无条件投降的那一刻起，盟军对对手最后的负隅顽抗之地便给予了高度重视。盟军最高统帅部认为这个堡垒的中枢位于希特勒乡间别墅所在的贝希特斯加登，以这里为核心向外围扩展，大体呈东西走向的蒂罗尔（Tyrol）—巴伐利亚、奥地利和意大利交界处的阿尔卑斯山脉构成了所谓的“国家堡垒中心”。盟军估计，这个“国家堡垒中心”构筑有许多纵深搭配的防御阵地，当然，雄伟的阿尔卑斯山本身就为德军提供了“一夫当关、万夫莫开”的机会。盟军还认为“国家堡垒中心"的外围存在着一条所谓的"最终掩护线"，其范围东起维也纳的南北两侧，北至拜罗伊特（Bayreuth）、纽伦堡和乌尔姆（Ulm），西至瑞士边境，南至意大利的阿尔卑斯山南麓。令盟军统帅们忧虑的是，一旦德国南部、意大利北部以及捷克、奥地利和巴尔干等方向的德军退入"国家堡垒"，至少在名义上会有100个师的对手隐伏于山地丛林和坚固的防御工事间，其中还将包括德军剩下的多数装甲师和党卫军部队。赶在德军前面尽快杀入阿尔卑斯山区，便成为西方盟军在最终胜利前的一大任务。[41]

如果说"国家堡垒中心"和"最终掩护线"都确有其事的话，那么盟军在4月中旬事实上已突破了"最终掩护线"——掩护线以内的纽伦堡和雷根斯堡都已落入盟军之手，西面掩护线上的斯图加特也被包围。到4月21日凯塞林命令西线残部撤入阿尔卑斯山区时，美军第6军和法军第2军在瑞士边境附近合围了没剩几个师的德军第24集团军，并决定性地挫败了德军第19集团军的残兵败将，西面的"最终掩护线"被彻底洞穿，从西面直通"国家堡垒中心"的道路已完全敞开。美军第15军和第21军分居左右，自北向南稳健地穿插，到4月26日时已全歼德军第719和第89步兵师，重创了党卫军第17装甲掷弹兵师，第198、第79、第2步兵师等，托尔斯多夫手下的第416步兵师也同样遭到沉重的打击。美军的这两个军在5月2日发起了夺取萨尔茨堡和贝希特斯加登的奔袭作战，他们在撤退中的对手后方进行穿插，一天之内就俘虏了约6万名德军！与此同时，从西向东进攻的美军第6军一鼓作气夺取了奥地利的兰德克和因斯布鲁克，5月3日时，该军一部在意大利边境的阿尔卑斯山隘口布伦内罗与北上的美军第88步兵师会师。当时参战的美军准将简金斯（Reuben E. Jenkins）战后曾写道："……随着因斯布鲁克、兰德克和布伦内罗隘口相继被攻克，德国人试图守住'国家堡垒中心'的一切计划现在都没有实施的可能了。G集团军群指挥官舒尔茨将军受够了这一切，他在5月3日晚些时候致电凯塞林，请示应与哪位美军将领协商投降事宜。"[42] 5月4日和5日，萨尔茨堡和贝希特斯加登被美军第15军所部先后攻克。

5月5日，德军第1集团军指挥官弗奇（Hermann Foerstch）代表舒尔茨出现在美军第6集团军群指挥官德弗斯（Jacob L. Devers）将军的总部，除签署无条件投降的协议外，弗奇还请求德弗斯和美军第7集团军指挥官帕奇（Alexander Patch）为阿尔卑斯山区的德军提供食物。弗奇称G集团军群自己还有6天的存粮，而纳粹政府那些巨大的地下仓库里已没有任何存粮了。美军将领们闻言颇为吃惊，接着询问弗奇阿尔卑斯山里大约有多少德军。弗奇估计各种各样的残部加起来至少有25万人，但可能会多达35万人（这个数字更接近美军实际俘虏的数字）。当时，这一数字曾令德弗斯和帕奇等人大感震惊——如果这些德军被疯狂的将领们组织起来再度抵抗，那将是一支足令美军付出惨重代价的可怕力量。令美军将领们同样难以置信的是，在被吹得神乎其神的"国家堡垒"里，短时间里聚集的25万兵力竟然这么快就放下武器投降了。据说，德弗斯将军当时曾正色道："你们必须明白这是无条件投降！"而弗奇也有些激动地答复说："……我向你保证，先生。我没有任何力量能够对抗这一要求。"[43]

战后岁月

1945年5月6日，美军第101空降师的三名士兵在距贝希特斯加登南面几公里处发现了一辆被遗弃的消防车，他们开着这辆车穿过了德奥边境的希尔施比奇尔，最后在一座被炸毁的大桥前停了下来。不久，这三人被附近的党卫军士兵抓获，其中的一名伞兵巴恩森（McFarlan Barnson）粗通德语，他一再解释说战争已经结束，但对方死活不肯相信。他们随后被带进山中的一座农舍，在这里见到了第82军军长托尔斯多夫中将。此时，托尔斯多夫的身边聚拢了第36和第256国民掷弹兵师及第416步兵师的残部，还有一些空军和党卫军的散兵，总数大约在1200人左右。[44]据说，巴恩森一整个晚上都在与托尔斯多夫谈论投降的事，军士长波文（William H. Bowen）和伞兵巴克（Harry A. Barker）则连比带划地与德军士兵们“交换战斗故事”。第二天一早，托尔斯多夫将巴恩森和巴克放了回去，让他们带一名军官来，波文则被扣作人质。两名伞兵步行返回贝希特斯加登后向师部汇报了情况，师里随即指派一名上尉前来受降，但托尔斯多夫认为这名军官的军衔太低，要求对方至少派出一名上校军官。接近中午时，第101空降师第506伞降步兵团团长辛克上校（Robert Sink，战后升任中将和驻巴拿马美军总司令）赶到，他接受了这部分德军的投降，托尔斯多夫按照辛克的命令把武器弹药集中在指定的地方，然后向官兵们发表了本章开头的那一通告别演说。

托尔斯多夫所部分乘30余辆卡车“大摇大摆地下山了”，他的座车走在最前头，身后每辆车都装满了官兵及行李和烟酒等物品。为便于

▲ 摄于1945年5月初，一辆美军吉普车行进在贝希特斯加登附近的山间公路上，远处背景中的山峰名为凯尔施泰因（Kehlstein）山，顶峰的建筑就是俗称“鹰巢”的希特勒乡间别墅。

▲ 摄于1945年5月，美军第101空降师第506伞降步兵团的部分官兵进入贝希特斯加登镇的情景。图中右侧的建筑物在笔者2013年夏造访该镇时依然存在。

▲ 摄于1945年5月初，第82军军长托尔斯多夫（左二）投降后与美军第101空降师第506伞降步兵团团长辛克（Robert Sink）上校（右边头戴钢盔、双手叉腰者）交谈的场景。

▲ 摄于1945年5月初，托尔斯多夫（右二）向美军第101空降师第506伞降步兵团投降后，在地图上向该团团长辛克上校（正中）介绍所部的位置等情况。

▲ 摄于1945年5月8日，凯塞林（中）在贝希特斯加登向第101空降师投降后，与该师师长泰勒（Maxwell D. Taylor，右一）少将和助理师长希金斯（Gerald Higgins，左一）准将合影。背景是雄伟的阿尔卑斯山，凯塞林的脸上依然挂着招牌式的微笑。

集中俘虏及其随身武器，辛克允许全副武装的德军士兵监督整个过程，德方军警甚至还在指挥交通，这一幕令路旁的美军大兵们看得目瞪口呆。有美军媒体曾报道："……托尔斯多夫的部属们傲慢地守护着他们的财物。一名德军中尉带着党卫军的一个军警分队负责卸车。从他们的大堆物品中还掉出了一面崭新的万字旗。有个美军士兵好奇地凑上前去，那名德军中尉对他说：'你们需要一条船才能把这些战利品运回家！'这个士兵则称：'我们早都准备好船了！'"[45]有资料曾介绍说，随托尔斯多夫所部一起下山的还有许多女孩子（被称为"托尔斯多夫的女朋友们"），甚至还有个德军军官想同一名美军军官交换佩枪。

1947年5月9日，在被美军拘押两年后，托尔斯多夫获得了自由。早在1944年，托尔斯多夫便将妻子和1941年出生的长子从东普鲁士送到多特蒙德附近的伍珀塔尔（Wuppertal）定居。托尔斯多夫回到伍珀塔尔后，发现很难找到理想的工作，为维持全家的生计，他开始为一家运输公司开货车（有资料称这家公司是其岳父经营的）。随后他又当过长途货车司机，在一次严重的交通事故之后，他在建筑行业谋得了一份差事。与他一起工作的人们，都不知道这个身材高大之人曾是最年轻的中将和钻石骑士勋章得主。

生活虽然艰辛，但总算平静，不过麻烦还是很快找上门来。1952年4月，西德的一家报纸率先披露了战争结束前夕发生在巴伐利亚艾森岑特（Eisenarzt）村的一桩往事，当时有个上尉被一名德军高级指挥官下令处决。巴伐利亚州特劳恩施泰因（Traunstein）的地区法院要求州警展开调查，事件的矛头很快指向了托尔斯多夫，后者也于1952年12月10日在伍珀塔尔被批捕。[46]托尔斯多夫承认自己在1945年5月3日下令处死了名为霍尔茨海（Franz Xaver Holzhey）的国防军上尉，但声称后者当时穿的是百姓服饰，因而被视为逃兵。巴伐利亚警方认为托尔斯多夫所言与相关证词存在较大出入，调查中还发现他与另外两起事件也有牵连：其一就是前面提到的在兰茨胡特毫无必要地炸毁一座大桥，另一事件是托尔斯多夫曾于1945年4月在杜塞尔多夫下令执行了另一起枪决。不过，警方决定集中精力专攻霍尔茨海一案，同时申请长期拘押托尔斯多夫，以防"纳粹分子窜供"。

1950年代初时，前国防军可以说就像一个难解的谜团，军官团和普通士兵无不声称自己"干干净净且没有犯下任何战争罪行"，一些前将领撰写的回忆录和众多老兵组织的不懈努力，甚至还为国防军官兵营造了"普通一兵的英雄形象"。此外，大批官兵此时仍被苏联和西方拘押，老兵组织和一些投机政客都强烈要求释放这些人，他们的活动某种程度上制造了"国防军官兵也是战争受害者"的氛围。因此，西德的总体舆论是有利于，甚至是同情前国防军的。在这种政治气候下，托尔斯多夫被逮捕收监就显得不同寻常了，警方和检方都要面临着很大的压力和阻力。

1953年4月，托尔斯多夫因健康原因暂时获释。他在战时曾14次负伤，医生出具的病例载有这样的文字："……托尔斯多夫的右侧大腿曾中弹，右脚曾被冻伤，几个脚趾头曾被截去，左膝曾中弹，头部和鼻子右侧曾遭弹片炸伤，腹部也曾中弹……"[47]尤其是头部所受的重伤一直都在困扰托尔斯多夫，但检方却认为他在使诈，声称他在最后的日子里"精力非常充沛，显然身体状况极佳"。[48]不过，托尔斯多夫在多家医院辗转治病也确属实情。由此可见，司法当局试图将托尔斯多夫"绳之以法"的决心还是很大的。

1954年6月21日，托尔斯多夫一案在特劳恩施泰因法院正式开庭审理。新闻媒体对此案很有兴趣，以很大的篇幅报道了托尔斯多夫火箭般蹿升的军旅生涯，以及他曾获得最高战功勋章并14次负伤的事实。此外，出庭作证的凯塞林和前第1集团军指挥官弗奇也引起了媒体的兴趣。有趣的是，有媒体还就前线官兵所面对的压力、流血和挥汗如雨，与法庭外面油绿的草坪所代表的和平生活进行了意味深长的比较。托尔斯多夫在法庭上首先描述了他的第82军在最后的日子里的态势，声称有必要维持纪律和强化士兵的抵抗意志，"唯有如此，才能保证成千上万的官兵和平民能从东南欧和捷克撤至阿尔卑斯山区"。在描述霍尔茨海被枪杀的事件时，托尔斯多夫称这位曾是一战老兵的上尉已年约六旬，当时他手举白旗，出现在第82军一部设在艾森岑特村口的几门大炮前。霍尔茨海被带到托尔斯多夫的指挥部后，却声称是艾森岑特的村长要求他在附近的医院前竖起两块牌子，希望医院能够免受炮击。托尔斯多夫在法庭上称，虽然自己记不清上尉所举的一定是红十字会的白旗，但记得曾有命令说任何手举白旗之人都可被立即枪毙，因而认定自己可根据这一命令惩处霍尔茨海。当法官质问他为何不搞清楚霍尔茨海怎么会一身平民装束（实际上是在休假）时，托尔斯多夫答称，自己宣布枪决令时，上尉一言不发，使他想当然地认为后者显然认罪。另外，托尔斯多夫称自己当时的压力非常大，根本没有细想枪决令是否合法，"我每天要抽60至70支香烟，还喝很多咖啡"，托尔斯多夫这样为自己辩护。

陆续出庭的证人也从各自的角度描绘了当天的事件。弗奇和托尔斯多夫的军参谋长在出庭时，对托尔斯多夫作为个人和军人的品质给予了绝对肯定。庭审在6月22日继续进行，凯塞林出庭作证时，借助一幅地图向法官解释战争结束前的态势，他的结语是："托尔斯多夫在那种情况下执行枪决，不仅允许，也有必要。"据称，凯塞林发言期间，高大挺拔的托尔斯多夫（据说他的身高约为2米）一直笔直地站在他的身边。凯塞林之后是一名关键证人，即当时的艾森岑特村村长艾京格尔（Franz Egginger）。这位村长断然否认自己曾让霍尔茨海到医院前挂起红十字会白旗，还说直到今天自己仍对托尔斯多夫的粗暴态度感到愤怒——当时，托尔斯多夫曾冲着他大骂："这里还在打仗，你们这些胆小的猪猡！"[49]庭审第三天，托尔斯多夫称自己为霍尔茨海上尉之死感到懊悔，但自认所作所为没有任何违法之处。3小时后，陪审团宣布，鉴于托尔斯多夫未经军法审判便处决了霍尔茨海上尉，也没有给后者机会解释所发生的一切，因而裁定托尔斯多夫的"谋杀罪"罪名成立，处以3年半有期徒刑。

这一判决引起了一些舆论的批评，不少人认为枪杀霍尔茨海的行动固然错误，但必须结合托尔斯多夫当时的处境来看待其行为，当时的政治体制应为这一不幸事件负责，而不应由他本人承担过失。入狱3年半的判决还引起了一些前国防军将校的愤慨，这些人当时正为重整军备、组建新军而努力，他们认为对一向勇敢的前钻石骑士勋章得主托尔斯多夫的判决，势必将在国内引发大的争议，从而对组建新军和征兵造成不良影响。还有传言说，阿登纳总理的军事顾问布兰克正有意把这位年轻的前中将招入新军。

1956年6月10日，西德联邦上诉法院推翻了特劳恩施泰因地方法院的裁决，责成地方法院重审。在等待重审期间，托尔斯多夫生于1944年的次子于尔根（Jürgen Tolsdorff）不幸意外丧生，使原定于1957年4月开庭的日程被一再拖延，直至1958年9月23日才再度开庭。[50]这次审判引起的舆论关注更胜前次，法庭旁听席上人满为患，新闻媒体也进行了广泛的报道。托尔斯多夫在法庭上再次声明，自己并不知道霍尔茨海挂起的是一面红十字会旗，他接到的报告是一面白旗或类似的标识物，此外他还称自己并不了解艾森岑特附近有一座野战医院。特劳恩施泰因的首席检察官呼吁法庭维持原判，但托尔斯多夫的律师一再主张无罪。9月29日，法官施密特（Friedrich Schmidt）博士根据陪审团的意见，宣布"根据1957年7月17日通过的大赦法案，对托尔斯多夫免于起诉"。不过，巴伐利亚州总检察长和州司法部对这个结果感到不满，尤其是他们认为特劳恩施泰因法院援引的大赦法案并不适用于中将级的托尔斯多夫（法案仅适用于下级军官）。1959

▲ *摄于1958年9月，托尔斯多夫正等待出庭接受庭审。这次的结果是"免于起诉"。*

▲ *图为1945年5月3日被托尔斯多夫下令枪决的国防军上尉霍尔茨海。*

▲ 摄于阿尔卑斯山间艾森岑特的一幅近照，图为后人在霍尔茨海当年被杀的地方竖起的纪念铭牌，前方不远处种有一棵尚未成材的纪念枫树。

▲ 拍摄时间不详，托尔斯多夫在伍珀塔尔的家中向人展示自己当年领受勋章时的照片。

▲ 托尔斯多夫位于伍珀塔尔公墓中的墓碑。第一行文字是“勇敢与忠诚”，下面是名字、退役中将军衔和生卒年月。最下面两行中的于尔根是托尔斯多夫的次子。

年10月13日，联邦上诉法院再次驳回了地方法院的裁决，要求再度听证和审理。1960年5月30日至6月3日间，托尔斯多夫又一次出现在特劳恩施泰因法庭的陪审团面前。州检察官主动将刑期从3年半减为两年半，希望以此让步来增加胜算，但是，法官在6月3日宣布，因证据不足，托尔斯多夫无罪获释。

托尔斯多夫案在1954年第一次开庭审理前，西德已有过三起鲜为人知，或者说很少受到关注的审判将领的个案，即1948年9月审判前装甲兵将军巴尔克一案，1948年11月对少将许布纳（Rudolf Hübner）的审判，以及1953年1月对少将本塔克（Georg Benthack）的审判。当时，尽管公众对审判党卫队、盖世太保和纳粹高官的必要性已毫无争议，但对审判国防军的前将领还是感到不满。大约从1954年9月起，西德民众对前将领们一度所持的“同情”立场发生了激变，国内出现了彻底清算军国主义、反对重整军备、反对前国防军将领的浪潮，在此期间发生的几件审判都引起了广泛关注。除托尔斯多夫一案的再审和三审外，还有1957年10月舍尔纳在慕尼黑被裁定入狱4年半，1959年8月曼陀菲尔在杜塞尔多夫被判处18个月有期徒刑等案例。值得注意的是，巴尔克、托尔斯多夫、舍尔纳和曼陀菲尔等人都是曾获钻石骑士勋章的前高级将领，曼陀菲尔在1953至1957年间还是著名的老兵领袖和国会议员。尽管如此，西德司法机构还是毫不犹豫地拿他们开刀，彰显了独立司法在直面前将领群体的战争罪责时的基本态度。1949年纽伦堡审判时，普通德国人还认为那是“胜利者对战败者的审判”，1954年后，西德司法机构（包括舆论）开始直面一度被“漂白”的国防军，锲而不舍地追究将领们在战争的最后阶段里，以维持纪律为名草率实施的行刑。除了民情舆论和国际政治环境变化等因素外，恐怕这也与德国人敢于直面过去，深刻检讨整个民族的战争罪行等不无关系。相较之下，罪行不亚于纳粹德国的日本，却又是怎样的态度呢？在二战结束将满70周年的今天，人们看到的仍然是拒不承认侵略行径，甚至美化其作为的倭人的丑陋嘴脸。

托尔斯多夫是一名勇敢的战士，他从未刻意回避过自己应当承担的历史责任。在一审中，他曾宣称"愿承担霍尔茨海上尉一案的全部责任，希望法庭量刑时不要考虑我的头部曾受重伤的因素"。尽管1945年5月8日时他曾向官兵们说"你们有资格享受长久快乐的和平生活"，但自己还是被官司缠身长达8年之久，而且长时间里都在为生计挣扎。当法院在1960年6月宣布他无罪之后，托尔斯多夫很快受聘于德国沥青公司，次年成为该公司卡尔斯鲁厄分部的主管，8年后的1969年，他又调至公司的多特蒙德分部担任主管，直到1974年65周岁时退休。1978年5月25日，69岁的托尔斯多夫在多特蒙德离开了人世，6月1日被安葬在伍珀塔尔的普通公墓里。

在离世前的1977年，托尔斯多夫的长子——伍珀塔尔当地一位出名的耳鼻喉科医生——为他带来了一个孙子，这个名叫蒂姆（Tim Tolsdorff）的孙子现在柏林从事新闻行业。蒂姆2010年曾在波茨坦的报纸上发表过两篇关于祖父的文章，他称自己根本不了解祖父，但小时候听父亲说过，祖父在老兵群体那里有着"明星"般的地位："老兵们聚会的时候，当托尔斯多夫进入会场时，那些老兵们纷纷爬上凳子或桌子，一边拍巴掌，一边使劲地跺脚，就好像他们在迎接某个大明星似的。"[51] 蒂姆从父亲那里得到的对祖父的模糊印象，在他2009年7月接到一位老兵的电话后得到了深化。当时，一位名叫博鲁陶（Gottfried Boruttau）的老兵自称曾在托尔斯多夫任职的第1步兵师服役，与蒂姆的祖父有过密切交往。88岁的博鲁陶带着感情地向蒂姆回顾了自己与托尔斯多夫的接触，除了描绘列宁格勒战场当年的艰苦和生死挣扎外，他还说："……你的祖父从不要求下属做自己无法完成的事情，他处处关心他人，与下属官兵的关系十分密切，而且这种关系让他感到很光荣。他的勇敢、纪律感和责任感让他晋升得很快。"[51]

与博鲁陶的面晤使蒂姆产生了进一步了解祖父的想法，于是他沿着祖父当年的足迹来到了巴伐利亚，在阿尔卑斯山间的艾森岑特，他遇到了73岁的当地农民格尔纳（Konrad Göllner），后者则向他描述了一个与老兵们的赞誉有加根本不同的托尔斯多夫。曾与哥哥目睹过枪杀霍尔茨海一幕的格尔纳说，当时负责行刑的几名士兵都不忍心下手，射出的子弹都故意偏离了目标，最后还是一个"狠心肠"的军官掏出手枪杀死了霍尔茨海。格尔纳坦诚地说："……你的祖父在艾森岑特表现得可不怎么好。"艾森岑特镇的居民们都认为霍尔茨海是无辜的，而托尔斯多夫则逃过了对他的审判和谴责，人们在霍尔茨海遇难处修建了坟墓，立起了纪念铭牌，也种下了富有象征意义的枫树，更把村里的一条路命名为"霍尔茨海路"。蒂姆丝毫没有为祖父进行任何辩解的企图，他在文章中称"表现不怎么好"这个说法其实还算是客气的，他在客观描述了祖父下令枪毙霍尔茨海的前后过程，以及战后西德法院的多次审判后，感慨地写道："……如果祖父不是下令执行枪决，而是把霍尔茨海上尉先关起来，然后再放掉，就像他在另外两起指控中所做的那样，那他还会这么遭人憎恨吗？……面对的压力肯定在这个事件中扮演着一定的角色，过量的烟酒和头部的创伤也会有影响，但托尔斯多夫绝对做过了头。无论怎样，最后的结果都一样：盲从。而希特勒在这件事发生的4天前已经死了。"[52]

或许，蒂姆所说的"盲从"二字，足以道出包括其祖父在内的大批德国军人之所以成为"悲剧人物"的根本原因。

第26位钻石骑士最高战功勋章获得者毛斯中将

（获勋时间1945年4月15日，图为获颁双剑骑士勋章时所摄）

Chapter 26 第二十六章

“牙医中将”：卡尔·毛斯中将

毛斯（Karl Mauss）是二战最后阶段里出现的德军优秀装甲指挥官之一，也被后人称为“陆军最具声望的装甲兵领袖之一”。毛斯在1944年1月末至1945年3月末期间曾任第7装甲师师长，与前任师长隆美尔、曼陀菲尔和舒尔茨等人一样获得过钻石骑士勋章，都在装甲战战史上留下了自己的名字。

毛斯在16岁那年志愿加入德皇陆军，投身于一战，曾因不同凡响的作战技能和勇敢成为所在的师里首位获颁铁十字勋章之人，当然也是最年轻的一个。机敏过人的毛斯在战场上屡立战功，17岁时被晋升为陆军最年轻的少尉。在一战的最后一年，毛斯曾志愿参加飞行员训练，座机在一次飞行训练中从高空摔下（后查明是有人蓄意破坏），但他大难不死，只摔断了几根骨头。一战后毛斯未能成为10万帝国国防军中的一员，但在平民生活中获得了显著成功——他进入汉堡大学医学院学习牙科，经过几年苦读后成为牙医博士，并在吕贝克成为一名受人敬重的执业牙医。不过，毛斯对军旅生活的向往一直没有泯灭，他在1934年放弃优渥的职业和宁静的生活，重新加入快速扩张中的武装力量，逐渐成为凤毛麟角的既有博士头衔和医生资格、同时又担任野战部队指挥官的军人之一（另一位具有类似的牙医背景，也在装甲部队大放异彩的，是曾任“贝克重装甲团”指挥官，后任“统帅堂”装甲师师长的贝克少将）。有后人曾感叹，很难想象毛斯这样一个温文尔雅、举止得体的牙医博士，会在战场上表现得如此勇猛——作为师团级指挥官，他竟然还获得过一般面向普通步兵的“铜质近战勋饰”（至少参加过15次近战徒手搏斗方有资格获得）！

毛斯在二战期间参加过波兰和法国战役，在1941年6月之后的4年里，除养伤以外他一直都在东线作战。毛斯曾短期代理过第4和第8装甲师的师长，当他正式成为第7装甲师师长时，东线德军已处于勉力支撑、四处被动的境地。他带领第7装甲师从乌克兰的瑟柏托夫卡和捷尔诺波尔，转战到白俄罗斯阻挡苏军的1944年夏季攻势，再到北方战场的维尔纽斯、但泽和东普鲁士，哪里有激烈的战斗，哪里就有毛斯和第7装甲师。毛斯总是出现在战况最激烈的前沿，即便负伤也绝不轻言放弃，以顽强的意志力一直战斗到纳粹帝国行将覆灭的最后一刻——他在1945年3月末被炸成重伤，据说他还躺在担架上继续指挥部队！关于战场指挥，毛斯曾有这样一段名言："……指挥部就应该设在枪炮声最密集的地方，指挥官就应该与战士们同在，也必须在前线领导装甲突击。唯一会令我不能掌控战场形势的时刻，就是我只能待在后方的指挥部里，从地图上获知敌情之时！"[1]

毛斯在二战结束后重操旧业，继续开设牙科诊所，但这个天生的战士对军旅生活的留恋远胜于安逸对他的吸引。西德于1955年组建新国防军之时，左腿装着义肢的毛斯竟然再次申请入伍，声称愿将自己的战场经验和战术技能传授给新一代官兵。不过，由于身有残疾，年龄偏大，再加上当时的舆论和政治环境对纳粹时代的将领，尤其是获得过最高战功勋章的军人十分不利，新国防军拒绝了他的申请。毛斯对此十分不快，认为这是"对前线老兵的侮辱"，直到几年后遗憾辞世，他的这块心结也一直未能打开。

早年岁月：最年轻的少尉、飞行员、牙医、步兵营营长

毛斯于1898年5月17日出生在石勒苏益格-荷尔斯泰因州的普伦（Plön）。关于他的家庭背景，一直缺乏翔实的史料记载，但有资料表明，他的父亲是一名糕点师，母亲明娜（Minna Mauss）则是普通家庭妇女。[2] 毛斯与自己的父亲同名，是家中的长子，下有弟弟威廉（Wilhelm Mauss）和妹妹安内利泽（Anneliese Mauss）。[3]

1914年8月一战爆发时，刚满16岁的毛斯出人意料地从吕贝克文理学校的校园直奔招兵站，坚决要求加入陆军。负责招兵的军官拒绝了他的要求，因为他当时还不到17岁这个最低年限。毛斯不肯轻易放弃，回家后向父亲大倒苦水，穿戴整齐的父亲于是找到吕贝克自由市的议员出面说情，在后者的帮助下，毛斯终于在8月14日被第162"吕贝克步兵团"接纳为志愿兵，父亲也同时被该团接纳为后备役老兵。第162步兵团战前隶属于第17师的第81步兵旅，兵员基本来自于吕贝克及石勒苏益格-荷尔斯泰因州的其他地方。一战开始后，第162步兵团仍为第81步兵旅的一部分，不过转隶于第9后备军的第17后备师。第17后备师在1914年8月进军比利时后，先后转战于阿拉斯、拉巴西、弗兰德斯和索姆河战场，由于表现出众，英法盟军曾将该师评为一流的德军作战部队。

1915年5月20日，17岁生日刚过3天的毛斯被授予少尉军衔，这使他成为德军最年轻的少尉军官。这时，毛斯被调往第117步兵师，在该师第157步兵团7连任排长。[4] 在1915年9月的索姆河战场上，毛斯因出色完成了侦察任务而获得二级铁十字勋章，是全师最年轻的铁十字勋章获得者。毛斯虽然年幼，但周身洋溢的活力和灵气使他被视为全师最好的侦察兵，他在战场上展示的勇气、毫不畏惧的精神以及强烈的自信，也使他受到比自己年长的上级和下级的一致尊重。毛斯随第157步兵团在西线的弗兰德斯和阿图瓦（Artois）一直战斗到1916年2月，而后转往法国和比利时交界的艾泽尔（Yser）河布防。1916年8月，第117步兵师被调往东线与俄军作战，毛斯也在当月晚些时候抵达喀尔巴阡山区。此时毛斯已担任了机枪连连长，并因突出的战场表现在10

月21日获颁一级铁十字勋章。1917年下半年与罗马尼亚军队作战之后，毛斯随第117步兵师转赴意大利战场，10月末参加了著名的第12次伊松佐战役及其后的皮亚韦（Piave）河追击战，据信毛斯带领他的连队至少俘虏了上千名意大利官兵。毛斯在意大利战场一直待到1918年3月，而后返回西线，这时他的军旅生涯出现了一次重大转变——当年5月20日，根据毛斯本人的请求，第157步兵团同意放他加入空军接受飞行员训练。加入空军并成为一名飞行员并非毛斯的一时心血来潮。早在1916年6月的索姆河战场，德军王牌飞行员殷麦曼（Max Immelmann）在第162步兵团的前沿上空被一架英军战斗机击落。毛斯所在的第157步兵团与他的老部队第162步兵团当时被部署在相邻的区域，他目睹了殷麦曼的坠机阵亡。或许是这位大名鼎鼎的空战英雄激起了毛斯加入空军驰骋蓝天的欲望，也可能是伤亡惨重却进展甚微的堑壕战令他日久生厌，他开始不断地要求调往空军。但是，团里不舍得放走他这种精力旺盛、富有鼓动性和领导才干的人，几次都不予批准。直到将近两年后，毛斯才得以如愿，前往施奈德米尔（Schneidemühl，今波兰皮瓦〔Pila〕）参加飞行员训练。不过，毛斯虽然最终取得了飞行员徽章，但在训练中的表现差强人意，不仅令教官大伤脑筋，还曾数次出现意外，其中的一次（1918年10月18日）几乎机毁人亡。在这次奇迹生还的事故中，他的座机在2000米高空失去了控制，俯冲着向地面栽去。毛斯虽大难不死，但摔断了9根骨头并造成严重的脊柱损伤，迫使他在医院的病床上迎来了一战的结束。

伤愈后的毛斯发现已经没有部队能让他继续自己的军人理想。战败后的德国处于内外交困的境地，风起云涌的革命浪潮甚至使整个国家滑入了内战的边缘。《凡尔赛条约》只允许德国保留10万常备军，军官总数不得超过4000人。德国没有足够的力量保证国防，国内的各种政治势力争斗不已，在这种情况下，以老兵为主体的自由军团纷纷成立，他们或开往慕尼黑和鲁尔工业区镇压共产主义者建立的政权，或奔赴西里西亚等东部省份与波兰人作战，或赶到东普鲁士和波罗的海国家一起阻止苏联的蚕食。毛斯加入的自由军团名为“埃尔哈特海军旅”，由海军上校埃尔哈特（Hermann Ehrhardt）组建和统领，大约是1919年至1922年间最知名的自由军团之一。“埃尔哈特海军旅”1919年2月刚在德国北部的威廉港和汉堡平定叛乱，3月初又出现在柏林的街头镇压暴乱，4月和5月间马不停蹄地赶到革命运动最激烈的巴伐利亚州和慕尼黑，中间还穿插着开赴德累斯顿、莱比锡和马德格堡等地维持秩序。[5] 1921年5月，大批自由军团和民兵组织开赴西里西亚与波军作战，其中就包括毛斯任连长的“埃尔哈特海军旅”、迪特里希所在的“上高地联盟”以及施特拉赫维茨的“上西里西亚自卫队”等。这三名日后均将获得钻石骑士勋章的军人都参加过上西里西亚的安娜贝格之战，其中施特拉维茨是第一个登上最高点的人，毛斯也因战功获得过“西里西亚二级战鹰勋章”。1921年10月22日，毛斯晋升为中尉（还有一说是晋升时间为1920年12月31日），不过，此时的自由军团已被战后国防军的缔造者塞克特上将视为纪律极差的乌合之众（也可能是剩余价值不多了），多数自由军团都被强制解散。未能进入战后国防军的大批自由军团成员普遍觉得自己被政府利用和欺骗了，其中的一些人成为后续骚乱乃至政变的积极参与者，还有不少人被襁褓中的纳粹党所吸引和招募。毛斯的军旅生涯虽也就此告一段落，但他选择了一条不同的道路。

1922年毛斯来到汉堡，试图寻找人生的位置和新方向，他尝试过出版行业，也做过销售代表，但都未能获得成功，最终他下定决心回到学校继续求学。毛斯于1925年进入汉堡大学学习牙科，期间成为汉堡的“日耳曼尼亚兄弟会”的活跃成员。1929年3月，毛斯获得牙医博士头衔，之后在吕贝克开办了自己的诊所。毛斯在吕

▲ 毛斯摄于一战期间的一幅肖像照。

▲ 1925年末或1926年初，毛斯在汉堡大学学习牙科时曾加入“日耳曼尼亚兄弟会”，本图即摄于这一时期。2009年是毛斯去世的50周年，汉堡的“日耳曼尼亚兄弟会”还在他的墓穴前举行过追思活动。

贝克的生活平静而安逸，在职业上干得有声有色，曾被选为全国牙医组织吕贝克分会的执行主席。1933年初希特勒成为德国总理后，纳粹党除了攫取国家的一切权力外，还针对各行业协会和民间组织进行了大规模渗透与夺权活动。比如，德国“全国教师协会”曾向兴登堡总统抱怨，说教师们除纳粹党以外不能加入其他任何政党，拒绝加入纳粹党的教师则受到失业的威胁。非纳粹党人士毛斯被选为牙医组织的执行主席，也曾使部分纳粹党人不满，他们认为只有纳粹党成员才有资格成为专业组织和行业商会的领导人。毛斯对纳粹党的高压政策也表达过不满，他曾抱怨道：“……以充满偏见的政党政治关联来苛求专业组织的代表实在是荒唐之极，尤其是身边的同事只有极少数是纳粹党成员，即便他们也都是刚加入的。”[6] 其实，毛斯的抱怨不过是德国走向希特勒独裁的关键阶段中的冰山一角。声称代表德国中上层和专业人士群体的国家人民党（DNVP），1933年1月开始奉行与纳粹党合作的政策，但之后不久，纳粹党就强行要求国家人民党的成员要么加入纳粹党，要么彻底离开政治舞台。1933年7月后，任何成立政党的活动都被纳粹政府视为非法。虽然没有证据表明毛斯加入过国家人民党，但该党一向自诩为专业组织和工商行业协会的代表，所以毛斯的不满应该是针对纳粹党的高压政策而发出的。另外，毛斯在其他场合还抱怨过纳粹党强制推行的一项政策——"所有非政治性工商协会的理事会中，纳粹党员应占51%的多数"[6]。

不过，令人意外的是，不知出于何种动机，毛斯放弃了颇为成功的牙医职业，于1934年9月志愿加入了第6步兵团（10月1日起该部开始使用"吕贝克步兵团"的伪装称谓）。1935年3月17日，也即是希特勒宣布收回军事主权的次日，毛斯担任"吕贝克步兵团"新组建的第17连上尉连长。不过，"吕贝克步兵团"一部很快被并入组建于什未林的第69步兵团，该团1营由第6步兵团的补充营组成，2营由乡村警察以及来自第5和第25步兵团的官兵组成，3营则主要来自税务警察以及第4、第6和第25步兵团的官兵。毛斯被调往第69步兵团后担任1营3连连长。1935年10月中旬起，第69步兵团隶属于第20步兵师，1937年4月该团调至汉堡—万德斯贝克（Wandsbek）后开始改建为摩托化步兵团，第20步兵师也在朝摩托化步兵师的方向改制。1938年4月1日，毛斯晋升为少校，担任第14连（反坦克连）连长。同年11月，维克托林（Mauritz von Wiktorin）将军出任第20摩托化步兵师师长。

1939年9月的波兰战役前夜，第20摩托化步兵师与第3装甲师和第2摩托化步兵师一起隶属于古德里安的第19军，该军的任务是迅速抵达维斯瓦河，分割消灭"波兰走廊"地区的波军。毛斯所在的第20摩步师位于左翼，任务是先行夺取科尼兹（Konitz），穿越图赫尔（Tuchel）草原后再向格劳登茨（Graudenz）进军；右翼是加强有军属部队的第3装甲师，该师在渡过布拉赫（Brahe）河后将朝维斯瓦河畔的施韦茨（Schwetz，现为波兰希维茨）方向推进；第2摩步师位于中间，负责在突破边境防线后朝图赫尔方向进军。[7] 9月1日，第20摩步师经过一番艰难的缠斗后夺取了科尼兹，其他两个师也都取得了一定的进展，但远未发挥出机械化部队兵贵神速的特点和长项，反而出现了一些混乱和不必要的停顿。2日，第2和第20摩步师在图赫尔草原地带取得了较大进展，这两个摩步师边走边战，迅速穿越草原后于4日夜推进到格劳登茨西面的原属德国的军事训练区。至此，德军将波军合围在施韦茨以北、格劳登茨以西的第一阶段作战目标基本实现。稍后，第2摩步师因改任集团军预备队而离开了古德里安的作战序列，不过，第10装甲师这支尚未完成训练的新装甲师被划归第19军指挥。

9月11日，古德里安所部渡过了纳雷夫（Narev）河后开始朝布格河推进。第20摩步师在赞布鲁夫（Zambrov）南面遭遇了从东南方撤退的波军，双方展开了一场苦战，师长维克托林命令已朝布格河推进的部队调转方向，寻求与师主力合围对手。古德里安闻讯后派出第10装甲师一部赶来支援，被围的波军次日被迫投降，俘虏中包括波军第18步兵师师长波德霍尔斯基准将。[8] 古德里安的下一个目标是横跨布格河的布列斯特—里托夫斯克要塞。14日，第10装甲师的搜索侦察营和第8装甲团突破了要塞的外围防线，第20摩步师和第10装甲师一部两日后发起了正面攻坚，但由于第10装甲师的步兵未能在弹幕射击停顿时立即发起冲锋，致使攻城失败。古德里安生气地赶到前沿，但尚未来得及做出进一步的部署，第10装甲师的步兵就在没有明确命令的情况下继续贸然攻城，不仅被对手击退，自身还出现了相当的伤亡，古德里安的副官也在重伤后不治身亡。16日夜，第20摩步师的第69和第76步兵团趁着夜色渡过布格河，次日凌晨，两个团相互配合着发起了更猛烈的攻坚战。德军进攻时，波军正准备向西突围以渡过布格河上完好无损的大桥，结果与冲在最前面的毛斯营狭路相逢，双方展开了激烈的交锋。毛斯与对手激战的当下，第76步兵团团长戈尔尼克（Hans Gollnick）率部趁势夺取了要塞。戈尔尼克后来担任过第36步兵师师长和第28军军长，在1944年末的波罗的海梅梅尔之战中，毛斯任师长的第7装甲师曾隶属于戈尔尼克的第28军。毛斯在布列斯特要塞之战中表现勇猛，指挥有方，虽未获得更高级的勋章（获得了二级铁十字勋章上的勋饰），但其表现得到了一致认可。用古德里安的话来说，布列斯特要塞的失陷“标志着波兰战役的结束”。

在1939年末至1940年初的所谓“静坐战争”期间，第20摩步师第69步兵团被陆续拆散，所辖的3个营被分别划拨给3个装甲师：1939年11月1日，1营成为第3装甲师第3摩步团1营；3营变成了第1装甲师第1摩步团3营；毛斯任营长的2营则在1940年4月成为第10装甲师第69摩步团2营。第10装甲师自己原辖的第86步兵团3营同时被重新命名为第69摩步团1营。[9] 至此，第10装甲师经过战火的洗礼、整补和训练，在法国战役前终于成为一支兵强马壮的部队，主要作战单位是第10摩步旅所辖的第86和第69摩步团、第4装甲旅所辖的第7和第8装甲团、第90炮兵团等。在该师的历史上，除师长沙尔（Ferdinand Schaal）具有较高的知名度外，还产生过另一位名人，即1943年初担任装甲师首席作战参谋（即参谋长），并在1944年7月20日试图用炸弹炸死希特勒的施陶芬贝格（Claus von Stauffenberg）上校。

从色当、加莱到叶利尼亚和维亚济马

在法国战役中，第10装甲师再次隶属于古德里安的第19摩托化军。古德里安的手下还包括第1和第2装甲师以及“大德意志”摩托化步兵团，他对3个装甲师非常熟悉和了解，对3位师长的能力和意志力也可谓相当信任，而3位师长不仅敬重古德里安，也都认同他的装甲战术理念——一旦装甲矛头形成突破，就必须允许它像脱缰野马一般狂飙突进，直至油料耗尽或抵达目的地为止。古德里安摩托化军在战役初期的任务是从卢森堡和比利时南部穿越阿登地区，进抵色当后建立并固守马斯河上的桥头堡。

1940年5月10日，第10装甲师像第1和第2装甲师一样，也在凌晨5点30分开始了穿越卢森堡的进军。分配给该师的两条进军路线基本都是开阔地，但中间点缀着一些起伏的山林。第10装甲师在6点30分抵达比利时边境，上午10点时突破了比利时守军的边境防线。继续西行约6英里后，第10装甲师遭遇了法军第2骑兵师和第3殖民地步兵师一部，双方展开激战的同时，沙尔师长把配属的“大德意志”摩步团派去掩护左翼。“大德意志”摩步团2营与毛斯所在的第69摩步团于午后向法军发起了进攻，成功地将对手逼退到圣马利（Sainte-Marie）附近。在这场遭遇战中，“大德意志”摩步团2营营长以及毛斯的顶头上司、第69摩步团团长埃勒曼（Kurt Ehlermann）中校阵亡。当晚8时许第10装甲师暂停进军，这时该师已推进了接近50英里，但距离预先设定的目标仍有3英里，只能留待次日继续完成。11日凌晨，由于担心第19摩托化军部分暴露的南翼，克莱斯特装甲集群要求古德里安把第10装甲师改派到隆维（Longwy）地带，以对付潜在的法军骑兵的威胁。古德里安及其参谋长内林上校费了一番口舌才使装甲集群总部改变了对形势的判断，第10装甲师也得以沿预定方向继续进军，不想，当日下午时装甲集群总部又要求第10装甲师迅速朝弗洛朗维尔（Florenville）进军，似乎完全忘记了之前对南翼潜在威胁的顾虑。第10装甲师已按原定方向前进了太远，无论是第10摩步旅，还是第4装甲旅或“大德意志”摩步团，都不可能再改变方向朝弗洛朗维尔进军，不过，第19摩托化军还是命令沙尔组织一个营级战斗群掉头折向弗洛朗维尔。沙尔下午5点收到命令时，曾准备以毛斯营为主体组建战斗群执行任务，但几番犹豫之后，他还是在夜里通知军部，称不能抽调兵力赶赴弗洛朗维尔，因为自己需要全部的兵力才能保证施特雷蒙（Straimont）和苏克西（Suxy）等地段的安全。最后，沙尔巧妙地提议，由友军第7军的第29摩步师朝弗洛朗维尔方向推进，从而提供所需的侧翼保护。这一建议立即为古德里安和克莱斯特所接受，第10装甲师也得以继续向瑟穆瓦（Semois）河方向进军。

尽管古德里安摩托化军未能完成头两天的预定任务，但到5月12日，第1、第2和第10装甲师均在一天内弥补了前两日的“亏空”，尤其是第10装甲师在11日漏夜行军，到12日晨时已成功渡过瑟穆瓦河，当日入夜时分更与第1装甲师一起，一举占领了马斯河北岸和历史名城色当。13日，第10装甲师在强渡马斯河时曾遭遇重大困难，从该师的集结藏身处到马斯河河岸有着大片的平坦开阔地，法军炮兵和机枪火力网能准确地向德军渡河突击队进行饱和攻击，而第19摩托化军的军属炮兵及第10装甲师的重炮营等都配属给了第1装甲师，因此沙尔并没有足够的火力支援渡河突击队，致使突击队在巴泽耶（Bazeilles）附近渡河时出现了重大伤亡，也损失了许多舟桥设备。经过一整天不成功的尝试，毛斯的第69摩步团2营在当夜7点30分取得了重大突破，他的一个连在瓦代兰库（Wadelincourt）左近抢渡得手，过河之后与地堡和支撑点里的法军展开了激战。一旦法军防线出现松动，沙尔立即命令包括毛斯营余部在内的两个步兵营过河，在渡河过程中，藏身于侧翼的法军重炮曾给德军造成了不菲的伤亡，但总算成功渡过了马斯河。夜深之时，沙尔命令毛斯的2营等已过河的部队继续朝蓬莫吉（Pont Maugis）至马尔菲树林方向推进，工兵则开始在色当的南面架设浮桥。14日，古德里安命令第10装甲师和“大德意志”摩步团将桥头堡向南扩展至斯托讷（Stonne）附近，第1和第2装甲师则继续向西跨越阿登运河，随后两日里第1和第2装甲师取得了决定性突破，开始了“奔向大海”的奔袭战。第10装甲师和“大德意志”摩步团在此期间曾短暂地被划拨给第14军指挥（负责保护装甲矛头的南翼），沙尔率部在南翼与法军进行了整整3天的攻防战，斯托讷及其周边的高地先后易手多达17次。“大德意志”团仅在15日和16日两天内即伤亡570人（该团在法国战役期间的总伤亡数也不过1108人），第10装甲师则至少损失了25辆坦克。17日晚些时候，在第2摩步师的掩护下，疲惫的第10装甲师和“大德意志”团撤出了斯托讷周边的战场，把防线移交给第6军的3个步兵师后，沙尔又带着部队连夜行军，前去追赶已走完到英吉利海峡一半路程的第1和第2装甲师。

▼ *摄于1940年5月的法国战役期间，第19摩托化军所部正在马斯河附近的树林里准备橡胶皮划艇等渡河器材。*

▲ 摄于1940年5月，第19摩托化军军长古德里安正在了解工兵架设渡桥的进展。

▲ 摄于1940年5月26日，第10装甲师当日夺取了加莱，图为加莱街头被毁的车辆。

▲ 摄于1940年5月26日，第10装甲师夺取加莱后的城市一角。

▲ 摄于1940年5月的法国战役期间，第10装甲师的II号坦克行驶在法国某城的街道上。

▲ 摄于1940年5月的法国战役期间，第10装甲师一部正从驳船上接受油料补给。

▲ 摄于1940年5月26日，第10装甲师的一名士兵站在废墟般的加莱城中。

▲ 摄于1940年5月26日，加莱港口附近被炸成废墟的建筑物。毛斯的第69摩步团2营率先夺取了滨海火车站和港口，为第10装甲师夺取加莱“立下了头功”。

5月19日，第10装甲师奉命保护第19摩托化军的左翼，原本承担这一职责的第1装甲师则向亚眠全速进军，以在索姆河南岸建立一座桥头堡为目标，第2装甲师则奉命向阿布维尔进军，任务是夺取索姆河上的另一座桥头堡。20日，第1装甲师第1摩步团团长巴尔克中校在索姆河上成功抢占了一座桥头堡，但他不等第10装甲师的换防部队赶到，便急匆匆地率部朝亚眠转进，唯恐赶不上突袭亚眠的攻势。负责接防的第10装甲师第4装甲旅旅长兰德格拉夫（Franz Landgraf）上校对巴尔克的行为大为不满，曾向师长沙尔和军长古德里安表示过强烈抗议。[10] 22日，古德里安本想命令第10装甲师朝敦刻尔克推进，但该师却被克莱斯特装甲集群留作了预备队，等再次回到古德里安麾下之后，第10装甲师开始朝加莱进发。第10装甲师在24日晨包围了加莱，沙尔命令第86摩步团夺取加莱老城和要塞，而毛斯所在的第69摩步团则负责从城东进攻，以夺取港口和滨海火车站为目标。不过，前述计划未能按时实施，第86摩步团需要不少时间来清除加莱外围的英法据点，而第69摩步团又被调去支援第1装甲师，直到当晚才有可能发起进攻。25日，德军先对加莱进行了大规模轰炸（希特勒曾交代古德里安，如果强攻过于困难，则由空军接过夺取加莱的任务），然后第10装甲师开始攻城。沙尔曾派人（包括加莱市长）向守军劝降，但都被守军总指挥、英军第30摩托化旅旅长尼科尔森（Claude Nicholson）准将所拒绝。英军的抵抗十分顽强，但毕竟兵力和弹药储备都相当有限，当英军大部被毛斯的第69摩步团2营逐渐逼退到滨海火车站和港口一带时，包括尼科尔森在内的各级指挥官的信心开始动摇了。但是，英国政府坚决不许守军撤离，据说丘吉尔还发出了“整个大英帝国都在关注加莱”之类的口号式呼吁。26日上午，200架轰炸机和大批重炮再次轰炸加莱及其周边地区，英军被迫一再收缩防线，但德军还是没有取得决定性的突破。中午时分，有些焦虑的古德里安来到沙尔的指挥部，建议先暂停攻势，重组部队后再度强攻，或者干脆将摧毁极为坚固的加莱要塞的任务交给空军。沙尔觉得对手已是强弩之末，己方只需最后一次重击便可大功告成。果然，毛斯的2营又一次率先取得突破，他身先士卒，带队冲在最前面，一举夺取了滨海火车站，而在加莱港口的另一侧，第86摩步团也在跨过运河大桥后包围了加莱要塞。下午近5时，加莱要塞被最终攻克，尼科尔森及数千英法官兵被俘。毛斯因加莱之战的战功，在自己一战时获得的一级铁十字勋章上缀上了相应的勋饰。

法国战役第一阶段结束后，英军基本被逐出了欧洲大陆（只剩下一个第51高地师），法军则损失了多达30个师的兵力兵器，包括训练最精良、装备最好的大多数装甲师和机械化步兵师。但是，法军在1940年6月初时还拥有60个师及上千辆坦克和装甲车（虽然战斗力和重武器的质量远不如前），还把一些战斗力犹存的师团从马奇诺防线和阿尔卑斯山区调至索姆河与埃纳河前沿，试图沿着海峡沿岸直至色当南面的“魏刚”防线，挡住德军140多个师的全面进攻。古德里安此时担任了以自己的名字命名的装甲集群指挥官，但第10装甲师离开了他的作战序列，转隶于维特斯海姆（Gustav Wietersheim）将军的第14摩托化军（仍隶属于克莱斯特装甲集群）。法国战役的第二阶段打响后，法军在最初几天里曾以顽强的防御阻止了德军的突破，但由于防线十分漫长，又缺乏纵深和预备队，不久后有些地带的防线便被对手撕裂，进而演变成全线失守。毛斯率部参加了攻打法军第7集团军把守的“魏刚”防线的作战。法军第7集团军当时辖有第11、第19和第23等三个现役步兵师，还得到第7和第87北非步兵师、第29山地师与一个后备步兵师的支援。第10装甲师是第14摩托化军的突击矛头，维特斯海姆还特地把6月4日进入亚眠桥头堡的“大德意志”摩步团配属给该师。[11] 6月6日至8日，维特斯海姆手下的第9步兵师和第13摩步师突破了法军索姆河防线，第10装甲师（以及第9装甲师）等装甲部队立即奉命扩大突破口。沙尔把第86摩步团部署在右翼，出发地位于亚眠南面的圣索夫略（St. Sauflieu），担任左翼攻击矛头的第69摩步团被部署在埃斯特雷（Estrees），“大德意志”摩步团则居于两者之间的圣菲西安（St. Fuscien），3个摩步团伴随着坦克部队开始向南追击撤退中的法军。6月11日，第10装甲师追击到塞纳河支流瓦兹（Oise）河附近时，由于法军炸毁了所有桥梁，该师不得不转向东北，赶往吉斯卡尔（Guiscard）邻近地域渡河。两天后，第10装甲师开始了扑向塞纳河的强行军，毛斯率领第69摩步团2营一直行进在全师的最前列。巴黎陷落后，第10装甲师继续南下追击，先后夺取了斯内斯（Snes）和讷韦尔（Nevers）等城镇，最后在维耶尔宗（Vierzon）停止了进军作战。德法签署停战协议后，第10装甲师开始执行占领军任务，同时进行整训和补充，直到1941年3月调回本土。

组建时间不足一年的第10装甲师在法国战役中发挥了显著的作用，与第1和第2装甲师等成立更早、装备更精良的装甲师相比，它的表现可谓毫不逊色，从师长沙尔、摩步旅旅长菲舍尔（Wolfgang Fisher）到营长毛斯等各级指挥官，都证明了自己指挥部队完成任务的能力。在1941年下半年的苏德战争之初，第10装甲师还发挥了醒目的矛头作用，充分证明自己是一支快速机动、作风勇猛的部队。该师在1942年上半年撤离苏德战场，来到法国亚眠进行休整补充后，于1942年晚些时候奉命转赴非洲，迅速成为北非大漠中最优秀的装甲部队，直到1943年5月在突尼斯桥头堡随着非洲集团军群一起覆灭为止。

1941年4月1日，毛斯晋升为中校，仍然担任第69摩步团2营营长。两个月后，第10装甲师被编入古德里安装甲集群麾下的第46摩托化军（军长为著名战将维亭霍夫，该军还辖有党卫军“帝国”师和“大德意志”摩步团），准备投入规模空前的侵苏战争。6月22日凌晨，当德军重炮和战机向苏联境内进行炮击和轰炸之时，古德里安的第17和第18装甲师的潜水坦克已经潜行在布格河河床上，这些坦克露出水面朝布列斯特要塞发起了猛攻。德军第45步兵师在强攻要塞的战斗中付出了高昂的代价，到7月1日时守军仍在顽强地周旋，直到古德里安的矛头已深入苏联腹地几百英里的7月下旬，布列斯特最后的残存守军才被肃清。古德里安的第2装甲集群和霍特的第3装甲集群构成了中央集团军群的两只铁拳，短短5天内向东推进了200英里，并在明斯克合围了大批苏军。经过多日不停顿的行军和作战，到7月初时，古德里安麾下的装甲师中，第3和第18装甲师都只剩下大约35%的坦克还能参战，只有沙尔的第10装甲师拥有80%的作战坦克，是当时战斗力最雄厚的装甲师。[12]

7月10日开始，古德里安所属各部开始渡越第聂伯河，第10装甲师在什克洛夫（位于奥尔沙和莫吉廖夫之间）渡河时曾遭到猛烈的炮击和空中轰炸。渡过第聂伯河后，古德里安手下的第47、第46和第24摩托化军分别朝斯摩棱斯克、叶利尼亚（Yelnia）及其北面的多罗戈布日（Dorogobuzh）、罗斯拉夫尔（Roslavl）等预定目标推进。北翼的第47摩托化军负责沿斯摩棱斯克轴线进军，该军的第29摩步师16日一举攻克了古老的军城斯摩棱斯克，但"斯摩棱斯克包围圈"的形成还是充满波折，一度甚至很不顺利。古德里安当时的心思并未完全放在合拢包围圈上，在他看来，位于斯摩棱斯克以东和东南、介于第聂伯河上游与杰斯纳河源头之间的一系列高地才是关键，扼守住这些高地就等于打开了从西面进军莫斯科的大门，只有莫斯科才是令其"魂牵梦绕"的终极目标。第3装甲集群指挥官霍特与古德里安的看法不同，前者更关注如何彻底锁死"斯摩棱斯克包围圈"的苏军。7月中旬，古德里安做出了一个大胆的决策，决定不按计划把第46摩托化军派往亚尔采沃地域与霍特装甲集群会合，而是将之派往叶利尼亚—多罗戈布日一带的高地，为进军莫斯科预留伏笔。但是，古德里安的这一决定客观上使德军丧失了在斯摩棱斯克以东树起铜墙铁壁的机会，间接地帮助了苏军第16和第20集团军避免了覆灭的命运。突围出去的这些苏军随后在距斯摩棱斯克东南约50英里处的叶利尼亚，与德军展开了长时间的血腥搏杀，其战况之惨烈，使一些参加过一战的德军军官称叶利尼亚之战为"1916年凡尔登之战的再现"，还有史家曾评论道："叶利尼亚这个名字已浸入德国陆军的集体意识之中，人们对这里的记忆非常之深，其程度仅次于莫斯科和斯大林格勒这些规模更大的灾难而已。"[13]

毛斯随着第10装甲师也在叶利尼亚突出部留下了深深的印迹。该师于7月16日接到攻打叶利尼亚的命令，面对的对手是苏军第24集团军的第19步兵师。由于桥梁垮塌造成了道路不通等原因，第10装甲师的进攻一直推迟到19日下午才开始，苏军则借机抓紧时间修筑了数条反坦克防线。德军攻势发起后，苏军又以数量众多的重炮猛轰沿公路行军的对手，造成第10装甲师各部的推进非常缓慢。师长沙尔在颇觉棘手的同时，还接到军部的急电，要求他派兵增援党卫军"帝国"师，当时后者正在朝叶利尼亚北面的多罗戈布日推进。沙尔向军长维亭霍夫抗议说自己的兵力不足以既攻打叶利尼亚，同时又分兵支援多罗戈布日方向的攻势。但是命令就是命令，沙尔只得派出摩步团和炮兵团各一部及师属反坦克营，前去支援"帝国"师夺取多罗戈布日附近的第聂伯河大桥。19日下午晚些时候，毛斯的第69摩步团2营和师属第10摩托车营相互配合，成功迂回到叶利尼亚的东面，在肃清了该方向的苏军之后，推进到距叶利尼亚北郊仅800米的公墓附近，但在这里受到苏军炮火的猛烈打击和压制。毛斯率部冒着炮火一米米地逼近城区，终于在傍晚6点30分夺取了城中心的制高点主教堂。当夜城内展开了激烈的巷战，苏军重炮也在城南和东南向涌入城区的对手开炮，叶利尼亚火车站附近的战斗尤为激烈。直到当夜10时左右，苏军炮火才逐渐平息下来，城内的残余苏军也被渐次肃清。[14]

夺取叶利尼亚城之后，第4装甲旅所辖的两个装甲团均用完了油料，大批坦克由于没有油料、出现机械故障或过度磨损而无法投入战斗（到7月22日时第10装甲师仅剩5辆II号和4辆III号坦克尚能参战），各摩步团的弹药消耗也很大。由于第46摩托化军无法为第10装甲师及时补充油料和弹药，再加上叶利尼亚周边部署有数量庞大的苏军（特别是炮兵的实力非常雄厚），维亭霍夫经请示后决定推迟向多罗戈布日的进军，撤回党卫军“帝国”师以及还在赶去增援前者的第10装甲师的战斗群。随着“帝国”师进入第10装甲师的北翼战场布防，所谓的叶利尼亚突出部形成了，不久后这里将变成葬送成千上万苏德官兵的一座大屠场。开战以来无坚不摧的德军装甲部队不得不放弃自己擅长的围歼战，第一次停下来进入战壕和掩体，与不惜一切代价也要挡住对手的苏军进行堑壕战。此后的近一周里，第10装甲师和党卫军“帝国”师几乎每天都要面对苏军的炮击和反扑，“大德意志”摩步团也被投入到叶利尼亚周边的防御战中。直到7月28日，第9军的步兵师开始陆续进入叶利尼亚突出部，才把第10装甲师等伤亡不菲的机械化部队替换下来。7月30日，第10装甲师奉命撤离突出部，但就在试图脱离前沿时，苏军向该师的原防线发起了大规模进攻，密集的炮击造成了德军的大量伤亡。“斯摩棱斯克包围圈”的战事在8月初进入了尾声，苏军有30万人被俘，还损失了3000余辆坦克和3000余门大炮，但叶利尼亚周边的战事却一直持续到9月初，才随着德军主动放弃突出部而告终。与斯摩棱斯克的“辉煌大胜”相比，全盘负责叶利尼亚突出部战事的古德里安没有占到任何便宜，反而遭受了重大损失，据朱可夫本人估计，德军的损失约在4.5万人至4.7万人之间！古德里安当初夺取叶利尼亚的目的是将之用作进攻莫斯科的跳板，但在相当长的一段时间里，希特勒和最高统帅部都无法决定是否继续进攻莫斯科，这时的古德里安以“事关陆军之荣誉”为由，坚持要求守住这个三面都有强敌环伺的突出部。为了这个跳板，也为了所谓的“荣誉”，德军付出了相当于3个师的兵力，代价不可谓不高昂。

第10装甲师师长沙尔中将在8月初被提名担任非洲军军长，师长职务由第10摩步旅旅长菲舍尔少将继任。不过，沙尔在北非没待几天便染上了疾病，回国后很快被任命为第34军代军长（稍后又从曼施坦因手中接过了第56摩托化军）。[15] 古德里安率其第2装甲集群参加基辅战役时，第10装甲师和第46摩托化军都没有随之南下，而是在斯摩棱斯克东南地带休整。古德里安对自己用得十分顺手的第10装甲师念念不忘，曾三番五次地要求将该师归建，不过他的心愿始终未能达成。

1941年9月底，延迟了两个月的扑向莫斯科的作战行动终于展开，离开中央集团军群长达45天的古德里安装甲集群和霍特装甲集群也都回归中路，同时，原属北方集团军群的霍普纳第4装甲集群也奉命南下，准备通过一场大规模围歼战，消灭斯摩棱斯克至莫斯科之间的全部苏军，而后全力扑向莫斯科。在这场代号为“台风”的作战中，南面的古德里安装甲集群奉命朝奥廖尔和布良斯克方向进攻，除本身拥有的第24和第47摩托化军外，他还获得了第48摩托化军和两个步兵军的增援。但是，古德里安一再要求归还的第46摩托化军被划拨给了霍普纳，菲舍尔的第10装甲师隶属于施图姆将军的第40军，而沙尔任军长的第56摩托化军则加入了霍特的第3装甲集群。10月2日，德军第4和第9集团军的步兵师以刺刀和手榴弹等近战武器突破了苏军阵地，装甲矛头开始沿着捅开的缺口疯狂地扑向杰斯纳河。

第10装甲师是第40军的突击矛头，为了在斯摩棱斯克以东150公里外的维亚济马附近合围苏军，施图姆尽最大可能地加强了菲舍尔所部的力量，除将第128炮兵司令部、第618炮兵团和第479步兵团等加强给第10装甲师外，军属工兵部队还沿着该师的进军道路架桥修路，并清除了对手的几条反坦克堑壕。[16] 10月2日晨，在35分钟的炮火准备后，第10装甲师出现在罗斯拉夫尔—尤赫诺夫（Yukhnov）—莫斯科主干公路的南面，开始沿着与公路平行的方向朝东北推进。第10装甲师所部通过突袭夺取了杰斯纳河上的铁路桥，为加快过河速度，菲舍尔派搜索侦察营寻找可以徒涉的地方，同时命令装甲团和摩步团加快进军速度。上午9时，第7装甲团的一个营等部队开始徒涉杰斯纳河，毛斯的第69摩步团2营等则跟随大部队沿铁路桥过河。下午4时，菲舍尔命令把毛斯的摩步营和第90炮兵团的一个营并入第7装甲团，组成一个实力不俗的战斗群，朝着40英里外的莫萨利斯克（Mosalsk）城推进，装甲师的两个摩步团则沿着另一路线也朝莫萨利斯克方向进军。10月3日，装甲师的进军虽然遇到困难地形和路况的阻碍，也遭到苏军的顽强阻击，但毛斯的摩步营和第7装甲团并未放缓步伐，他们绕过苏军阵地后继续推进。倒是被先头部队完全绕过的一个苏军步兵团，给菲舍尔的指挥车队造成了较大的麻烦，不过，这部分苏军在中午被赶来的第69摩步团1营和第90炮兵团1营等击溃。下午4点，菲舍尔把所部重组为南、北两个战斗群，南战斗群包括第90搜索侦察营、第10摩托车营和第86摩步团大部，北战斗群包括第7装甲团和毛斯所在的第69摩步团，师属和军属炮兵跟随两个战斗群进军。南、北两个战斗群当夜不眠不休地沿着不同的路线奔向莫萨利斯克。4日下午，军长施图姆来到第10装甲师，要求菲舍尔在抵达莫萨利斯克后左转向北，以尽快抵达和切断罗斯拉夫尔—尤赫诺夫—莫斯科的公路为目标。菲舍尔随即命令北战斗群朝乌格拉（Ugra）河畔的尤赫诺夫进军，目标是建起一座能够屏障侧翼的桥头堡，以保护向北朝维亚济马运动的主力部队。北战斗群的攻势很快取得了势头，毛斯率部在苏军后方大胆穿插，抵达公路后冲垮了一支对整体形势毫不知情的苏军——这支苏军当时仍在向西（德军后方）开进，困惑之余未进行任何抵抗便向毛斯投降了。不过，毛斯没有时间和人手押送俘虏，解除了对手的武装后，他命令俘虏们自行列队向德军一侧开去。当晚8时许，毛斯指挥2营出其不意地夺取了乌格拉河大桥，也迅速建立了桥头堡，第7装甲团以类似的方式突袭尤赫诺夫得手。令人印象深刻的是，当乌格拉河大桥与尤赫诺夫均已落入德军之手时，第40军军部要求第10装甲师夺取前述两处要地的命令才刚刚下达。由此可见，无论是师长菲舍尔，还是毛斯或第7装甲团团长凯泽（Theodore Keyser）中校，这些精干的军官都具有敏锐的判断力和很强的主动性。4日深夜，菲舍尔向军部询问下一步的目标是扑向维亚济马，还是朝维亚济马东北的格扎茨克（Gzhatsk）奔袭。军部在5日凌晨3时回电，称第10装甲师应沿乌格拉河西岸推进，以抵达维亚济马后合围苏军为目标。

自10月2日从杰斯纳河西岸出发以来，第10装甲师克服了地形和对手的顽强抵抗等诸多困难，3天里整整推进了175公里，到10月5日拂晓时，再次以令人难以置信的速度和决心向前推进。不过，德军很快面临着油料告罄的窘境，深谙兵贵神速的菲舍尔命令一个装甲营就地等候补给车队，所剩的油料则全部交给另一个装甲营，该营随后奉命与毛斯的第2摩步营一起继续前进。主要由摩托化步兵组成的南战斗群负责尤赫诺夫周边的防御，保护向维亚济马进军的北战斗群的侧翼和后方，等党卫军"帝国"师所部赶到尤赫诺夫接防后，南战斗群再北上支援北战斗群的进军。5日中午，由于道路崎岖难行，油耗过大的装甲团又出现了油料不济的情况，为保持进攻势头，菲舍尔命令毛斯率部超过第7装甲团那些无法动弹的坦克和装甲车，作为全师的先头部队继续前进——菲舍尔估计前方的苏军抵抗程度恐怕不会太强，另外他也相信毛斯的应变能力和指挥才能。下午5点，毛斯向师部报告称，自己的车队只剩下还够前行25公里左右的油料，不过，一小时后毛斯又汇报称所部已进抵斯洛波卡（Slobodka）西北的乌格拉河畔，距离维亚济马仅有40公里了！

5日夜，毛斯营及随后到达的装甲团都只剩下很少的油料，虽然毛斯占领了乌格拉河对岸的一个小桥头堡，并与即时反扑的对手进行了几小时的激战，但苏军的反扑力度越来越大。当晚10点，第7装甲团团长凯泽中校致电菲舍尔，称仅凭北战斗群的现有兵力恐怕无法固守桥头堡。师长菲舍尔估计援兵最快也只能在天亮后赶到，于是命令北战斗群暂时撤出桥头堡。但是，在毛斯的强烈建议下，北战斗群最终没有撤退，而是以一场极富攻击性和主动性的夜袭，夺取了桥头堡以北的几个战术制高点，从而彻底压制住了反击

▲ *摄于1941年6月末，德军装甲部队正向苏联腹地推进，图中装甲车车尾的字母“G”清楚地表明这是古德里安装甲集群的部队。*

▼ *摄于1941年夏，刚从战场上下来的两名德军机枪手。德军虽在苏德战争之初大获全胜，但也付出了不菲的伤亡代价，疲惫的神色清楚地展现在这些普通士兵的脸上。*

▲ 在1941年10月初发起的“台风”作战中，毛斯所在的第10装甲师隶属于霍普纳将军的第4装甲集群。图中坐着的是霍普纳上将，右一为曾任第10装甲师第4装甲旅旅长、时任第6装甲师师长的兰德格拉夫少将。

▲ 摄于1941年10月下旬，突破了莫斯科西面苏军的首道防线后，第10装甲师朝莫斯科方向进军的场景。

▲ 摄于1941年10月初，第10装甲师的坦克和装甲车正向维亚济马方向推进。

▲ 摄于1941年10月2日，第6装甲师第11装甲团（加强有第7装甲师的第25装甲团）在维亚济马北面实现了突破，图为狼烟滚滚的战场一隅。图中右侧是出轨翻倒的苏军列车，左侧是推进中的德军坦克。

◀ 摄于1941年11月末，德军借助橡胶皮划艇渡越莫斯科河的场景。

▲ 摄于1941年末，获颁骑士勋章的第69摩步团2营营长毛斯中校。

▲ 摄于1941年12月中下旬，位于莫斯科西面40公里的伊斯特拉的一处德军阵地。

的苏军。6日晨，第10装甲师的后勤部队设法将油料和补给前送至北战斗群，毛斯的第2摩步营和第7装甲团的坦克又能继续向北轰隆推进，但是新的困难很快出现了——在北进的道路上有不少溪流，虽然水并不深，但河床淤积了厚厚的污泥，轮式车辆无法轻易徒涉。师部急忙派来工兵负责架桥和探路。在等待过程中，菲舍尔将原先的北战斗群重组成规模较小的左、右两个战斗群，每个战斗群包括装甲营和摩步营各一个，配

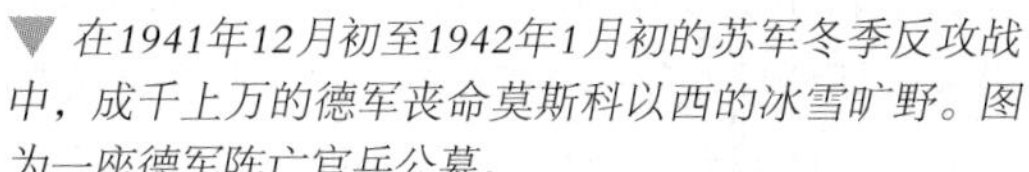

▼ 在1941年12月初至1942年1月初的苏军冬季反攻战中，成千上万的德军丧命莫斯科以西的冰雪旷野。图为一座德军阵亡官兵公墓。

以炮兵、高射炮和工兵单位。右路战斗群的任务是在6日子夜前阻断从维亚济马向东通往莫斯科的铁路，而左路战斗群则负责夺取维亚济马南郊的机场，并寻机攻入维亚济马城。毛斯的2营被分在右路战斗群，负责截断铁路的同时阻止苏军向东突围。菲舍尔进行重新部署时，军长施图姆再次到访，他不仅完全赞同前者的部署，还命令附近的第2装甲师一部进入第10装甲师的战场，除全力保障第10装甲师补给线的畅通外，还将在适当的时候直接支援前者的进攻。菲舍尔在“维亚济马包围圈”合拢前的最后阶段里，不仅表现出清醒的头脑、高超的指挥水准和对部队的良好掌控能力，也显示出非比寻常的个人勇敢——他曾亲率师部直属的少量部队据守乌格拉河上至关重要的大桥，多次打退苏军的反击。

如果说第10装甲师合拢“维亚济马包围圈”的进军和作战像一部小说，那么这部小说的高潮出现在10月6日夜。第7装甲团2营在当夜7点15分致电师部，声称维亚济马机场已被该部夺取。两小时后，毛斯的第69摩步团2营与第2装甲营会合，同时切断了维亚济马通向卡卢加（Kaluga）和莫斯科方向的铁路。之前不久，第56摩托化军的矛头第7装甲师已从维亚济马的北面南下杀入苏军的后方，到7日上午10点半，第10装甲师所部与第7装甲师建立了联系，从而合拢了硕大的“维亚济马包围圈”。在亚尔采沃至维亚济马以西之间被围的苏军包括第16、第19、第20、第32集团军以及第24集团军残部，西方面军司令员科涅夫在最后一刻才匆匆撤离。10月7日夜，德军5个步兵军（第5、第7、第8、第9和第27军）迅速束紧了包围圈并开始消灭被围之敌。几乎与此同时，在维亚济马以南的布良斯克方向，古德里安麾下的第17和第18装甲师也于10月5日在布良斯克以东切断了通往莫斯科的铁路。6日，德军在攻克布良斯克城时几乎俘虏了布良斯克方面军司令员叶廖缅科。8日，古德里安的第2装甲集团军与魏克斯（Maximillan von Weichs）上将的第2集团军在布良斯克城北会师，所谓的“维亚济马—布良斯克包围圈”就此完全成形。约55个师的苏军被包围在亚尔采沃至维亚济马的大口袋里，在布良斯克的南北两面大约有26个师的苏军陷入重围。[17] 到10月下旬两个包围圈被基本肃清之时，苏军损失了近70万官兵和无数的物资装备，德军则成就了军事史上的又一次巨大的围歼战胜利。

维亚济马围歼战之后，毛斯随第10装甲师参加了博罗季诺（Borodino）和莫扎伊斯克等地的一系列战斗。在无尽的泥泞和冰雪中，整个中央集团军群的推进速度基本上等同于爬行于泥淖间的步兵的速度，装甲部队像蜗牛一样步履蹒跚，唯一还能运动的坦克则像火车头一般拖拉着挣扎于泥泞间的轮式车辆。10月25日清晨，毛斯的第2摩步营在第7装甲团部分坦克的配合下，成功夺取了重镇鲁萨（Rusa）。上午10点，毛斯营等先头部队在杜布罗沃（Dubrovo）渡过了塞尔纳（Serna）河，做好了继续朝新彼得罗夫斯科耶（Novo-Petrovskoje）及伊斯特拉（Istra）等地推进的准备。[18] 但是，从10月26日起，连续多日的豪雨使德军车辆无法通行，糟糕的路况和天气迫使德军暂停了大规模运动。等到11月第一个星期大地开始冰冻板结，坦克和车辆又能再度运动时，德军却又面临许多新问题，诸如油料和弹药严重匮乏，坦克和汽车引擎难以发动，大炮和重武器出现了润滑油冻结的现象。情形刚有好转，强劲的暴风雪呼号着降临了，一夜之间积雪齐腰，冷风吹在人身上就像刀子一样锥心刺骨。经历了多日的折磨后，德军在11月17日开始了“爬向”莫斯科的最后一搏，第40军（第10装甲师在左，党卫军“帝国”师居右，中路是第7步兵师）的任务是突破对手的首道防线后，在别利（Bely）以南及伊斯特拉—新彼得罗夫斯科耶公路周边展开攻势。第4装甲集群指挥官霍普纳在11月25日的日记中曾写道：“……元首对于追踪我部的进展显然怀有特别的兴趣，但是，我的部队正承受着可怕的苦难，官兵们已接近精疲力竭的边缘。"[19]不过，此时的霍普纳还相信，只要得到克鲁格第4集团军步兵的大力支持，第4装甲集群的攻势还是有可能取得成功的。26日，党卫军"帝国"师在距莫斯科仅40公里的伊斯特拉近郊取得了重大进展，但在进攻伊斯特拉河西岸的城堡及东岸的筑垒区时，因受制于凶猛的火力而无法攻入城池。此时，第10装甲师奉命从城北乘隙进攻伊斯特拉城，这个任务交给了以第69摩步团为主组建的加强团规模的"毛斯战斗群"。毛斯搭乘着装甲指挥车，在攻击队伍的前列镇定地指挥部署，经过一番激战后杀入了伊斯特拉北半部，而党卫军"帝国"师则在城南展开了猛烈的夹攻。到夜幕降临时，支撑不住的苏军撤出了伊斯特拉河东岸和城区，莫斯科西面最关键的一道防御屏障终于落入德军之手。因为这一战功以及之前数月的出色表现，毛斯当日成为第10装甲师的第12名骑士勋章得主。该师的一名军官在11月27日的日记中曾写道："……我们在伊斯特拉受到的欢迎是敌军猛烈的炮击。我们昨夜一直没有怎么睡觉，敌军发起了顽强的反扑。今天的情形完全不同了，全城都在我们的控制之下……大家都想知道的是，现在应该做什么？还会继续向莫斯科进军吗？"[20]这名军官乃至所有基层官兵的疑惑很快得到了解答——中央集团军群指挥官博克元帅虽然深知疲劳至极的部队已是强弩之末，但他坚信，与其将进攻推至来年春，现在在莫斯科附近的旷野里度过严冬，还不如"引领剩勇走完最后一英里"，因为在他看来，"最后的决战纯粹是个意志力问题"。

第10装甲师剩下的坦克（原有的150辆坦克现仅剩7辆）和数量稀少的摩托化步兵继续朝东面的莫斯科"爬去"。"毛斯战斗群"作为第10装甲师的先头部队，先后夺取了佩希科瓦（Petschkova）、卡希诺（Kaschino）、达尔纳（Darna）和亚力克西诺（Aleksino）等在地图上根本找不着的小村庄，直到12月2日，毛斯在夺取了彼得罗夫斯科（Petrovsko）和图罗沃（Turovo）这两个村庄后才彻底停了下来。这一带距离莫斯科西郊仅有23公里，毛斯和他的残兵龟缩在基本毁于苏军空袭的村子里，气若游丝地等待命运的裁决。当日，第10装甲师师长菲舍尔和第40军军长施图姆请求霍普纳停止进攻，着手撤回过于暴露的先头部队，因为"第10装甲师的战斗力量已不复存在，该师已无力继续进攻"（党卫军"帝国"师官方战史所言）。[21]12月3日，霍普纳根据所部的实际状况，自作主张地命令暂停进攻3日。次日，第4装甲集群指示第40军将第10装甲师从最前沿撤出，其所遗防线由第5装甲师接管。

结果表明，第10装甲师只比友军早撤退了几天而已。苏军在12月6日晨发起了声势浩大的莫斯科反攻战，成功将南北两翼的德军第2装甲集团军和第3装甲集群击退。仓皇撤退变成了德军在整个12月直至1月初的唯一"主旋律"。先撤一步的第10装甲师在伊斯特拉和鲁萨等地先后建立阻击防线，帮助党卫军"帝国"师和第5装甲师等后撤，间或出手援助一时陷入危境的友军。第10装甲师被划归维亭霍夫的第46摩托化军指挥，1942年初撤至两个月前激战过的尤赫诺夫。在此后的近4个月里，该师一边疗伤和休整补充，一边以顽强的防御挫败了苏军的多次进攻。第10装甲师在1942年5月初撤离东线，前往法国亚眠进行重组。不过，毛斯此时已离开第10装甲师，前往正在奥廖尔地区进行防御战的第4装甲师就职——他在2月26日被任命为该师第33摩步团团长，并于4月1日正式晋升为上校。[22]

"有谁在战斗中见过毛斯博士在后方呢？"

毛斯到第4装甲师任职时，该师隶属于第2装甲集团军的第24摩托化军，师长为著名战将埃博巴赫（Heinrich Eberbach）少将。1942年2月，当第4装甲师撤至布良斯克附近时，与损兵折将的其他东线装甲师一样，该师也仅剩12辆坦克和18门大炮，损失了几乎所有的重型装备和装甲运兵车。[23] 1942年4月22日，埃博巴赫所部隶属于第47摩托化军，但在5月初转赴第35军负责防御的姆岑斯克，沿着伏尔加河最大的支流之一奥卡河（Oka）进行防御作战。毛斯在姆岑斯克周边的一次作战中身负重伤，被迫离职回国养伤，但他只缺席了两个月，便于当年7月5日返回东线。在1942年剩下的日子里，第4装甲师基本是在第35军和第53军的防区里交替进行机动防御，但相对于南方的斯大林格勒和高加索地区的重大攻势，毛斯所部参加的行动规模较小，甚至还时不时地被派去清剿游击队。由于资源有限，而且1942年的进攻重点是在南方战场，中央集团军群许多消耗殆尽的装甲师都没有在当年得到及时的兵员和装备补充。第4装甲师在1942年全年的实力都非常弱，它的第35装甲团2营甚至还在当年6月被移交给第11装甲师的第15装甲团，并成为后者的第3营。

毛斯在1942年11月24日至27日间曾短暂地代理过第4装甲师师长之职，其后将指挥权移交给施奈德（Erich Schneider）少将，不过，毛斯又在1943年1月7日至28日间再度代理师长，期间接收了一批补充兵员、车辆和装备，但还是没得到新坦克，上级早早承诺的豹式坦克也迟迟不见踪影。1月28日起施奈德少将继续担任师长，但该师只能作为一个旅级战斗群，与同样虚弱的第17、第18装甲师及两个步兵师一起，参加库尔斯克周边的防御作战。第4装甲师此刻仅有8辆坦克可以参战，迫使施奈德把第35装甲团的装甲兵编入步兵连投入战斗。[23] 德军被迫放弃库尔斯克后，第4装甲师在3月初参加了罗姆内（Romny）和北诺夫哥罗德地带的作战。3月8日起，第4装甲师在谢韦尔斯克（Seversk）周边进行了一系列规模不等的攻防战，期间得到了一些补充，到3月13日时拥有36辆坦克、26辆反坦克歼击车和20辆突击炮。3月19日，第4装甲师奉命进攻谢夫斯克（Sevsk）这座18个月前曾被该师攻占的城市，施奈德命令第12装甲掷弹兵团不惜一切代价肃清城外的制高点，毛斯的第33装甲掷弹兵团则负责攻城。当师长冒着炮火来到毛斯的指挥部了解情况时，发现后者正在最前沿与2营的官兵一起战斗。第35装甲团的一位军官曾感慨道："……有谁在战斗中见过毛斯博士在后方呢？"[24] 第4装甲师在此战中打死打伤对手4000余人，摧毁了68辆坦克、200多门大炮和迫击炮，但自身也付出了相当的代价，除损失3辆IV号坦克和2辆III号突击炮外，竟有千余官兵阵亡或负伤。4月初，第4装甲师师长施奈德和第47装甲军军长莱梅尔森（Joachim Lemelsen）曾推荐授予毛斯橡叶骑士勋章，但陆军总部未予批准，足见德军的奖励和授勋制度此时依然相当严格，尤其是对橡叶骑士以上的高规格勋章更是十分慎重，非得有超人的勇敢行为、杰出的战功或卓越的战场指挥表现方能获得褒奖。

1943年5月1日，第4装甲师撤离奥廖尔至库尔斯克之间的前沿，退入诺夫哥罗德地区进行补充休整，同时负责清剿该区域里的游击队。第4装甲师当月陆续接收了一大批重武器装备和补充兵员，实力迅速得到了恢复，更在5月31日迎来了离开东线长达一年半的老师长绍肯中将。绍肯与毛斯此前并不相熟，但经过此后半年多的相处，毛斯的战场表现和指挥才能征服了绍肯，在1944年1月末欢送毛斯出任第7装甲师师长时，绍肯曾留下过这样的评语："毛斯上校是一名久经考验的前线老兵，也是一位熠熠闪光的模范军官，更是一位优秀的战术家。"第4装甲师的装备情况在"城堡作战"前夕得到进一步改观：到7月初时该师已拥有101辆坦克，第33和第12装甲掷弹兵团补充了大量兵员和半履带装甲车，第103炮兵团也得到了一批自行榴弹炮，而用来运输物资和牵引大炮的1800匹战马被全数赠给了友邻的步兵师。

▲ 摄于1943年7月的"城堡作战"期间，第9集团军的III号和IV号坦克向前沿开去。

▲ 摄于1943年7月的"城堡作战"期间，两名德军掷弹兵在凌乱的战场上，朝着一辆似乎动弹不得的苏军T-34坦克（图中右上角）跑去。

▲ 摄于1943年7月的“城堡作战”期间，被苏军击毁的德军坦克。

▲ 摄于1943年7月的“城堡作战”期间，被苏军摧毁的德军豹式坦克。由于舱盖并未打开，乘员们可能已在坦克里毙命。

▲ 摄于1943年7月的“城堡作战”期间，两名德军士兵在掩体前留影。这个掩体是借助两辆被毁的T-34坦克构成的，从两辆坦克叠压的位置来看，它们极可能是毁于空袭。

▲ 可能摄于1943年8月，一队德军掷弹兵“兴高采烈”地撤离奥廖尔的情形。

▲ 可能摄于1943年8月初的奥廖尔街头，一名德军装甲指挥官正在借助望远镜侦察对手的运动情况。城市并非有利于装甲作战的战场，反倒是狙击手们异常活跃和斩获猎物的好去处。

▲ 拍摄时间不详，毛斯上校为一名装甲兵颁发骑士勋章后向对方表示祝贺。

▲ 拍摄时间不详（或为1943年秋），右一为毛斯，右二是第4装甲师师长绍肯（佩戴当年8月末获得的橡叶骑士勋章），左二似为时任第103炮兵团团长的贝策尔（Clemens Betzel）上校。

▲ 毛斯获得第335枚橡叶骑士勋章后拍摄的标准照。

▲ 1943年11月24日，毛斯上校获颁橡叶骑士勋章，图为获勋之后拍摄的标准照。

按照德军的计划，在库尔斯克突出部周边即将发起的大战中，南方集团军群的第4装甲集团军和肯普夫集团军级支队等负责从哈尔科夫和别尔哥罗德向北进攻库尔斯克；位于突出部北侧的是中央集团军群的第9集团军，该部将沿奥廖尔至库尔斯克的铁路和公路向南进攻，总目标是以南北对进的钳形攻势围歼库尔斯克突出部中的苏军。绍肯的第4装甲师隶属于莫德尔上将的第9集团军，与第2、第9、第12、第18和第20装甲师等构成了北翼的装甲打击力量。不过，“城堡作战”打响时第4装甲师并未进入前沿，而是与第12装甲师和第10装甲掷弹兵师一起充任中央集团军群的预备队。

“城堡作战”在7月5日正式打响，第9集团军所部当日突破了苏军的首道防线，打开了宽约10英里、纵深约为4至5英里的缺口，但在逼近奥利霍瓦特卡（Olkhovatka）北面的第二道防线时，遭到了对手的沉重打击。苏军中央方面军统帅罗科索夫斯基连夜将大量的预备队调派至第二道防线的若干关键地段加强防御，同时命令第3、第16和第19坦克军及第17近卫步兵军等次日从奥利霍瓦特卡向北反击，但是，苏军的反攻很快受阻于自己布下的雷场。莫德尔为延续己方的进攻势头，把第二梯队的第2、第9和第18装甲师等投入战场，命令它们分别夺取捷普洛耶（Teploye）西南的第272高地、奥利霍瓦特卡东北的第274高地以及波内里（Ponyri）东边的第253.5高地等战术制高点。如果这些高地连起来的话，将形成一条长约15英里的弧线，正好楔入苏军防线的核心地带，因而能否占领这些高地事关北翼德军的大局。不过，罗科索夫斯基已在自己防线的中央部署了1000辆坦克、3000门大炮和5000挺轻重机枪的强大力量。

德军第20装甲师在萨莫杜罗夫卡村（Samodurovka）与对手展开了激战，该师当日下午曾一度夺取了村庄，随后又向周边的高地发起进攻，但3次攻势都被守军打退，还在对手的反击之下被逐出了村庄。第2装甲师在第20装甲师一部和第505重装甲营的支援下，以140辆坦克和50辆突击炮的强大力量，气势汹汹地扑向奥利霍瓦特卡东北的第274高地，但始终无法达成目标。[25]奥利霍瓦特卡周边的战场一整天都笼罩在震耳欲聋的枪炮声中，天空中弥漫着黑烟，双方交替攻防，阵地反复易手，曾有德军军官这样描述当天的搏杀：“……在著名的阿拉曼战役中，蒙哥马利曾以1000门大炮扭转了非洲的局面，但与库尔斯克这天的战斗相比，阿拉曼只能算是中等规模。即便是斯大林格勒之役，尽管它更具有灾难性的悲剧色彩，但就双方投入的兵力兵器而言，它也不能与规模巨大、战场空旷开阔的库尔斯克大决战相比。”[26]

7月6日下午，中央集团军群将第4装甲师拨给莫德尔指挥，该师奉命向战场开进的同时，仍作为第9集团军的预备队待命。7日晚些时候，第47装甲军军长莱梅尔森命令绍肯准备次日晨参战，负责与第20装甲师一起攻打捷普洛耶村及其周边的第272高地。同样是在这个夜晚，罗科索夫斯基向捷普洛耶周边增援了2个步兵师、1个炮兵师、2个坦克旅和1个机械化步兵旅的强大力量。8日晨，第4装甲师从第20装甲师打开的缺口穿过，朝着捷普洛耶村快速推进，但在村庄外围遭到苏军的顽强阻击。装甲师的攻势开始变得举步维艰，伤亡迅速增加，师长绍肯后来曾这样写道：“……大炮、迫击炮、火箭炮、机枪、狙击手，特别是无所不在的反坦克炮一直喷吐着火舌，成群结队的苏军坦克以炮火扫射着进行反击。为使敌军的炮火不那么容易命中目标，我方坦克（其中一些是虎式坦克）在开阔地带里全速前进，结果造成掷弹兵们很难跟上，被远远地甩在后面。被我方坦克席卷而过的苏军支撑点仍在不停地开火射击，我们的掷弹兵不得不就地隐蔽，无法抬头，我方有些坦克被迫回过身来保护掷弹兵们。”[27]第4装甲师的主要对手是防御捷普洛耶村的苏军第175和第70近卫步兵师，绍肯不顾所部的伤亡，命令毛斯率其第33装甲掷弹兵团猛攻苏军防线的结合部。在前沿指挥时毛斯不幸受伤，但他不愿撤至后方，依然毫不畏惧地组织部队继续进攻。德军突击队的带队指挥官曾回忆道：“……我带着官兵们向近在咫尺的村子发起了冲锋。我们一定能拿下这个村子！1连在侧翼提供火力掩护，突击队离村子的边缘越来越近。经过激烈的徒手搏斗，我们拿下了一幢幢房屋……村里的战斗持续了大约一个小时，最后一批守军最终被消灭了。”[27]

苏军并未如那位德军军官回忆的那样被消灭，而是在紧逼之下退出了捷普洛耶村，他们撤至村外后在第272高地进行了重组，来自预备队的第140步兵师和第11近卫坦克旅也被迅速派来增援。绍肯见毛斯取得了突破，立即命令第35装甲团的一些坦克支援毛斯展开后续攻击，以阻止苏军建立新的防御阵地或进行反击。毛斯和绍肯所不清楚的是，苏军第3反坦克炮兵旅已悄悄部署在第272高地的伪装阵地上，进入战壕并只剩炮塔在外的一些T-34坦克为该旅提供支援，而配备了反坦克枪的步兵则负责掩护坦克的侧翼。毛斯手下的掷弹兵们小心地朝高地方向前进，但苏军在狭窄的正面集中了上百门火炮，凶猛的火力压制得德军根本抬不起头来，毛斯的部下只前进了几百米便无法继续下去。德军坦克冒险继续推进，但苏军放任它们前行至400至500米处，然后以重型反坦克炮、反坦克枪和坦克炮一齐开火，摧毁了数量不菲的德军坦克。不过，在不计伤亡的攻击浪潮中，有几辆IV号坦克碾过了苏军的反坦克炮阵地，跟随其后的掷弹兵们蜂拥而上，一举拿下了第272高地。但是，在这些德军有机会庆祝和休息一下之前，苏军发起了反扑，转瞬间又将毛斯的部下逐下高地——这样的战斗在接下来的两日里反复上演，到7月10日时，毛斯手下的迪塞纳（Joachim Diesener）上尉已是2营剩下的最后一名连级军官，他收拾残部再次进攻，又一次成功拿下了高地，但很快就被撵了下来。苏军第3反坦克炮兵旅也可谓损失殆尽，该旅旅长在致电罗科索夫斯基时曾声称“誓与阵地共存亡”——这位旅长兑现了诺言，该旅的确守住了阵地，但据说最后只剩下了一个人！[28]

7月10日下午，苏军第19坦克军，第40、第70和第75近卫步兵师在第1近卫炮兵师的支援下，朝第47装甲军的防线发起了反击。德军比较轻松地挫败了对手的这次反击，莫德尔当夜决定次日继续进攻。不过，11日拂晓时传来了令人忧虑的消息，苏军西方面军和布良斯克方面军沿着三个方向对德军占据的奥廖尔突出部发起了规模有限的攻势，莫德尔对此不能不给予重视，他在暂停11日攻势的同时，准备把一些部队调往奥廖尔周边，以应对后方可能遭到攻击的危险局面。12日，苏军西方面军的第11近卫集团军，布良斯克方面军的第3、第61和第63集团军等突破了德军第2装甲集团军在奥廖尔北面和东面的防线，而就在当日夜，绍肯还在与毛斯合计如何在次日继续向南进攻。13日凌晨，在炮火准备开始前一个小时，第47装甲军军长莱梅尔森到访，向绍肯等人通报了“强大的敌军装甲部队已在奥廖尔突出部取得纵深突破”的情况。莱梅尔森指示绍肯立即转入防御，同时将防线延伸到即将撤离的第20装甲师的阵地。[29] 14日，绍肯把第35装甲团1营几个连的坦克部署在前沿侧后方，毛斯的第33装甲掷弹兵团负责看护第20装甲师留下的阵地，达梅劳-达姆布罗斯基（Joachim von der Damerau-Dambrowski）上校的第12装甲掷弹兵团则在原防线防守。苏军中央方面军所部在15日拂晓前向第47装甲军发起了全线反攻。这是苏军“库图佐夫作战”的一部分，罗科索夫斯基的中央方面军与提前两日动手的西方面军和布良斯克方面军，试图在奥廖尔附近围歼已归莫德尔统一指挥的第9集团军和第2装甲集团军。在第4装甲师的前沿，第12和第33装甲掷弹兵团的步兵们竭尽全力地力保防线不被突破，激战在15日下午达到高潮，面对兵力兵器占有优势且拥有空中支援的对手，第4装甲师渐感不支。第47装甲军急调第505重装甲营剩下的坦克支援第4装甲师，该营与第35装甲团1营携手作战，日落时分终于遏制了苏军的强攻，41辆苏军坦克横七竖八地歪倒在第4装甲师的防线前方。[30] 接下来的3天里，第4装甲师奉命分阶段撤退到“城堡作战”发起时的出发阵地，而后被调往特罗斯纳（Trosna，位于奥廖尔西南约50英里处）村附近充任第9集团军的预备队，负责阻止苏军对此间德军的包围攻势。

第4装甲师在7月22日经历了该师参战以来最危险、最紧张的一场战斗。苏军炮火从拂晓起即开始肆虐装甲师的步兵防线，天空中有大量的轰炸机向工事和掩体倾泻炸弹，苏军坦克支援着步兵发起了一轮又一轮的冲锋，但在毛斯和达梅劳-达姆布罗斯基的步兵防线前始终占不到上风。苏军见啃不动第4装甲师的前沿阵地，便把主攻方向转移到该师右翼的第7步兵师的防线。上午9时，约有40辆苏军坦克和一个步兵营突破了第7步兵师的前沿，夺取了附近的第254.9高地后，这部分苏军掉头向东，朝着第4装甲师的后方扑来。绍肯急令第35装甲团1营营长科塞尔（Hans-Detloff von Cossel）少校率部挡住突破中的苏军坦克。科塞尔带领3个装甲连从侧翼截住了对手，在混战中科塞尔所在的坦克被击中，这位1941年9月即获骑士勋章的少校当场丧命（其后被追授橡叶骑士勋章）。部分苏军坦克趁着第35装甲团指挥系统出现的混乱，一直向东推进到卡纳耶夫卡（Kanayevka）村的南面才最终被挡住。与此同时，毛斯团的侧翼和后方都遭到苏军坦克的攻击，他的部下抵挡不住，被迫向东撤退，结果将第12装甲掷弹兵团的侧翼暴露出来。达梅劳-达姆布罗斯基率部奋力抵挡，这位上校在激战中阵亡（后被追赠少将军衔），1营长阿贝尔（Werner Abel）上尉紧急接过全团的指挥权（3日后移交给霍佩〔Johannes Hoppe〕中校），但局势依然岌岌可危。第4装甲师的上级第46装甲军派出第505重装甲营和第244突击炮营帮助绍肯恢复防线。这些援军赶到第33装甲掷弹兵团的方位后，毛斯所部军心大振，步兵和装甲兵以凌厉的协同反击在下午晚些时候夺回了失地，第12装甲掷弹兵团面对的危境也迅速得到了化解。当夜，第4装甲师的整体局势得到了恢复，苏军全天一共损失了62辆坦克。

1943年7月末的最后几天里，莫德尔命令第4装甲师从一线撤出，开至特罗斯纳西北的弗伊基纳（Foykino）附近充任预备队，以随时支援第46装甲军所辖步兵师的防线。到8月1日，第4装甲师虽在7月这一个月里损失超过了2300人，但还拥有相当多的重武器，包括38辆IV号坦克、9辆III号坦克、14辆自行反坦克炮和160辆装甲车。[31] 当日，莫德尔命令第2装甲集团军和第9集团军分阶段撤往"哈根"防线，这一行动被冠以颇有浪漫气息的"秋季旅行"（Herbstreise）的代号，但苏军立即注意到了德军的动向，几个方面军也随之加大进攻的强度。第4装甲师作为奥廖尔南面德军的后卫部队，负责掩护步兵师朝西面的杰米特罗夫斯克（Dmitrovsk）撤退，而毛斯带领的第33装甲掷弹兵团则又经常担负装甲师后卫的角色。毛斯在撤退过程中经历了一些异常血腥的延迟阻击战，其激烈程度可从他8月份获得的"铜质近战勋饰"略窥一二（该等级的勋饰授予曾参加15天以上的近身肉搏战的官兵，获银质和金质近战勋饰的标准分别是30天和50天）。

莫德尔手下的部队在"哈根"防线刚刚立足便开始被陆续调离——苏军西方面军和中央方面军由于始终无法围歼莫德尔所部，把复仇的怒火撒在了前者的左邻第4集团军和右邻第2集团军身上，许多原属莫德尔的装甲师和机械化部队被调去增援处境危险的邻近友军，第4装甲师也在9月初被划拨给第2集团军麾下的第56装甲军。据有关资料记载，毛斯上校曾在9月1日至3日间，短暂代理过南方集团军群第59军所辖的第8装甲师师长。9月初，第4装甲师在谢夫斯克附近经过激战后，作为后卫部队掩护第2集团军的步兵师朝杰斯纳河方向撤退。在继续撤往第聂伯河期间，第4装甲师又被临时划归第20军指挥，负责掩护该军的右翼。毛斯在此期间曾率部与苏军游击队数度交手，楔进德军第20军防线右翼的苏军先头部队曾在几个地段实现了局部突破，但这些缺口都被第33装甲掷弹兵团和第35装甲团迅速缝合。[32] 9月底，第4装甲师撤过索日河后重新回到第56装甲军的作战序列。此时，位居中央集团军群南翼的第2集团军被推挤到普里佩特沼泽地东面，沿着普里皮亚季河和第聂伯河交汇处楔入进来的苏军，已有切断德军中央和南方两大集团军群之间联系的势头。根据德军最高统帅部的部署，中央和南方集团军群准备联手铲除苏军在切尔诺贝利附近建立的普里皮亚季河桥头堡，北面的第2集团军将以第56装甲军（辖第2、第4、第5和第12装甲师）为主力，向南打击位于桥头堡北侧的苏军第13集团军，而南面的德军第4装甲集团军则派出第59军（辖数个步兵师并得到第7和第8装甲师的支援），负责向北进攻桥头堡西南面的苏军第60集团军。这场战事在10月初打响，断断续续进行了近10天，德军到10月14日时攻克了切尔诺贝利城大部，虽然挫败了苏军扩大桥头堡的所有努力，但也无力将之彻底铲除。随着战场态势趋于稳定，绍肯暂时离职回国，毛斯又在10月23日开始代行第4装甲师的指挥权，所部在普里皮亚季河与第聂伯河交汇处的所谓"湿三角"地带驻扎下来。

11月10日，苏军第1白俄罗斯方面军所部在戈梅利附近的列奇察（Rechytsa）成功强渡了第聂伯河，之后开始向西推进。第56装甲军奉命派出第4和第5装甲师北上阻挡对手的推进，就在第4装甲师准备执行命令时，突然遭到苏军第13集团军一部的攻击，一时被缠在切尔诺贝利附近无法脱身。一周后，疲惫的第4装甲师方才赶到戈梅利西南，但这时苏军早已取得重大突破，正在进攻马洛杜希（Malodush）周边的德军第

20军防线，夺取更往西的交通枢纽卡林科维奇（Kalinkovichi）的意图十分明显。11月19日，第4和第5装甲师在马洛杜希东面向苏军侧后方发动了反击，德军第45步兵师则在马洛杜希北面朝南同步进攻，一开始曾取得过相当的进展，但苏军的层层阻击令德军很快失去了进攻的能量和势头。更致命的是，一直朝西南方推进的苏军先头部队已逼近卡林科维奇，迫使第2集团军取消了马洛杜希的作战，速派第4和第5装甲师前去保护通向卡林科维奇的公路。

11月24日，毛斯因在“城堡作战”及其后数月的防御战中的出色表现，获颁第335枚橡叶骑士勋章。他在第4装甲师的最后一次主要作战出现在1943年12月的圣诞节前夕，第4装甲师作为第2集团军的矛头，与新近增援第9集团军的第16装甲师一起，在博布鲁伊斯克南面铁路线上的帕里奇（Parycy）附近阻止了苏军的进一步突破。至此，德军第2和第9集团军的防线终于连成一体。

1944年1月28日，曼施坦因麾下的第4装甲集团军的北翼传来了噩耗，第9位钻石骑士勋章得主、第7装甲师师长舒尔茨少将，在瑟柏托夫卡附近的战场被炸成重伤后不治身亡。1月30日，毛斯从第7装甲师代理师长格莱塞默（Wolfgang Glaesemer）上校手中接过了该师指挥权，翻开了个人军旅生涯中最辉煌的一页。

第7装甲师的最后带头人

先后4次代理过装甲师师长的毛斯，能正式接过第7装甲师的指挥权，无疑是高层对其勇敢、能力和指挥水准的肯定。第7装甲师的官兵们用不了多久也将发现，这位新师长与其前任师长隆美尔、丰克、曼陀菲尔和舒尔茨等一样，也是一员能将“幽灵之师”的大名延传下去，并带领他们在危局中力挽狂澜的装甲名将。

毛斯到任后的第三天（2月1日），第7装甲师便奉命离开瑟柏托夫卡战场，开到西北方向不远的杜布诺（Dubno）加入第13军的作战序列。次日，苏军第13集团军所部一举攻克了瑟柏托夫卡与杜布诺之间的重镇罗夫诺（Rovno），罗夫诺西面的卢茨克（Lutsk）守军也被苏军骑兵部队撵出了城。接下来的两周里，曼施坦因南方集团军群的北翼面临着完全失控的局面，第13军大部匆忙地朝杜布诺方向撤退，但在撤退途中，杜布诺就已处于被苏军半包围的状态，一个近卫骑兵军出现在杜布诺以西，摆出了随时可能从背后进攻杜布诺的态势。曼施坦因不敢怠慢，虽然同时进行中的“切尔卡瑟口袋”救援战占用了几乎所有能调动的兵力，但他还是把第340步兵师增援给第13军，同时把第7、第8装甲师以及从波兰赶来的两个加强团拨给第48装甲军，指示该军向北朝斯特里（Styr）河方向进攻，尤其是在科韦利地带——中央和南方集团军群的结合部——挡住苏军的推进。[33] 2月22日，第7和第8装甲师发动了反击，从杜布诺西面向北朝卢茨克的推进非常顺利，到27日时毛斯所部已率先抵达卢茨克城两侧的斯特里河。第48装甲军随即命令毛斯继续向北运动，与科韦利方向的德军取得联系后，建立一条由一系列支撑点组成的北起科韦利东南、南至杜布诺西面的完整防线。到3月1日时，南方集团军群最北翼的第4装甲集团军终于能在几个月里第一次缝合上北面的防线缺口。

1944年2月的最后10天里，曼施坦因费尽九牛二虎之力，才救出了被围在“切尔卡瑟—科尔逊口袋”中的数万德军，第7装甲师等又堵上了集团军群北翼的防线缺口，但对手不会给南方德军任何喘息之机，苏军决意要在雪地和泥泞中发起一场声势浩大的“闪电”战。3月初，朱可夫的第1乌克兰方面军命令第13集团军进攻北翼的德军第13军，由4个集团军组成的重兵则把重拳砸向了德军第59军。科涅夫的第2乌克兰方面军在拖住德军第8集团军的同时，把重点放在向西推进和包围德军第1装甲集团军上。第8集团军手忙脚乱地应对自己的险境，无暇分兵支援第1装甲集团军。再往南去的德军第6集团军也在第聂伯河下游被苏军第3乌克兰方面军完全拖住。庞大的苏军步兵和坦克兵团穿越泥泞和积雪，在德涅斯特河的诸多支流间大踏步前进。胡贝的第1装甲集团军和劳斯的第4装甲集团军之间的联系被切断，前者通过反击在3月17日设法恢复了与劳斯的联系，但两者之间薄弱的结合部绝对经不起苏军的再次重击。果然，朱可夫的继续进攻迫使第4装甲集团军的右翼各部一直向西败退到捷尔诺波尔的西南地带，苏军则沿着捅开的缺口快速推进，到3月24日时在戈罗登卡（Gorodenka）北面抵达德涅斯特河，胡贝的左翼与劳斯的右翼之间被撕开的缺口已超过50英里。祸不单行，科涅夫方面军发起的新攻势又切断了胡贝集团军与右邻的第8集团军之间的联系，大量的苏军坦克和机械化部队沿着缺口高速进军，像雪崩一般渡过布格河后，苏军先头部队于3月18日至19日抵达德涅斯特河畔的扬波尔（Yampol）和莫吉廖夫—波多利斯基（Mogilev—Podolskiy）。胡贝第1装甲集团军的20余万人事实上已被包围在一个大口袋里。

当苏军3月中旬第一次切断第4和第1装甲集团军之间的联系时，曼施坦因即命令胡贝收缩右翼并沿着德涅斯特河布防，同时把中路的部队加强到左翼，一切以恢复两个集团军之间的联系这个大局为重。而当第4装甲集团军的右翼被朱可夫逼退到捷尔诺波尔西南（捷尔诺波尔本身很快也将被围）时，胡贝的任务变成了“……挡住沿兹布鲁奇河向南运动的苏军，恢复对乔特科夫—亚莫林策（Chortkov-Yarmolintsy）铁路的控制，将集团军的防线延伸到特雷姆波夫利亚（Trembovlya）附近的塞列特河”。[34] 为帮助胡贝完成任务，曼施坦因把第7装甲师、“希特勒警卫旗队”师的装甲战斗群和第68步兵师等原属劳斯的部队编组成一个军级战斗群，交给仅为上校的毛斯指挥（一个上校要指挥一个党卫军少将旅队长和一个国防军中将，足见曼施坦因对毛斯的信任和器重），并将该部转隶于胡贝集团军。毛斯的这些部队当时位于兹布鲁奇河东面，与第4装甲集团军的主力有着相当远的距离，同时又处于胡贝集团军的身后。3月24日，朱可夫手下的第4坦克集团军越过兹布鲁奇河畔的斯卡拉（Skala），开始朝东南方的卡缅涅茨-波多利斯基扑去，与此同时，第1坦克集团军所部也在格罗登卡附近渡过了德涅斯特河，这些行动不仅切断了胡贝集团军在德涅斯特河北岸的逃生之路，也切断了毛斯的军级战斗群与周边友军的联系。曼施坦因在战后回忆录中曾写道：“……当胡贝后方的所有部队都被苏军的两个集团军击溃之时，只有毛斯将军像根粗大的柱石那样挺立着。毛斯的任务是阻滞苏军装甲矛头后面的步兵，并切断对手的补给线。”[35]

如果说毛斯的任务不是不可能完成，那至少也极为困难，他的军级战斗群已成为四面都有强敌环伺的孤军，更勿论阻滞如同潮水般奔涌的苏军了。疲惫惊惧的第1装甲集团军不仅在北面和西面面对强敌，在包围圈的南面，科涅夫麾下的第6坦克集团军在莫吉廖夫—波多利斯基南面渡过德涅斯特河后，正在全力西进中挤压胡贝的右翼，而在包围圈的正东，苏军第18、第38和第40集团军的28个步兵师和独立坦克单位，也正向胡贝的第24、第3和第46装甲军施加强大的压力。[36] 胡贝本打算向南突围，越过德涅斯特河后退入罗马尼亚，但见识和大局观远超常人的曼施坦因认为，向南突围将正中苏军下怀，因而严令胡贝向西突围（关于向南和向西突围这两种方案的利弊分析，详见本书第2卷第7章）。确定了突围方向后，胡贝一面进行突围前的准备，一面指示3个装甲军分头派出有实力的先遣队，夺取兹布鲁奇河沿线的渡桥。为加强对部队的控制并保证步调一致，胡贝把集团军重组成两个“军群”：第59军和第24装甲军组成由第59军军长切瓦勒里（Kurt von der Chevallerie）指挥的“切瓦勒里军群”，先期任务是与位于格罗多克（Gorodok）的第1装甲师以及位于乌施察河与兹布鲁奇河之间的毛斯战斗群建立联系，然后在乌施察河与兹布鲁奇河之间掩护集团军的北翼；南面的第3和第46装甲军则组成由第3装甲军军长布赖特（Hermann Breith）领导的“布赖特军群”，以夺回卡缅涅茨-波多利斯基，重新控制通向霍廷（Hotin）的公路为先期目标；“戈尔尼克战斗群”（包括第75步兵师及第18炮兵师等，指挥官戈尔尼克就是前文提到的1939年时的第20摩步师第76团团长）和匈牙利第7军，负责在德涅斯特河南岸力所能及地掩护集团军的南翼，并固守位于霍廷的桥头堡。

3月27日夜，胡贝下令向西突围，包围圈东面、北面和南面的后卫部队的任务也从机动防御转换为延迟阻击。担任前锋的装甲部队出动时，一场突如其来的暴风雪恰到好处地掩盖了部队的调动和坦克的行进。28日，“切瓦勒里军群”的先头部队成功地与第1装甲师和毛斯战斗群建立了联系，从苏军手中缴获的油料亦使装甲部队能够继续推进，毛斯的第7装甲师开始扮演整个军群突击矛头的角色。南面的“布赖特军群”当日包围了卡缅涅茨-波多利斯基，还切断了向北通往乔特科夫的道路。29日，毛斯在斯卡拉及其以北方向夺取了兹布鲁奇河上的数座渡桥，次日将桥头堡进一步扩大，“布赖特军群”则于30日夜间在兹布鲁奇河建起了两座桥头堡。31日，南北两个军群的先头部队继续向西前进，当日抵达德涅斯特河一条稍小的支流尼奇拉瓦（Nichlava）河，毛斯率部在斯卡拉西南面的鲍希楚夫（Borshchuv）迅速建起一座桥头堡，做好了扑向塞列特河的准备。“切瓦勒里军群”的后卫部队这时已西撤至乌施察河以西，正按照胡贝的布置，有条不紊地占据过渡防线，同时保持与“布赖特军群”后卫部队的撤退步调一致。

同样是在3月31日，一直坚信德军将向南突围的朱可夫，终于意识到自己误判了对手的意图，急令德涅斯特河南面的第4坦克集团军回头，赶赴格罗登卡地域向北进攻“布赖特军群”。但是，4月1日起连续3天的风雪交加，迟滞了苏军坦克部队的重新部署和运动。天气对双方都是公正的，但德军为尽快脱离险境，似乎在意志力和决心方面更胜一筹。毛斯的第7装甲师于4月1日抵达塞列特河，在乔特科夫南面迅速建起一座桥头堡，在扩大渡口和等待后续部队的过程中，毛斯收到了自己被晋升为少将的电文。“布赖特军群”的矛头第17装甲师当日几乎同步抵达了塞列特河，并在塞列特河与德涅斯特河交汇处的北面建立了桥头堡，第1装甲师于4月2日在毛斯的北面抢占了另一座渡口。不过，囿于风雪和地形的限制，以及自东向西追击而来的苏军的压力，南北军群的后卫部队都落在了后面，直到4月4日才全部渡过兹布鲁奇河。

4月4日，胡贝得到南方集团军群的通知，党卫军第2装甲军（辖党卫军第9和第10装甲师及第100轻步兵师）将从别列扎内（Berezhany）附近出发，朝布查奇（Buchach）方向展开攻势，以接应第1装甲集团军的西向突围。胡贝命令“切瓦勒里军群”把注意力放在阻止苏军朝乔特科夫方向的推进，在确保北翼防线不被突破的同时，派出装甲战斗群保障乔特科夫至布查奇的公路的畅通。胡贝还命令“布赖特军群”夺取斯特雷帕河上的渡口，必要时自南向北发动进攻，以打开布查奇附近的斯特雷帕河渡口。当时，来自苏军第3近卫坦克集团军的4至6个步兵师和1个坦克军正在塞列特河东面向南施加压力，3个苏军步兵师已出现在塞列特河以西，甚至还有3个师的苏军正在斯特雷帕河的西面布防。4月5日，德军的南北两个军群都与对手发生了激战，中路的一个装甲师（一说是第6装甲师，另一说是第16装甲师）当日进抵斯特雷帕河后，沿着东岸向北推进，次日午后强攻布查奇得手，与党卫军第10装甲师的先头部队在这里建立了联系。

与第4装甲集团军建立联系之前，曼施坦因

被解除了职务，南方集团军群也在几日后改名为北乌克兰集团军群。4月9日，胡贝向新任集团军群指挥官莫德尔建议放弃塞列特河防线，将第1装甲集团军全部部署到斯特雷帕河西面进行重组和布防。得到批准后，胡贝于12日下令恢复各部原来的建制，解散了毛斯军级战斗群，第7装甲师转隶于第59军，第68步兵师归第46装甲军节制，而“希特勒警卫旗队”师则改任预备队。[37]党卫军第2装甲军被临时划归胡贝指挥，负责朝布查奇的东北地带进攻，在掩护第59军撤过斯特雷帕河的同时，支援第4装甲集团军的第48装甲军正在进行中的捷尔诺波尔救援战。第59军和第46装甲军将分阶段撤退，撤退中需沿布查奇至乔特科夫的铁路和公路建立由支撑点构成的警戒防线。毛斯的第7装甲师负责朝布查奇以东进行目标有限的佯攻，以分散对手的注意力。第3装甲军所部负责消灭斯特雷帕河西面的苏军，第24装甲军的任务是沿斯特雷帕河西岸准备集团军的主防线，其范围从南面的与德涅斯特河交汇处向北延伸到布查奇。4月15日至16日，胡贝集团军大部已在斯特里帕河西岸站稳了脚跟，第7装甲师和党卫军第2装甲军所部朝布查奇东面和东北方向的进攻，最远曾推进9英里。莫德尔和胡贝此时认为，苏军已全线转入守势，对手在有能力继续进攻之前，势必需要进行大范围的重组，也需要相当的时间调遣预备队和进行整补。[38]

胡贝因挽救第1装甲集团军的战功，于4月20日晋升为上将并获颁第13枚钻石骑士勋章。据说，胡贝曾在形势已经明朗的4月9日向毛斯表示过谢意：“……如果不是你同我们在一起，那么结果可能会变得很糟。你的部队帮助第1装甲集团军避免了覆灭的命运。”[39]没成想，胡贝在贝希特斯加登领受勋章后因飞机失事身亡，他对毛斯的一番感激之词竟成了最后的遗言。

到4月21日，毛斯的第7装甲师只剩下1872名作战兵员、9门大炮、11门反坦克炮和9辆坦克（其中一辆还是缴获的T-34）。[40]一度强悍的装

▲ *图为第7装甲师师长舒尔茨少将（第9位钻石骑士勋章得主），他于1944年1月28日丧生于瑟柏托夫卡，毛斯在1月30日接过第7装甲师的指挥权。*

▲ *率部成功冲出“卡缅涅茨-波多利斯基包围圈”（亦称“胡贝口袋”）的第1装甲集团军指挥官胡贝将军。*

▲约摄于1944年4月初，第1装甲集团军的装甲部队正顶风冒雪地向西突围。

▲约摄于1944年4月初，“胡贝口袋”中的德军步兵正徒步向西突围。

甲师这时只剩下团的兵力和架构，但没有改变的是幸存老兵和师长毛斯的钢铁意志。随着战场态势进一步趋稳，第1装甲集团军各部开始进行补充休整，毛斯在5月2日将第7装甲师移交给代师长施密德胡贝尔上校（Gerhard Schmidhuber，原第304装甲掷弹兵团团长，后任第13装甲师少将师长）后，返回国内休假。6月22日，苏军发起了代号“巴格拉季昂”的夏季攻势，迅速地给中央集团军群造成了毁灭性打击。第7装甲师此时正在北乌克兰集团军群的防区内进行休整，随着莫德尔被派去收拾中央集团军群的残局，他开始把北乌克兰集团军群的装甲师和装甲掷弹兵师陆续调往中央战场，第7装甲师也在6月底7月初奉命转赴白俄罗斯，投入明斯克周边的防御作战中。但是，到战争的这一阶段，德军装甲部队的黄金岁月早已逝去，苏军的战斗力更是今非昔比，德军既无法堵住被戳开的防线缺口，又无力阻止明斯克等一系列重要枢纽的被围和失守，到7月初时德军损失了多达25个师的兵力兵器。

7月初，巴格拉米扬的第1波罗的海方面军正朝立陶宛和拉脱维亚进军，切尔尼亚霍夫斯基的第3白俄罗斯方面军也在展开钳形攻势，他的一只铁钳试图从莫洛杰奇诺经维尔纽斯进抵立陶宛的重要城市考纳斯，另一只铁钳则试图在强渡涅曼河后直逼东普鲁士。7月5日，毛斯率第7装甲师来到距维尔纽斯不远的重镇利达，加入正在此处作战的第39装甲军的行列。这个军是以“绍肯集群”为基础刚刚重建的，主要部队是第5装甲师、第505重装甲营以及一些残余部队，军长就是毛斯在第4装甲师时的老上级绍肯。绍肯的任务是保证莫洛杰奇诺通往维尔纽斯的公路和铁路的安全，毛斯率部抵达后，绍肯命令他立即向北运动，在维尔纽斯东南约30英里处建立一条防御带。苏军的推进非常迅猛，到

▲ *摄于1944年4月至11月期间，佩戴橡叶骑士勋章的第7装甲师师长毛斯少将。*

▲ *摄于东线某处，具体拍摄时间不详，一队由战马牵引的德军大炮正在前进途中。*

7日时就从东面、北面、南面三个方向形成了合围维尔纽斯的态势。几乎与此同时，苏军第3近卫骑兵军、第5近卫坦克集团军和第11近卫集团军也开始围攻利达。毛斯的第7装甲师和德科尔（Karl Decker）中将的第5装甲师构成了利达至维尔纽斯一线德军的主力，这两支装甲师在第170和第35步兵师、第707安全警备师及其他一些部队的协助下，曾以100余辆坦克和突击炮向苏军第11近卫集团军发起多次反击，但所有的反攻都以失败告终。经过一天一夜的激战，苏军于7月9日攻克利达。其后数日里，苏军继续围攻维尔纽斯，维尔纽斯守军在第6装甲师和“托尔斯多夫战斗群”的接应下，一共约有3000余人成功突围。

第7装甲师没有参加维尔纽斯的救援战，而是被苏军推挤着步步西撤。7月10日，毛斯率部撤往涅曼河东面的瓦雷纳（Varena），负责防御附近的涅曼河渡口。由于缺乏油料，他在撤退过程中下令炸毁了一些坦克和重武器，再加上一周的战损，全师此时只剩下26辆IV号坦克、6辆突击炮、20门重型反坦克炮和13门88毫米炮。[41] 与此同时，苏军先头部队在第7装甲师的北面高速推进，率先抵达德军防线以西约40英里外的立陶宛重镇阿利图斯（亦作奥利达，1941年6月末时第7装甲师曾在这里进行过坦克战）。毛斯所部此刻正面朝东方进行防御战，但在阿利图斯守军的紧急恳求下，毛斯派出一个战斗群驰援阿利图斯。不过，苏军的攻击力量相当强大，毛斯派出的战斗群不可能阻挡对手的夺城攻势，而第7装甲师的主体也在重压之下于7月13日撤过涅曼河，随后在西岸挡住了苏军。14日，在本土完成换装豹式坦克的第25装甲团1营奉命返回第7装甲师，齐装满员的该营在18日抵达战场后，为毛斯带来了急需的战斗力和打击能力。[42]

北方集团军群南翼的第16集团军与中央集团军群北翼的第3装甲集团军之间，到7月中旬时已出现了70公里宽的防线缺口，苏军可以集中庞大的兵力，随时从这个缺口包围整个北方集团军群。希特勒一再敦促北方集团军群指挥官弗里斯纳派兵南下，与莫德尔向北进攻的部队一起堵住这个大缺口。第7装甲师是莫德尔指定的执行这一任务的部队之一，但由于北方的第16和第18集团军面临着被分割包围的危险，弗里斯纳只能派出两个单薄的步兵师参与进攻。毛斯将所部组成两个战斗群：由第6装甲掷弹兵团和第25装甲团1营组成的战斗群负责向考纳斯北面发动反击；由第7搜索侦察营和第58装甲工兵营组成的另一个战斗群，则被派往更靠北的希奥利艾附近作战。虽几番努力，但终究实力不济，第7装甲师和北方集团军群派出的步兵师始终无法堵上缺口。随后，希特勒命令弗里斯纳与南乌克兰集团军群指挥官舍尔纳互换职位，后者到任后立即停止了这一作战。7月27日，苏军第1波罗的海方面军成功突破了希奥利艾至考纳斯之间的防线，次日抵达重镇叶尔加瓦（德国人称之为米陶），一举切断了北方集团军群与东普鲁士之间的最后一条铁路线。30日，苏军第5近卫坦克集团军推进到图库姆斯附近的波罗的海海岸，北方集团军群与第三帝国的陆路联系也被截断。同时，苏军第3白俄罗斯方面军所部试图在快速推进中夺取涅曼河左岸的提尔西特（Tilsit，距波罗的海海港梅梅尔仅57英里，距柯尼斯堡72英里），不过，这一意图在考纳斯西北的小城拉塞尼艾（Raseiniai），被第7装甲师和第252步兵师的顽强防御所挫败。

8月3日，苏军第5近卫坦克集团军一部、第3近卫坦克军和第29坦克军占领了拉塞尼艾，但在第7装甲师和第252步兵师的即时反扑下，苏军又被赶出城区。[43] 两日后苏军再度夺取了拉塞尼艾城的东半部，但西半部还在德军第9军所辖的第252和第212步兵师的控制之下。德军炮兵隐伏在城西的树林中，等对手的T-34肆无忌惮地扑到近处时才进行直瞄射击，瞬间便击毁了大批坦克。少数横冲直撞的T-34冲到了德军阵地前50米处仍被最终击毁。第252步兵师尽管只有第7和第252掷弹兵团以及炮兵团的残余兵力，但作战十分勇猛，再加上第7装甲师、空军第500伞兵营以及由元首护卫队改建而成的装甲掷弹兵旅的强力支援，与对手进行了整整4天的拉锯战，造成了苏军惨重的伤亡和上百辆坦克的损失。8月9日，苏军攻克拉塞尼艾城西半部，德军被逐出城区后进行了重组，准备积蓄力量进行反攻。当然，苏军经过连番苦战也是一样疲惫不堪，因而并未趁势追击和继续推进。14日，德军第9军发起了代号"悲伤"（Greif）的拉塞尼艾反击战，第252步兵师的第7掷弹兵团是攻击主力，毛斯的第25装甲团1营和第6装甲掷弹兵团大部负责提供支援。这次作战取得了成功，击毁苏军60余辆坦克后，德军于当日夺回了拉塞尼艾。[44] 8月16日的国防军战况公报曾特意提及拉塞尼艾的作战："……拉塞尼艾之战的高潮暂时过去了。多日里，数量极多的苏军坦克向德军防线发起了一轮轮攻势，但每次都被赶了回去……6月22日以来，第9军所部在防御战中一直表现得勇敢顽强，在为期6天的拉塞尼艾战斗中取得了极大的成功，击溃了对手装备精良的2个坦克旅和2个步兵军，苏军损失了多达345辆坦克。毛斯将军的第7装甲师提供了至关重要的帮助，阻止了苏军在提尔西特以北地区的突破，他们的努力为进一步成功地防御东普鲁士创造了条件。"[45] 军史家弗拉施卡二战中曾任第252步兵师反坦克营的副官，他在自己战后的著作中曾描绘过第252步兵师如何在拉塞尼艾之战中与第7装甲师协同作战，以及他本人在与毛斯的近距离接触中所获得的印象。在弗拉施卡眼中，毛斯是"拉塞尼艾前线的天才"，第252步兵师的老兵们也交口称赞毛斯的装甲兵与他们这些步兵的战术配合"堪称典范"。[46]

拉塞尼艾之战其实是规模更大的"双头作战"的一次预演——8月16日，德军第3装甲集团军发起了旨在恢复北方和中央集团军群联系的反击战。绍肯的第39装甲军负责以其第4、第5和第12装甲师进攻叶尔加瓦；绍肯北面的施特拉赫维茨装甲集群（由第101装甲旅、党卫军"格罗斯"装甲旅及其他零碎部队组成），负责夺取里加湾边上的图库姆斯，得手后再伺机进军里加并增援北方集团军群；绍肯南面的第40装甲军，将以"大德意志"装甲掷弹兵师和第14装甲师为主力攻打希奥利艾，毛斯的第7装甲师将在稍后增援该方向的攻势。第40装甲军攻克希奥利艾后，将协助第39装甲军夺取叶尔加瓦，从而恢复里加—叶尔加瓦—希奥利艾—提尔西特之间的铁路和公路联系。德军发起反击的当日，位于第40装甲军北翼的"大德意志"师在库尔舍奈附近夺取了文塔河上的渡桥，稍往南去的第14装甲师也在绍科奈（Saukenai）附近夺取了渡桥，最南侧的第7装甲师以一个掷弹兵团外加30辆坦克的兵力，负责进攻希奥利艾西南的凯尔梅，但遭到苏军第11近卫步兵军所部的强力阻击。8月17日，绍肯手下的第4和第5装甲师曾推进数英里，但在苏军反坦克防线的阻击下陷入停顿。"大德意志"师当日夺取了库尔舍纳，但第14装甲师占据的文塔河渡桥又被苏军空袭和炮火炸毁，毛斯的第7装甲师则在凯尔梅东北地带遭遇了重大损失——几发炮弹准确命中了突击部队指挥官的半履带车，当场炸死了第6装甲掷弹兵团团长韦策尔（Adalbert Weitzel）中校，同时丧生的还有韦策尔的副官、通信军官、报务员及第1装甲营的副官等人，导致"第7装甲师负责突破防线的战斗群失去了它的指挥体系"。[47]

此后几天里，第39和第40装甲军各部继续在困难的地形条件下缓慢推进，毛斯装甲师也终于攻克了凯尔梅，继续沿着东北轴线朝希奥利艾进军。19日，施特拉赫维茨少将的装甲集群成功夺取了朱克斯特（Dzukste），而后突袭图库姆斯得手，随着该部继续朝里加进军，第3装甲集团军与第16集团军之间的陆路联系已初步建立起来。受到这一成功的鼓舞，也由于希奥利艾

▲ 本图是传说中由毛斯创立的“梅梅尔盾章”的图样。不过，毛斯战后曾说自己对此盾章毫不知情。

▲ 摄于1944年末的梅梅尔，图中的这辆豹式坦克（Ausf.G.）可能来自第7装甲师，也有可能是“大德意志”师的，不过这两个师从10月底开始都陆续撤出了梅梅尔。

▶ 据信摄于1944年年底，第7装甲师师长毛斯正在门齐格（Menzig）北面的战场上与士兵交谈，当时他的任务是掩护其他德军部队和百姓撤退。

▲ 摄于1944年9月的“凯撒作战”期间，毛斯与第4装甲师师长贝策尔（左）正在协商两部协同作战的事宜。

▲ 摄于1944年末，图中的德军坦克越来越频繁地单独作战，以支援挣扎中的步兵。

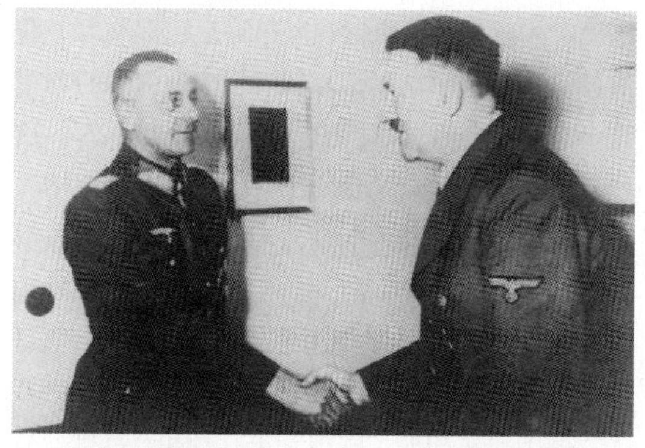

▲ 摄于1944年10月末或11月初，希特勒向毛斯中将颁发双剑骑士勋章。

方向的苏军力量过于雄厚，第3装甲集团军新任指挥官劳斯当日下令，把“大德意志”师调动到第4和第5装甲师的北面，帮助绍肯装甲军完成攻打叶尔加瓦的任务。第7装甲师被留在最南翼，但位置向北做了调整。到8月27日前，“双头作战”的重心已转移到第39装甲军的方向，尤其是在贝内至多贝莱一线发生了激烈的战斗，而毛斯在南翼的作用则完全变成了牵制对手。虽然未能夺取希奥利艾和叶尔加瓦，但恢复中央和北方集团军群陆路联系的目的已经达到，中央集团军群指挥官莱因哈特于是在8月27日夜下令中止了“双头作战”。

9月13日，毛斯奉命率第7装甲师主力向北调动到贝内的北面（但仍有部分单位在希奥利艾地域进行防御），参加旨在缓解第16集团军的压力并改善其防御态势的作战。德军这次行动的代号是“凯撒作战”，由绍肯的第39装甲军统一指挥，从北到南依次部署着第7装甲师、“大德意志”师和第4装甲师。16日，“大德意志”师率先进攻，在遭遇苏军第6近卫集团军和第51集团军的猛烈反扑前，曾推进了5英里，但绍肯和毛斯共同任职过的第4装甲师，这次却成为“作战不利”的部队。毛斯所部在16日发起进攻的时间最晚，但成功突破了苏军两支部队的结合部，因而取得的进展是3个师中最大的。当夜，莱茵哈特指示绍肯把第4装甲师的主力战斗群撤出前沿，调至北面准备支援“大德意志”师和第7装甲师。第4装甲师在师长贝策尔少将的率领下连夜完成了调动，进入毛斯所部北面的战场后准备展开新攻势。17日晨，第4装甲师的120辆坦克和突击炮（部分来自于第12装甲师的一个装甲营）发动了攻势，稍微靠南一点的第7装甲师也以自己的70辆坦克和突击炮同步出击，再往南的“大德意志”师更是拿出了137辆坦克和突击炮（得到第5装甲师装甲战斗群的加强），三路装甲矛头气势逼人地朝多贝莱猛扑过去。[48]不幸的是，从出发地到多贝莱的沿途到处都是山林、溪流和湿地，并不适合大规模装甲战，而苏军则很好地利用地形，沿途修筑了多条反坦克防御带，沉重打击并迟缓了对手的推进。当日日终时，第4和第7装甲师都没有取得太大进展，倒是“大德意志”师成功推进到多贝莱南面不远的高地。18日，毛斯和贝策尔发起了密切协同的进攻，尽管遭到苏军轰炸机的轰炸，但两个装甲师还是一路冲杀，联手推进到多贝莱西面2英里外的高地。当日下午，莱因哈特、劳斯和绍肯等经过协商后认为，此番攻势已达到了拖住敌军主力，迫使其放弃进攻里加的目的，“大德意志”师应立即转入防御，以应对苏军的一个坦克军即将发起的反扑，而第7和第4装甲师还应继续进攻，但目标改为进入多贝莱以北地域，加强与第16集团军所辖的第81步兵师之间的联系。

9月末，第7装甲师奉命在扎加莱西南的克鲁奥皮埃（Kruopiai）布防。鉴于苏军正在希奥利艾周边大量集结兵力，德军最高统帅部决定发起代号“闪电”的钳形攻势，北面的德军将从叶尔加瓦地域朝西南进攻，南面的德军则从拉塞尼艾—凯尔梅地域朝东北方向推进，以摧毁希奥利艾附近集结的苏军为目标，至少也要扰乱对手的集结和进攻准备。毛斯装甲师奉命参加拉塞尼艾—凯尔梅方向的攻势，但不知出于何故，他的装甲师此时却被肢解得“四分五裂”——按照德军参谋本部一份作战地图的显示，到10月2日时，毛斯自己带着装甲师主体仍在克鲁奥皮埃附近，但第6装甲掷弹兵团被配属给第12装甲师，另两个较小的战斗群已被部署到拉塞尼艾附近，还有几个更小的单位在希奥利艾外围被划归所谓的“第18装甲旅旅部”指挥！[49]

10月5日，苏军第1波罗的海方面军在希奥利艾周边发起了大规模的西向攻势，直接目标就是夺取波罗的海沿岸的重要海港梅梅尔，从而彻底切断北方德军与东普鲁士和德国本土的陆路联系。“大德意志”师和第551国民掷弹兵师进行了顽强抵抗，但苏军坦克部队很快绕过了他们的防线继续向西迅猛推进。毛斯自己带领的战斗群也对苏军进行了阻击，他的第25装甲团在希斯马（Shisma）河附近与苏军第19坦克军（隶属第6近卫集团军）一直激战到入夜时分，成功挡住了对手的推进。但是，与“大德意志”师等部的际遇相似，毛斯也发现对手的其他部队早就从自己的两翼绕了过去，正在向西漏夜狂奔。毛斯只得无奈地指挥所部西撤。第7装甲师和“大德意志”师此时已转隶于第28军，该军军长戈尔尼克命令两部在梅梅尔接近地挡住苏军，但第28军的南翼早早就被苏军突破或绕过，毛斯等只得继续西撤。在撤退过程中，第25装甲团尽可能多地让其他部队的溃兵搭乘坦克或装甲运兵车，但期间曾数度被苏军包围，装甲团的坦克虽冲出了重围，但搭载的步兵却死伤甚众。10月9日，第7装甲师和“大德意志”师基本撤入梅梅尔，来自里加方向的援兵第58步兵师搭乘着军舰也进入了梅梅尔。10月10日，苏军将梅梅尔与其他方向的德军完全隔离，第3近卫坦克军当日开抵梅梅尔北面的海港帕兰加，第43集团军同日抵达梅梅尔以南的海滨。短短5天里，苏军以惊人的效率和战斗力完成了彻底切断北方德军与德国本土联系的艰巨任务。

毛斯中将（10月1日正式晋升）的第7装甲师此时负责防御梅梅尔城东的接近地，“大德意志”师和第58步兵师分别负责城南和城北接近地的防御，此外，城内尚有几个基本没有战斗力的国民突击队单位，港口和海岸附近还部署着一些海岸炮兵和空军高射炮部队。包围梅梅尔的苏军至少有19个步兵师、3个坦克军和3个炮兵军，这些部队从11日起展开了为期3日的大规模攻击，虽然预先进行了猛烈的炮火准备和空袭，但在第7装甲师和“大德意志”师这些王牌部队的抵抗和不断反攻下，苏军的所有攻坚均告失败，3日内损失了150多辆坦克，阵亡受伤的官兵多达万人。德国海军战舰“欧根亲王”号和“吕措”号在近海处以精准的火力提供了至关重要的支援，其杀伤力和对苏军士气的影响毫不亚于固守前沿的部队。接下来的两天里，双方都在抢运弹药和重新部署，德国货轮也冒着空袭的危险，在几乎被摧毁的码头卸载弹药和补给。10月16日，第1波罗的海方面军又向梅梅尔展开猛攻，但迎候他们的是铺天盖地的弹雨，大炮、坦克炮、反坦克炮、岸防炮和要塞炮、海军舰只的大口径火炮都在朝对手开火。苏军一次次突破德军的前沿并向纵深穿插，但又一次次地被德军的反击所打退。由于在第7装甲师和"大德意志"师方向占不到任何便宜，苏军便把主攻点转向了梅梅尔北面的第58步兵师。苏军第179和第235步兵师以巨大的牺牲，迫使第58步兵师后退至梅梅尔北郊，但该部的防线依然是弯而不折，第7装甲师和"大德意志"师的防线更是丝毫没有变化。10月23日，苏军发起了最后一次，同时也是力量最弱的一次梅梅尔攻坚战，其结果与前两次大同小异。不过，经过两周的防御苦战，守军的伤亡和损耗同样惊人，第7装甲师现在只有一个团的规模，坦克和重武器所剩无几，"大德意志"师和第58步兵师各自的战损也都高达60%。此后，疲惫的交战双方进入了静态阵地战。

10月23日，毛斯被授予第101枚双剑骑士勋章，陆军总部也下令将被困在梅梅尔的第7装甲师所部撤出，经海路运往东普鲁士休整和重新装备。此外，第7装甲师分散在其他各处的单位（如第78装甲炮兵团一部就在库尔兰）也接到了前往东普鲁士回归本部的命令。不过，毛斯所部的撤退过程相当缓慢，虽然到11月7日时多数部队已撤至东普鲁士的阿瑞斯（Arys）训练基地，但直到11月13日，还是有一些单位滞留在梅梅尔。情形相仿的还有"大德意志"师，该部于10月26日接到撤退命令，但直到12月4日方才完成任务。损失惨重的第7装甲师此时可谓疲惫不堪，老兵越来越少，正值盛年的毛斯看起来却像一位花甲老人，就连为他授勋的希特勒，也看出这位东线猛将有些接近透支了。希特勒曾关切地要求毛斯回家看看，顺便好好休个假。不想，毛斯客气地拒绝了纳粹元首的一番好意。当希特勒询问他有什么个人要求时，毛斯的回答竟是："请给第7装甲师调拨40辆坦克！"值得一提的是，第7装甲师后来确实收到了一批新坦克，还根据命令接收了第102装甲旅的剩余兵力和装备（82辆装甲车）。授勋结束后毛斯可能还是径直回国休假了——10月31日，他将指挥权移交给曾任希奥利艾城防司令的梅德上校（Hellmuth Mäder，1945年4月以"元首掷弹兵师"师长身份获颁双剑骑士勋章），直到一个月后的11月30日，才继续执掌第7装甲师。

另外，关于毛斯在梅梅尔作战的经历还存在着一个"插曲"。战后有人声称，毛斯在梅梅尔被围期间曾"创立"了名为"梅梅尔盾章"（Memelschild）的纪念臂章。这枚盾章最上方有着"Memel"的字样，最下方写有"涅曼前线"（Njemenfront），中间是三座塔楼图案。但是，当战后有人就此盾章询问毛斯时，他却表示毫不知情，更不用说还是由他本人"一手创立"的了（一位师长有权创设一种勋饰，这本身似乎就不太可能）。有著者曾写道："……由于苏军大将巴格拉米扬经过为期两天（1944年10月8日至10日）的作战即夺取了梅梅尔，为如此短暂的一场战役创设纪念臂章就显得极不可能。故而，这种盾章不可能在第三帝国时期获得批准，或者干脆就从未存在过。"[50]需要指出的是，梅梅尔并未在10月10日被巴格拉米扬夺取，第7装甲师和"大德意志"师10月末开始陆续撤离时，第95步兵师又奉命开入梅梅尔，与第58步兵师一起承担防守重任。幸运的是，在接下来的两个多月里，巴格拉米扬的第1波罗的海方面军也撤走了大批部队，致使双方基本没有大规模交手。随着战火深入东普鲁士腹地，德军在1945年1月主动放弃了已经失去价值的梅梅尔。因而，如果说"梅梅尔盾章"根本不存在，那么其原因至少并非"战役进程过于短暂"。

1945年及战后

1945年初，第7装甲师和“大德意志”师在中央集团军群战区作战，担任维斯将军（Walter Weiss）的第2集团军的预备队。1月1日时，毛斯曾向上级报告说：“第7装甲师虽受到坦克不足和油料稀缺的困扰，但士气良好，对自己的作战能力充满信心。”[51] 1月12日夜，科涅夫的第1乌克兰方面军从桑多梅日的维斯瓦河桥头堡向德军第4集团军发起了大规模进攻。由于德军侦测到苏军在东普鲁士也即将发动类似的攻击狂潮，毛斯的第7装甲师在12日夜奉命开往波兰的切哈努夫（Ciechanow，即Zichenau）附近，“大德意志”师也从原驻地南下，准备协助第2集团军的步兵师守住防线，迎击即将冲出鲁然（Rozan）—塞罗茨克（Serock）桥头堡的罗科索夫斯基第2白俄罗斯方面军。罗科索夫斯基当时陈兵于纳雷夫（Narew）河畔，在鲁然桥头堡部署有第3、第48集团军及第2突击集团军，面对的是德军第129和第299步兵师及第5轻步兵师一部；在鲁然西南的塞罗茨克桥头堡，罗科索夫斯基在一线部署了第65和第70集团军，第5近卫坦克集团军担任预备队，面对的是德军第35、第232步兵师及第592国民掷弹兵师。[52] 罗科索夫斯基手下的每个合成集团军都还有坦克军、机械化军和骑兵军各一个，他的任务是沿西北方向攻入维斯瓦河下游，以夺取但泽和隔离东普鲁士为目标，同时负责掩护朝柏林轴线进攻的朱可夫第1白俄罗斯方面军的侧翼。除第2白俄罗斯方面军外，切尔尼亚霍夫斯基的第3白俄罗斯方面军也将在北面进攻东普鲁士，但主要目标为柯尼斯堡。

1月14日，罗科索夫斯基方面军拉开了反攻的序幕，他的第35步兵军在鲁然桥头堡取得了重大成功，德军第129步兵师的防线被迅速突破。“大德意志”师奉命帮助第129步兵师堵上被突破的缺口，毛斯装甲师也从切哈努夫向东运动，反击正越过纳雷夫河向西和西北推进的苏军。不过，令毛斯和“大德意志”师师长洛伦兹（Karl Lorenz）都不高兴的是，他们的装甲营和反坦克营都被拆散“借给”了一线步兵师，使得各自的打击能力大为削弱。不过，这也是无奈之举，如果没有这两个师的支援，德军步兵师毫无可能挡住对手强大的突击部队。第7装甲师奉命插入第299步兵师和第5轻步兵师的防线结合部，面对的是苏军第98、第108和第42步兵军。15日夜，毛斯率领以第25装甲团为主构成的战斗群朝纳雷夫河方向发动反击，或许是运气使然，他恰到好处地楔入了苏军第98和第108步兵军的结合部。苏军第2突击集团军指挥官费久宁斯基（Ivan Fediuninsky）闻讯后紧急调遣第60反坦克炮兵师和第94重坦克营迎击毛斯的装甲战斗群。苏军把重型反坦克炮隐藏在德军推进路线两侧的树林里，静候对手坦克的到来。结果，毛斯的一个先头坦克连几分钟内就被苏军敲掉了6辆坦克，其余坦克连则急忙循原路撤退。退至安全距离后，毛斯指挥战斗群进行重组，随后与对手的坦克和步兵进行了多半夜的激烈厮杀。16日，苏军前线各集团军开始投入坦克军和机械化军，无力抵挡的德军一线步兵师开始后撤，苏军借机把纳雷夫河左岸原本孤立的桥头堡连成一体。德军第2集团军此时已没有了预备队，而苏军预备队——实力雄厚的第5近卫坦克集团军还根本没有出动。16日，毛斯根据上级的要求，命令第25装甲团团长皮克勒（Graf Pueckler）中校集结剩下的坦克和装甲车，向对手再次发动反击。但是，皮克勒中校一再贻误战机，犹豫不决中被向西推进的苏军第1近卫坦克军包抄了侧翼，所部遭受了重大损失。无奈的毛斯只得命令残部退往切哈努夫，以免被对手完全包围。17日时，德军第2集团军的防线已被撕裂，苏军沿着切哈努夫的南北两侧迅速推进，第5近卫坦克集团军庞大的坦克部队此刻也进入了战场。毛斯所部向切哈努夫西南的普翁斯克（Plonsk）撤退，虽逃出险境，但第25装甲团竟然只剩下5辆IV号坦克！但是，毛斯又得到发动反击的命令，他只得在19日清晨，以这5辆坦克和凑集的一些突击炮、半履带车为主发起一场无望的反击。毫无意外，反击很快受挫，倒霉又有些能力不足的第25装甲团团长皮克勒也被炸死在炮塔上。

第7装甲师从1月21日开始朝西北方向撤退，此时毛斯已没有任何一辆坦克能够参战（另有一些坦克还在修理连紧急抢修）。第25装甲团5连在撤退途中发现了一列无法前行的火车，车上载有17辆崭新的IV号反坦克歼击车（计划运给第24装甲师）。该连把这些弹药油料俱全的反坦克歼击车据为己有，随后朝苏军第5近卫坦克集团军的先头部队发动了反攻。1月23日，罗科索夫斯基的右翼部队以极快的速度推进到埃尔宾（Elbing）东北的波罗的海海岸，事实上已将中央集团军群的主体（第2集团军的8个师、整个第4集团军及第3装甲集团军余部）隔离在孤立无援的东普鲁士。埃尔宾南面不足13英里处也出现了苏军第48集团军先头部队的坦克和步兵，而第7装甲师的残部此刻还在朝着埃尔宾方向行军。罗科索夫斯基在东普鲁士战役中的杰出表现给斯大林留下了深刻的印象，后者曾以赞誉的语气说：“我没有苏沃洛夫，但罗科索夫斯基就是我的巴格拉季昂。”

目睹着沿途的溃败和座座被毁的城镇，毛斯的情绪变得非常糟糕，他毫不掩饰自己的愤怒，以及对那些把德国带入不堪境地的人的轻蔑。毛斯装甲指挥车上的报务员曾在战后回忆说：“……战争进行到这个阶段，师长毛斯几乎已毫不掩饰自己对‘褐衫政权’的仇视，特别是戈培尔和他的那些亲信们。他对国家社会主义党官员们发表的意见和评论冷淡地不予理睬。他经常跟我们这些指挥车上的乘员讲陆军高层是如何无能，希特勒把北方集团军群留在库尔兰送死的动机是如何邪恶，因为这些部队的兵力兵器足以帮助维斯瓦集团军群保持与西面的联系……希姆莱成为维斯瓦集团军群指挥官后，毛斯博士曾奉命赶到特切夫（Tezew，即Dirschau）报到。他在途中看到了许多男男女女的尸体，有些人还很年轻，他们都被吊死在树上，胸前挂着一块牌子，上面写着‘我拒绝为大德意志帝国效力’或‘我是个逃兵’之类的文字。从这一刻起，毛斯博士的全部计划和行为就变成了竭力帮助德国百姓逃离波罗的海地区，把他们从推进中的红军手中解救出来。”[53]

1月底时，毛斯装甲师的主体基本位于埃尔宾和东面的马林堡（Marienburg）之间的地域，准备参加旨在打通与东普鲁士德军联系的反击战。此时，毛斯在向上级提交的评估报告中称“第7装甲师的车辆和人员损失非常惨重，不过仍有能力展开有限的攻势”。[54]毛斯非常了解自己的部队，清楚部属们这个时候还能做到什么，从修理单位得到一些修理完毕的坦克后，他把不多的坦克都集中到第25装甲团2营，失去坦克的装甲兵则被他集中到1营充作步兵使用。在试图重建与东普鲁士德军的联系这段时间内，中央集团军群指挥官莱茵哈特被解除了职务，第4集团军指挥官霍斯巴赫（Friedrich Hossbach）也遭解职，顶替他的穆勒（Friedrich-Wilhelm Mueller）将军竟称自己“不过是个不错的军士”，还说：“我只知道如何执行命令，战略、战术之类的超出了我的能力范围。告诉我该干什么！”[55]如果这位穆勒将军不是天性幽默或在大开玩笑的话，一个自称不懂战术的集团军指挥官不知道自己该干什么，那么东普鲁士和波美拉尼亚地区的大批德军还能有什么指望呢？

1月27日至29日期间，毛斯率第7装甲师参加了埃尔宾附近的反击战，但是，试图恢复陆路联系的所有努力都被苏军挫败。2月1日，苏军包围了埃尔宾，毛斯的部分手下也陷入城中，并与突进来的对手展开过激烈的巷战。2日，毛斯又一次发起了解救埃尔宾守军和平民的反攻，他并没有高估所部的实力，第7装甲师的确打得很好，但并非每支德军都像他的师那样顽强善战。虽有德国空军的少量斯图卡轰炸机助阵，海军的“欧根亲王”和“吕措”号战舰也像在梅梅尔那样给以有力的支援，但罩在埃尔宾周边的包围铁环始终无法被捅开。2月7日和8日，第7装甲师如久旱逢甘霖般地收到了17辆IV号坦克和17辆III号突击炮。[56]这批装备的到来立即将装甲师的战斗力提升了一个档次，毛斯决定在9日夜率部接应突围的埃尔宾守军（维斯瓦集团军群指挥官希姆莱之前已被迫批准了突围）。9日夜，毛斯端着一挺机枪，亲自率领突击矛头朝埃尔宾运河方向进攻，坦克和突击炮组成的装甲战斗群也在同步进攻，之前留在埃尔宾的第7装甲师所部与3200名守军（身后跟着850名伤病员和数百平民）一起趁势冲杀。到2月10日埃尔宾落入苏军之手时，大部分守军已成功逃出绝境。

2月10日，苏军在格鲁琼兹（Grudziadz）和松波尔诺（Sompolno）之间又发起了史称“东波美拉尼亚战役”的大规模进攻战。13日至15日期间，在格鲁琼兹西北的克尼茨（Koenitz）一带出现了毛斯装甲师的身影。当时，德军第4装甲师和第32步兵师之间的防线出现了13英里宽的缺口，第7装甲师的任务就是堵住这个缺口，在克尼茨周边挡住推进中的苏军第1近卫坦克军和第106步兵军。在15日的作战中，第25装甲团

▲ 摄于1945年2月，在克尼茨北面的战场上，毛斯少将正与几名普通士兵在一起。

▲ 摄于1945年2月的东普鲁士埃尔宾作战期间，毛斯正在听取下级汇报。

▲ 摄于1945年2月，在克尼茨北面的战场上，毛斯正与几名反坦克炮手交谈。

▲ 摄于1945年2月的东普鲁士埃尔宾作战期间，毛斯正在向部队发放补给。

◀ 摄于1945年2月，第7装甲师所部撤过波兰诺加特河（Nogat，为维斯瓦河支流）的场景。

▼ 摄于1945年初的东普鲁士某地，包括毛斯在内的多数将领和官兵都清楚地意识到战争已经输了，但他们还愿继续与苏军对垒，其目的可能正是想让尽可能多的平民逃离。

▲ 摄于1945年2月20日，一对父子在东普鲁士的梅特格特恩（Metgethen）之战后双双获颁二级铁十字勋章。

团长布兰德斯（Ernst Brandes）少校阵亡，弹片竟切下了当时正站在炮塔上的布兰德斯的头颅！苏军第106步兵军的几个步兵师迫使第7装甲师撤出了克尼茨城，但毛斯率部在城东建起防御周边，挫败了对手的后继攻势。与以前的所有战事一样，苏军在第7装甲师这块硬骨头的两侧绕过了步兵阵地，到2月21日时又形成了包围态势，毛斯只能率领部队进行撤退。2月26日，在鲁梅尔斯堡（Rummelsburg）附近，维斯把第2集团军的一些残余部队编入第7装甲军（包括第32步兵师、第7装甲师及党卫军第4"警察"师的残部）。这支部队在鲁梅尔斯堡迟滞了苏军第19集团军的进军，这主要还是在毛斯的直接领导下做到的——据信，毛斯与第7装甲军军长克塞尔（Mortimer von Kessel）将军当时达成默契，由毛斯统一指挥装甲军的作战部队，克塞尔只负责一些分散的单位和后勤补给部队。毛斯借此与其他两个师的师长保持着密切联系，做到了统一部署和战场上的相互支援。

3月1日，毛斯再次向第2集团军提交报告，称所部"损失极为严重，新补充的军官经验不足，而且作战不够强悍。第7装甲师只有能力进行防御战了"。[57] 3月第一周，罗科索夫斯基的第2白俄罗斯方面军像一道巨大的铁门那样摆向东北，这个铁门的轴心位于维斯瓦河畔的马林维尔德（Marienwerder），铁门的外沿沿着波罗的海海岸，以顺时针方向横扫着一切挡路的德军。这座铁门的运动挤压着西普鲁士的德军，把他们逼向格腾哈芬（Gotenhafen，即格丁尼亚）、但泽湾西岸以及但泽城。这块地域此时拥挤着约150万难民、10万伤兵和第2集团军的残部。除第4和第7装甲师及党卫军"警察"师等少数特例以外，为数不少的步兵师和国民掷弹兵师都基本丧失了战斗力，就连自保都很困难。3月8日，苏军向但泽和格腾哈芬外围发起了试探性进攻，但由于德军的防御工事相当坚固，而且地形也不利于坦克兵团的大范围运动，苏军未能取得大的进展。几乎同时，最高统帅部副统帅凯特尔向前线部队下达了一道命令："……元首命令：任何在没有受伤或战斗到底的情况下让自己被俘的官兵，都将失去军人的所有荣誉。体面、勇敢的战士们之间形成的战友之情也将离他而去。他的战友们将对他的行为负责，所有人的薪饷和补给都将被罚没。立即晓谕全军。"[58] 对于这道命令，毛斯像许多师长一样根本不予传达，现实情况是此刻的德军官兵会尽一切可能避免被苏军俘虏。毛斯也很清楚，格腾哈芬和但泽两地的城防工事不能与柯尼斯堡相提并论，一旦第7装甲师撤入上述两地，势必将与对手展开惨烈的城市防御战，装甲部队也必将遭受灭顶之灾。他决心全力避免这一局面的出现，他在师部设立了一个所谓的"人事处"，负责把失去坦克和装甲车的装甲兵们聚拢起来，以免他们被改派为步兵投入战场。另外，他还派人到格腾哈芬，准备把装甲师富裕出来的人装船撤离（首批190人不久后即撤至斯维内明德〔Swinemunde〕）。毛斯还与陆军总部取得了联系，坚持要求把第7装甲师全部撤至西波美拉尼亚。

3月12日，绍肯接过了第2集团军指挥官的职务，他所面对的是完全无望的局面——罗科索夫斯基方面军在但泽—索波特（Zoppot）—格腾哈芬地区集结了包括第1近卫坦克集团军在内的6个集团军，第70和第49集团军重点进攻位于但泽至格腾哈芬之间中点处的索波特，试图在这里将绍肯的整个防线切为两半，从而孤立但泽和格腾哈芬。至3月15日，绍肯以第4和第7装甲师为主力，借助山林湿地与对手激战了整整3日，许多地段几易其手，一旦苏军出现疲惫或进攻不继的情形，这两个没剩几辆坦克的装甲师（毛斯所部还有8辆III号突击炮、1辆IV号坦克和3辆豹式坦克）往往立即发动反攻。对于德军此时此刻还能表现出如此的决心和勇猛，苏军指挥员和普通官兵无不惊讶万分。由于第4和第7装甲师都被拖在战场无法分身，苏军突击矛头于3月19日攻克了索波特附近的制高点，索波特城的失守已在所难免。贝策尔的第4装甲师稍后被逼入距但泽城仅2公里处，毛斯的第7装甲师也开始朝格腾哈芬撤退，但他决意避免进入城区，而是撤到城北靠近波罗的海的一片高地后，建立起相对完整的防御周边——毛斯的想法是尽可能地拯救第7装甲师，毕竟，在这里登船撤离，要比穿过废墟般的格腾哈芬城更容易一些。

苏军在3月23日夺取了索波特，第1近卫坦克集团军同日开始强攻格腾哈芬。苏军意外得到了一张格腾哈芬德军的火力分布图，于是按图索骥，向城市周边所有的重要位置进行连续不断的炮击。这一天，毛斯在乘坐装甲指挥车巡视前沿时遭到炮击，结果身负重伤，当时在场的师部通信排排长霍恩（Karl–Heinz Horn）战后曾描述过这一幕：“……我与毛斯将军站在半履带车旁，周围是几名军官、军警和信使。突然，一排大口径炮弹落在了西北方附近的路上，这个方向之前一直都很平静。在将军下达下一步的命令之前，我的身边已躺下了不少尸体，还有满耳的伤员呼号声。毛斯将军斜靠在半履带车的履带上，一动不动，肯定是受了很重的伤。我发现我手下的报务员们倒都平安无事，他们因忙于操作发报机，并没有被弹片击中。但是，陪着师长的师部通信军官、情报参谋军官的助手，以及其他几名军官全都被炸死了……医务兵和其他帮忙的人赶紧跑过来抢救伤员。我在医务连的掩体里包扎了受伤的手指，突然间，战友们注意到我正站在一滩血洼里，直到这时大家才注意到我的后背有很大一块创口。”[59] 霍恩和其他伤员被立即送往野战医院，经过一番处理后他们搭乘货柜船“戈亚”（Goya）号来到斯维内明德进行治疗。毛斯似乎并未立即离开格腾哈芬，据说他还命令手下把自己放在一张担架上，继续指挥部队的调动！但是，剧烈的疼痛和大量的失血使他很快晕了过去，随后他被抬上一艘鱼雷艇，撤往丹麦首

▲ 毛斯的一幅经典照片，摄于1945年3月的格腾哈芬。

▲ 摄于1945年4月，第7装甲师所部搭乘军舰撤往黑拉半岛。

▲ 摄于1945年4月，第7装甲师所部从海上经由黑拉半岛撤往斯维内明德。

▲ 摄于1945年5月，第7装甲师部分士兵进入战俘营的场景。

▲ 摄于1945年5月，第7装甲师遗弃在科帕奥科斯乌斯卡（Kepa Oksywska）的车辆和装备。

▲ 战后在德国明斯特附近树起的第7装甲师纪念石碑。

▲ 摄于1945年4月，第7装甲师所部乘军舰撤往斯维内明德的场景。

都哥本哈根的医院进行手术，在这里他的左腿被截肢。毛斯撤走后，第7装甲师的指挥权移交给了第4装甲师第35装甲团团长克里斯特恩（Hans Christern）上校，而第4装甲师自己也几乎同时失去了师长贝策尔。毛斯的重伤和贝策尔的阵亡令绍肯极为难过，不仅是因为两人都是他的老部下，更是因为他们是防御格腾哈芬和但泽的主心骨。3月26日至27日，格腾哈芬守军将城内的重要设施破坏一空，而后沿着海岸朝格腾哈芬以北的奥克斯赫夫特（Oxhöft）半岛撤去。

据说，毛斯曾在哥本哈根的医院里打电话给希特勒的首席副官布格多夫（Wilhelm Burgdorf）将军，恳求他想办法拯救第7装甲师最后剩下的力量，他实在不愿看到这些跟随他到处转战的官兵，在希特勒所称的"奥克斯赫夫特要塞"中无谓地死去。虽然无从得知布格多夫是否被毛斯的说辞所打动，但在4月5日，绍肯勇敢地自主下令，将第7装甲师和党卫军"警察"师残部撤出奥克斯赫夫特。当时第7装甲师只剩2辆突击炮、3辆豹式坦克和4辆反坦克歼击车，德军的防御周边也只剩下20平方公里，苏军由于缺乏弹药和炮弹才暂时没有碾碎面前的残兵败将。第7装甲师先被撤至黑拉半岛，而后在4月15日登上海军舰只，冒着苏军的炮击和轰炸撤往斯维内明德。同日，时刻关注第7装甲师命运的毛斯被授予第26枚钻石骑士勋章，他是希特勒本人授予的最后一名最高战功勋章获得者。此前几日，据说毛斯还从前来探视的军官口中获知，自己已被晋升为装甲兵将军，但这一晋升并没有出现在官方记录中。名存实亡的第7装甲师撤至斯维内明德后，陆军总部竟然还下令将该师按"1945年装甲师"的标准进行重组。4月23日，第7装甲师奉命加入温克将军的第12集团军，陆军总部限令该师在当月30日前完成重组，准备开往柏林北面作战。第7装甲师最后随曼陀菲尔的第3装甲集团军越过了英美与苏军商定的分界线，5月3日在什未林南面的哈格瑙向英美盟军投降。

毛斯比第7装甲师的下属们早几天成为英军的战俘。由于被截肢的左腿还需要再做手术，英军把毛斯先送到距吕贝克不远的拉策堡（Ratzeburg），而后又转至吕讷堡（Luneburg）附近的明斯特拉格（Muensterlager）战俘营，由德国军医为他进行手术并帮助其康复。相对于周边的其他战俘营，明斯特拉格的条件还算比较好，体格强健且拥有顽强意志力的毛斯幸存了下来。明斯特拉格战俘营里关押着不少海军将领，其中有北海司令部的首席少将军医塔尔诺（Otto Siegfried Tarnow）博士。随着盟军展开大规模的去纳粹化运动，英军也开始在战俘营里甄别与纳粹政权关系密切的将领。几乎所有高级军官都宣称自己与纳粹没有联系，英军对此丝毫没有感到意外，他们根据军官们的背景和战争中的行为，仔细地评估哪些人日后可能会对英国的利益和安全构成潜在威胁。出于实用目的以及人道主义原因，英方陆续释放了一些经过甄别，认定不会构成威胁或风险很低的将领，塔尔诺少将就属于最早获释的军官之一。至于毛斯属于哪个范畴并没有具体的史料记载，但估计应属于“中低风险”的一类，尽管他是一位曾获钻石骑士勋章的“英雄”。不过，毛斯在战俘营中也曾遭受过屈辱时刻——他的妻子于1946年2月去世于汉堡，消息传到战俘营后，毛斯曾向战俘营长官口头提出参加葬礼的请求，但被一口回绝。随后，他又提交了书面申请，结果战俘营的指挥官（一名英军上校）不屑地将之撕碎后扔在地上，还命令他把纸屑都捡起来。毛斯后来曾说，这是自己一生中感到最羞辱的困难时刻，并对英国人形成了一种终生不变的厌恶感。

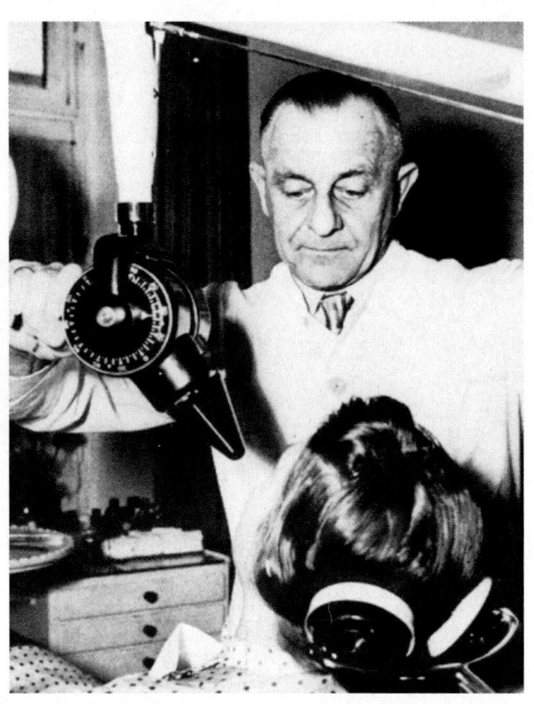

▲ 战后重操旧业的牙医毛斯正在工作中。

1947年1月28日，毛斯获得了自由。[60] 离开战俘营后，他在汉堡定居下来，但根据占领军的法令，他仍然需要每月向地方当局报到一次。3个月后的4月23日，毛斯在英军完成的“去纳粹化鉴定文件”上郑重签署了自己的名字（相关文件至今仍保存于汉堡市政府档案馆中，文件列出了毛斯的战时履历和英军的所有讯问记录，当然还有最重要的鉴定结论）。毛斯随后在汉堡开设了一家牙医诊所（本章开头提到的贝克于1950年获释后，也重操旧业开设了牙医诊所），同时把几乎所有的业余时间都放在参与“日耳曼尼亚兄弟会”的相关活动上。毛斯在1949年再婚，婚后育有一个名为迪特里希的儿子。有趣的是，他的儿子成年后也成了一名牙医。

▲ 这是战后出现的一幅罕见照片，上面有毛斯的亲笔签名，据信他在图中佩戴的是钻石骑士勋章，拍摄时间却是1950年代。

西德在1949年5月立国后，国内要求归还主权和重整军备的呼声逐渐高涨。1955年，西德国防部成立了“人事筛选委员会”，负责对有意加入联邦武装力量的前国防军中校以上的军官进行资格审查。毛斯闻讯后也提出了申请，希望将自

▲ 图为毛斯穿过的一套军服，现藏于美国佛罗里达州的“武装力量历史博物馆”。

己在装甲战方面的经验传授给新军，但由于年龄和健康原因，他的申请被拒绝了。据说毛斯对自己的一腔热血无处报效还曾十分伤心和不满。根据“人事筛选委员会”公布的数字，在提交申请的59位前陆军将领中，有多达42位被接受，除11人自行撤出申请外，只有6人被拒。[61] 在被接受的前将领中，除个别人以外，多数都是昔日履历和战绩并不显赫之人。前党卫军高级将领施泰纳和第11位钻石骑士勋章得主吉勒的申请也都遭到拒绝，事实上，党卫军上校旗队长以上的军官们完全被排除在新军之外。在所有幸存的钻石骑士勋章获得者中，只有年轻的哈特曼最终加入了西德空军。

1959年2月9日，年仅60岁的毛斯因心脏病突发在汉堡去世。在当地的殡仪馆里，前来送行的不仅有大批的第7装甲师老兵，还有来自德语区的许多学生——他们是作为“日耳曼尼亚兄弟会”的成员前来吊唁的。毛斯被安葬在吕贝克的圣洛伦兹公墓（St. Lorenz Friedhof），西德联邦国防军派出的荣誉卫队为毛斯扶灵，向这位极其勇敢的装甲兵领袖表达最后的敬意。

▲ 摄于2009年的一幅图片，当时是毛斯去世50周年纪念日，汉堡的“日耳曼尼亚兄弟会”曾在毛斯的墓地前举行过追思活动。

▲ 图为毛斯战时获得的主要勋章。据说，这些勋章现收藏于美国佛罗里达州拉尔戈（Largo）的“武装力量历史博物馆”。

第27位钻石骑士最高战功勋章获得者绍肯装甲兵将军

（获勋时间1945年5月8日）

Chapter 27
第二十七章

“最后的贵族”：迪特里希·冯·绍肯装甲兵将军

装甲兵将军绍肯（Dietrich von Saucken）是二战谢幕前德军的一位重要将领，也是最后一名钻石骑士勋章得主，他所获得的这枚勋章是唯一一枚由希特勒的继任者邓尼茨授予的钻石骑士勋章。1945年5月8日，在德军全面投降的前一刻，绍肯率领的“东普鲁士集团军”残部，在经历了一个月的苦战之后，仍然坚守在波罗的海沿岸的费希尔豪瑟（Fischerhauser）湾和弗里施沙咀（Frische Nehrung），掩护着30万难民中的最后一批逃往西方盟军占领区。有感于绍肯在最后时刻表现出的勇敢，以及他的部队所表现出的纪律和顽强，邓尼茨将第27枚钻石骑士勋章授予绍肯，并派飞机接他离开包围圈。[1]但是，绍肯放弃了这个机会，他把几名伤员送上飞机后，驱车来到黑拉半岛（Hela，现为波兰海尔〔Hel〕半岛）最尖角处的渔村黑拉村。绍肯已从这个弹丸之地撤走了多达6.5万人，但至少还有6万人被困在这里，等候命运的裁决。最后一艘船已离开码头，未能登船逃生的官兵们躁动不安，绍肯把汽车开到他们中间，然后站在后座上向叽叽喳喳的官兵们说道：“我们必须保持镇定。再也没有船来了，也不要再指望还有奇迹会出现。现在，当我们不得不步入俄国战俘营时，我们必须保持自己的尊严，必须认识到我们直到最后一刻仍在履行职责。”[2]本有些绝望的官兵们看到他们的老将军始终与自己同在，于是便安静地散去，各自回到简陋的掩体里等待最后时刻的到来。绍肯将自己的生死和前途置之度外，以极大的勇气与普通官兵一起踏入了苏军战俘营，以实际行动证明了“战士们在哪里，我就在哪里”的豪言壮语并不仅仅是激励士气的抽象口号。

国防军将领中，很少有人能像绍肯那样把普鲁士贵族将领的气质展现得如此淋漓尽致。绍肯出身于一个14世纪起就为国王冲锋陷阵的贵族家庭，他受过良好的教育和军事传统熏陶，任何时候都全身戎装、仪表整洁，夹在左眼眼眶中的单边眼镜使他看起来睿智多谋，颇有儒将风范。他是少有的在希特勒的狂啸呼号前，尚能保持镇静并坚持己见的几位将领之一。他也从未被纳粹元首的"个人魅力"所蛊惑，从来都不是一个被牵着鼻子走的将领。每次当他命令部队后撤或进行战术机动后，无论指责他的是希特勒还是集团军群指挥官，他总是以平静和缓但不容置疑的口吻，耐心地解释死守和缺乏灵活机动的灾难性后果。基泽（Egbert Kiese）在其著作《但泽湾 1945》一书中，曾描述过1945年3月12日绍肯奉命面见希特勒时的一幕：

"……当绍肯进入室内时，希特勒正坐在地图桌边上，身边站着古德里安、鲍曼和一名副官。戴着单边眼镜的绍肯一只手放在他的骑兵佩剑上，向希特勒略一弯腰算是行礼致意，而不是行1944年7月20日之后的强制性举手礼。他的这一举动无疑等同于谋反，尤其是他竟然没有把佩剑留在前厅。古德里安等人都紧盯着绍肯，等待着希特勒突然爆发的雷霆震怒。不过什么都没有发生。希特勒没有理睬绍肯，只是指示古德里安介绍（东普鲁士和但泽地区的）情况。绍肯的举动并不是没有一点影响。情况介绍完后，希特勒开始了惯常的长篇大论，首先就是评点当地的指挥体系。他说弗斯特（Albert Forster）是负责但泽地区的总督，除了纯军事方面的事务外，绍肯要听命于弗斯特。绍肯用手掌用力地拍了一下地图桌，然后说道：'希特勒先生，我不能接受一个总督的指挥！'希特勒依然沉默不语，死盯着地图在思考。古德里安和鲍曼敦促绍肯理智一点，因为他们知道这位将军的脑袋已经悬在那里了。不料，绍肯又重复了一遍：'我不接受！'过了好一阵子，希特勒才打破了屋里令人窒息的安静，以虚弱的声音说道：'很好，绍肯，那么你独立行事吧。'希特勒与绍肯交谈了几分钟后，后者略略欠了欠身子离开了。希特勒没有与他握手告别。"[3]

这段轶事般的描述被跟随希特勒10年的侍从副官林格（Heinz Linge）指责为充满传奇色彩的道听途说。[4] 林格称自己当时并不在场，但绍肯作为一个被邓尼茨授予钻石骑士勋章的"忠诚指挥官"，根本不可能以基泽描述的方式行事。且不说绍肯称呼希特勒的方式有多奇怪（最常见的应是"我的元首"），也不提他用手掌拍桌以示抗议的行为有多离谱，就连经常面见元首的古德里安，每次都必须经过重重关卡并交出佩枪，更不要说绍肯还能佩戴着和平时期的骑兵佩剑进入会议室了。但是，不管怎样，绍肯都是一个有主见、头脑清楚、绝不唯唯诺诺的将领。作为一个勇敢的军人，他在一战期间曾7次受伤，二战期间又负伤6次，最重的一次使他一年都不能视事和指挥部队。绍肯曾长时间领导王牌装甲师第4装甲师，他的战术才华和指挥水准得到曼施坦因和莫德尔的高度评价，两者皆称他是"国防军最值得信赖的将军之一"。古德里安对绍肯的印象也很好，曾在回忆录中多次称赞这位老部下的"出色"和"杰出"。1945年1月中下旬，时任"大德意志"装甲军指挥官的绍肯，曾奋力解救出另一装甲名将内林（Walter Nehring）领导的第24装甲军，而后两部合兵一处成功突围。古德里安称这一作战是"那些日子里完成的军事史上大师级的杰作，只有色诺芬（Xenophon，古希腊将军兼史学家）那样的生花妙笔，才能将它充分地描绘出来"。[5]

早年岁月：从骑兵连连长到摩托化步兵旅旅长

绍肯于1892年5月16日出生在东普鲁士濒临波罗的海的小城费希豪森（Fischhausen）。

这里既是16至17世纪的普鲁士大公弗里德里希（Albert Frederick）的安息之所，又是1911年诺贝尔物理学奖得主维恩（Wilhelm Wien）的诞生之地。二战后这座小城被划归苏联加里宁格勒州，名字也改为普里莫尔斯克（Priomorsk）。

绍肯的父亲是一名法官，但其家族自古以来就有从军作战、效忠君王的传统。从最早加入条顿骑士团开疆拓土，到为东普鲁士历代国王效命，一代代的绍肯浴血疆场，既染红了自己的顶戴，也为家族争得了财富和无上的荣耀。绍肯出生和成长于这样一个贵族世家，自幼就受到良好的教育和尚武传统的熏陶。1910年10月，绍肯在柯尼斯堡文理学校毕业后，以候补军官身份加入了帝国陆军，效力于东普鲁士的第3"威廉一世国王"掷弹兵团。两年后的6月19日，绍肯正式晋升为少尉军官。1914年8月一战爆发后，绍肯所在的第3掷弹兵团隶属于第1步兵师第2旅，参加了在贡宾嫩（Gumbinnen，即古谢夫）、坦能堡及马苏里安湖进行的一系列东线战事。1915年，绍肯又在东线参加了罗兹（Lodz）战役和戈尔利采—塔尔努夫（Gorlice-Tarnow）战役，他在作战中表现得勇猛顽强，即便受伤也不下火线。1916年3月，绍肯随第1步兵师来到西线，参加了血腥的凡尔登战役，在法国的沃克斯堡（Fort de Vaux）附近激战数月后，第3掷弹兵团于当年8月调回东线，参加针对罗马尼亚人的作战行动。在喀尔巴阡山区作战期间，绍肯于1917年8月晋升为中尉，此时他已成为团级副官（1917年4月10日起），先后担任过连长（1914年10月起）和营级副官（1916年8月起），其能力和品质得到广泛的认可，也被认为具有培养潜质。1917年底返回西线后，绍肯随第3掷弹兵团参加了1918年的"春季攻势"，当年7月15日，德军发起了西线的最后一次重大攻势，绍肯在战斗中的出色表现再次受到师长的称赞。一战结束时，绍肯是第2步兵旅的副官，他在整个一战中共负伤7次，获得过二级铁十字勋章（1914年10月19日）、一级铁十字勋章（1916年5月23日）、奥匈帝国三级服役十字勋章以及金质伤员证章，当然，最令他感到自豪的还是那枚"普鲁士霍亨索伦王室佩剑骑士十字勋章"。

虽然没有参谋军官训练的背景和经历，但出身显赫、颇受好评的绍肯还是顺利进入了一战后的10万国防军，成为4000人军官团中的一员。行伍生活显然颇为符合绍肯的兴趣和志向，但他并未像许多一战老兵那样参加过"自由军团"，而是在名为"东部边境巡逻队"（Grenzschutz Ost）的准军事化组织里混迹过一段时间。1919年末，绍肯供职于东普鲁士柯尼斯堡的第1骑兵团，之后又曾短暂服役于第1步兵团和第8骑兵团。1923年1月，绍肯主动要求调往驻东普鲁士阿伦施泰因（Allenstein，亦作奥尔什丁）的第2骑兵团，并在1925年4月1日晋升为骑兵上尉，他在1927年春季之前一直供职于骑兵团团部，稍后担任过第2骑兵连连长。有资料表明，绍肯在1927年曾利用休假时间访问过苏联，苏德当时签有秘密军事和贸易协定，绍肯访苏的目的是加深对苏联的了解和提高自己的俄语水平。1934年，绍肯曾到波罗的海国家进修俄语，并于1935年2月通过了陆军俄语译员考试。

绍肯除了在1934年5月调往汉诺威军校担任战术教官这段时间以外，一直都在骑兵部队任职，直到二战爆发后的1940年末才调到装甲部队。门槛曾经很高的骑兵在一战后饱受冷遇，虽然数量不菲（德军的全部10个师中有3个是骑兵师，当然这是因为盟军认为骑兵已经过时的缘故），但几乎处于被忽视的角落。而骑兵高层也颇有抱残守缺之相，长期以来把注意力放在训练军马和骑手上，对骑兵部队的观念更新、作战演练、现代武器的训练、与其他兵种的技战术配合等不够重视。虽然骑兵部队也有一些颇富远见之人开始探索改革骑兵的传统角色，但总体来说，骑兵部队还是显得保守和缺乏活力，直到30年代初，骑兵高层甚至还在为是否保留马刀和马上战术与各方争辩不休。虽然不能确认绍肯也属于较保守的骑兵军官，但他对骑兵的昔日辉煌显然特别骄傲，他在二战中担任第4装甲师师长、“大德意志”装甲军军长和集团军级指挥官时，骑兵佩剑刻不离身便是明证之一。

和平年代里军官们的晋升速度极为缓慢，绍肯在1925年4月即是骑兵上尉，10多年后才被提升为少校，而且还是在希特勒上台后大肆扩军备战的时代背景下实现的。1935年3月16日，希特勒宣布废弃《凡尔赛条约》对德国施加的种种限制，声称将根据德国自己的需要重整军备。大约在这个时候，德军开始组建首批3个装甲师。骑兵高层认为，装甲部队将颠覆骑兵的传统角色和战场重要性，因而强烈抵制古德里安等人竭力推进和发展的装甲部队。但是，具有讽刺意味的是，3个装甲师的基干力量基本都来自于骑兵部队，超过半数的装甲部队军官，包括后来的许多优秀指挥官都出身于骑兵，如二战中有名的装甲战将克莱斯特、霍普纳、麦肯森、巴尔克、曼陀菲尔、韦尔斯特（Gustav von Vaerst）、施韦彭堡、克吕威尔等都曾长期供职于骑兵部队。在首批3个装甲师中，第1装甲师的第1装甲团主要由装甲兵学校的学员组成，但补充了从骑兵部队选拔出的军官和军士，第2装甲团多数官兵出自于第7骑兵团；第2装甲师的第3装甲团1营完全是第12骑兵团的班底，其2营则是从6个骑兵团中选拔官兵组成的，第4装甲团是由第1、第2和第3装甲团抽调人员并补充骑兵后组成的；第3装甲师的第5装甲团由第1装甲团的部分官兵和骑兵组成，而第6装甲团基本上就是之前的第4骑兵团。[6] 在二战中与绍肯的名字紧密相连的第4装甲师组建于1938年。这些装甲团组建后经过多次调整，而骑兵部队也在1936至1937年进行了大规模压缩整编，许多骑兵军官失去了心爱的战马，换来的是钢铁、引擎和机械化。1937年4月1日，已晋升为中校的绍肯成为驻东普鲁士安格贝格（Angerburg）的第2骑兵团团长，不过，骑兵部队的大范围变动似乎对绍肯所部及第1骑兵团都没有大的影响，或许是因为这两个骑兵团是高层千方百计也要保留的一点“骨血”。波兰战役前夕，第1和第2骑兵团组成了新的第1骑兵旅，这支部队也出现在德军作战序列中。已成为上校（1939年6月1晋升）的绍肯，将带领自己的骑兵团在一场新式机械化战争中有着怎样的表现？

波兰战役虽被认为是德军闪电战的开端，但并非装甲部队一枝独秀的战役，德军的主体还是150万徒步行军的步兵。可以肯定的是，尽管步兵和炮兵使用着数量庞大的战马，战马也是他们的主要机动手段和运载工具，但独立骑兵部队在这场战事中并没有扮演显著的角色，德军高层对骑兵的战场效用也没有十足的信心。拥有11个骑兵旅的波兰堪称骑兵强国，但波兰战役的进程和结果表明，徒有庞大骑兵部队的国家，如果其骑兵既没有先进的武器装备和战术，又不能根据骑兵的特点分配适宜的任务，那么骑兵部队在战场上根本不能与对手的机械化力量相抗衡。

绍肯所在的第1骑兵旅的旅长是费尔特（Kurt Feldt）将军，该旅下辖2个骑兵团、一个半机械化骑兵团以及炮兵营、搜索侦察营和自行车营各1个，总兵力约为6200人和4200匹战马。[7] 该旅是参战德军中唯一的独立骑兵单位，被编入屈希勒尔的第3集团军，与第217步兵师一起充任集团军的预备队。[8] 第1骑兵旅在9月1日从姆瓦瓦以北的集结地向纳雷夫河推进，参加了渡河作战以及布格河前线的有关战事，而后时常奉命先于主力部队深入波军防线，骚扰对手的后方并破坏其交通线。第1骑兵旅在9月12日抵达华沙地区，负责从华沙以北发起攻击，该旅这一阶段的作战也被后人称作是“二战期间德军进行的唯一的传统骑兵作战”。其实，波兰战役打响的第一天，绍肯的第2骑兵团即与号称“百年来从未在马上失败过”的波兰骑兵进行过一场"古典"式对决。当时，一支波兰骑兵巡逻队在森林边缘发现了一队来自绍肯第2骑兵团的骑兵，这支骑兵正在穿越公路，没有注意到波兰骑兵正虎视眈眈地注视着他们。波兰骑兵抽出战刀，排成冲锋队形，高呼着"冲啊"杀向德军。出乎波兰骑兵意料的是，这些对手既没有一丝的慌乱，也毫无撤退之意，反而拔出战刀发起了反冲锋，而且也在口中高呼"冲啊"，还夹杂着"希特勒万岁"之类的呐喊声。波兰骑兵曾是欧洲历史上最令对手胆寒的骑兵，在往昔的交锋中他们甚至刚一发起冲锋，对手就会望风而逃。眼前的德军骑兵似乎非常自信，也像对手一样挥舞着阴森的战刀直冲过来。两军很快相撞，但由于速度太快，多数人都越过了对方，但还是有人在刀光剑影之下身首异处或被斩落马下。奇怪的是，双方并没有纠缠的意愿，各自朝着相反的方向飞奔而去。一位参加过此战的波兰骑兵军官曾回忆说，他一时间似乎感觉不到自己的意识和任何兴奋，他们只有一个念头：往前飞奔，抵达自己的阵地。波兰骑兵几分钟后到达了己方的机枪和迫击炮阵地，尽管只是一次小规模交手，但德军骑兵的镇定、勇猛以及高超的骑术，想必也给彪悍的对手们留下了深刻印象。[9]

在华沙之战趋于收尾的9月23日，德国和波兰的骑兵曾在重镇克拉斯诺布鲁德（Krasnobród）进行过几乎是欧洲战争史上最后的一次骑兵对攻战。当天清晨，波军第25骑兵团曾向德军第8步兵师设在城外的步兵防线发起两路冲锋，伴随这些骑兵的还有手持来福枪与机枪的步兵和支援炮兵。德军步兵面对突袭大吃一惊，在波兰骑兵战刀的凛凛寒光下，一时惊慌失措的德军出现了大范围混乱。就在德军步兵仓皇退入克拉斯诺布鲁德城时，第8步兵师所辖的一支骑兵（还有一说是这支骑兵来自绍肯骑兵团的一个连）赶到克拉斯诺布鲁德城外的高地，也挥舞着战刀发起了反冲锋。不过，双眼喷射着复仇火焰的波兰骑兵们技高一筹，在近战对决中击溃了德军，然后冒着对手的炮火和机枪扫射，一路追击着杀入克拉斯诺布鲁德城。波兰骑兵们在祖国全面陷落的时刻，成功夺回了克拉斯诺布鲁德，还包抄了第8步兵师的指挥部，100余名德军俘虏中出现了该师师长科克-埃巴赫（Rudolf Koch-Erpach）的身影——这位将军不幸成为整个二战期间德军被俘的第一位将军。

波兰战役结束后，绍肯率第2骑兵团驻守于布格河西侧的布列斯特要塞，他在10月3日获得了一级铁十字勋章上的勋饰。10月25日，第1骑兵旅升格为第1骑兵师，费尔特任师长，绍肯继

▲ 摄于1930年7月，德军的一支骑兵部队正在易北河上进行训练和演习。

▲ 摄于1930年代初，手持长矛的德军骑兵部队。

▲摄于1939年9月初，第1骑兵旅的一支骑兵在波兰战场上。

▲骑在战马上的绍肯。这时的他是第4装甲师中将师长，时间约在1943年春夏之交。

▲摄于1940年5月的法国战役期间，第1骑兵师的部分骑兵在战场上。

▲摄于1940年5月末，第4装甲师的摩托化步兵和装甲车正从阿尔贝特运河上经过。半年后，绍肯离开骑兵部队，成为第4装甲师第4摩托化步兵旅旅长。

▲摄于1939年10月5日，在华沙街头举行阅兵式的第1骑兵旅。向队伍还礼的是旅长费尔特将军。20天后，第1骑兵旅升级为第1骑兵师，绍肯仍旧担任第2骑兵团团长。

续担任第2骑兵团团长。11月下旬，由第21和第22骑兵团组成的第2骑兵旅加入第1骑兵师的作战序列。这支骑兵师此时除包括传统骑兵外，还混合了摩托化步兵、轻装甲、自行车、通信、工兵和反坦克炮等多个兵种。

1940年5月，绍肯随第1骑兵师参加了法国战役，该师隶属于屈希勒尔第18集团军麾下的第10军，战场位于B集团军群的右翼，负责从亚琛朝比利时和荷兰进攻。第1骑兵师参与过夺取荷兰北部省份的一系列作战，不过该师真正的独立作战发生在法国战役的第二阶段。当时，费尔特率部参加了强渡索姆河和塞纳河的作战，6月18日至19日，第1骑兵师经过一场空前激烈的战斗，夺取了被称为"法国骑兵摇篮"的重镇索米尔。该师还夺取了卢瓦尔河上的渡桥，以日行45至60英里的速度，为截断大批失去机动能力的法军的退路发挥过重要作用。停战协议签署后，第1骑兵师在法国执行占领军任务，直到1941年夏初调回本土。不过，绍肯在1940年11月底即离开了第1骑兵师——挥别了20余年的骑兵生涯后，绍肯被任命为第4装甲师的第4摩托化步兵旅旅长。[10] 顺便提一句，第1骑兵师在1941年6月投身于苏德战争，半年后撤回法国休整，1942年初被改编为第24装甲师。至此，除党卫军骑兵部队外，国防军骑兵部队基本上退出了历史舞台。

东进：随第4装甲师入侵苏联

绍肯加入第4装甲师的最初几个月里，一直忙于熟悉装甲战的特点和技战术要求，最主要的是演练摩托化步兵（第12和第33摩步团）与第35装甲团之间的协同作战。第4装甲师曾按上级要求准备从驻地（靠近维希法国边境）南下，参加可能展开的进攻直布罗陀的作战，但这一作战行动因种种原因后被取消。1941年3月，第4装甲师师长朗格尔曼（Willibald von Langermann und Erlencamp）将军下令取消休假，准备在4月初率部开往巴尔干地区，参加征服南斯拉夫和希腊的战役。不过，第4装甲师开到匈牙利边境后并没有参加巴尔干战役，而是于4月20日被改派到波兰的波森（波兹南）地区驻防和练兵。[11] 6月6日，第4装甲师开往苏德边境进行临战前的最后准备，同时被编入古德里安第2装甲集群麾下的第24摩托化军。古德里安装甲集群在即将发起的"巴巴罗萨"作战中，负责在布列斯特—里托夫斯克两侧渡过布格河，之后向罗斯拉夫尔—叶利尼亚—斯摩棱斯克等地推进。这些先期任务完成后，古德里安装甲集群将与霍特装甲集群一起，根据情况要么向东朝莫斯科方向推进，要么北上参与合围列宁格勒的行动。施韦彭堡将军的第24摩托化军是古德里安的3个军之一，作战序列中包括第3和第4装甲师、第10摩步师、第255和第267步兵师，绍肯的老部队第1骑兵师也是第24摩托化军的一部分。

第24摩托化军所部将从布列斯特的南面绕过这座要塞（要塞本身留给步兵解决），从北到南依次部署着第3装甲师、第4装甲师和第1骑兵师，第10摩步师等则在装甲部队的身后担任预备队。第3和第4装甲师是摩托化军的突击矛头，施韦彭堡交给他们的任务是在要塞南面突破边境防线，而后在梅季纳（Miedna）北面朝东北推进，以抢占布尔科沃（Bulkovo）至科布林（Kobryn）的公路为目标，得手后再向斯卢茨克快速进军。第4装甲师的主力自然是绍肯的第12和第33摩步团以及埃博巴赫中校任团长的第35装甲团，全师拥有204辆坦克，主要集中在埃博巴赫的2个装甲营里，绍肯的摩步旅也装备有近80辆装甲车。此外，全师还拥有近2000辆卡车、1600辆摩托车和1000辆各种汽车，是当时装备最精良的师之一。[11] 莫德尔的第3装甲师实力更为雄厚，仅第6装甲团就拥有209辆坦克（58辆II号、108辆III号、32辆IV号、11辆中型和轻型指挥坦克）。[12]

1941年6月22日凌晨，第3和4装甲师在布列斯特南面强渡布格河得手，向东穿越丛林地带后，两个装甲师开始按计划朝科布林推进。古德里安装甲集群的第47摩托化军位于第24摩托化军以北，该军的第17和第18装甲师在横扫苏军第14机械化军之余，正朝巴拉诺维奇方向高速推进，而第3和第4装甲师在23日下午即将守卫科布林的苏军第205摩托化师赶出了城。[13] 苏军第14机械化军曾发起数次反扑，但均以失败告终，最后只得仓皇东撤。这个机械化军在6月22日还拥有478辆坦克，经过两日战斗后剩下250辆，但到26日时竟然只剩下30辆坦克！德军在战争初期的战斗力之强、所占优势之大由此可略见一斑。第3和第4装甲师随即朝明斯克方向推进，第17和第18装甲师在清理完巴拉诺维奇的苏军后也快速跟上，霍特装甲集群的第7、第12和第20等装甲师亦在扑向明斯克的途中。随着这些装甲部队的高速推进，德军在明斯克合围大批苏军的态势已然出现。第4装甲师在这一阶段的作战中表现非常出色，据说该师在6月27日晨至28日晨的24个小时里，竟不眠不休地前进了250公里！[14] 第4装甲师的作战日志曾记载，6月28日至30日期间，该师“在不间断的战斗中摧毁了苏军第4军的3个师和1个骑兵旅，以及包括8辆重型坦克在内的62辆坦克。自身仅9人阵亡，12人负伤”。[15]

德军在6月29日至30日攻占了明斯克，形成了包围苏军第3、第10和第13集团军的态势，位于包围圈外的苏军第10步兵军试图在鲍里索夫至博布鲁伊斯克之间沿别列津纳河构筑防线。7月2日，第4装甲师抵达博布鲁伊斯克时，苏军炸毁了这里的别列津纳河大桥，但是，绍肯手下的第12摩步团的一个营，在第35装甲团一个连和第103炮兵团一个营的支援下，成功夺取了别列津纳河畔的小村庄斯维斯洛奇（Swislotsch），并牢牢控制住了附近的铁路和公路桥。这些德军在这里经历了战争爆发后的首次激战，配合第4装甲师作战的JG-51战斗机联队（即莫尔德斯联队）一天之内就在斯维斯洛奇上空击落了不少于90架的苏军战机，500名德军摧毁了苏军4辆装甲列车，至少俘敌3000人。苏军充分意识到斯维斯洛奇渡桥的重要性，把所有能够调动的兵力都集中起来，试图竭力摧毁第4装甲师的先头部队建立的小型桥头堡。为尽快增援桥头堡，绍肯敦促步兵旅主力加快行军速度，但由于奔赴别列津纳河的道路需要经过森林和沼泽地带，部队的前进极为困难，在漆黑的暗夜里许多车辆和官兵都迷失了方向。绍肯渐感不耐，于是乘坐指挥车赶到最前面开路，不想，本应紧跟着他的几辆通信车都陷进了沼泽地，这些车辆刚被士兵们推出泥潭，没走多远又陷入了另一处泥坑。士兵们还在汗流浃背地推车时，无线电里不停地传来绍肯不耐烦的声音：“通信连在哪里？”“以最快速度前进！”等通信连好不容易摸到斯维斯洛奇附近的营地时，已是次日凌晨3点，官兵们发现营地里只有绍肯和司机等少数几人，其他的旅部官兵都在黑夜中迷失了方向。[16] 天亮时分，绍肯总算在斯维斯洛奇村聚拢了部队，但又发现不远处的公路桥竟被己方的一辆IV号坦克压塌了一段，铁路桥也时刻处于苏军炮火的打击之下。眼见过河不成，对手又在对岸聚集了数个师的兵力，绍肯只得另寻他策。适逢博布鲁伊斯克方向传来消息说，第24摩托化军集中的多支工兵部队在那里的别列津纳河上架起了一座大型渡桥，于是第4装甲师大部奉命连夜转赴南面的博布鲁伊斯克过河。

到7月4日，德军第3、第4装甲师及第10摩步师都渡过了别列津纳河，开始朝第聂伯河方向进军。不过，由于苏军把罗加乔夫（Rogachev）、莫吉廖夫、奥尔沙和旧贝霍夫（Starye Bychov）等几个重要沿河城市都变成了易守难攻的堡垒，第24摩托化军针对这些渡口的攻势出现了停顿乃至受挫。经过最初10余天“令人陶醉”的成功，上至古德里安，下到普通官兵，都没有想到对手还能在第聂伯河聚集众多的兵力，并展开极为顽强的抵抗。莫德尔的第3装甲师负责攻打罗加乔夫，但该师连续苦战多日，始终无法从这里强渡第聂伯河。第4装甲师负责占领博布鲁伊斯克东北的旧贝霍夫以及附近的第聂伯河渡桥。7月9日，绍肯所部在旧贝霍夫北面8公里处的密林中待命，在等待其他友军抵达第聂伯河的同时，也在等待重型榴弹炮和重步兵炮等重武器的运抵。次日，第4装甲师发起了强攻，绍肯亲自率领的步兵战斗群与埃博巴赫的第35装甲团密切配合，成功夺取了旧贝霍夫。第24摩托化军军部据此认为已在第聂伯河防线上找到对手的弱点，决定把莫德尔装甲师调往莫吉廖夫附近进行突破，罗加乔夫周边的防御则由第1骑兵师接管。[17] 7月11日，莫德尔的第3装甲师开始进攻莫吉廖夫，但在两天里仍然一事无成，第3装甲师老兵协会战后撰写的师史曾这样写道："……7月12日终了时，第3装甲师再次受挫。整整一个军的兵力需要几天的激战才能最终夺取莫吉廖夫。相较之下，友邻的第4装甲师更为成功。该师在旧贝霍夫成功夺取了第聂伯河上的一座完好无损的木桥，也在对岸建起了桥头堡。工兵们随后搭起了一座120米长的大桥，进攻部队得以继续追击敌军。"[18] 绍肯是第4装甲师攻打第聂伯河防线的总指挥，他在左岸建立了临时指挥部，协调部队过河和后继的进攻作战。绍肯的先头突击队过河之后，在右岸不远处的大片沼泽林地里陷入了困境，步兵虽然能够绕过沼泽地进入丛林，但步兵炮无法通过，就连稍后送去的牵引车也陷在了泥泞中。由于与突击队失去了无线电联系，绍肯跳上一支小船，带着少量参谋随从渡过了第聂伯河。绕过了先头突击队曾经穿过的沼泽地后，绍肯等也进入了一大片树林，突然间，这几个人发现周围出现了苏军的身影。绍肯的副官利贝（Liebe）中尉等立即拔枪射击，但对手密集的子弹，让利贝等几个轻举妄动之人头都抬不起来，最后连滚带爬地躲进一处洼地。在短暂的交火过程中，绍肯一直站在一棵大树的树荫下，冷静地观察着对手的动向。当时在场的朔夫勒（Hans Schäufler）战后曾写道："……旅长绍肯狠狠地瞪了我们一眼，他的表情已经说明了一切。'敌众我寡时不要盲目开火！'——至少这就是他的表情告诉我的。看起来他的脸上还挂着一点得意的微笑。由于旅长一向运气不错，又有很丰富的战斗经验，我们得以在丛林中隐藏起来，也与先头突击队建立了联系。"[19]

刚刚成功渡过第聂伯河，第4装甲师又面临着一项新的挑战——夺取普罗普斯克（Propoisk）及其附近的普罗尼亚（Pronya）河渡桥。由于第4装甲师最重要的任务是经由克里切夫（Kritschev）向罗斯拉夫尔推进，而夺取了普罗普斯克的几座渡桥就等于打开了通往克里切夫的道路，因此第4装甲师上下对此战极为重视。装甲师的第7搜索侦察营于7月14日在行进间突然杀入苏军控制的普罗普斯克，不过该营根本不与对手纠缠，径直穿城而过，直接扑向普罗尼亚河渡桥。以突袭方式夺取了几座渡桥后，第7搜索侦察营顶住了苏军发起的多次反扑，第35装甲团也奉命以最快速度赶来支援。不过，绍肯的摩步旅并没有参加普罗普斯克的战斗，他当时正带着步兵主力在北面掩护装甲师的左翼。15日，苏军第7和第8空降旅、第160和第6步兵师以及第55步兵师一部向普罗普斯克周边发起了大规模反攻，在北面的绍肯所部也遭到攻击。绍肯的指挥部设在格里亚西维茨（Grjasiwetz）村的一处果园里，苏军的有些炮弹已经落在果园里，但绍肯根本不为所动，丝毫不受干扰地向聚拢的各级指挥官下达指令。就在这时，一颗大口径炮弹正好落在军官们中间，结果当场炸死三人，绍肯的副官利贝的一条腿被炸飞，后背上还插着一大块弹片，旅部主管通信的贝尔茨（Bälz）中尉大腿受伤（后被截肢）。绍肯膝部中弹，当时他坐在地上，自己把

▲ 图为第4装甲师的装甲部队指挥官埃博巴赫上校，他曾担任第35装甲团团长和第5装甲旅旅长，是绍肯在第4装甲师初期作战中的重要搭档。图中的他佩戴者1941年12月31日获得的橡叶骑士勋章。

▲ 摄于1941年苏德战争初期的一幅图片，进攻中的德军步兵和装甲车。

▲ 摄于1941年苏德战争初期的一幅图片，德军坦克经过一番激战后驶离某村庄的情景。由于村舍便于隐蔽和防守，进攻村庄被德军装甲部队视为较困难和危险的任务之一。

▲ 摄于1941年苏德战争初期，被第4装甲师击毁的一辆苏军T-50坦克。该款坦克原计划用于取代T-34，但后被放弃，据说战争期间仅生产了65辆。

▲ 时间地点不详，德军车辆正在一条路况很差的公路上行驶。

▲ 摄于1941年12月，地点不详，一名德军士兵正在阵地上警戒。绍肯手下的部队在1941年12月的情形与此相去不远。

▲摄于1942年1月的东线某地，图为德军的一处机枪阵地。

▲时间地点不详，第4装甲师的装甲车正在通过一条泥泞的街道，前面是一辆SdKfz.251.6装甲车，后面的似乎是一辆III号指挥坦克。

▲时间地点不详，在开阔的雪原上行军或准备发起进攻的德军坦克编队。

▲摄于1942年初春的冰雪融化期，茫茫草原上的一座德军孤坟。

皮靴切开，在他人帮助下包扎好不断渗血的创口。处理伤口的同时，绍肯还以平静的声音下达命令并嘱咐人向师部汇报。利贝的伤势非常严重，所有人都能看出他支撑不了多久了，利贝以虚弱的声音请绍肯代他向自己的父母最后一次致意。用当时在场的朔夫勒的话来说，绍肯"像对待自己的儿子那样与利贝道别"，后者忍着剧烈的痛楚，没有发出一声呻吟，一直瞪大眼睛看着旅长，直至陷入昏迷（稍后死于战地医院）。重伤员被送往战地医院，亡者则被埋葬在村边的高坡上，但绍肯选择留在部队，他任命了几名替代伤员的指挥官，然后带着手下把旅部迁出了村子。由于绍肯的指挥车里有一部电话，他还试图在指挥车上继续调遣部队，但伤口实在疼痛难忍，这迫使他在几小时后将摩步旅的指挥权移交给了第33摩步团团长格罗利希（Oswin Grolig）上校。[20]

绍肯离职养伤期间，第4装甲师与第3装甲师一起在索日（Ssosh）河一带苦战良久，直到8月2日才完成了对罗斯拉夫尔的合围。古德里安次日视察前线时，曾遇到埃博巴赫的第35装甲团的部队，也见到了在该团任2连连长的长子。[21] 8月8日，古德里安再次出现在第4装甲师师部，观看该师如何消灭被困于罗斯拉夫尔的苏军。他对第35装甲团和摩托化步兵的作战表现留下了深刻印象，在战后还禁不住赞道："……第35装甲团和第12摩托化步兵团的进攻，简直就像练兵场上进行的样板攻击。"[22] 历史学家富盖特（Bryan I. Fugate）也曾称赞德军的这次作战堪称教科书式的步坦协同作战。[23]

8月中下旬，经过一系列争论后，希特勒决定暂停莫斯科或列宁格勒方向的攻势。古德里安装甲集群准备南下，杀入苏军第5集团军后方，在基辅以东与北上的南方德军装甲部队会师。第24摩托化军是古德里安的突击矛头，该军命令第10摩步师向霍尔姆（Cholmy）—阿夫杰耶夫卡（Avdeyevka）地域推进，莫德尔的第3装甲师作为先头部队，越过北诺夫哥罗德（Severskiy Novgorod）后强渡杰斯纳河，第4装甲师则先在杰斯纳河以西、苏多斯特（Sudost）河左岸肃清残敌，然后再跟随第3装甲师南下。莫德尔一马当先，于8月24日率部南下，经过3周的连续行军作战，9月中旬时在基辅东面的洛赫维察与北上的第16装甲师所部会合，宣告了"基辅口袋"的形成以及包围圈内近70万苏军的命运。

按照第4装甲师老兵朔夫勒的说法，绍肯于9月26日返回部队，重新接过了第4摩步旅的指挥权。[24] 当时旅部位于通往格鲁霍夫（Gluchow，位于基辅东北约170英里处）的公路边的一处树林里。尽管古德里安曾感慨地说"经过两个半月令人精疲力尽的战斗和大量的伤亡，第4装甲师的掷弹兵和装甲兵们迫切需要休息和恢复"，[25] 但第4装甲师的官兵还是得拖着疲惫之躯，接着参加针对莫斯科的"台风"作战。9月30日，第4装甲师以埃博巴赫的第5装甲旅和绍肯的第4摩步旅为主组建的两个战斗群，突破了格鲁霍夫周边的苏军防线。到10月3日，第4装甲师已高速推进了150英里，并一举夺取了重镇奥廖尔——据称，德军缴获的物资补给足够整个第2装甲集群（6日改称为第2装甲集团军）使用6周！苏军少将格里戈连科（Petro G. Grigorenko）在战后回忆录里称，奥廖尔城实际上是被13辆德军坦克突袭攻克的，而守军包括正规军、内务部队、警察和一些特种部队在内足有15万人之多！第35装甲团的矛头第6装甲连突袭奥廖尔时，城内的电车还在街上行驶，市民们仍像往常一样赶去上班。第6装甲连的坦克突入城区后死守硬撑了近3个小时，然后装甲团2营其他几个连赶到增援，最后是绍肯率领步兵主力杀到，终于挫败了苏军的所有反扑。在那些日子里，第4装甲师的基本作战模式就是埃博巴赫战斗群在前面攻城拔寨，绍肯战斗群负责掩护两翼和肃清残敌，炮兵团、军属和装甲集群所辖的炮兵以及第3装甲师的部分重武器负责提供火力支援。

10月4日，埃博巴赫战斗群和绍肯战斗群又开始向姆岑斯克（Mtsensk）方向推进。埃博巴赫6日进攻姆岑斯克时遭到了苏军步兵的顽强抵抗，对手还投入了全部使用T-34和KV-I重型坦克的第4坦克旅。埃博巴赫甚至两次下令后撤，才算避免了自身被对手歼灭。到7日战事停顿时，埃博巴赫和绍肯的两个战斗群都遭受了相当的伤亡，据说德军有6辆坦克报废，但摧毁了17辆苏军坦克。苏军战史则记载，姆岑斯克之战中共摧毁德军50辆坦克和35门大炮。古德里安在战后回忆录里曾说："俄军被击毁的坦克要远远少于我们……在这次紧张的战局中，埃博巴赫上校第一次露出精疲力尽的神态，他那明显的疲劳更多是精神上的，而不是体力上的。看到我们最优秀的指挥官在近期的激战中受到如此巨大的打击，实在是令人震惊。"[26] 9日，绍肯和埃博巴赫的进攻再次陷入困顿，伤亡只是问题的一方面，士气也前所未有的低迷，雨雪交加的天气使任何运动都非常困难。但是，第4装甲师还是奉命准备在10日再度进攻，埃博巴赫战后曾这样回忆："……当第4装甲师完成重组，准备按命令要求在10日再度进攻姆岑斯克时，我从下属们的眼神中读出了他们的想法，他们不认为这次进攻能够成功，他们对我这个指挥官的信心也在开战以来第一次出现了动摇，因为我并没有拒绝执行这道命令。"[27] 无论如何，埃博巴赫的装甲战斗群冒着暴风雪在10日夺取了姆岑斯克。但是，从城市东面继续推进的道路依然为苏军所阻断，能否守住城市以及苏沙（Suscha）河上的桥头堡，则成为绍肯面临的重大考验。此后多日里，绍肯和埃博巴赫试图将姆岑斯克城北和西北的苏军从他们盘踞的高地上赶走，但几度进攻均告失败。埃博巴赫对此曾说："……第4装甲师已没有能把苏军从城北制高点撵走的作战力量……我们优越于敌人的信念，其根基也在战争中第一次出现了动摇。"[27] 姆岑斯克之战仍在冰天雪地和泥浆中进行着，直到10月23日至24日，第24摩托化军集中所辖各师的全部装甲力量和火力，才终于在姆岑斯克西北地域实现了突破。这时，古德里安的其他部队已在布良斯克南北两面全歼被围的苏军，规模更大的"维亚济马包围圈"的硝烟也已完全散尽。

1941年11月，古德里安装甲集团军把进攻重心放在了距莫斯科南郊不足130英里的军工城市图拉（Tula）。尽管古德里安百般努力，但大炮、弹药和补给的前送在风雪泥泞中十分困难，第4装甲师等部队无法攻克图拉这座重要的堡垒。到11月初，苏军在图拉一线集结了2个骑兵师、5个步兵师和1个坦克旅的兵力（隶属于第50集团军），德军第24摩托化军也在11月9日转入防御。第4装甲师的防线主要由绍肯负责，他的4个力量明显不足的步兵营既要照看20英里的防线，又要负责保持同在图拉外线作战的第53军与第3装甲师之间的联系，其任务极为繁重，捉襟见肘的局面也引起了古德里安的忧虑。11月中下旬，随着地面的板结封冻，德军坦克和车辆能够再次运动，第4装甲师等部奉命绕过图拉继续推进。24日，第24摩托化军的第3、第4和第17装甲师均在向图拉东北运动，而第43军则朝图拉西面进军，试图以两面夹攻的方式夺取图拉附近的铁路和机场。[28] 埃博巴赫的装甲旅与"大德意志"摩步团一起行动，目标是从北面切断图拉通往莫斯科的铁路和公路，该目标在12月2日实现，两部德军踏上了图拉至北面的瑟普霍夫（Serpukhov）的公路。此时，第4装甲师的先头装甲连距西面的第43军先头部队只有不到10英里的距离，只要两支德军能够建立联系，加上从东面进行包围的第3装甲师等部队，图拉无疑将陷入三面包围之中。绍肯奉命完成与第43军建立联系的任务，虽然他率部击退过苏军第31和第299步兵师的多次反攻，但由于德军第43军自已的进攻力量太弱，该部始终未能推进到与绍肯所部相连的位置。这时，古德里安所辖各部皆成强弩之末，官兵的伤亡和疲劳自不待言，能够开动的坦克和跟进的大炮数量极其有限（第24摩托化军的军属炮兵就仅能凑出11门大炮），第4装甲师在图拉北面更是遭到苏军的连番进攻。

12月6日，苏军发起了莫斯科大反攻，随着左右邻军的仓皇西撤，古德里安也不得不取消图拉攻势并准备全面撤退。绍肯和埃博巴赫等指挥官都曾对"炸毁所有重武器尽快撤退"的命令感到不解，他们认为这样做无疑是拱手认输，必将造成德军自己在精神层面上的一大灾难，没有坦克和大炮，难道让步兵们用步枪和手枪去抵挡T-34吗？但绍肯等人也无计可施，没有油料的坦克和用完炮弹的大炮无疑都是废铁，没有冬装的部队不要说在严寒和积雪中守住阵地，就连生存都没有可能。对于图拉攻势一再受挫，部队在苏军强力反攻之下被迫撤退的局面，古德里安曾在战后高声哀叹："……只有那些亲眼看见过俄罗斯无尽大雪的人；只有那些亲身体验过冰冷的寒风刺戳着身体并将一切都深埋于积雪之下的人；只有那些在荒无人烟的旷野上不停跋涉，最后却发现自己的掩体几乎露天，饿得半死但又没有衣物保暖的人；只有那些见识过冬装齐整、营养良好的西伯利亚对手的人，才能真正地评判眼前发生的所有事件。"[29]

无论如何，第4装甲师设法把剩下的一点油料集中在一个装甲连里，也带出了少量的牵引车和火炮，几千匹战马则拖拽着辎重沉重地向西撤退。绍肯手下的步兵把机枪和迫击炮安放在马拉雪橇上，随第4装甲师一起西撤。撤退之路漫长艰难，但第4装甲师还是成功撤到了苏沙河畔，在姆岑斯克城北的高地上，绍肯指挥步兵们建立起牢固的防御周边。第4装甲师的战时日志曾记载过12月撤退中的几个片段："12月8日，撤往后方所需的油料仅够第103炮兵团使用；9日，第33摩步团不能赶去为第296步兵师解围，因为没有油料，而且道路状况糟糕得一塌糊涂；11日，第103炮兵团1营被解散，余部并入2营，原因是油料不敷所需；14日，第35装甲团仅剩8辆III号坦克尚能运转；15日，第33摩步团在漫天飞雪中为第3装甲师开辟了一条撤退通道；16日，车辆数目锐减，如果仍需继续撤退，这一数字将会更少。第296步兵师经过一场恶战后已完全精疲力竭……苏军将会在该师区域内实现突破；17日，一支颇有实力的苏军从第167步兵师防线的空隙地带强行穿过，第33摩步团2营被配属给第112步兵师，奉命挡住对手的进攻……"到12月23日，绍肯率领所部撤至奥廖尔附近建立阻击阵地，但在圣诞前夜又随第4装甲师一起被划归第53军，奉命在奥廖尔北面的别列夫（Belev）至博尔霍夫（Bolkhov）之间，担任奥卡（Oka）河防线上的"机动消防队"。

12月27日，随着第4装甲师师长朗格尔曼升任第24摩托化军军长，绍肯接过了师长职务，并在1942年的第一天晋升为少将。1月2日，苏军的一个步兵师在博尔霍夫以东越过奥卡河，开始向博尔霍夫和布良斯克方向推进。由于博尔霍夫以北的所有德军步兵师的补给公路都处于苏军炮火的威胁之下，绍肯奉命将对手逼回奥卡河对岸。埃博巴赫上校曾在战后简略描绘过绍肯担任师长后的首战："……第4装甲师到底能不能以自己虚弱的力量完成任务呢？绍肯用第12和第33摩步团发起了他那著名的钳形攻势。苏军的那个步兵师受到了致命的重击，另一个苏军步兵师也遭受了同样的命运，他们的残部被撵回奥卡河对岸。亲自带领部队进攻的绍肯上校（应已为少将）在作战过程中身负重伤。这真是第4装甲师的一个重大损失！"[30]

绍肯的头部为弹片所伤，被下属运离战场后住进了斯摩棱斯克的军医院——据说主刀医生不得不将绍肯的左眉和前额上的大块皮肤移除。1月6日，中央集团军群指挥官克鲁格元帅赶来探视绍肯，向仍在病床上的他颁发了骑士勋章。绍肯离职后，第24摩托化军军长朗格尔曼又兼任了几天的第4装甲师师长，战功赫赫、能力出众的埃博巴赫上校于1月7日开始代理师长。绍肯在两次世界大战中曾数度负伤，但这一次是最严重的，他直到1942年8月才逐渐康复。恢复现役后，绍肯并未被立即派往前线，而是来到柏林附近的机动兵学校担任指挥官。这里是德军培养装甲兵初级军官的摇篮，绍肯是第3任指挥官（1942年8月24日至1943年5月31日在任），期间他于1943年4月1日晋升为中将。

装甲王牌：从库尔斯克到科韦利

1943年5月31日，绍肯在离开战场一年多后回到东线继续担任第4装甲师师长，开始为即将展开的“城堡作战”进行最后的训练与准备。绍肯到任时全师只有约70辆杂七杂八的各型坦克，作战部队只剩下2840人，但6月间得到了大批补充兵员和相当多的坦克与重武器，第12和第33装甲掷弹兵团获得了半履带车等大批新装备，第103炮兵团也装备了105毫米“黄蜂”和150毫米“野蜂”自行榴弹炮。到7月1日时，绍肯师拥有官兵1.3万余人，第35装甲团（2营被调往第15装甲团，直到1943年11月方才重建2营）1营装备了101辆坦克（15辆III号、80辆IV号和6辆指挥坦克）。[31]

按照希特勒的命令，“城堡作战”的目标包括五个方面：一、缩短库尔斯克周边的德军防线；二、恢复中央集团军群南翼与哈尔科夫之间的铁路联系；三、切断并歼灭库尔斯克突出部内的苏军；四、保护中央和南方两大集团军群各自的侧翼；五、迫使苏军在完成休整前投入更多的兵力，从而减轻整个东线的压力，便于德军在其他战场展开进攻。在这场旨在夺回东线主动权的大战中，南方集团军群的第4装甲集团军等部队负责向北朝库尔斯克方向进攻，位于突出部北侧的莫德尔第9集团军则将沿着奥廖尔至库尔斯克的铁路和公路向南进攻。第9集团军的主攻力量是莱梅尔森的第47装甲军，该军负责在库尔斯克与北上的德军建立联系；在第47装甲军右翼的第46装甲军负责在对手撤退时封锁其退路；在第47装甲军的左翼部署着第41装甲军，其任务是向南推进到奥利霍瓦特卡，而后旋转向东建立牢固的防御周边。第23军位于第9集团军的最左翼，其任务是从现有的防御阵地出发，在奥廖尔—库尔斯克铁路的东面建立新防线；位于集团军最右翼的第20军最初的任务是固守防线，一旦突出部内的苏军开始撤退，立即展开追击。中央集团军群在突出部北侧一共部署了8个装甲师，合计拥有坦克747辆，其中包括第505重装甲营的31辆虎式坦克，第216突击炮营的45辆突击炮，来自第656重型坦克歼击团的89辆“费迪南德”坦克歼击车。[32]

“城堡作战”在7月5日正式打响时，绍肯的第4装甲师并未立即参战，它与第12装甲师和第10装甲掷弹兵师一起担任着集团军群的预备队。第9集团军的首日攻势在苏军第13和第70集团军之间的10英里宽正面取得了突破，德军向南推进了4至5英里，逼近奥利霍瓦特卡北面10英里处的苏军第二道防线。交战双方都出现了大量的人员伤亡和装备损失，但莫德尔集团军取得的进展远远低于预期。6日，苏军中央方面军司令员罗科索夫斯基命令第13、第70和第48等集团军在第2坦克集团军的支援下，向来势凶猛的德军发起反击。为挡住对手并将己方的攻势继续下去，莫德尔把第二梯队的第2和第9装甲师（以及已参战的第505重装甲营）投入到波内里至索博罗夫卡（Soborovka）之间的地带。双方的恶战从天明持续到入夜，苏军遭受了重大损失，但在很大程度上成功迟滞了对手装甲部队的推进。6日下午，中央集团军群把第4装甲师划归莫德尔指挥，后者立即命令绍肯率部开往第47装甲军的战场，作为集团军的预备队待命。6日夜，莫德尔和罗科索夫斯基都在紧张地评估局势，为次日势必更激烈的战斗进行准备。罗科索夫斯基命令多数坦克部队转入防御（坦克进入战壕后埋得只露出炮塔），同时要求坚决打击对手的坦克和步兵;此外,他也在调配援兵准备反击波内里地域的德军。莫德尔鉴于自己的进展已大大落后于既定时间表,准备孤注一掷地投入所有装甲部队,全力突破苏军的第二道防线,为此,他决定投入本应在突破之后方才使用的预备队:第41装甲军奉命投入第18装甲师,第47装甲军的第4装甲师已在赶赴战场的路上,位于奥廖尔南面的第12装甲师、第10和第36装甲掷弹兵师等总预备队也得到准备南下参战的命令。7日,莫德尔手下的数百辆坦克和4个步兵师向波内里至奥利霍瓦特卡之间的苏军防线发起了猛攻。在波内里村及其周边地域,第18装甲师和第292步兵师发起过多次强攻,但都被苏军第307步兵师顽强地击退,直到夜幕降临前莫德尔再次投入援兵,才算控制了波内里的北半部。第2和第20装甲师负责主攻的奥利霍瓦特卡扼守着通往库尔斯克的道路,因而在双方心目中都有着更重的分量。罗科索夫斯基调来的第16和第19坦克军及第3反坦克炮兵旅等部队,帮助布防于萨莫杜罗夫卡至奥利霍瓦特卡之间的步兵师遏制了德军的突破。

7日晚些时候,绍肯接到莱梅尔森的命令,准备在次日与第20装甲师一起夺取萨莫杜罗夫卡南面4英里处的制高点——第272高地。为集中装甲力量,莱梅尔森把绍肯的装甲团1营抽走,与第2装甲师的第3装甲团和第505重装甲营组成了直属军部的"布尔梅斯特"装甲旅,由布尔梅斯特(Arnold Burmeister,时为第10装甲旅旅长)少将统一指挥。由于装甲营被调走,第904突击炮营作为替代被配属给绍肯装甲师。[33] 8日凌晨5时起,德国空军对苏军阵地和前沿进行了大规模轰炸,轰炸结束5分钟后,突击炮开始支援掷弹兵们发起进攻。德军很快夺取了通往第272高地的一些次要目标,第238.1高地在首轮进攻中就被攻克,在第4装甲师左翼作战的第35装甲团1营还占领了捷普洛耶村东南的第240高地。但是,当绍肯率部从第20装甲师打开的道路穿过,朝着捷普洛耶村方向扑去时,却遭遇了村庄外围阵地上的苏军的顽强阻击。绍肯的攻势很快变得步履维艰,伤亡开始大幅增加,他的部队每次攻克了某处阵地时,苏军总能在有限撤退后进行重组,然后以猛烈的炮火和反击夺回这些失地。8日中午12点30分左右,莫德尔来到第4装甲师的前沿指挥部了解情况,结果发现指挥部里只有一名助理作战参谋在主事——装甲师的首席作战参谋鲁茨(Hans Lutz)中校之前在空袭中身负重伤,绍肯和第33装甲掷弹兵团团长毛斯上校都正在前线指挥作战,而且两人也都不同程度地负伤。这位助理作战参谋向莫德尔汇报说,第4装甲师经过4小时的激战,已投入了最后一支预备队,各前沿步兵连平均每连只剩下15到20名官兵,而被抽走的第35装甲团似乎正在苏军的高地阵地前"无所事事"。[34] 莫德尔一向欣赏总是战斗在最前沿的将领,他在1941年10月前担任第3装甲师师长时,对与自己并肩作战几个月的绍肯也有着相当的了解,因而他对第4装甲师的攻势寄予了厚望。当莫德尔惊讶地获悉绍肯的坦克和第505重装甲营都被集中到"布尔梅斯特"装甲旅,第4装甲师实际上被变成了一个实力不强的装甲步兵师时,他不由得怒火中烧,因为他本来就认为第47装甲军从军长莱梅尔森到一干参谋都不了解前线实际情况,一向惯于根据地图发号施令,现在竟然不请示就擅自抽调和集中各师的装甲团!当莫德尔了解到第2装甲师虽得到"布尔梅斯特"装甲旅200多辆坦克的支援,但仍未能达成目标之后,他的火气更旺,不仅勒令莱梅尔森立即将各装甲团归建,警告他日后不得再"剥夺"各装甲师的装甲部队,还声称要进行调查,撤掉布尔梅斯特及第2装甲师师长吕贝(Vollrath Lübbe)的职务。[35]

绍肯获悉第35装甲团即将回归本部后,曾向莫德尔提出次日再战,莫德尔一开始表示同意,直到夜里分析当日的战况时,才被参谋们列举的伤亡(3200余人)与进展(推进最多不

▲摄于1943年6月的库尔斯克会战前，第4装甲师师长绍肯正在试驾新近运抵的坦克。

▲摄于1943年6月的库尔斯克会战前，绍肯（炮塔中）正在试验新到的坦克。

▲摄于1943年7月的“城堡作战”期间，绍肯（前中）与参谋随从们在一起。

▲摄于1943年7月库尔斯克战场的一张照片。

▲摄于1943年7月的库尔斯克战场。

▲据信摄于1943年7月的捷普洛耶村附近，右为绍肯，左为第4装甲师第12装甲掷弹兵团团长达梅劳-达姆布罗斯基上校（同月22日阵亡）。

▲ 摄于1943年8月的奥廖尔战场，绍肯在Sdkfz 251.6装甲车上听取汇报。

▲ 摄于1943年8月的奥廖尔战场，绍肯（左）正在听取汇报，他的身后是自己的Sdkfz 251.6半履带指挥车，右边是一辆Sdkfz 250.1装甲车。

▲ 可能摄于狼穴，希特勒正为将领们颁发勋章，左一为绍肯。

▲ 绍肯于1943年8月22日获得橡叶骑士勋章，图为受勋后拍摄的标准照。

过数百米）完全不成比例的事实所说服，决定在9日暂停进攻一日，以便部队休整、补充弹药和重组攻击矛头。莫德尔考虑到对手的实力和防御强度，以及所部的伤亡和疲劳状况，只为10日的作战制定了有限的目标——第23军和第41装甲军转入防御，第46和第47装甲军负责进攻捷普洛耶附近的防线及苏军第70集团军的侧翼。由于第9集团军的多数装甲部队都集中在第47装甲军，莫德尔要求该军向南推进大约3英里，以抵达并夺取莫洛蒂奇（Molotychi）附近的高地为目标。绍肯的任务是在10日上午夺取捷普洛耶村，下午再攻克附近的第260高地，第505重装甲营负责协助第4装甲师完成这些任务。斯图卡轰炸机和炮火照例先对苏军前沿进行了一番打击，而后第4装甲师以第33装甲掷弹兵团2营为主组成的突击矛头，在坦克的支援下很快逼近捷普洛耶村的北面。第4装甲师老兵朔夫勒曾回忆：“7月10日，第4装甲师倾巢而出。师长绍肯将军搭乘着他的装甲指挥车‘DO 1’号出现在首波进攻队伍中。他总是在前沿指挥作战，把装甲兵和步兵们都召集起来跟着他前进……在进军途中，将军的装甲指挥车压垮了一座桥，既无法后退，又不能前行。通信军官在想办法救援车辆时负了重伤，他还一直躺在我方防线的最前沿。师长的副官试图伸出援手，但在这个过程中他的头部也遭受了致命的创伤。绍肯就在那个暴露的位置，通过并不牢靠的无线电继续指挥他的师……”[36]第33装甲掷弹兵团虽有上百人在苏军的炮火轰炸或机枪扫射中伤亡，但还是一步步杀入了捷普洛耶村，经过激烈的巷战，中午时分拿下了村庄。苏军被逼出村子，但撤出后立即进行了重组，仍然占据着周边高地。绍肯指挥部队准备继续朝第260高地推进，罗科索夫斯基也在调兵遣将：第19坦克军和第1近卫炮兵师等部队奉命在下午发起反击，第40步兵师、第70和第75近卫步兵师将跟随在坦克军后面将德军赶回出发地。[37]

10日下午，第4装甲师开始朝第260高地方向进攻，第505重装甲营的虎式坦克这时加入了绍肯的作战序列。德军前进的每一步都遭到大炮和迫击炮的轰击，但虎式坦克依然蹒跚着逐步向前，这些不可一世的钢铁巨兽对付隐身于战壕中只露出炮塔的T-34非常高效，但是，在苏军的不断轰炸和阻击下，重装甲营的虎式坦克与支援步兵和其他中型坦克之间失去了联系，仅凭自身的力量不足以实现突破，苏军则抓住对手指挥体系上的混乱，迅速集中反坦克炮攻击这些虎式坦克。下午5时，苏军坦克和步兵朝第4装甲师的侧翼发动了反击，绍肯手下的第12装甲掷弹兵团的局面一度险象环生，直到师属第49反坦克营的“黄鼠狼”（Marder）自行反坦克炮赶到后才算解围。傍晚6时，约百名德军掷弹兵在一些坦克的支援下冒死登顶第260高地，但在有机会肃清残敌之前，又被对手以迅雷不及掩耳之势赶离高地，被迫后撤至捷普洛耶村。一天的激战结束后，绍肯装甲师有近500名官兵阵亡、失踪或受伤。

莫德尔和克鲁格都认定库尔斯克北面的攻势已经难以为继，越来越多的苏军步兵和坦克还随时可能进攻脆弱的德军防线。11日，第9集团军各部基本没有任何主动进攻，但转入守势后也成功遏制了对手当日的所有反击。12日，在曼施坦因南方集团军群战场的普罗霍罗夫卡，党卫军第2装甲军与苏军第5近卫坦克集团军之间展开了一场坦克大战。如果说南方德军此时还保有一丝模糊的成功希望的话，那么莫德尔的战场态势则远远不如南翼——12日凌晨，苏军布良斯克方面军和西方面军发起了代号“库图佐夫作战”的大规模攻势，奥廖尔突出部北侧的德军第2装甲集团军遭到了全方位攻击！克鲁格当日晨批准将第12装甲师和第36装甲掷弹兵师北调，第656重型坦克歼击团和陆军总部直属的几个重炮营也被迅速调往北面增援。绍肯在11日和12日连续两天里率部打退了对手规模有限的进攻，12日夜间他还在盘算次日如何展开新攻势。13日晨，在炮火准备开始前一个小时，莱梅尔森突然出现在第4装甲师师部，他告诉绍肯苏军已在奥廖尔突出部的多个地带发起进攻，并以强大的装甲部队取得了纵深突破。莱梅尔森要求绍肯转入防御，由于第20装甲师即将撤离，他还命令绍肯把防线延伸到第20装甲师的原防区。

7月15日凌晨，第4装甲师刚到新防线就位，就遭到对手密集炮火的轰炸。当日早晨5时起，罗科索夫斯基的中央方面军开始向库尔斯克突出部的北翼发起反攻。这是苏军“库图佐夫作战”的一部分，中央方面军将与先期行动的西方面军和布良斯克方面军协同作战，在奥廖尔的南北两面围歼由莫德尔统一指挥的第9集团军和第2装甲集团军。第4装甲师的防线也遭到对手优势兵力的冲击，为帮助绍肯守住阵地，第505重装甲营剩下的虎式坦克也被派来助战。经过一天的搏杀，苏军未能撼动绍肯的防线，反而在战场上丢下了41辆坦克。此后两日里，绍肯奉命率部逐步北撤，先是撤到"城堡作战"打响当日德军夺取的首道苏军防线附近，而后又在两条过渡防线短暂逗留，最后于17日夜撤至7月5日时的出发阵地。此后，绍肯装甲师被步兵单位替换下来，撤出前沿后充任第9集团军的预备队。到这个时候，绍肯装甲师的"城堡作战"才算真正终结。在历时10天的战斗中，第4装甲师损失了约11%的兵力（1400人左右），据说是所有参战装甲师中损失最轻的，报废的坦克数量不到30%，依然保有相当的战斗力。

罗科索夫斯基的中央方面军由于在前阶段的作战中损失过重，他向奥廖尔突出部南面发起的攻势很快被莱梅尔森的第47装甲军挡住。伦杜里克（Lothar Rendulic）将军的第35军负责防御奥廖尔突出部的东面，虽然仅有四个虚弱的步兵师，但他以不俗的防御技巧挡住了布良斯克方面军两个集团军的攻击。形势最危险的是突出部的北面，即第41装甲军军长哈佩负责防御的方向。莫德尔不断地从南面抽调兵力支援危险地带，绍肯装甲师有一个战斗群被配属给第9装甲师，负责在奥廖尔以北的博尔霍夫地域阻击苏军，第4装甲师的主力则在19日被改派到克罗梅南面的特罗斯纳村附近。7月22日的一场激战曾被后人称为是第4装甲师参战以来最惊心动魄的一战。苏军中央方面军所部从清晨开始猛攻第4装甲师的防线，在无法取得明显突破的情况下，把主攻点调整到绍肯右翼的德军第7步兵师方向。第7步兵师招架不住，其前沿被40辆苏军坦克突破，这些苏军随后自西向东楔入了第4装甲师的后方。绍肯命令第35装甲团1营打击对手的侧翼，激战中1营营长阵亡，但苏军的推进势头被阻遏了。与此同时，另一支苏军向第33装甲掷弹兵团的身后袭来，该团匆忙东撤，结果暴露了第12装甲掷弹兵团的侧翼。绍肯眼见形势不妙，立即请求增援，第505重装甲营和第244突击炮营随后被派来支援。第33装甲掷弹兵团得到强援后稳住了阵脚，绍肯指示部队发起协同反击，到下午晚些时候收复了失地，同时也化解了第12装甲掷弹兵团的危机。[38]

7月25日，绍肯装甲师奉命撤出前沿，在特罗斯纳西北的弗伊基纳村附近充任预备队，负责随时准备前去堵住步兵防线上被捅开的缺口。到7月的最后几日，东线德军全部的16个装甲师中有一半都集中在奥廖尔突出部，虽然防线尚能弯而不折，但莫德尔很清楚自己不可能长久地拆东墙补西墙，必须尽快把部队撤往预先构筑的"哈根"防线。获得希特勒的许可后，莫德尔率领第2装甲集团军和第9集团军从8月1日起开始分阶段撤往"哈根"防线。第4装甲师作为第46装甲军的后卫，负责掩护步兵单位撤往西面的杰米特罗夫斯克（Dmitrovsk）。绍肯率部在阻击苏军的同时，自身于8月9日开抵"哈根"防线东面不远处的别列索夫卡（Beresovka），在这里扮演了几天"救火队"角色后，绍肯率部退入"哈根"防线。8月14日，第4装甲师开抵维列布斯克（Verebsk，位于杰米特罗夫斯克西北6英里处），成为第9集团军的预备队。8月22日，绍肯因在库尔斯克之战和奥廖尔突出部防御战中的突出表现，获颁第281枚橡叶骑士勋章，而第4装甲师在此期间更是史无前例地有9人获得骑士勋章。

苏军西方面军与中央方面军眼见无法围歼莫德尔的第9集团军和第2装甲集团军，似乎把复仇的怒火全都撒在了这些德军的左邻第4集团军和右邻第2集团军身上，莫德尔的装甲师和装甲掷弹兵师很快被调去增援处境危险的邻军。9月初，绍肯所部被划归第2集团军的第56装甲军指挥，作为后卫掩护步兵师朝杰斯纳河方向撤退。9月中旬，随着德军开始向第聂伯河全线撤退，第56装甲军把第4装甲师和第31步兵师移交给罗曼（Rudolf Freiherr von Roman）将军的第20军，帮助迟滞苏军7个步兵师的追击。第20军在3天里不停顿地朝索日河方向狂撤，但在该军的南面，少量苏军先头部队沿着切尔尼戈夫—切尔诺贝利公路已渗透到第聂伯河西岸。绍肯装甲师被部署在第20军的右翼，负责消灭越过第聂伯河的苏军先头部队，同时还需清剿十分活跃的游击队。

绍肯所部撤到索日河对岸后，于9月28日返回第56装甲军的作战序列。当时，中央集团军群南翼的第2集团军由于防线背靠普里佩特沼泽地，南北两面极易遭受夹攻，而且苏军已沿着普里皮亚季河楔入该集团军与南方的第4装甲集团军之间的结合部，因而中央集团军群命令第2集团军指挥官维斯将数个装甲师调往南线，除寻求与第4装甲集团军所部恢复联系外，还负责与后者一起铲除苏军在切尔诺贝利附近建立的普里皮亚季河桥头堡。为铲除苏军桥头堡，中央集团军群派出了下辖第2、第4、第5和第12装甲师的第56装甲军，负责打击桥头堡北面的苏军第13集团军；南方集团军群则以第59军（得到第7和第8装甲师的支援）进攻桥头堡西南的苏军第60集团军。德军投入的装甲师数量貌似不少，但实际力量相当薄弱，绍肯的第4装甲师只有9辆坦克能够参战（另有41辆还在短期修理中），第5装甲师也只能派出一个战斗群参战。[39] 经过近10天的战斗，德军到10月14日时攻克了切尔诺贝利城大部，苏军桥头堡被撕裂成若干彼此隔离的屯兵点。此后的近一个月里，绍肯所部就在普里皮亚季河与第聂伯河交汇处的所谓“湿三角”地带驻防。

11月10日，苏军第1白俄罗斯方面军在戈梅利附近的列奇察成功强渡了第聂伯河，之后开始沿着宽大的正面向西推进。第56装甲军命令绍肯率部越过普里皮亚季河后迅速北上，而后旋转向东朝列奇察方向发动反击。绍肯就此命令曾与军长产生过争执，他认为不仅穿越沼泽地的进军十分危险，就是赶到后发起反攻的意义也不大。就在绍肯准备执行命令时，第4装甲师突然遭到苏军第13集团军的攻击，长时间被拖在切尔诺贝利附近无法动身。一周后，当疲惫的第4装甲师总算赶到戈梅利西南时，绍肯发现最佳时机早已错过，苏军已经在朝着更往西的卡林科维奇扑去。由于交通要地卡林科维奇控制着第2集团军的所有补给线，维斯恳求批准他的集团军后撤。就在高层犹豫不决之时，第1白俄罗斯方面军又朝德军第9集团军发起了进攻，第2和第9集团军的结合部迅速被苏军突破，卡林科维奇向北通往博布鲁伊斯克的铁路也被切断了。中央集团军群新任指挥官布施元帅命令第2和第9集团军以协同反击堵住缺口，但由于需要等待从意大利战场调来的第16装甲师，反攻一直拖到12月20日才得以发动。第4装甲师和第16装甲师分别是第2和第9集团军的反击矛头，虽然遭到苏军第48集团军的强力抵抗和不停骚扰，绍肯装甲师还是在12月25日抵达博布鲁伊斯克以南铁路线上的帕里奇。26日，由于担心中央集团军群北翼的局势，布施下令取消了博布鲁伊斯克地域的反攻，把第16装甲师派往北面的第3装甲集团军战场，同时指示第2和第9集团军建立一条更便于防御的防线。绍肯的第4装甲师在不间断的反击作战中损失不菲，不过，正是由于绍肯所部的顽强，第2和第9集团军的防线最终连成了一体，这个战场也随着双方的精疲力竭而再次稳定下来。

1944年1月31日，绍肯获颁第46枚双剑骑士勋章。第4装甲师虽是二战德军获得骑士勋章最多的部队之一（共80余人，其中11人获橡叶骑士勋章），但绍肯是该师唯一一位获得双剑饰的军人。绍肯到狼穴大本营领受勋章之后，获得了短暂的休假机会，直到1944年3月初归队。3月底4月初时，绍肯迎来自己担任第4装甲师师长期间的最后一次重大作战——科韦利救援战。

小城科韦利位于布格河东南约60公里处，虽然方圆仅几平方公里，但正处于华沙—卢布林—罗夫诺的铁路线上，沿西北方向可直抵布列斯特—里托夫斯克铁路，沿西南通往利沃夫的铁路也都在这里交汇，因而是普利佩特沼泽地边缘最重要的交通枢纽之一。这里也是德军中央和南方集团军群的分界线，如果该城失守，那么两大集团军群的联系将被切断，转运物资装备和兵员都需绕行几百公里。1944年3月初，随着苏军第2白俄罗斯方面军所部朝着科韦利推进，希特勒在3月8日下达的11号令中，把科韦利与捷尔诺波尔和文尼察等26个城镇列为"必须守至最后一人的堡垒"。但是，科韦利守军的力量十分薄弱，仅有一个团的地方部队、党卫军第8骑兵师的一个团、党卫军第17警察团的一个营，以及少量工兵和高射炮部队。希特勒命令党卫军"维京"师师长吉勒率部防御科韦利，但"维京"师刚从"切尔卡瑟口袋"中逃出，不仅没有重武器和坦克，就连轻武器都严重不足。吉勒命令"维京"师做好前往科韦利继续休整补充的准备，自己则带领少量随从先行飞往科韦利组织防御。到3月16日，苏军第76、第143、第184和第320步兵师已将科韦利包围，还有更多的苏军正往该城驶来。党卫军"维京"师试图开进科韦利的先头部队也在西面受阻，吉勒曾向希姆莱要求批准撤退，但据说后者回电称："派你去科韦利的目的就是守卫那里，守住它！"

救援科韦利的行动于3月19日开始，负责组织作战的是南方集团军群北翼的第4装甲集团军，具体由第42军军长马腾克洛特（Franz Mattenklott）将军实施，除"维京"师所部外，该军还辖有在布格河沿线看护铁路的匈牙利第7步兵师（欠一个团），以及实力不算强的第131步兵师。[40] 为尽快解救科韦利，也为隐瞒救援部队实力不强的真相，马腾克洛特决定沿着铁路自西向东进军，放开自己的两翼完全不顾。3月

▲ 具体时间地点不详，可能是绍肯率第4装甲师解救科韦利时所摄，他正与下属们观察地形或了解战场态势。

▲ 摄于1944年3月末或4月初，绍肯第4装甲师的装甲车和坦克正在科韦利北面运动。

▲ 摄于1944年3月末或4月初的科韦利作战期间，第4装甲师第35装甲团的一辆IV号坦克搭载着步兵前进。

▲时间地点不详，站在装甲车上指挥作战的绍肯。

▲绍肯于1944年1月31日获得双剑骑士勋章，图为获勋后拍摄的标准照。

22日，第131步兵师沿铁路南北两侧推进的两个战斗群曾抵达距科韦利仅6英里处，但是两翼遭到了苏军持续的猛烈打击，伤亡惨重的德军无法突破科韦利西面的苏军防线。由于第42军的救援陷入了瘫痪，在科韦利已坚守10天的吉勒仍在不停地要求加快救援步伐，于是德军最高统帅部在3月26日命令南方集团军群把解围科韦利的任务交给中央集团军群，由后者南翼的第2集团军负责实施（第42军也被移交给第2集团军）。第2集团军把下一步救援作战的主攻任务交给了霍斯巴赫（Friedrich Hossbach）的第56装甲军，该军将重新部署到科韦利西北地带，以所辖的第4、第5装甲师及第28轻步兵师为主力，配属以“维京”师第5装甲团2营，准备沿着布列斯特至科韦利的公路展开救援攻势。当然，绍肯装甲师等援兵的重新部署和开抵战场都需要时间，在一切就绪前，不仅吉勒所部需要继续坚守，第42军也要在科韦利西面拖住苏军，使对手不能像之前那样随心所欲地猛攻科韦利。

3月28日夜，吉勒分别致电老部下——“维京”师炮兵团团长里希特、装甲团团长米伦坎普和“日耳曼尼亚”团团长多尔等人，告诉他们科韦利的局势十分凶险，要求他们立即逼近科韦利发起攻势。次日，米伦坎普手下的第8装甲连连长尼科鲁斯-莱克中尉，带领17辆豹式坦克，搭载着来自第131步兵师的80名步兵，向科韦利方向发起了强攻。经过18小时的跋涉和激战，尼科鲁斯-莱克的小部队最后只剩下7辆坦克和一半步兵，但在30日晨突进了科韦利城。这支小部队的到来虽不能改变整体的被动局面，但无疑振作了守军的士气，也以其防御火力加强了城防，吉勒又因此能够多坚守一周。

4月2日，第5装甲师的先头战斗群抵达马切尤夫（Maciejow）以北6英里处的斯米丁（Smidyn）村，但绍肯装甲师的就位出现了耽搁，直到次日方才抵达旧科斯萨利（Stare Koszary）附近的集结地。第5装甲师不待友军就位，4月3日便在党卫军第5装甲团2营6连的支援下向库格尔（Krugel）村发起了进攻。[41]一番激战后，第5装甲师受挫于苏军的反坦克防线，只得返回出发地，等待次日与第4装甲师一起进行协同攻击。党卫军第5装甲团2营被配属给绍肯指挥，他在4月3日到位后，把第5装甲团团长米伦坎普请到指挥部，商谈如何展开协同攻击。按照第56装甲军的计划，第4装甲师和党卫军第5装甲团2营负责主攻，以夺取莫希切纳（Moszczona）为初步目标，得手后再经由杜博瓦（Dubova，位于科韦利北面几英里处）进攻科韦利北郊。第5装甲师位于绍肯的左侧，负责从斯米丁朝库格尔方向推进，但首要任务还是掩护绍肯的左翼。党卫军"日耳曼尼亚"团所部将在绍肯装甲师的右侧进军，在保护后者右翼的同时，负责肃清切尔卡瑟村西北面丛林地带中的苏军。第131步兵师被部署在"日耳曼尼亚"团的右侧，负责在铁路的南面朝科韦利西南郊进攻，目标是掩护救援部队的南翼。

4日子夜过后，解救科韦利的攻势在一阵猛烈的炮火后正式打响。凌晨3点30分，绍肯的第12和第33装甲掷弹兵团从旧科斯萨利出发越过了铁路，经过一番激战夺取了铁路北侧的新科斯萨利，而后踏上了扑向莫希切纳的公路。但是，绍肯所部向莫希切纳的推进非常缓慢，一再受阻于丛林中的苏军反坦克炮，按照"维京"师战史的说法，其原因是"第4装甲师第35装甲团的力量太弱，另外，党卫军第5装甲团2营实力强劲的装甲部队尚未抵达进攻区域"。[42]4日午后，绍肯请求军部召唤斯图卡轰炸机轰炸莫希切纳附近的苏军反坦克阵地，斯图卡轰炸机机群在下午2点半左右进行了一通轰炸，总算软化了苏军的防御，为地面部队的继续进军开辟了道路。第4装甲师在傍晚6时夺取了莫希切纳，第33装甲掷弹兵团的先头部队此时已推进至杜博瓦的西面，该部在越过科韦利至布列斯特的铁路后，形成了次日攻打杜博瓦的有利态势。党卫军第5装甲团2营所部抵达莫希切纳后，奉命与多尔的"日耳曼尼亚"团转向东南，朝科韦利城方向进行侦察。4日深夜，第33装甲掷弹兵团的侦察兵与科韦利外围的前哨支撑点取得了联系。绍肯把指挥官们召集起来讨论进攻方案，他告诉大家说希特勒又发来一份催促的命令，还规定了沿铁路向南进攻的作战方式！第35装甲团的一名军官战后曾回忆说："……我们的师长非常熟悉情况，他有足够的勇气，在他认为最有可能成功，同时伤亡会最轻的地带部署部队和展开进攻，而不是按照命令要求的那样进行部署。"[43]由于有第5装甲师保护侧翼和后方，绍肯决定以包围攻势向杜博瓦发起致命的打击，党卫军装甲部队负责夺取杜博瓦南面1英里处的高地和附近的公墓，第33装甲掷弹兵团将在第5装甲师第31装甲团的支援下从北面强攻杜博瓦。5日凌晨3点15分，绍肯命令各部开始行动，米伦坎普的党卫军装甲兵和绍肯的第12装甲掷弹兵团经过4小时激战，成功占领了杜博瓦南面的高地和公墓；正面强攻的第33装甲掷弹兵团经过努力也铲除了苏军的反坦克防线和炮兵阵地，接近8点时强攻杜博瓦得手。第56装甲军随即通知科韦利城中的吉勒："……第4装甲师已攻入杜博瓦，将继续进行突破。城西和城北的敌情如何？如有可能，请支援第4装甲师的进攻。"[44]但是，吉勒根本没有兵力配合绍肯，他通过第131步兵师师部转发给绍肯一份电文，声称"科韦利西面和北面的前沿支撑点力量很弱，都是由民兵、警察、铁路工人和警备单位组成的"。[44]

不过，吉勒能不能配合绍肯所部已经不再重要，第4装甲师几小时后突破了科韦利北郊的最后一道反坦克防线，米伦坎普的战斗群也在科韦利西北郊站稳了脚跟。到下午2点，第56装甲军致电第2集团军时声称："第4装甲师沿着主干道已从杜博瓦攻入科韦利，与守军建立了联系。"稍后，绍肯与米伦坎普来到吉勒的指挥部，商谈撤出伤病员和扩大科韦利的防御周边等事宜。5日夜，吉勒所部、参与救援的第42军（现改称第8军）各部均被划归第56装甲军指挥，这些部队将与第4装甲师一起，向科韦利四周发起规模有限的反攻，以求改善己方的防御态势。次日，科韦利城内的2000名伤病员沿着第4装甲师看护的通道撤离，党卫军“维京”师各部开始朝城西、西南和南面进攻。10日，绍肯所部在党卫军第5装甲团一个装甲连的支援下，朝科韦利东北方向推进了数英里，挫败了苏军发起的多次反攻。经过10余日时断时续的作战，第56装甲军成功地把科韦利西南的防线前推了大约4英里，苏军被赶过了图里亚河（Turja，汇入普里佩特沼泽地的河流之一）。

科韦利救援战是德军为数不多的能够成功救出被围部队的战例之一，但它主要是快速投入了2个军部、不少于6个师的结果，而且对手第2白俄罗斯方面军的实力并不雄厚，在科韦利周边的只是没有成建制坦克部队的步兵师，但即便如此，德军还是花费了整整两周的时间。苏军最高统帅部对第2白俄罗斯方面军司令员库罗奇金（Pavel Kurochkin，曾任西北方面军司令员）指挥的科韦利作战非常失望，几十倍于敌的兵力非但无法攻克科韦利，还在损兵折将之余让对手救援成功。不知是纯粹的巧合，还是惩罚性措施，苏军最高统帅部4月5日下令解散了第2白俄罗斯方面军总部，[45]刚主持方面军两个月的库罗奇金被解职，随后又被降职为第60集团军司令员。

▲ 图中几位装甲兵将领正在领受勋章，左一是绍肯的顶头上司、第3装甲军军长布赖特，左二为“贝克重装甲团”团长贝克，左三是内林，左四为意大利战场的第14装甲军军长森格。

第39装甲军和“大德意志”装甲军军长

科韦利的作战消停之后，绍肯于1944年5月1日被提升为第3装甲军副军长。告别的时刻到了，绍肯检阅完师部和第79装甲通信营的官兵组成的仪仗队后，向赶来的各级指挥官挥手道别。作为第4装甲师历史上最著名的一任师长，绍肯在这支部队身上留下了深深的印记——绍肯获得双剑骑士勋章后，官兵们自发地在所有

▲ 摄于1944年4月底，绍肯就任第3装甲军副军长前来到第4装甲师道别的场景。

▲摄于1944年4月底，第4装甲师官兵正在迎接绍肯乘坐的装甲车。

▲摄于1944年4月底，绍肯乘坐SdKfz 251装甲车，赶往第4装甲师向官兵们道别。

▲摄于1944年4月底，绍肯在装甲车上向第4装甲师的官兵们还礼。

▲摄于1944年4月底，绍肯的装甲指挥车经过第4装甲师营地时的场景。

▲摄于1944年4月底，绍肯就任第3装甲军副军长前向第4装甲师官兵发表告别演说的场景。坦克炮管下穿大衣者是绍肯。

▲ 摄于1944年4月底，绍肯向第4装甲师官兵发表告别演说的场景。

▲ 摄于1944年4月底，第4装甲师的军乐队欢送绍肯的场景。

坦克和车辆上涂上了双剑徽记。[46] 这个绘在第4装甲师战术符号旁的徽记，伴随着该部继续征战东线，直至踏入死亡的深渊。

绍肯在第3装甲军任职不到两个月，德军在东线战场就出现了全面的溃退，势态遭到完全逆转，从此希特勒的“千年帝国”进入了最后的风雨飘摇期。6月22日，200个师的苏军向中央集团军群的38个师发起了排山倒海的全面进攻。短短一周里，中央集团军群兵败如山倒，维捷布斯克、奥尔沙、莫吉廖夫和博布鲁伊斯克相继失守，第53军、第39装甲军等部转眼间烟消云散。6月28日，莫德尔接替被屈辱解职的布施元帅出任中央集团军群指挥官，苏军也在当日下达了尽快解放明斯克和向西推进的命令。莫德尔到任后，除从北方和北乌克兰集团军群迅速抽调增援外，还下令尽快堵住第3装甲集团军与其右翼的第4集团军之间的防线缺口。为了从东北方向屏障别列津纳河畔的鲍里索夫并夺回失地，莫德尔特地命令绍肯组建一个军级集群，这个被称作“绍肯集群”的建制包括第5装甲师、第505重装甲营以及由党卫军旗队长格特贝格（Joachim von Gottberg）指挥的“格特贝格战斗群”（包括几个警察营、安全警备营及一些散兵和掉队者）。绍肯的核心任务就是尽可能长地迟滞苏军朝明斯克的推进，竭力保持别列津纳河渡口的畅通，避免第4集团军余部被完全切断。由于绍肯没有自己的总部，有关方面借给他一些车辆、通信设备和人员，参谋人员则来自第39装甲军的幸存参谋军官——第39装甲军军长马丁内克（Robert Martinek）将军在6月28日阵亡，他的继任者许内曼（Otto Schünemann）将军也在次日战死，该军下属的第12、第31、第110步兵师以及“统帅堂”装甲掷弹兵师等4个师的师长竟然全都被俘了！

第4集团军将防御别列津纳河和明斯克，维持与第3装甲集团军的联系的重任交给了强悍冷静的绍肯。绍肯手下的第5装甲师拥有70辆豹式坦克和55辆IV号坦克，第505重装甲营也带来了29辆虎式坦克。[47] 在各路德军纷纷溃败的乱局中，绍肯镇定地指挥着第5装甲师和第505重装甲营左冲右杀，前支后挡，当苏军6月30日在多处突破了别列津纳河时，唯有绍肯所部还在鲍里索夫以东固守着一座桥头堡，试图给第4集团军仍在东岸的残部保留逃生的希望。7月1日，苏军第31集团军和第11近卫集团军携手攻克了鲍里索夫，绍肯率部撤至鲍里索夫南面6英里处，然后沿着通往明斯克的公路西撤。7月2日，苏军第2近卫坦克军连同第11近卫集团军和第31集团军的部队，将绍肯所部从斯摩洛维奇（Smolovichi）逐出，迫使后者朝西北方向撤退了30多英里。绍肯所部抵达明斯克西北的莫洛杰奇诺南面后着手发动反击，第5装甲师分作3个战斗群，分别面向西北、北面和东北方向，在宽达40余英里的战场上展开了3场同时进行的战斗。该师的第一个战斗群冒着连绵不绝的空袭成功夺回了莫洛杰奇诺，使通往维尔纽斯的铁路再次畅通起来，第170和第221步兵师及一个突击炮营等新援几乎立即被运到莫洛杰奇诺。第5装甲师师长德科尔中将亲自指挥的另两个战斗群则在拉多希科维奇（Radoshkovichi）和洛戈伊斯克（Logoysk）方向沉重打击了苏军第5坦克集团军所部。[48] 7月3日晨，德军第4集团军3个军的残部被包围在明斯克以东至别列津纳河西岸之间的口袋里，包括绍肯所部在内的一些部队侥幸没有被围，多半集中在莫洛杰奇诺附近严防死守。同日，"绍肯集群"正式改称为第39装甲军，由绍肯任军长，其任务是保证莫洛杰奇诺通往维尔纽斯的公路和铁路的安全。同样是7月3日，苏军第1近卫坦克军所部攻克了明斯克，取得了夏季攻势发起以来最重大的胜利之一。7月9日，绍肯向第4集团军汇报称，第5装甲师在6月27日至7月9日的作战中摧毁了486辆坦克、11辆突击炮、119门反坦克炮和100辆卡车！第5装甲师当日还剩25辆IV号和25辆豹式坦克，第505重装甲营仍有15辆虎式坦克可随时参战。[49] 不过，一些配属给绍肯的部队损失颇为惨重，第170步兵师在7月3日至9日的一周内损失了几乎所有的重武器，全师已无自保能力，第7装甲师也只剩下26辆IV号坦克、6辆突击炮、20门重型反坦克炮和13门88毫米炮。[50]

苏军在夺取明斯克之后，很快又发起了夏季攻势下一阶段的作战，各方面军掀起了新的进攻狂潮：第1波罗的海方面军向立陶宛和拉脱维亚推进；第3白俄罗斯方面军兵分两路，一路从莫洛杰奇诺经维尔纽斯向立陶宛考纳斯进军，另一路则经由涅曼河扑向东普鲁士；第1白俄罗斯方面军从巴拉诺维奇向华沙东北挺进；第2白俄罗斯方面军则朝比亚韦斯托克方向扑去。莫德尔无计可施，只得继续撤退。但是，到7月末8月初时，长途奔袭数百公里的苏军，无论是官兵还是战车和机械都可谓疲态尽显，后勤补给无法及时前送，空中支援和掩护的能力也因攻击距离的拉伸而锐减，向西和西北推进的速度已明显放缓。德军虽然损失了几十个师的兵力兵器，但得到喘息之机后还是度过了风声鹤唳的恐慌阶段，随着援兵的陆续抵达，防御强度和抵抗能力都有所恢复。8月初，莫德尔终于建起了一条北起立陶宛希奥利艾、南至波兰普瓦维（Pulawy，位于卢布林西北）的完整防线，新任参谋总长古德里安由衷地称赞"莫德尔完成了几乎不可能完成的任务"。

中央集团军群的战场趋于稳定的同时，一场更严重的危机已然浮现：中央集团军群北翼的第3装甲集团军与北方集团军群南翼的第16集团军之间的联系被苏军切断，北方集团军群到8月初时已被隔离在爱沙尼亚和拉脱维亚的北部，立陶宛的多数地方都在苏军第1波罗的海方面军的控制之下。恢复北方和中央集团军群的联系便成为8月初时德军最重要的任务之一。古德里安的参谋本部在8月10日左右拿出了代号"双头作战"的反击计划：这一作战将由第3装甲集团军负责，绍肯的第39装甲军将以其第4、第5和第12装甲师向叶尔加瓦方向进攻；在绍肯北面的施特拉赫维茨装甲集群负责夺取里加湾岸边的图库姆斯，而后伺机进军里加，作为增援加入北方集团军群的作战序列；在绍肯南面的是第40装甲军，该军下辖"大德意志"装甲掷弹兵师、第14和第7装甲师，负责从西南方向攻打希奥利艾。一旦夺取希奥利艾，第40装甲军将向东北推进，协助绍肯装甲军夺取叶尔加瓦，从而恢复里加—叶尔加瓦—希奥利艾—提尔希特之间的铁路和公路联系。

8月16日是一个晴朗干燥适合装甲部队运动的日子，德军"双头作战"在这一天正式打响。绍肯手下的第4和第5装甲师（合计85辆坦克，另有78辆在短期修理中）率先出击，清晨8时越过出发阵地后很快取得了相当的进展，但第12装甲师（64辆坦克和突击炮）因所部尚未全部就位，只能派出炮兵团的3个连参战。绍肯南面的“大德意志”师和第14装甲师在文塔（Venta）河上分别夺取了渡桥，但第7装甲师在凯尔梅东北地域遭到苏军的顽强抵抗，基本没有取得任何进展。17日，绍肯敦促各部继续推进，但第4和第5装甲师在苏军的反坦克火力网前踟蹰难行，倒是第12装甲师在北面取得了更大的进展。经过两天的作战，绍肯所部向东推进了大约10英里。第3装甲集团军指挥官莱因哈特上将在17日接替莫德尔出任中央集团军群指挥官，他留下的职务由劳斯将军接任。18日，苏军依托地形精心构筑的反坦克火力网一再迟滞着绍肯手下的3个装甲师，同时在后方有条不紊地调配增援。第12装甲师当日夺取了奥采南面的高地，第4装甲师的目标是进抵扎加莱，但该师的两个战斗群在推进了几英里后，遭遇了苏军第3近卫机械化军发起的反攻，多数时间里两个战斗群都在忙于打退对手，一度还曾被苏军分割包围。第4装甲师的迟缓给自己右翼的第5装甲师造成了不利影响，后者久等左邻未果，便根据绍肯的命令继续孤军推进。第5装甲师设法逼近了扎加莱，但与第4装甲师本就薄弱的联系被苏军完全切断，最后靠着斯图卡轰炸机的帮助才打退了对手的反扑。绍肯在19日向装甲集团军指挥官劳斯及其参谋长表示，第39和第40装甲军之间的距离已拉得过大，一方面很难取得最大的进攻效果，另一方面它们各自的侧翼都很容易遭到打击。劳斯则指出，一旦第40装甲军夺取了希奥利艾，两个装甲军将会靠得更近，因而侧翼威胁就会减轻许多。第40装甲军的“大德意志”师当日从南面逼近了希奥利艾，但横亘在该师与希奥利艾城之间的大片沼泽地，以及苏军由大炮、突击炮和坦克组成的密集火力网，迫使“大德意志”师放弃了继续进攻的念头，而苏军第2近卫集团军、第1坦克军和第5近卫坦克集团军所处的方位，更是直接威胁着“大德意志”师暴露的两翼。

但是，德军的进攻战并非毫无亮点，施特拉赫维茨装甲集群在19日早些时候成功夺取了朱克斯特，而后又在海军第2作战集群的火力帮助下一举攻克了图库姆斯。随着施特拉赫维茨装甲集群继续朝里加进军，第3装甲集团军与第16集团军之间的陆路联系正在恢复之中。施特拉赫维茨的意外成功极大地提振了高层的信心，劳斯在19日下午2点命令把至少一个装甲师调动到施特拉赫维茨的方向扩大突破。第40装甲军军长建议把“大德意志”师调到施特拉赫维茨的身后进军，但是，绍肯反对把他手下的装甲师调往图库姆斯，因为他自认所部的进攻一切顺利（实际上苏军60辆坦克和600辆卡车的官兵正朝他的正面赶来），即便不能取得决定性突破，第39装甲军也已拖住大量的对手，一旦装甲军北调，且不说需要两天才能完成部署，到时极可能会有大量的苏军同步向北运动，届时装甲军不得不一路苦战着杀往图库姆斯和里加。[51] 由于绍肯所言有其道理，劳斯决定第39装甲军继续保持原定进攻方向，但“大德意志”师将向北调动到第4和第5装甲师的北面，帮助绍肯完成攻打叶尔加瓦的任务。

8月20日，绍肯命令第4装甲师抽出多数兵力支援第5装甲师攻打扎加莱，但是当日的进攻颇不顺利，他在当夜汇报时声称自己“至少还需要5天才能抵达遥远的叶尔加瓦”。21日，第39装甲军所部（含“大德意志”师）在5个小时内向扎加莱方向的苏军第19坦克军和第51集团军左翼步兵师发起了6次攻击，但没有取得显著的进展。绍肯与劳斯磋商对策后决定放弃难以取得进展的叶尔加瓦攻击轴线，把“大德意志”师和第4装甲师重新部署到北面的奥采，而后再朝东北方向发起新攻势。23日，“大德意志”师不等第4装甲师完全就位，便率先向北进攻，夜幕降临时突破了苏军的两道防线。第4装甲师则在24日上午夺取了奥采，随即开始向奥采东北的贝内推进，同时掩护“大德意志”师的南翼。“大德意志"师继续沿着贝内至多贝莱的轴线推进,但第4装甲师落在了后面,该师在狭窄且布满地雷的土路上前进得十分缓慢,这令绍肯非常忧虑两个师之间越拉越大的距离。25日,"大德意志"师推进到距多贝莱西南约5英里处,但在这里耗尽了进攻能量,而第4装甲师还在朝贝内方向挣扎,第14装甲师虽被调到绍肯装甲军的北翼参与进攻,但德军已没有可能实现"双头作战"的目标——通过夺取叶尔加瓦恢复中央和北方集团军群之间的联系。27日夜,劳斯下达了一份命令,事实上终止了"双头作战":"……第14装甲师将调给北方集团军群使用。由于第39装甲军的左翼不再继续进攻,为增强装甲军阻挡敌军的防御能力,第12和第4装甲师仍将在内翼进攻,目标是把突出部内的敌军赶至贝内的南面和西面……装甲军左翼与第81步兵师之间的联系有待加强。"[52]

进入9月后,苏军第2和第3波罗的海方面军加大了攻击北方集团军群北翼的第18集团军和"纳尔瓦集团军级支队"的力度,第1波罗的海方面军在与德军第3装甲集团军对峙的同时,也奉命在里加周边积聚兵力,重点攻击德军第16集团军。为打乱苏军的进攻准备,同时缓解第16集团军的压力,德军最高统帅部指示劳斯发起破坏性进攻,绍肯的第39装甲军遂成为代号"凯撒"的反击战的主力。9月14日晨,苏军3个波罗的海方面军发起了全线出击,第1波罗的海方面军虽然被迫大量分兵,准备迎击劳斯第3装甲集团军随时可能发起的反击,但还是在次日突破到里加南面25英里处。9月16日,德军的"凯撒作战"按时发起,绍肯的第39装甲军(辖第4、第7装甲师和"大德意志"师)的任务是从贝内向北进攻,以夺取"双头作战"中始终未能攻占的多贝莱为目标。苏军第6近卫集团军和第51集团军虽然已有所准备,但第4装甲师和"大德意志"师的突然进攻还是令苏军上下颇感意外,苏军的前沿部队被迫后撤了一段距离。但是,当两部德军推进了大约5英里后,一头撞上了对手借助丛林湿地和山丘构筑的多层反坦克阵地,第4装甲师出现了不菲的伤亡损失。绍肯在16日下午与莱因哈特一起来到第4装甲师师部了解战况,该师以第35装甲团为主力组成的战斗群虽在压力之下再度进攻,但仍然不能突破苏军的反坦克防线。绍肯见状不再勉强自己的老部队,向劳斯建议把第4装甲师北调,支援进展更顺利的"大德意志"师。当日晚些时候,第7装甲师在"大德意志"师的北面也发起了进攻,并利用苏军防线结合部之间的空隙取得了一定的进展。

第4装甲师根据绍肯的命令,连夜把主力部队(120辆坦克和突击炮)从"大德意志"师的南侧运动到第7装甲师的北侧,并于9月17日上午开始展开攻势,南面的第7装甲师(70辆坦克和突击炮)和"大德意志"师(137辆坦克和突击炮)也气势汹汹地同步扑向苏军防线。300多辆坦克和突击炮集中在相对狭窄的地域里,自然会令当面的苏军感到极大的压力,但是,地形因素再次扮演了重要角色——从德军出发地直到多贝莱的一路都遍布着沼泽湿地,极大地阻滞着装甲部队的推进。到17日日终时,北面的第4和第7装甲师陷入了与地形和苏军的搏斗之中,南面的"大德意志"师则跌跌撞撞地杀到了多贝莱南郊。18日,三路德军都遭到了苏军的空袭,但第4和第7装甲师经过协同,终于进抵多贝莱西面几英里处的高地。莱因哈特和劳斯联袂来到绍肯的军部,讨论下午的进一步作战方案。莱因哈特对绍肯说,他认为"凯撒作战"的目标已经达成,3天的反击不仅拖住了大量的苏军,还破坏了对手针对里加的新攻势,因而"大德意志"师应立即转入防御,准备迎击苏军将于次日开到的一个坦克军,第4和第7装甲师则应继续朝多贝莱北面进攻,但目标应局限于加强与那里的北方集团军群第81步兵师之间的联系。[53]第4装甲师又经过3天苦战,到21日时与第81步兵师建立了联系,从而结束了"凯撒作战"。德军虽

▲摄于1944年10月，左为第4装甲师师长贝策尔少将，中为中央集团军群指挥官莱因哈特上将，右为第39装甲军军长绍肯。

▲摄于1944年秋的北方集团军群战场，德军士兵正向苏军射击的场景。

▲ 摄于1944年9月5日，第39装甲军军长绍肯（左）祝贺第4装甲师师长贝策尔获颁骑士勋章的场景。

▲ 摄于1944年9月的立陶宛战场，第1波罗的海方面军的几名士兵正用反坦克炮攻击德军坦克。

然达到了目的，但囿于困难的地形和苏军的顽强抵抗，很难说3个装甲师在多日的纠缠中究竟占到了多大上风，绍肯手下的300多辆坦克和突击炮的威力并未得到充分的发挥。如果德军能够集中投入几个具有战斗力的步兵师（而非装甲师），那么在困难的地形条件下进攻的效果可能会更加显著。不过，这只能是绍肯、劳斯和莱因哈特等将领们此刻的一厢情愿，莱因哈特本人曾指出，在他手下的诸多步兵师中，只有第1步兵师还具备在东线长时间作战的能力和条件，余者能够自保即足以令人欣慰了。

9月底时，苏军第1波罗的海方面军奉命停止针对里加的攻势，全力准备向西朝波罗的海海岸的梅梅尔进攻，目标就是再次切断北方德军与东普鲁士和德国本土的陆路联系。苏军的意图和进攻准备被德方察觉，已转隶北方集团军群的第3装甲集团军奉命把第7装甲师和“大德意志”师调往梅梅尔接近地加强防御。10月5日，第1波罗的海方面军从希奥利艾地域发起了扑向梅梅尔海岸的强大攻势，西进势头势如破竹。绍肯在6日收到命令，率其第39装甲军（辖第4和第12装甲师及第510重装甲营）在文塔河建立阻击防线，防止苏军在迅速向西推进的同时旋转向北，从而威胁到至关重要的波罗的海海港利耶帕亚（Liepaja，即德国人称的里堡）。苏军的装甲矛头以惊人的速度在6天内抵达梅梅尔南北两侧的海滨，干脆利落地将北方集团军群与东普鲁士的联系切断，第7装甲师和“大德意志”师等被逼退到梅梅尔后加入了第28军的作战序列。面对苏军长驱直入的西进攻势，绍肯所部先是负责保护集团军群敞开的左翼（南翼），之后又在10日奉命反击对手的侧翼，但是，当第4和第12装甲师沿着困难的地形准备就绪之时，绍肯却下令取消了反攻——北方集团军群指挥官舍尔纳正计划通过一场大规模反击解救梅梅尔，然后再伺机杀往东普鲁士！绍肯的两个装甲师是舍尔纳反击计划中的装甲矛头，但由于所处的位置距梅梅尔过远，舍尔纳命令绍肯率领第4和第12装甲师向西运动到更接近梅梅尔的地带。舍尔纳筹划的胃口不小的反击战由于种种原因并没有发起，不过，这对绍肯来说已不再重要，因为他在10月15日被解除了职务（第5装甲师师长德科尔担任第39装甲军代军长），他将到东普鲁士去组建一个新的“大德意志”装甲军——该军的主体是正在梅梅尔苦战的“大德意志”师（即将从海上撤出），另一个师则是新组建的“勃兰登堡”装甲掷弹兵师。

10月22日，绍肯向第4装甲师的老部下告别后回到了东普鲁士，开始组建“大德意志”装甲军的军部和军属部队。10月26日，“大德意志”师开始陆续撤出梅梅尔（12月4日完成撤退），该师经海路抵达东普鲁士后进入腊斯登堡地区进行休整。同期，“勃兰登堡”装甲掷弹兵师吸收了来自其他部队的单位，12月初开始进入腊斯登堡以北地区集结，但还有一些编入该师的部队仍在匈牙利作战。12月13日，陆军总部命令绍肯把“大德意志”装甲军重组成构成单位固定的所谓“单一制”军，下辖军部、前述两个师和军直属部队，为减少兵员数量但又不影响部队的战斗力，各师不再单设后勤补给单位。[54]

1945年1月12日至13日，苏军沿着波罗的海至喀尔巴阡山的宽大正面发起了大规模进攻。绍肯的“大德意志”装甲军原本被部署在东普鲁士，但根据希特勒直接下达的命令，绍肯所部被调至波兰南部的A集团军群战场。这道命令曾引起古德里安和绍肯的强烈不满。“勃兰登堡”装甲掷弹兵师于1月13日奉命从安格贝格上车前往罗兹以南，而“大德意志”装甲掷弹兵师的目的地是距东普鲁士—波兰交界处不远的普拉斯尼茨（Praschnitz）。由于火车运量不够，“勃兰登堡”师直到1月19日才转运完毕，也就是说，该师在整整6天里既不能参加东普鲁士的防御战，又未能及时赶到新战场发挥作用；另外，该师的某些单位在下车和卸载装备时曾遭到苏军炮火的轰击，尚未参战便出现了不菲的损失。由于“大德意志”师被派往不同的战场，为使绍肯装甲军能拥有足够的打击力，“赫尔曼·戈林”装甲伞兵师几乎同时被调往罗兹方向，并暂时划归绍肯指挥。“大德意志”装甲军的任务是堵住第4装甲集团军防线上被冲开的缺口，但当绍肯在1月18日率部抵达罗兹南面时，苏军已切断了继续南下的铁路，于是他将部队部署在罗兹的东面和南面，准备接应第9集团军残部的撤退。此时，苏军第1近卫坦克集团军已经出现在绍肯防区的西面，并在德军的身后自北向南地高速推进，“大德意志”装甲军西撤的道路随时都有被切断的可能。苏军似乎根本不介意面前的“勃兰登堡”装甲掷弹兵师，18日夜间即“呼啸”着从前者的阵地周边掠过，转瞬间便将“勃兰登堡”师的官兵冲得七零八落，该师步兵的损失竟然高达一半!

科涅夫的第1乌克兰方面军从桑多梅日桥头堡冲出后的第二天（1月13日），内林将军的第24装甲军遭到了沉重打击，但他设法在凯尔采（Kielce）一带聚集了残部，躲过苏军的滚滚“洪流”后，内林于1月16日深夜开始率领残部向西北方向突围。由于并不清楚其他德军的方位和状况，他只能尽力避免与苏军接触，白天休息时把坦克和装甲车辆藏在粮仓或房屋附近，夜间行军时也只走小路和山林地带。18日，内林率部抵达凯尔采以北25英里处时突然遭遇苏军，他立即命令部队转向正西。幸运的是，当日天气不佳，天空中雾气弥漫的同时还下着小雪，而他选择的路线正好与两支苏军的进军方向大体平行。向西撤退的途中，内林收容了第42军的残部，后者的5个师中仅有第342步兵师尚有一定的战斗力，于是这个步兵师和内林自己的第16装甲师构成了残兵败将们最倚重的力量。此外，内林所部还发现了被德军遗弃的一处仓库，于是剩下的坦克和装甲车都加满了油料。这个所谓的“移动包围圈”随后继续西行，18

▲摄于1945年1月中旬，第4集团军指挥官霍斯巴赫在腊斯登堡附近检阅绍肯的“大德意志”装甲军的场景。

▲德军第24装甲军军长内林。

▲摄于1944年底或1945年初，一名手持“铁拳”反坦克火箭筒的德军士兵。

▲时间地点不详，绍肯（左二）在指挥车上指挥作战的一幅图片。

▶摄于1945年2月，当苏军向东普鲁士的柯尼斯堡逼近时，德国人顶风冒雪逃难的场景。

日深夜时内林与空军第8航空军的赛德曼（Hans Seidemann）将军取得了无线电联系。赛德曼的驻地位于波兹南，他虽然无法告诉内林其他部队的方位，但至少能让其他部队知道内林所部正在试图突围。层层上报之后，古德里安通过赛德曼转告内林，他已派出绍肯装甲军前来接应。

绍肯接到命令后曾一度考虑向东进军，试图主动与内林所部建立联系，但是，当侦察表明苏军正在威胁罗兹西南的谢拉兹（Sieradz）时，绍肯决定把“勃兰登堡”师和“赫尔曼·戈林”装甲师全部集结到罗兹南面，而后撤至谢拉兹周边的瓦尔塔（Warthe）河河谷地带，在那里等候内林的部队到达。[55]绍肯冒着被合围的危险，指挥部队缓慢地撤退，以便内林能够及时赶上和发现他们的踪影。1月21日，内林在不知情的情况下靠近了崔可夫的第8近卫集团军，当时这支部队正朝罗兹推进。内林凭直觉命令部队立即放弃能将他们引向罗兹的大路，而是选择向南绕过山林。第16装甲师的先头部队发现了"大德意志"装甲军留下的一些独特的战术符号，几经追赶之后，第16装甲师所部与"勃兰登堡"师的搜索侦察营建立了联系，内林因此得知绍肯正在谢拉兹附近的瓦尔塔河迎候，同时还有一支部队正在瓦尔塔河右岸的阵地等候。22日晨，在浓雾的掩护下，内林的先头部队经过11天、150多英里的亡命之后，终于抵达瓦尔塔河，余部也在几天内陆续抵达。当这些疲惫惊惧的部队渡过瓦尔塔河时，他们已遗失了所有的坦克和重武器。

绍肯见到内林后，立即将他的"大德意志"装甲军置于内林的控制之下。进展神速的苏军抢占了通往奥得河的一些交通要道，绍肯所处的位置也被苏军超越，事实上绍肯和内林都被困在了对手的后方。向西突围虽然艰苦且充满危险，但绍肯和内林别无他途，只得勉力为之。他们沿途又收容了大批溃兵和被打散的部队，包括第291、第88、第72、第214和第17等步兵师，以及第6和第45国民掷弹兵师、第10和第20装甲掷弹兵师等部。[56] 绍肯和内林带着大队人马向西行进了大约60英里，沿途曾遭遇7倍于己的苏军的围追堵截，但苏军始终无法消灭这个长腿的包围圈。1月底时，绍肯和内林终于抵达格洛高（Glogau）附近的奥得河渡口，从而回到了德军的防区。

回到奥得河一侧后，在没有任何休整补充的情况下，绍肯和内林又接到命令，向苏军沿奥得河建立的施泰瑙桥头堡发起反击。内林带着他的残兵沿奥得河西岸朝施泰瑙的后方奔去，但很快在加弗隆（Gaffron）被挡住了去路。绍肯的情况更加凶险，他的装甲军是在奥得河东岸进军，经过令人困惑的几天混战后，绍肯的突击部队在古拉（Guhrau）南面受阻。当绍肯获准撤退时，他的先头部队已被三面包围，绍肯不顾个人安危，冒险前去解救被围的部队。内林也投桃报李，命令所部在奥得河上架设并固守着一座至关重要的浮桥，帮助绍肯在2月11日把部队带回安全地带。尽管挽救了部队，绍肯还是在2月12日被解除了军长职务。当时，他先去面见了第4装甲集团军指挥官格雷泽尔（Fritz Graeser），后者仅给予了一声令人尴尬的感谢，稍后，绍肯驱车赶往中央集团军群的总部面见舍尔纳，但这位指挥官竟然无礼地让他枯等了整整4个小时！虽然无从得知绍肯与舍尔纳交谈的内容，但绍肯离开时显然怒气冲冲。毫无疑问，绍肯向舍尔纳清楚地表示过，他认为自己之前领受的反击任务实在是愚蠢透顶。[57]古德里安倒是在回忆录中提到了这一节，他说舍尔纳上任伊始就把第9集团军指挥官免职，"接着又与出色的绍肯将军发生了激烈争执，迫使后者被调往另一个战区。绍肯随后被给予了一个集团军的指挥权"。[58]

最后一位钻石骑士：最后的战斗及战后

1945年3月10日，绍肯从维斯手中接过了第2集团军的指挥权（维斯升任北方集团军群指挥官）。顺便需要指出的是，有些资料称绍肯的新职位是第2装甲集团军指挥官，这显然是不准确的——第2装甲集团军的指挥官在1944年7月至二战结束前一直都是炮兵将军安吉利斯（Maximilian de Angelis），另外，该集团军1945年时的战场不在东普鲁士，而是在匈牙利和奥地利。3月12日，绍肯奉命面见纳粹元首，从而出现了本章开头的那一幕。虽然戈林在纽伦堡审判时曾说过"不服从希特勒命令的人都已经躺在地下了"，但在战争行将结束的时刻，纳粹元首已经没有多少比绍肯更优秀的指挥官能够帮助他进行垂死挣扎，虽然一生都对普鲁士将领感到厌恶，但希特勒还是容忍了绍肯的不敬举止。

久经东线的绍肯非常清楚德国已必败无疑，但出于普鲁士军官的骄傲、自尊和使命感，他决定执行交给他的无法完成的任务——防御格腾哈芬、但泽和黑拉半岛等海岸地区。作为一流的职业军人和指挥官，绍肯对自己此后的职责有着清醒的认识，正如一位后人评价他时所说的那样："……他是东普鲁士之子，对他来说更重要的是如何拯救蜂拥而至的大量平民，他决心不惜一切代价也要把他们从俄国人手中解救出来。"[59] 这一信念成为绍肯与最高统帅部和地方纳粹要员们打交道时的唯一准则，为此他不惜抗令或完全独立行事。到任后，绍肯一再要求为第2集团军补充弹药，但由于久候不至，当一艘驶往"库尔兰口袋"的德国货柜船在但泽附近抛锚时，绍肯以安全为借口，竟将船上的所有物资和弹药卸下，留给自己的集团军使用。这一胆大妄为之举立即招致上级的严厉警告："如再有类似举动，格杀勿论！"

3月13日，也就是绍肯出现在但泽的同日，罗科索夫斯基的第2白俄罗斯方面军在但泽—索波特—格腾哈芬地区发起了全面进攻。苏军第70和第49集团军重点进攻位于但泽和格腾哈芬中间的索波特，试图将德军的整个防线一分为二，从而将但泽和格腾哈芬分割成孤立的堡垒。到3月15日，绍肯以第4和第7装甲师及部分仍有战斗力的步兵师为主，借助山林湿地的有利地形与对手大战了3天，期间海军的各种舰只不舍昼夜地抢运难民。绍肯的部下对苏军的每次进攻都会进行反扑，力争夺回每块失地，一旦对手攻势暂停，德军往往立即转守为攻。虽然绍肯所部为挽救自己和平民而异常勇猛，但苏军的空中和地面优势过于明显，到3月19日时，索波特附近的制高点还是被苏军攻克，整个索波特和但泽湾顿时一览无余。同时，但泽的南面也遭到不间断的炮火打击，堪称防御中坚的第4装甲师被逼入距但泽仅2公里处。绍肯曾冒着战火来到老部队视察，有老兵问他："我们为什么要在这个不具备战略重要性的地方苦战？"绍肯则很严肃地回答称，第2集团军必须保卫黑拉半岛上的海军基地，唯有如此，才能将平民和伤员从但泽和

▲ 图为1945年3月12日担任北方集团军群指挥官的维斯将军，绍肯则接过了前者留下的第2集团军指挥官的职务。

▲ 图为纳粹政府的东普鲁士总督科赫（Erich Koch），希特勒曾命令新任第2集团军指挥官绍肯听命于科赫，但被绍肯严词拒绝。

▲摄于1945年3月末，苏军炮兵正向但泽开炮的场景。

▲第2集团军指挥官绍肯，图片摄于绍肯获得双剑骑士勋章之时。

▲绍肯获得双剑骑士勋章时拍摄的标准照。

▲ 摄于1945年3月末，苏军坦克搭载着步兵攻入但泽的场景。

▲ 摄于1945年4月，东普鲁士首府柯尼斯堡被苏军攻克后，德军战俘步入战俘营的场景。

▲ 摄于1945年3月末，一辆停在但泽街头的苏军突击炮。

▼ 摄于1945年3月末，图为“大德意志”师在东普鲁士卡尔霍尔兹（Kahlholz）海岸构筑的一处防御阵地。

▶ 摄于1945年4月中下旬的皮劳之战，德军用最后剩下的坦克和突击炮发起反击的场景。

▲ 摄于1945年3月末，“大德意志”师师长洛伦兹（右）少将正在东普鲁士卡尔霍尔兹陡峭的海岸边进行部署。本图摄于该师撤往皮劳之前。

▲ 摄于1945年4月末，“大德意志”师残部撤离皮劳的场景，该师最终仅有800人抵达石勒苏益格-荷尔斯泰因的英军占领区。

▲ *摄于1945年4月末5月初，绍肯所部登船撤离东普鲁士的场景，图中的多数人都是伤病员。*

格腾哈芬撤出。3月23日，苏军突破德军防线后抵达索波特北面的海岸，从而将但泽—格腾哈芬地区分割为两个日渐缩小的堡垒。24日，索波特失守，但泽市区也完全处于苏军炮火打击之下，罗科索夫斯基还命令空军在但泽上空撒下了无数的劝降传单，不过，这些招数对绍肯和绝大多数守军都没有起到任何作用。

苏军第19集团军对北面的格腾哈芬也在施加强大的压力。绍肯在命令部队撤离的同时，也下令凿沉船只并炸毁港口设施，格腾哈芬的最后一支守军于3月26日夜沿着海岸朝格腾哈芬以北的奥克斯赫夫特撤退。但泽的防御同样危在旦夕，27日时有些前线部队出现了解体的苗头，尤其是当第4装甲师师长贝策尔被炸死的消息传开时，完全指望这个装甲师的步兵单位，开始匆忙逃往但泽西北面的朗富尔（Langfuhr）。第4装甲师的官兵们仍然十分镇定，他们把贝策尔的棺椁固定在师长本人的指挥坦克上，朝但泽背后的维斯瓦河三角洲有序地撤退。绍肯刚刚失去因重伤撤至丹麦的第7装甲师师长毛斯，现在贝策尔也撒手而去，一下子失去两员能力最强的师长，令绍肯不胜唏嘘。28日天色放亮时，绍肯率部撤过了维斯瓦河大桥，当他站在高处回望时，但泽方向的浓烟依然笼罩着天际。

3月的最后几天至4月初，但泽地区的德军主要被孤立在三个包围圈中：第一个位于黑拉半岛，这里已成为平民与军队撤离前的临时避难所；第二个位于奥克斯赫夫特附近的海岸高地，此处聚集了8000名军人和大量的难民，希特勒又宣布这里是必须战至最后一人的“要塞”，但绍肯与海军将领协商后，决定无论如何也要把这批官兵和难民撤往黑拉半岛（绍肯在4月5日下午完成了撤离，希特勒批准撤离的电文数小时后才到达）；第三个包围圈就是从但泽逃出的军队把守的维斯瓦河三角洲一带。绍肯命令炸开维斯瓦河大堤，汹涌的洪水使苏军一时难以接近，但无法阻挡对手的空军长时间的轰炸。4月10日，东普鲁士的都城柯尼斯堡失守，德军战死4.2万人，被俘9.2万人，无路可逃的平民也有2.5万人丧生。至此，东、西普鲁士地区的所有德军都被挤进一块促狭的区域里，这些部队背朝大海，无路可遁，有些是跟随绍肯撤退的第2集团军所部，有些来自于已被摧毁的第4集团军，有些原属于第3装甲集团军，现在他们都被编入了绍肯任指挥官的“东普鲁士集团军”。土生土长的萨姆兰（Samland）人绍肯，现在要保卫自己的家乡了。他的手下名义上还有8个步兵师和1个装甲师，约有65000人、1200门大炮和166辆坦克。[60] 名义上绍肯所部还有一定的实力，师、团和营都还保留着番号，但实际上这些部队都是自己之前的影子，各部基本都是由散兵、掉队者、国民突击队员和希特勒青年团成员组成，间或点缀着若干剩下的军官、士官和老兵，即便这些老兵们也已到了身心枯竭的边缘。曾威风八面的"大德意志"装甲掷弹兵师此时回到了绍肯的麾下，这支部队驻守的地区正是绍肯的故乡，该部在萨姆兰半岛上四处搜寻被遗弃的装甲车辆，经过抢修后勉强凑出了一个小型装甲战斗群，但这样一个战斗群又怎么可能挡住士气高昂、装备精良的对手？绍肯以毫不含糊的语言向下属指挥官们指出，"东普鲁士集团军"唯一的任务是尽可能久地拖住对手，让那些等候在萨姆兰、维斯瓦河三角洲和黑拉半岛的难民们有机会逃离绝境。[61]

苏军计划以5个集团军的兵力消灭绍肯所部，主攻地段就选在绍肯的出生地费希豪森。4月13日，苏军在攻势发起的首日就突破了绍肯左翼的2个师的防线，坦克部队开始朝北萨姆兰高速推进。绍肯命令后卫部队不惜一切代价挡住对手，以掩护大部队向皮劳（Pillau，或译为帕拉阿）方向撤退。16日，苏军攻入费希豪森，包括第5装甲师和第505重装甲营在内的许多单位消失了——他们被困于费希豪森东面的佩泽（Peyse）半岛，完全无路可退。英国历史学家埃里克森（John Erickson）曾描绘过绍肯所部在最后时刻里挣扎的情形："……大约2万名德军组成的战斗部队，在皮劳进行了一场无比疯狂的即兴防御战。德军与对手反复厮杀，不断地将进攻之敌碾成碎片，苏军的损失越来越大，直到第二梯队的第11近卫集团军投入战场，苏军才在最后一次愤怒的攻势中摧垮了德军的防线。接踵而至的是6个漫长血腥的日子，双方死伤惨重，直到沙滩和附近的松林里堆满尸体，直到损毁的战车冒出的黑烟渐渐散去，战场才在沉沉暮霭中渐渐平静下来。105天的东普鲁士战役在这一刻才算画上句号，血腥杀戮、残忍狂暴和几乎无休止的狂轰滥炸，就是这一战役的标签……"[62]

皮劳之战中，绍肯所部有8000人丧生，但有30000名官兵（多为伤员）和最后几批难民在皮劳陷落之前被海军舰艇撤走。4月25日，苏军最终攻克了皮劳，但他们看到的是一座空旷的死城。三天后，希特勒命令把绍肯的"东普鲁士集团军"直接置于最高副统帅凯特尔的指挥之下。[63]两天后，希特勒自杀身亡，邓尼茨被指定为继任元首，他在5月3日向绍肯发来一份急电："……帝国军事形势的变化要求我们立即从东、西普鲁士和库尔兰地区撤出众多的部队。东普鲁士和库尔兰地区的作战行动必须考虑到前述要求。官兵们将携带轻武器登船撤离，包括战马在内的所有物资将被遗弃和摧毁……德国海军将把所有可用的船只派往东普鲁士和库尔兰地区。"[64]绍肯接令后，开始着手撤离维斯瓦河三角洲与黑拉半岛的部队与难民。在维斯瓦河三角洲地带，尚有6个师的残部在第4装甲师的最后几辆坦克的支援下守卫着前沿，令人难以置信的是，在战争转眼结束的5月6日，还有抵达黑拉半岛的德国船只给绍肯运来了弹药！当日共有230吨弹药和炮弹运抵，卸载完毕后，这些货船立即搭载着大批伤病员和难民返航。5月7日，绍肯把一份密封的命令下达到所属各部的团以上单位，但要求军官们只能在收到明确指示时方可拆阅。团长和师长们收到这份密令时肯定会出现复杂的感情，指挥官绍肯是命令他们准备在最后一刻撤离绝境呢，还是给出了向苏军就地投降的指示？

5月8日夜幕降临时，绍肯手下的部队纷纷涌向黑拉半岛仅存的两个港口，焦虑地等待撤离船只的到来。先到的是几艘驱逐舰和鱼雷艇，稍后又有几艘大型货轮开抵，无人确切地知道到底有多少人登上了船，但凡每个可利用的空间都塞进了士兵和难民，只要不超载到有翻船的危险，艇长船长们总是同情地网开一面。夜深了，已经驶离的船只在海面上只留下淡淡的轮廓，但码头及其周边地带聚集的数万士兵仍然不肯离去，他们鼓噪着，喧哗着，推挤着，痴痴地翘首等待下一批"最后的诺亚方舟"。绍肯驱车来到失望的士兵们中间——就在当日，在与盟军全面停火的前一刻，邓尼茨最后一次行使了国家元首的权力，他把武装力量的第27枚钻石骑士勋章授给绍肯，以褒奖他的勇敢以及他的部队在最后时刻里表现出的忠诚、顽强与纪律（5月9日的国防军最后一期战况公报特意提到了此节）。邓尼茨还派来一架飞机接绍肯撤离，但被谢绝，相反，绍肯往飞机里塞进了多名伤病员！最后时刻抛弃部队？这不是绍肯的风格。此刻，他来到官兵们中间，以实际行动告诉他们要保持尊严，他本人将与他们一起步入苏军战俘营，一起面对昏暗不明的未来。

德国无条件投降协议正式生效的前一刻，绍肯手下的师团长们收到了可以打开密令的指示。这份命令写着："德国夏时制时间今夜11点整，'东普鲁士集团军'位于黑拉的部队无条件向苏军投降。指挥官本人向所有战士、军士和军官表示感谢，感激你们久经考验的勇敢和顽强。我们的战斗结束了。冯·绍肯。"指挥官们向基层官兵迅速传达了绍肯的命令，他们连夜进行着次日投降的准备，所有的重武器和弹药都被炸毁或推入海中和维斯瓦河里。但在某些部队里，绍肯的命令中有一条没有得到执行——战士们不忍捕杀或舍弃他们的战马，这是与他们同生共死过的战友和兄弟。

绍肯在黑拉向苏军第43集团军司令员贝洛波罗多夫（A. P. Beloborodov）将军投降。绍肯与这位将军见面时，以一口流利的俄语要求对方允许德军官兵携带行李车进入战俘营。之后，绍肯带着几名参谋亲随出现在普特齐格（Putziger）沙咀，目送着长长的战俘队列从他的面前经过。11名将军与绍肯一起进入了苏军战俘营。

1945年5月中旬，绍肯被移送到莫斯科，被关入卢布扬卡的苏联内务部监狱。几乎与绍肯同时被关入卢布扬卡的，还有苏方痛恨至极的叛徒、前沃尔霍夫方面军第2突击集团军司令员弗拉索夫。弗拉索夫次年即被处死，而绍肯等重要战俘则在这里接受无休止的讯问。希特勒地堡里的许多工作人员在1945年5月被俘后也曾被拘押于此，一年里可谓受尽各种折磨，苏方想从他们嘴里得知关于希特勒的一切情况。由于苏军当年攻克柏林时未能找到希特勒的头盖骨，所以前述这批人在1946年又被送回柏林，重新挖掘希特勒的地堡。[65] 绍肯在卢布扬卡一待就是32个月，据说他因拒绝合作曾被多次单独监禁，还被捆绑在轮椅上，可以想象，他在这座令人色变的阴森监狱里度过了多少难捱的时光。1948年初，绍肯被转送到奥廖尔中央监狱继续受审和关押。

绍肯在两次大战中先后负伤13次，初入战俘营时已年过五旬，在长期监禁和食物供给严重不足的双重折磨下，他的健康受到了很大损害。尽管如此，绍肯仍然毫不掩饰自己对苏联的轻蔑。苏方迟迟不予定罪，但在没有明确证据的情况下，于1949年5月10日宣布判处绍肯25年苦役。据有关资料披露，苏方指控绍肯的罪名是"纵容部队就地取食"，大约是指控他纵兵抢掠吧！面对这一牵强的指控，据说绍肯曾反驳，称："苏军直到现在还坚持着这个传统！"[66]

西德于1949年5月立国，绍肯也在当年被运往西伯利亚的奥谢尔拉格（Oserlag）特别战俘营服刑。6年后，西德总理阿登纳访苏，除了与苏联达成贸易协定和建立正式外交关系外，阿登纳还敦促苏方尽快释放仍被拘押的战俘。出于西德经济崛起和政治地位上升等因素，苏联同意释放1945年以来被拘押的战俘。1955年10月，绍肯离开了生活了6年的西伯利亚，获释后回到了西德。到此时为止，63岁的绍肯在监狱里度过了10年光阴，虽然健康受到了极大损害，但相对于1945年时随他一起步入战俘营的其他11名将军，绍肯还算是幸运的——拉帕德（Fritz-Georg von Rappard，第7步兵师中将师长）和里歇特（Johann-Georg Richert，第35步兵师中将师长）1946年1月即被苏方以战争罪当众绞死；

6名将军病死在被押期间；还有2名将军身体极差，与绍肯一起获释后几个月内便病故了。

伤痕累累的绍肯获得自由后，再也回不到已被纳入苏联版图的东普鲁士和萨姆兰，他的家人也在战乱中逃离了故土。与家人在慕尼黑团聚后，绍肯花了相当长时间来治疗战争的创伤和长期监狱生活的阴影。绍肯生活在默默无闻的宁静中，自幼就有绘画天赋的他重拾画笔，把自己对萨姆兰和东普鲁士故土的思念倾注于笔端，故乡的一草一木、一村一景都在他的画笔下跳跃。1962年时，绍肯曾与人发起成立“周日绘画”协会，他自己的作品也在多个艺术展上受到好评。除作画外，绍肯还把相当多的精力用于撰写第4装甲师的战史，这部名为《战斗在俄罗斯的第4装甲师》的著作于1968年在波恩出版。虽然绍肯在战后与军队已无关系，但在1967年5月的75岁生日时，西德联邦国防军还专门派出代表向他表示祝贺，新一代军人们没有忘记这位勇敢的装甲兵将军。

1980年9月27日，88岁高龄的绍肯离开了人世。他被安葬在慕尼黑南郊索恩（Solln）的瓦尔德公墓。距绍肯及其家人的墓室不远处，还安葬着1956年去世的勒布元帅（Wilhelm Ritter von Leeb）。

◀位于慕尼黑南郊瓦尔德公墓里的绍肯及其家人的墓碑，最上面纪念的是其长子汉斯-埃里希（Hans-Erich von Saucken），他在1944年5月30日阵亡于罗马尼亚战场。

注释与参考书目

注释

第一章

1. T.J. Constable & R.F. Toliver. Horrido! Fighter aces of the Luftwaffe. New York, NY: The MacMillan Company, 1968. p.307.

2. Klaus Schmider. The last of the first: Veterans of the Jagdwaffe tell their story. The Journal of Military History, 2009, 73(1): 231–249.

3. Roger Boyes. German veterans on the warpath over law disowning Nazi pilot ace. Times Online, March 23, 2005; 另可参见http://en.wikipedia.org/wiki/Werner_Molders.

4. Ernst Obermaier & Werner Held. German fighter ace Werner Mölders: An illustrated biography. Atglen, PA: Schiffer Military History, 2006. p.10.

5. Herbert M. Mason. The rise of Luftwaffe: Forging the secret German air weapon. New York, NY: The Dial Press, 1973. p.10.

6. James S. Corum. Wolfram von Richthofen: Master of the German air war. Lawrence, KS: University Press of Kansas, 2008. p.118–122.

7. Ernst Obermaier & Werner Held. German fighter ace Werner Mölders, p.12.

8. R.F. Toliver & T.J. Constable. Fighter General: The life of Adolf Galland. AmPress Publishing, 1990. p.52.

9. Adolf Galland. The first and the last. Cutchogue, NY: Buccaneer Books, 1954.

10. James S. Corum. Wolfram von Richthofen: Master of the German air war, p.391, 第87条注释。

11. Mike Spick. Luftwaffe fighter aces: The Jagdflieger and their combat tactics and techniques. New York, NY: Ivy Books, 1996. p.13.

12. Richard T. Bickers. Von Richthofen: the legend evaluated. Annapolis, MD: Naval Institute Press, 1997. p.152.

13. Herbert M. Mason. The rise of Luftwaffe: Forging the secret German air weapon, p.238.

14. Richard T. Bickers. The Battle of Britain: The greatest battle in the history of air warfare. London, UK: Salamander, 1999. p.127–128.

15. James S. Corum. Wolfram von Richthofen: Master of the German air war, p.149.

16. John Weal. Jagdgeschwader 53 'Pik–As'. Oxford, UK: Osprey Publishing, 2007. p.13.

17. Ernst Obermaier & Werner Held. German fighter ace Werner Mölders, p.15; .John Weal. Jagdgeschwader 53 'Pik–As', p.23.

18. Ernst Obermaier & Werner Held. German fighter ace Werner Mölders, p.16–17.

19. Ernst Obermaier & Werner Held. German fighter ace Werner Mölders, p.17.

20. Gunther Fraschka. Knights of the Reich. Atglen, PA: Schiffer Military History, 2004. p.15.

21. T.J. Constable & R.F. Toliver. Horrido! Fighter aces of the Luftwaffe, p.52.

22. Ernst Obermaier & Werner Held. German fighter ace Werner Mölders, p.20.

23. T.J. Constable & R.F. Toliver. Horrido! Fighter aces of the Luftwaffe, p.53.

24. T.J. Constable & R.F. Toliver. Horrido! Fighter aces of the Luftwaffe, p.52.

25. 参见：http://en.wikipedia.org/wiki/Hermann–Friedrich_Joppien.

26. Franz Kurowski. Luftwaffe aces: German combat pilots in WWII. Mechanicsburg, PA: Stackpole Books, 2004. p.49.

27. Franz Kurowski. Luftwaffe aces: German combat pilots in WWII. p.54–55.

28. Mike Spick. Luftwaffe victorious: an alternate history. London, UK: Greenhill Books, 2005. p.134.

29. Gordon Williamson. Knight's Cross with Diamonds recipients 1941–45. Oxford, UK: Osprey Publishing, 2006. p 5–6.

30. Franz Kurowski. Luftwaffe aces: German combat pilots in WWII, p.50.

31. Ian Kershaw.The few: The "American Knights of the Air" who risked everything to save Britain in the summer of 1940. Cambridge, MA: Da Capo Press, 2006. p.226.

32. R.F. Toliver & T.J. Constable. Fighter General: The Life of Adolf Galland, p.65.

33. Gunther Fraschka. Knights of the Reich, p.18–19.

34. Gunther Fraschka. Knights of the Reich, p.20.

35. Peter Hinchliffe. The Lent papers: Helmut Lent. Bristol, UK: Cerberus Publishing Limited, 2003. p.150–151.

36. Jay Warren Baird. To die for Germany: Heores in the Nazi Pantheon. Bloomington, IN: Indiana University Press, 1992. p.227–229.

37. Hermann Hagena. Jagdflieger Werner Mölders: Die Würde des Menschen reicht über den Tod hinaus . Aachen, Germany: Helios Verlag, 2008. p.138.

38. John Weal. Jagdgeschwader 51 'Mölders'. Oxford, UK: Osprey Publishing, 2006. p.120.

第二章

1. Werner Held. Adolf Galland: A pilot's life in war and peace. Mesa, AZ: Champlin Museum Press, 1986. p.17.

2. T.J. Constable & R.F. Toliver. Horrido! Fighter aces of the Luftwaffe. New York, NY: The MacMillan Company, 1968. p. 24–25.

3. Mike Spick. Luftwaffe Bomber aces: Men, machines, methods. London, UK: Greenhill Books, 2001. p.12.

4. T.J. Constable & R.F. Toliver. Fighter General: The life of Adolf Galland. AmPress Publishing, 1990. p.27.

5. T.J. Constable & R.F. Toliver. Fighter General: The life of Adolf Galland, p.28.
6. David Baker. Adolf Galland: The authorized biography. London, UK: Windrow & Greene Ltd, 1996. p.21–22.
7. John Weal. Jagdgeschwader 2 'Richthofen'. Oxford, UK: Osprey Publishing, 2000. p.9–10.
8. David Baker. Adolf Galland: The authorized biography, p.34–35.
9. Patrick Laureau. Condor: The Luftwaffe in Spain 1936–1939. Mechanicsburg, PA: Stackpole Books, 2010. p.113, 132.
10. Philip Kaplan. Fighter aces of Luftwaffe in World War II. Auldgirth, UK: Pen & Sword Aviation, 2007. p.3.
11. T.J. Constable & R.F. Toliver. Fighter General: The life of Adolf Galland, p.51.
12. David Baker. Adolf Galland: The authorized biography, p.66–67.
13. T.J. Constable & R.F. Toliver. Fighter General: The life of Adolf Galland, p.65.
14. Collin D. Heaton. Interview with WWII Luftwaffe general and ace pilot Adolf Galland. WWII Journal, 1997, 11(5): 46–52.
15. T.J. Constable & R.F. Toliver. Horrido! Fighter aces of the Luftwaffe, p.32.
16. T.J. Constable & R.F. Toliver. Fighter General: The life of Adolf Galland, p.104.
17. T.J. Constable & R.F. Toliver. Fighter General: The life of Adolf Galland, p.104–105.
18. Donald L. Caldwell. The JG 26 War Diary. Vol.1: 1939–1942. London, UK: Grub Street, 1996. p.ix.
19. John Weal. Jagdgeschwader 51 'Mölders'. Oxford, UK: Osprey Publishing, 2006. p.80.
20. John Weal. Jagdgeschwader 51 'Mölders', p.63.
21. Gunther Fraschka. Knights of the Reich. Atglen, PA: Schiffer Military History, 2004. p.31.
22. T.J. Constable & R.F. Toliver. Horrido! Fighter aces of the Luftwaffe, p.33.
23. Klaus Schmider. The last of the first: Veterans of the Jagdwaffe tell their story. The Journal of Military History, 2009, 73(1): 231–249.
24. Gunther Fraschka. Knights of the Reich. p.31.
25. David Baker. Adolf Galland: The authorized biography, p.190–191.
26. David Baker. Adolf Galland: The authorized biography, p.202.
27. T.J. Constable & R.F. Toliver. Fighter General: The life of Adolf Galland, p.210.
28. T.J. Constable & R.F. Toliver. Fighter General: The life of Adolf Galland, p.217.
29. David Baker. Adolf Galland: The authorized biography, p.259.
30. Robert Forsyth & Jim Laurier. Jagdverband 44: Squadron of Experten. Oxford, UK: Osprey Publishing, 2008. p.20.
31. Walter J. Boyne. Messerschmitt Me 262: Arrow to the future. Washington, D.C.: Smithsonian Institution Press, 1980. p.52.
32. Hugh Morgan. Me 262: Stormbird rising. Oxford, UK: Osprey Publishing, 1994. p.96.
33. Mike Spick. Luftwaffe fighter aces: The Jagdflieger and their combat tactics and techniques. New York, NY: Ivy Books, 1996. p.204–208.
34. T.J. Constable & R.F. Toliver. Horrido! Fighter aces of the Luftwaffe, p.91–92.
35. T.J. Constable & R.F. Toliver. Horrido! Fighter aces of the Luftwaffe, p.94.
36. T.J. Constable & R.F. Toliver. Horrido! Fighter aces of the Luftwaffe, p.371.
37. T.J. Constable & R.F. Toliver. Fighter General: The life of Adolf Galland, p.288.
38. Werner Held. Adolf Galland: A pilot's life in war and peace. p.125.
39. Collin D. Heaton. Interview with WWII Luftwaffe general and ace pilot Adolf Galland. WWII Journal, 1997, 11(5): 46–52.
40. David Baker. Adolf Galland: The authorized biography, p.301–302.
41. 参见IOC网站：http://www.iocaviation.org/Characters.html.
42. T.J. Constable & R.F. Toliver. Horrido! Fighter aces of the Luftwaffe, p.371.

第三章

1.T.J. Constable & R.F. Toliver. Horrido! Fighter aces of the Luftwaffe. New York, NY: The MacMillan Company, 1968. p.265.
2.Gordon Williamson. Knight's Cross with Diamonds recipients 1941–45. Oxford, UK: Osprey Publishing, 2006. p.10.
3. Gunther Fraschka. Knights of the Reich. Atglen, PA: Schiffer Military History, 2004. p.40.
4. Ralf Georg Reuth. Rommel: The end of a legend. London, UK: Haus Publishing Limited, 2005.
5. Colin D. Heaton, et al. The German aces speak: World War II through the eyes of four of the Luftwaffe's most important commanders. Minneapolis, MN: Zenith Press, 2011. p.180.
6. Eric W. Osborne. The battle of Heligoland Bight. Bloomington, IN: Indiana University Press, 2006. p.141.
7. John Weal. Messerschmitt Bf 110 Zerstörer Aces of World war 2. Oxford, UK: Osprey Publishing, 1999. p.25.
8. John Weal. Messerschmitt Bf 110 Zerstörer Aces of World war 2, p.30.
9. Peter Hinchliffe. The Lent papers: Helmut Lent. Bristol, UK: Cerberus Publishing Limited, 2003. p.73–74.
10. John Weal. Messerschmitt Bf 110 Zerstörer Aces of World war 2, p.49.
11. William Murray. Strategy for defeat: The Luftwaffe 1933–1945. Princeton, NJ: University Press of the Pacific, 2002. p.52–53.
12. Gunther Fraschka. Knights of the Reich, p.42–43.
13. John Weal. Bf-109 aces of the Russian Front. Oxford, UK: Osprey Publishing, 2001. p.27.
14. 参见：http://www.asisbiz.com/il2/Bf-109F/Bf-109F-JG3-%28%28+-Gollob.html.
15. Jochen Prien. Geschichte des Jagdgeschwaders 77, band 2. Eutin,

Germany: Struve Verlag, 1993. p.1018.
16. Christer Bergström & Andrey Mikhailov. Black Cross/Red Star: The air war over the Eastern front, Vol.2. Resurgence, January–June 1942. Pacifica, CA: Percifica Military History, 2001. p.160.
17. Walter A. Musciano. Messerschmitt aces. New York, NY: Arco Publishing, 1982. p.51.
18. Christer Bergström & Andrey Mikhailov. Black Cross/Red Star, Vol.2. p.193–194.
19. Franz Kurowski. Luftwaffe aces: German combat pilots in WWII. Mechanicsburg, PA: Stackpole Books, 2004. p.101.
20. Christer Bergström & Andrey Mikhailov. Black Cross/Red Star, Vol.2. p.196.
21. Christer Bergström & Andrey Mikhailov. Black Cross/Red Star, Vol.2. p.197–198.
22. Christer Bergström & Andrey Mikhailov. Black Cross/Red Star, Vol.2. p.202.
23. John Weal. Jagdgeschwader 52–The Experten. Oxford, UK: Osprey Publishing, 2004. p.81
24. Jill Amadio. Gunther Rall: A Memoir: Luftwaffe ace and NATO General. Santa Ana, CA: Tangmere Productions, 2002. p.116–117.
25. R.F. Toliver & T.J. Constable: Fighter general: The life of Adolf Galland. AmPress Publishing, 1990. p.272.
26. Robert Forsyth. Jagdverband 44: Squadron of Experten. Oxford, UK: Osprey Publishing, 2008 p14.
27. Gunther Fraschka. Knights of the Reich, p.44.
28. T.J. Constable & R.F. Toliver. Horrido! Fighter aces of the Luftwaffe, p.261.
29. T.J. Constable & R.F. Toliver. Horrido! Fighter aces of the Luftwaffe, p.263.
30. T.J. Constable & R.F. Toliver. Horrido! Fighter aces of the Luftwaffe, p.20.
31. Walter J. Boyne. Messerschmitt Me 262: Arrow to the future. Washington, D.C.: Smithsonian Institution Press, 1980. p.7.
32. Stephen Ransom & Hans–Hermann Cammann. Me 163: Rocket Interceptor, Vol. 1. East Sussex, UK: Classic Publications Limited, 2002. p.167–169, p.177, p.183, p.188, p.192.
33. David Baker. Adolf Galland: The authorized biography. London, UK: Windrow & Greene Ltd, 1996. p.277.
34. Danny S. Parker (ed.). Hitler' s Ardennes Offensive: The German view of the Battle of the Bulge. Mechanicsburg, PA: Stackpole Books, 1997.p.160.
35. John Manrho & Ron Putz. Bodenplatte: The Luftwaffe' s last hope. East Sussex, UK: Hikoki Publications Limited, 2004. p.272–274.
36. Gunther Fraschka. Knights of the Reich, p.48–49.
37. David Baker. Adolf Galland: The authorized biography. p.280.
38. John Manrho & Ron Putz. Bodenplatte: The Luftwaffe' s last hope. p.273.
39. R.F. Toliver & T.J. Constable: Fighter general: The life of Adolf Galland, p.279.
40. Robert Forsyth. Jagdverband 44: Squadron of Expertenp. p.26.
41. Charles W. Martin. The nihilism of Thomas Bernhard. Rodopi Bv Editions, 1995. p.217.
42. Max E. Riedlsperger. The lingering shadow of Nazism: the Austrian Independent Party movement. East European Monographs, 1978. pp. 81.
43. Colin D. Heaton. Interview with World War II Luftwaffe General and ace pilot Adolf Galland. WWII Journal, 1997, 11(5), p.46–52.
44. Colin D. Heaton. Interview with World War II Luftwaffe Eagle Johannes Steinhoff. WWII Journal, 2000, 14(2), p.28–35.
45. 参见：http://www.asisbiz.com/il2/Bf-109F/Bf-109F-JG3-%28%28+-Gollob.html.
46. R.F. Toliver & T.J. Constable. The blond knight of Germany. New York, NY: McGraw–Hill Professional, 1986. p.123.

第四章

1. Adolf Galland. The first and the last. Cutchogue, NY: Buccaneer Books, 1954. p.115.
2. R.F. Toliver & T.J. Constable. The blond knight of Germany. New York, NY: McGraw–Hill Professional, 1986.. p. 211–212.
3. T.J. Constable & R.F. Toliver. Horrido! Fighter aces of the Luftwaffe. New York, NY: The MacMillan Company, 1968. p.282.
4. T.J. Constable & R.F. Toliver. Horrido! Fighter aces of the Luftwaffe, p.83–84.
5. Jill Amadio. Gunther Rall: A Memoir: Luftwaffe ace and NATO General. Santa Ana, CA: Tangmere Productions, 2002. p.114.
6. Colin D. Heaton & Anne–Marie Lewis. The German aces speak: World War II through the eyes of four of the Luftwaffe' s most important commanders. Minneapolis, MN: Zenith Press, 2011. p.100.
7. T.J. Constable & R.F. Toliver. Horrido! Fighter aces of the Luftwaffe, p.93.
8. Franz Kurowski. German fighter ace Hans–Joachim Marseille: The life story of the Star of Africa. Atglen, PA: Schiffer Publishing Ltd., 1994 p.9.
9. Samuel W. Mitcham & Gene Mueller. Hitler' s commanders. Lanham, MD: Cooper Square Press, 2000. p.197.
10. Colin D. Heaton & Anne–Marie Lewis. The Star of Africa: The story of Hans Marseille, the rogue Luftwaffe ace who dominated the WWII skies. Minnesapolis, MN: Zenith Press, 2012. p.1.
11. Robert Tate. Hans–Joachim Marseille: An illustrated tribute to the Luftwaffe's "Star of Africa". Atglen, PA: Schiffer Publishing, 2008. p.84–85.
12. Franz Kurowski. German fighter ace Hans–Joachim Marseille. p.12.
13. Franz Kurowski. German fighter ace Hans–Joachim Marseille. p.11–12.
14. Robert Tate在其著作 Hans–Joachim Marseille: An illustrated tribute to the Luftwaffe's "Star of Africa"的

第91至94页对此有颇为详尽的研究。
15. Franz Kurowski. German fighter ace Hans-Joachim Marseille. p.14.
16. Colin D. Heaton & Anne-Marie Lewis. The Star of Africa. p.12-13.
17. Colin D. Heaton & Anne-Marie Lewis. The Star of Africa. p.15.
18. Robert Tate. Hans-Joachim Marseille: An illustrated tribute to the Luftwaffe's "Star of Africa". p.83.
19. Colin D. Heaton & Anne-Marie Lewis. The Star of Africa. p.18-19.
20. John Weal. Jagdgeschwader 27 'Africa'. Oxford, UK: Osprey Publishing, 2003. p.41.
21. Colin D. Heaton & Anne-Marie Lewis. The Star of Africa. p.25.
22. Gunther Fraschka. Knights of the Reich. Atglen, PA: Schiffer Pubilshing Limited, 2004. p.63.
23. Laddie Lucas (ed.). Wings of war: Airmen of all nations tell their stories 1939-1945. London, UK: Hutchinson, 1983. p.151.
24. John Weal. Jagdgeschwader27 'Africa'. p.46.
25.娄嘉仪。非洲之星传奇：二战德国王牌飞行员汉斯·约阿希姆·马尔塞尤。《战争史研究》第3集，2004年5月，第34页。
26. Colin D. Heaton & Anne-Marie Lewis. The Star of Africa. p.40.
27. Robert Tate. Hans-Joachim Marseille: An illustrated tribute to the Luftwaffe's "Star of Africa". p.46.
28.关于这一评价，参见：http://www.2worldwar2.com/marseille.htm.
29. Fritz Dittmann. Mein freund Marseille. Berlin, Germany: Heimbuecherei, 1944. p.63.
30. Colin D. Heaton & Anne-Marie Lewis. The Star of Africa. p.60.
31. 娄嘉仪。非洲之星传奇：二战德国王牌飞行员汉斯·约阿希姆·马尔塞尤。《战争史研究》第3集，2004年5月，第39页。
32. Colin D. Heaton & Anne-Marie Lewis. The Star of Africa. p.51.
33. Colin D. Heaton & Anne-Marie Lewis. The Star of Africa. p.91-92.
34. Colin D. Heaton & Anne-Marie Lewis. The Star of Africa. p.122-123.
35. Colin D. Heaton & Anne-Marie Lewis. The Star of Africa. p.125.
36. Fritz Dittmann. Mein freund Marseille. p.167.
37. 娄嘉仪。非洲之星传奇 (终结篇)。《战争史研究》第4集，2004年6月，第73页。
38. Colin D. Heaton & Anne-Marie Lewis. The Star of Africa. p.129-130.
39. 戴维·欧文著，卜珍伟、江山译。隆美尔。北京：解放军出版社，1984年第1版，第287-288页。
40. Heinz Nawarra. Marseille: Star of Africa. Sun Valley, CA: Caler Illustrated Series, 1968. p.9.
41. T.J. Constable & R.F. Toliver. Horrido! Fighter aces of the Luftwaffe, p.113.
42. John Weal. Jagdgeschwader 27 'Africa'. p.85-86.
43. Robert Tate. Hans-Joachim Marseille: An illustrated tribute to the Luftwaffe's "Star of Africa". p.99.
44. Robert Tate. Hans-Joachim Marseille: An illustrated tribute to the Luftwaffe's "Star of Africa". p.63.
45. Colin D. Heaton & Anne-Marie Lewis. The Star of Africa. p.149-150.
46. Robert Tate. Hans-Joachim Marseille: An illustrated tribute to the Luftwaffe's "Star of Africa". p.31.
47. Christopher F. Shores & Hans Ring. Fighters over the Desert: The air battle in the Western Desert June 1940 to December 1942. New York, NY: Arco Publishing Co., 1969. p.232.
48. Stephen Bungay. Alamein. London, UK: Aurum Press, 2003. p. 140-141.
49. T.J. Constable & R.F. Toliver. Horrido! Fighter aces of the Luftwaffe, p.85.
50. Colin D. Heaton & Anne-Marie Lewis. The German aces speak: World War II through the eyes of four of the Luftwaffe's most important commanders. p.101.
51. Robert Tate. Hans-Joachim Marseille: An illustrated tribute to the Luftwaffe's "Star of Africa". p.66.
52. Colin D. Heaton & Anne-Marie Lewis. The Star of Africa. p.173.
53. 戴维·欧文著，卜珍伟、江山译。隆美尔。第294页。
54. Paul Carell. The foxes of the desert. New York, NY: Ballantine Books, 1962. p.282.
55. Franz Kurowski. German fighter ace Hans-Joachim Marseille. p.215.
56. T.J. Constable & R.F. Toliver. Fighter General: The life of Adolf Galland. AmPress Publishing, 1990. p.199.

第五章

1. Marielle D. Marne. Hermann Graf: World War II Luftwaffe ace pilot. Aviation History, 2005, 16(1), 10-12. 参见http://www.historynet.com/hermann-graf-world-war- ii-luftwaffe-ace-pilot.html.
2. Sanu Kainikara. Red Air: Politics in Russian air power. Boca Raton, FL: Universal Publishers, 2007. p.127.
3. Colin D. Heaton & Anne-Marie Lewis. The German aces speak: World War II through the eyes of four of the Luftwaffe's most important commanders. Minneapolis, MN: Zenith Press, 2011. p.15.
4. Christer Bergström, Vlad Antipov, and Claes Sundin. Graf & Grislawski—A pair of aces. Hamilton, MT: Eagle Editions Ltd., 2003. p.12.
5. Christer Bergström, Vlad Antipov, and Claes Sundin. Graf & Grislawski—A pair of aces, p.17.
6. Jill Amadio. Gunther Rall: A Memoir: Luftwaffe ace and NATO General. Santa Ana, CA: Tangmere Productions, 2002. p.41-42.
7. Franz Kurowski. Luftwaffe aces. Mechanicsburge, PA: Stackpole Books, 1996. p.50.
8. John Weal. Jagdgeschwader 52: The Experten. Oxford, UK: Osprey Publishing, 2004. p. 28.
9. Gordon Williamson. Knight's Cross with Diamonds recipients 1941-45. Oxford, UK: Osprey Publishing, 2006. p.14.
10. Sanu Kainikara. Red Air: Politics in Russian air power. p.127.
11. John Weal. Jagdgeschwader 52: The Experten. p. 61.
12. John Weal. Jagdgeschwader 52: The Experten. p. 62.
13. Jill Amadio. Gunther Rall: A Memoir: Luftwaffe ace and NATO

General. p.97.
14. Christer Bergström, Vlad Antipov, and Claes Sundin. Graf & Grislawski—A pair of aces, p.45–46.
15. John Weal. Bf 109 aces of the Russian Front. Oxford, UK: Osprey Publishing, 2001. p.31.
16. Christer Bergström, Vlad Antipov, and Claes Sundin. Graf & Grislawski—A pair of aces, p.56.
17. Jill Amadio. Gunther Rall: A Memoir: Luftwaffe ace and NATO General. p.98.
18. John Weal. Jagdgeschwader 52: The Experten. p. 68.
19. John Weal. Jagdgeschwader 52: The Experten. p. 69.
20. Franz Kurowski. Luftwaffe aces. p.70–71.
21. Kenneth Macksey. Kesselring: The making of the Luftwaffe. New York, NY: David McKay & Co., 1978. p.83.
22. Christer Bergström & Andrey Mikhailov. Black Cross/Red Star: The air war over the Eastern front, Vol.2. Resurgence, January–June 1942. Pacifica, CA: Percifica Military History, 2001. p.23.
23. Christer Bergström & Andrey Mikhailov. Black Cross/Red Star, Vol.2. p.72.
24. Christer Bergström & Andrey Mikhailov. Black Cross/Red Star, Vol.2. p.138.
25. Christer Bergström & Andrey Mikhailov. Black Cross/Red Star, Vol.2. p.154.
26. John Weal. Jagdgeschwader 52: The Experten. p. 81.
27. T.J. Constable & R.F. Toliver. Horrido! Fighter aces of the Luftwaffe. New York, NY: The MacMillan Company, 1968, p.224.
28. Ulrich Hesse–Lichtenberger. Tor!: The story of German football. London, UK: WSC Books Ltd, 2003. p.94.
29. Christer Bergström & Andrey Mikhailov. Black Cross/Red Star, Vol.2. p.170; 另参见维基百科中的"红猎人"足球队条目：http://en.wikipedia.org/wiki/Rote_Jäger. 这个条目下列出了1943至1945年间格拉夫所招募的著名足球队员名单，计有18人之多。
30. Ulrich Hesse–Lichtenberger. Tor!: The story of German football. p.98.
31. Christer Bergström, Vlad Antipov, and Claes Sundin. Graf & Grislawski—A pair of aces, p.172.
32. John Weal. Jagdgeschwader 54 'Grünherz'. Oxford, UK: Osprey Publishing, 2004. p.80.
33. Klaus Schmider. The last of the first: Veterans of the Jagdwaffe tell their story. The Journal of Military History, 2009, 73(1): 231–249.
34. Christer Bergström, Vlad Antipov, and Claes Sundin. Graf & Grislawski—A pair of aces, p.196.
35. Christer Bergström, Vlad Antipov, and Claes Sundin. Graf & Grislawski—A pair of aces, p.247.
36. Christer Bergström, Vlad Antipov, and Claes Sundin. Graf & Grislawski—A pair of aces, p.248.
37. John Weal. Jagdgeschwader 52: The Experten. p. 120.
38. Christer Bergström, Vlad Antipov, and Claes Sundin. Graf & Grislawski—A pair of aces, p.259.
39. Christer Bergström, Vlad Antipov, and Claes Sundin. Graf & Grislawski—A pair of aces, p.260.
40. R.F. Toliver & T.J. Constable. The blond knight of Germany. Garden City, NY: Doubleday & Company, Inc., 1970. p. 199–201.
41. T.J. Constable & R.F. Toliver. Horrido! Fighter aces of the Luftwaffe, p.225.
42. T.J. Constable & R.F. Toliver. Horrido! Fighter aces of the Luftwaffe, p.206.
43. Christer Bergström, Vlad Antipov, and Claes Sundin. Graf & Grislawski—A pair of aces, p.265.
44. T.J. Constable & R.F. Toliver. Horrido! Fighter aces of the Luftwaffe, p.207.
45. Christer Bergström, Vlad Antipov, and Claes Sundin. Graf & Grislawski—A pair of aces, p.265–266.
46. Christer Bergström, Vlad Antipov, and Claes Sundin. Graf & Grislawski—A pair of aces, p.266.
47. Gunther Fraschka. Knights of the Reich. Atglen, PA: Schiffer Military History, 2004. p.75.
48. T.J. Constable & R.F. Toliver. Horrido! Fighter aces of the Luftwaffe, p.224.
49. Christer Bergström, Vlad Antipov, and Claes Sundin. Graf & Grislawski—A pair of aces, p.266.
50. T.J. Constable & R.F. Toliver. Horrido! Fighter aces of the Luftwaffe, p.225.
51. Berthold K. Jochim. Oberst Hermann Graf. 200 Luftsiege in 13 Monaten. Rastatt, Germany: Pabel, 1975.
52. Guenther Rall. Mein Flugbuch: Erinnerungen 1938–2004. Moosburg, Germany: Neunundzwanzig Sechs Verlag, 2004.
53. T.J. Constable & R.F. Toliver. Horrido! Fighter aces of the Luftwaffe, p.228.

第六章

1. Charles Messenger. Rommel: Leadership lessons from the Desert Fox. New York, NY: Palgrave MacMillan, 2009. p.179.
2. Desmond Young. Rommel the Desert Fox. New York, NY:HarperCollins, 1951. Forward by Field Marshal Sir Claude Auchinleck.
3. Charles Messenger. Rommel: Leadership lessons from the Desert Fox. p.vii–x.
4. Ralf Georg Reuth. Rommel: The end of a legend. London, UK: Haus Publishing Limited, 2005. p.36–37.
5. Ralf Georg Reuth. Rommel: The end of a legend. p.54.
6. Colonel Charles D. McFetridge. In Pursuit: Montgomery after El Alamein. Military Review, June 1994. p.54–68.
7. General Leo Freiherr Geyr von Schweppengurg. Reflections on the invasion. Part I. Military Review, February 1961. p.2–20.
8. Ralf Georg Reuth. Rommel: The end of a legend. p.201.
9. 戴维·欧文著，卜珍伟、江山译。隆美尔。北京：解放军出版社，1984年第1版。第 13–14页。
10. Desmond Young. Rommel the Desert Fox. p.12.
11. Kenneth Macksey. Rommel: Battles and Campaingns. New York, NY: Mayflower Books, 1979. p.10.

12. Charles Messenger. Rommel: Leadership lessons from the Desert Fox. p.6.
13. Erwin Rommel. Attacks. Vienna, VA: Athena Press, 1979. 正文中的多处引语均出自隆美尔著作的英译本(未删节版，译者J.R. Driscoll)，因出处分散而无法详细列举。
14. Dennis Showalter. What made Rommel ROMMEL. Military History, 2011, 27(6), p.26-35.
15. 戴维·欧文著，卜珍伟、江山译。隆美尔。第25页。这个中译本将斯奈伯(Walther Schnieber)的实际军衔少尉误译为中尉，他实际是第63"西里西亚"步兵团1营4连的少尉，率部夺取的也是另一座山峰。
16. Charles Messenger. Rommel: Leadership lessons from the Desert Fox. p.25.
17. Ronald Lewin. Rommel as military commander. New York, NY: Barns & Nobel Books, 1968. p.9.
18. Friedrich-Wilhelm von Mellenthin. Panzer Battles. Norman, OK: University of Oklahoma, 1956. p.52. Ronald Lewin 在他的著作中也提到了这一细节，见：Ronald Lewin. Rommel as military commander, p.9.
19. General Leo Freiherr Geyr von Schweppengurg. Reflections on the invasion. Part I. Military Review, February 1961. p.2-20.引语在第3至第4页。戴维·欧文在他经典的《隆美尔》一书中也提到了这一细节，只不过他加上了想象的翅膀；他称施密特是隆美尔在第13步兵团时的团长，这是不正确的，隆美尔在第13步兵团任连长的时间是1921-1929年，施密特到第13步兵团的时间是1934年10月，两者在该团的经历没有交集。戴维·欧文的话语见《隆美尔》，解放军出版社，1984年第1版，第58页。另可参见英文版：David C. Irving. The trail of the fox. New York, NY: Avon Books, 1978. p.40.
20. Karl-Heinz Frieser. The Blitzkrieg Legend: The 1940 Campaign in the West. Annapolis, MD: Navy Institute Press, 2005. p.268-269.
21. Ronald Lewin. Rommel as military commander. p.17.
22. 戴维·欧文著，卜珍伟、江山译。隆美尔。第72页。
23. George Forty. The armies of Rommel. London, UK: Arms and Armour, 1999. p.69.
24. Ralf Georg Reuth. Rommel: The end of a legend. p.44.
25. 戴维·欧文著，卜珍伟、江山译。隆美尔。第80页。
26. General Leo Freiherr Geyr von Schweppengurg. Reflections on the invasion. Part I. Military Review, February 1961. p.2-20. 引语见第7页。
27. Ralf Georg Reuth. Rommel: The end of a legend. p.47.
28. Franz Halder. The private journal of Generaloberst Franz Halder. Translated by Phillip Willner and others, edited by Arnold Lissance. Washington, D.C.: Office of the Chief of Military History, 1950. Volume 6, p.81. (1941年4月24日).
29. Friedrich-Wilhelm von Mellenthin. Panzer Battles. p.101.
30. Friedrich-Wilhelm von Mellenthin. Panzer Battles. p.103.
31. 戴维·欧文著，卜珍伟、江山译。隆美尔。第215页。
32. Christopher Chant, et al. Hitler's generals and their battles. Secaucus, NJ: Chartwell Books, Inc., 1976.p.127.
33. Robert M. Citino. Death of Wehrmacht: the German campaigns of 1942. Lawrence, KS: University Press of Kansas, 2007. p.140-141.
34. Friedrich-Wilhelm von Mellenthin. Panzer Battles. p.150.
35. Erwin Rommel & B.H. Liddle-Hart (ed.). The Rommel Papers. London, UK: Hamlyn, 1984. p.257.
36. Charles D. McFetridge. In Pursuit: Montgomery after El Alamein. Military Review, June 1994. p.54-68
37. Colonel Hermann W.W. Lange. Rommel at Thala. Military Review, September 1961. p.72-84.
38. Erwin Rommel & B.H. Liddle-Hart (ed.). The Rommel Papers. p.276.
39. General Leo Freiherr Geyr von Schweppengurg. Reflections on the invasion. Part II. Military Review, March 1961. p.12-20.
40. Samuel W. Mitcham. Hitler's Field Marshals and their battles. Lanham, MD: Scarborough House, 1994. p.187.
41. Cornelius Ryan. The Longest Day. New York, NY: Simon and Schuster, Inc., 1959. p.279.
42. General Leo Freiherr Geyr von Schweppengurg. Reflections on the invasion. Part I. Military Review, February 1961. p.2-20. 施韦彭堡的话语见第6页，
43. 戴维·欧文著，卜珍伟、江山译。隆美尔。第570页。
44. Walter Goerlitz. History of the German General Staff. New York, NY: Praeger, 1957. p. 456.
45. Ronald Lewin. Rommel as military commander. p.231.
46. Nicholas Reynolds. Treason was no crime: Ludwig Beck, Chief of the German General Staff. London, UK: William Kimber & Co. Limited, 1976. p.246-247.
47. 戴维·欧文著，卜珍伟、江山译。隆美尔。第589页。
48. Charles Messenger. Hitler's gladiator. London, UK: Brassey's Defence Publishers, 1988. p. 132.
49. 戴维·欧文著，卜珍伟、江山译。隆美尔。第576页。
50. 戴维·欧文著，卜珍伟、江山译。隆美尔。第603页。
51. Ronald Lewin. Rommel as military commander. p.239.
52. Friedrich-Wilhelm von Mellenthin. Panzer Battles. p.57-58.
53. Ronald Lewin. Rommel as military commander. p.243.
54. Ralf Georg Reuth. Rommel: The end of a legend. p.211.
55.朱维毅著。《德意志的另一行泪：二战德国老兵寻访录》。北京：世界图书出版公司北京公司，2010年11月第1版，第220页。
56. Ralf Georg Reuth. Rommel: The end of a legend. p.213.
57. Maurice Philip Remy. Mythos Rommel. Munich, Germany: List, 2002. p.8.
58. Ralph Giordano. Die Traditionslüge. Vom Kriegerkult in der Bundeswehr. Köln: Kiepenheuer & Witsch, 2000. p.317.
59. 朱维毅著。《德意志的另一行泪：二战德国老兵寻访录》。第219页。
60. 戴维·欧文著，卜珍伟、江山译。隆美尔。第605页。

第七章

1. 数字可参见：http://www.angelfire.com/ct/ww2europe/stats.html.

2. Jordan Vause. U-Boat ace: The story of Wolfgang Lueth. Annapolis, MD: Naval Institute Press, 2001. p. xx.

3. Jordan Vause. U-Boat ace: The story of Wolfgang Lueth. p.7.

4. Jordan Vause. Wolf: U-Boat commanders in World War II. Annapolis, MD: Naval Institute Press, 1997. p.17.

5. Jordan Vause. Wolf: U-Boat commanders in World War II. p.16.

6. Gordon Williamson. Aces of the Reich. London, UK: Arms and Armour Press, 1989. p.160.

7. Peter Padfield. Doenitz: The last Führer. New York, NY:Harper & Row Publishers, 1984. p.150.

8. Peter Padfield. Doenitz: The last Führer. p.154.

9. Jordan Vause. Wolf: U-Boat commanders in World War II. p.31.

10. Steve Wiper. Kriegsmarine Type VII U-boats. Tuscon, AZ: Classic Warship Publishing, 2004. p.2.

11. Ian Baxter. Images of War: The U-boat War 1939-1945. South Yorkshire, UK: Pen & Sword Books, 2008. p.29-30.

12. 邓尼茨著，王星昌等译。《邓尼茨元帅战争回忆录》。北京：解放军出版社，2005年第1版，第4页。

13. Peter Padfield. Doenitz: The last Führer. p.191.

14. 邓尼茨著，王星昌等译。《邓尼茨元帅战争回忆录》。第48页。

15. Jordan Vause. Wolf: U-Boat commanders in World War II. p.33.

16. Jordan Vause. Wolf: U-Boat commanders in World War II. p.34.

17. Jordan Vause. U-Boat ace: The story of Wolfgang Lueth. p.32.

18. Guenther Fraschka. Knights of the Reich. Atglen, PA: Schiffer Publishing Ltd., 2004. p.101-103.

19. Herbert Werner. Iron coffins. New York, NY: Holt, Rinehart & Winston, 1969. p.247.

20. Jordan Vause. Wolf: U-Boat commanders in World War II. p.63.

21. 数字可参见：http://uboat.net/men/luth.htm.

22. 周明著。《碧海群狼：二战德国U艇全史》(上)。武汉：武汉大学出版社，2009年5月第1版，第210页。另可参见：Gordon Williamson. Kriegsmarine U-boats: 1939-1945 (1). Oxford, UK: Osprey Publishing, 2002. p.9.

23. 所谓的“西部近海区”(也有译作“西部航道”，或如周明在《碧海群狼》上册第213页所用的“西部大道”)，指的是英国西海岸外大西洋中的大片矩形海域，这片海域的高度约与英伦三岛的南北高度相当，东面边界始于英国西海岸，西面边界约位于冰岛。由于有诸多重要港口，几乎所有进出英国的船只均要经过该海域，这里也就成为U艇部队伏击盟国商船舰只的重要杀场。

24. 邓尼茨著，王星昌等译。《邓尼茨元帅战争回忆录》。第91-92页。

25. Gordon Williamson. Knight's Cross with Diamonds recipients 1941-1945. Oxford, UK: Osprey Publishing, 2006. p.18.

26. Peter Cremer. U-Boat commander. Annapolis, MD: Naval Institute Press, 1984. p.83.

27. 周明。《碧海群狼：二战德国U艇全史》(上)。第253页。

28. 普里恩、舍普克和克雷奇默的个人战绩数来自《碧海群狼：二战德国U艇全史》(上) 第277页。

29. Jordan Vause. Wolf: U-Boat commanders in World War II. p.100.

30. Erich Topp. The odyssey of a U-boat commander: Recollections of Erich Topp. Westport, CT: Praeger, 1992. p.57.

31. 周明。《碧海群狼：二战德国U艇全史》(上)。第312页。

32. Gordon Williamson. Kriegsmarine U-boats: 1939-1945 (2). Oxford, UK: Osprey Publishing, 2002. p.9.

33. Clay Blair. Hitler's U-boat war: The hunted: 1942-1945. New York, NY: Modern Library, 2000. p.57-58.

34. Peter Padfield. War beneath the sea: Submarine conflict 1939-1945. London, UK: John Murray Ltd., 1995.p.303.

35. Jordan Vause. Wolf: U-Boat commanders in World War II. p.125.

36. Peter Padfield. War beneath the sea: Submarine conflict 1939-1945. p.302.

37. Jordan Vause. Wolf: U-Boat commanders in World War II. p.80.

38. Clay Blair. Hitler's U-boat war: The hunted: 1942-1945. p.79.

39. L.C.F. Turner, et al. War in the Southern Oceans. Cape Town, South Africa: Oxford University Press, 1961. p.197.

40. Kenneth Wynn. U-Boat Operations of the Second World War. Volume 1: Career histories, U1-U510. Annapolis, MD: Naval Institute Press, 1997. p.136.

41. Clay Blair. Hitler's U-boat war: The hunted: 1942-1945. p.299.

42. Peter Padfield. War beneath the sea: Submarine conflict 1939-1945. p.369.

43. Erich Topp. The odyssey of a U-boat commander: Recollections of Erich Topp. p.100-101.

44. Jordan Vause. Wolf: U-Boat commanders in World War II. p.158.

45. 吕特演讲稿的英译本可参见：http://www.uboatarchive.net/LuethLecture.htm. 美国海军情报局1947年曾将吕特的演讲全文翻译成英文供海军参考。

46. Richard Compton-Hall. The underwater war, 1939-1945. New York, NY: Blandford Press, 1982. p.32.

47. Edwin P. Hoyt. The U-boat wars. New York, NY: Arbor House Publishing Company, 1984. p.214.

48. K.Alman. Wolfgang Lüth, der erfolgreichste U-Boot-Kommandant des Zweiten Weltkrieges: mit vier Booten 609 Tage in See. Utting: Dörfler, 1988. p.16.

49. Jordan Vause. U-Boat ace: The story of Wolfgang Lueth. p.209.

50. 邓尼茨著，王星昌等译。《邓尼茨元帅战争回忆录》。第423页。

51. Peter Cremer. U-Boat commander. p.475.

52. Kenneth Wynn. U-Boat Operations of the Second World War. Volume 1: Career histories, U1-U510. p.136. 另可参见《碧海群狼：二战德国U艇全史》(上) 第598页。

第八章

1. T.J. Constable & R.F. Toliver. Horrido! Fighter aces of the Luftwaffe. New York,NY: The MacMillan Company, 1968. p.267.

2. Christopher Chant. Austro-

Hungarian aces of World War I. Oxford, UK: Osprey Publishing, 2002. p.57.
3.John Weal & Mike Chappell. Focke-Wulf Fw 190 aces of the Russian Front. Oxford, UK: Osprey Publishing, 1995. p. 68.
4.Pierre Clostermann. The big show: The greatest pilot's story of World War II. London, UK: Weidenfeld & Nicolson, 2004. p. 256-258.
5.Werner Held. German fighter ace Walter Nowotny: An illustrated biography. Atglen, PA: Schiffer Publishing, 2006. p.18. 另参见: http://en.wikipedia.org/wiki/Walter_Nowotny.
6. 参见http://de.metapedia.org/wiki/Nowotny,_Walter.
7. 参见http://www.doppeladler.com/misc/nowotny.htm.
8. Rudolf Nowotny. Walter Nowotny: Berichte aus d. Leben meines Bruders. Stuttgart: Motorbuch Verlag. 1974. p.13.
9. Werner Held. German fighter ace Walter Nowotny: An illustrated biography. p.27.
10. John Weal. Jagdgeschwader 54 'Grünherz'. Oxford, UK: Osprey Publishing, 2001. p.45-46.
11. John Weal. Jagdgeschwader 54 'Grünherz'. p.43.
12.参见http://en.wikipedia.org/wiki/Alexander_Fyodorovich_Avdeyev.
13. John Weal & Mike Chappell. Focke-Wulf Fw 190 aces of the Russian Front. p.17-19.
14. Robert Forsyth. Jagdgeschwader 7 Nowotny. Oxford, UK: Osprey Publishing, 2008. p. 6-7.
15.参见 http://www.elknet.pl/acestory/nowotny/nowotny.htm.
16. 参见http://en.wikipedia.org/wiki/Walter_Nowotny.
17. T.J. Constable & R.F. Toliver. Horrido! Fighter aces of the Luftwaffe. p.220.
18. John Weal & Mike Chappell. Focke-Wulf Fw 190 aces of the Russian Front. p.67.
19. John Weal & Mike Chappell. Focke-Wulf Fw 190 aces of the Russian Front. p.68.
20. John Weal & Mike Chappell. Focke-Wulf Fw 190 aces of the Russian Front. p.69-70.
21. John Weal & Mike Chappell. Focke-Wulf Fw 190 aces of the Russian Front. p.70-71.
22. Guenther Fraschka. Knights of the Reich. Atglen, PA: Schiffer Military History, 2004. p.111.
23. Franz Kurowski. Luftwaffe Aces. Mechanicsburge, PA: Stackpole Books, 1996. p.316.
24. David Baker. Adolf Galland: The authorized biography. London, UK: Windrow & Greene Ltd, 1996. p.204.
25. Jill Amadio. Guenther Rall: A Memoir: Luftwaffe ace and NATO General. Santa Ana, CA:Tangmere Productions, 2002. p.204.
26. Jill Amadio. Gunther Rall: A Memoir: Luftwaffe ace and NATO General. p.206-207.
27. Hugh Morgan. Me 262: Stormbird rising. Oxford, UK: Osprey Publishing, 1994. p.123.
28. Colin D. Heaton, et al. The Me 262 Stormbird: From the pilots who flew, fought, and survived it. Minneapolis, MN: Zenith Press, 2012. p.52.
29. Colin D. Heaton. Interview with World War II Luftwaffe General and ace pilot Adolf Galland. WWII Journal, 1997, 11(5), p.46-52.
30. James Neel White. I was a P-51 fighter pilot in WWII. Lincoln, NE: iUniverse, Inc., 2003. p.388.
31. Hugh Morgan. Me 262: Stormbird rising. p.97.
32. Colin D. Heaton & Anne-Marie Lewis. The German aces speak: World War II through the eyes of four of the Luftwaffe's most important commanders. Minneapolis, MN: Zenith Press, 2011. p.120.
33. Colin D. Heaton, et al. The Me 262 Stormbird: From the pilots who flew, fought, and survived it. p.116.
34. Hugh Morgan & John Weal. German Jet aces of World War 2. Oxford, UK:Osprey Publishing, 1998. p.24.
35. Alfred Price. The last year of the Luftwaffe: May 1944 to May 1945. London, UK: Greenhill Books, 2001. p.81.
36. Colin D. Heaton, et al. The Me 262 Stormbird: From the pilots who flew, fought, and survived it. p.51.
37. Colin D. Heaton, et al. The Me 262 Stormbird: From the pilots who flew, fought, and survived it. p.52.
38. Hugh Morgan & John Weal. German Jet aces of World War 2. p.22-23.
39. Hugh Morgan. Me 262: Stormbird rising. p.98.
40. Robert Forsyth. Jagdgeschwader 7 Nowotny. p. 13.
41. Alfred Price. The last year of the Luftwaffe: May 1944 to May 1945. p.82.
42. J. Constable & R.F. Toliver. Horrido! Fighter aces of the Luftwaffe. p.267.
43. Franz Kurowski. Luftwaffe Aces. p.316.
44. Colin D. Heaton, et al. The Me 262 Stormbird: From the pilots who flew, fought, and survived it. p.130-131.
45. David Baker. Adolf Galland: The authorized biography. p.264.
46. Colin D. Heaton. The man who downed Nowotny: Interview with Colonel Edward R. Haydon. Aviation History, 2002, 13(1), p.22-28.
47. Werner Held. German fighter ace Walter Nowotny: An illustrated biography. p.151.
48. Hugh Morgan. Me 262: Stormbird rising. p.123.
49. Colin D. Heaton, et al. The Me 262 Stormbird: From the pilots who flew, fought, and survived it. p.131.
50. Colin D. Heaton & Anne-Marie Lewis. The German aces speak. p.121.
51.参见Der Standard: Aufmarsch am Wiener Zentralfriedhof für NS-Offizier Nowotny, 12 November 2006.
52.参见http://de.wikipedia.org/wiki/Gerhard_Pendl.

第九章

1. Wolfram Wette. The Wehrmacht: History, myth, reality. Cambridge, MA: Harvard University Press, 2007. p.260.
2. Franz Kurowski. Generalmajor Adelbert Schulz: Mit der 7. Panzerdivision in West und Ost. Würzburg, Germany: Flechsig Verlag, 2008. p.22.

3. Thomas Jentz (ed.) Panzertruppen: The complete guide to the creation and combat employment of Germany's tank force, 1933-1942. Atglen, PA: Schiffer Publishing, 1996. p.51-52.

4. Samuel W. Mitcham, Jr. The Panzer Legions: A guide to the German Army tank divisions of World War II and their commanders. Westport, CT: Greenwood Press, 2001. p.11.

5. 同上，第84页；另参见http://forum.axishistory.com/viewtopic.php?f=5&t=192712.

6. Thomas Jentz (ed.) Panzertruppen: The complete guide to the creation and combat employment of Germany's tank force, 1933-1942. p.91.

7. Karl H. Theile. Beyond monsters and clowns: The combat SS: Demythologizing five decades of German elite formations. Lanham, MD: University Press of America, Inc., 1997. p.76-78.

8. 相关争论可参见Panzer Regiment 25. http://www.feldgrau.net/forum/viewtopic.php?f=24&t=2354. 另外，Franz Kurowski 曾提到舒尔茨"在波兰战役中的拉多姆之战中第一次与对手激烈交锋，并见证了部队的第一批伤亡"(第22页)，不过这是笔者所见的唯一提及舒尔茨曾参与波兰战役的资料。

9. Thomas Jentz (ed.) Panzertruppen: The complete guide to the creation and combat employment of Germany's tank force, 1933-1942. p.121.

10. Adrian Gilbert. Gemany's lightning war. Osceola, WI: MBI Publishing Company, 2000. p,115.

11. B.H. Liddell-Hart (ed). Rommel Papers. Cambridge, MA: Da Capo Press, 1982. p.12.

12. Franz Kurowski. Generalmajor Adelbert Schulz: Mit der 7. Panzerdivision in West und Ost. p.13.

13. Michael Rinella. Rommel's Ghost Division: The 7th Panzer Division roared across France during the spring of 1940. WWII History, 2010,9(7), p.52-61.

14. Alistair Horne.To lose a battle: France 1940. London, UK: Penguin Books, 2007. p.472.

15. B.H. Liddell-Hart (ed). Rommel Papers. p.55.

16. Samuel W. Mitcham, Jr. Panzer commanders of the western front. Mechanicsburg, PA: Stackpole Books, 2008. p.16-20.

17. David M. Glantz. The initial period of war on the Eastern Front, 22 June - August 1941. New York, NY: Frank Cass Publishers, 1993. p.389. 不过，Jentz 在他关于德军装甲部队的专著中给出的数字略有差异，他的数字是第25装甲团合计有265辆坦克，含30辆IV号、53辆II号、167辆P-38(t) 坦克及15辆指挥坦克。参见：Thomas Jentz (ed.) Panzertruppen: The complete guide to the creation and combat employment of Germany's tank force, 1933-1942. p.190.

18. David M. Glantz. Barbarossa derailed: The battle of Smolensk 10 July - 10 September 1941. Volume 1. West Midlands, UK: Helion & Company Limited, 2010. p.73-74.

19. David M. Glantz. The initial period of war on the Eastern Front, 22 June - August 1941. p.389-390.

20. Franz Halder. The private war journal of Generaloberst Franz Halder. (translated by Phillip Willner et al, edited by Arnold Lissance). VII, 1 (1 August 1941). Washington, D.C.: OCMH, 1950.

21. Thomas Jentz (ed.) Panzertruppen: The complete guide to the creation and combat employment of Germany's tank force, 1933-1942. p.206.

22. Helmut Ritgen. The 6th Panzer Division: 1937-1945. Oxford, UK: Osprey Publishing, 1982. p.19.

23. Bryan I. Fugate. Operation Barbarossa: Strategy and tactics on the Eastern Front, 1941. Novato, CA: Presidio, 1984. p.290.

24. G. K. Zhukov. Marshal Zhukov's greatest battles. New York, NY: Harper and Row, 1969. p.51.

25. Guenther Fraschka. Knights of the Reich. Atglen, PA: Schiffer Military History, 2004. p.123.

26. Franz Kurowski. Panzer aces III: German tank commanders in combat in WWII. Mechanicsburg, PA: Stackpole Books, 2010. p.257.

27. Helmut Ritgen. The 6th Panzer Division: 1937-1945. p.23.

28. Erich von Manstein. Lost victories. Minneapolis, MN: Zenith Press, 2004. p.18.

29. Hasso von Manteuffel. The 7th Panzer Division: An illustrated history of Rommel's "Ghost Division" 1938-1945.Atglen, PA: Schiffer Publishing, 2000. p.102.

30. Otto Weidinger. Das Reich III: 1941-1943. Manitoba, Canada: J.J. Fedorowicz Publishing, 2002. p.415-418.

31. Thomas Jentz (ed.) Panzertruppen: The complete guide to the creation and combat employment of Germany's tank force, 1943-1945. Atglen, PA: Schiffer Publishing, 1996. p.32.

32. David M. Glantz. From the Don to the Dnepr: Soviet offensive operations, December 1942-August 1943. London, UK: Frank Cass Publishers, 1991. p.106.

33. Hasso von Manteuffel. The 7th Panzer Division: An illustrated history of Rommel's "Ghost Division" 1938-1945.p.128.

34. Gordon Williamson. Knight's Cross with Diamonds recipients. Oxford, UK: Osprey Publishing, 2006. p.22.

35. Hermann Breith. Breakthrough of III Panzer Corps through deeply echeloned Russian defenses (Kharkov, July 1943). In: German battle tactics on the Russian Front 1941-1945. Steven H. Newton (ed.). Atglen, PA: Schiffer Publishing Ltd., 1994. p.151-174.

36. Franz Kurowski. Panzer aces III: German tank commanders in combat in WWII. p.258.

37. M.A. Barbier. Kursk: The greatest tank battle 1943. St. Paul, MN: MBI Publishing, 2002. p.94.

38. Franz Kurowski. Panzer aces. New York, NY: Ballantine Books, 2002. p. 57-59.

39. Hermann Breith. Breakthrough of III Panzer Corps through deeply echeloned Russian defenses (Kharkov, July 1943). p.164-166.

40. Kamen Nevenkin. Fire Brigades: The Panzer Divisions 1943-1945. Manitoba, Canada: J.J.Fedorwicz Publishing Inc., 2008. p.217.

41. Franz Kurowski. Panzergrenadier aces: German mechanized infantrymen in World War II. Mechanicsburg, PA: Stackpole Books, 2010.pp.154-155.

42. Peter Stockert. Die Brillantenträger der deutschen Wehrmacht 1941–1945. Selent: Pour le Merite, 2010. p.161.
43. Franz Kurowski. Panzer aces III: German tank commanders in combat in WWII. p.261–262.
44.汪冰著。《德国名将曼陀菲尔传》。北京：人民日报出版社，2011年10月第1版，第114页。
45. 参见http://en.wikipedia.org/wiki/Adelbert_Schulz.
46. Franz Kurowski. Generalmajor Adelbert Schulz: Mit der 7. Panzerdivision in West und Ost. p.155.
47.同44，第114页。

第十章

1. Mike Spick. Luftwaffe bomber aces: Men, machines, methods. Mechanicsburg, PA: Stackpole Books. 2001.
2. Franz Kurowski. Luftwaffe aces: German combat pilots of WWII. Mechanicsburg, PA: Stackpole Books, 1996. p.379–381.
3.Guenther Just. Stuka pilot Hans-Ulrich Rudel: His life story in words and photographs. West Chester, PA: Schiffer Publishing, 1990. p.38.
4. Hans-Ulrich Rudel. Stuka Pilot. New York,NY: Bantam Books, Inc., 1958. p.8.
5.Guenther Just. Stuka pilot Hans-Ulrich Rudel: His life story in words and photographs. Forward by Pierre Clostermann. p.6–7.
6.Guenther Just. Stuka pilot Hans-Ulrich Rudel: His life story in words and photographs. p.11.
7.参见：Pilot training of the Luftwaffe in World War 2. http://ww2total.com/WW2/History/Orders-of-Battle/Germany/Pilot-Training.htm.
8. Don Hollway. Eagle of the Eastern Front. Aviation History, 2011, 21(6):22–29.
9. Brian Filley. Ju-87 Stuka in action. Carroliton, TX: Squadron/Signal Publications, Inc., 1986. p.16.
10.Peter C. Smith. Ju-87 Stuka Volume I: Luftwaffe Ju-87 Dive-bomber units 1939–1941. London, UK: Classic Publications, 2007. p.78.
11. Franz Kurowski. Luftwaffe aces: German combat pilots of WWII. p.381.
12.Robert Jackson. Legend Ju-87 Stuka. Ramsbury, UK: The Crowood Press Ltd, 2004. p.44–45.
13. Mike Spick. Luftwaffe bomber aces: Men, machines, methods. p.141–142.
14. John Weal. Junkers Ju-87 Stukageschwader of Russian Front. Oxford, UK:Osprey Publishing, 2008. p.17–18.
15. Peter C. Smith. Ju-87 Stuka Volume I: Luftwaffe Ju-87 Dive-bomber units 1939–1941. p.90.
16. Guenther Just. Stuka pilot Hans-Ulrich Rudel: His life story in words and photographs. p.110.
17. Peter C. Smith. Ju-87 Stuka Volume II: Luftwaffe Ju-87 Dive-bomber units 1942–1945. London, UK: Classic Publications, 2007. p.107.
18. John Weal. Junkers Ju 87 Stukageschwader of Russian Front. p.30.
19.Gordon Williamson. Aces of the Reich. London, UK: Arms and Armour Press, 1989. p.139; John Weal. Junkers Ju 87 Stukageschwader of Russian Front. p.48. Williamson在其著作“Knight' s Cross with Diamonds recipients 1941–1945”中（第23页）误称鲁德尔在1941年12月24日就完成了第500次作战飞行。
20. Guenther Just. Stuka pilot Hans-Ulrich Rudel: His life story in words and photographs. p.26.
21.T.J. Constable & R.F. Toliver. Horrido! Fighter aces of the Luftwaffe. New York, NY: The MacMillan Company, 1968. p.329.
22.Nik Cornish. Images of Kursk: History' s greatest tank battle. London, UK: Brown Partworks Limited, 2002. p.118–119.
23. John Weal. Junkers Ju 87 Stukageschwader of Russian Front. p.72–73.
24. John Weal. Junkers Ju 87 Stukageschwader of Russian Front. p.86.
25.Colin D. Heaton. Messerschmitt master in Eastern Front. Military History, Feburary 2004. p.43–48.
26. Hans-Ulrich Rudel. Stuka Pilot. p.83–91.
27. 参见Lev Shestakov versus Hans-Ulrich Rudel. http://www.ww2aircraft.net/forum/stories/lev-shestakov-versus-hans-ulrich-rudel-126.html. 另可参见http://en.wikipedia.org/wiki/Lev_Shestakov.
28.汪冰著。《德国名将曼陀菲尔传》。北京：人民日报出版社，2012年10月第1版，第160页。
29. Guenther Just. Stuka pilot Hans-Ulrich Rudel: His life story in words and photographs. p.6.
30. Guenther Fraschka. Knights of the Reich. p.131–132.
31.John Toland. Adolf Hitler. New York, NY: Anchor Books, 1992. p.862.
32. Hans-Ulrich Rudel. Stuka Pilot. p.220.
33. Franz Kurowski. Luftwaffe aces: German combat pilots of WWII. p.264–265.
34. Don Hollway. Eagle of the Eastern Front. Aviation History, 2011, 21(6):22–29.
35. Hans-Ulrich Rudel. Stuka Pilot. p.228.
36.Omar Bartov. Hitler' s army: Soldiers, Nazis, and war in the Third Reich. New York, NY: Oxford University Press, 1992. p.140.
37. 关于鲁德尔丑闻，可参见http://en.wikipedia.org/wiki/Rudel_Scandal.
38. Robert Coram. Boyd: The fighter pilot who changed the art of war. New York, NY: Back Bay Books, 2004. p.235.
39. 关于这一报道，参见：http://www.pqiairshow.com/index.php?option=com_content&view=article&id=7&catid=5&Itemid=4.
40. Peter Padfield. Doenitz: The last Führer. New York, NY:Harper & Row Publishers, 1984. p.4.
41. 参见：HANS RUDEL, 66, ACE LUFTWAFFE PILOT IN WWII. Boston Global, December 22, 1982.
42. Gordon Williamson. Aces of the Reich. p.141.

第十一章

1. Guenther Fraschka. Knights of the Reich. p.137.
2. Bryan Perrett. Knight of the Black Cross: Hitler' s Panzerwaffe and its leaders. New York, NY: Dorset Press, 1986. p. 95.

3.Hans-Joachim Röll. Generalleutnant der Reserve Hyacinth Graf Strachwitz von Groß-Zauche und Camminetz: Vom Kavallerieoffizier zum Führer gepanzerter Verbände. Würzburg, Germany: Flechsig Verlag, 2011. p.19.

4. Hans-Joachim Röll. Generalleutnant der Reserve Hyacinth Graf Strachwitz von Groß-Zauche und Camminetz. p.30-31.

5. Rolf O. Stoves. Die 1. Panzer-Division 1935-1945. Dorheim: Podzun-Verlag, 1976. p.12-13

6. Samuel W. Mitcham. The rise of the Wehrmacht: the German armed forces and World War II. Westport, CT: Praeger, 2008. p.186.

7. Hans-Joachim Röll. Generalleutnant der Reserve Hyacinth Graf Strachwitz von Groß-Zauche und Camminetz p.51.

8. Hans-Joachim Röll. Generalleutnant der Reserve Hyacinth Graf Strachwitz von Groß-Zauche und Camminetz. p.51, p.188.

9. Guenther Fraschka. Knights of the Reich. p.140-141; Hans-Joachim Röll, p.54.

10.Andrzej Krzak. Operation "Marita": The attack against Yugoslavia in 1941. Journal of Slavic Military Studies, 2006, 19(3), p.543-600.

11. 周明、马文俊著。大德意志师（上）。重庆：重庆出版社，2008年6月第1版。第128页。

12. 参见http://www.lexikon-der-wehrmacht.de/Gliederungen/Panzerregimenter/PR2-R.htm.

13. Peter McCarthy & Mike Syron. Panzerkrieg: The rise and fall of Hitler's tank divisions. New York, NY: Carroll & Graf Publishers, 2003, p. 100.

14. 参见：http://forum.axishistory.com/viewtopic.php?f=47&t=129787; http://www.feldgrau.net/forum/viewtopic.php?f=26&t=12876.

15. 参见第16装甲师第2装甲团战史资料：http://www.lexikon-der-wehrmacht.de/Gliederungen/Panzerregimenter/PR2-R.htm.

16. Hans-Joachim Röll. Generalleutnant der Reserve Hyacinth Graf Strachwitz von Groß-Zauche und Camminetz. p.91.

17. Peter Strassner. European Volunteers: The 5. SS-Panzer-Division "Wiking". Manitoba, Canada: J.J. Fedorowicz Publishing, Inc., 2006. p.73.

18. Guenther Fraschka. Knights of the Reich. p.143.

19 关于南方德军在1942年5月至6月间发起的"弗里德里希"、"威廉"和"弗里德里希II"等战役，可参见：David M. Glantz. Prelude to German Operation Blau: Military Operations on Germany's Eastern Front, April-June 1942. Journal of Slavic Military Studies, 2007,20(2): 171-234.

20. Herbert Selle. The German Sixth Army on the way to catastrophe. Military Review, January 1958, p.92-97.

21. Gordon Williamson. Knight's Cross with Diamonds recipients 1941-45. Oxford, UK: Osprey Publishing, 2006. p.26. 在Hans-Joachim Röll的著作中(第96页)，第16装甲师在卡拉奇坦克战中的战果数字更具体，包括俘虏8300名苏军，摧毁坦克275辆，大炮298门。

22. Herbert Selle. The German Sixth Army on the way to catastrophe. Military Review, January 1958: p.92-97. 保卢斯的引语见第94页。

23. Hans-Joachim Röll. Generalleutnant der Reserve Hyacinth Graf Strachwitz von Groß-Zauche und Camminetz. p.110.

24. Thomas Jentz (ed.) Panzertruppen: The complete guide to the creation and combat employment of Germany's tank force, 1943-1945. Atglen, PA: Schiffer Publishing, 1996. p.48.

25.Bryan Perrett. Knights of the Black Cross: Hitler's Panzerwaffe and its leaders. p.115-116.

26. 周明、马文俊著。大德意志师（下）。重庆：重庆出版社，2008年6月第1版。第2页。

27. Hans-Joachim Röll. Generalleutnant der Reserve Hyacinth Graf Strachwitz von Groß-Zauche und Camminetz. p.114.

28. 周明、马文俊著。大德意志师（下）。第20页。

29. Guenther Fraschka. Knights of the Reich. p.144-145.

30. Hans-Joachim Röll. Generalleutnant der Reserve Hyacinth Graf Strachwitz von Groß-Zauche und Camminetz. p.114.

31. Nevenkin, Kamen. Fire Brigades: The Panzer Divisions 1943-1945. Manitoba, Canada: J.J. Fedorowicz Publishing, 2008. p.662.

32. Nevenkin, Kamen. Fire Brigades: The Panzer Divisions 1943-1945. p.663.

33. 周明、马文俊著。大德意志师（下）。第71页。

34. Steven H. Newton. Kursk: The German view. Cambridge, MA: Da Capo Press, 2003. p.387-390.

35. Steven H. Newton. Kursk: The German view. p.387.

36. Steven H. Newton. Kursk: The German view. p.388.

37. Hans-Joachim Röll. Generalleutnant der Reserve Hyacinth Graf Strachwitz von Groß-Zauche und Camminetz. p.138.

38. Gordon Williamson. Knight's Cross with Diamonds recipients 1941-45. p.27.

39. 周明、马文俊著。大德意志师（下）。第242页。

40. Otto Carius & Robert Edwards. Tigers in the mud. Mechanicsburg, PA: Stackpole Books, 2003. p.100.

41. Otto Carius & Robert Edwards. Tigers in the mud. p.101-102.

42. Otto Carius & Robert Edwards. Tigers in the mud. p.122. 卡里乌斯认为，施特拉赫维茨是在向他们交代作战计划时才得悉自己获得钻石骑士勋章的。但也有一种说法（见Fraschka的Knights of the Reich 一书第147页），说他是在4月15日午夜"被副官从睡梦中摇醒"，得知自己被授予钻石骑士勋章的。

43. Hans-Joachim Röll. Generalleutnant der Reserve Hyacinth Graf Strachwitz von Groß-Zauche und Camminetz. p.152.

44. Barrett Tillman. Brassey's D-Day encyclopedia: the Normandy invasion A-Z. Dulles, VA: Brassey's, Inc., 2004. p.107. 曾有很多资料称，施特拉赫维茨还在1944年初夏担任过第1装甲师师长，但笔者在该师战史中没有发现这个线索；John R. Angolia 在研究铁十字勋章的著作中，曾提到施特拉赫维茨曾任第1装甲师师长（参见

On the field of honor: A history of the Knight' s Cross Bearers. Volume 1. p.78)，但是，他在该书第2卷中很快纠正了这一说法，"将第1卷第78页的第1装甲师改为装甲教导师"，参见第2卷第135页。
45.汪冰。《德国名将曼陀菲尔传》。第173页。关于"双头作战"的背景、目标、兵力部署、装备和战役 进程，拙著有相对详细的介绍。
46. Hans-Joachim Röll. Generalleutnant der Reserve Hyacinth Graf Strachwitz von Groß-Zauche und Camminetz. p.153.
47. Peter McCarthy & Mike Syron. Panzerkrieg: The rise and fall of Hitler' s tank divisions. p.254-255.
48. Thorn Burnett. Conspiracy Encyclopedia. New York, NY: Chamberlain Bros., 2005. p.48.
49. Hyazinth Graf Strachwitz. Ein Betrag zur Geschicte des deutschen Widersyanders gegen das nationalsozialistische regime.17 February 1947, U.S. Army European Command Headquarters. 现存于美国国家档案馆。
50. Peter Hoffmann. The history of the German resistence 1933-1945. Cambridge, MA: The MIT Press, 1977. p.279.
51. Peter Hoffmann. The history of the German resistence 1933-1945. p.280.

第十二章

1.Tim Ripley. Steel storm: Waffen-SS panzer battles on the Eastern Front 1943-1945.Osceola, WI: MBI Publishing Company, 2000. p.41.
2.Dennis Showalter. Hitler' s Panzers: The lightning attacks that revolutionized warfare. New York, NY: Berkeley Publishing Group, 2009. p. 360.
3.多数资料指出吉勒调往第75预备步兵师第55炮兵团的时间是1914年12月29日，但也有资料称调动时间是"一战爆发8周后"，参见Ernst-Günther Krätschmer . Die Ritterkreuztraäger der Waffen-SS.Preussisch Oldendorf: Schuetz, 1982. p.345.
4.Rupert Butler. SS-Wiking: The history of the 5th SS Division 1941-1945. Havertown, PA: Casemate, 2002. p.172.
5.参见：http://en.wikipedia.org/wiki/Dietrich_Klagges 以及 http://www.wehrmacht-awards.com/forums/showthread.php?t=112133.
6.Rupert Butler. SS-Wiking: The history of the 5th SS Division 1941-1945. p.23.
7.Terry Goldsworthy. Valhalla' s warriors: A history of the Waffen-SS on the Eastern Front 1941-1945. Indianapolis, IN: Dog Ear Publishing, 2007. p.202.
8.Guenther Fraschka. Knights of the Reich. p.155.
9.Charles Messenger. Hitler' s gladiator. London, UK: Brassey' s Defence Publishers, 1988. p.77.
10. George Stein. The Waffen SS: Hitler's elite guard at war, 1939-45. Ithaca, NY: Cornell University Press, 1984. p.74-75.
11. Peter Strassner. European volunteers: The 5. SS Panzer Division "Wiking". J.J.Fedorowicz Publishing, 2006. p.19.
12. Peter Strassner. European volunteers: The 5. SS Panzer Division "Wiking". p.21.
13. Rupert Butler. SS-Wiking: The history of the 5th SS Division 1941-1945. p.47.
14. Tim Ripley. The Waffen-SS at war: Hitler' s Praetorians 1925-1945. Minneapolis, MN: Zenith Press, 2004. p.93.
15. Ewald Klapdor. Viking Panzers: The German 5th SS Tank Regiment in the East in World War II. Mechanicsburg, PA: Stackpole Books, 2011. p.12.
16. Ewald Klapdor. Viking Panzers: The German 5th SS Tank Regiment in the East in World War II. p.10.
17. Ewald Klapdor. Viking Panzers: The German 5th SS Tank Regiment in the East in World War II. p.55.
18. Peter Strassner. European volunteers: The 5. SS Panzer Division "Wiking". p.138.
19. Franz Kurowski. Panzer aces II: Battles stories of German tank commanders of WWII. Mechanicsburg, PA: Stackpole Books, 2004. p.292.
20. Tim Ripley. The Waffen-SS at war: Hitler' s Praetorians 1925-1945. p.72.
21. Peter Strassner. European volunteers: The 5. SS Panzer Division "Wiking". p.155.
22. Kurt Zeitzler. Withdrawals of the German Army on the Eastern Front. Military Review, August 1960. p.73-84. 蔡茨勒在此文中详细介绍了A集团军群1943年初撤出高加索的经过，包括他与希特勒就此事发生的多次争执，他如何暗中命令克莱斯特预为准备，撤退正式开始后的各阶段作战情况，以及最后结果等。
23. Kurt Zeitzler. Withdrawals of the German Army on the Eastern Front. Military Review, August 1960. p.73-84. 麦肯森的引语见第79至第80页，蔡茨勒的统计数字见第80页。
24. Steven H. Newton. Kursk: The German view. Cambridge, MA: Da Capo Press, 2003. p. 404.
25. Tim Ripley. Steel storm: Waffen-SS panzer battles on the Eastern Front 1943-1945. p. 82.
26. Peter Strassner. European volunteers: The 5. SS Panzer Division "Wiking". p.193.
27. Kamen Nevenkin. Fire brigades: The Panzer Divisions 1943-1945. p.847.
28. Franz Kurowski. Panzer aces II: Battle stories of German tank commanders in World War II. p. 404.
29. Bryan Perrett. Knight of the Black Cross: Hitler' s Panzerwaffe and its leaders. p.167.
30. Richard Landwehr, et al. The Wallonien: The history of the 5th SS-Sturmbrigade and 28th SS Volunteer Panzergrenadier Division. Bennington, VT: Merriam Press, 2006. p.6.
31. Kamen Nevenkin. Fire brigades: The Panzer Divisions 1943-1945. p.848.
32. Niklas Zetterling & Anders Frankson. The Korsun Pocket. Drexel Hill, PA: Casemate Publishing, 2008. p.148, p.335-336.
33. Ewald Klapdor. Viking Panzers: The German 5th SS Tank Regiment in the East in World War II. p.231.
34. Niklas Zetterling & Anders Frankson. The Korsun Pocket. p.255-256.
35. Douglas E. Nash. Hell' s gate: The Battle of the Cherkassy Pocket, January-February 1944. Stamford, CT:

RZM Imports Inc., 2000. p.253.
36. Douglas E. Nash. Hell's gate: The Battle of the Cherkassy Pocket, January–February 1944. p.254.
37. Douglas E. Nash. Hell's gate: The Battle of the Cherkassy Pocket, January–February 1944. p.316.
38. Paul Carell. Scorched earth. Hitler's War on Russia, Volume 2. London, UK: George G. Harrap & Co. Ltd, 1970. p.427–428；另可参见：Douglas E. Nash. Hell's gate. p.316.
39. Bryan Perrett. Knight of the Black Cross: Hitler's Panzerwaffe and its leaders. p.167. 另可参见：科涅夫著，赖铭传译。《科涅夫元帅战争回忆录》。北京：解放军出版社，2005年5月第1版，第185页。
40.科涅夫著，赖铭传译。《科涅夫元帅战争回忆录》。第182页。
41. Alex Buchner. Ostfront 1944: The German defensive battles on the Russian Front 1944. Atglen, PA: Schiffer Publishing, 1991. p.69.
42.科涅夫著，赖铭传译。《科涅夫元帅战争回忆录》。第183页。
43.转引自：Ewald Klapdor. Viking Panzers: The German 5th SS Tank Regiment in the East in World War II. p.238. 正文中提到的研究切尔卡瑟口袋的著作是：Der Kessel von Tscherkassy: 5. SS–Panzer–Division "Wiking" Die Flut verschlang sich selbst, nicht uns. Osnabrück: Munin Verlag, 1969.
44. Niklas Zetterling & Anders Frankson. The Korsun Pocket. p.336.
45. Franz Kurowski. Panzer aces II: Battle stories of German tank commanders in World War II. p. 331.
46. Philip W. Blood. Hitler's bandit hunters: The SS and the Nazi occupation of Europe. Washington, D.C.: Potomac Books Inc., 2006. p.228.
47.吉勒被召至大本营与希特勒商谈科韦利防御一事，得到了"维京"师老兵战后出版的多部战史著作的印证。但Fraschka的"Knights of the Reich"一书（第156至157页）却称，"吉勒因不愿从命而主动飞赴大本营面见希特勒，但后者拒绝见他。"Fraschka还称吉勒最后找到了古德里安，说后者"理解吉勒对局势的评估，也允诺提供武器弹药和补充兵员，但要求吉勒率师余部守卫科韦利。"Fraschka声称，吉勒虽不愿派部下前往，但理解守住科韦利的重要性，因而决定"只身飞往科韦利组织城防"。不过，Fraschka将古德里安误指为"时任参谋总长"(此时仍为装甲兵总监，出任参谋总长是当年7月20日刺杀希特勒之后的事)。
48. Franz Mattenklott. XXXXII Corps in the relief of Kovel (19 March –5 April 1944). In: Steven H. Newton (ed.). German battle tactics on the Russian Front 1941–1945. Atglen, PA: Schiffer Publishing, 1994. p.193–205.
49. Franz Mattenklott. XXXXII Corps in the relief of Kovel. p.200–201.
50. Ewald Klapdor. Viking Panzers: The German 5th SS Tank Regiment in the East in World War II. p.266.
51. Ewald Klapdor. Viking Panzers: The German 5th SS Tank Regiment in the East in World War II. p.304.
52. Kamen Nevenkin. Fire brigades: The Panzer Divisions 1943–1945. p.852–853.
53. Tim Ripley. Steel storm: Waffen–SS panzer battles on the Eastern Front 1943–1945. p. 173.
54. Krisztian Ungvary. Battle for Budapest: One hundred days in World War II. New York, NY: I.B.Tauris & Co Ltd, 2003. p.160.
55. Christoper Duffy. Red storm on the Reich: The Soviet march on Germany, 1945. Cambridge, MA: Da Capo Press, 1993. p.293.
56. Gerald Reitlinger. The SS, alibi of a nation, 1922–1945. Cambridge, MA: Da Capo Press, 1989. p.368.
57. Command Magazine. Hitler's Army: The evolution and structure of German forces. Cambridge, MA: Da Capo Press, 2003. p. 354–355.
58. Ernst Rebentisch. The combat history of the 23rd Panzer Division in World War II. Mechanicsburg, PA: Stackpole Books, 2012. p.448.
59. Krisztian Ungvary. Battle for Budapest: One hundred days in World War II. p.162.
60. Heinz Guderian. Panzer leader. Cambrdige, MA: Da Caop Press, 1996. p.386.
61. Command Magazine. Hitler's Army: The evolution and structure of German forces. p.359.
62. Peter Strassner. European volunteers: The 5. SS Panzer Division "Wiking". p.318. Strassner 在书中引述的是苏联历史学家M.M.Malachow的资料。但也有作者指出，吉勒发起进攻时，第57集团军司令员沙罗欣曾一度陷入恐慌，是在托尔布欣的严令下才进行了认真的抵抗，参见Sean M. Mcateer. 500 days: The war in Eastern Europe, 1944–1945 (Pittsburg, PA: Red Lead Press, 2009)，第345页。匈牙利作者Krisztian Ungvary在专门研究布达佩斯战役的著作中有着完全不同的说法，"在多瑙河渡口，在一片混乱的情况下，苏军几天内将4万官兵和大量物资装备撤到了多瑙河东岸……"参见Battle for Budapest: One hundred days in World War II. 第168至169页。战史资料的相互矛盾和难有定论，由此可略见一斑。
63. Richard Landwehr. Budapest: The Stalingrad of the Waffen–SS. Bennington, VT: Merriam Press, 2006. p.178.
64. Peter Strassner. European volunteers: The 5. SS Panzer Division "Wiking". p.321.
65.陈星波、张啸著。《黑天鹅之死：武装党卫军的最后一战》。汕头：汕头大学出版社，2011年8月第1版，第123、第125页。这部专著资料翔实丰富，全面描绘了苏德双方在整个"春醒"战役前后的兵力部署、态势和作战进展，对于党卫军各部的溃败过程也有深入探讨。
66. Ernst–Günther Krätschmer. Die Ritterkreuzträger der Waffen–SS. Preussisch Oldendorf: Schuetz, 1982. p.356.
67.汪冰著。《德国名将曼陀菲尔传》。第276页。
68. Alaric Searle. Wehrmacht generals, West German society, and the debate on rearmament, 1949–1959. Westport, CT: Praeger Publishers, 2003. p.124.
69.D. Abenheim. Reforging the Iron Cross: The search for tradition in West Germany. Princeton, NJ: Princeton University Press, 1988. p.213.
70. Heinz Zollin Höhne. The Order of the Death's Head: The story of Hitler's SS. London, UK: Penguin Books, 2001. p. 481.
71. George Stein. The Waffen SS:

Hitler's elite guard at war, 1939–45. Ithaca, NY: Cornell University Press, 1984. p.292.

第十三章

1.特劳德尔·荣格、梅丽莎·米勒著，陈琬译。《帝国的陷落：希特勒女秘书回忆录》。上海：文汇出版社，2005年8月第1版。第67页。参见英文版：Traudl Junge. Until the final hour: Hitler's last secretary. New York, NY: Arcade Publishing, 2004. p.93–94.

2. Traudl Junge. Until the final hour: Hitler's last secretary. p.207. 第70条注释。

3. Ian Kershaw. Hitler: 1936–1945: Nemesis. New York, NY: W.W.Norton & Company, Inc., 2001.p. 632–633.

4. David Irving. Hitler's war. New York, NY: The Viking Press, 1977. p.620.

5. David Irving. Hitler's war. p.658.

6. Samuel W. Mitcham & Gene Mueller. Hitler's commanders. New York, NY: First Cooper Square Press, 2000. p.105.

7. Samuel W. Mitcham & Friedrich von Stauffenberg. The Battle of Sicily. Mechanicsburg, PA: Stackpole Books, 2007. p. ix.

8. Paul Brown. The whorehouse of the world: Tales of wartime Italy – Casablanca, Algiers and Sicily. Bloomington, IN: AuthorHouse, 2004. p. 205.

9. Steven H. Newton. Hitler's Commander: Field Marshal Walter Model, Hitler's favorite general. Cambridge, MA: Da Capo Press, 2005. p. 8.

10.参见http://www.lexikon-der-wehrmacht.de/Personenregister/HubeHV.htm.

11. Guenther Fraschka. Knights of the Reich. p. 162–163.

12. 参见http://www.feldgrau.com/RWInfReg.php?ID=3. 塞克特主持战后国防军时，坚持沿用帝国陆军的灰色制服，还命令每个连或营继承前陆军一个团的军旗、荣誉和战史，并要求十大军区指挥官全责维护辖区内部队的所有战旗和战史遗物，以及与老兵间的互动交流，他的全部目的就是力保普鲁士军事传统之延续。胡贝的第3步兵团3营代表的是一战结束前的第18"冯·格罗尔曼"(Karl von Grolmann) 步兵团。格罗尔曼是19世纪初普鲁士解放战争时期的著名将领。

13. Guenther Fraschka. Knights of the Reich. p.162. 另可参见Samuel W. Mitcham & Friedrich von Stauffenberg. The Battle of Sicily. p.170.

14. George F. Nafziger. The German Order of Battle, Vol.2: Infantry in World War II. London, UK: Greenhill Books, 2000. p. 62.

15. Chris Bishop. German Infantry in World War II. St. Paul. MN: Zenith Press, 2008. p.20.

16. Samuel W. Mitcham. German Order of Battle, Volume 1: 1st to 299th Infantry Divisions in World War II. Mechanicsburg, PA: Stackpole Books, 2007. p.57.

17.关于斯托讷之战的详细介绍，可参见http://forum.worldoftanks.eu/index.php?/topic/10438-stonne/. 另外，根据第1装甲师战史，该师第4搜索侦察营也参加了斯托讷之战。参见Rolf Stoves. Die 1. Panzerdivision 1935–1945. Dorheim: Podzun-Verlag, 1976. p.57.

18. Guenther Schmitz. Die 16 Panzer-Division: Bewaffnung, Einsätze, Männer, 1938–1945. Friedberg: Podzun-Pallas-Verlag, 1977. p.23.

19. 周明、马文俊著。大德意志师(上)。第62页。

20. Steven H. Newton. Hitler's commander: Field Marshal Walther Model, Hitler's favorite general. p.94.

21. Guenther Schmitz. Die 16 Panzer-Division: Bewaffnung, Einsätze, Männer, 1938–1945. p.24.

22. Samuel W. Mitcham. The Panzer Legions. Westport, CT: Greenwood Press, 2001. p.129–130.

23. Guenther Schmitz. Die 16, Panzer-Division: Bewaffnung, Einsätze, Männer, 1938–1945. p.37–38.

24. Samuel W. Mitcham. Rommel's Lieutenants: The men who served the Desert Fox, France, 1940. Mechanicsburg, PA: Stackpole Books, 2009. p.30.

25. Thomas Jentz (ed.) Panzertruppen: The complete guide to the creation and combat employment of Germany's tank force, 1933–1942. p.206. 但是，该书前后并不一致，第192页给出的总数只有146辆。

26. D.Ryabyshev. On the role of the 8th Mechanized Corps in the June 1941 counteroffensive mounted by the South-Western Front. 参见http://english.battlefield.ru/8th-mechanized-corps1941.html.

27. Victor Kamenir. The bloody triangle: The defeat of Soviet armor in Ukraine, June 1941. Minneapolis, MN: Zenith Press, 2008. p.224.

28. 参见http://english.battlefield.ru/8th-mechanized-corps1941.html.

29. Hans-Joachim Röll. Generalleutnant der Reserve Hyacinth Graf Strachwitz von Groß-Zauche und Camminetz. p.73. 另参见Guenther Schmitz. Die 16 Panzer-Division: Bewaffnung, Einsätze, Männer, 1938–1945. p.53.

30. Samuel W. Mitcham. Rommel's Lieutenants: The men who served the Desert Fox, France, 1940. p.31.

31. David Stahel. Kiev 1941: Hitler's battle for supremacy in the East. Cambridge, UK: Cambridge University Press, 2012. p.217.

32. Veterans of the 3rd Panzer Division. Amoured Bear: The German 3rd Panzer Division in World War II, Volume 1. Mechnaicsburg, PA: Stackpole Books, 2012. p.230. 在第16装甲师的战史著作中，与莫德尔第3装甲师所部会师的部队被称为是"第16装甲师第16装甲工兵营2连。"参见Guenther Schmitz. Die 16 Panzer-Division: Bewaffnung, Einsätze, Männer, 1938–1945. p.54.

33. Correlli Barnett (ed.). Hitler's generals. New York, NY: Quill/William Morrow, 1989. p.254–255.

34. Robert M. Citino. Death of Wehrmacht: The German campaigns of 1942. Lawrence, KS: University Press of Kansas, 2007. p.103.

35. Robert M. Citino. Death of Wehrmacht: The German campaigns of 1942. p.108.

36. Samuel W. Mitcham & Friedrich von Stauffenberg. The Battle of Sicily. p.172.

37. Robert M. Citino. Death of Wehrmacht:The German campaigns of

1942. p.109–110.

38. General Rocafort. Two German–Russian tank battles. Military Review, June 1950. p.100–107.

39. Gordon Williamson. Knight's Cross with Diamonds recipients 1941–45. p.26.

40. Guenther Schmitz. Die 16 Panzer-Division: Bewaffnung, Einsätze, Männer, 1938–1945. p.86.

41. William Craig. Enemy at the gates: The battle of Stalingrad. Old Saybrook, CT: Konecky & Konecky, 1973. p. 62–63.

42. David M. Glantz & Jonathan House. To the gates of Stalingrad: Soviet-German combat operations, April–August 1942. Lawrence, KS: University Press of Kansas, 2009. p.344.

43. Joel S.A. Hayward. Stopped at Stalingrad: The Luftwaffe and Hitler's defeat in the East, 1942–1943. Lawrence, KS: University Press of Kansas, 2001. p.189.

44. David M. Glantz & Jonathan House. Armageddon in Stalingrad: September–November 1942. Lawrence, KS: University Press of Kansas,2009. p.397.

45. Walter Goerlitz. The Battle of Stalingrad 1942–43. In: H.A. Jacobsen & J. Rohwer (ed.). Decisive battles of World War II: The German view. New York, NY: G.P. Putnam's Sons, 1965. p.238.

46. Joel S.A. Hayward. Stalingrad: An examination of Hitler's decision to airlift. Airpower Journal, Spring 1997, p.21–38.

47. Joel S.A. Hayward. Stopped at Stalingrad: The Luftwaffe and Hitler's defeat in the East, 1942–1943. p.295.

48. David Irving. Hitler's war. p.472.

49. Erich von Manstein. Lost victories. Minneapolis, MN: Zenith Press, 2004. p. 352.

50. Samuel W. Mitcham & Friedrich von Stauffenberg. The Battle of Sicily. p.174–175.

51. Joel S.A. Hayward. Stopped at Stalingrad: The Luftwaffe and Hitler's defeat in the East, 1942–1943. p.295–297.

52. Peter Hoffmann. Stauffenburg: A family history, 1905–1944. Cambridge, UK: Cambridge University Press, 1995. p.159.

53. Erich von Manstein. Lost victories. p. 352.

54. Joel S.A. Hayward. Stopped at Stalingrad: The Luftwaffe and Hitler's defeat in the East, 1942–1943. p.296.

55. Joel S.A. Hayward. Stopped at Stalingrad: The Luftwaffe and Hitler's defeat in the East, 1942–1943. p.319.

56. Helmut Heiber (ed.). Hitler and his generals: Military conferences 1942–1945: The first complete stenographic record of the military situation conferences, from Stalingrad to Berlin. New York, NY: Enigma Books, 2003. p.59.另参见David Irving. Hitler's war. p.473.

57. Flint Whitlock. The rock of Anzio: From Sicily to Dachau, a history of the U.S. 45th Infantry Division. Westview Press, 1998. p. 36.

58. Barton V. Barnhart. The great escape: An analysis of allied actions leading to the Axis evacuation of Sicily in World War II. Fort Leavenworth, KS: U.S. Army Command and Staff College, 2003. p. 4.

59. Jeff Shaara. The rising tide: A novel of World War II. New York, NY: The Ballantine Books, 2008. p.487.

60. Carlo D' Este. Bitter victory. New York, NY: E.P. Dutton, 1988. p.554.

61. Martin Blumenson. The Patton papers, 1940–1945. Cambridge, MA: Da Capo Press, 1974. p. 312.

62. Martin Blumenson. The Patton papers, 1940–1945. p. 323.

63. Samuel E. Morrison. History of the United States Navy Operations in World War II. Vol. IX: Sicily–Salerno–Anzio. Boston, MA: Little Brown, 1962. p.209.

64. Hermann Balck. Ordnung im Chaos: Erinnerungen, 1893–1948, Soldatenschicksale des 20. Janhrhunderts als Geschichtsquelle. Osnabrück: Biblio Verlag, 1981. p.2.

65. Niklas Zetterling & Anders Frankson. The Korsun Pocket. p.148, p.101.

66. Douglas E. Nash. Hell's gate: The Battle of the Cherkassy Pocket, January–February 1944. p.129–130.

67. Henry D. Lind. Break-out from encirclement. Military Review, June 1951. p.49–62.

68. Paul Carell. Scorched earth. Hitler's war on Russia, Vol.2. London, UK: George G. Harrap & Co. Ltd, 1970. p.416.

69. 关于"科尔逊-切尔卡瑟口袋"可参见Nash 的"Hell's gate"(及小小冰人的中译本《地狱之门》) 以及Zetterling 和 Frankson所著的"The Korsun Pocket"。Carell 的"Scorched Earth"也有一章 (第399至433页) 生动描绘了突围过程; 另外, Alex Buchner在"Ostfront 1944: The German defensive battles on the Russian Front 1944"中, 也有一整章 (第17至第71页) 从基层官兵的角度描绘了突围过程。

70.关于胡贝在1944年2月20日会议上总结的详细情况，参见: Douglas E. Nash. Hell's gate: The Battle of the Cherkassy Pocket, January–February 1944. p.360–363.

71. Paul Carell. Scorched earth. Hitler's war on Russia. p.439.

72. Department of U.S. Army. Operations of encircled forces: German experiences in Russia. Department of the Army Pamphlet No. 20–234 (MS T–12). Washington, D.C.: Department of U.S. Army, 1952. p.48.

73.关于与党卫军第10装甲师会合的是胡贝属下的哪支部队，不同的资料说法不同。Carell在"Scorched Earth"一书 (第452页) 中说是第6装甲师; Fraschka 在"Knights of Reich"一书 (第172页) 中称，是第16装甲师突破了包围圈并在布查奇与第4装甲集团军建立联系的。从第1装甲师当年的作战地图来看，最先进抵布查奇并与接应部队会合的似应为第16装甲师。

74. Samuel W. Mitcham & Friedrich von Stauffenberg. The Battle of Sicily. p.316. 但也有一说认为致悼词的是古德里安，参见Fraschka 的"Knights of Reich"的第172页。

75. Douglas E. Nash. Hell's gate: The Battle of the Cherkassy Pocket, January–February 1944. p.328..

76. Dennis Showalter. Hitler's Panzers: The lightning attacks that revolutionized warfare. p.286.

第十四章

1. Albert Kesselring. A soldier's record. Westport, CT: Greenwood Press, 1970. p.vii.

2. Kenneth Macksey. Kesselring: Grand master strategist of the Second World War. London, UK: Greenhill Books, 1996. p.11.

3. Albert Kesselring. A soldier's record. p.3.

4. Richard Raiber. Anatomy of perjury: Field Marshal Albert Kesselring, Via Rasella, and the GINNY mission. Newark, DE: University of Delaware Press, 2008. p.19.

5. Peter Herde. Albert Kesselring (1885–1960). In: Erich Schneider (ed). Fränkische Lebensbilder: Neue Folge der Lebensläufe aus Franken. Volume 18, Series VIIa, Neustadt/Aische, Germany: Kommissionsverlag Degener & Co., 2000. p. 295–314. 见第295页。

6. Kerstin von Lingen. Kesselring's last battle: War crimes trials and cold war politics, 1945–1960. Lawrence, KS: University Press of Kansas, 2009. p.16.

7. Pier Paolo Battistelli. Albert Kesselring. Oxford, UK: Osprey Publishing, 2012. p.6

8. Albert Kesselring. A soldier's record. p.3.

9. Kerstin von Lingen. Kesselring's last battle: War crimes trials and cold war politics, 1945–1960. p.17.

10. Peter Herde. Albert Kesselring (1885–1960), p.298; Kerstin von Lingen. Kesselring's last battle, p.18.

11. Richard Raiber. Anatomy of perjury. p.22.

12. Richard Raiber. Anatomy of perjury. p.22–23.

13. Kerstin von Lingen. Kesselring's last battle: War crimes trials and cold war politics, 1945–1960. p.20.

14. Peter Herde. Albert Kesselring (1885–1960), p.299–300.

15. Correlli Barnett. Hitler's generals. New York, NY: Grove Weidenfeld, 1989. p.268.

16. Harold J. Gordon. The Reichswehr and the German Republic, 1919–1926. New Jersey, NY: Princeton University Press, 1957. p.261–268.

17. Kerstin von Lingen. Kesselring's last battle: War crimes trials and cold war politics, 1945–1960. p.23.

18. Richard Raiber. Anatomy of perjury. p.27.

19. Horst Boog, et al. Germany and the Second World War (vol.7): The strategic air war in Europe and the war in the West and East Asia 1943–1944/5. New York, NY: Oxford University Press Inc., 2006. p.358.

20. Pier Paolo Battistelli. Albert Kesselring. p.15.

21. Pier Paolo Battistelli. Albert Kesselring. p.18.

22. Peter Herde. Albert Kesselring (1885–1960), p.301.

23. Derek Wood & Derek Dempster. The Narrow Margin: The Battle of Britain and the Rise of Air Power, 1930–1949. London, UK: Pen & Sword, 2003. p.212.

24. Kenneth Macksey. Kesselring: Grand master strategist of the Second World War. p.83.

25. R.F. Toliver & T.J. Constable: Fighter General: The life of Adolf Galland. Zephyr Cove, NV: AmPress Publishing, 1990. p.116.

26. Ralph Ingersoll. Report on England, November 1940. New York: Simon and Schuster. 1940, p. 4–5.

27. Williamson Murray. Strategy for defeat: The Luftwaffe, 1933–1945. Maxwell Air Force Base, AL: Air University Press, 1983.p.53.

28. Sanu Kainikara. Red Air: Politics in Russian air power. Boca Raton, FL: Universal Publishers. 2007. p.124.

29. Christer Bergström & Andrey Mikhailov. Black Cross/Red Star: The air war over the Eastern front, Vol.1. Operation Barbarossa, 1941. Pacifica, CA: Percifica Military History, 2000. p.191–192.

30. Shelford Bidwell. Kesselring. In: Correlli Barnett (ed). Hitler's generals. New York, NY: Grove Weidenfeld, 1989. p.276.

31. 戴维·欧文著，卜珍伟、江山译。《隆美尔》。北京：解放军出版社，1984年第1版。第210页。

32. Siegfried Westphal. The Germany Army in the West. London, UK: Cassel and Co., 1951. p.128.

33. Albert Kesselring. A soldier's record. p.141.

34. 戴维·欧文著，卜珍伟、江山译。《隆美尔》。第602页。

35. Frido von Senger und Etterlin. Neither fear nor hope: The wartime career of Genneral Frido von Senger und Etterlin, defender of Cassino. London, UK: MacDonald, 1963. p. 127.

36. Peter Stockert. Die Brillantenträger der Deutschen Wehrmacht. 1941–1945. Selent: Pour le Merite, 2010. p.64.

37. Albert Kesselring. A soldier's record. p.165.

38. Robert M. Citino. The Wehrmacht retreats: Fighting a lost war. Lawrence, KS: University Press of Kansas, 2012. p.127.

39. Albert Kesselring. A soldier's record. p.167.

40. Robert M. Citino. The Wehrmacht retreats: Fighting a lost war. p.93.

41. 汪冰著。《德国名将曼陀菲尔传》。北京：人民日报出版社，2012年10月第1版。第80页。

42. Samuel W. Mitcham & Friedrich von Stauffenberg. The Battle of Sicily. Mechanicsburg, PA: Stackpole Books, 2007. p.47.

43. Jeff Shaara. The rising tide: A novel of World War II. New York, NY: The Ballantine Books, 2008. p.487.

44. Teddy D. Bitner. Kesselring: An analysis of the German commander at Anzio. Fort Leavenworth, KS: U.S. Army Command and General Staff College, 1985. p.22.

45. Heinrich von Vietinghoff. "Chapter VI – The Tenth Army Campaign in Southern and Central Italy with special reference to the Battles at Salero, on the Volturno, Garigliano, Sangro and for Cassino." In: The Campaign in Italy (MS# T-1a). U.S. Army Historical Division, December 1947. p.1.

46. Kerstin von Lingen. Kesselring's last battle: War crimes trials and cold war politics, 1945–1960. p.32.

47. Robert M. Citino. The Wehrmacht retreats: Fighting a lost war. p.247–248.

48. Eberhard von Mackensen.

"Supplement to Chapter 12." In: The Campaign in Italy (MS# T-1a). U.S. Army Historical Division, December 1947. p.28.

49. Charles Messenger. The last Prussian: A biograpgy of Field Marshal Gerd von Rundstedt 1875-1953. London, UK: Brassey' s, 1991. p.229.

50. Mark Clark. Calculated risk. New York, NY: Ballantine Books, 1956. p.120.

51. Christopher Chant, et al. Hitler' s generals and their battles. New York, NY: Chartwell Books Inc., 1976. p.148

52. Siegfried Westphal. The Germany Army in the West. p.206.

53. Albert Kesselring. A soldier' s record. p.291.

54. Richard Raiber. Anatomy of perjury. p.41-42.

55. Kerstin von Lingen. Kesselring's last battle: War crimes trials and cold war politics, 1945-1960. p.43.

56. Kerstin von Lingen. Kesselring's last battle: War crimes trials and cold war politics, 1945-1960. p.359.

57. Kerstin von Lingen. Kesselring's last battle: War crimes trials and cold war politics, 1945-1960. p.130.

58. Kerstin von Lingen. Kesselring's last battle: War crimes trials and cold war politics, 1945-1960. p.299.

59. Richard Raiber. Anatomy of perjury. p.178

第十五章

1. Peter Hinchliffe. The Lent Papers: Helmut Lent. Bristol, UK: Cerberus Publishing Limited, 2003. p.xiv.

2. Peter Hinchliffe. The Lent Papers: Helmut Lent. p.x.

3. T.J. Constable & R.F. Toliver. Horrido! Fighter aces of the Luftwaffe. New York, NY: The MacMillan Company, 1968. p.219.

4. Peter Hinchliffe. The Lent Papers: Helmut Lent. p.7.

5. Werner Baumbach. Broken Swastika: The defeat of the Luftwaffe. London, UK: Robert Hale, 1960. p.57. ·

6. John Weal. Messeschmitt Bf-110 Zerstörer aces of World War 2. Oxford, UK: Osprey Publishing, 1999. p.7. 伦特的原单位JG-132中的“3”代表这是一支“轻型战斗机”单位，新单位JG-141中的“4”则表明其是“重型战斗机”单位。1938年11月，德军有7个大队从原来的“轻型”变成了“重型”战斗机大队。

7. Peter Hinchliffe. The Lent Papers: Helmut Lent. p.36.

8. Colin D. Heaton, et al. The German aces speak: World War II through the eyes of four of the Luftwaffe' s most important commanders. Minneapolis, MN: Zenith Press, 2011. p.180.

9. Cajus Beckker. Luftwaffe war diaries: The German air force in World War II. Cambridge, MA: Da Capo Press, 1994. p.35-36; John Weal. Messeschmitt Bf-110 Zerstörer aces of World War 2, p.12.

10. Dan McCaffery. Battlefields in the Air: Canadians in the Allied Bomber Command. Toronto, Canada: Lorimer, 1995. p.30.

11. John Weal. Messeschmitt Bf-110 Zerstörer aces of World War 2. p.21-22.

12. Doug Dildy & John White. Demark and Nowway 1940: Hitler' s boldest operation. Oxford, UK: Osprey Publishing, 2007. p.41.

13. Manfred Griehl. Night fighterts over the Reich. London, UK: Grennhill Books, 1997. p.5.

14. Johannes Steinhoff. The final hours: The Luftwaffe plot against Goering. Washington, D.C.: Potomac Books, 2005. p.105.

15. Peter Hinchliffe. The Lent Papers: Helmut Lent. p.93.

16.T.J. Constable & R.F. Toliver. Horrido! Fighter aces of the Luftwaffe. p.219-220.

17. Werner Held & Holger Nauroth. The defence of the Reich: Hitler' s nightfighter planes and pilots. London, UK: Arms and Armour Press, 1982. p.33.

18. Peter Hinchliffe. The Lent Papers: Helmut Lent. p.120.

19.T.J. Constable & R.F. Toliver. Horrido! Fighter aces of the Luftwaffe. p.154.

20. Peter Hinchliffe. The Other Battle: Luftwaffe Night Aces versus Bomber Command. Osceola, WI: Motorbooks International, 1996. p.68.

21.马文俊、王懿著。《帝国精锐：二战德国特殊部队》。武汉大学出版社，2008年第1版。第269页。

22. Peter Hinchliffe. The Lent Papers: Helmut Lent. p.171-173.

23. Cajus Beckker. Luftwaffe war diaries: The German air force in World War II. p.302.

24. Peter Hinchliffe. The Lent Papers: Helmut Lent. p.188-189.

25.马文俊、王懿著。《帝国精锐：二战德国特殊部队》。第270页和第277页。

26. Karl-Heinz Hummel. Die Kommandostrukturen in der Reichsluftverteidigung, 1939-1945. In: H. Dameran (ed.). Deutsches Soldatenjahrbuch 1989. Munich: Schild Verlag, 1988. p.294-297.

27.R.F.Toliver & T.J.Constable. Fighter general: The life of Adolf Galland. Zephyr Cove, Nevada: AmPress Publishing, 1990. p.234.

28. Hajo Hermann. Eagle' s wings: The autobiography of a Luftwaffe pilot. Osceola, WI: Motorbooks International, 1991. p.160.

29. Hajo Hermann. Eagle' s wings: The autobiography of a Luftwaffe pilot. p.167-168.

30. Peter Hinchliffe. The Lent Papers: Helmut Lent. p.203-204.

31. Cajus Beckker. Luftwaffe war diaries: The German air force in World War II. p.337-338.

32. Peter Hinchliffe. The Other Battle: Luftwaffe Night Aces versus Bomber Command. p.137.

33. Peter Hinchliffe. The Lent Papers: Helmut Lent. p.219-220.

34. Edward B. Westermann. Defending Hitler' s Reich: German ground-based air defenses 1914-1945. Chapel Hill, NC: University of North Carolina (Doctoral Dissertation), 2000. p.414-415.

35. Peter Hinchliffe. The Other Battle: Luftwaffe Night Aces versus Bomber Command. p.236.

36. Peter Hinchliffe. The Lent Papers: Helmut Lent. p.228.

37. William R. Chorley (ed.). Royal Air Force Bomber Command losses of the Second World War. Vol.5. Aircraft and crew losses during 1944.

Earl Shilton, UK: Midland Counties Publication, 1997. p.139.
38. Arthur Harris. Bomber Offensive. London, UK: Greenhill Books, 1990. p.188.
39. Denis Richards. The hardest victory: RAF Bomber Command in the Second World War. New York, NY: W.W.Norton & Company, 1994. p.219.
40. Franz Kurowski. Luftwaffe aces: German combat pilots of World War Two. Mechanicsburg, PA: Stackpole Books, 2004. p.325–371.
41. Peter Hinchliffe. The Lent Papers: Helmut Lent. p.255.
42. Peter Hinchliffe. The Lent Papers: Helmut Lent. p.251–252.
43. Guenther Fraschka. Knights of the Reich. Atglen, PA: Schiffer Military History, 2004. p.188.
44. Peter Hinchliffe. The Lent Papers: Helmut Lent. p.259–260.

第十六章

1. F. W. von Mellenthin. German Generals of World War II: As I saw them. Norman, OK: University of Oklahoma Press, 1977. p.227.
2. James S. Lucas & Matthew Cooper. Hitler' s elite: Leibstandarte SS, 1933–45. London, UK: MacDonalds and Jane' s, 1975. p.151; Keith Simpson. Waffen–SS. Gallery Books, 1990. p.58.
3. Rudolf Lehmann. The Leibstandarte III. Winnipeg, Canada: J.J. Fedorowicz Pubilshing, 1990. p.191.
4. Milton Schulman. Defeat in the West. London, UK: Martin Secker & Warburg, 1947. p.104.
5. Correlli Barnett. Hitler' s generals. NewYork, NY: Grove Weidenfeld, 1989. p.422.
6. F. W. von Mellenthin. German Generals of World War II: As I saw them. p.226.
7. Samuel W. Mitcham & Gene Mueller. Hitler' s commanders. New York, NY: First Cooper Square Press, 2000. p.286.
8. Charles Messenger. Hitler' s gladiator. London, UK: Brassey' s Defence Publishers, 1988. p.1.
9. Correlli Barnett. Hitler' s generals. p.412.
10. Charles Messenger. Hitler' s gladiator. p.6.
11. Tim Ripley. Steel storm: Waffen–SS Panzer battles on the Eastern Front 1943–1945. Osceola, WI: MBI Publishing Company, 2000. p.182.
12. Charles Messenger. Hitler' s gladiator. p.14. 另参见：Rupert Butler. SS– Leibstandarte: The history of the First SS division 1933–1945. London, UK: Amber Books Ltd, 2001. p.182.
13. Guenther Fraschka. Knights of the Reich. Atglen, PA: Schiffer Military History, 2004. p.192. 但是，后人难以确认迪特里希获得一级铁十字勋章的具体日期。
14. Peter Stockert.Die Brillantenträger der Deutschen Wehrmacht. 1941–1945. Selent: Pour le Merite, 2010. p.20.
15. Ernst–Gü nther Krätschmer. Die Ritterkreuztrager der Waffen–SS. Preussisch Oldendorf: Schuetz, 1982. p.16.
16. Charles Messenger. Hitler' s gladiator. p.31.
17. Samuel W. Mitcham & Gene Mueller. Hitler' s commanders. p.287.
18. Michael Sharpe & Brian Davis. Leibstandarte: Hitler' s elite bodyguard. Surrey, UK: Ian Allan Publishing, 2002. p.8.
19. Stan Cook & Roger J. Bender. Leibstandarte SS Adolf Hitler: Uniforms, Organization & History. San Jose, CA: James Bender Publishing, 1994. p.17.
20. Correlli Barnett. Hitler' s generals. p.414.
21. Heinz Zollin Höhne. The Order of the Death's Head: The story of Hitler's SS. London, UK: Penguin Books, 2001. p. 443.
22. Charles Messenger. Hitler' s gladiator. p.174.
23. Charles Messenger. Hitler' s gladiator. p.51.
24. George M. Nipe. Last victory in Russia: The SS–Panzerkorps and Manstein' s Kharkov counteroffensive. Atglen, PA: Schiffer Publishing, 2000. p.39.
25. Charles Messenger. Hitler' s gladiator. p.207.
26. Paul Hausser. Waffen–SS im einsatz. Goettingen: Plesse Veralg, 1953. p.29.
27. George Stein. The Waffen SS: Hitler's elite guard at war, 1939–45. Ithaca, NY: Cornell University Press, 1984. p.48.
28. Telford Taylor. The march of conquest: The German victories in Western Europe, 1940. New York, NY: Simon & Schuster, 1958. p.203.
29. Patrick Agte. Jochen Peiper: Commander Panzerregiment Leibstandarte. Manitoba, Canada: J.J.Fedorowicz Publishing Inc., 1999. p.43.
30. Heinz Guderian. Panzer leader. Cambridge, MA: Da Capo Press, 2002. p.117.
31. Thomas Fischer. Soldiers of the Leibstandarte. Manitoba, Canada: J.J. Fedorowicz Publishing Inc., 2008. p.26.
32.不止一份资料称迈尔在卡斯托利亚之战中俘虏了万余希腊官兵，如George Stein在" The Waffen SS: Hitler's elite guard at war, 1939–45"的第115页称迈尔俘敌1.1万人；Franz Kurowski在"Hitler' s generals"的第415页称这一数字是1.2万人。
33. James Weingartner. Hitler' s guard: The story of the Leibstandarte Adolf Hitler 1933–1945. Carbondale, IL: Southern Illinois University Press, 1974. p.55.
34. Charles Messenger. Hitler' s gladiator. p.94.
35. Rudolf Lehmann. The Leibstandarte II. Winnipeg, Canada: J.J. Fedorowicz Pubilshing, 1988. p.96.
36. Erich von Manstein. Lost victories. Minneapolis, MN: Zenith Press, 2004. p.215.
37. Patrick Agte. Jochen Peiper: Commander Panzerregiment Leibstandarte. p.48.
38. John Erickson. The road to Stalingrad: Stalin' s war with Germany: Volume One. New Heaven, CT: Yale University Press, 1975. p.265–266.
39. Michael Sharpe & Brian Davis. Leibstandarte: Hitler' s elite bodyguard. p.39.
40. George Stein. The Waffen SS: Hitler's elite guard at war, 1939–45. p.132–133.

41. Charles Messenger. Hitler's gladiator. p.105–106.
42. Heinz Guderian. Panzer leader. p.272.
43.F. W. von Mellenthin. German Generals of World War II: As I saw them. p.231.
44. Tim Ripley. Steel storm: Waffen-SS Panzer battles on the Eastern Front 1943–1945. p.50.
45. Karl-Heinz Frieser & Friedhelm Klein. Mansteins Gegenschlag am Donez: Operative Analyse des Gegenangriffs der Heeresgruppe Süd im February/März 1943. Militärgeschichte, 1999, 9: 12–18.
46. George M. Nipe. Last victories in Russia: The SS-Panzerkorps and Manstein's Kharkov counteroffensive. p.188.
47. George M. Nipe. Last victories in Russia: The SS-Panzerkorps and Manstein's Kharkov counteroffensive. p.192.
48. George Stein. The Waffen SS: Hitler's elite guard at war, 1939–45. p.134.
49. Patrick Agte. Jochen Peiper: Commander Panzerregiment Leibstandarte. p.116.
50. Charles Messenger. Hitler's gladiator. p.117.
51. Charles Messenger. The last Prussian: A biography of Field Marshal Gerd von Rundstedt. London, UK: Brassey's, 1991. p.189.
52. Charles Messenger. The last Prussian: A biography of Field Marshal Gerd von Rundstedt. p.197.
53. Paul Carrel. Invasion: They are coming! London, UK: Harrap, 1962. p.215–216.
54. Simon Trew & Stephen Badsey. Battle for Caen. Phoenix Mill, UK: Sutton Publishing, 2004. p.96–98.
55. Correlli Barnett. Hitler's generals. p.418.
56. Guenther Fraschka. Knights of the Reich. Atglen, PA: Schiffer Publishing Ltd., 2004. p.201–202.
57. Eddy Florentin. The Battle of the Falaise Gap. New York, NY:Hawthorn Books Inc., 1967. p.340.
58. Marcel Stein. Flawed genius: Field Marshal Walter Model, a critical biography. West Midlands, UK: Helion and Company, 2010. p.164.
59. Steven H. Newton. Hitler's Commander: Field Marshal Walter Model, Hitler's favorite general. Cambridge, MA: Da Capo Press, 2005. p.311.
60. Bryan Perrett. Knight of the Black Cross: Hitler's Panzerwaffe and its leaders. New York, NY: Dorset Press, 1986. p.213.
61. Milton Schulman. Defeat in the West. p.229; Charles Messenger. Hitler's gladiator. p.149; Steven H. Newton. Hitler's Commander: Field Marshal Walter Model. p.330.
62. David Cooke & Wayne Evans. Kampfgruppe Peiper: The race for Meuse. South Yorkshire, UK: Pen & Sword Military, 2005. p.20.
63. Danny S. Parker. Battle of Bulge: Hitler's Ardennes Offensive, 1944–1945. Cambridge, MA: Da Capo Press, 2004. p.126.
64. Correlli Barnett. Hitler's generals. p.420.
65. Sepp Dietrich & Joachim Peiper. War experiences of General Sepp Dietrich and Colonel Joachim Peiper. Washington, D.C. : U.S. Office of the Secretary of Defense, 1953. p.5.
66. Danny S. Parker. Battle of Bulge: Hitler's Ardennes Offensive, 1944–1945. p.330.
67.F. W. von Mellenthin. German Generals of World War II: As I saw them. p.235.
68.陈星波、张啸著。《黑天鹅之死：武装党卫军的最后一战》。汕头，广东：汕头大学出版社，2011年8月第1版，第6页。
69. Gabriel Temkin. My just war : The memoir of a Jewish Red Army soldier in World War II. Novato, CA : Presidio Press, 1998. p.212.
70. Ernst Rebentisch. The combat history of the 23rd Panzer Division in World War II. Mechanicsburg, PA : Stackpole Books, 2012. p.456.
71. Charles Messenger. Hitler's gladiator. p.166–167.
72. Gabriel Temkin. My just war : The memoir of a Jewish Red Army soldier in World War II. p.212–213.
73.陈星波、张啸著。《黑天鹅之死：武装党卫军的最后一战》。第113–114页。
74. Charles Messenger. Hitler's gladiator. p.167.
75. Patrick Agte. Jochen Peiper: Commander Panzerregiment Leibstandarte. p.521.
76. Patrick Agte. Jochen Peiper: Commander Panzerregiment Leibstandarte. p.524.
77. David Irving. Hitler's war. 2 volumes. London, UK : Papermac, 1983. p.785.
78. Charles Messenger. Hitler's gladiator. p.168.
79. Charles Messenger. Hitler's gladiator. p.168–169.
80. Samuel W. Mitcham & Gene Mueller. Hitler's commanders. p292.
81. Ruppert Bulter. SS-Leibstandarte: The history of the First SS Division 1933–45. Kent, UK: Amber Books Ltd., 2001. p.171.
82. Rudolf Lehmann. The Leibstandarte III. p.191.
83.F. W. von Mellenthin. German Generals of World War II: As I saw them. p.236.

第十七章

1. Steven H. Newton. Hitler's Commander: Field Marshal Walter Model, Hitler's favorite general. Cambridge, MA: Da Capo Press, 2005. p.xi.
2. Marcel Stein. A flawed genius: Field Marshal Walter Model, a critical biography. West Midlands, UK: Helion and Company Ltd, 2010. 施泰因并未如笔者正文中所说的那样直言，引语来自肖沃尔特教授对施泰因著作的书评。参见：Dennis Showalter. Book review. A flawed genius: Field Marshal Walter Model, a critical biography, by Marcel Stein. The Journal of Slavic Military Studies, 2011, 24(4) : 691–693
3. B. H. Liddell-Hart. The other side of the hill. London, UK: Cassell and Coompany Ltd., 1948. p.77.
4. Samuel W. Mitcham. Hitler's Field Marshals and their battles. MD:

Scarborough House Publishers, 1990. p.313.
5. Heinz Guderian. Panzer leader. Cambridge, MA: Da Capo Press, 2002. p.336.
6. Dennis Showalter. Book review. A flawed genius: Field Marshal Walter Model, a critical biography, by Marcel Stein. The Journal of Slavic Military Studies, 2011, 24(4): 691–693
7. Correlli Barnett (ed.) Hitler' s generals. New York, NY: Grove Weidenfeld, 1989. p.319–320.
8. Robert Forczyk. Walter Model. Oxford, UK: Osprey Publishing, 2011. p.6.
9. B. H. Liddell-Hart. The other side of the hill. p.76.
10. Robert Forczyk. Walter Model. p.7.
11. Walter Bloem. The advance from Mons 1914. New York, NY: Tandem, 1967. p.108.
12. Peter Stockert. Die Brillantenträger der Deutschen Wehrmacht. 1941–1945. Selent: Pour le Merite, 2010. p.96.
13. Robert Forczyk. Walter Model. p.8.
14. Steven H. Newton. Hitler' s Commander: Field Marshal Walter Model, Hitler' s favorite general. p.36.
15. Walter Goerlitz. Model: Strategie der Defensive. Wiesbaden: Limes Verlag, 1975. p.25.
16. James S. Corum. The roots of Blitzkrieg: Hans von Seeckt and German military reform. Lawrence, KS: University Press of Kansas, 1992. p.76.
17. Steven H. Newton. Hitler' s Commander: Field Marshal Walter Model, Hitler' s favorite general. p.60.
18. Correlli Barnett (ed.) Hitler' s generals. p.323.
19. Veterans of the 3rd Panzer Division. Armored bears, the German 3rd Panzer Division in World War II. Vol.1. Mechanicsburg, PA: Stackpole Books, 2012. p.134–135.
20. Steven H. Newton. Hitler' s Commander: Field Marshal Walter Model, Hitler' s favorite general. p.110.
21. Correlli Barnett (ed.) Hitler' s generals. p.323.
22. Veterans of the 3rd Panzer Division. Armored bears, the German 3rd Panzer Division in World War II. Vol.1. p.208.
23. Steven H. Newton. Hitler' s Commander: Field Marshal Walter Model, Hitler' s favorite general. p.141.
24. Veterans of the 3rd Panzer Division. Armored bears, the German 3rd Panzer Division in World War II. Vol.1. p.232.
25. Steven H. Newton. Hitler' s Commander: Field Marshal Walter Model, Hitler' s favorite general. p.156.
26.H.A. Jacobsen & J. Rohwer. Decisive battles of World War II: The German view. New York, NY: G.P.Putnam' s Sons, 1965. p.165.
27. Military Review Editor. The winter battle of Rzhev. Military Review, 1949, 24(3):80–84
28. Earl F. Ziemke & Magna E. Bauer. Moscow to Stalingrad. Washington, D.C.: U.S.Government Printing Office, 1987. p.167.
29. Paul Carell. Hitler moves east, 1941–1943.New York, NY: Bantam Books, 1966. p.398.
30. Samuel W. Mitcham.Hitler' s Field Marshals and their battles. Lanham, MD: Scarborough House, 1994. p.315–316. 另可参见：F. W. von Mellenthin. German generals of World War II: As I saw them. Norman. OK: University of Oklahoma Press, 1977. p.149.
31. Military Review Editor. The winter battle of Rzhev. Military Review, 1949, 24(3), p.82.
32. Earl F. Ziemke & Magna E. Bauer. Moscow to Stalingrad. p.168.
33. Earl F. Ziemke & Magna E. Bauer. Moscow to Stalingrad. p.169.
34. Karl-Friedrich von der Meden. Cavalry Brigade "Model". In: Steven H. Newton (ed). German battle tactics on the Russian Front 1941–1945. Atglen, PA: Schiffer Publishing Ltd, 1994. p.137–149.
35. Earl F. Ziemke & Magna E. Bauer. Moscow to Stalingrad. p.405.
36. David M.Glantz. Zhukov' s greatest defeat: The Red Army' s epic disaster in Operation Mars, 1942. Lawrence, KS: University Press of Kansas, 1999. p.12.
37. David M.Glantz. Zhukov' s greatest defeat. p.72.
38. Steven H. Newton. Hitler' s Commander: Field Marshal Walter Model, Hitler' s favorite general. p.209.
39.科涅夫著，赖铭传译。《科涅夫元帅战争回忆录》。北京：解放军出版社，2005年第1版。科涅夫在回忆录中用省略号基本略去了1942年整年的经历（至少在中文版中如此），从1941年12月莫斯科反攻的胜利直接跳到1942年8月任西方面军司令员，而后写道："1942年秋冬和1943年初，西方面军的任务基本上是防守1942年初到达的地区。我们进行了一些局部战役，以牵制敌人兵力，使其不可能从这里调走。"区区几百字之后，科涅夫再次跳到了1943年初被解除西方面军司令员职务。见中译本第80–81页。
40. Robert Forczyk. Walter Model. p.28.
41. Kurt Zeitzler. Withdrawals of the German Army on the Eastern Front. Military Review, August 1960. p.73–84.
42. Robert M. Citino. The Wehrmacht retreats: Fighting a lost war. Lawrence, KS: University Press of Kansas, 2012. p.131.
43. Robert M. Citino. The Wehrmacht retreats: Fighting a lost war. p.136.
44. Robert Forczyk. Walter Model. p.36.
45. Robert Forczyk. Walter Model. p.37.
46. Robert M. Citino. The Wehrmacht retreats: Fighting a lost war. p.144.
47. Samuel W. Mitcham.Hitler' s Field Marshals and their battles. p.320.
48. Alex Buchner. Ostfront 1944: The German defensive battles on the Russian Front 1944. Atglen, PA: Schiffer Publishing, 1991. p.75–95. 这本书的第2章以整整一章的篇幅介绍了捷尔诺波尔救援作战的过程。
49.F. W. von Mellenthin. German generals of World War II: As I saw them. p.151.
50.F. W. von Mellenthin. German generals of World War II: As I saw them. p.213.
51. Christopher Chant, et al. Hitler' s generals and their battles. New York, NY: Chartwell Books Inc., 1976. p.173.
52.F. W. von Mellenthin. German generals of World War II: As I saw them. p.151–152.

53. Steven H. Newton. Hitler' s Commander: Field Marshal Walter Model, Hitler' s favorite general. p.307.
54. Walter Goerlitz. Model: Der Feldmarschall und sein Endkampf an der Ruhr. Munich, Germany: Universitas Verlag, 1993. p.197.
55. Samuel W. Mitcham.Hitler' s Field Marshals and their battles. p.322–323.
56. Peter Elstob. Hitler' s last offensive: Full story of the Battle of Ardennes. New York, NY: Macmillan Co., 1971. p.26.
57. Derek S. Zumbro. Battle for the Ruhr: The German army' s final defeat in the West. Lawrence, KS: University Press of Kansas, 2006. p.21.
58.B. H. Liddell–Hart. The other side of the hill. p.77.
59. Charles B. MacDonald. The Battle of Hürtgen Forest. Philadelphia, PA: J.P. Lippincott, 1963. p.197.
60. Charles Whiting. The Battle of Hürtgen Forest: The untold story of a disastrous campaign. New York, NY: Simon & Schuster, 1989. p.xi–xiv.
61.H.A. Jacobsen & J. Rohwer. Decisive battles of World War II: The German view. New York, NY: G.P.Putnam' s Sons, 1965. p.396.
62.H.A. Jacobsen & J. Rohwer. Decisive battles of World War II: The German view. p.399.
63.F. W. von Mellenthin. German generals of World War II: As I saw them. p.154.
64. Derek S. Zumbro. Battle for the Ruhr: The German army' s final defeat in the West. p.37.
65.B. H. Liddell–Hart. The other side of the hill. p.303.
66. Walter Goerlitz. Model: Der Feldmarschall und sein Endkampf an der Ruhr. p.244.
67. Derek S. Zumbro. Battle for the Ruhr: The German army' s final defeat in the West. p.347–348.
68. Derek S. Zumbro. Battle for the Ruhr: The German army' s final defeat in the West. p.367.
69. Correlli Barnett (ed.) Hitler' s generals. p.329.
70. Derek S. Zumbro. Battle for the Ruhr: The German army' s final defeat in the West. p.378.
71.F. W. von Mellenthin. German generals of World War II: As I saw them. p.158.
72. Correlli Barnett (ed.) Hitler' s generals. p.330.
73. Steven H. Newton. Hitler' s Commander: Field Marshal Walter Model, Hitler' s favorite general. p.xii–xiii.
74. Hans Speidel. We defended Normandy. London, UK: Jenkins, 1951. P.146.
75. Robert Forczyk. Walter Model. p.62.

第十八章

1. T. J. Constable & R. F. Toliver. Horrido! Fighter aces of the Luftwaffe. New York, NY: The MacMillan Company, 1968, p.376–379.
2. Colin Gilmour. Götterdämmerung: The twilight of the Experten. The Canadian Air Force Journal, 2009, 2(3): 18–31.
3. Martin Caidin. Bf–109: Willy Meserschmitt' s peerless fighter. New York, NY:Ballantine Books Inc., 1968. p.141.
4. Christopher Schores. Air aces. Greenwich, CT: Bison Books, 1983. p.7.
5. William N. Hess. Famous airmen: The Allied Aces of World War II. New York, NY: Arco Publishing, 1966. p.6–7.
6. Klaus Schmider. The last of the first: Veterans of the Jagdwaffe tell their story. The Journal of Military History, 2009, 73(1): 231–249.
7. Sanu Kainikara. Red Air: Politics in Russian air power. Boca Raton, FL: Universal Publishers, 2007. p.127.
8. Edward H. Sims. Fighter tactics and strategy 1914–1970. New York, NY: Harper & Row Publishers, 1972. p.147.
9. Ray Wagner (ed.). The Soviet Air Force in World War II: The official history, originally published by the Ministry of Defence of the USSR. Garden City, NY: Doubleday & Company, Inc., 1973. p.119.
10. David Baker. Adolf Galland: The authorized biography. London, UK: Windrow & Greene Ltd, 1996. p.204.
11. Johnnes Steinhoff. Messerschmitts over Sicily: Diary of a Luftwaffe Fighter Commander. Mechanicsburg, PA: Stackpole Books, 2004. p.74.
12. Edward H. Sims. Fighter tactics and strategy 1914–1970. p.148.
13.R.F. Toliver & T.J. Constable. The Blond Knight of Germany. Blue Ridge Summit, PA: TAB Books, 1970. p.16.
14. Colin D. Heaton & Jon Guttman. Final thoughts of the Blond Knight. World War II, 2002, 17(3): 30–42, 85.
15. Eugene M. Emme. Impact of the Air War: National security and world politics. Princeton, NJ: D. Van Nostrand Company, 1959. p.56–57.
16. Colin D. Heaton & Jon Guttman. Final thoughts of the Blond Knight. p.32.
17.R.F. Toliver & T.J. Constable. The Blond Knight of Germany. p.19–20.
18. Ursula Hartmann. German fighter ace Erich Hartmann: The life story of the world' s highest scoring ace. Atglen, PA: Schiffer Publishing, 1992. p.10. 另参见哈特曼晚年的自述，Colin D. Heaton & Jon Guttman. Final thoughts of the Blond Knight. p.32.
19. Philip Kaplan. Fighter Aces of the Luftwaffe in World War II. Auldgirth, UK: Pen & Sword Aviation, 2007. p.90. 另参见：http://www.luftwaffe.cz/hartmann.html.
20.R.F. Toliver & T.J. Constable. The Blond Knight of Germany. p.30.
21. Jon Guttmann. Germany' s mother of aces. World War II, 2002, 17(3): 41.
22.R.F. Toliver & T.J. Constable. The Blond Knight of Germany. p.35.
23. Colin D. Heaton & Anne–Marie Lewis. The German aces speak: World War II through the eyes of four of the Luftwaffe' s most important commanders. Minneapolis, MN: Zenith Press, 2011. p.34–38.
24.R.F. Toliver & T.J. Constable. The Blond Knight of Germany. p.38.
25. Mike Spick. Luftwaffe fighter aces: The Jagdflieger and their combat tactics and techniques. New York, NY: Ivy Books, 1996. p.198.
26.T. J. Constable & R. F. Toliver. Horrido! Fighter aces of the Luftwaffe.

p.100.

27.T. J. Constable & R. F. Toliver. Horrido! Fighter aces of the Luftwaffe. p.101–102.

28. John Weal. Jagdgeschwader 52–The Experten. Oxford, UK: Osprey Publishing, 2004. p.87.

29. Colin D. Heaton & Anne–Marie Lewis. The German aces speak. p.38–39.

30. Wolfgang Fischer. Luftwaffe fighter pilot: Defending the Reich against the RAF and USAAF. London, UK: Grub Street, 2010. p.67.

31.R.F. Toliver & T.J. Constable. The Blond Knight of Germany. p.50.

32. Colin D. Heaton & Anne–Marie Lewis. The German aces speak. p.38–39.

33. Colin D. Heaton & Jon Guttman. Final thoughts of the Blond Knight. p.33.

34. Robert Tate. Hans–Joachim Marseille: An illustrated tribute to the Luftwaffe's "Star of Africa". Atglen, PA: Schiffer Publishing, 2008. p.170.

35. Ursula Hartmann. German fighter ace Erich Hartmann. p.15–18.

36. Colin D. Heaton & Anne–Marie Lewis. The German aces speak. p.39–40.

37. Colin D. Heaton & Jon Guttman. Final thoughts of the Blond Knight. p.34.

38. Edward H. Sims. Fighter tactics and strategy 1914–1970. p.206.

39. Colin D. Heaton & Anne–Marie Lewis. The German aces speak. p.58.

40.R.F. Toliver & T.J. Constable. The Blond Knight of Germany. p.96.

41.R.F. Toliver & T.J. Constable. The Blond Knight of Germany. p.140–141..

42. Christer Bergström, et al. Graf & Grislawski–A pair of aces. Hamilton, MT: Eagle Editions Ltd., 2003. p.256; John Weal. Jagdgeschwader 52–The Experten. p.120.

43. Christer Bergström, et al. Graf & Grislawski–A pair of aces. p.261.

44. Christer Bergström, et al. Graf & Grislawski–A pair of aces. p.264–265.

45.R.F. Toliver & T.J. Constable. The Blond Knight of Germany. p.211–212.

46. Ursula Hartmann. German fighter ace Erich Hartmann. p.20–21.

47.R.F. Toliver & T.J. Constable. The Blond Knight of Germany. p.232.

48.R.F. Toliver & T.J. Constable. The Blond Knight of Germany. p.234–237.

49.R.F. Toliver & T.J. Constable. The Blond Knight of Germany. p.230.

50.http://en.wikipedia.org/wiki/Erich_Hartmann.

第十九章

1. Christopher Chant, et al. Hitler' s generals and their battles. New York, NY: Chartwell Books Inc., 1976. p.238. 需要指出的是，本书的这一评估存在小的疏漏–巴尔克1943年9月曾在意大利战场作战，率第14装甲军在萨勒诺与登陆盟军激战过，尽管时间不是很长。

2. Peter McCarthy & Mike Syron. Panzerkrieg: The rise and fall of Hitler' s tank divisions. New York, NY: Carroll & Graf Publishers, 2003, p. 4.

3. David T. Zabecki. The greatest German general: No one ever heard of. World War II, 2008, 23(1):28–35

4. F. W. von Mellenthin. Panzer battles. Norman, OK: University of Oklahoma, 1956. p.v.

5. F. W. von Mellenthin. Panzer battles. p.304.

6. William DePuy. Generals Balck and Von Mellenthin on tactics: Implications for NATO military doctrine. Carlisle, PA: US Army War College, April 1983. p.48.

7. Hermann Balck. Ordnung im Chaos: Erinnerungen, 1893–1948, Soldatenschicksale des 20. Janhrhunderts als Geschichtsquelle. Osnabrueck, Germany: Biblio Verlag, 1981. p.5–6.

8. Hermann Balck. Ordnung im Chaos. p.41–42.

9. Hermann Balck. Ordnung im Chaos. p.50–51. 另参见：F. W. von Mellenthin. German generals of World War II: As I saw them. Norman, OK: University of Oklahoma Press, 1977. p.190.

10. Hermann Balck. Ordnung im Chaos. p.126–128.

11.参见：Hannoversche Jäger–Bataillon Nr.10. https://de.wikipedia.org/wiki/Hannoversches_J%C3%A4ger–Bataillon_Nr._10.

12.F. W. von Mellenthin. German generals of World War II: As I saw them. p.193.

13. Peter Stockert. Die Brillantenträger der Deutschen Wehrmacht. 1941–1945. Selent: Pour le Merite, 2010. p.8.

14.F. W. von Mellenthin. German generals of World War II: As I saw them. p.194.

15.曹宏、张惠民著。《坦克怪杰——古德里安》。北京：世界知识出版社，1995年第1版。第51页。

16. Rolf O. Stoves. Die 1. Panzer–Division 1935–1945. Dorheim: Podzun–Verlag, 1976. p.56.

17. Thomas Jentz (ed.). Panzertruppen: The complete guide to the creation and combat employment of Germany' s tank force, 1933–1942. Atglen, PA: Schiffer Publishing, 1996. p.120.

18. Ronald E. Powaski. Cut of the Sickle. World War II, 2003, 18(4): 58–64, 80,82.

19. Heinz Guderian. Panzer leader. Cambridge, MA: Da Capo Press, 1996. p.102. 另参见：海因茨·威廉·古德里安著，戴耀先著。《古德里安将军战争回忆录》。北京：解放军出版社，2005年3月第1版，第81至82页。

20. Battelle Columbus Laboratories. Translation of Taped Conversation with General Hermann Balck. 13 April 1979. Battelle Columbus Laboratories, Collumbus, OH, July 1979.

21. Rolf O. Stoves. 1. Panzer Division 1935–1945 Chronik einer der drei Slamm–Divisionen der deutschen Panzerwaffe. Bad Nauheim: Verlag Hans–Henning Podzun, 1961. p.101.

22. Hermann Balck. Ordnung im Chaos. p.276.

23. Hermann Balck. Ordnung im Chaos. p.277. 参见Heinz Guderian. Panzer leader.第108页。

24.F. W. von Mellenthin. German generals of World War II: As I saw them. p.197.

25. Heinz Guderian. Panzer leader. p.112. 《古德里安将军战争回忆录》一书对此段对话（见中译本第90页）的翻译不准确，误将巴尔克的话语，理解成兰德格拉夫“对巴尔克的大声斥责”（见第90页）。
26. Heinz Guderian. Panzer leader. p.128.
27. Thomas Jentz (ed.). Panzertruppen: The complete guide to the creation and combat employment of Germany's tank force, 1933–1942. p.154.
28. Kurt von Tippelskirch. The German Balkan Campaign of 1941. Military Review, November 1955, p.85–99.
29.F. W. von Mellenthin. Panzer battles. p.42.
30.F. W. von Mellenthin. Panzer battles. p.43–44.
31.F. W. von Mellenthin. German generals of World War II: As I saw them. p.200.
32.F. W. von Mellenthin. Panzer battles. p.44. 第4条注释。
33. Hermann Balck. Ordnung im Chaos. p.374.
34. David M. Glantz. Prelude to German Operation Blau: Military Operations on Germany's Eastern Front, April–June 1942. Jounral of Salvic Military Studies, 2007, 20（2）: 171–234. 数据见第225页。
35. Joel S.A. Hayward. Stopped at Stalingrad: The Luftwaffe and Hitler's defeat in the East, 1942–1943. Lawrence, KS: University Press of Kansas, 2001. p.131.
36. Gustav W. Schrodek. Die 11.Panzer Division: "Gespenster–Division" 1940–1945. Eggolsheim, Germany: Ed. Dörfler im Nebel–Verlag, 2004. p.354.
37. Gustav W. Schrodek. Die 11.Panzer Division. p.523.
38. David T. Zabecki. The greatest German general: No one ever heard of. World War II, 2008, 23（1）:28–35.
39. Guenther Fraschka. Knights of the Reich. Atglen, PA: Schiffer Military History, 2004. p.238.
40.前一数字见F. W. von Mellenthin. German generals of World War II: As I saw them. p.202. 后一数字（单日摧毁91辆坦克）见：Guenther Fraschka. Knights of the Reich. p.238; Peter Stockert. Die Brillantenträger der Deutschen Wehrmacht. 1941–1945. p.11.
41. Robert G. Walters. Order out of chaos: A case study of the application of Auftragstaktik by the 11th Panzer Division during the Chir River Battles 7–19 December 1942. Monterey, CA: U.S. Navy Postgraduate School, 1989. p.15.
42.R.H.S. Stolfi. The Chir River Battle: 4–22 December 1942. Counterattack, April 1988.
43. Hermann Balck. Ordnung im Chaos. p.399.
44.US Army War College. 1984 Art of War Sympgosium – From the Don to the Dnepr: Soviet Offensive Operations. December 1942 – August 1943. Transcript of Proceedings of 26 – 30 March 1984. Carlisle Barracks,PA: US Army War College, 1985. p.102.
45. Bryan Perrett. Knight of the Black Cross: Hitler's Panzerwaffe and its leaders. New York, NY: Dorset Press, 1986. p.110.
46. John P. Drinkwater. When to pull the trigger for the counterattack: Simplicity vs. Sophistication. Fort Leavenworth, KS: US Army Command and General Staff College, 1985. p.20.
47. Hermann Balck. Ordnung im Chaos. p.403.
48. Hermann Balck. Ordnung im Chaos. p.405.
49. Battelle Columbus Laboratories .Translation of Taped Conversation with General Hermann Balck. 13 April 1979. Battelle Columbus Laboratories, Collumbus, OH, July 1979. p.16–17.
50. Robert M. Citino. Manstein, the Battle of Kharkov, and the limits of Command. In: Arms and the Man: Military History Essays in Honor of Dennis Showalter. Michael S. Neiberg（ed.）. Brill, 2011. p.83–112.
51. Joel S.A. Hayward. Stopped at Stalingrad: The Luftwaffe and Hitler's defeat in the East, 1942–1943. p.274.
52. Robert Forczyk. Red Christmas: The Tatsinskaya airfield raid 1942. Oxford, UK: Osprey Publishing, 2012. p.78.
53. Joel S.A. Hayward. Stopped at Stalingrad. p.272.
54.F. W. von Mellenthin. German generals of World War II: As I saw them. p.205. 关于巴尔克1943年1月末在马内奇斯卡亚夺取马内奇河渡桥的作战，梅林津在“Panzer Battles”一书的第246至250页有较详细的描述。
55. David T. Zabecki. The greatest German general: No one ever heard of. World War II, 2008, 23（1）,28–35. 具体数字见第34页。Zabecki引用的是巴尔克在自传中提供的数字，见Hermann Balck. Ordnung im Chaos. p.441.
56. Hermann Balck. Ordnung im Chaos. p.444.
57. Hermann Balck. Ordnung im Chaos. p.447. 根据巴尔克的自述，他代理“大德意志”师师长的时间是1943年4月4日至6月10日。梅林津的资料显示这个时间段是1943年3月至5月。
58. Winfried Heinemann. Salerno: A defender's view. Army History, Spring 2008, p.7–18.
59. Robert M. Citino. Avalanche: How both sides lost at Salerno. World War II Magazine, 2012, 27（2）: 28–33.
60.F. W. von Mellenthin. German generals of World War II: As I saw them. p.206–208.
61. Gregor y Liedtke. Furor Teutonicus: German offensives and counter–attacks on the Eastern Front, August 1943 to March 1945. Journal of Slavic Military Studies, 2008, 21（3）: 563–587.
62. Rolf Heinz. Crucible of combat: Germany's defensive battles in the Ukraine 1943–44. West Midlands, UK: Helion and Company, 2009. p.147.
63. Stephen Barratt. Zhitomir–Berdichev: German operations west of Kiev 24 December 1943–31 January 1944. Vol. 1. West Midlands, UK: Helion and Company, 2012.p.44.
64. Earl F. Ziemke. Stalingrad to Berlin: The German defeat in the East. Washington, D.C.: United States Army, 1987. p.189.
65. Stephen Barratt. Zhitomir–Berdichev: German operations west of Kiev 24 December 1943–31 January 1944. Vol. 1.p.88.
66. Steven H. Newton. (ed.) Panzer operations: The Eastern Front memoir of General Raus, 1941–1945. Cambridge, MA: Da Capo Press, 2003. p.264.

67.朱世巍。《东线：决战第聂伯河》。重庆：重庆出版社，2007年第1版，第143页。另参见：F. W. von Mellenthin. Panzer battles. p.323.

68. Earl F. Ziemke. Stalingrad to Berlin: The German defeat in the East. p.221–222.

69. Alex Buchner. Ostfront 1944: The German defensive battles on the Russian Front 1944. Atglen, PA: Schiffer Publishing, 1991. p.78.

70. Rolf Heinz. Crucible of combat: Germany' s defensive battles in the Ukraine 1943–44. p.328.

71. Steven H. Newton. Hitler' s Commander: Field Marshal Walter Model, Hitler' s favorite general. Cambridge, MA: Da Capo Press, 2005. p.282

72. Hermann Balck. Ordnung im Chaos. p.514–516. 不过，巴尔克在晚年接受美国人访谈时声称，"每次我承担了新职责时，莫德尔总是第一批祝贺我的人。那是伟大的普鲁士军事传统的一方面：你坦率地陈述意见，但你绝不能因这些坦率的批评而产生怨恨情绪。"（参见：Translation of Taped Conversation with General Hermann Balck. 13 April 1979. p.29）

73. Heinz Guderian. Panzer leader. p.374–376.

74.科涅夫著、赖铭传译。《科涅夫元帅战争回忆录》。北京：解放军出版社，2005年5月第1版，第248页。

75.科涅夫著、赖铭传译。《科涅夫元帅战争回忆录》。第250页。

76.朱世巍。《东线：大崩溃》。重庆：重庆出版社，2010年6月第1版，第33页。

77.科涅夫著、赖铭传译。《科涅夫元帅战争回忆录》。第248页。

78.Kamen Nevenkin. Fire Brigades: The Panzer Divisions 1943–1945. Manitoba, Canada: J.J.Fedorwicz Publishing Inc., 2008. p.79, p.127–128, p.388, p.414, p.509–510, p.529. 巴尔克的五阶段反击作战是笔者根据Nevenkin 这一著作中的数据资料，按照参战各部投入战事的日期大致归纳出来的。

79.F. W. von Mellenthin. Panzer battles. p.373.

80. Hugh M. Cole. The Tank Battle in Lorraine. Military Review, November, 1949. p.3–16. 另参见： Hugh M. Cole. The Lorraine Campaign. Washington , D.C.: The United States Army Historical Division, 1993.p.242.

81. Charles Messenger. The last Prussian: A biography of Field Marshal Gerd von Rundstedt. London, UK: Brassey' s, 1991. p.209.

82. William E.Welsh. Bloody battle at Fortress Metz. WWII Quarterly, 2011, 2（4）: 16–29.

83. Battelle Columbus Laboratories. Translation of Taped Conversation with General Hermann Balck. 13 April 1979. p.24.

84. Samuel W. Mitcham. Rommel' s desert commanders: The man who served the Desert Fox, North Africa, 1941–1942. Westport, CT: Praeger Publishers, 2007. p.113–114.

85. Hermann Balck. Ordnung im Chaos. p.595–596.

86. Hermann Balck. Ordnung im Chaos. p.598.

87. Hermann Balck. Ordnung im Chaos. p.599.

88. Hermann Balck. Ordnung im Chaos. p.604.

89. Hermann Balck. Ordnung im Chaos. p.608.

90. Hermann Balck. Ordnung im Chaos. p.618.

91.陈星波、张啸著。《黑天鹅之死：武装党卫军的最后一战》。汕头，广东：汕头大学出版社，2011年8月第1版，第128页。

92.陈星波、张啸著。《黑天鹅之死：武装党卫军的最后一战》。第185页。

93. Heinz Guderian. Panzer leader. p.419.

94. Hermann Balck. Ordnung im Chaos. p.620.

95.Günther Fraschka. Knights of the Reich. p. 234–235. 巴尔克在自传中提到了这场战斗 （第629页），但他的说法是"消灭了苏军3个师，其余的撤了回去。"

96. Hugh M. Cole. The Lorraine Campaign. Washington , D.C . : The United States Army Historical Division, 1993.p.230.

97. General William DePuy. Generals Balck and von Mellenthin on tactics. p. 46.

第二十章

1. General Sir John Hackett. Colonel–General Kurt Student. In: Correlli Barnett （ed）. Hitler' s generals. New York, NY: George Weidenfeld & Nicolson Ltd, 1989. p.463–479. 引语见第463、464、474页。

2. Willi Kammann. Der Weg der 2. Fallschirmjäger–Division. Munchen, Germany: Schild–Verlag, 1972. p.99–100.

3. Günther Fraschka. Knights of the Reich. Atglen, PA: Schiffer Publishing Ltd, 1994. p.246; Günther Fraschka. …mit Schwertern und Brillanten. Rastatt, Baden: Erich Pabel Verlag, 1970.p.120.

4. Schiffsjungen 这个德文词对应的英文是"Ship' s boy"或"Cabin boy"，这里的译法"志愿水手"是参考了指文图书出版的《德国海军的崛起》一书第48页的用法。参见：劳伦斯·桑德豪斯著，NAVAL+译。《德国海军的崛起：走向海上霸权》。北京：北京艺术与科学电子出版社，2013年1月，第48页。

5. Peter Stockert. Die Brillantenträger der Deutschen Wehrmacht. 1941–1945. Selent: Pour le Merite, 2010. p.116.

6. General der Fallschimtruppe Hermann–Bernhard Ramcke （Luftwaffe）. 参见：http://www.powcamp.fsnet.co.uk. 这个网站给出了非常详细的拉姆克早年经历。

7. 关于拉姆克获得一级铁十字勋章的时间，参见：Peter Stockert. Die Brillantenträger der Deutschen Wehrmacht. 1941–1945. p.116.

8. 虽几经努力，笔者也未能获得拉姆克1943年出版的自传"Vom Schiffsjungen zum Fallschirmjäger–General. Berlin, Verlag Die Wehrmacht, 1943."此处的引语来自于网站http://www.powcamp.fsnet.co.uk.

9. Peter Kilduff. Red Baron: The life and death of an ace. Cincinnati, OH: David & Charles, 2007. p. 89.

10. Chris Mason. Falling from grace: The German Airborne in World War II. Quantico, VA: Unites States Marine Corps Command and Staff College, 2001. p.14.

11. Franz Kurowski. Jump into hell: German Paratroopers in Wold War II. Mechanicsburg, PA: Stackpole Books, 2010. p.53.

12. Chris Ellis. 7th Flieger Division: Student's Fallschirmjäger elite. Hersham, UK: Ian Allen Publishing, 2002. p.35.

13.D.M. Davin. Official historyof New Zealand in the Second World War, 'Crete'. Nashville, TN: The Battery Press, Inc., 1953. p.484.

14. Maria A. Biank. The Battle of Crete: Hitler's airborne gamble. Fort Leavenworth, KS: US Army Command and General Staff College, 2003. p.52.

15.詹姆斯·沃克尔著，徐林等编译。《经典空降战》。北京：京华出版社，2009年10月第1版。第264页。

16. Samuel W. Mitcham. The rise of Wehrmacht: the German armed forces and World War II. West Port, CT: Praeger, 2008. p. 413–418.

17. Franz Kurowski. Jump into hell: German Paratroopers in Wold War II. p.119–120.

18. Franz Kurowski. Jump into hell: German Paratroopers in Wold War II. p.157–158.

19. James Lucas. Storming Eagles: German Airborne Forces in World War II. London, UK: Arms and Armor Press, 1988. p.58.

20. Franz Kurowski. Jump into hell: German Paratroopers in Wold War II. p.165.

21. Werner Held & Ernst Obermaier. The Luftwaffe in the North Africa Campaign, 1941–1943. West Chester, PA: Schiffer Publishing Ltd, 1992. p.179.

22. Edgar Alcidi. Fallschirmjäger Brigade Ramcke in North Africa, 1942–1943. Atglen, PA: Schiffer Publishing Ltd, 2009. p.13–14. 笔者查阅了美军1943年出版的一份德国军力手册，上面列出了拉姆克伞兵旅的兵力构成和重武器数量，虽然没有指出番号和指挥官，但基本与Edgar Alcidi的列举吻合。关于拉姆克伞兵旅的兵力一直没有普遍认同的数字，多数著作笼统地称该旅只有2000人左右， Alcidi 在其著作中称："截至目前（2009年），仍没有关于拉姆克伞兵旅兵力的精确数字——这个数字在3600人到4600人之间波动。"（第13页）

23.戴维·欧文著，卜珍伟、江山译。《隆美尔》。北京：解放军出版社，1984年第1版，第275页。

24. Edgar Alcidi. Fallschirmjäger Brigade Ramcke in North Africa, 1942–1943. p.77; Franz Kurowski. Jump into hell: German Paratroopers in Wold War II. p.217.

25.戴维·欧文著，卜珍伟、江山译。《隆美尔》。第289页。

26.H.A. Kacoben & J. Rohwer. Decisive Battles of World War II: The German view. New York, NY: G.P. Putnam's Sons, 1965. pp. 185–213.

27.戴维·欧文著，卜珍伟、江山译。《隆美尔》。第309页。

28.戴维·欧文著，卜珍伟、江山译。《隆美尔》。第314–315页。

29. Samuel W. Mitcham. Rommel's desert war: The life and death of the Afrika Korps. Mechanicsburg, PA: Stackpole Books, 2007. p.178.

30. Hans von Luck. Panzer commander: The memoirs of Colonel Hans von Luck. New York, NY: Dell Publishing, 1989. p.119.

31.戴维·欧文著，卜珍伟、江山译。《隆美尔》。第325页。

32.B.H. Liddell–Hart（ed.） The Rommel Papers. London, UK: Hamlyn, 1984. p.343–344.

33. Samuel W. Mitcham. Rommel's desert war: The life and death of the Afrika Korps. p.179.

34. Samuel W. Mitcham. German Order of Battle: 291st–999th infantry divisions, named infantry divisions, and special divisions in WWII. West Chester, PA: Stackpole Books, 2007. p.282–287.

35. Franz Kurowski. Jump into hell: German Paratroopers in Wold War II. p.260.

36. Franz Kurowski. Jump into hell: German Paratroopers in Wold War II. p.276；关于拉姆克是因病离开东线的说法，见：General der Fallschirmptruppe Hermann–Bernhard Ramcke. http://www.powcamp.fsnet.co.uk.

37.R.W. Grow. An epic of Brittany. Military Review, 1947, 26(11):3–9. 引语见第7页。

38. Martin Blumenson. U.S. Army in World War II, Breakout and Pursuit. Washington, .D.C.: Office of the Chief of Military History, Department of the Army, 1961. p.386.

39. Franz Kurowski. Jump into hell: German Paratroopers in Wold War II. p.316.

40. Wade Hampton. A proposed doctrine for the attack of a built–up area by a road division. Fort Leavenworth, KS: U.S. Army Command and General Staff College, 1966. p.26–27.

41. Hans–Martin Stimpel. Die deutsche Fallschirmtruppe 1936–1945: Innenansichten von Führung und Truppe: mentalitätsgeschichtliche Studie. Hamburg: Mittler & Sohn, 2009. p.254.

42. Jonathan Gawne. Americans in Britanny 1944: Battle of Brest. Histoire et Collections, 2002. p.75.

43. Martin F. Herz. Psychological warfare against surrounded troop units. Military Review, 1950,30(5):3–9. 引语见第6页。

44. Richard Hargreaves. The Germans in Brittany. 参见http://forum.axishistory.com/viewtopic.php?t=133171.

45.D.A. Stroh. Operation on the Crozon Peninsula. Military Review, 1946,25(10):3–8.引语见第8页。

46. Wade Hampton. A proposed doctrine for the attack of a built–up area by a road division, p.44; 另可参见：Conquer. The story of Ninth Army 1943–1945. Washington, D.C.: Infantry Journal Press, 1947. p.35.

47.D.A. Stroh. Operation on the Crozon Peninsula. Military Review, 1946,25(10):3–8. 数字见第8页。

48. Bill Mauldin. The personal story of General Bradley: "The War America Fought." Part II. LIFE Magazine. April 16, 1951. p. 105.

49. Omar N. Bradley & A.J. Liebling. A soldier's story. New York, NY: Random House, 1999. p.367.

50. Hermann–Bernhard Ramcke. Fallschirmjäger– damals und danach. Frankfurt am Main: Lorch Verlag, 1951. 笔者未能拥有这部自传的原版书，正文中的引语转引自：Johannes Ramund de Balliel–Lawrora. The Myriad Chornicles. Xlibris Corporation, 2010. p.53–54. 该书第7章基本上节译了拉姆

克自传中关于战俘营的经历。
51.Günther Fraschka. Knights of the Reich. Atglen, PA: Schiffer Military History, 2004. p. 253.
52.拉姆克写给普赖斯的信件，可参见:http://www.kilroywashere.org/004–Pages/JAN–Area/04–D–JAN–POW–Ramcke.html.
53.F. Roy Willis. France, Germany, and the new Europe, 1945–1967. Oxford, UK: Oxford University Press, 1968. p.149.
54.Günther Fraschka. Knights of the Reich. p. 245–246.
55.F. Roy Willis. France, Germany, and the new Europe, 1945–1967. p.149.
56. Alaric Searle. Wehrmacht generals, West German society, and the debate on rearmament, 1949–1959. Westport, CT: Praeger Publishers, 2003. p.164.
57.F. Roy Willis. France, Germany, and the new Europe, 1945–1967. p.149–150.
58. Alaric Searle. Wehrmacht generals, West German society, and the debate on rearmament, 1949–1959. p.168–169.
59. Norbert Frei. Adenauer' s Germany and the Nazi past: The politics of amnesty and integration.New York, NY: Columbia University Press, 2002. p.383.
60. Derek R. Mallett. Prisoner of War–Cold War Allies: The Anglo–American relationships with Wehrmacht generals. Doctoral dissertation, Texas A&M University, 2009. p.184–185.

第二十一章

1. Hans Peter Hagen. Husaren des Himmels. Berühmte deutsche Jagdflieger und die Geschichte ihrer Waffen. Stuttgart, Germany: Erich Pabel Verlag, 1964. p. 214.
2. Guenther Fraschka. Knights of the Reich. Atglen, PA: Schiffer Military History, 2004. p. 256.
3. Peter Hinchliffe. Schnaufer: Aces of Diamonds. Charleston, SC: Tempus Publishing Inc., 1999. p.230. 美国空军上校托利弗与其合作者康斯特布在1968年首版的影响深远的著作"Horrido!: Fighter aces of Luftwaffe"中，曾明确提到："1945年2月16日，英国人实际上从加莱的一个军用电台通过广播祝贺年轻的王牌施瑙费尔的生日。"(p.212) Franz Kurowski 在"德国空军王牌"一书中也有类似的说法，见 Luftwaffe aces: The German combat pilots of WWII. Mechanicsburg, PA: Stackpole Books, 2004. p.363.
4. Peter Stockert. Die Brillantenträger der Deutschen Wehrmacht. 1941–1945. Selent: Pour le Merite, 2010. p.148.
5. T.J. Constable & R.F. Toliver. Horrido! Fighter aces of the Luftwaffe. New York, NY: The MacMillan Company, 1968. p.212.
6. Peter Hinchliffe. Schnaufer: Aces of Diamonds. p.279.
7. A.D.Harvey. Collision of Empires: Britain in three world wars, 1793–1945. London, UK: The Hambledon Press, 1992. p.690.
8. Peter Hinchliffe. Schnaufer: Aces of Diamonds. p.18.
9. Ralf Schumann. Ritterkreuzträger Profile Nr. 1 Heinz–Wolfgang Schnaufer – der erfolgreichste Nachtjäger des zweiten Weltkrieges. UNITEC–Medienvertrieb, 2000. p.4.
10. Peter Hinchliffe. Schnaufer: Aces of Diamonds. p.31.
11. David Baker. Adolf Galland: The authorized biograpgy. London, UK: Windrow & Greene, 1996. p.182.
12. R.F. Toliver & T.J. Constable. Fighter General: The Life of Adolf Galland. Zephyr, NV: AmPress Publishing, 1990.p.188.
13. Franz Kurowski. Luftwaffe aces: The German combat pilots of WWII. Mechanicsburg, PA: Stackpole Books, 2004. p.327.
14. Peter Hinchliffe. Schnaufer: Aces of Diamonds. p.49.
15. Franz Thomas. Die Eichenlaubträger 1939–1945 Band 2: L–Z.Osnabrück, Germany: Biblio–Verlag, 1998. p.273.
16. T.J. Constable & R.F. Toliver. Horrido! Fighter aces of the Luftwaffe. p.18. 赫格特的击坠战果表可参见：http://www.asisbiz.com/il2/Bf–110/Bf–110–NJG4.2.html; 施瑙费尔的完整战绩表参见：Peter Hinchliffe. Schnaufer: Aces of Diamonds. p.298–302; http://www.asisbiz.com/il2/Bf–110/Bf–110–NJG1–%28G9+EF%29–Schnaufer.html; http://www.luftwaffe.cz/schnaufer.html.
17. Martin Bowman. Bomber Command: Reflections of war, Volume 2 – The heavies move in 1942–May 1943. South Yorkshire, UK: Pen and Sword, 2012. p.204.
18. Martin Bowman. Bomber Command: Reflections of war, Volume 2. p.205.
19. Martin Bowman. Bomber Command: Reflections of war, Volume 2. p.214–215.
20. Peter Hinchliffe. The Lent papers: Helmut Lent. Bristol, UK: Cerberus Publishing Limited, 2003. p.194.
21. Franz Kurowski. Luftwaffe aces: The German combat pilots of WWII. p.334.
22. Mike Spick. Luftwaffe fighter aces: The Jagdflieger and their combat tactics and techniques. New York, NY: Ivy Books, 1996. p.162.
23. Peter Hinchliffe. Schnaufer: Aces of Diamonds. p.101.
24. Franz Kurowski. Luftwaffe aces: The German combat pilots of WWII. p.326.
25. Cajus Bekker. The Luftwaffe war diaries: The German Air Force in World War II. Cambridge, MA: Da Capo Press, 1994. p.302.
26. David C. Isby(ed.). Fighting the bombers: The Luftwaffe's struggle against the Allied bomber offensive as seen by its commanders. London, UK: Greenhill Books, 2006. p.224. 这本书的第15章是施瑙费尔成为战俘后，向英军介绍德军夜间战斗机部队夜战战术的审讯报告。
27. Peter Hinchliffe. Schnaufer: Aces of Diamonds. p.153.
28. Claire Rose Knott. Princes of darkness: The lives of Luftwaffe night fighter aces Heinrich Prinz zu Sayn–Wittgenstein and Egmont Prinz zur Lippe–Weissenfeld. Surrey, UK: Ian Allan Publishing, 2008. p.111–112.
29. Mike Spick. Luftwaffe fighter aces: The Jagdflieger and their combat tactics and techniques. p.169–170.
30. Richard Hillary. The last enemy. London, UK: Vintage, 2010. p.97.
31. Joanne Bourke. An intimate history of killing: Face to face killing

in twentieth century. New York, NY: Basic Books, 2000. p.53.
32. Ralf Schumann. Knights' s Cross profiles, Volume 1. Atglen, PA: Schiffer Military Books, 2012. p.14.
33. David P. Williams. Nachtjäger, Volume 2: Luftwaffe night fighter units 1943–1945. Surrey, UK: Classic Publications, 1995. p.159.
34. R. F. Toliver & T. J. Constable. The blond knight of Germany Blue Ridge Summit, PA: TAB Books, 1970. p.116–117.
35. Ralf Schumann. Knights' s Cross profiles, Volume 1. p.18.
36. Peter Hinchliffe. Schnaufer: Aces of Diamonds. p.217.
37. Ralf Schumann. Knights' s Cross profiles, Volume 1. p.18; Peter Hinchliffe. Schnaufer: Aces of Diamonds. p.216.
38. Ralf Schumann. Knights' s Cross profiles, Volume 1. p.28; Peter Stockert. Die Brillantenträger der Deutschen Wehrmacht. 1941–1945. p.148.
39. Peter Hinchliffe. Schnaufer: Aces of Diamonds. p.236.
40. Dan McCaffery. Dad' s war: The story of a courageous Canadian youth who flew with Bomber Command. Toronto, Ontario: James Lorimer & Company Ltd., 2004. p.158–159.
41. Martin Bowman. 100 Group(Bomber Support): RAF Bomber Command in World War II. South Yorkshine, UK: Pen & Sword Books, 2006. p.26.
42. Ralf Schumann. Knights' s Cross profiles, Volume 1. p.31–33.
43. Roderick Chisholm. Cover of Darkness. London: Chatto and Windus,1953. p.213–216.
44. Ralf Schumann. Knights' s Cross profiles, Volume 1. p.34.
45. T.J. Constable & R.F. Toliver. Horrido! Fighter aces of the Luftwaffe. p.218.
46. Peter Hinchliffe. Schnaufer: Aces of Diamonds. p.274–275.

第二十二章

1. Michael Gunton. Submarines at war: A history of undersea warfare from the American Revolution to the Cold War. New York, NY: Carroll & Graf Publishers, 2003. p.103.
2.Adrian Forman. Bravery, courage and valor: Decorations and awards of the Third Reich. Port St. Lucie, FL: Milspec Publishing, 2008. p.181.
3.Jordon Vause. U–Boat ace: The story of Wolfgang Lueth. Annapolis, MD: Naval Institute Press, 1990. p.189.
4.Richard Compton–Hall. The undersea war, 1939–1945. Poole, UK: Blandford Press, 1982. p. 62.
5.Charles McCain. U–Boat aces: The knave of Diamonds: U–Boat commander Albrecht Brandi. http://blog.charlesmccain.com/2010/09/u–boat–aces–knave–of–diamonds–u–boat.html.
6.Jordon Vause. U–Boat ace: The story of Wolfgang Lueth. p.192.
7.Peter Stockert. Die Brillantenträger der Deutschen Wehrmacht. 1941–1945. Selent: Pour le Merite, 2010. p.14.
8.K.Alman. Albrecht Brandi: Ein Brillantenträger der U–Boot–Waffe. Landser–Großband No.733. Rastatt/Baden: Erich Pabel Verlag, November 1988. p.20.
9.Lawrence Paterson. Weapons of desperation: German frogmen and midget submarines of the Second World War. Annapolis, MD: Naval Institute Press, 2006. p. 4.
10.周明著。《碧海群狼：二战德国U艇全史（下）》。武汉：武汉大学出版社，2009年第1版，第1219页。
11.邓尼茨著，王星昌等译。《邓尼茨元帅战争回忆录》。北京：解放军出版社，2005年，第104页。
12.K.Alman. Albrecht Brandi: Ein Brillantenträger der U–Boot–Waffe. Landser–Großband No.733. p.21.
13.参见：Maro: Greek motor merchant. http://www.uboat.net/allies/merchants/ships/1272.html.
14. David Fairbank White. Bitter Ocean: The Battle of the Atlantic, 1939–1945. New York, NY: Simon & Schuster, 2007. p.130.
15. Jordon Vause. U–Boat ace: The story of Wolfgang Lueth. p.102–104.
16. Clay Blair. Hitler' s U–boat war: The hunted: 1942–1945. New York, NY: Modern Library, 2000. p.30.
17. Clay Blair. Hitler' s U–boat war: The hunted: 1942–1945. p.31–32.
18. David Fairbank White. Bitter Ocean: The Battle of the Atlantic, 1939–1945.p.165.
19. David Fairbank White. Bitter Ocean: The Battle of the Atlantic, 1939–1945.p.167.
20. David Fairbank White. Bitter Ocean: The Battle of the Atlantic, 1939–1945.p.168–169.
21. David Fairbank White. Bitter Ocean: The Battle of the Atlantic, 1939–1945.p.172.
22. Clay Blair. Hitler' s U–boat war: The hunted: 1942–1945. p.33.
23.邓尼茨著，王星昌等译。《邓尼茨元帅战争回忆录》。第138页。
24. Lawrence Paterson. U–boats in the Mediterranean, 1941–1944. Annapolis, MD: Naval Institute Press, 2007. p.104.
25. Clay Blair. Hitler' s U–boat war: The hunted: 1942–1945. p.209.
26.邓尼茨著，王星昌等译。《邓尼茨元帅战争回忆录》。第262页。
27. Clay Blair. Hitler' s U–boat war: The hunted: 1942–1945. p.209.
28. Clay Blair. Hitler' s U–boat war: The hunted: 1942–1945. p.524.
29. Clay Blair. Hitler' s U–boat war: The hunted: 1942–1945. p.553–554.
30. Gordon Williamson. Knight' s Cross with Diamonds recipients 1941–1945. Oxford, UK: Osprey Publishing Ltd., 2006. p.52.
31. Robert Gannon. Hellions of the Deep. College Station, PA: The Pennsylvania State University Press, 2009. p.100.
32. Santiago Mata. U–Boote: Submarinos Alemanes en la II Guerra Mundial. Mito y realidad de un trágico destino. Madrid, Spain: Editorial Almena, 2003. p.155–157.
33. Lawrence Paterson. U–boats in the Mediterranean, 1941–1944. p.148–149.
34. Santiago Mata. U–Boote: Submarinos Alemanes en la II Guerra Mundial. Mito y realidad de un trágico destino.p.157–158.
35. Jochen Brennecke. The hunters and hunted: German U–boats, 1939–1945. Annapolis, MD: Naval Institute Press,

2003. p.233.
36. Santiago Mata. U-Boote: Submarinos Alemanes en la II Guerra Mundial. Mito y realidad de un trágico destino.p.160-165.
37. Clay Blair. Hitler's U-boat war: The hunted: 1942-1945. p.414.
38. Jak P. Mallmann Showell. Enigma U-boats. Annapolis, MD: Naval Institute Press, 2000. p. 96.
39. Lawrence Paterson. U-boats in the Mediterranean, 1941-1944. p.149-150.
40. Guenther Fraschka. Knights of the Reich. Atglen, PA: Schiffer Publishing, 2004. p.278.
41.K.Alman. Albrecht Brandi: Ein Brillantenträger der U-Boot-Waffe. Landser-Großband No.733. p.54-56.
42. Robert F. Cross. Shepherds of the sea: Destroyer escorts in World War II. Annapolis, MD: Naval Institute Press, 2010. p.34-35.
43. Gordon Williamson. Kriegsmarine U-boats, 1939-45, Volume 1. Oxford, UK: Osprey Publishing Ltd., 2000. p.34.
44. Peter Stockert. Die Brillantenträger der Deutschen Wehrmacht. 1941-1945. p.18.
45.参见：http://en.wikipedia.org/wiki/Albrecht_Brandi.
46. Norman Polmar. Submarines of Russia and Soviet Navies, 1718-1990. Annapolis, MD: Naval Institute Press, 1991. p.108.
47. Lawrence Paterson. Weapons of desperation: German frogmen and midget submarines of the Second World War. p.186, p.238.
48. Helmut Blocksdorf. Hitler's secret Commondos: Operations of the K-Verband. Yorkshire, UK: Pen & Sword Books, 2008. Foreword.
49. Lawrence Paterson. Weapons of desperation: German frogmen and midget submarines of the Second World War. p.186.
50. Charles M. Sternhell & Alan M. Thorndike. Antisubmarine warfare in World War II.(OEG Report No.51). Washington, D.C.: United States Navy Department, 1946. p.76.
51.数字参见：http://uboat.net/ops/midget.htm.
52. Lawrence Paterson. Weapons of desperation: German frogmen and midget submarines of the Second World War. p.213.
53. Lawrence Paterson. Weapons of desperation: German frogmen and midget submarines of the Second World War. p.213-214.
54. Guenther Fraschka. Knights of the Reich. p.280.
55. Erich Topp. The odyssey of a U-boat commander: Recollections of Erich Topp. Westport, CT: Praeger, 1992. p.144-145.
56.参见："扶轮社"专门刊物"The Rotarian"1964年8月（总第105卷第2期）第43页的资料。"扶轮社"是国际性组织，1905年创始于美国芝加哥，由一些商家和专门职业者组成，是历史悠久的服务性慈善社团组织，旨在促进国际间的相互了解及世界和平。

第二十三章

1. East Germany: The devil's general. The Time. January 31, 1955.
2.Guenther Fraschka. Knights of the Reich. Atglen, PA:Schiffer Publishing Ltd, 2004. p. 297.
3.Ian Kershaw.The End: The Defiance and Destruction of Hitler's Germany, 1944-1945. New York, NY: The Penguin Group, 2012. p.50, p.203.
4.Guenther Fraschka. Knights of the Reich. p. 294.
5.Anthony Kemp. German commanders of WWII. Oxford, UK: Osprey Publishing, 1990. p. 29.
6.Paul Carell. Scorched earth. London, UK: George G. Harrap & Co., 1970. p.384.
7.Paul Carell. Scorched earth. p.389.
8.Siegfried Knappe. Soldat: Reflections of a German soldier, 1936-1949. Edited by Charles T. Brusaw. New York, NY: Dell Publishing, 1992. p.335.
9.Samuel W. Mitcham. Hitler's field marshals and their battles. Lanham, MD: Scarborough House Publishers, 1994. p.353.
10. Ian Kershaw.The End: The Defiance and Destruction of Hitler's Germany, 1944-1945. p.50.
11.F. W. von Mellenthin. German generals of WWII: As I saw them. Norman, OK:University of Oklahoma Press, 1977.p.186.
12. Peter Stockert. Die Brillantenträger der Deutschen Wehrmacht. 1941-1945. Selent: Pour le Merite, 2010. p.150. 另参见：Schörner - Hitlers "Durchhaltemarschall".http://www.geschichtekompakt.de/.
13. Schörner: Der laute Kamerad. Der Speidel, 9 Februar, 1955. p.11-18. 见第12页。
14. Erwin Rommel. Infantry attacks. New York, NY: Fall River Press, 2011. p.220.
15.戴维·欧文著，卜珍伟、江山译。《隆美尔》。北京：解放军出版社，1984年第1版，第23页。
16. Schörner: Der laute Kamerad. Der Speidel, 9 Februar, 1955. p.11-18. 见第12页。
17. Erwin Rommel. Infantry attacks. p.221-223.
18. Erwin Rommel. Infantry attacks. p.235.
19. Hans von Luck. Panzer commander: The memoirs of Colonel Hans von Luck. New York, NY: Dell Publishing, 1991. p.248-249.
20. Richard Brett-Smith. Hitler's generals. San Rafael, CA: Presidio Press, 1977. p.201-202. Otto E. Moll. Die deutschen Generalfeldmarschlle, 1939-1945. Rastatt: Erich Pabel Verlag, 1961. p.170.
21. Samuel W. Mitcham. Hitler's field marshals and their battles. p.340.
22. Schörner: Der laute Kamerad. Der Speidel, 9 Februar, 1955. p.11-18. 见第13-14页。
23. Schörner: Der laute Kamerad. Der Speidel, 9 Februar, 1955. p.11-18. 见第12页。
24.马文俊、王懿著。《帝国精锐：二战德国特殊部队》。武汉：武汉大学出版社，2008年第1版，第8页。
25. James Lucas. Alpine elite: German mountain troops of World War II. New York, NY: Janes's Publishing Inc., 1980.p.7-8.
26. Guenther Fraschka. Knights of the Reich. p. 285.
27.参见：http://en.wikipedia.org/wiki/Battle_of_Lw%C3%B3w_%281939%29.
28. Department of US Army. The

German Campaigm in the Balkans. U.S. Army Pamphlet No.20-260. November, 1953. p.81.
29. Department of US Army. The German Campaigm in the Balkans. p.88.
30.F.W. von Mellenthin. Panzer battles. New York, NY: Ballantine Books, 1971. p.41.
31. Chris Mann & Christer Jorgensen. Hitler' s Arctic war. Surrey, UK: Ian Allan Publishing, 2002. p.85.
32. Earl F. Ziemke. The German Northern Theater of Operations 1940-1945. U.S. Army Pamphlet No.20-271. June, 1959. p.221.
33. Bruno Manz. A mind in prison: The memoir of a son and soldier of the Third Reich. Potomac Books Inc., 2001. p.118-119.
34. Earl F. Ziemke. The German Northern Theater of Operations 1940-1945. p.230.
35. Barry Gregory. Mountain and Arctic warfare from Alexander to Afghanistan. London, UK: Patrick Stephens, 1989. p.152.
36.这些故事由二战中的芬兰海军军官Leo Lahdenpera 讲述，发表在芬兰战史杂志“Taisteli Kansa”上。其英文译文由Juha Hujanen整理，发布在Axis History Forum上。详见：http://forum.axishistory.com/viewtopic.php?f=5&t=6813.
37. Gottolob Herbert Bidermann. In mortal conflict, 1941-1945. Memories of a German soldier on the Eastern Front. Athens, Greece: Eurobooks, 2008. p.387.
38. Earl F. Ziemke. The German Northern Theater of Operations 1940-1945. p.230.
39. Ralf Blank, et al. Germany and the Second World War: Volume IX/I: German wartime society 1939-1945. New York, NY: Oxford University Press, 2008. p.623.
40. Earl F. Ziemke. Stalingrad to Berlin: The German defeat in the East. Washington, D.C.: Center of Military History, U.S. Army, 2002. p.184.
41.曼施坦因著、戴耀先译。《曼施坦因元帅战争回忆录》。北京：解放军出版社，2006年3月第1版，第464页。
42. Rolf Hinze. Crucible of combat: German' s defensive battles in the Ukraine, 1943-1944. West Midlands, UK: Helion and Company, 2009. p.112；另参见：朱世巍著。《东线：决战第聂伯河》。重庆：重庆出版社，2007年10月第1版。第145页。
43. Franz Kurowski. Panzergrenadier aces: German mechanized infantrymen in WWII. Mechanicsburg, PA: Stackpoles Books, 2010. p.193-196.
44. Earl F. Ziemke. Stalingrad to Berlin: The German defeat in the East. p.188-189.
45.华西列夫斯基著、徐锦栋等译。《华西列夫斯基元帅战争回忆录》。北京：解放军出版社，2003年1月第1版，第329页。
46. Rolf Hinze. Crucible of combat: German' s defensive battles in the Ukraine, 1943-1944. p.107.
47.华西列夫斯基著、徐锦栋等译。《华西列夫斯基元帅战争回忆录》。第338页。
48.华西列夫斯基著、徐锦栋等译。《华西列夫斯基元帅战争回忆录》。第341页。
49.曼施坦因著、戴耀先译。《曼施坦因元帅战争回忆录》。第484页。
50. Ralf Blank, et al. Germany and the Second World War: Volume IX/I: German wartime society 1939-1945. p.623.
51.朱世巍著。《东线：从乌克兰到罗马尼亚》。重庆：重庆出版社，2008年6月第1版。第114页。
52. Paul Carell. Scorched earth. p.385-386.
53. Earl F. Ziemke. Stalingrad to Berlin: The German defeat in the East. p.242.
54. Sean M. McAteer. 500 days: The war in Eastern Europe, 1944-1945. Pittsburg, PA: Red Lead Press, 2008. p.79.
55.华西列夫斯基著、徐锦栋等译。《华西列夫斯基元帅战争回忆录》。第341页。
56.华西列夫斯基著、徐锦栋等译。《华西列夫斯基元帅战争回忆录》。第342页。
57.转引自：朱世巍著。《东线：从乌克兰到罗马尼亚》。第115页。
58. Earl F. Ziemke. Stalingrad to Berlin: The German defeat in the East. p.244.
59. Ralf Blank, et al. Germany and the Second World War: Volume IX/I: German wartime society 1939-1945. p.623.
60. David Irving. Hiltler' s war. New York, NY: The Viking Press,1977. p.594-595.
61. Correlli Barnett. Hitler' s generals. New York, NY: Grove Weidenfeld, 1989. p. 259.
62.F. W. von Mellenthin. German generals of WWII: As I saw them. p.181.
63. David Irving. Hiltler' s war. p.622-623.
64.转引自：朱世巍著。《东线：从乌克兰到罗马尼亚》。第162页。
65.Howard D. Grier. Hitler, Doenitz, and the Baltic Sea: The Third Reich' s last hope, 1944-1945. Annapolis, MD: US Naval Institute Press, 2007. p.28.
66. Earl F. Ziemke. Stalingrad to Berlin: The German defeat in the East. p.336.
67. Prit Buttar. Between giants: The battle for the Baltics in World War II. Oxford, UK: Osprey Publishing, 2013. p.209.
68. Earl F. Ziemke. Stalingrad to Berlin: The German defeat in the East. p.388, p.342.
69. Earl F. Ziemke. Stalingrad to Berlin: The German defeat in the East. p.342.
70. Hans-Joachim Röll.Generalleutnant der Reserve Hyacinth Graf Strachwitz von Groß-Zauche und Camminetz: Vom Kavallerieoffizier zum Führer gepanzerter Verbände. Würzburg, Germany: Flechsig Verlag, 2011. p.153.
71. Prit Buttar. Between giants: The battle for the Baltics in World War II. p.238.
72. Prit Buttar. Between giants: The battle for the Baltics in World War II. p.290.
73.巴格拉米扬著、赖铭传译。《巴格拉米扬元帅战争回忆录》。北京：解放军出版社，2009年4月第1版，第440页。
74. Franz Kurowski. Bridgehead Kurland. Winnepeg, Canada: J.J.Fedorowicz Publishing, 2002. p.175-176.
75. Prit Buttar. Between giants: The battle for the Baltics in World War II. p.304.
76.B.H.Liddell-Hart. History of the

Second World War. New York, NY: Putnam, 1971. p. 663.
77. Christopher Duffy. Red storm on the Reich: The Soviet march on Germany, 1945. Cambridge, MA: Da Capo Press, 1993. p.93.
78. Earl F. Ziemke. Stalingrad to Berlin: The German defeat in the East. p.428.
79. Anthony Read & David Fisher. The fall of Berlin. New York, NY: W. W. Norton & Company, 1993. p.283.
80. Henrik Eberle & Matthias Uhl. The Hitler Book:The secret dossier prepared for Stalin from the interrogation of Hitler's aides.New York, NY: Perseus Books Group, 2005. p.199.
81.邓尼茨著，王星昌等译。《邓尼茨元帅战争回忆录》。第401页。
82.邓尼茨著，王星昌等译。《邓尼茨元帅战争回忆录》。第413页。
83. Roland Kaltenegger. Schoerner: Feldmarschall der letzten Stunde. Munich und Berlin, Germany: F.A. Heibig Verlagsbuchhandlung GmbH, 1994. p.297–298.
84. Ian Kershaw.The End: The Defiance and Destruction of Hitler's Germany, 1944–1945. p.373–374.
85. Christopher Chant, et al. Hitler's generals and their battles. Secaucus, NJ: Chartwell Books, 1976. p.194.
86. Juergen Thornwald. Defeat in the East. New York, NY: Bantam Books, 1980. p.276–280.
87. Roland Kaltenegger. Schoerner: Feldmarschall der letzten Stunde. p.306–307.
88.例如：Samuel W. Mitcham. Hitler's field marshals and their battles. p.353; Roland Kaltenegger. Schoerner: Feldmarschall der letzten Stunde. p.315; Peter Steinkamp. 'Generalfeldmarschall Ferdinand Schoerner'. In: Gerd R. Ueberschär(ed.). Hitler's militärische Elite, Volume 2: Vom Kriegsbeginn bis zum Weltkriegsende. Darmstadt, Germany: Primus, 1998. p.238.
89. Roland Kaltenegger. Schoerner: Feldmarschall der letzten Stunde. p.320.
90. Roland Kaltenegger. Schoerner: Feldmarschall der letzten Stunde. p.321.
91. Schörner: Der laute Kamerad. Der Speidel, 9 Februar, 1955. p.11–18. 见第11页。
92. Alaric Searle. Wehrmacht generals, West German society, and the debate on rearmament, 1949–1959. Westport, CT: Praeger Publishers, 2003. p.247.
93. Alaric Searle. Wehrmacht generals, West German society, and the debate on rearmament, 1949–1959. p.247.
94.参见：http://www.ritterkreuztraeger-1939-45.de/Infanterie/S/Schoerner-Ferdinand.htm.
95. Howard D. Grier. Hitler, Dönitz, and the Baltic Sea: The Third Reich's last hope, 1944–1945. Annapolis, MD: US Naval Institute Press, 2007. p.xxi.
96.F. W. von Mellenthin. German generals of WWII: As I saw them. p.183.

第二十四章

1.F.W. von Mellenthin. German generals of World War II: As I saw them. Norman, OK: University of Oklahoma Press, 1977. p.239.
2.Guenther Fraschka. Knights of the Reich. Atglen, PA: Schiffer Publishing Ltd., 2004. p.304.
3.A. Stephen Hamilton. Defending the Oder Front: The final battle of the 3rd Panzer Armee, March–May 1945. Raleigh, NC: LuLu, Inc., 2010. p.34.
4.Cornelius Ryan. Last battle: The classic history of the Battle of Berlin. New York, NY: Touchstone, 1995. p. 87.
5.Leo Barron & Don Cygan. No silent night: The Christmas Battle for Bastogne. New York, NY: NAL CALIBER, 2012. p.18.
6.Peter McCarthy & Mike Syron. Panzerkrieg: The rise and fall of Hitler's tank divisions. New York, NY: Carroll & Graf Publishers, 2003. p.4.
7.Correlli Barnett. Hitler's generals. New York, NY: Grove Weidenfeld, 1989. p.433.
8.Marcel Stein. Flawed genius: Field Marshal Walter Model, a critical biography. West Midlands, UK: Helion and Company, 2010. p.163.
9.F.W. von Mellenthin. German generals of World War II: As I saw them. p.249.
10. Donald Grey Brownlow. Panzer Baron: The military exploits of General Hasso von Manteuffel. North Quincy, MA: The Christopher Publishing House, 1975. p.158.
11. Erwin Rommel & B.H. Liddle-Hart. The Rommel papers. Cambridge, MA: Da Capo Press, 1982. p. xx.
12.F.W. von Mellenthin. German generals of World War II: As I saw them. p.250.
13. Donald Grey Brownlow. Panzer Baron: The military exploits of General Hasso von Manteuffel. p.15.
14. Donald Grey Brownlow. Panzer Baron: The military exploits of General Hasso von Manteuffel. p.15; Correlli Barnett. Hitler's generals. p.422.
15. Franz Kurowski(ed). Hasso von Manteuffel, Panzerkampf im Zweiten Weltkrieg. Schnellbach, Germany: Verlag Siegfried Bublies, 2005. p.15.
16. Franz Kurowski(ed). Hasso von Manteuffel, Panzerkampf im Zweiten Weltkrieg. p.20; Correlli Barnett. Hitler's generals. p.423.
17. Peter Stockert. Die Brillantenträger der Deutschen Wehrmacht. 1941–1945. Selent: Pour le Merite, 2010. p.76.
18. Peter Hoffmann. Stauffenberg: A family history, 1905–1944. Montreal, Canada: McGill-Queen's University Press, 2003. p.314–15.
19. Correlli Barnett. Hitler's generals. p.423–424.
20. Donald Grey Brownlow. Panzer Baron: The military exploits of General Hasso von Manteuffel. p.66.
21. Donald Grey Brownlow. Panzer Baron: The military exploits of General Hasso von Manteuffel. p.75.
22.汪冰著。《德国名将曼陀菲尔传》。北京：人民日报出版社，2012年10月第1版，第46–47页。
23. Donald Grey Brownlow. Panzer Baron: The military exploits of General Hasso von Manteuffel. p.77.
24. Lev Lopukhovsky. The Viazma catastrophe,1941: The Red Army's disastrous stand against Operation Typhoon. West Midlands, UK: Helion & Company, 2013. p.349.
25. Lev Lopukhovsky. The Viazma catastrophe,1941: The Red Army's disastrous stand against Operation Typhoon. p.336.
26. Lev Lopukhovsky. The Viazma

catastrophe,1941: The Red Army' s disastrous stand against Operation Typhoon. p.376.
27.G. K. Zhukov. Marshal Zhukov' s greatest battles. New York, NY: Harper and Row, 1969. p.51.
28. Jack Radey & Charles Sharp. The defense of Moscow 1941: The Northern flank. South Yorkshire, UK: Pen and Sword Military, 2012. p.5.
29. Correlli Barnett. Hitler' s generals. p.426.
30. Franz Kurowski. Panzergrenadier aces: German mechanized infantrymen in World War II . Mechanicsburg, PA: Stackpole Books, 2010. p.50.
31. Franz Kurowski. Panzer aces III: German tank commanders in combat in WWII. Mechanicsurg, PA: Stackpole Books, 2010. p.257.
32. Rick Atkinson. An army at dawn:The war in North Africa, 1942–1943. New York, NY: Owl Books, 2002. p.166.
33. Correlli Barnett. Hitler' s generals. p.427.
34. Franz Kurowski. Panzergrenadier aces: German mechanized infantrymen in World War II. p.153. 另可参见：http://en.wikipedia.org/wiki/Hasso_von_Manteuffel.
35. Franz Kurowski. Panzergrenadier aces: German mechanized infantrymen in World War II. p.154–155.
36.F.W. von Mellenthin. German generals of World War II: As I saw them. p.241–242; F.W. von Mellenthin. Panzer battles. p.312.
37. Steven H. Newton(ed.)Panzer operations: The Eastern Front memoir of General Raus, 1941–1945.
Cambridge, MA: Da Capo Press, 2003. p.261.
38. David M.Glantz. Red storm over the Balkans. Lawrence, KS: University Press of Kansas, 2007. p.66.
39. Hasso von Manteuffel. The tank battle of Targul Frumos. Military Review, September, 1956. p.78–84.
40. RichardSimpkin. Tank warfare: An analysis of Soviet and NATO Tank philosophy. London, UK: Brassey' s Defence Publishers, 1979. p.44–48.
41. Franz Kurowski(ed). Hasso von Manteuffel, Panzerkampf im Zweiten Weltkrieg. p.128–129.
42. Helmut Spaeter. History of the Panzerkorps Grossdeutschland. Winnepeg, Manitoba: J.J.Fedorowicz, 1995. p.389–390.
43. Donald Grey Brownlow. Panzer Baron: The military exploits of General Hasso von Manteuffel. p.117–118.
44.汪冰著。《德国名将曼陀菲尔传》。第189页。
45.F.W. von Mellenthin. Panzer battles. p.381–383.
46. Correlli Barnett. Hitler' s generals. p.431.
47. Heinz Guenther Guderian. From Normandy to Ruhr with the 116th Panzer Division in World War II. Bedford, PA: The Aberjona Press, 2001. p.337.
48. Donald Grey Brownlow. Panzer Baron: The military exploits of General Hasso von Manteuffel. p.144.
49. Franz Kurowski(ed). Hasso von Manteuffel, Panzerkampf im Zweiten Weltkrieg.p.185.
50.罗科索夫斯基著，徐锦栋等译。《罗科索夫斯基元帅战争回忆录》。北京：解放军出版社，2003年第1版。第282页。
51. Anthony Read &David Fisher. The fall of Berlin. New York, NY: W.W. Norton & Company, 1992.p.379.
52. Franz Kurowski(ed). Hasso von Manteuffel, Panzerkampf im Zweiten Weltkrieg.p.190.
53. Anthony Read &David Fisher. The fall of Berlin. p.431.
54. Desmond Hawkins & Donald Boyd. War report: A record of dispatches broadcast by the BBC's war correspondents with the Allied expeditionary force, 6 June 1944–5 May 1945. Oxford, UK: Oxford University Press, 1946. p.420.
55. Samuel W. Mitcham & Gene Mueller. Hitler' s commanders. New York, NY: Cooper Square Press, 2000. p.145.
56. Alaric Searle. Wehrmacht generals, West German society, and the debate on rearmament, 1949–1959.Westport, CT: Praeger Publishers, 2003. p.37.
57. Hasso von Manteuffel. Der Spiegel. 24.07.1957. p.48.
58. Alaric Searle. Wehrmacht generals, West German society, and the debate on rearmament, 1949–1959. p.258.
59. Alaric Searle. Wehrmacht generals, West German society, and the debate on rearmament, 1949–1959. p.265.
60. Marcel Stein. Flawed genius: Field Marshal Walter Model, a critical biography. p.163–164.
61. John C. Fredriksen. America' s military adversaries: From colonial times to the present.Santa Barbara, CA: ABC–CLIO Inc., 2001. p.317–319.

第二十五章

1. George Forty. German infantryman in the war: 1939–1945. Surrey, UK: Ian Allan Publishing, 2002.p.6.
2.Guenther Fraschka. Knights of the Reich. Atglen, PA: Schiffer Military History, 2004. p. 317.
3.Peter Stockert. Die Brillantenträger der Deutschen Wehrmacht. 1941–1945. Selent: Pour le Merite, 2010. p.170.
4.Samuel W. Mictham. German order of battle Volume One: 1st to 290th divisions in World War II. Mechanicsburg, PA: Stackpole Books, 2007. p.34–35.
5.Michael C. Thomsett. The German opposition to Hitler: The resistance, the underground, and assassination plots, 1938–1945. Jefferson, NC: McFarland & Company, 1997. p.218.
6.William L. Shirer. The rise and fall of the Third Reich. New York, NY: Simon and Schuster, 1960. p.625.
7.Peter McCarthy & Mike Syron. Panzerkrieg: The rise and fall of Hitler' s tank divisions. New York, NY: Carroll & Graf Publishers, 2003. p.2.
8.数字参见：Baptism of fire – Gora Kamienska, Poland 1939 – Experiences of 1. Infanterie–Division. http://gottmituns.net/tag/1939/.
9.Florian Berger. The face of courage: The 98 men who received the Knight' s Cross and the Close–Combat Clasp. Mechanicsburg, PA: Stackpole Books, 2011. p.197.
10. David M. Glantz. The Battle for Leningrad, 1941–1944. Lawrence, KS:

University Press of Kansas, 2002. p.60−61.
11. David M. Glantz. The Battle for Leningrad, 1941−1944. p.70.
12. Franz Kurowski. Infantry aces: The German soldiers in combat in World War II. Mechanicsburg, PA: Stackpole Books, 2005. p.96.
13.参见：Operation Spark – The Second Battle of Lake Ladoga, January 1943. Experiences of a German Division. http://gottmituns.net/2013/02/.
14. David M. Glantz. The Battle for Leningrad, 1941−1944. p.284−285.
15. Peter Stockert. Die Brillantenträger der Deutschen Wehrmacht. 1941−1945. p.172.
16. Helmuth Reinhardt. Encirclement and breakout of First Panzer Army. In: Selected German Army Operations on the Eastern Front. Carlisle, PA: U.S. Army War College, 1983. p.362.
17. Paul Carell. Scorched earth: Hitler's war on Russia, Volume 2. London, UK: George G. Harrap & Co. Ltd, 1970. p.449.
18. Paul Tiberi. Encircles forces: The neglected phenomenon of warfare. Fort Leavenworth, KS: U.S. Army Command and General Staff College, 1985. p.145.
19. Helmuth Reinhardt. Encirclement and breakout of First Panzer Army. p.381.
20. Aloys Sommerfeld.Generalleutnant Theodor Tolsdorff. Deutsches Soldatenjahrbuch, Vol.31.Munchen: Schild Verlag, 1982. p.201.
21.这种说法见诸Albert Seaton的著作: Albert Seaton. The German Army, 1933−1945. New York, NY: St. Martin's Press, 1982. p.127, 187, 229, 231.
22. Samuel W. Mictham. The German defeat in the East, 1944−1945. Mechanicsburg, PA: Stackpole Books, 2007. p.57.
23. David M. Glantz & Horold S. Orenstein. Belorussia 1944: The Soviet General Staff study. New York, NY: Frank Cass Publishers, 2004. p.159. 但是，在有关资料中，维尔纽斯守军的兵力构成与格兰茨的数字完全不同，曾任第12装甲师首席作战参谋的尼波尔德（Gerd Niepold）在他的著作“白俄罗斯战役”中指出，维尔纽斯被围之时，守军只有第170步兵师的一个营、第761掷弹兵旅的两个装备很差的营、第16伞兵团团部和两个连、4个高射炮连、由溃兵和休假归队者组成的3个连、以及一个军警连。参见：Gerd Niepold. Battle for White Russia. London, UK: Brassey's Inc, 1984. p.216, 233. 负责救援维尔纽斯守军的第6装甲师师长瓦尔登费尔斯（Rudolf von Waldenfels）将军在战后曾根据记忆指出，维尔纽斯守军的兵力包括第24伞兵工兵营、第16伞兵团一个营、一个重型高射炮营、一个混合型高射炮营、一个自行火炮营、几个地方守备营和后勤部队，总人数约4000人。参见：Rudolf von Waldenfels. The advance and penetration of the 6th Panzer Division for the liberation and relief of encircles fighting forces west of Vilno on 15 and 16 July 1944. In: Steven H. Newton(ed.). German battle tactics on the Russian front 1941−1945. Atglen, PA: Schiffer Military, 1994. p.208−209.
24. Rudolf von Waldenfels. The advance and penetration of the 6th Panzer Division for the liberation and relief of encircles fighting forces west of Vilno on 15 and 16 July 1944. p.209.
25. David M. Glantz & Horold S. Orenstein. Belorussia 1944: The Soviet General Staff study. p.132−133.
26. Prit Buttar. Between giants: The battle for the Baltics in World War II. Oxford, UK: Osprey Publishing, 2013. p.193.
27. Steven J. Zaloga. Bagration, 1944: The destruction of Army Group Center. London, UK:Osprey Publishing Ltd, 1996. p.73.Prit Buttar 列出的数字是，维尔纽斯守军仅有5000人逃离，损失了大约1万人。见上一条参考书目。
28.参见: Guenther Fraschka. Knights of the Reich. p. 321. 另参见：http://en.wikipedia.org/wiki/Theodor_Tolsdorff.
29. Donald M Goldstein et al. Nuts!: The Battle of Bulge: The story and photographs. London, UK: Brassey's Inc,1997. p.48.
30. David Higgins. The Roer River Battles: German's stand at the Westwall, 1944−45. Havertown, PA: Casemate Publishers, 2010. p.175.
31. Hubert Meyer. The 12th SS: The history of the Hitler Youth Panzer Division Volume II. Mechanicsburg, PA: Stackpole Books, 2005. p.336−337.
32. Danny S. Parker. Battle of the Bulge: Hitler's Ardennes Offensive 1944−45. Cambridge, MA: Da Capo Press, 2004. p.286.
33. Mark Bando. 101st Airborne: The Screaming Eagles in World War II. St. Paul, MN: Zenith Press, 2007. p.195−197.
34. Hubert Meyer. The 12th SS: The history of the Hitler Youth Panzer Division Volume II. p.345.
35. Danny S. Parker. Battle of the Bulge: Hitler's Ardennes Offensive 1944−45. p.322.
36. Charles B. MacDonald. The last offensive. Washington, D.C.: Department of U.S. Army, 1973. p.226.
37. Robert Osborne, et al. The 9th Armored Division in exploitation of Remagen bridgehead, Mar – Apr 45. Fort Knox, KY: U.S. Armored School, 1950. p.10−11.
38. 参见：http://www.lexikon-der-wehrmacht.de/Gliederungen/Korps/LXXXIIKorps-R.htm.
39. Williamson Murray & Allan R. Millett. A war to be won. Cambridge, MA: The Belknap Press of Harvard University Press, 2000. p.480.
40. Albert Kesselring. The memoirs of Field Marshal Kesselring. London, UK: Greenhill Books, 2007. p.271.
41. Reuben E. Jenkins. The battle of the German National Redoubt−Planning phase. Military Review, 1946, 26(9): 3−8.
42. Reuben E. Jenkins. The battle of the German National Redoubt−Operational phase. Military Review, 1947, 26(10): 16−26.
43. Reuben E. Jenkins. The battle of the German National Redoubt−Operational phase. p.26
44. Leonard Rapport & Arthur Northwood. Rendezvous with destiny: A history of the 101st Airborne Division. Washington, D.C.: Infantry Journal Press, 1948. p.737−740.
45. Arthur Mitchell. Hitler's mountain: The Fuhrer, Obersalzberg and the American occupation ofBerchtesgaden.

Jefferson, NC: McFarland & Company Inc. Publishers, 2007. p.146.
46. Alaric Searle. The Tolsdorff Trials in Traunstein: Public and judicial attitudes to the Wehrmacht in the Federal Republic, 1954–60. Germany History, 2005,23(1): 50–78.
47. Tim Tolsdorff. Erschossen am Fichtenstamm. Märkische Allgemeine vom 20. November 2010.
48. Alaric Searle. The Tolsdorff Trials in Traunstein: Public and judicial attitudes to the Wehrmacht in the Federal Republic, 1954–60. p.55.
49. Alaric Searle. The Tolsdorff Trials in Traunstein: Public and judicial attitudes to the Wehrmacht in the Federal Republic, 1954–60. p.57.
50. Alaric Searle. Wehrmacht generals, West German society, and the debate on rearmament, 1949–1959. Westport, CT: Praeger Publishers, 2003. p.263.
51. Tim Tolsdorff. Eichenlaub und Fichtenstamm. Märkische Allgemeine vom 13. November 2010.
52. Tim Tolsdorff. Erschossen am Fichtenstamm. Märkische Allgemeine vom 20. November 2010.

第二十六章

1. Guenther Fraschka. Knights of the Reich. p.330.
2.Peter Stockert. Die Brillantenträger der Deutschen Wehrmacht. 1941–1945. p.90.
3.参见: http://de.wikipedia.org/wiki/Karl_Mauss.
4.Peter Stockert. Die Brillantenträger der Deutschen Wehrmacht. 1941–1945. p.90.
5.Carlos Jurado & Ramiro Bujeiro. The German Freikorps 1918–23. Oxford, UK:Osprey Publishing, 2001.
6.Hermann Beck. The fateful alliance: German Conservatives and Nazis in 1933: The machtergreifung in a new light. Oxford, UK: Berghahn Books,2009. p.234–235.
7.Heinz Guderian. Panzer leader. Cambridge, MA: Da Capo Press, 1996. p. 68.
8.曹宏、张惠民著。《坦克怪杰–古德里安》。北京：世界知识出版社，1995年第1版。第63–64页。
9.参见：Dr. Chuang. Basic Organization of Schützen–Regiment(mot.)in 1940. http://www.panzergrenadier.org/regiment1e.html.
10.F. W. von Mellenthin. German generals of World War II: As I saw them. Norman, OK: University of Oklahoma Press, 1977. p.198.
11. Horst Scheibert. Panzer Grenadier Division "Grossdeutschland". Squadron/Signal Publications, 1993. p.12.
12. Bryan I. Fugate. Operation Barbarossa: Strategy and tactics on the Eastern Front, 1941. Novato, CA: Presidio Press, 1984. p. 117.
13. Bryan I. Fugate. Operation Barbarossa: Strategy and tactics on the Eastern Front, 1941. p. 129.
14. Bryan I. Fugate & Lev Dvoretsky. Thunder on the Dnepr: Zhukov–Stalin and the defeat of Hitler's blitzkrieg. Novato, CA: Presidio Press, 1997. p.168–172.
15. Samuel W. Mitcham. The Panzer Legions: A Guide to the German army tank divisions of World War II and their commanders. Mechanicsburg, PA: Stackpole Books, 2006. p.102–103.
16. Russel H.S. Stolfi. German 10th Panzer Division's Eastern Front offensive near Vyasma during World War II. World War II, September 1997.
17. Russel H.S. Stolfi. Hitler's Panzer East: World War II reinterpreted. Norman, OK: University of Oklahoma Press, 1991. p.145.
18. Otto Wiedinger. Das Reich III, 1941–1943. Manitoba, Canada: J.J.Fedorowicz Publishing, 2002. p.150–151.
19. Michael Jones. The retreat: Hitler's first defeat. New York, NY: Thomas Dunne Books, 2009. p.102–103.
20. Michael Jones. The retreat: Hitler's first defeat. p.104.
21. Otto Wiedinger. Das Reich III, 1941–1943. p.222.
22. Peter Stockert. Die Brillantenträger der Deutschen Wehrmacht. 1941–1945. p.93.
23. Robert Michulec. 4. Panzer Division on the Eastern Front 1941–1943. Hong Kong, China: Concord Publications Co., 1999. p.5.
24. Hans Schaufler. Knight's Cross Panzers: The German 35th Tank Regiment in World War II. Mechanicsburg, PA: Stackpole Books, 2010. p.217.
25.M.K. Barbier. Kursk: The greatest tank battle 1943. St. Paul, MN: MBI Publishing, 2002. p. 79.
26. David M Glantz & Jonathan M. House. The Battle of Kursk. Lawrence, KS: University of Kansa Press, 2004. p.118.
27. Lloyd Clark. The battle of the tanks, Kursk 1943. New York, NY: Grove Press, 2011. p.302.
28. Lloyd Clark. The battle of the tanks, Kursk 1943. p.303–304.
29. Steven H. Newton. Hitler's Commander: Field Marshal Walter Model: Hitler's favorite general. Cambridge, MA: Da Capo Press, 2005. p.255.
30. Andrzej Kinski, et al. 4. Dywizja Pancerna, Kursk 1943. Warszawa, Poland: Wydawn Militaria,1999. p.19.
31. Andrzej Kinski, et al. 4. Dywizja Pancerna, Kursk 1943. p.20.
32. Steven H. Newton(ed.). Kursk: The German view. Cambridge, MA: Da Capo Press, 2002. p.239.
33. Earl F. Ziemke. Stalingrad to Berlin: The German defeat in the East. Washington, D.C.: United States Army, 2002. p.246–247.
34. Helmuth Reinhardt. Encirclement and breakout of First Panzer Army. In: Selected German Army Operations on the Eastern Front. Carlisle, PA: U.S. Army War College, 1983. p.355.
35. Erich von Manstein. Lost victories. Minneapolis, MN: Zenith Press, 2004. p.537.
36. Earl F. Ziemke. Stalingrad to Berlin: The German defeat in the East. p.185–186; John Erickson. The road to Berlin: Stalin's war with Germany: Volume Two. New Heaven, CT: Yale University Press, 1983. p.185.
37. Helmuth Reinhardt. Encirclement and breakout of First Panzer Army. p.377–381.
38. Paul Tiberi. Encircles forces: The neglected phenomenon of warfare. Fort Leavenworth, KS: U.S. Army

Command and General Staff College, 1985. p.155–157.
39. Andrea Lombardi. Men and arms: Generalleutnant Dr. med. dent Karl Mauss.参见：http://uominiearmi.blogspot.com/2008/03/generalleutnant-karl-mauss.html. 另参见：Guenther Fraschka. Knights of the Reich. p.330.
40. Samuel W. Mitcham. The Panzer Legions: A guide to the German army tank divisions of World War II and their commanders. Mechanicsburg, PA: Stackpole Books, 2006. p.82.
41. Samuel W. Mitcham. The German defeat in the East, 1944–45. Mechanicsburg, PA: Stackpole Books, 2006. p.58.
42. Kamen Nevenkin. Fire Brigades: The Panzer Divisions 1943–1945. Manitoba, Canada: J.J.Fedorwicz Publishing Inc., 2008. p.221.
43. Duncun Rogers & Sara Rhiannon Williams. On the bloody road to Berlin: Frontline accounts from North-West Europe and the Eastern Front 1944–45. Midlands, UK: Helion and Company Limited, 2005. p.72–73.
44. Prit Buttar. Between giants: The battle for the Baltics in World War II. Oxford, UK: Osprey Publishing, 2013. p.215–216.
45. Guenther Fraschka. Knights of the Reich. p.331.
46.详见：Guenther Fraschka. Knights of the Reich. p.331–333.
47. Hasso von Manteuffel. Die 7. Panzer-Division im Zweiten Weltkrieg. Krefeld: Schaberg, 1965. p.423.
48. Prit Buttar. Between giants: The battle for the Baltics in World War II. p.240.
49. Kamen Nevenkin. Fire Brigades: The Panzer Divisions 1943–1945. p.223.
50. Robin Lumsden. Medals and decorations of Hitler's Army. Osceola, WI: MBI Publishing, 2001. p 81.
51. Christopher Duffy. Red storm on the Reich: The Soviet march on Germany 1945. Cambridge, MA: Da Capo Press, 1993. p.355–356.
52. Prit Buttar.Battle ground Prussia: The assault on Germany's Eastern Front 1944–45. Oxford, UK: Osprey Publishing, 2010.p.124–126.
53. Prit Buttar.Battle ground Prussia: The assault on Germany's Eastern Front 1944–45. p.177.
54. Christopher Duffy. Red storm on the Reich: The Soviet march on Germany 1945. p.355–356.
55. Juergen Thorwald. Defeat in the East. New York, NY: Bantam Books, 1980. p.166–167.
56. Kamen Nevenkin. Fire Brigades: The Panzer Divisions 1943–1945. p.225.
57. Christopher Duffy. Red storm on the Reich: The Soviet march on Germany 1945. p.356.
58. Prit Buttar.Battle ground Prussia: The assault on Germany's Eastern Front 1944–45. p.336–337.
59. Prit Buttar.Battle ground Prussia: The assault on Germany's Eastern Front 1944–45. p.352.
60. Peter Stockert. Die Brillantenträger der Deutschen Wehrmacht. 1941–1945. p.95.
61. Alaric Searle. Wehrmacht generals, West German society, and the debate on rearmament, 1949–1959. Westport, CT: Praeger Publishers, 2003. p. 123–124.

第二十七章

1. Gordon Williamson. Knight's Cross with Diamonds recipients 1941–1945. Oxford, UK: Osprey Publishing Ltd., 2006. p.59.
2.Hans J. Pantenius. Letzte Schlacht an der Ostfront. Hamburg, Germany: Mittler & Sohn Verlag, 2002. p.305.
3.Egbert Kiese. Danziger Bucht 1945, Dokumentation einer Katastrophe. München, Germany: Heyne Verlag,1978. p.270.
4.Heinz Linge. With Hitler to the end: The memoir of Hitler's valet. New York, NY: Skyhorse Publishing, 2009. p. 6.
5.Heinz Gudelian. Panzer leader. Cambridge, MA: Da Capo Press, 2002. p.398.
6.Albert Seaton. The German Army 1933–45. London, UK: Weidenfeld & Nicolson, 1982. p.60–61.
7.参见：http://www.lonesentry.com/articles/germanhorse/index.html.
8.参见：http://en.wikipedia.org/wiki/German_order_of_battle_for_Operation_Fall_Weiss.
9.参见：http://forum.axishistory.com/viewtopic.php?f=50&t=132564&start=0.
10. Samuel W. Mitcham. The Panzer Legions: A Guide to the German army tank divisions of World War II and their commanders. Mechanicsburg, PA: Stackpole Books, 2006. p.63.
11. Robert Michulec. 4. Panzer-Division on the Eastern Front(1)1941–1943. Hong Kong, China: Concord Publications, 1999. p.3–4.
12. Veterans of the 3rd Panzer Division. Armored bears, the German 3rd Panzer Division in World War II. Vol.1. Mechanicsburg, PA: Stackpole Books, 2012. p.143.
13. David M. Glantz. The initial period of war on the Eastern Front, 22 June – August 1941. New York, NY: Frank Cass Publishers, 1993. p.202.
14. Russel H.S. Stolfi. Hitler's Panzer east: World War II reinterpreted. Norman, OK: University of Oklahoma Press, 1991. p.129.
15. Russel H.S. Stolfi. Hitler's Panzer east: World War II reinterpreted. p.127.
16. Hans Schäufler. Knight's Cross Panzer: The German 35th Tank Regiment in World War II. Mechanicsburg, PA: Stackpole Books, 2010. p.75.
17. Veterans of the 3rd Panzer Division. Armored bears, the German 3rd Panzer Division in World War II. Vol.1. p.165.
18. Veterans of the 3rd Panzer Division. Armored bears, the German 3rd Panzer Division in World War II. Vol.1. p.176.
19. Hans Schäufler. Knight's Cross Panzer: The German 35th Tank Regiment in World War II. p.82.
20. Hans Schäufler. Knight's Cross Panzer: The German 35th Tank Regiment in World War II. p.96.
21. Heinz Gudelian. Panzer leader. p. 188.
22. Heinz Gudelian. Panzer leader. p. 193.
23. Bryan I. Fugate. Operation Barbarossa: Strategy and tactics on the Eastern Front, 1941. Novato, CA: Presidio Press, 1984. p.190.

24. Hans Schäufler. Knight' s Cross Panzer: The German 35th Tank Regiment in World War II. p.120.

25. Heinz Gudelian. Panzer leader. p. 213.

26. Heinz Gudelian. Panzer leader. p. 235.

27. Hans Schäufler. Panzer warfare on the Eastern Front. Mechanicsburg, PA: Stackpole Books, 2012. p.70.

28. Robert Forczyk & Howard Gerrard. Moscow 1941: Hitler' s first defeat. Oxford, UK: Osprey Publishing Ltd., 2006. p.79.

29. Heinz Gudelian. Panzer leader. p. 254.

30. Hans Schäufler. Panzer warfare on the Eastern Front. p.74.

31. Thomas Jentz(ed.)Panzertruppen: The complete guide to the creation and combat employment of Germany' s tank force, 1943–1945. Atglen, PA: Schiffer Publishing, 1996.p.78.

32. Thomas Jentz(ed.)Panzertruppen: The complete guide to the creation and combat employment of Germany' s tank force, 1943–1945.p.74.

33. Andrzej Kinski, et al. 4. Dywizja Pancerna, Kursk 1943. Warszawa, Poland: Wydawn Militaria,1999. p.18.

34. Steven H Newton. Hitler' s Commander: Field Marshal Walter Model, Hitler' s favorite general. p.250.

35. Steven H Newton. Hitler' s Commander: Field Marshal Walter Model, Hitler' s favorite general. p.251.

36. Hans Schäufler. Panzer warfare on the Eastern Front. p.179–180.

37. Barbier, M.A. Kursk: The greatest tank battle 1943. St. Paul, MN: MBI Publishing, 2002.p.110.

38. Andrzej Kinski, et al. 4. Dywizja Pancerna, Kursk 1943. p.19.

39.汪冰著。《德国名将曼陀菲尔传》。北京：人民日报出版社，2012年10月第1版。第95页。

40. Franz Mattenklott. XXXXII Corps in the relief of Kovel(19 March –5 April 1944). In: Steven H. Newton(ed.) German battle tactics on the Russian Front 1941–1945. Atglen, PA: Schiffer Publishing, 1994. p.193–205.

41. Ewald Klapdor. Viking Panzers: The German 5th SS Tank Regiment in the East in World War II. Mechanicsburg, PA: Stackpole Books, 2011. p.264–265.

42. Peter Strassner. European volunteers: The 5. SS Panzer Division "Wiking". J.J.Fedorowicz Publishing, 2006. p.251.

43. Hans Schäufler. Knight' s Cross Panzer: The German 35th Tank Regiment in World War II. p.304.

44. Ewald Klapdor. Viking Panzers: The German 5th SS Tank Regiment in the East in World War II. p.268.

45. John Erickson. The road to Berlin. New Haven, CT: Yale University Press, 1983. p. 189. 历史学家埃里克森在前述著作的第189页提到了第2白俄罗斯方面军被解散的事实，但他并未明确指出这是否是斯大林惩罚方面军司令员库罗奇金的措施。纽顿则在著作中声称："德国人在科韦利的成功显然造成了第2白俄罗斯方面军被解散，因为该部未能守住科韦利周边的防线。"参见：Steven H. Newton(ed.)German battle tactics on the Russian Front 1941–1945. 第205页第15条注释。

46. Hans Schäufler. Knight' s Cross Panzer: The German 35th Tank Regiment in World War II. p.308.

47. Samuel W. Mitcham. The German defeat in the East, 1944–45. Mechanicsburg, PA: Stackpole Books, 2006. p.27.

48. Paul Adair. Hitler' s greatest defeat: The collapse of Army Group Center, June 1944. London, UK: Rigel Publications, 1994. p.126–127.

49. Paul Adair. Hitler' s greatest defeat: The collapse of Army Group Center, June 1944. p.132.

50. Samuel W. Mitcham. The German defeat in the East, 1944–45. p.58.

51. Prit Buttar. Between giants: The battle for the Baltics in World War II. Oxford, UK: Osprey Publishing, 2013.p.226.

52. Gerd Niepold. Panzeroperationen "Doppelkopf" und "Cäsar" .Herford, Germany: E.S.Mittler, 1987.p.81.

53. Prit Buttar. Between giants: The battle for the Baltics in World War II. p.241.

54. Nevenkin, Kamen. Fire Brigades: The Panzer Divisions 1943–1945. Manitoba, Canada: J.J. Fedorowicz Publishing Inc., 2008. p.612.

55. Prit Buttar.Battle ground Prussia: The assault on Germany' s Eastern Front 1944–45. Oxford, UK: Osprey Publishing, 2010.p.122.

56. Samuel W. Mitcham. Rommel' s Lieutenants: the man who served the Desert Fox, France, 1940. Mechanicsburg, PA: Stackpole Books, 2009. p.92.

57.H. Spaeter. The history of the Panzerkorps Grossdeutschland, Volume 3. Manitoba, Canada: J.J. Fedorowicz Publishing Inc., 1995. p.199.

58. Heinz Gudelian. Panzer leader. p. 394. 参见：戴耀先译、古德里安著。《古德里安将军战争回忆录》。北京：解放军出版社，2005年3月第1版。第352页。

59. Christopher Duffy. Red storm on the Reich: The Soviet march on Germany 1945. Cambridge, MA: Da Capo Press, 1993. p.222.

60. John Erickson. The road to Berlin. New Haven, CT: Yale University Press, 1983. p.546.

61. Prit Buttar.Battle ground Prussia: The assault on Germany' s Eastern Front 1944–45. p.378.

62. John Erickson. The road to Berlin. p.546.

63. Howard D. Grier. Hitler, Doenitz, and the Baltic Sea: The Third Reich' s last hope,1944–1945. Annapolis, MD: US Naval Institute Press, 2007. p.121.

64. Prit Buttar.Battle ground Prussia: The assault on Germany' s Eastern Front 1944–45. p.315.

65. Norman Davies. No simple victory: World War II in Europe, 1939–1945. New York, NY: Penguin Books, 2007. p.271.

66. Guenther Fraschka. Knights of the Reich. p.346.

参考书目

外文部分

1. Abenheim, D. Reforging the Iron Cross: The search for tradition in West Germany. Princeton, NJ: Princeton University Press, 1988.
2. Adair, Paul. Hitler' s greatest defeat: The collapse of Army Group Center, June 1944. London, UK: Rigel Publications, 1994.
3. Agte, Patrick. Jochen Peiper: Commander Panzerregiment Leibstandarte. Manitoba, Canada: J.J.Fedorowicz Publishing Inc., 1999.
4. Alcidi, Edgar. Fallschirmjäger Brigade Ramcke in North Africa, 1942–1943. Atglen, PA: Schiffer Publishing Ltd, 2009.
5. Alman, K. Albrecht Brandi: Ein Brillantenträger der U–Boot–Waffe. Landser–Großband No.733. Rastatt/Baden: Erich Pabel Verlag, November 1988.
6. Alman, K. Wolfgang Lüth, der erfolgreichste U–Boot–Kommandant des Zweiten Weltkrieges: mit vier Booten 609 Tage in See. Utting: Dörfler, 1988.
7. Amadio, Jill. Gunther Rall: A Memoir: Luftwaffe ace and NATO General. Santa Ana, CA: Tangmere Productions, 2002.
8. Angolia, John R. On the field of honor: A history of the knight' s Cross bearers. Volume 1. San Jose, CA: Roger James Bender, 1979.
9. Angolia, John R. On the field of honor: A history of the Knight' s Cross Bearers. Vol.1. San Jose, CA: Roger James Bender, 1979.
10. Angolia, John R. On the field of honor: A history of the Knight' s Cross Bearers. Vol.2. San Jose, CA: Roger James Bender, 1979.
11. Atkinson, Rick. An army at dawn:The war in North Africa, 1942–1943. New York, NY: Owl Books, 2002.
12. Baird, Jay Warren. To die for Germany: Heores in the Nazi Pantheon. Bloomington, IN: Indiana University Press, 1992.
13. Baker , David. Adolf Galland: The authorized biography. London, UK: Windrow & Greene Ltd, 1996.
14. Balck, Hermann. Ordnung im Chaos: Erinnerungen, 1893–1948, Soldatenschicksale des 20. Janhrhunderts als Geschichtsquelle. Osnabrück: Biblio Verlag, 1981.
15. Bando, Mark. 101st Airborne: The Screaming Eagles in World War II. St. Paul, MN: Zenith Press, 2007.
16. Barbier, M.A. Kursk: The greatest tank battle 1943. St. Paul, MN: MBI Publishing, 2002.
17. Barnett, Correlli (ed.). Hitler' s generals. New York, NY: Quill/William Morrow, 1989.
18. Barnhart, Barton V. The great escape: An analysis of allied actions leading to the Axis evacuation of Sicily in World War II. Fort Leavenworth, KS: U.S. Army Command and Staff College, 2003.
19. Barratt, Stephen. Zhitomir–Berdichev: German operations west of Kiev 24 December 1943–31 January 1944. Vol. 1. West Midlands, UK: Helion and Company, 2012.
20. Barron, Leo & Cygan, Don. No silent night: The Christmas Battle for Bastogne. New York, NY: NAL CALIBER, 2012.
21. Bartov, Omar. Hitler' s army: Soldiers, Nazis, and war in the Third Reich. New York, NY: Oxford University Press, 1992.
22. Battelle Columbus Laboratories. Translation of Taped Conversation with General Hermann Balck. 13 April 1979. Battelle Columbus Laboratories, Collumbus, OH, July 1979.
23. Battistelli, Pier Paolo. Albert Kesselring. Oxford, UK: Osprey Publishing, 2012.
24. Baumbach, Werner. Broken Swastika: The defeat of the Luftwaffe. London, UK: Robert Hale, 1960.
25. Baxter, Ian. Images of War: The U–boat War 1939–1945. South Yorkshire, UK: Pen & Sword Books, 2008.
26. Beck, Hermann. The fateful alliance: German Conservatives and Nazis in 1933: The machtergreifung in a new light. Oxford, UK: Berghahn Books,2009.
27. Beckker, Cajus. Luftwaffe war diaries: The German air force in World War II. Cambridge, MA: Da Capo Press, 1994.
28. Bekker, Cajus. The Luftwaffe war diaries: The German Air Force in World War II. Cambridge, MA: Da Capo Press, 1994.
29. Berger, Florian. Mit Eichenlaub und Schwertern. Die höchstdekorierten Soldaten des Zweiten Weltkrieges. Selbstverlag, Germany: Florian Berger, 1999.
30. Berger, Florian. The face of courage: The 98 men who received the Knight' s Cross and the Close–Combat Clasp. Mechanicsburg, PA: Stackpole Books, 2011.
31. Bergström, Christer & Mikhailov, Andrey. Black Cross/Red Star: The air war over the Eastern front, Vol.1. Operation Barbarossa, 1941. Pacifica, CA: Percifica Military History, 2000.
32. Bergström, Christer & Mikhailov, Andrey. Black Cross/Red Star: The air war over the Eastern front, Vol.2. Resurgence, January–June 1942. Pacifica, CA: Percifica Military History, 2001.
33. Bergström, Christer, et al. Graf & Grislawski–A pair of aces. Hamilton, MT: Eagle Editions Ltd., 2003.
34. Biank, Maria A. The Battle of Crete: Hitler' s airborne gamble. Fort Leavenworth, KS: US Army Command and General Staff College, 2003.
35. Bickers, Richard T. The Battle of Britain: The greatest battle in the history of air warfare. London, UK: Salamander, 1999.
36. Bickers, Richard T. Von Richthofen: The legend evaluated. Annapolis, MD: Naval Institute Press, 1997.
37. Bidermann, Gottolob Herbert. In mortal conflict, 1941–1945. Memories of a German soldier on the Eastern Front. Athens, Greece: Eurobooks, 2008.
38. Bidwell, Shelford. Kesselring. In: Correlli Barnett （ed）. Hitler' s generals. New York, NY: Grove Weidenfeld, 1989.
39. Bishop, Chris. German Infantry in World War II. St. Paul. MN: Zenith Press, 2008.
40. Bitner, Teddy D.. Kesselring: An analysis of the German commander at Anzio. Fort Leavenworth, KS: U.S. Army Command and General Staff College, 1985.

41. Blair, Clay. Hitler' s U-boat war: The hunted: 1942-1945. New York, NY: Modern Library, 2000.
42. Blank, Ralf, et al. Germany and the Second World War: Volume IX/I: German wartime society 1939-1945. New York, NY: Oxford University Press, 2008.
43. Blocksdorf, Helmut. Hitler' s secret Commondos: Operations of the K-Verband. Yorkshire, UK: Pen & Sword Books, 2008.
44. Bloem, Walter. The advance from Mons 1914. New York, NY: Tandem, 1967.
45. Blood, Philip W. Hitler' s bandit hunters: The SS and the Nazi occupation of Europe. Washington, D.C.: Potomac Books Inc., 2006.
46. Blumenson, Martin. The Patton papers, 1940-1945. Cambridge, MA: Da Capo Press, 1974.
47. Blumenson, Martin. U.S. Army in World War II, Breakout and Pursuit. Washington, D.C.: Office of the Chief of Military History, Department of the Army, 1961.
48. Boog, Horst, et al. Germany and the Second World War (vol.7): The strategic air war in Europe and the war in the West and East Asia 1943-1944/5. New York, NY: Oxford University Press Inc., 2006.
49. Bourke, Joanne. An intimate history of killing: Face to face killing in twentieth century. New York, NY: Basic Books, 2000.
50. Bowman, Martin. 100 Group (Bomber Support): RAF Bomber Command in World War II. South Yorkshine, UK: Pen & Sword Books, 2006.
51. Bowman, Martin. Bomber Command: Reflections of war, Volume 2 - The heavies move in 1942-May 1943. South Yorkshire, UK: Pen and Sword, 2012.
52. Boyes, Roger. German veterans on the warpath over law disowning Nazi pilot ace. Times Online, March 23, 2005.
53. Boyne, Walter J. Messerschmitt Me 262: Arrow to the future. Washington, D.C.: Smithsonian Institution Press, 1980.
54. Bradley, Omar N. & Liebling, A.J. A soldier' s story. New York, NY: Random House, 1999.
55. Breith, Hermann. Breakthrough of III Panzer Corps through deeply echeloned Russian defenses (Kharkov, July 1943). In: German battle tactics on the Russian Front 1941-1945. Steven H. Newton (ed.). Atglen, PA: Schiffer Publishing Ltd., 1994.
56. Brennecke, Jochen. The hunters and hunted: German U-boats, 1939-1945. Annapolis, MD: Naval Institute Press, 2003.
57. Brett-Smith, Richard. Hitler' s generals. San Rafael, CA: Presidio Press, 1977.
58. Brown, Paul. The whorehouse of the world: Tales of wartime Italy - Casablanca, Algiers and Sicily. Bloomington, IN: AuthorHouse, 2004.
59. Brownlow, Donald Grey. Panzer Baron: The military exploits of General Hasso von Manteuffel. North Quincy, MA: The Christopher Publishing House, 1975.
60. Buchner, Alex. Ostfront 1944: The German defensive battles on the Russian Front 1944. Atglen, PA: Schiffer Publishing, 1991.
61. Bungay, Stephen. Alamein. London, UK: Aurum Press, 2003.
62. Burnett, Thorn. Conspiracy Encyclopedia. New York, NY: Chamberlain Bros., 2005.
63. Butler, Rupert. SS- Leibstandarte: The history of the First SS division 1933-1945. London, UK: Amber Books Ltd, 2001.
64. Butler, Rupert. SS-Wiking: The history of the 5th SS Division 1941-1945. Havertown, PA: Casemate, 2002.
65. Buttar, Prit. Battle ground Prussia: The assault on Germany' s Eastern Front 1944-45. Oxford, UK: Osprey Publishing, 2010.
66. Buttar, Prit. Between giants: The battle for the Baltics in World War II. Oxford, UK: Osprey Publishing, 2013.
67. Caidin, Martin. Bf-109: Willy Meserschmitt' s peerless fighter. New York, NY:Ballantine Books Inc., 1968.
68. Caldwell, Donald. The JG 26 War Diary. Vol.1: 1939-1942. London, UK: Grub Street, 1996.
69. Caldwell, Donald. The JG 26 War Diary. Vol.2: 1943-1945. London, UK: Grub Street, 1998.
70. Carell, Paul. Hitler moves east, 1941-1943.New York, NY: Bantam Books, 1966.
71. Carell, Paul. Scorched earth. Hitler' s War on Russia, Vol.2. London, UK: George G. Harrap & Co. Ltd, 1970.
72. Carell, Paul. The foxes of the desert. New York, NY: Ballantine Books, 1962.
73. Carius, Otto & Edwards, Robert. Tigers in the mud. Mechanicsburg, PA: Stackpole Books, 2003.
74. Carrel, Paul. Invasion: They are coming! London, UK: Harrap, 1962.
75. Chant, Christopher, et al. Hitler' s generals and their battles. Secaucus, NJ: Chartwell Books, Inc., 1976.
76. Chant, Christopher. Austro-Hungarian aces of World War I. Oxford, UK: Osprey Publishing, 2002.
77. Chisholm, Roderick. Cover of Darkness. London: Chatto and Windus, 1953.
78. Chorley, William R. (ed.). Royal Air Force Bomber Command losses of the Second World War. Vol.5. Aircraft and crew losses during 1944. Earl Shilton, UK: Midland Counties Publication, 1997.
79. Citino, Robert M. Death of Wehrmacht: The German campaigns of 1942. Lawrence, KS: University Press of Kansas, 2007.
80. Citino, Robert M. The Wehrmacht retreats: Fighting a lost war. Lawrence, KS: University Press of Kansas, 2012.
81. Citino, Robert M.. Avalanche: How both sides lost at Salerno. World War II Magazine, 2012 July/August, 27(2).
82. Citino, Robert M.. Manstein, the Battle of Kharkov, and the limits of Command. In: Arms and the Man: Military History Essays in Honor of Dennis Showalter. Michael S. Neiberg (ed.). Brill, 2011.
83. Clark, Lloyd. The battle of the tanks, Kursk 1943. New York, NY: Grove Press, 2011.
84. Clark, Mark. Calculated risk. New York, NY: Ballantine Books, 1956.
85. Clostermann, Pierre. The big show: The greatest pilot's story of World War II. London, UK: Weidenfeld & Nicolson, 2004.
86. Cole, Hugh M. The Tank Battle in Lorraine. Military Review, November, 1949.
87. Cole, Hugh M..The Lorraine Campaign. Washington,D.C.: The United States Army Historical Division, 1993.
88. Command Magazine. Hitler' s Army: The evolution and structure of

German forces. Cambridge, MA: Da Capo Press, 2003.
89. Compton-Hall, Richard. The underwater war, 1939-1945. New York, NY: Blandford Press, 1982.
90. Conquer. The story of Ninth Army 1943-1945. Washington, D.C.: Infantry Journal Press, 1947.
91. Constable, T.J. & Toliver, R.F. Horrido! Fighter aces of the Luftwaffe. New York, NY: The MacMillan Company, 1968.
92. Cook, Stan & Bender, Roger J. Leibstandarte SS Adolf Hitler: Uniforms, Organization & History. San Jose, CA: James Bender Publishing, 1994.
93. Coram, Robert. Boyd: The fighter pilot who changed the art of war. New York, NY: Back Bay Books, 2004.
94. Cornish, Nik. Images of Kursk: History' s greatest tank battle. London, UK: Brown Partworks Limited, 2002.
95. Corum, James S. The roots of Blitzkrieg: Hans von Seeckt and German military reform. Lawrence, KS: University Press of Kansas, 1992.
96. Corum, James S.. Wolfram von Richthofen: Master of the German air war. Lawrence, KS: University Press of Kansas, 2008.
97. Craig, William. Enemy at the gates: The battle of Stalingrad. Old Saybrook, CT: Konecky & Konecky, 1973.
98. Cremer, Peter. U-Boat commander. Annapolis,MD: Naval Institute Press, 1984.
99. Cross, Robert F. Shepherds of the sea: Destroyer escorts in World War II. Annapolis, MD: Naval Institute Press, 2010.
100. D' Este, Carlo. Bitter victory. New York, NY: E.P. Dutton, 1988.
101. David Cooke & Wayne Evans. Kampfgruppe Peiper: The race for Meuse. South Yorkshire, UK: Pen & Sword Military, 2005.
102. Davies, Norman. No simple victory: World War II in Europe, 1939-1945. New York, NY: Penguin Books, 2007.
103. Davin, D.M.. Official history of New Zealand in the Second World War, 'Crete'. Nashville, TN: The Battery Press, Inc., 1953.
104. De Balliel-Lawrora, Johannes Ramund. The Myriad Chornicles. Xlibris Corporation, 2010.
105. Department of U.S. Army. Operations of encircled forces: German experiences in Russia. Department of the Army Pamphlet No. 20-234 (MS T-12). Washington., D.C.: Department of U.S. Army, 1952.
106. Department of US Army. The German Campaigm in the Balkans. U.S. Army Pamphlet No.20-260. November, 1953.
107. DePuy, William. Generals Balck and Von Mellenthin on tactics: Implications for NATO military doctrine. Carlisle, PA: US Army War College, April 1983.
108. Der Meden, Karl-Friedrich von. Cavalry Brigade "Model". In: Steven H. Newton (ed). German battle tactics on the Russian Front 1941-1945. Atglen, PA: Schiffer Publishing Ltd, 1994.
109. Dietrich, Sepp & Peiper, Joachim. War experiences of General Sepp Dietrich and Colonel Joachim Peiper. Washington, D.C. : U.S. Office of the Secretary of Defense, 1953.
110. Dildy, Doug & White, John. Demark and Norway 1940: Hitler' s boldest operation. Oxford, UK: Osprey Publishing, 2007.
111. Dittmann, Fritz. Mein freund Marseille. Berlin, Germany: Heimbuecherei, 1944.
112. Drinkwater, John P. When to pull the trigger for the counterattack: Simplicity vs. Sophistication. Fort Leavenworth, KS: US Army Command and General Staff College, 1985.
113. Duffy, Christoper. Red storm on the Reich: The Soviet march on Germany, 1945. Cambridge, MA: Da Capo Press, 1993.
114. Eberle, Henrik &Uhl, Matthias. The Hitler Book:The secret dossier prepared for Stalin from the interrogation of Hitler's aides.New York, NY: Perseus Books Group, 2005.
115. Ellis, Chris. 7th Flieger Division: Student' s Fallschirmjäger elite. Hersham, UK: Ian Allen Publishing, 2002.
116. Elstob, Peter. Hitler' s last offensive: Full story of the Battle of Ardennes. New York, NY: Macmillan Co., 1971.
117. Emme, Eugene M. Impact of the Air War: National security and world politics. Princeton, NJ: D. Van Nostrand Company, 1959.
118. Erickson, John. The road to Berlin. New Haven, CT: Yale University Press, 1983.
119. Erickson, John. The road to Stalingrad: Stalin' s war with Germany: Volume One. New Heaven, CT: Yale University Press, 1975.
120. Filley, Brian. Ju-87 Stuka in action. Carroliton, TX: Squadron/ Signal Publications, Inc., 1986.
121. Fischer, Thomas. Soldiers of the Leibstandarte. Manitoba, Canada: J.J. Fedorowicz Publishing Inc., 2008.
122. Fischer, Wolfgang. Luftwaffe fighter pilot: Defending the Reich against the RAF and USAAF. London, UK: Grub Street, 2010.
123. Florentin, Eddy. The Battle of the Falaise Gap. New York, NY: Hawthorn Books Inc., 1967.
124. Forczyk, Robert & Gerrard, Howard. Moscow 1941: Hitler' s first defeat. Oxford, UK: Osprey Publishing Ltd., 2006.
125. Forczyk, Robert. Red Christmas: The Tatsinskaya airfield raid 1942. Oxford, UK: Osprey Publishing, 2012.
126. Forczyk, Robert. Walter Model. Oxford, UK: Osprey Publishing, 2011.
127. Forman, Adrian. Bravery, courage and valor: Decorations and awards of the Third Reich. Port St. Lucie, FL: Milspec Publishing, 2008.
128. Forsyth, Robert. Jagdverband 44: Squadron of Experten. Oxford, UK: Osprey Publishing, 2008.
129. Forsyth, Robert & Laurier, Jim. Jagdverband 44: Squadron of Experten. Oxford, UK: Osprey Publishing, 2008.
130. Forsyth, Robert. Jagdgeschwader 7 Nowotny. Oxford, UK: Osprey Publishing, 2008.
131. Forty, George. German infantryman in the war: 1939-1945. Surrey, UK: Ian Allan Publishing, 2002.
132. Forty, George. The armies of Rommel. London, UK: Arms and Armour, 1999.
133. Fraschka, Guenther. Knights of the Reich. Atglen, PA: Schiffer Military History, 2004.
134. Fraschka, Guenther. Mit Schwertern und Brillanten. Rastatt, Germany: Erich Pabel Verlag, 1970.
135. Fraser, David. Knight' s Cross: A portrait of Field Marshal Erwin Rommel. New York, NY: HarperCollins Publishers, 1994.
136. Fredriksen, John C. America' s

military adversaries: From colonial times to the present.Santa Barbara, CA: ABC-CLIO Inc., 2001.
137. Frei, Norbert. Adenauer's Germany and the Nazi past: The politics of amnesty and integration. New York, NY: Columbia University Press, 2002.
138. Frieser, Karl-Heinz & Klein, Friedhelm. Mansteins Gegenschlag am Donez: Operative Analyse des Gegenangriffs der Heeresgruppe Süd im February/März 1943. Militärgeschichte, 1999.
139. Frieser, Karl-Heinz. The Blitzkrieg Legend: The 1940 Campaign in the West. Annapolis, MD: Navy Institute Press, 2005.
140. Fugate, Bryan I. & Dvoretsky, Lev. Thunder on the Dnepr: Zhukov-Stalin and the defeat of Hitler's blitzkrieg. Novato, CA: Presidio Press, 1997.
141. Fugate, Bryan I.Operation Barbarossa: Strategy and tactics on the Eastern Front, 1941. Novato, CA: Presidio, 1984.
142. Galland, Adolf. The first and the last. Cutchogue, NY: Buccaneer Books, 1954.
143. Gannon, Robert. Hellions of the Deep. College Station, PA: The Pennsylvania State University Press, 2009.
144. Gawne, Jonathan. Americans in Britanny 1944: Battle of Brest. Histoire et Collections, 2002.
145. Gilbert, Adrian. Gemany's lightning war. Osceola, WI: MBI Publishing Company, 2000.
146. Gilmour, Colin. Götterdämmerung: The twilight of the Experten. The Canadian Air Force Journal, 2009, 2 (3).
147. Giordano, Ralph. Die Traditionslüge. Vom Kriegerkult in der Bundeswehr. Köln: Kiepenheuer & Witsch, 2000.
148. Glantz David M. & Orenstein, Horold S. Belorussia 1944: The Soviet General Staff study. New York, NY: Frank Cass Publishers, 2004.
149. Glantz, David M. & House, Jonathan M.. The Battle of Kursk. Lawrence, KS: University of Kansa Press, 2004.
150. Glantz, David M. & House, Jonathan. Armageddon in Stalingrad: September-November 1942. Lawrence, KS: University Press of Kansas, 2009.
151. Glantz, David M. & House, Jonathan. To the gates of Stalingrad: Soviet-German combat operations, April-August 1942. Lawrence, KS: University Press of Kansas, 2009.
152. Glantz, David M. Barbarossa derailed: The battle of Smolensk 10 July - 10 September 1941. Vol.1. West Midlands, UK: Helion & Company Limited, 2010.
153. Glantz, David M. From the Don to the Dnepr: Soviet offensive operations, December 1942-August 1943. London, UK: Frank Cass Publishers, 1991.
154. Glantz, David M. Red storm over the Balkans. Lawrence, KS: University Press of Kansas, 2007.
155. Glantz, David M. The Battle for Leningrad, 1941-1944. Lawrence, KS: University Press of Kansas, 2002.
156. Glantz, David M. The initial period of war on the Eastern Front, 22 June - August 1941. New York, NY: Frank Cass Publishers, 1993.
157. Glantz, David M. Zhukov's greatest defeat: The Red Army's epic disaster in Operation Mars, 1942. Lawrence, KS: University Press of Kansas, 1999.
158. Glantz, David M.Prelude to German Operation Blau: Military Operations on Germany's Eastern Front, April-June 1942. Journal of Slavic Military Studies,2007, 20(2): 171-234.
159. Goerlitz, Walter. History of the German General Staff. New York, NY: Praeger, 1957.
160. Goerlitz, Walter. Model: Der Feldmarschall und sein Endkampf an der Ruhr. Munich, Germany: Universitas Verlag, 1993.
161. Goerlitz, Walter. Model: Strategie der Defensive. Wiesbaden: Limes Verlag, 1975.
162. Goerlitz, Walter. The Battle of Stalingrad 1942-43. In: H.A. Jacobsen & J. Rohwer (ed.). Decisive battles of World War II: The German View. New York, NY: G.P. Putnam's Sons, 1965.
163. Goldstein, Donald M et al. Nuts!: The Battle of Bulge: The story and photographs. London, UK: Brassey's Inc,1997.
164. Goldsworthy, Terry. Valhalla's warriors: A history of the Waffen-SS on the Eastern Front 1941-1945. Indianapolis, IN: Dog Ear Publishing, 2007.
165. Gordon, Harold J.The Reichswehr and the German Republic, 1919-1926. New Jersey, NY: Princeton University Press, 1957.
166. Gregory, Barry. Mountain and Arctic warfare from Alexander to Afghanistan. London, UK: Patrick Stephens, 1989.
167. Griehl, Manfred. Night fighetrs over the Reich. London, UK: Grennhill Books, 1997.
168. Grier, Howard D. Hitler, Donitz, and the Baltic Sea: The Third Reich's last hope, 1944-1945. Annapolis, MD: US Naval Institute Press, 2007.
169. Grow, R.W. An epic of Brittany. Military Review, 1947, 26 (11) : 3-9.
170. Guderian, Heinz Guenther. From Normandy to Ruhr with the 116th Panzer Division in World War II. Bedford, PA: The Aberjona Press, 2001.
171. Guderian, Heinz. Panzer leader. Cambrdige, MA: Da Caop Press, 1996.
172. Gunton, Michael. Submarines at war: A history of undersea warfare from the American Revolution to the Cold War. New York, NY: Carroll & Graf Publishers, 2003.
173. Hackett, John. Colonel-General Kurt Student. In: Correlli Barnett (ed). Hitler's generals. New York, NY: George Weidenfeld & Nicolson Ltd, 1989.
174. Hagen, Hans Peter. Husaren des Himmels. Berühmte deutsche Jagdflieger und die Geschichte ihrer Waffen. Stuttgart, Germany: Erich-Pabel Verlag, 1964.
175. Hagena, Hermann. Jagdflieger Werner Mölders: Die Würde des Menschen reicht über den Tod hinaus. Aachen, Germany: Helios Verlag, 2008.
176. Halder, Franz. The private journal of Generaloberst Franz Halder. Translated by Phillip Willner and others, edited by Arnold Lissance. Washington, D.C.: Office of the Chief of Military History, 1950.
177. Hamilton, A. Stephen. Defending the Oder Front: The final battle of the 3rd Panzer Armee, March-May 1945. Raleigh, NC: LuLu, Inc., 2010.
178. Hampton, Wade. A proposed doctrine for the attack of a built-up area by a road division. Fort Leavenworth, KS: U.S. Army Command and General Staff College, 1966.
179. Harris, Arthur. Bomber Offensive. London, UK: Greenhill Books, 1990.

180. Hartmann, Ursula. German fighter ace Erich Hartmann: The life story of the world' s highest scoring ace. Atglen, PA: Schiffer Publishing, 1992.

181. Harvey, A.D. Collision of Empires: Britain in three world wars, 1793–1945. London, UK: The Hambledon Press, 1992.

182. Hausser, Paul. Waffen–SS im einsatz. Goettingen: Plesse Verlag, 1953.

183. Hawkins, Desmond & Boyd, Donald. War report: A record of dispatches broadcast by the BBC's war correspondents with the Allied expeditionary force, 6 June 1944–5 May 1945. Oxford, UK: Oxford University Press, 1946.

184. Hayward, Joel S.A. Stopped at Stalingrad: The Luftwaffe and Hitler's defeat in the East, 1942–1943. Lawrence, KS: University Press of Kansas, 2001.

185. Heaton, Colin D. & Guttman, Jon. Final thoughts of the Blond Knight. World War II, 2002, 17 (3).

186. Heaton, Colin D. & Lewis, Anne–Marie. The Star of Africa: The story of Hans Marseille, the rogue Luftwaffe ace who dominated the WWII skies. Minnesapolis, MN: Zenith Press, 2012.

187. Heaton, Colin D. Interview with World War II Luftwaffe Eagle Johannes Steinhoff. WWII Journal, 2000, 14(2), p.28–35.

188. Heaton, Colin D. Messerschimtt master in Eastern Front. Military History, Feburary 2004.

189. Heaton, Colin D. The man who downed Nowotny: Interview with Colonel Edward R. Haydon. Aviation History, 2002, 13(1).

190. Heaton, Colin D., et al. The German aces speak: World War II through the eyes of four of the Luftwaffe' s most important commanders. Minneapolis, MN: Zenith Press, 2011.

191. Heaton, Colin D., et al. The Me 262 Stormbird: From the pilots who flew, fought, and survived it. Minneapolis, MN: Zenith Press, 2012.

192. Heaton, Collin D. Interview with WWII Luftwaffe general and ace pilot Adolf Galland. WWII Journal, 1997, 11(5): 46–52.

193. Heiber, Helmut (ed.). Hitler and his generals: Military conferences 1942–1945: The first complete stenographic record of the military situation conferences, from Stalingrad to Berlin. New York, NY: Enigma Books, 2003.

194. Heinemann, Winfried. Salerno: A defender' s view. Army History, Spring 2008, p.7–18.

195. Heinz, Rolf. Crucible of combat: Germany' s defensive battles in the Ukraine 1943–44. West Midlands, UK: Helion and Company, 2009.

196. Held, Werner & Nauroth, Holger. The defence of the Reich: Hitler' s nightfighter planes and pilots. London, UK: Arms and Armour Press, 1982.

197. Held, Werner & Obermaier, Ernst. The Luftwaffe in the North African Campaign 1941–1943. West Chester, PA: Schiffer Publishing Ltd., 1992.

198. Held, Werner. Adolf Galland: A pilot' s life in war and peace. Mesa, AZ: Champlin Museum Press, 1986.

199. Held, Werner. Fighter!Lufftwaffe fighter planes and pilots. Englewood Cliffs, NJ: Prentice–Hall, Inc., 1979.

200. Held, Werner. German fighter ace Walter Nowotny: An illustrated biography. Atglen, PA: Schiffer Publishing, 2006.

201. Herde, Peter. Albert Kesselring (1885–1960). In: Erich Schneider (ed). Fränkische Lebensbilder: Neue Folge der Lebensläufe aus Franken. Volume 18, Series VIIa, Neustadt/Aische, Germany: Kommissionsverlag Degener & Co., 2000.

202. Hermann, Hajo. Eagle' s wings: The autobiography of a Luftwaffe pilot. Osceola, WI: Motorbooks International, 1991.

203. Herz, Martin F. Psychological warfare against surrounded troop units. Military Review, 1950, 30 (5) : 3–9.

204. Hess, William N. Famous airmen: The Allied Aces of World War II. New York, NY: Arco Publishing, 1966.

205. Hesse–Lichtenberger, Ulrich. Tor!: The story of German football. London, UK: WSC Books Ltd, 2003.

206. Higgins, David. The Roer River Battles: German' s stand at the Westwall, 1944–45. Havertown, PA: Casemate Publishers, 2010.

207. Hillary, Richard. The last enemy. London, UK: Vintage, 2010.

208. Hinchliffe, Peter. Schnaufer: Aces of Diamonds. Charleston, SC: Tempus Publishing Inc., 1999.

209. Hinchliffe, Peter. The Lent papers: Helmut Lent. Bristol, UK: Cerberus Publishing Limited, 2003.

210. Hinchliffe, Peter. The Other Battle: Luftwaffe Night Aces versus Bomber Command. Osceola, WI: Motorbooks International, 1996.

211. Hinze, Rolf. Crucible of combat: German' s defensive battles in the Ukraine, 1943–1944. West Midlands, UK: Helion and Company, 2009.

212. Hoffmann, Peter. Stauffenberg: A family history, 1905–1944. Montreal, Canada: McGill–Queen' s University Press, 2003.

213. Hoffmann, Peter. Stauffenburg: A family history, 1905–1944. Cambridge, UK: Cambridge University Press, 1995.

214. Hoffmann, Peter. The history of the German resistence 1933–1945. Cambridge, MA: The MIT Press, 1977.

215. Höhne, Heinz Zollin. The Order of the Death's Head: The story of Hitler's SS. London, UK: Penguin Books, 2001.

216. Hollway, Don. Eagle of the Eastern Front. Aviation History, 2011, 21(6):22–29.

217. Horne, Alistair.To lose a battle: France 1940. London, UK: Penguin Books, 2007.

218. Hoyt, Edwin P. The U–boat wars. New York, NY: Arbor House Publishing Company, 1984.

219. Hummel, Karl–Heinz. Die Kommandostrukturen in der Reichsluftverteidigung, 1939–1945. In: H. Dameran (ed.). Deutsches Soldatenjahrbuch 1989. Munich: Schild Verlag, 1988.

220. Ingersoll, Ralph. Report on England, November 1940. New York: Simon and Schuster. 1940.

221. Irving, David C. The trail of the fox. New York, NY: Avon Books, 1978.

222. Irving, David. Hitler' s war. 2 volumes. London, UK : Papermac, 1983.

223. Irving, David. Hitler' s war. New York, NY: The Viking Press, 1977.

224. Isby, David C. (ed). Fighting the bombers: The Luftwaffe's struggle against the Allied bomber offensive as seen by its commanders. London, UK: Greenhill Books, 2006.

225. Jackson, Robert. Legend Ju–87 Stuka. Ramsbury, UK: The Crowood Press Ltd, 2004.

226. Jacobsen, H.A. & Rohwer, J. Decisive battles of World War II:

The German view. New York, NY: G.P.Putnam' s Sons, 1965.
227. Jenkins, Reuben E. The battle of the German National Redoubt–Operational phase. Military Review, 1947, 26 (10) : 16–26.
228. Jenkins, Reuben E. The battle of the German National Redoubt–Planning phase. Military Review, 1946, 26 (9) : 3–8.
229. Jentz, Thomas (ed.). Panzertruppen: The complete guide to the creation and combat employment of Germany' s tank force, 1933–1942. Atglen, PA: Schiffer Publishing, 1996.
230. Jentz, Thomas (ed.). Panzertruppen: The complete guide to the creation and combat employment of Germany' s tank force, 1943–1945. Atglen, PA: Schiffer Publishing, 1996.
231. Jochim, Berthold K. Oberst Hermann Graf. 200 Luftsiege in 13 Monaten. Rastatt, Germany: Pabel, 1975.
232. Jones, Michael. The retreat: Hitler' s first defeat. New York, NY: Thomas Dunne Books, 2009.
233. Junge, Traudl. Until the final hour: Hitler's last secretary. New York, NY: Arcade Publishing, 2004.
234. Jurado, Carlos & Bujeiro, Ramiro. The German Freikorps 1918–23. Oxford, UK:Osprey Publishing, 2001.
235. Just, Guenther. Stuka pilot Hans–Ulrich Rudel: His life story in words and photographs. West Chester, PA: Schiffer Publishing, 1990.
236. Kainikara, Sanu. Red Air: Politics in Russian air power. Boca Raton, FL: Universal Publishers, 2007.
237. Kaltenegger, Roland. Schoerner: Feldmarschall der letzten Stunde. Munich und Berlin, Germany: F.A. Heibig Verlagsbuchhandlung GmbH, 1994.
238. Kamenir, Victor. The bloody triangle: The defeat of Soviet armor in Ukraine, June 1941. Minneapolis, MN: Zenith Press, 2008.
239. Kammann, Willi. Der Weg der 2. Fallschirmjäger–Division. Munchen, Germany: Schild–Verlag, 1972.
240. Kaplan, Philip. Fighter aces of Luftwaffe in World War II. Auldgirth, UK: Pen & Sword Aviation, 2007.
241. Kemp, Anthony. German commanders of WWII. Oxford, UK: Osprey Publishing, 1990.
242. Kershaw, Ian. Hitler: 1936–1945, Nemesis. New York, NY: W.W.Norton & Company, Inc., 2001.
243. Kershaw, Ian.The End: The Defiance and Destruction of Hitler's Germany, 1944–1945. New York, NY: The Penguin Group, 2012.
244. Kershaw, Ian.The few: The "American Knights of the Air" who risked everything to save Britain in the summer of 1940. Cambridge, MA: Da Capo Press, 2006.
245. Kesselring, Albert. The memoirs of Field Marshal Kesselring. London, UK: Greenhill Books, 2007.
246. Kiese, Egbert. Danziger Bucht 1945, Dokumentation einer Katastrophe. München, Germany: Heyne Verlag,1978.
247. Kilduff, Peter. Red Baron: The life and death of an ace. Cincinnati, OH: David & Charles, 2007.
248. Kinski, Andrzej et al. 4. Dywizja Pancerna, Kursk 1943. Warszawa, Poland: Wydawn Militaria,1999.
249. Klapdor, Ewald. Viking Panzers: The German 5th SS Tank Regiment in the East in World War II. Mechanicsburg, PA: Stackpole Books, 2011.
250. Knappe, Siegfried. Soldat: Reflections of a German soldier, 1936–1949. Edited by Charles T. Brusaw. New York, NY: Dell Publishing, 1992.
251. Knott, Claire Rose. Princes of darkness: The lives of Luftwaffe night fighter aces Heinrich Prinz zu Sayn–Wittgenstein and Egmont Prinz zur Lippe–Weissenfeld. Surrey, UK: Ian Allan Publishing, 2008.
252. Krätschmer, Ernst–Günther. Die Ritterkreuzträger der Waffen–SS. Preussisch Oldendorf: Schuetz, 1982.
253. Krzak, Andrzej. Operation "Marita" : The attack against Yugoslavia in 1941. Journal of Slavic Military Studies, 2006, 19(3).
254. Kurowski, Franz (ed) . Hasso von Manteuffel, Panzerkampf im Zweiten Weltkrieg. Schnellbach, Germany: Verlag Siegfried Bublies, 2005.
255. Kurowski, Franz. Bridgehead Kurland. Winnepeg, Canada: J.J.Fedorowicz Publishing, 2002.
256. Kurowski, Franz. Generalmajor Adelbert Schulz: Mit der 7. Panzerdivision in West und Ost. Würzburg, Germany: Flechsig Veralg, 2008.
257. Kurowski, Franz. German fighter ace Hans–Joachim Marseille: The life story of the Star of Africa. Atglen, PA: Schiffer Publishing Ltd., 1994.
258. Kurowski, Franz. Infantry aces: The German soldiers in combat in World War II. Mechanicsburg, PA: Stackpole Books, 2005.
259. Kurowski, Franz. Jump into hell: German Paratroopers in WWII. Mechanicsburg, PA: Stackpole Books, 2010.
260. Kurowski, Franz. Luftwaffe aces: German Combat Pilots of WWII. Mechanicsburg, PA: Stackpole Books, 2004.
261. Kurowski, Franz. Luftwaffe aces: German combat pilots of WWII. Mechanicsburg, PA: Stackpole Books, 1996.
262. Kurowski, Franz. Panzer aces III: German tank commanders in combat in WWII. Mechanicsurg, PA: Stackpole Books, 2010.
263. Kurowski, Franz. Panzergrenadier aces: German mechanized infantrymen in WWII.. Mechanicsburg, PA: Stackpole Books, 2010.
264. Landwehr, Richard, et al. The Wallonien: The history of the 5th SS–Sturmbrigade and 28th SS Volunteer Panzergrenadier Division. Bennington, VT: Merriam Press, 2006.
265. Landwehr, Richard. Budapest: The Stalingrad of the Waffen–SS. Bennington, VT: Merriam Press, 2006.
266. Lange, Hermann W.W. Rommel at Thala. Military Review, September 1961.
267. Laureau, Patrick. Condor: The Luftwaffe in Spain 1936–1939. Mechanicsburg, PA: Stackpole Books, 2010.
268. Lehmann, Rudolf. The Leibstandarte II. Winnipeg, Canada: J.J. Fedorowicz Pubilshing, 1988.
269. Lehmann, Rudolf. The Leibstandarte III. Winnipeg, Canada: J.J. Fedorowicz Pubilshing, 1990.
270. Lewin, Ronald. Rommel as military commander. New York, NY: Barns & Nobel Books, 1968.
271. Liddell–Hart, B. H. The other side of the hill. London, UK: Cassell and Coompany Ltd., 1948.
272. Liddell–Hart, B.H. (ed.) The Rommel Papers. London, UK: Hamlyn, 1984.
273. Liddell–Hart, B.H. (ed.). Rommel Papers. Cambridge, MA: Da Capo

Press, 1982.
274. Liddell–Hart, B.H. History of the Second World War. New York, NY: Putnam, 1971.
275. Liedtke, Gregory. Furor Teutonicus: German Offensives and Counter–Attacks on the Eastern Front, August 1943 to March 1945. Journal of Slavic Military Studies, 2008, 21 (3) : 563–587.
276. Lind, Henry D.. Break–out from encirclement. Military Review, June 1951. p.49–62.
277. Linge, Heinz. With Hitler to the end: The memoir of Hitler' s valet. New York, NY: Skyhorse Publishing, 2009.
278. Lingen, Kerstin von. Kesselring's last battle: War crimes trials and cold war politics, 1945–1960. Lawrence, KS: University Press of Kansas, 2009.
279. Lopukhovsky, Lev. The Viazma catastrophe, 1941: The Red Army' s disastrous stand against Operation Typhoon. West Midlands, UK: Helion & Company, 2013.
280. Lucas, James S. & Cooper, Matthew. Hitler' s elite: Leibstandarte SS, 1933–45. London, UK: MacDonalds and Jane' s, 1975.
281. Lucas, James. Alpine elite: German mountain troops of World War II. New York, NY: Janes' s Publishing Inc., 1980.
282. Lucas, James. Storming Eagles: German Airborne Forces in World War II. London, UK: Arms and Armor Press, 1988.
283. Lucas, Laddie (ed.). Wings of war: Airmen of all nations tell their stories 1939–1945. London, UK: Hutchinson, 1983.
284. Luck, Hans von. Panzer commander: The memoirs of Colonel Hans von Luck. New York, NY: Dell Publishing, 1991.
285. Lumsden, Robin. Medals and decorations of Hitler' s Army. Osceola, WI: MBI Publishing, 2001.
286. MacDonald, Charles B. The Battle of Hürtgen Forest. Philadelphia, PA: J.P. Lippincott, 1963.
287. MacDonald, Charles B. The last offensive. Washington, D.C.: Department of U.S. Army, 1973.
288. Mackensen, Eberhard von. “Supplement to Chapter 12.” In: The Campaign in Italy (MS# T–1a). U.S. Army Historical Division, December 1947.
289. Macksey, Kenneth. Kesselring: The making of the Luftwaffe. New York, NY: David McKay & Co., 1978.
290. Macksey, Kenneth. Rommel: Battles and Campaingns. New York, NY: Mayflower Books, 1979.
291. Macksey, Kenneth. Kesselring: Grand master strategist of the Second World War. London, UK: Greenhill Books, 1996.
292. Mallett, Derek R. Prisoner of War–Cold War Allies: The Anglo–American relationships with Wehrmacht generals. Doctoral dissertation, Texas A&M University, 2009.
293. Mann, Chris & Jorgensen, Christer. Hitler' s Arctic war. Surrey, UK: Ian Allan Publishing, 2002.
294. Manrho, John & Putz, Ron. Bodenplatte: The Luftwaffe' s last hope. East Sussex, UK: Hikoki Publications Limited, 2004.
295. Manstein, Erich von. Lost victories. Minneapolis, MN: Zenith Press, 2004.
296. Manteuffel, Hasso von. Die 7. Panzer–Division im Zweiten Weltkrieg. Krefeld: Schaberg, 1965.
297. Manteuffel, Hasso von. The 7th Panzer Division: An illustrated history of Rommel' s “Ghost Division” 1938–1945. Atglen, PA: Schiffer Publishing, 2000.
298. Manteuffel, Hasso von. The tank battle of Targul Frumos. Military Review, September, 1956.
299. Manz, Bruno. A mind in prison: The memoir of a son and soldier of the Third Reich. Potomac Books Inc., 2001.
300. Marne, Marielle D.. Hermann Graf: World War II Luftwaffe ace pilot. Aviation History, 2005, 16(1), 10–12.
301. Martin, Charles W. The nihilism of Thomas Bernhard. Rodopi Bv Editions, 1995.
302. Mason, Chris. Falling from grace: The German Airborne in World War II. Quantico, VA: Unites States Marine Corps Command and Staff College, 2001.
303. Mason, Herbert M. The rise of Luftwaffe: Forging the secret German air weapon. New York, NY: The Dial Press, 1973.
304. Mata, Santiago. U–Boote: Submarinos Alemanes en la II Guerra Mundial. Mito y realidad de un trágico destino. Madrid, Spain: Editorial Almena, 2003.
305. Mattenklott, Franz. XXXXII Corps in the relief of Kovel (19 March–5 April 1944). In: Steven H. Newton (ed.). German battle tactics on the Russian Front 1941–1945. Atglen, PA: Schiffer Publishing, 1994.
306. Mauldin, Bill. The personal story of General Bradley: “The War America Fought.” Part II. LIFE Magazine. April 16, 1951.
307. Mcateer, Sean M. 500 days: The war in Eastern Europe, 1944–1945. Pittsburg, PA: Red Lead Press, 2009.
308. McCaffery, Dan. Battlefields in the Air: Canadians in the Allied Bomber Command. Toronto, Canada: Lorimer, 1995.
309. McCaffery, Dan. Dad' s war: The story of a courageous Canadian youth who flew with Bomber Command. Toronto, Ontario: James Lorimer & Company Ltd., 2004.
310. McCarthy, Peter & Syron, Mike. Panzerkrieg: The rise and fall of Hitler' s tank divisions. New York, NY: Carroll & Graf Publishers, 2003,
311. McFetridge, Charles D. In Pursuit: Montgomery after El Alamein. Military Review, June 1994. p.54–68.
312. Mellenthin, F. W. von. German Generals of World War II: As I saw them. Norman, OK: University of Oklahoma Press, 1977.
313. Mellenthin, F.W. von. Panzer battles. New York, NY: Ballantine Books, 1971.
314. Mellenthin, Friedrich–Wilhelm von. Panzer Battles. Norman, OK: University of Oklahoma, 1956.
315. Messenger, Charles. Hitler' s gladiator. London, UK: Brassey' s Defence Publishers, 1988.
316. Messenger, Charles. Rommel: Leadership lessons from the Desert Fox. New York, NY: Palgrave MacMillan, 2009.
317. Messenger, Charles. The last Prussian: A biograpgy of Field Marshal Gerd von Rundstedt 1875–1953. London, UK: Brassey' s, 1991.
318. Meyer, Hubert. The 12th SS: The history of the Hitler Youth Panzer Division Volume II. Mechanicsburg, PA: Stackpole Books, 2005.
319. Michulec, Robert. 4. Panzer–Division on the Eastern Front (1) 1941–

1943. Hong Kong, China: Concord Publications, 1999.
320. Military Review Editor. The winter battle of Rzhev. Military Review, 1949, 24 (3) :80–84.
321. Mitcham, Samuel W..Hitler's Field Marshals and their battles. Lanham, MD: Scarborough House, 1994.
322. Mitcham, Samuel W.& Stauffenberg, Friedrich von. The Battle of Sicily. Mechanicsburg, PA: Stackpole Books, 2007.
323. Mitcham, Samuel W. German Order of Battle, Vol.1: 1st to 290th Infantry Divisions in World War II. Mechanicsburg, PA: Stackpole Books, 2007.
324. Mitcham, Samuel W. German Order of Battle: 291st–999th infantry divisions, named infantry divisions, and special divisions in WWII. West Chester, PA: Stackpole Books, 2007.
325. Mitcham, Samuel W. Rommel's desert commanders: The man who served the Desert Fox, North Africa, 1941–1942. Westport, CT: Praeger Publishers, 2007.
326. Mitcham, Samuel W. Rommel's desert war: The life and death of the Afrika Korps. Mechanicsburg, PA: Stackpole Books, 2007.
327. Mitcham, Samuel W. Rommel's Lieutenants: The men who served the Desert Fox, France, 1940. Mechanicsburg, PA: Stackpole Books, 2009.
328. Mitcham, Samuel W. The German defeat in the East, 1944–45. Mechanicsburg, PA: Stackpole Books, 2006.
329. Mitcham, Samuel W. The German defeat in the East, 1944–45. Mechanicsburg, PA: Stackpole Books, 2006.
330. Mitcham, Samuel W. The Panzer Legions: A guide to the German Army tank divisions of World War II and their commanders. Westport, CT: Greenwood Press, 2001.
331. Mitcham, Samuel W. The Panzer Legions: A Guide to the German army tank divisions of World War II and their commanders. Mechanicsburg, PA: Stackpole Books, 2006.
332. Mitcham, Samuel W. The rise of the Wehrmacht: the German armed forces and World War II. Westport, CT: Praeger, 2008.
333. Mitcham.Samuel W. & Mueller, Gene. Hitler's commanders. Lanham, MD: Cooper Square Press, 2000.
334. Mitchell, Arthur. Hitler's mountain: The Fuhrer, Obersalzberg and the American occupation ofBerchtesgaden. Jefferson, NC: McFarland & Company Inc. Publishers, 2007.
335. Morgan, Hugh & Weal, John. German Jet aces of World War 2. Oxford, UK: Osprey Publishing, 1998.
336. Morgan, Hugh. Me 262: Stormbird rising. Oxford, UK: Osprey Publishing, 1994.
337. Morrison, Samuel E. History of the United States Navy Operations in World War II. Vol. IX: Sicily–Salerno–Anzio. Boston, MA: Little Brown, 1962.
338. Murray, William. Strategy for defeat: The Luftwaffe 1933–1945. Princeton, NJ: University Press of the Pacific, 2002.
339. Murray, Williamson & Millett, Allan R. A war to be won. Cambridge, MA: The Belknap Press of Harvard University Press, 2000.
340. Murray, Williamson. Strategy for defeat: The Luftwaffe, 1933–1945. Maxwell Air Force Base, AL: Air University Press, 1983.
341. Musciano, Walter A.. Messerschmitt aces. New York, NY: Arco Publishing, 1982.
342. Nafziger, George F. The German Order of Battle, Vol. 2: Infantry in World War II. London, UK: Greenhill Books, 2000.
343. Nash, Douglas E. Hell's gate: The Battle of the Cherkassy Pocket, January–February 1944. Stamford, CT: RZM Imports Inc., 2000.
344. Nawarra, Heinz. Marseille: Star of Africa. Sun Valley, CA: Caler Illustrated Series, 1968.
345. Nevenkin, Kamen. Fire Brigades: The Panzer Divisions 1943–1945. Manitoba, Canada: J.J.Fedorwicz Publishing Inc., 2008.
346. Newton, Steven H. Hitler's Commander: Field Marshal Walter Model, Hitler's favorite general. Cambridge, MA: Da Capo Press, 2005.
347. Newton, Steven H. Kursk: The German view. Cambridge, MA: Da Capo Press, 2003.
348. Newton, Steven H. (ed.) German battle tactics on the Russian front 1941–1945. Atglen, PA: Schiffer Military, 1994.
349. Newton, Steven H. (ed.) Kursk: The German view. Cambridge, MA: Da Capo Press, 2002.
350. Newton, Steven H. (ed.) Panzer operations: The Eastern Front memoir of General Raus, 1941–1945. Cambridge, MA: Da Capo Press, 2003.
351. Niepold, Gerd. Battle for White Russia. London, UK: Brassey's Inc, 1984.
352. Niepold, Gerd. Panzeroperationen "Doppelkopf" und "Cäsar" .Herford, Germany: E.S.Mittler, 1987.
353. Nipe, George M. Last victory in Russia: The SS–Panzerkorps and Manstein's Kharkov counteroffensive. Atglen, PA: Schiffer Publishing, 2000.
354. Nowotny, Rudolf. Walter Nowotny: Berichte aus d. Leben meines Bruders (in German). Stuttgart, Germany: Motorbuch Verlag,1974.
355. Obermaier, Ernst & Held, Werner. German fighter ace Werner Mölders: An illustrated biography. Atglen, PA: Schiffer Military History, 2006.
356. Osborne, Eric W.. The battle of Heligoland Bight. Bloomington, IN: Indiana University Press, 2006.
357. Osborne, Robert et al. The 9th Armored Division in exploitation of Remagen bridgehead, Mar-Apr 45. Fort Knox, KY: U.S. Armored School, 1950.
358. Padfield, Peter. Doenitz: The last Führer. New York, NY:Harper & Row Publishers, 1984.
359. Padfield, Peter. War beneath the sea: Submarine conflict 1939–1945. London, UK: John Murray Ltd., 1995.
360. Pantenius, Hans J. Letzte Schlacht an der Ostfront. Hamburg, Germany: Mittler & Sohn Verlag, 2002.
361. Parker, Danny S. (ed.). Hitler's Ardennes Offensive: The German view of the Battle of the Bulge. Mechanicsburg, PA: Stackpole Books, 1997.
362. Parker, Danny S. Battle of Bulge: Hitler's Ardennes Offensive, 1944–1945. Cambridge, MA: Da Capo Press, 2004.
363. Paterson, Lawrence. U–boats in the Mediterranean, 1941–1944. Annapolis, MD: Naval Institute Press, 2007.
364. Paterson, Lawrence. Weapons of desperation: German frogmen and

midget submarines of the Second World War. Annapolis, MD: Naval Institute Press, 2006.
365. Perrett, Bryan. Knight of the Black Cross: Hitler's Panzerwaffe and its leaders. New York, NY: Dorset Press, 1986.
366. Polmar, Norman. Submarines of Russia and Soviet Navies, 1718–1990. Annapolis, MD: Naval Institute Press, 1991.
367. Powaski, Ronald E. Cut of the Sickle. World War II, 2003, 18 (4).
368. Previtera, Stephen T. The Iron Time: A history of the Iron Cross. Richmond, VA: Winidore Press, 1999.
369. Price, Alfred. The last year of the Luftwaffe: May 1944–May 1945. London, UK: Greenhill Books, 2001.
370. Prien, Jochen. Geschichte des Jagdgeschwaders 77, band 2. Eutin, Germany: Struve Verlag, 1993.
371. Radey, Jack & Sharp, Charles. The defense of Moscow 1941: The Northern flank. South Yorkshire, UK: Pen and Sword Military, 2012.
372. Raiber, Richard. Anatomy of perjury: Field Marshal Albert Kesselring, Via Rasella, and the GINNY mission. Newark, DE: University of Delaware Press, 2008.
373. Rall, Guenther. Mein Flugbuch: Erinnerungen 1938–2004. Moosburg, Germany: Neunundzwanzig Sechs Verlag, 2004.
374. Ransom, Stephen & Cammann, Hans-Hermann. Me 163: Rocket Interceptor, Vol. 1. East Sussex, UK: Classic Publications Limited, 2002.
375. Rapport, Leonard & Northwood, Arthur. Rendezvous with destiny: A history of the 101st Airborne Division. Washington, D.C.: Infantry Journal Press, 1948.
376. Read, Anthony & Fisher, David. The fall of Berlin. New York, NY: W. W. Norton & Company, 1993.
377. Rebentisch, Ernst. The combat history of the 23rd Panzer Division in World War II. Mechanicsburg, PA: Stackpole Books, 2012.
378. Reinhardt, Helmuth. Encirclement and breakout of First Panzer Army. In: Selected German Army Operations on the Eastern Front. Carlisle, PA: U.S. Army War College, 1983.
379. Reitlinger, Gerald. The SS, alibi of a nation, 1922–1945. Cambridge, MA: Da Capo Press, 1989.
380. Remy, Maurice Philip. Mythos Rommel. Munich, Germany: List, 2002.
381. Reuth, Ralf Georg. Rommel: The end of a legend. London, UK: Haus Publishing Limited, 2005.
382. Reynolds, Nicholas. Treason was no crime: Ludwig Beck, Chief of the German General Staff. London, UK: William Kimber & Co. Limited, 1976.
383. Richards, Denis. The hardest victory: RAF Bomber Command in the Second World War. New York, NY: W.W.Norton & Company, 1994.
384. Riedlsperger, Max E.. The lingering shadow of Nazism: the Austrian Independent Party movement. East European Monographs, 1978.
385. Rinella, Michael. Rommel's Ghost Division: The 7th Panzer Division roared across France during the spring of 1940. WWII History, 2010,9(7).
386. Ripley, Tim. Steel storm: Waffen-SS panzer battles on the Eastern Front 1943–1945.Osceola, WI: MBI Publishing Company, 2000.
387. Ritgen, Helmut. The 6th Panzer Division: 1937–1945. Oxford, UK: Osprey Publishing, 1982.
388. Rocafort. Two German-Russian tank battles. Military Review, June 1950. p.100–107.
389. Rogers, Duncun & Williams, Sara Rhiannon. On the bloody road to Berlin: Frontline accounts from North-West Europe and the Eastern Front 1944–45. Midlands, UK: Helion and Company Limited, 2005.
390. Röll, Hans-Joachim. Generalleutnant der Reserve Hyacinth Graf Strachwitz von Groß-Zauche und Camminetz: Vom Kavallerieoffizier zum Führer gepanzerter Verbände. Würzburg, Germany: Flechsig Verlag, 2011.
391. Rommel, Erwin & Liddell-Hart, B.H. (ed.). The Rommel Papers. London, UK: Hamlyn, 1984.
392. Rommel, Erwin. Attacks. Vienna, VA: Athena Press, 1979.
393. Rommel, Erwin. Infantry attacks. New York, NY: Fall River Press, 2011.
394. Rudel, Hans-Ulrich. Stuka Pilot. New York, NY: Bantam Books, Inc., 1958.
395. Ryan, Cornelius. Last battle: The classic history of the Battle of Berlin. New York, NY: Touchstone, 1995.
396. Ryan, Cornelius. The Longest Day. New York, NY: Simon and Schuster, Inc., 1959.
397. Schäufler, Hans. Knight's Cross Panzer: The German 35th Tank Regiment in World War II. Mechanicsburg, PA: Stackpole Books, 2010.
398. Schaulen, Fritjof. Eichenlaubträger 1940–1945. Band I, II, III. Selent, Germany: Pour le Mérite, 2003.
399. Scheibert, Horst. Panzer Grenadier Division "Grossdeutschland". Squadron/Signal Publications, 1993.
400. Schmider, Klaus. The last of the first: Veterans of the Jagdwaffe tell their story. The Journal of Military History, 2009, 73(1)
401. Schmitz, Guenther. Die 16, Panzer-Division: Bewaffnung, Einsätze, Männer, 1938–1945. Friedberg: Podzun-Pallas-Verlag, 1977.
402. Schores, Christopher. Air aces. Greenwich, CT: Bison Books, 1983.
403. Schrodek, Gustav W. Die 11.Panzer Division: "Gespenster-Division" 1940–1945. Eggolsheim, Germany: Ed. Dörfler im Nebel-Verlag, 2004.
404. Schulman, Milton. Defeat in the West. London, UK: Martin Secker & Warburg, 1947.
405. Schumann, Ralf. Knights' Cross profiles, Volume 1. Atglen, PA: Schiffer Military Books, 2012.
406. Schweppengurg, Leo Freiherr Geyr von. Reflections on the invasion. Part II. Military Review, March 1961.
407. Schweppengurg, Leo Freiherr Geyr von. Reflections on the invasion. Part I. Military Review, February 1961.
408. Searle, Alaric. The Tolsdorff Trials in Traunstein: Public and judicial attitudes to the Wehrmacht in the Federal Republic, 1954–60. Germany History, 2005,23 (1).
409. Searle, Alaric. Wehrmacht generals, West German society, and the debate on rearmament, 1949–1959. Westport, CT: Praeger Publishers, 2003.
410. Seaton, Albert. The German Army, 1933–1945. New York, NY: St. Martin's Press, 1982.
411. Selle, Herbert. The German Sixth Army on the way to catastrophe. Military Review, January 1958, p.92–97.

412. Senger, Frido von. Neither fear nor hope: The wartime career of Genneral Frido von Senger und Etterlin, defender of Cassino. London, UK: MacDonald, 1963.
413. Shaara, Jeff. The rising tide: A novel of World War II. New York, NY: The Ballantine Books, 2008.
414. Sharpe, Michael & Davis, Brian. Leibstandarte: Hitler' s elite bodyguard. Surrey, UK: Ian Allan Publishing, 2002.
415. Shirer, William L. The rise and fall of the Third Reich. New York, NY: Simon and Schuster, 1960.
416. Shores, Christopher F. & Ring, Hans. Fighters over the Desert: The air battle in the Western Desert June 1940 to December 1942. New York, NY: Arco Publishing Co., 1969.
417. Showalter, Dennis. Book review. A flawed genius: Field Marshal Walter Model, a critical biography, by Marcel Stein. The Journal of Slavic Military Studies, 2011, 24 (4).
418. Showalter, Dennis. Hitler' s Panzers: The lightning attacks that revolutionized warfare. New York, NY: Berkeley Publishing Group, 2009.
419. Showalter, Dennis. What made Rommel ROMMEL. Military History, 2011, 27(6).
420. Showell, Jak P. Mallmann. Enigma U-boats. Annapolis, MD: Naval Institute Press, 2000.
421. Simpkin, Richard. Tank warfare: An analysis of Soviet and NATO Tank philosophy. London, UK: Brassey' s Defence Publishers, 1979.
422. Simpson, Keith. Waffen-SS. Gallery Books, 1990.
423. Sims, Edward H. Fighter tactics and strategy 1914-1970. New York, NY: Harper & Row Publishers, 1972.
424. Smith, Peter C. Ju-87 Stuka Vol. I: Luftwaffe Ju-87 Dive-bomber units 1939-1941. London, UK: Classic Publications, 2007.
425. Sommerfeld,Aloys.Generalleutnant Theodor Tolsdorff. Deutsches Soldatenjahrbuch, Vol.31.Munchen: Schild Verlag, 1982.
426. Spaeter, Helmut. History of the Panzerkorps Grossdeutschland. Winnepeg, Manitoba: J.J.Fedorowicz, 1995.
427. Speidel, Hans. We defended Normandy. London, UK: Jenkins, 1951.
428. Spick, Mike. Luftwaffe Bomber aces: Men, machines, methods. London, UK: Greenhill Books, 2001
429. Spick, Mike. Luftwaffe fighter aces: The Jagdflieger and their combat tactics and techniques. New York, NY: Ivy Books, 1996.
430. Spick, Mike. Luftwaffe victorious: An alternate history. London, UK: Greenhill Books, 2005.
431. Stahel, David. Kiev 1941: Hitler' s battle for supremacy in the East. Cambridge, UK: Cambridge University Press, 2012.
432. Stein, George. The Waffen SS: Hitler's elite guard at war, 1939-45. Ithaca, NY: Cornell University Press, 1984.
433. Stein, Marcel. Flawed genius: Field Marshal Walter Model, a critical biography. West Midlands, UK: Helion and Company, 2010.
434. Stein, Marcel. Flawed genius: Field Marshal Walter Model, a critical biography. West Midlands, UK: Helion and Company, 2010.
435. Steinhoff, Johannes. The final hours: The Luftwaffe plot against Goering. Washington, D.C.: Potomac Books, 2005.
436. Steinhoff, Johnnes. Messerschmitts over Sicily: Diary of a Luftwaffe Fighter Commander. Mechanicsburg, PA: Stackpole Books, 2004.
437. Steinkamp, Peter. 'Generalfeldmarschall Ferdinand Schoerner'. In: Gerd R. Ueberschär (ed.) Hitler' s militärische Elite, Volume 2: Vom Kriegsbeginn bis zum Weltkriegsende. Darmstadt, Germany: Primus, 1998.
438. Stimpel, Hans-Martin. Die deutsche Fallschirmtruppe 1936-1945: Innenansichten von Führung und Truppe: mentalitätsgeschichtliche Studie. Hamburg: Mittler & Sohn, 2009.
439. Stockert, Peter. Die Brillantenträger der deutschen wehrmacht. 1941-1945. Selent: Pour le Merite, 2010.
440. Stolfi, R. H. S. The Chir River Battle: 4-22 December 1942. Counterattack, April 1988.
441. Stolfi, Russel H.S. Hitler' s Panzer east: World War II reinterpreted. Norman, OK: University of Oklahoma Press, 1991.
442. Stoves, Rolf O. 1. Panzer Division 1935-1945 Chronik einer der drei Slamm-Divisionen der deutschen Panzerwaffe. Bad Nauheim: Verlag Hans-Henning Podzun, 1961.
443. Stoves, Rolf O. Die 1. Panzer-Division 1935-1945. Dorheim: Podzun-Verlag, 1976.
444. Strassner, Peter. European Volunteers: The 5. SS-Panzer-Division "Wiking". Manitoba, Canada: J.J. Fedorowicz Publishing, Inc., 2006.
445. Stroh, D.A. Operation on the Crozon Peninsula. Military Review, 1946, 25 (10).
446. Tate, Robert. Hans-Joachim Marseille: An illustrated tribute to the Luftwaffe's "Star of Africa". Atglen, PA: Schiffer Publishing, 2008.
447. Taylor, Telford. The march of conquest: The German victories in Western Europe, 1940. New York, NY: Simon & Schuster, 1958.
448. Temkin, Gabriel. My just war : The memoir of a Jewish Red Army soldier in World War II. Novato, CA : Presidio Press, 1998.
449. Theile, Karl H. Beyond monsters and clowns: The combat SS: Demythologizing five decades of German elite formations. Lanham, MD: University Press of America, Inc., 1997.
450. Thomas, Franz. Die Eichenlaubträger 1939-1945 Band 2: L-Z.Osnabrück, Germany: Biblio-Verlag, 1998.
451. Thomsett, Michael C.The German opposition to Hitler: The resistance, the underground, and assassination plots, 1938-1945. Jefferson, NC: McFarland & Company, 1997.
452. Thornwald, Juergen. Defeat in the East. New York, NY: Bantam Books, 1980.
453. Tiberi, Paul. Encircles forces: The neglected phenomenon of warfare. Fort Leavenworth, KS: U.S. Army Command and General Staff College, 1985.
454. Tillman, Barrett. Brassey' s D-Day encyclopedia: the Normandy invasion A-Z. Dulles, VA: Brassey' s, Inc., 2004.
455. Tippelskirch, Kurt von. The German Balkan Campaign of 1941. Military Review, November 1955, p.85-99.
456. Toland, John. Adolf Hitler. New York, NY: Anchor Books, 1992.
457. Toliver, R.F. & Constable, T.J.

Fighter General: The life of Adolf Galland. AmPress Publishing, 1990.
458. Toliver, R.F. & Constable, T.J. The blond knight of Germany. New York, NY: McGraw–Hill Professional, 1986.
459. Tolsdorff, Tim. Eichenlaub und Fichtenstamm. Märkische Allgemeine vom 13. November 2010.
460. Tolsdorff, Tim. Erschossen am Fichtenstamm. Märkische Allgemeine vom 20. November 2010.
461. Topp, Erich. The odyssey of a U–boat commander: Recollections of Erich Topp. Westport, CT: Praeger, 1992.
462. Trew, Simon & Badsey, Stephen. Battle for Caen. Phoenix Mill, UK: Sutton Publishing, 2004.
463. Turner, L.C.F. et al. War in the Southern Oceans. Cape Town, South Africa: Oxford University Press, 1961.
464. Ungvary, Krisztian. Battle for Budapest: One hundred days in World War II. New York, NY: I.B.Tauris & Co Ltd, 2003.
465. US Army War College. 1984 Art of War Sympgosium – From the Don to the Dnepr: Soviet Offensive Operations. December 1942 – August 1943. Transcript of Proceedings of 26 – 30 March 1984. Carlisle Barracks, PA: US Army War College, 1985.
466. Vause, Jordan. U–Boat ace: The story of Wolfgang Lueth. Annapolis, MD: Naval Institute Press, 2001.
467. Vause, Jordan. Wolf: U–Boat commanders in World War II. Annapolis, MD: Naval Institute Press, 1997.
468. Veterans of the 3rd Panzer Division. Amoured Bear: The German 3rd Panzer Division in World War II, Vol.1. Mechanicsburg, PA: Stackpole Books, 2012.
469. Vietinghoff, Heinrich von. "Chapter VI – The Tenth Army Campaign in Southern and Central Italy with special reference to the Battles at Salero, on the Volturno, Garigliano, Sangro and for Cassino." In: The Campaign in Italy (MS# T–1a). U.S. Army Historical Division, December 1947.
470. Wagner, Ray (ed.). The Soviet Air Force in World War II: The official history, originally published by the Ministry of Defence of the USSR. Garden City, NY: Doubleday & Company, Inc., 1973.
471. Walters, Robert G. Order out of chaos: A case study of the application of Auftragstaktik by the 11th Panzer Division during the Chir River Battles 7–19 December 1942. Monterey, CA: U.S. Navy Postgraduate School, 1989.
472. Weal , John. Bf–109 aces of the Russian Front. Oxford, UK: Osprey Publishing, 2001.
473. Weal , John. Jagdgeschwader 27 'Africa'. Oxford, UK: Osprey Publishing, 2003.
474. Weal , John. Jagdgeschwader 52– The Experten. Oxford, UK: Osprey Publishing, 2004.
475. Weal , John. Jagdgeschwader 54 'Grünherz'. Oxford, UK: Osprey Publishing, 2004.
476. Weal, John. Jagdgeschwader 2 'Richthofen'. Oxford, UK: Osprey Publishing, 2000.
477. Weal, John. Jagdgeschwader 51 'Mölders'. Oxford, UK: Osprey Publishing, 2006.
478. Weal, John. Jagdgeschwader 53 'Pik–As'. London, UK: Osprey Publishing, 2007.
479. Weal, John & Chappell, Mike. Focke–Wulf Fw 190 aces of the Russian Front. Oxford, UK:Osprey Publishing, 1995.
480. Weal, John. Jagdgeschwader 54 'Grünherz'. Oxford, UK: Osprey Publishing, 2001.
481. Weal, John. Junkers Ju 87 Stukageschwader of Russian Front. Oxford, UK:Osprey Publishing, 2008.
482. Weal, John. Messerschmitt Bf 110 Zerstörer Aces of World war 2. Oxford, UK: Osprey Publishing, 1999.
483. Weidinger, Otto. Das Reich III: 1941–1943. Manitoba, Canada: J.J. Fedorowicz Publishing, 2002.
484. Weingartner, James. Hitler's guard: The story of the Leibstandarte Adolf Hitler 1933–1945. Carbondale, IL: Southern Illinois University Press, 1974.
485.Welsh, William E. Bloody battle at Fortress Metz. WWII Quarterly, 2011, 2(4).
486. Werner, Herbert. Iron coffins. New York, NY: Holt, Rinehart & Winston, 1969.
487. Westermann, Edward B. Defending Hitler's Reich: German ground–based air defenses 1914–1945. Chapel Hill, NC: University of North Carolina (Doctoral Dissertation), 2000.
488. Westphal, Siegfried Westphal. The Germany Army in the West. London, UK: Cassel and Co., 1951.
489. Wette, Wolfram. The Wehrmacht: History, myth, reality. Cambridge, MA: Harvard University Press, 2007.
490. White, David Fairbank. Bitter Ocean: The Battle of the Atlantic, 1939–1945. New York, NY: Simon & Schuster, 2007.
491. White, James N. I was a P–51 fighter pilot in WWII. Lincoln, NE: iUniverse, Inc., 2003.
492. Whiting, Charles. The Battle of Hürtgen Forest: The untold story of a disastrous campaign. New York, NY: Simon & Schuster, 1989.
493. Whitlock, Flint. The rock of Anzio: From Sicily to Dachau, a history of the U.S. 45th Infantry Division. Westview Press, 1998.
494. Williams, David P. Nachtjäger, Volume 2: Luftwaffe night fighter units 1943–1945. Surrey, UK: Classic Publications, 1995.
495. Williamson, Gordon. Aces of the Reich. London, UK: Arms and Armour Press, 1989.
496. Williamson, Gordon. Knight's Cross with Diamonds recipients 1941–45. Oxford, UK: Osprey Publishing, 2006.
497. Williamson,Gordon. Kriegsmarine U–boats: 1939–1945 (1). Oxford, UK: 2002.
498. Williamson, Gordon. The Iron Cross: A History, 1813–1957. New York, NY: Blandford Press, 1984.
499. Willis, F. Roy. France, Germany, and the new Europe, 1945–1967. Oxford, UK: Oxford University Press, 1968.
500. Wiper, Steve. Kriegsmarine Type VII U–boats. Tuscon, AZ: Classic Warship Publishing, 2004.
501. Wood, Derek & Dempster, Derek. The Narrow Margin: The Battle of Britain and the Rise of Air Power, 1930–1949. London, UK: Pen & Sword, 2003.
502. Wynn, Kenneth. U–Boat Operations of the Second World War. Vol.1: Career histories, U1–U510. Annapolis, MD: Naval Institute Press, 1997.
503. Young, Desmond. Rommel the Desert Fox. New York,

NY:HarperCollins, 1951.
504. Zabecki, David T. The greatest German general: No one ever heard of. World War II, 2008, 23(1).
505. Zaloga, Steven J. Bagration, 1944: The destruction of Army Group Center. London, UK:Osprey Publishing Ltd, 1996.
506. Zeitzler, Kurt. Withdrawals of the German Army on the Eastern Front. Military Review, August 1960.
507. Zetterling, Niklas & Frankson, Anders. The Korsun Pocket. Drexel Hill, PA: Casemate Publishing, 2008.
508. Zhukov, G. K. Marshal Zhukov's greatest battles. New York, NY: Harper and Row, 1969.
509. Ziemke, Earl F. & Bauer, Magna E. Moscow to Stalingrad. Washington, D.C.: U.S.Government Printing Office, 1987.
510. Ziemke, Earl F. Stalingrad to Berlin: The German defeat in the East. Washington, D.C.: United States Army, 1987.
511. Ziemke, Earl F. The German Northern Theater of Operations 1940–1945. U.S. Army Pamphlet No.20–271. June, 1959.
512. Zumbro, Derek S. Battle for the Ruhr: The German army's final defeat in the West. Lawrence, KS: University Press of Kansas, 2006.

中文部分

1. 戴维·欧文著，卜珍伟、江山译。隆美尔。北京：解放军出版社，1984年第1版。
2. 朱维毅著。《德意志的另一行泪：二战德国老兵寻访录》。北京：世界图书出版公司北京公司，2010年11月第1版。
3. 娄嘉仪。非洲之星传奇：二战德国王牌飞行员汉斯·约阿希姆·马尔塞尤。《战争史研究》第3集，内蒙古人民出版社，2004年5月。
4. 娄嘉仪。非洲之星传奇（终结篇）。《战争史研究》第4集，内蒙古人民出版社，2004年6月。
5. 周明著。《碧海群狼：二战德国U艇全史》(上)。武汉：武汉大学出版社，2009年5月第1版。
6. 邓尼茨著，王星昌等译。《邓尼茨元帅战争回忆录》。北京：解放军出版社，2005年第1版。
7. 科涅夫著，赖铭传译。《科涅夫元帅战争回忆录》。北京：解放军出版社，2005年5月第1版。
8. 汪冰著。《德国名将曼陀菲尔传》。北京：人民日报出版社，2012年10月第1版。
9. 周明、马文俊著。《大德意志师》。重庆：重庆出版社，2008年6月第1版。
10. 特劳德尔·荣格、梅丽莎·米勒著，陈琬译。《帝国的陷落：希特勒女秘书回忆录》。上海：文汇出版社，2005年8月第1版。
11. 道格拉斯·E·纳什著，小小冰人编译。《地狱之门——切尔卡瑟战役》。重庆：电脑报电子音像出版社，2010年12月第1版。
12. 陈星波、张啸著。《黑天鹅之死：武装党卫军的最后一战》。汕头：汕头大学出版社，2011年8月第1版。
13. 马文俊、王懿著。《帝国精锐：二战德国特殊部队》。武汉：武汉大学出版社，2008年第1版。
14. 劳伦斯·桑德豪斯著，NAVAL+译。《德国海军的崛起：走向海上霸权》。北京：北京艺术与科学电子出版社，2013年1月第1版。
15. 詹姆斯·沃克尔著，徐林等编译。《经典空降战》。北京：京华出版社，2009年10月第1版。
16. 曹宏、张惠民著。《坦克怪杰——古德里安》。北京：世界知识出版社，1995年第1版。
17. 海因茨·威廉·古德里安著，戴耀先译。《古德里安将军战争回忆录》。北京：解放军出版社，2005年3月第1版。
18. 朱世巍著。《东线：决战第聂伯河》。重庆：重庆出版社，2007年第1版。
19. 朱世巍著。《东线：大崩溃》。重庆：重庆出版社，2010年6月第1版。
20. 巴格拉米扬著、赖铭传译。《巴格拉米扬元帅战争回忆录》。北京：解放军出版社，2009年4月第1版。